ACCESO GRATIS *a la Lectura en la Nube + Actualizaciones*

Para visualizar el libro electrónico en la nube de lectura envíe junto a su nombre y apellidos una fotografía del código de barras situado en la contraportada del libro y otra del ticket de compra a la dirección:

ebooktirant@tirant.com

AF276521

En un máximo de 72 horas laborables le enviaremos el código de acceso con sus instrucciones.

Impuesto sobre la Renta de las Personas Físicas
Impuesto sobre el Patrimonio
Impuesto temporal de solidaridad de las grandes fortunas
Impuesto sobre la Renta de los No Residentes
Normativa estatal y autonómica 2025

Impuesto sobre la Renta de las Personas Físicas
Impuesto sobre el Patrimonio
Impuesto temporal de solidaridad de las grandes fortunas
Impuesto sobre la Renta de los No Residentes

Normativa estatal y autonómica 2025

(14ª Edición concordada y anotada)
Edición actualizada a 16 de julio de 2025

JOSÉ MANUEL PÉREZ LARA
Profesor Titular de Derecho Financiero y Tributario
Universidad de Granada

Edición actualizada al ejercicio 2025 junto con
la redacción vigente del año anterior

tirant lo blanch
Valencia, 2025

© José Manuel Pérez Lara

© TIRANT LO BLANCH
EDITA: TIRANT LO BLANCH
C/ Artes Gráficas, 14 - 46010 - Valencia
Telfs.: 96/361 00 48 - 50
Fax: 96/369 41 51
Email: tlb@tirant.com
www.tirant.com
Librería virtual: www.tirant.es
DEPÓSITO LEGAL: V-3122-2025
ISBN: 979-13-7021-002-1

SUMARIO

NORMATIVA ESTATAL
IMPUESTO SOBRE EL PATRIMONIO
2025

COMUNIDADES AUTÓNOMAS DE RÉGIMEN COMÚN
IMPUESTO SOBRE EL PATRIMONIO
NORMAS AUTONÓMICAS
2025

COMUNIDAD AUTÓNOMA DE LA REGIÓN DE MURCIA

NORMATIVA ESTATAL
IMPUESTO TEMPORAL DE SOLIDARIDAD DE LAS GRANDES FORTUNAS

NORMATIVA ESTATAL
IMPUESTO SOBRE LA RENTA DE NO RESIDENTES
2025

ÍNDICE

NORMATIVA ESTATAL
IMPUESTO SOBRE LA RENTA DE LAS PERSONAS FÍSICAS
2025

1. Ley 35/2006, de 28 de noviembre, del IMPUESTO SOBRE LA RENTA DE LAS PERSONAS FÍSICAS y de modificación parcial de las Leyes de los Impuestos sobre Sociedades, sobre la Renta de No Residentes y sobre el Patrimonio

2. Real Decreto 439/2007, de 30 de marzo, por el que se aprueba el REGLAMENTO DEL IMPUESTO SOBRE LA RENTA DE LAS PERSONAS FÍSICAS y se modifica el Reglamento de Planes y Fondos de Pensiones, aprobado por Real Decreto 304/2004, de 20 de febrero

3. Orden HAC/1347/2024, de 28 de noviembre, por la que se desarrollan para el año 2025 el método de estimación objetiva del Impuesto sobre la Renta de las Personas Físicas y el régimen especial simplificado del Impuesto sobre el Valor Añadido

4. Orden HAC/773/2019, de 28 de junio, por la que se REGULA LA LLEVANZA DE LOS LIBROS REGISTROS en el Impuesto sobre la Renta de las Personas Físicas

COMUNIDADES AUTÓNOMAS DE RÉGIMEN COMÚN
IMPUESTO SOBRE LA RENTA DE LAS PERSONAS FÍSICAS
NORMAS AUTONÓMICAS
2025

COMUNIDAD AUTÓNOMA DE ANDALUCÍA

COMUNIDAD AUTÓNOMA DE ARAGÓN

COMUNIDAD AUTÓNOMA DE CANARIAS

COMUNIDAD AUTÓNOMA DE CASTILLA Y LEÓN

COMUNIDAD AUTÓNOMA DE CATALUÑA

COMUNIDAD AUTÓNOMA DE MADRID

TEXTO REFUNDIDO DE LAS DISPOSICIONES LEGALES DE LA COMUNIDAD DE MADRID EN MATERIA DE TRIBUTOS CEDIDOS POR EL ESTADO

COMUNIDAD AUTÓNOMA VALENCIANA

COMUNIDAD AUTÓNOMA DE EXTREMADURA

COMUNIDAD AUTÓNOMA DE GALICIA

COMUNIDAD AUTÓNOMA DE ILLES BALEARS

COMUNIDAD AUTÓNOMA DE LA REGIÓN DE MURCIA

NORMATIVA ESTATAL
IMPUESTO SOBRE EL PATRIMONIO
2025
24. Ley 19/1991, de 6 de junio, que regula el IMPUESTO SOBRE EL PATRIMONIO

25. Real Decreto 1704/1999, de 5 de noviembre, por el que se determinan los REQUISITOS Y CONDICIONES DE LAS ACTIVIDADES EMPRESARIALES Y PROFESIONALES Y DE LAS PARTICIPACIONES EN ENTIDADES PARA LA APLICACIÓN DE LAS EXENCIONES correspondientes en el Impuesto sobre el Patrimonio

COMUNIDADES AUTÓNOMAS DE RÉGIMEN COMÚN
IMPUESTO SOBRE EL PATRIMONIO
NORMAS AUTONÓMICAS
2025

COMUNIDAD AUTÓNOMA DE ANDALUCÍA

COMUNIDAD AUTÓNOMA DE ARAGÓN

COMUNIDAD AUTÓNOMA DE CANARIAS

COMUNIDAD AUTÓNOMA DE CANTABRIA

COMUNIDAD AUTÓNOMA DE LA RIOJA

COMUNIDAD AUTÓNOMA DEL PRINCIPADO DE ASTURIAS

COMUNIDAD AUTÓNOMA DE LA REGIÓN DE MURCIA

NORMATIVA ESTATAL
IMPUESTO TEMPORAL DE SOLIDARIDAD DE LAS GRANDES FORTUNAS

41. Ley 38/2022, de 27 de diciembre, para el establecimiento de gravámenes temporales energético y de entidades de crédito y establecimientos financieros de crédito y por la que se crea el IMPUESTO TEMPORAL DE SOLIDARIDAD DE LAS GRANDES FORTUNAS, y se modifican determinadas normas tributarias

NORMATIVA ESTATAL
IMPUESTO SOBRE LA RENTA DE NO RESIDENTES
2025
42. Real Decreto Legislativo 5/2004, de 5 de marzo, por el que se aprueba el TEXTO REFUNDIDO DE LA LEY DEL IMPUESTO SOBRE LA RENTA DE NO RESIDENTES

TEXTO REFUNDIDO DE LA LEY DEL IMPUESTO SOBRE LA RENTA DE NO RESIDENTES

NORMATIVA ESTATAL

IMPUESTO SOBRE LA RENTA DE LAS PERSONAS FÍSICAS 2025

1. Ley 35/2006, de 28 de noviembre, del IMPUESTO SOBRE LA RENTA DE LAS PERSONAS FÍSICAS y de modificación parcial de las Leyes de los Impuestos sobre Sociedades, sobre la Renta de No Residentes y sobre el Patrimonio

(BOE núm. 285, de 29 de noviembre de 2006)

(Corrección de errores, BOE núm. 57, de 7 de marzo de 2007)[1]

---

[1] Desde la entrada en vigor la Ley 35/2006, de 28 de noviembre, se ha visto afectada por:
 – Real Decreto-ley 3/2025, de 1 de abril, por el que se establece el programa de incentivos ligados a la movilidad eléctrica (MOVES III) para el año 2025, nueva redacción a la Disposición adicional quincuagésima octava.
 – Ley Orgánica 1/2025, de 2 de enero, de medidas en materia de eficiencia del Servicio Público de Justicia, modifica las letras d), e) y k) del art. 7, art. 64 y art. 75.
 – Real Decreto-ley 9/2024, de 23 de diciembre, por el que se adoptan medidas urgentes en materia económica, tributaria, de transporte, y de Seguridad Social, y se prorrogan determinadas medidas para hacer frente a situaciones de vulnerabilidad social, modifica el art. 96.3, disposición adicional quincuagésima, quincuagésima quinta y quincuagésima octava, disposición transitoria trigésima segunda.
 Resolución de 22 de enero de 2025, del Congreso de los Diputados, por la que se ordena la publicación del Acuerdo de derogación del Real Decreto-ley 9/2024, de 23 de diciembre.
 – Ley 7/2024, de 20 de diciembre, por la que se establecen un Impuesto Complementario para garantizar un nivel mínimo global de imposición para los grupos multinacionales y los grupos nacionales de gran magnitud, un Impuesto sobre el margen de intereses y comisiones de determinadas entidades financieras y un Impuesto sobre los líquidos para cigarrillos electrónicos y otros productos relacionados con el tabaco, y se modifican otras normas tributarias, modifica el art. 66, 76, núm. 2º de la letra e) del apartado 2 del art. 93 y se añade una disposición adicional sexagésima.
 – Real Decreto-ley 4/2024, de 26 de junio, por el que se prorrogan determinadas medidas para afrontar las consecuencias económicas y sociales derivadas de los conflictos en Ucrania y Oriente Próximo y se adoptan medidas urgentes en materia fiscal, energética y social por el que se modifica el art. 20, el art. 96.3, la disposición adicional quincuagésima séptima y se incorpora la Disposición adicional quincuagésima novena.
 – Real Decreto-ley 8/2023, de 27 de diciembre, por el que se adoptan medidas para afrontar las consecuencias económicas y sociales derivadas de los conflictos en Ucrania y Oriente Próximo, así como para paliar los efectos de la sequía que modifica los apartados 5 y 6 del artículo 96, la Disposición adicional quincuagésima y la Disposición transitoria trigésima segunda.
 – Real Decreto-ley 5/2023, de 28 de junio, por el que se adoptan y prorrogan determinadas medidas de respuesta a las consecuencias económicas y sociales de la Guerra de Ucrania, de apoyo a la reconstrucción de la isla de La Palma y a otras situaciones de vulnerabilidad; de transposición de Directivas de la Unión Europea en materia de modificaciones estructurales de sociedades mercantiles y conciliación de la vida familiar y la vida profesional de los progenitores y los cuidadores; y de ejecución y cumplimiento del Derecho de la Unión Europea, incorpora la Disposición adicional quincuagésima octava.
 – Ley 12/2023, de 24 de mayo, por el derecho a la vivienda, modifica el art. 23.2 e incorpora la Disposición transitoria trigésima octava.
 – Ley 6/2023, de 17 de marzo, de los Mercados de Valores y de los Servicios de Inversión, incorpora el punto cuatro a la disposición adicional trigésima octava.
 – Ley 31/2022, de 23 de diciembre, de Presupuestos Generales del Estado para el año 2023, nueva redacción del art. 20, art. 32.2.1º.a), art. 52.1, art. 66, art. 76, art. 81, art. 93.2.e).2º, art. 96.3, 101.3 y 9, Disposición adicional decimosexta, Disposición adicional cuadragésima séptima, título y apartado 3, y la Disposición transitoria trigésimo segunda. Se incorpora la Disposición adicional quincuagésima tercera, la Disposición adicional quincuagésima cuarta y la Disposición adicional quincuagésima quinta.

I. Ley 35/2006, de 28 de noviembre, del IMPUESTO SOBRE
LA RENTA DE LAS PERSONAS FÍSICAS y de modificación
parcial de las Leyes de los Impuestos sobre Sociedades

– Ley 30/2022, de 23 de diciembre, por la que se regulan el sistema de gestión de la Política Agrícola Común y otras materias conexas, modificada la letra a) del apartado 1 de la disposición adicional quinta.

– Ley 28/2022, de 21 de diciembre, de fomento del ecosistema de las empresas emergentes, incorpora la letra m) al art. 14.2, da nueva redacción art. 42.3.f), incorpora la letra g) al art. 43.1.1°, nueva redacción al art. 68.1. y art. 93 y se incorpora la Disposición adicional quincuagésima tercera.

– Real Decreto-ley 18/2022, de 18 de octubre, por el que se aprueban medidas de refuerzo de la protección de los consumidores de energía y de contribución a la reducción del consumo de gas natural en aplicación del «Plan + seguridad para tu energía (+SE)», así como medidas en materia de retribuciones del personal al servicio del sector público y de protección de las personas trabajadoras agrarias eventuales afectadas por la sequía, modifica el art. 87.3 y la Disposición adicional quincuagésima.

– Real Decreto-ley 13/2022, de 26 de julio, por el que se establece un nuevo sistema de cotización para los trabajadores por cuenta propia o autónomos y se mejora la protección por cese de actividad, modifica el art. 96.2.

– Ley 12/2022, de 30 de junio, de regulación para el impulso de los planes de pensiones de empleo, por la que se modifica el texto refundido de la Ley de Regulación de los Planes y Fondos de Pensiones, aprobado por Real Decreto Legislativo 1/2002, de 29 de noviembre, modifica el art. 52.1 y la disposición adicional decimosexta e incorpora la disposición adicional quincuagésima segunda.

– Ley 10/2022, de 14 de junio, de medidas urgentes para impulsar la actividad de rehabilitación edificatoria en el contexto del Plan de Recuperación, Transformación y Resiliencia, añade la letra g) a la disposición adicional decimotercera.3, se incorporada la nueva Disposición adicional quincuagésima y se modifica la disposición adicional quinta.4.

– Real Decreto-ley 6/2022, de 29 de marzo, por el que se adoptan medidas urgentes en el marco del Plan Nacional de respuesta a las consecuencias económicas y sociales de la guerra en Ucrania, incorpora la disposición adicional quincuagésima primera.

– Ley 5/2022, de 9 de marzo, por la que se modifican la Ley 27/2014, de 27 de noviembre, del Impuesto sobre Sociedades, y el texto refundido de la Ley del Impuesto sobre la Renta de no Residentes, aprobado mediante Real Decreto Legislativo 5/2004, de 5 de marzo, en relación con las asimetrías híbridas, nueva redacción del art. 39.

– Ley 2/2022, de 24 de febrero, de medidas financieras de apoyo social y económico y de cumplimiento de la ejecución de sentencias, nueva redacción art. 7.y).

– Ley 22/2021, de 28 de diciembre, de Presupuestos Generales del Estado para el año 2022, modifica el art. 51.5, art. 52.1, disposición adicional decimosexta y Disposición transitoria trigésimo segunda.

– Decreto-ley 25/2021, de 8 de noviembre, de medidas en materia de Seguridad Social y otras medidas fiscales de apoyo social, nueva redacción a la letra c) del apartado 1 de la disposición adicional quinta.

– Real Decreto-ley 19/2021, de 5 de octubre, de medidas urgentes para impulsar la actividad de rehabilitación edificatoria en el contexto del Plan de Recuperación, Transformación y Resiliencia, añade la letra g) a la disposición adicional decimotercera.3, se incorporada la nueva Disposición adicional quincuagésima y se modifica disposición adicional quinta.4.

– Ley 11/2021, de 9 de julio, de medidas de prevención y lucha contra el fraude fiscal, de transposición de la Directiva (UE) 2016/1164, del Consejo, de 12 de julio de 2016, por la que se establecen normas contra las prácticas de elusión fiscal que inciden directamente en el funcionamiento del mercado interior, de modificación de diversas normas tributarias y en materia de regulación del juego por la que se modifica el art. 14.2.h), art. 32.2, art. 36, art. 91 y la letra a) del apartado 1 y la letra a) del apartado 2 del art. 94, se añaden los apartados 6 y 7 a la disposición adicional decimotercera y la Disposición transitoria trigésima sexta.

– Ley 11/2020, de 30 de diciembre, de Presupuestos Generales del Estado para el año 2021, modifica los arts. 51, 52, 63.1, 66, 76, 101.1, 93.2 disposición adicional 16 y transitoria 32.

– Real Decreto-ley 39/2020, de 29 de diciembre, de medidas financieras de apoyo social y económico y de cumplimiento de la ejecución de sentencias, nueva redacción art. 7.y), derogado y tramitado por la Ley 2/2022, de 24 de febrero.

– Real Decreto-ley 35/2020, de 22 de diciembre, de medidas urgentes de apoyo al sector turístico, la hostelería y el comercio y en materia tributaria, añade la Disp. Adic. cuadragésima novena, modifica el art. 42.1.a) LIRPF.

– Ley 8/2020, de 16 de diciembre, por la que se adoptan determinadas medidas urgentes en materia de agricultura y alimentación, nueva redacción letra b) del art. 14.1 y letra c) art. 14.2 y añade la letra l) al art. 14.2 LIRPF.

– Real Decreto-ley 5/2020, de 25 de febrero, por el que se adoptan determinadas medidas urgentes en materia de agricultura y alimentación, modifica la redacción del art. 14.1.b) y art. 14.2.c) e incorpora la letra l) al art. 14.2 de la LIRPF, modifica la redacción del art. 14.1.b) y art. 14.2.c) e incorpora la letra l) al art. 14.2 de la LIRPF y deroga el Real Decreto-Ley 3/2020.

– Real Decreto-Ley 3/2020, de 4 de febrero, de medidas urgentes por el que se incorporan al ordenamiento jurídico español diversas directivas de la Unión Europea en el ámbito de la contratación pública en determinados sectores; de seguros privados; de planes y fondos de pensiones; del ámbito tributario y de litigios fiscales modifica el epígrafe 3º del apartado 2.a) del art. 17.

– Real Decreto-ley 18/2019, de 27 de diciembre, por el que se adoptan determinadas medidas en materia tributaria, catastral y de seguridad social, modifica la disposición transitoria trigésimo segunda.

– Real Decreto-ley 27/2018, de 28 de diciembre, por el que se adoptan determinadas medidas en materia tributaria y catastral, modifica letra h) del art. 7 y Disposición transitoria trigésimo segunda.

– Real Decreto-ley 26/2018, de 28 de diciembre, por el que se aprueban medidas de urgencia sobre la creación artística y la cinematografía, modifica el art. 101.4.

– Ley 6/2018, de 3 de julio, de Presupuestos Generales del Estado para el año 2018, modifica el art. 20, art. 68.1.1.º y art. 68.4.1º y 2º, art. 81, art. 81 bis.1, art. 96.2 y 3, art. 101.1, 2, 3, 4, 5, 8 y 11, el apartado dos de la disposición adicional trigésima tercera, el apartado tres de la disp. adic. Cuadragésima segunda. Incorpora el apartado cuarto de la disp. adic. Cuadragésima segunda, la disposición adicional cuadragésima séptima y octava, la Disposición transitoria trigésima tercera, cuarta y quinta.

– Real Decreto-ley 20/2017, de 29 de diciembre, por el que se prorrogan y aprueban diversas medidas tributarias y otras medidas urgentes en materia social, nueva redacción de la Disposición transitoria trigésima segunda.

– Ley 6/2017, de 24 de octubre, de Reformas Urgentes del Trabajo Autónomo, nueva redacción de art. 30.2 regla 5ª.

– Real Decreto-Ley 1/2017, de 20 de enero, de medidas urgentes de protección de consumidores en materia de cláusulas suelo, incorpora la Disposición adicional cuadragésima quinta.

– Ley 48/2015, de 29 de octubre, de Presupuestos Generales del Estado para el año 2016, modifica la regla 5.ª del apartado 2 del art. 30 y la letra c) del apartado 3 del art. 42 e incorpora la Disposición transitoria trigésima segunda.

– Ley 25/2015, de 28 de julio, de mecanismo de segunda oportunidad, reducción de la carga financiera y otras medidas de orden social, modifica el art. 81.bis e incorpora la disposición adicional cuadragésima segunda y tercera.

– Ley 20/2015, de 14 de julio, de ordenación, supervisión y solvencia de las entidades aseguradoras y reaseguradoras que modifica el art. 99.2 y las letras g) y h) del art. 105.2.

– Real Decreto-ley 9/2015, de 10 de julio, de medidas urgentes para reducir la carga tributaria soportada por los contribuyentes del Impuesto sobre la Renta de las Personas Físicas y otras medidas de carácter económico, se modifica el art. 7 letra y), apartado 3 y la letra a) del apartado 5 del artículo 101, la disposición adicional trigésima primera, la disposición adicional trigésima segunda y, se añade un nuevo apartado cuarto a la disposición adicional quinta.

– Real Decreto-Ley 6/2015, de 14 de mayo, por el que se modifica la Ley 55/2007, de 28 de diciembre, del Cine, se conceden varios créditos extraordinarios y suplementos de créditos en el presupuesto del Estado y se adoptan otras medidas de carácter tributario, incorpora la Disposición adicional cuadragésima cuarta.

– Real Decreto-Ley 1/2015, de 27 de febrero, de mecanismo de segunda oportunidad, reducción de carga financiera y otras medidas de orden social, modifica el art. 81.bis e incorpora la disposición adicional cuadragésima segunda y tercera.

– Ley 36/2014, de 26 de diciembre, de Presupuestos Generales del Estado para el año 2015 (BOE núm. 315, de 30 de diciembre de 2014), regula la compensación fiscal por percepción de determinados rendimientos del capital mobiliario con período de generación superior a dos años en 2014 (Disposición Transitoria Tercera).

– Ley 26/2014, de 27 de noviembre, por la que se modifican la Ley 35/2006, de 28 de noviembre, del Impuesto sobre la Renta de las Personas Físicas, el texto refundido de la Ley del Impuesto sobre la Renta de no Residentes, aprobado por el Real Decreto Legislativo 5/2004, de 5 de marzo, y otras normas tributarias, que modifica la letra e), j), ñ), w) y suprime la letra y) del art. 7, modifica art. 8.3, art. 11.3 y 5, art. 14.2.c) y añade nueva letra k), modifica art. 17.1.f), art. 18.2y 3, art. 19.2, art. 20, art. 23.2 y 3, modifica la letra e) del apartado 1, el número 1.º) de la letra a) del apartado 3, y el apartado 6 del artículo 25, art. 26.2, art. 27, art. 30, art. 31.1., art. 32.1 y 2, art. 33.3.a) y d), art. 35, letras a), b) y c) del apartado 1 del artículo 37, y el apartado 2 del mismo artículo, suprime apartado 4 del art. 37, modifica el art. 38, el apartado 2 del artículo 42 y se añade un nuevo apartado 3 a dicho artículo, letras a), b) y f) del número 1.º del apartado 1 del artículo 43, art. 46, art. 48, art. 49.1, art. 50.1 y 2, art. 51.3, 5 y 7, art. 52.1, art. 57, art. 58, art. 59, art. 60, art. 61, suprime el art. 61.bis, modifica el art. 63.1, art. 64, art. 65, art. 66, el número 1.º del apartado 1 del artículo 68, art. 68.2 y 3, el número 1.º del apartado 1 del artículo 68, suprime los apartados 6 y 7 del artículo 68, modifica el art. 75, art. 76, art. 77.1, art. 79, art. 80.3, suprime el art. 80.bis, añade art. 80.bis, modifica art. 85.1 y 2, art. 91, art. 93, letra c) del apartado 1 del artículo 94, añade una Sección 7.ª en el Título X con el nuevo art. 95.bis, modifica art. 99.5, art. 100.1, apartados 1, 2, 3, 4, 5 y 6 del artículo 101, art. 103.1 y 2, art. 104.5, letra f) del apartado 2 del artículo 105, letra g) de la disposición adicional tercera, modifica la disposición adicional séptima, disposición adicional duodécima, disposición adicional decimosexta, disposición adicional vigésima, disposición adicional vigésima primera, disposición adicional vigésima cuarta, disposición adicional vigésima sexta, disposición adicional trigésima primera, disposición adicional trigésima sexta, disposición adicional cuadragésima, disposición transitoria cuarta, disposición transitoria sexta, los apartados 5 y 6 de la disposición transitoria séptima y se añade un apartado 7, modifica la disposición transitoria novena, nuevo apartado 3 a la disposición transitoria undécima, nuevo apartado 4 a la disposición transitoria duodécima, suprime la disposición transitoria decimotercera, modifica la disposición transitoria decimoquinta, disposición transitoria decimoséptima, disposición transitoria decimonovena, nuevo apartado 3 a la disposición transitoria vigésima segunda, modifica la disposición transitoria vigésima quinta, añade las disposiciones transitorias vigésima octava, vigésima novena, t trigésima, trigésima primera y añade una disposición adicional cuadragésima primera.

– Real Decreto-ley 8/2014, de 4 de julio, de aprobación de medidas urgentes para el crecimiento, la competitividad y la eficiencia, incorpora la letra de d) al apartado 4 del art. 33 y las disposiciones adicionales trigésima novena y cuadragésima. Posteriormente tramitado mediante la Ley 18/2014, de 15 de octubre, de aprobación de medidas urgentes para el crecimiento, la competitividad y la eficiencia (BOE núm. núm. 252, de 17/ de octubre de 2014).

– Ley 22/2013, de 23 de diciembre, de Presupuestos Generales del Estado para el año 2014 establece los coeficientes de actualización del valor de adquisición, se modifica la disposiciones adicionales vigésima quinta, séptima y trigésima quinta, disposiciones transitorias vigésima, vigésima tercera y establece la compensación fiscal por percepción de determinados rendimientos del capital mobiliario con período de generación superior a dos años en 2013.

– Ley 16/2013, de 29 de octubre, por la que se establecen determinadas medidas en materia de fiscalidad medioambiental y se adoptan otras medidas tributarias y financieras, incorpora regla 6ª al art. 30.2, modifica letra b) del art. 96.2, art. 100.4, apartado primero Disp. Adicional 13ª y apartado 3 de la disposición derogatoria segunda.

– Ley 14/2013, de 27 de septiembre, de apoyo a los emprendedores y su internacionalización, suprime letra c) del art. 33.4 y la disposición adicional trigésima cuarta; nueva redacción de los arts. 38, 67.1, 68.1 y 2, 69.2, 70.1, 77.1, 105.2.e) y disposición adicional trigésima octava y, añade una nueva disposición transitoria vigésima séptima.

– Ley 11/2013, de 26 de julio, de medidas de apoyo al emprendedor y de estímulo del crecimiento y de la creación de empleo, modifica art. 7.n), suprime el art. 14.2.c) y añade el apartado 3 del art. 32 y la disposición adicional trigésima octava.

– Real Decreto-ley 4/2013, de 22 de febrero, de medidas de apoyo al emprendedor y de estímulo del crecimiento y de la creación de empleo, nueva redacción del art. 7.n), supresión del art. 14.2.c), incorporación del art. 32.3 y disposición adicional trigésima octava.

– Ley 17/2012, de 27 de diciembre, de Presupuestos Generales del Estado para el año 2013 establece los coeficientes de actualización del valor de adquisición y la compensación fiscal por percepción de determinados rendimientos del capital mobiliario con período de generación superior a dos años en 2012.

– Ley 16/2012, de 27 de diciembre, por la que se adoptan diversas medidas tributarias dirigidas a la consolidación de las finanzas públicas y al impulso de la actividad económica, modifica el art. 14.3, art. 17.1.f), art. 18.2, art. 33.5.d), art. 43.1.1.º a) y d), art. 46.b), art. 48, art. 67.1, art. 69.2, art. 70.1, art. 77.1, art. 96.4, disposición adicional vigésima, vigésima quinta.1, vigésima séptima., trigésima tercera y disposición transitoria vigésima; incorpora apartados, 5 y 6, en la disposición transitoria séptima, la disposición transitoria decimoctava, vigésima cuarta, vigésima quinta y vigésima sexta; suprime, art. 7.ñ), el art. 68.1, art. 78.

– Ley 8/2012, de 30 de octubre, sobre saneamiento y venta de los activos inmobiliarios del sector financiero incorpora la Disposición adicional trigésima séptima

– Ley 7/2012, de 29 de octubre, de modificación de la normativa tributaria y presupuestaria y de adecuación de la normativa financiera para la intensificación de las actuaciones en la prevención y lucha contra el fraude da nueva redacción al arts. 31.1, 39 y 98.1.

– Real Decreto-ley 20/2012, de 13 de julio, de medidas para garantizar la estabilidad presupuestaria y de fomento de la competitividad, suprime letra c) de la Disposición decimotercera, da nueva redacción al art. 101.3, 101.5.a) e incorpora la disposición transitoria vigésima tercera.

– Ley 3/2012, de 6 de julio, de medidas urgentes para la reforma del mercado laboral, modifica el art. 7.e) e incorpora la disposición vigésima segunda.

– Ley 2/2012, de 29 de junio, de Presupuestos Generales del Estado para el año 2012 establece los coeficientes de actualización del valor de adquisición, recoge las compensaciones fiscales por deducción en adquisición de vivienda habitual y por rendimientos de capital mobiliario con período de generación superior a dos años e incorpora la Disposición adicional trigésima quinta.

– Real Decreto-ley 18/2012, de 11 de mayo, sobre saneamiento y venta de los activos inmobiliarios del sector financiero, incorpora la Disposición adicional trigésima séptima.

– Real Decreto-ley 12/2012, de 30 de marzo, introduce diversas medidas tributarias y administrativas dirigidas a la reducción del déficit público, modifica la disposición adicional trigésima.

– Real Decreto-ley 6/2012, de 9 de marzo, de medidas urgentes de protección de deudores hipotecarios sin recursos, añade una disposición adicional trigésima sexta.

– Real Decreto-ley 20/2011, de 30 de diciembre, de medidas urgentes en materia presupuestaria, tributaria y financiera para la corrección del déficit público, incorpora la disposición adicional trigésima quinta y modifica el art. 68.1, se añade una disposición adicional vigésima tercera, se suprime la disposición transitoria decimoctava y nueva redacción a la disposición adicional vigésima quinta, vigésima séptima y disposición transitoria vigésima.

– Ley 27/2011, de 1 de agosto, sobre actualización, adecuación y modernización del sistema de Seguridad Social, entrando en vigor el día 1 de enero de 2013, incorpora penúltimo párrafo al apartado 5 del artículo 51, añade a la letra b) del art. 52.1 y a la disposición adicional decimosexta, nuevo texto.

– Real Decreto-ley 8/2011, de 1 de julio, de medidas de apoyo a los deudores hipotecarios, de control del gasto público y cancelación de deudas con empresas y autónomos contraídas por las entidades locales, de fomento de la actividad empresarial e impulso de la rehabilitación y de simplificación administrativa, modifica el art. 33.4 e incorpora la Disposición adicional trigésima cuarta.

– Ley 13/2011, de 27 de mayo, de regulación del juego que incorpora la disposición adicional trigésima tercera.

– Ley 2/2011, de 4 de marzo, de Economía Sostenible, modifica el número 2.º del artículo 32.2, el apartado 2 de la disposición derogatoria segunda, incorpora la Disposición adicional trigésima primera y la Disposición adicional trigésima segunda.

– Ley 40/2010, de 29 de diciembre, de almacenamiento geológico de dióxido de carbono, modifica apartados 1 y 2 del artículo 94.

– Ley 39/2010, de 22 de diciembre, de Presupuestos Generales del Estado para el año 2011, modifica los arts. 18.2, 20, 23.2, 32, 57 a 61, 63, 66.1, 68, 74, 76, 94, apartados 1 y 2, las disposiciones adicionales 25, 26, e incorpora las disposiciones transitorias 18 a 20 y suprime el art. 81.bis.

– Real Decreto-ley 8/2010, de 20 de mayo, por el que se adoptan medidas extraordinarias para la reducción del déficit público, suprime el Artículo 81.bis y da nueva redacción al artículo 103 (apdos. 1 y 2 con efectos desde el 1 de enero de 2011) y la Disposición adicional vigesimosexta.

– Real Decreto-ley 6/2010, de 9 de abril, de medidas para el impulso de la recuperación económica y el empleo (BOE núm. 89 de 13 de 4 de abril 4/2010), incorpora la letra h) al apartado 2 del artículo 42 y la Disposición adicional vigésimo novena. Deducción por obras de mejora en la vivienda habitual.

– Ley 2/2010, de 1 de marzo de 2010, por la que se trasponen determinadas Directivas en el ámbito de la imposición indirecta y se modifica la Ley del Impuesto sobre la Renta de no Residentes para adaptarla a la normativa comunitaria, nueva redacción del artículo 7.ñ).

– Ley 27/2009, de 30 de diciembre, de medidas urgentes para el mantenimiento y el fomento del empleo y la protección de las personas desempleadas, nueva redacción del artículo 7.e).

– Ley 26/2009, de 23 de diciembre, de Presupuestos Generales del Estado para el año 2010, otorga nueva redacción a los artículos 7 (apdo. n), 20, 32, 57, 58, 59, 60, 61 (apdo. 4), 63, 66, 74, 76, 80 bis, 93, y 101; Disposición adicional quinta (apdo.1) e incorpora adicional vigésima séptima, adicional vigésima octava, y transitoria decimoséptima.

– Ley 22/2009, de 18 de diciembre, por la que se regula el sistema de financiación de las Comunidades Autónomas de régimen común y Ciudades con Estatuto de Autonomía y se modifican determinadas normas tributarias, nueva redacción a los art. 3, 15 (apdo. 4), 56 (apdo. 3), 63, 65, 66 (apdo. 1), 67 (apdo. 1), 68 (apdo. 1), 74, 75, 76, 77, 78 y 84 (apdo. 2) e incorpora la Disposiciones transitoria decimoquinta y transitoria decimosexta

– la Ley 11/2009, de 26 de octubre, por la que se regulan las Sociedades Anónimas Cotizadas de Inversión en el Mercado Inmobiliario, da nueva redacción al art. 46.

– Real Decreto-ley 3/2009, de 27 de marzo, de medidas urgentes en materia tributaria, financiera y concursal ante la evolución de la situación económica, por el que se deroga la disposición adicional vigésima tercera y se da nueva redacción al apartado 3 de la disposición derogatoria segunda.

– Ley 2/2008, de 23 de diciembre, de Presupuestos Generales del Estado para el año 2009, estable los coeficientes de actualización para los valores de adquisición y modifica los artículos 20, 32.2, 57, 58, 59, 60, 61.4ª, 63.1, 74.1, 84 y 96.2 y 3.

– Real Decreto-Ley 2/2008, de 21 de abril, de medidas de impulso a la actividad económica, por el que introduce un nuevo beneficio fiscal consistente en reducir el importe de la cuota líquida total de los perceptores de rendimientos del trabajo y actividades económicas hasta en 400 euros anuales, por este motivo se modifican los artículos 79 y 101.1 y se incorpora el artículo 80.bis.

– Ley 55/2007, de 28 de diciembre, del Cine (modifica los apartados 3 y 4 de la Disposición derogatoria segunda).

– Ley 51/2007, de 26 de diciembre de Presupuestos Generales del Estado para el 2008, establece los coeficientes de actualización del valor de adquisición, modifica los artículos 20, 32.2.1º, 50, 57, 58, 59, 60, 61.4ª, 63.1, 67.1, 68.7, 74.1 y recoge las compensaciones fiscales por deducción en adquisición de vivienda habitual y por rendimientos de capital mobiliario con período de generación superior a dos años.

– Ley 41/2007, de 7 de diciembre, por la que se modifica la Ley 2/1981, de 25 de marzo, de Regulación del Mercado Hipotecario y otras normas del sistema hipotecario y financiero, de regulación de las hipotecas inversas y el seguro de dependencia y por la que se establece determinada norma tributaria (regula aspectos de la hipoteca inversa y el seguro de dependencia).

Exposición de motivos

I. Antecedentes

El Impuesto sobre la Renta de la Personas Físicas es un tributo de importancia fundamental para hacer efectivo el mandato del artículo 31 de la Constitución Española, que exige la contribución de todos «... al sostenimiento de los gastos públicos de acuerdo con su capacidad económica mediante un sistema tributario justo inspirado en los principios de igualdad y progresividad que, en ningún caso, tendrá alcance confiscatorio».

La idea de un impuesto personal sobre la renta de las personas físicas de carácter general, personal y progresivo, se introdujo en España con la reforma tributaria de 1978, si bien ha conocido diferentes modelos derivados de los distintos objetivos de política económica y social que se han articulado a través de esta figura impositiva.

El proceso se inició con la Ley 44/1978, norma que llevó hasta sus últimas consecuencias la idea de generalidad y comunicación entre las diferentes fuentes de renta, de manera que se diseñó un impuesto sintético en el que la compensación entre cualquiera de ellas se permitió con absoluta libertad. Con el tiempo, el diseño inicial hubo de ser rectificado en dos aspectos básicos: de un lado, la total libertad en la compensación de rentas propició que aquellas que podían realizarse con absoluta discrecionalidad, caso de las pérdidas patrimoniales, se utilizaran como instrumento para reducir el impuesto a satisfacer por el resto de fuentes de renta. De otro, la acumulación obligatoria de las rentas de la unidad familiar, en un impuesto de naturaleza progresiva que considera como contribuyente al individuo, estuvo en el origen de la Sentencia del Tribunal Constitucional de 20 de febrero de 1989 y obligó a modificar la regulación del impuesto para adecuarlo a su naturaleza esencialmente individual.

Estas modificaciones se consolidaron en la posterior evolución del impuesto. Así, las posteriores regulaciones ya no configuraron un impuesto absolutamente sintético, sino que mantuvieron la diferenciación en el tratamiento fiscal de determinadas fuentes de renta, en especial las ganancias y pérdidas patrimoniales, respecto del resto, y al tiempo configuraron el impuesto con un carácter marcadamente individual, quedando la tributación conjunta como una opción para aquellas unidades familiares que así lo decidieran. En particular, en las sucesivas reformas se ha venido manteniendo una definición muy similar de las diferentes categorías de renta y de los supuestos de no sujeción y exención, es decir, de los conceptos básicos en la determinación de la renta.

– Ley 35/2007, de 15 de noviembre, por la que se establece la deducción por nacimiento o adopción en el Impuesto sobre la Renta de las Personas Físicas y la prestación económica de pago único de la Seguridad Social por nacimiento y adopción, [incorpora el apartado z] al artículo 7, artículo 81.bís, y la disposición adicional vigésimo sexta y, modifica los apartados 1 y 2 del artículo 103]. El artículo 6 del Real Decreto-Ley 8/2010, de 20 de mayo, por el que se adoptan medidas extraordinarias para la reducción del déficit público, suprime el art. 81.bis y da nueva redacción a los apartados 1 y 2 del artículo 103
– Ley Orgánica 8/2007, de 4 de agosto, sobre Financiación de los partidos políticos incorpora el nuevo artículo 61.bis, que establece una nueva deducción en la base imponible por cuotas de afiliación y restantes aportaciones realizadas a partidos políticos.
– Ley 42/2006, de 28 de diciembre, de Presupuestos Generales del Estado para 2007, establece los coeficientes de actualización del valor de adquisición y la compensación fiscal por arrendamiento y adquisición de vivienda habitual.

Las últimas de estas reformas del IRPF, la de la Ley 40/1998 y la de la Ley 46/2002, han supuesto una reducción tanto de los tipos de gravamen como del número de tramos de la escala, al tiempo que han sustituido las deducciones en la cuota en concepto de circunstancias personales y familiares por reducciones en la base imponible, y han mantenido, en buena medida, la diversidad en el tratamiento de las distintas fórmulas del ahorro.

En cuanto al Impuesto sobre Sociedades, en los últimos años se ha producido una mayor aproximación entre las normas fiscales de cálculo de la base imponible y el resultado contable, manteniendo una estabilidad en los tipos nominales de gravamen e incorporando numerosos incentivos fiscales. Al mismo tiempo, se ha ampliado sustancialmente el ámbito de aplicación del régimen fiscal de las pequeñas y medianas empresas.

La creciente globalización de la economía está introduciendo una importante preocupación por la productividad y el crecimiento económico. Va acompañada de nuevas tendencias en la fiscalidad internacional, en las que se destacan la reducción de tipos nominales para empresas y personas físicas, la simplificación de tarifas e incentivos fiscales, así como la búsqueda de una disminución en la tributación del factor trabajo. Al mismo tiempo cabe señalar, como factores relevantes, el intento de lograr una mayor homogeneidad en el tratamiento fiscal del ahorro, vinculado sin duda a la creciente libertad de circulación de capitales, y una mayor importancia relativa de la imposición medioambiental.

La reforma que se aborda se inscribe en este marco. Se profundiza en la modernización del sistema tributario español con una visión estratégica e integral que contribuirá a la mejora del modelo de crecimiento y de la competitividad, planteamiento que se adecua a la realidad social y económica de España. Las novedades que se proponen se incorporan en el cuerpo normativo actual, manteniendo en lo posible la estructura de los textos actualmente vigentes y el contenido que se considera adecuado. Por otra parte, la reforma relativa al Impuesto sobre Sociedades y a los impuestos medioambientales tiene una dimensión temporal, ya que está prevista su implantación gradual.

II. Objetivos y aspectos relevantes de la reforma

El Gobierno fijó como principios directores de la Política Económica el crecimiento sostenido y equilibrado, basado en la productividad, así como la mejora del bienestar y la cohesión social. Para ello, sobre la base del respeto al principio de estabilidad presupuestaria y suficiencia financiera, se han adoptado diversas iniciativas en materia presupuestaria, primando las políticas de gasto con impacto en la productividad, que se complementan con la reforma fiscal.

En este contexto, se actúa de manera inmediata sobre la tributación de la renta de las personas físicas y jurídicas, y se desarrollará en un futuro próximo la tributación medioambiental con el objetivo de mejorar la eficiencia energética y facilitar el equilibrio financiero de la reforma.

La reforma tiene como objetivos fundamentales mejorar la equidad y favorecer el crecimiento económico, al tiempo que persigue garantizar la suficiencia financiera para el conjunto de las administraciones públicas, favorecer la tributación homogénea del ahorro y abordar, desde la perspectiva fiscal, los problemas derivados del envejecimiento y la dependencia.

Sin perjuicio de la posterior descripción del contenido de la ley, hay determinados aspectos de la reforma que deben ser objeto de atención prioritaria.

1) Para la mejora de la equidad, se disminuye la carga tributaria soportada por las rentas del trabajo, elevando sustancialmente la reducción establecida para las mismas, especialmente para las rentas más bajas. Se trata de dispensar un tratamiento especial a este tipo de rentas por los siguientes motivos: compensar, mediante una cantidad a tanto alzado, los gastos generales en los que incurre un trabajador; reconocer la aportación que esta fuente de renta hace al conjunto de la base imponible; su facilidad de control y el que se trata de una renta no fundada o sin respaldo patrimonial.

Como novedad, esta reducción se aplicará también a determinados trabajadores autónomos que, por las especiales circunstancias en que desarrollan su actividad y por estar sus rentas controladas, reúnen características muy cercanas a las del trabajador por cuenta ajena.

2) Con idéntica finalidad de mejora de la equidad, se elevan los umbrales de rentas no sometidas a tributación, y se recupera la igualdad en el tratamiento de las circunstancias personales y familiares.

Hasta 1998, el tratamiento de las mismas se llevaba a cabo mediante deducciones en la cuota del impuesto. Desde 1999 fueron sustituidas por un mínimo personal y familiar, deducible de la base imponible, cuya función era cuantificar aquella parte de la renta que, por destinarse a satisfacer las necesidades básicas personales y familiares del contribuyente, se consideraba que no debería tributar por el Impuesto.

La consecuencia de este esquema de reducción en la base imponible, cuando se vincula a un impuesto con tarifa progresiva, es que el beneficio para el contribuyente es directamente proporcional a su nivel de renta (a mayor renta, mayor beneficio) ya que el mínimo personal y familiar opera a través del tipo marginal de cada contribuyente. Implica, por tanto, aceptar que una misma necesidad, como pudiera ser la manutención de un hijo, tenga una distinta consideración en el impuesto en función del nivel de renta de la familia.

Para asegurar una misma disminución de la carga tributaria para todos los contribuyentes con igual situación familiar, con independencia de su nivel de renta, se configura un extenso y flexible primer tramo, en el que se computan los mínimos destinados a reconocer las circunstancias personales y familiares. Por tanto, estos mínimos, técnicamente, se gravan a tipo cero. Esta estructura supone que los contribuyentes no tributan por las primeras unidades monetarias que obtienen y que destinan a cubrir las necesidades vitales, de forma que contribuyentes con iguales circunstancias personales y familiares logran el mismo ahorro, con lo que se mejora la progresividad del impuesto. La introducción de una cuantía a la que es de aplicación un tipo cero permite alcanzar el mismo efecto de equidad que se produce con la aplicación de las deducciones en la cuota.

En esta consideración de las circunstancias personales y familiares cabe efectuar una mención a la opción por la tributación conjunta. La política de no discriminación por razón de género y razones de simplificación de la gestión del impuesto podrían justificar su revisión. No obstante, se mantiene su tratamiento actual en el impuesto para evitar numerosos perjudicados en los matrimonios en los que alguno de sus miembros no puede acceder al mercado laboral, y por tanto obtiene rendimientos sólo uno de los cónyuges, como podrían ser los casos de determinados pensionistas con rentas de cuantía reducida, o de determinadas familias numerosas.

3) Con la finalidad de favorecer el crecimiento económico, se reduce a cuatro el número de tramos de la tarifa, en consonancia con las tendencias actuales en los países de la OCDE, y se introduce una notable ampliación del primero de ellos, lo que implicará que más del 70 %

de los contribuyentes de menores rentas vean simplificada su tributación. Por otra parte, por razones de incentivo al trabajo personal, se establece el tipo marginal máximo en el 43 %.

Es especialmente destacable, aunque quizás no tan fácilmente perceptible como la reducción de tipos, la ampliación que se produce en las cuantías que delimitan todos los tramos de la tarifa, pues implica una reducción adicional de los tipos de gravamen soportados. El objetivo es una menor tributación efectiva, lo que se consigue con la combinación de mínimos exentos más elevados y la estructura de la tarifa, en la que el primer tramo se alarga y engloba, por lo general, los mínimos personales.

4) Por razones de equidad y crecimiento, se otorga un tratamiento neutral a las rentas derivadas del ahorro, eliminando las diferencias no justificadas que existen actualmente entre los distintos instrumentos en los que se materializa. Con ello, a la vez que se simplificará la elección de los inversores, se incrementará la neutralidad fiscal de los distintos productos y se favorecerá la productividad y competitividad, mejorando la posición de nuestro país en un entorno internacional de libre circulación de capitales y de fuerte competencia. De esta manera, se aborda la modernización de la tributación del ahorro, asignatura pendiente de las reformas precedentes.

Se evita así que las diferencias en la presión fiscal que soportan los diferentes instrumentos distorsionen la realidad financiera del ahorro (como la denominada rentabilidad financiero-fiscal que mide una rentabilidad por completo ajena a las características intrínsecas del producto que se pretende comercializar), ya que ello configura un marco tributario caracterizado por la falta de transparencia y diferencias en la tributación que se utilizan con el objeto de mantener cautivas determinadas inversiones.

Para ello, se establece la incorporación de todas las rentas que la ley califica como procedentes del ahorro en una base única con tributación a un tipo fijo (18 %), idéntico para todas ellas e independiente de su plazo de generación, pues la globalización económica hace inútiles los intentos de fraccionar artificialmente los mercados financieros por tipos de activos o por plazos.

En relación con los dividendos, la jurisprudencia comunitaria obliga a otorgar un mismo tratamiento a los dividendos de fuente interna y a los de cualquier otro país miembro de la Unión Europea. En línea con las tendencias recientes, de retorno a un sistema clásico de no integración entre el Impuesto sobre la Renta de las Personas Físicas y el Impuesto sobre Sociedades, y con las reformas operadas en otros países de nuestro entorno, se ha simplificado su tributación mediante su incorporación a la base del ahorro y la aplicación de un mínimo exento que excluirá el gravamen, por este concepto, de numerosos contribuyentes.

5) Con el objeto de mejorar la cohesión social y de atender los problemas derivados del envejecimiento y la dependencia se incentivan aquellos instrumentos destinados a proporcionar unos ingresos complementarios de las pensiones públicas o a la cobertura de determinados riesgos.

En todos los países desarrollados se está registrando un proceso de envejecimiento de la población que, en el medio plazo, dificulta la sostenibilidad de los sistemas públicos de previsión social. Para hacer frente a este importante reto los países de la OCDE pusieron en marcha en el pasado medidas de carácter fiscal, incentivando el desarrollo de planes de pensiones privados de carácter complementario al sistema básico de la Seguridad Social. El objeto de estos regímenes es que los individuos puedan obtener, a través del sistema público y de su plan de pensiones privado, una prestación que permita la aproximación de sus rentas al último salario percibido durante su vida laboral.

Para el cumplimiento de este objetivo, el Impuesto intenta reorientar los incentivos fiscales a la previsión social complementaria hacia aquellos instrumentos cuyas percepciones se reciban de forma periódica, para lo cual se elimina la reducción del 40 por ciento anteriormente vigente para las retiradas del sistema del capital acumulado en forma de pago único. Adicionalmente, se conceden beneficios fiscales a los planes de previsión social empresarial y se prevé un nuevo producto de fomento del ahorro a largo plazo cuando se compromete la constitución de una renta vitalicia con el capital acumulado, el denominado plan individual de ahorro sistemático, si bien este opera de forma diferente a los demás al carecer de incentivo a la entrada.

Asimismo, por razones de equidad y de complementariedad con el sistema público de pensiones, se acotan los límites de las aportaciones. La experiencia de los últimos años demuestra que la media de aportación no ha superado los 2.000 euros, si bien se han incentivado de forma desproporcionada, y al margen de los objetivos de la previsión social, aportaciones muy elevadas para determinados contribuyentes con elevada capacidad económica.

La consideración de las aportaciones a estos sistemas como salario diferido, la acotación de los límites y el respeto al contexto de neutralidad en la tributación del ahorro, justifica que todos los instrumentos de previsión social que cumplan con las características exigidas apliquen el incentivo de la reducción en la base imponible, sin distinción entre ellos. Y todo ello con la menor incidencia posible en la normativa financiera reguladora los planes y fondos de pensiones.

6) Razones de equidad y de cohesión social aconsejan otorgar una especial atención al problema de la dependencia en España, incentivando, por primera vez desde el punto de vista fiscal, la cobertura privada de esta contingencia.

De esta forma se reconoce la realidad social española, en la que se da un incremento de la esperanza de vida que lleva asociado un problema de envejecimiento y dependencia de una buena parte de los ciudadanos, existiendo además otros factores que agudizan su dimensión en el sector de población que precisa de una atención especial.

Se configuran dos tipos de beneficios: los dirigidos a aquellas personas que sean ya dependientes, para las que se prevé la posibilidad de movilizar su patrimonio inmobiliario con vistas a obtener unos flujos de renta que les permita disponer de recursos para paliar las necesidades económicas, y, por otra parte, los dirigidos a aquellas personas que quieran cubrir un eventual riesgo de incurrir en una situación de dependencia severa o de gran dependencia.

Adicionalmente, dado que la vivienda habitual constituye una importante manifestación del ahorro familiar, se introducen en la ley mecanismos que permitan, en situaciones de dependencia severa o de gran dependencia, hacer líquida esta fuente de ahorro sin coste fiscal, lo que sin duda constituye un medio adicional de cobertura de esta contingencia.

7) Por razones de cohesión social, se da continuidad al apoyo fiscal a la adquisición de la vivienda habitual, manteniendo la base de deducción actual y homogeneizando los porcentajes aplicables.

8) Las medidas que se proponen deben determinar en el futuro un crecimiento económico que debería concretarse en una mayor recaudación. No obstante, pueden originar en una consideración estática una disminución de los ingresos.

En este sentido, esta Ley tiene en cuenta que las Comunidades Autónomas disponen de capacidad normativa, con el alcance previsto en el artículo 38 de la Ley 21/2001, de 27 de diciembre, por la que se regulan las medidas fiscales y administrativas del nuevo sistema de financiación de las Comunidades Autónomas de régimen común y Ciudades con Estatuto de Autonomía, por lo que podrán compensar, si así lo deciden mediante el ejercicio de esa competencia, el efecto estático de reducción de la recaudación mencionado en el apartado anterior.

En el texto de la norma se respeta el actual esquema de reparto de competencias en el impuesto, con la precisión efectuada respecto de la tarifa. No obstante, la negociación de un nuevo sistema de financiación para las Comunidades Autónomas podrá requerir, cuando el proceso esté concluido, una nueva regulación del título referido al gravamen autonómico y a las competencias normativas y gestoras atribuidas a aquellas.

9) La reforma del Impuesto sobre Sociedades será gradual, y responde a la necesidad de defender la posición competitiva de nuestras empresas en el ámbito comunitario, alcanzar una mayor coordinación fiscal con los países de nuestro entorno, simplificar la estructura del mismo y lograr una mayor neutralidad en su aplicación, fomentando la creación de empresas.

El principio de coordinación internacional exige que se tomen en consideración las tendencias básicas de los sistemas fiscales de nuestro entorno, más aún en el contexto de un Mercado Único europeo. Este principio halla su fundamento en la internacionalización de nuestra economía. Medidas tales como la reducción de tipos de gravamen, reducción que se ha ido produciendo paulatinamente en los diferentes Estados, y la simplificación de los incentivos fiscales son consecuencias de dicho principio.

Por lo que respecta a los incentivos fiscales, éstos han de justificarse con base en desequilibrios del mercado ya que el principio de neutralidad exige que la aplicación del tributo no altere el comportamiento económico de los sujetos pasivos y la localización de las inversiones, excepto que dicha alteración tienda a superar dichos desequilibrios. En muchos casos, los estímulos fiscales a la inversión son poco eficaces, presentan un elevado coste recaudatorio, complican la liquidación y generan una falta de neutralidad en el tratamiento fiscal de distintos proyectos de inversión.

Por ello, la eliminación de los incentivos simplificará enormemente la aplicación del tributo y facilitará su gestión por parte de la Administración tributaria, satisfaciendo así el principio de transparencia, que exige que las normas tributarias sean inteligibles y precisas y que de su aplicación se derive una deuda tributaria cierta.

Los aspectos mencionados constituyen la primera fase de la reforma prevista en el impuesto que se completará, en sus aspectos sustanciales, una vez se haya producido el desarrollo de la adecuación de la normativa contable a las Normas Internacionales de Contabilidad, dada su relación con el Impuesto sobre Sociedades.

10) Por razones de coherencia y de coordinación con la regulación de los Impuestos sobre la Renta de las Personas Físicas y sobre Sociedades, se introducen una serie de modificaciones en la Ley del Impuesto sobre la Renta de no Residentes, que además pretenden adecuar la normativa al derecho comunitario, y unos ajustes técnicos en la Ley del Impuesto sobre el Patrimonio.

Por último, con objeto de respetar las expectativas de quienes adquirieron determinados compromisos de inversión conforme a la legislación anterior, se mantiene el tratamiento fiscal actualmente vigente para determinados contratos o inversiones formalizados con anterioridad a la fecha de sometimiento a información pública de esta norma.

III. Contenido de la Ley

La presente Ley está estructurada en un Título preliminar, trece títulos y 108 artículos, junto con las correspondientes disposiciones adicionales, transitorias, derogatorias y finales.

En el Título preliminar se define como objeto del impuesto la renta del contribuyente, entendiendo por tal la suma de todos sus rendimientos, ganancias y pérdidas patrimoniales e imputaciones de rentas. Frente a la noción anterior de considerar como objeto del impuesto la renta disponible, es decir la resultante de disminuir las rentas totales obtenidas en el importe de las reducciones por circunstancias personales y familiares, se entiende, por las razones expuestas en el apartado II anterior, que la consideración de estas circunstancias en el momento del cálculo del impuesto elimina las discriminaciones no deseadas que introduce el sistema actual. Se mantiene en sus términos actuales la consideración del impuesto como parcialmente cedido a las Comunidades Autónomas, si bien ya se ha señalado que su configuración definitiva dependerá del nuevo sistema de financiación que se acuerde, y lo relativo al ámbito de aplicación.

El Título I mantiene, en términos muy similares a los actuales, los aspectos materiales (con la introducción de algunos supuestos nuevos de exención), personales (con alguna reordenación técnica), y temporales de sujeción al impuesto.

El Título II, integrado sólo por el artículo 15, constituye el marco general de la determinación y cuantificación de la renta que será sometida a gravamen, estableciendo las reglas básicas que se desarrollarán en títulos sucesivos.

Así, el Titulo III se ocupa de la determinación de la base imponible, con un primer capítulo dedicado a los métodos utilizables para efectuar la misma y un segundo dividido en Secciones destinadas al tratamiento fiscal de las distintas fuentes de renta. Como novedades más significativas, cabe destacar:

En los rendimientos del trabajo, se incorporan los supuestos derivados de los nuevos instrumentos de previsión social, y se ubica, de nuevo, en la determinación del rendimiento neto la reducción por obtención de este tipo de rendimientos. Su cuantía se eleva sustancialmente respecto de la contenida en la regulación anterior, en especial respecto de las rentas más bajas, dando cumplimiento al compromiso asumido de mejora de esta fuente de rentas.

En los rendimientos del capital mobiliario se mantiene en lo esencial la regulación anterior, si bien desaparece la norma de integración de dividendos que anteriormente se contenía en la ley, al optar por un sistema clásico de relación entre el impuesto societario y el de la renta de las personas físicas. Consecuencia de esta opción es que desaparece la deducción por doble imposición de dividendos y se introduce una exención para los que no superen en cuantía íntegra 1.500 euros.

La novedad fundamental que afecta a estos rendimientos es su incorporación a la base imponible del ahorro, con excepción de determinados supuestos específicos que, por su naturaleza, podrían encontrar acomodo también en el seno de actividades económicas, como son los derechos derivados de la propiedad intelectual o industrial, los arrendamientos de bienes muebles, negocios o minas, o los derivados de la cesión de derechos de imagen.

Tampoco se plantean modificaciones sustanciales en el tratamiento de las actividades económicas. No obstante, cabe destacar la introducción en el cálculo del volumen de exclusión del método de estimación objetiva por índices, signos o módulos, tanto en el referido a los ingresos como en el vinculado a las compras de bienes y servicios, no sólo del importe correspondiente al propio contribuyente a título individual sino también de aquellos importes que pudieran corresponder a las actividades económicas desarrolladas por determinados parientes o entidades en régimen de atribución de rentas en las que participen cualquiera de los mencionados con anterioridad. Asimismo cabe destacar que determinados contribuyentes, con estructuras de producción muy sencilla, aplicarán, cuando determinen su rendimiento por el método de estimación directa y cumplan con los requisitos formales que se establezcan reglamentariamente, una reducción equivalente a la que corresponde a los perceptores de rendimientos del trabajo, ya que se asemejan a ellos en cuanto a la dependencia del empleador.

Respetando la estructura de la normativa actualmente vigente, las imputaciones y atribuciones de rentas no se encuentran en este capítulo sino que se regulan en un Título específico, el X, que a su contenido anterior de imputaciones de rentas (inmobiliarias, del régimen de transparencia fiscal internacional y de derechos de imagen) y de atribuciones de rentas (procedentes de los entes sin personalidad jurídica del artículo 35.4 de la Ley General Tributaria) incorpora, como un régimen fiscal adicional, el correspondiente a determinados contribuyentes que cambian su residencia a territorio español, que en la actualidad eran objeto de regulación en el apartado 5 del artículo 9 del texto refundido de la ley, y un capítulo relativo a la tributación de las transmisiones de valores o participaciones de instituciones de inversión colectiva, que anteriormente se regulaba en un título específico.

Los Capítulos IV y V de este título contienen lo esencial de las modificaciones que se introducen como consecuencia de establecer una base específica para todas las categorías de ahorro financiero y ganancias y pérdidas patrimoniales derivadas de la transmisión de elementos patrimoniales, diferenciada de la derivada del resto de fuentes de renta. Así, el capítulo IV establece la distinción entre una renta general, la de los rendimientos, imputaciones y determinadas ganancias y pérdidas que, al no estar vinculadas a una transmisión, se integran en la base imponible general, y la renta del ahorro, comprensiva de toda aquella que va a resultar sometida por el impuesto a un tipo fijo de gravamen en la base imponible del ahorro.

Clasificadas las rentas en estos dos grandes bloques, el Capítulo V es el que establece las normas de integración y compensación para cada uno de ellos. Sigue existiendo incomunicación entre ambas partes de la base imponible. A su vez, también existe incomunicación, dentro de la renta del ahorro, entre la procedente de rendimientos y la derivada de ganancias y pérdidas patrimoniales, cualquiera que sea su periodo de generación. Por el contrario, en la base imponible general es posible una compensación limitada de las pérdidas patrimoniales netas.

El Título IV se refiere a la determinación de la base liquidable. Dado que las circunstancias personales y familiares se van a tomar en consideración en el momento del cálculo del impuesto y que la reducción por rendimientos del trabajo se ha incluido en la determinación de los rendimientos netos, las reducciones a practicar sobre la base imponible general quedan limitadas a aquellas vinculadas con la atención de las situaciones de envejecimiento y dependencia, en los términos mencionados en el apartado anterior. Adicionalmente se mantiene la posibilidad de reducir las pensiones compensatorias satisfechas por decisión judicial, como en la actualidad.

El Título V es el destinado a valorar y cuantificar las circunstancias personales y familiares que son objeto de consideración en el impuesto. Tras un artículo de pórtico, en los cuatro artículos posteriores se regulan las diferentes circunstancias relativas al contribuyente (el mínimo personal, con el correspondiente incremento al alcanzar determinadas edades), descendientes (que incluye la especial consideración a los hijos menores de tres años), ascendientes (también con el incremento aplicable a partir de determinada edad) y discapacidad, tanto del contribuyente como de ascendientes y descendientes a su cargo, incluyendo los incrementos por asistencia a las situaciones de discapacidad de todos ellos. En particular es de destacar el importante esfuerzo llevado a cabo, con la elevación de los mínimos, para mejorar el tratamiento de las familias, especialmente de las numerosas.

El Título VI es el destinado al cálculo del impuesto correspondiente al Estado. Establece, en su Capítulo I, el sistema de determinación de la cuota íntegra estatal, mediante, como antes se ha señalado, la consideración de las circunstancias personales y familiares, técnicamente gravadas a tipo cero, con las especialidades, ya existentes en la actualidad, para los supuestos de anualidades por alimentos a favor de los hijos y gravamen de los residentes en el extranjero. En su Capítulo II se ocupa de la determinación de la cuota líquida estatal, para lo que minora la íntegra en el porcentaje correspondiente al Estado de las deducciones establecidas en la ley, coincidentes con las existentes en la actualidad.

El Título VII es el referido al gravamen autonómico. Se mantiene en la norma la actual regulación, aun cuando se es consciente de que este título deberá ser objeto de nueva redacción cuando se acuerde un nuevo modelo de financiación autonómica. Mientras tanto sólo se modifican la tarifa complementaria y el tipo de gravamen fijo correspondiente a la base del ahorro.

El Título VIII regula la obtención de la cuota diferencial del impuesto, manteniendo una regulación similar a la actual con la única excepción de la desaparición de la deducción por doble imposición de dividendos, paralela a la supresión de la norma de integración en la base imponible referida con anterioridad.

El Título IX regula la opción por la tributación conjunta. Como se indicó en el apartado anterior se mantiene en términos prácticamente idénticos a su regulación actual, para no perjudicar determinadas situaciones.

El Título X regula los regímenes especiales. Las modificaciones introducidas en el mismo han sido detalladas al analizar el contenido del Título III, por lo que no cabe añadir comentario alguno.

El Título XI regula la gestión del impuesto. Es de destacar la supresión del modelo de comunicación para la devolución rápida, ya que la generalización del borrador hace prácticamente innecesario su mantenimiento. Asimismo se modifican, como consecuencia de las nuevas disposiciones introducidas, determinados límites y condiciones de la obligación de declarar.

Los Títulos XII y XIII se refieren, con contenido muy similar a los actuales de iguales denominaciones, a la Responsabilidad patrimonial y régimen sancionador, y al Orden jurisdiccional, respectivamente.

La norma contiene una serie de disposiciones adicionales, transitorias, derogatoria y finales. Conviene destacar que mediante estas disposiciones se pretende respetar las expectativas anteriormente mencionadas de quienes adquirieron determinados compromisos de inversión en el ámbito de la legislación anterior.

En relación con el Impuesto sobre Sociedades, en primer lugar, se reduce en cinco puntos el tipo general de gravamen del 35 por ciento de forma gradual en dos años, de forma que a partir del año 2007 quede fijado en un 32,5 por ciento y un 30 por ciento en el año 2008. Igualmente en dos ejercicios se reduce en cinco puntos porcentuales el tipo de gravamen de las entidades dedicadas a la exploración, investigación y explotación de hidrocarburos, hasta situarse en un 35 por ciento en el año 2008. Asimismo, la reforma presta especial atención a la pequeña y mediana empresa, como elemento dinamizador de la actividad económica, de manera que la reducción de cinco puntos de sus tipos impositivos se realiza en un solo ejercicio, por lo que su tipo impositivo, para aquella parte de su base imponible que no supere una determinada cuantía, quedará fijado en un 25 por ciento a partir del ejercicio 2007, mientras que el exceso sobre la misma tributará al tipo del 30 por ciento a partir de ese mismo año.

En segundo lugar, se establece que la reducción del tipo impositivo vaya acompañada de la progresiva eliminación de determinadas bonificaciones y deducciones que provocan efectos distorsionadores, manteniendo las deducciones que persiguen eliminar una doble imposición, logrando así una mayor equidad en el tributo. No obstante, se mantiene la deducción por reinversión de beneficios extraordinarios estableciendo limitaciones al objeto de asegurar la inversión en actividades productivas.

La mayoría de las deducciones se van reduciendo paulatinamente hasta su completa desaparición a partir del año 2011. Esta reducción gradual se prolonga hasta el 2014 respecto de la bonificación por actividades exportadoras de producciones cinematográficas y de libros, y de las deducciones por inversiones en bienes de interés cultural, producciones cinematográficas y edición de libros.

Mención especial merece la deducción por actividades de investigación y desarrollo e innovación tecnológica, cuya aplicación se mantiene otros cinco años, conservando esta deducción la estructura actual si bien se reducen los porcentajes de deducción en la misma proporción en que se minoran los tipos de gravamen, al objeto de que las empresas puedan adaptar sus políticas de inversión al nuevo marco de ayudas públicas de impulso a estas actividades, dado que se introduce un nuevo instrumento, alternativo al fiscal, incentivador de estas mismas actividades, consistente en una bonificación de las cotizaciones a la Seguridad Social a favor del personal investigador.

Asimismo, desaparece también la deducción por inversiones para la implantación de empresas en el extranjero en el año 2007 dado que el Impuesto contiene otras formulas incentivadoras de la internacionalización de las empresas.

En definitiva, con esta Ley se logra una mayor coordinación fiscal y convergencia en el ámbito del Impuesto sobre Sociedades, aproximando nuestro tipo impositivo al de los países de nuestro entorno y reduciendo los incentivos fiscales selectivos, cada vez en más desuso. Además, se avanza en la reducción de las distorsiones generadas por la diversidad de tipos en la Unión Europea.

Con la importante reducción del tipo impositivo y la eliminación de las bonificaciones y deducciones se pretende que la fiscalidad no distorsione la libertad de movimiento de capitales, bienes y servicios, y que al lograr una mayor coordinación fiscal internacional mejore nuestra situación competitiva en el entorno internacional.

Por otra parte, se fija el tipo de retención o ingreso a cuenta del Impuesto sobre Sociedades en un 18 por ciento, en coherencia con el nuevo tipo impositivo de los rendimientos del ahorro en el ámbito del IRPF.

Por último, se eliminan también las deducciones por inversiones en cumplimiento de los programas de apoyo a los acontecimientos de excepcional interés público, reguladas en la Ley 49/2002, de 23 de diciembre, de régimen fiscal de las entidades sin fines lucrativos y de los incentivos fiscales al mecenazgo, modificándose la deducción por gastos de propaganda y publicidad de dichos acontecimientos, al objeto de adecuarlos a actuaciones de mecenazgo.

La disposición derogatoria segunda de la Ley deroga, a partir de distintos momentos temporales, la deducción por inversiones para la implantación de empresas en el extranjero, el régimen fiscal especial de las sociedades patrimoniales, las bonificaciones por actividades exportadoras, y la mayoría de deducciones para incentivar la realización de determinadas actividades del capítulo IV del título VI del texto refundido de la Ley del Impuesto sobre Sociedades.

Por lo que se refiere a la supresión del régimen de las sociedades patrimoniales, conviene recordar que el mismo vino a sustituir al anterior régimen de transparencia fiscal, con la finalidad de evitar el diferimiento de la tributación, por parte de las personas físicas, de las rentas procedentes de bienes y derechos no afectos a actividades económicas mediante la interposición de una sociedad.

Este régimen estaba construido de forma tal que se alcanzase en sede de la sociedad patrimonial una tributación única equivalente a la que hubiere resultado de obtener los socios directamente esas rentas, todo ello en el marco de un modelo donde el Impuesto sobre Sociedades era un antecedente del Impuesto sobre la Renta de las Personas Físicas. La reforma de este último impuesto vuelve al modelo clásico de no integración de ambos impuestos por cuanto se unifica el tratamiento fiscal del ahorro cualquiera que sea el origen del mismo, lo cual motiva una tributación autónoma de ambos impuestos no estando, por tanto, justificada la integración que representa el régimen de las sociedades patrimoniales.

Asimismo, la finalidad antidiferimiento de dicho régimen pierde ahora su sentido con el nuevo régimen de la tributación del ahorro. En definitiva, con la eliminación del régimen de las sociedades patrimoniales, cuando un contribuyente realice sus inversiones o lleve a cabo sus actividades a través de la forma societaria, la tributación será la que corresponda aplicando las normas generales del Impuesto sobre Sociedades sin ninguna especialidad, dado que la elección de la forma jurídica responderá no tanto a motivos fiscales sino económicos. No obstante, se regula un régimen transitorio al objeto de que estas sociedades puedan adoptar su disolución y liquidación sin coste fiscal.

Por otra parte, se añaden tres disposiciones adicionales al texto refundido de la Ley del Impuesto sobre Sociedades que regulan las reducciones de tipos de gravamen y de incentivos fiscales, así como seis disposiciones transitorias. La primera de ellas regula el régimen transitorio de la deducción por inversiones para la implantación de empresas en el extranjero. La segunda contiene el régimen de las deducciones para evitar la doble imposición que a la entrada en vigor de esta Ley estuvieran pendientes de aplicar. La tercera disposición transitoria establece las normas que regulan la aplicación de las deducciones del capítulo IV del título VI que a 1 de enero de 2011, 2012 o 2014 estuviesen pendientes de aplicar, así como la consolidación de las deducciones practicadas. La cuarta regula el régimen transitorio correspondiente a las sociedades patrimoniales que es objeto de derogación. La quinta fija el régimen transitorio de la bonificación por actividades exportadoras. Por último, la sexta regula el régimen transitorio de la disolución y liquidación de las sociedades patrimoniales.

En lo referente al Impuesto sobre el Patrimonio, la desaparición de las sociedades patrimoniales del marco normativo de la imposición personal sobre la renta de las personas físicas y jurídicas exige trasladar a la Ley 19/1991 los requisitos y condiciones que, recogidos hasta la fecha mediante remisión al artículo 75 de la Ley 43/1995, de 27 de diciembre, del Impuesto sobre Sociedades, vienen siendo exigidos a efectos de la exención en el Impuesto sobre el Patrimonio de las participaciones en entidades. Se mantiene en el 60 por cien el límite conjunto sobre las cuotas íntegras de los impuestos sobre la Renta de las Personas Físicas y sobre el Patrimonio, si bien operará sobre la base imponible total del impuesto sobre la renta, tanto la general como la del ahorro.

Respecto al Impuesto sobre la Renta de No Residentes, se introducen modificaciones en los tipos de gravamen, tanto en el general como en los correspondientes a los establecimientos permanentes y los rendimientos del ahorro, para adecuarlos a las modificaciones introducidas en las figuras tributarias mencionadas anteriormente.

TÍTULO PRELIMINAR. NATURALEZA, OBJETO Y ÁMBITO DE APLICACIÓN

Artículo 1[2]. *Naturaleza del impuesto.*

El Impuesto sobre la Renta de las Personas Físicas es un tributo de carácter personal y directo que grava, según los principios de igualdad, generalidad y progresividad, la renta de las personas físicas de acuerdo con su naturaleza y sus circunstancias personales y familiares.

Artículo 2. *Objeto del impuesto.*

Constituye el objeto de este impuesto la renta del contribuyente, entendida como la totalidad de sus rendimientos[3], ganancias y pérdidas patrimoniales[4] y las imputaciones de renta que se establezcan por la ley[5], con independencia del lugar donde se hubiesen producido y cualquiera que sea la residencia del pagador.

Artículo 3[6]. *Configuración como impuesto cedido parcialmente a las comunidades autónomas.*

1. El Impuesto sobre la Renta de las Personas Físicas es un impuesto cedido parcialmente, en los términos establecidos en la Ley Orgánica 8/1980, de 22 de septiembre, de Financiación de las Comunidades Autónomas[7], y en las normas reguladoras de la cesión de tributos del Estado a las comunidades autónomas[8].

---

[2]   Art. 56.1 (Mínimo personal y familiar), de esta Ley.

[3]   Arts. 17 a 20 (Rendimientos del trabajo), art. 21 (Rendimientos del capital), Arts. 22 a 24 (Rendimientos del capital inmobiliario), Arts. 25 a 26 (Rendimientos del capital mobiliario) y Arts. 27 a 32 (Rendimientos de actividades económicas), de esta Ley.

[4]   Arts. 33 a 39 (Ganancias y pérdidas patrimoniales), de esta Ley.

[5]   Arts. 85 a 95 (Regímenes especiales), de esta Ley.

[6]   Nueva redacción del art. 3 dada por la Disposición Final segunda de la Ley 22/2009, de 18 de diciembre, por la que se regula el sistema de financiación de las Comunidades Autónomas de régimen común y Ciudades con Estatuto de Autonomía y se modifican determinadas normas tributarias (BOE núm. 305, de 19 de diciembre de 2009), surtiendo efectos desde el 1 de enero 2010.

[7]   Arts. 10, 11.a), art. 19.2.a) de la Ley Orgánica 8/1980, de 22 de septiembre, de Financiación de las Comunidades Autónomas (BOE núm. 236, de 31 de octubre).

[8]   Ley 16/2010, de 16 de julio, del régimen de cesión de tributos del Estado a la Comunidad Autónoma de Cataluña y de fijación del alcance y condiciones de dicha cesión. Ley 17/2010, de 16 de julio, del

2. El alcance de las competencias normativas de las Comunidades Autónomas en el Impuesto sobre la Renta de las Personas Físicas será el previsto en el artículo 46[9] de la Ley

régimen de cesión de tributos del Estado a la Comunidad Autónoma de Galicia y de fijación del alcance y condiciones de dicha cesión. Ley 18/2010, de 16 de julio, del régimen de cesión de tributos del Estado a la Comunidad Autónoma de Andalucía y de fijación del alcance y condiciones de dicha cesión. Ley 19/2010, de 16 de julio, del régimen de cesión de tributos del Estado a la Comunidad Autónoma del Principado de Asturias y de fijación del alcance y condiciones de dicha cesión. Ley 20/2010, de 16 de julio, del régimen de cesión de tributos del Estado a la Comunidad Autónoma de Cantabria y de fijación del alcance y condiciones de dicha cesión. Ley 21/2010, de 16 de julio, del régimen de cesión de tributos del Estado a la Comunidad Autónoma de La Rioja y de fijación del alcance y condiciones de dicha cesión. Ley 22/2010, de 16 de julio, del régimen de cesión de tributos del Estado a la Comunidad Autónoma de la Región de Murcia y de fijación del alcance y condiciones de dicha cesión. Ley 23/2010, de 16 de julio, del régimen de cesión de tributos del Estado a la Comunitat Valenciana y de fijación del alcance y condiciones de dicha cesión. Ley 24/2010, de 16 de julio, del régimen de cesión de tributos del Estado a la Comunidad Autónoma de Aragón y de fijación del alcance y condiciones de dicha cesión. Ley 25/2010, de 16 de julio, del régimen de cesión de tributos del Estado a la Comunidad Autónoma de Castilla-La Mancha y de fijación del alcance y condiciones de dicha cesión. Ley 26/2010, de 16 de julio, del régimen de cesión de tributos del Estado a la Comunidad Autónoma de Canarias y de fijación del alcance y condiciones de dicha cesión. Ley 27/2010, de 16 de julio, del régimen de cesión de tributos del Estado a la Comunidad Autónoma de Extremadura y de fijación del alcance y condiciones de dicha cesión. Ley 28/2010, de 16 de julio, del régimen de cesión de tributos del Estado a la Comunidad Autónoma de las Illes Balears y de fijación del alcance y condiciones de dicha cesión. Ley 29/2010, de 16 de julio, del régimen de cesión de tributos del Estado a la Comunidad de Madrid y de fijación del alcance y condiciones de dicha cesión. Ley 30/2010, de 16 de julio, del régimen de cesión de tributos del Estado a la Comunidad de Castilla y León y de fijación del alcance y condiciones de dicha cesión.
Todas recogidas en el BOE núm. 173 de 17 de julio de 2010, dictadas al amparo de la Ley 22/2009, de 18 de diciembre, por la que se regula el sistema de financiación de las Comunidades Autónomas de régimen común y Ciudades con Estatuto de Autonomía y se modifican determinadas normas tributarias (BOE núm. 305, de 19 de diciembre de 2009).

[9] «Artículo 46. Alcance de las competencias normativas en el Impuesto sobre la Renta de las Personas Físicas.
1. En el Impuesto sobre la Renta de las Personas Físicas, las Comunidades Autónomas podrán asumir competencias normativas sobre:
a) El importe del mínimo personal y familiar aplicable para el cálculo del gravamen autonómico. A estos efectos, las Comunidades Autónomas podrán establecer incrementos o disminuciones en las cuantías correspondientes al mínimo del contribuyente y a los mínimos por descendientes, ascendientes y discapacidad a que se refieren los artículos 57, 58, 59 y 60 de la Ley 35/2006, de 28 de noviembre, del Impuesto sobre la Renta de las Personas Físicas con el límite del 10 % para cada una de las cuantías.
b) La escala autonómica aplicable a la base liquidable general: La estructura de esta escala deberá ser progresiva.
c) Deducciones en la cuota íntegra autonómica por:
Circunstancias personales y familiares, por inversiones no empresariales y por aplicación de renta, siempre que no supongan, directa o indirectamente, una minoración del gravamen efectivo de alguna o algunas categorías de renta.
Subvenciones y ayudas públicas no exentas que se perciban de la Comunidad Autónoma, con excepción de las que afecten al desarrollo de actividades económicas o a las rentas que se integren en la base del ahorro.
En relación a las deducciones señaladas en esta letra c, las competencias normativas de las Comunidades Autónomas abarcarán también la determinación de:
La justificación exigible para poder practicarlas.
Los límites de deducción.

22/2009, por la que se regula el sistema de financiación de las Comunidades Autónomas de régimen común y Ciudades con Estatuto de Autonomía[10].

3. El cálculo de la cuota líquida autonómica se efectuará de acuerdo con lo establecido en esta ley[11] y, en su caso, en la normativa dictada por la respectiva Comunidad Autónoma[12]. En el caso de que las Comunidades Autónomas no hayan asumido o ejercido las compe-

Su sometimiento o no al requisito de comprobación de la situación patrimonial.

Las reglas especiales que, en su caso, deban tenerse en cuenta en los supuestos de tributación conjunta, período impositivo inferior al año natural y determinación de la situación familiar. Si la Comunidad Autónoma no regulara alguna de estas materias se aplicarán las normas previstas a estos efectos en la Ley 35/2006, de 28 de noviembre, del Impuesto sobre la Renta de las Personas Físicas.

d) Aumentos o disminuciones en los porcentajes de deducción por inversión en vivienda habitual, a que se refiere el apartado 2 del artículo 78 de la Ley 35/2006, de 28 de noviembre, del Impuesto sobre la Renta de las Personas Físicas.

2. Las Comunidades Autónomas no podrán regular:

a) Los tipos de gravamen autonómicos de la base liquidable del ahorro y los aplicables a determinadas categorías de renta, que serán los que a estos efectos se determinen por la Ley 35/2006, de 28 de noviembre, del Impuesto sobre la Renta de las Personas Físicas.

b) Las deducciones de la cuota establecidas y reguladas por la normativa del Estado.

d) Los límites previstos en el artículo 69 de la Ley 35/2006, de 28 de noviembre, del Impuesto sobre la Renta de las Personas Físicas.

d) Los pagos a cuenta del Impuesto.

e) Los conceptos ni las situaciones personales y familiares comprendidos en cada uno de los mínimos a que se refieren los artículos 57, 58, 59 y 60, ni las normas para su aplicación previstas en el artículo 61, de la Ley 35/2006, de 28 de noviembre, del Impuesto sobre la Renta de las Personas Físicas.

f) En general, todas las materias no contempladas en el apartado 1 anterior.

3. La liquidación del Impuesto sobre la Renta de las Personas Físicas se ajustará a lo dispuesto por la Ley 35/2006, de 28 de noviembre, reguladora del tributo.

4. La cuota líquida autonómica no podrá ser negativa.

5. El Estado y las Comunidades Autónomas procurarán que la aplicación de este sistema tenga el menor impacto posible en las obligaciones formales que deban cumplimentar los contribuyentes.

A estos efectos, los modelos de declaración por el Impuesto sobre la Renta de las Personas Físicas serán únicos, si bien en ellos deberán figurar debidamente diferenciados los aspectos autonómicos, con el fin de hacer visible el carácter cedido del impuesto».

[10]   Art. 25.1.a) (Tributos cedidos), art. 26.1.B).a) y 2.a) (Rendimiento que se cede), art. 28 (Residencia de las personas físicas) y art. 30 (Alcance de la cesión y puntos de conexión en el IRPF), art. 46 (Alcance de las competencias normativas en el IRPF) y art. 54.2.a) (Delegación de competencias) de la Ley 22/2009, de 18 de diciembre, por la que se regula el sistema de financiación de las Comunidades Autónomas de régimen común y Ciudades con Estatuto de Autonomía y se modifican determinadas normas tributarias (BOE núm. 305, de 19 de diciembre de 2009), en vigor desde el día 20 de diciembre de 2009, aunque ha comenzado a producir efectos desde el 1-1-2009, salvo el artículo 46 que ha sido a partir del 1-1-2010. Esta norma ha derogado la anterior Ley 21/2001, de 27 de diciembre, por la que se regulan las medidas fiscales y administrativas del nuevo sistema de financiación de las Comunidades Autónomas de régimen común y Ciudades con Estatuto de Autonomía, en vigor desde el 1-1-2002 hasta el 31-12-2008.

[11]   Art. 77 (Cuota líquida autonómica) y art. 78 (Tramo autonómico de la deducción por inversión en vivienda habitual), de esta Ley.

[12]   Para el ejercicio de 2021:

ANDALUCÍA: Ley 5/2021, de 20 de octubre, de Tributos Cedidos de la Comunidad Autónoma de Andalucía (BOJA núm. 206 de 26 octubre de 2021, que deroga el Decreto Legislativo 1/2018, de 19 de junio, por el que se aprueba el Texto Refundido de las disposiciones dictadas por la Comunidad Autónoma de Andalucía en materia de tributos cedidos (BOJA núm. 123 de 27 de junio de 2018).

ARAGÓN: Decreto Legislativo 1/2005, de 26 septiembre de 2005, Aprueba el texto refundido de las disposiciones dictadas por la Comunidad Autónoma de Aragón en materia de tributos cedidos,(BOA núm. 128, de 28 octubre de 2005).

CANARIAS: Decreto Legislativo 1/2009, de 21 de abril, por el que se aprueba el Texto Refundido de las disposiciones legales vigentes dictadas por la Comunidad Autónoma de Canarias en materia de tributos cedidos (BOC núm. 77, de 23 de abril de 2009).

CANTABRIA: Decreto Legislativo 62/2008, de 19 de junio, por el que se aprueba el texto refundido de la Ley de Medidas Fiscales en materia de Tributos cedidos por el Estado (BOC núm. 128 de 2 de julio de 2008).

CASTILLA-LA MANCHA: Ley 8/2013, de 21 de noviembre, de Medidas Tributarias de Castilla-La Mancha (DOCLM núm. 232, de 29 de noviembre; BOE núm. 35, de 10 de febrero de 2014).

CASTILLA Y LEÓN: Decreto Legislativo 1/2013, de 12 de septiembre, por el que se aprueba el texto refundido de las disposiciones legales de la Comunidad de Castilla y León en materia de tributos propios y cedidos (BOCyL núm. 180, de 18 de septiembre de 2013).

CATALUÑA: Decreto Legislativo 1/2024, de 12 de marzo, por el que se aprueba el libro sexto del Código tributario de Catalunya, que integra el texto refundido de los preceptos legales vigentes en Catalunya en materia de tributos cedidos (DOGC núm. 9122, de 14 de marzo de 2024). Norma que deroga las siguientes disposiciones: Ley 21/2001, de 28 de diciembre, de medidas fiscales y administrativas (BOE núm. 22, de 25 de enero de 2002), Ley 31/2002, de 30 de diciembre, de Medidas Fiscales y Administrativas (DOGC núm. 3.791,de 31 de diciembre de 2002), Ley 7/2004, de 16 julio, de Medidas fiscales y administrativas (DOGC núm. 4179, de 21 julio de 2004), Ley 21/2005, de 29 diciembre, Medidas financieras (DOGC núm. 451, de 31 diciembre de 2005), Decreto-Ley 1/2008, de 1 de julio, de medidas urgentes en materia fiscal y financiera (DOGC, núm. 5165, de 3 de julio de 2008), Ley 16/2008, de 23 de diciembre, de medidas fiscales y financieras (DOGC núm. 5288, de 31 de diciembre de 2008), Ley 26/2009, de 23 de diciembre, de medidas fiscales, financieras y administrativas (DOGC núm. 5537, de 31 de diciembre de 2009), Ley 24/2010, de 22 de julio, de aprobación de la escala autonómica del Impuesto sobre la Renta de las Personas Físicas (DOGC número 5681, de 29 de julio de 2010), Ley 7/2011, de 27 de julio, de Medidas Fiscales y Financieras (DOGC núm. 5931, de 29 de julio de 2011) y Ley 2/2014, de 27 de enero, de medidas fiscales, administrativas, financieras y del sector público (DOGC núm. 6551, de 30 de enero de 2014), Ley 5/2020, de 29 de abril, de medidas fiscales, financieras, administrativas y del sector público y de creación del impuesto sobre las instalaciones que inciden en el medio ambiente y Decreto Ley 36/2020, de 3 de noviembre, de medidas urgentes en el ámbito del impuesto sobre las estancias en establecimientos turísticos y del impuesto sobre la renta de las personas físicas.

COMUNIDAD DE MADRID: Decreto Legislativo 1/2010, de 21 de octubre, del Consejo de Gobierno, por el que se aprueba el Texto Refundido de las Disposiciones Legales de la Comunidad de Madrid en materia de tributos cedidos por el Estado (BOCM núm. 255, 25 de octubre de 2010).

COMUNIDAD VALENCIANA: Ley 13/1997, de 23 diciembre, Regula el tramo autonómico del Impuesto sobre la Renta de las Personas Físicas y restantes tributos cedidos (DOGV núm. 3153, de 31 diciembre de 1997).

EXTREMADURA: Decreto Legislativo 1/2018, de 10 de abril, por el que se aprueba el texto refundido de las disposiciones legales de la Comunidad Autónoma de Extremadura en materia de tributos cedidos por el Estado (DOE núm. 99, de 23 de mayo de 2018).

GALICIA: Decreto Legislativo 1/2011, de 28 de julio, por el que se aprueba el texto refundido de las disposiciones legales de la Comunidad Autónoma de Galicia en materia de tributos cedidos por el Estado (DOG, núm. 201, de 20 octubre de 2011).

ISLAS BALEARES: Decreto Legislativo 1/2014, de 6 de junio, por el que se aprueba el Texto Refundido de las Disposiciones Legales de la Comunidad Autónoma de las Illes Balears en Materia de Tributos Cedidos por el Estado (BOIB núm. 77, de 7 de junio de 2014).

LA RIOJA: Ley 10/2017, de 27 de octubre, por la que se consolidan las disposiciones legales de la Comunidad Autónoma de La Rioja en materia de impuestos propios y tributos cedidos (núm. 126, de 30 de octubre de 2017) y Disposición transitoria primera de la Ley 2/2021, de 29 de enero, de Medidas Fiscales y Administrativas para el año 2021 (BOR núm. 22, de 1 de febrero de 2021).

tencias normativas sobre este impuesto, la cuota líquida se exigirá de acuerdo con la tarifa complementaria[13] y las deducciones establecidas por el Estado[14].

Artículo 4. *Ámbito de aplicación.*

1. El Impuesto sobre la Renta de las Personas Físicas se aplicará en todo el territorio español.

2. Lo dispuesto en el apartado anterior se entenderá sin perjuicio de los regímenes tributarios forales de concierto y convenio económico en vigor, respectivamente, en los Territorios Históricos del País Vasco[15] y en la Comunidad Foral de Navarra[16].

PRINCIPADO DE ASTURIAS: Decreto Legislativo 2/2014, de 22 de octubre, por el que se aprueba el Texto Refundido de las disposiciones legales del Principado de Asturias en materia de tributos cedidos por el Estado (BOPA núm. 251, de 29 de octubre de 2014).

REGIÓN DE MURCIA: Decreto Legislativo 1/2010, de 5 de noviembre, por el que se aprueba el Texto Refundido de las Disposiciones Legales vigentes en la Región de Murcia en materia de Tributos Cedidos (BORM núm. 24, de 31 de enero de 2011) y Ley 7/2011, de 26 de diciembre, de medidas fiscales y de fomento económico en la Región de Murcia (BORM núm. 301, de 31 de diciembre de 2011).

[13] Art. 74 (Escala autonómica o complementaria del Impuesto) y Art. 76 (Tipo de gravamen del ahorro), de esta Ley.

[14] Art. 68 (Deducciones), de esta Ley.

[15] Arts. 6 a 13 de la Ley 12/2002 de 23 de mayo, por la que se aprueba el Concierto Económico con la Comunidad Autónoma del País Vasco (BOE núm. 124, de 24 de mayo de 2002), última modificación realizada por la Ley 1/2022, de 8 de febrero (BOE núm. 34, de 9 de febrero de 2022), Ley 7/2014, de 21 de abril (BOE núm. 97, de 22 de abril de 2014) y Ley 29/2007, de 25 de octubre, por la que se aprueba la metodología de señalamiento del cupo del País Vasco para el quinquenio 2007-2011 (BOE núm. 257, de 26 de octubre de 2007).

Bizkaia. Norma Foral 13/2013, de 5 de diciembre, del Impuesto sobre la Renta de las Personas Físicas (BOB núm. 238, 13 de diciembre de 2013).

Decreto Foral de la Diputación Foral de Bizkaia 47/2014, de 8 de abril, por el que se aprueba el Reglamento del Impuesto sobre la Renta de las Personas Físicas (BOB núm. 76 de 23 de abril de 2014).

Gipuzkoa. Norma Foral 3/2014, de 17 de enero, del Impuesto sobre la Renta de las Personas Físicas del Territorio Histórico de Gipuzkoa (BOG núm. 13 de 22 de enero de 2014, BOPV núm. 43, de 4 de marzo de 2014).

Decreto Foral 33/2014, de 14 de octubre, por el que se aprueba el Reglamento del Impuesto sobre la Renta de las Personas Físicas y se modifica el Reglamento por el que se desarrollan determinadas obligaciones tributarias formales (BOG núm. 198, de 17 de octubre de 2014).

Álava. Norma Foral 33/2013, de 27 de noviembre, del Impuesto sobre la Renta de las Personas Físicas (BOTHA núm. 140, de 9 de diciembre de 2013).

Decreto Foral 40/2014, del Consejo de Diputados de 1 de agosto, que aprueba el Reglamento del Impuesto sobre la Renta de las Personas Físicas (BOTHA núm. 89, de 8 de agosto de 2014).

[16] Ley Orgánica 13/1982, de 10 de agosto, de Reintegración y Amejoramiento del Régimen Foral de Navarra (BOE núm. 195, de 16 de agosto de 1982) y arts. 1, 2 y 7 al 14 y 38 de la Ley 28/1990, de 26 de diciembre, por la que se aprueba el Convenio Económico entre el Estado y la Comunidad Foral de Navarra (BOE núm. 310, de 27 de diciembre de 1990), modificada por la Ley 12/1993, de 13 de diciembre, Ley 19/1998, de 15 de junio (BOE núm. 143, de 16 de junio de 1998), Ley 25/2003, de 15 de julio (BOE núm. 169, de 16 de julio de 2003), Ley 48/2007, de 19 de diciembre (BOE núm. 304, de 20 de diciembre de 2007) y Ley 14/2015, de 24 de junio (BOE núm. 151, de 25 de junio de 2015).

Decreto Foral Legislativo 4/2008, de 2 de junio, por el que se aprueba el Texto Refundido de la Ley Foral del Impuesto sobre la Renta de las Personas Físicas (BON núm. 80, de 30 de junio de 2008), en vigor desde el 1 de julio de 2008.

3[17]. En Canarias, Ceuta y Melilla se tendrán en cuenta las especialidades previstas en su normativa específica y en esta ley.

Artículo 5. *Tratados y convenios.*

Lo establecido en esta ley se entenderá sin perjuicio de lo dispuesto en los tratados y convenios internacionales que hayan pasado a formar parte del ordenamiento interno, de conformidad con el artículo 96 de la Constitución Española[18].

Decreto Foral 174/1999, de 24 de mayo, por el que se aprueba el Reglamento del Impuesto sobre la Renta de las Personas Físicas (BON, núm. 98, de 6 de agosto de 1999) y

Orden Foral 30/2020, de 24 de febrero, de la Consejera de Economía y Hacienda, por la que se desarrollan para el año 2020 el régimen de estimación objetiva del Impuesto sobre la Renta de las Personas Físicas y el régimen simplificado del Impuesto sobre el Valor Añadido (BON núm. 46, de 6 de marzo 2020). Ejercicios anteriores: 2019: Orden Foral 12/2019, de 29 de enero (BON núm. 30, de 13 de febrero de 2019), para el 2018: Orden Foral 25/2018, de 8 de febrero; para 2017: Orden Foral 11/2017, de 2 de febrero; para 2016: Orden Foral 8/2016, de 29 de enero; para 2015: Orden Foral 11/2015, de 23 de enero; para 2014: Orden Foral 21/2014 de 27 de enero (BON núm. 26 de 07 de febrero de 2014); 2013, Orden Foral 41/2013, de 7 de febrero (BON núm. 31, de 14 de febrero de 2013).

Orden Foral 17/2021, de 5 de febrero, de la Consejera de Economía y Hacienda, por la que se regula la llevanza de Libros registro en el Impuesto sobre la Renta de las Personas Físicas (BON núm. 39, de 19 de febrero de 2021).

17 Art. 68.4 (Deducciones) y Art. 101.2, 3, 4, 5.a), 8 y 11 (Importe de los pagos a cuenta), Disposición adicional trigésima segunda (Escala autonómica aplicable a los residentes en Ceuta y Melilla) de esta Ley.

18 Convenios de doble imposición sobre la Renta y/o sobre el Patrimonio:
– Alemania, BOE núm. 181, de 30 de julio de 2012, anteriormente BOE 08/04/68, Formulario: 04/12/75 y 17/01/78; - Argelia, BOE 22/07/05 (corr. err. BOE 4/04/07); - Argentina, BOE 14/01/2014, anterior BOE 09/09/94; - Australia, BOE 29/12/92; - Austria (Renegociado) BOE 06/01/68 y 02/10/95, Formulario: 29/04/71; - Azerbaiján (Convenio antigua U.R.S.S.), BOE: 22/09/86; - Barbados, BOE núm. 221, de 14/9/2011- Bélgica (Renegociado), BOE 04/07/03; - Bielorrusia BOE núm. 52, de 02/03/2021, (antes el Convenio antigua U.R.S.S., BOE núm. 227, 22/09/86); - Bolivia, BOE 10/12/98; - Brasil: BOE: 31/12/75, Canje de notas: 02/10/03; - Bosnia y Herzegovina, BOE 5/11/2010; - Bulgaria, BOE 12/07/91; - Canadá, BOE 06/02/81, modificación BOE 08/10/2015; - Chequia (Convenio antigua Checoslovaquia), BOE 14/07/81; - Chile, BOE 02/02/04; - China, BOE 25/06/92; - Ciudad del Vaticano, BOE 15/12/1979; - Corea, BOE 15/12/94; - Costa Rica, BOE núm. 1, 01/01/2011; - Croacia, Rúbrica 09/07/04; - Cuba: BOE: 10/01/01; - Dinamarca, (Convenio y Protocolo), BOE 28/01/74 y 17/05/00, Formulario: 05/01/79; - Ecuador, BOE 05/05/93; - EE.UU., BOE 22/12/90 y 13/08/09; - Egipto, Rúbrica 03/10/03; - Eslovaquia (Convenio antigua Checoslovaquia), BOE 14/07/81; - Eslovenia, BOE 28/06/02; - Estonia, BOCG 11/06/04; - Filipinas, BOE 15/12/94; - Francia (Renegociado), BOE 12/06/97, Formulario: 06/09/78; - Grecia, BOE 02/10/02; - Guatemala, Rúbrica 06/06/03; - Hungría, BOE 24/11/87; - India, BOE 07/02/95 (modificado BOE núm. 188, de 09/07/2020); - Indonesia, BOE 14/01/00; - Irán, BOCG 05/07/04; - Irlanda, BOE 27/12/94; - Islandia, BOE 18/10/02; - Israel, BOE 10/01/01; - Italia, BOE 22/12/80; - Japón, BOE núm. 49, de 26 de febrero de 2021 (deroga el anterior del BOE 02/12/74); - Kirguizistán (Convenio antigua U.R.S.S.): BOE: 22/09/86; Kuwait: BOE 05/06/2013; - Letonia: BOCG: 11/06/04; - Lituania, BOE 02/02/04; - Luxemburgo, BOE 04/08/87; - Macedonia, Rúbrica 04/02/04; - Malasia, BOE 13/02/2008; - Marruecos, BOE 22/05/85; - Méjico, BOE 27/10/94; - Moldavia, BOE 11/04/2009; - Noruega (Renegociado), BOE 10/01/01; - Nueva Zelanda, Rúbrica 16/10/03; - Países Bajos, BOE 16/10/72, Formulario: 13/02/75; - Polonia, BOE: 15/06/82; - Portugal (Renegociado), BOE 07/11/95, Formulario: 14/07/73; - Principado de Andorra, BOE núm. 292, de 07/12/2015;- Reino Unido de Gran Bretaña e Irlanda del Norte, BOE 15/05/2014, anterior BOE 18/11/76, Canje de notas: 25/05/95, Formulario: 11/10/77; - Reino de Arabia Saudí (BOE 1/07/08);- Región Administrativa Especial de Hong Kong de la República Popular Chia: BOE 14 de abril de 2012); - República de Albania, BOE núm. 63, de 15 de marzo de 2011; - República de Armenia, BOE 17 de abril de 2012, corrección de errores BOE de 24 de abril de 2012; - República de Azerbaiyán, BOE núm. 293, de 6/11/2020;

TÍTULO I. SUJECIÓN AL IMPUESTO: ASPECTOS MATERIALES, PERSONALES Y TEMPORALES

CAPÍTULO I. Hecho imponible y rentas exentas

Artículo 6. *Hecho imponible.*

1. Constituye el hecho imponible la obtención de renta por el contribuyente.

2. Componen la renta del contribuyente:

a) Los rendimientos del trabajo[19].

b) Los rendimientos del capital[20].

- República de Cabo Verde, BOE núm. 315, de 2 de diciembre de 2020; - República de Chipre, BOE núm. 127, 26705/2014; - República de Colombia: BOE núm. 260, 28/10/2008; - República de Georgia, BOE núm. 130, de 01/06/2011; - República de Kazajstán, BOE 02/06/2009; - República de Serbia, BOE núm. 21, de 25/01/10; - República de Senegal, BOE núm. 314, de 29 de noviembre de 2014; - República de Sudáfrica, BOE núm. 40, 15/02/2008; - República de Uzbekistán, BOE núm. 217 de 10 de septiembre de 2015 (antes, Convenio antigua U.R.S.S., BOE: 22/09/86); - República Dominicana, BOE núm. 160, de 2 de julio de 2014; - República Federal de Nigeria, BOE núm. 88, de 23 de abril de 2015; -República de Finlandia, BOE 29/05/2018 - República Oriental de Uruguay, BOE 12/04/11; - República de Panamá, BOE núm. 158, de 04/07/2011; - República Islámica de Pakistán, BOE núm. 116, de 16/05/2011; República del Paraguay, BOE núm. 182, de 29 de julio de 2024; - Rumania, BOE núm. 316, de 03/12/2020; - Rusia, BOE: 06/07/00; - Suecia: BOE: 22/01/77, Formulario: 01/03/80; - Suiza, BOE 03/03/67, Formulario: 26/11/68, modificados por el Protocolo firmado en Madrid el 29 de junio de 2006, hecho en Madrid el 27 de julio de 2011, BOE, 11/06/2013; - Sultanato de Omán, BOE núm. 2015, de 8 de septiembre de 2015; - Tadzhikistán (Convenio antigua U.R.S.S.): BOE: 22/09/86; - Tailandia, BOE 09/10/98; - Timor Oriental (Convenio Indonesia), BOE 14/01/00; - Trinidad y Tobago (BOE 8/12/09); - Túnez, BOE: 03/03/87; - Turkmenistán (Convenio antigua U.R.S.S.), BOE 22/09/86; - Turquía, BOE 19/01/04; - Ucrania (Convenio antigua U.R.S.S.), BOE 22/09/86; - Venezuela, BOE 15/06/04; - Vietnam, Rúbrica: 28/02/03, 7/03/05, BOE 10/01/06 (corr. err. BOE: 4/4/07); - Convenio de 23 de julio, relativo a la supresión de la doble imposición en caso de corrección de los beneficios de empresas asociadas, hecho en Bruselas el 25 de mayo de 1999. Protocolo modificado, BOE, de 26 de enero de 2000); - Acuerdo sobre inmunidades y prerrogativas entre la Corporación Andina de Fomento y el Reino de España, hecho en Madrid, el 18 de febrero de 2002, BOE de 1 de noviembre de 2002); - Acuerdo sobre privilegios e inmunidades del Tribunal Internacional del Derecho del Mar de 23 de mayo de 1997 (BOE de 17 de enero y 2 de febrero de 2002); - Las Convenciones de Viena de 18 de abril de 1961 y 24 de abril de 1963, que se adhirió España por Instrumentos de 21 de noviembre de 1967 y 3 de febrero de 1970 (BOE de 24 de enero de 1968 y de 6 de marzo de 1970); - Ley 21/1986, de 23 de diciembre, de Presupuestos Generales del Estado para 1987 (BOE del 24): «Disposición adicional vigésima octava. Sin perjuicio de lo previsto en materia de intercambio de información en los convenios de doble imposición suscritos por España, el Ministerio de Economía y Hacienda procederá, en los términos que reglamentariamente se establezcan, al intercambio de información con trascendencia tributaria, en materia de los Impuestos sobre la Renta de las Personas Físicas y sobre Sociedades, Extraordinario sobre el Patrimonio de las Personas Físicas y sobre el Valor Añadido, con las autoridades competentes de los otros Estados de la Comunidad Económica Europea conforme a las Directivas del Consejo número 77/79 CEE y 79/1070 CEE, de 19 de diciembre de 1977 y de 6 de diciembre de 1979, respectivamente»; Real Decreto 1558/2012, de 15 de noviembre, por el que se adaptan las normas de desarrollo de la Ley 58/2003, de 17 de diciembre, General Tributaria, a la normativa comunitaria e internacional en materia de asistencia mutua, se establecen obligaciones de información sobre bienes y derechos situados en el extranjero, y se modifica el reglamento de procedimientos amistosos en materia de imposición directa, aprobado por Real Decreto 1794/2008, de 3 de noviembre (BOE núm. 283, de 24 de noviembre de 2012).

19   Arts. 17 a 20 (Rendimientos del trabajo) y Art. 42 (Rentas en especie), de esta Ley.

20   Arts. 21 a 26 (Rendimientos del capital) y Art. 42 (Rentas en especie), de esta Ley.

c) Los rendimientos de las actividades económicas[21].

d) Las ganancias y pérdidas patrimoniales[22].

e) Las imputaciones de renta que se establezcan por ley[23].

3[24]. A efectos de la determinación de la base imponible y del cálculo del Impuesto, la renta se clasificará en general y del ahorro.

4[25]. No estará sujeta a este impuesto la renta que se encuentre sujeta al Impuesto sobre Sucesiones y Donaciones.

5[26]. Se presumirán retribuidas, salvo prueba en contrario, las prestaciones de bienes, derechos o servicios susceptibles de generar rendimientos del trabajo o del capital.

Artículo 7[27]. *Rentas exentas.*

Estarán exentas las siguientes rentas:

---

[21] Arts. 27 a 32 (Rendimientos de actividades económicas), de esta Ley.

[22] Arts. 33 a 39 (Ganancias y pérdidas patrimoniales), de esta Ley.

[23] Art. 85 (Imputación de rentas inmobiliarias), Arts. 86 a 90 (Régimen de atribución de rentas), Art. 91 (Transparencia fiscal internacional), Art. 92 (Derechos de imagen) y Arts. 94 a 95 (Instituciones de inversión colectiva), de esta Ley.

[24] Art. 44 (Clases de renta), art. 45 (Renta general), art. 46 (Renta del ahorro) y arts. 47 a 49 (Integración y compensación de rentas), de esta Ley.

[25] Artículo 3. Hecho imponible. «1. Constituye el hecho imponible:

a) La adquisición de bienes y derechos por herencia, legado o cualquier otro título sucesorio.

b) La adquisición de bienes y derechos por donación o cualquier otro negocio jurídico a título gratuito, «inter vivos».

c) La percepción de cantidades por los beneficiarios de contratos de seguros sobre la vida, cuando el contratante sea persona distinta del beneficiario, salvo los supuestos expresamente regulados en el artículo 16.2, a), de la Ley del Impuesto sobre la Renta de las Personas Físicas y otras Normas Tributarias.

2. Los incrementos de patrimonio a que se refiere el número anterior, obtenidos por personas jurídicas, no están sujetos a este impuesto y se someterán al Impuesto sobre Sociedades», en la nueva redacción dada al Art. 3 de la LISD por el art. 3 dada por la Disp. Final Primera de la Ley 40/1998, de 9 de diciembre, del IRPF (BOE núm. 295, de diciembre de 1998), con entrada en vigor el 1 de enero de 1999. Arts. 2 a 4 y 10 a 15 del Regl. ISD

[26] Art. 40 (Estimación de rentas) y art. 14.2.f) (Imputación temporal), de esta Ley.

[27] Art. 25.6 (Rendimientos íntegros del capital mobiliario), art. 33.4 (Ganancias patrimoniales exentas), art. 38 (Reinversión en los supuestos de transmisión de vivienda habitual), art. 42.2 (Rentas en especie), art. 56.1 (Mínimo personal y familiar), Disposición Adicional segunda (Retribuciones en especie), Disposición Adicional cuarta (Rentas forestales), Disposición adicional quinta (Subvenciones de la política agraria comunitaria y ayudas públicas) Disposición Adicional decimoquinta (Disposición de bienes que conformen el patrimonio personal para asistir las necesidades económicas de la vejez y de la dependencia); Disposición adicional cuadragésima primera (Tripulantes de determinados buques de pesca), Disposición adicional cuadragésima tercera (Exención de rentas obtenidas por el deudor en procedimientos concursales) y Disposición adicional quincuagésima primera (Exención por daños personales) de esta Ley.

Art. 4 del Instrumento de Ratificación de los Protocolos de enmienda al Convenio por el que se crea el Centro Europeo de Previsiones Meteorológicas a Plazo Medio y al Protocolo relativo a los Privilegios e Inmunidades del Centro Europeo para las Previsiones Meteorológicas a Plazo Medio, hechos en Bruselas el 22 de mayo de 2005 (BOE núm. 38 de 14 de febrero de 2011).

Ley 22/1986, de 23 de diciembre, sobre concesión de exenciones fiscales y aduaneras al Instituto de Relaciones EuropeoLatinoamericanas (IRELA) (BOE núm. 312, de 30 de diciembre), artículo 2: «El personal adscrito, con carácter permanente, al servicios del Instituto de Relaciones EuropeoLatinoamericanas (IRELA) estará exento del Impuesto sobre la Renta de las Personas Físicas por los sueldos y emolumentos percibidos del Instituto de Relaciones EuropeoLatinoamericanas (IRELA). No obstante, la cuantía de dichos sueldos y emolumentos se tendrá en cuenta a efectos de calcular el tipo de gravamen aplicable a las restantes rentas, en el Impuesto sobre la Renta de las Personas Físicas.

La anterior exención no es aplicable al personal de nacionalidad española, ni al que residiera en España con anterioridad a la fecha de su contratación por el Instituto de Relaciones Europeo- Latinoamericanas (IRELA)».

Art. 75.1 de la Ley 19/1994, de 6 de julio, de Modificación del Régimen Económico Fiscal de Canarias (BOE de 27 de enero de 1994); Ley 55/1999, de 29 de diciembre, de Medidas Fiscales Administrativas y del orden social (BOE núm. 312, de 30 de diciembre de 1999): Disposición adicional tercera. Régimen de la Organización Internacional de Comisiones de Valores: «...Los rendimientos del trabajo percibidos de la Organización por el Secretario general, el personal directivo y el personal laboral que desempeñen una actividad directamente relacionada con el objeto estatutario de la Organización, estarán exentos del Impuesto sobre la Renta de las Personas Físicas.

Lo dispuesto en este apartado no será de aplicación cuando las personas físicas a las que se refiere el mismo tuvieran su residencia en territorio español con anterioridad al inicio del desempeño de la actividad relacionada en la Organización ni a los ciudadanos españoles que no tuvieran relación directiva o laboral con la Organización antes de su instalación en España...».

Artículo 3.5.º de la Ley 49/2002, de 23 de diciembre, de régimen fiscal de las entidades sin fines lucrativos y de incentivos fiscales al mecenazgo (BOE de 24 de diciembre).

Artículo 5.2 del Real Decreto 462/2003, de 25 de abril, por el que se crea el Comisionado del Gobierno para la participación de España en la reconstrucción de Irak (BOE de 26 de abril).

Ley 62/2003, de 30 de diciembre, de medidas fiscales, administrativas y del orden social (BOE núm. 313, de 31 de diciembre): Disposición adicional primera. «Exención en el Impuesto sobre la Renta de las Personas Físicas de ayudas públicas motivadas por daños personales causados por determinadas lluvias extraordinarias», Disposición adicional trigésima tercera. Exención por daños personales.

«1. Estarán exentas del Impuesto sobre la Renta de las Personas Físicas las cantidades percibidas en virtud de lo previsto en la disposición general del anexo I del Acuerdo de ventas suscrito entre el Estado Mayor de la Defensa y la Agencia de Mantenimiento y Aprovisionamiento de la Organización del Tratado del Atlántico Norte, como consecuencia del accidente de aviación acaecido el 26 de mayo de 2003.

Asimismo, estarán exentos los importes percibidos por los beneficiarios que se acogieran al sistema de anticipos de las cantidades a que se refiere el párrafo anterior, previsto en el Acuerdo del Consejo de Ministros de 29 de agosto de 2003.

2. Lo dispuesto en esta disposición adicional resultará de aplicación a los períodos impositivos iniciados desde el 1 de enero de 2003» y la Disposición adicional trigésima séptima. «Exención en el Impuesto sobre la Renta de las Personas Físicas de las indemnizaciones por los daños ocasionados por el accidente del buque «Prestige».

Artículo 5.7 del Real Decreto-Ley 6/2004, de 17 de septiembre, por el que se adoptan medidas urgentes para reparar los daños causados por los incendios e inundaciones acaecidos en las Comunidades Autónomas de Aragón, Cataluña, Andalucía, La Rioja, Comunidad Foral de Navarra y Comunidad Valenciana (BOE de 18 de septiembre); Artículo 5.7 de la Ley 2/2005, de 15 de marzo, por la que se adoptan medidas urgentes para reparar los daños causados por los incendios e inundaciones acaecidos en las Comunidades Autónomas de Aragón, Cataluña, Andalucía, La Rioja, Comunidad Foral de Navarra y Comunidad Valenciana (BOE de 16 de marzo); Artículo 3.7 del Real Decreto-Ley 11/2005, de 22 de julio, por el que se aprueban medidas urgentes en materia de incendios forestales (BOE de 23 de julio) y Artículo 3.7 del Real Decreto-Ley 8/2006, de 28 de agosto, por el que se aprueban medidas urgentes en materia de incendios forestales en la Comunidad de Galicia (BOE de 29 de agosto). Art. 5 de la Ley 3/2010, de 10 de marzo, por la que se aprueban medidas urgentes para paliar los daños producidos por los incendios forestales y otras catástrofes naturales ocurridos en varias Comunidades Autónomas.

Artículo 6 de la Ley 21/2005, de 17 de noviembre, de restitución a la Generalidad de Cataluña de los documentos incautados con motivo de la Guerra Civil custodiados en el Archivo General de la Guerra Civil Española y de creación de Centro Documental de la Memoria Histórica (BOE de 18 de noviembre).

a) Las prestaciones públicas extraordinarias por actos de terrorismo y las pensiones derivadas de medallas y condecoraciones concedidas por actos de terrorismo[28].

Ley 4/2006, de 29 de marzo, de adaptación del régimen de las entidades navieras en función del tonelaje a las nuevas directrices comunitarias sobre ayudas de Estado al transporte marítimo y de modificación del régimen económico fiscal de Canarias (BOE núm. 76, de 30 de marzo): Disposición adicional segunda. «Régimen del Consejo Internacional de Supervisión Pública en estándares de auditoría, ética profesional y materias relacionadas. Uno. El régimen fiscal aplicable al Consejo Internacional de Supervisión Pública en estándares de auditoría, ética profesional y materias relacionadas será el siguiente:..., b) Los rendimientos del trabajo percibidos del Consejo por el Secretario General, el personal directivo y el personal laboral que desempeñen una actividad directamente relacionada con su objeto estatutario, estarán exentos del Impuesto sobre la Renta de las Personas Físicas».

Resolución de 9 de mayo de 2008, de la Dirección General de Tributos, por la que se reconoce la exención por el Impuesto sobre la Renta de las Personas Físicas sobre las retribuciones de los empleados de las Oficinas Consulares de EE.UU. en España, salvo que posean la nacionalidad española sin poseer la nacionalidad de EE.UU (BOE núm. 135, de 4 junio de 2008).

Art. 2 y art. 7.7 de la Ley 3/2010, de 10 de marzo, por la que se aprueban medidas urgentes para paliar los daños producidos por los incendios forestales y otras catástrofes naturales ocurridos en varias Comunidades Autónomas (BOE núm. 61, de 11 de marzo de 2010).

Art. 12.8 del Real Decreto-ley 6/2011, de 13 de mayo, por el que se adoptan medidas urgentes para reparar los daños causados por los movimientos sísmicos acaecidos el 11 de mayo de 2011 en Lorca, Murcia (BOE de 14 de mayo. Corrección de errores en BOE de 18 y 19 de mayo).

Art. 2 y art. 10.7 del Real Decreto-ley 2/2015, de 6 de marzo, por el que se adoptan medidas urgentes para reparar los daños causados por las inundaciones y otros efectos de los temporales de lluvia, nieve y viento acaecidos en los meses de enero, febrero y marzo de 2015 (BOE núm. 57, de 7 de marzo de 2015).

Art. 2 y art. 10.7 del Real Decreto-ley 12/2015, de 30 de octubre, por el que se adoptan medidas urgentes para reparar los daños causados por los temporales de lluvia en la Comunidad Autónoma de Canarias y en el sur y este peninsular en los meses de septiembre y octubre de 2015 (BOE núm. 261, de 31 de octubre de 2015).

Art. 3.7 del Real Decreto-ley 2/2019, de 25 de enero, por el que se adoptan medidas urgentes para paliar los daños causados por temporales y otras situaciones catastróficas (BOE núm. 23, de 26 de enero de 2019).

Art. 4.7 del Real Decreto-ley 10/2021, de 18 de mayo, por el que se adoptan medidas urgentes para paliar los daños causados por la borrasca «Filomena» (BOE núm. 119, de 19 mayo de 2021).

Art. 25.7 Real Decreto-ley 20/2021, de 5 de octubre, por el que se adoptan medidas urgentes de apoyo para la reparación de los daños ocasionados por las erupciones volcánicas y para la reconstrucción económica y social de la isla de La Palma (BOE núm. 239, de 6 de octubre de 2021).

Disposición adicional tercera «*Donaciones a trabajadores afectados por la DANA por parte de las empresas*», Ley 7/2024, de 20 de diciembre, por la que se establecen un Impuesto Complementario para garantizar un nivel mínimo global de imposición para los grupos multinacionales y los grupos nacionales de gran magnitud, un Impuesto sobre el margen de intereses y comisiones de determinadas entidades financieras y un Impuesto sobre los líquidos para cigarrillos electrónicos y otros productos relacionados con el tabaco, y se modifican otras normas tributarias (BOE núm. 307, de 21 de diciembre de 2024).

[28] *Normativa estatal*: Ley 29/2011, de 22 de septiembre, de Reconocimiento y Protección Integral a las Víctimas del Terrorismo (BOE núm. 229, de 23 de septiembre): Artículo 16. Exenciones tributarias. «*Las cantidades percibidas como consecuencia de las indemnizaciones, resarcimientos o ayudas de carácter económico a que se refiere la presente Ley estarán exentas del Impuesto sobre la Renta de las Personas Físicas y de cualquier impuesto personal que pudiera recaer sobre las mismas*». Real Decreto 671/2013, de 6 de septiembre, por el que se aprueba el Reglamento de la Ley 29/2011, de 22 de septiembre, de Reconocimiento y Protección Integral a las Víctimas del Terrorismo (BOE núm. 224, de 18 de septiembre de 2013).

b) Las ayudas de cualquier clase percibidas por los afectados por el virus de inmunodeficiencia humana, reguladas en el Real Decreto-Ley 9/1993, de 28 de mayo[29].

c) Las pensiones reconocidas en favor de aquellas personas que sufrieron lesiones o mutilaciones con ocasión o como consecuencia de la Guerra Civil, 1936/1939, ya sea por el régimen de clases pasivas del Estado o al amparo de la legislación especial dictada al efecto.

d)[30] indemnizaciones como consecuencia de responsabilidad civil por daños personales, en la cuantía legal o judicialmente reconocida.

Asimismo, las indemnizaciones como consecuencia de responsabilidad civil por daños físicos o psíquicos, satisfechos por la entidad aseguradora del causante del daño no previstas en el párrafo anterior, cuando deriven de un acuerdo de mediación o de cualquier otro medio adecuado de solución de controversias legalmente establecido, siempre que en la obtención del acuerdo por ese medio haya intervenido un tercero neutral y el acuerdo se haya elevado a escritura pública, hasta la cuantía que resulte de aplicar, para el daño sufrido, el sistema para la valoración de los daños y perjuicios causados a las personas en accidentes de circulación, incorporado como anexo en el texto refundido de la Ley sobre responsabilidad civil y seguro en la circulación de vehículos a motor, aprobado por el Real Decreto Legislativo 8/2004, de 29 de octubre.

Igualmente estarán exentas las indemnizaciones por daños personales derivadas de contratos de seguro de accidentes, salvo aquellos cuyas primas hubieran podido reducir la base imponible o ser consideradas gasto deducible por aplicación de la regla 1ª del apartado 2 del artículo 30 de esta ley, hasta la cuantía que resulte de aplicar, para el daño sufrido, el sistema para la valoración de los daños y perjuicios causados a las personas en accidentes de

---

Normativa autonómica: Comunidad Foral de Navarra: Decreto Foral núm. 254/1988, de 27 de octubre, por el que se regula la concesión de ayudas a los afectados por atentados terroristas (BON núm. 137, de 11 de noviembre); Comunidad de Madrid: Ley 5/2018, de 17 de octubre, para la Protección, Reconocimiento y Memoria de las Víctimas del Terrorismo (BOCM núm. 255, de 25 de octubre de 2018); País Vasco: Ley 4/2008, de 19 de junio, de Reconocimiento y Reparación a las Víctimas del Terrorismo (BOPV núm. 124, de 1 de julio) y Decreto 214/2002, de 24 de septiembre, por el que se regula el Programa de Ayudas a las Víctimas del Terrorismo (BOPV núm. 185, de 30 de septiembre); Comunidad Valenciana: Ley 1/2004, de 24 de mayo, de Ayuda a las Víctimas del Terrorismo (DOGV núm. 4762, de 27 de mayo). Extremadura: Ley 6/2005, de 27 de diciembre, de medidas para la asistencia y atención de las víctimas del terrorismo y de creación del Centro Extremeño de Estudios para la Paz (BOE núm. 40, de 16 de febrero de 2006).

29   Real DecretoLey 9/1993, de 28 de mayo, por el que se conceden ayudas a los afectados por el Virus de Inmunodeficiencia Humana (VIH) como consecuencia de actuaciones realizadas en el sistema sanitario público (BOE núm. 130, de 1 de junio de 1993), Art. 1 (Ámbito de actuación), Art. 2 (Importe de las ayudas), Art. 3 (Incompatibilidades).

30   Nueva redacción de la letra d) dada por la Disp. Final decimocuarta Uno de la Ley Orgánica 1/2025, de 2 de enero, de medidas en materia de eficiencia del Servicio Público de Justicia (BOE núm. 3, de 3 de enero de 2025), en vigor desde el 3 de abril de 2025.

Redacción anterior: «d) Las indemnizaciones como consecuencia de responsabilidad civil por daños personales, en la cuantía legal o judicialmente reconocida.

Igualmente estarán exentas las indemnizaciones por idéntico tipo de daños derivadas de contratos de seguro de accidentes, salvo aquellos cuyas primas hubieran podido reducir la base imponible o ser consideradas gasto deducible por aplicación de la regla 1ª del apartado 2 del artículo 30 de esta ley, hasta la cuantía que resulte de aplicar, para el daño sufrido, el sistema para la valoración de los daños y perjuicios causados a las personas en accidentes de circulación, incorporado como anexo en el texto refundido de la Ley sobre responsabilidad civil y seguro en la circulación de vehículos a motor, aprobado por el Real Decreto Legislativo 8/2004, de 29 de octubre».

circulación, incorporado como anexo en el texto refundido de la Ley sobre responsabilidad civil y seguro en la circulación de vehículos a motor, aprobado por el Real Decreto Legislativo 8/2004, de 29 de octubre[31].

e)[32] Las indemnizaciones por despido o cese del trabajador, en la cuantía establecida con carácter obligatorio en el texto refundido de la Ley del Estatuto de los Trabajadores, aprobado

---

[31]   Disposición Adicional primera (Exención de las indemnizaciones por daños personales), del RIRPF.
Real Decreto Legislativo 8/2004, de 29 octubre, por el que se aprueba el texto refundido de la Ley sobre responsabilidad civil y seguro en la circulación de vehículos a motor (BOE núm. 267, de 5 noviembre de 2004), en la redacción dada por la Ley 35/2015, de 22 de septiembre, de reforma del sistema para la valoración de los daños y perjuicios causados a las personas en accidentes de circulación (BOE núm. 228, de 23 de septiembre de 2015). Nueva redacción en vigor desde el 1 de enero de 2016, que establece un nuevo sistema de valoración de los daños y perjuicios causados a las personas en accidentes de circulación, derogando el sistema que se recogía originalmente en el Anexo de dicho Real Decreto Legislativo.
Real Decreto 907/2022, de 25 de octubre, por el que se modifican las cuantías de determinadas tablas del sistema para la valoración de los daños y perjuicios causados a las personas en accidentes de circulación contenidas en el anexo del texto refundido de la Ley sobre responsabilidad civil y seguro en la circulación de vehículos a motor, aprobado por el Real Decreto Legislativo 8/2004, de 29 de octubre.
Resolución de 12 de marzo de 2025, de la Dirección General de Seguros y Fondos de Pensiones, por la que se publican las cuantías de las indemnizaciones actualizadas del sistema para valoración de los daños y perjuicios causados a las personas en accidentes de circulación (BOE núm. 71, de 24 de marzo de 2025) Resolución de 18 de enero de 2024, de la Dirección General de Seguros y Fondos de Pensiones, por la que se publican las cuantías de las indemnizaciones actualizadas del sistema para valoración de los daños y perjuicios causados a las personas en accidentes de circulación (BOE núm. 26, de 30 de enero de 2024). Ejercicios anteriores: Año 2023: Resolución de 12 de enero de 2023 (BOE núm. 17, de 20 de enero de 2023). Año 2022: Resolución de 23 de febrero de 2022 (BOE núm. 56, de 7 de marzo de 2022). Año 2021: Resolución de 2 de febrero de 2021 (BOE núm. 43, de 19 de febrero de 2021). Año 2020: Resolución de 30 de marzo de 2020 (BOE núm. 98, de 8 de abril de 2020). Año 2019: Resolución de 20 de marzo de 2019 (BOE núm. núm. 81, de 4 de abril de 2019). Año 2018: Resolución de 31 de enero de 2018 (BOE núm. 40, de 14 de febrero de 2018) y Resolución de 25 de julio de 2018 (BOE núm. 195, de 13 de agosto de 2018). Año 2015 y 2014: Resolución de 5 de marzo de 2014 (BOE núm. 64, de 15 de marzo de 2014). Año 2013: Resolución de 21 de enero de 2013, (BOE núm. 26, de 30 de enero de 2013); año 2012: Resolución de 24 de enero de 2012, (BOE núm. 31, de 6 de febrero de 2012); para el año 2011: Resolución de 20 de enero de 2011, (BOE núm. 23, de 27 de enero de 2011); 2010: Resolución de 31 de enero de 2010 (BOE núm. 31 de 5 de febrero de 2010); 2009: Resolución de 20 de enero de 2009 (BOE, núm. 28 de 2 de febrero de 2009); 2008: Resolución de 17 de enero de 2008 (BOE núm. 21, de 24 de enero de 2008) y, año 2007: Resolución de 7 de enero de 2007 (BOE núm. 38, de 13 de febrero de 2007).

[32]   Art. 1 (Indemnizaciones por despido o cese del trabajador) y Art. 73.1 (Plazo de presentación de autoliquidaciones complementarias), del RIRPF.
Nueva redacción del art. 7.e) dada por la Disp. Final decimocuarta Uno de la Ley Orgánica 1/2025, de 2 de enero, de medidas en materia de eficiencia del Servicio Público de Justicia (BOE núm. 3, de 3 de enero de 2025), en vigor desde el 3 de abril de 2025.
Redacción anterior dada por el Art. Primero.Uno de la Ley 26/2014, de 27 de noviembre, por la que se modifican la Ley 35/2006, de 28 de noviembre, del Impuesto sobre la Renta de las Personas Físicas, el texto refundido de la Ley del Impuesto sobre la Renta de no Residentes, aprobado por el Real Decreto Legislativo 5/2004, de 5 de marzo, y otras normas tributarias (BOE núm. 288, de 28 de noviembre de 2014), en vigor desde el 29 de noviembre de 2014: «*e) Las indemnizaciones por despido o cese del trabajador, en la cuantía establecida con carácter obligatorio en el Estatuto de los Trabajadores, en su normativa de desarrollo o, en su caso, en la normativa reguladora de la ejecución de sentencias, sin que pueda considerarse como tal la establecida en virtud de convenio, pacto o contrato.*
Sin perjuicio de lo dispuesto en el párrafo anterior, en los supuestos de despidos colectivos realizados de conformidad con lo dispuesto en el artículo 51 del Estatuto de los Trabajadores, o producidos por las

por el Real Decreto Legislativo 2/2015, de 23 de octubre, en su normativa de desarrollo o, en su caso, en la normativa reguladora de la ejecución de sentencias, sin que pueda considerarse como tal la establecida en virtud de convenio, pacto o contrato.

Sin perjuicio de lo dispuesto en el párrafo anterior, en los supuestos de despidos colectivos realizados, o cuando se extinga el contrato en el supuesto de la letra c) del artículo 52 del mismo texto, siempre que, en ambos casos, se deban a causas económicas, técnicas, organizativas, de producción o por fuerza mayor, quedará exenta la parte de indemnización percibida que no supere los límites establecidos con carácter obligatorio en el mencionado Estatuto para el despido improcedente.

No tendrán la consideración de indemnizaciones establecidas en virtud de convenio, pacto o contrato, las acordadas en el acto de conciliación ante el Servicio administrativo al que se refiere el artículo 63 de la Ley 36/2011, de 10 de octubre, reguladora de la jurisdicción social.

El importe de la indemnización exenta a que se refiere esta letra tendrá como límite la cantidad de 180.000 euros.

f) Las prestaciones reconocidas al contribuyente por la Seguridad Social o por las entidades que la sustituyan como consecuencia de incapacidad permanente absoluta o gran invalidez.

Asimismo, las prestaciones reconocidas a los profesionales no integrados en el régimen especial de la Seguridad Social de los trabajadores por cuenta propia o autónomos por las mutualidades de previsión social que actúen como alternativas al régimen especial de la Seguridad Social mencionado, siempre que se trate de prestaciones en situaciones idénticas a las previstas para la incapacidad permanente absoluta o gran invalidez de la Seguridad Social. La cuantía exenta tendrá como límite el importe de la prestación máxima que reconozca la Seguridad Social por el concepto que corresponda. El exceso tributará como rendimiento del trabajo, entendiéndose producido, en caso de concurrencia de prestaciones de la Seguridad Social y de las mutualidades antes citadas, en las prestaciones de estas últimas.

---

causas previstas en la letra c) del artículo 52 del citado Estatuto, siempre que, en ambos casos, se deban a causas económicas, técnicas, organizativas, de producción o por fuerza mayor, quedará exenta la parte de indemnización percibida que no supere los límites establecidos con carácter obligatorio en el mencionado Estatuto para el despido improcedente.

El importe de la indemnización exenta a que se refiere esta letra tendrá como límite la cantidad de 180.000 euros».

Apartado 3 de la Disposición transitoria vigésima segunda (Indemnizaciones por despido exentas), de la LIRPF.

El Tribunal Supremo en sentencia 1139/2020 de 4 de septiembre de 2020 establece que: «*en los supuestos de extinción del contrato de alta dirección por desistimiento del empresario existe el derecho a una indemnización mínima obligatoria de 7 días de salario por año de trabajo, con el límite de seis mensualidades y, por tanto, que esa cuantía de la indemnización está exenta de tributación en el Impuesto sobre la Renta de las Personas Físicas, al amparo del artículo 7.e) del texto refundido de la Ley del Impuesto sobre la Renta de las Personas Físicas, aprobado por Real Decreto Legislativo 3/2004, de 5 de marzo*».

Redacción anterior dada por la Disposición final undécima.uno de la Ley 3/2012, de 6 de julio, de medidas urgentes para la reforma del mercado laboral (BOE núm. 162, de 7 de julio de 2012), en vigor desde la entrada en vigor del Real Decreto-Ley 3/2012, de 10 de febrero, el 12 de febrero de 2012.

La anterior redacción fue dada por la Disp. Adic. Decimotercera de la Ley 27/2009, de 30 de diciembre, de medidas urgentes para el mantenimiento y el fomento del empleo y la protección de las personas desempleadas (BOE núm. 315, de 31 de diciembre), en vigor desde el 1-1-2010.

g) Las pensiones por inutilidad o incapacidad permanente del régimen de clases pasivas, siempre que la lesión o enfermedad que hubiera sido causa de aquéllas inhabilitara por completo al perceptor de la pensión para toda profesión u oficio.

h)[33] Las prestaciones por maternidad o paternidad y las familiares no contributivas reguladas, respectivamente, en los Capítulos VI y VII del Título II y en el Capítulo I del título VI del texto refundido de la Ley General de la Seguridad Social, aprobado por el Real Decreto, de 30 de octubre y las pensiones y los haberes pasivos de orfandad y a favor de nietos y hermanos, menores de veintidós años o incapacitados para todo trabajo, percibidos de los regímenes públicos de la Seguridad Social y clases pasivas.

Asimismo, las prestaciones reconocidas a los profesionales no integrados en el régimen especial de la Seguridad Social de los trabajadores por cuenta propia o autónomos por las mutualidades de previsión social que actúen como alternativas al régimen especial de la Seguridad Social mencionado, siempre que se trate de prestaciones en situaciones idénticas a las previstas en el párrafo anterior por la Seguridad Social para los profesionales integrados en dicho régimen especial. La cuantía exenta tendrá como límite el importe de la prestación máxima que reconozca la Seguridad Social por el concepto que corresponda. El exceso tributará como rendimiento del trabajo, entendiéndose producido, en caso de concurrencia de prestaciones de la Seguridad Social y de las mutualidades antes citadas, en las prestaciones de estas últimas.

En el caso de los empleados públicos encuadrados en un régimen de Seguridad Social que no de derecho a percibir la prestación por maternidad o paternidad a que se refiere el primer párrafo de esta letra, estará exenta la retribución percibida durante los permisos por parto, adopción o guarda y paternidad a que se refieren las letras a), b) y c) del artículo 49 del texto refundido de la Ley del Estatuto Básico del Empleado Público, aprobado por el Real Decreto Legislativo 5/2015, de 30 de octubre o la reconocida por la legislación específica que le resulte de aplicación por situaciones idénticas a las previstas anteriormente. La cuantía exenta de las retribuciones o prestaciones referidas en este párrafo tendrá como límite el importe de la prestación máxima que reconozca la Seguridad Social por el concepto que corresponda. El exceso tributará como rendimiento del trabajo.

Igualmente estarán exentas las demás prestaciones públicas por nacimiento, parto o adopción múltiple, adopción, maternidad o paternidad, hijos a cargo y orfandad.

i) Las prestaciones económicas percibidas de instituciones públicas con motivo del acogimiento de personas con discapacidad[34], mayores de 65 años o menores, sea en la modalidad simple, permanente o preadoptivo o las equivalentes previstas en los ordenamientos de las Comunidades Autónomas, incluido el acogimiento en la ejecución de la medida judicial de convivencia del menor con persona o familia previsto en la Ley Orgánica 5/2000, de 12 de enero, reguladora de la responsabilidad penal de los menores[35].

---

[33]   Nueva redacción letra h) dada por el art. 1 Primero del Real Decreto-ley 27/2018, de 28 de diciembre, por el que se adoptan determinadas medidas en materia tributaria y catastral, (BOE núm. 314, de 29 de diciembre de 2018), con efectos desde el día 30 de diciembre de 2018 y ejercicios anteriores no prescritos.

[34]   Art. 72 (Acreditación de la condición de personas con discapacidad y de la necesidad…), del RIRPF.

[35]   Ley Orgánica 5/2000, de 12 de enero, reguladora de la responsabilidad penal de los menores (BOE núm. 11, de 13 enero de 2000).

Igualmente estarán exentas las ayudas económicas otorgadas por instituciones públicas a personas con discapacidad con un grado de minusvalía igual o superior al 65 por ciento o mayores de 65 años para financiar su estancia en residencias o centros de día, siempre que el resto de sus rentas no excedan del doble del indicador público de renta de efectos múltiples[36].

[36]   Ley 31/2022, de 23 de diciembre, de Presupuestos Generales del Estado para el año 2023 (BOE» núm. 308, de 24/12/2022), en vigorr desde el 1 de enero de 2023:

«Disposición adicional nonagésima. Determinación del indicador público de rentas de efectos múltiples (IPREM) para 2023.

De conformidad con lo establecido en el artículo 2.2 del Real Decreto-ley 3/2004, de 25 de junio, para la racionalización de la regulación del salario mínimo interprofesional y para el incremento de su cuantía, el indicador público de renta de efectos múltiples (IPREM) tendrá las siguientes cuantías durante 2023:

a) El IPREM diario, 20 euros.

b) El IPREM mensual, 600 euros.

c) El IPREM anual, 7.200 euros.

d) En los supuestos en que la referencia al salario mínimo interprofesional ha sido sustituida por la referencia al IPREM en aplicación de lo establecido en el Real Decreto-ley 3/2004, de 25 de junio, la cuantía anual del IPREM será de 8.400 euros cuando las correspondientes normas se refieran al salario mínimo interprofesional en cómputo anual, salvo que expresamente excluyeran las pagas extraordinarias; en este caso, la cuantía será de 7.200 euros».

Ejercicio 2022: Disposición adicional centésima primera de la Ley 22/2021, de 28 de diciembre, de Presupuestos Generales del Estado para el año 2022 (BOE núm. 312, de 29 de diciembre de 2021).

Ejercicio 2021: Disposición adicional centésima vigésima primera de la Ley 11/2020, de 30 de diciembre, de Presupuestos Generales del Estado para el año 2021 (BOE núm. 341, de 31 de diciembre de 2020).

Ejercicios 2018 a 2020: Disposición adicional centésima décima novena de la Ley 6/2018, de 3 de julio, de Presupuestos Generales del Estado para el año 2018 (BOE núm. 161, de 4 de julio de 2018), en vigor desde el 5 de julio de 2018.

Ejercicio 2017: Disposición adicional centésima séptima de la Ley 3/2017, de 27 de junio, de Presupuestos Generales del Estado para el año 2017 (BOE núm. 153, de 28 de junio de 2017).

Ejercicio 2016: Disposición adicional octogésima cuarta de la Ley 48/2015, de 29 de octubre, de Presupuestos Generales del Estado para el año 2016 (BOE núm. 260, de 30 de octubre de 2015).

Ejercicio 2015: Disposición adicional octogésima cuarta de la Ley 36/2014, de 26 de diciembre, de Presupuestos Generales del Estado para el año 2015 (BOE núm. 315, de 30 de diciembre de 2014).

Ejercicio 2104: Disposición adicional Octogésima de la Ley 22/2013, de 23 de diciembre, de Presupuestos Generales del Estado para el año 2014 (BOE núm. 309, de 26 de diciembre de 2013).

Ejercicio 2103: Disposición adicional Octogésima segunda de la Ley 17/2012, de 27 de diciembre, de Presupuestos Generales del Estado para el año 2013 (BOE núm. 312, de 28 de diciembre de 2012).

Para el ejercicio 2012: Disposición Adicional Décima cuarta de la Ley 2/2012, de 29 de junio, de Presupuestos Generales del Estado para el año 2012 (BOE núm. 156, de 30 de junio de 2012).

Ejercicio 2011: Disposición Adicional Decimoctava de la Ley 39/2010, de 22 de diciembre, de Presupuestos Generales del Estado para el año 2011 (BOE núm. 23, de 12 de diciembre de 2010).

Ejercicio 2010: Disposición Adicional Decimonovena de la Ley 26/2009, de 23 de diciembre, de Presupuestos Generales del Estado para el año 2010 (BOE núm. 309, de 24 de diciembre de 2009).

Para el ejercicio 2009: Disposición Adicional Vigésima Octava de la Ley 2/2008, de 23 de diciembre, de Presupuestos Generales del Estado para el año 2009 (BOE, núm. 309, de 24 de diciembre de 2008).

Para el ejercicio 2008: Disposición Adicional Trigésima quinta de la Ley 51/2007, de 26 de diciembre, de Presupuestos Generales del Estado para el año 2008 (BOE núm. 310 de 27 de diciembre de 2007)

Para el ejercicio 2007: Disposición adicional trigésima primera de la Ley 42/2006, de 28 de diciembre, de PGE para 2007 (BOE núm. 311, de 29 de diciembre de 2007).

j)[37] Las becas públicas, las becas concedidas por las entidades sin fines lucrativos a las que sea de aplicación el régimen especial regulado en el Título II de la Ley 49/2002, de 23 de diciembre, de régimen fiscal de las entidades sin fines lucrativos y de los incentivos fiscales al mecenazgo[38], y las becas concedidas por las fundaciones bancarias reguladas en el Título II de la Ley 26/2013, de 27 de diciembre, de cajas de ahorros y fundaciones bancarias en el desarrollo de su actividad de obra social, percibidas para cursar estudios reglados, tanto en España como en el extranjero, en todos los niveles y grados del sistema educativo, en los términos que reglamentariamente se establezcan[39].

Asimismo estarán exentas, en los términos que reglamentariamente se establezcan, las becas públicas y las concedidas por las entidades sin fines lucrativos y fundaciones bancarias mencionadas anteriormente para investigación en el ámbito descrito por el Real Decreto 63/2006, de 27 de enero, por el que se aprueba el Estatuto del personal investigador en formación[40], así como las otorgadas por aquellas con fines de investigación a los funcionarios y demás personal al servicio de las Administraciones públicas y al personal docente e investigador de las universidades.

k)[41] Las anualidades por alimentos percibidas de los padres en virtud del convenio regulador a que se refiere el artículo 90 del Código Civil, o del convenio equivalente previsto en

Año	IPREM mensual	IPREM anual (12 pagas)	IPREM anual (14 pagas)
2025	600	7.200	8.400
2024	600	7.200	8.400
2023	600	7.200	8.400
2022	579,02	6.948,24	8.106,28
2021	564,90	6.778,80 €	7.908,60 €
2018 a 2020	537,80 €	6.454,03 €	7.519,59 €
2017	Desde 29-06-2017: 537,80 €	Desde 29-06-2017: 6.454,03€	Desde 29-06-2017: 7.519,59€
	Desde 01-01-2017 a 29-06-2017: 532,51 €	Desde 01-01-2017 a 29-06-2017: 6.390,13 €	Desde 01-01-2017 a 29-06-2017: 7.455,14 €
2010 a 2016	532,51 €	6.390,13 €	7.455,14 €
2009	527,24 €	6.326,86 €	7.381,33 €
2008	516,90 €	6.202,80 €	7.236,60 €
2007	499,20 €	5.990,40 €	6.986,80 €

[37] Art. 17.2.h) (Rendimientos íntegros del trabajo personal), de esta Ley.
Nueva redacción del art. 7.j) dada por el Art. Primero.Dos de la Ley 26/2014, de 27 de noviembre, por la que se modifican la Ley 35/2006, de 28 de noviembre, del Impuesto sobre la Renta de las Personas Físicas, el texto refundido de la Ley del Impuesto sobre la Renta de no Residentes, aprobado por el Real Decreto Legislativo 5/2004, de 5 de marzo, y otras normas tributarias (BOE núm. 288, de 28 de noviembre de 2014), en vigor desde el 1 de enero de 2015.

[38] Arts. 2 a 15 de la Ley 49/2002, de 23 de diciembre, de régimen fiscal de las entidades sin fines lucrativos y de los incentivos fiscales al mecenazgo (BOE núm. 307, de 24 diciembre de 2002).

[39] Art. 2 (Exención de becas al estudio y de formación de investigadores), del RIRPF.

[40] Real Decreto 103/2019, de 1 de marzo, por el que se aprueba el Estatuto del personal investigador predoctoral en formación (BOE núm. 64, de 15 de marzo de 2019), que deroga el anterior Real Decreto 63/2006, de 27 de enero, por el que se aprueba el Estatuto del personal investigador en formación (BOE núm. 29, de 3 febrero de 2006), derogado y sustituido por el Real Decreto 103/2019, de 1 de marzo.

[41] Art. 17.2.f) (Rendimientos íntegros del trabajo) y Arts. 64 y 75 (Especialidades aplicables en los supuestos de anualidades por alimentos a favor de los hijos), de esta Ley.

los ordenamientos de las Comunidades Autónomas, aprobado por la autoridad judicial o formalizado ante el letrado o letrada de la Administración de Justicia, o en escritura pública ante notario, con independencia de que dicho convenio derive o no de cualquier medio adecuado de solución de controversias legalmente previsto.

Igualmente estarán exentas las anualidades por alimentos percibidas de los padres en virtud de decisión judicial en supuestos distintos a los establecidos en el párrafo anterior.

l) Los premios literarios, artísticos o científicos relevantes, con las condiciones que reglamentariamente se determinen, así como los premios «Príncipe de Asturias», en sus distintas modalidades, otorgados por la Fundación Príncipe de Asturias[42].

m) Las ayudas de contenido económico a los deportistas de alto nivel ajustadas a los programas de preparación establecidos por el Consejo Superior de Deportes con las federaciones deportivas españolas o con el Comité Olímpico Español, en las condiciones que se determinen reglamentariamente[43].

n)[44] Las prestaciones por desempleo reconocidas por la respectiva entidad gestora cuando se perciban en la modalidad de pago único establecida en el Real Decreto 1044/1985, de 19 de junio, por el que se regula el abono de la prestación por desempleo en su modalidad de pago único[45], siempre que las cantidades percibidas se destinen a las finalidades y en los casos previstos en la citada norma.

Nueva redacción de la letra k) del art. 7 dada por la Disp. Final decimocuarta Uno de la Ley Orgánica 1/2025, de 2 de enero, de medidas en materia de eficiencia del Servicio Público de Justicia (BOE núm. 3, de 3 de enero de 2025), en vigor desde el 3 de abril de 2025.
Redacción anterior: «k) Las anualidades por alimentos percibidas de los padres en virtud de decisión judicial».

[42] Art. 17.2.d) (Rendimientos íntegros del trabajo), de esta Ley. Art. 3 (Exención de determinados premios literarios, artísticos y científicos) del RIRPF y Orden EHA/3525/2008, de 20 de noviembre, por la que se establece el procedimiento para la declaración de la exención del Impuesto sobre la Renta de las Personas Físicas de determinados premios literarios, artísticos o científicos (BOE núm. 293 de 5 de diciembre de 2008).

[43] Art. 4 (Exención de las ayudas a los deportistas de alto nivel), del RIRPF. Real Decreto 971/2007, de 13 de julio, sobre deportistas de alto nivel y alto rendimiento (BOE núm. 177, de 25 de julio de 2007).

[44] Art. 14.2.c) (Imputación temporal) y Art. 17.1.b) (Rendimientos íntegros del trabajo), de esta Ley.
Nueva redacción de la letra n) dada por el art. 8.uno de la Ley 11/2013, de 26 de julio, de medidas de apoyo al emprendedor y de estímulo del crecimiento y de la creación de empleo (BOE núm. 179, de 27 de julio de 2013), con efectos desde el 1 de enero de 2013. Reproduce la redacción dada por el art. 8.Uno del Real Decreto-ley 4/2013, de 22 de febrero, de medidas de apoyo al emprendedor y de estímulo del crecimiento y de la creación de empleo (BOE núm. 47, de 23 de febrero de 2013), con efectos desde el 1 de enero de 2013. Disposición transitoria cuarta de la Ley 45/2002, de 12 de diciembre, de medidas urgentes para la reforma del sistema de protección por desempleo y mejora de la ocupabilidad, en la redacción dada por el art. 4 de la Ley 11/2013, de 26 de julio, de medidas de apoyo al emprendedor y de estímulo del crecimiento y de la creación de empleo.
Redacción anterior dada por el art. 65 de la Ley 26/2009, de 23 de diciembre, de Presupuestos Generales del Estado para el año 2010 (BOE núm. 309, de 24 de diciembre de 2009), con efectos desde el 1-1-2009 hasta el 31-12-2012.

[45] Norma que mantiene su vigencia, art. 34 (Capitalización de la prestación por desempleo) de la Ley 31/2015, de 9 de septiembre, por la que se modifica y actualiza la normativa en materia de autoempleo y se adoptan medidas de fomento y promoción del trabajo autónomo y de la Economía Social (BOE núm. 217, de 10 de septiembre de 2015) y art. 39 (Pago único de la prestación por cese de actividad) de dicha norma.

Esta exención estará condicionada al mantenimiento de la acción o participación durante el plazo de cinco años, en el supuesto de que el contribuyente se hubiera integrado en sociedades laborales o cooperativas de trabajo asociado o hubiera realizado una aportación al capital social de una entidad mercantil, o al mantenimiento, durante idéntico plazo, de la actividad, en el caso del trabajador autónomo.

ñ)[46] Los rendimientos positivos del capital mobiliario procedentes de los seguros de vida, depósitos y contratos financieros a través de los cuales se instrumenten los Planes de Ahorro a Largo Plazo a que se refiere la disposición adicional vigésima sexta de esta Ley, siempre que el contribuyente no efectúe disposición alguna del capital resultante del Plan antes de finalizar el plazo de cinco años desde su apertura.

Cualquier disposición del citado capital o el incumplimiento de cualquier otro requisito de los previstos en la disposición adicional vigésima sexta de esta Ley antes de la finalización de dicho plazo, determinará la obligación de integrar los rendimientos a que se refiere el párrafo anterior generados durante la vigencia del Plan en el período impositivo en el que se produzca tal incumplimiento.

o) Las gratificaciones extraordinarias satisfechas por el Estado español por la participación en misiones internacionales de paz o humanitarias, en los términos que reglamentariamente se establezcan[47].

p) Los rendimientos del trabajo percibidos por trabajos efectivamente realizados en el extranjero, con los siguientes requisitos:

---

[46] Nueva letra ñ) incorporada por el Art. Primero.Tres de la Ley 26/2014, de 27 de noviembre, por la que se modifican la Ley 35/2006, de 28 de noviembre, del Impuesto sobre la Renta de las Personas Físicas, el texto refundido de la Ley del Impuesto sobre la Renta de no Residentes, aprobado por el Real Decreto Legislativo 5/2004, de 5 de marzo, y otras normas tributarias (BOE núm. 288, de 28 de noviembre de 2014), en vigor desde el 1 de enero de 2015.
Disposición adicional vigésimo sexta (Planes de Ahorro a Largo Plazo) de la LIRPF.
Con anterioridad, dicha letra ñ) fue suprimida por el art. 2.Uno de la Ley 16/2012, de 27 de diciembre, por la que se adoptan diversas medidas tributarias dirigidas a la consolidación de las finanzas públicas y al impulso de la actividad económica (BOE núm. 312, de 28 de diciembre de 2012), con efectos desde el 1 de enero de 2013.
Disposición adicional trigésima tercera (Gravamen especial sobre los premios de determinadas loterías y apuestas) y art. 105.2.e) (Obligaciones formales del retenedor, del obligado a practicar ingresos a cuenta y otras obligaciones tributarias), de esta Ley.
Redacción anterior apartado ñ) del art. 7 dada por el art. sexto de la Ley 2/2010, de 1 de marzo de 2010, por la que se trasponen determinadas Directivas en el ámbito de la imposición indirecta y se modifica la Ley del Impuesto sobre la Renta de no Residentes para adaptarla a la normativa comunitaria, con efectos desde el 1-1-2009.
Según la disposición final tercera del Real Decreto-Ley 1/2011, de 11 de febrero, de medidas urgentes para promover la transición al empleo estable y la recualificación profesional de las personas desempleadas (BOE número: 37, de 12 de febrero de 2011), cualquier referencia a la entidad pública empresarial Loterías y Apuestas del Estado contenida en la regulación de los impuestos estatales de carácter directo se entenderá efectuada a la Sociedad Estatal Loterías y Apuestas del Estado a partir de su constitución.
Art. 105.2.e) (Obligaciones formales del retenedor, del obligado a practicar ingresos a cuenta y otras obligaciones tributarias), de esta Ley.

[47] Art. 5 (Exención de las gratificaciones extraordinarias percibidas por la participación en misiones de paz o humanitarias), del RIRPF. Real DecretoLey 8/2004, de 5 de noviembre, sobre indemnizaciones a los participantes en operaciones internacionales de paz y seguridad (BOE núm. 271, de 10 de noviembre).

1.º Que dichos trabajos se realicen para una empresa o entidad no residente en España o un establecimiento permanente radicado en el extranjero en las condiciones que reglamentariamente se establezcan[48]. En particular, cuando la entidad destinataria de los trabajos esté vinculada con la entidad empleadora del trabajador o con aquella en la que preste sus servicios, deberán cumplirse los requisitos previstos en el apartado 5 del artículo 16 del texto refundido de la Ley del Impuesto sobre Sociedades, aprobado por el Real Decreto Legislativo 4/2004, de 5 de marzo[49].

2.º Que en el territorio en que se realicen los trabajos se aplique un impuesto de naturaleza idéntica o análoga a la de este impuesto y no se trate de un país o territorio considerado como paraíso fiscal[50]. Se considerará cumplido este requisito cuando el país o territorio en el

---

[48]   Art. 6 (Exención de los rendimientos percibidos por trabajos realizados en el extranjero), del RIRPF.

[49]   Ver la nota del Art. 41 (Operaciones vinculadas), de esta Ley, en la que se reproduce el artículo 18 de la Ley 27/2014, de 27 de noviembre, del Impuesto sobre Sociedades.

[50]   **Orden HFP/115/2023, de 9 de febrero, por la que se determinan los países y territorios, así como los regímenes fiscales perjudiciales, que tienen la consideración de jurisdicciones no cooperativas** (BOE núm. 35, de 10 de febrero de 2023).
   Artículo único. *Relación de jurisdicciones no cooperativas.*
   Tienen la consideración de jurisdicciones no cooperativas los siguientes países y territorios, así como los siguientes regímenes fiscales perjudiciales:

1. Anguila.	13. Islas Marianas.
2. Bahréin.	14. Islas Salomón.
3. Barbados.	15. Islas Turcas y Caicos.
4. Bermudas.	16. Islas Vírgenes Británicas.
5. Dominica.	17. Islas Vírgenes de Estados Unidos de América.
6. Fiji.	18. Jersey.
7. Gibraltar.	19. Palaos.
8. Guam.	20. Samoa, por lo que respecta al régimen fiscal perjudicial (offshore business).
9. Guernsey.	21. Samoa Americana.
10. Isla de Man.	22. Seychelles.
11. Islas Caimán.	23. Trinidad y Tobago.
12. Islas Malvinas.	24. Vanuatu.

   Disposición transitoria única. *Aplicación transitoria de la consideración de jurisdicción no cooperativa.*
   En relación con los tributos cuyo período impositivo no hubiera concluido en la fecha de la entrada en vigor de esta orden, de acuerdo con lo establecido en la disposición transitoria segunda de la Ley 36/2006, de 29 de noviembre, de medidas para la prevención del fraude fiscal, los países o territorios que tienen la consideración de jurisdicción no cooperativa en dicho período impositivo serán los países o territorios previstos en el Real Decreto 1080/1991, de 5 de julio, por el que se determinan los países o territorios a que se refieren los artículos 2.º, apartado 3, número 4, de la Ley 17/1991, de 27 de mayo, de Medidas Fiscales Urgentes, y 62 de la Ley 31/1990, de 27 de diciembre, de Presupuestos Generales del Estado para 1991.
   Disposición final primera. *Título competencial.*
   Esta orden se aprueba al amparo de lo dispuesto en el artículo 149.1.14.ª de la Constitución Española, que atribuye al Estado la competencia en materia de Hacienda general.
   Disposición final segunda. *Entrada en vigor.*

La presente orden entrará en vigor el día siguiente al de su publicación en el «Boletín Oficial del Estado» y será de aplicación a los tributos sin período impositivo devengados a partir de su entrada en vigor y a los demás tributos cuyo período impositivo se inicie desde ese momento.

No obstante, para los países o territorios incluidos en la lista del artículo único que no estuvieran previstos en el Real Decreto 1080/1991, de 5 de julio, por el que se determinan los países o territorios a que se refieren los artículos 2.º, apartado 3, número 4, de la Ley 17/1991, de 27 de mayo, de Medidas Fiscales Urgentes, y 62 de la Ley 31/1990, de 27 de diciembre, de Presupuestos Generales del Estado para 1991, la orden entrará en vigor a los seis meses desde el día siguiente a su publicación en el «Boletín Oficial del Estado» y será de aplicación a los tributos sin período impositivo devengados a partir de su entrada en vigor, y a los demás tributos cuyo período impositivo se inicie desde ese momento».

Ley 36/2006, de 29 de noviembre, de medidas para la prevención del fraude fiscal (BOE, núm. 286, de 30 de noviembre de 2006), **Disposición Adicional Primera**, en redacción dada por el art. decimosexto Uno de la Ley 11/2021, de 9 de julio:

«**Disposición adicional primera.** *Definición de jurisdicción no cooperativa.*

1. Tendrán la consideración de jurisdicciones no cooperativas los países y territorios, así como los regímenes fiscales perjudiciales, que se determinen por la Ministra de Hacienda mediante Orden Ministerial conforme a los criterios que se establecen en los apartados siguientes de este artículo.

2. La relación de países y territorios que tienen la consideración de jurisdicciones no cooperativas se podrá actualizar atendiendo a los siguientes criterios:

a) En materia de transparencia fiscal:

1.º) La existencia con dicho país o territorio de normativa sobre asistencia mutua en materia de intercambio de información tributaria en los términos previstos en la Ley 58/2003, de 17 de diciembre, General Tributaria, que sea de aplicación.

2.º) El cumplimiento de un efectivo intercambio de información tributaria con España.

3.º) El resultado de las evaluaciones "inter pares" realizadas por el Foro Global de Transparencia e Intercambio de Información con Fines Fiscales.

4.º) El efectivo intercambio de información relativa al titular real, definido en los términos de la normativa española en materia de prevención de blanqueo de capitales y financiación del terrorismo

A los efectos de esta letra a) se entiende por efectivo intercambio de información, la aplicación de la normativa sobre asistencia mutua en materia de intercambio de información tributaria atendiendo a los términos de referencia aprobados por el Foro Global de Transparencia e Intercambio de Información con Fines Fiscales

b) Que faciliten la celebración o existencia de instrumentos o de sociedades extraterritoriales, dirigidos a la atracción de beneficios que no reflejen una actividad económica real en dichos países o territorios

c) La existencia de baja o nula tributación

Existe baja tributación cuando en el país o territorio de que se trate se aplique un nivel impositivo efectivo considerablemente inferior, incluido el tipo cero, al exigido en España en un impuesto idéntico o análogo al Impuesto sobre la Renta de las Personas Físicas, al Impuesto sobre Sociedades o al Impuesto sobre la Renta de no Residentes.

Existe nula tributación cuando en el país o territorio de que se trate no se aplique un impuesto idéntico o análogo al Impuesto sobre la Renta de las Personas Físicas, al Impuesto sobre Sociedades o al Impuesto sobre la Renta de no Residentes, según corresponda.

Tendrán la consideración de impuesto idéntico o análogo los tributos que tengan como finalidad la imposición de la renta, siquiera parcialmente, con independencia de que el objeto del mismo lo constituya la propia renta, los ingresos o cualquier otro elemento indiciario de esta

3. La relación de regímenes fiscales perjudiciales que tienen la consideración de jurisdicciones no cooperativas se podrá actualizar atendiendo a los criterios del Código de Conducta en materia de Fiscalidad Empresarial de la Unión Europea o del Foro de Regímenes Fiscales Perjudiciales de la OCDE

4. Las normas de cada tributo podrán establecer especialidades en la aplicación de las normas contenidas en esta disposición

5. Respecto de aquellos países o territorios que tengan la consideración de jurisdicciones no cooperativas, de conformidad con lo establecido en esta disposición, con los que el Reino de España tenga suscrito un convenio para evitar la doble imposición que se encuentre vigente, la normativa tributaria relacionada con las jurisdicciones no cooperativas resultará también de aplicación, en la medida en que no sea contraria a las disposiciones del citado convenio».

Redacción anterior dada por la Disposición Final Segunda de la Ley 26/2014, de 27 de noviembre, por la que se modifican la Ley 35/2006, de 28 de noviembre, del Impuesto sobre la Renta de las Personas Físicas, el texto refundido de la Ley del Impuesto sobre la Renta de no Residentes, aprobado por el Real Decreto Legislativo 5/2004, de 5 de marzo, y otras normas tributarias (BOE núm. 288, de 28 de noviembre de 2014), en vigor desde el 1 de enero de 2015.

Disposición transitoria segunda. «**Aplicación transitoria de la consideración de paraíso fiscal** (en redacción dada por la Ley 11/2021, de 9 de julio):

«En tanto no se determinen reglamentariamente los países o territorios que tienen la consideración de paraíso fiscal, tendrán dicha consideración los países o territorios previstos en el artículo 1 del Real Decreto 1080/1991, de 5 de julio, por el que se determinan los países o territorios a que se refieren los artículos 2, apartado 3, número 4, de la Ley 17/1991, de 27 de mayo, de Medidas Fiscales Urgentes, y 62 de la Ley 31/1990, de 27 de diciembre, de Presupuestos Generales del Estado para 1991», (BOE de 13 de julio de 1991).

Real Decreto 1080/1991, de 5 de julio, por el que se determinan los países o territorios (redacción dada por el Real Decreto 116/2003, de 31 de enero):

«Artículo 1.

Los países y territorios a que se refieren los artículos 2.º, apartado 3, número 4, de la Ley 17/1991, de 27 de mayo, de Medidas Fiscales Urgentes, y 23, apartado 3, letra f, número 4, de la Ley 61/1978, de 27 de diciembre, del Impuesto sobre Sociedades, según la redacción dada por el artículo 62 de la Ley 31/1990, de Presupuestos Generales del Estado para 1991, son los que a continuación se señalan:

1. Principado de Andorra (Desde 10-02-2011 deja de tener la consideración de paraíso fiscal por la entrada en vigor del Acuerdo sobre intercambio de información en materia tributaria. BOE 23-11-2010)	25. Islas Marianas.
2. Antillas Neerlandesas. (Desde 27-01-2010 deja de tener la consideración de paraíso fiscal por la entrada en vigor del Acuerdo sobre intercambio de información en materia tributaria. BOE BOE 24-11-2009).	26. Mauricio.
3. Aruba. (Desde 27-01-2010 deja de tener la consideración de paraíso fiscal por la entrada en vigor del Acuerdo sobre intercambio de información en materia tributaria. BOE 23-11-2009).	27. Montserrat.
4. Emirato del Estado de Bahrein.	28. República de Naurú.
5. Sultanato de Brunei.	29. Islas Salomón.
6. República de Chipre. (Desde 28-05-2014 deja de tener la consideración de paraíso fiscal por la entrada en vigor del Acuerdo sobre intercambio de información en materia tributaria. BOE 26-05-2014).	30. San Vicente y las Granadinas.

7. Emiratos Árabes Unidos.
(Deja de tener la consideración de paraíso fiscal por la entrada en vigor del Convenio para evitar al doble imposición, en vigor desde el 02-04-2007).

8. Gibraltar.

9. Hong-Kong.
(Deja de tener la consideración de paraíso fiscal por la entrada en vigor del Convenio para evitar al doble imposición, en vigor desde el 01-04-2013).

10. Anguilla.

11. Antigua y Barbuda.

12. Las Bahamas.
(Desde 17-08-2011deja de tener la consideración de paraíso fiscal por la entrada en vigor del Acuerdo sobre intercambio de información en materia tributaria. BOE 15-07-2011).

13. Barbados.
(Deja de tener la consideración de paraíso fiscal por la entrada en vigor del Convenio para evitar al doble imposición, en vigor desde el 14-10-2011).

14. Bermuda.

15. Islas Caimanes.

16. Islas Cook.

17. República de Dominica.

18. Granada.

19. Fiji.

20. Islas de Guernesey y de Jersey (Islas del Canal).

21. Jamaica.
(Deja de tener la consideración de paraíso fiscal por la entrada en vigor del Convenio para evitar al doble imposición, en vigor desde el 16-5-2009).

31. Santa Lucía.

32. República de Trinidad y Tobago.
(Deja de tener la consideración de paraíso fiscal por la entrada en vigor del Convenio para evitar al doble imposición, en vigor desde el 28-12-2009).

33. Islas Turks y Caicos.

34. República de Vanuatu.

35. Islas Vírgenes Británicas.

36. Islas Vírgenes de Estados Unidos de América.

37. Reino Hachemita de Jordania.

38. República Libanesa.

39. República de Liberia.

40. Principado de Liechtenstein.

41. Gran Ducado de Luxemburgo, por lo que respecta a las rentas percibidas por las Sociedades a que se refiere el párrafo 1 del Protocolo anexo al Convenio, para evitar la doble imposición, de 3 de junio de 1986.
(Deja de tener la consideración de paraíso fiscal desde 16-07-2010, fecha de entrada en vigor del Protocolo de modificación del Convenio. BOE 31-05-2010)

42. Macao.

43. Principado de Mónaco.

44. Sultanato de Omán.
(Deja de tener la consideración de paraíso fiscal por la entrada en vigor del Convenio para evitar al doble imposición, en vigor desde el 19-09-2015).

45. República de Panamá. (Deja de tener la consideración de paraíso fiscal por la entrada en vigor del Convenio para evitar al doble imposición, en vigor desde el 25-07-2011)

que se realicen los trabajos tenga suscrito con España un convenio para evitar la doble imposición internacional que contenga cláusula de intercambio de información.

La exención se aplicará a las retribuciones devengadas durante los días de estancia en el extranjero, con el límite máximo de 60.100 euros anuales. Reglamentariamente podrá establecerse el procedimiento para calcular el importe diario exento.

Esta exención será incompatible, para los contribuyentes destinados en el extranjero, con el régimen de excesos excluidos de tributación previsto en el reglamento de este impuesto, cualquiera que sea su importe. El contribuyente podrá optar por la aplicación del régimen de excesos en sustitución de esta exención.

q) Las indemnizaciones satisfechas por las Administraciones públicas por daños personales como consecuencia del funcionamiento de los servicios públicos, cuando vengan establecidas de acuerdo con los procedimientos previstos en el Real Decreto 429/1993, de 26 de marzo, por el que se regula el Reglamento de los procedimientos de las Administraciones públicas en materia de responsabilidad patrimonial[51].

r) Las prestaciones percibidas por entierro o sepelio, con el límite del importe total de los gastos incurridos.

s) Las ayudas económicas reguladas en el artículo 2 de la Ley 14/2002, de 5 de junio[52].

---

22. República de Malta.
(Deja de tener la consideración de paraíso fiscal por la entrada en vigor del Convenio para evitar al doble imposición, en vigor desde el 16-5-2009).

23. Islas Malvinas.

24. Isla de Man.

46. República de San Marino.
(Desde 02-08-2011deja de tener la consideración de paraíso fiscal por la entrada en vigor del Acuerdo sobre intercambio de información en materia tributaria. BOE 06-06-2011).

47. República de Seychelles.

48. República de Singapur.
(Deja de tener la consideración de paraíso fiscal por la entrada en vigor del Convenio para evitar al doble imposición, en vigor desde el 01-01-2013).

Artículo 2.

Los países y territorios a los que se refiere el artículo 1 que firmen con España un acuerdo de intercambio de información en materia tributaria o un convenio para evitar la doble imposición con cláusula de intercambio de información dejarán de tener la consideración de paraísos fiscales en el momento en que dichos convenios o acuerdos entren en vigor».

Acuerdo entre el Reino de España y el Principado de Andorra para el intercambio de información en materia fiscal, hecho en Madrid el 14 de enero de 2010 (BOE núm. 283, de 23 de noviembre de 2010) y Convenio entre el Reino de España y el Principado de Andorra para evitar la doble imposición en materia de impuestos sobre la renta y prevenir la evasión fiscal y su Protocolo, hecho «Ad Referéndum» en Andorra la Vella el 8 de enero de 2015 (BOE núm. 292, de 7 de diciembre de 2015).

[51] Real Decreto 429/1993, de 26 marzo, por el que se aprueba el Reglamento de los procedimientos en materia de responsabilidad patrimonial (BOE núm. 106, de 4 mayo 1993; rect. BOE núm. 136, de 8 junio 1993), derogado por la letra d) del número 2 de la disposición derogatoria única de la Ley 39/2015, de 1 de octubre, del Procedimiento Administrativo Común de las Administraciones Públicas (BOE núm. 236, de 2 de octubre de 2015), con efectos desde el 2 de octubre de 2016.

[52] Ley 14/2002, de 5 de junio, por la que se establecen ayudas sociales a las personas con hemofilia u otras coagulopatías congénitas que hayan desarrollado la hepatitis C como consecuencia de haber recibido tratamiento con concentrados de factores de coagulación en el ámbito del sistema sanitario público, y otras normas tributarias (BOE núm. 135 de 6 de junio de 2002). Artículo 2. Ayudas sociales. «Los beneficiarios tendrán derecho a percibir una ayuda económica, por una sola vez, a tanto alzado, por importe de

t) Las derivadas de la aplicación de los instrumentos de cobertura cuando cubran exclusivamente el riesgo de incremento del tipo de interés variable de los préstamos hipotecarios destinados a la adquisición de la vivienda habitual, regulados en el artículo decimonoveno de la Ley 36/2003, de 11 de noviembre, de medidas de reforma económica[53].

u) Las indemnizaciones previstas en la legislación del Estado y de las Comunidades Autónomas para compensar la privación de libertad en establecimientos penitenciarios como consecuencia de los supuestos contemplados en la Ley 46/1977, de 15 de octubre, de Amnistía[54].

v) Las rentas que se pongan de manifiesto en el momento de la constitución de rentas vitalicias aseguradas resultantes de los planes individuales de ahorro sistemático a que se refiere la disposición adicional tercera de esta Ley[55].

w)[56] Los rendimientos del trabajo derivados de las prestaciones obtenidas en forma de renta por las personas con discapacidad correspondientes a las aportaciones a las que se

---

[53] 18.030,36 euros (equivalentes a 3.000.000 de pesetas). La percepción de esta ayuda será compatible con la de cualquier pensión pública que el beneficiario tuviera derecho a percibir».
Artículo 19. Instrumentos de cobertura del riesgo de tipo de interés de los préstamos hipotecarios.
«1. Las entidades de crédito informarán a sus deudores hipotecarios con los que hayan suscrito préstamos a tipo de interés variable, sobre los instrumentos, productos o sistemas de cobertura del riesgo de incremento del tipo de interés que tengan disponibles. La contratación de la citada cobertura no supondrá la modificación del contrato de préstamo hipotecario original.
2. Las entidades a que se refiere el apartado anterior ofrecerán a quienes soliciten préstamos hipotecarios a tipo de interés variable al menos un instrumento, producto o sistema de cobertura del riesgo de incremento del tipo de interés, siempre que este resulte adecuado para el cliente, de conformidad con lo establecido en el artículo 79 bis de la Ley 24/1988, de 28 de julio, del Mercado de Valores.
Las características de dicho instrumento, producto o sistema de cobertura se harán constar en las ofertas vinculantes y en los demás documentos informativos previstos en las normas de ordenación y disciplina relativas a la transparencia de préstamos hipotecarios, dictadas al amparo de lo previsto en el artículo 48.2 de la Ley 26/1988, de 29 de julio, de Disciplina e Intervención de las Entidades de crédito.
Lo dispuesto en este apartado será de aplicación a las ofertas vinculantes previstas en el artículo 2 de la Ley 2/1994, de 30 de marzo, sobre subrogación y modificación de préstamos hipotecarios». Redacción resultante de la derogación del apartado 3 original, dada por disp. derog. única.i) de Real Decreto Legislativo 3/2004, de 5 marzo y nueva redacción del apartado 2 dada por la disposición final 5 de la Ley 10/2014, de 26 de junio.
Disposición adicional vigésima tercera (Consideración de vivienda habitual a los efectos de determinadas exenciones) de la LIRPF.

[54] Disposición Adicional decimonovena (Exención de las ayudas e indemnizaciones por privación de libertad como consecuencia de los supuestos contemplados en la Ley 46/1977, de 15 de octubre, de Amnistía), de esta Ley. Ley 52/2007, de 26 de diciembre, por la que se reconocen y amplían derechos y s establecen medidas a favor de quienes padecieron persecución o violencia durante la guerra civil y la dictadura (BOE núm. 310, de 27 de diciembre de 2007).

[55] Disposición transitoria decimocuarta (Transformación de determinados contratos de seguros de vida en planes individuales de ahorro sistemático) de la LIRPF.

[56] Nueva redacción de la letra w) dada por el Art. Primero.Cinco de la Ley 26/2014, de 27 de noviembre, por la que se modifican la Ley 35/2006, de 28 de noviembre, del Impuesto sobre la Renta de las Personas Físicas, el texto refundido de la Ley del Impuesto sobre la Renta de no Residentes, aprobado por el Real Decreto Legislativo 5/2004, de 5 de marzo, y otras normas tributarias (BOE núm. 288, de 28 de noviembre de 2014), en vigor desde el 1 de enero de 2015.

refiere el artículo 53 de esta Ley, hasta un importe máximo anual de tres veces el indicador público de renta de efectos múltiples[57].

Igualmente estarán exentos, con el mismo límite que el señalado en el párrafo anterior, los rendimientos del trabajo derivados de las aportaciones a patrimonios protegidos a que se refiere la disposición adicional decimoctava de esta Ley.

x) Las prestaciones económicas públicas vinculadas al servicio, para cuidados en el entorno familiar y de asistencia personalizada que se derivan de la Ley de promoción de la autonomía personal y atención a las personas en situación de dependencia[58].

y)[59] La prestación de la Seguridad Social del Ingreso Mínimo Vital, las prestaciones económicas establecidas por las Comunidades Autónomas en concepto de renta mínima de inserción para garantizar recursos económicos de subsistencia a las personas que carezcan de ellos, así como las demás ayudas establecidas por estas o por entidades locales para atender, con arreglo a su normativa, a colectivos en riesgo de exclusión social, situaciones de emergencia social, necesidades habitacionales de personas sin recursos o necesidades de alimentación, escolarización y demás necesidades básicas de menores o personas con discapacidad cuando ellos y las personas a su cargo, carezcan de medios económicos suficientes, hasta un importe máximo anual conjunto de 1,5 veces el indicador público de rentas de efectos múltiples.

Asimismo, estarán exentas las ayudas concedidas a las víctimas de delitos violentos a que se refiere la Ley 35/1995, de 11 de diciembre, de ayudas y asistencia a las víctimas de delitos violentos y contra la libertad sexual, y las ayudas previstas en la Ley Orgánica 1/2004, de 28 de diciembre, de Medidas de Protección Integral contra la Violencia de Género, y demás ayudas públicas satisfechas a víctimas de violencia de género por tal condición.

z)[60] Las prestaciones y ayudas familiares percibidas de cualquiera de las Administraciones Públicas, ya sean vinculadas a nacimiento, adopción, acogimiento o cuidado de hijos menores.

---

[57] Art. 17.2.k) (Rendimientos íntegros del trabajo), de esta Ley. El importe del Indicador Público de Renta de Efectos múltiples vigente en los últimos años se reproduce en la nota a pie de página del art. 7.i) de la LIRPF.

[58] Arts. 17, 18 y 19 de la Ley 39/2006, de 14 de diciembre, de Promoción de la Autonomía Personal y Atención a las personas en situación de dependencia (BOE núm. 299, de 15 de diciembre de 2006).

[59] Nueva redacción de la letra y) del art. 7 dada por el art. 1 de la Ley 2/2022, de 24 de febrero, de medidas financieras de apoyo social y económico y de cumplimiento de la ejecución de sentencias (BOE núm. 48, de 25 de febrero de 2022), que deroga y recoge el mismo texto de la redacción dada por el art. 1 del Real Decreto-ley 39/2020, de 29 de diciembre, de medidas financieras de apoyo social y económico y de cumplimiento de la ejecución de sentencias (BOE núm. 340, de 30 de diciembre de 2020), en vigor desde el 1 de junio de 2020.

Redacción anterior tras su incorporación por el art. 1.uno del Real Decreto-ley 9/2015, de 10 de julio, de medidas urgentes para reducir la carga tributaria soportada por los contribuyentes del Impuesto sobre la Renta de las Personas Físicas y otras medidas de carácter económico (BOE núm. 165, de 11 de julio de 2015), con efectos desde el 1 de enero de 2015.

Con anterioridad, la letra y) fue suprimida por el Art. Primero.Cuatro de la Ley 26/2014, de 27 de noviembre, por la que se modifican la Ley 35/2006, de 28 de noviembre, del Impuesto sobre la Renta de las Personas Físicas, el texto refundido de la Ley del Impuesto sobre la Renta de no Residentes, aprobado por el Real Decreto Legislativo 5/2004, de 5 de marzo, y otras normas tributarias (BOE núm. 288, de 28 de noviembre de 2014), en vigor desde el 1 de enero de 2015.

[60] Nueva letra incorporada por la Disp. Final Primera.Uno de la Ley 35/2007, de 15 de noviembre, por la que se establece la deducción por nacimiento o adopción en el Impuesto sobre la Renta de las Personas

CAPÍTULO II. Contribuyentes

Artículo 8. *Contribuyentes*.

1[61]. Son contribuyentes por este impuesto:

a) Las personas físicas que tengan su residencia habitual en territorio español.

b) Las personas físicas que tuviesen su residencia habitual en el extranjero por alguna de las circunstancias previstas en el artículo 10 de esta Ley.

2[62]. No perderán la condición de contribuyentes por este impuesto las personas físicas de nacionalidad española que acrediten su nueva residencia fiscal en un país o territorio considerado como paraíso fiscal[63]. Esta regla se aplicará en el período impositivo en que se efectúe el cambio de residencia y durante los cuatro períodos impositivos siguientes.

3[64]. No tendrán la consideración de contribuyente las sociedades civiles no sujetas al Impuesto sobre Sociedades, herencias yacentes, comunidades de bienes y demás entidades a que se refiere el artículo 35.4 de la Ley 58/2003, de 17 de diciembre, General Tributaria[65]. Las rentas correspondientes a las mismas se atribuirán a los socios, herederos, comuneros o partícipes, respectivamente, de acuerdo con lo establecido en la Sección 2.ª del Título X de esta Ley[66].

Artículo 9[67]. *Contribuyentes que tienen su residencia habitual en territorio español*.

1. Se entenderá que el contribuyente tiene su residencia habitual en territorio español cuando se dé cualquiera de las siguientes circunstancias:

a) Que permanezca más de 183 días, durante el año natural, en territorio español. Para determinar este período de permanencia en territorio español se computarán las ausencias esporádicas, salvo que el contribuyente acredite su residencia fiscal en otro país. En el supuesto

---

Físicas y la prestación económica de pago único de la Seguridad Social por nacimiento o adopción (BOE núm. 276, de 16 de noviembre de 2007), en vigor desde el 17 de noviembre.

Art. 81.bis. (Deducción por nacimiento o adopción) de esta Ley.

[61] Art. 14.3 (Imputación temporal), de esta Ley.

[62] Art. 65 (Escala aplicable a los residentes en el extranjero) y Disposición Adicional vigésima primera (Residencia fiscal de determinados trabajadores asalariados), de esta Ley.

[63] Ver nota recogida en el art. 7.p).2°, sobre definición de paraíso fiscal.

[64] Nueva redacción del art. 8.3 dada por el Art. Primero.Seis de la Ley 26/2014, de 27 de noviembre, por la que se modifican la Ley 35/2006, de 28 de noviembre, del Impuesto sobre la Renta de las Personas Físicas, el texto refundido de la Ley del Impuesto sobre la Renta de no Residentes, aprobado por el Real Decreto Legislativo 5/2004, de 5 de marzo, y otras normas tributarias (BOE núm. 288, de 28 de noviembre de 2014), en vigor desde el 1 de enero de 2016.

Disposición transitoria decimonovena (Disolución y liquidación de determinadas sociedades civiles) y Disposición transitoria trigésima (Socios de sociedades civiles que tengan la condición de contribuyentes del Impuesto sobre Sociedades) de la LIRPF y art. 7.1. «a) Las personas jurídicas, excluidas las sociedades civiles que no tengan objeto mercantil» y 6 (atribución de rentas) y Disposición Transitoria trigésima segunda (Sociedades civiles sujetas a este Impuesto) de la Ley 27/2014, de 27 de noviembre, del Impuesto sobre Sociedades.

[65] «4. Tendrán la consideración de obligados tributarios, en las leyes en que así se establezca, las herencias yacentes, comunidades de bienes y demás entidades que, carentes de personalidad jurídica, constituyan una unidad económica o un patrimonio separado susceptibles de imposición».

[66] Arts. 86 a 90 (Régimen de atribución de rentas), de esta Ley.

[67] Art. 72 (Residencia habitual en el territorio de una Comunidad Autónoma), de esta Ley.

de países o territorios considerados como paraíso fiscal[68], la Administración tributaria podrá exigir que se pruebe la permanencia en éste durante 183 días en el año natural.

Para determinar el período de permanencia al que se refiere el párrafo anterior, no se computarán las estancias temporales en España que sean consecuencia de las obligaciones contraídas en acuerdos de colaboración cultural o humanitaria, a título gratuito, con las Administraciones públicas españolas.

b) Que radique en España el núcleo principal o la base de sus actividades o intereses económicos, de forma directa o indirecta.

Se presumirá, salvo prueba en contrario, que el contribuyente tiene su residencia habitual en territorio español cuando, de acuerdo con los criterios anteriores, resida habitualmente en España el cónyuge no separado legalmente y los hijos menores de edad que dependan de aquél.

2. No se considerarán contribuyentes, a título de reciprocidad, los nacionales extranjeros que tengan su residencia habitual en España, cuando esta circunstancia fuera consecuencia de alguno de los supuestos establecidos en el apartado 1 del artículo 10 de esta Ley y no proceda la aplicación de normas específicas derivadas de los tratados internacionales en los que España sea parte.

Artículo 10. *Contribuyentes que tienen su residencia habitual en territorio extranjero.*

1[69]**.** A los efectos de esta ley, se considerarán contribuyentes las personas de nacionalidad española, su cónyuge no separado legalmente e hijos menores de edad que tuviesen su residencia habitual en el extranjero, por su condición de:

a) Miembros de misiones diplomáticas españolas, comprendiendo tanto al jefe de la misión como a los miembros del personal diplomático, administrativo, técnico o de servicios de la misión.

b) Miembros de las oficinas consulares españolas, comprendiendo tanto al jefe de éstas como al funcionario o personal de servicios a ellas adscritos, con excepción de los vicecónsules honorarios o agentes consulares honorarios y del personal dependiente de ellos.

c) Titulares de cargo o empleo oficial del Estado español como miembros de las delegaciones y representaciones permanentes acreditadas ante organismos internacionales o que formen parte de delegaciones o misiones de observadores en el extranjero.

d) Funcionarios en activo que ejerzan en el extranjero cargo o empleo oficial que no tenga carácter diplomático o consular.

2. No será de aplicación lo dispuesto en este artículo:

a) Cuando las personas a que se refiere no sean funcionarios públicos en activo o titulares de cargo o empleo oficial y tuvieran su residencia habitual en el extranjero con anterioridad a la adquisición de cualquiera de las condiciones enumeradas en aquél.

b) En el caso de los cónyuges no separados legalmente o hijos menores de edad, cuando tuvieran su residencia habitual en el extranjero con anterioridad a la adquisición por el cónyuge, el padre o la madre, de las condiciones enumeradas en el apartado 1 de este artículo.

---

68   Ver nota recogida en el art. 7.p).2°, sobre definición de paraíso fiscal.
69   Art. 65 (Escala aplicable a los residentes en el extranjero), de esta Ley.

Artículo 11. *Individualización de rentas.*

1. La renta se entenderá obtenida por los contribuyentes en función del origen o fuente de aquélla, cualquiera que sea, en su caso, el régimen económico del matrimonio.

2[70]. Los rendimientos del trabajo se atribuirán exclusivamente a quien haya generado el derecho a su percepción.

No obstante, las prestaciones a que se refiere el artículo 17.2 a) de esta ley se atribuirán a las personas físicas en cuyo favor estén reconocidas.

3[71]. Los rendimientos del capital se atribuirán a los contribuyentes que sean titulares de los elementos patrimoniales, bienes o derechos, de que provengan dichos rendimientos según las normas sobre titularidad jurídica aplicables en cada caso y en función de las pruebas aportadas por aquéllos o de las descubiertas por la Administración.

En su caso, serán de aplicación las normas sobre titularidad jurídica de los bienes y derechos contenidas en las disposiciones reguladoras del régimen económico del matrimonio, así como en los preceptos de la legislación civil aplicables en cada caso a las relaciones patrimoniales entre los miembros de la familia.

La titularidad de los bienes y derechos que conforme a las disposiciones o pactos reguladores del correspondiente régimen económico matrimonial, sean comunes a ambos cónyuges, se atribuirá por mitad a cada uno de ellos, salvo que se justifique otra cuota de participación.

Cuando no resulte debidamente acreditada la titularidad de los bienes o derechos, la Administración tributaria tendrá derecho a considerar como titular a quien figure como tal en un registro fiscal u otros de carácter público.

4[72]. Los rendimientos de las actividades económicas se considerarán obtenidos por quienes realicen de forma habitual, personal y directa la ordenación por cuenta propia de los medios de producción y los recursos humanos afectos a las actividades.

Se presumirá, salvo prueba en contrario, que dichos requisitos concurren en quienes figuren como titulares de las actividades económicas.

5[73]. Las ganancias y pérdidas patrimoniales se considerarán obtenidas por los contribuyentes que sean titulares de los bienes, derechos y demás elementos patrimoniales de que provengan según las normas sobre titularidad jurídica establecidas para los rendimientos del capital en el apartado 3 anterior.

---

[70] Arts. 17 a 20 (Rendimientos del trabajo), de esta Ley.

[71] Nueva redacción del art. 11.3 dada por el Art. Primero.Siete de la Ley 26/2014, de 27 de noviembre, por la que se modifican la Ley 35/2006, de 28 de noviembre, del Impuesto sobre la Renta de las Personas Físicas, el texto refundido de la Ley del Impuesto sobre la Renta de no Residentes, aprobado por el Real Decreto Legislativo 5/2004, de 5 de marzo, y otras normas tributarias (BOE núm. 288, de 28 de noviembre de 2014), en vigor desde el 1 de enero de 2015.
Arts. 21 a 26 (Rendimientos del capital), de esta Ley.

[72] Arts. 27 a 32 (Rendimientos de actividades económicas), de esta Ley.

[73] Nueva redacción del art. 11.5 dada por el Art. Primero.Siete de la Ley 26/2014, de 27 de noviembre, por la que se modifican la Ley 35/2006, de 28 de noviembre, del Impuesto sobre la Renta de las Personas Físicas, el texto refundido de la Ley del Impuesto sobre la Renta de no Residentes, aprobado por el Real Decreto Legislativo 5/2004, de 5 de marzo, y otras normas tributarias (BOE núm. 288, de 28 de noviembre de 2014), en vigor desde el 1 de enero de 2015.
Arts. 33 a 39 (Ganancias y pérdidas patrimoniales), de esta Ley.

Las ganancias patrimoniales no justificadas se atribuirán en función de la titularidad de los bienes o derechos en que se manifiesten.

Las adquisiciones de bienes y derechos que no se deriven de una transmisión previa, como las ganancias en el juego, se considerarán ganancias patrimoniales de la persona a quien corresponda el derecho a su obtención o que las haya ganado directamente.

CAPÍTULO III. Período impositivo, devengo del Impuesto e imputación temporal

Artículo 12. *Regla general.*

1. El período impositivo será el año natural.

2. El Impuesto se devengará el 31 de diciembre de cada año, sin perjuicio de lo establecido en el artículo siguiente.

Artículo 13. *Período impositivo inferior al año natural.*

1. El período impositivo será inferior al año natural cuando se produzca el fallecimiento del contribuyente en un día distinto al 31 de diciembre.

2[74]. En tal supuesto el período impositivo terminará y se devengará el impuesto en la fecha del fallecimiento.

Artículo 14[75]. *Imputación temporal.*

1. Regla general.

Los ingresos y gastos que determinan la renta a incluir en la base del impuesto se imputarán al período impositivo que corresponda, de acuerdo con los siguientes criterios:

a) Los rendimientos del trabajo[76] y del capital[77] se imputarán al período impositivo en que sean exigibles por su perceptor.

b)[78] Los rendimientos de actividades económicas[79] se imputarán conforme a lo dispuesto en la normativa reguladora del Impuesto sobre Sociedades[80], sin perjuicio de las especialidades que reglamentariamente puedan establecerse[81].

No obstante, las ayudas públicas para la primera instalación de jóvenes agricultores previstas en el Marco Nacional de Desarrollo Rural de España podrán imputarse por cuartas partes, en el período impositivo en el que se obtengan y en los tres siguientes.

---

[74] Art. 14.4 (Imputación temporal), de esta Ley.

[75] Art. 7 (Imputación temporal de rendimientos) y Art. 79 (Imputación temporal de las retenciones o ingresos a cuenta), del RIRPF.

[76] Arts. 17 a 20 (Rendimientos del trabajo), de esta Ley.

[77] Arts. 21 a 26 (Rendimientos del capital), de esta Ley.

[78] Nueva redacción del art. 14.1.b) dada por el art. Segundo Uno Ley 8/2020, de 16 de diciembre, por la que se adoptan determinadas medidas urgentes en materia de agricultura y alimentación (BOE núm. 328, de 17/12/2020) con efectos desde el 1 de enero de 2020.
Redacción anterior dada por el art. segundo.uno del Real Decreto-ley 5/2020, de 25 de febrero, por el que se adoptan determinadas medidas urgentes en materia de agricultura y alimentación (BOE núm. 49, de 26 de febrero de 2020), en vigor desde el 1 enero de 202.

[79] Arts. 27 a 32 (Rendimientos de actividades económicas), de esta Ley.

[80] Art. 11 (Imputación temporal. Inscripción contable de ingresos y gastos), Ley 27/2014, de 27 de noviembre, del Impuesto sobre Sociedades (BOE núm. 288, de 28 noviembre de 2014).

[81] Art. 7.1 (Imputación temporal de rendimientos), del RIRPF.

c) Las ganancias y pérdidas patrimoniales se imputarán al período impositivo en que tenga lugar la alteración patrimonial[82].

2. Reglas especiales.

a) Cuando no se hubiera satisfecho la totalidad o parte de una renta, por encontrarse pendiente de resolución judicial la determinación del derecho a su percepción o su cuantía, los importes no satisfechos se imputarán al período impositivo en que aquélla adquiera firmeza.

b) Cuando por circunstancias justificadas no imputables al contribuyente, los rendimientos derivados del trabajo se perciban en períodos impositivos distintos a aquéllos en que fueron exigibles, se imputarán a éstos, practicándose, en su caso, autoliquidación complementaria, sin sanción ni intereses de demora ni recargo alguno. Cuando concurran las circunstancias previstas en el párrafo a) anterior, los rendimientos se considerarán exigibles en el período impositivo en que la resolución judicial adquiera firmeza.

La autoliquidación se presentará en el plazo que media entre la fecha en que se perciban y el final del inmediato siguiente plazo de declaraciones por el impuesto.

c)[83] Las ganancias patrimoniales derivadas de ayudas públicas se imputarán al período impositivo en que tenga lugar su cobro, sin perjuicio de las opciones previstas en las letras g), i), j) y l) de este apartado.

d) En el caso de operaciones a plazos o con precio aplazado, el contribuyente podrá optar por imputar proporcionalmente las rentas obtenidas en tales operaciones, a medida que se hagan exigibles los cobros correspondientes. Se considerarán operaciones a plazos o con precio aplazado aquellas cuyo precio se perciba, total o parcialmente, mediante pagos sucesivos, siempre que el período transcurrido entre la entrega o la puesta a disposición y el vencimiento del último plazo sea superior al año.

Cuando el pago de una operación a plazos o con precio aplazado se hubiese instrumentado, en todo o en parte, mediante la emisión de efectos cambiarios y éstos fuesen transmitidos en firme antes de su vencimiento, la renta se imputará al período impositivo de su transmisión.

En ningún caso tendrán este tratamiento, para el transmitente, las operaciones derivadas de contratos de rentas vitalicias o temporales.

---

[82]   Arts. 33 a 39 (Ganancias y pérdidas patrimoniales), de esta Ley.

[83]   Nueva redacción del art. 14.2.c) dada por el art. Segundo Dos Ley 8/2020, de 16 de diciembre, por la que se adoptan determinadas medidas urgentes en materia de agricultura y alimentación (BOE núm. 328, de 17/12/2020) con efectos desde el 1 de enero de 2020.
       Redacción anterior dada por el art. segundo dos del Real Decreto-ley 5/2020, de 25 de febrero, por el que se adoptan determinadas medidas urgentes en materia de agricultura y alimentación (BOE núm. 49, de 26 de febrero de 2020), en vigor desde el 1 enero de 2020.
       Redacción anterior de la letra c) dada por el Art. Primero.Ocho de la Ley 26/2014, de 27 de noviembre, por la que se modifican la Ley 35/2006, de 28 de noviembre, del Impuesto sobre la Renta de las Personas Físicas, el texto refundido de la Ley del Impuesto sobre la Renta de no Residentes, aprobado por el Real Decreto Legislativo 5/2004, de 5 de marzo, y otras normas tributarias (BOE núm. 288, de 28 de noviembre de 2014), en vigor desde el 1 de enero de 2015.
       Con anterioridad fue suprimida la letra c) por el art. 8.dos de la Ley 11/2013, de 26 de julio, de medidas de apoyo al emprendedor y de estímulo del crecimiento y de la creación de empleo (BOE núm. 179, de 27 de julio de 2013), con efectos desde el 1 de enero de 2013. Supresión que fue llevada previamente por el art. 8.Dos del Real Decreto-ley 4/2013, de 22 de febrero, de medidas de apoyo al emprendedor y de estímulo del crecimiento y de la creación de empleo (BOE núm. 47, de 23 de febrero de 2013), con efectos desde el 1 de enero de 2013.
       Art. 7.n) (Rentas exentas) y Art. 17.1.b) (Rendimientos íntegros del trabajo), de esta Ley.

Cuando se transmitan bienes y derechos a cambio de una renta vitalicia o temporal, la ganancia o pérdida patrimonial para el rentista se imputará al período impositivo en que se constituya la renta.

e) Las diferencias positivas o negativas que se produzcan en las cuentas representativas de saldos en divisas o en moneda extranjera, como consecuencia de la modificación experimentada en sus cotizaciones, se imputarán en el momento del cobro o del pago respectivo.

f) Las rentas estimadas a que se refiere el artículo 6.5 de esta ley se imputarán al período impositivo en que se entiendan producidas[84].

g) Las ayudas públicas percibidas como compensación por los defectos estructurales de construcción de la vivienda habitual y destinadas a su reparación podrán imputarse por cuartas partes, en el periodo impositivo en el que se obtengan y en los tres siguientes.

h)[85] Se imputará como rendimiento de capital mobiliario a que se refiere el artículo 25.3 de esta Ley, de cada período impositivo, la diferencia entre el valor liquidativo de los activos afectos a la póliza al final y al comienzo del período impositivo en aquellos contratos de seguros de vida en los que el tomador asuma el riesgo de la inversión. El importe imputado minorará el rendimiento derivado de la percepción de cantidades en estos contratos.

No resultará de aplicación esta regla especial de imputación temporal en aquellos contratos en los que concurra alguna de las siguientes circunstancias:

A) No se otorgue al tomador la facultad de modificar las inversiones afectas a la póliza.

B) Las provisiones matemáticas se encuentren invertidas en:

a) Acciones o participaciones de instituciones de inversión colectiva, predeterminadas en los contratos, siempre que se trate de instituciones de inversión colectiva adaptadas a la Ley 35/2003, de 4 de noviembre, de instituciones de inversión colectiva, o amparadas por la Directiva 2009/65/CEE del Parlamento Europeo y del Consejo, de 13 de julio de 2009.

b) Conjuntos de activos reflejados de forma separada en el balance de la entidad aseguradora, siempre que se cumplan los siguientes requisitos:

La determinación de los activos integrantes de cada uno de los distintos conjuntos de activos separados deberá corresponder, en todo momento, a la entidad aseguradora quien, a estos efectos, gozará de plena libertad para elegir los activos con sujeción, únicamente, a criterios generales predeterminados relativos al perfil de riesgo del conjunto de activos o a otras circunstancias objetivas.

La inversión de las provisiones de cada conjunto de activos deberá efectuarse en activos que cumplan las normas establecidas en el artículo 89 del Real Decreto 1060/2015, de 20 de noviembre, de ordenación, supervisión y solvencia de las entidades aseguradoras y reaseguradoras. En ningún caso podrá tratarse de bienes inmuebles o derechos reales inmobiliarios.

No obstante, se entenderá que cumplen tales requisitos aquellos conjuntos de activos que traten de desarrollar una política de inversión caracterizada por reproducir un determinado

---

84   Art. 6.5 (Hecho imponible) y Art. 40 (Estimación de rentas), de esta Ley.

85   Nueva redacción de la letra h) dada por el art. tercero Uno de la Ley 11/2021, de 9 de julio, de medidas de prevención y lucha contra el fraude fiscal, de transposición de la Directiva (UE) 2016/1164, del Consejo, de 12 de julio de 2016, por la que se establecen normas contra las prácticas de elusión fiscal que inciden directamente en el funcionamiento del mercado interior, de modificación de diversas normas tributarias y en materia de regulación del juego (BOE núm. 164, de 10 de julio de 2021), con efectos desde el 11 de julio de 2021.

índice bursátil o de renta fija representativo de algunos de los mercados secundarios oficiales de valores de la Unión Europea.

El tomador únicamente tendrá la facultad de elegir, entre los distintos conjuntos separados de activos, en cuáles debe invertir la entidad aseguradora la provisión matemática del seguro, pero en ningún caso podrá intervenir en la determinación de los activos concretos en los que, dentro de cada conjunto separado, se invierten tales provisiones.

En estos contratos, el tomador o el asegurado podrán elegir, de acuerdo con las especificaciones de la póliza, entre las distintas instituciones de inversión colectiva o conjuntos separados de activos, expresamente designados en los contratos, sin que puedan producirse especificaciones singulares para cada tomador o asegurado.

Las condiciones a que se refiere esta letra h) deberán cumplirse durante toda la vigencia del contrato.

i) Las ayudas incluidas en el ámbito de los planes estatales para el acceso por primera vez a la vivienda en propiedad, percibidas por los contribuyentes mediante pago único en concepto de Ayuda Estatal Directa a la Entrada (AEDE), podrán imputarse por cuartas partes en el período impositivo en el que se obtengan y en los tres siguientes.

j) Las ayudas públicas otorgadas por las Administraciones competentes a los titulares de bienes integrantes del Patrimonio Histórico Español inscritos en el Registro general de bienes de interés cultural a que se refiere la Ley 16/1985, de 25 de junio, del Patrimonio Histórico Español, y destinadas exclusivamente a su conservación o rehabilitación, podrán imputarse por cuartas partes en el período impositivo en que se obtengan y en los tres siguientes, siempre que se cumplan las exigencias establecidas en dicha ley, en particular respecto de los deberes de visita y exposición pública de dichos bienes.

k)[86] Las pérdidas patrimoniales derivadas de créditos vencidos y no cobrados podrán imputarse al período impositivo en que concurra alguna de las siguientes circunstancias:

1.º Que adquiera eficacia una quita establecida en un acuerdo de refinanciación judicialmente homologable a los que se refiere el artículo 71 bis y la disposición adicional cuarta de la Ley 22/2003, de 9 de julio, Concursal[87], o en un acuerdo extrajudicial de pagos a los cuales se refiere el Título X de la misma Ley[88].

2.º Que, encontrándose el deudor en situación de concurso, adquiera eficacia el convenio en el que se acuerde una quita en el importe del crédito conforme a lo dispuesto en el

---

[86]   Nueva letra k) incorporada por el Art. Primero.Ocho de la Ley 26/2014, de 27 de noviembre, por la que se modifican la Ley 35/2006, de 28 de noviembre, del Impuesto sobre la Renta de las Personas Físicas, el texto refundido de la Ley del Impuesto sobre la Renta de no Residentes, aprobado por el Real Decreto Legislativo 5/2004, de 5 de marzo, y otras normas tributarias (BOE núm. 288, de 28 de noviembre de 2014), en vigor desde el 1 de enero de 2015.

[87]   La referencia realizada ha sido derogada con efectos de 1 de septiembre de 2020, por la disposición derogatoria única.1 del Real Decreto Legislativo 1/2020, de 5 de mayo. La referencia se debe entender a los artículos 596 a 630, del Real Decreto Legislativo 1/2020, de 5 de mayo, por el que se aprueba el texto refundido de la Ley Concursal.

[88]   La referencia realizada ha sido derogada con efectos de 1 de septiembre de 2020, por la disposición derogatoria única.1 del Real Decreto Legislativo 1/2020, de 5 de mayo. La referencia se debe entender al Título III del libro segundo, artículos 631 a 694 del Real Decreto Legislativo 1/2020, de 5 de mayo, por el que se aprueba el texto refundido de la Ley Concursal.

artículo 133 de la Ley 22/2003, de 9 de julio, Concursal[89], en cuyo caso la pérdida se computará por la cuantía de la quita.

En otro caso, que concluya el procedimiento concursal sin que se hubiera satisfecho el crédito salvo cuando se acuerde la conclusión del concurso por las causas a las que se refieren los apartados 1.º, 4.º y 5.º del artículo 176 de la Ley 22/2003, de 9 de julio, Concursal[90].

3.º Que se cumpla el plazo de un año desde el inicio del procedimiento judicial distinto de los de concurso que tenga por objeto la ejecución del crédito sin que este haya sido satisfecho[91].

Cuando el crédito fuera cobrado con posterioridad al cómputo de la pérdida patrimonial a que se refiere esta letra k), se imputará una ganancia patrimonial por el importe cobrado en el período impositivo en que se produzca dicho cobro.

l)[92] Las ayudas públicas para la primera instalación de jóvenes agricultores previstas en el Marco Nacional de Desarrollo Rural de España que se destinen a la adquisición de una participación en el capital de empresas agrícolas societarias podrán imputarse por cuartas partes, en el período impositivo en el que se obtengan y en los tres siguientes.

m)[93] Los rendimientos del trabajo en especie derivados de la entrega de acciones o participaciones de una empresa emergente a las que se refiere la Ley 28/2022, de 21 de diciembre, de fomento del ecosistema de las empresas emergentes, que, cumpliendo los requisitos establecidos en la letra f) del apartado 3 del artículo 42 de esta ley no estén exentos por superar la cuantía prevista en dicho artículo, se imputarán en el período impositivo en el que concurra alguna de las siguientes circunstancias:

– Que el capital de la sociedad sea objeto de admisión a negociación en bolsa de valores o en cualquier sistema multilateral de negociación, español o extranjero.

– Que se produzca la salida del patrimonio del contribuyente de la acción o participación correspondiente.

No obstante, transcurrido el plazo de diez años a contar desde la entrega de las acciones o participaciones sin que se haya producido alguna de las circunstancias señaladas anteriormente, el contribuyente deberá imputar los rendimientos del trabajo a que se refiere esta letra

---

[89] La referencia realizada ha sido derogada con efectos de 1 de septiembre de 2020, por la disposición derogatoria única.1 del Real Decreto Legislativo 1/2020, de 5 de mayo. La referencia se debe entender al art. 393, 394 y 395 del Real Decreto Legislativo 1/2020, de 5 de mayo, por el que se aprueba el texto refundido de la Ley Concursal.

[90] La referencia realizada ha sido derogada con efectos de 1 de septiembre de 2020, por la disposición derogatoria única.1 del Real Decreto Legislativo 1/2020, de 5 de mayo. La referencia se debe entender al art. 465.1º,6º y 7º del Real Decreto Legislativo 1/2020, de 5 de mayo, por el que se aprueba el texto refundido de la Ley Concursal.

[91] Disposición adicional vigésima primera (Pérdidas patrimoniales por créditos vencidos y no cobrados) de esta Ley

[92] Nueva redacción dada por el art. Segundo Dos Ley 8/2020, de 16 de diciembre, por la que se adoptan determinadas medidas urgentes en materia de agricultura y alimentación (BOE núm. 328, de 17/12/2020) con efectos desde el 1 de enero de 2020.
Letra incorporada por el art. segundo dos del Real Decreto-ley 5/2020, de 25 de febrero, por el que se adoptan determinadas medidas urgentes en materia de agricultura y alimentación (BOE núm. 49, de 26 de febrero de 2020), en vigor desde el 1 enero de 2020.

[93] Nueva letra m) incorporada por la Disp. Final Tercera Uno de la Ley 28/2022, de 21 de diciembre, de fomento del ecosistema de las empresas emergentes (BOE núm. 306, de 22 de diciembre de 2022), con efectos desde el 1 de enero de 2023.

correspondientes a tales acciones o participaciones, en el período impositivo en el que se haya cumplido el referido plazo de diez años.

3[94]. En el supuesto de que el contribuyente pierda su condición por cambio de residencia, todas las rentas pendientes de imputación deberán integrarse en la base imponible correspondiente al último período impositivo que deba declararse por este impuesto, en las condiciones que se fijen reglamentariamente, practicándose, en su caso, autoliquidación complementaria, sin sanción ni intereses de demora ni recargo alguno.

Cuando el traslado de residencia se produzca a otro Estado miembro de la Unión Europea, el contribuyente podrá optar por imputar las rentas pendientes conforme a lo dispuesto en el párrafo anterior, o por presentar a medida en que se vayan obteniendo cada una de las rentas pendientes de imputación, una autoliquidación complementaria sin sanción, ni intereses de demora ni recargo alguno, correspondiente al último período que deba declararse por este Impuesto. La autoliquidación se presentará en el plazo de declaración del período impositivo en el que hubiera correspondido imputar dichas rentas en caso de no haberse producido la pérdida de la condición de contribuyente.

4[95]. En el caso de fallecimiento del contribuyente todas las rentas pendientes de imputación deberán integrarse en la base imponible del último período impositivo que deba declararse.

TÍTULO II. DETERMINACIÓN DE LA RENTA SOMETIDA A GRAVAMEN

Artículo 15. *Determinación de la base imponible y liquidable.*

1[96]. La base imponible del Impuesto estará constituida por el importe de la renta del contribuyente y se determinará aplicando los métodos previstos en el artículo 16 de esta ley.

2. Para la cuantificación de la base imponible se procederá, en los términos previstos en esta ley, por el siguiente orden:

1º Las rentas se calificarán y cuantificarán con arreglo a su origen. Los rendimientos netos se obtendrán por diferencia entre los ingresos computables y los gastos deducibles. Las ganancias y pérdidas patrimoniales se determinarán, con carácter general, por diferencia entre los valores de transmisión y de adquisición[97].

2.º Se aplicarán las reducciones sobre el rendimiento íntegro o neto que, en su caso, correspondan para cada una de las fuentes de renta[98].

---

[94] Arts. 8 a 10 (Contribuyentes), de esta Ley. Art. 63.2 (Fraccionamiento en los supuestos de fallecimiento y de pérdida de residencia en España), del RIRPF.
Nueva redacción del art. 14.3 dada por la Dispos. Final décima de la Ley 16/2012, de 27 de diciembre, por la que se adoptan diversas medidas tributarias dirigidas a la consolidación de las finanzas públicas y al impulso de la actividad económica (BOE núm. 312, de 28 de diciembre de 2012), con efectos desde el 1 de enero de 2013.

[95] Art. 13.2 (Período impositivo inferior al año natural) y Art. 97.4 y 5 (Autoliquidación), de esta Ley. Art. 63.1 (Fraccionamiento en los supuestos de fallecimiento y de pérdida de residencia en España), del RIRPF.

[96] Art. 2 (Objeto del impuesto), de esta Ley.

[97] Arts. 17 a 20 (Rendimientos del trabajo), Arts. 21 a 26 (Rendimientos del capital), Arts. 27 a 32 (Rendimientos de actividades económicas) y Arts. 33 a 39 (Ganancias y pérdidas patrimoniales), de esta Ley.

[98] Art. 20 (Reducciones por obtención de rendimientos del trabajo), Art. 23.2 (Gastos deducibles y reducciones), Art. 26.2 (Gastos deducibles y reducciones), y Art. 32 (reducciones), de esta Ley.

3.º Se procederá a la integración y compensación de las diferentes rentas según su origen y su clasificación como renta general o del ahorro[99].

El resultado de estas operaciones dará lugar a la base imponible general y del ahorro.

3. La base liquidable será el resultado de practicar en la base imponible, en los términos previstos en esta ley, las reducciones por atención a situaciones de dependencia y envejecimiento[100] y pensiones compensatorias[101], lo que dará lugar a las bases liquidables general y del ahorro[102].

4[103]. No se someterán a tributación las rentas que no excedan del importe del mínimo personal y familiar que resulte de aplicación.

TÍTULO III. DETERMINACIÓN DE LA BASE IMPONIBLE

CAPÍTULO I. Métodos de determinación

Artículo 16. *Métodos de determinación de la base imponible.*

1. La cuantía de los distintos componentes de la base imponible se determinará con carácter general por el método de estimación directa.

2[104]. La determinación de los rendimientos de actividades económicas se llevará a cabo en los términos previstos en el artículo 28 de esta Ley a través de los siguientes métodos:

a) Estimación directa, que se aplicará como método general, y que admitirá dos modalidades, la normal y la simplificada[105].

b) Estimación objetiva de rendimientos para determinadas actividades económicas, en los términos que reglamentariamente se establezcan[106].

3. El método de estimación indirecta se aplicará de conformidad con lo dispuesto en la Ley 58/2003, de 17 de diciembre, General Tributaria[107].

---

99   Arts. 47 a 49 (Integración y compensación de rentas), de esta Ley.
100   Arts. 51 a 54 (Reducciones por atención a situaciones de dependencia y envejecimiento), de esta Ley.
101   Art. 55 (Reducciones por pensiones compensatorias), de esta Ley.
102   Art. 50 (Base liquidable general y del ahorro), de esta Ley.
103   Nueva redacción del art. 15.4 dada por la Disposición Final segunda.Dos de la Ley 22/2009, de 18 de diciembre, por la que se regula el sistema de financiación de las Comunidades Autónomas de régimen común y Ciudades con Estatuto de Autonomía y se modifican determinadas normas tributarias (BOE núm. 305, de 19 de diciembre de 2009), en vigor desde el día 20-12-2009, con efectos desde el 1 de enero 2010.
Arts. 56 a 61 (Adecuación del impuesto a las circunstancias personales y familiares del contribuyente), de esta Ley.
104   Art. 27 (Métodos de determinación de los rendimientos de actividades económicas), del RIRPF.
105   Art. 30 (Normas para la determinación del rendimiento neto en estimación directa), de esta Ley y arts. 28 a 31 del RIRPF (estimación directa simplificada).
106   Art. 31 (Normas para la determinación del rendimiento neto en estimación objetiva), de esta Ley y arts. 32 a 39 del RIRPF (estimación objetiva).
107   Ley 58/2003, de 17 de diciembre, General Tributaria (BOE núm. 302, de 18 diciembre de 2003), artículo 53 Método de estimación indirecta.
«1. El método de estimación indirecta se aplicará cuando la Administración tributaria no pueda disponer de los datos necesarios para la determinación completa de la base imponible como consecuencia de alguna de las siguientes circunstancias:
a) Falta de presentación de declaraciones o presentación de declaraciones incompletas o inexactas.
b) Resistencia, obstrucción, excusa o negativa a la actuación inspectora.

En la estimación indirecta de los rendimientos procedentes de actividades económicas se tendrán en cuenta, preferentemente, los signos, índices o módulos establecidos para la estimación objetiva, cuando se trate de contribuyentes que hayan renunciado a este último método de determinación de la base imponible.

CAPÍTULO II. Definición y determinación de la renta gravable

SECCIÓN 1.ª *Rendimientos del trabajo*

Artículo 17. *Rendimientos íntegros del trabajo.*

1[108]. Se considerarán rendimientos íntegros del trabajo todas las contraprestaciones o utilidades, cualquiera que sea su denominación o naturaleza, dinerarias o en especie, que deriven, directa o indirectamente, del trabajo personal o de la relación laboral o estatutaria y no tengan el carácter de rendimientos de actividades económicas.

Se incluirán, en particular:

a) Los sueldos y salarios.

b) Las prestaciones por desempleo[109].

c) Las remuneraciones en concepto de gastos de representación.

d) Las dietas y asignaciones para gastos de viaje, excepto los de locomoción y los normales de manutención y estancia en establecimientos de hostelería con los límites que reglamentariamente se establezcan[110].

e) Las contribuciones o aportaciones satisfechas por los promotores de planes de pensiones previstos en el texto refundido de la Ley de regulación de los planes y fondos de pensiones, aprobado por el Real Decreto Legislativo 1/2002, de 29 de noviembre, o por las empresas promotoras previstas en la Directiva 2003/41/CE del Parlamento Europeo y del Con-

---

c) Incumplimiento sustancial de las obligaciones contables o registrales.

d) Desaparición o destrucción, aun por causa de fuerza mayor, de los libros y registros contables o de los justificantes de las operaciones anotadas en los mismos.

2. Las bases o rendimientos se determinarán mediante la aplicación de cualquiera de los siguientes medios o de varios de ellos conjuntamente:

a) Aplicación de los datos y antecedentes disponibles que sean relevantes al efecto.

b) Utilización de aquellos elementos que indirectamente acrediten la existencia de los bienes y de las rentas, así como de los ingresos, ventas, costes y rendimientos que sean normales en el respectivo sector económico, atendidas las dimensiones de las unidades productivas o familiares que deban compararse en términos tributarios.

c) Valoración de las magnitudes, índices, módulos o datos que concurran en los respectivos obligados tributarios, según los datos o antecedentes que se posean de supuestos similares o equivalentes.

3. Cuando resulte aplicable el método de estimación indirecta, se seguirá el procedimiento previsto en el artículo 158 de esta Ley».

[108] Art. 7. e), f), g), h), j), n), p), w) (Rentas exentas), Art. 11.2 (Individualización de rentas), Art. 14.1.a) (Imputación temporal), Arts. 42 y 43 (Rentas en especie), Disposición Adicional decimoctava (Aportaciones a patrimonios protegidos) y Art. 101.1 (Importe de los pagos a cuenta), de esta Ley. Art. 75.1.a), Arts. 80 a 89 y Art. 102, retenciones e ingresos a cuenta, del RIRPF.

[109] Art. 7.n) (Rentas exentas) y Art. 14.2.c) (Imputación temporal), de esta Ley.

[110] Art. 9 (Dietas y asignaciones para gastos de locomoción y gastos normales de manutención y estancias), del RIRPF.

sejo, de 3 de junio de 2003, relativa a las actividades y la supervisión de fondos de pensiones de empleo[111].

f)[112] Las contribuciones o aportaciones satisfechas por los empresarios para hacer frente a los compromisos por pensiones en los términos previstos por la disposición adicional primera del texto refundido de la Ley de regulación de los planes y fondos de pensiones, y en su normativa de desarrollo, cuando aquellas sean imputadas a las personas a quienes se vinculen las prestaciones. Esta imputación fiscal tendrá carácter voluntario en los contratos de seguro colectivo distintos de los planes de previsión social empresarial, debiendo mantenerse la decisión que se adopte respecto del resto de primas que se satisfagan hasta la extinción del contrato de seguro. No obstante, la imputación fiscal tendrá carácter obligatorio en los contratos de seguro de riesgo. Cuando los contratos de seguro cubran conjuntamente las contingencias de jubilación y de fallecimiento o incapacidad, será obligatoria la imputación fiscal de la parte de las primas satisfechas que corresponda al capital en riesgo por fallecimiento o incapacidad, siempre que el importe de dicha parte exceda de 50 euros anuales. A estos efectos se considera capital en riesgo la diferencia entre el capital asegurado para fallecimiento o incapacidad y la provisión matemática.

No obstante lo previsto en el párrafo anterior, en todo caso, la imputación fiscal de primas de los contratos de seguro antes señalados será obligatoria por el importe que exceda de 100.000 euros anuales por contribuyente y respecto del mismo empresario, salvo en los seguros colectivos contratados a consecuencia de despidos colectivos realizados de conformidad con lo dispuesto en el artículo 51 del Estatuto de los Trabajadores.

2. En todo caso, tendrán la consideración de rendimientos del trabajo:

a) Las siguientes prestaciones:

---

[111]   Art. 43.1.1°.e) (Valoración de las rentas en especie), de esta Ley.

Real Decreto Legislativo 1/2002, de 29 de noviembre, aprueba el texto refundido de la Ley de Regulación de los Planes y Fondos de Pensiones (BOE núm. 298, de 13 diciembre de 2002). Directiva 2003/41/CE del Parlamento Europeo y del Consejo, de 3 de junio de 2003, relativa a las actividades y la supervisión de fondos de pensiones de empleo (DOL núm. 235, de 23 septiembre de 2003)

[112]   Art. 43.1.1°.e) (Valoración de las rentas en especie), de esta Ley y Disposición transitoria vigésima sexta (*Régimen transitorio aplicable a la imputación de primas de seguros colectivos contratados con anterioridad a 1 de diciembre de 2012*) de este Ley.

Real Decreto Legislativo 1/2002, de 29 de noviembre, Aprueba el texto refundido de la Ley de Regulación de los Planes y Fondos de Pensiones (BOE núm. 298, de 13 diciembre de 2002), disposición adicional primera, «*Protección de los compromisos por pensiones con los trabajadores*», en la redacción dada por la Disposición Adicional Quinta.5 de esta Ley.

Nueva redacción de la letra f) dada por el Art. Primero.Nueve de la Ley 26/2014, de 27 de noviembre, por la que se modifican la Ley 35/2006, de 28 de noviembre, del Impuesto sobre la Renta de las Personas Físicas, el texto refundido de la Ley del Impuesto sobre la Renta de no Residentes, aprobado por el Real Decreto Legislativo 5/2004, de 5 de marzo, y otras normas tributarias (BOE núm. 288, de 28 de noviembre de 2014), en vigor desde el 1 de enero de 2015.

La redacción anterior fue dada por la Dispos. Final décima.Dos de la Ley 16/2012, de 27 de diciembre, por la que se adoptan diversas medidas tributarias dirigidas a la consolidación de las finanzas públicas y al impulso de la actividad económica (BOE núm. 312, de 28 de diciembre de 2012), con efectos desde el 1 de enero de 2013.

1.º Las pensiones[113] y haberes pasivos percibidos de los regímenes públicos de la Seguridad Social y clases pasivas y demás prestaciones públicas por situaciones de incapacidad,

_____

[113] Disposición adicional única (Regularización de deudas tributarias correspondientes a pensiones procedentes del extranjero y condonación de las sanciones, recargos e intereses liquidados por este concepto) de la Ley 26/2014, de 27 de noviembre, por la que se modifican la Ley 35/2006, de 28 de noviembre, del Impuesto sobre la Renta de las Personas Físicas, el texto refundido de la Ley del Impuesto sobre la Renta de no Residentes, aprobado por el Real Decreto Legislativo 5/2004, de 5 de marzo, y otras normas tributarias (BOE núm. 288, de 28 de noviembre de 2014), en vigor desde el 1 de enero de 2015: «1. Los contribuyentes del Impuesto sobre la Renta de las Personas Físicas que hubieran percibido pensiones procedentes del exterior sujetas a tributación por dicho impuesto, de acuerdo con la normativa vigente, y no hubieran declarado tales rendimientos en los períodos impositivos cuyo plazo de declaración en período voluntario hubiera concluido a la fecha de entrada en vigor de esta disposición, podrán regularizar su situación tributaria sin exigencia de recargos, intereses ni sanciones, mediante la presentación de autoliquidaciones complementarias en los términos previstos en este apartado.

La regularización se efectuará desde la entrada en vigor de esta disposición hasta el 30 de junio de 2015, siendo este plazo improrrogable, mediante la presentación e ingreso de una autoliquidación complementaria por cada uno de los períodos impositivos no prescritos, incorporando los rendimientos correspondientes a la totalidad de las pensiones percibidas procedentes del exterior sujetas a tributación de acuerdo con la normativa vigente y que no fueron declaradas en los correspondientes períodos voluntarios de declaración.

En el caso de que la inclusión de estas pensiones determine que un contribuyente pase a estar obligado a presentar declaración por el Impuesto sobre la Renta de las Personas Físicas en el período impositivo en que se percibieron estos rendimientos, la regularización se efectuará mediante la presentación de la declaración correspondiente a dicho ejercicio, en la que se deberá consignar la totalidad de las rentas obtenidas por el contribuyente en el citado ejercicio.

La aplicación del régimen previsto en esta disposición está condicionada a que la declaración o autoliquidación complementaria se presente acompañada del formulario disponible a tal efecto en la sede electrónica de la Agencia Estatal de Administración Tributaria. El pago de la deuda tributaria resultante podrá aplazarse o fraccionarse según lo dispuesto en la Ley 58/2003, de 17 de diciembre, General Tributaria, y en su normativa de desarrollo.

2. Los recargos e intereses y sanciones derivados de la presentación fuera de plazo de declaraciones por el Impuesto sobre la Renta de las Personas Físicas en las que se hubieran incluido los rendimientos correspondientes a las pensiones procedentes del exterior sujetas al Impuesto, liquidados o impuestas con anterioridad a la entrada en vigor de esta disposición, así como los intereses y las sanciones tributarias derivados de liquidaciones en las que se hubieran regularizado dichos rendimientos, liquidados o impuestas con anterioridad a la entrada en vigor de esta disposición con independencia de que hayan adquirido o no firmeza, quedarán condonados en virtud de lo dispuesto en esta norma, siempre que se cumplan los requisitos de este apartado.

Igualmente quedarán condonados, independientemente de su firmeza, los recargos del período ejecutivo y los intereses de demora devengados desde el inicio del periodo ejecutivo liquidados por este concepto.

En el caso de que la liquidación de los recargos, intereses y sanciones descritos en los párrafos anteriores hubiera adquirido firmeza, los obligados tributarios deberán solicitar a la Administración Tributaria su condonación desde la entrada en vigor de esta disposición hasta el 30 de junio de 2015, siendo este plazo improrrogable, con identificación suficiente de los conceptos liquidados y ingresos realizados.

En el caso de que en la liquidación practicada se hubiera incluido otros rendimientos además de las pensiones, la condonación de los recargos, intereses y sanciones será proporcional al importe de las pensiones regularizadas en relación con el resto de los rendimientos objeto de regularización.

No obstante el párrafo anterior, en el caso de que la inclusión de las pensiones determine que un contribuyente pase a estar obligado a presentar declaración por el Impuesto sobre la Renta de las Personas Físicas en el período impositivo en que se percibieron estos rendimientos, se condonará en su totalidad los recargos, intereses y sanciones.

jubilación, accidente, enfermedad, viudedad, o similares, sin perjuicio de lo dispuesto en el artículo 7 de esta ley[114].

2.º Las prestaciones percibidas por los beneficiarios de mutualidades generales obligatorias de funcionarios, colegios de huérfanos y otras entidades similares[115].

3.º[116] Las prestaciones percibidas por los beneficiarios de planes de pensiones y las percibidas de los planes de pensiones regulados en la Directiva (UE) 2016/2341 del Parlamento Europeo y del Consejo, de 14 de diciembre de 2016, relativa a las actividades y la supervisión de fondos de pensiones de empleo.

Asimismo, las cantidades percibidas en los supuestos contemplados en el artículo 8.8 del texto refundido de la Ley de Regulación de los Planes y Fondos de Pensiones, aprobado por el Real Decreto Legislativo 1/2002, de 29 de noviembre[117], tendrán el mismo tratamiento fiscal que las prestaciones de los planes de pensiones.

Los importes ingresados serán objeto de devolución sin abono de intereses de demora, en el plazo de seis meses desde la presentación de la solicitud. Transcurrido dicho plazo sin haberse realizado la devolución, se abonarán los intereses de demora que correspondan».

[114] Art. 7.f), h) y r) (Rentas exentas), de esta Ley.

[115] Art. 7.g) (Rentas exentas), de esta Ley.

[116] Nueva redacción del epígrafe 3ª de la letra a) del art. 17.2 dada por la Disp. Final cuarta del Real Decreto-ley 3/2020, de 4 de febrero, de medidas urgentes por el que se incorporan al ordenamiento jurídico español diversas directivas de la Unión Europea en el ámbito de la contratación pública en determinados sectores; de seguros privados; de planes y fondos de pensiones; del ámbito tributario y de litigios fiscales (BOE núm. 31, de 5 de febrero de 2020), en vigor desde el 6 de febrero de 2020.

[117] Art. 8.8. «Los partícipes sólo podrán hacer efectivos sus derechos consolidados en los supuestos de desempleo de larga duración o de enfermedad grave. Reglamentariamente se determinarán estas situaciones, así como las condiciones y términos en que podrán hacerse efectivos los derechos consolidados en tales supuestos.

Asimismo, los partícipes de los planes de pensiones del sistema individual y asociado podrán disponer anticipadamente del importe de sus derechos consolidados correspondiente a aportaciones realizadas con al menos diez años de antigüedad. La percepción de los derechos consolidados en este supuesto será compatible con la realización de aportaciones a planes de pensiones para contingencias susceptibles de acaecer. Los partícipes de los planes de pensiones del sistema de empleo podrán disponer de los derechos consolidados correspondientes a las aportaciones y contribuciones empresariales realizadas con al menos diez años de antigüedad si así lo permite el compromiso y lo prevén las especificaciones del plan y con las condiciones o limitaciones que éstas establezcan en su caso. Reglamentariamente se establecerán las condiciones, términos y límites en que podrán hacerse efectivos los derechos consolidados en los supuestos previstos en este párrafo.

En todo caso, las cantidades percibidas en los supuestos previstos en los párrafos anteriores se sujetarán al régimen fiscal establecido por la Ley para las prestaciones de los planes de pensiones.

Los derechos consolidados en los planes de pensiones del sistema asociado e individual podrán movilizarse a otro plan o planes de pensiones, por decisión unilateral del partícipe o por pérdida de la condición de asociado del promotor en un plan de pensiones del sistema asociado o por terminación del plan.

Los derechos económicos de los beneficiarios en los planes de pensiones del sistema individual y asociado también podrán movilizarse a otros planes de pensiones a petición del beneficiario, siempre y cuando las condiciones de garantía y aseguramiento de la prestación así lo permitan y en las condiciones previstas en las especificaciones de los planes de pensiones correspondientes.

Los derechos consolidados de los partícipes en los planes de pensiones del sistema de empleo no podrán movilizarse a otros planes de pensiones, salvo en el supuesto de extinción de la relación laboral y en las condiciones que reglamentariamente se establezcan, y sólo si estuviese previsto en las especificaciones del plan, o por terminación del plan de pensiones. Los derechos económicos de los beneficiarios en los planes de empleo no podrán movilizarse, salvo por terminación del plan de pensiones.

4.º Las prestaciones percibidas por los beneficiarios de contratos de seguros concertados con mutualidades de previsión social, cuyas aportaciones hayan podido ser, al menos en parte, gasto deducible para la determinación del rendimiento neto de actividades económicas, u objeto de reducción en la base imponible del Impuesto[118].

En el supuesto de prestaciones por jubilación e invalidez derivadas de dichos contratos, se integrarán en la base imponible en el importe de la cuantía percibida que exceda de las aportaciones que no hayan podido ser objeto de reducción o minoración en la base imponible del Impuesto, por incumplir los requisitos subjetivos previstos en el párrafo a) del apartado 2 del artículo 51 o en la disposición adicional novena de esta Ley.

5.º Las prestaciones percibidas por los beneficiarios de los planes de previsión social empresarial.

Asimismo, las prestaciones por jubilación e invalidez percibidas por los beneficiarios de contratos de seguro colectivo, distintos de los planes de previsión social empresarial, que instrumenten los compromisos por pensiones asumidos por las empresas, en los términos previstos en la disposición adicional primera del texto refundido de la Ley de Regulación de los Planes y Fondos de Pensiones, y en su normativa de desarrollo, en la medida en que su

---

El partícipe o beneficiario de un plan de pensiones que decida movilizar sus derechos deberá dirigirse a la entidad gestora del fondo de destino, a la que ordenará por un medio fehaciente la realización de las gestiones necesarias. La entidad gestora de destino deberá comprobar el cumplimiento de los requisitos establecidos en esta Ley y en su normativa de desarrollo para la movilización de tales derechos, y solicitar a la gestora del fondo de origen el traspaso de los derechos indicándole, al menos, el plan y fondo de pensiones de destino, el depositario de éste y los datos de la cuenta del fondo de pensiones de destino a la que debe efectuarse el traspaso. La entidad gestora de origen, una vez realizadas las comprobaciones que estime necesarias, deberá ordenar la transferencia bancaria correspondiente y remitir a la gestora de destino toda la información financiera y fiscal necesaria para el traspaso. En los traspasos solicitados por partícipes, dicha información incluirá un detalle de la cuantía de cada una de las aportaciones realizadas de las que derivan los derechos consolidados objeto de traspaso y de las fechas en que se hicieron efectivas.

La entidad gestora de destino conservará la documentación derivada de las movilizaciones entre planes de pensiones a disposición de la entidad gestora de origen, de las entidades depositarias de los fondos de origen y de destino, así como a disposición de las autoridades competentes.

Reglamentariamente se podrán regular las condiciones del procedimiento y plazos para tramitar y hacer efectivas las movilizaciones de derechos de los partícipes y beneficiarios en los términos necesarios que garanticen la fiabilidad, transparencia y agilidad de las movilizaciones, así como autorizar sistemas estandarizados con las debidas garantías de seguridad para la transmisión de información entre las entidades intervinientes y para la transferencia de efectivo.

Lo dispuesto en este apartado se entiende sin perjuicio de las movilizaciones de los derechos consolidados y económicos entre planes de pensiones, planes de previsión asegurados y planes de previsión social empresarial previstas en la disposición adicional sexta de esta Ley.

Los derechos consolidados del partícipe en un plan de pensiones no podrán ser objeto de embargo, traba judicial o administrativa, hasta el momento en que se cause el derecho a la prestación o en que sean disponibles en los supuestos de enfermedad grave o desempleo de larga duración o por corresponder a aportaciones realizadas con al menos diez años de antigüedad».

[118] Disposición Transitoria segunda (Régimen transitorio aplicable a las mutualidades de previsión social), de esta Ley.

cuantía exceda de las contribuciones imputadas fiscalmente y de las aportaciones directamente realizadas por el trabajador[119].

6.º Las prestaciones percibidas por los beneficiarios de los planes de previsión asegurados.

7.º Las prestaciones percibidas por los beneficiarios de los seguros de dependencia conforme a lo dispuesto en la Ley de promoción de la autonomía personal y atención a las personas en situación de dependencia[120].

b) Las cantidades que se abonen, por razón de su cargo, a los diputados españoles en el Parlamento Europeo, a los diputados y senadores de las Cortes Generales, a los miembros de las asambleas legislativas autonómicas, concejales de ayuntamiento y miembros de las diputaciones provinciales, cabildos insulares u otras entidades locales, con exclusión, en todo caso, de la parte de aquellas que dichas instituciones asignen para gastos de viaje y desplazamiento.

c) Los rendimientos derivados de impartir cursos, conferencias, coloquios, seminarios y similares[121].

d) Los rendimientos derivados de la elaboración de obras literarias, artísticas o científicas, siempre que se ceda el derecho a su explotación[122].

e) Las retribuciones de los administradores y miembros de los Consejos de Administración, de las Juntas que hagan sus veces y demás miembros de otros órganos representativos[123].

f) Las pensiones compensatorias recibidas del cónyuge y las anualidades por alimentos, sin perjuicio de lo dispuesto en el artículo 7 de esta ley[124].

g) Los derechos especiales de contenido económico que se reserven los fundadores o promotores de una sociedad como remuneración de servicios personales[125].

h) Las becas, sin perjuicio de lo dispuesto en el artículo 7 de esta ley[126].

i) Las retribuciones percibidas por quienes colaboren en actividades humanitarias o de asistencia social promovidas por entidades sin ánimo de lucro.

j) Las retribuciones derivadas de relaciones laborales de carácter especial.

k) Las aportaciones realizadas al patrimonio protegido de las personas con discapacidad en los términos previstos en la disposición adicional decimoctava de esta Ley[127].

3. No obstante, cuando los rendimientos a que se refieren los párrafos c) y d) del apartado anterior y los derivados de la relación laboral especial de los artistas en espectáculos públicos y de la relación laboral especial de las personas que intervengan en operaciones mercantiles por cuenta de uno o más empresarios sin asumir el riesgo y ventura de aquéllas supongan la

---

[119] Disposición Adicional primera (Derecho de rescate en los contratos de seguro colectivo que instrumentan los compromisos de pensiones asumidos por las empresas...), de esta Ley.

[120] Ley 39/2006, de 14 de diciembre, de Promoción de la Autonomía Personal y Atención a las personas en situación de dependencia (BOE núm. 299, de 15 de diciembre de 2006).

[121] Art. 101.3 (Importe de los pagos a cuenta), de esta Ley.

[122] Art. 7.l) (Rentas exentas), de esta Ley.

[123] Art. 101.2 (Importe de los pagos a cuenta), de esta Ley.

[124] Art. 7.k) (Rentas exentas), de esta Ley.

[125] Art. 47 (Derechos de fundadores de sociedades), del RIRPF.

[126] Art. 7.j) (Rentas exentas), de esta Ley.

[127] Art. 7.w) (Rentas exentas) y Disposición Adicional decimoctava (Aportaciones a patrimoniales protegidos), de esta Ley. Art. 72 (Acreditación de la condición de personas con discapacidad y de la necesidad...), del RIRPF.

ordenación por cuenta propia de medios de producción y de recursos humanos o de uno de ambos, con la finalidad de intervenir en la producción o distribución de bienes o servicios, se calificarán como rendimientos de actividades económicas.

Artículo 18. *Porcentajes de reducción aplicables a determinados rendimientos del trabajo.*
1. Como regla general, los rendimientos íntegros se computarán en su totalidad, salvo que les resulte de aplicación alguno de los porcentajes de reducción a los que se refieren los apartados siguientes. Dichos porcentajes no resultarán de aplicación cuando la prestación se perciba en forma de renta.

2[128]. El 30 por ciento de reducción, en el caso de rendimientos íntegros distintos de los previstos en el artículo 17.2. a) de esta Ley que tengan un período de generación superior a dos años, así como aquellos que se califiquen reglamentariamente[129] como obtenidos de forma notoriamente irregular en el tiempo, cuando, en ambos casos, sin perjuicio de lo dispuesto en el párrafo siguiente, se imputen en un único período impositivo.

Tratándose de rendimientos derivados de la extinción de una relación laboral, común o especial, se considerará como período de generación el número de años de servicio del trabajador. En caso de que estos rendimientos se cobren de forma fraccionada, el cómputo del período de generación deberá tener en cuenta el número de años de fraccionamiento, en los términos que reglamentariamente se establezcan[130]. Estos rendimientos no se tendrán en cuenta a efectos de lo establecido en el párrafo siguiente.

No obstante, esta reducción no resultará de aplicación a los rendimientos que tengan un período de generación superior a dos años cuando, en el plazo de los cinco períodos impositivos anteriores a aquél en el que resulten exigibles, el contribuyente hubiera obtenido otros rendimientos con período de generación superior a dos años, a los que hubiera aplicado la reducción prevista en este apartado.

---

[128]   Nueva redacción del art. 18.2 dada por el Art. Primero.Diez de la Ley 26/2014, de 27 de noviembre, por la que se modifican la Ley 35/2006, de 28 de noviembre, del Impuesto sobre la Renta de las Personas Físicas, el texto refundido de la Ley del Impuesto sobre la Renta de no Residentes, aprobado por el Real Decreto Legislativo 5/2004, de 5 de marzo, y otras normas tributarias (BOE núm. 288, de 28 de noviembre de 2014), en vigor desde el 1 de enero de 2015.
Redacción anterior dada por la Dispos. Final décima.Tres de la Ley 16/2012, de 27 de diciembre, por la que se adoptan diversas medidas tributarias dirigidas a la consolidación de las finanzas públicas y al impulso de la actividad económica (BOE núm. 312, de 28 de diciembre de 2012), con efectos desde el 1 de enero de 2013.
Redacción anterior dada por el art. 66 de la Ley 39/2010, de 22 de diciembre, de Presupuestos Generales del Estado para el año 2011 (BOE núm. 23, de 12 de diciembre de 2010), con efectos desde 1 de enero de 2011.
Disposición Transitoria primera (Prestaciones recibidas de expedientes de regulación de empleo), Disposición Transitoria undécima (Régimen transitorio aplicable a las prestaciones derivadas de los contratos de seguros colectivos…), Disposición Transitoria duodécima (Régimen aplicable a los planes de pensiones, de mutualidades de previsión social…), Disposición adicional trigésima primera (Rendimientos derivados del ejercicio de opciones de compra sobre acciones) y Disposición transitoria vigésima quinta. (Límite a la reducción del 40 por ciento sobre los rendimientos del trabajo derivados de extinciones de relaciones laborales o mercantiles), de esta Ley y en la redacción dada por art. Primero. Noventa y tres de la Ley 26/2014, de 27 de noviembre.

[129]   Art. 12.1 (Aplicación de la reducción del 30 por ciento…), del RIRPF.

[130]   Art. 12.2 (Aplicación de la reducción del 30 por ciento…), del RIRPF.

La cuantía del rendimiento íntegro a que se refiere este apartado sobre la que se aplicará la citada reducción no podrá superar el importe de 300.000 euros anuales.

Sin perjuicio del límite previsto en el párrafo anterior, en el caso de rendimientos del trabajo cuya cuantía esté comprendida entre 700.000,01 euros y 1.000.000 de euros y deriven de la extinción de la relación laboral, común o especial, o de la relación mercantil a que se refiere el artículo 17.2 e) de esta Ley, o de ambas, la cuantía del rendimiento sobre la que se aplicará la reducción no podrá superar el importe que resulte de minorar 300.000 euros en la diferencia entre la cuantía del rendimiento y 700.000 euros.

Cuando la cuantía de tales rendimientos fuera igual o superior a 1.000.000 de euros, la cuantía de los rendimientos sobre la que se aplicará la reducción del 30 por ciento será cero.

A estos efectos, la cuantía total del rendimiento del trabajo a computar vendrá determinada por la suma aritmética de los rendimientos del trabajo anteriormente indicados procedentes de la propia empresa o de otras empresas del grupo de sociedades en las que concurran las circunstancias previstas en el artículo 42 del Código de Comercio, con independencia del período impositivo al que se impute cada rendimiento.

3[131]**.** El 30 por ciento de reducción, en el caso de las prestaciones establecidas en el artículo 17.2.a) 1.ª y 2.ª de esta Ley que se perciban en forma de capital, siempre que hayan transcurrido más de dos años desde la primera aportación.

El plazo de dos años no resultará exigible en el caso de prestaciones por invalidez.

4[132]**.** Las reducciones previstas en este artículo no se aplicarán a las contribuciones empresariales imputadas que reduzcan la base imponible, de acuerdo con lo dispuesto en los artículos 51, 53 y en la disposición adicional undécima de esta ley.

Artículo 19. *Rendimiento neto del trabajo.*

1. El rendimiento neto del trabajo será el resultado de disminuir el rendimiento íntegro en el importe de los gastos deducibles.

2[133]**.** Tendrán la consideración de gastos deducibles exclusivamente los siguientes:

a) Las cotizaciones a la Seguridad Social o a mutualidades generales obligatorias de funcionarios.

b) Las detracciones por derechos pasivos.

c) Las cotizaciones a los colegios de huérfanos o entidades similares.

---

[131] Art. 12.3 (Aplicación de la reducción del 30 por ciento...), del RIRPF.
Nueva redacción del art. 18.3 dada por el Art. Primero.Diez de la Ley 26/2014, de 27 de noviembre, por la que se modifican la Ley 35/2006, de 28 de noviembre, del Impuesto sobre la Renta de las Personas Físicas, el texto refundido de la Ley del Impuesto sobre la Renta de no Residentes, aprobado por el Real Decreto Legislativo 5/2004, de 5 de marzo, y otras normas tributarias (BOE núm. 288, de 28 de noviembre de 2014), en vigor desde el 1 de enero de 2015.

[132] Disposición Transitoria segunda (Régimen transitorio aplicable a las mutualidades de previsión social), de esta Ley.

[133] Nueva redacción del art. 19.2 dada por el Art. Primero.Once de la Ley 26/2014, de 27 de noviembre, por la que se modifican la Ley 35/2006, de 28 de noviembre, del Impuesto sobre la Renta de las Personas Físicas, el texto refundido de la Ley del Impuesto sobre la Renta de no Residentes, aprobado por el Real Decreto Legislativo 5/2004, de 5 de marzo, y otras normas tributarias (BOE núm. 288, de 28 de noviembre de 2014), en vigor desde el 1 de enero de 2015.

d) Las cuotas satisfechas a sindicatos y colegios profesionales, cuando la colegiación tenga carácter obligatorio, en la parte que corresponda a los fines esenciales de estas instituciones, y con el límite que reglamentariamente se establezca.

e) Los gastos de defensa jurídica derivados directamente de litigios suscitados en la relación del contribuyente con la persona de la que percibe los rendimientos, con el límite de 300 euros anuales.

f) En concepto de otros gastos distintos de los anteriores, 2.000 euros anuales.

Tratándose de contribuyentes desempleados inscritos en la oficina de empleo que acepten un puesto de trabajo que exija el traslado de su residencia habitual a un nuevo municipio, en las condiciones que reglamentariamente[134] se determinen, se incrementará dicha cuantía, en el periodo impositivo en el que se produzca el cambio de residencia y en el siguiente, en 2.000 euros anuales adicionales.

Tratándose de personas con discapacidad que obtengan rendimientos del trabajo como trabajadores activos, se incrementará dicha cuantía en 3.500 euros anuales. Dicho incremento será de 7.750 euros anuales, para las personas con discapacidad que siendo trabajadores activos acrediten necesitar ayuda de terceras personas o movilidad reducida, o un grado de discapacidad igual o superior al 65 por ciento.

Los gastos deducibles a que se refiere esta letra f) tendrán como límite el rendimiento íntegro del trabajo una vez minorado por el resto de gastos deducibles previstos en este apartado.

Artículo 20[135]. *Reducción por obtención de rendimientos del trabajo.*

Los contribuyentes con rendimientos netos del trabajo inferiores a 19.747,5 euros siempre que no tengan rentas, excluidas las exentas, distintas de las del trabajo superiores a 6.500 euros, minorarán el rendimiento neto del trabajo en las siguientes cuantías:

---

[134] Art. 11.2 (Otros gastos deducibles) del RIRPF.
[135] Nueva redacción del art. 20 dada por el art. 3.Uno del Real Decreto-ley 4/2024, de 26 de junio, por el que se prorrogan determinadas medidas para afrontar las consecuencias económicas y sociales derivadas de los conflictos en Ucrania y Oriente Próximo y se adoptan medidas urgentes en materia fiscal, energética y social (BOE núm. 155, de 27 de junio de 2024), con efectos desde el 1 de enero de 2024.
Redacción anterior dada por el art. 59.Uno de la Ley 31/2022, de 23 de diciembre, de Presupuestos Generales del Estado para el año 2023 (BOE núm. 308, de 24 de diciembre de 2022), con efectos desde el 1 de enero de 2023: «*Los contribuyentes con rendimientos netos del trabajo inferiores a 19.747,5 euros siempre que no tengan rentas, excluidas las exentas, distintas de las del trabajo superiores a 6.500 euros, minorarán el rendimiento neto del trabajo en las siguientes cuantías:*
a) Contribuyentes con rendimientos netos del trabajo iguales o inferiores a 14.047,5 euros: 6.498 euros anuales.
b) Contribuyentes con rendimientos netos del trabajo comprendidos entre 14.047,5 y 19.747,5 euros: 6.498 euros menos el resultado de multiplicar por 1,14 la diferencia entre el rendimiento del trabajo y 14.047,5 euros anuales.
A estos efectos, el rendimiento neto del trabajo será el resultante de minorar el rendimiento íntegro en los gastos previstos en las letras a), b), c), d) y e) del artículo 19.2 de esta ley.
Como consecuencia de la aplicación de la reducción prevista en este artículo, el saldo resultante no podrá ser negativo».
Redacción anterior dada por el art. 59.Uno de la Ley 6/2018, de 3 de julio, de Presupuestos Generales del Estado para el año 2018 (BOE núm. 161, de 4 de julio de 2018), en vigor desde el día 5 de julio de 2018.
Disposición adicional cuadragésima séptima (Reducción por obtención de rendimientos del trabajo y determinación del tipo de retención sobre los rendimientos del trabajo durante el período impositivo 2018) de la Ley del IRPF.

a) Contribuyentes con rendimientos netos del trabajo iguales o inferiores a 14.852 euros: 7.302 euros anuales.

b) Contribuyentes con rendimientos netos del trabajo superiores a 14.852 euros, pero iguales o inferiores a 17.673,52 euros: 7.302 euros menos el resultado de multiplicar por 1,75 la diferencia entre el rendimiento del trabajo y 14.852 euros anuales.

c) Contribuyentes con rendimientos netos del trabajo comprendidos entre 17.673,52 y 19.747,5 euros: 2.364,34 euros menos el resultado de multiplicar por 1,14 la diferencia entre el rendimiento del trabajo y 17.673,52 euros anuales.

A estos efectos, el rendimiento neto del trabajo será el resultante de minorar el rendimiento íntegro en los gastos previstos en las letras a), b), c), d) y e) del artículo 19.2 de esta Ley.

Como consecuencia de la aplicación de la reducción prevista en este artículo, el saldo resultante no podrá ser negativo.

SECCIÓN 2.ª *Rendimientos del capital*

Artículo 21[136]. *Definición de rendimientos del capital.*

1. Tendrán la consideración de rendimientos íntegros del capital la totalidad de las utilidades o contraprestaciones, cualquiera que sea su denominación o naturaleza, dinerarias o en especie, que provengan, directa o indirectamente, de elementos patrimoniales, bienes o derechos, cuya titularidad corresponda al contribuyente y no se hallen afectos a actividades económicas realizadas por éste.

No obstante, las rentas derivadas de la transmisión de la titularidad de los elementos patrimoniales, aun cuando exista un pacto de reserva de dominio, tributarán como ganancias o pérdidas patrimoniales, salvo que por esta ley se califiquen como rendimientos del capital.

2[137]. En todo caso, se incluirán como rendimientos del capital:

a) Los provenientes de los bienes inmuebles, tanto rústicos como urbanos, que no se hallen afectos a actividades económicas realizadas por el contribuyente.

Redacción anterior dada por el Art. Primero.Doce de la Ley 26/2014, de 27 de noviembre, por la que se modifican la Ley 35/2006, de 28 de noviembre, del Impuesto sobre la Renta de las Personas Físicas, el texto refundido de la Ley del Impuesto sobre la Renta de no Residentes, aprobado por el Real Decreto Legislativo 5/2004, de 5 de marzo, y otras normas tributarias (BOE núm. 288, de 28 de noviembre de 2014), en vigor desde el 1 de enero de 2015.

Disposición transitoria sexta (Reducción por movilidad geográfica aplicable en 2015) de esta Ley.

Redacción anterior dada por el 60.Uno de la Ley 39/2010, de 22 de diciembre, de Presupuestos Generales del Estado para el año 2011 (BOE núm. 23, de 12 de diciembre de 2010), con efectos desde 1 de enero de 2011 y vigencia indefinida. Nueva redacción coincidente que la redacción anterior dada por el art. 66 de la Ley 26/2009, de 23 de diciembre, de Presupuestos Generales del Estado para el año 2010 (BOE núm. 309, de 24 de diciembre de 2009), con vigencia exclusiva para el ejercicio 2010. Redacción que coincide con la establecida por el art. 65.uno de la Ley 2/2008, de 23 de diciembre, de Presupuestos Generales del Estado para el año 2009 (BOE, núm. 309, de 24 de diciembre de 2008) y por art. 65.Uno de la Ley 51/2007, de 26 de diciembre, de Presupuestos Generales del Estado para el año 2008 (BOE núm. 310 de 27 de diciembre de 2007), con vigencia exclusiva para sus respectivos ejercicios.

[136]   Art. 11.3 (Individualización de rentas) y Art. 14.1.a) (Imputación temporal), de esta Ley.

[137]   Art. 29 (Elementos patrimoniales afectos), de esta Ley.

b) Los que provengan del capital mobiliario y, en general, de los restantes bienes o derechos de que sea titular el contribuyente, que no se encuentren afectos a actividades económicas realizadas por éste.

Subsección 1.ª Rendimientos del capital inmobiliario

Artículo 22[138]. *Rendimientos íntegros del capital inmobiliario.*

1. Tendrán la consideración de rendimientos íntegros procedentes de la titularidad de bienes inmuebles rústicos y urbanos o de derechos reales que recaigan sobre ellos, todos los que se deriven del arrendamiento o de la constitución o cesión de derechos o facultades de uso o disfrute sobre aquéllos, cualquiera que sea su denominación o naturaleza.

2. Se computará como rendimiento íntegro el importe que por todos los conceptos deba satisfacer el adquirente, cesionario, arrendatario o subarrendatario, incluido, en su caso, el correspondiente a todos aquellos bienes cedidos con el inmueble y excluido el Impuesto sobre el Valor Añadido o, en su caso, el Impuesto General Indirecto Canario.

Artículo 23. *Gastos deducibles y reducciones.*

1. Para la determinación del rendimiento neto, se deducirán de los rendimientos íntegros los gastos siguientes:

a)[139] Todos los gastos necesarios para la obtención de los rendimientos. Se considerarán gastos necesarios para la obtención de los rendimientos, entre otros, los siguientes:

1.º Los intereses de los capitales ajenos invertidos en la adquisición o mejora del bien, derecho o facultad de uso y disfrute del que procedan los rendimientos, y demás gastos de financiación, así como los gastos de reparación y conservación del inmueble. El importe total a deducir por estos gastos no podrá exceder, para cada bien o derecho, de la cuantía de los rendimientos íntegros obtenidos. El exceso se podrá deducir en los cuatro años siguientes de acuerdo con lo señalado en este número 1.º

2.º Los tributos y recargos no estatales, así como las tasas y recargos estatales, cualquiera que sea su denominación, siempre que incidan sobre los rendimientos computados o sobre el bien o derecho productor de aquéllos y no tengan carácter sancionador.

3.º Los saldos de dudoso cobro en las condiciones que se establezcan reglamentariamente.

4.º Las cantidades devengadas por terceros como consecuencia de servicios personales.

b)[140] Las cantidades destinadas a la amortización del inmueble y de los demás bienes cedidos con éste, siempre que respondan a su depreciación efectiva, en las condiciones que reglamentariamente se determinen. Tratándose de inmuebles, se entiende que la amortización cumple el requisito de efectividad si no excede del resultado de aplicar el 3 por ciento sobre el mayor de los siguientes valores: el coste de adquisición satisfecho o el valor catastral, sin incluir el valor del suelo.

---

[138] Art. 27.2 (Rendimientos íntegros de actividades económicas), Art. 85 (Imputación de rentas inmobiliarias), Art. 101.8 (Importe de los pagos a cuenta) y Disposición Transitoria tercera (Contratos de arrendamiento anteriores al 9 de mayo de 1985), de esta Ley. Art. 75.1.b), 2.a), 3.g), retenciones y, Art. 100. (Importe de las retenciones sobre arrendamientos y subarrendamientos de inmuebles), del RIRPF.

[139] Art. 13 (Gastos deducibles de los rendimientos del capital mobiliario), del RIRPF.

[140] Art. 14 (Gastos de amortización de los rendimientos del capital inmobiliario), del RIRPF.

En el supuesto de rendimientos derivados de la titularidad de un derecho o facultad de uso o disfrute, será igualmente deducible en concepto de depreciación, con el límite de los rendimientos íntegros, la parte proporcional del valor de adquisición satisfecho, en las condiciones que reglamentariamente se determinen.

2[141]. En los supuestos de arrendamiento de bienes inmuebles destinados a vivienda, el rendimiento neto positivo calculado con arreglo a lo dispuesto en el apartado anterior, se reducirá:

a) En un 90 por ciento cuando se hubiera formalizado por el mismo arrendador un nuevo contrato de arrendamiento sobre una vivienda situada en una zona de mercado residencial tensionado, en el que la renta inicial se hubiera rebajado en más de un 5 por ciento en relación con la última renta del anterior contrato de arrendamiento de la misma vivienda, una vez aplicada, en su caso, la cláusula de actualización anual del contrato anterior.

b) En un 70 por ciento cuando no cumpliéndose los requisitos señalados en la letra a) anterior, se produzca alguna de las circunstancias siguientes:

1.º Que el contribuyente hubiera alquilado por primera vez la vivienda, siempre que ésta se encuentre situada en una zona de mercado residencial tensionado y el arrendatario tenga una edad comprendida entre 18 y 35 años. Cuando existan varios arrendatarios de una misma vivienda, esta reducción se aplicará sobre la parte del rendimiento neto que proporcionalmente corresponda a los arrendatarios que cumplan los requisitos previstos en esta letra.

2.º Cuando el arrendatario sea una Administración Pública o entidad sin fines lucrativos a las que sea de aplicación el régimen especial regulado en el título II de la Ley 49/2002, de 23 de diciembre, de régimen fiscal de las entidades sin fines lucrativos y de los incentivos fiscales al mecenazgo, que destine la vivienda al alquiler social con una renta mensual inferior a la establecida en el programa de ayudas al alquiler del plan estatal de vivienda, o al alojamiento de personas en situación de vulnerabilidad económica a que se refiere la Ley 19/2021, de 20

---

[141]   Nueva redacción del art. 23.2 dada por la Disp. Final Segunda Uno «*Incentivos fiscales aplicables en el IRPF a los arrendamientos de inmuebles destinados a vivienda*» de la Ley 12/2023, de 24 de mayo, por el derecho a la vivienda (BOE núm. 124, de 25 de mayo de 2023), con efectos para los contratos de arrendamiento de vivienda celebrados a partir del 26 de mayo de 2023. Esta modificación entra en vigor el 1 de enero de 2024, según establece la disposición final 9 de la citada Ley.

Para los contrato celebrados con anterioridad al 26 de mayo de 2023: Disposición transitoria trigésima octava «*Reducción aplicable a determinados arrendamientos de viviendas*» de la LIRPF.

Redacción anterior dada por el art. tercero Dos de la Ley 11/2021, de 9 de julio, de medidas de prevención y lucha contra el fraude fiscal, de transposición de la Directiva (UE) 2016/1164, del Consejo, de 12 de julio de 2016, por la que se establecen normas contra las prácticas de elusión fiscal que inciden directamente en el funcionamiento del mercado interior, de modificación de diversas normas tributarias y en materia de regulación del juego (BOE núm. 164, de 10 de julio de 2021), con efectos desde el 11 de julio de 2021.

Redacción anterior dada por el Art. Primero.Trece de la Ley 26/2014, de 27 de noviembre, por la que se modifican la Ley 35/2006, de 28 de noviembre, del Impuesto sobre la Renta de las Personas Físicas, el texto refundido de la Ley del Impuesto sobre la Renta de no Residentes, aprobado por el Real Decreto Legislativo 5/2004, de 5 de marzo, y otras normas tributarias (BOE núm. 288, de 28 de noviembre de 2014), en vigor desde el 1 de enero de 2015.

Redacción anterior dada por el art. 69.Uno de la Ley 39/2010, de 22 de diciembre, de Presupuestos Generales del Estado para el año 2011 (BOE núm. 23, de 12 de diciembre de 2010), con efectos desde 1 de enero de 2011.

Disposición transitoria decimonovena (Reducción por arrendamientos procedentes de contratos anteriores a 1 de enero de 2011), de esta LIRPF en su redacción anterior al 1 de enero de 2015.

de diciembre, por la que se establece el ingreso mínimo vital, o cuando la vivienda esté acogida a algún programa público de vivienda o calificación en virtud del cual la Administración competente establezca una limitación en la renta del alquiler.

c) En un 60 por ciento cuando, no cumpliéndose los requisitos de las letras anteriores, la vivienda hubiera sido objeto de una actuación de rehabilitación en los términos previstos en el apartado 1 del artículo 41 del Reglamento del Impuesto que hubiera finalizado en los dos años anteriores a la fecha de la celebración del contrato de arrendamiento.

d) En un 50 por ciento, en cualquier otro caso.

Los requisitos señalados deberán cumplirse en el momento de celebrar el contrato de arrendamiento, siendo la reducción aplicable mientras se sigan cumpliendo los mismos.

Estas reducciones sólo resultarán aplicables sobre los rendimientos netos positivos que hayan sido calculados por el contribuyente en una autoliquidación presentada antes de que se haya iniciado un procedimiento de verificación de datos, de comprobación limitada o de inspección que incluya en su objeto la comprobación de tales rendimientos.

En ningún caso resultarán de aplicación las reducciones respecto de la parte de los rendimientos netos positivos derivada de ingresos no incluidos o de gastos indebidamente deducidos en la autoliquidación del contribuyente y que se regularicen en alguno de los procedimientos citados en el párrafo anterior, incluso cuando esas circunstancias hayan sido declaradas o aceptadas por el contribuyente durante la tramitación del procedimiento. Tampoco resultarán de aplicación las reducciones en relación con aquellos contratos de arrendamiento que incumplan lo dispuesto en el apartado 6 del artículo 17 de la Ley de Arrendamientos Urbanos.

Las zonas de mercado residencial tensionado a las que podrá resultar de aplicación lo previsto en este apartado serán las recogidas en la resolución que, de acuerdo con lo dispuesto en la legislación estatal en materia de vivienda, apruebe el Ministerio de Transportes, Movilidad y Agenda urbana.

3[142]. Los rendimientos netos con un período de generación superior a dos años, así como los que se califiquen reglamentariamente[143] como obtenidos de forma notoriamente irregular en el tiempo, se reducirán en un 30 por ciento, cuando, en ambos casos, se imputen en un único período impositivo.

La cuantía del rendimiento neto a que se refiere este apartado sobre la que se aplicará la citada reducción no podrá superar el importe de 300.000 euros anuales.

Artículo 24. *Rendimiento en caso de parentesco.*

Cuando el adquirente, cesionario, arrendatario o subarrendatario del bien inmueble o del derecho real que recaiga sobre el mismo sea el cónyuge o un pariente, incluidos los afines, hasta el tercer grado inclusive, del contribuyente, el rendimiento neto total no podrá ser inferior al que resulte de las reglas del artículo 85 de esta ley.

---

[142] Nueva redacción del art. 23.3 dada por el Art. Primero.Trece de la Ley 26/2014, de 27 de noviembre, por la que se modifican la Ley 35/2006, de 28 de noviembre, del Impuesto sobre la Renta de las Personas Físicas, el texto refundido de la Ley del Impuesto sobre la Renta de no Residentes, aprobado por el Real Decreto Legislativo 5/2004, de 5 de marzo, y otras normas tributarias (BOE núm. 288, de 28 de noviembre de 2014), en vigor desde el 1 de enero de 2015.
Disposición transitoria vigésima quinta.3 (Reducciones aplicables a determinados rendimientos) LIRPF.

[143] Art. 15 (Rendimientos de capital inmobiliario obtenidos de forma notoriamente irregular...), del RIRPF.

Subsección 2.ª Rendimientos del capital mobiliario

Artículo 25[144]. *Rendimientos íntegros del capital mobiliario.*

Tendrán la consideración de rendimientos íntegros del capital mobiliario los siguientes:

1. Rendimientos obtenidos por la participación en los fondos propios de cualquier tipo de entidad.

Quedan incluidos dentro de esta categoría los siguientes rendimientos, dinerarios o en especie:

a) Los dividendos, primas de asistencia a juntas y participaciones en los beneficios de cualquier tipo de entidad[145].

b) Los rendimientos procedentes de cualquier clase de activos, excepto la entrega de acciones liberadas que, estatutariamente o por decisión de los órganos sociales, faculten para participar en los beneficios, ventas, operaciones, ingresos o conceptos análogos de una entidad por causa distinta de la remuneración del trabajo personal[146].

c) Los rendimientos que se deriven de la constitución o cesión de derechos o facultades de uso o disfrute, cualquiera que sea su denominación o naturaleza, sobre los valores o participaciones que representen la participación en los fondos propios de la entidad.

d) Cualquier otra utilidad, distinta de las anteriores, procedente de una entidad por la condición de socio, accionista, asociado o partícipe.

e)[147] La distribución de la prima de emisión de acciones o participaciones. El importe obtenido minorará, hasta su anulación, el valor de adquisición de las acciones o participaciones afectadas y el exceso que pudiera resultar tributará como rendimiento del capital mobiliario.

No obstante lo dispuesto en el párrafo anterior, en el caso de distribución de la prima de emisión correspondiente a valores no admitidos a negociación en alguno de los mercados regulados de valores definidos en la Directiva 2004/39/CE del Parlamento Europeo y del Consejo, de 21 de abril de 2004, relativa a los mercados de instrumentos financieros, y representativos de la participación en fondos propios de sociedades o entidades, cuando la diferencia entre el valor de los fondos propios de las acciones o participaciones correspondiente al último ejercicio cerrado con anterioridad a la fecha de la distribución de la prima y su valor de adquisición sea positiva, el importe obtenido o el valor normal de mercado de los bienes o derechos recibidos se considerará rendimiento del capital mobiliario con el límite de la citada diferencia positiva.

A estos efectos, el valor de los fondos propios a que se refiere el párrafo anterior se minorará en el importe de los beneficios repartidos con anterioridad a la fecha de la distribución de la prima de emisión, procedentes de reservas incluidas en los citados fondos propios, así como en el importe de las reservas legalmente indisponibles incluidas en dichos fondos

---

[144] Art. 101.4 (Importe de los pagos a cuenta) y Art. 33.3.a) (Concepto), de esta Ley. Art. 75.1.c), 2.b), Arts. 90 a 94 y Art. 103, retenciones e ingresos a cuenta, del RIRPF.

[145] Art. 7.y) (Rentas exentas), de esta Ley.

[146] Art. 7.y) (Rentas exentas), de esta Ley.

[147] Nueva redacción de la letra e) dada por el Art. Primero.Catorce de la Ley 26/2014, de 27 de noviembre, por la que se modifican la Ley 35/2006, de 28 de noviembre, del Impuesto sobre la Renta de las Personas Físicas, el texto refundido de la Ley del Impuesto sobre la Renta de no Residentes, aprobado por el Real Decreto Legislativo 5/2004, de 5 de marzo, y otras normas tributarias (BOE núm. 288, de 28 de noviembre de 2014), en vigor desde el 1 de enero de 2015.

propios que se hubieran generado con posterioridad a la adquisición de las acciones o participaciones.

El exceso sobre el citado límite minorará el valor de adquisición de las acciones o participaciones conforme a lo dispuesto en el primer párrafo de esta letra e).

Cuando por aplicación de lo dispuesto en el párrafo segundo de esta letra e) la distribución de la prima de emisión hubiera determinado el cómputo como rendimiento del capital mobiliario de la totalidad o parte del importe obtenido o del valor normal de mercado de los bienes o derechos recibidos, y con posterioridad el contribuyente obtuviera dividendos o participaciones en beneficios conforme al artículo 25.1 a) de esta Ley procedentes de la misma entidad en relación con acciones o participaciones que hubieran permanecido en su patrimonio desde la distribución de la prima de emisión, el importe obtenido de los dividendos o participaciones en beneficios minorará, con el límite de los rendimientos del capital mobiliario previamente computados que correspondan a las citadas acciones o participaciones, el valor de adquisición de las mismas conforme a lo dispuesto en el primer párrafo de esta letra e).

2. Rendimientos obtenidos por la cesión a terceros de capitales propios[148].

Tienen esta consideración las contraprestaciones de todo tipo, cualquiera que sea su denominación o naturaleza, dinerarias o en especie, como los intereses y cualquier otra forma de retribución pactada como remuneración por tal cesión, así como las derivadas de la transmisión, reembolso, amortización, canje o conversión de cualquier clase de activos representativos de la captación y utilización de capitales ajenos.

a) En particular, tendrán esta consideración:

1.º Los rendimientos procedentes de cualquier instrumento de giro, incluso los originados por operaciones comerciales, a partir del momento en que se endose o transmita, salvo que el endoso o cesión se haga como pago de un crédito de proveedores o suministradores.

2.º La contraprestación, cualquiera que sea su denominación o naturaleza, derivada de cuentas en toda clase de instituciones financieras, incluyendo las basadas en operaciones sobre activos financieros.

3.º Las rentas derivadas de operaciones de cesión temporal de activos financieros con pacto de recompra.

4.º Las rentas satisfechas por una entidad financiera, como consecuencia de la transmisión, cesión o transferencia, total o parcial, de un crédito titularidad de aquélla.

b) En el caso de transmisión, reembolso, amortización, canje o conversión de valores, se computará como rendimiento la diferencia entre el valor de transmisión, reembolso, amortización, canje o conversión de los mismos y su valor de adquisición o suscripción.

Como valor de canje o conversión se tomará el que corresponda a los valores que se reciban.

Los gastos accesorios de adquisición y enajenación serán computados para la cuantificación del rendimiento, en tanto se justifiquen adecuadamente.

Los rendimientos negativos derivados de transmisiones de activos financieros, cuando el contribuyente hubiera adquirido activos financieros homogéneos[149] dentro de los dos meses

---

[148]   Régimen tributario de las participaciones preferentes emitidas conforme a la Disposición adicional primera de la Ley 10/2014, de 26 de junio, de ordenación, supervisión y solvencia de entidades de crédito (BOE núm. 156, de 27 de junio de 2014).

[149]   Art. 8 (Concepto de valores o participaciones homogéneos), del RIRPF.

anteriores o posteriores a dichas transmisiones, se integrarán a medida que se transmitan los activos financieros que permanezcan en el patrimonio del contribuyente.

3[150]. Rendimientos procedentes de operaciones de capitalización, de contratos de seguro de vida o invalidez y de rentas derivadas de la imposición de capitales.

a) Rendimientos dinerarios o en especie procedentes de operaciones de capitalización y de contratos de seguro de vida o invalidez, excepto cuando, con arreglo a lo previsto en el artículo 17.2.a) de esta ley, deban tributar como rendimientos del trabajo.

En particular, se aplicarán a estos rendimientos de capital mobiliario las siguientes reglas:

1.°)[151] Cuando se perciba un capital diferido, el rendimiento del capital mobiliario vendrá determinado por la diferencia entre el capital percibido y el importe de las primas satisfechas.

No obstante lo anterior, si el contrato de seguro combina la contingencia de supervivencia con las de fallecimiento o incapacidad y el capital percibido corresponde a la contingencia de supervivencia, podrá detraerse también la parte de las primas satisfechas que corresponda al capital en riesgo por fallecimiento o incapacidad que se haya consumido hasta el momento, siempre que durante toda la vigencia del contrato, el capital en riesgo sea igual o inferior al cinco por ciento de la provisión matemática. A estos efectos se considera capital en riesgo la diferencia entre el capital asegurado para fallecimiento o incapacidad y la provisión matemática.

2.°) En el caso de rentas vitalicias inmediatas, que no hayan sido adquiridas por herencia, legado o cualquier otro título sucesorio, se considerará rendimiento de capital mobiliario el resultado de aplicar a cada anualidad los porcentajes siguientes:

40 por ciento, cuando el perceptor tenga menos de 40 años.

35 por ciento, cuando el perceptor tenga entre 40 y 49 años.

28 por ciento, cuando el perceptor tenga entre 50 y 59 años.

24 por ciento, cuando el perceptor tenga entre 60 y 65 años.

20 por ciento, cuando el perceptor tenga entre de 66 y 69 años.

8 por ciento, cuando el perceptor tenga más de 70 años.

Estos porcentajes serán los correspondientes a la edad del rentista en el momento de la constitución de la renta y permanecerán constantes durante toda su vigencia.

3.°) Si se trata de rentas temporales inmediatas, que no hayan sido adquiridas por herencia, legado o cualquier otro título sucesorio, se considerará rendimiento del capital mobiliario el resultado de aplicar a cada anualidad los porcentajes siguientes:

12 por ciento, cuando la renta tenga una duración inferior o igual a 5 años.

16 por ciento, cuando la renta tenga una duración superior a 5 e inferior o igual a 10 años.

---

[150] Art. 14.2.h) (Imputación temporal), Disposición Transitoria cuarta (Régimen transitorio de los contratos de seguro de vida generadores de incrementos o disminuciones de patrimonio con anterioridad a 1 de enero de 1999) y Disposición Transitoria quinta (Régimen Transitorio aplicable a las rentas vitalicias y temporales), de esta Ley. Art. 17 (Disposición parcial en contratos de seguro), del RIRPF.

[151] Nueva redacción del núm. 1° dada por el Art. Primero.Catorce de la Ley 26/2014, de 27 de noviembre, por la que se modifican la Ley 35/2006, de 28 de noviembre, del Impuesto sobre la Renta de las Personas Físicas, el texto refundido de la Ley del Impuesto sobre la Renta de no Residentes, aprobado por el Real Decreto Legislativo 5/2004, de 5 de marzo, y otras normas tributarias (BOE núm. 288, de 28 de noviembre de 2014), en vigor desde el 1 de enero de 2015.

20 por ciento, cuando la renta tenga una duración superior a 10 e inferior o igual a 15 años.

25 por ciento, cuando la renta tenga una duración superior a 15 años.

4.º) Cuando se perciban rentas diferidas, vitalicias o temporales, que no hayan sido adquiridas por herencia, legado o cualquier otro título sucesorio, se considerará rendimiento del capital mobiliario el resultado de aplicar a cada anualidad el porcentaje que corresponda de los previstos en los números 2.º) y 3.º) anteriores, incrementado en la rentabilidad obtenida hasta la constitución de la renta, en la forma que reglamentariamente se determine[152]. Cuando las rentas hayan sido adquiridas por donación o cualquier otro negocio jurídico a título gratuito e inter vivos, el rendimiento del capital mobiliario será, exclusivamente, el resultado de aplicar a cada anualidad el porcentaje que corresponda de los previstos en los números 2.º) y 3.º) anteriores.

No obstante lo previsto en el párrafo anterior, en los términos que reglamentariamente se establezcan[153], las prestaciones por jubilación e invalidez percibidas en forma de renta por los beneficiarios de contratos de seguro de vida o invalidez, distintos de los establecidos en el artículo 17.2. a), y en los que no haya existido ningún tipo de movilización de las provisiones del contrato de seguro durante su vigencia, se integrarán en la base imponible del impuesto, en concepto de rendimientos del capital mobiliario, a partir del momento en que su cuantía exceda de las primas que hayan sido satisfechas en virtud del contrato o, en el caso de que la renta haya sido adquirida por donación o cualquier otro negocio jurídico a título gratuito e inter vivos, cuando excedan del valor actual actuarial de las rentas en el momento de la constitución de éstas. En estos casos no serán de aplicación los porcentajes previstos en los números 2.º) y 3.º) anteriores. Para la aplicación de este régimen será necesario que el contrato de seguro se haya concertado, al menos, con dos años de anterioridad a la fecha de jubilación.

5.º) En el caso de extinción de las rentas temporales o vitalicias, que no hayan sido adquiridas por herencia, legado o cualquier otro título sucesorio, cuando la extinción de la renta tenga su origen en el ejercicio del derecho de rescate, el rendimiento del capital mobiliario será el resultado de sumar al importe del rescate las rentas satisfechas hasta dicho momento y de restar las primas satisfechas y las cuantías que, de acuerdo con los párrafos anteriores de este apartado, hayan tributado como rendimientos del capital mobiliario. Cuando las rentas hayan sido adquiridas por donación o cualquier otro negocio jurídico a título gratuito e inter vivos, se restará, adicionalmente, la rentabilidad acumulada hasta la constitución de las rentas.

6.º) Los seguros de vida o invalidez que prevean prestaciones en forma de capital y dicho capital se destine a la constitución de rentas vitalicias o temporales, siempre que esta posibilidad de conversión se recoja en el contrato de seguro, tributarán de acuerdo con lo establecido en el primer párrafo del número 4.º anterior. En ningún caso, resultará de aplicación lo dispuesto en este número cuando el capital se ponga a disposición del contribuyente por cualquier medio.

---

[152]   Art. 18 (Tributación de la rentabilidad obtenida hasta el momento de la constitución de las rentas diferidas), del RIRPF.

[153]   Art. 19 (Requisitos exigibles a determinados contratos de seguro con prestaciones por jubilación e invalidez percibidas en forma de renta), del RIRPF.

b) Las rentas vitalicias u otras temporales que tengan por causa la imposición de capitales, salvo cuando hayan sido adquiridas por herencia, legado o cualquier otro título sucesorio. Se considerará rendimiento del capital mobiliario el resultado de aplicar a cada anualidad los porcentajes previstos por los números 2.°) y 3.°) de la letra a) de este apartado para las rentas, vitalicias o temporales, inmediatas derivadas de contratos de seguro de vida.

4. Otros rendimientos del capital mobiliario.

Quedan incluidos en este apartado, entre otros, los siguientes rendimientos, dinerarios o en especie:

a) Los procedentes de la propiedad intelectual cuando el contribuyente no sea el autor y los procedentes de la propiedad industrial que no se encuentre afecta a actividades económicas realizadas por el contribuyente[154].

b) Los procedentes de la prestación de asistencia técnica, salvo que dicha prestación tenga lugar en el ámbito de una actividad económica[155].

c) Los procedentes del arrendamiento de bienes muebles, negocios o minas, así como los procedentes del subarrendamiento percibidos por el subarrendador, que no constituyan actividades económicas[156].

d) Los procedentes de la cesión del derecho a la explotación de la imagen o del consentimiento o autorización para su utilización, salvo que dicha cesión tenga lugar en el ámbito de una actividad económica[157].

5. No tendrá la consideración de rendimiento de capital mobiliario, sin perjuicio de su tributación por el concepto que corresponda, la contraprestación obtenida por el contribuyente por el aplazamiento o fraccionamiento del precio de las operaciones realizadas en desarrollo de su actividad económica habitual.

6[158]. En relación con los activos representativos de la captación y utilización de capitales ajenos a que se refiere el apartado 2 de este artículo, se estimará que no existe rendimiento del capital mobiliario en las transmisiones lucrativas de los mismos, por causa de muerte del contribuyente, ni se computará el rendimiento del capital mobiliario negativo derivado de la transmisión lucrativa de aquellos por actos «inter vivos».

Artículo 26. *Gastos deducibles y reducciones.*

1. Para la determinación del rendimiento neto, se deducirán de los rendimientos íntegros exclusivamente los gastos siguientes:

---

[154] Art. 101.9 (Importe de los pagos a cuenta), de esta Ley y Art. 75.2.b) y Art. 101.2 (Importe de las retenciones sobre derechos de imagen y otras rentas), del RIRPF.

[155] Art. 101.9 (Importe de los pagos a cuenta), de esta Ley y Art. 75.2.b) y Art. 101.2 (Importe de las retenciones sobre derechos de imagen y otras rentas), del RIRPF.

[156] Art. 101.9 (Importe de los pagos a cuenta), de esta Ley y Art. 100. (Importe de las retenciones sobre arrendamientos y subarrendamientos de inmuebles), del RIRPF.

[157] Art. 101.10 (Importe de los pagos a cuenta), de esta Ley y Art. 75.12.b), 3.g) y Art. 101.1 (Importe de las retenciones sobre derechos de imagen y otras rentas), del RIRPF.

[158] Nueva redacción del art. 25.6 dada por el Art. Primero.Catorce de la Ley 26/2014, de 27 de noviembre, por la que se modifican la Ley 35/2006, de 28 de noviembre, del Impuesto sobre la Renta de las Personas Físicas, el texto refundido de la Ley del Impuesto sobre la Renta de no Residentes, aprobado por el Real Decreto Legislativo 5/2004, de 5 de marzo, y otras normas tributarias (BOE núm. 288, de 28 de noviembre de 2014), en vigor desde el 1 de enero de 2015.

a) Los gastos de administración y depósito de valores negociables. A estos efectos, se considerarán como gastos de administración y depósito aquellos importes que repercutan las empresas de servicios de inversión, entidades de crédito u otras entidades financieras que, de acuerdo con la Ley 24/1988, de 28 de julio, del Mercado de Valores, tengan por finalidad retribuir la prestación derivada de la realización por cuenta de sus titulares del servicio de depósito de valores representados en forma de títulos o de la administración de valores representados en anotaciones en cuenta.

No serán deducibles las cuantías que supongan la contraprestación de una gestión discrecional e individualizada de carteras de inversión, en donde se produzca una disposición de las inversiones efectuadas por cuenta de los titulares con arreglo a los mandatos conferidos por éstos.

b)[159] Cuando se trate de rendimientos derivados de la prestación de asistencia técnica, del arrendamiento de bienes muebles, negocios o minas o de subarrendamientos, se deducirán de los rendimientos íntegros los gastos necesarios para su obtención y, en su caso, el importe del deterioro sufrido por los bienes o derechos de que los ingresos procedan.

2[160]. Los rendimientos netos previstos en el apartado 4 del artículo 25 de esta Ley con un período de generación superior a dos años o que se califiquen reglamentariamente[161] como obtenidos de forma notoriamente irregular en el tiempo, se reducirán en un 30 por ciento, cuando, en ambos casos, se imputen en un único período impositivo.

La cuantía del rendimiento neto a que se refiere este apartado sobre la que se aplicará la citada reducción no podrá superar el importe de 300.000 euros anuales.

SECCIÓN 3.ª *Rendimientos de actividades económicas*

Artículo 27[162]. **Rendimientos íntegros de actividades económicas.**

1. Se considerarán rendimientos íntegros de actividades económicas aquellos que, procediendo del trabajo personal y del capital conjuntamente, o de uno solo de estos factores, supongan por parte del contribuyente la ordenación por cuenta propia de medios de producción y de recursos humanos o de uno de ambos, con la finalidad de intervenir en la producción o distribución de bienes o servicios.

En particular, tienen esta consideración los rendimientos de las actividades extractivas, de fabricación, comercio o prestación de servicios, incluidas las de artesanía, agrícolas, foresta-

---

[159] Art. 20 (Gastos deducibles en determinados rendimientos del capital mobiliario), del RIRPF.
[160] Nueva redacción del art. 26.2 dada por el Art. Primero.Quince de la Ley 26/2014, de 27 de noviembre, por la que se modifican la Ley 35/2006, de 28 de noviembre, del Impuesto sobre la Renta de las Personas Físicas, el texto refundido de la Ley del Impuesto sobre la Renta de no Residentes, aprobado por el Real Decreto Legislativo 5/2004, de 5 de marzo, y otras normas tributarias (BOE núm. 288, de 28 de noviembre de 2014), en vigor desde el 1 de enero de 2015.
[161] Art. 21 (Rendimientos del capital mobiliario obtenido de forma notoriamente irregular...), del RIRPF.
[162] Art. 11.4 (Individualización de rentas), Art. 14.1.b) (Imputación de temporal) y Art. 101.5 y 11 (Importe de los pagos a cuenta), de esta Ley. Art. 75.1.c), Art. 95 y Art. 104, retenciones e ingresos a cuenta, del RIRPF. Nueva redacción del art. 27 dada por el Art. Primero. Dieciséis de la Ley 26/2014, de 27 de noviembre, por la que se modifican la Ley 35/2006, de 28 de noviembre, del Impuesto sobre la Renta de las Personas Físicas, el texto refundido de la Ley del Impuesto sobre la Renta de no Residentes, aprobado por el Real Decreto Legislativo 5/2004, de 5 de marzo, y otras normas tributarias (BOE núm. 288, de 28 de noviembre de 2014), en vigor desde el 1 de enero de 2015.

les, ganaderas, pesqueras, de construcción, mineras, y el ejercicio de profesiones liberales, artísticas y deportivas.

No obstante, tratándose de rendimientos obtenidos por el contribuyente procedentes de una entidad en cuyo capital participe derivados de la realización de actividades incluidas en la Sección Segunda de las Tarifas del Impuesto sobre Actividades Económicas, aprobadas por el Real Decreto Legislativo 1175/1990, de 28 de septiembre, tendrán esta consideración cuando el contribuyente esté incluido, a tal efecto, en el régimen especial de la Seguridad Social de los trabajadores por cuenta propia o autónomos, o en una mutualidad de previsión social que actúe como alternativa al citado régimen especial conforme a lo previsto en la disposición adicional decimoquinta de la Ley 30/1995, de 8 de noviembre, de ordenación y supervisión de los seguros privados.

2. A efectos de lo dispuesto en el apartado anterior, se entenderá que el arrendamiento de inmuebles se realiza como actividad económica, únicamente cuando para la ordenación de esta se utilice, al menos, una persona empleada con contrato laboral y a jornada completa.

Artículo 28[163]. *Reglas generales de cálculo del rendimiento neto.*

1. El rendimiento neto de las actividades económicas se determinará según las normas del Impuesto sobre Sociedades[164], sin perjuicio de las reglas especiales contenidas en este artículo, en el artículo 30 de esta ley para la estimación directa, y en el artículo 31 de esta ley para la estimación objetiva.

A efectos de lo dispuesto en el artículo 108 del texto refundido de la Ley del Impuesto sobre Sociedades, para determinar el importe neto de la cifra de negocios se tendrá en cuenta el conjunto de actividades económicas ejercidas por el contribuyente[165].

---

[163] Art. 16.2 (Métodos de determinación de la base imponible), de esta Ley.

[164] Actual Ley 27/2014, de 27 de noviembre, del Impuesto sobre Sociedades (BOE núm. 288, de 29 de noviembre de 2014), hasta el 31-12-2014 el Real Decreto Legislativo 4/2004, de 5 de marzo, por el que se aprueba el texto refundido de la Ley del Impuesto sobre Sociedades.
Real Decreto-ley 35/2020, de 22 de diciembre, de medidas urgentes de apoyo al sector turístico, la hostelería y el comercio y en materia tributaria (BOE núm. 334, de 23 de diciembre de 2020), con efectos desde el 24 de diciembre de 2020: *Artículo 14. Deducibilidad de pérdidas por deterioro de los créditos derivadas de las posibles insolvencias de deudores en empresas de reducida dimensión en los períodos impositivos que se inicien en 2020 y 2021.*

[165] Remisión actual a la Ley 27/2014, de 27 de noviembre, del Impuesto sobre Sociedades: «Artículo 101. Ámbito de aplicación. Cifra de negocios.
1. Los incentivos fiscales establecidos en este capítulo se aplicarán siempre que el importe neto de la cifra de negocios habida en el período impositivo inmediato anterior sea inferior a 10 millones de euros.
No obstante, dichos incentivos no resultarán de aplicación cuando la entidad tenga la consideración de entidad patrimonial en los términos establecidos en el apartado 2 del artículo 5 de esta Ley.
2. Cuando la entidad fuere de nueva creación, el importe de la cifra de negocios se referirá al primer período impositivo en que se desarrolle efectivamente la actividad. Si el período impositivo inmediato anterior hubiere tenido una duración inferior al año, o la actividad se hubiere desarrollado durante un plazo también inferior, el importe neto de la cifra de negocios se elevará al año.
3. Cuando la entidad forme parte de un grupo de sociedades en el sentido del artículo 42 del Código de Comercio, con independencia de la residencia y de la obligación de formular cuentas anuales consolidadas, el importe neto de la cifra de negocios se referirá al conjunto de entidades pertenecientes a dicho grupo, teniendo en cuenta las eliminaciones e incorporaciones que correspondan por aplicación de la normativa contable. Igualmente se aplicará este criterio cuando una persona física por sí sola o conjuntamente con el cónyuge u otras personas físicas unidas por vínculos de parentesco en línea directa o cola-

2. Para la determinación del rendimiento neto de las actividades económicas no se incluirán las ganancias o pérdidas patrimoniales derivadas de los elementos patrimoniales afectos a las mismas, que se cuantificarán conforme a lo previsto en la sección 4.ª de este capítulo[166].

3. La afectación de elementos patrimoniales o la desafectación de activos fijos por el contribuyente no constituirá alteración patrimonial, siempre que los bienes o derechos continúen formando parte de su patrimonio.

Se entenderá que no ha existido afectación si se llevase a cabo la enajenación de los bienes o derechos antes de transcurridos tres años desde ésta.

4. Se atenderá al valor normal en el mercado de los bienes o servicios objeto de la actividad, que el contribuyente ceda o preste a terceros de forma gratuita o destine al uso o consumo propio.

Asimismo, cuando medie contraprestación y ésta sea notoriamente inferior al valor normal en el mercado de los bienes y servicios, se atenderá a este último.

Artículo 29[167]. *Elementos patrimoniales afectos.*

1. Se considerarán elementos patrimoniales afectos a una actividad económica:

a) Los bienes inmuebles en los que se desarrolla la actividad del contribuyente.

b) Los bienes destinados a los servicios económicos y socioculturales del personal al servicio de la actividad. No se consideran afectos los bienes de esparcimiento y recreo o, en general, de uso particular del titular de la actividad económica.

c) Cualesquiera otros elementos patrimoniales que sean necesarios para la obtención de los respectivos rendimientos. En ningún caso tendrán esta consideración los activos representativos de la participación en fondos propios de una entidad y de la cesión de capitales a terceros.

---

teral, consanguínea o por afinidad, hasta el segundo grado inclusive, se encuentren con relación a otras entidades de las que sean socios en alguna de las situaciones a que se refiere el artículo 42 del Código de Comercio, con independencia de la residencia de las entidades y de la obligación de formular cuentas anuales consolidadas.

4. Los incentivos fiscales establecidos en este capítulo también serán de aplicación en los 3 períodos impositivos inmediatos y siguientes a aquel período impositivo en que la entidad o conjunto de entidades a que se refiere el apartado anterior, alcancen la referida cifra de negocios de 10 millones de euros, determinada de acuerdo con lo establecido en este artículo, siempre que las mismas hayan cumplido las condiciones para ser consideradas como de reducida dimensión tanto en aquel período como en los 2 períodos impositivos anteriores a este último.

Lo establecido en el párrafo anterior será igualmente aplicable cuando dicha cifra de negocios se alcance como consecuencia de que se haya realizado una operación acogida al régimen fiscal establecido en el Capítulo VII del Título VII de esta Ley, siempre que las entidades que hayan realizado tal operación cumplan las condiciones para ser consideradas como de reducida dimensión tanto en el período impositivo en que se realice la operación como en los 2 períodos impositivos anteriores a este último».

Con anterioridad, se recogía en el artículo 108 «Ámbito de aplicación: cifra de negocios» del Real Decreto Legislativo 4/2004, de 5 de marzo, por el que se aprueba el texto refundido de la Ley del Impuesto sobre Sociedades (BOE núm. 61, de 11 de marzo de 2004).

[166] Arts. 33 a 39 (Ganancias y pérdidas patrimoniales) y Disposición Adicional séptima (Tributación de determinadas rentas obtenidas por contribuyentes que desarrollen la actividad de transporte por autotaxi), de esta Ley.

[167] Art. 23 (Valores de afectación y desafectación), del RIRPF.

2. Cuando se trate de elementos patrimoniales que sirvan sólo parcialmente al objeto de la actividad económica, la afectación se entenderá limitada a aquella parte de los mismos que realmente se utilice en la actividad de que se trate. En ningún caso serán susceptibles de afectación parcial elementos patrimoniales indivisibles.

Reglamentariamente[168] se determinarán las condiciones en que, no obstante su utilización para necesidades privadas de forma accesoria y notoriamente irrelevante, determinados elementos patrimoniales puedan considerarse afectos a una actividad económica.

3. La consideración de elementos patrimoniales afectos lo será con independencia de que la titularidad de éstos, en caso de matrimonio, resulte común a ambos cónyuges.

Artículo 30[169]. *Normas para la determinación del rendimiento neto en estimación directa.*

1. La determinación de los rendimientos de actividades económicas se efectuará, con carácter general, por el método de estimación directa, admitiendo dos modalidades, la normal y la simplificada.

La modalidad simplificada se aplicará para determinadas actividades económicas cuyo importe neto de cifra de negocios, para el conjunto de actividades desarrolladas por el contribuyente, no supere los 600.000 euros en el año inmediato anterior, salvo que renuncie a su aplicación, en los términos que reglamentariamente se establezcan[170].

En los supuestos de renuncia o exclusión de la modalidad simplificada del método de estimación directa, el contribuyente determinará el rendimiento neto de todas sus actividades económicas por la modalidad normal de este método durante los tres años siguientes, en las condiciones que reglamentariamente se establezcan[171].

2[172]. Junto a las reglas generales del artículo 28 de esta Ley se tendrán en cuenta las siguientes especiales:

1.ª No tendrán la consideración de gasto deducible las aportaciones a mutualidades de previsión social del propio empresario o profesional, sin perjuicio de lo previsto en el artículo 51 de esta Ley.

No obstante, tendrán la consideración de gasto deducible las cantidades abonadas en virtud de contratos de seguro, concertados con mutualidades de previsión social por profesionales no integrados en el régimen especial de la Seguridad Social de los trabajadores por cuenta propia o autónomos, cuando, a efectos de dar cumplimiento a la obligación prevista en la disposición adicional decimoquinta de la Ley 30/1995, de 8 de noviembre, de ordenación y supervisión de los seguros privados, actúen como alternativas al régimen especial de la Seguridad Social mencionado, en la parte que tenga por objeto la cobertura de contingencias

---

[168]   Art. 22 (Elementos patrimoniales afectos a una actividad), del RIRPF.

[169]   Art. 104.2 (Obligaciones formales de los contribuyentes), de esta Ley.
Nueva redacción del art. 30 dada por el Art. Primero. Diecisiete de la Ley 26/2014, de 27 de noviembre, por la que se modifican la Ley 35/2006, de 28 de noviembre, del Impuesto sobre la Renta de las Personas Físicas, el texto refundido de la Ley del Impuesto sobre la Renta de no Residentes, aprobado por el Real Decreto Legislativo 5/2004, de 5 de marzo, y otras normas tributarias (BOE núm. 288, de 28 de noviembre de 2014), en vigor desde el 1 de enero de 2015.

[170]   Art. 28 (Ámbito de aplicación del método de estimación directa simplificada), del RIRPF.

[171]   Art. 29 (Renuncia y exclusión al método de estimación directa simplificada), del RIRPF.

[172]   Disposición adicional trigésima (Libertad de amortización en elementos nuevos del activo material fijo) de esta Ley.

atendidas por dicho régimen especial, con el límite de la cuota máxima por contingencias comunes que esté establecida, en cada ejercicio económico, en el citado régimen especial.

2.ª Cuando resulte debidamente acreditado, con el oportuno contrato laboral y la afiliación al régimen correspondiente de la Seguridad Social, que el cónyuge o los hijos menores del contribuyente que convivan con él, trabajan habitualmente y con continuidad en las actividades económicas desarrolladas por el mismo, se deducirán, para la determinación de los rendimientos, las retribuciones estipuladas con cada uno de ellos, siempre que no sean superiores a las de mercado correspondientes a su cualificación profesional y trabajo desempeñado. Dichas cantidades se considerarán obtenidas por el cónyuge o los hijos menores en concepto de rendimientos de trabajo a todos los efectos tributarios.

3.ª Cuando el cónyuge o los hijos menores del contribuyente que convivan con él realicen cesiones de bienes o derechos que sirvan al objeto de la actividad económica de que se trate, se deducirá, para la determinación de los rendimientos del titular de la actividad, la contraprestación estipulada, siempre que no exceda del valor de mercado y, a falta de aquella, podrá deducirse la correspondiente a este último. La contraprestación o el valor de mercado se considerarán rendimientos del capital del cónyuge o los hijos menores a todos los efectos tributarios.

Lo dispuesto en esta regla no será de aplicación cuando se trate de bienes y derechos que sean comunes a ambos cónyuges.

4.ª Reglamentariamente podrán establecerse reglas especiales para la cuantificación de determinados gastos deducibles en el caso de empresarios y profesionales en estimación directa simplificada, incluidos los de difícil justificación. La cuantía que con arreglo a dichas reglas especiales se determine para el conjunto de provisiones deducibles y gastos de difícil justificación no podrá ser superior a 2.000 euros anuales.

5.ª[173] Tendrán la consideración de gasto deducible para la determinación del rendimiento neto en estimación directa:

a) Las primas de seguro de enfermedad satisfechas por el contribuyente en la parte correspondiente a su propia cobertura y a la de su cónyuge e hijos menores de veinticinco años que convivan con él. El límite máximo de deducción será de 500 euros por cada una de las personas señaladas anteriormente o de 1.500 euros por cada una de ellas con discapacidad.

b) En los casos en que el contribuyente afecte parcialmente su vivienda habitual al desarrollo de la actividad económica, los gastos de suministros de dicha vivienda, tales como agua, gas, electricidad, telefonía e Internet, en el porcentaje resultante de aplicar el 30 por ciento a la proporción existente entre los metros cuadrados de la vivienda destinados a la actividad respecto a su superficie total, salvo que se pruebe un porcentaje superior o inferior.

c) Los gastos de manutención del propio contribuyente incurridos en el desarrollo de la actividad económica, siempre que se produzcan en establecimientos de restauración y hostelería y se abonen utilizando cualquier medio electrónico de pago, con los límites cuan-

---

[173] Nueva redacción de la regla 5ª del art. 30.2 dada por el art. 11 de la Ley 6/2017, de 24 de octubre, de Reformas Urgentes del Trabajo Autónomo (BOE núm. 257, de 25 de octubre de 2017), con efectos desde el 1 de enero de 2018.

Redacción anterior de la regla 5ª del art. 30.2 dada por el art. 60.Uno de la Ley 48/2015, de 29 de octubre, de Presupuestos Generales del Estado para el año 2016 (BOE núm. 260, de 30 de octubre de 2015), con efectos desde el 1 de enero de 2016.

titativos establecidos reglamentariamente para las dietas y asignaciones para gastos normales de manutención de los trabajadores.

Artículo 31. *Normas para la determinación del rendimiento neto en estimación objetiva.*

1[174]. El método de estimación objetiva de rendimientos para determinadas actividades económicas se aplicará, en los términos que reglamentariamente se establezcan, con arreglo a las siguientes normas:

1.ª Los contribuyentes que reúnan las circunstancias previstas en las normas reguladoras de este método determinarán sus rendimientos conforme al mismo, salvo que renuncien a su aplicación, en los términos que reglamentariamente se establezcan[175].

2.ª El método de estimación objetiva se aplicará conjuntamente con los regímenes especiales establecidos en el Impuesto sobre el Valor Añadido o en el Impuesto General Indirecto Canario, cuando así se determine reglamentariamente[176].

3.ª Este método no podrá aplicarse por los contribuyentes cuando concurra cualquiera de las siguientes circunstancias, en las condiciones que se establezcan reglamentariamente[177]:

a) Que determinen el rendimiento neto de alguna actividad económica por el método de estimación directa.

b) Que el volumen de rendimientos íntegros en el año inmediato anterior supere cualquiera de los siguientes importes:

a')[178] Para el conjunto de sus actividades económicas, excepto las agrícolas, ganaderas y forestales, 150.000 euros anuales.

A estos efectos se computará la totalidad de las operaciones con independencia de que exista o no obligación de expedir factura de acuerdo con lo dispuesto en el Reglamento por el que se regulan las obligaciones de facturación, aprobado por el Real Decreto 1619/2012, de 30 de noviembre.

Sin perjuicio del límite anterior, el método de estimación objetiva no podrá aplicarse cuando el volumen de los rendimientos íntegros del año inmediato anterior que corresponda a operaciones por las que estén obligados a expedir factura cuando el destinatario sea un empresario o profesional que actúe como tal, de acuerdo con lo dispuesto en el artículo

---

[174]   Disposición transitoria trigésima segunda (Límites para la aplicación del método de estimación objetiva en los ejercicios 2016 a 2024) LIRPF.
Nueva redacción del art. 31.1 dada por el Art. Primero. Dieciocho de la Ley 26/2014, de 27 de noviembre, por la que se modifican la Ley 35/2006, de 28 de noviembre, del Impuesto sobre la Renta de las Personas Físicas, el texto refundido de la Ley del Impuesto sobre la Renta de no Residentes, aprobado por el Real Decreto Legislativo 5/2004, de 5 de marzo, y otras normas tributarias (BOE núm. 288, de 28 de noviembre de 2014), en vigor desde el 1 de enero de 2016.
Redacción anterior dada por el art. 3.Uno de la Ley 7/2012, de 29 de octubre, de modificación de la normativa tributaria y presupuestaria y de adecuación de la normativa financiera para la intensificación de las actuaciones en la prevención y lucha contra el fraude (BOE núm. 261, de 30 de octubre de 2012), con efectos desde el día 1 de enero de 2013.

[175]   Art. 33 (Renuncia al método de estimación objetiva), art. 34 (Exclusión del...), art. 35 (Incompatibilidad de la estimación objetiva con la estimación directa) y art. 37 (Determinación del rendimiento neto en el método de estimación objetiva) del RIRPF.

[176]   Art. 36 (Coordinación del método de estimación objetiva con el Impuesto sobre...), del RIRPF.

[177]   Art. 32 (Ámbito de aplicación del método de estimación objetiva), del RIRPF.

[178]   Disposición transitoria trigésima segunda. (Límites para la aplicación del método de estimación objetiva en los ejercicios 2016 a 2024) de la LIRPF.

2.2.a) del Reglamento por el que se regulan las obligaciones de facturación, supere 75.000 euros anuales.

b′) Para el conjunto de sus actividades agrícolas, ganaderas y forestales, 250.000 euros anuales.

A estos efectos, sólo se computarán las operaciones que deban anotarse en el Libro registro de ventas o ingresos previsto en el artículo 68.7 del Reglamento de este Impuesto.

No obstante, a efectos de lo previsto en esta letra b), deberán computarse no solo las operaciones correspondientes a las actividades económicas desarrolladas por el contribuyente, sino también las correspondientes a las desarrolladas por el cónyuge, descendientes y ascendientes, así como por entidades en régimen de atribución de rentas en las que participen cualquiera de los anteriores, en las que concurran las siguientes circunstancias:

– Que las actividades económicas desarrolladas sean idénticas o similares. A estos efectos, se entenderán que son idénticas o similares las actividades económicas clasificadas en el mismo grupo en el Impuesto sobre Actividades Económicas.

– Que exista una dirección común de tales actividades, compartiéndose medios personales o materiales[179].

Cuando en el año inmediato anterior se hubiese iniciado una actividad, el volumen de ingresos se elevará al año.

c)[180] Que el volumen de las compras en bienes y servicios, excluidas las adquisiciones de inmovilizado, en el ejercicio anterior supere la cantidad de 150.000 euros anuales. En el supuesto de obras o servicios subcontratados, el importe de los mismos se tendrá en cuenta para el cálculo de este límite.

A estos efectos, deberán computarse no solo el volumen de compras correspondientes a las actividades económicas desarrolladas por el contribuyente, sino también las correspondientes a las desarrolladas por el cónyuge, descendientes y ascendientes, así como por entidades en régimen de atribución de rentas en las que participen cualquiera de los anteriores, en las que concurran las circunstancias señaladas en la letra b) anterior.

Cuando en el año inmediato anterior se hubiese iniciado una actividad, el volumen de compras se elevará al año.

d) Que las actividades económicas sean desarrolladas, total o parcialmente, fuera del ámbito de aplicación del Impuesto al que se refiere el artículo 4 de esta Ley.

---

[179] Ley 36/2006, de 29 de noviembre, de medidas para la prevención del fraude fiscal (BOE núm. 286, de 30 de noviembre de 2006), en vigor desde el 1 de diciembre de 2006, establece: Disposición adicional segunda. «Medidas aplicables a los contribuyentes del Impuesto sobre la Renta de las Personas Físicas que ejerzan determinadas actividades económicas.

2. Para el cálculo de los límites de exclusión del método de estimación objetiva se tendrán en cuenta no sólo las actividades económicas desarrolladas por el contribuyente, sino también las realizadas por el cónyuge, descendientes y ascendientes, así como por entidades en régimen de atribución de rentas en las que participen cualquiera de los anteriores, en las que concurran las siguientes circunstancias:

Que las actividades económicas desarrolladas sean idénticas o similares. A estos efectos se entenderán que son idénticas o similares las actividades económicas clasificadas en el mismo grupo en el Impuesto sobre Actividades Económicas.

Que exista una dirección común de tales actividades, compartiéndose medios personales o materiales».

[180] Disposición transitoria trigésima segunda. (Límites para la aplicación del método de estimación objetiva en los ejercicios 2016 a 2024) de la LIRPF.

4.ª El ámbito de aplicación del método de estimación objetiva se fijará, entre otros extremos, bien por la naturaleza de las actividades y cultivos, bien por módulos objetivos como el volumen de operaciones, el número de trabajadores, el importe de las compras, la superficie de las explotaciones o los activos fijos utilizados, con los límites que se determinen reglamentariamente para el conjunto de actividades desarrolladas por el contribuyente y, en su caso, por el cónyuge, descendientes y ascendientes, así como por entidades en régimen de atribución de rentas en las que participen cualquiera de los anteriores.

5.ª En los supuestos de renuncia o exclusión de la estimación objetiva, el contribuyente determinará el rendimiento neto de todas sus actividades económicas por el método de estimación directa durante los tres años siguientes, en las condiciones que reglamentariamente se establezcan[181].

2[182]. El cálculo del rendimiento neto en la estimación objetiva se regulará por lo establecido en este artículo y las disposiciones que lo desarrollen[183].

---

[181]   Art. 33.2 y 3 (Renuncia al método de estimación objetiva) y 34.3 (Exclusión del método de estimación objetiva), del RIRPF.

[182]   Art. 37 (Determinación del rendimiento neto en el método de estimación objetiva), del RIRPF.

[183]   Orden HAC/1347/2024, de 28 de noviembre, por la que se desarrollan para el año 2025 el método de estimación objetiva del Impuesto sobre la Renta de las Personas Físicas y el régimen especial simplificado del Impuesto sobre el Valor Añadido (BOE núm. 289, de 30 de noviembre de 2024).

Orden HFP/1359/2023, de 19 de diciembre, por la que se desarrollan para el año 2024 el método de estimación objetiva del Impuesto sobre la Renta de las Personas Físicas y el régimen especial simplificado del Impuesto Sobre el Valor Añadido (BOE núm. 304, de 21 de diciembre de 2023). Orden HAC/408/2025, de 28 de abril, por la que se modifican para el período impositivo 2024 los índices de rendimiento neto aplicables en el método de estimación objetiva del Impuesto sobre la Renta de las Personas Físicas para las actividades agrícolas y ganaderas afectadas por diversas circunstancias excepcionales (BOE núm. 104, de 30 de abril de 2025).

Orden HFP/1172/2022, de 29 de noviembre, por la que se desarrollan para el año 2023 el método de estimación objetiva del Impuesto sobre la Renta de las Personas Físicas y el régimen especial simplificado del Impuesto sobre el Valor Añadido (BOE núm. 288, de 1 de diciembre de 2022). Orden HAC/348/2024, de 17 de abril, por la que se modifican para el período impositivo 2023 los índices de rendimiento neto y la reducción general aplicables en el método de estimación objetiva del Impuesto sobre la Renta de las Personas Físicas para las actividades agrícolas y ganaderas afectadas por diversas circunstancias excepcionales (BOE núm. 96, de 19 de abril de 2024).

Orden HFP/1335/2021, de 1 de diciembre, por la que se desarrollan para el año 2022 el método de estimación objetiva del Impuesto sobre la Renta de las Personas Físicas y el régimen especial simplificado del Impuesto sobre el Valor Añadido. (BOE núm. 288, de 2 de diciembre de 2021). Orden HFP/405/2023, de 18 de abril, por la que se reducen para el período impositivo 2022 los índices de rendimiento neto y la reducción general aplicables en el método de estimación objetiva del Impuesto sobre la Renta de las Personas Físicas para las actividades agrícolas y ganaderas afectadas por diversas circunstancias excepcionales (BOE núm. 98, de 25 de abril de 2023).

Orden HAC/1155/2020, de 25 de noviembre, por la que se desarrollan, para el año 2021 el método de estimación objetiva del Impuesto sobre la Renta de las Personas Físicas y el régimen especial simplificado del Impuesto sobre el Valor Añadido (BOE núm. 317, de 4 de diciembre de 2020). Art. 4 «*Reducción en 2021 del rendimiento neto calculado por el método de estimación objetiva en el Impuesto sobre la Renta de las Personas Físicas para las actividades agrícolas y ganaderas y del Impuesto sobre el Valor Añadido*» del Real Decreto-ley 4/2022, de 15 de marzo, por el que se adoptan medidas urgentes de apoyo al sector agrario por causa de la sequía (BOE núm. 64, de 16 de marzo de 2022). Orden HFP/413/2022, de 10 de mayo, por la que se reducen para el período impositivo 2021 los índices de rendimiento neto y se modifican los índices correctores por piensos adquiridos a terceros y por cultivos en tierras de regadío que utilicen, a tal efecto, energía eléctrica aplicables en el método de estimación objetiva del Impuesto sobre la Renta de las Personas Físicas para las actividades agrícolas y ganaderas afectadas por diversas circunstancias excepcionales (BOE núm. 112, de 11 de mayo de 2022).

Orden HAC/1164/2019, de 22 de noviembre, por la que se desarrollan para el año 2020 el método de estimación objetiva del Impuesto sobre la Renta de las Personas Físicas y el régimen especial simplificado del Impuesto sobre el Valor Añadido (BOE núm. 288, de 30 de noviembre de 2019).

Orden HAC/1264/2018, de 27 de noviembre, por la que se desarrollan para el año 2019 el método de estimación objetiva del Impuesto sobre la Renta de las Personas Físicas y el régimen especial simplificado del Impuesto sobre el Valor Añadido (BOE núm. 289, de 30 de noviembre de 2018).

Orden HFP/1159/2017, de 28 de noviembre, por la que se desarrollan para el año 2018 el método de estimación objetiva del Impuesto sobre la Renta de las Personas Físicas y el régimen especial simplificado del Impuesto sobre el Valor Añadido (BOE núm. 291, de 30 de noviembre de 2017).

Orden HFP/1823/2016, de 25 de noviembre, por la que se desarrollan para el año 2017 el método de Estimación Objetiva del Impuesto sobre la Renta de las Personas Físicas y el régimen especial simplificado del Impuesto sobre el Valor Añadido (BOE núm. 288, de 29 de noviembre de 2016). Orden HFP/335/2018, de 28 de marzo, por la que se reducen para el período impositivo 2017 los índices de rendimiento neto aplicables en el método de estimación objetiva del Impuesto sobre la Renta de las Personas Físicas para las actividades agrícolas y ganaderas afectadas por diversas circunstancias excepcionales (BOE núm. 80, de 2 de abril de 2018).

Orden HAP/2430/2015, de 12 de noviembre, por la que se desarrollan para el año 2016 el método de estimación objetiva del Impuesto sobre la Renta de las Personas Físicas y el régimen especial simplificado del Impuesto sobre el Valor Añadido (BOE núm. 276, de 18 de noviembre de 2015). Orden HFP/377/2017, de 28 de abril, por la que se reducen para el período impositivo 2016 los índices de rendimiento neto aplicables en el método de estimación objetiva del Impuesto sobre la Renta de las Personas Físicas, para las actividades agrícolas y ganaderas afectadas por diversas circunstancias excepcionales (BOE núm. 106, de 4 de mayo de 2017).

Orden HAP/2222/2014, de 27 de noviembre, por la que se desarrollan para el año 2015 el método de estimación objetiva del Impuesto sobre la Renta de las Personas Físicas y el régimen especial simplificado del Impuesto sobre el Valor Añadido (BOE núm. 289, de 29 de noviembre de 2014).

Orden HAP/2206/2013, de 26 de noviembre, por la que se desarrollan para el año 2014 el método de estimación objetiva del Impuesto sobre la Renta de las Personas Físicas y el régimen especial simplificado del Impuesto sobre el Valor Añadido (BOE núm. 285, de 28 de noviembre de 2013).

Orden HAP/2549/2012, de 28 de noviembre, por la que se desarrollan para el año 2013 el método de estimación objetiva del Impuesto sobre la Renta de las Personas Físicas y el régimen especial simplificado del Impuesto sobre el Valor Añadido (BOE núm. 288, de 30 de noviembre de 2012), Orden HAP/596/2014, de 11 de abril, por la que se reducen para el período impositivo 2013 los índices de rendimiento neto aplicables en el método de estimación objetiva del Impuesto sobre la Renta de las Personas Físicas para las actividades agrícolas y ganaderas afectadas por diversas circunstancias excepcionales (BOE núm. 92, de 16 de abril de 2014).

Orden EHA/3257/2011, de 21 de noviembre, por la que se desarrollan para el año 2012 el método de estimación objetiva del Impuesto sobre la Renta de las Personas Físicas y el régimen especial simplificado del Impuesto sobre el Valor Añadido (BOE núm. 287, de 29 de noviembre de 2010).

Orden EHA/3063/2010, de 25 de noviembre, por la que se desarrollan para el año 2011 el método de estimación objetiva del Impuesto sobre la Renta de las Personas Físicas y el régimen especial simplificado del Impuesto sobre el Valor Añadido (BOE núm. 289, de 30 de noviembre de 2010).

Para el ejercicio 2010: Disp. Trans. Cuarta. Plazo de publicación de la Orden de desarrollo del método de estimación objetiva del Impuesto sobre la Renta de las Personas Físicas y del régimen especial simplificado del Impuesto sobre el Valor Añadido para el año 2010 de la Ley 26/2009, de 23 de diciembre, de Presupuestos Generales del Estado para el año 2010 (BOE núm. 309, de 24 de diciembre de 2009), Orden EHA/99/2010, de 28 de enero, por la que se desarrollan para el año 2010, el Método de Estimación Objetiva del Impuesto sobre la Renta de las Personas Físicas y el régimen especial simplificado del Impuesto

Las disposiciones reglamentarias se ajustarán a las siguientes reglas:

1.º En el cálculo del rendimiento neto de las actividades económicas en estimación objetiva, se utilizarán los signos, índices o módulos generales o referidos a determinados sectores de actividad que determine el Ministro de Economía y Hacienda, habida cuenta de las inversiones realizadas que sean necesarias para el desarrollo de la actividad.

2.º La aplicación del método de estimación objetiva nunca podrá dar lugar al gravamen de las ganancias patrimoniales que, en su caso, pudieran producirse por las diferencias entre los rendimientos reales de la actividad y los derivados de la correcta aplicación de estos métodos.

Artículo 32[184]. *Reducciones.*

1[185]. Los rendimientos netos con un período de generación superior a dos años, así como aquéllos que se califiquen reglamentariamente como obtenidos de forma notoriamente irregular en el tiempo, se reducirán en un 30 por ciento, cuando, en ambos casos, se imputen en un único período impositivo.

La cuantía del rendimiento neto a que se refiere este apartado sobre la que se aplicará la citada reducción no podrá superar el importe de 300.000 euros anuales.

No resultará de aplicación esta reducción a aquellos rendimientos que, aun cuando individualmente pudieran derivar de actuaciones desarrolladas a lo largo de un período que cumpliera los requisitos anteriormente indicados, procedan del ejercicio de una actividad económica que de forma regular o habitual obtenga este tipo de rendimientos[186].

2[187]. 1.º Cuando se cumplan los requisitos previstos en el número 2.º de este apartado, los contribuyentes podrán reducir el rendimiento neto de las actividades económicas en 2.000 euros.

---

sobre el Valor Añadido (BOE núm. 26, de 30 de enero de 2010), modificada por Disp. Adicional Primera de la Orden EHA/1059/2010, de 28 de abril (BOE núm. 105 de 30 de abril de 2010).

Para al año 2009: Orden EHA/3413/2008, de 26 de noviembre, por la que se desarrollan para el año 2009, el método de estimación objetiva del Impuesto sobre la Renta de las Personas Físicas y el régimen especial simplificado del Impuesto sobre el Valor Añadido (BOE, núm. 288, de 29 de noviembre de 2008).

Disposición Adicional sexta (Beneficios fiscales especiales aplicables en actividades agrarias), de esta Ley y, la Disposición Adicional séptima (Tributación de determinadas rentas obtenidas por contribuyentes que desarrollen la actividad de transporte por autotaxi).

[184] Disp. Adic. vigésima séptima. (Reducción del rendimiento neto de las actividades económicas por mantenimiento o creación de empleo).

[185] Nueva redacción del artículo 32.1 dada por el Art. Primero. Diecinueve de la Ley 26/2014, de 27 de noviembre, por la que se modifican la Ley 35/2006, de 28 de noviembre, del Impuesto sobre la Renta de las Personas Físicas, el texto refundido de la Ley del Impuesto sobre la Renta de no Residentes, aprobado por el Real Decreto Legislativo 5/2004, de 5 de marzo, y otras normas tributarias (BOE núm. 288, de 28 de noviembre de 2014), en vigor desde el 1 de enero de 2015.

[186] Art. 25 (Rendimientos de actividades económicas obtenidos de forma notoriamente irregular en el tiempo) del RIRPF.

[187] Nueva redacción del artículo 32.2 dada por el Art. Primero. Diecinueve de la Ley 26/2014, de 27 de noviembre, por la que se modifican la Ley 35/2006, de 28 de noviembre, del Impuesto sobre la Renta de las Personas Físicas, el texto refundido de la Ley del Impuesto sobre la Renta de no Residentes, aprobado por el Real Decreto Legislativo 5/2004, de 5 de marzo, y otras normas tributarias (BOE núm. 288, de 28 de noviembre de 2014), en vigor desde el 1 de enero de 2015.

Redacción anterior del artículo 32.2.1º dada por el art. 60.dos de la Ley 39/2010, de 22 de diciembre, de Presupuestos Generales del Estado para el año 2011 (BOE núm. 23, de 12 de diciembre de 2010), con

Adicionalmente, el rendimiento neto de estas actividades económicas se minorará en las siguientes cuantías:

a)[188] Cuando los rendimientos netos de actividades económicas sean inferiores a 19.747,5 euros, siempre que no tengan rentas, excluidas las exentas, distintas de las de actividades económicas superiores a 6.500 euros:

a) Contribuyentes con rendimientos netos de actividades económicas iguales o inferiores a 14.047,5 euros: 6.498 euros anuales.

b) Contribuyentes con rendimientos netos de actividades económicas comprendidos entre 14.047,5 y 19.747,5 euros: 6.498 euros menos el resultado de multiplicar por 1,14 la diferencia entre el rendimiento de actividades económicas y 14.047,5 euros anuales.

b) Cuando se trate de personas con discapacidad que obtengan rendimientos netos derivados del ejercicio efectivo de estas actividades económicas, 3.500 euros anuales.

Dicha reducción será de 7.750 euros anuales, para las personas con discapacidad que ejerzan de forma efectiva estas actividades económicas y acrediten necesitar ayuda de terceras personas o movilidad reducida, o un grado de discapacidad igual o superior al 65 por ciento.

2.º Para la aplicación de la reducción prevista en el número 1.º de este apartado será necesario el cumplimiento de los requisitos que se establezcan reglamentariamente[189], y en particular los siguientes:

a) El rendimiento neto de la actividad económica deberá determinarse con arreglo al método de estimación directa. No obstante, si se determina con arreglo a la modalidad simplificada del método de estimación directa, la reducción será incompatible con lo previsto en la regla 4.ª del artículo 30.2 de esta Ley.

b) La totalidad de sus entregas de bienes o prestaciones de servicios deben efectuarse a una única persona, física o jurídica, no vinculada en los términos del artículo 18 de la Ley 27/2014, de 27 de noviembre, del Impuesto sobre Sociedades, o que el contribuyente tenga la consideración de trabajador autónomo económicamente dependiente conforme a lo dispuesto en el Capítulo III del Título II de la Ley 20/2007, de 11 de julio, del Estatuto del trabajo autónomo y el cliente del que dependa económicamente no sea una entidad vinculada en los términos del artículo 18 de la Ley del Impuesto sobre Sociedades.

---

efectos desde 1 de enero de 2011 y vigencia indefinida. Redacción coincidente con la anterior redacción dada por el por el art. 66.Dos de la Ley 26/2009, de 23 de diciembre, de Presupuestos Generales del Estado para el año 2010 (BOE núm. 309, de 24 de diciembre de 2009), con vigencia exclusiva para el ejercicio 2010. La nueva redacción coincide con la establecida por el art. 65.Dos de la Ley 2/2008, de 23 de diciembre, de Presupuestos Generales del Estado para el año 2009 (BOE, núm. 309, de 24 de diciembre de 2008), con vigencia exclusiva para el ejercicio 2009 y por el art. 65.Dos de la Ley 51/2007, de 26 de diciembre, de Presupuestos Generales del Estado para el año 2008 (BOE núm. 310 de 27 de diciembre de 2007), con vigencia exclusiva para el 2008.

Redacción anterior del número 2.º del artículo 32.2 dada por el art. 43 de la Ley 2/2011, de 4 de marzo, de Economía Sostenible (BOE núm. 55, de 5 de marzo de 2011), con entrada en vigor el día 6 de marzo de 2011 pero esta modificación con efectos desde el 1 de enero de 2010.

[188]   Nueva redacción del art. 32.2.1º.a) dada por el art. 60.Uno de la Ley 31/2022, de 23 de diciembre, de Presupuestos Generales del Estado para el año 2023 (BOE núm. 308, de 24 de diciembre de 2022), con efectos desde el 1 de enero de 2023.

[189]   Art. 26 (Reducciones aplicables a determinados rendimientos de actividades económicas) del RIRPF.

c) El conjunto de gastos deducibles correspondientes a todas sus actividades económicas no puede exceder del 30 por ciento de sus rendimientos íntegros declarados.

d) Deberán cumplirse durante el período impositivo todas las obligaciones formales y de información, control y verificación que reglamentariamente se determinen.

e) Que no perciban rendimientos del trabajo en el período impositivo. No obstante, no se entenderá que se incumple este requisito cuando se perciban durante el período impositivo prestaciones por desempleo o cualesquiera de las prestaciones previstas en la letra a) del artículo 17.2 de esta Ley, siempre que su importe no sea superior a 4.000 euros anuales.

f) Que al menos el 70 por ciento de los ingresos del período impositivo estén sujetos a retención o ingreso a cuenta.

g) Que no realice actividad económica alguna a través de entidades en régimen de atribución de rentas.

3.º Cuando no se cumplan los requisitos previstos en el número 2.º de este apartado, los contribuyentes con rentas no exentas inferiores a 12.000 euros, incluidas las de la propia actividad económica, podrán reducir el rendimiento neto de las actividades económicas en las siguientes cuantías:

a) Cuando la suma de las citadas rentas sea igual o inferior a 8.000 euros anuales: 1.620 euros anuales.

b) Cuando la suma de las citadas rentas esté comprendida entre 8.000,01 y 12.000 euros anuales: 1.620 euros menos el resultado de multiplicar por 0,405 la diferencia entre las citadas rentas y 8.000 euros anuales.

La reducción prevista en este número 3.º conjuntamente con la reducción prevista en el artículo 20 de esta Ley no podrá exceder de 3.700 euros.

4.º Como consecuencia de la aplicación de las reducciones previstas en este apartado, el saldo resultante no podrá ser negativo.

3[190]. Los contribuyentes que inicien el ejercicio de una actividad económica y determinen el rendimiento neto de la misma con arreglo al método de estimación directa, podrán reducir en un 20 por ciento el rendimiento neto positivo declarado con arreglo a dicho método, minorado en su caso por las reducciones previstas en los apartados 1 y 2 anteriores, en el primer período impositivo en que el mismo sea positivo y en el período impositivo siguiente.

A efectos de lo dispuesto en el párrafo anterior se entenderá que se inicia una actividad económica cuando no se hubiera ejercido actividad económica alguna en el año anterior a la fecha de inicio de la misma, sin tener en consideración aquellas actividades en cuyo ejercicio se hubiera cesado sin haber llegado a obtener rendimientos netos positivos desde su inicio.

Cuando con posterioridad al inicio de la actividad a que se refiere el párrafo primero anterior se inicie una nueva actividad sin haber cesado en el ejercicio de la primera, la reducción prevista en este apartado se aplicará sobre los rendimientos netos obtenidos en el primer

---

[190] Nuevo apartado incorporado por el art. 8.tres de la Ley 11/2013, de 26 de julio, de medidas de apoyo al emprendedor y de estímulo del crecimiento y de la creación de empleo (BOE núm. 179, de 27 de julio de 2013), con efectos desde el 1 de enero de 2013. Dicho apartado ya fue incorporado por el art. 8.tres del Real Decreto-ley 4/2013, de 22 de febrero, de medidas de apoyo al emprendedor y de estímulo del crecimiento y de la creación de empleo (BOE núm. 47, de 23 de febrero de 2013), con efectos desde el 1 de enero de 2013. Disposición adicional trigésima octava (Aplicación de la reducción del 20 por ciento por inicio de una actividad económica), de esta Ley.

período impositivo en que los mismos sean positivos y en el período impositivo siguiente, a contar desde el inicio de la primera actividad.

La cuantía de los rendimientos netos a que se refiere este apartado sobre la que se aplicará la citada reducción no podrá superar el importe de 100.000 euros anuales.

No resultará de aplicación la reducción prevista en este apartado en el período impositivo en el que más del 50 por ciento de los ingresos del mismo procedan de una persona o entidad de la que el contribuyente hubiera obtenido rendimientos del trabajo en el año anterior a la fecha de inicio de la actividad.

SECCIÓN 4.ª *Ganancias y pérdidas patrimoniales*

Artículo 33[191]. Concepto.

1. Son ganancias y pérdidas patrimoniales las variaciones en el valor del patrimonio del contribuyente que se pongan de manifiesto con ocasión de cualquier alteración en la composición de aquél, salvo que por esta ley se califiquen como rendimientos.

2. Se estimará que no existe alteración en la composición del patrimonio:

a) En los supuestos de división de la cosa común.

b) En la disolución de la sociedad de gananciales o en la extinción del régimen económico matrimonial de participación.

c) En la disolución de comunidades de bienes o en los casos de separación de comuneros.

Los supuestos a que se refiere este apartado no podrán dar lugar, en ningún caso, a la actualización de los valores de los bienes o derechos recibidos.

3. Se estimará que no existe ganancia o pérdida patrimonial en los siguientes supuestos[192]:

a)[193] En reducciones del capital[194]. Cuando la reducción de capital, cualquiera que sea su finalidad, dé lugar a la amortización de valores o participaciones, se considerarán amortizadas las adquiridas en primer lugar, y su valor de adquisición se distribuirá proporcionalmente entre los restantes valores homogéneos que permanezcan en el patrimonio del contribuyente.

Cuando la reducción de capital no afecte por igual a todos los valores o participaciones propiedad del contribuyente, se entenderá referida a las adquiridas en primer lugar. Cuando la reducción de capital tenga por finalidad la devolución de aportaciones, el importe de ésta o el valor normal de mercado de los bienes o derechos percibidos minorará el valor de adquisición de los valores o participaciones afectadas, de acuerdo con las reglas del párrafo anterior, hasta su anulación. El exceso que pudiera resultar se integrará como rendimiento del capital mobiliario procedente de la participación en los fondos propios de cualquier tipo de entidad,

---

[191] Art. 11.5 (Individualización de rentas) y Art. 14.1.c) (Imputación temporal) de esta Ley. Art. 75.1.d), arts. 96 a 99 y Art. 105, retenciones e ingresos a cuenta, del RIRPF.

[192] Artículo 6.4. (Hecho imponible) y Disposición transitoria novena (Régimen transitorio aplicable a las ganancias patrimoniales derivadas de elementos patrimoniales adquiridos con anterioridad a 31 de diciembre de 1994) de la LIRPF.

[193] Nueva redacción del artículo 33.3.a) dada por el Art. Primero. Veinte de la Ley 26/2014, de 27 de noviembre, por la que se modifican la Ley 35/2006, de 28 de noviembre, del Impuesto sobre la Renta de las Personas Físicas, el texto refundido de la Ley del Impuesto sobre la Renta de no Residentes, aprobado por el Real Decreto Legislativo 5/2004, de 5 de marzo, y otras normas tributarias (BOE núm. 288, de 28 de noviembre de 2014), en vigor desde el 1 de enero de 2015.

[194] Disposición Adicional octava (Transmisiones de valores o participaciones no admitidas a negociación con posterioridad a una reducción de capital), de esta Ley.

en la forma prevista para la distribución de la prima de emisión, salvo que dicha reducción de capital proceda de beneficios no distribuidos, en cuyo caso la totalidad de las cantidades percibidas por este concepto tributará de acuerdo con lo previsto en la letra a) del artículo 25.1 de esta Ley. A estos efectos, se considerará que las reducciones de capital, cualquiera que sea su finalidad, afectan en primer lugar a la parte del capital social que no provenga de beneficios no distribuidos, hasta su anulación.

No obstante lo dispuesto en el párrafo anterior, en el caso de reducción de capital que tenga por finalidad la devolución de aportaciones y no proceda de beneficios no distribuidos, correspondiente a valores no admitidos a negociación en alguno de los mercados regulados de valores definidos en la Directiva 2004/39/CE del Parlamento Europeo y del Consejo, de 21 de abril de 2004, relativa a los mercados de instrumentos financieros, y representativos de la participación en fondos propios de sociedades o entidades, cuando la diferencia entre el valor de los fondos propios de las acciones o participaciones correspondiente al último ejercicio cerrado con anterioridad a la fecha de la reducción de capital y su valor de adquisición sea positiva, el importe obtenido o el valor normal de mercado de los bienes o derechos recibidos se considerará rendimiento del capital mobiliario con el límite de la citada diferencia positiva.

A estos efectos, el valor de los fondos propios a que se refiere el párrafo anterior se minorará en el importe de los beneficios repartidos con anterioridad a la fecha de la reducción de capital, procedentes de reservas incluidas en los citados fondos propios, así como en el importe de las reservas legalmente indisponibles incluidas en dichos fondos propios que se hubieran generado con posterioridad a la adquisición de las acciones o participaciones.

El exceso sobre el citado límite minorará el valor de adquisición de las acciones o participaciones conforme a lo dispuesto en el segundo párrafo de esta letra a).

Cuando por aplicación de lo dispuesto en el párrafo tercero de esta letra a) la reducción de capital hubiera determinado el cómputo como rendimiento del capital mobiliario de la totalidad o parte del importe obtenido o del valor normal de mercado de los bienes o derechos recibidos, y con posterioridad el contribuyente obtuviera dividendos o participaciones en beneficios conforme al artículo 25.1 a) de esta Ley procedentes de la misma entidad en relación con acciones o participaciones que hubieran permanecido en su patrimonio desde la reducción de capital, el importe obtenido de los dividendos o participaciones en beneficios minorará, con el límite de los rendimientos del capital mobiliario previamente computados que correspondan a las citadas acciones o participaciones, el valor de adquisición de las mismas conforme a lo dispuesto en el segundo párrafo de esta letra a).

b) Con ocasión de transmisiones lucrativas por causa de muerte del contribuyente.

c) Con ocasión de las transmisiones lucrativas de empresas o participaciones a las que se refiere el apartado 6 del artículo 20 de la Ley 29/1987, de 18 de diciembre, del Impuesto sobre Sucesiones y Donaciones[195].

---

[195] Ley 29/1987, de 18 de diciembre, del Impuesto sobre Sucesiones y Donaciones (BOE núm. 303, de19 de diciembre de1987, Artículo 20. Base Liquidable. «6. En los casos de transmisión de participaciones ínter vivos", en favor del cónyuge, descendientes o adoptados, de una empresa individual, un negocio profesional o de participaciones en entidades del donante a los que sea de aplicación la exención regulada en el apartado octavo del artículo 4 de la Ley 19/1991, de 6 de junio, del Impuesto sobre el Patrimonio, se aplicará una reducción en la base imponible para determinar la liquidable del 95 por 100 del valor de adquisición, siempre que concurran las condiciones siguientes:

Los elementos patrimoniales que se afecten por el contribuyente a la actividad económica con posterioridad a su adquisición deberán haber estado afectos ininterrumpidamente durante, al menos, los cinco años anteriores a la fecha de la transmisión.

d)[196] En la extinción del régimen económico matrimonial de separación de bienes, cuando por imposición legal o resolución judicial se produzcan compensaciones, dinerarias o mediante la adjudicación de bienes, por causa distinta de la pensión compensatoria entre cónyuges.

Las compensaciones a que se refiere esta letra d) no darán derecho a reducir la base imponible del pagador ni constituirá renta para el perceptor.

El supuesto al que se refiere esta letra d) no podrá dar lugar, en ningún caso, a las actualizaciones de los valores de los bienes o derechos adjudicados.

e) Con ocasión de las aportaciones a los patrimonios protegidos constituidos a favor de personas con discapacidad.

4[197]. Estarán exentas del Impuesto las ganancias patrimoniales que se pongan de manifiesto:

---

a) Que el donante tuviese sesenta y cinco o más años o se encontrase en situación de incapacidad permanente, en grado de absoluta o gran invalidez.

b) Que, si el donante viniere ejerciendo funciones de dirección, dejara de ejercer y de percibir remuneraciones por el ejercicio de dichas funciones desde el momento de la transmisión.

A estos efectos, no se entenderá comprendida entre las funciones de dirección la mera pertenencia al Consejo de Administración de la sociedad.

c) En cuanto al donatario, deberá mantener lo adquirido y tener derecho a la exención en el Impuesto sobre el Patrimonio durante los diez años siguientes a la fecha de la escritura pública de donación, salvo que falleciera dentro de este plazo.

Asimismo, el donatario no podrá realizar actos de disposición y operaciones societarias que, directa o indirectamente, puedan dar lugar a una minoración sustancial del valor de la adquisición. Dicha obligación también resultará de aplicación en los casos de adquisiciones mortis causa" a que se refiere la letra c) del apartado 2 de este artículo.

En el caso de no cumplirse los requisitos a que se refiere el presente apartado, deberá pagarse la parte del impuesto que se hubiere dejado de ingresar como consecuencia de la reducción practicada y los intereses de demora», en la redacción dada por el art. 61.1 de Ley 21/2001, de 27 diciembre.

[196] Nueva redacción del artículo 33.3.d) dada por el Art. Primero. Veinte de la Ley 26/2014, de 27 de noviembre, por la que se modifican la Ley 35/2006, de 28 de noviembre, del Impuesto sobre la Renta de las Personas Físicas, el texto refundido de la Ley del Impuesto sobre la Renta de no Residentes, aprobado por el Real Decreto Legislativo 5/2004, de 5 de marzo, y otras normas tributarias (BOE núm. 288, de 28 de noviembre de 2014), en vigor desde el 1 de enero de 2015.

[197] Nueva redacción del art. 33.4 dada por el art. 14.uno del Real Decreto-ley 8/2011, de 1 de julio, de medidas de apoyo a los deudores hipotecarios, de control del gasto público y cancelación de deudas con empresas y autónomos contraídas por las entidades locales, de fomento de la actividad empresarial e impulso de la rehabilitación y de simplificación administrativa (BOE núm. 161, de 7 de julio de 2011, corrección de errores BOE núm. 167 de 13 de julio de 2011), en vigor desde el día de su publicación.

Artículo 38 (Ganancias excluidas de gravamen en supuestos de reinversión), Disposición adicional quinta (Subvenciones de la política agraria comunitaria y ayudas públicas), Disposición adicional trigésima séptima (Ganancias patrimoniales procedentes de la transmisión de determinados inmuebles), Disposición adicional cuadragésima tercera (Exención de rentas obtenidas por el deudor en procedimientos concursales), Disposición transitoria vigésima séptima (Acciones o participaciones de entidades de nueva o reciente creación adquiridas con anterioridad a la entrada en vigor de la Ley 14/2013, de Apoyo a los Emprendedores y su Internacionalización) de la LIRPF.

a) Con ocasión de las donaciones que se efectúen a las entidades citadas en el artículo 68.3 de esta ley[198].

b) Con ocasión de la transmisión de su vivienda habitual por mayores de 65 años o por personas en situación de dependencia severa o de gran dependencia de conformidad con la Ley de promoción de la autonomía personal y atención a las personas en situación de dependencia[199].

c) Con ocasión del pago previsto en el artículo 97.3 de esta Ley y de las deudas tributarias a que se refiere el artículo 73 de la Ley 16/1985, de 25 de junio, del Patrimonio Histórico Español[200].

d)[201]. Con ocasión de la dación en pago de la vivienda habitual del deudor o garante del deudor, para la cancelación de deudas garantizadas con hipoteca que recaiga sobre la misma, contraídas con entidades de crédito o de cualquier otra entidad que, de manera profesional, realice la actividad de concesión de préstamos o créditos hipotecarios.

Asimismo estarán exentas las ganancias patrimoniales que se pongan de manifiesto con ocasión de la transmisión de la vivienda en que concurran los requisitos anteriores, realizada en ejecuciones hipotecarias judiciales o notariales.

---

[198] Ley 49/2002, de 23 de diciembre, de régimen fiscal de las entidades sin fines lucrativos y de los incentivos fiscales al mecenazgo (BOE núm. núm. 307, de 24 de diciembre de 2002): «Artículo 23. *Exención de las rentas derivadas de donativos, donaciones y aportaciones.* 1. Estarán exentas del Impuesto sobre la Renta de las Personas Físicas, del Impuesto sobre Sociedades o del Impuesto sobre la Renta de no Residentes que grave la renta del donante o aportante las ganancias patrimoniales y las rentas positivas que se pongan de manifiesto con ocasión de los donativos, donaciones y aportaciones a que se refiere el artículo 17 de esta Ley».

[199] Disposición Adicional decimoquinta (Disposición de bienes que conformen el patrimonio personal para asistir las necesidades económicas de la vejez y de la dependencia), de esta Ley. Art. 26 (Grados de dependencia) de la Ley 39/2006, de 14 de diciembre, de Promoción de la Autonomía Personal y Atención a las personas en situación de dependencia (BOE núm. 299, de 15 de diciembre de 2006).
Disposición adicional segunda «Regulación relativa al seguro de dependencia», de la Ley 41/2007, de 7 de diciembre, por la que se modifica la Ley 2/1981, de 25 de marzo, de Regulación del Mercado Hipotecario y otras normas del sistema hipotecario y financiero, de regulación de las hipotecas inversas y el seguro de dependencia y por la que se establece determinada norma tributaria (BOE núm. 294 de 8 de diciembre de 2007).

[200] Ver nota del Art. 97.3 de esta Ley.

[201] Nueva letra d) del art. 33.4 incorporada por el art. 122.Uno de la Ley 18/2014, de 15 de octubre, de aprobación de medidas urgentes para el crecimiento, la competitividad y la eficacia (BOE núm. 252, de 17 de octubre de 2014), que reproduce el contenido del art. 122.Uno del Real Decreto-ley 8/2014, de 4 de julio, de aprobación de medidas urgentes para el crecimiento, la competitividad y la eficiencia (BOE núm. 163, de 5 de julio de 2014), con efectos desde 1 de enero de 2014 y ejercicios anteriores no prescritos. Similar medida se recogía en la Disposición Adicional 36ª LIRPF incorporada por el art. 10 del Real Decreto-Ley 6/2012, de 9 de marzo.
Con anterioridad, la letra d) del art. 33.4 fue suprimida por el art. 27.uno de la Ley 14/2013, de 27 de septiembre, de apoyo a los emprendedores y su internacionalización (BOE núm. 233, de 28 de septiembre de 2013), con entrada en vigor el día 29 de noviembre de 2013. Dicha letra fue incorporada por el art. 14.uno del Real Decreto Ley 8/2011, de 1 de julio, con vigencia desde el 7 de julio de 2011.
Disposición adicional trigésima cuarta. (Medidas para favorecer la capitalización de empresas de nueva o reciente creación) de la LIRPF.

En todo caso será necesario que el propietario de la vivienda habitual no disponga de otros bienes o derechos en cuantía suficiente para satisfacer la totalidad de la deuda y evitar la enajenación de la vivienda.

5. No se computarán como pérdidas patrimoniales las siguientes:

a) Las no justificadas.

b) Las debidas al consumo.

c) Las debidas a transmisiones lucrativas por actos ínter vivos o a liberalidades.

d)[202] Las debidas a pérdidas en el juego obtenidas en el período impositivo que excedan de las ganancias obtenidas en el juego en el mismo período.

En ningún caso se computarán las pérdidas derivadas de la participación en los juegos a los que se refiere la disposición adicional trigésima tercera de esta Ley.

e)[203] Las derivadas de las transmisiones de elementos patrimoniales, cuando el transmitente vuelva a adquirirlos dentro del año siguiente a la fecha de dicha transmisión.

Esta pérdida patrimonial se integrará cuando se produzca la posterior transmisión del elemento patrimonial.

f) Las derivadas de las transmisiones de valores o participaciones admitidos a negociación en alguno de los mercados secundarios oficiales de valores definidos en la Directiva 2004/39/CE del Parlamento Europeo y del Consejo de 21 de abril de 2004 relativa a los mercados de instrumentos financieros, cuando el contribuyente hubiera adquirido valores homogéneos[204] dentro de los dos meses anteriores o posteriores a dichas transmisiones.

g)[205] Las derivadas de las transmisiones de valores o participaciones no admitidos a negociación en alguno de los mercados secundarios oficiales de valores definidos en la Directiva 2004/39/CE del Parlamento Europeo y del Consejo de 21 de abril de 2004 relativa a los mercados de instrumentos financieros, cuando el contribuyente hubiera adquirido valores homogéneos[206] en el año anterior o posterior a dichas transmisiones.

En los casos previstos en los párrafos f) y g) anteriores, las pérdidas patrimoniales se integrarán a medida que se transmitan los valores o participaciones que permanezcan en el patrimonio del contribuyente.

Artículo 34[207]. *Importe de las ganancias o pérdidas patrimoniales. Norma general.*

1. El importe de las ganancias o pérdidas patrimoniales será:

Nueva redacción dada por el art. 2.Dos de la Ley 16/2012, de 27 de diciembre, por la que se adoptan diversas medidas tributarias dirigidas a la consolidación de las finanzas públicas y al impulso de la actividad económica (BOE núm. 312, de 28 de diciembre de 2012), con efectos desde el 1 de enero de 2013.

Disposición adicional trigésima tercera (Gravamen especial sobre los premios de determinadas loterías y apuestas) de la LIRPF.

203   Art. 73.2 (Plazo de presentación de autoliquidaciones complementarias), del RIRPF.

204   Art. 8 (Concepto de valores o participaciones homogéneos), del RIRPF.

205   Art. 73.2 (Plazo de presentación de autoliquidaciones complementarias), del RIRPF.

206   Art. 8 (Concepto de valores o participaciones homogéneos), del RIRPF.

207   Art. 40 (Determinación del valor de adquisición), del RIRPF.

Disposición Transitoria novena (Determinación del importe de las ganancias patrimoniales derivadas de elementos patrimoniales adquiridos con anterioridad a 31 de diciembre de 1994), de esta LIRPF.

Ver la Disposición Final primera de esta Ley por la que se modifica el texto refundido de la Ley del Impuesto sobre la Renta de las Personas Físicas, aprobado por el Real Decreto Legislativo 3/2004, de 5 de marzo, incorporando una nueva redacción a la Disposición Transitoria quinta (Régimen transitorio de los

a) En el supuesto de transmisión onerosa o lucrativa, la diferencia entre los valores de adquisición y transmisión de los elementos patrimoniales.

b) En los demás supuestos, el valor de mercado de los elementos patrimoniales o partes proporcionales, en su caso.

2. Si se hubiesen efectuado mejoras en los elementos patrimoniales transmitidos, se distinguirá la parte del valor de enajenación que corresponda a cada componente del mismo.

Artículo 35[208]. *Transmisiones a título oneroso.*

1. El valor de adquisición estará formado por la suma de:

a) El importe real por el que dicha adquisición se hubiera efectuado.

b) El coste de las inversiones y mejoras efectuadas en los bienes adquiridos y los gastos y tributos inherentes a la adquisición, excluidos los intereses, que hubieran sido satisfechos por el adquirente.

---

contratos de seguro de vida generadores de incrementos o disminuciones de patrimonio con anterioridad a 1 de enero de 1999) y a la Disposición Transitoria novena (Ganancias patrimoniales derivadas de elementos adquiridos con anterioridad a 31 de diciembre de 1994).

[208] Nueva redacción del artículo 35 dada por el Art. Primero. Veintiuno de la Ley 26/2014, de 27 de noviembre, por la que se modifican la Ley 35/2006, de 28 de noviembre, del Impuesto sobre la Renta de las Personas Físicas, el texto refundido de la Ley del Impuesto sobre la Renta de no Residentes, aprobado por el Real Decreto Legislativo 5/2004, de 5 de marzo, y otras normas tributarias (BOE núm. 288, de 28 de noviembre de 2014), en vigor desde el 1 de enero de 2015.

Sentencia del Tribunal Constitucional 67/2023, de 6 de junio de 2023 que declara la constitucionalidad de la ausencia de previsión de coeficientes de corrección monetaria para la actualización del valor de adquisición de los bienes inmuebles en el cálculo de las ganancias patrimoniales en el impuesto sobre la renta de las personas físicas; supuesta tributación de magnitudes ficticias. Voto particular.

Para el ejercicio 2014, art. 62 [Coeficientes de actualización del valor de adquisición] y art. 66 [Coeficientes de corrección monetaria] de la Ley 22/2013, de 23 de diciembre, de Presupuestos Generales del Estado para el año 2014 (BOE núm. 309, de 26 de diciembre de 2013).

Para el ejercicio 2013, art. 63 [Coeficientes de actualización del valor de adquisición] y art. 64. Coeficientes de corrección monetaria] de la Ley 17/2012, de 27 de diciembre, de Presupuestos Generales del Estado para el año 2013 (BOE núm. 312, de 28 de diciembre de 2012).

Para el ejercicio 2012, art. 60 [Coeficientes de actualización del valor de adquisición] y art. 62 [Coeficientes de corrección monetaria] de la Ley 2/2012, de 29 de junio, de Presupuestos Generales del Estado para el año 2012 (BOE núm. 156, de 30 de junio de 2012).

Para el ejercicio 2011, art. 59 [Coeficientes de actualización del valor de adquisición] y art. 72 [Coeficientes de corrección monetaria] de la Ley 39/2010, de 22 de diciembre, de Presupuestos Generales del Estado para el año 2011 (BOE núm. 23, de 12 de diciembre de 2010).

Para el ejercicio 2010, art. 64. [Coeficientes de actualización del valor de adquisición]; Art. 74. [Coeficientes de corrección monetaria]. Ley 26/2009, de 23 de diciembre, de Presupuestos Generales del Estado para el año 2010 (BOE núm. 309, de 24 de diciembre de 2009)

Para el ejercicio 2009, art. 64 [Coeficientes de actualización del valor de adquisición] y art. 70 [Coeficientes de corrección monetaria], de la Ley 2/2008, de 23 de diciembre, de Presupuestos Generales del Estado para el año 2009 (BOE, núm. 309, de 24 de diciembre de 2008).

Para el ejercicio 2008, art. 64 [Coeficientes de actualización del valor de adquisición] y art. 68 [Coeficientes de corrección monetaria], de la Ley 51/2007, de 26 de diciembre, de Presupuestos Generales del Estado para el año 2008 (BOE núm. 310 de 27 de diciembre de 2007).

Para el ejercicio 2007: art. 60 [Coeficientes de actualización del valor de adquisición] y art. 61 [Coeficientes de corrección monetaria], respectivamente, de la Ley 42/2006, de 28 de diciembre, de Presupuestos Generales del Estado para el año 2007 (BOE núm. 311, de 29 de diciembre de 2006).

En las condiciones que reglamentariamente se determinen[209] este valor se minorará en el importe de las amortizaciones.

2. El valor de transmisión será el importe real por el que la enajenación se hubiese efectuado. De este valor se deducirán los gastos y tributos a que se refiere la letra b) del apartado 1 en cuanto resulten satisfechos por el transmitente.

Por importe real del valor de enajenación se tomará el efectivamente satisfecho, siempre que no resulte inferior al normal de mercado, en cuyo caso prevalecerá éste.

Artículo 36[210]. *Transmisiones a título lucrativo.*

Cuando la adquisición o la transmisión hubiera sido a título lucrativo se aplicarán las reglas del artículo anterior, tomando por importe real de los valores respectivos aquéllos que resulten de la aplicación de las normas del Impuesto sobre Sucesiones y Donaciones, sin que puedan exceder del valor de mercado.

No obstante, en las adquisiciones lucrativas por causa de muerte derivadas de contratos o pactos sucesorios con efectos de presente, el beneficiario de los mismos que transmitiera, antes del transcurso de cinco años desde la celebración del pacto sucesorio o del fallecimiento del causante, si fuera anterior, los bienes adquiridos, se subrogará en la posición de este, respecto al valor y fecha de adquisición de aquellos, cuando este valor fuera inferior al previsto en el párrafo anterior.

En las adquisiciones lucrativas, a que se refiere la letra c) del apartado 3 del artículo 33 de esta Ley, el donatario se subrogará en la posición del donante respecto de los valores y fechas de adquisición de dichos bienes.

Artículo 37. *Normas específicas de valoración.*

1. Cuando la alteración en el valor del patrimonio proceda:

a)[211] De la transmisión a título oneroso de valores admitidos a negociación en alguno de los mercados regulados de valores definidos en la Directiva 2004/39/CE del Parlamento

---

[209] Art. 40 (Determinación del valor de adquisición), del RIRPF.

[210] Nueva redacción del art. 36 dada por el art.tercero Tres de la Ley 11/2021, de 9 de julio, de medidas de prevención y lucha contra el fraude fiscal, de transposición de la Directiva (UE) 2016/1164, del Consejo, de 12 de julio de 2016, por la que se establecen normas contra las prácticas de elusión fiscal que inciden directamente en el funcionamiento del mercado interior, de modificación de diversas normas tributarias y en materia de regulación del juego (BOE núm. 164, de 10 de julio de 2021), con efectos desde el 11 de julio de 2021.

Disposición transitoria primera: «4. Transmisión de bienes previamente adquiridos por determinados pactos sucesorios.

La nueva redacción del párrafo segundo del artículo 36 de la Ley 35/2006, de 28 de noviembre, del Impuesto sobre la Renta de las Personas Físicas y de modificación parcial de las leyes de los Impuestos sobre Sociedades, sobre la Renta de no Residentes y sobre el Patrimonio, solamente será de aplicación a las transmisiones de bienes efectuadas con posterioridad a la entrada en vigor de esta Ley que hubieran sido adquiridos de forma lucrativa por causa de muerte en virtud de contratos o pactos sucesorios con efectos de presente».

STC 62/2023, de 24 de mayo de 2023, que desestima el recurso de inconstitucionalidad interpuesto contra la redacción incorporada por el art. 3.Tres y apartado 4 de la Disp. Trans. Primera de la Ley 11/2021, de 9 de julio.

[211] La letra a) tiene nueva redacción dada por el Art. Primero. Veintidós de la Ley 26/2014, de 27 de noviembre, por la que se modifican la Ley 35/2006, de 28 de noviembre, del Impuesto sobre la Renta de las

Europeo y del Consejo, de 21 de abril de 2004, relativa a los mercados de instrumentos financieros, y representativos de la participación en fondos propios de sociedades o entidades, la ganancia o pérdida se computará por la diferencia entre su valor de adquisición y el valor de transmisión, determinado por su cotización en dichos mercados en la fecha en que se produzca aquélla o por el precio pactado cuando sea superior a la cotización.

El importe obtenido por la transmisión de derechos de suscripción procedentes de estos valores tendrá la consideración de ganancia patrimonial para el transmitente en el período impositivo en que se produzca la citada transmisión.

Cuando se trate de acciones parcialmente liberadas, su valor de adquisición será el importe realmente satisfecho por el contribuyente. Cuando se trate de acciones totalmente liberadas, el valor de adquisición tanto de éstas como de las que procedan resultará de repartir el coste total entre el número de títulos, tanto los antiguos como los liberados que correspondan.

b)[212] De la transmisión a título oneroso de valores no admitidos a negociación en alguno de los mercados regulados de valores definidos en la Directiva 2004/39/CE del Parlamento Europeo y del Consejo, de 21 de abril de 2004, relativa a los mercados de instrumentos financieros, y representativos de la participación en fondos propios de sociedades o entidades, la ganancia o pérdida se computará por la diferencia entre su valor de adquisición y el valor de transmisión.

Salvo prueba de que el importe efectivamente satisfecho se corresponde con el que habrían convenido partes independientes en condiciones normales de mercado, el valor de transmisión no podrá ser inferior al mayor de los dos siguientes:

El valor del patrimonio neto que corresponda a los valores transmitidos resultante del balance correspondiente al último ejercicio cerrado con anterioridad a la fecha del devengo del Impuesto.

El que resulte de capitalizar al tipo del 20 por ciento el promedio de los resultados de los tres ejercicios sociales cerrados con anterioridad a la fecha del devengo del Impuesto. A este último efecto, se computarán como beneficios los dividendos distribuidos y las asignaciones a reservas, excluidas las de regularización o de actualización de balances.

El valor de transmisión así calculado se tendrá en cuenta para determinar el valor de adquisición de los valores o participaciones que corresponda al adquirente.

El importe obtenido por la transmisión de derechos de suscripción procedentes de estos valores o participaciones tendrá la consideración de ganancia patrimonial para el transmitente en el período impositivo en que se produzca la citada transmisión.

Personas Físicas, el texto refundido de la Ley del Impuesto sobre la Renta de no Residentes, aprobado por el Real Decreto Legislativo 5/2004, de 5 de marzo, y otras normas tributarias (BOE núm. 288, de 28 de noviembre de 2014), en vigor desde el 1 de enero de 2017.
Disposición transitoria vigésima novena (Transmisiones de derechos de suscripción anteriores a 1 de enero de 2017) de esta Ley.

[212] Nueva redacción de la letra b) dada por el Art. Primero. Veintidós de la Ley 26/2014, de 27 de noviembre, por la que se modifican la Ley 35/2006, de 28 de noviembre, del Impuesto sobre la Renta de las Personas Físicas, el texto refundido de la Ley del Impuesto sobre la Renta de no Residentes, aprobado por el Real Decreto Legislativo 5/2004, de 5 de marzo, y otras normas tributarias (BOE núm. 288, de 28 de noviembre de 2014), en vigor desde el 1 de enero de 2015.
Disposición Adicional octava (Transmisiones de valores o participaciones no admitidas a negociación con posterioridad a una reducción de capital), de esta Ley.

Cuando se trate de acciones parcialmente liberadas, su valor de adquisición será el importe realmente satisfecho por el contribuyente. Cuando se trate de acciones totalmente liberadas, el valor de adquisición, tanto de éstas como de las que procedan, resultará de repartir el coste total entre el número de títulos, tanto los antiguos como los liberados que correspondan.

c)[213] De la transmisión o el reembolso a título oneroso de acciones o participaciones representativas del capital o patrimonio de las instituciones de inversión colectiva a las que se refiere el artículo 94 de esta Ley, la ganancia o pérdida patrimonial se computará por la diferencia entre su valor de adquisición y el valor de transmisión, determinado por el valor liquidativo aplicable en la fecha en que dicha transmisión o reembolso se produzca o, en su defecto, por el último valor liquidativo publicado. Cuando no existiera valor liquidativo se tomará el valor del patrimonio neto que corresponda a las acciones o participaciones transmitidas resultante del balance correspondiente al último ejercicio cerrado con anterioridad a la fecha del devengo del Impuesto.

En supuestos distintos del reembolso de participaciones, el valor de transmisión así calculado no podrá ser inferior al mayor de los dos siguientes:

– El precio efectivamente pactado en la transmisión.

– El valor de cotización en mercados secundarios oficiales de valores definidos en la Directiva 2004/39/CE del Parlamento Europeo y del Consejo, de 21 de abril de 2004, relativa a los mercados de instrumentos financieros y, en particular, en sistemas multilaterales de negociación de valores previstos en el Capítulo I del Título X de la Ley 24/1988, de 28 de julio, del Mercado de Valores, en la fecha de la transmisión.

A los efectos de determinar el valor de adquisición, resultará de aplicación, cuando proceda, lo dispuesto en la letra a) de este apartado 1.

No obstante lo dispuesto en los párrafos anteriores, en el caso de transmisiones de participaciones en los fondos de inversión cotizados o de acciones de SICAV índice cotizadas, a los que se refiere el artículo 79 del Reglamento de la Ley 35/2003, de 4 de noviembre, de instituciones de inversión colectiva, aprobado por el Real Decreto 1082/2012, de 13 de julio, realizadas en bolsa de valores, el valor de transmisión se determinará conforme a lo previsto en la letra a) de este apartado.

d) De las aportaciones no dinerarias a sociedades, la ganancia o pérdida se determinará por la diferencia entre el valor de adquisición de los bienes o derechos aportados y la cantidad mayor de las siguientes:

Primera. El valor nominal de las acciones o participaciones sociales recibidas por la aportación o, en su caso, la parte correspondiente del mismo. A este valor se añadirá el importe de las primas de emisión.

Segunda. El valor de cotización de los títulos recibidos en el día en que se formalice la aportación o el inmediato anterior.

Tercera. El valor de mercado del bien o derecho aportado.

---

[213] Nueva redacción de la letra c) dada por el Art. Primero. Veintidós de la Ley 26/2014, de 27 de noviembre, por la que se modifican la Ley 35/2006, de 28 de noviembre, del Impuesto sobre la Renta de las Personas Físicas, el texto refundido de la Ley del Impuesto sobre la Renta de no Residentes, aprobado por el Real Decreto Legislativo 5/2004, de 5 de marzo, y otras normas tributarias (BOE núm. 288, de 28 de noviembre de 2014), en vigor desde el 1 de enero de 2015.

El valor de transmisión así calculado se tendrá en cuenta para determinar el valor de adquisición de los títulos recibidos como consecuencia de la aportación no dineraria.

e) En los casos de separación de los socios o disolución de sociedades, se considerará ganancia o pérdida patrimonial, sin perjuicio de las correspondientes a la sociedad, la diferencia entre el valor de la cuota de liquidación social o el valor de mercado de los bienes recibidos y el valor de adquisición del título o participación de capital que corresponda.

En los casos de escisión, fusión o absorción de sociedades, la ganancia o pérdida patrimonial del contribuyente se computará por la diferencia entre el valor de adquisición de los títulos, derechos o valores representativos de la participación del socio y el valor de mercado de los títulos, numerario o derechos recibidos o el valor del mercado de los entregados.

f) De un traspaso, la ganancia patrimonial se computará al cedente en el importe que le corresponda en el traspaso.

Cuando el derecho de traspaso se haya adquirido mediante precio, éste tendrá la consideración de precio de adquisición.

g) De indemnizaciones o capitales asegurados por pérdidas o siniestros en elementos patrimoniales, se computará como ganancia o pérdida patrimonial la diferencia entre la cantidad percibida y la parte proporcional del valor de adquisición que corresponda al daño. Cuando la indemnización no fuese en metálico, se computará la diferencia entre el valor de mercado de los bienes, derechos o servicios recibidos y la parte proporcional del valor de adquisición que corresponda al daño. Sólo se computará ganancia patrimonial cuando se derive un aumento en el valor del patrimonio del contribuyente.

h) De la permuta de bienes o derechos, incluido el canje de valores, la ganancia o pérdida patrimonial se determinará por la diferencia entre el valor de adquisición del bien o derecho que se cede y el mayor de los dos siguientes:

El valor de mercado del bien o derecho entregado.

El valor de mercado del bien o derecho que se recibe a cambio.

i) De la extinción de rentas vitalicias o temporales, la ganancia o pérdida patrimonial se computará, para el obligado al pago de aquéllas, por diferencia entre el valor de adquisición del capital recibido y la suma de las rentas efectivamente satisfechas.

j) En las transmisiones de elementos patrimoniales a cambio de una renta temporal o vitalicia, la ganancia o pérdida patrimonial se determinará por diferencia entre el valor actual financiero actuarial de la renta y el valor de adquisición de los elementos patrimoniales transmitidos.

k) Cuando el titular de un derecho real de goce o disfrute sobre inmuebles efectúe su transmisión, o cuando se produzca su extinción, para el cálculo de la ganancia o pérdida patrimonial el importe real a que se refiere el artículo 35.1.a) de esta ley se minorará de forma proporcional al tiempo durante el cual el titular no hubiese percibido rendimientos del capital inmobiliario.

l) En las incorporaciones de bienes o derechos que no deriven de una transmisión, se computará como ganancia patrimonial el valor de mercado de aquéllos[214].

---

[214]   Art. 101.7 (Importe de los pagos a cuenta), de esta Ley.

m) En las operaciones realizadas en los mercados de futuros y opciones regulados por el Real Decreto 1814/1991, de 20 de diciembre[215], se considerará ganancia o pérdida patrimonial el rendimiento obtenido cuando la operación no suponga la cobertura de una operación principal concertada en el desarrollo de las actividades económicas realizadas por el contribuyente, en cuyo caso tributarán de acuerdo con lo previsto en la sección 3.ª de este capítulo.

n) En las transmisiones de elementos patrimoniales afectos a actividades económicas, se considerará como valor de adquisición el valor contable, sin perjuicio de las especialidades que reglamentariamente puedan establecerse respecto a las amortizaciones que minoren dicho valor[216].

2[217]. A efectos de lo dispuesto en las letras a), b) y c) del apartado anterior, cuando existan valores homogéneos[218] se considerará que los transmitidos por el contribuyente son aquéllos que adquirió en primer lugar.

Cuando se trate de acciones totalmente liberadas, se considerará como antigüedad de las mismas la que corresponda a las acciones de las cuales procedan.

3. Lo dispuesto en los párrafos d), e) y h), para el canje de valores, del apartado 1 de este artículo se entenderá sin perjuicio de lo establecido en el capítulo VIII del título VII del texto refundido de la Ley del Impuesto sobre Sociedades[219].

4[220].

Artículo 38[221]. *Ganancias excluidas de gravamen en supuestos de reinversión.*

1. Podrán excluirse de gravamen las ganancias patrimoniales obtenidas por la transmisión de la vivienda habitual del contribuyente, siempre que el importe total obtenido por la trans-

---

[215] Real Decreto 1814/1991, de 20 diciembre, por el que se regula los mercados oficiales de valores futuros y opciones (BOE núm. 310, de 27 de diciembre 1991).

[216] Art. 29 (Elementos patrimoniales afectos), de esta Ley.

[217] El art. 37.2 tiene nueva redacción dada por el Art. Primero. Veintidós de la Ley 26/2014, de 27 de noviembre, por la que se modifican la Ley 35/2006, de 28 de noviembre, del Impuesto sobre la Renta de las Personas Físicas, el texto refundido de la Ley del Impuesto sobre la Renta de no Residentes, aprobado por el Real Decreto Legislativo 5/2004, de 5 de marzo, y otras normas tributarias (BOE núm. 288, de 28 de noviembre de 2014), en vigor desde el 1 de enero de 2017.

[218] Art. 8 (Concepto de valores o participaciones homogéneos), del RIRPF.

[219] Arts. 76 a 89 (Capítulo VII. Régimen especial de las fusiones, escisiones, aportaciones de activos, canje de valores y cambio de domicilio social de una Sociedad Europea o una Sociedad Cooperativa Europea de un Estado miembro a otro de la Unión Europea) de la Ley 27/2014, de 27 de noviembre, del Impuesto sobre Sociedades (BOE núm. 288, de 28 de noviembre) que ha entrado en vigor el 1 de enero de 2015, derogando la normativa anterior, arts. 83 a 96 (Régimen especial de las fusiones, escisiones, aportaciones de activos, canje de valores y cambio de domicilio social de una Sociedad Europea o una Sociedad Cooperativa Europea de un Estado miembro a otro de la Unión Europea), del Real Decreto Legislativo 4/2004, de 5 marzo, por el que se aprueba el texto refundido de la Ley del Impuesto sobre Sociedades (BOE núm. 61, de 11 de marzo 2004).

[220] El apartado 4 del art. 37 ha sido suprimido por el Art. Primero. Veintitrés de la Ley 26/2014, de 27 de noviembre, por la que se modifican la Ley 35/2006, de 28 de noviembre, del Impuesto sobre la Renta de las Personas Físicas, el texto refundido de la Ley del Impuesto sobre la Renta de no Residentes, aprobado por el Real Decreto Legislativo 5/2004, de 5 de marzo, y otras normas tributarias (BOE núm. 288, de 28 de noviembre de 2014), en vigor desde el 1 de enero de 2017.

[221] Nueva rúbrica del artículo 38 dada por el Art. Primero. Veinticuatro de la Ley 26/2014, de 27 de noviembre, por la que se modifican la Ley 35/2006, de 28 de noviembre, del Impuesto sobre la Renta de las Personas Físicas, el texto refundido de la Ley del Impuesto sobre la Renta de no Residentes, aprobado por

misión se reinvierta en la adquisición de una nueva vivienda habitual en las condiciones que reglamentariamente[222] se determinen.

Cuando el importe reinvertido sea inferior al total de lo percibido en la transmisión, únicamente se excluirá de tributación la parte proporcional de la ganancia patrimonial obtenida que corresponda a la cantidad reinvertida.

2[223]. Podrán excluirse de gravamen las ganancias patrimoniales que se pongan de manifiesto con ocasión de la transmisión de acciones o participaciones por las que se hubiera practicado la deducción prevista en el artículo 68.1 de esta Ley, siempre que el importe total obtenido por la transmisión de las mismas se reinvierta en la adquisición de acciones o participaciones de las citadas entidades en las condiciones que reglamentariamente se determinen.

Cuando el importe reinvertido sea inferior al total percibido en la transmisión, únicamente se excluirá de tributación la parte proporcional de la ganancia patrimonial obtenida que corresponda a la cantidad reinvertida.

No resultará de aplicación lo dispuesto en este apartado en los siguientes supuestos:

a) Cuando el contribuyente hubiera adquirido valores homogéneos en el año anterior o posterior a la transmisión de las acciones o participaciones. En este caso, la exención no procederá respecto de los valores que como consecuencia de dicha adquisición permanezcan en el patrimonio del contribuyente.

b) Cuando las acciones o participaciones se transmitan a su cónyuge, a cualquier persona unida al contribuyente por parentesco, en línea recta o colateral, por consanguinidad o afinidad, hasta el segundo grado incluido, a una entidad respecto de la que se produzca, con el contribuyente o con cualquiera de las personas anteriormente citadas, alguna de las circunstancias establecidas en el artículo 42 del Código de Comercio, con independencia de la residencia y de la obligación de formular cuentas anuales consolidadas, distinta de la propia entidad cuyas participaciones se transmiten.

3[224]. Podrán excluirse de gravamen las ganancias patrimoniales que se pongan de manifiesto con ocasión de la transmisión de elementos patrimoniales por contribuyentes mayores

---

el Real Decreto Legislativo 5/2004, de 5 de marzo, y otras normas tributarias (BOE núm. 288, de 28 de noviembre de 2014), en vigor desde el 1 de enero de 2015.

Redacción anterior dada por el art. 27.dos de la Ley 14/2013, de 27 de septiembre, de apoyo a los emprendedores y su internacionalización (BOE núm. 233, de 28 de septiembre de 2013), con entrada en vigor el día 29 de noviembre de 2013.

Disposición transitoria vigésima séptima. (Acciones o participaciones de entidades de nueva o reciente creación adquiridas con anterioridad a la entrada en vigor de la Ley 14/2013, de Apoyo a los Emprendedores y su Internacionalización) de la LIRPF.

[222] Art. 41 (Exención por reinversión en vivienda habitual y en entidades de nueva o reciente creación), Art. 41.bis. (Concepto de vivienda habitual a efectos de determinadas exenciones.) y la Disposición transitoria novena (Ampliación del plazo de dos años para transmitir la vivienda habitual a efectos de la exención por reinversión...), del RIRPF.

[223] Disposición adicional trigésima octava.2 (Aplicación de determinados incentivos fiscales) de la LIRPF.

[224] Nuevo apartado 3 del art. 38 incorporado por el Art. Primero. Veinticuatro de la Ley 26/2014, de 27 de noviembre, por la que se modifican la Ley 35/2006, de 28 de noviembre, del Impuesto sobre la Renta de las Personas Físicas, el texto refundido de la Ley del Impuesto sobre la Renta de no Residentes, aprobado por el Real Decreto Legislativo 5/2004, de 5 de marzo, y otras normas tributarias (BOE núm. 288, de 28 de noviembre de 2014), en vigor desde el 1 de enero de 2015.

Art. 42 (Exención por reinversión en rentas vitalicias) del RIRPF.

de 65 años, siempre que el importe total obtenido por la transmisión se destine en el plazo de seis meses a constituir una renta vitalicia asegurada a su favor, en las condiciones que reglamentariamente se determinen. La cantidad máxima total que a tal efecto podrá destinarse a constituir rentas vitalicias será de 240.000 euros.

Cuando el importe reinvertido sea inferior al total de lo percibido en la transmisión, únicamente se excluirá de tributación la parte proporcional de la ganancia patrimonial obtenida que corresponda a la cantidad reinvertida.

La anticipación, total o parcial, de los derechos económicos derivados de la renta vitalicia constituida, determinará el sometimiento a gravamen de la ganancia patrimonial correspondiente.

Artículo 39[225]. *Ganancias patrimoniales no justificadas.*

1. Tendrán la consideración de ganancias de patrimonio no justificadas los bienes o derechos cuya tenencia, declaración o adquisición no se corresponda con la renta o patrimonio declarados por el contribuyente, así como la inclusión de deudas inexistentes en cualquier declaración por este impuesto o por el Impuesto sobre el Patrimonio, o su registro en los libros o registros oficiales.

Las ganancias patrimoniales no justificadas se integrarán en la base liquidable general del periodo impositivo respecto del que se descubran, salvo que el contribuyente pruebe suficientemente que ha sido titular de los bienes o derechos correspondientes desde una fecha anterior a la del periodo de prescripción.

CAPÍTULO III. Reglas especiales de valoración

Artículo 40. Estimación de rentas.

1[226]. La valoración de las rentas estimadas a que se refiere el artículo 6.5 de esta ley se efectuará por el valor normal en el mercado. Se entenderá por éste la contraprestación que se acordaría entre sujetos independientes, salvo prueba en contrario.

2[227]. Si se trata de préstamos y operaciones de captación o utilización de capitales ajenos en general, se entenderá por valor normal en el mercado el tipo de interés legal del dinero que se halle en vigor el último día del período impositivo.

---

[225]   Nueva redacción del artículo 39 dada por la Disp. final quinta de la Ley 5/2022, de 9 de marzo, por la que se modifican la Ley 27/2014, de 27 de noviembre, del Impuesto sobre Sociedades, y el texto refundido de la Ley del Impuesto sobre la Renta de no Residentes, aprobado mediante Real Decreto Legislativo 5/2004, de 5 de marzo, en relación con las asimetrías híbridas (BOE núm. 59, de 10 de marzo de 2022), entrada en vigor el 11 de marzo de 2022.

    Redacción anterior dada por el art. 3.dos de la Ley 7/2012, de 29 de octubre, de modificación de la normativa tributaria y presupuestaria y de adecuación de la normativa financiera para la intensificación de las actuaciones en la prevención y lucha contra el fraude (BOE núm. 261, de 30 de octubre de 2012), con efectos desde el 31 de octubre de 2012.

[226]   Art. 6.5 (Hecho imponible) y Art. 14.2.f) (Imputación temporal), de esta Ley.

[227]   Tabla sobre el interés legal del dinero y el interés de demora:

Año	Interés Legal del Dinero	Interés de Demora	Texto Legal
2025	3,25	4,0625	Prórroga PGE

Año	Interés Legal del Dinero	Interés de Demora	Texto Legal
2024	3,25	4,0625	Prórroga PGE
2023	3,25	4,0625	Disp. Adic. 42ª de la Ley 31/2022, de 23 de diciembre, de Presupuestos Generales del Estado para el año 2023
2022	3%	3,75%	Disp. Adic. 46ª de la Ley 22/2021, de 28 de diciembre, de Presupuestos Generales del Estado para el año 2022.
2021	3%	3,75%	Disp. Adic. 49ª de la Ley 11/2020, de 30 de diciembre, de PGE para el año 2021.
Del 5/7/2018 al 31/12/2020	3 %	3,75 %	Disp. Adic. 57ª Ley 6/2018, de 3 de julio, de PGE para el año 2018.
Desde el 29-6-2017 hasta el 4-7-2018	3 %	3,75 %	Dips. Adic. 44ª Ley 3/2017, de 27 de junio, de PGE para el año 2017.
2016 y hasta el 28-6-2017	3 %	3,75 %	Disp. Adic. 34ª Ley 48/2015, de 29 de octubre, de PGE para el año 2016.
2015	3,50 %	4,375 %	Disp. Adic. 32ª Ley 36/2014, de 26 de diciembre, de PGE para el año 2015.
2014	4,00 %	5,00 %	Disp. Adic. 32ª Ley 22/2013, de 23 de diciembre, de PGE para el año 2014.
2013	4,00 %	5,00 %	Disp. Adic. 39ª Ley 17/2012, de 27 de diciembre, de PGE para el año 2013.
1/7/2012	4,00 %	5,00 %	Disp. Adic. 10ª Ley 2/2012, de 29 de junio, de PGE para el año 2012
2011	4,00 %	5,00 %	Disp. Adic. 17ª Ley 39/2010, de 22 de diciembre, de PGE para el año 2011
2010	4,00 %	5,00 %	Disp. Adic. 18ª de la Ley 26/2009, de 23 de diciembre, de PGE para 2010
2009	4,00 %	5,00 %	Artículo 1 del Real Decreto-ley 3/2009, de 27 de marzo, de medidas urgentes en materia tributaria, financiera y concursal ante la evolución de la situación económica, en vigor desde el 1-04-2009.
	5,50 %	7,00 %	Disp. Adic. 27ª de la Ley 2/2008, de 23 de diciembre, de PGE para el año 2009, en vigor desde el 1-1-2009 al 31-03-2009.
2008	5,50 %	7,00 %	Disp. Adic. 34ª de la Ley 51/2007, de 26 de diciembre, de PGE para 2008
2007	5,00 %	6,25 %	Disp. Adic. 30ª de la Ley 42/2006, de 28-12-2006, de PGE para 2007
2006	4,00 %	5,00 %	Disp. Adic. 21ª de la Ley 30/2005, de 28-12-2005, de PGE para 2006
2005	4,00 %	5,00 %	Disp. Adic. 5ª de la Ley 2/2004, de 27-12-2004, de PGE para 2005
2004	3,75 %	4,75 %	Disp. Adic. 6ª de la Ley 61/2003, de 30-12-2003, de PGE para 2004
2003	4,25 %	5,50 %	Ley 52/2002, de 30-12-2002, de PGE para 2003

Artículo 41. *Operaciones vinculadas.*

La valoración de las operaciones entre personas o entidades vinculadas se realizará por su valor normal de mercado, en los términos previstos en el artículo 16 del texto refundido de la Ley del Impuesto sobre Sociedades[228].

Artículo 42. *Rentas en especie.*

1. Constituyen rentas en especie la utilización, consumo u obtención, para fines particulares, de bienes, derechos o servicios de forma gratuita o por precio inferior al normal de mercado, aun cuando no supongan un gasto real para quien las conceda.

Cuando el pagador de las rentas entregue al contribuyente importes en metálico para que éste adquiera los bienes, derechos o servicios, la renta tendrá la consideración de dineraria.

2[229]. No tendrán la consideración de rendimientos del trabajo en especie:

a)[230] Las cantidades destinadas a la actualización, capacitación o reciclaje del personal empleado, cuando vengan exigidos por el desarrollo de sus actividades o las características de los puestos de trabajo.

b) Las primas o cuotas satisfechas por la empresa en virtud de contrato de seguro de accidente laboral o de responsabilidad civil del trabajador.

3[231]. Estarán exentos los siguientes rendimientos del trabajo en especie:

a)[232] Las entregas a empleados de productos a precios rebajados que se realicen en cantinas o comedores de empresa o economatos de carácter social. Tendrán la consideración de entrega de productos a precios rebajados que se realicen en comedores de empresa las fórmulas indirectas de prestación del servicio cuya cuantía no supere la cantidad que reglamentariamente[233] se determine, con independencia de que el servicio se preste en el propio local del establecimiento de hostelería o fuera de éste, previa recogida por el empleado o

---

[228] Art. 18 (Operaciones Vinculadas) de la Ley 27/2014, de 27 de noviembre, del Impuesto sobre Sociedades: en redacción dada por la disposición final 6.1 de la Ley 34/2015, de 21 de septiembre.
Con anterioridad se recogía en el art. 16 del Real Decreto Legislativo 4/2004, de 5 marzo, por el que se aprueba el Texto Refundido de la Ley del Impuesto sobre Sociedades.

[229] Disposición Adicional segunda (Retribuciones en especie), de esta Ley.
Nueva redacción del apartado 2 del art. 42 dada por el Art. Primero. Veinticinco. de la Ley 26/2014, de 27 de noviembre, por la que se modifican la Ley 35/2006, de 28 de noviembre, del Impuesto sobre la Renta de las Personas Físicas, el texto refundido de la Ley del Impuesto sobre la Renta de no Residentes, aprobado por el Real Decreto Legislativo 5/2004, de 5 de marzo, y otras normas tributarias (BOE núm. 288, de 28 de noviembre de 2014), en vigor desde el 1 de enero de 2015.

[230] Art. 44 (Gastos de estudio para la capacitación o reciclaje...) del RIRPF. Disposición Adicional Vigésima quinta (Gastos e inversiones para habituar a los empleados en la utilización de las nuevas tecnologías de la comunicación y de la información), de esta Ley.

[231] Nuevo apartado 3 del art. 42 incorporado por el Art. Primero. Veinticinco. de la Ley 26/2014, de 27 de noviembre, por la que se modifican la Ley 35/2006, de 28 de noviembre, del Impuesto sobre la Renta de las Personas Físicas, el texto refundido de la Ley del Impuesto sobre la Renta de no Residentes, aprobado por el Real Decreto Legislativo 5/2004, de 5 de marzo, y otras normas tributarias (BOE núm. 288, de 28 de noviembre de 2014), en vigor desde el 1 de enero de 2015.

[232] Nueva redacción del art. 42.3.a) dada por la Disp. Fina primera del Real Decreto-ley 35/2020, de 22 de diciembre, de medidas urgentes de apoyo al sector turístico, la hostelería y el comercio y en materia tributaria (BOE núm. 334, de 23 de diciembre de 2020), con efectos desde el 1 de enero de 2020.

[233] Art. 45 (Rendimientos del trabajo exentos por gastos por comedores de empresa), del RIRPF.

mediante su entrega en su centro de trabajo o en el lugar elegido por aquel para desarrollar su trabajo en los días en que este se realice a distancia o mediante teletrabajo.

b) La utilización de los bienes destinados a los servicios sociales y culturales del personal empleado. Tendrán esta consideración, entre otros, los espacios y locales, debidamente homologados por la Administración pública competente, destinados por las empresas o empleadores a prestar el servicio de primer ciclo de educación infantil a los hijos de sus trabajadores, así como la contratación, directa o indirectamente, de este servicio con terceros debidamente autorizados, en los términos que reglamentariamente se establezcan.

c)[234] Las primas o cuotas satisfechas a entidades aseguradoras para la cobertura de enfermedad, cuando se cumplan los siguientes requisitos y límites:

1.º Que la cobertura de enfermedad alcance al propio trabajador, pudiendo también alcanzar a su cónyuge y descendientes.

2.º Que las primas o cuotas satisfechas no excedan de 500 euros anuales por cada una de las personas señaladas en el párrafo anterior o de 1.500 euros para cada una de ellas con discapacidad. El exceso sobre dicha cuantía constituirá retribución en especie.

d) La prestación del servicio de educación preescolar, infantil, primaria, secundaria obligatoria, bachillerato y formación profesional por centros educativos autorizados, a los hijos de sus empleados, con carácter gratuito o por precio inferior al normal de mercado.

e) Las cantidades satisfechas a las entidades encargadas de prestar el servicio público de transporte colectivo de viajeros con la finalidad de favorecer el desplazamiento de los empleados entre su lugar de residencia y el centro de trabajo, con el límite de 1.500 euros anuales para cada trabajador. También tendrán la consideración de cantidades satisfechas a las entidades encargadas de prestar el citado servicio público, las fórmulas indirectas de pago que cumplan las condiciones que se establezcan reglamentariamente[235].

f)[236] En los términos que reglamentariamente se establezcan, la entrega a los trabajadores en activo, de forma gratuita o por precio inferior al normal de mercado, de acciones o participaciones de la propia empresa o de otras empresas del grupo de sociedades, en la parte que no exceda, para el conjunto de las entregadas a cada trabajador, de 12.000 euros anuales, siempre que la oferta se realice en las mismas condiciones para todos los trabajadores de la empresa, grupo o subgrupos de empresa[237].

La exención prevista en el párrafo anterior será de 50.000 euros anuales en el caso de entrega de acciones o participaciones concedidas a los trabajadores de una empresa emergente a las que se refiere la Ley 28/2022, de 21 de diciembre, de fomento del ecosistema de las empresas emergentes. En este supuesto, no será necesario que la oferta se realice en las condiciones señaladas en el párrafo anterior, debiendo efectuarse la misma dentro de la política retributiva general de la empresa y contribuir a la participación de los trabajadores en

---

[234]　Art. 46 (Rendimientos del trabajo exentos por gastos de seguros de enfermedad), del RIRPF.
　　　Nueva redacción de la letra c) del art. 42.3 dada por el art. 60.Dos de la Ley 48/2015, de 29 de octubre, de Presupuestos Generales del Estado para el año 2016 (BOE núm. 260, de 30 de octubre de 2015), con efectos desde el 1 de enero de 2016.
[235]　Art. 46 bis (Fórmulas indirectas de pago del servicio público de transporte colectivo de viajeros) del RIRPF.
[236]　Nueva redacción de la letra f) dada por las Disp. Final Tercera Dos de la Ley 28/2022, de 21 de diciembre, de fomento del ecosistema de las empresas emergentes (BOE núm. 306, de 22 de diciembre de 2022), con efectos desde el 1 de enero de 2023.
[237]　Art. 43 (Entrega de acciones a trabajadores), del RIRPF.

esta última. En el caso de que la entrega de acciones o participaciones sociales a que se refiere este párrafo derive del ejercicio de opciones de compra sobre acciones o participaciones previamente concedidas a los trabajadores por la empresa emergente, los requisitos para la consideración como empresa emergente deberán cumplirse en el momento de la concesión de la opción.

Artículo 43. *Valoración de las rentas en especie.*

1. Con carácter general, las rentas en especie se valorarán por su valor normal en el mercado, con las siguientes especialidades:

1.º Los siguientes rendimientos del trabajo en especie se valorarán de acuerdo con las siguientes normas de valoración:

a)[238] En el caso de utilización de una vivienda que sea propiedad del pagador, el 10 por ciento del valor catastral.

En el caso de inmuebles localizados en municipios en los que los valores catastrales hayan sido revisados o modificados, o determinados mediante un procedimiento de valoración colectiva de carácter general, de conformidad con la normativa catastral, y hayan entrado en vigor en el período impositivo o en el plazo de los diez períodos impositivos anteriores, el 5 por ciento del valor catastral.

Si a la fecha de devengo del impuesto los inmuebles carecieran de valor catastral o éste no hubiera sido notificado al titular, el porcentaje será del 5 por ciento y se aplicará sobre el 50 por ciento del mayor de los siguientes valores: el comprobado por la Administración a efectos de otros tributos o el precio, contraprestación o valor de la adquisición.

La valoración resultante no podrá exceder del 10 por ciento de las restantes contraprestaciones del trabajo.

b)[239] En el caso de la utilización o entrega de vehículos automóviles:

En el supuesto de entrega, el coste de adquisición para el pagador, incluidos los tributos que graven la operación.

En el supuesto de uso, el 20 por ciento anual del coste a que se refiere el párrafo anterior. En caso de que el vehículo no sea propiedad del pagador, dicho porcentaje se aplicará sobre el valor de mercado que correspondería al vehículo si fuese nuevo.

---

[238] Nueva redacción de la letra a) dada por el Art. Primero. Veintiséis de la Ley 26/2014, de 27 de noviembre, por la que se modifican la Ley 35/2006, de 28 de noviembre, del Impuesto sobre la Renta de las Personas Físicas, el texto refundido de la Ley del Impuesto sobre la Renta de no Residentes, aprobado por el Real Decreto Legislativo 5/2004, de 5 de marzo, y otras normas tributarias (BOE núm. 288, de 28 de noviembre de 2014), en vigor desde el 1 de enero de 2015.
   Redacción anterior dada por el art. 4.Uno de la Ley 16/2012, de 27 de diciembre, por la que se adoptan diversas medidas tributarias dirigidas a la consolidación de las finanzas públicas y al impulso de la actividad económica (BOE núm. 312, de 28 de diciembre de 2012), con efectos desde el 1 de enero de 2013.
[239] Nueva redacción de la letra b) dada por el Art. Primero. Veintiséis de la Ley 26/2014, de 27 de noviembre, por la que se modifican la Ley 35/2006, de 28 de noviembre, del Impuesto sobre la Renta de las Personas Físicas, el texto refundido de la Ley del Impuesto sobre la Renta de no Residentes, aprobado por el Real Decreto Legislativo 5/2004, de 5 de marzo, y otras normas tributarias (BOE núm. 288, de 28 de noviembre de 2014), en vigor desde el 1 de enero de 2015.

La valoración resultante de lo previsto en el párrafo anterior se podrá reducir hasta en un 30 por ciento cuando se trate de vehículos considerados eficientes energéticamente, en los términos y condiciones que se determinen reglamentariamente[240].

En el supuesto de uso y posterior entrega, la valoración de esta última se efectuará teniendo en cuenta la valoración resultante del uso anterior.

c)[241] En los préstamos con tipos de interés inferiores al legal del dinero, la diferencia entre el interés pagado y el interés legal del dinero vigente en el período.

d)[242] Por el coste para el pagador, incluidos los tributos que graven la operación, las siguientes rentas:

Las prestaciones en concepto de manutención, hospedaje, viajes y similares.

Las primas o cuotas satisfechas en virtud de contrato de seguro u otro similar, sin perjuicio de lo previsto en los párrafos e) y f) del apartado 2 del artículo anterior.

Las cantidades destinadas a satisfacer gastos de estudios y manutención del contribuyente o de otras personas ligadas al mismo por vínculo de parentesco, incluidos los afines, hasta el cuarto grado inclusive, sin perjuicio de lo previsto en el apartado 2 del artículo anterior.

La utilización de una vivienda que no sea propiedad del pagador. La valoración resultante no podrá ser inferior a la que hubiera correspondido de haber aplicado lo dispuesto en la letra a) del número 1.º de este apartado.

e)[243] Por su importe, las contribuciones satisfechas por los promotores de planes de pensiones y las contribuciones satisfechas por las empresas promotoras reguladas en la Directiva 2003/41/CE del Parlamento Europeo y del Consejo, de 3 de junio de 2003, relativa a las actividades y la supervisión de fondos de pensiones de empleo, así como las cantidades satisfechas por empresarios para hacer frente a los compromisos por pensiones en los términos previstos por la disposición adicional primera del texto refundido de la Ley de Regulación de los Planes y Fondos de Pensiones y su normativa de desarrollo. Igualmente por su importe, las cantidades satisfechas por empresarios a los seguros de dependencia.

f)[244] No obstante lo previsto en los párrafos anteriores, cuando el rendimiento de trabajo en especie sea satisfecho por empresas que tengan como actividad habitual la realización de las actividades que dan lugar al mismo, la valoración no podrá ser inferior al precio ofertado al público del bien, derecho o servicio de que se trate.

---

[240]   Art. 48.bis (Reducción de la valoración de los rendimientos del trabajo en especie derivados de la cesión de uso de vehículos automóviles eficientes energéticamente.), del RIRPF.

[241]   Ver la tabla sobre la evolución del interés legal del dinero recogida en la nota a píe de página del art. 40.2 de la LIPRF.

[242]   Nueva redacción de la letra d) dada por el art. 4.Uno de la Ley 16/2012, de 27 de diciembre, por la que se adoptan diversas medidas tributarias dirigidas a la consolidación de las finanzas públicas y al impulso de la actividad económica (BOE núm. 312, de 28 de diciembre de 2012), con efectos desde el 1 de enero de 2013.

[243]   Art. 17.1.e) y f) (Rendimientos del Trabajo), de esta Ley. Art. 102.2 (Ingresos a cuenta sobre retribuciones en especie del trabajo) del RIRPF.

[244]   Art. 48 (Precio ofertado), del RIRPF.
Nueva redacción de la letra a) dada por el Art. Primero. Veintiséis de la Ley 26/2014, de 27 de noviembre, por la que se modifican la Ley 35/2006, de 28 de noviembre, del Impuesto sobre la Renta de las Personas Físicas, el texto refundido de la Ley del Impuesto sobre la Renta de no Residentes, aprobado por el Real Decreto Legislativo 5/2004, de 5 de marzo, y otras normas tributarias (BOE núm. 288, de 28 de noviembre de 2014), en vigor desde el 1 de enero de 2015.

Se considerará precio ofertado al público el previsto en el artículo 60 del texto refundido de la Ley General para la Defensa de los Consumidores y Usuarios y otras leyes complementarias, aprobado por el Real Decreto Legislativo 1/2007, de 16 de noviembre[245], deduciendo los descuentos ordinarios o comunes. Se considerarán ordinarios o comunes los descuentos que sean ofertados a otros colectivos de similares características a los trabajadores de la empresa, así como los descuentos promocionales que tengan carácter general y se encuentren en vigor en el momento de satisfacer la retribución en especie o que, en otro caso, no excedan del 15 por ciento ni de 1.000 euros anuales.

En el caso de cesión del uso de vehículos considerados eficientes energéticamente, la valoración resultante se podrá reducir hasta en un 30 por ciento, en los términos y condiciones que se determinen reglamentariamente.

g)[246] En el caso de entrega de acciones o participaciones concedidas a los trabajadores de una empresa emergente a las que se refiere el segundo párrafo de la letra f) del apartado 3 del artículo 42 de esta ley, por el valor de las acciones o participaciones sociales suscritas por un tercero independiente en la última ampliación de capital realizada en el año anterior a aquel en que se entreguen las acciones o participaciones sociales. De no haberse producido la referida ampliación, se valorarán por el valor de mercado que tuvieran las acciones o participaciones sociales en el momento de la entrega al trabajador.

2.º Las ganancias patrimoniales en especie se valorarán de acuerdo con los artículos 34 y 37 de esta ley.

2[247]. En los casos de rentas en especie, su valoración se realizará según las normas contenidas en esta ley. A dicho valor se adicionará el ingreso a cuenta, salvo que su importe hubiera sido repercutido al perceptor de la renta.

---

[245] Real Decreto Legislativo 1/2007, de 16 de noviembre, artículo 60: «Información previa al contrato.1. Antes de que el consumidor y usuario quede vinculado por un contrato u oferta correspondiente, el empresario deberá facilitarle de forma clara y comprensible, salvo que resulte manifiesta por el contexto, la información relevante, veraz y suficiente sobre las características principales del contrato, en particular sobre sus condiciones jurídicas y económicas.
2. Serán relevantes las obligaciones de información sobre los bienes o servicios establecidas en esta norma y cualesquiera otras que resulten de aplicación y, además:...
c) El precio total, incluidos todos los impuestos y tasas. Si por la naturaleza de los bienes o servicios el precio no puede calcularse razonablemente de antemano o está sujeto a la elaboración de un presupuesto, la forma en que se determina el precio así como todos los gastos adicionales de transporte, entrega o postales o, si dichos gastos no pueden ser calculados razonablemente de antemano, el hecho de que puede ser necesario abonar dichos gastos adicionales.
En toda información al consumidor y usuario sobre el precio de los bienes o servicios, incluida la publicidad, se informará del precio total, desglosando, en su caso, el importe de los incrementos o descuentos que sean de aplicación, de los gastos que se repercutan al consumidor y usuario y de los gastos adicionales por servicios accesorios, financiación, utilización de distintos medios de pago u otras condiciones de pagos similares»
[246] Letra g) incorporada por las Disp. Final Tercera Tres de la Ley 28/2022, de 21 de diciembre, de fomento del ecosistema de las empresas emergentes (BOE núm. 306, de 22 de diciembre de 2022), con efectos desde el 1 de enero de 2023.
[247] Art. 99.6 (Obligación de practicar pagos a cuenta), de esta Ley. Art. 77.2 (Importe de la retención o ingreso a cuenta), arts. 102 a 107, ingresos a cuenta, y la Disposición adicional segunda (Acuerdos previos de valoración de las retribuciones en especie del trabajo personal a efectos de la determinación del correspondiente ingreso a cuenta...), del RIRPF.

CAPÍTULO IV. Clases de renta

Artículo 44. *Clases de renta.*

A efectos del cálculo del Impuesto, las rentas del contribuyente se clasificarán, según proceda, como renta general o como renta del ahorro.

Artículo 45. *Renta general.*

Formarán la renta general los rendimientos y las ganancias y pérdidas patrimoniales que con arreglo a lo dispuesto en el artículo siguiente no tengan la consideración de renta del ahorro, así como las imputaciones de renta a que se refieren los artículos 85, 91, 92 y 95 de esta ley y el capítulo II del título VII del texto refundido de la Ley del Impuesto sobre Sociedades.

Artículo 46[248]. *Renta del ahorro.*

Constituyen la renta del ahorro:

a) Los rendimientos del capital mobiliario previstos en los apartados 1, 2 y 3 del artículo 25 de esta Ley.

No obstante, formarán parte de la renta general los rendimientos del capital mobiliario previstos en el apartado 2 del artículo 25 de esta Ley correspondientes al exceso del importe de los capitales propios cedidos a una entidad vinculada respecto del resultado de multiplicar por tres los fondos propios, en la parte que corresponda a la participación del contribuyente, de esta última.

A efectos de computar dicho exceso, se tendrá en consideración el importe de los fondos propios de la entidad vinculada reflejados en el balance correspondiente al último ejercicio cerrado con anterioridad a la fecha de devengo del Impuesto y el porcentaje de participación del contribuyente existente en esta fecha.

En los supuestos en los que la vinculación no se defina en función de la relación socios o partícipes-entidad, el porcentaje de participación a considerar será el 25 por ciento.

b) Las ganancias y pérdidas patrimoniales que se pongan de manifiesto con ocasión de transmisiones de elementos patrimoniales.

---

[248] Disposición adicional séptima (Rendimientos del capital mobiliario a integrar en la renta del ahorro) del RIRPF.

Nueva redacción del art. 46 dada por el Art. Primero. Veintisiete de la Ley 26/2014, de 27 de noviembre, por la que se modifican la Ley 35/2006, de 28 de noviembre, del Impuesto sobre la Renta de las Personas Físicas, el texto refundido de la Ley del Impuesto sobre la Renta de no Residentes, aprobado por el Real Decreto Legislativo 5/2004, de 5 de marzo, y otras normas tributarias (BOE núm. 288, de 28 de noviembre de 2014), en vigor desde el 1 de enero de 2015.

Redacción anterior dada por la Disp. Final séptima de la Ley 11/2009, de 26 de octubre, por la que se regulan las Sociedades Anónimas Cotizadas de Inversión en el Mercado Inmobiliario (BOE núm. 259, de 27 de octubre de 2009), con efectos desde el 1-1-2009.

La redacción de la letra b) dada por el art. 3.Uno de la Ley 16/2012, de 27 de diciembre, por la que se adoptan diversas medidas tributarias dirigidas a la consolidación de las finanzas públicas y al impulso de la actividad económica (BOE núm. 312, de 28 de diciembre de 2012), con efectos desde el 1 de enero de 2013.

CAPÍTULO V. Integración y compensación de rentas

Artículo 47. *Integración y compensación de rentas.*

1. Para el cálculo de la base imponible, las cuantías positivas o negativas de las rentas del contribuyente se integrarán y compensarán de acuerdo con lo previsto en esta ley.

2. Atendiendo a la clasificación de la renta, la base imponible se dividirá en dos partes:

a) La base imponible general.

b) La base imponible del ahorro.

Artículo 48[249]**. *Integración y compensación de rentas en la base imponible general.***

La base imponible general será el resultado de sumar los siguientes saldos:

a) El saldo resultante de integrar y compensar entre sí, sin limitación alguna, en cada período impositivo, los rendimientos y las imputaciones de renta a que se refiere el artículo 45 de esta Ley.

b) El saldo positivo resultante de integrar y compensar, exclusivamente entre sí, en cada período impositivo, las ganancias y pérdidas patrimoniales, excluidas las previstas en el artículo siguiente.

Si el resultado de la integración y compensación a que se refiere este párrafo arrojase saldo negativo, su importe se compensará con el saldo positivo de las rentas previstas en el párrafo a) de este artículo, obtenido en el mismo período impositivo, con el límite del 25 por ciento de dicho saldo positivo.

Si tras dicha compensación quedase saldo negativo, su importe se compensará en los cuatro años siguientes en el mismo orden establecido en los párrafos anteriores.

La compensación deberá efectuarse en la cuantía máxima que permita cada uno de los ejercicios siguientes y sin que pueda practicarse fuera del plazo de cuatro años mediante la acumulación a pérdidas patrimoniales de ejercicios posteriores.

Artículo 49. *Integración y compensación de rentas en la base imponible del ahorro.*

1[250]**.** La base imponible del ahorro estará constituida por el saldo positivo de sumar los siguientes saldos:

a) El saldo positivo resultante de integrar y compensar, exclusivamente entre sí, en cada período impositivo, los rendimientos a que se refiere el artículo 46 de esta Ley.

---

[249] Nueva redacción del art. 48 dada por el Art. Primero. Veintiocho de la Ley 26/2014, de 27 de noviembre, por la que se modifican la Ley 35/2006, de 28 de noviembre, del Impuesto sobre la Renta de las Personas Físicas, el texto refundido de la Ley del Impuesto sobre la Renta de no Residentes, aprobado por el Real Decreto Legislativo 5/2004, de 5 de marzo, y otras normas tributarias (BOE núm. 288, de 28 de noviembre de 2014), en vigor desde el 1 de enero de 2015.

Redacción anterior del art. 48 dada por el art. 3.Dos de la Ley 16/2012, de 27 de diciembre, por la que se adoptan diversas medidas tributarias dirigidas a la consolidación de las finanzas públicas y al impulso de la actividad económica (BOE núm. 312, de 28 de diciembre de 2012), con efectos desde el 1 de enero de 2013.

[250] Nueva redacción del art. 49.1 dada por el Art. Primero. Veintinueve de la Ley 26/2014, de 27 de noviembre, por la que se modifican la Ley 35/2006, de 28 de noviembre, del Impuesto sobre la Renta de las Personas Físicas, el texto refundido de la Ley del Impuesto sobre la Renta de no Residentes, aprobado por el Real Decreto Legislativo 5/2004, de 5 de marzo, y otras normas tributarias (BOE núm. 288, de 28 de noviembre de 2014), en vigor desde el 1 de enero de 2015.

Si el resultado de la integración y compensación a que se refiere este párrafo arrojase saldo negativo, su importe se compensará con el saldo positivo de las rentas previstas en la letra b) de este apartado, obtenido en el mismo período impositivo, con el límite del 25 por ciento de dicho saldo positivo[251].

Si tras dicha compensación quedase saldo negativo, su importe se compensará en los cuatro años siguientes en el mismo orden establecido en los párrafos anteriores.

b) El saldo positivo resultante de integrar y compensar, exclusivamente entre sí, en cada período impositivo, las ganancias y pérdidas patrimoniales obtenidas en el mismo a que se refiere el artículo 46 de esta Ley.

Si el resultado de la integración y compensación a que se refiere este párrafo arrojase saldo negativo, su importe se compensará con el saldo positivo de las rentas previstas en la letra a) de este apartado, obtenido en el mismo período impositivo, con el límite del 25 por ciento de dicho saldo positivo[252].

Si tras dicha compensación quedase saldo negativo, su importe se compensará en los cuatro años siguientes en el mismo orden establecido en los párrafos anteriores.

2. Las compensaciones previstas en el apartado anterior deberán efectuarse en la cuantía máxima que permita cada uno de los ejercicios siguientes y sin que puedan practicarse fuera del plazo a que se refiere el apartado anterior mediante la acumulación a rentas negativas de ejercicios posteriores.

TÍTULO IV. BASE LIQUIDABLE

Artículo 50[253]. *Base liquidable general y del ahorro.*

1[254]. La base liquidable general estará constituida por el resultado de practicar en la base imponible general, exclusivamente y por este orden, las reducciones a que se refieren los artículos 51, 53, 54, 55 y disposición adicional undécima de esta Ley, sin que pueda resultar negativa como consecuencia de dichas disminuciones.

---

[251] Disposición adicional duodécima (Porcentaje de compensación entre rendimientos y ganancias y pérdidas patrimoniales que se integran en la base imponible del ahorro en 2015, 2016 y 2017), de esta Ley.

[252] Disposición adicional duodécima (Porcentaje de compensación entre rendimientos y ganancias y pérdidas patrimoniales que se integran en la base imponible del ahorro en 2015, 2016 y 2017), de esta Ley.

[253] Nueva redacción del artículo 50 dada por la Disposición Final Sexta de la Ley 51/2007, de 26 de diciembre, de Presupuestos Generales del Estado para el año 2008 (BOE núm. 310 de 27 de diciembre de 2007), con efectos para los periodos impositivos finalizados con posterioridad a la entrada en vigor de la Ley Orgánica 8/2007, de 4 de julio, sobre financiación de los partidos políticos, y vigencia indefinida.

[254] Art. 39 (Ganancias patrimoniales no justificadas) y Disposición Transitoria séptima (Partidas pendientes de compensación), de esta Ley.
Nueva redacción del art. 50.1 dada por el Art. Primero. Treinta de la Ley 26/2014, de 27 de noviembre, por la que se modifican la Ley 35/2006, de 28 de noviembre, del Impuesto sobre la Renta de las Personas Físicas, el texto refundido de la Ley del Impuesto sobre la Renta de no Residentes, aprobado por el Real Decreto Legislativo 5/2004, de 5 de marzo, y otras normas tributarias (BOE núm. 288, de 28 de noviembre de 2014), en vigor desde el 1 de enero de 2015.
Redacción anterior dada por la Disposición Final Sexta de la Ley 51/2007, de 26 de diciembre, de Presupuestos Generales del Estado para el año 2008 (BOE núm. 310 de 27 de diciembre de 2007), con efectos para los periodos impositivos finalizados con posterioridad a la entrada en vigor de la Ley Orgánica 8/2007, de 4 de julio, sobre financiación de los partidos políticos, y vigencia indefinida.

2^{255}. La base liquidable del ahorro será el resultado de disminuir la base imponible del ahorro en el remanente, si lo hubiera, de la reducción prevista en el artículo 55, sin que pueda resultar negativa como consecuencia de tal disminución.

3. Si la base liquidable general resultase negativa, su importe podrá ser compensado con los de las bases liquidables generales positivas que se obtengan en los cuatro años siguientes.

La compensación deberá efectuarse en la cuantía máxima que permita cada uno de los ejercicios siguientes y sin que pueda practicarse fuera del plazo a que se refiere el párrafo anterior mediante la acumulación a bases liquidables generales negativas de años posteriores.

CAPÍTULO I. Reducciones por atención a situaciones de dependencia y envejecimiento

Artículo 51^{256}. *Reducciones por aportaciones y contribuciones a sistemas de previsión social.*

Podrán reducirse en la base imponible general las siguientes aportaciones y contribuciones a sistemas de previsión social:

1. Aportaciones y contribuciones a planes de pensiones

1.º Las aportaciones realizadas por los partícipes a planes de pensiones, incluyendo las contribuciones del promotor que le hubiesen sido imputadas en concepto de rendimiento del trabajo.

2.º Las aportaciones realizadas por los partícipes a los planes de pensiones regulados en la Directiva 2003/41/CE del Parlamento Europeo y del Consejo, de 3 de junio de 2003, relativa a las actividades y la supervisión de fondos de pensiones de empleo, incluidas las contribuciones efectuadas por las empresas promotoras, siempre que se cumplan los siguientes requisitos:

a) Que las contribuciones se imputen fiscalmente al partícipe a quien se vincula la prestación.

b) Que se transmita al partícipe de forma irrevocable el derecho a la percepción de la prestación futura.

---

255   Nueva redacción del art. 50.2 dada por el Art. Primero. Treinta de la Ley 26/2014, de 27 de noviembre, por la que se modifican la Ley 35/2006, de 28 de noviembre, del Impuesto sobre la Renta de las Personas Físicas, el texto refundido de la Ley del Impuesto sobre la Renta de no Residentes, aprobado por el Real Decreto Legislativo 5/2004, de 5 de marzo, y otras normas tributarias (BOE núm. 288, de 28 de noviembre de 2014), en vigor desde el 1 de enero de 2015.

     Redacción anterior dada por la Disposición Final Sexta de la Ley 51/2007, de 26 de diciembre, de Presupuestos Generales del Estado para el año 2008 (BOE núm. 310 de 27 de diciembre de 2007), con efectos para los periodos impositivos finalizados con posterioridad a la entrada en vigor de la Ley Orgánica 8/2007, de 4 de julio, sobre financiación de los partidos políticos, y vigencia indefinida.

256   Disposición Adicional novena (Mutualidades de trabajadores por cuenta ajena), Disposición Adicional undécima (Mutualidad de previsión social de deportistas profesionales), de esta Ley y, la Disposición Adicional vigésima segunda (Movilización de los derechos económicos entre los distintos sistemas de previsión social).

     Disposición adicional octava (Disposición anticipada de los derechos económicos en los sistemas de previsión social complementaria análogos a los planes de pensiones) y Disposición transitoria séptima (Disposición anticipada y movilizaciones de derechos consolidados correspondientes a aportaciones realizadas a planes de pensiones y sistemas de previsión social complementarios análogos con anterioridad a 1 de enero de 2016) del Real Decreto Legislativo 1/2002, de 29 de noviembre, texto refundido de la Ley de Regulación de los Planes y Fondos de Pensiones.

c) Que se transmita al partícipe la titularidad de los recursos en que consista dicha contribución.

d) Las contingencias cubiertas deberán ser las previstas en el artículo 8.6 del texto refundido de la Ley de regulación de los planes y fondos de pensiones, aprobado por el Real Decreto Legislativo 1/2002, de 29 de noviembre[257].

2. Las aportaciones y contribuciones a mutualidades de previsión social que cumplan los siguientes requisitos:

a) Requisitos subjetivos:

1.º Las cantidades abonadas en virtud de contratos de seguro concertados con mutualidades de previsión social por profesionales no integrados en alguno de los regímenes de la Seguridad Social, por sus cónyuges y familiares consanguíneos en primer grado, así como por los trabajadores de las citadas mutualidades, en la parte que tenga por objeto la cobertura de las contingencias previstas en el artículo 8.6 del texto refundido de la Ley de Regulación de los Planes y Fondos de Pensiones siempre que no hayan tenido la consideración de gasto deducible para los rendimientos netos de actividades económicas, en los términos que prevé el segundo párrafo de la regla 1.ª del artículo 30.2 de esta ley.

2.º Las cantidades abonadas en virtud de contratos de seguro concertados con mutualidades de previsión social por profesionales o empresarios individuales integrados en cualquiera de los regímenes de la Seguridad Social, por sus cónyuges y familiares consanguíneos en primer grado, así como por los trabajadores de las citadas mutualidades, en la parte que tenga por objeto la cobertura de las contingencias previstas en el artículo 8.6 del texto refundido de la Ley de Regulación de los Planes y Fondos de Pensiones.

3.º Las cantidades abonadas en virtud de contratos de seguro concertados con mutualidades de previsión social por trabajadores por cuenta ajena o socios trabajadores, incluidas las contribuciones del promotor que les hubiesen sido imputadas en concepto de rendimientos del trabajo, cuando se efectúen de acuerdo con lo previsto en la disposición adicional primera del texto refundido de la Ley de Regulación de los Planes y Fondos de Pensiones, con inclusión del desempleo para los citados socios trabajadores.

b) Los derechos consolidados de los mutualistas sólo podrán hacerse efectivos en los supuestos previstos, para los planes de pensiones, por el artículo 8.8 del texto refundido de la Ley de Regulación de los Planes y Fondos de Pensiones.

3[258]. Las primas satisfechas a los planes de previsión asegurados[259]. Los planes de previsión asegurados se definen como contratos de seguro que deben cumplir los siguientes requisitos:

---

[257]   Ver la Disposición Final quinta.3 (Modificación del texto refundido de la Ley de regulación de los Planes y Fondos de Pensiones, aprobado por el Real Decreto Legislativo 1/2002, de 29 de noviembre), de esta Ley, que otorga nueva redacción al artículo 8.6.

[258]   Nueva redacción del art. 51.3 dada por el Art. Primero. Treinta y uno de la Ley 26/2014, de 27 de noviembre, por la que se modifican la Ley 35/2006, de 28 de noviembre, del Impuesto sobre la Renta de las Personas Físicas, el texto refundido de la Ley del Impuesto sobre la Renta de no Residentes, aprobado por el Real Decreto Legislativo 5/2004, de 5 de marzo, y otras normas tributarias (BOE núm. 288, de 28 de noviembre de 2014), en vigor desde el 1 de enero de 2015.

[259]   Disposición adicional cuarta. «Aseguramiento de rentas futuras por la constitución de una hipoteca inversa» de la Ley 41/2007, de 7 de diciembre, por la que se modifica la Ley 2/1981, de 25 de marzo, de Regulación del Mercado Hipotecario y otras normas del sistema hipotecario y financiero, de regulación de

a) El contribuyente deberá ser el tomador, asegurado y beneficiario. No obstante, en el caso de fallecimiento, podrá generar derecho a prestaciones en los términos previstos en el texto refundido de la Ley de Regulación de los Planes y Fondos de Pensiones, aprobado por el Real Decreto Legislativo 1/2002, de 29 de noviembre.

b) Las contingencias cubiertas deberán ser, únicamente, las previstas en el artículo 8.6 del texto refundido de la Ley de Regulación de los Planes y Fondos de Pensiones, aprobado por el Real Decreto Legislativo 1/2002, de 29 de noviembre, y deberán tener como cobertura principal la de jubilación. Sólo se permitirá la disposición anticipada, total o parcial, en estos contratos en los supuestos previstos en el artículo 8.8 del citado texto refundido. En dichos contratos no será de aplicación lo dispuesto en los artículos 97 y 99 de la Ley 50/1980, de 8 de octubre, de Contrato de Seguro.

c) Este tipo de seguros tendrá obligatoriamente que ofrecer una garantía de interés y utilizar técnicas actuariales.

d) En el condicionado de la póliza se hará constar de forma expresa y destacada que se trata de un plan de previsión asegurado. La denominación Plan de Previsión Asegurado y sus siglas quedan reservadas a los contratos de seguro que cumplan los requisitos previstos en esta Ley.

e) Reglamentariamente[260] se establecerán los requisitos y condiciones para la movilización de la provisión matemática a otro plan de previsión asegurado.

En los aspectos no específicamente regulados en los párrafos anteriores y sus normas de desarrollo, el régimen financiero y fiscal de las aportaciones, contingencias y prestaciones de estos contratos se regirá por la normativa de los planes de pensiones, salvo los aspectos financiero-actuariales de las provisiones técnicas correspondientes. En particular, los derechos en un plan de previsión asegurado no podrán ser objeto de embargo, traba judicial o administrativa hasta el momento en que se cause el derecho a la prestación o en que sean disponibles en los supuestos de enfermedad grave, desempleo de larga duración o por corresponder a primas abonadas con al menos diez años de antigüedad.

4. Las aportaciones realizadas por los trabajadores a los planes de previsión social empresarial regulados en la disposición adicional primera del texto refundido de la Ley de Regulación de los Planes y Fondos de Pensiones, incluyendo las contribuciones del tomador. En todo caso los planes de previsión social empresarial deberán cumplir los siguientes requisitos:

a) Serán de aplicación a este tipo de contratos de seguro los principios de no discriminación, capitalización, irrevocabilidad de aportaciones y atribución de derechos establecidos en el número 1 del artículo 5 del Texto Refundido de la Ley de Regulación de los Planes y Fondos de Pensiones, aprobado por Real Decreto Legislativo 1/2002, de 29 de noviembre.

b) La póliza dispondrá las primas que, en cumplimiento del plan de previsión social, deberá satisfacer el tomador, las cuales serán objeto de imputación a los asegurados.

c) En el condicionado de la póliza se hará constar de forma expresa y destacada que se trata de un plan de previsión social empresarial. La denominación Plan de Previsión Social Empresarial y sus siglas quedan reservadas a los contratos de seguro que cumplan los requisitos previstos en esta Ley.

---

las hipotecas inversas y el seguro de dependencia y por la que se establece determinada norma tributaria (BOE núm. 294 de 8 de diciembre de 2007).

[260] Art. 49 (Planes de previsión asegurados), del RIRPF.

d) Reglamentariamente se establecerán los requisitos y condiciones para la movilización de la provisión matemática a otro plan de previsión social empresarial.

e) Lo dispuesto en las letras b) y c) del apartado 3 anterior.

En los aspectos no específicamente regulados en los párrafos anteriores y sus normas de desarrollo, resultará de aplicación lo dispuesto en el último párrafo del apartado 3 anterior.

5[261]**.** Las primas satisfechas a los seguros privados que cubran exclusivamente el riesgo de dependencia severa o de gran dependencia conforme a lo dispuesto en la Ley de promoción de la autonomía personal y atención a las personas en situación de dependencia.

Igualmente, las personas que tengan con el contribuyente una relación de parentesco en línea directa o colateral hasta el tercer grado inclusive, o por su cónyuge, o por aquellas personas que tuviesen al contribuyente a su cargo en régimen de tutela o acogimiento, podrán reducir en su base imponible las primas satisfechas a estos seguros privados, teniendo en cuenta el límite de reducción previsto en el artículo 52 de esta Ley.

El conjunto de las reducciones practicadas por todas las personas que satisfagan primas a favor de un mismo contribuyente, incluidas las del propio contribuyente, no podrán exceder de 1.500 euros anuales.

Estas primas no estarán sujetas al Impuesto sobre Sucesiones y Donaciones.

El contrato de seguro deberá cumplir en todo caso lo dispuesto en las letras a) y c) del apartado 3 anterior.

En los aspectos no específicamente regulados en los párrafos anteriores y sus normas de desarrollo, resultará de aplicación lo dispuesto en el último párrafo del apartado 3 anterior.

Tratándose de seguros colectivos de dependencia efectuados de acuerdo con lo previsto en la disposición adicional primera del texto refundido de la Ley de Regulación de los Planes y Fondos de Pensiones, aprobado por el Real Decreto Legislativo 1/2002, de 29 de noviembre, como tomador del seguro figurará exclusivamente la empresa y la condición de asegurado y beneficiario corresponderá al trabajador. Las primas satisfechas por la empresa en virtud de estos contratos de seguro e imputadas al trabajador tendrán un límite de reducción propio e independiente de 5.000 euros anuales.

Reglamentariamente se desarrollará lo previsto en este apartado.

6. El conjunto de las aportaciones anuales máximas que pueden dar derecho a reducir la base imponible realizadas a los sistemas de previsión social previstos en los apartados 1, 2, 3, 4 y 5 anteriores, incluyendo, en su caso, las que hubiesen sido imputadas por los promotores,

---

[261]   Nueva redacción del art. 51.5 dada por el art. 59.Uno de la Ley 22/2021, de 28 de diciembre, de Presupuestos Generales del Estado para el año 2022 (BOE núm. 312, de 29 de diciembre de 2021), con efectos desde el 1 de enero de 2022.

Redacción anterior dada el art. 62.Uno de la Ley 11/2020, de 30 de diciembre, de Presupuestos Generales del Estado para el año 2021 (BOE núm. 341, de 31 de diciembre de 2020), en vigor desde el 1 de enero de 2021.

Redacción anterior dada por el Art. Primero. Treinta y uno de la Ley 26/2014, de 27 de noviembre, por la que se modifican la Ley 35/2006, de 28 de noviembre, del Impuesto sobre la Renta de las Personas Físicas, el texto refundido de la Ley del Impuesto sobre la Renta de no Residentes, aprobado por el Real Decreto Legislativo 5/2004, de 5 de marzo, y otras normas tributarias (BOE núm. 288, de 28 de noviembre de 2014), en vigor desde el 1 de enero de 2015.

Redacción anterior por la Disp. Final Novena.Uno de la Ley 27/2011, de 1 de agosto, sobre actualización, adecuación y modernización del sistema de Seguridad Social (BOE núm. 184, de 2 de agosto de 2011), entrando en vigor el día 1 de enero de 2013.

no podrá exceder de las cantidades previstas en el artículo 5.3 del texto refundido de la Ley de Regulación de los Planes y Fondos de Pensiones[262].

Las prestaciones percibidas tributarán en su integridad sin que en ningún caso puedan minorarse en las cuantías correspondientes a los excesos de las aportaciones y contribuciones.

7[263]. Además de las reducciones realizadas con los límites previstos en el artículo siguiente, los contribuyentes cuyo cónyuge no obtenga rendimientos netos del trabajo ni de actividades económicas, o los obtenga en cuantía inferior a 8.000 euros anuales, podrán reducir en la base imponible las aportaciones realizadas a los sistemas de previsión social previstos en este artículo de los que sea partícipe, mutualista o titular dicho cónyuge, con el límite máximo de 1.000 euros anuales.

Estas aportaciones no estarán sujetas al Impuesto sobre Sucesiones y Donaciones.

8[264]. Si el contribuyente dispusiera de los derechos consolidados así como los derechos económicos que se derivan de los diferentes sistemas de previsión social previstos en este artículo, total o parcialmente, en supuestos distintos de los previstos en la normativa de planes y fondos de pensiones, deberá reponer las reducciones en la base imponible indebidamente practicadas, mediante las oportunas autoliquidaciones complementarias, con inclusión de los intereses de demora. Las cantidades percibidas que excedan del importe de las aportaciones realizadas, incluyendo, en su caso, las contribuciones imputadas por el promotor, tributarán como rendimiento del trabajo en el período impositivo en que se perciban.

9. La reducción prevista en este artículo resultará de aplicación cualquiera que sea la forma en que se perciba la prestación. En el caso de que la misma se perciba en forma de renta vitalicia asegurada, se podrán establecer mecanismos de reversión o períodos ciertos de prestación o fórmulas de contraseguro en caso de fallecimiento una vez constituida la renta vitalicia.

Artículo 52. *Límite de reducción.*

1[265]. Como límite máximo conjunto para las reducciones previstas en los apartados 1, 2, 3, 4 y 5 del artículo 51 de esta ley, se aplicará la menor de las cantidades siguientes:

---

262   Ver la Disposición Final quinta.1 (Modificación del texto refundido de la Ley de regulación de los Planes y Fondos de Pensiones, aprobado por el Real Decreto Legislativo 1/2002, de 29 de noviembre), de esta Ley, que otorga nueva redacción al artículo 5.3.

263   Nueva redacción del art. 51.7 dada por el art. 62.Uno de la Ley 11/2020, de 30 de diciembre, de Presupuestos Generales del Estado para el año 2021 (BOE núm. 341, de 31 de diciembre de 2020), en vigor desde el 1 de enero de 2021.
      Redacción anterior dada por el Art. Primero. Treinta y uno de la Ley 26/2014, de 27 de noviembre, por la que se modifican la Ley 35/2006, de 28 de noviembre, del Impuesto sobre la Renta de las Personas Físicas, el texto refundido de la Ley del Impuesto sobre la Renta de no Residentes, aprobado por el Real Decreto Legislativo 5/2004, de 5 de marzo, y otras normas tributarias (BOE núm. 288, de 28 de noviembre de 2014), en vigor desde el 1 de enero de 2015.

264   Art. 50 (Plazo de presentación de las autoliquidaciones complementarias en la disposición de derechos consolidados de sistemas de previsión social), del RIRPF.

265   Disposición Adicional novena (Mutualidades de trabajadores por cuenta ajena), de esta Ley, la Disposición Adicional decimosexta (Límite financiero de aportaciones y contribuciones a los sistema de previsión social) y Disposición adicional quincuagésima segunda (productos paneuropeos de pensiones individuales). Artículo 38 ter. (Deducción por contribuciones empresariales a sistemas de previsión social empresarial) de la Ley 27/2014, de 27 de noviembre, del Impuesto sobre Sociedades, incorporado por la Disp. final Quinta de la Ley 12/2022, de 30 de junio, con efectos desde el 2 de julio de 2022. Disposición adicio-

a) El 30 por 100 de la suma de los rendimientos netos del trabajo y de actividades económicas percibidos individualmente en el ejercicio.

b) 1.500 euros anuales.

Este límite se incrementará en los siguientes supuestos, en las cuantías que se indican:

1.º En 8.500 euros anuales, siempre que tal incremento provenga de contribuciones empresariales, o de aportaciones del trabajador al mismo instrumento de previsión social por importe igual o inferior a las cantidades que resulten del siguiente cuadro en función del importe anual de la contribución empresarial:

Importe anual de la contribución	Aportación máxima del trabajador
Igual o inferior a 500 euros.	El resultado de multiplicar la contribución empresarial por 2,5.
Entre 500,01 y 1.500 euros.	1.250 euros, más el resultado de multiplicar por 0,25 la diferencia entre la contribución empresarial y 500 euros.
Más de 1.500 euros.	El resultado de multiplicar la contribución empresarial por 1.

No obstante, en todo caso se aplicará el multiplicador 1 cuando el trabajador obtenga en el ejercicio rendimientos íntegros del trabajo superiores a 60.000 euros procedentes de la empresa que realiza la contribución, a cuyo efecto la empresa deberá comunicar a la entidad gestora o aseguradora del instrumento de previsión social que no concurre esta circunstancia.

A estos efectos, las cantidades aportadas por la empresa que deriven de una decisión del trabajador tendrán la consideración de aportaciones del trabajador.

2.º En 4.250 euros anuales, siempre que tal incremento provenga de aportaciones a los planes de pensiones sectoriales previstos en la letra a) del apartado 1 del artículo 67 del texto refundido de la Ley de Regulación de los Planes y Fondos de Pensiones, realizadas por

nal tercera. «Trabajadores autónomos y sistemas de previsión social empresarial» del Real Decreto-ley 13/2022, de 26 de julio, por el que se establece un nuevo sistema de cotización para los trabajadores por cuenta propia o autónomos y se mejora la protección por cese de actividad (BOE núm. 179, de 27 de julio de 2022).

Nueva redacción del art. 52.1 dada por el art. 62.Uno Ley 31/2022, de 23 de diciembre, de Presupuestos Generales del Estado para el año 2023 (BOE núm. 308, de 24 de diciembre de 2022), con efectos desde el 1 de enero de 2023.

Redacción anterior dada por la disposición final primera Uno de la Ley 12/2022, de 30 de junio, de regulación para el impulso de los planes de pensiones de empleo, por la que se modifica el texto refundido de la Ley de Regulación de los Planes y Fondos de Pensiones, aprobado por Real Decreto Legislativo 1/2002, de 29 de noviembre (BOE núm. 157, de 1 de julio de 2022), con efectos desde el 2 de julio de 2022.

Redacción anterior dada por el art. 59.Dos de la Ley 22/2021, de 28 de diciembre, de Presupuestos Generales del Estado para el año 2022 (BOE núm. 312, de 29 de diciembre de 2021), con efectos desde el 1 de enero de 2022.

Redacción anterior dada por el art. 62.Dos de la Ley 11/2020, de 30 de diciembre, de Presupuestos Generales del Estado para el año 2021 (BOE núm. 341, de 31 de diciembre de 2020), en vigor desde el 1 de enero de 2021.

Redacción anterior dada por el Art. Primero. Treinta y dos de la Ley 26/2014, de 27 de noviembre, por la que se modifican la Ley 35/2006, de 28 de noviembre, del Impuesto sobre la Renta de las Personas Físicas, el texto refundido de la Ley del Impuesto sobre la Renta de no Residentes, aprobado por el Real Decreto Legislativo 5/2004, de 5 de marzo, y otras normas tributarias (BOE núm. 288, de 28 de noviembre de 2014), en vigor desde el 1 de enero de 201.

Redacción anterior por la Disp. Final Novena.Dos de la Ley 27/2011, de 1 de agosto, sobre actualización, adecuación y modernización del sistema de Seguridad Social (BOE núm. 184, de 2 de agosto de 2011), entrando en vigor el día 1 de enero de 2013.

trabajadores por cuenta propia o autónomos que se adhieran a dichos planes por razón de su actividad; aportaciones a los planes de pensiones de empleo simplificados de trabajadores por cuenta propia o autónomos previstos en la letra c) del apartado 1 del artículo 67 del texto refundido de la Ley de Regulación de los Planes y Fondos de Pensiones; o de aportaciones propias que el empresario individual o el profesional realice a planes de pensiones de empleo, de los que sea promotor y, además, partícipe o a Mutualidades de Previsión Social de las que sea mutualista, así como las que realice a planes de previsión social empresarial o seguros colectivos de dependencia de los que, a su vez, sea tomador y asegurado.

En todo caso, la cuantía máxima de reducción por aplicación de los incrementos previstos en los números 1.º y 2.º anteriores será de 8.500 euros anuales.

Además, 5.000 euros anuales para las primas a seguros colectivos de dependencia satisfechas por la empresa.

2[266]. Los partícipes, mutualistas o asegurados que hubieran efectuado aportaciones a los sistemas de previsión social a que se refiere el artículo 51 de esta Ley, podrán reducir en los cinco ejercicios siguientes las cantidades aportadas incluyendo, en su caso, las aportaciones del promotor o las realizadas por la empresa que les hubiesen sido imputadas, que no hubieran podido ser objeto de reducción en la base imponible por insuficiencia de la misma o por aplicación del límite porcentual establecido en el apartado 1 anterior. Esta regla no resultará de aplicación a las aportaciones y contribuciones que excedan de los límites máximos previstos en el apartado 6 del artículo 51.

Artículo 53[267]. *Reducciones por aportaciones y contribuciones a sistemas de previsión social constituidos a favor de personas con discapacidad.*

1. Las aportaciones realizadas a planes de pensiones a favor de personas con discapacidad con un grado de minusvalía física o sensorial igual o superior al 65 por ciento, psíquica igual o superior al 33 por 100, así como de personas que tengan una incapacidad declarada judicialmente con independencia de su grado, de acuerdo con lo previsto en la disposición adicional décima de esta Ley, podrán ser objeto de reducción en la base imponible con los siguientes límites máximos:

a) Las aportaciones anuales realizadas a planes de pensiones a favor de personas con discapacidad con las que exista relación de parentesco o tutoría, con el límite de 10.000 euros anuales.

Ello sin perjuicio de las aportaciones que puedan realizar a sus propios planes de pensiones, de acuerdo con los límites establecidos en el artículo 52 de esta ley.

---

[266] Art. 51 (Excesos de aportaciones a los sistemas de previsión social), del RIRPF.

[267] Disposición Adicional décima (Sistemas de previsión social constituidos a favor de personas con discapacidad), de esta Ley y la Disposición Adicional vigésima segunda (Movilización de los derechos económicos entre los distintos sistemas de previsión social). Ver la Disposición Final segunda.2, de esta Ley que da nueva redacción al artículo 43 (Deducción por contribuciones empresariales a planes de pensiones de empleo, a mutualidades de previsión social que actúen como instrumento de previsión social empresarial, a planes de previsión social empresarial o por aportaciones a patrimonios protegidos de las personas con discapacidad), del texto refundido de la Ley del Impuesto sobre Sociedades. Ver la Disposición Final quinta.6 (Modificación del texto refundido de la Ley de regulación de los Planes y Fondos de Pensiones, aprobado por el Real Decreto Legislativo 1/2002, de 29 de noviembre), de esta Ley, que otorga nueva redacción a la disposición adicional cuarta, sobre Planes de pensiones y mutualidades de previsión social constituidos a favor de personas con discapacidad.

b) Las aportaciones anuales realizadas por las personas con discapacidad partícipes, con el límite de 24.250 euros anuales.

El conjunto de las reducciones practicadas por todas las personas que realicen aportaciones a favor de una misma persona con discapacidad, incluidas las de la propia persona con discapacidad, no podrá exceder de 24.250 euros anuales. A estos efectos, cuando concurran varias aportaciones a favor de la persona con discapacidad, habrán de ser objeto de reducción, en primer lugar, las aportaciones realizadas por la propia persona con discapacidad, y sólo si las mismas no alcanzaran el límite de 24.250 euros señalado, podrán ser objeto de reducción las aportaciones realizadas por otras personas a su favor en la base imponible de éstas, de forma proporcional, sin que, en ningún caso, el conjunto de las reducciones practicadas por todas las personas que realizan aportaciones a favor de una misma persona con discapacidad pueda exceder de 24.250 euros.

c)[268] Las aportaciones que no hubieran podido ser objeto de reducción en la base imponible por insuficiencia de la misma podrán reducirse en los cinco ejercicios siguientes. Esta regla no resultará de aplicación a las aportaciones y contribuciones que excedan de los límites previstos en este apartado 1.

2. El régimen regulado en este artículo también será de aplicación a las aportaciones a mutualidades de previsión social, a las primas satisfechas a los planes de previsión asegurados, a los planes de previsión social empresarial y a los seguros de dependencia que cumplan los requisitos previstos en el artículo 51 y en la disposición adicional décima de esta ley. En tal caso, los límites establecidos en el apartado 1 anterior serán conjuntos para todos los sistemas de previsión social constituidos a favor de personas con discapacidad.

3. Las aportaciones a estos sistemas de previsión social constituidos a favor de personas con discapacidad, realizadas por las personas a las que se refiere el apartado 1 de la disposición adicional décima de esta ley, no estarán sujetas al Impuesto sobre Sucesiones y Donaciones.

4[269]. A los efectos de la percepción de las prestaciones y de la disposición anticipada de derechos consolidados o económicos en supuestos distintos de los previstos en la disposición adicional décima de esta Ley, se aplicará lo dispuesto en los apartados 8 y 9 del artículo 51 de esta Ley.

Artículo 54[270]. *Reducciones por aportaciones a patrimonios protegidos de las personas con discapacidad.*

1. Las aportaciones al patrimonio protegido de la persona con discapacidad efectuadas por las personas que tengan con el mismo una relación de parentesco en línea directa o cola-

---

[268]   Art. 51 (Excesos de aportaciones a los sistemas de previsión social), del RIRPF.
[269]   Art. 50 (Plazo de presentación de las autoliquidaciones complementarias en la disposición de derechos consolidados de sistemas de previsión social), del RIRPF.
[270]   Disposición adicional decimoctava (Aportaciones a patrimonios protegidos), de esta Ley. Art. 72 del RIRPF, sobre la acreditación de la condición de persona con discapacidad.
     Ver la Disposición Final segunda.2, de esta Ley que da nueva redacción al artículo 43 (Deducción por contribuciones empresariales a planes de pensiones de empleo, a mutualidades de previsión social que actúen como instrumento de previsión social empresarial, a planes de previsión social empresarial o por aportaciones a patrimonios protegidos de las personas con discapacidad), del texto refundido de la Ley del Impuesto sobre Sociedades.

teral hasta el tercer grado inclusive, así como por el cónyuge de la persona con discapacidad o por aquellos que lo tuviesen a su cargo en régimen de tutela o acogimiento, darán derecho a reducir la base imponible del aportante, con el límite máximo de 10.000 euros anuales.

El conjunto de las reducciones practicadas por todas las personas que efectúen aportaciones a favor de un mismo patrimonio protegido no podrá exceder de 24.250 euros anuales.

A estos efectos, cuando concurran varias aportaciones a favor de un mismo patrimonio protegido, las reducciones correspondientes a dichas aportaciones habrán de ser minoradas de forma proporcional sin que, en ningún caso, el conjunto de las reducciones practicadas por todas las personas físicas que realicen aportaciones a favor de un mismo patrimonio protegido pueda exceder de 24.250 euros anuales.

2. Las aportaciones que excedan de los límites previstos en el apartado anterior darán derecho a reducir la base imponible de los cuatro períodos impositivos siguientes, hasta agotar, en su caso, en cada uno de ellos los importes máximos de reducción.

Lo dispuesto en el párrafo anterior también resultará aplicable en los supuestos en que no proceda la reducción por insuficiencia de base imponible.

Cuando concurran en un mismo período impositivo reducciones de la base imponible por aportaciones efectuadas en el ejercicio con reducciones de ejercicios anteriores pendientes de aplicar, se practicarán en primer lugar las reducciones procedentes de los ejercicios anteriores, hasta agotar los importes máximos de reducción.

3. Tratándose de aportaciones no dinerarias se tomará como importe de la aportación el que resulte de lo previsto en el artículo 18 de la Ley 49/2002, de 23 de diciembre, de régimen fiscal de las entidades sin fines lucrativos y de los incentivos fiscales al mecenazgo.

4. No generarán el derecho a reducción las aportaciones de elementos afectos a la actividad que efectúen los contribuyentes de este Impuesto que realicen actividades económicas.

En ningún caso darán derecho a reducción las aportaciones efectuadas por la propia persona con discapacidad titular del patrimonio protegido.

5. La disposición de cualquier bien o derecho aportado al patrimonio protegido de la persona con discapacidad efectuada en el período impositivo en que se realiza la aportación o en los cuatro siguientes tendrá las siguientes consecuencias fiscales:

a) Si el aportante fue un contribuyente por este Impuesto, deberá reponer las reducciones en la base imponible indebidamente practicadas mediante la presentación de la oportuna autoliquidación complementaria con inclusión de los intereses de demora que procedan, en el plazo que medie entre la fecha en que se produzca la disposición y la finalización del plazo reglamentario de declaración correspondiente al período impositivo en que se realice dicha disposición.

b) El titular del patrimonio protegido que recibió la aportación deberá integrar en la base imponible la parte de la aportación recibida que hubiera dejado de integrar en el período impositivo en que recibió la aportación como consecuencia de la aplicación de lo dispuesto en la letra w) del artículo 7 de esta ley, mediante la presentación de la oportuna autoliquidación complementaria con inclusión de los intereses de demora que procedan, en el plazo que medie entre la fecha en que se produzca la disposición y la finalización del plazo reglamentario de declaración correspondiente al período impositivo en que se realice dicha disposición.

En los casos en que la aportación se hubiera realizado al patrimonio protegido de los parientes, cónyuges o personas a cargo de los trabajadores en régimen de tutela o acogimiento, a que se refiere el apartado 1 de este artículo, por un sujeto pasivo del Impuesto sobre Sociedades, la obligación descrita en el párrafo anterior deberá ser cumplida por dicho trabajador.

c) A los efectos de lo dispuesto en el apartado 5 del artículo 43 del texto refundido de la Ley del Impuesto sobre Sociedades, el trabajador titular del patrimonio protegido deberá comunicar al empleador que efectuó las aportaciones, las disposiciones que se hayan realizado en el período impositivo.

En los casos en que la disposición se hubiera efectuado en el patrimonio protegido de los parientes, cónyuges o personas a cargo de los trabajadores en régimen de tutela o acogimiento, la comunicación a que se refiere el párrafo anterior también deberá efectuarla dicho trabajador.

La falta de comunicación o la realización de comunicaciones falsas, incorrectas o inexactas constituirá infracción tributaria leve. Esta infracción se sancionará con multa pecuniaria fija de 400 euros.

La sanción impuesta de acuerdo con lo previsto en este apartado se reducirá conforme a lo dispuesto en el apartado 3 del artículo 188 de la Ley 58/2003, de 17 de diciembre, General Tributaria.

A los efectos previstos en este apartado, tratándose de bienes o derechos homogéneos se entenderá que fueron dispuestos los aportados en primer lugar.

No se aplicará lo dispuesto en este apartado en caso de fallecimiento del titular del patrimonio protegido, del aportante o de los trabajadores a los que se refiere el apartado 2 del artículo 43 del texto refundido de la Ley del Impuesto sobre Sociedades.

CAPÍTULO II. Reducción por pensiones compensatorias

Artículo 55. *Reducciones por pensiones compensatorias.*

Las pensiones compensatorias a favor del cónyuge y las anualidades por alimentos, con excepción de las fijadas en favor de los hijos del contribuyente[271], satisfechas ambas por decisión judicial, podrán ser objeto de reducción en la base imponible[272].

TÍTULO V. ADECUACIÓN DEL IMPUESTO A LAS CIRCUNSTANCIAS PERSONALES Y FAMILIARES DEL CONTRIBUYENTE

Artículo 56. *Mínimo personal y familiar.*

1. El mínimo personal y familiar constituye la parte de la base liquidable que, por destinarse a satisfacer las necesidades básicas personales y familiares del contribuyente, no se somete a tributación por este Impuesto.

2. Cuando la base liquidable general sea superior al importe del mínimo personal y familiar, éste formará parte de la base liquidable general.

---

[271] Art. 7. k) (Rentas exentas), de esta Ley.

[272] STS 54/2025 de 21 de enero, núm. de recurso 10/2023 y la sentencia 1369/2024, de 22 de julio: «A los efectos del artículo 55 de la Ley 35/2006, de 28 de noviembre, del Impuesto sobre la Renta de las Personas Físicas, la reducción en la base imponible por pensiones compensatorias a favor del cónyuge, satisfechas por decisión judicial, resulta aplicable desde la fecha en que se suscribe el convenio regulador entre las partes que hubiere establecido su pago, siempre que la ulterior sentencia judicial que lo ratifique no modifique lo pactado en dicho convenio regulador».

Cuando la base liquidable general sea inferior al importe del mínimo personal y familiar, éste formará parte de la base liquidable general por el importe de esta última y de la base liquidable del ahorro por el resto.

Cuando no exista base liquidable general, el mínimo personal y familiar formará parte de la base liquidable del ahorro.

3[273]. El mínimo personal y familiar será el resultado de sumar el mínimo del contribuyente y los mínimos por descendientes, ascendientes y discapacidad a que se refieren los artículos 57, 58, 59 y 60 de esta Ley, incrementados o disminuidos a efectos de cálculo del gravamen autonómico en los importes que, de acuerdo con lo establecido en la Ley 22/2009, por el que se regula el sistema de financiación de las Comunidades Autónomas de régimen común y Ciudades con Estatuto de Autonomía, hayan sido aprobados por la Comunidad Autónoma.

Artículo 57[274]. *Mínimo del contribuyente.*

1. El mínimo del contribuyente será, con carácter general, de 5.550 euros anuales.

2. Cuando el contribuyente tenga una edad superior a 65 años, el mínimo se aumentará en 1.150 euros anuales. Si la edad es superior a 75 años, el mínimo se aumentará adicionalmente en 1.400 euros anuales.

Artículo 58[275]. *Mínimo por descendientes.*

1. El mínimo por descendientes será, por cada uno de ellos menor de veinticinco años o con discapacidad cualquiera que sea su edad, siempre que conviva con el contribuyente[276] y no tenga rentas anuales, excluidas las exentas, superiores a 8.000 euros, de:

---

[273] Nueva redacción del art. 56.3 dada por la Disposición Final Segunda.Tres de la Ley 22/2009, de 18 de diciembre, por la que se regula el sistema de financiación de las Comunidades Autónomas de régimen común y Ciudades con Estatuto de Autonomía y se modifican determinadas normas tributarias (BOE núm. 305, de 19 de diciembre de 2009), en vigor desde el día 20-12-2009, con efectos a partir del 1 de enero 2010.

[274] Nueva redacción del artículo 57 dada por el Art. Primero. Treinta y tres de la Ley 26/2014, de 27 de noviembre, por la que se modifican la Ley 35/2006, de 28 de noviembre, del Impuesto sobre la Renta de las Personas Físicas, el texto refundido de la Ley del Impuesto sobre la Renta de no Residentes, aprobado por el Real Decreto Legislativo 5/2004, de 5 de marzo, y otras normas tributarias (BOE núm. 288, de 28 de noviembre de 2014), en vigor desde el 1 de enero de 2015.
   Redacción anterior dada por el art. 61.Uno de la Ley 39/2010, de 22 de diciembre, de Presupuestos Generales del Estado para el año 2011 (BOE núm. 23, de 12 de diciembre de 2010), con efectos desde 1 de enero de 2011 y vigencia indefinida. Nueva redacción coincide con la anterior redacción dada por el art. 67.Uno de la Ley 26/2009, de 23 de diciembre, de Presupuestos Generales del Estado para el año 2010 (BOE núm. 309, de 24 de diciembre de 2009), con vigencia exclusiva para el ejercicio 2010. Dicha redacción coincide con la establecida por el art. 66.Uno de la Ley 2/2008, de 23 de diciembre, de Presupuestos Generales del Estado para el año 2009 (BOE, núm. 309, de 24 de diciembre de 2008), con vigencia exclusiva para el ejercicio 2009 y con la establecida por el art. 66.Uno de la Ley 51/2007, de 26 de diciembre, de Presupuestos Generales del Estado para el año 2008 (BOE núm. 310 de 27 de diciembre de 2007), con vigencia exclusiva para el 2008.

[275] Art. 81 (Deducción por maternidad) y Art. 81 bis.(Deducción por nacimiento o adopción), de esta Ley.
   Nueva redacción del artículo 58 dada por el Art. Primero. Treinta y cuatro de la Ley 26/2014, de 27 de noviembre, por la que se modifican la Ley 35/2006, de 28 de noviembre, del Impuesto sobre la Renta de las Personas Físicas, el texto refundido de la Ley del Impuesto sobre la Renta de no Residentes, aprobado por el Real Decreto Legislativo 5/2004, de 5 de marzo, y otras normas tributarias (BOE núm. 288, de 28 de noviembre de 2014), en vigor desde el 1 de enero de 2015.

2.400 euros anuales por el primero.

2.700 euros anuales por el segundo.

4.000 euros anuales por el tercero.

4.500 euros anuales por el cuarto y siguientes.

A estos efectos, se asimilarán a los descendientes aquellas personas vinculadas al contribuyente por razón de tutela y acogimiento, en los términos previstos en la legislación civil aplicable. Asimismo, se asimilará a la convivencia con el contribuyente, la dependencia respecto de este último salvo cuando resulte de aplicación lo dispuesto en los artículos 64 y 75 de esta Ley.

2[277]. Cuando el descendiente sea menor de tres años, el mínimo a que se refiere el apartado 1 anterior se aumentará en 2.800 euros anuales.

En los supuestos de adopción o acogimiento, tanto preadoptivo como permanente, dicho aumento se producirá, con independencia de la edad del menor, en el período impositivo en que se inscriba en el Registro Civil y en los dos siguientes. Cuando la inscripción no sea necesaria, el aumento se podrá practicar en el período impositivo en que se produzca la resolución judicial o administrativa correspondiente y en los dos siguientes.

Artículo 59[278]. *Mínimo por ascendientes.*

1. El mínimo por ascendientes será de 1.150 euros anuales, por cada uno de ellos mayor de 65 años o con discapacidad cualquiera que sea su edad que conviva con el contribuyente y no tenga rentas anuales, excluidas las exentas, superiores a 8.000 euros.

Redacción anterior dada por el art. 61.Dos de la Ley 39/2010, de 22 de diciembre, de Presupuestos Generales del Estado para el año 2011 (BOE núm. 23, de 12 de diciembre de 2010), con efectos desde 1 de enero de 2011 y vigencia indefinida. Nueva redacción coincídete con la anterior redacción dada por el art. 67.Dos de la Ley 26/2009, de 23 de diciembre, de Presupuestos Generales del Estado para el año 2010 (BOE núm. 309, de 24 de diciembre de 2009), con vigencia exclusiva para el ejercicio 2010. Dicha redacción coincide con la establecida por el art. 66.Dos de la Ley 2/2008, de 23 de diciembre, de Presupuestos Generales del Estado para el año 2009 (BOE, núm. 309, de 24 de diciembre de 2008), con vigencia exclusiva para el ejercicio 2009 y con la establecida por el art. 66.Dos de la Ley 51/2007, de 26 de diciembre, de Presupuestos Generales del Estado para el año 2008 (BOE núm. 310 de 27 de diciembre de 2007), con vigencia exclusiva para el 2008.

[276] Declaración de inconstitucionalidad de la expresión «conviva con el contribuyente y» a efectos de la aplicación del mínimo por descendientes en el IRPF. Sentencia 19/202, de 15 de febrero de 2012, del Tribunal Constitucional: «Sí corresponde este Tribunal, determinar si la articulación que se ha hecho en la normativa impugnada es respetuosa del principio constitucional de igualdad, en la medida en que excluye de su aplicación, sin razón que lo justifique, a un grupo importante de contribuyentes que prestan asistencia económica a sus descendientes por el sólo hecho de no convivir con ellos. Por ello, debe concluirse que, no ajustándose la norma controvertida al fin perseguido (la protección de la familia mediante la deducción de parte de los gastos que provoca el deber constitucional de asistencia de todo orden a los hijos), al no ser las consecuencias jurídicas que resultan proporcionadas al mismo, no cabe sino declarar la inconstitucionalidad de la expresión «conviva con el contribuyente y» de la letra b) del apartado 1 del art. 40.3 de la Ley 40/1998, de 9 de diciembre, del impuesto sobre la renta de las personas físicas y otras normas tributarias».

[277] Art. 53 (Mínimo familiar por descendientes menores de tres años), del RIRPF.

[278] Nueva redacción del artículo 59 dada por el Art. Primero. Treinta y cinco de la Ley 26/2014, de 27 de noviembre, por la que se modifican la Ley 35/2006, de 28 de noviembre, del Impuesto sobre la Renta de las Personas Físicas, el texto refundido de la Ley del Impuesto sobre la Renta de no Residentes, aprobado

Entre otros casos, se considerará que conviven con el contribuyente los ascendientes con discapacidad que, dependiendo del mismo, sean internados en centros especializados.

2. Cuando el ascendiente sea mayor de 75 años, el mínimo a que se refiere el apartado 1 anterior se aumentará en 1.400 euros anuales.

Artículo 60[279]. *Mínimo por discapacidad.*

El mínimo por discapacidad será la suma del mínimo por discapacidad del contribuyente y del mínimo por discapacidad de ascendientes y descendientes.

1. El mínimo por discapacidad del contribuyente será de 3.000 euros anuales cuando sea una persona con discapacidad y 9.000 euros anuales cuando sea una persona con discapacidad y acredite un grado de discapacidad igual o superior al 65 por ciento.

Dicho mínimo se aumentará, en concepto de gastos de asistencia, en 3.000 euros anuales cuando acredite necesitar ayuda de terceras personas o movilidad reducida, o un grado de discapacidad igual o superior al 65 por ciento.

2. El mínimo por discapacidad de ascendientes o descendientes será de 3.000 euros anuales por cada uno de los descendientes o ascendientes que generen derecho a la aplicación del mínimo a que se refieren los artículos 58 y 59 de esta Ley, que sean personas con discapacidad, cualquiera que sea su edad. El mínimo será de 9.000 euros anuales, por cada uno de ellos que acrediten un grado de discapacidad igual o superior al 65 por ciento.

---

por el Real Decreto Legislativo 5/2004, de 5 de marzo, y otras normas tributarias (BOE núm. 288, de 28 de noviembre de 2014), en vigor desde el 1 de enero de 2015.

Redacción anterior dada por el art. 61.Tres de la Ley 39/2010, de 22 de diciembre, de Presupuestos Generales del Estado para el año 2011 (BOE núm. 23, de 12 de diciembre de 2010), con efectos desde 1 de enero de 2011 y vigencia indefinida. Nueva redacción coincídete con la anterior redacción dada por el art. 67.Tres de la Ley 26/2009, de 23 de diciembre, de Presupuestos Generales del Estado para el año 2010 (BOE núm. 309, de 24 de diciembre de 2009), con vigencia exclusiva para el ejercicio 2010. Dicha redacción coincide con la establecida por el art. 66.Tres de la Ley 2/2008, de 23 de diciembre, de Presupuestos Generales del Estado para el año 2009 (BOE, núm. 309, de 24 de diciembre de 2008), con vigencia exclusiva para el ejercicio 2009 y con la establecida por el art. 66.Tres de la Ley 51/2007, de 26 de diciembre, de Presupuestos Generales del Estado para el año 2008 (BOE núm. 310 de 27 de diciembre de 2007), con vigencia exclusiva para el 2008.

[279] Nueva redacción del artículo 60 dada por el Art. Primero. Treinta y seis de la Ley 26/2014, de 27 de noviembre, por la que se modifican la Ley 35/2006, de 28 de noviembre, del Impuesto sobre la Renta de las Personas Físicas, el texto refundido de la Ley del Impuesto sobre la Renta de no Residentes, aprobado por el Real Decreto Legislativo 5/2004, de 5 de marzo, y otras normas tributarias (BOE núm. 288, de 28 de noviembre de 2014), en vigor desde el 1 de enero de 2015.

Redacción anterior dada por el art. 61.Cuatro de la Ley 39/2010, de 22 de diciembre, de Presupuestos Generales del Estado para el año 2011 (BOE núm. 23, de 12 de diciembre de 2010), con efectos desde 1 de enero de 2011 y vigencia indefinida. Nueva redacción coincídete con la anterior redacción dada por el art. 67.Cuatro de la Ley 26/2009, de 23 de diciembre, de Presupuestos Generales del Estado para el año 2010 (BOE núm. 309, de 24 de diciembre de 2009), con vigencia exclusiva para el ejercicio 2010. Dicha redacción coincide con la establecida por el art. 66.Cuatro de la Ley 2/2008, de 23 de diciembre, de Presupuestos Generales del Estado para el año 2009 (BOE, núm. 309, de 24 de diciembre de 2008), con vigencia exclusiva para el ejercicio 2009 y con la establecida por el art. 66.Cuatro de la Ley 51/2007, de 26 de diciembre, de Presupuestos Generales del Estado para el año 2008 (BOE núm. 310 de 27 de diciembre de 2007), con vigencia exclusiva para el 2008.

Dicho mínimo se aumentará, en concepto de gastos de asistencia, en 3.000 euros anuales por cada ascendiente o descendiente que acredite necesitar ayuda de terceras personas o movilidad reducida, o un grado de discapacidad igual o superior al 65 por ciento.

3. A los efectos de este Impuesto, tendrán la consideración de personas con discapacidad los contribuyentes que acrediten, en las condiciones que reglamentariamente[280] se establezcan, un grado de discapacidad igual o superior al 33 por ciento.

En particular, se considerará acreditado un grado de discapacidad igual o superior al 33 por ciento en el caso de los pensionistas de la Seguridad Social que tengan reconocida una pensión de incapacidad permanente total, absoluta o gran invalidez y en el caso de los pensionistas de clases pasivas que tengan reconocida una pensión de jubilación o retiro por incapacidad permanente para el servicio o inutilidad. Igualmente, se considerará acreditado un grado de discapacidad igual o superior al 65 por ciento, cuando se trate de personas cuya incapacidad sea declarada judicialmente, aunque no alcance dicho grado.

Artículo 61[281]. *Normas comunes para la aplicación del mínimo del contribuyente y por descendientes, ascendientes y discapacidad.*

Para la determinación del importe de los mínimos a que se refieren los artículos 57, 58, 59 y 60 de esta Ley, se tendrán en cuenta las siguientes normas:

1.ª Cuando dos o más contribuyentes tengan derecho a la aplicación del mínimo por descendientes, ascendientes o discapacidad, respecto de los mismos ascendientes o descendientes, su importe se prorrateará entre ellos por partes iguales.

No obstante, cuando los contribuyentes tengan distinto grado de parentesco con el ascendiente o descendiente, la aplicación del mínimo corresponderá a los de grado más cercano, salvo que éstos no tengan rentas anuales, excluidas las exentas, superiores a 8.000 euros, en cuyo caso corresponderá a los del siguiente grado.

2.ª No procederá la aplicación del mínimo por descendientes, ascendientes o discapacidad, cuando los ascendientes o descendientes que generen el derecho a los mismos presenten declaración por este Impuesto con rentas superiores a 1.800 euros.

---

280 Art. 72 (Acreditación de la condición de persona con discapacidad y de la necesidad…), del RIRPF.
281 Nueva redacción del artículo 61 dada por el Art. Primero. Treinta y siete de la Ley 26/2014, de 27 de noviembre, por la que se modifican la Ley 35/2006, de 28 de noviembre, del Impuesto sobre la Renta de las Personas Físicas, el texto refundido de la Ley del Impuesto sobre la Renta de no Residentes, aprobado por el Real Decreto Legislativo 5/2004, de 5 de marzo, y otras normas tributarias (BOE núm. 288, de 28 de noviembre de 2014), en vigor desde el 1 de enero de 2015.
     La redacción del artículo 61.4ª dada por el art. 61.Cinco de la Ley 39/2010, de 22 de diciembre, de Presupuestos Generales del Estado para el año 2011 (BOE núm. 23, de 12 de diciembre de 2010), con efectos desde 1 de enero de 2011 y vigencia indefinida. Nueva redacción coincídete con la anterior redacción dada por el art. 67.Cinco de la Ley 26/2009, de 23 de diciembre, de Presupuestos Generales del Estado para el año 2010 (BOE núm. 309, de 24 de diciembre de 2009), con vigencia exclusiva para el ejercicio 2010. Dicha redacción coincide con la establecida por el art. 66.Cinco de la Ley 2/2008, de 23 de diciembre, de Presupuestos Generales del Estado para el año 2009 (BOE, núm. 309, de 24 de diciembre de 2008), con vigencia exclusiva para el ejercicio 2009 y con la establecida por el art. 66.Cinco de la Ley 51/2007, de 26 de diciembre, de Presupuestos Generales del Estado para el año 2008 (BOE núm. 310 de 27 de diciembre de 2007), con vigencia exclusiva para el 2008.

3.ª La determinación de las circunstancias personales y familiares que deban tenerse en cuenta a efectos de lo establecido en los artículos 57, 58, 59 y 60 de esta Ley, se realizará atendiendo a la situación existente en la fecha de devengo del Impuesto.

4.ª No obstante lo dispuesto en el apartado anterior, en caso de fallecimiento de un descendiente o ascendiente que genere el derecho al mínimo por descendientes o ascendientes, la cuantía será de 2.400 euros anuales o 1.150 euros anuales por ese descendiente o ascendiente, respectivamente.

5.ª Para la aplicación del mínimo por ascendientes, será necesario que éstos convivan con el contribuyente, al menos, la mitad del período impositivo o, en el caso de fallecimiento del ascendiente antes de la finalización de este, la mitad del período transcurrido entre el inicio del período impositivo y la fecha de fallecimiento.

Artículo 61 bis[282].

TÍTULO VI. CÁLCULO DEL IMPUESTO ESTATAL

CAPÍTULO I. Determinación de la cuota íntegra estatal

Artículo 62[283]. *Cuota íntegra estatal.*

La cuota íntegra estatal será la suma de las cantidades resultantes de aplicar los tipos de gravamen, a los que se refieren los artículos 63 y 66 de esta ley, a las bases liquidables general y del ahorro, respectivamente.

Artículo 63. *Escala general del Impuesto.*

1[284]. La parte de la base liquidable general que exceda del importe del mínimo personal y familiar a que se refiere el artículo 56 de esta Ley será gravada de la siguiente forma:

---

[282]   Art. 61.bis suprimido por el Art. Primero. Treinta y ocho de la Ley 26/2014, de 27 de noviembre, por la que se modifican la Ley 35/2006, de 28 de noviembre, del Impuesto sobre la Renta de las Personas Físicas, el texto refundido de la Ley del Impuesto sobre la Renta de no Residentes, aprobado por el Real Decreto Legislativo 5/2004, de 5 de marzo, y otras normas tributarias (BOE núm. 288, de 28 de noviembre de 2014), en vigor desde el 1 de enero de 2015.

Redacción anterior por su incorporación efectuada por la Disposición Adicional Cuarta de la Ley Orgánica 8/2007, de 4 de julio, sobre financiación de los partidos políticos (BOE núm. 160 de 5 de julio de 2007), con efectos a partir del día siguiente de su publicación en el BOE.

[283]   Art. 73 (Cuota íntegra autonómica), de esta Ley.

[284]   Nueva redacción del artículo 63.1 dada por el art. 58 Ley 11/2020, de 30 de diciembre, de Presupuestos Generales del Estado para el año 2021 (BOE núm. 341, de 31 de diciembre de 2020), en vigor desde el 1 de enero de 2021.

Redacción anterior dada por el Art. Primero. Treinta y nueve de la Ley 26/2014, de 27 de noviembre, por la que se modifican la Ley 35/2006, de 28 de noviembre, del Impuesto sobre la Renta de las Personas Físicas, el texto refundido de la Ley del Impuesto sobre la Renta de no Residentes, aprobado por el Real Decreto Legislativo 5/2004, de 5 de marzo, y otras normas tributarias (BOE núm. 288, de 28 de noviembre de 2014), en vigor desde el 1 de enero de 2015:

«1. La parte de la base liquidable general que exceda del importe del mínimo personal y familiar a que se refiere el artículo 56 de esta Ley será gravada de la siguiente forma:

1.º A la base liquidable general se le aplicarán los tipos que se indican en la siguiente escala:

1.º A la base liquidable general se le aplicarán los tipos que se indican en la siguiente escala[285]:

Base liquidable — Hasta euros	Cuota íntegra — Euros	Resto base liquidable — Hasta euros	Tipo aplicable — Porcentaje
0,00	0,00	12.450,00	9,50
12.450,00	1.182,75	7.750,00	12,00
20.200,00	2.112,75	15.000,00	15,00
35.200,00	4.362,75	24.800,00	18,50
60.000,00	8.950,75	240.000,00	22,50
300.000,00	62.950,75	En adelante	24,50

2.º La cuantía resultante se minorará en el importe derivado de aplicar a la parte de la base liquidable general correspondiente al mínimo personal y familiar, la escala prevista en el número 1.º anterior.

2. Se entenderá por tipo medio de gravamen general estatal el derivado de multiplicar por 100 el cociente resultante de dividir la cuota obtenida por la aplicación de lo previsto en el

Base liquidable — *Hasta euros*	*Cuota íntegra* — *Euros*	*Resto base liquidable* — *Hasta euros*	*Tipo aplicable* — *Porcentaje*
0,00	*0,00*	*12.450,00*	*9,50*
12.450,00	*1.182,75*	*7.750,00*	*12,00*
20.200,00	*2.112,75*	*15.000,00*	*15,00*
35.200,00	*4.362,75*	*24.800,00*	*18,50*
60.000,00	*8.950,75*	*En adelante*	*22,50*

2.º La cuantía resultante se minorará en el importe derivado de aplicar a la parte de la base liquidable general correspondiente al mínimo personal y familiar, la escala prevista en el número 1.º anterior.

Redacción anterior dada por el art. 62.Uno de la Ley 39/2010, de 22 de diciembre, de Presupuestos Generales del Estado para el año 2011 (BOE núm. 23, de 12 de diciembre de 2010), con efectos desde 1 de enero de 2011 y vigencia indefinida.

Redacción anterior del art. 63 dada por la Disp. Final Segunda.Cuatro de la Ley 22/2009, de 18 de diciembre, por la que se regula el sistema de financiación de las Comunidades Autónomas de régimen común y Ciudades con Estatuto de Autonomía y se modifican determinadas normas tributarias (BOE núm. 305, de 19 de diciembre de 2009), surtiendo efectos desde el 1-1-2010.

Redacción del artículo 63.1 dada por el art. 68.Uno de la Ley 26/2009, de 23 de diciembre, de Presupuestos Generales del Estado para el año 2010 (BOE núm. 309, de 24 de diciembre de 2009), con vigencia exclusiva para el ejercicio 2010.

Escala que coincide con la establecida por el art. 67.Uno de la Ley 2/2008, de 23 de diciembre, de Presupuestos Generales del Estado para el año 2009 (BOE, núm. 309, de 24 de diciembre de 2008), con vigencia exclusiva para el ejercicio 2009 y con la establecida por el art. 67.Uno de la Ley 51/2007, de 26 de diciembre, de Presupuestos Generales del Estado para el año 2008 (BOE núm. 310 de 27 de diciembre de 2007), con vigencia exclusiva para el 2008.

[285] Disposición adicional trigésima primera. (Escalas y tipos de retención aplicables en 2015) y Disposición adicional trigésima quinta. (Gravamen complementario a la cuota íntegra estatal para la reducción del déficit público en los ejercicios 2012 y 2013) de esta LIRPF.

apartado anterior por la base liquidable general. El tipo medio de gravamen general estatal se expresará con dos decimales[286].

Artículo 64[287]. *Especialidades aplicables en los supuestos de anualidades por alimentos a favor de los hijos.*

Los contribuyentes que satisfagan las anualidades por alimentos a sus hijos previstas en la letra k) del artículo 7 sin derecho a la aplicación por estos últimos del mínimo por descendientes previsto en el artículo 58, cuando el importe de aquellas sea inferior a la base liquidable general, aplicarán la escala prevista en el número 1º del apartado 1 del artículo 63 separadamente al importe de las anualidades por alimentos y al resto de la base liquidable general. La cuantía total resultante se minorará en el importe derivado de aplicar la escala prevista en el número 1º del apartado 1 del artículo 63, a la parte de la base liquidable general correspondiente al mínimo personal y familiar incrementado en 1.980 euros anuales, sin que pueda resultar negativa como consecuencia de tal minoración.

Artículo 65[288]. *Escala aplicable a los residentes en el extranjero.*

En el caso de los contribuyentes que tuviesen su residencia habitual en el extranjero por concurrir alguna de las circunstancias a las que se refieren el apartado 2 del artículo 8 y el

---

[286] Art. 65 (Escala aplicable a los residentes en el extranjero) y Art. 74 (Escala autonómica o complementaria del Impuesto), de esta Ley.
Art. 8 (Reducciones fiscales especiales para las actividades agrarias) y disp. adic. undécima (Beneficios fiscales aplicables a las catástrofes naturales producidas en 2010) de la Ley 3/2010, de 10 de marzo, por la que se aprueban medidas urgentes para paliar los daños producidos por los incendios forestales y otras catástrofes naturales ocurridos en varias Comunidades Autónomas.

[287] Art. 7.k) (Rentas exentas), Art. 17.2.f) (Rendimientos íntegros del trabajo) y Art. 75 (Especialidades aplicables en los supuestos de anualidades por alimentos a favor de los hijos), de esta Ley.
Nueva redacción del art. 64 dada por la Disp. Final decimocuarta Dos de la Ley Orgánica 1/2025, de 2 de enero, de medidas en materia de eficiencia del Servicio Público de Justicia (BOE núm. 3, de 3 de enero de 2025), en vigor desde el 3 de abril de 2025.
Redacción anterior dada el Art. Primero. Cuarenta de la Ley 26/2014, de 27 de noviembre, por la que se modifican la Ley 35/2006, de 28 de noviembre, del Impuesto sobre la Renta de las Personas Físicas, el texto refundido de la Ley del Impuesto sobre la Renta de no Residentes, aprobado por el Real Decreto Legislativo 5/2004, de 5 de marzo, y otras normas tributarias (BOE núm. 288, de 28 de noviembre de 2014), en vigor desde el 1 de enero de 2015: «*Los contribuyentes que satisfagan anualidades por alimentos a sus hijos por decisión judicial sin derecho a la aplicación por estos últimos del mínimo por descendientes previsto en el artículo 58 de esta Ley, cuando el importe de aquéllas sea inferior a la base liquidable general, aplicarán la escala prevista en el número 1º del apartado 1 del artículo 63 de esta Ley separadamente al importe de las anualidades por alimentos y al resto de la base liquidable general. La cuantía total resultante se minorará en el importe derivado de aplicar la escala prevista en el número 1º del apartado 1 del artículo 63 de esta Ley, a la parte de la base liquidable general correspondiente al mínimo personal y familiar incrementado en 1.980 euros anuales, sin que pueda resultar negativa como consecuencia de tal minoración*».

[288] Nueva redacción del art. 65 dada por el Art. Primero. Cuarenta y uno de la Ley 26/2014, de 27 de noviembre, por la que se modifican la Ley 35/2006, de 28 de noviembre, del Impuesto sobre la Renta de las Personas Físicas, el texto refundido de la Ley del Impuesto sobre la Renta de no Residentes, aprobado por el Real Decreto Legislativo 5/2004, de 5 de marzo, y otras normas tributarias (BOE núm. 288, de 28 de noviembre de 2014), en vigor desde el 1 de enero de 2015.
Disposición adicional trigésima primera (Escalas y tipos de retención aplicables en 2015) de esta Ley.
Redacción anterior dada por la Disp. Final Segunda.Cinco de la Ley 22/2009, de 18 de diciembre, por la que se regula el sistema de financiación de las Comunidades Autónomas de régimen común y Ciudades

apartado 1 del artículo 10 de esta Ley, las escalas aplicables serán la establecida en el apartado 1 del artículo 63 y la siguiente:

Base liquidable – Hasta euros	Cuota íntegra – Euros	Resto base liquidable – Hasta euros	Tipo aplicable – Porcentaje
0,00	0,00	12.450,00	9,50
12.450,00	1.182,75	7.750,00	12,00
20.200,00	2.112,75	15.000,00	15,00
35.200,00	4.362,75	24.800,00	18,50
60.000,00	8.950,75	En adelante	22,50

❱ Artículo 66[289]. *Tipos de gravamen del ahorro*.

1. La parte de base liquidable del ahorro que exceda, en su caso, del importe del mínimo personal y familiar a que se refiere el artículo 56 de esta ley será gravada de la siguiente forma:

1.º A la base liquidable del ahorro se le aplicarán los tipos que se indican en la siguiente escala:

---

con Estatuto de Autonomía y se modifican determinadas normas tributarias (BOE núm. 305, de 19 de diciembre de 2009), surtiendo efectos desde el 1-1-2010.

[289] Art. 76 (Tipo de gravamen del ahorro), de esta Ley.

Nueva redacción del art. 66 dada por Disp. Final Séptima Uno de la Ley 7/2024, de 20 de diciembre, por la que se establecen un Impuesto Complementario para garantizar un nivel mínimo global de imposición para los grupos multinacionales y los grupos nacionales de gran magnitud, un Impuesto sobre el margen de intereses y comisiones de determinadas entidades financieras y un Impuesto sobre los líquidos para cigarrillos electrónicos y otros productos relacionados con el tabaco, y se modifican otras normas tributarias (BOE núm. 307, de 21 de diciembre de 2024), modifica, con efectos desde el 1 de enero de 2025.

Redacción anterior dada por el art. 63.Uno Ley 31/2022, de 23 de diciembre, de Presupuestos Generales del Estado para el año 2023 (BOE núm. 308, de 24 de diciembre de 2022), con efectos desde el 1 de enero de 2023: «*1. La parte de base liquidable del ahorro que exceda, en su caso, del importe del mínimo personal y familiar a que se refiere el artículo 56 de esta ley será gravada de la siguiente forma:*

1º A la base liquidable del ahorro se le aplicarán los tipos que se indican en la siguiente escala:

Base liquidable del ahorro – Hasta euros	Cuota íntegra – Euros	Resto base liquidable del ahorro – Hasta euros	Tipo aplicable – Porcentaje
0	0	6.000	9,5
6.000,00	570	44.000	10,5
50.000,00	5.190	150.000	11,5
200.000,00	22.440	100.000	13,50
300.000,00	35.940	En adelante	14

2º La cuantía resultante se minorará en el importe derivado de aplicar a la parte de la base liquidable del ahorro correspondiente al mínimo personal y familiar, la escala prevista en el número 1º anterior.

2. En el caso de los contribuyentes que tuviesen su residencia habitual en el extranjero por concurrir alguna de las circunstancias a las que se refieren el apartado 2 del artículo 8 y el apartado 1 del artículo 10 de esta ley, la parte de base liquidable del ahorro que exceda, en su caso, del importe del mínimo personal y familiar a que se refiere el artículo 56 de esta ley será gravada de la siguiente forma:

1º A la base liquidable del ahorro se le aplicarán los tipos que se indican en la siguiente escala:

Base liquidable del ahorro – Hasta euros	Cuota íntegra – Euros	Resto base liquidable del ahorro – Hasta euros	Tipo aplicable – Porcentaje
0	0	6.000	19
6.000,00	1.140	44.000	21
50.000,00	10.380	150.000	23
200.000,00	44.880	100.000	27
300.000,00	71.880	En adelante	28

2° La cuantía resultante se minorará en el importe derivado de aplicar a la parte de la base liquidable del ahorro correspondiente al mínimo personal y familiar, la escala prevista en el número 1° anterior».

Redacción anterior dada por el art. 59.Uno de la Ley 11/2020, de 30 de diciembre, de Presupuestos Generales del Estado para el año 2021 (BOE núm. 341, de 31 de diciembre de 2020), en vigor desde el 1 de enero de 2021: «*Tipos de gravamen del ahorro.*

1. La parte de base liquidable del ahorro que exceda, en su caso, del importe del mínimo personal y familiar a que se refiere el artículo 56 de esta Ley será gravada de la siguiente forma:

1° A la base liquidable del ahorro se le aplicarán los tipos que se indican en la siguiente escala:

Base liquidable del ahorro – Hasta euros	Cuota íntegra – Euros	Resto base liquidable del ahorro – Hasta euros	Tipo aplicable – Porcentaje
0	0	6.000	9,5
6.000,00	570	44.000	10,5
50.000,00	5.190	150.000	11,5
200.000,00	22.440	En adelante	13,00

2° La cuantía resultante se minorará en el importe derivado de aplicar a la parte de la base liquidable del ahorro correspondiente al mínimo personal y familiar, la escala prevista en el número 1° anterior.

2. En el caso de los contribuyentes que tuviesen su residencia habitual en el extranjero por concurrir alguna de las circunstancias a las que se refieren el apartado 2 del artículo 8 y el apartado 1 del artículo 10 de esta Ley, la parte de base liquidable del ahorro que exceda, en su caso, del importe del mínimo personal y familiar a que se refiere el artículo 56 de esta Ley será gravada de la siguiente forma:

1° A la base liquidable del ahorro se le aplicarán los tipos que se indican en la siguiente escala:

Base liquidable del ahorro – Hasta euros	Cuota íntegra – Euros	Resto base liquidable del ahorro – Hasta euros	Tipo aplicable – Porcentaje
0	0	6.000	19
6.000,00	1.140	44.000	21
50.000,00	10.380	150.000	23
200.000,00	44.880	En adelante	26

2° La cuantía resultante se minorará en el importe derivado de aplicar a la parte de la base liquidable del ahorro correspondiente al mínimo personal y familiar, la escala prevista en el número 1° anterior».

Redacción anterior dada por el Art. Primero. Cuarenta y dos de la Ley 26/2014, de 27 de noviembre, por la que se modifican la Ley 35/2006, de 28 de noviembre, del Impuesto sobre la Renta de las Personas Físicas, el texto refundido de la Ley del Impuesto sobre la Renta de no Residentes, aprobado por el Real Decreto Legislativo 5/2004, de 5 de marzo, y otras normas tributarias (BOE núm. 288, de 28 de noviembre de 2014), en vigor desde el 1 de enero de 2015: «*1. La parte de base liquidable del ahorro que exceda, en*

Base liquidable del ahorro — Hasta euros	Cuota íntegra — Euros	Resto base liquidable del ahorro — Hasta euros	Tipo aplicable — Porcentaje
0	0	6.000	9,5
6.000,00	570	44.000	10,5
50.000,00	5.190	150.000	11,5
200.000,00	22.440	100.000	13,50
300.000,00	35.940	En adelante	15

2.º La cuantía resultante se minorará en el importe derivado de aplicar a la parte de la base liquidable del ahorro correspondiente al mínimo personal y familiar, la escala prevista en el número 1.º anterior.

---

su caso, del importe del mínimo personal y familiar a que se refiere el artículo 56 de esta Ley será gravada de la siguiente forma:
1º A la base liquidable del ahorro se le aplicarán los tipos que se indican en la siguiente escala:

Base liquidable del ahorro — Hasta euros	Cuota íntegra — Euros	Resto base liquidable del ahorro — Hasta euros	Tipo aplicable — Porcentaje
0	0	6.000	9,5
6.000,00	570	44.000	10,5
50.000,00	5.190	En adelante	11,5

2º La cuantía resultante se minorará en el importe derivado de aplicar a la parte de la base liquidable del ahorro correspondiente al mínimo personal y familiar, la escala prevista en el número 1º anterior.
2. En el caso de los contribuyentes que tuviesen su residencia habitual en el extranjero por concurrir alguna de las circunstancias a las que se refieren el apartado 2 del artículo 8 y el apartado 1 del artículo 10 de esta Ley, la parte de base liquidable del ahorro que exceda, en su caso, del importe del mínimo personal y familiar a que se refiere el artículo 56 de esta Ley será gravada de la siguiente forma:
1º A la base liquidable del ahorro se le aplicarán los tipos que se indican en la siguiente escala:

Base liquidable del ahorro — Hasta euros	Cuota íntegra — Euros	Resto base liquidable del ahorro — Hasta euros	Tipo aplicable — Porcentaje
0	0	6.000	19
6.000,00	1.140	44.000	21
50.000,00	10.380	En adelante	23

2º La cuantía resultante se minorará en el importe derivado de aplicar a la parte de la base liquidable del ahorro correspondiente al mínimo personal y familiar, la escala prevista en el número 1º anterior».
Redacción anterior del artículo 66.1 dada por el art. 63.Uno de la Ley 39/2010, de 22 de diciembre, de Presupuestos Generales del Estado para el año 2011 (BOE núm. 23, de 12 de diciembre de 2010), con efectos desde 1 de enero de 2011.
Redacción anterior dada por el art. 69.Uno de la Ley 26/2009, de 23 de diciembre, de Presupuestos Generales del Estado para el año 2010 (BOE núm. 309, de 24 de diciembre de 2009), con vigencia exclusiva para el ejercicio 2010.
Redacción anterior del art. 66.1 dada por la Disp. Final Segunda.Seis de la Ley 22/2009, de 18 de diciembre, por la que se regula el sistema de financiación de las Comunidades Autónomas de régimen común y Ciudades con Estatuto de Autonomía y se modifican determinadas normas tributarias (BOE núm. 305, de 19 de diciembre de 2009), surtiendo efectos desde el 1-1-2010.

2. En el caso de los contribuyentes que tuviesen su residencia habitual en el extranjero por concurrir alguna de las circunstancias a las que se refieren el apartado 2 del artículo 8 y el apartado 1 del artículo 10 de esta ley, la parte de base liquidable del ahorro que exceda, en su caso, del importe del mínimo personal y familiar a que se refiere el artículo 56 de esta ley será gravada de la siguiente forma:

1.º A la base liquidable del ahorro se le aplicarán los tipos que se indican en la siguiente escala:

Base liquidable del ahorro Hasta euros	Cuota íntegra Euros	Resto base liquidable del ahorro Hasta euros	Tipo aplicable Porcentaje
0	0	6.000	19
6.000,00	1.140	44.000	21
50.000,00	10.380	150.000	23
200.000,00	44.880	100.000	27
300.000,00	71.880	En adelante	30

2.º La cuantía resultante se minorará en el importe derivado de aplicar a la parte de la base liquidable del ahorro correspondiente al mínimo personal y familiar, la escala prevista en el número 1.º anterior.

CAPÍTULO II. Determinación de la cuota líquida estatal

Artículo 67[290]. *Cuota líquida estatal.*

1[291]. La cuota líquida estatal del Impuesto será el resultado de disminuir la cuota íntegra estatal en la suma de:

---

[290] Art. 77 (Cuota líquida autonómica), de esta Ley.
Nueva deducción recogida en la Disposición adicional vigésimo novena (Deducción por obras de mejora en la vivienda habitual), de esta Ley.

[291] Nueva redacción del artículo 67.1 dada por el Art. Primero. Cuarenta y tres de la Ley 26/2014, de 27 de noviembre, por la que se modifican la Ley 35/2006, de 28 de noviembre, del Impuesto sobre la Renta de las Personas Físicas, el texto refundido de la Ley del Impuesto sobre la Renta de no Residentes, aprobado por el Real Decreto Legislativo 5/2004, de 5 de marzo, y otras normas tributarias (BOE núm. 288, de 28 de noviembre de 2014), en vigor desde el 1 de enero de 2015.
Redacción anterior dada por el art. 27.Tres de la Ley 14/2013, de 27 de septiembre, de apoyo a los emprendedores y su internacionalización (BOE núm. 233, de 28 de septiembre de 2013), con entrada en vigor el día 29 de noviembre de 2013.
Redacción anterior dada por el art. 1.Uno de la Ley 16/2012, de 27 de diciembre, por la que se adoptan diversas medidas tributarias dirigidas a la consolidación de las finanzas públicas y al impulso de la actividad económica (BOE núm. 312, de 28 de diciembre de 2012), con efectos desde el 1 de enero de 2013.
Redacción anterior dada por la Disp. Final Segunda.Siete de la Ley 22/2009, de 18 de diciembre, por la que se regula el sistema de financiación de las Comunidades Autónomas de régimen común y Ciudades con Estatuto de Autonomía y se modifican determinadas normas tributarias (BOE núm. 305, de 19 de diciembre de 2009), surtiendo efectos desde el 1-1-2010.
Redacción anterior dada por la Disposición Final Sexta.Dos.1 de la Ley 51/2007, de 26 de diciembre, de Presupuestos Generales del Estado para el año 2008 (BOE núm. 310 de 27 de diciembre de 2007), con efectos desde el 1 de enero de 2008 hasta el 31-12-2009.

a) La deducción por inversión en empresas de nueva o reciente creación prevista en el apartado 1 del artículo 68 de esta Ley.

b) El 50 por ciento del importe total de las deducciones previstas en los apartados 2, 3, 4 y 5 del artículo 68 de esta Ley.

2. El resultado de las operaciones a que se refiere el apartado anterior no podrá ser negativo.

Artículo 68[292]. Deducciones.

1[293]. Deducción por inversión en empresas de nueva o reciente creación.

1.º Los contribuyentes podrán deducirse el 50 por ciento de las cantidades satisfechas en el período de que se trate por la suscripción de acciones o participaciones en empresas de nueva o reciente creación, cuando se cumpla lo dispuesto en los números 2.º y 3.º de este apartado, pudiendo, además de la aportación temporal al capital, aportar sus conocimientos

---

[292]   Art. 77.1.c) (Cuota líquida autonómica), de esta Ley. Art. 59 (Pérdida del derecho a deducir), del RIRPF.

[293]   Nueva redacción del artículo 68.1 dada la Disp. Final Tercera Cuatro de la Ley 28/2022, de 21 de diciembre, de fomento del ecosistema de las empresas emergentes (BOE núm. 306, de 22 de diciembre de 2022), con efectos desde el 1 de enero de 2023.
   Redacción anterior dada por el art. 26.Cuatro de la Ley 14/2013, de 27 de septiembre, de apoyo a los emprendedores y su internacionalización, (BOE núm. 233, de 28 de septiembre de 2013), con entrada en vigor el día 29 de noviembre de 2013.
   Redacción anterior del núm. 1 dada por 66 de la Ley 6/2018, de 3 de julio, de Presupuestos Generales del Estado para el año 2018 (BOE núm. 161, de 4 de julio de 2018), en vigor desde el día 1 de enero de 2018.
   Redacción anterior, del art. 68.1 dada por el Art. Primero. Cuarenta y cuatro de la Ley 26/2014, de 27 de noviembre, (BOE núm. 288, de 28 de noviembre de 2014), en vigor desde el 1 de enero de 2015.
   Disposición adicional trigésima octava.2 (Aplicación de determinados incentivos fiscales) de la LIRPF.
   Con anterioridad el apartado 1 del art. 68 fue suprimido por el art. 1.Dos de la Ley 16/2012, de 27 de diciembre, por la que se adoptan diversas medidas tributarias dirigidas a la consolidación de las finanzas públicas y al impulso de la actividad económica (BOE núm. 312, de 28 de diciembre de 2012), con efectos desde del 1 de enero de 2013. Se ha incorporado por el art. 1.Nueve en la Disposición transitoria decimoctava (Deducción por inversión en vivienda habitual).
   Art. 78 (Tramo autonómico de la deducción por inversión en vivienda habitual), de esta Ley.
   Redacción anterior del art. 68.1 dada por la Disposición Final Segunda.segundo del Real Decreto-ley 20/2011, de 30 de diciembre, de medidas urgentes en materia presupuestaria, tributaria y financiera para la corrección del déficit público (BOE núm. 315, de 31 de diciembre), con efectos desde el 1 de enero de 2011.
   La anterior redacción fue dada por el art. 67.Uno de la Ley 39/2010, de 22 de diciembre, de Presupuestos Generales del Estado para el año 2011 (BOE núm. 23, de 12 de diciembre de 2010), con efectos desde 1 de enero de 2011 y vigencia indefinida, aunque no ha sido de aplicación en virtud de la anterior modificación.
   Disposición transitoria decimoctava (Deducción por inversión en vivienda habitual adquirida con anterioridad a 1 de enero de 2011) de esta Ley y la Disposición transitoria undécima (Minoración de pagos a cuenta por aplicación del régimen transitorio de deducción por inversión en vivienda habitual) del RIRPF.
   Redacción anterior del art. 68.1 dada por la Disp. Final Segunda.Ocho de la Ley 22/2009, de 18 de diciembre, por la que se regula el sistema de financiación de las Comunidades Autónomas de régimen común y Ciudades con Estatuto de Autonomía y se modifican determinadas normas tributarias (BOE núm. 305, de 19 de diciembre de 2009), surtiendo efectos desde el 1-1-2010.
   La Ley 26/2009, de 23 de diciembre, de Presupuestos Generales del Estado para el año 2010 (BOE núm. 309, de 24 de diciembre de 2009) establece en su Disp. Adic. Cuadragésima quinta. Deducción por vivienda habitual en 2010.

empresariales o profesionales adecuados para el desarrollo de la entidad en la que invierten, en los términos que establezca el acuerdo de inversión entre el contribuyente y la entidad.

La base máxima de deducción será de 100.000 euros anuales y estará formada por el valor de adquisición de las acciones o participaciones suscritas.

No formarán parte de la base de deducción las cantidades satisfechas por la suscripción de acciones o participaciones cuando respecto de tales cantidades el contribuyente practique una deducción establecida por la Comunidad Autónoma en el ejercicio de las competencias previstas en la Ley 22/2009, de 18 de diciembre, por la que se regula el sistema de financiación de las Comunidades Autónomas de régimen común y Ciudades con Estatuto de Autonomía y se modifican determinadas normas tributarias.

2.º La entidad cuyas acciones o participaciones se adquieran deberá cumplir los siguientes requisitos:

a) Revestir la forma de Sociedad Anónima, Sociedad de Responsabilidad Limitada, Sociedad Anónima Laboral o Sociedad de Responsabilidad Limitada Laboral, en los términos previstos en el texto refundido de la Ley de Sociedades de Capital, aprobado por el Real Decreto Legislativo 1/2010, de 2 de julio, y en la Ley 44/2015, de 14 de octubre, de Sociedades Laborales y Participadas, y no estar admitida a negociación en ningún mercado organizado, tanto mercado regulado como sistemas multilaterales de negociación.

Este requisito deberá cumplirse durante todos los años de tenencia de la acción o participación.

b) Ejercer una actividad económica que cuente con los medios personales y materiales para el desarrollo de la misma. En particular, no podrá tener por actividad la gestión de un patrimonio mobiliario o inmobiliario a que se refiere el artículo 4.8.dos.a) de la Ley 19/1991, de 6 de junio, del Impuesto sobre el Patrimonio, en ninguno de los períodos impositivos de la entidad concluidos con anterioridad a la transmisión de la participación.

c) El importe de la cifra de los fondos propios de la entidad no podrá ser superior a 400.000 euros en el inicio del período impositivo de la misma en que el contribuyente adquiera las acciones o participaciones.

Cuando la entidad forme parte de un grupo de sociedades en el sentido del artículo 42 del Código de Comercio, con independencia de la residencia y de la obligación de formular cuentas anuales consolidadas, el importe de los fondos propios se referirá al conjunto de entidades pertenecientes a dicho grupo.

3.º A efectos de aplicar lo dispuesto en el apartado 1.º anterior deberán cumplirse las siguientes condiciones:

a) Las acciones o participaciones en la entidad deberán adquirirse por el contribuyente bien en el momento de la constitución de aquella o mediante ampliación de capital efectuada, con carácter general, en los cinco años siguientes a dicha constitución, o en los siete años siguientes a dicha constitución en el caso de empresas emergentes a las que se refiere el apartado 1 del artículo 3 de la Ley 28/2022, de 21 de diciembre, de fomento del ecosistema de las empresas emergentes, y permanecer en su patrimonio por un plazo superior a tres años e inferior a doce años.

b) La participación directa o indirecta del contribuyente, junto con la que posean en la misma entidad su cónyuge o cualquier persona unida al contribuyente por parentesco, en línea recta o colateral, por consanguinidad o afinidad, hasta el segundo grado incluido, no puede ser, durante ningún día de los años naturales de tenencia de la participación, superior al 40 por ciento del capital social de la entidad o de sus derechos de voto. Lo dispuesto en esta letra no resultará de aplicación a los socios fundadores de una empresa emergente a las que se refiere la Ley 28/2022, de 21 de diciembre, de fomento del ecosistema de las empresas emergentes, entendidos como aquellos que figuren en la escritura pública de constitución de la misma.

c) Que no se trate de acciones o participaciones en una entidad a través de la cual se ejerza la misma actividad que se venía ejerciendo anteriormente mediante otra titularidad.

4.º Cuando el contribuyente transmita acciones o participaciones y opte por la aplicación de la exención prevista en el apartado 2 del artículo 38 de esta ley, únicamente formará parte de la base de la deducción correspondiente a las nuevas acciones o participaciones suscritas la parte de la reinversión que exceda del importe total obtenido en la transmisión de aquellas. En ningún caso se podrá practicar deducción por las nuevas acciones o participaciones mientras las cantidades invertidas no superen la citada cuantía.

5.º[294] Para la práctica de la deducción será necesario obtener una certificación expedida por la entidad cuyas acciones o participaciones se hayan adquirido indicando el cumplimiento de los requisitos señalados en el número 2.º anterior en el período impositivo en el que se produjo la adquisición de las mismas.

2[295]. Deducciones en actividades económicas.

a) A los contribuyentes por este Impuesto que ejerzan actividades económicas les serán de aplicación los incentivos y estímulos a la inversión empresarial establecidos o que se establezcan en la normativa del Impuesto sobre Sociedades con igualdad de porcentajes y límites de deducción, con excepción de lo dispuesto en los apartados 2 y 3 del artículo 39 de la Ley del Impuesto sobre Sociedades.

b) Adicionalmente, los contribuyentes que cumplan los requisitos establecidos en el artículo 101 de la Ley del Impuesto sobre Sociedades podrán deducir los rendimientos netos de actividades económicas del período impositivo que se inviertan en elementos nuevos del inmovilizado material o inversiones inmobiliarias afectos a actividades económicas desarrolladas por el contribuyente.

Se entenderá que los rendimientos netos de actividades económicas del período impositivo son objeto de inversión cuando se invierta una cuantía equivalente a la parte de la base liquidable general positiva del período impositivo que corresponda a tales rendimientos, sin que en ningún caso la misma cuantía pueda entenderse invertida en más de un activo.

La inversión en elementos patrimoniales afectos a actividades económicas deberá realizarse en el período impositivo en que se obtengan los rendimientos objeto de reinversión o en el período impositivo siguiente.

---

[294] Art. 105.2.e) de la LIRPF y art. 69.1 (Otras obligaciones formales de información) del RIRPF.

[295] Artículo 69.2 (Límites de determinadas deducciones) de esta LIRPF.

Nueva redacción del artículo 68.2 dada por el Art. Primero. Cuarenta y cinco de la Ley 26/2014, de 27 de noviembre, por la que se modifican la Ley 35/2006, de 28 de noviembre, del Impuesto sobre la Renta de las Personas Físicas, el texto refundido de la Ley del Impuesto sobre la Renta de no Residentes, aprobado por el Real Decreto Legislativo 5/2004, de 5 de marzo, y otras normas tributarias (BOE núm. 288, de 28 de noviembre de 2014), en vigor desde el 1 de enero de 2015.

Redacción anterior dada el art. 27.Cinco de la Ley 14/2013, de 27 de septiembre, de apoyo a los emprendedores y su internacionalización (BOE núm. 233, de 28 de septiembre de 2013), con entrada en vigor el día 29 de noviembre de 2013.

La inversión se entenderá efectuada en la fecha en que se produzca la puesta a disposición de los elementos patrimoniales, incluso en el supuesto de elementos patrimoniales que sean objeto de los contratos de arrendamiento financiero a los que se refiere el apartado 1 de la disposición adicional séptima de la Ley 26/1988, de 29 de julio, sobre disciplina e intervención de las entidades de crédito. No obstante, en este último caso, la deducción estará condicionada, con carácter resolutorio, al ejercicio de la opción de compra.

La deducción se practicará en la cuota íntegra correspondiente al período impositivo en que se efectúe la inversión.

La base de la deducción será la cuantía invertida a que se refiere el segundo párrafo de esta letra b).

El porcentaje de deducción será del 5 por ciento. No obstante, el porcentaje de deducción será del 2,5 por ciento cuando el contribuyente hubiera practicado la reducción prevista en el apartado 3 del artículo 32 de esta Ley o se trate de rentas obtenidas en Ceuta y Melilla respecto de las que se hubiera aplicado la deducción prevista en el artículo 68.4 de esta Ley.

El importe de la deducción no podrá exceder de la suma de la cuota íntegra estatal y autonómica del período impositivo en el que se obtuvieron los rendimientos netos de actividades económicas señalados en el primer párrafo de esta letra b).

Los elementos patrimoniales objeto de inversión deberán permanecer en funcionamiento en el patrimonio del contribuyente, salvo pérdida justificada, durante un plazo de 5 años, o durante su vida útil de resultar inferior.

No obstante, no se perderá la deducción si se produce la transmisión de los elementos patrimoniales objeto de inversión antes de la finalización del plazo señalado en el párrafo anterior y se invierte el importe obtenido o el valor neto contable, si fuera menor, en los términos establecidos en este artículo.

Esta deducción es incompatible con la aplicación de la libertad de amortización, con la deducción por inversiones regulada en el artículo 94 de la Ley 20/1991, de 7 de junio, de modificación de los aspectos fiscales del Régimen Económico Fiscal de Canarias, y con la Reserva para inversiones en Canarias regulada en el artículo 27 de la Ley 19/1994, de 6 de julio, de modificación del Régimen Económico y Fiscal de Canarias.

c) Los contribuyentes por este Impuesto que ejerzan actividades económicas y determinen su rendimiento neto por el método de estimación objetiva sólo les serán de aplicación los incentivos a que se refiere este apartado 2 cuando así se establezca reglamentariamente teniendo en cuenta las características y obligaciones formales del citado método.

3[296]. Deducciones por donativos y otras aportaciones.

Los contribuyentes podrán aplicar, en este concepto:

a) Las deducciones previstas en la Ley 49/2002, de 23 de diciembre, de régimen fiscal de las entidades sin fines lucrativos y de los incentivos fiscales al mecenazgo[297].

---

[296] Nueva redacción del art. 68.3 dada por el Art. Primero. Cuarenta y seis de la Ley 26/2014, de 27 de noviembre, por la que se modifican la Ley 35/2006, de 28 de noviembre, del Impuesto sobre la Renta de las Personas Físicas, el texto refundido de la Ley del Impuesto sobre la Renta de no Residentes, aprobado por el Real Decreto Legislativo 5/2004, de 5 de marzo, y otras normas tributarias (BOE núm. 288, de 28 de noviembre de 2014), en vigor desde el 1 de enero de 2015.
Artículo 69.1 (Límites de determinadas deducciones) de esta LIRPF.

[297] Art. 19 Ley 49/2002, de 23 de diciembre, en redacción dada por el art. 129.Seis del Real Decreto-ley 6/2023, de 19 de diciembre, por el que se aprueban medidas urgentes para la ejecución del Plan de

Recuperación, Transformación y Resiliencia en materia de servicio público de justicia, función pública, régimen local y mecenazgo (BOE núm. 303, de 20 de diciembre de 2023), con efectos desde el 1 de enero de 2024:

«Artículo 19. Deducción de la cuota del Impuesto sobre la Renta de las Personas Físicas.

1. Los contribuyentes del Impuesto sobre la Renta de las Personas Físicas tendrán derecho a deducir de la cuota íntegra el resultado de aplicar a la base de la deducción correspondiente al conjunto de donativos, donaciones y aportaciones con derecho a deducción, determinada según lo dispuesto en el artículo 18 de esta Ley, la siguiente escala:

Base de deducción Importe hasta	Porcentaje de deducción
250 euros	80%
Resto base de deducción	40%

Si en los dos períodos impositivos inmediatos anteriores se hubieran realizado donativos, donaciones o aportaciones con derecho a deducción en favor de una misma entidad, siendo el importe del donativo, donación o aportación de este ejercicio y el del período impositivo anterior, igual o superior, en cada uno de ellos, al del ejercicio inmediato anterior, el porcentaje de deducción aplicable a la base de la deducción en favor de esa misma entidad que exceda de 250 euros, será el 45 por ciento.

2. La base de esta deducción se computará a efectos del límite previsto en el apartado 1 del artículo 69 de la Ley 35/2006, de 28 de noviembre, del Impuesto sobre la Renta de las Personas Físicas y de modificación parcial de las leyes de los Impuestos sobre Sociedades, sobre la Renta de no Residentes y sobre el Patrimonio».

Art. 19 Ley 49/2002, de 23 de diciembre, en redacción dada por el art. 11.6 de la Ley 14/2021, de 11 de octubre, que recoge la redacción dada por la Disposición Final 2 del Real Decreto Ley 17/2020, de 5 de mayo, por el que se aprueban medidas de apoyo al sector cultural y de carácter tributario para hacer frente al impacto económico y social del COVID-2019, con efectos desde el 1 de enero de 2020:

«Artículo 19. Deducción de la cuota del Impuesto sobre la Renta de las Personas Físicas.

1. Los contribuyentes del Impuesto sobre la Renta de las Personas Físicas tendrán derecho a deducir de la cuota íntegra el resultado de aplicar a la base de la deducción correspondiente al conjunto de donativos, donaciones y aportaciones con derecho a deducción, determinada según lo dispuesto en el artículo 18 de esta ley, la siguiente escala:

Base de deducción Importe hasta	Porcentaje de deducción
150 euros	80%
Resto base de deducción	35%

Si en los dos períodos impositivos inmediatos anteriores se hubieran realizado donativos, donaciones o aportaciones con derecho a deducción en favor de una misma entidad por importe igual o superior, en cada uno de ellos, al del ejercicio anterior, el porcentaje de deducción aplicable a la base de la deducción en favor de esa misma entidad que exceda de 150 euros, será el 40 por ciento.

2. La base de esta deducción se computará a efectos del límite previsto en el apartado 1 del artículo 69 de la Ley 35/2006, de 28 de noviembre, del Impuesto sobre la Renta de las Personas Físicas y de modificación parcial de las leyes de los Impuestos sobre Sociedades, sobre la Renta de no Residentes y sobre el Patrimonio».

Real Decreto-ley 18/2019, de 27 de diciembre, por el que se adoptan determinadas medidas en materia tributaria, catastral y de seguridad social (BOE núm. 312, de 28 de diciembre de 2019): «Artículo 5. Actividades prioritarias de mecenazgo.

1. De acuerdo con lo establecido en el artículo 22 de la Ley 49/2002, de 23 de diciembre, de régimen fiscal de las entidades sin fines lucrativos y de los incentivos fiscales al mecenazgo, durante el año 2020 se considerarán actividades prioritarias de mecenazgo las enumeradas en la disposición adicional septuagésima primera de la Ley 6/2018, de Presupuestos Generales del Estado para el año 2018.

b) El 10 por ciento de las cantidades donadas a las fundaciones legalmente reconocidas que rindan cuentas al órgano del protectorado correspondiente, así como a las asociaciones declaradas de utilidad pública, no comprendidas en el párrafo anterior.

c) El 20 por ciento de las cuotas de afiliación y las aportaciones a Partidos Políticos, Federaciones, Coaliciones o Agrupaciones de Electores. La base máxima de esta deducción será de 600 euros anuales y estará constituida por las cuotas de afiliación y aportaciones previstas en la letra a) del apartado Dos del artículo 2 de la Ley Orgánica 8/2007, de 4 de julio, sobre financiación de los partidos políticos[298].

4[299]. Deducción por rentas obtenidas en Ceuta o Melilla.

1.º[300] Contribuyentes residentes en Ceuta o Melilla.

a) Los contribuyentes que tengan su residencia habitual y efectiva en Ceuta o Melilla se deducirán el 60 por ciento de la parte de la suma de las cuotas íntegras estatal y autonómica que proporcionalmente corresponda a las rentas computadas para la determinación de las bases liquidables que hubieran sido obtenidas en Ceuta o Melilla.

b) También aplicarán esta deducción los contribuyentes que mantengan su residencia habitual y efectiva en Ceuta o Melilla durante un plazo no inferior a tres años, en los períodos impositivos iniciados con posterioridad al final de ese plazo, por las rentas obtenidas fuera de dichas ciudades cuando, al menos, una tercera parte del patrimonio neto del contribuyente, determinado conforme a la normativa reguladora del Impuesto sobre el Patrimonio, esté situado en dichas ciudades.

La cuantía máxima de las rentas, obtenidas fuera de dichas ciudades, que puede acogerse a esta deducción será el importe neto de los rendimientos y ganancias y pérdidas patrimoniales obtenidos en dichas ciudades.

---

2. Los porcentajes y los límites de las deducciones establecidas en los artículos 19, 20 y 21 de la citada Ley 49/2002, de 23 de diciembre, se elevarán en cinco puntos porcentuales en relación con las actividades incluidas en el apartado anterior».
Redacción anterior dada por la Disposición Final 5.1.1 de la Ley 27/2014, de 27 de noviembre, del Impuesto sobre Sociedades (BOE núm. 288, de 29 de noviembre de 2014), en efectos desde el 1 de enero de 2015.

[298] Art. 2.Dos «Recursos procedentes de la financiación privada.
a) Las cuotas y aportaciones de sus afiliados.
b) Los productos de las actividades propias del partido así como de aquellas, reflejadas en la documentación contable y sometidas al control del Tribunal de Cuentas, que se vengan desarrollando tradicionalmente en sus sedes y faciliten el contacto y la interacción con los ciudadanos; los rendimientos procedentes de la gestión de su propio patrimonio; los beneficios procedentes de sus actividades promocionales y los que puedan obtenerse de los servicios que puedan prestar en relación con sus fines específicos.
c) Las donaciones en dinero o en especie, que perciban en los términos y condiciones previstos en la presente Ley.
d) Los fondos procedentes de los préstamos o créditos que concierten.
e) Las herencias o legados que reciban».
Redacción de las letras a) y b) del apartado 2 dada por el art. 1.1 de la Ley Orgánica 3/2015, de 30 de marzo (BOE núm. 77, de 31 de marzo de 2015).

[299] Art. 58 (Deducción por rentas obtenidas en Ceuta y Melilla), del RIRPF.

[300] Nueva redacción del núm. 1º del art. 68.4 dada por el art. 60 de la Ley 6/2018, de 3 de julio, de Presupuestos Generales del Estado para el año 2018 (BOE núm. 161, de 4 de julio de 2018), con efectos desde el 1 de enero de 2018.

2.º[301] Los contribuyentes que no tengan su residencia habitual y efectiva en Ceuta o Melilla, se deducirán el 60 por ciento de la parte de la suma de las cuotas íntegras estatal y autonómica que proporcionalmente corresponda a las rentas computadas para la determinación de las bases liquidables positivas que hubieran sido obtenidas en Ceuta o Melilla.

En ningún caso se aplicará esta deducción a las rentas siguientes:

– Las procedentes de Instituciones de Inversión Colectiva, salvo cuando la totalidad de sus activos esté invertida en Ceuta o Melilla, en las condiciones que reglamentariamente se determinen.

– Las rentas a las que se refieren los párrafos a), e) e i) del apartado siguiente.

3.º A los efectos previstos en esta ley, se considerarán rentas obtenidas en Ceuta o Melilla las siguientes:

a) Los rendimientos del trabajo, cuando se deriven de trabajos de cualquier clase realizados en dichos territorios.

b) Los rendimientos que procedan de la titularidad de bienes inmuebles situados en Ceuta o Melilla o de derechos reales que recaigan sobre los mismos.

c) Las que procedan del ejercicio de actividades económicas efectivamente realizadas, en las condiciones que reglamentariamente se determinen, en Ceuta o Melilla[302].

d) Las ganancias patrimoniales que procedan de bienes inmuebles radicados en Ceuta o Melilla.

e) Las ganancias patrimoniales que procedan de bienes muebles situados en Ceuta o Melilla.

f) Los rendimientos del capital mobiliario procedentes de obligaciones o préstamos, cuando los capitales se hallen invertidos en dichos territorios y allí generen las rentas correspondientes.

g) Los rendimientos del capital mobiliario procedentes del arrendamiento de bienes muebles, negocios o minas, en las condiciones que reglamentariamente se determinen[303].

h)[304] Las rentas procedentes de sociedades que operen efectiva y materialmente en Ceuta o Melilla que correspondan a rentas a las que resulte de aplicación la bonificación establecida en el artículo 33 de la Ley del Impuesto sobre Sociedades, en los siguientes supuestos:

1.º Cuando tengan su domicilio y objeto social exclusivo en dichos territorios.

2.º[305] Cuando operen efectiva y materialmente en Ceuta o Melilla durante un plazo no inferior a tres años y obtengan rentas fuera de dichas ciudades, siempre que respecto de estas rentas tengan derecho a la aplicación de la bonificación prevista en el apartado 6 del artículo 33 de la Ley del Impuesto sobre Sociedades. A estos efectos deberán identificarse, en los

---

[301] Nueva redacción del núm. 2º del art. 68.4 dada por el art. 60 de la Ley 6/2018, de 3 de julio, de Presupuestos Generales del Estado para el año 2018 (BOE núm. 161, de 4 de julio de 2018), con efectos desde el 1 de enero de 2018.

[302] Art. 58.2 (Rentas obtenidas en Ceuta o Melilla), del RIRPF.

[303] Art. 58.4 (Rentas obtenidas en Ceuta o Melilla), del RIRPF.

[304] Nueva redacción del art. 68.3 dada por el Art. Primero. Cuarenta y siete de la Ley 26/2014, de 27 de noviembre, por la que se modifican la Ley 35/2006, de 28 de noviembre, del Impuesto sobre la Renta de las Personas Físicas, el texto refundido de la Ley del Impuesto sobre la Renta de no Residentes, aprobado por el Real Decreto Legislativo 5/2004, de 5 de marzo, y otras normas tributarias (BOE núm. 288, de 28 de noviembre de 2014), en vigor desde el 1 de enero de 2015.

[305] Art. 58.2 (Deducción por rentas obtenidas en Ceuta y Melilla) del RIRPF.

términos que reglamentariamente se establezcan, las reservas procedentes de rentas a las que hubieran resultado de aplicación la bonificación establecida en el artículo 33 de la Ley del Impuesto sobre Sociedades.

i) Los rendimientos procedentes de depósitos o cuentas en toda clase de instituciones financieras situadas en Ceuta o Melilla.

5[306]. Deducción por actuaciones para la protección y difusión del Patrimonio Histórico Español y de las ciudades, conjuntos y bienes declarados Patrimonio Mundial.

Los contribuyentes tendrán derecho a una deducción en la cuota del 15 por ciento del importe de las inversiones o gastos que realicen para:

a) La adquisición de bienes del Patrimonio Histórico Español, realizada fuera del territorio español para su introducción dentro de dicho territorio, siempre que los bienes sean declarados bienes de interés cultural o incluidos en el Inventario general de bienes muebles en el plazo de un año desde su introducción y permanezcan en territorio español y dentro del patrimonio del titular durante al menos cuatro años.

La base de esta deducción será la valoración efectuada por la Junta de calificación, valoración y exportación de bienes del patrimonio histórico español.

b) La conservación, reparación, restauración, difusión y exposición de los bienes de su propiedad que estén declarados de interés cultural conforme a la normativa del patrimonio histórico del Estado y de las comunidades autónomas, siempre y cuando se cumplan las exigencias establecidas en dicha normativa, en particular respecto de los deberes de visita y exposición pública de dichos bienes.

c) La rehabilitación de edificios, el mantenimiento y reparación de sus tejados y fachadas, así como la mejora de infraestructuras de su propiedad situados en el entorno que sea objeto de protección de las ciudades españolas o de los conjuntos arquitectónicos, arqueológicos, naturales o paisajísticos y de los bienes declarados Patrimonio Mundial por la Unesco situados en España.

6[307].

7[308].

---

[306] Artículo 69.1 (Límites de determinadas deducciones) de esta LIRPF.

[307] Apartado seis del art. 68 suprimido por el Art. Primero. Cuarenta y ocho de la Ley 26/2014, de 27 de noviembre, por la que se modifican la Ley 35/2006, de 28 de noviembre, del Impuesto sobre la Renta de las Personas Físicas, el texto refundido de la Ley del Impuesto sobre la Renta de no Residentes, aprobado por el Real Decreto Legislativo 5/2004, de 5 de marzo, y otras normas tributarias (BOE núm. 288, de 28 de noviembre de 2014), en vigor desde el 1 de enero de 2015.

[308] Apartado 7 del art. 68 suprimido por el Art. Primero. Cuarenta y ocho de la Ley 26/2014, de 27 de noviembre, por la que se modifican la Ley 35/2006, de 28 de noviembre, del Impuesto sobre la Renta de las Personas Físicas, el texto refundido de la Ley del Impuesto sobre la Renta de no Residentes, aprobado por el Real Decreto Legislativo 5/2004, de 5 de marzo, y otras normas tributarias (BOE núm. 288, de 28 de noviembre de 2014), en vigor desde el 1 de enero de 2015.

Redacción anterior dada por del art. 68.7 dada por el art. 68 de la Ley 39/2010, de 22 de diciembre, de Presupuestos Generales del Estado para el año 2011 (BOE núm. 23, de 12 de diciembre de 2010), Con efectos desde 1 de enero de 2011 y vigencia indefinida.

Apartado 7 del artículo 68 incorporado por la Disposición Final Sexta.Dos.2 de la Ley 51/2007, de 26 de diciembre, de Presupuestos Generales del Estado para el año 2008 (BOE núm. 310 de 27 de diciembre de 2007), con efectos desde el 1/1/2008 hasta el 31/12/2010.

Artículo 69. *Límites de determinadas deducciones.*

1. La base de las deducciones a que se refieren los apartados 3 y 5 del artículo 68 de esta ley, no podrá exceder para cada una de ellas del 10 por ciento de la base liquidable del contribuyente.

2[309]**.** Los límites de la deducción a que se refiere el apartado 2 del artículo 68 de esta Ley serán los que establezca la normativa del Impuesto sobre Sociedades para los incentivos y estímulos a la inversión empresarial. Dichos límites se aplicarán sobre la cuota que resulte de minorar la suma de las cuotas íntegras, estatal y autonómica, en el importe total de las deducciones por inversión en empresas de nueva o reciente creación, prevista en el artículo 68.1 de la misma, y por actuaciones para la protección y difusión del Patrimonio Histórico Español y de las ciudades, conjuntos y bienes declarados Patrimonio Mundial, prevista en el artículo 68.5 de esta Ley.

Artículo 70. *Comprobación de la situación patrimonial.*

1[310]**.** La aplicación de la deducción por inversión en empresas de nueva o reciente creación, requerirá que el importe comprobado del patrimonio del contribuyente al finalizar el período de la imposición exceda del valor que arrojase su comprobación al comienzo del mismo al menos en la cuantía de la inversión realizada.

2. A estos efectos, no se computarán los incrementos o disminuciones de valor experimentados durante el período impositivo por los elementos patrimoniales que al final del mismo sigan formando parte del patrimonio del contribuyente.

TÍTULO VII. GRAVAMEN AUTONÓMICO

CAPÍTULO I. Normas comunes

Artículo 71. *Normas comunes aplicables para la determinación del gravamen autonómico.*

Para la determinación del gravamen autonómico se aplicarán las normas relativas a la sujeción al impuesto y determinación de la capacidad económica contenidas en los títulos I,

---

[309]   Nueva redacción del artículo 69.2 dada el art. 27.Seis de la Ley 14/2013, de 27 de septiembre, de apoyo a los emprendedores y su internacionalización (BOE núm. 233, de 28 de septiembre de 2013), con entrada en vigor el día 29 de noviembre de 2013.

     Redacción anterior del art. 69.2 dada por el art. 1.Tres de la Ley 16/2012, de 27 de diciembre, por la que se adoptan diversas medidas tributarias dirigidas a la consolidación de las finanzas públicas y al impulso de la actividad económica (BOE núm. 312, de 28 de diciembre de 2012), con efectos desde del 1 de enero de 2013.

[310]   Nueva redacción del artículo 70.1 dada por el Art. Primero. Cuarenta y nueve de la Ley 26/2014, de 27 de noviembre, por la que se modifican la Ley 35/2006, de 28 de noviembre, del Impuesto sobre la Renta de las Personas Físicas, el texto refundido de la Ley del Impuesto sobre la Renta de no Residentes, aprobado por el Real Decreto Legislativo 5/2004, de 5 de marzo, y otras normas tributarias (BOE núm. 288, de 28 de noviembre de 2014), en vigor desde el 1 de enero de 2015.

     Redacción anterior dada el art. 27.Siete de la Ley 14/2013, de 27 de septiembre, de apoyo a los emprendedores y su internacionalización (BOE núm. 233, de 28 de septiembre de 2013), con entrada en vigor el día 29 de noviembre de 2013.

     Redacción anterior del art. 70.1 dada por el art. 1.Cuatro de la Ley 16/2012, de 27 de diciembre, por la que se adoptan diversas medidas tributarias dirigidas a la consolidación de las finanzas públicas y al impulso de la actividad económica (BOE núm. 312, de 28 de diciembre de 2012), con efectos desde del 1 de enero de 2013.

II, III, IV y V de esta ley, así como las relativas a la tributación familiar y regímenes especiales, contenidas en los títulos IX y X de esta ley.

CAPÍTULO II. Residencia habitual en el territorio de una Comunidad Autónoma

Artículo 72[311]. *Residencia habitual en el territorio de una Comunidad Autónoma.*

1. A efectos de esta ley, se considerará que los contribuyentes con residencia habitual en territorio español son residentes en el territorio de una Comunidad Autónoma:

1.º Cuando permanezcan en su territorio un mayor número de días del período impositivo.

Para determinar el período de permanencia se computarán las ausencias temporales.

Salvo prueba en contrario, se considerará que una persona física permanece en el territorio de una Comunidad Autónoma cuando en dicho territorio radique su vivienda habitual.

2.º Cuando no fuese posible determinar la permanencia a que se refiere el ordinal 1.º anterior, se considerarán residentes en el territorio de la Comunidad Autónoma donde tengan su principal centro de intereses. Se considerará como tal el territorio donde obtengan la mayor parte de la base imponible del Impuesto sobre la Renta de las Personas Físicas, determinada por los siguientes componentes de renta:

a) Rendimientos del trabajo, que se entenderán obtenidos donde radique el centro de trabajo respectivo, si existe.

b) Rendimientos del capital inmobiliario y ganancias patrimoniales derivados de bienes inmuebles, que se entenderán obtenidos en el lugar en que radiquen éstos.

c) Rendimientos derivados de actividades económicas, ya sean empresariales o profesionales, que se entenderán obtenidos donde radique el centro de gestión de cada una de ellas.

3.º Cuando no pueda determinarse la residencia conforme a los criterios establecidos en los ordinales 1.º y 2.º anteriores, se considerarán residentes en el lugar de su última residencia declarada a efectos del Impuesto sobre la Renta de las Personas Físicas.

2. Las personas físicas residentes en el territorio de una Comunidad Autónoma, que pasasen a tener su residencia habitual en el de otra, cumplirán sus obligaciones tributarias de acuerdo con la nueva residencia, cuando ésta actúe como punto de conexión.

Además, cuando en virtud de lo previsto en el apartado 3 siguiente deba considerarse que no ha existido cambio de residencia, las personas físicas deberán presentar las autoliquidaciones complementarias que correspondan, con inclusión de los intereses de demora.

El plazo de presentación de las autoliquidaciones complementarias terminará el mismo día que concluya el plazo de presentación de las declaraciones por el Impuesto sobre la Renta de las Personas Físicas correspondientes al año en que concurran las circunstancias que, según lo previsto en el apartado 3 siguiente, determinen que deba considerarse que no ha existido cambio de residencia.

3. No producirán efecto los cambios de residencia que tengan por objeto principal lograr una menor tributación efectiva en este impuesto.

Se presumirá, salvo que la nueva residencia se prolongue de manera continuada durante, al menos, tres años, que no ha existido cambio, en relación al rendimiento cedido del Impuesto sobre la Renta de las Personas Físicas, cuando concurran las siguientes circunstancias:

---

[311] Art. 9 (Contribuyentes que tienen su residencia habitual en territorio español), de esta Ley.

a) Que en el año en el cual se produce el cambio de residencia o en el siguiente, la base imponible del Impuesto sobre la Renta de las Personas Físicas sea superior en, al menos, un 50 por ciento a la del año anterior al cambio.

En caso de tributación conjunta se determinará de acuerdo con las normas de individualización.

b) Que en el año en el cual se produce la situación a que se refiere el párrafo a) anterior, su tributación efectiva por el Impuesto sobre la Renta de las Personas Físicas sea inferior a la que hubiese correspondido de acuerdo con la normativa aplicable en la Comunidad Autónoma en la que residía con anterioridad al cambio.

c) Que en el año siguiente a aquel en el cual se produce la situación a que se refiere el párrafo a) anterior, o en el siguiente, vuelva a tener su residencia habitual en el territorio de la Comunidad Autónoma en la que residió con anterioridad al cambio.

4. Las personas físicas residentes en territorio español, que no permanezcan en dicho territorio más de 183 días durante el año natural, se considerarán residentes en el territorio de la Comunidad Autónoma en que radique el núcleo principal o la base de sus actividades o de sus intereses económicos.

5. Las personas físicas residentes en territorio español por aplicación de la presunción prevista en el último párrafo del apartado 1 del artículo 9 de esta ley, se considerarán residentes en el territorio de la Comunidad Autónoma en que residan habitualmente el cónyuge no separado legalmente y los hijos menores de edad que dependan de ellas.

CAPÍTULO III. Cálculo del gravamen autonómico

SECCIÓN 1.ª *Determinación de la Cuota Íntegra Autonómica*

Artículo 73[312]**. *Cuota íntegra autonómica.***

La cuota íntegra autonómica del impuesto será la suma de las cuantías resultantes de aplicar los tipos de gravamen, a los que se refieren los artículos 74 y 76 de esta ley, a la base liquidable general y del ahorro, respectivamente.

Artículo 74[313]**. *Escala autonómica del Impuesto.***

1[314]**.** La parte de la base liquidable general que exceda del importe del mínimo personal y familiar que resulte de los incrementos o disminuciones a que se refiere el artículo 56.3 de esta Ley, será gravada de la siguiente forma:

---

[312]   Art. 62 (Cuota íntegra estatal), de esta Ley.

[313]   Art. 63 (Escala general del Impuesto) y Art. 65 (Escala aplicable a los residentes en el extranjero), de esta Ley.

[314]   Nueva redacción del artículo 74.1 dada por el art. 62.Dos de la Ley 39/2010, de 22 de diciembre, de Presupuestos Generales del Estado para el año 2011 (BOE núm. 23, de 12 de diciembre de 2010), con efectos desde 1 de enero de 2011 y vigencia indefinida.

Disposición Transitoria Decimoquinta (Escala autonómica aplicable al periodo impositivo 2010) de la LIRPF.

Redacción anterior del artículo 74 dada por la Disp. Final Segunda.Nueve de la Ley 22/2009, de 18 de diciembre, por la que se regula el sistema de financiación de las Comunidades Autónomas de régimen común y Ciudades con Estatuto de Autonomía y se modifican determinadas normas tributarias (BOE núm. 305, de 19 de diciembre de 2009), surtiendo efectos desde el 1-1-2010.

1.º A la base liquidable general se le aplicarán los tipos de la escala autonómica del Impuesto que, conforme a lo previsto en la Ley 22/2009, por el que se regula el sistema de financiación de las Comunidades Autónomas de régimen común y Ciudades con Estatuto de Autonomía, hayan sido aprobadas por la Comunidad Autónoma.

2.º La cuantía resultante se minorará en el importe derivado de aplicar a la parte de la base liquidable general correspondiente al mínimo personal y familiar que resulte de los incrementos o disminuciones a que se refiere el artículo 56.3 de esta Ley, la escala prevista en el número 1.º anterior.

2. Se entenderá por tipo medio de gravamen general autonómico, el derivado de multiplicar por 100 el cociente resultante de dividir la cuota obtenida por la aplicación de lo previsto en el apartado anterior por la base liquidable general. El tipo medio de gravamen general autonómico se expresará con dos decimales.

Artículo 75[315]. *Especialidades aplicables en los supuestos de anualidades por alimentos a favor de los hijos.*

Los contribuyentes que satisfagan las anualidades por alimentos a sus hijos previstas en la letra k) del artículo 7 sin derecho a la aplicación por estos últimos del mínimo por descendientes previsto en el artículo 58, cuando el importe de aquellas sea inferior a la base liquidable general, aplicarán la escala prevista en el número 1º del apartado 1 del artículo anterior

---

Redacción del art. 74.1 dada por el art. 68.Dos de la Ley 26/2009, de 23 de diciembre, de Presupuestos Generales del Estado para el año 2010 (BOE núm. 309, de 24 de diciembre de 2009), con vigencia exclusiva para el ejercicio 2010. Escala que coincide con la establecida por el art. 67.Dos de la Ley 2/2008, de 23 de diciembre, de Presupuestos Generales del Estado para el año 2009 (BOE, núm. 309, de 24 de diciembre de 2008), con vigencia exclusiva para el ejercicio 2009 y con la establecida por el art. 67.Dos de la Ley 51/2007, de 26 de diciembre, de Presupuestos Generales del Estado para el año 2008 (BOE núm. 310 de 27 de diciembre de 2007), con vigencia exclusiva para el 2008.

[315] Art. 7.k) (Rentas exentas), Art. 17.2.f) (Rendimientos íntegros del trabajo) y Art. 64 (Especialidades aplicables en los supuestos de anualidades por alimentos a favor de los hijos), de esta Ley.

Nueva redacción del art. 75 dada por la Disp. Final decimocuarta Tres de la Ley Orgánica 1/2025, de 2 de enero, de medidas en materia de eficiencia del Servicio Público de Justicia (BOE núm. 3, de 3 de enero de 2025), en vigor desde el 3 de abril de 2025.

Redacción anterior dada por el Art. Primero. Cincuenta de la Ley 26/2014, de 27 de noviembre, por la que se modifican la Ley 35/2006, de 28 de noviembre, del Impuesto sobre la Renta de las Personas Físicas, el texto refundido de la Ley del Impuesto sobre la Renta de no Residentes, aprobado por el Real Decreto Legislativo 5/2004, de 5 de marzo, y otras normas tributarias (BOE núm. 288, de 28 de noviembre de 2014), en vigor desde el 1 de enero de 2015: «*Los contribuyentes que satisfagan anualidades por alimentos a sus hijos por decisión judicial sin derecho a la aplicación por estos últimos del mínimo por descendientes previsto en el artículo 58 de esta Ley, cuando el importe de aquéllas sea inferior a la base liquidable general, aplicarán la escala prevista en el número 1º del apartado 1 del artículo anterior separadamente al importe de las anualidades por alimentos y al resto de la base liquidable general. La cuantía total resultante se minorará en el importe derivado de aplicar la escala prevista en el número 1º del apartado 1 del artículo 74 de esta Ley a la parte de la base liquidable general correspondiente al mínimo personal y familiar que resulte de los incrementos o disminuciones a que se refiere el artículo 56.3 de esta Ley, incrementado en 1.980 euros anuales, sin que pueda resultar negativa como consecuencia de tal minoración*».

Redacción anterior dada por la Disp. Final Segunda.Diez de la Ley 22/2009, de 18 de diciembre, por la que se regula el sistema de financiación de las Comunidades Autónomas de régimen común y Ciudades con Estatuto de Autonomía y se modifican determinadas normas tributarias (BOE núm. 305, de 19 de diciembre de 2009), surtiendo efectos desde el 1-1-2010.

separadamente al importe de las anualidades por alimentos y al resto de la base liquidable general. La cuantía total resultante se minorará en el importe derivado de aplicar la escala prevista en el número 1° del apartado 1 del artículo 74 a la parte de la base liquidable general correspondiente al mínimo personal y familiar que resulte de los incrementos o disminuciones a que se refiere el artículo 56.3, incrementado en 1.980 euros anuales, sin que pueda resultar negativa como consecuencia de tal minoración.

Artículo 76[316]. *Tipo de gravamen del ahorro.*

La parte de base liquidable del ahorro que exceda, en su caso, del importe del mínimo personal y familiar que resulte de los incrementos o disminuciones a que se refiere el artículo 56.3 de esta ley, será gravada de la siguiente forma:

---

[316] Art. 67 (Cuota líquida estatal), de esta Ley.
Nueva redacción del artículo 76 dada por Disp. Final Séptima Dos de la Ley 7/2024, de 20 de diciembre, por la que se establecen un Impuesto Complementario para garantizar un nivel mínimo global de imposición para los grupos multinacionales y los grupos nacionales de gran magnitud, un Impuesto sobre el margen de intereses y comisiones de determinadas entidades financieras y un Impuesto sobre los líquidos para cigarrillos electrónicos y otros productos relacionados con el tabaco, y se modifican otras normas tributarias (BOE núm. 307, de 21 de diciembre de 2024), modifica, con efectos desde el 1 de enero de 2025.
Redacción anterior, dada por el art. 63.dos de la Ley 31/2022, de 23 de diciembre, de Presupuestos Generales del Estado para el año 2023 (BOE núm. 308, de 24 de diciembre de 2022), con efectos desde el 1 de enero de 2023: *«La parte de base liquidable del ahorro que exceda, en su caso, del importe del mínimo personal y familiar que resulte de los incrementos o disminuciones a que se refiere el artículo 56.3 de esta ley, será gravada de la siguiente forma:*
1° A la base liquidable del ahorro se le aplicarán los tipos que se indican en la siguiente escala:

Base liquidable del ahorro Hasta euros	Cuota íntegra – Euros	Resto base liquidable del ahorro Hasta euros	Tipo aplicable Porcentaje
0	0	6.000	9,5
6.000,00	570	44.000	10,5
50.000,00	5.190	150.000	11,5
200.000,00	22.440	100.000	13,50
300.000,00	35.940	En adelante	14,00

2° La cuantía resultante se minorará en el importe derivado de aplicar a la parte de la base liquidable del ahorro correspondiente al mínimo personal y familiar que resulte de los incrementos o disminuciones a que se refiere el artículo 56.3 de esta ley, la escala prevista en el número 1° anterior».
Redacción anterior dada por el art. 59.Dos de la Ley 11/2020, de 30 de diciembre, de Presupuestos Generales del Estado para el año 2021 (BOE núm. 341, de 31 de diciembre de 2020), en vigor desde el 1 de enero de 2021: *«Tipo de gravamen del ahorro.*
La parte de base liquidable del ahorro que exceda, en su caso, del importe del mínimo personal y familiar que resulte de los incrementos o disminuciones a que se refiere el artículo 56.3 de esta Ley, será gravada de la siguiente forma:
1° A la base liquidable del ahorro se le aplicarán los tipos que se indican en la siguiente escala:

Base liquidable del ahorro Hasta euros	Cuota íntegra – Euros	Resto base liquidable del ahorro Hasta euros	Tipo aplicable Porcentaje
0	0	6.000	9,5
6.000,00	570	44.000	10,5

1.º A la base liquidable del ahorro se le aplicarán los tipos que se indican en la siguiente escala:

Base liquidable del ahorro – Hasta euros	Cuota íntegra – Euros	Resto base liquidable del ahorro – Hasta euros	Tipo aplicable – Porcentaje
0	0	6.000	9,5
6.000,00	570	44.000	10,5
50.000,00	5.190	150.000	11,5
200.000,00	22.440	100.000	13,50
300.000,00	35.940	En adelante	15,00

Base liquidable del ahorro – Hasta euros	Cuota íntegra – Euros	Resto base liquidable del ahorro – Hasta euros	Tipo aplicable – Porcentaje
50.000,00	5.190	150.000	11,5
200.000,00	22.440	En adelante	13,00

2º La cuantía resultante se minorará en el importe derivado de aplicar a la parte de la base liquidable del ahorro correspondiente al mínimo personal y familiar que resulte de los incrementos o disminuciones a que se refiere el artículo 56.3 de esta Ley, la escala prevista en el número 1º anterior».

Redacción anterior dada por el Art. Primero. Cincuenta y uno de la Ley 26/2014, de 27 de noviembre, por la que se modifican la Ley 35/2006, de 28 de noviembre, del Impuesto sobre la Renta de las Personas Físicas, el texto refundido de la Ley del Impuesto sobre la Renta de no Residentes, aprobado por el Real Decreto Legislativo 5/2004, de 5 de marzo, y otras normas tributarias (BOE núm. 288, de 28 de noviembre de 2014), en vigor desde el 1 de enero de 2015: *«La parte de base liquidable del ahorro que exceda, en su caso, del importe del mínimo personal y familiar que resulte de los incrementos o disminuciones a que se refiere el artículo 56.3 de esta Ley, será gravada de la siguiente forma:*
1º A la base liquidable del ahorro se le aplicarán los tipos que se indican en la siguiente escala:

Base liquidable del ahorro – Hasta euros	Cuota íntegra – Euros	Resto base liquidable del ahorro – Hasta euros	Tipo aplicable – Porcentaje
0	0	6.000	9,5
6.000,00	570	44.000	10,5
50.000,00	5.190	En adelante	11,5

2º La cuantía resultante se minorará en el importe derivado de aplicar a la parte de la base liquidable del ahorro correspondiente al mínimo personal y familiar que resulte de los incrementos o disminuciones a que se refiere el artículo 56.3 de esta Ley, la escala prevista en el número 1º anterior».

Redacción anterior dada el art. 63.Dos de la Ley 39/2010, de 22 de diciembre, de Presupuestos Generales del Estado para el año 2011 (BOE núm. 23, de 12 de diciembre de 2010), con efectos desde 1 de enero de 2010 y vigencia indefinida.

Redacción anterior del 76 dada por el art. 69.Dos de la Ley 26/2009, de 23 de diciembre, de Presupuestos Generales del Estado para el año 2010 (BOE núm. 309, de 24 de diciembre de 2009), con vigencia exclusiva para el ejercicio 2010.

Redacción anterior del art. 76 dada por la Disp. Final Segunda.Once de la Ley 22/2009, de 18 de diciembre, por la que se regula el sistema de financiación de las Comunidades Autónomas de régimen común y Ciudades con Estatuto de Autonomía y se modifican determinadas normas tributarias (BOE núm. 305, de 19 de diciembre de 2009), surtiendo efectos desde el 1-1-2010.

2.º La cuantía resultante se minorará en el importe derivado de aplicar a la parte de la base liquidable del ahorro correspondiente al mínimo personal y familiar que resulte de los incrementos o disminuciones a que se refiere el artículo 56.3 de esta ley, la escala prevista en el número 1.º anterior.

SECCIÓN 2.ª Determinación de la cuota líquida autonómica

Artículo 77[317]. Cuota líquida autonómica.

1[318]. La cuota líquida autonómica será el resultado de disminuir la cuota íntegra autonómica en la suma de:

a) El 50 por ciento del importe total de las deducciones previstas en los apartados 2, 3, 4 y 5 del artículo 68 de esta Ley, con los límites y requisitos de situación patrimonial previstos en sus artículos 69 y 70.

b) El importe de las deducciones establecidas por la Comunidad Autónoma en el ejercicio de las competencias previstas en la Ley 22/2009, de 18 de diciembre, por la que se regula el sistema de financiación de las Comunidades Autónomas de régimen común y Ciudades con Estatuto de Autonomía y se modifican determinadas normas tributarias.

2. El resultado de las operaciones a que se refiere el apartado anterior no podrá ser negativo.

Artículo 78[319].

---

[317] Art. 67 (Cuota líquida estatal), de esta Ley.
   Nueva redacción del artículo 77 dada por la Disp. Final Segunda.Doce de la Ley 22/2009, de 18 de diciembre, por la que se regula el sistema de financiación de las Comunidades Autónomas de régimen común y Ciudades con Estatuto de Autonomía y se modifican determinadas normas tributarias (BOE núm. 305, de 19 de diciembre de 2009), surtiendo efectos desde el 1-1-2010.

[318] Nueva redacción del artículo 77.1 dada por el Art. Primero. Cincuenta y dos de la Ley 26/2014, de 27 de noviembre, por la que se modifican la Ley 35/2006, de 28 de noviembre, del Impuesto sobre la Renta de las Personas Físicas, el texto refundido de la Ley del Impuesto sobre la Renta de no Residentes, aprobado por el Real Decreto Legislativo 5/2004, de 5 de marzo, y otras normas tributarias (BOE núm. 288, de 28 de noviembre de 2014), en vigor desde el 1 de enero de 2015.
   Redacción anterior dada por el art. 27.Ocho de la Ley 14/2013, de 27 de septiembre, de apoyo a los emprendedores y su internacionalización (BOE núm. 233, de 28 de septiembre de 2013), con entrada en vigor el día 29 de noviembre de 2013.
   Redacción anterior del art. 77.1 dada por el art. 1.Cinco de la Ley 16/2012, de 27 de diciembre, por la que se adoptan diversas medidas tributarias dirigidas a la consolidación de las finanzas públicas y al impulso de la actividad económica (BOE núm. 312, de 28 de diciembre de 2012), con efectos desde del 1 de enero de 2013.

[319] Art. 78 suprimido por el art. 1.Seis de la Ley 16/2012, de 27 de diciembre, por la que se adoptan diversas medidas tributarias dirigidas a la consolidación de las finanzas públicas y al impulso de la actividad económica (BOE núm. 312, de 28 de diciembre de 2012), con efectos desde del 1 de enero de 2013.
   Redacción anterior del artículo 78 dada por la Disp. Final Segunda.Trece de la Ley 22/2009, de 18 de diciembre, por la que se regula el sistema de financiación de las Comunidades Autónomas de régimen común y Ciudades con Estatuto de Autonomía y se modifican determinadas normas tributarias (BOE núm. 305, de 19 de diciembre de 2009), surtiendo efectos desde el 1-1-2010.

TÍTULO VIII. CUOTA DIFERENCIAL

Artículo 79[320]. *Cuota diferencial.*

La cuota diferencial será el resultado de minorar la cuota líquida total del impuesto, que será la suma de las cuotas líquidas, estatal y autonómica, en los siguientes importes:

a) La deducción por doble imposición internacional prevista en el artículo 80 de esta Ley.

b) Las deducciones a que se refieren el artículo 91.10 y el artículo 92.4 de esta Ley.

c) Las retenciones a que se refiere el apartado 11 del artículo 99 de esta Ley.

d) Cuando el contribuyente adquiera su condición por cambio de residencia, las retenciones e ingresos a cuenta a que se refiere el apartado 8 del artículo 99 de esta Ley, así como las cuotas satisfechas del Impuesto sobre la Renta de no Residentes y devengadas durante el período impositivo en que se produzca el cambio de residencia.

e) Las retenciones, los ingresos a cuenta y los pagos fraccionados previstos en esta Ley y en sus normas reglamentarias de desarrollo.

Artículo 80. *Deducción por doble imposición internacional.*

1. Cuando entre las rentas del contribuyente figuren rendimientos o ganancias patrimoniales obtenidos y gravados en el extranjero, se deducirá la menor de las cantidades siguientes:

a) El importe efectivo de lo satisfecho en el extranjero por razón de un impuesto de naturaleza idéntica o análoga a este impuesto o al Impuesto sobre la Renta de no Residentes sobre dichos rendimientos o ganancias patrimoniales.

b) El resultado de aplicar el tipo medio efectivo de gravamen a la parte de base liquidable gravada en el extranjero.

2. A estos efectos, el tipo medio efectivo de gravamen será el resultado de multiplicar por 100 el cociente obtenido de dividir la cuota líquida total por la base liquidable. A tal fin, se deberá diferenciar el tipo de gravamen que corresponda a las rentas generales y del ahorro, según proceda. El tipo de gravamen se expresará con dos decimales.

3[321]. Cuando se obtengan rentas en el extranjero a través de un establecimiento permanente se practicará la deducción por doble imposición internacional prevista en este artículo, y en ningún caso resultará de aplicación lo dispuesto en el artículo 22 de la Ley del Impuesto sobre Sociedades.

---

[320] Disposición Transitoria séptima (Partidas pendientes de compensación), de esta Ley.
Nueva redacción del art. 79 dada por el Art. Primero. Cincuenta y tres de la Ley 26/2014, de 27 de noviembre, por la que se modifican la Ley 35/2006, de 28 de noviembre, del Impuesto sobre la Renta de las Personas Físicas, el texto refundido de la Ley del Impuesto sobre la Renta de no Residentes, aprobado por el Real Decreto Legislativo 5/2004, de 5 de marzo, y otras normas tributarias (BOE núm. 288, de 28 de noviembre de 2014), en vigor desde el 1 de enero de 2015.
Redacción anterior proviene del art. 1.uno del Real Decreto-Ley 2/2008, de 21 de abril, de medidas de impulso a la actividad económica (BOE núm. 97 de 22 de abril de 2008), con efectos desde 1 de enero de 2008.

[321] Nueva redacción del apartado 3 del art. 80 dada por el Art. Primero. Cincuenta y cuatro de la Ley 26/2014, de 27 de noviembre, por la que se modifican la Ley 35/2006, de 28 de noviembre, del Impuesto sobre la Renta de las Personas Físicas, el texto refundido de la Ley del Impuesto sobre la Renta de no Residentes, aprobado por el Real Decreto Legislativo 5/2004, de 5 de marzo, y otras normas tributarias (BOE núm. 288, de 28 de noviembre de 2014), en vigor desde el 1 de enero de 2015.

Artículo 80 bis[322].

Artículo 81[323]. *Deducción por maternidad.*

1. Las mujeres con hijos menores de tres años con derecho a la aplicación del mínimo por descendientes previsto en el artículo 58 de esta ley, que en el momento del nacimiento del menor perciban prestaciones contributivas o asistenciales del sistema de protección de desempleo, o que en dicho momento o en cualquier momento posterior estén dadas de alta en el régimen correspondiente de la Seguridad Social o mutualidad con un período mínimo, en este último caso, de 30 días cotizados, podrán minorar la cuota diferencial de este Impuesto hasta en 1.200 euros anuales por cada hijo menor de tres años hasta que el menor alcance los tres años de edad. En los supuestos de adopción o acogimiento, tanto preadoptivo como permanente, la deducción se podrá practicar, con independencia de la edad del menor, durante los tres años siguientes a la fecha de la inscripción en el Registro Civil.

Cuando la inscripción no sea necesaria, la deducción se podrá practicar durante los tres años posteriores a la fecha de la resolución judicial o administrativa que la declare.

En caso de fallecimiento de la madre, o cuando la guarda y custodia se atribuya de forma exclusiva al padre o, en su caso, a un tutor, siempre que cumpla los requisitos previstos en este artículo, este tendrá derecho a la práctica de la deducción pendiente.

2. El importe de la deducción a que se refiere el apartado 1 anterior se podrá incrementar hasta en 1.000 euros adicionales cuando el contribuyente que tenga derecho a la misma hubiera satisfecho en el período impositivo gastos de custodia del hijo menor de tres años en guarderías o centros de educación infantil autorizados.

En el período impositivo en que el hijo menor cumpla tres años, el incremento previsto en este apartado podrá resultar de aplicación respecto de los gastos incurridos con posterioridad al cumplimiento de dicha edad hasta el mes anterior a aquel en el que pueda comenzar el segundo ciclo de educación infantil.

A estos efectos se entenderán por gastos de custodia las cantidades satisfechas a guarderías y centros de educación infantil por la preinscripción y matrícula de dichos menores, la asistencia, en horario general y ampliado, y la alimentación, siempre que se hayan producido por meses completos y no tuvieran la consideración de rendimientos del trabajo en especie exentos por aplicación de lo dispuesto en las letras b) o d) del apartado 3 del artículo 42 de esta ley.

---

[322] Art. 80 bis suprimido por el Art. Primero. Cincuenta y cinco de la Ley 26/2014, de 27 de noviembre, por la que se modifican la Ley 35/2006, de 28 de noviembre, del Impuesto sobre la Renta de las Personas Físicas, el texto refundido de la Ley del Impuesto sobre la Renta de no Residentes, aprobado por el Real Decreto Legislativo 5/2004, de 5 de marzo, y otras normas tributarias (BOE núm. 288, de 28 de noviembre de 2014), en vigor desde el 1 de enero de 2015.

Redacción anterior por su incorporación efectuada por el art. 1.dos del Real Decreto-Ley 2/2008, de 21 de abril, de medidas de impulso a la actividad económica (BOE núm. 97 de 22 de abril de 2008), con efectos desde 1 de enero de 2008.

[323] Nueva redacción del art. 81 dada por el art. 64 de la Ley 31/2022, de 23 de diciembre, de Presupuestos Generales del Estado para el año 2023 (BOE núm. 308, de 24 de diciembre de 2022), con efectos desde el 1 de enero de 2023 y vigencia indefinida.

Punto cuatro de la Disp. Adic. 38º LIRPF para los ejercicios 2020 a 2022.

Redacción anterior dada por el art. 61 de la Ley 6/2018, de 3 de julio, de Presupuestos Generales del Estado para el año 2018 (BOE núm. 161, de 4 de julio de 2018), con efectos desde el 1 de enero de 2018.

3. La deducción prevista en el apartado 1 anterior se calculará de forma proporcional al número de meses del periodo impositivo posteriores al momento en el que se cumplen los requisitos señalados en el apartado 1 anterior, en los que la mujer tenga derecho al mínimo por descendientes por ese menor de tres años, siempre que durante dichos meses no se perciba por ninguno de los progenitores en relación con dicho descendiente el complemento de ayuda para la infancia previsto en la Ley 19/2021, de 20 de diciembre[324], por la que se establece el ingreso mínimo vital.

Cuando tenga derecho a la deducción en relación con ese descendiente por haberse dado de alta en la Seguridad Social o mutualidad con posterioridad al nacimiento del menor, la deducción correspondiente al mes en el que se cumpla el período de cotización de 30 días al que se refiere el apartado 1 anterior, se incrementará en 150 euros.

El incremento de la deducción previsto en el apartado 2 anterior se calculará de forma proporcional al número de meses en que se cumplan de forma simultánea los requisitos de los apartados 1 y 2 anteriores, salvo el relativo a que sea menor de tres años en los meses a los que se refiere el segundo párrafo del apartado 2 anterior, y tendrá como límite el importe total del gasto efectivo no subvencionado satisfecho en dicho período a la guardería o centro educativo en relación con ese hijo.

4. Se podrá solicitar a la Agencia Estatal de Administración Tributaria el abono del importe de la deducción previsto en el apartado 1 anterior de forma anticipada. En estos supuestos, no se minorará la cuota diferencial del impuesto.

5. Reglamentariamente[325] se regularán el procedimiento y las condiciones para tener derecho a la práctica de esta deducción, los supuestos en que se pueda solicitar de forma anticipada su abono y las obligaciones de información a cumplir por las guarderías o centros infantiles.

Artículo 81 bis[326]. *Deducciones por familia numerosa o personas con discapacidad a cargo.*

1[327]. Los contribuyentes que realicen una actividad por cuenta propia o ajena por la cual estén dados de alta en el régimen correspondiente de la Seguridad Social o mutualidad podrán minorar la cuota diferencial del impuesto en las siguientes deducciones:

---

[324]　Ver Disposición transitoria trigésima séptima. «*Deducción por maternidad*» de la LIRPF..

[325]　Art. 60 (Procedimiento para la práctica de al deducción por maternidad y su pago anticipado), del RIRPF.

[326]　Nuevo art. 81.bis incorporado por el Art. Primero. Cincuenta y seis de la Ley 26/2014, de 27 de noviembre, por la que se modifican la Ley 35/2006, de 28 de noviembre, del Impuesto sobre la Renta de las Personas Físicas, el texto refundido de la Ley del Impuesto sobre la Renta de no Residentes, aprobado por el Real Decreto Legislativo 5/2004, de 5 de marzo, y otras normas tributarias (BOE núm. 288, de 28 de noviembre de 2014), en vigor desde el 1 de enero de 2015.

　　El anterior art. 81.bis fue derogado por el art. 64.Uno de la Ley 39/2010, de 22 de diciembre, de Presupuestos Generales del Estado para el año 2011 (BOE núm. 23, de 12 de diciembre de 2010), con efectos desde 1 de enero de 2011 y vigencia indefinida. Derogación ya recogida previamente en el Real Decreto-Ley 8/2010, de 20 de mayo, por el que se adoptan medidas extraordinarias para la reducción del déficit público (BOE núm. 126, de 24 de mayo de 2010), al disponer en su artículo 6.Uno: «Con efectos desde el 1 de enero de 2011, se suprime el artículo 81.bis».

　　Dicho artículo fue incorporado por la Disp. Final Primera. Dos de la Ley 35/2007, de 15 de noviembre, por la que se establece la deducción por nacimiento o adopción en el Impuesto sobre la Renta de las Personas Físicas y la prestación económica de pago único de la Seguridad Social por nacimiento o adopción (BOE núm. 276, de 16 de noviembre de 2007), en vigor desde el 17 de noviembre, aunque con efectos para los nacimientos que se hubieran producido a partir del 1 de julio de 2007, así como de las adopciones que se

a) Por cada descendiente con discapacidad con derecho a la aplicación del mínimo por descendientes previsto en el artículo 58 de esta Ley, hasta 1.200 euros anuales.

b) Por cada ascendiente con discapacidad con derecho a la aplicación del mínimo por ascendientes previsto en el artículo 59 de esta Ley, hasta 1.200 euros anuales.

c) Por ser un ascendiente, o un hermano huérfano de padre y madre, que forme parte de una familia numerosa conforme a la Ley 40/2003, de 18 de noviembre, de Protección a las Familias Numerosas, o por ser un ascendiente separado legalmente, o sin vínculo matrimonial, con dos hijos sin derecho a percibir anualidades por alimentos y por los que tenga derecho a la totalidad del mínimo previsto en el artículo 58 de esta Ley, hasta 1.200 euros anuales. En caso de familias numerosas de categoría especial, esta deducción se incrementará en un 100 por ciento. Este incremento no se tendrá en cuenta a efectos del límite a que se refiere el apartado 2 de este artículo.

La cuantía de la deducción a que se refiere el párrafo anterior se incrementará hasta en 600 euros anuales por cada uno de los hijos que formen parte de la familia numerosa que exceda del número mínimo de hijos exigido para que dicha familia haya adquirido la condición de familia numerosa de categoría general o especial, según corresponda. Este incremento no se tendrá en cuenta a efectos del límite a que se refiere el apartado 2 de este artículo.

d) Por el cónyuge no separado legalmente con discapacidad, siempre que no tenga rentas anuales, excluidas las exentas, superiores a 8.000 euros ni genere el derecho a las deducciones previstas en las letras a) y b) anteriores, hasta 1.200 euros anuales.

Asimismo podrán minorar la cuota diferencial del impuesto en las deducciones previstas anteriormente los contribuyentes que perciban prestaciones contributivas y asistenciales del sistema de protección del desempleo, pensiones abonadas por el Régimen General y los Regímenes especiales de la Seguridad Social o por el Régimen de Clases Pasivas del Estado, así como los contribuyentes que perciban prestaciones análogas a las anteriores reconocidas a los profesionales no integrados en el régimen especial de la Seguridad Social de los trabajadores por cuenta propia o autónomos por las mutualidades de previsión social que actúen como alternativas al régimen especial de la Seguridad Social mencionado, siempre que se

---

hubieran constituido a partir de dicha fecha, Disp. Adic. Primera de la Ley 35/2007, de 15 de noviembre y Disp. Adic. Vigésimo sexta de la LIRPF.

Art. 7.z) [Rentas exentas] y 103 de la LIRPF y art. 60 bis (Procedimiento para la práctica de las deducciones por familia numerosa o personas con discapacidad a cargo y su pago anticipado) del RIRPF.

[327] Nueva redacción del apartado 1 del art. 81.bis dada por el art. 62.uno de la Ley 6/2018, de 3 de julio, de Presupuestos Generales del Estado para el año 2018 (BOE núm. 161, de 4 de julio de 2018), con vigor desde el día 5 de julio de 2018.

Disposición transitoria trigésima tercera (Aplicación en el ejercicio 2018 de la deducción establecida en el artículo 81 bis), de esta Ley del IRPF.

Disposición adicional cuadragésima segunda (Procedimiento para que los contribuyentes que perciben determinadas prestaciones apliquen las deducciones previstas en el artículo 81 bis y se les abonen de forma anticipada), de esta Ley del IRPF.

Redacción anterior dada el art. 4.Uno del Real Decreto-ley 1/2015, de 27 de febrero, de mecanismo de segunda oportunidad, reducción de carga financiera y otras medidas de orden social (BOE núm. 51, de 28 de febrero de 2015), con entrada en vigor desde el 1 de enero de 2015, posteriormente dicha modificación incorporada en la tramitación de la Ley 25/2015, de 28 de julio, de mecanismo de segunda oportunidad, reducción de la carga financiera y otras medidas de orden social (BOE núm. 180, de 29 de julio de 2015).

Redacción anterior dada el Art. Primero. Cincuenta y seis de la Ley 26/2014, de 27 de noviembre (BOE núm. 288, de 28 de noviembre de 2014), en vigor desde el 1 de enero de 2015.

trate de prestaciones por situaciones idénticas a las previstas para la correspondiente pensión de la Seguridad Social.

Cuando dos o más contribuyentes tengan derecho a la aplicación de alguna de las anteriores deducciones respecto de un mismo descendiente, ascendiente o familia numerosa, su importe se prorrateará entre ellos por partes iguales, sin perjuicio de lo dispuesto en el apartado 4 de este artículo.

2[328]. Las deducciones se calcularán de forma proporcional al número de meses en que se cumplan de forma simultánea los requisitos previstos en el apartado 1 anterior, y tendrán como límite para cada una de las deducciones, en el caso de los contribuyentes a que se refiere el primer párrafo del apartado 1 anterior, las cotizaciones y cuotas totales a la Seguridad Social y Mutualidades devengadas en cada período impositivo. No obstante, si tuviera derecho a la deducción prevista en las letras a) o b) del apartado anterior respecto de varios ascendientes o descendientes con discapacidad, el citado límite se aplicará de forma independiente respecto de cada uno de ellos.

A efectos del cálculo de este límite se computarán las cotizaciones y cuotas por sus importes íntegros, sin tomar en consideración las bonificaciones que pudieran corresponder.

3. Se podrá solicitar a la Agencia Estatal de Administración Tributaria el abono de las deducciones de forma anticipada. En estos supuestos, no se minorará la cuota diferencial del impuesto.

4[329]. Reglamentariamente se regularán el procedimiento y las condiciones para tener derecho a la práctica de estas deducciones, así como los supuestos en que se pueda solicitar de forma anticipada su abono.

Asimismo, reglamentariamente se podrán determinar los supuestos de cesión del derecho a la deducción a otro contribuyente que tenga derecho a su aplicación respecto de un mismo descendiente, ascendiente o familia numerosa.

En este caso, a efectos del cálculo de la deducción a que se refiere el apartado 2 de este artículo, se tendrá en cuenta de forma conjunta, tanto el número de meses en que se cumplan de forma simultánea los requisitos previstos en el apartado 1 de este artículo como las cotizaciones y cuotas totales a la Seguridad Social y Mutualidades correspondientes a todos los contribuyentes que tuvieran derecho a la deducción.

Se entenderá que no existe transmisión lucrativa a efectos fiscales por esta cesión.

---

[328] Nueva redacción del apartado 2 del art. 81.bis dada por el art. 4.Uno del Real Decreto-ley 1/2015, de 27 de febrero, de mecanismo de segunda oportunidad, reducción de carga financiera y otras medidas de orden social (BOE núm. 51, de 28 de febrero de 2015), con entrada en vigor desde el 1 de enero de 2015, posteriormente dicha modificación incorporada en la tramitación de la Ley 25/2015, de 28 de julio, de mecanismo de segunda oportunidad, reducción de la carga financiera y otras medidas de orden social (BOE» núm. 180, de 29 de julio de 2015).

Redacción anterior dada el Art. Primero. Cincuenta y seis de la Ley 26/2014, de 27 de noviembre (BOE núm. 288, de 28 de noviembre de 2014), en vigor desde el 1 de enero de 2015.

[329] Disposición adicional cuadragésima segunda (Procedimiento para que los contribuyentes que perciben determinadas prestaciones apliquen las deducciones previstas en el artículo 81 bis y se les abonen de forma anticipada) de esta LIRPF y arts. 60 bis. del RIRPF

TÍTULO IX. TRIBUTACIÓN FAMILIAR

Artículo 82. *Tributación conjunta.*

1. Podrán tributar conjuntamente las personas que formen parte de alguna de las siguientes modalidades de unidad familiar:

1.ª La integrada por los cónyuges no separados legalmente y, si los hubiera:

a) Los hijos menores, con excepción de los que, con el consentimiento de los padres, vivan independientes de éstos.

b) Los hijos mayores de edad incapacitados judicialmente sujetos a patria potestad prorrogada o rehabilitada.

2.ª En los casos de separación legal, o cuando no existiera vínculo matrimonial, la formada por el padre o la madre y todos los hijos que convivan con uno u otro y que reúnan los requisitos a que se refiere la regla 1.ª de este artículo.

2. Nadie podrá formar parte de dos unidades familiares al mismo tiempo.

3. La determinación de los miembros de la unidad familiar se realizará atendiendo a la situación existente a 31 de diciembre de cada año.

Artículo 83. *Opción por la tributación conjunta.*

1. Las personas físicas integradas en una unidad familiar podrán optar, en cualquier período impositivo, por tributar conjuntamente en el Impuesto sobre la Renta de las Personas Físicas, con arreglo a las normas generales del impuesto y las disposiciones de este título, siempre que todos sus miembros sean contribuyentes por este impuesto.

La opción por la tributación conjunta no vinculará para períodos sucesivos.

2. La opción por la tributación conjunta deberá abarcar a la totalidad de los miembros de la unidad familiar. Si uno de ellos presenta declaración individual, los restantes deberán utilizar el mismo régimen.

La opción ejercitada para un período impositivo no podrá ser modificada con posterioridad respecto del mismo una vez finalizado el plazo reglamentario de declaración.

En caso de falta de declaración, los contribuyentes tributarán individualmente, salvo que manifiesten expresamente su opción en el plazo de 10 días a partir del requerimiento de la Administración tributaria.

Artículo 84. *Normas aplicables en la tributación conjunta.*

1. En la tributación conjunta serán aplicables las reglas generales del impuesto sobre determinación de la renta de los contribuyentes, determinación de las bases imponible y liquidable y determinación de la deuda tributaria, con las especialidades que se fijan en los apartados siguientes.

2. Los importes y límites cuantitativos establecidos a efectos de la tributación individual se aplicarán en idéntica cuantía en la tributación conjunta, sin que proceda su elevación o multiplicación en función del número de miembros de la unidad familiar.

No obstante:

1.º Los límites máximos de reducción en la base imponible previstos en los artículos 52, 53 y 54 y en la disposición adicional undécima de esta Ley, serán aplicados individualmente por cada partícipe o mutualista integrado en la unidad familiar.

2.º[330] En cualquiera de las modalidades de unidad familiar, se aplicará, con independencia del número de miembros integrados en la misma, el importe del mínimo previsto en el apartado 1 del artículo 57, incrementado o disminuido en su caso para el cálculo del gravamen autonómico en los términos previstos en el artículo 56.3 de esta Ley.

Para la cuantificación del mínimo a que se refiere el apartado 2 del artículo 57 y el apartado 1 del artículo 60, ambos de esta Ley, se tendrán en cuenta las circunstancias personales de cada uno de los cónyuges integrados en la unidad familiar.

En ningún caso procederá la aplicación de los citados mínimos por los hijos, sin perjuicio de la cuantía que proceda por el mínimo por descendientes y discapacidad.

3.º En la primera de las modalidades de unidad familiar del artículo 82 de esta ley, la base imponible, con carácter previo a las reducciones previstas en los artículos 51, 53 y 54 y en la disposición adicional undécima de esta Ley, se reducirá en 3.400 euros anuales. A tal efecto, la reducción se aplicará, en primer lugar, a la base imponible general sin que pueda resultar negativa como consecuencia de tal minoración. El remanente, si lo hubiera, minorará la base imponible del ahorro, que tampoco podrá resultar negativa.

4.º En la segunda de las modalidades de unidad familiar del artículo 82 de esta ley, la base imponible, con carácter previo a las reducciones previstas en los artículos 51, 53 y 54 y en la disposición adicional undécima de esta Ley, se reducirá en 2.150 euros anuales. A tal efecto, la reducción se aplicará, en primer lugar, a la base imponible general sin que pueda resultar negativa como consecuencia de tal minoración. El remanente, si lo hubiera, minorará la base imponible del ahorro, que tampoco podrá resultar negativa.

No se aplicará esta reducción cuando el contribuyente conviva con el padre o la madre de alguno de los hijos que forman parte de su unidad familiar.

3. En la tributación conjunta serán compensables, con arreglo a las normas generales del impuesto, las pérdidas patrimoniales y las bases liquidables generales negativas, realizadas y no compensadas por los contribuyentes componentes de la unidad familiar en períodos impositivos anteriores en que hayan tributado individualmente.

4. Los mismos conceptos determinados en tributación conjunta serán compensables exclusivamente, en caso de tributación individual posterior, por aquellos contribuyentes a quienes correspondan de acuerdo con las reglas sobre individualización de rentas contenidas en esta ley.

5. Las rentas de cualquier tipo obtenidas por las personas físicas integradas en una unidad familiar que hayan optado por la tributación conjunta serán gravadas acumuladamente.

6[331]. Todos los miembros de la unidad familiar quedarán conjunta y solidariamente sometidos al impuesto, sin perjuicio del derecho a prorratear entre sí la deuda tributaria, según la parte de renta sujeta que corresponda a cada uno de ellos.

---

[330]   Nueva redacción del número 2.º del apartado 2 del artículo 84 dada por la Disp. Final Segunda.Catorce de la Ley 22/2009, de 18 de diciembre, por la que se regula el sistema de financiación de las Comunidades Autónomas de régimen común y Ciudades con Estatuto de Autonomía y se modifican determinadas normas tributarias (BOE núm. 305, de 19 de diciembre de 2009), surtiendo efectos desde el 1-1-2010.
    Redacción anterior del art. 84.2.2.º dada por el art. 68 de la Ley 2/2008, de 23 de diciembre, de Presupuestos Generales del Estado para el año 2009 (BOE, núm. 309, de 24 de diciembre de 2008), con efectos desde el 1 de enero de 2008.
[331]   Art. 106 (Responsabilidad patrimonial del contribuyente), de esta Ley.

TÍTULO X. REGÍMENES ESPECIALES

SECCIÓN 1.ª *Imputación de Rentas Inmobiliarias*

Artículo 85. *Imputación de rentas inmobiliarias.*

1[332]. En el supuesto de los bienes inmuebles urbanos, calificados como tales en el artículo 7 del texto refundido de la Ley del Catastro Inmobiliario, aprobado por el Real Decreto Legislativo 1/2004, de 5 de marzo[333], así como en el caso de los inmuebles rústicos con construcciones que no resulten indispensables para el desarrollo de explotaciones agrícolas,

---

[332] Nueva redacción del art. 85.1 dada por el Art. Primero. Cincuenta y siete de la Ley 26/2014, de 27 de noviembre, por la que se modifican la Ley 35/2006, de 28 de noviembre, del Impuesto sobre la Renta de las Personas Físicas, el texto refundido de la Ley del Impuesto sobre la Renta de no Residentes, aprobado por el Real Decreto Legislativo 5/2004, de 5 de marzo, y otras normas tributarias (BOE núm. 288, de 28 de noviembre de 2014), en vigor desde el 1 de enero de 2015.

[333] Real Decreto Legislativo 1/2004, de 5 de marzo, por el que se aprueba el texto refundido de la Ley del Catastro Inmobiliario (BOE núm. 58, de 8 de marzo de 2004), en redacción dada por el art. 10.1 de la Ley 36/2006, de 29 de noviembre y el art. 2.4 de la Ley 13/2015, de 24 de junio: *Artículo 7. Bienes inmuebles urbanos y rústicos.*

«1. El carácter urbano o rústico del inmueble dependerá de la naturaleza de su suelo.

2. Se entiende por suelo de naturaleza urbana:

a) El clasificado o definido por el planeamiento urbanístico como urbano, urbanizado o equivalente.

b) Los terrenos que tengan la consideración de urbanizables o aquellos para los que los instrumentos de ordenación territorial y urbanística aprobados prevean o permitan su paso a la situación de suelo urbanizado, siempre que se incluyan en sectores o ámbitos espaciales delimitados y se hayan establecido para ellos las determinaciones de ordenación detallada o pormenorizada, de acuerdo con la legislación urbanística aplicable.

c) El integrado de forma efectiva en la trama de dotaciones y servicios propios de los núcleos de población.

d) El ocupado por los núcleos o asentamientos de población aislados, en su caso, del núcleo principal, cualquiera que sea el hábitat en el que se localicen y con independencia del grado de concentración de las edificaciones.

e) El suelo ya transformado por contar con los servicios urbanos establecidos por la legislación urbanística o, en su defecto, por disponer de acceso rodado, abastecimiento de agua, evacuación de aguas y suministro de energía eléctrica.

f) El que esté consolidado por la edificación, en la forma y con las características que establezca la legislación urbanística.

Se exceptúa de la consideración de suelo de naturaleza urbana el que integre los bienes inmuebles de características especiales.

3. Se entiende por suelo de naturaleza rústica aquel que no sea de naturaleza urbana conforme a lo dispuesto en el apartado anterior, ni esté integrado en un bien inmueble de características especiales.

4. A efectos catastrales, tendrán la consideración de construcciones:

a) Los edificios, sean cualesquiera los materiales de que estén construidos y el uso a que se destinen, siempre que se encuentren unidos permanentemente al suelo y con independencia de que se alcen sobre su superficie o se hallen enclavados en el subsuelo y de que puedan ser transportados o desmontados.

b) Las instalaciones industriales, comerciales, deportivas, de recreo, agrícolas, ganaderas, forestales y piscícolas de agua dulce, considerándose como tales, entre otras, los diques, tanques, cargaderos, muelles, pantalanes e invernaderos, y excluyéndose en todo caso la maquinaria y el utillaje.

c) Las obras de urbanización y de mejora, tales como las explanaciones, y las que se realicen para el uso de los espacios descubiertos, como son los recintos destinados a mercados, los depósitos al aire libre, los campos para la práctica del deporte, los estacionamientos y los espacios anejos o accesorios a los edificios e instalaciones.

ganaderas o forestales, no afectos en ambos casos a actividades económicas, ni generadores de rendimientos del capital, excluida la vivienda habitual y el suelo no edificado, tendrá la consideración de renta imputada la cantidad que resulte de aplicar el 2 por ciento al valor catastral, determinándose proporcionalmente al número de días que corresponda en cada período impositivo.

En el caso de inmuebles localizados en municipios en los que los valores catastrales hayan sido revisados, modificados o determinados mediante un procedimiento de valoración colectiva de carácter general[334], de conformidad con la normativa catastral, y hayan entrado en vigor en el período impositivo o en el plazo de los diez períodos impositivos anteriores, el porcentaje será el 1,1 por ciento[335].

Si a la fecha de devengo del impuesto el inmueble careciera de valor catastral o éste no hubiera sido notificado al titular, el porcentaje será del 1,1 por ciento y se aplicará sobre el 50 por ciento del mayor de los siguientes valores: el comprobado por la Administración a efectos de otros tributos o el precio, contraprestación o valor de la adquisición.

Cuando se trate de inmuebles en construcción y en los supuestos en que, por razones urbanísticas, el inmueble no sea susceptible de uso, no se estimará renta alguna.

2[336]. Estas rentas se imputarán a los titulares de los bienes inmuebles de acuerdo con el apartado 3 del artículo 11 de esta Ley.

Cuando existan derechos reales de disfrute, la renta computable a estos efectos en el titular del derecho será la que correspondería al propietario.

3[337]. En los supuestos de derechos de aprovechamiento por turno de bienes inmuebles la imputación se efectuará al titular del derecho real, prorrateando el valor catastral en función de la duración anual del periodo de aprovechamiento.

Si a la fecha de devengo del impuesto los inmuebles a que se refiere este apartado carecieran de valor catastral, o éste no hubiera sido notificado al titular, se tomará como base de imputación el precio de adquisición del derecho de aprovechamiento.

No procederá la imputación de renta inmobiliaria a los titulares de derechos de aprovechamiento por turno de bienes inmuebles cuando su duración no exceda de dos semanas por año.

No tendrán la consideración de construcciones aquellas obras de urbanización o mejora que reglamentariamente se determinen, sin perjuicio de que su valor deba incorporarse al del bien inmueble como parte inherente al valor del suelo, ni los tinglados o cobertizos de pequeña entidad».

[334] Artículos 28.3.a) y 29 del Real Decreto Legislativo 1/2004, de 5 de marzo, por el que se aprueba el texto refundido de la Ley del Catastro Inmobiliario (BOE de 8 de marzo de 2004).

[335] Ver la «Disposición adicional quincuagésima quinta. Imputación de rentas inmobiliarias durante el período impositivo 2023 y 2024» LIRPF.

[336] Nueva redacción del art. 85.2 dada por el Art. Primero. Cincuenta y siete de la Ley 26/2014, de 27 de noviembre, por la que se modifican la Ley 35/2006, de 28 de noviembre, del Impuesto sobre la Renta de las Personas Físicas, el texto refundido de la Ley del Impuesto sobre la Renta de no Residentes, aprobado por el Real Decreto Legislativo 5/2004, de 5 de marzo, y otras normas tributarias (BOE núm. 288, de 28 de noviembre de 2014), en vigor desde el 1 de enero de 2015.

[337] Ley 4/2012, de 6 de julio, de contratos de aprovechamiento por turno de bienes de uso turístico, de adquisición de productos vacacionales de larga duración, de reventa y de intercambio y normas tributarias (BOE núm. 162, de 7 de julio de 2012) que deroga el Real Decreto-ley 8/2012, de 16 de marzo, de contratos de aprovechamiento por turno de bienes de uso turístico, de adquisición de productos vacacionales de larga duración, de reventa y de intercambio (núm. 66, de 17 de marzo de 2012).

SECCIÓN 2.ª *Régimen de Atribución de Rentas*

Artículo 86. *Régimen de atribución de rentas.*

Las rentas correspondientes a las entidades en régimen de atribución de rentas se atribuirán a los socios, herederos, comuneros o partícipes, respectivamente, de acuerdo con lo establecido en esta sección 2.ª

Artículo 87[338]. *Entidades en régimen de atribución de rentas.*

1. Tendrán la consideración de entidades en régimen de atribución de rentas aquellas a las que se refiere el artículo 8.3 de esta ley y, en particular, las entidades constituidas en el extranjero cuya naturaleza jurídica sea idéntica o análoga a la de las entidades en atribución de rentas constituidas de acuerdo con las leyes españolas[339].

2. El régimen de atribución de rentas no será aplicable a las sociedades agrarias de transformación que tributarán por el Impuesto sobre Sociedades.

3[340]. Las entidades en régimen de atribución de rentas no estarán sujetas al Impuesto sobre Sociedades, a excepción de lo dispuesto en el apartado 12 del artículo 15 bis de la Ley del Impuesto sobre Sociedades.

Artículo 88. *Calificación de la renta atribuida*.

Las rentas de las entidades en régimen de atribución de rentas atribuidas a los socios, herederos, comuneros o partícipes tendrán la naturaleza derivada de la actividad o fuente de donde procedan para cada uno de ellos.

Artículo 89. *Cálculo de la renta atribuible y pagos a cuenta.*

1. Para el cálculo de las rentas a atribuir a cada uno de los socios, herederos, comuneros o partícipes, se aplicarán las siguientes reglas:

1.ª Las rentas se determinarán con arreglo a las normas de este Impuesto, y no serán aplicables las reducciones previstas en los artículos 23.2, 23.3, 26.2 y 32 de esta ley, con las siguientes especialidades:

a) La renta atribuible se determinará de acuerdo con lo previsto en la normativa del Impuesto sobre Sociedades cuando todos los miembros de la entidad en régimen de atribución de rentas sean sujetos pasivos de dicho Impuesto o contribuyentes por el Impuesto sobre la Renta de no Residentes con establecimiento permanente.

b) La determinación de la renta atribuible a los contribuyentes del Impuesto sobre la Renta de no Residentes sin establecimiento permanente se efectuará de acuerdo con lo previsto

---

[338] Art. 24, actividades económicas, Art. 31, estimación directa simplificada, Art. 39, estimación objetiva, Art. 68.8 (Obligaciones formales, contables y registrales) y Art. 112, pagos fraccionados, del RIRPF.

[339] Resolución de 6 de febrero de 2020, de la Dirección General de Tributos, sobre la consideración como entidades en régimen de atribución de rentas a determinadas entidades constituidas en el extranjero (BOE núm. 38, de 13 de febrero de 2020).

[340] Nueva redacción del art. 87.3 dada por la Disp. final Primera del Real Decreto-ley 18/2022, de 18 de octubre, por el que se aprueban medidas de refuerzo de la protección de los consumidores de energía y de contribución a la reducción del consumo de gas natural en aplicación del «Plan + seguridad para tu energía (+SE)», así como medidas en materia de retribuciones del personal al servicio del sector público y de protección de las personas trabajadoras agrarias eventuales afectadas por la sequía (BOE núm. 251, de 19 de octubre de 2022), con efectos desde el 1 de enero de 2022.

en el capítulo IV del texto refundido de la Ley del Impuesto sobre la Renta de no Residentes, aprobado por el Real Decreto Legislativo 5/2004, de 5 de marzo.

c) Para el cálculo de la renta atribuible a los miembros de la entidad en régimen de atribución de rentas, que sean sujetos pasivos del Impuesto sobre Sociedades o contribuyentes por el Impuesto sobre la Renta de no Residentes con establecimiento permanente o sin establecimiento permanente que no sean personas físicas, procedente de ganancias patrimoniales derivadas de la transmisión de elementos no afectos al desarrollo de actividades económicas, no resultará de aplicación lo establecido en la disposición transitoria novena de esta ley.

2.ª La parte de renta atribuible a los socios, herederos, comuneros o partícipes, contribuyentes por este Impuesto o por el Impuesto sobre Sociedades, que formen parte de una entidad en régimen de atribución de rentas constituida en el extranjero, se determinará de acuerdo con lo señalado en la regla 1.ª anterior.

3.ª Cuando la entidad en régimen de atribución de rentas obtenga rentas de fuente extranjera que procedan de un país con el que España no tenga suscrito un convenio para evitar la doble imposición con cláusula de intercambio de información, no se computarán las rentas negativas que excedan de las positivas obtenidas en el mismo país y procedan de la misma fuente. El exceso se computará en los cuatro años siguientes de acuerdo con lo señalado en esta regla 3.ª

2. Estarán sujetas a retención o ingreso a cuenta, con arreglo a las normas de este Impuesto, las rentas que se satisfagan o abonen a las entidades en régimen de atribución de rentas, con independencia de que todos o alguno de sus miembros sea contribuyente por este Impuesto, sujeto pasivo del Impuesto sobre Sociedades o contribuyente por el Impuesto sobre la Renta de no Residentes. Dicha retención o ingreso a cuenta se deducirá en la imposición personal del socio, heredero, comunero o partícipe, en la misma proporción en que se atribuyan las rentas.

3. Las rentas se atribuirán a los socios, herederos, comuneros o partícipes según las normas o pactos aplicables en cada caso y, si éstos no constaran a la Administración tributaria en forma fehaciente, se atribuirán por partes iguales.

4. Los miembros de la entidad en régimen de atribución de rentas que sean contribuyentes por este Impuesto podrán practicar en su declaración las reducciones previstas en los artículos 23.2, 23.3, 26.2 y 32.1 de esta ley.

5. Los sujetos pasivos del Impuesto sobre Sociedades y los contribuyentes por el Impuesto sobre la Renta de no Residentes con establecimiento permanente, que sean miembros de una entidad en régimen de atribución de rentas que adquiera acciones o participaciones en instituciones de inversión colectiva, integrarán en su base imponible el importe de las rentas contabilizadas o que deban contabilizarse procedentes de las citadas acciones o participaciones. Asimismo, integrarán en su base imponible el importe de los rendimientos del capital mobiliario derivados de la cesión a terceros de capitales propios que se hubieran devengado a favor de la entidad en régimen de atribución de rentas.

Artículo 90. *Obligaciones de información de las entidades en régimen de atribución de rentas.*

1. Las entidades en régimen de atribución de rentas deberán presentar una declaración informativa, con el contenido que reglamentariamente se establezca[341], relativa a las rentas a atribuir a sus socios, herederos, comuneros o partícipes, residentes o no en territorio español.

---

[341]   Art. 70 (Obligaciones de información de las entidades...), del RIRPF.

2. La obligación de información a que se refiere el apartado anterior deberá ser cumplida por quien tenga la consideración de representante de la entidad en régimen de atribución de rentas, de acuerdo con lo previsto en el artículo 45.3 de la Ley 58/2003, de 17 de diciembre, General Tributaria, o por sus miembros contribuyentes por este Impuesto o sujetos pasivos por el Impuesto sobre Sociedades en el caso de las entidades constituidas en el extranjero.

3. Las entidades en régimen de atribución de rentas deberán notificar a sus socios, herederos, comuneros o partícipes, la renta total de la entidad y la renta atribuible a cada uno de ellos en los términos que reglamentariamente se establezcan[342].

4. El Ministro de Economía y Hacienda establecerá el modelo, así como el plazo, lugar y forma de presentación de la declaración informativa a que se refiere este artículo.

5. No estarán obligadas a presentar la declaración informativa a que se refiere el apartado 1 de este artículo, las entidades en régimen de atribución de rentas que no ejerzan actividades económicas y cuyas rentas no excedan de 3.000 euros anuales.

SECCIÓN 3.ª *Transparencia Fiscal Internacional*

Artículo 91[343]. *Imputación de rentas en el régimen de transparencia fiscal internacional.*

1. Los contribuyentes imputarán las rentas positivas obtenidas por una entidad no residente en territorio español a que se refieren los apartados 2 o 3 de este artículo cuando se cumplan las circunstancias siguientes:

a) Que por sí solos o conjuntamente con entidades vinculadas en el sentido del artículo 18 de la Ley del Impuesto sobre Sociedades o con otros contribuyentes unidos por vínculos de parentesco, incluido el cónyuge, en línea directa o colateral, consanguínea o por afinidad hasta el segundo grado inclusive, tengan una participación igual o superior al 50 por ciento en el capital, los fondos propios, los resultados o los derechos de voto de la entidad no residente en territorio español, en la fecha del cierre del ejercicio social de esta última.

b) Que el importe satisfecho por la entidad no residente en territorio español, imputable a alguna de las clases de rentas previstas en el apartado 2 o 3 de este artículo por razón de gravamen de naturaleza idéntica o análoga al Impuesto sobre Sociedades, sea inferior al 75 por ciento del que hubiera correspondido de acuerdo con las normas de aquel.

2. Los contribuyentes imputarán la renta total obtenida por la entidad no residente en territorio español, cuando esta no disponga de la correspondiente organización de medios materiales y personales para su obtención, incluso si las operaciones tienen carácter recurrente.

---

[342] Art. 70 (Obligaciones de información de las entidades…), del RIRPF.

[343] Nueva redacción del art. 91 dada por el art. tercero Cuatro de la Ley 11/2021, de 9 de julio, de medidas de prevención y lucha contra el fraude fiscal, de transposición de la Directiva (UE) 2016/1164, del Consejo, de 12 de julio de 2016, por la que se establecen normas contra las prácticas de elusión fiscal que inciden directamente en el funcionamiento del mercado interior, de modificación de diversas normas tributarias y en materia de regulación del juego (BOE núm. 164, de 10 de julio de 2021), con efectos desde el 11 de julio de 2021.

Redacción anterior dada por el Art. Primero. Cincuenta y ocho de la Ley 26/2014, de 27 de noviembre, por la que se modifican la Ley 35/2006, de 28 de noviembre, del Impuesto sobre la Renta de las Personas Físicas, el texto refundido de la Ley del Impuesto sobre la Renta de no Residentes, aprobado por el Real Decreto Legislativo 5/2004, de 5 de marzo, y otras normas tributarias (BOE núm. 288, de 28 de noviembre de 2014), en vigor desde el 1 de enero de 2015.

Se entenderá por renta total el importe de la base imponible que resulte de aplicar los criterios y principios establecidos en la Ley del Impuesto sobre Sociedades y en las restantes disposiciones relativas al Impuesto sobre Sociedades para la determinación de aquella.

Este apartado no resultará de aplicación cuando el contribuyente acredite que las referidas operaciones se realizan con los medios materiales y personales existentes en una entidad no residente en territorio español perteneciente al mismo grupo, en el sentido del artículo 42 del Código de Comercio, con independencia de su residencia y de la obligación de formular cuentas anuales consolidadas, o bien que su constitución y operativa responde a motivos económicos válidos.

La aplicación de lo dispuesto en el primer párrafo de este apartado prevalecerá sobre lo previsto en el apartado siguiente.

3. En el supuesto de no aplicarse lo establecido en el apartado anterior, se imputará únicamente la renta positiva que provenga de cada una de las siguientes fuentes:

a) Titularidad de bienes inmuebles rústicos y urbanos o de derechos reales que recaigan sobre estos, salvo que estén afectos a una actividad económica, o cedidos en uso a entidades no residentes, pertenecientes al mismo grupo de sociedades de la titular en el sentido del artículo 42 del Código de Comercio, con independencia de su residencia y de la obligación de formular cuentas anuales consolidadas, e igualmente estuvieren afectos a una actividad económica.

b) Participación en fondos propios de cualquier tipo de entidad y cesión a terceros de capitales propios, que tengan tal consideración con arreglo a lo dispuesto en los apartados 1 y 2 del artículo 25 de esta Ley.

No se entenderá incluida en esta letra la renta positiva que proceda de los siguientes activos financieros:

1.º Los tenidos para dar cumplimiento a obligaciones legales y reglamentarias originadas por el ejercicio de actividades económicas.

2.º Los que incorporen derechos de crédito nacidos de relaciones contractuales establecidas como consecuencia del desarrollo de actividades económicas.

3.º Los tenidos como consecuencia del ejercicio de actividades de intermediación en mercados oficiales de valores.

4.º Los tenidos por entidades de crédito y aseguradoras como consecuencia del ejercicio de sus actividades, sin perjuicio de lo establecido en la letra i).

La renta positiva derivada de la cesión a terceros de capitales propios se entenderá que procede de la realización de actividades crediticias y financieras a que se refiere la letra i) cuando el cedente y el cesionario pertenezcan a un grupo de sociedades en el sentido del artículo 42 del Código de Comercio, con independencia de la residencia y de la obligación de formular cuentas anuales consolidadas, y los ingresos del cesionario procedan, al menos en el 85 por ciento, del ejercicio de actividades económicas.

c) Operaciones de capitalización y seguro, que tengan como beneficiaria a la propia entidad.

d) Propiedad industrial e intelectual, asistencia técnica, bienes muebles, derechos de imagen y arrendamiento o subarrendamiento de negocios o minas, que tengan tal consideración con arreglo a lo dispuesto en el apartado 4 del artículo 25 de esta Ley.

No obstante, no será objeto de imputación la renta procedente de derechos de imagen que deba imputarse conforme a lo dispuesto en el artículo 92 de esta Ley.

e) Transmisión de los bienes y derechos referidos en las letras a), b), c) y d) anteriores que genere rentas.

f) Instrumentos financieros derivados, excepto los designados para cubrir un riesgo específicamente identificado derivado de la realización de actividades económicas.

g) Actividades de seguros, crediticias, operaciones de arrendamiento financiero y otras actividades financieras salvo que se trate de rentas obtenidas en el ejercicio de actividades económicas, sin perjuicio de lo establecido en la letra i).

h) Operaciones sobre bienes y servicios realizados con personas o entidades vinculadas en el sentido del artículo 18 de la Ley del Impuesto sobre Sociedades, en las que la entidad no residente o establecimiento añade un valor económico escaso o nulo.

i) Actividades crediticias, financieras, aseguradoras y de prestación de servicios realizadas, directa o indirectamente, con personas o entidades residentes en territorio español y vinculadas en el sentido del artículo 18 de la Ley del Impuesto sobre Sociedades, en cuanto determinen gastos fiscalmente deducibles en dichas personas o entidades residentes.

No se incluirá la renta positiva prevista en esta letra cuando al menos dos tercios de los ingresos derivados de las actividades crediticias, financieras, aseguradoras o de prestación de servicios realizadas por la entidad no residente procedan de operaciones efectuadas con personas o entidades no vinculadas en el sentido del artículo 18 de la Ley del Impuesto sobre Sociedades.

4. No se imputarán las rentas previstas en el apartado 3 de este artículo cuando la suma de sus importes sea inferior al 15 por ciento de la renta total obtenida por la entidad no residente.

No obstante, se imputarán en todo caso las rentas a las que se refiere la letra i) del apartado 3 sin perjuicio de que, asimismo, sean tomadas en consideración a efectos de determinar la suma a la que se refiere el párrafo anterior.

No se imputará en la base imponible del contribuyente el impuesto o impuestos de naturaleza idéntica o similar al Impuesto sobre Sociedades efectivamente satisfecho por la sociedad no residente por la parte de renta a incluir.

5. Estarán obligados a la imputación prevista en este artículo los contribuyentes comprendidos en la letra a) del apartado 1, que participen directamente en la entidad no residente o bien indirectamente a través de otra u otras entidades no residentes. En este último caso, el importe de la renta positiva será el correspondiente a la participación indirecta.

El importe de la renta positiva a imputar se determinará en proporción a la participación en los resultados y, en su defecto, en proporción a la participación en el capital, los fondos propios o los derechos de voto.

Las rentas positivas a que se refieren los apartados 2 y 3 se imputarán en la base imponible general, de acuerdo con lo previsto en el artículo 45 de esta Ley.

6. La imputación se realizará en el período impositivo que comprenda el día en que la entidad no residente en territorio español haya concluido su ejercicio social que, a estos efectos, no podrá entenderse de duración superior a 12 meses.

7. El importe de las rentas positivas a imputar se calculará de acuerdo con los principios y criterios establecidos en la Ley del Impuesto sobre Sociedades y en las restantes disposiciones relativas al Impuesto sobre Sociedades para la determinación de la base imponible.

A estos efectos se utilizará el tipo de cambio vigente al cierre del ejercicio social de la entidad no residente en territorio español.

En ningún caso se imputará una cantidad superior a la renta total de la entidad no residente.

8. No se integrarán en la base imponible los dividendos o participaciones en beneficios en la parte que corresponda a la renta positiva que haya sido imputada. El mismo tratamiento se aplicará a los dividendos a cuenta.

En caso de distribución de reservas se atenderá a la designación contenida en el acuerdo social, entendiéndose aplicadas las últimas cantidades abonadas a dichas reservas.

Una misma renta positiva solamente podrá ser objeto de imputación por una sola vez, cualquiera que sea la forma y la entidad en que se manifieste.

9. Será deducible de la cuota líquida el impuesto o gravamen efectivamente satisfecho en el extranjero por razón de la distribución de los dividendos o participaciones en beneficios, sea conforme a un convenio para evitar la doble imposición o de acuerdo con la legislación interna del país o territorio de que se trate, en la parte que corresponda a la renta positiva imputada con anterioridad en la base imponible.

Esta deducción se practicará aun cuando los impuestos correspondan a períodos impositivos distintos a aquel en el que se realizó la imputación.

En ningún caso se deducirán los impuestos satisfechos en países o territorios calificados como jurisdicciones no cooperativas.

Esta deducción no podrá exceder de la cuota íntegra que en España corresponda pagar por la renta positiva incluida en la base imponible.

10. Para calcular la renta derivada de la transmisión de la participación, directa o indirecta, se emplearán las reglas contenidas en la letra a) del apartado 2 de la disposición transitoria décima de la Ley del Impuesto sobre Sociedades, en relación a la renta positiva imputada en la base imponible. Los beneficios sociales a que se refiere el citado precepto serán los correspondientes a la renta positiva imputada.

11. Los contribuyentes a quienes sea de aplicación lo previsto en el presente artículo deberán presentar conjuntamente con la declaración por este Impuesto los siguientes datos relativos a la entidad no residente en territorio español:

a) Nombre o razón social y lugar del domicilio social.

b) Relación de administradores y lugar de su domicilio fiscal.

c) El balance, la cuenta de pérdidas y ganancias y la memoria.

d) Importe de la renta positiva que deba ser objeto de imputación en la base imponible.

e) Justificación de los impuestos satisfechos respecto de la renta positiva que deba ser objeto de imputación.

12. Cuando la entidad participada resida en un país o territorio calificado como jurisdicción no cooperativa, se presumirá que:

a) Se cumple la circunstancia prevista en la letra b) del apartado 1.

b) Las rentas de la entidad participada reúnen las características del apartado 3 de este artículo.

c) La renta obtenida por la entidad participada es el 15 por ciento del valor de adquisición de la participación.

Las presunciones contenidas en los párrafos anteriores admitirán prueba en contrario.

13. A los efectos del presente artículo se entenderá que el grupo de sociedades a que se refiere el artículo 42 del Código de Comercio incluye las entidades multigrupo y asociadas en los términos de la legislación mercantil.

14. Lo previsto en este artículo no será de aplicación cuando la entidad no residente en territorio español sea residente en otro Estado miembro de la Unión Europea o que forme parte del Acuerdo del Espacio Económico Europeo, siempre que el contribuyente acredite que realiza actividades económicas o se trate de una institución de inversión colectiva regulada en la Directiva 2009/65/CE del Parlamento Europeo y del Consejo, de 13 de julio de 2009, por la que se coordinan las disposiciones legales, reglamentarias y administrativas sobre determinados organismos de inversión colectiva en valores mobiliarios, distintas de las previstas en el artículo 95 de esta Ley, constituida y domiciliada en algún Estado miembro de la Unión Europea.

SECCIÓN 4.ª *Derechos de Imagen*

Artículo 92. *Imputación de rentas por la cesión de derechos de imagen.*

1. Los contribuyentes imputarán en su base imponible del Impuesto sobre la Renta de las Personas Físicas la cantidad a que se refiere el apartado 3 cuando concurran las circunstancias siguientes:

a) Que hubieran cedido el derecho a la explotación de su imagen o hubiesen consentido o autorizado su utilización a otra persona o entidad, residente o no residente. A efectos de lo dispuesto en este párrafo, será indiferente que la cesión, consentimiento o autorización hubiese tenido lugar cuando la persona física no fuese contribuyente.

b) Que presten sus servicios a una persona o entidad en el ámbito de una relación laboral.

c) Que la persona o entidad con la que el contribuyente mantenga la relación laboral, o cualquier otra persona o entidad vinculada con ellas en los términos del artículo 16 del texto refundido de la Ley del Impuesto sobre Sociedades[344], haya obtenido, mediante actos concertados con personas o entidades residentes o no residentes la cesión del derecho a la explotación o el consentimiento o autorización para la utilización de la imagen de la persona física.

2. La imputación a que se refiere el apartado anterior no procederá cuando los rendimientos del trabajo obtenidos en el período impositivo por la persona física a que se refiere el párrafo primero del apartado anterior en virtud de la relación laboral no sean inferiores al 85 por ciento de la suma de los citados rendimientos más la total contraprestación a cargo de la persona o entidad a que se refiere el párrafo c) del apartado anterior por los actos allí señalados.

3. La cantidad a imputar será el valor de la contraprestación que haya satisfecho con anterioridad a la contratación de los servicios laborales de la persona física o que deba satisfacer la persona o entidad a que se refiere el párrafo c) del apartado 1 por los actos allí señalados. Dicha cantidad se incrementará en el importe del ingreso a cuenta a que se refiere el apartado 8 y se minorará en el valor de la contraprestación obtenida por la persona física como consecuencia de la cesión, consentimiento o autorización a que se refiere el párrafo a) del apartado 1, siempre que la misma se hubiera obtenido en un período impositivo en el que la persona física titular de la imagen sea contribuyente por este impuesto.

---

[344] Ver la nota del Art. 41 (Operaciones vinculadas), de esta Ley, en la que se reproduce el artículo 16 del Texto Refundido de la Ley del Impuesto sobre Sociedades.

4. 1.º Cuando proceda la imputación, será deducible de la cuota líquida del Impuesto sobre la Renta de las Personas Físicas correspondiente a la persona a que se refiere el párrafo primero del apartado 1:

a) El impuesto o impuestos de naturaleza idéntica o similar al Impuesto sobre la Renta de las Personas Físicas o sobre Sociedades que, satisfecho en el extranjero por la persona o entidad no residente primera cesionaria, corresponda a la parte de la renta neta derivada de la cuantía que debe incluir en su base imponible.

b) El Impuesto sobre la Renta de las Personas Físicas o sobre Sociedades que, satisfecho en España por la persona o entidad residente primera cesionaria, corresponda a la parte de la renta neta derivada de la cuantía que debe incluir en su base imponible.

c) El impuesto o gravamen efectivamente satisfecho en el extranjero por razón de la distribución de los dividendos o participaciones en beneficios distribuidos por la primera cesionaria, sea conforme a un convenio para evitar la doble imposición o de acuerdo con la legislación interna del país o territorio de que se trate, en la parte que corresponda a la cuantía incluida en la base imponible.

d) El impuesto satisfecho en España, cuando la persona física no sea residente, que corresponda a la contraprestación obtenida por la persona física como consecuencia de la primera cesión del derecho a la explotación de su imagen o del consentimiento o autorización para su utilización.

e) El impuesto o impuestos de naturaleza idéntica o similar al Impuesto sobre la Renta de las Personas Físicas satisfecho en el extranjero, que corresponda a la contraprestación obtenida por la persona física como consecuencia de la primera cesión del derecho a la explotación de su imagen o del consentimiento o autorización para su utilización.

2.º Estas deducciones se practicarán aun cuando los impuestos correspondan a períodos impositivos distintos a aquél en el que se realizó la imputación.

En ningún caso se deducirán los impuestos satisfechos en países o territorios considerados como paraísos fiscales.

Estas deducciones no podrán exceder, en su conjunto, de la cuota íntegra que corresponda satisfacer en España por la renta imputada en la base imponible.

5. 1.º La imputación se realizará por la persona física en el período impositivo que corresponda a la fecha en que la persona o entidad a que se refiere el párrafo c) del apartado 1 efectúe el pago o satisfaga la contraprestación acordada, salvo que por dicho período impositivo la persona física no fuese contribuyente por este impuesto, en cuyo caso la inclusión deberá efectuarse en el primero o en el último período impositivo por el que deba tributar por este impuesto, según los casos.

2.º La imputación se efectuará en la base imponible, de acuerdo con lo previsto en el artículo 45 de esta ley.

3.º A estos efectos se utilizará el tipo de cambio vigente al día de pago o satisfacción de la contraprestación acordada por parte de la persona o entidad a que se refiere el párrafo c) del apartado 1.

6. 1.º No se imputarán en el impuesto personal de los socios de la primera cesionaria los dividendos o participaciones en beneficios distribuidos por ésta en la parte que corresponda a la cuantía que haya sido imputada por la persona física a que se refiere el primer párrafo del apartado 1. El mismo tratamiento se aplicará a los dividendos a cuenta.

En caso de distribución de reservas se atenderá a la designación contenida en el acuerdo social, entendiéndose aplicadas las últimas cantidades abonadas a dichas reservas.

2.º Los dividendos o participaciones a que se refiere el ordinal 1.º anterior no darán derecho a la deducción por doble imposición internacional.

3.º Una misma cuantía sólo podrá ser objeto de imputación por una sola vez, cualquiera que sea la forma y la persona o entidad en que se manifieste.

7. Lo previsto en los apartados anteriores de este artículo se entenderá sin perjuicio de lo dispuesto en los tratados y convenios internacionales que hayan pasado a formar parte del ordenamiento interno y en el artículo 4 de esta ley.

8. Cuando proceda la imputación a que se refiere el apartado 1, la persona o entidad a que se refiere el párrafo c) del mismo deberá efectuar un ingreso a cuenta de las contraprestaciones satisfechas en metálico o en especie a personas o entidades no residentes por los actos allí señalados.

Si la contraprestación fuese en especie, su valoración se efectuará de acuerdo con lo previsto en el artículo 43 de esta ley, y se practicará el ingreso a cuenta sobre dicho valor.

La persona o entidad a que se refiere el párrafo c) del apartado 1 deberá presentar declaración del ingreso a cuenta en la forma, plazos e impresos que establezca el Ministro de Economía y Hacienda. Al tiempo de presentar la declaración deberá determinar su importe y efectuar su ingreso en el Tesoro.

Reglamentariamente se regulará el tipo de ingreso a cuenta[345].

SECCIÓN 5.ª *Régimen Especial para Trabajadores Desplazados*

Artículo 93[346]. *Régimen fiscal especial aplicable a los trabajadores, profesionales, emprendedores e inversores desplazados a territorio español.*

1. Las personas físicas que adquieran su residencia fiscal en España como consecuencia de su desplazamiento a territorio español podrán optar por tributar por el Impuesto sobre la

---

[345] Disposición adicional trigésima primera (Escalas y tipos de retención aplicables en 2015) de esta Ley. Art. 101.10 (Importe de los pagos a cuenta), de esta Ley. Art. 101.1 (Importe de las retenciones sobre derechos de imagen y otras rentas) y Art. 107 (Ingreso a cuenta sobre derechos de imagen), del RIRPF.

[346] Disposición transitoria decimoséptima (Trabajadores desplazados a territorio español) de esta Ley. Título VIII, Capítulo I «Régimen especial aplicable a los trabajadores desplazados a territorio español» (arts. 113 a 120) del RIRPF.
Nueva redacción del art. 93 dada por la Disp. Final Tercera Cinco de la Ley 28/2022, de 21 de diciembre, de fomento del ecosistema de las empresas emergentes (BOE núm. 306, de 22 de diciembre de 2022), con efectos desde el 1 de enero de 2023.
Redacción de la letras e) y f) dada por el art. 61 de la Ley 11/2020, de 30 de diciembre, de Presupuestos Generales del Estado para el año 2021 (BOE núm. 341, de 31 de diciembre de 2020), en vigor desde el 1 de enero de 2021.
Redacción anterior dada por el Art. Primero. Cincuenta y nueve de la Ley 26/2014, de 27 de noviembre, por la que se modifican la Ley 35/2006, de 28 de noviembre, del Impuesto sobre la Renta de las Personas Físicas, el texto refundido de la Ley del Impuesto sobre la Renta de no Residentes, aprobado por el Real Decreto Legislativo 5/2004, de 5 de marzo, y otras normas tributarias (BOE núm. 288, de 28 de noviembre de 2014), en vigor desde el 1 de enero de 2015.
Redacción anterior dada por la Disp. Final Decimotercera de la Ley 26/2009, de 23 de diciembre, de Presupuestos Generales del Estado para el año 2010 (BOE núm. 309, de 24 de diciembre de 2009), con efectos desde el 1-1-2010.

Renta de no Residentes, con las reglas especiales previstas en el apartado 2 de este artículo, manteniendo la condición de contribuyentes por el Impuesto sobre la Renta de las Personas Físicas, durante el período impositivo en que se efectúe el cambio de residencia y durante los cinco períodos impositivos siguientes, cuando, en los términos que se establezcan reglamentariamente, se cumplan las siguientes condiciones:

a) Que no hayan sido residentes en España durante los cinco períodos impositivos anteriores a aquél en el que se produzca su desplazamiento a territorio español.

b) Que el desplazamiento a territorio español se produzca, ya sea en el primer año de aplicación del régimen o en el año anterior, como consecuencia de alguna de las siguientes circunstancias:

1.º Como consecuencia de un contrato de trabajo, con excepción de la relación laboral especial de los deportistas profesionales regulada por el Real Decreto 1006/1985, de 26 de junio, por el que se regula la relación laboral especial de los deportistas profesionales.

Se entenderá cumplida esta condición cuando se inicie una relación laboral, ordinaria o especial distinta de la anteriormente indicada, o estatutaria con un empleador en España. Igualmente, se entenderá cumplida esta condición cuando el desplazamiento sea ordenado por el empleador y exista una carta de desplazamiento de este o cuando, sin ser ordenado por el empleador, la actividad laboral se preste a distancia, mediante el uso exclusivo de medios y sistemas informáticos, telemáticos y de telecomunicación. En particular, se entenderá cumplida esta circunstancia en el caso de trabajadores por cuenta ajena que cuenten con el visado para teletrabajo de carácter internacional previsto en la Ley 14/2013, de 27 de septiembre, de apoyo a los emprendedores y su internacionalización.

2.º Como consecuencia de la adquisición de la condición de administrador de una entidad. En caso de que la entidad tenga la consideración de entidad patrimonial en los términos previstos en el artículo 5, apartado 2, de la Ley del Impuesto sobre Sociedades, el administrador no podrá tener una participación en dicha entidad que determine su consideración como entidad vinculada en los términos previstos en el artículo 18 de la Ley 27/2014, de 27 de noviembre, del Impuesto sobre Sociedades.

3.º Como consecuencia de la realización en España de una actividad económica calificada como actividad emprendedora, de acuerdo con el procedimiento descrito en el artículo 70 de la Ley 14/2013, de 27 de septiembre, en los términos establecidos reglamentariamente.

4.º Como consecuencia de la realización en España de una actividad económica por parte de un profesional altamente cualificado que preste servicios a empresas emergentes en el sentido del artículo 3 de la Ley 28/2022, de 21 de diciembre, de fomento del ecosistema de empresas emergentes, o que lleve a cabo actividades de formación, investigación, desarrollo e innovación, percibiendo por ello una remuneración que represente en conjunto más del 40% de la totalidad de los rendimientos empresariales, profesionales y del trabajo personal. Reglamentariamente se determinará la forma de acreditar la condición de profesional altamente cualificado, así como la determinación de los requisitos para calificar las actividades como de formación, investigación, desarrollo e innovación.

Disposición adicional primera. Régimen fiscal aplicable a la final de la «UEFA Champions League 2019» y «UEFA EURO 2020» del Real Decreto-ley 27/2018, de 28 de diciembre, por el que se adoptan determinadas medidas en materia tributaria y catastral (BOE núm. 314, de 28 de diciembre).

c) Que no obtenga rentas que se calificarían como obtenidas mediante un establecimiento permanente situado en territorio español, salvo en el supuesto previsto en la letra b).3.º y 4.º de este apartado.

El contribuyente que opte por la tributación por el Impuesto sobre la Renta de no Residentes quedará sujeto por obligación real en el Impuesto sobre el Patrimonio.

La persona titular del Ministerio de Hacienda y Función Pública establecerá el procedimiento para el ejercicio de la opción mencionada en este apartado.

2. La aplicación de este régimen especial implicará, en los términos que se establezcan reglamentariamente, la determinación de la deuda tributaria del Impuesto sobre la Renta de las Personas Físicas con arreglo a las normas establecidas en el texto refundido de la Ley del Impuesto sobre la Renta de no Residentes, aprobado por el Real Decreto Legislativo 5/2004, de 5 de marzo, para las rentas obtenidas sin mediación de establecimiento permanente con las siguientes especialidades:

a) No resultará de aplicación lo dispuesto en los artículos 5, 6, 8, 9, 10, 11 y 14 del capítulo I del citado texto refundido. No obstante, estarán exentos los rendimientos del trabajo en especie a los que se refiere la letra a) del artículo 14.1 del citado texto refundido.

b) La totalidad de los rendimientos de actividades económicas calificadas como una actividad emprendedora o de los rendimientos del trabajo obtenidos por el contribuyente durante la aplicación del régimen especial se entenderán obtenidos en territorio español.

c) A efectos de la liquidación del impuesto, se gravarán acumuladamente las rentas obtenidas por el contribuyente en territorio español durante el año natural, sin que sea posible compensación alguna entre aquellas.

d) La base liquidable estará formada por la totalidad de las rentas a que se refiere la letra c) anterior, distinguiéndose entre las rentas a que se refiere el artículo 25.1.f) del texto refundido de la Ley del Impuesto sobre la Renta de no Residentes, y el resto de rentas.

e) Para la determinación de la cuota íntegra:

1.º A la base liquidable, salvo la parte de la misma correspondiente a las rentas a que se refiere el artículo 25.1.f) del texto refundido de la Ley del Impuesto sobre la Renta de no Residentes, se le aplicarán los tipos que se indican en la siguiente escala:

Base liquidable — Euros	Tipo aplicable — Porcentaje
Hasta 600.000 euros	24
Desde 600.000,01 euros en adelante	47

2.º [347] A la parte de la base liquidable correspondiente a las rentas a que se refiere el artículo 25.1.f) del texto refundido de la Ley del Impuesto sobre la Renta de no Residentes, se le aplicarán los tipos que se indican en la siguiente escala:

---

[347] Nueva redacción del artículo 93.2.e).2º dada por Disp. Final Séptima Tres de la Ley 7/2024, de 20 de diciembre, por la que se establecen un Impuesto Complementario para garantizar un nivel mínimo global de imposición para los grupos multinacionales y los grupos nacionales de gran magnitud, un Impuesto sobre el margen de intereses y comisiones de determinadas entidades financieras y un Impuesto sobre los líquidos para cigarrillos electrónicos y otros productos relacionados con el tabaco, y se modifican otras normas tributarias (BOE núm. 307, de 21 de diciembre de 2024), modifica, con efectos desde el 1 de enero de 2025.

Parte la base liquidable – Hasta euros	Cuota íntegra – Euros	Resto base liquidable – Hasta euros	Tipo aplicable Porcentaje
0	0	6.000	19
6.000,00	1.140	44.000	21
50.000,00	10.380	150.000	23
200.000,00	44.880	100.000	27
300.000,00	71.880	En adelante	30

f) Las retenciones e ingresos a cuenta en concepto de pagos a cuenta del impuesto se practicarán, en los términos que se establezcan reglamentariamente, de acuerdo con la normativa del Impuesto sobre la Renta de no Residentes.

No obstante, el porcentaje de retención o ingreso a cuenta sobre rendimientos del trabajo será el 24 por ciento. Cuando las retribuciones satisfechas por un mismo pagador de rendimientos del trabajo durante el año natural excedan de 600.000 euros, el porcentaje de retención aplicable al exceso será el 47 por ciento.

3. También podrán optar por tributar por el Impuesto sobre la Renta de no Residentes, con las reglas especiales previstas en el apartado 2 de este artículo, manteniendo la condición de contribuyentes por el Impuesto sobre la Renta de las Personas Físicas, el cónyuge del contribuyente a que se refiere el apartado 1 anterior y sus hijos, menores de veinticinco años o cualquiera que sea su edad en caso de discapacidad, o en el supuesto de inexistencia de vínculo matrimonial, el progenitor de estos, siempre que se cumplan las siguientes condiciones:

a) Que se desplacen a territorio español con el contribuyente a que se refiere el apartado 1 anterior o en un momento posterior, siempre que no hubiera finalizado el primer período impositivo en el que a este le resulte de aplicación el régimen especial.

b) Que adquieran su residencia fiscal en España.

c) Que cumplan las condiciones a que se refieren las letras a) y c) del apartado 1 de este artículo.

d) Que la suma de las bases liquidables, a que se refiere la letra d) del apartado 2 de este artículo, de los contribuyentes en cada uno de los períodos impositivos en los que les resulte

---

Redacción anterior dada por el art. 63.Tres de la Ley 31/2022, de 23 de diciembre, de Presupuestos Generales del Estado para el año 2023 (BOE núm. 308, de 24 de diciembre de 2022), con efectos desde el 1 de enero de 2023: «2º A la parte de la base liquidable correspondiente a las rentas a que se refiere el artículo 25.1.f) del texto refundido de la Ley del Impuesto sobre la Renta de no Residentes, se le aplicarán los tipos que se indican en la siguiente escala:

Parte la base liquidable – Hasta euros	Cuota íntegra – Euros	Resto base liquidable – Hasta euros	Tipo aplicable Porcentaje
0	0	6.000	19
6.000,00	1.140	44.000	21
50.000,00	10.380	150.000	23
200.000,00	44.880	100.000	27
300.000,00	71.880	En adelante	28»

Redacción anterior dada por la Disp. Final Tercera Cinco de la Ley 28/2022, de 21 de diciembre, de fomento del ecosistema de las empresas emergentes (BOE núm. 306, de 22 de diciembre de 2022), con efectos desde el 1 de enero de 2023.

de aplicación este régimen especial, sea inferior a la base liquidable del contribuyente a que se refiere el apartado 1 anterior.

El régimen especial resultará de aplicación durante los sucesivos períodos impositivos en los que, cumpliéndose tales condiciones, el mismo resulte también de aplicación al contribuyente previsto en el apartado 1 anterior. Reglamentariamente se establecerán los términos y condiciones para la aplicación del presente régimen especial [348].

SECCIÓN 6.ª *Instituciones de Inversión Colectiva*

Artículo 94[349]. *Tributación de los socios o partícipes de las instituciones de inversión colectiva.*

1[350]. Los contribuyentes que sean socios o partícipes de las instituciones de inversión colectiva reguladas en la Ley 35/2003, de 4 de noviembre, de Instituciones de Inversión Colectiva, imputarán, de conformidad con las normas de esta Ley, las siguientes rentas:

a)[351] Las ganancias o pérdidas patrimoniales obtenidas como consecuencia de la transmisión de las acciones o participaciones o del reembolso de estas últimas. Cuando existan valores homogéneos[352], se considerará que los transmitidos o reembolsados por el contribuyente son aquellos que adquirió en primer lugar.

---

[348] Arts. 113 a 120 del RIRPF.

Orden HFP/1338/2023, de 13 de diciembre, por la que se aprueba el modelo 151 de Declaración del Impuesto sobre la Renta de las Personas Físicas para contribuyentes del Régimen especial aplicable a los trabajadores, profesionales, emprendedores e inversores desplazados a territorio español, así como el modelo 149 de Comunicación para el ejercicio de la opción por tributar por dicho régimen, y se modifica la Orden EHA/3316/2010, de 17 de diciembre, por la que se aprueban los modelos de autoliquidación 210, 211 y 213 del Impuesto sobre la Renta de no Residentes, que deben utilizarse para declarar las rentas obtenidas sin mediación de establecimiento permanente, la retención practicada en la adquisición de bienes inmuebles a no residentes sin establecimiento permanente y el gravamen especial sobre bienes inmuebles de entidades no residentes, y se establecen las condiciones generales y el procedimiento para su presentación y otras normas referentes a la tributación de no residents (BOE núm. 299, de 15 de diciembre de 2023).

[349] Art. 52 (Acreditación del número de socios, patrimonio y porcentaje máximo de participación en instituciones de inversión colectiva) y Arts. 96 a 98 del RIRPF.

[350] Nueva redacción del art. 94.1 dada por Disp. Final novena de la Ley 40/2010, de 29 de diciembre, de almacenamiento geológico de dióxido de carbono (BOE núm. 317, de 30 de diciembre de 2010), con efectos para las reducciones de capital y distribución de la prima de emisión efectuadas a partir de 23 de septiembre de 2010.

Redacción anterior del art. 94.1 dada por el art. 65 de la Ley 39/2010, de 22 de diciembre, de Presupuestos Generales del Estado para el año 2011 (BOE núm. 23, de 12 de diciembre de 2010), con efectos para las reducciones de capital y distribución de la prima de emisión efectuadas a partir de 23 de septiembre de 2010 y vigencia indefinida.

[351] Nueva redacción de la letra a) dada por el art. tercero Cinco de la Ley 11/2021, de 9 de julio, de medidas de prevención y lucha contra el fraude fiscal, de transposición de la Directiva (UE) 2016/1164, del Consejo, de 12 de julio de 2016, por la que se establecen normas contra las prácticas de elusión fiscal que inciden directamente en el funcionamiento del mercado interior, de modificación de diversas normas tributarias y en materia de regulación del juego (BOE núm. 164, de 10 de julio de 2021), con efectos desde el 1 de enero de 2022.

Redacción anterior dada por el art. 65 de la Ley 39/2010, de 22 de diciembre.

[352] Art. 8 (Concepto de valores o participaciones homogéneos), del RIRPF.

Cuando el importe obtenido como consecuencia del reembolso o transmisión de participaciones o acciones en instituciones de inversión colectiva se destine, de acuerdo con el procedimiento que reglamentariamente se establezca, a la adquisición o suscripción de otras acciones o participaciones en instituciones de inversión colectiva, no procederá computar la ganancia o pérdida patrimonial, y las nuevas acciones o participaciones suscritas conservarán el valor y la fecha de adquisición de las acciones o participaciones transmitidas o reembolsadas, en los siguientes casos:

1.º En los reembolsos de participaciones en instituciones de inversión colectiva que tengan la consideración de fondos de inversión.

2.º En las transmisiones de acciones de instituciones de inversión colectiva con forma societaria, siempre que se cumplan las dos condiciones siguientes:

Que el número de socios de la institución de inversión colectiva cuyas acciones se transmitan sea superior a 500.

Que el contribuyente no haya participado, en algún momento dentro de los 12 meses anteriores a la fecha de la transmisión, en más del 5 por ciento del capital de la institución de inversión colectiva.

El régimen de diferimiento previsto en el segundo párrafo de esta letra a) no resultará de aplicación cuando, por cualquier medio, se ponga a disposición del contribuyente el importe derivado del reembolso o transmisión de las acciones o participaciones de instituciones de inversión colectiva. Tampoco resultará de aplicación el citado régimen de diferimiento cuando la transmisión o reembolso o, en su caso, la suscripción o adquisición tenga por objeto participaciones representativas del patrimonio de instituciones de inversión colectiva a que se refiere este artículo que tengan la consideración de fondos de inversión cotizados o acciones de las sociedades del mismo tipo conforme a lo previsto en el artículo 79 del Reglamento de desarrollo de la Ley 35/2003, de 4 de noviembre, de instituciones de inversión colectiva, aprobado por el Real Decreto 1082/2012, de 13 de julio.

b) Los resultados distribuidos por las instituciones de inversión colectiva.

c)[353] En los supuestos de reducción de capital de sociedades de inversión de capital variable que tenga por finalidad la devolución de aportaciones, el importe de ésta o el valor normal de mercado de los bienes o derechos percibidos, que se calificará como rendimiento del capital mobiliario de acuerdo con lo previsto en la letra a) del artículo 25.1 de esta Ley, con el límite de la mayor de las siguientes cuantías:

El aumento del valor liquidativo de las acciones desde su adquisición o suscripción hasta el momento de la reducción de capital social.

Cuando la reducción de capital proceda de beneficios no distribuidos, el importe de dichos beneficios. A estos efectos, se considerará que las reducciones de capital, cualquiera

---

[353] Nueva redacción de la letra c) dada por el Art. Primero. Sesenta de la Ley 26/2014, de 27 de noviembre, por la que se modifican la Ley 35/2006, de 28 de noviembre, del Impuesto sobre la Renta de las Personas Físicas, el texto refundido de la Ley del Impuesto sobre la Renta de no Residentes, aprobado por el Real Decreto Legislativo 5/2004, de 5 de marzo, y otras normas tributarias (BOE núm. 288, de 28 de noviembre de 2014), en vigor desde el 1 de enero de 2015.
Redacción anterior dada por Disp. Final novena de la Ley 40/2010, de 29 de diciembre, de almacenamiento geológico de dióxido de carbono (BOE núm. 317, de 30 de diciembre de 2010), con efectos para las reducciones de capital y distribución de la prima de emisión efectuadas a partir de 23 de septiembre de 2010.

que sea su finalidad, afectan en primer lugar a la parte del capital social que provenga de beneficios no distribuidos, hasta su anulación.

El exceso sobre el citado límite minorará el valor de adquisición de las acciones afectadas, de acuerdo con las reglas del primer párrafo del artículo 33.3. a) de esta Ley, hasta su anulación. A su vez, el exceso que pudiera resultar se integrará como rendimiento del capital mobiliario procedente de la participación en los fondos propios de cualquier tipo de entidad, en la forma prevista para la distribución de la prima de emisión en el primer párrafo de la letra e) del apartado 1 del artículo 25 de esta Ley.

d) En los supuestos de distribución de la prima de emisión de acciones de sociedades de inversión de capital variable, la totalidad del importe obtenido, sin que resulte de aplicación la minoración del valor de adquisición de las acciones previsto en el artículo 25.1.e) de esta Ley.

2[354]. a)[355] El régimen previsto en el apartado 1 de este artículo será de aplicación a los socios o partícipes de instituciones de inversión colectiva, reguladas por la Directiva 2009/65/CE del Parlamento Europeo y del Consejo, de 13 de julio de 2009, por la que se coordinan las disposiciones legales, reglamentarias y administrativas sobre determinados organismos de inversión colectiva en valores mobiliarios, distintas de las previstas en el artículo 95 de esta Ley, constituidas y domiciliadas en algún Estado miembro de la Unión Europea e inscritas en el registro especial de la Comisión Nacional del Mercado de Valores, a efectos de su comercialización por entidades residentes en España.

Para la aplicación de lo dispuesto en el segundo párrafo del apartado 1.a) se exigirán los siguientes requisitos:

1.º La adquisición, suscripción, transmisión y reembolso de acciones y participaciones de instituciones de inversión colectiva se realizará a través de entidades comercializadoras inscritas en la Comisión Nacional del Mercado de Valores.

2.º En el caso de que la institución de inversión colectiva se estructure en compartimentos o subfondos, el número de socios y el porcentaje máximo de participación previstos en el apartado 1.a). 2.º anterior se entenderá referido a cada compartimento o subfondo comercializado.

---

[354] Nueva redacción del art. 94.2 dada por Disp. Final novena de la Ley 40/2010, de 29 de diciembre, de almacenamiento geológico de dióxido de carbono (BOE núm. 317, de 30 de diciembre de 2010), con efectos para las reducciones de capital y distribución de la prima de emisión efectuadas a partir de 23 de septiembre de 2010.
Redacción anterior del art. 94.2 dada por el art. 65 de la Ley 39/2010, de 22 de diciembre, de Presupuestos Generales del Estado para el año 2011 (BOE núm. 23, de 12 de diciembre de 2010), con efectos para las reducciones de capital y distribución de la prima de emisión efectuadas a partir de 23 de septiembre de 2010 y vigencia indefinida.

[355] Nueva redacción de la letra a) dada por el art. tercero Cinco de la Ley 11/2021, de 9 de julio, de medidas de prevención y lucha contra el fraude fiscal, de transposición de la Directiva (UE) 2016/1164, del Consejo, de 12 de julio de 2016, por la que se establecen normas contra las prácticas de elusión fiscal que inciden directamente en el funcionamiento del mercado interior, de modificación de diversas normas tributarias y en materia de regulación del juego (BOE núm. 164, de 10 de julio de 2021), con efectos desde el 1 de enero de 2022.
Redacción anterior dada por el arrt. 94.2 dada por Disp. Final novena de la Ley 40/2010, de 29 de diciembre.

3.º[356] Que el reembolso o transmisión o, en su caso, la suscripción o adquisición, no tenga por objeto participaciones o acciones en instituciones de inversión colectiva análogas a los fondos de inversión cotizados o sociedades del mismo tipo previstos en el artículo 79 del Reglamento de desarrollo de la Ley 35/2003, cualquiera que sea el mercado regulado o el sistema multilateral de negociación en el que coticen y la composición del índice que reproduzcan, repliquen o tomen como referencia.

b) Lo dispuesto en las letras c) y d) del apartado 1 se aplicará a organismos de inversión colectiva equivalentes a las sociedades de inversión de capital variable que estén registrados en otro Estado, con independencia de cualquier limitación que tuvieran respecto de grupos restringidos de inversores, en la adquisición, cesión o rescate de sus acciones; en todo caso resultará de aplicación a las sociedades amparadas por la Directiva 2009/65/CE del Parlamento Europeo y del Consejo, de 13 de julio de 2009, por la que se coordinan las disposiciones legales, reglamentarias y administrativas sobre determinados organismos de inversión colectiva en valores mobiliarios.

3. La determinación del número de socios y del porcentaje máximo de participación en el capital de las instituciones de inversión colectiva se realizará de acuerdo con el procedimiento que reglamentariamente se establezca. A estos efectos, la información relativa al número de socios, a su identidad y a su porcentaje de participación no tendrá la consideración de hecho relevante.

Artículo 95. *Tributación de los socios o partícipes de las instituciones de inversión colectiva constituidas en países o territorios considerados como paraísos fiscales.*

1[357]. Los contribuyentes que participen en instituciones de inversión colectiva constituidas en países o territorios considerados como paraísos fiscales, imputarán en la base imponible, de acuerdo con lo previsto en el artículo 45 de esta ley, la diferencia positiva entre el valor liquidativo de la participación al día de cierre del período impositivo y su valor de adquisición.

La cantidad imputada se considerará mayor valor de adquisición.

2. Los beneficios distribuidos por la institución de inversión colectiva no se imputarán y minorarán el valor de adquisición de la participación.

3. Se presumirá, salvo prueba en contrario, que la diferencia a que se refiere el apartado 1 es el 15 por ciento del valor de adquisición de la acción o participación.

4. La renta derivada de la transmisión o reembolso de las acciones o participaciones se determinará conforme a lo previsto en la letra c) del apartado 1 del artículo 37 de esta Ley, debiendo tomarse a estos efectos como valor de adquisición el que resulte de la aplicación de lo previsto en los apartados anteriores.

---

[356]   Disposición transitoria trigésima sexta *«Aplicación del régimen de diferimiento a determinadas participaciones o acciones en instituciones de inversión colectiva adquiridas con anterioridad a 1 de enero de 2022»* de la LIRPF.

[357]   Disposición Transitoria octava (Valor fiscal de las instituciones de inversión colectiva constituidas en países o territorios considerados como paraísos fiscales), de esta Ley.

SECCIÓN 7.ª *Ganancias patrimoniales por cambio de residencia*[358]

Artículo 95 bis[359]. *Ganancias patrimoniales por cambio de residencia.*

1. Cuando el contribuyente pierda su condición por cambio de residencia, se considerarán ganancias patrimoniales las diferencias positivas entre el valor de mercado de las acciones o participaciones de cualquier tipo de entidad cuya titularidad corresponda al contribuyente, y su valor de adquisición, siempre que el contribuyente hubiera tenido tal condición durante al menos diez de los quince períodos impositivos anteriores al último período impositivo que deba declararse por este impuesto, y concurra cualquiera de las siguientes circunstancias:

a) Que el valor de mercado de las acciones o participaciones a que se refiere el apartado 3 de este artículo exceda, conjuntamente, de 4.000.000 de euros.

b) Cuando no se cumpla lo previsto en la letra a) anterior, que en la fecha de devengo del último período impositivo que deba declararse por este impuesto, el porcentaje de participación en la entidad sea superior al 25 por ciento, siempre que el valor de mercado de las acciones o participaciones en la citada entidad a que se refiere el apartado 3 de este artículo exceda de 1.000.000 de euros.

En este caso únicamente se aplicará lo dispuesto en este artículo a las ganancias patrimoniales correspondientes a las acciones o participaciones a que se refiere esta letra b).

2. Las ganancias patrimoniales formarán parte de la renta del ahorro conforme a la letra b) del artículo 46 de esta Ley y se imputarán al último período impositivo que deba declararse por este Impuesto, en las condiciones que se fijen reglamentariamente, practicándose, en su caso, autoliquidación complementaria, sin sanción ni intereses de demora ni recargo alguno.

3. Para el cómputo de la ganancia patrimonial se tomará el valor de mercado de las acciones o participaciones en la fecha de devengo del último período impositivo que deba declararse por este impuesto, determinado de acuerdo con las siguientes reglas:

a) Los valores admitidos a negociación en alguno de los mercados regulados de valores definidos en la Directiva 2004/39/CE del Parlamento Europeo y del Consejo, de 21 de abril de 2004, relativa a los mercados de instrumentos financieros, y representativos de la participación en fondos propios de sociedades o entidades, se valorarán por su cotización.

b) Los valores no admitidos a negociación en alguno de los mercados regulados de valores definidos en la Directiva 2004/39/CE del Parlamento Europeo y del Consejo, de 21 de abril de 2004, relativa a los mercados de instrumentos financieros, y representativos de la participación en fondos propios de sociedades o entidades, se valorarán, salvo prueba de un valor de mercado distinto, por el mayor de los dos siguientes:

El patrimonio neto que corresponda a los valores resultante del balance correspondiente al último ejercicio cerrado con anterioridad a la fecha del devengo del Impuesto.

El que resulte de capitalizar al tipo del 20 por ciento el promedio de los resultados de los tres ejercicios sociales cerrados con anterioridad a la fecha del devengo del Impuesto. A este

---

[358] Nueva sesión 7.ª incoporada por el Art. Primero. Sesenta y uno de la Ley 26/2014, de 27 de noviembre, por la que se modifican la Ley 35/2006, de 28 de noviembre, del Impuesto sobre la Renta de las Personas Físicas, el texto refundido de la Ley del Impuesto sobre la Renta de no Residentes, aprobado por el Real Decreto Legislativo 5/2004, de 5 de marzo, y otras normas tributarias (BOE núm. 288, de 28 de noviembre de 2014), en vigor desde el 1 de enero de 2015.

[359] Título VIII, Capítulo II «Ganancias patrimoniales por cambio de residencia» (arts. 121a 123) del RIRPF.

último efecto, se computarán como beneficios los dividendos distribuidos y las asignaciones a reservas, excluidas las de regularización o de actualización de balances.

c) Las acciones o participaciones representativas del capital o patrimonio de las instituciones de inversión colectiva, se valorarán por el valor liquidativo aplicable en la fecha de devengo del último período impositivo que deba declararse por este impuesto o, en su defecto, por el último valor liquidativo publicado. Cuando no existiera valor liquidativo se tomará el valor del patrimonio neto que corresponda a las acciones o participaciones resultante del balance correspondiente al último ejercicio cerrado con anterioridad a la citada fecha de devengo, salvo prueba de un valor de mercado distinto.

4[360]. En las condiciones que se establezcan reglamentariamente, cuando el cambio de residencia se produzca como consecuencia de un desplazamiento temporal por motivos laborales a un país o territorio que no tenga la consideración de paraíso fiscal, o por cualquier otro motivo siempre que en este caso el desplazamiento temporal se produzca a un país o territorio que tenga suscrito con España un convenio para evitar la doble imposición internacional que contenga cláusula de intercambio de información, previa solicitud del contribuyente, se aplazará por la Administración tributaria el pago de la deuda tributaria que corresponda a las ganancias patrimoniales reguladas en este artículo.

En dicho aplazamiento resultará de aplicación lo dispuesto en la Ley 58/2003, de 17 de diciembre, General Tributaria, y su normativa de desarrollo, y específicamente en lo relativo al devengo de intereses y a la constitución de garantías para dicho aplazamiento.

A efectos de constitución de las garantías señaladas en el párrafo anterior, estas podrán constituirse, total o parcialmente, en tanto resulten suficientes jurídica y económicamente, sobre los valores a que se refiere este artículo.

El aplazamiento vencerá como máximo el 30 de junio del año siguiente a la finalización del plazo señalado en el párrafo siguiente.

En caso de que el obligado tributario adquiera de nuevo la condición de contribuyente por este impuesto en cualquier momento dentro del plazo de los cinco ejercicios siguientes al último que deba declararse por este impuesto sin haber transmitido la titularidad de las acciones o participaciones a que se refiere el apartado 1 anterior, la deuda tributaria objeto de aplazamiento quedará extinguida, así como los intereses que se hubiesen devengado. Tratándose de desplazamientos por motivos laborales, el contribuyente podrá solicitar de la Administración tributaria la ampliación del citado plazo de cinco ejercicios cuando existan circunstancias que justifiquen un desplazamiento temporal más prolongado, sin que en ningún caso la ampliación pueda exceder de cinco ejercicios adicionales.

La citada extinción se producirá en el momento de la presentación de la declaración referida al primer ejercicio en el que deba tributar por este impuesto.

En ese supuesto no procederá el reembolso de coste de las garantías que se hubiesen podido constituir.

5. Si el obligado tributario adquiriese de nuevo la condición de contribuyente sin haber transmitido la titularidad de las acciones o participaciones a que se refiere el apartado 1 anterior, podrá solicitar la rectificación de la autoliquidación al objeto de obtener la devolución de las cantidades ingresadas correspondientes a las ganancias patrimoniales reguladas en este artículo.

---

[360] Artículo 122 (Aplazamientos por desplazamientos temporales) del RIRPF.

La devolución a que se refiere el párrafo anterior se regirá por lo dispuesto en el artículo 31 de la Ley 58/2003, de 17 de diciembre, General Tributaria, salvo en lo concerniente al abono de los intereses de demora, que se devengarán desde la fecha en que se hubiese realizado el ingreso hasta la fecha en que se ordene el pago de la devolución. La solicitud de rectificación podrá presentarse a partir de la finalización del plazo de declaración correspondiente al primer período impositivo que deba declararse por este impuesto.

6[361]. Cuando el cambio de residencia se produzca a otro Estado miembro de la Unión Europea, o del Espacio Económico Europeo con el que exista un efectivo intercambio de información tributaria, en los términos previstos en el apartado 4 de la disposición adicional primera de la Ley 36/2006, de 29 de noviembre, de medidas para la prevención del fraude fiscal, el contribuyente podrá optar por aplicar a las ganancias patrimoniales reguladas en este artículo las siguientes especialidades:

a) La ganancia patrimonial únicamente deberá ser objeto de autoliquidación cuando en el plazo de los diez ejercicios siguientes al último que deba declararse por este impuesto se produzca alguna de las siguientes circunstancias:

1.º Que se transmitan inter vivos las acciones o participaciones.

2.º Que el contribuyente pierda la condición de residente en un Estado miembro de la Unión Europea o del Espacio Económico Europeo.

3.º Que se incumpla la obligación de comunicación a que se refiere la letra c) de este apartado.

La ganancia patrimonial se imputará al último período impositivo que deba declararse por este impuesto, practicándose, en su caso, autoliquidación complementaria, sin sanción ni intereses de demora ni recargo alguno.

La autoliquidación se presentará en el plazo que media entre la fecha en que se produzca alguna de las circunstancias referidas en esta letra a), y el final del inmediato siguiente plazo de declaraciones por el impuesto.

b) En el supuesto a que se refiere el número 1.º de la letra a) anterior, la cuantía de la ganancia patrimonial se minorará en la diferencia positiva entre el valor de mercado de las acciones o participaciones a que se refiere el apartado 3 anterior y su valor de transmisión.

A estos efectos el valor de transmisión se incrementará en el importe de los beneficios distribuidos o de cualesquiera otras percepciones que hubieran determinado una minoración del patrimonio neto de la entidad con posterioridad a la pérdida de la condición de contribuyente, salvo que tales percepciones hubieran tributado por el Impuesto sobre la Renta de no Residentes.

c) El contribuyente deberá comunicar a la Administración tributaria, en los términos que reglamentariamente se establezcan, la opción por la aplicación de las especialidades previstas en este apartado, la ganancia patrimonial puesta de manifiesto, el Estado al que traslade su residencia, con indicación del domicilio así como las posteriores variaciones, y el mantenimiento de la titularidad de las acciones o participaciones.

d) En caso de que el obligado tributario adquiriese de nuevo la condición de contribuyente sin haberse producido alguna de las circunstancias previstas en la letra a) de este apartado, las previsiones de este artículo quedarán sin efecto.

---

[361] Artículo 123 (Cambio de residencia a otros Estados de la Unión Europea) del RIRPF.

7. Lo dispuesto en este artículo será igualmente de aplicación cuando el cambio de residencia se produzca a un país o territorio considerado como paraíso fiscal y el contribuyente no pierda su condición conforme al apartado 2 del artículo 8 de esta Ley.

En estos supuestos se aplicarán las siguientes especialidades:

a) Las ganancias patrimoniales se imputarán al último período impositivo en que el contribuyente tenga su residencia habitual en territorio español, y para su cómputo se tomará el valor de mercado de las acciones o participaciones a que se refiere el apartado 3 en la fecha de devengo de dicho período impositivo.

b) En caso de que se transmitan las acciones o participaciones en un período impositivo en que el contribuyente mantenga tal condición, para el cálculo de la ganancia o pérdida patrimonial correspondiente a la transmisión se tomará como valor de adquisición el valor de mercado de las acciones o participaciones que se hubiera tenido en cuenta para determinar la ganancia patrimonial prevista en este artículo.

8. Tratándose de contribuyentes que hubieran optado por el régimen fiscal especial aplicable a los trabajadores desplazados a territorio español, el plazo de diez períodos impositivos a que se refiere el apartado 1 de este artículo comenzará a computarse desde el primer período impositivo en el que no resulte de aplicación el citado régimen especial.

TÍTULO XI. GESTIÓN DEL IMPUESTO

CAPÍTULO I. Declaraciones

Artículo 96. *Obligación de declarar.*

1. Los contribuyentes estarán obligados a presentar y suscribir declaración por este Impuesto, con los límites y condiciones que reglamentariamente[362] se establezcan.

2[363]. No obstante, no tendrán que declarar los contribuyentes que obtengan rentas procedentes exclusivamente de las siguientes fuentes, en tributación individual o conjunta:

a) Rendimientos íntegros del trabajo, con el límite de 22.000 euros anuales.

b) Rendimientos íntegros del capital mobiliario y ganancias patrimoniales sometidos a retención o ingreso a cuenta, con el límite conjunto de 1.600 euros anuales.

Lo dispuesto en esta letra no será de aplicación respecto de las ganancias patrimoniales procedentes de transmisiones o reembolsos de acciones o participaciones de instituciones

---

[362] Art. 61 (Obligación de declarar), del RIRPF.
[363] Art. 66 (Liquidación provisional a no obligados a presentar declaración), del RIRPF.
Nueva redacción del art. 96.2 dada por la Disposición Final primera del Real Decreto-ley 13/2022, de 26 de julio, por el que se establece un nuevo sistema de cotización para los trabajadores por cuenta propia o autónomos y se mejora la protección por cese de actividad (BOE núm. 179, de 27 de julio de 2022), con efectos desde el 1 de enero de 2023.
Redacción anterior dada por el art. 63.uno de la Ley 6/2018, de 3 de julio, de Presupuestos Generales del Estado para el año 2018 (BOE núm. 161, de 4 de julio de 2018), con efectos desde el 1 de enero de 2018.
Redacción de la letra b) dada por el art.3. Segundo.uno de la Ley 16/2013, de 29 de octubre, (BOE núm. 260, de 30 de octubre de 2013), con efectos desde el 1 de enero de 2014.
Redacción anterior dada por el art. 69 de la Ley 2/2008, de 23 de diciembre, de Presupuestos Generales del Estado para el año 2009 (BOE, núm. 309, de 24 de diciembre de 2008), con efectos desde el 1 de enero de 2008

de inversión colectiva en las que la base de retención, conforme a lo que se establezca reglamentariamente, no proceda determinarla por la cuantía a integrar en la base imponible.

c) Rentas inmobiliarias imputadas en virtud del artículo 85 de esta Ley, rendimientos íntegros del capital mobiliario no sujetos a retención derivados de letras del Tesoro y subvenciones para la adquisición de viviendas de protección oficial o de precio tasado y demás ganancias patrimoniales derivadas de ayudas públicas, con el límite conjunto de 1.000 euros anuales.

En ningún caso tendrán que declarar los contribuyentes que obtengan exclusivamente rendimientos íntegros del trabajo, de capital o de actividades económicas, así como ganancias patrimoniales, con el límite conjunto de 1.000 euros anuales y pérdidas patrimoniales de cuantía inferior a 500 euros.

No obstante lo anterior, estarán en cualquier caso obligadas a declarar todas aquellas personas físicas que en cualquier momento del período impositivo hubieran estado de alta, como trabajadores por cuenta propia, en el Régimen Especial de Trabajadores por Cuenta Propia o Autónomos, o en el Régimen Especial de la Seguridad Social de los Trabajadores del Mar.

3[364]. El límite a que se refiere la letra a) del apartado 2 anterior será de 15.876 euros para los contribuyentes que perciban rendimientos íntegros del trabajo en los siguientes supuestos:

---

[364]   Redacción del art. 96.3 dada por art. 3.Dos del Real Decreto-ley 4/2024, de 26 de junio, por el que se prorrogan determinadas medidas para afrontar las consecuencias económicas y sociales derivadas de los conflictos en Ucrania y Oriente Próximo y se adoptan medidas urgentes en materia fiscal, energética y social (BOE núm. 155, de 27 de junio de 2024), con efectos desde el 1 de enero de 2024.
Redacción dada por el art. 6 Primero Uno del Real Decreto-ley 9/2024, de 23 de diciembre, por el que se adoptan medidas urgentes en materia económica, tributaria, de transporte, y de Seguridad Social, y se prorrogan determinadas medidas para hacer frente a situaciones de vulnerabilidad social, (BOE núm. 309, de 24 de diciembre de 2024), con efectos desde el 1 de enero de 2025: «*3. El límite a que se refiere la letra a) del apartado 2 anterior será de 15.876 euros para los contribuyentes que perciban rendimientos íntegros del trabajo en los siguientes supuestos:*
a) Cuando procedan de más de un pagador. No obstante, el límite será de 22.000 euros anuales en los siguientes supuestos:
1° Si la suma de las cantidades percibidas del segundo y restantes pagadores, por orden de cuantía, no supera en su conjunto la cantidad de 2.500 euros anuales.
2° Cuando se trate de contribuyentes cuyos únicos rendimientos del trabajo consistan en las prestaciones pasivas a que se refiere el artículo 17.2.a) de esta Ley y la determinación del tipo de retención aplicable se hubiera realizado de acuerdo con el procedimiento especial que reglamentariamente se establezca.
b) Cuando se perciban pensiones compensatorias del cónyuge o anualidades por alimentos diferentes de las previstas en el artículo 7 de esta ley.
c) Cuando el pagador de los rendimientos del trabajo no esté obligado a retener de acuerdo con lo previsto reglamentariamente.
d) Cuando se perciban rendimientos íntegros del trabajo sujetos a tipo fijo de retención».
Resolución de 22 de enero de 2025, del Congreso de los Diputados, por la que se ordena la publicación del Acuerdo de derogación del Real Decreto-ley 9/2024, de 23 de diciembre, por el que se adoptan medidas urgentes en materia económica, tributaria, de transporte, y de Seguridad Social, y se prorrogan determinadas medidas para hacer frente a situaciones de vulnerabilidad social (BOE núm. 20, de 23 de enero de 2025).
Redacción anterior dada por el art. 59.Dos de la Ley 31/2022, de 23 de diciembre, de Presupuestos Generales del Estado para el año 2023 (BOE núm. 308, de 24 de diciembre de 2022), con efectos desde el 1

a) Cuando procedan de más de un pagador. No obstante, el límite será de 22.000 euros anuales en los siguientes supuestos:

1.º Si la suma de las cantidades percibidas del segundo y restantes pagadores, por orden de cuantía, no supera en su conjunto la cantidad de 1.500 euros anuales.

2.º Cuando se trate de contribuyentes cuyos únicos rendimientos del trabajo consistan en las prestaciones pasivas a que se refiere el artículo 17.2.a) de esta Ley y la determinación del tipo de retención aplicable se hubiera realizado de acuerdo con el procedimiento especial que reglamentariamente se establezca.

b) Cuando se perciban pensiones compensatorias del cónyuge o anualidades por alimentos diferentes de las previstas en el artículo 7 de esta ley.

c) Cuando el pagador de los rendimientos del trabajo no esté obligado a retener de acuerdo con lo previsto reglamentariamente.

d) Cuando se perciban rendimientos íntegros del trabajo sujetos a tipo fijo de retención.

4[365]. Estarán obligados a declarar en todo caso los contribuyentes que tengan derecho a deducción por doble imposición internacional o que realicen aportaciones a patrimonios protegidos de las personas con discapacidad, planes de pensiones, planes de previsión ase-

de enero de 2023: «3. El límite a que se refiere la letra a) del apartado 2 anterior será de 15.000 euros para los contribuyentes que perciban rendimientos íntegros del trabajo en los siguientes supuestos:

a) Cuando procedan de más de un pagador. No obstante, el límite será de 22.000 euros anuales en los siguientes supuestos:

1° Si la suma de las cantidades percibidas del segundo y restantes pagadores, por orden de cuantía, no supera en su conjunto la cantidad de 1.500 euros anuales.

2° Cuando se trate de contribuyentes cuyos únicos rendimientos del trabajo consistan en las prestaciones pasivas a que se refiere el artículo 17.2.a) de esta ley y la determinación del tipo de retención aplicable se hubiera realizado de acuerdo con el procedimiento especial que reglamentariamente se establezca.

b) Cuando se perciban pensiones compensatorias del cónyuge o anualidades por alimentos diferentes de las previstas en el artículo 7 de esta ley.

c) Cuando el pagador de los rendimientos del trabajo no esté obligado a retener de acuerdo con lo previsto reglamentariamente.

d) Cuando se perciban rendimientos íntegros del trabajo sujetos a tipo fijo de retención».

Redacción anterior dada por el art. 63.dos de la Ley 6/2018, de 3 de julio, de Presupuestos Generales del Estado para el año 2018 (BOE núm. 161, de 4 de julio de 2018), con efectos desde el 5 de julio de 2018. Disposición transitoria trigésima cuarta (Obligación de declarar en el período impositivo 2018), de esta Ley del IRPF.

Redacción anterior dada por el Art. Primero. Sesenta y dos de la Ley 26/2014, de 27 de noviembre, por la que se modifican la Ley 35/2006, de 28 de noviembre, del Impuesto sobre la Renta de las Personas Físicas, el texto refundido de la Ley del Impuesto sobre la Renta de no Residentes, aprobado por el Real Decreto Legislativo 5/2004, de 5 de marzo, y otras normas tributarias (BOE núm. 288, de 28 de noviembre de 2014), en vigor desde el 1 de enero de 2015.

Redacción anterior dada por el art. 69 de la Ley 2/2008, de 23 de diciembre, de Presupuestos Generales del Estado para el año 2009 (BOE, núm. 309, de 24 de diciembre de 2008), con efectos desde el 1 de enero de 2008.

365   Nueva redacción del art. 96.4 dada por el Art. Primero. Sesenta y dos de la Ley 26/2014, de 27 de noviembre, por la que se modifican la Ley 35/2006, de 28 de noviembre, del Impuesto sobre la Renta de las Personas Físicas, el texto refundido de la Ley del Impuesto sobre la Renta de no Residentes, aprobado por el Real Decreto Legislativo 5/2004, de 5 de marzo, y otras normas tributarias (BOE núm. 288, de 28 de noviembre de 2014), en vigor desde el 1 de enero de 2015.

gurados o mutualidades de previsión social, planes de previsión social empresarial y seguros de dependencia que reduzcan la base imponible, en las condiciones que se establezcan reglamentariamente[366].

5[367]. Los modelos de declaración se aprobarán por la persona titular del Ministerio de Hacienda y Función Pública, que establecerá la forma y plazos de su presentación[368].

A estos efectos, podrá establecerse la obligación de presentación por medios electrónicos siempre que la Administración tributaria asegure la atención personalizada a los contribuyentes que precisen de asistencia para el cumplimiento de la obligación.

6[369]. La persona titular del Ministerio de Hacienda y Función Pública podrá aprobar la utilización de modalidades simplificadas o especiales de declaración.

---

[366] Redacción anterior dada por el art. 1.Siete de la Ley 16/2012, de 27 de diciembre, por la que se adoptan diversas medidas tributarias dirigidas a la consolidación de las finanzas públicas y al impulso de la actividad económica (BOE núm. 312, de 28 de diciembre de 2012), con efectos desde del 1 de enero de 2013. Art. 61.1 (Obligación de declarar), del RIRPF.

[367] Nueva redacción de apartado 5 dada por la Disp. Final segunda del Real Decreto-ley 8/2023, de 27 de diciembre, por el que se adoptan medidas para afrontar las consecuencias económicas y sociales derivadas de los conflictos en Ucrania y Oriente Próximo, así como para paliar los efectos de la sequía (BOE núm. 310, de 28 de diciembre de 2023).
Redacción anterior: «*5. Los modelos de declaración se aprobarán por el Ministro de Economía y Hacienda, que establecerá la forma y plazos de su presentación, así como los supuestos y condiciones de presentación de las declaraciones por medios telemáticos*».

[368] STS 3295/2023 de 11/07/2023 (núm. de Recurso: 6391/2021) que anula la Orden de Hacienda que exigía a todos los contribuyentes la presentación de la declaración del IRPF por medios electrónicos
Real Decreto-ley 8/2023, de 27 de diciembre, por el que se adoptan medidas para afrontar las consecuencias económicas y sociales derivadas de los conflictos en Ucrania y Oriente Próximo, así como para paliar los efectos de la sequía (BOE núm. 310, de 28 de diciembre de 2023): **Disposición adicional sexta.** *Evaluación de la obligación de declarar en el Impuesto sobre la Renta de las Personas Físicas por medios electrónicos.*
«Finalizada la primera campaña de presentación de la declaración desde la entrada en vigor de la nueva redacción del apartado 5 del artículo 96 de la Ley 35/2006, de 28 de noviembre, del Impuesto sobre la Renta de las Personas Físicas y de modificación parcial de las leyes de los Impuestos sobre Sociedades, sobre la Renta de no Residentes y sobre el Patrimonio, dada por la disposición final segunda del presente Real Decreto-ley, la Agencia Estatal de Administración Tributaria realizará la valoración de la suficiencia de las medidas de asistencia en la cumplimentación de la declaración del Impuesto. Esta valoración podrá llevarse a cabo mediante encuestas o informes de los miembros del Foro de Asociaciones y Colegios Profesionales Tributarios, así como de las plataformas y asociaciones de determinados colectivos de contribuyentes que hayan sido especialmente asistidos en la campaña. Los resultados se trasladarán al Consejo para la Defensa del Contribuyente para que presente un informe de conclusiones y propuestas en el que se valoren los resultados alcanzados, las incidencias producidas, las quejas y recomendaciones recibidas y se propongan las acciones a realizar en la siguiente campaña de declaración antes de la publicación de la Orden por la que se aprueben los modelos de declaración del siguiente ejercicio y se determinen la forma y plazos de presentación de los mismos».

[369] Nueva redacción de apartado 6 dada por la Disp. Final segunda del Real Decreto-ley 8/2023, de 27 de diciembre, por el que se adoptan medidas para afrontar las consecuencias económicas y sociales derivadas de los conflictos en Ucrania y Oriente Próximo, así como para paliar los efectos de la sequía (BOE núm. 310, de 28 de diciembre de 2023).
Redacción anterior: «*6. El Ministro de Economía y Hacienda podrá aprobar la utilización de modalidades simplificadas o especiales de declaración.*
La declaración se efectuará en la forma, plazos e impresos que establezca el Ministro de Economía y Hacienda.»

La declaración se efectuará en la forma y plazos que establezca la persona titular del Ministerio de Hacienda y Función Pública.

Los contribuyentes deberán cumplimentar la totalidad de los datos que les afecten contenidos en las declaraciones y acompañar los documentos y justificantes que se establezcan.

7. Los sucesores del causante quedarán obligados a cumplir las obligaciones tributarias pendientes por este Impuesto, con exclusión de las sanciones, de conformidad con el artículo 39.1 de la Ley 58/2003, de 17 de diciembre, General Tributaria.

8. Cuando los contribuyentes no tuvieran obligación de declarar, las Administraciones públicas no podrán exigir la aportación de declaraciones por este Impuesto al objeto de obtener subvenciones o cualesquiera prestaciones públicas, o en modo alguno condicionar éstas a la presentación de dichas declaraciones.

9. La Ley de Presupuestos Generales del Estado podrá modificar lo previsto en los apartados anteriores.

Artículo 97[370]. *Autoliquidación.*

1[371]. Los contribuyentes, al tiempo de presentar su declaración, deberán determinar la deuda tributaria correspondiente e ingresarla en el lugar, forma y plazos determinados por el Ministro de Economía y Hacienda.

Los contribuyentes deberán cumplimentar la totalidad de los datos que les afecten contenidos en las declaraciones, acompañar los documentos y justificantes que se establezcan y presentarlas en los lugares que determine el Ministro de Economía y Hacienda».

Orden HFP/1338/2023, de 13 de diciembre, por la que se aprueba el modelo 151 de Declaración del Impuesto sobre la Renta de las Personas Físicas para contribuyentes del Régimen especial aplicable a los trabajadores, profesionales, emprendedores e inversores desplazados a territorio español, así como el modelo 149 de Comunicación para el ejercicio de la opción por tributar por dicho régimen, y se modifica la Orden EHA/3316/2010, de 17 de diciembre, por la que se aprueban los modelos de autoliquidación 210, 211 y 213 del Impuesto sobre la Renta de no Residentes, que deben utilizarse para declarar las rentas obtenidas sin mediación de establecimiento permanente, la retención practicada en la adquisición de bienes inmuebles a no residentes sin establecimiento permanente y el gravamen especial sobre bienes inmuebles de entidades no residentes, y se establecen las condiciones generales y el procedimiento para su presentación y otras normas referentes a la tributación de no residentes (BOE núm. 299, de 15 de diciembre de 2023). Deroga los arts. 6 a 10 de la Orden HAP/2783/2015, de 21 de diciembre, por la que se aprueba el modelo 151 de declaración del Impuesto sobre la Renta de las Personas Físicas para contribuyentes del régimen especial aplicable a los trabajadores desplazados a territorio español, así como el modelo 149 de comunicación para el ejercicio de la opción por tributar por dicho régimen, y se modifican la Orden HAP/1136/2014, de 30 de junio, por la que se regulan determinadas cuestiones relacionadas con las obligaciones de información y diligencia debida establecidas en el acuerdo entre el Reino de España y los Estados Unidos de América para la mejora del cumplimiento fiscal internacional y la aplicación de la ley estadounidense de cumplimiento tributario de cuentas extranjeras y se aprueba la declaración informativa anual de cuentas financieras de determinadas personas estadounidenses, modelo 290, y otra normativa tributaria (BOE núm. 306, de 23 de diciembre de 2015), deroga la anterior Orden EHA/848/2008, de 24 de marzo (BOE núm. 78 de 31 de marzo de 2008).

[370] Art. 98 (Borrador de declaración), de esta Ley y art. 62. (Autoliquidación e ingreso), del RIRPF.

[371] Orden HAC/242/2025, de 13 de marzo, por la que se aprueban los modelos de declaración del Impuesto sobre la Renta de las Personas Físicas y del Impuesto sobre el Patrimonio, ejercicio 2024, se determinan el lugar, forma y plazos de presentación de los mismos, se establecen los procedimientos de obtención, modificación, confirmación y presentación del borrador de declaración del Impuesto sobre la Renta de

2[372]**.** El ingreso del importe resultante de la autoliquidación sólo se podrá fraccionar en la forma que se determine en el reglamento de desarrollo de esta Ley.

3[373]**.** El pago de la deuda tributaria podrá realizarse mediante entrega de bienes integrantes del Patrimonio Histórico Español que estén inscritos en el Inventario General de Bienes Muebles o en el Registro General de Bienes de Interés Cultural, de acuerdo con lo dispuesto en el artículo 73 de la Ley 16/1985, de 25 de junio, del Patrimonio Histórico Español.

4. Los sucesores del causante quedarán obligados a cumplir las obligaciones tributarias pendientes por este impuesto, con exclusión de las sanciones, de conformidad con el artículo 39.1 de la Ley 58/2003, de 17 de diciembre, General Tributaria.

5[374]**.** En el supuesto previsto en el artículo 14.4 de esta ley, los sucesores del causante podrán solicitar a la Administración tributaria el fraccionamiento de la parte de deuda tributaria correspondiente a las rentas a que se refiere dicho precepto, calculada aplicando el tipo regulado en el artículo 80.2 de esta ley.

La solicitud se formulará dentro del plazo reglamentario de declaración relativo al período impositivo del fallecimiento y se concederá en función de los períodos impositivos a los

las Personas Físicas, se determinan las condiciones generales y el procedimiento para la presentación de ambos por medios electrónicos y se desarrolla la disposición final décima sexta de la Ley 7/2024, de 20 de diciembre, por la que se establecen un Impuesto Complementario para garantizar un nivel mínimo global de imposición para los grupos multinacionales y los grupos nacionales de gran magnitud, un Impuesto sobre el margen de intereses y comisiones de determinadas entidades financieras y un Impuesto sobre los líquidos para cigarrillos electrónicos y otros productos relacionados con el tabaco, y se modifican otras normas tributarias (BOE núm. 63, de 14 de marzo de 2025).
Ejercicio 2023: Orden HAC/265/2024, de 18 de marzo (BOE núm. 72, de 22 de marzo de 2024).
Ejercicio 2022: Orden HFP/310/2023, de 28 de marzo (BOE núm. 77, de 31 de marzo de 2023).
Ejercicio 2021: Orden HFP/207/2022, de 16 de marzo (BOE núm. 66, de 18 de marzo de 2022). Ejercicio 2020: Orden HAC/248/2021, de 16 de marzo (BOE núm. 66, de 18 de marzo de 2021). Ejercicio 2019: Orden HAC/253/2020, de 3 de marzo (BOE núm. 74, de 19 de marzo de 2020). Ejercicio 2018: Orden HAC/277/2019, de 4 de marzo (BOE núm. 62 de 13 de marzo de 2019). Ejercicio 2017: Orden HFP/231/2018, de 6 de marzo (BOE núm. 59, de 8 de marzo de 2018). Ejercicio 2016: Orden HFP/255/2017, de 21 de marzo (BOE núm. 70, de 23 de marzo de 2017). Ejercicio 2015: Orden HAP/365/2016, de 17 de marzo (BOE núm. 70, de 22 de marzo de 2016). Ejercicio 2014: Orden HAP/467/2015, de 13 de marzo (BOE núm. 67, de 19 de marzo de 2015). Ejercicio 2013: Orden HAP/455/2014, de 20 de marzo (BOE núm. 71, de 24 de marzo de 2014). Ejercicio 2012: Orden HAP/470/2013, de 15 de marzo (BOE núm. 73, de 26 de marzo de 2013). Ejercicio 2011: Orden HAP/638/2012, de 26 de marzo (BOE núm. 78, de 31 de marzo de 2012); ejercicio 2010: Orden EHA/585/2011, de 8 de marzo (BOE núm. 66, de 18 de marzo de 2011); ejercicio 2009: Orden EHA/799/2010, de 23 de marzo (BOE núm. 78 de 31 de marzo de 2010); para el ejercicio de 2008: Orden EHA/396/2009, de 13 de febrero.
[372] Art. 62.2 (Autoliquidación e ingreso), del RIRPF.
[373] Art. 33.4.c) (Concepto), de esta Ley y Art. 62.3 (Autoliquidación e ingreso), del RIRPF.
Ley 16/1985, de 25 de junio, del Patrimonio Histórico Español (BOE núm. 155, de 29 junio de 1985), Artículo 73. Pago de deudas tributarias mediante la entrega de bienes del Patrimonio Histórico Español.
«El pago de las deudas Tributarias podrá efectuarse mediante entrega de bienes que formen parte del Patrimonio Histórico Español, que estén inscritos en el Registro General de Bienes de Interés Cultural o incluidos en el Inventario General, en los términos y condiciones previstos reglamentariamente», en la redacción en la redacción dada por la disp. adic. 1 de Ley 24/2001, de 27 diciembre y la disp. derog. única.1.b) de Real Decreto Legislativo 3/2004, de 5 marzo.
[374] Art. 63.3 (Fraccionamiento en los supuestos de fallecimiento y de pérdida de residencia en España), del RIRPF.

que correspondería imputar dichas rentas en caso de que aquél no se hubiese producido con el límite máximo de cuatro años en las condiciones que se determinen reglamentariamente.

6. El contribuyente casado y no separado legalmente que esté obligado a presentar declaración por este Impuesto y cuya autoliquidación resulte a ingresar podrá, al tiempo de presentar su declaración, solicitar la suspensión del ingreso de la deuda tributaria, sin intereses de demora, en una cuantía igual o inferior a la devolución a la que tenga derecho su cónyuge por este mismo Impuesto.

La solicitud de suspensión del ingreso de la deuda tributaria que cumpla todos los requisitos enumerados en este apartado determinará la suspensión cautelar del ingreso hasta tanto se reconozca por la Administración tributaria el derecho a la devolución a favor del otro cónyuge. El resto de la deuda tributaria podrá fraccionarse de acuerdo con lo establecido en el apartado 2 de este artículo.

Los requisitos para obtener la suspensión cautelar serán los siguientes:

a) El cónyuge cuya autoliquidación resulte a devolver deberá renunciar al cobro de la devolución hasta el importe de la deuda cuya suspensión haya sido solicitada. Asimismo, deberá aceptar que la cantidad a la que renuncia se aplique al pago de dicha deuda.

b) La deuda cuya suspensión se solicita y la devolución pretendida deberán corresponder al mismo período impositivo.

c) Ambas autoliquidaciones deberán presentarse de forma simultánea dentro del plazo que establezca el Ministro de Economía y Hacienda.

d) Los cónyuges no podrán estar acogidos al sistema de cuenta corriente tributaria regulado en el Real Decreto 1108/1999, de 25 de junio.

e) Los cónyuges deberán estar al corriente en el pago de sus obligaciones tributarias en los términos previstos en la Orden de 28 de abril de 1986, sobre justificación del cumplimiento de obligaciones tributarias[375].

---

[375] Orden de 28 abril 1986, Justificación del cumplimiento de obligaciones tributarias por beneficiarios de las concedidas con cargo a los Presupuestos Generales del Estado (BOE núm. 103, de 30 abril de 1986), derogada por la disposición derogatoria única.2.d) del Real Decreto 887/2006, de 21 julio, por el que se Aprueba el Reglamento de la Ley 38/2003, de 17112003, General de Subvenciones (BOE núm. 176, de 25 julio de 2006). Estableciendo, además que: Disposición transitoria segunda. Exoneración de presentación de certificación para acreditación de las obligaciones tributarias y con la Seguridad Social

«En el plazo de seis meses desde la entrada en vigor de este Reglamento, el Ministro de Economía y Hacienda aprobará la Orden por la que se establezcan las subvenciones para las que, en virtud de lo previsto en el número 5 del artículo 24 de este Reglamento, se declare la exoneración de presentación de certificación que acredite el cumplimiento de las obligaciones tributarias y con la Seguridad Social, por concurrir circunstancias debidamente justificadas, derivadas de la naturaleza, régimen o cuantía de la ayuda o subvención.

En tanto no se apruebe la citada Orden, permanecerán vigentes la Orden de 28 de abril de 1986, del Ministerio de Economía y Hacienda, sobre justificación del cumplimiento de obligaciones tributarias por beneficiarios de subvenciones concedidas con cargo a los Presupuestos Generales del Estado; la Orden de 25 de noviembre de 1987, del Ministerio de Economía y Hacienda, sobre justificación del cumplimiento de las obligaciones de la Seguridad Social por beneficiarios de subvenciones concedidas con cargo a los Presupuestos Generales del Estado; y la Resolución de 28 de abril de 1986, de la Secretaría General de Hacienda, de exoneraciones de subvenciones del cumplimiento de los requisitos prevenidos en la Orden de 28 de abril de 1986, del Ministro de Economía y Hacienda sobre acreditación del cumplimiento de obligaciones tributarias por beneficiarios de subvenciones concedidas con cargo a los Presupuestos Generales del Estado».

La Administración notificará a ambos cónyuges, dentro del plazo previsto en el apartado 1 del artículo 103 de esta ley, el acuerdo que se adopte con expresión, en su caso, de la deuda extinguida y de las devoluciones o ingresos adicionales que procedan.

Cuando no proceda la suspensión por no reunirse los requisitos anteriormente señalados, la Administración practicará liquidación provisional al contribuyente que solicitó la suspensión por importe de la deuda objeto de la solicitud junto con el interés de demora calculado desde el día siguiente a la fecha de vencimiento del plazo establecido para presentar la autoliquidación hasta la fecha de la liquidación.

Los efectos del reconocimiento del derecho a la devolución respecto a la deuda cuya suspensión se hubiera solicitado son los siguientes:

a) Si la devolución reconocida fuese igual a la deuda, ésta quedará extinguida, al igual que el derecho a la devolución.

b) Si la devolución reconocida fuese superior a la deuda, ésta se declarará extinguida y la Administración procederá a devolver la diferencia entre ambos importes de acuerdo con lo previsto en el artículo 103 de esta ley.

c) Si la devolución reconocida fuese inferior a la deuda, ésta se declarará extinguida en la parte concurrente, practicando la Administración tributaria liquidación provisional al contribuyente que solicitó la suspensión por importe de la diferencia, exigiéndole igualmente el interés de demora calculado desde el día siguiente a la fecha de vencimiento del plazo establecido para presentar la autoliquidación hasta la fecha de la liquidación.

Se considerará que no existe transmisión lucrativa a efectos fiscales entre los cónyuges por la renuncia a la devolución de uno de ellos para su aplicación al pago de la deuda del otro.

Reglamentariamente podrá regularse el procedimiento a que se refiere este apartado.

Artículo 98. *Borrador de declaración.*

1[376]. La Administración tributaria podrá poner a disposición de los contribuyentes, a efectos meramente informativos, un borrador de declaración, sin perjuicio del cumplimiento de lo dispuesto en el apartado 1 del artículo 97 de esta Ley, siempre que obtengan rentas procedentes exclusivamente de las siguientes fuentes:

a. Rendimientos del trabajo.

b. Rendimientos del capital mobiliario sujetos a retención o ingreso a cuenta, así como los derivados de letras del Tesoro.

c. Ganancias patrimoniales sometidas a retención o ingreso a cuenta, así como las subvenciones para la adquisición de vivienda habitual.

d. Imputación de rentas inmobiliarias y aquellas otras fuentes de renta que establezca el Ministro de Hacienda y Administraciones Públicas, de acuerdo con la información de la que pueda disponer en lo sucesivo la Administración tributaria, con los límites y condiciones señalados por el mismo.

---

[376] Nueva redacción del artículo 98.1 dada por el art. 3.tres de la Ley 7/2012, de 29 de octubre, de modificación de la normativa tributaria y presupuestaria y de adecuación de la normativa financiera para la intensificación de las actuaciones en la prevención y lucha contra el fraude (BOE núm. 261, de 30 de octubre de 2012), con efectos desde el 31 de octubre de 2012.

2. Cuando la Administración tributaria carezca de la información necesaria para la elaboración del borrador de declaración, pondrá a disposición del contribuyente los datos que puedan facilitarle la confección de la declaración del Impuesto.

No podrán suscribir ni confirmar el borrador de declaración los contribuyentes que se encuentren en alguna de las situaciones siguientes:

a) Los contribuyentes que hubieran obtenido rentas exentas con progresividad en virtud de convenios para evitar la doble imposición suscritos por España.

b) Los contribuyentes que compensen partidas negativas de ejercicios anteriores.

c) Los contribuyentes que pretendan regularizar situaciones tributarias procedentes de declaraciones anteriormente presentadas.

d) Los contribuyentes que tengan derecho a la deducción por doble imposición internacional y ejerciten tal derecho.

3. La Administración tributaria remitirá el borrador de declaración, de acuerdo con el procedimiento que se establezca por el Ministro de Economía y Hacienda.

La falta de recepción del mismo no exonerará al contribuyente del cumplimiento de su obligación de presentar declaración.

4. Cuando el contribuyente considere que el borrador de declaración refleja su situación tributaria a efectos de este impuesto, podrá suscribirlo o confirmarlo, en las condiciones que establezca el Ministro de Economía y Hacienda. En este supuesto, tendrá la consideración de declaración por este Impuesto a los efectos previstos en el apartado 1 del artículo 97 de esta ley.

La presentación y el ingreso que, en su caso, resulte deberá realizarse, de acuerdo con lo establecido en el citado artículo 97, en el lugar, forma y plazos que determine el Ministro de Economía y Hacienda.

5. Cuando el contribuyente considere que el borrador de declaración no refleja su situación tributaria a efectos de este Impuesto, deberá presentar la correspondiente declaración, de acuerdo con lo dispuesto en el artículo 97 de esta ley. No obstante, en los supuestos que se determinen reglamentariamente[377], podrá instar la rectificación del borrador.

6. El modelo de solicitud de borrador de declaración será aprobado por el Ministro de Economía y Hacienda, quien establecerá el plazo y el lugar de presentación, así como los supuestos y condiciones en los que sea posible presentar la solicitud por medios telemáticos o telefónicos.

CAPÍTULO II. Pagos a cuenta[378]

Artículo 99. *Obligación de practicar pagos a cuenta.*

1. En el Impuesto sobre la Renta de las Personas Físicas, los pagos a cuenta que, en todo caso, tendrán la consideración de deuda tributaria, podrán consistir en:

a) Retenciones.

b) Ingresos a cuenta.

c) Pagos fraccionados.

---

[377] Art. 64 (Borrador de declaración), del RIRPF.
[378] Arts. 74 a 112 y disps. transitorias cuarta y quinta del RIRPF.

2[379]**.** Las entidades y las personas jurídicas, incluidas las entidades en atribución de rentas, que satisfagan o abonen rentas sujetas a este impuesto, estarán obligadas a practicar retención e ingreso a cuenta, en concepto de pago a cuenta del Impuesto sobre la Renta de las Personas Físicas correspondiente al perceptor, en la cantidad que se determine reglamentariamente y a ingresar su importe en el Tesoro en los casos y en la forma que se establezcan. Estarán sujetos a las mismas obligaciones los contribuyentes por este impuesto que ejerzan actividades económicas respecto a las rentas que satisfagan o abonen en el ejercicio de dichas actividades, así como las personas físicas, jurídicas y demás entidades no residentes en territorio español, que operen en él mediante establecimiento permanente, o sin establecimiento permanente respecto a los rendimientos del trabajo que satisfagan, así como respecto de otros rendimientos sometidos a retención o ingreso a cuenta que constituyan gasto deducible para la obtención de las rentas a que se refiere el apartado 2 del artículo 24 del texto refundido de la Ley del Impuesto sobre la Renta de no Residentes.

Cuando una entidad, residente o no residente, satisfaga o abone rendimientos del trabajo a contribuyentes que presten sus servicios a una entidad residente vinculada con aquélla en los términos previstos en el artículo 16 del texto refundido de la Ley del Impuesto sobre Sociedades o a un establecimiento permanente radicado en territorio español, la entidad o el establecimiento permanente en el que preste sus servicios el contribuyente, deberá efectuar la retención o el ingreso a cuenta.

Las entidades aseguradoras domiciliadas en otro Estado miembro del Espacio Económico Europeo que operen en España en régimen de libre prestación de servicios deberán practicar retención e ingreso a cuenta en relación con las operaciones que se realicen en España.

Los fondos de pensiones domiciliados en otro Estado miembro de la Unión Europea que desarrollen en España planes de pensiones de empleo sujetos a la legislación española, conforme a lo previsto en la Directiva 2003/41/CE del Parlamento Europeo y del Consejo, de 3 de junio de 2003, relativa a las actividades y la supervisión de fondos de pensiones de empleo o, en su caso, sus entidades gestoras, deberán practicar retención e ingreso a cuenta en relación con las operaciones que se realicen en España[380].

En ningún caso estarán obligadas a practicar retención o ingreso a cuenta las misiones diplomáticas u oficinas consulares en España de Estados extranjeros.

3. No se someterán a retención los rendimientos derivados de las letras del Tesoro y de la transmisión, canje o amortización de los valores de deuda pública que con anterioridad al 1 de enero de 1999 no estuvieran sujetas a retención. Reglamentariamente podrán excepcionarse de la retención o del ingreso a cuenta determinadas rentas.

Tampoco estará sujeto a retención o ingreso a cuenta el rendimiento derivado de la distribución de la prima de emisión de acciones o participaciones, o de la reducción de capi-

---

[379]   Art. 101 (Importe de los pagos a cuenta), de esta Ley. Art. 74 (Obligación de practicar retenciones e ingresos cuenta del Impuesto…), Art. 75 (Rentas sujetas a retención o ingreso a cuenta) y Art. 76 (Obligados a retener o ingresar a cuenta), Art. 78 (Nacimiento de la obligación de retener o de ingresar a cuenta) y Art. 79 (Imputación temporal de las retenciones o ingresos a cuenta), del RIRPF.
Nueva redacción del art. 99.2 dada por la Disp. final undécima Uno de la Ley 20/2015, de 14 de julio, de ordenación, supervisión y solvencia de las entidades aseguradoras y reaseguradoras (BOE núm. 168, de 15 de julio de 2015), con efectos desde el 1 de enero de 2016.

[380]   Art. 105.2.h) (Obligaciones formales del retenedor, del obligado a practicar ingresos a cuenta y otras obligaciones tributarias), de esta Ley.

tal. Reglamentariamente podrá establecerse la obligación de practicar retención o ingreso a cuenta en estos supuestos.

4. En todo caso, los sujetos obligados a retener o a ingresar a cuenta asumirán la obligación de efectuar el ingreso en el Tesoro, sin que el incumplimiento de aquella obligación pueda excusarles de ésta.

5[381]. El perceptor de rentas sobre las que deba retenerse a cuenta de este impuesto computará aquéllas por la contraprestación íntegra devengada.

Cuando la retención no se hubiera practicado o lo hubiera sido por un importe inferior al debido, por causa imputable exclusivamente al retenedor u obligado a ingresar a cuenta, el perceptor deducirá de la cuota la cantidad que debió ser retenida.

En el caso de retribuciones legalmente establecidas que hubieran sido satisfechas por el sector público, el perceptor sólo podrá deducir las cantidades efectivamente retenidas.

Cuando no pudiera probarse la contraprestación íntegra devengada, la Administración tributaria podrá computar como importe íntegro una cantidad que, una vez restada de ella la retención procedente, arroje la efectivamente percibida. En este caso se deducirá de la cuota como retención a cuenta la diferencia entre lo realmente percibido y el importe íntegro.

6[382]. Cuando exista obligación de ingresar a cuenta, se presumirá que dicho ingreso ha sido efectuado. El contribuyente incluirá en la base imponible la valoración de la retribución en especie, conforme a las normas previstas en esta ley, y el ingreso a cuenta, salvo que le hubiera sido repercutido.

7[383]. Los contribuyentes que ejerzan actividades económicas estarán obligados a efectuar pagos fraccionados a cuenta del Impuesto sobre la Renta de las Personas Físicas, autoliquidando e ingresando su importe en las condiciones que reglamentariamente se determinen.

Reglamentariamente se podrá exceptuar de esta obligación a aquellos contribuyentes cuyos ingresos hayan estado sujetos a retención o ingreso a cuenta en el porcentaje que se fije al efecto.

El pago fraccionado correspondiente a las entidades en régimen de atribución de rentas, que ejerzan actividades económicas, se efectuará por cada uno de los socios, herederos, comuneros o partícipes, a los que proceda atribuir rentas de esta naturaleza, en proporción a su participación en el beneficio de la entidad.

8. 1.º Cuando el contribuyente adquiera su condición por cambio de residencia, tendrán la consideración de pagos a cuenta de este Impuesto las retenciones e ingresos a cuenta del Impuesto sobre la Renta de no Residentes, practicadas durante el período impositivo en que se produzca el cambio de residencia.

---

[381] Nueva redacción del art. 99.5 dada por el Art. Primero. Sesenta y tres de la Ley 26/2014, de 27 de noviembre, por la que se modifican la Ley 35/2006, de 28 de noviembre, del Impuesto sobre la Renta de las Personas Físicas, el texto refundido de la Ley del Impuesto sobre la Renta de no Residentes, aprobado por el Real Decreto Legislativo 5/2004, de 5 de marzo, y otras normas tributarias (BOE núm. 288, de 28 de noviembre de 2014), en vigor desde el 1 de enero de 2015.

[382] Art. 43.2 (Valoración de las rentas en especie), de esta Ley. Art. 77 (Importe de la retención o ingreso a cuenta), del RIRPF.

[383] Art. 101.11 (Importe de los pagos a cuenta), de esta Ley. Arts. 109 a 112, pagos fraccionados, del RIRPF. Art. 2.2 (Determinación de los pagos fraccionados a cuenta de la liquidación de los períodos impositivos iniciados dentro de 2008) del Real Decreto-Ley 2/2008, de 21 de abril, de medidas de impulso a la actividad económica (BOE núm. 97, de 22 de abril de 2008).

2.º Los trabajadores por cuenta ajena que no sean contribuyentes por este Impuesto, pero que vayan a adquirir dicha condición como consecuencia de su desplazamiento a territorio español, podrán comunicar a la Administración tributaria dicha circunstancia, dejando constancia de la fecha de entrada en dicho territorio, a los exclusivos efectos de que el pagador de los rendimientos del trabajo les considere como contribuyentes por este Impuesto.

De acuerdo con el procedimiento que reglamentariamente se establezca[384], la Administración tributaria expedirá un documento acreditativo a los trabajadores por cuenta ajena que lo soliciten, que comunicarán al pagador de sus rendimientos del trabajo, residentes o con establecimiento permanente en España, y en el que conste la fecha a partir de la cual las retenciones e ingresos a cuenta se practicarán por este Impuesto, teniendo en cuenta para el cálculo del tipo de retención lo señalado en el apartado 1.º anterior.

9. Cuando en virtud de resolución judicial o administrativa se deba satisfacer una renta sujeta a retención o ingreso a cuenta de este impuesto, el pagador deberá practicar la misma sobre la cantidad íntegra que venga obligado a satisfacer y deberá ingresar su importe en el Tesoro, de acuerdo con lo previsto en este artículo.

10. Los contribuyentes deberán comunicar, al pagador de rendimientos sometidos a retención o ingreso a cuenta de los que sean perceptores, las circunstancias determinantes para el cálculo de la retención o ingreso a cuenta procedente, en los términos que se establezcan reglamentariamente.

11. Tendrán la consideración de pagos a cuenta de este Impuesto las retenciones a cuenta efectivamente practicadas en virtud de lo dispuesto en el artículo 11 de la Directiva 2003/48/CE del Consejo, de 3 de junio de 2003, en materia de fiscalidad de los rendimientos del ahorro en forma de pago de intereses.

Artículo 100. *Normas sobre pagos a cuenta, transmisión y obligaciones formales relativas a activos financieros y otros valores mobiliarios.*

1[385]. En las transmisiones o reembolsos de acciones o participaciones representativas del capital o patrimonio de las instituciones de inversión colectiva estarán obligadas a practicar retención o ingreso a cuenta por este Impuesto, en los casos y en la forma que reglamentariamente se establezca, las entidades gestoras, administradoras, depositarias, comercializadoras o cualquier otra encargada de las operaciones mencionadas, así como el representante designado de acuerdo con lo dispuesto en el artículo 55.7 y la disposición adicional segunda de la Ley 35/2003, de 4 de noviembre, de instituciones de inversión colectiva, que actúe en nombre de la gestora que opere en régimen de libre prestación de servicios.

Reglamentariamente podrá establecerse la obligación de efectuar pagos a cuenta a cargo del transmitente de acciones y participaciones de instituciones de inversión colectiva, con el límite del 20 por ciento de la renta obtenida en las citadas transmisiones.

---

[384]　Art. 119 (Comunicaciones a la Administración Tributaria y acreditación del régimen), del RIRPF.

[385]　El art. 100.1 tiene nueva redacción dada por el Art. Primero. Sesenta y cuatro de la Ley 26/2014, de 27 de noviembre, por la que se modifican la Ley 35/2006, de 28 de noviembre, del Impuesto sobre la Renta de las Personas Físicas, el texto refundido de la Ley del Impuesto sobre la Renta de no Residentes, aprobado por el Real Decreto Legislativo 5/2004, de 5 de marzo, y otras normas tributarias (BOE núm. 288, de 28 de noviembre de 2014), en vigor desde el 1 de enero de 2017.

En las transmisiones de derechos de suscripción, estarán obligados a retener o ingresar a cuenta por este Impuesto, la entidad depositaria y, en su defecto, el intermediario financiero o el fedatario público que haya intervenido en la transmisión.

2. A los efectos de la obligación de retener sobre los rendimientos implícitos del capital mobiliario, a cuenta de este Impuesto, esta retención se efectuará por las siguientes personas o entidades:

a) En los rendimientos obtenidos en la transmisión o reembolso de los activos financieros sobre los que reglamentariamente se hubiera establecido la obligación de retener, el retenedor será la entidad emisora o las instituciones financieras encargadas de la operación.

b) En los rendimientos obtenidos en transmisiones relativas a operaciones que no se documenten en títulos, así como en las transmisiones encargadas a una institución financiera, el retenedor será el banco, caja o entidad que actúe por cuenta del transmitente.

c) En los casos no recogidos en los párrafos anteriores, será obligatoria la intervención de fedatario público que practicará la correspondiente retención.

3. Para proceder a la enajenación u obtención del reembolso de los títulos o activos con rendimientos implícitos que deban ser objeto de retención, habrá de acreditarse la previa adquisición de los mismos con intervención de los fedatarios o instituciones financieras mencionadas en el apartado anterior, así como el precio al que se realizó la operación.

El emisor o las instituciones financieras encargadas de la operación que, de acuerdo con el párrafo anterior, no deban efectuar el reembolso al tenedor del título o activo, deberán constituir por dicha cantidad depósito a disposición de la autoridad judicial.

4. Los fedatarios públicos que intervengan o medien en la emisión, suscripción, transmisión, canje, conversión, cancelación y reembolso de efectos públicos, valores o cualesquiera otros títulos y activos financieros, así como en operaciones relativas a derechos reales sobre los mismos, vendrán obligados a comunicar tales operaciones a la Administración tributaria presentando relación nominal de sujetos intervinientes con indicación de su domicilio y número de identificación fiscal, clase y número de los efectos públicos, valores, títulos y activos, así como del precio y fecha de la operación, en los plazos y de acuerdo con el modelo que determine el Ministro de Economía y Hacienda.

La misma obligación recaerá sobre las entidades y establecimientos financieros de crédito, las sociedades y agencias de valores, los demás intermediarios financieros y cualquier persona física o jurídica que se dedique con habitualidad a la intermediación y colocación de efectos públicos, valores o cualesquiera otros títulos de activos financieros, índices, futuros y opciones sobre ellos; incluso los documentos mediante anotaciones en cuenta, respecto de las operaciones que impliquen, directa o indirectamente, la captación o colocación de recursos a través de cualquier clase de valores o efectos.

Asimismo, estarán sujetas a esta obligación de información las sociedades gestoras de instituciones de inversión colectiva y las entidades comercializadoras respecto de las acciones y participaciones en dichas instituciones incluidas en sus registros de accionistas o partícipes[386].

---

[386] Nueva redacción del párrafo tercero dada por el art. 3. Segundo.dos de la Ley 16/2013, de 29 de octubre, por la que se establecen determinadas medidas en materia de fiscalidad medioambiental y se adoptan otras medidas tributarias (BOE núm. 260, de 30 de octubre de 2013), con efectos desde el 1 de enero de 2014.

Las obligaciones de información que establece este apartado se entenderán cumplidas respecto a las operaciones sometidas a retención que en él se mencionan, con la presentación de la relación de perceptores, ajustada al modelo oficial del resumen anual de retenciones correspondiente.

5. Deberá comunicarse a la Administración tributaria la emisión de certificados, resguardos o documentos representativos de la adquisición de metales u objetos preciosos, timbres de valor filatélico o piezas de valor numismático, por las personas físicas o jurídicas que se dediquen con habitualidad a la promoción de la inversión en dichos valores.

Lo dispuesto en los apartados 2 y 3 anteriores resultará aplicable en relación con la obligación de retener o de ingresar a cuenta que se establezca reglamentariamente respecto a las transmisiones de activos financieros de rendimiento explícito.

Artículo 101[387]. *Importe de los pagos a cuenta.*

1[388]. El porcentaje de retención e ingreso a cuenta sobre los rendimientos del trabajo derivados de relaciones laborales o estatutarias y de pensiones y haberes pasivos se determinará con arreglo al procedimiento que reglamentariamente[389] se establezca.

Para determinar el porcentaje de retención o ingreso a cuenta se podrán tener en consideración las circunstancias personales y familiares y, en su caso, las rentas del cónyuge y las reducciones y deducciones, así como las retribuciones variables previsibles, en los términos que reglamentariamente se establezcan, y se aplicará la siguiente escala:

Base para calcular el tipo de retención — Hasta euros	Cuota de retención — Euros	Resto base para calcular el tipo de retención — Hasta euros	Tipo aplicable — Porcentaje
0,00	0,00	12.450,00	19,00
12.450,00	2.365,50	7.750,00	24,00
20.200,00	4.225,50	15.000,00	30,00
35.200,00	8.725,50	24.800,00	37,00

[387] Disposición adicional trigésima primera (Escalas y tipos de retención aplicables en 2015) de esta Ley.
Nueva redacción del art. 101 dada por el art. 71 de la Ley 26/2009, de 23 de diciembre, de Presupuestos Generales del Estado para el año 2010 (BOE núm. 309, de 24 de diciembre de 2009), con efectos desde el 1-1-2010. La redacción anterior, correspondiente al su apartado primero proviene del art. 1.Tres el Real Decreto-Ley 2/2008, de 21 de abril, de medidas de impulso a la actividad económica (BOE núm. 97 de 22 de abril de 2008), en vigor desde el 01-01-2008 hasta el 31-12-2009.

[388] Nueva redacción del art. 101.1 dada por dada por el art. 60 de la Ley 11/2020, de 30 de diciembre, de Presupuestos Generales del Estado para el año 2021 (BOE núm. 341, de 31 de diciembre de 2020), en vigor desde el 1 de enero de 2021.
Redacción anterior dada por el art. 64 de la Ley 6/2018, de 3 de julio, de Presupuestos Generales del Estado para el año 2018 (BOE núm. 161, de 4 de julio de 2018), con efectos desde el 5 de julio de 2018.
Redacción anterior dada por el Art. Primero. sesenta y cinco de la Ley 26/2014, de 27 de noviembre, por la que se modifican la Ley 35/2006, de 28 de noviembre, del Impuesto sobre la Renta de las Personas Físicas, el texto refundido de la Ley del Impuesto sobre la Renta de no Residentes, aprobado por el Real Decreto Legislativo 5/2004, de 5 de marzo, y otras normas tributarias (BOE núm. 288, de 28 de noviembre de 2014), en vigor desde el 1 de enero de 2015.
Disposición adicional trigésima primera (Escalas y tipos de retención aplicables en 2015) de esta Ley.

[389] Arts. 80 a 89, cálculo de las retenciones del rendimiento del trabajo, del RIRPF.

Base para calcular el tipo de retención – Hasta euros	Cuota de retención – Euros	Resto base para calcular el tipo de retención – Hasta euros	Tipo aplicable – Porcentaje
60.000,00	17.901,50	240.000,00	45,00
300.000,00	125.901,50	En adelante	47,00

A estos efectos, se presumirán retribuciones variables previsibles, como mínimo, las obtenidas en el año anterior, salvo que concurran circunstancias que permitan acreditar de manera objetiva un importe inferior.

Tratándose de atrasos que corresponda imputar a ejercicios anteriores, el porcentaje de retención e ingreso a cuenta será del 15 por ciento, salvo que resulte de aplicación los porcentajes previstos en los apartados 2 y 3 de este artículo.

Los porcentajes de retención e ingreso a cuenta previstos en este apartado se reducirán en un 60 por ciento cuando se trate de rendimientos obtenidos en Ceuta o Melilla que tengan derecho a la deducción en la cuota prevista en el artículo 68.4 de esta Ley.

2[390]. El porcentaje de retención e ingreso a cuenta sobre los rendimientos del trabajo que se perciban por la condición de administradores y miembros de los consejos de administración, de las juntas que hagan sus veces, y demás miembros de otros órganos representativos, será del 35 por ciento.

No obstante, en los términos que reglamentariamente se establezcan, cuando los rendimientos procedan de entidades con un importe neto de la cifra de negocios inferior a 100.000 euros, el porcentaje de retención e ingreso a cuenta será del 19 por ciento.

Los porcentajes de retención e ingreso a cuenta previstos en este apartado se reducirán en un 60 por ciento cuando se trate de rendimientos obtenidos en Ceuta o Melilla que tengan derecho a la deducción en la cuota prevista en el artículo 68.4 de esta Ley.

3[391]. El porcentaje de retención e ingreso a cuenta sobre los rendimientos del trabajo derivados de impartir cursos, conferencias, coloquios, seminarios y similares, o derivados de

---

[390]   Art. 17.2.e) (Rendimientos íntegros del trabajo), de esta Ley.
Nueva redacción del art. 101.2 dada por el art. 64 de la Ley 6/2018, de 3 de julio, de Presupuestos Generales del Estado para el año 2018 (BOE núm. 161, de 4 de julio de 2018), con efectos desde el 5 de julio de 2018.
Redacción anterior dada por el Art. Primero. sesenta y cinco de la Ley 26/2014, de 27 de noviembre, por la que se modifican la Ley 35/2006, de 28 de noviembre, del Impuesto sobre la Renta de las Personas Físicas, el texto refundido de la Ley del Impuesto sobre la Renta de no Residentes, aprobado por el Real Decreto Legislativo 5/2004, de 5 de marzo, y otras normas tributarias (BOE núm. 288, de 28 de noviembre de 2014), en vigor desde el 1 de enero de 2015.

[391]   Nueva redacción del art. 101.3 dada por el art. 65.Uno de la Ley 31/2022, de 23 de diciembre, de Presupuestos Generales del Estado para el año 2023 (BOE núm. 308, de 24 de diciembre de 2022), con efectos desde el 1 de enero de 2023.
Redacción anterior dada por el art. 64 de la Ley 6/2018, de 3 de julio, de Presupuestos Generales del Estado para el año 2018 (BOE núm. 161, de 4 de julio de 2018), con efectos desde el 5 de julio de 2018.
Redacción anterior dada por el Art. Primero. sesenta y cinco de la Ley 26/2014, de 27 de noviembre, por la que se modifican la Ley 35/2006, de 28 de noviembre, del Impuesto sobre la Renta de las Personas Físicas, el texto refundido de la Ley del Impuesto sobre la Renta de no Residentes, aprobado por el Real Decreto Legislativo 5/2004, de 5 de marzo, y otras normas tributarias (BOE núm. 288, de 28 de noviembre de 2014), en vigor desde el 1 de enero de 2015.
Disposición adicional trigésima primera (Escalas y tipos de retención aplicables en 2015) de esta Ley.

la elaboración de obras literarias, artísticas o científicas, siempre que se ceda el derecho a su explotación, será del 15 por ciento.

No obstante lo anterior, el porcentaje de retención sobre los rendimientos del trabajo derivados de la elaboración de obras literarias, artísticas o científicas a que se refiere el párrafo anterior será del 7 por ciento cuando el volumen de tales rendimientos íntegros correspondiente al ejercicio inmediato anterior sea inferior a 15.000 euros y represente más del 75 por ciento de la suma de los rendimientos íntegros de actividades económicas y del trabajo obtenidos por el contribuyente en dicho ejercicio. Para la aplicación de este tipo de retención, los contribuyentes deberán comunicar al pagador de los rendimientos la concurrencia de dichas circunstancias, quedando obligado el pagador a conservar la comunicación debidamente firmada.

Estos porcentajes se reducirán en un 60 por ciento cuando se trate de rendimientos del trabajo obtenidos en Ceuta y Melilla que tengan derecho a la deducción en la cuota prevista en el artículo 68.4 de esta ley.

4[392]. El porcentaje de retención e ingreso a cuenta sobre los rendimientos del capital mobiliario será del 19 por ciento. Dicho porcentaje será el 15 por ciento para los rendimientos del capital mobiliario procedentes de la propiedad intelectual cuando el contribuyente no sea el autor.

Este porcentaje se reducirá en un 60 por ciento cuando se trate de rendimientos que tengan derecho a la deducción en la cuota prevista en el artículo 68.4 de esta Ley procedentes de las sociedades a que se refiere la letra h) del número 3.º del citado artículo.

5[393]. Los porcentajes de las retenciones e ingresos a cuenta sobre los rendimientos derivados de actividades económicas serán:

Redacción anterior dada por el art. 25.segundo.uno del Real Decreto-ley 20/2012, de 13 de julio, de medidas para garantizar la estabilidad presupuestaria y de fomento de la competitividad (BOE núm. 168, de 14 de julio de 2012), con efectos desde el 1 de septiembre de 2012.

Disposición transitoria vigésima tercera (Tipo de retención aplicable a los rendimientos de actividades profesionales y a determinados rendimientos del trabajo en 2012 y 2013), de la LIRPF.

Art. 17.2.c) (Rendimientos íntegros del trabajo), de esta Ley.

[392] Arts. 90 a 94, retenciones sobre rendimientos del capital mobiliario y art. 103 (Ingresos a cuenta sobre retribuciones en especie del capital mobiliario), del RIRPF.

Nueva a redacción del art. 101.4 dada el art. Primero del Real Decreto-ley 26/2018, de 28 de diciembre, por el que se aprueban medidas de urgencia sobre la creación artística y la cinematografía (BOE núm. 314, de 29 de diciembre de 2018), en vigor desde el día 1 de enero de 2019.

Redacción anterior dada por el art. 64 de la Ley 6/2018, de 3 de julio, de Presupuestos Generales del Estado para el año 2018 (BOE núm. 161, de 4 de julio de 2018), con efectos desde el 5 de julio de 2018.

Redacción anterior dada por el art. Primero.sesenta y cinco de la Ley 26/2014, de 27 de noviembre, por la que se modifican la Ley 35/2006, de 28 de noviembre, del Impuesto sobre la Renta de las Personas Físicas, el texto refundido de la Ley del Impuesto sobre la Renta de no Residentes, aprobado por el Real Decreto Legislativo 5/2004, de 5 de marzo, y otras normas tributarias (BOE núm. 288, de 28 de noviembre de 2014), en vigor desde el 1 de enero de 2015.

[393] Nueva a redacción del art. 101.5 dada por el art. 64 de la Ley 6/2018, de 3 de julio, de Presupuestos Generales del Estado para el año 2018 (BOE núm. 161, de 4 de julio de 2018), con efectos desde el 5 de julio de 2018.

Redacción anterior dada por el Art. Primero. sesenta y cinco de la Ley 26/2014, de 27 de noviembre, por la que se modifican la Ley 35/2006, de 28 de noviembre, del Impuesto sobre la Renta de las Personas Físicas, el texto refundido de la Ley del Impuesto sobre la Renta de no Residentes, aprobado por el Real

a) El 15 por ciento, en el caso de los rendimientos de actividades profesionales establecidos en vía reglamentaria.

No obstante, se aplicará el porcentaje del 7 por ciento sobre los rendimientos de actividades profesionales que se establezcan reglamentariamente.

Estos porcentajes se reducirán en un 60 por ciento cuando los rendimientos tengan derecho a la deducción en la cuota prevista en el artículo 68.4 de esta Ley.

b)[394] El 2 por ciento en el caso de rendimientos procedentes de actividades agrícolas o ganaderas, salvo en el caso de las actividades ganaderas de engorde de porcino y avicultura, en que se aplicará el 1 por ciento.

c)[395] El 2 por ciento en el caso de rendimientos procedentes de actividades forestales.

d)[396] El 1 por ciento para otras actividades empresariales que determinen su rendimiento neto por el método de estimación objetiva, en los supuestos y condiciones que reglamentariamente se establezcan.

6[397]. El porcentaje de pagos a cuenta sobre las ganancias patrimoniales derivadas de las transmisiones o reembolsos de acciones y participaciones de instituciones de inversión colectiva será del 19 por ciento.

No se aplicará retención cuando no proceda computar la ganancia patrimonial, de acuerdo con lo previsto en el artículo 94.1.a) de esta Ley.

El porcentaje de retención e ingreso a cuenta sobre las ganancias patrimoniales derivadas de los aprovechamientos forestales de los vecinos en montes públicos que reglamentariamente se establezcan, será del 19 por 100[398].

El porcentaje de retención e ingreso a cuenta sobre las ganancias patrimoniales derivadas de la transmisión de derechos de suscripción será el 19 por ciento.

Decreto Legislativo 5/2004, de 5 de marzo, y otras normas tributarias (BOE núm. 288, de 28 de noviembre de 2014), en vigor desde el 1 de enero de 2015.

Disposición adicional trigésima primera (Escalas y tipos de retención aplicables en 2015) de esta Ley.

Redacción anterior dada por el art. 25.segundo.dos del Real Decreto-ley 20/2012, de 13 de julio, de medidas para garantizar la estabilidad presupuestaria y de fomento de la competitividad (BOE núm. 168, de 14 de julio de 2012), con efectos desde el 1 de septiembre de 2012.

[394]   Art. 95.4 (Importe de las retenciones sobre rendimientos de actividades económicas), del RIRPF.

[395]   Art. 95.5 (Importe de las retenciones sobre rendimientos de actividades económicas), del RIRPF.

[396]   Art. 95.6 (Importe de las retenciones sobre rendimientos de actividades económicas), del RIRPF.

La Ley 36/2006, de 29 de noviembre, de medidas para la prevención del fraude fiscal (BOE núm. 286, de 30 de noviembre de 2006), en vigor desde el 1 de diciembre de 2006, establece: Disposición adicional segunda. «Medidas aplicables a los contribuyentes del Impuesto sobre la Renta de las Personas Físicas que ejerzan determinadas actividades económicas.

1. Adicionalmente a los supuestos previstos en el Texto Refundido de la Ley del Impuesto sobre la Renta de las Personas Físicas, aprobado por el Real Decreto Legislativo 3/2004, de 5 de marzo, estarán sujetos a un porcentaje de retención del 1 por 100 los rendimientos de actividades económicas que se determinen por el método de estimación objetiva, en los supuestos y condiciones que reglamentariamente se establezcan».

[397]   El art. 101.6 tiene nueva redacción dada por el Art. Primero. sesenta y cinco de la Ley 26/2014, de 27 de noviembre, por la que se modifican la Ley 35/2006, de 28 de noviembre, del Impuesto sobre la Renta de las Personas Físicas, el texto refundido de la Ley del Impuesto sobre la Renta de no Residentes, aprobado por el Real Decreto Legislativo 5/2004, de 5 de marzo, y otras normas tributarias (BOE núm. 288, de 28 de noviembre de 2014), en vigor desde el 1 de enero de 2017.

[398]   Art. 99 (Importe de las retenciones sobre otras ganancias patrimoniales) y Art. 105.2 (Ingresos a cuenta sobre determinadas ganancias patrimoniales), del RIRPF.

7[399]**.** El porcentaje de retención e ingreso a cuenta sobre los premios que se entreguen como consecuencia de la participación en juegos, concursos, rifas o combinaciones aleatorias, estén o no vinculadas a la oferta, promoción o venta de determinados bienes, productos o servicios, será del 19 por ciento.

8[400]**.** El porcentaje de retención e ingreso a cuenta sobre los rendimientos procedentes del arrendamiento o subarrendamiento de bienes inmuebles urbanos, cualquiera que sea su calificación, será del 19 por ciento.

Este porcentaje se reducirá en un 60 por ciento cuando el inmueble esté situado en Ceuta o Melilla en los términos previstos en el artículo 68.4 de esta Ley.

9[401]**.** El porcentaje de retención e ingreso a cuenta sobre los rendimientos procedentes de la propiedad industrial, de la prestación de asistencia técnica, del arrendamiento de bienes muebles, negocios o minas y del subarrendamiento sobre los bienes anteriores, cualquiera que sea su calificación, será del 19 por ciento.

El porcentaje de retención e ingreso a cuenta sobre los rendimientos procedentes de la propiedad intelectual, cualquiera que sea su calificación, será del 15 por ciento, salvo cuando resulte de aplicación el tipo del 7 por ciento previsto en los apartados 3 y 5 de este artículo. Igualmente, dicho porcentaje será del 7 por ciento cuando se trate de anticipos a cuenta derivados de la cesión de la explotación de derechos de autor que se vayan a devengar a lo largo de varios años.

10[402]**.** El porcentaje de retención e ingreso a cuenta sobre los rendimientos procedentes de la cesión del derecho a la explotación del derecho de imagen, cualquiera que sea su calificación, será el 24 por ciento. El porcentaje de ingreso a cuenta en el supuesto previsto en el artículo 92.8 de esta Ley será del 19 por ciento.

11[403]**.** Los porcentajes de los pagos fraccionados que deban practicar los contribuyentes que ejerzan actividades económicas serán los siguientes:

a) El 20 por ciento, cuando se trate de actividades que determinen el rendimiento neto por el método de estimación directa, en cualquiera de sus modalidades.

b) El 4 por ciento, cuando se trate de actividades que determinen el rendimiento neto por el método de estimación objetiva. El porcentaje será el 3 por ciento cuando se trate de

---

[399]   Art. 105.1 (Ingresos a cuenta sobre determinadas ganancias patrimoniales), del RIRPF.
[400]   Art. 22 (Rendimientos íntegros del capital mobiliario), de esta Ley. Art. 100. (Importe de las retenciones sobre arrendamientos y subarrendamientos de inmuebles) y Art. 106 (Ingreso a cuenta sobre otras rentas), del RIRPF.
         Nueva a redacción del art. 101.8 dada por el art. 64 de la Ley 6/2018, de 3 de julio, de Presupuestos Generales del Estado para el año 2018 (BOE núm. 161, de 4 de julio de 2018), con efectos desde el 5 de julio de 2018.
[401]   Art. 25.4.a), b) y c) (Rendimientos íntegros del capital mobiliario), de esta Ley. Art. 101.2 (Importe de las retenciones sobre derechos de imagen y otras rentas) y Art. 106 (Ingreso a cuenta sobre otras rentas), del RIRPF.
         Nueva redacción del art. 101.9 dada por el art. 65.Dos de la Ley 31/2022, de 23 de diciembre, de Presupuestos Generales del Estado para el año 2023 (BOE núm. 308, de 24 de diciembre de 2022), con efectos desde el 1 de enero de 2023.
[402]   Art. 25.4.d) (Rendimientos íntegros del capital mobiliario), de esta Ley. Art. 101.1 (Importe de las retenciones sobre derechos de imagen y otras rentas) y Art. 107 (Ingreso a cuenta sobre derechos de imagen), del RIRPF.
[403]   Art. 99.7 (Obligación de practicar pagos a cuenta), de esta Ley. Arts. 109 a 112, pagos fraccionados, del RIRPF.
         Nueva a redacción del art. 101.11 dada por el art. 64 de la Ley 6/2018, de 3 de julio, de Presupuestos Generales del Estado para el año 2018 (BOE núm. 161, de 4 de julio de 2018), con efectos desde el 5 de julio de 2018.

actividades que tengan sólo una persona asalariada, y el 2 por ciento cuando no se disponga de personal asalariado.

c) El 2 por ciento, cuando se trate de actividades agrícolas, ganaderas, forestales o pesqueras, cualquiera que fuese el método de determinación del rendimiento neto.

Estos porcentajes se reducirán en un 60 por ciento para las actividades económicas que tengan derecho a la deducción en la cuota prevista en el artículo 68.4 de esta Ley.

CAPÍTULO III. Liquidaciones provisionales

Artículo 102[404]. *Liquidación provisional.*

La Administración tributaria podrá dictar la liquidación provisional que proceda de conformidad con lo dispuesto en el artículo 101 de la Ley 58/2003, de 17 de diciembre, General Tributaria.

Artículo 103. *Devolución derivada de la normativa del tributo.*

1[405]. Cuando la suma de las retenciones, ingresos a cuenta y pagos fraccionados de este Impuesto, así como de las cuotas del Impuesto sobre la Renta de no Residentes a que se refiere el párrafo d) del artículo 79 de esta Ley y, en su caso, de las deducciones previstas en el artículo 81 y 81 bis de esta Ley, sea superior al importe de la cuota resultante de la autoliquidación, la Administración tributaria practicará, si procede, liquidación provisional dentro de los seis meses siguientes al término del plazo establecido para la presentación de la declaración.

Cuando la declaración hubiera sido presentada fuera de plazo, los seis meses a que se refiere el párrafo anterior se computarán desde la fecha de su presentación.

2[406]. Cuando la cuota resultante de la autoliquidación o, en su caso, de la liquidación provisional, sea inferior a la suma de las cantidades efectivamente retenidas y de los pagos a

---

[404]   Art. 66 (Liquidación provisional a no obligados a presentar declaración), del RIRPF.

[405]   Nueva redacción del art. 103.1 dada por el Art. Primero. Sesenta y seis de la Ley 26/2014, de 27 de noviembre, por la que se modifican la Ley 35/2006, de 28 de noviembre, del Impuesto sobre la Renta de las Personas Físicas, el texto refundido de la Ley del Impuesto sobre la Renta de no Residentes, aprobado por el Real Decreto Legislativo 5/2004, de 5 de marzo, y otras normas tributarias (BOE núm. 288, de 28 de noviembre de 2014), en vigor desde el 1 de enero de 2015.
Redacción anterior dada por el art. 64.Dos de la Ley 39/2010, de 22 de diciembre, de Presupuestos Generales del Estado para el año 2011 (BOE núm. 23, de 12 de diciembre de 2010), con efectos desde 1 de enero de 2011 y vigencia indefinida.
Redacción anterior del apartado 1 del art. 103 dada por la Disposición final primera. Tres de la Ley 35/2007, de 15 de noviembre, por la que se establece la deducción por nacimiento o adopción en el Impuesto sobre la Renta de las Personas Físicas y la prestación económica de pago único de la Seguridad Social por nacimiento o adopción (BOE núm. 275 de 16 de noviembre de 2007), con entrada en vigor el día de su publicación, de acuerdo con lo recogido en la Disposición final cuarta de la Ley 41/2007, de 7 de diciembre, por la que se modifica la Ley 2/1981, de 25 de marzo, de Regulación del Mercado Hipotecario y otras normas del sistema hipotecario y financiero, de regulación de las hipotecas inversas y el seguro de dependencia y por la que se establece determinada norma tributaria (BOE núm. 294 de 8 de diciembre de 2007).

[406]   Nueva redacción del art. 103.2 dada por el Art. Primero. Sesenta y seis de la Ley 26/2014, de 27 de noviembre, por la que se modifican la Ley 35/2006, de 28 de noviembre, del Impuesto sobre la Renta de las Personas Físicas, el texto refundido de la Ley del Impuesto sobre la Renta de no Residentes, aprobado por el Real Decreto Legislativo 5/2004, de 5 de marzo, y otras normas tributarias (BOE núm. 288, de 28 de noviembre de 2014), en vigor desde el 1 de enero de 2015.

cuenta de este Impuesto realizados, así como de las cuotas del Impuesto sobre la Renta de no Residentes a que se refiere la letra d) del artículo 79 de esta Ley y, en su caso, de las deducciones previstas en el artículo 81 y 81 bis de esta Ley, la Administración tributaria procederá a devolver de oficio el exceso sobre la citada cuota, sin perjuicio de la práctica de las ulteriores liquidaciones, provisionales o definitivas, que procedan.

3[407]. Si la liquidación provisional no se hubiera practicado en el plazo establecido en el apartado 1 anterior, la Administración tributaria procederá a devolver de oficio el exceso sobre la cuota autoliquidada, sin perjuicio de la práctica de las liquidaciones provisionales o definitivas ulteriores que pudieran resultar procedentes.

4. Transcurrido el plazo establecido en el apartado 1 de este artículo sin que se haya ordenado el pago de la devolución por causa no imputable al contribuyente, se aplicará a la cantidad pendiente de devolución el interés de demora en la cuantía y forma prevista en los artículos 26.6 y 31 de la Ley 58/2003, de 17 de diciembre, General Tributaria.

5. El procedimiento de devolución será el previsto en los artículos 124 a 127, ambos inclusive, de la Ley 58/2003, de 17 de diciembre, General Tributaria, y en su normativa de desarrollo.

CAPÍTULO IV. Obligaciones formales

Artículo 104. *Obligaciones formales de los contribuyentes.*

1. Los contribuyentes del Impuesto sobre la Renta de las Personas Físicas estarán obligados a conservar, durante el plazo de prescripción, los justificantes y documentos acreditativos de las operaciones, rentas, gastos, ingresos, reducciones y deducciones de cualquier tipo que deban constar en sus declaraciones.

2. A efectos de esta ley, los contribuyentes que desarrollen actividades empresariales cuyo rendimiento se determine por el método de estimación directa estarán obligados a llevar contabilidad ajustada a lo dispuesto en el Código de Comercio.

Redacción anterior dada por el art. 64.Dos de la Ley 39/2010, de 22 de diciembre, de Presupuestos Generales del Estado para el año 2011 (BOE núm. 23, de 12 de diciembre de 2010), con efectos desde 1 de enero de 2011 y vigencia indefinida. Redacción que procede del art. 6.Dos del Real Decreto-Ley 8/2010, de 20 de mayo, por el que se adoptan medidas extraordinarias para la reducción del déficit público (BOE núm. 126, de 24 de mayo de 2010), con efectos desde el 1 de enero de 2011.

Redacción anterior del apartado 2 del art. 103 dada por la Disposición final primera. Tres de la Ley 35/2007, de 15 de noviembre, por la que se establece la deducción por nacimiento o adopción en el Impuesto sobre la Renta de las Personas Físicas y la prestación económica de pago único de la Seguridad Social por nacimiento o adopción (BOE núm. 275 de 16 de noviembre de 2007), con entrada en vigor el día de su publicación, de acuerdo con lo recogido en la Disposición final cuarta de la Ley 41/2007, de 7 de diciembre, por la que se modifica la Ley 2/1981, de 25 de marzo, de Regulación del Mercado Hipotecario y otras normas del sistema hipotecario y financiero, de regulación de las hipotecas inversas y el seguro de dependencia y por la que se establece determinada norma tributaria (BOE núm. 294 de 8 de diciembre de 2007).

Art. 65 (Devoluciones derivadas de la normativa del tributo) y art. 66 (Liquidación provisional a no obligados a presentar declaración), del RIRPF.

[407] Art. 65 (Devoluciones derivadas de la normativa del tributo) y art. 66 (Liquidación provisional a no obligados a presentar declaración), del RIRPF.

No obstante, reglamentariamente[408] se podrá exceptuar de esta obligación a los contribuyentes cuya actividad empresarial no tenga carácter mercantil de acuerdo con el Código de Comercio, y a aquellos contribuyentes que determinen su rendimiento neto por la modalidad simplificada del método de estimación directa.

3. Asimismo, los contribuyentes de este impuesto estarán obligados a llevar los libros o registros que reglamentariamente se establezcan[409].

4. Reglamentariamente podrán establecerse obligaciones específicas de información de carácter patrimonial, simultáneas a la presentación de la declaración del Impuesto sobre la Renta de las Personas Físicas o del Impuesto sobre el Patrimonio, destinadas al control de las rentas o de la utilización de determinados bienes y derechos de los contribuyentes.

5[410]. Los contribuyentes de este impuesto que sean titulares del patrimonio protegido regulado en la Ley 41/2003, de 18 de noviembre, de protección patrimonial de las personas con discapacidad y de modificación del Código Civil, de la Ley de Enjuiciamiento Civil y de la Normativa Tributaria con esta finalidad, deberán presentar una declaración en la que se indique la composición del patrimonio, las aportaciones recibidas, las disposiciones del patrimonio protegido realizadas durante el periodo impositivo, incluido el gasto de dinero y el consumo de bienes fungibles integrados en el patrimonio protegido, en los términos que reglamentariamente se establezcan.

Artículo 105. *Obligaciones formales del retenedor, del obligado a practicar ingresos a cuenta y otras obligaciones formales*.

1. El sujeto obligado a retener y practicar ingresos a cuenta deberá presentar, en los plazos, forma y lugares que se establezcan reglamentariamente, declaración de las cantidades retenidas o pagos a cuenta realizados, o declaración negativa cuando no hubiera procedido la práctica de los mismos. Asimismo, presentará una declaración anual de retenciones e ingresos a cuenta con el contenido que se determine reglamentariamente[411].

---

[408] Art. 68.3 (Obligaciones formales, contables y registrales), del RIRPF.
[409] Art. 68.3, 4, 5, 6, 7, 8 y 10 (Obligaciones formales, contables y registrales), del RIRPF.
[410] Art. 71 (Obligaciones de información de los contribuyentes que sean titulares...), del RIRPF.
Nueva redacción del apartado 5 del art. 104 dada por el Art. Primero. Sesenta y siete de la Ley 26/2014, de 27 de noviembre, por la que se modifican la Ley 35/2006, de 28 de noviembre, del Impuesto sobre la Renta de las Personas Físicas, el texto refundido de la Ley del Impuesto sobre la Renta de no Residentes, aprobado por el Real Decreto Legislativo 5/2004, de 5 de marzo, y otras normas tributarias (BOE núm. 288, de 28 de noviembre de 2014), en vigor desde el 1 de enero de 2015.
[411] Art. 108 (Obligaciones formales del retenedor y del obligado a ingresar a cuenta), del RIRPF.
Orden HAC/747/2025, de 27 de junio, por la que se aprueba el modelo 196, Declaración informativa mensual de cuentas en toda clase de instituciones financieras y resumen anual de retenciones e ingresos a cuenta sobre rendimientos del capital mobiliario y rentas obtenidas por la contraprestación derivada de cuentas en toda clase de instituciones financieras; el modelo 181, Declaración informativa de préstamos y créditos, y operaciones financieras relacionadas con bienes inmuebles; el modelo 170, Declaración informativa mensual de las operaciones realizadas por los empresarios o profesionales adheridos al sistema de gestión de cobros a través de cualquier tipo de tarjetas y mediante pagos asociados a números de teléfono móvil, y el modelo 174, Declaración informativa sobre todo tipo de tarjetas, y se establecen las condiciones y el procedimiento para su presentación; y se modifica la Orden EHA/98/2010, de 25 de enero, por la que se aprueba el modelo 171, Declaración informativa anual de imposiciones, disposiciones de fondos y de los cobros de cualquier documento, así como los diseños físicos y lógicos para la presentación en soporte directamente legible por ordenador y se establecen las condiciones y el procedimiento

El sujeto obligado a retener y practicar ingresos a cuenta estará obligado a conservar la documentación correspondiente y a expedir, en las condiciones que reglamentariamente[412] se determinen, certificación acreditativa de las retenciones o ingresos a cuenta efectuados.

Los modelos de declaración correspondientes se aprobarán por el Ministro de Economía y Hacienda[413].

2[414]. Reglamentariamente podrán establecerse obligaciones de suministro de información para las personas y entidades que desarrollen o se encuentren en las siguientes operaciones o situaciones:

a) Para las entidades prestamistas, en relación con los préstamos hipotecarios concedidos para la adquisición de viviendas.

b) Para las entidades que abonen rendimientos del trabajo o del capital no sometidas a retención.

c) Para las entidades y personas jurídicas que satisfagan premios, aun cuando tengan la consideración de rentas exentas a efectos del impuesto.

d) Para las entidades perceptoras de donativos que den derecho a deducción por este impuesto, en relación con la identidad de los donantes, así como los importes recibidos, cuando éstos hubieran solicitado certificación acreditativa de la donación a efectos de la declaración por este impuesto.

e)[415] Para las entidades a las que se refiere el artículo 68.1 de esta Ley cuyos socios o accionistas hubieran solicitado la certificación prevista en el mismo.

f)[416] Para las entidades que distribuyan prima de emisión o reduzcan capital con devolución de aportaciones, en relación con las distribuciones realizadas no sometidas a retención.

g)[417] Para las entidades aseguradoras domiciliadas en otro Estado miembro del Espacio Económico Europeo que operen en España en régimen de libre prestación de servicios, en relación con las operaciones que se realicen en España.

---

para su presentación telemática (BOE núm. 169, de 15 de julio de 2025), que deroga la anterior Orden EHA/3300/2008, de 7 de noviembre (BOE de 18 de noviembre de 2008).

[412]　Art. 108.3 y 4 (Obligaciones formales del retenedor y del obligado a ingresar a cuenta), del RIRPF.

[413]　Orden EHA/586/2011, de 9 de marzo, por la que se aprueba el modelo 111 de autoliquidación de retenciones e ingresos a cuenta del Impuesto sobre la Renta de las Personas Físicas sobre rendimientos del trabajo y de actividades económicas, premios y determinadas ganancias patrimoniales e imputaciones de renta y se modifica otra normativa tributaria (BOE núm. 66, de 18 de marzo de 2011), que deroga la anterior Orden EHA/30/2007, de 16 de enero (BOE núm. 17, de 19 de enero de 2007).

[414]　Art. 69 (Otras obligaciones formales de información), del RIRPF. Ver, Disposición Adicional decimotercera (Obligaciones de información) y decimocuarta (Captación de datos), de esta Ley.

[415]　Nueva redacción de la letra e) del art. 105.2 dada el art. 27.Nueve de la Ley 14/2013, de 27 de septiembre, de apoyo a los emprendedores y su internacionalización (BOE núm. 233, de 28 de septiembre de 2013), con entrada en vigor el día 29 de noviembre de 2013.

[416]　Nueva redacción de la letra g) dada por el Art. Primero. Sesenta y ocho de la Ley 26/2014, de 27 de noviembre, por la que se modifican la Ley 35/2006, de 28 de noviembre, del Impuesto sobre la Renta de las Personas Físicas, el texto refundido de la Ley del Impuesto sobre la Renta de no Residentes, aprobado por el Real Decreto Legislativo 5/2004, de 5 de marzo, y otras normas tributarias (BOE núm. 288, de 28 de noviembre de 2014), en vigor desde el 1 de enero de 2015.

[417]　Nueva redacción de la letra g) del art. 105.2 dada por la Disp, final undécima Dos de la Ley 20/2015, de 14 de julio, de ordenación, supervisión y solvencia de las entidades aseguradoras y reaseguradoras (BOE núm. 168, de 15 de julio de 2015), con efectos desde el 1 de enero de 2016.

h)[418] Para las entidades previstas en el penúltimo párrafo del apartado 2 del artículo 99 de esta Ley, en relación con las operaciones que se realicen en España.

TÍTULO XII. RESPONSABILIDAD PATRIMONIAL Y RÉGIMEN SANCIONADOR

Artículo 106. *Responsabilidad patrimonial del contribuyente.*

Las deudas tributarias y, en su caso, las sanciones tributarias, por el Impuesto sobre la Renta de las Personas Físicas tendrán la misma consideración que las referidas en el artículo 1365 del Código Civil[419] y, en consecuencia, los bienes gananciales responderán directamente frente a la Hacienda Pública por estas deudas, contraídas por uno de los cónyuges, sin perjuicio de lo previsto en el apartado 6 del artículo 84 de esta ley para el caso de tributación conjunta.

Artículo 107. *Infracciones y sanciones.*

Las infracciones tributarias en este Impuesto se calificarán y sancionarán con arreglo a lo dispuesto en la Ley 58/2003, de 17 de diciembre, General Tributaria, sin perjuicio de las especialidades previstas en esta ley[420].

TÍTULO XIII. ORDEN JURISDICCIONAL

Artículo 108. **Orden jurisdiccional.**

La jurisdicción contencioso-administrativa, previo agotamiento de la vía económico-administrativa, será la única competente para dirimir las controversias de hecho y de derecho que se susciten entre la Administración tributaria y los contribuyentes, retenedores y demás obligados tributarios en relación con cualquiera de las cuestiones a que se refiere esta ley[421].

DISPOSICIONES ADICIONALES

Disposición adicional primera. *Derecho de rescate en los contratos de seguro colectivo que instrumentan los compromisos por pensiones asumidos por las empresas, en los términos*

---

[418] Nueva redacción de la letra h) del art. 105.2 dada por la Disp. final undécima Dos de la Ley 20/2015, de 14 de julio, de ordenación, supervisión y solvencia de las entidades aseguradoras y reaseguradoras (BOE núm. 168, de 15 de julio de 2015), con efectos desde el 1 de enero de 2016.

[419] Artículo 1365. «Los bienes gananciales responderán directamente frente al acreedor de las deudas contraídas por un cónyuge:
En el ejercicio de la potestad doméstica o de la gestión o disposición de gananciales, que por ley o por capítulos le corresponda.
En el ejercicio ordinario de la profesión, arte u oficio o en la administración ordinaria de los propios bienes. Si uno de los cónyuges fuera comerciante, se estará a lo dispuesto en el Código de Comercio», en la redacción dada por el art. 1.quince de la Ley 13/2005, de 1 de julio, por la que se modifica el Código Civil en materia de derecho a contraer matrimonio.

[420] Arts. 178 a 212 de la Ley 58/2003, de 17 de diciembre, General Tributaria (BOE núm. 302, de 18 diciembre de 2003).

[421] Ley 29/1998, de 13 de julio, reguladora de la Jurisdicción ContenciosoAdministrativa. Arts. 213 a 249 de la Ley 58/2003, de 17 de diciembre, General Tributaria (BOE núm. 302, de 18 diciembre de 2003) y Real Decreto 520/2005, de 13 de mayo, por el que se aprueba el Reglamento general de desarrollo de la Ley 58/2003, de 17 de diciembre, General Tributaria, en materia de revisión en vía administrativa (BOE núm. 126 de 27 de mayo de 2005).

previstos en la disposición adicional primera del texto refundido de la Ley de Regulación de los Planes y Fondos de Pensiones.

La renta que se ponga de manifiesto como consecuencia del ejercicio del derecho de rescate de los contratos de seguro colectivo que instrumenten compromisos por pensiones, en los términos previstos en la disposición adicional primera del texto refundido de la Ley de Regulación de los Planes y Fondos de Pensiones, no estará sujeta al Impuesto sobre la Renta de las Personas Físicas del titular de los recursos económicos que en cada caso corresponda, en los siguientes supuestos:

a) Para la integración total o parcial de los compromisos instrumentados en la póliza en otro contrato de seguro que cumpla los requisitos de la citada disposición adicional primera.

b) Para la integración en otro contrato de seguro colectivo, de los derechos que correspondan al trabajador según el contrato de seguro original en el caso de cese de la relación laboral.

Los supuestos establecidos en los párrafos a) y b) anteriores no alterarán la naturaleza de las primas respecto de su imputación fiscal por parte de la empresa, ni el cómputo de la antigüedad de las primas satisfechas en el contrato de seguro original. No obstante, en el supuesto establecido en el párrafo b) anterior, si las primas no fueron imputadas, la empresa podrá deducir las mismas con ocasión de esta movilización.

Tampoco quedará sujeta al Impuesto sobre la Renta de las Personas Físicas la renta que se ponga de manifiesto como consecuencia de la participación en beneficios de los contratos de seguro que instrumenten compromisos por pensiones de acuerdo con lo previsto en la disposición adicional primera del texto refundido de la Ley de Regulación de los Planes y Fondos de Pensiones cuando dicha participación en beneficios se destine al aumento de las prestaciones aseguradas en dichos contratos.

Disposición adicional segunda[422]. *Retribuciones en especie.*

No tendrán la consideración de retribuciones en especie los préstamos con tipo de interés inferior al legal del dinero concertados con anterioridad al 1 de enero de 1992 y cuyo principal hubiese sido puesto a disposición del prestatario también con anterioridad a dicha fecha.

Disposición adicional tercera[423]. *Planes individuales de ahorro sistemático.*

Los planes individuales de ahorro sistemático se configuran como contratos celebrados con entidades aseguradoras para constituir con los recursos aportados una renta vitalicia asegurada, siempre que se cumplan los siguientes requisitos:

a) Los recursos aportados se instrumentarán a través de seguros individuales de vida en los que el contratante, asegurado y beneficiario sea el propio contribuyente.

b) La renta vitalicia se constituirá con los derechos económicos procedentes de dichos seguros de vida. En los contratos de renta vitalicia podrán establecerse mecanismos de reversión o periodos ciertos de prestación o fórmulas de contraseguro en caso de fallecimiento una vez constituida la renta vitalicia.

[422] Art. 42.2 (Rentas en especie) y Art. 43.1.1.º c) (Valoración de las rentas en especie), de esta Ley.
[423] Disposición transitoria cuarta (Régimen transitorio de los contratos de seguro de vida generadores de incrementos o disminuciones de patrimonio con anterioridad a 1 de enero de 1999), de esta Ley.

c) El límite máximo anual satisfecho en concepto de primas a este tipo de contratos será de 8.000 euros, y será independiente de los límites de aportaciones de sistemas de previsión social. Asimismo, el importe total de las primas acumuladas en estos contratos no podrá superar la cuantía total de 240.000 euros por contribuyente.

d) En el supuesto de disposición, total o parcial, por el contribuyente antes de la constitución de la renta vitalicia de los derechos económicos acumulados se tributará conforme a lo previsto en esta Ley en proporción a la disposición realizada. A estos efectos, se considerará que la cantidad recuperada, corresponde a las primas satisfechas en primer lugar, incluida su correspondiente rentabilidad.

En el caso de anticipación, total o parcial, de los derechos económicos derivados de la renta vitalicia constituida, el contribuyente deberá integrar en el período impositivo en el que se produzca la anticipación, la renta que estuvo exenta por aplicación de lo dispuesto en la letra v) del artículo 7 de esta Ley.

e) Los seguros de vida aptos para esta fórmula contractual no serán los seguros colectivos que instrumentan compromisos por pensiones conforme a la disposición adicional primera del texto refundido de la Ley de Regulación de los Planes y Fondos de Pensiones, ni los instrumentos de previsión social que reducen la base imponible del Impuesto.

f) En el condicionado del contrato se hará constar de forma expresa y destacada que se trata de un plan de ahorro individual sistemático y sus siglas quedan reservadas a los contratos que cumplan los requisitos previstos en esta Ley.

g)[424] La primera prima satisfecha deberá tener una antigüedad superior a cinco años en el momento de la constitución de la renta vitalicia.

h) La renta vitalicia que se perciba tributará de conformidad con lo dispuesto en el número 2.º del artículo 25.3 a) de esta Ley.

Reglamentariamente podrán desarrollarse las condiciones para la movilización de los derechos económicos.

Disposición adicional cuarta. *Rentas forestales.*

No se integrarán en la base imponible del Impuesto sobre la Renta de las Personas Físicas las subvenciones concedidas a quienes exploten fincas forestales gestionadas de acuerdo con planes técnicos de gestión forestal, ordenación de montes, planes dasocráticos o planes de repoblación forestal aprobadas por la Administración forestal competente, siempre que el período de producción medio, según la especie de que se trate, determinado en cada caso por la Administración forestal competente, sea igual o superior a 20 años.

---

[424] Nueva redacción de la letra g) dada por el Art. Primero. Sesenta y nueve de la Ley 26/2014, de 27 de noviembre, por la que se modifican la Ley 35/2006, de 28 de noviembre, del Impuesto sobre la Renta de las Personas Físicas, el texto refundido de la Ley del Impuesto sobre la Renta de no Residentes, aprobado por el Real Decreto Legislativo 5/2004, de 5 de marzo, y otras normas tributarias (BOE núm. 288, de 28 de noviembre de 2014), en vigor desde el 1 de enero de 2015.

Disposición adicional quinta. *Subvenciones de la política agraria comunitaria y ayudas públicas.*

1[425]. No se integrarán en la base imponible del Impuesto sobre la Renta de las Personas Físicas las rentas positivas que se pongan de manifiesto como consecuencia de:

a)[426] La percepción de las siguientes ayudas de la política agraria comunitaria:

1.ª Abandono definitivo del cultivo del viñedo.

2.ª Prima al arranque de plantaciones de manzanos.

3.ª Prima al arranque de plataneras.

4.ª Abandono definitivo de la producción lechera.

5.ª Abandono definitivo del cultivo de peras, melocotones y nectarinas.

6.ª Arranque de plantaciones de peras, melocotones y nectarinas.

7.ª Abandono definitivo del cultivo de la remolacha azucarera y de la caña de azúcar.

8.ª Ayudas a los regímenes en favor del clima y del medio ambiente (eco-regímenes).

b) La percepción de las siguientes ayudas de la política pesquera comunitaria: paralización definitiva de la actividad pesquera de un buque y por su transmisión para la constitución de sociedades mixtas en terceros países, así como por el abandono definitivo de la actividad pesquera.

c)[427] La percepción de ayudas públicas que tengan por objeto reparar la destrucción, por incendio, inundación, hundimiento, erupción volcánica u otras causas naturales, de elementos patrimoniales.

d) La percepción de las ayudas al abandono de la actividad de transporte por carretera satisfechas por el Ministerio de Fomento a transportistas que cumplan los requisitos establecidos en la normativa reguladora de la concesión de dichas ayudas.

e) La percepción de indemnizaciones públicas, a causa del sacrificio obligatorio de la cabaña ganadera, en el marco de actuaciones destinadas a la erradicación de epidemias o enfermedades. Esta disposición sólo afectará a los animales destinados a la reproducción.

2. Para calcular la renta que no se integrará en la base imponible se tendrá en cuenta tanto el importe de las ayudas percibidas como las pérdidas patrimoniales que, en su caso, se produzcan en los elementos patrimoniales. Cuando el importe de estas ayudas sea inferior al de las pérdidas producidas en los citados elementos, podrá integrarse en la base imponible la diferencia negativa. Cuando no existan pérdidas, sólo se excluirá de gravamen el importe de las ayudas.

---

[425] Nueva redacción del apartado primero dada por la Disp. Final Décimocuarta.Cuatro de la Ley 26/2009, de 23 de diciembre, de Presupuestos Generales del Estado para el año 2010 (BOE núm. 309, de 24 de diciembre de 2009), con efectos desde el 1-1-2007 y vigencia indefinida.

[426] Nueva redacción de la a) del apartado primero de la Disp. Adic. Quinta dada por la Disposición final decimotercera de la Ley 30/2022, de 23 de diciembre, por la que se regulan el sistema de gestión de la Política Agrícola Común y otras materias conexas (BOE núm. 308, de 24 de diciembre de 2022), con efectos desde el 1 de enero de 2023.
Redacción anterior dada por la Disp. Final Décimocuarta.Cuatro de la Ley 26/2009, de 23 de diciembre, de Presupuestos Generales del Estado para el año 2010 (BOE núm. 309, de 24 de diciembre de 2009), con efectos desde el 1-1-2007.

[427] Nueva redacción de letra c) dada por el art. 4 del Real Decreto-ley 25/2021, de 8 de noviembre, de medidas en materia de Seguridad Social y otras medidas fiscales de apoyo social (BOE núm. 268, de 9 de noviembre de 2021), con efectos desde el 1 de enero de 2021.

3[428]. Las ayudas públicas, distintas de las previstas en el apartado 1 anterior, percibidas para la reparación de los daños sufridos en elementos patrimoniales por incendio, inundación, hundimiento u otras causas naturales, se integrarán en la base imponible en la parte en que excedan del coste de reparación de los mismos. En ningún caso, los costes de reparación, hasta el importe de la citada ayuda, serán fiscalmente deducibles ni se computarán como mejora.

No se integrarán en la base imponible de este Impuesto, las ayudas públicas percibidas para compensar el desalojo temporal o definitivo por idénticas causas de la vivienda habitual del contribuyente o del local en el que el titular de la actividad económica ejerciera la misma.

4[429]. No se integrarán en la base imponible de este Impuesto las ayudas concedidas en virtud de lo dispuesto en el Real Decreto 920/2014, de 31 de octubre, por el que se regula la concesión directa de subvenciones destinadas a compensar los costes derivados de la recepción o acceso a los servicios de comunicación audiovisual televisiva en las edificaciones afectadas por la liberación del dividendo digital. Tampoco se integrarán en el ejercicio 2021 y siguientes las concedidas en virtud de los distintos programas establecidos en el Real Decreto 691/2021, de 3 de agosto, por el que se regulan las subvenciones a otorgar a actuaciones de rehabilitación energética en edificios existentes, en ejecución del Programa de rehabilitación energética para edificios existentes en municipios de reto demográfico (Programa PREE 5000), incluido en el Programa de regeneración y reto demográfico del Plan de rehabilitación y regeneración urbana del Plan de Recuperación, Transformación y Resiliencia, así como su concesión directa a las comunidades autónomas; el Real Decreto 737/2020, de 4 de agosto, por el que se regula el programa de ayudas para actuaciones de rehabilitación energética en edificios existentes y se regula la concesión directa de las ayudas de este programa a las comunidades autónomas y ciudades de Ceuta y Melilla; y el Real Decreto 853/2021, de 5 de octubre, por el que se regulan los programas de ayuda en materia de rehabilitación residencial y vivienda social del Plan de Recuperación, Transformación y Resiliencia; y el Real Decreto 477/2021, de 29 de junio, por el que se aprueba la concesión directa a las comunidades autónomas y a las ciudades de Ceuta y Melilla de ayudas para la ejecución de diversos programas de incentivos ligados al autoconsumo y al almacenamiento, con fuentes de energía renovable, así como a la implantación de sistemas términos de energías renovables en el sector residencial, en el marco del Plan de Recuperación, Transformación y Resilicencia.

---

[428] Disposición adicional vigésima cuarta de esta Ley.
[429] Nueva redacción del apartado cuarto dada por el art. 1.Tres de la Ley 10/2022, de 14 de junio, de medidas urgentes para impulsar la actividad de rehabilitación edificatoria en el contexto del Plan de Recuperación, Transformación y Resiliencia (BOE núm. 142, de 15 de junio de 2022), en vigor desde el 16 de junio de 2022. Anteriormente redacción fue incorporada por el art. 1.Tres del Real Decreto-Ley 19/2021, de 5 de octubre, de medidas urgentes para impulsar la actividad de rehabilitación edificatoria en el contexto del Plan de Recuperación, Transformación y Resiliencia (BOE núm. 239, de 6 de octubre de 2021), en vigor desde el mismo días de su publicación.
  Redacción anterior por la incorporación del apartado 4 realizado por el art. 1.dos del Real Decreto-ley 9/2015, de 10 de julio, de medidas urgentes para reducir la carga tributaria soportada por los contribuyentes del Impuesto sobre la Renta de las Personas Físicas y otras medidas de carácter económico (BOE núm. 165, de 11 de julio de 2015), con efectos desde el 1 de enero de 2015.

Disposición adicional sexta. *Beneficios fiscales especiales aplicables en actividades agrarias.*

Los agricultores jóvenes o asalariados agrarios que determinen el rendimiento neto de su actividad mediante el régimen de estimación objetiva, podrán reducir el correspondiente a su actividad agraria en un 25 por ciento durante los períodos impositivos cerrados durante los cinco años siguientes a su primera instalación como titulares de una explotación prioritaria, realizada al amparo de lo previsto en el capítulo IV del título I de la Ley 19/1995, de 4 de julio, de modernización de las explotaciones agrarias, siempre que acrediten la realización de un plan de mejora de la explotación.

El rendimiento neto a que se refiere el párrafo anterior será el resultante exclusivamente de la aplicación de las normas que regulan el régimen de estimación objetiva.

Esta reducción se tendrá en cuenta a efectos de determinar la cuantía de los pagos fraccionados que deban efectuarse.

Disposición adicional séptima[430]. *Tributación de determinadas rentas obtenidas por contribuyentes que desarrollen la actividad de transporte por autotaxi.*

1. Los contribuyentes que ejerzan la actividad de transporte por autotaxis, clasificada en el epígrafe 721.2 de la sección primera de las tarifas del Impuesto sobre Actividades Económicas, que determinen su rendimiento neto por el método de estimación objetiva, reducirán, conforme a lo dispuesto en el apartado 2 de esta disposición adicional, las ganancias patrimoniales que se les produzcan como consecuencia de la transmisión de activos fijos intangibles, cuando esta transmisión esté motivada por incapacidad permanente, jubilación o cese de actividad por reestructuración del sector.

Asimismo, lo dispuesto en el párrafo anterior será aplicable cuando, por causas distintas a las señaladas en el mismo, se transmitan los activos intangibles a familiares hasta el segundo grado.

2. Las ganancias patrimoniales a que se refiere el apartado 1 anterior se reducirán de acuerdo con las siguientes reglas:

1.ª Se distinguirá la parte de la ganancia que se haya generado con anterioridad a 1 de enero de 2015, entendiendo como tal la parte de la ganancia patrimonial que proporcionalmente corresponda al número de días transcurridos entre la fecha de adquisición y 31 de diciembre de 2014, ambos inclusive, respecto del número total de días que hubiera permanecido en el patrimonio del contribuyente.

2.ª La parte de la ganancia patrimonial generada con anterioridad a 1 de enero de 2015 se reducirá aplicando los porcentajes que figuran en la siguiente tabla, teniendo en cuenta el tiempo transcurrido desde la fecha de adquisición hasta 31 de diciembre de 2014:

Tiempo transcurrido desde la adquisición del activo fijo intangible hasta 31-12-2014	Porcentaje aplicable
Más de doce años	100 por ciento.
Más de once años	87 por ciento.

---

[430] Nueva redacción dada por el Art. Primero. Setenta de la Ley 26/2014, de 27 de noviembre, por la que se modifican la Ley 35/2006, de 28 de noviembre, del Impuesto sobre la Renta de las Personas Físicas, el texto refundido de la Ley del Impuesto sobre la Renta de no Residentes, aprobado por el Real Decreto Legislativo 5/2004, de 5 de marzo, y otras normas tributarias (BOE núm. 288, de 28 de noviembre de 2014), en vigor desde el 1 de enero de 2015.

Tiempo transcurrido desde la adquisición del activo fijo intangible hasta 31-12-2014	Porcentaje aplicable
Más de diez años	74 por ciento.
Más de nueve años	61 por ciento.
Más de ocho años	54 por ciento.
Más de siete años	47 por ciento.
Más de seis años	40 por ciento.
Más de cinco años	33 por ciento.
Más de cuatro años	26 por ciento.
Más de tres años	19 por ciento.
Más de dos años	12 por ciento.
Más de un año	8 por ciento.
Hasta un año	4 por ciento.

Disposición adicional octava. *Transmisiones de valores o participaciones no admitidas a negociación con posterioridad a una reducción de capital.*

Cuando con anterioridad a la transmisión de valores o participaciones no admitidos a negociación en alguno de los mercados secundarios oficiales de valores españoles, se hubiera producido una reducción del capital instrumentada mediante una disminución del valor nominal que no afecte por igual a todos los valores o participaciones en circulación del contribuyente, se aplicarán las reglas previstas en la sección 4.ª del capítulo II del título III de esta ley, con las siguientes especialidades:

1.º Se considerará como valor de transmisión el que correspondería en función del valor nominal que resulte de la aplicación de lo previsto en el artículo 33.3. a) de esta ley.

2.º En el caso de que el contribuyente no hubiera transmitido la totalidad de sus valores o participaciones, la diferencia positiva entre el valor de transmisión correspondiente al valor nominal de los valores o participaciones efectivamente transmitidos y el valor de transmisión, a que se refiere el párrafo anterior, se minorará del valor de adquisición de los restantes valores o participaciones homogéneos, hasta su anulación. El exceso que pudiera resultar tributará como ganancia patrimonial.

Disposición adicional novena[431]. *Mutualidades de trabajadores por cuenta ajena.*

Podrán reducir la base imponible general, en los términos previstos en los artículos 51 y 52 de esta ley, las cantidades abonadas en virtud de contratos de seguro, concertados con las mutualidades de previsión social que tengan establecidas los correspondientes Colegios Profesionales, por los mutualistas colegiados que sean trabajadores por cuenta ajena, por sus cónyuges y familiares consanguíneos en primer grado, así como por los trabajadores de las citadas mutualidades, siempre y cuando exista un acuerdo de los órganos correspondientes de la mutualidad que sólo permita cobrar las prestaciones cuando concurran las contingencias previstas en el artículo 8.6 del texto refundido de la Ley de Regulación de los Planes y Fondos de Pensiones.

---

[431] Disposición Adicional decimosexta (Límite financiero de aportaciones y contribuciones a los sistema de previsión social), de esta Ley.

Disposición adicional décima[432]. *Sistemas de previsión social constituidos a favor de personas con discapacidad.*

Cuando se realicen aportaciones a planes de pensiones a favor de personas con un grado de minusvalía física o sensorial igual o superior al 65 por 100, psíquica igual o superior al 33 por 100, así como de personas que tengan una incapacidad declarada judicialmente con independencia de su grado, a los mismos les resultará aplicable el régimen financiero de los planes de pensiones, regulado en el texto refundido de la Ley de Regulación de los Planes y Fondos de Pensiones con las siguientes especialidades:

1. Podrán efectuar aportaciones al plan de pensiones tanto la persona con discapacidad partícipe como las personas que tengan con el mismo una relación de parentesco en línea directa o colateral hasta el tercer grado inclusive, así como el cónyuge o aquellos que les tuviesen a su cargo en régimen de tutela o acogimiento.

En estos últimos supuestos, las personas con discapacidad habrán de ser designadas beneficiarias de manera única e irrevocable para cualquier contingencia.

No obstante, la contingencia de muerte de la persona con discapacidad podrá generar derecho a prestaciones de viudedad, orfandad o a favor de quienes hayan realizado aportaciones al plan de pensiones de la persona con discapacidad en proporción a la aportación de éstos.

2. Como límite máximo de las aportaciones, a efectos de lo previsto en el artículo 5.3 del texto refundido de la Ley de Regulación de los Planes y Fondos de Pensiones, se aplicarán las siguientes cuantías:

a) Las aportaciones anuales máximas realizadas por las personas con discapacidad partícipes no podrán rebasar la cantidad de 24.250 euros.

b) Las aportaciones anuales máximas realizadas por cada partícipe a favor de personas con discapacidad ligadas por relación de parentesco no podrán rebasar la cantidad de 10.000 euros. Ello sin perjuicio de las aportaciones que pueda realizar a su propio plan de pensiones, de acuerdo con el límite previsto en el artículo 5.3 del texto refundido de la Ley de Regulación de los Planes y Fondos de Pensiones.

c) Las aportaciones anuales máximas a planes de pensiones realizadas a favor de una persona con discapacidad, incluyendo sus propias aportaciones, no podrán rebasar la cantidad de 24.250 euros.

La inobservancia de estos límites de aportación será objeto de la sanción prevista en el artículo 36.4 del texto refundido de la Ley de Regulación de los Planes y Fondos de Pensiones. A estos efectos, cuando concurran varias aportaciones a favor de la persona con discapacidad, se entenderá que el límite de 24.250 euros se cubre, primero, con las aportaciones de la propia persona con discapacidad, y cuando éstas no superen dicho límite con las restantes aportaciones en proporción a su cuantía.

La aceptación de aportaciones a un plan de pensiones, a nombre de un mismo beneficiario con discapacidad, por encima del límite de 24.250 euros anuales, tendrá la consideración de infracción muy grave, en los términos previstos en el artículo 35.3.n) del texto refundido de la Ley de Regulación de los Planes y Fondos de Pensiones.

---

[432] Art. 53 (Reducciones por aportaciones y contribuciones a sistemas de previsión social constituidos a favor de personas con discapacidad), de esta Ley.

3. A los efectos de la percepción de las prestaciones se aplicará lo dispuesto en los apartados 8 y 9 del artículo 51 de esta Ley.

4. Reglamentariamente podrán establecerse especificaciones en relación con las contingencias por las que pueden satisfacerse las prestaciones, a las que se refiere el artículo 8.6 del texto refundido de la Ley de Regulación de los Planes y Fondos de Pensiones.

5. Reglamentariamente se determinarán los supuestos en los que podrán hacerse efectivos los derechos consolidados en el plan de pensiones por parte de las personas con discapacidad, de acuerdo con lo previsto en el artículo 8.8 del texto refundido de la Ley de Regulación de los Planes y Fondos de Pensiones.

6. El régimen regulado en esta disposición adicional será de aplicación a las aportaciones y prestaciones realizadas o percibidas de mutualidades de previsión social, de planes de previsión asegurados, planes de previsión social empresarial y seguros que cubran exclusivamente el riesgo de dependencia severa o de gran dependencia conforme a lo dispuesto en la Ley de promoción de la autonomía personal y atención a las personas en situación de dependencia[433] a favor de personas con discapacidad que cumplan los requisitos previstos en los anteriores apartados y los que se establezcan reglamentariamente. Los límites establecidos serán conjuntos para todos los sistemas de previsión social previstos en esta disposición.

Disposición adicional undécima. *Mutualidad de previsión social de deportistas profesionales.*

Uno. Los deportistas profesionales y de alto nivel podrán realizar aportaciones a la mutualidad de previsión social a prima fija de deportistas profesionales, con las siguientes especialidades:

1. *Ámbito subjetivo.* Se considerarán deportistas profesionales los incluidos en el ámbito de aplicación del Real Decreto 1006/1985, de 26 de junio, por el que se regula la relación laboral especial de los deportistas profesionales. Se considerarán deportistas de alto nivel los incluidos en el ámbito de aplicación del Real Decreto 1467/1997, de 19 de septiembre, sobre deportistas de alto nivel.

La condición de mutualista y asegurado recaerá, en todo caso, en el deportista profesional o de alto nivel.

2. *Aportaciones*[434]. No podrán rebasar las aportaciones anuales la cantidad máxima que se establezca para los sistemas de previsión social constituidos a favor de personas con discapacidad, incluyendo las que hubiesen sido imputadas por los promotores en concepto de rendimientos del trabajo cuando se efectúen estas últimas de acuerdo con lo previsto en la disposición adicional primera del texto refundido de la Ley de Regulación de los Planes y Fondos de Pensiones.

No se admitirán aportaciones una vez que finalice la vida laboral como deportista profesional o se produzca la pérdida de la condición de deportista de alto nivel en los términos y condiciones que se establezcan reglamentariamente.

---

[433] Ley 39/2006, de 14 de diciembre, de Promoción de la Autonomía Personal y Atención a las personas en situación de dependencia (BOE núm. 299, de 15 de diciembre de 2006).

[434] Disposición Adicional decimosexta (Límite financiero de aportaciones y contribuciones a los sistema de previsión social), de esta Ley.

3. *Contingencias.* Las contingencias que pueden ser objeto de cobertura son las previstas para los planes de pensiones en el artículo 8.6 del texto refundido de la Ley de Regulación de los Planes y Fondos de Pensiones.

4. *Disposición de derechos consolidados.* Los derechos consolidados de los mutualistas sólo podrán hacerse efectivos en los supuestos previstos en el artículo 8.8 del texto refundido de la Ley de Regulación de los Planes y Fondos de Pensiones, y, adicionalmente, una vez transcurrido un año desde que finalice la vida laboral de los deportistas profesionales o desde que se pierda la condición de deportistas de alto nivel.

5. *Régimen fiscal:*

a) Las aportaciones, directas o imputadas, que cumplan los requisitos anteriores podrán ser objeto de reducción en la base imponible general del Impuesto sobre la Renta de las Personas Físicas, con el límite de la suma de los rendimientos netos del trabajo y de actividades económicas percibidos individualmente en el ejercicio y hasta un importe máximo de 24.250 euros.

b)[435] Las aportaciones que no hubieran podido ser objeto de reducción en la base imponible por insuficiencia de la misma o por aplicación del límite establecido en la letra a) podrán reducirse en los cinco ejercicios siguientes. Esta regla no resultará de aplicación a las aportaciones que excedan del límite máximo previsto en el número 2 de este apartado uno.

c)[436] La disposición de los derechos consolidados en supuestos distintos a los mencionados en el apartado 4 anterior determinará la obligación para el contribuyente de reponer en la base imponible las reducciones indebidamente realizadas, con la práctica de las autoliquidaciones complementarias, que incluirán los intereses de demora. Las cantidades percibidas que excedan del importe de las aportaciones realizadas, incluyendo, en su caso, las contribuciones imputadas por el promotor, tributarán como rendimiento del trabajo en el período impositivo en que se perciban.

d) Las prestaciones percibidas, así como la percepción de los derechos consolidados en los supuestos previstos en el apartado 4 anterior, tributarán en su integridad como rendimientos del trabajo.

e) A los efectos de la percepción de las prestaciones se aplicará lo dispuesto en los apartados 8 y 9 del artículo 51 de esta Ley.

Dos. Con independencia del régimen previsto en el apartado anterior, los deportistas profesionales y de alto nivel, aunque hayan finalizado su vida laboral como tales o hayan perdido esta condición, podrán realizar aportaciones a la mutualidad de previsión social de deportistas profesionales.

Tales aportaciones podrán ser objeto de reducción en la base imponible del Impuesto sobre la Renta de las Personas Físicas en la parte que tenga por objeto la cobertura de las contingencias previstas en el artículo 8.6 del texto refundido de la Ley de Regulación de los Planes y Fondos de Pensiones.

Los derechos consolidados de los mutualistas sólo podrán hacerse efectivos en los supuestos previstos, para los planes de pensiones, por el artículo 8.8 del texto refundido de la ley de Regulación de los Planes y Fondos de Pensiones.

---

[435] Art. 51 (Excesos de aportaciones a los sistemas de previsión social), del RIRPF.

[436] Art. 50 (Plazo de presentación de las autoliquidaciones complementarias en la disposición de derechos consolidados de sistemas de previsión social), del RIRPF.

Como límite máximo conjunto de reducción de estas aportaciones se aplicará el que establece el artículo 51.6 de esta ley.

A los efectos de la percepción de las prestaciones se aplicará lo dispuesto en los apartados 8 y 9 del artículo 51 de esta Ley.

Disposición adicional duodécima[437]. *Porcentaje de compensación entre rendimientos y ganancias y pérdidas patrimoniales que se integran en la base imponible del ahorro en 2015, 2016 y 2017.*

El porcentaje de compensación entre los saldos a que se refieren las letras a) y b) del apartado 1 del artículo 49 de esta Ley en los períodos impositivos 2015, 2016 y 2017 será del 10, 15 y 20 por ciento, respectivamente.

Disposición adicional decimotercera. *Obligaciones de información.*

1[438]. Reglamentariamente podrán establecerse obligaciones de suministro de información a las sociedades gestoras de instituciones de inversión colectiva, a las sociedades de inversión, a las entidades comercializadoras en territorio español de acciones o participaciones de instituciones de inversión colectiva domiciliadas en España o en el extranjero, y al representante designado de acuerdo con lo dispuesto en el artículo 55.7 y la disposición adicional segunda de la Ley 35/2003, de 4 de noviembre, de Instituciones de Inversión Colectiva, que actúe en nombre de la gestora que opere en régimen de libre prestación de servicios, en relación con las operaciones sobre acciones o participaciones de dichas instituciones, incluida la información de que dispongan relativa al resultado de las operaciones de compra y venta de aquéllas.

2. Los contribuyentes por el Impuesto sobre la Renta de las Personas Físicas o por el Impuesto sobre Sociedades deberán suministrar información, en los términos que reglamentariamente se establezcan, en relación con las operaciones, situaciones, cobros y pagos que efectúen o se deriven de la tenencia de valores o bienes relacionados, directa o indirectamente, con países o territorios considerados como paraísos fiscales.

3[439]. Reglamentariamente podrán establecerse obligaciones de suministro de información en los siguientes supuestos:

a) A las entidades aseguradoras, respecto de los planes de previsión asegurados, planes de previsión social empresarial y seguros de dependencia que comercialicen, a que se refiere el artículo 51 de esta ley.

---

[437] Nueva redacción dada por el Art. Primero. Setenta y uno de la Ley 26/2014, de 27 de noviembre, por la que se modifican la Ley 35/2006, de 28 de noviembre, del Impuesto sobre la Renta de las Personas Físicas, el texto refundido de la Ley del Impuesto sobre la Renta de no Residentes, aprobado por el Real Decreto Legislativo 5/2004, de 5 de marzo, y otras normas tributarias (BOE núm. 288, de 28 de noviembre de 2014), en vigor desde el 1 de enero de 2015.

[438] Nueva redacción del apartado1 dada por el art. 3. Segundo.tres de la Ley 16/2013, de 29 de octubre, por la que se establecen determinadas medidas en materia de fiscalidad medioambiental y se adoptan otras medidas tributaries (BOE núm. 260, de 30 de octubre de 2013), con efectos desde el 1 de enero de 2014.

[439] Art. 69 (Otras obligaciones formales de información), del RIRPF.

b)[440] A las entidades financieras, respecto de los planes individuales de ahorro sistemático que comercialicen a que se refiere la disposición adicional tercera de esta Ley, o de las rentas vitalicias aseguradas previstas en el artículo 38.3 de esta Ley.

c) A la Seguridad Social y las mutualidades, respecto de las cotizaciones y cuotas devengadas en relación con sus afiliados o mutualistas.

d) Al Registro Civil, respecto de los datos de nacimientos, adopciones y fallecimientos.

e)[441] Las entidades que comercialicen los contratos regulados en la disposición adicional vigésima sexta de esta Ley.

f)[442] A las Comunidades Autónomas y al Instituto de Mayores y Servicios Sociales, respecto de las personas que cumplan la condición de familia numerosa y de los datos de grado de discapacidad de las personas con discapacidad.

g)[443] A las Comunidades Autónomas respecto de los certificados de eficiencia energética registrados y las resoluciones definitivas de ayuda que hayan sido concedidas por obras de mejora de la eficiencia energética de viviendas, junto con la relación de números de referencia catastrales a los que se refieran.

4. Los bancos, cajas de ahorro, cooperativas de crédito y cuantas personas físicas o jurídicas se dediquen al tráfico bancario o crediticio, vendrán obligadas, en las condiciones que reglamentariamente se establezcan, a suministrar a la Administración tributaria la identificación de la totalidad de las cuentas abiertas en dichas entidades o puestas por ellas a disposición de terceros, con independencia de la modalidad o denominación que adopten, incluso cuando no se hubiese procedido a la práctica de retenciones o ingresos a cuenta. Este suministro comprenderá la identificación de los titulares, autorizados o cualquier beneficiario de dichas cuentas.

---

[440] Nueva redacción dada por el Art. Primero. Setenta y dos de la Ley 26/2014, de 27 de noviembre, por la que se modifican la Ley 35/2006, de 28 de noviembre, del Impuesto sobre la Renta de las Personas Físicas, el texto refundido de la Ley del Impuesto sobre la Renta de no Residentes, aprobado por el Real Decreto Legislativo 5/2004, de 5 de marzo, y otras normas tributarias (BOE núm. 288, de 28 de noviembre de 2014), en vigor desde el 1 de enero de 2015.

[441] Nueva letra incorporada por el Art. Primero. Setenta y dos de la Ley 26/2014, de 27 de noviembre, por la que se modifican la Ley 35/2006, de 28 de noviembre, del Impuesto sobre la Renta de las Personas Físicas, el texto refundido de la Ley del Impuesto sobre la Renta de no Residentes, aprobado por el Real Decreto Legislativo 5/2004, de 5 de marzo, y otras normas tributarias (BOE núm. 288, de 28 de noviembre de 2014), en vigor desde el 1 de enero de 2015.

[442] Nueva letra incorporada por el Art. Primero. Setenta y dos de la Ley 26/2014, de 27 de noviembre, por la que se modifican la Ley 35/2006, de 28 de noviembre, del Impuesto sobre la Renta de las Personas Físicas, el texto refundido de la Ley del Impuesto sobre la Renta de no Residentes, aprobado por el Real Decreto Legislativo 5/2004, de 5 de marzo, y otras normas tributarias (BOE núm. 288, de 28 de noviembre de 2014), en vigor desde el 1 de enero de 2015.

[443] Nueva letra g) incorporada por el art. 1.Uno de la Ley 10/2022, de 14 de junio, de medidas urgentes para impulsar la actividad de rehabilitación edificatoria en el contexto del Plan de Recuperación, Transformación y Resiliencia (BOE núm. 142, de 15 de junio de 2022), en vigor desde el 16 de junio de 2022. Anteriormente dicha letra g) fue incorporada por el art. 1.Uno del Real Decreto-Ley 19/2021, de 5 de octubre, de medidas urgentes para impulsar la actividad de rehabilitación edificatoria en el contexto del Plan de Recuperación, Transformación y Resiliencia (BOE núm. 239, de 6 de octubre de 2021), en vigor desde el mismo día de su publicación.

5[444]**.** Las personas que, de acuerdo con lo dispuesto en los artículos 3 y 4 de la Ley de protección patrimonial de las personas con discapacidad y de modificación del Código Civil, de la Ley de Enjuiciamiento Civil y de la Normativa Tributaria con esta finalidad, intervengan en la formalización de las aportaciones a los patrimonios protegidos, deberán presentar una declaración sobre las citadas aportaciones en los términos que reglamentariamente se establezcan. La declaración se efectuará en el lugar, forma y plazo que establezca el Ministro de Economía y Hacienda.

6[445]**.** Las personas y entidades residentes en España y los establecimientos permanentes en territorio español de personas o entidades residentes en el extranjero, que proporcionen servicios para salvaguardar claves criptográficas privadas en nombre de terceros, para mantener, almacenar y transferir monedas virtuales, ya se preste dicho servicio con carácter principal o en conexión con otra actividad, vendrán obligadas a suministrar a la Administración Tributaria, en los términos que reglamentariamente se establezcan, información sobre la totalidad de las monedas virtuales que mantengan custodiadas. Este suministro comprenderá información sobre saldos en cada moneda virtual diferente y, en su caso, en dinero de curso legal, así como la identificación de los titulares, autorizados o beneficiarios de dichos saldos.

7[446]**.** Las personas y entidades residentes en España y los establecimientos permanentes en territorio español de personas o entidades residentes en el extranjero, que proporcionen servicios de cambio entre monedas virtuales y dinero de curso legal o entre diferentes monedas virtuales, o intermedien de cualquier forma en la realización de dichas operaciones, o proporcionen servicios para salvaguardar claves criptográficas privadas en nombre de terceros, para mantener, almacenar y transferir monedas virtuales, vendrán obligados, en los términos que reglamentariamente se establezcan, a comunicar a la Administración Tributaria las operaciones de adquisición, transmisión, permuta y transferencia, relativas a monedas virtuales, así como los cobros y pagos realizados en dichas monedas, en las que intervengan o medien, presentando relación nominal de sujetos intervinientes con indicación de su domicilio y número de identificación fiscal, clase y número de monedas virtuales, así como precio y fecha de la operación.

[444]　Art. 71 (Obligaciones de información de los contribuyentes que sean titulares de patrimonios protegidos), del RIRPF.

[445]　Nuevo apartado 6 incorporado por el art. tercero Seis de la Ley 11/2021, de 9 de julio, de medidas de prevención y lucha contra el fraude fiscal, de transposición de la Directiva (UE) 2016/1164, del Consejo, de 12 de julio de 2016, por la que se establecen normas contra las prácticas de elusión fiscal que inciden directamente en el funcionamiento del mercado interior, de modificación de diversas normas tributarias y en materia de regulación del juego (BOE núm. 164, de 10 de julio de 2021), con efectos desde el 11 de julio de 2021.
　　Arts. 39 bis y 39 ter del Real Decreto 1065/2007, de 27 de julio, por el que se aprueba el Reglamento General de las actuaciones y los procedimientos de gestión e inspección Tributaria.
　　Orden HFP/887/2023, de 26 de julio, por la que se aprueban el modelo 172 «Declaración informativa sobre saldos en monedas virtuales» y el modelo 173 «Declaración informativa sobre operaciones con monedas virtuales», y se establecen las condiciones y el procedimiento para su presentación (BOE núm. 180, de 29 de julio de 2023).

[446]　Nuevo apartado 7 incorporado por el art. tercero Seis de la Ley 11/2021, de 9 de julio, de medidas de prevención y lucha contra el fraude fiscal, de transposición de la Directiva (UE) 2016/1164, del Consejo, de 12 de julio de 2016, por la que se establecen normas contra las prácticas de elusión fiscal que inciden directamente en el funcionamiento del mercado interior, de modificación de diversas normas tributarias y en materia de regulación del juego (BOE núm. 164, de 10 de julio de 2021), con efectos desde el 11 de julio de 2021.

La misma obligación anterior tendrán las personas y entidades residentes en España y los establecimientos permanentes en territorio español de personas o entidades residentes en el extranjero, que realicen ofertas iniciales de nuevas monedas virtuales, respecto de las que entreguen a cambio de aportación de otras monedas virtuales o de dinero de curso legal.

Disposición adicional decimocuarta. *Captación de datos.*

El Ministro de Economía y Hacienda, previo informe de la Agencia Española de Protección de Datos en lo que resulte procedente, propondrá al Gobierno las medidas precisas para asegurar la captación de datos obrantes en cualquier clase de registro público o registro de las Administraciones públicas, que sean precisos para la gestión y el control del Impuesto.

Disposición adicional decimoquinta[447]. *Disposición de bienes que conforman el patrimonio personal para asistir las necesidades económicas de la vejez y de la dependencia.*

No tendrán la consideración de renta las cantidades percibidas como consecuencia de las disposiciones que se hagan de la vivienda habitual por parte de las personas mayores de 65 años, así como de las personas que se encuentren en situación de dependencia severa o de gran dependencia a que se refiere el artículo 24 de la Ley de promoción de la autonomía personal y atención a las personas en situación de dependencia[448], siempre que se lleven a cabo de conformidad con la regulación financiera relativa a los actos de disposición de bienes que conforman el patrimonio personal para asistir las necesidades económicas de la vejez y de la dependencia[449].

Disposición adicional decimosexta[450]. *Límite financiero de aportaciones y contribuciones a los sistemas de previsión social.*

El importe anual máximo conjunto de aportaciones y contribuciones empresariales a los sistemas de previsión social previstos en los apartados 1, 2, 3, 4 y 5 del artículo 51, de la

---

[447] Art. 33.4.c) de esta Ley.

[448] Art. 26 (Grados de dependencia) de la Ley 39/2006, de 14 de diciembre, de Promoción de la Autonomía Personal y Atención a las personas en situación de dependencia (BOE núm. 299, de 15 de diciembre de 2006).

[449] Disposición adicional primera. «Regulación relativa a la hipoteca inversa» de la Ley 41/2007, de 7 de diciembre, por la que se modifica la Ley 2/1981, de 25 de marzo, de Regulación del Mercado Hipotecario y otras normas del sistema hipotecario y financiero, de regulación de las hipotecas inversas y el seguro de dependencia y por la que se establece determinada norma tributaria (BOE núm. 294 de 8 de diciembre de 2007).

[450] Nueva redacción dada por el art. 62.Dos Ley 31/2022, de 23 de diciembre, de Presupuestos Generales del Estado para el año 2023 (BOE núm. 308, de 24 de diciembre de 2022), con efectos desde el 1 de enero de 2023.
Redacción anterior dada por la disposición final primera Dos de la Ley 12/2022, de 30 de junio, de regulación para el impulso de los planes de pensiones de empleo, por la que se modifica el texto refundido de la Ley de Regulación de los Planes y Fondos de Pensiones, aprobado por Real Decreto Legislativo 1/2002, de 29 de noviembre (BOE núm. 157, de 1 de julio de 2022), con efectos desde el 2 de julio de 2022.
Redacción anterior dada por el art. 59.Tres de la Ley 22/2021, de 28 de diciembre, de Presupuestos Generales del Estado para el año 2022 (BOE núm. 312, de 29 de diciembre de 2021), con efectos desde el 1 de enero de 2022.
Redacción anterior dada por el art. 62.Tres de la Ley 11/2020, de 30 de diciembre, de Presupuestos Generales del Estado para el año 2021 (BOE núm. 341, de 31 de diciembre de 2020), en vigor desde el 1 de enero de 2021.

disposición adicional novena y del apartado dos de la disposición adicional undécima de esta ley será de 1.500 euros anuales.

Este límite se incrementará en los siguientes supuestos, en las cuantías que se indican:

1.º En 8.500 euros anuales, siempre que tal incremento provenga de contribuciones empresariales, o de aportaciones del trabajador al mismo instrumento de previsión social por importe igual o inferior a las cantidades que resulten del siguiente cuadro en función del importe anual de la contribución empresarial:

Importe anual de la contribución	Aportación máxima del trabajador
Igual o inferior a 500 euros.	El resultado de multiplicar la contribución empresarial por 2,5.
Entre 500,01 y 1.500 euros.	1.250 euros, más el resultado de multiplicar por 0,25 la diferencia entre la contribución empresarial y 500 euros.
Más de 1.500 euros.	El resultado de multiplicar la contribución empresarial por 1.

No obstante, en todo caso se aplicará el multiplicador 1 cuando el trabajador obtenga en el ejercicio rendimientos íntegros del trabajo superiores a 60.000 euros procedentes de la empresa que realiza la contribución, a cuyo efecto la empresa deberá comunicar a la entidad gestora o aseguradora del instrumento de previsión social que no concurre esta circunstancia.

A estos efectos, las cantidades aportadas por la empresa que deriven de una decisión del trabajador tendrán la consideración de aportaciones del trabajador.

2.º En 4.250 euros anuales, siempre que tal incremento provenga de aportaciones a los planes de pensiones sectoriales previstos en la letra a) del apartado 1 del artículo 67 del texto refundido de la Ley de Regulación de los Planes y Fondos de Pensiones, realizadas por trabajadores por cuenta propia o autónomos que se adhieran a dichos planes por razón de su actividad; aportaciones a los planes de pensiones de empleo simplificados de trabajadores por cuenta propia o autónomos previstos en la letra c) del apartado 1 del artículo 67 del texto refundido de la Ley de Regulación de los Planes y Fondos de Pensiones; o de aportaciones propias que el empresario individual o el profesional realice a planes de pensiones de empleo, de los que sea promotor y, además, partícipe o a Mutualidades de Previsión Social de las que sea mutualista, así como las que realice a planes de previsión social empresarial o seguros colectivos de dependencia de los que, a su vez, sea tomador y asegurado.

En todo caso, la cuantía máxima de reducción por aplicación de los incrementos previstos en los números 1.º y 2.º anteriores será de 8.500 euros anuales.

Además, 5.000 euros anuales para las primas a seguros colectivos de dependencia satisfechas por la empresa.

Redacción anterior dada por el Art. Primero. Setenta y tres de la Ley 26/2014, de 27 de noviembre, por la que se modifican la Ley 35/2006, de 28 de noviembre, del Impuesto sobre la Renta de las Personas Físicas, el texto refundido de la Ley del Impuesto sobre la Renta de no Residentes, aprobado por el Real Decreto Legislativo 5/2004, de 5 de marzo, y otras normas tributarias (BOE núm. 288, de 28 de noviembre de 2014), en vigor desde el 1 de enero de 2015.
Redacción anterior por la Disp. Final Novena.Tres de la Ley 27/2011, de 1 de agosto, sobre actualización, adecuación y modernización del sistema de Seguridad Social (BOE núm. 184, de 2 de agosto de 2011), entrando en vigor el día 1 de enero de 2013.

Disposición adicional decimoséptima. *Remisiones normativas.*

Las referencias normativas efectuadas en otras disposiciones a la Ley 18/1991, de 6 de junio, del Impuesto sobre la Renta de las Personas Físicas, a la Ley 40/1998, de 9 de diciembre, del Impuesto sobre la Renta de las Personas Físicas y otras Normas Tributarias, y al texto refundido de la Ley del Impuesto sobre la Renta de las Personas Físicas, aprobado por el Real Decreto Legislativo 3/2004, de 5 de marzo, se entenderán realizadas a los preceptos correspondientes de esta Ley.

Disposición adicional decimoctava[451]. *Aportaciones a patrimonios protegidos.*

Las aportaciones realizadas al patrimonio protegido de las personas con discapacidad, regulado en la Ley de protección patrimonial de las personas con discapacidad y de modificación del Código Civil, de la Ley de Enjuiciamiento Civil y de la Normativa Tributaria con esta finalidad, tendrán el siguiente tratamiento fiscal para la persona con discapacidad:

a) Cuando los aportantes sean contribuyentes del Impuesto sobre la Renta de las Personas Físicas, tendrán la consideración de rendimientos del trabajo hasta el importe de 10.000 euros anuales por cada aportante y 24.250 euros anuales en conjunto.

Asimismo, y con independencia de los límites indicados en el párrafo anterior, cuando los aportantes sean sujetos pasivos del Impuesto sobre Sociedades, tendrán la consideración de rendimientos del trabajo siempre que hayan sido gasto deducible en el Impuesto sobre Sociedades con el límite de 10.000 euros anuales.

A estos rendimientos les resultará de aplicación la exención prevista en la letra w) del artículo 7 de esta Ley.

Cuando las aportaciones se realicen por sujetos pasivos del Impuesto sobre Sociedades a favor de los patrimonios protegidos de los parientes, cónyuges o personas a cargo de los empleados del aportante, únicamente tendrán la consideración de rendimiento del trabajo para el titular del patrimonio protegido.

Los rendimientos a que se refiere este párrafo a) no estarán sujetos a retención o ingreso a cuenta.

b) En el caso de aportaciones no dinerarias, la persona con discapacidad titular del patrimonio protegido se subrogará en la posición del aportante respecto de la fecha y el valor de adquisición de los bienes y derechos aportados, pero sin que, a efectos de ulteriores transmisiones, le resulte de aplicación lo previsto en la disposición transitoria novena de esta ley.

A la parte de la aportación no dineraria sujeta al Impuesto sobre Sucesiones y Donaciones se aplicará, a efectos de calcular el valor y la fecha de adquisición, lo establecido en el artículo 36 de esta ley.

c) No estará sujeta al Impuesto sobre Sucesiones y Donaciones la parte de las aportaciones que tenga para el perceptor la consideración de rendimientos del trabajo.

---

[451] Art. 7.w) (Rentas exentas), Art. 17.2.k) (Rendimientos íntegros del trabajo) y Art. 104.5 (Obligaciones formales de los contribuyentes), de esta Ley.

Disposición adicional decimonovena. *Exención de las ayudas e indemnizaciones por privación de libertad como consecuencia de los supuestos contemplados en la Ley 46/1977, de 15 de octubre, de Amnistía.*

1. Las personas que hubieran percibido desde el 1 de enero de 1999 hasta el 31 de diciembre de 2005 las indemnizaciones previstas en la legislación del Estado y de las Comunidades Autónomas para compensar la privación de libertad en establecimientos penitenciarios como consecuencia de los supuestos contemplados en la Ley 46/1977, de 15 de octubre, de Amnistía, podrán solicitar, en la forma y plazo que se determinen, el abono de una ayuda cuantificada en el 15 por ciento de las cantidades que, por tal concepto, hubieran consignado en la declaración del Impuesto sobre la Renta de las Personas Físicas de cada uno de dichos períodos impositivos.

Si las personas a que se refiere el párrafo anterior hubieran fallecido, el derecho a la ayuda corresponderá a sus herederos quienes podrán solicitarla.

Por Orden del Ministro de Economía y Hacienda se determinará el procedimiento, las condiciones para su obtención y el órgano competente para el reconocimiento y abono de esta ayuda[452].

2. Las ayudas percibidas en virtud de lo dispuesto en el apartado 1 anterior estarán exentas del Impuesto sobre la Renta de las Personas Físicas.

3. Las indemnizaciones previstas en la legislación del Estado y de las Comunidades Autónomas para compensar la privación de libertad en establecimientos penitenciarios como consecuencia de los supuestos contemplados en la Ley 46/1977, de 15 de octubre, de Amnistía imputables al período impositivo 2006, estarán exentas del Impuesto sobre la Renta de las personas Físicas en dicho período impositivo[453].

Disposición adicional vigésima[454]. *Rentas exentas con progresividad.*

Tienen la consideración de rentas exentas con progresividad aquellas rentas que, sin someterse a tributación, deben tenerse en cuenta a efectos de calcular el tipo de gravamen aplicable a las restantes rentas del período impositivo.

---

[452]   Orden EHA/2966/2007, de 11 de octubre, por la que se establecen las condiciones y el procedimiento de reconocimiento de ayudas para compensar la carga tributaria de las indemnizaciones percibidas del Estado o de las Comunidades Autónomas, por privación de libertad derivadas de la Ley 46/1977, de 15 de octubre, de Amnistía (BOE núm. 246, de 13 de octubre de 2007).

[453]   Art. 8 de la Ley 52/2007, de 26 de diciembre, por la que se reconocen y amplían derechos y s establecen medidas a favor de quienes padecieron persecución o violencia durante la guerra civil y la dictadura (BOE núm. 310, de 27 de diciembre de 2007), que con efectos desde el 1 de enero de 2005 establece la indemnización para dichas indemnizaciones.

[454]   Nueva Disp. añadida por el Art. Primero. Setenta y cuatro de la Ley 26/2014, de 27 de noviembre, por la que se modifican la Ley 35/2006, de 28 de noviembre, del Impuesto sobre la Renta de las Personas Físicas, el texto refundido de la Ley del Impuesto sobre la Renta de no Residentes, aprobado por el Real Decreto Legislativo 5/2004, de 5 de marzo, y otras normas tributarias (BOE núm. 288, de 28 de noviembre de 2014), en vigor desde el 1 de enero de 2015.
La anterior redacción fue derogada por la Disposición Derogatoria única 1.e) del Real Decreto-ley 20/2012, de 13 de julio, de medidas para garantizar la estabilidad presupuestaria y de fomento de la competitividad (BOE núm. 168, de 14 de julio de 2012), con efectos desde el 15 de julio de 2012.

Las rentas exentas con progresividad se añadirán a la base liquidable general o del ahorro, según corresponda a la naturaleza de las rentas, al objeto de calcular el tipo medio de gravamen que corresponda para la determinación de la cuota íntegra estatal y autonómica.

El tipo medio de gravamen así calculado se aplicará sobre la base liquidable general o del ahorro, sin incluir las rentas exentas con progresividad.

Disposición adicional vigésima primera[455]. *Pérdidas patrimoniales por créditos vencidos y no cobrados.*

A efectos de la aplicación de la regla especial de imputación temporal prevista en la letra k) del artículo 14.2 de esta Ley, la circunstancia prevista en el número 3.º de la citada letra k) únicamente se tendrá en cuenta cuando el plazo de un año finalice a partir de 1 de enero de 2015.

Disposición adicional vigésima segunda. *Movilización de los derechos económicos entre los distintos sistemas de previsión social.*

Los distintos sistemas de previsión social a que se refieren los artículos 51 y 53 de esta Ley, podrán realizar movilizaciones de derechos económicos entre ellos[456].

---

[455]   Nueva redacción dada por el Art. Primero. Setenta y cinco de la Ley 26/2014, de 27 de noviembre, por la que se modifican la Ley 35/2006, de 28 de noviembre, del Impuesto sobre la Renta de las Personas Físicas, el texto refundido de la Ley del Impuesto sobre la Renta de no Residentes, aprobado por el Real Decreto Legislativo 5/2004, de 5 de marzo, y otras normas tributarias (BOE núm. 288, de 28 de noviembre de 2014), en vigor desde el 1 de enero de 2015.
    Acuerdo entre el Reino de España y el Principado de Andorra para el intercambio de información en materia fiscal, hecho en Madrid el 14 de enero de 2010 (BOE núm. 283, de 23 de noviembre de 2010).

[456]   La Ley 2/2011, de 4 de marzo, de Economía Sostenible (BOE núm. 55, de 5 de marzo de 2011), con entrada en vigor el día 6 de marzo de 2011, en su Disposición final decimotercera apartado catorce incorpora una nueva disposición al Texto Refundido de la Ley de regulación de los planes y fondos de pensiones, aprobado por el Real Decreto Legislativo 1/2002, de 29 de noviembre: «Disposición adicional sexta. Movilizaciones entre planes de pensiones, planes de previsión asegurados y planes de previsión social empresarial contemplados en el artículo 51 de la Ley 35/2006, de 28 de noviembre, del Impuesto sobre la Renta de las Personas Físicas y de modificación parcial de las Leyes de los Impuestos de Sociedades, sobre la Renta de no Residentes y sobre el Patrimonio.
    1. Los derechos consolidados en los planes de pensiones del sistema individual y asociado podrán movilizarse a uno o varios planes de previsión asegurados o a un plan de previsión social empresarial, por decisión unilateral del partícipe, o por terminación del plan. La movilización por decisión unilateral podrá ser total o parcial.
    Los derechos económicos de los beneficiarios en los planes de pensiones del sistema individual y asociado podrán movilizarse a planes de previsión asegurados a petición del beneficiario, siempre y cuando las condiciones de garantía y aseguramiento de la prestación así lo permitan y en las condiciones previstas en las especificaciones de los planes de pensiones correspondientes. Esta movilización podrá ser total o parcial.
    Los derechos consolidados de los partícipes en los planes de pensiones del sistema de empleo no podrán movilizarse a planes de previsión asegurados o a planes de previsión social empresarial, salvo en el supuesto de extinción de la relación laboral y sólo si estuviese previsto en las especificaciones del plan, o por terminación del plan de pensiones.
    Los derechos económicos de los beneficiarios en los planes de empleo no podrán movilizarse salvo por terminación del plan de pensiones.
    2. El tomador de un plan de previsión asegurado podrá movilizar la totalidad o parte de su provisión matemática a otro u otros planes de previsión asegurados de los que sea tomador, o a uno o varios planes

Reglamentariamente se establecerán las condiciones bajo las cuales podrán efectuarse movilizaciones, sin consecuencias tributarias, de los derechos económicos entre estos sistemas de previsión social, atendiendo a la homogeneidad de su tratamiento fiscal y a las características jurídicas, técnicas y financieras de los mismos.

Disposición adicional vigésima tercera[457]. *Consideración de vivienda habitual a los efectos de determinadas exenciones.*

A los efectos previstos en los artículos 7.t), 33.4.b), y 38 de esta Ley se considerará vivienda habitual aquella en la que el contribuyente resida durante un plazo continuado de tres años. No obstante, se entenderá que la vivienda tuvo aquel carácter cuando, a pesar de no haber transcurrido dicho plazo, concurran circunstancias que necesariamente exijan el cambio de vivienda, tales como celebración de matrimonio, separación matrimonial, traslado laboral, obtención de primer empleo o de empleo más ventajoso u otras análogas.

Cuando la vivienda hubiera sido habitada de manera efectiva y permanente por el contribuyente en el plazo de doce meses, contados a partir de la fecha de adquisición o terminación de las obras, el plazo de tres años previsto en el párrafo anterior se computará desde esta última fecha.

Disposición adicional vigésima cuarta[458]. *Retenciones sobre rendimientos del trabajo correspondientes a enero de 2015.*

Reglamentariamente podrán determinarse especialidades para determinar las retenciones e ingresos a cuenta a practicar sobre los rendimientos del trabajo que se satisfagan o abonen durante el mes de enero de 2015.

---

de pensiones de los que sea partícipe, o a un plan de previsión social empresarial en el que tenga la condición de asegurado, con los requisitos y condiciones que reglamentariamente se establezcan. Una vez producida la contingencia la movilización será posible siempre y cuando las condiciones de garantía y aseguramiento de la prestación así lo permitan y en las condiciones que se establezcan en el plan de previsión asegurado.

3. Los asegurados de los planes de previsión social empresarial podrán movilizar sus derechos económicos a otros planes de previsión social empresarial, a planes de previsión asegurados o a planes de pensiones en el supuesto de cese de la relación laboral y sólo si estuviere previsto en las condiciones generales, especiales o particulares de la póliza.

4. El procedimiento para las movilizaciones previsto en el artículo 8.8 de esta Ley será de aplicación a las movilizaciones a que se refieren los apartados anteriores, entendiéndose realizadas, según los casos, a la entidad aseguradora de origen o de destino, o al plan de previsión asegurado o plan de previsión social empresarial de origen o de destino, las referencias de dicho artículo a la entidad gestora de origen o de destino o al plan o fondo de pensiones de origen o de destino, con las adecuadas adaptaciones reglamentarias».

[457] Nueva redacción de la disposición adicional vigésima tercera dada por el art. 1.Ocho de la Ley 16/2012, de 27 de diciembre, por la que se adoptan diversas medidas tributarias dirigidas a la consolidación de las finanzas públicas y al impulso de la actividad económica (BOE núm. 312, de 28 de diciembre de 2012), con efectos desde el 1 de enero de 2013.

Esta disposición fue incorporada por la Disposición Final Segunda.segundo.dos del Real Decreto-ley 20/2011, de 30 de diciembre, de medidas urgentes en materia presupuestaria, tributaria y financiera para la corrección del déficit público (BOE núm. 315, de 31 de diciembre), con efectos desde el 1 de enero de 2011.

[458] Nueva redacción dada por el Art. Primero. Setenta y seis de la Ley 26/2014, de 27 de noviembre, por la que se modifican la Ley 35/2006, de 28 de noviembre, del Impuesto sobre la Renta de las Personas Físicas,

Disposición adicional vigésima quinta. *Gastos e inversiones para habituar a los empleados en la utilización de las nuevas tecnologías de la comunicación y de la información.*

1[459]. Los gastos e inversiones efectuados durante los años 2007, 2008, 2009, 2010, 2011, 2012, 2013 y 2014 para habituar a los empleados en la utilización de las nuevas tecnologías de la comunicación y de la información, cuando su utilización sólo pueda realizarse fuera del lugar y horario de trabajo, tendrá el siguiente tratamiento fiscal:

Impuesto sobre la Renta de las Personas Físicas: dichos gastos e inversiones tendrán la consideración de gastos de formación en los términos previstos en el artículo 42.2.b) de esta Ley.

Impuesto sobre Sociedades: dichos gastos e inversiones darán derecho a la aplicación de la deducción prevista en el artículo 40 del Texto Refundido de la Ley del Impuesto sobre Sociedades, aprobado por el Real Decreto Legislativo 4/2004.

2. Entre los gastos e inversiones a que se refiere esta disposición adicional se incluyen, entre otros, las cantidades utilizadas para proporcionar, facilitar o financiar su conexión a Internet, así como los derivados de la entrega, actualización o renovación gratuita, o a precios rebajados, o de la concesión de préstamos y ayudas económicas para la adquisición de los equipos y terminales necesarios para acceder a aquélla, con su software y periféricos asociados.

Disposición adicional vigésimo sexta[460]. *Planes de Ahorro a Largo Plazo.*

1. Los Planes de Ahorro a Largo Plazo se configuran como contratos celebrados entre el contribuyente y una entidad aseguradora o de crédito que cumplan los siguientes requisitos:

---

el texto refundido de la Ley del Impuesto sobre la Renta de no Residentes, aprobado por el Real Decreto Legislativo 5/2004, de 5 de marzo, y otras normas tributarias (BOE núm. 288, de 28 de noviembre de 2014), en vigor desde el 1 de enero de 2015.

459   Nueva redacción del apartado 1 dada por el art. 64.Dos de la Ley 22/2013, de 23 de diciembre, de Presupuestos Generales del Estado para el año 2014 (BOE núm. 309, de 26 de diciembre de 2013), con efectos desde el 1 de enero de 2014.

Redacción anterior dada por el art. 6.Uno de la Ley 16/2012, de 27 de diciembre, por la que se adoptan diversas medidas tributarias dirigidas a la consolidación de las finanzas públicas y al impulso de la actividad económica (BOE núm. 312, de 28 de diciembre de 2012), con efectos desde el 1 de enero de 2013.

Redacción anterior dada por la Disposición Final Segunda.tercero.uno del Real Decreto-ley 20/2011, de 30 de diciembre, de medidas urgentes en materia presupuestaria, tributaria y financiera para la corrección del déficit público (BOE núm. 315, de 31 de diciembre), con efectos desde el 1 de enero de 2012.

Disp. Trans. Vigésima (Gastos e inversión para habituar a los empleados en la utilización de las nuevas tecnologías de la comunicación y de la información) de esta LIRPF.

La anterior redacción fue dada por la Disp. Final Vigésima cuarta.Uno de la Ley 39/2010, de 22 de diciembre, de Presupuestos Generales del Estado para el año 2011 (BOE núm. 23, de 12 de diciembre de 2010), con efectos desde el 1/1/2011.

460   Nueva redacción dada por el Art. Primero. Setenta y siete de la Ley 26/2014, de 27 de noviembre, por la que se modifican la Ley 35/2006, de 28 de noviembre, del Impuesto sobre la Renta de las Personas Físicas, el texto refundido de la Ley del Impuesto sobre la Renta de no Residentes, aprobado por el Real Decreto Legislativo 5/2004, de 5 de marzo, y otras normas tributarias (BOE núm. 288, de 28 de noviembre de 2014), en vigor desde el 1 de enero de 2015.

Redacción anterior de esta Disp. dada por el art. 64.Tres de la Ley 39/2010, de 22 de diciembre, de Presupuestos Generales del Estado para el año 2011 (BOE núm. 23, de 12 de diciembre de 2010), con efectos desde 1 de enero de 2011 y vigencia indefinida. Redacción que tiene su origen en el art. 6. Tres del Real Decreto-Ley 8/2010, de 20 de mayo, por el que se adoptan medidas extraordinarias para la reducción del

a) Los recursos aportados al Plan de Ahorro a Largo Plazo deben instrumentarse, bien a través de uno o sucesivos seguros individuales de vida a que se refiere el apartado 2 de esta disposición adicional, denominados Seguros Individuales de Vida a Largo Plazo, o bien a través de depósitos y contratos financieros a que se refiere el apartado 3 de esta disposición adicional integrados en una Cuenta Individual de Ahorro a Largo Plazo.

Un contribuyente sólo podrá ser titular de forma simultánea de un Plan de Ahorro a Largo Plazo.

b) La apertura del Plan de Ahorro a Largo Plazo se producirá en el momento en que se satisfaga la primera prima, o se realice la primera aportación a la Cuenta Individual de Ahorro a Largo Plazo, según proceda, y su extinción, en el momento en que el contribuyente efectúe cualquier disposición o incumpla el límite de aportaciones previsto en la letra c) de este apartado.

A estos efectos, en el caso de Seguros Individuales de Ahorro a Largo Plazo, no se considera que se efectúan disposiciones cuando llegado su vencimiento, la entidad aseguradora destine, por orden del contribuyente, el importe íntegro de la prestación a un nuevo Seguro Individual de Ahorro a Largo Plazo contratado por el contribuyente con la misma entidad. En estos casos, la aportación de la prestación al nuevo seguro no computará a efectos del límite de 5.000 euros señalado en la letra c) de este apartado, y para el cómputo del plazo previsto en la letra ñ) del artículo 7 de esta Ley se tomará como referencia la primera prima satisfecha al primer seguro por el que se instrumentó las aportaciones al Plan.

c) Las aportaciones al Plan de Ahorro a Largo Plazo no pueden ser superiores a 5.000 euros anuales en ninguno de los ejercicios de vigencia del Plan.

d) La disposición por el contribuyente del capital resultante del Plan únicamente podrá producirse en forma de capital, por el importe total del mismo, no siendo posible que el contribuyente realice disposiciones parciales.

e) La entidad aseguradora o, en su caso, la entidad de crédito, deberá garantizar al contribuyente la percepción al vencimiento del seguro individual de vida o al vencimiento de cada depósito o contrato financiero de, al menos, un capital equivalente al 85 por ciento de la suma de las primas satisfechas o de las aportaciones efectuadas al depósito o al contrato financiero.

No obstante lo anterior, si la citada garantía fuera inferior al 100 por ciento, el producto financiero contratado deberá tener un vencimiento de al menos un año.

2. El Seguro Individual de Ahorro a Largo Plazo (SIALP) se configura como un seguro individual de vida distinto de los previstos en el artículo 51 de esta Ley, que no cubra contingencias distintas de supervivencia o fallecimiento, en el que el propio contribuyente sea el contratante, asegurado y beneficiario salvo en caso de fallecimiento.

En el condicionado del contrato se hará constar de forma expresa y destacada que se trata de un Seguro Individual de Ahorro a Largo Plazo y sus siglas (SIALP) quedan reservadas a los

déficit público (BOE núm. 126, de 24 de mayo de 2010), con efectos desde el 25-V-2010, debido a la supresión del art. 81.bis a partir del 1-1-2011.

Dicha Disposición Adicional fue incorporada por la Disp. Final Primera. Cuatro de la Ley 35/2007, de 15 de noviembre, por la que se establece la deducción por nacimiento o adopción en el Impuesto sobre la Renta de las Personas Físicas y la prestación económica de pago único de la Seguridad Social por nacimiento o adopción (BOE núm. 276, de 16 de noviembre de 2007), en vigor desde el día 17-11-2007.

contratos celebrados a partir del 1 de enero de 2015 que cumplan los requisitos previstos en esta Ley.

3. La Cuenta Individual de Ahorro a Largo Plazo se configura como un contrato de depósito de dinero celebrado por el contribuyente con una entidad de crédito, con cargo a la cual se podrán constituir uno o varios depósitos de dinero, así como contratos financieros de los definidos en el último párrafo del apartado 1 del artículo segundo de la Orden EHA/3537/2005, de 10 de noviembre, por la que se desarrolla el artículo 27.4 de la Ley 24/1988, de 28 de julio, del Mercado de Valores, en cuyas condiciones se prevea que tanto la aportación como la liquidación al vencimiento se efectuará en todo caso exclusivamente en dinero. Dichos depósitos y contratos financieros deberán contratarse por el contribuyente con la misma entidad de crédito en la que se haya abierto la Cuenta Individual de Ahorro a Largo Plazo. Los rendimientos se integrarán obligatoriamente en la Cuenta Individual y no se computarán a efectos del límite previsto en la letra c) del apartado 1 anterior.

La Cuenta Individual de Ahorro a Largo Plazo deberá estar identificada singularmente y separada de otras formas de imposición. Asimismo, los depósitos y contratos financieros integrados en la Cuenta deberán contener en su identificación la referencia a esta última.

En el condicionado del contrato se hará constar de forma expresa y destacada que se trata de una Cuenta Individual de Ahorro a Largo Plazo y sus siglas (CIALP) quedan reservadas a los contratos celebrados a partir del 1 de enero de 2015 que cumplan los requisitos previstos en esta Ley e integrarán depósitos y contratos financieros contratados a partir de dicha fecha.

4. Las entidades contratantes deberán informar, en particular, en los contratos, de forma expresa y destacada, del importe y la fecha a la que se refiere la garantía de la letra e) del apartado 1 de esta disposición adicional, así como de las condiciones financieras en que antes del vencimiento del seguro individual de vida, del depósito o del contrato financiero, se podrá disponer del capital resultante o realizar nuevas aportaciones.

Asimismo, las entidades contratantes deberán advertir en los contratos, de forma expresa y destacada, que los contribuyentes sólo pueden ser titulares de un único Plan de Ahorro a Largo Plazo de forma simultánea, que no pueden aportar más de 5.000 euros al año al mismo, ni disponer parcialmente del capital que vaya constituyéndose, así como de los efectos fiscales derivados de efectuar disposiciones con anterioridad o posterioridad al transcurso de los cinco años desde la primera aportación.

5[461]. Reglamentariamente podrán desarrollarse las condiciones para la movilización íntegra de los derechos económicos de seguros individuales de ahorro a largo plazo y de los fondos constituidos en cuentas individuales de ahorro a largo plazo, sin que ello implique la disposición de los recursos a los efectos previstos en la letra ñ) del artículo 7 de esta Ley.

6. En caso de que con anterioridad a la finalización del plazo previsto en la letra ñ) del artículo 7 de esta Ley se produzca cualquier disposición del capital resultante o se incumpla el límite de aportaciones previsto en la letra c) del apartado 1 de esta disposición, la entidad deberá practicar una retención o pago a cuenta del 19 por ciento sobre los rendimientos del capital mobiliario positivos obtenidos desde la apertura del Plan, incluidos los que pudieran obtenerse con motivo de la extinción del mismo.

7. Los rendimientos del capital mobiliario negativos que, en su caso, se obtengan durante la vigencia del Plan de Ahorro a Largo Plazo, incluidos los que pudieran obtenerse con mo-

---

[461] Disposición adicional octava (Movilización entre Panes de Ahorro a Largo Plazo) del RIRPF.

tivo de la extinción del Plan, se imputarán al período impositivo en que se produzca dicha extinción y únicamente en la parte del importe total de dichos rendimientos negativos que exceda de la suma de los rendimientos del mismo Plan a los que hubiera resultado de aplicación la exención.

Disposición adicional vigésima séptima[462]**.** *Reducción del rendimiento neto de las actividades económicas por mantenimiento o creación de empleo.*

1. En cada uno de los períodos impositivos 2009, 2010, 2011, 2012, 2013 y 2014, los contribuyentes que ejerzan actividades económicas cuyo importe neto de la cifra de negocios para el conjunto de ellas sea inferior a 5 millones de euros y tengan una plantilla media inferior a 25 empleados, podrán reducir en un 20 por 100 el rendimiento neto positivo declarado, minorado en su caso por las reducciones previstas en el artículo 32 de esta Ley, correspondiente a las mismas, cuando mantengan o creen empleo.

A estos efectos, se entenderá que el contribuyente mantiene o crea empleo cuando en cada uno de los citados períodos impositivos la plantilla media utilizada en el conjunto de sus actividades económicas no sea inferior a la unidad y a la plantilla media del período impositivo 2008.

El importe de la reducción así calculada no podrá ser superior al 50 por ciento del importe de las retribuciones satisfechas en el ejercicio al conjunto de sus trabajadores.

La reducción se aplicará de forma independiente en cada uno de los períodos impositivos en que se cumplan los requisitos.

2. Para el cálculo de la plantilla media utilizada a que se refiere el apartado 1 anterior se tomarán las personas empleadas, en los términos que disponga la legislación laboral, teniendo en cuenta la jornada contratada en relación con la jornada completa y la duración de dicha relación laboral respecto del número total de días del período impositivo.

No obstante, cuando el contribuyente no viniese desarrollando ninguna actividad económica con anterioridad a 1 de enero de 2008 e inicie su ejercicio en el período impositivo 2008, la plantilla media correspondiente al mismo se calculará tomando en consideración el tiempo transcurrido desde el inicio de la misma.

Cuando el contribuyente no viniese desarrollando ninguna actividad económica con anterioridad a 1 de enero de 2009 e inicie su ejercicio con posterioridad a dicha fecha, la plantilla media correspondiente al período impositivo 2008 será cero.

---

[462]   Ley 22/2013, de 23 de diciembre, de Presupuestos Generales del Estado para el año 2014 (BOE núm. 309, de 26 de diciembre de 2013), con efectos desde el 1 de enero de 2014.
Redacción anterior dada por el art. 5 de la Ley 16/2012, de 27 de diciembre, por la que se adoptan diversas medidas tributarias dirigidas a la consolidación de las finanzas públicas y al impulso de la actividad económica (BOE núm. 312, de 28 de diciembre de 2012), con efectos desde el 1 de enero de 2013.
Redacción anterior dada por la Disposición Final Segunda.tercero.dos del Real Decreto-ley 20/2011, de 30 de diciembre, de medidas urgentes en materia presupuestaria, tributaria y financiera para la corrección del déficit público (BOE núm. 315, de 31 de diciembre), con efectos desde el 1 de enero de 2012.
Dicha Disp. Adicional fue incorporada por el art. 72 de la Ley 26/2009, de 23 de diciembre, de Presupuestos Generales del Estado para el año 2010 (BOE núm. 309, de 24 de diciembre de 2009), con efectos desde el 1-1-2009.

3. A efectos de determinar el importe neto de la cifra de negocios, se tendrá en consideración lo establecido en el apartado 3 del artículo 108 del Texto Refundido de la Ley del Impuesto sobre Sociedades.

Cuando en cualquiera de los períodos impositivos la duración de la actividad económica hubiese sido inferior al año, el importe neto de la cifra de negocios se elevará al año.

4. Cuando el contribuyente no viniese desarrollando ninguna actividad económica con anterioridad a 1 de enero de 2009 e inicie su ejercicio en 2009, 2010, 2011, 2012, 2013 ó 2014, y la plantilla media correspondiente al período impositivo en el que se inicie la misma sea superior a cero e inferior a la unidad, la reducción establecida en el apartado 1 de esta disposición adicional se aplicará en el período impositivo de inicio de la actividad a condición de que en el período impositivo siguiente la plantilla media no sea inferior a la unidad.

El incumplimiento del requisito a que se refiere el párrafo anterior motivará la no aplicación de la reducción en el período impositivo de inicio de su actividad económica, debiendo presentar una autoliquidación complementaria, con los correspondientes intereses de demora, en el plazo que medie entre la fecha en que se incumpla el requisito y la finalización del plazo reglamentario de declaración correspondiente al período impositivo en que se produzca dicho incumplimiento.

Disposición adicional vigésima octava[463]. *Porcentajes de reparto de la escala del ahorro.*

La escala del ahorro aplicable para la determinación de la cuota íntegra estatal y autonómica será la resultante de aplicar a la escala prevista en el artículo 66.2 de esta Ley el porcentaje de reparto entre el Estado y la Comunidad Autónoma que derive del modelo de financiación existente en la Comunidad Autónoma en la que el contribuyente tenga su residencia habitual.

Disposición adicional vigésima novena[464]. *Deducción por obras de mejora en la vivienda.*

1. Los contribuyentes cuya base imponible sea inferior a 71.007,20 euros anuales, podrán deducirse el 20 por ciento de las cantidades satisfechas desde la entrada en vigor del Real Decreto-ley 5/2011 hasta el 31 de diciembre de 2012 por las obras realizadas durante dicho período en cualquier vivienda de su propiedad o en el edificio en la que ésta se encuentre, siempre que tengan por objeto la mejora de la eficiencia energética, la higiene, salud y protección del medio ambiente, la utilización de energías renovables, la seguridad y la estanqueidad, y en particular la sustitución de las instalaciones de electricidad, agua, gas u otros suministros, o favorezcan la accesibilidad al edificio o las viviendas, en los términos previstos

---

[463] Nueva Disp. Adicional incorporada por el art. 69.Tres de la Ley 26/2009, de 23 de diciembre, de Presupuestos Generales del Estado para el año 2010 (BOE núm. 309, de 24 de diciembre de 2009), con vigencia exclusiva para el ejercicio 2010.

[464] Nueva redacción de la Disp. Adic. vigésima novena dada por la Disp. Final Primera.Uno del Real Decreto-ley 5/2011, de 29 de abril, de medidas para la regularización y control del empleo sumergido y fomento de la rehabilitación de viviendas (BOE núm. 108, de 6 de mayo de 2011), con entrada en vigor el 7 de mayo de 2011.

Disp. Transitoria Vigésima primera (Deducción por obras de mejora en la vivienda habitual satisfechas con anterioridad a la entrada en vigor del Real Decreto-ley 5/2011), de esta Ley.

La Disp. Adicional vigésima novena fue incorporada por el art. 1 del Real Decreto-ley 6/2010, de 9 de abril, de medidas para el impulso de la recuperación económica y el empleo (BOE núm. 89 de 13 de abril de 2010), en vigor desde el 14-4-2010 hasta el 6-5-2011.

en el Real Decreto 2066/2008, de 12 de diciembre, por el que se regula el Plan Estatal de Vivienda y Rehabilitación 2009-2012, así como por las obras de instalación de infraestructuras de telecomunicación realizadas durante dicho período que permitan el acceso a Internet y a servicios de televisión digital en la vivienda del contribuyente.

No darán derecho a practicar esta deducción las obras que se realicen en viviendas afectas a una actividad económica, plazas de garaje, jardines, parques, piscinas e instalaciones deportivas y otros elementos análogos.

La base de esta deducción estará constituida por las cantidades satisfechas, mediante tarjeta de crédito o débito, transferencia bancaria, cheque nominativo o ingreso en cuentas en entidades de crédito, a las personas o entidades que realicen tales obras. En ningún caso, darán derecho a practicar esta deducción las cantidades satisfechas mediante entregas de dinero de curso legal.

La base máxima anual de esta deducción será de:

a) cuando la base imponible sea igual o inferior a 53.007,20 euros anuales: 6.750 euros anuales,

b) cuando la base imponible esté comprendida entre 53.007,20 y 71.007,20 euros anuales: 6.750 euros menos el resultado de multiplicar por 0,375 la diferencia entre la base imponible y 53.007,20 euros anuales.

Las cantidades satisfechas en el ejercicio no deducidas por exceder de la base máxima anual de deducción podrán deducirse, con el mismo límite, en los cuatro ejercicios siguientes.

A tal efecto, cuando concurran cantidades deducibles en el ejercicio con cantidades deducibles procedentes de ejercicios anteriores que no hayan podido ser objeto de deducción por exceder de la base máxima de deducción, el límite anteriormente indicado será único para el conjunto de tales cantidades, deduciéndose en primer lugar las cantidades correspondientes a años anteriores.

En ningún caso, la base acumulada de la deducción correspondiente a los períodos impositivos en que ésta sea de aplicación podrá exceder de 20.000 euros por vivienda. Cuando concurran varios propietarios con derecho a practicar la deducción respecto de una misma vivienda, el citado límite de 20.000 euros se distribuirá entre los copropietarios en función de su respectivo porcentaje de propiedad en el inmueble.

En ningún caso darán derecho a la aplicación de esta deducción, las cantidades satisfechas por las que el contribuyente practique la deducción por inversión en vivienda habitual a que se refiere el artículo 68.1 de esta ley.

2. El importe de esta deducción se restará de la cuota íntegra estatal después de las deducciones previstas en los apartados 2, 3, 4, 5, 6 y 7 del artículo 68 de esta ley.

Disposición adicional trigésima[465]. Libertad de amortización en elementos nuevos del activo material fijo.

1. De acuerdo con lo dispuesto en el artículo 30.2 de la Ley del Impuesto, los contribuyentes de este Impuesto podrán aplicar para las inversiones realizadas hasta la entrada en

---

[465] Nueva redacción de la Disp. Adic. Trigésima dada por el art. 2 del Real Decreto-ley 12/2012, de 30 de marzo, Introduce diversas medidas tributarias y administrativas dirigidas a la reducción del déficit público, modifica la disposición adicional trigésima (BOE núm. 78, de 31 de marzo de 2012), en vigor desde el

vigor del Real Decreto-ley 12/2012, de 30 de marzo, la libertad de amortización prevista en la disposición transitoria trigésimo séptima del texto refundido de la Ley del Impuesto sobre Sociedades, con el límite del rendimiento neto positivo de la actividad económica a la que se hubieran afectado los elementos patrimoniales previo a la deducción por este concepto y, en su caso, a la minoración que deriva de lo señalado en el artículo 30.2.4ª de esta Ley.

Cuando resulte de aplicación lo dispuesto en el apartado 2 de la citada disposición transitoria, los límites contenidos en el mismo se aplicarán sobre el rendimiento neto positivo citado en el párrafo anterior.

2. Cuando a partir de la entrada en vigor del Real Decreto-ley 12/2012, de 30 de marzo, se transmitan elementos patrimoniales que hubieran gozado de la libertad de amortización prevista en la disposición adicional undécima o en la disposición transitoria trigésimo séptima, ambas del texto refundido de la Ley del Impuesto sobre Sociedades, para el cálculo de la ganancia o pérdida patrimonial no se minorará el valor de adquisición en el importe de las amortizaciones fiscalmente deducidas que excedan de las que hubieran sido fiscalmente deducibles de no haberse aplicado aquélla. El citado exceso tendrá, para el transmitente, la consideración de rendimiento íntegro de la actividad económica en el período impositivo en que se efectúe la transmisión.

Disposición adicional trigésima primera[466]. *Escalas y tipos de retención aplicables en 2015.*

1. En el período impositivo 2015 las escalas para la determinación de la cuota íntegra del impuesto serán:

a) La escala general del impuesto a que se refiere el número 1.º del apartado 1 del artículo 63 de esta Ley será la siguiente:

Base liquidable — Hasta euros	Cuota íntegra — Euros	Resto base liquidable — Hasta euros	Tipo aplicable — Porcentaje
0,00	0,00	12.450,00	9,50
12.450,00	1.182,75	7.750,00	12
20.200,00	2.112,75	13.800,00	15
34.000,00	4.182,75	26.000,00	18,5
60.000,00	8.992,75	En adelante	22,5

día de su publicación en el «Boletín Oficial del Estado». Disposición incorporada por el art. 2 del Real Decreto-Ley 13/2010, de 3 de diciembre, de actuaciones en el ámbito fiscal, laboral y liberalizadoras para fomentar la inversión y la creación de empleo (BOE núm. 293, 3 de diciembre de 2010), en vigor desde el 1 de enero de 2011.

[466] Nueva redacción dada por el art. 1.cuatro del Real Decreto-ley 9/2015, de 10 de julio, de medidas urgentes para reducir la carga tributaria soportada por los contribuyentes del Impuesto sobre la Renta de las Personas Físicas y otras medidas de carácter económico (BOE núm. 165, de 11 de julio de 2015), con efectos desde el 1 de enero de 2015.

Redacción anterior dada por el Art. Primero. Setenta y ocho de la Ley 26/2014, de 27 de noviembre, por la que se modifican la Ley 35/2006, de 28 de noviembre, del Impuesto sobre la Renta de las Personas Físicas, el texto refundido de la Ley del Impuesto sobre la Renta de no Residentes, aprobado por el Real Decreto Legislativo 5/2004, de 5 de marzo, y otras normas tributarias (BOE núm. 288, de 28 de noviembre de 2014), en vigor desde el 1 de enero de 2015.

Redacción anterior por su incorporación efectuada por la Disposición final cuadragésima novena.Uno de la Ley 2/2011, de 4 de marzo, de Economía Sostenible (BOE núm. 55, de 5 de marzo de 2011), con entrada en vigor el día 6 de marzo de 2011.

b) La escala aplicable a los residentes en el extranjero a que se refiere el artículo 65 de esta Ley será la establecida en la letra a) anterior y la siguiente:

Base liquidable	Cuota íntegra	Resto base liquidable	Tipo aplicable
–	–	–	–
Hasta euros	Euros	Hasta euros	Porcentaje
0,00	0,00	12.450,00	10,00
12.450,00	1.245,00	7.750,00	12,50
20.200,00	2.213,75	13.800,00	15,50
34.000,00	4.352,75	26.000,00	19,50
60.000,00	9.422,75	En adelante	23,50

c) La escala del ahorro a que se refiere el número 1.º del apartado 1 del artículo 66 de esta Ley será la siguiente.

d) La escala del ahorro a que se refiere el número 1.º del apartado 2 del artículo 66 de esta Ley será la siguiente:

Base liquidable del ahorro	Cuota íntegra	Resto base liquidable del ahorro	Tipo aplicable
–	–	–	–
Hasta euros	Euros	Hasta euros	Porcentaje
0	0	6.000	19,5
6.000,00	1.170	44.000	21,5
50.000,00	10.630	En adelante	23,5

e) La escala del ahorro a que se refiere el número 1.º del artículo 76 de esta Ley será la siguiente:

Base liquidable del ahorro	Cuota íntegra	Resto base liquidable del ahorro	Tipo aplicable
–	–	–	–
Hasta euros	Euros	Hasta euros	Porcentaje
0	0	6.000	10
6.000,00	600	44.000	11
50.000,00	5.440	En adelante	12

f) La escala a que se refiere el número 1.º de la letra e) del apartado 2 del artículo 93 de esta Ley será la siguiente:

Base liquidable	Tipo aplicable
–	–
Euros	Porcentaje
Hasta 600.000 euros	24
Desde 600.000,01 euros en adelante	47

g) La escala a que se refiere el número 2.º de la letra e) del apartado 2 del artículo 93 de esta Ley será la siguiente:

Base liquidable del ahorro – Hasta euros	Cuota íntegra – Euros	Resto base liquidable del ahorro – Hasta euros	Tipo aplicable – Porcentaje
0	0	6.000	19,5
6.000,00	1.170	44.000	21,5
50.000,00	10.630	En adelante	23,5

2. En el período impositivo 2015, para determinar el tipo de retención o ingreso a cuenta a practicar sobre los rendimientos del trabajo satisfechos con anterioridad a 12 de julio a los que resulte de aplicación el procedimiento general de retención a que se refiere el artículo 82 del Reglamento del Impuesto sobre la Renta de las Personas Físicas, la escala de retención a que se refiere el apartado 1 del artículo 101 de esta Ley será la siguiente:

Base para calcular el tipo de retención – Hasta euros	Cuota de retención – Euros	Resto base para calcular el tipo de retención – Hasta euros	Tipo aplicable – Porcentaje
0,00	0,00	12.450,00	20,00
12.450,00	2.490,00	7.750,00	25,00
20.200,00	4.427,50	13.800,00	31,00
34.000,00	8.705,50	26.000,00	39,00
60.000,00	18.845,50	En adelante	47,00

A partir de 12 de julio para calcular el tipo de retención o ingreso a cuenta aplicable a los rendimientos que se satisfagan o abonen a partir de dicha fecha, la escala de retención a tomar en consideración será la siguiente:

Base para calcular el tipo de retención – Hasta euros	Cuota de retención – Euros	Resto base para calcular el tipo de retención – Hasta euros	Tipo aplicable – Porcentaje
0,00	0,00	12.450,00	19,50
12.450,00	2.427,75	7.750,00	24,50
20.200,00	4.326,5	13.800,00	30,50
34.000,00	8.535,5	26.000,00	38,00
60.000,00	18.415,5	En adelante	46,00

El tipo de retención o ingreso a cuenta se regularizará de acuerdo con la anterior escala, si procede, en los primeros rendimientos del trabajo que se satisfagan o abonen a partir de 12 de julio, de acuerdo con lo señalado en el Reglamento del Impuesto sobre la Renta de las Personas Físicas.

No obstante, la regularización a que se refiere el párrafo anterior podrá realizarse, a opción del pagador, en los primeros rendimientos del trabajo que se satisfagan o abonen a partir de 1 de agosto, en cuyo caso, el tipo de retención o ingreso a cuenta a practicar sobre los rendimientos del trabajo satisfechos con anterioridad a esta fecha se determinará tomando en consideración la escala de retención a que se refiere el primer párrafo de este apartado.

3. En el período impositivo 2015:

a) El porcentaje de retención e ingreso a cuenta aplicable a los rendimientos previstos en el apartado 3 del artículo 101 de esta Ley, satisfechos o abonados con anterioridad a 12 de julio, será el 19 por ciento. El porcentaje de retención o ingreso a cuenta aplicable a dichos rendimientos que se satisfagan o abonen a partir de dicha fecha, será el 15 por ciento.

b) El porcentaje de retención e ingreso a cuenta a que se refiere el primer párrafo de la letra a) del apartado 5 del artículo 101 de esta Ley aplicable a los rendimientos satisfechos o abonados con anterioridad a 12 de julio, será el 19 por ciento. No obstante, dicho porcentaje será el 15 por ciento cuando el volumen de rendimientos íntegros de tales actividades correspondiente al ejercicio inmediato anterior sea inferior a 15.000 euros y represente más del 75 por ciento de la suma de los rendimientos íntegros de actividades económicas y del trabajo obtenidos por el contribuyente en dicho ejercicio y el contribuyente hubiera comunicado al pagador de los rendimientos la concurrencia de dicha circunstancia, quedando obligado el pagador a conservar la comunicación debidamente firmada. El porcentaje de retención o ingreso a cuenta aplicable a los rendimientos que se satisfagan o abonen a partir de dicha fecha, será el 15 por ciento.

c) El porcentaje de retención e ingreso a cuenta a que se refiere el segundo párrafo de la letra a) del apartado 5 del artículo 101 de esta Ley aplicable a los rendimientos satisfechos o abonados con anterioridad a 12 de julio, será el 9 por ciento. El porcentaje de retención o ingreso a cuenta aplicable a los rendimientos que se satisfagan o abonen a partir de dicha fecha, será el 7 por ciento.

d) Los porcentajes de retención e ingreso a cuenta del 19 por ciento previstos en el artículo 101 de esta Ley serán el 20 por ciento cuando la obligación de retener o ingresar a cuenta hubiera nacido con anterioridad a 12 de julio. Cuando el nacimiento de la obligación de retener o ingresar a cuenta se hubiera producido a partir de dicha fecha, el porcentaje de retención o ingreso a cuenta será el 19,5 por ciento.

e) El porcentaje de retención del 35 por ciento previsto en el apartado 2 del artículo 101 de esta Ley, será el 37 por ciento, el porcentaje de retención del 45 por ciento previsto en la letra f) del apartado 2 del artículo 93 de esta Ley será el 47 por ciento y el porcentaje del ingreso a cuenta a que se refiere el artículo 92.8 y del pago a cuenta del 19 por ciento previsto en la disposición adicional vigésima sexta, ambos de esta Ley, serán el 20 por ciento.

Disposición adicional trigésima segunda[467]. *Escala autonómica aplicable a los residentes en Ceuta y Melilla.*

La escala autonómica aplicable a los contribuyentes que tengan su residencia habitual en Ceuta o Melilla será la prevista en el artículo 65 de esta Ley.

---

[467]   Nueva redacción dada por el art. 1.cinco del Real Decreto-ley 9/2015, de 10 de julio, de medidas urgentes para reducir la carga tributaria soportada por los contribuyentes del Impuesto sobre la Renta de las Personas Físicas y otras medidas de carácter económico (BOE núm. 165, de 11 de julio de 2015), con efectos desde el 1 de enero de 2015.

Redacción anterior dada por su incorporación por la Disposición final cuadragésima novena.Dos de la Ley 2/2011, de 4 de marzo, de Economía Sostenible (BOE núm. 55, de 5 de marzo de 2011), con entrada en vigor el día 6 de marzo de 2011, pero con efectos desde el día 1 de enero de 2011.

Disposición adicional trigésima tercera[468]. *Gravamen especial sobre los premios de determinadas loterías y apuestas.*

1. Estarán sujetos a este Impuesto mediante un gravamen especial los siguientes premios obtenidos por contribuyentes de este Impuesto:

a) Los premios de las loterías y apuestas organizadas por la Sociedad Estatal Loterías y Apuestas del Estado y por los órganos o entidades de las Comunidades Autónomas, así como de los sorteos organizados por la Cruz Roja Española y de las modalidades de juegos autorizadas a la Organización Nacional de Ciegos Españoles.

b) Los premios de las loterías, apuestas y sorteos organizados por organismos públicos o entidades que ejerzan actividades de carácter social o asistencial sin ánimo de lucro establecidos en otros Estados miembros de la Unión Europea o del Espacio Económico Europeo y que persigan objetivos idénticos a los de los organismos o entidades señalados en la letra anterior.

El gravamen especial se exigirá de forma independiente respecto de cada décimo, fracción o cupón de lotería o apuesta premiados.

2[469]. Estarán exentos del gravamen especial los premios cuyo importe íntegro sea igual o inferior a 40.000 euros. Los premios cuyo importe íntegro sea superior a 40.000 euros se someterán a tributación respecto de la parte del mismo que exceda de dicho importe.

Lo dispuesto en el párrafo anterior será de aplicación siempre que la cuantía del décimo, fracción o cupón de lotería, o de la apuesta efectuada, sea de al menos 0,50 euros. En caso de que fuera inferior a 0,50 euros, la cuantía máxima exenta señalada en el párrafo anterior se reducirá de forma proporcional.

En el supuesto de que el premio fuera de titularidad compartida, la cuantía exenta prevista en los párrafos anteriores se prorrateará entre los cotitulares en función de la cuota que les corresponda.

3. La base imponible del gravamen especial estará formada por el importe del premio que exceda de la cuantía exenta prevista en el apartado 2 anterior. Si el premio fuera en especie, la base imponible será aquella cuantía que, una vez minorada en el importe del ingreso a cuenta, arroje la parte del valor de mercado del premio que exceda de la cuantía exenta prevista en el apartado 2 anterior.

En el supuesto de que el premio fuera de titularidad compartida, la base imponible se prorrateará entre los cotitulares en función de la cuota que les corresponda.

4. La cuota íntegra del gravamen especial será la resultante de aplicar a la base imponible prevista en el apartado 3 anterior el tipo del 20 por ciento. Dicha cuota se minorará en el

---

[468] Nueva redacción dada por el art. 2.Tres de la Ley 16/2012, de 27 de diciembre, por la que se adoptan diversas medidas tributarias dirigidas a la consolidación de las finanzas públicas y al impulso de la actividad económica (BOE núm. 312, de 28 de diciembre de 2012), con efectos desde el 1 de enero de 2013.
Esta Disposición fue incorporada por la Disposición Final Novena de la Ley 13/2011, de 28 de mayo, de regulación del juego (BOE núm. 127, de mayo de 2011) en vigor desde el día siguiente al de su publicación.

[469] Nueva redacción del apartado dos dada por el art. 67 de la Ley 6/2018, de 3 de julio, de Presupuestos Generales del Estado para el año 2018 (BOE núm. 161, de 4 de julio de 2018), en vigor desde el día 1 de enero de 2018.
Disp transitoria trigésima quinta (cuantía exenta del gravamen especial sobre los premios de determinadas loterías y apuestas en los ejercicios 2018 y 2019), de esta Ley del IRPF.

importe de las retenciones o ingresos a cuenta previstos en el apartado 6 de esta disposición adicional.

5. El gravamen especial se devengará en el momento en que se satisfaga o abone el premio obtenido.

6. Los premios previstos en esta disposición adicional estarán sujetos a retención o ingreso a cuenta de acuerdo con lo dispuesto en los artículos 99 y 105 de esta Ley.

El porcentaje de retención o ingreso a cuenta será el 20 por ciento. La base de retención o ingreso a cuenta vendrá determinada por el importe de la base imponible del gravamen especial.

7. Los contribuyentes que hubieran obtenido los premios previstos en esta disposición estarán obligados a presentar una autoliquidación por este gravamen especial, determinando el importe de la deuda tributaria correspondiente, e ingresar su importe en el lugar, forma y plazos que establezca el Ministro de Hacienda y Administraciones Públicas.

No obstante, no existirá obligación de presentar la citada autoliquidación cuando el premio obtenido hubiera sido de cuantía inferior al importe exento previsto en el apartado 2 anterior o se hubiera practicado retención o el ingreso a cuenta conforme a lo previsto en el apartado 6 anterior.

8. No se integrarán en la base imponible del Impuesto los premios previstos en esta disposición adicional. Las retenciones o ingresos a cuenta practicados conforme a lo previsto en la misma no minorarán la cuota líquida total del impuesto ni se tendrán en cuenta a efectos de lo previsto en el artículo 103 de esta Ley.

9. Lo establecido en esta disposición adicional no resultará de aplicación a los premios derivados de juegos celebrados con anterioridad a 1 de enero de 2013.

Disposición adicional trigésima cuarta[470].

Disposición adicional trigésima quinta[471]. *Gravamen complementario a la cuota íntegra estatal para la reducción del déficit público en los ejercicios 2012, 2013 y 2014.*

1. En los períodos impositivos 2012, 2013 y 2014, la cuota íntegra estatal a que se refiere el artículo 62 de esta Ley se incrementará en los siguientes importes:

---

[470] Disposición suprimida por redacción por el art. 27.Diez de la Ley 14/2013, de 27 de septiembre, de apoyo a los emprendedores y su internacionalización (BOE núm. 233, de 28 de septiembre de 2013), con entrada en vigor el día 29 de noviembre de 2013.
Dicha disposición fue incorporada por el art. 14.dos del Real Decreto-ley 8/2011, de 1 de julio, de medidas de apoyo a los deudores hipotecarios, de control del gasto público y cancelación de deudas con empresas y autónomos contraídas por las entidades locales, de fomento de la actividad empresarial e impulso de la rehabilitación y de simplificación administrativa (BOE núm. 161, de 7 de julio de 2011, corrección de errores BOE núm. 167 de 13 de julio de 2011), en vigor desde el día de su publicación.

[471] Nueva redacción dada por el art. 64.Uno de la Ley 22/2013, de 23 de diciembre, de Presupuestos Generales del Estado para el año 2014 (BOE núm. 309, de 26 de diciembre de 2013), con efectos desde el 1 de enero de 2014.
Redacción anterior por su incorporación en virtud del art. 61 de la Ley 2/2012, de 29 de junio, de Presupuestos Generales del Estado para el año 2012 (BOE núm. 156, de 30 de junio de 2012), con efectos desde el 1 de enero de 2012.
Con anterioridad dicha Disposición fue incorporada por la Disposición Final Segunda.primero del Real Decreto-ley 20/2011, de 30 de diciembre, de medidas urgentes en materia presupuestaria, tributaria y

a) El resultante de aplicar a la base liquidable general los tipos de la siguiente escala:

Base liquidable general — Hasta euros	Incremento en cuota íntegra estatal — Euros	Resto base liquidable general — Hasta euros	Tipo aplicable — Porcentaje
0	0	17.707,20	0,75
17.707,20	132,80	15.300,00	2
33.007,20	438,80	20.400,00	3
53.407,20	1.050,80	66.593,00	4
120.000,20	3.714,52	55.000,00	5
175.000,20	6.464,52	125.000,00	6
300.000,20	13.964,52	En adelante	7

La cuantía resultante se minorará en el importe derivado de aplicar a la parte de la base liquidable general correspondiente al mínimo personal y familiar a que se refiere el artículo 56 de esta Ley, la escala prevista en esta letra a).

Cuando el contribuyente satisfaga anualidades por alimentos a sus hijos por decisión judicial y el importe de aquéllas sea inferior a la base liquidable general, aplicará la escala prevista en esta letra a) separadamente al importe de las anualidades por alimentos y al resto de la base liquidable general. La cuantía total resultante se minorará en el importe derivado de aplicar la escala prevista en esta letra a) a la parte de la base liquidable general correspondiente al mínimo personal y familiar incrementado en 1.600 euros anuales, sin que el resultado de esta minoración pueda resultar negativo.

b) El resultante de aplicar a la base liquidable del ahorro, en la parte que no corresponda, en su caso, con el mínimo personal y familiar a que se refiere el artículo 56 de esta Ley, los tipos de la siguiente escala:

Base liquidable del ahorro — Hasta euros	Incremento en cuota íntegra estatal — Euros	Resto base liquidable del ahorro — Hasta euros	Tipo aplicable — Porcentaje
0	0	6.000	2
6.000,00	120	18.000	4
24.000,00	840	En adelante	6

2. En los períodos impositivos 2012, 2013 y 2014, la cuota de retención a que se refieren los apartados 1 y 2 del artículo 85 del Reglamento del Impuesto sobre la Renta de las Personas Físicas, se incrementará en el importe resultante de aplicar a la base para calcular el tipo de retención los tipos previstos en la siguiente escala:

Base para calcular el tipo de retención — Hasta euros	Cuota de retención — Euros	Resto base para calcular el tipo de retención — Hasta euros	Tipo aplicable — Porcentaje
0	0	17.707,20	0,75
17.707,20	132,80	15.300,00	2
33.007,20	438,80	20.400,00	3
53.407,20	1.050,80	66.593,00	4
120.000,20	3.714,52	55.000,00	5
175.000,20	6.464,52	125.000,00	6
300.000,20	13.964,52	En adelante	7

La cuantía resultante se minorará en el importe derivado de aplicar al importe del mínimo personal y familiar para calcular el tipo de retención a que se refiere el artículo 84 del Reglamento del Impuesto, la escala prevista en este apartado, sin que el resultado de esta minoración pueda resultar negativo.

Cuando el perceptor de rendimientos del trabajo satisfaga anualidades por alimentos en favor de los hijos por decisión judicial, siempre que su importe sea inferior a la base para calcular el tipo de retención, se aplicará la escala prevista en este apartado separadamente al importe de dichas anualidades y al resto de la base para calcular el tipo de retención. La cuantía total resultante se minorará en el importe derivado de aplicar la escala prevista en este apartado al importe del mínimo personal y familiar para calcular el tipo de retención incrementado en 1.600 euros anuales, sin que el resultado de esta minoración pueda resultar negativo.

En ningún caso, cuando se produzcan regularizaciones en los citados períodos impositivos, el nuevo tipo de retención aplicable podrá ser superior al 52 por ciento. El citado porcentaje será el 26 por ciento cuando la totalidad de los rendimientos del trabajo se hubiesen obtenido en Ceuta y Melilla y se beneficien de la deducción prevista en el artículo 68.4 de esta Ley.

Reglamentariamente podrán modificarse las cuantías y porcentajes previstos en éste apartado.

3. Las retenciones e ingresos a cuenta a practicar sobre los rendimientos del trabajo que se satisfagan o abonen durante el mes de enero de 2012, correspondientes a dicho mes, y a los que resulte de aplicación el procedimiento general de retención a que se refieren los artículos 80.1.1.º y 82 del Reglamento del Impuesto sobre la Renta de las Personas Físicas, deberán realizarse sin tomar en consideración lo dispuesto en el apartado 2 anterior.

En los rendimientos que se satisfagan o abonen a partir del 1 de febrero de 2012, siempre que no se trate de rendimientos correspondientes al mes de enero, el pagador deberá calcular el tipo de retención tomando en consideración lo dispuesto en el apartado 2 anterior, practicándose la regularización del mismo, si procede, de acuerdo con lo señalado en el Reglamento del Impuesto sobre la Renta de las Personas Físicas, en los primeros rendimientos del trabajo que se satisfaga o abone.

4. En los períodos impositivos 2012, 2013 y 2014, los porcentajes de pagos a cuenta del 19 por ciento previstos en el artículo 101 de esta Ley y el porcentaje del ingreso a cuenta a que se refiere el artículo 92.8 de esta Ley, se elevan al 21 por ciento. Asimismo, durante los

períodos a que se refiere el párrafo anterior, el porcentaje de retención del 35 por ciento previsto en el apartado 2 del artículo 101 de esta Ley, se eleva al 42 por ciento.

Disposición adicional trigésima sexta[472]. *Actividades excluidas del método de estimación objetiva a partir de 2016.*

La Orden Ministerial por la que se desarrollen para el año 2016 el método de estimación objetiva del Impuesto sobre la Renta de las Personas Físicas y el régimen especial simplificado del Impuesto sobre el Valor Añadido no incluirá en su ámbito de aplicación las actividades incluidas en la división 3, 4 y 5 de la sección primera de las Tarifas del Impuesto sobre Actividades Económicas a las que sea de aplicación el artículo 101.5 d) de esta Ley en el período impositivo 2015, y reducirá, para el resto de actividades a las que resulte de aplicación dicho artículo, la cuantía de la magnitud específica para su inclusión en el método de estimación objetiva.

Disposición adicional trigésima séptima[473]. *Ganancias patrimoniales procedentes de la transmisión de determinados inmuebles.*

Estarán exentas en un 50 por ciento las ganancias patrimoniales que se pongan de manifiesto con ocasión de la transmisión de inmuebles urbanos adquiridos a título oneroso a partir de la entrada en vigor del Real Decreto-Ley 18/2012 y hasta el 31 de diciembre de 2012.

No resultará de aplicación lo dispuesto en el párrafo anterior cuando el inmueble se hubiera adquirido o transmitido a su cónyuge, a cualquier persona unida al contribuyente por parentesco, en línea recta o colateral, por consanguinidad o afinidad, hasta el segundo grado incluido, a una entidad respecto de la que se produzca, con el contribuyente o con cualquiera de las personas anteriormente citadas, alguna de las circunstancias establecidas en el artículo 42 del Código de Comercio, con independencia de la residencia y de la obligación de formular cuentas anuales consolidadas.

Cuando el inmueble transmitido fuera la vivienda habitual del contribuyente y resultara de aplicación lo dispuesto en el segundo párrafo del artículo 38 de esta Ley, se excluirá de tributación la parte proporcional de la ganancia patrimonial obtenida, una vez aplicada la exención prevista en esta disposición adicional, que corresponda a la cantidad reinvertida en los términos y condiciones previstos en dicho artículo.

---

[472] Nueva redacción dada por el Art. Primero. Setenta y nueve de la Ley 26/2014, de 27 de noviembre, por la que se modifican la Ley 35/2006, de 28 de noviembre, del Impuesto sobre la Renta de las Personas Físicas, el texto refundido de la Ley del Impuesto sobre la Renta de no Residentes, aprobado por el Real Decreto Legislativo 5/2004, de 5 de marzo, y otras normas tributarias (BOE núm. 288, de 28 de noviembre de 2014), en vigor desde el 1 de enero de 2015.
Redacción anterior por su incorporación efectuada por el art. 10 del Real Decreto-ley 6/2012, de 9 de marzo, de medidas urgentes de protección de deudores hipotecarios sin recursos (BOE núm. 60 de 10 de marzo de 2012), en vigor desde el día siguiente al de su publicación.

[473] Disposición incorporada por la disposición final tercera del Real Decreto-ley 18/2012, de 11 de mayo, sobre saneamiento y venta de los activos inmobiliarios del sector financiero (BOE núm. 114, de 12 de mayo de 2012), en vigor el mismo día de su publicación en el «Boletín Oficial del Estado», con posterioridad incorporada por la Disp. Final tercera de la en Ley 8/2012, de 30 de octubre, sobre saneamiento y venta de los activos inmobiliarios del sector financiero (BOE núm. 262, de 31 de octubre de 2012).

Disposición adicional trigésima octava[474]. *Aplicación de determinados incentivos fiscales.*

1. Lo previsto en el apartado 3 del artículo 32 de esta Ley solamente resultará de aplicación a los contribuyentes que hubieran iniciado el ejercicio de una actividad económica a partir de 1 de enero de 2013.

2. Lo previsto en los artículos 38.2 y 68.1 de esta Ley solamente resultará de aplicación respecto de las acciones o participaciones suscritas a partir de la entrada en vigor de la Ley 14/2013, de Apoyo a los Emprendedores y su Internacionalización.

3. La deducción prevista en el artículo 37 del texto refundido de la Ley del Impuesto sobre Sociedades a que se refiere el artículo 68.2 de esta Ley, sólo resultará de aplicación respecto de los rendimientos netos de actividades económicas obtenidos a partir de 1 de enero de 2013.

4[475]**.** A efectos de la deducción por maternidad correspondiente a los períodos impositivos 2020, 2021 y 2022, se entenderá que continúan realizando una actividad por cuenta propia o ajena por la cual están dadas de alta en la Seguridad Social o mutualidad las mujeres que a partir de 1 de enero de 2020 hubieran pasado a encontrarse en situación legal de desempleo como consecuencia de haber quedado suspendido el contrato de trabajo o encontrarse en un período de inactividad productiva de las trabajadoras fijas-discontinuas, así como las trabajadoras por cuenta propia perceptoras de una prestación por cese de actividad como consecuencia de la suspensión de la actividad económica desarrollada, pudiendo aplicar la deducción por maternidad por los meses en los que continúen en dicha situación y se cumplan el resto de requisitos establecidos en el artículo 81 de la Ley del Impuesto en su redacción vigente en el momento del devengo del Impuesto.

La deducción por maternidad correspondiente a los meses de 2020 y 2021 respecto de los que se cumpla lo dispuesto en el párrafo anterior, se practicará de forma separada en la declaración de este Impuesto correspondiente al período impositivo 2022 en los términos que se establezcan en la orden ministerial por la que se aprueban los modelos de declaración del Impuesto sobre la Renta de las Personas Físicas y del Impuesto sobre el Patrimonio, ejercicio 2022, y se determinan el lugar, forma y plazos de presentación de los mismos. No obstante, estos importes se entenderán aplicados en el caso de que en dichos meses el contribuyente hubiera practicado la deducción de forma efectiva y no se hubiera regularizado, siempre que se ajuste a los términos y condiciones establecidos en el párrafo anterior. La deducción así aplicada para cada uno de estos ejercicios no podrá exceder junto con los pagos o deducciones practicadas en ese año del importe previsto en el apartado 1 del artículo 81 de la Ley del Impuesto para cada año.

---

[474]   Nueva redacción dada por el art. 27.Once de la Ley 14/2013, de 27 de septiembre, de apoyo a los emprendedores y su internacionalización (BOE núm. 233, de 28 de septiembre de 2013), con entrada en vigor el día 29 de noviembre de 2013.

Dicha disposición fue incorporada por el art. 8.cuatro de la Ley 11/2013, de 26 de julio, de medidas de apoyo al emprendedor y de estímulo del crecimiento y de la creación de empleo (BOE núm. 179, de 27 de julio de 2013), con efectos desde el 1 de enero de 2013. Previamente fue incorporada por el art. 8.cuatro del Real Decreto-ley 4/2013, de 22 de febrero, de medidas de apoyo al emprendedor y de estímulo del crecimiento y de la creación de empleo (BOE núm. 47, de 23 de febrero de 2013), con efectos desde el 1 de enero de 2013.

[475]   Nuevo apartado cuatro incorporado por la Disposición final quinta de la Ley 6/2023, de 17 de marzo, de los Mercados de Valores y de los Servicios de Inversión (BOE núm. 66, de 18 de marzo de 2023).

Disposición adicional trigésima novena[476]. *Compensación e integración de rentas negativas derivadas de deuda subordinada o de participaciones preferentes generadas con anterioridad a 1 de enero de 2015.*

1. No obstante lo establecido en el apartado 1 del artículo 49 de esta Ley, la parte de los saldos negativos a que se refieren las letras a) y b) del citado apartado que procedan de rendimientos del capital mobiliario negativos derivados de valores de deuda subordinada o de participaciones preferentes emitidas en las condiciones establecidas en la disposición adicional segunda de la Ley 13/1985, de 25 de mayo, de coeficientes de inversión, recursos propios y obligaciones de información de los intermediarios financieros, o de rendimientos del capital mobiliario negativos o pérdidas patrimoniales derivados de la transmisión de valores recibidos por operaciones de recompra y suscripción o canje de los citados valores, que se hayan generado con anterioridad a 1 de enero de 2015, se podrá compensar con el saldo positivo a que se refieren las citadas letras b) o a), respectivamente.

Si tras dicha compensación quedase saldo negativo, su importe se podrá compensar en los cuatro años siguientes en la forma establecida en el párrafo anterior.

La parte del saldo negativo a que se refieren las letras a) y b) anteriormente señaladas correspondiente a los períodos impositivos 2010, 2011, 2012 y 2013 que se encuentre pendiente de compensación a 1 de enero de 2014 y proceda de las rentas previstas en el primer párrafo de este apartado, se podrá compensar con el saldo positivo a que se refieren las citadas letras b) o a), respectivamente, que se ponga de manifiesto a partir del periodo impositivo 2014, siempre que no hubiera finalizado el plazo de cuatro años previsto en el apartado 1 del artículo 49 de esta Ley.

A efectos de determinar qué parte del saldo negativo procede de las rentas señaladas en el párrafo primero de este apartado, cuando para su determinación se hubieran tenido en cuenta otras rentas de distinta naturaleza y dicho saldo negativo se hubiera compensado parcialmente con posterioridad, se entenderá que la compensación afectó en primer lugar a la parte del saldo correspondiente a las rentas de distinta naturaleza.

2. En el periodo impositivo 2014, si tras la compensación a que se refiere el apartado 1 anterior quedase saldo negativo, su importe se podrá compensar con el saldo positivo de las rentas previstas en el párrafo b) del artículo 48 de esta Ley, hasta el importe de dicho saldo positivo que se corresponda con ganancias patrimoniales que se pongan de manifiesto con ocasión de transmisiones de elementos patrimoniales.

Si tras dicha compensación quedase nuevamente saldo negativo, su importe se podrá compensar en ejercicios posteriores con arreglo a lo dispuesto en el apartado 1 anterior.

---

[476] Nueva disposición adicional incorporada por el art. 122.dos de la Ley 18/2014, de 15 de octubre, de aprobación de medidas urgentes para el crecimiento, la competitividad y la eficacia (BOE núm. 252, de 17 de octubre de 2014), que reproduce el contenido del art. 122.Dos del Real Decreto-ley 8/2014, de 4 de julio, de aprobación de medidas urgentes para el crecimiento, la competitividad y la eficiencia (BOE núm. 163, de 5 de julio de 2014), con efectos desde 1 de enero de 2014.

Disposición adicional cuadragésima[477]. *Rendimientos derivados de seguros cuyo beneficiario es el acreedor hipotecario.*

Las rentas derivadas de la prestación por la contingencia de incapacidad cubierta en un seguro, cuando sea percibida por el acreedor hipotecario del contribuyente como beneficiario del mismo, con la obligación de amortizar total o parcialmente la deuda hipotecaria del contribuyente, tendrán el mismo tratamiento fiscal que el que hubiera correspondido de ser el beneficiario el propio contribuyente. No obstante, estas rentas en ningún caso se someterán a retención.

A estos efectos, el acreedor hipotecario deberá ser una entidad de crédito, u otra entidad que, de manera profesional realice la actividad de concesión de préstamos o créditos hipotecarios.

Disposición adicional cuadragésima primera[478]. *Tripulantes de determinados buques de pesca.*

1. Para los tripulantes de los buques de pesca que, enarbolando pabellón español estén inscritos en el registro de la flota pesquera comunitaria y la empresa propietaria en el Registro Especial de Empresas de Buques de Pesca Españoles, pesquen exclusivamente túnidos o especies afines fuera de las aguas de la Comunidad y a no menos de 200 millas náuticas de las líneas de base de los Estados miembros, tendrá la consideración de renta exenta el 50 por ciento de los rendimientos del trabajo personal que se hayan devengado con ocasión de la navegación realizada en tales buques.

2. La baja en el registro de la flota pesquera comunitaria del buque a que se refiere el apartado anterior determinará la obligación de reembolsar, por la empresa propietaria del mismo, la ayuda efectivamente obtenida por aplicación de lo dispuesto en el apartado anterior en los tres años anteriores a dicha baja.

3. La aplicación efectiva de lo establecido en esta disposición adicional quedará condicionada a su compatibilidad con el ordenamiento comunitario.

---

[477] Nueva redacción dada por el Art. Primero. Ochenta de la Ley 26/2014, de 27 de noviembre, por la que se modifican la Ley 35/2006, de 28 de noviembre, del Impuesto sobre la Renta de las Personas Físicas, el texto refundido de la Ley del Impuesto sobre la Renta de no Residentes, aprobado por el Real Decreto Legislativo 5/2004, de 5 de marzo, y otras normas tributarias (BOE núm. 288, de 28 de noviembre de 2014), en vigor desde el 1 de enero de 2015.
  Redacción anterior por su incorporación efectuada por el art. 122.Tres de la Ley 18/2014, de 15 de octubre, de aprobación de medidas urgentes para el crecimiento, la competitividad y la eficacia (BOE núm. 252, de 17 de octubre de 2014), que reproduce el contenido del art. 122.Tres del Real Decreto-ley 8/2014, de 4 de julio, de aprobación de medidas urgentes para el crecimiento, la competitividad y la eficiencia (BOE núm. 163, de 5 de julio de 2014), con efectos desde el 5 de julio de 2014.

[478] Nueva disposición adicional incorporada por el Art. Primero. Noventa y ocho de la Ley 26/2014, de 27 de noviembre, por la que se modifican la Ley 35/2006, de 28 de noviembre, del Impuesto sobre la Renta de las Personas Físicas, el texto refundido de la Ley del Impuesto sobre la Renta de no Residentes, aprobado por el Real Decreto Legislativo 5/2004, de 5 de marzo, y otras normas tributarias (BOE núm. 288, de 28 de noviembre de 2014), en vigor desde el 1 de enero de 2015.

Disposición adicional cuadragésima segunda[479]. *Procedimiento para que los contribuyentes que perciben determinadas prestaciones apliquen las deducciones previstas en el artículo 81 bis y se les abonen de forma anticipada.*

1. Los contribuyentes que perciban las prestaciones a que se refiere el sexto párrafo del apartado 1 del artículo 81 bis de esta Ley podrán practicar las deducciones reguladas en dicho apartado y percibirlas de forma anticipada en los términos previstos en el artículo 60 bis del Reglamento del Impuesto sobre la Renta de las Personas Físicas, con las siguientes especialidades:

a) A efectos del cómputo del número de meses para el cálculo del importe de la deducción, el requisito de percibir las citadas prestaciones se entenderá cumplido cuando tales prestaciones se perciban en cualquier día del mes, y no será aplicable el requisito de alta en el régimen correspondiente de la Seguridad Social o Mutualidad.

b) Los contribuyentes con derecho a la aplicación de estas deducciones podrán solicitar a la Agencia Estatal de Administración Tributaria su abono de forma anticipada por cada uno de los meses en que se perciban tales prestaciones.

c) No resultará de aplicación el límite previsto en el apartado 1 del artículo 60 bis del Reglamento del Impuesto ni, en el caso de que se hubiera cedido a su favor el derecho a la deducción, lo dispuesto en la letra c) del apartado 5 del artículo 60 bis del Reglamento del Impuesto.

2. El Servicio Público de Empleo Estatal, la Seguridad Social, y las mutualidades de previsión social alternativas a las de la Seguridad Social y cualquier otro organismo que abonen las prestaciones y pensiones a que se refiere el sexto párrafo del apartado 1 del artículo 81 bis de esta Ley, estarán obligados a suministrar por vía electrónica a la Agencia Estatal de Administración Tributaria durante los diez primeros días de cada mes los datos de las personas a las que hayan satisfecho las citadas prestaciones o pensiones durante el mes anterior.

El formato y contenido de la información serán los que, en cada momento, consten en la sede electrónica de la Agencia Estatal de Administración Tributaria en Internet.

3[480]. En relación con la deducción establecida en el artículo 81 bis de esta Ley por cónyuge no separado legalmente con discapacidad y el incremento de la deducción previsto por cada uno de los hijos que excedan del número mínimo de hijos exigido para la adquisición de la condición de familia numerosa de categoría general o especial, se tendrán en cuenta las siguientes reglas especiales:

a) A efectos del cómputo del número de meses para el cálculo del importe de la deducción, el estado civil del contribuyente y el número de hijos que exceda del número mínimo de hijos exigido para que la familia haya adquirido la condición de familia numerosa de categoría general o especial, se determinarán de acuerdo con la situación existente el último día de cada mes.

---

[479] Nueva Disposición incorporada por el art. 4.Dos del Real Decreto-ley 1/2015, de 27 de febrero, de mecanismo de segunda oportunidad, reducción de carga financiera y otras medidas de orden social (BOE núm. 51, de 28 de febrero de 2015), con entrada en vigor desde el 1 de enero de 2015, posteriormente incorporada en la tramitación de la Ley 25/2015, de 28 de julio, de mecanismo de segunda oportunidad, reducción de la carga financiera y otras medidas de orden social (BOE» núm. 180, de 29 de julio de 2015).

[480] Nueva redacción del apartado tercero dada por el art. 62.dos de la Ley 6/2018, de 3 de julio, de Presupuestos Generales del Estado para el año 2018 (BOE núm. 161, de 4 de julio de 2018), con vigor desde el día 5 de julio de 2018.

b) El importe del abono mensual de la deducción de forma anticipada por cónyuge no separado legalmente con discapacidad será de 100 euros.

En el caso de familias numerosas, las cuantías establecidas en la letra c) del numero 1.º del apartado 4 del referido artículo 81 bis se incrementarán en 50 euros mensuales por cada uno de los hijos que formen parte de la familia numerosa, que exceda del número mínimo de hijos exigido para que dicha familia haya adquirido la condición de familia numerosa de categoría general o especial, según corresponda.

c) Para el abono anticipado de la deducción por cónyuge no separado legalmente, la cuantía de las rentas anuales a tomar en consideración serán las correspondientes al último período impositivo cuyo plazo de presentación de autoliquidación hubiera finalizado al inicio del ejercicio en el que se solicita su abono anticipado.

4[481]. Lo establecido en los apartados 1 y 3 de esta disposición adicional, así como el plazo, contenido y formato de la declaración informativa a que se refiere el apartado 2 de esta disposición adicional, podrán ser modificados reglamentariamente.

Disposición adicional cuadragésima tercera[482]. *Exención de rentas obtenidas por el deudor en procedimientos concursales.*

Estarán exentas de este Impuesto las rentas obtenidas por los deudores que se pongan de manifiesto como consecuencia de quitas y daciones en pago de deudas, establecidas en un convenio aprobado judicialmente conforme al procedimiento fijado en la Ley 22/2003, de 9 de julio, Concursal, en un acuerdo de refinanciación judicialmente homologado a que se refiere el artículo 71 bis y la disposición adicional cuarta de dicha ley, en un acuerdo extrajudicial de pagos a que se refiere el Título X o como consecuencia de exoneraciones del pasivo insatisfecho a que se refiere el artículo 178 bis de la misma Ley, siempre que las deudas no deriven del ejercicio de actividades económicas.

Disposición adicional cuadragésima cuarta[483]. **Reglas especiales de cuantificación de rentas derivadas de deuda subordinada o de participaciones preferentes.**

1. Los contribuyentes que perciban compensaciones a partir de 1 de enero de 2013 como consecuencia de acuerdos celebrados con las entidades emisoras de valores de deuda subordinada o de participaciones preferentes emitidas en las condiciones establecidas en la disposición adicional segunda de la Ley 13/1985, de 25 de mayo, de coeficientes de inversión, recursos propios y obligaciones de información de los intermediarios financieros, podrán optar por aplicar a dichas compensaciones y a las rentas positivas o negativas que, en su caso, se

---

[481]   Nuevo apartado incorporado por el art. 62.dos de la Ley 6/2018, de 3 de julio, de Presupuestos Generales del Estado para el año 2018 (BOE núm. 161, de 4 de julio de 2018), con vigor desde el día 5 de julio de 2018.

[482]   Nueva Disposición incorporada por el art. 4.DosTres del Real Decreto-ley 1/2015, de 27 de febrero, de mecanismo de segunda oportunidad, reducción de carga financiera y otras medidas de orden social (BOE núm. 51, de 28 de febrero de 2015), con entrada en vigor desde el 1 de enero de 2015, posteriormente incorporada en la tramitación de la Ley 25/2015, de 28 de julio, de mecanismo de segunda oportunidad, reducción de la carga financiera y otras medidas de orden social (BOE» núm. 180, de 29 de julio de 2015).

[483]   Nueva disposición incorporada por el art. 15 del Real Decreto-ley 6/2015, de 14 de mayo, por el que se modifica la Ley 55/2007, de 28 de diciembre, del Cine, se conceden varios créditos extraordinarios y suplementos de créditos en el presupuesto del Estado y se adoptan otras medidas de carácter tributario (BOE núm. 116, de 15 de mayo de 2015), con efectos desde 1 enero de 2013.

hubieran generado con anterioridad derivadas de la recompra y suscripción o canje por otros valores, así como a las rentas obtenidas en la transmisión de estos últimos, el tratamiento que proceda conforme a las normas generales de este Impuesto, con la especialidades previstas en el apartado 2 de esta disposición adicional, o el siguiente tratamiento fiscal:

a) En el ejercicio en que se perciban las compensaciones derivadas del acuerdo a que se refiere el párrafo anterior, se computará como rendimiento del capital mobiliario la diferencia entre la compensación percibida y la inversión inicialmente realizada. A estos efectos, la citada compensación se incrementará en las cantidades que se hubieran obtenido previamente por la transmisión de los valores recibidos. En caso de que los valores recibidos en el canje no se hubieran transmitido previamente o no se hubieran entregado con motivo del acuerdo, la citada compensación se incrementará en la valoración de dichos valores que se hubiera tenido en cuenta para la cuantificación de la compensación.

b) No tendrán efectos tributarios la recompra y suscripción o canje por otros valores, ni la transmisión de estos últimos realizada antes o con motivo del acuerdo, debiendo practicarse, en su caso, autoliquidación complementaria sin sanción, ni intereses de demora, ni recargo alguno en el plazo comprendido entre la fecha del acuerdo y los tres meses siguientes a la finalización del plazo de presentación de la autoliquidación en la que se imputen las compensaciones a que se refiere la letra a) anterior.

En caso de que el plazo de presentación de la autoliquidación a que se refiere el párrafo anterior hubiera finalizado con anterioridad a la fecha de entrada en vigor del Real Decreto-ley 6/2015, la autoliquidación complementaria deberá practicarse, en su caso, en el plazo de tres meses desde la citada fecha.

2. Los contribuyentes que perciban en 2013 o 2014 las compensaciones previstas en el apartado 1 de esta disposición adicional y apliquen las normas generales del Impuesto, podrán minorar el rendimiento del capital mobiliario derivado de la compensación percibida en la parte del saldo negativo a que se refiere la letra b) del artículo 48 de esta Ley, en su redacción en vigor a 31 de diciembre de 2014, que proceda de pérdidas patrimoniales derivadas de la transmisión de acciones recibidas por las operaciones de recompra y suscripción o canje que no hubiese podido ser objeto de compensación en la base imponible general conforme al segundo párrafo de la citada letra b). El importe de dicha minoración reducirá el saldo pendiente de compensar en ejercicios siguientes.

3. En todo caso se entenderán correctamente realizadas las retenciones efectivamente practicadas con anterioridad a la entrada en vigor del Real Decreto-ley 6/2015 sobre las compensaciones a que se refiere el apartado 1 de esta disposición adicional.

4. Los titulares de deuda subordinada o participaciones preferentes cuyos contratos hubiesen sido declarados nulos mediante sentencia judicial, que hubiesen consignado los rendimientos de las mismas en su autoliquidación correspondiente al Impuesto sobre la Renta de las Personas Físicas, podrán solicitar la rectificación de dichas autoliquidaciones y solicitar y, en su caso, obtener la devolución de ingresos indebidos, aunque hubiese prescrito el derecho a solicitar la devolución.

Cuando hubiese prescrito el derecho a solicitar la devolución, la rectificación de la autoliquidación a que se refiere el párrafo anterior solo afectará a los rendimientos de la deuda subordinada y de las participaciones preferentes, y a las retenciones que se hubieran podido practicar por tales rendimientos.

5. A efectos de la aplicación de lo previsto en esta disposición adicional, el contribuyente deberá presentar un formulario que permita identificar las autoliquidaciones afectadas, y que estará disponible a tal efecto en la sede electrónica de la Agencia Estatal de Administración Tributaria.

Disposición adicional cuadragésima quinta[484]. *Tratamiento fiscal de las cantidades percibidas por la devolución de las cláusulas de limitación de tipos de interés de préstamos derivadas de acuerdos celebrados con las entidades financieras o del cumplimiento de sentencias o laudos arbitrales.*

1. No se integrará en la base imponible de este Impuesto la devolución derivada de acuerdos celebrados con entidades financieras, en efectivo o a través de otras medidas de compensación, junto con sus correspondientes intereses indemnizatorios, de las cantidades previamente satisfechas a aquellas en concepto de intereses por la aplicación de cláusulas de limitación de tipos de interés de préstamos.

2. Las cantidades previamente satisfechas por el contribuyente objeto de la devolución prevista en el apartado 1 anterior, tendrán el siguiente tratamiento fiscal:

a) Cuando tales cantidades, en ejercicios anteriores, hubieran formado parte de la base de la deducción por inversión en vivienda habitual o de deducciones establecidas por la Comunidad Autónoma, se perderá el derecho a practicar la deducción en relación con las mismas, debiendo sumar a la cuota líquida estatal y autonómica, devengada en el ejercicio en el que se hubiera celebrado el acuerdo con la entidad financiera, exclusivamente las cantidades indebidamente deducidas en los ejercicios respecto de los que no hubiera prescrito el derecho de la Administración para determinar la deuda tributaria mediante la oportuna liquidación, en los términos previstos en el artículo 59 del Reglamento del Impuesto sobre la Renta de las Personas Físicas, aprobado por el Real Decreto 439/2007, de 30 de marzo, sin inclusión de intereses de demora.

No resultará de aplicación la adición prevista en el párrafo anterior respecto de la parte de las cantidades que se destine directamente por la entidad financiera, tras el acuerdo con el contribuyente afectado, a minorar el principal del préstamo.

b) Cuando tales cantidades hubieran tenido la consideración de gasto deducible en ejercicios anteriores respecto de los que no hubiera prescrito el derecho de la Administración para determinar la deuda tributaria mediante la oportuna liquidación, se perderá tal consideración, debiendo practicarse autoliquidación complementaria correspondiente a tales ejercicios, sin sanción, ni intereses de demora, ni recargo alguno en el plazo comprendido entre la fecha del acuerdo y la finalización del siguiente plazo de presentación de autoliquidación por este Impuesto.

c) Cuando tales cantidades hubieran sido satisfechas por el contribuyente en ejercicios cuyo plazo de presentación de autoliquidación por este Impuesto no hubiera finalizado con anterioridad al acuerdo de devolución de las mismas celebrado con la entidad financiera, así como las cantidades a que se refiere el segundo párrafo de la letra a anterior, no formarán par-

---

484   Nueva Disposición incorporada por la Disposición final primera del Real Decreto-ley 1/2017, de 20 de enero, de medidas urgentes de protección de consumidores en materia de cláusulas suelo (BOE núm. 18, de 21 de enero de 2017), con efectos desde el 21 de enero de 2017 y ejercicios anteriores no prescritos.

te de la base de deducción por inversión en vivienda habitual ni de deducción autonómica alguna ni tendrán la consideración de gasto deducible.

3. Lo dispuesto en los apartados anteriores será igualmente de aplicación cuando la devolución de cantidades a que se refiere el apartado 1 anterior hubiera sido consecuencia de la ejecución o cumplimiento de sentencias judiciales o laudos arbitrales.

Disposición adicional cuadragésima séptima[485]. *Reducción por obtención de rendimientos del trabajo y determinación del tipo de retención sobre los rendimientos del trabajo en los períodos impositivos 2018 y 2023*[486].

1. En el período impositivo 2018, cuando el impuesto se hubiera devengado con anterioridad a la entrada en vigor de la Ley de Presupuestos Generales del Estado para el año 2018, la reducción por obtención de rendimientos del trabajo a que se refiere el artículo 20 de esta Ley será la prevista en la normativa vigente a 31 de diciembre de 2017.

Cuando el impuesto correspondiente al período impositivo 2018 se hubiera devengado a partir de la entrada en vigor de la Ley de Presupuestos Generales del Estado para el año 2018, la reducción por obtención de rendimientos del trabajo a que se refiere el artículo 20 de esta Ley será la resultante de incrementar la cuantía derivada de la aplicación de la normativa vigente a 31 de diciembre de 2017 en la mitad de la diferencia positiva resultante de minorar el importe de la reducción por obtención de rendimientos del trabajo aplicando la normativa vigente a 1 de enero de 2019 en la cuantía de la reducción calculada con arreglo a la normativa vigente a 31 de diciembre de 2017.

2. En el período impositivo 2018, para determinar el tipo de retención o ingreso a cuenta a practicar sobre los rendimientos del trabajo satisfechos con anterioridad a la entrada en vigor de la Ley de Presupuestos Generales del Estado para el año 2018, se aplicará la normativa vigente a 31 de diciembre de 2017.

A partir de la entrada en vigor de la Ley de Presupuestos Generales del Estado para el año 2018, para calcular el tipo de retención o ingreso a cuenta a practicar sobre los rendimientos que se satisfagan o abonen a partir de dicha fecha, se aplicará la normativa vigente a 31 de diciembre de 2017, con las siguientes especialidades:

1) El cuadro con los límites cuantitativos excluyentes de la obligación de retener a que se refiere el artículo 81.1 del Reglamento del Impuesto sobre la Renta de las Personas Físicas a tomar en consideración, salvo cuando se trate de pensiones o haberes pasivos del régimen de Seguridad Social y de Clases Pasivas o prestaciones o subsidios por desempleo, será el siguiente:

---

[485] Incorporada por el art. 59.Dos de la Ley 6/2018, de 3 de julio, de Presupuestos Generales del Estado para el año 2018 (BOE núm. 161, de 4 de julio de 2018), en vigor desde el día 5 de julio de 2018.

[486] Nueva redacción el título de la disposición adicional cuadragésima séptima dada por el art. 59.Tres de la Ley 31/2022, de 23 de diciembre, de Presupuestos Generales del Estado para el año 2023 (BOE núm. 308, de 24 de diciembre de 2022), con efectos desde el 1 de enero de 2023.

Situación del contribuyente	N.º de hijos y otros descendientes		
	0	1	2 o más
	Euros	Euros	Euros
1.ª Contribuyente soltero, viudo, divorciado o separado legalmente	–	15.168	16.730
2.ª Contribuyente cuyo cónyuge no obtenga rentas superiores a 1.500 euros anuales, excluidas las exentas	14.641	15.845	17.492
3.ª Otras situaciones	12.643	13.455	14.251

En el caso de pensiones o haberes pasivos de Seguridad Social o prestaciones o subsidios por desempleo, el cuadro será el siguiente:

Situación del contribuyente	N.º de hijos y otros descendientes		
	0	1	2 o más
	Euros	Euros	Euros
1.ª Contribuyente soltero, viudo, divorciado o separado legalmente	–	15.106,5	16.451,5
2.ª Contribuyente cuyo cónyuge no obtenga rentas superiores a 1.500 euros anuales, excluidas las exentas	14.576	15.733	17.386
3.ª Otras situaciones	13.000	13.561,5	14.184

2) La reducción por obtención de rendimientos del trabajo a que se refiere la letra d) del apartado 3 del artículo 83 del Reglamento del Impuesto sobre la Renta de las Personas Físicas a tomar en consideración será la prevista en el segundo párrafo del apartado 1 de esta disposición adicional.

El tipo de retención o ingreso a cuenta se regularizará de acuerdo con lo indicado, si procede, en los primeros rendimientos del trabajo que se satisfagan o abonen a partir de la entrada en vigor de la Ley de Presupuestos Generales del Estado para el año 2018, de acuerdo con lo señalado en el Reglamento del Impuesto sobre la Renta de las Personas Físicas.

No obstante, la regularización a que se refiere el párrafo anterior podrá realizarse, a opción del pagador, en los primeros rendimientos del trabajo que se satisfagan o abonen a partir del mes siguiente a la entrada en vigor de la Ley de Presupuestos Generales del Estado para el año 2018, en cuyo caso, el tipo de retención o ingreso a cuenta a practicar sobre los rendimientos del trabajo satisfechos con anterioridad a esta fecha se determinará tomando en consideración la normativa vigente a 31 de diciembre de 2017.

Reglamentariamente podrán modificarse las cuantías previstas en este apartado.

3[487]. Las retenciones e ingresos a cuenta a practicar sobre los rendimientos del trabajo que se satisfagan o abonen durante el mes de enero de 2023, correspondientes a dicho mes, y a los que resulte de aplicación el procedimiento general de retención a que se refieren los artículos 80.1.1.º y 82 del Reglamento del Impuesto sobre la Renta de las Personas Físicas, deberán realizarse con arreglo a la normativa vigente a 31 de diciembre de 2022.

En los rendimientos que se satisfagan o abonen a partir del 1 de febrero de 2023, siempre que no se trate de rendimientos correspondientes al mes de enero, el pagador deberá calcular

---

[487]   Nuevo apartado 3 de la disposición adicional cuadragésima séptima incorporada por el art. 59.Cuatro de la Ley 31/2022, de 23 de diciembre, de Presupuestos Generales del Estado para el año 2023 (BOE núm. 308, de 24 de diciembre de 2022), con efectos desde el 1 de enero de 2023.

el tipo de retención tomando en consideración la normativa vigente a partir de 1 de enero de 2023, practicándose la regularización del mismo, si procede, de acuerdo con lo señalado en el Reglamento del Impuesto sobre la Renta de las Personas Físicas, en los primeros rendimientos del trabajo que satisfaga o abone.

Disposición adicional cuadragésima octava[488]. *Deducción aplicable a las unidades familiares formadas por residentes fiscales en Estados miembros de la Unión Europea o del Espacio Económico Europeo.*

1. Cuando la unidad familiar a que se refiere el artículo 82.1 de esta Ley esté formada por contribuyentes de este Impuesto y por residentes en otro Estado miembro de la Unión Europea o del Espacio Económico Europeo con el que exista un efectivo intercambio de información tributaria, en los términos previstos en el apartado 4 de la disposición adicional primera de la Ley 36/2006, de 29 de noviembre, de medidas para la prevención del fraude fiscal, los contribuyentes por este Impuesto podrán deducir de la cuota íntegra que corresponde a su declaración individual, en su caso, el resultado de las siguientes operaciones:

1.º Se sumarán las cuotas íntegras estatal y autonómica minoradas en las deducciones previstas en los artículos 67 y 77 de esta Ley, de los miembros de la unidad familiar contribuyentes por este Impuesto junto con las cuotas del Impuesto sobre la Renta de no Residentes correspondientes a las rentas obtenidas en territorio español en ese mismo período impositivo por el resto de miembros de la unidad familiar.

2.º Se determinará la cuota líquida total de este Impuesto que hubiera resultado de haber podido optar por tributar conjuntamente con el resto de miembros de la unidad familiar, entendiéndose, a estos exclusivos efectos, que todos los miembros de la unidad familiar son contribuyentes por este Impuesto. Para dicho cálculo solamente se tendrán en cuenta, para cada fuente de renta, la parte de las rentas positivas de los miembros no residentes integrados en la unidad familiar que excedan de las rentas negativas obtenidas por estos últimos.

3.º Se restará a la cuantía prevista en el número 1.º anterior, la cuota a la que se refiere el número 2.º anterior. Cuando dicha diferencia sea negativa, la cantidad a computar será cero.

4.º Se deducirá de la cuota íntegra estatal y autonómica, una vez efectuadas las deducciones previstas en los artículos 67 y 77 de esta Ley, la cuantía prevista en el número 3.º anterior. A estos efectos, se minorará la cuota íntegra estatal del Impuesto en la proporción que representen las cuotas del Impuesto sobre la Renta de no Residentes respecto de la cuantía total prevista en el número 1.º del apartado 1 anterior, y el resto minorará la cuota íntegra estatal y autonómica por partes iguales.

Cuando sean varios los contribuyentes de este Impuesto integrados en la unidad familiar, esta minoración se efectuará de forma proporcional a las respectivas cuotas íntegras, una vez efectuadas las deducciones previstas en los artículos 67 y 77 de esta Ley, de cada uno de ellos.

2. Lo dispuesto en el apartado 1 anterior no resultará de aplicación cuando alguno de los miembros integrados en la unidad familiar hubiera optado por tributar con arreglo a lo

---

[488]   Nueva Disp. Adic. Incorporada por el art. 65 de la Ley 6/2018, de 3 de julio, de Presupuestos Generales del Estado para el año 2018 (BOE núm. 161, de 4 de julio de 2018), con efectos desde el 1 de enero de 2018.

dispuesto en el artículo 93 de esta Ley o en el artículo 46 del Texto Refundido de la Ley del Impuesto sobre la Renta de no Residentes o no disponga del número de identificación fiscal.

3. La Administración podrá requerir del contribuyente cuantos documentos justificativos juzgue necesarios para acreditar el cumplimiento de las condiciones que determinan la aplicación de esta deducción.

Cuando la documentación que se aporte para justificar la aplicación del régimen o las circunstancias personales o familiares que deban ser tenidas en cuenta, esté redactada en una lengua no oficial en territorio español, se presentará acompañada de su correspondiente traducción.

Disposición adicional cuadragésima novena[489]. *Gastos deducibles de los rendimientos del capital inmobiliario correspondientes a alquileres de locales a determinados empresarios durante el período impositivo 2021.*

Los arrendadores distintos de los previstos en el apartado 1 del artículo 1 del Real Decreto-ley 35/2020, de 22 de diciembre, de medidas urgentes de apoyo al sector turístico, la hostelería y el comercio y en materia tributaria, que hubieran suscrito un contrato de arrendamiento para uso distinto del de vivienda, de conformidad con lo previsto en el artículo 3 de la Ley 29/1994, de 24 de noviembre, de Arrendamientos Urbanos, o de industria, con un arrendatario que destine el inmueble al desarrollo de una actividad económica clasificada en la división 6 o en los grupos 755, 969, 972 y 973 de la sección primera de las tarifas del Impuesto sobre Actividades Económicas aprobadas por el Real Decreto Legislativo 1175/1990, de 28 de septiembre, podrán computar en 2021 para el cálculo del rendimiento del capital inmobiliario como gasto deducible la cuantía de la rebaja en la renta arrendaticia que voluntariamente hubieran acordado a partir de 14 de marzo de 2020 correspondientes a las mensualidades devengadas en los meses de enero, febrero y marzo de 2021.

El arrendador deberá informar separadamente en su declaración del Impuesto del importe del gasto deducible a que se refiere el párrafo anterior por este incentivo, consignando asimismo el número de identificación fiscal del arrendatario cuya renta se hubiese rebajado.

No será aplicable lo establecido en esta disposición, cuando la rebaja en la renta arrendaticia se compense con posterioridad por el arrendatario mediante incrementos en las rentas posteriores u otras prestaciones o cuando los arrendatarios sean una persona o entidad vinculada con el arrendador en el sentido del artículo 18 de la Ley del Impuesto sobre Sociedades o estén unidos con aquel por vínculos de parentesco, incluido el cónyuge, en línea directa o colateral, consanguínea o por afinidad hasta el segundo grado inclusive.

Disposición adicional quincuagésima[490]. *Deducción por obras de mejora de la eficiencia energética de viviendas.*

1. Los contribuyentes podrán deducirse el 20 por ciento de las cantidades satisfechas desde la entrada en vigor del Real Decreto-ley 19/2021, de 5 de octubre, de medidas urgentes para impulsar la actividad de rehabilitación edificatoria en el contexto del Plan

---

[489]   Nueva Disp. Adicional incorporada por el art. 13 de Real Decreto-ley 35/2020, de 22 de diciembre, de medidas urgentes de apoyo al sector turístico, la hostelería y el comercio y en materia tributaria (BOE núm. 334, de 23 de diciembre de 2020), con efectos desde el 1 de enero de 2021.

[490]   Redacción dada por el art. 16 del Real Decreto-ley 8/2023, de 27 de diciembre, por el que se adoptan medidas para afrontar las consecuencias económicas y sociales derivadas de los conflictos en Ucrania y

Oriente Próximo, así como para paliar los efectos de la sequía (BOE núm. 310, de 28 de diciembre de 2023), con efectos desde el 1 de enero de 2024.

Redacción dada por el art. 6 Primero Dos del Real Decreto-ley 9/2024, de 23 de diciembre, por el que se adoptan medidas urgentes en materia económica, tributaria, de transporte, y de Seguridad Social, y se prorrogan determinadas medidas para hacer frente a situaciones de vulnerabilidad social, (BOE núm. 309, de 24 de diciembre de 2024), con efectos desde el 1 de enero de 2025: «*Deducción por obras de mejora de la eficiencia energética de viviendas.*

1. Los contribuyentes podrán deducirse el 20 por ciento de las cantidades satisfechas desde la entrada en vigor del Real Decreto-ley 19/2021, de 5 de octubre, de medidas urgentes para impulsar la actividad de rehabilitación edificatoria en el contexto del Plan de Recuperación, Transformación y Resiliencia, hasta el 31 de diciembre de 2025 por las obras realizadas durante dicho período para la reducción de la demanda de calefacción y refrigeración de su vivienda habitual o de cualquier otra de su titularidad que tuviera arrendada para su uso como vivienda en ese momento o en expectativa de alquiler, siempre que en este último caso, la vivienda se alquile antes de 31 de diciembre de 2026.

A estos efectos, únicamente se entenderá que se ha reducido la demanda de calefacción y refrigeración de la vivienda cuando se reduzca en al menos un 7 por ciento la suma de los indicadores de demanda de calefacción y refrigeración del certificado de eficiencia energética de la vivienda expedido por el técnico competente después de la realización de las obras, respecto del expedido antes del inicio de las mismas.

La deducción se practicará en el período impositivo en el que se expida el certificado de eficiencia energética emitido después de la realización de las obras. Cuando el certificado se expida en un período impositivo posterior a aquél en el que se abonaron cantidades por tales obras, la deducción se practicará en este último tomando en consideración las cantidades satisfechas desde la entrada en vigor del Real Decreto-ley 19/2021, de 5 de octubre, de medidas urgentes para impulsar la actividad de rehabilitación edificatoria en el contexto del Plan de Recuperación, Transformación y Resiliencia, hasta el 31 de diciembre de dicho período impositivo. En todo caso, dicho certificado deberá ser expedido antes de 1 de enero de 2026.

La base máxima anual de esta deducción será de 5.000 euros anuales.

2. Los contribuyentes podrán deducirse el 40 por ciento de las cantidades satisfechas desde la entrada en vigor del Real Decreto-ley 19/2021, de 5 de octubre, de medidas urgentes para impulsar la actividad de rehabilitación edificatoria en el contexto del Plan de Recuperación, Transformación y Resiliencia, hasta el 31 de diciembre de 2025 por las obras realizadas durante dicho período para la mejora en el consumo de energía primaria no renovable de su vivienda habitual o de cualquier otra de su titularidad que tuviera arrendada para su uso como vivienda en ese momento o en expectativa de alquiler, siempre que, en este último caso, la vivienda se alquile antes de 31 de diciembre de 2026.

A estos efectos, únicamente se entenderá que se ha mejorado el consumo de energía primaria no renovable en la vivienda en la que se hubieran realizado tales obras cuando se reduzca en al menos un 30 por ciento el indicador de consumo de energía primaria no renovable, o bien, se consiga una mejora de la calificación energética de la vivienda para obtener una clase energética «A» o «B», en la misma escala de calificación, acreditado mediante certificado de eficiencia energética expedido por el técnico competente después de la realización de aquéllas, respecto del expedido antes del inicio de las mismas.

La deducción se practicará en el período impositivo en el que se expida el certificado de eficiencia energética emitido después de la realización de las obras. Cuando el certificado se expida en un período impositivo posterior a aquél en el que se abonaron cantidades por tales obras, la deducción se practicará en este último tomando en consideración las cantidades satisfechas desde la entrada en vigor del Real Decreto-ley 19/2021, de 5 de octubre, de medidas urgentes para impulsar la actividad de rehabilitación edificatoria en el contexto del Plan de Recuperación, Transformación y Resiliencia, hasta el 31 de diciembre de dicho período impositivo. En todo caso, dicho certificado deberá ser expedido antes de 1 de enero de 2026.

La base máxima anual de esta deducción será de 7.500 euros anuales.

3. Los contribuyentes propietarios de viviendas ubicadas en edificios de uso predominante residencial en el que se hayan llevado a cabo desde la entrada en vigor del Real Decreto-ley 19/2021, de 5 de octubre, de medidas urgentes para impulsar la actividad de rehabilitación edificatoria en el contexto del Plan de Recuperación, Transformación y Resiliencia, hasta el 31 de diciembre de 2026 obras de rehabilitación energética, podrán deducirse el 60 por ciento de las cantidades satisfechas durante dicho período por tales obras. A estos efectos, tendrán la consideración de obras de rehabilitación energética del edificio aquéllas en las que se obtenga una mejora de la eficiencia energética del edificio en el que se ubica la vivienda, debiendo acreditarse con el certificado de eficiencia energética del edificio expedido por el técnico competente después de la realización de aquéllas una reducción del consumo de energía primaria no renovable, referida a la certificación energética, de un treinta por ciento como mínimo, o bien, la mejora de la calificación energética del edificio para obtener una clase energética «A» o «B», en la misma escala de calificación, respecto del expedido antes del inicio de las mismas.

Se asimilarán a viviendas las plazas de garaje y trasteros que se hubieran adquirido con estas.

No darán derecho a practicar esta deducción por las obras realizadas en la parte de la vivienda que se encuentre afecta a una actividad económica.

La deducción se practicará en los períodos impositivos 2021, 2022, 2023, 2024, 2025 y 2026 en relación con las cantidades satisfechas en cada uno de ellos, siempre que se hubiera expedido, antes de la finalización del período impositivo en el que se vaya a practicar la deducción, el citado certificado de eficiencia energética. Cuando el certificado se expida en un período impositivo posterior a aquél en el que se abonaron cantidades por tales obras, la deducción se practicará en este último tomando en consideración las cantidades satisfechas desde la entrada en vigor del Real Decreto-ley 19/2021, de 5 de octubre, de medidas urgentes para impulsar la actividad de rehabilitación edificatoria en el contexto del Plan de Recuperación, Transformación y Resiliencia, hasta el 31 de diciembre de dicho período impositivo. En todo caso, dicho certificado deberá ser expedido antes de 1 de enero de 2027.

La base máxima anual de esta deducción será de 5.000 euros anuales.

Las cantidades satisfechas no deducidas por exceder de la base máxima anual de deducción podrán deducirse, con el mismo límite, en los cuatro ejercicios siguientes, sin que en ningún caso la base acumulada de la deducción pueda exceder de 15.000 euros.

4. No darán derecho a practicar las deducciones previstas en los apartados 1 y 2 anteriores, cuando la obra se realice en las partes de las viviendas afectas a una actividad económica, plazas de garaje, trasteros, jardines, parques, piscinas e instalaciones deportivas y otros elementos análogos.

En ningún caso, una misma obra realizada en una vivienda dará derecho a las deducciones previstas en los apartados 1 y 2 anteriores. Tampoco tales deducciones resultarán de aplicación en aquellos casos en los que la mejora acreditada y las cuantías satisfechas correspondan a actuaciones realizadas en el conjunto del edificio y proceda la aplicación de la deducción recogida en el apartado 3 de esta disposición.

La base de las deducciones previstas en los apartados 1, 2 y 3 anteriores estará constituida por las cantidades satisfechas, mediante tarjeta de crédito o débito, transferencia bancaria, cheque nominativo o ingreso en cuentas en entidades de crédito, a las personas o entidades que realicen tales obras, así como a las personas o entidades que expidan los citados certificados, debiendo descontar aquellas cuantías que, en su caso, hubieran sido subvencionadas a través de un programa de ayudas públicas o fueran a serlo en virtud de resolución definitiva de la concesión de tales ayudas. En ningún caso, darán derecho a practicar deducción las cantidades satisfechas mediante entregas de dinero de curso legal.

A estos efectos, se considerarán como cantidades satisfechas por las obras realizadas aquellas necesarias para su ejecución, incluyendo los honorarios profesionales, costes de redacción de proyectos técnicos, dirección de obras, coste de ejecución de obras o instalaciones, inversión en equipos y materiales y otros gastos necesarios para su desarrollo, así como la emisión de los correspondientes certificados de eficiencia energética. En todo caso, no se considerarán en dichas cantidades los costes relativos a la instalación o sustitución de equipos que utilicen combustibles de origen fósil.

Tratándose de obras llevadas a cabo por una comunidad de propietarios la cuantía susceptible de formar la base de la deducción de cada contribuyente a que se refiere el apartado 3 anterior vendrá determinada por el resultado de aplicar a las cantidades satisfechas por la comunidad de propietarios, a las que se refiere el párrafo anterior, el coeficiente de participación que tuviese en la misma.

5. Los certificados de eficiencia energética previstos en los apartados anteriores deberán haber sido expedidos y registrados con arreglo a lo dispuesto en el Real Decreto 390/2021, de 1 de junio, por el que se aprueba el procedimiento básico para la certificación de la eficiencia energética de los edificios.

de Recuperación, Transformación y Resiliencia, hasta el 31 de diciembre de 2024 por las obras realizadas durante dicho período para la reducción de la demanda de calefacción y refrigeración de su vivienda habitual o de cualquier otra de su titularidad que tuviera arrendada para su uso como vivienda en ese momento o en expectativa de alquiler, siempre que en este último caso, la vivienda se alquile antes de 31 de diciembre de 2025.

A estos efectos, únicamente se entenderá que se ha reducido la demanda de calefacción y refrigeración de la vivienda cuando se reduzca en al menos un 7 por ciento la suma de los indicadores de demanda de calefacción y refrigeración del certificado de eficiencia energética de la vivienda expedido por el técnico competente después de la realización de las obras, respecto del expedido antes del inicio de las mismas.

La deducción se practicará en el período impositivo en el que se expida el certificado de eficiencia energética emitido después de la realización de las obras. Cuando el certificado se expida en un período impositivo posterior a aquél en el que se abonaron cantidades por tales obras, la deducción se practicará en este último tomando en consideración las cantidades satisfechas desde la entrada en vigor del Real Decreto-ley 19/2021, de 5 de octubre, de medidas urgentes para impulsar la actividad de rehabilitación edificatoria en el contexto del Plan de Recuperación, Transformación y Resiliencia, hasta el 31 de diciembre de dicho período impositivo. En todo caso, dicho certificado deberá ser expedido antes de 1 de enero de 2025.

La base máxima anual de esta deducción será de 5.000 euros anuales.

A los efectos de acreditar el cumplimiento de los requisitos exigidos para la práctica de estas deducciones serán válidos los certificados expedidos antes del inicio de las obras siempre que no hubiera transcurrido un plazo de dos años entre la fecha de su expedición y la del inicio de estas.

6. El importe de estas deducciones se restará de la cuota íntegra estatal después de las deducciones previstas en los apartados 1, 2, 3, 4, y 5 del artículo 68 de esta ley».

Resolución de 22 de enero de 2025, del Congreso de los Diputados, por la que se ordena la publicación del Acuerdo de derogación del Real Decreto-ley 9/2024, de 23 de diciembre, por el que se adoptan medidas urgentes en materia económica, tributaria, de transporte, y de Seguridad Social, y se prorrogan determinadas medidas para hacer frente a situaciones de vulnerabilidad social (BOE núm. 20, de 23 de enero de 2025).

Redacción anterior dada por el art. 21 del Real Decreto-ley 18/2022, de 18 de octubre, por el que se aprueban medidas de refuerzo de la protección de los consumidores de energía y de contribución a la reducción del consumo de gas natural en aplicación del «Plan + seguridad para tu energía (+SE)», así como medidas en materia de retribuciones del personal al servicio del sector público y de protección de las personas trabajadoras agrarias eventuales afectadas por la sequía (BOE núm. 251, de 19 de octubre de 2022), con efectos desde el 1 de enero de 2023.

Redacción anterior, por su incorporación realizada por el art. 1.Dos de la Ley 10/2022, de 14 de junio, de medidas urgentes para impulsar la actividad de rehabilitación edificatoria en el contexto del Plan de Recuperación, Transformación y Resiliencia (BOE núm. 142, de 15 de junio de 2022), en vigor desde el 16 de junio de **2022**: «*Disposición adicional quincuagésima. Deducción por obras de mejora de la eficiencia energética de viviendas.*

Anteriormente dicha fue incorporada por el art. 1.Dos del Real Decreto-Ley 19/2021 de 5 de octubre, de medidas urgentes para impulsar la actividad de rehabilitación edificatoria en el contexto del Plan de Recuperación, Transformación y Resiliencia (BOE núm. 239, de 6 de octubre de 2021), en vigor desde el mismo día de su publicación.

2. Los contribuyentes podrán deducirse el 40 por ciento de las cantidades satisfechas desde la entrada en vigor del Real Decreto-ley 19/2021, de 5 de octubre, de medidas urgentes para impulsar la actividad de rehabilitación edificatoria en el contexto del Plan de Recuperación, Transformación y Resiliencia, hasta el 31 de diciembre de 2024 por las obras realizadas durante dicho período para la mejora en el consumo de energía primaria no renovable de su vivienda habitual o de cualquier otra de su titularidad que tuviera arrendada para su uso como vivienda en ese momento o en expectativa de alquiler, siempre que, en este último caso, la vivienda se alquile antes de 31 de diciembre de 2025.

A estos efectos, únicamente se entenderá que se ha mejorado el consumo de energía primaria no renovable en la vivienda en la que se hubieran realizado tales obras cuando se reduzca en al menos un 30 por ciento el indicador de consumo de energía primaria no renovable, o bien, se consiga una mejora de la calificación energética de la vivienda para obtener una clase energética «A» o «B», en la misma escala de calificación, acreditado mediante certificado de eficiencia energética expedido por el técnico competente después de la realización de aquéllas, respecto del expedido antes del inicio de las mismas.

La deducción se practicará en el período impositivo en el que se expida el certificado de eficiencia energética emitido después de la realización de las obras. Cuando el certificado se expida en un período impositivo posterior a aquél en el que se abonaron cantidades por tales obras, la deducción se practicará en este último tomando en consideración las cantidades satisfechas desde la entrada en vigor del Real Decreto-ley 19/2021, de 5 de octubre, de medidas urgentes para impulsar la actividad de rehabilitación edificatoria en el contexto del Plan de Recuperación, Transformación y Resiliencia, hasta el 31 de diciembre de dicho período impositivo. En todo caso, dicho certificado deberá ser expedido antes de 1 de enero de 2025.

La base máxima anual de esta deducción será de 7.500 euros anuales.

3. Los contribuyentes propietarios de viviendas ubicadas en edificios de uso predominante residencial en el que se hayan llevado a cabo desde la entrada en vigor del Real Decreto-ley 19/2021, de 5 de octubre, de medidas urgentes para impulsar la actividad de rehabilitación edificatoria en el contexto del Plan de Recuperación, Transformación y Resiliencia, hasta el 31 de diciembre de 2025 obras de rehabilitación energética, podrán deducirse el 60 por ciento de las cantidades satisfechas durante dicho período por tales obras. A estos efectos, tendrán la consideración de obras de rehabilitación energética del edificio aquéllas en las que se obtenga una mejora de la eficiencia energética del edificio en el que se ubica la vivienda, debiendo acreditarse con el certificado de eficiencia energética del edificio expedido por el técnico competente después de la realización de aquéllas una reducción del consumo de energía primaria no renovable, referida a la certificación energética, de un treinta por ciento como mínimo, o bien, la mejora de la calificación energética del edificio para obtener una clase energética «A» o «B», en la misma escala de calificación, respecto del expedido antes del inicio de las mismas.

Se asimilarán a viviendas las plazas de garaje y trasteros que se hubieran adquirido con estas.

No darán derecho a practicar esta deducción por las obras realizadas en la parte de la vivienda que se encuentre afecta a una actividad económica.

La deducción se practicará en los períodos impositivos 2021, 2022, 2023, 2024 y 2025 en relación con las cantidades satisfechas en cada uno de ellos, siempre que se hubiera expedido, antes de la finalización del período impositivo en el que se vaya a practicar la deducción, el citado certificado de eficiencia energética. Cuando el certificado se expida en un período impositivo posterior a aquél en el que se abonaron cantidades por tales obras, la deducción se practicará en este último tomando en consideración las cantidades satisfechas desde la entrada en vigor del Real Decreto-ley 19/2021, de 5 de octubre, de medidas urgentes para impulsar la actividad de rehabilitación edificatoria en el contexto del Plan de Recuperación, Transformación y Resiliencia, hasta el 31 de diciembre de dicho período impositivo. En todo caso, dicho certificado deberá ser expedido antes de 1 de enero de 2026.

La base máxima anual de esta deducción será de 5.000 euros anuales.

Las cantidades satisfechas no deducidas por exceder de la base máxima anual de deducción podrán deducirse, con el mismo límite, en los cuatro ejercicios siguientes, sin que en ningún caso la base acumulada de la deducción pueda exceder de 15.000 euros.

4. No darán derecho a practicar las deducciones previstas en los apartados 1 y 2 anteriores, cuando la obra se realice en las partes de las viviendas afectas a una actividad económica, plazas de garaje, trasteros, jardines, parques, piscinas e instalaciones deportivas y otros elementos análogos.

En ningún caso, una misma obra realizada en una vivienda dará derecho a las deducciones previstas en los apartados 1 y 2 anteriores. Tampoco tales deducciones resultarán de aplicación en aquellos casos en los que la mejora acreditada y las cuantías satisfechas correspondan a actuaciones realizadas en el conjunto del edificio y proceda la aplicación de la deducción recogida en el apartado 3 de esta disposición.

La base de las deducciones previstas en los apartados 1, 2 y 3 anteriores estará constituida por las cantidades satisfechas, mediante tarjeta de crédito o débito, transferencia bancaria, cheque nominativo o ingreso en cuentas en entidades de crédito, a las personas o entidades que realicen tales obras, así como a las personas o entidades que expidan los citados certificados, debiendo descontar aquellas cuantías que, en su caso, hubieran sido subvencionadas a través de un programa de ayudas públicas o fueran a serlo en virtud de resolución definitiva de la concesión de tales ayudas. En ningún caso, darán derecho a practicar deducción las cantidades satisfechas mediante entregas de dinero de curso legal.

A estos efectos, se considerarán como cantidades satisfechas por las obras realizadas aquellas necesarias para su ejecución, incluyendo los honorarios profesionales, costes de redacción de proyectos técnicos, dirección de obras, coste de ejecución de obras o instalaciones, inversión en equipos y materiales y otros gastos necesarios para su desarrollo, así como la emisión de los correspondientes certificados de eficiencia energética. En todo caso, no se considerarán en dichas cantidades los costes relativos a la instalación o sustitución de equipos que utilicen combustibles de origen fósil.

Tratándose de obras llevadas a cabo por una comunidad de propietarios la cuantía susceptible de formar la base de la deducción de cada contribuyente a que se refiere el apartado 3 anterior vendrá determinada por el resultado de aplicar a las cantidades satisfechas por la comunidad de propietarios, a las que se refiere el párrafo anterior, el coeficiente de participación que tuviese en la misma.

5. Los certificados de eficiencia energética previstos en los apartados anteriores deberán haber sido expedidos y registrados con arreglo a lo dispuesto en el Real Decreto 390/2021, de 1 de junio, por el que se aprueba el procedimiento básico para la certificación de la eficiencia energética de los edificios.

A los efectos de acreditar el cumplimiento de los requisitos exigidos para la práctica de estas deducciones serán válidos los certificados expedidos antes del inicio de las obras siempre que no hubiera transcurrido un plazo de dos años entre la fecha de su expedición y la del inicio de estas.

6. El importe de estas deducciones se restará de la cuota íntegra estatal después de las deducciones previstas en los apartados 1, 2, 3, 4, y 5 del artículo 68 de esta ley.

Disposición adicional quincuagésima primera[491]. *Exención por daños personales.*

Estarán exentas de este Impuesto las cantidades percibidas por los familiares de las víctimas del accidente del vuelo GWI9525, acaecido el 24 de marzo de 2015, en concepto de responsabilidad civil, así como las ayudas voluntarias satisfechas a aquéllos por la compañía aérea afectada o por una entidad vinculada a esta última.

Disposición adicional quincuagésima segunda[492]. *Productos paneuropeos de pensiones individuales.*

A los productos paneuropeos de pensiones individuales regulados en el Reglamento (UE) 2019/1238 del Parlamento Europeo y del Consejo, de 20 de junio de 2019, relativo a un producto paneuropeo de pensiones individuales, les será de aplicación en este Impuesto el tratamiento que corresponda a los planes de pensiones.

En particular:

a) Las aportaciones del ahorrador a los productos paneuropeos de pensiones individuales podrán reducir la base imponible general en los mismos términos que las realizadas a los planes de pensiones y se incluirán en el límite máximo conjunto previsto en el artículo 52 de esta ley para sistemas de previsión social.

b) Las prestaciones percibidas por los beneficiarios de los productos paneuropeos de pensiones individuales tendrán en todo caso la consideración de rendimientos del trabajo y no estarán sujetas al Impuesto sobre Sucesiones y Donaciones.

c) Si el contribuyente dispusiera de los derechos de contenido económico derivados de las aportaciones a productos paneuropeos de pensiones individuales, total o parcialmente, en supuestos distintos de los previstos en la normativa de planes y fondos de pensiones, deberá reponer las reducciones en la base imponible indebidamente practicadas, mediante las oportunas autoliquidaciones complementarias, con inclusión de los intereses de demora. Las

---

[491] Nueva disposición incorporada por la disposición final 10 del Real Decreto-ley 6/2022, de 29 de marzo, por el que se adoptan medidas urgentes en el marco del Plan Nacional de respuesta a las consecuencias económicas y sociales de la guerra en Ucrania (BOE núm. 76, de 30 de marzo de 2022), con efectos desde la entrada en vigor de este real decreto-ley (31 de marzo) y ejercicios anteriores no prescritos.

[492] Nueva disposición incorporada por la disposición final primera Tres de la Ley 12/2022, de 30 de junio, de regulación para el impulso de los planes de pensiones de empleo, por la que se modifica el texto refundido de la Ley de Regulación de los Planes y Fondos de Pensiones, aprobado por Real Decreto Legislativo 1/2002, de 29 de noviembre (BOE núm. 157, de 1 de julio de 2022), con efectos desde el 2 de julio de 2022.

cantidades percibidas que excedan del importe de las aportaciones regularizadas tributarán como rendimiento del trabajo en el período impositivo en que se perciban.

Disposición adicional quincuagésima tercera[493]. *Rendimientos del trabajo obtenidos por la gestión de fondos vinculados al emprendimiento, a la innovación y al desarrollo de la actividad económica.*

1. Tendrán la consideración de rendimientos del trabajo los derivados directa o indirectamente de participaciones, acciones u otros derechos, incluidas comisiones de éxito, que otorguen derechos económicos especiales en alguna de las entidades relacionadas en el apartado 2, obtenidos por las personas administradoras, gestoras o empleadas de dichas entidades o de sus entidades gestoras o entidades de su grupo.

2. Las entidades a que se refiere el apartado 1 son las siguientes:

a) Fondos de Inversión Alternativa de carácter cerrado definidos en la Directiva 2011/61/UE del Parlamento Europeo y del Consejo, de 8 de junio de 2011, relativa a los gestores de fondos de inversión alternativos y por la que se modifican las Directivas 2003/41/CE y 2009/65/CE y los Reglamentos (CE) n.º 1060/2009 y (UE) n.º 1095/2010 incluidos en alguna de las siguientes categorías:

1.º Entidades definidas en el artículo 3 de la Ley 22/2014, de 12 de noviembre, por la que se regulan las entidades de capital riesgo, otras entidades de inversión colectiva de tipo cerrado y las sociedades gestoras de entidades de inversión colectiva de tipo cerrado, y por la que se modifica la Ley 35/2003, de 4 de noviembre, de Instituciones de Inversión Colectiva.

2.º Fondos de capital riesgo europeos regulados en el Reglamento (UE) n.º 345/2013, del Parlamento Europeo y del Consejo, de 17 de abril de 2013, sobre los fondos de capital riesgo europeos.

3.º Fondos de emprendimiento social europeos regulados en el Reglamento (UE) n.º 346/2013 del Parlamento Europeo y del Consejo, de 17 de abril de 2013, sobre los fondos de emprendimiento social europeos, y

4.º Fondos de inversión a largo plazo europeos regulados en el Reglamento (UE) 2015/760 del Parlamento Europeo y del Consejo, de 29 de abril de 2015, sobre los fondos de inversión a largo plazo europeos.

b) Otros organismos de inversión análogos a los anteriores.

3. Los rendimientos del trabajo a que se refiere el apartado 1 se integrarán en la base imponible en un 50 por ciento de su importe, sin que resulten de aplicación exención o reducción alguna, cuando se cumplan los siguientes requisitos:

a) Los derechos económicos especiales de dichas participaciones, acciones o derechos estén condicionados a que los restantes inversores en la entidad a la que se refiere el apartado 2 anterior, obtengan una rentabilidad mínima definida en el reglamento o estatuto de la misma.

b) Las participaciones, acciones o derechos se mantengan durante un período mínimo de cinco años, salvo que se produzca su transmisión mortis causa, o que se liquiden anticipadamente o queden sin efecto o se pierdan total o parcialmente como consecuencia del cambio

---

[493] Nueva disposición incorporada por la Disp. Final Tercera Seis de la Ley 28/2022, de 21 de diciembre, de fomento del ecosistema de las empresas emergentes (BOE núm. 306, de 22 de diciembre de 2022), con efectos desde el 1 de enero de 2023.

de entidad gestora, en cuyo caso, deberán haberse mantenido ininterrumpidamente hasta que se produzcan dichas circunstancias.

Lo dispuesto en esta letra será exigible, en su caso, a las entidades titulares de las participaciones, acciones o derechos. No será de aplicación el tratamiento previsto en este apartado cuando los derechos económicos especiales procedan directa o indirectamente de una entidad residente en un país o territorio calificado como jurisdicción no cooperativa o con el que no exista normativa sobre asistencia mutua en materia de intercambio de información tributaria en los términos previstos en la Ley 58/2003, de 17 de diciembre, General Tributaria, que sea de aplicación.

Disposición adicional quincuagésima cuarta[494]. *Reducción en 2023 del rendimiento neto calculado por el método de estimación objetiva*

Los contribuyentes que determinen el rendimiento neto de sus actividades económicas por el método de estimación objetiva podrán reducir el rendimiento neto de módulos obtenido en 2023 en un 10 por 100, en la forma que se establezca en la Orden por la que se aprueben los signos, índices o módulos para dicho ejercicio.

Disposición adicional quincuagésima quinta[495]. *Imputación de rentas inmobiliarias durante el período impositivo 2023.*

El porcentaje de imputación del 1,1 por ciento previsto en el artículo 85 de esta ley resultará de aplicación en el caso de inmuebles localizados en municipios en los que los valores catastrales hayan sido revisados, modificados o determinados mediante un procedimiento de valoración colectiva de carácter general, de conformidad con la normativa catastral, siempre que hubieran entrado en vigor a partir de 1 de enero de 2012.

---

[494] Nueva disposición adicional quincuagésima cuarta incorporada por el art. 61.Uno de la Ley 31/2022, de 23 de diciembre, de Presupuestos Generales del Estado para el año 2023 (BOE núm. 308, de 24 de diciembre de 2022), con efectos desde el 1 de enero de 2023.

[495] Redacción de la disposición adicional quincuagésima quinta incorporada por el art. 66 de la Ley 31/2022, de 23 de diciembre, de Presupuestos Generales del Estado para el año 2023 (BOE núm. 308, de 24 de diciembre de 2022), con efectos desde el 1 de enero de 2023.
Redacción dada por el art. 6 Primero Tres del Real Decreto-ley 9/2024, de 23 de diciembre, por el que se adoptan medidas urgentes en materia económica, tributaria, de transporte, y de Seguridad Social, y se prorrogan determinadas medidas para hacer frente a situaciones de vulnerabilidad social, (BOE núm. 309, de 24 de diciembre de 2024), con efectos desde el 1 de enero de 2024: «*Imputación de rentas inmobiliarias durante los períodos impositivos 2023 y 2024*
El porcentaje de imputación del 1,1 por ciento previsto en el artículo 85 de esta ley resultará de aplicación en el caso de inmuebles localizados en municipios en los que los valores catastrales hayan sido revisados, modificados o determinados mediante un procedimiento de valoración colectiva de carácter general, de conformidad con la normativa catastral, siempre que hubieran entrado en vigor a partir de 1 de enero de 2012».
Resolución de 22 de enero de 2025, del Congreso de los Diputados, por la que se ordena la publicación del Acuerdo de derogación del Real Decreto-ley 9/2024, de 23 de diciembre, por el que se adoptan medidas urgentes en materia económica, tributaria, de transporte, y de Seguridad Social, y se prorrogan determinadas medidas para hacer frente a situaciones de vulnerabilidad social (BOE núm. 20, de 23 de enero de 2025).

Disposición adicional quincuagésima sexta[496]. *Gastos de difícil justificación en estimación directa simplificada durante el período impositivo 2023.*

1. El porcentaje de deducción para el conjunto de las provisiones deducibles y los gastos de difícil justificación a que se refiere el artículo 30 del Reglamento del Impuesto sobre la Renta de las Personas Físicas será, durante el período impositivo 2023, del 7 por ciento.

2. El porcentaje establecido en el apartado 1 anterior podrá ser modificado reglamentariamente.

Disposición adicional quincuagésima séptima[497]. *Deducción por residencia habitual y efectiva en la isla de La Palma durante los períodos impositivos 2022, 2023 y 2024*

1. En los períodos impositivos 2022, 2023 y 2024, la deducción prevista en el número 1.º del apartado 4 del artículo 68 de esta ley será aplicable, en los mismos términos y condiciones, a los contribuyentes con residencia habitual y efectiva en la isla de La Palma, debiendo entenderse, a estos efectos, que las referencias realizadas a Ceuta y Melilla en dicho artículo, en el artículo 101 de esta ley y en su respectivo desarrollo reglamentario, lo son a la isla de La Palma.

2. En el período impositivo 2024, lo dispuesto en el apartado 1 anterior solamente resultará aplicable para determinar el tipo de retención e ingreso a cuenta a practicar sobre los rendimientos a los que resulte de aplicación la citada deducción que hubieran sido satisfechos a partir de la entrada en vigor del Real Decreto-ley 4/2024, de 26 de junio, por el que se prorrogan determinadas medidas para afrontar las consecuencias económicas y sociales derivadas de los conflictos en Ucrania y Oriente Próximo y se adoptan medidas urgentes en materia fiscal, energética y social, o para determinar el tipo del pago fraccionado correspondiente a las actividades económicas que tengan derecho a la misma cuyo plazo de presentación no se hubiera iniciado en el momento de la entrada en vigor de dicho Real Decreto-ley.

En particular, para calcular el tipo de retención o ingreso a cuenta aplicable a los rendimientos del trabajo a los que resulte de aplicación el procedimiento general de retención a que se refiere el artículo 82 del Reglamento del Impuesto, que se satisfagan

---

[496] Nueva disposición adicional quincuagésima sexta incorporada por el art. 60.Dos de la Ley 31/2022, de 23 de diciembre, de Presupuestos Generales del Estado para el año 2023 (BOE núm. 308, de 24 de diciembre de 2022), con efectos desde el 1 de enero de 2023. —Redacción conforme a la corrección de errores publicada en BOE núm. 52, de 2 de marzo de 2023—.

[497] Nueva redacción de la disposición adicional quincuagésima séptima dada por art. 3.Tres del Real Decreto-ley 4/2024, de 26 de junio, por el que se prorrogan determinadas medidas para afrontar las consecuencias económicas y sociales derivadas de los conflictos en Ucrania y Oriente Próximo y se adoptan medidas urgentes en materia fiscal, energética y social (BOE núm. 155, de 27 de junio de 2024), con efectos desde el 1 de enero de 2024.
Redacción anterior incorporada por el art. 67 de la Ley 31/2022, de 23 de diciembre, de Presupuestos Generales del Estado para el año 2023 (BOE núm. 308, de 24 de diciembre de 2022), con efectos desde el 1 de enero de 2023. Redacción conforme a la corrección de errores publicada en BOE núm. núm. 52, de 2 de marzo de 2023: «Disposición adicional quincuagésima séptima. *Deducción por residencia habitual y efectiva en la isla de La Palma durante los períodos impositivos 2022 y 2023.*
En los períodos impositivos 2022 y 2023, la deducción prevista en el número 1.º del apartado 4 del artículo 68 de esta ley será aplicable, en los mismos términos y condiciones, a los contribuyentes con residencia habitual y efectiva en la isla de La Palma, debiendo entenderse, a estos efectos, que las referencias realizadas a Ceuta y Melilla en dicho artículo y en su desarrollo reglamentario lo son a la isla de La Palma».

o abonen a partir de dicha fecha, se tendrá en cuenta lo dispuesto en el apartado 1 anterior, regularizándose, si procede, el tipo de retención o ingreso a cuenta en los primeros rendimientos del trabajo que se satisfagan o abonen a partir de dicha fecha.

No obstante lo dispuesto en el párrafo anterior podrá realizarse, a opción del pagador, en los primeros rendimientos del trabajo que se satisfagan o abonen a partir del mes siguiente de la entrada en vigor del Real Decreto-ley 4/2024, de 26 de junio, por el que se prorrogan determinadas medidas para afrontar las consecuencias económicas y sociales derivadas de los conflictos en Ucrania y Oriente Próximo y se adoptan medidas urgentes en materia fiscal, energética y social, en cuyo caso el tipo de retención o ingreso a cuenta a practicar sobre los rendimientos del trabajo satisfechos con anterioridad a esta fecha se determinará sin tomar en consideración lo dispuesto en el apartado 1 anterior.

Disposición adicional quincuagésima octava[498]. *Deducción por la adquisición de vehículos eléctricos «enchufables» y de pila de combustible y puntos de recarga.*

1. Los contribuyentes podrán deducir el 15 por ciento del valor de adquisición de un vehículo eléctrico nuevo, en cualquiera de las siguientes circunstancias:

---

[498] Nueva redacción dada por la Disp. Final Primera del Real Decreto-ley 3/2025, de 1 de abril, por el que se establece el programa de incentivos ligados a la movilidad eléctrica (MOVES III) para el año 2025 (BOE núm. 79, de 1 de abril de 2025), con efectos desde el 1 de enero de 2025.

Redacción anterior dada al art. 6 Primero Tres del Real Decreto-ley 9/2024, de 23 de diciembre, por el que se adoptan medidas urgentes en materia económica, tributaria, de transporte, y de Seguridad Social, y se prorrogan determinadas medidas para hacer frente a situaciones de vulnerabilidad social, (BOE núm. 309, de 24 de diciembre de 2024), con efectos desde el 1 de enero de 2025, que quedo sin efecto tras la derogación del Real Decreto-ley 9/2024, por la no convalidación del Congreso de los Diputados, en Resolución de 22 de enero de 2025.

Redacción anterior de la disposición adicional quincuagésima octava incorporada por el art. 189 del Real Decreto-ley 5/2023, de 28 de junio, por el que se adoptan y prorrogan determinadas medidas de respuesta a las consecuencias económicas y sociales de la Guerra de Ucrania, de apoyo a la reconstrucción de la isla de La Palma y a otras situaciones de vulnerabilidad; de transposición de Directivas de la Unión Europea en materia de modificaciones estructurales de sociedades mercantiles y conciliación de la vida familiar y la vida profesional de los progenitores y los cuidadores; y de ejecución y cumplimiento del Derecho de la Unión Europea (BOE núm. 154, de 29 de junio de 2023), en vigor desde 30 de junio de 2023: *«Deducción por la adquisición de vehículos eléctricos «enchufables» y de pila de combustible y puntos de recarga.*

1. Los contribuyentes podrán deducir el 15 por ciento del valor de adquisición de un vehículo eléctrico nuevo, en cualquiera de las siguientes circunstancias:

a) Cuando el vehículo se adquiera desde la entrada en vigor del Real Decreto-ley 5/2023, de 28 de junio, por el que se adoptan y prorrogan determinadas medidas de respuesta a las consecuencias económicas y sociales de la Guerra de Ucrania, de apoyo a la reconstrucción de la isla de La Palma y a otras situaciones de vulnerabilidad; de transposición de Directivas de la Unión Europea en materia de modificaciones estructurales de sociedades mercantiles y conciliación de la vida familiar y la vida profesional de los progenitores y los cuidadores; y de ejecución y cumplimiento del Derecho de la Unión Europea, hasta el 31 de diciembre de 2024. En este caso, la deducción se practicará en el periodo impositivo en el que el vehículo sea matriculado.

b) Cuando se abone al vendedor desde la entrada en vigor del Real Decreto-ley 5/2023, de 28 de junio, por el que se adoptan y prorrogan determinadas medidas de respuesta a las consecuencias económicas y sociales de la Guerra de Ucrania, de apoyo a la reconstrucción de la isla de La Palma y a otras situaciones de vulnerabilidad; de transposición de Directivas de la Unión Europea en materia de modificaciones estructurales de sociedades mercantiles y conciliación de la vida familiar y la vida profesional de los progenitores y los cuidadores; y de ejecución y cumplimiento del Derecho de la Unión Europea, hasta el

31 de diciembre de 2024, una cantidad a cuenta para la futura adquisición del vehículo que represente, al menos, el 25 por ciento del valor de adquisición del mismo. En este caso, la deducción se practicará en el periodo impositivo en el que se abone tal cantidad, debiendo abonarse el resto y adquirirse el vehículo antes de que finalice el segundo período impositivo inmediato posterior a aquel en el que se produjo el pago de tal cantidad.

En ambos casos, la base máxima de la deducción será 20.000 euros y estará constituida por el valor de adquisición del vehículo, incluidos los gastos y tributos inherentes a la adquisición, debiendo descontar aquellas cuantías que, en su caso, hubieran sido subvencionadas o fueran a serlo a través de un programa de ayudas públicas.

El contribuyente podrá aplicar la deducción prevista en este apartado por una única compra de alguno de los vehículos referidos en el apartado 2, debiendo optar en relación a la misma por la aplicación de lo dispuesto en la letra a) o b) anterior.

2. Solamente darán derecho a la práctica de esta deducción los vehículos que cumplan los siguientes requisitos:

1°) Los vehículos deberán pertenecer a alguna de las categorías siguientes:

a) Turismos M1: Vehículos de motor con al menos cuatro ruedas diseñados y fabricados para el transporte de pasajeros, que tengan, además del asiento del conductor, ocho plazas como máximo.

b) Cuadriciclos ligeros L6e: Cuadriciclos ligeros cuya masa en vacío sea inferior o igual a 425 kg, no incluida la masa de las baterías, cuya velocidad máxima por construcción sea inferior o igual a 45 km/h, y potencia máxima inferior o igual a 6 kW.

c) Cuadriciclos pesados L7e: Vehículos de cuatro ruedas, con una masa en orden de marcha (no incluido el peso de las baterías) inferior o igual a 450 kg en el caso de transporte de pasajeros y a 600 kg en el caso de transporte de mercancías, y que no puedan clasificarse como cuadriciclos ligeros.

d) Motocicletas L3e, L4e, L5e: Vehículos con dos ruedas, o con tres ruedas simétricas o asimétricas con respecto al eje medio longitudinal del vehículo, de más de 50 cm3 o velocidad mayor a 50 km/h y cuyo peso bruto vehicular no exceda de una tonelada.

2°) Los modelos de los vehículos deberán figurar en la Base de Vehículos del IDAE, (http://coches.idae.es/base-datos/vehiculos-elegibles-programa-MOVES), y cumplir los siguientes requisitos:

a) Para los vehículos pertenecientes a la categoría M se exige la pertenencia a alguno de los siguientes tipos:

i. Vehículos eléctricos puros (BEV), propulsados total y exclusivamente mediante motores eléctricos cuya energía procede, parcial o totalmente, de la electricidad de sus baterías, utilizando para su recarga la energía de una fuente exterior al vehículo, por ejemplo, la red eléctrica.

ii. Vehículos eléctricos de autonomía extendida (EREV), propulsados total y exclusivamente mediante motores eléctricos cuya energía procede, parcial o totalmente, de la electricidad de sus baterías, utilizando para su recarga la energía de una fuente exterior al vehículo y que incorporan motor de combustión interna de gasolina o gasóleo para la recarga de las mismas.

iii. Vehículos híbridos «enchufables» (PHEV), propulsados total o parcialmente mediante motores de combustión interna de gasolina o gasóleo y eléctricos cuya energía procede, parcial o totalmente, de la electricidad de sus baterías, utilizando para su recarga la energía de una fuente exterior al vehículo, por ejemplo, la red eléctrica. El motor eléctrico deberá estar alimentado con baterías cargadas desde una fuente de energía externa.

iv. Vehículo eléctrico de células de combustible (FCV): Vehículo eléctrico que utiliza exclusivamente energía eléctrica procedente de una pila de combustible de hidrógeno embarcado.

v. Vehículo eléctrico híbrido de células de combustible (FCHV): Vehículo eléctrico de células de combustible que equipa, además, baterías eléctricas recargables.

b) Para los vehículos pertenecientes a la categoría L se exige:

i. Estar propulsados exclusivamente por motores eléctricos y estar homologados como vehículos eléctricos.

ii. Las motocicletas eléctricas nuevas (categorías L3e, L4e y L5e) susceptibles de ayuda han de tener baterías de litio, motor eléctrico con una potencia del motor igual o superior a 3 kW, y una autonomía mínima de 70 km.

a) Cuando el vehículo se adquiera desde la entrada en vigor del Real Decreto-ley 5/2023, de 28 de junio, por el que se adoptan y prorrogan determinadas medidas de respuesta a las consecuencias económicas y sociales de la Guerra de Ucrania, de apoyo a la reconstrucción

---

3°) Los vehículos no podrán estar afectos a una actividad económica.

4°) Deberán estar matriculados por primera vez en España a nombre del contribuyente antes de 31 de diciembre de 2024, en el caso de la letra a) del apartado 1 anterior, o antes de que finalice el segundo período impositivo inmediato posterior a aquel en el que se produjo el pago de la cantidad a cuenta, en el caso de la letra b) del apartado 1 anterior.

5°) El precio de venta del vehículo adquirido no podrá superar el importe máximo establecido, en su caso, para cada tipo de vehículo en el Anexo III del Real Decreto 266/2021, de 13 de abril, por el que se aprueba la concesión directa de ayudas a las comunidades autónomas y a las ciudades de Ceuta y Melilla para la ejecución de programas de incentivos ligados a la movilidad eléctrica (MOVES III) en el marco del Plan de Recuperación, Transformación y Resiliencia Europeo, calculado en los términos establecidos en dicha norma.

3. Los contribuyentes podrán deducir el 15 por ciento de las cantidades satisfechas desde la entrada en vigor del Real Decreto-ley 5/2023, de 28 de junio, por el que se adoptan y prorrogan determinadas medidas de respuesta a las consecuencias económicas y sociales de la Guerra de Ucrania, de apoyo a la reconstrucción de la isla de La Palma y a otras situaciones de vulnerabilidad; de transposición de Directivas de la Unión Europea en materia de modificaciones estructurales de sociedades mercantiles y conciliación de la vida familiar y la vida profesional de los progenitores y los cuidadores; y de ejecución y cumplimiento del Derecho de la Unión Europea, hasta el 31 de diciembre de 2024, para la instalación durante dicho período en un inmueble de su propiedad de sistemas de recarga de baterías para vehículos eléctricos no afectas a una actividad económica.

La base máxima anual de esta deducción será de 4.000 euros anuales y estará constituida por las cantidades satisfechas, mediante tarjeta de crédito o débito, transferencia bancaria, cheque nominativo o ingreso en cuentas en entidades de crédito, a las personas o entidades que realicen la instalación, debiendo descontar aquellas cuantías que, en su caso, hubieran sido subvencionadas a través de un programa de ayudas públicas. En ningún caso, darán derecho a practicar deducción las cantidades satisfechas mediante entregas de dinero de curso legal.

A estos efectos, se considerarán como cantidades satisfechas para la instalación de los sistemas de recarga las necesarias para llevarla a cabo, tales como, la inversión en equipos y materiales, gastos de instalación de los mismos y las obras necesarias para su desarrollo.

La deducción se practicará en el período impositivo en el que finalice la instalación, que no podrá ser posterior a 2024. Cuando la instalación finalice en un período impositivo posterior a aquél en el que se abonaron cantidades por tal instalación, la deducción se practicará en este último tomando en consideración las cantidades satisfechas desde la entrada en vigor del Real Decreto-ley 5/2023, de 28 de junio, por el que se adoptan y prorrogan determinadas medidas de respuesta a las consecuencias económicas y sociales de la Guerra de Ucrania, de apoyo a la reconstrucción de la isla de La Palma y a otras situaciones de vulnerabilidad; de transposición de Directivas de la Unión Europea en materia de modificaciones estructurales de sociedades mercantiles y conciliación de la vida familiar y la vida profesional de los progenitores y los cuidadores; y de ejecución y cumplimiento del Derecho de la Unión Europea, hasta el 31 de diciembre de dicho período impositivo.

Para la aplicación de la deducción deberá contarse con las autorizaciones y permisos establecidos en la legislación vigente.

4. En caso de que con posterioridad a su adquisición o instalación se afectaran a una actividad económica los vehículos o los sistemas de recarga de baterías a que se refieren los apartados anteriores, se perderá el derecho a la deducción practicada.

5. El importe de estas deducciones se restará de la cuota íntegra estatal después de las deducciones previstas en los apartados 1, 2, 3, 4, y 5 del artículo 68 de esta ley.

6. Reglamentariamente se regularán las obligaciones de información a cumplir por los concesionarios o vendedores de los vehículos».

de la isla de La Palma y a otras situaciones de vulnerabilidad; de transposición de Directivas de la Unión Europea en materia de modificaciones estructurales de sociedades mercantiles y conciliación de la vida familiar y la vida profesional de los progenitores y los cuidadores; y de ejecución y cumplimiento del Derecho de la Unión Europea, hasta el 31 de diciembre de 2025. En este caso, la deducción se practicará en el periodo impositivo en el que el vehículo sea matriculado.

b) Cuando se abone al vendedor desde la entrada en vigor del Real Decreto-ley 5/2023, de 28 de junio, por el que se adoptan y prorrogan determinadas medidas de respuesta a las consecuencias económicas y sociales de la Guerra de Ucrania, de apoyo a la reconstrucción de la isla de La Palma y a otras situaciones de vulnerabilidad; de transposición de Directivas de la Unión Europea en materia de modificaciones estructurales de sociedades mercantiles y conciliación de la vida familiar y la vida profesional de los progenitores y los cuidadores; y de ejecución y cumplimiento del Derecho de la Unión Europea, hasta el 31 de diciembre de 2025, una cantidad a cuenta para la futura adquisición del vehículo que represente, al menos, el 25 por ciento del valor de adquisición del mismo. En este caso, la deducción se practicará en el periodo impositivo en el que se abone tal cantidad, debiendo abonarse el resto y adquirirse el vehículo antes de que finalice el segundo período impositivo inmediato posterior a aquel en el que se produjo el pago de tal cantidad.

En ambos casos, la base máxima de la deducción será 20.000 euros y estará constituida por el valor de adquisición del vehículo, incluidos los gastos y tributos inherentes a la adquisición, debiendo descontar aquellas cuantías que, en su caso, hubieran sido subvencionadas o fueran a serlo a través de un programa de ayudas públicas.

El contribuyente podrá aplicar la deducción prevista en este apartado por una única compra de alguno de los vehículos referidos en el apartado 2, debiendo optar en relación a la misma por la aplicación de lo dispuesto en la letra a) o b) anterior.

2. Solamente darán derecho a la práctica de esta deducción los vehículos que cumplan los siguientes requisitos:

1.º) Los vehículos deberán pertenecer a alguna de las categorías siguientes:

a) Turismos M1: Vehículos de motor con al menos cuatro ruedas diseñados y fabricados para el transporte de pasajeros, que tengan, además del asiento del conductor, ocho plazas como máximo.

b) Cuadriciclos ligeros L6e: Cuadriciclos ligeros cuya masa en vacío sea inferior o igual a 425 kg, no incluida la masa de las baterías, cuya velocidad máxima por construcción sea inferior o igual a 45 km/h, y potencia máxima inferior o igual a 6 kW.

c) Cuadriciclos pesados L7e: Vehículos de cuatro ruedas, con una masa en orden de marcha (no incluido el peso de las baterías) inferior o igual a 450 kg en el caso de transporte de pasajeros y a 600 kg en el caso de transporte de mercancías, y que no puedan clasificarse como cuadriciclos ligeros.

d) Motocicletas L3e, L4e, L5e: Vehículos con dos ruedas, o con tres ruedas simétricas o asimétricas con respecto al eje medio longitudinal del vehículo, de más de 50 cm3 o velocidad mayor a 50 km/h y cuyo peso bruto vehicular no exceda de una tonelada.

2.º) Los modelos de los vehículos deberán figurar en la Base de Vehículos del IDAE, (https://coches.idae.es/base-datos/vehiculos-elegibles-programa-MOVES), y cumplir los siguientes requisitos:

a) Para los vehículos pertenecientes a la categoría M se exige la pertenencia a alguno de los siguientes tipos:

i. Vehículos eléctricos puros (BEV), propulsados total y exclusivamente mediante motores eléctricos cuya energía procede, parcial o totalmente, de la electricidad de sus baterías, utilizando para su recarga la energía de una fuente exterior al vehículo, por ejemplo, la red eléctrica.

ii. Vehículos eléctricos de autonomía extendida (EREV), propulsados total y exclusivamente mediante motores eléctricos cuya energía procede, parcial o totalmente, de la electricidad de sus baterías, utilizando para su recarga la energía de una fuente exterior al vehículo y que incorporan motor de combustión interna de gasolina o gasóleo para la recarga de las mismas.

iii. Vehículos híbridos «enchufables» (PHEV), propulsados total o parcialmente mediante motores de combustión interna de gasolina o gasóleo y eléctricos cuya energía procede, parcial o totalmente, de la electricidad de sus baterías, utilizando para su recarga la energía de una fuente exterior al vehículo, por ejemplo, la red eléctrica. El motor eléctrico deberá estar alimentado con baterías cargadas desde una fuente de energía externa.

iv. Vehículo eléctrico de células de combustible (FCV): Vehículo eléctrico que utiliza exclusivamente energía eléctrica procedente de una pila de combustible de hidrógeno embarcado.

v. Vehículo eléctrico híbrido de células de combustible (FCHV): Vehículo eléctrico de células de combustible que equipa, además, baterías eléctricas recargables.

b) Para los vehículos pertenecientes a la categoría L se exige:

i. Estar propulsados exclusivamente por motores eléctricos y estar homologados como vehículos eléctricos.

ii. Las motocicletas eléctricas nuevas (categorías L3e, L4e y L5e) susceptibles de ayuda han de tener baterías de litio, motor eléctrico con una potencia del motor igual o superior a 3 kW, y una autonomía mínima de 70 km.

3.º) Los vehículos no podrán estar afectos a una actividad económica.

4.º) Deberán estar matriculados por primera vez en España a nombre del contribuyente antes de 31 de diciembre de 2025, en el caso de la letra a) del apartado 1 anterior, o antes de que finalice el segundo período impositivo inmediato posterior a aquel en el que se produjo el pago de la cantidad a cuenta, en el caso de la letra b) del apartado 1 anterior.

5.º) El precio de venta del vehículo adquirido no podrá superar el importe máximo establecido, en su caso, para cada tipo de vehículo en el anexo III del Real Decreto 266/2021, de 13 de abril, por el que se aprueba la concesión directa de ayudas a las comunidades autónomas y a las ciudades de Ceuta y Melilla para la ejecución de programas de incentivos ligados a la movilidad eléctrica (MOVES III) en el marco del Plan de Recuperación, Transformación y Resiliencia Europeo, calculado en los términos establecidos en dicha norma.

3. Los contribuyentes podrán deducir el 15 por ciento de las cantidades satisfechas desde la entrada en vigor del Real Decreto-ley 5/2023, de 28 de junio, por el que se adoptan y prorrogan determinadas medidas de respuesta a las consecuencias económicas y sociales de la Guerra de Ucrania, de apoyo a la reconstrucción de la isla de La Palma y a otras situaciones de vulnerabilidad; de transposición de Directivas de la Unión Europea en materia de modificaciones estructurales de sociedades mercantiles y conciliación de la vida familiar y la vida profesional de los progenitores y los cuidadores; y de ejecución y cumplimiento del Derecho de la Unión Europea, hasta el 31 de diciembre de 2025, para la instalación durante dicho

período en un inmueble de su propiedad de sistemas de recarga de baterías para vehículos eléctricos no afectas a una actividad económica.

La base máxima anual de esta deducción será de 4.000 euros anuales y estará constituida por las cantidades satisfechas, mediante tarjeta de crédito o débito, transferencia bancaria, cheque nominativo o ingreso en cuentas en entidades de crédito, a las personas o entidades que realicen la instalación, debiendo descontar aquellas cuantías que, en su caso, hubieran sido subvencionadas a través de un programa de ayudas públicas. En ningún caso, darán derecho a practicar deducción las cantidades satisfechas mediante entregas de dinero de curso legal.

A estos efectos, se considerarán como cantidades satisfechas para la instalación de los sistemas de recarga las necesarias para llevarla a cabo, tales como, la inversión en equipos y materiales, gastos de instalación de los mismos y las obras necesarias para su desarrollo.

La deducción se practicará en el periodo impositivo en el que finalice la instalación, que no podrá ser posterior a 2025. Cuando la instalación finalice en un período impositivo posterior a aquél en el que se abonaron cantidades por tal instalación, la deducción se practicará en este último tomando en consideración las cantidades satisfechas desde la entrada en vigor del Real Decreto-ley 5/2023, de 28 de junio, por el que se adoptan y prorrogan determinadas medidas de respuesta a las consecuencias económicas y sociales de la Guerra de Ucrania, de apoyo a la reconstrucción de la isla de La Palma y a otras situaciones de vulnerabilidad; de transposición de Directivas de la Unión Europea en materia de modificaciones estructurales de sociedades mercantiles y conciliación de la vida familiar y la vida profesional de los progenitores y los cuidadores; y de ejecución y cumplimiento del Derecho de la Unión Europea, hasta el 31 de diciembre de dicho período impositivo.

Para la aplicación de la deducción deberá contarse con las autorizaciones y permisos establecidos en la legislación vigente.

4. En caso de que con posterioridad a su adquisición o instalación se afectaran a una actividad económica los vehículos o los sistemas de recarga de baterías a que se refieren los apartados anteriores, se perderá el derecho a la deducción practicada.

5. El importe de estas deducciones se restará de la cuota íntegra estatal después de las deducciones previstas en los apartados 1, 2, 3, 4, y 5 del artículo 68 de esta ley.

6. Reglamentariamente se regularán las obligaciones de información a cumplir por los concesionarios o vendedores de los vehículos.

Disposición adicional quincuagésima novena[499]**.** *Libertad de amortización en determinados vehículos y en nuevas infraestructuras de recarga.*

1. La libertad de amortización prevista en la disposición adicional decimoctava de la Ley 27/2014, de 27 de noviembre, del Impuesto sobre Sociedades, resultará de aplicación a los contribuyentes de este impuesto que desarrollen la actividad económica a la que se afecten los vehículos e instalaciones de recarga, cualquiera que sea el método de determinación de su rendimiento neto.

---

[499] Disposición adicional quincuagésima novena incorporada por art. 3.Cuatro del Real Decreto-ley 4/2024, de 26 de junio, por el que se prorrogan determinadas medidas para afrontar las consecuencias económicas y sociales derivadas de los conflictos en Ucrania y Oriente Próximo y se adoptan medidas urgentes en materia fiscal, energética y social (BOE núm. 155, de 27 de junio de 2024), con efectos desde el 1 de enero de 2024.

2. Cuando se transmitan los vehículos o instalaciones de recarga que hubieran gozado de la libertad de amortización prevista en la disposición adicional decimoctava de la Ley del Impuesto sobre Sociedades, para el cálculo de la ganancia o pérdida patrimonial no se minorará el valor de adquisición en el importe de las amortizaciones fiscalmente deducidas que excedan de las que hubieran sido fiscalmente deducibles de no haberse aplicado aquélla. El citado exceso tendrá, para el transmitente, la consideración de rendimiento íntegro de la actividad económica en el período impositivo en que se efectúe la transmisión, cualquiera que sea el método de determinación de aquél.

Disposición adicional sexagésima[500]. *Rendimientos de actividades artísticas obtenidos de manera excepcional*

1. Cuando los rendimientos íntegros del trabajo obtenidos en el período impositivo a los que no les resulte de aplicación la reducción prevista en el artículo 18.2 de esta ley derivados de elaboración de obras literarias, artísticas o científicas a los que se refiere el artículo 17.2 d) de esta ley y de la relación laboral especial de las personas artistas que desarrollan su actividad en las artes escénicas, audiovisuales y musicales, así como de las personas que realizan actividades técnicas o auxiliares necesarias para el desarrollo de dicha actividad, excedan del 130 por ciento de la cuantía media de los referidos rendimientos imputados en los tres períodos impositivos anteriores, se reducirá en un 30 por ciento el citado exceso.

La cuantía sobre la que se aplicará esta reducción no podrá superar los 150.000 euros anuales.

2. Cuando los rendimientos netos de actividades económicas obtenidos en el período impositivo a los que no les resulte de aplicación la reducción prevista en el artículo 32.1 de esta ley derivados de actividades incluidas en los grupos 851, 852, 853, 861, 862, 864 y 869 de la sección segunda y en las agrupaciones 01, 02, 03 y 05 de la sección tercera, de las Tarifas del Impuesto sobre Actividades Económicas, aprobadas junto con la Instrucción para su aplicación por el Real Decreto Legislativo 1175/1990, de 28 de septiembre, o de la prestación de servicios profesionales que por su naturaleza, si se realizase por cuenta ajena, quedaría incluida en el ámbito de aplicación de la relación laboral especial de las personas artistas que desarrollan su actividad en las artes escénicas, audiovisuales y musicales, así como de las personas que realizan actividades técnicas o auxiliares necesarias para el desarrollo de dicha actividad, excedan del 130 por ciento de la cuantía media de los referidos rendimientos netos imputados en los tres períodos impositivos anteriores, se reducirá en un 30 por ciento el citado exceso.

A efectos del cálculo de los rendimientos netos de actividades económicas a los que les sea de aplicación esta reducción, así como los de los tres períodos impositivos anteriores, se tendrán en cuenta las siguientes reglas:

---

[500]　Nueva disposición adicional incorporada por la Disp. Final Séptima Cuatro de la Ley 7/2024, de 20 de diciembre, por la que se establecen un Impuesto Complementario para garantizar un nivel mínimo global de imposición para los grupos multinacionales y los grupos nacionales de gran magnitud, un Impuesto sobre el margen de intereses y comisiones de determinadas entidades financieras y un Impuesto sobre los líquidos para cigarrillos electrónicos y otros productos relacionados con el tabaco, y se modifican otras normas tributarias (BOE núm. 307, de 21 de diciembre de 2024), modifica, con efectos desde el 1 de enero de 2025.

1.°) Los gastos deducibles que sean comunes a otros rendimientos de actividades económicas se prorratearán los mismos de forma proporcional en función de la cuantía de los distintos rendimientos íntegros de actividades económicas computadas en dicho ejercicio.

2.°) En caso de que, en alguno de los tres ejercicios anteriores el rendimiento neto fuera negativo se computará como 0 a efectos del cálculo de dicha media.

La cuantía sobre la que se aplicará esta reducción no podrá superar los 150.000 euros anuales.

La reducción será de aplicación con posterioridad, en su caso, a las reducciones previstas en los apartados 2 y 3 del artículo 32 de esta ley.

DISPOSICIONES TRANSITORIAS

Disposición transitoria primera. *Prestaciones recibidas de expedientes de regulación de empleo.*

A las cantidades percibidas a partir del 1 de enero de 2001 por beneficiarios de contratos de seguro concertados para dar cumplimiento a lo establecido en la disposición transitoria cuarta del texto refundido de la Ley de Regulación de los Planes y Fondos de Pensiones que instrumenten las prestaciones derivadas de expedientes de regulación de empleo, que con anterioridad a la celebración del contrato se hicieran efectivas con cargo a fondos internos, y a las cuales les resultara de aplicación la reducción establecida en el artículo 17.2.a) de la Ley 40/1998, de 9 de diciembre, del Impuesto sobre la Renta de las Personas Físicas y otras Normas Tributarias, aplicarán la reducción establecida en el artículo 18.2 de esta ley, sin que a estos efectos la celebración de tales contratos altere el cálculo del período de generación de tales prestaciones.

Disposición transitoria segunda[501]. *Régimen transitorio aplicable a las mutualidades de previsión social.*

1. Las prestaciones por jubilación e invalidez derivadas de contratos de seguro concertados con mutualidades de previsión social cuyas aportaciones, realizadas con anterioridad a 1 de enero de 1999, hayan sido objeto de minoración al menos en parte en la base imponi-

---

[501] Ley 7/2024, de 20 de diciembre, por la que se establecen un Impuesto Complementario para garantizar un nivel mínimo global de imposición para los grupos multinacionales y los grupos nacionales de gran magnitud, un Impuesto sobre el margen de intereses y comisiones de determinadas entidades financieras y un Impuesto sobre los líquidos para cigarrillos electrónicos y otros productos relacionados con el tabaco, y se modifican otras normas tributarias, (BOE núm. 307, de 21 de diciembre de 2024), con efectos desde el 22 de diciembre de 2024: **Disposición final décima sexta.** *Tramitación a seguir por la Agencia Estatal de Administración Tributaria para determinar la procedencia y, en su caso, practicar las devoluciones derivadas de la jurisprudencia establecida por el Tribunal Supremo en relación a la disposición transitoria segunda de la Ley 35/2006, de 28 de noviembre, del Impuesto sobre la Renta de las Personas Físicas y de modificación parcial de las leyes de los Impuestos sobre Sociedades, sobre la Renta de no Residentes y sobre el Patrimonio, en relación con los períodos impositivos 2019 a 2022.*

«1. La Agencia Estatal de Administración Tributaria podrá reconocer las devoluciones derivadas de la aplicación de la disposición transitoria segunda de la Ley 35/2006, de 28 de noviembre, del Impuesto sobre la Renta de las Personas Físicas y de modificación parcial de las leyes de los Impuestos sobre Sociedades, sobre la Renta de no Residentes y sobre el Patrimonio, según la jurisprudencia establecida por el Tribunal Supremo, en relación con los períodos impositivos 2019 a 2022, mediante el inicio del procedimiento de rectificación de autoliquidación, o de devolución iniciado mediante autoliquidación, que se tramitarán

ble, deberán integrarse en la base imponible del impuesto en concepto de rendimientos del trabajo.

2. La integración se hará en la medida en que la cuantía percibida exceda de las aportaciones realizadas a la mutualidad que no hayan podido ser objeto de reducción o minoración en la base imponible del impuesto de acuerdo con la legislación vigente en cada momento y, por tanto, hayan tributado previamente.

3. Si no pudiera acreditarse la cuantía de las aportaciones que no hayan podido ser objeto de reducción o minoración en la base imponible, se integrará el 75 por ciento de las prestaciones por jubilación o invalidez percibidas.

Disposición transitoria tercera. *Contratos de arrendamiento anteriores al 9 de mayo de 1985.*

En la determinación de los rendimientos del capital inmobiliario derivados de contratos de arrendamiento celebrados con anterioridad al 9 de mayo de 1985, que no disfruten del derecho a la revisión de la renta del contrato en virtud de la aplicación de la regla 7.ª del apartado 11 de la disposición transitoria segunda de la Ley 29/1994, de 24 de noviembre, de arrendamientos urbanos, se incluirá adicionalmente, como gasto deducible, mientras subsista esta situación y en concepto de compensación, la cantidad que corresponda a la amortización del inmueble.

Disposición transitoria cuarta[502]. *Régimen transitorio de los contratos de seguro de vida generadores de incrementos o disminuciones de patrimonio con anterioridad a 1 de enero de 1999.*

Cuando se perciba un capital diferido, a la parte del rendimiento neto total calculado de acuerdo con lo establecido en el artículo 25 de esta Ley correspondiente a primas satisfechas

---

conforme a las normas sobre actuaciones y procedimientos tributarios previstas en la Ley 58/2003, de 17 de diciembre, General Tributaria, en los términos señalados en esta disposición.

2. A estos efectos, la Agencia Estatal de Administración Tributaria analizará la procedencia de los procedimientos para cuyo inicio haya recibido conformidad expresa a través del formulario de apoderamiento que para ello ponga a disposición de los contribuyentes en su Sede Electrónica, dentro del plazo reglamentario de declaración del Impuesto sobre la Renta de las Personas Físicas, en la forma que se establezca en la Orden de aprobación del correspondiente modelo de declaración de dicho Impuesto.

3. Los citados apoderamiento y conformidad por parte del contribuyente, y la tramitación de los procedimientos, se presentarán, prestarán y realizarán en función de la antigüedad del período impositivo al que corresponden a razón de un período impositivo por cada año natural iniciado a partir de 2025.

A los efectos de lo dispuesto en el párrafo anterior, las devoluciones del período impositivo 2019 y de los períodos anteriores no prescritos serán exigibles a partir de uno de enero de 2025.

4. La Agencia Estatal de Administración Tributaria inadmitirá cualquier otra autoliquidación o, en su caso, solicitud de rectificación de autoliquidación que se presente por los contribuyentes con el objeto de obtener las devoluciones a las que se refiere esta disposición, cuando no se ajusten a lo dispuesto en la misma.

5. Esta disposición deja sin efecto los apoderamientos formulados con anterioridad a su fecha de entrada en vigor, así como las actuaciones de la Agencia Estatal de Administración Tributaria realizadas a partir de los mismos, siempre que estuvieran pendientes de abono las devoluciones correspondientes. Asimismo, quedarán sin efecto los procedimientos en curso de rectificación de autoliquidación, o de devolución iniciado mediante autoliquidación, cuya devolución no se hubiera acordado a la fecha de entrada en vigor. Lo dispuesto en el párrafo anterior se entenderá sin perjuicio de los efectos interruptivos de la prescripción que se hayan podido producir».

[502] Nueva redacción dada por el Art. Primero. Ochenta y uno de la Ley 26/2014, de 27 de noviembre, por la que se modifican la Ley 35/2006, de 28 de noviembre, del Impuesto sobre la Renta de las Personas Físicas,

con anterioridad a 31 de diciembre de 1994, que se hubiera generado con anterioridad a 20 de enero de 2006, se reducirá, en su caso, de la siguiente forma:

1.º Se determinará la parte del rendimiento neto total que corresponde a cada una de las primas satisfechas con anterioridad a 31 de diciembre de 1994. Para determinar la parte del rendimiento total obtenido que corresponde a cada prima del contrato de seguro, se multiplicará dicho rendimiento total por el coeficiente de ponderación que resulte del siguiente cociente:

En el numerador, el resultado de multiplicar la prima correspondiente por el número de años transcurridos desde que fue satisfecha hasta el cobro de la percepción.

En el denominador, la suma de los productos resultantes de multiplicar cada prima por el número de años transcurridos desde que fue satisfecha hasta el cobro de la percepción.

2.º Para cada una de las partes del rendimiento neto total que corresponde a cada una de las primas satisfechas con anterioridad a 31 de diciembre de 1994, se determinará, a su vez, la parte de la misma que se ha generado con anterioridad a 20 de enero de 2006. Para determinar la parte de la misma que se ha generado con anterioridad a dicha fecha, se multiplicará la cuantía resultante de lo previsto en el número 1.º anterior para cada prima satisfecha con anterioridad a 31 de diciembre de 1994, por el coeficiente de ponderación que resulte del siguiente cociente:

En el numerador, el tiempo transcurrido entre el pago de la prima y el 20 de enero de 2006.

En el denominador, el tiempo transcurrido entre el pago de la prima y la fecha de cobro de la prestación.

3.º Se calculará el importe total de los capitales diferidos correspondientes a los seguros de vida a cuyo rendimiento neto le hubiera resultado de aplicación lo establecido en esta disposición, obtenidos desde 1 de enero de 2015 hasta el momento de la imputación temporal del capital diferido.

4.º Cuando sea inferior a 400.000 euros la suma del capital diferido y la cuantía a que se refiere el número 3.º anterior, se determinará el importe a reducir del rendimiento neto total. A estos efectos, se aplicará a cada una de las partes del rendimiento neto calculadas con arreglo a lo dispuesto en el número 2.º anterior el porcentaje del 14,28 por ciento por cada año transcurrido entre el pago de la correspondiente prima y el 31 de diciembre de 1994. Cuando hubiesen transcurrido más de seis años entre dichas fechas, el porcentaje a aplicar será el 100 por ciento.

5.º Cuando sea superior a 400.000 euros la suma del capital diferido y la cuantía a que se refiere el número 3.º anterior, pero el resultado de lo dispuesto en el número 3.º anterior sea inferior a 400.000 euros, se practicará la reducción señalada en apartado 4.º anterior a cada una de las partes del rendimiento neto generadas con anterioridad a 20 de enero de 2006 que proporcionalmente correspondan a la parte del capital diferido que sumado a la cuantía del apartado 3.º anterior no supere 400.000 euros.

6.º Cuando el resultado de lo dispuesto en el número 3.º anterior sea superior a 400.000 euros, no se practicará reducción alguna.

---

el texto refundido de la Ley del Impuesto sobre la Renta de no Residentes, aprobado por el Real Decreto Legislativo 5/2004, de 5 de marzo, y otras normas tributarias (BOE núm. 288, de 28 de noviembre de 2014), en vigor desde el 1 de enero de 2015.

Disposición transitoria quinta. *Régimen transitorio aplicable a las rentas vitalicias y temporales.*

1. Para determinar la parte de las rentas vitalicias y temporales, inmediatas o diferidas, que se considera rendimiento del capital mobiliario, resultarán aplicables exclusivamente los porcentajes establecidos por el artículo 25.3.a), números 2.º y 3.º, de esta ley, a las prestaciones en forma de renta que se perciban a partir de la entrada en vigor de esta ley, cuando la constitución de las rentas se hubiera producido con anterioridad a 1 de enero de 1999.

Dichos porcentajes resultarán aplicables en función de la edad que tuviera el perceptor en el momento de la constitución de la renta en el caso de rentas vitalicias o en función de la total duración de la renta si se trata de rentas temporales.

2. Si se acudiera al rescate de rentas vitalicias o temporales cuya constitución se hubiera producido con anterioridad a 1 de enero de 1999, para el cálculo del rendimiento del capital mobiliario producido con motivo del rescate se restará la rentabilidad obtenida hasta la fecha de constitución de la renta.

3. Para determinar la parte de las rentas vitalicias y temporales, inmediatas o diferidas, que se considera rendimiento del capital mobiliario, resultarán aplicables los porcentajes establecidos por el artículo 25.3.a), números 2.º y 3.º, de esta ley, a las prestaciones en forma de renta que se perciban a partir de la entrada en vigor de esta ley, cuando la constitución de las mismas se hubiera producido entre el 1 de enero de 1999 y el 31 de diciembre de 2006.

Dichos porcentajes resultarán aplicables en función de la edad que tuviera el perceptor en el momento de la constitución de la renta en el caso de rentas vitalicias o en función de la total duración de la renta si se trata de rentas temporales.

Adicionalmente, en su caso, se añadirá la rentabilidad obtenida hasta la fecha de constitución de la renta a que se refiere el número 4.º del artículo 25.3 a) de esta Ley.

Disposición transitoria sexta[503]. *Reducción por movilidad geográfica aplicable en 2015.*

Los contribuyentes que hubieran tenido derecho a aplicar en 2014 la reducción prevista en la letra b) del apartado 2 del artículo 20 de esta Ley, en su redacción vigente a 31 de diciembre de 2014, como consecuencia de haber aceptado en dicho ejercicio un puesto de trabajo, y continúen desempeñando dicho trabajo en el período impositivo 2015, podrán aplicar en dicho período impositivo la reducción a que se refiere el artículo 20 de esta Ley, en su redacción vigente a 31 de diciembre de 2014, en lugar de la reducción prevista en el segundo párrafo de la letra f) del apartado 2 del artículo 19 de esta Ley.

Disposición transitoria séptima. *Partidas pendientes de compensación.*

1. Las pérdidas patrimoniales a que se refiere el artículo 39.b) del texto refundido de la Ley del Impuesto sobre la Renta de las Personas Físicas correspondientes a los períodos impositivos 2003, 2004, 2005 y 2006 que se encuentren pendientes de compensación a la fecha de entrada en vigor de esta Ley, se compensarán con el saldo de las ganancias y pérdidas patrimoniales a que se refiere el artículo 48 b) de esta ley. Las pérdidas patrimoniales

---

503   Nueva redacción dada por el Art. Primero. Ochenta y dos de la Ley 26/2014, de 27 de noviembre, por la que se modifican la Ley 35/2006, de 28 de noviembre, del Impuesto sobre la Renta de las Personas Físicas, el texto refundido de la Ley del Impuesto sobre la Renta de no Residentes, aprobado por el Real Decreto Legislativo 5/2004, de 5 de marzo, y otras normas tributarias (BOE núm. 288, de 28 de noviembre de 2014), en vigor desde el 1 de enero de 2015.

no compensadas por insuficiencia del citado saldo se compensarán con el saldo positivo de las rentas previstas en el artículo 48 a) de esta Ley, con el límite del 25 por ciento de dicho saldo positivo.

2. Las pérdidas patrimoniales a que se refiere el artículo 40 del texto refundido de la Ley del Impuesto sobre la Renta de las Personas Físicas correspondientes a los períodos impositivos 2003, 2004, 2005 y 2006 que se encuentren pendientes de compensación a la fecha de entrada en vigor de esta Ley, se compensarán exclusivamente con el saldo de las ganancias y pérdidas patrimoniales a que se refiere el artículo 49.1. b) de esta ley.

3. La base liquidable general negativa correspondiente a los períodos impositivos 2003, 2004, 2005 y 2006 que se encuentre pendiente de compensación a la fecha de entrada en vigor de esta Ley, se compensará únicamente con el saldo positivo de la base liquidable general prevista en el artículo 50 de esta ley.

4. Las cantidades correspondientes a la deducción por doble imposición de dividendos no deducidas por insuficiencia de cuota líquida, correspondientes a los períodos impositivos 2003, 2004, 2005 y 2006, que se encuentren pendientes de compensación a la fecha de entrada en vigor de esta Ley, se deducirán de la cuota líquida total a que se refiere el artículo 79 de esta ley, en el plazo que le reste a 31 de diciembre de 2006 de acuerdo con lo dispuesto en el artículo 81.3 del texto refundido de la Ley del Impuesto sobre la Renta de las Personas Físicas, según redacción vigente a dicha fecha.

5[504]. Las pérdidas patrimoniales a que se refiere el artículo 49.1 b) de esta Ley, en su redacción en vigor a 31 de diciembre de 2012, correspondientes a los períodos impositivos 2011 y 2012 que se encuentren pendientes de compensación a 1 de enero de 2013, se seguirán compensando con el saldo de las ganancias y pérdidas patrimoniales a que se refiere el artículo 49.1.b) de esta Ley.

Las pérdidas patrimoniales a que se refiere el artículo 49.1 b) de esta Ley, en su redacción en vigor a 31 de diciembre de 2014, correspondientes a los períodos impositivos 2013 y 2014 que se encuentren pendientes de compensación a 1 de enero de 2015, se seguirán compensando con el saldo de las ganancias y pérdidas patrimoniales a que se refiere el artículo 49.1.b) de esta Ley.

6[505]. Las pérdidas patrimoniales a que se refiere el artículo 48.b) de esta Ley, en su redacción en vigor a 31 de diciembre de 2012, correspondientes a los períodos impositivos 2011

---

[504] Nueva redacción dada por el Art. Primero. Ochenta y tres de la Ley 26/2014, de 27 de noviembre, por la que se modifican la Ley 35/2006, de 28 de noviembre, del Impuesto sobre la Renta de las Personas Físicas, el texto refundido de la Ley del Impuesto sobre la Renta de no Residentes, aprobado por el Real Decreto Legislativo 5/2004, de 5 de marzo, y otras normas tributarias (BOE núm. 288, de 28 de noviembre de 2014), en vigor desde el 1 de enero de 2015.
Redacción anterior por su incorporación efectuada por el art. 3.Tres de la Ley 16/2012, de 27 de diciembre, por la que se adoptan diversas medidas tributarias dirigidas a la consolidación de las finanzas públicas y al impulso de la actividad económica (BOE núm. 312, de 28 de diciembre de 2012), con efectos desde el 1 de enero de 2013.

[505] Nueva redacción dada por el Art. Primero. Ochenta y tres de la Ley 26/2014, de 27 de noviembre, por la que se modifican la Ley 35/2006, de 28 de noviembre, del Impuesto sobre la Renta de las Personas Físicas, el texto refundido de la Ley del Impuesto sobre la Renta de no Residentes, aprobado por el Real Decreto Legislativo 5/2004, de 5 de marzo, y otras normas tributarias (BOE núm. 288, de 28 de noviembre de 2014), en vigor desde el 1 de enero de 2015.

y 2012 que se encuentren pendientes de compensación a 1 de enero de 2013, se seguirán compensando en la forma prevista en la letra b) del artículo 48 de esta Ley.

La parte del saldo negativo a que se refiere el artículo 48.b) de esta Ley, en su redacción en vigor a 31 de diciembre de 2014, derivadas de pérdidas patrimoniales procedentes de transmisiones de elementos patrimoniales obtenidas en los períodos impositivos 2013 y 2014 que se encuentren pendientes de compensación a 1 de enero de 2015, se compensarán con el saldo de las ganancias y pérdidas patrimoniales a que se refiere el artículo 49.1.b) de esta Ley. El resto del saldo negativo anteriormente indicado, se seguirá compensando en la forma prevista en la letra b) del artículo 48 de esta Ley.

7[506]. Los saldos negativos a que se refieren las letras a) y b) del apartado 1 del artículo 49 de esta Ley correspondientes a los períodos impositivos 2011, 2012, 2013 y 2014 que se encuentren pendientes de compensación a 1 de enero de 2015, se seguirán compensando en la forma prevista en tales letras conforme a la redacción del artículo 49 en vigor el 31 de diciembre de 2014.

Disposición transitoria octava. *Valor fiscal de las instituciones de inversión colectiva constituidas en países o territorios considerados como paraísos fiscales.*

1. A los efectos de calcular el exceso del valor liquidativo a que hace referencia el artículo 95 de esta ley, se tomará como valor de adquisición el valor liquidativo a 1 de enero de 1999, respecto de las participaciones y acciones que en el mismo se posean por el contribuyente. La diferencia entre dicho valor y el valor efectivo de adquisición no se tomará como valor de adquisición a los efectos de la determinación de las rentas derivadas de la transmisión o reembolso de las acciones o participaciones.

2. Los dividendos y participaciones en beneficios distribuidos por las instituciones de inversión colectiva, que procedan de beneficios obtenidos con anterioridad a 1 de enero de 1999, se integrarán en la base imponible de los socios o partícipes de los mismos. A estos efectos, se entenderá que las primeras reservas distribuidas han sido dotadas con los primeros beneficios ganados.

Disposición transitoria novena[507]. *Régimen transitorio aplicable a las ganancias patrimoniales derivadas de elementos patrimoniales adquiridos con anterioridad a 31 de diciembre de 1994.*

1. El importe de las ganancias patrimoniales correspondientes a transmisiones de elementos patrimoniales no afectos a actividades económicas que hubieran sido adquiridos con anterioridad a 31 de diciembre de 1994, se determinará con arreglo a las siguientes reglas:

Redacción anterior por su incorporación efectuada por el art. 3.Tres de la Ley 16/2012, de 27 de diciembre, por la que se adoptan diversas medidas tributarias dirigidas a la consolidación de las finanzas públicas y al impulso de la actividad económica (BOE núm. 312, de 28 de diciembre de 2012), con efectos desde el 1 de enero de 2013.

[506] Nuevo apartado 7 incorporado por el Art. Primero. Ochenta y tres de la Ley 26/2014, de 27 de noviembre, por la que se modifican la Ley 35/2006, de 28 de noviembre, del Impuesto sobre la Renta de las Personas Físicas, el texto refundido de la Ley del Impuesto sobre la Renta de no Residentes, aprobado por el Real Decreto Legislativo 5/2004, de 5 de marzo, y otras normas tributarias (BOE núm. 288, de 28 de noviembre de 2014), en vigor desde el 1 de enero de 2015.

[507] Nueva redacción dada por el Art. Primero. Ochenta y cuatro de la Ley 26/2014, de 27 de noviembre, por la que se modifican la Ley 35/2006, de 28 de noviembre, del Impuesto sobre la Renta de las Personas

1.ª) En general, se calcularán, para cada elemento patrimonial, con arreglo a lo establecido en la Sección 4.ª, del Capítulo II, del Título III de esta Ley. De la ganancia patrimonial así
calculada se distinguirá la parte de la misma que se haya generado con anterioridad a 20 de
enero de 2006, entendiendo como tal la parte de la ganancia patrimonial que proporcionalmente corresponda al número de días transcurridos entre la fecha de adquisición y el 19 de
enero de 2006, ambos inclusive, respecto del número total de días que hubiera permanecido
en el patrimonio del contribuyente.

La parte de la ganancia patrimonial generada con anterioridad a 20 de enero de 2006, se
reducirá, en su caso, de la siguiente manera:

a) Se calculará el período de permanencia en el patrimonio del contribuyente anterior a
31 de diciembre de 1996 del elemento patrimonial.

A estos efectos, se tomará como período de permanencia en el patrimonio del contribuyente el número de años que medie entre la fecha de adquisición del elemento y el 31 de
diciembre de 1996, redondeado por exceso.

En el caso de derechos de suscripción se tomará como período de permanencia el que
corresponda a los valores de los cuales procedan. Cuando no se hubieran transmitido la totalidad de los derechos de suscripción, se entenderá que los transmitidos correspondieron a los
valores adquiridos en primer lugar.

Si se hubiesen efectuado mejoras en los elementos patrimoniales transmitidos se tomará
como período de permanencia de éstas en el patrimonio del contribuyente el número de
años que medie entre la fecha en que se hubiesen realizado y el 31 de diciembre de 1996,
redondeado por exceso.

b) Se calculará el valor de transmisión de todos los elementos patrimoniales a cuya ganancia patrimonial le hubiera resultado de aplicación lo señalado en esta disposición, transmitidos desde 1 de enero de 2015 hasta la fecha de transmisión del elemento patrimonial.

c) Cuando sea inferior a 400.000 euros la suma del valor de transmisión del elemento
patrimonial y la cuantía a que se refiere la letra b) anterior, la parte de la ganancia patrimonial
generada con anterioridad a 20 de enero de 2006 se reducirá en el importe resultante de
aplicar los siguientes porcentajes por cada año de permanencia de los señalados en la letra
a) anterior que exceda de dos:

1.º Si los elementos patrimoniales transmitidos fuesen bienes inmuebles, derechos sobre
los mismos o valores de las entidades comprendidas en el artículo 108 de la Ley 24/1988,
de 28 de julio, del Mercado de Valores, con excepción de las acciones o participaciones
representativas del capital social o patrimonio de las Sociedades o Fondos de Inversión Inmobiliaria, un 11,11 por ciento.

2.º Si los elementos patrimoniales transmitidos fuesen acciones admitidas a negociación
en alguno de los mercados secundarios oficiales de valores definidos en la Directiva 2004/39/
CE del Parlamento Europeo y del Consejo, de 21 de abril de 2004, relativa a los mercados
de instrumentos financieros, y representativos de la participación en fondos propios de sociedades o entidades, con excepción de las acciones representativas del capital social de
Sociedades de Inversión Mobiliaria e Inmobiliaria, un 25 por ciento.

Físicas, el texto refundido de la Ley del Impuesto sobre la Renta de no Residentes, aprobado por el Real
Decreto Legislativo 5/2004, de 5 de marzo, y otras normas tributarias (BOE núm. 288, de 28 de noviembre
de 2014), en vigor desde el 1 de enero de 2015.

3.º Para las restantes ganancias patrimoniales generadas con anterioridad a 20 de enero de 2006, un 14,28 por ciento.

Estará no sujeta la parte de la ganancia patrimonial generada con anterioridad a 20 de enero de 2006 derivada de elementos patrimoniales que a 31 de diciembre de 1996 y en función de lo señalado en esta letra c) tuviesen un período de permanencia, tal y como éste se define en la letra a), superior a diez, cinco y ocho años, respectivamente.

d) Cuando sea superior a 400.000 euros la suma del valor de transmisión del elemento patrimonial y la cuantía a que se refiere la letra b) anterior, pero el resultado de lo dispuesto en la letra b) anterior sea inferior a 400.000 euros, se practicará la reducción señalada en la letra c) anterior a la parte de la ganancia patrimonial generada con anterioridad a 20 de enero de 2006 que proporcionalmente corresponda a la parte del valor de transmisión que sumado a la cuantía de la letra b) anterior no supere 400.000 euros.

e) Cuando el resultado de lo dispuesto en la letra b) anterior sea superior a 400.000 euros, no se practicará reducción alguna a la parte de la ganancia patrimonial generada con anterioridad a 20 de enero de 2006.

2.ª) En los casos de valores admitidos a negociación en alguno de los mercados regulados y de acciones o participaciones en instituciones de inversión colectiva a las que resulte aplicable el régimen previsto en las letras a) y c) del apartado 1 del artículo 37 de esta Ley, las ganancias y pérdidas patrimoniales se calcularán para cada valor, acción o participación de acuerdo con lo establecido en la Sección 4.ª, del Capítulo II del Título III de esta Ley.

Si, como consecuencia de lo dispuesto en el párrafo anterior, se obtuviera como resultado una ganancia patrimonial, se efectuará la reducción que proceda de las siguientes:

a) Si el valor de transmisión fuera igual o superior al que corresponda a los valores, acciones o participaciones a efectos del Impuesto sobre el Patrimonio del año 2005, la parte de la ganancia patrimonial que se hubiera generado con anterioridad a 20 de enero de 2006 se reducirá, en su caso, de acuerdo con lo previsto en la regla 1.ª) anterior. A estos efectos, la ganancia patrimonial generada con anterioridad a 20 de enero de 2006 será la parte de la ganancia patrimonial resultante de tomar como valor de transmisión el que corresponda a los valores, acciones o participaciones a efectos del Impuesto sobre el Patrimonio del año 2005.

b) Si el valor de transmisión fuera inferior al que corresponda a los valores, acciones o participaciones a efectos del Impuesto sobre el Patrimonio del año 2005, se entenderá que toda la ganancia patrimonial se ha generado con anterioridad a 20 de enero de 2006 y se reducirá, en su caso, de acuerdo con lo previsto en la regla 1.ª) anterior.

3.ª) Si se hubieran efectuado mejoras en los elementos patrimoniales transmitidos, se distinguirá la parte del valor de enajenación que corresponda a cada componente del mismo a efectos de la aplicación de lo dispuesto en este apartado 1.

2. A los efectos de lo establecido en esta disposición, se considerarán elementos patrimoniales no afectos a actividades económicas aquellos en los que la desafectación de estas actividades se haya producido con más de tres años de antelación a la fecha de transmisión.

Disposición transitoria décima. *Sociedades transparentes y patrimoniales.*

En lo que afecte a los contribuyentes del Impuesto sobre la Renta de las Personas Físicas será de aplicación lo establecido en las disposiciones transitorias decimoquinta, decimosexta y vigésima segunda del texto refundido de la Ley del Impuesto sobre Sociedades.

Disposición transitoria undécima. *Régimen transitorio aplicable a las prestaciones derivadas de los contratos de seguros colectivos que instrumentan compromisos por pensiones.*

1. Para las prestaciones derivadas de contingencias acaecidas con anterioridad al 1 de enero de 2007, los beneficiarios podrán aplicar el régimen financiero y fiscal vigente a 31 de diciembre de 2006.

2. Para las prestaciones derivadas de contingencias acaecidas a partir de 1 de enero de 2007 correspondientes a seguros colectivos contratados con anterioridad a 20 de enero de 2006, podrá aplicarse el régimen fiscal vigente a 31 de diciembre de 2006. Este régimen será sólo aplicable a la parte de la prestación correspondiente a las primas satisfechas hasta 31 de diciembre de 2006, así como las primas ordinarias previstas en la póliza original satisfechas con posterioridad a esta fecha.

No obstante los contratos de seguro colectivo que instrumentan la exteriorización de compromisos por pensiones pactadas en convenios colectivos de ámbito supraempresarial bajo la denominación «premios de jubilación» u otras, que consistan en una prestación pagadera por una sola vez en el momento del cese por jubilación, suscritos antes de 31 de diciembre de 2006, podrán aplicar el régimen fiscal previsto en este apartado 2.

3[508]. El régimen transitorio previsto en esta disposición únicamente podrá ser de aplicación, en su caso, a las prestaciones percibidas en el ejercicio en el que acaezca la contingencia correspondiente, o en los dos ejercicios siguientes.

No obstante, en el caso de contingencias acaecidas en los ejercicios 2011 a 2014, el régimen transitorio solo podrá ser de aplicación, en su caso, a las prestaciones percibidas hasta la finalización del octavo ejercicio siguiente a aquel en el que acaeció la contingencia correspondiente. En el caso de contingencias acaecidas en los ejercicios 2010 o anteriores, el régimen transitorio solo podrá ser de aplicación, en su caso, a las prestaciones percibidas hasta el 31 de diciembre de 2018.

Disposición transitoria duodécima. *Régimen transitorio aplicable a los planes de pensiones, de mutualidades de previsión social y de planes de previsión asegurados.*

1. Para las prestaciones derivadas de contingencias acaecidas con anterioridad al 1 de enero de 2007, los beneficiarios podrán aplicar el régimen financiero y, en su caso, aplicar la reducción prevista en el artículo 17 del texto refundido de la Ley del Impuesto sobre la Renta de las Personas Físicas vigente a 31 de diciembre de 2006.

2. Para las prestaciones derivadas de contingencias acaecidas a partir del 1 de enero de 2007, por la parte correspondiente a aportaciones realizadas hasta 31 de diciembre de 2006, los beneficiarios podrán aplicar el régimen financiero y, en su caso, aplicar la reducción prevista en el artículo 17 del texto refundido de la Ley del Impuesto sobre la Renta de las Personas Físicas vigente a 31 de diciembre de 2006.

3. El límite previsto en el artículo 52.1.a) de esta Ley no será de aplicación a las cantidades aportadas con anterioridad a 1 de enero de 2007 a sistemas de previsión social y que a

---

[508] Nuevo apartado 3 incorporado por el Art. Primero. Ochenta y cinco de la Ley 26/2014, de 27 de noviembre, por la que se modifican la Ley 35/2006, de 28 de noviembre, del Impuesto sobre la Renta de las Personas Físicas, el texto refundido de la Ley del Impuesto sobre la Renta de no Residentes, aprobado por el Real Decreto Legislativo 5/2004, de 5 de marzo, y otras normas tributarias (BOE núm. 288, de 28 de noviembre de 2014), en vigor desde el 1 de enero de 2015.

esta fecha se encuentren pendientes de reducción en la base imponible por insuficiencia de la misma.

4[509]. El régimen transitorio previsto en esta disposición únicamente podrá ser de aplicación, en su caso, a las prestaciones percibidas en el ejercicio en el que acaezca la contingencia correspondiente, o en los dos ejercicios siguientes.

No obstante, en el caso de contingencias acaecidas en los ejercicios 2011 a 2014, el régimen transitorio solo podrá ser de aplicación, en su caso, a las prestaciones percibidas hasta la finalización del octavo ejercicio siguiente a aquel en el que acaeció la contingencia correspondiente. En el caso de contingencias acaecidas en los ejercicios 2010 o anteriores, el régimen transitorio solo podrá ser de aplicación, en su caso, a las prestaciones percibidas hasta el 31 de diciembre de 2018.

Disposición transitoria decimotercera[510]. *Compensaciones fiscales.*

---

[509]   Nuevo apartado 4 incorporado por el Art. Primero. Ochenta y seis de la Ley 26/2014, de 27 de noviembre, por la que se modifican la Ley 35/2006, de 28 de noviembre, del Impuesto sobre la Renta de las Personas Físicas, el texto refundido de la Ley del Impuesto sobre la Renta de no Residentes, aprobado por el Real Decreto Legislativo 5/2004, de 5 de marzo, y otras normas tributarias (BOE núm. 288, de 28 de noviembre de 2014), en vigor desde el 1 de enero de 2015.

[510]   Disposición transitoria decimotercera suprimida por el Art. Primero. Ochenta y siete de la Ley 26/2014, de 27 de noviembre, por la que se modifican la Ley 35/2006, de 28 de noviembre, del Impuesto sobre la Renta de las Personas Físicas, el texto refundido de la Ley del Impuesto sobre la Renta de no Residentes, aprobado por el Real Decreto Legislativo 5/2004, de 5 de marzo, y otras normas tributarias (BOE núm. 288, de 28 de noviembre de 2014), en vigor desde el 1 de enero de 2015.

Para el ejercicio 2014: Disposición Transitoria Tercera: «Compensación fiscal por percepción de determinados rendimientos del capital mobiliario con período de generación superior a dos años en 2014» de la Ley 36/2014, de 26 de diciembre, de Presupuestos Generales del Estado para el año 2015 (BOE núm. 315, de 30 de diciembre de 2014),

Para el ejercicio 2013: Disposición Transitoria Cuarta: «Compensación fiscal por percepción de determinados rendimientos del capital mobiliario con período de generación superior a dos años en 2013» de la Ley 22/2013, de 23 de diciembre, de Presupuestos Generales del Estado para el año 2014 (BOE núm. 309, de 26 de diciembre de 2013).

Para el ejercicio 2012: Disposición Transitoria Quinta «Compensación fiscal por percepción de determinados rendimientos del capital mobiliario con período de generación superior a dos años en 2012» de la Ley 17/2012, de 27 de diciembre, de Presupuestos Generales del Estado para el año 2013 (BOE núm. 312, de 28 de diciembre de 2012).

Para el ejercicio 2011: Disposición Transitoria Quinta. «Compensación fiscal por percepción de determinados rendimientos del capital mobiliario con período de generación superior a dos años en 2011» de la Ley 2/2012, de 29 de junio, de Presupuestos Generales del Estado para el año 2012 (BOE núm. 156, de 30 de junio de 2012).

Para el ejercicio 2010: Disp. Trans. Novena. «Compensación fiscal por percepción de determinados rendimientos del capital mobiliario con período de generación superior a dos años en 2010», de la Ley 39/2010, de 22 de diciembre, de Presupuestos Generales del Estado para el año 2011 (BOE núm. 23, de 12 de diciembre de 2010).

Para el ejercicio 2009: Disp. Trans. Sexta. «Compensación fiscal por percepción de determinados rendimientos del capital mobiliario con período de generación superior a dos años en 2009», de la Ley 26/2009, de 23 de diciembre, de Presupuestos Generales del Estado para el año 2010 (BOE núm. 309, de 24 de diciembre de 2009).

Para el ejercicio 2008: Disp. Trans. Séptima «Compensación fiscal por percepción de determinados rendimientos del capital mobiliario con período de generación superior a dos años en 2008» de la Ley 2/2008, de 23 de diciembre, de Presupuestos Generales del Estado para el año 2009 (BOE, núm. 309, de 24 de diciembre de 2008).

Para el ejercicio 2007: Disp. Trans. segunda «Compensación fiscal por percepción de determinados rendimientos del capital mobiliario con período de generación superior a dos años en 2007», de la Ley 51/2007, de 26 de diciembre, de Presupuestos Generales del Estado para el año 2008 (BOE núm. 310 de 27 de diciembre de 2007).

«*b) Los contribuyentes que perciban rendimientos obtenidos por la cesión a terceros de capitales propios procedentes de instrumentos financieros contratados con anterioridad a 20 de enero de 2006, en el supuesto de que la aplicación del régimen fiscal establecido en esta ley para dichos rendimientos le resulte menos favorable que el regulado en el texto refundido de la Ley del Impuesto sobre la Renta de las Personas Físicas.*

c) Los contribuyentes que hubieran adquirido su vivienda habitual con anterioridad a 20 de enero de 2006 y tuvieran derecho a la deducción por adquisición de vivienda, en el supuesto de que la aplicación del régimen establecido en esta ley para dicha deducción les resulte menos favorable que el regulado en el texto refundido de la Ley del Impuesto sobre la Renta de las Personas Físicas como consecuencia de la supresión de los porcentajes de deducción incrementados por utilización de financiación ajena». [Letra c) suprimida por el art. 25 del Real Decreto-ley 20/2012, de 13 de julio, de medidas para garantizar la estabilidad presupuestaria y de fomento de la competitividad (BOE núm. 168, de 14 de julio de 2012), con efectos desde el 15 de julio de 2012].

Ley 2/2012, de 29 de junio, de Presupuestos Generales del Estado para el año 2012 (BOE núm. 156, de 30 de junio de 2012), Disposición Transitoria Cuarta. «Compensación fiscal por deducción en adquisición de vivienda habitual en 2011.

Uno. Tendrán derecho a la deducción regulada en esta disposición los contribuyentes que hubieran adquirido su vivienda habitual con anterioridad a 20 de enero de 2006 utilizando financiación ajena y puedan aplicar en 2011 la deducción por inversión en vivienda habitual prevista en el artículo 68.1 de la Ley 35/2006, de 28 de noviembre, del Impuesto sobre la Renta de las Personas Físicas y de modificación parcial de las leyes de los Impuestos sobre Sociedades, sobre la Renta de no Residentes y sobre el Patrimonio, al constituir su residencia habitual.

Dos. La cuantía de esta deducción será la suma de las deducciones correspondientes a la parte estatal y al tramo autonómico de la deducción por inversión en vivienda habitual, calculadas con arreglo a lo dispuesto en los apartados siguientes.

Tres. La deducción correspondiente a la parte estatal de la deducción por inversión en vivienda habitual será la diferencia positiva entre el importe del incentivo teórico que hubiera correspondido al contribuyente de mantenerse la normativa vigente a 31 de diciembre de 2006 y la deducción por inversión en vivienda habitual prevista en el artículo 68.1 de la Ley del Impuesto que proceda para 2011.

El importe del incentivo teórico será el resultado de aplicar a los primeros 4.507,59 euros invertidos en 2011 en la adquisición de la vivienda habitual el porcentaje del 10 por ciento, y al exceso hasta 9.015 euros, el 7,5 por ciento.

Cuatro. La deducción correspondiente al tramo autonómico de la deducción por inversión en vivienda habitual será la diferencia positiva entre el importe del incentivo teórico que hubiera correspondido al contribuyente de mantenerse la normativa vigente a 31 de diciembre de 2006 y el tramo autonómico de deducción por inversión en vivienda que proceda para 2011.

El importe del incentivo teórico será el resultado de aplicar a los primeros 4.507,59 euros invertidos en 2011 en la adquisición de la vivienda, el porcentaje incrementado de deducción que con arreglo a lo dispuesto en el 79 del texto refundido de la Ley del Impuesto sobre la Renta de las Personas Físicas, aprobado por el Real Decreto Legislativo 3/2004, de 5 de marzo, en su normativa vigente a 31 de diciembre de 2006, resultaba de aplicación en esa Comunidad Autónoma una vez trascurridos dos años desde la adquisición de la vivienda habitual con financiación ajena, incrementado en 3,4 puntos porcentuales, y al exceso hasta 9.015 euros, el porcentaje de deducción que con arreglo a lo dispuesto en el artículo 79 del citado texto refundido, en su normativa vigente a 31 de diciembre de 2006, resultaba de aplicación en esa

Disposición transitoria decimocuarta. *Transformación de determinados contratos de seguros de vida en planes individuales de ahorro sistemático.*

1[511]. Los contratos de seguro de vida formalizados con anterioridad al 1 de enero de 2007 y en los que el contratante, asegurado y beneficiario sea el propio contribuyente, podrán transformarse en planes individuales de ahorro sistemático regulados en la disposición adicional tercera de esta Ley, y por tanto, serán de aplicación el artículo 7.v) y la disposición adicional tercera de esta misma Ley, en el momento de constitución de las rentas vitalicias siempre que se cumplan los siguientes requisitos:

a) Que el límite máximo anual satisfecho en concepto de primas durante los años de vigencia del contrato de seguro no haya superado los 8.000 euros, y el importe total de las primas acumuladas no haya superado la cuantía de 240.000 euros por contribuyente.

b) Que hubieran transcurrido más de cinco años desde la fecha de pago de la primera prima.

2. No podrán transformarse en planes individuales de ahorro sistemático los seguros colectivos que instrumenten compromisos por pensiones conforme a la disposición adicional

Comunidad Autónoma para los supuestos de no utilización de financiación ajena, incrementado en 2,55 puntos porcentuales.

A estos efectos, el tramo autonómico de la deducción por inversión en vivienda no podrá ser inferior al que resultaría de aplicar el porcentaje de deducción que, con arreglo a lo dispuesto en el artículo 79 del citado texto refundido, en su normativa vigente a 31 de diciembre de 2006, resultaba de aplicación en esa Comunidad Autónoma para los supuestos de no utilización de financiación ajena, incrementado en 2,55 puntos porcentuales.

Cinco. Se entenderá que el contribuyente ha adquirido su vivienda habitual utilizando financiación ajena cuando cumpla los requisitos establecidos en el artículo 55 del Reglamento del Impuesto sobre la Renta de las Personas Físicas, aprobado por el Real Decreto 1775/2004, de 30 de julio, según redacción vigente a 31 de diciembre de 2006.

Seis. La cuantía de la deducción así calculada se restará de la cuota líquida total, después de la deducción por obtención de rendimientos del trabajo o de actividades económicas a que se refiere el artículo 80 bis de la Ley 35/2006».

Para el ejercicio 2011: Ley 39/2010, de 22 de diciembre, de Presupuestos Generales del Estado para el año 2011 (BOE núm. 23, de 12 de diciembre de 2010), Disposición Transitoria Octava: «Compensación fiscal por deducción en adquisición de vivienda habitual en 2010».

Para el ejercicio 2010: La Ley 26/2009, de 23 de diciembre, de Presupuestos Generales del Estado para el año 2010 (BOE núm. 309, de 24 de diciembre de 2009), Disposición Transitoria Quinta. «Compensación fiscal por deducción en adquisición de vivienda habitual en 2009».

Ejercicio 2009: Ley 2/2008, de 23 de diciembre, de Presupuestos Generales del Estado para el año 2009 (BOE, núm. 309, de 24 de diciembre de 2008), Disposición Transitoria Sexta. «Compensación fiscal por deducción en adquisición de vivienda habitual en 2008».

Ejercicio 2008: Ley 51/2007, de 26 de diciembre, de Presupuestos Generales del Estado para el año 2008 (BOE núm. 310 de 27 de diciembre de 2007), Disposición transitoria primera. «Compensación fiscal por deducción en adquisición de vivienda habitual en 2007».

Para el ejercicio 2006, Disp. Trans. segunda de la Ley 42/2006, de 28 de diciembre, de PGE para 2007 (BOE núm. 311, de 29 de diciembre de 2006).

[511] Nueva redacción dada por el Art. Primero. Ochenta y ocho de la Ley 26/2014, de 27 de noviembre, por la que se modifican la Ley 35/2006, de 28 de noviembre, del Impuesto sobre la Renta de las Personas Físicas, el texto refundido de la Ley del Impuesto sobre la Renta de no Residentes, aprobado por el Real Decreto Legislativo 5/2004, de 5 de marzo, y otras normas tributarias (BOE núm. 288, de 28 de noviembre de 2014), en vigor desde el 1 de enero de 2015.

primera del texto refundido de la Ley de Regulación de los Planes y Fondos de Pensiones, ni los instrumentos de previsión social que reducen la base imponible.

3. En el momento de la transformación se hará constar de forma expresa y destacada en el condicionando del contrato que se trata de un plan individual de ahorro sistemático regulado en la disposición adicional tercera de esta Ley.

4. Una vez realizada la transformación, en el caso de anticipación, total o parcial, de los derechos económicos derivados de la renta vitalicia constituida, el contribuyente deberá integrar en el periodo impositivo en el que se produzca la anticipación, la renta que estuvo exenta por aplicación de lo dispuesto en la letra v) del artículo 7 de esta Ley, sin que resulte aplicable la disposición transitoria decimotercera de esta Ley.

Disposición transitoria decimoquinta[512]. *Deducción por alquiler de la vivienda habitual.*

1. Podrán aplicar la deducción por alquiler de la vivienda habitual en los términos previstos en el apartado 2 de esta disposición, los contribuyentes que hubieran celebrado un contrato de arrendamiento con anterioridad a 1 de enero de 2015 por el que hubieran satisfecho, con anterioridad a dicha fecha, cantidades por el alquiler de su vivienda habitual.

En todo caso, resultará necesario que el contribuyente hubiera tenido derecho a la deducción por alquiler de la vivienda habitual en relación con las cantidades satisfechas por el alquiler de dicha vivienda en un período impositivo devengado con anterioridad a 1 de enero de 2015.

2. La deducción por alquiler de la vivienda habitual se aplicará conforme a lo dispuesto en los artículos 67.1, 68.7[513] y 77.1 de la Ley del Impuesto, en su redacción en vigor a 31 de diciembre de 2014.

---

[512] Nueva redacción dada por el Art. Primero. Ochenta y nueve de la Ley 26/2014, de 27 de noviembre, por la que se modifican la Ley 35/2006, de 28 de noviembre, del Impuesto sobre la Renta de las Personas Físicas, el texto refundido de la Ley del Impuesto sobre la Renta de no Residentes, aprobado por el Real Decreto Legislativo 5/2004, de 5 de marzo, y otras normas tributarias (BOE núm. 288, de 28 de noviembre de 2014), en vigor desde el 1 de enero de 2015.

Redacción anterior por su incorporación efectuada por la Disp. Final Segunda.Quince de la Ley 22/2009, de 18 de diciembre, por la que se regula el sistema de financiación de las Comunidades Autónomas de régimen común y Ciudades con Estatuto de Autonomía y se modifican determinadas normas tributarias (BOE núm. 305, de 19 de diciembre de 2009), surtiendo efectos desde el 1-1-2010.

[513] Artículo 68.7, redacción en vigor a 31 de diciembre de 2014: «Deducción por alquiler de la vivienda habitual.

Los contribuyentes cuya base imponible sea inferior a 24.107,20 euros anuales podrán deducirse el 10,05 por ciento de las cantidades satisfechas en el período im positivo por el alquiler de su vivienda habitual. La base máxima de esta deducción será de:

a) cuando la base imponible sea igual o inferior a 17.707,20 euros anuales: 9.040 euros anuales,

b) cuando la base imponible esté comprendida entre 17.707,20 y 24.107,20 euros anuales: 9.040 euros me nos el resultado de multiplicar por 1,4125 la diferencia entre la base imponible y 17.707,20 euros anuales».

Disposición transitoria decimosexta[514]. *Contribuyentes con residencia habitual en el territorio de una Comunidad Autónoma al que no le resulte de aplicación el nuevo modelo de financiación autonómica.*

Los contribuyentes que tengan su residencia habitual en el territorio de una Comunidad Autónoma al que no le resulte de aplicación el modelo de financiación previsto en la Ley 22/2009, por el que se regula el sistema de financiación de las Comunidades Autónomas de régimen común y Ciudades con Estatuto de Autonomía, calcularán la cuota íntegra estatal y autonómica de este Impuesto tomando en consideración los artículos 3, 63, 66, 67, 68, 74, 76, 77 y 78 de esta Ley en su redacción vigente a 31 de diciembre de 2009.

Disposición transitoria decimoséptima[515]. *Trabajadores desplazados a territorio español.*

Los contribuyentes que se hubieran desplazado a territorio español con anterioridad a 1 de enero de 2015 podrán optar por aplicar el régimen especial previsto en el artículo 93 de esta Ley conforme a lo dispuesto en el citado artículo, y en su caso, en la disposición transitoria decimoséptima, ambos de esta Ley, en su redacción en vigor a 31 de diciembre de 2014, aplicando los tipos de gravamen previstos en la normativa del Impuesto sobre la Renta de no Residentes en vigor en esta última fecha, sin perjuicio de lo dispuesto en materia de retenciones en el primer párrafo de la letra f) del artículo 93.2 de esta Ley.

La opción por la aplicación de lo dispuesto en esta disposición transitoria deberá realizarse en la declaración del Impuesto correspondiente al ejercicio 2015 y se mantendrá hasta la finalización de la aplicación del régimen especial.

Disposición transitoria decimoctava[516]. *Deducción por inversión en vivienda habitual.*

1. Podrán aplicar la deducción por inversión en vivienda habitual en los términos previstos en el apartado 2 de esta disposición:

---

[514]   Nueva Disposición Transitoria decimosexta incorporada por la Disp. Final Segunda.Dieciséis de la Ley 22/2009, de 18 de diciembre, por la que se regula el sistema de financiación de las Comunidades Autónomas de régimen común y Ciudades con Estatuto de Autonomía y se modifican determinadas normas tributarias (BOE núm. 305, de 19 de diciembre de 2009), surtiendo efectos desde el 1-1-2010

[515]   Nueva redacción dada por el Art. Primero. Noventa de la Ley 26/2014, de 27 de noviembre, por la que se modifican la Ley 35/2006, de 28 de noviembre, del Impuesto sobre la Renta de las Personas Físicas, el texto refundido de la Ley del Impuesto sobre la Renta de no Residentes, aprobado por el Real Decreto Legislativo 5/2004, de 5 de marzo, y otras normas tributarias (BOE núm. 288, de 28 de noviembre de 2014), en vigor desde el 1 de enero de 2015.

Redacción anterior por su incorporación efectuada por la Disp. Final. Décimotercera.Dos de la Ley 26/2009, de 23 de diciembre, de Presupuestos Generales del Estado para el año 2010 (BOE núm. 309, de 24 de diciembre de 2009), con efectos desde el 1-1-2010.

[516]   Nueva redacción e incorporación por el art. 1.Nueve de la Ley 16/2012, de 27 de diciembre, por la que se adoptan diversas medidas tributarias dirigidas a la consolidación de las finanzas públicas y al impulso de la actividad económica (BOE núm. 312, de 28 de diciembre de 2012), con efectos desde el 1 de enero de 2013.

Disposición transitoria decimoctava. *«Deducción por inversión en vivienda habitual adquirida con anterioridad a 1 de enero de 2011»* derogada por la Disposición Final Segunda.segundo.tres del Real Decreto-ley 20/2011, de 30 de diciembre, de medidas urgentes en materia presupuestaria, tributaria y financiera para la corrección del déficit público (BOE núm. 315, de 31 de diciembre), con efectos desde el 1 de enero de 2011.

Disposición transitoria undécima (Minoración de pagos a cuenta por aplicación del régimen transitorio de deducción por inversión en vivienda habitual) del RIRPF.

a) Los contribuyentes que hubieran adquirido su vivienda habitual con anterioridad a 1 de enero de 2013 o satisfecho cantidades con anterioridad a dicha fecha para la construcción de la misma.

b) Los contribuyentes que hubieran satisfecho cantidades con anterioridad a 1 de enero de 2013 por obras de rehabilitación o ampliación de la vivienda habitual, siempre que las citadas obras estén terminadas antes de 1 de enero de 2017.

c) Los contribuyentes que hubieran satisfecho cantidades para la realización de obras e instalaciones de adecuación de la vivienda habitual de las personas con discapacidad con anterioridad a 1 de enero de 2013 siempre y cuando las citadas obras o instalaciones estén concluidas antes de 1 de enero de 2017.

En todo caso, resultará necesario que el contribuyente hubiera practicado la deducción por inversión en vivienda habitual en relación con las cantidades satisfechas para la adquisición o construcción de dicha vivienda en un período impositivo devengado con anterioridad a 1 de enero de 2013, salvo que hubiera resultado de aplicación lo dispuesto en el artículo 68.1.2.ª de esta Ley en su redacción vigente a 31 de diciembre de 2012.

2. La deducción por inversión en vivienda habitual se aplicará conforme a lo dispuesto en los artículos 67.1, 68.1[517], 70.1, 77.1, y 78 de la Ley del Impuesto, en su redacción en vigor

---

Dicha Disp. decimooctava fue incorporada por el art. 67.Dos de la Ley 39/2010, de 22 de diciembre, de Presupuestos Generales del Estado para el año 2011 (BOE núm. 23, de 12 de diciembre de 2010), con efectos desde 1 de enero de 2011.

[517] Art. 68.1 en redacción dada por la Disposición Final Segunda.segundo del Real Decreto-ley 20/2011, de 30 de diciembre, de medidas urgentes en materia presupuestaria, tributaria y financiera para la corrección del déficit público (BOE núm. 315, de 31 de diciembre), con efectos desde el 1 de enero de 2011 hasta el 31 de diciembre de 2012:

«1. Deducción por inversión en vivienda habitual.

1.º Los contribuyentes podrán deducirse el 7,5 por ciento de las cantidades satisfechas en el período de que se trate por la adquisición o rehabilitación de la vivienda que constituya o vaya a constituir la residencia habitual del contribuyente. A estos efectos, la rehabilitación deberá cumplir las condiciones que se establezcan reglamentariamente [Art. 55 (Adquisición y rehabilitación de vivienda habitual), del RIRPF]. La base máxima de esta deducción será de 9.040 euros anuales y estará constituida por las cantidades satisfechas para la adquisición o rehabilitación de la vivienda, incluidos los gastos originados que hayan corrido a cargo del adquirente y, en el caso de financiación ajena, la amortización, los intereses, el coste de los instrumentos de cobertura del riesgo de tipo de interés variable de los préstamos hipotecarios regulados en el artículo decimonoveno de la Ley 36/2003, de 11 de noviembre, de medidas de reforma económica, y demás gastos derivados de la misma. En caso de aplicación de los citados instrumentos de cobertura, los intereses satisfechos por el contribuyente se minorarán en las cantidades obtenidas por la aplicación del citado instrumento.

También podrán aplicar esta deducción por las cantidades que se depositen en entidades de crédito, en cuentas que cumplan los requisitos de formalización y disposición que se establezcan reglamentariamente [Art. 56 (Cuenta vivienda), del RIRPF], y siempre que se destinen a la primera adquisición o rehabilitación de la vivienda habitual, con el límite, conjuntamente con el previsto en el párrafo anterior, de 9.040 euros anuales. En los supuestos de nulidad matrimonial, divorcio o separación judicial, el contribuyente podrá seguir practicando esta deducción, en los términos que reglamentariamente se establezcan, por las cantidades satisfechas en el período impositivo para la adquisición de la que fue durante la vigencia del matrimonio su vivienda habitual, siempre que continúe teniendo esta condición para los hijos comunes y el progenitor en cuya compañía queden.

2.º Cuando se adquiera una vivienda habitual habiendo disfrutado de la deducción por adquisición de otras viviendas habituales anteriores, no se podrá practicar deducción por la adquisición o rehabilitación

a 31 de diciembre de 2012, sin perjuicio de los porcentajes de deducción que conforme a lo dispuesto en la Ley 22/2009 hayan sido aprobados por la Comunidad Autónoma.

3. Los contribuyentes que por aplicación de lo establecido en esta disposición ejerciten el derecho a la deducción estarán obligados, en todo caso, a presentar declaración por este Impuesto y el importe de la deducción así calculada minorará el importe de la suma de la cuota íntegra estatal y autonómica del Impuesto a los efectos previstos en el apartado 2 del artículo 69 de esta Ley.

4. Los contribuyentes que con anterioridad a 1 de enero de 2013 hubieran depositado cantidades en cuentas vivienda destinadas a la primera adquisición o rehabilitación de la vivienda habitual, siempre que en dicha fecha no hubiera transcurrido el plazo de cuatro años desde la apertura de la cuenta, podrán sumar a la cuota líquida estatal y a la cuota líquida

---

de la nueva en tanto las cantidades invertidas en la misma no superen las invertidas en las anteriores, en la medida en que hubiesen sido objeto de deducción.

Cuando la enajenación de una vivienda habitual hubiera generado una ganancia patrimonial exenta por reinversión, la base de deducción por la adquisición o rehabilitación de la nueva se minorará en el importe de la ganancia patrimonial a la que se aplique la exención por reinversión. En este caso, no se podrá practicar deducción por la adquisición de la nueva mientras las cantidades invertidas en la misma no superen tanto el precio de la anterior, en la medida en que haya sido objeto de deducción, como la ganancia patrimonial exenta por reinversión.

3.º Se entenderá por vivienda habitual aquella en la que el contribuyente resida durante un plazo continuado de tres años. No obstante, se entenderá que la vivienda tuvo aquel carácter cuando, a pesar de no haber transcurrido dicho plazo, se produzca el fallecimiento del contribuyente o concurran circunstancias que necesariamente exijan el cambio de vivienda, tales como separación matrimonial, traslado laboral, obtención de primer empleo o de empleo más ventajoso u otras análogas. [Art. 54 (Concepto de vivienda habitual) del RIRPF]

4.º También podrán aplicar la deducción por inversión en vivienda habitual los contribuyentes que efectúen obras e instalaciones de adecuación en la misma, incluidos los elementos comunes del edificio y los que sirvan de paso necesario entre la finca y la vía pública, con las siguientes especialidades [Art. 57 (Obras de adecuación de la vivienda habitual por personas con discapacidad), del RIRPF]:

a) Las obras e instalaciones de adecuación deberán ser certificadas por la Administración competente como necesarias para la accesibilidad y comunicación sensorial que facilite el desenvolvimiento digno y adecuado de las personas con discapacidad, en los términos que se establezcan reglamentariamente.

b) Darán derecho a deducción las obras e instalaciones de adecuación que deban efectuarse en la vivienda habitual del contribuyente, por razón de la discapacidad del propio contribuyente o de su cónyuge o un pariente, en línea directa o colateral, consanguínea o por afinidad, hasta el tercer grado inclusive, que conviva con él.

c) La vivienda debe estar ocupada por cualquiera de las personas a que se refiere el párrafo anterior a título de propietario, arrendatario, subarrendatario o usufructuario.

d) La base máxima de esta deducción, independientemente de la fijada en el número 1.º anterior, será de 12.080 euros anuales.

e) El porcentaje de deducción será el 10 por ciento.

f) Se entenderá como circunstancia que necesariamente exige el cambio de vivienda cuando la anterior resulte inadecuada en razón a la discapacidad.

g) Tratándose de obras de modificación de los elementos comunes del edificio que sirvan de paso necesario entre la finca urbana y la vía pública, así como las necesarias para la aplicación de dispositivos electrónicos que sirvan para superar barreras de comunicación sensorial o de promoción de su seguridad, podrán aplicar esta deducción además del contribuyente a que se refiere la letra b) anterior, los contribuyentes que sean copropietarios del inmueble en el que se encuentre la vivienda».

autonómica devengadas en el ejercicio 2012 las deducciones practicadas hasta el ejercicio 2011, sin intereses de demora.

Disposición transitoria decimonovena[518]. *Disolución y liquidación de determinadas sociedades civiles.*

1. Podrán acordar su disolución y liquidación, con aplicación del régimen fiscal previsto en esta disposición, las sociedades civiles en las que concurran las siguientes circunstancias:

a) Que con anterioridad a 1 de enero de 2016 les hubiera resultado de aplicación el régimen de atribución de rentas previsto en la Sección 2.ª del Título X de la Ley del Impuesto sobre la Renta de las Personas Físicas.

b) Que a partir de 1 de enero de 2016 cumplan los requisitos para adquirir la condición de contribuyente del Impuesto sobre Sociedades.

c) Que en los seis primeros meses del ejercicio 2016 se adopte válidamente el acuerdo de disolución con liquidación y se realicen con posterioridad al acuerdo, dentro del plazo de los seis meses siguientes a su adopción, todos los actos o negocios jurídicos necesarios, para la extinción de la sociedad civil.

Reglamentariamente se establecerán los requisitos formales exigidos para la aplicación de lo dispuesto en la presente disposición.

2. La disolución con liquidación de dichas sociedades tendrá el siguiente régimen fiscal:

a) Exención del Impuesto sobre Transmisiones Patrimoniales y Actos Jurídicos Documentados, concepto «operaciones societarias», hecho imponible «disolución de sociedades», del artículo 19.1.1.º del texto refundido del Impuesto, aprobado por el Real Decreto Legislativo 1/1993, de 24 de septiembre.

b) No se devengará el Impuesto sobre el Incremento de Valor de los Terrenos de Naturaleza urbana con ocasión de las adjudicaciones a los socios de inmuebles de naturaleza urbana de los que sea titular la entidad. En la posterior transmisión de los mencionados inmuebles se entenderá que estos fueron adquiridos en la fecha en que lo fueron por la sociedad que se extinga.

c) A efectos del Impuesto sobre la Renta de las Personas Físicas, del Impuesto sobre Sociedades o del Impuesto sobre la Renta de no Residentes de los socios de la sociedad que se disuelve:

1.º El valor de adquisición y, en su caso, de titularidad de las acciones o participaciones en el capital de la sociedad que se disuelve, determinado de acuerdo con lo establecido en la disposición transitoria trigésima segunda de la Ley del Impuesto sobre Sociedades, se aumentará en el importe de las deudas adjudicadas y se disminuirá en el de los créditos y dinero o signo que lo represente adjudicado.

---

[518] Nueva redacción dada por el Art. Primero. Noventa y uno de la Ley 26/2014, de 27 de noviembre, por la que se modifican la Ley 35/2006, de 28 de noviembre, del Impuesto sobre la Renta de las Personas Físicas, el texto refundido de la Ley del Impuesto sobre la Renta de no Residentes, aprobado por el Real Decreto Legislativo 5/2004, de 5 de marzo, y otras normas tributarias (BOE núm. 288, de 28 de noviembre de 2014), en vigor desde el 1 de enero de 2016.

Redacción anterior por su incorporación por el art. 69.Dos de la Ley 39/2010, de 22 de diciembre, de Presupuestos Generales del Estado para el año 2011 (BOE núm. 23, de 12 de diciembre de 2010), con efectos desde 1 de enero de 2011 y vigencia indefinida, en vigor hasta el 31 de diciembre de 2015.

2.º Si el resultado de las operaciones descritas en el párrafo anterior resultase negativo, dicho resultado se considerará renta o ganancia patrimonial, según que el socio sea persona jurídica o física, respectivamente. En este supuesto, cada uno de los restantes elementos de activo adjudicados distintos de los créditos, dinero o signo que lo represente, se considerará que tiene un valor de adquisición cero.

3.º Si el resultado de las operaciones descritas en el párrafo 1.º anterior resultase cero o positivo, se considerará que no existe renta o pérdida o ganancia patrimonial.

Cuando dicho resultado sea cero, cada uno de los restantes elementos de activo adjudicados distintos de los créditos, dinero o signo que lo represente, tendrá como valor de adquisición cero.

Si el resultado fuese positivo, el valor de adquisición de cada uno de los restantes elementos de activo adjudicados distintos de los créditos, dinero o signo que lo represente, será el que resulte de distribuir el resultado positivo entre ellos en función del valor de mercado que resulte del balance final de liquidación de la sociedad que se extingue.

4.º Los elementos adjudicados al socio, distintos de los créditos, dinero o signo que lo represente, se considerarán adquiridos por éste en la fecha de su adquisición por la sociedad.

3. Hasta la finalización del proceso de extinción de la sociedad civil, siempre que la misma se realice dentro del plazo indicado en la letra c) del apartado 1 de esta disposición transitoria, continuará aplicándose el régimen de atribución de rentas previsto en la Sección 2.ª del Título X de esta Ley, sin que la sociedad civil llegue a adquirir la consideración de contribuyente del Impuesto sobre Sociedades.

En caso contrario, la sociedad civil tendrá la consideración de contribuyente del Impuesto sobre Sociedades desde 1 de enero de 2016 y no resultará de aplicación el citado régimen de atribución de rentas.

Disposición transitoria vigésima[519]. *Gastos e inversión para habituar a los empleados en la utilización de las nuevas tecnologías de la comunicación y de la información.*

Sin perjuicio de lo establecido en la disposición derogatoria segunda de esta Ley, el artículo 40 del Texto Refundido de la Ley del Impuesto sobre Sociedades, aprobado por el Real Decreto Legislativo 4/2004, de 5 de marzo, prorrogará su vigencia durante los años 2011, 2012, 2013 y 2014 para los gastos e inversiones para habituar a los empleados en la utilización de las nuevas tecnologías de la comunicación y de la información.

---

[519] Nueva redacción dada por el Nueva redacción del apartado 1 dada por el art. 65.Dos de la Ley 22/2013, de 23 de diciembre, de Presupuestos Generales del Estado para el año 2014 (BOE núm. 309, de 26 de diciembre de 2013), con efectos desde el 1 de enero de 2014.
Redacción anterior dada por el art. 6.Dos de la Ley 16/2012, de 27 de diciembre, por la que se adoptan diversas medidas tributarias dirigidas a la consolidación de las finanzas públicas y al impulso de la actividad económica (BOE núm. 312, de 28 de diciembre de 2012), con efectos desde el 1 de enero de 2013.
Redacción anterior dada por la Disposición Final Segunda.tercero.tres del Real Decreto-ley 20/2011, de 30 de diciembre, de medidas urgentes en materia presupuestaria, tributaria y financiera para la corrección del déficit público (BOE núm. 315, de 31 de diciembre), con efectos desde el 1 de enero de 2012.
Esta Disp. Fue incorporada por la Disp. Final Vigésima cuarta.Dos de la Ley 39/2010, de 22 de diciembre, de Presupuestos Generales del Estado para el año 2011 (BOE núm. 23, de 12 de diciembre de 2010), con efectos desde el 1/1/2011.
Disp. Adic. Vigésima Quinta (Gastos e inversiones para habituar a los empleados en la utilización de las nuevas tecnologías de la comunicación y de la información), de esta LIRPF.

Disposición transitoria vigésima primera[520]. Deducción por obras de mejora en la vivienda habitual satisfechas con anterioridad a la entrada en vigor del Real Decreto-ley 5/2011.

1. Los contribuyentes que con anterioridad a la entrada en vigor del Real Decreto-ley 5/2011 hayan satisfecho cantidades por las que hubieran tenido derecho a la deducción por obras de mejora en la vivienda habitual conforme a la redacción original de la disposición adicional vigésima novena de esta Ley, aplicarán la deducción en relación con tales cantidades conforme a la citada redacción.

2. En ningún caso, por aplicación de lo dispuesto en esta disposición, la base anual y la base acumulada de la deducción correspondientes al conjunto de obras de mejora podrán exceder de los límites establecidos en la disposición adicional vigésima novena de esta ley.

Disposición transitoria vigésima segunda[521]. *Indemnizaciones por despido exentas.*

1. Las indemnizaciones por despidos producidos desde la entrada en vigor del Real Decreto-ley 3/2012, de 10 de febrero, de medidas urgentes para la reforma del mercado laboral, y hasta el día de la entrada en vigor de la Ley, de medidas urgentes para la reforma del mercado laboral, estarán exentas en la cuantía que no exceda de la que hubiera correspondido en el caso de que éste hubiera sido declarado improcedente, cuando el empresario así lo reconozca en el momento de la comunicación del despido o en cualquier otro anterior al acto de conciliación y no se trate de extinciones de mutuo acuerdo en el marco de planes o sistemas colectivos de bajas incentivadas.

2. Las indemnizaciones por despido o cese consecuencia de los expedientes de regulación de empleo a que se refiere la disposición transitoria décima de la Ley, de medidas urgentes para la reforma del mercado laboral, aprobados por la autoridad competente a partir de 8 de marzo de 2009, estarán exentas en la cuantía que no supere cuarenta y cinco días de salario, por año de servicio, prorrateándose por meses los periodos de tiempo inferiores a un año hasta un máximo de cuarenta y dos mensualidades.

3[522]. El límite previsto en el último párrafo de la letra e) del artículo 7 de esta Ley no resultará de aplicación a las indemnizaciones por despidos o ceses producidos con anterioridad a 1 de agosto de 2014. Tampoco resultará de aplicación a los despidos que se produzcan a partir de esta fecha cuando deriven de un expediente de regulación de empleo aprobado, o un despido colectivo en el que se hubiera comunicado la apertura del período de consultas a la autoridad laboral, con anterioridad a dicha fecha.

---

[520] Nueva Disp. Transitoria vigésima primera incorporada por la Disp. Final Primera.Dos del Real Decreto-ley 5/2011, de 29 de abril, de medidas para la regularización y control del empleo sumergido y fomento de la rehabilitación de viviendas (BOE núm. 108, de 6 de mayo de 2011), con entrada en vigor el 7 de mayo de 2011.

[521] Nueva Disp. incorporada por el Disposición final undécima.dos de la Ley 3/2012, de 6 de julio, de medidas urgentes para la reforma del mercado laboral (BOE núm. 162, de 7 de julio de 2012), en vigor desde la entrada en vigor del Real Decreto-Ley 3/2002, de 10 de febrero, el 12 de febrero de 2012.

[522] Nuevo apartado incorporado por el Art. Primero. Noventa y dos de la Ley 26/2014, de 27 de noviembre, por la que se modifican la Ley 35/2006, de 28 de noviembre, del Impuesto sobre la Renta de las Personas Físicas, el texto refundido de la Ley del Impuesto sobre la Renta de no Residentes, aprobado por el Real Decreto Legislativo 5/2004, de 5 de marzo, y otras normas tributarias (BOE núm. 288, de 28 de noviembre de 2014), en vigor desde el 29 de noviembre de 2014.

Disposición transitoria vigésima tercera[523]. **Tipo de retención aplicable a los rendimientos de actividades profesionales y a determinados rendimientos del trabajo.**

El porcentaje de retención o ingreso a cuenta aplicable a los rendimientos previstos en el apartado 3 y en la letra a) del apartado 5, ambos del artículo 101 de esta Ley, satisfechos o abonados hasta el 31 de agosto de 2012, será el previsto en dicho artículo, en su redacción vigente a 1 de enero de 2012.

El porcentaje de retención o ingreso a cuenta aplicable a dichos rendimientos que se satisfagan a abonen a partir de 1 de septiembre de 2012 será el previsto en el primer párrafo del apartado 4 de la disposición adicional trigésima quinta de esta Ley, salvo en el supuesto en el que resulte de aplicación el porcentaje del 9 por ciento previsto en el segundo párrafo de la letra a) del apartado 5 del artículo 101 de esta Ley.

Disposición transitoria vigésima cuarta[524]. *Rendimientos del trabajo en especie consistentes en la utilización de vivienda.*

Durante el período impositivo 2013, los rendimientos del trabajo en especie derivados de la utilización de vivienda cuando esta no sea propiedad del pagador se podrán seguir valorando conforme a lo dispuesto en la letra a) del número 1.º del apartado 1 del artículo 43 de esta Ley en su redacción en vigor a 31 de diciembre de 2012, siempre que la entidad empleadora ya viniera satisfaciendo los mismos en relación con dicha vivienda con anterioridad a 4 de octubre de 2012.

Disposición transitoria vigésima quinta[525]. *Reducciones aplicables a determinados rendimientos.*

1. El límite de la reducción previsto en el artículo 18.2 de esta Ley para la extinción de relaciones laborales o mercantiles no se aplicará a los rendimientos del trabajo que deriven de extinciones producidas con anterioridad a 1 de enero de 2013.

2. Los rendimientos del trabajo procedentes de indemnizaciones por extinción de la relación mercantil a que se refiere el artículo 17.2 e) de esta Ley con período de generación supe-

---

[523] Se modifica el título de la Disp. Trans. Vigésima tercera por el Nueva redacción dada por el arert.64.Dos de la Ley 22/2013, de 23 de diciembre, de Presupuestos Generales del Estado para el año 2014 (BOE núm. 309, de 26 de diciembre de 2013), con efectos desde el 1 de enero de 2014.
Nueva Disposición incorporada por el art. 25.segundo.tres del Real Decreto-ley 20/2012, de 13 de julio, de medidas para garantizar la estabilidad presupuestaria y de fomento de la competitividad (BOE núm. 168, de 14 de julio de 2012), con efectos desde el 1 de septiembre de 2012.

[524] Nueva disposición incorporada por el art. 4.Tres de la Ley 16/2012, de 27 de diciembre, por la que se adoptan diversas medidas tributarias dirigidas a la consolidación de las finanzas públicas y al impulso de la actividad económica (BOE núm. 312, de 28 de diciembre de 2012), con efectos desde el 1 de enero de 2013.

[525] Nueva redacción dada por el Art. Primero. Noventa y tres de la Ley 26/2014, de 27 de noviembre, por la que se modifican la Ley 35/2006, de 28 de noviembre, del Impuesto sobre la Renta de las Personas Físicas, el texto refundido de la Ley del Impuesto sobre la Renta de no Residentes, aprobado por el Real Decreto Legislativo 5/2004, de 5 de marzo, y otras normas tributarias (BOE núm. 288, de 28 de noviembre de 2014), en vigor desde el 1 de enero de 2015.
Redacción anterior por su incorporación efectuada por la Final décima.Cuatro de la Ley 16/2012, de 27 de diciembre, por la que se adoptan diversas medidas tributarias dirigidas a la consolidación de las finanzas públicas y al impulso de la actividad económica (BOE núm. 312, de 28 de diciembre de 2012), con efectos desde el 1 de enero de 2013.

rior a dos años, podrán aplicar la reducción prevista en el apartado 2 del artículo 18 de esta Ley cuando el cociente resultante de dividir el número de años de generación, computados de fecha a fecha, entre el número de períodos impositivos de fraccionamiento, sea superior a dos, siempre que la fecha de la extinción de la relación sea anterior a 1 de agosto de 2014.

3. Los rendimientos distintos de los procedentes de indemnizaciones por extinción de la relación laboral, común o especial, o de la relación mercantil a que se refiere el artículo 17.2 e) de esta Ley, que se vinieran percibiendo de forma fraccionada con anterioridad a 1 de enero de 2015 con derecho a la aplicación de la reducción prevista en los artículos 18.2, 23.3 26.2 y 32.1 de la Ley del Impuesto en su redacción en vigor a 31 de diciembre de 2014, podrán seguir aplicando la reducción prevista, respectivamente, en los artículos 18.2, 23.3, 26.2 y 32.1 de esta Ley a cada una de las fracciones que se imputen a partir de 1 de enero de 2015, siempre que el cociente resultante de dividir el número de años de generación, computados de fecha a fecha, entre el número de períodos impositivos de fraccionamiento, sea superior a dos.

En relación con rendimientos previstos en el párrafo anterior derivados de compromisos adquiridos con anterioridad a 1 de enero de 2015 que tuvieran previsto el inicio de su percepción de forma fraccionada en períodos impositivos que se inicien a partir de dicha fecha, la sustitución de la forma de percepción inicialmente acordada por su percepción en un único período impositivo no alterará el inicio del período de generación del rendimiento.

4[526]**.** En el caso de los rendimientos del trabajo que deriven del ejercicio de opciones de compra sobre acciones o participaciones por los trabajadores que hubieran sido concedidas con anterioridad a 1 de enero de 2015 y se ejerciten transcurridos más de dos años desde su concesión, si, además, no se concedieron anualmente, podrán aplicar la reducción prevista en el apartado 2 del artículo 18 de esta Ley aun cuando en el plazo de los cinco períodos impositivos anteriores a aquél en el que se ejerciten, el contribuyente hubiera obtenido otros rendimientos con período de generación superior a dos años a los que hubiera aplicado la reducción prevista en dicho apartado. En este caso será de aplicación el límite previsto en el número 1.º de la letra b) del apartado 2 del artículo 18 de esta Ley en su redacción, en vigor a 31 de diciembre de 2014, a los rendimientos del trabajo derivados de todas las opciones de compra concedidas con anterioridad a 1 de enero de 2015.

Disposición transitoria vigésima sexta[527]**.** *Régimen transitorio aplicable a la imputación de primas de seguros colectivos contratados con anterioridad a 1 de diciembre de 2012.*

A efectos de lo dispuesto en el segundo párrafo de la letra f) del apartado 1 del artículo 17 de esta Ley, en los seguros colectivos contratados con anterioridad a 1 de diciembre de 2012, en los que figuren primas de importe determinado expresamente, y el importe anual de estas supere el límite fijado en dicho artículo, no será obligatoria la imputación por ese exceso.

---

[526] Disposición transitoria decimosexta (Salario medio anual del conjunto de declarantes del Impuesto) del RIRPF.

[527] Nueva Disposición incorporada por la Final décima.Cinco de la Ley 16/2012, de 27 de diciembre, por la que se adoptan diversas medidas tributarias dirigidas a la consolidación de las finanzas públicas y al impulso de la actividad económica (BOE núm. 312, de 28 de diciembre de 2012), con efectos desde el 1 de enero de 2013.

Disposición transitoria vigésima séptima[528]. *Acciones o participaciones de entidades de nueva o reciente creación adquiridas con anterioridad a la entrada en vigor de la Ley 14/2013, de Apoyo a los Emprendedores y su Internacionalización.*

Los contribuyentes que obtengan ganancias patrimoniales que se pongan de manifiesto con ocasión de la transmisión de acciones o participaciones adquiridas con anterioridad a la entrada en vigor de la Ley 14/2013 podrán aplicar la exención prevista en la disposición adicional trigésima cuarta de esta Ley en su redacción en vigor a 31 de diciembre de 2012, siempre que se cumplan los requisitos y condiciones establecidos en dicha disposición adicional.

Disposición transitoria vigésima octava[529]. *Acciones o participaciones adquiridas con el saldo de cuentas ahorro-empresa.*

No formará parte de la base de la deducción regulada en el artículo 68.1 de esta Ley el importe de las acciones o participaciones adquiridas con el saldo de cuentas ahorro-empresa en la medida en que dicho saldo hubiera sido objeto de deducción.

Disposición transitoria vigésima novena[530]. *Transmisiones de derechos de suscripción anteriores a 1 de enero de 2017.*

Para la determinación del valor de adquisición de los valores a que se refiere la letra a) del apartado 1 del artículo 37 de esta Ley, se deducirá el importe obtenido por las transmisiones de derechos de suscripción realizadas con anterioridad a 1 de enero de 2017, con excepción del importe de tales derechos que hubiera tributado como ganancia patrimonial. Cuando no se hubieran transmitido la totalidad de los derechos de suscripción, se entenderá que los transmitidos correspondieron a los valores adquiridos en primer lugar.

Disposición transitoria trigésima[531]. *Socios de sociedades civiles que tengan la condición de contribuyentes del Impuesto sobre Sociedades.*

1. Los contribuyentes de este Impuesto que sean socios de sociedades civiles, a las que hubiese resultado de aplicación el régimen de atribución de rentas previsto en la Sección 2.ª del Título X de la esta Ley y adquieran la condición de contribuyentes del Impuesto sobre

---

[528] Nueva disposición incorporada por el art. 27.Doce de la Ley 14/2013, de 27 de septiembre, de apoyo a los emprendedores y su internacionalización (BOE núm. 233, de 28 de septiembre de 2013), con entrada en vigor el día 29 de noviembre de 2013.

[529] Nueva disposición transitoria incorporada por el Art. Primero. Noventa y cuatro de la Ley 26/2014, de 27 de noviembre, por la que se modifican la Ley 35/2006, de 28 de noviembre, del Impuesto sobre la Renta de las Personas Físicas, el texto refundido de la Ley del Impuesto sobre la Renta de no Residentes, aprobado por el Real Decreto Legislativo 5/2004, de 5 de marzo, y otras normas tributarias (BOE núm. 288, de 28 de noviembre de 2014), en vigor desde el 1 de enero de 2015.

[530] Nueva disposición transitoria incorporada por el Art. Primero. Noventa y cinco de la Ley 26/2014, de 27 de noviembre, por la que se modifican la Ley 35/2006, de 28 de noviembre, del Impuesto sobre la Renta de las Personas Físicas, el texto refundido de la Ley del Impuesto sobre la Renta de no Residentes, aprobado por el Real Decreto Legislativo 5/2004, de 5 de marzo, y otras normas tributarias (BOE núm. 288, de 28 de noviembre de 2014), en vigor desde el 1 de enero de 2017.

[531] Nueva disposición transitoria incorporada por el Art. Primero. Noventa y seis de la Ley 26/2014, de 27 de noviembre, por la que se modifican la Ley 35/2006, de 28 de noviembre, del Impuesto sobre la Renta de las Personas Físicas, el texto refundido de la Ley del Impuesto sobre la Renta de no Residentes, aprobado por el Real Decreto Legislativo 5/2004, de 5 de marzo, y otras normas tributarias (BOE núm. 288, de 28 de noviembre de 2014), en vigor desde el 1 de enero de 2016.

Sociedades, podrán seguir aplicando las deducciones en la cuota íntegra previstas en el artículo 68.2 de esta Ley que estuviesen pendientes de aplicación a 1 de enero de 2016 en los términos previstos en el artículo 69 de esta Ley, siempre que se cumplan las condiciones y requisitos establecidos en la Ley del Impuesto sobre Sociedades.

2. En lo que afecte a los contribuyentes de este Impuesto, será de aplicación lo dispuesto en la disposición transitoria trigésima segunda de la Ley del Impuesto sobre Sociedades.

Disposición transitoria trigésima primera[532]. *Requisito de antigüedad a efectos de tratamiento de Planes Individuales de Ahorro Sistemático de contratos de seguro formalizados antes de 1 de enero de 2015.*

A los Planes Individuales de Ahorro Sistemático formalizados con anterioridad al 1 de enero de 2015, les será de aplicación el requisito de cinco años fijado en la letra g) de la disposición adicional tercera de esta Ley.

La transformación de un Plan Individual de Ahorro Sistemático formalizado antes de 1 de enero de 2015, o de un contrato de seguro de los regulados en la disposición transitoria decimocuarta de esta Ley, mediante la modificación del vencimiento del mismo, con la exclusiva finalidad de anticipar la constitución de la renta vitalicia a una fecha que cumpla con el requisito de antigüedad de cinco años desde el pago de la primera prima exigido por las citadas disposiciones, no tendrá efectos tributarios para el tomador.

Disposición transitoria trigésima segunda[533]. *Límites para la aplicación del método de estimación objetiva en los ejercicios 2016 a 2024.*

Para los ejercicios 2016, 2017, 2018, 2019, 2020, 2021, 2022, 2023 y 2024, las magnitudes de 150.000 y 75.000 euros a que se refiere el apartado a') de la letra b) de

---

[532] Nueva disposición transitoria incorporada por el Art. Primero. Noventa y siete de la Ley 26/2014, de 27 de noviembre, por la que se modifican la Ley 35/2006, de 28 de noviembre, del Impuesto sobre la Renta de las Personas Físicas, el texto refundido de la Ley del Impuesto sobre la Renta de no Residentes, aprobado por el Real Decreto Legislativo 5/2004, de 5 de marzo, y otras normas tributarias (BOE núm. 288, de 28 de noviembre de 2014), en vigor desde el 1 de enero de 2015.

[533] Redacción dada por el art. 15 del Real Decreto-ley 8/2023, de 27 de diciembre, por el que se adoptan medidas para afrontar las consecuencias económicas y sociales derivadas de los conflictos en Ucrania y Oriente Próximo, así como para paliar los efectos de la sequía (BOE núm. 310, de 28 de diciembre de 2023), con efectos desde el 1 de enero de 2024.
Redacción dada por el art. 6 Primero Cuatro del Real Decreto-ley 9/2024, de 23 de diciembre, por el que se adoptan medidas urgentes en materia económica, tributaria, de transporte, y de Seguridad Social, y se prorrogan determinadas medidas para hacer frente a situaciones de vulnerabilidad social, (BOE núm. 309, de 24 de diciembre de 2024), con efectos desde el 1 de enero de 2025: «*Límites para la aplicación del método de estimación objetiva en los ejercicios 2016 a 2025.*
Para los ejercicios 2016, 2017, 2018, 2019, 2020, 2021, 2022, 2023, 2024 y 2025, las magnitudes de 150.000 y 75.000 euros a que se refiere el apartado a') de la letra b) de la norma 3ª del apartado 1 del artículo 31 de esta Ley, quedan fijadas en 250.000 y 125.000 euros, respectivamente.
Asimismo, para dichos ejercicios, la magnitud de 150.000 euros a que se refiere la letra c) de la norma 3ª del apartado 1 del artículo 31 de esta Ley, queda fijada en 250.000 euros».
Resolución de 22 de enero de 2025, del Congreso de los Diputados, por la que se ordena la publicación del Acuerdo de derogación del Real Decreto-ley 9/2024, de 23 de diciembre, por el que se adoptan medidas urgentes en materia económica, tributaria, de transporte, y de Seguridad Social, y se prorrogan determinadas medidas para hacer frente a situaciones de vulnerabilidad social (BOE núm. 20, de 23 de enero de 2025).

la norma 3.ª del apartado 1 del artículo 31 de esta ley, quedan fijadas en 250.000 y 125.000 euros, respectivamente.

Asimismo, para dichos ejercicios, la magnitud de 150.000 euros a que se refiere la letra c) de la norma 3.ª del apartado 1 del artículo 31 de esta ley, queda fijada en 250.000 euros.

Disposición transitoria trigésima tercera[534]. *Aplicación en el ejercicio 2018 de la deducción establecida en el artículo 81 bis.*

En el período impositivo 2018, la deducción por cónyuge no separado legalmente con discapacidad y el incremento de la deducción previsto por cada uno de los hijos que excedan del número mínimo de hijos exigido para la adquisición de la condición de familia numerosa de categoría general o especial, se determinará tomando en consideración exclusivamente los meses iniciados con posterioridad a la entrada en vigor de la Ley de Presupuestos Generales del Estado para el año 2018.

Redacción anterior dada por el art. 61.Dos de la Ley 31/2022, de 23 de diciembre, de Presupuestos Generales del Estado para el año 2023 (BOE núm. 308, de 24 de diciembre de 2022), con efectos desde el 1 de enero de 2023: «*Límites para la aplicación del método de estimación objetiva en los ejercicios 2016 a 2023.*

Para los ejercicios 2016, 2017, 2018, 2019, 2020, 2021, 2022 y 2023, las magnitudes de 150.000 y 75.000 euros a que se refiere el apartado a) de la letra b) de la norma 3ª del apartado 1 del artículo 31 de esta ley, quedan fijadas en 250.000 y 125.000 euros, respectivamente.

Asimismo, para dichos ejercicios, la magnitud de 150.000 euros a que se refiere la letra c) de la norma 3ª del apartado 1 del artículo 31 de esta ley, queda fijada en 250.000 euros».

Redacción anterior dada por el art. 60 de la Ley 22/2021, de 28 de diciembre, de Presupuestos Generales del Estado para el año 2022 (BOE núm. 312, de 29 de diciembre de 2021), con efectos desde el 1 de enero de 2022.

Redacción anterior dada por el art. 63 de la Ley 11/2020, de 30 de diciembre, de Presupuestos Generales del Estado para el año 2021 (BOE núm. 341, de 31 de diciembre de 2020), en vigor desde el 1 de enero de 2021.

Redacción anterior dada por el art. 2 del Real Decreto-ley 18/2019, de 27 de diciembre, por el que se adoptan determinadas medidas en materia tributaria, catastral y de seguridad social (BOE núm. 312, de 28 de diciembre de 2019), con efectos desde el 1 de enero de 2020.

Redacción anterior dada por el art. 1 Segundo del Real Decreto-ley 27/2018, de 28 de diciembre, por el que se adoptan determinadas medidas en materia tributaria y catastral, (BOE núm. 314, de 29 de diciembre de 2018), con efectos desde el día 1 de enero de 2019.

Redacción anterior dada por el art. 2 del Real Decreto-ley 20/2017, de 29 de diciembre, por el que se prorrogan y aprueban diversas medidas tributarias y otras medidas urgentes en materia social (BOE núm. 317, de 30 de diciembre de 2017), con efectos desde el 1 de enero de 2018.

Redacción anterior, por su incorporación del art. 61 de la Ley 48/2015, de 29 de octubre, de Presupuestos Generales del Estado para el año 2016 (BOE núm. 260, de 30 de octubre de 2015), con efectos desde el 1 de enero de 2016.

[534] Nueva disp. Transitoria incorporada por el art. 62.tres de la Ley 6/2018, de 3 de julio, de Presupuestos Generales del Estado para el año 2018 (BOE núm. 161, de 4 de julio de 2018), con vigor desde el día 5 de julio de 2018.

Disposición transitoria trigésima cuarta[535]. *Obligación de declarar en el período impositivo 2018.*

Cuando el impuesto correspondiente al período impositivo 2018 se hubiera devengado a partir de la entrada en vigor de la Ley de Presupuestos Generales del Estado para el año 2018, el límite de 14.000 euros establecido en el primer párrafo del apartado 3 del artículo 96 de esta Ley será de 12.643 euros.

Disposición transitoria trigésima quinta[536]. *Cuantía exenta del gravamen especial sobre los premios de determinadas loterías y apuestas en los ejercicios 2018 y 2019.*

Los premios derivados de juegos celebrados con anterioridad a la entrada en vigor de la Ley 6/2018, de 3 de julio, de Presupuestos Generales del Estado para el año 2018, estarán exentos del gravamen especial en la cuantía prevista en el apartado 2 de la disposición adicional trigésima tercera de esta Ley en su redacción vigente a 31 de diciembre de 2017.

Dicha cuantía será de 10.000 euros para los premios derivados de juegos celebrados en el período impositivo 2018 a partir de la entrada en vigor de la citada Ley, y de 20.000 euros para los premios derivados de juegos celebrados en el período impositivo 2019.

Disposición transitoria trigésima sexta[537]. *Aplicación del régimen de diferimiento a determinadas participaciones o acciones en instituciones de inversión colectiva adquiridas con anterioridad a 1 de enero de 2022.*

El requisito establecido en el número 3.º de la letra a) del apartado 2 del artículo 94 de esta Ley no será de aplicación a las participaciones o acciones en instituciones de inversión colectiva a que se refiere dicho número 3.º adquiridas por el contribuyente con anterioridad a 1 de enero de 2022 y no cotizadas en bolsa de valores española, siempre que el importe del reembolso o transmisión no se destine a la adquisición de acciones o participaciones de instituciones de inversión colectiva previstas en el citado número 3.º.

Disposición transitoria trigésima séptima[538]. *Deducción por maternidad.*

Cuando en el período impositivo 2022 se hubiera tenido derecho a la deducción por maternidad y al complemento de ayuda para la infancia previsto en la Ley 19/2021 en relación con el mismo descendiente, se podrá seguir practicando la deducción por maternidad a partir

---

[535] Nueva Disp. Transitoria incorporada por el art. 63.tres de la Ley 6/2018, de 3 de julio, de Presupuestos Generales del Estado para el año 2018 (BOE núm. 161, de 4 de julio de 2018), con efectos desde el día 5 de julio de 2018.

[536] Nueva redacción del apartado dos dada por el art. 67 de la Ley 6/2018, de 3 de julio, de Presupuestos Generales del Estado para el año 2018 (BOE núm. 161, de 4 de julio de 2018), en vigor desde el día 1 de enero de 2018.

[537] Nueva disp. transitoria incorporada por el art. tercero Siete de la Ley 11/2021, de 9 de julio, de medidas de prevención y lucha contra el fraude fiscal, de transposición de la Directiva (UE) 2016/1164, del Consejo, de 12 de julio de 2016, por la que se establecen normas contra las prácticas de elusión fiscal que inciden directamente en el funcionamiento del mercado interior, de modificación de diversas normas tributarias y en materia de regulación del juego (BOE núm. 164, de 10 de julio de 2021), con efectos desde el 1 de enero de 2022.

[538] Nueva disp. incorporada por el 73 del Real Decreto-ley 20/2022, de 27 de diciembre, de medidas de respuesta a las consecuencias económicas y sociales de la Guerra de Ucrania y de apoyo a la reconstrucción de la isla de La Palma y a otras situaciones de vulnerabilidad (BOE núm. 311, de 28 de diciembre de 2022), con efectos desde el 1 de enero de 2023.

de 1 de enero de 2023, aun cuando alguno de los progenitores tuviera derecho al citado complemento respecto de dicho descendiente, siempre que se cumplan el resto de los requisitos establecidos en la normativa vigente a partir de 1 de enero de 2023.

Disposición transitoria trigésima octava[539]. *Reducción aplicable a determinados arrendamientos de viviendas.*

A los rendimientos netos positivos de capital inmobiliario derivados de contratos de arrendamiento de vivienda que se hubieran celebrado con anterioridad a la entrada en vigor de la Ley 12/2023, de 24 de mayo, por el derecho a la vivienda, les resultará de aplicación la reducción prevista en el apartado 2 del artículo 23 de esta ley en su redacción vigente a 31 de diciembre de 2021[540].

DISPOSICIONES DEROGATORIAS

Disposición derogatoria primera. *Impuesto sobre la Renta de las Personas Físicas.*

1. A la entrada en vigor de esta Ley quedarán derogadas todas las disposiciones que se opongan a lo establecido en la misma, y en particular el Real Decreto legislativo 3/2004, de 5 de marzo, por el que se aprueba el texto refundido de la Ley del Impuesto sobre la Renta de las Personas Físicas.

2. No obstante lo previsto en el apartado anterior, conservarán su vigencia en lo que se refiere a este Impuesto:

1.º La disposición adicional segunda de la Ley 13/1985, de 25 de mayo, de coeficientes de inversión, recursos propios y obligaciones de información de intermediarios financieros[541].

---

[539] Nueva disp. incorporada por la Disp. Final Segunda dos «*Incentivos fiscales aplicables en el IRPF a los arrendamientos de inmuebles destinados a vivienda*» de la Ley 12/2023, de 24 de mayo, por el derecho a la vivienda (BOE núm. 124, de 25 de mayo de 2023), con efectos a partir del 1 de enero de 2024.

[540] Redacción del art. 23.2 dada por el art. tercero Dos de la Ley 11/2021, de 9 de julio, de medidas de prevención y lucha contra el fraude fiscal, de transposición de la Directiva (UE) 2016/1164, del Consejo, de 12 de julio de 2016, por la que se establecen normas contra las prácticas de elusión fiscal que inciden directamente en el funcionamiento del mercado interior, de modificación de diversas normas tributarias y en materia de regulación del juego (BOE núm. 164, de 10 de julio de 2021), con efectos desde el 11 de julio de 2021:

«*2. En los supuestos de arrendamiento de bienes inmuebles destinados a vivienda, el rendimiento neto positivo calculado con arreglo a lo dispuesto en el apartado anterior, se reducirá en un 60 por ciento. Esta reducción sólo resultará aplicable sobre los rendimientos netos positivos que hayan sido calculados por el contribuyente en una autoliquidación presentada antes de que se haya iniciado un procedimiento de verificación de datos, de comprobación limitada o de inspección que incluya en su objeto la comprobación de tales rendimientos.*

En ningún caso resultará de aplicación la reducción respecto de la parte de los rendimientos netos positivos derivada de ingresos no incluidos o de gastos indebidamente deducidos en la autoliquidación del contribuyente y que se regularicen en alguno de los procedimientos citados en el párrafo anterior, incluso cuando esas circunstancias hayan sido declaradas o aceptadas por el contribuyente durante la tramitación del procedimiento».

[541] Disposición Adicional Segunda. «Las Entidades de depósito y otras privadas distintas de las reguladas por la Ley 33/1984, de 2 de agosto, sobre ordenación del seguro privado, en cuyos Estatutos se hubiese autorizado, con anterioridad a la entrada en vigor de la presente Ley, la posibilidad de efectuar operaciones de seguros diferentes de las de la Seguridad Social obligatoria, no podrán ampliar su actividad a nuevas modalidades de seguros y quedarán sometidas a las siguientes normas:

2.º La Ley 20/1990, de 19 de diciembre, sobre Régimen Fiscal de Cooperativas, salvo lo dispuesto en el artículo 32 de la misma[542].

3.º Las disposiciones adicionales decimosexta, decimoséptima[543] y vigésima tercera[544] de la Ley 18/1991, de 6 de junio, del Impuesto sobre la Renta de las Personas Físicas.

4.º Los artículos 93 y 94 de la Ley 20/1991, de 7 de junio, de modificación de los aspectos fiscales del Régimen Económico y Fiscal de Canarias[545].

5.º La Ley 19/1994, de 6 de julio, de modificación del Régimen Económico y Fiscal de Canarias[546].

6.º El Real Decreto-ley 7/1994, de 20 de junio, sobre Libertad de Amortización para las Inversiones Generadoras de Empleo[547].

7.º El Real Decreto-ley 2/1995, de 17 de febrero, sobre Libertad de Amortización para las Inversiones Generadoras de Empleo[548].

8.º La disposición transitoria undécima de la Ley 13/1996, de 30 de diciembre, de Medidas Fiscales, Administrativas y del Orden Social[549].

9.º El artículo 13 de la Ley 32/1999, de 8 de octubre, de solidaridad con las víctimas del terrorismo[550].

a) No estarán sujetas, en cuanto a las operaciones de seguros, a los coeficientes de caja e inversión y cualquier otro típico de sus actividades como Entidades de depósito.

b) Deberán llevar las operaciones de seguro con absoluta separación contable y económico-financiera respecto del resto de las operaciones que realicen. Asimismo, dentro del plazo de dos años a partir de la entrada en vigor de la presente Ley, deberán contar con un patrimonio afecto exclusivamente a las operaciones de seguros, el cual estará jurídicamente separado de los demás elementos patrimoniales de la Entidad y responderá sólo de las resultas de tales operaciones de aseguramiento, sin que tampoco puedan estas últimas recaer jurídicamente sobre el restante patrimonio de la Entidad.

c) Les serán de plena aplicación las normas específicas reguladoras de las operaciones de seguros y de la actividad aseguradora con excepción de lo relativo a la denominación y objeto social y al régimen de Estatutos de la Entidad, si bien no podrán en ningún caso ser cesionarias en todo o en parte de carteras de seguros, a partir de la entrada en vigor de la presente Ley».

[542] BOE, núm. 304, de 20 diciembre de 1990.
[543] Decimoséptima. Modificación del artículo 103 de la Ley 31/1990, de 27 de diciembre, de Presupuestos Generales del Estado para 1991.
[544] Disposición Adicional Vigésima tercera. Modificaciones del artículo 103 de la Ley 31/1990, de 27 de diciembre de Presupuestos Generales del Estado para 1991.
[545] Art. 93. Régimen transitorio del Fondo de Previsión para inversiones y art. 94. Deducción por inversiones en Canarias.
[546] BOE núm. 161, de 7 julio de 1994.
[547] BOE núm. 147, de 21 junio de 1994.
[548] BOE núm. 43, de 20 febrero de 1995.
[549] Disposición transitoria duodécima. «Las exenciones, bonificaciones fiscales y tipos impositivos que se aplican a las «viviendas de protección oficial» se aplicarán también a aquellas que, con protección pública, dimanen de la legislación propia de las Comunidades Autónomas, siempre que los parámetros de superficie máxima protegible, precio de la vivienda y límite de ingresos de los adquirentes o usuarios no excedan de los establecidos para las referidas «viviendas de protección oficial».
Dicha aplicación tendrá carácter transitorio y se adaptará a la nueva regulación estatal de las exenciones, bonificaciones fiscales y tipos impositivos para las «viviendas de protección oficial» que el Gobierno pueda plantear en la presente legislatura».
[550] Artículo 13. Exenciones tributarias. «1. Las cantidades percibidas como consecuencia de las indemnizaciones a que se refiere la presente Ley estarán exentas del Impuesto sobre la Renta de las Personas Físicas y de cualquier impuesto personal que pudiera recaer sobre las mismas.

10.º Las disposiciones adicionales tercera[551] y sexta[552] de la Ley 55/1999, de 29 de diciembre, de medidas fiscales, administrativas y del orden social.

11.º La Ley 49/2002, de 23 de diciembre, de régimen fiscal de las entidades sin fines lucrativos y de los incentivos fiscales al mecenazgo[553].

12.º La disposición transitoria segunda de la Ley 19/2003, de 4 de julio, sobre régimen jurídico de los movimientos de capitales y de las transacciones económicas con el exterior y sobre determinadas medidas de prevención del blanqueo de capitales.

13.º Las disposiciones adicionales quinta[554], decimoctava[555], trigésima tercera[556], trigésima cuarta[557] y trigésima séptima[558] de la Ley 62/2003, de 30 de diciembre, de medidas fiscales, administrativas y del orden social.

14.º El artículo 5.7 del Real Decreto-Ley 6/2004, de 17 de septiembre, por el que se adoptan medidas urgentes para reparar los daños causados por los incendios e inundaciones acaecidos en las Comunidades Autónomas de Aragón, Cataluña, Andalucía, La Rioja, Comunidad Foral de Navarra y Comunidad Valenciana[559].

---

2. En particular, las indemnizaciones contempladas en esta Ley se considerarán prestaciones públicas extraordinarias por actos de terrorismo, a los efectos de la exención prevista en el artículo 7 a) de la Ley 40/1998, de 9 de diciembre, del Impuesto sobre la Renta de las Personas Físicas y otras normas tributarias».

[551] Disposición adicional tercera. Régimen de la Organización Internacional de Comisiones de Valores.

[552] Disposición adicional sexta. «Exenciones fiscales a las ayudas públicas para reparar los daños personales causados por las inundaciones en Biescas, y por la riada de Badajoz».

[553] BOE núm. 307, de 24 diciembre de 2002.

[554] Disposición adicional quinta. Régimen fiscal de las cuotas participativas de las Cajas de Ahorro.

[555] Disposición adicional decimoctava. Régimen fiscal de determinados préstamos de valores.

[556] Disposición adicional trigésima tercera. Exención por daños personales. «1. Estarán exentas del Impuesto sobre la Renta de las Personas Físicas las cantidades percibidas en virtud de lo previsto en la disposición general del anexo I del Acuerdo de ventas suscrito entre el Estado Mayor de la Defensa y la Agencia de Mantenimiento y Aprovisionamiento de la Organización del Tratado del Atlántico Norte, como consecuencia del accidente de aviación acaecido el 26 de mayo de 2003.
Asimismo, estarán exentos los importes percibidos por los beneficiarios que se acogieran al sistema de anticipos de las cantidades a que se refiere el párrafo anterior, previsto en el Acuerdo del Consejo de Ministros de 29 de agosto de 2003.
2. Lo dispuesto en esta disposición adicional resultará de aplicación a los períodos impositivos iniciados desde el 1 de enero de 2003".

[557] Disposición adicional trigésima cuarta. Régimen fiscal del acontecimiento «Copa América 2007», de acuerdo con la redacción dada por el art. 16.1 de la Ley 4/2004, de 29 de diciembre, con efectos desde el 1 de enero de 2004, que modifica el apartado 6 y, el art. 16.2 que incorpora el apartado 9.

[558] Disposición adicional trigésima séptima. Exención en el Impuesto sobre la Renta de las Personas Físicas de las indemnizaciones por los daños ocasionados por el accidente del buque «Prestige». «Las indemnizaciones derivadas de los acuerdos transaccionales a que se refiere el Real Decretoley 4/2003, de 20 de junio, sobre Actuaciones para el Abono de Indemnizaciones en Relación con los Daños Ocasionados por el Accidente del Buque «Prestige», desarrollado por el Real Decreto 1053/2003, de 1 de agosto, estarán exentas del Impuesto sobre la Renta de las Personas Físicas».

[559] Artículo 5. Beneficios fiscales. «7. Estarán exentas del Impuesto sobre la Renta de las Personas Físicas las ayudas excepcionales por daños personales a que se refiere el artículo 9 de este Real Decreto-ley».

15.º El artículo 1 del texto refundido de la Ley sobre responsabilidad civil y seguro en la circulación vehículos a motor aprobado por el Real Decreto Legislativo 8/2004, de 29 de octubre[560].

16.º El artículo 7 del Real Decreto-Ley 8/2004, de 5 de noviembre, sobre indemnizaciones a los participantes en operaciones internacionales de paz y seguridad[561].

17.º El artículo 5.7 de la Ley 2/2005, de 15 de marzo, por la que se adoptan medidas urgentes para reparar los daños causados por los incendios e inundaciones acaecidos en las Comunidades Autónomas de Aragón, Cataluña, Andalucía, La Rioja, Comunidad Foral de Navarra y Comunidad Valenciana[562].

18.º El artículo 3.7 del Real Decreto-Ley 11/2005, de 22 de julio, por el que se aprueban medidas urgentes en materia de incendios forestales[563].

---

[560]   Artículo 1. De la responsabilidad civil. «1. El conductor de vehículos a motor es responsable, en virtud del riesgo creado por la conducción de éstos, de los daños causados a las personas o en los bienes con motivo de la circulación.

En el caso de daños a las personas, de esta responsabilidad sólo quedará exonerado cuando pruebe que los daños fueron debidos únicamente a la conducta o la negligencia del perjudicado o a fuerza mayor extraña a la conducción o al funcionamiento del vehículo; no se considerarán casos de fuerza mayor los defectos del vehículo ni la rotura o fallo de alguna de sus piezas o mecanismos.

En el caso de daños en los bienes, el conductor responderá frente a terceros cuando resulte civilmente responsable según lo establecido en los artículos 1902 y siguientes del Código Civil, artículos 109 y siguientes del Código Penal, y según lo dispuesto en esta Ley.

Si concurrieran la negligencia del conductor y la del perjudicado, se procederá a la equitativa moderación de la responsabilidad y al reparto en la cuantía de la indemnización, atendida la respectiva entidad de las culpas concurrentes.

El propietario no conductor responderá de los daños a las personas y en los bienes ocasionados por el conductor cuando esté vinculado con éste por alguna de las relaciones que regulan los artículos 1903 del Código Civil y 120.5 del Código Penal. Esta responsabilidad cesará cuando el mencionado propietario pruebe que empleó toda la diligencia de un buen padre de familia para prevenir el daño.

2. Los daños y perjuicios causados a las personas, comprensivos del valor de la pérdida sufrida y de la ganancia que hayan dejado de obtener, previstos, previsibles o conocidamente se deriven del hecho generador, incluyendo los daños morales, se cuantificarán en todo caso con arreglo a los criterios y dentro de los límites indemnizatorios fijados en el anexo de esta Ley.

3. Las indemnizaciones pagadas con arreglo a lo dispuesto en el apartado 2 tendrán la consideración de indemnizaciones en la cuantía legalmente reconocida, a los efectos del artículo 7.d) del Texto Refundido de la Ley del Impuesto sobre la Renta de las Personas Físicas, aprobado por el Real Decreto Legislativo 3/2004, de 5 de marzo, en tanto sean abonadas por una entidad aseguradora como consecuencia de la responsabilidad civil de su asegurado.

4. Reglamentariamente, se definirán los conceptos de vehículos a motor y hecho de la circulación, a los efectos de esta Ley. En todo caso, no se considerarán hechos de la circulación los derivados de la utilización del vehículo a motor como instrumento de la comisión de delitos dolosos contra las personas y los bienes»

[561]   Artículo 7. Exenciones tributarias. «Las cantidades percibidas como consecuencia de las indemnizaciones a que se refiere este Real Decreto-ley estarán exentas del Impuesto sobre la Renta de las Personas Físicas, del Impuesto de Sucesiones y de cualquier impuesto personal que pudiera recaer sobre ellas».

[562]   Artículo 5. Beneficios fiscales. «7. Estarán exentas del Impuesto sobre la Renta de las Personas Físicas las ayudas excepcionales por daños personales a que se refiere el artículo 9 de esta Ley».

[563]   Artículo 3. Beneficios fiscales. «7. Estarán exentas del Impuesto sobre la Renta de las Personas Físicas las ayudas excepcionales por daños personales a que se refiere el artículo 7».

3. La derogación de las disposiciones a que se refiere el apartado 1 no perjudicará los derechos de la Hacienda pública respecto a las obligaciones devengadas durante su vigencia.

Disposición derogatoria segunda. *Impuesto sobre Sociedades.*

1. Con efectos para los períodos impositivos que se inicien a partir de 1 de enero de 2007 quedan derogados el artículo 23 y el capítulo VI del título VII del texto refundido de la Ley del Impuesto sobre Sociedades, aprobado por Real Decreto Legislativo 4/2004, de 5 de marzo.

2[564]. Con efectos para los períodos impositivos que se inicien a partir de 1 de enero de 2011 quedan derogados los artículos 36, 37, apartados 4, 5 y 6 del artículo 38, apartados 2 y 3 del artículo 39, artículos 40 y 43 del texto refundido de la Ley del Impuesto sobre Sociedades, aprobado por el Real Decreto Legislativo 4/2004, de 5 de marzo.»

3[565].

4[566]. Con efectos para los períodos impositivos que se inicien a partir de 1 de enero de 2014 quedan derogados el apartado 1 del artículo 34 y los apartados 1, 3 y 7 del artículo 38 del texto refundido de la Ley del Impuesto sobre Sociedades, aprobado por Real Decreto Legislativo 4/2004, de 5 de marzo.

DISPOSICIONES FINALES

Disposición final primera. *Modificación del texto refundido de la Ley del Impuesto sobre la Renta de las Personas Físicas, aprobado por el Real Decreto Legislativo 3/2004, de 5 de marzo.*

1. Con efectos desde el 1 de enero de 2006, se modifica la disposición transitoria quinta del texto refundido de la Ley del Impuesto sobre la Renta de las Personas Físicas, que quedará redactada de la siguiente manera:

«Disposición transitoria quinta. Régimen transitorio de los contratos de seguro de vida generadores de incrementos o disminuciones de patrimonio con anterioridad a 1 de enero de 1999.

1. Cuando se perciba un capital diferido con anterioridad a 20 de enero de 2006, la parte de prestación correspondiente a cada una de las primas satisfechas con anterioridad a 31 de

---

[564] Nueva redacción dada por el art. 92.Cuatro de la Ley 2/2011, de 4 de marzo, de Economía Sostenible (BOE núm. 55, de 5 de marzo de 2011), con entrada en vigor el día 6 de marzo de 2011 surtiendo efectos para los períodos impositivos iniciados a partir de la entrada en vigor de esta Ley.

[565] Para los períodos impositivos que inicien a partir del 1 de enero de 2014 queda derogado el apartado tercero de la Disp. Derogatoria segunda en virtud de la Disp. Derogatoria única 2.a) de la Ley 16/2013, de 29 de octubre, por la que se establecen determinadas medidas en materia de fiscalidad medioambiental y se adoptan otras medidas tributarias y financieras (BOE núm. 260, de 30 de octubre de 2013), con efectos desde el 31 de octubre de 2013.
La redacción derogada fue dada art. 2.Dos del Real Decreto-ley 3/2009, de 27 de marzo, de medidas urgentes en materia tributaria, financiera y concursal ante la evolución de la situación económica, en vigor desde el 1 de abril de 2009 (BOE núm. 78, de 31 de marzo de 2009.
Redacción anterior dada por la Disposición Final segunda.1 de la Ley 55/2007, de 28 de diciembre, del Cine (BOE núm. , 312, de 29 de diciembre de 2007), con efectos para los períodos impositivos que se inicien a partir del 01-01-2007 hasta el 31-03-2009.

[566] Nueva redacción dada por la Disposición Final segunda.1 de la Ley 55/2007, de 28 de diciembre, del Cine (BOE núm. , 312, de 29 de diciembre de 2007), con efectos para los períodos impositivos que se inicien a partir del 1 de enero de 2007.

diciembre de 1994 se reducirá en un 14,28 por 100 por cada año, redondeado por exceso, que medie entre el abono de la prima y el 31 de diciembre de 1994, una vez calculado el rendimiento de acuerdo con lo establecido en los artículos 23, 24 y 94 de esta ley, excluido lo previsto en el último párrafo del apartado 2.b) de este artículo 94. Cuando hubiesen transcurrido más de seis años entre dichas fechas, el porcentaje a aplicar será el 100 por 100.

2. Cuando se perciba un capital diferido a partir de 20 de enero de 2006, la parte de la prestación correspondiente a cada una de las primas satisfechas con anterioridad a 31 de diciembre de 1994, que se hubiera generado con anterioridad a 20 de enero de 2006, se reducirá de acuerdo con lo previsto en el apartado 1 anterior.

A estos efectos, para determinar la parte de la prestación que, correspondiendo a cada una de las primas satisfechas con anterioridad a 31 de diciembre de 1994, se ha generado con anterioridad a 20 de enero de 2006, se multiplicará la misma por el coeficiente de ponderación que resulte del siguiente cociente:

En el numerador, el tiempo transcurrido entre el pago de la prima y el 20 de enero de 2006.

En el denominador, el tiempo transcurrido entre el pago de la prima y la fecha de cobro de la prestación.»

2. Con efectos desde el 1 de enero de 2006, se modifica la disposición transitoria novena del texto refundido de la Ley del Impuesto sobre la Renta de las Personas Físicas, que quedará redactada de la siguiente manera:

«Disposición transitoria novena. Ganancias patrimoniales derivadas de elementos adquiridos con anterioridad a 31 de diciembre de 1994.

1. El importe de las ganancias patrimoniales correspondientes a transmisiones de elementos patrimoniales no afectos a actividades económicas que hubieran sido adquiridos con anterioridad a 31 de diciembre de 1994, se determinará con arreglo a las siguientes reglas:

A) Transmisiones efectuadas hasta el 19 de enero de 2006.

1.ª) Las ganancias patrimoniales se calcularán, para cada elemento patrimonial, con arreglo a lo establecido en la Sección 4.ª, del Capítulo I, del Título II del texto refundido de esta Ley.

La ganancia patrimonial calculada se reducirá de la siguiente manera:

a) Se tomará como período de permanencia en el patrimonio del contribuyente el número de años que medie entre la fecha de adquisición del elemento y el 31 de diciembre de 1996, redondeado por exceso.

En el caso de derechos de suscripción se tomará como período de permanencia el que corresponda a los valores de los cuales procedan.

Si se hubiesen efectuado mejoras en los elementos patrimoniales transmitidos se tomará como período de permanencia de éstas en el patrimonio del contribuyente el número de años que medie entre la fecha en que se hubiesen realizado y el 31 de diciembre de 1996, redondeado por exceso.

b) Si los elementos patrimoniales transmitidos fuesen bienes inmuebles, derechos sobre los mismos o valores de las entidades comprendidas en el artículo 108 de la Ley 24/1988, de 28 de julio, del Mercado de Valores, con excepción de las acciones o participaciones representativas del capital social o patrimonio de las Sociedades o Fondos de Inversión Inmobiliaria, la ganancia patrimonial se reducirá en un 11,11 por 100 por cada año de permanencia de los señalados en el párrafo a) anterior que exceda de dos.

c) Si los elementos patrimoniales transmitidos fuesen acciones admitidas a negociación en alguno de los mercados regulados de valores definidos en la Directiva 2004/39/CE del Parlamento Europeo y del Consejo de 21 de abril de 2004 relativa a los mercados de instrumentos financieros, y representativos de la participación en fondos propios de sociedades o entidades, con excepción de las acciones representativas del capital social de Sociedades de Inversión Mobiliaria e Inmobiliaria, la ganancia se reducirá en un 25 por 100 por cada año de permanencia de los señalados en el párrafo a) anterior que exceda de dos.

d) Las restantes ganancias patrimoniales se reducirán en un 14,28 por 100 por cada año de permanencia de los señalados en el párrafo a) anterior que exceda de dos.

e) Estará no sujeta la ganancia patrimonial derivada de elementos patrimoniales que a 31 de diciembre de 1996 y en función de lo señalado en los párrafos b), c) y d) anteriores tuviesen un período de permanencia, tal y como éste se define en el párrafo a), superior a diez, cinco y ocho años, respectivamente.

2.ª) Si se hubieran efectuado mejoras en los elementos patrimoniales transmitidos se distinguirá la parte del valor de enajenación que corresponda a cada componente del mismo a efectos de la aplicación de lo dispuesto en la regla 1.ª) anterior.

B) Transmisiones efectuadas a partir del 20 de enero de 2006.

1.ª) La parte de la ganancia patrimonial generada con anterioridad a 20 de enero de 2006 se reducirá con arreglo a lo dispuesto en la letra A) anterior. A estos efectos, la parte de la ganancia patrimonial generada con anterioridad a 20 de enero de 2006 vendrá determinada por la parte de la ganancia patrimonial que proporcionalmente corresponda al número de días transcurridos entre la fecha de adquisición y el 19 de enero de 2006, ambos inclusive, respecto del número total de días que hubiera permanecido en el patrimonio del contribuyente.

Estará no sujeta la parte de la ganancia patrimonial generada con anterioridad a 20 de enero de 2006 derivada de elementos patrimoniales que a 31 de diciembre de 1996 y en función de lo señalado en los párrafos b), c) y d) de la regla 1.ª de la letra A) anterior, tuviesen un período de permanencia, tal y como éste se define en el párrafo a) de la regla 1.ª de la letra A) anterior, superior a diez, cinco y ocho años, respectivamente.

2.ª) En los casos de valores admitidos a negociación en alguno de los mercados regulados y de acciones o participaciones en instituciones de inversión colectiva a las que resulte aplicable el régimen previsto en la letra a) del apartado 1 del artículo 35 de esta Ley, las ganancias y pérdidas patrimoniales se calcularán para cada valor, acción o participación de acuerdo con lo establecido en la Sección 4.ª, del Capítulo I del Título II de esta Ley.

Si, como consecuencia de lo dispuesto en el párrafo anterior, se obtuviera como resultado una ganancia patrimonial, se efectuará la reducción que proceda de las siguientes:

a) Si el valor de transmisión fuera igual o superior al que corresponda a los valores, acciones o participaciones a efectos del Impuesto sobre el Patrimonio del año 2005, la parte de la ganancia patrimonial que se hubiera generado con anterioridad a 20 de enero de 2006 se reducirá de acuerdo con lo previsto en la regla 1.ª anterior. A estos efectos, la ganancia patrimonial generada con anterioridad a 20 de enero de 2006 será la parte de la ganancia patrimonial resultante de tomar como valor de transmisión el que corresponda a los valores, acciones o participaciones a efectos del Impuesto sobre el Patrimonio del año 2005.

b) Si el valor de transmisión fuera inferior al que corresponda a los valores, acciones o participaciones a efectos del Impuesto sobre el Patrimonio del año 2005, la ganancia patrimonial se reducirá de acuerdo con lo previsto en la letra A) anterior.

2. A los efectos de lo establecido en esta disposición, se considerarán elementos patrimoniales no afectos a actividades económicas aquellos en los que la desafectación de estas actividades se haya producido con más de tres años de antelación a la fecha de transmisión.»

3. Con efectos desde el 1 de enero de 2006, se añade una disposición transitoria decimoquinta al texto refundido de la Ley del Impuesto sobre la Renta de las Personas Físicas, que quedará redactada de la siguiente manera:

«Disposición transitoria decimoquinta. Régimen transitorio aplicable en el supuesto de fallecimiento durante el período impositivo 2006.

En el supuesto de finalización del período impositivo 2006 con anterioridad a la entrada en vigor de la disposición final primera de la Ley 35/2006, de 28 de noviembre, del Impuesto sobre la Renta de la Personas Físicas y de modificación parcial de las Leyes de los impuestos sobre sociedades, sobre la Renta de no Residentes y sobre el Patrimonio, los sucesores del causante aplicarán en dicha declaración las disposiciones transitorias quinta y novena de esta Ley según su redacción vigente a 31 de diciembre de 2005.»

Disposición final segunda. *Modificación del texto refundido de la Ley del Impuesto sobre Sociedades, aprobado por el Real Decreto Legislativo 4/2004, de 5 de marzo y de la Ley 49/2002, de 23 de diciembre, de régimen fiscal de las entidades sin fines lucrativos y de los incentivos fiscales al mecenazgo.*

1. Con efectos para los períodos impositivos que se inicien a partir de 1 de enero de 2007, se da nueva redacción al punto 2.º de la letra e) del apartado 4 del artículo 30 del texto refundido de la Ley del Impuesto sobre Sociedades, aprobado por el Real Decreto Legislativo 4/2004, de 5 de marzo, que quedará redactado de la siguiente manera:

(...)

2. Con efectos para los períodos impositivos que se inicien a partir de 1 de enero de 2007, se da nueva redacción al artículo 43 del texto refundido de la Ley del Impuesto sobre Sociedades, aprobado por el Real Decreto Legislativo 4/2004, de 5 de marzo, que quedará redactado de la siguiente manera:

(...)

3. Con efectos para los períodos impositivos que se inicien a partir de 1 de enero de 2007, se da nueva redacción al apartado 1 del artículo 57 del texto refundido de la Ley del Impuesto sobre Sociedades, aprobado por el Real Decreto Legislativo 4/2004, de 5 de marzo, que quedará redactado de la siguiente manera:

(...)

4. Con efectos para los períodos impositivos que se inicien a partir de 1 de enero de 2007, se da nueva redacción al apartado 2 del artículo 67 del texto refundido de la Ley del Impuesto sobre Sociedades, aprobado por el Real Decreto Legislativo 4/2004, de 5 de marzo, que quedará redactado de la siguiente manera:

(...)

5. Con efectos para los períodos impositivos que se inicien a partir de 1 de enero de 2007, se da nueva redacción al apartado 1 del artículo 94 del texto refundido de la Ley del Impuesto sobre Sociedades, aprobado por el Real Decreto Legislativo 4/2004, de 5 de marzo, que quedará redactado de la siguiente manera:

(...)

6. Con efectos para los períodos impositivos que se inicien a partir de 1 de enero de 2007, se da nueva redacción al apartado 10 del artículo 107 del texto refundido de la Ley del Impuesto sobre Sociedades, aprobado por el Real Decreto Legislativo 4/2004, de 5 de marzo, que quedará redactado de la siguiente manera:

(...)

7. Con efectos para los períodos impositivos que se inicien a partir de 1 de enero de 2007, se da nueva redacción al apartado 1 del artículo 116 del texto refundido de la Ley del Impuesto sobre Sociedades, aprobado por el Real Decreto Legislativo 4/2004, de 5 de marzo, que quedará redactado de la siguiente manera:

(...)

8. Con efectos para los períodos impositivos que se inicien a partir de 1 de enero de 2007, se da nueva redacción a la letra b) del apartado 1 del artículo 118 del texto refundido de la Ley del Impuesto sobre Sociedades, aprobado por el Real Decreto Legislativo 4/2004, de 5 de marzo, que quedará redactado de la siguiente manera:

(...)

9. Con efectos para los períodos impositivos que se inicien a partir de 1 de enero de 2007, se da nueva redacción al apartado 4 del artículo 123 del texto refundido de la Ley del Impuesto sobre Sociedades, aprobado por el Real Decreto Legislativo 4/2004, de 5 de marzo, que quedará redactado de la siguiente manera:

(...)

10. Con efectos a partir de 1 de enero de 2007, se da nueva redacción al apartado 6 del artículo 140 del texto refundido de la Ley del Impuesto sobre Sociedades, aprobado por el Real Decreto Legislativo 4/2004, de 5 de marzo, que quedará redactado de la siguiente manera:

(...)

11. Con efectos para los períodos impositivos que se inicien a partir de 1 de enero de 2007, se añade una disposición adicional octava al texto refundido de la Ley del Impuesto sobre Sociedades, aprobado por Real Decreto Legislativo 4/2004, de 5 de marzo, que quedará redactada de la siguiente manera:

(...)

12. Con efectos para los períodos impositivos que se inicien a partir de 1 de enero de 2007, se da nueva redacción al artículo 114 del texto refundido de la Ley del Impuesto sobre Sociedades, aprobado por el Real Decreto Legislativo 4/2004, de 5 de marzo, que quedará redactada de la siguiente manera:

(...)

13. Con efectos para los períodos impositivos que se inicien a partir de 1 de enero de 2007, se añade una disposición adicional novena al texto refundido de la Ley del Impuesto sobre Sociedades, aprobado por el Real Decreto Legislativo 4/2004, de 5 de marzo, que quedará redactada de la siguiente manera:

(...)

14. Con efectos para los períodos impositivos que se inicien a partir de 1 de enero de 2007, se añade una disposición adicional décima al texto refundido de la Ley del Impuesto sobre Sociedades, aprobado por el Real Decreto Legislativo 4/2004, de 5 de marzo, que quedará redactada de la siguiente manera:

(...)

15. Con efectos para los períodos impositivos que se inicien a partir de 1 de enero de 2007, se añade una disposición transitoria decimonovena al texto refundido de la Ley del Impuesto sobre Sociedades, aprobado por el Real Decreto Legislativo 4/2004, de 5 de marzo, que quedará redactada de la siguiente manera:

(...)

16. Con efectos para los períodos impositivos que se inicien a partir de 1 de enero de 2007, se añade una disposición transitoria vigésima al texto refundido de la Ley del Impuesto sobre Sociedades, aprobado por el Real Decreto Legislativo 4/2004, de 5 de marzo, que quedará redactada de la siguiente manera:

(...)

17. Con efectos para los períodos impositivos que se inicien a partir de 1 de enero de 2007, se añade una disposición transitoria vigésima primera al texto refundido de la Ley del Impuesto sobre Sociedades, aprobado por el Real Decreto Legislativo 4/2004, de 5 de marzo, que quedará redactada de la siguiente manera:

(...)

18. Con efectos para los períodos impositivos que se inicien a partir de 1 de enero de 2007, se añade una disposición transitoria vigésima segunda al texto refundido de la Ley del Impuesto sobre Sociedades, aprobado por el Real Decreto Legislativo 4/2004, de 5 de marzo, que quedará redactada de la siguiente manera:

(...)

19. Con efectos para los períodos impositivos que se inicien a partir de 1 de enero de 2007, se añade una disposición transitoria vigésima tercera al texto refundido de la Ley del Impuesto sobre Sociedades, aprobado por el Real Decreto Legislativo 4/2004, de 5 de marzo, que quedará redactada de la siguiente manera:

(...)

20. Con efectos para los períodos impositivos iniciados a partir de 1 de enero de 2007, se modifica el número primero del apartado 3 del artículo 27 de la Ley 49/2002, de 23 de diciembre, de régimen fiscal de las entidades sin fines lucrativos y de los incentivos fiscales al mecenazgo, sin perjuicio de su aplicación en su redacción originaria para los acontecimientos que se hubiesen regulado en normas legales aprobadas con anterioridad a dicha fecha, que quedará redactado de la siguiente manera:

(...)

21. Con efectos para los períodos impositivos que se inicien a partir de 1 de enero de 2007, se añade una disposición transitoria vigésima cuarta al texto refundido de la Ley del Impuesto sobre Sociedades, aprobado por el Real Decreto Legislativo 4/2004, de 5 de marzo, que quedará redactada de la siguiente manera:

(...)

22. Con efectos para los períodos impositivos que se inicien a partir de 1 de enero de 2007, se da nueva redacción al artículo 42 del texto refundido de la Ley del Impuesto sobre Sociedades, aprobado por el Real Decreto Legislativo 4/2004, de 5 de marzo, que quedará redactado de la siguiente manera:

(...)

23. Con efectos para los períodos impositivos que se inicien a partir de 1 de enero de 2007, se añade una disposición transitoria vigésimo quinta al texto refundido de la Ley del

Impuesto sobre Sociedades, aprobado por el Real Decreto Legislativo 4/2004, de 5 de marzo, que quedará redactada de la siguiente manera:

(...)

Disposición final tercera. *Modificación del texto refundido de la Ley del Impuesto sobre la Renta de no Residentes, aprobado por el Real Decreto Legislativo 5/2004, de 5 de marzo.*

1. Con efectos para los períodos impositivos que se inicien a partir de 1 de enero de 2007, se añade una disposición adicional segunda al texto refundido de la Ley del Impuesto sobre la Renta de no Residentes, aprobado por el Real Decreto Legislativo 5/2004, de 5 de marzo, que quedará redactada de la siguiente manera:

(...)

2. Se da nueva redacción al artículo 14 del texto refundido de la Ley del Impuesto sobre la Renta de no Residentes, aprobado por el Real Decreto Legislativo 5/2004, de 5 de marzo, que quedarán redactados de la siguiente manera:

(...)

3. Se da nueva redacción al apartado 2 del artículo 19 del texto refundido de la Ley del Impuesto sobre la Renta de no Residentes, aprobado por el Real Decreto Legislativo 5/2004, de 5 de marzo, que quedará redactado de la siguiente manera:

(...)

4. Se da nueva redacción a los apartados 1 y 2 del artículo 25 del texto refundido de la Ley del Impuesto sobre la Renta de no Residentes, aprobado por el Real Decreto Legislativo 5/2004, de 5 de marzo, que quedará redactado de la siguiente manera:

(...)

5. Se da nueva redacción al apartado 4 del artículo 31 del texto refundido de la Ley del Impuesto sobre la Renta de no Residentes, aprobado por el Real Decreto Legislativo 5/2004, de 5 de marzo, que quedará redactado de la siguiente manera:

(...)

6. Se da nueva redacción al apartado 1 del artículo 16 del texto refundido de la Ley del Impuesto sobre la Renta de no Residentes, aprobado por el Real Decreto Legislativo 5/2004, de 5 de marzo, que quedará redactado en los siguientes términos:

(...)

7. Se da nueva redacción a la disposición transitoria única del texto refundido de la Ley del Impuesto sobre la Renta de no Residentes, aprobado por el Real Decreto Legislativo 5/2004, de 5 de marzo, que quedará redactada en los siguientes términos:

(...)

Disposición final cuarta. *Modificación de la Ley 19/1991, de 6 de junio, del Impuesto sobre el Patrimonio.*

1. Se modifica el artículo 4.Cinco de la Ley 19/1991, de 6 de junio, del Impuesto sobre el Patrimonio, que quedará redactado de la siguiente manera:

(...)

2. Se modifica el artículo 4.Ocho.Dos de la Ley 19/1991, de 6 de junio, del Impuesto sobre el Patrimonio, que quedará redactado de la siguiente manera:

(...)

3. Se modifica el artículo 31 de la Ley 19/1991, de 6 de junio, del Impuesto sobre el Patrimonio, que quedará redactado de la siguiente manera:

(...)

Disposición final quinta. *Modificación del texto refundido de la Ley de regulación de los Planes y Fondos de Pensiones, aprobado por el Real Decreto Legislativo 1/2002, de 29 de noviembre.*

1. Se modifica el apartado 3 del artículo 5 del texto refundido de la Ley de regulación de los Planes y Fondos de Pensiones, aprobado por el Real Decreto Legislativo 1/2002, de 29 de noviembre, que quedará redactado de la siguiente manera:

(...)

2. Se modifica el apartado 5 del artículo 8 del texto refundido de la Ley de regulación de los Planes y Fondos de Pensiones, aprobado por el Real Decreto Legislativo 1/2002, de 29 de noviembre, que quedará redactado de la siguiente manera:

(...)

3. Se modifica el apartado 6 del artículo 8 del texto refundido de la Ley de regulación de los Planes y Fondos de Pensiones, aprobado por el Real Decreto Legislativo 1/2002, de 29 de noviembre, que quedará redactado de la siguiente manera:

(...)

4. Se modifica el apartado 4 del artículo 36 del texto refundido de la Ley de regulación de los Planes y Fondos de Pensiones, aprobado por el Real Decreto Legislativo 1/2002, de 29 de noviembre, que quedará redactado de la siguiente manera:

(...)

5. Se modifica la disposición adicional primera del texto refundido de la Ley de regulación de los Planes y Fondos de Pensiones, aprobado por el Real Decreto Legislativo 1/2002, de 29 de noviembre, que quedará redactada de la siguiente manera:

(...)

6. Se modifica la disposición adicional cuarta del texto refundido de la Ley de regulación de los Planes y Fondos de Pensiones, aprobado por el Real Decreto Legislativo 1/2002, de 29 de noviembre, que quedará redactada de la siguiente manera:

(...)

7. Se modifica la disposición transitoria tercera del texto refundido de la Ley de regulación de los Planes y Fondos de Pensiones, aprobado por el Real Decreto Legislativo 1/2002, de 29 de noviembre, que quedará redactada de la siguiente manera:

(...)

8. Se añade un nuevo párrafo a la disposición final segunda del Texto Refundido de la Ley de Regulación de los Planes y Fondos de Pensiones, aprobado por Real Decreto Legislativo 1/2002, de 29 de noviembre, con la siguiente redacción:

(...)

Disposición final sexta. *Habilitación para la Ley de Presupuestos Generales del Estado.*

La Ley de Presupuestos Generales del Estado podrá modificar, de conformidad con lo previsto en el apartado 7 del artículo 134 de la Constitución Española:

a) La escala y los tipos del impuesto y las deducciones en la cuota.

b) Los demás límites cuantitativos y porcentajes fijos establecidos en esta ley.

Disposición final séptima. Habilitación normativa.

El Gobierno dictará cuantas disposiciones sean necesarias para el desarrollo y aplicación de esta ley.

Disposición final octava. *Entrada en vigor.*

1. Esta Ley entrará en vigor el día 1 de enero de 2007. No obstante, las habilitaciones a la Ley de Presupuestos Generales del Estado y la disposición final primera de esta Ley entrarán en vigor el día siguiente al de la publicación de esta Ley en el «Boletín Oficial del Estado».

2. A efectos del Impuesto sobre la Renta de las Personas Físicas, esta Ley será de aplicación a las rentas obtenidas a partir de 1 de enero de 2007 y a las que corresponda imputar a partir de la misma, con arreglo a los criterios de imputación temporal de la Ley 18/1991, de 6 de junio, del Impuesto sobre la Renta de las Personas Físicas y sus normas de desarrollo, Ley 40/1998, de 9 de diciembre, del Impuesto sobre la Renta de las Personas Físicas y otras Normas Tributarias y del texto refundido de la Ley del Impuesto sobre la Renta de las Personas Físicas, aprobado por el Real Decreto Legislativo 3/2004, de 5 de marzo.

2. Real Decreto 439/2007, de 30 de marzo, por el que se aprueba el REGLAMENTO DEL IMPUESTO SOBRE LA RENTA DE LAS PERSONAS FÍSICAS[1] y se modifica el Reglamento de Planes y Fondos de Pensiones, aprobado por Real Decreto 304/2004, de 20 de febrero

(BOE núm. 78 de 31 de marzo de 2007)

[1] Reglamento modificado por:

– Real Decreto 253/2025, de 1 de abril, por el que se modifican, en materia de obligaciones de información, el Reglamento del Impuesto sobre la Renta de las Personas Físicas, aprobado por el Real Decreto 439/2007, de 30 de marzo, y el Reglamento General de las actuaciones y los procedimientos de gestión e inspección tributaria y de desarrollo de las normas comunes de los procedimientos de aplicación de los tributos, aprobado por el Real Decreto 1065/2007, de 27 de julio, modifica el art. 69.9.

– Real Decreto 142/2024, de 6 de febrero, por el que se modifica el Reglamento del Impuesto sobre la Renta de las Personas Físicas, aprobado por el Real Decreto 439/2007, de 30 de marzo, en materia de retenciones e ingresos a cuenta, modifica el art. 81.1, art. 83.3.d) y se añade la disposición transitoria vigesimoprimera.

– Real Decreto 117/2024, de 30 de enero, por el que se desarrollan las normas y los procedimientos de diligencia debida en el ámbito del intercambio automático obligatorio de información comunicada por los operadores de plataformas, y se modifican el Reglamento General de las actuaciones y los procedimientos de gestión e inspección tributaria y de desarrollo de las normas comunes de los procedimientos de aplicación de los tributos, aprobado por el Real Decreto 1065/2007, de 27 de julio, en transposición de la Directiva (UE) 2021/514 del Consejo de 22 de marzo de 2021 por la que se modifica la Directiva 2011/16/UE relativa a la cooperación administrativa en el ámbito de la fiscalidad, y otras normas tributarias (BOE núm. 27, de 31 de enero de 2024), con efectos desde el 1 de febrero de 2024, nueva redacción del art. 67.bis.

– Real Decreto 1008/2023, de 5 de diciembre, por el que se modifican el Reglamento del Impuesto sobre la Renta de las Personas Físicas, aprobado por el Real Decreto 439/2007, de 30 de marzo, en materia de retribuciones en especie, deducción por maternidad, obligación de declarar, pagos a cuenta y régimen especial aplicable a trabajadores, profesionales, emprendedores e inversores desplazados a territorio español, y el Reglamento del Impuesto sobre Sociedades, aprobado por el Real Decreto 634/2015, de 10 de julio, en materia de retenciones e ingresos a cuenta, que modifica los arts. 43.2.1º, 60, 61.2º y 3º, 80.1.4º, 101.2 y el capítulo I del título VIII —arts. 113 a 119— y, añade la disposición adicional décima y la disposición transitoria vigésima.

– Real Decreto 249/2023, de 4 de abril, por el que se modifican el Reglamento General de Desarrollo de la Ley 58/2003, de 17 de diciembre, General Tributaria, en materia de revisión en vía administrativa, aprobado por el Real Decreto 520/2005, de 13 de mayo; el Reglamento General de Recaudación, aprobado por el Real Decreto 939/2005, de 29 de julio; el Reglamento General de las actuaciones y los procedimientos de gestión e inspección tributaria y de desarrollo de las normas comunes de los procedimientos de aplicación de los tributos, aprobado por el Real Decreto 1065/2007, de 27 de julio; el Reglamento del Impuesto sobre Sucesiones y Donaciones, aprobado por el Real Decreto 1629/1991, de 8 de noviembre; el Reglamento del Impuesto sobre el Valor Añadido, aprobado por el Real Decreto 1624/1992, de 29 de diciembre; el Reglamento del Impuesto sobre la Renta de las Personas Físicas, aprobado por el Real Decreto 439/2007, de 30 de marzo, y el Reglamento del Impuesto sobre Sociedades, aprobado por el Real Decreto 634/2015, de 10 de julio, modifica el art. 62.2 y la letra i) del art. 75.3 e incorpora la letra j) al art. 75.3.

– Real Decreto 31/2023, de 24 de enero, por el que se modifica el Reglamento del Impuesto sobre la Renta de las Personas Físicas, aprobado por el Real Decreto 439/2007, de 30 de marzo, para dar cumplimiento a las medidas contenidas en el Estatuto del Artista en materia de retenciones (BOE núm. 21, de 25 de enero de 2023), modifica el art. 86.2 y 95.1.

– Real Decreto 1039/2022, de 27 de diciembre, por el que se modifican el Reglamento del Impuesto sobre la Renta de las Personas Físicas, aprobado por el Real Decreto 439/2007, de 30 de marzo, y el Reglamento General de las actuaciones y los procedimientos de gestión e inspección tributaria y de desarrollo de las normas comunes de los procedimientos de aplicación de los tributos, aprobado por el Real Decreto 1065/2007, de 27 de julio, modificada el art. 51, la disposición transitoria 19 y los arts. 81.1, 85.3.

– Real Decreto 899/2021, de 19 de octubre, por el que se modifica el Reglamento del Impuesto sobre la Renta de las Personas Físicas, aprobado por el Real Decreto 439/2007, de 30 de marzo, en materia de reducciones en la base imponible por aportaciones a sistemas de previsión social y pagos a cuenta, modifica el art. 51, 85.1, 87.5, 114.3 y añade una disposición transitoria decimonovena.

Real Decreto 1461/2018, de 21 de diciembre, por el que se modifica el Reglamento del Impuesto sobre la Renta de las Personas Físicas aprobado por el Real Decreto 439/2007, de 30 de marzo, en materia de deducciones en la cuota diferencial por circunstancias familiares, obligación de declarar, pagos a cuenta, rentas vitalicias aseguradas y obligaciones registrales, modifica los arts. 60, 60.bis, 61.3, 68.10, 69.9 y 10, 80.2, 81.1, 86.2, 87.5, 90.2, 95.1, 100, 110.2 y se añade la Disposición adicional novena y la Disposición transitoria decimoctava.

– Real Decreto 1074/2017, de 29 de diciembre, por el que se modifican el Reglamento del Impuesto sobre la Renta de las Personas Físicas, aprobado por el Real Decreto 439/2007, de 30 de marzo, el Reglamento del Impuesto sobre Sociedades, aprobado por el Real Decreto 634/2015, de 10 de julio, y el Reglamento del Impuesto sobre Sucesiones y Donaciones, aprobado por el Real Decreto 1629/1991, de 8 de noviembre modifica los arts. 2.2, 44, 45.2, 46, 69.5, art. 75.1.d) y art. 76.2.e) y f), se añade el 53.3, art. 67.bis, art. 76.2.i). art. 78.3 y el art. 99.3.

– Real Decreto 633/2015, de 10 de julio, por el que se modifican el Reglamento del Impuesto sobre la Renta de las Personas Físicas, aprobado por el Real Decreto 439/2007, de 30 de marzo, y el Reglamento del Impuesto sobre la Renta de no Residentes, aprobado por el Real Decreto 1776/2004, de 30 de julio, por el que se modifica los arts. 1, 2, 2.1, 11, 12, 15, 21, 25, 26, 30, 32, 42, 43, 44 45.1, 46, 46.bis.1, 58, 59.2.b), 61.1 y 3, 69, 83.3.a), 93.5, 95.1 y 97.1, el título VIII, el art. 113, 114.1 y 2, 118.3, 119.1, disposición transitoria tercera, decimotercera, decimosexta. Se añade el art. 48.bis, art. 119.3 y capítulo II al título VIII (arts. 121 a 123), disposición adicional octava y disposición transitoria decimoséptima y se suprime el art. 16.

– Real Decreto 1074/2014, de 19 de diciembre, por el que se modifican el Reglamento de los Impuestos Especiales, aprobado por el Real Decreto 1165/1995, de 7 de julio, el Reglamento del Impuesto sobre los Gases Fluorados de Efecto Invernadero, aprobado por el Real Decreto 1042/2013, de 27 de diciembre, y el Reglamento del Impuesto sobre la Renta de las Personas Físicas, aprobado por el Real Decreto 439/2007, de 30 de marzo, modifica la letra a) del apartado 3 del artículo 75.

– Real Decreto 1003/2014, de 5 de diciembre, por el que se modifica el Reglamento del Impuesto sobre la Renta de las Personas Físicas, aprobado por el Real Decreto 439/2007, de 30 de marzo, en materia de pagos a cuenta y deducciones por familia numerosa o personas con discapacidad a cargo, añade un artículo 60 bis, modifica la letra a) del apartado 3 del artículo 75 y se añade un nuevo apartado 4 en el mismo artículo, añade una nueva letra h) al apartado 2 del artículo 76, modifica el artículo 80, el apartado 1 del artículo 81, artículo 82, el apartado 3 del artículo 83, artículo 85, suprime el artículo 85 bis, modifica el apartado 1 del artículo 86, los apartados 2, 3 y 4 del artículo 87, el apartado 4 de la letra B) del artículo 89, el apartado 2 del artículo 90, los apartados 1, 5, y 6 del artículo 93 y se añade un nuevo apartado 7 al mismo artículo, añade un nuevo apartado 3 al artículo 94, modifica el apartado 1 del artículo 95, el apartado 1 del artículo 97, el apartado 2 del artículo 103, la letra c) del apartado 3 del artículo 110, suprime el apartado 5 del artículo 110, modifica el apartado 3 del artículo 114, añade una nueva disposición transitoria decimotercera, decimocuarta y decimoquinta.

– Real Decreto 1042/2013, de 27 de diciembre, incorpora al art. 91 ap. 4 párr. 3º.

– Real Decreto 960/2013, de 5 de diciembre, modifica art. 97, art. 88 ap. 6., art. 68 ap. 6, art. 2. 2; añade art. 69 ap. 1., art. 83 ap. 3 e)., art. 61 ap. 3 A), art. 61 ap. 3 B), art. 76 ap. 2 d) 5º., art. 76 ap. 2 d) 1º., art. 85 ap. 2.2º., art. 108 ap. 1., art. 108 ap. 2 h)., art. 110 ap. 3 d)., disp. transit. 3., disp. transit. 11, incorpora art. 41 bis, art. 69 ap. 1, disp. transit. 12 y suprime arts. 54, 55, 56 y 57.

La Ley 35/2006, de 28 de noviembre, del Impuesto sobre la Renta de las Personas Físicas y de modificación parcial de las leyes de los Impuestos sobre Sociedades, sobre la Renta de no Residentes y sobre el Patrimonio, ha abordado una reforma del Impuesto sobre la Renta de las Personas Físicas con la que se pretende fundamentalmente disminuir la carga tributaria que soportan las rentas del trabajo, recuperar la igualdad en el tratamiento fiscal de las circunstancias personales y familiares, establecer un trato fiscal neutral entre las distintas colocaciones del ahorro financiero y reordenar los incentivos fiscales destinados a la previsión social para atender tanto a las situaciones de envejecimiento como, por primera vez, a las situaciones de dependencia.

Con carácter previo a la aprobación de este Real Decreto y con la finalidad de que los obligados a practicar retenciones e ingresos a cuenta conociesen con la mayor antelación posible la normativa correspondiente en materia de pagos a cuenta, se aprobó el Real Decreto 1576/2006, de 22 de diciembre, por el que se modifican en materia de pagos a cuenta el Reglamento del Impuesto sobre la Renta de las Personas Físicas, aprobado por el Real Decreto 1775/2004, de 30 de julio, el Real Decreto 2146/2004, de 5 de noviembre, por el que se desarrollan las medidas para atender los compromisos derivados de la celebración de la XXXII edición de la Copa del América en la ciudad de Valencia, el Reglamento Impuesto sobre Sociedades, aprobado por el Real Decreto 1777/2004, de 30 de julio, y el Reglamento del Impuesto sobre la Renta de no Residentes, aprobado por el Real Decreto 1776/2004, de 30 de julio. La regulación efectuada en este Impuesto por el citado Real Decreto 1576/2006 se ha incorporado al Reglamento del Impuesto sobre la Renta de las Personas Físicas que se aprueba con el presente Real Decreto, dotando a esta materia de la estabilidad necesaria que en aras del principio de seguridad jurídica debe inspirar cualquier proyecto normativo.

El presente Real Decreto se estructura en un artículo, una disposición adicional, tres disposiciones transitorias, una disposición derogatoria y dos disposiciones finales.

El artículo único aprueba el Reglamento del Impuesto sobre la Renta de las Personas Físicas.

Las normas contenidas en este Reglamento encuentran habilitación tanto en las remisiones específicas que la propia Ley efectúa, como en la habilitación general contenida en la disposición final séptima de la Ley 35/2006.

El Reglamento, en su estructura, se ajusta a la sistemática de la Ley, intentando respetar, al igual que esta última, la estructura del texto normativo hasta ahora vigente y el contenido

---

– Real Decreto 1788/2010, de 30 de diciembre, modifica los art. 56.2, 75.3, 76.2, 85 a 88, 93.5, 110.3 y incorpora un art. 46. bis y una disposición transitoria 11.

– Real Decreto 749/2010, de 7 de junio modifica el art. 75.3.i) y la disposición adicional 4.

– Real Decreto 2004/2009, de 23 de diciembre modifica los arts. 81.1, 85 a 87, 90.1, 96, 99 a 101, 107, 110 y añade el 85.bis

– Real Decreto 1975/2008, de 28 de noviembre modifica los arts. 11.3, 62.2, 86, 87, 88, 108.2 y 110 y añade las disposiciones transitorias 9 y 10,

– Real Decreto 1804/2008, de 3 de noviembre modifica los arts. 93 y 103 y con efectos de 1 de enero de 2008 el art. 9 A).3 y añade una disposición adicional 7

– Real Decreto 861/2008, de 23 de mayo modifica los arts. 55.5, 80, 81, 82, 85, 86, 87, 89.A).2 y 110.

– Real Decreto 1757/2007, de 28 de diciembre modifica los arts. 11.4, 61.3 c), 81.1 y 85.1.1.

– Real Decreto 1065/2007, de 27 de julio deroga los apartados 1, 3, 5 y 6 del art. 69, con efectos de 1 de enero de 2008.

que se sigue considerando adecuado, señalándose a continuación los principales cambios efectuados.

En lo relativo a rentas exentas, se ha modificado, en la exención por despido o cese del trabajador, la presunción existente en la actualidad para los casos de nueva contratación del trabajador en la misma empresa u otra vinculada, ampliando la definición de porcentaje de participación a todos los mercados de valores definidos en la Directiva 2004/39/CE del Parlamento Europeo y del Consejo, de 21 de abril de 2004, relativa a los mercados de instrumentos financieros. Por otra parte, se ha incorporado un nuevo artículo para desarrollar la exención de becas de estudio y de formación de investigadores, estableciéndose fundamentalmente los requisitos que deben concurrir en la convocatoria y el límite cuantitativo de esta exención. En relación con la exención de determinados premios literarios, artísticos y científicos, se mantiene la misma regulación, si bien se prevé la posibilidad de declarar por parte de la Administración tributaria la pérdida del derecho a la aplicación de la exención inicialmente concedida. En cuanto a la exención a las ayudas a los deportistas de alto nivel se revisa el límite de la misma y, por último, en relación con la exención para los rendimientos percibidos por trabajos realizados en el extranjero, por una parte, se aclara en las operaciones entre entidades vinculadas cuándo se entiende que los trabajos se han realizado para la entidad no residente y se incorpora lo ya dispuesto en la Ley en relación con el cumplimiento del requisito de existencia de un impuesto naturaleza análoga o idéntica a este Impuesto, y, por otra parte, se establece una regla de cálculo del importe de la prestación exenta.

En relación a los rendimientos del trabajo se han incorporado las modificaciones necesarias como consecuencia del nuevo tratamiento de las prestaciones percibidas de los distintos sistemas de previsión social y de la reducción por obtención de rendimientos del trabajo, desarrollándose, en particular, el incremento de la misma por prolongación de la actividad laboral, al tiempo que se ha ampliado la cuantía del gasto deducible por cantidades satisfechas a colegios profesionales y el importe del salario medio anual del conjunto de contribuyentes.

En lo relativo a los rendimientos del capital inmobiliario, por una parte, se adaptan las reglas de determinación del rendimiento neto en relación con los gastos de reparación y conservación y los intereses derivados de financiación ajena, y por otra, se regula la comunicación a efectuar por el arrendatario para que el arrendador pueda practicarse la reducción por arrendamiento de vivienda a jóvenes.

En lo que se refiere a los rendimientos de capital mobiliario, se adapta la regulación como consecuencia de la no aplicación de la reducción por obtención de rendimientos con período de generación superior a dos años u obtenidos de forma notoriamente irregular en el tiempo a aquéllos rendimientos que forman parte de la base imponible del ahorro.

En lo referente a los rendimientos de actividades económicas, se desarrollan e incorporan nuevos requisitos para la aplicación de la nueva reducción por obtención de tales rendimientos, al tiempo que se adapta la regulación relativa al método de estimación objetiva a las nuevas reglas de determinación del volumen de rendimientos íntegros y compras cuando la misma actividad económica se desarrolla de forma fraccionada dentro de un grupo familiar o a través de entidades en régimen de atribución de rentas, y se incorpora el efecto temporal de tres años para la exclusión a dicho método previsto en la propia Ley del Impuesto.

Por lo que respecta a las ganancias y pérdidas patrimoniales, para la aplicación de la exención por transmisión de la vivienda habitual por mayores de sesenta y cinco años o personas en situación de dependencia severa o gran dependencia, así como para la exención por reinversión en vivienda habitual, se permite considerar como vivienda habitual aquélla que reúna tal condición en el momento de la venta o hubiera tenido tal consideración hasta cualquier día de los dos años anteriores a la fecha de transmisión. De esta forma, se permite que el contribuyente pueda dejar de residir efectivamente en dicha vivienda disponiendo de un plazo adicional para su venta sin la pérdida de la correspondiente exención.

En lo relativo a las rentas en especie, se adapta la definición de precio ofertado a lo dispuesto en la Ley del Impuesto, al tiempo que se eleva el límite exento cuando se utilicen fórmulas indirectas de prestación del servicio de comedor por parte de las empresas, introduciendo entre las mismas, las tarjetas y demás medios electrónicos de pago.

Por su parte, el capítulo dedicado a la base liquidable se adapta a los cambios operados en materia de previsión social, en particular como consecuencia de la aplicación de los nuevos límites previstos en la Ley, y se desarrolla la movilización de la provisión matemática de los planes de previsión asegurados.

En el Título dedicado a la gestión del impuesto se ha adaptado la obligación de declarar a los nuevos supuestos y cuantías previstos en la Ley del Impuesto, se respeta el tratamiento actual al no obligado a declarar por este Impuesto y se impulsa el borrador de declaración como mecanismo fundamental para simplificar el cumplimiento por parte de los contribuyentes de sus obligaciones tributarias. Por otra parte, se han incorporado nuevas obligaciones formales de información para las entidades aseguradoras que comercialicen seguros de dependencia, planes de previsión asegurados o planes individuales de ahorro sistemático, y se ha desarrollado la obligación de información a cargo de los contribuyentes que sean titulares de patrimonios protegidos.

Además, se han incorporado dos nuevas disposiciones adicionales para, por una parte, permitir movilizar la provisión matemática entre planes individuales de ahorro sistemático, y por otra, aclarar la forma de aplicación de la reducción del 65 por ciento derivada del régimen fiscal del acontecimiento «Copa del América 2007».

En cuanto a las disposiciones transitorias del Reglamento, se mantiene el régimen de reinversión de beneficios extraordinarios operando de la misma forma que en la actualidad, se amplía lo dispuesto en la actual regulación para sociedades transparentes a las sociedades patrimoniales, y se incorporan tres nuevas disposiciones, una para que no se retenga a los contribuyentes que ejerzan determinadas actividades económicas que determinen el rendimiento neto con arreglo al método de estimación objetiva hasta que no finalice el plazo extraordinario de renuncias a dicho método, otra para que se identifique por las entidades que gestionan determinados sistemas de previsión social las aportaciones o primas realizadas y su correspondiente rentabilidad para poder aplicar correctamente el régimen transitorio previsto en la Ley del Impuesto, y por último, otra para aclarar que hasta que entre en vigor la nueva redacción del artículo 49.3 del Reglamento, las movilizaciones entre planes de previsión asegurados se regirán por la normativa vigente hasta ahora.

Por último, las disposiciones transitorias del Real Decreto regulan lo siguiente:

La primera, establece el plazo de publicación de la Orden de desarrollo del método de estimación objetiva del Impuesto sobre la Renta de las Personas Físicas y el régimen especial simplificado del Impuesto sobre el Valor Añadido para 2007.

La segunda, establece, para 2007, plazos especiales de renuncias y revocaciones al método de estimación objetiva, a la modalidad simplificada del método de estimación directa y a los regímenes especiales simplificados y de la agricultura, ganadería y pesca del Impuesto sobre el Valor Añadido.

La tercera, establece un período transitorio de adaptación de las especificaciones de los planes de pensiones a los cambios introducidos en su normativa reglamentaria.

En la disposición derogatoria del Real Decreto se deroga el anterior Reglamento del Impuesto sobre la Renta de las Personas Físicas y determinados preceptos cuya regulación ha sido incorporada al Reglamento que se aprueba.

En la disposición final primera del Real Decreto se efectúan las modificaciones pertinentes en el Reglamento de Planes y Fondos de Pensiones, aprobado por Real Decreto 304/2004, de 20 de febrero, para adaptarlo a las modificaciones que ha introducido la disposición final quinta de la citada Ley 35/2006 en el texto refundido de la Ley de Regulación de los Planes y Fondos de Pensiones aprobado por Real Decreto Legislativo 1/2002, de 29 de noviembre.

En la disposición final segunda del Real Decreto se establece su entrada en vigor el día siguiente a la publicación en el Boletín Oficial del Estado.

En su virtud, a propuesta del Ministro de Economía y Hacienda, de acuerdo con el Consejo de Estado y previa deliberación del Consejo de Ministros en su reunión del día 30 de marzo de 2007,

DISPONGO:

Artículo único. *Aprobación del Reglamento del Impuesto sobre la Renta de las Personas Físicas.*

Se aprueba el Reglamento del Impuesto sobre la Renta de las Personas Físicas, que se inserta a continuación.

Disposición adicional única. *Remisiones normativas.*

Las referencias normativas efectuadas en otras disposiciones al Reglamento del Impuesto sobre la Renta de las Personas Físicas, aprobado por el Real Decreto 214/1999, de 5 de febrero o por el Real Decreto 1775/2004, de 30 de julio, se entenderán realizadas a los preceptos correspondientes del Reglamento que se aprueba por este Real Decreto.

Disposición transitoria primera. *Plazo de publicación de la Orden de desarrollo del método de estimación objetiva del Impuesto sobre la Renta de las Personas Físicas y del régimen especial simplificado del Impuesto sobre el Valor Añadido para el año 2007.*

La Orden ministerial por la que se desarrollan para el año 2007 el método de estimación objetiva del Impuesto sobre la Renta de las Personas Físicas y el régimen especial simplificado del Impuesto sobre el Valor Añadido, deberá publicarse en el «Boletín Oficial del Estado» en el plazo de quince días a partir de la publicación en el «Boletín Oficial del Estado» de este Real Decreto[2].

Disposición transitoria segunda. *Plazo de renuncias y revocaciones a los regímenes especiales simplificado y de la agricultura, ganadería y pesca del Impuesto sobre el Valor Añadido,*

---

[2]   Orden EHA/804/2007, de 30 de marzo, por la que se desarrollan para el año 2007, el Método de Estimación Objetiva del Impuesto sobre la Renta de las Personas Físicas y el régimen especial simplificado del Impuesto sobre el Valor Añadido (BOE núm. 78 de 31 de marzo de 2007).

del método de estimación objetiva y de la modalidad simplificada del método de estimación directa del Impuesto sobre la Renta de las Personas Físicas para el año 2007.

1. El plazo de renuncias, al que se refieren los artículos 29.1 y 33.1.a) del Reglamento del Impuesto sobre la Renta de las Personas Físicas, aprobado por este Real Decreto, y el artículo 33.2, párrafo segundo, del Reglamento del Impuesto sobre el Valor Añadido, aprobado por el Real Decreto 1624/1992, de 29 de diciembre, así como la revocación de las mismas, que deben surtir efectos para el año 2007, comprenderá desde el día siguiente a la fecha de publicación en el «Boletín Oficial del Estado» de la Orden ministerial, que desarrolla para el año 2007 el método de estimación objetiva del Impuesto sobre la Renta de las Personas Físicas y el régimen especial simplificado del Impuesto sobre el Valor Añadido, hasta el 20 de abril de 2007.

Lo dispuesto en el párrafo anterior debe entenderse sin perjuicio de las renuncias previstas en el artículo 33.1.b) del Reglamento del Impuesto sobre la Renta de las Personas Físicas, aprobado por este Real Decreto, y el artículo 33.2, párrafo tercero, del Reglamento del Impuesto sobre el Valor Añadido.

2. Las renuncias presentadas, para el año 2007, a los regímenes especiales simplificado y de la agricultura, ganadería y pesca del Impuesto sobre el Valor Añadido, al método de estimación objetiva o a la modalidad simplificada del método de estimación directa del Impuesto sobre la Renta de las Personas Físicas, durante el mes de diciembre de 2006, se entenderán presentadas en período hábil.

No obstante, los sujetos pasivos afectados por lo dispuesto en el párrafo anterior, podrán modificar su opción en el plazo previsto en el apartado 1 anterior.

Disposición transitoria tercera. *Adaptación de las especificaciones de los planes de pensiones*

Se concede un plazo de doce meses desde la entrada en vigor de este Real Decreto para la adaptación de las especificaciones de los planes de pensiones a las modificaciones introducidas por la disposición final primera de este Real Decreto en el Reglamento de Planes y Fondos de Pensiones aprobado por Real Decreto 304/2004, de 20 de febrero, sin perjuicio de la aplicación efectiva de esta normativa.

Disposición derogatoria única. *Derogación normativa.*

1. A la entrada en vigor del presente Real Decreto quedarán derogadas todas las disposiciones que se opongan a lo establecido en el mismo. En particular, quedarán derogadas:

1.º El Reglamento del Impuesto sobre la Renta de las Personas Físicas, aprobado por el artículo único del Real Decreto 1775/2004, de 30 de julio.

2.º Las disposiciones transitorias primera, segunda y tercera del Real Decreto 1576/2006, de 22 de diciembre.

2. No obstante lo previsto en el apartado anterior, conservarán su vigencia el Real Decreto 2146/2004, de 5 de noviembre, por el que se desarrollan las medidas para atender los compromisos derivados de la celebración de la XXXII edición de la Copa del América en la ciudad de Valencia, así como las normas reglamentarias de inferior rango al presente Real Decreto que no se opongan al mismo en tanto no se haga uso de las habilitaciones en él previstas.

Disposición final primera. *Modificación del Reglamento de Planes y Fondos de Pensiones aprobado por el Real Decreto 304/2004, de 20 de febrero.*

Se introducen las siguientes modificaciones en el Reglamento de Planes y Fondos de Pensiones:

Uno. El apartado 1 del artículo 2 queda redactado del siguiente modo:

(...)

Dos. El artículo 6 queda redactado del siguiente modo:

(...)

Tres. El artículo 7 queda redactado del siguiente modo:

(...)

Cuatro. El artículo 10 queda redactado del siguiente modo:

(...)

Cinco. El artículo 11 queda redactado como sigue:

(...)

Seis. El artículo 13 queda redactado como sigue:

(...)

Siete. El apartado 4 del artículo 19 queda redactado como sigue:

(...)

Ocho. El apartado 5 del artículo 22 queda redactado como sigue:

(...)

Nueve. El apartado 2 del artículo 34 queda redactado como sigue:

(...)

Diez. El apartado 1 del artículo 38 queda redactado del siguiente modo:

(...)

Once. El apartado 2 del artículo 48 queda redactado del siguiente modo:

(...)

Doce. El artículo 50 queda redactado del siguiente modo:

(...)

Trece. El artículo 55 queda redactado del siguiente modo:

(...)

Catorce. El apartado 5 del artículo 75 queda redactado del siguiente modo:

(...)

Quince. El apartado 1 del artículo 101 queda redactado como sigue:

(...)

Dieciséis. La disposición adicional primera queda redactada del siguiente modo:

(...)

Diecisiete. Se introduce una nueva disposición adicional cuarta, con la siguiente redacción:

(...)

Dieciocho. Se introduce una nueva disposición transitoria sexta, con la siguiente redacción:

(...)

Disposición final segunda. *Entrada en vigor.*

1. Este Real Decreto entrará en vigor el día siguiente al de su publicación en el «Boletín Oficial del Estado». No obstante, los apartados doce y trece de la disposición final primera de este Real Decreto y el apartado 3 del artículo 49 del Reglamento del Impuesto sobre la Renta de las Personas Físicas entrarán en vigor el día 1 de enero de 2008.

2. Las normas del Reglamento del Impuesto sobre la Renta de las Personas Físicas se aplicarán a los períodos impositivos respecto de los que sea de aplicación la Ley 35/2006, de 28 de noviembre, del Impuesto sobre la Renta de las Personas Físicas y de modificación parcial de las leyes de los Impuestos sobre Sociedades, sobre la Renta de no Residentes y sobre el Patrimonio, salvo lo dispuesto en el artículo 45 y 49.3 del Reglamento del Impuesto, aprobado por este Real Decreto, que resultará de aplicación a partir de sus respectivas fechas de entrada en vigor previstas en el apartado anterior.

REGLAMENTO DEL IMPUESTO SOBRE LA RENTA DE LAS PERSONAS FÍSICAS

TÍTULO I. SUJECIÓN AL IMPUESTO: ASPECTOS MATERIALES, PERSONALES Y TEMPORALES

CAPÍTULO I. Rentas exentas

Artículo 1[3]. *Indemnizaciones por despido o cese del trabajador.*

El disfrute de la exención prevista en el artículo 7.e) de la Ley 35/2006, de 28 de noviembre, del Impuesto sobre la Renta de las Personas Físicas y de modificación parcial de las leyes de los Impuestos sobre Sociedades, sobre la Renta de no Residentes y sobre el Patrimonio quedará condicionado a la real efectiva desvinculación del trabajador con la empresa. Se presumirá, salvo prueba en contrario, que no se da dicha desvinculación cuando en los tres años siguientes al despido o cese el trabajador vuelva a prestar servicios a la misma empresa o a otra empresa vinculada a aquélla en los términos previstos en el artículo 18 de la Ley 27/2014, de 27 de noviembre, del Impuesto sobre Sociedades[4].

Artículo 2. *Exención de becas al estudio y de formación de investigadores.*

1[5]. A efectos de lo establecido en el artículo 7.j) de la Ley del Impuesto, estarán exentas las becas públicas percibidas para cursar estudios reglados cuando la concesión se ajuste a

---

[3]   Art. 73.1 (Plazo de presentación de autoliquidaciones complementarias), del RIRPF.
Nueva redacción del art. 1 dada por el art. Primero.uno del Real Decreto 633/2015, de 10 de julio, por el que se modifican el Reglamento del Impuesto sobre la Renta de las Personas Físicas, aprobado por el Real Decreto 439/2007, de 30 de marzo, y el Reglamento del Impuesto sobre la Renta de no Residentes, aprobado por el Real Decreto 1776/2004, de 30 de julio (BOE núm. 165, de 11 de julio de 2015), en vigor desde el día siguiente de su publicación en el BOE, siendo aplicable a los períodos impositivos que se inicien a partir del 1 de enero de 2015.

[4]   Reproducido en la nota a pie de página del art. 41 de la LIRPF.

[5]   Nueva redacción del art. 2.1 dada por el art. Primero.dos del Real Decreto 633/2015, de 10 de julio, por el que se modifican el Reglamento del Impuesto sobre la Renta de las Personas Físicas, aprobado por el Real Decreto 439/2007, de 30 de marzo, y el Reglamento del Impuesto sobre la Renta de no Residentes, aprobado por el Real Decreto 1776/2004, de 30 de julio (BOE núm. 165, de 11 de julio de 2015), en vigor desde el día siguiente de su publicación en el BOE, siendo aplicable a los períodos impositivos que se inicien a partir del 1 de enero de 2015.

los principios de mérito y capacidad, generalidad y no discriminación en las condiciones de acceso y publicidad de la convocatoria. En ningún caso estarán exentas las ayudas para el estudio concedidas por un Ente Público en las que los destinatarios sean exclusiva o fundamentalmente sus trabajadores o sus cónyuges o parientes, en línea directa o colateral, consanguínea o por afinidad, hasta el tercer grado inclusive, de los mismos.

Tratándose de becas para estudios concedidas por entidades sin fines lucrativos a las que les sea de aplicación el régimen especial regulado en el título II de la Ley 49/2002, de 23 de diciembre, de régimen fiscal de las entidades sin fines lucrativos y de los incentivos fiscales al mecenazgo, o por fundaciones bancarias reguladas en el título II de la Ley 26/2013, de 27 de diciembre, de cajas de ahorros y fundaciones bancarias en el desarrollo de su actividad de obra social, se entenderán cumplidos los principios anteriores cuando concurran los siguientes requisitos:

a) Que los destinatarios sean colectividades genéricas de personas, sin que pueda establecerse limitación alguna respecto de los mismos por razones ajenas a la propia naturaleza de los estudios a realizar y las actividades propias de su objeto o finalidad estatutaria.

b) Que el anuncio de la Convocatoria se publique en el Boletín Oficial del Estado o de la comunidad autónoma y, bien en un periódico de gran circulación nacional, bien en la página web de la entidad.

c) Que la adjudicación se lleve a cabo en régimen de concurrencia competitiva.

A efectos de lo previsto en el segundo párrafo del artículo 7.j) de la Ley, estarán exentas las becas para investigación en el ámbito descrito por el Real Decreto 63/2006, de 27 de enero, por el que se aprueba el Estatuto del personal investigador en formación, siempre y cuando el programa de ayudas a la investigación haya sido reconocido e inscrito en el Registro general de programas de ayudas a la investigación al que se refiere el artículo 3 del citado real decreto. En ningún caso tendrán la consideración de beca las cantidades satisfechas en el marco de un contrato laboral.

A efectos de la aplicación del último inciso del artículo 7.j) de la Ley, las bases de la convocatoria deberán prever como requisito o mérito, de forma expresa, que los destinatarios sean funcionarios, personal al servicio de las Administraciones Públicas y personal docente e investigador de las Universidades. Además, cuando las becas sean convocadas por entidades sin fines lucrativos a las que sea de aplicación el régimen especial regulado en el título II de la Ley 49/2002 o por fundaciones bancarias reguladas en el título II de la Ley 26/2013 en el desarrollo de su actividad de obra social, deberán igualmente cumplir los requisitos previstos en el segundo párrafo de este apartado.

2[6]. 1.º El importe de la beca exento para cursar estudios reglados alcanzará los costes de matrícula, o cantidades satisfechas por un concepto equivalente para poder cursar tales estudios, y de seguro de accidentes corporales y asistencia sanitaria del que sea beneficiario el becario y, en su caso, el cónyuge e hijo del becario siempre que no posean cobertura de la

---

[6]   Nueva redacción del art. 2.2 dada por el art. 1.Uno del Real Decreto 1074/2017, de 29 de diciembre, por el que se modifican el Reglamento del Impuesto sobre la Renta de las Personas Físicas, aprobado por el Real Decreto 439/2007, de 30 de marzo, el Reglamento del Impuesto sobre Sociedades, aprobado por el Real Decreto 634/2015, de 10 de julio, y el Reglamento del Impuesto sobre Sucesiones y Donaciones, aprobado por el Real Decreto 1629/1991, de 8 de noviembre (BOE núm. 317, de 30 de diciembre de 2017), en vigor desde el 1 de enero de 2018.

Seguridad Social, así como una dotación económica máxima, con carácter general, de 6.000 euros anuales.

Este último importe se elevará hasta un máximo de 18.000 euros anuales cuando la dotación económica tenga por objeto compensar gastos de transporte y alojamiento para la realización de estudios reglados del sistema educativo, hasta el nivel de máster incluido o equivalente. Cuando se trate de estudios en el extranjero dicho importe ascenderá a 21.000 euros anuales.

Si el objeto de la beca es la realización de estudios de doctorado, estará exenta la dotación económica hasta un importe máximo de 21.000 euros anuales o 24.600 euros anuales cuando se trate de estudios en el extranjero.

A los efectos indicados en los párrafos anteriores, cuando la duración de la beca sea inferior al año natural la cuantía máxima exenta será la parte proporcional que corresponda.

2.º En el supuesto de becas para investigación gozará de exención la dotación económica derivada del programa de ayuda del que sea beneficiario el contribuyente.

3.º En el supuesto de becas para realización de estudios de doctorado y becas para investigación, la dotación económica exenta incluirá las ayudas complementarias que tengan por objeto compensar los gastos de locomoción, manutención y estancia derivados de la asistencia a foros y reuniones científicas, así como la realización de estancias temporales en universidades y centros de investigación distintos a los de su adscripción para completar, en ambos casos, la formación investigadora del becario.

Artículo 3. *Exención de determinados premios literarios, artísticos y científicos.*

1. A efectos de la exención prevista en el artículo 7.l) de la Ley del Impuesto, tendrá la consideración de premio literario, artístico o científico relevante la concesión de bienes o derechos a una o varias personas, sin contraprestación, en recompensa o reconocimiento al valor de obras literarias, artísticas o científicas, así como al mérito de su actividad o labor, en general, en tales materias.

2. 1.º El concedente del premio no podrá realizar o estar interesado en la explotación económica de la obra u obras premiadas.

En particular, el premio no podrá implicar ni exigir la cesión o limitación de los derechos de propiedad sobre aquéllas, incluidos los derivados de la propiedad intelectual o industrial.

No se considerará incumplido este requisito por la mera divulgación pública de la obra, sin finalidad lucrativa y por un período de tiempo no superior a seis meses.

2.º En todo caso, el premio deberá concederse respecto de obras ejecutadas o actividades desarrolladas con anterioridad a su convocatoria.

No tendrán la consideración de premios exentos las becas, ayudas y, en general, las cantidades destinadas a la financiación previa o simultánea de obras o trabajos relativos a las materias citadas en el apartado 1 anterior.

3.º La convocatoria deberá reunir los siguientes requisitos:

a) Tener carácter nacional o internacional.

b) No establecer limitación alguna respecto a los concursantes por razones ajenas a la propia esencia del premio.

c) Que su anuncio se haga público en el Boletín Oficial del Estado o de la Comunidad Autónoma y en, al menos, un periódico de gran circulación nacional.

Los premios que se convoquen en el extranjero o por Organizaciones Internacionales sólo tendrán que cumplir el requisito contemplado en la letra b) anterior para acceder a la exención.

4.º La exención deberá ser declarada por el órgano competente de la Administración tributaria, de acuerdo con el procedimiento que apruebe el Ministro de Economía y Hacienda.

La declaración anterior habrá de ser solicitada, con aportación de la documentación pertinente, por:

a) La persona o entidad convocante del premio, con carácter general.

b) La persona premiada, cuando se trate de premios convocados en el extranjero o por Organizaciones Internacionales.

La solicitud deberá efectuarse con carácter previo a la concesión del premio o, en el supuesto de la letra b) anterior, antes del inicio del período reglamentario de declaración del ejercicio en que se hubiera obtenido.

Para la resolución del expediente podrá solicitarse informe del Departamento ministerial competente por razón de la materia o, en su caso, del órgano correspondiente de las Comunidades Autónomas.

El plazo máximo para notificar la resolución del procedimiento será de seis meses. Transcurrido el plazo para resolver sin que se haya notificado la resolución expresa, la solicitud podrá entenderse desestimada.

La declaración tendrá validez para sucesivas convocatorias siempre que estas no modifiquen los términos que hubieran sido tomados en consideración a efectos de conceder la exención.

En el supuesto en que las sucesivas convocatorias modificasen dichos términos, o se incumpla alguno de los requisitos exigidos para su aplicación, el mismo órgano de la Administración tributaria a que se refiere el primer párrafo de este número 4.º declarará la pérdida del derecho a su aplicación desde que dicha modificación o incumplimiento se produzca.

3. Cuando la Administración tributaria haya declarado la exención del premio, las personas a que se refiere la letra a) del número 4.º del apartado anterior, vendrán obligadas a comunicar a la Administración tributaria, dentro del mes siguiente al de concesión, la fecha de ésta, el premio concedido y los datos identificadores de quienes hayan resultado beneficiados por los mismos[7].

---

[7]   *Orden EHA/3525/2008, de 20 de noviembre, por la que se establece el procedimiento para la declaración de la exención del Impuesto sobre la Renta de las Personas Físicas de determinados premios literarios, artísticos o científicos* (BOE núm. 293 de 5 de diciembre de 2008).

El artículo 7.l) de la Ley 35/2006, de 28 de noviembre, del Impuesto sobre la Renta de las Personas Físicas y de modificación parcial de las Leyes de los Impuestos sobre Sociedades, sobre la Renta de no Residentes y sobre el Patrimonio, establece la exención de los premios literarios, artísticos o científicos relevantes, remitiendo al desarrollo reglamentario la determinación de las condiciones que los mismos deben reunir. El desarrollo reglamentario del precepto anterior, se recoge en el artículo 3 del Reglamento del citado Impuesto, aprobado por Real Decreto 439/2007, de 30 de marzo. El apartado 2 de dicho artículo, ha introducido la posibilidad de que el órgano competente para declarar la exención, declare también la pérdida del derecho a su aplicación en el supuesto en que las sucesivas convocatorias modificasen los términos que hubieran sido tomados en consideración a efectos de conceder la exención, o se incumpla alguno de los requisitos exigidos para su aplicación.

Actualmente, el procedimiento para declarar la exención en el Impuesto sobre la Renta de las Personas Físicas de determinados premios literarios, artísticos o científicos se encuentra regulado en la Orden del Ministerio de Economía y Hacienda de 5 de octubre de 1992.

Dado el tiempo transcurrido desde la aprobación de dicha norma y las modificaciones introducidas por el Real Decreto 439/2007, resulta necesario dictar una nueva Orden reguladora del procedimiento en la que, con el objeto de garantizar el cumplimiento de las condiciones establecidas para seguir disfrutando del beneficio fiscal en sucesivas convocatorias, se estipulen los requisitos que han de cumplir las entidades convocantes.

Asimismo, debe tenerse en cuenta la entrada en vigor del Reglamento general de las actuaciones y los procedimientos de gestión e inspección tributaria y desarrollo de las normas comunes de los procedimientos de aplicación de los tributos, aprobado mediante el Real Decreto 1065/2007, de 27 de julio, que introduce en los artículos 136 y 137 la regulación general del procedimiento para el reconocimiento de beneficios fiscales de carácter rogado.

El artículo 3 del Reglamento del Impuesto sobre la Renta de las Personas Físicas establece que, a la vista del cumplimiento de los requisitos exigidos, la exención será declarada por el órgano competente de la Administración tributaria, de acuerdo con el procedimiento que apruebe el Ministro de Economía y Hacienda.

En este sentido, el artículo 4.2.k) de la Orden PRE/3581/2007, de 10 de diciembre, por la que se establecen los departamentos de la Agencia Estatal de Administración Tributaria y se les atribuyen funciones y competencias, establece que corresponde al titular del Departamento de Gestión Tributaria el acuerdo por el que se resuelva sobre la exención del Impuesto sobre la Renta de las Personas Físicas de determinados premios literarios, artísticos o científicos, así como la declaración de la pérdida del derecho a su aplicación. Por su parte, el artículo 4.1.s) atribuye la tramitación del procedimiento al Departamento de Gestión Tributaria.

Finalmente, la disposición final única del Reglamento del Impuesto sobre la Renta de las Personas Físicas autoriza al Ministro de Economía y Hacienda para dictar las disposiciones necesarias para la aplicación del mismo.

En su virtud, dispongo:

Artículo 1. Solicitud.

El escrito de solicitud se remitirá al órgano competente de la Administración Tributaria para tramitar el procedimiento y habrá de contener, al menos, los siguientes datos: 1. Premios convocados en España:

a) Apellidos y nombre o razón social, número de identificación fiscal, domicilio fiscal del solicitante y, en su caso, de su representante, su condición de convocante del premio y de residente o no en España.

b) Las características del premio convocado y en particular:

1.º La denominación del premio y su dotación.

2.º Su carácter nacional o internacional.

3.º El no establecer limitación alguna respecto a los concursantes por razones ajenas a la propia esencia del premio.

4.º Su concesión respecto de obras ejecutadas o actividades desarrolladas con anterioridad a su convocatoria.

5.º La no exigencia de cesión o limitación de los derechos de propiedad sobre las obras premiadas.

6.º La fecha de publicación de la convocatoria en el «Boletín Oficial del Estado» o de la Comunidad Autónoma y la fecha de publicación en, al menos, un periódico de gran circulación nacional.

7.º La periodicidad con que, en su caso, se convoca el premio. 8.º Fecha de concesión del premio.

c) El lugar, la fecha y la firma del solicitante.

d) El órgano al que se dirige.

1.1 Al escrito de solicitud se acompañará la siguiente documentación:

a) Un ejemplar de las bases de la convocatoria del premio.

b) Una copia del anuncio de la convocatoria en el «Boletín Oficial del Estado» o de la Comunidad Autónoma y en, al menos, un periódico de gran circulación nacional. c) La acreditación de la representación, en su caso.

2. Premios convocados en el extranjero o por Organismos Internacionales:

a) Apellidos y nombre o razón social, número de identificación fiscal, domicilio fiscal del solicitante y, en su caso, de su representante, su condición de persona premiada y de residente o no en España.

b) Las características del premio convocado y en particular:

1.º La denominación del premio y su dotación.

2.º El no establecer limitación alguna respecto a los concursantes por razones ajenas a la propia esencia del premio.

3.º Su concesión respecto de obras ejecutadas o actividades desarrolladas con anterioridad a su convocatoria.

4.º La no exigencia de cesión o limitación de los derechos de propiedad sobre las obras premiadas.

5.º La periodicidad con que, en su caso, se convoca el premio.

6.º Fecha de concesión del premio.

c) El lugar, la fecha y la firma del solicitante.

d) El órgano al que se dirige.

2.1 Al escrito de solicitud se acompañará la siguiente documentación:

a) Un ejemplar de las bases de la convocatoria del premio.

b) Una copia de la concesión del premio. c) La acreditación de la representación, en su caso.

Artículo 2. Resolución.

La resolución que se adopte declarará la exención siempre y cuando se cumplan todos los requisitos exigidos.

El plazo máximo para notificar la resolución del procedimiento será de seis meses. Transcurrido el plazo para resolver sin que se haya notificado la resolución expresa, la solicitud podrá entenderse desestimada. La resolución que se adopte será susceptible de recurso potestativo de reposición o de reclamación económico-administrativa, en los términos establecidos en la Ley 58/2003, de 17 de diciembre, General Tributaria. La declaración de exención tendrá validez para sucesivas convocatorias siempre que éstas no modifiquen los términos que hubieran sido tomados en consideración a efectos de conceder la exención.

Artículo 3. Comunicación del convocante.

Declarada la exención del premio y cuando el solicitante haya sido la persona o Entidad convocante del mismo, estará obligado dentro del mes siguiente a la fecha de la concesión, a comunicar a la Administración Tributaria correspondiente al domicilio fiscal del premiado, los apellidos y el nombre o la razón o denominación social, el número de identificación fiscal y el domicilio fiscal de las personas premiadas, el premio concedido a cada una de ellas y la fecha de su concesión.

Artículo 4. Sucesivas convocatorias.

1. En las sucesivas convocatorias, el convocante del premio estará obligado a formular las siguientes comunicaciones:

a) Una vez convocado y publicado el premio, remitirá en el plazo de un mes, al órgano competente de la Administración Tributaria para tramitar el procedimiento, los documentos a los que se refieren las letras a) y b) del apartado 1.1 del artículo 1 de esta Orden. Asimismo, se informará en el supuesto de que el premio no haya sido convocado o haya sido declarado desierto.

b) Dentro del mes siguiente a la concesión del premio, remitirá a la Administración Tributaria correspondiente al domicilio fiscal del premiado, los datos identificadores de las personas premiadas relacionados en el artículo 3 de esta Orden, con los requisitos indicados en el mismo.

2. En el supuesto en que las sucesivas convocatorias no cumplan con las condiciones establecidas reglamentariamente para conceder la exención, el órgano competente de la Administración Tributaria declarará la pérdida del derecho a su aplicación con efectos desde que dicho incumplimiento se produzca.

Disposición derogatoria única. Derogación normativa.

A la entrada en vigor de la presente Orden queda derogada la Orden del Ministerio de Economía y Hacienda de 5 de octubre de 1992, por la que se establece el procedimiento para la concesión de la exención del Impuesto sobre la Renta de las Personas Físicas de determinados premios literarios, artísticos o científicos.

Disposición final única. Entrada en vigor.

Artículo 4. *Exención de las ayudas a los deportistas de alto nivel.*

A efectos de lo previsto en el artículo 7.m) de la Ley del Impuesto, estarán exentas, con el límite de 60.100 euros anuales, las ayudas económicas de formación y tecnificación deportiva que cumplan los siguientes requisitos:

a) Que sus beneficiarios tengan reconocida la condición de deportistas de alto nivel, conforme a lo previsto en el Real Decreto 1467/1997, de 19 de septiembre, sobre deportistas de alto nivel[8].

b) Que sean financiadas, directa o indirectamente, por el Consejo Superior de Deportes, por la Asociación de Deportes Olímpicos, por el Comité Olímpico Español o por el Comité Paralímpico Español.

Artículo 5. *Exención de las gratificaciones extraordinarias percibidas por la participación en misiones de paz o humanitarias.*

A efectos de lo previsto en el artículo 7.o) de la Ley del Impuesto, estarán exentas las cantidades satisfechas por el Estado español a los miembros de misiones internacionales de paz o humanitarias por los siguientes motivos:

a) Las gratificaciones extraordinarias de cualquier naturaleza que respondan al desempeño de la misión internacional de paz o humanitaria.

b) Las indemnizaciones o prestaciones satisfechas por los daños personales que hubieran sufrido durante las mismas.

Artículo 6. *Exención de los rendimientos percibidos por trabajos realizados en el extranjero.*

1. Estarán exentos del Impuesto, de acuerdo con lo previsto en el artículo 7.p) de la Ley del Impuesto, los rendimientos del trabajo percibidos por trabajos efectivamente realizados en el extranjero, cuando concurran los siguientes requisitos:

1.º Que dichos trabajos se realicen para una empresa o entidad no residente en España o un establecimiento permanente radicado en el extranjero. En particular, cuando la entidad destinataria de los trabajos esté vinculada con la entidad empleadora del trabajador o con aquella en la que preste sus servicios, se entenderán que los trabajos se han realizado para la entidad no residente cuando de acuerdo con lo previsto en el apartado 5 del artículo 16 del texto refundido de la Ley del Impuesto sobre Sociedades pueda considerarse que se ha prestado un servicio intragrupo a la entidad no residente porque el citado servicio produzca o pueda producir una ventaja o utilidad a la entidad destinataria.

2.º Que en el territorio en que se realicen los trabajos se aplique un impuesto de naturaleza idéntica o análoga a la de este Impuesto y no se trate de un país o territorio calificado reglamentariamente como paraíso fiscal. Se considerará cumplido este requisito cuando el país o territorio en el que se realicen los trabajos tenga suscrito con España un convenio para evitar la doble imposición internacional que contenga cláusula de intercambio de información.

2. La exención tendrá un límite máximo de 60.100 euros anuales. Para el cálculo de la retribución correspondiente a los trabajos realizados en el extranjero, deberán tomarse en con-

---

La presente Orden entrará en vigor el día siguiente al de su publicación en el «Boletín Oficial del Estado».

8 Norma derogada por la Disposición derogatoria única del Real Decreto 971/2007, de 13 de julio, sobre deportistas de alto nivel y alto rendimiento (BOE núm. 177, de 25 de julio de 2007).

sideración los días que efectivamente el trabajador ha estado desplazado en el extranjero, así como las retribuciones específicas correspondientes a los servicios prestados en el extranjero.

Para el cálculo del importe de los rendimientos devengados cada día por los trabajos realizados en el extranjero, al margen de las retribuciones específicas correspondientes a los citados trabajos, se aplicará un criterio de reparto proporcional teniendo en cuenta el número total de días del año.

3. Esta exención será incompatible, para los contribuyentes destinados en el extranjero, con el régimen de excesos excluidos de tributación previsto en el artículo 9.A.3.b) de este Reglamento, cualquiera que sea su importe. El contribuyente podrá optar por la aplicación del régimen de excesos en sustitución de esta exención.

CAPÍTULO II. Imputación temporal

Artículo 7. *Imputación temporal de rendimientos.*

1[9]. Los contribuyentes que desarrollen actividades económicas aplicarán a las rentas derivadas de dichas actividades, exclusivamente, los criterios de imputación temporal previstos en el texto refundido de la Ley del Impuesto sobre Sociedades y sus normas de desarrollo, sin perjuicio de lo previsto en el siguiente apartado. Asimismo, resultará aplicable lo previsto en los apartados 3 y 4 del artículo 14 de la Ley del Impuesto en relación con las rentas pendientes de imputar en los supuestos previstos en los mismos.

2. 1.º Los contribuyentes que desarrollen actividades económicas y que deban cumplimentar sus obligaciones contables y registrales de acuerdo con lo previsto en los apartados 3, 4, 5 y 6 del artículo 68 de este Reglamento, podrán optar por el criterio de cobros y pagos para imputar temporalmente los ingresos y gastos de todas sus actividades económicas.

Dicho criterio se entenderá aprobado por la Administración tributaria, a efectos de lo previsto en el apartado 2 del artículo 19 del texto refundido de la Ley del Impuesto sobre Sociedades, por el solo hecho de así manifestarlo en la correspondiente declaración, y deberá mantenerse durante un plazo mínimo de tres años.

2.º La opción por el criterio señalado en este apartado perderá su eficacia si, con posterioridad a dicha opción, el contribuyente debiera cumplimentar sus obligaciones contables y registrales de acuerdo con lo previsto en el apartado 2 del artículo 68 de este Reglamento.

3.º Lo dispuesto en este apartado no será de aplicación si el contribuyente desarrollase alguna actividad económica por la que debiera cumplimentar sus obligaciones contables y registrales de acuerdo con lo previsto en el apartado 2 del artículo 68 de este Reglamento o llevase contabilidad de acuerdo a lo previsto en el Código de Comercio.

3. En el caso de los rendimientos derivados de la cesión de la explotación de los derechos de autor que se devenguen a lo largo de varios años, el contribuyente podrá optar por imputar el anticipo a cuenta de los mismos a medida que vayan devengándose los derechos.

4. En ningún caso, los cambios de criterio de imputación temporal o de método de determinación del rendimiento neto comportarán que algún gasto o ingreso quede sin computar o que se impute nuevamente en otro ejercicio.

---

[9]   Art. 14.1.b) (Imputación temporal), de la LIRPF.

TÍTULO II. DETERMINACIÓN DE LA CAPACIDAD ECONÓMICA SOMETIDA A GRAVAMEN
CAPÍTULO I. Reglas generales

Artículo 8[10]. *Concepto de valores o participaciones homogéneos.*

A los exclusivos efectos de este Impuesto, se considerarán valores o participaciones homogéneos procedentes de un mismo emisor aquéllos que formen parte de una misma operación financiera o respondan a una unidad de propósito, incluida la obtención sistemática de financiación, sean de igual naturaleza y régimen de transmisión, y atribuyan a sus titulares un contenido sustancialmente similar de derechos y obligaciones.

No obstante, la homogeneidad de un conjunto de valores no se verá afectada por la eventual existencia de diferencias entre ellos en lo relativo a su importe unitario; fechas de puesta en circulación, de entrega material o de fijación de precios; procedimientos de colocación, incluida la existencia de tramos o bloques destinados a categorías específicas de inversores; o cualesquiera otros aspectos de naturaleza accesoria. En particular, la homogeneidad no resultará alterada por el fraccionamiento de la emisión en tramos sucesivos o por la previsión de ampliaciones.

CAPÍTULO II. Definición y determinación de la renta gravable
Sección 1.ª *Rendimientos del trabajo*

Artículo 9. *Dietas y asignaciones para gastos de locomoción y gastos normales de manutención y estancia.*

A. Reglas generales:

1. A efectos de lo previsto en el artículo 17.1.d) de la Ley del Impuesto, quedarán exceptuadas de gravamen las asignaciones para gastos de locomoción y gastos normales de manutención y estancia en establecimientos de hostelería que cumplan los requisitos y límites señalados en este artículo.

2. Asignaciones para gastos de locomoción. Se exceptúan de gravamen las cantidades destinadas por la empresa a compensar los gastos de locomoción del empleado o trabajador que se desplace fuera de la fábrica, taller, oficina, o centro de trabajo, para realizar su trabajo en lugar distinto, en las siguientes condiciones e importes:

a) Cuando el empleado o trabajador utilice medios de transporte público, el importe del gasto que se justifique mediante factura o documento equivalente.

b) En otro caso, la cantidad que resulte de computar 0,19 euros por kilómetro recorrido, siempre que se justifique la realidad del desplazamiento, más los gastos de peaje y aparcamiento que se justifiquen[11].

---

[10]   Art. 25.2.b), art. 33.3.a), art. 33.4.f) y g), art. 37.2 de la LIRPF.

[11]   Orden HFP/792/2023, de 12 de julio, por la que se revisa la cuantía de las dietas y asignaciones para gastos de locomoción en el Impuesto sobre la Renta de las Personas Físicas (BOE núm. 169, de 17 de julio de 2023, en vigor desde el 18 de julio: «Artículo único. Gastos de locomoción.

1. A efectos de lo previsto para los gastos de locomoción en la letra b) del artículo 9.A.2 del Reglamento del Impuesto sobre la Renta de las Personas Físicas, aprobado por el Real Decreto 439/2007, de 30 de marzo, se excluirá la cantidad que resulte de multiplicar 0,26 euros por el número de kilómetros recorridos,

3[12]**.** Asignaciones para gastos de manutención y estancia. Se exceptúan de gravamen las cantidades destinadas por la empresa a compensar los gastos normales de manutención y estancia en restaurantes, hoteles y demás establecimientos de hostelería, devengadas por gastos en municipio distinto del lugar del trabajo habitual del perceptor y del que constituya su residencia.

Salvo en los casos previstos en la letra b) siguiente, cuando se trate de desplazamiento y permanencia por un período continuado superior a nueve meses, no se exceptuarán de gravamen dichas asignaciones. A estos efectos, no se descontará el tiempo de vacaciones, enfermedad u otras circunstancias que no impliquen alteración del destino.

a) Se considerará como asignaciones para gastos normales de manutención y estancia en hoteles, restaurantes y demás establecimientos de hostelería, exclusivamente las siguientes:

1.º Cuando se haya pernoctado en municipio distinto del lugar de trabajo habitual y del que constituya la residencia del perceptor, las siguientes:

Por gastos de estancia, los importes que se justifiquen. En el caso de conductores de vehículos dedicados al transporte de mercancías por carretera, no precisarán justificación en cuanto a su importe los gastos de estancia que no excedan de 15 euros diarios, si se producen por desplazamiento dentro del territorio español, o de 25 euros diarios, si corresponden a desplazamientos a territorio extranjero.

Por gastos de manutención, 53,34 euros diarios, si corresponden a desplazamiento dentro del territorio español, o 91,35 euros diarios, si corresponden a desplazamientos a territorio extranjero.

2.º Cuando no se haya pernoctado en municipio distinto del lugar de trabajo habitual y del que constituya la residencia del perceptor, las asignaciones para gastos de manutención que no excedan de 26,67 ó 48,08 euros diarios, según se trate de desplazamiento dentro del territorio español o al extranjero, respectivamente.

En el caso del personal de vuelo de las compañías aéreas, se considerarán como asignaciones para gastos normales de manutención las cuantías que no excedan de 36,06 euros diarios, si corresponden a desplazamiento dentro del territorio español, o 66,11 euros diarios si corresponden a desplazamiento a territorio extranjero. Si en un mismo día se produjeran ambas circunstancias, la cuantía aplicable será la que corresponda según el mayor número de vuelos realizados.

A los efectos indicados en los párrafos anteriores, el pagador deberá acreditar el día y lugar del desplazamiento, así como su razón o motivo.

b) Tendrán la consideración de dieta exceptuada de gravamen las siguientes cantidades:

1.º El exceso que perciban los funcionarios públicos españoles con destino en el extranjero sobre las retribuciones totales que obtendrían en el supuesto de hallarse destinados en España, como consecuencia de la aplicación de los módulos y de la percepción de las indemnizaciones previstas en los artículos 4, 5 y 6 del Real Decreto 6/1995, de 13 de enero, por

---

siempre que se justifique la realidad del desplazamiento, más los gastos de peaje y aparcamiento que se justifiquen...».

12   Nueva redacción dada por la Disp. Final Tercera.Uno del Real Decreto 1804/2008, de 3 de noviembre, por el que se desarrolla la Ley 36/2006, de 29 de noviembre, de medidas para la prevención del fraude fiscal, se modifica el Reglamento para la aplicación del régimen fiscal de las entidades sin fines lucrativos y de los incentivos fiscales al mecenazgo, aprobado por el Real Decreto 1270/2003, y se modifican y aprueban otras normas tributarias (BOE de 18 de noviembre de 2008), con efectos desde el 1 de enero de 2008.

el que se regula el régimen de retribuciones de los funcionarios destinados en el extranjero, y calculando dicho exceso en la forma prevista en dicho Real Decreto, y la indemnización prevista en el artículo 25.1. y 2 del Real Decreto 462/2002, de 24 de mayo, sobre indemnizaciones por razón del servicio.

2.º El exceso que perciba el personal al servicio de la Administración del Estado con destino en el extranjero sobre las retribuciones totales que obtendría por sueldos, trienios, complementos o incentivos, en el supuesto de hallarse destinado en España. A estos efectos, el órgano competente en materia retributiva acordará las equiparaciones retributivas que puedan corresponder a dicho personal si estuviese destinado en España.

3.º El exceso percibido por los funcionarios y el personal al servicio de otras Administraciones Públicas, en la medida que tengan la misma finalidad que los contemplados en los artículos 4, 5 y 6 del Real Decreto 6/1995, de 13 de enero, por el que se regula el régimen de retribuciones de los funcionarios destinados en el extranjero o no exceda de las equiparaciones retributivas, respectivamente.

4.º El exceso que perciban los empleados de empresas, con destino en el extranjero, sobre las retribuciones totales que obtendrían por sueldos, jornales, antigüedad, pagas extraordinarias, incluso la de beneficios, ayuda familiar o cualquier otro concepto, por razón de cargo, empleo, categoría o profesión en el supuesto de hallarse destinados en España.

Lo previsto en esta letra será incompatible con la exención prevista en el artículo 6 de este Reglamento.

4. El régimen previsto en los apartados anteriores será también aplicable a las asignaciones para gastos de locomoción, manutención y estancia que perciban los trabajadores contratados específicamente para prestar sus servicios en empresas con centros de trabajo móviles o itinerantes, siempre que aquellas asignaciones correspondan a desplazamientos a municipio distinto del que constituya la residencia habitual del trabajador.

5[13]. Las cuantías exceptuadas de gravamen en este artículo serán susceptibles de revisión por el Ministro de Economía y Hacienda, en la proporción en que se revisen las dietas de los funcionarios públicos.

6. Las asignaciones para gastos de locomoción, manutención y estancia que excedan de los límites previstos en este artículo estarán sujetas a gravamen.

B. Reglas especiales:

1. Cuando los gastos de locomoción y manutención no les sean resarcidos específicamente por las empresas a quienes presten sus servicios, los contribuyentes que obtengan rendimientos del trabajo que se deriven de relaciones laborales especiales de carácter dependiente podrán minorar sus ingresos, para la determinación de sus rendimientos netos, en las siguientes cantidades, siempre que justifiquen la realidad de sus desplazamientos:

a) Por gastos de locomoción:

Cuando se utilicen medios de transporte público, el importe del gasto que se justifique mediante factura o documento equivalente.

---

[13]   La última revisión ha sido llevada a cabo por la Orden HFP/792/2023, de 12 de julio, por la que se revisa la cuantía de las dietas y asignaciones para gastos de locomoción en el Impuesto sobre la Renta de las Personas Físicas (BOE núm. 169, de 17 de julio de 2023). La anterior por la Orden EHA/3771/2005, de 2 de diciembre (BOE del 3), con efectos desde 1 de diciembre de 2005.

En otro caso, la cantidad que resulte de computar 0,19 euros por kilómetro recorrido, más los gastos de peaje y aparcamiento que se justifiquen[14].

b) Por gastos de manutención, los importes de 26,67 ó 48,08 euros diarios, según se trate de desplazamiento dentro del territorio español o al extranjero.

A estos efectos, los gastos de estancia deberán estar en todo caso resarcidos por la empresa y se regirán por lo previsto en la letra a) del apartado 3 de la letra A de este artículo.

2. Estarán exceptuadas de gravamen las cantidades que se abonen al contribuyente con motivo del traslado de puesto de trabajo a municipio distinto, siempre que dicho traslado exija el cambio de residencia y correspondan, exclusivamente, a gastos de locomoción y manutención del contribuyente y de sus familiares durante el traslado y a gastos de traslado de su mobiliario y enseres.

3. Estarán exceptuadas de gravamen las cantidades percibidas por los candidatos a jurado y por los jurados titulares y suplentes como consecuencia del cumplimiento de sus funciones, de acuerdo con lo previsto en el Real Decreto 385/1996, de 1 de marzo, por el que se establece el régimen retributivo e indemnizatorio del desempeño de las funciones del jurado, así como las percibidas por los miembros de las Mesas Electorales de acuerdo con lo establecido en la Orden Ministerial de 3 de abril de 1991[15], por la que se establece el importe de las dietas de los miembros de las Mesas Electorales.

Artículo 10[16]. *Gastos deducibles por cuotas satisfechas a sindicatos y Colegios profesionales*

Para la determinación del rendimiento neto del trabajo, serán deducibles las cuotas satisfechas a sindicatos. También serán deducibles las cuotas satisfechas a Colegios profesionales, cuando la colegiación tenga carácter obligatorio para el desempeño del trabajo, en la parte que corresponda a los fines esenciales de estas instituciones, con el límite de 500 euros anuales.

Artículo 11[17]. *Otros gastos deducibles.*

1. Podrán deducir la cuantía de 2.000 euros anuales adicionales establecida en el segundo párrafo de la letra f) del artículo 19.2 de la Ley del Impuesto, los contribuyentes desem-

---

[14]   Orden HFP/792/2023, de 12 de julio, por la que se revisa la cuantía de las dietas y asignaciones para gastos de locomoción en el Impuesto sobre la Renta de las Personas Físicas (BOE núm. 169, de 17 de julio de 2023, en vigor desde el 18 de julio: «Artículo único. Gastos de locomoción. ... 2. A efectos de lo previsto para los gastos de locomoción en la letra a) del artículo 9.B.1 del citado reglamento, se excluirá la cantidad que resulte de multiplicar 0,26 euros por el número de kilómetros recorridos, más los gastos de peaje y aparcamiento que se justifiquen».

[15]   Orden derogada por la Disp. Derogatoria única de la Orden INT/3782/2007, de 13 de diciembre, de regulación de la dieta de los miembros de las mesas electorales (BOE núm. 308, de 25 de diciembre de 2007). Dicha Orden ha sido derogada por la Disp. Derogatoria única de la Orden INT/282/2019, de 7 de marzo, de regulación de la dieta de los miembros de las mesas electorales (BOE núm. 63 de 14 de marzo de 2019), que a su vez a sido derogada por la Orden INT/212/2023, de 1 de marzo, de regulación de la dieta de los miembros de las mesas electorales (BOE núm. 55, de 6 de marzo de 2023), estableciendo que las personas que sean designadas para los cargos de Presidente y Vocal de las mesas electorales, percibirán una dieta de 70 euros.

[16]   Art. 19.2.d) de la LIRPF.

[17]   Nueva redacción del art. 11 dada por el art. Primero.tres del Real Decreto 633/2015, de 10 de julio, por el que se modifican el Reglamento del Impuesto sobre la Renta de las Personas Físicas, aprobado por el Real Decreto 439/2007, de 30 de marzo, y el Reglamento del Impuesto sobre la Renta de no Residentes,

pleados e inscritos en una oficina de empleo que acepten un puesto de trabajo situado en un municipio distinto al de su residencia habitual, siempre que el nuevo puesto de trabajo exija el cambio de dicha residencia.

2. A efectos de la aplicación del límite previsto en el último párrafo de la letra f) del artículo 19.2 de la Ley del Impuesto, cuando el contribuyente obtenga en el mismo período impositivo rendimientos derivados de un trabajo que permita computar un mayor gasto deducible de los previstos en el segundo y tercer párrafo de dicha letra f) y otros rendimientos del trabajo, el incremento del gasto deducible se atribuirá exclusivamente a los rendimientos íntegros del trabajo señalados en primer lugar.

Artículo 12[18]. *Aplicación de la reducción del 30 por ciento a determinados rendimientos del trabajo*

1. Se consideran rendimientos del trabajo obtenidos de forma notoriamente irregular en el tiempo, exclusivamente, los siguientes:

a) Las cantidades satisfechas por la empresa a los empleados con motivo del traslado a otro centro de trabajo que excedan de los importes previstos en el artículo 9 de este Reglamento.

b) Las indemnizaciones derivadas de los regímenes públicos de Seguridad Social o Clases Pasivas, así como las prestaciones satisfechas por colegios de huérfanos e instituciones similares, en los supuestos de lesiones no invalidantes.

c) Las prestaciones satisfechas por lesiones no invalidantes o incapacidad permanente, en cualquiera de sus grados, por empresas y por entes públicos.

d) Las prestaciones por fallecimiento, y los gastos por sepelio o entierro que excedan del límite exento de acuerdo con el artículo 7.r) de la Ley del Impuesto, de trabajadores o

---

aprobado por el Real Decreto 1776/2004, de 30 de julio (BOE núm. 165, de 11 de julio de 2015), en vigor desde el día siguiente de su publicación en el BOE, siendo aplicable a los períodos impositivos que se inicien a partir del 1 de enero de 2015.

Redacción anterior del art. 11.3 dada por el art. 8.Dos del Real Decreto 1975/2008, de 28 de noviembre, siendo de aplicación, en virtud de su Disposición Final única, al periodo impositivo 2008 y ejercicios anteriores no prescritos. Modificación motivada por la STS de 9 de julio de 2008: «Que estimando la cuestión de ilegalidad planteada por la Sección Quinta de la Sala de lo Contencioso-Administrativo del TSJ de Madrid, en relación con el artículo 20.3 del Reglamento del IRPF, aprobado por Real Decreto 214/1999, de 5 de febrero, declaramos que tal precepto es nulo de pleno de derecho en el inciso en el que establece "...cuando puedan ejercitarse transcurrido más de dos años desde su concesión"». Sentencia del Tribunal Supremo de 16 de noviembre de 2011 (BOE núm. 305, de 20 de diciembre de 2011): «Que estimando la cuestión de ilegalidad planteada por la Sección Quinta de la Sala de lo Contencioso-Administrativo del Tribunal Superior de Justicia de Madrid, en relación con el art. 11.3 del Reglamento del Impuesto sobre la Renta de las Personas Físicas, aprobado por Real Decreto 439/2007, de 30 de marzo, declaramos que tal precepto es nulo de pleno derecho en el inciso que establece "... si, además, no se conceden anualmente"». Redacción anterior del artículo 11.4 dada por el art. único.uno del Real Decreto 1757/2007, de 28 de diciembre, en vigor desde el 1-I-2008.

18   Nueva redacción del art. 12 dada por el art. Primero.cuatro del Real Decreto 633/2015, de 10 de julio, por el que se modifican el Reglamento del Impuesto sobre la Renta de las Personas Físicas, aprobado por el Real Decreto 439/2007, de 30 de marzo, y el Reglamento del Impuesto sobre la Renta de no Residentes, aprobado por el Real Decreto 1776/2004, de 30 de julio (BOE núm. 165, de 11 de julio de 2015), en vigor desde el día siguiente de su publicación en el BOE, siendo aplicable a los períodos impositivos que se inicien a partir del 1 de enero de 2015.

funcionarios, tanto las de carácter público como las satisfechas por colegios de huérfanos e instituciones similares, empresas y por entes públicos.

e) Las cantidades satisfechas en compensación o reparación de complementos salariales, pensiones o anualidades de duración indefinida o por la modificación de las condiciones de trabajo.

f) Cantidades satisfechas por la empresa a los trabajadores por la resolución de mutuo acuerdo de la relación laboral.

g) Premios literarios, artísticos o científicos que no gocen de exención en este Impuesto. No se consideran premios, a estos efectos, las contraprestaciones económicas derivadas de la cesión de derechos de propiedad intelectual o industrial o que sustituyan a éstas.

Respecto de los citados rendimientos, la reducción prevista en el artículo 18.2 de la Ley del Impuesto únicamente será de aplicación cuando se imputen en único período impositivo.

2. Tratándose de rendimientos del trabajo procedentes de indemnizaciones por extinción de la relación laboral con un período de generación superior a dos años que se perciban de forma fraccionada, o de rendimientos distintos de los anteriores a los que se refiere la disposición transitoria vigesimoquinta de la Ley del Impuesto, sólo será aplicable la reducción del 30 por ciento prevista en el artículo 18.2 de la Ley del Impuesto, en caso de que el cociente resultante de dividir el número de años de generación, computados de fecha a fecha, entre el número de períodos impositivos de fraccionamiento, sea superior a dos.

3. La reducción prevista en el artículo 18.3 de la Ley del Impuesto resultará aplicable a las prestaciones en forma de capital consistentes en una percepción de pago único. En el caso de prestaciones mixtas, que combinen rentas de cualquier tipo con un único cobro en forma de capital, las reducciones referidas sólo resultarán aplicables al cobro efectuado en forma de capital.

SECCIÓN 2.ª *Rendimientos del capital*

Subsección 1.ª Rendimientos del capital inmobiliario

Artículo 13[19]. *Gastos deducibles de los rendimientos del capital inmobiliario.*

Tendrán la consideración de gasto deducible para la determinación del rendimiento neto del capital inmobiliario todos los gastos necesarios para su obtención.

En particular, se considerarán incluidos entre los gastos a que se refiere el párrafo anterior:

a) Los intereses de los capitales ajenos invertidos en la adquisición o mejora del bien, derecho o facultad de uso o disfrute del que procedan los rendimientos, y demás gastos de financiación, así como los gastos de reparación y conservación.

A estos efectos, tendrán la consideración de gastos de reparación y conservación:

Los efectuados regularmente con la finalidad de mantener el uso normal de los bienes materiales, como el pintado, revoco o arreglo de instalaciones.

Los de sustitución de elementos, como instalaciones de calefacción, ascensor, puertas de seguridad u otros.

No serán deducibles por este concepto las cantidades destinadas a ampliación o mejora.

---

[19]   Art. 23.1.a) (Gastos deducibles y reducciones), de la LIRPF.

El importe total a deducir por los gastos previstos en este apartado a) no podrá exceder, para cada bien o derecho, de la cuantía de los rendimientos íntegros obtenidos.

El exceso se podrá deducir en los cuatro años siguientes, sin que pueda exceder, conjuntamente con los gastos por estos mismos conceptos correspondientes a cada uno de estos años, de la cuantía de los rendimientos íntegros obtenidos en cada uno de los mismos, para cada bien o derecho.

b) Los tributos y recargos no estatales, así como las tasas y recargos estatales, cualquiera que sea su denominación, siempre que incidan sobre los rendimientos computados o sobre los bienes o derechos productores de los mismos y no tengan carácter sancionador.

c) Las cantidades devengadas por terceros en contraprestación directa o indirecta o como consecuencia de servicios personales, tales como los de administración, vigilancia, portería o similares.

d) Los ocasionados por la formalización del arrendamiento, subarriendo, cesión o constitución de derechos y los de defensa de carácter jurídico relativos a los bienes, derechos o rendimientos.

e) Los saldos de dudoso cobro siempre que esta circunstancia quede suficientemente justificada. Se entenderá cumplido este requisito:

1.º Cuando el deudor se halle en situación de concurso.

2.º Cuando entre el momento de la primera gestión de cobro realizada por el contribuyente y el de la finalización del período impositivo hubiesen transcurrido más de seis meses[20], y no se hubiese producido una renovación de crédito.

Cuando un saldo dudoso fuese cobrado posteriormente a su deducción, se computará como ingreso en el ejercicio en que se produzca dicho cobro.

f) El importe de las primas de contratos de seguro, bien sean de responsabilidad civil, incendio, robo, rotura de cristales u otros de naturaleza análoga, sobre los bienes o derechos productores de los rendimientos.

g) Las cantidades destinadas a servicios o suministros.

h) Las cantidades destinadas a la amortización en las condiciones establecidas en el artículo siguiente de este Reglamento.

Artículo 14[21]. *Gastos de amortización de los rendimientos del capital inmobiliario.*

1. Para la determinación del rendimiento neto del capital inmobiliario, tendrán la consideración de gasto deducible las cantidades destinadas a la amortización del inmueble y de los demás bienes cedidos con el mismo, siempre que respondan a su depreciación efectiva.

2. Se considerará que las amortizaciones cumplen el requisito de efectividad:

a) Tratándose de inmuebles: cuando, en cada año, no excedan del resultado de aplicar el 3 por ciento sobre el mayor de los siguientes valores: el coste de adquisición satisfecho o el valor catastral, sin incluir en el cómputo el del suelo.

Cuando no se conozca el valor del suelo, éste se calculará prorrateando el coste de adquisición satisfecho entre los valores catastrales del suelo y de la construcción de cada año.

b) Tratándose de bienes de naturaleza mobiliaria, susceptibles de ser utilizados por un período superior al año y cedidos conjuntamente con el inmueble: cuando, en cada año, no excedan del resultado de aplicar a los costes de adquisición satisfechos los coeficientes de amortización determinados de acuerdo con la tabla de amortizaciones simplificada a que se refiere el artículo 30.1.ª de este Reglamento.

3. En el caso de que los rendimientos procedan de la titularidad de un derecho o facultad de uso o disfrute, podrá amortizarse, con el límite de los rendimientos íntegros de cada derecho, su coste de adquisición satisfecho.

La amortización, en este supuesto, será el resultado de las reglas siguientes:

a) Cuando el derecho o facultad tuviese plazo de duración determinado, el que resulte de dividir el coste de adquisición satisfecho entre el número de años de duración del mismo.

b) Cuando el derecho o facultad fuese vitalicio, el resultado de aplicar al coste de adquisición satisfecho el porcentaje del 3 por ciento

Artículo 15[22]. *Rendimientos del capital inmobiliario obtenidos de forma notoriamente irregular en el tiempo.*

A efectos de la aplicación de la reducción prevista en el artículo 23.3 de la Ley del Impuesto, se consideran rendimientos del capital inmobiliario obtenidos de forma notoriamente irregular en el tiempo, exclusivamente, los siguientes, cuando se imputen en un único período impositivo:

a) Importes obtenidos por el traspaso o la cesión del contrato de arrendamiento de locales de negocio.

b) Indemnizaciones percibidas del arrendatario, subarrendatario o cesionario por daños o desperfectos en el inmueble.

c) Importes obtenidos por la constitución o cesión de derechos de uso o disfrute de carácter vitalicio.

Artículo 16[23].

---

[22] Nueva redacción del art. 15 dada por el art. Primero.cinco del Real Decreto 633/2015, de 10 de julio, por el que se modifican el Reglamento del Impuesto sobre la Renta de las Personas Físicas, aprobado por el Real Decreto 439/2007, de 30 de marzo, y el Reglamento del Impuesto sobre la Renta de no Residentes, aprobado por el Real Decreto 1776/2004, de 30 de julio (BOE núm. 165, de 11 de julio de 2015), en vigor desde el día siguiente de su publicación en el BOE, siendo aplicable a los períodos impositivos que se inicien a partir del 1 de enero de 2015.

[23] Artículo 16 suprimido por el art. Primero.seis del Real Decreto 633/2015, de 10 de julio, por el que se modifican el Reglamento del Impuesto sobre la Renta de las Personas Físicas, aprobado por el Real Decreto 439/2007, de 30 de marzo, y el Reglamento del Impuesto sobre la Renta de no Residentes, aprobado por el Real Decreto 1776/2004, de 30 de julio (BOE núm. 165, de 11 de julio de 2015), en vigor desde el día siguiente de su publicación en el BOE, siendo aplicable a los períodos impositivos que se inicien a partir del 1 de enero de 2015.

Subsección 2.ª Rendimientos del capital mobiliario

Artículo 17. *Disposición parcial en contratos de seguro.*

En el caso de disposición parcial en contratos de seguro, para calcular el rendimiento del capital mobiliario se considerará que la cantidad recuperada corresponde a las primas satisfechas en primer lugar incluida su correspondiente rentabilidad.

Artículo 18. *Tributación de la rentabilidad obtenida hasta el momento de la constitución de las rentas diferidas.*

A efectos de lo previsto en el primer párrafo del artículo 25.3.a) 4.º de la Ley del Impuesto, la rentabilidad obtenida hasta la constitución de las rentas diferidas se someterá a gravamen de acuerdo con las siguientes reglas:

1) La rentabilidad vendrá determinada por la diferencia entre el valor actual financiero-actuarial de la renta que se constituye y el importe de las primas satisfechas.

2) Dicha rentabilidad se repartirá linealmente durante los diez primeros años de cobro de la renta vitalicia. Si se trata de una renta temporal, se repartirá linealmente entre los años de duración de la misma con el máximo de diez años.

Artículo 19. *Requisitos exigibles a determinados contratos de seguro con prestaciones por jubilación e invalidez percibidas en forma de renta.*

Para la aplicación de lo previsto en el segundo párrafo del artículo 25.3.a).4.º de la Ley del Impuesto, habrán de concurrir los siguientes requisitos:

1.º Las contingencias por las que pueden percibirse las prestaciones serán las previstas en el artículo 8.6 del texto refundido de la Ley de Regulación de los Planes y Fondos de Pensiones, aprobado por el Real Decreto Legislativo 1/2002, de 29 de noviembre, en los términos establecidos para éstos.

2.º Se entenderá que se ha producido algún tipo de movilización de las provisiones del contrato de seguro cuando se incumplan las limitaciones que, en relación con el ejercicio de los derechos económicos, establecen la disposición adicional primera del texto refundido de la Ley de Regulación de los Planes y Fondos de Pensiones, y su normativa de desarrollo, respecto a los seguros colectivos que instrumenten compromisos por pensiones de las empresas.

Artículo 20. *Gastos deducibles en determinados rendimientos del capital mobiliario.*

Para la determinación del rendimiento neto del capital mobiliario derivado de la prestación de asistencia técnica, arrendamientos de bienes muebles, negocios o minas y subarrendamientos a los que se refiere el artículo 26.1.b) de la Ley del Impuesto, tendrán la consideración de gastos deducibles los previstos en los artículos 13 y 14 de este Reglamento. No será de aplicación el límite previsto para intereses y demás gastos de financiación y gastos de reparación y conservación.

Artículo 21[24]. *Rendimientos del capital mobiliario obtenidos de forma notoriamente irregular en el tiempo.*

A efectos de la aplicación de la reducción prevista en el artículo 26.2 de la Ley del Impuesto, se consideran rendimientos del capital mobiliario obtenidos de forma notoriamente

---

[24]   Nueva redacción del art. 21 dada por el art. Primero.siete del Real Decreto 633/2015, de 10 de julio, por el que se modifican el Reglamento del Impuesto sobre la Renta de las Personas Físicas, aprobado por el

irregular en el tiempo, exclusivamente, los siguientes, cuando se imputen en un único período impositivo:

a) Importes obtenidos por el traspaso o la cesión del contrato de arrendamiento.

b) Indemnizaciones percibidas del arrendatario o subarrendatario por daños o desperfectos, en los supuestos de arrendamiento.

c) Importes obtenidos por la constitución o cesión de derechos de uso o disfrute de carácter vitalicio.

SECCIÓN 3.ª *Rendimientos de actividades económicas*

Subsección 1.ª Normas generales

Artículo 22[25]. *Elementos patrimoniales afectos a una actividad.*

1. Se considerarán elementos patrimoniales afectos a una actividad económica desarrollada por el contribuyente, con independencia de que su titularidad, en caso de matrimonio, resulte común a ambos cónyuges, los siguientes:

a) Los bienes inmuebles en los que se desarrolle la actividad.

b) Los bienes destinados a los servicios económicos y socioculturales del personal al servicio de la actividad.

c) Cualesquiera otros elementos patrimoniales que sean necesarios para la obtención de los respectivos rendimientos.

En ningún caso tendrán la consideración de elementos afectos a una actividad económica los activos representativos de la participación en fondos propios de una entidad y de la cesión de capitales a terceros y los destinados al uso particular del titular de la actividad, como los de esparcimiento y recreo.

2. Sólo se considerarán elementos patrimoniales afectos a una actividad económica aquellos que el contribuyente utilice para los fines de la misma.

No se entenderán afectados:

1.º Aquéllos que se utilicen simultáneamente para actividades económicas y para necesidades privadas, salvo que la utilización para estas últimas sea accesoria y notoriamente irrelevante de acuerdo con lo previsto en el apartado 4 de este artículo.

2.º Aquellos que, siendo de la titularidad del contribuyente, no figuren en la contabilidad o registros oficiales de la actividad económica que esté obligado a llevar el contribuyente, salvo prueba en contrario.

3. Cuando se trate de elementos patrimoniales que sirvan sólo parcialmente al objeto de la actividad, la afectación se entenderá limitada a aquella parte de los mismos que realmente se utilice en la actividad de que se trate. En este sentido, sólo se considerarán afectadas aquellas partes de los elementos patrimoniales que sean susceptibles de un aprovechamiento separado e independiente del resto. En ningún caso serán susceptibles de afectación parcial elementos patrimoniales indivisibles.

Real Decreto 439/2007, de 30 de marzo, y el Reglamento del Impuesto sobre la Renta de no Residentes, aprobado por el Real Decreto 1776/2004, de 30 de julio (BOE núm. 165, de 11 de julio de 2015), en vigor desde el día siguiente de su publicación en el BOE, siendo aplicable a los períodos impositivos que se inicien a partir del 1 de enero de 2015.

25   Art. 29 (Elementos patrimoniales afectos), de la LIRPF.

4. Se considerarán utilizados para necesidades privadas de forma accesoria y notoriamente irrelevante los bienes del inmovilizado adquiridos y utilizados para el desarrollo de la actividad económica que se destinen al uso personal del contribuyente en días u horas inhábiles durante los cuales se interrumpa el ejercicio de dicha actividad.

Lo dispuesto en el párrafo anterior no será de aplicación a los automóviles de turismo y sus remolques, ciclomotores, motocicletas, aeronaves o embarcaciones deportivas o de recreo, salvo los siguientes supuestos:

a) Los vehículos mixtos destinados al transporte de mercancías.

b) Los destinados a la prestación de servicios de transporte de viajeros mediante contraprestación.

c) Los destinados a la prestación de servicios de enseñanza de conductores o pilotos mediante contraprestación.

d) Los destinados a los desplazamientos profesionales de los representantes o agentes comerciales.

e) Los destinados a ser objeto de cesión de uso con habitualidad y onerosidad.

A estos efectos, se considerarán automóviles de turismo, remolques, ciclomotores y motocicletas los definidos como tales en el anexo del Real Decreto Legislativo 339/1990, de 2 de marzo, por el que se aprueba el texto articulado de la Ley sobre Tráfico, Circulación de Vehículos a Motor y Seguridad Vial, así como los definidos como vehículos mixtos en dicho anexo y, en todo caso, los denominados vehículos todo terreno o tipo «jeep».

Artículo 23. *Valores de afectación y desafectación.*

1. Las afectaciones a actividades económicas de bienes o derechos del patrimonio personal se realizarán por el valor de adquisición que según las normas previstas en los artículos 35.1 y 36 de la Ley del Impuesto tuvieran en dicho momento.

2. En las desafectaciones de bienes o derechos afectos a actividades económicas al patrimonio personal, se tomará a efectos de este Impuesto su valor contable en dicho momento, calculado de acuerdo con las amortizaciones que hubieran sido fiscalmente deducibles, computándose en todo caso la amortización mínima.

Artículo 24. *Atribución de rentas.*

A efectos de determinar el resultado de las actividades económicas de las entidades a que se refiere el artículo 87 de la Ley del Impuesto, el importe neto de la cifra de negocios previsto en el artículo 108 del texto refundido de la Ley del Impuesto sobre Sociedades[26], tendrá en cuenta exclusivamente el conjunto de las actividades económicas ejercidas por dichas entidades.

Artículo 25[27]. *Rendimientos de actividades económicas obtenidos de forma notoriamente irregular en el tiempo.*

A efectos de la aplicación de la reducción prevista en el artículo 32.1 de la Ley del Impuesto, se consideran rendimientos de actividades económicas obtenidos de forma noto-

---

[26]   Remisión actual a la Ley 27/2014, de 27 de noviembre, del Impuesto sobre Sociedades: «Artículo 101. Ámbito de aplicación. Cifra de negocios» reproducido en la nota a pie de página del art. 28.1 de la LIRPF.

[27]   Nueva redacción del art. 25 dada por el art. Primero.ocho del Real Decreto 633/2015, de 10 de julio, por el que se modifican el Reglamento del Impuesto sobre la Renta de las Personas Físicas, aprobado por el

riamente irregular en el tiempo, exclusivamente, los siguientes, cuando se imputen en único período impositivo:

a) Subvenciones de capital para la adquisición de elementos del inmovilizado no amortizables.

b) Indemnizaciones y ayudas por cese de actividades económicas.

c) Premios literarios, artísticos o científicos que no gocen de exención en este Impuesto. No se consideran premios, a estos efectos, las contraprestaciones económicas derivadas de la cesión de derechos de propiedad intelectual o industrial o que sustituyan a éstas.

d) Las indemnizaciones percibidas en sustitución de derechos económicos de duración indefinida.

Artículo 26[28]. *Reducciones aplicables a determinados rendimientos de actividades económicas.*

1. Para la aplicación de la reducción prevista en el artículo 32.2.1.º de la Ley del Impuesto, será necesario el cumplimiento de los requisitos señalados en el 32.2.2.º de la Ley del Impuesto y de las obligaciones formales previstas en el artículo 68 de este Reglamento.

2. A efectos de la aplicación de la reducción prevista en el artículo 32.2.1.º de la Ley del Impuesto, cuando el contribuyente opte por la tributación conjunta, tendrá derecho a la misma cuando individualmente cumpla con los requisitos señalados en el artículo 32.2.2.º de la Ley del Impuesto. En este caso, la cuantía de la reducción a computar en la declaración conjunta será única, sin que su importe pueda ser superior al rendimiento neto de las actividades económicas de los miembros de la unidad familiar que cumplan individualmente los citados requisitos, y se calculará, al igual que la reducción prevista en el artículo 32.2.3.º de la Ley del Impuesto, teniendo en cuenta las rentas de la unidad familiar.

Artículo 27. *Métodos de determinación de los rendimientos de actividades económicas.*

1. De acuerdo con lo previsto en el artículo 16.2 de la Ley del Impuesto, existirán los siguientes métodos de determinación de los rendimientos de actividades económicas:

1.º Estimación directa, que tendrá dos modalidades, normal y simplificada[29].

2.º Estimación objetiva[30].

2. Los contribuyentes aplicarán alguno de los métodos anteriores teniendo en cuenta los límites de aplicación y las reglas de incompatibilidad, renuncia y exclusión contenidas en los artículos siguientes.

Real Decreto 439/2007, de 30 de marzo, y el Reglamento del Impuesto sobre la Renta de no Residentes, aprobado por el Real Decreto 1776/2004, de 30 de julio (BOE núm. 165, de 11 de julio de 2015), en vigor desde el día siguiente de su publicación en el BOE, siendo aplicable a los períodos impositivos que se inicien a partir del 1 de enero de 2015.

[28]   Nueva redacción del art. 26 dada por el art. Primero.nueve del Real Decreto 633/2015, de 10 de julio, por el que se modifican el Reglamento del Impuesto sobre la Renta de las Personas Físicas, aprobado por el Real Decreto 439/2007, de 30 de marzo, y el Reglamento del Impuesto sobre la Renta de no Residentes, aprobado por el Real Decreto 1776/2004, de 30 de julio (BOE núm. 165, de 11 de julio de 2015), en vigor desde el día siguiente de su publicación en el BOE, siendo aplicable a los períodos impositivos que se inicien a partir del 1 de enero de 2015.

[29]   Art. 30 (Normas para la determinación del rendimiento neto en estimación directa) de la LIRPF.

[30]   Art. 31 (Normas para la determinación del rendimiento neto en estimación objetiva) de la LIRPF.

Subsección 2.ª Estimación directa simplificada

Artículo 28[31]. *Ámbito de aplicación del método de estimación directa simplificada.*

1. Los contribuyentes que ejerzan actividades económicas determinarán el rendimiento neto de todas sus actividades por la modalidad simplificada del método de estimación directa, siempre que:

a) No determinen el rendimiento neto de estas actividades por el método de estimación objetiva.

b) El importe neto de la cifra de negocios del conjunto de estas actividades, definido de acuerdo al artículo 191 del texto refundido de la Ley de Sociedades Anónimas, aprobado por el Real Decreto Legislativo 1564/1989, de 22 de diciembre[32], no supere los 600.000 euros anuales en el año inmediato anterior.

c) No renuncien a esta modalidad.

2. El importe neto de la cifra de negocios que se establece como límite para la aplicación de la modalidad simplificada del método de estimación directa, tendrá como referencia el año inmediato anterior a aquél en que deba aplicarse esta modalidad.

Cuando en el año inmediato anterior no se hubiese ejercido actividad alguna, se determinará el rendimiento neto por esta modalidad, salvo que se renuncie a la misma en los términos previstos en el artículo siguiente.

Cuando en el año inmediato anterior se hubiese iniciado una actividad, el importe neto de la cifra de negocios se elevará al año.

3. Los contribuyentes que determinen el rendimiento neto de alguna de sus actividades económicas por la modalidad normal del método de estimación directa, determinarán el rendimiento neto de todas sus actividades por la modalidad normal.

No obstante, cuando se inicie durante el año alguna actividad económica por la que se renuncie a esta modalidad, la incompatibilidad a que se refiere el párrafo anterior no surtirá efectos para ese año respecto a las actividades que se venían realizando con anterioridad.

Artículo 29[33]. *Renuncia y exclusión al método de estimación directa simplificada.*

1. La renuncia a la modalidad simplificada del método de estimación directa deberá efectuarse durante el mes de diciembre anterior al inicio del año natural en que deba surtir efecto.

La renuncia tendrá efectos para un período mínimo de tres años. Transcurrido este plazo, se entenderá prorrogada tácitamente para cada uno de los años siguientes en que pudiera resultar aplicable la modalidad, salvo que en el plazo previsto en el párrafo anterior se revoque aquélla.

La renuncia así como su revocación se efectuarán de conformidad con lo previsto en el Real Decreto 1041/2003, de 1 de agosto, por el que se aprueba el Reglamento por el que

---

[31]   Art. 30.1 segundo párrafo de la LIRPF.

[32]   Le referencia del art. 191 debe ser entendida a lo dispuesto en el Segundo párrafo del art. 35.2 del Código de Comercio en redacción dada por art. 1.uno de la Ley 16/2007, de 4 de julio: «*La cifra de negocios comprenderá los importes de la venta de los productos y de la prestación de servicios u otros ingresos correspondientes a las actividades ordinarias de la empresa, deducidas las bonificaciones y demás reducciones sobre las ventas así como el Impuesto sobre el Valor Añadido, y otros impuestos directamente relacionados con la mencionada cifra de negocios, que deban ser objeto de repercusión*».

[33]   Art. 30.1 tercer párrafo de la LIRPF.

se regulan determinados censos tributarios y se modifican otras normas relacionadas con la gestión del Impuesto sobre Actividades Económicas[34].

En caso de inicio de actividad, la renuncia se efectuará según lo previsto en el párrafo anterior.

2. Será causa determinante de la exclusión de la modalidad simplificada del método de estimación directa haber rebasado el límite establecido en el artículo anterior.

La exclusión producirá efectos desde el inicio del año inmediato posterior a aquel en que se produzca dicha circunstancia.

3. La renuncia o la exclusión de la modalidad simplificada del método de estimación directa supondrá que el contribuyente determinará durante los tres años siguientes el rendimiento neto de todas sus actividades económicas por la modalidad normal de este método.

Artículo 30[35]. *Determinación del rendimiento neto en el método de estimación directa simplificada.*

El rendimiento neto de las actividades económicas, a las que sea de aplicación la modalidad simplificada del método de estimación directa, se determinará según las normas contenidas en los artículos 28 y 30 de la Ley del Impuesto, con las especialidades siguientes:

1.ª Las amortizaciones del inmovilizado material se practicarán de forma lineal, en función de la tabla de amortizaciones simplificada que se apruebe por el Ministro de Hacienda y Administraciones Públicas. Sobre las cuantías de amortización que resulten de estas tablas serán de aplicación las normas del régimen especial de entidades de reducida dimensión previstas en la Ley del Impuesto sobre Sociedades que afecten a este concepto[36].

---

34   El Real Decreto 1041/2003 ha sido derogado por Real Decreto 1065/2007, de 27 de julio, por el que se aprueba el Reglamento general de las actuaciones y procedimientos de gestión e inspección tributaria y de desarrollo de las normas comunes de los procedimientos de aplicación de los tributos.

35   Art. 30.2.4.° de la LIRPF.
     Nueva redacción del art. 30 dada por el art. Primero.diez del Real Decreto 633/2015, de 10 de julio, por el que se modifican el Reglamento del Impuesto sobre la Renta de las Personas Físicas, aprobado por el Real Decreto 439/2007, de 30 de marzo, y el Reglamento del Impuesto sobre la Renta de no Residentes, aprobado por el Real Decreto 1776/2004, de 30 de julio (BOE núm. 165, de 11 de julio de 2015), en vigor desde el día siguiente de su publicación en el BOE, siendo aplicable a los períodos impositivos que se inicien a partir del 1 de enero de 2015.

36   **Orden de 27 de marzo de 1998 por la que se aprueba la Tabla de Amortización Simplificada que deberán aplicar los sujetos pasivos del Impuesto sobre la Renta de las Personas Físicas que ejerzan actividades empresariales o profesionales y determinen su rendimiento neto por la modalidad simplificada del régimen de estimación directa** (BOE de 28 de marzo).
     «El artículo 20 del Reglamento del Impuesto sobre la Renta de las Personas Físicas, según redacción dada al precepto por el artículo 1 del Real Decreto 37/1998, de 16 de enero, por el que se modifican los Reglamentos del Impuesto sobre la Renta de las Personas Físicas, del Impuesto sobre el Valor Añadido y del Impuesto General Indirecto Canario, para incorporar determinadas medidas sobre la fiscalidad de las pequeñas y medianas empresas, así como los Reales Decretos que regulan las declaraciones censales y el deber de expedir y entregar factura que incumbe a los empresarios y profesionales, establece que en la modalidad simplificada del régimen de estimación directa las amortizaciones del inmovilizado material se practicarán de forma lineal, en función de la tabla de amortización simplificada que se apruebe por el Ministro de Economía y Hacienda.
     De acuerdo con lo expresado en el párrafo anterior, es necesario aprobar la tabla de amortización simplificada prevista en el Reglamento del Impuesto sobre la Renta de las Personas Físicas.
     En su virtud, este Ministerio ha dispuesto:

2.ª El conjunto de las provisiones deducibles y los gastos de difícil justificación se cuantificará aplicando el porcentaje del 5 por ciento[37] sobre el rendimiento neto, excluido este concepto[38], sin que la cuantía resultante pueda superar 2.000 euros anuales. No obstante, no resultará de aplicación dicho porcentaje de deducción cuando el contribuyente opte por la aplicación de la reducción prevista en el artículo 26.1 de este Reglamento.

Artículo 31. *Entidades en régimen de atribución.*

1. La modalidad simplificada del método de estimación directa será aplicable para la determinación del rendimiento neto de las actividades económicas desarrolladas por las entidades a que se refiere el artículo 87 de la Ley del Impuesto, siempre que:

Primero. La Tabla de Amortización Simplificada que deberán aplicar los sujetos pasivos del Impuesto sobre la Renta de las Personas Físicas que ejerzan actividades empresariales o profesionales y determinen su rendimiento neto por la modalidad simplificada del método de estimación directa será la siguiente:

Grupo	Elementos patrimoniales	Coeficiente lineal máximo Porcentaje	Período máximo Años
1	Edificios y otras construcciones	3	68
2	Instalaciones, mobiliario, enseres y resto del inmovilizado material	10	20
3	Maquinaria	12	18
4	Elementos de transporte	16	14
5	Equipos para tratamiento de la información y sistemas y programas informáticos	26	10
6	Útiles y herramientas	30	8
7	Ganado vacuno, porcino, ovino y caprino	16	14
8	Ganado equino y frutales no cítricos	8	25
9	Frutales cítricos y viñedos	4	50
10	Olivar	2	100

Segundo. La tabla de amortización simplificada se aplicará conforme a las normas que, para el inmovilizado material, contienen los artículos 1 y 2 del Reglamento del Impuesto sobre Sociedades, aprobado por el Real Decreto 537/1997, de 14 de abril.

Disposición Final. La presente Orden entrará en vigor el día de su publicación en el Boletín Oficial del Estado con efectos 1 de enero de 1998».

[37] Durante el periodo impositivo 2023: 7%. Disposición adicional quincuagésima sexta. «*Gastos de difícil justificación en estimación directa simplificada durante el período impositivo 2023*» LIRPF.

[38] El Real Decreto 1975/2008 establece que: *Disposición adicional única. Determinación del rendimiento neto en la modalidad simplificada del método de estimación directa en las actividades agrícolas y ganaderas durante los años 2008 y 2009.*
«Con efectos exclusivos durante los años 2008 y 2009, para la determinación del rendimiento neto de las actividades agrícolas y ganaderas en la modalidad simplificada del método de estimación directa, y a los efectos previstos en la regla 2.ª del artículo 30 del Reglamento del Impuesto sobre la Renta de las Personas Físicas, aprobado por el Real Decreto 439/2007, de 30 de marzo, el conjunto de las provisiones deducibles y los gastos de difícil justificación se cuantificará aplicando el porcentaje del 10 por ciento sobre el rendimiento neto, excluido este concepto», de aplicación a partir del 1 de enero de 2008, en virtud a lo dispuesto en la Disposición Final única, del Real Decreto 1975/2008, de 28 de noviembre, sobre las medidas urgentes a adoptar en materia económica, fiscal, de empleo y de acceso a la vivienda.

1.º Todos sus socios, herederos, comuneros o partícipes sean personas físicas contribuyentes por este Impuesto.

2.º La entidad cumpla los requisitos definidos en el artículo 28 de este Reglamento.

2. La renuncia a la modalidad deberá efectuarse por todos los socios, herederos, comuneros o partícipes, conforme a lo dispuesto en el artículo 29 de este Reglamento.

3. La aplicación de esta modalidad se efectuará con independencia de las circunstancias que concurran individualmente en los socios, herederos, comuneros o partícipes.

4. El rendimiento neto se atribuirá a los socios, herederos, comuneros o partícipes, según las normas o pactos aplicables en cada caso y, si éstos no constaran a la Administración en forma fehaciente, se atribuirá por partes iguales.

Subsección 3.ª Estimación objetiva

Artículo 32[39]. *Ámbito de aplicación del método de estimación objetiva.*

1. El método de estimación objetiva se aplicará a cada una de las actividades económicas, aisladamente consideradas, que determine el Ministro de Hacienda y Administraciones Públicas, salvo que los contribuyentes renuncien a él o estén excluidos de su aplicación, en los términos previstos en los artículos 33 y 34 de este Reglamento.

2. De acuerdo con lo dispuesto en el artículo 31 de la Ley del Impuesto, este método no podrá aplicarse por los contribuyentes cuando concurra cualquiera de las siguientes circunstancias:

a) Que el volumen de rendimientos íntegros en el año inmediato anterior supere cualquiera de los siguientes importes:

a') Para el conjunto de sus actividades económicas, excepto las agrícolas, ganaderas y forestales, 150.000 euros anuales.

A estos efectos, se computará la totalidad de las operaciones con independencia de que exista o no obligación de expedir factura de acuerdo con lo dispuesto en el Reglamento por el que se regulan las obligaciones de facturación, aprobado por el Real Decreto 1619/2012, de 30 de noviembre.

Sin perjuicio del límite anterior, el método de estimación objetiva no podrá aplicarse cuando el volumen de los rendimientos íntegros del año inmediato anterior que corresponda a operaciones por las que estén obligados a expedir factura cuando el destinatario sea un empresario o profesional que actúe como tal, de acuerdo con lo dispuesto en el artículo 2.2.a) del Reglamento por el que se regulan las obligaciones de facturación, supere 75.000 euros anuales.

b') Para el conjunto de sus actividades agrícolas, ganaderas y forestales, 250.000 euros anuales.

---

[39]   Art. 31 (Normas para la determinación del rendimiento neto en estimación objetiva) de la LIRPF.
       Nueva redacción del art. 32 dada por el art. Primero.once del Real Decreto 633/2015, de 10 de julio, por el que se modifican el Reglamento del Impuesto sobre la Renta de las Personas Físicas, aprobado por el Real Decreto 439/2007, de 30 de marzo, y el Reglamento del Impuesto sobre la Renta de no Residentes, aprobado por el Real Decreto 1776/2004, de 30 de julio (BOE núm. 165, de 11 de julio de 2015), en vigor desde el día siguiente de su publicación en el BOE, siendo aplicable a los períodos impositivos que se inicien a partir del 1 de enero de 2016.

A estos efectos, sólo se computarán las operaciones que deban anotarse en el Libro registro de ventas o ingresos previsto en el artículo 68.7 del Reglamento de este Impuesto.

No obstante, a efectos de lo previsto en esta letra a) deberán computarse no solo las operaciones correspondientes a las actividades económicas desarrolladas por el contribuyente, sino también las correspondientes a las desarrolladas por el cónyuge, descendientes y ascendientes, así como por entidades en régimen de atribución de rentas en las que participen cualquiera de los anteriores, en las que concurran las siguientes circunstancias:

– Que las actividades económicas desarrolladas sean idénticas o similares. A estos efectos, se entenderán que son idénticas o similares las actividades económicas clasificadas en el mismo grupo en el Impuesto sobre Actividades Económicas.

– Que exista una dirección común de tales actividades, compartiéndose medios personales o materiales.

Cuando en el año inmediato anterior se hubiese iniciado una actividad, el volumen de ingresos se elevará al año.

b) Que el volumen de las compras en bienes y servicios, excluidas las adquisiciones de inmovilizado, en el ejercicio anterior supere la cantidad de 150.000 euros anuales. En el supuesto de obras o servicios subcontratados, el importe de los mismos se tendrá en cuenta para el cálculo de este límite.

A estos efectos, deberán computarse no solo el volumen de compras correspondientes a las actividades económicas desarrolladas por el contribuyente, sino también las correspondientes a las desarrolladas por el cónyuge, descendientes y ascendientes, así como por entidades en régimen de atribución de rentas en las que participen cualquiera de los anteriores, en las que concurran las circunstancias señaladas en la letra a) anterior.

Cuando en el año inmediato anterior se hubiese iniciado una actividad, el volumen de compras se elevará al año.

c) Que las actividades económicas sean desarrolladas, total o parcialmente, fuera del ámbito de aplicación del Impuesto al que se refiere el artículo 4 de la Ley del Impuesto. A estos efectos, se entenderá que las actividades de transporte urbano colectivo y de viajeros por carretera, de transporte por autotaxis, de transporte de mercancías por carretera y de servicios de mudanzas, se desarrollan, en cualquier caso, dentro del ámbito de aplicación del Impuesto.

Artículo 33. *Renuncia al método de estimación objetiva.*

1. La renuncia al método de estimación objetiva podrá efectuarse:

a)[40] Durante el mes de diciembre anterior al inicio del año natural en que deba surtir efecto.

---

[40]   Real Decreto-ley 9/2024, de 23 de diciembre, por el que se adoptan medidas urgentes en materia económica, tributaria, de transporte, y de Seguridad Social, y se prorrogan determinadas medidas para hacer frente a situaciones de vulnerabilidad social, (BOE núm. 309, de 24 de diciembre de 2024), con efectos desde el 25 de diciembre de 2024: *Disposición transitoria única. Plazos de renuncias y revocaciones al método de estimación objetiva del Impuesto sobre la Renta de las Personas Físicas y a los regímenes especiales simplificado y de la agricultura, ganadería y pesca del Impuesto sobre el Valor Añadido, para el año 2025.*
«*1. El plazo de renuncias al que se refieren los artículos 33.1.a) del Reglamento del Impuesto sobre la Renta de las Personas Físicas, aprobado por el Real Decreto 439/2007, de 30 de marzo, y el artículo 33.2,*

En caso de inicio de actividad, la renuncia se efectuará en el momento de presentar la

párrafo segundo, del Reglamento del Impuesto sobre el Valor Añadido, aprobado por el Real Decreto 1624/1992, de 29 de diciembre, así como la revocación de las mismas, que deben surtir efectos para el año 2025, será desde el día siguiente a la fecha de publicación en el «Boletín Oficial del Estado» del presente Real Decreto-ley hasta el 31 de enero de 2025.
2. Las renuncias y revocaciones presentadas, para el año 2025, a los regímenes especiales simplificado y de la agricultura, ganadería y pesca del Impuesto sobre el Valor Añadido o al método de estimación objetiva del Impuesto sobre la Renta de las Personas Físicas, durante el mes de diciembre de 2024, con anterioridad al inicio del plazo previsto en el apartado 1 anterior, se entenderán presentadas en período hábil.
No obstante, los sujetos pasivos afectados por lo dispuesto en el párrafo anterior, podrán modificar su opción en el plazo previsto en el apartado 1 anterior».
Resolución de 22 de enero de 2025, del Congreso de los Diputados, por la que se ordena la publicación del Acuerdo de derogación del Real Decreto-ley 9/2024, de 23 de diciembre, por el que se adoptan medidas urgentes en materia económica, tributaria, de transporte, y de Seguridad Social, y se prorrogan determinadas medidas para hacer frente a situaciones de vulnerabilidad social (BOE núm. 20, de 23 de enero de 2025).
Real Decreto-ley 8/2023, de 27 de diciembre, por el que se adoptan medidas para afrontar las consecuencias económicas y sociales derivadas de los conflictos en Ucrania y Oriente Próximo, así como para paliar los efectos de la sequía (BOE» núm. 310, de 28 de diciembre 2023): **Disposición transitoria segunda.** ***Plazos de renuncias y revocaciones al método de estimación objetiva del Impuesto sobre la Renta de las Personas Físicas y a los regímenes especiales simplificado y de la agricultura, ganadería y pesca del Impuesto sobre el Valor Añadido, para el año 2024.***
«1. El plazo de renuncias al que se refieren los artículos 33.1.a) del Reglamento del Impuesto sobre la Renta de las Personas Físicas, aprobado por el Real Decreto 439/2007, de 30 de marzo, y el artículo 33.2, párrafo segundo, del Reglamento del Impuesto sobre el Valor Añadido, aprobado por el Real Decreto 1624/1992, de 29 de diciembre, así como la revocación de las mismas, que deben surtir efectos para el año 2024, será desde el día siguiente a la fecha de publicación en el «Boletín Oficial del Estado» del presente Real Decreto-ley hasta el 31 de enero de 2024.
2. Las renuncias y revocaciones presentadas, para el año 2024, a los regímenes especiales simplificado y de la agricultura, ganadería y pesca del Impuesto sobre el Valor Añadido o al método de estimación objetiva del Impuesto sobre la Renta de las Personas Físicas, durante el mes de diciembre de 2023, con anterioridad al inicio del plazo previsto en el apartado 1 anterior, se entenderán presentadas en período hábil.
No obstante, los sujetos pasivos afectados por lo dispuesto en el párrafo anterior, podrán modificar su opción en el plazo previsto en el apartado 1 anterior».
Real Decreto-ley 31/2021, de 28 de diciembre, por el que se modifica la Ley 19/1994, de 6 de julio, de modificación del Régimen Económico y Fiscal de Canarias, y se fija un nuevo plazo para presentar las renuncias o revocaciones a métodos y regímenes especiales de tributación (BOE núm. 312, de 29 de diciembre de 2021): *Disposición adicional segunda. Plazos de renuncias y revocaciones al método de estimación objetiva del Impuesto sobre la Renta de las Personas Físicas y a los regímenes especiales simplificado y de la agricultura, ganadería y pesca del Impuesto sobre el Valor Añadido, para el año 2022.*
Real Decreto-ley 35/2020, de 22 de diciembre, de medidas urgentes de apoyo al sector turístico, la hostelería y el comercio y en materia tributaria (BOE núm. 334, de 23 de diciembre de 2020): art. 12 *«Plazos de renuncias y revocaciones al método de estimación objetiva del Impuesto sobre la Renta de las Personas Físicas y a los regímenes especiales simplificado y de la agricultura, ganadería y pesca del Impuesto sobre el Valor Añadido, para el año 2021»*
Real Decreto-ley 18/2019, de 27 de diciembre, por el que se adoptan determinadas medidas en materia tributaria, catastral y de seguridad social (BOE núm. 312, de 28 de diciembre de 2019), en vigor desde el 29 de diciembre de 2019: Disposición transitoria primera. Plazos de renuncias y revocaciones al método de estimación objetiva del Impuesto sobre la Renta de las Personas Físicas y a los regímenes especiales simplificado y de la agricultura, ganadería y pesca del Impuesto sobre el Valor Añadido, para el año 2020.

declaración censal de inicio de actividad.

b) También se entenderá efectuada la renuncia al método de estimación objetiva cuando se presente en el plazo reglamentario la declaración correspondiente al pago fraccionado del primer trimestre del año natural en que deba surtir efectos en la forma dispuesta para el método de estimación directa.

En caso de inicio de actividad, se entenderá efectuada la renuncia cuando se efectúe en el plazo reglamentario el pago fraccionado correspondiente al primer trimestre del ejercicio de la actividad en la forma dispuesta para el método de estimación directa.

2. La renuncia al método de estimación objetiva supondrá la inclusión en el ámbito de aplicación de la modalidad simplificada del método de estimación directa, en los términos previstos en el apartado 1 del artículo 28 de este Reglamento.

3[41]. La renuncia tendrá efectos para un período mínimo de tres años. Transcurrido este plazo se entenderá prorrogada tácitamente para cada uno de los años siguientes en que pudiera resultar aplicable el método de estimación objetiva, salvo que en el plazo previsto en el apartado 1.a) se revoque aquélla.

Si en el año inmediato anterior a aquel en que la renuncia al método de estimación objetiva deba surtir efecto, se superaran los límites que determinan su ámbito de aplicación, dicha renuncia se tendrá por no presentada.

4. La renuncia a que se refiere el apartado 1.a) así como la revocación, cualquiera que fuese la forma de renuncia, se efectuarán de conformidad con lo previsto en el Real Decreto 1041/2003, de 1 de agosto, por el que se aprueba el Reglamento por el que se regulan determinados censos tributarios y se modifican otras normas relacionadas con la gestión del Impuesto sobre Actividades Económicas.

Artículo 34. *Exclusión del método de estimación objetiva.*

1. Será causa determinante de la exclusión del método de estimación objetiva la concurrencia de cualquiera de las circunstancias establecidas en el artículo 32.2 de este Reglamento o el haber superado los límites que se establezcan en la Orden ministerial que desarrolle el mismo.

La exclusión producirá efectos desde el inicio del año inmediato posterior a aquel en que se produzca dicha circunstancia.

Real Decreto-ley 27/2018, de 28 de diciembre, por el que se adoptan determinadas medidas en materia tributaria y catastral, (BOE núm. 314, de 29 de diciembre de 2018), con efectos desde el día 30 de diciembre de 2018: Disposición transitoria primera. «Plazos de renuncias y revocaciones al método de estimación objetiva del Impuesto sobre la Renta de las Personas Físicas y a los regímenes especiales simplificado y de la agricultura, ganadería y pesca del Impuesto sobre el Valor Añadido, para el año 2019.

Real Decreto-ley 20/2017, de 29 de diciembre, por el que se prorrogan y aprueban diversas medidas tributarias y otras medidas urgentes en materia social (BOE núm. 317, de 30 de diciembre de 2017), con efectos desde el 1 de enero de 2018: «*Disposición transitoria única. Plazos de renuncias y revocaciones al método de estimación objetiva del Impuesto sobre la Renta de las Personas Físicas y a los regímenes especiales simplificado y de la agricultura, ganadería y pesca del Impuesto sobre el Valor Añadido, para el año 2018.*

41 Art. 10 «Reducción del número de períodos impositivos afectados por la renuncia al método de estimación objetiva en el Impuesto sobre la Renta de las Personas Físicas correspondiente a los ejercicios 2020 y 2021» del Real Decreto-ley 35/2020, de 22 de diciembre, de medidas urgentes de apoyo al sector turístico, la hostelería y el comercio y en materia tributaria (BOE núm. 334, de 23 de diciembre de 2020).

2. También se considerarán causas de exclusión de este método la incompatibilidad prevista en el artículo 35 y las reguladas en los apartados 2 y 4 del artículo 36 de este Reglamento.

3. La exclusión del método de estimación objetiva supondrá la inclusión durante los tres años siguientes en el ámbito de aplicación de la modalidad simplificada del método de estimación directa, en los términos previstos en el apartado 1 del artículo 28 de este Reglamento.

Artículo 35. *Incompatibilidad de la estimación objetiva con la estimación directa.*

Los contribuyentes que determinen el rendimiento neto de alguna actividad económica por el método de estimación directa, en cualquiera de sus modalidades, determinarán el rendimiento neto de todas sus actividades económicas por dicho método, en la modalidad correspondiente.

No obstante, cuando se inicie durante el año alguna actividad económica no incluida o por la que se renuncie al método de estimación objetiva, la incompatibilidad a que se refiere el párrafo anterior no surtirá efectos para ese año respecto a las actividades que se venían realizando con anterioridad.

Artículo 36. *Coordinación del método de estimación objetiva con el Impuesto sobre el Valor Añadido y el Impuesto General Indirecto Canario.*

1. La renuncia al régimen especial simplificado o al régimen especial de la agricultura, ganadería y pesca del Impuesto sobre el Valor Añadido supondrá la renuncia al método de estimación objetiva por todas las actividades económicas ejercidas por el contribuyente.

2. La exclusión del régimen especial simplificado en el Impuesto sobre el Valor Añadido supondrá la exclusión del método de estimación objetiva por todas las actividades económicas ejercidas por el contribuyente.

3. La renuncia al régimen especial simplificado o al régimen especial de la agricultura y ganadería del Impuesto General Indirecto Canario supondrá la renuncia al método de estimación objetiva por todas las actividades económicas ejercidas por el contribuyente.

4. La exclusión del régimen especial simplificado del Impuesto General Indirecto Canario supondrá la exclusión del método de estimación objetiva por todas las actividades económicas ejercidas por el contribuyente.

Artículo 37. *Determinación del rendimiento neto en el método de estimación objetiva.*

1. Los contribuyentes determinarán, con referencia a cada actividad a la que resulte aplicable este método, el rendimiento neto correspondiente.

2. La determinación del rendimiento neto a que se refiere el apartado anterior se efectuará por el propio contribuyente, mediante la imputación a cada actividad de los signos, índices o módulos que hubiese fijado el Ministro de Economía y Hacienda.

Cuando se prevea en la Orden por la que se aprueban los signos, índices o módulos, para el cálculo del rendimiento neto podrán deducirse las amortizaciones del inmovilizado registradas. La cuantía deducible por este concepto será, exclusivamente, la que resulte de aplicar la tabla que, a estos efectos, apruebe el Ministro de Economía y Hacienda.

3. En los casos de iniciación con posterioridad al día 1 de enero o cese antes del día 31 de diciembre de las operaciones de una actividad acogida a este método, los signos, índices o módulos se aplicarán, en su caso, proporcionalmente al período de tiempo en que tal actividad se haya ejercido, por el contribuyente durante el año natural. Lo dispuesto en este apartado no será de aplicación a las actividades de temporada que se regirán por lo establecido en la correspondiente Orden ministerial.

4. 1.º Cuando el desarrollo de actividades económicas a las que resulte de aplicación este método se viese afectado por incendios, inundaciones u otras circunstancias excepcionales que afectasen a un sector o zona determinada, el Ministro de Economía y Hacienda podrá autorizar, con carácter excepcional, la reducción de los signos, índices o módulos[42].

---

[42] Orden HAC/348/2024, de 17 de abril, por la que se modifican para el período impositivo 2023 los índices de rendimiento neto y la reducción general aplicables en el método de estimación objetiva del Impuesto sobre la Renta de las Personas Físicas para las actividades agrícolas y ganaderas afectadas por diversas circunstancias excepcionales (BOE núm. 96, de 19 de abril de 2024).
Orden HFP/405/2023, de 18 de abril, por la que se reducen para el período impositivo 2022 los índices de rendimiento neto y la reducción general aplicables en el método de estimación objetiva del Impuesto sobre la Renta de las Personas Físicas para las actividades agrícolas y ganaderas afectadas por diversas circunstancias excepcionales (BOE núm. 98, de 25 de abril de 2023).
Orden HFP/413/2022, de 10 de mayo, por la que se reducen para el período impositivo 2021 los índices de rendimiento neto y se modifican los índices correctores por piensos adquiridos a terceros y por cultivos en tierras de regadío que utilicen, a tal efecto, energía eléctrica aplicables en el método de estimación objetiva del Impuesto sobre la Renta de las Personas Físicas para las actividades agrícolas y ganaderas afectadas por diversas circunstancias excepcionales (BOE núm. 112, de 11 de mayo de 2022).
Art. 26 «Reducciones fiscales especiales para las actividades agrarias» del Real Decreto-ley 20/2021, de 5 de octubre, por el que se adoptan medidas urgentes de apoyo para la reparación de los daños ocasionados por las erupciones volcánicas y para la reconstrucción económica y social de la isla de La Palma (BOE núm. 239, de 6 de octubre de 2021).
Art. 6 «Reducciones fiscales especiales para las actividades agrarias» del Real Decreto-ley 10/2021, de 18 de mayo, por el que se adoptan medidas urgentes para paliar los daños causados por la borrasca «Filomena» (BOE núm. 119, de 19 de mayo de 2021).
Orden HAC/329/2020, de 6 de abril, por la que se reducen para el período impositivo 2019 los índices de rendimiento neto aplicables en el método de estimación objetiva del Impuesto sobre la Renta de las Personas Físicas para las actividades agrícolas y ganaderas afectadas por diversas circunstancias excepcionales (BOE núm. 99, de 9 de abril de 2020).
Art. 5 del Real Decreto-ley 2/2019, de 25 de enero, por el que se adoptan medidas urgentes para paliar los daños causados por temporales y otras situaciones catastróficas (BOE núm. 23, de 26 de enero de 2019).
Orden HFP/335/2018, de 28 de marzo, por la que se reducen para el período impositivo 2017 los índices de rendimiento neto aplicables en el método de estimación objetiva del Impuesto sobre la Renta de las Personas Físicas para las actividades agrícolas y ganaderas afectadas por diversas circunstancias excepcionales (BOE núm. 80, de 2 de abril de 2018).
Art. 4 (Reducciones fiscales especiales para las actividades agrarias) del Real Decreto-ley 2/2017, de 27 de enero, por el que se adoptan medidas urgentes para paliar los daños causados por los últimos temporales (BOE núm. 24, de 28 de enero de 2017).
Art. 11 (Reducciones fiscales especiales para las actividades agraria) del Real Decreto-ley 12/2015, de 30 de octubre, por el que se adoptan medidas urgentes para reparar los daños causados por los temporales de lluvia en la Comunidad Autónoma de Canarias y en el sur y este peninsular en los meses de septiembre y octubre de 2015 (BOE núm. 261, de 31 de octubre de 2015).
Art. 11 del Real Decreto-ley 2/2015, de 6 de marzo, por el que se adoptan medidas urgentes para reparar los daños causados por las inundaciones y otros efectos de los temporales de lluvia, nieve y viento acaecidos en los meses de enero, febrero y marzo de 2015 (BOE núm. 57, de 7 de marzo de 2015).
Art. 10 (Reducciones fiscales especiales para las actividades agrarias) del Real Decreto-ley 2/2014, de 21 de febrero, por el que se adoptan medidas urgentes para reparar los daños causados en los dos primeros meses de 2014 por las tormentas de viento y mar en la fachada atlántica y la costa cantábrica (BOE núm. 46, de 22 de febrero de 2014).

Art. 8 (Reducciones fiscales especiales para las actividades agrarias) de la Ley 14/2012, de 26 de diciembre, por la que se aprueban medidas urgentes para paliar los daños producidos por los incendios forestales y otras catástrofes naturales ocurridos en varias Comunidades Autónomas. (BOE de 27 de diciembre. Corrección de errores en BOE de 22 de enero de 2013).

Art. 7 (Reducciones fiscales especiales para las actividades agrarias) Real Decreto-ley 25/2012, de 7 de septiembre, por el que se aprueban medidas urgentes para paliar los daños producidos por los incendios forestales y otras catástrofes naturales ocurridos en varias comunidades autónomas (BOE núm. 217, de 8 de septiembre de 2012).

Orden HAP/637/2012, de 20 de marzo, por la que se reducen para 2011 y 2012 los módulos aplicables en el método de estimación objetiva del Impuesto sobre la Renta de las Personas Físicas y en el régimen especial simplificado del Impuesto sobre el Valor Añadido como consecuencia de los movimientos sísmicos acaecidos el 11 de mayo de 2011 en Lorca, Murcia (BOE núm. 78, de 31 de marzo de 2012). Real Decreto-ley 6/2011, de 13 de mayo, por el que se adoptan medidas urgentes para reparar los daños causados por los movimientos sísmicos acaecidos el 11 de mayo de 2011 en Lorca, Murcia (BOE de 14 de mayo). Orden EHA/1034/2011, de 25 de abril, por la que se reducen para el período impositivo 2010 los índices de rendimiento neto y el índice corrector por piensos adquiridos a terceros aplicables en el método de estimación objetiva del Impuesto sobre la Renta de las Personas Físicas para las actividades agrícolas y ganaderas afectadas por diversas circunstancias excepcionales (BOE núm. 100, de 27 de abril de 2011). Orden EHA/1059/2010, de 28 de abril, por la que se reducen los índices de rendimiento neto aplicables en el período impositivo 2009 en el método de estimación objetiva del Impuesto sobre la Renta de las Personas Físicas para las actividades agrícolas y ganaderas afectadas por diversas circunstancias excepcionales y los módulos del régimen especial simplificado del Impuesto sobre el Valor Añadido para actuaciones de renovación o reparación de viviendas particulares aprobados por la Orden EHA/99/2010, de 28 de enero, por la que se desarrollan para el año 2010 el método de estimación objetiva del Impuesto sobre la Renta de las Personas Físicas y el régimen especial simplificado del Impuesto sobre el Valor Añadido (BOE núm. 105 de 30 de abril de 2010). Disposición Adicional Primera del Real Decreto-ley 2/2010, de 19 de marzo, sobre reducción del número mínimo de jornadas reales cotizadas para acceder al subsidio por desempleo o a la renta agraria a favor de los trabajadores eventuales agrarios afectados por las inundaciones acaecidas en las Comunidades Autónomas de Andalucía y Extremadura (BOE número 71 de 23/3/201).Art. 8 del Real Decreto-Ley 12/2009, de 13 de agosto, por el que se aprueban medidas urgentes para paliar los daños producidos por los incendios forestales y otras catástrofes naturales ocurridos en varias Comunidades Autónomas (BOE núm. 197, de 15 de agosto de 2009). Orden EHA/1039/2009, de 28 de abril, por la que se reducen para el período impositivo 2008 los índices de rendimiento neto aplicables en el método de estimación objetiva del Impuesto sobre la Renta de las Personas Físicas para las actividades agrícolas y ganaderas afectadas por diversas circunstancias excepcionales... (BOE núm. 106, de 1 de mayo). Orden EHA/1199/2008, de 29 de abril, por la que se reducen para el período impositivo 2007 los índices de rendimiento neto aplicables en el método de estimación objetiva del Impuesto sobre la Renta de las Personas Físicas para las actividades agrícolas y ganaderas afectadas por diversas circunstancias excepcionales (BOE núm. 104 de 30 de abril de 2008). Art. 5 del Real Decreto-Ley 7/2007, de 3 de agosto, por el que se aprueban medidas urgentes en materia de incendios forestales en la Comunidad Autónoma de Canarias (BOE núm. 186, de 4 de agosto de 2007). Art. 6 del Real Decreto Ley 5 /2007, de 22 de junio, por el que se adoptan medidas urgentes para reparar los daños causados por las inundaciones producidas por las tormentas de lluvia, granizo y viento que han afectado en la segunda quincena del mes de mayo de 2007 a diversas Comunidades Autónomas (BOE de 23 de junio). Art. 6 del Real Decreto-Ley 3/2007, de 13 de abril, por el que se adoptan medidas urgentes para reparar los daños causados por las inundaciones producidas por desbordamientos en la cuenca del río Ebro durante la última semana del mes de marzo y la primera del mes de abril 2007 (BOE núm. 90, de 14 de abril de 2007). Art. 6 del Real Decreto-Ley 2/2007, de 2 de febrero, por el que se adoptan medidas urgentes para reparar los daños causados por las inundaciones acaecidas los pasados días 26, 27 y 28 de enero en la isla de El Hierro (BOE núm. 30, de 3 de febrero de 2007).

2.º Cuando el desarrollo de actividades económicas a las que resulte de aplicación este método se viese afectado por incendios, inundaciones, hundimientos o grandes averías en el equipo industrial, que supongan anomalías graves en el desarrollo de la actividad, los interesados podrán solicitar la reducción de los signos, índices o módulos en la Administración o Delegación de la Agencia Estatal de Administración Tributaria correspondiente a su domicilio fiscal, en el plazo de treinta días a contar desde la fecha en que se produzcan, aportando las pruebas que consideren oportunas y haciendo mención, en su caso, de las indemnizaciones a percibir por razón de tales anomalías. Acreditada la efectividad de dichas anomalías, se autorizará la reducción de los signos, índices o módulos que proceda.

Igualmente autorizará la reducción de los signos, índices o módulos cuando el titular de la actividad se encuentre en situación de incapacidad temporal y no tenga otro personal empleado. El procedimiento para reducir los signos, índices o módulos será el mismo que el previsto en el párrafo anterior.

La reducción de los signos, índices o módulos se tendrá en cuenta a efectos de los pagos fraccionados devengados con posterioridad a la fecha de la autorización.

3.º Cuando el desarrollo de actividades económicas a las que resulte de aplicación este método se afectado por incendios, inundaciones, hundimientos u otras circunstancias excepcionales que determinen gastos extraordinarios ajenos al proceso normal del ejercicio de aquélla, los interesados podrán minorar el rendimiento neto resultante en el importe de dichos gastos. Para ello, los contribuyentes deberán poner dicha circunstancia en conocimiento de la Administración o Delegación de la Agencia Estatal de Administración Tributaria correspondiente a su domicilio fiscal, en el plazo de treinta días a contar desde la fecha en que se produzca, aportando, a tal efecto, la justificación correspondiente y haciendo mención, en su caso, de las indemnizaciones a percibir por razón de tales circunstancias.

La Administración tributaria verificará la certeza de la causa que motiva la reducción del rendimiento y el importe de la misma.

5[43]. La Orden ministerial en cuya virtud se fijen los signos, índices o módulos aplicables a cada actividad contendrá las instrucciones necesarias para su adecuado cómputo y deberá

---

[43]   Orden HAC/1347/2024, de 28 de noviembre, por la que se desarrollan para el año 2025 el método de estimación objetiva del Impuesto sobre la Renta de las Personas Físicas y el régimen especial simplificado del Impuesto sobre el Valor Añadido (BOE núm. 289, de 30/11/2024).
2024: Orden HFP/1359/2023, de 19 de diciembre, por la que se desarrollan para el año 2024 el método de estimación objetiva del Impuesto sobre la Renta de las Personas Físicas y el régimen especial simplificado del Impuesto Sobre el Valor Añadido (BOE núm. 304, de 21 de diciembre de 2023).
2023: Orden HFP/1172/2022, de 29 de noviembre, por la que se desarrollan para el año 2023 el método de estimación objetiva del Impuesto sobre la Renta de las Personas Físicas y el régimen especial simplificado del Impuesto sobre el Valor Añadido (BOE núm. 288, de 1 de diciembre de 2022).
2022: Orden HFP/1335/2021, de 1 de diciembre, por la que se desarrollan para el año 2022 el método de estimación objetiva del Impuesto sobre la Renta de las Personas Físicas y el régimen especial simplificado del Impuesto sobre el Valor Añadido, (BOE núm. 288, de 2 de diciembre de 2021). Orden HFP/405/2023, de 18 de abril, por la que se reducen para el período impositivo 2022 los índices de rendimiento neto y la reducción general aplicables en el método de estimación objetiva del Impuesto sobre la Renta de las Personas Físicas para las actividades agrícolas y ganaderas afectadas por diversas circunstancias excepcionales (BOE núm. 98, de 25 de abril de 2023).
2021: Orden HAC/1155/2020, de 25 de noviembre, por la que se desarrollan, para el año 2021 el método de estimación objetiva del Impuesto sobre la Renta de las Personas Físicas y el régimen especial simplificado del Impuesto sobre el Valor Añadido (BOE núm. 317, de 4 de diciembre de 2020). Art. 4 «Reducción en

publicarse en el «Boletín Oficial del Estado» antes del 1 de diciembre anterior al período a que resulte aplicable.

La Orden ministerial podrá referirse a un período de tiempo superior al año, en cuyo caso se determinará por separado el método de cálculo del rendimiento correspondiente a cada uno de los años comprendidos.

Artículo 38. *Actividades independientes.*

1. A efectos de la aplicación del método de estimación objetiva, se considerarán actividades independientes cada una de las recogidas específicamente en las Órdenes ministeriales que regulen este método.

2. La determinación de las operaciones económicas incluidas en cada actividad deberá efectuarse de acuerdo con las normas del Impuesto sobre Actividades Económicas, en la medida en que resulten aplicables.

Artículo 39. *Entidades en régimen de atribución.*

1. El método de estimación objetiva será aplicable para la determinación del rendimiento neto de las actividades económicas desarrolladas por las entidades a que se refiere el artículo 87 de la Ley del Impuesto, siempre que todos sus socios, herederos, comuneros o partícipes sean personas físicas contribuyentes por este Impuesto.

2021 del rendimiento neto calculado por el método de estimación objetiva en el Impuesto sobre la Renta de las Personas Físicas para las actividades agrícolas y ganaderas y del Impuesto sobre el Valor Añadido» del Real Decreto-ley 4/2022, de 15 de marzo, por el que se adoptan medidas urgentes de apoyo al sector agrario por causa de la sequía (BOE núm. 64, de 16 de marzo de 2022).

2020: Orden HAC/1164/2019, de 22 de noviembre, por la que se desarrollan para el año 2020 el método de estimación objetiva del Impuesto sobre la Renta de las Personas Físicas y el régimen especial simplificado del Impuesto sobre el Valor Añadido (BOE núm. 288, de 30 de noviembre de 2019).

2019: Orden HAC/1264/2018, de 27 de noviembre (BOE núm. 289, de 30 de noviembre de 2018 y Orden HAC/329/2020, de 6 de abril (BOE núm. 99, de 9 de abril de 2020).

2018: Orden HFP/1159/2017, de 28 de noviembre, por la que se desarrollan para el año 2018 el método de estimación objetiva del Impuesto sobre la Renta de las Personas Físicas y el régimen especial simplificado del Impuesto sobre el Valor Añadido (BOE núm. 291, de 30 de noviembre de 2017).

2017: Orden HFP/1823/2016, de 25 de noviembre (BOE núm. 288, de 29 de noviembre de 2016) y Orden HFP/335/2018, de 28 de marzo, (BOE núm. núm. 80, de 2 de abril de 2018).

2016: Orden HAP/2430/2015, de 12 de noviembre, (BOE núm. 276, de 18 de noviembre de 2015) y Orden HFP/377/2017, de 28 de abril, (BOE núm. 106, de 4 de mayo de 2017).

2015: Orden HAP/2222/2014, de 27 de noviembre, (BOE núm. 289, de 29 de noviembre de 2014).

2014: Orden HAP/2206/2013, de 26 de noviembre, (BOE núm. 285, de 28 de noviembre de 2013). y Orden HAP/723/2015, de 23 de abril (BOE núm. 98, de 24 de abril de 2015), modificada por la Orden HAP/1090/2015, de 10 de junio, (BOE núm. 140, de 12 de junio de 2015).

2013: Orden HAP/2549/2012, de 28 de noviembre, (BOE núm. 288, de 30 de noviembre de 2012) y Orden HAP/596/2014, de 11 de abril (BOE núm. 92, de 16 de abril de 2014).

2012: Orden EHA/3257/2011, de 21 de noviembre, (BOE núm. 287, de 29 de noviembre de 2010).

2011: Orden EHA/3063/2010, de 25 de noviembre, (BOE núm. 289, de 30 de noviembre de 2010).

2010: Orden EHA/99/2010, de 28 de enero, (BOE núm. 26, de 28 de enero de 2010), modificada por la Orden EHA/1059/2010, de 28 de abril, (BOE del 30 de abril).

2009: Orden EHA/3413/2008, de 26 de noviembre, (BOE núm. 288 de 29 de noviembre de 2008).

2008: Orden EHA/3462/2007, de 26 de noviembre, (BOE núm. 287, de 30 de noviembre de 2007).

2007: Orden EHA/804/2007, de 30 de marzo, (BOE núm. 78 de 31 de marzo de 2007).

2. La renuncia al método, que deberá efectuarse de acuerdo a lo dispuesto en el artículo 33 de este Reglamento, se formulará por todos los socios, herederos, comuneros o partícipes.

3. La aplicación de este método de estimación objetiva deberá efectuarse con independencia de las circunstancias que concurran individualmente en los socios, herederos, comuneros o partícipes.

No obstante, para la definición del ámbito de aplicación deberán computarse no sólo las operaciones correspondientes a las actividades económicas desarrolladas por la propia entidad en régimen de atribución, sino también las correspondientes a las desarrolladas por sus socios, herederos, comuneros o partícipes; los cónyuges, descendientes y ascendientes de éstos; así como por otras entidades en régimen de atribución de rentas en las que participen cualquiera de las personas anteriores, en las que concurran las circunstancias señaladas en el artículo 32.2.a) de este Reglamento.

4. El rendimiento neto se atribuirá a los socios, herederos, comuneros o partícipes, según las normas o pactos aplicables en cada caso y, si éstos no constaran a la Administración en forma fehaciente, se atribuirá por partes iguales.

SECCIÓN 4.ª Ganancias y pérdidas patrimoniales

Artículo 40[44]. *Determinación del valor de adquisición.*

1. El valor de adquisición de los elementos patrimoniales transmitidos se minorará en el importe de las amortizaciones fiscalmente deducibles, computándose en todo caso la amortización mínima, con independencia de la efectiva consideración de ésta como gasto.

A estos efectos, se considerará como amortización mínima la resultante del período máximo de amortización o el porcentaje fijo que corresponda, según cada caso.

2. Tratándose de la transmisión de elementos patrimoniales afectos a actividades económicas, se considerará como valor de adquisición el valor contable, teniendo en cuenta las amortizaciones que hubieran sido fiscalmente deducibles, sin perjuicio de la amortización mínima a que se refiere el apartado anterior. Cuando los elementos patrimoniales hubieran sido afectados a la actividad después de su adquisición y con anterioridad al 1 de enero de 1999, se tomará como fecha de adquisición la que corresponda a la afectación.

Artículo 41[45]. *Exención por reinversión en vivienda habitual y en entidades de nueva o reciente creación.*

1. Podrán gozar de exención las ganancias patrimoniales que se pongan de manifiesto en la transmisión de la vivienda habitual del contribuyente cuando el importe total obtenido se

---

[44] Art. 35.1 (Transmisiones a título oneroso), de la LIRPF.

[45] Art. 38 (Reinversión en los supuestos de transmisión de vivienda habitual), de la LIRPF y Disposición transitoria novena (Ampliación del plazo de dos años para transmitir la vivienda habitual a efectos de la exención por reinversión...), del RIRPF.

Nueva redacción del art. 41 dada por el art. segundo primero. Dos del Real Decreto 960/2013, de 5 de diciembre, por el que se por el que se modifican el Reglamento del Impuesto sobre Sociedades, aprobado por el Real Decreto 1777/2004, de 30 de julio; el Reglamento del Impuesto sobre la Renta de las Personas Físicas, aprobado por el Real Decreto 439/2007, de 30 de marzo; el Reglamento del Impuesto sobre la Renta de no Residentes, aprobado por el Real Decreto 1776/2004, de 30 de julio; el Reglamento General de las actuaciones y los procedimientos de gestión e inspección tributaria y de desarrollo de las normas comunes de los procedimientos de aplicación de los tributos, aprobado por el Real Decreto 1065/2007,

reinvierta en la adquisición de una nueva vivienda habitual, en las condiciones que se establecen en este artículo. Cuando para adquirir la vivienda transmitida el contribuyente hubiera utilizado financiación ajena, se considerará, exclusivamente a estos efectos, como importe total obtenido el resultante de minorar el valor de transmisión en el principal del préstamo que se encuentre pendiente de amortizar en el momento de la transmisión.

A estos efectos, se asimila a la adquisición de vivienda su rehabilitación, teniendo tal consideración las obras en la misma que cumplan cualquiera de los siguientes requisitos:

a) Que se trate de actuaciones subvencionadas en materia de rehabilitación de viviendas en los términos previstos en el Real Decreto 233/2013, de 5 de abril, por el que se regula el Plan Estatal de fomento del alquiler de viviendas, la rehabilitación edificatoria, y la regeneración y renovación urbanas, 2013-2016.

b) Que tengan por objeto principal la reconstrucción de la vivienda mediante la consolidación y el tratamiento de las estructuras, fachadas o cubiertas y otras análogas siempre que el coste global de las operaciones de rehabilitación exceda del 25 por ciento del precio de adquisición si se hubiese efectuado ésta durante los dos años inmediatamente anteriores al inicio de las obras de rehabilitación o, en otro caso, del valor de mercado que tuviera la vivienda en el momento de dicho inicio. A estos efectos, se descontará del precio de adquisición o del valor de mercado de la vivienda la parte proporcional correspondiente al suelo.

Para la calificación de la vivienda como habitual, se estará a lo dispuesto en el artículo 41 bis de este Reglamento.

2. Podrán gozar de exención las ganancias patrimoniales que se pongan de manifiesto en la transmisión de acciones o participaciones por las que se hubiera practicado la deducción prevista en el artículo 68.1 de la Ley del Impuesto, siempre que el importe total obtenido por la transmisión se reinvierta en la adquisición de acciones o participaciones que cumplan los requisitos previstos en los números 2.º, 3.º y 5.º de dicho artículo, en las condiciones que se establecen en este artículo.

3. La reinversión del importe obtenido en la enajenación deberá efectuarse, de una sola vez o sucesivamente, en un período no superior a dos años desde la fecha de transmisión de la vivienda habitual o en un año desde la fecha de transmisión de las acciones o participaciones.

En particular, se entenderá que la reinversión se efectúa dentro de plazo cuando la venta de la vivienda habitual se hubiese efectuado a plazos o con precio aplazado, siempre que el importe de los plazos se destine a la finalidad indicada dentro del período impositivo en que se vayan percibiendo.

Cuando, conforme a lo dispuesto en los párrafos anteriores, la reinversión no se realice en el mismo año de la enajenación, el contribuyente vendrá obligado a hacer constar en la declaración del Impuesto del ejercicio en el que se obtenga la ganancia de patrimonio su intención de reinvertir en las condiciones y plazos señalados.

Igualmente darán derecho a la exención por reinversión las cantidades obtenidas en la enajenación que se destinen a satisfacer el precio de una nueva vivienda habitual que se hubiera adquirido en el plazo de los dos años anteriores a la transmisión de aquélla.

---

de 27 de julio, y el Reglamento General de Recaudación, aprobado por el Real Decreto 939/2005, de 29 de julio (BOE núm. 292, de 6 de diciembre de 2013), con efectos desde el 1 de enero de 2013.

4. En el caso de que el importe de la reinversión fuera inferior al total obtenido en la enajenación, solamente se excluirá de gravamen la parte proporcional de la ganancia patrimonial que corresponda a la cantidad efectivamente invertida en las condiciones de este artículo.

5. El incumplimiento de cualquiera de las condiciones establecidas en este artículo determinará el sometimiento a gravamen de la parte de la ganancia patrimonial correspondiente.

En tal caso, el contribuyente imputará la parte de la ganancia patrimonial no exenta al año de su obtención, practicando autoliquidación complementaria, con inclusión de los intereses de demora, y se presentará en el plazo que medie entre la fecha en que se produzca el incumplimiento y la finalización del plazo reglamentario de declaración correspondiente al período impositivo en que se produzca dicho incumplimiento.

Artículo 41 bis[46]**. *Concepto de vivienda habitual a efectos de determinadas exenciones.***

1. A los efectos previstos en los artículos 7.t), 33.4.b), y 38 de la Ley del Impuesto se considera vivienda habitual del contribuyente la edificación que constituya su residencia durante un plazo continuado de, al menos, tres años.

No obstante, se entenderá que la vivienda tuvo el carácter de habitual cuando, a pesar de no haber transcurrido dicho plazo, se produzca el fallecimiento del contribuyente o concurran otras circunstancias que necesariamente exijan el cambio de domicilio, tales como celebración de matrimonio, separación matrimonial, traslado laboral, obtención del primer empleo, o cambio de empleo, u otras análogas justificadas.

2. Para que la vivienda constituya la residencia habitual del contribuyente debe ser habitada de manera efectiva y con carácter permanente por el propio contribuyente, en un plazo de doce meses, contados a partir de la fecha de adquisición o terminación de las obras.

No obstante, se entenderá que la vivienda no pierde el carácter de habitual cuando se produzcan las siguientes circunstancias:

Cuando se produzca el fallecimiento del contribuyente o concurran otras circunstancias que necesariamente impidan la ocupación de la vivienda, en los términos previstos en el apartado 1 de este artículo.

Cuando éste disfrute de vivienda habitual por razón de cargo o empleo y la vivienda adquirida no sea objeto de utilización, en cuyo caso el plazo antes indicado comenzará a contarse a partir de la fecha del cese.

Cuando la vivienda hubiera sido habitada de manera efectiva y permanente por el contribuyente en el plazo de doce meses, contados a partir de la fecha de adquisición o terminación de las obras, el plazo de tres años previsto en el apartado anterior se computará desde esta última fecha.

---

[46]   Nuevo art. 41.bis incorporado por el por el art. segundo primero. Tres del Real Decreto 960/2013, de 5 de diciembre, por el que se por el que se modifican el Reglamento del Impuesto sobre Sociedades, aprobado por el Real Decreto 1777/2004, de 30 de julio; el Reglamento del Impuesto sobre la Renta de las Personas Físicas, aprobado por el Real Decreto 439/2007, de 30 de marzo; el Reglamento del Impuesto sobre la Renta de no Residentes, aprobado por el Real Decreto 1776/2004, de 30 de julio; el Reglamento General de las actuaciones y los procedimientos de gestión e inspección tributaria y de desarrollo de las normas comunes de los procedimientos de aplicación de los tributos, aprobado por el Real Decreto 1065/2007, de 27 de julio, y el Reglamento General de Recaudación, aprobado por el Real Decreto 939/2005, de 29 de julio (BOE núm. 292, de 6 de diciembre de 2013), con efectos desde el 1 de enero de 2013.

3. A los exclusivos efectos de la aplicación de las exenciones previstas en los artículos 33.4. b) y 38 de la Ley del Impuesto, se entenderá que el contribuyente está transmitiendo su vivienda habitual cuando, con arreglo a lo dispuesto en este artículo, dicha edificación constituya su vivienda habitual en ese momento o hubiera tenido tal consideración hasta cualquier día de los dos años anteriores a la fecha de transmisión.

Artículo 42[47]. *Exención por reinversión en rentas vitalicias.*

1. Podrán gozar de exención las ganancias patrimoniales que se pongan de manifiesto en la transmisión de elementos patrimoniales por contribuyentes mayores de 65 años, siempre que el importe total obtenido por la transmisión se destine a constituir una renta vitalicia asegurada a su favor, en las condiciones que se establecen en este artículo.

2. La renta vitalicia deberá constituirse en el plazo de seis meses desde la fecha de transmisión del elemento patrimonial.

No obstante, cuando la ganancia patrimonial esté sometida a retención y el valor de transmisión minorado en el importe de la retención se destine íntegramente a constituir una renta vitalicia en el citado plazo de seis meses, el plazo para destinar el importe de la retención a la constitución de la renta vitalicia se ampliará hasta la finalización del ejercicio siguiente a aquel en el que se efectúe la transmisión.

3. Para la aplicación de la exención se deberán cumplir además los siguientes requisitos:

a) El contrato de renta vitalicia deberá suscribirse entre el contribuyente, que tendrá condición de beneficiario, y una entidad aseguradora.

En los contratos de renta vitalicia podrán establecerse mecanismos de reversión o períodos ciertos de prestación o fórmulas de contraseguro en caso de fallecimiento una vez constituida la renta vitalicia.

b) La renta vitalicia deberá tener una periodicidad inferior o igual al año, comenzar a percibirse en el plazo de un año desde su constitución, y el importe anual de las rentas no podrá decrecer en más de un cinco por ciento respecto del año anterior.

c) El contribuyente deberá comunicar a la entidad aseguradora que la renta vitalicia que se contrata constituye la reinversión del importe obtenido por la transmisión de elementos patrimoniales, a efectos de la aplicación de la exención prevista en este artículo.

4. La cantidad máxima total cuya reinversión en la constitución de rentas vitalicias dará derecho a aplicar la exención será de 240.000 euros.

Cuando el importe reinvertido sea inferior al total obtenido en la enajenación, únicamente se excluirá de tributación la parte proporcional de la ganancia patrimonial obtenida que corresponda a la cantidad reinvertida.

Si como consecuencia de la reinversión del importe de una transmisión en una renta vitalicia se superase, considerando las reinversiones anteriores, la cantidad de 240.000 euros,

---

[47] Art. 38.3 (Ganancias excluidas de gravamen en supuestos de reinversión) de la LIRPF.
   Nueva redacción del art. 42 dada por el art. Primero.doce del Real Decreto 633/2015, de 10 de julio, por el que se modifican el Reglamento del Impuesto sobre la Renta de las Personas Físicas, aprobado por el Real Decreto 439/2007, de 30 de marzo, y el Reglamento del Impuesto sobre la Renta de no Residentes, aprobado por el Real Decreto 1776/2004, de 30 de julio (BOE núm. 165, de 11 de julio de 2015), en vigor desde el día siguiente de su publicación en el BOE, siendo aplicable a los períodos impositivos que se inicien a partir del 1 de enero de 2015.

únicamente se considerará reinvertido el importe de la diferencia entre 240.000 euros y el importe de las reinversiones anteriores.

Cuando, conforme a lo dispuesto en este artículo, la reinversión no se realice en el mismo año de la enajenación, el contribuyente vendrá obligado a hacer constar en la declaración del Impuesto del ejercicio en el que se obtenga la ganancia de patrimonio su intención de reinvertir en las condiciones y plazos señalados.

5. El incumplimiento de cualquiera de las condiciones establecidas en este artículo, o la anticipación, total o parcial, de los derechos económicos derivados de la renta vitalicia constituida, determinará el sometimiento a gravamen de la ganancia patrimonial correspondiente.

En tal caso, el contribuyente imputará la ganancia patrimonial no exenta al año de su obtención, practicando autoliquidación complementaria, con inclusión de los intereses de demora, y se presentará en el plazo que medie entre la fecha en que se produzca el incumplimiento y la finalización del plazo reglamentario de declaración correspondiente al período impositivo en que se produzca dicho incumplimiento.

CAPÍTULO III. Rentas en especie

Artículo 43[48]. *Entrega de acciones a trabajadores.*

1. Estarán exentos los rendimientos del trabajo en especie previstos en el artículo 42.3.f) de la Ley del Impuesto correspondientes a la entrega de acciones o participaciones a los trabajadores en activo en los siguientes supuestos:

1.º La entrega de acciones o participaciones de una sociedad a sus trabajadores.

2.º Asimismo, en el caso de los grupos de sociedades en los que concurran las circunstancias previstas en el artículo 42 del Código de Comercio, la entrega de acciones o participaciones de una sociedad del grupo a los trabajadores, contribuyentes por este Impuesto, de las sociedades que formen parte del mismo subgrupo. Cuando se trate de acciones o participaciones de la sociedad dominante del grupo, la entrega a los trabajadores, contribuyentes por este Impuesto, de las sociedades que formen parte del grupo.

En los dos casos anteriores, la entrega podrá efectuarse tanto por la propia sociedad a la que preste sus servicios el trabajador, como por otra sociedad perteneciente al grupo o por el ente público, sociedad estatal o administración pública titular de las acciones.

2. La aplicación de lo previsto en el apartado anterior exigirá el cumplimiento de los siguientes requisitos:

1.º[49] Que la oferta se realice en las mismas condiciones para todos los trabajadores de la empresa y contribuya a la participación de estos en la empresa. En el caso de grupos o

---

[48]   Nueva redacción del art. 43 dada por el art. Primero.trece del Real Decreto 633/2015, de 10 de julio, por el que se modifican el Reglamento del Impuesto sobre la Renta de las Personas Físicas, aprobado por el Real Decreto 439/2007, de 30 de marzo, y el Reglamento del Impuesto sobre la Renta de no Residentes, aprobado por el Real Decreto 1776/2004, de 30 de julio (BOE núm. 165, de 11 de julio de 2015), en vigor desde el día siguiente de su publicación en el BOE, siendo aplicable a los períodos impositivos que se inicien a partir del 1 de enero de 2015.

[49]   Nueva redacción del núm. 1º, dada por el art. primero Uno del Real Decreto 1008/2023, de 5 de diciembre, por el que se modifican el Reglamento del Impuesto sobre la Renta de las Personas Físicas, aprobado por el Real Decreto 439/2007, de 30 de marzo, en materia de retribuciones en especie, deducción por maternidad, obligación de declarar, pagos a cuenta y régimen especial aplicable a trabajadores, profesionales, emprendedores e inversores desplazados a territorio español, y el Reglamento del Impuesto sobre

subgrupos de sociedades, el citado requisito deberá cumplirse en la sociedad a la que preste servicios el trabajador al que le entreguen las acciones.

No obstante, no se entenderá incumplido este requisito cuando para recibir las acciones o participaciones se exija a los trabajadores una antigüedad mínima, que deberá ser la misma para todos ellos, o que sean contribuyentes por este Impuesto.

En el caso de entrega de acciones o participaciones concedidas a los trabajadores de una empresa emergente a las que se refiere la Ley 28/2022, de 21 de diciembre, de fomento del ecosistema de las empresas emergentes, no será necesario que la oferta se realice en las condiciones señaladas en los párrafos anteriores, debiendo efectuarse la misma dentro de la política retributiva general de la empresa y contribuir a la participación de los trabajadores en esta última.

2.º Que cada uno de los trabajadores, conjuntamente con sus cónyuges o familiares hasta el segundo grado, no tengan una participación, directa o indirecta, en la sociedad en la que prestan sus servicios o en cualquier otra del grupo, superior al 5 por ciento.

3.º Que los títulos se mantengan, al menos, durante tres años.

El incumplimiento del plazo a que se refiere el número 3.º anterior motivará la obligación de presentar una autoliquidación complementaria, con los correspondientes intereses de demora, en el plazo que medie entre la fecha en que se incumpla el requisito y la finalización del plazo reglamentario de declaración correspondiente al período impositivo en que se produzca dicho incumplimiento.

Artículo 44[50]. *Gastos de estudio para la capacitación o reciclaje del personal que no constituyen retribución en especie.*

No tendrán la consideración de retribuciones en especie, a efectos de lo previsto en el artículo 42.2.a) de la Ley del Impuesto, los estudios dispuestos por instituciones, empresas o empleadores y financiados directa o indirectamente por ellos para la actualización, capacita-

Sociedades, aprobado por el Real Decreto 634/2015, de 10 de julio, en materia de retenciones e ingresos a cuenta (BOE núm. 291, de 6 de diciembre de 2023), en vigor desde el 7 de diciembre de 2023.

Redacción anterior: «*1.º Que la oferta se realice en las mismas condiciones para todos los trabajadores de la empresa y contribuya a la participación de estos en la empresa. En el caso de grupos o subgrupos de sociedades, el citado requisito deberá cumplirse en la sociedad a la que preste servicios el trabajador al que le entreguen las acciones.*

No obstante, no se entenderá incumplido este requisito cuando para recibir las acciones o participaciones se exija a los trabajadores una antigüedad mínima, que deberá ser la misma para todos ellos, o que sean contribuyentes por este Impuesto».

[50] Nueva redacción del art. 44 dada por el art. 1.Dos del Real Decreto 1074/2017, de 29 de diciembre, por el que se modifican el Reglamento del Impuesto sobre la Renta de las Personas Físicas, aprobado por el Real Decreto 439/2007, de 30 de marzo, el Reglamento del Impuesto sobre Sociedades, aprobado por el Real Decreto 634/2015, de 10 de julio, y el Reglamento del Impuesto sobre Sucesiones y Donaciones, aprobado por el Real Decreto 1629/1991, de 8 de noviembre (BOE núm. 317, de 30 de diciembre de 2017), en vigor desde el 1 de enero de 2017.

Redacción anterior dada por el art. Primero.catorce del Real Decreto 633/2015, de 10 de julio, por el que se modifican el Reglamento del Impuesto sobre la Renta de las Personas Físicas, aprobado por el Real Decreto 439/2007, de 30 de marzo, y el Reglamento del Impuesto sobre la Renta de no Residentes, aprobado por el Real Decreto 1776/2004, de 30 de julio (BOE núm. 165, de 11 de julio de 2015), en vigor desde el día siguiente de su publicación en el BOE, siendo aplicable a los períodos impositivos que se inicien a partir del 1 de enero de 2015.

ción o reciclaje de su personal, cuando vengan exigidos por el desarrollo de sus actividades o las características de los puestos de trabajo, incluso cuando su prestación efectiva se efectúe por otras personas o entidades especializadas. En estos casos, los gastos de locomoción, manutención y estancia se regirán por lo previsto en el artículo 9 de este Reglamento.

A efectos de lo dispuesto en el párrafo anterior, se entenderá que los estudios han sido dispuestos y financiados indirectamente por el empleador cuando se financien por otras empresas o entidades que comercialicen productos para los que resulte necesario disponer de una adecuada formación por parte del trabajador, siempre que el empleador autorice tal participación.

Artículo 45[51]. *Rendimientos del trabajo exentos por gastos por comedores de empresa.*

1[52]. A efectos de lo previsto en el artículo 42.3.a) de la Ley del Impuesto, tendrán la consideración de entrega de productos a precios rebajados que se realicen en comedores de empresa las fórmulas directas e indirectas de prestación del servicio, admitidas por la legislación laboral, en las que concurran los siguientes requisitos:

1.º Que la prestación del servicio tenga lugar durante días hábiles para el empleado o trabajador.

2.º Que la prestación del servicio no tenga lugar durante los días que el empleado o trabajador devengue dietas por manutención exceptuadas de gravamen de acuerdo al artículo 9 de este Reglamento.

2[53]. Cuando la prestación del servicio se realice a través de fórmulas indirectas, tendrán que cumplirse, además de los requisitos exigidos en el número anterior, los siguientes:

1.º La cuantía de las fórmulas indirectas no podrá superar 11 euros diarios. Si la cuantía diaria fuese superior, existirá retribución en especie por el exceso.

2.º Si para la prestación del servicio se entregasen al empleado o trabajador vales-comida o documentos similares, tarjetas o cualquier otro medio electrónico de pago se observará lo siguiente:

a) Deberán estar numerados, expedidos de forma nominativa y en ellos deberá figurar la empresa emisora y, cuando se entreguen en soporte papel, además, su importe nominal.

b) Serán intransmisibles y la cuantía no consumida en un día no podrá acumularse a otro día.

---

[51] Apartado segundo de la Disposición final segunda (entrada en vigor) de este RIRPF.
Nueva redacción del título dada por el art. Primero.quince del Real Decreto 633/2015, de 10 de julio.
Redacción original: «*Gastos por comedores de empresa que no constituyen retribución en especie*».
[52] Nueva redacción del art. 45.1 dada por el art. Primero.quince del Real Decreto 633/2015, de 10 de julio, por el que se modifican el Reglamento del Impuesto sobre la Renta de las Personas Físicas, aprobado por el Real Decreto 439/2007, de 30 de marzo, y el Reglamento del Impuesto sobre la Renta de no Residentes, aprobado por el Real Decreto 1776/2004, de 30 de julio (BOE núm. 165, de 11 de julio de 2015), en vigor desde el día siguiente de su publicación en el BOE, siendo aplicable a los períodos impositivos que se inicien a partir del 1 de enero de 2015.
[53] Nueva redacción del art. 44 dada por el art. 1.Tres del Real Decreto 1074/2017, de 29 de diciembre, por el que se modifican el Reglamento del Impuesto sobre la Renta de las Personas Físicas, aprobado por el Real Decreto 439/2007, de 30 de marzo, el Reglamento del Impuesto sobre Sociedades, aprobado por el Real Decreto 634/2015, de 10 de julio, y el Reglamento del Impuesto sobre Sucesiones y Donaciones, aprobado por el Real Decreto 1629/1991, de 8 de noviembre (BOE núm. 317, de 30 de diciembre de 2017), en vigor desde el 1 de enero de 2018.

c) No podrá obtenerse, ni de la empresa ni de tercero, el reembolso de su importe.

d) Sólo podrán utilizarse en establecimientos de hostelería.

e) La empresa que los entregue deberá llevar y conservar relación de los entregados a cada uno de sus empleados o trabajadores, con expresión de:

En el caso de vales-comida o documentos similares, número de documento, día de entrega e importe nominal.

En el caso de tarjetas o cualquier otro medio electrónico de pago, número de documento y cuantía entregada cada uno de los días con indicación de estos últimos.

Artículo 46[54]**. *Rendimientos del trabajo exentos por gastos por seguros de enfermedad.***

Estarán exentos los rendimientos del trabajo en especie, de acuerdo con lo previsto en el artículo 42.3.c) de la Ley del Impuesto, correspondientes a las primas o cuotas satisfechas por las empresas a entidades aseguradoras para la cobertura de enfermedad, cuando se cumplan los siguientes requisitos y límites:

1. Que la cobertura de enfermedad alcance al propio trabajador, pudiendo además alcanzar a su cónyuge y descendientes.

2. Que las primas o cuotas satisfechas no excedan de 500 euros anuales por cada una de las personas señaladas en el apartado anterior o de 1.500 euros para cada una de ellas con discapacidad. El exceso sobre dichas cuantías constituirá retribución en especie.

Artículo 46 bis[55]**. *Fórmulas indirectas de pago del servicio público de transporte colectivo de viajeros.***

1[56]. A efectos de lo previsto en el artículo 42.3 e) de la Ley del Impuesto, tendrán la consideración de fórmulas indirectas de pago de cantidades a las entidades encargadas de prestar

---

[54]   Nueva redacción del art. 46 dada por el art. 1.Cuatro del Real Decreto 1074/2017, de 29 de diciembre, por el que se modifican el Reglamento del Impuesto sobre la Renta de las Personas Físicas, aprobado por el Real Decreto 439/2007, de 30 de marzo, el Reglamento del Impuesto sobre Sociedades, aprobado por el Real Decreto 634/2015, de 10 de julio, y el Reglamento del Impuesto sobre Sucesiones y Donaciones, aprobado por el Real Decreto 1629/1991, de 8 de noviembre (BOE núm. 317, de 30 de diciembre de 2017), en vigor desde el 30 de diciembre de 2017.
Redacción anterior dada por el art. Primero.dieciséis del Real Decreto 633/2015, de 10 de julio, por el que se modifican el Reglamento del Impuesto sobre la Renta de las Personas Físicas, aprobado por el Real Decreto 439/2007, de 30 de marzo, y el Reglamento del Impuesto sobre la Renta de no Residentes, aprobado por el Real Decreto 1776/2004, de 30 de julio (BOE núm. 165, de 11 de julio de 2015), en vigor desde el día siguiente de su publicación en el BOE, siendo aplicable a los períodos impositivos que se inicien a partir del 1 de enero de 2015.

[55]   Nuevo artículo incorporado por el art. primero Uno del Real Decreto 1788/2010, de 30 de diciembre, por el que se modifican los Reglamentos de los Impuestos sobre la Renta de las Personas Físicas, sobre Sociedades y sobre la Renta de no Residentes en materia de rentas en especie, deducción por inversión en vivienda y pagos a cuenta (BOE núm. 318, de 31 de diciembre de 2010), en vigor desde el 1-1-2011.

[56]   Nueva redacción del art. 46 bis.1 dada por el art. Primero.diecisiete del Real Decreto 633/2015, de 10 de julio, por el que se modifican el Reglamento del Impuesto sobre la Renta de las Personas Físicas, aprobado por el Real Decreto 439/2007, de 30 de marzo, y el Reglamento del Impuesto sobre la Renta de no Residentes, aprobado por el Real Decreto 1776/2004, de 30 de julio (BOE núm. 165, de 11 de julio de 2015), en vigor desde el día siguiente de su publicación en el BOE, siendo aplicable a los períodos impositivos que se inicien a partir del 1 de enero de 2015.

el servicio público de transporte colectivo de viajeros, la entrega a los trabajadores de tarjetas o cualquier otro medio electrónico de pago que cumplan los siguientes requisitos:

1.º Que puedan utilizarse exclusivamente como contraprestación por la adquisición de títulos de transporte que permitan la utilización del servicio público de transporte colectivo de viajeros.

2.º La cantidad que se pueda abonar con las mismas no podrá exceder de 136,36 euros mensuales por trabajador, con el límite de 1.500 euros anuales.

3.º Deberán estar numeradas, expedidas de forma nominativa y en ellas deberá figurar la empresa emisora.

4.º Serán intransmisibles.

5.º No podrá obtenerse, ni de la empresa ni de tercero, el reembolso de su importe.

6.º La empresa que entregue las tarjetas o el medio electrónico de pago deberá llevar y conservar relación de las entregados a cada uno de sus trabajadores, con expresión de:

a) Número de documento.

b) Cuantía anual puesta a disposición del trabajador.

2. En el supuesto de entrega de tarjetas o medios de pago electrónicos que no cumplan los requisitos previstos en el apartado 1 de este artículo, existirá retribución en especie por la totalidad de las cuantías puestas a disposición del trabajador. No obstante, en caso de incumplimiento de los límites señalados en el número 2.º del apartado 1 anterior, únicamente existirá retribución en especie por el exceso

Artículo 47[57]. *Derechos de fundadores de sociedades.*

Los derechos especiales de contenido económico que se reserven los fundadores o promotores de una sociedad como remuneración de servicios personales, cuando consistan en un porcentaje sobre los beneficios de la entidad, se valorarán, como mínimo, en el 35 por ciento del valor equivalente de capital social que permita la misma participación en los beneficios que la reconocida a los citados derechos.

Artículo 48. *Precio ofertado.*

A efectos de lo previsto en el artículo 43.1.1.º f) de la Ley del Impuesto se considerará precio ofertado al público, en las retribuciones en especie satisfechas por empresas que tienen como actividad habitual la realización de las actividades que dan lugar al mismo, el previsto en el artículo 13 de la Ley 26/1984, de 19 de julio, General para la Defensa de los Consumidores y Usuarios[58], deduciendo los descuentos ordinarios o comunes. Se considerarán ordinarios o comunes:

Los descuentos que sean ofertados a otros colectivos de similares características a los trabajadores de la empresa;

los descuentos promocionales que tengan carácter general y se encuentren en vigor en el momento de satisfacer la retribución en especie;

cualquier otro distinto a los anteriores siempre que no excedan del 15 por ciento ni de 1.000 euros anuales.

---

[57]   Art. 17.2.f) de la LIRPF.

[58]   Norma derogada por el Real Decreto Legislativo 1/2007, de 16 de noviembre, por el que se aprueba el texto refundido de la Ley General para la Defensa de los Consumidores y Usuarios y otras leyes complementarias, debiendo entenderse la referencia hecha al artículo 60. «Información previa al contrato».

Artículo 48 bis[59]**.** *Reducción de la valoración de los rendimientos del trabajo en especie derivados de la cesión de uso de vehículos automóviles eficientes energéticamente.*

La valoración de los rendimientos del trabajo en especie correspondientes a la cesión de uso de vehículos automóviles resultante de lo dispuesto en el segundo párrafo de la letra b) del número 1.º del artículo 43 de la Ley del Impuesto, o en la letra f) del número 1.º del citado artículo, se reducirá en un 15 por ciento, cuando se trate de vehículos que cumpliendo los límites de emisiones Euro 6 previstos en el anexo I del Reglamento (CE) n.º 715/2007 del Parlamento Europeo y del Consejo, de 20 de junio de 2007, sobre la homologación de tipo de los vehículos de motor por lo que se refiere a las emisiones procedentes de turismos y vehículos comerciales ligeros (Euro 5 y Euro 6) y sobre el acceso a la información relativa a la reparación y el mantenimiento de los vehículos, sus emisiones oficiales de CO_2 no sean superiores a 120 g/km y el valor de mercado que correspondería al vehículo si fuera nuevo, antes de impuestos, no sea superior a 25.000 euros.

Dicha reducción será del 20 por ciento cuando, adicionalmente, se trate de vehículos híbridos o propulsados por motores de combustión interna que puedan utilizar combustibles fósiles alternativos (autogás –GLP– y Gas Natural) siempre que, en este caso, el valor de mercado a que se refiere el párrafo anterior no sea superior a 35.000 euros.

La reducción será del 30 por ciento cuando se trate de cualquiera de las siguientes categorías de vehículos:

1.º Vehículo eléctrico de batería (BEV).

2.º Vehículos eléctrico de autonomía extendida (E-REV).

3.º Vehículo eléctrico híbrido enchufable (PHEV) con una autonomía mínima de 15 kilómetros siempre que, en este caso, el valor de mercado que correspondería al vehículo si fuera nuevo, antes de impuestos, no sea superior a 40.000 euros.

CAPÍTULO IV. Base liquidable

Artículo 49. *Planes de previsión asegurados.*

1. A efectos de lo dispuesto en el párrafo b) del artículo 51.3 de la Ley del Impuesto, se entenderá que un contrato de seguro cumple el requisito de que la cobertura principal sea la de jubilación cuando se verifique la condición de que el valor de las provisiones matemáticas para jubilación y dependencia alcanzadas al final de cada anualidad representen al menos el triple de la suma de las primas pagadas desde el inicio del plan para el capital de fallecimiento e incapacidad.

2. Sólo se permitirá la disposición anticipada de los planes de previsión asegurados en los supuestos previstos en la normativa de planes de pensiones.

El derecho de disposición anticipada se valorará por el importe de la provisión matemática a la que no se podrán aplicar penalizaciones, gastos o descuentos.

---

[59]   Nuevo art. 48 bis incorporado por el art. Primero.dieciocho del Real Decreto 633/2015, de 10 de julio, por el que se modifican el Reglamento del Impuesto sobre la Renta de las Personas Físicas, aprobado por el Real Decreto 439/2007, de 30 de marzo, y el Reglamento del Impuesto sobre la Renta de no Residentes, aprobado por el Real Decreto 1776/2004, de 30 de julio (BOE núm. 165, de 11 de julio de 2015), en vigor desde el día siguiente de su publicación en el BOE, siendo aplicable a los períodos impositivos que se inicien a partir del 1 de enero de 2015.

No obstante, en el caso de que la entidad cuente con inversiones afectas, el derecho de disposición anticipada se valorará por el valor de mercado de los activos asignados.

3[60]. El tomador de un plan de previsión asegurado podrá movilizar la totalidad o parte de su provisión matemática a otro u otros planes de previsión asegurados de los que sea tomador, o a uno o varios planes de pensiones del sistema individual o asociado de los que sea partícipe. Una vez alcanzada la contingencia, la movilización sólo será posible si las condiciones del plan lo permiten.

A tal fin, el tomador o beneficiario deberá dirigirse a la entidad aseguradora o gestora de destino acompañando a su solicitud la identificación del plan de previsión asegurado de origen desde el que se realizará la movilización y la entidad aseguradora de origen, así como, en su caso, el importe a movilizar. La solicitud incorporará una comunicación dirigida a la entidad aseguradora de origen para que ésta ordene el traspaso, e incluirá una autorización del tomador o beneficiario a la entidad aseguradora o entidad gestora de destino para que, en su nombre, pueda solicitar a la entidad aseguradora de origen la movilización de la provisión matemática, así como toda la información financiera y fiscal necesaria para realizarlo.

En el caso de que existan convenios o contratos que permitan gestionar las solicitudes de movilización a través de mediadores o de las redes comerciales de otras entidades, la presentación de la solicitud en cualquier establecimiento de éstos se entenderá realizada en la entidad aseguradora o gestora.

En el plazo máximo de dos días hábiles desde que la entidad aseguradora o entidad gestora de destino disponga de la totalidad de la documentación necesaria, ésta deberá, además de comprobar el cumplimiento de los requisitos establecidos reglamentariamente para dicha movilización, comunicar la solicitud a la entidad aseguradora de origen, con indicación, al menos, del plan de previsión asegurado de destino, entidad aseguradora de destino y datos de la cuenta a la que debe efectuarse la transferencia, o, en otro caso, indicación del plan de pensiones de destino, fondo de pensiones de destino al que esté adscrito, entidad gestora y depositaria del fondo de destino, y los datos de la cuenta a la que debe efectuarse la transferencia.

En un plazo máximo de cinco días hábiles a contar desde la recepción por parte de la entidad aseguradora de origen de la solicitud con la documentación correspondiente, esta entidad deberá ordenar la transferencia bancaria y remitir a la entidad aseguradora o gestora de destino toda la información financiera y fiscal necesaria para el traspaso.

En caso de que la entidad aseguradora de origen sea, a su vez, la aseguradora del plan de previsión asegurado de destino o la gestora del plan de pensiones de destino, el tomador deberá indicar en su solicitud el importe que desea movilizar, en su caso, y el plan de previsión asegurado destinatario del traspaso, o, en otro caso, el plan de pensiones destinatario y el fondo de pensiones de destino al que esté adscrito. La entidad aseguradora de origen deberá emitir la orden de transferencia en el plazo máximo de tres días hábiles desde la fecha de presentación de la solicitud.

Para la valoración de la provisión matemática se tomará fecha el día en que se haga efectiva la movilización. No obstante, el contrato de seguro podrá referir la valoración al día hábil anterior a la fecha en que se haga efectiva.

---

[60]   Apartado segundo de la Disposición final segunda (entrada en vigor) de este RIRPF.

En el caso de que la entidad cuente con inversiones afectas, el valor de la provisión matemática a movilizar será el valor de mercado de los activos asignados.

No se podrán aplicar penalizaciones, gastos o descuentos al importe de esta movilización.

En los procedimientos de movilizaciones a que se refiere este apartado se autoriza que la transmisión de la solicitud de traspaso, la transferencia de efectivo y la transmisión de la información entre las entidades intervinientes, puedan realizarse a través del Sistema Nacional de Compensación Electrónica, mediante las operaciones que, para estos supuestos, se habiliten en dicho Sistema.

Para el cumplimiento de requisito previsto en el apartado 1 de este artículo, en los supuestos de movilización de un plan de previsión asegurado a otro plan de previsión asegurado o de un plan de pensiones a un plan de previsión asegurado, se computarán sólo las primas y la provisión matemática del nuevo contrato de seguro. A estos efectos, en el plan de previsión asegurado de origen, en el momento de la movilización también deberá cumplirse el requisito previsto en el apartado 1 de este artículo.

Artículo 50. *Plazo de presentación de las autoliquidaciones complementarias en la disposición de derechos consolidados de sistemas de previsión social.*

A efectos de lo previsto en los artículos 51.8 y 53.4 y en la disposición adicional undécima. Uno.5.c) de la Ley del Impuesto, las autoliquidaciones complementarias para reponer las reducciones en la base imponible indebidamente practicadas por la disposición anticipada de los derechos consolidados en sistemas de previsión social se presentarán en el plazo que medie entre la fecha de dicha disposición anticipada y la finalización del plazo reglamentario de declaración correspondiente al período impositivo en el que se realice la disposición anticipada.

Artículo 51[61]. *Excesos de aportaciones a los sistemas de previsión social.*

Los partícipes, mutualistas o asegurados podrán solicitar que las cantidades aportadas que no hubieran podido ser objeto de reducción en la base imponible, según lo previsto en los artículos 52.2 y 53.1.c) y en la disposición adicional undécima.uno.5.b) de la Ley del Impuesto, lo sean en los cinco ejercicios siguientes.

La solicitud deberá realizarse en la declaración del Impuesto sobre la Renta de las Personas Físicas correspondiente al ejercicio en que las aportaciones realizadas no hubieran podido ser objeto de reducción por insuficiencia de base imponible o por exceder del límite porcentual establecido en el artículo 52.1 de la Ley del Impuesto.

---

[61] Nueva redacción del art. 51 dada por el art. 1.Primero Uno del Real Decreto 1039/2022, de 27 de diciembre, por el que se modifican el Reglamento del Impuesto sobre la Renta de las Personas Físicas, aprobado por el Real Decreto 439/2007, de 30 de marzo, y el Reglamento General de las actuaciones y los procedimientos de gestión e inspección tributaria y de desarrollo de las normas comunes de los procedimientos de aplicación de los tributos, aprobado por el Real Decreto 1065/2007, de 27 de julio (BOE núm. 312, de 29 de diciembre de 2022), con efectos desde el 30 de diciembre de 2022.
Redacción anterior dada por el art. único Uno del Real Decreto 899/2021, de 19 de octubre, por el que se modifica el Reglamento del Impuesto sobre la Renta de las Personas Físicas, aprobado por el Real Decreto 439/2007, de 30 de marzo, en materia de reducciones en la base imponible por aportaciones a sistemas de previsión social y pagos a cuenta (BOE núm. 251, de 20 de octubre de 2021), en vigor desde el 21 de octubre.

La imputación del exceso se realizará respetando el límite máximo conjunto del artículo 52.1 de la Ley del Impuesto. A estos efectos, el límite de la letra b) del citado artículo operará por su importe total incrementado, con independencia de la procedencia de las aportaciones, sin incluir el límite adicional aplicable a las primas a seguros colectivos de dependencia satisfechas por la empresa.

Cuando concurran aportaciones realizadas en el ejercicio con aportaciones de ejercicios anteriores que no hayan podido ser objeto de reducción por insuficiencia de base imponible o por exceder del límite porcentual establecido en el artículo 52.1 de la Ley del Impuesto, se entenderán reducidas, en primer lugar, las aportaciones correspondientes a años anteriores. Una vez aplicadas las reducciones de años anteriores, la reducción de las aportaciones realizadas en el ejercicio deberá respetar el límite máximo conjunto restante del artículo 52.1 de la Ley del Impuesto conforme a lo previsto en el párrafo anterior.

Los excesos correspondientes a primas de seguros colectivos de dependencia, a aportaciones a sistemas de previsión social constituidos a favor de personas con discapacidad, y a mutualidades de previsión social de deportistas profesionales se imputarán respetando sus límites propios previstos, respectivamente, en los artículos 52 y 53 y en el apartado Uno de la disposición adicional undécima de la Ley del Impuesto.

Artículo 52. *Acreditación del número de socios, patrimonio y porcentaje máximo de participación en instituciones de inversión colectiva.*

1. El número mínimo de accionistas exigidos en el artículo 94 de la Ley del Impuesto a las instituciones de inversión colectiva con forma societaria se determinará de la siguiente forma:

a) Para las instituciones de inversión colectiva incluidas en el apartado 1 del artículo 94, el número de accionistas que figure en el último informe trimestral, anterior a la fecha de transmisión o reembolso, que la institución haya remitido a la Comisión Nacional del Mercado de Valores de acuerdo con lo dispuesto en el artículo 25 del Reglamento de la Ley 35/2003, de 4 de noviembre, de Instituciones de Inversión Colectiva, aprobado por Real Decreto 1309/2005.

b) Para las instituciones de inversión colectiva incluidas en el apartado 2 del artículo 94, el número de accionistas que conste en la última comunicación anual a la Comisión Nacional del Mercado de Valores, anterior a la fecha de transmisión o reembolso, que se efectúe por una única entidad comercializadora con establecimiento en España designada a tal efecto por la institución de inversión colectiva o su gestora, referida a cada compartimento o subfondo registrado. A los efectos anteriores y de lo previsto en el siguiente apartado, esta comunicación deberá expresar el número total de accionistas de cada compartimento o subfondo, el patrimonio total de la institución, compartimento o subfondo, la fecha a la que se refieren los datos anteriores y tendrá un período máximo de validez de un año contado desde dicha fecha de referencia. La Comisión Nacional del Mercado de Valores hará pública dicha información y precisará los requisitos técnicos y procedimientos de comunicación de la información señalada en esta letra.

2. El contribuyente que quiera acogerse al régimen de diferimiento previsto en el artículo 94 de la Ley del Impuesto para las operaciones en las que intervenga alguna institución de inversión colectiva con forma societaria, deberá comunicar documentalmente, en el momento de ordenar la operación, a las entidades a través de las cuales se realicen las operaciones de transmisión o reembolso y adquisición o suscripción que no ha participado en algún momento dentro de los doce meses anteriores a la fecha de la operación en más del 5 por ciento del capital de la institución de inversión colectiva correspondiente. Las referidas entidades deberán conservar a disposición de la Administración tributaria durante el período de prescripción de las obligaciones tributarias la documentación comunicada por los contribuyentes.

TÍTULO III. MÍNIMO PERSONAL Y FAMILIAR

Artículo 53[62]. *Mínimo familiar por descendientes menores de tres años.*

1. Cuando tenga lugar la adopción de un menor que hubiera estado en régimen de acogimiento, o se produzca un cambio en la situación del acogimiento, el incremento en el importe del mínimo por descendientes previsto en el apartado 2 del artículo 58 de la Ley del Impuesto se practicará durante los períodos impositivos restantes hasta agotar el plazo máximo fijado en el citado artículo.

2. A efectos de lo dispuesto en el artículo 58 de la Ley del Impuesto se asimilarán a los descendientes aquellas personas vinculadas al contribuyente por razón de tutela y acogimiento en los términos previstos en la legislación civil o, fuera de los casos anteriores, a quienes tengan atribuida por resolución judicial su guarda y custodia.

TÍTULO IV. DEDUCCIONES DE LA CUOTA

CAPÍTULO I[63]. Deducción por inversión en vivienda habitual

Artículo 54.

Artículo 55.

Artículo 56.

Artículo 57.

---

[62] Se incorpora un nuevo apartado 2 y la vigente redacción pasa a numerarse como apartado 1, dado por el art. 1.Cinco del Real Decreto 1074/2017, de 29 de diciembre, por el que se modifican el Reglamento del Impuesto sobre la Renta de las Personas Físicas, aprobado por el Real Decreto 439/2007, de 30 de marzo, el Reglamento del Impuesto sobre Sociedades, aprobado por el Real Decreto 634/2015, de 10 de julio, y el Reglamento del Impuesto sobre Sucesiones y Donaciones, aprobado por el Real Decreto 1629/1991, de 8 de noviembre (BOE núm. 317, de 30 de diciembre de 2017), en vigor desde el 1 de enero de 2017.

[63] Capítulo I del Título IV suprimido por el por el art. segundo primero. cuatro del Real Decreto 960/2013, de 5 de diciembre, por el que se por el que se modifican el Reglamento del Impuesto sobre Sociedades, aprobado por el Real Decreto 1777/2004, de 30 de julio; el Reglamento del Impuesto sobre la Renta de las Personas Físicas, aprobado por el Real Decreto 439/2007, de 30 de marzo; el Reglamento del Impuesto sobre la Renta de no Residentes, aprobado por el Real Decreto 1776/2004, de 30 de julio; el Reglamento General de las actuaciones y los procedimientos de gestión e inspección tributaria y de desarrollo de las normas comunes de los procedimientos de aplicación de los tributos, aprobado por el Real Decreto 1065/2007, de 27 de julio, y el Reglamento General de Recaudación, aprobado por el Real Decreto 939/2005, de 29 de julio (BOE núm. 292, de 6 de diciembre de 2013), con efectos desde el 1 de enero de 2013.

CAPÍTULO II. Deducción por rentas obtenidas en Ceuta o Melilla

Artículo 58[64]. *Deducción por rentas obtenidas en Ceuta y Melilla.*

1. A efectos de la deducción prevista en el artículo 68.4 de la Ley del Impuesto, tendrán la consideración de rentas obtenidas en Ceuta o Melilla las siguientes:

a) Los rendimientos del trabajo derivados de prestaciones por desempleo y de aquellas a las que se refiere el artículo 17.2.a) de la Ley del Impuesto.

b) En el ejercicio de actividades económicas, se entenderá por operaciones efectivamente realizadas en Ceuta o Melilla aquellas que cierren en estos territorios un ciclo mercantil que determine resultados económicos o supongan la prestación de un servicio profesional en dichos territorios.

No se estimará que median dichas circunstancias cuando se trate de operaciones aisladas de extracción, fabricación, compra, transporte, entrada y salida de géneros o efectos en los mismos y, en general, cuando las operaciones no determinen por sí solas rentas.

c) Cuando se trate de actividades pesqueras y marítimas, serán de aplicación las reglas establecidas en el artículo 33 de la Ley del Impuesto sobre Sociedades.

d) Se entenderá que los rendimientos del capital mobiliario procedentes del arrendamiento de bienes muebles, negocios o minas, constituyen una renta obtenida en Ceuta o Melilla cuando el objeto del arrendamiento esté situado y se utilice efectivamente en dichos territorios.

2. A efectos de la aplicación de la deducción por las rentas a que se refiere el supuesto 2.º del artículo 68.4.3.º h) de la Ley del Impuesto, las entidades que obtengan rentas con derecho a la aplicación de la bonificación prevista en el apartado 6 del artículo 33 de la Ley del Impuesto sobre Sociedades deberán incluir en la memoria de las cuentas anuales la siguiente información:

a) Beneficios del ejercicio aplicados a reservas que procedan de rentas con derecho a la aplicación de la bonificación prevista en el apartado 6 del artículo 33 de la Ley del Impuesto sobre Sociedades.

b) Beneficios del ejercicio aplicados a reservas que procedan de rentas sin derecho a la aplicación de la referida bonificación.

c) Beneficios del ejercicio distribuidos entre los socios, con especificación del importe que corresponde a rentas con derecho a la aplicación de la referida bonificación.

d) En caso de distribución de dividendos con cargo a reservas, designación de la reserva aplicada de entre las dos a las que, por la clase de beneficios de los que procedan, se refieren las letras a) y b) anteriores.

Las menciones en la memoria anual continuarán efectuándose mientras existan reservas de las referidas en la letra a) anterior.

---

[64] Nueva redacción del art. 58 dada por el art. Primero.diecinueve del Real Decreto 633/2015, de 10 de julio, por el que se modifican el Reglamento del Impuesto sobre la Renta de las Personas Físicas, aprobado por el Real Decreto 439/2007, de 30 de marzo, y el Reglamento del Impuesto sobre la Renta de no Residentes, aprobado por el Real Decreto 1776/2004, de 30 de julio (BOE núm. 165, de 11 de julio de 2015), en vigor desde el día siguiente de su publicación en el BOE, siendo aplicable a los períodos impositivos que se inicien a partir del 1 de enero de 2015.

CAPÍTULO III. Pérdida del derecho a deducir

Artículo 59. *Pérdida del derecho a deducir.*

1. Cuando, en períodos impositivos posteriores al de su aplicación se pierda el derecho, en todo o en parte, a las deducciones practicadas, el contribuyente estará obligado a sumar a la cuota líquida estatal y a la cuota líquida autonómica o complementaria devengadas en el ejercicio en que se hayan incumplido los requisitos, las cantidades indebidamente deducidas, más los intereses de demora a que se refiere el artículo 26.6 de la Ley 58/2003, de 17 de diciembre, General Tributaria.

2[65]. Esta adición se aplicará de la siguiente forma:

a) Cuando se trate de la deducción por inversión en vivienda habitual aplicable a la cuota íntegra estatal o la deducción por inversión en empresas de nueva o reciente creación, se añadirá a la cuota líquida estatal la totalidad de las deducciones indebidamente practicadas.

b)[66] Cuando se trate de las deducciones previstas en los apartados 2, 3 y 5 del artículo 68 de la Ley del Impuesto, se añadirá a la cuota líquida estatal el 50 por ciento de las deducciones indebidamente practicadas y a la cuota líquida autonómica o complementaria el 50 por ciento restante.

c) Cuando se trate de deducciones establecidas por la Comunidad Autónoma en el ejercicio de las competencias normativas previstas en el artículo 46.1 de la Ley 22/2009, de 18 de diciembre, por la que se regula el sistema de financiación de las Comunidades Autónomas de régimen común y Ciudades con Estatuto de Autonomía y se modifican determinadas normas tributarias, y del tramo autonómico de la deducción por inversión en vivienda habitual, se añadirá a la cuota líquida autonómica la totalidad de las deducciones indebidamente practicadas.

---

[65] Nueva redacción del art. 59.2 dada por el por el art. segundo primero. Cinco del Real Decreto 960/2013, de 5 de diciembre, por el que se por el que se modifican el Reglamento del Impuesto sobre Sociedades, aprobado por el Real Decreto 1777/2004, de 30 de julio; el Reglamento del Impuesto sobre la Renta de las Personas Físicas, aprobado por el Real Decreto 439/2007, de 30 de marzo; el Reglamento del Impuesto sobre la Renta de no Residentes, aprobado por el Real Decreto 1776/2004, de 30 de julio; el Reglamento General de las actuaciones y los procedimientos de gestión e inspección tributaria y de desarrollo de las normas comunes de los procedimientos de aplicación de los tributos, aprobado por el Real Decreto 1065/2007, de 27 de julio, y el Reglamento General de Recaudación, aprobado por el Real Decreto 939/2005, de 29 de julio (BOE núm. 292, de 6 de diciembre de 2013), con efectos desde el 1 de enero de 2013.

[66] Nueva redacción del art. 59.2.b) dada por el art. Primero.veinte del Real Decreto 633/2015, de 10 de julio, por el que se modifican el Reglamento del Impuesto sobre la Renta de las Personas Físicas, aprobado por el Real Decreto 439/2007, de 30 de marzo, y el Reglamento del Impuesto sobre la Renta de no Residentes, aprobado por el Real Decreto 1776/2004, de 30 de julio (BOE núm. 165, de 11 de julio de 2015), en vigor desde el día siguiente de su publicación en el BOE, siendo aplicable a los períodos impositivos que se inicien a partir del 1 de enero de 2015.

TÍTULO V. DEDUCCIÓN POR MATERNIDAD

Artículo 60[67]**.** *Procedimiento para la práctica de la deducción por maternidad y su pago anticipado y para la aplicación del incremento de dicha deducción.*

1. Las mujeres con hijos menores de tres años con derecho a la aplicación del mínimo por descendientes previsto en el artículo 58 de la Ley del Impuesto, que en el momento del nacimiento del menor perciban prestaciones contributivas o asistenciales del sistema de

---

[67]   Nueva redacción del art. 60 dada por el art. primero Dos del Real Decreto 1008/2023, de 5 de diciembre, por el que se modifican el Reglamento del Impuesto sobre la Renta de las Personas Físicas, aprobado por el Real Decreto 439/2007, de 30 de marzo, en materia de retribuciones en especie, deducción por maternidad, obligación de declarar, pagos a cuenta y régimen especial aplicable a trabajadores, profesionales, emprendedores e inversores desplazados a territorio español, y el Reglamento del Impuesto sobre Sociedades, aprobado por el Real Decreto 634/2015, de 10 de julio, en materia de retenciones e ingresos a cuenta (BOE núm. 291, de 6 de diciembre de 2023), en vigor desde el 7 de diciembre de 2023.

Redacción anterior dada por el art. único Uno del Real Decreto 1461/2018, de 21 de diciembre, por el que se modifica el Reglamento del Impuesto sobre la Renta de las Personas Físicas aprobado por el Real Decreto 439/2007, de 30 de marzo, en materia de deducciones en la cuota diferencial por circunstancias familiares, obligación de declarar, pagos a cuenta, rentas vitalicias aseguradas y obligaciones registrales (BOE núm. 308, de 22 de diciembre de 2018), en vigor desde el 23 de diciembre de 2018:

«Procedimiento para la práctica de la deducción por maternidad y su pago anticipado y para la aplicación del incremento de dicha deducción.

1. La deducción por maternidad regulada en el apartado 1 del artículo 81 de la Ley del Impuesto se aplicará proporcionalmente al número de meses en que se cumplan de forma simultánea los requisitos previstos en el apartado 1 del citado artículo, y tendrá como límite para cada hijo, las cotizaciones y cuotas totales a la Seguridad Social y Mutualidades de carácter alternativo devengadas en cada período impositivo con posterioridad al nacimiento, adopción, delegación de guarda para la convivencia preadoptiva o acogimiento.

El incremento de la deducción previsto en el apartado 2 del artículo 81 de la Ley del Impuesto se aplicará proporcionalmente al número de meses en que se cumplan de forma simultánea los requisitos de los apartados 1 y 2 del citado artículo. No obstante, en el período impositivo en que el hijo menor cumpla tres años, el número de meses de dicho ejercicio se ampliará, en caso de cumplimiento del resto de requisitos, a los meses posteriores al cumplimiento de dicha edad hasta el mes anterior a aquél en el que pueda comenzar el segundo ciclo de educación infantil.

El referido incremento tendrá como límite anual para cada hijo el menor de:

– las cotizaciones y cuotas totales a la Seguridad Social y Mutualidades de carácter alternativo devengadas en cada período impositivo con posterioridad al nacimiento, adopción, delegación de guarda para la convivencia preadoptiva o acogimiento.

– el importe anual total del gasto efectivo no subvencionado satisfecho en dicho período a la guardería o centro educativo en relación con ese hijo, sea o no por meses completos.

A efectos de determinar el importe total del gasto efectivo no subvencionado satisfecho, se considerará tanto el importe pagado por la madre o el contribuyente con derecho al referido incremento, como el satisfecho por el otro progenitor, adoptante, tutor, guardador con fines de adopción o acogedor.

A efectos del cálculo del límite de las cotizaciones y cuotas totales a la Seguridad Social y Mutualidades de carácter alternativo a que se refieren los párrafos anteriores, se computarán las cotizaciones y cuotas por sus importes íntegros sin tomar en consideración las bonificaciones que pudieran corresponder.

2. A efectos del cómputo del número de meses para el cálculo del importe de la deducción o el incremento a que se refiere el apartado anterior se tendrán en cuenta las siguientes reglas:

1.ª La determinación de los hijos se realizará de acuerdo con su situación el último día de cada mes.

2.ª El requisito de alta en el régimen correspondiente de la Seguridad Social o Mutualidad se entenderá cumplido cuando esta situación se produzca en cualquier día del mes.

3.ª A los efectos del incremento de la deducción por maternidad, los meses a tomar en consideración serán exclusivamente aquéllos en los que los gastos abonados se efectúen por mes completo. A estos efectos, se entenderán incluidos los meses contratados por completo aun cuando parte de los mismos tengan el carácter de no lectivos.

3. Cuando tenga lugar la adopción de un menor que hubiera estado en régimen de acogimiento o de delegación de guarda para la convivencia preadoptiva, o se produzca un cambio en la situación del acogimiento, la deducción por maternidad se practicará durante el tiempo que reste hasta agotar el plazo máximo de los tres años a que se refiere el párrafo segundo del apartado 1 del artículo 81 de la Ley del Impuesto.

4. En el supuesto de existencia de varios contribuyentes con derecho a la aplicación de la deducción por maternidad o su incremento respecto del mismo acogido, menor cuya guarda ha sido delegada para la convivencia preadoptiva o tutelado, su importe se prorrateará entre ellos por partes iguales.

5.1.º Los contribuyentes con derecho a la aplicación de la deducción por maternidad regulada en el apartado 1 del artículo 81 de la Ley del Impuesto podrán solicitar a la Agencia Estatal de Administración Tributaria su abono de forma anticipada por cada uno de los meses en que estén dados de alta en la Seguridad Social o Mutualidad y coticen los plazos mínimos que a continuación se indican:

a) Trabajadores con contrato de trabajo a jornada completa, en alta durante al menos quince días de cada mes, en el Régimen General o en los Regímenes especiales de la Minería del Carbón y de los Trabajadores del Mar.

b) Trabajadores con contrato de trabajo a tiempo parcial cuya jornada laboral sea de, al menos, el 50 por ciento de la jornada ordinaria en la empresa, en cómputo mensual, y se encuentren en alta durante todo el mes en los regímenes citados en el párrafo anterior.

c) Trabajadores por cuenta ajena en alta en el Régimen Especial Agrario de la Seguridad Social en el mes y que realicen, al menos, diez jornadas reales en dicho período.

d) Trabajadores incluidos en los restantes Regímenes Especiales de la Seguridad Social no citados en los párrafos anteriores o mutualistas de las respectivas mutualidades alternativas a la Seguridad Social que se encuentren en alta durante quince días en el mes.

2.º La tramitación del abono anticipado se efectuará de acuerdo con el siguiente procedimiento:

a) La solicitud se presentará en el lugar, forma y plazo que determine la Ministra de Hacienda, quien podrá determinar los casos en los que se pueda formular por medios telemáticos o telefónicos. En el supuesto previsto en el apartado 4 de este artículo, las solicitudes deberán presentarse de forma simultánea.

b) La Agencia Estatal de Administración Tributaria, a la vista de la solicitud recibida, y de los datos obrantes en su poder, abonará de oficio de forma anticipada y a cuenta el importe de la deducción por maternidad. En el supuesto de que no procediera el abono anticipado de la deducción, notificará tal circunstancia al contribuyente con expresión de las causas que motivan la denegación.

c) El abono de la deducción de forma anticipada se efectuará, mediante transferencia bancaria, por la Agencia Estatal de Administración Tributaria mensualmente y sin prorrateos por un importe de 100 euros por cada hijo. La Ministra de Hacienda podrá autorizar el abono por cheque cruzado o nominativo cuando concurran circunstancias que lo justifiquen.

3.º Los contribuyentes con derecho al abono anticipado de la deducción por maternidad vendrán obligados a comunicar a la Administración tributaria las variaciones que afecten a su abono anticipado, así como cuando por alguna causa o circunstancia sobrevenida, incumplan alguno de los requisitos para su percepción. La comunicación se efectuará utilizando el modelo que, a estos efectos, apruebe la Ministra de Hacienda, quien establecerá el lugar, forma y plazos de presentación, así como los casos en que dicha comunicación se pueda realizar por medios telemáticos o telefónicos.

4.º Cuando el importe de la deducción por maternidad no se correspondiera con el de su abono anticipado, los contribuyentes deberán regularizar tal situación en su declaración por este Impuesto. En el supuesto de contribuyentes no obligados a declarar deberán comunicar, a estos efectos, a la Administración tributaria la información que determine la Ministra de Hacienda, quien asimismo establecerá el lugar, forma y plazo de su presentación.

5.º No serán exigibles intereses de demora por la percepción, a través del abono anticipado y por causa no imputable al contribuyente, de cantidades superiores a la deducción por maternidad que corresponda».

Redacción original: «Procedimiento para la práctica de la deducción por maternidad y su pago anticipado.

1. La deducción por maternidad regulada en el artículo 81 de la Ley del Impuesto se aplicará proporcionalmente al número de meses en que se cumplan de forma simultánea los requisitos previstos en el apartado 1 del citado artículo, y tendrá como límite para cada hijo, las cotizaciones y cuotas totales a la Seguridad Social y Mutualidades de carácter alternativo devengadas en cada período impositivo con posterioridad al nacimiento, adopción o acogimiento.

A efectos del cálculo de este límite se computarán las cotizaciones y cuotas por sus importes íntegros sin tomar en consideración las bonificaciones que pudieran corresponder.

2. A efectos del cómputo del número de meses para el cálculo del importe de la deducción a que se refiere el apartado anterior se tendrán en cuenta las siguientes reglas:

1.º La determinación de los hijos que darán derecho a la percepción de la deducción se realizará de acuerdo con su situación el último día de cada mes.

2.º El requisito de alta en el régimen correspondiente de la Seguridad Social o Mutualidad se entenderá cumplido cuando esta situación se produzca en cualquier día del mes.

3. Cuando tenga lugar la adopción de un menor que hubiera estado en régimen de acogimiento, o se produzca un cambio en la situación del acogimiento, la deducción por maternidad se practicará durante el tiempo que reste hasta agotar el plazo máximo de los tres años a que se refiere el párrafo segundo del apartado 1 del artículo 81 de la Ley del Impuesto.

4. En el supuesto de existencia de varios contribuyentes con derecho a la aplicación de la deducción por maternidad respecto del mismo acogido o tutelado, su importe se prorrateará entre ellos por partes iguales.

5. 1.º Los contribuyentes con derecho a la aplicación de esta deducción podrán solicitar a la Agencia Estatal de Administración Tributaria su abono de forma anticipada por cada uno de los meses en que estén dados de alta en la Seguridad Social o Mutualidad y coticen los plazos mínimos que a continuación se indican:

a) Trabajadores con contrato de trabajo a jornada completa, en alta durante al menos quince días de cada mes, en el Régimen General o en los Regímenes especiales de la Minería del Carbón y de los Trabajadores del Mar.

b) Trabajadores con contrato de trabajo a tiempo parcial cuya jornada laboral sea de, al menos, el 50 por ciento de la jornada ordinaria en la empresa, en cómputo mensual, y se encuentren en alta durante todo el mes en los regímenes citados en el párrafo anterior.

c) Trabajadores por cuenta ajena en alta en el Régimen Especial Agrario de la Seguridad Social en el mes y que realicen, al menos, diez jornadas reales en dicho período.

d) Trabajadores incluidos en los restantes Regímenes Especiales de la Seguridad Social no citados en los párrafos anteriores o mutualistas de las respectivas mutualidades alternativas a la Seguridad Social que se encuentren en alta durante quince días en el mes.

2.º La tramitación del abono anticipado se efectuará de acuerdo con el siguiente procedimiento:

a) La solicitud se presentará en el lugar, forma y plazo que determine el Ministro de Economía y Hacienda, quien podrá determinar los casos en los que se pueda formular por medios telemáticos o telefónicos. En el supuesto previsto en el apartado 4 de este artículo, las solicitudes deberán presentarse de forma simultánea.

b) La Agencia Estatal de Administración Tributaria, a la vista de la solicitud recibida, y de los datos obrantes en su poder, abonará de oficio de forma anticipada y a cuenta el importe de la deducción por maternidad. En el supuesto de que no procediera el abono anticipado de la deducción, notificará tal circunstancia al contribuyente con expresión de las causas que motivan la denegación.

c) El abono de la deducción de forma anticipada se efectuará, mediante transferencia bancaria, por la Agencia Estatal de Administración Tributaria mensualmente y sin prorrateos por un importe de 100 euros por cada hijo. El Ministro de Economía y Hacienda podrá autorizar el abono por cheque cruzado o nominativo cuando concurran circunstancias que lo justifiquen.

3.º Los contribuyentes con derecho al abono anticipado de la deducción por maternidad vendrán obligados a comunicar a la Administración tributaria las variaciones que afecten a su abono anticipado, así como cuando por alguna causa o circunstancia sobrevenida, incumplan alguno de los requisitos para su percepción. La comunicación se efectuará utilizando el modelo que, a estos efectos, apruebe el Ministro

protección de desempleo, o que en dicho momento o en cualquier momento posterior estén dadas de alta en el régimen correspondiente de la Seguridad Social o mutualidad con un período mínimo, en este último caso, de 30 días cotizados, podrán aplicar la deducción por maternidad regulada en el apartado 1 del artículo 81 de Ley del Impuesto.

A efectos de lo dispuesto en el párrafo anterior, en los supuestos de adopción, acogimiento permanente o delegación de guarda para la convivencia se atenderá a la fecha de su inscripción en el Registro Civil en lugar de la fecha de nacimiento del menor. Cuando la inscripción no sea necesaria, se atenderá a la fecha de la resolución judicial o administrativa que la declare.

El incremento de la deducción previsto en el apartado 2 del artículo 81 de la Ley del Impuesto se aplicará proporcionalmente al número de meses en que se cumplan de forma simultánea los requisitos de los apartados 1 y 2 del citado artículo. No obstante, en el período impositivo en que el hijo menor cumpla tres años, el número de meses de dicho ejercicio se ampliará, en caso de cumplimiento del resto de requisitos, a los meses posteriores al cumplimiento de dicha edad hasta el mes anterior a aquél en el que pueda comenzar el segundo ciclo de educación infantil.

El referido incremento tendrá como límite anual para cada hijo el importe anual total del gasto efectivo no subvencionado satisfecho en dicho período a la guardería o centro educativo en relación con ese hijo, sea o no por meses completos.

A efectos de determinar el importe total del gasto efectivo no subvencionado satisfecho, se considerará tanto el importe pagado por la madre o el contribuyente con derecho al referido incremento, como el satisfecho por el otro progenitor, adoptante, tutor, guardador con fines de adopción o acogedor.

2. A efectos del cómputo del número de meses para el cálculo del importe de la deducción o el incremento a que se refiere el apartado anterior se tendrán en cuenta las siguientes reglas:

1.ª La determinación de los hijos se realizará de acuerdo con su situación el último día de cada mes.

2.ª A los efectos del cálculo de la deducción, se computará el mes correspondiente al momento en el que se cumplan los requisitos previstos en el apartado 1 del artículo 81 de la Ley del Impuesto.

3.ª A los efectos del incremento de la deducción por maternidad, los meses a tomar en consideración serán exclusivamente aquéllos en los que los gastos abonados se efectúen por mes completo. A estos efectos, se entenderán incluidos los meses contratados por completo aun cuando parte de los mismos tengan el carácter de no lectivos.

---

de Economía y Hacienda, quien establecerá el lugar, forma y plazos de presentación, así como los casos en que dicha comunicación se pueda realizar por medios telemáticos o telefónicos.

4.º Cuando el importe de la deducción por maternidad no se correspondiera con el de su abono anticipado, los contribuyentes deberán regularizar tal situación en su declaración por este Impuesto. En el supuesto de contribuyentes no obligados a declarar deberán comunicar, a estos efectos, a la Administración tributaria la información que determine el Ministro de Economía y Hacienda, quien asimismo establecerá el lugar, forma y plazo de su presentación.

5.º No serán exigibles intereses de demora por la percepción, a través del abono anticipado y por causa no imputable al contribuyente, de cantidades superiores a la deducción por maternidad que corresponda».

3. Cuando tenga lugar la adopción de un menor que hubiera estado en régimen de acogimiento o de delegación de guarda para la convivencia preadoptiva, o se produzca un cambio en la situación del acogimiento, la deducción por maternidad se practicará durante el tiempo que reste hasta agotar el plazo máximo de los tres años a que se refiere el apartado 1 del artículo 81 de la Ley del Impuesto.

4. En el supuesto de existencia de varios contribuyentes con derecho a la aplicación de la deducción por maternidad o su incremento respecto del mismo acogido, menor cuya guarda ha sido delegada para la convivencia preadoptiva o tutelado, su importe se prorrateará entre ellos por partes iguales.

5. Los contribuyentes con derecho a la aplicación de la deducción por maternidad regulada en el apartado 1 del artículo 81 de la Ley del Impuesto podrán solicitar a la Agencia Estatal de Administración Tributaria su abono de forma anticipada, teniendo en cuenta que:

1.º La tramitación del abono anticipado se efectuará de acuerdo con el siguiente procedimiento:

a) La solicitud se presentará en el lugar, forma y plazo que determine la persona titular del Ministerio de Hacienda y Función Pública, quien podrá determinar los casos en los que se pueda formular por medios telemáticos o telefónicos. En el supuesto previsto en el apartado 4 de este artículo, las solicitudes deberán presentarse de forma simultánea.

b) La Agencia Estatal de Administración Tributaria, a la vista de la solicitud recibida, y de los datos obrantes en su poder, abonará de oficio de forma anticipada y a cuenta el importe de la deducción por maternidad. En el supuesto de que no procediera el abono anticipado de la deducción, notificará tal circunstancia al contribuyente con expresión de las causas que motivan la denegación.

c) El abono de la deducción de forma anticipada se efectuará, mediante transferencia bancaria, por la Agencia Estatal de Administración Tributaria mensualmente y sin prorrateos por un importe de 100 euros por cada hijo. La persona titular del Ministerio de Hacienda y Función Pública podrá autorizar el abono por cheque cruzado o nominativo cuando concurran circunstancias que lo justifiquen.

2.º Los contribuyentes con derecho al abono anticipado de la deducción por maternidad vendrán obligados a comunicar a la Administración tributaria las variaciones que afecten a su abono anticipado, así como cuando, por alguna causa o circunstancia sobrevenida, incumplan alguno de los requisitos para su percepción. La comunicación se efectuará utilizando el modelo que, a estos efectos, apruebe la persona titular del Ministerio de Hacienda y Función Pública, quien establecerá el lugar, forma y plazos de presentación, así como los casos en que dicha comunicación se pueda realizar por medios telemáticos o telefónicos.

3.º Cuando el importe de la deducción por maternidad no se correspondiera con el de su abono anticipado, los contribuyentes deberán regularizar tal situación en su declaración por este Impuesto. En el supuesto de contribuyentes no obligados a declarar deberán comunicar, a estos efectos, a la Administración tributaria la información que determine la persona titular del Ministerio de Hacienda y Función Pública, quien asimismo establecerá el lugar, forma y plazo de su presentación.

4.º No serán exigibles intereses de demora por la percepción, a través del abono anticipado y por causa no imputable al contribuyente, de cantidades superiores a la deducción por maternidad que corresponda.

Artículo 60 bis[68]. *Procedimiento para la práctica de las deducciones por familia numerosa o personas con discapacidad a cargo y su pago anticipado.*

1. Las deducciones reguladas en el artículo 81 bis de la Ley del Impuesto se aplicarán, para cada contribuyente con derecho a las mismas, proporcionalmente al número de meses en que se cumplan de forma simultánea los requisitos previstos en el apartado 1 del citado artículo, y tendrán como límite para cada deducción, las cotizaciones y cuotas a la Seguridad Social y Mutualidades de carácter alternativo devengadas en cada período impositivo con posterioridad al momento en que se cumplan tales requisitos.

No obstante, si el contribuyente tuviera derecho a la deducción prevista en las letras a) o b) del apartado 1 del artículo 81 bis de la Ley del Impuesto respecto de varios ascendientes o descendientes con discapacidad, el citado límite se aplicará de forma independiente respecto de cada uno de ellos.

En caso de familias numerosas, los incrementos de la deducción a que se refiere la letra c) del apartado 1 del artículo 81 bis de la Ley del Impuesto no se tendrá en cuenta a efectos del citado límite.

A efectos del cálculo de este límite se computarán las cotizaciones y cuotas por sus importes íntegros sin tomar en consideración las bonificaciones que pudieran corresponder.

No resultará de aplicación el citado límite cuando se trate de contribuyentes que perciban las prestaciones a que se refiere el séptimo párrafo del apartado 1 del artículo 81 bis de la Ley del Impuesto.

2. A efectos del cómputo del número de meses para el cálculo del importe de la deducción a que se refiere el apartado anterior se tendrán en cuenta las siguientes reglas:

1.ª La determinación de la condición de familia numerosa, del estado civil del contribuyente, del número de hijos que exceda del número mínimo de hijos exigido para que la familia haya adquirido la condición de familia numerosa de categoría general o especial y de la situación de discapacidad, se realizará de acuerdo con su situación el último día de cada mes.

2.ª El requisito de alta en el régimen correspondiente de la Seguridad Social o Mutualidad se entenderá cumplido cuando esta situación se produzca en cualquier día del mes. Este requisito no será aplicable cuando se trate de contribuyentes que perciban las prestaciones a que se refiere el séptimo párrafo del apartado 1 del artículo 81 bis de la Ley del Impuesto.

3.ª Se entenderá cumplido el requisito de percibir las prestaciones a que se refiere el séptimo párrafo del apartado 1 del artículo 81 bis de la Ley del Impuesto cuando las mismas se perciban en cualquier día del mes.

---

[68] Nueva redacción del art. 60.bis dada por el art. único Dos del Real Decreto 1461/2018, de 21 de diciembre, por el que se modifica el Reglamento del Impuesto sobre la Renta de las Personas Físicas aprobado por el Real Decreto 439/2007, de 30 de marzo, en materia de deducciones en la cuota diferencial por circunstancias familiares, obligación de declarar, pagos a cuenta, rentas vitalicias aseguradas y obligaciones registrales (BOE núm. 308, de 22 de diciembre de 2018), en vigor desde el 23 de diciembre de 2018.
Redacción anterior por su incorporación efectuada por el art. único. Uno del Real Decreto 1003/2014, de 5 de diciembre, por el que se modifica el Reglamento del Impuesto sobre la Renta de las Personas Físicas, aprobado por el Real Decreto 439/2007, de 30 de marzo, en materia de pagos a cuenta y deducciones por familia numerosa o personas con discapacidad a cargo (BOE núm. 295, de 6 de diciembre de 2014), en vigor desde el 1 de enero de 2015.

3. Los contribuyentes con derecho a la aplicación de estas deducciones podrán solicitar a la Agencia Estatal de Administración Tributaria su abono de forma anticipada por cada uno de los meses en que perciban las prestaciones a que se refiere el séptimo párrafo del apartado 1 del artículo 81 bis de la Ley del Impuesto o estén dados de alta en la Seguridad Social o Mutualidad y coticen los plazos mínimos que a continuación se indican:

a) Trabajadores con contrato de trabajo a jornada completa, en alta durante al menos quince días de cada mes en el Régimen General o en los Regímenes especiales de la Minería del Carbón y de los Trabajadores del Mar.

b) Trabajadores con contrato de trabajo a tiempo parcial cuya jornada laboral sea de, al menos, el 50 por ciento de la jornada ordinaria en la empresa, en cómputo mensual, y se encuentren en alta durante todo el mes en los regímenes citados en el párrafo anterior.

c) En el caso de trabajadores por cuenta ajena en alta en el Sistema Especial para Trabajadores por Cuenta Ajena Agrarios incluidos en el Régimen General de la Seguridad Social cuando se hubiera optado por bases diarias de cotización, que realicen, al menos, diez jornadas reales en dicho período.

d) Trabajadores incluidos en los restantes Regímenes Especiales de la Seguridad Social no citados en los párrafos anteriores o mutualistas de las respectivas mutualidades alternativas a la Seguridad Social que se encuentren en alta durante quince días en el mes.

Para el abono anticipado de la deducción por cónyuge no separado legalmente con discapacidad, la cuantía de las rentas anuales a tomar en consideración serán las correspondientes al último periodo impositivo cuyo plazo de presentación de autoliquidación hubiera finalizado al inicio del ejercicio en el que se solicita su abono anticipado.

4[69]**.** La tramitación del abono anticipado se efectuará de acuerdo con el siguiente procedimiento:

a) La solicitud se presentará en el lugar, forma y plazo que determine la Ministra de Hacienda, por cada contribuyente con derecho a deducción. No obstante, podrá optarse por presentar una solicitud colectiva por todos los contribuyentes que pudieran tener derecho a la deducción respecto de un mismo descendiente, ascendiente o familia numerosa. En este caso, deberá designarse como primer solicitante a un contribuyente que cumpla, en el momento de presentar la solicitud, los requisitos previstos en el apartado 1 del artículo 81 bis de la Ley del Impuesto.

Cada mes de enero se podrá modificar la modalidad de solicitud respecto de cada una de las deducciones.

Los solicitantes, el cónyuge no separado legalmente con discapacidad y los descendientes o ascendientes con discapacidad que se relacionen en la solicitud deberán disponer de número de identificación fiscal.

b) La Agencia Estatal de Administración Tributaria, a la vista de la solicitud recibida, y de los datos obrantes en su poder, abonará de oficio de forma anticipada y a cuenta el importe de cada deducción al solicitante. En el caso de que se hubiera efectuado una solicitud colectiva, el abono se efectuará a quien figure como primer solicitante.

---

[69]   Art. 81.bis. (Deducciones por familia numerosa o personas con discapacidad a cargo) y Disposición adicional cuadragésima segunda (Procedimiento para que los contribuyentes que perciben determinadas prestaciones apliquen las deducciones previstas en el artículo 81 bis y se les abonen de forma anticipada) de la LIRPF.

En el supuesto de que no procediera el abono anticipado se notificará tal circunstancia al contribuyente con expresión de las causas que motivan la denegación.

c) El abono de la deducción de forma anticipada se efectuará mensualmente por la Agencia Estatal de Administración Tributaria, mediante transferencia bancaria, por importe de 100 euros por cada descendiente, ascendiente o familia numerosa a que se refiere el apartado 1 del artículo 81 bis de la Ley del Impuesto, si la solicitud fue colectiva. Dicho importe será de 200 euros si se trata de una familia numerosa de categoría especial. En los supuestos de familia numerosa, dicho importe se incrementará en 50 euros mensuales por cada uno de los hijos que formen parte de la familia numerosa, que exceda del número mínimo de hijos exigido para que dicha familia haya adquirido la condición de familia numerosa de categoría general o especial, según corresponda. En caso de solicitud individual, se abonará al solicitante la cantidad que resulte de dividir el importe que proceda de los indicados anteriormente entre el número de contribuyentes con derecho a la aplicación del mínimo respecto del mismo descendiente o ascendiente con discapacidad, o entre el número de ascendientes o hermanos huérfanos de padre y madre que formen parte de la misma familia numerosa, según proceda. El importe del abono mensual de la deducción de forma anticipada por cónyuge no separado legalmente con discapacidad será de 100 euros.

La Ministra de Hacienda podrá autorizar el abono por cheque cruzado o nominativo cuando concurran circunstancias que lo justifiquen.

2.º Los contribuyentes con derecho al abono anticipado de dichas deducciones vendrán obligados a comunicar a la Administración tributaria las variaciones que afecten a su abono anticipado, así como cuando, por alguna causa o circunstancia sobrevenida, incumplan alguno de los requisitos para su percepción. La comunicación se efectuará en el lugar, forma y plazo que determine la Ministra de Hacienda.

3.º Cuando el importe de cada una de las deducciones no se correspondiera con el de su abono anticipado, los contribuyentes deberán regularizar tal situación en su declaración por este Impuesto. En el supuesto de contribuyentes no obligados a declarar, tal regularización se efectuará mediante el ingreso de las cantidades percibidas en exceso en el lugar, forma y plazo que determine la Ministra de Hacienda[70].

4.º No serán exigibles intereses de demora por la percepción, a través del abono anticipado y por causa no imputable al contribuyente, de cantidades superiores a las deducciones reguladas en el artículo 81 bis de la Ley del Impuesto.

5. Cuando dos o más contribuyentes tengan derecho a la aplicación de alguna de las anteriores deducciones respecto de un mismo descendiente, ascendiente o familia numerosa, se podrá ceder el derecho a la deducción a uno de ellos. En este caso, a efectos del cálculo de la deducción, se aplicarán las siguientes reglas especiales:

[70] Orden HFP/105/2017, de 6 de febrero, por la que se aprueba el modelo 121 «Impuesto sobre la Renta de las Personas Físicas. Deducciones por familia numerosa o por personas con discapacidad a cargo. Comunicación de la cesión del derecho a la deducción por contribuyentes no obligados a presentar declaración», y el modelo 122 «Impuesto sobre la Renta de las Personas Físicas. Deducciones por familia numerosa, por personas con discapacidad a cargo o por ascendiente con dos hijos separado legalmente o sin vínculo matrimonial. Regularización del derecho a la deducción por contribuyentes no obligados a presentar declaración», se establece el lugar, forma y plazo para su presentación y se modifica otra normativa tributaria (BOE núm. 35, de 10 de febrero de 2017).

a) El importe de la deducción no se prorrateará entre ellos sino que se aplicará íntegramente por el contribuyente en cuyo favor se hubiera cedido la deducción.

b) Se computarán los meses en que cualquiera de los contribuyentes que tuvieran derecho a la deducción cumpla los requisitos previstos en el apartado 1 de este artículo.

c) Se tendrán en cuenta de forma conjunta las cotizaciones y cuotas totales a la Seguridad Social y Mutualidades correspondientes a todos los contribuyentes que tuvieran derecho a la deducción. Lo dispuesto en esta letra no resultará de aplicación en el caso de que se hubiera cedido el derecho a la deducción a aquellos contribuyentes que perciban las prestaciones a que se refiere el séptimo párrafo del apartado 1 del artículo 81 bis de la Ley del Impuesto.

d) Los importes que, en su caso, se hubieran percibido anticipadamente, se considerarán obtenidos por el contribuyente en cuyo favor se hubiera cedido la deducción.

Cuando se hubiera optado por la percepción anticipada de la deducción presentando una solicitud colectiva, se entenderá cedido el derecho a la deducción en favor del primer solicitante. En los restantes casos, se entenderá cedido el derecho a la deducción en favor del contribuyente que aplique la deducción en su declaración, debiendo constar esta circunstancia en la declaración de todos los contribuyentes que tuvieran derecho a la deducción, salvo que el cedente sea un no obligado a declarar, en cuyo caso tal cesión se efectuará mediante la presentación del modelo en el lugar, forma y plazo que determine la Ministra de Hacienda[71].

6. Las comunidades autónomas y el Instituto de Mayores y Servicios Sociales estarán obligados a suministrar por vía electrónica a la Agencia Estatal de Administración Tributaria durante los diez primeros días de cada mes los datos de familias numerosas y discapacidad correspondientes al mes anterior.

El formato y contenido de la información serán los que, en cada momento, consten en la sede electrónica de la Agencia Estatal de Administración Tributaria en Internet.

---

[71] Orden HAP/2486/2014, de 29 de diciembre, por la que se aprueba el modelo 143 para la solicitud del abono anticipado de las deducciones por familia numerosa y personas con discapacidad a cargo del Impuesto sobre la Renta de las Personas Físicas y se regulan el lugar, plazo y formas de presentación (BOE núm. 316, de 31 de diciembre de 2014), modificada por la Orden HAP/410/2015, de 11 de marzo (BOE núm. 61, de 12 de marzo de 2015).

Orden HAC/177/2020, de 27 de febrero, por la que se aprueba el modelo 140, de solicitud del abono anticipado de la deducción por maternidad del Impuesto sobre la Renta de las Personas Físicas y se regula la comunicación de variaciones que afecten al derecho a su abono anticipado (BOE núm. 52, de 29 de febrero de 2020).

Orden HFP/105/2017, de 6 de febrero, por la que se aprueba el modelo 121 «Impuesto sobre la Renta de las Personas Físicas. Deducciones por familia numerosa o por personas con discapacidad a cargo. Comunicación de la cesión del derecho a la deducción por contribuyentes no obligados a presentar declaración», y el modelo 122 «Impuesto sobre la Renta de las Personas Físicas. Deducciones por familia numerosa, por personas con discapacidad a cargo o por ascendiente con dos hijos separado legalmente o sin vínculo matrimonial. Regularización del derecho a la deducción por contribuyentes no obligados a presentar declaración», se establece el lugar, forma y plazo para su presentación y se modifica otra normativa tributaria (BOE núm. 35, de 10 de febrero de 2017).

TÍTULO VI. GESTIÓN DEL IMPUESTO

CAPÍTULO I. Obligación de declarar

Artículo 61. *Obligación de declarar.*

1[72]. Los contribuyentes estarán obligados a presentar y suscribir declaración por este Impuesto en los términos previstos en el artículo 96 de la Ley del Impuesto. A efectos de lo dispuesto en el apartado 4 de dicho artículo, estarán obligados a declarar en todo caso los contribuyentes que tengan derecho a deducción por doble imposición internacional o que realicen aportaciones a patrimonios protegidos de las personas con discapacidad, planes de pensiones, planes de previsión asegurados, planes de previsión social empresarial, seguros de dependencia o mutualidades de previsión social que reduzcan la base imponible, cuando ejerciten tal derecho.

2[73]. No tendrán que declarar, sin perjuicio de lo dispuesto en el apartado anterior, los contribuyentes que obtengan exclusivamente rendimientos del trabajo, del capital, de actividades económicas y ganancias patrimoniales, hasta un importe máximo conjunto de 1.000 euros anuales, y pérdidas patrimoniales de cuantía inferior a 500 euros, en tributación individual o conjunta

No obstante lo anterior, estarán en cualquier caso obligadas a declarar todas aquellas personas físicas que en cualquier momento del período impositivo hubieran estado de alta, como trabajadores por cuenta propia, en el Régimen Especial de Trabajadores por Cuenta

---

[72]   Nueva redacción del art. 61.1 dada por el art. Primero.veintiuno del Real Decreto 633/2015, de 10 de julio, por el que se modifican el Reglamento del Impuesto sobre la Renta de las Personas Físicas, aprobado por el Real Decreto 439/2007, de 30 de marzo, y el Reglamento del Impuesto sobre la Renta de no Residentes, aprobado por el Real Decreto 1776/2004, de 30 de julio (BOE núm. 165, de 11 de julio de 2015), en vigor desde el día siguiente de su publicación en el BOE, siendo aplicable a los períodos impositivos que se inicien a partir del 1 de enero de 2015.

Redacción anterior dada por el por el art. segundo primero. Seis del Real Decreto 960/2013, de 5 de diciembre, por el que se por el que se modifican el Reglamento del Impuesto sobre Sociedades, aprobado por el Real Decreto 1777/2004, de 30 de julio; el Reglamento del Impuesto sobre la Renta de las Personas Físicas, aprobado por el Real Decreto 439/2007, de 30 de marzo; el Reglamento del Impuesto sobre la Renta de no Residentes, aprobado por el Real Decreto 1776/2004, de 30 de julio; el Reglamento General de las actuaciones y los procedimientos de gestión e inspección tributaria y de desarrollo de las normas comunes de los procedimientos de aplicación de los tributos, aprobado por el Real Decreto 1065/2007, de 27 de julio, y el Reglamento General de Recaudación, aprobado por el Real Decreto 939/2005, de 29 de julio (BOE núm. 292, de 6 de diciembre de 2013), con efectos desde el 1 de enero de 2013.

[73]   Nueva redacción del art. 61.2 dada el art. primero Tres del Real Decreto 1008/2023, de 5 de diciembre, por el que se modifican el Reglamento del Impuesto sobre la Renta de las Personas Físicas, aprobado por el Real Decreto 439/2007, de 30 de marzo, en materia de retribuciones en especie, deducción por maternidad, obligación de declarar, pagos a cuenta y régimen especial aplicable a trabajadores, profesionales, emprendedores e inversores desplazados a territorio español, y el Reglamento del Impuesto sobre Sociedades, aprobado por el Real Decreto 634/2015, de 10 de julio, en materia de retenciones e ingresos a cuenta (BOE núm. 291, de 6 de diciembre de 2023), en vigor desde el 7 de diciembre de 2023.

Redacción anterior: «2. No tendrán que declarar, sin perjuicio de lo dispuesto en el apartado anterior, los contribuyentes que obtengan exclusivamente rendimientos del trabajo, del capital, de actividades económicas y ganancias patrimoniales, hasta un importe máximo conjunto de 1.000 euros anuales, y pérdidas patrimoniales de cuantía inferior a 500 euros, en tributación individual o conjunta».

Propia o Autónomos, o en el Régimen Especial de la Seguridad Social de los Trabajadores del Mar.

3[74]**.** Tampoco tendrán que declarar, sin perjuicio de lo dispuesto en los apartados anteriores, los contribuyentes que obtengan rentas procedentes exclusivamente de las siguientes fuentes, en tributación individual o conjunta:

---

[74]   Nueva redacción del art. 61.3 dada el art. primero Tres del Real Decreto 1008/2023, de 5 de diciembre, por el que se modifican el Reglamento del Impuesto sobre la Renta de las Personas Físicas, aprobado por el Real Decreto 439/2007, de 30 de marzo, en materia de retribuciones en especie, deducción por maternidad, obligación de declarar, pagos a cuenta y régimen especial aplicable a trabajadores, profesionales, emprendedores e inversores desplazados a territorio español, y el Reglamento del Impuesto sobre Sociedades, aprobado por el Real Decreto 634/2015, de 10 de julio, en materia de retenciones e ingresos a cuenta (BOE núm. 291, de 6 de diciembre de 2023), en vigor desde el 7 de diciembre de 2023.

Redacción anterior dada por el art. único Tres del Real Decreto 1461/2018, de 21 de diciembre, por el que se modifica el Reglamento del Impuesto sobre la Renta de las Personas Físicas aprobado por el Real Decreto 439/2007, de 30 de marzo, en materia de deducciones en la cuota diferencial por circunstancias familiares, obligación de declarar, pagos a cuenta, rentas vitalicias aseguradas y obligaciones registrales (BOE núm. 308, de 22 de diciembre de 2018), en vigor desde el 1 de enero de 2019: «*3. Tampoco tendrán que declarar, sin perjuicio de lo dispuesto en los apartados anteriores, los contribuyentes que obtengan rentas procedentes exclusivamente de las siguientes fuentes, en tributación individual o conjunta:*

A) Rendimientos íntegros del trabajo, con los siguientes límites:

1.º Con carácter general, 22.000 euros anuales, cuando procedan de un solo pagador. Este límite también se aplicará cuando se trate de contribuyentes que perciban rendimientos procedentes de más de un pagador y concurra cualquiera de las dos situaciones siguientes:

a) Que la suma de las cantidades percibidas del segundo y restantes pagadores, por orden de cuantía, no supere en su conjunto la cantidad de 1.500 euros anuales.

b) Que sus únicos rendimientos del trabajo consistan en las prestaciones pasivas a que se refiere el artículo 17.2.a) de la Ley del Impuesto y la determinación del tipo de retención aplicable se hubiera realizado de acuerdo con el procedimiento especial regulado en el artículo 89.A) de este Reglamento.

2.º 14.000 euros anuales, cuando:

a) Procedan de más de un pagador, siempre que la suma de las cantidades percibidas del segundo y restantes pagadores, por orden de cuantía, superen en su conjunto la cantidad de 1.500 euros anuales.

b) Se perciban pensiones compensatorias del cónyuge o anualidades por alimentos diferentes de las previstas en el artículo 7, letra k), de la Ley del Impuesto.

c) El pagador de los rendimientos del trabajo no esté obligado a retener de acuerdo con lo previsto en el artículo 76 de este Reglamento.

d) Cuando se perciban rendimientos íntegros del trabajo sujetos a los tipos fijos de retención previstos en los números 3.º y 4.º del artículo 80.1 de este Reglamento.

B) Rendimientos íntegros del capital mobiliario y ganancias patrimoniales sometidos a retención o ingreso a cuenta, con el límite conjunto de 1.600 euros anuales.

Lo dispuesto en esta letra no será de aplicación respecto de las ganancias patrimoniales procedentes de transmisiones o reembolsos de acciones o participaciones de instituciones de inversión colectiva en las que la base de retención, conforme a lo establecido en el apartado 2 del artículo 97 de este Reglamento, no proceda determinarla por la cuantía a integrar en la base imponible.

C) Rentas inmobiliarias imputadas a las que se refiere el artículo 85 de la Ley del Impuesto, rendimientos íntegros del capital mobiliario no sujetos a retención derivados de Letras del Tesoro y subvenciones para la adquisición de viviendas de protección oficial o de precio tasado y demás ganancias patrimoniales derivadas de ayudas públicas, con el límite conjunto de 1.000 euros anuales».

Redacción anterior del art. 61.3 dada por el art. Primero.veintiuno del Real Decreto 633/2015, de 10 de julio, por el que se modifican el Reglamento del Impuesto sobre la Renta de las Personas Físicas, aprobado por el Real Decreto 439/2007, de 30 de marzo, y el Reglamento del Impuesto sobre la Renta de no Residentes, aprobado por el Real Decreto 1776/2004, de 30 de julio (BOE núm. 165, de 11 de julio de 2015),

A) Rendimientos íntegros del trabajo, con los siguientes límites:

1.º Con carácter general, 22.000 euros anuales, cuando procedan de un solo pagador. Este límite también se aplicará cuando se trate de contribuyentes que perciban rendimientos procedentes de más de un pagador y concurra cualquiera de las dos situaciones siguientes:

a) Que la suma de las cantidades percibidas del segundo y restantes pagadores, por orden de cuantía, no supere en su conjunto la cantidad de 1.500 euros anuales.

b) Que sus únicos rendimientos del trabajo consistan en las prestaciones pasivas a que se refiere el artículo 17.2.a) de la Ley del Impuesto y la determinación del tipo de retención aplicable se hubiera realizado de acuerdo con el procedimiento especial regulado en el artículo 89.A) de este reglamento.

2.º 15.000 euros anuales, cuando:

en vigor desde el día siguiente de su publicación en el BOE, siendo aplicable a los períodos impositivos que se inicien a partir del 1 de enero de 2015: «3. *Tampoco tendrán que declarar, sin perjuicio de lo dispuesto en los apartados anteriores, los contribuyentes que obtengan rentas procedentes exclusivamente de las siguientes fuentes, en tributación individual o conjunta:*

A) Rendimientos íntegros del trabajo, con los siguientes límites:

1.º Con carácter general, 22.000 euros anuales, cuando procedan de un solo pagador. Este límite también se aplicará cuando se trate de contribuyentes que perciban rendimientos procedentes de más de un pagador y concurra cualquiera de las dos situaciones siguientes:

a) Que la suma de las cantidades percibidas del segundo y restantes pagadores, por orden de cuantía, no supere en su conjunto la cantidad de 1.500 euros anuales.

b) Que sus únicos rendimientos del trabajo consistan en las prestaciones pasivas a que se refiere el artículo 17.2. a) de la Ley del Impuesto y la determinación del tipo de retención aplicable se hubiera realizado de acuerdo con el procedimiento especial regulado en el artículo 89.A) de este Reglamento.

2.º 12.000 euros anuales, cuando:

a) Procedan de más de un pagador, siempre que la suma de las cantidades percibidas del segundo y restantes pagadores, por orden de cuantía, superen en su conjunto la cantidad de 1.500 euros anuales.

b) Se perciban pensiones compensatorias del cónyuge o anualidades por alimentos diferentes de las previstas en el artículo 7, letra k), de la Ley del Impuesto.

c) El pagador de los rendimientos del trabajo no esté obligado a retener de acuerdo con lo previsto en el artículo 76 de este Reglamento.

d) Cuando se perciban rendimientos íntegros del trabajo sujetos a los tipos fijos de retención previstos en los números 3.º y 4.º del artículo 80.1 de este Reglamento.

B) Rendimientos íntegros del capital mobiliario y ganancias patrimoniales sometidos a retención o ingreso a cuenta, con el límite conjunto de 1.600 euros anuales.

Lo dispuesto en esta letra no será de aplicación respecto de las ganancias patrimoniales procedentes de transmisiones o reembolsos de acciones o participaciones de instituciones de inversión colectiva en las que la base de retención, conforme a lo establecido en el apartado 2 del artículo 97 de este Reglamento, no proceda determinarla por la cuantía a integrar en la base imponible.

C) Rentas inmobiliarias imputadas a las que se refiere el artículo 85 de la Ley del Impuesto, rendimientos íntegros del capital mobiliario no sujetos a retención derivados de Letras del Tesoro y subvenciones para la adquisición de viviendas de protección oficial o de precio tasado, con el límite conjunto de 1.000 euros anuales».

Redacción anterior de la letra A) del art. 61.3 dada por el por el art. segundo primero. Seis del Real Decreto 960/2013, de 5 de diciembre (BOE núm. 292, de 6 de diciembre de 2013), con efectos desde el 1 de enero de 2013. Redacción anterior de la letra B) del art. 61.3 dada por el art. segundo tercero Uno del Real Decreto 960/2013, de 5 de diciembre (BOE núm. 292, de 6 de diciembre de 2013), con efectos desde el 1 de enero de 2014. Redacción de la letra C) del artículo 61.3 dada por el art. único.dos del Real Decreto 1757/2007, de 28 de diciembre (BOE núm. 313, de 31 de diciembre de 2007), con efectos desde el 1-I-2007.

a) Procedan de más de un pagador, siempre que la suma de las cantidades percibidas del segundo y restantes pagadores, por orden de cuantía, superen en su conjunto la cantidad de 1.500 euros anuales.

b) Se perciban pensiones compensatorias del cónyuge o anualidades por alimentos diferentes de las previstas en el artículo 7, letra k), de la Ley del Impuesto.

c) El pagador de los rendimientos del trabajo no esté obligado a retener de acuerdo con lo previsto en el artículo 76 de este reglamento.

d) Cuando se perciban rendimientos íntegros del trabajo sujetos a los tipos fijos de retención previstos en los números 3.º y 4.º del artículo 80.1 de este reglamento.

B) Rendimientos íntegros del capital mobiliario y ganancias patrimoniales sometidos a retención o ingreso a cuenta, con el límite conjunto de 1.600 euros anuales. Lo dispuesto en esta letra no será de aplicación respecto de las ganancias patrimoniales procedentes de transmisiones o reembolsos de acciones o participaciones de instituciones de inversión colectiva en las que la base de retención, conforme a lo establecido en el apartado 2 del artículo 97 de este reglamento, no proceda determinarla por la cuantía a integrar en la base imponible.

C) Rentas inmobiliarias imputadas a las que se refiere el artículo 85 de la Ley del Impuesto, rendimientos íntegros del capital mobiliario no sujetos a retención derivados de Letras del Tesoro y subvenciones para la adquisición de viviendas de protección oficial o de precio tasado y demás ganancias patrimoniales derivadas de ayudas públicas, con el límite conjunto de 1.000 euros anuales.

4. La presentación de la declaración, en los supuestos en que exista obligación de efectuarla, será necesaria para solicitar devoluciones por razón de los pagos a cuenta efectuados.

5. El Ministro de Economía y Hacienda aprobará los modelos de declaración y establecerá la forma, lugar y plazos de su presentación, así como los supuestos y condiciones de presentación de las declaraciones por medios telemáticos. Los contribuyentes deberán cumplimentar la totalidad de los datos solicitados en las declaraciones y acompañar los documentos y justificantes que se determinen.

El Ministro de Economía y Hacienda podrá establecer, por causas excepcionales, plazos especiales de declaración para un grupo determinado de contribuyentes o para los ámbitos territoriales que se determine.

6. En el caso de optar por tributar conjuntamente, la declaración será suscrita y presentada por los miembros de la unidad familiar mayores de edad, que actuarán en representación de los hijos integrados en ella, en los términos del artículo 45.º de la Ley 58/2003, de 17 de diciembre, General Tributaria.

Artículo 62[75]. *Autoliquidación e ingreso.*

1[76]. Los contribuyentes que estén obligados a declarar por este Impuesto, al tiempo de presentar su declaración, deberán determinar la deuda tributaria correspondiente e ingresarla en el lugar, forma y plazos determinados por el Ministro de Economía y Hacienda.

---

[75]   Art. 97 (Autoliquidación) de la LIRPF.

[76]   Orden HAC/320/2021, de 6 de abril, por la que se establece un fraccionamiento extraordinario para el pago de la deuda tributaria derivada de la declaración del Impuesto sobre la Renta de las Personas Físicas para beneficiarios durante el año 2020 de prestaciones vinculadas a Expedientes de Regulación Temporal de Empleo (BOE núm. 83, de 7 de abril de 2021).

Si, al tiempo de presentar la declaración, se hubiera solicitado la suspensión del ingreso de la totalidad o de parte de la deuda tributaria resultante de la autoliquidación, de acuerdo con lo establecido en el apartado 6 del artículo 97 de la Ley del Impuesto, se seguirá el procedimiento regulado en el mismo.

La solicitud de suspensión se referirá al ingreso de alguna de las siguientes cuantías:

a) A la totalidad de la deuda tributaria, cuando la misma sea igual o inferior a la devolución resultante de la autoliquidación presentada por el cónyuge por este mismo Impuesto.

b) Al mismo importe que la devolución resultante de la autoliquidación presentada por el cónyuge, cuando la deuda tributaria sea superior.

2[77]**.** Sin perjuicio de la posibilidad de aplazamiento o fraccionamiento del pago prevista en el artículo 65 de la Ley 58/2003, de 17 de diciembre, General Tributaria, y desarrollado en los artículos 44 y siguientes del Reglamento General de Recaudación, aprobado por el Real Decreto 939/2005, de 29 de julio, el ingreso del importe resultante de la autoliquidación se podrá fraccionar, sin interés o recargo alguno, en dos partes: la primera, del 60 por ciento de su importe, en el momento de presentar la declaración, y la segunda, del 40 por ciento restante, en el plazo que se determine según lo establecido en el apartado anterior. La falta de ingreso en plazo de la primera fracción determinará el inicio del periodo ejecutivo para el importe total autoliquidado.

Para disfrutar de este beneficio será necesario que la declaración se presente dentro del plazo establecido y que en el mismo se hubiera ingresado el 60 por ciento de la deuda tributaria resultante de la autoliquidación. No podrá fraccionarse, según el procedimiento establecido en el párrafo anterior, el ingreso de las autoliquidaciones complementarias.

3. El pago de la deuda tributaria podrá realizarse mediante entrega de bienes integrantes del Patrimonio Histórico Español que estén inscritos en el Inventario General de Bienes Muebles o en el Registro General de Bienes de Interés Cultural, de acuerdo con lo dispuesto en el artículo 73 de la Ley 16/1985, de 25 de junio, del Patrimonio Histórico Español.

Artículo 63. *Fraccionamiento en los supuestos de fallecimiento y de pérdida de la residencia en España.*

1. En el caso del fallecimiento del contribuyente previsto en el artículo 14.4 de la Ley del Impuesto, todas las rentas pendientes de imputación deberán integrarse en la base imponible del último período impositivo que deba declararse por este Impuesto.

2[78]**.** En el caso de que el contribuyente pierda su condición por cambio de residencia, de acuerdo con lo previsto en el primer párrafo del artículo 14.3 de la Ley del Impuesto, todas las

---

[77]　Nueva redacción del art. 62.2 por el art. seis uno del Real Decreto 249/2023, de 4 de abril (BOE núm. 81, de 5 de abril 2023) en vigor desde el 25 de abril de 2023.

　　Redacción anterior dada por el art. 8.Tres del Real Decreto 1975/2008, de 28 de noviembre, sobre las medidas urgentes a adoptar en materia económica, fiscal, de empleo y de acceso a la vivienda, con efectos, en virtud de su Disposición Final única, a partir del 1 de enero de 2009.

[78]　Nueva redacción del art. 63.2 dada por el por el art. segundo primero. Siete del Real Decreto 960/2013, de 5 de diciembre, por el que se por el que se modifican el Reglamento del Impuesto sobre Sociedades, aprobado por el Real Decreto 1777/2004, de 30 de julio; el Reglamento del Impuesto sobre la Renta de las Personas Físicas, aprobado por el Real Decreto 439/2007, de 30 de marzo; el Reglamento del Impuesto sobre la Renta de no Residentes, aprobado por el Real Decreto 1776/2004, de 30 de julio; el Reglamento General de las actuaciones y los procedimientos de gestión e inspección tributaria y de desarrollo de las normas comunes de los procedimientos de aplicación de los tributos, aprobado por el Real Decreto

rentas pendientes de imputación deberán integrarse en la base imponible correspondiente al último período que deba declararse por este Impuesto, practicándose, en su caso, autoliquidación complementaria, sin sanción, ni intereses de demora ni recargo alguno, en el plazo de tres meses desde que el contribuyente pierda su condición por cambio de residencia.

3[79]. En estos supuestos, los sucesores del causante o el contribuyente podrán solicitar el fraccionamiento de la parte de deuda tributaria correspondiente a dichas rentas, calculada aplicando el tipo regulado en el artículo 80.2 de la Ley del Impuesto.

4. El fraccionamiento se regirá por las normas previstas en la subsección 2.0 de la sección 1.0 del capítulo I del título II del Reglamento General de Recaudación, aprobado por el Real Decreto 939/2005, de 29 de julio, con las siguientes especialidades:

a) Las solicitudes deberán formularse dentro del plazo reglamentario de declaración.

b) El solicitante deberá ofrecer garantía en forma de aval solidario de entidad de crédito o sociedad de garantía recíproca o certificado de seguro de caución, en los términos previstos en el Reglamento General de Recaudación.

c) En caso de concesión del fraccionamiento solicitado, la cuantía y el plazo de cada fracción se concederá en función de los períodos impositivos a los que correspondería imputar dichas rentas en caso de que el fallecimiento, o la pérdida de la condición de contribuyente no se hubiera producido, con el límite de cuatro años. La parte correspondiente a períodos que superen dicho límite se imputará por partes iguales durante el período de fraccionamiento.

Artículo 64. *Borrador de declaración.*

1. Los contribuyentes podrán solicitar la remisión de un borrador de declaración en los términos previstos en el artículo 98 de la Ley del Impuesto.

A tales efectos, la Administración tributaria podrá requerir a los contribuyentes la presentación de la información y documentos que resulten necesarios para su elaboración.

El Ministro de Economía y Hacienda determinará el lugar, plazo, forma y procedimiento de dicho requerimiento.

2. Cuando el contribuyente considere que el borrador de declaración no refleja su situación tributaria a efectos de este Impuesto, deberá presentar la correspondiente declaración, de acuerdo con lo dispuesto en el artículo 97 de la Ley del Impuesto.

No obstante, podrá instar la rectificación del borrador recibido cuando considere que han de añadirse datos personales o económicos no incluidos en el mismo o advierta que contiene datos erróneos o inexactos. En ningún caso, la rectificación podrá suponer la inclusión de rentas distintas de las enumeradas en el artículo 98 de la Ley del Impuesto.

El Ministro de Economía y Hacienda determinará el lugar, plazo, forma y procedimiento para realizar dicha rectificación.

Artículo 65. *Devoluciones derivadas de la normativa del tributo.*

1. A efectos de lo dispuesto en el artículo 103 de la Ley del Impuesto, la solicitud de devolución derivada de la normativa del tributo deberá efectuarse mediante la presentación de

---

1065/2007, de 27 de julio, y el Reglamento General de Recaudación, aprobado por el Real Decreto 939/2005, de 29 de julio (BOE núm. 292, de 6 de diciembre de 2013), con efectos desde el 1 de enero de 2013.

[79]   Art. 97.5 (Autoliquidación), de la LIRPF.

la correspondiente declaración, ya consista ésta en una autoliquidación o en el borrador de declaración suscrito o confirmado por el contribuyente.

2. Las devoluciones a que se refiere el artículo 103 de la Ley del Impuesto se realizarán por transferencia bancaria.

3. El Ministro de Economía y Hacienda podrá autorizar las devoluciones a que se refiere el apartado anterior por cheque cruzado o nominativo cuando concurran circunstancias que lo justifiquen.

Artículo 66. *Liquidación provisional a no obligados a presentar declaración.*

1. A los contribuyentes no obligados a presentar declaración conforme al artículo 96 de la Ley del Impuesto sólo se les practicará la liquidación provisional a que se refiere el artículo 102 de la Ley del Impuesto cuando los datos facilitados por el contribuyente al pagador de rendimientos del trabajo sean falsos, incorrectos o inexactos, y se hayan practicado, como consecuencia de ello, unas retenciones inferiores a las que habrían sido procedentes. Para la práctica de esta liquidación provisional sólo se computarán las retenciones efectivamente practicadas que se deriven de los datos facilitados por el contribuyente al pagador.

Igualmente, cuando soliciten la devolución que corresponda mediante la presentación de la oportuna autoliquidación o del borrador debidamente suscrito o confirmado, la liquidación provisional que pueda practicar la Administración tributaria no podrá implicar a cargo del contribuyente ninguna obligación distinta a la restitución de lo previamente devuelto más el interés de demora a que se refiere el artículo 26.6 de la Ley 58/2003, de 17 de diciembre, General Tributaria.

2. Lo dispuesto en el apartado anterior se entenderá sin perjuicio de la posterior comprobación o investigación que pueda realizar la Administración tributaria.

Artículo 67. *Colaboración externa en la presentación y gestión de declaraciones.*

1. La Agencia Estatal de Administración Tributaria podrá hacer efectiva la colaboración social en la presentación de declaraciones por este Impuesto a través de acuerdos con las Comunidades Autónomas y otras Administraciones públicas, con entidades, instituciones y organismos representativos de sectores o intereses sociales, laborales, empresariales o profesionales, o bien directamente con empresas, en relación con la facilitación de estos servicios a sus trabajadores.

2. Los acuerdos a que se refiere el apartado anterior podrán referirse, entre otros, a los siguientes aspectos:

a) Campañas de información y difusión.

b) Asistencia en la realización de declaraciones y en su cumplimentación correcta y veraz.

c) Remisión de declaraciones a la Administración tributaria.

d) Subsanación de defectos, previa autorización de los contribuyentes.

e) Información del estado de tramitación de las devoluciones de oficio, previa autorización de los contribuyentes.

3. La Agencia Estatal de Administración Tributaria proporcionará la asistencia técnica necesaria para el desarrollo de las indicadas actuaciones sin perjuicio de ofrecer dichos servicios con carácter general a los contribuyentes.

4. Mediante Orden del Ministro de Economía y Hacienda se establecerán los supuestos y condiciones en que las entidades que hayan suscrito los citados acuerdos podrán presentar por medios telemáticos declaraciones, autoliquidaciones o cualesquiera otros documentos exigidos por la normativa tributaria, en representación de terceras personas.

Dicha Orden podrá prever igualmente que otras personas o entidades accedan a dicho sistema de presentación por medios telemáticos en representación de terceras personas.

Artículo 67 bis[80] *Rectificación de autoliquidaciones.*

1. Los contribuyentes deberán rectificar, completar o modificar las autoliquidaciones presentadas por este Impuesto mediante la presentación de una autoliquidación rectificativa, utilizando el modelo de declaración aprobado por la persona titular del Ministerio de Hacienda.

No obstante lo dispuesto en el párrafo anterior, cuando el motivo de la rectificación del obligado tributario sea exclusivamente la alegación razonada de una eventual vulneración por la norma aplicada en la autoliquidación previa de los preceptos de otra norma de rango superior legal, constitucional, de Derecho de la Unión Europea o de un Tratado o Convenio internacional se podrá instar la rectificación a través del procedimiento previsto en el artículo 120.3 de la Ley 58/2003, de 17 de diciembre, General Tributaria, y desarrollado en los artículos 126 a 128 del Reglamento General de las actuaciones y los procedimientos de gestión e inspección tributaria y de desarrollo de las normas comunes de los procedimientos de aplicación de los tributos, aprobado por Real Decreto 1065/2007, de 27 de julio. Si este motivo

---

[80] Nueva redacción del art. 67 bis incorporado por la Disp. Final Cuarta del Real Decreto 117/2024, de 30 de enero, por el que se desarrollan las normas y los procedimientos de diligencia debida en el ámbito del intercambio automático obligatorio de información comunicada por los operadores de plataformas, y se modifican el Reglamento General de las actuaciones y los procedimientos de gestión e inspección tributaria y de desarrollo de las normas comunes de los procedimientos de aplicación de los tributos, aprobado por el Real Decreto 1065/2007, de 27 de julio, en transposición de la Directiva (UE) 2021/514 del Consejo de 22 de marzo de 2021 por la que se modifica la Directiva 2011/16/UE relativa a la cooperación administrativa en el ámbito de la fiscalidad, y otras normas tributarias (BOE núm. 27, de 31 de enero de 2024), con efectos desde el 1 de febrero de 2024.

Redacción anterior de art. 67.bis incorporado por el art. 1.Seis del Real Decreto 1074/2017, de 29 de diciembre, por el que se modifican el Reglamento del Impuesto sobre la Renta de las Personas Físicas, aprobado por el Real Decreto 439/2007, de 30 de marzo, el Reglamento del Impuesto sobre Sociedades, aprobado por el Real Decreto 634/2015, de 10 de julio, y el Reglamento del Impuesto sobre Sucesiones y Donaciones, aprobado por el Real Decreto 1629/1991, de 8 de noviembre (BOE núm. 317, de 30 de diciembre de 2017), en vigor desde el 30 de diciembre de 2017: «*Rectificación de autoliquidaciones.*

Los contribuyentes podrán solicitar la rectificación de las autoliquidaciones presentadas por este Impuesto utilizando, de forma voluntaria, el modelo de declaración aprobado por el Ministro de Hacienda y Función Pública.

El procedimiento así iniciado se regirá por lo dispuesto en los artículos 120.3 de la Ley 58/2003, de 17 de diciembre, General Tributaria, y 126 a 128 del Reglamento General de las actuaciones y los procedimientos de gestión e inspección tributaria y de desarrollo de las normas comunes de los procedimientos de aplicación de los tributos, aprobado por Real Decreto 1065/2007, de 27 de julio, con las siguientes especialidades para el caso de que la Administración tributaria, habiendo limitado sus actuaciones a contrastar la documentación presentada por el interesado con los datos y antecedentes que obren en poder de aquella, acuerde rectificar la autoliquidación en los términos solicitados por el contribuyente:

a) El acuerdo de la Administración no impedirá la posterior comprobación del objeto del procedimiento.

b) Si el acuerdo diese lugar exclusivamente a una devolución derivada de la normativa del tributo y no procediese el abono de intereses de demora, se entenderá notificado dicho acuerdo por la recepción de la transferencia bancaria, sin necesidad de que la Administración tributaria efectúe una liquidación provisional».

concurriese con otros de distinta naturaleza, por estos últimos el obligado tributario deberá presentar una autoliquidación rectificativa.

2. La autoliquidación rectificativa de una autoliquidación previa se podrá presentar antes de que haya prescrito el derecho de la Administración para determinar la deuda tributaria mediante liquidación o el derecho a solicitar la devolución que, en su caso, proceda. Cuando se presente fuera del plazo de declaración tendrá el carácter de extemporánea.

3. En la autoliquidación rectificativa constará expresamente esta circunstancia y la obligación tributaria y período a que se refiere, así como la totalidad de los datos que deban ser declarados y otros que puedan establecerse en la Orden Ministerial reguladora del modelo de declaración aprobada por la persona titular del Ministerio de Hacienda, como los motivos de rectificación. A estos efectos, se incorporarán los datos incluidos en la autoliquidación presentada con anterioridad que no sean objeto de modificación, los que sean objeto de modificación y los de nueva inclusión.

4. La autoliquidación rectificativa podrá rectificar, completar o modificar la autoliquidación presentada con anterioridad. En particular:

a) Cuando de la rectificación efectuada resulte un importe a ingresar superior al de la autoliquidación anterior o una cantidad a devolver inferior a la anteriormente autoliquidada se aplicará el régimen previsto para las autoliquidaciones complementarias en el artículo 122.2 de la Ley 58/2003, de 17 de diciembre, General Tributaria, y su normativa de desarrollo.

b) En los casos no contemplados en la letra anterior, cuando del cálculo efectuado en la autoliquidación rectificativa resulte una cantidad a devolver, con la presentación de la autoliquidación rectificativa se entenderá solicitada la devolución, que se tramitará conforme al régimen del procedimiento previsto en los artículos 124 a 127 de la Ley 58/2003, de 17 de diciembre, General Tributaria, y su normativa de desarrollo, sin perjuicio de la obligación de abono de intereses de demora conforme a lo establecido en el apartado 3 del artículo 120 de dicha Ley.

El plazo para efectuar la devolución será de seis meses contados desde la finalización del plazo reglamentario para la presentación de la autoliquidación o, si éste hubiese concluido, desde la presentación de la autoliquidación rectificativa.

Si con la presentación de la autoliquidación previa se hubiera solicitado una devolución y ésta no se hubiera efectuado al tiempo de presentar la autoliquidación rectificativa, con la presentación de esta última se considerará finalizado el procedimiento iniciado mediante la presentación de la autoliquidación previa.

c) Cuando de la rectificación efectuada resulte una minoración del importe a ingresar de la autoliquidación previa y no proceda una cantidad a devolver, se mantendrá la obligación de pago hasta el límite del importe a ingresar resultante de la autoliquidación rectificativa.

Si la deuda resultante de la autoliquidación previa estuviera aplazada o fraccionada, con la presentación de la autoliquidación rectificativa se entenderá solicitada la modificación en las condiciones del aplazamiento o fraccionamiento conforme a lo previsto en el segundo párrafo del apartado 3 del artículo 52 del Reglamento General de Recaudación, aprobado por Real Decreto 939/2005, de 29 de julio.

5. La autoliquidación rectificativa no producirá efectos respecto a aquellos elementos que hayan sido regularizados mediante liquidación definitiva o provisional en los términos a que se refieren los apartados 2 y 3 del artículo 126 del Reglamento General de las actuaciones y los procedimientos de gestión e inspección tributaria y de desarrollo de las normas comunes de los procedimientos de aplicación de los tributos, aprobado por el Real Decreto 1065/2007, de 27 de julio, respectivamente.

CAPÍTULO II. Obligaciones formales, contables y registrales

Artículo 68[81]. *Obligaciones formales, contables y registrales.*

1. Los contribuyentes del Impuesto sobre la Renta de las Personas Físicas estarán obligados a conservar, durante el plazo máximo de prescripción, los justificantes y documentos acreditativos de las operaciones, rentas, gastos, ingresos, reducciones y deducciones de cualquier tipo que deban constar en sus declaraciones, a aportarlos juntamente con las declaraciones del Impuesto, cuando así se establezca y a exhibirlos ante los órganos competentes de la Administración tributaria, cuando sean requeridos al efecto.

2. Los contribuyentes que desarrollen actividades empresariales cuyo rendimiento se determine en la modalidad normal del método de estimación directa, estarán obligados a llevar contabilidad ajustada a lo dispuesto en el Código de Comercio.

3. No obstante lo dispuesto en el apartado anterior, cuando la actividad empresarial realizada no tenga carácter mercantil, de acuerdo con el Código de Comercio, las obligaciones contables se limitarán a la llevanza de los siguientes libros registros:

a) Libro registro de ventas e ingresos.

b) Libro registro de compras y gastos.

c) Libro registro de bienes de inversión.

4. Los contribuyentes que desarrollen actividades empresariales cuyo rendimiento se determine en la modalidad simplificada del método de estimación directa, estarán obligados a la llevanza de los libros señalados en el apartado anterior.

5. Los contribuyentes que ejerzan actividades profesionales cuyo rendimiento se determine en método de estimación directa, en cualquiera de sus modalidades, estarán obligados a llevar los siguientes libros registros:

a) Libro registro de ingresos.

b) Libro registro de gastos.

c) Libro registro de bienes de inversión.

d) Libro registro de provisiones de fondos y suplidos.

6[82]**.** Los contribuyentes que desarrollen actividades económicas que determinen su rendimiento neto mediante el método de estimación objetiva deberán conservar, numeradas por

---

[81]   Art. 104 (Obligaciones formales de los contribuyentes), de la LIRPF.
Real Decreto 1619/2012, de 30 de noviembre, por el que se aprueba el Reglamento por el que se regulan las obligaciones de facturación (BOE núm. 289, de 1 de diciembre de 2012).
Orden HAC/773/2019, de 28 de junio, por la que se regula la llevanza de los libros registros en el Impuesto sobre la Renta de las Personas Físicas (BOE núm. 170, de 17 de julio de 2019) que deroga la anterior Orden de 4 de mayo de 1993 por la que se regula la forma de llevanza y el diligenciado de los libros-registros en el Impuesto sobre la Renta de las Personas Físicas (BOE de 6 de mayo).

[82]   Nueva redacción del art. 68.6 dada por el art. segundo tercero Dos del Real Decreto 960/2013, de 5 de diciembre, por el que se por el que se modifican el Reglamento del Impuesto sobre Sociedades, aprobado por el Real Decreto 1777/2004, de 30 de julio; el Reglamento del Impuesto sobre la Renta de las Personas Físicas, aprobado por el Real Decreto 439/2007, de 30 de marzo; el Reglamento del Impuesto sobre la Renta de no Residentes, aprobado por el Real Decreto 1776/2004, de 30 de julio; el Reglamento General de las actuaciones y los procedimientos de gestión e inspección tributaria y de desarrollo de las normas

orden de fechas y agrupadas por trimestres, las facturas emitidas de acuerdo con lo previsto en el Reglamento por el que se regulan las obligaciones de facturación, aprobado por el Real Decreto 1619/2012, de 30 de noviembre, y las facturas o justificantes documentales de otro tipo recibidos. Igualmente, deberán conservar los justificantes de los signos, índices o módulos aplicados de conformidad con lo que, en su caso, prevea la Orden Ministerial que los apruebe.

A efectos de lo previsto en la letra d) del artículo 32.2 de este Reglamento, los contribuyentes que realicen las actividades a que se refiere la citada letra d) deberán llevar un libro registro de ventas o ingresos.

7. Los contribuyentes acogidos a este método que deduzcan amortizaciones estarán obligados a llevar un libro registro de bienes de inversión. Además, por las actividades cuyo rendimiento neto se determine teniendo en cuenta el volumen de operaciones habrán de llevar un libro registro de ventas o ingresos.

8. Las entidades en régimen de atribución de rentas que desarrollen actividades económicas, llevarán unos únicos libros obligatorios correspondientes a la actividad realizada, sin perjuicio de la atribución de rendimientos que corresponda efectuar en relación con sus socios, herederos, comuneros o partícipes.

9. Se autoriza al Ministro de Economía y Hacienda para determinar la forma de llevanza de los libros registro a que se refiere este artículo.

10[83]. Los contribuyentes distintos de los previstos en el apartado 2 anterior estarán obligados a llevar los libros registros establecidos en los apartados anteriores de este artículo aun cuando lleven contabilidad ajustada a lo dispuesto en el Código de Comercio.

Artículo 69[84]. *Otras obligaciones formales de información.*

1. Las entidades a que se refiere el artículo 68.1 de la Ley del Impuesto deberán presentar una declaración informativa sobre las certificaciones expedidas conforme a lo previsto en el

---

comunes de los procedimientos de aplicación de los tributos, aprobado por el Real Decreto 1065/2007, de 27 de julio, y el Reglamento General de Recaudación, aprobado por el Real Decreto 939/2005, de 29 de julio (BOE núm. 292, de 6 de diciembre de 2013), con efectos desde el 1 de enero de 2014.

[83]   Nueva redacción del art. 68.10 dada por el art. único Cuatro del Real Decreto 1461/2018, de 21 de diciembre, por el que se modifica el Reglamento del Impuesto sobre la Renta de las Personas Físicas aprobado por el Real Decreto 439/2007, de 30 de marzo, en materia de deducciones en la cuota diferencial por circunstancias familiares, obligación de declarar, pagos a cuenta, rentas vitalicias aseguradas y obligaciones registrales (BOE núm. 308, de 22 de diciembre de 2018), en vigor desde el 1 de enero de 2019.

[84]   Art. 105.2 (Obligaciones formales del retenedor... y otras obligaciones formales) y Disposición Adicional Tercera (Obligaciones de información), de la LIRPF.

Nueva redacción del art. 69 dada por el art. Primero.veintidós del Real Decreto 633/2015, de 10 de julio, por el que se modifican el Reglamento del Impuesto sobre la Renta de las Personas Físicas, aprobado por el Real Decreto 439/2007, de 30 de marzo, y el Reglamento del Impuesto sobre la Renta de no Residentes, aprobado por el Real Decreto 1776/2004, de 30 de julio (BOE núm. 165, de 11 de julio de 2015), en vigor desde el día siguiente de su publicación en el BOE, siendo aplicable a los períodos impositivos que se inicien a partir del 1 de enero de 2015.

Redacción anterior por el art. segundo segundo del Real Decreto 960/2013, de 5 de diciembre (BOE núm. 292, de 6 de diciembre de 2013), con efectos desde el 7 de diciembre de 2013 y la Disposición Derogatoria única. 1.o) del Real Decreto 1065/2007, de 27 de julio, por el que se aprueba el Reglamento General de las actuaciones y los procedimientos de gestión e inspección tributaria..., con efectos desde el 1 de enero de 2008.

número 5.º del citado artículo 68.1 en la que, además de sus datos de identificación, fecha de constitución e importe de los fondos propios, harán constar la siguiente información referida a los adquirentes de las acciones o participaciones:

a) Nombre y apellidos.

b) Número de identificación fiscal.

c) Importe de la adquisición.

d) Fecha de adquisición.

e) Porcentaje de participación.

La presentación de esta declaración informativa se realizará en el mes de enero de cada año en relación con la suscripción de acciones o participaciones en el año inmediato anterior.

2. Las entidades beneficiarias de donativos a las que se refiere el artículo 68.3.b) de la Ley del Impuesto deberán remitir una declaración informativa sobre los donativos recibidos durante cada año natural, en la que, además de sus datos de identificación, harán constar la siguiente información referida a los donantes:

a) Nombre y apellidos.

b) Número de identificación fiscal.

c) Importe del donativo.

d) Indicación de si el donativo da derecho a la aplicación de alguna de las deducciones aprobadas por las comunidades autónomas.

La presentación de esta declaración informativa se realizará en el mes de enero de cada año, en relación con los donativos percibidos en el año inmediato anterior.

3. Las entidades aseguradoras o de crédito que comercialicen Planes de Ahorro a Largo Plazo deberán remitir una declaración informativa en la que, además de sus datos de identificación, harán constar la siguiente información referida a quienes hayan sido titulares del Plan de Ahorro a Largo Plazo durante el ejercicio:

a) Nombre, apellidos y número de identificación fiscal.

b) Identificación del Plan de Ahorro a Largo Plazo del que sea titular.

c) Fecha de apertura del Plan de Ahorro a Largo Plazo. En caso de haberse movilizado los recursos del Plan, se tomará la fecha original.

d) Aportaciones realizadas al Plan de Ahorro a Largo Plazo en el ejercicio, incluyendo en su caso las anteriores a la movilización del Plan.

e) Rendimientos del capital mobiliario positivos y negativos obtenidos en el ejercicio.

f) En caso de extinción del Plan de Ahorro a Largo Plazo, se hará constar la fecha de extinción, la totalidad de los rendimientos del capital mobiliario positivos y negativos obtenidos desde la apertura del Plan, y la base del pago a cuenta que, en su caso, deba realizarse.

La presentación de esta declaración informativa se realizará en el mes de febrero de cada año en relación con la información correspondiente al año inmediato anterior[85].

---

[85] Orden HAP/2118/2015, de 9 de octubre, por la que se aprueba el modelo 280, «Declaración informativa anual de Planes de Ahorro a Largo Plazo» y se establecen las condiciones y el procedimiento para su presentación, y se modifica la Orden de 17 de noviembre de 1999, por la que se aprueban los modelos 128, en Pesetas y en Euros, de Declaración-Documento de ingreso y los modelos 188, en Pesetas y en Euros, del resumen anual de retenciones e ingresos a cuenta del Impuesto sobre la Renta de las Personas Físicas, del Impuesto sobre Sociedades y del Impuesto sobre la Renta de no Residentes correspondiente a establecimientos permanentes, en relación con las rentas o rendimientos del capital mobiliario procedentes de operaciones de capitalización y de contratos de seguro de vida o invalidez, así como los diseños físicos

4. Las entidades aseguradoras que comercialicen las rentas vitalicias a que se refiere el artículo 42 de este Reglamento deberán remitir una declaración informativa en la que, además de sus datos de identificación, harán constar la siguiente información referida a los titulares de las rentas vitalicias:

a) Nombre, apellidos y número de identificación fiscal.

b) Identificación de la renta vitalicia, fecha de constitución y prima aportada.

c) En caso de anticipación, total o parcial, de los derechos económicos derivados de la renta vitalicia constituida, fecha de anticipación.

La presentación de esta declaración informativa se realizará en el mes de enero de cada año en relación con la información correspondiente al año inmediato anterior.

5[86]. Las entidades que lleven a cabo operaciones de reducción de capital con devolución de aportaciones o de distribución de prima de emisión correspondiente a valores no admitidos a negociación en alguno de los mercados regulados de valores definidos en la Directiva 2004/39/CE del Parlamento Europeo y del Consejo, de 21 de abril de 2004, relativa a los mercados de instrumentos financieros, y representativos de la participación en fondos propios de sociedades o entidades, deberán presentar una declaración informativa relativa a las operaciones que, conforme a lo dispuesto en el artículo 75.3.h) de este Reglamento, no se hallen sometidas a retención, realizadas a favor de personas físicas, que incluya los siguientes datos:

a) Identificación completa de los socios o partícipes que reciban cualquier importe, bienes o derechos como consecuencia de dichas operaciones, incluyendo su número de identificación fiscal y el porcentaje de participación en la entidad declarante.

b) Identificación completa de las acciones o participaciones afectadas por la reducción o que ostenta el declarado en caso de distribución de prima de emisión, incluyendo su clase, número, valor nominal y, en su caso, código de identificación.

c) Fecha y bienes, derechos o importe recibidos en la operación.

d) Importe de los fondos propios que correspondan a las acciones o participaciones afectadas por la reducción de capital o que ostenta el declarado en caso de distribución de la prima de emisión, correspondiente al último ejercicio cerrado con anterioridad a la fecha de la reducción de capital o distribución de la prima de emisión y minorado en el importe de los beneficios repartidos con anterioridad a la fecha de la operación, procedentes de reservas incluidas en los citados fondos propios, así como en el importe de las reservas legalmente indisponibles incluidas en dichos fondos propios.

Adicionalmente, con independencia de la correspondiente declaración informativa que deben presentar las entidades a que se refieren los párrafos anteriores, los sujetos obligados a presentar la declaración informativa a que se refiere el artículo 42 del Reglamento General de las actuaciones y los procedimientos de gestión e inspección tributaria y de desarrollo de las normas comunes de los procedimientos de aplicación de los tributos, aprobado por Real

---

y lógicos para la sustitución de las hojas interiores de los citados modelos 188 por soporte directamente legible por ordenador (BOE núm. 247, de 15 de octubre de 2015).

[86] Nueva redacción del art. 69.5 dada por el art. 1.Siete del Real Decreto 1074/2017, de 29 de diciembre, por el que se modifican el Reglamento del Impuesto sobre la Renta de las Personas Físicas, aprobado por el Real Decreto 439/2007, de 30 de marzo, el Reglamento del Impuesto sobre Sociedades, aprobado por el Real Decreto 634/2015, de 10 de julio, y el Reglamento del Impuesto sobre Sucesiones y Donaciones, aprobado por el Real Decreto 1629/1991, de 8 de noviembre (BOE núm. 317, de 30 de diciembre de 2017), en vigor desde el 1 de enero de 2018.

Decreto 1065/2007, de 27 de julio, que intervengan en las operaciones de reducción de capital con devolución de aportaciones o de distribución de prima de emisión, deberán incluir en esta declaración informativa los datos identificativos de las entidades que han llevado a cabo estas operaciones y las fechas en que se han producido las mismas.

La presentación de estas declaraciones informativas se realizará en el mes de enero de cada año en relación con la información correspondiente al año inmediato anterior.

6. Los órganos o entidades gestoras de la Seguridad Social y las mutualidades deberán suministrar a la Agencia Estatal de Administración Tributaria información mensual y anual de sus afiliados o mutualistas, en el plazo que establezca el Ministro de Hacienda y Administraciones Públicas, en la que podrá exigirse que consten los siguientes datos:

a) Nombre, apellidos, número de identificación fiscal y número de afiliación de los mismos.

b) Régimen de cotización y período de alta.

c) Cotizaciones y cuotas totales devengadas.

7. Los datos obrantes en el Registro Civil relativos a nacimientos, adopciones y fallecimientos deberán suministrarse a la Agencia Estatal de Administración Tributaria en el lugar, forma, plazos y periodicidad que establezca el Ministro de Hacienda y Administraciones Públicas, quien podrá exigir, a estos efectos, que conste la siguiente información:

a) Nombre, apellidos y número de identificación fiscal de la persona a la que se refiere la información.

b) Nombre, apellidos y número de identificación fiscal de la madre y, en su caso, del padre en el caso de nacimiento, adopciones y fallecimientos de menores de edad.

8. Las entidades aseguradoras que comercialicen planes individuales de ahorro sistemático a los que se refiere la disposición adicional tercera de la Ley del Impuesto deberán presentar, en los treinta primeros días naturales del mes de enero del año inmediato siguiente, una declaración informativa en la que se harán constar los datos siguientes:

a) Nombre, apellidos y número de identificación fiscal de los tomadores.

b) Importe total de las primas satisfechas por los tomadores, indicando la fecha del pago de la primera prima.

c) En caso de anticipación, total o parcial, de los derechos económicos, el importe de la renta exenta comunicada en el momento de la constitución de la renta vitalicia.

d) En caso de transformación de un contrato de seguro de vida en un plan individual de ahorro sistemático conforme a la disposición transitoria decimocuarta de la Ley del Impuesto, los datos previstos en las letras a) y b) anteriores y la manifestación de que se cumple el requisito del límite anual máximo satisfecho en concepto de primas establecido en dicha disposición.

No obstante, en el caso de que la declaración se presente en soporte directamente legible por ordenador, el plazo de presentación finalizará el día 20 de febrero del año inmediato siguiente.

9[87]. Las guarderías o centros de educación infantil autorizados a que se refiere el artículo 81.2 de la Ley del Impuesto, deberán presentar una declaración informativa sobre los meno-

---

[87]   Nueva redacción del art. 69.9 dada incorporado por el art. Segundo.Cuatro del Real Decreto 253/2025, de 1 de abril, por el que se modifican, en materia de obligaciones de información, el Reglamento del Impuesto sobre la Renta de las Personas Físicas, aprobado por el Real Decreto 439/2007, de 30 de marzo,

res y los gastos que den derecho a la aplicación del incremento de la deducción prevista en dicho artículo, en la que, además de sus datos de identificación y los correspondientes a la autorización del centro de educación infantil expedida por la administración educativa competente o, en su caso, la que resulte precisa para la apertura y funcionamiento de la actividad de custodia de menores en guarderías según las disposiciones normativas aplicables a este tipo de centros, harán constar la siguiente información:

a) Nombre, apellidos y fecha de nacimiento del menor y, en su caso, número de identificación fiscal del menor.

b) Nombre, apellidos y número de identificación fiscal de los progenitores, tutor, guardadores con fines de adopción o persona que tiene al menor en acogimiento.

c) Meses en los que el menor haya estado inscrito en dicha guardería o centro educativo por mes completo.

d) Gastos anuales pagados a la guardería o centro de educación infantil autorizado en relación con el menor.

e) Importes subvencionados que se abonen directamente a la guardería o centro de educación infantil autorizado correspondientes a los gastos referidos en la letra d) anterior.

La presentación de esta declaración informativa se realizará en el mes de enero de cada año en relación con la información correspondiente al año inmediato anterior.

---

y el Reglamento General de las actuaciones y los procedimientos de gestión e inspección tributaria y de desarrollo de las normas comunes de los procedimientos de aplicación de los tributos, aprobado por el Real Decreto 1065/2007, de 27 de julio (BOE núm. 80, de 2 de abril de 2025), en vigor desde el 3 de abril de 2025.

Redacción anterior dada por el art. único Cinco del Real Decreto 1461/2018, de 21 de diciembre, por el que se modifica el Reglamento del Impuesto sobre la Renta de las Personas Físicas aprobado por el Real Decreto 439/2007, de 30 de marzo, en materia de deducciones en la cuota diferencial por circunstancias familiares, obligación de declarar, pagos a cuenta, rentas vitalicias aseguradas y obligaciones registrales (BOE núm. 308, de 22 de diciembre de 2018), en vigor desde el 23 de diciembre de 2018: «9. *Las guarderías o centros de educación infantil autorizados a que se refiere el artículo 81.2 de la Ley del Impuesto, deberán presentar una declaración informativa sobre los menores y los gastos que den derecho a la aplicación del incremento de la deducción prevista en dicho artículo, en la que, además de sus datos de identificación y los correspondientes a la autorización del centro expedida por la administración educativa competente, harán constar la siguiente información:*

a) Nombre, apellidos y fecha de nacimiento del menor y, en su caso, número de identificación fiscal del menor.

b) Nombre, apellidos y número de identificación fiscal de los progenitores, tutor, guardadores con fines de adopción o persona que tiene al menor en acogimiento.

c) Meses en los que el menor haya estado inscrito en dicha guardería o centro educativo por mes completo.

d) Gastos anuales pagados a la guardería o centro de educación infantil autorizado en relación con el menor.

e) Importes subvencionados que se abonen directamente a la guardería o centro de educación infantil autorizado correspondientes a los gastos referidos en la letra d) anterior.

La presentación de esta declaración informativa se realizará en el mes de enero de cada año en relación con la información correspondiente al año inmediato anterior».

10[88]**.** Las declaraciones informativas a que se refieren los apartados anteriores se efectuarán en la forma y lugar que establezca la Ministra de Hacienda, quien podrá determinar el procedimiento y las condiciones en que proceda su presentación por medios telemáticos

Artículo 70[89]. *Obligaciones de información de las entidades en régimen de atribución de rentas.*

1. Las entidades en régimen de atribución de rentas mediante las que se ejerza una actividad económica, o cuyas rentas excedan de 3.000 euros anuales, deberán presentar anualmente una declaración informativa en la que, además de sus datos identificativos y, en su caso, los de su representante, deberá constar la siguiente información:

a) Identificación, domicilio fiscal y número de identificación fiscal de sus socios, herederos, comuneros o partícipes, residentes o no en territorio español, incluyéndose las variaciones en la composición de la entidad a lo largo de cada período impositivo.

En el caso de que alguno de los miembros de la entidad no sea residente en territorio español, identificación de quien ostente la representación fiscal del mismo de acuerdo con lo establecido en el artículo 10 del texto refundido de la Ley del Impuesto sobre la Renta de no Residentes, aprobado por el Real Decreto Legislativo 5/2004, de 5 de marzo.

Tratándose de entidades en régimen de atribución de rentas constituidas en el extranjero, se deberá identificar, en los términos señalados en este artículo, a los miembros de la entidad contribuyentes por este Impuesto o sujetos pasivos del Impuesto sobre Sociedades, así como a los miembros de la entidad contribuyentes por el Impuesto sobre la Renta de no Residentes respecto de las rentas obtenidas por la entidad sujetas a dicho Impuesto.

b) Importe total de las rentas obtenidas por la entidad y de la renta atribuible a cada uno de sus miembros, especificándose, en su caso:

1.º Ingresos íntegros y gastos deducibles por cada fuente de renta.

2.º Importe de las rentas de fuente extranjera, señalando el país de procedencia, con indicación de los rendimientos íntegros y gastos.

3.º En el supuesto a que se refiere el apartado 5 del artículo 89 de la Ley del Impuesto, identificación de la institución de inversión colectiva cuyas acciones o participaciones se han adquirido o suscrito, fecha de adquisición o suscripción y valor de adquisición de las acciones o participaciones, así como identificación de la persona o entidad, residente o no residente, cesionaria de los capitales propios.

c) Bases de las deducciones.

d) Importe de las retenciones e ingresos a cuenta soportados por la entidad y los atribuibles a cada uno de sus miembros.

e) Importe neto de la cifra de negocios de acuerdo con el artículo 191 del texto refundido de la Ley de Sociedades Anónimas, aprobado por el Real Decreto Legislativo 1564/1989, de 22 de diciembre.

---

[88]   Nuevo apartado 10 del art. 69 incorporado por el art. único Cinco del Real Decreto 1461/2018, de 21 de diciembre, por el que se modifica el Reglamento del Impuesto sobre la Renta de las Personas Físicas aprobado por el Real Decreto 439/2007, de 30 de marzo, en materia de deducciones en la cuota diferencial por circunstancias familiares, obligación de declarar, pagos a cuenta, rentas vitalicias aseguradas y obligaciones registrales (BOE núm. 308, de 22 de diciembre de 2018), en vigor desde el 23 de diciembre de 2018.

[89]   Art. 90 (Obligaciones de información de las entidades...), de la LIRPF.

2. Las entidades en régimen de atribución de rentas deberán notificar por escrito a sus miembros la información a que se refieren los párrafos b), c) y d) del apartado anterior. La notificación deberá ponerse a disposición de los miembros de la entidad en el plazo de un mes desde la finalización del plazo de presentación de la declaración a que se refiere el apartado 1 anterior.

3[90]. El Ministro de Economía y Hacienda establecerá el modelo, el plazo, el lugar y la forma de presentación de la declaración informativa a que se refiere este artículo.

Artículo 71[91]. *Obligaciones de información de los contribuyentes que sean titulares de patrimonios protegidos.*

Los contribuyentes que sean titulares de patrimonios protegidos regulados por la Ley 41/2003, de 18 de noviembre, de protección patrimonial de las personas con discapacidad y de modificación del Código Civil, de la Ley de Enjuiciamiento Civil y de la normativa tributaria, y, en caso de incapacidad de aquellos, los administradores de dichos patrimonios, deberán remitir una declaración informativa sobre las aportaciones recibidas y las disposiciones realizadas durante cada año natural en la que, además de sus datos de identificación harán constar la siguiente información:

Nombre, apellidos e identificación fiscal tanto de los aportantes como de los beneficiarios de las disposiciones realizadas.

Tipo, importe e identificación de las aportaciones recibidas así como de las disposiciones realizadas.

La presentación de esta declaración informativa se realizará dentro del mes de enero de cada año, en relación con las aportaciones y disposiciones realizadas en el año inmediato anterior.

La primera declaración informativa que se presente deberá ir acompañada de copia simple de la escritura pública de constitución del patrimonio protegido en la que figure la relación de bienes y derechos que inicialmente lo constituyeron así como de la relación detallada de las aportaciones recibidas y disposiciones realizadas desde la fecha de constitución del patrimonio protegido hasta la de la presentación de esta primera declaración.

El Ministro de Economía y Hacienda establecerá el modelo, la forma y el lugar de presentación de la declaración informativa a que se refiere este artículo, así como los supuestos en que deberá presentarse en soporte legible por ordenador o por medios telemáticos.

CAPÍTULO III. Acreditación de la condición de persona con discapacidad

Artículo 72. *Acreditación de la condición de persona con discapacidad y de la necesidad de ayuda de otra persona o de la existencia de dificultades de movilidad.*

1[92]. A los efectos del Impuesto sobre la Renta de las Personas Físicas, tendrán la consideración de persona con discapacidad aquellos contribuyentes con un grado de minusvalía igual o superior al 33 por ciento.

---

[90]   Orden HAP/2250/2015, de 23 de octubre, por la que se aprueba el modelo 184 de declaración informativa anual a presentar por las entidades en régimen de atribución de rentas y por la que se modifican otras normas tributarias (BOE núm. 259, de 29 de octubre de 2015).

[91]   Art. 104.5 (Obligaciones formales de los contribuyentes), de la LIRPF.

[92]   Art. 60.3 (Mínimo por discapacidad), de la LIRPF.

El grado de minusvalía deberá acreditarse mediante certificado o resolución expedido por el Instituto de Migraciones y Servicios Sociales o el órgano competente de las Comunidades Autónomas. En particular, se considerará acreditado un grado de minusvalía igual o superior al 33 por ciento en el caso de los pensionistas de la Seguridad Social que tengan reconocida una pensión de incapacidad permanente total, absoluta o gran invalidez y en el caso de los pensionistas de clases pasivas que tengan reconocida una pensión de jubilación o retiro por incapacidad permanente para el servicio o inutilidad. Igualmente, se considerará acreditado un grado de minusvalía igual o superior al 65 por ciento, cuando se trate de personas cuya incapacidad sea declarada judicialmente, aunque no alcance dicho grado.

2. A efectos de la reducción por rendimientos del trabajo obtenidos por personas con discapacidad prevista en el artículo 20.3 de la Ley del Impuesto, los contribuyentes con discapacidad deberán acreditar la necesidad de ayuda de terceras personas para desplazarse a su lugar de trabajo o para desempeñar el mismo, o la movilidad reducida para utilizar medios de transporte colectivos, mediante certificado o resolución del Instituto de Migraciones y Servicios Sociales o el órgano competente de las Comunidades Autónomas en materia de valoración de las minusvalías, basándose en el dictamen emitido por los Equipos de Valoración y Orientación dependientes de las mismas.

CAPÍTULO IV. Autoliquidaciones complementarias

Artículo 73. *Plazo de presentación de autoliquidaciones complementarias.*

1. Cuando el contribuyente pierda la exención de la indemnización por despido o cese a que se refiere el artículo 1 de este Reglamento, deberá presentar autoliquidación complementaria, con inclusión de los intereses de demora, en el plazo que medie entre la fecha en que vuelva a prestar servicios y la finalización del plazo reglamentario de declaración correspondiente al período impositivo en que se produzca dicha circunstancia.

2. A efectos de lo previsto en el artículo 33.5, letras e) y g) de la Ley del Impuesto, cuando el contribuyente realice la adquisición de los elementos patrimoniales o de los valores o participaciones homogéneos con posterioridad a la finalización del plazo reglamentario de declaración del período impositivo en el que computó la pérdida patrimonial derivada de la transmisión, deberá presentar autoliquidación complementaria, con inclusión de los intereses de demora, en el plazo que medie entre la fecha en que se produzca la adquisición y la finalización del plazo reglamentario de declaración correspondiente al período impositivo en que se realice dicha adquisición.

3[93].

---

[93]   Apartado 3 del art. 73 suprimido por el art. Primero.veintitrés del Real Decreto 633/2015, de 10 de julio, por el que se modifican el Reglamento del Impuesto sobre la Renta de las Personas Físicas, aprobado por el Real Decreto 439/2007, de 30 de marzo, y el Reglamento del Impuesto sobre la Renta de no Residentes, aprobado por el Real Decreto 1776/2004, de 30 de julio (BOE núm. 165, de 11 de julio de 2015), en vigor desde el día siguiente de su publicación en el BOE, siendo aplicable a los períodos impositivos que se inicien a partir del 1 de enero de 2015.

TÍTULO VII. PAGOS A CUENTA
CAPÍTULO I. Retenciones e ingresos a cuenta. Normas generales

Artículo 74[94]. *Obligación de practicar retenciones e ingresos a cuenta del Impuesto sobre la Renta de las Personas Físicas.*

1. Las personas o entidades contempladas en el artículo 76 de este Reglamento que satisfagan o abonen las rentas previstas en el artículo 75, estarán obligadas a retener e ingresar en el Tesoro, en concepto de pago a cuenta del Impuesto sobre la Renta de las Personas Físicas correspondiente al perceptor, de acuerdo con las normas de este Reglamento.

Igualmente existirá obligación de retener en las operaciones de transmisión de activos financieros y de transmisión o reembolso de acciones o participaciones de instituciones de inversión colectiva, en las condiciones establecidas en este Reglamento.

2. Cuando las mencionadas rentas se satisfagan o abonen en especie, las personas o entidades mencionadas en el apartado anterior estarán obligadas a efectuar un ingreso a cuenta, en concepto de pago a cuenta del Impuesto sobre la Renta de las Personas Físicas correspondiente al perceptor, de acuerdo con las normas de este Reglamento.

3. A efectos de lo previsto en este Reglamento, las referencias al retenedor se entenderán efectuadas igualmente al obligado a efectuar ingresos a cuenta, cuando se trate de la regulación conjunta de ambos pagos a cuenta.

Artículo 75. *Rentas sujetas a retención o ingreso a cuenta.*

1. Estarán sujetas a retención o ingreso a cuenta las siguientes rentas:

a) Los rendimientos del trabajo.

b) Los rendimientos del capital mobiliario[95].

c) Los rendimientos de las siguientes actividades económicas:

Los rendimientos de actividades profesionales.

Los rendimientos de actividades agrícolas y ganaderas.

Los rendimientos de actividades forestales.

Los rendimientos de las actividades empresariales previstas en el artículo 95.6.2.º de este Reglamento que determinen su rendimiento neto por el método de estimación objetiva.

d)[96] Las siguientes ganancias patrimoniales:

Las obtenidas como consecuencia de las transmisiones o reembolsos de acciones y participaciones representativas del capital o patrimonio de las instituciones de inversión colectiva.

Las derivadas de los aprovechamientos forestales de los vecinos en montes públicos.

Las derivadas de la transmisión de los derechos de suscripción previstas en las letras a) y b) del apartado 1 del artículo 37 de la Ley del Impuesto.

---

[94] Art. 99 (Obligación de practicar pagos a cuenta) de la LIRPF.

[95] Ver Disp. Transitoria Quinta (Régimen transitorio de las modificaciones introducidas en materia de retenciones sobre rendimientos del capital mobiliario y sobre ganancias patrimoniales) de este Reglamento.

[96] Nueva redacción del art. 69.5 dada por el art. 1.Ocho del Real Decreto 1074/2017, de 29 de diciembre, por el que se modifican el Reglamento del Impuesto sobre la Renta de las Personas Físicas, aprobado por el Real Decreto 439/2007, de 30 de marzo, el Reglamento del Impuesto sobre Sociedades, aprobado por el Real Decreto 634/2015, de 10 de julio, y el Reglamento del Impuesto sobre Sucesiones y Donaciones, aprobado por el Real Decreto 1629/1991, de 8 de noviembre (BOE núm. 317, de 30 de diciembre de 2017), en vigor desde el 30 de diciembre de 2107.

2. También estarán sujetas a retención o ingreso a cuenta las siguientes rentas, independientemente de su calificación:

a) Los rendimientos procedentes del arrendamiento o subarrendamiento de inmuebles urbanos.

A estos efectos, las referencias al arrendamiento se entenderán realizadas también al subarrendamiento.

b) Los rendimientos procedentes de la propiedad intelectual, industrial, de la prestación de asistencia técnica, del arrendamiento de bienes muebles, negocios o minas, del subarrendamiento sobre los bienes anteriores y los procedentes de la cesión del derecho a la explotación del derecho de imagen.

c) Los premios que se entreguen como consecuencia de la participación en juegos, concursos, rifas o combinaciones aleatorias, estén o no vinculados a la oferta, promoción o venta de determinados bienes, productos o servicios.

3[97]. No existirá obligación de practicar retención o ingreso a cuenta sobre las rentas siguientes:

a)[98] Las rentas exentas y las dietas y gastos de viaje exceptuados de gravamen.

b) Los rendimientos de los valores emitidos por el Banco de España que constituyan instrumento regulador de intervención en el mercado monetario y los rendimientos de las Letras del Tesoro.

No obstante, las entidades de crédito y demás instituciones financieras que formalicen con sus clientes contratos de cuentas basadas en operaciones sobre Letras del Tesoro estarán obligadas a retener respecto de los rendimientos obtenidos por los titulares de las citadas cuentas.

c) Las primas de conversión de obligaciones en acciones.

d) Los rendimientos de cuentas en el exterior satisfechos o abonados por establecimientos permanentes en el extranjero de entidades de crédito y establecimientos financieros residentes en España.

e) Los rendimientos derivados de la transmisión o reembolso de activos financieros con rendimiento explícito, siempre que cumplan los requisitos siguientes:

1.º Que estén representados mediante anotaciones en cuenta.

2.º Que se negocien en un mercado secundario oficial de valores español.

Las entidades financieras que intervengan en la transmisión, amortización o reembolso de tales activos financieros, estarán obligadas a calcular el rendimiento imputable al titular

---

[97] Ver Disp. Transitoria Cuarta (Dividendos procedentes de sociedades transparentes y patrimoniales) de este Reglamento.

[98] Nueva redacción de la letra a) del art. 75.3 dada por la Disposición final primera del Real Decreto 1074/2014, de 19 de diciembre, por el que se modifican el Reglamento de los Impuestos Especiales, aprobado por el Real Decreto 1165/1995, de 7 de julio, el Reglamento del Impuesto sobre los Gases Fluorados de Efecto Invernadero, aprobado por el Real Decreto 1042/2013, de 27 de diciembre, y el Reglamento del Impuesto sobre la Renta de las Personas Físicas, aprobado por el Real Decreto 439/2007, de 30 de marzo (BOE núm. 307, de 20 de diciembre de 2014) en vigor desde el 1 de enero de 2015.

Redacción anterior dada por el art. único. Dos del Real Decreto 1003/2014, de 5 de diciembre, por el que se modifica el Reglamento del Impuesto sobre la Renta de las Personas Físicas, aprobado por el Real Decreto 439/2007, de 30 de marzo, en materia de pagos a cuenta y deducciones por familia numerosa o personas con discapacidad a cargo (BOE núm. 295, de 6 de diciembre de 2014), en vigor desde el 1 de enero de 2015.

del valor e informar del mismo tanto al titular como a la Administración tributaria, a la que, asimismo, proporcionarán los datos correspondientes a las personas que intervengan en las operaciones antes enumeradas.

Se faculta al Ministro de Economía y Hacienda para establecer el procedimiento para hacer efectiva la exclusión de retención regulada en este párrafo.

No obstante lo señalado en este párrafo e), las entidades de crédito y demás instituciones financieras que formalicen con sus clientes contratos de cuentas basadas en operaciones sobre los valores anteriores estarán obligadas a retener respecto de los rendimientos obtenidos por los titulares de las citadas cuentas.

Igualmente, quedará sujeta a retención la parte del precio que equivalga al cupón corrido en las transmisiones de activos financieros efectuadas dentro de los treinta días inmediatamente anteriores al vencimiento del cupón, cuando se cumplan los siguientes requisitos:

1.º Que el adquirente sea una persona o entidad no residente en territorio español o sea sujeto pasivo del Impuesto sobre Sociedades.

2.º Que los rendimientos explícitos derivados de los valores transmitidos estén exceptuados de la obligación de retener en relación con el adquirente.

f) Los premios que se entreguen como consecuencia de juegos organizados al amparo de lo previsto en el Real Decreto-Ley 16/1977, de 25 de febrero, por el que se regulan los aspectos penales, administrativos y fiscales de los juegos de suerte, envite o azar y apuestas, y demás normativa estatal y autonómica sobre el juego, así como aquellos cuya base de retención no sea superior a 300 euros.

g) Los rendimientos procedentes del arrendamiento o subarrendamiento de inmuebles urbanos en los siguientes supuestos:

1.º Cuando se trate de arrendamiento de vivienda por empresas para sus empleados.

2.º Cuando las rentas satisfechas por el arrendatario a un mismo arrendador no superen los 900 euros anuales.

3.º Cuando la actividad del arrendador esté clasificada en alguno de los epígrafes del grupo 861 de la Sección Primera de las Tarifas del Impuesto sobre Actividades Económicas, aprobadas por el Real Decreto Legislativo 1175/1990, de 28 de septiembre, o en algún otro epígrafe que faculte para la actividad de arrendamiento o subarrendamiento de bienes inmuebles urbanos, y aplicando al valor catastral de los inmuebles destinados al arrendamiento o subarrendamiento las reglas para determinar la cuota establecida en los epígrafes del citado grupo 861, no hubiese resultado cuota cero.

A estos efectos, el arrendador deberá acreditar frente al arrendatario el cumplimiento del citado requisito, en los términos que establezca el Ministro de Economía y Hacienda.

h)[99] Los rendimientos procedentes de la devolución de la prima de emisión de acciones o participaciones y de la reducción de capital con devolución de aportaciones, salvo que

---

[99]   Art. 93.5 de este RIRPF.

      Nueva redacción de la letra h) del apartado 3 del artículo 75 dada por el art. primero Tres del Real Decreto 1788/2010, de 30 de diciembre, por el que se modifican los Reglamentos de los Impuestos sobre la Renta de las Personas Físicas, sobre Sociedades y sobre la Renta de no Residentes en materia de rentas en especie, deducción por inversión en vivienda y pagos a cuenta (BOE núm. 318, de 31 de diciembre de 2010), en vigor desde el 1-1-2011.

procedan de beneficios no distribuidos, de acuerdo con lo previsto en el segundo párrafo del artículo 33.3 a) de la Ley del Impuesto.

No obstante, existirá obligación de practicar retención o ingreso a cuenta sobre los rendimientos del capital mobiliario a que se refiere el primer párrafo del artículo 94.º c) de la Ley del Impuesto, así como sobre el importe de la prima de emisión a que se refiere el artículo 94.º d) de la Ley del Impuesto procedente de sociedades de inversión de capital variable constituidas con arreglo a Ley de Instituciones de Inversión Colectiva.

Lo dispuesto en el párrafo anterior, resultará igualmente de aplicación cuando tales rendimientos procedan de los organismos de inversión colectiva previstos en el artículo 94.2 de la Ley del Impuesto.

i)[100] Las ganancias patrimoniales derivadas del reembolso o transmisión de participaciones o acciones en instituciones de inversión colectiva cuando, de acuerdo con lo establecido en el artículo 94 de la Ley del Impuesto, no proceda su cómputo.

j)[101] Las ganancias patrimoniales derivadas del reembolso o transmisión de participaciones o acciones emitidas por las siguientes instituciones de inversión colectiva:

1.º Fondos cotizados y sociedades de inversión de capital variable índice cotizadas regulados por el artículo 79 del Reglamento de desarrollo de la Ley 35/2003, de 4 de noviembre, de instituciones de inversión colectiva, aprobado por el Real Decreto 1082/2012, de 13 de julio.

2.º Instituciones de inversión colectiva constituidas en el extranjero análogas a las mencionadas en el número 1.º anterior y distintas de las previstas en el artículo 95 de la Ley del Impuesto, ya coticen en un mercado regulado o en un sistema multilateral de negociación, cualquiera que sea la composición del índice que reproduzcan, repliquen o tomen como referencia, siempre que, además, el reembolso o transmisión no se realice en un mercado situado en un país o territorio considerado como jurisdicción no cooperativa.

4[102]. Existirá obligación de efectuar un pago a cuenta cuando se produzcan los supuestos previstos en el apartado 6 de la disposición adicional vigésima sexta de la Ley del Impuesto, siempre que se hubieran obtenido rendimientos del capital mobiliario positivos a los que se les hubiera aplicado la exención prevista en la letra ñ) del artículo 7 de la Ley del Impuesto.

Artículo 76. *Obligados a retener o ingresar a cuenta.*

1. Con carácter general, estarán obligados a retener o ingresar a cuenta, en cuanto satisfagan rentas sometidas a esta obligación:

---

[100]   Nueva redacción de la letra i) dada por el art. seis dos del Real Decreto 249/2023, de 4 de abril (BOE núm. 81, de 5 de abril 2023) en vigor desde el 25 de abril de 2023.
     Redacción anterior dada por el apartado uno del art. cuarto del Real Decreto 749/2010, de 7 de junio (BOE núm. 139 de 8 de junio de 2010), en vigor desde el 9-6-2010.

[101]   Nueva letra j) incorporada por el art. seis dos del Real Decreto 249/2023, de 4 de abril (BOE núm. 81, de 5 de abril 2023) en vigor desde el 25 de abril de 2023.

[102]   Nuevo apartado incorporado por el art. único. Dos del Real Decreto 1003/2014, de 5 de diciembre, por el que se modifica el Reglamento del Impuesto sobre la Renta de las Personas Físicas, aprobado por el Real Decreto 439/2007, de 30 de marzo, en materia de pagos a cuenta y deducciones por familia numerosa o personas con discapacidad a cargo (BOE núm. 295, de 6 de diciembre de 2014), en vigor desde el 1 de enero de 2015.

a) Las personas jurídicas y demás entidades, incluidas las comunidades de propietarios y las entidades en régimen de atribución de rentas.

b) Los contribuyentes que ejerzan actividades económicas, cuando satisfagan rentas en el ejercicio de sus actividades.

c) Las personas físicas, jurídicas y demás entidades no residentes en territorio español, que operen en él mediante establecimiento permanente.

d) Las personas físicas, jurídicas y demás entidades no residentes en territorio español, que operen en él sin mediación de establecimiento permanente, en cuanto a los rendimientos del trabajo que satisfagan, así como respecto de otros rendimientos sometidos a retención o ingreso a cuenta que constituyan gasto deducible para la obtención de las rentas a que se refiere el artículo 24.2 del texto refundido de la Ley del Impuesto sobre la Renta de no Residentes.

No se considerará que una persona o entidad satisface rentas cuando se limite a efectuar una simple mediación de pago.

Se entenderá por simple mediación de pago el abono de una cantidad por cuenta y orden de un tercero.

No tienen la consideración de operaciones de simple mediación de pago las que se especifican a continuación. En consecuencia, las personas y entidades antes señaladas estarán obligadas a retener e ingresar en los siguientes supuestos:

1.º Cuando sean depositarias de valores extranjeros propiedad de residentes en territorio español o tengan a su cargo la gestión de cobro de las rentas derivadas de dichos valores, siempre que tales rentas no hayan soportado retención previa en España.

2.º Cuando satisfagan a su personal prestaciones por cuenta de la Seguridad Social.

3.º Cuando satisfagan a su personal cantidades desembolsadas por terceros en concepto de propina, retribución por el servicio u otros similares.

4.º Tratándose de cooperativas agrarias, cuando distribuyan o comercialicen los productos procedentes de las explotaciones de sus socios.

2. En particular:

a) Están obligados a retener las entidades residentes o los establecimientos permanentes en los que presten servicios los contribuyentes cuando se satisfagan a éstos rendimientos del trabajo por otra entidad, residente o no residente, vinculada con aquéllas en los términos previstos en el artículo 16 del texto refundido de la Ley del Impuesto sobre Sociedades, o por el titular en el extranjero del establecimiento permanente radicado en territorio español.

b) En las operaciones sobre activos financieros estarán obligados a retener:

1.º En los rendimientos obtenidos en la amortización o reembolso de activos financieros, la persona o entidad emisora. No obstante, en caso de que se encomiende a una entidad financiera la materialización de esas operaciones, el obligado a retener será la entidad financiera encargada de la operación.

Cuando se trate de instrumentos de giro convertidos después de su emisión en activos financieros, a su vencimiento estará obligado a retener el fedatario público o institución financiera que intervenga en su presentación al cobro.

2.º En los rendimientos obtenidos en la transmisión de activos financieros incluidos los instrumentos de giro a los que se refiere el apartado anterior, cuando se canalice a través de una o varias instituciones financieras, el banco, caja o entidad financiera que actúe por cuenta del transmitente.

A efectos de lo dispuesto en este apartado, se entenderá que actúa por cuenta del transmitente el banco, caja o entidad financiera que reciba de aquél la orden de venta de los activos financieros.

3.º En los casos no recogidos en los apartados anteriores, el fedatario público que obligatoriamente debe intervenir en la operación.

c) En las transmisiones de valores de la Deuda del Estado deberá practicar la retención la entidad gestora del Mercado de Deuda Pública en Anotaciones que intervenga en la transmisión.

d) En las transmisiones o reembolsos de acciones o participaciones representativas del capital o patrimonio de las instituciones de inversión colectiva, deberán practicar retención o ingreso a cuenta las siguientes personas o entidades:

1.º[103] En el caso de reembolso de las participaciones de fondos de inversión, las sociedades gestoras, salvo por las participaciones registradas a nombre de entidades comercializadoras por cuenta de partícipes, respecto de las cuales serán dichas entidades comercializadoras las obligadas a practicar la retención o ingreso a cuenta.

2.º En el caso de recompra de acciones por una sociedad de inversión de capital variable cuyas acciones no coticen en bolsa ni en otro mercado o sistema organizado de negociación de valores, adquiridas por el contribuyente directamente o a través de comercializador a la sociedad, la propia sociedad, salvo que intervenga una sociedad gestora; en este caso, será esta.

3.º En el caso de instituciones de inversión colectiva domiciliadas en el extranjero, las entidades comercializadoras o los intermediarios facultados para la comercialización de las acciones o participaciones de aquellas y, subsidiariamente, la entidad o entidades encargadas de la colocación o distribución de los valores entre los potenciales suscriptores, cuando efectúen el reembolso.

4.º En el caso de gestoras que operen en régimen de libre prestación de servicios, el representante designado de acuerdo con lo dispuesto en el artículo 55.7 y la disposición adicional segunda de la Ley 35/2003, de 4 de noviembre, de instituciones de inversión colectiva.

5.º[104] En los supuestos en los que no proceda la práctica de retención conforme a los párrafos anteriores, estará obligado a efectuar un pago a cuenta el socio o partícipe que efectúe

---

[103]   Nueva redacción del números 1.º de la letra d) del apartado 2 del artículo 76 dada por el art. segundo tercero Tres del Real Decreto 960/2013, de 5 de diciembre, por el que se por el que se modifican el Reglamento del Impuesto sobre Sociedades, aprobado por el Real Decreto 1777/2004, de 30 de julio; el Reglamento del Impuesto sobre la Renta de las Personas Físicas, aprobado por el Real Decreto 439/2007, de 30 de marzo; el Reglamento del Impuesto sobre la Renta de no Residentes, aprobado por el Real Decreto 1776/2004, de 30 de julio; el Reglamento General de las actuaciones y los procedimientos de gestión e inspección tributaria y de desarrollo de las normas comunes de los procedimientos de aplicación de los tributos, aprobado por el Real Decreto 1065/2007, de 27 de julio, y el Reglamento General de Recaudación, aprobado por el Real Decreto 939/2005, de 29 de julio (BOE núm. 292, de 6 de diciembre de 2013), con efectos desde el 1 de enero de 2014.

[104]   Nueva redacción del números 5.º de la letra d) del apartado 2 del artículo 76 dada por el art. segundo tercero Tres del Real Decreto 960/2013, de 5 de diciembre, por el que se por el que se modifican el Reglamento del Impuesto sobre Sociedades, aprobado por el Real Decreto 1777/2004, de 30 de julio; el Reglamento del Impuesto sobre la Renta de las Personas Físicas, aprobado por el Real Decreto 439/2007, de 30 de marzo; el Reglamento del Impuesto sobre la Renta de no Residentes, aprobado por el Real Decreto 1776/2004, de 30 de julio; el Reglamento General de las actuaciones y los procedimientos de gestión e

la transmisión u obtenga el reembolso. El mencionado pago a cuenta se efectuará de acuerdo con las normas contenidas en los artículos 96, 97.1 y 98 de este Reglamento.

e)[105] En las operaciones realizadas en España por entidades aseguradoras domiciliadas en otro Estado miembro del Espacio Económico Europeo que operen en España en régimen de libre prestación de servicios, estará obligada a practicar retención o ingreso a cuenta la entidad aseguradora.

f)[106] En las operaciones realizadas en España por fondos de pensiones domiciliados en otro Estado miembro de la Unión Europea que desarrollen planes de pensiones de empleo sujetos a la legislación española, conforme a lo previsto en la Directiva 2003/41/CE del Parlamento Europeo y del Consejo, de 3 de junio de 2003, relativa a las actividades y la supervisión de fondos de pensiones de empleo, estará obligado a practicar retención o ingreso a cuenta el fondo de pensiones o, en su caso, la entidad gestora.

g)[107] En los supuestos de reducción de capital social con devolución de aportaciones y distribución de la prima de emisión de acciones previstos en el segundo párrafo del artículo 75.3 h) de este Reglamento, deberán practicar retención o ingreso a cuenta:

1.º En el caso de sociedades de inversión de capital variable reguladas en la Ley de Instituciones de Inversión Colectiva, la propia sociedad.

2.º En el caso de instituciones de inversión colectiva a que se refiere el artículo 94.2 a) de la Ley del Impuesto, las entidades comercializadoras o los intermediarios facultados para la comercialización de las acciones o participaciones de aquellas y, subsidiariamente, la entidad o entidades encargadas de la colocación o distribución de los valores, que intervengan en el pago de las rentas.

3.º En el caso de organismos de inversión colectiva previstos en el artículo 94.2 b) de la Ley del Impuesto, la entidad depositaria de los valores o que tenga encargada la gestión de cobro de las rentas derivadas de los mismos.

---

inspección tributaria y de desarrollo de las normas comunes de los procedimientos de aplicación de los tributos, aprobado por el Real Decreto 1065/2007, de 27 de julio, y el Reglamento General de Recaudación, aprobado por el Real Decreto 939/2005, de 29 de julio (BOE núm. 292, de 6 de diciembre de 2013), con efectos desde el 1 de enero de 2014.

[105] Nueva redacción de la letra e) dada por el art. 1.Nueve del Real Decreto 1074/2017, de 29 de diciembre, por el que se modifican el Reglamento del Impuesto sobre la Renta de las Personas Físicas, aprobado por el Real Decreto 439/2007, de 30 de marzo, el Reglamento del Impuesto sobre Sociedades, aprobado por el Real Decreto 634/2015, de 10 de julio, y el Reglamento del Impuesto sobre Sucesiones y Donaciones, aprobado por el Real Decreto 1629/1991, de 8 de noviembre (BOE núm. 317, de 30 de diciembre de 2017), en vigor desde el 30 de diciembre de 2107.

[106] Nueva redacción de la letra f) dada por el art. 1.Nueve del Real Decreto 1074/2017, de 29 de diciembre, por el que se modifican el Reglamento del Impuesto sobre la Renta de las Personas Físicas, aprobado por el Real Decreto 439/2007, de 30 de marzo, el Reglamento del Impuesto sobre Sociedades, aprobado por el Real Decreto 634/2015, de 10 de julio, y el Reglamento del Impuesto sobre Sucesiones y Donaciones, aprobado por el Real Decreto 1629/1991, de 8 de noviembre (BOE núm. 317, de 30 de diciembre de 2017), en vigor desde el 30 de diciembre de 2107.

[107] Nueva letra g) del apartado 2 del artículo 76 dada por el art. primero Cuatro del Real Decreto 1788/2010, de 30 de diciembre, por el que se modifican los Reglamentos de los Impuestos sobre la Renta de las Personas Físicas, sobre Sociedades y sobre la Renta de no Residentes en materia de rentas en especie, deducción por inversión en vivienda y pagos a cuenta (BOE núm. 318, de 31 de diciembre de 2010), en vigor desde el 1-1-2011.

4.º En los supuestos en los que no proceda la práctica de retención o ingreso a cuenta conforme a los párrafos anteriores, estará obligado a efectuar un pago a cuenta el socio o partícipe que reciba la devolución de las aportaciones o la distribución de la prima de emisión. El mencionado pago a cuenta se efectuará de acuerdo con las normas contenidas en los artículos 90, 93.5 y 94.º de este Reglamento.

h)[108] En los supuestos previstos en el apartado 6 de la disposición adicional vigésima sexta de la Ley del Impuesto, estará obligada a efectuar el pago a cuenta que, en su caso, proceda, la entidad de crédito o aseguradora con la que el contribuyente tuviera contratado el plan de ahorro a largo plazo. El mencionado pago a cuenta se efectuará de acuerdo con las normas contenidas en los artículos 90.1, 93.7 y 94.3 de este Reglamento.

i)[109] En las transmisiones de derechos de suscripción, estarán obligados a retener o ingresar a cuenta por este Impuesto, la entidad depositaria y, en su defecto, el intermediario financiero o el fedatario público que haya intervenido en la transmisión.

Artículo 77. *Importe de la retención o ingreso a cuenta.*

1. El importe de la retención será el resultado de aplicar a la base de retención el tipo de retención que corresponda, de acuerdo con lo previsto en el capítulo II siguiente. La base de retención será la cuantía total que se satisfaga o abone, sin perjuicio de lo dispuesto en el artículo 93 para los rendimientos de capital mobiliario y en el artículo 97 para las ganancias patrimoniales derivadas de las transmisiones o reembolsos de acciones o participaciones de instituciones de inversión colectiva, de este Reglamento.

2[110]. El importe del ingreso a cuenta que corresponda realizar por las retribuciones en especie será el resultado de aplicar al valor de las mismas, determinado según las normas contenidas en este Reglamento, el porcentaje que corresponda, de acuerdo con lo previsto en el capítulo III siguiente.

Artículo 78. *Nacimiento de la obligación de retener o de ingresar a cuenta.*

1. Con carácter general, la obligación de retener nacerá en el momento en que se satisfagan o abonen las rentas correspondientes.

2. En los supuestos de rendimientos del capital mobiliario y ganancias patrimoniales derivadas de la transmisión o reembolso de acciones y participaciones de instituciones de inversión colectiva, se atenderá a lo previsto, respectivamente, en los artículos 94 y 98 de este Reglamento.

---

[108] Nueva letra incorporada por el art. único. Tres del Real Decreto 1003/2014, de 5 de diciembre, por el que se modifica el Reglamento del Impuesto sobre la Renta de las Personas Físicas, aprobado por el Real Decreto 439/2007, de 30 de marzo, en materia de pagos a cuenta y deducciones por familia numerosa o personas con discapacidad a cargo (BOE núm. 295, de 6 de diciembre de 2014), en vigor desde el 1 de enero de 2015.

[109] Nueva letra i) incorporada por el art. 1.Nueve del Real Decreto 1074/2017, de 29 de diciembre, por el que se modifican el Reglamento del Impuesto sobre la Renta de las Personas Físicas, aprobado por el Real Decreto 439/2007, de 30 de marzo, el Reglamento del Impuesto sobre Sociedades, aprobado por el Real Decreto 634/2015, de 10 de julio, y el Reglamento del Impuesto sobre Sucesiones y Donaciones, aprobado por el Real Decreto 1629/1991, de 8 de noviembre (BOE núm. 317, de 30 de diciembre de 2017), en vigor desde el 30 de diciembre de 2107.

[110] Art. 43.2. (Valoración de las rentas en especie) y Art. 99.6 (Obligación de practicar pagos a cuenta), de la LIRPF.

3[111]. En el caso de ganancias patrimoniales derivadas de la transmisión de derechos de suscripción, la obligación de practicar retención o ingreso a cuenta nacerá en el momento en que se formalice la transmisión, cualesquiera que sean las condiciones de cobro pactadas.

Cuando la mencionada obligación recaiga en la entidad depositaria, ésta practicará la retención o ingreso a cuenta en la fecha en que reciba el importe de la transmisión para su entrega al contribuyente.

Artículo 79. *Imputación temporal de las retenciones o ingresos a cuenta.*

Las retenciones o ingresos a cuenta se imputarán por los contribuyentes al período en que se imputen las rentas sometidas a retención o ingreso a cuenta, con independencia del momento en que se hayan practicado.

CAPÍTULO II. Cálculo de las retenciones

SECCIÓN 1.º *Rendimientos del trabajo*

Artículo 80[112]. *Importe de las retenciones sobre rendimientos del trabajo.*

1. La retención a practicar sobre los rendimientos del trabajo será el resultado de aplicar a la cuantía total de las retribuciones que se satisfagan o abonen, el tipo de retención que corresponda de los siguientes:

1.º Con carácter general, el tipo de retención que resulte según el artículo 86 de este Reglamento.

2.º El determinado conforme con el procedimiento especial aplicable a perceptores de prestaciones pasivas regulado en el artículo 89.A) de este Reglamento.

3.º El 35 por ciento para las retribuciones que se perciban por la condición de administradores y miembros de los Consejos de Administración, de las Juntas que hagan sus veces y demás miembros de otros órganos representativos.

No obstante, cuando los rendimientos procedan de entidades cuyo importe neto de la cifra de negocios del último período impositivo finalizado con anterioridad al pago de los rendimientos sea inferior a 100.000 euros, el porcentaje de retención e ingreso a cuenta será del 19 por ciento. Si dicho período impositivo hubiere tenido una duración inferior al año, el importe neto de la cifra de negocios se elevará al año.

---

[111] Nuevo apartado incorporado por el art. 1.Diez del Real Decreto 1074/2017, de 29 de diciembre, por el que se modifican el Reglamento del Impuesto sobre la Renta de las Personas Físicas, aprobado por el Real Decreto 439/2007, de 30 de marzo, el Reglamento del Impuesto sobre Sociedades, aprobado por el Real Decreto 634/2015, de 10 de julio, y el Reglamento del Impuesto sobre Sucesiones y Donaciones, aprobado por el Real Decreto 1629/1991, de 8 de noviembre (BOE núm. 317, de 30 de diciembre de 2017), en vigor desde el 30 de diciembre de 2107.

[112] Nueva redacción del art. 80 dada por el art. único.Cuatro del Real Decreto 1003/2014, de 5 de diciembre, por el que se modifica el Reglamento del Impuesto sobre la Renta de las Personas Físicas, aprobado por el Real Decreto 439/2007, de 30 de marzo, en materia de pagos a cuenta y deducciones por familia numerosa o personas con discapacidad a cargo (BOE núm. 295, de 6 de diciembre de 2014), en vigor desde el 1 de enero de 2015.

Redacción anterior dada por el art. Único.dos del Real Decreto 861/2008, de 23 de mayo, por el que se modifica el Reglamento del Impuesto sobre la Renta de las Personas Físicas en materia de pagos a cuenta sobre los rendimientos del trabajo y de actividades económicas (BOE núm. 126 de 24 de mayo de 2008), en vigor desde el 1 de junio de 2008.

4.º[113] El 15 por ciento para los rendimientos derivados de impartir cursos, conferencias, coloquios, seminarios y similares, o derivados de la elaboración de obras literarias, artísticas o científicas, siempre que se ceda el derecho a su explotación.

No obstante lo anterior, el porcentaje de retención sobre los rendimientos del trabajo derivados de la elaboración de obras literarias, artísticas o científicas a que se refiere el párrafo anterior será del 7 por ciento cuando el volumen de tales rendimientos íntegros correspondiente al ejercicio inmediato anterior sea inferior a 15.000 euros y represente más del 75 por ciento de la suma de los rendimientos íntegros de actividades económicas y del trabajo obtenidos por el contribuyente en dicho ejercicio. Para la aplicación de este tipo de retención, los contribuyentes deberán comunicar al pagador de los rendimientos la concurrencia de dichas circunstancias, quedando obligado el pagador a conservar la comunicación debidamente firmada.

5.º El 15 por ciento para los atrasos que correspondan imputar a ejercicios anteriores, salvo cuando resulten de aplicación los tipos previstos en los números 3.º o 4.º de este apartado.

2[114]. Cuando se trate de rendimientos del trabajo obtenidos en Ceuta y Melilla que se beneficien de la deducción prevista en el artículo 68.4 de la Ley del Impuesto, se reducirán en un 60 por ciento

a) El tipo de retención a que se refiere el artículo 86.1 de este Reglamento

b) Los tipos de retención previstos en los números 3.º, 4.º y 5.º del apartado anterior.

Artículo 81. *Límite cuantitativo excluyente de la obligación de retener.*

1[115]. No se practicará retención sobre los rendimientos del trabajo cuya cuantía, determinada según lo previsto en el artículo 83.2 de este Reglamento, no supere el importe anual

---

113   Nueva redacción del núm. 4.º del apartado 1 del art. 80 dada por el art. primero Cuatro del Real Decreto 1008/2023, de 5 de diciembre, por el que se modifican el Reglamento del Impuesto sobre la Renta de las Personas Físicas, aprobado por el Real Decreto 439/2007, de 30 de marzo, en materia de retribuciones en especie, deducción por maternidad, obligación de declarar, pagos a cuenta y régimen especial aplicable a trabajadores, profesionales, emprendedores e inversores desplazados a territorio español, y el Reglamento del Impuesto sobre Sociedades, aprobado por el Real Decreto 634/2015, de 10 de julio, en materia de retenciones e ingresos a cuenta (BOE núm. 291, de 6 de diciembre de 2023), en vigor desde el 7 de diciembre de 2023.

     Redacción anterior dada por el art. Primero.veinticuatro del Real Decreto 633/2015, de 10 de julio, por el que se modifican el Reglamento del Impuesto sobre la Renta de las Personas Físicas, aprobado por el Real Decreto 439/2007, de 30 de marzo, y el Reglamento del Impuesto sobre la Renta de no Residentes, aprobado por el Real Decreto 1776/2004, de 30 de julio (BOE núm. 165, de 11 de julio de 2015), en vigor desde el día siguiente de su publicación en el BOE, siendo aplicable a los períodos impositivos que se inicien a partir del 1 de enero de 2015: «*4.º El 15 por ciento para los rendimientos derivados de impartir cursos, conferencias, coloquios, seminarios y similares, o derivados de la elaboración de obras literarias, artísticas o científicas, siempre que se ceda el derecho a su explotación*».

114   Nueva redacción del art. 80.2 dada por el art. único Seis del Real Decreto 1461/2018, de 21 de diciembre, por el que se modifica el Reglamento del Impuesto sobre la Renta de las Personas Físicas aprobado por el Real Decreto 439/2007, de 30 de marzo, en materia de deducciones en la cuota diferencial por circunstancias familiares, obligación de declarar, pagos a cuenta, rentas vitalicias aseguradas y obligaciones registrales (BOE núm. 308, de 22 de diciembre de 2018), en vigor desde el 23 de diciembre de 2018.

115   Nueva redacción del art. 81.1 dada por el art. único Uno del Real Decreto 142/2024, de 6 de febrero, por el que se modifica el Reglamento del Impuesto sobre la Renta de las Personas Físicas, aprobado por el Real Decreto 439/2007, de 30 de marzo, en materia de retenciones e ingresos a cuenta (BOE núm. 33, de 7 de febrero de 2024), con efectos desde 8 de febrero de 2024.

Redacción anterior dada por el art. 1.Segundo Uno del Real Decreto 1039/2022, de 27 de diciembre, por el que se modifican el Reglamento del Impuesto sobre la Renta de las Personas Físicas, aprobado por el Real Decreto 439/2007, de 30 de marzo, y el Reglamento General de las actuaciones y los procedimientos de gestión e inspección tributaria y de desarrollo de las normas comunes de los procedimientos de aplicación de los tributos, aprobado por el Real Decreto 1065/2007, de 27 de julio (BOE núm. 312, de 29 de diciembre de 2022), con efectos desde el 1 de enero de 2023: «*1. No se practicará retención sobre los rendimientos del trabajo cuya cuantía, determinada según lo previsto en el artículo 83.2 de este Reglamento, no supere el importe anual establecido en el cuadro siguiente en función del número de hijos y otros descendientes y de la situación del contribuyente:*

Situación del contribuyente	Número de hijos y otros descendientes		
	0	*1*	*2 o más*
	Euros	*Euros*	*Euros*
1.ª Contribuyente soltero, viudo, divorciado o separado legalmente	–	*17.270*	*18.617*
2.ª Contribuyente cuyo cónyuge no obtenga rentas superiores a 1.500 euros anuales, excluidas las exentas	*16.696*	*17.894*	*19.241*
3.ª Otras situaciones	*15.000*	*15.599*	*16.272*

A efectos de la aplicación de lo previsto en el cuadro anterior, se entiende por hijos y otros descendientes aquéllos que dan derecho al mínimo por descendientes previsto en el artículo 58 de la Ley del Impuesto. En cuanto a la situación del contribuyente, ésta podrá ser una de las tres siguientes:

1.ª Contribuyente soltero, viudo, divorciado o separado legalmente. Se trata del contribuyente soltero, viudo, divorciado o separado legalmente con descendientes, cuando tenga derecho a la reducción establecida en el artículo 84.2.4.° de la Ley de Impuesto para unidades familiares monoparentales.

2.ª Contribuyente cuyo cónyuge no obtenga rentas superiores a 1.500 euros, excluidas las exentas. Se trata del contribuyente casado, y no separado legalmente, cuyo cónyuge no obtenga rentas anuales superiores a 1.500 euros, excluidas las exentas.

3.ª Otras situaciones, que incluye las siguientes:

a) El contribuyente casado, y no separado legalmente, cuyo cónyuge obtenga rentas superiores a 1.500 euros, excluidas las exentas.

b) El contribuyente soltero, viudo, divorciado o separado legalmente, sin descendientes o con descendientes a su cargo, cuando, en este último caso, no tenga derecho a la reducción establecida en el artículo 84.2.4.° de la Ley del Impuesto por darse la circunstancia de convivencia a que se refiere el párrafo segundo de dicho apartado.

c) Los contribuyentes que no manifiesten estar en ninguna de las situaciones 1.ª y 2.ª anteriores».

Redacción anterior dada por el art. único Siete del Real Decreto 1461/2018, de 21 de diciembre, por el que se modifica el Reglamento del Impuesto sobre la Renta de las Personas Físicas aprobado por el Real Decreto 439/2007, de 30 de marzo, en materia de deducciones en la cuota diferencial por circunstancias familiares, obligación de declarar, pagos a cuenta, rentas vitalicias aseguradas y obligaciones registrales (BOE núm. 308, de 22 de diciembre de 2018), en vigor desde el 1 de enero de 2019:

«1. No se practicará retención sobre los rendimientos del trabajo cuya cuantía, determinada según lo previsto en el artículo 83.2 de este Reglamento, no supere el importe anual establecido en el cuadro siguiente en función del número de hijos y otros descendientes y de la situación del contribuyente:

Situación del contribuyente	Número de hijos y otros descendientes		
	0	1	2 o más
	Euros	Euros	Euros
1.ª Contribuyente soltero, viudo, divorciado o separado legalmente	–	15.947	17.100

Situación del contribuyente	Número de hijos y otros descendientes		
	0	1	2 o más
	Euros	Euros	Euros
2.ª Contribuyente cuyo cónyuge no obtenga rentas superiores a 1.500 euros anuales, excluidas las exentas	15.456	16.481	17.634
3.ª Otras situaciones	14.000	14.516	15.093

A efectos de la aplicación de lo previsto en el cuadro anterior, se entiende por hijos y otros descendientes aquéllos que dan derecho al mínimo por descendientes previsto en el artículo 58 de la Ley del Impuesto. En cuanto a la situación del contribuyente, ésta podrá ser una de las tres siguientes:

1.ª Contribuyente soltero, viudo, divorciado o separado legalmente. Se trata del contribuyente soltero, viudo, divorciado o separado legalmente con descendientes, cuando tenga derecho a la reducción establecida en el artículo 84.2.4.º de la Ley de Impuesto para unidades familiares monoparentales.

2.ª Contribuyente cuyo cónyuge no obtenga rentas superiores a 1.500 euros, excluidas las exentas. Se trata del contribuyente casado, y no separado legalmente, cuyo cónyuge no obtenga rentas anuales superiores a 1.500 euros, excluidas las exentas.

3.ª Otras situaciones, que incluye las siguientes:

a) El contribuyente casado, y no separado legalmente, cuyo cónyuge obtenga rentas superiores a 1.500 euros, excluidas las exentas.

b) El contribuyente soltero, viudo, divorciado o separado legalmente, sin descendientes o con descendientes a su cargo, cuando, en este último caso, no tenga derecho a la reducción establecida en el artículo 84.2.4.º de la Ley del Impuesto por darse la circunstancia de convivencia a que se refiere el párrafo segundo de dicho apartado.

c) Los contribuyentes que no manifiesten estar en ninguna de las situaciones 1.ª y 2.ª anteriores».

Redacción anterior dad por el art. único.Cinco del Real Decreto 1003/2014, de 5 de diciembre, por el que se modifica el Reglamento del Impuesto sobre la Renta de las Personas Físicas, aprobado por el Real Decreto 439/2007, de 30 de marzo, en materia de pagos a cuenta y deducciones por familia numerosa o personas con discapacidad a cargo (BOE núm. 295, de 6 de diciembre de 2014), en vigor desde el 1 de enero de 2015:« *1. No se practicará retención sobre los rendimientos del trabajo cuya cuantía, determinada según lo previsto en el artículo 83.2 de este Reglamento, no supere el importe anual establecido en el cuadro siguiente en función del número de hijos y otros descendientes y de la situación del contribuyente:*

Situación del contribuyente	Número de hijos y otros descendientes		
	0	1	2 o más
	Euros	Euros	Euros
1.ª Contribuyente soltero, viudo, divorciado o separado legalmente	–	14.266	15.803
2.ª Contribuyente cuyo cónyuge no obtenga rentas superiores a 1.500 euros anuales, excluidas las exentas	13.696	14.985	17.138
3.ª Otras situaciones	12.000	12.607	13.275

A efectos de la aplicación de lo previsto en el cuadro anterior, se entiende por hijos y otros descendientes aquéllos que dan derecho al mínimo por descendientes previsto en el artículo 58 de la Ley del Impuesto. En cuanto a la situación del contribuyente, ésta podrá ser una de las tres siguientes:

1.ª Contribuyente soltero, viudo, divorciado o separado legalmente. Se trata del contribuyente soltero, viudo, divorciado o separado legalmente con descendientes, cuando tenga derecho a la reducción establecida en el artículo 84.2.4.º de la Ley de Impuesto para unidades familiares monoparentales.

establecido en el cuadro siguiente en función del número de hijos y otros descendientes y de la situación del contribuyente:

Situación del contribuyente	Número de hijos y otros descendientes		
	0 – Euros	1 – Euros	2 o más – Euros
1.ª Contribuyente soltero, viudo, divorciado o separado legalmente	–	17.644	18.694
2.ª Contribuyente cuyo cónyuge no obtenga rentas superiores a 1.500 euros anuales, excluidas las exentas.	17.197	18.130	19.262
3.ª Otras situaciones.	15.876	16.342	16.867

A efectos de la aplicación de lo previsto en el cuadro anterior, se entiende por hijos y otros descendientes aquéllos que dan derecho al mínimo por descendientes previsto en el artículo 58 de la Ley del Impuesto.

En cuanto a la situación del contribuyente, ésta podrá ser una de las tres siguientes:

1.ª Contribuyente soltero, viudo, divorciado o separado legalmente. Se trata del contribuyente soltero, viudo, divorciado o separado legalmente con descendientes, cuando tenga derecho a la reducción establecida en el artículo 84.2.4.º de la Ley de Impuesto para unidades familiares monoparentales.

2.ª Contribuyente cuyo cónyuge no obtenga rentas superiores a 1.500 euros, excluidas las exentas. Se trata del contribuyente casado, y no separado legalmente, cuyo cónyuge no obtenga rentas anuales superiores a 1.500 euros, excluidas las exentas.

3.ª Otras situaciones, que incluye las siguientes:

a) El contribuyente casado, y no separado legalmente, cuyo cónyuge obtenga rentas superiores a 1.500 euros, excluidas las exentas.

2.ª Contribuyente cuyo cónyuge no obtenga rentas superiores a 1.500 euros, excluidas las exentas. Se trata del contribuyente casado, y no separado legalmente, cuyo cónyuge no obtenga rentas anuales superiores a 1.500 euros, excluidas las exentas.

3.ª Otras situaciones, que incluye las siguientes:

a) El contribuyente casado, y no separado legalmente, cuyo cónyuge obtenga rentas superiores a 1.500 euros, excluidas las exentas.

b) El contribuyente soltero, viudo, divorciado o separado legalmente, sin descendientes o con descendientes a su cargo, cuando, en este último caso, no tenga derecho a la reducción establecida en el artículo 84.2.4.º de la Ley del Impuesto por darse la circunstancia de convivencia a que se refiere el párrafo segundo de dicho apartado.

c) Los contribuyentes que no manifiesten estar en ninguna de las situaciones 1.ª y 2.ª anteriores».

Redacción anterior dada por el art. primero.uno del Real Decreto 2004/2009, de 23 de diciembre, por el que se modifica el Reglamento del Impuesto sobre la Renta de las Personas Físicas, aprobado por el Real Decreto 439/2007, de 30 de marzo, en materia de pagos a cuenta,... (BOE núm. 313, de 29 de diciembre de 2009), en vigor desde el 1-1-2010.

Redacción anterior dada por el art. Único.tres del Real Decreto 861/2008, de 23 de mayo, por el que se modifica el Reglamento del Impuesto sobre la Renta de las Personas Físicas en materia de pagos a cuenta sobre los rendimientos del trabajo y de actividades económicas (BOE núm. 126 de 24 de mayo de 2008), en vigor desde el 1-VI-2008 y de aplicación desde el 1-I-2009 hasta 31-XII-2009.

Redacción anterior dada por art. unico.tres del Real Decreto 1757/2007, de 28 de diciembre, en vigor desde el 1-I-2008 hasta el 31-XII-2008.

b) El contribuyente soltero, viudo, divorciado o separado legalmente, sin descendientes o con descendientes a su cargo, cuando, en este último caso, no tenga derecho a la reducción establecida en el artículo 84.2.4.º de la Ley del Impuesto por darse la circunstancia de convivencia a que se refiere el párrafo segundo de dicho apartado.

c) Los contribuyentes que no manifiesten estar en ninguna de las situaciones 1.ª y 2.ª anteriores.

2. Los importes previstos en el cuadro anterior se incrementarán en 600 euros en el caso de pensiones o haberes pasivos del régimen de Seguridad Social y de Clases Pasivas y en 1.200 euros para prestaciones o subsidios por desempleo.

3[116]**.** Lo dispuesto en los apartados anteriores no será de aplicación cuando correspondan los tipos fijos de retención, en los casos a los que se refiere el apartado 1, números 3.º 4.º y 5.º, del artículo 80 y los tipos mínimos de retención a los que se refiere el artículo 86.2 de este Reglamento.

Artículo 82[117]. *Procedimiento general para determinar el importe de la retención.*

Para calcular las retenciones sobre rendimientos del trabajo, a las que se refiere el artículo 80.1.1.º de este Reglamento, se practicarán, sucesivamente, las siguientes operaciones:

1.ª Se determinará, de acuerdo con lo previsto en el artículo 83 de este Reglamento, la base para calcular el tipo de retención.

2.ª Se determinará, de acuerdo con lo previsto en el artículo 84 de este Reglamento, el mínimo personal y familiar para calcular el tipo de retención.

3.ª Se determinará, de acuerdo con lo previsto en el artículo 85 de este Reglamento, la cuota de retención.

4.ª Se determinará el tipo de retención, en la forma prevista en el artículo 86 de este Reglamento.

5.ª El importe de la retención será el resultado de aplicar el tipo de retención a la cuantía total de las retribuciones que se satisfagan o abonen, teniendo en cuenta las regularizaciones que procedan de acuerdo al artículo 87 de este Reglamento.

Artículo 83. *Base para calcular el tipo de retención.*

1. La base para calcular el tipo de retención será el resultado de minorar la cuantía total de las retribuciones del trabajo, determinada según lo dispuesto en el apartado siguiente, en los conceptos previstos en el apartado 3 de este artículo.

---

[116]   Nueva redacción del art. 81.3 dada por el art. Único.cuatro del Real Decreto 861/2008, de 23 de mayo, por el que se modifica el Reglamento del Impuesto sobre la Renta de las Personas Físicas en materia de pagos a cuenta sobre los rendimientos del trabajo y de actividades económicas (BOE núm. 126 de 24 de mayo de 2008), en vigor desde el 1-VI-2008.

[117]   Nueva redacción del art. 82 dada por el art. único.Seis del Real Decreto 1003/2014, de 5 de diciembre, por el que se modifica el Reglamento del Impuesto sobre la Renta de las Personas Físicas, aprobado por el Real Decreto 439/2007, de 30 de marzo, en materia de pagos a cuenta y deducciones por familia numerosa o personas con discapacidad a cargo (BOE núm. 295, de 6 de diciembre de 2014), en vigor desde el 1 de enero de 2015.

Redacción anterior dada por el art. Único.cinco del Real Decreto 861/2008, de 23 de mayo, por el que se modifica el Reglamento del Impuesto sobre la Renta de las Personas Físicas en materia de pagos a cuenta sobre los rendimientos del trabajo y de actividades económicas (BOE núm. 126 de 24 de mayo de 2008), en vigor desde el 1-VI-2008.

2. La cuantía total de las retribuciones del trabajo se calculará de acuerdo con las siguientes reglas:

1.ª Regla general: Con carácter general, se tomará la suma de las retribuciones, dinerarias o en especie que, de acuerdo con las normas o estipulaciones contractuales aplicables y demás circunstancias previsibles, vaya normalmente a percibir el contribuyente en el año natural, a excepción de las contribuciones empresariales a los planes de pensiones, a los planes de previsión social empresarial y a las mutualidades de previsión social que reduzcan la base imponible del contribuyente, así como de los atrasos que corresponda imputar a ejercicios anteriores. A estos efectos, las retribuciones en especie se computarán por su valor determinado con arreglo a lo que establece el artículo 43 de la Ley del Impuesto, sin incluir el importe del ingreso a cuenta.

La suma de las retribuciones, calculada de acuerdo con el párrafo anterior, incluirá tanto las retribuciones fijas como las variables previsibles. A estos efectos, se presumirán retribuciones variables previsibles, como mínimo, las obtenidas en el año anterior, salvo que concurran circunstancias que permitan acreditar de manera objetiva un importe inferior.

2.ª Regla específica: Cuando se trate de trabajadores manuales que perciban sus retribuciones por peonadas o jornales diarios, consecuencia de una relación esporádica y diaria con el empleador, se tomará como cuantía de las retribuciones el resultado de multiplicar por 100 el importe de la peonada o jornal diario.

3[118]. La cuantía total de las retribuciones de trabajo, dinerarias y en especie, calculadas de acuerdo al apartado anterior, se minorará en los importes siguientes:

a)[119] En las reducciones previstas en el artículo 18, apartados 2 y 3, y disposiciones transitorias undécima y duodécima de la Ley del Impuesto.

Para la aplicación de lo previsto en el tercer párrafo del artículo 18.2 de la Ley del Impuesto, los rendimientos con período de generación superior a dos años a tener en cuenta por el pagador serán aquéllos a los que previamente hubiera aplicado la reducción prevista en dicho artículo para el cálculo del tipo de retención o ingreso a cuenta de dicho trabajador en los cinco períodos impositivos anteriores, salvo que el trabajador le comunique, en los términos previstos en el apartado 1 del artículo 88 de este Reglamento, que dicha reducción no se aplicó en su posterior autoliquidación por este Impuesto.

b) En las cotizaciones a la Seguridad Social, a las mutualidades generales obligatorias de funcionarios, detracciones por derechos pasivos y cotizaciones a colegios de huérfanos

---

[118] Nueva redacción del art. 83.3 dada por el art. único.Siete del Real Decreto 1003/2014, de 5 de diciembre, por el que se modifica el Reglamento del Impuesto sobre la Renta de las Personas Físicas, aprobado por el Real Decreto 439/2007, de 30 de marzo, en materia de pagos a cuenta y deducciones por familia numerosa o personas con discapacidad a cargo (BOE núm. 295, de 6 de diciembre de 2014), en vigor desde el 1 de enero de 2015.

Redacción anterior de la letra e) del apartado 3 del artículo 83 dada por el art. segundo tercero Cuatro del Real Decreto 960/2013, de 5 de diciembre (BOE núm. 292, de 6 de diciembre de 2013), con efectos desde el 1 de enero de 2014.

[119] Nueva redacción de la letra a) del art. 83.3 dada por el art. Primero.veinticinco del Real Decreto 633/2015, de 10 de julio, por el que se modifican el Reglamento del Impuesto sobre la Renta de las Personas Físicas, aprobado por el Real Decreto 439/2007, de 30 de marzo, y el Reglamento del Impuesto sobre la Renta de no Residentes, aprobado por el Real Decreto 1776/2004, de 30 de julio (BOE núm. 165, de 11 de julio de 2015), en vigor desde el día siguiente de su publicación en el BOE, siendo aplicable a los períodos impositivos que se inicien a partir del 1 de enero de 2015.

o entidades similares, a las que se refieren los párrafos a), b) y c) del artículo 19.2 de la Ley del Impuesto,

c) En los gastos a que se refiere la letra f) del artículo 19.2 de Ley del Impuesto. A estos efectos, dichos gastos tendrán como límite la cuantía total de las retribuciones de trabajo minorada exclusivamente en los importes previstos en las letras a) y b) anteriores.

d)[120] Cuando el rendimiento neto del trabajo fuera inferior a 19.747,5 euros, en las siguientes cuantías:

1.º Si el rendimiento neto del trabajo es igual o inferior a 14.852 euros: 7.302 euros anuales.

2.º Si el rendimiento neto del trabajo es superior a 14.852 euros e igual o inferior a 17.673,52 euros: 7.302 euros menos el resultado de multiplicar por 1,75 la diferencia entre el rendimiento del trabajo y 14.852 euros anuales.

3.º Si el rendimiento neto del trabajo es superior a 17.673,52 euros e inferior a 19.747,5 euros: 2.364,34 euros menos el resultado de multiplicar por 1,14 la diferencia entre el rendimiento del trabajo y 17.673,52 euros anuales.

Para el cómputo de dicha reducción el pagador deberá tener en cuenta, exclusivamente, la cuantía del rendimiento neto del trabajo resultante de las minoraciones previstas en los párrafos a) y b) anteriores, sin que dicha reducción pueda ser superior a la cuantía de dicho rendimiento neto.

e) En el importe que proceda, según las siguientes circunstancias:

Cuando se trate de contribuyentes que perciban pensiones y haberes pasivos del régimen de Seguridad Social y de Clases Pasivas o que tengan más de dos descendientes que den derecho a la aplicación del mínimo por descendientes previsto en el artículo 58 de la Ley del Impuesto, 600 euros.

Cuando sean prestaciones o subsidios por desempleo, 1.200 euros.

Estas reducciones son compatibles entre sí.

f) Cuando el perceptor de rendimientos del trabajo estuviese obligado a satisfacer por resolución judicial una pensión compensatoria a su cónyuge, el importe de ésta podrá disminuir la cuantía resultante de lo dispuesto en los párrafos anteriores. A tal fin, el contribuyente deberá poner en conocimiento de su pagador, en la forma prevista en el artículo 88 de este Reglamento, dichas circunstancias.

Artículo 84. *Mínimo personal y familiar para calcular el tipo de retención.*

El mínimo personal y familiar para calcular el tipo de retención se determinará con arreglo a lo dispuesto en el título V de la Ley del Impuesto, aplicando las siguientes especialidades:

1.º El retenedor no deberá tener en cuenta la circunstancia contemplada en el artículo 61.2.ª de la Ley del Impuesto.

---

[120] Nueva redacción de la letra d) del art. 83.3. dada por el art. único Dos del Real Decreto 142/2024, de 6 de febrero, por el que se modifica el Reglamento del Impuesto sobre la Renta de las Personas Físicas, aprobado por el Real Decreto 439/2007, de 30 de marzo, en materia de retenciones e ingresos a cuenta (BOE núm. 33, de 7 de febrero de 2024), con efectos desde 8 de febrero de 2024.

Redacción anterior: «d) En la reducción por obtención de rendimientos del trabajo que se regula en el artículo 20 de la Ley del Impuesto. Para el cómputo de dicha reducción el pagador deberá tener en cuenta, exclusivamente, la cuantía del rendimiento neto del trabajo resultante de las minoraciones previstas en los párrafos a) y b) anteriores».

2.º Los descendientes se computarán por mitad, excepto cuando el contribuyente tenga derecho, de forma exclusiva, a la aplicación de la totalidad del mínimo familiar por este concepto.

Artículo 85[121]. *Cuota de retención.*

1[122]. Para calcular la cuota de retención se practicarán, sucesivamente, las siguientes operaciones:

1.º A la base para calcular el tipo de retención a que se refiere el artículo 83 de este Reglamento se le aplicarán los tipos que se indican en la siguiente escala:

Base para calcular el tipo de retención -- Hasta euros	Cuota de retención -- Euros	Resto base para calcular el tipo de retención -- Hasta euros	Tipo aplicable -- Porcentaje
0,00	0,00	12.450,00	19,00
12.450,00	2.365,50	7.750,00	24,00
20.200,00	4.225,50	15.000,00	30,00
35.200,00	8.725,50	24.800,00	37,00
60.000,00	17.901,50	240.000,00	45,00
300.000,00	124.901,50	En adelante	47,00

2.º La cuantía resultante se minorará en el importe derivado de aplicar al importe del mínimo personal y familiar para calcular el tipo de retención a que se refiere el artículo 84 de

---

[121]   Nueva redacción del art. 85 dada por el art. único.Ocho del Real Decreto 1003/2014, de 5 de diciembre, por el que se modifica el Reglamento del Impuesto sobre la Renta de las Personas Físicas, aprobado por el Real Decreto 439/2007, de 30 de marzo, en materia de pagos a cuenta y deducciones por familia numerosa o personas con discapacidad a cargo (BOE núm. 295, de 6 de diciembre de 2014), en vigor desde el 1 de enero de 2015.

    Redacciones anteriores o modificaciones del art. 85 dadas por el art. segundo tercero Cinco del Real Decreto 960/2013, de 5 de diciembre, por el que se por el que se modifican el Reglamento del Impuesto sobre Sociedades, aprobado por el Real Decreto 1777/2004, de 30 de julio... (BOE núm. 292, de 6 de diciembre de 2013); art. primero Cinco del Real Decreto 1788/2010, de 30 de diciembre, por el que se modifican los Reglamentos de los Impuestos sobre la Renta de las Personas Físicas, sobre Sociedades y sobre la Renta de no Residentes en materia de rentas en especie, deducción por inversión en vivienda y pagos a cuenta (BOE núm. 318, de 31 de diciembre de 2010), en vigor desde el 1-1-2011; art. primero. dos del Real Decreto 2004/2009, de 23 de diciembre, por el que se modifica el Reglamento del Impuesto sobre la Renta de las Personas Físicas, aprobado por el Real Decreto 439/2007, de 30 de marzo, en materia de pagos a cuenta,... BOE núm. 313, de 29 de diciembre de 2009), en vigor desde el 1-1-2010; art. Único.seis del Real Decreto 861/2008, de 23 de mayo, por el que se modifica el Reglamento del Impuesto sobre la Renta de las Personas Físicas en materia de pagos a cuenta sobre los rendimientos del trabajo y de actividades económicas (BOE núm. 126 de 24 de mayo de 2008), en vigor desde el 1-VI-2008; art. único.cuatro del Real Decreto 1757/2007, de 28 de diciembre, por el que se modifica el Reglamento del IRPF, aprobado por el RD 439/2007, de 30 de marzo, en materia de salario medio anual del conjunto de contribuyentes, obligación de declarar y retenciones e ingresos a cuenta sobre rendimientos del trabajo (BOE núm. 313, de 31 de diciembre de 2007), en vigor desde el 1-I-2008.

[122]   Nueva redacción del art. 85.1 dada por el art. únio Dos del Real Decreto 899/2021, de 19 de octubre, por el que se modifica el Reglamento del Impuesto sobre la Renta de las Personas Físicas, aprobado por el Real Decreto 439/2007, de 30 de marzo, en materia de reducciones en la base imponible por aportaciones a sistemas de previsión social y pagos a cuenta (BOE núm. 251, de 20 de octubre de 2021), en vigor desde el 21 de octubre.

este Reglamento, la escala prevista en el número 1.º anterior, sin que pueda resultar negativa como consecuencia de tal minoración.

2. Cuando el perceptor de rendimientos del trabajo satisfaga anualidades por alimentos en favor de los hijos por decisión judicial sin derecho a la aplicación por estos últimos del mínimo por descendientes previsto en el artículo 58 de la Ley del Impuesto, siempre que su importe sea inferior a la base para calcular el tipo de retención, para calcular la cuota de retención se practicarán, sucesivamente, las siguientes operaciones:

1.º Se aplicará la escala prevista en el número 1.º del apartado anterior separadamente al importe de dichas anualidades y al resto de la base para calcular el tipo de retención.

2.º La cuantía total resultante se minorará en el importe derivado de aplicar la escala prevista en el número 1.º del apartado anterior al importe del mínimo personal y familiar para calcular el tipo de retención incrementado en 1.980 euros anuales, sin que pueda resultar negativa como consecuencia de tal minoración.

A tal fin, el contribuyente deberá poner en conocimiento de su pagador, en la forma prevista en el artículo 88 de este Reglamento, dicha circunstancia.

3[123]. Cuando el contribuyente obtenga una cuantía total de retribución, a la que se refiere el artículo 83.2 de este reglamento, no superior a 35.200 euros anuales, la cuota de retención, calculada de acuerdo con lo previsto en los apartados anteriores, tendrá como límite máximo el resultado de aplicar el porcentaje del 43 por ciento a la diferencia positiva entre el importe de la cuantía total de retribución y el que corresponda, según su situación, de los mínimos excluidos de retención previstos en el artículo 81 de este reglamento.

Artículo 85 bis[124].

Artículo 86[125]. *Tipo de retención.*

1[126]. El tipo de retención será el resultante de multiplicar por 100 el cociente obtenido de dividir la cuota de retención por la cuantía total de las retribuciones a que se refiere el artículo 83.2 de este Reglamento, y se expresará con dos decimales.

---

[123] Nueva redacción del art. 85.3 dada por el art. 1.Segundo Dos del Real Decreto 1039/2022, de 27 de diciembre, por el que se modifican el Reglamento del Impuesto sobre la Renta de las Personas Físicas, aprobado por el Real Decreto 439/2007, de 30 de marzo, y el Reglamento General de las actuaciones y los procedimientos de gestión e inspección tributaria y de desarrollo de las normas comunes de los procedimientos de aplicación de los tributos, aprobado por el Real Decreto 1065/2007, de 27 de julio (BOE núm. 312, de 29 de diciembre de 2022), con efectos desde el 1 de enero de 2023.

[124] Artículo 85.bis. suprimido por el art. único.Nueve del Real Decreto 1003/2014, de 5 de diciembre, por el que se modifica el Reglamento del Impuesto sobre la Renta de las Personas Físicas, aprobado por el Real Decreto 439/2007, de 30 de marzo, en materia de pagos a cuenta y deducciones por familia numerosa o personas con discapacidad a cargo (BOE núm. 295, de 6 de diciembre de 2014), en vigor desde el 1 de enero de 2015.

Artículo incorporado por el art. primero.tres del Real Decreto 2004/2009, de 23 de diciembre, por el que se modifica el Reglamento del Impuesto sobre la Renta de las Personas Físicas, aprobado por el Real Decreto 439/2007, de 30 de marzo, en materia de pagos a cuenta,... BOE núm. 313, de 29 de diciembre de 2009), en vigor desde el 1-1-2010.

[125] Nueva redacción del art. 86 dada por el art. 8.Tres del Real Decreto 1975/2008, de 28 de noviembre, sobre las medidas urgentes a adoptar en materia económica, fiscal, de empleo y de acceso a la vivienda, con efectos, en virtud de su Disposición Final única, a partir del 1 de enero de 2009.

Cuando la diferencia entre la base para calcular el tipo de retención y el mínimo personal y familiar para calcular el tipo de retención fuese cero o negativa, el tipo de retención será cero.

Cuando la cuantía total de las retribuciones a la que se refiere el artículo 83.2 de este Reglamento sea inferior a 33.007,2 euros y el contribuyente, de acuerdo con lo dispuesto en el artículo 88.1 de este Reglamento, hubiese comunicado a su pagador que destina cantidades para la adquisición o rehabilitación de su vivienda habitual utilizando financiación ajena por las que vaya a tener derecho a la deducción por inversión en vivienda habitual regulada en la disposición transitoria decimoctava de la Ley del Impuesto, el tipo de retención se reducirá en dos enteros, sin que pueda resultar negativo como consecuencia de tal minoración.

2[127]. El tipo de retención resultante de lo dispuesto en el apartado anterior no podrá ser inferior al 2 por ciento cuando se trate de contratos o relaciones de duración inferior al año o deriven de una relación laboral especial de las personas artistas que desarrollan su actividad en las artes escénicas, audiovisuales y musicales, así como de las personas que realizan actividades técnicas o auxiliares necesarias para el desarrollo de dicha actividad, ni inferior al 15 por ciento cuando los rendimientos del trabajo se deriven de otras relaciones laborales

---

Redacción anterior del art. 86 dada por el art. Único.ocho del Real Decreto 861/2008, de 23 de mayo, por el que se modifica el Reglamento del Impuesto sobre la Renta de las Personas Físicas en materia de pagos a cuenta sobre los rendimientos del trabajo y de actividades económicas (BOE núm. 126 de 24 de mayo de 2008), en vigor desde el 1-VI-2008 al 31-XII-2008. Redacción original en vigor desde el 1-4-2007 al 31-5-2008.

[126] Nueva redacción del art. 86.1 dada por el art. único.Diez del Real Decreto 1003/2014, de 5 de diciembre, por el que se modifica el Reglamento del Impuesto sobre la Renta de las Personas Físicas, aprobado por el Real Decreto 439/2007, de 30 de marzo, en materia de pagos a cuenta y deducciones por familia numerosa o personas con discapacidad a cargo (BOE núm. 295, de 6 de diciembre de 2014), en vigor desde el 1 de enero de 2015.

Redacción anterior dada por el art. segundo primero.Ocho del Real Decreto 960/2013, de 5 de diciembre, por el que se por el que se modifican el Reglamento del Impuesto sobre Sociedades, aprobado por el Real Decreto 1777/2004, de 30 de julio; el Reglamento del Impuesto sobre la Renta de las Personas Físicas, aprobado por el Real Decreto 439/2007, de 30 de marzo... (BOE núm. 292, de 6 de diciembre de 2013), con efectos desde el 1 de enero de 2013. Redacción anterior dada por el art. primero Seis del Real Decreto 1788/2010, de 30 de diciembre, por el que se modifican los Reglamentos de los Impuestos sobre la Renta de las Personas Físicas, sobre Sociedades y sobre la Renta de no Residentes en materia de rentas en especie, deducción por inversión en vivienda y pagos a cuenta (BOE núm. 318, de 31 de diciembre de 2010), en vigor desde el 1-1-2011. Redacción anterior dada por el art. primero.cuatro del Real Decreto 2004/2009, de 23 de diciembre, por el que se modifica el Reglamento del Impuesto sobre la Renta de las Personas Físicas, aprobado por el Real Decreto 439/2007, de 30 de marzo, en materia de pagos a cuenta,... BOE núm. 313, de 29 de diciembre de 2009), en vigor desde el 1-1-2010. Redacción anterior dada por el art. 8.Tres del Real Decreto 1975/2008, en vigor desde el 1-I-2009 al 31-XII-2009.

[127] Nueva redacción del art. 86.2 dada por el art. único. Uno del Real Decreto 31/2023, de 24 de enero, por el que se modifica el Reglamento del Impuesto sobre la Renta de las Personas Físicas, aprobado por el Real Decreto 439/2007, de 30 de marzo, para dar cumplimiento a las medidas contenidas en el Estatuto del Artista en materia de retenciones (BOE núm. 21, de 25 de enero de 2023), en vigor desde el 26 de enero de 2023.

Redacción anterior dada por el art. único Ocho del Real Decreto 1461/2018, de 21 de diciembre, por el que se modifica el Reglamento del Impuesto sobre la Renta de las Personas Físicas aprobado por el Real Decreto 439/2007, de 30 de marzo, en materia de deducciones en la cuota diferencial por circunstancias familiares, obligación de declarar, pagos a cuenta, rentas vitalicias aseguradas y obligaciones registrales (BOE núm. 308, de 22 de diciembre de 2018), en vigor desde el 1 de enero de 2019.

especiales de carácter dependiente. Los citados porcentajes serán el 0,8 por ciento y el 6 por ciento, respectivamente, cuando se trate de rendimientos del trabajo obtenidos en Ceuta y Melilla que se beneficien de la deducción prevista en el artículo 68.4 de la Ley del Impuesto.

No obstante, no serán de aplicación los tipos mínimos del 6 y 15 por ciento de retención a que se refiere el párrafo anterior a los rendimientos obtenidos por los penados en las instituciones penitenciarias ni a los rendimientos derivados de relaciones laborales de carácter especial que afecten a personas con discapacidad.

Artículo 87[128]. *Regularización del tipo de retención.*

1. Procederá regularizar el tipo de retención en los supuestos a que se refiere el apartado 2 siguiente y se llevará a cabo en la forma prevista en el apartado 3 y siguientes de este artículo.

2[129]. Procederá regularizar el tipo de retención en las siguientes circunstancias:

1.º Si al concluir el período inicialmente previsto en un contrato o relación el trabajador continuase prestando sus servicios al mismo empleador o volviese a hacerlo dentro del año natural.

2.º Si con posterioridad a la suspensión del cobro de prestaciones por desempleo se reanudase el derecho o se pasase a percibir el subsidio por desempleo, dentro del año natural.

3.º Cuando en virtud de normas de carácter general o de la normativa sectorial aplicable, o como consecuencia del ascenso, promoción o descenso de categoría del trabajador o, por cualquier otro motivo, se produzcan durante el año variaciones en la cuantía de las retribuciones o de los gastos deducibles que se hayan tenido en cuenta para la determinación del tipo de retención que venía aplicándose hasta ese momento. En particular, cuando varíe la cuantía total de las retribuciones superando el importe máximo establecido a tal efecto en el último párrafo del artículo 86.1 de este Reglamento.

4.º Si en el curso del año natural el pensionista comenzase a percibir nuevas pensiones o haberes pasivos que se añadiesen a las que ya viniese percibiendo, o aumentase el importe de estas últimas.

---

[128] Nueva redacción del art. 87 dada por el art. 8.Cuatro del Real Decreto 1975/2008, de 28 de noviembre, sobre las medidas urgentes a adoptar en materia económica, fiscal, de empleo y de acceso a la vivienda, con efectos, en virtud de su Disposición Final única, a partir del 1 de enero de 2009.

Anteriormente se había modificado la redacción de los apartados 3 y 5 del art. 87 llevada a cabo por el art. Único, nuevo y diez, respectivamente del Real Decreto 861/2008, de 23 de mayo, por el que se modifica el Reglamento del Impuesto sobre la Renta de las Personas Físicas en materia de pagos a cuenta sobre los rendimientos del trabajo y de actividades económicas (BOE núm. 126 de 24 de mayo de 2008), en vigor desde el 1-VI-2008 hasta el 31-XII-2008.

[129] Nueva redacción del art. 87.2 dada por el art. único.Once del Real Decreto 1003/2014, de 5 de diciembre, por el que se modifica el Reglamento del Impuesto sobre la Renta de las Personas Físicas, aprobado por el Real Decreto 439/2007, de 30 de marzo, en materia de pagos a cuenta y deducciones por familia numerosa o personas con discapacidad a cargo (BOE núm. 295, de 6 de diciembre de 2014), en vigor desde el 1 de enero de 2015.

Redacción anterior del número 12.º del apartado 2 del artículo 87 dada por el art. segundo primero.Nueve del Real Decreto 960/2013, de 5 de diciembre (BOE núm. 292, de 6 de diciembre de 2013), con efectos desde el 1 de enero de 2013.

5.º Cuando el trabajador traslade su residencia habitual a un nuevo municipio y resulte de aplicación el incremento de la cuantía de los gastos prevista en el artículo 19.2.f) de la Ley del Impuesto, por darse un supuesto de movilidad geográfica.

6.º Si en el curso del año natural se produjera un aumento en el número de descendientes o una variación en sus circunstancias, sobreviniera la condición de persona con discapacidad o aumentara el grado de discapacidad en el perceptor de rentas de trabajo o en sus descendientes, siempre que dichas circunstancias determinasen un aumento en el mínimo personal y familiar para calcular el tipo de retención.

7.º Cuando por resolución judicial el perceptor de rendimientos del trabajo quedase obligado a satisfacer una pensión compensatoria a su cónyuge o anualidades por alimentos en favor de los hijos sin derecho a la aplicación por estos últimos del mínimo por descendientes previsto en el artículo 58 de la Ley del Impuesto, siempre que el importe de estas últimas sea inferior a la base para calcular el tipo de retención.

8.º Si en el curso del año natural el cónyuge del contribuyente obtuviera rentas superiores a 1.500 euros anuales, excluidas las exentas.

9.º Cuando en el curso del año natural el contribuyente cambiara su residencia habitual de Ceuta o Melilla, Navarra o los Territorios Históricos del País Vasco al resto del territorio español o del resto del territorio español a las Ciudades de Ceuta o Melilla, o cuando el contribuyente adquiera su condición por cambio de residencia.

10.º Si en el curso del año natural se produjera una variación en el número o las circunstancias de los ascendientes que diera lugar a una variación en el mínimo personal y familiar para calcular el tipo de retención.

11.º Si en el curso del año natural el contribuyente destinase cantidades a la adquisición o rehabilitación de su vivienda habitual utilizando financiación ajena, por las que vaya a tener derecho a la deducción por inversión en vivienda habitual regulada en la disposición transitoria decimoctava de la Ley del Impuesto determinante de una reducción en el tipo de retención o comunicase posteriormente la no procedencia de esta reducción.

3[130]. La regularización del tipo de retención se llevará a cabo del siguiente modo:

a) Se procederá a calcular una nueva cuota de retención, de acuerdo con el procedimiento establecido en el artículo 85 de este Reglamento, teniendo en cuenta las circunstancias que motivan la regularización.

b) Esta nueva cuota de retención se minorará en la cuantía de las retenciones e ingresos a cuenta practicados hasta ese momento.

---

[130]   Nueva redacción del art. 87.3 dada por el art. único.Once del Real Decreto 1003/2014, de 5 de diciembre, por el que se modifica el Reglamento del Impuesto sobre la Renta de las Personas Físicas, aprobado por el Real Decreto 439/2007, de 30 de marzo, en materia de pagos a cuenta y deducciones por familia numerosa o personas con discapacidad a cargo (BOE núm. 295, de 6 de diciembre de 2014), en vigor desde el 1 de enero de 2015.

Redacción anterior dada por el art. primero.cinco del Real Decreto 2004/2009, de 23 de diciembre, por el que se modifica el Reglamento del Impuesto sobre la Renta de las Personas Físicas, aprobado por el Real Decreto 439/2007, de 30 de marzo, en materia de pagos a cuenta,... (BOE núm. 313, de 29 de diciembre de 2009), en vigor desde el 1-1-2010.

Redacción anterior dada por el art. 8.Cuatro del Real Decreto 1975/2008, en vigor desde el 1-I-2009 al 31-XII-2009.

En el supuesto de haberse reducido previamente el tipo de retención por aplicación de lo dispuesto en el último párrafo del apartado 1 del artículo 86 de este Reglamento, se tomará por cuantía de las retenciones e ingresos a cuenta practicados hasta ese momento la que hubiese resultado de no haber tomado en consideración dicha minoración.

En el supuesto de contribuyentes que adquieran su condición por cambio de residencia, de la nueva cuota de retención se minorarán las retenciones e ingresos a cuenta del Impuesto sobre la Renta de no Residentes practicadas durante el período impositivo en el que se produzca el cambio de residencia, así como las cuotas satisfechas por este Impuesto devengadas durante el período impositivo en el que se produzca el cambio de residencia.

c) El nuevo tipo de retención se obtendrá multiplicando por 100 el cociente obtenido de dividir la diferencia resultante de la letra b) anterior entre la cuantía total de las retribuciones a las que se refiere el artículo 83.2 de este Reglamento que resten hasta el final del año y se expresará con dos decimales.

Cuando la diferencia entre la base para calcular el tipo de retención y el mínimo personal y familiar para calcular el tipo de retención fuese cero o negativa, el tipo de retención será cero.

En este caso no procederá restitución de las retenciones anteriormente practicadas, sin perjuicio de que el perceptor solicite posteriormente, cuando proceda, la devolución de acuerdo con lo previsto en la Ley del Impuesto.

Lo dispuesto en este párrafo se entenderá sin perjuicio de los mínimos de retención previstos en el artículo 86.2 de este Reglamento.

En el supuesto previsto en el último párrafo del apartado 1 del artículo 86 de este Reglamento, el nuevo tipo de retención se reducirá en dos enteros, sin que pueda resultar negativo como consecuencia de tal minoración.

4[131]. Los nuevos tipos de retención se aplicarán a partir de la fecha en que se produzcan las variaciones a que se refieren los números 1.º, 2.º, 3.º y 4.º del apartado 2 de este artículo y a partir del momento en que el perceptor de los rendimientos del trabajo comunique al pagador las variaciones a que se refieren los números 5.º, 6.º, 7.º, 8.º, 9.º, 10.º y 11.º de dicho apartado, siempre y cuando tales comunicaciones se produzcan con, al menos, cinco días de antelación a la confección de las correspondientes nóminas, sin perjuicio de las responsabilidades en que el perceptor pudiera incurrir cuando la falta de comunicación de dichas circunstancias determine la aplicación de un tipo inferior al que corresponda, en los términos previstos en el artículo 107 de la Ley del Impuesto.

La regularización a que se refiere este artículo podrá realizarse, a opción del pagador, a partir del día 1 de los meses de abril, julio y octubre, respecto de las variaciones que, respectivamente, se hayan producido en los trimestres inmediatamente anteriores a estas fechas.

5[132]. El tipo de retención, calculado de acuerdo con el procedimiento previsto en el artículo 82 de este Reglamento, no podrá incrementarse cuando se efectúen regularizaciones

---

[131]   Nueva redacción del art. 87.4 dada por el art. único.Once del Real Decreto 1003/2014, de 5 de diciembre, por el que se modifica el Reglamento del Impuesto sobre la Renta de las Personas Físicas, aprobado por el Real Decreto 439/2007, de 30 de marzo, en materia de pagos a cuenta y deducciones por familia numerosa o personas con discapacidad a cargo (BOE núm. 295, de 6 de diciembre de 2014), en vigor desde el 1 de enero de 2015.

[132]   Nueva redacción del art. 87.5 dada por el art. únio.Tres del Real Decreto 899/2021, de 19 de octubre, por el que se modifica el Reglamento del Impuesto sobre la Renta de las Personas Físicas, aprobado por el Real

por circunstancias que exclusivamente determinen una disminución de la diferencia positiva entre la base para calcular el tipo de retención y el mínimo personal y familiar para calcular el tipo de retención o por quedar obligado el perceptor por resolución judicial a satisfacer anualidades por alimentos en favor de los hijos y resulte aplicable lo previsto en el apartado 2 del artículo 85 de este Reglamento.

Asimismo, en los supuestos de regularización por circunstancias que determinen exclusivamente un aumento de la diferencia positiva entre la base para calcular el tipo de retención y el mínimo personal y familiar para calcular el tipo de retención previa a la regularización, el nuevo tipo de retención aplicable no podrá determinar un incremento del importe de las retenciones superior a la variación producida en dicha magnitud.

En ningún caso, cuando se produzcan regularizaciones, el nuevo tipo de retención aplicable podrá ser superior al 47 por ciento. El citado porcentaje será el 19 por ciento cuando la totalidad de los rendimientos del trabajo se hubiesen obtenido en Ceuta y Melilla y se beneficien de la deducción prevista en el artículo 68.4 de la Ley del Impuesto.

Artículo 88[133]. *Comunicación de datos del perceptor de rentas del trabajo a su pagador.*

1[134]. Los contribuyentes deberán comunicar al pagador la situación personal y familiar que influye en el importe excepcionado de retener, en la determinación del tipo de retención

---

Decreto 439/2007, de 30 de marzo, en materia de reducciones en la base imponible por aportaciones a sistemas de previsión social y pagos a cuenta (BOE núm. 251, de 20 de octubre de 2021), en vigor desde el 21 de octubre.

Redacción anterior dada por el art. único Nueve del Real Decreto 1461/2018, de 21 de diciembre, por el que se modifica el Reglamento del Impuesto sobre la Renta de las Personas Físicas aprobado por el Real Decreto 439/2007, de 30 de marzo, en materia de deducciones en la cuota diferencial por circunstancias familiares, obligación de declarar, pagos a cuenta, rentas vitalicias aseguradas y obligaciones registrales (BOE núm. 308, de 22 de diciembre de 2018), en vigor desde el 1 de enero de 2019.

Redacción anterior dada por el art. art. primero Siete del Real Decreto 1788/2010, de 30 de diciembre, por el que se modifican los Reglamentos de los Impuestos sobre la Renta de las Personas Físicas, sobre Sociedades y sobre la Renta de no Residentes en materia de rentas en especie, deducción por inversión en vivienda y pagos a cuenta (BOE núm. 318, de 31 de diciembre de 2010), en vigor desde el 1-1-2011.

Redacción anterior dada por el art. 8.Cuatro del Real Decreto 1975/2008, de 28 de noviembre, sobre las medidas urgentes a adoptar en materia económica, fiscal, de empleo y de acceso a la vivienda, con efectos, en virtud de su Disposición Final única, a partir del 1 de enero de 2009.

[133] Nueva redacción del art. 88 dada por el art. 8.Cinco del Real Decreto 1975/2008, de 28 de noviembre, sobre las medidas urgentes a adoptar en materia económica, fiscal, de empleo y de acceso a la vivienda, con efectos, en virtud de su Disposición Final única, a partir del 1 de enero de 2009.

[134] Nueva redacción del art. 88.1 dada por el art. segundo primero.diez del Real Decreto 960/2013, de 5 de diciembre, por el que se por el que se modifican el Reglamento del Impuesto sobre Sociedades, aprobado por el Real Decreto 1777/2004, de 30 de julio; el Reglamento del Impuesto sobre la Renta de las Personas Físicas, aprobado por el Real Decreto 439/2007, de 30 de marzo; el Reglamento del Impuesto sobre la Renta de no Residentes, aprobado por el Real Decreto 1776/2004, de 30 de julio; el Reglamento General de las actuaciones y los procedimientos de gestión e inspección tributaria y de desarrollo de las normas comunes de los procedimientos de aplicación de los tributos, aprobado por el Real Decreto 1065/2007, de 27 de julio, y el Reglamento General de Recaudación, aprobado por el Real Decreto 939/2005, de 29 de julio (BOE núm. 292, de 6 de diciembre de 2013), con efectos desde el 1 de enero de 2013.

Redacción anterior dada por el art. art. primero Ocho del Real Decreto 1788/2010, de 30 de diciembre, por el que se modifican los Reglamentos de los Impuestos sobre la Renta de las Personas Físicas, sobre Sociedades y sobre la Renta de no Residentes en materia de rentas en especie, deducción por inversión en vivienda y pagos a cuenta (BOE núm. 318, de 31 de diciembre de 2010), en vigor desde el 1-1-2011.

o en las regularizaciones de éste, quedando obligado asimismo el pagador a conservar la comunicación debidamente firmada.

La comunicación a que se refiere el párrafo anterior también podrá efectuarse por medios telemáticos o electrónicos siempre que se garanticen la autenticidad del origen, la integridad del contenido, la conservación de la comunicación y la accesibilidad por parte de la Administración tributaria a la misma.

A efectos de poder aplicar la reducción del tipo de retención prevista en el último párrafo del artículo 86.1 de este Reglamento, el contribuyente deberá comunicar al pagador que está destinando cantidades para la adquisición o rehabilitación de su vivienda habitual utilizando financiación ajena, por las que vaya a tener derecho a la deducción por inversión en vivienda habitual regulada en la disposición transitoria decimoctava de la Ley del Impuesto, quedando igualmente obligado el pagador a conservar la comunicación debidamente firmada.

En el supuesto de que el contribuyente perciba rendimientos del trabajo procedentes de forma simultánea de dos o más pagadores, solamente podrá efectuar la comunicación a que se refiere el párrafo anterior cuando la cuantía total de las retribuciones correspondiente a todos ellos sea inferior a 33.007,2 euros. En el supuesto de que los rendimientos del trabajo se perciban de forma sucesiva de dos o más pagadores, sólo se podrá efectuar la comunicación cuando la cuantía total de la retribución sumada a la de los pagadores anteriores sea inferior a 33.007,2 euros.

En ningún caso procederá la práctica de esta comunicación cuando las cantidades se destinen a la construcción o ampliación de la vivienda.

El contenido de las comunicaciones se ajustará al modelo que se apruebe por Resolución del Departamento de Gestión Tributaria de la Agencia Estatal de Administración Tributaria[135].

2. La falta de comunicación al pagador de estas circunstancias personales y familiares o de su variación, determinará que aquél aplique el tipo de retención correspondiente sin tener en cuenta dichas circunstancias, sin perjuicio de las responsabilidades en que el perceptor pudiera incurrir cuando la falta de comunicación de dichas circunstancias determine la aplicación de un tipo inferior al que corresponda, en los términos previstos en el artículo 107 de la Ley del Impuesto.

3. La comunicación de datos a la que se refiere el apartado anterior deberá efectuarse con anterioridad al día primero de cada año natural o del inicio de la relación, considerando la situación personal y familiar que previsiblemente vaya a existir en estas dos últimas fechas, sin perjuicio de que, de no subsistir aquella situación en las fechas señaladas, se proceda a

---

Redacción anterior dada por el art. 8.Cinco del Real Decreto 1975/2008, de 28 de noviembre, sobre las medidas urgentes a adoptar en materia económica, fiscal, de empleo y de acceso a la vivienda, con efectos, en virtud de su Disposición Final única, a partir del 1 de enero de 2009.

[135] Resolución de 3 de enero de 2011, del Departamento de Gestión Tributaria de la Agencia Estatal de Administración Tributaria, por la que se aprueba el modelo 145, de comunicación de datos del perceptor de rentas del trabajo a su pagador o de la variación de los datos previamente comunicados (BOE núm. Núm. 4, de 5 de enero de 2011), modificada por la Resolución de 23 de enero de 2012, del Departamento de Gestión Tributaria de la Agencia Estatal de Administración Tributaria (BOE núm. 25, de 30 de enero de 2012) y por la Resolución de 18 de diciembre de 2014 (BOE núm. 316, de 31 de diciembre de 2014). La anterior deroga la Resolución de 11 de diciembre de 2008, del Departamento de Gestión Tributaria de la Agencia Estatal de Administración Tributaria, por la que se aprueba el modelo 145, de comunicación de datos al pagador de rendimientos del trabajo o de la variación de los datos previamente comunicados (BOE núm. 304 de 18/12/2008).

comunicar su variación al pagador. No será preciso reiterar en cada ejercicio la comunicación de datos al pagador, en tanto no varíen las circunstancias personales y familiares del contribuyente.

La comunicación a que se refiere el segundo párrafo del apartado 1 de este artículo podrá efectuarse a partir del momento en que el contribuyente destine cantidades para la adquisición o rehabilitación de su vivienda habitual utilizando financiación ajena y surtirá efectos a partir de la fecha de la comunicación, siempre y cuando resten, al menos, cinco días para la confección de las correspondientes nóminas. No será preciso reiterar en cada ejercicio la comunicación en tanto no se produzcan variaciones en los datos inicialmente comunicados.

4. Las variaciones en las circunstancias personales y familiares que se produzcan durante el año y que supongan un menor tipo de retención, podrán ser comunicadas a efectos de la regularización prevista en el artículo 87 del presente Reglamento y surtirán efectos a partir de la fecha de la comunicación, siempre y cuando resten, al menos, cinco días para la confección de las correspondientes nóminas.

Cuando se produzcan variaciones en las circunstancias personales y familiares que supongan un mayor tipo de retención o deje de subsistir la circunstancia a que se refiere el segundo párrafo o se supere la cuantía a que se refiere el tercer párrafo, ambos del apartado 1 de este artículo, el contribuyente deberá comunicarlo a efectos de la regularización prevista en el artículo 87 del presente Reglamento en el plazo de diez días desde que tales situaciones se produzcan y se tendrán en cuenta en la primera nómina a confeccionar con posterioridad a esa comunicación, siempre y cuando resten, al menos, cinco días para la confección de la nómina.

5. Los contribuyentes podrán solicitar en cualquier momento de sus correspondientes pagadores la aplicación de tipos de retención superiores a los que resulten de lo previsto en los artículos anteriores, con arreglo a las siguientes normas:

a) La solicitud se realizará por escrito ante los pagadores, quienes vendrán obligados a atender las solicitudes que se les formulen, al menos, con cinco días de antelación a la confección de las correspondientes nóminas.

b) El nuevo tipo de retención solicitado se aplicará, como mínimo hasta el final del año y, en tanto no renuncie por escrito al citado porcentaje o no solicite un tipo de retención superior, durante los ejercicios sucesivos, salvo que se produzca variación de las circunstancias que determine un tipo superior.

6[136].

Artículo 89. *Procedimientos especiales en materia de retenciones e ingresos a cuenta.*

A) Procedimiento especial para determinar el tipo de retención aplicable a contribuyentes perceptores de prestaciones pasivas.

---

[136] Apartado núm. 6 del art. 88 suprimido por el art. segundo tercero Seis del Real Decreto 960/2013, de 5 de diciembre, por el que se por el que se modifican el Reglamento del Impuesto sobre Sociedades, aprobado por el Real Decreto 1777/2004, de 30 de julio; el Reglamento del Impuesto sobre la Renta de las Personas Físicas, aprobado por el Real Decreto 439/2007, de 30 de marzo; el Reglamento del Impuesto sobre la Renta de no Residentes, aprobado por el Real Decreto 1776/2004, de 30 de julio; el Reglamento General de las actuaciones y los procedimientos de gestión e inspección tributaria y de desarrollo de las normas comunes de los procedimientos de aplicación de los tributos, aprobado por el Real Decreto 1065/2007, de 27 de julio, y el Reglamento General de Recaudación, aprobado por el Real Decreto 939/2005, de 29 de julio (BOE núm. 292, de 6 de diciembre de 2013), con efectos desde el 1 de enero de 2014.

1. Los contribuyentes cuyos únicos rendimientos del trabajo consistan en las prestaciones pasivas a las que se refiere el artículo 17.2.a) de la Ley del Impuesto, podrán solicitar a la Administración tributaria que determine la cuantía total de las retenciones aplicables a los citados rendimientos, de acuerdo con el procedimiento previsto en este artículo, siempre que se cumplan los siguientes requisitos:

a) Que las prestaciones se perciban en forma de renta.

b) Que el importe íntegro anual no exceda de 22.000 euros.

c) Que procedan de más de un pagador.

d) Que todos los pagadores estén obligados a practicar retención a cuenta.

2[137]. La determinación del tipo de retención se realizará de acuerdo con el siguiente procedimiento especial:

a) El procedimiento se iniciará mediante solicitud del interesado en la que se relacionarán los importes íntegros de las prestaciones pasivas que se percibirán a lo largo del año, así como la identificación de los pagadores. La solicitud se acompañará del modelo de comunicación al pagador de la situación personal y familiar del perceptor a que se refiere el artículo 88.1 de este Reglamento.

La solicitud se presentará durante los meses de enero y febrero de cada año y su contenido se ajustará al modelo que se apruebe por resolución del Director General de la Agencia Estatal de Administración Tributaria, quien establecerá el lugar de presentación y las condiciones en que será posible su presentación por medios telemáticos.

b) A la vista de los datos contenidos en la solicitud y en la comunicación de la situación personal y familiar, la Administración tributaria determinará, teniendo en cuenta la totalidad de las prestaciones pasivas y de acuerdo con lo dispuesto en los artículos 82, 83, 84, 85 y 86 de este Reglamento, el importe anual de las retenciones a practicar por cada pagador y entregará al contribuyente, en el plazo máximo de diez días, una comunicación destinada a cada uno de los respectivos pagadores, en la que figurará dicho importe.

El contribuyente deberá dar traslado de las citadas comunicaciones a cada uno de los pagadores antes del día 30 de abril, obteniendo y conservando constancia de dicho traslado.

En el supuesto de que, por incumplimiento de alguno de los requisitos anteriormente establecidos, no proceda la aplicación de este procedimiento, se comunicará dicha circunstancia al interesado por la Administración tributaria, con expresión de las causas que la motivan.

c) Cada uno de los pagadores, a la vista de la comunicación recibida del contribuyente conteniendo el importe total de las retenciones anuales a practicar, y teniendo en cuenta las prestaciones ya satisfechas y las retenciones ya practicadas, deberá determinar el tipo de retención aplicable a las prestaciones pendientes de satisfacer hasta el fin del ejercicio. El tipo de retención será el resultado de multiplicar por 100 el cociente obtenido de dividir la diferencia entre las retenciones anuales y las retenciones ya practicadas entre el importe de las prestaciones pendientes de satisfacer hasta el final del ejercicio. Dicho tipo de retención

---

[137] Nueva redacción del apartado 2 de la letra A) del artículo 89 dada por el art. Único.once del Real Decreto 861/2008, de 23 de mayo, por el que se modifica el Reglamento del Impuesto sobre la Renta de las Personas Físicas en materia de pagos a cuenta sobre los rendimientos del trabajo y de actividades económicas (BOE núm. 126 de 24 de mayo de 2008), en vigor desde el 1-VI-2008, siendo de aplicación a partir de 1 de enero de 2009.

se expresará con dos decimales. El pagador deberá conservar la comunicación de la Administración tributaria aportada por el contribuyente.

El tipo de retención así determinado no podrá modificarse en el resto del ejercicio por nueva solicitud del contribuyente ni tampoco en el caso de que se produzca alguna de las circunstancias que, a tenor de lo dispuesto en el artículo 87 de este Reglamento, determinan la regularización del tipo de retención. No obstante, cuando a lo largo del período impositivo se produzca un aumento de las prestaciones a satisfacer por un mismo pagador, de forma que su importe total supere los 22.000 euros anuales, aquél calculará el tipo de retención aplicando el procedimiento general del artículo 82 de este Reglamento, practicando la correspondiente regularización.

3. El procedimiento a que se refieren los apartados anteriores tiene exclusivamente vigencia anual y será irrevocable por el contribuyente para el ejercicio respecto del que se haya solicitado, una vez que haya dado traslado a los pagadores de la comunicación remitida por la Administración tributaria.

No obstante, cada pagador, al inicio del ejercicio siguiente, aplicará provisionalmente el mismo tipo de retención que viniera aplicando al finalizar el ejercicio inmediato anterior, salvo renuncia expresa del contribuyente ante el respectivo pagador, durante los meses de noviembre y diciembre.

Una vez que el contribuyente traslade al pagador, de acuerdo con el procedimiento y plazos previstos en el apartado anterior, la comunicación de la Administración tributaria conteniendo el importe anual de las retenciones a practicar en el ejercicio, éste procederá a calcular el nuevo tipo de retención conforme a lo señalado en el párrafo c) del apartado 2 anterior.

Si, en el plazo a que se refiere el párrafo b) del apartado 2 anterior, el contribuyente no trasladara al pagador la comunicación de la Administración tributaria citada en el párrafo anterior, éste deberá determinar el tipo de retención que resulte aplicable a la prestación por él satisfecha conforme al procedimiento general de determinación del tipo de retención contemplado en el artículo 82 de este Reglamento, practicando la correspondiente regularización.

4. El límite excluyente de la obligación de declarar de 22.000 euros anuales previsto en el artículo 96.3.a), párrafo 2.1, de la Ley del Impuesto, no resultará aplicable a los contribuyentes acogidos al régimen especial regulado en este artículo cuando se produzca alguna de las siguientes circunstancias:

a) Que a lo largo del ejercicio haya aumentado el número de los pagadores de las prestaciones pasivas respecto de los inicialmente comunicados por el contribuyente al formular su solicitud de aplicación del régimen especial.

b) Que el importe de las prestaciones efectivamente satisfechas por los pagadores difiera del comunicado inicialmente por el contribuyente al formular su solicitud. A estos efectos, se estimará que el importe de las prestaciones satisfechas no difiere de las comunicadas por el contribuyente cuando la diferencia entre ambas no supere la cuantía de 300 euros anuales.

c) Que durante el ejercicio se haya producido alguna otra de las circunstancias previstas en el artículo 87 de este Reglamento determinantes de un aumento del tipo de retención.

B) Procedimiento especial para determinar las retenciones e ingresos a cuenta sobre los rendimientos del trabajo en el supuesto de cambio de residencia.

1. Los trabajadores por cuenta ajena que no sean contribuyentes por este Impuesto, pero que vayan a adquirir dicha condición como consecuencia de su desplazamiento a territorio

Real Decreto 439/2007, de 30 de marzo

español, podrán comunicar a la Administración tributaria dicha circunstancia, mediante el modelo de comunicación que apruebe el Ministro de Economía y Hacienda, quien establecerá la forma, lugar y plazo para su presentación, así como la documentación que deba adjuntarse al mismo.

En la citada comunicación se hará constar la identificación del trabajador y del pagador de los rendimientos del trabajo, la fecha de entrada en territorio español y la de comienzo de la prestación del trabajo en este territorio para ese pagador, así como la existencia de datos objetivos en esa relación laboral que hagan previsible que, como consecuencia de la misma, se produzca una permanencia en el territorio español superior a ciento ochenta y tres días, contados desde el comienzo de la prestación del trabajo en territorio español, durante el año natural en que se produce el desplazamiento o, en su defecto, en el siguiente.

2. La Administración tributaria, a la vista de la comunicación y documentación presentadas, expedirá al trabajador, si procede, en el plazo máximo de los diez días hábiles siguientes al de presentación de la comunicación, un documento acreditativo en el que conste la fecha a partir de la cual se practicarán las retenciones por este Impuesto.

3. El trabajador entregará al pagador de los rendimientos de trabajo un ejemplar del documento expedido por la Administración tributaria, al objeto de que este último, a los efectos de la práctica de retenciones, le considere contribuyente del Impuesto sobre la Renta de las Personas Físicas a partir de la fecha que se indique en el mismo.

4[138]. Recibido el documento, el obligado a retener, atendiendo a la fecha indicada, practicará retenciones conforme establece la normativa de este Impuesto, aplicando, en su caso, la regularización prevista en el artículo 87.2.9.º de este Reglamento.

5. Cuando el interesado no llegue a tener la condición de contribuyente por este Impuesto en el año del desplazamiento, en su declaración por el Impuesto sobre la Renta de no Residentes podrá deducir las retenciones practicadas a cuenta de este Impuesto.

Asimismo, cuando hubiera resultado de aplicación lo previsto en el artículo 32 del texto refundido de la Ley del Impuesto sobre la Renta de no Residentes, y el trabajador no hubiera adquirido la condición de contribuyente por el Impuesto sobre la Renta de no Residentes en el año del desplazamiento al extranjero, las retenciones e ingresos a cuenta por dicho Impuesto tendrán la consideración de pagos a cuenta por el Impuesto sobre la Renta de las Personas Físicas.

SECCIÓN 2.ª *Rendimientos del capital mobiliario*

Artículo 90. *Importe de las retenciones sobre rendimientos del capital mobiliario.*

1[139]. La retención a practicar sobre los rendimientos del capital mobiliario será el resultado de aplicar a la base de retención el porcentaje del 19 por ciento.

---

[138] Nueva redacción del apartado 4 de la letra B) del art. 89 dada por el art. único.Doce del Real Decreto 1003/2014, de 5 de diciembre, por el que se modifica el Reglamento del Impuesto sobre la Renta de las Personas Físicas, aprobado por el Real Decreto 439/2007, de 30 de marzo, en materia de pagos a cuenta y deducciones por familia numerosa o personas con discapacidad a cargo (BOE núm. 295, de 6 de diciembre de 2014), en vigor desde el 1 de enero de 2015.

[139] Nueva redacción del art. 90.1 dada por el art. primero.seis del Real Decreto 2004/2009, de 23 de diciembre, por el que se modifica el Reglamento del Impuesto sobre la Renta de las Personas Físicas, aprobado

2[140]. Este tipo de retención se reducirá en un 60 por ciento cuando se trate de rendimientos a los que sea de aplicación la deducción prevista en el artículo 68.4 de la Ley del Impuesto, procedentes de sociedades a que se refiere la letra h) del número 3.º del citado artículo.

Artículo 91. Concepto y clasificación de activos financieros.

1. Tienen la consideración de activos financieros los valores negociables representativos de la captación y utilización de capitales ajenos, con independencia de la forma en que se documenten.

2. Tendrán la consideración de activos financieros con rendimiento implícito aquéllos en los que el rendimiento se genere mediante diferencia entre el importe satisfecho en la emisión, primera colocación o endoso y el comprometido a reembolsar al vencimiento de aquellas operaciones cuyo rendimiento se fije, total o parcialmente, de forma implícita, a través de cualesquiera valores mobiliarios utilizados para la captación de recursos ajenos.

Se incluyen como rendimientos implícitos las primas de emisión, amortización o reembolso.

Se excluyen del concepto de rendimiento implícito las bonificaciones o primas de colocación, giradas sobre el precio de emisión, siempre que se encuadren dentro de las prácticas de mercado y que constituyan ingreso en su totalidad para el mediador, intermediario o colocador financiero, que actúe en la emisión y puesta en circulación de los activos financieros regulados en esta norma.

Se considerará como activo financiero con rendimiento implícito cualquier instrumento de giro, incluso los originados en operaciones comerciales, a partir del momento en que se endose o transmita, salvo que el endoso o cesión se haga como pago de un crédito de proveedores o suministradores.

3. Tendrán la consideración de activos financieros con rendimiento explícito aquéllos que generan intereses y cualquier otra forma de retribución pactada como contraprestación a la cesión a terceros de capitales propios y que no esté comprendida en el concepto de rendimientos implícitos en los términos que establece el apartado anterior.

4. Los activos financieros con rendimiento mixto seguirán el régimen de los activos financieros con rendimiento explícito cuando el efectivo anual que produzcan de esta naturaleza sea igual o superior al tipo de referencia vigente en el momento de la emisión, aunque en las condiciones de emisión, amortización o reembolso se hubiese fijado, de forma implícita, otro rendimiento adicional. Este tipo de referencia será, durante cada trimestre natural, el 80 por ciento del tipo efectivo correspondiente al precio medio ponderado redondeado que hubiera

---

por el Real Decreto 439/2007, de 30 de marzo, en materia de pagos a cuenta,... (BOE núm. 313, de 29 de diciembre de 2009), en vigor desde el 1-1-2010.

[140] Nueva redacción del art. 90.2 dada por el art. único Diez del Real Decreto 1461/2018, de 21 de diciembre, por el que se modifica el Reglamento del Impuesto sobre la Renta de las Personas Físicas aprobado por el Real Decreto 439/2007, de 30 de marzo, en materia de deducciones en la cuota diferencial por circunstancias familiares, obligación de declarar, pagos a cuenta, rentas vitalicias aseguradas y obligaciones registrales (BOE núm. 308, de 22 de diciembre de 2018), en vigor desde el 23 de diciembre de 2018.

Redacción anterior dada por el art. único.Trece del Real Decreto 1003/2014, de 5 de diciembre, por el que se modifica el Reglamento del Impuesto sobre la Renta de las Personas Físicas, aprobado por el Real Decreto 439/2007, de 30 de marzo, en materia de pagos a cuenta y deducciones por familia numerosa o personas con discapacidad a cargo (BOE núm. 295, de 6 de diciembre de 2014), en vigor desde el 1 de enero de 2015.

resultado en la última subasta del trimestre precedente correspondiente a Bonos del Estado a tres años, si se tratara de activos financieros con plazo igual o inferior a cuatro años; a Bonos del Estado a cinco años, si se tratara de activos financieros con plazo superior a cuatro años pero igual o inferior a siete, y a Obligaciones del Estado a 10, 15 ó 30 años, si se tratara de activos con plazo superior. En el caso de que no pueda determinarse el tipo de referencia para algún plazo, será de aplicación el del plazo más próximo al de la emisión planeada.

A efectos de lo dispuesto en este apartado, respecto de las emisiones de activos financieros con rendimiento variable o flotante, se tomará como interés efectivo de la operación su tasa de rendimiento interno, considerando únicamente los rendimientos de naturaleza explícita y calculada, en su caso, con referencia a la valoración inicial del parámetro respecto del cual se fije periódicamente el importe definitivo de los rendimientos devengados.

No obstante lo anterior, si se trata de deuda pública con rendimiento mixto, cuyos cupones e importe de amortización se calculan con referencia a un índice de precios, el porcentaje del primer párrafo será el 40 por ciento[141].

Artículo 92. *Requisitos fiscales para la transmisión, reembolso y amortización de activos financieros.*

1. Para proceder a la enajenación u obtención del reembolso de los títulos o activos financieros con rendimiento implícito y de activos financieros con rendimiento explícito que deban ser objeto de retención en el momento de su transmisión, amortización o reembolso, habrá de acreditarse la previa adquisición de los mismos con intervención de los fedatarios o instituciones financieras obligados a retener, así como el precio al que se realizó la operación.

Cuando un instrumento de giro se convierta en activo financiero después de su puesta en circulación, ya el primer endoso o cesión deberá hacerse a través de fedatario público o institución financiera, salvo que el mismo endosatario o adquirente sea una institución financiera. El fedatario o la institución financiera consignarán en el documento su carácter de activo financiero, con identificación de su primer adquirente o tenedor.

2. A efectos de lo dispuesto en el apartado anterior, la persona o entidad emisora, la institución financiera que actúe por cuenta de ésta, el fedatario público o la institución financiera que actúe o intervenga por cuenta del adquirente o depositante, según proceda, deberán extender certificación acreditativa de los siguientes extremos:

a) Fecha de la operación e identificación del activo.

b) Denominación del adquirente.

c) Número de identificación fiscal del citado adquirente o depositante.

d) Precio de adquisición.

3. Cuando la obligación de retener tenga su origen en lo previsto en el último párrafo del artículo 75.3.e) de este Reglamento, constituirá la base de retención la parte del precio que

---

[141] Se introduce un último párrafo en el apartado 4 del artículo 91 por la Disposición final tercera del Real Decreto 1042/2013, de 27 de diciembre, por el que se aprueba el Reglamento del Impuesto sobre los Gases Fluorados de Efecto Invernadero, y por el que se modifican el Reglamento del Procedimiento para el ejercicio de la potestad sancionadora, aprobado por el Real Decreto 1398/1993, de 4 de agosto, el Reglamento del Impuesto sobre Sociedades, aprobado por el Real Decreto 1777/2004, de 30 de julio, el Reglamento del Impuesto sobre la Renta de las Personas Físicas, aprobado por el Real Decreto 439/2007, de 30 de marzo, y el Reglamento del Impuesto sobre el Valor Añadido, aprobado por el Real Decreto 1624/1992, de 29 de diciembre (BOE núm. 312, de 30 de diciembre de 3013), con efectos desde del 1 de enero de 2014.

De la mencionada certificación que se extenderá por triplicado, se entregarán dos ejemplares al adquirente, quedando otro en poder de la persona o entidad que certifica.

3. Las instituciones financieras o los fedatarios públicos se abstendrán de mediar o intervenir en la transmisión de estos activos cuando el transmitente no justifique su adquisición de acuerdo a lo dispuesto en este artículo.

4. Las personas o entidades emisoras de los activos financieros a los que se refiere este artículo no podrán reembolsar los mismos cuando el tenedor no acredite su adquisición previa mediante la certificación oportuna, ajustada a lo indicado en el apartado 2 anterior.

El emisor o las instituciones financieras encargadas de la operación que, de acuerdo con el párrafo anterior, no deban efectuar el reembolso al tenedor del título o activo deberán constituir por dicha cantidad depósito a disposición de la autoridad judicial.

La recompra, rescate, cancelación o amortización anticipada exigirá la intervención o mediación de institución financiera o de fedatario público, quedando la entidad o persona emisora del activo como mero adquirente en caso de que vuelva a poner en circulación el título.

5. El tenedor del título, en caso de extravío de un certificado justificativo de su adquisición, podrá solicitar la emisión del correspondiente duplicado de la persona o entidad que emitió tal certificación.

Esta persona o entidad hará constar el carácter de duplicado de ese documento, así como la fecha de expedición de ese último.

6. A los efectos previstos en este artículo, en los casos de transmisión lucrativa se entenderá que el adquirente se subroga en el valor de adquisición del transmitente, en tanto medie una justificación suficiente del referido coste.

Artículo 93. *Base de retención sobre los rendimientos del capital mobiliario.*

1[142]. Con carácter general, constituirá la base de retención sobre los rendimientos del capital mobiliario la contraprestación íntegra exigible o satisfecha.

2. En el caso de amortización, reembolso o transmisión de activos financieros, constituirá la base de retención la diferencia positiva entre el valor de amortización, reembolso o transmisión y el valor de adquisición o suscripción de dichos activos. Como valor de adquisición se tomará el que figure en la certificación acreditativa de la adquisición. A estos efectos no se minorarán los gastos accesorios a la operación.

Sin perjuicio de la retención que proceda al transmitente, en el caso de que la entidad emisora adquiera un activo financiero emitido por ella, se practicará la retención e ingreso sobre el rendimiento que obtenga en cualquier forma de transmisión ulterior del título, excluida la amortización.

3. Cuando la obligación de retener tenga su origen en lo previsto en el último párrafo del artículo 75.3.e) de este Reglamento, constituirá la base de retención la parte del precio que equivalga al cupón corrido del valor transmitido.

---

[142] Nueva redacción del art. 93.1 por el art. único.Catorce del Real Decreto 1003/2014, de 5 de diciembre, por el que se modifica el Reglamento del Impuesto sobre la Renta de las Personas Físicas, aprobado por el Real Decreto 439/2007, de 30 de marzo, en materia de pagos a cuenta y deducciones por familia numerosa o personas con discapacidad a cargo (BOE núm. 295, de 6 de diciembre de 2014), en vigor desde el 1 de enero de 2015.

4. Si a los rendimientos regulados en el apartado 4 del artículo 25 de la Ley del Impuesto les fuese de aplicación la reducción a que se refiere el artículo 26.2 de la misma, la base de retención se calculará aplicando sobre la cuantía íntegra de tales rendimientos las reducciones que resulten aplicables.

5[143]. En las percepciones derivadas de contratos de seguro y en las rentas vitalicias y otras temporales que tengan por causa la imposición de capitales, así como en los supuestos de reducción de capital social con devolución de aportaciones y distribución de la prima de emisión de acciones previstos en el segundo y tercer párrafo del artículo 75.3.h) de este Reglamento, la base de retención será la cuantía a integrar en la base imponible calculada de acuerdo a la Ley del Impuesto.

A estos efectos, cuando se perciba un capital diferido que corresponda total o parcialmente a primas satisfechas con anterioridad a 31 de diciembre de 1994, únicamente se tendrá en consideración lo dispuesto en la disposición transitoria cuarta de la Ley del Impuesto cuando, con anterioridad al momento en que nazca la obligación de retener, el contribuyente comunique a la entidad obligada a practicar la retención o ingreso a cuenta, por escrito o por cualquier otro medio de cuya recepción quede constancia, el importe total de los capitales diferidos a que se refiere el número 3.° de dicho precepto.

6[144]. Cuando la obligación de retener tenga su origen en el ajuste secundario derivado de lo previsto en el artículo 18.11 de la Ley 27/2014, de 27 de noviembre, del Impuesto sobre Sociedades, constituirá la base de retención la diferencia entre el valor convenido y el valor de mercado.

7[145]. Cuando proceda la obligación de realizar el pago a cuenta previsto en el apartado 6 de la disposición adicional vigésima sexta de la Ley del Impuesto, constituirá la base del

---

[143] Nueva redacción del art. 93.5 dada por el art. Primero.veintiséis del Real Decreto 633/2015, de 10 de julio, por el que se modifican el Reglamento del Impuesto sobre la Renta de las Personas Físicas, aprobado por el Real Decreto 439/2007, de 30 de marzo, y el Reglamento del Impuesto sobre la Renta de no Residentes, aprobado por el Real Decreto 1776/2004, de 30 de julio (BOE núm. 165, de 11 de julio de 2015), en vigor desde el día siguiente de su publicación en el BOE, siendo aplicable a los períodos impositivos que se inicien a partir del 1 de enero de 2015.

Redacción anterior dada por el art. único.Catorce del Real Decreto 1003/2014, de 5 de diciembre, por el que se modifica el Reglamento del Impuesto sobre la Renta de las Personas Físicas, aprobado por el Real Decreto 439/2007, de 30 de marzo, en materia de pagos a cuenta y deducciones por familia numerosa o personas con discapacidad a cargo (BOE núm. 295, de 6 de diciembre de 2014), en vigor desde el 1 de enero de 2015.

Redacción anterior dada por el art. art. primero Nueve del Real Decreto 1788/2010, de 30 de diciembre, por el que se modifican los Reglamentos de los Impuestos sobre la Renta de las Personas Físicas, sobre Sociedades y sobre la Renta de no Residentes en materia de rentas en especie, deducción por inversión en vivienda y pagos a cuenta (BOE núm. 318, de 31 de diciembre de 2010), en vigor desde el 1-1-2011.

[144] Nueva redacción del art. 93.6 dada por el art. único.Catorce del Real Decreto 1003/2014, de 5 de diciembre, por el que se modifica el Reglamento del Impuesto sobre la Renta de las Personas Físicas, aprobado por el Real Decreto 439/2007, de 30 de marzo, en materia de pagos a cuenta y deducciones por familia numerosa o personas con discapacidad a cargo (BOE núm. 295, de 6 de diciembre de 2014), en vigor desde el 1 de enero de 2015.

Redacción anterior de su incorporación por el art. 4 del Real Decreto 1804/2008, de 3 de noviembre, por el que se desarrolla la Ley 36/2006, de 29 de noviembre, de medidas para la prevención del fraude fiscal, se modifica el Reglamento para la aplicación del régimen fiscal de las entidades sin fines lucrativos y de los incentivos fiscales al mecenazgo, aprobado por el Real Decreto 1270/2003, y se modifican y aprueban otras normas tributarias (BOE de 18 de noviembre de 2008), en vigor desde el 19-XI-2008.

[145] Nuevo apartado incorporado por el art. único.Catorce del Real Decreto 1003/2014, de 5 de diciembre, por el que se modifica el Reglamento del Impuesto sobre la Renta de las Personas Físicas, aprobado por el

mismo el importe de los rendimientos del capital mobiliario positivos obtenidos durante la vigencia del plan a los que les hubiera resultado de aplicación la exención prevista en el artículo 7.ñ) de la Ley del Impuesto.

Artículo 94. *Nacimiento de la obligación de retener y de ingresar a cuenta sobre los rendimientos del capital mobiliario.*

1. Con carácter general, las obligaciones de retener y de ingresar a cuenta nacerán en el momento de la exigibilidad de los rendimientos del capital mobiliario, dinerarios o en especie, sujetos a retención o ingreso a cuenta, respectivamente, o en el de su pago o entrega si es anterior.

En particular, se entenderán exigibles los intereses en las fechas de vencimiento señaladas en la escritura o contrato para su liquidación o cobro, o cuando de otra forma se reconozcan en cuenta, aun cuando el perceptor no reclame su cobro o los rendimientos se acumulen al principal de la operación, y los dividendos en la fecha establecida en el acuerdo de distribución o a partir del día siguiente al de su adopción a falta de la determinación de la citada fecha.

2. En el caso de rendimientos del capital mobiliario derivados de la transmisión, amortización o reembolso de activos financieros, la obligación de retener nacerá en el momento de la transmisión, amortización o reembolso.

La retención se practicará en la fecha en que se formalice la transmisión, cualesquiera que sean las condiciones de cobro pactadas.

3[146]. La obligación de realizar, en su caso, el pago a cuenta a que se refiere el apartado 6 de la disposición adicional vigésima sexta nacerá en el momento en el que con anterioridad al plazo previsto en la letra ñ) del artículo 7 de la Ley del Impuesto se produzca cualquier disposición del capital resultante o se incumpla el límite de aportaciones previsto en la letra c) del apartado 1 de la citada disposición adicional.

SECCIÓN 3.ª *Rendimientos de Actividades Económicas*

Artículo 95[147]. ***Importe de las retenciones sobre rendimientos de actividades económicas.***

1[148]. Cuando los rendimientos sean contraprestación de una actividad profesional, se aplicará el tipo de retención del 15 por ciento sobre los ingresos íntegros satisfechos.

Real Decreto 439/2007, de 30 de marzo, en materia de pagos a cuenta y deducciones por familia numerosa o personas con discapacidad a cargo (BOE núm. 295, de 6 de diciembre de 2014), en vigor desde el 1 de enero de 2015.

[146]   Nuevo apartado incorporado por el art. único.Quince del Real Decreto 1003/2014, de 5 de diciembre, por el que se modifica el Reglamento del Impuesto sobre la Renta de las Personas Físicas, aprobado por el Real Decreto 439/2007, de 30 de marzo, en materia de pagos a cuenta y deducciones por familia numerosa o personas con discapacidad a cargo (BOE núm. 295, de 6 de diciembre de 2014), en vigor desde el 1 de enero de 2015.

[147]   Art. 101.5 (Importe de los pagos a cuenta), de la LIRPF, afectado por la nueva redacción dada por el Real Decreto-ley 20/2012, de 13 de julio, de medidas para garantizar la estabilidad presupuestaria y de fomento de la competitividad (BOE núm. 168, de 14 de julio de 2012).

[148]   Nueva redacción del art. 95.1 dada por el art. único. Dos del Real Decreto 31/2023, de 24 de enero, por el que se modifica el Reglamento del Impuesto sobre la Renta de las Personas Físicas, aprobado por el Real Decreto 439/2007, de 30 de marzo, para dar cumplimiento a las medidas contenidas en el Estatuto del

No obstante lo dispuesto en el párrafo anterior, en el caso de contribuyentes que inicien el ejercicio de actividades profesionales, el tipo de retención será del 7 por ciento en el período impositivo de inicio de actividades y en los dos siguientes, siempre y cuando no hubieran ejercido actividad profesional alguna en el año anterior a la fecha de inicio de las actividades

Para la aplicación del tipo de retención previsto en el párrafo anterior, los contribuyentes deberán comunicar al pagador de los rendimientos la concurrencia de dicha circunstancia, quedando obligado el pagador a conservar la comunicación debidamente firmada.

El tipo de retención será del 7 por ciento en el caso de rendimientos satisfechos a:

a) Recaudadores municipales.

b) Mediadores de seguros que utilicen los servicios de auxiliares externos.

c) Delegados comerciales de la Sociedad Estatal Loterías y Apuestas del Estado.

d) Contribuyentes que desarrollen actividades incluidas en los grupos 851, 852, 853, 861, 862, 864 y 869 de la sección segunda y en las agrupaciones 01, 02, 03 y 05 de la sección tercera, de las Tarifas del Impuesto sobre Actividades Económicas, aprobadas junto con la Instrucción para su aplicación por el Real Decreto Legislativo 1175/1990, de 28 de septiembre, o cuando la contraprestación de dicha actividad profesional derive de una prestación de servicios que por su naturaleza, si se realizase por cuenta ajena, quedaría incluida en el ámbito de aplicación de la relación laboral especial de las personas artistas que desarrollan su actividad en las artes escénicas, audiovisuales y musicales, así como de las personas que realizan actividades técnicas o auxiliares necesarias para el desarrollo de dicha actividad, siempre que, en cualquiera de los supuestos previstos en esta letra, el volumen de rendimientos íntegros del conjunto de tales actividades correspondiente al ejercicio inmediato anterior sea inferior a 15.000 euros y represente más del 75 por ciento de la suma de los rendimientos íntegros de actividades económicas y del trabajo obtenidos por el contribuyente en dicho ejercicio. Para la aplicación de este tipo de retención, los contribuyentes deberán comunicar al pagador de los rendimientos la concurrencia de dichas circunstancias, quedando obligado el pagador a conservar la comunicación debidamente firmada.

Artista en materia de retenciones (BOE núm. 21, de 25 de enero de 2023), en vigor desde el 26 de enero de 2023.

Redacción anterior dada por el art. único Once del Real Decreto 1461/2018, de 21 de diciembre, por el que se modifica el Reglamento del Impuesto sobre la Renta de las Personas Físicas aprobado por el Real Decreto 439/2007, de 30 de marzo, en materia de deducciones en la cuota diferencial por circunstancias familiares, obligación de declarar, pagos a cuenta, rentas vitalicias aseguradas y obligaciones registrales (BOE núm. 308, de 22 de diciembre de 2018), en vigor desde el 23 de diciembre de 2018.

Redacción anterior dada por el art. Primero.veintisiete del Real Decreto 633/2015, de 10 de julio, por el que se modifican el Reglamento del Impuesto sobre la Renta de las Personas Físicas, aprobado por el Real Decreto 439/2007, de 30 de marzo, y el Reglamento del Impuesto sobre la Renta de no Residentes, aprobado por el Real Decreto 1776/2004, de 30 de julio (BOE núm. 165, de 11 de julio de 2015), en vigor desde el día siguiente de su publicación en el BOE, siendo aplicable a los períodos impositivos que se inicien a partir del 1 de enero de 2015.

Redacción anterior dada por el art. único. Dieciséis del Real Decreto 1003/2014, de 5 de diciembre, por el que se modifica el Reglamento del Impuesto sobre la Renta de las Personas Físicas, aprobado por el Real Decreto 439/2007, de 30 de marzo, en materia de pagos a cuenta y deducciones por familia numerosa o personas con discapacidad a cargo (BOE núm. 295, de 6 de diciembre de 2014), en vigor desde el 1 de enero de 2015.

Estos porcentajes se reducirán en un 60 por ciento cuando los rendimientos tengan derecho a la deducción en la cuota prevista en el artículo 68.4 de la Ley del Impuesto.

2. A efectos de lo dispuesto en el apartado anterior, se considerarán comprendidos entre los rendimientos de actividades profesionales:

a) En general, los derivados del ejercicio de las actividades incluidas en las Secciones Segunda y Tercera de las Tarifas del Impuesto sobre Actividades Económicas, aprobadas por el Real Decreto Legislativo 1175/1990, de 28 de septiembre.

b) En particular, tendrán la consideración de rendimientos profesionales los obtenidos por:

1.º Los autores o traductores de obras, provenientes de la propiedad intelectual o industrial. Cuando los autores o traductores editen directamente sus obras, sus rendimientos se comprenderán entre los correspondientes a las actividades empresariales.

2.º Los comisionistas. Se entenderá que son comisionistas los que se limitan a acercar o a aproximar a las partes interesadas para la celebración de un contrato.

Por el contrario, se entenderá que no se limitan a realizar operaciones propias de comisionistas cuando, además de la función descrita en el párrafo anterior, asuman el riesgo y ventura de tales operaciones mercantiles, en cuyo caso el rendimiento se comprenderá entre los correspondientes a las actividades empresariales.

3.º Los profesores, cualquiera que sea la naturaleza de las enseñanzas, que ejerzan la actividad, bien en su domicilio, casas particulares o en academia o establecimiento abierto. La enseñanza en academias o establecimientos propios tendrá la consideración de actividad empresarial.

3. No se considerarán rendimientos de actividades profesionales las cantidades que perciban las personas que, a sueldo de una empresa, por las funciones que realizan en la misma vienen obligadas a inscribirse en sus respectivos colegios profesionales ni, en general, las derivadas de una relación de carácter laboral o dependiente. Dichas cantidades se comprenderán entre los rendimientos del trabajo.

4. Cuando los rendimientos sean contraprestación de una actividad agrícola o ganadera, se aplicarán los siguientes porcentajes de retención:

1.º Actividades ganaderas de engorde de porcino y avicultura: 1 por ciento.

2.º Restantes casos: 2 por ciento.

Estos porcentajes se aplicarán sobre los ingresos íntegros satisfechos, con excepción de las subvenciones corrientes y de capital y de las indemnizaciones.

A estos efectos se entenderán como actividades agrícolas o ganaderas aquellas mediante las cuales se obtengan directamente de las explotaciones productos naturales, vegetales o animales y no se sometan a procesos de transformación, elaboración o manufactura.

Se considerará proceso de transformación, elaboración o manufactura toda actividad para cuyo ejercicio sea preceptiva el alta en un epígrafe correspondiente a actividades industriales en las tarifas del Impuesto sobre Actividades Económicas.

Se entenderán incluidas entre las actividades agrícolas y ganaderas:

a) La ganadería independiente.

b) La prestación, por agricultores o ganaderos, de trabajos o servicios accesorios de naturaleza agrícola o ganadera, con los medios que ordinariamente son utilizados en sus explotaciones.

c) Los servicios de cría, guarda y engorde de ganado.

5. Cuando los rendimientos sean contraprestación de una actividad forestal, se aplicará el tipo de retención del 2 por ciento sobre los ingresos íntegros satisfechos, con excepción de las subvenciones corrientes y de capital y de las indemnizaciones.

6. 1.º Cuando los rendimientos sean contraprestación de una de las actividades económicas previstas en el número 2.º de este apartado y se determine el rendimiento neto de la misma con arreglo al método de estimación objetiva, se aplicará el tipo de retención del 1 por ciento sobre los ingresos íntegros satisfechos.

2.º Lo dispuesto en este apartado resultará de aplicación respecto de las actividades económicas clasificadas en los siguientes grupos y epígrafes de la Sección Primera de las Tarifas del Impuesto sobre Actividades Económicas:

I.A.E.	Actividad económica
314 y 315	Carpintería metálica y fabricación de estructuras metálicas y calderería.
316.2, 3, 4 y 9	Fabricación de artículos de ferretería, cerrajería, tornillería, derivados del alambre, menaje y otros artículos en metales N.C.O.P.
453	Confección en serie de prendas de vestir y sus complementos, excepto cuando su ejecución se efectúe mayoritariamente por encargo a terceros.
453	Confección en serie de prendas de vestir y sus complementos ejecutada directamente por la propia empresa, cuando se realice exclusivamente para terceros y por encargo.
463	Fabricación en serie de piezas de carpintería, parqué y estructuras de madera para la construcción.
468	Industria del mueble de madera.
474.1	Impresión de textos o imágenes.
501.3	Albañilería y pequeños trabajos de construcción en general.
504.1	Instalaciones y montajes (excepto fontanería, frío, calor y acondicionamiento de aire).
504.2 y 3	Instalaciones de fontanería, frío, calor y acondicionamiento de aire.
504.4, 5, 6, 7 y 8	Instalación de pararrayos y similares. Montaje e instalación de cocinas de todo tipo y clase, con todos sus accesorios. Montaje e instalación de aparatos elevadores de cualquier clase y tipo. Instalaciones telefónicas, telegráficas, telegráficas sin hilos y de televisión, en edificios y construcciones de cualquier clase. Montajes metálicos e instalaciones industriales completas, sin vender ni aportar la maquinaria ni los elementos objeto de instalación o montaje.
505.1, 2, 3 y 4	Revestimientos, solados y pavimentos y colocación de aislamientos.
505.5	Carpintería y cerrajería.
505.6	Pintura de cualquier tipo y clase y revestimientos con papel, tejido o plásticos y terminación y decoración de edificios y locales.
505.7	Trabajos en yeso y escayola y decoración de edificios y locales.
722	Transporte de mercancías por carretera.
757	Servicios de mudanzas.

3.º No procederá la práctica de la retención prevista en este apartado cuando, de acuerdo con lo dispuesto en el apartado 10 del artículo 99 de la Ley del Impuesto, el contribuyente que ejerza la actividad económica comunique al pagador que determina el rendimiento neto de la misma con arreglo al método de estimación directa, en cualquiera de sus modalidades.

En dichas comunicaciones se hará constar los siguientes datos:

a) Nombre, apellidos, domicilio fiscal y número de identificación fiscal del comunicante. En el caso de que la actividad económica se desarrolle a través de una entidad en régimen de atribución de rentas deberá comunicar, además, la razón social o denominación y el número de identificación fiscal de la entidad, así como su condición de representante de la misma.

b) Actividad económica que desarrolla de las previstas en el número 2.º anterior, con indicación del epígrafe del Impuesto sobre Actividades Económicas.

c) Que determina el rendimiento neto de dicha actividad con arreglo al método de estimación directa en cualquiera de sus modalidades.

d) Fecha y firma del comunicante.

e) Identificación de la persona o entidad destinataria de dicha comunicación.

Cuando con posterioridad el contribuyente volviera a determinar los rendimientos de dicha actividad con arreglo al método de estimación objetiva, deberá comunicar al pagador tal circunstancia, junto con los datos previstos en las letras a), b), d) y e) anteriores, antes del nacimiento de la obligación de retener.

En todo caso, el pagador quedará obligado a conservar las comunicaciones de datos debidamente firmadas.

4.º El incumplimiento de la obligación de comunicar correctamente los datos previstos en el número 3.º anterior tendrá las consecuencias tributarias derivadas de lo dispuesto en el artículo 107 de la Ley del Impuesto.

5.º Cuando la renuncia al método de estimación objetiva se produzca en la forma prevista en el artículo 33.1. b) de este Reglamento o en el tercer párrafo del artículo 33.2 del Reglamento del Impuesto sobre el Valor Añadido, aprobado por el Real Decreto 1624/1992, de 29 de diciembre, se entenderá que el contribuyente determina el rendimiento neto de su actividad económica con arreglo al método de estimación directa a partir de la fecha en la que se presente el correspondiente pago fraccionado por este Impuesto o la declaración-liquidación del Impuesto sobre el Valor Añadido.

SECCIÓN 4.ª *Ganancias Patrimoniales*

Artículo 96[149]**.** *Importe de las retenciones sobre ganancias patrimoniales derivadas de las transmisiones o reembolsos de acciones y participaciones de instituciones de inversión colectiva.*

La retención a practicar sobre las ganancias patrimoniales derivadas de las transmisiones o reembolsos de acciones y participaciones de instituciones de inversión colectiva será el resultado de aplicar a la base de retención el porcentaje del 19 por ciento.

---

[149]   Arts. 94 y 95, Instituciones de inversión colectiva, LIRPF.

Nueva redacción del art. 96 dada por el art. primero.siete del Real Decreto 2004/2009, de 23 de diciembre, por el que se modifica el Reglamento del Impuesto sobre la Renta de las Personas Físicas, aprobado por el Real Decreto 439/2007, de 30 de marzo, en materia de pagos a cuenta,… (BOE núm. 313, de 29 de diciembre de 2009), en vigor desde el 1-1-2010.

Artículo 97[150]. *Base de retención sobre las ganancias patrimoniales derivadas de transmisiones o reembolsos de acciones y participaciones de instituciones de inversión colectiva.*

1[151]. La base de retención sobre las ganancias patrimoniales derivadas de transmisiones o reembolsos de acciones o participaciones de instituciones de inversión colectiva será la cuantía a integrar en la base imponible calculada de acuerdo con la normativa reguladora del Impuesto sobre la Renta de las Personas Físicas.

A estos efectos, cuando las acciones o participaciones de instituciones de inversión colectiva se hubieran adquirido con anterioridad a 31 de diciembre de 1994, únicamente se tendrá en consideración lo dispuesto en la disposición transitoria novena de la Ley del Impuesto cuando, con anterioridad al momento en que nazca la obligación de retener, el contribuyente comunique a la entidad obligada a practicar la retención o ingreso a cuenta, por escrito o por cualquier otro medio de cuya recepción quede constancia, el valor de transmisión a que se refiere la letra b) del apartado 1.1.ª) de dicho precepto.

2. No obstante, cuando se trate de reembolsos de participaciones en fondos de inversión regulados por la Ley 35/2003, de 4 de noviembre, de instituciones de inversión colectiva, efectuados por partícipes que durante el período de tenencia de las participaciones objeto de reembolso hayan sido simultáneamente titulares de participaciones homogéneas registradas en otra entidad, o bien las participaciones a reembolsar procedan de uno, varios o sucesivos reembolsos o transmisiones de otras participaciones o acciones a los que se haya aplicado el régimen de diferimiento previsto en el segundo párrafo del artículo 94.1.a) de la Ley del Impuesto, cuando alguno de dichos reembolsos o transmisiones se haya realizado concurriendo igual situación de simultaneidad en las participaciones o acciones reembolsadas o transmitidas, la base de retención será la diferencia entre el valor de transmisión y el valor de adquisición de las participaciones que figuren en el registro de partícipes de la entidad con la que se efectúe el reembolso, debiendo considerarse reembolsadas las adquiridas en primer lugar de las existentes en dicho registro. Cuando en dicho registro existan participaciones procedentes de aplicación del régimen de diferimiento se estará a las fechas y valores de adquisición fiscales comunicados en la operación de traspaso.

---

[150] Nueva redacción del art. 97 dada por el art. segundo tercero Siete del Real Decreto 960/2013, de 5 de diciembre, por el que se por el que se modifican el Reglamento del Impuesto sobre Sociedades, aprobado por el Real Decreto 1777/2004, de 30 de julio; el Reglamento del Impuesto sobre la Renta de las Personas Físicas, aprobado por el Real Decreto 439/2007, de 30 de marzo; el Reglamento del Impuesto sobre la Renta de no Residentes, aprobado por el Real Decreto 1776/2004, de 30 de julio; el Reglamento General de las actuaciones y los procedimientos de gestión e inspección tributaria y de desarrollo de las normas comunes de los procedimientos de aplicación de los tributos, aprobado por el Real Decreto 1065/2007, de 27 de julio, y el Reglamento General de Recaudación, aprobado por el Real Decreto 939/2005, de 29 de julio (BOE núm. 292, de 6 de diciembre de 2013), con efectos desde el 1 de enero de 2014.

[151] Nueva redacción del art. 97.1 dada por el art. Primero.veintiocho del Real Decreto 633/2015, de 10 de julio, por el que se modifican el Reglamento del Impuesto sobre la Renta de las Personas Físicas, aprobado por el Real Decreto 439/2007, de 30 de marzo, y el Reglamento del Impuesto sobre la Renta de no Residentes, aprobado por el Real Decreto 1776/2004, de 30 de julio (BOE núm. 165, de 11 de julio de 2015), en vigor desde el día siguiente de su publicación en el BOE, siendo aplicable a los períodos impositivos que se inicien a partir del 1 de enero de 2015.

Redacción anterior dada por el art. único. Diecisiete del Real Decreto 1003/2014, de 5 de diciembre, por el que se modifica el Reglamento del Impuesto sobre la Renta de las Personas Físicas, aprobado por el Real Decreto 439/2007, de 30 de marzo, en materia de pagos a cuenta y deducciones por familia numerosa o personas con discapacidad a cargo (BOE núm. 295, de 6 de diciembre de 2014), en vigor desde el 1 de enero de 2015.

Cuando concurran las circunstancias a las que se refiere el párrafo anterior, el partícipe quedará obligado a comunicarlo por escrito o por cualquier otro medio de cuya recepción quede constancia a la entidad obligada a practicar la retención o ingreso a cuenta con la que efectúe el reembolso, incluso en el caso de que el mismo no origine base de retención, y, en tal caso, esta última deberá conservar dicha comunicación a disposición de la Administración tributaria durante todo el período en que tenga registradas a nombre del contribuyente participaciones homogéneas a las reembolsadas y, como mínimo, durante el plazo de prescripción.

Lo dispuesto en este apartado se aplicará igualmente en el reembolso o transmisión de participaciones o acciones de instituciones de inversión colectiva domiciliadas en el extranjero, comercializadas, colocadas o distribuidas en territorio español, así como en la transmisión de acciones de sociedades de inversión reguladas en la Ley 35/2003.

Artículo 98. *Nacimiento de la obligación de retener.*

La obligación de retener nacerá en el momento en que se formalice la transmisión o reembolso de las acciones o participaciones de instituciones de inversión colectiva, cualesquiera que sean las condiciones de cobro pactadas.

Artículo 99[152]. *Importe de las retenciones sobre otras ganancias patrimoniales.*

1. La retención a practicar sobre los premios en metálico será del 19 por ciento de su importe.

2. La retención a practicar sobre las ganancias patrimoniales derivadas de los aprovechamientos forestales de los vecinos en montes públicos será del 19 por ciento de su importe.

3[153]. La retención a practicar sobre las ganancias patrimoniales derivadas de la transmisión de derechos de suscripción será el 19 por ciento sobre el importe obtenido en la operación o, en el caso de que el obligado a practicarla sea la entidad depositaria, sobre el importe recibido por ésta para su entrega al contribuyente.

SECCIÓN 5.ª *Otras rentas*

Artículo 100[154]. *Importe de las retenciones sobre arrendamientos y subarrendamientos de inmuebles.*

La retención a practicar sobre los rendimientos procedentes del arrendamiento o subarrendamiento de inmuebles urbanos, cualquiera que sea su calificación, será el resultado de

---

[152]   Art. 101.6 (Importe de los pagos a cuenta), de la LIRPF.
        Nueva redacción del art. 99 dada por el art. primero.ocho del Real Decreto 2004/2009, de 23 de diciembre, por el que se modifica el Reglamento del Impuesto sobre la Renta de las Personas Físicas, aprobado por el Real Decreto 439/2007, de 30 de marzo, en materia de pagos a cuenta,... (BOE núm. 313, de 29 de diciembre de 2009), en vigor desde el 1-1-2010.

[153]   Nuevo apartado incorporado por el art. 1.Once del Real Decreto 1074/2017, de 29 de diciembre, por el que se modifican el Reglamento del Impuesto sobre la Renta de las Personas Físicas, aprobado por el Real Decreto 439/2007, de 30 de marzo, el Reglamento del Impuesto sobre Sociedades, aprobado por el Real Decreto 634/2015, de 10 de julio, y el Reglamento del Impuesto sobre Sucesiones y Donaciones, aprobado por el Real Decreto 1629/1991, de 8 de noviembre (BOE núm. 317, de 30 de diciembre de 2017), en vigor desde el 30 de diciembre de 2107.

[154]   Art. 22 (Rendimientos íntegros del capital inmobiliario), Art. 25.4.c) (Rendimientos íntegros del capital mobiliario) y Art. 101.8 (Importe de los pagos a cuenta) de la LIRPF.

aplicar el porcentaje del 19 por ciento sobre todos los conceptos que se satisfagan al arrendador, excluido el Impuesto sobre el Valor Añadido.

Este porcentaje se reducirá en el 60 por ciento cuando el inmueble urbano esté situado en Ceuta o Melilla, en los términos previstos en el artículo 68.4 de la Ley del Impuesto.

Artículo 101. *Importe de las retenciones sobre derechos de imagen y otras rentas.*

1[155]. La retención a practicar sobre los rendimientos procedentes de la cesión del derecho a la explotación del derecho de imagen, cualquiera que sea su calificación, será el resultado de aplicar el tipo de retención del 24 por ciento sobre los ingresos íntegros satisfechos.

2[156]. La retención a practicar sobre los rendimientos de los restantes conceptos previstos en el artículo 75.2.b) de este reglamento, cualquiera que sea su calificación, será el resultado de aplicar el tipo de retención del 19 por ciento sobre los ingresos íntegros satisfechos.

No obstante, el porcentaje de retención e ingreso a cuenta sobre los rendimientos procedentes de la propiedad intelectual, cualquiera que sea su calificación, será del 15 por ciento, salvo cuando resulte de aplicación el tipo del 7 por ciento previsto en el número 4.º del apartado 1 del artículo 80 o en la letra d) del apartado 1 del artículo 95 de este reglamento. Igualmente, dicho porcentaje será del 7 por ciento cuando se trate de anticipos a cuenta derivados de la cesión de la explotación de derechos de autor que se vayan a devengar a lo largo de varios años.

Nueva redacción del art. 100 dada por el art. único Doce del Real Decreto 1461/2018, de 21 de diciembre, por el que se modifica el Reglamento del Impuesto sobre la Renta de las Personas Físicas aprobado por el Real Decreto 439/2007, de 30 de marzo, en materia de deducciones en la cuota diferencial por circunstancias familiares, obligación de declarar, pagos a cuenta, rentas vitalicias aseguradas y obligaciones registrales (BOE núm. 308, de 22 de diciembre de 2018), en vigor desde el 23 de diciembre de 2018.

Redacción anterior dada por el art. primero.nueve del Real Decreto 2004/2009, de 23 de diciembre, por el que se modifica el Reglamento del Impuesto sobre la Renta de las Personas Físicas, aprobado por el Real Decreto 439/2007, de 30 de marzo, en materia de pagos a cuenta,... (BOE núm. 313, de 29 de diciembre de 2009), en vigor desde el 1-1-2010.

[155] Art. 25.4.d) (Rendimientos íntegros del capital mobiliario) y Art. 101.10 (Importe de los pagos a cuenta), de la LIRPF.

[156] Art. 25.4.a) y b) (Rendimientos íntegros del capital mobiliario) y Art. 101.9 (Importe de los pagos a cuenta), de la LIRPF.

Nueva redacción del art. 101.2 dada por el art. primero cinco del Real Decreto 1008/2023, de 5 de diciembre, por el que se modifican el Reglamento del Impuesto sobre la Renta de las Personas Físicas, aprobado por el Real Decreto 439/2007, de 30 de marzo, en materia de retribuciones en especie, deducción por maternidad, obligación de declarar, pagos a cuenta y régimen especial aplicable a trabajadores, profesionales, emprendedores e inversores desplazados a territorio español, y el Reglamento del Impuesto sobre Sociedades, aprobado por el Real Decreto 634/2015, de 10 de julio, en materia de retenciones e ingresos a cuenta (BOE núm. 291, de 6 de diciembre de 2023), en vigor desde el 7 de diciembre de 2023.

Redacción anterior dada por el art. primero.diez del Real Decreto 2004/2009, de 23 de diciembre, por el que se modifica el Reglamento del Impuesto sobre la Renta de las Personas Físicas, aprobado por el Real Decreto 439/2007, de 30 de marzo, en materia de pagos a cuenta,... (BOE núm. 313, de 29 de diciembre de 2009), en vigor desde el 1-1-2010: «2. *La retención a practicar sobre los rendimientos de los restantes conceptos previstos en el artículo 75.2.b) de este Reglamento, cualquiera que sea su calificación, será el resultado de aplicar el tipo de retención del 19 por ciento sobre los ingresos íntegros satisfechos*».

CAPÍTULO III. Ingresos a cuenta

Artículo 102. *Ingresos a cuenta sobre retribuciones en especie del trabajo.*

1. La cuantía del ingreso a cuenta que corresponda realizar por las retribuciones satisfechas en especie se calculará aplicando a su valor, determinado conforme a las reglas del artículo 43.1 de la Ley del Impuesto, y mediante la aplicación, en su caso, del procedimiento previsto en la disposición adicional segunda de este Reglamento, el tipo que corresponda de los previstos en el artículo 80 de este Reglamento.

2[157]. No existirá obligación de efectuar ingresos a cuenta respecto a las contribuciones satisfechas por los promotores de planes de pensiones, de planes de previsión social empresarial y de mutualidades de previsión social que reduzcan la base imponible.

Artículo 103[158]. ***Ingresos a cuenta sobre retribuciones en especie del capital mobiliario.***

1. La cuantía del ingreso a cuenta que corresponda realizar por las retribuciones satisfechas en especie se calculará aplicando el porcentaje previsto en la sección 2.ª del capítulo II anterior al resultado de incrementar en un 20 por ciento el valor de adquisición o el coste para el pagador.

2[159]. Cuando la obligación de ingresar a cuenta tenga su origen en el ajuste secundario derivado de lo previsto en el artículo 18.11 de la Ley 27/2014, de 27 de noviembre, del Impuesto sobre Sociedades, constituirá la base del ingreso a cuenta la diferencia entre el valor convenido y el valor de mercado.

Artículo 104[160]. ***Ingresos a cuenta sobre retribuciones en especie de actividades económicas.***

La cuantía del ingreso a cuenta que corresponda realizar por las retribuciones satisfechas en especie se calculará aplicando a su valor de mercado el porcentaje que resulte de lo dispuesto en la sección 3.ª del capítulo II anterior.

Artículo 105. *Ingresos a cuenta sobre determinadas ganancias patrimoniales.*

1[161]. La cuantía del ingreso a cuenta que corresponda realizar por los premios satisfechos en especie, que constituyan ganancias patrimoniales, se calculará aplicando el porcentaje previsto en el artículo 99.1 del presente Reglamento al resultado de incrementar en un 20 por ciento el valor de adquisición o coste para el pagador.

---

[157] Art. 43.1.1º.e) (Valoración de las rentas en especie), de la LIRPF.

[158] Art. 101.4 (Importe de los pagos a cuenta), de la LIRPF.
Nueva redacción dada por el art. 4.dos del Real Decreto 1804/2008, de 3 de noviembre, por el que se desarrolla la Ley 36/2006, de 29 de noviembre, de medidas para la prevención del fraude fiscal, se modifica el Reglamento para la aplicación del régimen fiscal de las entidades sin fines lucrativos y de los incentivos fiscales al mecenazgo, aprobado por el Real Decreto 1270/2003, y se modifican y aprueban otras normas tributarias (BOE de 18 de noviembre de 2008), en vigor desde el 19-XI-2008.

[159] Nueva redacción del art. 103.2 dada por el art. único. Dieciocho del Real Decreto 1003/2014, de 5 de diciembre, por el que se modifica el Reglamento del Impuesto sobre la Renta de las Personas Físicas, aprobado por el Real Decreto 439/2007, de 30 de marzo, en materia de pagos a cuenta y deducciones por familia numerosa o personas con discapacidad a cargo (BOE núm. 295, de 6 de diciembre de 2014), en vigor desde el 1 de enero de 2015.

[160] Art. 101.5 (Importe de los pagos a cuenta), de la LIRPF.

[161] Art. 101.7 (Importe de los pagos a cuenta), de la LIRPF.

2[162]**.** La cuantía del ingreso a cuenta que corresponda realizar por las ganancias patrimoniales satisfechas en especie derivadas de los aprovechamientos forestales de los vecinos en montes públicos se calculará aplicando a su valor de mercado el porcentaje previsto en el artículo 99.2 de este Reglamento.

Artículo 106. *Ingreso a cuenta sobre otras rentas.*

La cuantía del ingreso a cuenta sobre las rentas en especie a las que se refieren los artículos 100 y 101 del presente Reglamento se calculará aplicando a su valor de mercado el porcentaje previsto en los mismos.

Artículo 107[163]**. *Ingreso a cuenta sobre derechos de imagen.***

El porcentaje para calcular el ingreso a cuenta que debe practicarse en el supuesto contemplado por el apartado 8 del artículo 92 de la Ley del Impuesto, será del 19 por ciento.

CAPÍTULO IV. Obligaciones del retenedor y del obligado a ingresar a cuenta

Artículo 108[164]**. *Obligaciones formales del retenedor y del obligado a ingresar a cuenta.***

1[165]**.** El sujeto obligado a retener y practicar ingresos a cuenta deberá presentar, en los primeros veinte días naturales de los meses de abril, julio, octubre y enero, declaración de las cantidades retenidas y de los ingresos a cuenta que correspondan por el trimestre natural inmediato anterior, e ingresar su importe en el Tesoro Público.

No obstante, la declaración e ingreso a que se refiere el párrafo anterior se efectuará en los veinte primeros días naturales de cada mes, en relación con las cantidades retenidas y los ingresos a cuenta que correspondan por el mes inmediato anterior, cuando se trate de retenedores u obligados en los que concurran las circunstancias a que se refieren los números 1.º y 2.º del apartado 3 del artículo 71 del Reglamento del Impuesto sobre el Valor Añadido, aprobado por el Real Decreto 1624/1992, de 29 de diciembre.

Lo dispuesto en el párrafo anterior resultará igualmente aplicable cuando se trate de retenedores u obligados a ingresar a cuenta que tengan la consideración de Administraciones públicas, incluida la Seguridad Social, cuyo último Presupuesto anual aprobado con anterio-

---

[162]   Art. 101.6 (Importe de los pagos a cuenta), de la LIRPF.

[163]   Art. 101.10 (Importe de los pagos a cuenta), de la LIRPF.
     Nueva redacción del art. 107 dada por el art. primero.once del Real Decreto 2004/2009, de 23 de diciembre, por el que se modifica el Reglamento del Impuesto sobre la Renta de las Personas Físicas, aprobado por el Real Decreto 439/2007, de 30 de marzo, en materia de pagos a cuenta,... (BOE núm. 313, de 29 de diciembre de 2009), en vigor desde el 1-1-2010.

[164]   Art. 105 (Obligaciones formales del retenedor, del obligado a practicar ingresos a cuenta y otras obligaciones formales), de la LIRPF.

[165]   Nueva redacción del art. 108.1 dada por el art. segundo tercero Ocho del Real Decreto 960/2013, de 5 de diciembre, por el que se por el que se modifican el Reglamento del Impuesto sobre Sociedades, aprobado por el Real Decreto 1777/2004, de 30 de julio; el Reglamento del Impuesto sobre la Renta de las Personas Físicas, aprobado por el Real Decreto 439/2007, de 30 de marzo; el Reglamento del Impuesto sobre la Renta de no Residentes, aprobado por el Real Decreto 1776/2004, de 30 de julio; el Reglamento General de las actuaciones y los procedimientos de gestión e inspección tributaria y de desarrollo de las normas comunes de los procedimientos de aplicación de los tributos, aprobado por el Real Decreto 1065/2007, de 27 de julio, y el Reglamento General de Recaudación, aprobado por el Real Decreto 939/2005, de 29 de julio (BOE núm. 292, de 6 de diciembre de 2013), con efectos desde el 1 de enero de 2014.

ridad al inicio del ejercicio supere la cantidad de 6 millones de euros, en relación con las cantidades retenidas y los ingresos a cuenta correspondientes a las rentas a que se refieren los párrafos a) y c) del apartado 1 y el párrafo c) del apartado 2 del artículo 75 del presente Reglamento.

No obstante lo anterior, la retención e ingreso correspondiente, cuando la entidad pagadora del rendimiento sea la Administración del Estado y el procedimiento establecido para su pago así lo permita, se efectuará de forma directa.

El retenedor u obligado a ingresar a cuenta presentará declaración negativa cuando, a pesar de haber satisfecho rentas sometidas a retención o ingreso a cuenta, no hubiera procedido, por razón de su cuantía, la práctica de retención o ingreso a cuenta alguno. No procederá presentación de declaración negativa cuando no se hubieran satisfecho, en el período de declaración, rentas sometidas a retención e ingreso a cuenta.

2[166]. El retenedor u obligado a ingresar a cuenta deberá presentar en los primeros veinte días naturales del mes de enero una declaración anual de las retenciones e ingresos a cuenta efectuados. No obstante, en el caso de que esta declaración se presente en soporte directamente legible por ordenador o haya sido generado mediante la utilización, exclusivamente, de los correspondientes módulos de impresión desarrollados, a estos efectos, por la Administración tributaria, el plazo de presentación será el comprendido entre el 1 de enero y el 31 de enero del año siguiente al del que corresponde dicha declaración.

En esta declaración, además de sus datos de identificación, podrá exigirse que conste una relación nominativa de los perceptores con los siguientes datos:

a) Nombre y apellidos.

b) Número de identificación fiscal.

c)[167] Renta obtenida, con indicación de la identificación, descripción y naturaleza de los conceptos, así como del ejercicio en que dicha renta se hubiera devengado, incluyendo las rentas no sometidas a retención o ingreso a cuenta por razón de su cuantía, así como las dietas exceptuadas de gravamen y las rentas exentas.

No obstante, respecto de los rendimientos del trabajo exentos previstos en las letras a) y b) del artículo 42.3 de la Ley del Impuesto, únicamente se exigirán datos cuando para la prestación de los servicios se utilicen fórmulas indirectas.

d) Reducciones aplicadas con arreglo a lo previsto en los artículos 18, apartados 2 y 3, 26.2 y disposiciones transitorias undécima y duodécima de la Ley del Impuesto.

e) Gastos deducibles a que se refieren los artículos 19.2 y 26.1.a) de la Ley del Impuesto, a excepción de las cuotas satisfechas a sindicatos y colegios profesionales y los de defensa jurídica, siempre que hayan sido deducidos por el pagador de los rendimientos satisfechos.

---

[166]   Nueva redacción del art. 108.2 dada por el art. 8.Seis del Real Decreto 1975/2008, de 28 de noviembre, sobre las medidas urgentes a adoptar en materia económica, fiscal, de empleo y de acceso a la vivienda, con efectos, en virtud de su Disposición Final única, a partir del 1 de enero de 2009.

[167]   Nueva redacción de la letra c) del art. 108.2 dada por el art. Primero.veintinueve del Real Decreto 633/2015, de 10 de julio, por el que se modifican el Reglamento del Impuesto sobre la Renta de las Personas Físicas, aprobado por el Real Decreto 439/2007, de 30 de marzo, y el Reglamento del Impuesto sobre la Renta de no Residentes, aprobado por el Real Decreto 1776/2004, de 30 de julio (BOE núm. 165, de 11 de julio de 2015), en vigor desde el día siguiente de su publicación en el BOE, siendo aplicable a los períodos impositivos que se inicien a partir del 1 de enero de 2015.

f) Circunstancias personales y familiares e importe de las reducciones que hayan sido tenidas en cuenta por el pagador para la aplicación del porcentaje de retención correspondiente.

g) Importe de las pensiones compensatorias entre cónyuges y anualidades por alimentos que se hayan tenido en cuenta para la práctica de las retenciones.

h)[168] Que el contribuyente le ha comunicado que está destinando cantidades para la adquisición o rehabilitación de su vivienda habitual utilizando financiación ajena, por las que vaya a tener derecho a la deducción por inversión en vivienda habitual regulada en la disposición transitoria decimoctava de la Ley del Impuesto.

i) Retención practicada o ingreso a cuenta efectuado.

j) Cantidades reintegradas al pagador procedentes de rentas devengadas en ejercicios anteriores.

A las mismas obligaciones establecidas en los párrafos anteriores estarán sujetas las entidades domiciliadas residentes o representantes en España, que paguen por cuenta ajena rentas sujetas a retención o que sean depositarias o gestionen el cobro de las rentas de valores.

3. El retenedor u obligado a ingresar a cuenta deberá expedir en favor del contribuyente certificación acreditativa de las retenciones practicadas o de los ingresos a cuenta efectuados, así como de los restantes datos referentes al contribuyente que deben incluirse en la declaración anual a que se refiere el apartado anterior.

La citada certificación deberá ponerse a disposición del contribuyente con anterioridad a la apertura del plazo de declaración por este Impuesto.

A las mismas obligaciones establecidas en los párrafos anteriores estarán sujetas las entidades domiciliadas, residentes o representadas en España, que paguen por cuenta ajena rentas sujetas a retención o que sean depositarias o gestionen el cobro de rentas de valores.

4. Los pagadores deberán comunicar a los contribuyentes la retención o ingreso a cuenta practicado en el momento que satisfagan las rentas indicando el porcentaje aplicado, salvo en rendimientos de actividades económicas.

5[169]. Las declaraciones a que se refiere este artículo se realizarán en los modelos que para cada clase de rentas establezca el Ministro de Economía y Hacienda, quien, asimismo, podrá

---

[168] Nueva redacción de la letra h) del art. 108.2 dada por el art. segundo primero.Once del Real Decreto 960/2013, de 5 de diciembre, por el que se por el que se modifican el Reglamento del Impuesto sobre Sociedades, aprobado por el Real Decreto 1777/2004, de 30 de julio; el Reglamento del Impuesto sobre la Renta de las Personas Físicas, aprobado por el Real Decreto 439/2007, de 30 de marzo; el Reglamento del Impuesto sobre la Renta de no Residentes, aprobado por el Real Decreto 1776/2004, de 30 de julio; el Reglamento General de las actuaciones y los procedimientos de gestión e inspección tributaria y de desarrollo de las normas comunes de los procedimientos de aplicación de los tributos, aprobado por el Real Decreto 1065/2007, de 27 de julio, y el Reglamento General de Recaudación, aprobado por el Real Decreto 939/2005, de 29 de julio (BOE núm. 292, de 6 de diciembre de 2013), con efectos desde el 1 de enero de 2013.

Redacción anterior dada el art. 8.Seis del Real Decreto 1975/2008, de 28 de noviembre, sobre las medidas urgentes a adoptar en materia económica, fiscal, de empleo y de acceso a la vivienda, con efectos, en virtud de su Disposición Final única, a partir del 1 de enero de 2009.

[169] Modelo 100. Documento de ingreso o devolución de la declaración del Impuesto sobre la Renta de las Personas Físicas.

Modelo 102. Documento de ingreso del segundo plazo de la declaración del Impuesto sobre la Renta de las Personas Físicas.

Modelo 111. Retenciones e ingresos a cuenta. Rendimientos del trabajo y de actividades económicas, premios y determinadas ganancias patrimoniales e imputaciones de Renta.

Modelo 113. Comunicación de datos relativos a las ganancias patrimoniales por cambio de residencia cuando se produzca a otro Estado Miembro de la Unión Europea o del Espacio Económico Europeo con efectivo intercambio de información tributaria.

Modelo 115. Retenciones e ingresos a cuenta. Rentas o rendimientos procedentes del arrendamiento o subarrendamiento de inmuebles urbanos.

Modelo 117. IRPF. Impuesto sobre Sociedades. IRNR. Retención e ingreso a cuenta. Rentas procedentes de transmisión o reembolso de acciones o participaciones en Instituciones de Inversión Colectiva.

Modelo 121. Impuesto sobre la Renta de las Personas Físicas. Deducciones por familia numerosa o por personas con discapacidad a cargo. Comunicación de la cesión del derecho a la deducción por contribuyentes no obligados a presentar declaración.

Modelo 122. Impuesto sobre la Renta de las Personas Físicas. Deducciones por familia numerosa, por personas con discapacidad a cargo o por ascendiente separado legalmente o sin vínculo matrimonial, regularización del derecho a la deducción por contribuyentes no obligados a presentar declaración.

Modelo 123. IRPF. Impuesto sobre Sociedades. IRNR (establecimientos permanentes). Retención e ingreso a cuenta. Determinados rendimientos del capital mobiliario o determinadas rentas.

Modelo 124. Rentas y rendimientos del capital mobiliario derivadas de la transmisión, amortización, reembolso, canje o conversión de cualquier tipo de activo representativos de la captación y utilización de capitales ajenos. Retenciones e ingresos a cuenta.

Modelo 126. Declaración-documento de ingreso. Rendimientos del capital mobiliario obtenidos por la contraprestación derivada de cuentas en toda clase de instituciones financieras.

Modelo 128. Declaración-Documento. Retenciones e ingresos a cuenta. Rentas o rendimientos del capital mobiliario procedente de operaciones de capitalización y de contratos de seguros de vida o invalidez.

Modelo 130. Pago fraccionado. Empresarios y profesionales en Estimación Directa. Declaración-Liquidación.

Modelo 131. Pago fraccionado. Empresarios y profesionales en Estimación Objetiva. Declaración-Liquidación.

Modelo 136. IRPF. IRNR. Gravamen Especial sobre los premios de determinadas loterías y apuestas. Autoliquidación.

Modelo 140. IRPF. Deducción por maternidad. Deducción por maternidad. Solicitud de abono anticipado.

Modelo 143. IRPF. Abono anticipado deducciones de familia numerosa y discapacidad.

Modelo 145. IRPF. Retenciones sobre rendimientos del trabajo. Comunicación de datos al pagador (art. 86 del Reglamento del IRPF).

Modelo 146. IRPF. Pensionistas con dos o más pagadores. Solicitud de determinación del importe de las retenciones.

Modelo 147. Comunicación del desplazamiento a territorio español efectuado por trabajadores por cuenta ajena.

Modelo 149. Régimen especial aplicable a los trabajadores desplazados a territorio español. Comunicación de la opción, renuncia o exclusión.

Modelo 150. Régimen especial aplicable a los trabajadores desplazados a territorio español.

Modelo 151. Régimen especial aplicable a los trabajadores desplazados a territorio español.

Modelo 156. Cotizaciones de afiliados y mutualidades a efectos de la deducción por maternidad. Declaración informativa anual.

Modelo 165. Declaración informativa de certificaciones individuales emitidas a los socios o partícipes de entidades de nueva o reciente creación.

Modelo 180. Retenciones e ingresos a cuenta. Rendimientos procedentes del arrendamiento de inmuebles urbanos. Resumen anual.

Modelo 181. Declaración informativa de préstamos hipotecarios concedidos para la adquisición de viviendas.

Modelo 182. Declaración informativa de donativos, donaciones y aportaciones recibidas.

Modelo 184. Entidades en régimen de atribución de rentas. Declaración informativa anual.

determinar los datos que deben incluirse en las declaraciones, de los previstos en el apartado 2 anterior, estando obligado el retenedor u obligado a ingresar a cuenta a cumplimentar la totalidad de los datos así determinados y contenidos en las declaraciones que le afecten.

La declaración e ingreso se efectuarán en la forma y lugar que determine el Ministro de Economía y Hacienda, quien podrá establecer los supuestos y condiciones de presentación de las declaraciones por medios telemáticos y ampliar el plazo correspondiente a las declaraciones que puedan presentarse por esta vía, atendiendo a razones de carácter técnico, así como modificar la cuantía del Presupuesto anual y la naturaleza de las rentas a que se refiere el párrafo tercero del apartado 1 de este artículo.

6. La declaración e ingreso del pago a cuenta a que se refiere el apartado 3.º del artículo 76.2.d) de este Reglamento se efectuará en la forma, lugar y plazo que determine el Ministro de Economía y Hacienda.

CAPÍTULO V. Pagos fraccionados

Artículo 109[170]. *Obligados al pago fraccionado.*

1. Los contribuyentes que ejerzan actividades económicas estarán obligados a autoliquidar e ingresar en el Tesoro, en concepto de pago a cuenta del Impuesto sobre la Renta de las Personas Físicas, la cantidad que resulte de lo establecido en los artículos siguientes, sin perjuicio de las excepciones previstas en los apartados siguientes.

Modelo 185. Declaración informativa mensual de los órganos y entidades gestores de la Seguridad Social y Mutualidades.

Modelo 186. Suministro de información relativa a nacimientos y defunciones.

Modelo 187. Declaración informativa y de resumen anual de retenciones e ingresos a cuenta por operaciones de adquisición y enajenación de acciones y participaciones.

Modelo 188. Resumen anual. Retenciones e ingresos a cuenta. Rentas o rendimientos del capital mobiliario procedentes de operaciones de capitalización y de contratos de seguros de vida o invalidez.

Modelo 190. Resumen anual de retenciones e ingresos a cuenta. Rendimientos del trabajo de determinadas actividades económicas, premios y determinadas imputaciones de renta.

Modelo 193. Retenciones e ingresos a cuenta sobre determinados rendimientos de capital mobiliario. Retenciones e ingresos a cuenta sobre determinadas rentas. Resumen anual.

Modelo 193 Simplificado. Retenciones e ingresos a cuenta sobre determinados rendimientos de capital mobiliario. Retenciones e ingresos a cuenta sobre determinadas rentas. Resumen anual simplificado.

Modelo 194. Retenciones e ingresos a cuenta sobre rendimientos del capital mobiliario y rentas derivadas de la transmisión, amortización, reembolso, canje o conversión de cualquier clase de activos representativos de la captación y utilización de capitales ajenos. Resumen anual.

Modelo 196. Resumen anual de retenciones e ingresos a cuenta en relación con las ventas o rendimientos del capital mobiliario obtenidos por la contraprestación derivada de cuentas en toda clase de instituciones financieras.

Modelo 198. Declaración anual de Operaciones con Activos Financieros y otros valores mobiliarios.

Modelo 230. IRPF. IRNR. Impuesto sobre Sociedades. Retenciones e ingresos a cuenta del Gravamen Especial sobre los premios de determinadas loterías y apuestas. Autoliquidación.

Modelo 270. Resumen anual de retenciones e ingresos a cuenta. Gravamen especial sobre los premios de determinadas loterías y apuestas.

Modelo 280. Declaración informativa anual de Planes de Ahorro a Largo Plazo.

[170] Art. 101.11 (Importe de los pagos a cuenta), de la LIRPF.

2. Los contribuyentes que desarrollen actividades profesionales no estarán obligados a efectuar pago fraccionado en relación con las mismas si, en el año natural anterior, al menos el 70 por ciento de los ingresos de la actividad fueron objeto de retención o ingreso a cuenta.

3. Los contribuyentes que desarrollen actividades agrícolas o ganaderas no estarán obligados a efectuar pago fraccionado en relación con las mismas si, en el año natural anterior, al menos el 70 por ciento de los ingresos procedentes de la explotación, con excepción de las subvenciones corrientes y de capital y de las indemnizaciones, fueron objeto de retención o ingreso a cuenta.

4. Los contribuyentes que desarrollen actividades forestales no estarán obligados a efectuar pago fraccionado en relación con las mismas si, en el año natural anterior, al menos el 70 por ciento de los ingresos procedentes de la actividad, con excepción de las subvenciones corrientes y de capital y de las indemnizaciones, fueron objeto de retención o ingreso a cuenta.

5. A efectos de lo dispuesto en los apartados 2, 3 y 4 anteriores, en caso de inicio de la actividad se tendrá en cuenta el porcentaje de ingresos que hayan sido objeto de retención o ingreso a cuenta durante el período a que se refiere el pago fraccionado.

Artículo 110[171]. *Importe del fraccionamiento.*

1. Los contribuyentes a que se refiere el artículo anterior ingresarán, en cada plazo, las cantidades siguientes:

a) Por las actividades que estuvieran en el método de estimación directa, en cualquiera de sus modalidades, el 20 por ciento del rendimiento neto correspondiente al período de tiempo transcurrido desde el primer día del año hasta el último día del trimestre a que se refiere el pago fraccionado.

De la cantidad resultante por aplicación de lo dispuesto en esta letra se deducirán los pagos fraccionados que, en relación con estas actividades, habría correspondido ingresar en los trimestres anteriores del mismo año si no se hubiera aplicado lo dispuesto en la letra c) del apartado 3 de este artículo.

b) Por las actividades que estuvieran en el método de estimación objetiva, el 4 por ciento de los rendimientos netos resultantes de la aplicación de dicho método en función de los datos-base del primer día del año a que se refiere el pago fraccionado o, en caso de inicio de actividades, del día en que éstas hubiesen comenzado.

No obstante, en el supuesto de actividades que tengan sólo una persona asalariada el porcentaje anterior será el 3 por ciento, y en el supuesto de que no disponga de personal asalariado dicho porcentaje será el 2 por ciento.

---

[171] Nueva redacción del art. 110 dada por el art. primero.doce del Real Decreto 2004/2009, de 23 de diciembre, por el que se modifica el Reglamento del Impuesto sobre la Renta de las Personas Físicas, aprobado por el Real Decreto 439/2007, de 30 de marzo, en materia de pagos a cuenta,... (BOE núm. 313, de 29 de diciembre de 2009), en vigor desde el 1-1-2010. Redacción anterior dada por el art. 8.Siete del Real Decreto 1975/2008, de 28 de noviembre, sobre las medidas urgentes a adoptar en materia económica, fiscal, de empleo y de acceso a la vivienda, con efectos, en virtud de su Disposición Final única, a partir del 1-I-2009 hasta el 31-XII-2009. La redacción anterior del art. 110 fue dada el art. Único.doce del Real Decreto 861/2008, de 23 de mayo, por el que se modifica el Reglamento del Impuesto sobre la Renta de las Personas Físicas en materia de pagos a cuenta sobre los rendimientos del trabajo y de actividades económicas (BOE núm. 126 de 24 de mayo de 2008), en vigor desde el 1-VI-2008 hasta el 31-XII-2008.

Cuando alguno de los datos-base no pudiera determinarse el primer día del año, se tomará, a efectos del pago fraccionado, el correspondiente al año inmediato anterior. En el supuesto de que no pudiera determinarse ningún dato-base, el pago fraccionado consistirá en el 2 por ciento del volumen de ventas o ingresos del trimestre.

c) Tratándose de actividades agrícolas, ganaderas, forestales o pesqueras, cualquiera que fuese el método de determinación del rendimiento neto, el 2 por ciento del volumen de ingresos del trimestre, excluidas las subvenciones de capital y las indemnizaciones.

2[172]. Los porcentajes señalados en el apartado anterior se reducirán en un 60 por ciento para las actividades económicas que tengan derecho a la deducción en la cuota prevista en el artículo 68.4 de la Ley del Impuesto.

3[173]. De la cantidad resultante por aplicación de lo dispuesto en los apartados anteriores, se podrán deducir, en su caso:

a) Las retenciones practicadas y los ingresos a cuenta efectuados correspondientes al período de tiempo transcurrido desde el primer día del año hasta el último día del trimestre al que se refiere el pago fraccionado, cuando se trate de:

1.º Actividades profesionales que determinen su rendimiento neto por el método de estimación directa, en cualquiera de sus modalidades.

2.º Arrendamiento de inmuebles urbanos que constituya actividad económica.

3.º Cesión del derecho a la explotación de la imagen o del consentimiento o autorización para su utilización que constituya actividad económica, y demás rentas previstas en el artículo 75.2 b) del presente Reglamento.

b) Las retenciones practicadas y los ingresos a cuenta efectuados conforme a lo dispuesto en los artículos 95 y 104 de este Reglamento correspondientes al trimestre, cuando se trate de:

1.º Actividades económicas que determinen su rendimiento neto por el método de estimación objetiva. No obstante, cuando el importe de las retenciones e ingresos a cuenta soportados en el trimestre sea superior a la cantidad resultante por aplicación de lo dispuesto en las letras b) y c) del apartado 1 anterior, así como, en su caso, de lo dispuesto en el apartado 2 anterior, podrá deducirse dicha diferencia en cualquiera de los siguientes pagos fraccionados correspondientes al mismo período impositivo cuyo importe positivo lo permita y hasta el límite máximo de dicho importe.

2.º Actividades agrícolas, ganaderas o forestales no incluidas en el número 1.º anterior.

---

[172]　Nueva redacción del art. 110.2 dada por el art. único Trece del Real Decreto 1461/2018, de 21 de diciembre, por el que se modifica el Reglamento del Impuesto sobre la Renta de las Personas Físicas aprobado por el Real Decreto 439/2007, de 30 de marzo, en materia de deducciones en la cuota diferencial por circunstancias familiares, obligación de declarar, pagos a cuenta, rentas vitalicias aseguradas y obligaciones registrales (BOE núm. 308, de 22 de diciembre de 2018), en vigor desde el 23 de diciembre de 2018.

[173]　Nueva redacción del art. 110.3 dada por el art. art. primero Diez del Real Decreto 1788/2010, de 30 de diciembre, por el que se modifican los Reglamentos de los Impuestos sobre la Renta de las Personas Físicas, sobre Sociedades y sobre la Renta de no Residentes en materia de rentas en especie, deducción por inversión en vivienda y pagos a cuenta (BOE núm. 318, de 31 de diciembre de 2010), en vigor desde el 1-1-2011.

Redacción anterior dada por el art. primero.doce del Real Decreto 2004/2009, de 23 de diciembre, por el que se modifica el Reglamento del Impuesto sobre la Renta de las Personas Físicas, aprobado por el Real Decreto 439/2007, de 30 de marzo, en materia de pagos a cuenta,... (BOE núm. 313, de 29 de diciembre de 2009), en vigor desde el 1-1-2010.

c)[174] Cuando la cuantía de los rendimientos netos de actividades económicas del ejercicio anterior sea igual o inferior a 12.000 euros, el importe que resulte del siguiente cuadro:

Cuantía de los rendimientos netos del ejercicio anterior	Importe de la minoración
Euros	Euros
Igual o inferior a 9.000	100
Entre 9.000,01 y 10.000	75
Entre 10.000,01 y 11.000	50
Entre 11.000,01 y 12.000	25

Cuando el importe de la minoración prevista en esta letra sea superior a la cantidad resultante por aplicación de lo dispuesto en los apartados anteriores y en las letras a) y b) de este apartado, la diferencia podrá deducirse en cualquiera de los siguientes pagos fraccionados correspondientes al mismo período impositivo cuyo importe positivo lo permita y hasta el límite máximo de dicho importe.

d)[175] Cuando los contribuyentes destinen cantidades para la adquisición o rehabilitación de su vivienda habitual utilizando financiación ajena, por las que vayan a tener derecho a la deducción por inversión en vivienda habitual regulada en la disposición transitoria decimoctava de la Ley del Impuesto, las cuantías que se citan a continuación:

1.º Tratándose de contribuyentes que ejerzan actividades que estuvieran en el método de estimación directa, en cualquiera de sus modalidades, cuyos rendimientos íntegros previsibles del período impositivo sean inferiores a 33.007,2 euros, se podrá deducir el 2 por ciento del rendimiento neto correspondiente al período de tiempo transcurrido desde el primer día del año hasta el último día del trimestre a que se refiere el pago fraccionado.

A estos efectos se considerarán como rendimientos íntegros previsibles del período impositivo los que resulten de elevar al año los rendimientos íntegros correspondientes al primer trimestre.

En ningún caso podrá practicarse una deducción por importe superior a 660,14 euros en cada trimestre.

2.º Tratándose de contribuyentes que ejerzan actividades que estuvieran en el método de estimación objetiva cuyos rendimientos netos resultantes de la aplicación de dicho método

---

[174] Nueva redacción de la letra c) del art. 110.3 dada por el art. único. Diecinueve del Real Decreto 1003/2014, de 5 de diciembre, por el que se modifica el Reglamento del Impuesto sobre la Renta de las Personas Físicas, aprobado por el Real Decreto 439/2007, de 30 de marzo, en materia de pagos a cuenta y deducciones por familia numerosa o personas con discapacidad a cargo (BOE núm. 295, de 6 de diciembre de 2014), en vigor desde el 1 de enero de 2015.

[175] Nueva redacción de la letra d) del art. 110.3 dada por el art. segundo primero.Doce del Real Decreto 960/2013, de 5 de diciembre, por el que se por el que se modifican el Reglamento del Impuesto sobre Sociedades, aprobado por el Real Decreto 1777/2004, de 30 de julio; el Reglamento del Impuesto sobre la Renta de las Personas Físicas, aprobado por el Real Decreto 439/2007, de 30 de marzo; el Reglamento del Impuesto sobre la Renta de no Residentes, aprobado por el Real Decreto 1776/2004, de 30 de julio; el Reglamento General de las actuaciones y los procedimientos de gestión e inspección tributaria y de desarrollo de las normas comunes de los procedimientos de aplicación de los tributos, aprobado por el Real Decreto 1065/2007, de 27 de julio, y el Reglamento General de Recaudación, aprobado por el Real Decreto 939/2005, de 29 de julio (BOE núm. 292, de 6 de diciembre de 2013), con efectos desde el 1 de enero de 2013.

en función de los datos-base del primer día del año a que se refiere el pago fraccionado o, en caso de inicio de actividades, del día en que éstas hubiesen comenzado, sean inferiores a 33.007,2 euros, se podrá deducir el 0,5 por ciento de los citados rendimientos netos. No obstante, cuando no pudiera determinarse ningún dato base se aplicará la deducción prevista en el número 3.º de esta letra sobre el volumen de ventas o ingresos del trimestre.

3.º Tratándose de contribuyentes que ejerzan actividades agrícolas, ganaderas, forestales o pesqueras, cualquiera que fuese el método de determinación del rendimiento neto, cuyo volumen previsible de ingresos del período impositivo, excluidas las subvenciones de capital y las indemnizaciones sea inferior a 33.007,2 euros, se podrá deducir el 2 por ciento del volumen de ingresos del trimestre, excluidas las subvenciones de capital y las indemnizaciones.

A estos efectos se considerará como volumen previsible de ingresos del período impositivo el resultado de elevar al año el volumen de ingresos del primer trimestre, excluidas las subvenciones de capital y las indemnizaciones.

En ningún caso podrá practicarse una deducción por un importe acumulado en el período impositivo superior a 660,14 euros.

Las deducciones previstas en esta letra d) no resultarán de aplicación cuando los contribuyentes ejerzan dos o más actividades comprendidas en ordinales distintos, ni cuando perciban rendimientos del trabajo y hubiesen efectuado a su pagador la comunicación a que se refiere el párrafo segundo del artículo 88.1 de este Reglamento, ni cuando las cantidades se destinen a la construcción o ampliación de la vivienda.

4. Los contribuyentes podrán aplicar en cada uno de los pagos fraccionados porcentajes superiores a los indicados.

5[176].

Artículo 111. *Declaración e ingreso.*

1. Los empresarios y profesionales estarán obligados a declarar e ingresar trimestralmente en el Tesoro Público las cantidades determinadas conforme a lo dispuesto en el artículo anterior en los plazos siguientes:

a) Los tres primeros trimestres, entre el día 1 y el 20 de los meses de abril, julio y octubre.

b) Cuarto trimestre, entre el día 1 y el 30 del mes de enero.

Cuando de la aplicación de lo dispuesto en el artículo anterior no resultasen cantidades a ingresar, los contribuyentes presentarán una declaración negativa.

2. El Ministro de Economía y Hacienda podrá prorrogar los plazos a que hace referencia este artículo, así como establecer supuestos de ingreso semestral con las adaptaciones que procedan de los porcentajes determinados en el artículo anterior.

3. Los contribuyentes presentarán las declaraciones ante el órgano competente de la Administración tributaria e ingresarán su importe en el Tesoro Público.

---

[176] Apartado 5 del art. 110, suprimido por el art. único. veinte del Real Decreto 1003/2014, de 5 de diciembre, por el que se modifica el Reglamento del Impuesto sobre la Renta de las Personas Físicas, aprobado por el Real Decreto 439/2007, de 30 de marzo, en materia de pagos a cuenta y deducciones por familia numerosa o personas con discapacidad a cargo (BOE núm. 295, de 6 de diciembre de 2014), en vigor desde el 1 de enero de 2015.

La declaración se ajustará a las condiciones y requisitos y el ingreso se efectuará en la forma y lugar que determine el Ministro de Economía y Hacienda[177].

Artículo 112[178]. *Entidades en régimen de atribución de rentas.*

El pago fraccionado correspondiente a los rendimientos de actividades económicas obtenidos por entidades en régimen de atribución de rentas se efectuará por cada uno de los socios, comuneros o partícipes, en proporción a su participación en el beneficio de la entidad.

TÍTULO VIII. REGÍMENES ESPECIALES[179]

CAPÍTULO I. Régimen especial aplicable a los trabajadores, profesionales, emprendedores e inversores desplazados a territorio español[180]

Artículo 113[181]. *Ámbito de aplicación.*

1. Las personas físicas que adquieran su residencia fiscal en España como consecuencia de su desplazamiento a territorio español podrán optar por tributar por el Impuesto sobre la

---

[177] Orden EHA/672/2007, de 13 de marzo, por la que se aprueban los modelos 130 y 131 para la autoliquidación de los pagos fraccionados a cuenta del Impuesto sobre la Renta de las Personas Físicas correspondientes, respectivamente, a actividades económicas en estimación directa y a actividades económicas en estimación objetiva, el modelo 310 de declaración ordinaria para la autoliquidación del régimen simplificado del Impuesto sobre el Valor Añadido, se determinan el lugar y forma de presentación de los mismos, modificada por la Orden EHA/1796/2008, de 19 de junio (BOE núm. 152 de 24 junio de 2008), Orden EHA/580/2009, de 5 de marzo, BOE núm. 61, de 12 de marzo) y Orden HAP/258/2015, de 17 de febrero (BOE núm. 43, de 19 de febrero 2015).

[178] Arts. 86 a 90 de la LIRPF.

[179] Nueva redacción del Título VIII dada por el art. Primero.treinta del Real Decreto 633/2015, de 10 de julio, por el que se modifican el Reglamento del Impuesto sobre la Renta de las Personas Físicas, aprobado por el Real Decreto 439/2007, de 30 de marzo, y el Reglamento del Impuesto sobre la Renta de no Residentes, aprobado por el Real Decreto 1776/2004, de 30 de julio (BOE núm. 165, de 11 de julio de 2015), en vigor desde el día siguiente de su publicación en el BOE, siendo aplicable a los períodos impositivos que se inicien a partir del 1 de enero de 2015.

[180] Nueva redacción del Capítulo I del Título VIII dada por el art. primero Seis del Real Decreto 1008/2023, de 5 de diciembre, por el que se modifican el Reglamento del Impuesto sobre la Renta de las Personas Físicas, aprobado por el Real Decreto 439/2007, de 30 de marzo, en materia de retribuciones en especie, deducción por maternidad, obligación de declarar, pagos a cuenta y régimen especial aplicable a trabajadores, profesionales, emprendedores e inversores desplazados a territorio español, y el Reglamento del Impuesto sobre Sociedades, aprobado por el Real Decreto 634/2015, de 10 de julio, en materia de retenciones e ingresos a cuenta (BOE núm. 291, de 6 de diciembre de 2023), en vigor desde el 7 de diciembre de 2023. Redacción anterior por la incorporación del capítulo I del Título VIII, comprensivo de los arts. 113 a 120 incorporado por el art. Primero.treinta y uno del Real Decreto 633/2015, de 10 de julio, por el que se modifican el Reglamento del Impuesto sobre la Renta de las Personas Físicas, aprobado por el Real Decreto 439/2007, de 30 de marzo, y el Reglamento del Impuesto sobre la Renta de no Residentes, aprobado por el Real Decreto 1776/2004, de 30 de julio (BOE núm. 165, de 11 de julio de 2015), en vigor desde el día siguiente de su publicación en el BOE, siendo aplicable a los períodos impositivos que se inicien a partir del 1 de enero de 2015: «*Capítulo I. Régimen especial aplicable a los trabajadores desplazados a territorio español*».
Art. 93 (Régimen especial aplicable a los trabajadores, profesionales, emprendedores e inversores desplazados a territorio español.») y Art. 99.8 (Obligación de practicar pagos cuenta) de la LIRPF.

[181] Nueva redacción del art. 113 dada por el por el art. primero Siete del Real Decreto 1008/2023, de 5 de diciembre, por el que se modifican el Reglamento del Impuesto sobre la Renta de las Personas Físicas,

Renta de no Residentes, manteniendo la condición de contribuyentes por el Impuesto sobre la Renta de las Personas Físicas, cuando cumplan las condiciones previstas en el apartado 1 del artículo 93 de la Ley del Impuesto.

2. A efectos de lo dispuesto en el artículo 93.1.b).3.º de la Ley del Impuesto, se calificará como actividad emprendedora aquella que sea innovadora y/o tenga especial interés económico para España y a tal efecto cuente con un informe favorable emitido por la Empresa Nacional de Innovación, SME (ENISA), en los términos establecidos en el artículo 70 de la Ley 14/2013, de 27 de septiembre, de apoyo a los emprendedores y su internacionalización, siendo necesario disponer de la autorización de residencia para actividad empresarial prevista en el artículo 69 de la Ley 14/2013, con carácter previo a su desplazamiento a territorio español. En el caso de ciudadanos de la Unión Europea y en el de aquellos extranjeros a los que les sea de aplicación el derecho de la Unión Europea por ser beneficiarios de los derechos de libre circulación y residencia deberán disponer de un informe favorable emitido por la Empresa Nacional de Innovación, SME (ENISA), calificando tal actividad como emprendedora, el cual será solicitado por el contribuyente a ENISA, a través de la Dirección General de Industria y de la Pequeña y Mediana Empresa, con carácter previo a su desplazamiento a territorio español. Este informe, de carácter preceptivo, será evacuado en el plazo de diez días hábiles desde que ENISA reciba la correspondiente solicitud.

Igualmente deberán disponer del informe señalado en el párrafo anterior los contribuyentes que hubieran optado por la aplicación de este régimen especial, si con posterioridad quieren iniciar una actividad económica que tenga carácter emprendedor distinta, en su caso, de aquella que motivó su desplazamiento a territorio español.

A efectos de lo dispuesto en el artículo 93.1.b).4.º de la Ley del Impuesto se entenderá como profesionales altamente cualificados a aquellos profesionales que cuenten con la titulación a la que se refiere el artículo 71 de la citada Ley 14/2013. En particular, se entenderá cumplida esta circunstancia cuando el contribuyente disponga de la autorización de residencia a que se refiere el citado artículo 71 de la Ley 14/2013, con carácter previo a su desplazamiento a territorio español.

Asimismo, a efectos de dicho precepto se considerará que se llevan a cabo actividades de formación, investigación, desarrollo e innovación cuando concurra alguno de los supuestos a que se refieren las letras a), b), c) y d) del apartado 1 del artículo 72 de la citada Ley 14/2013.

---

aprobado por el Real Decreto 439/2007, de 30 de marzo, en materia de retribuciones en especie, deducción por maternidad, obligación de declarar, pagos a cuenta y régimen especial aplicable a trabajadores, profesionales, emprendedores e inversores desplazados a territorio español, y el Reglamento del Impuesto sobre Sociedades, aprobado por el Real Decreto 634/2015, de 10 de julio, en materia de retenciones e ingresos a cuenta (BOE núm. 291, de 6 de diciembre de 2023), en vigor desde el 7 de diciembre de 2023. Redacción anterior dada por el art. Primero.treinta y dos del Real Decreto 633/2015, de 10 de julio, por el que se modifican el Reglamento del Impuesto sobre la Renta de las Personas Físicas, aprobado por el Real Decreto 439/2007, de 30 de marzo, y el Reglamento del Impuesto sobre la Renta de no Residentes, aprobado por el Real Decreto 1776/2004, de 30 de julio (BOE núm. 165, de 11 de julio de 2015), en vigor desde el día siguiente de su publicación en el BOE, siendo aplicable a los períodos impositivos que se inicien a partir del 1 de enero de 2015: «*Las personas físicas que adquieran su residencia fiscal en España como consecuencia de su desplazamiento a territorio español podrán optar por tributar por el Impuesto sobre la Renta de no Residentes, manteniendo la condición de contribuyentes por el Impuesto sobre la Renta de las Personas Físicas, cuando cumplan las condiciones previstas en el apartado 1 del artículo 93 de la Ley del Impuesto*».

En particular, se entenderá cumplida esta circunstancia cuando el contribuyente disponga de la autorización de residencia prevista en el citado artículo 72 de la Ley 14/2013, con carácter previo a su desplazamiento a territorio español.

Conforme a lo dispuesto en la letra c) del apartado 1 del artículo 93 de la Ley del Impuesto, durante los períodos impositivos de aplicación de este régimen especial, las únicas actividades económicas que podrán desarrollar los contribuyentes acogidos al mismo son la actividad económica de carácter emprendedor, la prestación de servicios a empresas emergentes o las actividades de formación, investigación, desarrollo e innovación previstas en los números 3.º y 4.º del artículo 93.1.b) de la Ley del Impuesto.

3. También podrán optar por tributar por el Impuesto sobre la Renta de no Residentes, manteniendo la condición de contribuyentes por el Impuesto sobre la Renta de las Personas Físicas, las personas físicas que adquieran su residencia fiscal en España como consecuencia de su desplazamiento a territorio español cuando cumplan las condiciones previstas en el apartado 3 del artículo 93 de la Ley del Impuesto.

A estos efectos, tales contribuyentes se podrán desplazar a territorio español antes o después de que se desplace el contribuyente al que se refiere el apartado 1 anterior, siempre que, como consecuencia del referido desplazamiento, de ser anterior, estos no adquieran la residencia fiscal en España antes del primer período impositivo en el que a este le resulte de aplicación el régimen especial o, de ser posterior, no hubiera finalizado este último.

Artículo 114[182]. *Contenido del régimen especial de tributación por el Impuesto sobre la Renta de no Residentes.*

1. La aplicación de este régimen especial implicará la determinación de la deuda tributaria del Impuesto sobre la Renta de las Personas Físicas con arreglo a las normas establecidas

---

[182]　Nueva redacción del art. 114 dada por el art. primero Ocho del Real Decreto 1008/2023, de 5 de diciembre, por el que se modifican el Reglamento del Impuesto sobre la Renta de las Personas Físicas, aprobado por el Real Decreto 439/2007, de 30 de marzo, en materia de retribuciones en especie, deducción por maternidad, obligación de declarar, pagos a cuenta y régimen especial aplicable a trabajadores, profesionales, emprendedores e inversores desplazados a territorio español, y el Reglamento del Impuesto sobre Sociedades, aprobado por el Real Decreto 634/2015, de 10 de julio, en materia de retenciones e ingresos a cuenta (BOE núm. 291, de 6 de diciembre de 2023), en vigor desde el 7 de diciembre de 2023.

Redacción anterior: «*1. La aplicación de este régimen especial implicará la determinación de la deuda tributaria del Impuesto sobre la Renta de las Personas Físicas con arreglo a las normas establecidas en el texto refundido de la Ley del Impuesto sobre la Renta de no Residentes, aprobado por el Real Decreto Legislativo 5/2004, de 5 de marzo, para las rentas obtenidas sin mediación de establecimiento permanente con las especialidades previstas en el apartado 2 del artículo 93 de la Ley del Impuesto y en este artículo* [redacción del art. 114.1 dada por el art. Primero.treinta y tres del Real Decreto 633/2015, de 10 de julio, siendo aplicable a los períodos impositivos que se inicien a partir del 1 de enero de 2015].*

2. En particular, se aplicarán las siguientes reglas:

a) A efectos de lo dispuesto en la letra b) apartado 2 del artículo 93 de la Ley del Impuesto, no se entenderán obtenidos durante la aplicación del régimen especial los rendimientos que deriven de una actividad desarrollada con anterioridad a la fecha de desplazamiento a territorio español o con posterioridad a la fecha de la comunicación prevista en el apartado 3 del artículo 119 de este Reglamento, sin perjuicio de su tributación cuando los citados rendimientos se entiendan obtenidos en territorio español conforme a lo establecido en el texto refundido de la Ley del Impuesto sobre la Renta de no Residentes.

b) La cuota diferencial será el resultado de minorar la cuota íntegra del Impuesto en:

a') Las deducciones en la cuota a que se refiere el artículo 26 del texto refundido de la Ley del Impuesto sobre la Renta de no Residentes. A los efectos previstos en el párrafo b) del citado artículo 26, además

en el texto refundido de la Ley del Impuesto sobre la Renta de no Residentes, aprobado por el Real Decreto Legislativo 5/2004, de 5 de marzo, para las rentas obtenidas sin mediación de establecimiento permanente con las especialidades previstas en el apartado 2 del artículo 93 de la Ley del Impuesto y en este artículo.

2 En particular, se aplicarán las siguientes reglas:

a) A efectos de lo dispuesto en la letra b) apartado 2 del artículo 93 de la Ley del Impuesto, no se entenderán obtenidos durante la aplicación del régimen especial los rendimientos que deriven de una actividad desarrollada con anterioridad a la fecha de desplazamiento a territorio español o con posterioridad a la fecha de la comunicación prevista en el apartado 5 del artículo 119 de este reglamento, sin perjuicio de su tributación cuando los citados ren-

de los pagos a cuenta a que se refiere el apartado 3 siguiente, también resultarán deducibles las cuotas satisfechas a cuenta del Impuesto sobre la Renta de no Residentes.

b') La deducción por doble imposición internacional a que se refiere el artículo 80 de la Ley del Impuesto aplicable a los rendimientos del trabajo obtenidos en el extranjero, con el límite del 30 por ciento de la parte de la cuota íntegra correspondiente a la totalidad de los rendimientos del trabajo obtenidos en ese período impositivo. A estos efectos, para calcular el tipo medio efectivo de gravamen deberá tenerse en cuenta la cuota íntegra y la base liquidable, excluida, en ambos casos, la parte de las mismas correspondiente a las rentas a las que se refiere el artículo 25.1. f) del texto refundido de la Ley del Impuesto sobre la Renta de no Residentes [redacción del art. 114.2 dada por el art. Primero.treinta y tres del Real Decreto 633/2015, de 10 de julio, siendo aplicable a los períodos impositivos que se inicien a partir del 1 de enero de 2015].

3. Las retenciones e ingresos a cuenta en concepto de pagos a cuenta de este régimen especial se practicarán de acuerdo con lo establecido en la normativa del Impuesto sobre la Renta de no Residentes.

No obstante, el porcentaje de retención o ingreso a cuenta sobre rendimientos del trabajo será el 24 por ciento. Cuando las retribuciones satisfechas por un mismo pagador de rendimientos del trabajo durante el año natural excedan de 600.000 de euros, el porcentaje de retención aplicable al exceso será el 47 por ciento. Cuando concurran las circunstancias previstas en el artículo 76.2.a) de este Reglamento, estarán obligados a retener las entidades residentes o los establecimientos permanentes en los que presten servicios los contribuyentes, en relación con las rentas que estos obtengan en territorio español.

El cumplimiento de las obligaciones formales previstas en el artículo 108 de este Reglamento, por las retenciones e ingresos a cuenta a que se refiere el párrafo anterior, se realizará mediante los modelos de declaración previstos para el Impuesto sobre la Renta de no Residentes para las rentas obtenidas sin mediación de establecimiento permanente [redacción del art. 114.3 dada por el art. único Cuatro del Real Decreto 899/2021, de 19 de octubre, en vigor desde el 21 de octubre. Redacción anterior dada por el art. único. Veintiuno del Real Decreto 1003/2014, de 5 de diciembre, en vigor desde el 1 de enero de 2015].

4. Los contribuyentes a los que resulte de aplicación este régimen especial estarán obligados a presentar y suscribir la declaración por el Impuesto sobre la Renta de las Personas Físicas, en el modelo especial que se apruebe por el Ministro de Economía y Hacienda, el cual establecerá la forma, el lugar y los plazos de su presentación, y cuyo contenido se ajustará a los modelos de declaración previstos para el Impuesto sobre la Renta de no Residentes.

Al tiempo de presentar su declaración, los contribuyentes deberán determinar la deuda tributaria correspondiente e ingresarla en el lugar, la forma y los plazos que determine el Ministro de Economía y Hacienda. Si resultara una cantidad a devolver, la devolución se practicará de acuerdo con lo señalado en el artículo 103 de la Ley del Impuesto.

5. A las transmisiones de bienes inmuebles situados en territorio español realizadas por los contribuyentes del Impuesto sobre la Renta de las Personas Físicas que opten por la aplicación de este régimen especial les resultará de aplicación lo previsto en el artículo 25.2 del texto refundido de la Ley del Impuesto sobre la Renta de no Residentes.

6. [art. 114.6 suprimido por el art. Primero.treinta y tres del Real Decreto 633/2015, de 10 de julio, siendo aplicable a los períodos impositivos que se inicien a partir del 1 de enero de 2015]»

dimientos se entiendan obtenidos en territorio español conforme a lo establecido en el texto refundido de la Ley del Impuesto sobre la Renta de no Residentes.

b) La cuota diferencial será el resultado de minorar la cuota íntegra del Impuesto en:

a') Las deducciones en la cuota a que se refiere el artículo 26 del texto refundido de la Ley del Impuesto sobre la Renta de no Residentes. A los efectos previstos en el párrafo b) del citado artículo 26, además de los pagos a cuenta a que se refiere el apartado 3 siguiente, también resultarán deducibles las cuotas satisfechas a cuenta del Impuesto sobre la Renta de no Residentes.

b') La deducción por doble imposición internacional a que se refiere el artículo 80 de la Ley del Impuesto aplicable a los rendimientos del trabajo y de actividades económicas calificadas como actividad emprendedora obtenidos en el extranjero, con el límite del 30 por ciento de la parte de la cuota íntegra correspondiente a la totalidad de dichos rendimientos obtenidos en ese período impositivo. A estos efectos, para calcular el tipo medio efectivo de gravamen deberá tenerse en cuenta la cuota íntegra y la base liquidable, excluida, en ambos casos, la parte de las mismas correspondiente a las rentas a las que se refiere el artículo 25.1.f) del texto refundido de la Ley del Impuesto sobre la Renta de no Residentes.

3. Las retenciones e ingresos a cuenta en concepto de pagos a cuenta de este régimen especial se practicarán de acuerdo con lo establecido en la normativa del Impuesto sobre la Renta de no Residentes para rentas obtenidas sin mediación de establecimiento permanente. No obstante lo anterior, en el caso de rendimientos de actividades económicas solamente estarán sujetos a retención o ingresos a cuenta los rendimientos de actividades calificadas como profesionales.

El porcentaje de retención o ingreso a cuenta sobre rendimientos del trabajo será el 24 por ciento. No obstante, cuando las retribuciones satisfechas por un mismo pagador de rendimientos del trabajo durante el año natural excedan de 600.000 de euros, el porcentaje de retención aplicable al exceso será el 47 por ciento.

Cuando concurran las circunstancias previstas en el artículo 76.2.a) de este reglamento, estarán obligados a retener las entidades residentes o los establecimientos permanentes en los que presten servicios los contribuyentes, en relación con las rentas que estos obtengan en territorio español.

El cumplimento de las obligaciones formales previstas en el artículo 108 de este reglamento, por las retenciones e ingresos a cuenta a que se refiere el párrafo anterior, se realizará mediante los modelos de declaración previstos para el Impuesto sobre la Renta de no Residentes para las rentas obtenidas sin mediación de establecimiento permanente.

En el caso de rendimientos de actividades económicas sujetos a retención o ingresos a cuenta, en las facturas emitidas durante la aplicación de este régimen fiscal especial deberá consignarse el tipo de retención aplicable.

4. Los contribuyentes a los que resulte de aplicación este régimen especial estarán obligados a presentar y suscribir la declaración por el Impuesto sobre la Renta de las Personas Físicas, en el modelo especial que se apruebe por la persona titular del Ministerio de Hacienda y Función Pública, el cual establecerá la forma, el lugar y los plazos de su presentación, y cuyo contenido se ajustará a los modelos de declaración previstos para el Impuesto sobre la Renta de no Residentes[183].

---

[183] Orden EHA/848/2008, de 24 de marzo, por la que se aprueban el modelo 150 de declaración del Impuesto sobre la Renta de las Personas Físicas para contribuyentes del régimen especial aplicable a los

Al tiempo de presentar su declaración, los contribuyentes deberán determinar la deuda tributaria correspondiente e ingresarla en el lugar, la forma y los plazos que determine la persona titular del Ministerio de Hacienda y Función Pública. Si resultara una cantidad a devolver, la devolución se practicará de acuerdo con lo señalado en el artículo 103 de la Ley del Impuesto.

5. A las transmisiones de bienes inmuebles situados en territorio español realizadas por los contribuyentes del Impuesto sobre la Renta de las Personas Físicas que opten por la aplicación de este régimen especial les resultará de aplicación lo previsto en el artículo 25.2 del texto refundido de la Ley del Impuesto sobre la Renta de no Residentes.

6. Los contribuyentes que obtengan rendimientos de actividades económicas deberán cumplir las obligaciones formales a las que se refiere el artículo 6 del Reglamento del Impuesto sobre la Renta de no Residentes, aprobado por el Real Decreto 1776/2004, de 30 de julio.

Artículo 115[184]. *Duración.*

Este régimen especial se aplicará durante el período impositivo en el que el contribuyente adquiera su residencia fiscal en España, y durante los cinco períodos impositivos siguientes, o, en el caso de contribuyentes a los que se refiere el apartado 3 del artículo 93 de la Ley del Impuesto, hasta el último periodo impositivo en que el mismo resulte aplicable al contribuyente a que se refiere el apartado 1 del artículo 93 de la Ley del Impuesto, sin perjuicio de lo establecido en los artículos 117 y 118 de este reglamento.

A estos efectos, se considerará como período impositivo en el que se adquiere la residencia el primer año natural en el que, una vez producido el desplazamiento, la permanencia en territorio español sea superior a 183 días.

Artículo 116[185]. *Ejercicio de la opción.*

1. El ejercicio de la opción de tributar por este régimen especial deberá realizarse mediante una comunicación individual de cada contribuyente dirigida a la Administración tributaria:

---

trabajadores desplazados a territorio español, así como el modelo 149 de comunicación para el ejercicio de la opción por tributar por dicho régimen y se modifican otras disposiciones en relación con la gestión de determinadas autoliquidaciones (BOE núm. 78 de 31 de marzo de 2008).

[184] Nueva redacción del art. 115 dada por el por el art. primero Nueve del Real Decreto 1008/2023, de 5 de diciembre, por el que se modifican el Reglamento del Impuesto sobre la Renta de las Personas Físicas, aprobado por el Real Decreto 439/2007, de 30 de marzo, en materia de retribuciones en especie, deducción por maternidad, obligación de declarar, pagos a cuenta y régimen especial aplicable a trabajadores, profesionales, emprendedores e inversores desplazados a territorio español, y el Reglamento del Impuesto sobre Sociedades, aprobado por el Real Decreto 634/2015, de 10 de julio, en materia de retenciones e ingresos a cuenta (BOE núm. 291, de 6 de diciembre de 2023), en vigor desde el 7 de diciembre de 2023. Redacción anterior: *«Este régimen especial se aplicará durante el período impositivo en el que el contribuyente adquiera su residencia fiscal en España, y durante los cinco períodos impositivos siguientes, sin perjuicio de lo establecido los artículos 117 y 118 de este Reglamento.*
A estos efectos, se considerará como período impositivo en el que se adquiere la residencia el primer año natural en el que, una vez producido el desplazamiento, la permanencia en territorio español sea superior a 183 días».

[185] Nueva redacción del art. 116 dada por el por el art. primero Diez del Real Decreto 1008/2023, de 5 de diciembre, por el que se modifican el Reglamento del Impuesto sobre la Renta de las Personas Físicas, aprobado por el Real Decreto 439/2007, de 30 de marzo, en materia de retribuciones en especie, deducción por maternidad, obligación de declarar, pagos a cuenta y régimen especial aplicable a trabajadores,

a) En el caso del contribuyente a que se refiere el apartado 1 del artículo 93 de la Ley del Impuesto, en el plazo máximo de seis meses desde la fecha de inicio de la actividad que conste en el alta en la Seguridad Social en España o en la documentación que le permita, en su caso, el mantenimiento de la legislación de Seguridad Social de origen o, en caso de que no fuera obligatoria el alta en la Seguridad Social, en el documento justificativo de la fecha de inicio de la actividad.

b) En el caso de los contribuyentes a los que se refiere el apartado 3 del artículo 93 de la Ley del Impuesto, en el plazo máximo de seis meses desde la fecha de su entrada en territorio español o en el plazo previsto en la letra a) anterior para el contribuyente a que se refiere el apartado 1 del artículo 93 de la Ley del Impuesto, si fuera mayor.

La determinación de la vinculación de estos contribuyentes con el contribuyente a que se refiere el citado apartado 1 del artículo 93 de la Ley del Impuesto, así como de la edad y situación de discapacidad de estos, se realizará atendiendo a la situación existente en el momento de ejercitar su opción por el régimen especial.

2. La opción se ejercitará mediante la presentación del modelo de comunicación a que se refiere el artículo 119 de este reglamento.

3. No podrán ejercitar esta opción los contribuyentes que se hubieran acogido al procedimiento especial para determinar las retenciones o ingresos a cuenta sobre los rendimientos del trabajo previsto en el artículo 89.B) de este reglamento.

Artículo 117[186]. *Renuncia al régimen.*

1. Los contribuyentes que hubieran optado por este régimen especial podrán renunciar a su aplicación durante los meses de noviembre y diciembre anteriores al inicio del año natural

---

profesionales, emprendedores e inversores desplazados a territorio español, y el Reglamento del Impuesto sobre Sociedades, aprobado por el Real Decreto 634/2015, de 10 de julio, en materia de retenciones e ingresos a cuenta (BOE núm. 291, de 6 de diciembre de 2023), en vigor desde el 7 de diciembre de 2023. Redacción anterior: «*1. El ejercicio de la opción de tributar por este régimen especial deberá realizarse mediante una comunicación dirigida a la Administración tributaria, en el plazo máximo de seis meses desde la fecha de inicio de la actividad que conste en el alta en la Seguridad Social en España o en la documentación que le permita, en su caso, el mantenimiento de la legislación de Seguridad Social de origen.*
2. La opción se ejercitará mediante la presentación del modelo de comunicación a que se refiere el artículo 119 de este Reglamento.
3. No podrán ejercitar esta opción los contribuyentes que se hubieran acogido al procedimiento especial para determinar las retenciones o ingresos a cuenta sobre los rendimientos del trabajo previsto en el artículo 89.B) de este Reglamento».

[186] Nueva redacción del art. 117 dada por el por el art. primero Once del Real Decreto 1008/2023, de 5 de diciembre, por el que se modifican el Reglamento del Impuesto sobre la Renta de las Personas Físicas, aprobado por el Real Decreto 439/2007, de 30 de marzo, en materia de retribuciones en especie, deducción por maternidad, obligación de declarar, pagos a cuenta y régimen especial aplicable a trabajadores, profesionales, emprendedores e inversores desplazados a territorio español, y el Reglamento del Impuesto sobre Sociedades, aprobado por el Real Decreto 634/2015, de 10 de julio, en materia de retenciones e ingresos a cuenta (BOE núm. 291, de 6 de diciembre de 2023), en vigor desde el 7 de diciembre de 2023. Redacción anterior: «1. *Los contribuyentes que hubieran optado por este régimen especial podrán renunciar a su aplicación durante los meses de noviembre y diciembre anteriores al inicio del año natural en que la renuncia deba surtir efectos.*
2. La renuncia se efectuará de acuerdo con el siguiente procedimiento:
a) En primer lugar, presentará a su retenedor la comunicación de datos prevista en el artículo 88 de este Reglamento, quien le devolverá una copia sellada de aquella.

en que la renuncia deba surtir efectos, mediante el modelo de comunicación previsto en el artículo 119 de este reglamento.

2. En el caso de trabajadores, la renuncia se efectuará de acuerdo con el siguiente procedimiento:

a) En primer lugar, presentará a su retenedor la comunicación de datos prevista en el artículo 88 de este reglamento, quien le devolverá una copia sellada de aquella.

b) En segundo lugar, presentará ante la Administración tributaria el modelo de comunicación previsto en el artículo 119 de este reglamento y adjuntará la copia sellada de la comunicación a que se refiere el párrafo anterior.

3. En el caso de los contribuyentes a que se refiere el apartado 3 del artículo 93 de la Ley del Impuesto también podrán renunciar, de forma individual, a su aplicación, en el plazo y en los términos previstos en los apartados 1 y, en su caso, 2 anteriores.

4. Los contribuyentes que renuncien a este régimen especial no podrán volver a optar por su aplicación.

Artículo 118[187]. *Exclusión del régimen.*

1. Los contribuyentes que hubieran optado por la aplicación de este régimen especial y que, con posterioridad al ejercicio de la opción, incumplan alguna de las condiciones determinantes de su aplicación quedarán excluidos de dicho régimen. La exclusión surtirá efectos en el período impositivo en que se produzca el incumplimiento.

2. Los contribuyentes excluidos del régimen deberán comunicar tal circunstancia a la Administración tributaria en el plazo de un mes desde el incumplimiento de las condiciones

---

b) *En segundo lugar, presentará ante la Administración tributaria el modelo de comunicación previsto en el artículo 119 de este Reglamento y adjuntará la copia sellada de la comunicación a que se refiere el párrafo anterior.*

3. *Los contribuyentes que renuncien a este régimen especial no podrán volver a optar por su aplicación».*

[187] Nueva redacción del art. 118 dada por el por el art. primero Doce del Real Decreto 1008/2023, de 5 de diciembre, por el que se modifican el Reglamento del Impuesto sobre la Renta de las Personas Físicas, aprobado por el Real Decreto 439/2007, de 30 de marzo, en materia de retribuciones en especie, deducción por maternidad, obligación de declarar, pagos a cuenta y régimen especial aplicable a trabajadores, profesionales, emprendedores e inversores desplazados a territorio español, y el Reglamento del Impuesto sobre Sociedades, aprobado por el Real Decreto 634/2015, de 10 de julio, en materia de retenciones e ingresos a cuenta (BOE núm. 291, de 6 de diciembre de 2023), en vigor desde el 7 de diciembre de 2023. Redacción anterior: «1. Los contribuyentes que hubieran optado por la aplicación de este régimen especial y que, con posterioridad al ejercicio de la opción, incumplan alguna de las condiciones determinantes de su aplicación quedarán excluidos de dicho régimen. La exclusión surtirá efectos en el período impositivo en que se produzca el incumplimiento.

2. Los contribuyentes excluidos del régimen deberán comunicar tal circunstancia a la Administración tributaria en el plazo de un mes desde el incumplimiento de las condiciones que determinaron su aplicación, mediante el modelo de comunicación a que se refiere el artículo 119 de este Reglamento.

3. Las retenciones e ingresos a cuenta se practicarán con arreglo a las normas del Impuesto sobre la Renta de las Personas Físicas, desde el momento en que el contribuyente comunique a su retenedor que ha incumplido las condiciones para la aplicación de este régimen especial, adjuntando copia de la comunicación a que se refiere el apartado anterior. Al mismo tiempo, presentará a su retenedor la comunicación de datos prevista en el artículo 88 de este Reglamento.

El cálculo del nuevo tipo de retención se efectuará de acuerdo con lo previsto en el artículo 87 de este Reglamento, teniendo en cuenta la cuantía total de las retribuciones anuales.

4. Los contribuyentes excluidos de este régimen especial no podrán volver a optar por su aplicación».

que determinaron su aplicación, mediante el modelo de comunicación a que se refiere el artículo 119 de este reglamento.

3. Las retenciones e ingresos a cuenta se practicarán con arreglo a las normas del Impuesto sobre la Renta de las Personas Físicas, desde el momento en que el contribuyente incumpla las condiciones para la aplicación de este régimen especial, salvo en el caso de rendimientos del trabajo, que se practicarán desde el momento en que el contribuyente comunique a su retenedor que ha incumplido dichas condiciones.

En particular, en el supuesto de obtener rendimientos del trabajo sometidos al procedimiento general de cálculo del tipo de retención, el contribuyente deberá presentar a su retenedor la comunicación de datos prevista en el artículo 88 de este reglamento, adjuntando copia de la comunicación a que se refiere el apartado anterior, calculándose el nuevo tipo de retención de acuerdo con lo previsto en el artículo 87 de este reglamento, teniendo en cuenta la cuantía total de las retribuciones anuales.

4. Los contribuyentes a que se refiere el apartado 3 del artículo 93 de la Ley del Impuesto quedarán conjuntamente excluidos de la aplicación de este régimen cuando incumplan la condición prevista en la letra d) del apartado 3 de dicho artículo o cuando se produzca la renuncia o la exclusión del régimen especial del contribuyente previsto en el apartado 1 del artículo 93 de la Ley del Impuesto.

Asimismo, cuando alguno de los contribuyentes a los que se refiere dicho apartado 3 incumpla alguna de las demás condiciones previstas en el mismo apartado para la aplicación del régimen especial, o de los requisitos de vinculación, edad o situación de discapacidad exigidos para la opción, quedará individualmente excluido de dicho régimen, pudiendo continuar el resto con la aplicación del régimen especial.

En ambos casos, la exclusión surtirá efectos en el período impositivo en que se produzca el incumplimiento o surta sus efectos la renuncia o exclusión del contribuyente previsto en el apartado 1 del artículo 93 de la Ley del Impuesto.

No se entenderán incumplidos los requisitos para la aplicación del régimen especial por la extinción del vínculo matrimonial por causa de divorcio o nulidad del matrimonio.

En los supuestos de incumplimiento, los contribuyentes excluidos del régimen deberán comunicar tal circunstancia a la Administración tributaria en el plazo y los términos previstos en el apartado 2 anterior. No obstante, cuando el contribuyente al que se refiere el apartado 1 del artículo 93 de la Ley del Impuesto hubiera comunicado la renuncia o exclusión a la Administración tributaria no será necesario que los contribuyentes previstos en el apartado 3 del citado artículo 93 comuniquen su exclusión del régimen a la Administración tributaria.

5. Los contribuyentes excluidos de este régimen especial no podrán volver a optar por su aplicación.

Artículo 119[188]. *Comunicaciones a la Administración tributaria y acreditación del régimen.*

1. La opción por la aplicación del régimen se ejercitará mediante comunicación a la Administración tributaria, a través del modelo que apruebe la persona titular del Minis-

---

[188] Nueva redacción del art. 119 dada por el art. primero Trece del Real Decreto 1008/2023, de 5 de diciembre, por el que se modifican el Reglamento del Impuesto sobre la Renta de las Personas Físicas, aprobado por el Real Decreto 439/2007, de 30 de marzo, en materia de retribuciones en especie, deducción por maternidad, obligación de declarar, pagos a cuenta y régimen especial aplicable a trabajadores, profesionales, emprendedores e inversores desplazados a territorio español, y el Reglamento del Impuesto sobre

terio de Hacienda y Función Pública, quien establecerá la forma y el lugar de su presentación[189].

Sociedades, aprobado por el Real Decreto 634/2015, de 10 de julio, en materia de retenciones e ingresos a cuenta (BOE núm. 291, de 6 de diciembre de 2023), en vigor desde el 7 de diciembre de 2023.

Redacción anterior: «*1. La opción por la aplicación del régimen se ejercitará mediante comunicación a la Administración tributaria, a través del modelo que apruebe el Ministro de Hacienda y Administraciones Públicas, quien establecerá la forma y el lugar de su presentación.*

En la citada comunicación se hará constar, entre otros datos, la identificación del trabajador y del empleador o, en su caso, del administrador y de la entidad, la fecha de entrada en territorio español y la fecha de inicio de la actividad que conste en el alta en la Seguridad Social en España o en la documentación que permita, en su caso, el mantenimiento de la legislación de Seguridad Social de origen.

Asimismo, se adjuntará la siguiente documentación:

a) Cuando se inicie una relación laboral, ordinaria o especial, o estatutaria con un empleador en España, un documento justificativo emitido por el empleador en el que se exprese el reconocimiento de la relación laboral o estatutaria con el contribuyente, la fecha de inicio de la actividad que conste en el alta en la Seguridad Social en España, el centro de trabajo y su dirección, así como la duración del contrato de trabajo.

b) Cuando se trate de un desplazamiento ordenado por su empleador, copia de la carta de desplazamiento del empleador, así como un documento justificativo emitido por este en el que se exprese la fecha de inicio de la actividad que conste en el alta en la Seguridad Social en España o en la documentación que permita, en su caso, el mantenimiento de la legislación de Seguridad Social de origen, el centro de trabajo y su dirección, así como la duración de la orden de desplazamiento.

c) Cuando se trate de desplazamientos como consecuencia de la adquisición de la condición de administrador de una entidad, un documento justificativo emitido por la entidad en el que se exprese la fecha de adquisición de la condición de administrador y que la participación del contribuyente en la entidad no determina la condición de entidad vinculada en los términos previstos en el artículo 18 de la Ley del Impuesto sobre Sociedades. [redacción apartado primero dada por el art. Primero.treinta y cinco del Real Decreto 633/2015, de 10 de julio, siendo aplicable a los períodos impositivos que se inicien a partir del 1 de enero de 2015].

2. La Administración tributaria, a la vista de la comunicación presentada, expedirá al contribuyente, si procede, en el plazo máximo de los 10 días hábiles siguientes al de la presentación de la comunicación, un documento acreditativo en el que conste que el contribuyente ha optado por la aplicación de este régimen especial.

Dicho documento acreditativo servirá para justificar, ante las personas o entidades obligadas a practicar retención o ingreso a cuenta, su condición de contribuyente por este régimen especial, para lo cual les entregará un ejemplar del documento.

3. Cuando el contribuyente finalice su desplazamiento a territorio español sin perder la residencia fiscal en España en dicho ejercicio, a efectos de lo dispuesto en la letra a) del apartado 2 del artículo 114 de este Reglamento deberá comunicar tal circunstancia a la Administración Tributaria en el plazo de un mes desde que hubiera finalizado su desplazamiento a territorio español, mediante el modelo de comunicación previsto en el apartado 1 de este artículo.[Apartado tercero del art. 119 incorporado por el art. Primero. treinta y cinco del Real Decreto 633/2015, de 10 de julio, siendo aplicable a los períodos impositivos que se inicien a partir del 1 de enero de 2015]»

[189]   Orden HFP/1338/2023, de 13 de diciembre, por la que se aprueba el modelo 151 de Declaración del Impuesto sobre la Renta de las Personas Físicas para contribuyentes del Régimen especial aplicable a los trabajadores, profesionales, emprendedores e inversores desplazados a territorio español, así como el modelo 149 de Comunicación para el ejercicio de la opción por tributar por dicho régimen, y se modifica la Orden EHA/3316/2010, de 17 de diciembre, por la que se aprueban los modelos de autoliquidación 210, 211 y 213 del Impuesto sobre la Renta de no Residentes, que deben utilizarse para declarar las rentas obtenidas sin mediación de establecimiento permanente, la retención practicada en la adquisición de bienes inmuebles a no residentes sin establecimiento permanente y el gravamen especial sobre bienes inmuebles de entidades no residentes, y se establecen las condiciones generales y el procedimiento para su

2. En la comunicación correspondiente al contribuyente previsto en el apartado 1 del artículo 93 de la Ley del Impuesto se hará constar, entre otros datos, la identificación del contribuyente, incluyendo su número de identificación fiscal y su nacionalidad, así como, en su caso, la del empleador del trabajador, la de la entidad correspondiente al administrador, la empresa emergente en la que presta servicios el profesional o la entidad donde se lleven a cabo las actividades de formación, investigación, desarrollo o innovación, la fecha de entrada en territorio español y la fecha de inicio de la actividad que conste en el alta en la Seguridad Social en España o en la documentación que permita, en su caso, el mantenimiento de la legislación de Seguridad Social de origen.

Asimismo, se adjuntará la documentación justificativa del alta en la Seguridad Social en España o de la documentación que permita el mantenimiento de la legislación de Seguridad Social de origen o, en caso de que no fuera obligatoria el alta en la Seguridad Social, documento justificativo de la fecha de inicio de la actividad, la autorización de residencia que corresponda, en su caso, y la siguiente documentación:

a) Cuando se inicie una relación laboral, ordinaria o especial, o estatutaria con un empleador en España, un documento justificativo emitido por el empleador en el que se exprese el reconocimiento de la relación laboral o estatutaria con el contribuyente, la fecha de inicio de la actividad que conste en el alta en la Seguridad Social en España, el centro de trabajo y su dirección, así como la duración del contrato de trabajo.

b) Cuando se trate de un desplazamiento ordenado por su empleador, copia de la carta de desplazamiento del empleador, así como un documento justificativo emitido por este en el que se exprese la fecha de inicio de la actividad que conste en el alta en la Seguridad Social en España o en la documentación que permita, en su caso, el mantenimiento de la legislación de Seguridad Social de origen, el centro de trabajo y su dirección, así como la duración de la orden de desplazamiento.

c) Cuando, sin ser ordenado por el empleador, la actividad laboral se preste a distancia mediante el uso exclusivo de medios y sistemas informáticos, telemáticos y de telecomunicación, un documento justificativo emitido por el empleador en el que se exprese el reconocimiento de la relación laboral con el contribuyente, la fecha de inicio de la actividad que conste en el alta en la Seguridad Social en España o en la documentación que permita, en su caso, el mantenimiento de la legislación de Seguridad Social de origen, así como la duración estimada de la prestación de la actividad laboral en España.

d) Cuando se trate de desplazamientos como consecuencia de la adquisición de la condición de administrador de una entidad, un documento justificativo emitido por la entidad

presentación y otras normas referentes a la tributación de no residents (BOE núm. 299, de 15 de diciembre de 2023). Deroga los arts. 6 a 10 de la Orden HAP/2783/2015, de 21 de diciembre, por la que se aprueba el modelo 151 de declaración del Impuesto sobre la Renta de las Personas Físicas para contribuyentes del régimen especial aplicable a los trabajadores desplazados a territorio español, así como el modelo 149 de comunicación para el ejercicio de la opción por tributar por dicho régimen, y se modifican la Orden HAP/1136/2014, de 30 de junio, por la que se regulan determinadas cuestiones relacionadas con las obligaciones de información y diligencia debida establecidas en el acuerdo entre el Reino de España y los Estados Unidos de América para la mejora del cumplimiento fiscal internacional y la aplicación de la ley estadounidense de cumplimiento tributario de cuentas extranjeras y se aprueba la declaración informativa anual de cuentas financieras de determinadas personas estadounidenses, modelo 290, y otra normativa tributaria (BOE núm. 306, de 23 de diciembre de 2015).

en el que se exprese la fecha de adquisición de la condición de administrador. En el caso de que la entidad tenga la consideración de entidad patrimonial en los términos previstos en el artículo 5.2 de la Ley del Impuesto sobre Sociedades, un documento emitido por la misma justificativo de que la participación del contribuyente en la entidad no determina la condición de entidad vinculada en los términos previstos en el artículo 18 de la Ley del Impuesto sobre Sociedades.

e) Cuando se trate de desplazamientos como consecuencia de la realización en España de una actividad económica calificada como actividad emprendedora, el informe favorable emitido por la Empresa Nacional de Innovación, SME (ENISA), el cual será solicitado directamente por el contribuyente a ENISA, a través de la Dirección General de Industria y de la Pequeña y Mediana Empresa, salvo que la autorización de residencia aportada sea la de residencia para emprendedores a que se refiere el artículo 69 de la Ley 14/2013.

f) Cuando se trate de desplazamientos como consecuencia de la realización en España de una actividad económica por parte de un profesional altamente cualificado que preste servicios a empresas emergentes en el sentido del artículo 3 de la Ley 28/2022, de 21 de diciembre, de fomento del ecosistema de empresas emergentes, documentación justificativa de la condición de profesional altamente cualificado, salvo que la autorización de residencia aportada sea la de profesional altamente cualificado a que se refiere el artículo 71 de la Ley 14/2013, la acreditación de la inscripción como empresa emergente en el Registro Mercantil o en el Registro de Cooperativas competente a la que preste servicio, salvo que exista un procedimiento habilitado para la comprobación online de esa circunstancia, así como un documento justificativo de la prestación de servicios a dicha empresa emergente.

g) Cuando se trate de desplazamientos como consecuencia de la realización en España de actividades de formación, investigación, desarrollo e innovación, un documento justificativo de la realización de esas actividades a que se refiere el artículo 113.2 de este reglamento, salvo que la autorización de residencia aportada sea la de formación, investigación, desarrollo e innovación a que se refiere el artículo 72 de la Ley 14/2013.

3. En la comunicación correspondiente a cada uno de los contribuyentes previstos en el apartado 3 del artículo 93 de la Ley del Impuesto, que opten por la aplicación del régimen especial, se hará constar, entre otros datos, la identificación del contribuyente solicitante, incluyendo su número de identificación fiscal, y la del contribuyente previsto en el apartado 1 de dicho artículo al que esté asociado, la identificación de la comunicación de la opción al régimen efectuada por este último, la clase de vinculación con el mismo, así como la fecha de entrada en territorio español.

Asimismo, se adjuntará la documentación que acredite la vinculación con el contribuyente del apartado 1 del artículo 93 de la Ley del Impuesto al que están asociados, que determine el derecho a la opción por el régimen especial.

La situación de discapacidad se entenderá acreditada cuando se haya solicitado el correspondiente certificado o resolución expedido por el Instituto de Migraciones y Servicios Sociales o el órgano competente de las Comunidades Autónomas al que se refiere el artículo 72 de este reglamento, aunque dicho certificado o resolución no se hubiera emitido en el momento de ejercitar la opción. No obstante, la aplicación del régimen especial regulado en este capítulo quedará condicionada al reconocimiento de la situación de discapacidad.

4. La Administración tributaria, a la vista de la comunicación presentada, expedirá al contribuyente, si procede, en el plazo máximo de los diez días hábiles siguientes al de la presentación de la comunicación, un documento acreditativo en el que conste que el contribuyente ha optado por la aplicación de este régimen especial.

Dicho documento acreditativo servirá para justificar, ante las personas o entidades obligadas a practicar retención o ingreso a cuenta, su condición de contribuyente por este régimen especial, para lo cual les entregará un ejemplar del documento.

5. Cuando el contribuyente a que se refiere el apartado 1 del artículo 93 de la Ley del Impuesto o, en su caso, alguno de los contribuyentes previstos en el apartado 3 del mismo artículo, finalice su desplazamiento a territorio español sin perder la residencia fiscal en España en dicho ejercicio, a efectos de lo dispuesto en la letra a) del apartado 2 del artículo 114 de este reglamento deberá comunicar tal circunstancia a la Administración tributaria en el plazo de un mes desde que hubiera finalizado su desplazamiento a territorio español, mediante el modelo de comunicación previsto en el apartado 1 de este artículo.

Artículo 120. *Certificado de residencia fiscal.*

1. Los contribuyentes del Impuesto sobre la Renta de las Personas Físicas que opten por la aplicación de este régimen especial podrán solicitar el certificado de residencia fiscal en España regulado en la disposición adicional segunda de la Orden HAC/3626/2003, de 23 de diciembre, que figura en el anexo 9 de dicha orden.

2. El Ministro de Economía y Hacienda podrá señalar, a condición de reciprocidad, los supuestos en los que se emitirán certificados para acreditar la condición de residente en España, a los efectos de las disposiciones de un convenio para evitar la doble imposición suscrito por España, a los contribuyentes que hubieran optado por la aplicación de este régimen especial.

CAPÍTULO II. Ganancias patrimoniales por cambio de residencia[190]

Artículo 121. *Plazo de declaración.*

Las ganancias patrimoniales a que se refiere el artículo 95 bis de la Ley del Impuesto deberán integrarse en la base imponible correspondiente al último período que deba declararse por este Impuesto practicándose autoliquidación complementaria, sin sanción, ni intereses de demora ni recargo alguno, en el plazo de declaración del impuesto correspondiente al primer ejercicio en que el contribuyente no tuviera tal condición como consecuencia del cambio de residencia.

Artículo 122. *Aplazamientos por desplazamientos temporales.*

1. El aplazamiento de la deuda tributaria previsto en el apartado 4 del artículo 95 bis de la Ley del Impuesto se regirá por las normas previstas en el Reglamento General de Recaudación, aprobado por el Real Decreto 939/2005, de 29 de julio, con las siguientes especialidades:

---

[190] Nuevo Capítulo II incorporado por el art. Primero.treinta y seis del Real Decreto 633/2015, de 10 de julio, por el que se modifican el Reglamento del Impuesto sobre la Renta de las Personas Físicas, aprobado por el Real Decreto 439/2007, de 30 de marzo, y el Reglamento del Impuesto sobre la Renta de no Residentes, aprobado por el Real Decreto 1776/2004, de 30 de julio (BOE núm. 165, de 11 de julio de 2015), en vigor desde el día siguiente de su publicación en el BOE, siendo aplicable a los períodos impositivos que se inicien a partir del 1 de enero de 2015.

a) Las solicitudes deberán formularse dentro del plazo de declaración a que se refiere el artículo 121 de este Reglamento, y en la solicitud deberá indicarse el país o territorio al que el contribuyente traslada su residencia.

b) El aplazamiento vencerá como máximo el 30 de junio del año siguiente a la finalización del plazo de los cinco ejercicios siguientes al último que deba declararse por este impuesto. No obstante, si se hubiera ampliado el citado plazo conforme a lo dispuesto en el apartado 2 de este artículo, el vencimiento del aplazamiento se prorrogará hasta el 30 de junio del año siguiente a la finalización del nuevo plazo.

c) En caso de que el desplazamiento se realice por motivos laborales, deberá aportarse un documento justificativo de la relación laboral que motiva el desplazamiento emitido por el empleador.

d) En caso de que el contribuyente transmita la titularidad de las acciones o participaciones con anterioridad a la finalización del plazo a que se refiere el apartado 4 del artículo 95 bis de la Ley del Impuesto, el aplazamiento vencerá en el plazo de dos meses desde la transmisión de las acciones o participaciones.

2. Cuando existan circunstancias que justifiquen un desplazamiento temporal por motivos laborales a un país o territorio que no tenga la consideración de paraíso fiscal cuya duración no permita al obligado tributario adquirir de nuevo la condición de contribuyente por este impuesto dentro del plazo de los cinco ejercicios siguientes al último que deba declararse por este impuesto, el obligado tributario podrá solicitar de la Administración tributaria la ampliación del citado plazo a efectos de prorrogar el vencimiento del aplazamiento previsto en el apartado anterior.

La solicitud deberá presentarse en plazo de los tres meses anteriores a la finalización de los cinco ejercicios siguientes al último que deba declararse por este impuesto.

En la solicitud deberán constar los motivos que justifiquen la prolongación del desplazamiento así como el período de tiempo que se considera necesario para adquirir de nuevo la condición de contribuyente por este impuesto y se acompañará de la justificación correspondiente.

A la vista de la documentación aportada, la Administración tributaria decidirá sobre la procedencia de la ampliación solicitada así como respecto de los ejercicios objeto de ampliación.

Podrán entenderse desestimadas las solicitudes de ampliación que no fuesen resueltas expresamente en el plazo de tres meses.

Artículo 123. *Cambio de residencia a otros Estados de la Unión Europea.*

1. La opción por la aplicación de las especialidades previstas en el apartado 6 del artículo 95 bis de la Ley del Impuesto en caso de que el cambio de residencia se produzca a otro Estado miembro de la Unión Europea, o del Espacio Económico Europeo con el que exista un efectivo intercambio de información tributaria, en los términos previstos en el apartado 4 de la disposición adicional primera de la Ley 36/2006, de 29 de noviembre, de medidas para la prevención del fraude fiscal, se ejercitará mediante comunicación a la Administración tributaria a través del modelo que apruebe el Ministro de Hacienda y Administraciones Públicas, quien establecerá la forma y el lugar de su presentación.

En la citada comunicación se hará constar, entre otros datos, los siguientes:

a) Identificación de las acciones o participaciones que dan lugar a las ganancias patrimoniales por cambio de residencia.

b) Valor de mercado de las acciones o participaciones a que se refiere el apartado 3 del artículo 95 bis de la Ley del Impuesto.

c) Estado al que se traslada la residencia, con indicación del domicilio, así como las posteriores variaciones en el domicilio.

La comunicación deberá presentarse en el plazo comprendido entre la fecha del desplazamiento y la fecha de finalización del plazo de declaración del Impuesto correspondiente al primer ejercicio en que el contribuyente no tuviera tal condición como consecuencia del cambio de residencia. Las variaciones de domicilio a que se refiere la letra c) anterior deberán comunicarse en el plazo de dos meses desde que se produzcan.

2. En los supuestos en que la ganancia patrimonial deba ser objeto de autoliquidación de acuerdo con lo dispuesto en la letra a) del apartado 6 del artículo 95 bis de la Ley del Impuesto, la autoliquidación se presentará en el plazo que media entre la fecha en que se produzca alguna de las circunstancias referidas en la citada letra a) del apartado 6 del artículo 95 bis de la Ley del Impuesto y el final del inmediato siguiente plazo de declaraciones por el impuesto, o en el plazo de declaración del impuesto correspondiente al primer ejercicio en que el contribuyente no tuviera tal condición como consecuencia del cambio de residencia, si este fuera posterior.

DISPOSICIONES ADICIONALES

Disposición adicional primera. *Exención de las indemnizaciones por daños personales.*

A los efectos de lo dispuesto en el artículo 7.d) de la Ley del Impuesto del Impuesto sobre la Renta de las Personas Físicas, las indemnizaciones pagadas con arreglo a lo dispuesto en el apartado 2 del artículo 1 del texto refundido de la Ley sobre responsabilidad civil y seguro en la circulación de vehículos a motor, aprobado por el Real Decreto Legislativo 8/2004, de 29 de octubre, y concordantes de su Reglamento, tendrán la consideración de indemnizaciones en la cuantía legalmente reconocida, a efectos de su calificación como rentas exentas, en tanto sean abonadas por una entidad aseguradora como consecuencia de la responsabilidad civil de su asegurado.

Disposición adicional segunda[191]. *Acuerdos previos de valoración de las retribuciones en especie del trabajo personal a efectos de la determinación del correspondiente ingreso a cuenta del Impuesto sobre la Renta de las Personas Físicas.*

1. Las personas o entidades obligadas a efectuar ingresos a cuenta como consecuencia de los rendimientos del trabajo en especie que satisfagan, podrán solicitar a la Administración tributaria la valoración de dichas rentas, conforme a las reglas del Impuesto, a los exclusivos efectos de determinar el ingreso a cuenta correspondiente.

2. La solicitud deberá presentarse por escrito antes de efectuar la entrega de bienes o prestación de servicios a que se refiera y se acompañará de una propuesta de valoración formulada por el solicitante.

Dicho escrito contendrá, como mínimo, lo siguiente:

---

[191] Art. 43.2 (Valoración de las rentas en especie), de la LIRPF y art. 102 (Ingresos a cuenta sobre retribuciones en especie del trabajo), de este RIRPF.

a) Identificación de la persona o entidad solicitante.

b) Identificación y descripción de las entregas de bienes y prestaciones de servicios respecto de las cuales se solicita la valoración.

c) Valoración propuesta, con referencia a la regla de valoración aplicada y a las circunstancias económicas que hayan sido tomadas en consideración.

3. La Administración tributaria examinará la documentación referida en el punto anterior, pudiendo requerir a los solicitantes cuantos datos, informes, antecedentes y justificantes tengan relación con la propuesta.

Asimismo, los solicitantes podrán, en cualquier momento del procedimiento anterior al trámite de audiencia, presentar las alegaciones y aportar los documentos y justificantes que estimen oportunos.

Los solicitantes podrán proponer la práctica de las pruebas que entiendan pertinentes por cualquiera de los medios admitidos en Derecho. Asimismo, la Administración tributaria podrá practicar las pruebas que estime necesarias.

Tanto la Administración tributaria como los solicitantes podrán solicitar la emisión de informes periciales que versen sobre el contenido de la propuesta de valoración.

Una vez instruido el procedimiento y con anterioridad a la redacción de la propuesta de resolución, la Administración tributaria la pondrá de manifiesto a los solicitantes, junto con el contenido y las conclusiones de las pruebas efectuadas y los informes solicitados, quienes podrán formular las alegaciones y presentar los documentos y justificantes que estimen pertinentes en el plazo de quince días.

El procedimiento deberá finalizar en el plazo máximo de seis meses, contados desde la fecha en que la solicitud haya tenido entrada en cualquiera de los registros del órgano administrativo competente o desde la fecha de subsanación de la misma a requerimiento de la Administración tributaria. La falta de resolución de la Administración tributaria en el plazo indicado implicará la aceptación de los valores propuestos por el solicitante.

4. La resolución que ponga fin al procedimiento podrá:

a) Aprobar la propuesta formulada inicialmente por los solicitantes.

b) Aprobar otra propuesta alternativa formulada por los solicitantes en el curso del procedimiento.

c) Desestimar la propuesta formulada por los solicitantes.

La resolución será motivada y, en el caso de que se apruebe, contendrá al menos las siguientes especificaciones:

a) Lugar y fecha de formalización.

b) Identificación de los solicitantes.

c) Descripción de las operaciones.

d) Descripción del método de valoración, con indicación de sus elementos esenciales y del valor o valores que se derivan del mismo, así como de las circunstancias económicas que deban entenderse básicas en orden a su aplicación, destacando las hipótesis fundamentales.

e) Período al que se refiere la propuesta. El plazo máximo de vigencia será de tres años.

f) Razones o motivos por los que la Administración tributaria aprueba la propuesta.

g) Indicación del carácter vinculante de la valoración.

5. La resolución que se dicte no será recurrible, sin perjuicio de los recursos y reclamaciones que puedan interponerse contra los actos de liquidación que se efectúen como consecuencia de la aplicación de los valores establecidos en la resolución.

6. La Administración tributaria y los solicitantes deberán aplicar la valoración de las rentas en especie del trabajo aprobadas en la resolución durante su plazo de vigencia, siempre que no se modifique la legislación o varíen significativamente las circunstancias económicas que fundamentaron la valoración.

7. El órgano competente para informar, instruir y resolver el procedimiento será el Departamento de Inspección Financiera y Tributaria de la Agencia Estatal de Administración tributaria.

Disposición adicional tercera. *Información a los tomadores de los Planes de Previsión Asegurados y seguros de dependencia.*

Sin perjuicio de las obligaciones de información establecidas en la normativa de seguros privados, mediante resolución de la Dirección General de Seguros y Fondos de Pensiones se establecerán las obligaciones de información que las entidades aseguradoras que comercialicen planes de previsión asegurados y seguros de dependencia deberán poner en conocimiento de los tomadores, con anterioridad a su contratación, sobre tipo de interés garantizado, plazos de cada garantía y gastos previstos, así como la información periódica que deberán remitir a los tomadores y aquélla que deba estar a disposición de los mismos.

Disposición adicional cuarta[192]. *Participaciones en fondos de inversión cotizados.*

El régimen de diferimiento previsto en el artículo 94.1.a).segundo párrafo de la Ley del Impuesto sobre la Renta de las Personas Físicas no resultará de aplicación cuando la transmisión o reembolso o, en su caso, la suscripción o adquisición tenga por objeto participaciones representativas del patrimonio de los fondos de inversión cotizados o acciones de las sociedades del mismo tipo a que se refiere el artículo 49 del Reglamento de la Ley 35/2003, de 4 de noviembre, de instituciones de inversión colectiva, aprobado por el Real Decreto 1309/2005, de 4 de noviembre.

Disposición adicional quinta. *Planes Individuales de Ahorro Sistemático.*

Los tomadores de los planes individuales de ahorro sistemático podrán, mediante decisión unilateral, movilizar su provisión matemática a otro plan individual de ahorro sistemático del que sean tomadores. La movilización total o parcial de un plan de ahorro sistemático a otro seguirá, en cuanto le sea de aplicación, el procedimiento dispuesto en el apartado 3 del artículo 49 y disposición transitoria octava de este Reglamento relativo a los planes de previsión asegurados.

Con periodicidad anual las entidades aseguradoras deberán comunicar a los tomadores de planes individuales de ahorro sistemático el valor de los derechos de los que son titulares y trimestralmente poner a disposición de los mismos dicha información.

---

[192] Nueva redacción de la Disposición adicional cuarta dada por el apartado dos del art. cuarto del Real Decreto 749/2010, de 7 de junio, por el que se modifica el Reglamento de la Ley 35/2003, de 4 de noviembre, de Instituciones de Inversión Colectiva, aprobado por el R.D. 1309/2005, de 4 de noviembre, y otros reglamentos en el ámbito tributario (BOE núm. 139 de 8 junio de 2010), en vigor desde el 9-VI-2010.

Disposición adicional sexta[193]. *Régimen fiscal del acontecimiento «Copa del América 2007».*

La reducción del 65 por ciento prevista en el artículo 13 del Real Decreto 2146/2004, de 5 de noviembre, por el que se desarrollan las medidas para atender los compromisos derivados de la celebración de la XXXII edición de la Copa del América en la ciudad de Valencia, se aplicará a los contribuyentes del Impuesto sobre la Renta de las Personas Físicas sobre la cuantía del rendimiento neto del trabajo previsto en el artículo 19 o sobre la cuantía del rendimiento neto calculado de acuerdo con lo dispuesto en el artículo 30, ambos de la Ley del Impuesto, y una vez aplicada, en su caso, la reducción prevista en el artículo 32.1 de la Ley del Impuesto.

Disposición adicional séptima[194]. *Rendimientos del capital mobiliario a integrar en la renta del ahorro.*

A los exclusivos efectos de lo establecido en el artículo 46 de la Ley 35/2006, de 28 de noviembre, del Impuesto sobre la Renta de las Personas Físicas y de modificación parcial del las leyes de los Impuestos sobre Sociedades, sobre la Renta de no Residentes y sobre el Patrimonio, se entenderá que no proceden de entidades vinculadas con el contribuyente los rendimientos del capital mobiliario previstos en el artículo 25.2 de la Ley 35/2006 satisfechos por las entidades previstas en el artículo 1.2 del Real Decreto Legislativo 1298/1986, de 28 de junio, sobre Adaptación del Derecho vigente en materia de Entidades de Crédito al de las Comunidades Europeas, cuando no difieran de los que hubieran sido ofertados a otros colectivos de similares características a las de las personas que se consideran vinculadas a la entidad pagadora.

Disposición adicional octava[195]. *Movilización entre Panes de Ahorro a Largo Plazo.*

Conforme al apartado 5 de la disposición adicional vigesimosexta de la Ley del Impuesto, el titular de un Plan de Ahorro a Largo Plazo podrá movilizar íntegramente los derechos económicos del seguro individual de ahorro a largo plazo y los fondos constituidos en la cuenta individual de ahorro a largo plazo a otro Plan de Ahorro a Largo Plazo del que será titular, sin que ello implique la disposición de los recursos, a los efectos previstos en la letra ñ) del artículo 7 o en la letra b) del apartado 1 de la citada disposición adicional, en las siguientes condiciones:

---

[193]   Real Decreto 1893/2008, de 14 de noviembre, por el que se desarrollan medidas fiscales y de seguridad social en el ejercicio 2008 para atender los compromisos derivados de la organización y celebración de la 33.ª edición de la Copa del América en la ciudad de Valencia (BOE, 24 de noviembre de 2008).

[194]   Nueva Disposición incorporada por la Disp. Final Tercera.Dos del Real Decreto 1804/2008, de 3 de noviembre, por el que se desarrolla la Ley 36/2006, de 29 de noviembre, de medidas para la prevención del fraude fiscal, se modifica el Reglamento para la aplicación del régimen fiscal de las entidades sin fines lucrativos y de los incentivos fiscales al mecenazgo, aprobado por el Real Decreto 1270/2003, y se modifican y aprueban otras normas tributarias (BOE de 18 de noviembre de 2008), con efectos desde el 1 de enero de 2008.

[195]   Nueva disposición incorporada por el art. Primero.treinta y siete del Real Decreto 633/2015, de 10 de julio, por el que se modifican el Reglamento del Impuesto sobre la Renta de las Personas Físicas, aprobado por el Real Decreto 439/2007, de 30 de marzo, y el Reglamento del Impuesto sobre la Renta de no Residentes, aprobado por el Real Decreto 1776/2004, de 30 de julio (BOE núm. 165, de 11 de julio de 2015), en vigor desde el día siguiente de su publicación en el BOE, siendo aplicable a los períodos impositivos que se inicien a partir del 1 de enero de 2015.

No será posible la movilización en aquellos casos en los que sobre los derechos económicos o sobre los fondos recaiga algún embargo, carga, pignoración o limitación de disposición legal o contractual.

Para efectuar la movilización, el titular del Plan de Ahorro a Largo Plazo deberá dirigirse a la entidad aseguradora o de crédito de destino acompañando a su solicitud la identificación del Plan de Ahorro a Largo Plazo de origen desde el que se realizará la movilización y la entidad de origen. La solicitud incorporará una comunicación dirigida a la entidad de origen para que esta ordene el traspaso, e incluirá una autorización del titular del Plan de Ahorro a Largo Plazo a la entidad de destino para que, en su nombre, pueda solicitar a la entidad de origen la movilización, así como toda la información financiera y fiscal necesaria para realizarlo. En concreto, la entidad de origen deberá comunicar la fecha de apertura del Plan de Ahorro a Largo Plazo, las cantidades aportadas en el año en curso y, por separado, el importe total de los rendimientos de capital mobiliario positivos y negativos que se hayan producido desde la apertura, incluidos los que pudieran producirse con ocasión de la movilización.

La entidad de destino deberá advertir al contribuyente, de forma expresa y destacada, que dependiendo de las condiciones específicas del contrato de seguro, de depósito o financiero en que se haya configurado el correspondiente Seguro Individual de Ahorro a Largo Plazo o Cuenta Individual de Ahorro a Largo Plazo, el importe de la movilización puede resultar inferior al importe garantizado por la entidad de origen.

En el caso de que existan convenios o contratos que permitan gestionar las solicitudes de movilización a través de mediadores o de las redes comerciales de otras entidades, la presentación de la solicitud en cualquier establecimiento de éstos se entenderá realizada en la entidad de destino.

En el plazo máximo de cinco días hábiles desde que la entidad de destino disponga de la totalidad de la documentación necesaria, ésta deberá, además de comprobar el cumplimiento de los requisitos establecidos reglamentariamente para dicha movilización, comunicar la solicitud a la entidad de origen, con indicación, al menos, del Plan de Ahorro a Largo Plazo de destino, entidad de destino y datos de la cuenta a la que debe efectuarse la transferencia.

En un plazo máximo de diez días hábiles a contar desde la recepción por parte de la entidad de origen de la solicitud con la documentación correspondiente, esta entidad deberá ordenar la transferencia bancaria y remitir a la entidad de destino toda la información financiera y fiscal necesaria para el traspaso.

No se podrán aplicar penalizaciones, gastos o descuentos al importe de esta movilización que se generen como consecuencia del propio traspaso de fondos. A estos efectos, tratándose de un Seguro Individual de Ahorro a Largo Plazo, los derechos económicos se valorarán por el importe de la provisión matemática o por el valor de mercado de los activos asignados.

En los procedimientos de movilizaciones a que se refiere esta disposición adicional se autoriza que la transmisión de la solicitud de traspaso, la transferencia de efectivo y la transmisión de la información entre las entidades intervinientes, puedan realizarse a través del Sistema Nacional de Compensación Electrónica, mediante las operaciones que, para estos supuestos, se habiliten en dicho Sistema.

Disposición adicional novena[196]. *Mecanismos de reversión, períodos ciertos de prestación o fórmulas de contraseguro sobre contratos de rentas vitalicias aseguradas.*

En los supuestos en que existan mecanismos de reversión, períodos ciertos de prestación o fórmulas de contraseguro en caso de fallecimiento sobre contratos de rentas vitalicias aseguradas a que se refieren el apartado 3 del artículo 38 y la disposición adicional tercera de la Ley del Impuesto, deberán cumplirse los siguientes requisitos:

a) En el supuesto de mecanismos de reversión en caso de fallecimiento del asegurado, únicamente podrá existir un potencial beneficiario de la renta vitalicia que revierta.

b) En el supuesto de periodos ciertos de prestación, dichos períodos no podrán exceder de 10 años desde la constitución de la renta vitalicia.

c) En el supuesto de fórmulas de contraseguro, la cuantía total a percibir con motivo del fallecimiento del asegurado en ningún momento podrá exceder de los siguientes porcentajes respecto del importe destinado a la constitución de la renta vitalicia:

Años desde la constitución de la renta vitalicia	Porcentaje
1.º	95 por 100
2.º	90 por 100
3.º	85 por 100
4.º	80 por 100
5.º	75 por 100
6.º	70 por 100
7.º	65 por 100
8.º	60 por 100
9.º	55 por 100
10.º en adelante	50 por 100

Disposición adicional décima[197]. *Reducción de los pagos a cuenta aplicables en el período impositivo 2023 a rendimientos obtenidos en la isla de La Palma.*

En el período impositivo 2023, las referencias contenidas a Ceuta y Melilla en el título VII de este reglamento se entenderán igualmente efectuadas a la isla de La Palma.

---

[196] Nueva disposición adicional incorporada por el art. único Catorce del Real Decreto 1461/2018, de 21 de diciembre, por el que se modifica el Reglamento del Impuesto sobre la Renta de las Personas Físicas aprobado por el Real Decreto 439/2007, de 30 de marzo, en materia de deducciones en la cuota diferencial por circunstancias familiares, obligación de declarar, pagos a cuenta, rentas vitalicias aseguradas y obligaciones registrales (BOE núm. 308, de 22 de diciembre de 2018), en vigor desde el 23 de diciembre de 2018.

Disposición transitoria decimoctava (Mecanismos de reversión, períodos ciertos de prestación o fórmulas de contraseguro sobre contratos de rentas vitalicias aseguradas anteriores a 1 de abril de 2019) de este RIRPF.

[197] Nueva disp. adic. décima incorporada por el art. primero Catorce del Real Decreto 1008/2023, de 5 de diciembre, por el que se modifican el Reglamento del Impuesto sobre la Renta de las Personas Físicas, aprobado por el Real Decreto 439/2007, de 30 de marzo, en materia de retribuciones en especie, deducción por maternidad, obligación de declarar, pagos a cuenta y régimen especial aplicable a trabajadores, profesionales, emprendedores e inversores desplazados a territorio español, y el Reglamento del Impuesto

DISPOSICIONES TRANSITORIAS

Disposición transitoria primera. *Transmisiones de elementos patrimoniales afectos realizadas con anterioridad al 1 de enero de 1998.*

1. Para la aplicación de lo dispuesto en el artículo 21.3 de la Ley 43/1995, de 27 de diciembre, del Impuesto sobre Sociedades, en la redacción vigente hasta 1 de enero de 2002, en la transmisión, con anterioridad a 1 de enero de 1998, de elementos patrimoniales afectos al ejercicio de actividades económicas desarrolladas por contribuyentes que determinasen su rendimiento neto mediante el método de estimación objetiva, se tomará como período de amortización el período máximo de amortización según tablas oficialmente aprobadas vigentes en el momento de la reinversión.

2. El plazo de permanencia de los elementos patrimoniales afectos a actividades económicas desarrolladas por contribuyentes que determinasen su rendimiento neto mediante el método de estimación objetiva, al que se refiere el artículo 21.4 de la Ley 43/1995, de 27 de diciembre, del Impuesto sobre Sociedades, en la redacción vigente hasta 1 de enero de 2002, será, cuando la reinversión se hubiera efectuado con anterioridad al 1 de enero de 1998, de siete años, excepto que su vida útil, calculada según el período máximo de amortización según tablas oficialmente aprobadas en el momento de la reinversión, fuera inferior.

3. Los contribuyentes que determinasen su rendimiento neto por el método de estimación objetiva que se hubieran acogido a la exención por reinversión prevista en el artículo 127 de la Ley 43/1995, de 27 de diciembre, del Impuesto sobre Sociedades, en la redacción vigente hasta 1 de enero de 1999, deberán mantener afectos al desarrollo de su actividad económica los elementos patrimoniales objeto de la reinversión de acuerdo con las siguientes reglas:

1.ª Cuando la transmisión y la reinversión hubiera tenido lugar con anterioridad al 1 de enero de 1998, el plazo de permanencia del elemento patrimonial se determinará según el período máximo de amortización según tablas oficialmente aprobadas vigentes en el momento de la reinversión. También se entenderá cumplido el requisito de permanencia cuando el elemento patrimonial se hubiera mantenido durante los siete años siguientes al cierre del período impositivo en que venció el plazo de los tres años posteriores a la fecha de entrega o puesta a disposición del elemento patrimonial cuya transmisión originó la renta exenta.

2.º Cuando la reinversión hubiera tenido lugar con posterioridad al 1 de enero de 1998, el período máximo de amortización al que se refiere la regla anterior se determinará de acuerdo con la tabla de amortización prevista en el artículo 37.2 de este Reglamento.

Disposición transitoria segunda. *Reinversión de beneficios extraordinarios.*

Los contribuyentes que, en períodos impositivos iniciados con anterioridad a 1 de enero de 2002, hubieran transmitido elementos patrimoniales afectos a las actividades económicas por ellos desarrolladas y hubieran optado por aplicar lo previsto en el artículo 21 de la Ley 43/1995, de 27 de diciembre, del Impuesto sobre Sociedades, en la redacción vigente hasta 1 de enero de 2002, integrarán el importe total de la ganancia patrimonial en la base imponible general de acuerdo con lo dispuesto en los artículos 36.2 de la Ley 40/1998, de 9 de diciembre, del Impuesto sobre la Renta de las Personas Físicas y otras normas tributarias, y

sobre Sociedades, aprobado por el Real Decreto 634/2015, de 10 de julio, en materia de retenciones e ingresos a cuenta (BOE núm. 291, de 6 de diciembre de 2023), en vigor desde el 7 de diciembre de 2023.

40 del Reglamento del Impuesto sobre la Renta de las Personas Físicas, aprobado por Real Decreto 214/1999, de 5 de febrero, según las redacciones vigentes hasta 1 de enero de 2003.

Disposición transitoria tercera[198]. *Regularización de deducciones por incumplimiento de requisitos.*

1. Cuando, por incumplimiento de alguno de los requisitos establecidos, se pierda el derecho, en todo o en parte, a las deducciones aplicadas en períodos impositivos iniciados con anterioridad a 1 de enero de 2009, las cantidades indebidamente deducidas se sumarán a la cuota líquida estatal y a la cuota líquida autonómica, del ejercicio en que se produzca el incumplimiento, en el mismo porcentaje que, en su momento, se aplicó.

2. Cuando, en períodos impositivos posteriores al de su aplicación se pierda el derecho, en todo o en parte, a las deducciones practicadas por cuenta ahorro-empresa, el contribuyente estará obligado a sumar a la cuota líquida estatal y a la cuota líquida autonómica o complementaria devengadas en el ejercicio en que se hayan incumplido los requisitos, las cantidades indebidamente deducidas, más los intereses de demora a que se refiere el artículo 26.6 de la Ley 58/2003, de 17 de diciembre, General Tributaria, en la forma prevista en la letra b) del apartado 2 del artículo 59 de este Reglamento, en su redacción en vigor a 31 de diciembre de 2014.

Disposición transitoria cuarta. *Dividendos procedentes de sociedades transparentes y patrimoniales.*

1. No existirá obligación de practicar retención o ingreso a cuenta del Impuesto sobre la Renta de las Personas Físicas respecto a los dividendos o participaciones en beneficios que procedan de períodos impositivos durante los cuales la entidad que los distribuye se hallase en régimen de transparencia fiscal, de acuerdo con lo establecido en la disposición transitoria decimoquinta del texto refundido de la Ley del Impuesto sobre Sociedades, aprobado por el Real Decreto Legislativo 4/2004, de 5 de marzo.

2. No existirá obligación de practicar retención o ingreso a cuenta del Impuesto sobre la Renta de las Personas Físicas respecto a los dividendos o participaciones en beneficios a que se refieren las letras a) y b) del apartado 1 del artículo 25 de la Ley del Impuesto que procedan de períodos impositivos durante los cuales a la entidad que los distribuye le haya sido de aplicación el régimen de las sociedades patrimoniales, de acuerdo con lo establecido en la disposición transitoria vigésima segunda del texto refundido de la Ley del Impuesto sobre Sociedades, aprobado por el Real Decreto Legislativo 4/2004, de 5 de marzo.

---

[198] Nueva redacción de la disposición transitoria tercera dada por el art. Primero.treinta y ocho del Real Decreto 633/2015, de 10 de julio, por el que se modifican el Reglamento del Impuesto sobre la Renta de las Personas Físicas, aprobado por el Real Decreto 439/2007, de 30 de marzo, y el Reglamento del Impuesto sobre la Renta de no Residentes, aprobado por el Real Decreto 1776/2004, de 30 de julio (BOE núm. 165, de 11 de julio de 2015), en vigor desde el día siguiente de su publicación en el BOE, siendo aplicable a los períodos impositivos que se inicien a partir del 1 de enero de 2015.
Redacción anterior dada por el art. segundo primero.Trece del Real Decreto 960/2013, de 5 de diciembre (BOE núm. 292, de 6 de diciembre de 2013), con efectos desde el 1 de enero de 2013.

Disposición transitoria quinta. *Régimen transitorio de las modificaciones introducidas en materia de retenciones sobre los rendimientos del capital mobiliario y sobre ganancias patrimoniales.*

1. La obligación de retener en las transmisiones, amortizaciones o reembolsos de activos financieros con rendimiento explícito será aplicable a las operaciones formalizadas desde el 1 de enero de 1999.

En las transmisiones de activos financieros con rendimiento explícito emitidos con anterioridad a 1 de enero de 1999, en caso de no acreditarse el precio de adquisición, la retención se practicará sobre la diferencia entre el valor de emisión del activo y el precio de transmisión.

No se someterán a retención los rendimientos derivados de la transmisión, canje o amortización de valores de deuda pública emitidos con anterioridad a 1 de enero de 1999 que, con anterioridad a esta fecha, no estuvieran sujetos a retención.

2. Cuando se perciban, a partir de 1 de enero de 1999, rendimientos explícitos para los que, por ser la frecuencia de las liquidaciones superior a doce meses, se hayan efectuado ingresos a cuenta, la retención definitiva se practicará al tipo vigente en el momento de la exigibilidad y se regularizará atendiendo a los ingresos a cuenta realizados.

Disposición transitoria sexta. *Retención aplicable a determinadas actividades económicas a las que resulta de aplicación el método de estimación objetiva.*

No procederá la práctica de la retención prevista en el apartado 6 del artículo 95 de este Reglamento hasta que no finalice el plazo señalado en el apartado 1 de la disposición transitoria segunda de este Real Decreto.

Disposición transitoria séptima. *Delimitación de las aportaciones a instrumentos de previsión social complementaria cuando concurran aportaciones anteriores y posteriores a 31 de diciembre de 2006.*

A efectos de determinar la base de retención como consecuencia de la aplicación del apartado 2 de las disposiciones transitorias undécima y duodécima de la Ley del Impuesto del Impuesto sobre la Renta de las Personas Físicas, las entidades que gestionen los instrumentos previstos en dichas disposiciones transitorias deberán separar contablemente las primas o aportaciones realizadas así como la rentabilidad correspondiente que pudiera acogerse a este régimen transitorio, del resto de primas o aportaciones y su rentabilidad.

Asimismo, en los supuestos de movilización de derechos consolidados o económicos de dichos sistemas de previsión social se deberá comunicar la información prevista en el apartado anterior.

Disposición transitoria octava. *Movilizaciones entre planes de previsión asegurados.*

Las solicitudes de movilización de la provisión matemática entre planes de previsión asegurados formuladas hasta la entrada en vigor del artículo 49.3 de este Reglamento, se regirán por lo dispuesto en el artículo 49.3 del Reglamento del Impuesto sobre la Renta de las Físicas aprobado por Real Decreto 1775/2004, de 30 de julio.

Disposición transitoria novena[199]. *Ampliación del plazo de dos años para transmitir la vivienda habitual a efectos de la exención por reinversión, cuando previamente se hubiera adquirido otra vivienda en los ejercicios 2006, 2007 y 2008.*

En aquellos casos en los que se adquiera una nueva vivienda previamente a la transmisión de su vivienda habitual y dicha adquisición hubiera tenido lugar durante los ejercicios 2006, 2007 ó 2008, el plazo de dos años a que se refiere el último párrafo del apartado 2 del artículo 41 de este Reglamento para la transmisión de la vivienda habitual se ampliará hasta el día 31 de diciembre de 2010.

En los casos anteriores, se entenderá que el contribuyente está transmitiendo su vivienda habitual cuando se cumpla lo establecido en el apartado 4 del artículo 54 de este Reglamento, así como cuando la vivienda que se transmite hubiese dejado de tener la consideración de vivienda habitual por haber trasladado su residencia habitual a la nueva vivienda en cualquier momento posterior a la adquisición de ésta última.

Disposición transitoria décima[200]. *Ampliación del plazo de cuentas vivienda.*

1. Los saldos de las cuentas vivienda a que se refiere el artículo 56 de este Reglamento, existentes al vencimiento del plazo de cuatro años desde su apertura y que por la finalización del citado plazo debieran destinarse a la primera adquisición o rehabilitación de la vivienda habitual del contribuyente en el período comprendido entre el día 1 de enero de 2008 y el día 30 de diciembre de 2010, podrán destinarse a dicha finalidad hasta el día 31 de diciembre de 2010 sin que ello implique la pérdida del derecho a la deducción por inversión en vivienda habitual.

Cuando el citado plazo de cuatro años haya vencido en el período comprendido entre el día 1 de enero de 2008 y la entrada en vigor de este real decreto y el titular de la cuenta vivienda hubiera dispuesto entre tales fechas con anterioridad a dicha entrada en vigor del saldo de la cuenta a que se refiere el párrafo anterior para fines distintos a la primera adquisición o rehabilitación de la vivienda habitual, la ampliación del plazo establecida en el párrafo anterior estará condicionada a la reposición de las cantidades dispuestas entre tales fechas, en la cuenta vivienda antigua o en una nueva, en caso de haber cancelado la cuenta anterior. Dicha reposición deberá efectuarse antes de 31 de diciembre de 2008.

2. En ningún caso las cantidades que se depositen en las cuentas vivienda una vez que haya transcurrido el plazo de cuatro años desde su apertura darán derecho a la aplicación de la deducción por inversión en vivienda habitual.

---

[199] Nueva disposición incorporada por el art. 8. Ocho del Real Decreto 1975/2008, de 28 de noviembre, sobre las medidas urgentes a adoptar en materia económica, fiscal, de empleo y de acceso a la vivienda (BOE núm. 290, de 2 de diciembre), siendo de aplicación a partir del 1 de enero de 2008, en virtud de lo establecido en su Disposición final única.

[200] Nueva disposición incorporada por el art. 8. Nueve del Real Decreto 1975/2008, de 28 de noviembre, sobre las medidas urgentes a adoptar en materia económica, fiscal, de empleo y de acceso a la vivienda (BOE núm. 290, de 2 de diciembre), siendo de aplicación a partir del 1 de enero de 2008, en virtud de lo establecido en su Disposición final única.

Disposición transitoria undécima[201]. *Minoración del tipo de retención por aplicación del régimen transitorio de deducción por inversión en vivienda habitual.*

A efectos de la reducción de dos enteros del tipo de retención prevista en el artículo 86.1 de este Reglamento, no será necesario que reiteren la comunicación prevista en el artículo 88.1 de este Reglamento al mismo pagador los contribuyentes que, teniendo derecho a la aplicación de la reducción de dos enteros del tipo de retención, hubiesen comunicado esta circunstancia con anterioridad a 1 de enero de 2013.

Disposición transitoria duodécima[202]. *Deducción por inversión en vivienda habitual.*

1. La deducción por inversión en vivienda habitual regulada en la disposición transitoria decimoctava de la Ley del Impuesto se aplicará conforme a lo dispuesto en el capítulo I del Título IV de este Reglamento, en la redacción en vigor a 31 de diciembre de 2012.

2. Los contribuyentes que por aplicación de lo establecido en la disposición transitoria decimoctava de la Ley del Impuesto ejerciten el derecho a la deducción por inversión en vivienda habitual, estarán obligados, en todo caso, a presentar declaración por este Impuesto.

Disposición transitoria decimotercera[203]. *Tipos de retención aplicables en 2015.*

1. En el período impositivo 2015, la escala a la que se refiere el artículo 85 de este Reglamento será la prevista, según proceda, en el apartado 2 de la disposición adicional trigésima primera de la Ley del Impuesto.

---

[201] Nueva redacción de la disposición transitoria undécima dada por el art. segundo primero.Catorce del Real Decreto 960/2013, de 5 de diciembre, por el que se por el que se modifican el Reglamento del Impuesto sobre Sociedades, aprobado por el Real Decreto 1777/2004, de 30 de julio; el Reglamento del Impuesto sobre la Renta de las Personas Físicas, aprobado por el Real Decreto 439/2007, de 30 de marzo; el Reglamento del Impuesto sobre la Renta de no Residentes, aprobado por el Real Decreto 1776/2004, de 30 de julio; el Reglamento General de las actuaciones y los procedimientos de gestión e inspección tributaria y de desarrollo de las normas comunes de los procedimientos de aplicación de los tributos, aprobado por el Real Decreto 1065/2007, de 27 de julio, y el Reglamento General de Recaudación, aprobado por el Real Decreto 939/2005, de 29 de julio (BOE núm. 292, de 6 de diciembre de 2013), con efectos desde el 1 de enero de 2013.

    Redacción anterior: disposición incorporada por el art. art. primero Once del Real Decreto 1788/2010, de 30 de diciembre, por el que se modifican los Reglamentos de los Impuestos sobre la Renta de las Personas Físicas, sobre Sociedades y sobre la Renta de no Residentes en materia de rentas en especie, deducción por inversión en vivienda y pagos a cuenta (BOE núm. 318, de 31 de diciembre de 2010), en vigor desde el 1-1-2011.

[202] Nueva disposición transitoria duodécima incorporada por el art. segundo primero.Quince del Real Decreto 960/2013, de 5 de diciembre, por el que se por el que se modifican el Reglamento del Impuesto sobre Sociedades, aprobado por el Real Decreto 1777/2004, de 30 de julio; el Reglamento del Impuesto sobre la Renta de las Personas Físicas, aprobado por el Real Decreto 439/2007, de 30 de marzo; el Reglamento del Impuesto sobre la Renta de no Residentes, aprobado por el Real Decreto 1776/2004, de 30 de julio; el Reglamento General de las actuaciones y los procedimientos de gestión e inspección tributaria y de desarrollo de las normas comunes de los procedimientos de aplicación de los tributos, aprobado por el Real Decreto 1065/2007, de 27 de julio, y el Reglamento General de Recaudación, aprobado por el Real Decreto 939/2005, de 29 de julio (BOE núm. 292, de 6 de diciembre de 2013), con efectos desde el 1 de enero de 2013.

[203] Nueva redacción de la disposición transitoria decimotercera dada por el art. Primero.treinta y nueve del Real Decreto 633/2015, de 10 de julio, por el que se modifican el Reglamento del Impuesto sobre la Renta de las Personas Físicas, aprobado por el Real Decreto 439/2007, de 30 de marzo, y el Reglamento del Impuesto sobre la Renta de no Residentes, aprobado por el Real Decreto 1776/2004, de 30 de julio (BOE

2. En el período impositivo 2015, los porcentajes de pagos a cuenta previstos en los artículos 80.1, números 3.º y 4.º, 90, 95.1, 96, 99, 100, 101.2, 107 y 114.3 serán los previstos en el apartado 3 de la disposición adicional trigésima primera de la Ley del Impuesto.

3. Cuando se produzcan regularizaciones del tipo de retención conforme al artículo 87 de este Reglamento con anterioridad a 12 de julio, el nuevo tipo de retención aplicable no podrá ser superior al 47 por ciento. A partir de dicha fecha, el tipo máximo de retención resultante de las regularizaciones efectuadas será el 46 por ciento, salvo en el supuesto previsto en el último párrafo del apartado 2 de la disposición adicional trigésima primera, en el que el tipo del 47 por ciento resultará de aplicación hasta 31 de julio.

Los citados porcentajes serán, respectivamente, el 24 o el 23 por ciento, cuando la totalidad de los rendimientos del trabajo se hubiesen obtenido en Ceuta y Melilla y se beneficien de la deducción prevista en el artículo 68.4 de esta Ley.

Disposición transitoria decimocuarta[204]. *Reducción por movilidad geográfica en 2015 a efectos de retenciones.*

A efectos de lo establecido en el apartado 3 del artículo 83 de este Reglamento, en los supuestos a que se refiere la disposición transitoria sexta de la Ley del Impuesto, la cuantía total de las retribuciones de trabajo se minorará en la reducción prevista en el apartado 1 del artículo 20 de la Ley del Impuesto en su redacción en vigor a 31 de diciembre de 2014 y no resultará de aplicación lo dispuesto en el segundo párrafo de la letra f) del apartado 2 del artículo 19 de la Ley del Impuesto. Para el cómputo de esta reducción el pagador deberá tener en cuenta, exclusivamente, la cuantía del rendimiento neto del trabajo resultante de las minoraciones previstas en los párrafos a) y b) del apartado 3 del artículo 83 de este Reglamento.

Disposición transitoria decimoquinta[205]. *Aplicación de lo dispuesto en las disposiciones transitorias cuarta y novena de la Ley del Impuesto respecto de obligaciones de retener que nazcan en el primer trimestre de 2015.*

Cuando el nacimiento de la obligación de retener se produzca en el primer trimestre de 2015 y el sujeto obligado a retener deba presentar la declaración de las cantidades retenidas e ingresos a cuenta correspondiente a dicho trimestre en el plazo previsto en el párrafo primero

---

núm. 165, de 11 de julio de 2015), en vigor desde el día siguiente de su publicación en el BOE, siendo aplicable a los períodos impositivos que se inicien a partir del 1 de enero de 2015.

Fue incorporada por el art. único. Veintidós del Real Decreto 1003/2014, de 5 de diciembre, por el que se modifica el Reglamento del Impuesto sobre la Renta de las Personas Físicas, aprobado por el Real Decreto 439/2007, de 30 de marzo, en materia de pagos a cuenta y deducciones por familia numerosa o personas con discapacidad a cargo (BOE núm. 295, de 6 de diciembre de 2014), en vigor desde el 1 de enero de 2015.

[204] Nueva disposición incorporada por el art. único. Veintitrés del Real Decreto 1003/2014, de 5 de diciembre, por el que se modifica el Reglamento del Impuesto sobre la Renta de las Personas Físicas, aprobado por el Real Decreto 439/2007, de 30 de marzo, en materia de pagos a cuenta y deducciones por familia numerosa o personas con discapacidad a cargo (BOE núm. 295, de 6 de diciembre de 2014), en vigor desde el 1 de enero de 2015.

[205] Nueva disposición incorporada por el art. único. Veinticuatro del Real Decreto 1003/2014, de 5 de diciembre, por el que se modifica el Reglamento del Impuesto sobre la Renta de las Personas Físicas, aprobado por el Real Decreto 439/2007, de 30 de marzo, en materia de pagos a cuenta y deducciones por familia numerosa o personas con discapacidad a cargo (BOE núm. 295, de 6 de diciembre de 2014), en vigor desde el 1 de enero de 2015.

del apartado 1 del artículo 108 de este Reglamento, la comunicación a la que se refieren el apartado 5 del artículo 93 y el apartado 1 del artículo 97, ambos de este Reglamento, podrá realizarse hasta el 10 de abril de 2015.

Disposición transitoria decimosexta[206]. *Salario medio anual del conjunto de declarantes del Impuesto.*

En el caso de rendimientos del trabajo que deriven del ejercicio de opciones de compra sobre acciones o participaciones por los trabajadores a los que resulte de aplicación lo previsto en el apartado 4 de la disposición transitoria vigésima quinta de la Ley del Impuesto, a efectos de aplicar del límite previsto en el número 1.º de la letra b) del apartado 2 del artículo 18 de la Ley del Impuesto en su redacción en vigor a 31 de diciembre de 2014, la cuantía del salario medio anual del conjunto de declarantes del Impuesto será de 22.100 euros.

Disposición transitoria decimoséptima[207]. *Incumplimiento del requisito de mantenimiento de las acciones en los planes generales de entrega de opciones sobre acciones.*

En los planes generales de entrega de opciones de compra sobre acciones o participaciones regulados en el artículo 18.2 de la Ley del Impuesto, en su redacción en vigor a 31 de diciembre de 2014, el incumplimiento del requisito de mantenimiento de las acciones o participaciones adquiridas, al menos, durante tres años, motivará la obligación de presentar una autoliquidación complementaria, con inclusión de los intereses de demora, en el plazo que medie entre la fecha en que se incumpla el requisito y la finalización del plazo reglamentario de declaración correspondiente al período impositivo en que se produzca dicho incumplimiento.

Disposición transitoria decimoctava[208]. *Mecanismos de reversión, períodos ciertos de prestación o fórmulas de contraseguro sobre contratos de rentas vitalicias aseguradas anteriores a 1 de abril de 2019.*

Lo dispuesto en la disposición adicional novena de este Reglamento no resultará de aplicación a los contratos de seguros de vida cuya prestación se perciba en forma de renta vitalicia asegurada celebrados con anterioridad a 1 de abril de 2019.

---

[206] Nueva disposición transitoria incorporada por el art. Primero.cuarenta del Real Decreto 633/2015, de 10 de julio, por el que se modifican el Reglamento del Impuesto sobre la Renta de las Personas Físicas, aprobado por el Real Decreto 439/2007, de 30 de marzo, y el Reglamento del Impuesto sobre la Renta de no Residentes, aprobado por el Real Decreto 1776/2004, de 30 de julio (BOE núm. 165, de 11 de julio de 2015), en vigor desde el día siguiente de su publicación en el BOE, siendo aplicable a los períodos impositivos que se inicien a partir del 1 de enero de 2015.

[207] Nueva disposición transitoria incorporada por el art. Primero.cuarenta y uno del Real Decreto 633/2015, de 10 de julio, por el que se modifican el Reglamento del Impuesto sobre la Renta de las Personas Físicas, aprobado por el Real Decreto 439/2007, de 30 de marzo, y el Reglamento del Impuesto sobre la Renta de no Residentes, aprobado por el Real Decreto 1776/2004, de 30 de julio (BOE núm. 165, de 11 de julio de 2015), en vigor desde el día siguiente de su publicación en el BOE, siendo aplicable a los períodos impositivos que se inicien a partir del 1 de enero de 2015.

[208] Nueva disposición transitoria incorporada por el art. único Quince del Real Decreto 1461/2018, de 21 de diciembre, por el que se modifica el Reglamento del Impuesto sobre la Renta de las Personas Físicas aprobado por el Real Decreto 439/2007, de 30 de marzo, en materia de deducciones en la cuota diferencial por circunstancias familiares, obligación de declarar, pagos a cuenta, rentas vitalicias aseguradas y

Disposición transitoria decimonovena[209]. *Excesos de aportaciones a los sistemas de previsión social pendientes de reducción.*

Las aportaciones del contribuyente y las contribuciones imputadas por el promotor a los sistemas de previsión social que no hubieran sido objeto de reducción en la base imponible por insuficiencia de base imponible o por haber excedido del límite porcentual establecido en el artículo 52.1 de la Ley del Impuesto y se encuentren pendientes de reducción en la fecha de entrada en vigor del Real Decreto 1039/2022, de 27 de diciembre, podrán reducir la base imponible en los términos señalados en el artículo 51 de este reglamento.

Disposición transitoria vigésima[210]. *Plazo para el ejercicio de la opción por el régimen especial del artículo 93 de la Ley del Impuesto sobre la Renta de las Personas Físicas.*

El plazo para el ejercicio de la opción por el régimen especial previsto en el artículo 93 de la Ley del Impuesto para los contribuyentes que adquieran su residencia fiscal en España en el período impositivo 2023, como consecuencia de un desplazamiento realizado a territorio español en 2022 o en 2023 antes de la entrada en vigor de la Orden por la que la persona titular del Ministerio de Hacienda y Función Pública apruebe el modelo de comunicación de la opción, será de seis meses desde la fecha de entrada en vigor de dicha Orden, salvo cuando el artículo 116 de este reglamento le otorgue un plazo superior.

---

obligaciones registrales (BOE núm. 308, de 22 de diciembre de 2018), en vigor desde el 23 de diciembre de 2018.

[209] Nueva redacción dada por el art. 1.Primero Dos del Real Decreto 1039/2022, de 27 de diciembre, por el que se modifican el Reglamento del Impuesto sobre la Renta de las Personas Físicas, aprobado por el Real Decreto 439/2007, de 30 de marzo, y el Reglamento General de las actuaciones y los procedimientos de gestión e inspección tributaria y de desarrollo de las normas comunes de los procedimientos de aplicación de los tributos, aprobado por el Real Decreto 1065/2007, de 27 de julio (BOE núm. 312, de 29 de diciembre de 2022), con efectos desde el 30 de diciembre de 2022.

Redacción anterior por su incorporación efectuada en el art. único Cinco del Real Decreto 899/2021, de 19 de octubre, por el que se modifica el Reglamento del Impuesto sobre la Renta de las Personas Físicas, aprobado por el Real Decreto 439/2007, de 30 de marzo, en materia de reducciones en la base imponible por aportaciones a sistemas de previsión social y pagos a cuenta (BOE núm. 251, de 20 de octubre de 2021), en vigor desde el 21 de octubre: «*Excesos de aportaciones a los sistemas de previsión social correspondientes a los períodos impositivos 2016 a 2020.*

En caso de haberse realizado aportaciones por el contribuyente y contribuciones imputadas por el promotor a los sistemas de previsión social en los períodos impositivos 2016 a 2020 que no hubieran sido objeto de reducción en la base imponible por insuficiencia de base imponible o por haber excedido del límite porcentual establecido en el artículo 52.1 de la Ley del Impuesto y se encuentren pendientes de reducción a 1 de enero de 2021, a efectos de lo previsto en el artículo 51 de este Reglamento se entenderá que las cantidades pendientes de reducción corresponden a contribuciones imputadas por el promotor, con el límite de las contribuciones imputadas en dichos períodos impositivos. El exceso sobre dicho límite se entenderá que corresponde a aportaciones del contribuyente».

[210] Nueva disp. transitoria. vigésima incorporada por el art. primero Quince del Real Decreto 1008/2023, de 5 de diciembre, por el que se modifican el Reglamento del Impuesto sobre la Renta de las Personas Físicas, aprobado por el Real Decreto 439/2007, de 30 de marzo, en materia de retribuciones en especie, deducción por maternidad, obligación de declarar, pagos a cuenta y régimen especial aplicable a trabajadores, profesionales, emprendedores e inversores desplazados a territorio español, y el Reglamento del Impuesto sobre Sociedades, aprobado por el Real Decreto 634/2015, de 10 de julio, en materia de retenciones e ingresos a cuenta (BOE núm. 291, de 6 de diciembre de 2023), en vigor desde el 7 de diciembre de 2023.

En el supuesto de que el desplazamiento a que se refiere el párrafo anterior hubiera venido determinado por el inicio de una relación laboral, ordinaria o especial, o estatutaria con un empleador en España, por venir ordenado por su empleador o cuando sin ser ordenado, la actividad laboral se preste a distancia, o como consecuencia de la adquisición de la condición de administrador de una entidad, también podrán ejercer la opción por el citado régimen especial con anterioridad a la fecha de entrada en vigor de la Orden señalada en el párrafo anterior, aplicando a tal efecto el artículo 119 de este reglamento en su redacción vigente a 31 de diciembre de 2022.

No obstante, en el caso de los trabajadores que presten a servicios a distancia a que se refiere el párrafo anterior deberán remitir a la Agencia Estatal de Administración Tributaria la documentación prevista en el artículo 119 de este reglamento, en el plazo establecido en el primer párrafo de este apartado.

Disposición transitoria vigesimoprimera[211]. *Cálculo del tipo de retención e ingreso a cuenta en el período impositivo 2024.*

En el período impositivo 2024, para determinar el tipo de retención o ingreso a cuenta a practicar sobre los rendimientos del trabajo satisfechos con anterioridad a la entrada en vigor del Real Decreto 142/2024, de 6 de febrero, por el que se modifica el Reglamento del Impuesto sobre la Renta de las Personas Físicas, aprobado por el Real Decreto 439/2007, de 30 de marzo, en materia de retenciones e ingresos a cuenta, a los que resulte de aplicación el procedimiento general de retención a que se refiere el artículo 82 de este Reglamento, se tendrán en cuenta las cuantías previstas en el apartado 1 del artículo 81 y la reducción de la letra d) del apartado 3 del artículo 83 de este Reglamento en vigor a 31 de diciembre de 2023.

A partir de la entrada en vigor del Real Decreto 142/2024, de 6 de febrero, por el que se modifica el Reglamento del Impuesto sobre la Renta de las Personas Físicas, aprobado por el Real Decreto 439/2007, de 30 de marzo, en materia de retenciones e ingresos a cuenta, para calcular el tipo de retención o ingreso a cuenta aplicable a los rendimientos que se satisfagan o abonen a partir de dicha fecha, se tendrá en cuenta la nueva redacción en vigor del artículo 81 y de la letra d) del apartado 3 del artículo 83 de este Reglamento, regularizándose, si procede, el tipo de retención o ingreso a cuenta en los primeros rendimientos del trabajo que se satisfagan o abonen a partir de dicha fecha.

No obstante, lo dispuesto en el párrafo anterior podrá realizarse, a opción del pagador, en los primeros rendimientos del trabajo que se satisfagan o abonen a partir del mes siguiente a la entrada en vigor del Real Decreto 142/2024, de 6 de febrero, por el que se modifica el Reglamento del Impuesto sobre la Renta de las Personas Físicas, aprobado por el Real Decreto 439/2007, de 30 de marzo, en materia de retenciones e ingresos a cuenta, en cuyo caso el tipo de retención o ingreso a cuenta a practicar sobre los rendimientos del trabajo satisfechos con anterioridad a esta fecha se determinará tomando en consideración lo dispuesto en el primer párrafo de esta disposición transitoria.

---

[211] Nueva disposición incorporada por el art. único Tres del Real Decreto 142/2024, de 6 de febrero, por el que se modifica el Reglamento del Impuesto sobre la Renta de las Personas Físicas, aprobado por el Real Decreto 439/2007, de 30 de marzo, en materia de retenciones e ingresos a cuenta (BOE núm. 33, de 7 de febrero de 2024), con efectos desde 8 de febrero de 2024.

DISPOSICIÓN FINAL

Disposición final única. *Autorización al Ministro de Economía y Hacienda.*

Se autoriza al Ministro de Economía y Hacienda para dictar las disposiciones necesarias para la aplicación de este Reglamento.

3. Orden HAC/1347/2024, de 28 de noviembre, por la que se desarrollan para el año 2025 el método de estimación objetiva del Impuesto sobre la Renta de las Personas Físicas y el régimen especial simplificado del Impuesto sobre el Valor Añadido

(BOE núm. 289, de 30 de noviembre de 2024)[1]

---

[1] Para ejercicios anteriores:

Orden HFP/1359/2023, de 19 de diciembre, por la que se desarrollan para el año 2024 el método de estimación objetiva del Impuesto sobre la Renta de las Personas Físicas y el régimen especial simplificado del Impuesto sobre el Valor Añadido (BOE núm. 304, de 21 de diciembre de 2023).

Orden HFP/1172/2022, de 29 de noviembre, por la que se desarrollan para el año 2023 el método de estimación objetiva del Impuesto sobre la Renta de las Personas Físicas y el régimen especial simplificado del Impuesto sobre el Valor Añadido (BOE núm. 288, de 1 de diciembre de 2022).

Orden HFP/1335/2021, de 1 de diciembre, por la que se desarrollan para el año 2022 el método de estimación objetiva del Impuesto sobre la Renta de las Personas Físicas y el régimen especial simplificado del Impuesto sobre el Valor Añadido (BOE núm. 288, de 2 de diciembre de 2021). Orden HFP/405/2023, de 18 de abril, por la que se reducen para el período impositivo 2022 los índices de rendimiento neto y la reducción general aplicables en el método de estimación objetiva del Impuesto sobre la Renta de las Personas Físicas para las actividades agrícolas y ganaderas afectadas por diversas circunstancias excepcionales (BOE núm. 98, de 25 de abril de 2023).

Orden HAC/1155/2020, de 25 de noviembre, por la que se desarrollan, para el año 2021 el método de estimación objetiva del Impuesto sobre la Renta de las Personas Físicas y el régimen especial simplificado del Impuesto sobre el Valor Añadido (BOE núm. 317, de 4 de diciembre de 2020).

Orden HFP/413/2022, de 10 de mayo, por la que se reducen para el período impositivo 2021 los índices de rendimiento neto y se modifican los índices correctores por piensos adquiridos a terceros y por cultivos en tierras de regadío que utilicen, a tal efecto, energía eléctrica aplicables en el método de estimación objetiva del Impuesto sobre la Renta de las Personas Físicas para las actividades agrícolas y ganaderas afectadas por diversas circunstancias excepcionales (BOE núm. 112, de 11 de mayo de 2022).

Art. 4 «Reducción en 2021 del rendimiento neto calculado por el método de estimación objetiva en el Impuesto sobre la Renta de las Personas Físicas para las actividades agrícolas y ganaderas y del Impuesto sobre el Valor Añadido» del Real Decreto-ley 4/2022, de 15 de marzo, por el que se adoptan medidas urgentes de apoyo al sector agrario por causa de la sequía (BOE núm. 64, de 16 de marzo de 2022).

Real Decreto-ley 35/2020, de 22 de diciembre, de medidas urgentes de apoyo al sector turístico, la hostelería y el comercio y en materia tributaria (BOE núm. 334, de 23 de diciembre de 2020): Artículo 9. *«Reducción en 2020 del rendimiento neto calculado por el método de estimación objetiva en el Impuesto sobre la Renta de las Personas Físicas y de la cuota devengada por operaciones corrientes del régimen simplificado del Impuesto sobre el Valor Añadido»*; Artículo 10 *«Reducción del número de períodos impositivos afectados por la renuncia al método de estimación objetiva en el Impuesto sobre la Renta de las Personas Físicas correspondiente a los ejercicios 2020 y 2021»*; Artículo 12 *«Plazos de renuncias y revocaciones al método de estimación objetiva del Impuesto sobre la Renta de las Personas Físicas y a los regímenes especiales simplificado y de la agricultura, ganadería y pesca del Impuesto sobre el Valor Añadido, para el año 2021»*.

Orden HAC/1164/2019, de 22 de noviembre, por la que se desarrollan para el año 2020 el método de estimación objetiva del Impuesto sobre la Renta de las Personas Físicas y el régimen especial simplificado del Impuesto sobre el Valor Añadido (BOE núm. 288, de 30 de noviembre de 2019)

Orden HAC/1264/2018, de 27 de noviembre, por la que se desarrollan para el año 2019 el método de estimación objetiva del Impuesto sobre la Renta de las Personas Físicas y el régimen especial simplificado del Impuesto sobre el Valor Añadido (BOE núm. 289, de 30 de noviembre de 2018).

El artículo 32 del Reglamento del Impuesto sobre la Renta de las Personas Físicas, aprobado por el Real Decreto 439/2007, de 30 de marzo, y el artículo 37 del Reglamento del Im-

Orden HFP/1159/2017, de 28 de noviembre, por la que se desarrollan para el año 2018 el método de estimación objetiva del Impuesto sobre la Renta de las Personas Físicas y el régimen especial simplificado del Impuesto sobre el Valor Añadido (BOE núm. 291, de 30 de noviembre de 2017).

Orden HFP/1823/2016, de 25 de noviembre, por la que se desarrollan para el año 2017 el método de estimación objetiva del Impuesto sobre la Renta de las Personas Físicas y el régimen especial simplificado del Impuesto sobre el Valor Añadido (BOE núm. 288, de 29 de noviembre de 2016) y Orden HFP/335/2018, de 28 de marzo, por la que se reducen para el período impositivo 2017 los índices de rendimiento neto aplicables en el método de estimación objetiva del Impuesto sobre la Renta de las Personas Físicas para las actividades agrícolas y ganaderas afectadas por diversas circunstancias excepcionales (BOE núm. núm. 80, de 2 de abril de 2018).

Orden HAP/2430/2015, de 12 de noviembre, por la que se desarrollan para el año 2016 el método de estimación objetiva del Impuesto sobre la Renta de las Personas Físicas y el régimen especial simplificado del Impuesto sobre el Valor Añadido (BOE núm. 276, de 18 de noviembre de 2015). Orden HFP/377/2017, de 28 de abril, por la que se reducen para el período impositivo 2016 los índices de rendimiento neto aplicables en el método de estimación objetiva del Impuesto sobre la Renta de las Personas Físicas, para las actividades agrícolas y ganaderas afectadas por diversas circunstancias excepcionales (BOE núm. 106, de 4 de mayo de 2017).

Orden HAP/2222/2014, de 27 de noviembre, por la que se desarrollan para el año 2015 el método de estimación objetiva del Impuesto sobre la Renta de las Personas Físicas y el régimen especial simplificado del impuesto sobre el valor añadido (BOE núm. 289, de 29 de noviembre de 2014). Orden HAP/663/2016, de 4 de mayo, por la que se reducen para el período impositivo 2015 los índices de rendimiento neto y el índice corrector por piensos adquiridos a terceros aplicables en el método de estimación objetiva del Impuesto sobre la Renta de las Personas Físicas para las actividades agrícolas y ganaderas afectadas por diversas circunstancias excepcionales, y se modifica la Orden HAP/572/2015, de 1 de abril, por la que se fijan las cantidades de las subvenciones a los gastos originados por actividades electorales para las elecciones locales de 24 de mayo de 2015 (BOE núm. 110, de 6 de mayo de 2016).

Orden HAP/2206/2013, de 26 de noviembre, por la que se desarrollan para el año 2014 el método de estimación objetiva del Impuesto sobre la Renta de las Personas Físicas y el régimen especial simplificado del Impuesto sobre el Valor Añadido (BOE núm. 285, de 28 de noviembre de 2013), Orden HAP/2549/2012, de 28 de noviembre, por la que se desarrollan para el año 2013 el método de estimación objetiva del Impuesto sobre la Renta de las Personas Físicas y el régimen especial simplificado del Impuesto sobre el Valor Añadido (BOE núm. 288, de 30 de noviembre de 2012, Orden EHA/3257/2011, de 21 de noviembre, por la que se desarrollan para el año 2012 el método de estimación objetiva del Impuesto sobre la Renta de las Personas Físicas y el régimen especial simplificado del Impuesto sobre el Valor Añadido, (BOE núm. 287, de 29 de noviembre de 2010). Orden EHA/3063/2010, de 25 de noviembre, por la que se desarrollan para el año 2011 el método de estimación objetiva del Impuesto sobre la Renta de las Personas Físicas y el régimen especial simplificado del Impuesto sobre el Valor Añadido, (BOE núm. 289, de 30 de noviembre de 2010). Orden EHA/99/2010, de 28 de enero, que desarrolla para el año 2010 el método de estimación objetiva del Impuesto sobre la Renta de las Personas Físicas y el régimen especial simplificado del Impuesto sobre el Valor Añadido, (BOE núm. 26, de 28 de enero de 2010), modificada por la Orden EHA/1059/2010, de 28 de abril, (BOE del 30 de abril). Orden EHA/3413/2008, de 26 de noviembre, por el que se desarrollan para el año 2009, el Método de Estimación Objetiva del Impuesto sobre la Renta de las Personas Físicas y el régimen especial simplificado del Impuesto sobre el Valor Añadido, (BOE núm. 288 de 29 de noviembre de 2008). Orden EHA/3462/2007, de 26 de noviembre, por la que se desarrollan para el año 2008, el Método de estimación objetiva del Impuesto sobre la Renta de las Personas Físicas y el régimen especial simplificado del Impuesto sobre el Valor Añadido, (BOE núm. 287, de 30 de noviembre de 2007). Orden EHA/804/2007, de 30 de marzo, por la que se desarrollan para el año 2007, el Método de Estimación Objetiva del Impuesto sobre la Renta de las Personas Físicas y el régimen especial simplificado del Impuesto sobre el Valor Añadido, (BOE núm. 78 de 31 de marzo de 2007).

puesto sobre el Valor Añadido, aprobado por el Real Decreto 1624/1992, de 29 de diciembre, establecen que el método de estimación objetiva del Impuesto sobre la Renta de las Personas Físicas y el régimen especial simplificado del Impuesto sobre el Valor Añadido se aplicarán a las actividades que determine el Ministro de Hacienda y Administraciones Públicas, en la actualidad, Ministra de Hacienda. Por tanto, la presente orden tiene por objeto dar cumplimiento para el ejercicio 2025 a los mandatos contenidos en los mencionados preceptos reglamentarios.

Esta orden mantiene la estructura de la Orden HFP/1359/2023, de 19 de diciembre, por la que se desarrollan para el año 2024 el método de estimación objetiva del Impuesto sobre la Renta de las Personas Físicas y el régimen especial simplificado del Impuesto sobre el Valor Añadido.

En relación con el Impuesto sobre la Renta de las Personas Físicas, se mantienen para el ejercicio 2025 la cuantía de los signos, índices o módulos, así como las instrucciones de aplicación, con la excepción del cambio que se produce en la tributación de la actividad de «producción del mejillón en batea», que pasa del anexo II al anexo I y la eliminación de la compensación del régimen especial de la agricultura, ganadería y pesca del Impuesto sobre el Valor Añadido en el cómputo de la magnitud excluyente basada en el volumen de ingresos para el conjunto de actividades agrícolas, forestales y ganaderas. Asimismo, como en años anteriores, se establece una reducción del 5 por ciento sobre el rendimiento neto de módulos aplicable a todos los contribuyentes que determinen el rendimiento neto de su actividad económica con arreglo al método de estimación objetiva.

Por lo que se refiere al Impuesto sobre el Valor Añadido, la presente orden también mantiene, para 2025, los módulos, así como las instrucciones para su aplicación, aplicables en el régimen especial simplificado en el año inmediato anterior.

No obstante, debe tenerse en cuenta que el artículo 2 del Real Decreto-ley 4/2024, de 26 de junio, por el que se prorrogan determinadas medidas para afrontar las consecuencias económicas y sociales derivadas de los conflictos en Ucrania y Oriente Próximo y se adoptan medidas urgentes en materia fiscal, energética y social, ha incluido al aceite de oliva entre los productos de primera necesidad que, de conformidad con lo establecido en el artículo 91.Dos.1.1º de la Ley 37/1992, de 28 de diciembre, del Impuesto sobre el Valor Añadido, desde el 1 de enero de 2025 y con carácter permanente, tributan al tipo reducido del 4 por ciento. De esta forma, se hace necesario revisar el índice de cuota devengada por operaciones corrientes de la actividad de procesos de transformación, elaboración o manufactura de productos naturales para la obtención de otros productos distintos a los anteriores, en relación con los aceites de oliva, segregando de dicha actividad una actividad específica para los aceites de oliva.

También, en relación con dicho impuesto, la disposición adicional cuarta modifica la Orden HFP/1359/2023, de 19 de diciembre, por la que se desarrollan para el año 2024 el método de estimación objetiva del Impuesto sobre la Renta de las Personas Físicas y el régimen especial simplificado del Impuesto sobre el Valor Añadido, para incorporar la revisión de determinados módulos a fin de actualizar su importe en paralelo a la bajada de tipos impositivos dispuesta por el artículo 20 del Real Decreto-ley 8/2023, de 27 de diciembre, por el que se adoptan medidas para afrontar las consecuencias económicas y sociales derivadas de los conflictos en Ucrania y Oriente Próximo, así como para paliar los efectos de la sequía, que prorrogó, desde 1 de enero de 2024 hasta 30 de junio de 2024, la aplicación del tipo del

0 por ciento el tipo impositivo del Impuesto sobre el Valor Añadido que recae sobre determinados productos básicos de alimentación (entre otros, leche, huevos, quesos, frutas, verduras, hortalizas, legumbres, tubérculos y cereales), así como la aplicación del tipo del 5 por ciento a las entregas de aceites de oliva y de semillas.

Posteriormente, el artículo 1 del Real Decreto-ley 4/2024, de 26 de junio, por el que se prorrogan determinadas medidas para afrontar las consecuencias económicas y sociales derivadas de los conflictos en Ucrania y Oriente Próximo y se adoptan medidas urgentes en materia fiscal, energética y social, prorrogó la mencionada aplicación del tipo del 0 por ciento hasta el 30 de septiembre de 2024 a los productos básicos de alimentación, incluyendo a los aceites de oliva y prorrogando la aplicación el tipo del 5 por ciento a las entregas de aceites de semillas; estableciendo, además, la aplicación del tipo del 2 por ciento desde el 1 de octubre hasta el 31 de diciembre de 2024, para las operaciones relativas a dichos bienes, con excepción de los aceites de semillas a los que sería de aplicación el tipo reducido del 7,5 por ciento durante dicho periodo.

A estos efectos, en el anexo I de la mencionada Orden HFP/1359/2023, de 19 de diciembre, se añade una nueva actividad, para los aceites de oliva y los aceites de semillas, segregándola de la actividad de procesos de transformación, elaboración o manufactura de productos naturales para la obtención de otros productos distintos a los anteriores, en la que estaba incluida.

Dicha disposición adicional cuarta contiene, asimismo, las reglas que deben tener en cuenta los sujetos pasivos afectados por la modificación introducida para determinar la cuota anual devengada por el régimen especial simplificado del Impuesto sobre el Valor Añadido en 2024.

Por último, la disposición adicional quinta incorpora, tanto para la determinación del rendimiento neto de 2024 en el Impuesto sobre la Renta de las Personas Físicas por contribuyentes que desarrollen actividades económicas con arreglo al método de estimación objetiva, como para el cálculo de la cuota anual del Impuesto sobre el Valor Añadido por empresarios o profesionales acogidos al régimen especial simplificado en 2024, cuando tales actividades se desarrolle en los términos municipales afectados por la Depresión Aislada en Niveles Altos (DANA) acontecida entre el 28 de octubre y el 4 de noviembre de 2024, la reducción del 25 por ciento del rendimiento neto de módulos y del importe de las cuotas devengadas por operaciones corrientes correspondientes a tales actividades aprobada por el Real Decreto-ley 7/2024, de 11 de noviembre, por el que se adoptan medidas urgentes para el impulso del Plan de respuesta inmediata, reconstrucción y relanzamiento frente a los daños causados por la Depresión Aislada en Niveles Altos (DANA) en diferentes municipios entre el 28 de octubre y el 4 de noviembre de 2024, todo ello sin perjuicio de la adopción de otras medidas que en relación al ejercicio 2025 pudieran determinarse en normas futuras.

De acuerdo con lo dispuesto en la Ley 39/2015, de 1 de octubre, del Procedimiento Administrativo Común de las Administraciones Públicas, la elaboración de esta orden se ha efectuado de acuerdo con los principios de necesidad, eficacia, proporcionalidad, seguridad jurídica, transparencia y eficiencia. En particular, se cumplen los principios de necesidad y eficacia jurídica por ser desarrollo de una norma legal y reglamentaria y el instrumento adecuado para dicho desarrollo. Se cumple también el principio de proporcionalidad al contener la regulación necesaria para conseguir los objetivos que justifican su aprobación. Respecto al principio de seguridad jurídica, se ha garantizado la coherencia del texto con el resto del ordenamiento jurídico nacional, generando un marco normativo estable, predecible, integrado, claro y de certidumbre que facilita su conocimiento y comprensión y, en consecuencia, la actuación y toma de decisiones de los diferentes sujetos afectados sin introducción de cargas administrativas innecesarias. En cuanto al principio de transparencia, sin perjuicio de su publicación oficial en el «Boletín Oficial del Estado», se ha garantizado mediante la publicación del proyecto de orden, así como de su Memoria de Análisis de Impacto Normativo, en el portal web del Ministerio de Hacienda, a efectos de que pudieran ser conocidos dichos textos en el trámite de audiencia e información pública por todos los ciudadanos. Por último, en relación con el principio de eficiencia, la norma proyectada no implica la incorporación de nuevas cargas administrativas ni nuevos costes indirectos para los ciudadanos, fomentando el uso racional de los recursos públicos y el pleno respeto a los principios de estabilidad presupuestaria y sostenibilidad financiera.

En su virtud, dispongo:

Artículo 1. *Actividades incluidas en el método de estimación objetiva y en el régimen especial simplificado.*

1. De conformidad con los artículos 32 del Reglamento del Impuesto sobre la Renta de las Personas Físicas, aprobado por el Real Decreto 439/2007, de 30 de marzo, y 37 del Reglamento del Impuesto sobre el Valor Añadido, aprobado por el artículo 1 del Real Decreto 1624/1992, de 29 de diciembre, el método de estimación objetiva del Impuesto sobre la Renta de las Personas Físicas y el régimen especial simplificado del Impuesto sobre el Valor Añadido serán aplicables a las actividades o sectores de actividad que a continuación se mencionan:

I.A.E.	Actividad económica
División 0	Ganadería independiente.
–	Servicios de cría, guarda y engorde de ganado.
–	AgrícolaOtros trabajos, servicios y actividades accesorios realizados por agricultores o ganadera susceptible de estar incluidaganaderos que estén excluidos o no incluidos en el régimen especial de la agricultura, ganadería y pesca del Impuesto sobre el Valor Añadido.
	Actividad forestal susceptibleOtros trabajos, servicios y actividades accesorios realizados por titulares de estar incluidaactividades forestales que estén excluidos o no incluidos en el régimen especial de la agricultura, ganadería y pesca del Impuesto sobre el Valor Añadido.
	Producción de mejillón en batea.Aprovechamientos que correspondan al cedente en las actividades agrícolas desarrolladas en régimen de aparcería.
641	Comercio al por menor de frutas, verduras, hortalizas y tubérculos.
642.1, 2, 3 y 4–	Comercio al por menor de carne y despojos; de productos y derivados cárnicos elaborados, salvo casquerías.Aprovechamientos que correspondan al cedente en las actividades forestales desarrolladas en régimen de aparcería.
642.5–	Comercio al por menor de huevos, aves, conejos de granja, caza; y de productos derivados de los mismos.Procesos de transformación, elaboración o manufactura de productos naturales, vegetales o animales, que requieran el alta en un epígrafe correspondiente a actividades industriales en las Tarifas del Impuesto sobre Actividades Económicas y se realicen por los titulares de las explotaciones de las cuales se obtengan directamente dichos productos naturales.
419.1	Industrias del pan y de la bollería.

I.A.E.	Actividad económica
419.2	Industrias de la bollería, pastelería y galletas.
419.3	Industrias de elaboración de masas fritas.
642.6423.9	Comercio al por menor, en casquerías, de vísceras y despojos procedentes de animales de abasto, frescos y congelados.Elaboración de patatas fritas, palomitas de maíz y similares.
643642.1, 2 y 23	Comercio al por menorElaboración de pescados y otros productos de la pesca ycharcutería por minoristas de la acuicultura y de caracolescarne.
642.5	Comerciantes minoristas matriculados en el epígrafe 642.5 por el asado de pollos.
644.1	Comercio al por menor de pan, pastelería, confitería y similares y de leche y productos lácteos.
644.2	Despachos de pan, panes especiales y bollería.
644.3	Comercio al por menor de productos de pastelería, bollería y confitería.
644.6	Comercio al por menor de masas fritas, con o sin coberturas o rellenos, patatas fritas, productos de aperitivo, frutos secos, golosinas, preparados de chocolate y bebidas refrescantes.
647.1	Comercio al por menor de cualquier clase de productos alimenticios y de bebidas en establecimientos con vendedor.Comerciantes minoristas matriculados en el epígrafe 647.1 por el servicio de comercialización de loterías.
647.2 y 3	Comercio al por menor de cualquier clase de productos alimenticios y bebidas en régimen de autoservicio o mixto en establecimientos cuya sala de ventas tenga una superficie inferior a 400 metros cuadrados.Comerciantes minoristas matriculados en el epígrafe 647.2 y 3 por el servicio de comercialización de loterías.
651.1	Comercio al por menor de productos textiles, confecciones para el hogar, alfombras y similares y artículos de tapicería.
651.2	Comercio al por menor de toda clase de prendas para el vestido y tocado.
651.3 y 5	Comercio al por menor de lencería, corsetería y prendas especiales.
651.4	Comercio al por menor de artículos de mercería y paquetería.
651.6	Comercio al por menor de calzado, artículos de piel e imitación o productos sustitutivos, cinturones, carteras, bolsos, maletas y artículos de viaje en general.
652.2 y 3	Comercio al por menor de productos de droguería, perfumería y cosmética, limpieza, pinturas, barnices, disolventes, papeles y otros productos para la decoración y de productos químicos, y de artículos para la higiene y el aseo personal.Comerciantes minoristas matriculados en el epígrafe 652.2 y 3 por el servicio de comercialización de loterías.
653.1	Comercio al por menor de muebles.
653.2	Comercio al por menor de material y aparatos eléctricos, electrónicos, electrodomésticos y otros aparatos de uso doméstico accionados por otro tipo de energía distinta de la eléctrica, así como muebles de cocina.
653.34 y 5	Comercio al por menor de materiales de construcción, artículos de menaje, ferretería, adorno, regalo, o reclamo (incluyendo bisutería y pequeños electrodomésticos).mobiliario de saneamiento, puertas, ventanas, persianas, etc.
653.9654.2	Comercio al por menor de otros artículosaccesorios y piezas de recambio para el equipamiento del hogar n.c.o.pvehículos terrestres.
654.25	Comercio al por menor de accesorios y piezastoda clase de recambio para vehículos sin motor.maquinaria (excepto aparatos del hogar, de oficina, médicos, ortopédicos, ópticos y fotográficos).

I.A.E.	Actividad económica
654.6	Comercio al por menor de cubiertas, bandas o bandajes y cámaras de aire para toda clase de vehículos terrestres sin motor, excepto las actividades de comercio al por mayor de los artículos citados.
659.23	Comercio al por menor de muebles de oficina y de máquinas y equipos de oficina.Comerciantes minoristas matriculados en el epígrafe 659.3 por el servicio de recogida de negativos y otro material fotográfico impresionado para su procesado en laboratorio de terceros y la entrega de las correspondientes copias y ampliaciones.
659.3	Comercio al por menor de aparatos e instrumentos médicos, ortopédicos, ópticos y fotográficos.
659.4	Comercio al por menor de libros, periódicos, artículos de papelería y escritorio y artículos de dibujo y bellas artes, excepto en quioscos situados en la vía pública.Comerciantes minoristas matriculados en el epígrafe 659.4 por el servicio de publicidad exterior y comercialización de tarjetas de transporte público, tarjetas de uso telefónico y otras similares, así como loterías.
659.4	Comercio al por menor de prensa, revistas y libros en quioscos situados en la vía pública.
659.6	Comercio al por menor de juguetes, artículos de deporte, prendas deportivas de vestido, calzado y tocado, armas, cartuchería y artículos de pirotecnia.
659.7	Comercio al por menor de semillas, abonos, flores y plantas y pequeños animales.
662.2	Comercio al por menor de toda clase de artículos, incluyendo alimentación y bebidas, en establecimientos distintos de los especificados en el grupo 661 y en el epígrafe 662.1.Comerciantes minoristas matriculados en el epígrafe 662.2 por el servicio de comercialización de loterías.
663.1	Comercio al por menor fuera de un establecimiento comercial permanente dededicado exclusivamente a la comercialización de masas fritas, con o sin coberturas o rellenos, patatas fritas, productos alimenticios, incluso de aperitivo, frutos secos, golosinas, preparación de chocolate y bebidas y heladosrefrescantes y facultado para la elaboración de los productos propios de churrería y patatas fritas en la propia instalación o vehículo.
671.4	Restaurantes de dos tenedores.
671.5	Restaurantes de un tenedor.
672.1, 2 y 3	Cafeterías.
673.1	Cafés y bares de categoría especial.
673.2	Otros cafés y bares.
675	Servicios en quioscos, cajones, barracas u otros locales análogos.
676	Servicios en chocolaterías, heladerías y horchaterías.
681	Servicio de hospedaje en hoteles y moteles de una o dos estrellas.
682	Servicio de hospedaje en hostales y pensiones.
683	Servicio de hospedaje en fondas y casas de huéspedes.
663.2691.1	Comercio al por menor fuera de un establecimiento comercial permanente de artículos textiles y de confección.Reparación de artículos eléctricos para el hogar.
691.2	Reparación de vehículos automóviles, bicicletas y otros vehículos.
691.9	Reparación de calzado.
663.3691.9	Comercio al por menor fuera de un establecimiento comercial permanente de calzado, pieles y artículos de cuero.Reparación de otros bienes de consumo n.c.o.p. (excepto reparación de calzado, restauración de obras de arte, muebles, antigüedades e instrumentos musicales).

I.A.E.	Actividad económica
692	Reparación de maquinaria industrial.
699	Otras reparaciones n.c.o.p.
663.4721.1 y 3	Comercio al por menor fuera de un establecimiento comercial permanente de artículos de droguería y cosméticos y de productos químicos en general.Transporte urbano colectivo y de viajeros por carretera.
721.2	Transporte por autotaxis.
663.9722	Comercio al por menor fuera de un establecimiento comercial permanente de otras clasesTransporte de mercancías n.c.o.ppor carretera.
751.5	Engrase y lavado de vehículos.
757	Servicios de mudanzas.
849.5	Transporte de mensajería y recadería, cuando la actividad se realice exclusivamente con medios de transporte propios.
933.1	Enseñanza de conducción de vehículos terrestres, acuáticos, aeronáuticos, etc.
933.9	Otras actividades de enseñanza, tales como idiomas, corte y confección, mecanografía, taquigrafía, preparación de exámenes y oposiciones y similares n.c.o.p.
967.2	Escuelas y servicios de perfeccionamiento del deporte.
971.1	Tinte, limpieza en seco, lavado y planchado de ropas hechas y de prendas y artículos del hogar usados.
972.1	Servicios de peluquería de señora y caballero.
972.2	Salones e institutos de belleza.
973.3	Servicios de copias de documentos con máquinas fotocopiadoras.

2. La determinación de las operaciones económicas incluidas en cada actividad deberá efectuarse de acuerdo con las normas del Impuesto sobre Actividades Económicas.

Asimismo, se comprenderán en cada actividad las operaciones económicas que se incluyen expresamente en los anexos I y II de esta Orden, siempre que se desarrollen con carácter accesorio a la actividad principal.

Para las actividades recogidas en el anexo II de esta Orden, se considerará accesoria a la actividad principal aquella cuyo volumen de ingresos no supere el 40 por ciento del volumen correspondiente a la actividad principal. Para las actividades recogidas en el anexo I se estará al concepto que se indica en el artículo 3 de esta Orden.

Artículo 2. *Actividades incluidas en el método de estimación objetiva.*

1. De conformidad con el artículo 32 del Reglamento del Impuesto sobre la Renta de las Personas Físicas, aprobado por el Real Decreto 439/2007, de 30 de marzo, el método de estimación objetiva del Impuesto sobre la Renta de las Personas Físicas será aplicable, además, a las actividades a las que resulte de aplicación el régimen especial de la agricultura, ganadería y pesca o el del recargo de equivalencia del Impuesto sobre el Valor Añadido, que a continuación se mencionan:

I.A.E.	Actividad económica
–	Agrícola o ganadera susceptible de estar incluida en el régimen especial de la agricultura, ganadería y pesca del Impuesto sobre el Valor Añadido.
	Actividad forestal susceptible de estar incluida en el régimen especial de la agricultura, ganadería y pesca del Impuesto sobre el Valor Añadido.
–	Producción de mejillón en batea.

I.A.E.	Actividad económica
641	Comercio al por menor de frutas, verduras, hortalizas y tubérculos.
642.1, 2, 3 y 4	Comercio al por menor de carne y despojos; de productos y derivados cárnicos elaborados, salvo casquerías.
642.5	Comercio al por menor de huevos, aves, conejos de granja, caza; y de productos derivados de los mismos.
642.6	Comercio al por menor, en casquerías, de vísceras y despojos procedentes de animales de abasto, frescos y congelados.
643.1 y 2	Comercio al por menor de pescados y otros productos de la pesca y de la acuicultura y de caracoles.
644.1	Comercio al por menor de pan, pastelería, confitería y similares y de leche y productos lácteos.
644.2	Despachos de pan, panes especiales y bollería.
644.3	Comercio al por menor de productos de pastelería, bollería y confitería.
644.6	Comercio al por menor de masas fritas, con o sin coberturas o rellenos, patatas fritas, productos de aperitivo, frutos secos, golosinas, preparados de chocolate y bebidas refrescantes.
647.1	Comercio al por menor de cualquier clase de productos alimenticios y de bebidas en establecimientos con vendedor.
647.2 y 3	Comercio al por menor de cualquier clase de productos alimenticios y bebidas en régimen de autoservicio o mixto en establecimientos cuya sala de ventas tenga una superficie inferior a 400 metros cuadrados.
651.1	Comercio al por menor de productos textiles, confecciones para el hogar, alfombras y similares y artículos de tapicería.
651.2	Comercio al por menor de toda clase de prendas para el vestido y tocado.
651.3 y 5	Comercio al por menor de lencería, corsetería y prendas especiales.
651.4	Comercio al por menor de artículos de mercería y paquetería.
651.6	Comercio al por menor de calzado, artículos de piel e imitación o productos sustitutivos, cinturones, carteras, bolsos, maletas y artículos de viaje en general.
652.2 y 3	Comercio al por menor de productos de droguería, perfumería y cosmética, limpieza, pinturas, barnices, disolventes, papeles y otros productos para la decoración y de productos químicos, y de artículos para la higiene y el aseo personal.
653.1	Comercio al por menor de muebles.
653.2	Comercio al por menor de material y aparatos eléctricos, electrónicos, electrodomésticos y otros aparatos de uso doméstico accionados por otro tipo de energía distinta de la eléctrica, así como muebles de cocina.
653.3	Comercio al por menor de artículos de menaje, ferretería, adorno, regalo, o reclamo (incluyendo bisutería y pequeños electrodomésticos).
653.9	Comercio al por menor de otros artículos para el equipamiento del hogar n.c.o.p.
654.2	Comercio al por menor de accesorios y piezas de recambio para vehículos sin motor.
654.6	Comercio al por menor de cubiertas, bandas o bandajes y cámaras de aire para vehículos terrestres sin motor, excepto las actividades de comercio al por mayor de los artículos citados.
659.2	Comercio al por menor de muebles de oficina y de máquinas y equipos de oficina.
659.3	Comercio al por menor de aparatos e instrumentos médicos, ortopédicos, ópticos y fotográficos.

I.A.E.	Actividad económica
659.4	Comercio al por menor de libros, periódicos, artículos de papelería y escritorio y artículos de dibujo y bellas artes, excepto en quioscos situados en la vía pública.
659.4	Comercio al por menor de prensa, revistas y libros en quioscos situados en la vía pública.
659.6	Comercio al por menor de juguetes, artículos de deporte, prendas deportivas de vestido, calzado y tocado, armas, cartuchería y artículos de pirotecnia.
659.7	Comercio al por menor de semillas, abonos, flores y plantas y pequeños animales.
662.2	Comercio al por menor de toda clase de artículos, incluyendo alimentación y bebidas, en establecimientos distintos de los especificados en el grupo 661 y en el epígrafe 662.1.
663.1	Comercio al por menor fuera de un establecimiento comercial permanente de productos alimenticios, incluso bebidas y helados.
663.2	Comercio al por menor fuera de un establecimiento comercial permanente de artículos textiles y de confección.
663.3	Comercio al por menor fuera de un establecimiento comercial permanente de calzado, pieles y artículos de cuero.
663.4	Comercio al por menor fuera de un establecimiento comercial permanente de artículos de droguería y cosméticos y de productos químicos en general.
663.9	Comercio al por menor fuera de un establecimiento comercial permanente de otras clases de mercancías n.c.o.p.

2. La determinación de las operaciones económicas incluidas en cada actividad deberá efectuarse de acuerdo con las normas del Impuesto sobre Actividades Económicas.

Asimismo, se comprenderán en cada actividad las operaciones económicas que se incluyen expresamente en los anexos I y II de esta orden, siempre que se desarrollen con carácter accesorio a la actividad principal.

Para las actividades recogidas en el anexo II de esta orden, se considerará accesoria a la actividad principal aquella cuyo volumen de ingresos no supere el 40 por ciento del volumen correspondiente a la actividad principal. Para las actividades recogidas en el anexo I se estará al concepto que se indica en el artículo 3 de esta orden.

Artículo 3. *Magnitudes excluyentes.*

1. No obstante lo dispuesto en los artículos 1 y 2 de esta Orden, el método de estimación objetiva del Impuesto sobre la Renta de las Personas Físicas y el régimen especial simplificado del Impuesto sobre el Valor Añadido no serán aplicables a las actividades o sectores de actividad que superen las siguientes magnitudes:

a) Magnitud en función del volumen de ingresos para el conjunto de actividades económicas, excepto las agrícolas, ganaderas y forestales, el previsto, para el período impositivo 2025, en el apartado a') de la letra b) de la norma 3.ª del apartado 1 del artículo 31 de la Ley 35/2006, de 28 de noviembre, del Impuesto sobre la Renta de las Personas Físicas y de modificación parcial de las leyes de los Impuestos sobre Sociedades, sobre la Renta de no Residentes y sobre el Patrimonio, y en el primer guion del número 2.º del apartado dos del artículo 122 de la Ley 37/1992, 28 de diciembre, del Impuesto sobre el Valor Añadido.

A estos efectos, se computará la totalidad de las operaciones con independencia de que exista o no obligación de expedir factura de acuerdo con lo dispuesto en el Reglamento por el que se regulan las obligaciones de facturación, aprobado por el Real Decreto 1619/2012, de 30 de noviembre.

Sin perjuicio del límite anterior, el método de estimación objetiva no podrá aplicarse cuando el volumen de los rendimientos íntegros que corresponda a operaciones por las que estén obligados a expedir factura cuando el destinatario sea un empresario o profesional que actúe como tal, de acuerdo con lo dispuesto en el artículo 2.2.a) del Reglamento por el que se regulan las obligaciones de facturación, supere el previsto, a estos efectos, para el período impositivo 2025, en el apartado a') de la letra b) de la norma 3.ª del apartado 1 del artículo 31 de la Ley del Impuesto sobre la Renta de las Personas Físicas.

No obstante, a los efectos del método de estimación de estimación objetiva, deberán computarse no solo las operaciones correspondientes a las actividades económicas desarrolladas por el contribuyente, sino también las correspondientes a las desarrolladas por el cónyuge, descendientes y ascendientes, así como por las entidades en régimen de atribución de rentas en las que participen cualquiera de los anteriores, en las que concurran las siguientes circunstancias:

– Que las actividades económicas desarrolladas sean idénticas o similares. A estos efectos, se entenderán que son idénticas o similares las actividades económicas clasificadas en el mismo grupo en el Impuesto sobre Actividades Económicas.

– Que exista una dirección común de tales actividades, compartiéndose medios personales o materiales.

Cuando se trate de entidades en régimen de atribución de rentas deberán computarse no solo las operaciones correspondientes a las actividades económicas desarrolladas por la propia entidad en régimen de atribución, sino también las correspondientes a las desarrolladas por sus socios, herederos, comuneros o partícipes; los cónyuges, descendientes y ascendientes de estos; así como por otras entidades en régimen de atribución de rentas en las que participen cualquiera de las personas anteriores, en las que concurran las circunstancias señaladas en el párrafo anterior.

Cuando en el año inmediato anterior se hubiese iniciado una actividad, el volumen de ingresos se elevará al año.

b) Magnitud en función del volumen de ingresos para el conjunto de actividades agrícolas, forestales y ganaderas:

250.000 euros anuales de volumen de ingresos en las siguientes actividades:

«Ganadería independiente».

«Servicios de cría, guarda y engorde de ganado».

«Otros trabajos, servicios y actividades accesorios realizados por agricultores o ganaderos que estén excluidos o no incluidos en el régimen especial de la agricultura, ganadería y pesca del Impuesto sobre el Valor Añadido».

«Otros trabajos, servicios y actividades accesorios realizados por titulares de actividades forestales que estén excluidos o no incluidos en el régimen especial de la agricultura, ganadería y pesca del Impuesto sobre el Valor Añadido».

«Aprovechamientos que correspondan al cedente en las actividades agrícolas desarrolladas en régimen de aparcería».

«Aprovechamientos que correspondan al cedente en las actividades forestales desarrolladas en régimen de aparcería».

«Agrícola o ganadera susceptible de estar incluida en el régimen especial de la agricultura, ganadería y pesca del Impuesto sobre el Valor Añadido».

«Forestal susceptible de estar incluida en el régimen especial de la agricultura, ganadería y pesca del Impuesto sobre el Valor Añadido».

«Producción de mejillón en batea, con un máximo de 5 bateas en cualquier día del año.»

«Procesos de transformación, elaboración o manufactura de productos naturales, vegetales o animales, que requieran el alta en un epígrafe correspondiente a actividades industriales en las Tarifas del Impuesto sobre Actividades Económicas y se realicen por los titulares de las explotaciones de las cuales se obtengan directamente dichos productos naturales».

A estos efectos, solo se computarán las operaciones que deban anotarse en el Libro registro de ventas o ingresos previsto en el apartado 7 del artículo 68 del Reglamento del Impuesto sobre la Renta de las Personas Físicas, aprobado por el Real Decreto 439/2007, de 30 de marzo, o en los libros registro previstos en el tercer párrafo del apartado 1 del artículo 40 y en el apartado 1 del artículo 47 del Reglamento del Impuesto sobre el Valor Añadido, aprobado por el Real Decreto 1624/1992, de 29 de diciembre.

Sin perjuicio de lo señalado en los párrafos anteriores de esta letra, las actividades «Otros trabajos, servicios y actividades accesorios realizados por agricultores y/o ganaderos que estén excluidos o no incluidos en el régimen especial de la agricultura, ganadería y pesca del Impuesto sobre el Valor Añadido» y «Otros trabajos, servicios y actividades accesorios realizados por titulares de actividades forestales que estén excluidos o no incluidos en el régimen especial de la agricultura, ganadería y pesca del Impuesto sobre el Valor Añadido» contempladas en el artículo 1 de esta orden, solo quedarán sometidas al método de estimación objetiva del Impuesto sobre la Renta de las Personas Físicas y, en su caso, al régimen especial simplificado del Impuesto sobre el Valor Añadido, si el volumen de ingresos conjunto imputable a ellas resulta inferior al correspondiente a las actividades agrícolas y/o ganaderas o forestales principales.

A los efectos del método de estimación objetiva, deberán computarse no solo las operaciones correspondientes a las actividades económicas desarrolladas por el contribuyente, sino también las correspondientes a las desarrolladas por el cónyuge, descendientes y ascendientes, así como por las entidades en régimen de atribución de rentas en las que participen cualquiera de los anteriores, en las que concurran las circunstancias señaladas en la letra a) anterior.

Cuando se trate de entidades en régimen de atribución de rentas deberán computarse no solo las operaciones correspondientes a las actividades económicas desarrolladas por la propia entidad en régimen de atribución, sino también las correspondientes a las desarrolladas por sus socios, herederos, comuneros o partícipes; los cónyuges, descendientes y ascendientes de estos; así como por otras entidades en régimen de atribución de rentas en las que participen cualquiera de las personas anteriores, en las que concurran las circunstancias señaladas en la letra a) anterior.

Cuando en el año inmediato anterior se hubiese iniciado una actividad, el volumen de ingresos se elevará al año.

A efectos de lo dispuesto en las letras a) y b) anteriores, el volumen de ingresos incluirá la totalidad de los obtenidos en el conjunto de las mencionadas actividades, no computándose entre ellos las subvenciones corrientes o de capital, ni las indemnizaciones ni la compensación del régimen especial de la agricultura, ganadería y pesca del Impuesto sobre el Valor

Añadido, así como tampoco el Impuesto sobre el Valor Añadido y, en su caso, el recargo de equivalencia que grave la operación, para aquellas actividades que tributen por el régimen simplificado del Impuesto sobre el Valor Añadido.

c) Magnitud en función del volumen de compras en bienes y servicios.

El previsto, para el período impositivo 2025, en la letra c) de la norma 3.ª del apartado 1 del artículo 31 de la Ley del Impuesto sobre la Renta de las Personas Físicas y en el número 3.º del apartado dos del artículo 122 de la Ley del Impuesto sobre el Valor Añadido, para el conjunto de todas las actividades económicas desarrolladas. Dentro de este límite se tendrán en cuenta las obras y servicios subcontratados y se excluirán las adquisiciones de inmovilizado.

A los efectos del método de estimación objetiva, deberán computarse no solo las operaciones correspondientes a las actividades económicas desarrolladas por el contribuyente, sino también las correspondientes a las desarrolladas por el cónyuge, descendientes y ascendientes, así como por las entidades en régimen de atribución de rentas en las que participen cualquiera de los anteriores, en las que concurran las circunstancias señaladas en la letra a) anterior.

Cuando se trate de entidades en régimen de atribución de rentas deberán computarse no solo las operaciones correspondientes a las actividades económicas desarrolladas por la propia entidad en régimen de atribución, sino también las correspondientes a las desarrolladas por sus socios, herederos, comuneros o partícipes; los cónyuges, descendientes y ascendientes de estos; así como por otras entidades en régimen de atribución de rentas en las que participen cualquiera de las personas anteriores, en las que concurran las circunstancias señaladas en la letra a) anterior.

Cuando en el año inmediato anterior se hubiese iniciado una actividad, el volumen de compras se elevará al año.

d) *Magnitudes específicas.*

Actividad económica	Magnitud
Industrias del pan y de la bollería.	6 personas empleadas
Industrias de la bollería, pastelería y galletas.	6 personas empleadas
Industrias de elaboración de masas fritas.	6 personas empleadas
Elaboración de patatas fritas, palomitas de maíz y similares.	6 personas empleadas
Comercio al por menor de frutas, verduras, hortalizas y tubérculos.	5 personas empleadas
Comercio al por menor de carne y despojos; de productos y derivados cárnicos elaborados.	5 personas empleadas
Comercio al por menor de huevos, aves, conejos de granja, caza y de productos derivados de los mismos.	4 personas empleadas
Comercio al por menor, en casquerías, de vísceras y despojos procedentes de animales de abasto, frescos y congelados.	5 personas empleadas
Comercio al por menor de pescados y otros productos de la pesca y de la acuicultura y de caracoles.	5 personas empleadas
Comercio al por menor de pan, pastelería, confitería y similares y de leche y productos lácteos.	6 personas empleadas
Despachos de pan, panes especiales y bollería.	6 personas empleadas
Comercio al por menor de productos de pastelería, bollería y confitería.	6 personas empleadas

Actividad económica	Magnitud
Comercio al por menor de masas fritas, con o sin coberturas o rellenos, patatas fritas, productos de aperitivo, frutos secos, golosinas, preparados de chocolate y bebidas refrescantes.	6 personas empleadas
Comercio al por menor de cualquier clase de productos alimenticios y de bebidas en establecimientos con vendedor.	5 personas empleadas
Comercio al por menor de cualquier clase de productos alimenticios y bebidas en régimen de autoservicio o mixto en establecimientos cuya sala de ventas tenga una superficie inferior a 400 metros cuadrados.	4 personas empleadas
Comercio al por menor de productos textiles, confecciones para el hogar, alfombras y similares y artículos de tapicería.	4 personas empleadas
Comercio al por menor de toda clase de prendas para el vestido y tocado.	5 personas empleadas
Comercio al por menor de lencería, corsetería y prendas especiales.	3 personas empleadas
Comercio al por menor de artículos de mercería y paquetería.	4 personas empleadas
Comercio al por menor de calzado, artículos de piel e imitación o productos sustitutivos, cinturones, carteras, bolsos, maletas y artículos de viaje en general.	5 personas empleadas
Comercio al por menor de productos de droguería, perfumería y cosmética, limpieza, pinturas, barnices, disolventes, papeles y otros productos para la decoración y de productos químicos, y de artículos para la higiene y el aseo personal.	4 personas empleadas
Comercio al por menor de muebles.	4 personas empleadas
Comercio al por menor de material y aparatos eléctricos, electrónicos, electrodomésticos y otros aparatos de uso doméstico accionados por otro tipo de energía distinta de la eléctrica, así como muebles de cocina.	3 personas empleadas
Comercio al por menor de artículos de menaje, ferretería, adorno, regalo, o reclamo (incluyendo bisutería y pequeños electrodomésticos).	4 personas empleadas
Comercio al por menor de materiales de construcción, artículos y mobiliario de saneamiento, puertas, ventanas, persianas, etc.	3 personas empleadas
Comercio al por menor de otros artículos para el equipamiento del hogar n.c.o.p.	3 personas empleadas
Comercio al por menor de accesorios y piezas de recambio para vehículos terrestres.	4 personas empleadas
Comercio al por menor de toda clase de maquinaria (excepto aparatos del hogar, de oficina, médicos, ortopédicos, ópticos y fotográficos).	3 personas empleadas
Comercio al por menor de cubiertas, bandas o bandajes y cámaras de aire para toda clase de vehículos.	4 personas empleadas
Comercio al por menor de muebles de oficina y de máquinas y equipos de oficina.	4 personas empleadas
Comercio al por menor de aparatos e instrumentos médicos, ortopédicos, ópticos y fotográficos.	3 personas empleadas
Comercio al por menor de libros, periódicos, artículos de papelería y escritorio y artículos de dibujo y bellas artes, excepto en quioscos situados en la vía pública.	3 personas empleadas
Comercio al por menor de prensa, revistas y libros en quioscos situados en la vía pública.	2 personas empleadas
Comercio al por menor de juguetes, artículos de deporte, prendas deportivas de vestido, calzado y tocado, armas, cartuchería y artículos de pirotecnia.	3 personas empleadas

Actividad económica	Magnitud
Comercio al por menor de semillas, abonos, flores y plantas y pequeños animales.	4 personas empleadas
Comercio al por menor de toda clase de artículos, incluyendo alimentación y bebidas, en establecimientos distintos de los especificados en el grupo 661 y en el epígrafe 662.1.	3 personas empleadas
Comercio al por menor fuera de un establecimiento comercial permanente de productos alimenticios, incluso bebidas y helados.	2 personas empleadas
Comercio al por menor fuera de un establecimiento comercial permanente de artículos textiles y de confección.	2 personas empleadas
Comercio al por menor fuera de un establecimiento comercial permanente de calzado, pieles y artículos de cuero.	2 personas empleadas
Comercio al por menor fuera de un establecimiento comercial permanente de artículos de droguería y cosméticos y de productos químicos en general.	2 personas empleadas
Comercio al por menor fuera de un establecimiento comercial permanente de otras clases de mercancías n.c.o.p.	2 personas empleadas
Restaurantes de dos tenedores.	10 personas empleadas
Restaurantes de un tenedor.	10 personas empleadas
Cafeterías.	8 personas empleadas
Cafés y bares de categoría especial.	8 personas empleadas
Otros cafés y bares.	8 personas empleadas
Servicios en quioscos, cajones, barracas u otros locales análogos.	3 personas empleadas
Servicios en chocolaterías, heladerías y horchaterías.	3 personas empleadas
Servicio de hospedaje en hoteles y moteles de una o dos estrellas.	10 personas empleadas
Servicio de hospedaje en hostales y pensiones.	8 personas empleadas
Servicio de hospedaje en fondas y casas de huéspedes.	8 personas empleadas
Reparación de artículos eléctricos para el hogar.	3 personas empleadas
Reparación de vehículos automóviles, bicicletas y otros vehículos.	5 personas empleadas
Reparación de calzado.	2 personas empleadas
Reparación de otros bienes de consumo n.c.o.p. (excepto reparación de calzado, restauración de obras de arte, muebles, antigüedades e instrumentos musicales)..	2 personas empleadas
Reparación de maquinaria industrial.	2 personas empleadas
Otras reparaciones n.c.o.p.	2 personas empleadas
Transporte urbano colectivo y de viajeros por carretera.	5 vehículos cualquier día del año
Transporte por autotaxis.	3 vehículos cualquier día del año
Transporte de mercancías por carretera.	4 vehículos cualquier día del año
Engrase y lavado de vehículos.	5 personas empleadas
Servicios de mudanzas.	4 vehículos cualquier día del año
Transporte de mensajería y recadería, cuando la actividad se realice exclusivamente con medios de transporte propios.	5 vehículos cualquier día del año
Enseñanza de conducción de vehículos terrestres, acuáticos, aeronáuticos, etc.	4 personas empleadas

Actividad económica	Magnitud
Otras actividades de enseñanza, tales como idiomas, corte y confección, mecanografía, taquigrafía, preparación de exámenes y oposiciones y similares n.c.o.p.	5 personas empleadas
Escuelas y servicios de perfeccionamiento del deporte.	3 personas empleadas
Tinte, limpieza en seco, lavado y planchado de ropas hechas y de prendas y artículos del hogar usados.	4 personas empleadas
Servicios de peluquería de señora y caballero.	6 personas empleadas
Salones e institutos de belleza.	6 personas empleadas
Servicios de copias de documentos con máquinas fotocopiadoras.	4 personas empleadas

A los efectos del método de estimación objetiva, deberá computarse no solo la magnitud específica correspondiente a la actividad económica desarrollada por el contribuyente, sino también las correspondientes a las desarrolladas por el cónyuge, descendientes y ascendientes, así como por las entidades en régimen de atribución de rentas en las que participen cualquiera de los anteriores, en las que concurran las circunstancias señaladas en la letra a) anterior.

Cuando se trate de entidades en régimen de atribución de rentas deberá computarse no solo la magnitud específica correspondiente a la actividad económica desarrolladas por la propia entidad en régimen de atribución, sino también las correspondientes a las desarrolladas por sus socios, herederos, comuneros o partícipes; los cónyuges, descendientes y ascendientes de estos; así como por otras entidades en régimen de atribución de rentas en las que participen cualquiera de las personas anteriores, en las que concurran las circunstancias señaladas en la letra a) anterior.

Para el cómputo de la magnitud que determine la inclusión en el método de estimación objetiva o, en su caso, del régimen simplificado se consideran las personas empleadas o vehículos o bateas que se utilicen para el desarrollo de la actividad principal y de cualquier actividad accesoria incluida en el régimen, de conformidad con los apartados 2 de los artículos 1 y 2 de esta orden.

El personal empleado se determinará por la media ponderada correspondiente al período en que se haya ejercido la actividad durante el año inmediato anterior.

El personal empleado comprenderá tanto el no asalariado como el asalariado. A efectos de determinar la media ponderada se aplicarán exclusivamente las siguientes reglas:

Sólo se tomará en cuenta el número de horas trabajadas durante el período en que se haya ejercido la actividad durante el año inmediato anterior.

Se computará como una persona no asalariada la que trabaje en la actividad al menos 1.800 horas/año. Cuando el número de horas de trabajo al año sea inferior a 1.800, se estimará como cuantía de la persona no asalariada la proporción existente entre número de horas efectivamente trabajadas en el año y 1.800.

No obstante, el empresario se computará como una persona no asalariada. En aquellos supuestos en que pueda acreditarse una dedicación inferior a 1.800 horas/año por causas objetivas, tales como jubilación, incapacidad, pluralidad de actividades o cierre temporal de la explotación, se computará el tiempo efectivo dedicado a la actividad. En estos supuestos, para la cuantificación de las tareas de dirección, organización y planificación de la actividad y, en general, las inherentes a la titularidad de la misma, se computará al empresario en 0,25 personas/año, salvo cuando se acredite una dedicación efectiva superior o inferior.

Se computará como una persona asalariada la que trabaje el número de horas anuales por trabajador fijado en el convenio colectivo correspondiente o, en su defecto, 1.800 horas/año. Cuando el número de horas de trabajo al año sea inferior o superior, se estimará como cuantía de la persona asalariada la proporción existente entre el número de horas efectivamente trabajadas y las fijadas en el convenio colectivo o, en su defecto, 1.800.

En el primer año de ejercicio de la actividad se tendrá en cuenta el número de personas empleadas o vehículos o bateas al inicio de la misma.

Cuando en un año natural se superen las magnitudes indicadas en este artículo, el sujeto pasivo quedará excluido, a partir del año inmediato siguiente, del método de estimación objetiva del Impuesto sobre la Renta de las Personas Físicas y del régimen simplificado o del régimen de la agricultura, ganadería y pesca del Impuesto sobre el Valor Añadido, cuando resulten aplicables por estas actividades.

Los contribuyentes que por aplicación de lo dispuesto en este artículo queden excluidos del método de estimación objetiva del Impuesto sobre la Renta de las Personas Físicas, determinarán su rendimiento neto por la modalidad simplificada del método de estimación directa siempre que reúnan los requisitos establecidos en el artículo 28 del Reglamento del Impuesto y no renuncien a su aplicación.

2. Tampoco será de aplicación el método de estimación objetiva a las actividades económicas desarrolladas, total o parcialmente, fuera del ámbito de aplicación del Impuesto sobre la Renta de las Personas Físicas, al que se refiere el artículo 4 de la Ley 35/2006, de 28 de noviembre, del Impuesto sobre la Renta de las Personas Físicas y de modificación parcial de las leyes de los Impuestos sobre Sociedades, sobre la Renta de no Residentes y sobre el Patrimonio.

A estos efectos, se entenderá que las actividades de transporte urbano colectivo y de viajeros por carretera, de transporte por autotaxis, de transporte de mercancías por carretera y de servicios de mudanzas, se desarrollan, en cualquier caso, dentro del ámbito de aplicación del Impuesto sobre la Renta de las Personas Físicas.

Artículo 4. *Aprobación de los signos, índices o módulos.*

De conformidad con los artículos 32 del Reglamento del Impuesto sobre la Renta de las Personas Físicas y 38 y 42 del Reglamento del Impuesto sobre el Valor Añadido, se aprueban los signos, índices o módulos correspondientes al método de estimación objetiva del Impuesto sobre la Renta de las Personas Físicas, así como los índices y módulos del régimen especial simplificado del Impuesto sobre el Valor Añadido que serán aplicables durante el año 2025 a las actividades comprendidas en los artículos 1 y 2, que aparecen, junto con las instrucciones para su aplicación, en los anexos I, II y III de la presente orden.

Artículo 5. *Plazos de renuncias o revocaciones al método de estimación objetiva.*

Los contribuyentes del Impuesto sobre la Renta de las Personas Físicas que desarrollen actividades a las que sea de aplicación el método de estimación objetiva y deseen renunciar o revocar su renuncia para el año 2025, dispondrán para ejercitar dicha opción desde el día siguiente a la fecha de publicación de esta orden en el «Boletín Oficial del Estado» hasta el 31 de diciembre del año 2024. La renuncia o revocación deberá efectuarse de acuerdo con lo previsto en el capítulo I del título II del Reglamento General de las actuaciones y los procedimientos de gestión e inspección tributaria y de desarrollo de las normas comunes de los procedimientos de aplicación de los tributos, aprobado por el Real Decreto 1065/2007, de 27 de julio.

No obstante lo anterior, también se entenderá efectuada la renuncia cuando se presente en el plazo reglamentario la declaración correspondiente al pago fraccionado del primer trimestre del año natural en que deba surtir efectos en la forma dispuesta para el método de estimación directa. En caso de inicio de la actividad, también se entenderá efectuada la renuncia cuando se efectúe en el plazo reglamentario el pago fraccionado correspondiente al primer trimestre de ejercicio de la actividad en la forma dispuesta para el método de estimación directa.

Artículo 6. *Plazos de renuncias o revocaciones al régimen especial simplificado.*

Los sujetos pasivos del Impuesto sobre el Valor Añadido que desarrollen actividades a las que sea de aplicación el régimen especial simplificado y deseen renunciar a él o revocar su renuncia para el año 2025, dispondrán para ejercitar dicha opción desde el día siguiente a la fecha de publicación de esta orden en el «Boletín Oficial del Estado» hasta el 31 de diciembre del año 2024. La renuncia o revocación deberá efectuarse de acuerdo con lo previsto en el capítulo I del título II del Reglamento General de las actuaciones y los procedimientos de gestión e inspección tributaria y de desarrollo de las normas comunes de los procedimientos de aplicación de los tributos, aprobado por el Real Decreto 1065/2007, de 27 de julio.

No obstante lo anterior, también se entenderá efectuada la renuncia cuando se presente en plazo la declaración-liquidación correspondiente al primer trimestre del año natural en que deba surtir efectos aplicando el régimen general. En caso de inicio de la actividad, también se entenderá efectuada la renuncia cuando la primera declaración que deba presentar el sujeto pasivo después del comienzo de la actividad se presente en plazo aplicando el régimen general.

Disposición adicional primera. *Reducción en 2025 del rendimiento neto calculado por el método de estimación objetiva.*

1. Los contribuyentes que determinen el rendimiento neto de sus actividades económicas por el método de estimación objetiva, podrán reducir el rendimiento neto de módulos obtenido en 2025 en un 5 por 100.

2. Cuando se trate de actividades incluidas en el anexo I de esta orden, la reducción prevista en el apartado 1 anterior se aplicará sobre el rendimiento neto de módulos a que se refiere la instrucción 2.3 para la aplicación de los signos, índices o módulos en el Impuesto sobre la Renta de las Personas Físicas del anexo I de esta orden.

El rendimiento neto de módulos, así calculado, se tendrá en cuenta para la aplicación de lo dispuesto en la instrucción 3 para la aplicación de los signos, índices o módulos en el Impuesto sobre la Renta de las Personas Físicas del anexo I de esta orden.

3. Esta reducción se tendrá en cuenta para cuantificar el rendimiento neto a efectos de los pagos fraccionados correspondientes a 2025.

Disposición adicional segunda. *Índices de rendimiento neto aplicables en 2025 por determinadas actividades agrícolas.*

Los índices de rendimiento neto aplicables en el método de estimación objetiva del Impuesto sobre la Renta de las Personas Físicas en 2025 por las actividades agrícolas que se mencionan a continuación serán, en sustitución de los establecidos en el anexo I de esta Orden, los siguientes:

Actividad	Índice de rendimiento neto
Uva de mesa	0,32
Flores y plantas ornamentales	0,32
Tabaco	0,26

Disposición adicional tercera. *Porcentajes aplicables en 025 para el cálculo de la cuota devengada por operaciones corrientes en el régimen simplificado del Impuesto sobre el Valor Añadido para determinadas actividades ganaderas afectadas por crisis sectoriales.*

Los porcentajes aplicables para el cálculo de la cuota devengada por operaciones corrientes en el régimen simplificado del Impuesto sobre el Valor Añadido en 2025 en las actividades que se mencionan a continuación serán los siguientes:

Servicios de cría, guarda y engorde de aves: 0,06625.

Disposición adicional cuarta. *Modificación de los módulos aprobados, a efectos del régimen especial simplificado del Impuesto sobre el Valor Añadido, por la Orden HFP/1359/2023, de 19 de diciembre, por la que se desarrollan para el año 2024 el método de estimación objetiva del Impuesto sobre la Renta de las Personas Físicas y el régimen especial simplificado del Impuesto sobre el Valor Añadido y cálculo de la cuota anual devengada del año 2024 del régimen especial simplificado del Impuesto sobre el Valor Añadido a realizar por los titulares de determinadas actividades.*

1. Los módulos aprobados, a efectos del régimen especial simplificado del Impuesto sobre el Valor Añadido, por el anexo I de la Orden HFP/1359/2023, de 19 de diciembre, por la que se desarrollan para el año 2024 el método de estimación objetiva del Impuesto sobre la Renta de las Personas Físicas y el régimen especial simplificado del Impuesto sobre el Valor Añadido, para las actividades que se indican, serán los siguientes:

Actividad: ganadera de explotación intensiva de avicultura de huevos y, ganado ovino, caprino y bovino de leche.

Índice de cuota devengada por operaciones corrientes: 0,00 (desde 1 de enero de 2024 hasta 30 de septiembre de 2024) y 0,02 (desde 1 de octubre de 2024 hasta 31 de diciembre de 2024).

Actividad: aprovechamientos que correspondan al cedente en las actividades agrícolas, desarrolladas en régimen de aparcería, dedicadas a la obtención de productos agrícolas no comprendidas en los apartados siguientes.

Índice de cuota devengada por operaciones corrientes: 0,00 (desde 1 de enero de 2024 hasta 30 de septiembre de 2024) y 0,02 (desde 1 de octubre de 2024 hasta 31 de diciembre de 2024).

Actividad: procesos de transformación, elaboración o manufactura de productos naturales para la obtención de queso.

Índice de cuota devengada por operaciones corrientes: 0,03102.

Actividad: procesos de transformación, elaboración o manufactura de productos naturales para la obtención de aceites de oliva y aceites de semillas.

Índice de cuota devengada por operaciones corrientes: 0,14104.

2. Los titulares de las actividades a que se refiere el apartado 1 anterior que tributen por el régimen especial simplificado del Impuesto sobre el Valor Añadido, al finalizar el año o al producirse el cese de la actividad, deberán calcular la cuota anual derivada del régimen simplificado, teniendo en cuenta, en su caso, el volumen total de ingresos, excluidas subvenciones corrientes o de capital, las indemnizaciones, así como el Impuesto sobre el Valor Añadido y, en su caso, el recargo de equivalencia que grave la operación, correspondientes al año natural, utilizando al efecto los módulos referidos en dicho apartado 1.

Disposición adicional quinta. *Reducción en 2024 del rendimiento neto calculado por el método de estimación objetiva del Impuesto sobre la Renta de las Personas Físicas y de la cuota devengada por operaciones corrientes del régimen especial simplificado del Impuesto sobre el Valor Añadido para actividades económicas desarrolladas en los términos municipales afectados por la Depresión Aislada en Niveles Altos (DANA) a que se refiere el Real Decreto-ley 6/2024, de 5 de noviembre, por el que se adoptan medidas urgentes de respuesta ante los daños causados por la Depresión Aislada en Niveles Altos (DANA) en diferentes municipios entre el 28 de octubre y el 4 de noviembre de 2024.*

1. Los contribuyentes del Impuesto sobre la Renta de las Personas Físicas que desarrollen actividades económicas en los términos municipales citados en el anexo del Real Decreto-ley 6/2024, de 5 de noviembre, por el que se adoptan medidas urgentes de respuesta ante los daños causados por la Depresión Aislada en Niveles Altos (DANA) en diferentes municipios entre el 28 de octubre y el 4 de noviembre de 2024, y determinen el rendimiento neto por el método de estimación objetiva, podrán reducir el rendimiento neto de módulos de 2024 correspondiente a tales actividades en un 25 por ciento.

La reducción prevista en el párrafo anterior se aplicará sobre el rendimiento neto de módulos resultante después de aplicar la reducción prevista en el apartado 1 de la disposición adicional primera de la Orden HFP/1359/2023, de 19 de diciembre, por la que se desarrollan para el año 2024 el método de estimación objetiva del Impuesto sobre la Renta de las Personas Físicas y el régimen especial simplificado del Impuesto sobre el Valor Añadido.

Para la determinación de la cuantía del pago fraccionado correspondiente al último trimestre de 2024, el rendimiento neto a efectos del pago fraccionado se reducirá en la parte proporcional del mismo que corresponda a las actividades económicas desarrolladas en los términos municipales afectados por la Depresión Aislada en Niveles Altos (DANA) a que se refiere el primer párrafo de este apartado.

2. Los sujetos pasivos del Impuesto sobre el Valor Añadido que desarrollen actividades empresariales o profesionales en los términos municipales citados en el anexo del Real Decreto-ley 6/2024, de 5 de noviembre, por el que se adoptan medidas urgentes de respuesta ante los daños causados por la Depresión Aislada en Niveles Altos (DANA) en diferentes municipios entre el 28 de octubre y el 4 de noviembre de 2024, y estén acogidos al régimen especial simplificado, podrán reducir en un 25 por ciento el importe de las cuotas devengadas por operaciones corrientes correspondiente a tales actividades en el año 2024.

Esta reducción se tendrá en cuenta para el cálculo de la cuota anual del régimen especial simplificado correspondiente al año 2024.

Disposición final única. Entrada en vigor.

Esta orden entrará en vigor el día siguiente al de su publicación en el «Boletín Oficial del Estado», con efectos para el año 2025.

ANEXO I. Actividades agrícolas, ganaderas y forestales

Signos, índices o módulos del método de estimación objetiva
del Impuesto sobre la Renta de las Personas Físicas

Actividad: *Agrícola dedicada a la obtención de remolacha azucarera y ganadera de explotación de ganado porcino de carne, de ganado bovino de carne, de ganado ovino de carne, de ganado caprino de carne, avicultura y cunicultura.*

Índice de rendimiento neto: 0,13

Índice de rendimiento neto en el supuesto de transformación, elaboración o manufactura: 0,23

NOTA: A título indicativo se incluye la obtención de:
En la avicultura se encuentra comprendida la obtención de productos (carne y huevos) procedentes de pollos, gallinas, patos, faisanes, perdices, codornices, etc.

Actividad: *Forestal con un "período medio de corta" superior a 30 años.*

Índice de rendimiento neto: 0,13

Índice de rendimiento neto en el supuesto de transformación, elaboración o manufactura: 0,23

NOTA: A título indicativo se incluyen las especies arbóreas siguientes:
Castaño, abedúl, fresno, arce, cerezo, aliso, nogal, pino albar (P. Sylvestris), pino laricio, abeto, pino de Oregón, cedro, pino carrasco, pino canario, pino piñonero, pino pinaster, ciprés, haya, roble (Q. robur, Q. Petraea), encina, alcornoque y resto de quercíneas.

Actividad: *Ganadera de explotación de ganado bovino de leche.*

Índice de rendimiento neto: 0,20

Índice de rendimiento neto en el supuesto de transformación, elaboración o manufactura: 0,30

Actividad: *Agrícola dedicada a la obtención de cereales, cítricos, frutos secos, horticultura, leguminosas, uva para vino de mesa sin denominación de origen, productos del olivo y hongos para el consumo humano y ganadera de explotación de ganado porcino de cría, de ganado bovino de cría, de ganado ovino de leche, de ganado caprino de leche y apicultura.*

Índice de rendimiento neto: 0,26

Índice de rendimiento neto en el supuesto de transformación, elaboración o manufactura: 0,36

NOTA: A título indicativo se incluye la obtención de:
Cereales: Cereales grano excepto arroz (trigo, centeno, cebada, avena, maíz, sorgo, mijo, panizo, alpiste, escaña, triticale y trigo sarraceno, etc.).
Cítricos: Naranjo dulce, naranjo amargo, mandarino, limonero, pomelo, lima, bergamota, etc.

Frutos Secos: Nogal, avellano, almendro, castaño y otros frutales de cáscara (pistachos, piñones), etc.
Productos Hortícolas: Col repollo, col de Bruselas, coliflor, otras coles, acelga, apio, puerro, lechuga, escarola, espinaca, espárrago, endivia, cardo, otras hortalizas de hoja, tomate, alcachofa, pepino, pepinillo, berenjena, pimiento, calabaza, calabacín, otras hortalizas cultivadas por su fruto o su flor, remolacha de mesa, zanahoria, ajo, cebolla, cebolleta, nabo, rábano, otras hortalizas cultivadas por su raíz, bulbo o tubérculo (excepto patata), guisante verde, judía verde, haba verde, otras hortalizas con vaina, sandía, melón, fresa, fresón, piña tropical y otras frutas de plantas no perennes.

Leguminosas: Leguminosas grano (judías, lentejas, garbanzos, habas, guisantes, algarrobas, veza, yeros, almortas, alholvas, altramuces, etc.).
Productos del Olivo: Aceituna de mesa y aceituna de almazara.

Actividad: *Forestal con un "período medio de corta" igual o inferior a 30 años.*

Índice de rendimiento neto: 0,26.

Índice de rendimiento neto en el supuesto de transformación, elaboración o manufactura: 0,36

NOTA: A título indicativo se incluyen las especies arbóreas siguientes:
Eucalipto, chopo, pino insigne y pino marítimo.

Actividad: *Agrícola dedicada a la obtención de arroz, uva para vino de mesa con denominación de origen, oleaginosas y otras actividades ganaderas no comprendidas expresamente en otros apartados y forestal dedicada a la extracción de resina.*

Índice de rendimiento neto: 0,32

Índice de rendimiento neto en el supuesto de transformación, elaboración o manufactura: 0,42

NOTA: A título indicativo se incluye la obtención de:
Oleaginosas: Cacahuete, girasol, soja, colza y nabina, cártamo y ricino, etc.
Otras actividades ganaderas: Equinos, animales para peletería (visón, chinchilla, etc.), etc.

Actividad: *Agrícola dedicada a la obtención de raíces, tubérculos, forrajes, arroz, algodón, frutos no cítricos, tabaco y otros productos agrícolas no comprendidos expresamente en otros apartados y servicios de cría, guarda y engorde de cualquier tipo de ganado.*

Índice de rendimiento neto: 0,37

Índice de rendimiento neto en el supuesto de transformación, elaboración o manufactura: 0,47

NOTA: A título indicativo se incluye la obtención de:

Forrajes: Plantas forrajeras de escarda (nabo forrajero, remolacha forrajera, col forrajera, calabaza forrajera, zanahoria forrajera, etc.) y otras plantas forrajeras (alfalfa, cereal invierno forraje, maíz forrajero, veza, esparceta, trébol, vallico, haba forraje, zulla y otras).
Frutos no cítricos: Manzana para mesa, manzana para sidra, pera, membrillo, níspola, otros frutos de pepita (acerola, serba y otros), cereza, guinda, ciruela, albaricoque, melocotón y otros frutos de hueso, higo, granada, grosella, frambuesa, otros pequeños frutos y bayas (casis, zarzamora, mora, etc.), plátano, aguacate, chirimoya, kiwi y otros frutos tropicales y subtropicales (caquis, higo chumbo, dátil, guayaba, papaya, mango, lichis, excepto piña tropical).
Otros productos agrícolas: Lúpulo, caña de azúcar, azafrán, achicoria, pimiento para pimentón, viveros, flores y plantas ornamentales, etc.

Actividad: *Agrícola dedicada a la obtención de plantas textiles y uva de mesa, actividades accesorias realizadas por agricultores, ganaderos o titulares de actividades forestales.*

Índice de rendimiento neto: 0,42

Índice de rendimiento neto en el supuesto de transformación, elaboración o manufactura: 0,52

NOTA: A título indicativo se incluye la obtención de:
Plantas textiles: Lino, cáñamo, etc.
NOTA: A título indicativo en las actividades accesorias se incluyen:

Agroturismo, artesanía, caza, pesca y, actividades recreativas y de ocio, en las que el agricultor o ganadero participe como monitor, guía o experto, tales como excursionismo, senderismo, rutas ecológicas, etc..

Actividad: *Otros trabajos y servicios accesorios realizados por agricultores, ganaderos o titulares de actividades forestales y producción de mejillón en batea.*

Índice de rendimiento neto: 0,56

(...)

INSTRUCCIONES PARA LA APLICACIÓN DE LOS SIGNOS, ÍNDICES O MÓDULOS EN EL IMPUESTO SOBRE LA RENTA DE LAS PERSONAS FÍSICAS

RENDIMIENTO ANUAL

1. El rendimiento neto resultará de la suma de los rendimientos netos que correspondan a cada una de las actividades.

2. El rendimiento neto correspondiente a cada actividad se obtendrá aplicando el procedimiento establecido a continuación:

2.1 **Fase 1**: *Rendimiento neto previo.*

El rendimiento neto previo en el supuesto de actividades en que se realice la entrega de los productos naturales o los trabajos, servicios y actividades accesorios, se obtendrá multiplicando el volumen total de ingresos, incluidas las subvenciones corrientes o de capital y las indemnizaciones, de cada uno de los cultivos o explotaciones por el «índice de rendimiento neto» que corresponda a cada uno de ellos.

Las ayudas directas desacopladas de la Política Agraria Común (ayuda básica a la renta para la sostenibilidad, ayuda redistributiva complementaria a la renta o ayuda complementaria para jóvenes agricultores) se acumularán a los ingresos procedentes de los cultivos o explotaciones del perceptor en proporción a sus respectivos importes. No obstante, cuando el perceptor de la ayuda directa hubiera obtenido ingresos por actividades agrícolas y ganaderas, distintos de la ayuda directa, por cuantía inferior al 25 por ciento del importe del total de los ingresos de tales actividades, el índice de rendimiento neto a aplicar sobre las ayudas directas será el 0,56.

El rendimiento neto previo en el supuesto de actividades en las que se sometan los productos naturales a transformación, elaboración o manufactura se obtendrá multiplicando el valor de los productos naturales utilizados en el proceso, a precio de mercado, por el «índice de rendimiento neto» previsto para estos supuestos. El rendimiento neto previo se determinará en el momento de incorporación de los productos naturales a los procesos de transformación elaboración o manufactura.

El procedimiento de cálculo previsto en el párrafo anterior se aplicará también a los productos sometidos a procesos de transformación, elaboración o manufactura en los años anteriores a 1998 que sean transmitidos a partir del 1 de enero del 2025. En estos casos, la determinación del rendimiento neto previo se producirá en el momento en que sean transmitidos los productos.

2.2 **Fase 2**: *Rendimiento neto minorado.*

El rendimiento neto minorado se obtiene deduciendo del anterior las cantidades que, en concepto de amortización del inmovilizado material e intangible correspondan a la depreciación efectiva que sufran los distintos elementos por funcionamiento, uso, disfrute u obsolescencia.

A estos efectos, la amortización se calculará de acuerdo con lo establecido en la letra b) del punto 2.2. de las instrucciones para la aplicación de los signos, índices o módulos en el Impuesto sobre la Renta de las Personas Físicas del anexo II de esta orden.

No obstante, los elementos patrimoniales del inmovilizado descritos a continuación, se amortizarán conforme a la siguiente tabla:

Grupo	Descripción	Coeficiente lineal máximo	Período máximo
5	Batea	10	12 años
6	Barco	10	25 años
7	Vacuno, porcino, ovino y caprino	22 %	8 años
8	Equino y frutales no cítricos	10 %	17 años
9	Frutales cítricos y viñedos	5 %	45 años
10	Olivar	3 %	80 años

Cuando se trate de actividades forestales, para el cálculo del rendimiento neto minorado no se deducirán las amortizaciones

2.3 **Fase 3**: *Rendimiento neto de módulos.*

Sobre el rendimiento neto minorado se aplicarán, cuando correspondan, los índices correctores que se establecen a continuación, obteniendo el rendimiento neto de módulos.

Los índices correctores se aplicarán en aquellas actividades que los tengan asignados expresamente y según las circunstancias, cuantía, orden e incompatibilidad que se indica a continuación, sobre el rendimiento neto minorado o, en su caso, sobre el rectificado por aplicación de los mismos:

a) *Utilización de medios de producción ajenos en actividades agrícolas.*

Cuando en el desarrollo de actividades agrícolas se utilicen exclusivamente medios de producción ajenos, sin tener en cuenta el suelo, y salvo en los casos de aparcería y figuras similares.

Índice: 0,75.

b) *Utilización de personal asalariado.*

Cuando el coste del personal asalariado supere el porcentaje del volumen total de ingresos que se expresa, será aplicable el índice corrector que se indica.

Porcentaje	Índice
Más del 10 por 100	0,90
Más del 20 por 100	0,85
Más del 30 por 100	0,80
Más del 40 por 100	0,75

Cuando resulte aplicable el índice corrector de la letra a) anterior no podrá aplicarse el contenido en esta letra b).

c) *Cultivos realizados en tierras arrendadas.*

Cuando los cultivos se realicen, en todo o en parte, en tierras arrendadas.

Índice: 0,90 sobre los rendimientos procedentes de cultivos en tierras arrendadas.

Cuando no sea posible delimitar dichos rendimientos, se prorrateará en función del porcentaje que supongan las tierras arrendadas dedicadas a cada cultivo respecto a la superficie total, propia y arrendada, dedicada a ese cultivo.

d) *Piensos adquiridos a terceros.*

Cuando en las actividades ganaderas se alimente el ganado con piensos y otros productos para la alimentación adquiridos a terceros que representen más del 50 por 100 del importe de los consumidos.

Índice: 0,50.

A efectos de este índice, la valoración del importe de los piensos y otros productos propios se efectuará según su valor de mercado.

e) *Agricultura ecológica.*

Cuando la producción cumpla los requisitos establecidos en el Reglamento (CE) 834/2007, del Consejo de 28 de junio de 2007 sobre producción y etiquetado de los productos ecológicos y por el que se deroga el Reglamento (CEE) N° 2092/1991, en su normativa específica de desarrollo y en la normativa legal vigente de las correspondientes Comunidades Autónomas sobre producción ecológica y quede correspondientemente acreditado por su certificado de operador ecológico.

Índice 0,95.

f) *Cultivos en tierras de regadío que utilicen, a tal efecto, energía eléctrica*

Cuando los cultivos se realicen, en todo o en parte, en tierras de regadío, siempre que el contribuyente, o la comunidad de regantes en la que participe, estén inscritos en el registro territorial correspondiente a la oficina gestora de impuestos especiales a que se refiere el artículo 102.2 de la Ley 38/1992, de 28 de diciembre, de Impuestos Especiales.

Índice: 0,75 sobre el rendimiento procedente de los cultivos realizados en tierras de regadío por energía eléctrica.

Cuando no sea posible delimitar dicho rendimiento, este índice se aplicará sobre el resultado de multiplicar el rendimiento procedente de todos los cultivos por el porcentaje que suponga la superficie de los cultivos en tierras de regadío que utilicen, a tal fin, energía eléctrica sobre la superficie total de la explotación agrícola.

g) *Empresas cuyo rendimiento neto minorado no supere 9.447,91 euros.*

Cuando el rendimiento neto minorado no supere 9.447,91 euros anuales y no se tenga derecho a la reducción regulada en el punto 3 siguiente.

Índice: 0,90

h) *Índice aplicable a las actividades forestales.*

Cuando se exploten fincas forestales gestionadas de acuerdo con planes técnicos de gestión forestal, ordenación de montes, planes dasocráticos o planes de repoblación forestal aprobados por la Administración forestal competente, siempre que el período de producción medio, según la especie de que se trate, determinado en cada caso por la Administración forestal competente, sea igual o superior a veinte años.

Índice: 0,80

A las actividades forestales únicamente le será aplicable el índice señalado en la letra h) anterior.

i) *Índice aplicable a la actividad de producción de mejillón en batea.*

Se aplicará el índice 0,90 cuando la actividad se desarrolle con 3 o 4 bateas.

Se aplicará el índice 0,85 cuando la actividad se desarrolle con 5 bateas.

A la actividad de producción de mejillón en batea únicamente le será aplicable el índice señalado en esta letra i).

3. Los agricultores jóvenes o asalariados agrarios podrán reducir el rendimiento neto de módulos correspondiente a su actividad agraria en un 25 por ciento durante los períodos impositivos cerrados durante los cinco años siguientes a su primera instalación como titulares de una explotación prioritaria, realizada al amparo de lo previsto en el Capítulo IV del título I de la Ley 19/1995, de 4 de julio, de Modernización de las Explotaciones Agrarias, siempre que acrediten la realización de un plan de mejora de la explotación.

La reducción prevista en este punto se tendrá en cuenta a efectos de determinar la cuantía de los pagos fraccionados que deban efectuarse.

PAGOS FRACCIONADOS

4. Los pagos fraccionados se efectuarán trimestralmente en los plazos siguientes:

– Los tres primeros trimestres, entre el día 1 y el 20 de los meses de abril, julio y octubre.

– El cuarto trimestre, entre el día 1 y el 30 del mes de enero.

Cada pago trimestral consistirá en el 2 por 100 del volumen de ingresos del trimestre, excluidas las subvenciones de capital y las indemnizaciones.

El sujeto pasivo deberá presentar declaración-liquidación en la forma y plazos previstos, aunque no resulte cuota a ingresar.

(...)

ANEXO II. Otras actividades

Signos, índices o módulos del método de estimación objetiva
del Impuesto sobre la Renta de las Personas Físicas

Actividad: Producción de mejillón en batea.

Módulo	Definición	Unidad	Rendimiento anual por unidad antes de amortización Euros
1	Personal asalariado	Persona	5.500,00
2	Personal no asalariado	Persona	7.500,00
3	Bateas	Batea	6.700,00

NOTA: El rendimiento neto resultante de la aplicación de los signos o módulos anteriores incluye, en su caso, el derivado de la comercialización de mejilla, del arrendamiento de maquinaría o barco, así como de la realización de trabajos de encordado, desdoble, recolección o embolsado para otro productor.

Actividad: Industrias del pan y de la bollería.
Epígrafe I.A.E.: 419.1

Módulo	Definición	Unidad	Rendimiento anual por unidad antes de amortización Euros
1	Personal asalariado	Persona	6.248,22
2	Personal no asalariado	Persona	14.530,89
3	Superficie del local	Metro cuadrado	49,13
4	Superficie del horno	100 Decímetros cuadrados	629,86

Actividad: Industrias de la bollería, pastelería y galletas.
Epígrafe I.A.E. 419.2

Módulo	Definición	Unidad	Rendimiento anual por unidad antes de amortización Euros
1	Personal asalariado	Persona	6.657,63
2	Personal no asalariado	Persona	13.485,32
3	Superficie del local	Metro cuadrado	45,35
4	Superficie del horno	100 Decímetros cuadrados	541,68

NOTA: El rendimiento neto resultante de la aplicación de los signos o módulos anteriores incluye en su caso, el derivado de la fabricación y comercio al por menor de productos de pastelería salada y platos precocinados, siempre que estas actividades se desarrollen con carácter accesorio a la actividad principal.

Actividad: Industrias de elaboración de masas fritas.
Epígrafe I.A.E.: 419.3

Módulo	Definición	Unidad	Rendimiento anual por unidad antes de amortización Euros
1	Personal asalariado	Persona	4.238,96
2	Personal no asalariado	Persona	12.301,18
3	Superficie del local	Metro cuadrado	25,82

Actividad: Elaboración de patatas fritas, palomitas de maíz y similares.
Epígrafe I.A.E.: 423.9

Módulo	Definición	Unidad	Rendimiento anual por unidad antes de amortización Euros
1	Personal asalariado	Persona	4.390,12
2	Personal no asalariado	Persona	12.723,18
3	Superficie del local	Metro cuadrado	26,45

Actividad: Comercio al por menor de frutas, verduras, hortalizas y tubérculos.
Epígrafe I.A.E.: 641

Módulo	Definición	Unidad	Rendimiento anual por unidad antes de amortización Euros
1	Personal asalariado	Persona	2.387,18
2	Personal no asalariado	Persona	10.581,66
3	Superficie del local independiente	Metro cuadrado	57,94
4	Superficie local no independiente	Metro cuadrado	88,18
5	Carga elementos de transporte	Kilogramo	1,01

Actividad: Comercio al por menor de carne y despojos; de productos y derivados cárnicos elaborados.
Epígrafe I.A.E.: 642.1, 2, 3 y 4

Módulo	Definición	Unidad	Rendimiento anual por unidad antes de amortización Euros
1	Personal asalariado	Persona	2.355,68
2	Personal no asalariado	Persona	10.991,07
3	Superficie del local independiente	Metro cuadrado	35,90
4	Superficie del local no independiente	Metro cuadrado	s81,88
5	Consumo de energía eléctrica	100 Kwh	39,05

NOTA: El rendimiento neto derivado de la aplicación de los signos o módulos anteriores, incluye, en su caso, el derivado de la elaboración de platos precocinados, siempre que se desarrolle con carácter accesorio a la actividad principal.

Actividad: Comercio al por menor de huevos, aves, conejos de granja, caza; y de productos derivados de los mismos.
Epígrafe I.A.E.: 642.5

Módulo	Definición	Unidad	Rendimiento anual por unidad antes de amortización Euros
1	Personal asalariado	Persona	3.382,36
2	Personal no asalariado	Persona	11.337,49
3	Consumo de energía eléctrica	100 Kwh	25,19
4	Superficie del local independiente	Metro cuadrado	27,08
5	Superficie del local no independiente	Metro cuadrado	58,57

NOTA: El rendimiento neto derivado de la aplicación de los signos o módulos anteriores incluye, en su caso, el derivado del asado de pollos, siempre que se desarrolle con carácter accesorio a la actividad principal.

Actividad: Comercio al por menor, en casquerías, de vísceras y despojos procedentes de animales de abasto, frescos y congelados.
Epígrafe I.A.E.: 642.6

Módulo	Definición	Unidad	Rendimiento anual por unidad antes de amortización Euros
1	Personal asalariado	Persona	2.254,90
2	Personal no asalariado	Persona	11.098,14
3	Superficie del local independiente	Metro cuadrado	27,71
4	Superficie local no independiente	Metro cuadrado	69,28
5	Consumo de energía eléctrica	100 Kwh	35,90

Actividad: Comercio al por menor de pescados y otros productos de la pesca y de la acuicultura y de caracoles.
Epígrafe I.A.E.: 643.1 y 2

Módulo	Definición	Unidad	Rendimiento anual por unidad antes de amortización Euros
1	Personal asalariado	Persona	3.823,25
2	Personal no asalariado	Persona	13.296,36
3	Superficie del local independiente	Metro cuadrado	36,53
4	Superficie del local no independiente	Metro cuadrado	113,37
5	Consumo de energía eléctrica	100 Kwh	28,98

Actividad: Comercio al por menor de pan, pastelería, confitería y similares y de leche y productos lácteos.
Epígrafe I.A.E.: 644.1

Módulo	Definición	Unidad	Rendimiento anual por unidad antes de amortización Euros
1	Personal asalariado de fabricación	Persona	6.248,22
2	Resto personal asalariado	Persona	1.058,17
3	Personal no asalariado	Persona	14.530,89
4	Superficie del local de fabricación	Metro cuadrado	49,13
5	Resto superficie local independiente	Metro cuadrado	34,01
6	Resto superficie local no independiente	Metro cuadrado	125,97
7	Superficie del horno	100 Decímetros cuadrados	629,86

NOTA: El rendimiento neto resultante de la aplicación de los signos o módulos anteriores incluye, en su caso, el derivado de la fabricación y comercio al por menor de productos de pastelería salada y platos precocinados, de la degustación de los productos objeto de su actividad acompañados de cualquier tipo de bebidas, cafés, infusiones o solubles, las actividades de «catering» y del comercio al por menor de quesos, embutidos y emparedados, así como de loterías, siempre que estas actividades se desarrollen con carácter accesorio a la actividad principal.

Actividad: Despachos de pan, panes especiales y bollería.
Epígrafe I.A.E.: 644.2

Módulo	Definición	Unidad	Rendimiento anual por unidad antes de amortización Euros
1	Personal asalariado de fabricación	Persona	6.134,85
2	Resto personal asalariado	Persona	1.039,27
3	Personal no asalariado	Persona	14.266,34
4	Superficie del local de fabricación	Metro cuadrado	48,50
5	Resto superficie local independiente	Metro cuadrado	33,38
6	Resto superficie local no independiente	Metro cuadrado	125,97
7	Superficie del horno	100 Decímetros cuadrados	629,86

NOTA: El rendimiento neto resultante de la aplicación de los signos o módulos anteriores incluye, en su caso, el derivado de la comercialización de loterías, siempre que esta actividad se desarrolle con carácter accesorio a la actividad principal.

Actividad: Comercio al por menor de productos de pastelería, bollería y confitería.
Epígrafe I.A.E. 644.3

Módulo	Definición	Unidad	Rendimiento anual por unidad antes de amortización Euros
1	Personal asalariado de fabricación	Persona	6.367,89
2	Resto personal asalariado	Persona	1.014,08
3	Personal no asalariado	Persona	12.912,15
4	Superficie del local de fabricación	Metro cuadrado	43,46
5	Resto superficie local independiente	Metro cuadrado	34,01
6	Resto superficie local no independiente	Metro cuadrado	113,37
7	Superficie del horno	100 Decímetros cuadrados	522,78

NOTA: El rendimiento neto resultante de la aplicación de los signos o módulos anteriores incluye, en su caso, el derivado de la fabricación y comercio al por menor de productos de pastelería salada y platos precocinados, de la degustación de los productos objeto de su actividad acompañados de cualquier tipo de bebidas, cafés, infusiones o solubles, de las actividades de «catering» y del comercio al por menor de quesos, embutidos y emparedados, así como de loterías, siempre que estas actividades se desarrollen con carácter accesorio a la actividad principal.

Actividad: Comercio al por menor de masas fritas, con o sin coberturas o rellenos, patatas fritas, productos de aperitivos, frutos secos, golosinas, preparados de chocolate y bebidas refrescantes.
Epígrafe I.A.E.: 644.6

Módulo	Definición	Unidad	Rendimiento anual por unidad antes de amortización Euros
1	Personal asalariado de fabricación	Persona	6.852,88
2	Resto personal asalariado	Persona	2.254,90
3	Personal no asalariado	Persona	13.214,47
4	Superficie del local de fabricación	Metro cuadrado	27,71
5	Resto superficie local independiente	Metro cuadrado	21,41
6	Resto superficie local no independiente	Metro cuadrado	36,53

NOTA: El rendimiento neto resultante de la aplicación de los signos o módulos anteriores incluye, en su caso, el derivado de la comercialización de loterías, siempre que esta actividad se desarrolle con carácter accesorio a la actividad principal.

Actividad: Comercio al por menor de cualquier clase de productos alimenticios y de bebidas en establecimientos con vendedor.
Epígrafe I.A.E.: 647.1

Módulo	Definición	Unidad	Rendimiento anual por unidad antes de amortización Euros
1	Personal asalariado	Persona	1.026,67
2	Personal no asalariado	Persona	10.839,90
3	Superficie del local independiente	Metro cuadrado	20,15
4	Superficie del local no independiente	Metro cuadrado	68,65
5	Consumo de energía eléctrica	100 Kwh	8,81

NOTA: El rendimiento neto resultante de la aplicación de los signos o módulos anteriores incluye, en su caso, el derivado de la comercialización de loterías, siempre que esta actividad se desarrolle con carácter accesorio a la actividad principal.

Actividad: Comercio al por menor de cualquier clase de productos alimenticios y de bebidas en régimen de autoservicio o mixto en establecimientos cuya sala de ventas tenga una superficie inferior a 400 metros cuadrados.
Epígrafe I.A.E.: 647.2 y 3

Módulo	Definición	Unidad	Rendimiento anual por unidad antes de amortización Euros
1	Personal asalariado	Persona	1.788,80
2	Personal no asalariado	Persona	10.827,31
3	Superficie del local	Metro cuadrado	23,31
4	Consumo de energía eléctrica	100 Kwh	32,75

NOTA: El rendimiento neto resultante de la aplicación de los signos o módulos anteriores incluye, en su caso, el derivado de la comercialización de loterías, siempre que esta actividad se desarrolle con carácter accesorio a la actividad principal.

Actividad: Comercio al por menor de productos textiles, confecciones para el hogar, alfombras y similares y artículos de tapicería.
Epígrafe I.A.E.: 651.1

Módulo	Definición	Unidad	Rendimiento anual por unidad antes de amortización Euros
1	Personal asalariado	Persona	3.010,74
2	Personal no asalariado	Persona	13.812,85
3	Consumo de energía eléctrica	100 Kwh	38,42
4	Superficie del local independiente	Metro cuadrado	35,28
5	Superficie del local no independiente	Metro cuadrado	107,07

Actividad: Comercio al por menor de toda clase de prendas para el vestido y tocado.
Epígrafe I.A.E.: 651.2

Módulo	Definición	Unidad	Rendimiento anual por unidad antes de amortización Euros
1	Personal asalariado	Persona	2.569,83
2	Personal no asalariado	Persona	13.995,51
3	Superficie del local	Metro cuadrado	49,13
4	Consumo de energía eléctrica	100 Kwh	56,69

Actividad: Comercio al por menor de lencería, corsetería y prendas especiales.
Epígrafe I.A.E.: 651.3 y 5

Módulo	Definición	Unidad	Rendimiento anual por unidad antes de amortización Euros
1	Personal asalariado	Persona	2.198,21
2	Personal no asalariado	Persona	11.998,85
3	Superficie del local	Metro cuadrado	47,87
4	Consumo de energía eléctrica	100 Kwh	75,58

Actividad: Comercio al por menor de artículos de mercería y paquetería.
Epígrafe I.A.E.: 651.4

Módulo	Definición	Unidad	Rendimiento anual por unidad antes de amortización Euros
1	Personal asalariado	Persona	1.902,18
2	Personal no asalariado	Persona	10.291,93
3	Superficie del local	Metro cuadrado	28,98
4	Consumo de energía eléctrica	100 Kwh	58,57

Actividad: Comercio al por menor de calzado, artículos de piel e imitación o productos sustitutivos, cinturones, carteras, bolsos, maletas y artículos de viaje en general.
Epígrafe I.A.E.: 651.6

Módulo	Definición	Unidad	Rendimiento anual por unidad antes de amortización Euros
1	Personal asalariado	Persona	3.130,41
2	Personal no asalariado	Persona	13.453,83
3	Superficie del local	Metro cuadrado	27,71
4	Consumo de energía eléctrica	100 Kwh	52,27

Actividad: Comercio al por menor de productos de droguería, perfumería y cosmética, limpieza, pinturas, barnices, disolventes, papeles y otros productos para la decoración y de productos químicos, y de artículos para la higiene y el aseo personal.
Epígrafe I.A.E.: 652.2 y 3

Módulo	Definición	Unidad	Rendimiento anual por unidad antes de amortización Euros
1	Personal asalariado	Persona	3.722,48
2	Personal no asalariado	Persona	12.786,18
3	Consumo de energía eléctrica	100 Kwh	31,49
4	Superficie del local independiente	Metro cuadrado	18,27
5	Superficie del local no independiente	Metro cuadrado	55,43

NOTA: El rendimiento neto resultante de la aplicación de los signos o módulos anteriores incluye en su caso, el derivado de la comercialización de loterías, siempre que esta actividad se desarrolle con carácter accesorio a la actividad principal.

Actividad: Comercio al por menor de muebles.
Epígrafe I.A.E.: 653.1

Módulo	Definición	Unidad	Rendimiento anual por unidad antes de amortización Euros
1	Personal asalariado	Persona	4.075,20
2	Personal no asalariado	Persona	16.200,02
3	Consumo de energía eléctrica	100 Kwh	50,39
4	Superficie del local	Metro cuadrado	16,38

Actividad: Comercio al por menor de material y aparatos eléctricos, electrónicos, electrodomésticos y otros aparatos de uso domestico accionados por otro tipo de energía distinta de la eléctrica, así como muebles de cocina.
Epígrafe I.A.E.: 653.2

Módulo	Definición	Unidad	Rendimiento anual por unidad antes de amortización Euros
1	Personal asalariado	Persona	2.884,77
2	Personal no asalariado	Persona	14.656,86
3	Consumo de energía eléctrica	100 Kwh	100,78
4	Superficie del local independiente	Metro cuadrado	36,53
5	Superficie local no independiente	Metro cuadrado	113,37

Actividad: Comercio al por menor de artículos de menaje, ferretería, adorno, regalo, o reclamo (incluyendo bisutería y pequeños electrodomésticos).
Epígrafe I.A.E.: 653.3

Módulo	Definición	Unidad	Rendimiento anual por unidad antes de amortización Euros
1	Personal asalariado	Persona	3.709,88
2	Personal no asalariado	Persona	15.116,66
3	Consumo de energía eléctrica	100 Kwh	51,02
4	Superficie del local	Metro cuadrado	21,41

Actividad: Comercio al por menor de materiales de construcción, artículos y mobiliario de saneamiento, puertas, ventanas, persianas, etc.
pígrafe I.A.E.: 653.4 y 5

Módulo	Definición	Unidad	Rendimiento anual por unidad antes de amortización Euros
1	Personal asalariado	Persona	3.061,12
2	Personal no asalariado	Persona	16.527,55
3	Consumo de energía eléctrica	100 Kwh	94,48
4	Superficie del local	Metro cuadrado	8,81

Actividad: Comercio al por menor de otros artículos para el equipamiento del hogar n.c.o.p.
Epígrafe I.A.E.: 653.9

Módulo	Definición	Unidad	Rendimiento anual por unidad antes de amortización Euros
1	Personal asalariado	Persona	4.950,71
2	Personal no asalariado	Persona	20.061,07
3	Consumo de energía eléctrica	100 Kwh	81,88
4	Superficie del local	Metro cuadrado	39,68

Actividad: Comercio al por menor de accesorios y piezas de recambio para vehículos terrestres.
Epígrafe I.A.E.: 654.2

Módulo	Definición	Unidad	Rendimiento anual por unidad antes de amortización Euros
1	Personal asalariado	Persona	3.098,92
2	Personal no asalariado	Persona	17.018,84
3	Consumo de energía eléctrica	100 Kwh	201,55
4	Potencia fiscal vehículo	CVF	617,26

Actividad: Comercio al por menor de toda clase de maquinaria (excepto aparatos del hogar, de oficina, médicos, ortopédicos, ópticos y fotográficos).
Epígrafe I.A.E.: 654.5

Módulo	Definición	Unidad	Rendimiento anual por unidad antes de amortización Euros
1	Personal asalariado	Persona	9.422,71
2	Personal no asalariado	Persona	18.858,03
3	Consumo de energía eléctrica	100 Kwh	39,05
4	Potencia fiscal vehículo	CVF	132,27

Actividad: Comercio al por menor de cubiertas, bandas o bandajes y cámaras de aire para toda clase de vehículos, excepto las actividades de comercio al por mayor de los artículos citados.
Epígrafe I.A.E.: 654.6

Módulo	Definición	Unidad	Rendimiento anual por unidad antes de amortización Euros
1	Personal asalariado	Persona	2.746,19
2	Personal no asalariado	Persona	14.222,25
3	Consumo de energía eléctrica	100 Kwh	119,67
4	Potencia fiscal vehículo	CVF	377,92

Actividad: Comercio al por menor de muebles de oficina y de máquinas y equipos de oficina.
Epígrafe I.A.E.: 659.2

Módulo	Definición	Unidad	Rendimiento anual por unidad antes de amortización Euros
1	Personal asalariado	Persona	4.157,08
2	Personal no asalariado	Persona	16.521,25
3	Consumo de energía eléctrica	100 Kwh	56,69
4	Superficie del local	Metro cuadrado	17,01

Actividad: Comercio al por menor de aparatos e instrumentos médicos, ortopédicos, ópticos y fotográficos.
Epígrafe I.A.E.: 659.3

Módulo	Definición	Unidad	Rendimiento anual por unidad antes de amortización Euros
1	Personal asalariado	Persona	7.174,12
2	Personal no asalariado	Persona	19.273,74
3	Consumo de energía eléctrica	100 kwh	119,67
4	Potencia fiscal vehículo	CVF	1.070,76

NOTA: El rendimiento neto resultante de la aplicación de los signos o módulos anteriores incluye, en su caso, el derivado del servicio de recogida de negativos y otro material fotográfico impresionado para su procesado en laboratorio de terceros y la entrega de las correspondientes copias y ampliaciones, siempre que esta actividad se desarrolle con carácter accesorio a la actividad principal de comercio al por menor de aparatos e instrumentos fotográficos.

Actividad: Comercio al por menor de libros, periódicos, artículos de papelería y escritorio y artículos de dibujo y bellas artes, excepto en quioscos situados en la vía pública.
Epígrafe I.A.E.: 659.4

Módulo	Definición	Unidad	Rendimiento anual por unidad antes de amortización Euros
1	Personal asalariado	Persona	4.648,37
2	Personal no asalariado	Persona	17.176,30
3	Consumo de energía eléctrica	100 kwh	57,94
4	Superficie del local	Metro cuadrado	30,86
5	Potencia fiscal vehículo	CVF	535,38

NOTA: El rendimiento neto resultante de la aplicación de los signos o módulos anteriores incluye, en su caso, el derivado de la venta de artículos de escaso valor tales como dulces, artículos de fumador, etc., los servicios de comercialización de tarjetas de transporte público, tarjetas para uso telefónico y otras similares, así como loterías, siempre que estas actividades se desarrollen con carácter accesorio a la actividad principal.

Actividad: Comercio al por menor de prensa, revistas y libros en quioscos situados en la vía pública.
Epígrafe I.A.E.: 659.4

Módulo	Definición	Unidad	Rendimiento anual por unidad antes de amortización Euros
1	Personal asalariado	Persona	3.476,83
2	Personal no asalariado	Persona	17.220,39
3	Consumo de energía eléctrica	100 Kwh	403,11
4	Superficie del local	Metro cuadrado	844,02

NOTA: El rendimiento neto resultante de la aplicación de los signos o módulos anteriores incluye, en su caso, el derivado de la venta de artículos de escaso valor tales como dulces, artículos de fumador, etc., los servicios de publicidad exterior y comercialización de tarjetas de transporte público, tarjetas para uso telefónico y otras similares, así como loterías, siempre que estas actividades se desarrollen con carácter accesorio a la actividad principal.

Actividad: Comercio al por menor de juguetes, artículos de deporte, prendas deportivas de vestido, calzado y tocado, armas, cartuchería y artículos de pirotecnia.
Epígrafe I.A.E.: 659.6

Módulo	Definición	Unidad	Rendimiento anual por unidad antes de amortización Euros
1	Personal asalariado	Persona	2.916,26
2	Personal no asalariado	Persona	13.258,56
3	Consumo de energía eléctrica	100 Kwh	138,57
4	Superficie del local	Metro cuadrado	32,75

Actividad: Comercio al por menor de semillas, abonos, flores y plantas y pequeños animales.
Epígrafe I.A.E. 659.7

Módulo	Definición	Unidad	Rendimiento anual por unidad antes de amortización Euros
1	Personal asalariado	Persona	4.988,50
2	Personal no asalariado	Persona	16.124,43
3	Potencia fiscal vehículo	CVF	258,24

Actividad: Comercio al por menor de toda clase de artículos, incluyendo alimentación y bebidas, en establecimientos distintos de los especificados en el Grupo 661 y en el epígrafe 662.1.
Epígrafe I.A.E.: 662.2

Módulo	Definición	Unidad	Rendimiento anual por unidad antes de amortización Euros
1	Personal asalariado	Persona	4.868,82
2	Personal no asalariado	Persona	9.429,01
3	Consumo de energía eléctrica	100 Kwh	28,98
4	Superficie del local	Metro cuadrado	37,79

NOTA: El rendimiento neto resultante de la aplicación de los signos o módulos anteriores incluye en su caso, el derivado de la comercialización de loterías, siempre que esta actividad se desarrolle con carácter accesorio a la actividad principal.

Actividad: Comercio al por menor fuera de un establecimiento comercial permanente de productos alimenticios, incluso bebidas y helados.
Epígrafe I.A.E.: 663.1

Módulo	Definición	Unidad	Rendimiento anual por unidad antes de amortización Euros
1	Personal asalariado	Persona	1.398,29
2	Personal no asalariado	Persona	13.989,21
3	Potencia fiscal vehículo	CVF	113,37

Actividad: Comercio al por menor fuera de un establecimiento comercial permanente de artículos textiles y de confección.
Epígrafe I.A.E.: 663.2

Módulo	Definición	Unidad	Rendimiento anual por unidad antes de amortización Euros
1	Personal asalariado	Persona	2.991,84
2	Personal no asalariado	Persona	13.982,91
3	Potencia fiscal vehículo	CVF	239,34

Actividad: Comercio al por menor fuera de un establecimiento comercial permanente de calzado, pieles y artículos de cuero.
Epígrafe I.A.E.: 663.3

Módulo	Definición	Unidad	Rendimiento anual por unidad antes de amortización Euros
1	Personal asalariado	Persona	2.613,92
2	Personal no asalariado	Persona	11.186,32
3	Potencia fiscal vehículo	CVF	151,16

Actividad: Comercio al por menor fuera de un establecimiento comercial permanente de artículos de droguería y cosméticos y de productos químicos en general.
Epígrafe I.A.E.: 663.4

Módulo	Definición	Unidad	Rendimiento anual por unidad antes de amortización Euros
1	Personal asalariado	Persona	3.678,39
2	Personal no asalariado	Persona	12.641,30
3	Potencia fiscal vehículo	CVF	113,37

Actividad: Comercio al por menor fuera de un establecimiento comercial permanente de otras clases de mercancías n.c.o.p.
Epígrafe I.A.E.: 663.9

Módulo	Definición	Unidad	Rendimiento anual por unidad antes de amortización Euros
1	Personal asalariado	Persona	5.448,29
2	Personal no asalariado	Persona	10.537,57
3	Potencia fiscal vehículo	CVF	283,44

Actividad: Restaurantes de dos tenedores.
Epígrafe I.A.E.: 671.4

Módulo	Definición	Unidad	Rendimiento anual por unidad antes de amortización Euros
1	Personal asalariado	Persona	3.709,88
2	Personal no asalariado	Persona	17.434,55
3	Potencia eléctrica	Kw. contratado	201,55
4	Mesas	Mesa	585,77
5	Máquinas tipo «A»	Máquina tipo «A»	1.077,06
6	Máquinas tipo «B»	Máquina tipo «B»	3.810,65

NOTA: El rendimiento neto resultante de la aplicación de los signos o módulos anteriores incluye, en su caso, el derivado de máquinas de recreo tales como billar, futbolín, dardos, etc…, así como de los expositores de cintas, vídeos, compact-disc, expendedores de bolas, etc…, máquinas de juegos infantiles, máquinas reproductoras de compact-disc y vídeos musicales, loterías, máquinas de apuestas deportivas y el servicio de uso de teléfono, siempre que se realicen con carácter accesorio a la actividad principal.

Actividad: Restaurantes de un tenedor.
Epígrafe I.A.E.: 671.5

Módulo	Definición	Unidad	Rendimiento anual por unidad antes de amortización Euros
1	Personal asalariado	Persona	3.602,80
2	Personal no asalariado	Persona	16.174,82
3	Potencia eléctrica	Kw. contratado	125,97
4	Mesas	Mesa	220,45
5	Máquinas tipo «A»	Máquina tipo «A»	1.077,06
6	Máquinas tipo «B»	Máquina tipo «B»	3.810,65

NOTA: El rendimiento neto resultante de la aplicación de los signos o módulos anteriores incluye, en su caso, el derivado de máquinas de recreo tales como billar, futbolín, dardos, etc…, así como de los expositores de cintas, vídeos, compact-disc, expendedores de bolas, etc…, máquinas de juegos infantiles, máquinas reproductoras de compact-disc y vídeos musicales, loterías, máquinas de apuestas deportivas y el servicio de uso de teléfono, siempre que se realicen con carácter accesorio a la actividad principal.

Actividad: Cafeterías.
Epígrafe I.A.E.: 672.1, 2 y 3

Módulo	Definición	Unidad	Rendimiento anual por unidad antes de amortización Euros
1	Personal asalariado	Persona	1.448,68
2	Personal no asalariado	Persona	13.743,56
3	Potencia eléctrica	Kw. contratado	478,69
4	Mesas	Mesa	377,92
5	Máquinas tipo «A»	Máquina tipo «A»	957,39
6	Máquinas tipo «B»	Máquina tipo «B»	3.747,67

NOTA: El rendimiento neto resultante de la aplicación de los signos o módulos anteriores incluye, en su caso, el derivado de máquinas de recreo tales como billar, futbolín, dardos, etc…, así como de los expositores de cintas, vídeos, compact-disc, expendedores de bolas, etc…, máquinas de juegos infantiles, máquinas reproductoras de compact-disc y vídeos musicales, loterías, máquinas de apuestas deportivas y el servicio de uso de teléfono, siempre que se realicen con carácter accesorio a la actividad principal.

Actividad: Cafés y bares de categoría especial.
Epígrafe I.A.E.: 673.1

Módulo	Definición	Unidad	Rendimiento anual por unidad antes de amortización Euros
1	Personal asalariado	Persona	4.056,30
2	Personal no asalariado	Persona	15.538,66
3	Potencia eléctrica	Kw. contratado	321,23
4	Mesas	Mesa	233,04
5	Longitud de barra	Metro	371,62
6	Máquinas tipo «A»	Máquina tipo «A»	957,39
7	Máquinas tipo «B»	Máquina tipo «B»	2.903,66

NOTA: El rendimiento neto resultante de la aplicación de los signos o módulos anteriores incluye, en su caso, el derivado de máquinas de recreo tales como billar, futbolín, dardos, etc…, así como de los expositores de cintas, vídeos, compact-disc, expendedores de bolas, etc…, máquinas de juegos infantiles, máquinas reproductoras de compact-disc y vídeos musicales, loterías, máquinas de apuestas deportivas y el servicio de uso de teléfono, siempre que se realicen con carácter accesorio a la actividad principal.

Actividad: Otros cafés y bares.
Epígrafe I.A.E.: 673.2

Módulo	Definición	Unidad	Rendimiento anual por unidad antes de amortización Euros
1	Personal asalariado	Persona	1.643,93
2	Personal no asalariado	Persona	11.413,08
3	Potencia eléctrica	Kw. contratado	94,48
4	Mesas	Mesa	119,67
5	Longitud de barra	Metro	163,76
6	Máquinas tipo «A»	Máquina tipo «A»	806,23
7	Máquinas tipo «B»	Máquina tipo «B»	2.947,75

NOTA: El rendimiento neto resultante de la aplicación de los signos o módulos anteriores incluye, en su caso, el derivado de máquinas de recreo tales como billar, futbolín, dardos, etc..., así como de los expositores de cintas, vídeos, compact-disc, expendedores de bolas, etc..., máquinas de juegos infantiles, máquinas reproductoras de compact-disc y vídeos musicales, loterías, máquinas de apuestas deportivas y el servicio de uso de teléfono, siempre que se realicen con carácter accesorio a la actividad principal.

Actividad: Servicios en quioscos, cajones, barracas u otros locales análogos.
Epígrafe I.A.E.: 675

Módulo	Definición	Unidad	Rendimiento anual por unidad antes de amortización Euros
1	Personal asalariado	Persona	2.802,88
2	Personal no asalariado	Persona	14.461,60
3	Potencia eléctrica	Kw. contratado	107,07
4	Superficie del local	Metro cuadrado	26,45

NOTA: El rendimiento neto resultante de la aplicación de los signos o módulos anteriores incluye en su caso, el derivado de la comercialización de loterías, siempre que esta actividad se desarrolle con carácter accesorio a la actividad principal.

Actividad: Servicios en chocolaterías, heladerías y horchaterías.
Epígrafe I.A.E.: 676

Módulo	Definición	Unidad	Rendimiento anual por unidad antes de amortización Euros
1	Personal asalariado	Persona	2.418,67
2	Personal no asalariado	Persona	20.016,97
3	Potencia eléctrica	Kw. contratado	541,68
4	Mesas	Mesa	220,45
5	Máquinas tipo «A»	Máquina tipo «A»	806,23

NOTA: El rendimiento neto derivado de la aplicación de los signos o módulos anteriores, incluye, en su caso, el derivado de las actividades de elaboración de chocolates, helados y horchatas, el servicio al público de helados, horchatas, chocolates, infusiones, café y solubles, bebidas refrescantes, así como productos de bollería, pastelería, confitería y repostería que normalmente se acompañan para la degustación de los productos anteriores, y de máquinas de recreo tales como balancines, caballitos, animales parlantes, etc..., así como de la comercialización de loterías, siempre que se desarrollen con carácter accesorio a la actividad principal.

Actividad: Servicio de hospedaje en hoteles y moteles de una o dos estrellas.
Epígrafe I.A.E.: 681

Módulo	Definición	Unidad	Rendimiento anual por unidad antes de amortización Euros
1	Personal asalariado	Persona	6.223,02
2	Personal no asalariado	Persona	20.438,98
3	Número de plazas	Plaza	371,62

NOTA: El rendimiento neto resultante de la aplicación de los signos o módulos anteriores incluye en su caso, el derivado de la comercialización de loterías, siempre que esta actividad se desarrolle con carácter accesorio a la actividad principal.

Actividad: Servicio de hospedaje en hostales y pensiones.
Epígrafe I.A.E.: 682

Módulo	Definición	Unidad	Rendimiento anual por unidad antes de amortización Euros
1	Personal asalariado	Persona	5.145,96
2	Personal no asalariado	Persona	17.541,62
3	Número de plazas	Plaza	270,85

Actividad: Servicio de hospedaje en fondas y casas de huéspedes.
Epígrafe I.A.E.: 683

Módulo	Definición	Unidad	Rendimiento anual por unidad antes de amortización Euros
1	Personal asalariado	Persona	4.478,31
2	Personal no asalariado	Persona	14.587,57
3	Número de plazas	Plaza	132,27

Actividad: Reparación de artículos eléctricos para el hogar.
Epígrafe I.A.E.: 691.1

Módulo	Definición	Unidad	Rendimiento anual por unidad antes de amortización Euros
1	Personal asalariado	Persona	4.314,54
2	Personal no asalariado	Persona	15.538,66
3	Superficie del local	Metro cuadrado	17,01

Actividad: Reparación de vehículos automóviles, bicicletas y otros vehículos.
Epígrafe I.A.E.: 691.2

Módulo	Definición	Unidad	Rendimiento anual por unidad antes de amortización Euros
1	Personal asalariado	Persona	4.157,08
2	Personal no asalariado	Persona	17.094,42
3	Superficie del local	Metro cuadrado	27,08

NOTA: El rendimiento neto derivado de la aplicación de los signos o módulos anteriores incluye, en su caso, el derivado de las actividades profesionales relacionadas con los seguros del ramo del automóvil, siempre que se desarrollen con carácter accesorio a la actividad principal.

Actividad: Reparación de calzado.
Epígrafe I.A.E.: 691.9

Módulo	Definición	Unidad	Rendimiento anual por unidad antes de amortización Euros
1	Personal asalariado	Persona	1.845,50
2	Personal no asalariado	Persona	10.014,78
3	Consumo de energía eléctrica	100 Kwh	125,97

Actividad: Reparación de otros bienes de consumo n.c.o.p. (excepto reparación de calzado, restauración de obras de arte, muebles, antigüedades e instrumentos musicales).
Epígrafe I.A.E.: 691.9

Módulo	Definición	Unidad	Rendimiento anual por unidad antes de amortización Euros
1	Personal asalariado	Persona	4.094,10
2	Personal no asalariado	Persona	16.187,42
3	Superficie del local	Metro cuadrado	45,35

Actividad: Reparación de maquinaria industrial.
Epígrafe I.A.E.: 692

Módulo	Definición	Unidad	Rendimiento anual por unidad antes de amortización Euros
1	Personal asalariado	Persona	4.409,02
2	Personal no asalariado	Persona	18.146,29
3	Superficie del local	Metro cuadrado	94,48

Actividad: Otras reparaciones n.c.o.p.
Epígrafe I.A.E.: 699

Módulo	Definición	Unidad	Rendimiento anual por unidad antes de amortización Euros
1	Personal asalariado	Persona	3.703,58
2	Personal no asalariado	Persona	15.230,03
3	Superficie del local	Metro cuadrado	88,18

Actividad: Transporte urbano colectivo y de viajeros por carretera.
Epígrafe I.A.E.: 721.1 y 3

Módulo	Definición	Unidad	Rendimiento anual por unidad antes de amortización Euros
1	Personal asalariado	Persona	2.981,02
2	Personal no asalariado	Persona	16.016,97
3	Número de asientos	Asiento	121,40

Actividad: Transporte por autotaxis.
Epígrafe I.A.E.: 721.2

Módulo	Definición	Unidad	Rendimiento anual por unidad antes de amortización Euros
1	Personal asalariado	Persona	1.346,27
2	Personal no asalariado	Persona	7.656,89
3	Distancia recorrida	1.000 Kilómetros	45,08

NOTA: El rendimiento neto resultante de la aplicación de los signos o módulos anteriores incluye, en su caso, el derivado de la prestación de servicios de publicidad que utilicen como soporte el vehículo, siempre que se desarrollen con carácter accesorio a la actividad principal.

Actividad: Transporte de mercancías por carretera.
Epígrafe I.A.E.: 722

Módulo	Definición	Unidad	Rendimiento anual por unidad antes de amortización Euros
1	Personal asalariado	Persona	2.728,59
2	Personal no asalariado	Persona	10.090,99
3	Carga vehículos	Tonelada	126,21

NOTA: El rendimiento neto resultante de la aplicación de los signos o módulos anteriores incluye, en su caso, el derivado de las actividades auxiliares y complementarias del transporte, tales como agencias de transportes, depósitos y almacenamiento de mercancías, etc., siempre que se desarrollen con carácter accesorio a la actividad principal

Actividad: Engrase y lavado de vehículos.
Epígrafe I.A.E.: 751.5

Módulo	Definición	Unidad	Rendimiento anual por unidad antes de amortización Euros
1	Personal asalariado	Persona	4.667,27
2	Personal no asalariado	Persona	19.191,86
3	Superficie del local	Metro cuadrado	30,23

Actividad: Servicios de mudanzas.
Epígrafe I.A.E.: 757

Módulo	Definición	Unidad	Rendimiento anual por unidad antes de amortización Euros
1	Personal asalariado	Persona	2.566,32
2	Personal no asalariado	Persona	10.175,13
3	Carga vehículos	Tonelada	48,08

Actividad: Transporte de mensajería y recadería, cuando la actividad se realice exclusivamente con medios de transporte propios.
Epígrafe I.A.E.: 849.5

Módulo	Definición	Unidad	Rendimiento anual por unidad antes de amortización Euros
1	Personal asalariado	Persona	2.728,59
2	Personal no asalariado	Persona	10.090,99
3	Carga vehículos	Tonelada	126,21

Actividad: Enseñanza de conducción de vehículos terrestres, acuáticos, aeronáuticos, etc.
Epígrafe I.A.E.: 933.1

Módulo	Definición	Unidad	Rendimiento anual por unidad antes de amortización Euros
1	Personal asalariado	Persona	3.067,42
2	Personal no asalariado	Persona	20.596,45
3	Número de vehículos	Vehículo	774,72
4	Potencia fiscal vehículo	CVF	258,24

Actividad: Otras actividades de enseñanza, tales como idiomas corte y confección, mecanografía, taquigrafía, preparación de exámenes y oposiciones y similares n.c.o.p.
Epígrafe I.A.E.: 933.9

Módulo	Definición	Unidad	Rendimiento anual por unidad antes de amortización Euros
1	Personal asalariado	Persona	1.253,49
2	Personal no asalariado	Persona	15.727,62
3	Superficie del local	Metro cuadrado	62,36

Actividad: Escuelas y servicios de perfeccionamiento del deporte.
Epígrafe I.A.E.: 967.2

Módulo	Definición	Unidad	Rendimiento anual por unidad antes de amortización Euros
1	Personal asalariado	Persona	7.035,55
2	Personal no asalariado	Persona	14.215,95
3	Superficie del local	Metro cuadrado	34,01

Actividad: Tinte, limpieza en seco, lavado y planchado de ropas hechas y de prendas y artículos del hogar usados.
Epígrafe I.A.E.: 971.1

Módulo	Definición	Unidad	Rendimiento anual por unidad antes de amortización Euros
1	Personal asalariado	Persona	4.553,90
2	Personal no asalariado	Persona	16.773,19
3	Consumo de energía eléctrica	100 Kwh	45,98

Actividad: Servicios de peluquería de señora y caballero.
Epígrafe I.A.E. 972.1

Módulo	Definición	Unidad	Rendimiento anual por unidad antes de amortización Euros
1	Personal asalariado	Persona	3.161,90
2	Personal no asalariado	Persona	9.649,47
3	Superficie del local	Metro cuadrado	94,48
4	Consumo de energía eléctrica	100 Kwh	81,88

NOTA: El rendimiento neto resultante de la aplicación de los signos o módulos anteriores incluye, en su caso, el derivado del comercio al por menor de artículos de cosmética capilar y productos de peluquería, así como de los servicios de manicura, depilación, pedicura y maquillaje, siempre que estas actividades se desarrollen con carácter accesorio a la actividad principal.

Actividad: Salones e institutos de belleza.
Epígrafe I.A.E. 972.2

Módulo	Definición	Unidad	Rendimiento anual por unidad antes de amortización Euros
1	Personal asalariado	Persona	1.788,80
2	Personal no asalariado	Persona	14.896,21
3	Superficie del local	Metro cuadrado	88,18
4	Consumo de energía eléctrica	100 Kwh	55,43

NOTA: El rendimiento neto resultante de la aplicación de los signos o módulos anteriores incluye, en su caso, el derivado del comercio al por menor de artículos de cosmética y belleza, siempre que este comercio se limite a los productos necesarios para la continuación de tratamientos efectuados en el salón.

Actividad: Servicios de copias de documentos con máquinas fotocopiadoras.
Epígrafe I.A.E.: 973.3

Módulo	Definición	Unidad	Rendimiento anual por unidad antes de amortización Euros
1	Personal asalariado	Persona	4.125,59
2	Personal no asalariado	Persona	17.044,03
3	Potencia eléctrica	Kw. contratado	541,68

NOTA: El rendimiento neto resultante de la aplicación de los signos o módulos anteriores incluye, en su caso, el derivado de los servicios de reproducción de planos y la encuadernación de sus trabajos, siempre que estas actividades se desarrollen con carácter accesorio a la actividad principal de servicios de copias de documentos con máquinas fotocopiadoras.

NOTA COMÚN: El rendimiento neto resultante de la aplicación de los signos o módulos anteriores, incluye, en su caso, el derivado del comercio al por menor de labores de tabaco, realizado en régimen de autorizaciones de venta con recargo, incluso el desarrollado a través de máquinas automáticas.

(...)

INSTRUCCIONES PARA LA APLICACIÓN DE LOS SIGNOS, ÍNDICES O MÓDULOS EN EL IMPUESTO SOBRE LA RENTA DE LAS PERSONAS FÍSICAS

NORMAS GENERALES

1. El rendimiento neto resultará de la suma de los rendimientos netos que correspondan a cada una de las actividades contempladas en este Anexo.

2. El rendimiento neto correspondiente a cada actividad se obtendrá aplicando el procedimiento establecido a continuación:

2.1 **Fase 1**: *Rendimiento neto previo.*

El rendimiento neto previo será la suma de las cuantías correspondientes a los signos o módulos previstos para la actividad. La cuantía de los signos o módulos, a su vez, se calculará multiplicando la cantidad asignada a cada unidad de ellos por el número de unidades del mismo empleadas, utilizadas o instaladas en la actividad. Cuando este número no sea un número entero se expresará con dos decimales.

En la cuantificación del número de unidades de los distintos signos o módulos se tendrán en cuenta las reglas siguientes:

1ª) *Personal no asalariado*. Personal no asalariado es el empresario. También tendrán esta consideración, su cónyuge y los hijos menores que convivan con él, cuando, trabajando efectivamente en la actividad, no constituyan personal asalariado de acuerdo con lo establecido en la regla siguiente.

Se computará como una persona no asalariada el empresario. En aquellos supuestos que pueda acreditarse una dedicación inferior a 1.800 horas/año por causas objetivas, tales como jubilación, incapacidad, pluralidad de actividades o cierre temporal de la explotación, se computará el tiempo efectivo dedicado a la actividad. En estos supuestos, para la cuantificación de las tareas de dirección, organización y planificación de la actividad y, en general, las inherentes a la titularidad de la misma, se computará al empresario en 0,25 personas/año, salvo cuando se acredite una dedicación efectiva superior o inferior.

Para el resto de personas no asalariadas se computará como una persona no asalariada la que trabaje en la actividad al menos mil ochocientas horas/año.

Cuando el número de horas de trabajo al año sea inferior a mil ochocientas, se estimará como cuantía de la persona no asalariada la proporción existente entre número de horas efectivamente trabajadas en el año y mil ochocientas.

El personal no asalariado con un grado de discapacidad igual o superior al 33 % se computará al 75 por 100.

Cuando el cónyuge o los hijos menores tengan la condición de no asalariados se computarán al 50 por 100, siempre que el titular de la actividad se compute por entero, antes de aplicar, en su caso, la reducción prevista en el párrafo anterior, y no haya más de una persona asalariada. Esta reducción se practicará después de haber aplicado, en su caso, la correspondiente por grado de discapacidad igual o superior al 33 %.

2ª) *Personal asalariado*: Persona asalariada es cualquier otra que trabaje en la actividad.

En particular, tendrán la consideración de personal asalariado el cónyuge y los hijos menores del sujeto pasivo que convivan con él, siempre que, existiendo el oportuno contrato laboral y la afiliación al régimen general de la Seguridad Social, trabajen habitualmente y con continuidad en la actividad empresarial desarrollada por el contribuyente. No se computarán como personas asalariadas los alumnos de formación profesional específica que realicen el módulo obligatorio de formación en centros de trabajo.

Se computará como una persona asalariada la que trabaje el número de horas anuales por trabajador fijado en el convenio colectivo correspondiente o, en su defecto, mil ochocientas horas/año. Cuando el número de horas de trabajo al año sea inferior o superior, se estimará como cuantía de la persona asalariada la proporción existente entre el número de horas efectivamente trabajadas y las fijadas en el convenio colectivo o, en su defecto, mil ochocientas.

Se computará en un 60 por 100 al personal asalariado menor de diecinueve años y al que preste sus servicios bajo un contrato de aprendizaje o para la formación. Cuando el personal asalariado sea una persona con discapacidad, con grado de discapacidad igual o superior al 33 %, se computará en un 40 por 100. Estas reducciones serán incompatibles entre sí.

3.ª) *Superficie del local.* Por superficie del local se tomará la definida en la Regla 14ª.1.F, letras a), b), c) y h) de la Instrucción para la aplicación de las Tarifas del Impuesto sobre Actividades Económicas, aprobada por Real Decreto Legislativo 1175/1990, de 28 de septiembre[2]

---

[2]   «F) Superficie de los locales.

a) A efectos de la aplicación del elemento superficie a que se refiere la nota común de la Sección 1.ª y la segunda nota común de la Sección 2.ª de las Tarifas, se entiende por locales en los que se ejercen las actividades gravadas los definidos como tales en la Regla 6.ª de la presente Instrucción.

b) A tal fin, se tomará como superficie de los locales la total comprendida dentro del polígono de los mismos, expresada en metros cuadrados y, en su caso, por la suma de la de todas sus plantas.

No obstante lo previsto en el párrafo anterior, solo se tomará como superficie:

1.º El 20 por 100 de la superficie no construida o descubierta y que se dedique a depósitos de materias primas o de productos de cualquier clase, secaderos al aire libre, depósitos de agua y, en general, a cualquier aspecto de la actividad de que se trate. No obstante lo anterior, tratándose de instalaciones deportivas directamente afectas a actividades gravadas, o a algún aspecto de éstas, solo se computará el 5 por 100 de su superficie, excepto la ocupada por gradas, graderíos y demás instalaciones permanentes destinadas a la ubicación del público asistente a los espectáculos deportivos, de la cual se computará el 20 por 100.

En consecuencia, no se computará, a ningún efecto, la superficie no construida o descubierta en la que no se realice directamente la actividad de que se trate, o algún aspecto de ésta, tal como la destinada a viales, jardines, zonas de seguridad, aparcamientos, etc.

2.º El 40 por ciento de la superficie utilizada para actividades de temporada mediante la ocupación de la vía pública con puestos y similares.

En aquellas actividades para las que las Tarifas prevean una reducción en la cuota correspondiente a su epígrafe o grupo mediante la aplicación de un porcentaje sobre la misma, por permanecer abierto el establecimiento durante un periodo inferior al año, dicho porcentaje será de aplicación también a la superficie de los locales.

3.º El 10 por 100 de la superficie cubierta o construida de toda clase de instalaciones deportivas y locales dedicados a espectáculos cinematográficos, teatrales y análogos, excepto la ocupada por gradas, graderíos y asientos y demás instalaciones permanentes destinadas a la ubicación del público asistente a los espectáculos deportivos, cinematográficos, teatrales y análogos de la cual se computará el 50 por 100.

4.º El 50 por 100 de la superficie de los locales destinados a la enseñanza en todos sus grados, cuando la actividad no esté exenta.

5.º El 55 por 100 de la superficie de los almacenes y depósitos de todas clases.

6.º El 55 por 100 de la superficie de los aparcamientos cubiertos.

c) Del número total de metros cuadrados que resulte de aplicar las normas contenidas en la letra b) anterior, se deducirá, en todo caso, el 5 por 100 en concepto de zonas destinadas a huecos, comedores de empresa, ascensores, escaleras y demás elementos no directamente afectos a la actividad gravada.

Tratándose de la actividad de hospedaje, la deducción a que se refiere el párrafo anterior será del 40 por ciento, si bien dicha deducción se aplicará, exclusivamente, sobre el número total de metros cuadrados de superficie construida destinada directamente a la referida actividad principal de hospedaje.

(...)

h) Los locales en los que los sujetos pasivos por cuota mínima municipal no ejerzan directamente sus actividades respectivas, tales como centros de dirección, oficinas administrativas, centros de cálculo, almacenes o depósitos para los que se esté facultado, etc., tributarán cada uno de ellos por una cuota mínima de las previstas en el párrafo segundo de apartado 1 de la Regla 10.ª Dicha cuota mínima estará integrada, exclusivamente, por el importe que resulte de aplicar el cuadro que corresponda de los contenidos en la letra d) anterior, sin que proceda ponderar dicho importe por aplicación del coeficiente resultante del cuadro contenido en la letra e)».

y en la disposición adicional cuarta, letra f)[3], de la Ley 51/2002, de 27 de diciembre, de reforma de la Ley 39/1988, de 28 de diciembre, Reguladora de las Haciendas Locales.

4.ª) *Local independiente y local no independiente.* Por local independiente se entenderá el que disponga de sala de ventas para atención al público. Por local no independiente se entenderá el que no disponga de la sala de ventas propia para atención al público por estar ubicado en el interior de otro local, galería o mercado.

A estos efectos se considerarán locales independientes aquellos que deban tributar según lo dispuesto en la Regla 14ª.1.F, letra h) de la Instrucción para la aplicación de las Tarifas del Impuesto sobre Actividades Económicas, aprobada por Real Decreto Legislativo 1175/1990, de 28 de septiembre.

5.ª) *Consumo de energía eléctrica.* Por consumo de energía eléctrica se entenderá la facturada por la empresa suministradora. Cuando en la factura se distinga entre energía activa y reactiva, solo se computará la primera.

6.ª) *Potencia eléctrica.* Por potencia eléctrica se entenderá la contratada con la empresa suministradora de la energía.

7.ª) *Superficie del horno.* Por superficie del horno se entenderá la que corresponda a las características técnicas del mismo.

8.ª) *Mesas.* La unidad mesa se entenderá referida a la susceptible de ser ocupada por cuatro personas. Las mesas de capacidad superior o inferior aumentarán o reducirán la cuantía del módulo aplicable en la proporción correspondiente.

9.ª) *Número de habitantes.* El número de habitantes será el de la población de derecho del municipio, constituida por el total de los residentes inscritos en el Padrón Municipal de Habitantes, presentes y ausentes. La condición de residentes se adquiere en el momento de realizar tal inscripción.

10.ª) *Carga del vehículo.* La capacidad de carga de un vehículo o conjunto de vehículos será igual a la diferencia entre la masa total máxima autorizada determinada teniendo en cuenta las posibles limitaciones administrativas, que en su caso, se reseñen en las Tarjetas de Inspección Técnica, con el límite de cuarenta toneladas, y la suma de las taras correspondientes a los vehículos portantes (peso en vacío del camión, remolque, semirremolque y cabeza tractora), expresada, según proceda, en kilogramos o toneladas, estas últimas con dos cifras decimales.

En el caso de cabezas tractoras que utilicen distintos semirremolques su tara se evaluará en ocho toneladas como máximo.

Cuando el transporte se realice exclusivamente con contenedores, la tara de éstos se evaluará en tres toneladas.

---

[3] «f) A efectos de la determinación del elemento tributario "superficie de los locales" no solo no se computará, sino que se deducirá específicamente de la superficie correspondiente a los elementos directamente afectos a la actividad gravada:

La superficie destinada a guardería o cuidado de hijos del personal o clientes del sujeto pasivo.

La superficie destinada a actividades socioculturales del personal del sujeto pasivo.

Lo dispuesto en este párrafo también se aplicará a efectos de la determinación de aquellas cuotas para cuyo cálculo las tarifas del impuesto tengan en cuenta expresamente, como elemento tributario, la superficie de los locales, computada en metros cuadrados, en los que se ejercen las actividades correspondientes.

La superficie a deducir en virtud de lo dispuesto en esta letra no podrá exceder del 10 por 100 de la superficie computable correspondiente a los elementos directamente afectos a la actividad gravada».

11.ª) *Plazas.* Por plazas se entenderá el número de unidades de capacidad de alojamiento del establecimiento.

12.ª) *Asientos.* Por asientos se entenderá el número de unidades que figura en la Tarjeta de Inspección Técnica del vehículo, excluido el del conductor y el del guía.

13.ª) *Máquinas recreativas.* Se considerarán máquinas recreativas tipo «A» o «B», las definidas como tales en los artículos 4[o4] y 5[o5], respectivamente, del Reglamento de Máquinas Recreativas y de Azar, aprobado por Real Decreto 2110/1998, de 2 de octubre.

No se computarán, sin embargo, las que sean propiedad del titular de la actividad.

14.ª) *Potencia fiscal del vehículo.* El módulo CVF vendrá definido por la potencia fiscal que figura en la Tarjeta de Inspección Técnica.

15.ª) *Longitud de la barra.* A efectos del módulo longitud de la barra, se entenderá por barra el mostrador donde se sirven y apoyan las bebidas y alimentos solicitados por los clientes. Su longitud, que se expresará en metros, con dos decimales, se medirá por el lado del público y de ella se excluirá la zona reservada al servicio de camareros. Si existiesen barras auxiliares de apoyo adosadas a las paredes, pilares, etc., dispongan o no de taburetes, se incluirá su longitud para el cálculo del módulo.

2.2 **Fase 2**: *Rendimiento neto minorado.*

El rendimiento neto previo se minorará en el importe de los incentivos al empleo y la inversión, en la forma que se establece a continuación, dando lugar al rendimiento neto minorado.

a) Minoración por incentivos al empleo

---

4   Artículo 4. *Definiciones y régimen.* «1. Son máquinas de tipo «A» o recreativas todas aquellas de mero pasatiempo o recreo que se limitan a conceder al usuario un tiempo de uso o de juego a cambio del precio de la partida, sin que puedan conceder ningún tipo de premio en metálico, en especie o en forma de puntos canjeables por objetos o dinero.

2. Se incluyen también en este grupo de máquinas de tipo «A» las que ofrezcan como único aliciente adicional y por causa de la habilidad del jugador la posibilidad de continuar jugando por el mismo importe inicial en forma de prolongación de la propia partida o de otras adicionales, que en ningún caso podrá ser canjeada por dinero o especie.

3. Podrán ser inscritos como modelos de máquinas de tipo «A» aquéllos en los que, modificando solamente los mandos y el cristal de pantalla, puedan introducirse nuevos juegos que cumplan los requisitos de los apartados anteriores. En este caso bastará comunicar a la Comisión Nacional del Juego el nuevo juego introducido, con mención del número de inscripción y con indicación abreviada del nuevo juego, para su constancia en el Registro de Modelos.

4. No se podrán homologar ni inscribir en el Registro las máquinas cuya utilización implique el uso de imágenes o la realización de actividades propias de locales no autorizados para menores o que de cualquier manera puedan herir la sensibilidad o perjudicar la formación de la infancia y de la juventud. Quedan también prohibidas las máquinas recreativas que transmitan mensajes contrarios a los derechos reconocidos en la Constitución Española y, en especial, los que contengan elementos racistas, sexistas, pornográficos o que hagan apología de la violencia.

5. Se incluyen como máquinas de tipo «A» las denominadas de realidad virtual, simulación y análogas, siempre y cuando el usuario intervenga en el desarrollo de los juegos».

5   Artículo 5. *Definición.* «1. Son máquinas de tipo «B» aquellas que, a cambio del precio de la partida, conceden al usuario un tiempo de uso o de juego y, eventualmente de acuerdo con el programa de juego, un premio en metálico.

2. Además se considerarán también como máquinas de tipo «B», las máquinas que por incluir algún elemento de juego, apuesta, envite o azar incluya en este tipo el Ministerio del Interior, siempre que no estén afectadas por alguna de las exclusiones contempladas en el artículo 2».

Para practicar la minoración por incentivos al empleo se tendrá en cuenta lo siguiente:

1.º Si en el año que se liquida hubiese tenido lugar un incremento del número de personas asalariadas, por comparación al año inmediato anterior, se calculará, en primer lugar, la diferencia entre el número de unidades del módulo «personal asalariado» correspondientes al año y el número de unidades de ese mismo módulo correspondientes al año inmediato anterior. A estos efectos, se tendrán en cuenta exclusivamente las personas asalariadas que se hayan computado en la Fase 1ª, de acuerdo con lo establecido en la regla 2ª.

Si en el año anterior no se hubiese estado acogido al régimen de estimación objetiva, se tomará como número de unidades correspondientes a dicho año el que hubiese debido tomarse, de acuerdo a las normas contenidas en la regla 2ª de la Fase anterior.

Si la diferencia resultase positiva, a ésta se aplicará el coeficiente 0,40. El resultado es el coeficiente por incremento del número de personas asalariadas.

Si la diferencia hubiese resultado positiva y, por tanto, hubiese procedido la aplicación del coeficiente 0,40, a dicha diferencia no se le aplicará la tabla de coeficientes por tramos que se señala a continuación.

2.º Además, a cada uno de los tramos del número de unidades del módulo que a continuación se indica se le aplicarán los coeficientes que se expresan en la siguiente tabla:

Tramo	Coeficiente
Hasta 1,00	0,10
Entre 1,01 a 3,00	0,15
Entre 3,01 a 5,00	0,20
Entre 5,01 a 8,00	0,25
Más de 8,00	0,30

Para cuantificar la minoración por incentivos al empleo, se procede de la siguiente forma:

– Se suma el coeficiente por incremento del número de personas asalariadas, si procede, y el de la tabla anterior, obteniéndose el coeficiente de minoración.

– Este coeficiente de minoración se multiplica por el «Rendimiento anual por unidad antes de amortización» correspondiente al módulo «personal asalariado». La cantidad anterior se minora del rendimiento neto previo.

b) Minoración por incentivos a la inversión.

Serán deducibles las cantidades que, en concepto de amortización del inmovilizado, material o intangible, correspondan a la depreciación efectiva que sufran los distintos elementos por funcionamiento, uso, disfrute u obsolescencia.

Se considerará que la depreciación es efectiva cuando sea el resultado de aplicar al precio de adquisición o coste de producción del elemento patrimonial del inmovilizado alguno de los siguientes coeficientes:

1.º El coeficiente de amortización lineal máximo.

2.º El coeficiente de amortización lineal mínimo que se deriva del período máximo de amortización.

3.º Cualquier otro coeficiente de amortización lineal comprendido entre los dos anteriormente mencionados.

La tabla de amortización es la siguiente:

Grupo	Descripción	Coeficiente lineal máximo	Período máximo
1	Edificios y otras construcciones	5 %	40 años
2	Útiles, herramientas, equipos para el tratamiento de la información y sistemas y programas informáticos	40 %	5 años
5	Elementos de transporte y resto de inmovilizado material	25 %	8 años
6	Inmovilizado intangible	15 %	10 años

Será amortizable el precio de adquisición o coste de producción excluido, en su caso el valor residual.

En las edificaciones, no será amortizable la parte del precio de adquisición correspondiente al valor del suelo el cual, cuando no se conozca, se calculará prorrateando el precio de adquisición entre los valores catastrales del suelo y de la construcción en el año de adquisición.

La amortización se practicará elemento por elemento, si bien cuando se trate de elementos patrimoniales integrados en el mismo Grupo de la Tabla de Amortización, la amortización podrá practicarse sobre el conjunto de ellos, siempre que en todo momento pueda conocerse la parte de la amortización correspondiente a cada elemento patrimonial.

Los elementos patrimoniales de inmovilizado material empezarán a amortizarse desde su puesta en condiciones de funcionamiento y los de inmovilizado intangible desde el momento en que estén en condiciones de producir ingresos.

La vida útil no podrá exceder del período máximo de amortización establecido en la Tabla de Amortización.

En el supuesto de elementos patrimoniales del inmovilizado material que se adquieran usados, el cálculo de la amortización se efectuará sobre el precio de adquisición, hasta el límite resultante de multiplicar por dos la cantidad derivada de aplicar el coeficiente de amortización lineal máximo.

En el supuesto de cesión de uso de bienes con opción de compra o renovación, cuando por las condiciones económicas de la operación no existan dudas razonables de que se ejercitará una u otra opción, será deducible para el cesionario, en concepto de amortización, un importe equivalente a las cuotas de amortización que corresponderían a los citados bienes, aplicando los coeficientes previstos en la Tabla de Amortización, sobre el precio de adquisición o coste de producción del bien.

Los elementos de inmovilizado material nuevos, puestos a disposición del contribuyente en el ejercicio, cuyo valor unitario no exceda de 601,01 euros, podrán amortizarse libremente, hasta el límite de 3.005,06 euros anuales.

2.3 **Fase 3**: *Rendimiento neto de módulos.*

Sobre el rendimiento neto minorado se aplicarán, cuando corresponda, los índices correctores que se establecen a continuación, obteniéndose el rendimiento neto de módulos.

Incompatibilidades entre los índices correctores:

– En ningún caso será aplicable el índice corrector para empresas de pequeña dimensión (b.1) a las actividades para las que están previstos los índices correctores especiales enumerados en las letras a.2), a.3), a.4) y a.5).

– Cuando resulte aplicable el índice corrector para empresas de pequeña dimensión (b.1) no se aplicará el índice corrector de exceso (b.3).

– Cuando resulte aplicable el índice corrector de temporada (b.2) no se aplicará el índice corrector por inicio de nuevas actividades (b.4).

Los índices correctores se aplicarán según el orden que aparecen enumerados a continuación, siempre que no resulten incompatibles, sobre el rendimiento neto minorado o, en su caso, sobre el rectificado por aplicación de los mismos:

a) *Índices correctores especiales.*

Los índices correctores especiales solo se aplicarán en aquellas actividades concretas que se citan a continuación:

a.1) Actividad de comercio al por menor de prensa, revistas y libros en quioscos situados en la vía pública:

Ubicación de los quioscos	Índice
Madrid y Barcelona	1,00
Municipios de más de 100.000 habitantes	0,95
Resto de municipios	0,80

Cuando, por ejercerse la actividad en varios municipios, exista la posibilidad de aplicar más de uno de los índices anteriores, se aplicará un único índice: el correspondiente al municipio de mayor población.

a.2) *Actividad de transporte por autotaxis.*

Población del municipio	Índice
Hasta 2.000 habitantes	0,75
De 2.001 hasta 10.000 habitantes	0,80
De 10.001 hasta 50.000 habitantes	0,85
De 50.001 hasta 100.000 habitantes	0,90
Más de 100.000 habitantes	1,00

Se aplicará el índice que corresponda al municipio en el que se desarrolla la actividad.

Cuando por ejercerse la actividad en varios municipios, exista la posibilidad de aplicar más de uno de los índices anteriores, se aplicará un único índice: el correspondiente al municipio de mayor población.

a.3) *Actividad de transporte urbano colectivo y de viajeros por carretera:*

Se aplicará el índice 0,80 cuando el titular disponga de un único vehículo.

a.4) *Actividades de transporte de mercancías por carretera y servicios de mudanzas:*

Se aplicará el índice 0,80 cuando el titular disponga de un único vehículo.

Se aplicará el índice 0,90 cuando la actividad se realice con tractocamiones y el titular carezca de semirremolques. Cuando la actividad se desarrolle con un único tractocamión y sin semirremolques, se aplicará, exclusivamente, el índice 0,75.

b) *Índices correctores generales.*

Los índices correctores generales son aplicables a cualquiera de las actividades de este Anexo en las que concurran las circunstancias señaladas en cada caso.

b.1) *Índice corrector para empresas de pequeña dimensión:*

Se aplicará el índice que corresponda, en función de la población en que se desarrolle la actividad, cuando concurran todas y cada una de las circunstancias siguientes:

1.°) Titular persona física.

2.º) Ejercer la actividad en un solo local.

3.º) No disponer de más de un vehículo afecto a la actividad y que éste no supere los 1.000 kilogramos de capacidad de carga.

4.º) Sin personal asalariado.

Población del municipio	Índice
Hasta 2.000 habitantes	0,70
De 2.001 hasta 5.000 habitantes	0,75
Más de 5.000 habitantes	0,80

Cuando, por ejercerse la actividad en varios municipios, exista la posibilidad de aplicar más de uno de los índices anteriores, se aplicará un único índice: el correspondiente al municipio de mayor población.

Cuando concurran las circunstancias señaladas en los números 1º), 2º) y 3º) del primer párrafo y, además, se ejerza la actividad con personal asalariado, hasta 2 trabajadores, se aplicará el índice 0,90, cualquiera que sea la población del municipio en el que se desarrolla la actividad.

b.2) *Índice corrector de temporada:*

Cuando la actividad tenga la consideración de actividad de temporada, se aplicará el índice de la tabla adjunta que corresponda en función de la duración de la temporada.

Tendrán la consideración de actividades de temporada las que habitualmente solo se desarrollen durante ciertos días del año, continuos o alternos, siempre que el total no exceda de 180 días por año.

Duración de la temporada	Índice
Hasta 60 días.	1,50
De 61 a 120 días	1,35
De 121 a 180 días	1,25

b.3) *Índice corrector de exceso:*

Cuando el rendimiento neto minorado, o en su caso, rectificado por aplicación de los índices anteriores de las actividades que a continuación se mencionan resulte superior a las cuantías que se señalan en cada caso, al exceso sobre dichas cuantías se le aplicará el índice 1,30.

Actividad económica	Cuantía (Euros)
Industrias del pan y de la bollería	41.602,30
Industrias de bollería, pastelería y galletas	33.760,53
Industrias de elaboración de masas fritas	19.670,55
Elaboración de patatas fritas, palomitas de maíz y similares	19.670,55
Comercio al por menor de frutas, verduras, hortalizas y tubérculos	16.867,67
Comercio al por menor de carne, despojos, de productos y derivados cárnicos elaborados	21.635,71
Comercio al por menor de huevos, aves, conejos de granja, caza; y de productos derivados de los mismos	20.136,65
Comercio al por menor en casquerías, de vísceras y despojos procedentes de animales de abasto, frescos y congelados	16.237,81

Actividad económica	Cuantía (Euros)
Comercio al por menor de pescados y otros productos de la pesca y de la acuicultura y de caracoles	24.551,97
Comercio al por menor de pan, pastelería, confitería y similares y de leche y productos lácteos	43.605,26
Despachos de pan, panes especiales y bollería	42.925,01
Comercio al por menor de productos de pastelería, bollería y confitería	33.760,53
Comercio al por menor de masas fritas, con o sin coberturas o rellenos, patatas fritas, productos de aperitivo, frutos secos, golosinas, preparados de chocolate y bebidas refrescantes	19.670,55
Comercio al por menor de cualquier clase de productos alimenticios y de bebidas en establecimientos con vendedor	15.822,10
Comercio al por menor de cualquier clase de productos alimenticios y de bebidas en régimen de autoservicio o mixto en establecimientos cuya sala de ventas tenga una superficie inferior a 400 metros cuadrados	25.219,62
Comercio al por menor de productos textiles, confecciones para el hogar, alfombras y similares y artículos de tapicería	23.638,67
Comercio al por menor de toda clase de prendas para el vestido y tocado	24.848,00
Comercio al por menor de lencería, corsetería y prendas especiales	19.626,46
Comercio al por menor de artículos de mercería y paquetería	14.862,05
Comercio al por menor de calzado, artículos de piel e imitación o productos sustitutivos, cinturones, carteras, bolsos, maletas y artículos de viaje en general	24.306,32
Comercio al por menor de productos de droguería, perfumería y cosmética, limpieza, pinturas, barnices, disolventes, papeles y otros productos para la decoración y de productos químicos, y de artículos para la higiene y el aseo personal	25.333,00
Comercio al por menor de muebles	30.718,31
Comercio al por menor de material y aparatos eléctricos, electrónicos, electrodomésticos y otros aparatos de uso doméstico accionado por otro tipo de energía distinta de la eléctrica, así como muebles de cocina	26.189,61
Comercio al por menor de artículos de menaje, ferretería, adorno, regalo, o reclamo (incluyendo bisutería y pequeños electrodomésticos)	24.470,09
Comercio al por menor de materiales de construcción, artículos y mobiliario de saneamiento, puertas, ventanas, persianas, etc.	26.454,15
Comercio al por menor de otros artículos para el equipamiento del hogar n.c.o.p.	32.765,35
Comercio al por menor de accesorios y piezas de recambio para vehículos terrestres	32.815,74
Comercio al por menor de toda clase de maquinaria (excepto aparatos del hogar, de oficina, médicos, ortopédicos, ópticos y fotográficos)	31.367,06
Comercio al por menor de cubiertas, bandas o bandajes y cámaras de aire para toda clase de vehículos	26.970,63
Comercio al por menor de muebles de oficina y de máquinas y equipos de oficina	30.718,31
Comercio al por menor de aparatos e instrumentos médicos, ortopédicos, ópticos y fotográficos	35.524,14
Comercio al por menor de libros, periódicos, artículos de papelería y escritorio y artículos de dibujo y bellas artes, excepto en quioscos situados en la vía pública	25.207,02
Comercio al por menor de prensa, revistas y libros en quioscos situados en la vía pública	28.860,22
Comercio al por menor de juguetes, artículos de deporte, prendas deportivas de vestido, calzado y tocado, armas, cartuchería y artículos de pirotecnia	24.948,78

Actividad económica	Cuantía (Euros)
Comercio al por menor de semillas, abonos, flores y plantas y pequeños animales	23.978,80
Comercio al por menor de toda clase de artículos, incluyendo alimentación y bebidas, en establecimientos distintos de los especificados en el grupo 661 y en el epígrafe 662.1	16.395,27
Comercio al por menor fuera de un establecimiento comercial permanente de productos alimenticios, incluso bebidas y helados	14.379,72
Comercio al por menor fuera de un establecimiento comercial permanente de artículos textiles y de confección	19.059,58
Comercio al por menor fuera de un establecimiento comercial permanente de calzado, pieles y artículos de cuero	17.081,82
Comercio al por menor fuera de un establecimiento comercial permanente de artículos de droguería y cosméticos y de productos químicos en general	16.886,56
Comercio al por menor fuera de un establecimiento comercial permanente de otras clases de mercancías n.c.o.p.	18.354,14
Restaurantes de dos tenedores	51.617,08
Restaurantes de un tenedor	38.081,38
Cafeterías	39.070,26
Cafés y bares de categoría especial	30.586,03
Otros cafés y bares	19.084,78
Servicios en quioscos, cajones, barracas u otros locales análogos	16.596,83
Servicios en chocolaterías, heladerías y horchaterías	25.528,25
Servicio de hospedaje en hoteles y moteles de una y dos estrellas	61.512,19
Servicio de hospedaje en hostales y pensiones	32.840,94
Servicio de hospedaje en fondas y casas de huéspedes	16.256,70
Reparación de artículos eléctricos para el hogar	21.585,33
Reparación de vehículos automóviles, bicicletas y otros vehículos	33.729,04
Reparación de calzado	16.552,74
Reparación de otros bienes de consumo n.c.o.p. (excepto reparación de calzado, restauración de obras de arte, muebles antigüedades e instrumentos musicales)	24.803,91
Reparación de maquinaria industrial	30.352,99
Otras reparaciones n.c.o.p.	23.607,18
Transporte urbano colectivo y de viajeros por carretera	35.196,62
Transporte de mercancías por carretera	33.640,86
Engrase y lavado de vehículos	28.280,74
Servicios de mudanzas	33.640,86
Transporte de mensajería y recadería, cuando la actividad se realice exclusivamente con medios de transporte propios.	33.640,86
Enseñanza de conducción de vehículos terrestres, acuáticos, aeronáuticos, etc	47.233,25
Otras actividades de enseñanza, tales como idiomas, corte y confección, mecanografía, taquigrafía, preparación de exámenes y oposiciones y similares n.c.o.p.	33.697,55
Escuelas y servicios de perfeccionamiento del deporte	37.067,30
Tinte, limpieza en seco, lavado y planchado de ropas hechas y de prendas y artículos del hogar usados	37.224,77
Servicios de peluquería de señora y caballero	18.051,81
Salones e institutos de belleza	26.945,44

Actividad económica	Cuantía (Euros)
Servicios de copias de documentos con máquinas fotocopiadoras	24.192,95

b.4) Índice corrector por inicio de nuevas actividades.

El contribuyente que inicie nuevas actividades concurriendo las siguientes circunstancias:

– Que se trate de nuevas actividades cuyo ejercicio se inicie a partir del 1 de enero de 2022.

– Que no se trate de actividades de temporada.

– Que no se hayan ejercido anteriormente bajo otra titularidad o calificación.

– Que se realicen en local o establecimiento dedicados exclusivamente a dicha actividad, con total separación del resto de actividades empresariales o profesionales que, en su caso, pudiera realizar el contribuyente.

Tendrá derecho a aplicar los siguientes índices correctores:

Ejercicio	Índice
Primero	0,80
Segundo	0,90

Cuando el contribuyente sea una persona con discapacidad, con grado de discapacidad igual o superior al 33 %, los índices correctores aplicables serán:

Ejercicio	Índice
Primero	0,60
Segundo	0,70

PAGOS FRACCIONADOS

3. A efectos del pago fraccionado, los signos o módulos, así como los índices efectos del pago fraccionado, los signos o módulos, así como los índices correctores aplicables inicialmente en cada período anual serán los correspondientes a los datos-base de la actividad referidos al día 1 de enero de cada año.

Cuando algún dato-base no pudiera determinarse el primer día del año, se tomará, a efectos del pago fraccionado, el que hubiese correspondido en el año anterior.

En el supuesto de actividades de temporada se tomará, a efectos del pago fraccionado, el número de unidades de cada módulo que hubiesen correspondido en el año anterior.

Cuando en el año anterior no se hubiese ejercido la actividad, los signos o módulos, así como los índices correctores aplicables inicialmente serán los correspondientes a los datos-base referidos al día en que se inicie.

Si los datos-base de cada signo o módulo no fuesen un número entero, se expresarán con dos cifras decimales.

Para cuantificar el rendimiento neto a efectos del pago fraccionado, el importe de las amortizaciones se obtendrá aplicando el coeficiente lineal máximo que corresponde a cada uno de los bienes amortizables existentes en la fecha de cómputo de los datos-base.

4. Los pagos fraccionados se efectuarán trimestralmente en los plazos siguientes:

- Los tres primeros trimestres, entre el día 1 y el 20 de los meses de abril, julio y octubre.

- El cuarto trimestre, entre el día 1 y el 30 del mes de enero.

Cada pago trimestral consistirá en el 4 por 100 de los rendimientos netos resultantes de la aplicación de las normas anteriores.

No obstante, en el supuesto de actividades que no tengan más de una persona asalariada el porcentaje anterior será el 3 por ciento, y en el supuesto de que no disponga de personal asalariado dicho porcentaje será el 2 por ciento.

Cuando no pudiera determinarse ningún dato-base conforme a lo dispuesto en el número anterior, el pago fraccionado consistirá en el 2 por 100 del volumen de ventas o ingresos del trimestre.

El contribuyente deberá presentar declaración-liquidación en la forma y plazos previstos, aunque no resulte cuota a ingresar.

5. En caso de inicio de la actividad con posterioridad a 1 de enero o de cese antes de 31 de diciembre o cuando concurran ambas circunstancias, el importe del pago fraccionado, se calculará de la siguiente forma:

1º) Se determinará el rendimiento neto que procedería por aplicación de lo dispuesto en el número 3 anterior.

2º) Por cada trimestre natural completo de actividad se ingresará el porcentaje del rendimiento neto correspondiente, según el punto 4 anterior.

3º) La cantidad a ingresar en el trimestre natural incompleto se obtendrá multiplicando la cantidad correspondiente a un trimestre natural completo por el cociente resultante de dividir el número de días naturales comprendidos en el período de ejercicio de la actividad en dicho trimestre natural por el número total de días naturales del mismo.

Cuando no pudiera determinarse ningún dato-base el día en que se inicie la actividad, el pago fraccionado consistirá en el 2 por 100 del volumen de ventas o ingresos del trimestre.

6. En las actividades de temporada, a efectos del pago fraccionado, se calculará el rendimiento neto anual conforme a lo dispuesto en el número 3 anterior.

El rendimiento diario resultará de dividir el anual por el número de días de ejercicio de la actividad en el año anterior.

En las actividades a que se refiere este número, el ingreso a realizar por cada trimestre natural resultará de multiplicar el número de días naturales en que se desarrolla la actividad durante dicho trimestre por el rendimiento diario y por el porcentaje correspondiente según el punto 4 anterior.

RENDIMIENTO ANUAL

7. Al finalizar el año o al producirse el cese de la actividad o la terminación de la temporada, el contribuyente deberá calcular el promedio de los signos, índices o módulos relativos a todo el período en que haya ejercido la actividad durante dicho año natural, procediendo, asimismo, al cálculo del rendimiento neto que corresponda.

A efectos de determinar el rendimiento neto anual, el promedio se determinará en función de las horas, cuando se trate de personal asalariado y no asalariado, o días, en los restantes casos, de efectivo empleo, utilización o instalación, salvo para el consumo de energía eléctrica o distancia recorrida, en que se tendrán en cuenta, respectivamente, los kilovatios/hora consumidos o kilómetros recorridos. Si no fuese un número entero se expresará con dos cifras decimales.

Cuando exista una utilización parcial del módulo en la actividad o sector de actividad, el valor a computar será el que resulte de su prorrateo en función de su utilización efectiva. Si no fuese posible determinar ésta, se imputará por partes iguales a cada una de las utilizaciones del módulo.

(…)

ANEXO III
Normas comunes a todas las actividades
Impuesto sobre la Renta de las Personas Físicas

1. Cuando el desarrollo de actividades empresariales o profesionales a las que resulte de aplicación este régimen se viese afectado por incendios, inundaciones, hundimientos o grandes averías en el equipo industrial, que supongan alteraciones graves en el desarrollo de la actividad, los interesados podrán solicitar la reducción de los signos, índices o módulos en la Administración o Delegación de la Agencia Estatal de Administración Tributaria correspondiente a su domicilio fiscal, en el plazo de treinta días a contar desde la fecha en que se produzcan, aportando las pruebas que consideren oportunas y haciendo mención, en su caso, de las indemnizaciones a percibir por razón de tales alteraciones. Acreditada la efectividad de dichas alteraciones, se podrá autorizar la reducción de los signos, índices o módulos que proceda.

Igualmente podrá autorizarse la reducción de los signos, índices o módulos cuando el titular de la actividad se encuentre en situación de incapacidad temporal y no tenga otro personal empleado. El procedimiento para reducir los signos, índices o módulos será el mismo que el previsto en el párrafo anterior.

La reducción de los signos, índices o módulos se tendrá en cuenta a efectos de los pagos fraccionados devengados con posterioridad a la fecha de la autorización.

2. Cuando el desarrollo de actividades empresariales o profesionales a las que resulte de aplicación este régimen se viese afectado por incendios, inundaciones, hundimientos u otras circunstancias excepcionales que determinen gastos extraordinarios ajenos al proceso normal del ejercicio de aquélla, los interesados podrán minorar el rendimiento neto resultante en el importe de dichos gastos. Para ello, los contribuyentes deberán poner dicha circunstancia en conocimiento de la Administración o Delegación de la Agencia Estatal de Administración Tributaria correspondiente a su domicilio fiscal, en el plazo de treinta días a contar desde la fecha en que se produzca, aportando, a tal efecto, la justificación correspondiente y haciendo mención, en su caso, de las indemnizaciones a percibir por razón de tales alteraciones. La Administración Tributaria verificará la certeza de la causa que motiva la reducción del rendimiento y el importe de la misma.

3. En las actividades recogidas en el anexo II de esta orden, el rendimiento neto de módulos se incrementará por otras percepciones empresariales, como las subvenciones corrientes y de capital.

Las prestaciones percibidas de la Seguridad Social tributarán como rendimientos del trabajo, de acuerdo con lo dispuesto en el artículo 17.2 a) de la Ley 35/2006.

(…)

4. Orden HAC/773/2019, de 28 de junio, por la que se REGULA LA LLEVANZA DE LOS LIBROS REGISTROS en el Impuesto sobre la Renta de las Personas Físicas

(BOE núm. 170, de 17 de julio de 2019, corrección de errores BOE núm. 198, de 8 de agosto de 2019)

En el ámbito del Impuesto sobre la Renta de las Personas Físicas, el artículo 104 de la Ley 35/2006, de 28 de noviembre, del Impuesto sobre la Renta de las Personas Físicas y de modificación parcial de las leyes de los Impuestos sobre Sociedades, sobre la Renta de no Residentes y sobre el Patrimonio, y el artículo 68 del Reglamento del Impuesto sobre la Renta de las Personas Físicas, aprobado por Real Decreto 439/2007, de 30 de marzo, regulan las obligaciones formales, contables y registrales de los contribuyentes por este impuesto.

De acuerdo con lo establecido en estos artículos, los contribuyentes que desarrollen actividades empresariales cuyo rendimiento se determine en la modalidad simplificada del método de estimación directa, así como aquellos que realicen una actividad empresarial en estimación directa que, de acuerdo con el Código de Comercio, no tenga carácter mercantil, estarán obligados a la llevanza del libro registro de ventas e ingresos, el libro registro de compras y gastos y el libro registro de bienes de inversión.

Los contribuyentes que ejerzan actividades profesionales cuyo rendimiento se determine en método de estimación directa, en cualquiera de sus modalidades, estarán obligados a llevar un libro de ingresos, un libro de gastos, un libro registro de bienes de inversión y un libro registro de provisiones de fondos y suplidos.

Los contribuyentes que realicen actividades empresariales cuyo rendimiento se determine mediante el método de estimación objetiva, en el caso de que deduzcan amortizaciones, estarán obligados a llevar un libro registro de bienes de inversión. Además, por las actividades cuyo rendimiento neto se determine teniendo en cuenta el volumen de operaciones habrán de llevar un libro registro de ventas o ingresos.

Por último, las entidades en régimen de atribución de rentas que desarrollen actividades económicas, llevarán unos únicos libros obligatorios correspondientes a la actividad realizada, sin perjuicio de la atribución de rendimientos que corresponda efectuar en relación con sus socios, herederos, comuneros o partícipes.

Hasta ahora, el desarrollo de estos preceptos se realizaba mediante la Orden de 4 de mayo de 1993 por la que se regula la forma de llevanza y el diligenciado de los libros-registro en el Impuesto sobre la Renta de las Personas Físicas. Dicha orden ha sido objeto de dos modificaciones, llevadas a cabo por la Orden de 4 de mayo de 1995 y la Orden de 31 de octubre de 1996.

Teniendo en cuenta las modificaciones introducidas en el Impuesto sobre la Renta de las Personas Físicas desde la aprobación de esta orden, es necesario una actualización y revisión de su contenido, por una parte, para adaptarla al Reglamento del Impuesto sobre la Renta de las Personas Físicas, aprobado por Real Decreto 439/2007, de 30 de marzo, y por otra, para revisar el contenido de los libros registros.

La principal novedad que se introduce en esta orden es la necesidad de que, en las anotaciones en los libros registros de ventas e ingresos y de compras y gastos se haga constar el

Número de identificación fiscal de la contraparte de la operación. En esta actualización de la normativa reguladora del contenido de los libros registros se ha tratado de conseguir cierta homogeneidad con conceptos ya previstos en otros impuestos, como por ejemplo en materia de asientos resúmenes con el Impuesto sobre el Valor Añadido.

Entre los objetivos buscados con esta nueva orden se encuentra el de reforzar y concretar la posibilidad de que estos libros puedan ser compatibles, con las adiciones necesarias, como libro fiscal de los impuestos que así lo prevean. En concreto, tal y como se indica en el artículo 12 de esta orden, los libros registros del Impuesto sobre la Renta de las Personas Físicas podrán ser compatibles con los requeridos en el Impuesto sobre el Valor Añadido en los términos previstos en el artículo 62.3 del Reglamento del Impuesto sobre el Valor Añadido. Esta concreción es sin duda una modulación de las obligaciones formales del colectivo de contribuyentes obligados a llevar libros registros de sus actividades.

Del mismo modo, a los efectos de la cumplimentación de dichos libros registros y en el marco de las actuaciones de asistencia tributaria y de reducción de cargas indirectas, en línea con numerosas actuaciones precedentes, la Agencia Estatal de Administración Tributaria publicará en su página web un formato tipo de libros registros. La puesta a disposición de este formato de libros trata de asistir en el cumplimiento de las obligaciones tributarias formales registrales y pretende ofrecer seguridad jurídica y certeza en el contenido mínimo que pueda exigirse sobre los mismos.

La orden regula a lo largo de trece artículos las obligaciones de llevanza de libros registros por parte de empresarios y profesionales, contribuyentes del Impuesto sobre la Renta de las Personas Físicas, salvo respecto de aquellos que, de acuerdo con lo establecido en el apartado 2 del artículo 68 del Reglamento del Impuesto sobre la Renta de las Personas Físicas, estén obligados a llevar contabilidad ajustada al Código de Comercio.

Asimismo, de conformidad con lo dispuesto en el apartado 10 del citado artículo 68 del Reglamento del Impuesto sobre la Renta de las Personas Físicas, los contribuyentes distintos de los previstos en el apartado 2 de dicho precepto estarán obligados a llevar los libros registros establecidos en el mismo aun cuando, voluntariamente, lleven contabilidad ajustada a lo dispuesto en el Código de Comercio.

La disposición derogatoria única deroga la Orden de 4 de mayo de 1993 por la que se regula la forma de llevanza y el diligenciado de los libros-registros en el Impuesto sobre la Renta de las Personas Físicas.

La orden ministerial ha sido sometida a trámite de audiencia e información pública conforme a lo establecido en el artículo 26.6 de la Ley 50/1997, de 27 de noviembre del Gobierno, y respeta los principios de necesidad, eficacia, proporcionalidad, seguridad jurídica, transparencia y eficiencia, en aras al cumplimiento de los principios de buena regulación.

Por último, la habilitación normativa para el desarrollo reglamentario que se establece en la presente orden se encuentra en el apartado 9 del artículo 68 del Reglamento del Impuesto sobre la Renta de las Personas Físicas, que autoriza al Ministro de Hacienda y Función Pública para determinar la forma de llevanza de los libros registros a que se refiere este artículo.

La habilitación al Ministro de Hacienda y Función Pública incluida en artículo 68.9 del Reglamento del Impuesto sobre la Renta de las Personas Físicas debe entenderse conferida en la actualidad a la Ministra de Hacienda, de acuerdo con lo dispuesto en el artículo 5 y en la disposición final segunda del Real Decreto 355/2018, de 6 de junio, por el que se reestructuran los Departamentos ministeriales.

En su virtud, dispongo:

Artículo 1. *Libros registros en actividades empresariales cuyo rendimiento se determine en la modalidad simplificada del método de estimación directa.*

1. De acuerdo con lo dispuesto en el apartado 4 del artículo 68 del Reglamento del Impuesto sobre la Renta de las Personas Físicas, aprobado por Real Decreto 439/2007, de 30 de marzo, los contribuyentes que desarrollen actividades empresariales cuyo rendimiento se determine en la modalidad simplificada del método de estimación directa estarán obligados a la llevanza y conservación de los siguientes libros registros:

 a) Libro registro de ventas e ingresos.

 b) Libro registro de compras y gastos.

 c) Libro registro de bienes de inversión.

2. Quienes fuesen titulares de diversos establecimientos situados en el ámbito de aplicación del impuesto podrán llevar, en cada uno de ellos, los libros registros establecidos en el apartado anterior, en los que anotarán por separado las operaciones efectuadas desde dichos establecimientos, siempre que los asientos resúmenes de éstos se trasladen a los correspondientes libros registros generales que deberán llevarse en el domicilio fiscal.

Artículo 2. *Libro registro de ventas e ingresos.*

1. El libro registro de ventas e ingresos, en el que se anotarán, con la debida separación, la totalidad de los ingresos derivados del ejercicio de la actividad, contendrá:

 a) El número de la factura expedida, y en su caso la serie, en el que se refleje el ingreso. Cuando no exista obligación de emitir factura, los ingresos se numerarán correlativamente, anotándose en el libro registro de ventas e ingresos el número que corresponda en cada caso.

 b) La fecha de expedición de la factura y la fecha de realización de las operaciones, en caso de que sea distinta de la anterior.

 c) El nombre y apellidos, razón social o denominación completa y número de identificación fiscal del destinatario.

 d) Concepto. A estos efectos se reflejará, al menos, con el desglose de ingresos íntegros que conste en el último modelo del Impuesto sobre la Renta de las Personas Físicas aprobado al inicio del ejercicio al que corresponden los ingresos anotados en este libro registro.

 e) Importe de la operación o, si la operación está sujeta al Impuesto sobre el Valor Añadido, la base imponible de las operaciones determinada conforme a los artículos 78 y 79 de la Ley 37/1992, de 28 de diciembre, del Impuesto sobre el Valor Añadido y, en su caso, el tipo impositivo aplicado y la cuota tributaria. Igualmente será válida la anotación de una misma factura en varios asientos correlativos cuando incluya operaciones que tributen a distintos tipos impositivos.

 f) Si la operación está sujeta a retención o ingreso a cuenta del Impuesto sobre la Renta de las Personas Físicas, se consignará separadamente el tipo de retención aplicado a la operación y el importe retenido por el destinatario.

2. Cuando se trate de facturas expedidas en las que no sea preceptiva la identificación del destinatario de acuerdo con lo dispuesto en el artículo 7.1 del Reglamento por el que se regulan las obligaciones de facturación aprobado por Real Decreto 1619/2012, de 30 de noviembre, y cuyo devengo se haya producido dentro del mismo mes natural, la anotación individualizada de las facturas a que se refiere este artículo se podrá sustituir por un asiento resumen diario, en el que se hará constar:

a) Los números inicial y final de las facturas.

b) La fecha de expedición de las facturas.

c) Referencia a que se trata de un asiento resumen de facturas expedidas de acuerdo con lo dispuesto en el artículo 7.1 del Reglamento por el que se regulan las obligaciones de facturación.

d) Si la operación está sujeta al Impuesto sobre el Valor Añadido, la base imponible global correspondiente a cada tipo impositivo, los tipos impositivos, la cuota global de las facturas numeradas correlativamente y expedidas en la misma fecha. Si la operación no está sujeta al Impuesto sobre el Valor Añadido, se hará constar el importe de la operación.

3. Igualmente, deberán anotarse por separado las facturas rectificativas a que se refiere el artículo 15 del Reglamento por el que se regulan las obligaciones de facturación, consignando el número de la factura expedida, fecha de expedición, la fecha de realización de las operaciones, en caso de que sea distinta de la anterior, la identificación del cliente, la base imponible, tipo impositivo y cuota.

Artículo 3. *Libro registro de compras y gastos.*

1. El libro registro de compras y gastos, en el que se anotarán, con la debida separación, la totalidad de los gastos derivados del ejercicio de la actividad, contendrá:

a) El número de la factura recibida, y en su caso la serie, en la que se refleje el gasto. Cuando no exista obligación de reflejar el gasto en factura los gastos se numerarán correlativamente, anotándose en el libro registro de compras y gastos el número de recepción que corresponda en cada caso.

b) La fecha de expedición de la factura u otro documento justificativo y la fecha de realización de las operaciones, en caso de que sea distinta de la anterior.

c) El nombre y apellidos, razón social o denominación completa y número de identificación fiscal del obligado a su expedición.

d) Concepto. A estos efectos se reflejará, al menos, con el desglose de gastos fiscalmente deducibles que conste en el último modelo del Impuesto sobre la Renta de las Personas Físicas aprobado al inicio del ejercicio al que corresponden los gastos anotados en este libro registro.

e) Si la operación está sujeta al Impuesto sobre el Valor Añadido, la base imponible de las operaciones, determinada conforme a los artículos 78 y 79 de la Ley 37/1992, de 28 de diciembre, del Impuesto sobre el Valor Añadido y, en su caso, el tipo impositivo aplicado y la cuota tributaria. Igualmente será válida la anotación de una misma factura en varios asientos correlativos cuando incluya operaciones que tributen a distintos tipos impositivos.

f) El importe que es considerado gasto a efectos del Impuesto sobre la Renta de las Personas Físicas.

g) Si la operación está sujeta a retención o ingreso a cuenta del Impuesto sobre la Renta de las Personas Físicas, se consignará separadamente el tipo de retención aplicado a la operación y el importe retenido al emisor de la factura.

2. Igualmente, deberán anotarse por separado las facturas rectificativas a que se refiere el artículo 15 del Reglamento por el que se regulan las obligaciones de facturación, consignando el número de la factura expedida, la fecha de expedición, la fecha de realización de las operaciones, en caso de que sea distinta de la anterior, identificación del proveedor, base imponible, tipo impositivo y cuota.

3. Podrá hacerse un asiento resumen global de las facturas recibidas en una misma fecha, en el que se harán constar los números inicial y final de las facturas recibidas asignados por el destinatario, siempre que procedan de un único proveedor, la suma global de la base imponible correspondiente a cada tipo impositivo, la cuota impositiva global, siempre que el importe total conjunto de las operaciones, Impuesto sobre el Valor Añadido no incluido, no exceda de 6.000 euros, y que el importe de las operaciones documentadas en cada una de ellas no supere 500 euros, Impuesto sobre el Valor Añadido no incluido.

Artículo 4. *Libro registro de bienes de inversión.*

1. En el libro registro de bienes de inversión se registrarán, debidamente individualizados, los elementos patrimoniales afectos a una actividad empresarial o profesional, de acuerdo con lo dispuesto en el artículo 29 de la Ley 35/2006, de 28 de noviembre, del Impuesto sobre la Renta de las Personas Físicas y de modificación parcial de las leyes de los Impuestos sobre Sociedades, sobre la Renta de no Residentes y sobre el Patrimonio.

2. Los contribuyentes deberán reflejar en este libro registro los datos suficientes para identificar de forma precisa las facturas y documentos de aduanas correspondientes a cada uno de los bienes afectos asentados.

3. Se anotarán, igualmente, por cada bien individualizado:

a) El número de factura o, en caso de importación, el número del documento aduanero, o en defecto de los anteriores, el número de recepción.

b) La fecha en que el elemento patrimonial se encuentre en condiciones de funcionamiento.

c) La descripción del bien con indicación de todos aquellos datos que permitan su perfecta identificación.

d) El nombre y apellidos, razón social o denominación completa y número de identificación fiscal del proveedor.

e) El valor de adquisición, así como el valor amortizable del elemento patrimonial.

f) El método de amortización aplicable.

g) El porcentaje de amortización aplicado cada período impositivo, así como la cuota de amortización resultante.

h) La amortización acumulada.

También se harán constar la baja del bien o derecho con expresión de su fecha y motivo. En el supuesto de transmisión del bien, deberán hacerse constar los datos necesarios para la identificación de la operación.

Artículo 5. *Libros registros cuando la actividad empresarial no tenga carácter mercantil en régimen de estimación directa.*

De acuerdo con lo dispuesto en el apartado 3 del artículo 68 del Reglamento del Impuesto sobre la Renta de las Personas Físicas, los contribuyentes que desarrollen actividades empresariales que no tengan carácter mercantil, de acuerdo con el Código de Comercio, estarán obligados a la llevanza y conservación de los siguientes libros registros:

a) Libro registro de ventas e ingresos.

b) Libro registro de compras y gastos.

c) Libro registro de bienes de inversión.

La llevanza de estos libros se ajustará a lo dispuesto en los artículos 2, 3 y 4 de esta orden.

Artículo 6. *Libros registros en actividades profesionales.*

1. De acuerdo con lo dispuesto en el apartado 5 del artículo 68 del Reglamento del Impuesto sobre la Renta de las Personas Físicas, los contribuyentes que desarrollen actividades profesionales cuyo rendimiento se determine por el método de estimación directa, en cualquiera de sus modalidades, estarán obligados a la llevanza y conservación de los siguientes libros registros:

a) Libro registro de ingresos.

b) Libro registro de gastos.

c) Libro registro de bienes de inversión.

d) Libro registro de provisiones de fondos y suplidos.

2. Los libros registros de ingresos, gastos y bienes de inversión previstos en este artículo se llevarán de acuerdo con lo dispuesto en los artículos 2, 3 y 4 de esta orden, respectivamente.

3. En el libro registro de provisiones de fondos y suplidos se anotarán, con la debida separación:

a) El número de la anotación.

b) La naturaleza del movimiento: provisión de fondos o suplido.

c) Las fechas en que las provisiones o suplidos se hubieran producido o pagado.

d) El importe de los mismos.

e) El nombre y apellidos, razón social o denominación completa y número de identificación fiscal del pagador de la provisión o perceptor del suplido.

f) El número de la factura en el que se refleje la operación. Cuando no exista obligación de emitir factura, las provisiones de fondos y suplidos se numerarán correlativamente anotándose en este libro registro el número que corresponda en cada caso.

Artículo 7. *Libros registros en actividades empresariales cuyo rendimiento se determine mediante el método de estimación objetiva.*

De acuerdo con lo dispuesto en los apartados 6 y 7 del artículo 68 del Reglamento del Impuesto sobre la Renta de las Personas Físicas, los contribuyentes que desarrollen actividades empresariales cuyo rendimiento se determine mediante el método de estimación objetiva, estarán obligados a la llevanza y conservación de los siguientes libros registros:

a) Cuando deduzcan amortizaciones, estarán obligados a llevar un libro registro de bienes de inversión, de acuerdo con lo dispuesto en el artículo 4 de esta orden.

b) Cuando realicen actividades cuyo rendimiento neto se determine teniendo en cuenta el volumen de operaciones, habrán de llevar un libro registro de ventas e ingresos, de acuerdo con lo dispuesto en el artículo 2 de esta orden.

En este libro, además del contenido establecido en el artículo 2 de esta orden, deberán incluirse las subvenciones corrientes y de capital incluyendo los criterios de imputación y las indemnizaciones. En el caso de que existan operaciones acogidas al régimen especial de agricultura, ganadería y pesca en el Impuesto sobre el Valor Añadido, se consignará separadamente el importe reintegrado de la compensación.

Artículo 8. *Libros registros de las entidades en régimen de atribución de rentas.*

1. De conformidad con lo dispuesto en el apartado 8 del artículo 68 del Reglamento del Impuesto sobre la Renta de las Personas Físicas, las entidades en régimen de atribución de rentas que desarrollen actividades económicas llevarán unos únicos libros obligatorios correspondientes a la actividad realizada, sin perjuicio de la atribución de rendimientos que corresponda efectuar en relación con sus socios, herederos, comuneros o partícipes.

2. La llevanza de libros registros por las citadas entidades se ajustará a lo establecido en los artículos 1 a 7 de la presente orden, teniendo en cuenta el régimen de determinación del rendimiento neto de la actividad por el que haya optado la entidad o que, en su caso, le resulte aplicable, a los efectos de lo dispuesto en la normativa reguladora del Impuesto sobre la Renta de las Personas Físicas.

Artículo 9. *Requisitos formales.*

1. Todos los libros registros mencionados en esta orden deberán ser llevados, cualquiera que sea el procedimiento utilizado, con claridad y exactitud, por orden de fechas, sin espacios en blanco y sin interpolaciones, raspaduras ni tachaduras y se totalizarán, en todo caso, por trimestres y años naturales.

2. Las anotaciones registrales deberán hacerse expresando los valores en euros. Cuando la factura u otro documento justificativo se hubiese expedido en una unidad de cuenta o divisa distinta del euro, tendrá que efectuarse la correspondiente conversión para su reflejo en los libros registros.

3. Cuando los libros sean llevados por medios electrónicos o informáticos se deberán conservar los programas, ficheros y archivos informáticos que les sirvan de soporte y los sistemas de codificación utilizados que permitan la interpretación de los datos cuando la obligación se cumpla con utilización de sistemas informáticos. Se deberá facilitar la conversión de dichos datos a formato legible cuando la lectura o interpretación de los mismos no fuera posible por estar encriptados o codificados.

En el caso de que los libros no se lleven en formato electrónico será válida la realización de asientos o anotaciones, por cualquier procedimiento idóneo, sobre hojas separadas, que después habrán de ser numeradas y encuadernadas correlativamente para formar los libros mencionados en el apartado anterior.

4. Los contribuyentes y entidades que realicen varias actividades, con arreglo a lo dispuesto en el artículo 38 del Reglamento del Impuesto sobre la Renta de las Personas Físicas, deberán llevar libros independientes para cada una de ellas. En el caso de que los libros registros no se lleven en formato electrónico se deberá hacer constar en el primer folio la actividad a que se refieren.

Artículo 10. *Plazo para las anotaciones registrales.*

1. Las operaciones que hayan de ser objeto de anotación registral deberán hallarse asentadas en los correspondientes libros registros antes de que finalice el plazo para realizar la declaración e ingreso de los pagos fraccionados a que se refieren los artículos 109 a 112 del Reglamento del Impuesto sobre la Renta de las Personas Físicas.

2. No obstante, las operaciones efectuadas por el sujeto pasivo respecto de las cuales no se expidan facturas, deberán anotarse en el plazo de siete días a partir del momento de la realización de las operaciones o de la expedición de los documentos, siempre que este plazo sea menor que el señalado en el apartado anterior.

3. Las facturas recibidas deberán anotarse en el correspondiente libro registro por el orden en que se reciban, y dentro del período impositivo en que proceda efectuar su deducción.

Artículo 11. *Rectificación de las anotaciones registrales.*

Cuando los empresarios o profesionales hubieran incurrido en algún error u omisión al efectuar las anotaciones registrales a que se refieren los artículos anteriores deberán rectificarlas inmediatamente que se adviertan. Esta rectificación deberá efectuarse mediante una anotación o grupo de anotaciones que permita determinar, para cada período trimestral de liquidación del pago fraccionado correspondiente, la totalidad de los ingresos y gastos del periodo, una vez practicada dicha rectificación.

Artículo 12[1]. *Compatibilidad con otros libros.*

Los libros registros regulados en esta orden podrán ser utilizados a efectos del Impuesto sobre el Valor Añadido, siempre que se ajusten a los requisitos que se establecen en el Reglamento del Impuesto sobre el Valor Añadido aprobado por Real Decreto 1624/1992, de 29 de diciembre.

Los libros registros regulados en esta orden podrán ser utilizados a efectos del Impuesto General Indirecto Canario, siempre que lo permita el Decreto 268/2011, de 4 de agosto, por el que se aprueba el Reglamento de gestión de los tributos derivados del Régimen Económico y Fiscal de Canarias y se ajusten a los requisitos establecidos en él.

Artículo 13. *Obligación de conservación y puesta a disposición de la Administración de facturas y demás documentos acreditativos de las operaciones anotadas en los libros registros.*

De conformidad con lo establecido en el apartado 1 del artículo 68 del Reglamento del Impuesto sobre la Renta de las Personas Físicas, aprobado por Real Decreto 439/2007, de 30 de marzo, los contribuyentes de este Impuesto estarán obligados a conservar, durante el plazo máximo de prescripción, todos los justificantes, facturas y demás documentos acreditativos de las operaciones, gastos, e ingresos de cualquier tipo que hayan sido objeto de reflejo en los libros registros establecidos en la presente orden, y a exhibirlos ante los órganos competentes de la Administración tributaria, cuando sean requeridos al efecto.

Artículo 14[2]. *Referencias del Impuesto sobre el Valor Añadido al Impuesto General Indirecto Canario.*

En relación con las obligaciones registrales del Impuesto General Indirecto Canario, y a los efectos de lo dispuesto en el artículo 12 párrafo segundo de esta orden, las referencias

---

[1]   Nueva redacción del art.12 dada por el artículo segundo.Uno de la Orden HAC/1154/2020, de 27 de octubre, por la que se modifican la Orden HAC/1400/2018, de 21 de diciembre, por la que se aprueba el modelo 233, "Declaración informativa por gastos en guarderías o centros de educación infantil autorizados" y se determinan el lugar, forma, plazo y el procedimiento para su presentación, y se modifica la Orden HAP/2194/2013, de 22 de noviembre, por la que se regulan los procedimientos y las condiciones generales para la presentación de determinadas autoliquidaciones, declaraciones informativas, declaraciones censales, comunicaciones y solicitudes de devolución, de naturaleza tributaria; y la Orden HAC/773/2019, de 28 de junio, por la que se regula la llevanza de los libros registros en el Impuesto sobre la Renta de las Personas Físicas (BOE núm. 317, de 4 de diciembre de 2020), en vigor desde el día 1 de enero de 2021 y se aplicará a las anotaciones registrales correspondientes al ejercicio 2021 y siguientes.

[2]   Nuevo art. 14 incorporado por el artículo segundo.Dos de la Orden HAC/1154/2020, de 27 de octubre, por la que se modifican la Orden HAC/1400/2018, de 21 de diciembre, por la que se aprueba el modelo 233, "Declaración informativa por gastos en guarderías o centros de educación infantil autorizados" y se determinan el lugar, forma, plazo y el procedimiento para su presentación, y se modifica la Orden HAP/2194/2013, de 22 de noviembre, por la que se regulan los procedimientos y las condiciones gene-

hechas en esta orden al Impuesto sobre el Valor Añadido deben entenderse hechas también al Impuesto General Indirecto Canario.

Disposición derogatoria única. *Derogación normativa.*

A la entrada en vigor de la presente orden ministerial queda derogada la Orden de 4 de mayo de 1993 por la que se regula la forma de llevanza y el diligenciado de los libros-registros en el Impuesto sobre la Renta de las Personas Físicas.

Disposición final. *Entrada en vigor.*

La presente orden entrará en vigor el día 1 de enero de 2020 y se aplicará a las anotaciones registrales correspondientes al ejercicio 2020 y siguientes.

---

rales para la presentación de determinadas autoliquidaciones, declaraciones informativas, declaraciones censales, comunicaciones y solicitudes de devolución, de naturaleza tributaria; y la Orden HAC/773/2019, de 28 de junio, por la que se regula la llevanza de los libros registros en el Impuesto sobre la Renta de las Personas Físicas (BOE núm. 317, de 4 de diciembre de 2020), en vigor desde el día 1 de enero de 2021 y se aplicará a las anotaciones registrales correspondientes al ejercicio 2021 y siguientes.

5. Real Decreto 1007/2023, de 5 de diciembre, por el que se aprueba el Reglamento que establece los requisitos que deben adoptar los sistemas y programas informáticos o electrónicos que soporten los procesos de facturación de empresarios y profesionales, y la estandarización de formatos de los registros de facturación

(BOE núm. 291, de 06 de diciembre de 2023)

I

Las necesidades de urgente adaptación del tejido empresarial español, y muy especialmente, de las pymes, las microempresas y los autónomos, a las exigencias de la digitalización, sumadas a la creciente demanda de la sociedad en orden a obtener de sus administraciones tributarias una constante mejora de la asistencia y del control tributario, impone necesidades de estandarización y modernización de sistemas y programas informáticos o electrónicos que soportan los procesos contables, de facturación y de gestión de empresarios y profesionales. Esta modernización exige, por un lado, asegurar la interconexión de tales sistemas informáticos, y su compatibilidad con los sistemas informáticos de clientes, proveedores y administraciones públicas, pero, por otro lado, exige también asegurar la calidad de la información, la confianza en la inalterabilidad indebida de los datos, la trazabilidad de los mismos y la interdicción del uso del llamado software de supresión y manipulación de ventas.

Con ser importantes, los anteriores propósitos encuentran su sentido en un objetivo aún más amplio que desde las organizaciones internacionales (OCDE y Unión Europea) han dado en llamar «cumplimiento tributario por diseño». Se trata de asegurar una conexión sencilla, barata, segura y eficiente entre administrados y administración en entornos digitalizados. El desarrollo de estos sistemas informáticos debe permitir a medio plazo un significativo ahorro de los costes de cumplimiento de toda índole y, en particular, por lo que se refiere al presente real decreto, de los costes de cumplimiento tributario.

Los terribles efectos que la pandemia de COVID-19 ha producido sobre la salud pública, la sociedad y la economía española, han desencadenado, como contrapartida, una vigorosa reacción por parte de las autoridades de la Unión Europea en orden a facilitar y respaldar la recuperación de las economías europeas. Dicha reacción, manifestada a través del Plan de Recuperación, Transformación y Resiliencia, supone la aprobación de un Mecanismo de financiación del que España, como Estado Miembro, va a participar significativamente. El mecanismo, que está dotado con fondos de la UE, supone una oportunidad financiera al permitir asignar fondos en atención a cuatro ejes principales, uno de los cuales, el de Transformación Digital pretende, entre otros objetivos, la modernización y digitalización del ecosistema del empresariado español.

Por su parte, la Administración tributaria también afronta un importante reto en el referido Plan, ya que la modernización del sistema fiscal para un crecimiento inclusivo y sostenible exige encarar reformas materiales en el sistema tributario, pero también la modernización de los instrumentos procedimentales y de gestión de la información. Todo ello con la debida garantía de respeto a los derechos de los contribuyentes y con una estrategia basada en el ensanchamiento de las Bases Imponibles, en el fomento del cumplimiento tributario y en el reforzamiento de la asistencia al contribuyente.

Aunando ambos objetivos de la digitalización, privados y públicos, este real decreto pretende conseguir la modernización de la dotación digital de pymes, microempresas y autónomos, a la vez que una mejora en el cumplimiento tributario y en la lucha contra el incumplimiento. La consecución de tales objetivos contribuirá a la evaluación de las reformas llevadas a cabo en los pilares de Digitalización y de Lucha contra el Fraude Fiscal.

La presente norma tiene una vocación de universalidad, como universal es ya hoy, y más aún en un futuro próximo, la necesidad de adaptación a la digitalización en la práctica totalidad del empresariado español. El horizonte de esta reforma, como no puede ser de otro modo, es la completa digitalización del empresariado español, que permitirá un significativo ahorro de costes y una mejora acelerada de la competitividad en una economía cada vez más digitalizada y global. Para ello es preciso conseguir el abandono a corto plazo de técnicas de registro y gestión de facturación obsoletas, que van desde el uso de sistemas no digitales, hasta el empleo de sistemas no interoperables ni conectados entre sí.

Sin embargo, la diversidad de situaciones económicas y fiscales en las que se encuentran los integrantes del censo de empresarios españoles, en el que predominan las microempresas, exigen avanzar de forma gradual en el medio plazo para ir adaptando las obligaciones formales y materiales de estos al cambiante entorno tecnológico y económico en el que se producen sus actividades. Este real decreto pretende ser catalizador de esos procesos y primer hito en ese camino.

En otro orden de cosas, tras los primeros años de experiencia en la aplicación del Suministro Inmediato de Información (SII), implantado en el año 2017, parece llegado el momento de plantear la posible expansión de las obligaciones de suministro de información referidas al contenido de las facturas, de modo que en un plazo no lejano, sea posible una mejora de la gestión tributaria y un salto cualitativo en la asistencia al contribuyente mediante el avance y mejora en los servicios de ayuda a la cumplimentación de las declaraciones de IVA e impuestos directos. De la misma forma, aunque con un alcance más reducido, las necesidades de normalización y estandarización de ficheros, encuentran otro precedente en la propia exposición de motivos de la Orden HAC/773/2019, de 28 de junio, por la que se regula la llevanza de los libros registros en el Impuesto sobre la Renta de las Personas Físicas, en la que ya se hizo referencia a la posibilidad de utilizar el formato normalizado de libros registros de IVA e IRPF publicados en la sede electrónica de la AEAT, tanto para la correcta llevanza de los libros como para dar cumplimiento a posibles requerimientos. Con la publicación de estos formatos normalizados y estandarizados se ofrece seguridad jurídica en el cumplimiento de las obligaciones registrales y se modulan las obligaciones formales al ofrecer incluso un formato único de llevanza de libros conjuntos para IVA e IRPF.

En este sentido, este real decreto supone un paso decidido en el proceso de reforma a más largo plazo de la gestión de la información fiscal y, con ella, de los servicios de asistencia al contribuyente, con la pretensión de facilitar en última instancia a los obligados tributarios la simplificación administrativa.

Las exigencias técnicas de los sistemas informáticos de facturación que se regulan en el presente real decreto, posibilitan a través de la estandarización de los formatos de los registros que contienen la información generada, su aportación a la Administración tributaria, ya sea mediante requerimiento singular o, en una fase posterior si así se determinara, mediante suministro general de la información. Este real decreto pretende asegurar que la extracción y aportación de datos de facturación que se deba realizar a la Administración tributaria se produzca en su formato original, sin alteraciones en los registros que contengan la información generada en la emisión de los documentos electrónicos o físicos de las facturas.

En este contexto, el artículo 29.2.j) de la Ley 58/2003, de 17 de diciembre, General Tributaria, en la redacción añadida por la Ley 11/2021, de 9 de julio, de medidas de prevención y lucha contra el fraude fiscal, de transposición de Directiva (UE) 2016/1164, del Consejo, de 12 de julio de 2016, por la que se establecen normas contra las prácticas de elusión fiscal que inciden directamente en el funcionamiento del mercado interior, de modificación de diversas normas tributarias y en materia de regulación del juego, ha dispuesto que reglamentariamente se puedan establecer especificaciones técnicas que deban reunir los sistemas y programas informáticos o electrónicos que soporten los procesos contables, de facturación o de gestión de quienes desarrollen actividades económicas así como también los requisitos para estar debidamente certificados y sus formatos estandarizados para su legibilidad.

La digitalización de los procesos de gestión empresarial, con el objeto de realizar el debido registro y control de las operaciones y la correcta emisión de facturas por parte de empresarios y profesionales, se lleva a cabo generalmente mediante el uso de sistemas informáticos. El adecuado uso de estos sistemas informáticos, además de servir a la gestión y el control interno de la actividad de las empresas, no es indiferente a las autoridades tributarias, que precisan de los mismos para verificar el correcto cumplimiento de las obligaciones fiscales. Ese uso adecuado representa para la Hacienda Pública, esto es, para el sostenimiento del Estado social y democrático, la garantía de certeza de los datos que, por disposición legal, sirven para la acreditación y cumplimiento de obligaciones tributarias de toda índole.

La interacción con estos sistemas informáticos ha creado nuevos desafíos a la Administración tributaria encargada de la comprobación de la veracidad y exactitud de las bases imponibles contenidas en las declaraciones presentadas por los obligados tributarios. Tales desafíos se refieren, por una parte, a la necesidad de acceder e interactuar con tales datos en su formato nativo, sin traslados o conversiones informáticas, y, por otra parte, a evitar de una forma preventiva y radical comportamientos de falta de integridad, como la manipulación o alteración de los registros después de su generación.

De hecho, el examen en la práctica comprobadora de dichos sistemas informáticos ha permitido constatar que, en ocasiones, facilitan, mediante utilidades digitales diseñadas específicamente para la evasión o defraudación tributaria, la ocultación de la verdadera realidad económica y tributaria de sus usuarios, omitiendo y alterando los datos reales, o interpolando o adicionando datos ficticios. En estos casos los sistemas informáticos a menudo integran módulos o utilidades creados por sus productores con esta finalidad específica. En otros casos, los sistemas informáticos presentan vulnerabilidades que permiten, a otras personas o al propio interesado, la incorporación de otros programas (denominados parches de tipo phantomware o zapper, entre otros) tendentes a permitir la sustitución de los datos reales por otros alterados.

Estos hechos han determinado que gran parte de Administraciones tributarias de todo el mundo, en línea con las recomendaciones efectuadas desde instituciones internacionales como la OCDE, hayan implantado normativas estrictas y medidas de control y seguridad específicas para dificultar el fraude y facilitar la comprobación de unos datos que, por su naturaleza, son volátiles, duplicables, fácilmente manipulables de formas muy difíciles de detectar. Dichas soluciones normativas y técnicas adoptadas en los diversos países han evolucionado en paralelo al avance tecnológico desde los años ochenta del siglo XX hasta nuestros días buscando diferentes objetivos, también presentes en mayor o menor medida en la presente norma:

a) Reforzar la obligación de emitir factura de todas las operaciones que realizan empresarios y profesionales.

b) Conseguir que todas las operaciones que se realicen se graben en el sistema informático de manera segura, no manipulable, accesible y con una estructura y formato estándares para facilitar la legibilidad de los registros, el análisis automatizado y la simultánea remisión a la Administración tributaria.

c) Incentivar al consumidor final para que solicite los comprobantes de sus operaciones y pueda remitir voluntariamente a la Administración tributaria la información básica de esas facturas para verificar su registro y la exactitud de los datos reflejados en las mismas.

d) Garantizar la integridad, la autenticidad y la trazabilidad de los datos registrados, dificultando la falsificación de los registros de facturación mediante el uso de elementos de seguridad y control en los registros informáticos y en las facturas. Entre dichos elementos se pueden citar, el encadenamiento de datos de facturas, las huellas digitales del contenido de las mismas, el empleo de códigos QR que facilitan la captura y digitalización de la información impresa, la estandarización de formatos de los datos o el uso de firma digital para asegurar el no repudio de los registros.

e) Contribuir a una mayor igualdad ante la ley y a un reforzamiento de los principios de equidad y capacidad contributiva en el reparto de las cargas tributarias.

f) Conseguir una mayor eficacia en la comprobación tributaria de los órganos que tienen asignada esa competencia.

g) Facilitar el cumplimiento de las obligaciones tributarias, tal y como se ha constatado en aquellos países en que se ha implantado la obligación de remisión de los datos de forma previa, inmediata o posterior al momento de realización de las operaciones.

La consecución de estos objetivos hace necesaria la exigencia de determinados requisitos que aseguren la integridad de los datos de facturación registrados. Estas exigencias implican necesariamente la adopción de medidas de control y seguridad en los sistemas informáticos de facturación en consideración a la importancia central de dichos sistemas para asegurar el cumplimiento general de los requisitos legales en los sistemas y programas informáticos que soporten también los procesos contables y de gestión de empresarios y profesionales. Por ello, este real decreto se centra exclusivamente en garantizar que los sistemas informáticos que soporten los procesos de facturación de los obligados tributarios cumplan el conjunto de estos requisitos, quedando fuera de su ámbito objetivo los procesos contables y de gestión de empresarios y profesionales.

Al igual que han hecho otros países de nuestro entorno, este real decreto pretende incentivar la concienciación fiscal de los clientes y del público en general favoreciendo la colaboración activa contra los incumplimientos. Se quiere dar una mayor relevancia al papel de los consumidores finales o destinatarios de las facturas en el nuevo sistema, de manera que para cada factura completa o simplificada que reciban, en soporte electrónico o impresas en papel, estos puedan, en su caso, remitirla a la Administración tributaria para asegurar el cumplimiento tributario de los obligados a su emisión.

II

Con estos fines, el mencionado artículo 29.2.j) de la Ley 58/2003, de 17 de diciembre, General Tributaria en la redacción dada por la Ley 11/2021, de 9 de julio, ha incorporado una nueva obligación tributaria formal: «La obligación, por parte de los productores, comercializadores y usuarios, de que los sistemas y programas informáticos o electrónicos que soporten los procesos contables, de facturación o de gestión de quienes desarrollen actividades económicas garanticen la integridad, conservación, accesibilidad, legibilidad, trazabilidad e inalterabilidad de los registros, sin interpolaciones, omisiones o alteraciones de las que no quede la debida anotación en los sistemas mismos».

Por su parte, el artículo 201 bis de la Ley 58/2003, de 17 de diciembre, General Tributaria en la redacción dada por la citada Ley 11/2021, establece una infracción tributaria por fabricación, producción, comercialización y tenencia de sistemas informáticos que soporten los procesos contables, de facturación o de gestión por parte de las personas o entidades que desarrollen actividades económicas que no cumplan las especificaciones exigidas por la normativa aplicable. La infracción trata de evitar sistemas informáticos que permitan la falsificación de la realidad económica contable, de facturación y gestión o no garanticen la integridad, conservación, trazabilidad e inalterabilidad de los registros, así como su accesibilidad y legibilidad por parte de los órganos competentes de la Administración tributaria.

El objetivo último de esas dos modificaciones es impedir de forma extensiva y general la producción, comercialización, uso o simple tenencia de programas y sistemas informáticos que permitan la manipulación u ocultación de datos contables, de facturación y de gestión.

Por otra parte, el texto reglamentario enlaza con la vigente disposición adicional decimoquinta del Reglamento General de las actuaciones y los procedimientos de gestión e inspección tributaria y de desarrollo de las normas comunes de los procedimientos de aplicación de los tributos, aprobado por el Real Decreto 1065/2007, de 27 de julio, que se refiere a la estandarización de formatos de intercambio de información con trascendencia contable y fiscal, y a la posibilidad de establecer requisitos sobre la autenticidad, integridad, inscripción, exactitud, irreversibilidad, trazabilidad y detalle en el cumplimiento de sus obligaciones de registro y/o contables por medio de equipos electrónicos de procesamiento de datos.

El presente real decreto pretende desarrollar las características de un sistema informático que resulte operativo y al mismo tiempo minimice los costes fiscales indirectos que puedan resultar de esta medida para los productores, comercializadores y usuarios de los sistemas informáticos, protegiendo la libre competencia y sin discriminar las soluciones tecnológicas empleadas, siempre que dichas soluciones cumplan con los requisitos exigidos.

Así, se establecen en el texto reglamentario los requisitos que deben cumplir los sistemas informáticos de facturación utilizados por empresarios y profesionales en el ejercicio de su actividad, con el propósito de garantizar la integridad, conservación, accesibilidad, legibilidad, trazabilidad e inalterabilidad de los registros de facturación. De esta forma se persigue alinear tales sistemas informáticos con la normativa tributaria para asegurar que toda transacción comercial genere una factura y una anotación en el sistema informático del contribuyente y para impedir la ulterior alteración de tales anotaciones, permitiendo, en su caso, la simultánea o posterior remisión de la información de los mismos a la Administración tributaria.

Asimismo, el texto reglamentario prevé la posibilidad de que, voluntariamente, los obligados tributarios remitan inmediatamente a la Administración tributaria, de forma automática y segura por medios electrónicos, todos los registros de facturación generados en sus sistemas informáticos, en cuyo caso se entenderá que esos sistemas informáticos ya cumplen por diseño los requisitos técnicos anteriormente mencionados.

Todo sistema informático que se utilice para dar cumplimiento a las obligaciones contenidas en esta norma debe contar obligatoriamente con una declaración responsable de la que quede constancia formal, expedida por la persona o entidad productora, fabricante o desarrolladora del mismo, que asegure el compromiso por parte de esta de suministrar productos digitales que cumplan con los requisitos establecidos en la Ley General Tributaria y en este real decreto. Así certificarán que sus sistemas informáticos se ajustan a las normas y responden a dichos requisitos ante quienes los adquieran o utilicen para dar soporte a sus procesos de facturación.

La emisión de estas declaraciones responsables, por parte de las empresas que integran el sector de la producción, fabricación o desarrollo de este tipo de sistemas y programas informáticos o electrónicos, supone también un ejercicio de responsabilidad corporativa no solo por lo que supone de cumplimiento directo de la normativa fiscal en este campo, sino por la capacidad de dinamizar con ello la modernización y digitalización de la gestión empresarial privada y la mejora del cumplimiento fiscal.

En indirecta relación con este real decreto, la factura electrónica se presenta como una modalidad cada vez más extendida, que se encuentra incardinada en los esfuerzos para la digitalización del tejido empresarial español impulsados desde las administraciones públicas. Existen sensibles diferencias entre la normativa de factura electrónica, que afecta a la documentación, conservación y transmisión de estos documentos, y la materia regulada en este real decreto, que se refiere a los requisitos que deben adoptar los sistemas y programas informáticos o electrónicos que soporten los procesos de facturación de empresarios y profesionales, y la estandarización de sus formatos. El contenido de este real decreto resulta compatible con la implantación de la factura electrónica, generando adicionalmente sinergias entre ambas normativas, que contribuirán conjuntamente a mejorar la asistencia al contribuyente en el cumplimiento de sus obligaciones tributarias, el control del fraude tributario, así como la prevención de la morosidad en transacciones comerciales.

En cuanto a las modificaciones del Reglamento que regula las obligaciones de facturación, se realizan las correspondientes adaptaciones al texto como consecuencia de la nueva regulación establecida en este real decreto.

III

Este real decreto, de conformidad con lo preceptuado en el artículo 129 de la Ley 39/2015, de 1 de octubre, del Procedimiento Administrativo Común de las Administraciones Públicas, se ha elaborado con adecuación a los principios de necesidad, eficacia, proporcionalidad, seguridad jurídica, transparencia y eficiencia.

Así, se cumplen los principios de necesidad y eficacia, dado que los cambios que se introducen en diversas normas del Ordenamiento, antes aludidos, al tener rango legal, precisan de su desarrollo a través de una norma de rango reglamentario.

Se cumple también el principio de proporcionalidad, por cuanto se ha pretendido conseguir los objetivos estrictamente exigidos, antes mencionados de la forma más eficaz.

Respecto al principio de seguridad jurídica, se ha garantizado la coherencia del proyecto normativo con el resto del ordenamiento jurídico nacional, así como con el de la Unión Europea por ello que se han evacuado consultas a la Comisión para advertir de este desarrollo que indirectamente se refiere a las obligaciones de facturación reguladas en la Directiva IVA 2006/112/CE.

El principio de transparencia se ha garantizado mediante la publicación, derivada del cumplimiento del trámite de consulta pública, que se ha realizado en el portal institucional del Ministerio de Hacienda y Función Pública.

Por último, en relación con el principio de eficiencia, se ha intentado que la norma genere las menores cargas administrativas para los ciudadanos, así como los menores costes indirectos, fomentando el uso racional de los recursos públicos.

El texto ha sido sometido al procedimiento de información en materia de normas y reglamentaciones técnicas y de reglamentos relativos a los servicios de la sociedad de la información, previsto en la Directiva (UE) 2015/1535 del Parlamento Europeo y del Consejo, de 9 de septiembre de 2015, por la que se establece un procedimiento de información en materia de reglamentaciones técnicas y de reglas relativas a los servicios de la sociedad de la información, así como en el Real Decreto 1337/1999, de 31 de julio, por el que se regula la remisión de información en materia de normas y reglamentaciones técnicas y reglamentos relativos a los servicios de la sociedad de la información.

Este real decreto se dicta en ejercicio de las habilitaciones legales contenidas en el artículo 29.2.j) de la Ley 58/2003, de 17 de diciembre, General Tributaria, así como la potestad reglamentaria general del Gobierno conforme a lo establecido en el artículo 97 de la Constitución y en el artículo 22 de la Ley 50/1997, de 27 de noviembre, del Gobierno, y al amparo de lo dispuesto en el artículo 149.1.14.ª de la Constitución, que atribuye al Estado la competencia exclusiva en materia de Hacienda general.

En su virtud, a propuesta de la Vicepresidenta Cuarta del Gobierno y Ministra de Hacienda y Función Pública, de acuerdo con el Consejo de Estado, y previa deliberación del Consejo de Ministros en su reunión del día 5 de diciembre de 2023,

DISPONGO:

Artículo único. *Aprobación del Reglamento que establece los requisitos que deben adoptar los sistemas y programas informáticos o electrónicos que soporten los procesos de facturación de empresarios y profesionales, y la estandarización de formatos de los registros de facturación.*

Se aprueba el Reglamento que establece los requisitos que deben adoptar los sistemas y programas informáticos o electrónicos que soporten los procesos de facturación de empresarios y profesionales, y la estandarización de formatos de los registros de facturación, cuyo texto se incluye a continuación.

Disposición adicional primera. *Contenido de los registros de facturación en caso de autorización.*

Cuando exista autorización concedida por el Departamento de Gestión Tributaria, de acuerdo a lo previsto en el Reglamento por el que se regulan las obligaciones de facturación, aprobado por el Real Decreto 1619/2012, de 30 de noviembre, en virtud de la cual no se disponga de ciertos datos de facturación mencionados en el apartado 1 del artículo 10 del

Reglamento, no resultará obligatorio incluir dichos datos en los registros de facturación, en cuyo caso deberá indicarse tal circunstancia.

Disposición adicional segunda. *Agencias de viajes.*

Los requisitos de los sistemas informáticos de facturación establecidos en el artículo 8 del Reglamento, en los casos previstos en la disposición adicional cuarta del Reglamento por el que se regulan las obligaciones de facturación, serán exigibles a las agencias de viajes que expidan las facturas.

Disposición adicional tercera. *Integración de los registros de facturación en los libros registro.*

Dentro del plazo señalado en el segundo párrafo de la disposición final cuarta de este real decreto, se desarrollará la posibilidad de integrar los registros de facturación generados y remitidos a la Agencia Estatal de Administración Tributaria por medio de los «Sistemas de emisión de facturas verificables» en el contenido del libro registro de facturas expedidas que se regula en el Reglamento del Impuesto sobre el Valor Añadido, aprobado por el Real Decreto 1624/1992, de 29 de diciembre, y, del mismo modo, se podrá desarrollar dicha posibilidad respecto de los libros registros de ventas e ingresos, y de ingresos, a que se refiere el artículo 68 del Reglamento del Impuesto sobre la Renta de las Personas Físicas, aprobado por el Real Decreto 439/2007, de 30 de marzo.

A los efectos del párrafo anterior, la Agencia Estatal de Administración Tributaria pondrá a disposición de los usuarios de «Sistemas de emisión de facturas verificables», de forma conjunta, la información que le sea remitida de las facturas expedidas y facilitará las herramientas necesarias que permitan completar en la sede electrónica la llevanza de los libros registros mencionados.

Los destinatarios de las facturas cuya información haya sido remitida por «Sistemas de emisión de facturas verificables», además de poder verificar en línea la información de esas facturas recibidas, podrán descargarla para integrarla en sus libros registros.

Disposición final primera. *Modificación del Reglamento por el que se regulan las obligaciones de facturación, aprobado por el Real Decreto 1619/2012, de 30 de noviembre.*

Se introducen las siguientes modificaciones en el Reglamento por el que se regulan las obligaciones de facturación.

Uno. Se incluye en el artículo 6 un nuevo apartado 5, con el siguiente contenido:

(…)

Dos. Se incluye un nuevo apartado 5 en el artículo 7, con el siguiente contenido:

(…)

Tres. Se incluye en el artículo 8 un nuevo apartado 4, con el siguiente contenido:

(…)

Disposición final segunda. *Título competencial.*

Este real decreto se aprueba al amparo de lo dispuesto en el artículo 149.1.14.ª de la Constitución Española, que atribuye al Estado la competencia en materia de Hacienda general.

Disposición final tercera. *Desarrollo del Reglamento incluido en este real decreto.*

Mediante orden ministerial de la persona titular del Ministerio de Hacienda y Función Pública[1] podrán detallarse técnicamente los aspectos recogidos en el Reglamento que fueran necesarios, y en particular, los siguientes:

a) Las especificaciones técnicas y funcionales que deberá reunir el sistema informático a que se refiere la letra a) del artículo 7 del Reglamento y, en particular, las mencionadas en el artículo 8 del Reglamento.

b) La condiciones y límites de la aplicación informática a que se refiere la letra b) del artículo 7 del Reglamento.

c) El detalle de la estructura, formato y características técnicas de la información a cuyo contenido se refiere el artículo 10 del Reglamento, en relación con el registro de facturación de alta.

d) El detalle de la estructura, formato y características técnicas de la información a cuyo contenido se refiere el apartado 2 del artículo 11 del Reglamento, en relación con el registro de facturación de anulación.

e) Las especificaciones de política de firma y requisitos que deberán cumplir la huella o «hash» y, en su caso, la firma electrónica de los registros de facturación de alta y de anulación, a que se refiere el artículo 12 del Reglamento, así como las posibles limitaciones en el uso de determinados certificados para supuestos específicos.

f) El detalle de la estructura, formato y características de la información de la declaración responsable a cuyo contenido se refiere el apartado 4 del artículo 13 del Reglamento.

g) Las especificaciones técnicas de la remisión voluntaria a que se refieren el artículo 15 y el apartado 1 del artículo 16 del Reglamento.

h) Las herramientas a que se refiere la disposición adicional tercera de este real decreto.

i) El detalle de la estructura, formato y características técnicas de la información a que se refiere la disposición adicional tercera de este real decreto que podrá añadirse a la del registro de facturación de alta a efectos de completar el contenido y estructura del libro de facturas expedidas regulado en el Reglamento del Impuesto sobre el Valor Añadido aprobado por el Real Decreto 1624/1992, de 29 de diciembre, y, en su caso, de los libros registros de ventas e ingresos, y de ingresos, a que se refiere el artículo 68 del Reglamento del Impuesto sobre la Renta de las Personas Físicas, aprobado por el Real Decreto 439/2007, de 30 de marzo, y dar por cumplida dicha obligación mediante la llevanza en la Sede de la Agencia Tributaria.

j) Los plazos y forma de renunciar al «Sistema de emisión de facturas verificables» que se regula en los artículos 15 y 16 del Reglamento.

---

[1]   Orden HAC/1177/2024, de 17 de octubre, por la que se desarrollan las especificaciones técnicas, funcionales y de contenido referidas en el Reglamento que establece los requisitos que deben adoptar los sistemas y programas informáticos o electrónicos que soporten los procesos de facturación de empresarios y profesionales, y la estandarización de formatos de los registros de facturación, aprobado por el Real Decreto 1007/2023, de 5 de diciembre; y en el Reglamento por el que se regulan las obligaciones de facturación, aprobado por Real Decreto 1619/2012, de 30 de noviembre (BOE núm. 260, de 28 de octubre de 2024).

❚ **Disposición final cuarta**[2]**.** *Entrada en vigor y efectos.*

El presente real decreto y el reglamento entrarán en vigor el día siguiente al de su publicación en el «Boletín Oficial del Estado».

No obstante, los obligados tributarios a que se refiere el artículo 3.1.a) de dicho reglamento tendrán adaptados los sistemas informáticos a las características y requisitos que se establecen en el citado reglamento y en su normativa de desarrollo antes del 1 de enero de 2026. El resto de obligados tributarios mencionados en el artículo 3.1 deberán tener operativos los sistemas informáticos adaptados a las características y requisitos que se establecen en el citado reglamento y en su normativa de desarrollo antes del 1 de julio de 2026.

Los obligados tributarios a que se refiere el artículo 3.2 de dicho reglamento, en relación con sus actividades de producción y comercialización de los sistemas informáticos, deberán ofrecer sus productos adaptados totalmente al reglamento en el plazo máximo de nueve meses desde la entrada en vigor de la orden ministerial a que se refiere la disposición final tercera de este real decreto. No obstante, en relación con sistemas informáticos incluidos en los contratos de mantenimiento de carácter plurianual contratados antes de este último plazo, deberán estar adaptados al contenido del reglamento con anterioridad a las fechas indicadas en el párrafo anterior.

En el plazo máximo de nueve meses desde la entrada en vigor de la orden ministerial a que se refiere la disposición final tercera de este real decreto estará disponible en la sede de la Agencia Estatal de Administración Tributaria el servicio para la recepción de los registros de facturación remitidos por los Sistemas de emisión de facturas verificable.

---

[2]   Nueva redacción dada por el art. Único Uno del Real Decreto 254/2025, de 1 de abril, por el que se modifica el Real Decreto 1007/2023, de 5 de diciembre, por el que se aprueba el Reglamento que establece los requisitos que deben adoptar los sistemas y programas informáticos o electrónicos que soporten los procesos de facturación de empresarios y profesionales, y la estandarización de formatos de los registros de facturación (BOE núm. 80, de 2 de abril de 2025), en vigor desde el 3 de abril de 2025.

Redacción original: «*El presente real decreto y el reglamento entrarán en vigor el día siguiente al de su publicación en el «Boletín Oficial del Estado».*

No obstante, los obligados tributarios a que se refiere el artículo 3.1 de dicho Reglamento deberán tener operativos los sistemas informáticos adaptados a las características y requisitos que se establecen en el citado reglamento y en su normativa de desarrollo antes del 1 de julio de 2025.

Los obligados tributarios a que se refiere el artículo 3.2 de dicho Reglamento, en relación con sus actividades de producción y comercialización de los sistemas informáticos, deberán ofrecer sus productos adaptados totalmente al reglamento en el plazo máximo de nueve meses desde la entrada en vigor de la orden ministerial a que se refiere la disposición final tercera de este real decreto. No obstante, en relación con sistemas informáticos incluidos en los contratos de mantenimiento de carácter plurianual contratados antes de este último plazo, deberán estar adaptados al contenido del reglamento con anterioridad al 1 de julio de 2025.

*En el plazo máximo de nueve meses desde la entrada en vigor de la orden ministerial a que se refiere la disposición final tercera de este real decreto estará disponible en la sede de la Agencia Estatal de Administración Tributaria el servicio para la recepción de los registros de facturación remitidos por los Sistemas de emisión de facturas verificables».

REGLAMENTO QUE ESTABLECE LOS REQUISITOS QUE DEBEN ADOPTAR LOS SISTEMAS Y PROGRAMAS INFORMÁTICOS O ELECTRÓNICOS QUE SOPORTEN LOS PROCESOS DE FACTURACIÓN DE EMPRESARIOS Y PROFESIONALES, Y LA ESTANDARIZACIÓN DE FORMATOS DE LOS REGISTROS DE FACTURACIÓN

CAPÍTULO I. Disposiciones generales

Artículo 1. *Objeto y ámbito territorial.*

1. El presente Reglamento tiene por objeto la regulación de los requisitos y especificaciones técnicas que debe cumplir cualquier sistema y programa informático o electrónico, en adelante denominado genéricamente sistema informático, utilizado por quienes desarrollen actividades económicas, de acuerdo con la definición dada en la Ley 35/2006, de 28 de noviembre, del Impuesto sobre la Renta de las Personas Físicas y de modificación parcial de las leyes de los Impuestos sobre Sociedades, sobre la Renta de no Residentes y sobre el Patrimonio, cuando soporte los procesos de facturación de las operaciones correspondientes a su actividad, para garantizar la integridad, conservación, accesibilidad, legibilidad, trazabilidad e inalterabilidad de los registros de facturación sin interpolaciones, omisiones o alteraciones de las que no quede la debida anotación en los sistemas mismos, con la información sobre todas las entregas de bienes y prestaciones de servicios, de acuerdo con lo dispuesto en la letra j) del artículo 29.2 de la Ley 58/2003, de 17 de diciembre, General Tributaria.

2. A los efectos del presente Reglamento, el término factura incluye la factura completa y la factura simplificada, de acuerdo al Reglamento por el que se regulan las obligaciones de facturación, aprobado por el Real Decreto 1619/2012, de 30 de noviembre.

Se considera sistema informático de facturación al conjunto de hardware y software utilizado para expedir facturas mediante la realización de las siguientes acciones:

a) Admitir la entrada de información de facturación por cualquier método.

b) Conservar la información de facturación, ya sea mediante su almacenamiento en el propio sistema informático de facturación o mediante su salida al exterior del mismo en un soporte físico de cualquier tipo y naturaleza o a través de la remisión telemática a otro sistema informático, sea o no de facturación.

c) Procesar la información de facturación mediante cualquier procedimiento para producir otros resultados derivados, independientemente de dónde se realice este proceso, pudiendo ser en el propio sistema informático de facturación o en otro sistema informático previa remisión de la información al mismo por cualquier vía directa o indirecta.

3. El Reglamento es aplicable en todo el territorio español, sin perjuicio de los regímenes tributarios forales de concierto y convenio económico en vigor, respectivamente, en los territorios históricos del País Vasco y en la Comunidad Foral de Navarra, y teniendo en cuenta las especialidades previstas en su normativa específica para Canarias, Ceuta y Melilla.

En relación con los territorios históricos del País Vasco y en la Comunidad Foral de Navarra, el presente Reglamento será de aplicación a los obligados tributarios a que se refiere el artículo 3 de este Reglamento cuando tengan su domicilio fiscal en territorio común.

Las referencias que realiza el Reglamento a la normativa del Impuesto sobre el Valor Añadido se considerarán también efectuadas a la normativa del Impuesto General Indirecto Canario y a la del Impuesto sobre la Producción, los Servicios e Importación en Ceuta y Melilla.

Artículo 2. *Régimen jurídico.*

Los sistemas informáticos a que se refiere el artículo anterior y su utilización se regirán por el presente Reglamento, por el Reglamento por el que se regulan las obligaciones de facturación, y por las disposiciones de carácter complementario que sean dictadas en el desarrollo del presente Reglamento.

Artículo 3. *Ámbito subjetivo.*

1. El presente Reglamento se aplicará a los obligados tributarios que se indican a continuación, que utilicen sistemas informáticos de facturación, aunque solo los usen para una parte de su actividad:

a) Los contribuyentes del Impuesto sobre Sociedades.

No estarán sometidas a las obligaciones establecidas en este real decreto las entidades exentas a que se refiere el apartado 1 del artículo 9 de la Ley 27/2014, de 27 de noviembre, del Impuesto sobre Sociedades.

Las entidades parcialmente exentas a que se refieren los apartados 2, 3 y 4 del artículo 9 de la misma Ley estarán sometidas a esta obligación exclusivamente por las operaciones que generen rentas que estén sujetas y no exentas del Impuesto.

b) Los contribuyentes del Impuesto sobre la Renta de las Personas Físicas que desarrollen actividades económicas.

c) Los contribuyentes del Impuesto sobre la Renta de no Residentes que obtengan rentas mediante establecimiento permanente.

d) Las entidades en régimen de atribución de rentas que desarrollen actividades económicas, sin perjuicio de la atribución de rendimientos que corresponda efectuar a sus miembros.

2. El presente Reglamento también se aplicará a los productores y comercializadores de los sistemas informáticos a que se refiere el artículo 1 de este Reglamento en las cuestiones relativas a sus respectivas actividades de producción y comercialización de los sistemas informáticos puestos a disposición de los obligados tributarios mencionados en el apartado 1 de este artículo 3.

3. El presente Reglamento no se aplicará a los contribuyentes que lleven los libros registros en los términos establecidos en el apartado 6 del artículo 62 del Reglamento del Impuesto sobre el Valor Añadido, aprobado por el Real Decreto 1624/1992, de 29 de diciembre.

Artículo 4[3]. *Ámbito objetivo.*

El presente reglamento será de aplicación a los sistemas informáticos de facturación de las operaciones correspondientes a la actividad de los obligados tributarios a que se refiere el artículo 3.1.

---

[3]   Nueva redacción del art. 4 dada por el art. Único Dos del Real Decreto 254/2025, de 1 de abril, por el que se modifica el Real Decreto 1007/2023, de 5 de diciembre, por el que se aprueba el Reglamento que establece los requisitos que deben adoptar los sistemas y programas informáticos o electrónicos que soporten los procesos de facturación de empresarios y profesionales, y la estandarización de formatos de los registros de facturación (BOE núm. 80, de 2 de abril de 2025), en vigor desde el 3 de abril de 2025.

Redacción original: «*El presente Reglamento será de aplicación a los sistemas informáticos de facturación de las operaciones correspondientes a la actividad de los obligados tributarios a que se refiere el apartado 1 del artículo 3 de este Reglamento.*

El presente Reglamento no se aplicará a las siguientes operaciones:

El presente reglamento no se aplicará a las siguientes operaciones:

1. A las que se refieren las disposiciones adicionales tercera y sexta del reglamento por el que se regulan las obligaciones de facturación, aprobado por el Real Decreto 1619/2012, de 30 de noviembre.

2. A las documentadas en facturas por operaciones realizadas a través de establecimientos permanentes que se encuentren en el extranjero.

3. A las que, de acuerdo con el artículo 5 del reglamento por el que se regulan las obligaciones de facturación, aprobado por el Real Decreto 1619/2012, de 30 de noviembre, sean documentadas mediante facturas expedidas materialmente por el destinatario de la operación, o por tercero como consecuencia de la aplicación de disposiciones normativas de obligado cumplimiento, siempre y cuando lleven sus libros registros en los términos establecidos en el artículo 62.6 del Reglamento del Impuesto sobre el Valor Añadido, aprobado por el Real Decreto 1624/1992, de 29 de diciembre.

Artículo 5. *Solicitud de no aplicación.*

La persona titular del Departamento de Inspección Financiera y Tributaria de la Agencia Estatal de Administración Tributaria, previa solicitud de la persona o entidad interesada, podrá resolver la no aplicación de este Reglamento en las siguientes circunstancias:

a) En relación con sectores empresariales o profesionales o con contribuyentes determinados, cuando quede justificado por las prácticas comerciales o administrativas del sector de que se trate, o con el fin de evitar perturbaciones en el desarrollo de las actividades económicas.

b) En relación con las operaciones respecto de las cuales se aprecien circunstancias excepcionales de índole técnico que imposibiliten dicho cumplimiento.

Esta resolución podrá tener carácter temporal, en cuyo caso estará condicionada al compromiso de realizar las adaptaciones necesarias para poder dar cumplimiento a las referidas obligaciones, y cesará sus efectos cuando se constate la desaparición de las circunstancias excepcionales que motivaron su adopción. También podrá afectar a todas o a alguna de las obligaciones establecidas en este Reglamento.

Las resoluciones previstas en este apartado podrán establecer condiciones especiales para cada autorización.

Artículo 6[4]. *Delegación del cumplimiento.*

Las obligaciones establecidas en este reglamento a los obligados tributarios del artículo 3.1 podrán cumplirse materialmente por el destinatario de la operación o por un tercero,

---

1. En relación con las obligaciones establecidas a quienes tributen bajo el régimen especial de la agricultura, ganadería y pesca del Impuesto sobre el Valor Añadido, a las operaciones por las cuales la obligación de expedir factura se entienda cumplida mediante la expedición del recibo a que se refiere el apartado 1 del artículo 16 del Reglamento por el que se regulan las obligaciones de facturación.

2. A las incluidas en las letras b), c) y d) del artículo 3.1 del Reglamento por el que se regulan las obligaciones de facturación, en el supuesto de que, conforme a dicho Reglamento, no se deba expedir factura.

3. A las que se refieren las disposiciones adicionales tercera y sexta del Reglamento por el que se regulan las obligaciones de facturación.

4. A las documentadas en facturas por operaciones realizadas a través de establecimientos permanentes que se encuentren en el extranjero».

4　　Nueva redacción del art. 6 dada por el art. Único Tres del Real Decreto 254/2025, de 1 de abril, por el que se modifica el Real Decreto 1007/2023, de 5 de diciembre, por el que se aprueba el Reglamento

siempre que concurra en éste la misma condición de destinatario o tercero a efectos de facturación, de acuerdo con lo establecido en el artículo 5 del reglamento por el que se regulan las obligaciones de facturación, a efectos de la obligación de expedir factura, con facultades otorgadas para llevar a cabo el cumplimiento de dicha obligación. En cualquier caso, esta posibilidad no exime a los obligados tributarios que realicen las entregas de bienes o prestaciones de servicios documentadas en las facturas de la responsabilidad del cumplimiento de las obligaciones establecidas en este reglamento y en el reglamento por el que se regulan las obligaciones de facturación, aprobado por el Real Decreto 1619/2012, de 30 de noviembre.

CAPÍTULO II. Sistemas informáticos de facturación

SECCIÓN 1.ª *Características y requisitos de los sistemas informáticos*

Artículo 7. *Recursos informáticos necesarios para cumplir las obligaciones establecidas en este Reglamento.*

Los obligados tributarios que, de acuerdo con el apartado 1 del artículo 3 de este Reglamento, utilicen sistemas informáticos de facturación podrán utilizar una de las dos opciones siguientes:

a) Un sistema informático que cumpla los requisitos establecidos en la Ley 58/2003, de 17 de diciembre, General Tributaria, y este Reglamento.

Además, cuando los sistemas informáticos traten datos personales, deberán garantizar el cumplimiento de lo dispuesto en el Reglamento (UE) 2016/679 del Parlamento Europeo y del Consejo, de 27 de abril de 2016, relativo a la protección de las personas físicas en lo que respecta al tratamiento de datos personales y a la libre circulación de estos datos y por el que se deroga la Directiva 95/46/CE (Reglamento General de Protección de Datos) y en la Ley Orgánica 3/2018, de 5 de diciembre, de Protección de Datos Personales y garantía de los derechos digitales, el resto de normativa de aplicación, así como los criterios que se establezcan por la Agencia Española de Protección de Datos o en su ámbito competencial, por las autoridades autonómicas de protección de datos, sin perjuicio de los requisitos establecidos en el presente Reglamento.

Podrá utilizarse un mismo sistema informático para el cumplimiento del presente Reglamento por parte de diversos obligados tributarios en el ejercicio de su actividad económica siempre que los registros de facturación de cada obligado tributario se encuentren diferenciados y se cumplan los requisitos exigidos en este Reglamento por separado para cada uno de los obligados tributarios

b) La aplicación informática que a tal efecto pueda desarrollar la Administración tributaria.

---

que establece los requisitos que deben adoptar los sistemas y programas informáticos o electrónicos que soporten los procesos de facturación de empresarios y profesionales, y la estandarización de formatos de los registros de facturación (BOE núm. 80, de 2 de abril de 2025), en vigor desde el 3 de abril de 2025.

Redacción original: «*Las obligaciones establecidas en este Reglamento a los obligados tributarios del artículo 3.1 podrán cumplirse materialmente por el destinatario de la operación o por un tercero, siempre que concurra en éste la misma condición de destinatario o tercero a efectos de facturación, de acuerdo con lo establecido en el artículo 5 del Reglamento por el que se regulan las obligaciones de facturación, a efectos de la obligación de expedir factura, con facultades otorgadas para llevar a cabo el cumplimiento de dicha obligación*».

Artículo 8. *Requisitos de los sistemas informáticos de facturación.*

1. Los sistemas informáticos a que se refiere el artículo 1 de este Reglamento deberán garantizar la integridad, conservación, accesibilidad, legibilidad, trazabilidad e inalterabilidad de los registros de facturación regulados en los artículos 9, 10 y 11 de este Reglamento.

El sistema informático deberá tener capacidad de remitir por medios electrónicos a la Administración tributaria, de forma continuada, segura, correcta, íntegra, automática, consecutiva, instantánea y fehaciente, todos los registros de facturación generados a que se refieren los artículos 9, 10 y 11 de este Reglamento.

2. El sistema informático deberá garantizar:

a) La integridad e inalterabilidad de los registros de facturación de forma que, una vez generados y registrados, no puedan ser alterados sin que el sistema informático lo detecte y avise de ello.

Se entenderá por alteración de los registros de facturación la ocultación o eliminación de cualquier registro de facturación originalmente generado y registrado por el sistema informático, o la ocultación o modificación, total o parcial, de los datos de cualquier registro de facturación originalmente generado y registrado por el sistema informático, o la adición de registros de facturación, simulados o falsos, distintos a los originalmente generados y registrados por el sistema informático.

Cualquier necesidad de corrección o anulación de los datos registrados deberá ser realizada mediante al menos un registro de facturación adicional posterior, de forma que se conserven inalterables los datos originalmente registrados.

La integridad e inalterabilidad de los datos registrados se asegurará utilizando cualquier proceso técnico fiable que garantice el carácter fidedigno y completo de los registros de facturación desde que hayan sido grabados en el sistema informático.

b) La trazabilidad de los registros de facturación, que deberán estar encadenados de manera que pueda verificarse su rastro siguiendo su secuencia de creación desde el primero al último. A estos efectos, el sistema informático deberá proporcionar funcionalidades que permitan el seguimiento de los datos registrados de forma clara y fiable.

Cualquier funcionalidad o mecanismo que permita alterar u ocultar el rastro de las operaciones supone un incumplimiento de este requisito.

Todos los datos registrados deberán encontrarse correctamente fechados, indicando el momento en que se efectúa el registro.

c) La conservación, durante el plazo previsto en la Ley 58/2003, de 17 de diciembre, General Tributaria, así como la accesibilidad y legibilidad, de todos los registros de facturación generados por el propio sistema informático.

El sistema informático deberá contar con un procedimiento de descarga, volcado y archivo seguro de los registros de facturación generados por él, que deberán poder ser exportados a un almacenamiento externo en formato electrónico legible.

3. El sistema informático deberá contar con un registro de eventos que recoja automáticamente, en el momento en que se produzcan, determinadas interacciones con dicho sistema informático, operaciones realizadas con él o sucesos ocurridos durante su uso, guardando los datos correspondientes a cada uno de ellos, que deberán poder ser consultados desde el propio sistema informático.

El sistema informático deberá garantizar para este registro de eventos y su contenido el cumplimiento de las características que se determinen.

4. En los sistemas informáticos deberá encontrarse debidamente disociado el acceso a la información con trascendencia tributaria del acceso a la posible información confidencial de carácter no patrimonial, de forma que la Administración tributaria pueda acceder directamente a la consulta y al resto de funcionalidades exigidas sobre la información de los registros de facturación y de eventos, según se establece en el artículo 8 y en el artículo 14 de este Reglamento.

SECCIÓN 2.ª *Registros de facturación*

Artículo 9. *Generación del registro de facturación de alta.*

Los sistemas informáticos de facturación que sean utilizados por los obligados tributarios a que se refiere el artículo 3 de este Reglamento, deberán generar automáticamente un registro de facturación de alta de forma simultánea o inmediatamente anterior a la expedición de cada factura.

Artículo 10. *Contenido del registro de facturación de alta.*

1. El registro informático de facturación de alta incluirá la siguiente información:

a) Número de identificación fiscal y nombre y apellidos, razón o denominación social completa del obligado a expedir la factura.

b) Cuando sea obligatorio de acuerdo con lo previsto en el Reglamento por el que se regulan las obligaciones de facturación, el número de identificación fiscal (en su caso, atribuido por la Administración tributaria competente de cualquier Estado miembro de la Unión Europea) y nombre y apellidos, razón o denominación social completa de la persona o entidad destinataria de las operaciones.

c) Indicación de si la factura ha sido expedida por la propia persona o entidad que realiza las operaciones, por sus destinatarios o por terceros, de acuerdo con lo previsto en el artículo 5 del Reglamento por el que se regulan las obligaciones de facturación.

En su caso, número de identificación fiscal y nombre y apellidos, razón o denominación social completa del destinatario o tercero a que se refiere el artículo 6 de este Reglamento, que utilice algún sistema informático de los citados en el artículo 7 de este Reglamento.

d) El número y, en su caso, serie de la factura.

e) La fecha de expedición de la factura y la fecha en que se hayan efectuado las operaciones que se documentan en ella, o se haya recibido el pago anticipado, en su caso, si la fecha del pago es distinta a la de expedición de la factura.

f) El tipo de factura expedida, indicando si se trata de una factura completa o simplificada y, en su caso, el detalle adicional que proceda para la correcta identificación de la tipología de factura expedida.

g) Si la factura tiene la consideración de rectificativa, de acuerdo con lo previsto en el artículo 15 del Reglamento por el que se regulan las obligaciones de facturación, indicación de su tipo, características y, en particular, la identificación de las facturas rectificadas cuando sea preceptiva.

h) Si la factura corresponde a una factura emitida en sustitución de facturas simplificadas expedidas con anterioridad, identificación de las facturas simplificadas sustituidas.

i) La descripción general de las operaciones.

j) El importe total de la factura.

k) Indicación del régimen o regímenes aplicados a las operaciones documentadas a efectos del Impuesto sobre el Valor Añadido, o de otras operaciones con trascendencia tributaria.

l) Indicación de si el destinatario de la factura es el sujeto pasivo del Impuesto sobre el Valor Añadido conforme a lo previsto en los ordinales 2.º y 3.º del apartado uno del artículo 84 de la Ley 37/1992, de 28 de diciembre, del Impuesto sobre el Valor Añadido.

m) La base imponible de las operaciones, determinada conforme a los artículos 78 y 79 de la Ley 37/1992, de 28 de diciembre, del Impuesto sobre el Valor Añadido, el tipo o tipos impositivos aplicados, la cuota del Impuesto sobre el Valor Añadido, el tipo o tipos del recargo de equivalencia aplicados, y la cuota del recargo de equivalencia.

Se informará además si la operación documentada ha sido realizada por un contribuyente al que le sea de aplicación el régimen simplificado o el régimen de recargo de equivalencia del Impuesto sobre el Valor Añadido.

Si la operación que se documenta está exenta del Impuesto sobre el Valor Añadido, el importe de la base imponible exenta e indicación de que está exenta o de la causa de exención.

n) Si la operación no se encuentra sujeta al Impuesto sobre el Valor Añadido, el importe que corresponde a dicha operación y la causa de la no sujeción al impuesto.

ñ) Cuando no se trate del primer registro de facturación generado por el sistema informático, el número y, en su caso, la serie, así como la fecha de expedición de la factura que consta en el registro de facturación, de alta o de anulación, inmediatamente anterior, junto con parte de la huella o «hash» de dicho registro anterior.

o) El código de identificación del sistema informático utilizado, así como otros datos referentes a dicho sistema informático que genera el registro de facturación de alta que, además de servir para identificar al mencionado sistema informático, permitan conocer las características del mismo y de su instalación, junto con los datos identificativos del productor del citado sistema informático.

p) Fecha, hora, minuto y segundo en que se genere el registro de facturación de alta.

q) Características adicionales que permitan conocer las circunstancias de generación del registro de facturación de alta.

2. Todos los importes monetarios que consten en el registro de facturación de alta deberán expresarse en euros. Cuando la factura se hubiese expedido en una unidad de cuenta o divisa distinta del euro tendrá que efectuarse en el registro la correspondiente conversión.

Artículo 11. *Generación y contenido del registro de facturación de anulación.*

1. Procederá la generación de un registro de facturación de anulación cuando se haya emitido erróneamente una factura y sea por lo tanto necesario anular su correspondiente registro de facturación de alta.

2. El registro de facturación de anulación incluirá la siguiente información:

a) Número de identificación fiscal y nombre y apellidos, razón o denominación social completa del obligado a generar el registro de facturación de anulación.

b) Indicación de si el registro de facturación de anulación ha sido generado por la propia persona o entidad que realiza las operaciones, por sus destinarios o por terceros, de acuerdo con lo previsto en el artículo 5 del Reglamento por el que se regulan las obligaciones de facturación.

En su caso, número de identificación fiscal y nombre y apellidos, razón o denominación social completa del destinatario o tercero a que se refiere el artículo 6 de este Reglamento, que utilice algún sistema informático de los citados en el artículo 7 de este Reglamento.

c) El número y, en su caso, serie de la factura correspondiente al registro de facturación de alta que se anule.

d) La fecha de expedición de la factura correspondiente al registro de facturación de alta que se anule.

e) Cuando no se trate del primer registro de facturación generado por el sistema informático, el número y, en su caso, la serie, así como la fecha de expedición de la factura que consta en el registro de facturación, de alta o de anulación, inmediatamente anterior, junto con parte de la huella o «hash» de dicho registro anterior.

f) El código de identificación del sistema informático utilizado, así como otros datos referentes a dicho sistema informático que genera el registro de facturación de anulación que, además de servir para identificar al mencionado sistema informático, permitan conocer las características del mismo y de su instalación, junto con los datos identificativos del productor del citado sistema informático.

g) Fecha, hora, minuto y segundo en que se genere el registro de facturación de anulación.

h) Características adicionales que permitan conocer las circunstancias de generación del registro de facturación de anulación.

Artículo 12. *Huella o «hash» y firma electrónica de los registros de facturación.*

Los sistemas informáticos indicados en el artículo 7 de este Reglamento deberán añadir una huella o «hash» a los registros de facturación de alta y de anulación a que se refieren los artículos 9, 10 y 11 de este Reglamento, según las especificaciones que se determinen.

Asimismo, los registros de facturación de alta y de anulación a que se refieren los mencionados artículos deberán ser firmados electrónicamente.

SECCIÓN 3.ª *Certificación de los sistemas informáticos*

Artículo 13. *Declaración responsable de los sistemas informáticos.*

1. Corresponderá a la persona o entidad productora del sistema informático certificar, mediante una declaración responsable, que el sistema informático cumple con lo dispuesto en el artículo 29.2.j) de la Ley 58/2003, General Tributaria, así como con lo dispuesto en este Reglamento y en las especificaciones que, en su desarrollo, se aprueben mediante orden ministerial.

2. La declaración responsable deberá constar por escrito y de modo visible en el propio sistema informático en cada una de sus versiones, así como para el cliente y el comercializador en el momento de la adquisición del producto.

3. Esta declaración responsable podrá ser solicitada por el cliente o por la Administración tributaria a la persona o entidad productora o comercializadora del sistema informático, que deberá guardar y conservar las declaraciones responsables de todas las versiones de los sistemas informáticos producidos o comercializados.

4. La declaración responsable incluirá los datos referentes al sistema informático que permitan identificarlo y saber su tipología, composición y funcionalidades, así como conocer las características de la instalación del mismo. Además, contendrá los datos identificativos y de localización del productor del mencionado sistema informático y la fecha y lugar en que la firma.

Artículo 14. *Verificación del cumplimiento de la obligación por parte de la Administración tributaria.*

1. Con los requisitos, formalidades y límites establecidos por la Ley 58/2003, de 17 de diciembre, General Tributaria, y por el Real Decreto 1065/2007, de 27 de julio, que aprueba el Reglamento de las actuaciones y procedimientos de gestión e inspección tributaria y de desarrollo de las normas comunes de los procedimientos de aplicación de los tributos, la Administración tributaria podrá personarse en el lugar donde se encuentre o se utilice el sistema informático, y podrá exigir el acceso completo e inmediato a donde residan los registros de facturación y de eventos, o sus copias seguras, así como su descarga, volcado o copiado y consulta, siempre en formato legible, obteniendo, en su caso, el código de usuario, contraseña y cualquier otra clave de seguridad que fuera necesaria.

2. La Administración tributaria podrá requerir y obtener copia de los registros de facturación conservados de acuerdo con lo dispuesto en la letra c) del apartado 2 del artículo 8 de este Reglamento, que deberá ser suministrada en formato electrónico mediante soporte físico o mediante envío automático y seguro por medios electrónicos a su sede electrónica, de acuerdo con los requisitos, formalidades y límites establecidos por la Ley 58/2003, de 17 de diciembre, General Tributaria, y por el Real Decreto 1065/2007, de 27 de julio, que aprueba el Reglamento de las actuaciones y procedimientos de gestión e inspección tributaria y de desarrollo de las normas comunes de los procedimientos de aplicación de los tributos.

3. La Administración tributaria podrá también requerir de los productores o comercializadores de sistemas informáticos la información necesaria para verificar el cumplimiento de los requisitos del presente Reglamento de los sistemas informáticos producidos o comercializados.

CAPÍTULO III. Sistemas de emisión de facturas verificables

Artículo 15. *Posibilidad de remisión de los registros de facturación generados a la Administración tributaria.*

Los obligados tributarios que, de acuerdo con el artículo 3 de este Reglamento, utilicen sistemas informáticos para el cumplimiento de la obligación de facturación podrán remitir voluntariamente a la Agencia Estatal de Administración Tributaria, de forma automática y segura por medios electrónicos, todos los registros de facturación generados por los sistemas informáticos a que se refiere la letra a) del artículo 7 de este Reglamento de acuerdo con las especificaciones técnicas que se establezcan para la remisión.

Artículo 16. *Sistema de emisión de facturas verificables.*

1. Aquellos sistemas informáticos indicados en la letra a) del artículo 7 de este Reglamento que, cumpliendo con todas las obligaciones que impone este Reglamento y de acuerdo a las especificaciones técnicas que se establezcan, sean utilizados por el obligado tributario para remitir efectivamente por medios electrónicos a la Agencia Estatal de Administración Tri-

butaria de forma continuada, segura, correcta, íntegra, automática, consecutiva, instantánea y fehaciente todos los registros de facturación generados tendrán la consideración de «Sistemas de emisión de facturas verificables» o «Sistemas VERI*FACTU».

2. A los efectos de este Reglamento, se presumirá que los «Sistemas de emisión de facturas verificables» cumplen por diseño los requisitos establecidos en el artículo 8 de este Reglamento, y por lo tanto tampoco les será de aplicación lo dispuesto en el apartado 2 del artículo 14 de este Reglamento.

3. Los «Sistemas de emisión de facturas verificables» no tendrán la obligación de realizar la firma electrónica de los registros de facturación a la que se refiere el artículo 12 de este Reglamento, siendo suficiente con que calculen la huella o «hash» de dichos registros.

4. La aplicación informática a que se refiere la letra b) del artículo 7 de este Reglamento, tendrá la consideración de «Sistema de emisión de facturas verificables», a todos sus efectos.

5. Se entenderá que un obligado tributario opta por un «Sistema de emisión de facturas verificables» por el hecho de iniciar sistemáticamente la remisión de registros de facturación a la sede electrónica de la Agencia Estatal de Administración Tributaria, en los términos del apartado 1 de este artículo.

La opción en el uso de los «Sistemas de emisión de facturas verificables» se prolongará, al menos, hasta la finalización del año natural en el que se haya producido, de forma efectiva, el primer envío de los registros de facturación.

CAPÍTULO IV. Posibilidad de remisión de información por parte del receptor de la factura

Artículo 17. *Posibilidad de remisión de información por parte del receptor de la factura.*

1. El receptor de la factura, ya sea empresario o consumidor final, podrá proporcionar de forma voluntaria determinada información de la misma a la Agencia Estatal de Administración Tributaria facilitando los datos contenidos en el código «QR» de la factura, lo que puede realizarse con un dispositivo con capacidad para la lectura del código y de transmisión y recepción de datos.

La Agencia Estatal de Administración Tributaria facilitará una ruta específica en su sede electrónica o a través de la aplicación que al efecto ponga a su disposición para recibir dicha información. El acceso a la sede electrónica o a la aplicación mostrará los datos del código «QR» en formato legible.

En aquellos casos en los que en la factura figure la frase «Factura verificable en la sede electrónica de la AEAT» o «VERI*FACTU», esta remisión por parte del receptor le permitirá verificar que la factura recibida ha sido remitida a la Agencia Estatal de Administración Tributaria por el emisor de la misma.

La remisión de información no tendrá la consideración de denuncia pública.

2. Conforme a lo previsto en los artículos 93 y siguientes de la Ley 58/2003, de 17 de diciembre, General Tributaria, la Agencia Estatal de Administración Tributaria podrá utilizar la información proporcionada por el receptor de la factura, de acuerdo con el apartado anterior, para el ejercicio de sus competencias para la aplicación de los tributos.

COMUNIDADES AUTÓNOMAS DE RÉGIMEN COMÚN

IMPUESTO SOBRE LA RENTA DE LAS PERSONAS FÍSICAS NORMAS AUTONÓMICAS 2025

COMUNIDAD AUTÓNOMA DE ANDALUCÍA

Impuesto sobre la Renta de las Personas Físicas

6. Ley 5/2021, de 20 de octubre, de Tributos Cedidos de la Comunidad Autónoma de Andalucía[1]

(BOJA núm. 206 de 206, de 26 de octubre de 2021; BOE núm. 263, de 3 de noviembre de 2021)

EXPOSICIÓN DE MOTIVOS

I

Hasta el año 2019, Andalucía se encontraba situada entre las comunidades autónomas con mayor presión fiscal para sus contribuyentes. Por ello, el nuevo Gobierno consideró necesario acometer, dentro de las limitaciones normativas que tiene el sistema tributario español para las comunidades autónomas, una reforma fiscal estructural que estimulase nuestra demanda interna, impulsando, sobre la base de una mayor disponibilidad de rentas, nuestro ciclo económico en el contexto nacional, a la par que atrajese fuentes de riqueza deslocalizadas de nuestro ámbito. Una reforma fiscal, en todo caso, guiada por un compromiso de rigor presupuestario que dotase de credibilidad al sistema y que se fundamentase en la confianza del inversor potencial, en la seguridad jurídica, la certidumbre, la simplicidad y la modernización del sistema. Todo ello con el propósito de situar a la economía andaluza en el lugar que le corresponde en España y en Europa.

Dicha reforma fiscal se inició rebajando la tarifa del impuesto sobre la renta de las personas físicas, estableciendo tipos de gravamen reducidos en el impuesto sobre transmisiones patrimoniales y actos jurídicos documentados, y bonificando el impuesto sobre sucesiones y donaciones, y se siguió adoptando otras medidas como la reducción de la tarifa del impuesto sobre el patrimonio. De este modo, se ha minorado de manera considerable la citada presión fiscal sobre los contribuyentes andaluces.

Mediante esta Ley se continúa con el ambicioso cambio en el sistema tributario andaluz, basándose para ello en ocho pilares básicos: continuar con la bajada de impuestos iniciada

---

[1] Deroga al Decreto Legislativo 1/2018, de 19 de junio, por el que se aprueba el Texto Refundido de las disposiciones dictadas por la Comunidad Autónoma de Andalucía en materia de tributos cedidos (BOJA núm. 123 de 27 de junio de 2018). Este Decreto Legislativo derogo al anterior Decreto Legislativo 1/2009, de 1 de septiembre, por el que se aprueba el Texto Refundido de las disposiciones dictadas por la Comunidad Autónoma de Andalucía en materia de tributos cedidos (BOJA núm. 177, de 9 de septiembre de 2009), en vigor desde el día 10 de septiembre de 2009.

Con efectos exclusivos para el ejercicio 2020: «*Artículo 1. Deducción autonómica por las cantidades donadas al Servicio Andaluz de Salud para la lucha contra el avance del COVID-19*» del Decreto-ley 19/2020, de 14 de julio, por el que se establecen medidas urgentes en materia de sanidad, fiscales y presupuestarias así como de apoyo a agricultores, ganaderos y pymes agroalimentarias ante la situación generada por el coronavirus (COVID-19), (BOJA núm. 45, de 14 de julio de 2020).

en 2019; favorecer el acceso a la vivienda; desarrollar políticas sociales y de apoyo a las familias, especialmente a jóvenes, e incluyendo como colectivo de especial protección a las familias numerosas y a las personas que han sufrido violencia doméstica y de terrorismo; apoyar decididamente a las personas más vulnerables, como son las personas discapacitadas y, por tanto, implantando unas políticas de apoyo a las mismas; desarrollar políticas de empresa, dirigidas a atraer inversión, a garantizar la continuidad de nuestras empresas y con un decidido apoyo al empleo; incluir políticas medioambientales, complementando la fiscalidad medioambiental; implementar políticas destinadas a hacer frente al reto demográfico, con el fin de luchar contra la despoblación de determinados municipios, y, como colofón final, desarrollar políticas de simplificación, eficiencia administrativa y transformación digital que faciliten la reducción de costes indirectos en el cumplimiento de obligaciones fiscales de ciudadanos y empresas.

II

La presente Ley recoge las medidas en materia de tributos cedidos que son directamente aplicables por los contribuyentes andaluces. Hasta la fecha de su aprobación, estas normas estaban recogidas en el Texto Refundido de las disposiciones dictadas por la Comunidad Autónoma de Andalucía en materia de tributos cedidos, aprobado mediante Decreto Legislativo 1/2018, de 19 de junio, que se ha visto modificado recientemente por el Decreto Ley 1/2019, de 9 de abril, así como por las tres Leyes del Presupuesto de la Comunidad Autónoma de Andalucía para los años 2019, 2020 y 2021, en las cuales también se introducen cambios en el citado Texto Refundido.

Con ello, esta Ley, además de incorporar la normativa antes citada y ya vigente en nuestra Comunidad Autónoma, recoge modificaciones de importante calado en los diferentes tributos cedidos, respecto de los que la Comunidad Autónoma de Andalucía tiene competencias normativas limitadas, con el objetivo primordial de dar cumplimiento a los pilares y fundamentos señalados en el expositivo primero.

De acuerdo con lo anterior, se aprueban medidas que afectan al impuesto sobre la renta de las personas físicas, al impuesto sobre el patrimonio, al impuesto sobre sucesiones y donaciones, al impuesto sobre transmisiones patrimoniales y actos jurídicos documentados, a la tasa fiscal sobre el juego y al impuesto especial sobre determinados medios de transporte, que suponen la reducción del gravamen de estos tributos cedidos, situando a Andalucía entre las comunidades autónomas con una fiscalidad más baja.

III

Por lo que respecta al impuesto sobre la renta de las personas físicas, se anticipa al ejercicio 2022 la reducción de la escala autonómica del impuesto prevista actualmente a lo largo de los ejercicios 2019 a 2023, minorando el gravamen de los tramos de la escala, lo que beneficia a todos los contribuyentes.

Asimismo, se mejora la aplicabilidad de determinadas deducciones vigentes, incrementando el importe de las mismas, ampliando el ámbito subjetivo y aumentando la cuantía del límite de las bases imponibles general y del ahorro que permite la aplicación de las mismas (pasando de 19.000 euros a 25.000 euros en tributación individual y de 24.000 euros a 30.000 euros en tributación conjunta), especialmente en las deducciones que tienen por objeto el desarrollo de políticas de protección de la familia, de las personas con discapacidad o de acceso a la vivienda, pudiendo con ello ser practicadas por un mayor número de contribuyentes. En particular, se mejoran las siguientes deducciones del modo que sigue:

En la deducción por inversión en vivienda habitual que tenga la consideración de protegida y por las personas jóvenes, se incrementa el porcentaje de deducción del 2% por inversión en vivienda habitual que tenga el carácter de protegida y del 3% cuando la inversión en la vivienda habitual la realiza una persona joven al 5% en ambos casos. Además, se suprime la referencia al IPREM que servía para determinar el límite de renta para el supuesto de inversión en viviendas protegidas, y se utiliza como límite de renta para ambas deducciones el sumatorio de la base imponible general y del ahorro, las cuales se incrementan respecto a las establecidas inicialmente para jóvenes.

En la deducción por cantidades invertidas en el alquiler de la vivienda habitual, se amplía el ámbito subjetivo a personas con discapacidad, personas mayores de 65 años, a personas víctimas de violencia doméstica, víctimas del terrorismo y personas afectadas, y se aumenta el límite de renta y el límite de deducción. De este modo, los jóvenes menores de 35 años, personas mayores de 65 años y personas víctimas de violencia doméstica y terrorismo podrán aplicarse una deducción del 15% con un máximo de 600 euros, en lugar de 500 euros. Y para los contribuyentes que tengan la consideración de personas con discapacidad se incrementa el límite de la deducción hasta 900 euros.

En la deducción por nacimiento o adopción de hijos, se extiende al acogimiento familiar de menores, se incrementa el importe de la deducción de 50 euros a 200 euros por cada hijo nacido, adoptado o por cada menor en régimen de acogimiento familiar simple, permanente o preadoptivo, administrativo o judicial y se incrementa el límite de renta. Asimismo, se incrementa a 400 euros para el caso en el que el nacimiento, la adopción o el acogimiento se produzcan en determinados municipios con problemas de despoblación.

En la deducción para familia numerosa, al igual que en el resto de las medidas, se elevan en las cuantías citadas al principio de este expositivo los importes referidos a los límites de renta en base imponible general y del ahorro.

En la deducción para contribuyentes con discapacidad, se amplía el importe de 100 euros a 150 euros y se elevan en las mismas cuantías los límites de renta.

En la deducción para contribuyentes con cónyuges o parejas de hecho con discapacidad se elevan en las mismas cuantías los importes referidos a los límites de renta en base imponible general y del ahorro. Además, se amplía el ámbito subjetivo de tal forma que se puedan aplicar la deducción todas las parejas de hecho inscritas en el Registro de Parejas de Hecho de Andalucía o registro análogo de cualquier Administración Pública.

En la deducción por asistencia a personas con discapacidad para el caso en que se acredite que necesita ayuda de terceras personas, se incrementa el porcentaje de la deducción desde el 15% hasta el 20%.

En la deducción por ayuda doméstica se incrementa desde el 15% hasta el 20% del importe de la cuota fija correspondiente a la cotización anual de un empleado satisfecha a la Seguridad Social por el empleador en el sistema especial del régimen general de empleados del hogar, con un límite máximo que se eleva desde 250 euros hasta 500 euros anuales. Asimismo, se amplía el ámbito subjetivo de aplicación a los contribuyentes mayores de 75 años.

En la deducción autonómica por inversión en la adquisición de acciones y participaciones sociales como consecuencia de acuerdos de constitución de sociedades o ampliación de capital en determinadas sociedades mercantiles, se amplía a las sociedades anónimas y sociedades de responsabilidad limitada. Por otro lado, con el fin de apoyar e incentivar las prácticas relacionadas con I+D+I, se establece una deducción incrementada del 50%, con el límite de 12.000 euros, para el caso de sociedades creadas o participadas por universidades o centros de investigación.

Por último, se crean dos nuevas deducciones. De un lado, se crea una deducción por gastos educativos, que comprende los gastos de enseñanza escolar o extraescolar de idiomas, de informática o de ambas, en un porcentaje del 15% de las cantidades satisfechas en el periodo impositivo y con el límite máximo de 150 euros por descendiente.

De otro lado, se crea una deducción por donativos con finalidad ecológica del 10% del importe de las donaciones dinerarias durante el período impositivo a determinadas Administraciones Públicas y entidades sin fines lucrativos y beneficiarias de mecenazgo, siempre que tengan como finalidad la defensa y conservación del medio ambiente. El límite máximo de la deducción es de 150 euros.

(...)

X

La Ley se estructura en un título preliminar, que contiene las disposiciones de carácter general; los títulos I y II, relativos a impuestos directos e indirectos, respectivamente; el título III, que contiene las normas de aplicación de los tributos cedidos; dos disposiciones adicionales; dos disposiciones transitorias; una disposición derogatoria, y dos finales.

Asimismo, incluye al comienzo un índice de su contenido, cuyo objeto es facilitar la utilización de la norma por las personas destinatarias, mediante una rápida localización y ubicación sistemática de sus preceptos.

Debe indicarse que la Comunidad Autónoma de Andalucía tiene competencias normativas para aprobar una Ley en materia de tributos cedidos, de conformidad con el artículo 108 y 180.2 del Estatuto de Autonomía para Andalucía, en los términos que vienen concretados en la Ley 18/2010, de 16 de julio, del régimen de cesión de tributos del Estado a la Comunidad Autónoma de Andalucía y de fijación del alcance y condiciones de dicha cesión. Esta Ley dispone que el alcance y condiciones de la cesión son los establecidos en la Ley 22/2009, de 18 de diciembre, por la que se regula el sistema de financiación de las comunidades autónomas de régimen común y ciudades con estatuto de autonomía y se modifican determinadas normas tributarias.

Según lo expuesto, la presente Ley se ajusta a los principios de buena regulación actualmente previstos en el artículo 129 de la Ley 39/2015, de 1 de octubre, del Procedimiento Administrativo Común de las Administraciones Públicas. Así, la norma es respetuosa con los principios de necesidad, eficacia y proporcionalidad, en tanto que con ella se consigue el fin perseguido, que consiste en establecer un marco normativo estable, sencillo y claro, que facilite el conocimiento y la comprensión de las medidas fiscales aprobadas por la Comunidad Autónoma de Andalucía en materia de tributos cedidos. Asimismo, es coherente con el resto del ordenamiento jurídico y sus objetivos se encuentran claramente definidos, cumpliendo así los principios de seguridad jurídica, transparencia y eficiencia.

TÍTULO PRELIMINAR. DISPOSICIONES GENERALES

Artículo 1. *Objeto de la Ley.*

La presente Ley tiene por objeto establecer normas en materia de tributos cedidos, en ejercicio de las competencias normativas que atribuye a la Comunidad Autónoma de Andalucía la Ley 18/2010, de 16 de julio, del régimen de cesión de tributos del Estado a la Comunidad Autónoma de Andalucía y de fijación del alcance y condiciones de dicha cesión, en los casos y condiciones previstos en la Ley 22/2009, de 18 de diciembre, por la que se regula el sistema de financiación de las comunidades autónomas de régimen común y ciudades con estatuto de autonomía y se modifican determinadas normas tributarias.

Artículo 2. *Concepto de vivienda habitual.*

A efectos de esta Ley, el concepto de vivienda habitual es el fijado por la normativa estatal del impuesto sobre la renta de las personas físicas vigente a 31 de diciembre de 2012, según lo siguiente:

1. Con carácter general, se considera vivienda habitual del contribuyente la edificación que constituya su residencia durante un plazo continuado de, al menos, tres años.

No obstante, se entenderá que la vivienda tuvo el carácter de habitual cuando, a pesar de no haber transcurrido dicho plazo, se produzca el fallecimiento del contribuyente o concurran otras circunstancias que necesariamente exijan el cambio de domicilio, tales como celebración de matrimonio, separación matrimonial, traslado laboral, obtención de primer empleo o cambio de empleo, u otras análogas justificadas.

2. Para que la vivienda constituya la residencia habitual del contribuyente debe ser habitada de manera efectiva y con carácter permanente, en un plazo no superior a doce meses, contados a partir de la fecha de adquisición o de terminación de las obras.

No obstante, se entenderá que la vivienda no pierde el carácter de habitual cuando se produzcan las siguientes circunstancias:

a) Cuando se produzca el fallecimiento del contribuyente o concurran otras circunstancias que necesariamente impidan la ocupación de la vivienda, en los términos previstos en el apartado 1 de este artículo.

b) Cuando el contribuyente disfrute de vivienda habitual por razón de cargo o empleo y la vivienda adquirida no sea objeto de utilización, en cuyo caso el plazo antes indicado comenzará a contarse a partir de la fecha del cese.

3. Se asimilan a la vivienda habitual los siguientes conceptos:

a) Los anexos o cualquier otro elemento que no constituya la vivienda propiamente dicha, tales como jardines, parques, piscinas e instalaciones deportivas, siempre que se adquieran conjuntamente con la vivienda.

b) Las plazas de garaje adquiridas conjuntamente con ésta, con el máximo de dos.

Artículo 3. *Consideración de persona con discapacidad.*

A los efectos de esta Ley, la consideración de persona con discapacidad es la fijada por la normativa estatal del impuesto sobre la renta de las personas físicas, según lo siguiente:

1. Tendrán la consideración de personas con discapacidad los contribuyentes que tengan reconocido un grado igual o superior al 33 por ciento, de acuerdo con el baremo a que se refiere el artículo 367 del texto refundido de la Ley General de la Seguridad Social, aprobado por Real Decreto Legislativo 8/2015, de 30 de octubre, o norma que lo sustituya.

2. En particular, se considerará acreditado un grado de discapacidad igual o superior al 33 por ciento en el caso de los pensionistas de la Seguridad Social que tengan reconocida una pensión de incapacidad permanente total, absoluta o gran invalidez y en el caso de los pensionistas de clases pasivas que tengan reconocida una pensión de jubilación o retiro por incapacidad permanente para el servicio o inutilidad.

Artículo 4. *Concepto de familia monoparental.*

A los efectos de esta Ley, en los casos de separación legal o cuando no existiera vínculo matrimonial, tendrá la consideración de familia monoparental la formada por la madre o el padre y los hijos que convivan con una u otro y que reúnan alguno de los siguientes requisitos:

a) Hijos menores de edad, con excepción de los que, con el consentimiento de los padres, vivan independientes de éstos.

b) Hijos mayores de edad con discapacidad a quienes, por resolución judicial, asista un curador.

Artículo 5. *Concepto de familia numerosa.*

1. A los efectos de esta Ley, el concepto de familia numerosa es el fijado en el artículo 2 de la Ley 40/2003, de 18 de noviembre, de Protección a las Familias Numerosas, o norma que la sustituya.

2. La aplicación de los beneficios fiscales previstos en esta Ley para los miembros de familias numerosas queda condicionada a que los contribuyentes ostenten, a la fecha del devengo del impuesto, el título de familia numerosa que acredita dicha condición y categoría.

Artículo 6. *Consideración de víctima de violencia doméstica.*

A los efectos de esta Ley, tendrán la consideración de víctima de violencia doméstica las personas a que se refiere el artículo 173.2 de la Ley Orgánica 10/1995, de 23 de noviembre, del Código Penal, que cuenten con orden de protección en vigor e inscrita en el Registro Central para la Protección de las Víctimas de la Violencia Doméstica, o con sentencia judicial firme por tal motivo en los últimos diez años.

Artículo 7. *Consideración de víctima del terrorismo y personas afectadas.*

1. A los efectos de esta Ley, la consideración de víctima del terrorismo y personas afectadas es la fijada en el artículo 3.a) de la Ley 10/2010, de 15 de noviembre, relativa a medidas para la asistencia y atención a las víctimas del terrorismo de la Comunidad Autónoma de Andalucía, o norma que la sustituya[2].

---

[2] Art. 3.a): «En los términos y en las condiciones establecidos por la presente ley, podrán ser beneficiarias de las medidas previstas en la misma las siguientes personas y entidades:

a) Las personas físicas víctimas de la acción terrorista y las afectadas por tal acción, así como las personas físicas que hayan sido retenidas o hayan sufrido situaciones de extorsión, amenazas o coacciones procedentes de organizaciones terroristas. A estos efectos se considerarán personas afectadas, en los términos y con el orden de preferencia que reglamentariamente se determinen:

1° Los familiares de las víctimas hasta el segundo grado de consanguinidad.

2° El cónyuge de la víctima, no separado legalmente, o persona que mantuviese con la víctima relación de afectividad análoga a la conyugal.

3° Las personas que convivan de forma estable con la víctima y dependan de la misma».

2. La acreditación de la situación de violencia de terrorismo se realizará conforme lo previsto en el artículo 4.a) de la citada Ley 10/2010, de 15 de noviembre, o norma que la sustituya[3].

Artículo 8. *Consideración de municipios con problemas de despoblación.*
1. A los efectos de esta Ley, tendrán la consideración de municipios con problemas de despoblación aquellos cuya cifra de población sea de menos de 3.000 habitantes.
2. El concepto de cifra de población a que se refiere el apartado anterior es el fijado en el artículo 10.4 b)[4] de la Ley 6/2010, de 11 de junio, reguladora de la participación de las entidades locales en los tributos de la Comunidad Autónoma de Andalucía, o norma que la sustituya.

TÍTULO I. IMPUESTOS DIRECTOS

CAPÍTULO I. Impuesto sobre la renta de las personas físicas

Artículo 9. *Deducción autonómica por inversión en vivienda habitual que tenga la consideración de protegida y por las personas jóvenes.*
1[5]. Sin perjuicio de la aplicación del tramo autonómico de la deducción por inversión en vivienda habitual establecida en la normativa estatal del impuesto sobre la renta de las personas físicas, en los casos que proceda, se establece una deducción del 6% por las cantidades

---

[3] Art. 4.a): «Con carácter general, serán requisitos necesarios para acogerse a las medidas establecidas en la presente ley:
a) Que los daños ocasionados sean consecuencia de un acto terrorista, cuando así sea considerado por las fuerzas o cuerpos de seguridad, mediante certificación de la Delegación del Gobierno o declarado por resolución judicial.
A los efectos de esta ley, se entiende por acción terrorista la llevada a cabo por personas integradas en bandas o grupos armados que actúen con la finalidad de subvertir el orden constitucional o de alterar gravemente la paz pública y la seguridad ciudadana. Igualmente se entenderán incluidos los actos dirigidos a alcanzar dicha finalidad aun cuando sus responsables no estén formalmente integrados en bandas o grupos terroristas».
[4] «b) Población: Cifras de población de cada municipio resultantes de la revisión del Padrón municipal referidas al 1 de enero y con efectos del 31 de diciembre de cada año, y declaradas oficiales mediante real decreto a propuesta del Instituto Nacional de Estadística».
Resolución de 16 de diciembre de 2024, de la Dirección General de Tributos, Financiación, Relaciones Financieras con las Corporaciones Locales y Juego, por la que se publican los municipios andaluces con problemas de despoblación en el año 2025, a los efectos de la aplicación de la deducción por nacimiento, adopción de hijos o acogimiento familiar de menores en el Impuesto sobre la Renta de las Personas Físicas y de los tipos reducidos para promover una política social de vivienda del Impuesto sobre Transmisiones Patrimoniales y Actos Jurídicos Documentados (BOJA núm. 247 de 23 de diciembre de 2024).
Resolución de 26 de diciembre de 2023, de la Dirección General de Tributos, Financiación, Relaciones Financieras con las Corporaciones Locales y Juego, por la que se publican los municipios andaluces con problemas de despoblación en el año 2024, a los efectos de la aplicación de la deducción por nacimiento, adopción de hijos o acogimiento familiar de menores en el Impuesto sobre la Renta de las Personas Físicas y de los tipos reducidos para promover una política social de vivienda del Impuesto sobre Transmisiones Patrimoniales y Actos Jurídicos Documentados (BOJA núm. 248, de 29 de diciembre de 2023).
[5] Nueva redacción del art. 9.1 dada por la Disp. Final Quinta Uno de la Ley 7/2024, de 23 de diciembre, del Presupuesto de la Comunidad Autónoma de Andalucía para el año 2025 (BOJA núm. 251, de 30 de diciembre de 2024), en vigor desde el 1 de enero de 2025.

satisfechas en el período impositivo por la adquisición o rehabilitación del inmueble que constituya o vaya a constituir la vivienda habitual del contribuyente, siempre que concurra alguna de las siguientes condiciones en la fecha del devengo del impuesto:

a) Que la vivienda tenga la calificación de protegida, de conformidad con la normativa de la Comunidad Autónoma de Andalucía.

b) Que el adquirente sea menor de 35 años. En caso de tributación conjunta, el requisito de la edad deberá cumplirlo, al menos, uno de los cónyuges o, en su caso, el padre o la madre en el supuesto de familias monoparentales.

2. Para la aplicación de la deducción es requisito que la suma de las bases imponibles general y del ahorro no sea superior a 25.000 euros, en tributación individual, o a 30.000 euros, en caso de tributación conjunta.

3. La base y el límite máximo de la deducción prevista en el apartado 1 se determinarán de acuerdo con los requisitos y circunstancias previstos en la normativa estatal del impuesto sobre la renta de las personas físicas vigente a 31 de diciembre de 2012. La base máxima de esta deducción será de 9.040 euros anuales y estará constituida por las cantidades satisfechas para la adquisición o rehabilitación de la vivienda, incluidos los gastos originados que hayan corrido a cargo del adquirente y, en el caso de financiación ajena, la amortización, los intereses, el coste de los instrumentos de cobertura del riesgo de tipo de interés variable de los préstamos hipotecarios regulados en el artículo decimonoveno de la Ley 36/2003, de 11 de noviembre, de medidas de reforma económica, y demás gastos derivados de la misma. En caso de aplicación de los citados instrumentos de cobertura, los intereses satisfechos por el contribuyente se minorarán en las cantidades obtenidas por la aplicación del citado instrumento.

4. En los supuestos de nulidad matrimonial, divorcio o separación judicial, el contribuyente podrá seguir practicando esta deducción, por las cantidades satisfechas en el período impositivo para la adquisición de la que fue durante la vigencia del matrimonio su vivienda habitual, siempre que continúe teniendo esta condición para los hijos comunes y el progenitor en cuya compañía queden.

5. Cuando se adquiera una vivienda habitual habiendo disfrutado de la deducción por adquisición de otras viviendas habituales anteriores, no se podrá practicar deducción por la adquisición o rehabilitación de la nueva en tanto las cantidades invertidas en la misma no superen las invertidas en las anteriores, en la medida en que hubiesen sido objeto de deducción. Cuando la enajenación de una vivienda habitual hubiera generado una ganancia patrimonial exenta por reinversión, la base de deducción por la adquisición o rehabilitación de la

---

Redacción anterior: «1. *Sin perjuicio de la aplicación del tramo autonómico de la deducción por inversión en vivienda habitual establecida en la normativa estatal del impuesto sobre la renta de las personas físicas, en los casos que proceda, se establece una deducción del 5% por las cantidades satisfechas en el período impositivo por la adquisición o rehabilitación del inmueble que constituya o vaya a constituir la vivienda habitual del contribuyente, siempre que concurra alguna de las siguientes condiciones en la fecha del devengo del impuesto:*

a) Que la vivienda tenga la calificación de protegida, de conformidad con la normativa de la Comunidad Autónoma de Andalucía.

b) Que el adquirente sea menor de 35 años. En caso de tributación conjunta, el requisito de la edad deberá cumplirlo, al menos, uno de los cónyuges o, en su caso, el padre o la madre en el supuesto de familias monoparentales».

nueva se minorará en el importe de la ganancia patrimonial a la que se aplique la exención por reinversión. En este caso, no se podrá practicar deducción por la adquisición de la nueva mientras las cantidades invertidas en la misma no superen tanto el precio de la anterior, en la medida en que haya sido objeto de deducción, como la ganancia patrimonial exenta por reinversión.

6. Se considerará rehabilitación de vivienda habitual la que cumpla los requisitos y circunstancias fijadas por la normativa estatal del impuesto sobre la renta de las personas físicas vigente a 31 de diciembre de 2012; en concreto, las obras en la misma que cumplan cualquiera de los siguientes requisitos:

a) Que se trate de actuaciones subvencionadas en materia de rehabilitación de viviendas en los términos previstos en el Real Decreto 106/2018, de 9 de marzo, por el que se regula el Plan Estatal de Vivienda 2018-2021, o plan que lo sustituya.

b) Que tengan por objeto principal la reconstrucción de la vivienda mediante la consolidación y el tratamiento de las estructuras, fachadas o cubiertas y otras análogas, siempre que el coste global de las operaciones de rehabilitación exceda del 25% del precio de adquisición, si se hubiese efectuado ésta durante los dos años inmediatamente anteriores al inicio de las obras de rehabilitación o, en otro caso, del valor de mercado que tuviera la vivienda en el momento de dicho inicio. A estos efectos, se descontará del precio de adquisición o del valor de mercado de la vivienda la parte proporcional correspondiente al suelo.

Artículo 10[6]. *Deducción autonómica por cantidades invertidas en el alquiler de vivienda habitual.*

1. Tendrán derecho a aplicar, en la cuota íntegra autonómica del impuesto sobre la renta de las personas físicas, una deducción del 15% con un límite máximo de 900 euros anuales

---

[6]   Nueva redacción del art. 10 dada por la Disp. Final Quinta Dos de la Ley 7/2024, de 23 de diciembre, del Presupuesto de la Comunidad Autónoma de Andalucía para el año 2025 (BOJA núm. 251, de 30 de diciembre de 2024), en vigor desde el 1 de enero de 2025.
Redacción anterior: «*1. Tendrán derecho a aplicar en la cuota íntegra autonómica del Impuesto sobre la renta de las personas físicas una deducción del 15% con un límite máximo de 600 euros anuales de las cantidades satisfechas en el período impositivo por alquiler de la que constituya su vivienda habitual, los contribuyentes que a la fecha de devengo del impuesto sean menores de 35 años o mayores de 65 años o que tengan la consideración de víctima de violencia doméstica, víctima del terrorismo o de personas afectadas, siempre que concurran los siguientes requisitos:*
a) Que la suma de las bases imponibles general y del ahorro no sea superior a 25.000 euros en tributación individual o a 30.000 euros en caso de tributación conjunta.
b) Que el contribuyente identifique al arrendador o arrendadora de la vivienda haciendo constar su número de identificación fiscal (NIF) en la correspondiente autoliquidación.
2. No obstante, cuando a la fecha del devengo del impuesto el contribuyente tenga la consideración de persona con discapacidad, siempre que concurran los requisitos de los párrafos a) y b) del apartado anterior, la deducción prevista en este artículo será del 15%, con el límite de 900 euros anuales de las cantidades satisfechas en el período impositivo por alquiler de la que constituya su vivienda habitual.
3. En caso de tributación conjunta, el requisito que origine el derecho a aplicar esta deducción deberá cumplirlo, al menos, uno de los cónyuges o, en su caso, el padre o la madre en el supuesto de familias monoparentales.
4. Cuando haya más de un contribuyente con derecho a la aplicación de la deducción, la misma se aplicará sobre la base de las cantidades que cada declarante hubiera satisfecho, con los límites máximos de deducción previstos en los apartados 1 y 2, para cada caso [redacción dada por la Disp. Final Undécima Uno de la Ley 1/2022, de 27 de diciembre]».

de las cantidades satisfechas en el período impositivo por alquiler de la que constituya su vivienda habitual, los contribuyentes que a la fecha de devengo del impuesto sean menores de 35 años o mayores de 65 años o que tengan la consideración de víctima de violencia doméstica, víctima del terrorismo o de personas afectadas, siempre que concurran los siguientes requisitos:

a) Que la suma de las bases imponibles general y del ahorro no sea superior a 25.000 euros en tributación individual o a 30.000 euros en caso de tributación conjunta.

b) Que el contribuyente identifique al arrendador o arrendadora de la vivienda haciendo constar su número de identificación fiscal (NIF) en la correspondiente autoliquidación.

2. No obstante, cuando a la fecha del devengo del impuesto el contribuyente tenga la consideración de persona con discapacidad, siempre que concurran los requisitos de los párrafos a) y b) del apartado anterior, la deducción prevista en este artículo será del 15%, con el límite de 1.000 euros anuales de las cantidades satisfechas en el período impositivo por alquiler de la que constituya su vivienda habitual.

3. En caso de tributación conjunta, el requisito que origine el derecho a aplicar esta deducción deberá cumplirlo, al menos, uno de los cónyuges o, en su caso, el padre o la madre en el supuesto de familias monoparentales.

4. Cuando haya más de un contribuyente con derecho a la aplicación de la deducción, la misma se aplicará sobre la base de las cantidades que cada declarante hubiera satisfecho, con el límite máximo de deducción previsto en el apartado 1.

4. Cuando haya más de un contribuyente con derecho a la aplicación de la deducción, la misma se aplicará sobre la base de las cantidades que cada declarante hubiera satisfecho, con los límites máximos de deducción previstos en los apartados 1 y 2 para cada caso.

Artículo 11. *Deducción por nacimiento, adopción de hijos o acogimiento familiar de menores.*

1. Los contribuyentes tendrán derecho a aplicar en la cuota íntegra autonómica del impuesto sobre la renta de las personas físicas una deducción de 200 euros por cada hijo nacido, adoptado o por cada menor en régimen de acogimiento familiar simple, permanente o preadoptivo, administrativo o judicial, en el periodo impositivo en el que se produzca el nacimiento, la adopción o el acogimiento.

2. No obstante, el importe de la deducción será de 400 euros si el contribuyente reside en un municipio con problemas de despoblación[7].

3. En el caso de partos, adopciones o acogimientos múltiples, la cuantía correspondiente de la deducción se incrementará en 200 euros por cada hijo o, en su caso, por cada menor.

4. Tendrán derecho a aplicar esta deducción aquellos contribuyentes cuando la suma de las bases imponibles general y del ahorro no sea superior a 25.000 euros en caso de tributación individual o a 30.000 euros en tributación conjunta.

5. Cuando sean dos los contribuyentes que tengan derecho a la aplicación de la deducción, su importe se distribuirá por partes iguales.

6. Esta deducción es incompatible con la aplicación de la deducción autonómica por adopción de hijos en el ámbito internacional regulada en el artículo 12 y con la aplicación de la deducción para familia numerosa del artículo 14.

---

[7] Art. 8 de esta norma.

7. En caso de acogimiento familiar, únicamente podrá aplicar la deducción el contribuyente que no haya recibido ayudas de la Administración de la Comunidad Autónoma de Andalucía vinculadas con el acogimiento. Asimismo, será necesario que el menor conviva con el contribuyente al menos 90 días durante el período impositivo en el que se produzca el acogimiento.

No dará lugar a esta deducción el supuesto de acogimiento familiar preadoptivo cuando se ha producido la adopción del menor durante el periodo impositivo, sin perjuicio de la aplicación, en su caso, de la deducción por adopción.

Artículo 12. *Deducción autonómica por adopción de hijos en el ámbito internacional.*

1. En los supuestos de adopción internacional, los contribuyentes tendrán derecho a aplicar en la cuota íntegra autonómica del impuesto sobre la renta de las personas físicas una deducción de 600 euros por cada hijo adoptado en el período impositivo en el que se haya inscrito la adopción en el Registro Civil.

2. Tendrán derecho a aplicar esta deducción aquellos contribuyentes cuando la suma de las bases imponibles general y del ahorro no sea superior a 80.000 euros, en caso de tributación individual, o a 100.000 euros, en caso de tributación conjunta.

3. Se entenderá que la adopción tiene carácter internacional cuando así resulte de las normas y convenios aplicables a esta materia.

4. Cuando sean dos los contribuyentes que tengan derecho a la aplicación de la deducción prevista en este artículo, su importe se distribuirá por partes iguales.

Artículo 13. *Deducción autonómica para madre o padre de familia monoparental y, en su caso, con ascendientes mayores de 75 años.*

1. Sin perjuicio de lo dispuesto en el apartado 2 de este artículo, los contribuyentes que sean madres o padres de familia monoparental en la fecha del devengo del impuesto tendrán derecho a aplicar en la cuota íntegra autonómica del impuesto sobre la renta de las personas físicas una deducción de 100 euros.

Tendrán derecho a aplicar esta deducción aquellos contribuyentes cuando la suma de las bases imponibles general y del ahorro no sea superior a 80.000 euros en tributación individual o a 100.000 euros en caso de tributación conjunta.

2. La deducción prevista en el apartado anterior se incrementará adicionalmente en 100 euros por cada ascendiente que conviva con la familia monoparental, siempre que éstos generen el derecho a la aplicación del mínimo por ascendientes mayores de 75 años establecido en la normativa estatal del impuesto sobre la renta de las personas físicas.

3. Cuando varios contribuyentes tengan derecho a la aplicación de la deducción prevista en el apartado 2, se estará a las reglas de prorrateo, convivencia y demás límites previstos en la normativa estatal del impuesto sobre la renta de las personas físicas.

Artículo 14. *Deducción autonómica para familia numerosa.*

1. Los contribuyentes que sean ascendientes y formen parte de una familia numerosa tendrán derecho a aplicar en la cuota íntegra autonómica del impuesto sobre la renta de las personas físicas una deducción de 200 euros, en el caso de familias numerosas de categoría general, y de 400 euros para el caso de familias de categoría especial.

2. De igual forma, tendrán derecho a esta deducción los hermanos huérfanos en los casos establecidos en los párrafos d) y e) del artículo 2.2 de la Ley 40/2003, de 18 de noviembre, de Protección a las Familias Numerosas[8].

3. Será requisito para la práctica de esta deducción que la suma de las bases imponibles general y del ahorro no sea superior a 25.000 euros en tributación individual o a 30.000 euros en caso de tributación conjunta.

4. Cuando sean varios los contribuyentes que tengan derecho a la aplicación de la deducción, su importe se distribuirá por partes iguales.

Artículo 15. *Deducción autonómica por gastos educativos.*

1. Los contribuyentes tendrán derecho a aplicar en la cuota íntegra autonómica del impuesto sobre la renta de las personas físicas una deducción del 15% de las cantidades satisfechas en el periodo impositivo por los gastos de enseñanza escolar o extraescolar de idiomas, de informática o de ambas, con un máximo de 150 euros anuales por cada descendiente.

2. Se considerarán gastos de enseñanza escolar de idiomas, de informática, o de ambas, las cantidades satisfechas a los centros docentes en concepto de gastos de escolaridad, en la proporción correspondiente a dichas materias o asignaturas, así como a aquellas que sean impartidas en un idioma extranjero. Dicha proporción se determinará en función del número total de horas lectivas que dichas materias o asignaturas representen en el conjunto de horas lectivas del curso escolar.

2 bis[9]. Se considerarán gastos de enseñanza extraescolar de idiomas, de informática, o de ambas, las cantidades satisfechas en contraprestación por los servicios de enseñanza de dichas materias prestados por otro tipo de centros no comprendidos en el apartado 2, ya sean privados o públicos, oficiales o no, tales como las academias y las escuelas oficiales de idiomas. También tendrán dicha consideración las cantidades abonadas a personas físicas, dadas de alta en el correspondiente epígrafe del impuesto sobre actividades económicas (IAE), en contraprestación por clases particulares que se impartan sobre dichas materias en domicilios particulares o en lugares no destinados u organizados específicamente a tal fin.

3. Esta deducción se aplicará respecto de aquellos descendientes por los que se tenga derecho al mínimo por descendiente regulado en la normativa estatal del impuesto sobre la renta de las personas físicas.

4. Tendrán derecho a aplicar esta deducción aquellos contribuyentes cuando la suma de las bases imponibles general y del ahorro no sea superior a 80.000 euros en caso de tributación individual o a 100.000 euros en caso de tributación conjunta.

5. Tendrá derecho a aplicar esta deducción quien satisfaga de forma efectiva los gastos. Cuando haya más de un contribuyente con derecho a la aplicación de la deducción, la misma

---

[8]   Art. 2.2. «2. Se equipararán a familia numerosa, a los efectos de esta ley, las familias constituidas por (...): d) Dos o más hermanos huérfanos de padre y madre sometidos a tutela, acogimiento o guarda que convivan con el tutor, acogedor o guardador, pero no se hallen a sus expensas.
      e) Tres o más hermanos huérfanos de padre y madre, mayores de 18 años, o dos, si uno de ellos es discapacitado, que convivan y tengan una dependencia económica entre ellos».

[9]   Nuevo apartado 2 bis incorporado por la Disp. Final Undécima dos de la Ley 1/2022, de 27 de diciembre, del Presupuesto de la Comunidad Autónoma de Andalucía para el año 2023 (BOJA núm. 249 de 30 de diciembre de 2022), en vigor desde el 1 de enero de 2023.

se aplicará sobre la base de las cantidades que cada declarante hubiera satisfecho, con el límite máximo de deducción previsto en el apartado 1.

6. El derecho a disfrutar de la deducción se justificará de acuerdo con lo previsto en el artículo 60.

Artículo 16. *Deducción autonómica para contribuyentes con discapacidad.*

1. Los contribuyentes que tengan la consideración de personas con discapacidad[10] tendrán derecho a aplicar en la cuota íntegra autonómica del impuesto sobre la renta de las personas físicas una deducción de 150 euros.

2. Tendrán derecho a aplicar esta deducción aquellos contribuyentes cuando la suma de las bases imponibles general y del ahorro no sea superior a 25.000 euros, en caso de tributación individual, o a 30.000 euros en caso de tributación conjunta.

Artículo 17. *Deducción autonómica para contribuyentes con cónyuges o parejas de hecho con discapacidad.*

1. Los contribuyentes con cónyuges o parejas inscritas en el Registro de Parejas de Hecho de la Comunidad Autónoma de Andalucía o en registros análogos de otras administraciones públicas que no sean declarantes por tributación individual del impuesto en el ejercicio y con un grado de discapacidad igual o superior al 65% tendrán derecho a aplicar una deducción de 100 euros en la cuota íntegra autonómica.

2. Tendrán derecho a aplicar esta deducción aquellos contribuyentes cuando la suma de las bases imponibles general y del ahorro no sea superior a 25.000 euros, en caso de tributación individual, o a 30.000 euros en caso de tributación conjunta.

3. No tendrán derecho a aplicar esta deducción los contribuyentes con cónyuges o parejas de hecho con discapacidad que hayan aplicado la deducción prevista en el artículo anterior.

Artículo 18. *Deducción autonómica por asistencia a personas con discapacidad.*

1. Los contribuyentes que tengan derecho a la aplicación del mínimo por discapacidad de descendientes o ascendientes conforme a la normativa estatal del impuesto sobre la renta de las personas físicas podrán deducirse de la cuota íntegra autonómica la cantidad de 100 euros por persona con discapacidad.

Tendrán derecho a aplicar esta deducción aquellos contribuyentes cuando la suma de las bases imponibles general y del ahorro no sea superior a 80.000 euros, en tributación individual, o a 100.000 euros en caso de tributación conjunta.

2. Cuando varios contribuyentes tengan derecho a la aplicación de la deducción prevista en el apartado 1 de este artículo, se estará a las reglas del prorrateo, convivencia y demás límites previstos en la normativa estatal del impuesto sobre la renta de las personas físicas.

3. Asimismo, cuando se acredite que las personas con discapacidad necesitan ayuda de terceras personas y generen derecho a la aplicación del mínimo en concepto de gastos de asistencia, conforme a la normativa estatal reguladora del impuesto sobre la renta de las personas físicas, el contribuyente podrá deducirse de la cuota íntegra autonómica la cantidad resultante de aplicar el 20% del importe satisfecho a la Seguridad Social, en concepto de cuo-

---

[10]   Art. 3 de esta norma.

ta fija que sea por cuenta del empleador o empleadora, de conformidad con lo establecido en el Sistema Especial del Régimen General de la Seguridad Social de Empleados del Hogar, con el límite de 500 euros anuales por contribuyente.

Únicamente tendrá derecho a esta deducción el contribuyente titular del hogar familiar que conste como tal en la Tesorería General de la Seguridad Social, por la afiliación en Andalucía al Sistema Especial del Régimen General de la Seguridad Social de Empleados del Hogar, de acuerdo con lo previsto en la normativa de aplicación.

Artículo 19. *Deducción autonómica por ayuda doméstica.*

1[11]. La persona titular del hogar familiar, siempre que constituya su vivienda habitual, y que conste en la Tesorería General de la Seguridad Social por la afiliación en Andalucía al Sistema Especial del Régimen General de la Seguridad Social de Empleados del Hogar, podrá deducirse de la cuota íntegra autonómica del impuesto sobre la renta de las personas físicas la cantidad resultante de aplicar el 20% del importe satisfecho en el periodo impositivo por cuenta del empleador o empleadora a la Seguridad Social correspondiente a la cotización de un empleado o empleada, con un límite máximo de 500 euros anuales, cuando concurra cualquiera de los siguientes requisitos en la fecha del devengo del impuesto:

a) Que la persona titular del hogar familiar, o, en su caso, su cónyuge o pareja inscrita en el Registro de Parejas de Hecho de la Comunidad Autónoma de Andalucía o en registros análogos de otras Administraciones públicas, sea madre o padre de hijos que den derecho al mínimo por descendientes y perciba rendimientos del trabajo o de actividades económicas.

En el supuesto de cónyuges o miembros integrantes de la pareja inscrita en el Registro de Parejas de Hecho de la Comunidad Autónoma de Andalucía o en registros análogos de otras Administraciones Públicas, ambos deberán percibir rendimientos del trabajo o de actividades económicas.

b) Que la persona titular del hogar familiar, o, en su caso, su cónyuge o pareja inscrita en el Registro de Parejas de Hecho de la Comunidad Autónoma de Andalucía o en registros análogos de otras Administraciones públicas, sea de edad igual o superior a 75 años.

2. A los efectos de este artículo, se entenderá por titular del hogar familiar el previsto en la normativa reguladora del Sistema Especial del Régimen General de la Seguridad Social de Empleados del Hogar.

3. Esta deducción será incompatible con la deducción autonómica regulada en el apartado 3 del artículo 18, cuando se trate de la misma persona empleada la que dé derecho a la aplicación de ambas deducciones.

4[12]. En el supuesto de cónyuges o miembros integrantes de la pareja inscrita en el Registro de Parejas de Hecho de la Comunidad Autónoma de Andalucía o en registros análogos de

---

[11]   Nueva redacción del art. 19.1 dada por la Disp. Final Undécima Tres de la Ley 1/2022, de 27 de diciembre, del Presupuesto de la Comunidad Autónoma de Andalucía para el año 2023 (BOJA núm. 249 de 30 de diciembre de 2022), con efectos desde el 1 de enero de 2022.
    Disposición transitoria tercera. Modificación de la deducción autonómica por ayuda doméstica.

[12]   Nuevo apartado 4 incorporado por la Disp. Final Undécima Tres de la Ley 1/2022, de 27 de diciembre, del Presupuesto de la Comunidad Autónoma de Andalucía para el año 2023 (BOJA núm. 249 de 30 de diciembre de 2022), con efectos desde el 1 de enero de 2022.
    Disposición transitoria tercera. Modificación de la deducción autonómica por ayuda doméstica.

otras Administraciones públicas, se podrá aplicar la deducción indistintamente el titular del hogar familiar o su cónyuge o pareja de hecho.

Artículo 20. *Deducción autonómica por inversión en la adquisición de acciones y participaciones sociales como consecuencia de acuerdos de constitución de sociedades o ampliación de capital en determinadas sociedades mercantiles.*

1. Los contribuyentes podrán aplicar una deducción en la cuota íntegra autonómica del impuesto sobre la renta de las personas físicas del 20% de las cantidades invertidas durante el ejercicio en la adquisición de acciones o participaciones sociales como consecuencia de acuerdos de constitución de sociedades o de ampliación de capital, cuando se trate de sociedades mercantiles que revistan la forma de sociedad anónima, sociedad anónima laboral, sociedad de responsabilidad limitada, sociedad de responsabilidad limitada laboral o sociedad cooperativa.

2. En todo caso, el límite de deducción aplicable será de 4.000 euros anuales.

3. Para la aplicación de la deducción deberán cumplirse los siguientes requisitos:

a) Que como consecuencia de la participación adquirida por el contribuyente, computada junto con la que posean de la misma entidad su cónyuge o personas unidas al contribuyente por razón de parentesco, en línea recta o colateral, por consanguinidad o afinidad hasta el tercer grado incluido, no se llegue a poseer durante ningún día del año natural más del 40% del total del capital social de la entidad o de sus derechos de voto.

b) Que dicha participación se mantenga un mínimo de tres años.

c) Que el contribuyente no ejerza funciones ejecutivas ni de dirección ni mantenga una relación laboral con la entidad objeto de la inversión.

d) Que la adquisición se formalice en escritura pública, en la que conste la identidad de los inversores y el importe de la inversión.

e) Que la entidad de la que se adquieran las acciones o participaciones cumpla los siguientes requisitos:

1º Que tenga su domicilio social y fiscal en la Comunidad Autónoma de Andalucía.

2º Que desarrolle una actividad económica. A estos efectos no se considerará que desarrolla una actividad económica cuando tenga por actividad principal la gestión de un patrimonio mobiliario o inmobiliario, de acuerdo con lo establecido en el artículo 4.Ocho.Dos.a) de la Ley 19/1991, de 6 de junio, del Impuesto sobre el Patrimonio.

3º Que, para el caso en que la inversión efectuada corresponda a la constitución de la entidad, desde el primer ejercicio fiscal ésta cuente al menos con una persona con contrato laboral a jornada completa, dada de alta en el Régimen correspondiente de la Seguridad Social, y que se mantengan las condiciones del contrato durante al menos veinticuatro meses.

4º Que, para el caso en que la inversión efectuada corresponda a una ampliación de capital de la entidad, dicha entidad hubiera sido constituida dentro de los tres años anteriores a la ampliación de capital y la plantilla media de la entidad durante los dos ejercicios fiscales posteriores al de la ampliación se incremente respecto de la plantilla media que tuviera en los doce meses anteriores al menos en una persona, con los requisitos del párrafo 3º anterior, y dicho incremento se mantenga durante al menos otros veinticuatro meses.

Para el cálculo de la plantilla media total de la entidad y de su incremento se computará el número de personas empleadas, en los términos que disponga la legislación laboral, teniendo en cuenta la jornada contratada en relación a la jornada completa.

4. La deducción prevista en este artículo, con los mismos requisitos de los apartados anteriores, será del 50%, con un límite de 12.000 euros, en el caso de sociedades creadas o participadas por universidades o centros de investigación.

Artículo 21. *Deducción autonómica por gastos de defensa jurídica de la relación laboral.*

1. Los contribuyentes podrán aplicar una deducción en la cuota íntegra autonómica del impuesto sobre la renta de las personas físicas por el importe que hayan satisfecho, en concepto de gastos de defensa jurídica derivados de la relación laboral en procedimientos judiciales de despido, extinción de contrato y reclamación de cantidades, con el límite de 200 euros.

2. El derecho a disfrutar de la deducción se justificará de acuerdo con lo previsto en el artículo 60.

Artículo 22. *Deducción autonómica por donativos con finalidad ecológica.*

1. Los contribuyentes podrán aplicar una deducción en la cuota íntegra autonómica del impuesto sobre la renta de las personas físicas del 10% de las cantidades donadas durante el período impositivo a favor de cualquiera de las siguientes instituciones:

a) Las entidades públicas dependientes de la Comunidad Autónoma de Andalucía o de corporaciones locales de Andalucía, cuya finalidad sea la defensa y conservación del medio ambiente, quedando afectos dichos recursos al desarrollo de programas de esta naturaleza.

b) Las entidades sin fines lucrativos y las entidades beneficiarias del mecenazgo, reguladas respectivamente en los artículos 2 y 16 de la Ley 49/2002, de 23 de diciembre, de régimen fiscal de las entidades sin fines lucrativos y de incentivos fiscales al mecenazgo, siempre que su fin exclusivo sea la defensa del medio ambiente y se hallen inscritas en los correspondientes registros de la Comunidad Autónoma de Andalucía.

2. El límite de deducción aplicable será de 150 euros.

3. La efectividad de la donación prevista en este artículo se justificará de conformidad con lo previsto en el artículo 24 de la Ley 49/2002, de 23 de diciembre, y en sus normas de desarrollo[13].

---

[13]   Artículo 24. Justificación de los donativos, donaciones y aportaciones deducibles.

«1. La efectividad de los donativos, donaciones y aportaciones deducibles se justificará mediante certificación expedida por la entidad beneficiaria, con los requisitos que se establezcan reglamentariamente.

2. La entidad beneficiaria deberá remitir a la Administración tributaria, en la forma y en los plazos que se establezcan reglamentariamente, la información sobre las certificaciones expedidas.

3. La certificación a la que se hace referencia en los apartados anteriores deberá contener, al menos, los siguientes extremos:

a) El número de identificación fiscal y los datos de identificación personal del donante y de la entidad donataria.

b) Mención expresa de que la entidad donataria se encuentra incluida en las reguladas en el artículo 16 de esta Ley.

c) Fecha e importe del donativo cuando éste sea dinerario.

d) Documento público u otro documento auténtico que acredite la entrega del bien donado cuando no se trate de donativos en dinero.

e) Destino que la entidad donataria dará al objeto donado en el cumplimiento de su finalidad específica.

f) Mención expresa del carácter irrevocable de la donación, sin perjuicio de lo establecido en las normas imperativas civiles que regulan la revocación de donaciones».

Artículo 23[14]. *Escala autonómica.*

La escala autonómica aplicable a la base liquidable general será la siguiente:

Base liquidable Hasta euros	Cuota íntegra Euros	Resto base liquidable Hasta euros	Tipo aplicable Porcentaje
0,00	0,00	13.000,00	9,50%
13.000,00	1.235,00	8.100,00	12,00%
21.100,00	2.207,00	14.100,00	15,00%
35.200,00	4.322,00	24.800,00	18,50%
60.000,00	8.910,00	En adelante	22,50%

Artículo 23 bis[15]. *Mínimo personal y familiar.*

De conformidad con lo dispuesto en el artículo 46.1.a) de la Ley 22/2009, de 18 de diciembre, por la que se regula el sistema de financiación de las Comunidades Autónomas de

---

[14] Nueva redacción dada por el art. primero.Uno del Decreto-ley 7/2022, de 20 de septiembre, por el que se modifica la Ley 5/2021, de 20 de octubre, de Tributos Cedidos de la Comunidad Autónoma de Andalucía, para paliar los efectos de la inflación mediante la deflactación del gravamen del Impuesto sobre la Renta de las Personas Físicas y para bonificar el Impuesto sobre el Patrimonio, se aprueba la supresión del gravamen para 2023 del canon de mejora de infraestructuras hidráulicas de interés de la Comunidad Autónoma de Andalucía, y se modifica el Texto Refundido de la Ley General de la Hacienda Pública de la Junta de Andalucía en materia de aplazamiento y fraccionamiento de ingresos de derecho público de la Comunidad Autónoma (BOJA núm. 182 de 21 de septiembre de 2022), con efectos desde el 1 de enero de 2022.

Redacción original: «*La escala autonómica aplicable a la base liquidable general será la siguiente:*

Base liquidable Hasta euros	Cuota íntegra Euros	Resto base liquidable Hasta euros	Tipo aplicable Porcentaje
0,00	*0,00*	*12.450,00*	*9,50%*
12.450,00	*1.182,75*	*7.750,00*	*12,00%*
20.200,00	*2.112,75*	*15.000,00*	*15,00%*
35.200,00	*4.362,75*	*24.800,00*	*18,50%*
60.000,00	*8.950,75*	*En adelante*	*22,50%*»

Ejercicios anteriores: art. 47 «*Escala autonómica*» y Disposición transitoria tercera «*Escala autonómica del Impuesto sobre la Renta de las Personas Físicas aplicable en los ejercicios 2019, 2020, 2021 y 2022*» del Decreto Legislativo 1/2018, de 19 de junio, por el que se aprueba el Texto Refundido de las disposiciones dictadas por la Comunidad Autónoma de Andalucía en materia de tributos cedidos (BOJA núm. 123 de 27 de junio de 2018).

[15] Nuevo art. 23-bis incorporado por el art. primero.dos del Decreto-ley 7/2022, de 20 de septiembre, por el que se modifica la Ley 5/2021, de 20 de octubre, de Tributos Cedidos de la Comunidad Autónoma de Andalucía, para paliar los efectos de la inflación mediante la deflactación del gravamen del Impuesto sobre la Renta de las Personas Físicas y para bonificar el Impuesto sobre el Patrimonio, se aprueba la supresión del gravamen para 2023 del canon de mejora de infraestructuras hidráulicas de interés de la Comunidad Autónoma de Andalucía, y se modifica el Texto Refundido de la Ley General de la Hacienda Pública de la Junta de Andalucía en materia de aplazamiento y fraccionamiento de ingresos de derecho público de la Comunidad Autónoma (BOJA núm. 182 de 21 de septiembre de 2022), con efectos desde el 1 de enero de 2022.

régimen común y Ciudades con Estatuto de Autonomía y se modifican determinadas normas tributarias, se incrementan los mínimos del contribuyente, por descendientes, por ascendientes y por discapacidad establecidos en los artículos 57, 58, 59 y 60 de la Ley 35/2006, de 28 de noviembre, del Impuesto sobre la Renta de las Personas Físicas, y de modificación parcial de las Leyes de los Impuestos sobre Sociedades, sobre la Renta de no Residentes y sobre el Patrimonio, que quedan fijados en los siguientes importes:

1. El mínimo del contribuyente regulado por el artículo 57 de la Ley 35/2006, de 28 de noviembre, será:

a) Con carácter general, 5.790 euros anuales.

b) Cuando el contribuyente tenga una edad superior a 65 años, el mínimo se aumentará en 1.200 euros anuales. Si la edad es superior a 75 años, el mínimo se aumentará adicionalmente en 1.460 euros anuales.

2. El mínimo por descendientes regulado por el artículo 58 de la Ley 35/2006, de 28 de noviembre, será:

a) En los supuestos previstos en el apartado 1 del artículo 58 de la Ley 35/2006, de 28 de noviembre:

1.º 2.510 euros anuales por el primer descendiente.

2.º 2.820 euros anuales por el segundo descendiente.

3.º 4.170 euros anuales por el tercer descendiente.

4.º 4.700 euros anuales por el cuarto descendiente y siguientes.

b) Cuando el descendiente sea menor de tres años, el mínimo a que se refiere el apartado a) anterior se aumentará en 2.920 euros anuales.

3. El mínimo por ascendientes regulado en el artículo 59 de la Ley 35/2006, de 28 de noviembre, será:

a) En el supuesto previsto en el apartado 1 del artículo 59 de la Ley 35/2006, de 28 de noviembre, 1.200 euros anuales.

b) Cuando el ascendiente sea mayor de 75 años, el mínimo a que se refiere el apartado a) anterior se aumentará en 1.460 euros anuales.

4. El mínimo por discapacidad regulado en el artículo 60 de la Ley 35/2006, de 28 de noviembre, será:

a) En los supuestos previstos en el apartado 1 del artículo 60 de la Ley 35/2006, de 28 de noviembre:

1.º 3.130 euros anuales cuando el contribuyente sea una persona con discapacidad y de 9.390 euros anuales cuando el contribuyente acredite un grado de discapacidad igual o superior al 65 por ciento.

2.º En el supuesto previsto en el párrafo segundo del apartado 1 del artículo 60 de la Ley 35/2006, de 28 de noviembre, los mínimos regulados en este apartado se aumentarán en 3.130 euros anuales.

b) En los supuestos previstos en el apartado 2 del artículo 60 de la Ley 35/2006, de 28 de noviembre:

1.º 3.130 euros anuales por cada uno de los ascendientes o descendientes con discapacidad.

2.º 9.390 euros anuales por cada uno de los ascendientes o descendientes cuando acrediten un grado de discapacidad igual o superior al 65 por ciento.

3.º En el supuesto previsto en el párrafo segundo del apartado 2 del artículo 60 de la Ley 35/2006, de 28 de noviembre, los mínimos regulados en este apartado se aumentarán en 3.130 euros anuales.

(...)

TÍTULO III. NORMAS DE APLICACIÓN DE LOS TRIBUTOS CEDIDOS

CAPÍTULO I. Disposiciones generales

Artículo 58. *Aplicación de los tributos cedidos.*

A los efectos de este título, la aplicación de los tributos cedidos comprende las funciones a las que se refiere el artículo 83.1 de la Ley 58/2003, de 17 de diciembre, General Tributaria, o norma que la sustituya.

Artículo 59. *Ingreso de los tributos cedidos.*

El ingreso de los tributos cedidos de gestión autonómica se realizará necesariamente mediante domiciliación bancaria, en los supuestos, términos y condiciones que se establezcan mediante Resolución conjunta de la Agencia Tributaria de Andalucía y del órgano directivo con competencias en materia de Tesorería.

CAPÍTULO II. Impuesto sobre la renta de las personas físicas

Artículo 60. *Obligaciones formales.*

1. Los contribuyentes del impuesto sobre la renta de las personas físicas estarán obligados a conservar durante el plazo máximo de prescripción los justificantes y documentos que acrediten el derecho a disfrutar de las deducciones de la cuota íntegra autonómica que se contemplan en la presente Ley y que hayan aplicado en sus declaraciones por dicho impuesto.

2. Mediante orden del titular de la Consejería competente en materia de Hacienda podrán establecerse obligaciones específicas de justificación, destinadas al control de las deducciones a que se refiere el apartado anterior.

(...)

Disposición adicional primera. *Cita de la normativa estatal del impuesto sobre la renta de las personas físicas reguladora del concepto de vivienda habitual, bases máximas de inversiones deducibles y concepto de adquisición y rehabilitación de vivienda, en vigor a 31 de diciembre de 2012.*

1. El concepto de vivienda habitual regulado en el artículo 2 es el fijado por los artículos 54.1 y 2 y 55.2.c) del Reglamento del Impuesto sobre la Renta de las Personas Físicas, aprobado por el Real Decreto 439/2007, de 30 de marzo, en vigor a 31 de diciembre de 2012.

2. La construcción y ampliación de la vivienda se asimilarán a la adquisición de la misma, en los términos fijados por el artículo 55.1.1º del Reglamento del Impuesto sobre la Renta de las Personas Físicas, aprobado por el Real Decreto 439/2007, de 30 de marzo, en vigor a 31 de diciembre de 2012.

3. La base y el límite máximo de las deducciones autonómicas por inversión en vivienda habitual que tenga la consideración de protegida y por las personas jóvenes regulados en el artículo 9.3 es el fijado por el artículo 68.1.1º y 2º de la Ley 35/2006, de 28 de noviembre, del Impuesto sobre la Renta de las Personas Físicas, en vigor a 31 de diciembre de 2012.

4. La consideración de rehabilitación de vivienda regulada en el artículo 9.6 es la fijada por el artículo 55.5 del Reglamento del Impuesto sobre la Renta de las Personas Físicas, aprobado por el Real Decreto 439/2007, de 30 de marzo, en vigor a 31 de diciembre de 2012.

Disposición adicional segunda. *Cita de la normativa estatal reguladora de la consideración de persona con discapacidad y de la forma de acreditación del grado de discapacidad.*

1. La consideración de persona con discapacidad del artículo 3 es la fijada en el artículo 60.3 de la Ley 35/2006, de 28 de noviembre, del Impuesto sobre la Renta de las Personas Físicas.

2[16]**.** La forma de acreditación del grado de discapacidad es la fijada en el artículo 72 del Reglamento del Impuesto sobre la Renta de las Personas Físicas, aprobado por el Real Decreto 439/2007, de 30 de marzo y, en su caso, en el apartado 3 del artículo 2 de la Ley 41/2003, de 18 de noviembre, de protección patrimonial de las personas con discapacidad y de modificación del Código Civil, de la Ley de Enjuiciamiento Civil y de la Normativa Tributaria con esta finalidad.

Disposición transitoria primera. *Personas con incapacidad declarada judicialmente.*

En relación con lo establecido en el artículo 3, en el caso de personas cuya incapacidad hubiera sido declarada judicialmente con anterioridad a la entrada en vigor de esta ley, se considerará acreditado un grado de discapacidad igual o superior al 65% aunque no alcance dicho grado.

Disposición transitoria segunda. *Hijos mayores de edad incapacitados judicialmente sujetos a patria potestad prorrogada o rehabilitada.*

Los hijos mayores de edad que a la entrada en vigor de esta Ley hubieran sido declarados judicialmente incapacitados, sujetos a patria potestad prorrogada o rehabilitada, formarán parte de familia monoparental a los efectos del artículo 4, cuando convivan con el padre o con la madre en los casos de separación legal o cuando no existiera vínculo matrimonial.

Disposición transitoria tercera[17]**.** *Modificación de la deducción autonómica por ayuda doméstica.*

La modificación de la regulación de la deducción autonómica por ayuda doméstica realizada por la disposición final undécima de la Ley del Presupuesto de la Comunidad Autónoma de Andalucía para el año 2023, que modifica el apartado 1 y añade un nuevo apartado 4 al artículo 19 de la presente Ley, producirá efecto desde el día 1 de enero de 2022.

Disposición derogatoria única. *Derogación normativa.*

1. Con efectos desde el día 1 de enero de 2022 quedan derogadas cuantas disposiciones de igual o inferior rango se opongan a esta ley y, expresamente, el Decreto Legislativo 1/2018,

---

[16]   Nueva redacción del apartado 2 dada por la Disp. Final Undécima Once de la Ley 1/2022, de 27 de diciembre, del Presupuesto de la Comunidad Autónoma de Andalucía para el año 2023 (BOJA núm. 249 de 30 de diciembre de 2022), en vigor desde el 1 de enero de 2023.

[17]   Nueva disp. transitoria incorporada dada por la Disp. Final Undécima Doce de la Ley 1/2022, de 27 de diciembre, del Presupuesto de la Comunidad Autónoma de Andalucía para el año 2023 (BOJA núm. 249 de 30 de diciembre de 2022), en vigor desde el 1 de enero de 2023.

de 19 de junio, por el que se aprueba el Texto Refundido de las disposiciones dictadas por la Comunidad Autónoma de Andalucía en materia de tributos cedidos, excepto sus artículos 34, 35, 39 y 40, que quedarán derogados desde el día siguiente al de su publicación en el Boletín Oficial de la Junta de Andalucía.

2. Con efectos desde el día siguiente al de la publicación de esta Ley en el Boletín Oficial de la Junta de Andalucía queda derogado el Decreto Ley 7/2021, de 27 de abril, sobre reducción del gravamen del impuesto sobre transmisiones patrimoniales y actos jurídicos documentados para el impulso y la reactivación de la economía de la Comunidad Autónoma de Andalucía ante la situación de crisis generada por la pandemia del coronavirus (COVID-19).

Disposición final primera. *Desarrollo y ejecución.*

1. El desarrollo reglamentario de la presente Ley se llevará a efecto de acuerdo con lo dispuesto en los artículos 112 y 119.3 del Estatuto de Autonomía para Andalucía y 44 de la Ley 6/2006, de 24 de octubre, del Gobierno de la Comunidad Autónoma de Andalucía.

2. Se autoriza a la persona titular de la Consejería con competencias en materia de Hacienda para dictar las disposiciones que sean necesarias en desarrollo y ejecución de la presente Ley.

3. Se autoriza a la persona titular de la Dirección de la Agencia Tributaria de Andalucía para adaptar los modelos normalizados en materia tributaria con el fin de adecuarlos a lo establecido en la presente Ley.

Disposición final segunda. *Entrada en vigor.*

La presente Ley entrará en vigor el día 1 de enero de 2022, excepto los artículos 41, 43, 49 y 50 relativos al impuesto sobre transmisiones patrimoniales y actos jurídicos documentados, que entrarán en vigor el día siguiente al de su publicación en Boletín Oficial de la Junta de Andalucía.

COMUNIDAD AUTÓNOMA DE ARAGÓN

Impuesto sobre la Renta de las Personas Físicas

7. Decreto Legislativo 1/2005, de 26 septiembre, aprueba el texto refundido de las disposiciones dictadas por la Comunidad Autónoma de Aragón en materia de tributos cedidos

(BOA núm. 128, de 28 octubre de 2005)

El nuevo sistema de financiación de las Comunidades Autónomas de régimen común, inaugurado con la modificación de la Ley Orgánica de Financiación de las Comunidades Autónomas por Ley Orgánica 7/2001, de 27 de diciembre, e instrumentado a través del conjunto de medidas fiscales y administrativas establecido por la Ley 21/2001, de 27 de diciembre, ha operado una ampliación, no sólo de los propios tributos que son objeto de cesión, sino también de las facultades normativas que venían disfrutando las Comunidades Autónomas con los modelos de financiación anteriores, entre ellos el establecido por la derogada Ley 14/1996, de 30 de diciembre, de Cesión de Tributos del Estado a las Comunidades Autónomas y de Medidas Fiscales Complementarias. Así, la Ley 25/2002, de 1 de julio, del Régimen de Cesión de Tributos del Estado a la Comunidad Autónoma de Aragón, atribuye a ésta la facultad de dictar para sí misma normas legislativas, en los casos y condiciones establecidas en las leyes —orgánica y marco— a las que se ha aludido con anterioridad.

El ejercicio de dichas facultades normativas se ha venido materializando, con cierta habitualidad y periodicidad, a través de las sucesivas leyes de medidas tributarias que se aprueban simultáneamente con la Ley de Presupuestos de la Comunidad Autónoma. Como dichas medidas legislativas en materia tributaria no justificaban, por sus objetivos ni por su propia entidad jurídica, una ley sustantiva individualizada, motivos de oportunidad, que debían valorarse incluso por encima de la técnica normativa, obligaban a incluirlas en un instrumento legal apropiado para hacerlas efectivas a comienzos de cada ejercicio, incluso, respecto a determinados impuestos, para referirlas al correspondiente período impositivo.

Ello no obstante, el ejercicio reiterado y periódico de estas competencias normativas sobre los tributos cedidos, ha provocado, de forma inevitable, su dispersión legislativa, fenómeno que hace peligrar la necesaria garantía del principio de seguridad jurídica que, en un ordenamiento como el tributario, con consecuencias económicas para los ciudadanos contribuyentes, no puede abandonarse a los caprichos interpretativos del juego indescifrable de las remisiones, las derogaciones y las regulaciones fragmentadas.

Consciente de todo ello, así como de la necesidad de pulsar un proceso de formación del ordenamiento tributario aragonés, el legislador incluyó en la disposición final cuarta de la Ley 12/2004, de 29 de diciembre, de Medidas Tributarias y Administrativas, una delegación legislativa al Gobierno de Aragón «para que, en el plazo máximo de un año desde la entrada en vigor de esta Ley, y a propuesta del Consejero competente en materia de Hacienda, apruebe un texto refundido de las disposiciones dictadas en materia de tributos cedidos por la Comunidad Autónoma de Aragón y proceda a su sistematización, regularización, aclaración y armonización en el marco de los principios contenidos en las leyes reguladoras del sistema de financiación de las Comunidades Autónomas y de cesión de los tributos del Estado a las mismas».

El Texto Refundido no introduce, por su propia naturaleza, novedad legislativa alguna, pero en la era de la proliferación de leyes especiales, que son rápidamente modificadas o sustituidas, haciendo inútil todo intento de cristalizar un determinado sector jurídico, se ha querido utilizar la técnica de la refundición para inaugurar una auténtica tarea de codificación de la normativa tributaria, ajena a cualquier estatismo y abierta permanentemente al futuro crecimiento legislativo. Ésta es la principal motivación y la justificación última del espíritu de innovación que representa el Texto Refundido, esto es, enfatizar la fuerza centrípeta propia de los códigos como «vis atractiva» para las leyes que están por llegar, frente a la creciente fuerza centrífuga de las leyes especiales.

Con el fin de posibilitar esta flexibilidad y facilitar la actualización constante de la legislación tributaria aragonesa, el Texto Refundido ha adoptado un sistema de numeración decimal de sus preceptos, de tal forma que los artículos se constituyen con números separados por un guión. El primer número consta de tres cifras que indican, respectivamente, el título, el capítulo y la sección a los que pertenece la disposición, procurando su perfecta identificación y ubicación dentro del cuerpo normativo. Cuando alguna de estas subdivisiones no exista, el dígito 0 indicará tal circunstancia. El número siguiente corresponde a la tradicional numeración secuencial de los textos articulados, con la salvedad de que cada capítulo —o sección, en su caso— arranca desde el número 1. Este sistema, adoptado con éxito en otros países de nuestro ámbito jurídico y cultural, permitirá que las futuras leyes en las que se dicten disposiciones tributarias puedan incorporarlas automáticamente al Texto Refundido de referencia sin forzar su estructura y sistemática. Ello, no sólo facilitará la modificación o introducción de nuevos artículos de forma indefinida, sino incluso de completos capítulos monográficos en el tratamiento de un concreto impuesto o procedimiento tributario.

La utilización novedosa de este sistema se complementa con otra medida, inédita en nuestra Comunidad, que consiste en incorporar como Anexo a los proyectos de ley aprobados por el Gobierno de Aragón que modifiquen o innoven expresamente el presente Texto Refundido, la versión íntegra y actualizada, incluyendo las nuevas modificaciones, de dicho Texto Refundido, al objeto de que las Cortes de Aragón cuenten con un notable documento informativo.

Por lo demás, el Texto Refundido se estructura en dos títulos, dedicados el primero de ellos a las «disposiciones específicas», compuesto de capítulos individualizados para cada impuesto en particular, y el título segundo, bajo la rúbrica «disposiciones comunes» aplicables a todos los tributos cedidos, comprensible de dos capítulos separados para sistematizar, por un lado, las normas procedimentales y, por otro, las obligaciones formales relativas a los tributos cedidos.

En virtud de la autorización de las Cortes de Aragón, a propuesta del Consejero de Economía, Hacienda y Empleo, visto el dictamen de la Comisión Jurídica Asesora, y previa deliberación del Gobierno de Aragón en su reunión del día 26 de septiembre de 2005, dispongo:

Artículo único. *Aprobación del Texto Refundido de las disposiciones dictadas por la Comunidad Autónoma de Aragón en materia de tributos cedidos.*

De conformidad con la delegación legislativa contenida en la disposición final cuarta de la Ley 12/2004, de 29 de diciembre, de Medidas Tributarias y Administrativas, se aprueba el

Texto Refundido de las disposiciones dictadas por la Comunidad Autónoma de Aragón en materia de tributos cedidos, que se incorpora como Anexo.

Disposición derogatoria única. *Derogación expresa y por incompatibilidad*

1. Quedan derogadas las siguientes disposiciones:

a) El artículo 2 de la Ley 4/1998, de 8 de abril, de Medidas Fiscales, Financieras, de Patrimonio y Administrativas.

b) El artículo 1, los apartados 1, 2 y 3 del artículo 3 y los artículos 4, 6 y 7 de la Ley 13/2000, de 27 de diciembre, de Medidas Tributarias y Administrativas.

c) Los artículos 2 y 3 de la Ley 26/2001, de 28 de diciembre, de Medidas Tributarias y Administrativas.

d) Los artículos 2, 3, 4, 5, 6, 7, 8, 9, 10, 11, 12, 13, 14 y 15 de la Ley 26/2003, de 30 de diciembre, de Medidas Tributarias y Administrativas.

e) Los artículos 1, 2, 3 y 4 de la Ley 12/2004, de 29 de diciembre, de Medidas Tributarias y Administrativas.

2. Asimismo, quedan derogadas cualesquiera otras disposiciones de igual o inferior rango a la presente Ley en cuanto se opongan o contradigan a lo establecido en la misma.

Disposición adicional única. *Documentación de los proyectos de ley que modifiquen el Texto Refundido de las disposiciones dictadas por la Comunidad Autónoma de Aragón en materia de tributos cedidos*

Cuando el Texto Refundido que aprueba el presente Decreto Legislativo vaya a ser objeto de modificación por cualquier ley emanada de la Comunidad Autónoma de Aragón, el Consejero competente en materia de Hacienda propondrá al Gobierno de Aragón que el proyecto de ley correspondiente incorpore, como anexo, una versión íntegra, que incluya aquellas modificaciones, de dicho Texto Refundido.

Disposición final única. *Entrada en vigor*

El presente Decreto Legislativo y el Texto Refundido que aprueba entrarán en vigor el día siguiente al de su publicación en el «Boletín Oficial de Aragón».

ANEXO. TEXTO REFUNDIDO DE LAS DISPOSICIONES DICTADAS POR LA COMUNIDAD AUTÓNOMA DE ARAGÓN EN MATERIA DE TRIBUTOS CEDIDOS

TÍTULO PRELIMINAR[1]. DISPOSICIONES GENERALES

Artículo 000-1[2]. *Régimen jurídico aplicable a los tributos cedidos.*

Los tributos cedidos a la Comunidad Autónoma de Aragón se regirán por lo dispuesto en los Convenios y Tratados internacionales, la Ley General Tributaria y sus disposiciones regla-

---

[1] Título preliminar incorporado por el art. 1 de la Ley 13/2005, de 30 diciembre, Medidas Fiscales y Administrativas en materia de Tributos Cedidos y Tributos Propios de la Comunidad Autónoma de Aragón, (BOA núm. 154, de 31 diciembre de 2005; corrección errores, BOA núm. 28, de 8 marzo de 2006), en vigor desde el 1-1-2006.

[2] Artículo incorporado por el art. 1 de la Ley 13/2005, de 30 diciembre, Medidas Fiscales y Administrativas en materia de Tributos Cedidos y Tributos Propios de la Comunidad Autónoma de Aragón, (BOA núm. 154, de 31 diciembre de 2005; corrección errores, BOA núm. 28, de 8 marzo de 2006), en vigor desde el 1-1-2006.

mentarias, la Ley propia de cada tributo y sus reglamentos generales, las demás disposiciones de carácter general, reglamentarias o interpretativas, dictadas por el Estado, así como por las normas emanadas de la Comunidad Autónoma de Aragón en el marco establecido por las leyes que regulan la cesión de tributos del Estado a las Comunidades Autónomas de régimen común.

Artículo 000-2[3]. *Tributos cedidos con facultades normativas.*

1. La Comunidad Autónoma de Aragón tiene atribuidas facultades normativas, con el alcance y condiciones establecidos en las leyes reguladoras de la cesión de tributos del Estado a las Comunidades Autónomas de régimen común, sobre los siguientes tributos cedidos:

a) Impuesto sobre la Renta de las Personas Físicas.

b) Impuesto sobre el Patrimonio.

c) Impuesto sobre Sucesiones y Donaciones.

d) Impuesto sobre Transmisiones Patrimoniales y Actos Jurídicos Documentados.

e) Tributos sobre el Juego.

f) Impuesto especial sobre determinados medios de transporte.

g)[4] Impuesto especial sobre hidrocarburos.

2. El ejercicio de las facultades normativas de la Comunidad Autónoma de Aragón en materia de tributos cedidos se efectuará, en cada caso, de acuerdo con los puntos de conexión establecidos en las leyes reguladoras de la cesión de tributos del Estado a las Comunidades Autónomas de régimen común.

TÍTULO I. DISPOSICIONES ESPECÍFICAS APLICABLES A LOS TRIBUTOS CEDIDOS

CAPÍTULO I. Impuesto sobre la Renta de las Personas Físicas

Artículo 110-1[5]. *Escala autonómica del impuesto.*

La escala autonómica aplicable en el Impuesto sobre la Renta de las Personas Físicas será la siguiente:

---

[3] Artículo incorporado por el art. 1 de la Ley 13/2005, de 30 diciembre, Medidas Fiscales y Administrativas en materia de Tributos Cedidos y Tributos Propios de la Comunidad Autónoma de Aragón, (BOA núm. 154, de 31 diciembre de 2005; corrección errores, BOA núm. 28, de 8 marzo de 2006), en vigor desde el 1-1-2006.

[4] Nueva redacción de la letra g) dada por el art. 5.1 de la Ley 10/2012, de 27 de diciembre, de Medidas Fiscales y Administrativas de la Comunidad Autónoma de Aragón, (BOA núm. 253, de 31 de diciembre de 2012), en vigor desde el 1 de enero de 2013.

[5] Nueva redacción dada por el art. 64.Uno de la Ley 17/2023, de 22 de diciembre, de Presupuestos de la Comunidad Autónoma de Aragón para el ejercicio 2024 (BOA núm. 249, de 29 de diciembre de 2023), con efectos desde el 1 de enero de 2023.
Redacción anterior dada por el art. 64.Uno de la Ley 8/2022, de 29 de diciembre, de Presupuestos de la Comunidad Autónoma de Aragón para el ejercicio 2023 (BOA núm. 251, de 30 de diciembre de 2022), con efectos desde el 1 de enero de 2022: «La escala autonómica aplicable en el Impuesto sobre la Renta de las Personas Físicas, a partir del 1 de enero de 2022, será la siguiente:

Base liquidable Hasta €	Cuota íntegra €	Resto base liquidable Hasta €	Tipo aplicable%
0	0	12.450,00	9,50
12.450,0	1.182,75	7.750,0	12,00
20.200,00	2.112,75	15.000,0	15,00

Base liquidable Hasta €	Cuota íntegra €	Resto base liquidable Hasta €	Tipo aplicable%
35.200,0	4.362,75	14.800,00	18,50
50.000,00	7.100,75	10.000,0	20,50
60.000,00	9.150,75	20.000,00	23,00
80.000,00	13.750,75	10.000,00	24,0
90.000,00	16.150,75	40.000,0	25,00
130.000,00	26.150,75	en adelante	25,50»

Redacción anterior dada por el art. 1.1 de la Ley 10/2015, de 28 diciembre, Medidas para el mantenimiento de los servicios públicos en la Comunidad Autónoma de Aragón (BOA núm. 250, de 30 diciembre de 2015), con efectos desde el 1 de enero de 2016: «La escala autonómica aplicable en el Impuesto sobre la Renta de las Personas Físicas, a partir de 1 de enero de 2016, será la siguiente:

B.L. hasta €	Cuota íntegra	Resto B.L.	TIPO
0	0	12.450,00	10,00%
12.450,00	1.245,00	7.750,00	12,50%
20.200,00	2.213,75	13.800,00	15,50%
34.000,00	4.352,75	16.000,00	19,00%
50.000,00	7.392,75	10.000,00	21,00%
60.000,00	9.492,75	10.000	22,00%
70.000,00	11.692,75	20.000,00	22,50%
90.000,00	16.192,75	40.000,00	23,50%
130.000,00	25.592,75	20.000,00	24,50%
150.000,00	30.492,75	en adelante	25,00%»

Redacción anterior dada por el art. 1.1 de la Ley 14/2014, de 30 de diciembre, de Medidas Fiscales y Administrativas de la Comunidad Autónoma de Aragón (BOA núm. 256, de 31 de diciembre de 2014), en vigor desde el 1 de enero de 2015: «La escala autonómica aplicable en el Impuesto sobre la Renta de las Personas Físicas, a partir de 1 de enero de 2015, será la siguiente:

Base liquidable Hasta euros	Cuota íntegra Euros	Resto base liquidable Hasta euros	Tipo aplicable Porcentaje
0	0	12.450,00	10,00%
12.450,00	1.245,00	7.750,00	12,50%
20.200,00	2.213,75	13.800,00	15,50%
34.000,00	4.352,75	26.000,00	19,00%
60.000,00	9.292,75	En adelante	21,50%»

Redacción anterior dada por el art. 10.1 de la Ley 3/2012, de 8 de marzo, de Medidas Fiscales y Administrativas de la Comunidad Autónoma de Aragón (BOA núm. 54, de 19 de marzo de 2012), vigencia desde 20 de marzo de 2012: «A partir de 1 de enero de 2012, la escala autonómica aplicable a la base liquidable general a que se refiere el artículo 74 de la Ley 35/2006, de 28 de noviembre, del Impuesto sobre la Renta de las Personas Físicas, en redacción dada por la Ley 22/2009, de 18 de diciembre, por la que se regula el sistema de financiación de las Comunidades Autónomas de régimen común y Ciudades con Estatuto de Autonomía y se modifican determinadas normas tributarias, será la siguiente:

Base liquidable Hasta euros	Cuota íntegra Euros	Resto base liquidable Hasta euros	Tipo aplicable Porcentaje
0	0	17.707,20	12
17.707,20	2.124,86	15.300,00	14

Base liquidable hasta – Euros	Cuota íntegra – Euros	Resto base liquidable hasta – Euros	Tipo aplicable – Porcentaje
0,00	0,00	13.072,50	9,50
13.072,50	1.241,89	8.137,50	12,00
21.210,00	2.218,39	15.750,00	15,00
36.960,00	4.580,89	15.540,00	18,50
52.500,00	7.455,79	7.500,00	20,50
60.000,00	8.993,29	20.000,00	23,00
80.000,00	13.593,29	10.000,00	24,00
90.000,00	15.993,29	40.000,00	25,00
130.000,00	25.993,29	en adelante	25,50

Artículo 110-2[6]. *Deducciones de la cuota íntegra autonómica del impuesto por nacimiento o adopción del tercer hijo o sucesivos.*

El nacimiento o adopción del tercer hijo o sucesivos otorgará el derecho a una deducción sobre la cuota íntegra autonómica del Impuesto sobre la Renta de las Personas Físicas, en los siguientes términos:

Base liquidable Hasta euros	Cuota íntegra Euros	Resto base liquidable Hasta euros	Tipo aplicable Porcentaje
33.007,20	4.266,86	20.400,00	18,5
53.407,20	8.040,86	En adelante	21,5»

Art. 110.1 incorporado por el art. 1.1 de la Ley 12/2010, de 29 de diciembre, de Medidas Tributarias de la Comunidad Autónoma de Aragón (BOA núm. 255, de 31 de diciembre de 2010, corrección de errores BOA núm. 26 de 7 de febrero de 2011), con entrada en vigor el día 1-1-2011: *«La escala autonómica aplicable a la base liquidable general, a que se refiere el artículo 74 de la Ley 35/2006, de 28 de noviembre, del Impuesto sobre la Renta de las Personas Físicas, en redacción dada por la Ley 22/2009, de 18 de diciembre, por la que se regula el sistema de financiación de las Comunidades Autónomas de régimen común y Ciudades con Estatuto de Autonomía y se modifican determinadas normas tributarias, correspondiente al ejercicio 2011, será la siguiente:*

Base liquidable Hasta euros	Cuota íntegra Euros	Resto base liquidable Hasta euros	Tipo aplicable Porcentaje
0	0	17.707,20	12
17.707,20	2.124,86	15.300,00	14
33.007,20	4.266,86	20.400,00	18,5
53.407,20	8.040,86	En adelante	21,5

[6] Nueva redacción dada por el art. 1.1 de la Ley 2/2014, de 23 de enero, de Medidas Fiscales y Administrativas de la Comunidad Autónoma de Aragón (BOA núm. 17, de 25 de enero de 2014), con efectos desde 1 de enero de 2014.
Redacción anterior dada por el art. 1.1 de la Ley 8/2007, de 29 de diciembre, de Medidas Tributarias de la Comunidad Autónoma de Aragón, (BOA núm. 154, de 31 de diciembre de 2007), siendo aplicable al ejercicio 2007.
Art. 110-1 que pasa a renumerarse como 110-2 en virtud del art. 1.3 de la Ley 12/2010, de 29 de diciembre, de Medidas Tributarias de la Comunidad Autónoma de Aragón, (BOA núm. 255, de 31 de diciembre de 2010, corrección de errores BOA núm. 26 de 7 de febrero de 2011), con entrada en vigor el día 1-1-2011.

a) La deducción será de 500 euros por cada nacimiento o adopción del tercer o sucesivos hijos, aplicándose únicamente en el período impositivo en que dicho nacimiento o adopción se produzca.

b) No obstante, esta deducción será de 600 euros cuando la cantidad resultante de la suma de la base imponible general y la base imponible del ahorro, menos el mínimo del contribuyente y el mínimo por descendientes, no sea superior a 35.000 euros en declaración conjunta y 21.000 euros en declaración individual.

c)[7] La deducción corresponderá al contribuyente con quien convivan los hijos que den derecho a la deducción.

Cuando los hijos que den derecho a la deducción convivan con más de un contribuyente, el importe de la deducción se prorrateará por partes iguales.

Artículo 110-3[8]. *Deducción de la cuota íntegra autonómica del impuesto en atención al grado de discapacidad de alguno de los hijos.*

El nacimiento o adopción de un hijo con un grado de discapacidad igual o superior al 33 por 100 otorgará el derecho a una deducción de 200 euros, compatible con la prevista en el artículo anterior.

El grado de discapacidad deberá estar referido a la fecha de devengo del impuesto y reconocido mediante resolución expedida por el órgano competente en materia de servicios sociales.

Cuando los hijos que den derecho a la deducción convivan con más de un contribuyente, el importe de la deducción se prorrateará por partes iguales.

Artículo 110-4[9]. *Deducción de la cuota íntegra autonómica del impuesto por adopción internacional de niños.*

1. En el supuesto de adopción internacional, formalizada en los términos regulados en la legislación vigente y de acuerdo con los Tratados y Convenios internacionales suscritos por

---

[7]   Nueva redacción de la letra c) dada por el art. 1.2 de la Ley 14/2014, de 30 de diciembre, de Medidas Fiscales y Administrativas de la Comunidad Autónoma de Aragón (BOA núm. 256, de 31 de diciembre de 2014), en vigor desde el 1 de enero de 2015.
Redacción anterior dada el art. 1.1 de la Ley 2/2014, de 23 de enero, de Medidas Fiscales y Administrativas de la Comunidad Autónoma de Aragón (BOA núm. 17, de 25 de enero de 2014), con efectos desde 1 de enero de 2014.

[8]   Nueva redacción dada por el art. 1.3 de la Ley 14/2014, de 30 de diciembre, de Medidas Fiscales y Administrativas de la Comunidad Autónoma de Aragón (BOA núm. 256, de 31 de diciembre de 2014), en vigor desde el 1 de enero de 2015.
Redacción anterior dada por el art. 1.1 de la Ley 10/2012, de 27 de diciembre, de Medidas Fiscales y Administrativas de la Comunidad Autónoma de Aragón, (BOA núm. 253, de 31 de diciembre de 2012), en vigor desde el 1 de enero de 2013.
Art. 110-2 que pasa a renumerarse como 110-3 en virtud del art. 1.3 de la Ley 12/2010, de 29 de diciembre, de Medidas Tributarias de la Comunidad Autónoma de Aragón, (BOA núm. 255, de 31 de diciembre de 2010, corrección de errores BOA núm. 26 de 7 de febrero de 2011), con entrada en vigor el día 1-1-2011.

[9]   Art. 110-3 que pasa a renumerarse como 110-4 en virtud del art. 1.3 de la Ley 12/2010, de 29 de diciembre, de Medidas Tributarias de la Comunidad Autónoma de Aragón, (BOA núm. 255, de 31 de diciembre de 2010, corrección de errores BOA núm. 26 de 7 de febrero de 2011), con entrada en vigor el día 1-1-2011.

España, los contribuyentes podrán deducir 600 euros por cada hijo adoptado en el período impositivo.

Se entenderá que la adopción tiene lugar en el período impositivo correspondiente al momento en que se dicte resolución judicial constituyendo la adopción.

2[10]. Esta deducción es compatible con la deducción por nacimiento o adopción de hijos a que se refieren los artículos 110-2, 110-3 y 110-16.

3[11]. Cuando los hijos que den derecho a la deducción convivan con más de un contribuyente, el importe de la deducción se prorrateará por partes iguales.

Artículo 110-5[12]. *Deducción de la cuota íntegra autonómica del impuesto por el cuidado de personas dependientes.*

El cuidado de personas dependientes que convivan con el contribuyente, al menos durante la mitad del período impositivo, otorgará el derecho a una deducción de 150 euros sobre la cuota íntegra autonómica del impuesto, conforme al siguiente régimen:

a) A los efectos de esta deducción se considerará persona dependiente al ascendiente mayor de 75 años y al ascendiente o descendiente con un grado de discapacidad igual o superior al 65 por 100, cualquiera que sea su edad.

b) No procederá la deducción si la persona dependiente tiene rentas anuales, excluidas las exentas, superiores a 8.000 euros.

c)[13] La cantidad resultante de la suma de la base imponible general y la base imponible del ahorro, menos el mínimo del contribuyente y el mínimo por descendientes, no puede ser superior a 35.000 euros en declaración conjunta y 21.000 euros en declaración individual.

d) Cuando dos o más contribuyentes tengan derecho a la aplicación de esta deducción, su importe se prorrateará por partes iguales. Cuando la deducción corresponda a contribuyentes con distinto grado de parentesco, su aplicación corresponderá a los de grado más cercano, salvo que éstos no tengan rentas anuales, excluidas las exentas, superiores a 8.000 euros, en cuyo caso corresponderá a los del siguiente grado.

---

[10]   Nueva redacción dada por el art. 1.2 de la Ley 2/2014, de 23 de enero, de Medidas Fiscales y Administrativas de la Comunidad Autónoma de Aragón (BOA núm. 17, de 25 de enero de 2014), con efectos desde 1 de enero de 2014.

[11]   Nueva redacción dada por el art. 1.4 de la Ley 14/2014, de 30 de diciembre, de Medidas Fiscales y Administrativas de la Comunidad Autónoma de Aragón (BOA núm. 256, de 31 de diciembre de 2014), en vigor desde el 1 de enero de 2015.

[12]   Art. 110-4 que pasa a renumerarse como 110-5 en virtud del art. 1.3 de la Ley 12/2010, de 29 de diciembre, de Medidas Tributarias de la Comunidad Autónoma de Aragón, (BOA núm. 255, de 31 de diciembre de 2010, corrección de errores BOA núm. 26 de 7 de febrero de 2011), con entrada en vigor el día 1-1-2011.
    Nueva redacción del artículo 110-4 dada por el art. 1.2 de la Ley 8/2007, de 29 de diciembre, de Medidas Tributarias de la Comunidad Autónoma de Aragón, (BOA núm. 154, de 31 de diciembre de 2007), siendo aplicable la nueva redacción al período impositivo correspondiente al ejercicio 2007, en virtud de lo establecido en el art. 1.3 de dicho norma. El artículo 110.4 fue incorporado por el art. 2 de la Ley 13/2005, de 30 diciembre, Medidas Fiscales y Administrativas en materia de Tributos Cedidos y Tributos Propios de la Comunidad Autónoma de Aragón, (BOA núm. 154, de 31 diciembre de 2005), en vigor desde el 1-1-2006.

[13]   Nueva redacción dada por el art. 1.3 de la Ley 2/2014, de 23 de enero, de Medidas Fiscales y Administrativas de la Comunidad Autónoma de Aragón (BOA núm. 17, de 25 de enero de 2014), con efectos desde 1 de enero de 2014.

Artículo 110-6[14]. *Deducción por donaciones con finalidad ecológica y en investigación y desarrollo científico y técnico.*

Las donaciones dinerarias puras y simples otorgarán el derecho a una deducción de la cuota íntegra autonómica del impuesto del 20 por 100 de su importe, hasta el límite del 10 por 100 de dicha cuota, cuando aquellas sean efectuadas durante el período impositivo a favor de cualquiera de las siguientes entidades:

a) La Comunidad Autónoma de Aragón y los organismos y entidades públicas dependientes de la misma cuya finalidad sea la defensa y conservación del medio ambiente y la investigación y el desarrollo científico y técnico.

b) Las entidades sin fines lucrativos a que se refieren los artículos 2 y 3 de la Ley 49/2002, de 23 de diciembre, de régimen fiscal de las entidades sin fines lucrativos y de los incentivos fiscales al mecenazgo, siempre que el fin exclusivo o principal que persigan sea la defensa del medio ambiente o la investigación y el desarrollo científico y técnico y se hallen inscritas en los correspondientes registros de la Comunidad Autónoma de Aragón.

Artículo 110-7[15]. *Deducción de la cuota íntegra autonómica del impuesto por adquisición de vivienda habitual por víctimas del terrorismo.*

1. Los contribuyentes que tengan la condición de víctimas del terrorismo o, en su defecto y por este orden, su cónyuge o pareja de hecho o los hijos que vinieran conviviendo con los mismos podrán deducirse el tres por ciento de las cantidades satisfechas durante el período impositivo por la adquisición de una vivienda nueva situada en el territorio de la Comunidad Autónoma de Aragón, siempre que esté acogida a alguna modalidad de protección pública de la vivienda y que constituya o vaya a constituir la primera residencia habitual del contribuyente.

2[16]. Los conceptos de adquisición, vivienda habitual, base máxima de la deducción y su límite máximo serán los fijados por la normativa estatal vigente a 31 de diciembre de 2012 para la deducción por inversión en vivienda habitual.

---

[14]   Nueva redacción dada por el art. 1.5 de la Ley 14/2014, de 30 de diciembre, de Medidas Fiscales y Administrativas de la Comunidad Autónoma de Aragón (BOA núm. 256, de 31 de diciembre de 2014), en vigor desde el 1 de enero de 2015.
Art. 110-5 que pasa a renumerarse como 110-6 en virtud del art. 1.3 de la Ley 12/2010, de 29 de diciembre, de Medidas Tributarias de la Comunidad Autónoma de Aragón, (BOA núm. 255, de 31 de diciembre de 2010, corrección de errores BOA núm. 26 de 7 de febrero de 2011), con entrada en vigor el día 1-1-2011.
Redacción anterior art. 110-5 dada por el art. 1.2 de la Ley 12/2010, de 29 de diciembre, de Medidas Tributarias de la Comunidad Autónoma de Aragón, (BOA núm. 255, de 31 de diciembre de 2010, corrección de errores BOA núm. 26 de 7 de febrero de 2011), con entrada en vigor el día 1-1-2011.

[15]   Art. 110-6 que pasa a enumerarse como 110-7 en virtud del art. 1.3 de la Ley 12/2010, de 29 de diciembre, de Medidas Tributarias de la Comunidad Autónoma de Aragón, (BOA núm. 255, de 31 de diciembre de 2010, corrección de errores BOA núm. 26 de 7 de febrero de 2011), con entrada en vigor el día 1-1-2011.
Artículo 100-6 incorporado por la Disp. Final 1ª de la Ley 4/2008, de 17 de junio, de medidas a favor de las Víctimas del Terrorismo, con efectos desde el 3 de julio de 2008, (BOA, núm. 94, de 3 de julio de 2008; BOE núm. 189, de 6 agosto 2008), con efectos de 3 julio 2008.

[16]   Nueva redacción dada por el art. 1.4 de la Ley 2/2014, de 23 de enero, de Medidas Fiscales y Administrativas de la Comunidad Autónoma de Aragón (BOA núm. 17, de 25 de enero de 2014), con efectos desde 1 de enero de 2014.

3[17]. Será también aplicable, conforme a la normativa estatal vigente a 31 de diciembre de 2012, el requisito de la comprobación de la situación patrimonial del contribuyente.

Artículo 110-8[18]. *Deducción de la cuota íntegra autonómica del impuesto por inversión en acciones de entidades que cotizan en el segmento de empresas en expansión del Mercado Alternativo Bursátil.*

1. En la cuota íntegra autonómica del Impuesto sobre la Renta de las Personas Físicas, el contribuyente podrá aplicarse una deducción del 20 por 100 de las cantidades invertidas durante el ejercicio en la suscripción de acciones como consecuencia de acuerdos de ampliación de capital por medio del segmento de empresas en expansión del Mercado Alternativo Bursátil. El importe máximo de esta deducción es de 10.000 euros.

2. Para poder aplicar la deducción a la que se refiere el apartado 1 deben cumplirse los siguientes requisitos:

a. La participación del contribuyente en la sociedad objeto de la inversión no puede ser superior al 10 por 100 de su capital social.

b. Las acciones suscritas deben mantenerse en el patrimonio del contribuyente durante un período de dos años como mínimo.

c. La sociedad objeto de la inversión debe tener el domicilio social y fiscal en Aragón, y no debe tener como actividad principal la gestión de un patrimonio mobiliario o inmobiliario, de acuerdo con lo dispuesto por el artículo 4.8.2.a) de la Ley 19/1991, de 6 de junio, del Impuesto sobre el Patrimonio.

3[19]. Esta deducción será incompatible, para las mismas inversiones, con la regulada en el artículo 110-9.

Artículo 110-9[20]. *Deducción por inversión en la adquisición de acciones o participaciones sociales de nuevas entidades o de reciente creación.*

1. Con efectos desde el 1 de enero de 2014, el contribuyente podrá aplicarse una deducción del 20 por 100 de las cantidades invertidas durante el ejercicio en la adquisición de acciones o participaciones sociales como consecuencia de acuerdos de constitución de sociedades o de ampliación de capital en las sociedades mercantiles a que se refiere el artículo

---

[17]   Nuevo apartado incorporado por el art. 1.5 de la Ley 2/2014, de 23 de enero, de Medidas Fiscales y Administrativas de la Comunidad Autónoma de Aragón (BOA núm. 17, de 25 de enero de 2014), con efectos desde 1 de enero de 2014.

[18]   Nuevo art. 110-8 incorporado por el art. 1.4 de la Ley 12/2010, de 29 de diciembre, de Medidas Tributarias de la Comunidad Autónoma de Aragón, (BOA núm. 255, de 31 de diciembre de 2010, corrección de errores BOA núm. 26 de 7 de febrero de 2011), con entrada en vigor el día 1-1-2011.

[19]   Nuevo apartado incorporado por art. 10.2 de la Ley 3/2012, de 8 de marzo, de Medidas Fiscales y Administrativas de la Comunidad Autónoma de Aragón, (BOA núm. 54, de 19 de marzo de 2012), en vigor desde el día 20 de marzo de 2012.

[20]   Nueva redacción dada por el por el art. 1.6 de la Ley 2/2014, de 23 de enero, de Medidas Fiscales y Administrativas de la Comunidad Autónoma de Aragón (BOA núm. 17, de 25 de enero de 2014), con efectos desde 1 de enero de 2014.

       Redacción anterior, artículo incorporado por art. 10.3 de la Ley 3/2012, de 8 de marzo, de Medidas Fiscales y Administrativas de la Comunidad Autónoma de Aragón, (BOA núm. 54, de 19 de marzo de 2012), en vigor desde el día 20 de marzo de 2012.

68.1 de la Ley 35/2006, de 28 de noviembre, del Impuesto sobre la Renta de las Personas Físicas.

2. La aplicación de esta deducción procederá únicamente sobre la cuantía invertida que supere la base máxima de la deducción prevista en el citado artículo 68.1 de la Ley del Impuesto sobre la Renta de las Personas Físicas. El importe máximo de esta deducción es de 4.000 euros.

3. Sin perjuicio del cumplimiento de lo dispuesto en el apartado anterior, cuando el contribuyente transmita acciones o participaciones y opte por la aplicación de la exención prevista en el apartado 2 del artículo 38 de la Ley del Impuesto sobre la Renta de las Personas Físicas, únicamente formará parte de la base de la deducción correspondiente a las nuevas acciones o participaciones suscritas la parte de la reinversión que exceda del importe total obtenido en la transmisión de aquellas. En ningún caso se podrá practicar deducción por las nuevas acciones o participaciones mientras las cantidades invertidas no superen la citada cuantía.

4. La aplicación de esta deducción está sujeta al cumplimiento de los requisitos y condiciones previstos en el mencionado artículo 68.1 de la Ley del Impuesto sobre la Renta de las Personas Físicas.

Además de dichos requisitos y condiciones, deberán cumplirse los siguientes:

a) La entidad en la que debe materializarse la inversión deberá tener su domicilio social y fiscal en Aragón.

b) El contribuyente podrá formar parte del consejo de administración de la sociedad en la cual se ha materializado la inversión, sin que, en ningún caso, puedan llevar a cabo funciones ejecutivas ni de dirección ni mantener una relación laboral con la entidad objeto de la inversión.

5. El incumplimiento de los requisitos y condiciones establecidos en los apartados anteriores comportará los efectos y consecuencias previstos en el artículo 59 del Reglamento del Impuesto sobre la Renta de las Personas Físicas, aprobado por Real Decreto 439/2007, de 30 de marzo.

6. Esta deducción será incompatible, para las mismas inversiones, con la regulada en el artículo 110-8.

Artículo 110-10[21]**. Deducción de la cuota íntegra autonómica por adquisición o rehabilitación de vivienda habitual en núcleos rurales o análogos.**

1. Los contribuyentes podrán deducirse el 5 por 100 de las cantidades satisfechas en el período de que se trate por la adquisición o rehabilitación de la vivienda que constituya o

---

[21] Nueva redacción dada por el por el art. 1.6 de la Ley 14/2014, de 30 de diciembre, de Medidas Fiscales y Administrativas de la Comunidad Autónoma de Aragón (BOA núm. 256, de 31 diciembre de 2014), en vigor desde el 1 de enero de 2015.
Redacción anterior dada por el art. 1.7 de la Ley 2/2014, de 23 de enero, de Medidas Fiscales y Administrativas de la Comunidad Autónoma de Aragón (BOA núm. 17, de 25 de enero de 2014), con efectos desde 1 de enero de 2014.
Redacción anterior, por su incorporación en virtud del art. 10.4 de la Ley 3/2012, de 8 de marzo, de Medidas Fiscales y Administrativas de la Comunidad Autónoma de Aragón, (BOA núm. 54, de 19 de marzo de 2012), en vigor desde el día 20 de marzo de 2012, por el art. 1.6 de la Ley 10/2012, de 27 de diciembre, de Medidas Fiscales y Administrativas de la Comunidad Autónoma de Aragón, (BOA núm. 253, de 31 de

vaya a constituir la vivienda habitual del contribuyente, siempre que cumplan los siguientes requisitos:

a) Que el contribuyente tenga su residencia habitual en la Comunidad Autónoma de Aragón y que a la fecha de devengo del impuesto tenga menos de 36 años.

b) Que se trate de su primera vivienda.

c) Que la vivienda esté situada en un municipio aragonés con una población de derecho inferior a 3.000 habitantes o, alternativamente, en una entidad local menor o en una entidad singular de población, que se encuentren separadas o diferenciadas de la capitalidad del municipio al que pertenecen.

A estos efectos, la consideración de entidades locales menores o de entidades singulares de población, será la que figura en la normativa sobre Administración Local de la Comunidad Autónoma de Aragón.

d) Que la cantidad resultante de la suma de la base imponible general y la base imponible del ahorro, menos el mínimo por contribuyente y el mínimo por descendientes, no sea superior a 35.000 euros en declaración conjunta y 21.000 euros en declaración individual.

2. Los conceptos de adquisición, rehabilitación, vivienda habitual, base de deducción y su límite máximo, serán los fijados por la normativa estatal vigente a 31 de diciembre de 2012 para la deducción por inversión en vivienda habitual.

3. Será también aplicable conforme a la normativa estatal vigente a 31 de diciembre de 2012 el requisito de la comprobación de la situación patrimonial del contribuyente.

4. Esta deducción será aplicable a las adquisiciones o rehabilitaciones de viviendas en núcleos rurales o análogos efectuadas a partir de 1 de enero de 2012.

Artículo 110-11[22]. *Deducción de la cuota íntegra autonómica por adquisición de libros de texto y material escolar.*

1. Los contribuyentes podrán deducirse las cantidades destinadas a la adquisición de libros de texto para sus descendientes, que hayan sido editados para Educación Primaria y Educación Secundaria Obligatoria, así como las cantidades destinadas a la adquisición de «material escolar» para dichos niveles educativos.

A estos efectos, se entenderá por material escolar el conjunto de medios y recursos que facilitan la enseñanza y el aprendizaje, destinados a ser utilizados por los alumnos para el desarrollo y aplicación de los contenidos determinados por el currículo de las enseñanzas de régimen general establecidas por la normativa académica vigente, así como la equipación y complementos que la Dirección y/o el Consejo Escolar del centro educativo haya aprobado para la etapa educativa de referencia.

2. La deducción se aplicará con los siguientes límites:

---

diciembre de 2012), en vigor desde el 1 de enero de 2013 y por el art. 1.7 de la Ley 10/2012, de 27 de diciembre, de Medidas Fiscales y Administrativas de la Comunidad Autónoma de Aragón, (BOA núm. 253, de 31 de diciembre de 2012), en vigor desde el 1 de enero de 2013.

[22]   Nueva redacción dada por el por el art. 1.8 de la Ley 2/2014, de 23 de enero, de Medidas Fiscales y Administrativas de la Comunidad Autónoma de Aragón (BOA núm. 17, de 25 de enero de 2014), con efectos desde 1 de enero de 2014.

Redacción anterior por su incorporado en virtud del art. 1.8 de la Ley 10/2012, de 27 de diciembre, de Medidas Fiscales y Administrativas de la Comunidad Autónoma de Aragón, (BOA núm. 253, de 31 de diciembre de 2012), en vigor desde el 1 de enero de 2013.

2.1. En las declaraciones conjuntas, los contribuyentes para los que la cantidad resultante de la suma de la base imponible general y de la base imponible del ahorro se encuentre comprendida en los tramos que se indican a continuación podrán deducirse hasta las siguientes cuantías:

a) En el supuesto de contribuyentes que no tengan la condición legal de «familia numerosa»:

Hasta 12.000 euros	100 euros por descendiente
Entre 12.000,01 y 20.000,00 euros	50 euros por descendiente
Entre 20.000,01 y 25.000,00 euros	37,50 euros por descendiente

b) En el supuesto de contribuyentes que tengan la condición legal de «familia numerosa», por cada descendiente: una cuantía fija de 150 euros.

2.2. En las declaraciones individuales, los contribuyentes para los que la cantidad resultante de la suma de la base imponible general y la base imponible del ahorro se encuentre comprendida en los tramos que se indican a continuación, podrán deducirse hasta las siguientes cuantías:

a) En el supuesto de contribuyentes que no tengan la condición legal de «familia numerosa»:

Hasta 6.500 euros	50 euros por descendiente
Entre 6.500,01 y 10.000,00 euros	37,50 euros por descendiente
Entre 10.000,01 y 12.500,00 euros	25 euros por descendiente

b) En el supuesto de contribuyentes que tengan la condición legal de «familia numerosa», por cada descendiente: una cuantía fija de 75 euros.

3. La deducción resultante de la aplicación de los apartados anteriores deberá minorarse, por cada descendiente, en la cantidad correspondiente a las becas y ayudas percibidas, en el período impositivo de que se trate, de la Administración de la Comunidad Autónoma de Aragón o de cualquier otra Administración pública que cubran la totalidad o parte de los gastos por adquisición de los libros de texto y material escolar señalados en el apartado 1.

4. Para la aplicación de la presente deducción, solo se tendrán en cuenta aquellos descendientes que den derecho a la aplicación del mínimo por descendientes en el artículo 58 de la Ley 35/2006, de 28 de noviembre, del Impuesto sobre la Renta de las Personas Físicas y de modificación parcial de otras leyes reguladoras de impuestos.

5. Asimismo, para la aplicación de la deducción se exigirá, según los casos:

a) Con carácter general, que la cantidad resultante de la suma de la base imponible general y de la base imponible del ahorro, no supere la cuantía de 25.000 euros en tributación conjunta y de 12.500 euros en tributación individual.

b) En el supuesto de contribuyentes que tengan la condición legal de «familia numerosa», que la cantidad resultante de la suma de la base imponible general y de la base imponible del ahorro, no supere la cuantía de 40.000 euros en tributación conjunta y de 30.000 euros en tributación individual.

c) En su caso, la acreditación documental de la adquisición de los libros de texto y del material escolar podrá realizarse mediante factura o cualquier otro medio del tráfico jurídico o económico admitido en Derecho.

6. La deducción corresponderá al ascendiente que haya satisfecho las cantidades destinadas a la adquisición de los libros de texto y del material escolar. No obstante, si se trata de matrimonios con el régimen económico del consorcio conyugal aragonés o análogo, las cantidades satisfechas se atribuirán a ambos cónyuges por partes iguales.

Artículo 110-12[23]. *Deducción de la cuota íntegra autonómica por arrendamiento de vivienda habitual vinculado a determinadas operaciones de dación en pago.*

1. En los supuestos de arrendamiento vinculados a determinadas operaciones de dación en pago contemplados en el artículo 121-10 de este texto refundido, los arrendatarios podrán deducirse el 10 por 100 de las cantidades satisfechas durante el ejercicio correspondiente, por el arrendamiento de la vivienda habitual, con una base máxima de deducción de 4.800 euros anuales, siempre que se cumplan los siguientes requisitos:

a) Que la suma de la base imponible general y de la base imponible del ahorro no sea superior a la cuantía de 15.000 euros en el supuesto de declaración individual o de 25.000 euros en el supuesto de declaración conjunta.

b) Que se haya formalizado el depósito de la fianza correspondiente al arrendamiento ante el órgano competente en materia de vivienda de la Comunidad Autónoma de Aragón, dentro del plazo establecido por la Ley 10/1992, de 4 de noviembre, de fianza en los arrendamientos urbanos y en determinados contratos de suministro, o norma vigente en cada momento.

2. El concepto de vivienda habitual será el fijado por la normativa estatal vigente a 31 de diciembre de 2012 para la deducción por inversión en vivienda habitual.

Artículo 110-13[24]. *Deducción de la cuota íntegra autonómica por arrendamiento de vivienda social.*

1. Cuando el contribuyente haya puesto una o más viviendas a disposición de la Administración de la Comunidad Autónoma de Aragón, o de alguna de las entidades a las que se atribuya la gestión del Plan de Vivienda Social de Aragón, podrá aplicarse una deducción del 30 por 100 en la cuota íntegra autonómica del Impuesto sobre la Renta de las Personas Físicas.

---

[23]   Nueva redacción dada por el art. 1.7 de la Ley 14/2014, de 30 de diciembre, de Medidas Fiscales y Administrativas de la Comunidad Autónoma de Aragón (BOA núm. 256, de 31 de diciembre de 2014), en vigor desde el 1 de enero de 2015.
Redacción anterior dada por el art. 1.9 de la Ley 2/2014, de 23 de enero, de Medidas Fiscales y Administrativas de la Comunidad Autónoma de Aragón (BOA núm. 17, de 25 de enero de 2014), con efectos desde 1 de enero de 2014.
Redacción anterior por su incorporado en virtud del el art. 1.9 de la Ley 10/2012, de 27 de diciembre, de Medidas Fiscales y Administrativas de la Comunidad Autónoma de Aragón, (BOA núm. 253, de 31 de diciembre de 2012), en vigor desde el 1 de enero de 2013.

[24]   Nueva redacción dada por el art. 1.8 de la Ley 14/2014, de 30 de diciembre, de Medidas Fiscales y Administrativas de la Comunidad Autónoma de Aragón (BOA núm. 256, de 31 de diciembre de 2014), en vigor desde el 1 de enero de 2015.
Redacción anterior dada por el art. 1.10 de la Ley 2/2014, de 23 de enero, de Medidas Fiscales y Administrativas de la Comunidad Autónoma de Aragón (BOA núm. 17, de 25 de enero de 2014), con efectos desde 1 de enero de 2014.
Redacción anterior por su incorporado en virtud del art. 1.10 de la Ley 10/2012, de 27 de diciembre, de Medidas Fiscales y Administrativas de la Comunidad Autónoma de Aragón, (BOA núm. 253, de 31 de diciembre de 2012), en vigor desde el 1 de enero de 2013.

2. La base de la deducción será la cuota íntegra autonómica que corresponda a la base liquidable general derivada de los rendimientos netos de capital inmobiliario, reducidos en los términos previstos en los apartados 2 y 3 del artículo 23 de la ley reguladora del impuesto, correspondientes a dichas viviendas.

Artículo 110-14[25]. *Deducción de la cuota íntegra autonómica para mayores de 70 años.*

1. Con efectos desde 1 de enero de 2014, los contribuyentes podrán deducirse de la cuota íntegra autonómica del Impuesto sobre la Renta de las Personas Físicas la cantidad de 75 euros, siempre que cumplan los siguientes requisitos:

a) Que el contribuyente tenga 70 o más años de edad y obtenga rendimientos integrables en la base imponible general, siempre que no procedan exclusivamente del capital.

b) Que la cantidad resultante de la suma de la base imponible general y la base imponible del ahorro no sea superior a 35.000 euros en declaración conjunta y 23.000 euros en declaración individual.

Artículo 110-15[26].

Artículo 110-16[27]. *Deducción de la cuota íntegra autonómica por nacimiento o adopción del primer y/o segundo hijo.*

1. El nacimiento o adopción del primer y/o segundo hijo de los contribuyentes residentes en los municipios de la Comunidad Autónoma de Aragón señalados en el apartado 2 otorgará el derecho a una deducción sobre la cuota íntegra autonómica del Impuesto sobre la Renta de las Personas Físicas, en los siguientes términos:

a) La deducción será de 100 euros por el nacimiento o adopción del primer hijo y de 150 euros por el segundo, aplicándose únicamente en el período impositivo en que dicho nacimiento o adopción se produzca.

No obstante, esta deducción será de 200 y 300 euros, respectivamente, cuando la cantidad resultante de la suma de la base imponible general y la base imponible del ahorro no sea superior a 35.000 euros en declaración conjunta y 23.000 euros en declaración individual.

b) La deducción corresponderá al contribuyente con quien convivan los hijos que den derecho a la deducción.

Cuando los hijos que den derecho a la deducción convivan con más de un contribuyente, el importe de la deducción se prorrateará por partes iguales.

---

[25]   Incorporado por el art. 1.11 de la Ley 2/2014, de 23 de enero, de Medidas Fiscales y Administrativas de la Comunidad Autónoma de Aragón (BOA núm. 17, de 25 de enero de 2014), con efectos desde 1 de enero de 2014.

[26]   Ha quedado sin contenido en virtud del art. 1.2 de la Ley 10/2015, de 28 diciembre, Medidas para el mantenimiento de los servicios públicos en la Comunidad Autónoma de Aragón (BOA núm. 250, de 30 diciembre de 2015), con efectos desde el 1 de enero de 2016.

Redacción anterior, incorporado por el art. 1.12 de la Ley 2/2014, de 23 de enero, de Medidas Fiscales y Administrativas de la Comunidad Autónoma de Aragón (BOA núm. 17, de 25 de enero de 2014), con efectos desde 1 de enero de 2014.

[27]   Incorporado por el art. 1.13 de la Ley 2/2014, de 23 de enero, de Medidas Fiscales y Administrativas de la Comunidad Autónoma de Aragón (BOA núm. 17, de 25 de enero de 2014), con efectos desde 1 de enero de 2014.

2. La deducción solo podrá aplicarse por aquellos contribuyentes que hayan residido en el año del nacimiento y en el anterior en municipios aragoneses cuya población de derecho sea inferior a 10.000 habitantes.

3[28]. Esta deducción será incompatible con la deducción del artículo 110-3, cuando se trate del mismo hijo.

Artículo 110-17[29]. *Deducción de la cuota íntegra autonómica por gastos de guardería de hijos menores de 3 años.*

1. Los contribuyentes podrán deducir el 15 por 100 de las cantidades satisfechas en el periodo impositivo por los gastos de custodia de hijos menores de 3 años en guarderías o centros de educación infantil, con un máximo de 250 euros por cada hijo inscrito en dichas guarderías o centros. Serán requisitos para la práctica de esta deducción los siguientes:

a) Para la aplicación de la presente deducción solo se tendrán en cuenta aquellos descendientes que den derecho a la aplicación del mínimo por descendientes en el artículo 58 de la Ley 35/2006, de 28 de noviembre, del Impuesto sobre la Renta de las Personas Físicas y de modificación parcial de otras leyes reguladoras de impuestos.

b) Que la suma de la base liquidable general y de la base liquidable del ahorro sea inferior a 35.000 euros en declaraciones individuales, e inferior a 50.000 euros en declaraciones conjuntas, siempre que la base imponible del ahorro, sea cual sea la modalidad de declaración, no supere 4.000 euros.

2. Cuando los hijos que den derecho a la deducción convivan con más de un contribuyente, el importe de la deducción se prorrateará por partes iguales.

3. El límite de la misma, en el período impositivo en el que el niño cumpla los 3 años de edad, será de 125 euros.

4. A los efectos de aplicación de esta deducción, se entenderá como guardería o centro de educación infantil todo centro autorizado por el Departamento competente en materia de Educación que tenga por objeto la custodia de niños menores de 3 años.

Artículo 110-18[30].

---

[28] Nueva redacción dada por el art. 1.9 de la Ley 14/2014, de 30 de diciembre, de Medidas Fiscales y Administrativas de la Comunidad Autónoma de Aragón (BOA núm. 256, de 31 de diciembre de 2014), en vigor desde el 1 de enero de 2015.

[29] Nueva medida incorporada por el art. 1.10 de la Ley 14/2014, de 30 de diciembre, de Medidas Fiscales y Administrativas de la Comunidad Autónoma de Aragón (BOA núm. 256, de 31 de diciembre de 2014), en vigor desde el 1 de enero de 2015.

[30] Art. 110-18 derogado por la Disp. Derogatoria única de la Ley 17/2023, de 22 de diciembre, de Presupuestos de la Comunidad Autónoma de Aragón para el ejercicio 2024 (BOA núm. 249, de 29 de diciembre de 2023), con efectos desde el 1 de enero de 2024.
Art. 110-18 incorporado por el art. 1 de la Ley 2/2015, de 25 de marzo, de medidas tributarias urgentes dirigidas a compensar los efectos de las inundaciones en la cuenca del río Ebro (BOA núm. 65, de 7 de abril de 2015), con efectos exclusivos para el año 2015: «*Artículo 110-18 Deducción de la cuota íntegra autonómica por determinadas subvenciones y/o ayudas obtenidas a consecuencia de los daños sufridos por las inundaciones acaecidas en la cuenca del río Ebro.*
Cuando el contribuyente haya integrado en la base imponible general el importe correspondiente a una subvención o cualquier otra ayuda pública obtenida de la Comunidad Autónoma de Aragón, podrá aplicarse una deducción del 100 por 100 en la cuota íntegra autonómica del Impuesto sobre la Renta de las Personas Físicas, de acuerdo con el siguiente régimen:

Artículo 110-19[31]. *Deducción por inversión en entidades de la economía social.*

1. Con efectos desde el 1 de enero de 2016, el contribuyente podrá aplicarse una deducción del 20 por 100 de las cantidades invertidas durante el ejercicio en las aportaciones realizadas con la finalidad de ser socio en entidades que formen parte de la economía social a que se refiere el apartado siguiente. El importe máximo de esta deducción es de 4.000 euros.

2. La aplicación de esta deducción está sujeta al cumplimiento de los requisitos y condiciones siguientes:

2.1. La participación alcanzada por el contribuyente computada junto con las del cónyuge o personas unidas por razón de parentesco, en línea directa o colateral, por consanguinidad o afinidad hasta el tercer grado incluido, no podrá ser superior al 40 por 100 del capital de la entidad objeto de la inversión o de sus derechos de voto.

2.2. La entidad en la que debe materializarse la inversión tendrá que cumplir los siguientes requisitos:

a) Formar parte de la economía social, en los términos previstos en la Ley 5/2011, de 29 de marzo, de Economía Social.

b) Tener su domicilio social y fiscal en Aragón.

c) Contar, como mínimo, con una persona ocupada con contrato laboral y a jornada completa, y dada de alta en el régimen general de la Seguridad Social.

2.3. Las operaciones en las que sea de aplicación la deducción deberán formalizarse en escritura pública, en la que se hará constar la identidad de los inversores y el importe de la inversión respectiva.

2.4. Las aportaciones habrán de mantenerse en el patrimonio del contribuyente durante un periodo mínimo de cinco años.

2.5. Los requisitos establecidos en las letras a, b y c del apartado 2.2 deberán cumplirse durante un periodo mínimo de cinco años a contar desde la aportación.

3. El incumplimiento de los requisitos y condiciones establecidos en los apartados 2.1, 2.4 y 2.5 anteriores comportará la pérdida del beneficio fiscal y, en tal caso, el contribuyente deberá incluir en la declaración del impuesto correspondiente al ejercicio en que se haya producido el incumplimiento la parte del impuesto que se hubiera dejado de pagar como consecuencia de la deducción practicada, junto con los intereses de demora devengados.

4. Esta deducción será incompatible, para las mismas inversiones, con las reguladas en los artículos 110-8 y 110.9.

---

1. Las ayudas públicas que dan derecho a esta deducción son exclusivamente las obtenidas de la Comunidad Autónoma de Aragón para paliar o compensar los daños sufridos como consecuencia de las inundaciones acaecidas en la cuenca del río Ebro durante los meses de febrero y marzo de 2015, así como las previstas en el artículo 6 del Decreto-Ley 1/2015, de 9 de marzo.

2. La base de la deducción será la cuota íntegra autonómica que corresponda a la base liquidable general derivada de la citada subvención o ayuda pública».

[31] Nuevo artículo incorporado por el art. 3.Uno de la Ley 2/2016, de 28 de enero, de Medidas Fiscales y Administrativas de la Comunidad Autónoma de Aragón (BOA núm. 22, de 3 de febrero de 2016), en vigor desde el 4 de febrero de 2016.

Artículo 110-20[32]**.** *Deducción por adquisición de abonos de transporte público.*

Los contribuyentes que incurran en gastos para adquirir abonos de transporte público de carácter unipersonal y nominal, incluidas las cuotas para el uso de sistemas públicos de alquiler de bicicletas, podrán aplicar una deducción por el importe de dichos gastos, con el límite de 50 euros.

Esta deducción se podrá aplicar una vez entre en vigor el reglamento que establezca las condiciones de su acceso, control y comprobación.

Artículo 110-21[33]**.** *Deducción de la cuota íntegra autonómica por gastos en clases de apoyo o refuerzo.*

1. Los contribuyentes podrán deducirse las cantidades destinadas al pago de las clases de apoyo o refuerzo recibidas por sus descendientes, en horario extraescolar, de las materias objeto de enseñanza en Educación Infantil, Educación Básica Obligatoria y Formación Profesional Básica, desarrolladas o impartidas tanto en los propios centros educativos como en centros externos, sean públicos o privados, así como las cantidades abonadas a personas físicas, dadas de alta en el correspondiente epígrafe del Impuesto sobre Actividades Económicas (IAE), en contraprestación por las clases particulares impartidas sobre dichas materias.

2. El importe de la deducción será el 25% de las cantidades satisfechas con los siguientes límites y condiciones:

2.1 En las declaraciones conjuntas:

a) En el supuesto de contribuyentes que formen parte de una «familia numerosa» y la cantidad resultante de la suma de la base imponible general y de la base imponible del ahorro no supere los 40.000 euros: hasta un máximo de 300 euros por descendiente.

b) En el supuesto de contribuyentes no integrados en una «familia numerosa» y la cantidad resultante de la suma de la base imponible general y de la base imponible del ahorro no supere los 25.000 euros:

b.1) Cuando la suma de bases imponibles no supere los 12.000 euros: hasta un máximo de 200 euros por descendiente.

b.2) Cuando la suma de bases imponibles se sitúe entre 12.000,01 y 20.000,00 euros: hasta un máximo de 100 euros por descendiente.

b.3) Cuando la suma de bases imponibles se sitúe entre 20.000,01 y 25.000,00 euros: hasta un máximo de 80 euros por descendiente

2.2. En las declaraciones individuales:

a) En el supuesto de contribuyentes que formen parte de una «familia numerosa» y la cantidad resultante de la suma de la base imponible general y de la base imponible del ahorro no supere los 30.000 euros: hasta un máximo de 300 euros por descendiente.

b) En el supuesto de contribuyentes no integrados en una «familia numerosa» y la cantidad resultante de la suma de la base imponible general y de la base imponible del ahorro no supere los 12.500 euros:

---

[32] Nuevo artículo incorporado por el art. 3.Dos de la Ley 2/2016, de 28 de enero, de Medidas Fiscales y Administrativas de la Comunidad Autónoma de Aragón (BOA núm. 22, de 3 de febrero de 2016), en vigor desde el 4 de febrero de 2016.

[33] Nuevo artículo incorporado por el art. 64.Dos de la Ley 17/2023, de 22 de diciembre, de Presupuestos de la Comunidad Autónoma de Aragón para el ejercicio 2024 (BOA núm. 249, de 29 de diciembre de 2023), con efectos desde el 1 de enero 2024.

b.1) Cuando la suma de bases imponibles no supere los 6.500 euros: hasta un máximo de 100 euros por descendiente.

b.2) Cuando la suma de bases imponibles se sitúe entre 6.500,01 y 10.000,00 euros: hasta un máximo de 80 euros por descendiente.

b.3) Cuando la suma de bases imponibles se sitúe entre 10.000,01 y 12.500,00 euros: hasta un máximo de 50 euros por descendiente.

3. La deducción resultante de la aplicación de los apartados anteriores deberá minorarse, por cada descendiente, en la cantidad correspondiente a las ayudas percibidas, en el período impositivo de que se trate, de la Administración de la Comunidad Autónoma de Aragón o de cualquier otra Administración pública que cubran la totalidad o parte de los gastos señalados en el apartado 1.

4. Para la aplicación de la presente deducción, solo se tendrán en cuenta aquellos descendientes que den derecho a la aplicación del mínimo por descendientes en el artículo 58 de la Ley 35/2006, de 28 de noviembre, del Impuesto sobre la Renta de las Personas Físicas y de modificación parcial de otras leyes reguladoras de impuestos.

5. A los efectos de lo dispuesto en este artículo, el concepto de familia numerosa es el establecido por la Ley 40/2003, de 18 de noviembre, de Protección a las Familias Numerosas.

6. La deducción corresponderá a quien haya satisfecho las cantidades destinadas al pago de las clases de apoyo o refuerzo. No obstante, si se trata de matrimonios con el régimen económico del consorcio conyugal aragonés o análogo, las cantidades satisfechas se atribuirán a ambos cónyuges por partes iguales.

7. La acreditación documental del gasto deberá realizarse mediante factura o cualquier otro medio del tráfico jurídico o económico admitido en Derecho.

Artículo 110-22[34]. *Deducción de la cuota íntegra autonómica por gastos en formación para la autonomía y la vida independiente de menores con discapacidad.*

1. Los contribuyentes podrán deducirse las cantidades destinadas al pago de actividades de formación dirigidas al fomento de la autonomía y de la vida independiente de los descendientes menores de edad con una discapacidad igual o superior al 65 por 100.

2. El importe de la deducción será el 25% de las cantidades satisfechas con los siguientes límites y condiciones:

2.1 En las declaraciones conjuntas:

a) En el supuesto de contribuyentes que formen parte de una «familia numerosa» y la cantidad resultante de la suma de la base imponible general y de la base imponible del ahorro no supere los 40.000 euros: hasta un máximo de 300 euros por descendiente.

b) En el supuesto de contribuyentes no integrados en una «familia numerosa» y la cantidad resultante de la suma de la base imponible general y de la base imponible del ahorro no supere los 25.000 euros:

b.1) Cuando la suma de bases imponibles no supere los 12.000 euros: hasta un máximo de 200 euros por descendiente.

---

[34]   Nuevo artículo incorporado por el art. 64.Doce de la Ley 17/2023, de 22 de diciembre, de Presupuestos de la Comunidad Autónoma de Aragón para el ejercicio 2024 (BOA núm. 249, de 29 de diciembre de 2023), con efectos desde el 1 de enero 2024.

b.2) Cuando la suma de bases imponibles se sitúe entre 12.000,01 y 20.000,00 euros: hasta un máximo de 100 euros por descendiente.

b.3) Cuando la suma de bases imponibles se sitúe entre 20.000,01 y 25.000,00 euros: hasta un máximo de 80 euros por descendiente

2.2 En las declaraciones individuales:

a) En el supuesto de contribuyentes que formen parte de una «familia numerosa» y la cantidad resultante de la suma de la base imponible general y de la base imponible del ahorro no supere los 30.000 euros: hasta un máximo de 300 euros por descendiente.

b) En el supuesto de contribuyentes no integrados en una «familia numerosa» y la cantidad resultante de la suma de la base imponible general y de la base imponible del ahorro no supere los 12.500 euros:

b.1) Cuando la suma de bases imponibles no supere los 6.500 euros: hasta un máximo de 100 euros por descendiente.

b.2) Cuando la suma de bases imponibles se sitúe entre 6.500,01 y 10.000,00 euros: hasta un máximo de 80 euros por descendiente.

b.3) Cuando la suma de bases imponibles se sitúe entre 10.000,01 y 12.500,00 euros: hasta un máximo de 50 euros por descendiente.

3. La deducción resultante de la aplicación de los apartados anteriores deberá minorarse, por cada descendiente, en la cantidad correspondiente a las ayudas percibidas, en el período impositivo de que se trate, de la Administración de la Comunidad Autónoma de Aragón o de cualquier otra Administración pública que cubran la totalidad o parte de los gastos señalados en el apartado 1.

4. Para la aplicación de la presente deducción, solo se tendrán en cuenta aquellos descendientes que den derecho a la aplicación del mínimo por descendientes en el artículo 58 de la Ley 35/2006, de 28 de noviembre, del Impuesto sobre la Renta de las Personas Físicas y de modificación parcial de otras leyes reguladoras de impuestos.

5. A los efectos de lo dispuesto en este artículo, el concepto de familia numerosa es el establecido por la Ley 40/2003, de 18 de noviembre, de Protección a las Familias Numerosas.

6. La deducción corresponderá a quien haya satisfecho las cantidades destinadas al pago de la formación. No obstante, si se trata de matrimonios con el régimen económico del consorcio conyugal aragonés o análogo, las cantidades satisfechas se atribuirán a ambos cónyuges por partes iguales.

7. La acreditación documental del gasto deberá realizarse mediante factura o cualquier otro medio del tráfico jurídico o económico admitido en Derecho.

(…)

CAPÍTULO VI[35]. Régimen especial de fiscalidad diferenciada del medio rural de Aragón

Artículo 160-1. *Régimen especial de fiscalidad diferenciada.*

1. Se establece un régimen de fiscalidad diferenciada en los impuestos sobre la Renta de las Personas Físicas, sobre Transmisiones Patrimoniales y Actos Jurídicos Documentados

---

[35] Nueva redacción del Capítulo VI dada por la Disp. Final Segunda de la Ley 13/2023, de 30 de marzo, de dinamización del medio rural de Aragón. (BOA núm. 72, de 17 de abril de 2023), en vigor desde el día 18 de abril de 2023.
Redacción anterior: CAPÍTULO VI. Impuesto sobre hidrocarburos.

y sobre Sucesiones y Donaciones en consideración del sistema de asentamientos de Aragón y el índice sintético de desarrollo territorial, al objeto de contribuir a la dinamización de la economía rural y a la fijación de la población en el medio rural de la Comunidad Autónoma de Aragón.

2. Con carácter general, los beneficios del régimen especial de fiscalidad diferenciada establecidos en los artículos siguientes se aplicarán a personas y bienes que residan o se hallen radicados en alguna de las dos categorías siguientes y siempre que les corresponda un valor inferior a 100 en el Índice Sintético de Desarrollo Territorial elaborado conforme a la Estrategia de Ordenación Territorial de Aragón:

– Asentamientos rurales con alto riesgo de despoblación, que incluyen a los asentamientos que pertenecen a los Rangos VIII y IX de la estructura del sistema de asentamientos de Aragón.

– Asentamientos rurales con riesgo extremo de despoblación, que incluyen a los asentamientos que pertenecen al Rango X de la estructura del sistema de asentamientos de Aragón.

No obstante, el beneficio establecido en el apartado 8 del artículo 160-2 se aplicará a quienes, durante el tiempo establecido en el apartado 3 de este artículo, residan en asentamientos rurales con riesgo extremo de despoblación, que incluyen a los asentamientos que pertenecen al Rango X de la estructura del sistema de asentamientos de Aragón.

3. Podrá acogerse a este régimen especial quien tenga su residencia habitual, durante el año natural en que se devengue la correspondiente obligación tributaria y en los cuatro siguientes, en alguno de los asentamientos rurales contemplados en el apartado 2 de este artículo. En el supuesto de un matrimonio que opte por la tributación conjunta, este requisito se entenderá cumplido cuando esta circunstancia concurra en cualquiera de los cónyuges.

Además de lo previsto en el párrafo anterior, deberán cumplirse las condiciones que se establecen a continuación en los siguientes supuestos:

1.º Cuando el beneficio fiscal se reconozca en función de la adquisición o mantenimiento de un determinado bien, si se trata de un inmueble, el mismo deberá radicar asimismo en alguno de los citados asentamientos rurales. Si la adquisición o mantenimiento se refiriese a bienes afectos a una actividad empresarial o profesional, la mayor parte del inmovilizado material de la misma deberá radicar en dichos asentamientos.

2.º Cuando el beneficio fiscal se reconozca en función de su destino al inicio de una actividad empresarial o profesional, la mayor parte del inmovilizado material de dicha actividad deberá radicar en uno de los asentamientos rurales contemplados en este artículo.

4. Con carácter exclusivo respecto de los beneficios que se reconozcan en función de la adquisición de inmuebles o que atiendan a que los bienes adquiridos se destinen al inicio de una actividad empresarial o profesional, podrán igualmente acogerse a este régimen especial quienes, además de las condiciones del apartado anterior referidas a la ubicación de los inmuebles o del inmovilizado material, trasladen su residencia habitual a alguno de los asentamientos rurales contemplados en el apartado 2 de este artículo y la mantengan durante un plazo de cuatro años, contados a partir del momento de la adquisición del inmueble o de aquel en que se destine lo obtenido a la adquisición de activos afectos a la actividad económica respectivamente.

Artículo 160.1 Tipo de gravamen autonómico.
Artículo 160.2 Tipo autonómico de devolución del impuesto por el gasóleo de uso profesional.

Artículo 160-2. *Beneficios fiscales en el Impuesto sobre la Renta de las Personas Físicas.*

1. Deducción de la cuota íntegra autonómica del impuesto por nacimiento o adopción del tercer hijo o sucesivos.

La deducción prevista en el artículo 110-2 de este texto refundido se incrementará un 20 por 100 cuando resulte aplicable el régimen de fiscalidad diferenciada.

2. Deducción de la cuota íntegra autonómica del impuesto en atención al grado de discapacidad de alguno de los hijos.

La deducción prevista en el artículo 110-3 de este texto refundido se incrementará un 20 por 100 cuando resulte aplicable el régimen de fiscalidad diferenciada.

3. Deducción de la cuota íntegra autonómica para las adopciones internacionales.

La deducción prevista en el artículo 110-4 de este texto refundido se incrementará un 20 por 100 cuando resulte aplicable el régimen de fiscalidad diferenciada.

4. Deducción de la cuota íntegra autonómica del impuesto por el cuidado de personas dependientes.

La deducción prevista en el artículo 110-5 de este texto refundido será de 300 euros cuando resulte aplicable el régimen de fiscalidad diferenciada.

5. Deducción de la cuota íntegra autonómica del impuesto por adquisición o rehabilitación de vivienda habitual en núcleos rurales o análogos.

La deducción prevista en el artículo 110-10 de este texto refundido será del 7,5 por 100 cuando resulte aplicable el régimen de fiscalidad diferenciada.

6. Deducción de la cuota íntegra autonómica del impuesto por adquisición de libros de texto y material escolar.

6.1. La deducción prevista en el punto 2.1 del artículo 110-11 de este texto refundido se incrementará un 20 por 100 cuando resulte aplicable el régimen de fiscalidad diferenciada.

6.2. La deducción prevista en el punto 2.2 del artículo 110-11 de este texto refundido se incrementará un 20 por 100 cuando resulte aplicable el régimen de fiscalidad diferenciada.

7. Deducción de la cuota íntegra autonómica del impuesto por gastos de guardería de hijos menores de 3 años.

Los límites establecidos en el artículo 110-17 de este texto refundido se incrementarán un 20 por 100 cuando resulte aplicable el régimen de fiscalidad diferenciada.

8. Deducción de la cuota íntegra autonómica del impuesto por residencia en determinados municipios.

Los contribuyentes a los que se refiere el último párrafo del apartado 2 del artículo 160-1 de este texto refundido podrán deducir 600 euros de la cuota íntegra autonómica del impuesto si la suma de su base liquidable general y de la base liquidable del ahorro es inferior a 35.000 euros en declaraciones individuales, e inferior a 50.000 euros en declaraciones conjuntas, siempre que la base imponible del ahorro, sea cual sea la modalidad de declaración, no supere los 4.000 euros. En el supuesto de tributación conjunta, la cuantía de la deducción será aplicable por cada uno de los contribuyentes que cumpla los requisitos establecidos.

9. Las medidas contenidas en este artículo serán de aplicación desde el 1 de enero de 2023.

(...)

SECCIÓN 2ª. Aplicación de Beneficios Fiscales

Artículo 212-1. *Opción por la aplicación de beneficios fiscales.*

Cuando la definitiva efectividad de un beneficio fiscal dependa del cumplimiento por el contribuyente de cualquier requisito en un momento posterior al de devengo del impuesto, la opción por la aplicación de tal beneficio deberá ejercerse expresamente en el período voluntario de declaración o autoliquidación por este impuesto. De no hacerse así, y salvo lo dispuesto en la normativa propia de cada beneficio fiscal, se entenderá como una renuncia a la aplicación del beneficio por no cumplir la totalidad de requisitos establecidos o no asumir los compromisos a cargo del obligado tributario.

(...)

Disposición adicional segunda[36]. ***Requisitos de las entregas de importes dinerarios para la aplicación de determinados beneficios fiscales.***

Las deducciones en la cuota íntegra autonómica del Impuesto sobre la Renta de las Personas Físicas por las cantidades satisfechas derivadas de los gastos por los que los contribuyentes tengan derecho a la aplicación del correspondiente beneficio fiscal quedan condicionadas a que el pago de dichos gastos se realice mediante tarjeta de crédito o débito, transferencia bancaria, cheque nominativo o ingreso en cuentas en entidades financieras.

(...)

Disposición transitoria cuarta[37]. ***Plazo de aplicación de los tipos impositivos especiales para la adquisición de la vivienda habitual por familias numerosas.***

El plazo de los cuatro años posteriores a la adquisición de la vivienda habitual por familias numerosas, establecido en los artículos 121-5.1.b) y 122-3.1.b), podrá aplicarse también a aquellos contribuyentes que, con anterioridad al 1 de enero de 2015, hubieran optado por la aplicación del tipo reducido previsto en cada uno de dichos artículos.

En caso de incumplimiento de este requisito, deberá pagarse la parte de cuota dejada de ingresar a consecuencia de la aplicación del respectivo tipo especial y los correspondientes intereses de demora. A estos efectos, deberá presentarse la autoliquidación en el plazo de un mes desde el día siguiente al de la fecha en que tenga lugar el incumplimiento.

Disposición transitoria quinta[38]. ***Deducciones aplicables en el Impuesto sobre la Renta de las Personas Físicas en los ejercicios impositivos 2022 y 2023 con motivo del conflicto armado en Ucrania.***

1. Deducción de la cuota íntegra autonómica por acogimiento de personas o familias ucranianas desplazadas con motivo del conflicto armado en su país.

---

[36]   Nueva disposición adicional incorporada por el art. 64.Diez de la Ley 17/2023, de 22 de diciembre, de Presupuestos de la Comunidad Autónoma de Aragón para el ejercicio 2024 (BOA núm. 249, de 29 de diciembre de 2023), con efectos desde el 1 de enero de 2024.

[37]   Nueva disposición incorporada por el art. 2.8 de la Ley 14/2014, de 30 de diciembre, de Medidas Fiscales y Administrativas de la Comunidad Autónoma de Aragón (BOA núm. 256, de 31 de diciembre de 2014), en vigor desde el 1 de enero de 2015.

[38]   Ley 17/2023, de 22 de diciembre, de Presupuestos de la Comunidad Autónoma de Aragón para el ejercicio 2024 (BOA núm. 249, de 29 de diciembre de 2023), con efectos desde el 1 de enero 2024: **Disposición**

El acogimiento, a título particular, de personas o familias desplazadas desde Ucrania como consecuencia del conflicto armado en su país, así como de personas que hayan obtenido el correspondiente estatuto de refugiado por el mismo motivo, que convivan con el contribuyente al menos durante cuatro meses del periodo impositivo correspondiente, otorgará el derecho a una deducción sobre la cuota íntegra autonómica del impuesto, conforme al siguiente régimen:

a) La deducción será de 300 euros por persona acogida, con un límite de 1.000 euros por contribuyente.

b) Las personas objeto de acogimiento deberán estar incluidas en el ámbito de aplicación del Real Decreto 1325/2003, de 24 de octubre, por el que se aprueba el Reglamento sobre régimen de protección temporal en caso de afluencia masiva de personas desplazadas, y haber obtenido el reconocimiento de la protección temporal conforme al procedimiento establecido en la Orden PCM/169/2022, de 9 de marzo, por la que se desarrolla el procedimiento para el reconocimiento de la protección temporal a personas afectadas por el conflicto de Ucrania.

En todo caso, tendrán esta consideración los menores no acompañados en régimen de acogimiento familiar temporal, con motivo de la situación provocada por el conflicto armado en su país, de acuerdo con lo previsto en la normativa sobre derechos y libertades de los extranjeros en España y su integración social, así como de protección de menores en situación de riesgo y desamparo, conforme al procedimiento especial para la protección temporal de personas menores de edad que se encuentren afectadas por una crisis humanitaria previsto en el artículo 49 del Real Decreto-ley 6/2022, de 29 de marzo, por el que se adoptan medidas urgentes en el marco del Plan Nacional de respuesta a las consecuencias económicas y sociales de la guerra en Ucrania.

La aplicación de esta deducción requiere la obtención de un certificado del órgano competente en la gestión y el control de estas acogidas, en el que conste el número de personas acogidas y la duración de la acogida, de acuerdo con lo que disponga el Ministerio de Inclusión, Seguridad Social y Migraciones.

c) La deducción será aplicable siempre que la persona acogida no tenga, en el ejercicio impositivo al que se refiera esta ayuda, rentas anuales, excluidas las exentas, superiores a 8.000 euros, y no guarde una relación de parentesco por consanguinidad o afinidad de hasta el segundo grado con el contribuyente.

---

transitoria séptima. Ampliación de las deducciones aplicables en el Impuesto sobre la Renta de las Personas Físicas con motivo del conflicto armado en Ucrania.
«**1.** La deducción del apartado 1 de la disposición transitoria quinta del texto refundido de las disposiciones dictadas por la Comunidad Autónoma de Aragón en materia de tributos cedidos, aprobado por Decreto Legislativo 1/2005, de 26 de septiembre, del Gobierno de Aragón, se amplía al periodo impositivo correspondiente a 2024.
2. La deducción del apartado 2 de la disposición transitoria quinta del citado texto refundido se amplía a los periodos impositivos correspondientes a 2023 y 2024».
Disp. Trans. Quinta incorporada por el art. único de la Ley 1/2023, de 26 de enero, por la que se modifica el texto refundido de las disposiciones dictadas por la Comunidad Autónoma de Aragón en materia de tributos cedidos, aprobado por Decreto Legislativo 1/2005, de 26 de septiembre, del Gobierno de Aragón, mediante la introducción de deducciones autonómicas en el Impuesto sobre la Renta de las Personas Físicas con motivo del conflicto armado en Ucrania. (BOA núm. 26, de 8 de febrero de 2023), de aplicación desde el 1 de enero de 2022.

d) Cuando dos o más contribuyentes tengan derecho a la aplicación de esta deducción respecto a las mismas personas acogidas, su importe y su límite se prorratearán por partes iguales.

2. Deducción por ayudas de carácter humanitario al pueblo ucraniano con motivo del conflicto armado en su país.

Las donaciones dinerarias puras y simples otorgarán el derecho a una deducción de la cuota íntegra autonómica del impuesto del 20% de su importe, hasta el límite del 10% de dicha cuota, cuando aquellas cumplan los siguientes requisitos:

a) Que sean efectuadas durante el periodo impositivo correspondiente a 2022 a favor de las entidades sin fines lucrativos a que se refieren los artículos 2 y 3 de la Ley 49/2002, de 23 de diciembre, de régimen fiscal de las entidades sin fines lucrativos y de los incentivos fiscales al mecenazgo.

b) Que su destino sea financiar ayudas de carácter humanitario, sanitario o social en favor del pueblo ucraniano con motivo del conflicto armado en su país.

c) Que se cuente con la certificación por parte de la entidad donataria del destino referido en la letra b) anterior.

(...)

Disposición final primera[39]. *Habilitación al Gobierno de Aragón para que regule los requisitos de la deducción de la cuota íntegra autonómica por arrendamiento de vivienda social.*

Un Decreto del Gobierno de Aragón regulará los requisitos que deban cumplir las viviendas que puedan integrarse en la bolsa de viviendas sociales, los ciudadanos que puedan beneficiarse de los contratos de alquiler para vivienda habitual y las rentas máximas a percibir por los propietarios, así como las condiciones que regirán la puesta a disposición de las viviendas a favor del Gobierno de Aragón o sus entidades dependientes.

Disposición final segunda[40]. *Habilitaciones al Consejero competente en materia de Hacienda en relación con los tributos cedidos.*

Se autoriza al Consejero competente en materia de Hacienda para que, mediante Orden, regule las siguientes cuestiones relativas a la gestión de los tributos cedidos[41]:

---

[39]   Nueva disposición final renumerada como primera e incorporada por el art. 6.1 de la Ley 14/2014, de 30 de diciembre, de Medidas Fiscales y Administrativas de la Comunidad Autónoma de Aragón (BOA núm. 256, de 31 de diciembre de 2014), en vigor desde el 1 de enero de 2015.

[40]   Renumeración de la disposición final única, pasando a ser la disposición final segunda por el art. 6.2 de la Ley 14/2014, de 30 de diciembre, de Medidas Fiscales y Administrativas de la Comunidad Autónoma de Aragón (BOA núm. 256, de 31 de diciembre de 2014), en vigor desde el 1 de enero de 2015.

[41]   La disposición final 1.ª de la Ley 8/2007, de 29 de diciembre, de Medidas Tributarias de la Comunidad Autónoma de Aragón (BOA núm. 154, de 31 de diciembre de 2007 y BOE de 22 de febrero de 2008), añade: «1. Se autoriza al Consejero competente en materia de Hacienda para que, mediante Orden, regule la distribución de competencias en relación con los procedimientos de aplazamiento y fraccionamiento de deudas y de devolución de ingresos indebidos en materia de tributos cedidos.
2. Asimismo, el citado Consejero podrá, mediante Orden, regular y complementar los requisitos para la acreditación de la presentación y el pago de los tributos cedidos que se encuentran contemplados en el artículo 213-1 del Texto Refundido de las disposiciones dictadas por la Comunidad Autónoma de Aragón en materia de tributos cedidos».

1.º Las condiciones de lugar, tiempo y forma de presentación de las declaraciones relativas a los tributos cedidos.

2.º En relación con el procedimiento para liquidar las herencias ordenadas mediante fiducia, los aspectos formales y procedimentales de la opción regulada en el apartado 5 del artículo 133-2 del Texto Refundido.

3.º Un procedimiento de depósito, para el pago de los honorarios de los peritos, a través de entidades de crédito que presten el servicio de caja en las Subdirecciones Provinciales del Departamento competente en materia de Hacienda, de entidades colaboradoras en la recaudación de tributos o de cuentas restringidas de recaudación abiertas en entidades de crédito.

4.º El formato y plazos en que deban cumplirse las obligaciones formales de los Notarios, establecidas en el artículo 32.3 de la Ley 29/1987, de 18 de diciembre, del Impuesto sobre Sucesiones y Donaciones, y en el artículo 52, segundo párrafo, del Texto Refundido del Impuesto sobre Transmisiones Patrimoniales y Actos Jurídicos Documentados, aprobado por Real Decreto Legislativo 1/1993, de 24 de septiembre, así como la remisión, en su caso, de dicha información utilizando medios telemáticos, con arreglo a los diseños de formato, condiciones y plazos que se establezcan.

5.º La autorización del uso de efectos timbrados como medio de pago destinado a satisfacer las deudas tributarias derivadas de la transmisión de determinados vehículos, estableciendo sus condiciones y forma de utilización.

6.º[42] Los honorarios máximos estandarizados de los peritos terceros para intervenir en las tasaciones periciales contradictorias, así como los requisitos técnicos y jurídicos que deben reunir los dictámenes de los peritos terceros.

7.º Los supuestos, plazos, condiciones, forma y estructura para el cumplimiento de las obligaciones formales de los Notarios y Registradores de la Propiedad y Mercantiles previstas en los artículos 220-1 y 220-2 del Texto Refundido.

8.º Los diseños de formato, condiciones y plazos de los soportes magnéticos directamente legibles por ordenador o por vía telemática para el cumplimiento de cualquier obligación legal de suministro regular de información con trascendencia tributaria.

9.º La distribución de competencias en relación con los procedimientos de aplazamiento y fraccionamiento de deudas y de devolución de ingresos indebidos en materia de tributos cedidos.

10.º Los requisitos para la acreditación de la presentación y el pago de los tributos cedidos, que se encuentran contemplados en el artículo 213-1 del Texto Refundido de las disposiciones dictadas por la Comunidad Autónoma de Aragón en materia de tributos cedidos.

11.º La forma de pago en metálico, mediante autoliquidación del Impuesto sobre Transmisiones Patrimoniales y Actos Jurídicos Documentados, por este último concepto, que grava los documentos mercantiles que realicen función de giro.

12.º[43] La aplicación y metodología de los medios de valoración y el procedimiento para la comprobación de valores de las rentas, productos, bienes y demás elementos determinan-

---

[42] Nueva redacción del punto 6º dada por la disp. Final segunda.2 de la Ley 10/2012, de 27 de diciembre, de Medidas Fiscales y Administrativas de la Comunidad Autónoma de Aragón, (BOA núm. 253, de 31 de diciembre de 2012), en vigor desde el 1 de enero de 2013.

[43] Nuevo punto 12, incorporado por el art. 6 de la Ley 2/2014, de 23 de enero, de Medidas Fiscales y Administrativas de la Comunidad Autónoma de Aragón (BOA núm. 17, de 25 de enero de 2014), con efectos desde 1 de enero de 2014.

tes de la obligación tributaria contemplados en los artículos 158 y 160 del Reglamento General de las actuaciones y los procedimientos de gestión e inspección tributaria y de desarrollo de las normas comunes de los procedimientos de aplicación de los tributos, aprobado por Real Decreto 1065/2007, de 27 de julio.

13.º[44] Las especialidades relativas a la autoliquidación mensual de los empresarios dedicados a la compraventa de bienes muebles y objetos fabricados con metales preciosos a que se refiere el artículo 123-5 del presente texto refundido, y a la documentación complementaria y la relación de operaciones que deban acompañarse a la presentación de la misma, así como, en su caso, la obligatoriedad de su presentación telemática.

14.º[45] La adopción de las medidas necesarias para la aplicación de las reducciones relativas a la liquidación de la fiducia sucesoria, regulada en los artículos 131-4 y 133-2 del presente texto refundido, para garantizar los principios de justicia tributaria, igualdad, generalidad, proporcionalidad y equidad distributiva de la carga tributaria entre los obligados tributarios, en el supuesto de que una modificación normativa efectuada en el ámbito de las competencias estatales afectase a la condición del contribuyente y a la liquidación de la fiducia sucesora por el Impuesto sobre Sucesiones y Donaciones.

15.º[46] La regulación de las obligaciones formales de los Notarios en el ámbito de los impuestos sobre Transmisiones Patrimoniales y Actos Jurídicos Documentados y sobre Sucesiones y Donaciones, y en particular:

a) la remisión de la declaración informativa de los elementos básicos de los documentos notariales por ellos autorizados, referentes a actos o contratos que contengan hechos imponibles sujetos a los impuestos citados;

b) la remisión de la copia simple electrónica de los documentos notariales por ellos autorizados, referentes a actos o contratos que contengan hechos imponibles sujetos a los impuestos citados; y

c) la remisión de la copia simple electrónica de los documentos notariales por ellos autorizados, referentes a los impuestos citados, a requerimiento de los órganos tributarios del Departamento competente en materia de hacienda, en los siguientes supuestos:

1. Para dar cumplimiento a lo dispuesto en el artículo 93 de la Ley 58/2003, de 17 de diciembre, General Tributaria, y en el artículo 32.3 de la Ley 29/1987, de 18 de diciembre, del Impuesto sobre Sucesiones y Donaciones.

2. Cuando los documentos se refieran a actos o contratos que se hayan causado con posterioridad a la entrada en vigor de la orden que haya sido dictada en ejecución de la presente autorización y no hayan sido suministrados.

---

[44] Nuevo núm. incorporado por el art. 6.2 de la Ley 14/2014, de 30 de diciembre, de Medidas Fiscales y Administrativas de la Comunidad Autónoma de Aragón (BOA núm. 256, de 31 de diciembre de 2014), en vigor desde el 1 de enero de 2015.

[45] Nuevo núm. incorporado por el art. 6.2 de la Ley 14/2014, de 30 de diciembre, de Medidas Fiscales y Administrativas de la Comunidad Autónoma de Aragón (BOA núm. 256, de 31 de diciembre de 2014), en vigor desde el 1 de enero de 2015.

[46] Nuevo núm. incorporado por el art. 6.2 de la Ley 14/2014, de 30 de diciembre, de Medidas Fiscales y Administrativas de la Comunidad Autónoma de Aragón (BOA núm. 256, de 31 de diciembre de 2014), en vigor desde el 1 de enero de 2015.

COMUNIDAD AUTÓNOMA DE CANARIAS

IMPUESTO SOBRE LA RENTA DE LAS PERSONAS FÍSICAS

8. Decreto Legislativo 1/2009, de 21 de abril, por el que se aprueba el Texto Refundido de las disposiciones legales vigentes dictadas por la Comunidad Autónoma de Canarias en materia de tributos cedidos

(BOC núm. 77, de 23 de abril de 2009)

La autorización concedida al Gobierno por la Disposición Adicional Séptima de la Ley 9/2006, de 11 de diciembre, Tributaria de la Comunidad Autónoma de Canarias, para elaborar, durante el año 2007, un nuevo Texto Refundido de las disposiciones legales vigentes en materia de tributos cedidos aprobadas por la Comunidad Autónoma de Canarias, en orden a su aclaración, armonización y sistematización, ha sido prorrogada hasta el año 2009, por la Disposición Final Primera de la Ley 1/2008, de 16 de abril, de modificación de la Ley 9/2006, de 11 de diciembre, Tributaria de la Comunidad Autónoma de Canarias.

La aprobación de este texto único tiene como finalidad dotar de mayor claridad a la normativa autonómica en materia de tributos cedidos por el Estado, mediante la integración en un único cuerpo normativo de las disposiciones dictadas al efecto contribuyendo con ello a mejorar la seguridad jurídica de la Administración Tributaria Canaria y, especialmente, la de los contribuyentes.

En ejercicio de la citada autorización, se elabora este Decreto Legislativo por el que se aprueba el Texto Refundido de las disposiciones legales vigentes dictadas por la Comunidad en materia de tributos cedidos por el Estado.

El Decreto Legislativo se estructura de la siguiente manera: el artículo único de aprobación del Texto Refundido de las normas autonómicas en materia de tributos cedidos; una disposición derogatoria que contiene, por un lado, una derogación expresa de todos los preceptos refundidos, por otro lado, una derogación tácita general, y por último, una remisión a los preceptos correspondientes del nuevo texto, de las referencias normativas efectuadas en otras disposiciones con respecto a los preceptos ahora derogados; y finalmente una disposición final sobre la entrada en vigor del Decreto Legislativo.

El Texto Refundido, precedido por un índice para facilitar su utilización por los diversos destinatarios, se estructura en cuatro títulos, relativos, el primero, al objeto y contenido, el segundo, a las normas sustantivas sobre los tributos cedidos de naturaleza directa, el tercero, a las normas sustantivas sobre los tributos cedidos de naturaleza indirecta, y el cuarto, a las disposiciones comunes. A su vez los Títulos II y III, se dividen en capítulos dedicados a cada uno de los impuestos sobre los que la Comunidad ha ejercido sus competencias normativas. Así, dentro del Título II, el Capítulo I está dedicado al Impuesto sobre la Renta de las Personas Físicas, el Capítulo II al Impuesto sobre Sucesiones y Donaciones, y el Capítulo III al Impuesto sobre el Patrimonio; y en el Título III, el Capítulo I se dedica al Impuesto sobre Transmisiones Patrimoniales y Actos Jurídicos Documentados, y en el Capítulo II se recoge la normativa sobre la Tasa Fiscal sobre el Juego. Cierra el texto normativo el único artículo del Título IV referido a la equiparación a cónyuges de las parejas de hecho en determinados supuestos.

En su virtud, a propuesta del Consejero de Economía y Hacienda, y previa deliberación del Gobierno en sesión celebrada el día 21 de abril de 2009,

DISPONGO

Artículo único. *Aprobación del Texto Refundido de las disposiciones legales vigentes dictadas por la Comunidad Autónoma de Canarias en materia de tributos cedidos.*

Se aprueba el Texto Refundido de las disposiciones legales vigentes dictadas por la Comunidad Autónoma de Canarias en materia de tributos cedidos, cuyo texto se incorpora como anexo.

Disposición Derogatoria Única. *Derogación normativa.*

1. A la entrada en vigor del presente Decreto Legislativo quedarán derogadas:

a) La Ley 10/2002, de 21 de noviembre, por la que se regula el tramo autonómico del Impuesto sobre la Renta de las Personas Físicas en la Comunidad Autónoma de Canarias.

b) Los artículos segundo, tercero, cuarto, quinto y séptimo de la Ley 2/2004, de 28 de mayo, de Medidas Fiscales y Tributarias.

c) Los artículos 55, 56, 57, 58, 59, 60, 61 y 62 de la Ley 5/2004, de 29 de diciembre, de Presupuestos Generales de la Comunidad Autónoma de Canarias para 2005.

d) La Disposición Adicional Tercera de la Ley 9/2006, de 11 de diciembre, Tributaria de la Comunidad Autónoma de Canarias.

e) Las disposiciones adicionales vigesimosegunda, vigesimotercera, vigesimocuarta, vigesimosexta, trigesimosegunda y trigesimotercera de la Ley 12/2006, de 28 de diciembre, de Presupuestos Generales de la Comunidad Autónoma de Canarias para 2007.

f) La Disposición Adicional Decimonovena de la Ley 14/2007, de 27 de diciembre, de Presupuestos Generales de la Comunidad Autónoma de Canarias para 2008.

g) El artículo 2 de la Ley 3/2008, de 31 de julio, de devolución parcial de la cuota del Impuesto Especial de la Comunidad Autónoma de Canarias sobre Combustibles derivados del petróleo y de establecimiento de una deducción autonómica en el Impuesto sobre la Renta de las Personas Físicas por la variación del euribor.

h) El artículo cuarto, apartado uno, de la Ley 6/2008, de 23 de diciembre, de medidas tributarias incentivadoras de la actividad económica.

2. Quedan derogadas las disposiciones de igual o inferior rango que se opongan a lo previsto en este Decreto Legislativo.

3. Las referencias normativas efectuadas en otras disposiciones a los preceptos de naturaleza tributaria contenidos en las Leyes enumeradas en el apartado 1 de esta Disposición Derogatoria, se entenderán realizadas a los preceptos correspondientes del Texto Refundido que se aprueba por este Decreto Legislativo.

Disposición Final Única.- *Entrada en vigor.*

El presente Decreto Legislativo entrará en vigor el mismo día de su publicación en el Boletín Oficial de Canarias.

ANEXO. TEXTO REFUNDIDO DE LAS DISPOSICIONES LEGALES DICTADAS POR LA COMUNIDAD AUTÓNOMA DE CANARIAS EN MATERIA DE TRIBUTOS CEDIDOS

(...)

TÍTULO I. OBJETO Y CONTENIDO

Artículo 1. *Objeto y contenido del Texto Refundido.*

El presente Texto Refundido tiene por objeto aclarar, armonizar y sistematizar las medidas tributarias adoptadas en ejercicio de las competencias normativas atribuidas a la Comunidad Autónoma de Canarias por la Ley 27/2002, de 1 de julio, de régimen de cesión de tributos del Estado a la Comunidad Autónoma de Canarias y de fijación del alcance y condiciones de dicha cesión, dentro del marco fijado por la Ley 21/2001, de 27 de diciembre, por la que se regulan las medidas fiscales y administrativas del nuevo sistema de financiación de las Comunidades Autónomas de régimen común y Ciudades con Estatuto de Autonomía.

TÍTULO II. NORMAS SUSTANTIVAS SOBRE TRIBUTOS CEDIDOS DE NATURALEZA DIRECTA

CAPÍTULO I. Impuesto Sobre La Renta De Las Personas Físicas

Artículo 2. *Deducciones en el tramo autonómico del Impuesto sobre la Renta de las Personas Físicas.*

1. Los contribuyentes del Impuesto sobre la Renta de las Personas Físicas que residan habitualmente en la Comunidad Autónoma de Canarias podrán practicar las deducciones autonómicas que se regulan en este Texto Refundido, en los términos establecidos en los artículos siguientes. A estos efectos, se estará al concepto de residencia habitual recogido en la normativa estatal reguladora del Impuesto sobre la Renta de las Personas Físicas.

2. La determinación de las circunstancias personales y familiares que deban tenerse en cuenta para la aplicación de estas deducciones se realizará atendiendo a la situación existente en la fecha del devengo, salvo que expresamente se disponga otra cosa.

3[1]. Cuando las personas a que se refiere el apartado 1, integradas en una unidad familiar, opten por tributar conjuntamente en los términos de la normativa estatal reguladora del Impuesto sobre la Renta de las Personas Físicas, las deducciones autonómicas previstas en este texto refundido que se imputarán a la unidad familiar serán aquellas que le hubieran correspondido a cada contribuyente si hubieran optado por la tributación individual, si bien los límites que en las mismas se contemplan se referirán a la cuota íntegra autonómica correspondiente a la tributación conjunta.

4. En el caso de que los contribuyentes que formen parte de una unidad familiar opten por la tributación conjunta y alguno de ellos resida en otra comunidad autónoma distinta de la Comunidad Autónoma de Canarias, será de aplicación lo dispuesto en este Texto Refundido siempre que el miembro de la misma residente habitualmente en la Comunidad Autónoma de

---

[1] Nueva redacción del art. 2.3 dada por el art. 4.Uno de la Ley 9/2014, de 6 de noviembre, de medidas tributarias, administrativas y sociales de Canarias (BOC núm. 218, de 10 de noviembre de 2014), en vigor desde el día 11 de noviembre de 2014.

Canarias tenga la mayor base liquidable, de conformidad con las normas de individualización del impuesto.

Artículo 3[2]. *Deducción por donaciones con finalidad ecológica.*

1. Los contribuyentes podrán deducirse el 10 por 100, y con el límite del 10 por 100 de la cuota íntegra autonómica, del importe de las donaciones dinerarias puras y simples efectuadas durante el período impositivo a cualquiera de las siguientes instituciones:

a) Las entidades públicas dependientes de la Comunidad Autónoma de Canarias, cabildos insulares o corporaciones municipales canarias, cuya finalidad sea la defensa y conservación del medio ambiente, quedando afectos dichos recursos al desarrollo de programas de esta naturaleza.

b) Las entidades sin fines lucrativos y las entidades beneficiarias del mecenazgo, reguladas respectivamente en los artículos 2 y 16 de la Ley 49/2002, de 23 de diciembre, de Régimen Fiscal de entidades sin fines lucrativos y de incentivos fiscales al mecenazgo, siempre que su fin exclusivo sea la defensa del medio ambiente y se hallen inscritas en los correspondientes registros de la Comunidad Autónoma de Canarias.

2. El importe de la deducción no podrá exceder de 150 euros.

Artículo 4[3]. *Deducción por donaciones para la rehabilitación o conservación del patrimonio histórico de Canarias.*

1. Los contribuyentes podrán deducirse el 20 por 100, y con el límite del 10 por 100 de la cuota íntegra autonómica, de las cantidades donadas para la rehabilitación o conservación de bienes que se encuentren en el territorio de la Comunidad Autónoma de Canarias que formen parte del patrimonio histórico de Canarias y estén inscritos en el Registro Canario de Bienes de Interés Cultural o incluidos en el Inventario de Bienes Muebles a que se refiere la Ley 4/1999, de 15 de marzo, de Patrimonio Histórico de Canarias; asimismo, cuando se trate de edificios catalogados formando parte de un conjunto histórico de Canarias será preciso que esas donaciones se realicen a favor de cualquiera de las siguientes entidades:

a) Las Administraciones Públicas, así como las entidades e instituciones dependientes de las mismas.

b) La Iglesia católica y las iglesias, confesiones o comunidades religiosas que tengan acuerdos de cooperación con el Estado español.

c) Las fundaciones o asociaciones que, reuniendo los requisitos establecidos en el título II de la Ley 49/2002, de 23 de diciembre, de Régimen Fiscal de entidades sin fines lucrativos y de incentivos fiscales al mecenazgo, incluyan entre sus fines específicos, la reparación, conservación o restauración del patrimonio histórico.

2. El importe de la deducción no podrá exceder de 150 euros.

---

[2]   Nueva redacción del art. 3 dada por el art. 45.Uno de la Ley 4/2012, de 25 de junio, de medidas administrativas y fiscales, (BOC núm. 124, de 26 de junio de 2012), en vigor desde el 1 de enero de 2012.

[3]   Nueva redacción del art. 4 dada por el art. 45.Dos de la Ley 4/2012, de 25 de junio, de medidas administrativas y fiscales, (BOC núm. 124, de 26 de junio de 2012), en vigor desde el 1 de enero de 2012.

Artículo 4 bis[4]. *Deducción por donaciones y aportaciones para fines culturales, deportivos, investigación o docencia.*

Los contribuyentes podrán deducir el 15 por 100, con el límite del 5 por 100 de la cuota íntegra autonómica, de las donaciones y aportaciones efectuadas para los destinatarios y finalidades que se indican a continuación:

a) Las donaciones dinerarias efectuadas a la Administración pública de la Comunidad Autónoma de Canarias, corporaciones locales canarias y a las entidades públicas de carácter cultural, deportivo o de investigación que dependan de las mismas, siempre que se destinen a la financiación de programas de gasto o actuaciones que tengan por objeto la promoción de cualquier actividad cultural, deportiva o de investigación distinta de las descritas en los artículos 3 y 4.

La base máxima de deducción, a estos efectos, será de 50.000 euros por periodo impositivo.

b) Las donaciones dinerarias efectuadas a empresas culturales con fondos propios inferiores a 300.000 euros, cuya actividad sea la cinematografía, las artes escénicas, la música, la pintura y otras artes visuales o audiovisuales o la edición, siempre que se destinen al desarrollo de su actividad.

La base máxima de deducción, a estos efectos, será de 3.000 euros por periodo impositivo.

c) Las donaciones dinerarias efectuadas a empresas científicas con fondos propios inferiores a 300.000 euros, cuya actividad principal sea la investigación, siempre que se destinen al desarrollo de su actividad.

La base máxima de deducción, a estos efectos, será de 3.000 euros por periodo impositivo.

d) Las donaciones dinerarias efectuadas a las universidades públicas y privadas, a los centros de investigación y a los centros superiores de enseñanzas artísticas de la Comunidad Autónoma de Canarias, cuando se destinen a la financiación de programas de gasto o actuaciones que tengan por objeto actividades de investigación o docencia.

La base máxima de deducción, a estos efectos, será de 50.000 euros por periodo impositivo.

e) Las donaciones dinerarias efectuadas a las universidades públicas de la Comunidad Autónoma de Canarias y a los centros públicos de enseñanzas artísticas superiores de la citada comunidad con destino a la financiación de programas de gasto o actuaciones para el fomento del acceso a la educación superior.

La base máxima de deducción, a estos efectos, será de 50.000 euros por periodo impositivo.

f) Las aportaciones de capital efectuadas a empresas de base tecnológica creadas o desarrolladas a partir de patentes o de resultados generados por proyectos de investigación realizados en universidades canarias.

La base máxima de la deducción, a estos efectos, será de 50.000 euros por periodo impositivo.

---

4   Incorporado por la Disp. final octava Uno de la Ley 7/2017, de 27 de diciembre, de Presupuestos Generales de la Comunidad Autónoma de Canarias para 2018 (BOC núm. 250, de 30 de diciembre de 2017; BOE núm. 35, de 8 de febrero de 2018), en vigor desde el 1 de febrero de 2018.

Artículo 4 ter[5]. *Deducción por donaciones a entidades sin ánimo de lucro.*

1. Los contribuyentes podrán aplicar en la cuota autonómica una deducción adicional a la prevista en el artículo 68.3 de la Ley 35/2006, de 28 de noviembre, del Impuesto sobre la Renta de las Personas Físicas y de modificación parcial de las leyes de los Impuestos sobre Sociedades, sobre la Renta de no Residentes y sobre el Patrimonio, por los donativos, donaciones y aportaciones a las entidades a quienes se refiere la Ley 49/2002, de 23 de diciembre, de régimen fiscal de las entidades sin fines lucrativos y de los incentivos fiscales al mecenazgo, de acuerdo con la siguiente escala:

Base de deducción importe hasta	Porcentaje de deducción
150 euros	20
Resto base de deducción	15

Si en los dos periodos impositivos inmediatos anteriores se hubieran realizado donativos, donaciones o aportaciones con derecho a deducción en favor de una misma entidad por importe igual o superior, en cada uno de ellos, al del ejercicio anterior, el porcentaje de deducción aplicable a la base de la deducción en favor de esa misma entidad que exceda de 150 euros será el 17,5%.

2. La base de la deducción a la que se refiere este artículo no podrá exceder del 10% de la base liquidable del contribuyente. La base de la deducción será la definida en la Ley 49/2002, de 23 de diciembre, de régimen fiscal de las entidades sin fines lucrativos y de los incentivos fiscales al mecenazgo.

3. La deducción a la que se refiere el presente artículo será incompatible con las previstas en los artículos 3 y 4 bis de esta ley cuando la misma se aplique sobre las cantidades aportadas a los mismos beneficiarios perceptores de los donativos, donaciones y aportaciones que originan la aplicación de aquella.

Artículo 5[6]. *Requisitos para la aplicación de las deducciones anteriores.*

La aplicación por el contribuyente de las deducciones previstas en los artículos 3, 4 y 4-bis de este texto refundido exigirá el cumplimiento de los requisitos siguientes:

a) Obtener de la entidad donataria certificación en la que figure, además del número de identificación fiscal y de los datos de identificación personal del donante y de la entidad donataria, fecha y destino del donativo, y su importe, cuando este sea dinerario. Tratándose de donaciones no dinerarias, deberá acreditarse el valor de los bienes donados, mediante certificación expedida por la empresa de base tecnológica beneficiaria, así como los datos identificativos del documento público u otro documento auténtico acreditativo de la entrega del bien o derecho donado.

---

5   Nueva redacción dada por la Disp. Final Séptima.Uno de la Ley 19/2019, de 30 de diciembre, de Presupuestos Generales de la Comunidad Autónoma de Canarias para 2020 (BOC núm. 252, de 31 de diciembre de 2019), en vigor desde el 1 de enero de 2020.
     Redacción anterior por su incorporación por la Disp. final octava Dos de la Ley 7/2017, de 27 de diciembre, de Presupuestos Generales de la Comunidad Autónoma de Canarias para 2018 (BOC núm.250, de 30 de diciembre de 2017; BOE núm.35, de 8 de febrero de 2018), en vigor desde el 1 de febrero de 2018.

6   Nueva redacción dada la Disp. final octava Tres de la Ley 7/2017, de 27 de diciembre, de Presupuestos Generales de la Comunidad Autónoma de Canarias para 2018 (BOC núm. 250, de 30 de diciembre de 2017; BOE núm. 35, de 8 de febrero de 2018), en vigor desde el 1 de febrero de 2018.

b) En el caso de la deducción regulada en el artículo 4-bis, cuando el destinatario de la donación sea una entidad o universidad canaria de naturaleza pública, en la certificación expedida a la que se refiere la letra anterior se le incorporará la identificación del proyecto de interés cultural, deportivo investigación o docente. Cuando el donatario tenga naturaleza privada, deberá constar una certificación adicional, expedida por la consejería competente, en la que se haga constar que el citado proyecto es de interés cultural, deportivo de investigación o docente.

c) Constar en la certificación señalada en la letra a) anterior la mención expresa de que la donación se haya efectuado de manera irrevocable y de que la misma se ha aceptado. La revocación de la donación determinará la obligación de ingresar las cuotas correspondientes a los beneficios disfrutados en el periodo impositivo del ejercicio en el que dicha revocación se produzca, sin perjuicio de los intereses de demora que procedan.

Artículo 6. *Deducción por cantidades destinadas a restauración, rehabilitación o reparación.*

Los contribuyentes podrán deducirse el 10 por 100 de las cantidades destinadas por los titulares de bienes inmuebles ubicados en el territorio de la Comunidad Autónoma de Canarias a la restauración, rehabilitación o reparación de los mismos, con el límite del 10 por 100 de la cuota íntegra autonómica, y siempre que concurran las siguientes condiciones:

a) Que los citados bienes estén inscritos en el Registro Canario de Bienes de Interés Cultural o afectados por la declaración de Bien de Interés Cultural, siendo necesario, en este caso, que los inmuebles reúnan las condiciones que reglamentariamente se determinen.

b) Que las obras de restauración, rehabilitación o reparación hayan sido autorizadas por el órgano competente de la Comunidad Autónoma o, en su caso, por el cabildo insular o ayuntamiento correspondiente.

Artículo 7[7]. *Deducción por gastos de estudios de educación superior.*

1. Los contribuyentes podrán deducirse por cada descendiente o adoptado soltero menor de 25 años, que dependa económicamente de él y que curse los estudios de educación

---

[7]   Nueva redacción del art. 7 dada por la Disp. Final Décima Uno de la Ley 5/2024, de 26 de diciembre, de Presupuestos Generales de la Comunidad Autónoma de Canarias para 2025 (BOC núm. 260, de 30 de diciembre de 2024), en vigor desde 1 de enero de 2024.

Redacción anterior dada por el art. 45.Tres de la Ley 4/2012, de 25 de junio, de medidas administrativas y fiscales, (BOC núm. 124, de 26 de junio de 2012), en vigor desde el 1 de enero de 2012: «*Deducción por gastos de estudios.*

1. Los contribuyentes podrán deducirse por cada descendiente o adoptado soltero menor de 25 años, que dependa económicamente de él y que curse los estudios de educación superior previstos en el apartado 5 del artículo 3 de la Ley Orgánica 2/2006, de 3 de mayo, de Educación, fuera de la isla en la que se encuentre la residencia habitual del contribuyente, la cantidad de 1.500 euros.

La deducción, que se aplicará en la declaración correspondiente al periodo impositivo en que se inicie el curso académico, tendrá como límite el 40 por 100 de la cuota íntegra autonómica. Se asimilan a descendientes aquellas personas vinculadas con el contribuyente por razón de tutela o acogimiento no remunerado, en los términos previstos en la legislación vigente [redacción del segundo párrafo dada la Disp. final octava cuatro de la Ley 7/2017, de 27 de diciembre, en vigor desde el 1 de febrero de 2018].

La cuantía de la deducción será de 1.600 euros para los contribuyentes cuya base liquidable sea inferior a 33.007,20 euros.

2. Esta deducción no se aplicará cuando concurra cualquiera de los siguientes supuestos:

a) cuando los estudios no abarquen un curso académico completo o un mínimo de 30 créditos;

superior previstos en el apartado 5 del artículo 3 de la Ley Orgánica 2/2006, de 3 de mayo, de Educación:

a) 1.800 euros con carácter general cuando cursen los estudios de educación superior fuera de la isla en la que se encuentre la residencia habitual del contribuyente.

b) 900 euros cuando, cursando estudios de educación superior en la misma isla en la que se encuentre la residencia habitual del contribuyente, los descendientes o adoptados trasladen su domicilio a una vivienda arrendada, colegio mayor o menor o residencia de estudiantes, situado en el municipio donde radique el centro docente de educación superior o municipio limítrofe, pero, en todo caso, distinto al municipio de residencia habitual del contribuyente.

La aplicación de la presente deducción, recogida en la letra b), queda condicionada a la declaración por parte del contribuyente del número de identificación fiscal del arrendador, de la identificación catastral de la vivienda arrendada y del canon arrendaticio anual o, en su caso, del número de identificación fiscal del colegio mayor o menor o de la residencia de estudiantes.

2. Las deducciones anteriores, que se aplicarán en la declaración correspondiente al período impositivo en que se inicie el curso académico, tendrán como límite el 40% de la cuota íntegra autonómica. Se asimilan a descendientes aquellas personas vinculadas con el contribuyente por razón de tutela o acogimiento no remunerado, en los términos previstos en la legislación vigente.

La cuantía de la deducción prevista en la letra a) será de 1.920 euros para los contribuyentes cuya base liquidable sea inferior a 36.300 euros.

3. La deducción prevista en la letra a) del apartado uno no se aplicará cuando concurra cualquiera de los siguientes supuestos:

a) cuando los estudios no abarquen un curso académico completo o un mínimo de 30 créditos;

---

b) cuando en la isla de residencia del contribuyente exista oferta educativa pública, diferente de la virtual o a distancia, para la realización de los estudios que determinen el traslado a otro lugar para ser cursados;

c) cuando el contribuyente haya obtenido rentas en el período impositivo en que se origina el derecho a la deducción, por importe superior a 39.000 euros; en el supuesto de tributación conjunta, cuando la unidad familiar haya obtenido rentas por importe superior a 52.000 euros;

d) Cuando el descendiente que origina el derecho a la deducción haya obtenido rentas en el periodo impositivo por importe superior a 8.000 euros o, cualquiera que sea su importe, rentas procedentes exclusivamente de ascendientes por consanguinidad o de entidades en las que los ascendientes tengan una participación de un mínimo del 5 por ciento del capital, computado individualmente, o un mínimo del 20 por ciento computado, conjuntamente, con los ascendientes [redacción de la letra d) dada por la Disp. Final Décima.Uno de la Ley 7/2023, de 27 de diciembre, con efectos desde el 1 de enero de 2023. Redacción anterior dada la Disp. final octava cuatro de la Ley 7/2017, de 27 de diciembre].

3. Cuando varios contribuyentes tengan distinto grado de parentesco con quien curse los estudios que originan el derecho a la deducción, solamente podrán practicar la deducción los de grado más cercano.

Cuando dos o más contribuyentes tengan derecho a esta deducción y no opten o no puedan optar por la tributación conjunta, la deducción se prorrateará entre ellos».

Redacción anterior del art. 7 dada por la Disp. Final Tercera de la Ley 13/2009, de 28 de diciembre, de Presupuestos Generales de la Comunidad Autónoma de Canarias para 2010, (BOC núm. 255, jueves 31 de diciembre de 2009), con efectos desde 1 de enero de 2010.

b) cuando en la isla de residencia del contribuyente exista oferta educativa pública, diferente de la virtual o a distancia, para la realización de los estudios que determinen el traslado a otro lugar para ser cursados;

c) cuando el contribuyente haya obtenido rentas en el periodo impositivo en el que se origina el derecho a la deducción por importe superior a 45.500 euros; en el supuesto de tributación conjunta, cuando la unidad familiar haya obtenido rentas por importe superior a 60.500 euros;

d) cuando el descendiente que origina el derecho a la deducción haya obtenido rentas en el periodo impositivo por importe superior a 8.000 euros.

La deducción prevista en la letra b) del apartado 1 anterior no se aplicará cuando concurran los supuestos previstos en las citadas letras c) y d).

4. Cuando varios contribuyentes tengan distinto grado de parentesco con quien curse los estudios que originan el derecho a la deducción, solamente podrán practicar la deducción los del grado más cercano.

Cuando dos o más contribuyentes tengan derecho a esta deducción y no opten o no puedan optar por la tributación conjunta, la deducción se prorrateará entre ellos.

Artículo 7 bis[8]. *Deducción por gastos de estudios no superiores.*

1. Los contribuyentes podrán deducirse las cantidades satisfechas en el periodo impositivo por la adquisición de libros de texto y materiales didácticos, cualquiera que sea su

---

[8] Nueva redacción del art. 7.bis dada por la Disp. Final Décima Dos de la Ley 5/2024, de 26 de diciembre, de Presupuestos Generales de la Comunidad Autónoma de Canarias para 2025 (BOC núm. 260, de 30 de diciembre de 2024), en vigor desde 1 de enero de 2024.
Redacción anterior por su incorporación efectuada por la Disp. final octava cinco de la Ley 7/2017, de 27 de diciembre, de Presupuestos Generales de la Comunidad Autónoma de Canarias para 2018 (BOC núm. 250, de 30 de diciembre de 2017; BOE núm. 35, de 8 de febrero de 2018), en vigor desde el 1 de febrero de 2018: «*Deducción por gastos de estudios en educación infantil, primaria, enseñanza secundaria obligatoria, bachillerato y formación profesional de grado medio.*
1. Los contribuyentes podrán deducirse las cantidades satisfechas en el periodo impositivo por la adquisición de material escolar, libros de texto, transporte y uniforme escolar, comedores escolares y refuerzo educativo, hasta un máximo de 100 euros, por el primer descendiente o adoptado y 50 euros adicionales por cada uno de los restantes, que den lugar a la aplicación del mínimo por descendiente y que se encuentre escolarizado en educación infantil, primaria, enseñanza secundaria obligatoria, bachillerato y formación profesional de grado medio.
Esta deducción no se aplicará cuando el contribuyente haya obtenido rentas en el periodo impositivo en que se origina el derecho a la deducción, por importe superior a 39.000 euros; en el supuesto de tributación conjunta, cuando la unidad familiar haya obtenido rentas por importe superior a 52.000 euros.
Se asimilan a descendientes aquellas personas vinculadas con el contribuyente por razón de tutela o acogimiento no remunerado, en los términos previstos en la legislación vigente.
El gasto se deberá justificar a través de factura que debe cumplir todas las condiciones establecidas en el Reglamento por el que se regulan las obligaciones de facturación aprobado por el Real Decreto 1619/2012, de 30 de noviembre. La factura recibida por el contribuyente deberá conservarse durante el plazo de prescripción, admitiéndose copia de la misma en el supuesto de que dos o más contribuyentes tengan derecho a la deducción y no opten, o no puedan optar, por la tributación conjunta [redacción del art. 7.bis.1 dada por la Disp. Final Séptima.Dos de la Ley 19/2019, de 30 de diciembre, en vigor desde el 1 de enero de 2020].
2. Cuando varios contribuyentes tengan distinto grado de parentesco con quien curse los estudios que originan el derecho a la deducción, solamente podrán practicar la deducción los de grado más cercano.

soporte, incluido el digital, transporte, uniforme y comedores escolares, hasta un máximo de 133 euros, por su primer descendiente o adoptado y 66 euros adicionales por cada uno de los restantes, que den lugar a la aplicación del mínimo por descendiente y que se encuentre escolarizado, que cursen estudios de primer y segundo grado de educación infantil, educación básica y educación secundaria posobligatoria previstos en los apartados 3 y 4 del artículo 3 de la Ley Orgánica 2/2006, de 3 de mayo, de Educación.

Esta deducción no se aplicará cuando el contribuyente haya obtenido rentas en el periodo impositivo en que se origina el derecho a la deducción por importe superior a 45.500 euros; en el supuesto de tributación conjunta, cuando la unidad familiar haya obtenido rentas por importe superior a 60.500 euros.

Se asimilan a descendientes aquellas personas vinculadas con el contribuyente por razón de tutela o acogimiento no remunerado, en los términos previstos en la legislación vigente.

El gasto se deberá justificar a través de factura, que debe cumplir todas las condiciones establecidas en el Reglamento por el que se regulan las obligaciones de facturación, aprobado por el Real Decreto 1619/2012, de 30 de noviembre. La factura recibida por el contribuyente deberá conservarse durante el plazo de prescripción, admitiéndose copia de esta en el supuesto de que dos o más contribuyentes tengan derecho a la deducción y no opten, o no puedan optar, por la tributación conjunta.

2. Cuando varios contribuyentes tengan distinto grado de parentesco con quien curse los estudios que originan el derecho a la deducción, solamente podrán practicar la deducción los de grado más cercano.

Cuando dos o más contribuyentes tengan derecho a esta deducción, la deducción se prorrateará entre ellos por partes iguales.

Artículo 8[9]. *Deducción por traslado de residencia.*

1. Los contribuyentes que trasladen su residencia habitual desde la isla en la que esta figurare a cualquiera de las demás islas del archipiélago para realizar una actividad laboral por cuenta ajena o una actividad económica, siempre que permanezcan en la isla de destino durante el año en que se produzca el traslado y los tres siguientes, podrán practicar una de-

---

Cuando dos o más contribuyentes tengan derecho a esta deducción, la deducción se prorrateará entre ellos por partes iguales».

9 Nueva redacción del art. 8 dada por la Disp. Final Décima Tres de la Ley 5/2024, de 26 de diciembre, de Presupuestos Generales de la Comunidad Autónoma de Canarias para 2025 (BOC núm. 260, de 30 de diciembre de 2024), en vigor desde 1 de enero de 2024.

Redacción anterior: «*Deducción por traslado de residencia.*

1. Los contribuyentes que trasladen su residencia habitual desde la isla en la que ésta figurare a cualquiera de las demás islas del Archipiélago para realizar una actividad laboral por cuenta ajena o una actividad económica, siempre que permanezcan en la isla de destino durante el año en que se produzca el traslado y los tres siguientes, podrán practicar una deducción de 300 euros en la cuota íntegra autonómica en el período impositivo en el que se produzca el cambio de residencia y en el siguiente, con el límite de la parte autonómica de la cuota íntegra procedente de rendimientos del trabajo y de actividades económicas en cada uno de los dos ejercicios en que sea aplicable la deducción.

2. En el supuesto de tributación conjunta, la deducción de trescientos euros se aplicará, en cada uno de los dos períodos impositivos en que sea aplicable la deducción, por cada uno de los contribuyentes que traslade su residencia en los términos previstos en el apartado anterior, con el límite de la parte autonómica de la cuota íntegra procedente de rendimientos del trabajo y de actividades económicas que corresponda a los contribuyentes que generen derecho a la aplicación de la deducción.

ducción de 300 euros en la cuota íntegra autonómica en el periodo impositivo en el que se produzca el cambio de residencia y en el siguiente, con el límite de la parte autonómica de la cuota íntegra procedente de rendimientos del trabajo y de actividades económicas en cada uno de los dos ejercicios en que sea aplicable la deducción.

2. En el supuesto de tributación conjunta, la deducción de 300 euros se aplicará, en cada uno de los dos periodos impositivos en que sea aplicable la deducción, a cada uno de los contribuyentes que traslade su residencia en los términos previstos en el apartado anterior, con el límite de la parte autonómica de la cuota íntegra procedente de rendimientos del trabajo y de actividades económicas que corresponda a los contribuyentes que generen derecho a la aplicación de la deducción.

3. El incumplimiento de las condiciones de la deducción regulada en el apartado anterior dará lugar a la integración de las cantidades deducidas en la cuota íntegra autonómica del ejercicio en que se produce el incumplimiento, con los correspondientes intereses de demora.

4. Solo tendrán derecho a la aplicación de esta deducción los contribuyentes que no hayan obtenido rentas en el periodo impositivo en que se origina el derecho a la deducción por importe superior a 45.500 euros; y, en el supuesto de tributación conjunta, cuando la unidad familiar no haya obtenido rentas por importe superior a 60.500 euros.

Artículo 9[10].

3. El incumplimiento de las condiciones de la deducción regulada en el apartado anterior dará lugar a la integración de las cantidades deducidas en la cuota íntegra autonómica del ejercicio en que se produce el incumplimiento, con los correspondientes intereses de demora.
4. Sólo tendrán derecho a la aplicación de esta deducción los contribuyentes que no hayan obtenido rentas en el período impositivo en que se origina el derecho a la deducción por importe superior a 39.000 euros; y, en el supuesto de tributación conjunta, cuando la unidad familiar no haya obtenido rentas por importe superior a 52.000 euros [apartado incorporado por el art. 45.Cuatro de la Ley 4/2012, de 25 de junio, en vigor desde el 1 de enero de 2012]».

[10] Art. 9 suprimido por la Disp. Final Décima Cuatro de la Ley 5/2024, de 26 de diciembre, de Presupuestos Generales de la Comunidad Autónoma de Canarias para 2025 (BOC núm. 260, de 30 de diciembre de 2024), con efectos desde el 1 de enero de 2025.
Redacción anterior: «*Deducción por donaciones para adquisición o rehabilitación de primera vivienda habitual.*
1. Los contribuyentes con residencia habitual en las Islas Canarias que realicen una donación en metálico a sus descendientes o adoptados menores de 35 años, con destino a la adquisición o rehabilitación de la primera vivienda habitual del donatario en las Islas Canarias, podrán deducirse de la cuota íntegra autonómica el 1 por 100 del importe de la cantidad donada, con el límite de 240 euros por cada donatario.
Cuando las donaciones a las que se refiere el párrafo anterior tengan como destinatarios a descendientes o adoptados legalmente reconocidos como personas con discapacidad, con un grado igual o superior al 33 por 100, podrán deducir de la cuota íntegra autonómica el 2 por 100 del importe de la cantidad donada, con el límite de 480 euros por cada donatario, y si el grado de minusvalía fuese igual o superior al 65 por 100 podrán deducir el 3 por 100 con un límite de 720 euros [redacción del párrafo segundo dada por la Disp. final octava seis de la Ley 7/2017, de 27 de diciembre, en vigor desde el 1 de febrero de 2018].
Para la aplicación de la presente deducción deberán cumplirse los requisitos previstos en el Impuesto sobre Sucesiones y Donaciones para la reducción de la base imponible correspondiente a la donación de cantidades en metálico con destino a la adquisición o rehabilitación de la vivienda habitual en las Islas Canarias, y por vivienda habitual se considerará la que, a tales efectos, se entiende en la normativa del Impuesto

Artículo 10[11]**. *Deducciones por nacimiento o adopción de hijos.***

1. Los contribuyentes podrán deducirse la cantidad que en cada caso corresponda de las siguientes:

a) Por cada hijo nacido o adoptado en el periodo impositivo que conviva con el contribuyente:

– 265 euros, cuando se trate del primer o segundo hijo.

---

sobre la Renta de las Personas Físicas, equiparándose a la adquisición la construcción de la misma, pero no su ampliación.

Asimismo será de aplicación la presente deducción cuando la donación se realice con destino a la rehabilitación de la vivienda que constituya o vaya a constituir la residencia habitual del contribuyente y tenga como destinatario a descendientes o adoptados con discapacidad igual o superior al 33 por 100. A estos efectos la rehabilitación deberá cumplir las condiciones que se establezcan reglamentariamente, en el impuesto sobre la renta de las personas físicas [redacción del párrafo cuarto dada por la Disp. final octava seis de la Ley 7/2017, de 27 de diciembre, en vigor desde el 1 de febrero de 2018].

2. A los efectos de la presente deducción se establecen las equiparaciones siguientes:

a) Las personas sujetas a un acogimiento familiar permanente o preadoptivo se equipararán a los adoptados.

b) Las personas que realicen un acogimiento familiar permanente o preadoptivo se equipararán a los adoptantes.

Se entiende por acogimiento familiar permanente o preadoptivo el constituido con arreglo a la legislación aplicable».

[11] Nueva redacción del art. 10 dada por la Disp. Final Décima Cinco de la Ley 5/2024, de 26 de diciembre, de Presupuestos Generales de la Comunidad Autónoma de Canarias para 2025 (BOC núm. 260, de 30 de diciembre de 2024), con efectos desde 1 de enero de 2024.

Redacción anterior dada por el art. 45.Cinco de la Ley 4/2012, de 25 de junio, de medidas administrativas y fiscales, (BOC núm. 124, de 26 de junio de 2012), en vigor desde el 1 de enero de 2012: «*1. Los contribuyentes podrán deducirse la cantidad que en cada caso corresponda de las siguientes:*

a) Por cada hijo nacido o adoptado en el período impositivo que conviva con el contribuyente:

– 200 euros, cuando se trate del primero o segundo hijo.

– 400 euros, cuando se trate del tercero.

– 600 euros, cuando se trate del cuarto.

– 700 euros, cuando se trate del quinto o sucesivos.

b) En caso de que el hijo nacido o adoptado tenga una minusvalía física, psíquica o sensorial igual o superior al 65 por ciento, siempre que dicho hijo haya convivido con el contribuyente ininterrumpidamente desde su nacimiento o adopción hasta el final del período impositivo, la cantidad a deducir será la que proceda de entre las siguientes, además de la que proceda por la aplicación del apartado a) anterior:

– 400 euros, cuando se trate del primer o segundo hijo que padezca dicha discapacidad.

– 800 euros, cuando se trate del tercer o posterior hijo que padezca dicha discapacidad, siempre que sobrevivan los anteriores discapacitados.

c) Cuando ambos progenitores o adoptantes tengan derecho a la deducción y no opten por la tributación conjunta, su importe se prorrateará entre ellos por partes iguales.

d) Para determinar el número de orden del hijo nacido o adoptado se atenderá a los hijos que convivan con el contribuyente a la fecha de devengo del impuesto, computándose a dichos efectos tanto los hijos naturales como los adoptivos.

e) A los efectos previstos en el presente artículo se considerará que conviven con el contribuyente, entre otros, los hijos nacidos o adoptados que, dependiendo del mismo, estén internados en centros especializados.

2. Sólo tendrán derecho a la aplicación de esta deducción los contribuyentes que no hayan obtenido rentas en el período impositivo en que se origina el derecho a la deducción por importe superior a 39.000 euros; y, en el supuesto de tributación conjunta, cuando la unidad familiar no haya obtenido rentas por importe superior a 52.000 euros».

– 530 euros, cuando se trate del tercero.

– 796 euros, cuando se trate del cuarto.

– 928 euros, cuando se trate del quinto o sucesivos.

b) En caso de que el hijo nacido o adoptado tenga una minusvalía física, psíquica o sensorial igual o superior al 65%, siempre que dicho hijo haya convivido con el contribuyente ininterrumpidamente desde su nacimiento o adopción hasta el final del periodo impositivo, la cantidad a deducir será la que proceda de entre las siguientes, además de la que proceda por la aplicación del apartado a) anterior:

– 600 euros, cuando se trate del primer o segundo hijo que padezca dicha discapacidad.

– 1.100 euros, cuando se trate del tercer o posterior hijo que padezca dicha discapacidad, siempre que sobrevivan los anteriores discapacitados.

c) Cuando ambos progenitores o adoptantes tengan derecho a la deducción y no opten por la tributación conjunta, su importe se prorrateará entre ellos por partes iguales.

d) Para determinar el número de orden del hijo nacido o adoptado se atenderá a los hijos que convivan con el contribuyente a la fecha de devengo del impuesto, computándose a dichos efectos tanto los hijos naturales como los adoptivos.

e) A los efectos previstos en el presente artículo, se considerará que conviven con el contribuyente, entre otros, los hijos nacidos o adoptados que, dependiendo de este, estén internados en centros especializados.

2. Solo tendrán derecho a la aplicación de esta deducción los contribuyentes que no hayan obtenido rentas en el periodo impositivo en que se origina el derecho a la deducción por importe superior a 45.500 euros; y, en el supuesto de tributación conjunta, cuando la unidad familiar no haya obtenido rentas por importe superior a 60.500 euros.

Artículo 11[12]. *Deducción por contribuyentes con discapacidad y mayores de 65 años.*

1. Los contribuyentes podrán deducirse las siguientes cantidades, compatibles entre sí, por circunstancias personales:

a) 400 euros por cada contribuyente con discapacidad igual o superior al 33%.

b) 160 euros por cada contribuyente mayor de 65 años.

2. Solo tendrán derecho a la aplicación de esta deducción los contribuyentes que no hayan obtenido rentas en el periodo impositivo en que se origina el derecho a la deducción por

---

[12]   Nueva redacción del art. 11 dada por la Disp. Final Décima Seis de la Ley 5/2024, de 26 de diciembre, de Presupuestos Generales de la Comunidad Autónoma de Canarias para 2025 (BOC núm. 260, de 30 de diciembre de 2024), con efectos desde 1 de enero de 2024.
Redacción anterior dada por el art. 45.Seis de la Ley 4/2012, de 25 de junio, de medidas administrativas y fiscales, (BOC núm. 124, de 26 de junio de 2012), en vigor desde el 1 de enero de 2012: «*Deducción por contribuyentes con discapacidad y mayores de 65 años.*
1. Los contribuyentes podrán deducirse las siguientes cantidades, compatibles entre sí, por circunstancias personales:
a) 300 euros, por cada contribuyente con discapacidad igual o superior al 33 por ciento.
b) 120 euros, por cada contribuyente mayor de 65 años.
2. Sólo tendrán derecho a la aplicación de esta deducción los contribuyentes que no hayan obtenido rentas en el período impositivo en que se origina el derecho a la deducción por importe superior a 39.000 euros; y, en el supuesto de tributación conjunta, cuando la unidad familiar no haya obtenido rentas por importe superior a 52.000 euros».

importe superior a 45.500 euros; y, en el supuesto de tributación conjunta, cuando la unidad familiar no haya obtenido rentas por importe superior a 60.500 euros.

Artículo 11 bis[13]. *Deducción por acogimiento de menores.*

1. Los contribuyentes podrán deducir la cantidad de 330 euros por cada menor en régimen de acogimiento familiar de urgencia, temporal o permanente previsto en el artículo 173 bis del Código Civil, siempre que convivan con el menor en la totalidad del periodo impositivo. Si la convivencia es inferior al periodo impositivo, la cuantía de la deducción se prorrateará por los días reales de convivencia en el periodo impositivo.

2. No dará lugar a esta deducción cuando la adopción del menor se produzca durante el periodo impositivo.

3. Cuando dos o más contribuyentes tengan derecho a esta deducción y no opten o no puedan optar por la tributación conjunta, la deducción se prorrateará entre ellos por partes iguales.

Artículo 11 ter[14]. *Deducción para familias monoparentales.*

1. Los contribuyentes que tengan a su cargo descendientes podrán deducir la cantidad única de 133 euros, siempre que no conviva con cualquier otra persona distinta a los citados

---

[13] Nueva redacción del art. 11 bis dada por la Disp. Final Décima Siete de la Ley 5/2024, de 26 de diciembre, de Presupuestos Generales de la Comunidad Autónoma de Canarias para 2025 (BOC núm. 260, de 30 de diciembre de 2024), con efectos desde 1 de enero de 2024.
Redacción anterior por su incorporación efectuada por la Disp. final octava siete de la Ley 7/2017, de 27 de diciembre, de Presupuestos Generales de la Comunidad Autónoma de Canarias para 2018 (BOC núm. 250, de 30 de diciembre de 2017; BOE núm. 35, de 8 de febrero de 2018), en vigor desde el 1 de febrero de 2018: «*Deducción por acogimiento de menores.*
1. Los contribuyentes podrán deducir la cantidad de 250 euros por cada menor en régimen de acogimiento familiar de urgencia, temporal o permanente previsto en el artículo 173-bis del Código Civil, siempre que convivan con el menor la totalidad del periodo impositivo. Si la convivencia es inferior al periodo impositivo, la cuantía de la deducción se prorrateará por los días reales de convivencia en el periodo impositivo.
2. No dará lugar a esta deducción cuando la adopción del menor se produzca durante el periodo impositivo.
3. Cuando dos o más contribuyentes tengan derecho a esta deducción y no opten o no puedan optar por la tributación conjunta, la deducción se prorrateará entre ellos por partes iguales».
[14] Nueva redacción del art. 11 ter dada por dada por la Disp. Final Décima Ocho de la Ley 5/2024, de 26 de diciembre, de Presupuestos Generales de la Comunidad Autónoma de Canarias para 2025 (BOC núm. 260, de 30 de diciembre de 2024), con efectos desde 1 de enero de 2024.
Redacción anterior por su incorporación por la Disp. final octava ocho de la Ley 7/2017, de 27 de diciembre, de Presupuestos Generales de la Comunidad Autónoma de Canarias para 2018 (BOC núm. 250, de 30 de diciembre de 2017; BOE núm. 35, de 8 de febrero de 2018), en vigor desde el 1 de febrero de 2018: «*Deducción para familias monoparentales.*
1. Los contribuyentes que tengan a su cargo descendientes podrán deducir la cantidad única de 100 euros, siempre que no conviva con cualquier otra persona distinta a los citados descendientes, salvo que se trate de ascendientes que generen el derecho a la aplicación del mínimo por ascendientes.
Se considerarán descendientes a los efectos de la presente deducción:
a) Los hijos menores de edad, tanto por relación de paternidad como de adopción, siempre que convivan con el contribuyente y no tengan rentas anuales, excluidas las exentas, superiores a 8.000 euros.
b) Los hijos mayores de edad con discapacidad, tanto por relación de paternidad como de adopción, siempre que convivan con el contribuyente y no tengan rentas anuales, excluidas las exentas, superiores a 8.000 euros.

descendientes, salvo que se trate de ascendientes que generen el derecho a la aplicación del mínimo por ascendientes.

Se considerarán descendientes a los efectos de la presente deducción:

a) Los hijos menores de edad, tanto por relación de paternidad como de adopción, siempre que convivan con el contribuyente y no tengan rentas anuales, excluidas las exentas, superiores a 8.000 euros.

b) Los hijos mayores de edad con discapacidad, tanto por relación de paternidad como de adopción, siempre que convivan con el contribuyente y no tengan rentas anuales, excluidas las exentas, superiores a 8.000 euros.

c) Los descendientes a los que se refieren las letras a) y b) anteriores que, sin convivir con el contribuyente, dependan económicamente de él y estén internados en centros especializados.

Se asimilarán a descendientes aquellas personas vinculadas al contribuyente por razón de tutela y acogimiento, en los términos previstos en la legislación vigente.

2. En caso de convivencia con descendientes que no den derecho a deducción, no se perderá el derecho a la misma siempre y cuando las rentas anuales del descendiente, excluidas las exentas, no sean superiores a 8.000 euros.

3. Esta deducción no se aplicará cuando el contribuyente haya obtenido rentas en el periodo impositivo en que se origina el derecho a la deducción, por importe superior a 45.500 euros; en el supuesto de tributación conjunta, cuando la unidad familiar haya obtenido rentas por importe superior a 60.500 euros.

4. Cuando a lo largo del periodo impositivo se lleve a cabo una alteración de la situación familiar por cualquier causa, a efectos de aplicación de la deducción, se entenderá que ha existido convivencia cuando tal situación se haya producido durante al menos 183 días al año.

Artículo 12[15]. *Deducción por gastos de custodia en guarderías.*

1. Por los descendientes menores de 3 años, los progenitores o tutores con quienes convivan podrán deducirse el 18% de las cantidades satisfechas en el periodo impositivo por

---

c) Los descendientes a que se refieren las letras a) y b) anteriores que, sin convivir con el contribuyente, dependan económicamente de él y estén internados en centros especializados.

Se asimilarán a descendientes aquellas personas vinculadas al contribuyente por razón de tutela y acogimiento, en los términos previstos en la legislación vigente.

2. En caso de convivencia con descendientes que no den derecho a deducción, no se perderá el derecho a la misma siempre y cuando las rentas anuales del descendiente, excluidas las exentas, no sean superiores a 8.000 euros.

3. Esta deducción no se aplicará cuando el contribuyente haya obtenido rentas en el periodo impositivo en que se origina el derecho a la deducción, por importe superior a 39.000 euros; en el supuesto de tributación conjunta, cuando la unidad familiar haya obtenido rentas por importe superior a 52.000 euros.

4. Cuando a lo largo del periodo impositivo se lleve a cabo una alteración de la situación familiar por cualquier causa, a efectos de aplicación de la deducción, se entenderá que ha existido convivencia cuando tal situación se haya producido durante al menos 183 días al año».

[15] Nueva redacción del art. 12 dada por la Disp. Final Décima Nueve de la Ley 5/2024, de 26 de diciembre, de Presupuestos Generales de la Comunidad Autónoma de Canarias para 2025 (BOC núm. 260, de 30 de diciembre de 2024), con efectos desde 1 de enero de 2024.

Redacción anterior dada por la Disp. final octava nueve de la Ley 7/2017, de 27 de diciembre, de Presupuestos Generales de la Comunidad Autónoma de Canarias para 2018 (BOC núm. 250, de 30 de diciem-

los gastos de custodia en guarderías autorizadas para su apertura y funcionamiento, con un máximo de 530 euros anuales por cada descendiente.

Se asimilan a descendientes aquellas personas vinculadas con el contribuyente por razón de tutela o acogimiento no remunerado, en los términos previstos en la legislación vigente.

Los gastos citados se deberán justificar a través de factura que debe cumplir todas las condiciones establecidas en el Reglamento por el que se regulan las obligaciones de facturación aprobado por el Real Decreto 1619/2012, de 30 de noviembre. La factura recibida por el contribuyente deberá conservarse durante el plazo de prescripción, admitiéndose copia de esta en el supuesto de que dos o más contribuyente tengan derecho a la deducción y no opten, o no puedan optar, por la tributación conjunta.

2. Son requisitos, para poder practicar esta deducción, que los contribuyentes no hayan obtenido rentas por importe superior a 45.500 euros en el periodo impositivo. En el supuesto de tributación conjunta, este requisito se entenderá cumplido si la renta de la unidad familiar no excede de 60.500 euros.

3. Cuando dos o más contribuyentes tengan derecho a la deducción y no opten, o no puedan optar, por la tributación conjunta, su importe se prorrateará entre ellos por partes iguales.

La deducción y el límite a la misma en el periodo impositivo en el que el niño cumpla los 3 años se calcularán de forma proporcional al número de meses en que se cumplan los requisitos previstos en el presente artículo.

4. La aplicación de la presente deducción queda condicionada a la declaración por parte del contribuyente del número de identificación fiscal de la guardería autorizada y del importe abonado en el periodo impositivo.

---

bre de 2017; BOE núm. 35, de 8 de febrero de 2018), en vigor desde el 1 de febrero de 2018: «*Deducción por gastos de guardería.*

1. Por los niños menores de 3 años, los progenitores o tutores con quienes convivan podrán deducirse el 15 por 100 de las cantidades satisfechas en el periodo impositivo por los gastos de guardería, con un máximo de 400 euros anuales por cada niño.

Se asimilan a descendientes aquellas personas vinculadas con el contribuyente por razón de tutela o acogimiento no remunerado, en los términos previstos en la legislación vigente.

A los efectos de esta deducción se entiende por guardería todo centro autorizado por la consejería competente del Gobierno de Canarias para la custodia de niños menores de 3 años.

El gasto de guardería se deberá justificar a través de factura que debe cumplir todas las condiciones establecidas en el Reglamento por el que se regulan las obligaciones de facturación aprobado por el Real Decreto 1619/2012, de 30 de noviembre. La factura recibida por el contribuyente deberá conservarse durante el plazo de prescripción, admitiéndose copia de la misma en el supuesto de que dos o más contribuyente tengan derecho a la deducción y no opten, o no puedan optar, por la tributación conjunta.

2. Son requisitos, para poder practicar esta deducción, que los contribuyentes no hayan obtenido rentas por importe superior a 42.900 euros en el periodo impositivo. En el supuesto de tributación conjunta, este requisito se entenderá cumplido si la renta de la unidad familiar no excede de 57.200 euros [redacción dada por la Disp. Final Décima.Dos de la Ley 7/2023, de 27 de diciembre, con efectos desde el 1 de enero de 2023].

3. Cuando dos o más contribuyentes tengan derecho a la deducción y no opten, o no puedan optar, por la tributación conjunta, su importe se prorrateará entre ellos por partes iguales.

La deducción y el límite a la misma en el periodo impositivo en el que el niño cumpla los 3 años se calcularán de forma proporcional al número de meses en que se cumplan los requisitos previstos en el presente artículo».

Apartado dos redacción dada por el art. 45.Siete de la Ley 4/2012, de 25 de junio, de medidas administrativas y fiscales, (BOC núm. 124, de 26 de junio de 2012), en vigor desde el 1 de enero de 2012.

Artículo 13[16]. *Deducción por familia numerosa.*

1. El contribuyente que posea, a la fecha de devengo del impuesto, el título de familia numerosa, expedido por el órgano competente en materia de servicios sociales del Gobierno de Canarias o por los órganos correspondientes del Estado o de otras comunidades autónomas, podrá deducirse las siguientes cantidades según corresponda:

– 597 euros, cuando se trate de familia numerosa de categoría general.

– 796 euros, cuando se trate de familia numerosa de categoría especial.

Cuando alguno de los cónyuges o descendientes a quienes sea de aplicación el mínimo personal y familiar del impuesto tenga un grado de minusvalía física, psíquica o sensorial igual o superior al 65%, la deducción anterior será de 1.326 y 1.459 euros, respectivamente.

2. Las condiciones necesarias para la consideración de familia numerosa y su clasificación por categorías se determinarán con arreglo a lo establecido en la Ley 40/2003, de 18 de noviembre, de Protección a las Familias Numerosas.

Esta deducción se practicará por el contribuyente con quien conviva el resto de miembros de la familia numerosa. Cuando estos convivan con más de un contribuyente, el importe de la deducción se prorrateará por partes iguales en la declaración de cada uno.

Esta deducción es compatible con las relativas al nacimiento o adopción de un hijo.

Artículo 14[17]. *Deducción por inversión en vivienda habitual.*

Sin perjuicio de la aplicación en el tramo autonómico de la deducción por inversión en vivienda habitual contemplada en la normativa estatal del impuesto sobre la renta de las

---

[16] Nueva redacción del art. 13 dada por la Disp. Final Décima Diez de la Ley 5/2024, de 26 de diciembre, de Presupuestos Generales de la Comunidad Autónoma de Canarias para 2025 (BOC núm. 260, de 30 de diciembre de 2024), con efectos desde 1 de enero de 2024.

Redacción anterior dada por la Disp. Final Octava de la Ley 7/2018, de 28 de diciembre, de Presupuestos Generales de la Comunidad Autónoma de Canarias para 2019 (BOC núm. 252, de 31 de diciembre de 2018), con efectos desde el 1 de enero de 2019. Apartado cinco incorporado por el art. 45.Ocho de la Ley 4/2012, de 25 de junio, de medidas administrativas y fiscales, (BOC núm. 124, de 26 de junio de 2012), en vigor desde el 1 de enero de 2012: «*Deducción por familia numerosa.*

1. El contribuyente que posea, a la fecha del devengo del impuesto, el título de familia numerosa, expedido por el órgano competente en materia de servicios sociales del Gobierno de Canarias o por los órganos correspondientes del Estado o de otras comunidades autónomas, podrá deducirse las siguientes cantidades según corresponda:

– 450 euros, cuando se trate de familia numerosa de categoría general.

– 600 euros, cuando se trate de familia numerosa de categoría especial.

Cuando alguno de los cónyuges o descendientes a los que sea de aplicación el mínimo personal y familiar del impuesto tenga un grado de minusvalía física, psíquica o sensorial igual o superior al 65 por 100, la deducción anterior será de 1.000 y 1.100 euros, respectivamente.

2. Las condiciones necesarias para la consideración de familia numerosa y su clasificación por categorías se determinarán con arreglo a lo establecido en la Ley 40/2003, de 18 de noviembre, de Protección a las Familias Numerosas.

Esta deducción se practicará por el contribuyente con quien convivan los restantes miembros de la familia numerosa. Cuando estos convivan con más de un contribuyente, el importe de la deducción se prorrateará por partes iguales en la declaración de cada uno.

Esta deducción es compatible con las relativas al nacimiento o adopción de un hijo».

[17] Nueva redacción del art. 14 dada por la Disp. Final Décima Once de la Ley 5/2024, de 26 de diciembre, de Presupuestos Generales de la Comunidad Autónoma de Canarias para 2025 (BOC núm. 260, de 30 de diciembre de 2024), con efectos desde 1 de enero de 2024.

personas físicas, se establece una deducción por las cantidades satisfechas en el periodo impositivo por la adquisición de la vivienda que constituya o vaya a constituir la residencia habitual del contribuyente, en los mismos términos y siempre que concurran los mismos requisitos exigidos en el artículo 68.1 de la Ley 35/2006, de 28 de noviembre, del impuesto sobre la renta de las personas físicas y de modificación parcial de las leyes de los Impuestos sobre Sociedades, sobre la Renta de no Residentes y sobre el Patrimonio, según redacción vigente el 1 de enero de 2012.

El porcentaje de deducción aplicable será el que corresponda de los siguientes:

– Si la renta es inferior a 25.500 euros: el 5%.

– Si la renta es igual o superior a 25.500 euros e inferior a 45.500 euros: el 3,5%.

Los citados porcentajes serán del 5,5% y del 4%, respectivamente, si el contribuyente es menor de 40 años.

La base máxima de esta deducción será de 6.000 euros anuales.

Artículo 14 bis[18]**. *Deducción por obras de rehabilitación energética de la vivienda habitual.***

1. Los contribuyentes podrán practicar la deducción del 12% y con el límite del 10% de la cuota íntegra autonómica de las cantidades destinadas a las obras de rehabilitación

---

Redacción anterior del art. 14 dada por el art. primero 1 de la Ley 4/2018, de 30 de noviembre, de medidas fiscales para mejorar el acceso a la vivienda en Canarias (BOC núm. 235, de 4 de diciembre de 2018), en vigor desde 5 de diciembre de 2018: «*Deducción por inversión en vivienda habitual.*

1. Sin perjuicio de la aplicación en el tramo autonómico de la deducción por inversión en vivienda habitual contemplada en la normativa estatal del impuesto sobre la renta de las personas físicas, se establece una deducción por las cantidades satisfechas en el periodo impositivo, por la adquisición de la vivienda que constituya o vaya a constituir la residencia habitual del contribuyente, en los mismos términos y siempre que concurran los mismos requisitos exigidos en el artículo 68.1 de la Ley 35/2006, de 28 de noviembre, del impuesto sobre la renta de las personas físicas y de modificación parcial de las leyes de los Impuestos sobre Sociedades, sobre la Renta de no Residentes y sobre el Patrimonio, según redacción vigente el 1 de enero de 2012. El porcentaje de deducción aplicable será el que corresponda de los siguientes:

– Si la renta es inferior a 15.000 euros: el 3,5 por 100.

– Si la renta es igual o superior a 15.000 euros e inferior a 30.000 euros: el 2,5 por 100 [redacción del art. 14.1 dada por la Disp. Final Séptima.Tres de la Ley 19/2019, de 30 de diciembre, en vigor desde el 1 de enero de 2020].

2. La presente deducción no será de aplicación a las cantidades destinadas a la rehabilitación, reforma o adecuación por razón de discapacidad, de la vivienda habitual».

Decreto ley 12/2021, de 30 de septiembre, por el que se adoptan medidas tributarias, organizativas y de gestión como consecuencia de la erupción volcánica en la isla de La Palma (BOC núm. 202, de 1 de octubre de 2021): Disposición adicional primera.- Mantenimiento de las deducciones vinculadas con la vivienda habitual destruida por la lava.

Redacción anterior dada por el art. 4.Dos de la Ley 9/2014, de 6 de noviembre, de medidas tributarias, administrativas y sociales de Canarias (BOC núm. 218, de 10 de noviembre de 2014), en vigor desde el día 1 de enero de 2013.

Redacción anterior del art. 14 dada por el art. 3.Uno de la Ley 11/2011, de 28 de diciembre, de medidas fiscales para el fomento de la venta y rehabilitación de viviendas y otras medidas tributarias, (BOC núm. 255, de 30 de diciembre de 2011), en vigor desde el 31 de diciembre de 2011.

[18] Nueva redacción del art. 14 bis dada por la Disp. Final Décima Doce de la Ley 5/2024, de 26 de diciembre, de Presupuestos Generales de la Comunidad Autónoma de Canarias para 2025 (BOC núm. 260, de 30 de diciembre de 2024), con efectos desde 1 de enero de 2024.

Decreto ley 12/2021, de 30 de septiembre, por el que se adoptan medidas tributarias, organizativas y de gestión como consecuencia de la erupción volcánica en la isla de La Palma (BOC núm. 202, de 1 de octubre de 2021): Disposición adicional primera.- Mantenimiento de las deducciones vinculadas con la vivienda habitual destruida por la lava.

«No perderán el derecho a las deducciones practicadas de la cuota íntegra autonómica del Impuesto sobre la Renta de las Personas Físicas, previstas en los artículos 14, 14 bis y 14 ter del Texto Refundido de las disposiciones dictadas por la Comunidad Autónoma de Canarias en materia de tributos cedidos aprobado por Decreto legislativo 1/2009, de 21 de abril, por las cantidades satisfechas por estos conceptos a pesar de que las viviendas habituales hayan sido destruidas por la erupción volcánica de La Palma, pudiendo continuar aplicándola por las cantidades que pudieran seguir abonando».

Redacción anterior dada por la Disp. final octava diez de la Ley 7/2017, de 27 de diciembre, de Presupuestos Generales de la Comunidad Autónoma de Canarias para 2018 (BOC núm. 250, de 30 de diciembre de 2017; BOE núm. 35, de 8 de febrero de 2018), en vigor desde el 1 de febrero de 2018: *«Deducción por obras de rehabilitación energética de la vivienda habitual.*

1. Los contribuyentes podrán practicar la deducción del 10 por 100, y con el límite del 10 por 100 de la cuota íntegra autonómica, de las cantidades destinadas a las obras de rehabilitación energética en la vivienda habitual del contribuyente en los términos expresados en el artículo anterior.

La vivienda habitual deberá ser propiedad del contribuyente.

No darán derecho a practicar esta deducción las obras realizadas en plazas de garaje, jardines, parques, piscinas e instalaciones deportivas y otros elementos análogos.

A los efectos de la presente deducción, se entenderá por obras de rehabilitación energética las destinadas a la mejora del comportamiento energético de las edificaciones reduciendo su demanda energética, al aumento del rendimiento de los sistemas e instalaciones térmicas o a la incorporación de equipos que utilicen fuentes de energía renovables. También tendrán tal consideración las de mejora de las instalaciones de suministro e instalación de mecanismos que favorezcan el ahorro de agua, así como la implantación de redes de saneamiento separativas en el edificio y otros sistemas que favorezcan la reutilización de las aguas grises y pluviales en el mismo edificio o en la parcela o que reduzcan el volumen de vertido al sistema público de alcantarillado. En el supuesto de edificaciones en régimen de propiedad horizontal en que la obra de rehabilitación energética sea contratada por la comunidad de propietarios, el importe del gasto se imputará a los diferentes propietarios con derecho a deducción en función de su cuota de participación.

2. La obra de rehabilitación energética deberá acreditarse mediante los certificados de calificación energética, en los términos establecidos en el Real Decreto 235/2013, de 5 de abril, por el que se aprueba el procedimiento básico para la certificación de la eficiencia energética de los edificios, debidamente inscritos en el Registro de certificados de eficiencia energética de edificios de la consejería competente en materia de industria, en el que conste el certificado obtenido antes de la realización de las obras rehabilitación energética y el expedido tras las mismas.

3. La base de la deducción estará constituida por las cantidades satisfechas, mediante tarjeta de crédito o débito, transferencia bancaria, cheque nominativo o ingreso en cuenta en entidades de crédito, a las personas o entidades que realicen las obras. En ningún caso darán derecho a practicar esta deducción las cantidades satisfechas mediante entregas de dinero de curso legal.

La base máxima anual de esta deducción será de 7.000 euros por contribuyente.

El gasto de las obras de rehabilitación energética se deberá justificar a través de factura que debe cumplir todas las condiciones establecidas en el Reglamento por el que se regulan las obligaciones de facturación aprobado por el Real Decreto 1619/2012, de 30 de noviembre. En el supuesto de edificaciones en régimen de propiedad horizontal en que la obra de rehabilitación energética sea contratada por la comunidad de propietarios, esta certificará el importe del gasto imputable a cada vivienda y que ha sido efectivamente satisfecho por el propietario en el periodo impositivo.

La factura recibida por el contribuyente o, en su caso, la certificación emitida por la comunidad de propietarios, deberá conservarse durante el plazo de prescripción, admitiéndose copia de la misma en el supuesto de que dos o más contribuyentes tengan derecho a la deducción y no opten, o no puedan optar, por la tributación conjunta.

4. No generarán derecho a la presente deducción las cantidades destinadas a mobiliario o a electrodomésticos.

energética en la vivienda habitual del contribuyente en los términos expresados en el artículo anterior.

La vivienda habitual deberá ser propiedad del contribuyente.

No darán derecho a practicar esta deducción las obras realizadas en plazas de garaje, jardines, parques, piscinas e instalaciones deportivas y otros elementos análogos.

A los efectos de la presente deducción, se entenderá por obras de rehabilitación energética las destinadas a la mejora del comportamiento energético de las edificaciones reduciendo su demanda energética, al aumento del rendimiento de los sistemas e instalaciones térmicas o a la incorporación de equipos que utilicen fuentes de energía renovables. También tendrán tal consideración las de mejora de las instalaciones de suministro e instalación de mecanismos que favorezcan el ahorro de agua, así como la implantación de redes de saneamiento separativas en el edificio y otros sistemas que favorezcan la reutilización de las aguas grises y pluviales en el mismo edificio o en la parcela o que reduzcan el volumen de vertido al sistema público de alcantarillado. En el supuesto de edificaciones en régimen de propiedad horizontal en que la obra de rehabilitación energética sea contratada por la comunidad de propietarios, el importe del gasto se imputará a los diferentes propietarios con derecho a deducción en función de su cuota de participación.

2. La obra de rehabilitación energética deberá acreditarse mediante los certificados de calificación energética, en los términos establecidos en el Real Decreto 390/2021, de 1 de junio, por el que se aprueba el procedimiento básico para la certificación de la eficiencia energética de los edificios, debidamente inscritos en el Registro de certificados de eficiencia energética de edificios de la consejería competente en materia de transición ecológica y energía, en el que conste el certificado obtenido antes de la realización de las obras de rehabilitación energética y el expedido tras su finalización.

3. La base de la deducción estará constituida por las cantidades satisfechas, mediante tarjeta de crédito o débito, transferencia bancaria, cheque nominativo o ingreso en cuenta en entidades de crédito, a las personas o entidades que realicen las obras. En ningún caso darán derecho a practicar esta deducción las cantidades satisfechas mediante entregas de dinero de curso legal.

La base máxima anual de esta deducción será de 7.000 euros por contribuyente.

El gasto de las obras de rehabilitación energética se deberá justificar a través de factura, que debe cumplir todas las condiciones establecidas en el Reglamento por el que se regulan las obligaciones de facturación aprobado por el Real Decreto 1619/2012, de 30 de noviembre. En el supuesto de edificaciones en régimen de propiedad horizontal en el que la obra de rehabilitación energética sea contratada por la comunidad de propietarios, esta certificará

---

5. *Cuando dos o más contribuyentes tengan derecho a la deducción y no opten, o no puedan optar, por la tributación conjunta, su importe se prorrateará entre ellos por partes iguales.*

6. *La presente deducción es incompatible con la deducción por cantidades destinadas a restauración, rehabilitación o reparación y con la deducción por inversión en vivienda habitual reguladas en los artículos 6 y 14, respectivamente, del presente texto refundido, no pudiendo aplicarse sobre las mismas cantidades ambas deducciones».*

Redacción anterior por su incorporación efectuada el art. 3.Dos de la Ley 11/2011, de 28 de diciembre, de medidas fiscales para el fomento de la venta y rehabilitación de viviendas y otras medidas tributarias, (BOC núm. 255, de 30 de diciembre de 2011), con efectos desde el 15 de septiembre de 2011 y con vigencia hasta el 31 de diciembre de 2012.

el importe del gasto imputable a cada vivienda y que ha sido efectivamente satisfecho por el propietario en el periodo impositivo.

La factura recibida por el contribuyente o, en su caso, la certificación emitida por la comunidad de propietarios deberá conservarse durante el plazo de prescripción, admitiéndose copia de la misma en el supuesto de que dos o más contribuyentes tengan derecho a la deducción y no opten, o no puedan optar, por la tributación conjunta.

4. No generarán derecho a la presente deducción las cantidades destinadas a mobiliario o a electrodomésticos.

5. Cuando dos o más contribuyentes tengan derecho a la deducción y no opten, o no puedan optar, por la tributación conjunta, su importe se prorrateará entre ellos por partes iguales.

6. La presente deducción es incompatible con la deducción por cantidades destinadas a restauración, rehabilitación o reparación y con la deducción por inversión en vivienda habitual reguladas en los artículos 6 y 14, respectivamente, del presente texto refundido, no pudiendo aplicarse sobre las mismas cantidades ambas deducciones.

Artículo 14 ter[19]. *Deducción por obras de adecuación de la vivienda habitual por razón de discapacidad.*

1. Los contribuyentes que acrediten un grado de discapacidad igual o superior al 65% podrán deducir el 14% de las cantidades satisfechas durante el periodo impositivo en la adecuación de la vivienda que constituya o vaya a constituir su residencia habitual.

---

[19]   Nueva redacción del art. 14 ter dada por la Disp. Final Décima Trece de la Ley 5/2024, de 26 de diciembre, de Presupuestos Generales de la Comunidad Autónoma de Canarias para 2025 (BOC núm. 260, de 30 de diciembre de 2024), con efectos desde 1 de enero de 2024.
Redacción anterior dada por la Disp. final octava once de la Ley 7/2017, de 27 de diciembre, de Presupuestos Generales de la Comunidad Autónoma de Canarias para 2018 (BOC núm. 250, de 30 de diciembre de 2017; BOE núm. 35, de 8 de febrero de 2018), en vigor desde el 1 de febrero de 2018: «*Sin perjuicio de la aplicación del tramo autonómico de la deducción por inversión en vivienda habitual contemplada en la normativa estatal del impuesto sobre la renta de las personas físicas, se establece una deducción de las cantidades satisfechas en el periodo impositivo, por las obras o instalaciones de adecuación de la vivienda habitual por razón de discapacidad a que se refiere la normativa estatal del impuesto sobre la renta de las personas físicas, en los mismos términos y siempre que concurran los mismos requisitos exigidos en el artículo 68.1 de la Ley 35/2006, de 28 de noviembre, del Impuesto sobre la Renta de las Personas Físicas y de modificación parcial de las leyes de los Impuestos sobre Sociedades, sobre la Renta de no Residentes y sobre el Patrimonio, según redacción vigente el 1 de enero de 2012. El porcentaje de deducción aplicable será el 10 por 100*».
Decreto ley 12/2021, de 30 de septiembre, por el que se adoptan medidas tributarias, organizativas y de gestión como consecuencia de la erupción volcánica en la isla de La Palma (BOC núm. 202, de 1 de octubre de 2021): Disposición adicional primera.- Mantenimiento de las deducciones vinculadas con la vivienda habitual destruida por la lava.
«No perderán el derecho a las deducciones practicadas de la cuota íntegra autonómica del Impuesto sobre la Renta de las Personas Físicas, previstas en los artículos 14, 14 bis y 14 ter del Texto Refundido de las disposiciones dictadas por la Comunidad Autónoma de Canarias en materia de tributos cedidos aprobado por Decreto legislativo 1/2009, de 21 de abril, por las cantidades satisfechas por estos conceptos a pesar de que las viviendas habituales hayan sido destruidas por la erupción volcánica de La Palma, pudiendo continuar aplicándola por las cantidades que pudieran seguir abonando».
Redacción anterior dada por el art. 4.Tres de la Ley 9/2014, de 6 de noviembre, de medidas tributarias, administrativas y sociales de Canarias (BOC núm. 218, de 10 de noviembre de 2014), en vigor desde el día 1 de enero de 2013.

El porcentaje de deducción será del 18% si el contribuyente fuera mayor de 65 años.

2. La presente deducción del 14% resultará igualmente aplicable cuando la discapacidad igual o superior al 65% sea padecida por el cónyuge, ascendientes o descendientes que convivan con el contribuyente y siempre que aquellos individualmente considerados no tengan rentas anuales, excluidas las exentas, superiores a 35.000 euros.

El porcentaje de deducción será del 18% si el cónyuge, ascendientes o descendientes fuera mayor de 65 años.

3. Las obras e instalaciones en que consista la adecuación deberán resultar estrictamente necesarias para la accesibilidad y comunicación sensorial, de manera que faciliten el desenvolvimiento digno y adecuado de las personas con discapacidad, extremo que habrá de ser acreditado ante la administración tributaria mediante resolución o certificado expedido por la consejería competente en materia de valoración de discapacidad.

4. La base de la deducción la constituyen las cantidades satisfechas durante el periodo impositivo en las obras e instalaciones en que consista la adecuación de la vivienda habitual.

5. La base máxima de esta deducción será de 15.000 euros.

6. Cuando dos o más contribuyentes tengan derecho a la aplicación de esta deducción respecto de los mismos ascendientes o descendientes para un mismo periodo impositivo, la base máxima de la deducción se prorrateará entre ellos por partes iguales. No obstante, cuando los contribuyentes tengan distinto grado de parentesco con el ascendiente o descendiente, la aplicación de la reducción corresponderá a los de grado más cercano.

Artículo 14 quater[20]. *Límite en las deducciones de los artículos 6, 14, 14-bis y 14-ter.*

El importe de las deducciones previstas en los artículos 6, 14, 14-bis y 14-ter del presente texto refundido no podrá superar el 15 por 100 de la cuota íntegra autonómica.

Artículo 15[21]. *Deducción por alquiler de vivienda habitual.*

1. Los contribuyentes podrán deducirse el 24% de las cantidades satisfechas en el periodo impositivo, con un máximo de 740 euros anuales, por el alquiler de su vivienda habitual, siempre que concurran los siguientes requisitos:

Redacción original del art. 14.ter dada por el art. 3.Tres de la Ley 11/2011, de 28 de diciembre, de medidas fiscales para el fomento de la venta y rehabilitación de viviendas y otras medidas tributarias, (BOC núm. 255, de 30 de diciembre de 2011), en vigor desde el 31 de diciembre de 2011.

[20] Incorporado por la Disp. final octava doce de la Ley 7/2017, de 27 de diciembre, de Presupuestos Generales de la Comunidad Autónoma de Canarias para 2018 (BOC núm. 250, de 30 de diciembre de 2017; BOE núm. 35, de 8 de febrero de 2018), en vigor desde el 1 de febrero de 2018.

[21] Nueva redacción del art. 15 dada por la Disp. Final Décima Catorce de la Ley 5/2024, de 26 de diciembre, de Presupuestos Generales de la Comunidad Autónoma de Canarias para 2025 (BOC núm. 260, de 30 de diciembre de 2024), con efectos desde 1 de enero de 2024.

Redacción anterior dada por el art. primero 2 de la Ley 4/2018, de 30 de noviembre, de medidas fiscales para mejorar el acceso a la vivienda en Canarias (BOC núm. 235, de 4 de diciembre de 2018), en vigor desde 5 de diciembre de 2018: «*1. Los contribuyentes podrán deducirse el 20% de las cantidades satisfechas en el período impositivo, con un máximo de 600 euros anuales, por el alquiler de su vivienda habitual, siempre que concurran los siguientes requisitos:*

a) Que no hayan obtenido rentas superiores a 20.000 euros en el período impositivo. Este importe se incrementará en 10.000 euros en el supuesto de opción por la tributación conjunta.

a) Que no hayan obtenido rentas superiores a 45.500 euros en el periodo impositivo. Este importe se incrementará en 15.000 euros en el supuesto de opción por la tributación conjunta.

b) Que las cantidades satisfechas en concepto de alquiler excedan del 10% de las rentas obtenidas en el periodo impositivo, que a estos efectos se descontará, si lo hubiere, en el importe de las subvenciones que por este concepto hubiera percibido el arrendatario.

El importe de la deducción prevista tendrá un máximo de 760 euros anuales si el contribuyente tiene una edad inferior a 40 años o una edad igual o superior a 75 años y cumple los anteriores requisitos.

A estos efectos, se entiende por vivienda habitual aquella en la que resida el contribuyente por un plazo superior a un año.

2. La aplicación de la presente deducción queda condicionada a la declaración por parte del contribuyente del número de identificación fiscal del arrendador, de la identificación catastral de la vivienda habitual y del canon arrendaticio anual.

Artículo 15 bis[22]. *Deducción por arrendamiento de vivienda habitual vinculado a determinadas operaciones de dación en pago.*

En los supuestos de arrendamiento vinculados a determinadas operaciones de dación en pago contempladas en el artículo 35 bis de este Texto Refundido, los arrendatarios podrán deducirse el 25% de las cantidades satisfechas durante el ejercicio correspondiente, por el arrendamiento de la vivienda habitual, con un máximo de 1.200 euros anuales y con un nivel de renta no superior a 45.500 euros. Este importe se incrementará en 15.000 euros en el supuesto de opción por la tributación conjunta.

---

b) Que las cantidades satisfechas en concepto de alquiler excedan del 10% de las rentas obtenidas en el período impositivo que a estos efectos se descontará, si lo hubiere, el importe de las subvenciones que por este concepto hubiera percibido el arrendatario.

A estos efectos se entiende por vivienda habitual aquella en la que resida el contribuyente por un plazo superior a un año.

2. La aplicación de la presente deducción queda condicionada a la declaración por parte del contribuyente del NIF del arrendador, de la identificación catastral de la vivienda habitual y del canon arrendaticio anual».

Redacción anterior dada por el art. 45.Nueve de la Ley 4/2012, de 25 de junio, de medidas administrativas y fiscales, (BOC núm. 124, de 26 de junio de 2012), en vigor desde el 1 de enero de 2012.

22   Nueva redacción del art. 15 bis dada por la Disp. Final Décima Quince de la Ley 5/2024, de 26 de diciembre, de Presupuestos Generales de la Comunidad Autónoma de Canarias para 2025 (BOC núm. 260, de 30 de diciembre de 2024), con efectos desde 1 de enero de 2024.

Art. 15 bis incorporado por el art. primero 3 de la Ley 4/2018, de 30 de noviembre, de medidas fiscales para mejorar el acceso a la vivienda en Canarias (BOC núm. 235, de 4 de diciembre de 2018), en vigor desde 5 de diciembre de 2018: «*En los supuestos de arrendamiento vinculados a determinadas operaciones de dación en pago contempladas en el artículo 35-bis de este Texto Refundido, los arrendatarios podrán deducirse el 25% de las cantidades satisfechas durante el ejercicio correspondiente, por el arrendamiento de la vivienda habitual, con un máximo de 1.200 euros anuales y con un nivel de renta no superior a 24.000 euros. Este importe se incrementará en 10.000 euros en el supuesto de opción por la tributación conjunta*».

Artículo 15 ter[23]. *Deducción por gastos derivados de la adecuación de un inmueble con destino al arrendamiento como vivienda habitual.*

1. Los contribuyentes podrán deducir el 10% de las cantidades satisfechas en el periodo impositivo de los gastos de reparación y conservación, así como cualquier otro necesario para que un inmueble se encuentre en condiciones de ser arrendado, gastos de formalización de contratos de arrendamiento, gastos de primas de seguros por daños e impagos y los gastos necesarios para la obtención de certificados de eficiencia energética.

2. La base de esta deducción estará constituida por las cantidades justificadas con factura, que deberá cumplir todas las condiciones establecidas en el Reglamento por el que se regulan las obligaciones de facturación aprobado por el Real Decreto 1619/2012, de 30 de noviembre. La factura recibida por el contribuyente deberá conservarse durante el plazo de prescripción.

---

[23] Nueva redacción del art. 15 ter dada por el art. 1. Uno del Decreto-ley 1/2025, de 3 de febrero, por el que se modifican determinadas medidas autonómicas en el Impuesto sobre la Renta de las Personas Físicas y la bonificación extraordinaria y temporal del precio final de determinados combustibles derivados del refino del petróleo para el periodo desde el día 1 de febrero de 2025 hasta el 31 de diciembre de 2025, y se determina la aplicación del tipo cero en el Impuesto General Indirecto Canario para la recuperación de diversas actividades en la isla de La Palma (BOC núm. 51, de 13 de marzo de 2025), con efectos desde 1 de enero de 2024.

Art. 15 ter incorporado por la Disp. Final Décima Dieciséis de la Ley 5/2024, de 26 de diciembre, de Presupuestos Generales de la Comunidad Autónoma de Canarias para 2025 (BOC núm. 260, de 30 de diciembre de 2024), con efectos desde 1 de enero de 2024: «*1. Los contribuyentes podrán deducir el 10% de las cantidades satisfechas en el periodo impositivo de los gastos de reparación y conservación, así como cualquier otro necesario para que un inmueble se encuentre en condiciones de ser arrendado, gastos de formalización de contratos de arrendamiento, gastos de primas de seguros por daños e impagos y los gastos necesarios para la obtención de certificados de eficiencia energética.*

2. La base de esta deducción estará constituida por las cantidades justificadas con factura, que deberá cumplir todas las condiciones establecidas en el Reglamento por el que se regulan las obligaciones de facturación aprobado por el Real Decreto 1619/2012, de 30 de noviembre. La factura recibida por el contribuyente deberá conservarse durante el plazo de prescripción.

3. El límite máximo de deducción es de 150 euros tanto en tributación individual como en tributación conjunta, por inmueble arrendado.

Cuando dos o más contribuyentes tengan derecho a esta deducción, su importe se prorrateará entre ellos por partes iguales.

4. La deducción solo resultará aplicable a los arrendamientos de vivienda previstos en el artículo 2 de la Ley 29/1994, de 24 de noviembre, de arrendamientos urbanos.

5. En caso de incurrir en gastos de reparación y conservación del inmueble, la aplicación de la presente deducción queda condicionada a la declaración por parte del contribuyente del número de identificación fiscal del prestador de los servicios y de su importe anual.

6. La presente deducción es incompatible con la deducción por gastos en primas de seguros de crédito para cubrir impagos de rentas de arrendamientos de vivienda regulada en el artículo 15 quater del presente texto refundido, no pudiendo aplicarse sobre las mismas cantidades ambas deducciones».

Antes, el art. 15 ter fue suprimido por la Disp. Final Séptima.Cuatro de la Ley 19/2019, de 30 de diciembre, de Presupuestos Generales de la Comunidad Autónoma de Canarias para 2020 (BOC núm. 252, de 31 de diciembre de 2019), en vigor desde el 1 de enero de 2020. Redacción anterior por su incorporación por el art. primero 3 de la Ley 4/2018, de 30 de noviembre, de medidas fiscales para mejorar el acceso a la vivienda en Canarias (BOC núm. 235, de 4 de diciembre de 2018), en vigor desde 5 de diciembre de 2018.

3. El límite máximo de deducción es de 150 euros tanto en tributación individual como en tributación conjunta, por inmueble arrendado.

Cuando dos o más contribuyentes tengan derecho a esta deducción, su importe se prorrateará entre ellos en función del porcentaje de participación en la propiedad o usufructo del inmueble.

4. La deducción solo resultará aplicable a los arrendamientos de vivienda previstos en el artículo 2 de la Ley 29/1994, de 24 de noviembre, de arrendamientos urbanos.

5. En caso de incurrir en gastos de reparación y conservación del inmueble, la aplicación de la presente deducción queda condicionada a la declaración por parte del contribuyente del número de identificación fiscal del prestador de los servicios y de su importe anual.

6. La presente deducción es incompatible con la deducción por gastos en primas de seguros de crédito para cubrir impagos de rentas de arrendamientos de vivienda regulada en el artículo 15 quater del presente texto refundido, no pudiendo aplicarse sobre las mismas cantidades ambas deducciones.

Artículo 15 quater[24]. *Deducción autonómica por gastos en primas de seguros de crédito para cubrir impagos de rentas de arrendamientos de vivienda.*

Se establece una deducción del 75% de los gastos satisfechos por el contribuyente durante el ejercicio en concepto de primas de seguros de crédito que cubran total o parcialmente el impago de las rentas a las que el contribuyente tenga derecho por razón del arrendamiento de un bien inmueble, situado en Canarias, a un tercero destinado a vivienda, con un máximo de 150 euros anuales, siempre y cuando se cumplan los siguientes requisitos:

a) Que la duración del contrato de arrendamiento de vivienda con un mismo arrendatario sea igual o superior a un año.

b) Que se haya constituido el depósito de la fianza a la que se refiere el artículo 36.1 de la Ley 29/1994, de 24 de noviembre, de arrendamientos urbanos, a favor del órgano competente de la Administración de la Comunidad Autónoma de Canarias.

c) Que el contribuyente declare en el impuesto sobre la renta de las personas físicas el rendimiento derivado de las rentas del arrendamiento de la vivienda como rendimientos del capital inmobiliario.

d) Que el arrendador esté al corriente de sus obligaciones fiscales e identifique en sus declaraciones de IRPF al arrendatario y el número de referencia catastral del bien arrendado.

e) Que el importe mensual del arrendamiento no sea superior a 800 euros.

Artículo 16[25]. *Deducción por la puesta de viviendas en el mercado de arrendamiento de viviendas habituales.*

1. Los contribuyentes propietarios o usufructuarios de inmuebles respecto de los que durante todo el periodo impositivo anterior hubiera procedido la imputación de una renta inmo-

---

[24]   Nuevo art. 15 quater incorporado por el art. primero 3 de la Ley 4/2018, de 30 de noviembre, de medidas fiscales para mejorar el acceso a la vivienda en Canarias (BOC núm. 235, de 4 de diciembre de 2018), en vigor desde 5 de diciembre de 2018.

[25]   Nueva redacción del art. 16 dada por el art. 1. Dos del Decreto-ley 1/2025, de 3 de febrero, por el que se modifican determinadas medidas autonómicas en el Impuesto sobre la Renta de las Personas Físicas y la bonificación extraordinaria y temporal del precio final de determinados combustibles derivados del refino del petróleo para el periodo desde el día 1 de febrero de 2025 hasta el 31 de diciembre de 2025, y

se determina la aplicación del tipo cero en el Impuesto General Indirecto Canario para la recuperación de diversas actividades en la isla de La Palma (BOC núm. 51, de 13 de marzo de 2025), con efectos desde 1 de enero de 2024.

Redacción anterior dada por la Disp. Final Décima Diecisiete de la Ley 5/2024, de 26 de diciembre, de Presupuestos Generales de la Comunidad Autónoma de Canarias para 2025 (BOC núm. 260, de 30 de diciembre de 2024), con efectos desde 1 de enero de 2024: «*1. Los contribuyentes propietarios o usufruc-tuarios de inmuebles respecto de los que durante todo el periodo impositivo anterior hubiera procedido la imputación de una renta inmobiliaria en los términos del artículo 85 de la Ley 35/2006, de 28 de no-viembre, del Impuesto sobre la Renta de las Personas Físicas y de modificación parcial de las leyes de los Impuestos sobre Sociedades, sobre la Renta de no Residentes y sobre el Patrimonio, podrán deducir en la cuota 1.000 euros por cada uno de estos bienes inmuebles radicados en Canarias que se destinen a los arrendamientos de vivienda previstos en el artículo 2 de la Ley 29/1994, de 24 de noviembre, de arrenda-mientos urbanos, siempre que el arrendamiento no constituya una actividad económica.*

También podrán aplicar esta deducción los contribuyentes que adquieran por cualquier título un bien in-mueble, siempre que en el periodo impositivo anterior no hubiese sido arrendado y, en el plazo máximo de seis meses desde la adquisición, lo destinen al arrendamiento de viviendas previsto en el artículo 2 de la Ley 29/1994, de 24 de noviembre, de arrendamientos urbanos, siempre que el arrendamiento no constituya una actividad económica.

2. La deducción será única por cada inmueble y aplicable en el primer periodo impositivo en el que la vivienda sea arrendada.

El importe de la deducción se prorrateará en función del porcentaje de participación en la propiedad o usufructo del inmueble.

3. Para aplicar esta deducción deberán concurrir todos los requisitos siguientes:

a) El contrato de arrendamiento deberá tener una duración efectiva de al menos tres años. No obstante, no se perderá el derecho a la deducción en caso de que el contrato de arrendamiento tenga una duración inferior a tres años cuando dicho inmueble pase a estar en situación de expectativa de alquiler y vuelva a ser objeto de un nuevo contrato de arrendamiento de vivienda dentro del plazo de seis meses desde la finalización del anterior contrato, siempre que la suma de los periodos de duración de ambos contratos de arrendamiento sea de al menos tres años.

b) El arrendatario de la vivienda no podrá ser el cónyuge ni un pariente, por consanguinidad o por afinidad, hasta el tercer grado inclusive, del contribuyente.

c) Solo podrán aplicar esta deducción los contribuyentes titulares o usufructuarios de un máximo de cinco inmuebles, con independencia de dónde estén estos radicados, destinados al arrendamiento, excluidos garajes y trasteros.

4. El incumplimiento de los requisitos establecidos en este artículo para tener derecho a la aplicación de la deducción, dará lugar a que el contribuyente deba proceder a la integración en el Impuesto sobre la Renta de las Personas Físicas en el ejercicio del incumplimiento, de la cantidad que en su día se dedujo, liquidándose intereses de demora en los términos previstos en la Ley 58/2003, de 17 de diciembre, General Tributaria, y en su normativa de desarrollo».

Redacción anterior: «*Deducción por variación del euribor.*

1. Con efectos desde el día 1 de enero de 2008, los contribuyentes que hayan obtenido un préstamo hipotecario a tipo variable referenciado al euribor, destinado a la financiación de la adquisición o rehabi-litación de la que constituya o vaya a constituir su primera vivienda habitual, podrán deducir de la cuota íntegra autonómica del Impuesto sobre la Renta de las Personas Físicas, el resultado de aplicar a la base de deducción el porcentaje equivalente a la variación media positiva del euribor a lo largo de cada período impositivo.

2. El porcentaje de deducción será la diferencia entre el euribor medio anual del período impositivo y el euribor medio anual del período impositivo inmediatamente anterior, fijado en ambos casos por el Banco de España. La diferencia se expresará con tres decimales.

3. La base de esta deducción estará constituida por las cantidades satisfechas por amortización, intereses y demás gastos derivados de la financiación de la primera vivienda habitual, con el límite de 9.015 euros.

biliaria en los términos del artículo 85 de la Ley 35/2006, de 28 de noviembre, del Impuesto sobre la Renta de las Personas Físicas y de modificación parcial de las leyes de los Impuestos sobre Sociedades, sobre la Renta de no Residentes y sobre el Patrimonio, podrán deducir en la cuota 1.000 euros por cada uno de estos bienes inmuebles radicados en Canarias que se destinen a los arrendamientos de vivienda previstos en el artículo 2 de la Ley 29/1994, de 24 de noviembre, de arrendamientos urbanos, siempre que el arrendamiento no constituya una actividad económica.

También podrán aplicar esta deducción los contribuyentes que adquieran por cualquier título un bien inmueble, siempre que en el periodo impositivo anterior no hubiese sido arrendado y, en el plazo máximo de seis meses desde la adquisición, lo destinen al arrendamiento de viviendas previsto en el artículo 2 de la Ley 29/1994, de 24 de noviembre, de arrendamientos urbanos, siempre que el arrendamiento no constituya una actividad económica.

2. La deducción será única por cada inmueble y aplicable en el primer periodo impositivo en el que la vivienda sea arrendada.

El importe de la deducción se prorrateará en función del porcentaje de participación en la propiedad o usufructo del inmueble.

3. Para aplicar esta deducción deberán concurrir todos los requisitos siguientes:

a) El contrato de arrendamiento deberá tener una duración efectiva de al menos tres años. No obstante, no se perderá el derecho a la deducción en caso de que el contrato de arrendamiento tenga una duración inferior a tres años cuando dicho inmueble pase a estar en situación de expectativa de alquiler y vuelva a ser objeto de un nuevo contrato de arrendamiento de vivienda dentro del plazo de seis meses desde la finalización del anterior contrato, siempre que la suma de los periodos de duración de estos contratos de arrendamiento sea de al menos tres años.

b) El arrendatario de la vivienda no podrá ser el cónyuge ni un pariente, por consanguinidad o por afinidad, hasta el tercer grado inclusive, del contribuyente.

c) Solo se aplicará esta deducción a un máximo de cinco inmuebles, destinados al arrendamiento de vivienda, excluidos garajes y trasteros. A los exclusivos efectos del cálculo de este número de inmuebles, cada uno computará como una unidad, con independencia del porcentaje de titularidad.

4. El incumplimiento de los requisitos establecidos en este artículo para tener derecho a la aplicación de la deducción, dará lugar a que el contribuyente deba proceder a la integración en el Impuesto sobre la Renta de las Personas Físicas en el ejercicio del incumplimiento, de la cantidad que en su día se dedujo, liquidándose intereses de demora en los términos previstos en la Ley 58/2003, de 17 de diciembre, General Tributaria, y en su normativa de desarrollo.

---

4. Esta deducción, vigente hasta el año 2012, será aplicable por los contribuyentes que hayan obtenido rentas en el ejercicio en que se origina el derecho a la deducción por importe inferior a 30.000 euros o, en el supuesto de tributación conjunta, cuando la unidad familiar haya obtenido rentas por importe inferior a 42.000 euros. Para la determinación de la renta se estará a lo establecido en el artículo 17 del presente Texto Refundido.

5. A los efectos de esta deducción, el concepto de vivienda habitual será el contenido en la normativa vigente del Impuesto sobre la Renta de las Personas Físicas».

Artículo 16 bis[26]. *Deducción por contribuyentes desempleados.*

Los contribuyentes que perciban prestaciones por desempleo podrán deducir la cantidad de 120 euros siempre que concurran todos los siguientes requisitos:

– Estar en situación legal de desempleo durante más de seis meses del periodo impositivo.

– La suma de los rendimientos íntegros del trabajo ha de ser superior a 11.200 euros e igual o inferior a 22.000 euros, tanto en tributación individual como en tributación conjunta. Estas cuantías serán, para cada periodo impositivo, las equivalentes en la normativa reguladora del impuesto sobre la renta de las personas físicas a efectos de la obligación de declarar.

– La suma de la base imponible general y del ahorro, excluida la parte correspondiente a los rendimientos del trabajo, no podrá superar la cantidad de 1.600 euros.

Artículo 16 ter[27]. *Deducción por gasto de enfermedad.*

1. Los contribuyentes podrán deducir un 12% de los gastos y honorarios profesionales abonados durante el periodo impositivo por la prestación de servicios realizada por quienes tengan la condición de profesionales médicos o sanitarios, excepto farmacéuticos, conforme

---

[26] Nueva redacción del art. 16 bis dada por la Disp. Final Décima Dieciocho de la Ley 5/2024, de 26 de diciembre, de Presupuestos Generales de la Comunidad Autónoma de Canarias para 2025 (BOC núm. 260, de 30 de diciembre de 2024), con efectos desde 1 de enero de 2024.

Redacción anterior dada por el art. 45.diez de la Ley 4/2012, de 25 de junio, de medidas administrativas y fiscales, (BOC núm. 124, de 26 de junio de 2012), en vigor desde el 1 de enero de 2012: «*Deducción por contribuyentes desempleados.*

Los contribuyentes que perciban prestaciones por desempleo podrán deducir la cantidad de 100 euros siempre que se cumplan los siguientes requisitos:

– Tener residencia habitual en las Islas Canarias.

– Estar en situación legal de desempleo durante más de 6 meses del período impositivo.

– La suma de los rendimientos íntegros del trabajo ha de ser superior a 11.200 euros e igual o inferior a 22.000 euros, tanto en tributación individual como en tributación conjunta. Estas cuantías serán para cada período impositivo las equivalentes en la normativa reguladora del Impuesto sobre la Renta de las Personas Físicas a efectos de la obligación de declarar.

– La suma de la base imponible general y del ahorro, excluida la parte correspondiente a los rendimientos del trabajo, no podrá superar la cantidad de 1.600 euros».

Con anterioridad fue incorporado por la Disp. Final Primera de la Ley 13/2009, de 28 de diciembre, de Presupuestos Generales de la Comunidad Autónoma de Canarias para 2010, (BOC núm. 255, jueves 31 de diciembre de 2009).

[27] Nueva redacción del art. 16 ter dada por la Disp. Final Décima Diecinueve de la Ley 5/2024, de 26 de diciembre, de Presupuestos Generales de la Comunidad Autónoma de Canarias para 2025 (BOC núm. 260, de 30 de diciembre de 2024), con efectos desde 1 de enero de 2024.

Redacción anterior por su incorporación dada por la Disp. final octava trece de la Ley 7/2017, de 27 de diciembre, de Presupuestos Generales de la Comunidad Autónoma de Canarias para 2018 (BOC núm. 250, de 30 de diciembre de 2017; BOE núm. 35, de 8 de febrero de 2018), en vigor desde el 1 de febrero de 2018: «*1. Los contribuyentes podrán deducir un 10 por 100 de los gastos y honorarios profesionales abonados durante el periodo impositivo por la prestación de servicios realizada por quienes tengan la condición de profesionales médicos o sanitarios, excepto farmacéuticos, conforme a lo dispuesto en los artículos 2 y 3 de la Ley 44/2003, de 21 de noviembre, de ordenación de las profesiones sanitarias, por motivo de la prevención, diagnóstico y tratamiento de enfermedades, salud dental, embarazo y nacimiento de hijos, accidentes e invalidez, tanto propios como de las personas que se incluyan en el mínimo familiar. En ningún caso se incluye la asistencia con fines estéticos, excepto cuando constituyan la reparación de daños causados por accidentes o intervenciones que afecten a las personas y los tratamientos destinados a la identidad sexual.*

a lo dispuesto en los artículos 2 y 3 de la Ley 44/2003, de 21 de noviembre, de ordenación de las profesiones sanitarias, por motivo de la prevención, diagnóstico y tratamiento de enfermedades, salud dental, embarazo y nacimiento de hijos, accidentes e invalidez, tanto propios como de las personas que se incluyan en el mínimo familiar.

En ningún caso se incluye la asistencia con fines estéticos, excepto cuando constituyan la reparación de daños causados por accidentes o intervenciones que afecten a las personas y los tratamientos destinados a la identidad sexual. Tampoco se integrarán en la base de la deducción las primas satisfechas por seguros médicos ni el importe de las prestaciones médicas que sean reintegrables por la Seguridad Social o las entidades que la sustituyan.

Los contribuyentes podrán deducir un 12% de los gastos en la adquisición de aparatos y complementos, incluidas las gafas graduadas y las lentillas, que por sus características objetivas solo puedan destinarse a suplir las deficiencias físicas de las personas.

Esta deducción tendrá un límite anual de 500 euros en tributación individual y 700 euros en tributación conjunta. Estos límites se incrementarán en 100 euros en tributación individual cuando el contribuyente sea una persona mayor de 65 años o con discapacidad y acredite un grado de discapacidad igual o superior al 65%.

2. La base de esta deducción estará constituida por las cantidades justificadas con factura.

La factura deberá cumplir todas las condiciones establecidas en el Reglamento por el que se regulan las obligaciones de facturación, aprobado por el Real Decreto 1619/2012, de 30 de noviembre. La factura recibida por el contribuyente deberá conservarse durante el plazo de prescripción.

Los contribuyentes podrán deducir un 10 por 100 de los gastos en la adquisición de aparatos y complementos, incluidas las gafas graduadas y las lentillas, que por sus características objetivas solo puedan destinarse a suplir las deficiencias físicas de las personas.

Esta deducción tendrá un límite anual de 500 euros en tributación individual y 700 euros en tributación conjunta. Estos límites se incrementarán en 100 euros en tributación individual cuando el contribuyente sea una persona con discapacidad y acredite un grado de discapacidad igual o superior al 65 por 100.

2. La base de esta deducción estará constituida por las cantidades justificadas con factura y satisfechas, mediante tarjeta de crédito o débito, transferencia bancaria, cheque nominativo o ingreso en cuenta en entidades de crédito, a las personas o entidades que presten los servicios o entreguen los bienes. En ningún caso darán derecho a practicar esta deducción las cantidades satisfechas mediante entregas de dinero de curso legal.

La factura deberá cumplir todas las condiciones establecidas en el Reglamento por el que se regulan las obligaciones de facturación aprobado por el Real Decreto 1619/2012, de 30 de noviembre. La factura recibida por el contribuyente deberá conservarse durante el plazo de prescripción.

3. Solo tendrán derecho a la aplicación de esta deducción los contribuyentes que no hayan obtenido rentas en el período impositivo en que se origina el derecho a la deducción por importe superior a 39.000 euros; y, en el supuesto de tributación conjunta, cuando la unidad familiar no haya obtenido rentas por importe superior a 52.000 euros [apartado 3 incorporado por la Disp. Final Séptima.Cinco de la Ley 19/2019, de 30 de diciembre, en vigor desde el 1 de enero de 2020]».

Redacción anterior dada por el art. 4.Tres de la Ley 9/2014, de 6 de noviembre, de medidas tributarias, administrativas y sociales de Canarias (BOC núm. 218, de 10 de noviembre de 2014), en vigor desde el día 1 de enero de 2013.

Redacción original del art. 14 ter dada por el art. 3.Tres de la Ley 11/2011, de 28 de diciembre, de medidas fiscales para el fomento de la venta y rehabilitación de viviendas y otras medidas tributarias, (BOC núm. 255, de 30 de diciembre de 2011), en vigor desde el 31 de diciembre de 2011.

3. Cuando se trate de gastos y honorarios abonados a profesionales médicos o sanitarios, la aplicación de la deducción queda condicionada a la declaración por parte del contribuyente del número de identificación fiscal del prestador de cada servicio y de su importe anual.

4. Tendrán derecho a la aplicación de esta deducción los contribuyentes que no hayan obtenido rentas en el periodo impositivo en que se origina el derecho a la deducción por importe superior a 45.500 euros; y, en el supuesto de tributación conjunta, cuando la unidad familiar no haya obtenido rentas por importe superior a 60.500 euros.

Para contribuyentes que hayan obtenido rentas superiores a 45.500 en tributación individual o superiores a 60.500 euros en el supuesto de tributación conjunta, el importe de la deducción tendrá un límite anual de 150 euros.

Artículo 16 quater[28]. *Deducción por familiares dependientes con discapacidad.*

1. Los contribuyentes que tengan derecho a la aplicación del mínimo por discapacidad de descendientes o ascendientes conforme a la normativa estatal del impuesto sobre la renta

---

[28]   Nueva redacción el art. 1.Tres del Decreto-ley 1/2025, de 3 de febrero, por el que se modifican determinadas medidas autonómicas en el Impuesto sobre la Renta de las Personas Físicas y la bonificación extraordinaria y temporal del precio final de determinados combustibles derivados del refino del petróleo para el periodo desde el día 1 de febrero de 2025 hasta el 31 de diciembre de 2025, y se determina la aplicación del tipo cero en el Impuesto General Indirecto Canario para la recuperación de diversas actividades en la isla de La Palma (BOC núm. 51, de 13 de marzo de 2025), con efectos desde 1 de enero de 2024.
Redacción anterior dada por la Disp. Final Décima Veinte de la Ley 5/2024, de 26 de diciembre, de Presupuestos Generales de la Comunidad Autónoma de Canarias para 2025 (BOC núm. 260, de 30 de diciembre de 2024), con efectos desde 1 de enero de 2024: «*1. Los contribuyentes que tengan derecho a la aplicación del mínimo por discapacidad de descendientes o ascendientes conforme a la normativa estatal del impuesto sobre la renta de las personas físicas, siempre que tales descendientes o ascendientes tuvieran una discapacidad igual o superior al 65%, podrán deducirse de la cuota íntegra autonómica la cantidad de 600 euros por persona con discapacidad.*
2. Esta deducción no se aplicará cuando el contribuyente haya obtenido rentas en el periodo impositivo en que se origina el derecho a la deducción por importe superior a 45.500 euros; en el supuesto de tributación conjunta, cuando la unidad familiar haya obtenido rentas por importe superior a 60.500 euros.
3. Cuando varios contribuyentes tengan derecho a la aplicación de la deducción prevista en el presente artículo, se estará a las reglas del prorrateo, convivencia y demás límites previstos en la normativa estatal del impuesto sobre la renta de las personas físicas.
4. Asimismo, cuando se acredite que las personas con discapacidad necesitan ayuda de terceras personas y generen derecho a la aplicación del mínimo en concepto de gastos de asistencia, conforme a la normativa estatal reguladora del impuesto sobre la renta de las personas físicas, el contribuyente podrá deducirse de la cuota íntegra autonómica la cantidad resultante de aplicar el 20% de las cantidades satisfechas en el periodo impositivo por las cuotas a la Seguridad Social de un trabajador incluido en el Sistema Especial del Régimen General de la Seguridad Social de Empleados del Hogar, con el límite de 500 euros anuales por contribuyente.
Únicamente tendrá derecho a esta deducción el contribuyente titular del hogar familiar que conste como tal en la Tesorería General de la Seguridad Social, por la afiliación en la Comunidad Autónoma de Canarias al Sistema Especial del Régimen General de la Seguridad Social de Empleados del Hogar, de acuerdo con lo previsto en la normativa de aplicación y consigne en su declaración el número de identificación fiscal o número de identidad de extranjero del empleado que genera el derecho a esta deducción».
Redacción anterior por su incorporación por la Disp. final octava catorce de la Ley 7/2017, de 27 de diciembre, de Presupuestos Generales de la Comunidad Autónoma de Canarias para 2018 (BOC núm. 250, de 30 de diciembre de 2017; BOE núm. 35, de 8 de febrero de 2018), en vigor desde el 1 de febrero de 2018: «*1. Los contribuyentes que tengan derecho a la aplicación del mínimo por discapacidad de descen-*

de las personas físicas, siempre que tales descendientes o ascendientes tuvieran una discapacidad igual o superior al 65%, podrán deducirse de la cuota íntegra autonómica la cantidad de 600 euros por persona con discapacidad.

2. Esta deducción no se aplicará cuando el contribuyente haya obtenido rentas en el periodo impositivo en que se origina el derecho a la deducción por importe superior a 45.500 euros; en el supuesto de tributación conjunta, cuando la unidad familiar haya obtenido rentas por importe superior a 60.500 euros.

3. Cuando varios contribuyentes tengan derecho a la aplicación de la deducción prevista en el presente artículo, se estará a las reglas del prorrateo, convivencia y demás límites previstos en la normativa estatal del impuesto sobre la renta de las personas físicas.

4. Asimismo, cuando se acredite que las personas con discapacidad necesitan ayuda de terceras personas y generen derecho a la aplicación del mínimo en concepto de gastos de asistencia, conforme a la normativa estatal reguladora del impuesto sobre la renta de las personas físicas, el contribuyente podrá deducirse de la cuota íntegra autonómica la cantidad resultante de aplicar el 20% de las cantidades satisfechas en el periodo impositivo por las cuotas a la Seguridad Social de un trabajador incluido en el Sistema Especial del Régimen General de la Seguridad Social de Empleados del Hogar, con el límite de 500 euros anuales por contribuyente.

Las cuotas satisfechas se atribuirán íntegramente al contribuyente que figure como empleador salvo que se trate de matrimonios en régimen de gananciales, en cuyo caso se atribuirán a los cónyuges por partes iguales. Se deberá consignar en la autoliquidación el número de identificación fiscal o número de identidad de extranjero del empleado que genera el derecho a esta deducción.

Artículo 16 quinquies[29]**. *Deducción por cuotas satisfechas a la Seguridad Social por la contratación de empleados o empleadas de hogar.***

1. Los contribuyentes podrán deducir un 20% de las cantidades satisfechas en el periodo impositivo por las cuotas a la Seguridad Social de un trabajador incluido en el Sistema Especial para Empleados del Hogar del Régimen General de la Seguridad Social, correspondiente

dientes o ascendientes conforme a la normativa estatal del impuesto sobre la renta de las personas físicas, siempre que tales descendientes o ascendientes tuvieran una discapacidad igual o superior al 65 por 100, podrán deducirse de la cuota íntegra autonómica la cantidad de 500 euros por persona con discapacidad.
2. Esta deducción no se aplicará cuando el contribuyente haya obtenido rentas en el periodo impositivo en que se origina el derecho a la deducción, por importe superior a 39.000 euros; en el supuesto de tributación conjunta, cuando la unidad familiar haya obtenido rentas por importe superior a 52.000 euros.
3. Cuando varios contribuyentes tengan derecho a la aplicación de la deducción prevista en el presente artículo, se estará a las reglas del prorrateo, convivencia y demás límites previstos en la normativa estatal del impuesto sobre la renta de las personas físicas».
Redacción anterior dada por el art. 4.Tres de la Ley 9/2014, de 6 de noviembre, de medidas tributarias, administrativas y sociales de Canarias (BOC núm. 218, de 10 de noviembre de 2014), en vigor desde el día 1 de enero de 2013.
Redacción original del art. 14 ter dada por el art. 3.Tres de la Ley 11/2011, de 28 de diciembre, de medidas fiscales para el fomento de la venta y rehabilitación de viviendas y otras medidas tributarias, (BOC núm. 255, de 30 de diciembre de 2011), en vigor desde el 31 de diciembre de 2011.
[29]   Nuevo art. 16 incorporado por la Disp. Final Décima Veintiuno de la Ley 5/2024, de 26 de diciembre, de Presupuestos Generales de la Comunidad Autónoma de Canarias para 2025 (BOC núm. 260, de 30 de diciembre de 2024), con efectos desde 1 de enero de 2024.

a la cotización anual de un empleado o empleada del hogar familiar, que constituya la vivienda habitual del empleador o empleadora.

El importe máximo de la deducción no podrá superar los 500 euros anuales, con independencia del número de personas contratadas.

2. Solo tendrán derecho a la aplicación de esta deducción cualquiera de los siguientes contribuyentes:

a) Los contribuyentes que a la fecha de devengo del impuesto tengan derecho a la aplicación del mínimo por descendientes regulado en la normativa del impuesto sobre la renta de las personas físicas, siempre que perciban rendimientos del trabajo o de actividades económicas.

b) Los contribuyentes que tengan una edad igual o superior a 75 años.

c) Los contribuyentes mayores de 65 años si tienen la consideración de personas con discapacidad física, orgánica o sensorial con un grado igual o superior al 65 por 100 o con discapacidad cognitiva, psicosocial, intelectual o del desarrollo con un grado igual o superior al 33%.

3. Las cuotas satisfechas se atribuirán íntegramente al contribuyente que figure como empleador salvo que se trate de matrimonios en régimen de gananciales, en cuyo caso se atribuirán a los cónyuges por partes iguales.

4. La aplicación de la deducción queda condicionada a la declaración por parte del contribuyente del número de identificación fiscal o número de identidad de extranjero del trabajador incluido en el Sistema Especial para Empleados del Hogar del Régimen General de la Seguridad Social que genera el derecho a esta deducción.

Artículo 17[30]. *Referencia normativa.*

A los efectos de la aplicación de las deducciones autonómicas de la Comunidad Autónoma de Canarias en el impuesto sobre la renta de las personas físicas, las referencias contenidas a la expresión «renta» en las normas reguladoras de las mismas deberán entenderse hechas a la base imponible general y del ahorro definida en la Ley 35/2006, de 28 de noviembre, del Impuesto sobre la Renta de las Personas Físicas y de modificación parcial de las Leyes de los Impuestos sobre Sociedades, sobre la Renta de no Residentes y sobre el Patrimonio, o en el texto legal que lo sustituya.

❭ Artículo 18[31]. *Límites.*

1. La suma de las deducciones previstas en este capítulo aplicadas sobre la cuota íntegra autonómica en ningún caso podrá superar el importe de la misma.

---

[30]   Nueva redacción dada por la Disp. final octava quince de la Ley 7/2017, de 27 de diciembre, de Presupuestos Generales de la Comunidad Autónoma de Canarias para 2018 (BOC núm. 250, de 30 de diciembre de 2017; BOE núm. 35, de 8 de febrero de 2018), en vigor desde el 1 de febrero de 2018.

[31]   Nueva redacción del art. 18 el art. 1.Cuatro del Decreto-ley 1/2025, de 3 de febrero, por el que se modifican determinadas medidas autonómicas en el Impuesto sobre la Renta de las Personas Físicas y la bonificación extraordinaria y temporal del precio final de determinados combustibles derivados del refino del petróleo para el periodo desde el día 1 de febrero de 2025 hasta el 31 de diciembre de 2025, y se determina la aplicación del tipo cero en el Impuesto General Indirecto Canario para la recuperación de diversas actividades en la isla de La Palma (BOC núm. 51, de 13 de marzo de 2025), con efectos desde 1 de enero de 2024.

2. Sobre un mismo bien, por parte de un mismo contribuyente, no se podrá aplicar más de una de las deducciones previstas en el presente capítulo.

3. Las bases de las deducciones a la cuota íntegra autonómica reguladas en el presente texto refundido, se minorarán en el importe de las ayudas concedidas por las Administraciones Públicas en el periodo impositivo de que se trate, que cubran la totalidad o parte de los gastos que dan derecho a la deducción.

Lo establecido en este apartado será aplicable cuando la ayuda tenga la consideración de renta exenta a los efectos del Impuesto sobre la Renta de las Personas Físicas.

Artículo 18 bis[32]. Escala *autonómica*.

La escala autonómica aplicable a la base liquidable general, a que se refiere el artículo 74.1 de la Ley 35/2006, de 28 de noviembre, del Impuesto sobre la Renta de las Personas

---

Redacción anterior dada por la Disp. Final Décima Veintidós de la Ley 5/2024, de 26 de diciembre, de Presupuestos Generales de la Comunidad Autónoma de Canarias para 2025 (BOC núm. 260, de 30 de diciembre de 2024), con efectos desde 1 de enero de 2024: «*1. La suma de las deducciones previstas en este capítulo aplicadas sobre la cuota íntegra autonómica en ningún caso podrá superar el importe de esta. 2. Sobre un mismo bien, por parte de un mismo contribuyente no se podrá aplicar más de una de las deducciones previstas en el presente capítulo.*
3. Las deducciones a la cuota íntegra autonómica reguladas en el presente texto refundido se minorarán en el importe de las ayudas concedidas por las Administraciones públicas en el periodo impositivo de que se trate, que cubran la totalidad o parte de los gastos que dan derecho a la deducción.
Lo establecido en este apartado será aplicable exclusivamente cuando la ayuda tenga la consideración de renta exenta a los efectos del impuesto sobre la renta de las personas físicas».
Redacción anterior dada por el art. 45.Once de la Ley 4/2012, de 25 de junio, de medidas administrativas y fiscales, (BOC núm. 124, de 26 de junio de 2012), en vigor desde el 1 de enero de 2012: «*1. La suma de las deducciones previstas en este capítulo aplicadas sobre la cuota íntegra autonómica en ningún caso podrá superar el importe de la misma.*
2. Sobre un mismo bien no se podrá aplicar más de una de las deducciones previstas en el presente capítulo».

[32] Nueva redacción del art. 18 bis. dada por la Disp. Final Décima Veintitrés de la Ley 5/2024, de 26 de diciembre, de Presupuestos Generales de la Comunidad Autónoma de Canarias para 2025 (BOC núm. 260, de 30 de diciembre de 2024), con efectos desde 1 de enero de 2024.
Redacción anterior dada por la Disp. Final Séptima.Seis de la Ley 19/2019, de 30 de diciembre, de Presupuestos Generales de la Comunidad Autónoma de Canarias para 2020 (BOC núm. 252, de 31 de diciembre de 2019), en vigor desde el 1 de enero de 2020: «*La escala autonómica aplicable a la base liquidable general, a que se refiere el artículo 74.1 de la Ley 35/2006, de 28 de noviembre, del Impuesto sobre la Renta de las Personas Físicas y de modificación parcial de las Leyes de los Impuestos sobre Sociedades, sobre la Renta de no Residentes y sobre el Patrimonio, será la siguiente:*

Tramos	Base liquidable Hasta euros	Cuota íntegra Euros	Resto base liquidable Hasta euros	Tipo aplicable Porcentaje
1	0	0	12.450,00	9,50
2	12.450,01	1.120,50	5.257,20	11,50
3	17.707,21	1.725,08	15.300,00	14,00
4	33.007,21	3.867,08	20.400,00	18,50
5	53.407,21	7.641,08	36.592,00	23,50
6	90.000,01	16.240,39	30.000,00	25,00
7	120.000,01	23.740,39	En adelante	26,00

Redacción anterior dada por la Disp. Final Octava.Dos de la Ley 7/2018, de 28 de diciembre, de Presupuestos Generales de la Comunidad Autónoma de Canarias para 2019 (BOC núm. 252, de 31 de diciembre de 2018), con efectos desde el 1 de enero de 2019: «La escala autonómica aplicable a la base liquidable general, a que se refiere el artículo 74.1 de la Ley 35/2006, de 28 de noviembre, del Impuesto sobre la Renta de las Personas Físicas y de modificación parcial de las Leyes de los Impuestos sobre Sociedades, sobre la Renta de no Residentes y sobre el Patrimonio, será la siguiente:

Tramos	Base liquidable Hasta euros	Cuota íntegra Euros	Resto base liquidable Hasta euros	Tipo aplicable Porcentaje
1	0	0	12.450,00	9,50
2	12.450,01	1.120,50	5.257,20	11,50
3	17.707,21	1.725,08	15.300,00	14,00
4	33.007,21	3.867,08	20.400,00	18,50
5	53.407,21	7.641,08	36.592,00	23,50
6	90.000,01	16.240,39	En adelante	24,00

Redacción anterior dada por la Disp. Final Segunda.Uno de la Ley 11/2014, de 26 de diciembre, de Presupuestos Generales de la Comunidad Autónoma de Canarias para 2015 (BOC núm. 253, de 31 de diciembre de 2014), en vigor desde el 1 de enero de 2015: «La escala autonómica aplicable a la base liquidable general, a que se refiere el artículo 74.1 de la Ley 35/2006, de 28 de noviembre, del Impuesto sobre la Renta de las Personas Físicas, en redacción dada por la Ley 39/2010, de 22 de diciembre, de Presupuestos Generales del Estado para el año 2011, será la siguiente:

Base liquidable Hasta euros	Cuota íntegra Euros	Resto base liquidable Hasta euros	Tipo aplicable Porcentaje
0	0	12.450,00	9,50
12.450,01	1.182,75	5.257,20	12,00
17.707,21	1.813,61	15.300,00	14,00
33.007,21	3.955,61	20.400,00	18,50
53.407,21	7.729,61	36.592,00	23,50
90.000,01	16.328,92	En adelante	24,00

Redacción anterior dada por el art. 45.Doce de la Ley 4/2012, de 25 de junio, de medidas administrativas y fiscales, (BOC núm. 124, de 26 de junio de 2012), en vigor desde el 1 de enero de 2012: «La escala autonómica aplicable a la base liquidable general, a que se refiere el artículo 74.1 de la Ley 35/2006, de 28 de noviembre, del Impuesto sobre la Renta de las Personas Físicas, en redacción dada por la Ley 39/2010, de 22 de diciembre, de Presupuestos Generales del Estado para el año 2011, será la siguiente:

Base liquidable Hasta euros	Cuota íntegra Euros	Resto base liquidable Hasta euros	Tipo aplicable Porcentaje
0	0	17.707,20	12
17.707,20	2.124,86	15.300,00	14
33.007,20	4.266,86	20.400,00	18,50
53.407,20	8.040,86	En adelante	21,58»

Con anterioridad fue incorporado por el art. 3.Cuatro de la Ley 11/2011, de 28 de diciembre, de medidas fiscales para el fomento de la venta y rehabilitación de viviendas y otras medidas tributarias, (BOC núm. 255, de 30 de diciembre de 2011), con efectos desde el 1 de enero de 2011: «La escala autonómica aplicable a la base liquidable general, a que se refiere el artículo 74 de la Ley 35/2006, de 28 de noviembre, del Impuesto sobre la Renta de las Personas Físicas, en redacción dada por la Ley 22/2009, de 18 de diciembre, por la que se regula el sistema de financiación de las Comunidades Autónomas de régimen común y

Físicas y de modificación parcial de las leyes de los Impuestos sobre Sociedades, sobre la Renta de no Residentes y sobre el Patrimonio, en redacción dada por la Ley 39/2010, de 22 de diciembre, de Presupuestos Generales del Estado para el año 2011, será la siguiente:

Tramos	Base liquidable Hasta euros	Cuota íntegra Euros	Resto base liquidable Hasta euros	Tipo aplicable Porcentaje
1	0	0	13.465	9,00%
2	13.465	1.211,85	5.557	11,50%
3	19.022	1.850,91	16.163	14,00%
4	35.185	4.113,73	21.197	18,50%
5	56.382	8.035,17	34.968	23,50%
6	91.350	16.252,65	29.850	25,00%
7	121.200	23.715,15	en adelante	26,00%

Artículo 18 ter[33]. *Justificación.*

Mediante orden del consejero competente en materia tributaria se podrán establecer obligaciones de justificación e información que acrediten el derecho de los contribuyentes del

---

Ciudades con Estatuto de Autonomía y se modifican determinadas normas tributarias, será la siguiente con efectos desde el 1 de enero de 2011:

Base liquidable Hasta euros	Cuota íntegra Euros	Resto base liquidable Hasta euros	Tipo aplicable Porcentaje
0	0	17.707,20	12
17.707,20	2.124,86	15.300,00	14
33.007,20	4.266,86	20.400,00	18,5
53.407,20	8.040,86	En adelante	21,5

De acuerdo con su Disposición derogatoria única, «quedan derogadas todas las norma de igual o inferior rango en lo que contradigan o se opongan a lo dispuesto en la presente ley», se entiende derogada la Ley 1/2011, de 21 de enero, del Impuesto sobre las Labores del Tabaco y otras Medidas Tributarias, (BOC núm. 17, de 25 de enero de 2011), disposición adicional «Quinta.- La escala autonómica aplicable a la base liquidable general, a que se refiere el artículo 74 de la Ley 35/2006, de 28 de noviembre, del Impuesto sobre la Renta de las Personas Físicas, en redacción dada por la Ley 22/2009, de 18 de diciembre, por la que se regula el sistema de financiación de las Comunidades Autónomas de régimen común y Ciudades con Estatuto de Autonomía y se modifican determinadas normas tributarias, será la siguiente en el ejercicio 2011:

Base liquidable Hasta euros	Cuota íntegra Euros	Resto base liquidable Hasta euros	Tipo aplicable Porcentaje
0	0	17.707,20	12
17.707,20	2.124,86	15.300,00	14
33.007,20	4.266,86	20.400,00	18,5
53.407,20	8.040,86	En adelante	21,5

Disposición Final cuarta. *Entrada en vigor.*
La presente ley entrará en vigor el día 1 de febrero de 2011».

[33]   Nuevo artículo incorporado por el art. 45.Trece de la Ley 4/2012, de 25 de junio, de medidas administrativas y fiscales, (BOC núm. 124, de 26 de junio de 2012), en vigor desde el 1 de enero de 2012.

Impuesto sobre la Renta de las Personas Físicas a disfrutar de las deducciones de la cuota que se contemplan en el presente capítulo y que hayan aplicado efectivamente.

Artículo 18 quater[34]. *Mínimo del contribuyente y por descendientes, ascendientes y discapacidad.*

Uno. Mínimo del contribuyente.

Para el cálculo del gravamen autonómico de la Comunidad Autónoma de Canarias se aplicarán los siguientes importes de mínimo del contribuyente en sustitución de los establecidos en el artículo 57 de la Ley 35/2006, de 28 de noviembre, del Impuesto sobre la Renta de las Personas Físicas y de modificación parcial de las leyes de los Impuestos sobre Sociedades, sobre la Renta de no Residentes y sobre el Patrimonio:

a) El mínimo del contribuyente será, con carácter general, de 5.606 euros anuales.

b) Cuando el contribuyente tenga una edad superior a 65 años, el mínimo se aumentará en 1.162 euros anuales. Si la edad es superior a 75 años, el mínimo se aumentará adicionalmente en 1.414 euros anuales.

Dos. Mínimo por descendientes.

Para el cálculo del gravamen autonómico de la Comunidad Autónoma de Canarias se aplicarán los siguientes importes de mínimo por descendientes en sustitución de los establecidos en el artículo 58 de la Ley 35/2006, de 28 de noviembre:

a) 2.424 euros anuales por el primer descendiente que genere derecho a la aplicación del mínimo por descendientes.

b) 2.727 euros anuales por el segundo.

c) 4.040 euros anuales por el tercero.

d) 4.545 euros anuales por el cuarto y siguientes.

Cuando el descendiente sea menor de 3 años, la cuantía que corresponda al mínimo por descendientes, de las indicadas en este artículo, se aumentará en 2.828 euros anuales.

Tres. Mínimo por ascendientes.

Para el cálculo del gravamen autonómico de la Comunidad Autónoma de Canarias se aplicarán los siguientes importes de mínimo por ascendientes en sustitución de los establecidos en el artículo 59 de la Ley 35/2006, de 28 de noviembre:

a) 1.162 euros anuales por cada ascendiente que genere derecho a la aplicación del mínimo por ascendientes.

b) Cuando el ascendiente sea mayor de 75 años, el mínimo a que se refiere la letra anterior se aumentará en 1.414 euros anuales.

Cuatro. Mínimo por discapacidad.

Para el cálculo del gravamen autonómico de la Comunidad Autónoma de Canarias se aplicarán los siguientes importes de mínimo por discapacidad en sustitución de los establecidos en el artículo 60 de la Ley 35/2006, de 28 de noviembre:

a) El mínimo por discapacidad del contribuyente será de 3.030 euros anuales cuando sea una persona que acredite un grado de discapacidad igual o superior al 33% y 9.090 euros

---

[34] Nuevo art. 18 ter incorporado por la Disp. Final Décima Veinticuatro de la Ley 5/2024, de 26 de diciembre, de Presupuestos Generales de la Comunidad Autónoma de Canarias para 2025 (BOC núm. 260, de 30 de diciembre de 2024), con efectos desde 1 de enero de 2024. Corrección de errores BOC, núm. 38, de 24 de febrero de 2025. Corrección de errores BOC núm. 38, de 24 de febrero de 2025.

anuales cuando sea una persona con discapacidad y acredite un grado de discapacidad igual o superior al 65%.

b) Dicho mínimo se aumentará, en concepto de gastos de asistencia, en 3.030 euros anuales cuando acredite necesitar ayuda de terceras personas o movilidad reducida, o un grado de discapacidad igual o superior al 65%.

c) El mínimo por discapacidad de ascendientes o descendientes será de 3.030 euros anuales por cada uno de los descendientes o ascendientes que generen derecho a la aplicación del mínimo al que se refieren los artículos 58 y 59 de la Ley 35/2006, de 28 de noviembre, que sean personas con discapacidad, cualquiera que sea su edad. El mínimo será de 9.090 euros anuales, por cada uno de ellos que acrediten un grado de discapacidad igual o superior al 65%.

d) Dicho mínimo se aumentará, en concepto de gastos de asistencia, en 3.030 euros anuales por cada ascendiente o descendiente que acredite necesitar ayuda de terceras personas o movilidad reducida, o un grado de discapacidad igual o superior al 65%.

TÍTULO IV. DISPOSICIÓN COMÚN

Artículo 41[35]. *Equiparación a cónyuges.*

1. Los miembros de las parejas de hecho tienen la asimilación a los cónyuges, con respecto al Impuesto sobre Sucesiones y Donaciones, el Impuesto sobre Transmisiones Patrimoniales y Actos Jurídicos Documentados y a las deducciones autonómicas del Impuesto sobre la Renta de las Personas Físicas. Lo anterior no será de aplicación a la tributación conjunta respecto al tramo autonómico del Impuesto sobre la Renta de las Personas Físicas. Los efectos de esta asimilación solo se producirán con relación a las materias que, en el ejercicio de las competencias normativas delegadas por el Estado, hayan sido dictadas por la Comunidad Autónoma de Canarias.

2. La acreditación de la condición de pareja de hecho puede realizarse, a los efectos de lo dispuesto en el apartado 1 anterior, por cualquier medio de prueba admitido en derecho.

(...)

Disposición adicional primera[36]. *Medidas extraordinarias en el ámbito del impuesto sobre la renta de las personas físicas, por la erupción volcánica de la isla de La Palma.*

Uno. *Deducción por mínimo personal, familiar y por discapacidad.*

---

[35]   Nueva redacción del art. 41 dada por el art. 3 del Decreto Ley 15/2022, de 29 de diciembre, por el que se prorroga la aplicación del tipo cero en el Impuesto General Indirecto Canario para combatir los efectos del COVID-19 y se modifican otras normas tributarias (BOC núm. 256, de 30 de diciembre de 2022), con efectos desde el 1 de enero de 2023.
Redacción anterior dada por la Disp. final. Tercera Tres de la Ley 1/2011, de 21 de enero, del Impuesto sobre las Labores del Tabaco y otras Medidas Tributarias, (BOC núm. 17, de 25 de enero de 2011), con efectos desde el 1 de febrero de 2011.

[36]   Incorporada por la Disp. final séptima.Dos de la Ley 6/2021, de 28 de diciembre, de Presupuestos Generales de la Comunidad Autónoma de Canarias para 2022 (BOC núm. 269, de 31 de diciembre de 2021), con efectos desde el 19 de septiembre de 2021.
Decreto-ley 2/2022, de 10 de febrero, por el que se adaptan las medidas tributarias excepcionales en la isla de La Palma, al Decreto-ley 1/2022, de 20 de enero, por el que se adoptan medidas urgentes en materia urbanística y económica para la construcción o reconstrucción de viviendas habituales afectadas

Para los periodos impositivos 2021 y 2022, los contribuyentes con residencia habitual en el año 2021 en la isla de La Palma podrán practicar una deducción en la cuota íntegra autonómica equivalente al resultado de aplicar el tipo de gravamen del primer tramo de la escala autonómica, sobre una base constituida por el 10 por ciento de cada una de las cuantías correspondientes al mínimo del contribuyente y a los mínimos por descendientes, ascendientes y discapacidad a que se refieren los artículos 57, 58, 59 y 60 de la Ley 35/2006, de 28 de noviembre, del Impuesto sobre la Renta de las Personas Físicas y de modificación parcial de las leyes de los Impuestos sobre Sociedades, sobre la Renta de no Residentes y sobre el Patrimonio, o normas que las sustituyan, siempre que concurra alguna de las siguientes situaciones:

a) Que hayan sido desalojados de forma definitiva de los inmuebles donde residían, por haber quedado destruidos, inhabitables o inaccesibles, como consecuencia de la erupción volcánica iniciada el 19 de septiembre de 2021. Será necesario que, por cualquier medio de prueba admitido en derecho, como por ejemplo, certificado de empadronamiento o contrato de alquiler, entre otros, se acredite que el día 19 de septiembre de 2021 los contribuyentes desalojados tenían su residencia en dichos inmuebles, con independencia del tiempo de permanencia en los mismos anterior a dicha fecha.

b) Que los inmuebles donde se ubicaban sus lugares de trabajo o sus medios de subsistencia, hayan quedado destruidos, inhabitables o inaccesibles de forma definitiva, como consecuencia de la erupción volcánica iniciada el 19 de septiembre de 2021. Será necesario que, por cualquier medio de prueba admitido en derecho, se acredite que en dicha fecha esos inmuebles constituían el lugar de trabajo del contribuyente o su medio de subsistencia, con independencia del tiempo anterior en que lo hayan sido.

Dos. *Deducción por desarraigo.*

1. Los contribuyentes que hayan perdido un inmueble por estar destruido, inhabitable o inaccesible de forma definitiva, como consecuencia de la erupción volcánica iniciada el 19 de septiembre de 2021 en la isla de La Palma, podrán deducirse de la cuota íntegra autonómica en los periodos impositivos 2021 y 2022, por cada uno de estos bienes, las siguientes cantidades:

– 2.000 euros por la vivienda en la que residían. Será necesario que por cualquier medio de prueba admitido en derecho, como por ejemplo, certificado de empadronamiento, entre otros, se acredite que el día 19 de septiembre de 2021 los contribuyentes tenían su residencia en dicha vivienda, con independencia del tiempo de permanencia anterior a dicha fecha.

– 2.000 euros por los inmuebles afectos a actividades empresariales o profesionales, incluidas las actividades agrícolas, ganaderas, forestales o pesqueras. Será necesario que por cualquier medio de prueba admitido en derecho, se acredite que el día 19 de septiembre

por la erupción volcánica en la isla de La Palma y por el que se modifica el citado Decreto-ley (BOC núm. 30, de 11 de febrero de 2022).

Disposición adicional primera. *Equiparación de conceptos.*

«Las expresiones contenidas en la disposición adicional segunda del Texto Refundido de las disposiciones legales vigentes dictadas por la Comunidad Autónoma de Canarias en materia de tributos cedidos, aprobado por el Decreto legislativo 1/2009, de 21 de abril, respecto de que «haya perdido un inmueble, tras su desaparición en la erupción volcánica iniciada el 19 de septiembre de 2021», han de entenderse equiparadas a inmuebles que se hayan perdido por haber quedado destruidos, inhabitables o inaccesibles de forma definitiva, como consecuencia de la erupción volcánica iniciada el 19 de septiembre de 2021 en la isla de La Palma».

de 2021 los citados inmuebles estaban afectos a dichas actividades, con independencia del tiempo anterior en que lo hayan sido.

– 1.000 euros por el resto de bienes inmuebles.

2. Los contribuyentes que hayan perdido cualquier vehículo a motor que haya desaparecido, como consecuencia de la erupción volcánica de la isla de La Palma iniciada el 19 de septiembre de 2021, podrán deducirse de la cuota íntegra autonómica en el periodo impositivo 2021, por cada uno de estos bienes, las siguientes cantidades:

– 300 euros por los vehículos a motor dotados de más de dos plazas.

– 100 euros por los vehículos a motor dotados de hasta dos plazas.

– 50 euros por los vehículos a motor dotados de una sola plaza.

El vehículo no debe figurar en el momento de su desaparición como dado de baja en el registro de la Dirección General de Tráfico o en el registro administrativo correspondiente, ni estar embargado por una Administración pública.

3. La existencia y titularidad de los citados bienes, como propietario, usufructuario o nudo propietario, debe acreditarse por cualquier medio de prueba admitido en derecho. Cuando sean varios los titulares, el importe de la deducción se prorrateará entre ellos de forma proporcional a su porcentaje de titularidad. Si un mismo inmueble tiene diferentes usos, únicamente se podrá aplicar el importe de la deducción correspondiente a uno de ellos.

4. Las deducciones recogidas en los apartados 1 y 2 de esta disposición, tendrán como límite, respectivamente, el 50 y el 10 por 100 de la cuota íntegra autonómica.

Tres. *Deducción por la cesión de uso temporal y gratuita de inmuebles ubicados en la isla de La Palma.*

Con vigencia en los periodos impositivos 2021 y 2022, los contribuyentes podrán deducirse de la cuota íntegra autonómica 200 euros por cada uno de los meses completos del año en que realicen, a título de precario, la cesión de uso temporal y gratuita de inmuebles ubicados en la isla de La Palma, con un límite máximo de 1.500 euros por cada inmueble, tanto en tributación individual como conjunta. Cuando sean varios los titulares del inmueble, ya sea como propietarios, usufructuarios o nudo propietarios, el importe de la deducción se prorrateará entre ellos de forma proporcional a su porcentaje de titularidad.

La cesión de uso ha de ser del inmueble completo, no de una parte, y por un periodo mínimo de 3 meses, y el beneficiario de la misma ha de ser cualquier persona o entidad que haya perdido un inmueble, por haber sido destruido o haber quedado inhabitable o inaccesible de forma definitiva, como consecuencia de la erupción volcánica iniciada el 19 de septiembre de 2021, debiendo acreditar su existencia y titularidad, como propietario, usufructuario o nudo propietario, por cualquier medio de prueba admitido en derecho. El inmueble debe utilizarse como vivienda o para el desarrollo de una actividad económica, sanitaria, educativa, científica, cultural, social, deportiva o religiosa, sin que quepa su cesión a terceros.

Esta deducción, tendrá como límite el 35 por 100 de la cuota íntegra autonómica.

Cuatro. *Deducción por gastos de enfermedad.*

Los contribuyentes que tengan derecho a aplicar la deducción por el mínimo personal, familiar y por discapacidad, recogida en la medida Uno de la disposición adicional primera del presente texto refundido, podrán deducir, durante los periodos impositivos 2021 y 2022, un 35 por 100 de todos los gastos previstos en el apartado 1 del artículo 16 ter del presente texto refundido, en lugar del 10 por 100 en él recogido, sin que les sea de aplicación el límite dispuesto en su apartado 3.

Disposición adicional cuarta[37]. *Medidas extraordinarias en el ámbito del impuesto sobre la renta de las personas físicas, por la situación inflacionaria.*

Uno. *Mejora de la deducción por gastos de estudios.*

1. Durante el período impositivo 2022 y 2023, los contribuyentes podrán deducirse por cada descendiente o adoptado soltero menor de 25 años, que dependa económicamente de él y que curse los estudios de educación superior previstos en el apartado 5 del artículo 3 de la Ley Orgánica 2/2006, de 3 de mayo, de Educación, fuera de la isla en la que se encuentre la residencia habitual del contribuyente, la cantidad de 1.800 euros.

La deducción, que se aplicará en la declaración correspondiente al periodo impositivo en que se inicie el curso académico, tendrá como límite el 40 por 100 de la cuota íntegra autonómica. Se asimilan a descendientes aquellas personas vinculadas con el contribuyente por razón de tutela o acogimiento no remunerado, en los términos previstos en la legislación vigente.

La cuantía de la deducción será de 1.920 euros para los contribuyentes cuya base liquidable sea inferior a 36.300 euros.

2. Esta deducción no se aplicará cuando concurra cualquiera de los siguientes supuestos:

a) cuando los estudios no abarquen un curso académico completo o un mínimo de 30 créditos;

b) cuando en la isla de residencia del contribuyente exista oferta educativa pública, diferente de la virtual o a distancia, para la realización de los estudios que determinen el traslado a otro lugar para ser cursados;

c) cuando el contribuyente haya obtenido rentas en el periodo impositivo en que se origina el derecho a la deducción, por importe superior a 42.900 euros; en el supuesto de tributación conjunta, cuando la unidad familiar haya obtenido rentas por importe superior a 57.200 euros;

d)[38] cuando el descendiente que origina el derecho a la deducción haya obtenido rentas en el periodo impositivo por importe superior a 8.000 euros o, cualquiera que sea su importe, rentas procedentes exclusivamente de ascendientes por consanguinidad o de entidades en las que los ascendientes tengan una participación de un mínimo del 5 por ciento del capital, computado individualmente, o un mínimo del 20 por ciento computado, conjuntamente, con los ascendientes.

3. Cuando varios contribuyentes tengan distinto grado de parentesco con quien curse los estudios que originan el derecho a la deducción, solamente podrán practicar la deducción los de grado más cercano.

---

[37] Nueva Disp. Adiciona cuarta incorporada por la Disposición final décima séptima de la Ley 7/2022, de 28 de diciembre, de Presupuestos Generales de la Comunidad Autónoma de Canarias para 2023 (BOC núm. 257, de 31 de diciembre de 2022) en vigor desde el 1 de enero de 2023.

[38] Nueva redacción de la letra d) dada por la Disp. Final Décima.Cuatro de la Ley 7/2023, de 27 de diciembre, de Presupuestos Generales de la Comunidad Autónoma de Canarias para 2024 (BOC núm. 255, de 30 de diciembre de 2023), con efectos desde el 1 de enero de 2023.

Redacción anterior: «*d) cuando el descendiente que origina el derecho a la deducción haya obtenido rentas en el periodo impositivo por importe superior a 8.000 euros o, cualquiera que sea su importe, rentas procedentes exclusivamente de ascendientes por consanguinidad o de entidades en las que los ascendientes tengan una participación de un mínimo del 5 por 100 del capital, computado individualmente, o un mínimo del 20 por 100 computado conjuntamente los ascendientes*».

Cuando dos o más contribuyentes tengan derecho a esta deducción y no opten o no puedan optar por la tributación conjunta, la deducción se prorrateará entre ellos.

4. Esta deducción, para el período impositivo 2022 y 2023, sustituye a la prevista en el artículo 7 del presente texto refundido.

Dos. *Mejora de la deducción por gastos de estudios en educación infantil, primaria, enseñanza secundaria obligatoria, bachillerato y formación profesional de grado medio.*

1. Durante el período impositivo 2022 y 2023, los contribuyentes podrán deducirse las cantidades satisfechas en el periodo impositivo por la adquisición de material escolar, libros de texto, transporte y uniforme escolar, comedores escolares y refuerzo educativo, hasta un máximo de 120 euros, por el primer descendiente o adoptado y 60 euros adicionales por cada uno de los restantes, que den lugar a la aplicación del mínimo por descendiente y que se encuentre escolarizado en educación infantil, primaria, enseñanza secundaria obligatoria, bachillerato y formación profesional de grado medio.

Esta deducción no se aplicará cuando el contribuyente haya obtenido rentas en el periodo impositivo en que se origina el derecho a la deducción, por importe superior a 42.900 euros; en el supuesto de tributación conjunta, cuando la unidad familiar haya obtenido rentas por importe superior a 57.200 euros.

Se asimilan a descendientes aquellas personas vinculadas con el contribuyente por razón de tutela o acogimiento no remunerado, en los términos previstos en la legislación vigente.

El gasto se deberá justificar a través de factura que debe cumplir todas las condiciones establecidas en el Reglamento por el que se regulan las obligaciones de facturación aprobado por el Real Decreto 1619/2012, de 30 de noviembre. La factura recibida por el contribuyente deberá conservarse durante el plazo de prescripción, admitiéndose copia de la misma en el supuesto de que dos o más contribuyentes tengan derecho a la deducción y no opten, o no puedan optar, por la tributación conjunta.

2. Cuando varios contribuyentes tengan distinto grado de parentesco con quien curse los estudios que originan el derecho a la deducción, solamente podrán practicar la deducción los de grado más cercano.

Cuando dos o más contribuyentes tengan derecho a esta deducción, la deducción se prorrateará entre ellos por partes iguales.

3. Esta deducción, para el período impositivo 2022 y 2023, sustituye a la prevista en el artículo 7 bis del presente texto refundido.

Tres. *Mejora de las deducciones por nacimiento o adopción de hijos.*

1. Durante el período impositivo 2022 y 2023, los contribuyentes podrán deducirse la cantidad que en cada caso corresponda de las siguientes:

a) Por cada hijo nacido o adoptado en el período impositivo que conviva con el contribuyente:

– 240 euros, cuando se trate del primero o segundo hijo.

– 480 euros, cuando se trate del tercero.

– 720 euros, cuando se trate del cuarto.

– 840 euros, cuando se trate del quinto o sucesivos.

b) En caso de que el hijo nacido o adoptado tenga una minusvalía física, psíquica o sensorial igual o superior al 65 por ciento, siempre que dicho hijo haya convivido con el contribuyente ininterrumpidamente desde su nacimiento o adopción hasta el final del período impositivo, la cantidad a deducir será la que proceda de entre las siguientes, además de la que proceda por la aplicación del apartado a) anterior:

– 480 euros, cuando se trate del primer o segundo hijo que padezca dicha discapacidad.

– 960 euros, cuando se trate del tercer o posterior hijo que padezca dicha discapacidad, siempre que sobrevivan los anteriores discapacitados.

c) Cuando ambos progenitores o adoptantes tengan derecho a la deducción y no opten por la tributación conjunta, su importe se prorrateará entre ellos por partes iguales.

d) Para determinar el número de orden del hijo nacido o adoptado se atenderá a los hijos que convivan con el contribuyente a la fecha de devengo del impuesto, computándose a dichos efectos tanto los hijos naturales como los adoptivos.

e) A los efectos previstos en el presente artículo se considerará que conviven con el contribuyente, entre otros, los hijos nacidos o adoptados que, dependiendo del mismo, estén internados en centros especializados.

2. Solo tendrán derecho a la aplicación de esta deducción los contribuyentes que no hayan obtenido rentas en el periodo impositivo en que se origina el derecho a la deducción por importe superior a 42.900 euros; y, en el supuesto de tributación conjunta, cuando la unidad familiar no haya obtenido rentas por importe superior a 57.200 euros.

3. Esta deducción, para el período impositivo 2022 y 2023, sustituye a la prevista en el artículo 10 del presente texto refundido.

Cuatro. *Mejora de la deducción por contribuyentes con discapacidad y mayores de 65 años.*

1. Durante el período impositivo 2022 y 2023, los contribuyentes podrán deducirse las siguientes cantidades, compatibles entre sí, por circunstancias personales:

a) 360 euros, por cada contribuyente con discapacidad igual o superior al 33 por ciento.

b) 144 euros, por cada contribuyente mayor de 65 años.

2. Solo tendrán derecho a la aplicación de esta deducción los contribuyentes que no hayan obtenido rentas en el periodo impositivo en que se origina el derecho a la deducción por importe superior a 42.900 euros; y, en el supuesto de tributación conjunta, cuando la unidad familiar no haya obtenido rentas por importe superior a 57.200 euros.

3. Esta deducción, para el período impositivo 2022 y 2023, sustituye a la prevista en el artículo 11 del presente texto refundido.

Cinco. *Mejora de la deducción por acogimiento de menores.*

1. Durante el periodo impositivo 2022 y 2023, los contribuyentes podrán deducir la cantidad de 300 euros por cada menor en régimen de acogimiento familiar de urgencia, temporal o permanente previsto en el artículo 173 bis del Código Civil, siempre que convivan con el menor la totalidad del periodo impositivo. Si la convivencia es inferior al periodo impositivo, la cuantía de la deducción se prorrateará por los días reales de convivencia en el periodo impositivo.

2. No dará lugar a esta deducción cuando la adopción del menor se produzca durante el periodo impositivo.

3. Cuando dos o más contribuyentes tengan derecho a esta deducción y no opten o no puedan optar por la tributación conjunta, la deducción se prorrateará entre ellos por partes iguales.

4. Esta deducción, para el período impositivo 2022 y 2023, sustituye a la prevista en el artículo 11 bis del presente texto refundido.

Seis. Mejora de la deducción para familias monoparentales.

1. Durante el período impositivo 2022 y 2023, los contribuyentes que tengan a su cargo descendientes podrán deducir la cantidad única de 120 euros, siempre que no conviva con cualquier otra persona distinta a los citados descendientes, salvo que se trate de ascendientes que generen el derecho a la aplicación del mínimo por ascendientes.

Se considerarán descendientes a los efectos de la presente deducción:

a) Los hijos menores de edad, tanto por relación de paternidad como de adopción, siempre que convivan con el contribuyente y no tengan rentas anuales, excluidas las exentas, superiores a 8.000 euros.

b) Los hijos mayores de edad con discapacidad, tanto por relación de paternidad como de adopción, siempre que convivan con el contribuyente y no tengan rentas anuales, excluidas las exentas, superiores a 8.000 euros.

c) Los descendientes a que se refieren las letras a) y b) anteriores que, sin convivir con el contribuyente, dependan económicamente de él y estén internados en centros especializados.

Se asimilarán a descendientes aquellas personas vinculadas al contribuyente por razón de tutela y acogimiento, en los términos previstos en la legislación vigente.

2. En caso de convivencia con descendientes que no den derecho a deducción, no se perderá el derecho a la misma siempre y cuando las rentas anuales del descendiente, excluidas las exentas, no sean superiores a 8.000 euros.

3. Esta deducción no se aplicará cuando el contribuyente haya obtenido rentas en el periodo impositivo en que se origina el derecho a la deducción, por importe superior a 42.900 euros; en el supuesto de tributación conjunta, cuando la unidad familiar haya obtenido rentas por importe superior a 57.200 euros.

4. Cuando a lo largo del periodo impositivo se lleve a cabo una alteración de la situación familiar por cualquier causa, a efectos de aplicación de la deducción, se entenderá que ha existido convivencia cuando tal situación se haya producido durante al menos 183 días al año.

5. Esta deducción, para el período impositivo 2022 y 2023, sustituye a la prevista en el artículo 11 ter del presente texto refundido.

Siete. *Mejora de la deducción por gastos de guardería.*

1. Durante el período impositivo 2022 y 2023, por los niños menores de 3 años, los progenitores o tutores con quienes convivan podrán deducirse el 18 por 100 de las cantidades satisfechas en el periodo impositivo por los gastos de guardería, con un máximo de 480 euros anuales por cada niño.

Se asimilan a descendientes aquellas personas vinculadas con el contribuyente por razón de tutela o acogimiento no remunerado, en los términos previstos en la legislación vigente.

A los efectos de esta deducción se entiende por guardería todo centro autorizado por la consejería competente del Gobierno de Canarias para la custodia de niños menores de 3 años.

El gasto de guardería se deberá justificar a través de factura que debe cumplir todas las condiciones establecidas en el Reglamento por el que se regulan las obligaciones de facturación aprobado por el Real Decreto 1619/2012, de 30 de noviembre. La factura recibida por el contribuyente deberá conservarse durante el plazo de prescripción, admitiéndose copia de la misma en el supuesto de que dos o más contribuyentes tengan derecho a la deducción y no opten, o no puedan optar, por la tributación conjunta.

2[39]. Son requisitos, para poder practicar esta deducción, que los contribuyentes no hayan obtenido rentas por importe superior a 42.900 euros en el periodo impositivo. En el supuesto de tributación conjunta, este requisito se entenderá cumplido si la renta de la unidad familiar no excede de 57.200 euros.

3. Cuando dos o más contribuyentes tengan derecho a la deducción y no opten, o no puedan optar, por la tributación conjunta, su importe se prorrateará entre ellos por partes iguales.

La deducción y el límite a la misma en el periodo impositivo en el que el niño cumpla los 3 años se calcularán de forma proporcional al número de meses en que se cumplan los requisitos previstos en el presente artículo.

4. Esta deducción, para el período impositivo 2022 y 2023, sustituye a la prevista en el artículo 12 del presente texto refundido.

Ocho. Mejora de la deducción por familia numerosa.

1. Durante el período impositivo 2022 y 2023, el contribuyente que posea, a la fecha del devengo del impuesto, el título de familia numerosa, expedido por el órgano competente en materia de servicios sociales del Gobierno de Canarias o por los órganos correspondientes del Estado o de otras comunidades autónomas, podrá deducirse las siguientes cantidades según corresponda:

– 540 euros, cuando se trate de familia numerosa de categoría general.

– 720 euros, cuando se trate de familia numerosa de categoría especial.

Cuando alguno de los cónyuges o descendientes a los que sea de aplicación el mínimo personal y familiar del impuesto tenga un grado de minusvalía física, psíquica o sensorial igual o superior al 65 por 100, la deducción anterior será de 1.200 y 1.320 euros, respectivamente.

2. Las condiciones necesarias para la consideración de familia numerosa y su clasificación por categorías se determinarán con arreglo a lo establecido en la Ley 40/2003, de 18 de noviembre, de Protección a las Familias Numerosas.

Esta deducción se practicará por el contribuyente con quien convivan los restantes miembros de la familia numerosa. Cuando estos convivan con más de un contribuyente, el importe de la deducción se prorrateará por partes iguales en la declaración de cada uno.

Esta deducción es compatible con las relativas al nacimiento o adopción de un hijo.

3. Esta deducción, para el período impositivo 2022 y 2023, sustituye a la prevista en el artículo 13 del presente texto refundido.

Nueve. *Mejora de la deducción por inversión en vivienda habitual.*

1. Sin perjuicio de la aplicación en el tramo autonómico de la deducción por inversión en vivienda habitual contemplada en la normativa estatal del impuesto sobre la renta de las personas físicas, se establece una deducción por las cantidades satisfechas en el periodo

---

[39] Nueva redacción del apartado dos dada por la Disp. Final Décima.Cuatro de la Ley 7/2023, de 27 de diciembre, de Presupuestos Generales de la Comunidad Autónoma de Canarias para 2024 (BOC núm. 255, de 30 de diciembre de 2023), con efectos desde el 1 de enero de 2023.

Redacción anterior: «*2. Son requisitos para poder practicar esta deducción que ninguno de los contribuyentes, hayan obtenido rentas por importe superior a 42.900 euros en el periodo impositivo. En el supuesto de tributación conjunta, este requisito se entenderá cumplido si la renta de la unidad familiar no excede de 57.200 euros.*».

impositivo, por la adquisición de la vivienda que constituya o vaya a constituir la residencia habitual del contribuyente, en los mismos términos y siempre que concurran los mismos requisitos exigidos en el artículo 68.1 de la Ley 35/2006, de 28 de noviembre, del Impuesto sobre la Renta de las Personas Físicas y de modificación parcial de las leyes de los Impuestos sobre Sociedades, sobre la Renta de no Residentes y sobre el Patrimonio, según redacción vigente el 1 de enero de 2012. El porcentaje de deducción aplicable durante el período impositivo 2022 y 2023, será el que corresponda de los siguientes:

– Si la renta es inferior a 16.500 euros: el 5 por 100.

– Si la renta es igual o superior a 16.500 euros e inferior a 33.000 euros: el 3,5 por 100.

2. La presente deducción no será de aplicación a las cantidades destinadas a la rehabilitación, reforma o adecuación por razón de discapacidad, de la vivienda habitual.

3. Esta deducción, para el período impositivo 2022 y 2023, sustituye a la prevista en el artículo 14 del presente texto refundido.

Diez. *Mejora de la deducción por obras de rehabilitación energética de la vivienda habitual.*

1. Durante el período impositivo 2022 y 2023, los contribuyentes podrán practicar la deducción del 12 por 100, y con el límite del 10 por 100 de la cuota íntegra autonómica, de las cantidades destinadas a las obras de rehabilitación energética en la vivienda habitual del contribuyente en los términos expresados en el artículo anterior.

La vivienda habitual deberá ser propiedad del contribuyente.

No darán derecho a practicar esta deducción las obras realizadas en plazas de garaje, jardines, parques, piscinas e instalaciones deportivas y otros elementos análogos.

A los efectos de la presente deducción, se entenderá por obras de rehabilitación energética las destinadas a la mejora del comportamiento energético de las edificaciones reduciendo su demanda energética, al aumento del rendimiento de los sistemas e instalaciones térmicas o a la incorporación de equipos que utilicen fuentes de energía renovables. También tendrán tal consideración las de mejora de las instalaciones de suministro e instalación de mecanismos que favorezcan el ahorro de agua, así como la implantación de redes de saneamiento separativas en el edificio y otros sistemas que favorezcan la reutilización de las aguas grises y pluviales en el mismo edificio o en la parcela o que reduzcan el volumen de vertido al sistema público de alcantarillado. En el supuesto de edificaciones en régimen de propiedad horizontal en que la obra de rehabilitación energética sea contratada por la comunidad de propietarios, el importe del gasto se imputará a los diferentes propietarios con derecho a deducción en función de su cuota de participación.

2. La obra de rehabilitación energética deberá acreditarse mediante los certificados de calificación energética, en los términos establecidos en el Real Decreto 390/2021, de 1 de junio, por el que se aprueba el procedimiento básico para la certificación de la eficiencia energética de los edificios, debidamente inscritos en el Registro de certificados de eficiencia energética de edificios de la consejería competente en materia de industria, en el que conste el certificado obtenido antes de la realización de las obras rehabilitación energética y el expedido tras las mismas.

3. La base de la deducción estará constituida por las cantidades satisfechas, mediante tarjeta de crédito o débito, transferencia bancaria, cheque nominativo o ingreso en cuenta en entidades de crédito, a las personas o entidades que realicen las obras. En ningún caso darán derecho a practicar esta deducción las cantidades satisfechas mediante entregas de dinero de curso legal.

La base máxima anual de esta deducción será de 7.000 euros por contribuyente.

El gasto de las obras de rehabilitación energética se deberá justificar a través de factura que debe cumplir todas las condiciones establecidas en el Reglamento por el que se regulan las obligaciones de facturación aprobado por el Real Decreto 1619/2012, de 30 de noviembre. En el supuesto de edificaciones en régimen de propiedad horizontal en que la obra de rehabilitación energética sea contratada por la comunidad de propietarios, esta certificará el importe del gasto imputable a cada vivienda y que ha sido efectivamente satisfecho por el propietario en el periodo impositivo.

La factura recibida por el contribuyente o, en su caso, la certificación emitida por la comunidad de propietarios, deberá conservarse durante el plazo de prescripción, admitiéndose copia de la misma en el supuesto de que dos o más contribuyentes tengan derecho a la deducción y no opten, o no puedan optar, por la tributación conjunta.

4. No generarán derecho a la presente deducción las cantidades destinadas a mobiliario o a electrodomésticos.

5. Cuando dos o más contribuyentes tengan derecho a la deducción y no opten, o no puedan optar, por la tributación conjunta, su importe se prorrateará entre ellos por partes iguales.

6. La presente deducción es incompatible con la deducción por cantidades destinadas a restauración, rehabilitación o reparación y con la deducción por inversión en vivienda habitual reguladas en los artículos 6 y 14, respectivamente, del presente texto refundido, no pudiendo aplicarse sobre las mismas cantidades ambas deducciones.

7. Esta deducción, para el período impositivo 2022 y 2023, sustituye a la prevista en el artículo 14 bis del presente texto refundido.

Once. *Mejora de la deducción por obras de adecuación de la vivienda habitual por razón de discapacidad.*

Sin perjuicio de la aplicación del tramo autonómico de la deducción por inversión en vivienda habitual contemplada en la normativa estatal del impuesto sobre la renta de las personas físicas, se establece una deducción de las cantidades satisfechas en el periodo impositivo, por las obras o instalaciones de adecuación de la vivienda habitual por razón de discapacidad a que se refiere la normativa estatal del impuesto sobre la renta de las personas físicas, en los mismos términos y siempre que concurran los mismos requisitos exigidos en el artículo 68.1 de la Ley 35/2006, de 28 de noviembre, del Impuesto sobre la Renta de las Personas Físicas y de modificación parcial de las leyes de los Impuestos sobre Sociedades, sobre la Renta de no Residentes y sobre el Patrimonio, según redacción vigente el 1 de enero de 2012. El porcentaje de deducción aplicable durante el período impositivo 2022 y 2023, será el 14 por 100.

Esta deducción, para el período impositivo 2022 y 2023, sustituye a la prevista en el artículo 14 ter del presente texto refundido.

Once bis[40]. *Límite en las deducciones mejoradas de los apartados nueve, diez y once.*

---

[40] Nuevo apartado Once bis incorporado por el art. 1.Uno del Decreto ley 1/2023, de 26 de enero, por el que se modifican determinadas medidas autonómicas en el Impuesto sobre la Renta de las Personas Físicas y en la regulación del tipo cero en el Impuesto General Indirecto Canario aplicable a determinados bienes

Durante el periodo impositivo 2022 y 2023, el importe de las deducciones previstas en los apartados nueve, diez y once anteriores, no podrá superar el 15 por 100 de la cuota íntegra autonómica

Doce. *Mejora de la deducción por alquiler de vivienda habitual.*

1. Durante el período impositivo 2022 y 2023, los contribuyentes podrán deducirse el 24 por 100 de las cantidades satisfechas en el período impositivo, con un máximo de 720 euros anuales, por el alquiler de su vivienda habitual, siempre que concurran los siguientes requisitos:

a) Que no hayan obtenido rentas superiores a 22.000 euros en el período impositivo. Este importe se incrementará en 11.000 euros en el supuesto de opción por la tributación conjunta.

b) Que las cantidades satisfechas en concepto de alquiler excedan del 10% de las rentas obtenidas en el período impositivo que a estos efectos se descontará, si lo hubiere, el importe de las subvenciones que por este concepto hubiera percibido el arrendatario.

A estos efectos se entiende por vivienda habitual aquella en la que resida el contribuyente por un plazo superior a un año[41] .

2. La aplicación de la presente deducción queda condicionada a la declaración por parte del contribuyente del NIF del arrendador, de la identificación catastral de la vivienda habitual y del canon arrendaticio anual.

3. Esta deducción, para el período impositivo 2022 y 2023, sustituye a la prevista en el artículo 15 del presente texto refundido.

Trece. *Mejora de la deducción por contribuyentes desempleados.*

1. Durante el periodo impositivo 2022 y 2023, los contribuyentes que perciban prestaciones por desempleo podrán deducir la cantidad de 120 euros siempre que se cumplan los siguientes requisitos:

– Tener residencia habitual en las islas Canarias.

– Estar en situación legal de desempleo durante más de 6 meses del periodo impositivo.

– La suma de los rendimientos íntegros del trabajo ha de ser superior a 11.200 euros e igual o inferior a 22.000 euros, tanto en tributación individual como en tributación conjunta. Estas cuantías serán para cada período impositivo las equivalentes en la normativa reguladora del impuesto sobre la renta de las personas físicas a efectos de la obligación de declarar.

– La suma de la base imponible general y del ahorro, excluida la parte correspondiente a los rendimientos del trabajo, no podrá superar la cantidad de 1.600 euros.

2. Esta deducción, para el período impositivo 2022 y 2023, sustituye a la prevista en el artículo 16 bis del presente texto refundido.

Catorce. *Mejora de la deducción por gasto de enfermedad.*

1. Durante el periodo impositivo 2022 y 2023, los contribuyentes podrán deducir un 12 por 100 de los gastos y honorarios profesionales abonados durante el periodo impositivo por

destinados a la actividad ganadera (BOC núm. 21, de 31 de enero de 2023), en vigor desde el día 1 de febrero.

41   Nueva redacción del último párrafo dada por la Disp. Final Décima.Cuatro de la Ley 7/2023, de 27 de diciembre, de Presupuestos Generales de la Comunidad Autónoma de Canarias para 2024 (BOC núm. 255, de 30 de diciembre de 2023), con efectos desde el 1 de enero de 2023.
Redacción anterior: «A estos efectos el concepto de vivienda habitual será el contenido en la correspondiente Ley del impuesto sobre la renta de las personas físicas».

la prestación de servicios realizada por quienes tengan la condición de profesionales médicos o sanitarios, excepto farmacéuticos, conforme a lo dispuesto en los artículos 2 y 3 de la Ley 44/2003, de 21 de noviembre, de ordenación de las profesiones sanitarias, por motivo de la prevención, diagnóstico y tratamiento de enfermedades, salud dental, embarazo y nacimiento de hijos, accidentes e invalidez, tanto propios como de las personas que se incluyan en el mínimo familiar. En ningún caso se incluye la asistencia con fines estéticos, excepto cuando constituyan la reparación de daños causados por accidentes o intervenciones que afecten a las personas y los tratamientos destinados a la identidad sexual.

En el mismo período, los contribuyentes podrán deducir un 12 por 100 de los gastos en la adquisición de aparatos y complementos, incluidas las gafas graduadas y las lentillas, que por sus características objetivas solo puedan destinarse a suplir las deficiencias físicas de las personas.

Esta deducción tendrá un límite anual de 600 euros en tributación individual y 840 euros en tributación conjunta. Estos límites se incrementarán en 100 euros en tributación individual cuando el contribuyente sea una persona con discapacidad y acredite un grado de discapacidad igual o superior al 65 por 100.

2. La base de esta deducción estará constituida por las cantidades justificadas con factura y satisfechas, mediante tarjeta de crédito o débito, transferencia bancaria, cheque nominativo o ingreso en cuenta en entidades de crédito, a las personas o entidades que presten los servicios o entreguen los bienes. En ningún caso darán derecho a practicar esta deducción las cantidades satisfechas mediante entregas de dinero de curso legal.

La factura deberá cumplir todas las condiciones establecidas en el Reglamento por el que se regulan las obligaciones de facturación aprobado por el Real Decreto 1619/2012, de 30 de noviembre. La factura recibida por el contribuyente deberá conservarse durante el plazo de prescripción.

3. Solo tendrán derecho a la aplicación de esta deducción los contribuyentes que no hayan obtenido rentas en el período impositivo en que se origina el derecho a la deducción por importe superior a 42.900 euros; y, en el supuesto de tributación conjunta, cuando la unidad familiar no haya obtenido rentas por importe superior a 57.200 euros.

4. Esta deducción, para el período impositivo 2022 y 2023, sustituye a la prevista en el artículo 16 ter del presente texto refundido.

Quince. *Mejora de la deducción por familiares dependientes con discapacidad.*

1. Durante el periodo impositivo 2022 y 2023, los contribuyentes que tengan derecho a la aplicación del mínimo por discapacidad de descendientes o ascendientes conforme a la normativa estatal del impuesto sobre la renta de las personas físicas, siempre que tales descendientes o ascendientes tuvieran una discapacidad igual o superior al 65 por 100, podrán deducirse de la cuota íntegra autonómica la cantidad de 600 euros por persona con discapacidad.

2. Esta deducción no se aplicará cuando el contribuyente haya obtenido rentas en el periodo impositivo en que se origina el derecho a la deducción, por importe superior a 42.900 euros; en el supuesto de tributación conjunta, cuando la unidad familiar haya obtenido rentas por importe superior a 57.200 euros.

3. Cuando varios contribuyentes tengan derecho a la aplicación de la deducción prevista en el presente artículo, se estará a las reglas del prorrateo, convivencia y demás límites previstos en la normativa estatal del impuesto sobre la renta de las personas físicas.

4. Esta deducción, para el período impositivo 2022 y 2023, sustituye a la prevista en el artículo 16 quáter del presente texto refundido.

Dieciséis[42]. *Deducción por el alza de precios.*

1. Durante el periodo impositivo 2023, los contribuyentes podrán deducirse en la cuota íntegra autonómica de cada autoliquidación, con el fin de paliar los efectos del alza de precios en la aplicación de sus rentas, los gastos satisfechos por la cesta de la compra con los siguientes límites:

- 225 euros, cuando el importe de la renta obtenida por el contribuyente, en este periodo impositivo, sea inferior a 20.000 euros.

- 175 euros, cuando el importe de la renta obtenida en este período impositivo por el contribuyente sea igual o superior a 20.000 euros e inferior a 25.000 euros.

- 125 euros, cuando el importe de la renta obtenida en este periodo impositivo por el contribuyente sea igual o superior a 25.000 euros e inferior a 30.000 euros.

2. El límite del nivel de renta citado en el apartado 1 se elevará en 10.000 euros en los casos en los que se opte por la tributación conjunta.

---

[42] Nueva redacción del apartado dieciséis dada por la Disp. Final Décima.Ocho de la Ley 7/2023, de 27 de diciembre, de Presupuestos Generales de la Comunidad Autónoma de Canarias para 2024 (BOC núm. 255, de 30 de diciembre de 2023), con efectos desde el 1 de enero de 2023.
Redacción anterior dada por el art. 1.Dos del Decreto ley 1/2023, de 26 de enero, por el que se modifican determinadas medidas autonómicas en el Impuesto sobre la Renta de las Personas Físicas y en la regulación del tipo cero en el Impuesto General Indirecto Canario aplicable a determinados bienes destinados a la actividad ganadera (BOC núm. 21, de 31 de enero de 2023), en vigor desde el día 1 de febrero: «*1. Durante el periodo impositivo 2022, los contribuyentes podrán deducirse en la cuota íntegra autonómica de cada autoliquidación, con el fin de paliar los efectos del alza de precios en la aplicación de sus rentas por la cesta de la compra, las siguientes cantidades:*
- 225 euros, cuando el importe de la renta obtenida por el contribuyente, en este periodo impositivo, sea inferior a 20.000 euros.
- 175 euros, cuando el importe de la renta obtenida en este periodo impositivo por el contribuyente sea igual o superior a 20.000 euros e inferior a 25.000 euros.
- 125 euros, cuando el importe de la renta obtenida en este periodo impositivo por el contribuyente sea igual o superior a 25.000 euros e inferior a 30.000 euros.
2. El límite del nivel de renta citado en el apartado 1 se elevará en 10.000 euros en los casos en los que se opte por la tributación conjunta
3. Se tomarán en consideración los gastos satisfechos por el contribuyente en los siguientes grupos que componen la cesta de la compra del Índice de Precios de Consumo: 01 (alimentos y bebidas no alcohólicas), 03 (vestido y calzado), 04 (vivienda) y 06 (medicina)».
Redacción original: «*1. Durante el período impositivo 2022, los contribuyentes podrán deducirse en la cuota íntegra autonómica de cada autoliquidación, con el fin de paliar los efectos del alza de precios en la aplicación de sus rentas, las siguientes cantidades:*
- 225 euros, cuando el importe de la renta obtenida por el contribuyente, en este período impositivo, sea inferior a 20.000 euros.
- 175 euros, cuando el importe de la renta obtenida en este período impositivo por el contribuyente sea igual o superior a 20.000 euros e inferior a 25.000 euros.
- 125 euros, cuando el importe de la renta obtenida en este período impositivo por el contribuyente sea igual o superior a 25.000 euros e inferior a 30.000 euros.
2. El límite del nivel de renta citado en el apartado 1 se elevará en 10.000 euros en los casos en los que se opte por la tributación conjunta».

3. Se tomarán en consideración los gastos satisfechos por el contribuyente en los siguientes grupos que componen la cesta de la compra del índice de precios de consumo: 01 (alimentos y bebidas no alcohólicas), 03 (vestido y calzado), 04 (vivienda) y 06 (medicina).

Diecisiete[43]. *Ajuste de la escala autonómica.*

Para el periodo impositivo 2022 y 2023, la escala autonómica aplicable a la base liquidable general, a que se refiere el artículo 74.1 de la Ley 35/2006, de 28 de noviembre, del Impuesto sobre la Renta de las Personas Físicas y de modificación parcial de las leyes de los Impuestos sobre Sociedades, sobre la Renta de no Residentes y sobre el Patrimonio, en redacción dada por la Ley 39/2010, de 22 de diciembre, de Presupuestos Generales del Estado para el año 2011, será la siguiente:

Tramos	Base liquidable (desde euros)	Cuota íntegra	Resto base liquidable (hasta euros)	Tipo aplicable (%)
1	0	0	13.010	9,00
2	13.010	1.170,90	5.458	11,50
3	18.468	1.798,57	15.859	14,00
4	34.327	4.018,83	20.949	18,50
5	55.276	7.894,39	34.724	23,50
6	90.000	16.054,53	30.000	25,00
7	120.000	23.554,53	En adelante	26,00

(...)

---

[43] Nueva redacción del apartado diecisiete dada por el art. 1.Tres del Decreto ley 1/2023, de 26 de enero, por el que se modifican determinadas medidas autonómicas en el Impuesto sobre la Renta de las Personas Físicas y en la regulación del tipo cero en el Impuesto General Indirecto Canario aplicable a determinados bienes destinados a la actividad ganadera (BOC núm. 21, de 31 de enero de 2023), en vigor desde el día 1 de febrero.

Redacción original: «Para el período impositivo 2022 y 2023, la escala autonómica aplicable a la base liquidable general, a que se refiere el artículo 74.1 de la Ley 35/2006, de 28 de noviembre, del Impuesto sobre la Renta de las Personas Físicas y de modificación parcial de las leyes de los Impuestos sobre Sociedades, sobre la Renta de no Residentes y sobre el Patrimonio, en redacción dada por la Ley 39/2010, de 22 de diciembre, de Presupuestos Generales del Estado para el año 2011, será la siguiente:

Tramos	Base liquidable (desde euros)	Cuota íntegra	Resto base liquidable (hasta euros)	Tipo aplicable (%)
1	0	0	13.010	9,00
2	13.010	1.171	5.458	11,50
3	18.468	1.799	15.859	14,00
4	34.327	4.019	20.949	18,50
5	55.276	7.894	34.724	23,50
6	90.000	16.054	30.000	25,00
7	120.000	23.554	En adelante	26,00»

COMUNIDAD AUTÓNOMA DE CANTABRIA

IMPUESTO SOBRE LA RENTA DE LAS PERSONAS FÍSICAS

9. Decreto Legislativo 62/2008, de 19 de junio, por el que se aprueba el texto refundido de la Ley de Medidas Fiscales en materia de Tributos cedidos por el Estado

(BOC núm. 128 de 2 de julio de 2008)

I

La Ley 21/2002, de 1 de julio, de modificación del régimen de cesión de tributos del Estado a la Comunidad Autónoma de Cantabria y de fijación del alcance y condiciones de dicha cesión, atribuye a la Comunidad Autónoma de Cantabria la facultad de dictar para sí misma normas legislativas en los casos y condiciones previstos en la Ley 21/2001, de 27 de diciembre, por la que se regulan las medidas fiscales y administrativas del nuevo sistema de financiación de las Comunidades Autónomas de régimen común y Ciudades con Estatuto de Autonomía.

El Parlamento de Cantabria ejerció por vez primera esta nueva facultad legislativa mediante la aprobación de la Ley de Cantabria 11/2002, de 23 de diciembre, de medidas fiscales en materia de tributos cedidos por el Estado.

Posteriormente, se ha ejercitado la citada competencia todos los años mediante la aprobación de reformas de la Ley de Cantabria 11/2002 incorporadas en el articulado de las sucesivas leyes de medidas administrativas y fiscales de contenido financiero tramitadas y aprobadas a la vez que la ley de presupuestos de la Comunidad Autónoma. Así, las Leyes de Cantabria 4/2003, de 30 de diciembre, 7/2004, de 27 de diciembre, 6/2005, de 26 de diciembre, 19/2006, de 26 de diciembre y 7/2007, de 27 de diciembre, modificaron o introdujeron diversos preceptos en la Ley de Cantabria 11/2002; asimismo fue enmendada por la Ley de Cantabria 1/2005, de 16 de mayo, de parejas de hecho y Ley de Cantabria 5/2006, de 25 de mayo, de medidas urgentes de carácter fiscal y la Ley de Cantabria 4/2007, de 4 de abril, de cooperación internacional al desarrollo.

Este sistema de regulación de los tributos cedidos permite concentrar toda la normativa en una sola ley, evitándose la dispersión normativa; y facilitándose la aplicación de los correspondientes preceptos frente a la oscuridad que puede representar la existencia de preceptos esparcidos por diversas normas; pero tiene el inconveniente de dificultar el conocimiento de la norma vigente, cargando a los ciudadanos con la necesidad de vigilar los boletines y actualizar ellos la ley. Ello puede suponer un menoscabo del principio de seguridad jurídica y un agravio a las garantías de los contribuyentes, a los que no se puede abandonar en un sistema poco claro de incorporaciones y derogaciones normativas.

Consciente de todo ello, el legislador, en uso de la facultad de delegación de la potestad legislativa, establecida en el artículo 9.1 de la Ley Orgánica 8/1981, de 30 de diciembre, del Estatuto de Autonomía de Cantabria incluyó en la última Ley de medidas fiscales y de contenido financiero aprobada, la Ley de Cantabria 7/2007, de 27 de diciembre, en su disposición adicional primera una autorización al Gobierno de Cantabria para que, en uso de las atribuciones establecidas en el artículo 18,d) de la Ley 6/2002, de 10 de diciembre, de Régimen Jurídico del Gobierno y de la Administración de la Comunidad Autónoma de Cantabria, y en el plazo de un año desde su entrada en vigor, elaborase el texto refundido de la Ley de Cantabria 11/2002, de 23 de diciembre, de medidas fiscales en materia de tributos cedidos por el Estado. Esta delegación incluye además la facultad de regularizar, aclarar y armonizar los textos legales que han de ser refundidos.

II

El presente texto refundido no introduce, por su propia naturaleza jurídica, novedad legislativa alguna, y se estructura en dos títulos. El primero de ellos, disposiciones específicas aplicables a los tributos cedidos recoge la regulación sustantiva específica de cada uno de los tributos cedidos. Se divide en cinco capítulos, idénticos en nombre y contenido a los cinco primeros títulos de la Ley refundida, aunque el orden de los mismos se ha variado para homogeneizarlo con el orden expositivo utilizado por el legislador estatal y de otras Comunidades Autónomas: así, el capítulo I se ocupa del Impuesto sobre la Renta de las Personas Físicas, el capítulo II del Impuesto sobre el Patrimonio, el capítulo III del Impuesto sobre Sucesiones y Donaciones, el capítulo IV del Impuesto sobre Transmisiones Patrimoniales y Actos Jurídicos Documentados y el V de los Tributos sobre el Juego.

El título II normas comunes para la aplicación de los tributos cedidos recoge los preceptos de carácter procedimental en un único capítulo idéntico al capítulo sexto de la Ley refundida.

III

El texto refundido homogeneiza el contenido introductorio de los artículos que regulan aspectos sustantivos de los tributos cedidos. En la Ley de Cantabria 11/2002 los artículos dedicados al Impuesto sobre la Renta de las Personas Físicas, al Impuesto sobre el Patrimonio y a los Tributos sobre el Juego incorporaban un párrafo introductorio con la referencia al precepto de la Ley 21/2001 y a la regulación estatal sustantiva del tributo que recogen la competencia de la Comunidad Autónoma ejercida en cada caso; sin embargo, los artículos sobre el Impuesto sobre Sucesiones y Donaciones y sobre el Impuesto de Transmisiones Patrimoniales y Actos Jurídicos Documentados no cuentan con dicha introducción.

Es evidente que este diferente criterio no permite contar con una norma coherente; y puesto que la autorización del legislador incluye la de armonizar los textos refundidos, se introduce en todos los preceptos la referencia a las normas que en cada caso otorgan la competencia a la Comunidad Autónoma. De esta forma no sólo gana el texto legal en coherencia interna, sino que se facilita a los ciudadanos el acceso y conocimiento del derecho aplicado y aplicable; además, dado que el contenido de estos párrafos no es normativo, el respeto a los límites dados por el legislador es absoluto. En virtud de la autorización del Parlamento de Cantabria, a propuesta del consejero de Economía y Hacienda, de acuerdo con el dictamen del Consejo de Estado, y previa deliberación del Consejo de Gobierno en su reunión del día 19 de mayo de 2008.

DISPONGO

Artículo Único. *Aprobación del texto refundido de la Ley de medidas fiscales en materia de tributos cedidos por el Estado.*

De conformidad con la delegación legislativa contenida en la disposición adicional primera de la Ley de Cantabria 7/2007, de 27 de diciembre, de medidas fiscales y de contenido financiero, se aprueba el texto refundido de la Ley de medidas fiscales en materia de tributos cedidos por el Estado, que se inserta a continuación.

Disposición Adicional Única. *Remisiones normativas.*

Las referencias normativas realizadas en otras disposiciones a la Ley de Cantabria 11/2002, de 23 de diciembre, de medidas fiscales en materia de tributos cedidos por el Estado, se entenderán realizadas a los preceptos correspondientes del texto refundido que se aprueba por este Decreto Legislativo.

Disposición Derogatoria Única. *Derogación normativa.*

A la entrada en vigor de este Decreto Legislativo quedará derogada, con motivo de su incorporación al texto refundido que se aprueba, la Ley de Cantabria 11/2002, de 23 de diciembre, de Medidas Fiscales en Materia de Tributos cedidos por el Estado.

Disposición Final Única. *Entrada en vigor.*

El presente Decreto Legislativo y el texto refundido que aprueba entrarán en vigor el día siguiente al de su publicación en el Boletín Oficial de Cantabria.

TÍTULO I. DISPOSICIONES ESPECÍFICAS APLICABLES A LOS TRIBUTOS CEDIDOS

CAPÍTULO I. Impuesto sobre la Renta de las Personas Físicas

Artículo 1[1]. *Escala autonómica del Impuesto sobre la Renta de las Personas Físicas.*

De acuerdo con lo previsto en el artículo 46.1.b) de la Ley 22/2009, de 18 de diciembre, por la que se regula el sistema de financiación de las Comunidades Autónomas de régimen

---

[1] Nueva redacción del art. 1 dada por el art. 3.Uno de la Ley de Cantabria 3/2023, de 26 de diciembre, de Medidas Fiscales y Administrativas (BOC extraordinario núm. 87, de 29 de diciembre de 2023), en vigor desde el 1 de enero de 2024.
Redacción anterior dada por el art. 9.Seis de la Ley de Cantabria 6/2015, de 28 de diciembre, de Medidas Fiscales y Administrativas (BOC extraordinario núm. 99, de 30 de diciembre de 2015), con entrada en vigor el día 1 de enero de 2016: «*De acuerdo con lo previsto en el artículo 46.1.b) de la Ley 22/2009, de 18 de diciembre, por la que se regula el sistema de financiación de las Comunidades Autónomas de régimen común y Ciudades con Estatuto de Autonomía y se modifican determinadas normas tributarias, se aprueba la siguiente escala autonómica del Impuesto sobre la Renta de las Personas Físicas:*

Base liquidable	Cuota íntegra	Resto base liquidable	Tipo aplicable
Hasta euros	euros	Hasta euros	Porcentaje
0	0	12.450,00	9,50
12.450,00	1.182,75	7.750,00	12,00
20.200,00	2.112,75	13.800,00	15,00
34.000,00	4.182,75	12.000,00	18,50

Base liquidable Hasta euros	Cuota íntegra euros	Resto base liquidable Hasta euros	Tipo aplicable Porcentaje
46.000,00	6.402,75	14.000,00	19,50
60.000,00	9.132,75	30.000,00	24,50
90.000,00	16.482,75	En adelante	25,50»

Redacción anterior dada por el art. 11.Uno de la Ley 7/2014, de 26 de diciembre, de Medidas Fiscales y Administrativas (BOC núm. 68, de 30 de diciembre de 2014), en vigor desde el 1 de enero de 2015: «De acuerdo con lo previsto en el artículo 46.1.b) de la Ley 22/2009, de 18 de diciembre, por la que se regula el sistema de financiación de las Comunidades Autónomas de régimen común y Ciudades con Estatuto de Autonomía y se modifican determinadas normas tributarias, se aprueba la siguiente escala autonómica del Impuesto sobre la Renta de las Personas Físicas:

Base liquidable -- Hasta euros	Cuota íntegra -- euros	Resto base liquidable -- Hasta euros	Tipo aplicable -- Porcentaje
0	0	12.450,00	9,50
12.450,00	1.182,75	7.750,00	12,00
20.200,00	2.112,75	13.800,00	15,00
34.000,00	4.182,75	26.000,00	18,50
60.000,00	8.992,75	En adelante	22,50»

Redacción anterior dada por el art. 10.Uno de la Ley de Cantabria 10/2013, de 27 de diciembre, de Medidas Fiscales y Administrativas (BOC extraordinario núm. 62 de 30 de diciembre de 2013), en vigor desde el 1 de enero de 2014: «De acuerdo con lo previsto en el artículo 46.1.b) de la Ley 22/2009, de 18 de diciembre, por la que se regula el sistema de financiación de las Comunidades Autónomas de régimen común y Ciudades con Estatuto de Autonomía y se modifican determinadas normas tributarias, se aprueba la siguiente escala autonómica del Impuesto sobre la Renta de las Personas Físicas:

Base liquidable -- Hasta euros	Cuota íntegra -- euros	Resto base liquidable -- Hasta euros	Tipo aplicable -- Porcentaje
0	0	17.707,20	11
17.707,20	1.947,79	15.300,00	14
33.007,20	4.089,79	20.400,00	18,50
53.407,20	7.863,79	14.300,00	21,50
67.707,20	10.938,29	12.300,00	22
80.007,20	13.644,29	19.400,00	22,50
99.407,20	18.009.29	20.600,00	24,00
120.007,20	22.953,29	En adelante	25,00»

Redacción anterior del título y contenido del art. 1 dada por el art. 11.Uno de la Ley de Cantabria 11/2010, de 23 de diciembre, de Medidas fiscales y de Contenido Financiero (BOC núm. 247, de 27 de diciembre de 2010), con efectos desde el 1/1/2011: «Escala autonómica del Impuesto sobre la Renta de las Personas Físicas.
De acuerdo con lo previsto en el artículo 46.1.b de la Ley 22/2009, de 18 de diciembre, por la que se regula el sistema de financiación de las Comunidades Autónomas de régimen común y Ciudades con Estatuto de Autonomía y se modifican determinadas normas tributarias, se aprueba la siguiente escala autonómica del Impuesto sobre la Renta de las Personas Físicas:

común y Ciudades con Estatuto de Autonomía y se modifican determinadas normas tributarias, se aprueba la siguiente escala autonómica del Impuesto sobre la Renta de las Personas Físicas:

Base liquidable Hasta euros	Cuota íntegra euros	Resto base liquidable Hasta euros	Tipo aplicable Porcentaje
0	0	13.000,00	8,50
13.000,00	1.105,00	8.000,00	11,00
21.000,00	1.985,00	14.200,00	14,50
35.200,00	4.044,00	24.800,00	18,00
60.000,00	8.508,00	30.000,00	22,50
90.000,00	15.258,00	En adelante	24,50

Artículo 2[2]. _Deducciones sobre la cuota íntegra autonómica del Impuesto sobre la Renta de las Personas Físicas._

De acuerdo con lo previsto en el artículo 46.1.c) de la Ley 22/2009, de 18 de diciembre, por la que se regula el sistema de financiación de las Comunidades Autónomas de régimen común y ciudades con Estatuto de Autonomía y se modifican determinadas normas tributarias, y en orden a la aplicación de lo dispuesto en la normativa en vigor del Impuesto sobre la Renta de las Personas Físicas y de modificación parcial de las Leyes de los Impuestos sobre

Base liquidable Hasta euros	Cuota íntegra euros	Resto base liquidable Hasta euros	Tipo aplicable Porcentaje
0	0	17.707,20	12
17.707,20	2.124,86	15.300,00	14
33.007,20	4.266,86	20.400,00	18,50
53.407,20	8.040,86	14.300,00	21,50
67.707,20	11.115,36	12.300,00	22
80.007,20	13.821,36	19.400,00	22,50
99.407,20	18.186,36	20.600,00	23,50
120.007,20	23.027,36	En adelante	24,50

[2] Nueva redacción del art. 2 dada por el art. 10.Uno de la Ley de Cantabria 2/2017, de 24 de febrero, de Medidas Fiscales y Administrativas (BOCA extraordinario núm. 2, de 28 de febrero de 2017), en vigor desde el 1 de marzo de 2017.
Los artículos 3 al 19 pasan a renumerarse del 2 al 18, dada por el art. 11.Tres de la Ley 7/2014, de 26 de diciembre, de Medidas Fiscales y Administrativas (BOC núm. 68, de 30 de diciembre de 2014), en vigor desde el 1 de enero de 2015.
Renumeración anterior de los artículos dada por el art. 10.Dos de la Ley de Cantabria 10/2013, de 27 de diciembre, de Medidas Fiscales y Administrativas (BOC extraordinario núm. 62 de 30 de diciembre de 2013), en vigor desde el 1 de enero de 2014, los arts. 2 a 25 pasan a renumerarse del 3 al 26.
Nueva redacción del título y contenido del art. 2 dada por el art. 11.Dos de la Ley de Cantabria 11/2010, de 23 de diciembre, de Medidas fiscales y de Contenido Financiero, (BOC núm. 247, de 27 de diciembre de 2010), con efectos desde el 1-1-2011.
Redacción anterior, en vigor hasta el 31/12/2010, recogida en el original artículo 1 modificado el apartado 2 dada por el 10.doce de la Ley 6/2009, de 28 de diciembre, de Medidas Fiscales y de Contenido Financiero, (BOE núm. 18 de 21 de enero de 2010), con efectos desde el 1-1-2010.

Sociedades, sobre la Renta de los no Residentes y sobre el Patrimonio, se establecen las siguientes deducciones en la cuota íntegra autonómica de dicho tributo[3]:

1[4]. Por Arrendamiento de vivienda habitual.

El contribuyente podrá deducir el 10 por ciento, hasta un límite de 300 euros anuales de las cantidades satisfechas en el periodo impositivo por el arrendamiento de su vivienda habitual si reúne los siguientes requisitos:

a) Tener menos de 36 años cumplidos, o tener 65 o más años. El contribuyente con discapacidad física, psíquica o sensorial que tenga la consideración legal de persona con discapacidad con un grado de disminución igual o superior al 65 por ciento de acuerdo con el

---

[3] Nueva redacción del art. 2 dada por el art. 10.Uno de la Ley de Cantabria 2/2017, de 24 de febrero, de Medidas Fiscales y Administrativas (BOCA extraordinario núm. 2, de 28 de febrero de 2017), en vigor desde el 1 de marzo de 2017.

Redacción anterior del primer párrafo dada por el art. 11.Cuatro.1 de la Ley 7/2014, de 26 de diciembre, de Medidas Fiscales y Administrativas (BOC núm. 68, de 30 de diciembre de 2014), en vigor desde el 1 de enero de 2015.

Redacción anterior dada por el art. 10.Cuatro.1 de la Ley de Cantabria 10/2013, de 27 de diciembre, de Medidas Fiscales y Administrativas (BOC extraordinario núm. 62 de 30 de diciembre de 2013), en vigor desde el 1 de enero de 2014.

Redacción anterior dada por del art. 2 dada por el art. 11.Dos de la Ley de Cantabria 11/2010, de 23 de diciembre, de Medidas fiscales y de Contenido Financiero, (BOC núm. 247, de 27 de diciembre de 2010), con efectos desde el 1-1-2011.

[4] Nueva redacción del art. 2.1 dada por el art. 3.Dos de la Ley de Cantabria 3/2023, de 26 de diciembre, de Medidas Fiscales y Administrativas (BOC extraordinario núm. 87, de 29 de diciembre de 2023), en vigor desde el 1 de enero de 2024.

Redacción anterior dada por el art. 3.Uno de la Ley de Cantabria 5/2019, de 23 de diciembre, Medidas Fiscales y Administrativas (BOCA extraordinario núm. 76, de 30 de diciembre), en vigor desde el 1 de enero de 2020: «1. Por Arrendamiento de vivienda habitual.

El contribuyente podrá deducir el 10 por ciento, hasta un límite de 300 euros anuales de las cantidades satisfechas en el periodo impositivo por el arrendamiento de su vivienda habitual si reúne los siguientes requisitos:

a) Tener menos de 35 años cumplidos, o tener 65 o más años. El contribuyente con discapacidad física, psíquica o sensorial que tenga la consideración legal de persona con discapacidad con un grado de disminución igual o superior al 65 por ciento de acuerdo con el baremo a que se refiere el artículo 367 del texto refundido de la Ley General de la Seguridad Social, aprobado por Real Decreto Legislativo 8/2015, de 30 de octubre, está exonerado de cumplir este requisito para tener derecho a gozar de esa deducción.

b) Que la base liquidable del periodo, después de las reducciones por mínimo personal y familiar sea inferior a 22.946 en tributación individual o a 31.485 euros en tributación conjunta.

c) Que las cantidades satisfechas en concepto de alquiler excedan del 10 por ciento de la renta del contribuyente.

En el caso de tributación conjunta, el importe máximo de la deducción será de 600 euros, pero al menos uno de los declarantes deberá reunir los requisitos enunciados anteriormente para tener derecho a gozar de esta deducción.

La base de esta deducción estará constituida por las cantidades justificadas con factura o recibo satisfechas, mediante tarjeta de crédito o débito, transferencia bancaria, cheque nominativo o ingreso en cuentas en entidades de crédito, a las personas o entidades que sean arrendadores de la vivienda. En ningún caso, darán derecho a practicar esta deducción las cantidades satisfechas mediante entregas de dinero en efectivo».

Redacción anterior dada por el art. 10.Uno de la Ley de Cantabria 2/2017, de 24 de febrero, de Medidas Fiscales y Administrativas (BOCA extraordinario núm. 2, de 28 de febrero de 2017), en vigor desde el 1 de marzo de 2017.

baremo a que se refiere el artículo 367 del texto refundido de la Ley General de la Seguridad Social, aprobado por Real Decreto Legislativo 8/2015, de 30 de octubre, está exonerado de cumplir este requisito para tener derecho a gozar de esa deducción.

b) Que las cantidades satisfechas en concepto de alquiler excedan del 10 por ciento de la renta del contribuyente.

En el caso de tributación conjunta, el importe máximo de la deducción será de 600 euros, pero al menos uno de los declarantes deberá reunir los requisitos enunciados anteriormente para tener derecho a gozar de esta deducción.

La base de esta deducción estará constituida por las cantidades justificadas con factura o recibo satisfechas, mediante tarjeta de crédito o débito, transferencia bancaria, cheque nominativo o ingreso en cuentas en entidades de crédito, a las personas o entidades que sean arrendadores de la vivienda. En ningún caso, darán derecho a practicar esta deducción las cantidades satisfechas mediante entregas de dinero en efectivo.

2[5]. *Por cuidado de familiares.*

---

[5]   Nueva redacción del art. 2.2 dada por el art. 3.Tres de la Ley de Cantabria 3/2023, de 26 de diciembre, de Medidas Fiscales y Administrativas (BOC extraordinario núm. 87, de 29 de diciembre de 2023), en vigor desde el 1 de enero de 2024.
    Redacción anterior dada por el art. 10.Uno de la Ley de Cantabria 2/2017, de 24 de febrero, de Medidas Fiscales y Administrativas (BOCA extraordinario núm. 2, de 28 de febrero de 2017), en vigor desde el 1 de marzo de 2017: «*2. Por cuidado de familiares.*
    El contribuyente podrá deducir 100 euros por cada descendiente menor de tres años, por cada ascendiente mayor de setenta, y por cada ascendiente, descendiente, cónyuge o hermano con discapacidad física, psíquica o sensorial que tenga un grado de discapacidad igual o superior al 65% de acuerdo con el baremo a que se refiere el artículo 367 del texto refundido de la Ley General de la Seguridad Social, aprobado por Real Decreto Legislativo 8/2015, de 30 de octubre. Se tendrá derecho a la deducción aunque el parentesco lo sea por afinidad. Para dar lugar a la deducción, el descendiente, ascendiente o familiar con discapacidad deberá, además, reunir los siguientes requisitos:
    a) Convivir más de ciento ochenta y tres días del año natural con el contribuyente. Se exceptúa del cumplimiento de este requisito a los menores de tres años.
    b) No tener rentas brutas anuales superiores a 6.000 euros. En los supuestos de discapacidad el límite será de 1,5 veces el IPREM».
    Ley de Cantabria 11/2022, de 28 de diciembre, de Medidas Fiscales y Administrativas (BOC núm. 62, de 29 de diciembre de 2022), en vigor el día 1 de enero 2023:
    «Disposición adicional cuarta: *Deducciones fiscales a aplicar sobre la cuota íntegra autonómica del Impuesto sobre la Renta de las Personas físicas en el ejercicio 2022, reguladas en el Texto Refundido de la Ley de Medidas Fiscales en materia de tributos cedidos por el Estado, aprobado por Decreto Legislativo 62/2008, de 19 de junio.*
    «Se establecen, con carácter retroactivo, al periodo 2022, a aplicar sobre la cuota íntegra autonómica del Impuesto sobre la Renta de las Personas físicas en el ejercicio 2022, las siguientes deducciones fiscales:
    1. Se modifica la deducción del artículo 2.2, relativa al cuidado de familiares, del Texto Refundido de la Ley de Medidas Fiscales en materia de tributos cedidos por el Estado, aprobado por Decreto Legislativo 62/2008, de 19 de junio, en lo relativo al límite del derecho a deducción, estableciéndose en 150 euros, durante el ejercicio 2022».
    Redacción anterior del apartado 2 dada el art. 10.Cuatro.2 de la Ley de Cantabria 10/2013, de 27 de diciembre, de Medidas Fiscales y Administrativas (BOC extraordinario núm. 62 de 30 de diciembre de 2013), en vigor desde el 30 de diciembre de 2013, en virtud de su Disp. Final segunda.
    Redacción anterior dada por del art. 2 dada por el art. 11.Dos de la Ley de Cantabria 11/2010, de 23 de diciembre, de Medidas fiscales y de Contenido Financiero (BOC núm. 247, de 27 de diciembre de 2010), con efectos desde el 1-1-2011.

El contribuyente podrá deducir 100 euros por cada descendiente menor de tres años, por cada ascendiente mayor de setenta, y por cada ascendiente, descendiente, cónyuge o hermano con discapacidad física, psíquica o sensorial que tenga un grado de discapacidad igual o superior al 65 por ciento de acuerdo con el baremo a que se refiere el artículo 367 del texto refundido de la Ley General de la Seguridad Social, aprobado por Real Decreto Legislativo 8/2015, de 30 de octubre. Se tendrá derecho a la deducción, aunque el parentesco lo sea por afinidad. Para dar lugar a la deducción, el descendiente, ascendiente o familiar con discapacidad deberá, además, reunir los siguientes requisitos:

a) Convivir más de ciento ochenta y tres días del año natural con el contribuyente. Se exceptúa del cumplimiento de este requisito a los menores de tres años.

b) No tener rentas brutas anuales superiores a 6.000 euros. En los supuestos de discapacidad el límite será de 1,5 veces el IPREM.

Esta deducción será incompatible con la de los hijos a los que sea aplicable la deducción por nacimiento o adopción de hijo, prevista en el apartado 10. En ningún caso existirá esta incompatibilidad para los ascendientes mayores de setenta años o para ascendientes, descendientes, cónyuge o hermanos con el grado de discapacidad regulado en el primer párrafo de este apartado.

3⁶. Por obras de mejora en viviendas.

---

6   Nueva redacción del art. 2.3 dada por el art. 3.Cuatro de la Ley de Cantabria 3/2023, de 26 de diciembre, de Medidas Fiscales y Administrativas (BOC extraordinario núm. 87, de 29 de diciembre de 2023), en vigor desde el 1 de enero de 2024.
Redacción anterior del art. 2 dada por el art. 10.Uno de la Ley de Cantabria 2/2017, de 24 de febrero, de Medidas Fiscales y Administrativas (BOCA extraordinario núm. 2, de 28 de febrero de 2017), en vigor desde el 1 de marzo de 2017: «*3. Por obras de mejora en viviendas.*
El contribuyente se podrá deducir un 15% de las cantidades satisfechas en obras realizadas, durante el ejercicio fiscal, en cualquier vivienda o viviendas de su propiedad, siempre que esté situada en la Comunidad de Cantabria, o en el edificio en la que la vivienda se encuentre, y que tengan por objeto:
a) Una rehabilitación calificada como tal por la Dirección General de Vivienda del Gobierno de Cantabria.
b) La mejora de la eficiencia energética, la higiene, la salud y protección del medio ambiente y la accesibilidad a la vivienda o al edificio en que se encuentra.
c) La utilización de energías renovables, la seguridad y la estanqueidad, y en particular: sustitución de instalaciones de electricidad, agua, gas, calefacción.
d) Así como por las obras de instalación de infraestructuras de telecomunicación que permitan el acceso a Internet y a servicios de televisión digital en la vivienda del contribuyente.
No darán derecho a practicar esta deducción las obras que se realicen en viviendas afectadas a una actividad económica, plazas de garaje, jardines, parques, piscinas e instalaciones deportivas y otros elementos análogos.
La base de esta deducción estará constituida por las cantidades justificadas con factura y satisfechas, mediante tarjeta de crédito o débito, transferencia bancaria, cheque nominativo o ingreso en cuentas en entidades de crédito, a las personas o entidades que realicen tales obras. En ningún caso, darán derecho a practicar esta deducción las cantidades satisfechas mediante entregas de dinero en efectivo [redacción del párrafo tercero dada por el art. 3.Dos de la Ley de Cantabria 5/2019, de 23 de diciembre (BOCA extraordinario núm. 76, de 30 de diciembre), en vigor desde el 1 de enero de 2020].
La deducción tendrá un límite anual de 1.000 euros en tributación individual y 1.500 en tributación conjunta. Estos límites se incrementarán en 500 euros en tributación individual cuando el contribuyente sea una persona con discapacidad y acredite un grado de discapacidad igual o superior al 65%. En el caso de tributación conjunta el incremento será de 500 € por cada contribuyente con dicha discapacidad. Las

El contribuyente se podrá deducir un 15 por ciento de las cantidades satisfechas en obras realizadas, durante el ejercicio fiscal, en cualquier vivienda o viviendas de su propiedad, siempre que esté situada en la Comunidad de Cantabria, o en el edificio en la que la vivienda se encuentre, y que tengan por objeto:

a) Una rehabilitación calificada como tal por la Dirección General de Vivienda del Gobierno de Cantabria.

b) La mejora de la eficiencia energética, la higiene, la salud y protección del medio ambiente y la accesibilidad a la vivienda o al edificio en que se encuentra.

c) La utilización de energías renovables, la seguridad y la estanqueidad y, en particular, la sustitución de instalaciones de electricidad, agua, gas o calefacción.

d) Obras de instalación de infraestructuras de telecomunicación que permitan el acceso a Internet y a servicios de televisión digital en la vivienda del contribuyente.

No darán derecho a practicar esta deducción las obras que se realicen en viviendas afectadas a una actividad económica, plazas de garaje, jardines, parques, piscinas e instalaciones deportivas y otros elementos análogos.

La base de esta deducción estará constituida por las cantidades justificadas con factura y satisfechas mediante tarjeta de crédito o débito, transferencia bancaria, cheque nominativo o ingreso en cuentas en entidades de crédito, a las personas o entidades que realicen tales obras. En ningún caso, darán derecho a practicar esta deducción las cantidades satisfechas mediante entregas de dinero en efectivo.

La deducción tendrá un límite anual de 1.000 euros en tributación individual y 1.500 en tributación conjunta. Estos límites se incrementarán en 500 euros en tributación individual cuando el contribuyente sea una persona con discapacidad y acredite un grado de discapacidad igual o superior al 65%. En el caso de tributación conjunta el incremento será de 500 € por cada contribuyente con dicha discapacidad. Las cantidades satisfechas en el ejercicio y no deducidas por exceder del límite anual, podrán deducirse en los dos ejercicios siguientes.

En ningún caso darán derecho a la aplicación de esta deducción, las cantidades satisfechas por las que el contribuyente tenga derecho a practicarse alguna deducción estatal o que provengan de subvenciones no sujetas o exentas del impuesto sobre la renta de las personas físicas que, en su caso, se hubieran percibido o estuvieran asociadas a la realización de dichas obras.

cantidades satisfechas en el ejercicio y no deducidas por exceder del límite anual, podrán deducirse en los dos ejercicios siguientes.

En ningún caso darán derecho a la aplicación de esta deducción, las cantidades satisfechas por las que el contribuyente tenga derecho a practicarse la deducción por inversión en vivienda habitual a que se refiere la Disposición Transitoria Decimoctava de la Ley 35/2006, de 28 de noviembre, del Impuesto sobre la Renta de las Personas Físicas y de modificación parcial de las Leyes de los Impuestos sobre Sociedades, sobre la Renta de los no Residentes y sobre el Patrimonio».

Redacción anterior del apartado 3 del art. 2 dada por el art. 11.Cuatro.2 de la Ley 7/2014, de 26 de diciembre, de Medidas Fiscales y Administrativas (BOC núm. 68, de 30 de diciembre de 2014), en vigor desde el 1 de enero de 2015.

Redacción anterior dada por el art. 9.Uno de la Ley de Cantabria 10/2012, de 26 de diciembre, de Medidas Fiscales y Administrativas (BOC extraordinario núm. 54, de 29 de diciembre de 2012), en vigor desde el 1 de enero de 2013.

4[7]. *Por donativos a fundaciones o al Fondo Cantabria Coopera o a asociaciones que persigan entre sus fines el apoyo a personas con discapacidad.*

Los contribuyentes podrán deducir el 15 por 100 de las cantidades donadas a fundaciones domiciliadas en la Comunidad Autónoma de Cantabria que cumplan con los requisitos de la Ley 50/2002, de 26 de diciembre, de Fundaciones que persigan fines culturales, asistenciales, deportivos o sanitarios o cualesquiera otros de naturaleza análoga a éstos. En todo caso, será preciso que estas fundaciones se encuentren inscritas en el Registro de Fundaciones, que rindan cuentas al órgano de protectorado correspondiente y que éste haya ordenado su depósito en el Registro de Fundaciones. De igual manera, los contribuyentes podrán deducir el 12 por cien de las cantidades que donen al Fondo Cantabria Coopera.

Igualmente podrán deducir el 15 por 100 de las cantidades donadas a asociaciones domiciliadas en la Comunidad Autónoma de Cantabria que cumplan los requisitos de la Ley 49/2002, de 23 de diciembre, de régimen fiscal de las entidades sin fines lucrativos y de los incentivos fiscales al mecenazgo, y cuyo objeto sea el apoyo a personas con discapacidad.

La suma de la base de esta deducción y la base de las deducciones a las que se refieren los apartados 3 y 5 del artículo 68 de la Ley 35/2006, de 28 de noviembre, del Impuesto sobre la Renta de las Personas Físicas y de modificación parcial de las Leyes de los Impuestos sobre Sociedades, sobre la Renta de los no Residentes y sobre el Patrimonio, no podrá exceder del 10 por 100 de la base liquidable del contribuyente.

5[8]. *Por acogimiento familiar de menores.*

---

[7] Nueva redacción del art. 2 dada por el art. 10.Uno de la Ley de Cantabria 2/2017, de 24 de febrero, de Medidas Fiscales y Administrativas (BOCA extraordinario núm. 2, de 28 de febrero de 2017), en vigor desde el 1 de marzo de 2017.
Redacción anterior: *«4. Por donativos a fundaciones o al Fondo Cantabria Coopera.*
Los contribuyentes podrán deducir el 15 por 100 de las cantidades donadas a fundaciones domiciliadas en la Comunidad Autónoma de Cantabria que cumplan con los requisitos de la Ley 50/2002, de 26 de diciembre, de Fundaciones que persigan fines culturales, asistenciales, deportivos o sanitarios o cualesquiera otros de naturaleza análoga a éstos. En todo caso, será preciso que estas fundaciones se encuentren inscritas en el Registro de Fundaciones, que rindan cuentas al órgano de protectorado correspondiente y que éste haya ordenado su depósito en el Registro de Fundaciones. De igual manera, los contribuyentes podrán deducir el 12 por cien de las cantidades que donen al Fondo Cantabria Coopera.
La suma de la base de esta deducción y la base de las deducciones a las que se refieren los apartados 3 y 5 del artículo 68 de la Ley 35/2006, de 28 de noviembre, del Impuesto sobre la Renta de las Personas Físicas y de modificación parcial de las Leyes de los Impuestos sobre Sociedades, sobre la Renta de los no Residentes y sobre el Patrimonio, no podrá exceder del 10 por 100 de la base liquidable del contribuyente».

[8] Nueva redacción del art. 2.5 dada por el art. 4.Uno de la Ley de Cantabria 11/2022, de 28 de diciembre, de Medidas Fiscales y Administrativas (BOC núm. 62, de 29 de diciembre de 2022), en vigor el día 1 de enero 2023.
Ley de Cantabria 11/2022, de 28 de diciembre, de Medidas Fiscales y Administrativas (BOC núm. 62, de 29 de diciembre de 2022), en vigor el día 1 de enero de 2023:
«Disposición adicional cuarta: Deducciones fiscales a aplicar sobre la cuota íntegra autonómica del Impuesto sobre la Renta de las Personas físicas en el ejercicio 2022, reguladas en el Texto Refundido de la Ley de Medidas Fiscales en materia de tributos cedidos por el Estado, aprobado por Decreto Legislativo 62/2008, de 19 de junio.
«2. Se modifica la deducción del artículo 2.5, relativa a la deducción por acogimiento familiar de menores, del Texto Refundido de la Ley de Medidas Fiscales en materia de tributos cedidos por el Estado, aprobado por Decreto Legislativo 62/2008, de 19 de junio, en lo relativo a las cuantías que se podrán deducir los contribuyentes durante el ejercicio 2022, quedando establecidas en:

Los contribuyentes que reciban a menores en régimen de acogimiento familiar, siempre que hayan sido previamente seleccionados al efecto por una entidad pública de protección de menores y que no tengan relación de parentesco alguna, ni adopten durante el periodo impositivo al menor acogido, podrán deducir:

a) 240 euros con carácter general, o

b) el resultado de multiplicar 240 euros por el número máximo de menores que haya acogido de forma simultánea en el periodo impositivo.

En todo caso, la cuantía de la deducción no podrá superar 1.200 euros.

En el supuesto de acogimiento de menores por matrimonios, parejas de hecho o parejas que convivan de forma permanente en análoga relación de afectividad a las anteriores sin

---

a) 360 euros con carácter general, o

b) el resultado de multiplicar 360 euros por el número máximo de menores que haya acogido de forma simultánea en el periodo impositivo. En todo caso, la cuantía de la deducción no podrá superar 1.800 euros».

Redacción anterior dada por la Ley 9/2017, de 26 de diciembre, de Medidas Fiscales y Administrativas (BOC núm. 50, de 29 de diciembre de 2017 y BOE núm. 21, de 24 de enero de 218), en vigor desde el 1 de enero de 2018: «*Los contribuyentes que reciban a menores en régimen de acogimiento familiar simple o permanente, siempre que hayan sido previamente seleccionados al efecto por una entidad pública de protección de menores y que no tengan relación de parentesco alguna, ni adopten durante el periodo impositivo al menor acogido, podrán deducir:*

a) 240 euros con carácter general, o

b) el resultado de multiplicar 240 euros por el número máximo de menores que haya acogido de forma simultánea en el periodo impositivo. En todo caso, la cuantía de la deducción no podrá superar 1.200 euros.

En el supuesto de acogimiento de menores por matrimonios, parejas de hecho o parejas que convivan de forma permanente en análoga relación de afectividad a las anteriores sin haber registrado su unión, el importe de la deducción se prorrateará por partes iguales en la declaración de cada uno de ellos si optaran por tributación individual.

Esta deducción será igualmente aplicable a las personas exacogedoras con las que conviva una persona mayor de edad que se hubiera tenido acogida hasta la mayoría de edad, siempre que la convivencia no se haya interrumpido y que la convivencia se dé bajo la aprobación y la supervisión de la entidad pública de protección de menores.

En este último caso, la deducción está sujeta a los mismos requisitos que permiten la aplicación del mínimo por descendientes por los/las hijos/as mayores de edad que conviven en el domicilio familiar».

Redacción anterior dada por el art. 10.Uno de la Ley de Cantabria 2/2017, de 24 de febrero, de Medidas Fiscales y Administrativas (BOCA extraordinario núm. 2, de 28 de febrero de 2017), en vigor desde el 1 de marzo de 2017: «*Por acogimiento familiar de menores.*

Los contribuyentes que reciban a menores en régimen de acogimiento familiar simple o permanente, administrativo o judicial, siempre que hayan sido previamente seleccionados al efecto por una entidad pública de protección de menores y que no tengan relación de parentesco alguna, ni adopten durante el periodo impositivo al menor acogido, podrán deducir:

a) 240 euros con carácter general, o

b) El resultado de multiplicar 240 euros por el número máximo de menores que haya acogido de forma simultánea en el periodo impositivo. En todo caso, la cuantía de la deducción no podrá superar 1.200 euros.

En el supuesto de acogimiento de menores por matrimonios, parejas de hecho o parejas que convivan de forma permanente en análoga relación de afectividad a las anteriores sin haber registrado su unión, el importe de la deducción se prorrateará por partes iguales en la declaración de cada uno de ellos si optaran por tributación individual».

haber registrado su unión, el importe de la deducción se prorrateará por partes iguales en la declaración de cada uno de ellos si optaran por tributación individual.

Esta deducción será igualmente aplicable a las personas exacogedoras con las que conviva una persona mayor de edad que se hubiera tenido acogida hasta la mayoría de edad, siempre que la convivencia no se haya interrumpido y que la convivencia se dé bajo la aprobación y la supervisión de la entidad pública de protección de menores.

En este último caso, la deducción está sujeta a los mismos requisitos que permiten la aplicación del mínimo por descendientes por los/las hijos/as mayores de edad que conviven en el domicilio familiar.

6. *Deducción por inversión en la adquisición de acciones y participaciones sociales de nuevas entidades o de reciente creación*[9].

---

9   Nueva redacción del art. 2 dada por el art. 10.Uno de la Ley de Cantabria 2/2017, de 24 de febrero, de Medidas Fiscales y Administrativas (BOCA extraordinario núm. 2, de 28 de febrero de 2017), en vigor desde el 1 de marzo de 2017.
Apartado incorporado por el art. 9.Dos de la Ley de Cantabria 10/2012, de 26 de diciembre, de Medidas Fiscales y Administrativas, (BOC extraordinario núm. 54, de 29 de diciembre de 2012), en vigor desde el 1 de enero de 2013: «6. *Deducción por inversión en la adquisición de acciones y participaciones sociales de nuevas entidades o de reciente creación.*
1. Los contribuyentes podrán aplicar una deducción del 15% de las cantidades invertidas durante el ejercicio en la adquisición de acciones o participaciones sociales como consecuencia de acuerdos de constitución de sociedades o de ampliación de capital en las sociedades mercantiles que revistan la forma de Sociedad Anónima, Sociedad de Responsabilidad Limitada, Sociedad Anónima Laboral o Sociedad de Responsabilidad Limitada Laboral y que tengan la consideración de PYMES de acuerdo con la definición de las mismas dada por la Recomendación de la Comisión Europea de 6 de mayo de 2003.
2. El límite de deducción aplicable será de 1.000 euros anuales.
3. Para la aplicación de la deducción deberán cumplirse los siguientes requisitos:
a. Que, como consecuencia de la participación adquirida por el contribuyente, computada junto con la que posean de la misma entidad su cónyuge o personas unidas al contribuyente por razón de parentesco, en línea recta o colateral, por consanguinidad o afinidad hasta el tercer grado incluido, no se llegue a poseer durante ningún día del año natural más del 40% del total del capital social de la entidad o de sus derechos de voto.
b. Que dicha participación se mantenga un mínimo de tres años.
c. Que la entidad de la que se adquieran las acciones o participaciones cumpla los siguientes requisitos:
1. Que tenga su domicilio social y fiscal en la Comunidad Autónoma de Cantabria.
2. Que desarrolle una actividad económica. A estos efectos no se considerará que desarrolla una actividad económica cuando tenga por actividad principal la gestión de un patrimonio mobiliario o inmobiliario, de acuerdo con lo establecido en el artículo 4.Ocho.Dos.a de la Ley 19/1991, de 6 de junio, del Impuesto sobre el Patrimonio.
3. Que, para el caso en que la inversión efectuada corresponda a la constitución de la entidad, desde el primer ejercicio fiscal esta cuente, al menos, con una persona contratada, a jornada completa, dada de alta en la Seguridad Social y residente en la Comunidad Autónoma de Cantabria.
4. Que, para el caso en que la inversión efectuada corresponda a una ampliación de capital de la entidad, dicha entidad hubiera sido constituida dentro de los tres años anteriores a la ampliación de capital y que la plantilla media de la entidad durante los dos ejercicios fiscales posteriores al de la ampliación se incremente respecto de la plantilla media que tuviera en los doce meses anteriores al menos en una persona con los requisitos anteriores, y dicho incremento se mantenga durante al menos otros veinticuatro meses.
Para el cálculo de la plantilla media total de la entidad y de su incremento se tomarán las personas empleadas en los términos que disponga la legislación laboral, teniendo en cuenta la jornada contratada en relación a la jornada completa.

1. Los contribuyentes podrán aplicar una deducción del 15 % de las cantidades invertidas durante el ejercicio en la adquisición de acciones o participaciones sociales como consecuencia de acuerdos de constitución de sociedades o de ampliación de capital en las sociedades mercantiles que revistan la forma de Sociedad Anónima, Sociedad de Responsabilidad Limitada, Sociedad Anónima Laboral o Sociedad de Responsabilidad Limitada Laboral y que tengan la consideración de PYMES de acuerdo con la definición de las mismas dada por la Recomendación de la Comisión Europea de 6 de mayo de 2003.

2. El límite de deducción aplicable será de 1.000 euros anuales.

3. Para la aplicación de la deducción deberán cumplirse los siguientes requisitos:

a. Que, como consecuencia de la participación adquirida por el contribuyente, computada junto con la que posean de la misma entidad su cónyuge o personas unidas al contribuyente por razón de parentesco, en línea recta o colateral, por consanguinidad o afinidad hasta el tercer grado incluido, no se llegue a poseer durante ningún día del año natural más del 40 % del total del capital social de la entidad o de sus derechos de voto.

b. Que dicha participación se mantenga un mínimo de tres años.

c. Que la entidad de la que se adquieran las acciones o participaciones cumpla los siguientes requisitos:

1. Que tenga su domicilio social y fiscal en la Comunidad Autónoma de Cantabria.

2. Que desarrolle una actividad económica. A estos efectos no se considerará que desarrolla una actividad económica cuando tenga por actividad principal la gestión de un patrimonio mobiliario o inmobiliario, de acuerdo con lo establecido en el artículo 4.Ocho.Dos.a de la Ley 19/1991, de 6 de junio, del Impuesto sobre el Patrimonio.

3. Que, para el caso en que la inversión efectuada corresponda a la constitución de la entidad, desde el primer ejercicio fiscal esta cuente, al menos, con una persona contratada, a jornada completa, dada de alta en la Seguridad Social y residente en la Comunidad Autónoma de Cantabria.

4. Que, para el caso en que la inversión efectuada corresponda a una ampliación de capital de la entidad, dicha entidad hubiera sido constituida dentro de los tres años anteriores a la ampliación de capital y que la plantilla media de la entidad durante los dos ejercicios fiscales posteriores al de la ampliación se incremente respecto de la plantilla media que tuviera en los doce meses anteriores al menos en una persona con los requisitos anteriores, y dicho incremento se mantenga durante al menos otros veinticuatro meses.

---

d. El contribuyente o la contribuyente puede formar parte del consejo de administración de la sociedad en la que ha materializado la inversión, pero en ningún caso puede llevar a cabo funciones ejecutivas o de dirección. Tampoco puede mantener una relación laboral con la entidad objeto de la inversión.

e. Las operaciones en las que sea aplicable la deducción deben formalizarse en escritura pública, en la cual debe especificarse la identidad de los inversores y el importe de la respectiva inversión.

f. Los requisitos establecidos por los apartados a y d del artículo 3 así como en los puntos 1, 2 y 3 del apartado c del mismo artículo, deben cumplirse durante un período mínimo de tres años a partir de la fecha de efectividad del acuerdo de ampliación de capital o constitución que origine el derecho a la deducción.

4. El incumplimiento de los requisitos y las condiciones establecidos comporta la pérdida del beneficio fiscal y el contribuyente o la contribuyente debe incluir en la declaración del impuesto correspondiente al ejercicio en el que se ha producido el incumplimiento la parte del impuesto que se ha dejado de pagar como consecuencia de la deducción practicada, junto con los intereses de demora devengados».

Para el cálculo de la plantilla media total de la entidad y de su incremento se tomarán las personas empleadas en los términos que disponga la legislación laboral, teniendo en cuenta la jornada contratada en relación a la jornada completa.

d. El contribuyente o la contribuyente puede formar parte del consejo de administración de la sociedad en la que ha materializado la inversión, pero en ningún caso puede llevar a cabo funciones ejecutivas o de dirección. Tampoco puede mantener una relación laboral con la entidad objeto de la inversión.

e. Las operaciones en las que sea aplicable la deducción deben formalizarse en escritura pública, en la cual debe especificarse la identidad de los inversores y el importe de la respectiva inversión.

f. Los requisitos establecidos por los apartados a y d del artículo 3 así como en los puntos 1, 2 y 3 del apartado c del mismo artículo, deben cumplirse durante un período mínimo de tres años a partir de la fecha de efectividad del acuerdo de ampliación de capital o constitución que origine el derecho a la deducción.

4. El incumplimiento de los requisitos y las condiciones establecidos comporta la pérdida del beneficio fiscal y el contribuyente o la contribuyente debe incluir en la declaración del impuesto correspondiente al ejercicio en el que se ha producido el incumplimiento la parte del impuesto que se ha dejado de pagar como consecuencia de la deducción practicada, junto con los intereses de demora devengados.

7[10]. *Deducción por gastos de enfermedad.*

---

[10]   Nueva redacción del art. 2.7 dada por el art. 3.Tres de la Ley de Cantabria 5/2019, de 23 de diciembre, Medidas Fiscales y Administrativas (BOCA extraordinario núm. 76, de 30 de diciembre), en vigor desde el 1 de enero de 2020.
Redacción anterior dada el art. 8.Uno de la Ley 11/2018, de 21 de diciembre, Medidas Fiscales y Administrativas (BOC núm. 252, de 28 de diciembre de 2018), en vigor desde el 1 de enero de 2019: «7. *Deducción por gastos de enfermedad.*
El contribuyente se podrá deducir un 10% de los gastos y honorarios profesionales abonados durante el año por la prestación de servicios sanitarios por motivo de enfermedad, salud dental, embarazo y nacimiento de hijos, accidentes e invalidez, tanto propios como de las personas que se incluyan en el mínimo familiar.
Esta deducción tendrá un límite anual de 500 euros en tributación individual y 700 en tributación conjunta. Estos límites se incrementarán en 100 euros en tributación individual cuando el contribuyente sea una persona con discapacidad y acredite un grado de discapacidad igual o superior al 65%. En el caso de tributación conjunta el incremento será de 100 euros por cada contribuyente con dicha discapacidad.
Requisito para la deducción: Que la base imponible del periodo sea inferior a 60.000 euros tanto en tributación individual como en tributación conjunta.
La base conjunta de esta deducción estará constituida por las cantidades justificadas con factura y satisfechas, mediante tarjeta de crédito o débito, transferencia bancaria, cheque nominativo o ingreso en cuentas en entidades de crédito, a las personas o entidades que presten los servicios. En ningún caso, darán derecho a practicar esta deducción las cantidades satisfechas mediante entregas de dinero de curso legal».
Redacción anterior del art. 2.7 dada por el art. 10.Uno de la Ley de Cantabria 2/2017, de 24 de febrero, de Medidas Fiscales y Administrativas (BOCA extraordinario núm. 2, de 28 de febrero de 2017), en vigor desde el 1 de marzo de 2017: «a) *El contribuyente se podrá deducir un 10% de los gastos y honorarios profesionales abonados durante el año por la prestación de servicios sanitarios por motivo de enfermedad, salud dental, embarazo y nacimiento de hijos, accidentes e invalidez, tanto propios como de las personas que se incluyan en el mínimo familiar.*
Esta deducción tendrá un límite anual de 500 euros en tributación individual y 700 en tributación conjunta. Estos límites se incrementarán en 100 euros en tributación individual cuando el contribuyente sea

El contribuyente se podrá deducir un 10% de los honorarios profesionales abonados durante el año por la prestación de servicios sanitarios por motivo de enfermedad, salud dental, embarazo y nacimiento de hijos, accidentes e invalidez, tanto propios como de las personas que se incluyan en el mínimo familiar, siempre y cuando estos honorarios no estén cubiertos por la Seguridad Social o en su caso por la Mutua o entidad aseguradora correspondiente del contribuyente.

Esta deducción tendrá un límite anual de 500 euros en tributación individual y 700 en tributación conjunta. Estos límites se incrementarán en 100 euros en tributación individual cuando el contribuyente sea una persona con discapacidad y acredite un grado de discapacidad igual o superior al 65%. En el caso de tributación conjunta el incremento será de 100 € por cada contribuyente con dicha discapacidad.

Requisito para la deducción: Que la base liquidable del periodo, después de las reducciones por mínimo personal y familiar sea inferior a 22.946 euros en tributación individual o a 31.485 euros en tributación conjunta.

---

una persona con discapacidad y acredite un grado de discapacidad igual o superior al 65%. En el caso de tributación conjunta el incremento será de 100 € por cada contribuyente con dicha discapacidad.

b) El contribuyente se podrá deducir un 5% de las cantidades pagadas durante el año en concepto de cuotas a mutualidades o sociedades de seguros médicos no obligatorios, tanto propios como de las personas que se incluyan en el mínimo familiar.

Esta deducción tendrá un límite anual de 200 euros en tributación individual y 300 en tributación conjunta. Estos límites se incrementarán en 100 euros en tributación individual cuando el contribuyente sea una persona con discapacidad y acredite un grado de discapacidad igual o superior al 65%. En el caso de tributación conjunta el incremento será de 100 € por cada contribuyente con dicha discapacidad.

La base conjunta de esta deducción estará constituida por las cantidades justificadas con factura y satisfechas, mediante tarjeta de crédito o débito, transferencia bancaria, cheque nominativo o ingreso en cuentas en entidades de crédito, a las personas o entidades que presten los servicios. En ningún caso, darán derecho a practicar esta deducción las cantidades satisfechas mediante entregas de dinero de curso legal».

Apartado 7 incorporado por el art. 10.Cuatro.3 de la Ley de Cantabria 10/2013, de 27 de diciembre, de Medidas Fiscales y Administrativas (BOC extraordinario núm. 62 de 30 de diciembre de 2013), en vigor desde el 1 de enero de 2014: *«a) El contribuyente se podrá deducir un 10% de los gastos y honorarios profesionales abonados durante el año por la prestación de servicios sanitarios por motivo de enfermedad, salud dental, embarazo y nacimiento de hijos, accidentes e invalidez, tanto propios como de las personas que se incluyan en el mínimo familiar.*

Esta deducción tendrá un límite anual de 500 euros en tributación individual y 700 en tributación conjunta. Estos límites se incrementarán en 100 euros en tributación individual cuando el contribuyente sea una persona con discapacidad y acredite un grado de minusvalía igual o superior al 65%. En el caso de tributación conjunta el incremento será de 100 € por cada contribuyente con dicha discapacidad.

b) El contribuyente se podrá deducir un 5% de las cantidades pagadas durante el año en concepto de cuotas a mutualidades o sociedades de seguros médicos no obligatorios, tanto propios como de las personas que se incluyan en el mínimo familiar.

Esta deducción tendrá un límite anual de 200 euros en tributación individual y 300 en tributación conjunta. Estos límites se incrementarán en 100 euros en tributación individual cuando el contribuyente sea una persona con discapacidad y acredite un grado de minusvalía igual o superior al 65%. En el caso de tributación conjunta el incremento será de 100 € por cada contribuyente con dicha discapacidad.

La base conjunta de esta deducción estará constituida por las cantidades justificadas con factura y satisfechas, mediante tarjeta de crédito o débito, transferencia bancaria, cheque nominativo o ingreso en cuentas en entidades de crédito, a las personas o entidades que presten los servicios. En ningún caso, darán derecho a practicar esta deducción las cantidades satisfechas mediante entregas de dinero de curso legal».

La base de esta deducción estará constituida por las cantidades justificadas con factura y satisfechas, mediante tarjeta de crédito o débito, transferencia bancaria, cheque nominativo o ingreso en cuentas en entidades de crédito, a las personas o entidades que presten los servicios. En ningún caso, darán derecho a practicar esta deducción las cantidades satisfechas mediante entregas de dinero en efectivo.

8[11]. *Deducción por gastos de guardería.*

El contribuyente se podrá deducir un 15 por ciento en los gastos de guardería de los hijos biológicos o adoptados con un límite de 300 euros anuales por hijo menor de tres años. En caso de tributación individual, se prorrateará la deducción según los gastos justificados por cada contribuyente, sin que pueda superar conjuntamente la cantidad máxima de deducción.

La base de esta deducción estará constituida por las cantidades justificadas con factura y satisfechas mediante tarjeta de crédito o débito, transferencia bancaria, cheque nominativo o ingreso en cuentas en entidades de crédito, a las personas o entidades que presten los servicios. En ningún caso darán derecho a practicar esta deducción las cantidades satisfechas mediante entregas de dinero en efectivo.

---

[11] Nueva redacción del art. 2.8 dada por el art. 3.Cinco de la Ley de Cantabria 3/2023, de 26 de diciembre, de Medidas Fiscales y Administrativas (BOC extraordinario núm. 87, de 29 de diciembre de 2023), en vigor desde el 1 de enero de 2024.

Redacción anterior dada por el art. 3.Cuatro de la Ley de Cantabria 5/2019, de 23 de diciembre, Medidas Fiscales y Administrativas (BOCA extraordinario núm. 76, de 30 de diciembre), en vigor desde el 1 de enero de 2020: «*Deducción por gastos de guardería.*

El contribuyente se podrá deducir un 15% en los gastos de guardería de los hijos o adoptados con un límite de 300 euros anuales por hijo menor de tres años. En caso de tributación individual, se prorrateará la deducción según los gastos justificados por cada contribuyente, sin que supere conjuntamente la cantidad máxima de deducción.

Requisito para la deducción: Que la base liquidable del periodo, después de las reducciones por mínimo personal y familiar sea inferior a 22.946 euros en tributación individual o a 31.485 euros en tributación conjunta.

La base de esta deducción estará constituida por las cantidades justificadas con factura y satisfechas, mediante tarjeta de crédito o débito, transferencia bancaria, cheque nominativo o ingreso en cuentas en entidades de crédito, a las personas o entidades que presten los servicios. En ningún caso, darán derecho a practicar esta deducción las cantidades satisfechas mediante entregas de dinero en efectivo».

Ley de Cantabria 11/2022, de 28 de diciembre, de Medidas Fiscales y Administrativas (BOC núm. 62, de 29 de diciembre de 2022), en vigor el día 1 de enero 2023:

«*Disposición adicional cuarta: Deducciones fiscales a aplicar sobre la cuota íntegra autonómica del Impuesto sobre la Renta de las Personas físicas en el ejercicio 2022, reguladas en el Texto Refundido de la Ley de Medidas Fiscales en materia de tributos cedidos por el Estado, aprobado por Decreto Legislativo 62/2008, de 19 de junio:*

«*3. Se modifica la deducción establecida en el artículo 2.8, relativa a gastos de guardería, del Texto Refundido de la Ley de Medidas Fiscales en materia de tributos cedidos por el Estado, aprobado por Decreto Legislativo 62/2008, de 19 de junio, en lo relativo al límite del derecho a deducción, estableciéndose en 450 euros, durante el ejercicio 2022*».

Redacción anterior por su incorporación por el art. 8.dos de la Ley 11/2018, de 21 de diciembre, Medidas Fiscales y Administrativas (BOC núm. 252, de 28 de diciembre de 2018), en vigor desde el 1 de enero de 2019: «*8. Deducción por gastos de guardería.*

El contribuyente se podrá deducir un 15% en los gastos de guardería de los hijos o adoptados con un límite de 300 euros anuales por hijo menor de tres años.

Requisito: Que la base imponible del periodo, antes de las reducciones por mínimo personal y familiar sea inferior a 25.000 euros en tributación individual o a 31.000 euros en tributación conjunta».

9[12]**.** *Deducción para familias monoparentales.*

El titular de familia monoparental podrá deducirse 200 euros anuales en su declaración del IRPF, siempre que la base liquidable del periodo impositivo después de las reducciones por mínimo personal y familiar sea inferior a 31.485 euros[13].

A los efectos de esta Ley, en los casos de separación legal o cuando no existiera vínculo matrimonial, tendrá la consideración de familia monoparental la formada por la madre o el padre y los hijos que convivan con una u otro y que reúnan alguno de los siguientes requisitos:

a) Hijos menores de edad, con excepción de los que, con el consentimiento de los padres, vivan independientes de éstos.

b) Hijos mayores de edad incapacitados judicialmente sujetos a patria potestad prorrogada o rehabilitada.

10[14]**.** *Deducción por nacimiento o adopción de hijos.*

---

12   Ley de Cantabria 11/2022, de 28 de diciembre, de Medidas Fiscales y Administrativas (BOC núm. 62, de 29 de diciembre de 2022), en vigor el día 1 de enero 2023:

     «**Disposición adicional cuarta:** *Deducciones fiscales a aplicar sobre la cuota íntegra autonómica del Impuesto sobre la Renta de las Personas físicas en el ejercicio 2022, reguladas en el Texto Refundido de la Ley de Medidas Fiscales en materia de tributos cedidos por el Estado, aprobado por Decreto Legislativo 62/2008, de 19 de junio:*

     «4. Se modifica la deducción del artículo 2.9, relativa a familias monoparentales, del Texto Refundido de la Ley de Medidas Fiscales en materia de tributos cedidos por el Estado, aprobado por Decreto Legislativo 62/2008, de 19 de junio, en lo relativo al límite del derecho a deducción, estableciéndose en 300 euros, durante el ejercicio 2022».

     Nuevo art. 2.9 incorporado por el art. 8.Tres de la Ley 11/2018, de 21 de diciembre, Medidas Fiscales y Administrativas (BOC núm. 252, de 28 de diciembre de 2018), en vigor desde el 1 de enero de 2019.

13   Nueva redacción del primer párrafo del art. 2.9 dada por el art. 3.Cinco de la Ley de Cantabria 5/2019, de 23 de diciembre, Medidas Fiscales y Administrativas (BOCA extraordinario núm. 76, de 30 de diciembre), en vigor desde el 1 de enero de 2020.

     Redacción anterior: «*El titular de familia monoparental podrá deducirse 200 euros anuales en su declaración del IRPF, siempre que la base imponible del periodo impositivo antes de las reducciones por mínimo personal y familiar sea inferior a 30.000 euros*».

14   Nueva redacción del art. 2.10 dada por el art. 3.Seis de la Ley de Cantabria 3/2023, de 26 de diciembre, de Medidas Fiscales y Administrativas (BOC extraordinario núm. 87, de 29 de diciembre de 2023), en vigor desde el 1 de enero de 2024.

     Se suprime la deducción del art. 2.10 y se incorpora una nueva deducción en el art. 2.10 dada por el art. 3.Seis de la Ley de Cantabria 5/2019, de 23 de diciembre, Medidas Fiscales y Administrativas (BOCA extraordinario núm. 76, de 30 de diciembre), en vigor desde el 1 de enero de 2020: «*Deducción por nacimiento y adopción de hijos.*

     Por cada hijo nacido o adoptado, que convivan con el contribuyente en la fecha del devengo del impuesto, en el periodo impositivo 100 euros, siempre que la base liquidable del periodo, después de las reducciones por mínimo personal y familiar sea inferior a 31.485 euros».

     Ley de Cantabria 11/2022, de 28 de diciembre, de Medidas Fiscales y Administrativas (BOC núm. 62, de 29 de diciembre de 2022), en vigor el día 1 de enero 2023:

     «**Disposición adicional cuarta:** *Deducciones fiscales a aplicar sobre la cuota íntegra autonómica del Impuesto sobre la Renta de las Personas físicas en el ejercicio 2022, reguladas en el Texto Refundido de la Ley de Medidas Fiscales en materia de tributos cedidos por el Estado, aprobado por Decreto Legislativo 62/2008, de 19 de junio:*

     «5. Se modifica la deducción del artículo 2.10, relativa al nacimiento y adopción de hijos, del Texto Refundido de la Ley de Medidas Fiscales en materia de tributos cedidos por el Estado, aprobado por Decreto

El contribuyente se podrá deducir 1.400 euros por nacimiento o adopción de hijos, en el ejercicio en que se produzca y los dos siguientes, prorrateándose por mitad a cada progenitor o adoptante en caso de declaración individual. Esta deducción será compatible con la regulada por el Estado y aplicable a los nacimientos y adopciones que se produzcan desde el 1 de enero de 2024.

11[15]**.** *Deducciones aplicables a contribuyentes que tengan su residencia habitual en municipios afectados por riesgo de despoblamiento en Cantabria*

Legislativo 62/2008, de 19 de junio, en lo relativo al límite del derecho a deducción, estableciéndose en 150 euros, durante el ejercicio 2022».

Redacción anterior por su incorporación por el art. 8.Cuatro de la Ley 11/2018, de 21 de diciembre, Medidas Fiscales y Administrativas (BOC núm. 252, de 28 de diciembre de 2018), en vigor desde el 1 de enero de 2019.

[15] Nueva redacción del apartado 11 dada por el art. 3 Uno de la Ley de Cantabria 3/2024, de 23 de diciembre, de Medidas Fiscales y Administrativas (BOC núm. 46, de 30 diciembre de 2024), con efectos desde el 1 de enero de 2025.

Redacción anterior: «*11. Deducción aplicable a contribuyentes que tengan su residencia habitual en zonas rurales de Cantabria en riesgo de despoblamiento.*

Se entenderá por zona rural con reto demográfico aquellos municipios o ayuntamientos que cumplan alguno de los siguientes criterios objetivos:
a) Población inferior a 2.000 habitantes.
b) Densidad de población inferior a 12,5 habitantes por kilómetro cuadrado.
c) Tasa de envejecimiento superior al 30%.
La Consejería de Economía y Hacienda publicará anualmente mediante Orden la relación de municipios o ayuntamientos que tendrán tal consideración, de acuerdo con los datos oficiales facilitados por el ICANE. Para determinar el concepto de residencia habitual se estará en los dispuesto por el artículo 72 de la Ley del Impuesto sobre la Renta de las Personas Físicas.
La base de las deducciones contempladas en los apartados siguientes estará constituida por las cantidades justificadas con facturas o recibos y satisfechas, mediante tarjeta de crédito o débito, transferencia bancaria, cheque nominativo o ingreso en cuentas en entidades de crédito a las personas o entidades que presten los servicios. En ningún caso, darán derecho a practicar esta deducción las cantidades satisfechas mediante entregas de dinero en efectivo [redacción del art. 4.Dos de la Ley 11/2022, de 28 de diciembre, de Medidas Fiscales y Administrativas (BOC núm. 62, de 29 de diciembre de 2022), en vigor el día 1 de enero 2023. Redacción original, por su incorporación por el art. 3.Siete de la Ley 5/2019, de 23 de diciembre, Medidas Fiscales y Administrativas (BOCA extraordinario núm. 76, de 30 de diciembre), en vigor desde el 1 de enero de 2020].

11.1. Por contratos de arrendamiento de viviendas situadas en zonas rurales de Cantabria con reto demográfico y que constituyan o vayan a constituir la vivienda habitual del arrendatario.
El arrendatario podrá deducir el 20 por ciento, hasta un límite de 600 euros anuales en tributación individual y 1.200 euros en tributación conjunta de las cantidades satisfechas en el periodo impositivo por el arrendamiento de su vivienda habitual. Esta deducción es incompatible con la aplicación de la deducción por arrendamiento de vivienda habitual prevista en el apartado 1 de este artículo [redacción del art. 2.11.1 por el art. 3.Siete de la Ley 3/2023, de 26 de diciembre, de Medidas Fiscales y Administrativas (BOC extraordinario núm. 87, de 29 de diciembre de 2023), en vigor desde el 1 de enero de 2024. Redacción anterior dada por el art. 4.Dos de la Ley 11/2022, de 28 de diciembre, de Medidas Fiscales y Administrativas (BOC núm. 62, de 29 de diciembre de 2022), en vigor el día 1 de enero 2023].

11.2. Deducción por gastos de guardería.
Si la vivienda habitual del contribuyente se encuentra situada en una de las zonas rurales de Cantabria calificada como con reto demográfico, se podrá deducir un 30% en los gastos de guardería de los hijos o adoptados con un límite de 600 euros anuales por hijo menor de tres años.

Se entenderá por municipios afectados por riesgo de despoblamiento en Cantabria los municipios incluidos en la orden por la que se aprueba la delimitación de municipios afectados por riesgo de despoblamiento en Cantabria aprobada por la Consejería competente en materia de despoblamiento[16].

Para determinar el concepto de residencia habitual se estará en los dispuesto en el artículo 72 de la Ley del Impuesto sobre la Renta de las Personas Físicas.

Esta deducción es incompatible con la aplicación de la deducción por gastos de guardería prevista en el apartado 8 de este artículo [redacción del art. 2.11.2 por el art. 3.Siete de la Ley 3/2023, de 26 de diciembre, de Medidas Fiscales y Administrativas (BOC extraordinario núm. 87, de 29 de diciembre de 2023), en vigor desde el 1 de enero de 2024. Redacción anterior dada por el art. 4.Dos de la Ley 11/2022, de 28 de diciembre, de Medidas Fiscales y Administrativas (BOC núm. 62, de 29 de diciembre de 2022), en vigor el día 1 de enero 2023].

11.3. Por los gastos ocasionados al trasladar la residencia habitual a una zona rural de Cantabria con reto demográfico por motivos laborales por cuenta ajena o por cuenta propia.

El contribuyente podrá deducirse 500 euros en el periodo impositivo en el que se produzca el cambio de residencia y en el siguiente.

El traslado de la residencia habitual desde cualquier punto de España a una zona rural de Cantabria con reto demográfico debe venir motivado por la realización de una actividad laboral bien por cuenta ajena o bien por cuenta propia.

Para consolidar el derecho a la deducción, es preciso que el contribuyente permanezca en la nueva residencia habitual durante el año en que se produce el traslado y los tres siguientes.

El incumplimiento de cualquiera de los dos requisitos anteriores dará lugar a la aplicación de lo dispuesto en el artículo 59.2.c) del Reglamento del Impuesto sobre la Renta de las Personas Físicas, aprobado por Real Decreto 439/2007, de 30 de marzo, debiendo el contribuyente añadir a la cuota líquida autonómica o complementaria devengada en el ejercicio en que se hayan incumplido los requisitos, la totalidad de las deducciones indebidamente practicadas, más los intereses de demora a que se refiere el artículo 26.6 de la Ley 58/2003, de 17 de diciembre, General Tributaria.

El importe de la deducción no podrá exceder de la parte autonómica de la cuota íntegra procedente de los rendimientos del trabajo y de actividades económicas del ejercicio en que resulte aplicable la deducción. Particularidades en caso de tributación conjunta. En el supuesto de tributación conjunta, la deducción de 500 euros se aplicará, en cada uno de los periodos impositivos en que sea aplicable la deducción, por cada uno de los contribuyentes que traslade su residencia en los términos anteriormente contemplados, con el límite de la parte autonómica de la cuota íntegra procedente de rendimientos del trabajo y de actividades económicas que corresponda a los contribuyentes que generen derecho a la aplicación de la deducción [redacción del dada por el art. 3.Siete de la Ley 3/2023, de 26 de diciembre, de Medidas Fiscales y Administrativas (BOC extraordinario núm. 87, de 29 de diciembre de 2023), en vigor desde el 1 de enero de 2024. Redacción anterior dada por el art. 4.Dos de la Ley 11/2022, de 28 de diciembre, de Medidas Fiscales y Administrativas (BOC núm. 62, de 29 de diciembre de 2022), en vigor el día 1 de enero 2023].

11.4. Por gastos de traslado por razón de estudios en municipios de zonas rurales de Cantabria calificadas con reto demográfico.

El contribuyente con residencia habitual en municipios de zonas rurales de Cantabria con reto demográfico podrá deducirse 200 euros por cada hijo estudiante menor de 25 años, que no tenga rentas anuales iguales o superiores a 8.000 euros, que curse estudios de bachillerato, formación profesional o enseñanzas universitarias fuera del municipio. En el caso de tributación individual esta deducción se prorrateará por mitad a cada progenitor [apartado incorporado por el art. 3.Siete de la Ley de Cantabria 3/2023, de 26 de diciembre, de Medidas Fiscales y Administrativas (BOC extraordinario núm. 87, de 29 de diciembre de 2023), en vigor desde el 1 de enero de 2024]».

[16]   Orden PRE/1/2025, de 2 de enero, por la que se aprueba la Delimitación de Municipios Afectados por Riesgo de Despoblamiento en Cantabria (BOC núm. 2, de 3 de enero de 2025).

La base de las deducciones contempladas en los apartados 11.1, 11.2, 11.3 y 11.4 estará constituida por las cantidades justificadas con facturas o recibos y satisfechas, mediante tarjeta de crédito o débito, transferencia bancaria, cheque nominativo o ingreso en cuentas en entidades de crédito a las personas o entidades que presten los servicios. En ningún caso, darán derecho a practicar esta deducción las cantidades satisfechas mediante entregas de dinero en efectivo.

11.1. Por contratos de arrendamiento de viviendas situadas en municipios afectados por riesgo de despoblamiento y que constituyan o vayan a constituir la vivienda habitual del arrendatario.

El arrendatario podrá deducir el 20 por ciento, hasta un límite de 600 euros anuales en tributación individual y 1.200 euros en tributación conjunta de las cantidades satisfechas en el periodo impositivo por el arrendamiento de su vivienda habitual. Esta deducción es incompatible con la aplicación de la deducción por arrendamiento de vivienda habitual prevista en el apartado 1 de este artículo.

11.2. Deducción por gastos de guardería.

Si la vivienda habitual del contribuyente se encuentra situada en municipios afectados por riesgo de despoblamiento, se podrá deducir un 30% en los gastos de guardería de los hijos o adoptados con un límite de 600 euros anuales por hijo menor de tres años.

Esta deducción es incompatible con la aplicación de la deducción por gastos de guardería prevista en el apartado 8 de este artículo.

11.3. Por los gastos ocasionados al trasladar la residencia habitual a un municipio afectado por riesgo de despoblamiento por motivos laborales por cuenta ajena o por cuenta propia.

El contribuyente podrá deducirse 500 euros en el periodo impositivo en el que se produzca el cambio de residencia y en el siguiente.

El traslado de la residencia habitual desde cualquier punto de España a un municipio afectado por riesgo de despoblamiento debe venir motivado por la realización de una actividad laboral bien por cuenta ajena o bien por cuenta propia.

Para consolidar el derecho a la deducción, es preciso que el contribuyente permanezca en la nueva residencia habitual durante el año en que se produce el traslado y los tres siguientes.

El incumplimiento de cualquiera de los dos requisitos anteriores dará lugar a la aplicación de lo dispuesto en el artículo 59.2.c) del Reglamento del Impuesto sobre la Renta de las Personas Físicas, aprobado por Real Decreto 439/2007, de 30 de marzo, debiendo el contribuyente añadir a la cuota líquida autonómica o complementaria devengada en el ejercicio en que se hayan incumplido los requisitos, la totalidad de las deducciones indebidamente practicadas, más los intereses de demora a que se refiere el artículo 26.6 de la Ley 58/2003, de 17 de diciembre, General Tributaria.

El importe de la deducción no podrá exceder de la parte autonómica de la cuota íntegra procedente de los rendimientos del trabajo y de actividades económicas del ejercicio en que resulte aplicable la deducción.

Particularidades en caso de tributación conjunta. En el supuesto de tributación conjunta, la deducción de 500 euros se aplicará, en cada uno de los periodos impositivos en que sea aplicable la deducción, por cada uno de los contribuyentes que traslade su residencia en los términos anteriormente contemplados, con el límite de la parte autonómica de la cuota íntegra procedente de rendimientos del trabajo y de actividades económicas que corresponda a los contribuyentes que generen derecho a la aplicación de la deducción.

11.4. Por gastos de traslado por razón de estudios en municipios afectados por riesgo de despoblamiento.

El contribuyente con residencia habitual en municipios afectados por riesgo de despoblamiento podrá deducirse 200 euros por cada hijo estudiante menor de 25 años, que no tenga rentas anuales iguales o superiores a 8.000 euros, que curse estudios de bachillerato, formación profesional o enseñanzas universitarias fuera del municipio. En el caso de tributación individual esta deducción se prorrateará por mitad a cada progenitor.

11.5 Por residencia habitual en un municipio afectado por riesgo de despoblamiento.

El contribuyente menor de 40 años con residencia habitual durante todo el año natural en un municipio afectado por riesgo de despoblamiento podrá deducirse de la cuota íntegra autonómica el 20% de su importe hasta un límite de 500 euros.

En el supuesto de tributación conjunta, la cuantía de la deducción será aplicable por cada uno de los contribuyentes que cumpla los requisitos establecidos.

12[17]. *Los contribuyentes podrán aplicar las siguientes deducciones por inversiones o donaciones a entidades de la Economía Social establecidas en Cantabria.*

a) El 20 por 100 de las cantidades invertidas durante el ejercicio en las aportaciones realizadas con la finalidad de ser socio en entidades que formen parte de la Economía Social a que se refiere el apartado siguiente.

b) El 50% de las cantidades donadas, con carácter irrevocable, a entidades que formen parte de la Economía social para el desarrollo de actividades económicas tanto nuevas como de afianzamiento de las ya realizadas.

c) El 25% de las cantidades donadas, con carácter irrevocable, a entidades que formen parte de la Economía social para la realización de actividades de fomento y difusión de la Economía social, en los términos previstos en el artículo 8 de la Ley 5/2011, de 29 de marzo, de Economía Social («Boletín Oficial del Estado» del 30).

2. Límite conjunto: El importe máximo de los tres supuestos contemplados de esta deducción es de 3.000 euros, tanto en tributación individual como en tributación conjunta, y sin que ninguna cantidad pueda ser objeto de deducción simultáneamente en dos o más de las modalidades de esta deducción.

Requisitos y otras condiciones para la aplicación de la deducción.

3. La aplicación de esta deducción está sujeta al cumplimiento de los requisitos y condiciones siguientes.

a) La participación alcanzada por el contribuyente computado junto con las del cónyuge o personas unidas por razón de parentesco, en línea directa o colateral, por consanguinidad o afinidad hasta el tercer grado incluido, no podrá ser superior al 40 por 100 del capital de la entidad objeto de la inversión o donación.

b) La entidad en la que debe materializarse la inversión o donación tendrá que cumplir los siguientes requisitos:

[17] Nuevo apartado 12 incorporado por el art. 3.Ocho de la Ley de Cantabria 5/2019, de 23 de diciembre, Medidas Fiscales y Administrativas (BOCA extraordinario núm. 76, de 30 de diciembre), en vigor desde el 1 de enero de 2020.

1º Formar parte de la economía social, en los términos previstos en la Ley 5/2011, de 29 de marzo, de Economía Social y estar inscrita en los registros o catálogos establecidos que reconozcan la condición de entidad de economía social.

2º Tener su domicilio social y fiscal en Cantabria.

3º Contar, en promedio anual, con una persona ocupada con contrato laboral y a jornada completa, y dada de alta en el régimen general de la Seguridad Social.

Los requisitos establecidos en los puntos 1º, 2º y 3º anteriores deberán cumplirse durante un periodo mínimo de tres años a contar desde la aportación o donación.

4. Las operaciones en las que sea de aplicación la deducción deberán formalizarse en escritura pública, en la que se hará constar la identidad de los inversores y el importe de la inversión respectiva.

5. Para tener derecho a esta deducción se debe acreditar la efectividad de la donación y el valor de la misma mediante certificación emitida por la entidad donataria.

6. Las entregas o donaciones que forman la base de esta deducción deberán realizarse mediante tarjeta de crédito o débito, transferencia bancaria, cheque nominativo o ingreso en cuentas en entidades de crédito, a las entidades que reciban la donación.

En ningún caso, darán derecho a practicar esta deducción las aportaciones o donaciones satisfechas mediante entregas de dinero en efectivo.

7. En el caso de la modalidad 12.a, la participación en el capital adquirido como consecuencia de la inversión realizada, habrá de mantenerse en el régimen de patrimonio del contribuyente durante un período mínimo de cinco años.

8. El incumplimiento de los requisitos y condiciones establecidos en los apartados anteriores comportará la pérdida del beneficio fiscal y, en tal caso, el contribuyente deberá incluir en la declaración del impuesto correspondiente al ejercicio en que se haya producido el incumplimiento la parte del impuesto que se hubiera dejado de pagar como consecuencia de la deducción practicada, junto con los intereses de demora devengados.

9. Esta deducción será incompatible, para las mismas inversiones, con las deducciones «Por donativos a fundaciones o al Fondo Cantabria Coopera» y «Deducción por inversión en la adquisición de acciones y participaciones sociales de nuevas entidades o de reciente creación».

13[18]. *Deducción para mitigar el impacto de la inflación en la adquisición de productos básicos en 2022.*

Los contribuyentes podrán aplicar, durante el período impositivo 2022, una deducción para mitigar el impacto de la inflación en la adquisición de productos básicos en 2022 de 100 euros en tributación individual o de 200 euros en tributación conjunta.

Requisito para la deducción: Que la base liquidable del periodo, después de las reducciones por mínimo personal y familiar sea inferior a 22.946 euros en tributación individual o a 31.485 euros en tributación conjunta.

13[19]. *Deducción por gastos de educación.*

---

[18] Nuevo apartado 13 incorporado por la Disp. Adicional cuarta.7 de la Ley de Cantabria 11/2022, de 28 de diciembre, de Medidas Fiscales y Administrativas (BOC núm. 62, de 29 de diciembre de 2022), en vigor el día 1 de enero 2023:

[19] Nuevo apartado 13 del art. 2 incorporado por el art. 3. Ocho de la Ley de Cantabria 3/2023, de 26 de diciembre, de Medidas Fiscales y Administrativas (BOC extraordinario núm. 87, de 29 de diciembre de

El contribuyente podrá deducirse:

– El 100 por ciento de las cantidades satisfechas por los gastos destinados a la adquisición de libros de texto editados para las enseñanzas obligatorias cursada por sus hijos o descendientes.

– El 15 por cien de las cantidades satisfechas durante el período impositivo, por la enseñanza de idiomas como actividad extraescolar, recibida por sus hijos o descendientes durante las etapas correspondientes a la enseñanza obligatoria en centros docentes, u otros centros públicos o privados o por personas físicas dadas de alta en el correspondiente epígrafe del impuesto sobre actividades económicas.

La suma de las dos deducciones anteriores no podrá ser superior a 200 euros por unidad familiar, prorrateándose por mitad para cada progenitor en caso de declaración individual.

La base de esta deducción estará constituida por las cantidades justificadas con factura y satisfechas mediante tarjeta de crédito o débito, transferencia bancaria, cheque nominativo o ingreso en cuentas en entidades de crédito, a las personas o entidades que presten los servicios. En ningún caso, darán derecho a practicar esta deducción las cantidades satisfechas mediante entregas de dinero en efectivo.

14[20]. *Deducción por ayuda doméstica.*

El contribuyente podrá deducirse el 20 por cien del importe satisfecho en el período impositivo por cuenta del empleador o empleadora a la Seguridad Social correspondiente a la cotización anual de un empleado o empleada del hogar familiar, con un límite de 300 euros, siempre que sus funciones sean desempeñadas en el domicilio que constituya la vivienda habitual del empleador o empleadora, y que conste inscrita en la Tesorería General de la Seguridad Social la afiliación en Cantabria al Sistema Especial del Régimen General de la Seguridad Social de Empleados del Hogar, de la persona empleada.

El contribuyente deberá ser el titular del hogar familiar, a los efectos de esta deducción, de acuerdo con lo previsto en la normativa reguladora del sistema especial del régimen general de la Seguridad Social de empleados del hogar.

En el caso de que se opte por declaración individual solamente podrá acogerse a esta deducción quien figure como empleador en la Tesorería General de la Seguridad Social. Si ambos cónyuges se han dado de alta como empleadores, solo se podrán deducir por una persona empleada, pudiendo prorratearse entre ellos el importe de la deducción.

Para que sea de aplicación la deducción el contribuyente ha de encontrarse en alguno de los dos supuestos siguientes:

a) Que la persona titular del hogar familiar o en su caso su cónyuge o pareja inscrita en el Registro de Parejas de Hecho de la Comunidad Autónoma de Cantabria tengan uno o más hijos menores de edad y los dos perciban rentas del trabajo o rendimientos de actividades económicas, o bien sea una familia monoparental con uno o más hijos en la que el progenitor perciba rentas del trabajo o rendimientos de actividades económicas.

2023), en vigor desde el 1 de enero de 2024.

[20] Nuevo apartado 14 del art. 2 incorporado por el art. 3. Nueve de la Ley de Cantabria 3/2023, de 26 de diciembre, de Medidas Fiscales y Administrativas (BOC extraordinario núm. 87, de 29 de diciembre de 2023), en vigor desde el 1 de enero de 2024.

b) Que la persona titular del hogar familiar o, en su caso, su cónyuge o pareja inscrita en el Registro de parejas de hecho de la Comunidad Autónoma de Cantabria, sea de edad igual o superior a 75 años.

15[21]. *Deducción por inversiones de nuevos contribuyentes procedentes del extranjero.*

1. Las personas físicas no residentes en España que se conviertan en contribuyentes del Impuesto sobre la Renta de las Personas Físicas en Cantabria, podrán aplicar una deducción del 20 por ciento del valor de adquisición, incluyendo los gastos y tributos inherentes a la adquisición, excluidos los intereses, que hubieran sido satisfechos por el adquirente, en los siguientes elementos patrimoniales:

a) Bienes inmuebles que no estén destinados a vivienda o vivienda turística.

b) Valores representativos de la cesión a terceros de capitales propios, negociados o no, en mercados organizados.

c) Valores representativos de la participación en fondos propios de cualquier tipo de entidad, negociados o no, en mercados organizados.

2. Para la aplicación de la presente deducción será necesario que se cumplan los siguientes requisitos:

a) En el caso de inversión en inmuebles, estos deberán estar situados en Cantabria.

b) En el caso de los valores representativos definidos en las letras b) y c) del apartado anterior la entidad deberá tener su domicilio social y fiscal en Cantabria y desarrollar una actividad económica. No se considerará que se desarrolla una actividad económica cuando se tenga por actividad principal la gestión de un patrimonio mobiliario o inmobiliario, de acuerdo con lo establecido en el artículo 4. Ocho dos. A) de la Ley 19/1991, de 6 de junio, del Impuesto sobre el Patrimonio.

La participación directa o indirecta del contribuyente, junto con la que posean en la misma entidad su cónyuge o cualquier persona unida al contribuyente por parentesco, en línea recta o colateral, por consanguinidad o afinidad, hasta el segundo grado incluido, no puede ser, durante ningún día de los años naturales de mantenimiento de la participación, superior al 40 por ciento del capital social de la entidad o de sus derechos de voto, no pudiendo el contribuyente en ningún caso llevar a cabo funciones ejecutivas ni de dirección ni mantener una relación laboral en la entidad objeto de la inversión.

c) La inversión debe ser realizada en el propio ejercicio de la adquisición de la residencia fiscal en Cantabria, conforme a la normativa del Impuesto sobre la Renta de las Personas Físicas, o en el ejercicio siguiente. En el caso de inversión en valores representativos de la cesión a terceros de capitales propios emitidos por entidades españolas y de valores representativos de la participación en fondos propios de entidades españolas, la inversión también podrá realizarse en el ejercicio anterior al de la adquisición de la citada residencia.

El contribuyente deberá mantener la inversión adquirida durante un plazo de seis años, siendo válidas las transmisiones onerosas de los elementos patrimoniales adquiridos con reinversión total del importe obtenido con la trasmisión, en el plazo de un mes desde las mismas.

d) Que el contribuyente no haya sido residente en España durante los cinco años anteriores al cambio de residencia al territorio de Cantabria.

---

[21] Nuevo apartado incorporado por el art. 3 Dos de la Ley de Cantabria 3/2024, de 23 de diciembre, de Medidas Fiscales y Administrativas (BOC núm. 46, de 30 diciembre de 2024), con efectos desde el 1 de enero de 2025.

3. La deducción podrá ser aplicada en el ejercicio en el que se produzca la inversión y en los cinco ejercicios siguientes inmediatos y sucesivos en caso de insuficiencia de cuota íntegra.

En el caso de que la inversión se haya realizado en el ejercicio anterior al de la adquisición de la condición de contribuyente del Impuesto sobre la Renta de las Personas Físicas en Cantabria, para los bienes respecto de los cuales se prevé esta posibilidad en el apartado 2.c), la deducción podrá ser aplicada en el ejercicio en el que se adquiera la citada residencia fiscal o en los cinco ejercicios siguientes inmediatos y sucesivos, en caso de insuficiencia de cuota íntegra.

4. Esta deducción podrá ser de aplicación a todas aquellas personas que se conviertan en contribuyentes del Impuesto sobre la Renta de las Personas Físicas en Cantabria a partir del 1 de enero de 2025 aun cuando las inversiones se hayan realizado durante el ejercicio anterior, en los supuestos recogidos en el apartado 2 c).

Además, deberá mantener la condición de contribuyente del Impuesto sobre la Renta de las Personas Físicas en Cantabria hasta el último ejercicio del periodo de mantenimiento de la inversión.

La pérdida de la residencia en Cantabria en el período de obligación de mantenimiento de la inversión o el incumplimiento de la obligación de mantenimiento de la inversión realizada, incluyendo el supuesto de transmisión sin reinversión total, originarán la pérdida de la deducción aplicada.

5. Esta deducción resultará incompatible, para las mismas inversiones, con la deducción por inversión en la adquisición de acciones y participaciones sociales de nuevas entidades o de reciente creación establecida en apartado 6 de este artículo.

16[22]. *Deducción para compensar los gastos de desplazamiento y permanencia de nuevos residentes en Cantabria.*

1. Los contribuyentes que trasladen su residencia habitual a Cantabria desde otra Comunidad Autónoma, para compensar los gastos de desplazamiento y permanencia que se generan por cambiar de vivienda habitual, podrán beneficiarse de una deducción en la cuota íntegra autonómica del Impuesto sobre la Renta de las Personas Físicas siempre que se cumplan las siguientes condiciones:

a) Que el contribuyente no haya tenido su residencia habitual en Cantabria durante los cuatro años anteriores a la fecha del traslado.

b) Que el contribuyente mantenga su residencia habitual en Cantabria durante, al menos, los tres años inmediatamente posteriores al de la adquisición de la condición de residente.

2. Esta deducción se aplicará en el período impositivo en el que se adquiera la condición de residente habitual en el territorio de Cantabria y durante los tres posteriores. En el supuesto de que se carezca de cuota íntegra autonómica suficiente para aplicar la totalidad de la deducción generada en cada periodo, el importe no deducido podrá compensarse exclusivamente en los cuatro ejercicios siguientes.

3. Esta deducción, así como los importes que queden pendientes de compensación en ejercicios futuros, minorará la cuota íntegra autonómica en primer lugar.

---

[22]   Nuevo apartado incorporado por el art. 3 Tres de la Ley de Cantabria 3/2024, de 23 de diciembre, de Medidas Fiscales y Administrativas (BOC núm. 46, de 30 diciembre de 2024), con efectos desde el 1 de enero de 2025.

4. La cuantía de la deducción será:

a) Con carácter general, el 10 por 100 de los gastos que se generen para el contribuyente como consecuencia del traslado de su domicilio fiscal a Cantabria con un máximo anual de 1000 euros.

b) Cuando el traslado sea por motivos laborales, lo que se acreditará por cualquier medio de prueba admisible en derecho, el 25 por 100 de los gastos que se generen para el contribuyente como consecuencia del traslado de su domicilio fiscal a Cantabria hasta un máximo de 1500 euros.

5. A los efectos de la presente deducción, se considerarán gastos generados como consecuencia del traslado de domicilio los siguientes:

a) Gastos de viaje y mudanza necesarios para el establecimiento del contribuyente y los miembros de su unidad familiar en Cantabria.

b) Gastos derivados de la escolarización en Cantabria de los descendientes del contribuyente durante las etapas correspondientes a la enseñanza obligatoria y bachillerato.

c) Gastos por arrendamiento de vivienda habitual del contribuyente en Cantabria, así como los gastos originados por la contratación de servicios o suministros vinculados a la misma, no incluyéndose el coste del servicio o suministro.

6. La pérdida de la residencia en Cantabria en el período de obligación de mantenimiento de la residencia originará la pérdida de la deducción aplicada.

17[23]**.** *Deducción por el arrendamiento de viviendas vacías.*

1. Los contribuyentes propietarios o usufructuarios de viviendas vacías, durante al menos un año anterior a la celebración de un contrato de arrendamiento de vivienda sujeto a la Ley 29/1994, de 24 de noviembre, de Arrendamientos Urbanos, podrán deducir en la cuota íntegra autonómica 500 euros por cada uno de los bienes inmuebles destinados al arrendamiento de una vivienda.

2. A estos efectos, se entenderá que una vivienda se encuentra vacía cuando no esté habitada, arrendada, en uso, ni afecta a actividades económicas.

3. El importe de la deducción se prorrateará en función del porcentaje de participación en la propiedad del inmueble.

4. Para aplicar esta deducción deberán cumplirse los siguientes requisitos:

a) El contrato de arrendamiento deberá tener una duración efectiva de al menos tres años. No obstante, no se perderá el derecho a la deducción en caso de que el contrato de arrendamiento tenga una duración inferior a tres años cuando dicho inmueble pase a estar en situación de expectativa de alquiler y vuelva a ser objeto de un nuevo contrato de arrendamiento de vivienda dentro del plazo de seis meses desde la finalización del anterior contrato, siempre que la suma de los periodos de duración de ambos contratos de arrendamiento sea de al menos tres años.

b) El arrendatario de la vivienda no podrá ser el cónyuge ni un pariente, por consanguinidad o por afinidad, hasta el tercer grado inclusive, del contribuyente.

c) Que el precio mensual del alquiler de la vivienda incluidos sus anejos no supere 1.000 euros.

---

[23] Nuevo apartado incorporado por el art. 3 Cuatro de la Ley de Cantabria 3/2024, de 23 de diciembre, de Medidas Fiscales y Administrativas (BOC núm. 46, de 30 diciembre de 2024), con efectos desde el 1 de enero de 2025.

d) Sólo podrán aplicar esta deducción los contribuyentes titulares de un máximo de tres viviendas.

(...)

Disposición Adicional Primera[24]. *Conceptos generales y acreditación.*

Uno. Vivienda habitual. A los efectos previstos en este texto refundido, los conceptos de vivienda habitual, adquisición de vivienda habitual y reinversión en vivienda habitual serán

---

[24]   Nueva redacción y pasará a denominarse Disposición adicional primera por el art. 3.Veinte de la Ley de Cantabria 3/2023, de 26 de diciembre, de Medidas Fiscales y Administrativas (BOC extraordinario núm. 87, de 29 de diciembre de 2023), en vigor desde el 1 de enero de 2024.
Redacción anterior dada por el art. 8.Trece de la Ley 11/2018, de 21 de diciembre, Medidas Fiscales y Administrativas (BOC núm. 252, de 28 de diciembre de 2018), en vigor desde el 1 de enero de 2019:
«Disposición Adicional Única. Conceptos generales y acreditación.
Artículo 1 Conceptos generales
Uno. Vivienda habitual.
A los efectos previstos en este texto refundido, los conceptos de vivienda habitual, adquisición de vivienda habitual y reinversión en vivienda habitual serán los contemplados en la normativa reguladora del Impuesto sobre la Renta de las Personas Físicas. Se entenderá por vivienda la edificación destinada a la residencia de las personas físicas.
Dos. Unidad familiar.
El concepto de unidad familiar será el contemplado en la normativa reguladora del Impuesto sobre la Renta de las Personas Físicas.
Tres. Consideración de persona con discapacidad y acreditación del grado.
A los efectos de esta Ley, la consideración de persona con discapacidad es la fijada por la normativa estatal del Impuesto sobre la Renta de las Personas Físicas, según lo siguiente:
a) Tendrán la consideración de personas con discapacidad las que acrediten un grado igual o superior al 33 por ciento, de acuerdo con el baremo a que se refiere el artículo 367 del texto refundido de la Ley General de la Seguridad Social, aprobado por Real Decreto Legislativo 8/2015, de 30 de octubre, o norma que lo sustituya.
b) En particular, se considerará acreditado un grado de discapacidad igual o superior al 33 por ciento en el caso de los pensionistas de la Seguridad Social que tengan reconocida una pensión de incapacidad permanente total, absoluta o gran invalidez y en el caso de los pensionistas de clases pasivas que tengan reconocida una pensión de jubilación o retiro por incapacidad permanente para el servicio o inutilidad.
c) Igualmente, se considerará acreditado un grado de discapacidad igual o superior al 65 por ciento, cuando se trate de personas cuya incapacidad sea declarada judicialmente, aunque no alcance dicho grado, así como en los casos de dependencia severa y gran dependencia, siempre que estas últimas situaciones fuesen reconocidas por el órgano competente, de acuerdo con lo establecido en el artículo 28 de la Ley 39/2006, de 14 de diciembre, de Promoción de la Autonomía Personal y Atención a las personas en situación de dependencia
Cuatro. Acreditación de la condición de familia numerosa
La condición de familia numerosa se acreditará mediante el título oficial en vigor establecido para el efecto en el momento de la presentación de la declaración del impuesto, conforme a lo establecido en la Ley 40/2003, de 18 de noviembre, de Protección a las Familias Numerosas».
Redacción anterior dada por el art. 9.siete de la Ley de Cantabria 6/2015, de 28 de diciembre, de Medidas Fiscales y Administrativas (BOC extraordinario núm. 99, de 30 de diciembre de 2015), con entrada en vigor el día 1 de enero de 2016: *«Acreditación*
El grado de discapacidad deberá acreditarse mediante certificado o resolución expedido por el Instituto de Migraciones y Servicios Sociales (IMSERSO) o por el órgano competente de las Comunidades Autónomas.
Se considerará acreditado un grado de discapacidad:

los contemplados en la normativa reguladora del Impuesto sobre la Renta de las Personas Físicas. Se entenderá por vivienda la edificación destinada a la residencia de las personas físicas.

Dos. Unidad familiar. El concepto de unidad familiar será el contemplado en la normativa reguladora del Impuesto sobre la Renta de las Personas Físicas.

Tres. Consideración de persona con discapacidad y acreditación del grado. A los efectos de esta Ley, la consideración de persona con discapacidad es la fijada por la normativa estatal del Impuesto sobre la Renta de las Personas Físicas.

Cuatro. Acreditación de la condición de familia numerosa. La condición de familia numerosa se acreditará mediante el título oficial en vigor establecido al efecto en el momento de la presentación de la declaración del impuesto, conforme a lo establecido en la Ley 40/2003, de 18 de noviembre, de Protección a las Familias Numerosas o norma que la sustituya.

Disposición adicional segunda[25]. *Equiparación fiscal y tributaria.*

Se asimilan a la condición de cónyuges los miembros de parejas de hecho cuya unión cumpla los requisitos establecidos en la Ley 1/2005, de 16 de mayo, de parejas de hecho de la Comunidad Autónoma de Cantabria, y se encuentren inscritas en el Registro de Parejas de Hecho de la Comunidad Autónoma de Cantabria o registros análogos establecidos por otras Administraciones Públicas del Estado Español, de países pertenecientes a la Unión Europea o el Espacio Económico Europeo, o de terceros países.

Disposición adicional tercera[26]. *Bonificación en el Impuesto sobre el Patrimonio.*

La bonificación prevista en el artículo 4 bis no será de aplicación cuando el patrimonio neto del sujeto pasivo sea superior a 3.000.000 euros una vez descontado el mínimo exento de 700.000 euros y su mera tenencia constituya el hecho imponible de un impuesto estatal.

Disposición Transitoria Única.

En todo lo no regulado por la presente Ley y hasta tanto no se desarrollen en su totalidad por el Parlamento de Cantabria las competencias normativas cedidas por la Ley 21/2002 de 1 de julio, de régimen de cesión de tributos del Estado a la Comunidad Autónoma de Cantabria, serán de aplicación las normas estatales propias de cada tributo.

Disposición Final Única.

Se faculta al Gobierno de Cantabria para dictar cuantas disposiciones sean necesarias para el desarrollo y ejecución de la presente Ley.

---

1. Igual o superior al 33%, a los pensionistas de la Seguridad Social que tengan reconocida una pensión de incapacidad permanente total, absoluta o gran invalidez y a los pensionistas de Clases Pasivas que tengan reconocida una pensión de jubilación o retiro por incapacidad permanente para el servicio o inutilidad.
2. Igual o superior al 65%, cuando se trate de discapacitados cuya incapacidad haya sido declarada judicialmente en el orden civil, aunque no alcancen dicho grado».

[25]   Nueva disposición adicional segunda incorporada por el art. 3.Veintinuno de la Ley de Cantabria 3/2023, de 26 de diciembre, de Medidas Fiscales y Administrativas (BOC extraordinario núm. 87, de 29 de diciembre de 2023), en vigor desde el 1 de enero de 2024.

[26]   Nueva disposición adicional tercera incorporada por el art. 3.Veintidós de la Ley de Cantabria 3/2023, de 26 de diciembre, de Medidas Fiscales y Administrativas (BOC extraordinario núm. 87, de 29 de diciembre de 2023), en vigor desde el 1 de enero de 2024.

COMUNIDAD AUTÓNOMA DE CASTILLA-LA MANCHA

Impuesto sobre la renta de las Personas Físicas

10. Ley 8/2013, de 21 de noviembre, de Medidas Tributarias de Castilla-La Mancha

(DOCLM núm. 232, de 29 de noviembre;
BOE núm. 35, de 10 de febrero de 2014)

EXPOSICIÓN DE MOTIVOS

I

El artículo 156.1 de la Constitución Española establece que «las Comunidades Autónomas gozarán de autonomía financiera para el desarrollo y ejecución de sus competencias con arreglo a los principios de coordinación con la Hacienda estatal y de solidaridad entre todos los españoles». Asimismo, el artículo 157 diseña el sistema de financiación de las Comunidades Autónomas, que en virtud de lo previsto en su apartado 3, se desarrolla por la Ley Orgánica 8/1980, de 22 de septiembre, de Financiación de las Comunidades Autónomas (en adelante, LOFCA).

Uno de los mecanismos integrantes de dicho sistema de financiación es el constituido por el régimen de cesión de tributos del Estado a los entes autonómicos. Dicho régimen se ha visto modificado por la Ley Orgánica 3/2009, de 18 de diciembre, de modificación de la LOFCA y complementado y desarrollado por la Ley 22/2009, de 18 de diciembre, por la que se regula el sistema de financiación de las Comunidades Autónomas de régimen común y Ciudades con Estatuto de Autonomía y se modifican determinadas normas tributarias. Esta última reforma se estructura en torno a varios ejes, destacando la ampliación de los porcentajes de cesión y de las competencias normativas de las Comunidades Autónomas en los tributos que son objeto de cesión parcial.

En relación con el ejercicio de las competencias atribuidas en estas disposiciones, el Estatuto de Autonomía, en su artículo 31.1.12.ª recoge, entre las competencias exclusivas otorgadas a Castilla-La Mancha, la referida a la planificación de la actividad económica y fomento del desarrollo económico regional; el artículo 41.1 dispone que la Junta de Comunidades de Castilla-La Mancha orientará su actuación económica al aumento de la calidad de vida de los castellano-manchegos y la solidaridad regional; el artículo 42.1 señala que la Comunidad Autónoma, con sujeción a los principios de coordinación con las Haciendas estatal y local y de solidaridad entre todos los españoles, tiene autonomía financiera de acuerdo con la Constitución, con este Estatuto y con la Ley Orgánica de Financiación de las Comunidades Autónomas; y el artículo 44 especifica que la Hacienda de la Comunidad Autónoma se constituye, entre otros, con los rendimientos de los tributos cedidos por el Estado a que se refiere la disposición adicional primera y de todos aquellos cuya cesión sea aprobada por las Cortes Generales.

A su vez, el artículo 2.2 de la Ley 25/2010, de 16 de julio, del régimen de cesión de tributos del Estado a esta Comunidad Autónoma establece que «de acuerdo con lo dispuesto en el artículo 150.1 de la Constitución y conforme a lo previsto en el artículo 19.2 de la Ley Orgánica 8/1980, de 22 de septiembre, de Financiación de las Comunidades Autónomas, se atribuye a la Comunidad Autónoma de Castilla-La Mancha la facultad de dictar para sí misma normas legislativas, en los casos y condiciones previstos en la Ley 22/2009, de 18 de diciembre, por la que se regula el sistema de financiación de las Comunidades Autónomas de régimen común y Ciudades con Estatuto de Autonomía y se modifican determinadas normas tributarias.»

Por tanto, la presente ley regula y sistematiza las medidas en materia de tributos cedidos por el Estado que son directamente aplicables por los contribuyentes en las declaraciones o autoliquidaciones que deben presentar ante la Administración Tributaria, adoptadas en ejercicio de la capacidad normativa reconocida por las disposiciones anteriormente reseñadas.

En el texto legal se establecen importantes medidas tributarias que favorecen a la familia, a las personas con discapacidad y al sector empresarial de la región, sin olvidar aquellas que constituyen un estímulo a la cooperación para el desarrollo. Se aprueban nuevas medidas en materia de tributos cedidos y se recogen todas las disposiciones sobre la materia, vigentes a su fecha, en particular las contenidas en la Ley 9/2008, de 4 de diciembre, de Medidas en Materia de Tributos Cedidos, que expresamente se deroga.

II

La ley consta de 41 artículos que se estructuran en dos capítulos. El capítulo I recoge las normas sustantivas que afectan a los tributos cedidos y se divide en cuatro secciones, sucesivamente dedicadas al Impuesto sobre la Renta de las Personas Físicas, al Impuesto sobre Sucesiones y Donaciones, al Impuesto sobre Transmisiones Patrimoniales y Actos Jurídicos Documentados y a los Tributos sobre el Juego. El capítulo II contiene distintas normas para la aplicación de los mencionados tributos cedidos que ya se establecían en la anterior ley de medidas tributarias. El texto legal se cierra con una disposición adicional, una disposición derogatoria y seis finales.

En la sección 1.ª del capítulo I de la ley, dedicada al Impuesto sobre la Renta de las Personas Físicas, se establecen, en el marco de las competencias definidas en el artículo 46 de la Ley estatal 22/2009, de 18 de diciembre, deducciones de la cuota íntegra autonómica por nacimiento o adopción de hijos, por discapacidad de los declarantes, por donativos con fines en investigación y desarrollo científico e innovación empresarial, que ya se recogían en la anterior ley de medidas.

En esta ley, sin embargo, se amplían las deducciones por familia numerosa, por discapacidad de ascendientes o descendientes del contribuyente, para personas mayores de 75 años y por donativos para la cooperación internacional al desarrollo.

Además se establecen nuevas deducciones tributarias en el impuesto citado, por gastos en la adquisición de libros de texto y por la enseñanza de idiomas, por acogimiento familiar no remunerado de menores, por acogimiento no remunerado de mayores de 65 años y/o discapacitados y por arrendamiento de vivienda habitual de menores de 36 años.

En su mayor parte, estas deducciones quedan ligadas en su aplicación a la generación efectiva del derecho a las desgravaciones previstas por la legislación estatal del impuesto.

Por otra parte, teniendo en consideración que el Gobierno de España prevé impulsar la implantación de incentivos fiscales destinados a emprendedores y a pequeñas y medianas empresas (Pymes), como deducciones por la adquisición de acciones y participaciones sociales de nuevas entidades o de reciente creación y por inversiones realizadas en entidades cotizadas en el Mercado Alternativo Bursátil, entre otras, en la presente ley se incorpora una nueva deducción por la inversión en la adquisición de participaciones sociales en sociedades cooperativas agrarias, cuya actividad principal sea agroalimentaria, con el objeto de impulsar aquellas sociedades cooperativas que apuesten por la profesionalización e innovación y el fortalecimiento de sus balances, en aras de la consolidación de un sector estratégico en nuestra región.

Se concluye la sección con el artículo 13 que regula las normas comunes para la aplicación de las deducciones anteriormente comentadas. En el mismo, se señala expresamente el orden de aplicación de las deducciones de la sección, se homogenizan y clarifican los requisitos para establecer los niveles de renta que han de cumplir los contribuyentes para poder aplicarse las deducciones a las que se refieren los artículos 1, 2, 4, 5 y 6. En este sentido, se atenderá a la base imponible, entendiendo como tal la suma de la base imponible general y la del ahorro, estableciendo, en términos absolutos, el límite de 29.652 euros en tributación individual y de 38.652 euros en tributación conjunta, al incluirse en estos límites, la reducción por obtención de rendimientos del trabajo. Con ello, se persigue la mejora de la equidad, al seguir el esquema de reducción de la base imponible, resultando que el beneficio para el contribuyente es directamente proporcional a su nivel de renta.

Se mantiene la incompatibilidad de la deducción por discapacidad del contribuyente con la correspondiente por discapacidad de ascendientes o descendientes. Y la de ambas con la destinada a personas mayores de 75 años.

(...)

CAPÍTULO I. Normas sustantivas sobre tributos cedidos

SECCIÓN 1.ª *Impuesto sobre la renta de las personas físicas*

Artículo 1. *Deducción por nacimiento o adopción de hijos.*

Siempre que generen el derecho a la aplicación del mínimo por descendientes establecido en la Ley 35/2006, de 28 de noviembre, del Impuesto sobre la Renta de las Personas Físicas y de modificación parcial de las leyes de los Impuestos sobre Sociedades, sobre la Renta de no Residentes y sobre el Patrimonio, los contribuyentes podrán deducirse de la cuota íntegra autonómica las siguientes cantidades por hijos nacidos o adoptados en el periodo impositivo:

    a) 100 euros en el caso de partos o adopciones de un hijo.

    b) 500 euros en el caso de partos o adopciones de dos hijos.

    c) 900 euros en el caso de partos o adopciones de tres o más hijos.

Artículo 2. *Deducción por familia numerosa.*

1. Los contribuyentes que a la fecha de devengo del impuesto tengan reconocida la condición de familia numerosa, de conformidad con lo establecido en la Ley 40/2003, de 18 de noviembre, de Protección a las Familias Numerosas, podrán deducirse de la cuota íntegra autonómica las siguientes cantidades:

    a) Familias numerosas de categoría general: 200 euros.

    b) Familias numerosas de categoría especial: 400 euros

    2. Las deducciones serán de 300 y 900 euros, respectivamente, cuando alguno de los cónyuges o descendientes a los que sea de aplicación el mínimo personal y familiar del impuesto, tenga acreditado un grado de discapacidad igual o superior al 65 por ciento y generen el derecho a la aplicación del mínimo por discapacidad establecido en la Ley 35/2006, de 28 de noviembre.

Artículo 2 bis[1]. *Deducción por familia monoparental.*

1. El padre o la madre que a la fecha de devengo del impuesto formen parte de una familia monoparental, podrán deducirse de la cuota íntegra autonómica la cantidad de 200 euros.

2. A los efectos de esta deducción, y sin perjuicio del concepto legal que pueda establecer la legislación básica estatal, o en su caso, la normativa regional, tendrá la consideración de familia monoparental la formada por la madre o el padre separados legalmente o sin vínculo matrimonial y las hijas e hijos que convivan y dependan económicamente de forma exclusiva de una u otro y que reúnan alguno de los siguientes requisitos:

a) Ser menores de edad, con excepción de quienes, con el consentimiento de los padres, vivan independientes de estos.

b) Ser mayores de edad que tengan establecidas alguna de las medidas de apoyo para el ejercicio de su capacidad jurídica de acuerdo con la legislación civil.

Se entenderá que hay dependencia económica de forma exclusiva, cuando la madre o el padre tenga derecho a la totalidad del mínimo por descendiente previsto en la Ley 35/2006, de 28 de noviembre, del Impuesto sobre la Renta de las Personas Físicas y de modificación parcial de las leyes de los Impuestos sobre Sociedades, sobre la Renta de no Residentes y sobre el Patrimonio, respecto de las hijas e hijos que integran la familia monoparental y no perciba anualidades por alimentos por las hijas e hijos.

3. A los efectos de esta deducción, en ningún caso se considerará familia monoparental la persona viuda o en situación equiparada que hubiere sido condenada por sentencia firme por la comisión de un delito doloso de homicidio en cualquiera de sus formas, cuando la víctima fuera su cónyuge o ex-cónyuge o persona que hubiera estado ligada a ella por una análoga relación de afectividad.

Artículo 3[2]. *Deducciones por gastos en la adquisición de libros de texto, por la enseñanza de idiomas y otros gastos relacionados con la educación.*

1. Se establecen las siguientes deducciones por gastos de adquisición de libros de texto, por enseñanza de idiomas y por otros gastos relacionados con la educación:

a) Los contribuyentes podrán deducirse de la cuota íntegra autonómica las cantidades satisfechas por los gastos destinados a la adquisición de libros de texto editados para las enseñanzas que ofrece el sistema educativo conforme al artículo 3.2 de la Ley Orgánica 2/2006, de 3 de mayo, de Educación, o norma que la sustituya.

---

[1]   Nuevo art. 2.bis incorporado por el art. 2.Uno de la Ley 1/2022, de 14 de enero, de Medidas Tributarias y Administrativas de Castilla-La Mancha (DOCM núm. 12, de 19 de enero de 2022), en vigor desde el 8 de febrero de 2022, con excepción de las deducciones fiscales sobre el Impuesto sobre la Renta de las Personas Físicas previstas en su artículo 2, que serán de aplicación a hechos imponibles producidos a partir del periodo impositivo iniciado el 1 de enero de 2021.

[2]   Nueva redacción del art. 3 dada por el art. 12.Uno de la Ley 1/2023, de 27 de enero, de Medidas Administrativas, Financieras y Tributarias de Castilla-La Mancha (DOCLM núm. 21 de 31 de enero de 2023), con efectos desde el periodo impositivo iniciado el 1 de enero de 2022.

b) Los contribuyentes podrán deducirse el 15 por ciento de las cantidades satisfechas durante el período impositivo, por cada una de las actividades que se relacionan a continuación, desarrolladas por sus hijos o descendientes durante las etapas correspondientes a las enseñanzas que ofrece el sistema educativo conforme al artículo 3.2 de la Ley Orgánica 2/2006, de 3 de mayo, o norma que la sustituya:

1.º Por la enseñanza de idiomas recibida como actividad extraescolar.

2.º Por aquellas actividades relacionadas con el aprendizaje fuera de los centros educativos como refuerzo o apoyo de las enseñanzas en las que estén matriculados.

3.º Por los gastos de acceso a las nuevas tecnologías necesarios para las enseñanzas en las que estén matriculados los hijos o descendientes. A tal efecto, se considerarán únicamente las cuantías satisfechas como cuota de alta a internet y la cuota de línea del primer mes, siempre que no se trate de un cambio de compañía y la línea no esté vinculada a una actividad económica.

4.º Por los gastos de estudio y residencia de hijos o descendientes fuera del municipio de residencia de la unidad familiar, siempre que el municipio donde se cursen los estudios se encuentre en Castilla-La Mancha y que en el lugar de residencia de la unidad familiar no exista dicha oferta educativa. Igualmente será aplicable esta deducción cuando el municipio donde se realicen los estudios se encuentre fuera de Castilla-La Mancha y no exista en la región oferta educativa para los estudios cursados.

2. La cantidad total a deducir por los gastos señalados en el apartado anterior no excederá de las cuantías máximas que se indican a continuación:

a) Declaraciones conjuntas:

1.º Los contribuyentes que no tengan la condición legal de familia numerosa, para los que la cantidad resultante de la suma de la base imponible general y de la base imponible del ahorro menos el mínimo por descendientes se encuentre comprendida en los tramos que se indican a continuación, podrán deducirse hasta las siguientes cuantías:

Hasta 12.000,00 euros: 200 euros por hijo.

Entre 12.000,01 y 20.000,00 euros: 100 euros por hijo.

Entre 20.000,01 y 25.000,00 euros: 75 euros por hijo.

2.º Los contribuyentes que tengan la condición legal de familia numerosa, para los que la cantidad resultante de la suma de la base imponible general y de la base imponible del ahorro menos el mínimo por descendientes se encuentre comprendida en el tramo que se indica a continuación, podrán deducirse hasta las siguientes cuantías:

Hasta 40.000 euros: 300 euros por hijo.

b) Declaraciones individuales:

1.º Los contribuyentes que no tengan la condición legal de familia numerosa, para los que la cantidad resultante de la suma de la base imponible general y la base imponible del ahorro menos el mínimo por descendientes se encuentre comprendida en los tramos que se indican a continuación, podrán deducirse hasta las siguientes cuantías:

Hasta 6.500 euros: 100 euros por hijo.

Entre 6.500,01 y 10.000,00 euros: 75 euros por hijo.

Entre 10.000,01 y 12.500,00 euros: 50 euros por hijo.

2.º Los contribuyentes que tengan la condición legal de familia numerosa, para los que la cantidad resultante de la suma de la base imponible general y la base imponible del ahorro menos el mínimo por descendientes se encuentre comprendida en el tramo que se indica a continuación, podrán deducirse la siguiente cuantía:

Hasta 30.000 euros: 150 euros por hijo.

3. Las deducciones resultantes de la aplicación de los apartados anteriores se minorarán en el importe de las becas y ayudas concedidas en el periodo impositivo de que se trate por la Administración de la Junta de Comunidades de Castilla-La Mancha, o por cualquier otra Administración Pública, que cubran la totalidad o parte de los gastos señalados en el apartado 1 del presente artículo.

4. A los efectos de la aplicación de estas deducciones, sólo tendrán derecho a practicar la deducción los padres o ascendientes respecto de aquellos hijos o descendientes escolarizados que den derecho a la reducción prevista, en concepto de mínimo por descendientes, en el artículo 58 de la Ley 35/2006, de 28 de noviembre.

5. Los contribuyentes que deseen gozar de la deducción establecida en este artículo deberán estar en posesión de los justificantes acreditativos del pago de los conceptos objeto de deducción.

Artículo 3 bis[3]. *Deducción por gastos de guardería.*

1. Los contribuyentes podrán deducirse de la cuota íntegra autonómica el 30 por ciento de las cantidades satisfechas en el periodo impositivo por los gastos de custodia de hijas o hijos menores de 3 años en guarderías o centros de educación infantil, con un máximo de 500 euros por cada hija o hijo inscrito en dichas guarderías o centros.

Para la aplicación de la presente deducción solo se tendrán en cuenta aquellas hijas o aquellos hijos que den derecho a la aplicación del mínimo por descendientes en el artículo 58 de la Ley 35/2006, de 28 de noviembre.

De las cantidades satisfechas se deben minorar el importe de las becas o ayudas obtenidas de cualquier Administración Pública que cubran todos o parte de los gastos de custodia. Esta minoración se aplicará de forma individual para cada hija o hijo que se beneficie de las becas o ayudas.

A estos efectos se entenderán por gastos de custodia las cantidades satisfechas a guarderías y centros de educación infantil por la preinscripción y matrícula de dichos menores, la asistencia, en horario general y ampliado, y la alimentación, siempre que se hayan producido por meses completos y no tuvieran la consideración de rendimientos del trabajo en especie exentos por aplicación de lo dispuesto en las letras b) o d) del apartado 3 del artículo 42 de la Ley 35/2006, de 28 de noviembre.

2. Cuando las hijas o los hijos que den derecho a la deducción convivan con más de un contribuyente, el importe de la deducción se prorrateará conforme al hecho de que aquellas o aquellos den derecho al mínimo por descendientes a más de un contribuyente.

---

[3] Nueva redacción del art. 3 bis dada por el art. 12.Dos de la Ley 1/2023, de 27 de enero, de Medidas Administrativas, Financieras y Tributarias de Castilla-La Mancha (DOCLM núm. 21 de 31 de enero de 2023), con efectos desde el periodo impositivo iniciado el 1 de enero de 2022.
Redacción anterior del art. 3 bis incorporado por el art. 2.Dos de la Ley 1/2022, de 14 de enero, de Medidas Tributarias y Administrativas de Castilla-La Mancha (DOCM núm. 12, de 19 de enero de 2022), en vigor desde el 8 de febrero de 2022, con excepción de las deducciones fiscales sobre el Impuesto sobre la Renta de las Personas Físicas previstas en su artículo 2, que serán de aplicación a hechos imponibles producidos a partir del periodo impositivo iniciado el 1 de enero de 2021.

3. El límite de la misma, en el período impositivo en el que la hija o el hijo cumpla los 3 años de edad, será de 250 euros.

4. A los efectos de aplicación de esta deducción, se entenderá como guardería o centro de educación infantil todo centro autorizado por la consejería competente en materia de educación que tenga por objeto la custodia o el primer ciclo de educación infantil, de niñas y niños menores de 3 años.

Artículo 4. *Deducción por discapacidad del contribuyente.*

Los contribuyentes que tengan un grado de discapacidad acreditado igual o superior al 65 por ciento y tengan derecho a la aplicación del mínimo por discapacidad del contribuyente, previsto en la Ley 35/2006, de 28 de noviembre, podrán deducirse de la cuota íntegra autonómica la cantidad de 300 euros.

Artículo 5. *Deducción por discapacidad de ascendientes o descendientes.*

Los contribuyentes podrán deducirse de la cuota íntegra autonómica la cantidad de 300 euros por cada ascendiente o descendiente, con un grado de discapacidad acreditado igual o superior al 65 por ciento, siempre que estos generen el derecho a la aplicación del mínimo por discapacidad de ascendientes o descendientes, respectivamente, establecido en la Ley 35/2006, de 28 de noviembre.

Artículo 6. *Deducciones para personas mayores de 75 años.*

1. Los contribuyentes mayores de 75 años podrán deducirse de la cuota íntegra autonómica la cantidad de 150 euros.

2. Los contribuyentes podrán deducirse de la cuota íntegra autonómica la cantidad de 150 euros por el cuidado de cada ascendiente mayor de 75 años, siempre que cause derecho a la aplicación del mínimo por ascendientes mayores de 75 años previsto en la Ley 35/2006, de 28 de noviembre.

3. No procederán las deducciones previstas en los anteriores apartados cuando los mayores de 75 años que generen el derecho a las mismas residan, durante más de treinta días naturales del período impositivo en Centros Residenciales de Mayores de la Junta de Comunidades de Castilla-La Mancha o en plazas concertadas o subvencionadas por esta en otros centros, a excepción de las estancias temporales derivadas de convalecencias debidamente acreditadas por el Servicio de Salud de Castilla-La Mancha.

Artículo 7. *Deducción por acogimiento familiar no remunerado de menores.*

1[4]**.** Los contribuyentes podrán deducirse, por cada menor en régimen de acogimiento familiar no remunerado temporal, permanente o por delegación de guarda para la convivencia preadoptiva, por acuerdo administrativo o judicial, siempre que convivan con el menor durante más de ciento ochenta y tres días del período impositivo, las siguientes cantidades:

a) 500 euros si se trata del primer menor en régimen de acogimiento familiar no remunerado o por delegación de guarda para la convivencia preadoptiva.

---

[4] Nueva redacción del art. 7.1 dada por el art. 12.Tres de la Ley 1/2023, de 27 de enero, de Medidas Administrativas, Financieras y Tributarias de Castilla-La Mancha (DOCLM núm. 21 de 31 de enero de 2023), con efectos desde el periodo impositivo iniciado el 1 de enero de 2022.

b) 600 euros si se trata del segundo menor o sucesivo en régimen de acogimiento familiar no remunerado o por delegación de guarda para la convivencia preadoptiva.

2. A efectos de determinación del número de orden del menor acogido solamente se computarán aquellos menores que hayan permanecido en dicho régimen durante más de ciento ochenta y tres días del período impositivo. En ningún caso, se computarán los menores que hayan sido adoptados durante dicho período impositivo por el contribuyente.

3[5]. No dará lugar a esta deducción el supuesto de acogimiento familiar temporal o por delegación de guarda para la convivencia preadoptiva, cuando se produjera la adopción del menor durante el período impositivo, sin perjuicio de la aplicación de la deducción establecida en el artículo 1 de esta ley.

4. En el supuesto de acogimiento de menores por matrimonios o uniones de hecho, el importe de la deducción se prorrateará por partes iguales en la declaración de cada uno de ellos si optaran por tributación individual.

5. Para la aplicación de la deducción será necesario que se cumplan los siguientes requisitos:

a) Que la suma de la base imponible general y la del ahorro del contribuyente no sea superior a 12.500 euros en tributación individual o a 25.000 euros en tributación conjunta.

b) Que se acredite, por la Consejería competente en la materia, la formalización del acogimiento, así como que el contribuyente no ha recibido ayudas de la Administración de la Junta de Comunidades de Castilla-La Mancha vinculadas con el acogimiento.

Artículo 8. *Deducción por acogimiento no remunerado de mayores de 65 años o discapacitados.*

1. Los contribuyentes podrán deducirse 600 euros por cada persona mayor de 65 años o con un grado de discapacidad acreditado igual o superior al 33 por ciento, que conviva con el contribuyente durante más de ciento ochenta y tres días al año en régimen de acogimiento sin contraprestación, cuando por ello no hayan obtenido ayudas o subvenciones de la Comunidad Autónoma de Castilla-La Mancha.

2. No se podrá practicar la presente deducción, en el supuesto de acogimiento de mayores de 65 años, cuando el acogido esté ligado al contribuyente por un vínculo de parentesco de consanguinidad o de afinidad hasta el cuarto grado incluido.

3. Cuando la persona acogida genere el derecho a la deducción para más de un contribuyente simultáneamente, el importe de la misma se prorrateará por partes iguales en la declaración de cada uno de ellos si optaran por tributación individual.

4. Para la aplicación de la deducción será necesario que se cumplan los siguientes requisitos:

a) Que la suma de la base imponible general y la del ahorro del contribuyente no sea superior a 12.500 euros en tributación individual o a 25.000 euros en tributación conjunta.

b) Que se acredite, por la Consejería competente en la materia, que ni el contribuyente ni la persona acogida han recibido ayudas de la Administración de la Junta de Comunidades de Castilla-La Mancha vinculadas con el acogimiento.

---

[5]   Nueva redacción del art. 7.3 dada por el art. 12.Tres de la Ley 1/2023, de 27 de enero, de Medidas Administrativas, Financieras y Tributarias de Castilla-La Mancha (DOCLM núm. 21 de 31 de enero de 2023), con efectos desde el periodo impositivo iniciado el 1 de enero de 2022.

Artículo 9. *Deducción por arrendamiento de vivienda habitual por menores de 36 años.*

1. Los contribuyentes podrán deducirse de la cuota íntegra autonómica el 15 por ciento de las cantidades satisfechas por el arrendamiento de la vivienda que constituya o vaya a constituir su residencia habitual en Castilla-La Mancha durante el período impositivo, con un máximo de 450 euros.

2[6]. La anterior deducción podrá llegar hasta el 20 por ciento de las cantidades satisfechas por el arrendamiento de la vivienda que constituya o vaya a constituir su residencia habitual durante el período impositivo, con un máximo de 612 euros, en los siguientes supuestos:

a) Cuando el contribuyente tenga su domicilio habitual en un municipio de Castilla-La Mancha de hasta 2.500 habitantes.

b) Cuando el contribuyente tenga su domicilio habitual en un municipio de Castilla-La Mancha con población superior a 2.500 habitantes y hasta 10.000 habitantes, que se encuentre a una distancia mayor de 30 kilómetros de un municipio con población superior a 50.000 habitantes.

A estos efectos, para determinar el número de habitantes de cada municipio se tomará el establecido en el padrón municipal de habitantes en vigor a 1 de enero del año de devengo del impuesto.

3[7]. Para la aplicación de la deducción será necesario que se cumplan los siguientes requisitos:

a) Que el contribuyente sea menor de treinta y seis años a la fecha del devengo del impuesto.

b) Que la suma de la base imponible general y la del ahorro del contribuyente menos el mínimo por descendientes no supere la cuantía de 12.500 euros en tributación individual y 25.000 euros en tributación conjunta.

c) Que en la autoliquidación del Impuesto sobre la Renta de las Personas Físicas se consigne el número de identificación fiscal del arrendador de la vivienda.

4. El concepto de vivienda habitual será el fijado por la normativa reguladora del Impuesto sobre la Renta de las Personas Físicas vigente a la fecha de devengo del impuesto.

Artículo 9 bis[8]. *Deducción por arrendamiento de vivienda habitual vinculado a determinadas operaciones de dación en pago.*

1. Los contribuyentes podrán deducirse de la cuota íntegra autonómica el 15 por 100 de las cantidades satisfechas durante el ejercicio correspondiente por el arrendamiento de la

---

[6]   Nueva redacción dada por el art. Decimotercero Uno de la Ley 11/2019, de 20 de diciembre, de Medidas Administrativas y Tributarias de Castilla-La Mancha (DOCLM núm. 254, de 27 de diciembre de 2019), en vigor desde el 28 de diciembre de 2019.

[7]   Nueva redacción dada el art. 2.Tres de la Ley 1/2022, de 14 de enero, de Medidas Tributarias y Administrativas de Castilla-La Mancha (DOCM núm. 12, de 19 de enero de 2022), en vigor desde el 8 de febrero de 2022, con excepción de las deducciones fiscales sobre el Impuesto sobre la Renta de las Personas Físicas previstas en su artículo 2, que serán de aplicación a hechos imponibles producidos a partir del periodo impositivo iniciado el 1 de enero de 2021.
Redacción anterior dada por el art. Decimotercero Uno de la Ley 11/2019, de 20 de diciembre, de Medidas Administrativas y Tributarias de Castilla-La Mancha (DOCLM núm. 254, de 27 de diciembre de 2019), en vigor desde el 28 de diciembre de 2019.

[8]   Nuevo art. 9.bis incorporado por el art. 2.Cuatro de la Ley 1/2022, de 14 de enero, de Medidas Tributarias y Administrativas de Castilla-La Mancha (DOCM núm. 12, de 19 de enero de 2022), en vigor desde el 8

vivienda habitual situada en Castilla-La Mancha y que constituya su residencia habitual, con un máximo de 450 euros, siempre que se cumplan los siguientes requisitos:

a) Que el contrato de arrendamiento esté vinculado a una operación de adjudicación de la vivienda habitual en pago de la totalidad de la deuda pendiente del préstamo o crédito garantizados mediante hipoteca de la citada vivienda.

b) Que la suma de la base imponible general y de la base imponible del ahorro del contribuyente menos el mínimo por descendientes, no supere la cuantía de 12.500 euros en tributación individual o de 25.000 euros en tributación conjunta.

c) Que en la autoliquidación del Impuesto sobre la Renta de las Personas Físicas se consigne el número de identificación fiscal del arrendador de la vivienda.

2. El concepto de vivienda habitual será el fijado por la normativa reguladora del Impuesto sobre la Renta de las Personas Físicas vigente a la fecha del devengo del impuesto.

3. El límite de esta deducción se prorrateará por el número de días en los que permanezca vigente el arrendamiento dentro del periodo impositivo y, además, cuando dos o más contribuyentes declarantes del impuesto tengan derecho a la aplicación de esta deducción por una misma vivienda, el límite se prorrateará entre ellos a partes iguales.

Artículo 9 ter[9]**.** *Deducción por arrendamiento de vivienda habitual por familias numerosas.*

1. Los contribuyentes que integren una familia numerosa, reconocida como tal de conformidad con lo establecido en la Ley 40/2003, de 18 de noviembre, de Protección a las Familias Numerosas, podrán deducirse de la cuota íntegra autonómica el 15 por ciento de las cantidades satisfechas por el arrendamiento de la vivienda que constituya o vaya a constituir su residencia habitual en Castilla-La Mancha durante el período impositivo, con un máximo de 450 euros.

2. Para la aplicación de la deducción será necesario que se cumplan los siguientes requisitos:

a) Que la suma de la base imponible general y la del ahorro del contribuyente menos el mínimo por descendientes no supere la cuantía de 12.500 euros en tributación individual y 25.000 euros en tributación conjunta.

b) Que en la autoliquidación del Impuesto sobre la Renta de las Personas Físicas se consigne el número de identificación fiscal del arrendador de la vivienda.

c) Que a la fecha del devengo del impuesto tenga reconocida la condición de familia numerosa y se esté en posesión del título acreditativo de dicha condición.

3. El concepto de vivienda habitual será el fijado por la normativa reguladora del Impuesto sobre la Renta de las Personas Físicas vigente a la fecha de devengo del impuesto.

4. El límite de esta deducción se prorrateará por el número de días en los que permanezca vigente el arrendamiento dentro del periodo impositivo y, además, cuando dos o más contri-

de febrero de 2022, con excepción de las deducciones fiscales sobre el Impuesto sobre la Renta de las Personas Físicas previstas en su artículo 2, que serán de aplicación a hechos imponibles producidos a partir del periodo impositivo iniciado el 1 de enero de 2021.

9   Nuevo art. 9.ter incorporado por el art. 2.Cinco de la Ley 1/2022, de 14 de enero, de Medidas Tributarias y Administrativas de Castilla-La Mancha (DOCM núm. 12, de 19 de enero de 2022), en vigor desde el 8 de febrero de 2022, con excepción de las deducciones fiscales sobre el Impuesto sobre la Renta de las Personas Físicas previstas en su artículo 2, que serán de aplicación a hechos imponibles producidos a partir del periodo impositivo iniciado el 1 de enero de 2021.

buyentes declarantes del impuesto tengan derecho a la aplicación de esta deducción por una misma vivienda, el límite se prorrateará entre ellos a partes iguales.

Artículo 9 quáter[10]. *Deducción por arrendamiento de vivienda habitual por familias monoparentales.*

1. El padre o la madre que integre una familia monoparental podrá deducirse de la cuota íntegra autonómica el 15 por ciento de las cantidades satisfechas por el arrendamiento de la vivienda que constituya o vaya a constituir su residencia habitual en Castilla-La Mancha durante el período impositivo, con un máximo de 450 euros.

2. Para la aplicación de la deducción será necesario que se cumplan los siguientes requisitos:

a) Que la suma de la base imponible general y la del ahorro del contribuyente menos el mínimo por descendientes no supere la cuantía de 12.500 euros en tributación individual y 25.000 euros en tributación conjunta.

b) Que en la autoliquidación del Impuesto sobre la Renta de las Personas Físicas se consigne el número de identificación fiscal del arrendador de la vivienda.

3. El concepto de vivienda habitual será el fijado por la normativa reguladora del Impuesto sobre la Renta de las Personas Físicas vigente a la fecha de devengo del impuesto.

4. El límite de esta deducción se prorrateará por el número de días en los que permanezca vigente el arrendamiento dentro del periodo impositivo y, además, cuando dos o más contribuyentes declarantes del impuesto tengan derecho a la aplicación de esta deducción por una misma vivienda, el límite se prorrateará entre ellos a partes iguales.

5. Se aplicarán a esta deducción lo dispuesto en los apartados 2 y 3 del artículo 2 bis, relativos a lo que ha de considerarse familia monoparental.

Artículo 9 quinquies[11]. *Deducción por arrendamiento de vivienda habitual por personas con discapacidad.*

1. Los contribuyentes que tengan un grado de discapacidad acreditado igual o superior al 65 por ciento y tengan derecho a la aplicación el mínimo por discapacidad del contribuyente, previsto en la Ley 35/2006, de 28 de noviembre, podrán deducirse de la cuota íntegra autonómica el 15 por ciento de las cantidades satisfechas por el arrendamiento de la vivienda que constituya o vaya a constituir su residencia habitual en Castilla-La Mancha durante el período impositivo, con un máximo de 450 euros.

2. Para la aplicación de la deducción será necesario que se cumplan los siguientes requisitos:

---

[10]   Nuevo art. 9.quáter incorporado por el art. 2.Seis de la Ley 1/2022, de 14 de enero, de Medidas Tributarias y Administrativas de Castilla-La Mancha (DOCM núm. 12, de 19 de enero de 2022), en vigor desde el 8 de febrero de 2022, con excepción de las deducciones fiscales sobre el Impuesto sobre la Renta de las Personas Físicas previstas en su artículo 2, que serán de aplicación a hechos imponibles producidos a partir del periodo impositivo iniciado el 1 de enero de 2021.

[11]   Nuevo art. 9.quinquies incorporado por el art. 2.Siete de la Ley 1/2022, de 14 de enero, de Medidas Tributarias y Administrativas de Castilla-La Mancha (DOCM núm. 12, de 19 de enero de 2022), en vigor desde el 8 de febrero de 2022, con excepción de las deducciones fiscales sobre el Impuesto sobre la Renta de las Personas Físicas previstas en su artículo 2, que serán de aplicación a hechos imponibles producidos a partir del periodo impositivo iniciado el 1 de enero de 2021.

a) Que la suma de la base imponible general y la del ahorro del contribuyente menos el mínimo por descendientes no supere la cuantía de 12.500 euros en tributación individual y 25.000 euros en tributación conjunta.

b) Que en la autoliquidación del Impuesto sobre la Renta de las Personas Físicas se consigne el número de identificación fiscal del arrendador de la vivienda.

3. El concepto de vivienda habitual será el fijado por la normativa reguladora del Impuesto sobre la Renta de las Personas Físicas vigente a la fecha de devengo del impuesto.

4. El límite de esta deducción se prorrateará por el número de días en los que permanezca vigente el arrendamiento dentro del período impositivo y, además, cuando dos o más contribuyentes declarantes del impuesto tengan derecho a la aplicación de esta deducción por una misma vivienda, el límite se prorrateará entre ellos a partes iguales.

Artículo 10. *Deducción por cantidades donadas para la cooperación internacional al desarrollo y a las entidades para la lucha contra la pobreza, la exclusión social y la ayuda a personas con discapacidad.*

1. Los contribuyentes podrán deducirse de la cuota íntegra autonómica el 15 por ciento de las donaciones dinerarias efectuadas durante el período impositivo, destinadas a fundaciones, organizaciones no gubernamentales, asociaciones de ayuda a personas con discapacidad y otras entidades, siempre que estas tengan la consideración de entidades sin fines lucrativos de conformidad con lo establecido en los artículos 2 y 3 de la Ley 49/2002, de 23 de diciembre, de régimen fiscal de las entidades sin fines lucrativos y de los incentivos fiscales al mecenazgo, que dentro de sus fines principales estén la cooperación internacional, la lucha contra la pobreza y la ayuda a personas con discapacidad y la exclusión social y que se hallen inscritas en los registros correspondientes de la Comunidad Autónoma de Castilla-La Mancha.

2. En el caso de las fundaciones, será preciso que además de su inscripción en el Registro de Fundaciones de Castilla-La Mancha, rindan cuentas al órgano de Protectorado correspondiente y que este haya ordenado su depósito en el Registro de Fundaciones.

3. La efectividad de la aportación efectuada deberá acreditarse mediante certificación del órgano competente de la entidad donataria.

4. La base de la deducción a la que refieren los apartados anteriores del presente artículo, no podrá exceder del 10 por ciento de la base liquidable del contribuyente.

Artículo 11. *Deducción por donaciones con finalidad en investigación y desarrollo científico e innovación empresarial.*

1. Los contribuyentes podrán deducirse de la cuota íntegra autonómica del impuesto el 15 por ciento, hasta el límite del 10 por ciento de dicha cuota, de las donaciones dinerarias efectuadas durante el período impositivo a favor de cualquiera de las siguientes entidades:

a) La Administración de la Junta de Comunidades de Castilla-La Mancha y los organismos y entidades públicas dependientes de la misma cuya finalidad sea la investigación y el desarrollo científico y la innovación empresarial.

b) Las entidades sin fines lucrativos a que se refieren los artículos 2 y 3 de la Ley 49/2002, de 23 de diciembre, siempre que entre sus fines principales se encuentren la investigación y el desarrollo científico y la innovación empresarial y se hallen inscritas en los registros correspondientes de la Comunidad Autónoma de Castilla-La Mancha.

2. La efectividad de la aportación efectuada deberá acreditarse mediante certificación de la entidad donataria.

Artículo 11 bis[12]. ***Deducciones por donaciones de bienes culturales y contribuciones a favor de la conservación, reparación y restauración de bienes pertenecientes al patrimonio cultural de Castilla-La Mancha, y para fines culturales, incluidos en el plan de mecenazgo cultural de Castilla-La Mancha.***

1. Los contribuyentes podrán deducirse de la cuota íntegra autonómica del impuesto, el 15% de las donaciones puras y simples efectuadas durante el período impositivo de bienes que, formando parte del patrimonio cultural de Castilla-La Mancha, se encuentren inscritos en el Inventario del Patrimonio Cultural de Castilla-La Mancha, de acuerdo con la Ley 4/2013, de 16 de mayo, de Patrimonio Cultural de Castilla-La Mancha, siempre que se realicen a favor de cualquiera de las siguientes entidades:

a) La Junta de Comunidades de Castilla-La Mancha y las Corporaciones Locales de la Región, así como las Entidades Públicas de carácter cultural dependientes de cualquiera de ellas.

b) Las universidades que desarrollen su actividad docente e investigadora en el territorio de la Región, los Centros de Investigación y los Centros Superiores de Enseñanzas Artísticas de la Región.

c) Las Entidades sin fines lucrativos reguladas en los apartados a) y b) del artículo 2 de la Ley 49/2002, de 23 de diciembre, de Régimen Fiscal de las Entidades sin Fines Lucrativos y de los Incentivos Fiscales al Mecenazgo, siempre que persistan fines de naturaleza exclusivamente cultural y se hallen inscritas en los correspondientes registros de Castilla-La Mancha.

2. Los contribuyentes podrán deducirse de la cuota íntegra autonómica del impuesto, el 15 por ciento de las cantidades destinadas a la conservación, reparación y restauración de bienes pertenecientes al patrimonio cultural de Castilla-La Mancha, inscritos en el Inventario del Patrimonio Cultural de Castilla-La Mancha.

3. Los contribuyentes podrán deducirse de la cuota íntegra autonómica del impuesto, el 15 por ciento de las cantidades donadas para fines culturales establecidos en la Ley de Mecenazgo Cultural de Castilla-La Mancha, realizadas a las entidades que se establecen en el artículo 3.1 de dicha ley, incluidos en el plan de mecenazgo cultural de Castilla-La Mancha.

4. La suma de las bases de las deducciones establecidas en los apartados 1, 2 y 3 no podrá exceder del 10 por ciento de la base liquidable del contribuyente.

5. Las deducciones establecidas en este artículo resultarán incompatibles con el crédito fiscal a que se refiere la Ley de Mecenazgo Cultural de Castilla-La Mancha, en tanto el referido crédito fiscal permanezca vigente.

Artículo 12[13]. ***Deducción por los gastos en intereses por la financiación ajena de la adquisición de primera vivienda habitual por menores de 40 años.***

Los contribuyentes menores de 40 años podrán deducirse de la cuota íntegra autonómica las cantidades satisfechas durante el período impositivo en concepto de intereses por la finan-

---

[12]   Nuevo artículo 11 bis incorporado por la Disp. final primera Uno de la Ley 9/2019, de 13 de diciembre, de Mecenazgo Cultural de Castilla-La Mancha (DOC núm. 253, de 26 de diciembre de 2019), surtiendo efectos para los períodos impositivos que se inicien a partir del 1 de enero de 2020.

[13]   Nueva redacción del art. 12 dada por el art. 12.Cuatro de la Ley 1/2023, de 27 de enero, de Medidas Administrativas, Financieras y Tributarias de Castilla-La Mancha (DOCLM núm. 21 de 31 de enero de 2023), con efectos desde el periodo impositivo iniciado el 1 de enero de 2022.

ciación ajena concertada para la adquisición de la primera vivienda habitual, siempre que el préstamo o crédito sea a interés variable, con los siguientes límites:

a) 150 euros, para los contribuyentes cuya suma de la base imponible general y de la base imponible del ahorro del periodo impositivo no sea superior a 12.500 euros en tributación individual o a 25.000 euros en tributación conjunta.

b) 100 euros, para los contribuyentes cuya suma de la base imponible general y de la base imponible del ahorro del periodo impositivo no sea superior a 27.000 euros en tributación individual o a 36.000 euros en tributación conjunta.

Artículo 12 bis[14]. *Deducción por residencia habitual en zonas rurales.*

1. Los contribuyentes que teniendo su residencia habitual en alguno de los municipios incluidos en las zonas a que se refieren los artículos 12 y 13 de la Ley 2/2021, de 7 de mayo, de Medidas Económicas, Sociales y Tributarias frente a la Despoblación y para el Desarrollo del Medio Rural en Castilla-La Mancha, cumplan además el requisito de estancia efectiva en el mismo en los términos previstos en el artículo 5 de la ley antes citada, podrán aplicarse en la cuota íntegra autonómica la que corresponda de las siguientes deducciones:

a) Por residencia habitual en un municipio incluido en una zona de intensa despoblación:

– Si el municipio tiene una población inferior a 2.000 habitantes: 20%.

– Si el municipio tiene una población igual o superior a 2.000 e inferior a 5.000 habitantes: 15%.

b) Por residencia habitual en un municipio incluido en una zona de extrema despoblación:

– Si el municipio tiene una población inferior a 2.000 habitantes: 25%.

– Si el municipio tiene una población igual o superior a 2.000 e inferior a 5.000 habitantes: 20%.

c) Por residencia habitual en un municipio incluido en una zona en riesgo de despoblación:

– Si el municipio tiene una población inferior a 2.000 habitantes: 15%.

---

[14] Nueva redacción del art. 12 bis dada por el art. 12.Nueve de la Ley 1/2023, de 27 de enero, de Medidas Administrativas, Financieras y Tributarias de Castilla-La Mancha (DOCLM núm. 21 de 31 de enero de 2023), con efectos desde el periodo impositivo iniciado el 1 de enero de 2022.

Redacción anterior del art. 12 bis incorporado por la Disp. Final novena.Uno de la Ley 2/2021, de 7 de mayo, de Medidas Económicas, Sociales y Tributarias frente a la Despoblación y para el Desarrollo del Medio Rural en Castilla-La Mancha (DOCM núm. 90, de 12 de mayo de 2021), en vigor desde el 1 de junio de 2021.

Ley 2/2021, de 7 de mayo, de Medidas Económicas, Sociales y Tributarias frente a la Despoblación y para el Desarrollo del Medio Rural en Castilla-La Mancha:

Disposición adicional sexta. *Ampliación del destino de las medidas de incentivación positiva, de las medidas de apoyo económico y de las medidas tributarias.*

«Los municipios de las zonas rurales intermedias con predominio de la actividad agrícola, con población inferior a 2.000 habitantes, que hayan perdido población durante los cinco años anteriores a 1 de enero de 2021, disfrutarán de las medidas de incentivación positiva, de las medidas de apoyo específico y de las medidas tributarias que se destinen a las zonas rurales en riesgo de despoblación, en aplicación del artículo 22.1 de esta ley y del artículo 12 bis de la Ley 8/2013, de 21 de noviembre, de Medidas Tributarias de Castilla-La Mancha».

– Si el municipio tiene una población igual o superior a 2.000 e inferior a 5.000 habitantes: 10%.

2. El incumplimiento de cualquiera de los requisitos indicados en el apartado anterior dará lugar a la integración de las cantidades deducidas en la cuota íntegra autonómica del ejercicio en que se produzca el incumplimiento, con los correspondientes intereses de demora.

Artículo 12 ter[15]. *Deducción por adquisición o rehabilitación de la vivienda habitual en zonas rurales.*

1. Los contribuyentes podrán deducirse de la cuota íntegra autonómica el 15 por ciento de las cantidades que durante el período impositivo satisfagan por la adquisición o rehabilitación de la vivienda que constituya o vaya a constituir su residencia habitual, siempre que se cumplan, simultáneamente, los siguientes requisitos:

a) Que la vivienda esté situada en alguno de los municipios incluidos en las zonas a que se refiere el artículo 12 de la Ley 2/2021, de 7 de mayo, de Medidas Económicas, Sociales y Tributarias frente a la Despoblación y para el Desarrollo del Medio Rural en Castilla-La Mancha, y que la población del mismo sea inferior a 5.000 habitantes.

b) Que la adquisición o rehabilitación de la vivienda se haya producido a partir del 1 de enero de 2021.

2. La base de esta deducción estará constituida por las cantidades satisfechas para la adquisición o rehabilitación de la vivienda, incluidos los gastos originados que hayan corrido a cargo del adquirente y, en el caso de financiación ajena, la amortización, los intereses, el coste de los instrumentos de cobertura del riesgo de tipo de interés variable de los préstamos hipotecarios regulados en el artículo decimonoveno de la Ley 36/2003, de 11 de noviembre, de Medidas de Reforma Económica, y demás gastos derivados de la misma. En caso de aplicación de los citados instrumentos de cobertura, los intereses satisfechos por el contribuyente se minorarán en las cantidades obtenidas por la aplicación del citado instrumento.

La base máxima total de la deducción será de 180.000 euros, o el importe de adquisición o rehabilitación de la vivienda que da origen a la deducción si este fuera menor, minorado por los importes recibidos de la Junta de Comunidades de Castilla-La Mancha en concepto de subvenciones por la adquisición o rehabilitación de la vivienda. A su vez, la base máxima a aplicar en cada ejercicio será de 12.000 euros.

3. Cuando se adquiera una vivienda habitual habiendo disfrutado ya de la deducción prevista en este artículo, la base máxima total de la deducción se minorará en las cantidades invertidas en la adquisición de las viviendas anteriores, en tanto dichas cantidades hubieran sido objeto de deducción.

Cuando con ocasión de la enajenación de una vivienda habitual por la que se hubiera practicado la deducción prevista en este artículo se genere una ganancia patrimonial exenta por reinversión, la base de deducción por la adquisición o rehabilitación de la nueva vivienda se minorará en el importe de la ganancia patrimonial a la que se aplique la exención por reinversión. En este caso, no se podrá practicar deducción por la adquisición de la nueva mientras

15   Nuevo art. 12 ter incorporado por la Disp. Final novena.Dos de la Ley 2/2021, de 7 de mayo, de Medidas Económicas, Sociales y Tributarias frente a la Despoblación y para el Desarrollo del Medio Rural en Castilla-La Mancha (DOCM núm. 90, de 12 de mayo de 2021), en vigor desde el 1 de junio de 2021.

las cantidades invertidas en la misma no superen tanto el precio de la anterior, en la medida en que haya sido objeto de deducción, como la ganancia patrimonial exenta por reinversión.

4. En los supuestos de nulidad matrimonial, divorcio o separación judicial, el contribuyente podrá seguir practicando esta deducción, en los términos previstos en la normativa estatal del impuesto sobre la renta de las personas físicas, por las cantidades satisfechas en el período impositivo para la adquisición de la que fue durante la vigencia del matrimonio su vivienda habitual, siempre que continúe teniendo esta condición para los hijos comunes y el progenitor en cuya compañía queden.

5. La aplicación de esta deducción requerirá que el importe comprobado del patrimonio del contribuyente al finalizar el período de la imposición exceda del valor que arrojase su comprobación al comienzo del mismo al menos en la cuantía de las inversiones realizadas, sin computar los intereses y demás gastos de financiación. A estos efectos, no se computarán los incrementos o disminuciones de valor experimentados durante el período impositivo por los elementos patrimoniales que al final del mismo sigan formando parte del patrimonio del contribuyente.

6. Para la aplicación de la deducción prevista en este artículo se tendrán en cuenta los siguientes conceptos:

a) Con carácter general se considera vivienda habitual del contribuyente la edificación que constituya su residencia durante un plazo continuado de, al menos, tres años. No obstante, se entenderá que la vivienda tuvo el carácter de habitual cuando, a pesar de no haber transcurrido dicho plazo, se produzca el fallecimiento del contribuyente o concurran otras circunstancias que necesariamente exijan el cambio de domicilio, tales como celebración de matrimonio, separación matrimonial, traslado laboral, obtención del primer empleo, o cambio de empleo, u otras análogas justificadas. Para que la vivienda constituya la residencia habitual del contribuyente deberá ser habitada de manera efectiva y con carácter permanente por éste, en un plazo de doce meses, contados a partir de la fecha de adquisición o terminación de las obras. No obstante, se entenderá que la vivienda no pierde el carácter de habitual cuando se produzca el fallecimiento del contribuyente o concurran otras circunstancias que necesariamente impidan la ocupación de la vivienda, en los términos previstos en el párrafo anterior. Cuando sean de aplicación las excepciones previstas en los dos párrafos anteriores, la deducción por adquisición de vivienda se practicará hasta el momento en que se den las circunstancias que necesariamente exijan el cambio de vivienda o impidan la ocupación de la misma.

b) Se entenderá por adquisición de vivienda habitual, la adquisición en sentido jurídico del derecho de propiedad o pleno dominio de la misma, aunque éste sea compartido, siendo indiferente el negocio jurídico que la origine.

Se asimilan a la adquisición de vivienda la construcción o ampliación de la misma, en los siguientes términos:

Ampliación de vivienda: Cuando se produzca el aumento de su superficie habitable, mediante cerramiento de parte descubierta o por cualquier otro medio, de forma permanente y durante todas las épocas del año.

Construcción: Cuando el contribuyente satisfaga directamente los gastos derivados de la ejecución de las obras, o entregue cantidades a cuenta al promotor de aquéllas, siempre que el certificado final de obra se emita en un plazo no superior a cuatro años desde el inicio de la inversión.

c) Se considerarán obras de rehabilitación de la vivienda habitual aquellas que tengan por objeto principal la reconstrucción de la vivienda mediante la consolidación y el tratamiento de las estructuras, fachadas o cubiertas y otras análogas siempre que el coste global de las operaciones de rehabilitación exceda del 25 por ciento del precio de adquisición si se hubiese efectuado ésta durante los dos años inmediatamente anteriores al inicio de las obras de rehabilitación o, en otro caso, del valor de mercado que tuviera la vivienda en el momento de dicho inicio. A estos efectos, se descontará del precio de adquisición o del valor de mercado de la vivienda la parte proporcional correspondiente al suelo.

Artículo 12 quater[16]. *Deducción por traslado de vivienda habitual.*

1. El contribuyente podrá deducirse 500 euros en la cuota íntegra autonómica en el periodo impositivo en el que se produzca el cambio de residencia, así como en el siguiente, por los gastos ocasionados al trasladar la residencia habitual por motivos laborales a un municipio de Castilla-La Mancha de los incluidos en las zonas a que se refiere el artículo 12 de la Ley 2/2021, de 7 de mayo, de Medidas Económicas, Sociales y Tributarias frente a la Despoblación y para el Desarrollo del Medio Rural en Castilla-La Mancha, en las siguientes circunstancias:

a) La base liquidable del periodo impositivo en el que se hubieran comenzado a aplicar las deducciones aludidas en el punto anterior, deberá ser inferior a 22.946 euros en tributación individual o a 31.485 euros en tributación conjunta.

b) El importe de la deducción no podrá exceder de la parte autonómica de la cuota íntegra procedente de los rendimientos del trabajo y de las actividades económicas del ejercicio en que resulte aplicable la deducción.

c) En el supuesto de tributación conjunta, la deducción de 500 euros se aplicará, en cada uno de los periodos impositivos en que sea aplicable la deducción, por cada uno de los contribuyentes que traslade su residencia en los términos anteriormente comentados, con el límite de la parte autonómica de la cuota íntegra procedente de rendimientos del trabajo y de actividades económicas que corresponda a los contribuyentes que generen derecho a la aplicación de la deducción.

d) Para consolidar el derecho a la deducción, es preciso que el contribuyente permanezca en la nueva residencia habitual durante el año en que se produce el traslado y los tres siguientes.

2. El incumplimiento de cualquiera de los dos requisitos anteriores dará lugar a la devolución de las cantidades deducidas de la cuota íntegra autonómica del ejercicio en que se produzca el incumplimiento, con los correspondientes intereses de demora.

Artículo 12 quinquies[17]. *Deducción extraordinaria para compensar los efectos de la inflación.*

1. Únicamente en el periodo impositivo de 2022, los contribuyentes podrán aplicarse una deducción en la cuota íntegra autonómica por las cantidades satisfechas en la adquisición de

---

16 Nuevo art. 12 quater incorporado por la Disp. Final novena.Dos bis de la Ley 2/2021, de 7 de mayo, de Medidas Económicas, Sociales y Tributarias frente a la Despoblación y para el Desarrollo del Medio Rural en Castilla-La Mancha (DOCM núm. 90, de 12 de mayo de 2021), en vigor desde el 1 de junio de 2021.

17 Nuevo art. 12 quinquies incorporado por el art. 12.Cinco de la Ley 1/2023, de 27 de enero, de Medidas Administrativas, Financieras y Tributarias de Castilla-La Mancha (DOCLM núm. 21 de 31 de enero de

los bienes y servicios que integran la cesta de la compra a que se refiere el Instituto Nacional de Estadística, con los siguientes límites:

a) 200 euros, para los contribuyentes cuya suma de la base imponible general y de la base imponible del ahorro del periodo impositivo sea inferior a 12.500 euros. Este límite podrá incrementarse en 50 euros por cada hijo o descendiente a cargo del contribuyente.

b) 150 euros, para los contribuyentes cuya suma de la base imponible general y de la base imponible del ahorro del periodo impositivo sea inferior a 21.000 euros. Ese límite podrá incrementarse en 37,50 euros por cada hijo o descendiente a cargo del contribuyente.

c) 100 euros, para los contribuyentes cuya suma de la base imponible general y de la base imponible del ahorro del periodo impositivo sea inferior a 30.000 euros. Este límite podrá incrementarse en 25 euros por cada hijo o descendiente a cargo del contribuyente.

2. A efectos de la aplicación de la presente deducción se tomarán en consideración únicamente los gastos satisfechos por el contribuyente en los siguientes grupos que componen la cesta de la compra del Índice de Precios de Consumo: 01 (alimentos y bebidas no alcohólicas), 03 (vestido y calzado), 04 (vivienda, agua, electricidad, gas y otros combustibles) y 06 (sanidad).

3. Para la aplicación del incremento de los límites de la presente deducción solo se tendrán en cuenta aquellas hijas o aquellos hijos o descendientes que den derecho a la aplicación del mínimo por descendientes en el artículo 58 de la Ley 35/2006, de 28 de noviembre

Artículo 12 sexies[18]. *Deducción por inversión en la adquisición de acciones y participaciones sociales como consecuencia de acuerdos de constitución de sociedades o ampliación de capital en las sociedades mercantiles.*

1. Los contribuyentes podrán aplicar una deducción en la cuota íntegra autonómica del 20 por ciento de las cantidades invertidas durante el ejercicio por la adquisición de acciones o participaciones sociales, como consecuencia de acuerdos de constitución de sociedades o de ampliación de capital en las sociedades mercantiles que revistan la forma de Sociedad Anónima, Sociedad de Responsabilidad Limitada, Sociedad Anónima Laboral, Sociedad de Responsabilidad Limitada Laboral o Sociedad Cooperativa.

El límite de deducción aplicable será de 4.000 euros anuales.

2. Para la aplicación de la deducción deberán cumplirse los siguientes requisitos:

a) Que, como consecuencia de la participación adquirida por el contribuyente, computada junto con la que posean de la misma entidad su cónyuge o personas unidas al contribuyente por razón de parentesco, en línea recta o colateral, por consanguinidad o afinidad hasta el tercer grado incluido, no se llegue a poseer durante ningún día del año natural más del 40 por ciento del total del capital social de la entidad o de sus derechos de voto.

b) Las participaciones adquiridas deben mantenerse en el patrimonio del contribuyente durante un período mínimo de tres años, siguientes a la constitución o ampliación, y este no debe ejercer funciones ejecutivas ni de dirección en la entidad.

2023), con efectos desde el periodo impositivo iniciado el 1 de enero de 2022.

[18] Nuevo art. 12 sexies incorporado por el art. 12.Seis de la Ley 1/2023, de 27 de enero, de Medidas Administrativas, Financieras y Tributarias de Castilla-La Mancha (DOCLM núm. 21 de 31 de enero de 2023), con efectos desde el periodo impositivo iniciado el 1 de enero de 2022.

c) Que la entidad de la que se adquieran las acciones o participaciones cumpla los siguientes requisitos:

1.º Que tenga su domicilio social y fiscal en la Comunidad Autónoma de Castilla-La Mancha.

2.º Que desarrolle una actividad económica. A estos efectos no se considerará que desarrolla una actividad económica cuando tenga por actividad principal la gestión de un patrimonio mobiliario o inmobiliario, de acuerdo con lo establecido en el artículo 4. Ocho Dos. a) de la Ley 19/1991, de 6 de junio, del Impuesto sobre el Patrimonio.

3.º Que, para el caso en que la inversión efectuada corresponda a la constitución de la entidad, desde el primer ejercicio fiscal esta cuente al menos con una persona con contrato laboral a jornada completa o con dos personas con contrato laboral a tiempo parcial, siempre que el cómputo total de horas en el supuesto de contrato laboral a tiempo parcial sea igual o superior al establecido para una persona con contrato laboral a jornada completa. En cualquier caso, los trabajadores deberán estar dados de alta en el Régimen correspondiente de la Seguridad Social y las condiciones del contrato deberán mantenerse durante al menos 24 meses.

4. Que, para el caso en que la inversión efectuada corresponda a una ampliación de capital de la entidad, dicha entidad hubiera sido constituida dentro de los tres años anteriores a la ampliación de capital y la plantilla media de la entidad durante los dos ejercicios fiscales posteriores al de la ampliación se incremente respecto de la plantilla media que tuviera en los doce meses anteriores al menos en una persona con los requisitos del párrafo 3.º anterior, y dicho incremento se mantenga durante al menos otros veinticuatro meses.

Para el cálculo de la plantilla media total de la entidad y de su incremento se computará el número de personas empleadas, en los términos que disponga la legislación laboral, teniendo en cuenta la jornada contratada en relación con la jornada completa.

d) Las operaciones que generen el derecho a la deducción deberán formalizarse en escritura pública, en la que se deberá especificar la identidad de los inversores y el importe de la inversión respectiva.

3. El incumplimiento de los requisitos exigidos en el apartado anterior dará lugar a la integración de las cantidades deducidas en la cuota íntegra autonómica del ejercicio en que se produzca el incumplimiento, con los correspondientes intereses de demora.

Artículo 12 septies[19]. *Deducción por inversión en entidades de la economía social*

1. Los contribuyentes podrán aplicar una deducción de la cuota íntegra autonómica del 20 por ciento de las cantidades invertidas durante el periodo impositivo en las aportaciones realizadas con la finalidad de ser socio en entidades que formen parte de la economía social a que se refiere el apartado siguiente. El importe máximo de esta deducción es de 4.000 euros.

2. La aplicación de esta deducción está sujeta al cumplimiento de los requisitos y condiciones siguientes:

2.1 La participación alcanzada por el contribuyente, computada junto con las del cónyuge o personas unidas por razón de parentesco, en línea directa o colateral, por consanguini-

---

[19]   Nuevo art. 12 septies incorporado por el art. 12.Siete de la Ley 1/2023, de 27 de enero, de Medidas Administrativas, Financieras y Tributarias de Castilla-La Mancha (DOCLM núm. 21 de 31 de enero de 2023), con efectos desde el periodo impositivo iniciado el 1 de enero de 2022.

dad o afinidad hasta el tercer grado incluido, no podrá ser superior al 40 por ciento del capital de la entidad objeto de la inversión o de sus derechos de voto.

2.2 La entidad en la que debe materializarse la inversión tendrá que cumplir los siguientes requisitos:

a) Formar parte de la economía social, en los términos previstos en la Ley 5/2011, de 29 de marzo, de Economía Social.

b) Tener su domicilio social y fiscal en Castilla-La Mancha.

c) Contar, como mínimo, con una persona ocupada con contrato laboral y a jornada completa, y dada de alta en el régimen general de la Seguridad Social.

2.3 Las operaciones en las que sea de aplicación la deducción deberán formalizarse en escritura pública, en la que se hará constar la identidad de los inversores y el importe de la inversión respectiva.

2.4 Las aportaciones habrán de mantenerse en el patrimonio del contribuyente durante un periodo mínimo de cinco años.

2.5 Los requisitos establecidos en el apartado 2.2 deberán cumplirse durante un periodo mínimo de cinco años a contar desde la aportación.

3. El incumplimiento de los requisitos y condiciones establecidos en el apartado anterior, a excepción del punto 2.3, comportará la pérdida del beneficio fiscal y, en tal caso, el contribuyente deberá incluir en la declaración del impuesto correspondiente al ejercicio en que se haya producido el incumplimiento la parte del impuesto que se hubiera dejado de pagar como consecuencia de la deducción practicada, junto con los intereses de demora devengados.

4. Esta deducción será incompatible, para las mismas inversiones, con la regulada en el artículo 12 sexies.

Artículo 13[20]. *Normas comunes para la aplicación de las deducciones establecidas en los artículos anteriores.*

1. Las deducciones establecidas en los artículos anteriores se aplicarán conforme la normativa reguladora del Impuesto sobre la Renta de las Personas Físicas por el orden con el que se regulan en la presente ley.

2. La aplicación de las deducciones a que se refieren los artículos 1, 2, 2 bis, 3 bis, 4, 5 y 6 de esta ley sólo podrá realizarse por aquellos contribuyentes cuya base imponible, entendiendo como tal la suma de la base imponible general y la del ahorro, no sea superior a 27.000 euros en tributación individual o a 36.000 euros en tributación conjunta.

3. Las siguientes deducciones son incompatibles entre sí:

a) Las previstas en los artículos 2 y 9 ter.

b) Las previstas en los artículos 2 bis y 9 quater.

c) Las previstas en los artículos 4 y 9 quinquies.

---

20   Nueva redacción dada por el art. 2.Ocho de la Ley 1/2022, de 14 de enero, de Medidas Tributarias y Administrativas de Castilla-La Mancha (DOCM núm. 12, de 19 de enero de 2022), en vigor desde el 8 de febrero de 2022, con excepción de las deducciones fiscales sobre el Impuesto sobre la Renta de las Personas Físicas previstas en su artículo 2, que serán de aplicación a hechos imponibles producidos a partir del periodo impositivo iniciado el 1 de enero de 2021.

d) Las previstas en los artículos 4 y 5 son incompatibles entre sí respecto de una misma persona. En los casos de tributación conjunta, la deducción aplicable por descendientes con discapacidad será la establecida en el artículo 5 de esta ley.

e) Las previstas en el artículo 6 con las establecidas en los artículos 4 y 5, respecto de la misma persona mayor de 75 años. En los supuestos en los que la persona mayor de 75 años tenga un grado de discapacidad acreditado igual o superior al 65 por ciento, se aplicarán las deducciones establecidas en los artículos 4 o 5 que, en su calidad de contribuyente o de ascendiente del contribuyente, respectivamente, le corresponda.

f) Las previstas en los artículos 9, 9 bis, 9 ter, 9 quáter y 9 quinquies.

4. Para la aplicación de las deducciones establecidas en los artículos 1, 2, 2 bis, 3, 3 bis, 4, 5 y 6 se tendrán en cuenta las normas para la aplicación del mínimo del contribuyente, por descendientes, ascendientes y discapacidad contenidas en la Ley 35/2006, de 28 de noviembre.

No obstante, cuando dos o más contribuyentes tengan derecho a la aplicación de las deducciones previstas en los artículos 1, 2, 5 y 6.2 de esta ley, respecto de los mismos ascendientes, descendientes o personas mayores de 75 años, y alguno de ellos no cumpla el requisito establecido en el apartado 2 de este artículo, el importe de la deducción para los demás contribuyentes quedará reducido a la proporción que resulte de la aplicación de las normas para el prorrateo del mínimo por descendientes, ascendientes y discapacidad previstas en la Ley 35/2006, de 28 de noviembre.

Artículo 13 bis[21]. *Escala autonómica del Impuesto sobre la Renta de las Personas Físicas*

La escala autonómica del Impuesto sobre la Renta de las Personas Físicas aplicable a la base liquidable general es la siguiente:

Base liquidable – Hasta euros	Cuota íntegra – Euros	Resto base liquidable – Hasta euros	Tipo aplicable – Porcentaje
0	0	12.450,00	9,50
12.450,00	1.182,75	7.750,00	12,00
20.200,00	2.112,75	15.000,00	15,00
35.200,00	4.362,75	24.800,00	18,50
60.000,00	8.950,75	En adelante	22,50

(...)

---

[21] Nuevo artículo incorporado por el art. 1 de la Ley 9/2014, de 4 de diciembre, por la que se adoptan Medidas en el Ámbito Tributario de la Comunidad Autónoma de Castilla-La Mancha (DOCM núm. 241, de 15 de diciembre de 2014), en vigor desde el 1 de enero de 2015.

Disposición transitoria primera. *Escala autonómica del Impuesto sobre la Renta de las Personas Físicas aplicable en 2014.* En el período impositivo 2014, la escala autonómica del impuesto será la recogida en la Disp. Trans. Primera de la Ley 9/2014, de 4 de diciembre, por la que se adoptan Medidas en el Ámbito Tributario de la Comunidad Autónoma de Castilla-La Mancha (DOCLM núm. 241, de 15 de diciembre de 2014).

Disposición adicional segunda[22]. *Actualización de núcleos de población en los que se aplican los artículos 12 bis, 12 ter y 12 quater.*

A efectos de aplicación de las deducciones previstas en los artículos 12 bis, 12 ter y 12 quater se tomará como población de los municipios la que, conforme a su respectivo padrón municipal, tuvieran a 1 de enero de cada año.

No obstante, a los efectos indicados en el párrafo anterior no se tomarán en consideración las variaciones de población respecto al padrón municipal de 2021 que supongan una minoración o inaplicación de las deducciones que conforme al mismo resultasen procedentes. En tales casos, dichas deducciones podrán seguir aplicándose en las condiciones y cuantías que resultasen procedentes conforme a la población del expresado padrón municipal.

Disposición derogatoria única. *Derogación normativa*

1. A la entrada en vigor de esta ley quedará derogada la Ley 9/2008, de 4 de diciembre, de Medidas en Materia de Tributos Cedidos.

2. La derogación de la disposición a que se refiere el apartado 1 no perjudicará los derechos de la Hacienda pública de Castilla-La Mancha respecto a las obligaciones devengadas durante su vigencia.

(...)

Disposición final sexta. *Entrada en vigor.*

La presente ley entrará en vigor el 1 de enero de 2014, a excepción de las disposiciones relativas al Impuesto sobre la Renta de las Personas Físicas reguladas en los artículos 1 a 13, que entrarán en vigor el día siguiente al de su publicación en el Diario Oficial de Castilla-La Mancha.

---

[22] Nueva disp. Adicional segunda incorporada por la Disp. Final novena.Nueve de la Ley 2/2021, de 7 de mayo, de Medidas Económicas, Sociales y Tributarias frente a la Despoblación y para el Desarrollo del Medio Rural en Castilla-La Mancha (DOCM núm. 90, de 12 de mayo de 2021), en vigor desde el 1 de junio de 2021.

COMUNIDAD AUTÓNOMA DE CASTILLA Y LEÓN

Impuesto sobre la Renta de las Personas Físicas

11. Decreto Legislativo 1/2013, de 12 de septiembre, por el que se aprueba el texto refundido de las disposiciones legales de la Comunidad de Castilla y León en materia de tributos propios y cedidos

(BOCyL núm. 180, de 18 de septiembre de 2013; Corrección de errores BOCyL núm. 194, de 08 de octubre de 2013)

La disposición final decimoquinta de la Ley 9/2012, de 21 de diciembre, de Medidas Tributarias y Administrativas autoriza a la Junta de Castilla y León para elaborar y aprobar, dentro del plazo de un año desde la entrada en vigor de esta ley, un texto refundido de las normas vigentes relativas a tributos propios y cedidos por el Estado a la Comunidad de Castilla y León, establecidas por las leyes de la Comunidad. Esta autorización incluye la posibilidad de regularizar, aclarar y armonizar textos legales que sean objeto del texto refundido.

Las normas legales que actualmente regulan los tributos propios y cedidos de la Comunidad son las siguientes:

– El texto refundido de las disposiciones legales de la Comunidad de Castilla y León en materia de tributos cedidos, aprobado por el Decreto legislativo 1/2008, de 25 de septiembre.

– El capítulo II (artículos 19 a 37) del título I de la Ley 1/2012, de 28 de febrero, de Medidas Tributarias, Administrativas y Financieras, en el que se regulan los impuestos propios de la Comunidad.

Desde su aprobación, el texto refundido ha sido objeto de diversas modificaciones a través de las sucesivas leyes de medidas y la regulación de los impuestos propios fue objeto de modificación por la Ley 4/2012, de 16 de julio, de Medidas Financieras y Administrativas y por la Ley 9/2012, de 21 de diciembre, de Medidas Tributarias y Administrativas.

Como consecuencia, resulta conveniente hacer uso de la autorización otorgada por la disposición final decimoquinta de la Ley 9/2012 y aprobar un texto refundido de las normas vigentes relativas a tributos propios y cedidos por el Estado a la Comunidad de Castilla y León.

Dentro de los límites permitidos por la habilitación legal y con el objetivo de armonizar los textos legales vigentes en materia de tributos propios y de tributos cedidos por el Estado a la Comunidad de Castilla y León, se reorganizan y unifican determinados artículos de los textos legales vigentes.

El texto refundido se estructura en dos títulos, el título I dedicado a los tributos cedidos y el título II a los impuestos propios.

El título I sigue la estructura del actual texto refundido y está dividido en siete capítulos dedicados los seis primeros a cada uno de los tributos sobre los que la Comunidad ha ejercido sus competencias normativas y el último dedicado a la normativa dictada para la aplicación de los tributos cedidos.

El título II se divide en tres capítulos, el capítulo I incorpora la normativa reguladora del impuesto sobre la afección medioambiental causada por determinados aprovechamientos del agua embalsada, por los parques eólicos y por las instalaciones de transporte de energía eléctrica de alta tensión, el capítulo II incluye la normativa del impuesto sobre la eliminación de residuos en vertederos y en el capítulo III se recogen las normas comunes a los impuestos propios.

El texto refundido contiene, además, una disposición adicional y una disposición transitoria y siete disposiciones finales.

En su virtud, la Junta de Castilla y León, a propuesta de la Consejera de Hacienda, de acuerdo con el dictamen del Consejo Consultivo de Castilla y León y previa deliberación del Consejo de Gobierno en su reunión de 12 de septiembre de 2013

DISPONE:

Artículo único. *Aprobación del texto refundido de las disposiciones legales de la Comunidad de Castilla y León en materia de tributos propios y cedidos.*

Se aprueba el texto refundido de las disposiciones legales de la Comunidad de Castilla y León en materia de tributos propios y cedidos, que se inserta a continuación.

Disposición adicional única. *Remisiones normativas.*

Las referencias normativas efectuadas en otras disposiciones a los preceptos incluidos en la Ley 1/2012, de 28 de febrero, de Medidas Tributarias, Administrativas y Financieras, en lo que se refiere a los impuestos propios de la Comunidad, y en el texto refundido de las disposiciones legales de la Comunidad de Castilla y León en materia de tributos cedidos, aprobado por el Decreto Legislativo 1/2008, de 25 de septiembre, se entenderán realizadas a los preceptos correspondientes del texto refundido que se aprueba por este decreto legislativo.

Disposición derogatoria única. *Derogación normativa.*

1. Sin perjuicio de lo previsto en los apartados siguientes de este artículo, a la entrada en vigor de este decreto legislativo quedarán derogadas las siguientes normas:

– El texto refundido de las disposiciones legales de la Comunidad de Castilla y León en materia de tributos cedidos, aprobado por el Decreto Legislativo 1/2008, de 25 de septiembre.

– El capítulo II (artículos 19 a 37) del Título I de la Ley 1/2012, de 28 de febrero, de Medidas Tributarias, Administrativas y Financieras.

2. Mantendrán su vigencia, respecto de los hechos imponibles producidos con anterioridad al día 1 de enero de 2013, las disposiciones transitorias primera, segunda, sexta y undécima del texto refundido de las disposiciones legales de la Comunidad de Castilla y León en materia de tributos cedidos, aprobado por el Decreto Legislativo 1/2008, de 25 de septiembre.

3. Mantendrá su vigencia la disposición transitoria quinta del texto refundido de las disposiciones legales de la Comunidad de Castilla y León en materia de tributos cedidos, aprobado por el Decreto Legislativo 1/2008, de 25 de septiembre.

Disposición final. *Entrada en vigor.*

El presente decreto legislativo y el texto refundido que aprueba entrarán en vigor el día siguiente al de su publicación en el «Boletín Oficial de Castilla y León».

(...)

TÍTULO I. TRIBUTOS CEDIDOS POR EL ESTADO

CAPÍTULO I. Impuesto sobre la Renta de las Personas Físicas

Artículo 1[1]. *Escala autonómica.*

La base liquidable general será gravada a los tipos de la siguiente escala autonómica:

Base liquidable Hasta euros	Cuota íntegra euros	Resto base liquidable Hasta euros	Tipo aplicable Porcentaje
0	0,00	12.450,00	9,0
12.450,00	1.120,50	7.750,00	12,0
20.200,00	2.050,50	15.000,00	14,0

[1] Nueva redacción del art. 1 dada por el art. 1.1 de la Ley 2/2022, de 1 de diciembre, de rebajas tributarias en la Comunidad de Castilla y León (BOCyL núm. 237, de 12 de diciembre de 2022), con efectos desde el 1 de enero de 2022.
Redacción anterior dada por el art. 1.1 de la Ley 7/2015, de 30 de diciembre, de Medidas Tributarias (BOCyL núm. 251, de 31 de diciembre de 2015), con efectos desde el 1 de enero de 2016:
«La base liquidable general será gravada a los tipos de la siguiente escala autonómica:

Base liquidable Hasta euros	Cuota íntegra euros	Resto base liquidable Hasta euros	Tipo aplicable Porcentaje
0	0	12.450,00	9,5
12.450,00	1.182,75	7.750,00	12,0
20.200,00	2.112,75	15.000,00	14,0
35.200,00	4.212,75	18.207,20	18,5
53.407,20	7.581,08	En adelante	21,5»

Redacción anterior dada por el art. 1.Uno de la Ley 10/2014, de 22 de diciembre, de Medidas Tributarias y de Financiación de las Entidades Locales vinculada a ingresos impositivos de la Comunidad de Castilla y León (BOCyL núm. 249, de 29 de diciembre de 2014) en vigor desde el 1 de enero de 2015:
«La base liquidable general será gravada a los tipos de la siguiente escala autonómica:

Base liquidable Hasta euros	Cuota íntegra euros	Resto base liquidable Hasta euros	Tipo aplicable Porcentaje
0	0	12.450,00	10,0
12.450,00	1.245,00	5.257,20	12,0
17.707,20	1.875,86	15.300,00	14,0
33.007,20	4.017,86	20.400,00	18,5
53.407,20	7.791,86	En adelante	21,5»

Redacción anterior: *«La base liquidable general será gravada a los tipos de la siguiente escala autonómica:*

Base liquidable Hasta euros	Cuota íntegra euros	Resto base liquidable Hasta euros	Tipo aplicable Porcentaje
0	0	17.707,20	12,0
17.707,20	2.124,86	15.300,00	14,0
33.007,20	4.266,86	20.400,00	18,5
53.407,20	8.040,86	En adelante	21,5»

Base liquidable Hasta euros	Cuota íntegra euros	Resto base liquidable Hasta euros	Tipo aplicable Porcentaje
35.200,00	4.150,50	18.207,20	18,5
53.407,20	7.581,83	En adelante	21,5

Artículo 1 bis[2]. *Mínimo personal y familiar.*

1. Se establecen los siguientes importes para el mínimo del contribuyente regulado en el artículo 57 de la Ley 35/2006, de 28 de noviembre, del Impuesto sobre la Renta de las Personas Físicas y de modificación parcial de las leyes de los Impuestos sobre Sociedades, sobre la Renta de no Residentes y sobre el Patrimonio:

a) El mínimo del contribuyente será, con carácter general, de 5.550 euros anuales.

b) Cuando el contribuyente tenga una edad superior a 65 años, el mínimo se aumentará en 1.150 euros anuales. Si la edad es superior a 75 años, el mínimo se aumentará adicionalmente en 1.400 euros anuales.

2. Se establecen los siguientes importes para el mínimo por descendientes regulado en el artículo 58 de la Ley 35/2006, de 28 de noviembre:

a) En los supuestos previstos en el apartado 1 del artículo 58 de la Ley 35/2006, de 28 de noviembre:

– 2.400 euros anuales por el primer descendiente.

– 2.700 euros anuales por el segundo.

– 4.000 euros anuales por el tercero.

– 4.500 euros anuales por el cuarto y siguientes.

b) En el supuesto contemplado en el apartado 2 del artículo 58 de la Ley 35/2006, de 28 de noviembre, el mínimo a que se refiere el apartado a) anterior se aumentará en 2.800 euros anuales.

3. Se establecen los siguientes importes para el mínimo por ascendientes regulado en el artículo 59 de la Ley 35/2006, de 28 de noviembre:

a) En el supuesto previsto en el apartado 1 del artículo 59 de la Ley 35/2006, de 28 de noviembre, 1.150 euros anuales.

b) En el supuesto previsto en el apartado 2 del artículo 59 de la Ley 35/2006, de 28 de noviembre, el mínimo a que se refiere el apartado a) anterior se aumentará en 1.400 euros anuales.

4. Se establecen los siguientes importes para el mínimo por discapacidad regulado en el artículo 60 de la Ley 35/2006, de 28 de noviembre:

A) En los supuestos previstos en el apartado 1 del artículo 60 de la Ley 35/2006, de 28 de noviembre:

– 3.000 euros anuales cuando el contribuyente sea una persona con discapacidad.

– 9.000 euros anuales cuando el contribuyente sea una persona con discapacidad y acredite un grado de discapacidad igual o superior al 65 por ciento.

---

[2]   Nuevo artículo incorporado por el art. 1.Dos de la Ley 10/2014, de 22 de diciembre, de Medidas Tributarias y de Financiación de las Entidades Locales vinculada a ingresos impositivos de la Comunidad de Castilla y León (BOCyL núm. 249, de 29 de diciembre de 2014) en vigor desde el 1 de enero de 2015.

– En el supuesto previsto en el párrafo segundo del apartado 1 del artículo 60 de la Ley 35/2006, de 28 de noviembre, los mínimos regulados en este apartado se aumentarán en 3.000 euros anuales.

b) En los supuestos previstos en el apartado 2 del artículo 60 de la Ley 35/2006, de 28 de noviembre:

– 3.000 euros anuales por ascendientes o descendientes con discapacidad.

– 9.000 euros anuales cuando los ascendientes o descendientes sean personas con discapacidad y acrediten un grado de discapacidad igual o superior al 65 por ciento.

– En el supuesto previsto en el párrafo segundo del apartado 2 del artículo 60 de la Ley 35/2006, de 28 de noviembre, los mínimos regulados en este apartado se aumentarán en 3.000 euros anuales.

Artículo 2. *Deducciones sobre la cuota íntegra autonómica.*

1[3]. Se establecen, sobre la cuota íntegra autonómica del Impuesto sobre la Renta de las Personas Físicas, y en los términos previstos en los artículos 3 al 9 de este texto refundido, las siguientes deducciones:

– Por familia numerosa.

– Por nacimiento o adopción.

– Por cuidado de hijos menores.

– Por discapacidad.

– En materia de vivienda.

– Para el fomento del emprendimiento.

– Para la recuperación del patrimonio cultural y natural, por donaciones a fundaciones y para el fomento de la investigación, el desarrollo y la innovación y para el fomento de la movilidad sostenible.

2. La aplicación de las deducciones establecidas en el apartado anterior se rige por las normas comunes previstas en el artículo 10.

---

[3]   Nueva redacción del art. 2.1 dada por el art. 1.Uno de la Ley 1/2019, de 14 de febrero, de modificación del Decreto Legislativo 1/2013, de 12 de septiembre, por el que se aprueba el texto refundido de las disposiciones legales de la Comunidad de Castilla y León en materia de tributos propios y cedidos (BOCyL núm. 35, de 20 de febrero de 2019), en vigor desde el 1 de enero de 2019.

Redacción anterior dada por el art. 1.1 de la Ley 11/2013, de 23 de diciembre, de Medidas Tributarias y de Reestructuración del Sector Público Autonómico (BOCyL núm. 248, de 27 de diciembre de 2013), con efectos desde el 1 de enero de 2014: «*1. Se establecen, sobre la cuota íntegra autonómica del Impuesto sobre la Renta de las Personas Físicas, y en los términos previstos en los artículos 3 al 9 de este texto refundido, las siguientes deducciones:*

– Por familia numerosa.

– Por nacimiento o adopción.

– Por cuidado de hijos menores.

– Por discapacidad.

– En materia de vivienda.

– Para el fomento del emprendimiento.

– Para la recuperación del patrimonio cultural y natural y por donaciones a fundaciones y para el fomento de la investigación, el desarrollo y la innovación»

Artículo 3[4]. *Deducciones por familia numerosa.*

1. Los contribuyentes que sean miembros de una familia numerosa y convivan con los restantes miembros de la familia numerosa podrán deducirse:

a) Con carácter general, 600 euros.

b) En el caso de que se trate de una familia numerosa con cuatro descendientes que den derecho a la aplicación del mínimo por descendiente, la deducción por familia numerosa será de 1.500 euros.

c) En el caso de que se trate de una familia numerosa con cinco descendientes que den derecho a la aplicación del mínimo por descendiente, la deducción por familia numerosa será de 2.500 euros.

d) La deducción del apartado anterior se incrementará en 1.000 euros adicionales a partir del sexto y sucesivos descendientes que den derecho a la aplicación del mínimo por descendiente.

2. Cuando alguno de los cónyuges o descendientes a los que sea de aplicación el mínimo por descendiente tenga un grado de discapacidad igual o superior al 65%, las deducciones previstas en las letras a), b) y c) del apartado anterior se incrementarán en 600 euros.

Artículo 4[5]. *Deducciones por nacimiento o adopción.*

1. Nacimiento o adopción:

Los contribuyentes podrán deducirse por cada hijo nacido o adoptado durante el periodo impositivo que genere el derecho a la aplicación del mínimo por descendiente las siguientes cantidades, con carácter general:

– 1.010 euros si se trata del primer hijo.

– 1.475 euros si se trata del segundo hijo.

– 2.351 euros si se trata del tercer hijo o sucesivos.

2[6]. Nacimiento o adopción en el medio rural:

---

[4] Nueva redacción del art. 3 dada el art. 1.1 de la Ley 1/2023, de 24 de febrero, de Medidas Tributarias, Financieras y Administrativas (BOCyL núm. 44, de 6 de marzo de 2023), con efectos desde el 1 de enero de 2023.
Redacción anterior dada por el art. 1.1 de la Ley 7/2017, de 28 de diciembre, de Medidas Tributarias (BOCyL núm. 248, de 29 de diciembre de 2017), en vigor desde el 1 de enero de 2018.

[5] Nueva redacción del art. 4 dada por el art. 1.2 de la Ley 2/2022, de 1 de diciembre, de rebajas tributarias en la Comunidad de Castilla y León (BOCyL núm. 237, de 12 de diciembre de 2022), con efectos desde el 1 de enero de 2022.
(Redacción del art. 4.1.a) dada por el art. 1.2 de la Ley 7/2017, de 28 de diciembre, de Medidas Tributarias (BOCyL núm. 248, de 29 de diciembre de 2017), en vigor desde el 1 de enero de 2018.

[6] Nueva redacción del art. 4.2 dada por el art. 1.1 de la Ley 4/2024, de 9 de mayo, de medidas tributarias, financieras y administrativas (BOCL núm. 92, de 14 de mayo de 2024), con efectos desde el 1 de enero de 2024.
Redacción anterior dada por el art. 1.2 de la Ley 2/2022, de 1 de diciembre, de rebajas tributarias en la Comunidad de Castilla y León (BOCyL núm. 237, de 12 de diciembre de 2022), con efectos desde el 1 de enero de 2022.: «*2. Nacimiento o adopción en el medio rural:*
Los contribuyentes residentes en municipios de menos de 5.000 habitantes podrán deducirse por cada hijo nacido o adoptado durante el periodo impositivo que genere el derecho a la aplicación del mínimo por descendiente las siguientes cantidades:
– 1.420 euros si se trata del primer hijo.
– 2.070 euros si se trata del segundo hijo.

Los contribuyentes residentes en municipios o entidades locales menores cuya población no exceda de 5.000 habitantes podrán deducirse por cada hijo nacido o adoptado durante el periodo impositivo que genere el derecho a la aplicación del mínimo por descendiente las siguientes cantidades:

– 1.420 euros si se trata del primer hijo.

– 2.070 euros si se trata del segundo hijo.

– 3.300 euros si se trata del tercer hijo o sucesivos.

3. Nacimiento o adopción con discapacidad:

Las cantidades que resulten de los apartados anteriores se duplicarán en caso de que el nacido o adoptado tenga reconocido un grado de discapacidad igual o superior al 33%. Si el reconocimiento de la discapacidad fuera realizado con posterioridad al período impositivo correspondiente al nacimiento o adopción y antes de que el menor cumpla cinco años, la deducción se practicará por los mismos importes establecidos en los apartados anteriores en el período impositivo en que se realice dicho reconocimiento.

4. Partos o adopciones múltiples:

Los contribuyentes podrán deducirse, en el caso de partos múltiples o adopciones, simultáneos o independientes producidos en un periodo de doce meses, de dos o más hijos que generen el derecho a la aplicación del mínimo por descendiente, las siguientes cantidades:

a) Un 50% de la cantidad que corresponda por aplicación de alguno de los apartados anteriores, si los partos o adopciones son de dos hijos.

b) Un 100% de la cantidad que corresponda por aplicación de alguno de los apartados anteriores, si los partos o adopciones son de tres o más hijos.

c) 901 euros durante los dos años siguientes al nacimiento o adopción.

5. Gastos de adopción:

Los contribuyentes podrán deducirse, en el período impositivo en que se produzca la inscripción en el Registro Civil de una adopción de hijos que generen el derecho a la aplicación del mínimo por descendiente, las siguientes cantidades:

a) 784 euros con carácter general.

b) La deducción de la letra anterior será de 3.625 euros en el supuesto de adopción internacional, realizada según la legislación vigente y de acuerdo con los tratados y convenios suscritos por España.

6. Compatibilidad de las deducciones:

Las deducciones contempladas en los apartados anteriores son compatibles entre sí.

Artículo 5[7]. *Deducciones por cuidado de hijos menores.*

1. Los contribuyentes que por motivos de trabajo, por cuenta propia o ajena, tengan que dejar a sus hijos menores al cuidado de una persona empleada de hogar o en guarderías o centros escolares, podrán optar por deducirse una de las siguientes cantidades:

– *3.300 euros si se trata del tercer hijo o sucesivos*».

[7] Nueva redacción del art. 5 dada por el art. 1.1 de la Ley 1/2021, de 22 de febrero, de Medidas Tributarias, Financieras y Administrativas (BOCyL núm. 39, de 25 de febrero de 2021), en vigor desde 26 de febrero de 2021.

a) El 30 por 100 de las cantidades satisfechas en el período impositivo a la persona empleada del hogar, con el límite máximo de 322 euros.

b) El 100 por 100 de los gastos satisfechos de preinscripción y de matrícula, así como los gastos de asistencia en horario general y ampliado y los gastos de alimentación, siempre que se hayan producido por meses completos, en escuelas infantiles, centros y guarderías infantiles de la Comunidad de Castilla y León, inscritas en el registro de centros para la conciliación de la vida familiar y laboral, con el límite máximo de 1.320 euros.

En el supuesto de que el contribuyente tuviera derecho al incremento de la deducción estatal por maternidad a que se refiere el artículo 81.2 de la Ley 35/2006, de 28 de noviembre, del Impuesto sobre la Renta de las Personas Físicas y de modificación parcial de las leyes de los Impuestos sobre Sociedades, sobre la Renta de no Residentes y sobre el Patrimonio, el importe de la misma minorará la cuantía determinada conforme al párrafo anterior. En este supuesto, el límite de 1.320 euros se verá reducido en la cantidad a que el contribuyente tuviera derecho por la deducción estatal.

Para la aplicación de esta deducción, deberán concurrir los siguientes requisitos:

a) Que a la fecha de devengo del impuesto los hijos a los que sea de aplicación el mínimo por descendiente tuvieran menos de 4 años de edad.

b) Que los progenitores que tienen derecho a la aplicación del mínimo por descendiente respecto a los hijos que cumplen los requisitos de la letra a) realicen una actividad por cuenta propia o ajena, por la cual estén dados de alta en el régimen correspondiente de la Seguridad Social o Mutualidad.

c) Que, en el supuesto de que la deducción sea aplicable por gastos de custodia por una persona empleada del hogar, ésta esté dada de alta en el Sistema Especial de Empleados de Hogar del Régimen General de la Seguridad Social.

El importe total de la deducción aplicada por ambos progenitores, más el importe en su caso, del incremento de la deducción estatal por maternidad, más la cuantía de las ayudas públicas percibidas por este concepto no podrá superar, para el mismo ejercicio, el importe total del gasto efectivo del mismo. En el caso de que el importe de todas las deducciones y ayudas públicas mencionadas superase el gasto satisfecho por la guardería, se minorará el importe máximo de la deducción en la cuantía necesaria.

2. Los contribuyentes que a la fecha de devengo del impuesto tengan un hijo menor de 4 años, al que sea de aplicación el mínimo por descendiente, podrán deducirse el 15 por 100 de las cantidades que hayan satisfecho en el período impositivo por las cuotas a la Seguridad Social de un trabajador incluido en el Sistema Especial de Empleados de Hogar del Régimen General de la Seguridad Social, con el límite máximo de 300 euros.

Artículo 6. *Deducción por discapacidad.*

Los contribuyentes que estén afectados por un grado de discapacidad y no sean usuarios de residencias públicas o concertadas de la Comunidad podrán deducirse:

a) 300 euros, si tienen menos de 65 años de edad y su grado de discapacidad es igual o superior al 65 % o, si tienen una edad igual o superior a 65 años, su grado de discapacidad es igual o superior al 33 %.

b) La deducción de la letra anterior será de 656 euros cuando, si tienen una edad igual o superior a 65 años, su grado de discapacidad es igual o superior al 65 %.

Artículo 7[8]. *Deducciones en materia de vivienda.*

1. Por adquisición o rehabilitación de la vivienda habitual por jóvenes en el medio rural.

---

[8]   Nueva redacción del art. 7 dada por el art. 1.2 de la Ley 4/2024, de 9 de mayo, de medidas tributarias, financieras y administrativas (BOCL núm. 92, de 14 de mayo de 2024), con efectos desde el 1 de enero de 2024. Redacciones anteriores dada por el art. 1.1 de la Ley 2/2017, de 4 de julio, de Medidas Tributarias y Administrativas (BOCyL núm. 128, de 6 de julio de 2017), en vigor desde el 1 de enero de 2017: «*1. Los contribuyentes que durante el período impositivo satisfagan cantidades por la adquisición o rehabilitación de la vivienda que vaya a constituir su residencia habitual en el territorio de la Comunidad de Castilla y León podrán deducirse el 15% de las cantidades satisfechas siempre que se cumplan, simultáneamente, los siguientes requisitos:*
a) Que los contribuyentes tengan su residencia habitual en la Comunidad de Castilla y León y que a la fecha de devengo del impuesto tengan menos de 36 años.
b) Que se trate de su primera vivienda.
c) Que la vivienda esté situada en un municipio o en una entidad local menor de la Comunidad de Castilla y León que en el momento de la adquisición o rehabilitación no exceda de 10.000 habitantes, con carácter general, o de 3.000 habitantes, si dista menos de 30 kilómetros de la capital de la provincia, y tenga un valor, a efectos del impuesto que grave su adquisición, menor de 150.000,00 euros.
d) Que se trate de una vivienda de nueva construcción o de una rehabilitación calificada como actuación protegible al amparo de los correspondientes planes estatales o autonómicos de vivienda.
e) Que la adquisición o rehabilitación de la vivienda se produzca a partir del 1 de enero de 2023.
La base máxima de esta deducción será de 10.000 euros anuales y estará constituida por las cantidades satisfechas para la adquisición o rehabilitación de la vivienda, incluidos los gastos originados que hayan corrido a cargo del adquirente y, en el caso de financiación ajena, la amortización, los intereses, el coste de los instrumentos de cobertura del riesgo de tipo de interés variable de los préstamos hipotecarios regulados en el artículo decimonoveno de la Ley 36/2003, de 11 de noviembre, de Medidas de Reforma Económica, y demás gastos derivados de la misma. En caso de aplicación de los citados instrumentos de cobertura, los intereses satisfechos por el contribuyente se minorarán en las cantidades obtenidas por la aplicación del citado instrumento.
La aplicación de esta deducción requerirá que el importe comprobado del patrimonio del contribuyente al finalizar el período de la imposición exceda del valor que arrojase su comprobación al comienzo del mismo al menos en la cuantía de las inversiones realizadas, sin computar los intereses y demás gastos de financiación. A estos efectos, no se computarán los incrementos o disminuciones de valor experimentados durante el período impositivo por los elementos patrimoniales que al final del mismo sigan formando parte del patrimonio del contribuyente [Redacción anterior del art. 7.1 dada al art. 1.2 de la Ley 1/2023, de 24 de febrero, de Medidas Tributarias, Financieras y Administrativas (BOCyL núm. 44, de 6 de marzo de 2023), con efectos desde el 1 de enero de 2023].
2. Los contribuyentes que realicen actuaciones de rehabilitación de viviendas situadas en la Comunidad de Castilla y León que constituyan o vayan a constituir su vivienda habitual podrán deducirse el 15% de las siguientes inversiones:
a) Instalación de paneles solares, a fin de contribuir a la producción de agua caliente sanitaria demandada por las viviendas, en un porcentaje, al menos, del 50 por ciento de la contribución mínima exigible por la normativa técnica de edificación aplicable.
b) Cualquier mejora en los sistemas de instalaciones térmicas que incrementen su eficiencia energética o la utilización de energías renovables.
c) La mejora de las instalaciones de suministro e instalación de mecanismos que favorezcan el ahorro de agua, así como la realización de redes de saneamiento separativas en el edificio que favorezcan la reutilización de las aguas grises en el propio edificio y reduzcan el volumen de vertido al sistema público de alcantarillado.
d) Las obras e instalaciones de adecuación necesarias para la accesibilidad y comunicación sensorial que facilite el desenvolvimiento digno y adecuado de uno o varios ocupantes de la vivienda que sean discapacitados, siempre que éstos sean el contribuyente o su cónyuge o un pariente, en línea directa o colateral, consanguínea o por afinidad, hasta el tercer grado inclusive.

Los contribuyentes que durante el período impositivo satisfagan cantidades por la adquisición o rehabilitación de la vivienda que vaya a constituir su residencia habitual en el territorio de la Comunidad de Castilla y León podrán deducirse el 15% de las cantidades satisfechas siempre que se cumplan, simultáneamente, los siguientes requisitos:

a) Que los contribuyentes tengan su residencia habitual en la Comunidad de Castilla y León y que a la fecha de devengo del impuesto tengan menos de 36 años.

b) Que se trate de su primera vivienda.

La base de esta deducción estará constituida por las cantidades realmente satisfechas por el contribuyente para la realización de las inversiones, con el límite máximo de 20.000 euros.

La aplicación de esta deducción requerirá el previo reconocimiento por el órgano competente de que la actuación de rehabilitación haya sido calificada o declarada como actuación protegida en materia de rehabilitación de viviendas, en los términos previstos en la normativa, estatal o autonómica, que regule los planes de fomento de la rehabilitación edificatoria.

3. Los contribuyentes que realicen actuaciones de rehabilitación de viviendas que cumplan los requisitos establecidos en la letra c) del apartado 1 de este artículo podrán deducirse el 15% de las cantidades invertidas cuando concurran las siguientes condiciones:

a) Que durante los cinco años siguientes a la realización de las actuaciones de rehabilitación la vivienda se encuentre alquilada a personas distintas del cónyuge, ascendientes, descendientes o familiares hasta el tercer grado de parentesco del propietario de la vivienda, sin perjuicio de lo previsto en la letra siguiente.

b) Que, si durante los cinco años previstos en la letra anterior se produjeran periodos en los que la vivienda no estuviera efectivamente alquilada, la vivienda se encuentre ofertada para el alquiler de acuerdo con las instrucciones que en gestión de este impuesto se dicten mediante orden de la consejería competente en materia de hacienda.

c) Que el importe del alquiler mensual no supere los 300 euros.

d) Que la fianza legal arrendaticia se encuentre depositada conforme lo establecido en la normativa aplicable.

La base de esta deducción estará constituida por las cantidades realmente satisfechas por el contribuyente para la realización de las actuaciones de rehabilitación, con el límite máximo de 20.000 euros.

4. Los contribuyentes menores de 36 años que durante el período impositivo satisfagan cantidades en concepto de alquiler de su vivienda habitual situada en Castilla y León podrán deducirse: [redacción del art. 7.4 dada por el art. 1.3 de la Ley 7/2017, de 28 de diciembre, de Medidas Tributarias (BOCyL núm. 248, de 29 de diciembre de 2017)]

a) El 20% de las cantidades satisfechas con un límite de 459 euros, con carácter general.

b) El porcentaje establecido en la letra anterior será el 25% con un límite de 612 euros cuando la vivienda habitual se encuentre situada en un municipio o en una entidad local menor de la Comunidad de Castilla y León que no exceda de 10.000 habitantes, con carácter general, o de 3.000 habitantes, si dista menos de 30 kilómetros de la capital de la provincia [redacción de la letra b) dada por el art. 1.2 de la Ley 1/2021, de 22 de febrero, de Medidas Tributarias, Financieras y Administrativas (BOCyL núm. 39, de 25 de febrero de 2021), en vigor desde 26 de febrero de 2021].

c) El importe deducible por el contribuyente por aplicación de las letras a) o b) anteriores no podrá superar la diferencia entre las cantidades efectivamente satisfechas por el mismo en concepto de renta de alquiler y el importe del total de las ayudas que perciba de cualquier administración o ente público por dicho concepto [letra c) del art. 7.4 incorporada por el art. 1.3 de la Ley 1/2023, de 24 de febrero, de Medidas Tributarias, Financieras y Administrativas (BOCyL núm. 44, de 6 de marzo de 2023), con efectos desde el 7 de marzo de 2023].

5. A efectos de la aplicación de los apartados 1 y 3 de este artículo, el concepto de rehabilitación de viviendas es el recogido en el artículo 20.Uno.22.B de la Ley 37/1992, de 28 de diciembre, del Impuesto sobre el Valor Añadido, o norma que le sustituya».

c) Que la vivienda esté situada en un municipio o en una entidad local menor de la Comunidad de Castilla y León que en el momento de la adquisición o rehabilitación no exceda de 10.000 habitantes, con carácter general, o de 3.000 habitantes, si dista menos de 30 kilómetros de la capital de la provincia, y tenga un valor, a efectos del impuesto que grave su adquisición, menor de 150.000,00 euros.

d) Que se trate de una vivienda de nueva construcción o de una rehabilitación conforme al concepto establecido en el apartado 6 de este artículo.

e) Que la adquisición o rehabilitación de la vivienda se produzca a partir del 1 de enero de 2023.

La base máxima de esta deducción será de 10.000 euros anuales y estará constituida por las cantidades satisfechas para la adquisición o rehabilitación de la vivienda, incluidos los gastos originados que hayan corrido a cargo del adquirente y, en el caso de financiación ajena, la amortización, los intereses, el coste de los instrumentos de cobertura del riesgo de tipo de interés variable de los préstamos hipotecarios regulados en el artículo decimonoveno de la Ley 36/2003, de 11 de noviembre, de Medidas de Reforma Económica, y demás gastos derivados de la misma. En caso de aplicación de los citados instrumentos de cobertura, los intereses satisfechos por el contribuyente se minorarán en las cantidades obtenidas por la aplicación del citado instrumento.

La aplicación de esta deducción requerirá que el importe comprobado del patrimonio del contribuyente al finalizar el período de la imposición exceda del valor que arrojase su comprobación al comienzo del mismo al menos en la cuantía de las inversiones realizadas, sin computar los intereses y demás gastos de financiación. A estos efectos, no se computarán los incrementos o disminuciones de valor experimentados durante el período impositivo por los elementos patrimoniales que al final del mismo sigan formando parte del patrimonio del contribuyente.

2. Por actuaciones de rehabilitación subvencionadas en el marco de planes estatales o autonómicos de vivienda destinadas a la mejora de la eficiencia energética, la sostenibilidad y la adecuación a la discapacidad de la vivienda habitual.

Los contribuyentes que realicen actuaciones de rehabilitación de viviendas situadas en la Comunidad de Castilla y León que constituyan o vayan a constituir su vivienda habitual y que sean subvencionadas en el marco de programas regulados en planes estatales o autonómicos de vivienda, podrán deducirse el 15% de las siguientes inversiones:

a) Instalación de paneles solares, a fin de contribuir a la producción de agua caliente sanitaria demandada por las viviendas, en un porcentaje, al menos, del 50 por ciento de la contribución mínima exigible por la normativa técnica de edificación aplicable.

b) Cualquier mejora en los sistemas de instalaciones térmicas que incrementen su eficiencia energética o la utilización de energías renovables.

c) La mejora de las instalaciones de suministro e instalación de mecanismos que favorezcan el ahorro de agua, así como la realización de redes de saneamiento separativas en el edificio que favorezcan la reutilización de las aguas grises en el propio edificio y reduzcan el volumen de vertido al sistema público de alcantarillado.

d) Las obras e instalaciones de adecuación necesarias para la accesibilidad y comunicación sensorial que facilite el desenvolvimiento digno y adecuado de uno o varios ocupantes de la vivienda que sean discapacitados, siempre que éstos sean el contribuyente o su cónyuge o un pariente, en línea directa o colateral, consanguínea o por afinidad, hasta el tercer grado inclusive.

La base de esta deducción estará constituida por las cantidades realmente satisfechas por el contribuyente para la realización de las inversiones, con el límite máximo de 20.000 euros.

La deducción se practicará en el ejercicio en el que se perciba el pago de la subvención concedida para la actuación de rehabilitación de la vivienda habitual, en los términos previstos en la normativa reguladora de la citada subvención.

3. Por rehabilitación de viviendas en el medio rural destinadas a su alquiler.

Los contribuyentes que realicen actuaciones de rehabilitación de viviendas que cumplan los requisitos establecidos en la letra c) del apartado 1 de este artículo podrán deducirse el 15% de las cantidades invertidas cuando concurran las siguientes condiciones:

a) Que durante los cinco años siguientes a la realización de las actuaciones de rehabilitación la vivienda se encuentre alquilada a personas distintas del cónyuge, ascendientes, descendientes o familiares hasta el tercer grado de parentesco del propietario de la vivienda, sin perjuicio de lo previsto en la letra siguiente.

b) Que, si durante los cinco años previstos en la letra anterior se produjeran periodos en los que la vivienda no estuviera efectivamente alquilada, la vivienda se encuentre ofertada para el alquiler de acuerdo con las instrucciones que en gestión de este impuesto se dicten mediante orden de la consejería competente en materia de hacienda.

c) Que el importe del alquiler mensual no supere los 300 euros.

d) Que la fianza legal arrendaticia se encuentre depositada conforme lo establecido en la normativa aplicable.

La base de esta deducción estará constituida por las cantidades realmente satisfechas por el contribuyente para la realización de las actuaciones de rehabilitación, con el límite máximo de 20.000 euros.

4. Por el arrendamiento de la vivienda habitual por jóvenes.

Los contribuyentes menores de 36 años que durante el período impositivo satisfagan cantidades en concepto de alquiler de su vivienda habitual situada en Castilla y León podrán deducirse el 20% de las cantidades satisfechas con un límite de 459 euros, con carácter general.

5. Por el arrendamiento de la vivienda habitual por jóvenes en el medio rural.

El porcentaje establecido en el apartado anterior será el 25% con un límite de 612 euros cuando la vivienda habitual se encuentre situada en un municipio o en una entidad local menor de la Comunidad de Castilla y León que no exceda de 10.000 habitantes, con carácter general, o de 3.000 habitantes, si dista menos de 30 kilómetros de la capital de la provincia.

El importe deducible por el contribuyente por aplicación de los apartados 4 y 5 anteriores no podrá superar la diferencia entre las cantidades efectivamente satisfechas por el mismo en concepto de renta de alquiler y el importe del total de las ayudas que perciba de cualquier administración o ente público por dicho concepto.

6. Concepto de rehabilitación de viviendas.

A efectos de la aplicación de los apartados 1 y 3 de este artículo, el concepto de rehabilitación de viviendas es el recogido en el artículo 20. Uno.22. B de la Ley 37/1992, de 28 de diciembre, del Impuesto sobre el Valor Añadido, o norma que le sustituya.

Artículo 8[9]. *Deducción para el fomento de emprendimiento.*

1. Los contribuyentes podrán deducirse el 20 % de las cantidades invertidas durante el ejercicio en la adquisición de acciones o participaciones como consecuencia de acuerdos de constitución de sociedades o de ampliación del capital en sociedades anónimas, limitadas o laborales cuando la sociedad destine la financiación recibida a proyectos de inversión realizados en el territorio de Castilla y León.

2[10]**.** Darán derecho a aplicarse esta deducción las adquisiciones de acciones o participaciones por importe mínimo del 0,5 % y máximo del 45 % del capital de la sociedad, que se mantengan en el patrimonio del adquirente al menos tres años. El importe máximo de la deducción será de 10.000 euros.

3[11]**.** La aplicación de esta deducción requerirá que las sociedades respecto de las que se adquieran acciones o participaciones incrementen en el año en que se realice la inversión o en el ejercicio siguiente y respecto del año anterior:

– Su plantilla global de trabajadores, en términos de personas/año regulados en la normativa laboral, y mantengan esta plantilla al menos tres años, y/o

– El número de contratos suscritos con trabajadores autónomos económicamente dependientes de la sociedad, y mantengan estos contratos al menos tres años, y/o

– El número de personas que se incorporen al régimen de trabajadores por cuenta propia que tengan el carácter de familiares colaboradores de titulares de acciones o participaciones, y se mantengan estas altas al menos tres años.

La inversión máxima del proyecto de inversión al que se refiere el apartado 1 de este artículo que es computable para la aplicación de la deducción será la que resulte de sumar los siguientes importes:

– 100.000 euros por cada incremento de una persona/año en la plantilla.

– 50.000 euros por cada contrato con trabajadores autónomos económicamente dependientes de la sociedad.

– 50.000 euros por cada alta de trabajadores por cuenta propia que tengan el carácter de familiares colaboradores.

El concepto de familiar colaborador es el recogido en el artículo 35 de la Ley 20/2007, de 11 de julio, del Estatuto del trabajo autónomo, o norma que lo sustituya.

4. La deducción prevista en el apartado 1 anterior también será de aplicación a las adquisiciones de acciones o participaciones de sociedades cuyo único objeto social sea la aportación de capital a sociedades anónimas, limitadas o laborales cuyo domicilio social y fiscal se encuentre en Castilla y León, siempre que se cumplan las siguientes condiciones:

a) Que la sociedad cuyas acciones y participaciones se adquieran utilice en el plazo de seis meses la financiación recibida para aportar capital a una sociedad anónima, limitada o laboral cuyo domicilio social y fiscal se encuentre en Castilla y León. A estos efectos, los

---

9   Nueva redacción del art. 8 dada por el art. 1.2 de la Ley 11/2013, de 23 de diciembre, de Medidas Tributarias y de Reestructuración del Sector Público Autonómico (BOCyL núm248, de 27b de diciembre de 2013), con efectos desde el 1 de enero de 2014.

10   Nueva redacción del art. 8.2 dada por el art. 1.2 de la Ley 2/2017, de 4 de julio, de Medidas Tributarias y Administrativas (BOCyL núm. 128, de 6 de julio de 2017), en vigor desde el 1 de enero de 2017 (Disp. Trans. 1º).

11   Nueva redacción del art. 8.3 dada por el art. 1.2 de la Ley 2/2017, de 4 de julio, de Medidas Tributarias y Administrativas (BOCyL núm. 128, de 6 de julio de 2017), en vigor desde el 1 de enero de 2017 (Disp. Trans. 1º).

porcentajes establecidos en el apartado 2 anterior se computarán respecto del conjunto de la aportación de capital.

b) Que la sociedad anónima, limitada o laboral citada en el apartado anterior cumpla el requisito de generación de empleo recogido en el apartado 3 anterior y no reduzca su plantilla de trabajadores en Castilla y León.

5. Para la práctica de la deducción regulada en este artículo será necesario obtener una certificación expedida por la entidad cuyas acciones o participaciones se hayan adquirido en la que se recoja el cumplimiento, en el periodo impositivo en el que se produjo la adquisición, de los requisitos relativos a:

– el destino de la inversión y, en su caso, la localización del domicilio social y fiscal, recogidos en los apartados 1 y 4,

– el porcentaje de capital adquirido y creación de empleo, recogidos en los apartados 2 y 3 y, en su caso,

– el destino de la inversión y el cumplimiento de las condiciones específicas, recogidos en el apartado 4.

Artículo 9[12]. ***Deducciones para la recuperación del patrimonio cultural y natural, por donaciones a fundaciones y para el fomento de la investigación, el desarrollo y la innovación y para el fomento de la movilidad sostenible.***

Los contribuyentes podrán deducirse el 15 % de las siguientes cantidades:

a) Las cantidades destinadas por los titulares de bienes inmuebles ubicados en Castilla y León a la restauración, rehabilitación o reparación de los mismos, siempre que concurran las siguientes condiciones:

– Que estén inscritos en el Registro de Bienes de Interés Cultural de Castilla y León o afectados por la declaración de Bien de Interés Cultural, o incluidos de acuerdo con la Ley de Patrimonio Cultural de Castilla y León, siendo necesario que los inmuebles reúnan las condiciones determinadas en el artículo 61 del Real Decreto 111/1986, de 10 de enero, de desarrollo parcial de la Ley de Patrimonio Histórico Español o las determinadas en la Ley de Patrimonio Cultural de Castilla y León.

– Que las obras de restauración, rehabilitación o reparación hayan sido autorizadas por el órgano competente de la Comunidad, de la Administración del Estado o, en su caso, por el Ayuntamiento correspondiente.

b) Las cantidades destinadas por los titulares de bienes naturales ubicados en espacios naturales y lugares integrados en la Red Natura 2000 sitos en el territorio de Castilla y León, siempre que estas actuaciones hayan sido autorizadas o informadas favorablemente por el órgano competente de la Comunidad.

c) Las cantidades donadas para la rehabilitación o conservación de bienes que se encuentren en el territorio de Castilla y León, que formen parte del Patrimonio Histórico Español,

---

[12] Nueva redacción del título del art. 9 dada por el art. 1.Dos de la Ley 1/2019, de 14 de febrero, de modificación del Decreto Legislativo 1/2013, de 12 de septiembre, por el que se aprueba el texto refundido de las disposiciones legales de la Comunidad de Castilla y León en materia de tributos propios y cedidos (BOCyL núm. 35, de 20 de febrero de 2019), en vigor desde el 1 de enero de 2019.
Redacción anterior de la rúbrica del art. 9 dada por el art. 1.3 de la Ley 11/2013, de 23 de diciembre, de Medidas Tributarias y de Reestructuración del Sector Público Autonómico (BOCyL núm. 248, de 27 de diciembre de 2013).

o del Patrimonio Cultural de Castilla y León y que estén inscritos en el Registro General de Bienes de Interés Cultural o incluidos en el Inventario General a que se refiere la Ley 16/1985, de Patrimonio Histórico Español o en los registros o inventarios equivalentes previstos en la Ley 12/2002, de 11 de julio, de Patrimonio Cultural de Castilla y León, cuando se realicen a favor de las siguientes entidades:

– Las administraciones públicas, así como las entidades e instituciones dependientes de las mismas.

– La Iglesia Católica y las iglesias, confesiones o comunidades religiosas que tengan acuerdos de cooperación con el Estado Español.

– Las fundaciones o asociaciones que, reuniendo los requisitos establecidos en la Ley 49/2002, de 23 de diciembre, de Régimen Fiscal de Entidades sin Fines Lucrativos y de los Incentivos Fiscales al Mecenazgo, incluyan entre sus fines específicos, la reparación, conservación o restauración del patrimonio histórico.

d) Las cantidades donadas para la recuperación, conservación o mejora de espacios naturales y lugares integrados en la Red Natura 2000, ubicados en el territorio de Castilla y León cuando se realicen a favor de las administraciones públicas así como de las entidades o instituciones dependientes de las mismas.

e) Las cantidades donadas a fundaciones inscritas en el Registro de Fundaciones de Castilla y León, en cuyos estatutos se prevea, para el cumplimiento de sus fines, la realización de actividades culturales, asistenciales o ecológicas.

f)[13] Las cantidades donadas a las Universidades públicas de la Comunidad y las cantidades donadas a las fundaciones y otras instituciones cuya actividad principal sea la investigación, el desarrollo y la innovación empresarial para la financiación de proyectos desarrollados en Castilla y León con alguna de estas finalidades.

g)[14] Las cantidades destinadas por el contribuyente a la adquisición de un vehículo turismo nuevo que tenga la consideración de vehículo eléctrico puro o de vehículo eléctrico con autonomía extendida o de vehículo híbrido enchufable con autonomía en modo eléctrico de

---

[13]   Nueva letra f) incorporada por el art. 1. de la Ley 11/2013, de 23 de diciembre, de Medidas Tributarias y de Reestructuración del Sector Público Autonómico (BOCyL núm 248, de 27b de diciembre de 2013), con efectos desde el 1 de enero de 2014.

[14]   Nueva redacción de la letra g) dada por el art. 1.3 de la Ley 4/2024, de 9 de mayo, de medidas tributarias, financieras y administrativas (BOCL núm. 92, de 14 de mayo de 2024), con efectos desde el 15 de mayo de 2024.

Redacción anterior dada por el art. 1.3 de la Ley 1/2021, de 22 de febrero, de Medidas Tributarias, Financieras y Administrativas (BOCyL núm. 39, de 25 de febrero de 2021), en vigor desde 26 de febrero de 2021: «g) *Las cantidades destinadas por el contribuyente a la adquisición de un vehículo turismo nuevo que tenga la consideración de vehículo eléctrico puro o de vehículo eléctrico con autonomía extendida o de vehículo híbrido enchufable con autonomía en modo eléctrico de más de 40 kilómetros. El importe máximo de la deducción, que se prorrateará, en su caso, entre los adquirentes, será de 4.000 euros por vehículo y su aplicación está sujeta al cumplimiento de las siguientes condiciones:*

El valor de adquisición del vehículo, impuestos incluidos, no podrá superar los 40.000 euros.

El vehículo adquirido no podrá estar afecto a actividades profesionales o empresariales, cualquiera que sea el titular de estas actividades.

La deducción solamente será de aplicación en el período impositivo en el cual se matricule el vehículo cuya adquisición genera el derecho a aplicar la deducción.

El vehículo adquirido deberá mantenerse en el patrimonio del contribuyente al menos durante cuatro años desde su adquisición».

más de 40 kilómetros. El importe máximo de la deducción, que se prorrateará, en su caso, entre los adquirentes, será de 4.000 euros por vehículo y su aplicación está sujeta al cumplimiento de las siguientes condiciones:

– El valor de adquisición del vehículo, impuestos incluidos, no podrá superar los 40.000 euros.

– El vehículo adquirido no podrá estar afecto a actividades profesionales o empresariales, cualquiera que sea el titular de estas actividades.

– La deducción solamente será de aplicación en el periodo impositivo en el cual se matricule el vehículo cuya adquisición genera el derecho a aplicar la deducción.

– El vehículo adquirido deberá mantenerse en el patrimonio del contribuyente al menos durante cuatro años desde su adquisición.

En el supuesto de que el contribuyente tuviera derecho a la deducción a que se refiere la Disposición adicional quincuagésima octava de la Ley 35/2006, de 28 de noviembre, del Impuesto sobre la Renta de las Personas Físicas y de modificación parcial de las leyes de los impuestos sobre Sociedades, sobre la Renta de no Residentes y sobre el Patrimonio, la cuantía de la misma minorará el importe máximo de deducción de 4.000 euros establecido en el párrafo anterior.

Artículo 10. *Normas comunes en la aplicación de las deducciones.*

1[15]. Las deducciones reguladas en este capítulo, salvo las previstas en los artículos 3, 4, artículo 7 (apartado 2 y 3), artículo 8 y artículo 9 [letras f) y g)], no serán de aplicación a los contribuyentes cuya base imponible total, menos el mínimo personal y familiar, supere la cuantía de 18.900 euros en tributación individual o 31.500 euros en el caso de tributación conjunta.

2. A los efectos de la aplicación de este texto refundido:

a) El concepto de familia numerosa es el establecido en la Ley 40/2003, de 18 de noviembre, de Protección a las Familias Numerosas.

b) A los efectos de determinar el número de orden del hijo nacido o adoptado se tendrá en cuenta al hijo nacido o adoptado y a los restantes hijos, de cualquiera de los progenitores,

---

Redacción anterior de la letra g) por su incorporación por el art. 1.Tres de la Ley 1/2019, de 14 de febrero, de modificación del Decreto Legislativo 1/2013, de 12 de septiembre, por el que se aprueba el texto refundido de las disposiciones legales de la Comunidad de Castilla y León en materia de tributos propios y cedidos (BOCyL núm. 35, de 20 de febrero de 2019), en vigor desde el 1 de enero de 2019.

15   Nueva redacción del art. 10.1 dada el art. 1.4 de la Ley 1/2023, de 24 de febrero, de Medidas Tributarias, Financieras y Administrativas (BOCyL núm. 44, de 6 de marzo de 2023), con efectos desde el 1 de enero de 2023.

Redacción anterior dada por art. 1.Cuatro de la Ley 1/2019, de 14 de febrero, de modificación del Decreto Legislativo 1/2013, de 12 de septiembre, por el que se aprueba el texto refundido de las disposiciones legales de la Comunidad de Castilla y León en materia de tributos propios y cedidos (BOCyL núm. 35, de 20 de febrero de 2019), en vigor desde el 1 de enero de 2019.

Redacción anterior dada por el art. 1.3 de la Ley 2/2017, de 4 de julio, de Medidas Tributarias y Administrativas (BOCyL núm. 128, de 6 de julio de 2017), en vigor desde el 1 de enero de 2017 (Disp. Trans. 1ª).

Redacción anterior dada por el art. 1.5 de la Ley 11/2013, de 23 de diciembre, de Medidas Tributarias y de Reestructuración del Sector Público Autonómico (BOCyL núm. 248, de 27 de diciembre de 2013), con efectos desde el 1 de enero de 2014.

que convivan con el contribuyente en la fecha de devengo del impuesto, computándose a estos efectos tanto los que lo sean por naturaleza como por adopción.

c) El grado de discapacidad será el determinado conforme al baremo al que se refiere el artículo 148 del texto refundido de la Ley General de la Seguridad Social, aprobado por el Decreto Legislativo 1/1994, de 20 de junio o normativa que la sustituya. Igualmente, se considerará acreditado un grado de discapacidad igual o superior al 65 por 100 cuando se trate de discapacitados cuya incapacidad sea declarada judicialmente, aunque no se alcance dicho grado.

d) El mínimo por descendiente es el regulado en la normativa del Impuesto sobre la Renta de las Personas Físicas.

e) Se considera vivienda habitual aquella que se ajusta a la definición y a los requisitos establecidos en la normativa del Impuesto sobre la Renta de las Personas Físicas.

f) Se considera vivienda de nueva construcción aquella cuya adquisición represente la primera transmisión de la misma con posterioridad a la declaración de obra nueva, siempre que no hayan transcurrido tres años desde ésta. Asimismo se considera vivienda de nueva construcción cuando el contribuyente satisfaga directamente los gastos derivados de la ejecución de las obras.

g) Se considera que el contribuyente adquiere primera vivienda cuando no dispusiera, ni hubiera dispuesto, de ningún derecho de plena propiedad igual o superior al cincuenta por ciento sobre otra vivienda.

h) La base imponible total es igual a la base imponible general más la base imponible del ahorro.

i) El mínimo personal y familiar será el establecido por la normativa estatal del Impuesto sobre la Renta de las Personas Físicas.

j)[16] A efectos de la aplicación de la deducción establecida en la letra g) del artículo 9, la autonomía en modo eléctrico de los vehículos cuya adquisición genere el derecho a aplicar la deducción se determinará mediante la aplicación del procedimiento WLTP (Worldwide harmonized Light vehicles Test Procedure) o del procedimiento que le sustituya a efectos del Impuesto sobre Determinados Medios de Transporte.

3[17]. La aplicación de las deducciones reguladas en este capítulo está sujeta a las siguientes reglas:

---

[16] Nueva letra j) incorporada por el art. 1.Cinco de la Ley 1/2019, de 14 de febrero, de modificación del Decreto Legislativo 1/2013, de 12 de septiembre, por el que se aprueba el texto refundido de las disposiciones legales de la Comunidad de Castilla y León en materia de tributos propios y cedidos (BOCyL núm. 35, de 20 de febrero de 2019), en vigor desde el 1 de enero de 2019.

[17] Nueva redacción del art. 10.3 dada por el art. 1.3 de la Ley 2/2022, de 1 de diciembre, de rebajas tributarias en la Comunidad de Castilla y León (BOCyL núm. 237, de 12 de diciembre de 2022), con efectos desde el 1 de enero de 2023.

Redacción anterior dada el art. 1.3 de la Ley 2/2017, de 4 de julio, de Medidas Tributarias y Administrativas (BOCyL núm. 128, de 6 de julio de 2017), en vigor desde el 1 de enero de 2017 (Disp. Trans. 1ª).

Redacción de la letra b) dada por el art. 1.Seis de la Ley 1/2019, de 14 de febrero (BOCyL núm. 35, de 20 de febrero de 2019), en vigor desde el 1 de enero de 2019.

Redacción de la letra d) dada por el art. 1.Siete de la Ley 1/2019, de 14 de febrero (BOCyL núm. 35, de 20 de febrero de 2019), en vigor desde el 1 de enero de 2019.

a) Cuando exista más de un contribuyente con derecho a practicar las deducciones establecidas en los artículos 3 a 5, ambos incluidos, el importe de las mismas se prorrateará en la declaración de cada uno de ellos.

b) La suma de las bases de las deducciones previstas en las letras a) a f) del artículo 9 no podrá exceder del 10 por 100 de la base liquidable del contribuyente.

c) Las deducciones autonómicas reguladas en los artículos 4 y 5 son incompatibles con la percepción de ayudas y prestaciones públicas otorgadas por la Junta de Castilla y León de análoga naturaleza por causa de nacimiento o adopción, por cuidado de hijos menores o por conciliación. En el supuesto de que se hubiera optado por solicitar las mencionadas ayudas y prestaciones públicas otorgadas por la Junta de Castilla y León y se hubieran concedido, no se tendrá derecho a la aplicación de estas deducciones.

d) Cuando en períodos impositivos posteriores al de su aplicación se pierda el derecho, en todo o en parte, a las deducciones practicadas en aplicación de lo dispuesto en los apartados uno, dos y tres del artículo 7 y en el artículo 8, o se incumplan los requisitos para la aplicación de la deducción regulada en la letra g) del artículo 9, el contribuyente estará obligado a sumar a la cuota líquida autonómica devengada en el ejercicio en que se hayan incumplido los requisitos las cantidades indebidamente deducidas, más los intereses de demora a que se refiere el artículo 26.6 de la Ley 58/2003, de 17 de diciembre, General Tributaria.

4[18]. La aplicación de cualquiera de las deducciones reguladas en este capítulo requerirá justificación documental adecuada a la deducción. En concreto:

a) El contribuyente que opte por la aplicación de la deducción por familia numerosa deberá estar en posesión del documento acreditativo expedido por el órgano de esta Comunidad competente en la materia.

b) El contribuyente que se aplique las deducciones reguladas en las letras c), d) y e) del artículo 9 deberá estar en posesión de la justificación documental a que se refiere la Ley 49/2002, de 23 de diciembre, de Régimen Fiscal de las Entidades sin Fines Lucrativos y de los Incentivos Fiscales al Mecenazgo.

Redacción del art. 10.3.d) por el art. 1.6 de la Ley 11/2013, de 23 de diciembre, de Medidas Tributarias y de Reestructuración del Sector Público Autonómico (BOCyL núm. 248, de 27 de diciembre de 2013), con efectos desde el 1 de enero de 2014.

[18] Nueva redacción del art. 10.4 dada por el art. 1.4 de la Ley 4/2024, de 9 de mayo, de medidas tributarias, financieras y administrativas (BOCL núm. 92, de 14 de mayo de 2024), con efectos desde el 1 de enero de 2024.

Redacción anterior: «*4. La aplicación de cualquiera de las deducciones reguladas en este capítulo requerirá justificación documental adecuada a la deducción. En concreto:*

a) El contribuyente que opte por la aplicación de la deducción por familia numerosa deberá estar en posesión del documento acreditativo expedido por el órgano de esta Comunidad competente en la materia.

b) El contribuyente que se aplique las deducciones reguladas en las letras c), d) y e) del artículo 9 deberá estar en posesión de la justificación documental a que se refiere la Ley 49/2002, de 23 de diciembre, de Régimen Fiscal de las Entidades sin Fines Lucrativos y de los Incentivos Fiscales al Mecenazgo.

c) El grado de discapacidad se acreditará mediante certificación expedida por el órgano competente en la materia.

d) La adquisición por el contribuyente de un vehículo que genere el derecho a la aplicación de la deducción establecida en la letra g) del artículo 9, la fecha de esta adquisición y la cantidad efectivamente satisfecha por el contribuyente se acreditarán mediante factura [letra d) incorporada por el art. 1.Ocho de la Ley 1/2019, de 14 de febrero, de modificación del Decreto Legislativo 1/2013, de 12 de septiembre (BOCyL núm. 35, de 20 de febrero de 2019), en vigor desde el 1 de enero de 2019]».

c) El grado de discapacidad se acreditará mediante certificación expedida por el órgano competente en la materia.

d) La adquisición por el contribuyente de un vehículo que genere el derecho a la aplicación de la deducción establecida en la letra g) del artículo 9, la fecha de esta adquisición y la cantidad efectivamente satisfecha por el contribuyente se acreditarán mediante factura.

e) La acreditación de que la rehabilitación de la vivienda habitual se ha realizado en el marco de programas regulados en planes estatales o autonómicos de vivienda, se realizará mediante justificante de la transferencia bancaria emitida por el órgano gestor de dichos programas en pago de la subvención que los financia.

(...)

Disposición adicional única[19].

Disposición transitoria[20]. *Abono de deducciones autonómicas de la Comunidad de Castilla y León generadas en el IRPF y no aplicadas.*

1. Los contribuyentes del IRPF que en el periodo impositivo 2022 hayan tenido derecho a aplicarse las deducciones reguladas en los artículos 3 a 5, ambos incluidos, y carecieran de cuota íntegra autonómica suficiente para aplicarse el total del importe generado por las citadas deducciones podrán aplicarse el importe no deducido en los tres períodos impositivos siguientes hasta agotar, en su caso, el importe total de la deducción.

2. Los contribuyentes del IRPF que en los periodos impositivos 2019, 2020 y 2021 hubieran tenido derecho a aplicarse las deducciones reguladas en los artículos 3 a 5, ambos incluidos, y hubieran carecido de cuota íntegra autonómica suficiente para aplicarse el total del importe generado por las citadas deducciones conservarán el derecho a aplicarse el importe no deducido en los tres períodos impositivos consecutivos siguientes a los anteriores hasta agotar, en su caso, el importe total de la deducción.

3. Si tras la aplicación de lo previsto en los dos párrafos anteriores no se hubiera agotado la totalidad de la deducción, podrá solicitarse el abono de la cantidad que les reste de aplicar.

(...)

Disposición Final Primera. *Habilitación a las leyes de presupuestos.*

Las leyes anuales de presupuestos generales de la Comunidad de Castilla y León podrán modificar las tarifas, tipos impositivos y los importes de las cuotas mínimas y máximas de los impuestos propios de la Comunidad.

---

[19]   Disposición derogada por la Disp. Derogatoria de la Ley 2/2022, de 1 de diciembre, de rebajas tributarias en la Comunidad de Castilla y León (BOCyL núm. 237, de 12 de diciembre de 2022), con efectos desde el 1 de enero de 2023.

[20]   Nueva disposición transitoria incorporada por el art. 1.7 de la Ley 2/2022, de 1 de diciembre, de rebajas tributarias en la Comunidad de Castilla y León (BOCyL núm. 237, de 12 de diciembre de 2022), en vigor desde el 1 de enero de 2022.

Disposición Final Segunda[21]. *Habilitaciones a la Junta de Castilla y León.*

Se autoriza a la Junta de Castilla y León para desarrollar reglamentariamente las disposiciones legales en materia de impuestos propios y cedidos por el Estado, dentro de los límites de las competencias atribuidas por la normativa estatal.

Disposición Final Tercera. *Habilitaciones al titular de la consejería competente en materia de hacienda.*

Se autoriza al titular de la consejería competente en materia de hacienda para que, mediante orden, regule las siguientes cuestiones:

1. La aprobación de los modelos de declaración y autoliquidación de los impuestos sobre Sucesiones y Donaciones y sobre Transmisiones Patrimoniales y Actos Jurídicos Documentados, así como las normas precisas para la gestión y liquidación.

2. La autorización para la presentación telemática de las declaraciones o autoliquidaciones de aquellos tributos cedidos o modalidades de los mismos que resulten susceptibles de tal forma de presentación, así como para la determinación de los supuestos y condiciones en que los obligados tributarios están obligados a presentar por medios telemáticos sus declaraciones, autoliquidaciones y cualquier documento con transcendencia tributaria y las características de los justificantes de presentación y pago.

3. Los supuestos, características y condiciones que permitan la presentación telemática de las escrituras públicas así como para regular las características de los justificantes de recepción por la administración de las copias electrónicas de las escrituras públicas.

4. La determinación de la remuneración máxima a percibir por los peritos terceros que intervengan en procedimientos de tasación pericial contradictoria.

5. Las normas de procedimiento necesarias para el suministro de información del valor de los bienes a que se refieren los artículos 43 y 44 de este texto refundido.

6. Las características, formato, condiciones y demás extremos a que debe ajustarse la información que deben remitir los registradores de la propiedad y mercantiles de acuerdo con el artículo 48 de este texto refundido, así como las características de los soportes informáticos que recojan esta información o de la transmisión por vía telemática.

7. Las características, formato, condiciones y demás extremos a que debe ajustarse la información que deben remitir las entidades que realicen subastas de bienes muebles en Castilla y León de acuerdo con el artículo 49 de este texto refundido, así como las características de los soportes informáticos que recojan esta información o de la transmisión por vía telemática.

8[22]. El procedimiento de solicitud por los interesados y de abono de las cantidades debidas a que se refiere la disposición transitoria de este texto refundido.

---

[21] Nueva redacción dada por el art. 1.Nueve de la Ley 1/2019, de 14 de febrero, de modificación del Decreto Legislativo 1/2013, de 12 de septiembre, por el que se aprueba el texto refundido de las disposiciones legales de la Comunidad de Castilla y León en materia de tributos propios y cedidos (BOCyL núm. 35, de 20 de febrero de 2019), en vigor desde el 1 de enero de 2019.
Redacción anterior: «*Se autoriza a la Junta de Castilla y León para desarrollar reglamentariamente las disposiciones legales en materia de impuestos propios*».

[22] Nueva redacción del apartado 8 dada por art. 1.8 de la Ley 2/2022, de 1 de diciembre, de rebajas tributarias en la Comunidad de Castilla y León (BOCyL núm. 237, de 12 de diciembre de 2022), con efectos desde el 13 de diciembre de 2022.

9. Las cuestiones relativas a la gestión de los impuestos propios y en particular:

a) La aprobación de los modelos de autoliquidación, así como las normas precisas para la gestión y liquidación del impuesto.

b) La determinación de los supuestos y condiciones en que los obligados tributarios deberán presentar por medios telemáticos sus autoliquidaciones y cualquier otro documento con trascendencia en la gestión del impuesto.

10[23].

Disposición Final Cuarta[24]. *Habilitaciones al titular de la consejería competente en materia de medio ambiente.*

Disposición Final Quinta. *Habilitaciones conjuntas a los titulares de las consejerías competentes en materia de hacienda y en materia de medio ambiente.*

Se habilita conjuntamente a las consejerías competentes en materia de hacienda y de medio ambiente para que, mediante orden conjunta:

a) Regulen la organización y funcionamiento del Censo de instalaciones y contribuyentes del Impuesto sobre la afección medioambiental causada por determinados aprovechamientos del agua embalsada, por los parques eólicos y por las instalaciones de transporte de energía eléctrica de alta tensión.

b)[25].

Disposición Final Sexta. *Sistema de confirmación de datos.*

La consejería competente en materia de hacienda habilitará un sistema de confirmación permanente e inmediata que posibilite a las oficinas y registros públicos, juzgados y tribunales verificar la concordancia del justificante de presentación o pago temático con los datos que constan en la administración tributaria.

Disposición Final Séptima[26]. *Relación de municipios y entidades locales menores.*

La consejería competente en materia de hacienda dará publicidad y mantendrá actualizada la relación de municipios y entidades locales menores a que se refiere el artículo 7, apartado 1.c), de este texto refundido. Para determinar el número de habitantes se tomará el establecido en el padrón de habitantes en vigor a 1 de enero de cada año publicado por el Instituto Nacional de Estadística.

---

[23]   Apartado 10 derogado por la disposición derogatoria 2.2 de la Ley 2/2022, de 1 de diciembre, de rebajas tributarias en la Comunidad de Castilla y León (BOCyL núm. 237/2022, de 12 de diciembre de 2022), con efectos de 1 de enero de 2023.

[24]   Derogada por la disposición derogatoria 2.2 de la Ley 2/2022, de 1 de diciembre, de rebajas tributarias en la Comunidad de Castilla y León (BOCyL núm. 237/2022, de 12 de diciembre de 2022), con efectos de 1 de enero de 2023.

[25]   Letra b) derogada por la disposición derogatoria 2.2 de la Ley 2/2022, de 1 de diciembre.

[26]   Nueva redacción dada por el art. 1.11 de la Ley 1/2021, de 22 de febrero, de Medidas Tributarias, Financieras y Administrativas, en vigor desde el 26 de febrero de 2021 (BOCyL núm. 39/2021, de 25 de febrero de 2021).
       Redacción anterior dada por el art. 1.11 de la Ley 7/2015, de 30 de diciembre, de Medidas Tributarias (BOCyL núm. 251, de 31 de diciembre de 2015), con efectos desde el 1 de enero de 2016.

COMUNIDAD AUTÓNOMA DE CATALUÑA

IMPUESTO SOBRE LA RENTA DE LAS PERSONAS FÍSICAS

12. Decreto Legislativo 1/2024, de 12 de marzo, por el que se aprueba el libro sexto del Código tributario de Catalunya, que integra el texto refundido de los preceptos legales vigentes en Catalunya en materia de tributos cedidos

(DOGC núm. 9122, de 14 de marzo de 2024)

PREÁMBULO

El artículo 156 de la Constitución establece la autonomía financiera de las comunidades autónomas para el desarrollo y ejecución de sus competencias. A su vez, el artículo 203 del Estatuto de autonomía de Cataluña regula las competencias financieras de la Generalitat entre las que se debe destacar la relativa a los tributos totalmente o parcialmente cedidos por el Estado a las comunidades autónomas.

El sistema de financiación de las comunidades autónomas de régimen común iniciado con la Ley orgánica 8/1980, de 22 de septiembre, de financiación de las comunidades autónomas, constituye el marco orgánico general por el que se rige este régimen común.

Este marco se ha ido desarrollando a lo largo de los años, y ha supuesto, juntamente con la cesión del rendimiento de los llamados tributos cedidos, la delegación de competencias normativas a las comunidades autónomas de régimen común, para regular determinados elementos de los diferentes impuestos. Actualmente, este marco normativo se recoge en la Ley 22/2009, de 18 de diciembre, por la que se regula el sistema de financiación de las comunidades autónomas de régimen común y ciudades con estatuto de autonomía y se modifican determinadas normas tributarias y, en el caso de Catalunya, en la Ley 16/2010, de 16 de julio, de régimen de cesión de tributos del Estado a la Comunidad Autónoma de Cataluña, que fija el alcance y las condiciones de dicha cesión.

En ejercicio de esta capacidad normativa, la Generalitat de Catalunya ha aprobado medidas en relación con el impuesto sobre la renta de las personas físicas; el impuesto sobre el patrimonio; el impuesto sobre sucesiones y donaciones; el impuesto sobre transmisiones patrimoniales y actos jurídicos documentados; la tributación sobre el juego; el impuesto especial sobre determinados medios de transporte, y, más recientemente, el impuesto sobre el depósito de residuos en vertederos, la incineración y la coincineración de residuos.

Llegados a este punto, es necesario señalar que esta regulación se ha materializado de forma recurrente, mediante las sucesivas leyes de medidas tributarias que acompañan a las leyes de presupuestos anuales, así como también con decretos ley, circunstancias que han generado, de manera inevitable, una dispersión normativa que dificulta el cumplimiento del principio de seguridad jurídica que ha de inspirar todo ordenamiento.

El legislador, consciente de esta situación, autoriza al Gobierno de la Generalitat de Catalunya, en la disposición final tercera de la Ley 3/2023, de 16 de marzo, de medidas fiscales, financieras, administrativas y del sector público para el 2023, que apruebe un texto refundido de los preceptos que tengan por objeto los tributos cedidos, dentro del plazo de doce meses, a contar desde la entrada en vigor, el 18 de marzo del 2023. Las leyes y normas con rango de ley que integran el texto refundido son las siguientes:

a) Ley 25/1998, de 31 de diciembre, de medidas administrativas, fiscales y de adaptación al euro.

b) Ley 21/2001, de 28 de diciembre, de medidas fiscales y administrativas.

c) Ley 31/2002, de 30 de diciembre, de medidas fiscales y administrativas.

d) Ley 7/2004, de 16 de julio, de medidas fiscales y administrativas.

e) Ley 12/2004, de 27 de diciembre, de medidas financieras.

f) Ley 21/2005, de 29 de diciembre, de medidas financieras.

g) Ley 5/2007, de 4 de julio, de medidas fiscales y financieras.

h) Decreto ley 1/2008, de 1 de julio, de medidas urgentes en materia fiscal y financiera.

i) Ley 16/2008, de 23 de diciembre, de medidas fiscales y financieras.

j) Ley 26/2009, de 23 de diciembre, de medidas fiscales, financieras y administrativas.

k) Decreto ley 3/2010, de 29 de mayo, de medidas urgentes de contención del gasto y en materia fiscal para la reducción del déficit público.

l) Ley 19/2010, de 7 de junio, de regulación del impuesto sobre sucesiones y donaciones.

m) Ley 24/2010, de 22 de julio, de aprobación de la escala autonómica del impuesto sobre la renta de las personas físicas.

n) Ley 5/2012, de 20 de marzo, de medidas fiscales, financieras y administrativas y de creación del impuesto sobre las estancias en establecimientos turísticos.

o) Decreto ley 7/2012, de 27 de diciembre, de medidas urgentes en materia fiscal que afectan el impuesto sobre el patrimonio.

p) Ley 2/2014, de 27 de enero, de medidas fiscales, administrativas, financieras y del sector público.

q) Ley 3/2015, de 11 de marzo, de medidas fiscales, financieras y administrativas.

r) Ley 2/2016, de 2 de noviembre, de modificaciones urgentes en materia tributaria.

s) Ley 5/2017, de 28 de marzo, de medidas fiscales, administrativas, financieras y del sector público y de creación y regulación de los impuestos sobre grandes establecimientos comerciales, sobre estancias en establecimientos turísticos, sobre elementos radiotóxicos, sobre bebidas azucaradas envasadas y sobre emisiones de dióxido de carbono.

t) Ley 5/2020, de 29 de abril, de medidas fiscales, financieras, administrativas y del sector público y de creación del impuesto sobre las instalaciones que inciden en el medio ambiente.

u) Decreto ley 36/2020, de 3 de noviembre, de medidas urgentes en el ámbito del impuesto sobre las estancias en establecimientos turísticos y del impuesto sobre la renta de las personas físicas.

v) Decreto ley 46/2020, de 24 de noviembre, de medidas urgentes de carácter administrativo, tributario y de control financiero.

w) Ley 2/2021, de 29 de diciembre, de medidas fiscales, financieras, administrativas y del sector público.

x) Decreto ley 16/2022, de 20 de diciembre, de medidas urgentes en el ámbito del impuesto sobre el patrimonio.

y) Decreto ley 17/2022, de 20 de diciembre, por el que se establecen medidas de adaptación al impuesto sobre el depósito de residuos en depósitos controlados, la incineración y la coincineración, y para la subrogación del Ente de Abastecimiento de Agua Ter-Llobregat en el convenio regulador de la financiación y explotación de la red de abastecimiento de la Llosa del Cavall.

z) Las disposiciones con rango de ley que modifican las disposiciones citadas en las letras de la a a la y que tengan por objeto los tributos cedidos, incluidas las que se aprueban antes que el Gobierno apruebe el texto refundido objeto de autorización.

En cuanto a la autorización para la elaboración del texto refundido, es preciso señalar que incluye expresamente la regularización, la aclaración y la armonización del contenido.

Por otra parte, se debe destacar que, de acuerdo con la autorización prevista en la Ley 3/2023, de 16 de marzo, el texto refundido se integra en el libro sexto del Código tributario.

La Ley 17/2017, de 1 de agosto, del Código tributario de Catalunya y de aprobación de los libros primero, segundo y tercero, relativos a la Administración tributaria de la Generalitat, estableció la estructura del Código tributario de Catalunya y los libros que lo componen.

El libro sexto del Código tributario de Catalunya que ahora se aprueba forma parte de la codificación del derecho tributario de Catalunya. Ordena y sistematiza las principales normas tributarias de rango legal relativas a los tributos cedidos. Tiene carácter abierto, determinado por la necesidad de poder incorporar progresivamente los diferentes contenidos normativos relativos a los tributos cedidos con rango de ley, que han de formar parte del derecho tributario de Catalunya.

Respecto a su estructura, el artículo 2 de la Ley 17/2017, establece que los libros se dividen en títulos, y los títulos en capítulos. De manera opcional, los artículos se pueden agrupar dentro de cada capítulo en secciones y subsecciones. Los artículos llevan dos números separados por un guion, el primero está formado por tres cifras que indican el libro, título y capítulo; el segundo número corresponde a la numeración continua de cada artículo dentro de cada capítulo.

Este Decreto legislativo consta de un artículo único que aprueba el libro sexto del Código tributario, una disposición derogatoria y una disposición final.

A su vez, el libro sexto se estructura en ocho títulos. Los tres primeros recogen la regulación en el ámbito de la tributación directa: el primero se dedica al impuesto sobre la renta de las personas físicas; el título segundo, al impuesto sobre el patrimonio, y el título tercero contiene las disposiciones referidas al impuesto sobre sucesiones y donaciones. A continuación, y en cuanto a la tributación indirecta, el título cuarto está dedicado al impuesto sobre transmisiones patrimoniales y actos jurídicos documentados, el título quinto regula la tributación sobre el juego, el título sexto, el impuesto especial sobre determinados medios de transporte, y el título séptimo regula el impuesto sobre el depósito de residuos en vertederos, la incineración y la coincineración de residuos. El título octavo recoge las obligaciones formales y normas de aplicación. Finalmente, se completa con cinco disposiciones transitorias.

En cuanto al cumplimiento de los principios de buena regulación, recogidos en el artículo 129 de la Ley 39/2015, de 1 de octubre, del procedimiento administrativo común de las administraciones públicas y también en el artículo 62 de la Ley 19/2014, del 29 de diciembre, de transparencia, acceso a la información pública i buen gobierno, se considera que la aprobación de este nuevo texto refundido le da plena satisfacción.

Respecto al principio de necesidad, es preciso decir que la actual regulación aprobada por la Generalitat de Catalunya en el ámbito de los tributos cedidos resulta actualmente muy compleja por la dispersión normativa de los textos que la recogen, aparte de que muchas de las normas han sufrido sucesivas modificaciones; es por eso que esta nueva regulación obedece a una razón de interés general que es la de facilitar el mejor conocimiento jurídico de la normativa tributaria a los obligados tributarios en esta materia.

El cumplimiento del principio de eficacia viene dado por la utilización de la figura del decreto legislativo, norma con rango de ley aprobada por el Gobierno con la habilitación previa del Parlamento de Cataluña, que permite recoger, sin modificaciones y en un único cuerpo normativo, la normativa vigente aprobada por el Gobierno de la Generalitat en el ámbito de los tributos cedidos.

Respecto al principio de proporcionalidad, se debe señalar el contenido del libro sexto del Código tributario, aprobado por este decreto legislativo, responde a los términos de la autorización del Parlamento dirigida al Gobierno y, por lo tanto, integra los preceptos vigentes que tienen por objeto los tributos cedidos, procediendo, cuando ha resultado necesario, a su regularización, aclaración y armonización de contenidos.

Por lo tanto, la aprobación del libro sexto del Código tributario da cumplimiento al principio de seguridad jurídica, siendo su objetivo disponer de un marco normativo estable, integrado y claro que dé certeza a la ciudadanía de dónde encontrar esta regulación.

En cuanto al principio de transparencia, se entiende cumplido mediante la información pública y trámite de audiencia a los que el texto ha sido sometido con carácter previo a su aprobación y, finalmente, respecto al principio de eficiencia, debe decirse que no supone nuevas cargas administrativas ni costes indirectos, ya que, en tanto que decreto legislativo, no innova el ordenamiento jurídico respecto a los preceptos objeto de refundición.

En ejercicio de la delegación otorgada por la Ley 3/2023, de 16 de marzo, de medidas fiscales, financieras, administrativas y del sector público para el 2023, a propuesta de la consejera de Economía y Hacienda, de acuerdo con el dictamen de la Comisión Jurídica Asesora, y de acuerdo con el Gobierno,

Decreto:

Artículo único

Se aprueba el libro sexto del Código tributario de Catalunya, que se publica a continuación.

Disposición derogatoria

Quedan derogados:

1. Los artículos 32, 33, 34 y 35 de la Ley 25/1998, de 31 de diciembre, de medidas administrativas, fiscales y de adaptación al euro.

2. Los artículos 1, 5, 6, 7 y 8 de la Ley 21/2001, de 28 de diciembre, de medidas fiscales y administrativas.

3. Los apartados 1 y 3 del artículo 1 y los artículos 2, 10, 13, 29, 30 y 33 de la Ley 31/2002, de 30 de diciembre, de medidas fiscales y administrativas.

4. Los artículos 1, 2 y 15 de la Ley 7/2004, de 16 de julio, de medidas fiscales y administrativas.

5. El artículo 12 y la disposición adicional segunda de la Ley 12/2004, de 27 de diciembre, de medidas financieras.

6. Los artículos 13, 13 *bis*, 13 *ter*, 13 *quater* y 14 de la Ley 21/2005, de 29 de diciembre, de medidas financieras.

7. El artículo 21 de la Ley 5/2007, de 4 de julio, de medidas fiscales y financieras.

8. El artículo 3 del Decreto-ley 1/2008, del 1 de julio, de medidas urgentes en materia fiscal y financiera.

9. El artículo 34 de la Ley 16/2008, de 23 de diciembre, de medidas fiscales y financieras.

10. Los artículos 20 y 33 de la Ley 26/2009, de 23 de diciembre, de medidas fiscales, financieras y administrativas.

11. El artículo 6 del Decreto ley 3/2010, de 29 de mayo, de medidas urgentes de contención del gasto y en materia fiscal para la reducción del déficit público.

12. La Ley 19/2010, de 7 de junio, de regulación del impuesto sobre sucesiones y donaciones, salvo la disposición adicional cuarta.

13. El artículo único de la Ley 24/2010, de 22 de julio, de aprobación de la escala autonómica del impuesto sobre la renta de las personas físicas.

14. Los artículos 60 y 63 de la Ley 5/2012, de 20 de marzo, de medidas fiscales, financieras y administrativas y de creación del impuesto sobre las estancias en establecimientos turísticos.

15. El apartado dos del artículo único del Decreto ley 7/2012, de 27 de diciembre, de medidas urgentes en materia fiscal que afectan al impuesto sobre el patrimonio.

16. Los artículos 123, 125 y 129 de la Ley 2/2014, de 27 de enero, de medidas fiscales, administrativas, financieras y del sector público.

17. El artículo 59 de la Ley 3/2015, del 11 de marzo, de medidas fiscales, financieras y administrativas.

18. El artículo 5 de la Ley 2/2016, de 2 de noviembre, de modificaciones urgentes en materia tributaria.

19. Los artículos 147, 148 y 151 de la Ley 5/2017, de 28 de marzo, de medidas fiscales, administrativas, financieras y del sector público y de creación y regulación de los impuestos sobre grandes establecimientos comerciales, sobre estancias en establecimientos turísticos, sobre elementos radiotóxicos, sobre bebidas azucaradas envasadas y sobre emisiones de dióxido de carbono.

20. Los artículos 88, 90, 91, 93, 94 y 96 de la Ley 5/2020, de 29 de abril, de medidas fiscales, financieras, administrativas y del sector público y de creación del impuesto sobre las instalaciones que inciden en el medio ambiente.

21. El artículo 2 del Decreto ley 36/2020, de 3 de noviembre, de medidas urgentes en el ámbito del impuesto sobre las estancias en establecimientos turísticos y del impuesto sobre la renta de las personas físicas.

22. El artículo 4 del Decreto ley 46/2020, de 24 de noviembre, de medidas urgentes de carácter administrativo, tributario y de control financiero.

23. Los artículos 36 y 38 de la Ley 2/2021, de 29 de diciembre, de medidas fiscales, financieras, administrativas y del sector público.

24. El Decreto ley 16/2022, de 20 de diciembre, de medidas urgentes en el ámbito del impuesto sobre el patrimonio.

25. El artículo 1 y el anexo del Decreto ley 17/2022, de 20 de diciembre, por el que se establecen medidas de adaptación al impuesto sobre el depósito de residuos en depósitos controlados, la incineración y la coincineración, y para la subrogación del Ente de Abastecimiento de Agua Ter-Llobregat en el convenio regulador de la financiación y la explotación de la red de abastecimiento de la Llosa del Cavall.

26. Los artículos 25 y 27, y la disposición final primera de la Ley 3/2023, de 16 de marzo, de medidas fiscales, financieras, administrativas y del sector público para el 2023.

27. Las disposiciones con rango de Ley que modifican las disposiciones citadas en los números 1 a 26 que tengan por objeto los tributos cedidos, incluidas las que se aprueben antes que el Gobierno apruebe el texto refundido objeto de autorización.

Disposición final

Este Decreto legislativo entrará en vigor al día siguiente de su publicación en el *Diari Oficial de la Generalitat de Catalunya*.

LIBRO SEXTO. RELATIVO A LOS TRIBUTOS CEDIDOS

TÍTULO I. IMPUESTO SOBRE LA RENTA DE LAS PERSONAS FÍSICAS (ARTÍCULO 611-1 - ARTÍCULO 613-1)

CAPÍTULO I. Escala autonómica y mínimo del contribuyente

Artículo 611-1[1]. *Escala autonómica*

La escala autonómica del impuesto sobre la renta de las personas físicas es la siguiente:

Base liquidable Hasta (euros)	Cuota íntegra (euros)	Resto base liquidable Hasta (euros)	Tipo aplicable (%)
0,00	0,00	12.500,00	9,50%
12.500,00	1.187,50	9.500,00	12,50%
22.000,00	2.375,00	11.000,00	16,00%
33.000,00	4.135,00	20.000,00	19,00%
53.000,00	7.935,00	37.000,00	21,50%
90.000,00	15.890,00	30.000,00	23,50%
120.000,00	22.940,00	55.000,00	24,50%
175.000,00	36.415,00	en adelante	25,50%

---

[1] Nueva redacción dada por el art. 3.1 del Decreto ley 5/2025, de 25 de marzo, por el que se adoptan medidas urgentes en materia fiscal, de gastos de personal y otras administrativas (DOGC núm. 9379, de 26 de marzo de 2025), con efectos desde el 1 de enero de 2025.

Redacción original: «*La escala autonómica del impuesto sobre la renta de las personas físicas es la siguiente:*

Base liquidable (hasta euros)	Cuota íntegra (euros)	Resto base liquidable (hasta euros)	Tipo aplicable (%)
0,00	0,00	12.450,00	10,50
12.450,00	1.307,25	5.257,20	12,00
17.707,20	1.938,11	3.292,80	14,00
21.000,00	2.399,10	12.007,20	15,00
33.007,20	4.200,18	20.400,00	18,80
53.407,20	8.035,38	36.592,80	21,50
90.000,00	15.902,83	30.000,00	23,50
120.000,00	22.952,83	55.000,00	24,50
175.000,00	36.427,83	en adelante	25,50»

Artículo 611-2. *Mínimo del contribuyente*

El importe del mínimo personal del contribuyente es, con carácter general, de 5.550 euros anuales.

CAPÍTULO II. Deducciones de la cuota íntegra autonómica

Artículo 612-1[2]. *Deducción por nacimiento o adopción de un hijo o de una hija o por acogimiento.*

1. Los contribuyentes pueden aplicarse una deducción por nacimiento o adopción de un hijo o de una hija, en los siguientes términos:

a) En la declaración conjunta de los progenitores, la deducción es de 300 euros.

b) En la declaración individual, la deducción de cada uno de los progenitores es de 150 euros.

c) En la declaración del progenitor o progenitora de una familia monoparental, la deducción es de 300 euros.

2. La misma deducción es aplicable en caso de acogimiento familiar de personas menores de edad. El acogimiento debe haberse acordado de conformidad con lo que establece la Ley 14/2010, de 27 de mayo, de los derechos y las oportunidades en la infancia y la adolescencia.

3. La deducción por adopción es incompatible con la deducción por acogimiento.

Artículo 612-2. *Deducción para los contribuyentes que queden viudos*

1. Los contribuyentes que queden viudos durante el ejercicio se pueden aplicar una deducción de 150 euros. Esta deducción es aplicable en la declaración correspondiente al ejercicio en que los contribuyentes queden viudos y a los dos ejercicios inmediatamente posteriores.

2. Si la persona contribuyente que queda viuda tiene a su cargo uno o más descendientes que, de conformidad con la normativa reguladora del impuesto sobre la renta de las personas físicas, computen al efecto de aplicar el mínimo por descendientes, puede aplicarse una deducción de 300 euros en la declaración correspondiente al ejercicio en que queda viuda y en los dos ejercicios inmediatamente posteriores, siempre que los descendientes mantengan los requisitos para computar al efecto de aplicar el mínimo citado.

---

[2] Nueva redacción dada por el art. 3.2 del Decreto ley 5/2025, de 25 de marzo, por el que se adoptan medidas urgentes en materia fiscal, de gastos de personal y otras administrativas (DOGC núm. 9379, de 26 de marzo de 2025), con efectos desde el 1 de enero de 2025.
Redacción original: «*Los contribuyentes se pueden aplicar una deducción por nacimiento o adopción de un hijo o de una hija, en los siguientes términos:*
a) En la declaración conjunta de los progenitores, la deducción es de 300 euros.
b) En la declaración individual, la deducción de cada uno de los progenitores es de 150 euros.
c) En la declaración del progenitor o progenitora de una familia monoparental, la deducción es de 300 euros».

Artículo 612-3[3]. *Deducción por alquiler de la vivienda habitual*

1. Los contribuyentes pueden deducir el 10%, hasta un máximo de 500 euros anuales, de las cantidades satisfechas en el periodo impositivo en concepto de alquiler de la vivienda habitual, siempre que cumplan los siguientes requisitos:

a) Que se encuentren en alguna de las siguientes situaciones:
– Tener 35 años o menos en la fecha de devengo del impuesto.
– Haber estado en paro 183 días o más durante el ejercicio.
– Tener un grado de discapacidad igual o superior al 65%.
– Ser viudo o viuda y tener 65 años o más.

---

[3] Nueva redacción dada por el art. 3.3 del Decreto ley 5/2025, de 25 de marzo, por el que se adoptan medidas urgentes en materia fiscal, de gastos de personal y otras administrativas (DOGC núm. 9379, de 26 de marzo de 2025), con efectos desde el 1 de enero de 2025.
Redacción original: «*1. Los contribuyentes pueden deducir el 10%, hasta un máximo de 300 euros anuales, de las cantidades satisfechas en el periodo impositivo en concepto de alquiler de la vivienda habitual, siempre que cumplan los siguientes requisitos:*
a) Que se encuentren en alguna de las siguientes situaciones:
– Tener 32 años o menos en la fecha de devengo del impuesto.
– Haber estado en paro 183 días o más durante el ejercicio.
– Tener un grado de discapacidad igual o superior al 65%.
– Ser viudo o viuda y tener 65 años o más.
b) Que la suma de su base imponible general y del ahorro, menos el mínimo personal y familiar, no sea superior a 20.000 euros anuales.
c) Que las cantidades satisfechas en concepto de alquiler excedan el 10% de los rendimientos netos del sujeto pasivo.
2. Los contribuyentes pueden deducir el 10%, hasta un máximo de 600 euros anuales, de las cantidades satisfechas en el periodo impositivo en concepto del alquiler de la vivienda habitual, siempre que en la fecha de devengo pertenezcan a una familia numerosa o monoparental y cumplan los requisitos establecidos por las letras b y c del apartado 1.
3. En el caso de tributación conjunta, si alguno de los declarantes se encuentra en alguna de las circunstancias especificadas por la letra a del apartado 1 y por el apartado 2, el importe máximo de la deducción es de 600 euros, y el de la suma de la base imponible general y del ahorro, menos el mínimo personal y familiar, de la unidad familiar es de 30.000 euros.
4. Esta deducción solo se puede aplicar una vez, con independencia del hecho de que en un mismo sujeto pasivo puedan concurrir más de una de las circunstancias establecidas por la letra a del apartado 1.
5. Una misma vivienda no puede dar lugar a la aplicación de un importe de deducción superior a 600 euros. De acuerdo con ello, si en relación con una misma vivienda resulta que más de un contribuyente tiene derecho a la deducción de conformidad con este precepto, cada uno podrá aplicar en su declaración una deducción por este concepto por el importe que se obtenga de dividir la cantidad resultante de la aplicación del 10% del gasto total o el límite máximo de 600 euros, si procede, por el número de declarantes con derecho a la deducción.
6. A efectos de la aplicación de esta deducción, son familias numerosas las que define la Ley 40/2003, de 18 de noviembre, de protección a las familias numerosas.
7. Los contribuyentes deben identificar al arrendador o arrendadora de la vivienda haciendo constar el NIF en la declaración-liquidación correspondiente.
8. A efectos de la aplicación de esta deducción, y de conformidad con el artículo 94 de la Ley general tributaria, las entidades gestoras de la Seguridad Social deben facilitar la información relativa a las personas que han estado en paro más de 183 días durante el ejercicio.
9. Esta deducción queda condicionada a la justificación documental adecuada y suficiente de los presupuestos de hecho y de los requisitos que determinen su aplicabilidad».

b) Que la suma de su base imponible general y del ahorro, menos el mínimo personal y familiar, no sea superior a 30.000 euros anuales.

2. Los contribuyentes pueden deducir el 10%, hasta un máximo de 1.000 euros anuales, de las cantidades satisfechas en el periodo impositivo en concepto del alquiler de la vivienda habitual, siempre que en la fecha de devengo pertenezcan a una familia numerosa o monoparental y cumplan el requisito establecido por la letra b del apartado 1.

3. En el caso de tributación conjunta, si alguno de los declarantes está en alguna de las circunstancias especificadas en la letra a del apartado 1 y en el apartado 2, el importe máximo de la deducción es de 1.000 euros, y el de la suma de la base imponible general y del ahorro, menos el mínimo personal y familiar de la unidad familiar, es de 45.000 euros.

4. Esta deducción solo puede aplicarse una vez, con independencia del hecho de que en un mismo sujeto pasivo puedan concurrir más de una de las circunstancias establecidas por la letra a del apartado 1.

5. Una misma vivienda no puede dar lugar a la aplicación de un importe de deducción superior a 1.000 euros. Según eso, si en relación con una misma vivienda resulta que más de un contribuyente tiene derecho a la deducción de conformidad con este precepto, cada uno podrá aplicar en su declaración una deducción por este concepto por el importe que se obtenga de dividir la cantidad resultante de la aplicación del 10% del gasto total o el límite máximo de 1.000 euros, si procede, por el número de declarantes con derecho a la deducción.

6. Al efecto de la aplicación de esta deducción, son familias numerosas las que define la Ley 40/2003, del 18 de noviembre, de protección a las familias numerosas.

7. Los contribuyentes tienen que identificar el arrendador o arrendadora de la vivienda haciendo constar el NIF en la declaración-liquidación correspondiente.

8. A efecto de la aplicación de esta deducción, y de conformidad con el artículo 94 de la Ley general tributaria, las entidades gestoras de la Seguridad Social deben facilitar la información relativa a las personas que han estado en el paro más de ciento ochenta y tres días durante el ejercicio.

9. Esta deducción queda condicionada a la justificación documental adecuada y suficiente de los presupuestos de hecho y de los requisitos que determinan la aplicabilidad.

Artículo 612-4. *Deducción por rehabilitación de la vivienda habitual*

1. Sin perjuicio de la aplicación del tramo autonómico de la deducción por inversión en la vivienda habitual, de acuerdo con lo que dispone el artículo 78.2 de la Ley 35/2006, de 28 de noviembre, del impuesto sobre la renta de las personas físicas y de modificación parcial de las leyes de los impuestos sobre sociedades, sobre la renta de no residentes y sobre el patrimonio, en los términos establecidos en la disposición transitoria decimoctava de la misma Ley, se establece una deducción del 1,5% de las cantidades satisfechas en el periodo impositivo por la rehabilitación de la vivienda que constituya o deba constituir la vivienda habitual de los contribuyentes.

2. La base máxima de la deducción es de 9.040 euros anuales.

Artículo 612-5. *Deducción por el pago de intereses de préstamos para los estudios de máster y de doctorado*

1. Los contribuyentes pueden deducir el importe de los intereses pagados en el periodo impositivo correspondiente a los préstamos concedidos a través de la Agencia de Gestión de

Ayudas Universitarias e Investigación para la financiación de estudios de máster y de doctorado.

2. Esta deducción queda condicionada a la justificación documental adecuada y suficiente de los presupuestos de hecho y de los requisitos que determinen su aplicabilidad.

Artículo 612-6. *Deducción por donaciones a entidades que fomentan el uso de la lengua catalana o de la occitana*

1. Los contribuyentes se pueden aplicar, junto con la reducción porcentual que corresponda sobre el importe total de las deducciones de la cuota establecidas por la Ley del Estado reguladora del impuesto, una deducción del 15%, con el límite máximo del 10% de la cuota íntegra autonómica, por los donativos a favor del Instituto de Estudios Catalanes, del Instituto de Estudios Araneses - Academia Aranesa de la Lengua Occitana, de entidades privadas sin finalidad de lucro, de organizaciones sindicales y empresariales o de colegios profesionales u otras corporaciones de derecho público que fomenten la lengua catalana o la occitana, circunstancia que queda acreditada mediante su inclusión en el censo de estas entidades que elabora el departamento competente en materia de política lingüística.

2. La deducción queda condicionada a la justificación documental adecuada y suficiente de los presupuestos de hecho y de los requisitos que determinen su aplicabilidad. En particular, las entidades beneficiarias de estos donativos deben enviar a la Agencia Tributaria de Cataluña, dentro de los primeros veinte días de cada año, una lista de las personas físicas que han efectuado donativos durante el año anterior, con la indicación de las cantidades donadas por cada una de ellas.

3. Mediante una orden de la persona titular del departamento competente en materia de hacienda se regula el procedimiento y el modelo de envío de la información a que hace referencia el apartado 2.

Artículo 612-7. *Deducción por donaciones a entidades que fomenten la investigación científica y el desarrollo y la innovación tecnológicos*

1. Los contribuyentes se pueden aplicar, junto con la reducción porcentual que corresponda sobre el importe total de las deducciones de la cuota establecidas por la Ley del Estado reguladora del impuesto, una deducción del 30%, con el límite máximo del 10% de la cuota íntegra autonómica, por los donativos que se hagan a favor de las universidades catalanas, de los institutos universitarios y otros centros de investigación integrados o adscritos a universidades catalanas, y de los centros de investigación promovidos o participados por la Generalitat, que tengan por objeto el fomento de la investigación científica y el desarrollo y la innovación tecnológicos. La suma de esta deducción junto con la deducción por donativos a favor de entidades sin finalidad de lucro establecida por la normativa del Estado no puede superar en ningún caso el porcentaje de deducción del 100%.

2. La deducción queda condicionada a la justificación documental adecuada y suficiente de los presupuestos de hecho y de los requisitos que determinen su aplicabilidad. En particular, las entidades beneficiarias de estos donativos han de enviar a la Agencia Tributaria de Cataluña, dentro de los primeros veinte días de cada año, una lista de las personas físicas que han efectuado donativos durante el año anterior, con la indicación de las cantidades donadas por cada una de estas personas.

3. Mediante una orden de la persona titular del departamento competente en materia de hacienda se regula el procedimiento y el modelo de envío de la información a que hace referencia el apartado 2.

Artículo 612-8. *Deducción por donaciones a determinadas entidades en beneficio del medio ambiente, la conservación del patrimonio natural y de custodia del territorio*

1. Los contribuyentes se pueden aplicar, junto con la reducción porcentual que corresponda sobre el importe total de las deducciones de la cuota establecidas por la Ley del Estado reguladora del impuesto, una deducción del 15% de las cantidades donadas, con el límite máximo del 5% de la cuota íntegra autonómica, a favor de fundaciones o asociaciones que figuren en el censo de entidades ambientales vinculadas a la ecología y a la protección y mejora del medio ambiente del departamento competente en esta materia.

2. La deducción queda condicionada a la justificación documental adecuada y suficiente de los presupuestos de hecho y de los requisitos que determinen su aplicabilidad. En particular, las entidades beneficiarias de estos donativos han de enviar a la Agencia Tributaria de Cataluña, dentro de los primeros veinte días de cada año, una lista de las personas físicas que han efectuado donativos durante el año anterior, con la indicación de las cantidades donadas para cada una de estas personas.

3. Mediante una orden de la persona titular del departamento competente en materia de hacienda se regula el procedimiento y el modelo de envío de la información a que hace referencia el apartado 2.

Artículo 612-9. *Deducción en concepto de inversión por un ángel inversor por la adquisición de acciones o participaciones sociales de entidades nuevas o de creación reciente*

1. Los contribuyentes se pueden aplicar una deducción del 40% de las cantidades invertidas durante el ejercicio en la adquisición de acciones o participaciones sociales como consecuencia de acuerdos de constitución de sociedades o de ampliación de capital en las sociedades mercantiles a que se refiere el apartado 2. El importe máximo de esta deducción es de 12.000 euros. En caso de declaración conjunta estos límites se aplican a cada una de las personas contribuyentes.

2. Para poder aplicar la deducción establecida por el apartado 1 deben cumplirse los siguientes requisitos y condiciones:

a) La participación conseguida por el contribuyente, computada junto con las del cónyuge o personas unidas por razón de parentesco, en línea directa o colateral, por consanguinidad o afinidad hasta el tercer grado incluido, no puede ser superior al 35% del capital social de la sociedad objeto de la inversión o de sus derechos de voto.

b) La entidad en la que debe materializarse la inversión debe cumplir los siguientes requisitos:

Primero. Debe tener naturaleza de sociedad anónima, sociedad limitada, sociedad anónima laboral o sociedad limitada laboral.

Segundo. Debe tener el domicilio social y fiscal en Cataluña.

Tercero. Debe desempeñar una actividad económica. A tal efecto, no debe tener por actividad principal la gestión de un patrimonio mobiliario o inmobiliario, de acuerdo con lo dispuesto por el artículo 4.8.dos.*a* de la Ley 19/1991, de 6 de junio, del impuesto sobre el patrimonio.

Cuarto. Debe contar, como mínimo, con una persona ocupada con contrato laboral, a jornada completa y dada de alta en el régimen general de la Seguridad Social.

Quinto. Si la inversión se ha hecho mediante una ampliación de capital, la sociedad mercantil se debe haber constituido en los tres años anteriores a la fecha de esta ampliación, y no puede cotizar en el mercado nacional de valores ni en el mercado alternativo bursátil.

Sexto. El volumen de facturación anual no debe superar un millón de euros.

c) El contribuyente puede formar parte del consejo de administración de la sociedad en la que ha materializado la inversión, pero en ningún caso puede llevar a cabo funciones ejecutivas o de dirección. Tampoco puede mantener una relación laboral con la entidad objeto de la inversión.

d) Las operaciones en las que sea aplicable la deducción deben formalizarse en escritura pública, en la que debe especificarse la identidad de los inversores y el importe de la respectiva inversión.

e) Las participaciones adquiridas deben mantenerse en el patrimonio del contribuyente durante un período mínimo de tres años.

f) Los requisitos establecidos por los apartados segundo, tercero y cuarto del apartado 2.*b* y el límite máximo de participación regulado por el apartado 2.*a* deben cumplirse durante un período mínimo de tres años, a partir de la fecha de efectividad del acuerdo de ampliación de capital o constitución que origine el derecho a la deducción.

3. El incumplimiento de los requisitos y las condiciones establecidos por los apartados 2.*a*, *e* y *f* comporta la pérdida del beneficio fiscal y el contribuyente debe incluir en la declaración del impuesto correspondiente al ejercicio en el que se ha producido el incumplimiento la parte del impuesto que se ha dejado de pagar como consecuencia de la deducción practicada, junto con los intereses de demora devengados.

4. La deducción referida en los apartados anteriores es del 50%, con un límite de 12.000 euros, en el caso de sociedades creadas o participadas por universidades o centros de investigación.

Artículo 612-10. *Deducción por obligación de presentar la declaración del impuesto sobre la renta de las personas físicas por razón de tener más de un pagador*

1. Los contribuyentes que, como consecuencia de tener más de un pagador de rendimientos del trabajo, resulten obligados a presentar la declaración del impuesto, de acuerdo con lo que dispone el artículo 96 de la Ley 35/2006, de 28 de noviembre, del impuesto sobre la renta de las personas físicas y de modificación parcial de las leyes de los impuestos sobre sociedades, sobre la renta de no residentes y sobre el patrimonio, se pueden aplicar una deducción por el importe que resulte de restar de la cuota íntegra autonómica la cuota íntegra estatal, siempre que la diferencia sea positiva.

2. Esta deducción no resulta aplicable a los contribuyentes que se hayan acogido o se puedan acoger al procedimiento especial de retenciones regulado en el artículo 89.A) del Reglamento del impuesto sobre la renta de las personas físicas aprobado por el Real decreto 439/2007, de 30 de marzo.

Artículo 612-11[4]. *Deducción por alquiler de la vivienda habitual de víctimas de violencia machista*

1. La contribuyente que acredite tener la condición de víctima de violencia machista de acuerdo con la Ley 5/2008, de 24 de abril, del derecho de las mujeres a erradicar la violencia machista, puede deducir el 20%, hasta un máximo de 1.000 euros anuales, de las cantidades satisfechas en el periodo impositivo en concepto de alquiler de la vivienda habitual, siempre que su base imponible total, menos el mínimo personal y familiar no sea superior a 30.000 euros anuales.

El porcentaje y el importe máximo de deducción se elevan hasta el 25% y los 1.200 euros, si, además, la persona contribuyente tiene una discapacidad igual o superior al 65% o si tiene algún hijo o hija menor de edad a cargo.

Esta deducción se puede disfrutar como máximo durante tres ejercicios consecutivos.

2. La condición de víctima de violencia machista se acredita por alguno de los medios de prueba establecidos a la Ley 5/2008, de 24 de abril, del derecho de las mujeres a erradicar la violencia machista.

Artículo 612-12[5]**. Deducción por inversión en sociedades cooperativas agrarias y de vivienda**

1. El contribuyente puede deducir el 20% de las aportaciones de capital, tanto obligatorias como voluntarias, invertidas y efectivamente desembolsadas en sociedades cooperativas de nueva creación o existentes dentro de las categorías que se establecen en el punto 2 de este artículo, con el límite de 3.000 euros por ejercicio y susceptibles de ser aplicada la mencionada deducción en ejercicios futuros en caso de insuficiencia de cuota.

2. La aplicación de esta deducción está condicionada al cumplimiento de los requisitos y condiciones siguientes:

2.1 El contribuyente tiene que cumplir los requisitos y condiciones siguientes:

a) Ser socio de cualquier tipo de los previstos en la Ley 12/2015, del 9 de julio, de cooperativas, excluido el socio temporal.

b) El total de voto de la persona socia no puede superar, en ningún caso, el 25% del total de los votos sociales.

2.2 La cooperativa debe estar debidamente inscrita en el Registro de cooperativas de la Generalitat de Cataluña como cooperativa agraria o cooperativa de vivienda y cumplir las prescripciones de la Ley 12/2015, del 9 de julio, de cooperativas. No resulta de aplicación esta deducción en caso de que la aportación se haga a una cooperativa de vivienda para uso turístico o de corta duración.

2.3. Para la aplicación de la deducción es necesario disponer de la certificación emitida por la cooperativa que acredite que se cumplan los requisitos previstos en los apartados anteriores.

---

[4]   Nuevo artículo incorporado por el art. 3.4 del Decreto ley 5/2025, de 25 de marzo, por el que se adoptan medidas urgentes en materia fiscal, de gastos de personal y otras administrativas (DOGC núm. 9379, de 26 de marzo de 2025), con efectos desde el 1 de enero de 2025.

[5]   Nuevo artículo incorporado por el art. 3.5 del Decreto ley 5/2025, de 25 de marzo, por el que se adoptan medidas urgentes en materia fiscal, de gastos de personal y otras administrativas (DOGC núm. 9379, de 26 de marzo de 2025), con efectos desde el 1 de enero de 2025.

2.4. Las aportaciones deben mantenerse durante un período mínimo de cinco años, a contar desde la fecha de la aportación, plazo en el que también deben cumplirse los requisitos de los apartados 2.1 y 2.2.

3. El incumplimiento de los requisitos y condiciones del apartado 2 dentro del plazo de los cinco años comporta la pérdida del beneficio fiscal; en este caso, el contribuyente tendrá que incluir en la declaración del impuesto correspondiente al ejercicio en el que se haya producido el incumplimiento la parte del impuesto que se ha dejado de pagar a consecuencia de la deducción practicada, más los intereses de demora que correspondan.

No se produce la pérdida del beneficio fiscal, si la persona contribuyente causa baja en la cooperativa y reinvierte la aportación en otra sociedad cooperativa que cumpla los requisitos previstos en este artículo. Tampoco se produce si, de acuerdo con los estatutos de la cooperativa, el contribuyente transmite la aportación al capital social.

CAPÍTULO III. Tramo autonómico de la deducción por inversión en la vivienda habitual

Artículo 613-1. *Deducción por inversión en la vivienda habitual*
1. Para los contribuyentes a los que sea aplicable el régimen transitorio de la deducción por inversión en la vivienda habitual regulada en la disposición transitoria decimoctava de la Ley 35/2006, de 28 de noviembre, del impuesto sobre la renta de las personas físicas y de modificación parcial de las leyes de los impuestos sobre sociedades, sobre la renta de no residentes y sobre el patrimonio, los porcentajes de deducción por inversión en vivienda habitual en el tramo autonómico son los siguientes:
a) Con carácter general, el 7,5%.
b) El 15% si se trata de las obras de adecuación de la vivienda habitual de personas con discapacidad a las que se refiere el número 4 del artículo 68.1 de la Ley 35/2006, de 28 de noviembre, del impuesto sobre la renta de las personas físicas y de modificación parcial de las leyes de los impuestos sobre sociedades, sobre la renta de no residentes y sobre el patrimonio.
2. Los contribuyentes que han adquirido la vivienda habitual antes del 30 de julio de 2011, o han satisfecho antes de esta fecha cantidades para la construcción de la vivienda habitual y tengan derecho a la deducción por inversión en la vivienda, se aplican el porcentaje del 9% cuando se encuentren en alguna de les situaciones siguientes:
a) Tener 32 años o menos en la fecha de devengo del impuesto.
b) Haber estado en el paro durante 183 días o más durante el ejercicio.
c) Tener un grado de discapacidad igual o superior al 65%.
d) Formar parte de una unidad familiar que incluya por lo menos un hijo en la fecha de devengo del impuesto.
Para poder disfrutar de este porcentaje de deducción, es necesario que la suma de la base imponible general y del ahorro, menos el mínimo personal y familiar, en la declaración del impuesto sobre la renta de las personas físicas del contribuyente correspondiente al ejercicio en el que se aplica la deducción no exceda de 30.000 euros. En el caso de tributación conjunta, este límite se computa de modo individual para cada uno de los contribuyentes que tenga derecho a la deducción por haber realizado inversiones en la vivienda habitual durante el ejercicio.
(...)

COMUNIDAD AUTÓNOMA DE MADRID

IMPUESTO SOBRE LA RENTA DE LAS PERSONAS FÍSICAS

13. Decreto Legislativo 1/2010, de 21 de octubre, del Consejo de Gobierno, por el que se aprueba el Texto Refundido de las Disposiciones Legales de la Comunidad de Madrid en materia de tributos cedidos por el Estado

(BOCM núm. 255, 25 de octubre de 2010; corrección de errores, BOCM núm. 279 de 22 de noviembre de 2010)

PROMULGO

I

La Ley 10/2009, de 23 de diciembre, de Medidas Fiscales y Administrativas, en su disposición final primera, autoriza al Gobierno de la Comunidad de Madrid para que, en el plazo de diez meses desde la entrada en vigor de la misma, elabore un texto refundido que contenga la normativa que, con rango de Ley, haya aprobado la Comunidad de Madrid en materia de tributos cedidos por el Estado y que se halle vigente a 1 de enero de 2010. La delegación legislativa autoriza la formulación de un texto único que recopile, ordene y transcriba las disposiciones vigentes a la fecha indicada.

La autorización ha sido ampliada, por la disposición final tercera de la Ley 5/2010, de 12 de julio, de Medidas Fiscales para el Fomento de la Actividad Económica, a las disposiciones relativas a tributos cedidos por el Estado contenidas en la mencionada Ley.

La aprobación de un texto único tiene como finalidad principal dotar de mayor claridad a la normativa autonómica en materia de tributos cedidos por el Estado mediante la integración en un único cuerpo normativo de las disposiciones que afectan a dicha materia, contribuyendo con ello a aumentar la seguridad jurídica de los contribuyentes y de la Administración Tributaria de la Comunidad de Madrid.

II

En el ejercicio de la citada autorización se aprueba este Decreto Legislativo por el que se aprueba el Texto Refundido de la Ley que contiene las disposiciones legales dictadas por la Comunidad en materia de tributos cedidos por el Estado, y que se encontraban incluidas en las siguientes Leyes:

– Ley 7/2002, de 25 de julio, por la que se regula el tipo de gravamen autonómico del Impuesto sobre Ventas Minoristas de Determinados Hidrocarburos.

– Ley 13/2002, de 20 de diciembre, de Medidas Fiscales y Administrativas.

– Ley 5/2004, de 28 de diciembre, de Medidas Fiscales y Administrativas.

– Ley 7/2005, de 23 de diciembre, de Medidas Fiscales y Administrativas.

– Ley 7/2007, de 21 de diciembre, de Medidas Fiscales y Administrativas.

– Ley 4/2009, de 20 de julio, de Medidas Fiscales contra la Crisis Económica.

– Ley 10/2009, de 23 de diciembre, de Medidas Fiscales y Administrativas.

– Ley 5/2010, de 12 de julio, de Medidas Fiscales para el Fomento de la Actividad Económica.

III

El Texto Refundido se estructura en: un título I dedicado a los impuestos en particular sobre los que la Comunidad de Madrid ha ejercido sus competencias normativas; un título II que contiene diversas obligaciones formales establecidas en la aplicación de los tributos cedidos por el Estado; una disposición adicional relativa al Impuesto sobre las Ventas Minoristas de determinados Hidrocarburos; cuatro disposiciones transitorias dedicadas al Impuesto sobre Sucesiones y Donaciones; al Impuesto sobre Transmisiones Patrimoniales y Actos Jurídicos documentados, en la modalidad de Transmisiones Patrimoniales Onerosas; y a la Tasa Fiscal sobre los Juegos de Suerte, Envite o Azar aplicable, por un lado, al juego del bingo, y, por otro, a los casinos de juego en caso de nuevas autorizaciones; y cuatro disposiciones finales que recogen la entrada en vigor de diversas deducciones y de los mínimos por descendientes en el Impuesto sobre la Renta de las Personas Físicas.

El título I se compone de seis capítulos dedicados a los seis tributos sobre los que la Comunidad de Madrid ha ejercido competencias normativas: el Impuesto sobre la Renta de las Personas Físicas, el Impuesto sobre el Patrimonio, el Impuesto sobre Sucesiones y Donaciones, el Impuesto sobre Transmisiones Patrimoniales y Actos Jurídicos Documentados, los Tributos sobre el Juego y el Impuesto sobre las Ventas Minoristas de Determinados Hidrocarburos.

El título II se compone de tres capítulos dedicados a las obligaciones formales en relación con los Impuestos sobre Sucesiones y Donaciones y sobre Transmisiones Patrimoniales y Actos Jurídicos Documentados, el Impuesto sobre las Ventas Minoristas de Determinados Hidrocarburos y uno final sobre habilitaciones y presentaciones telemáticas de declaraciones.

Se incluye un índice del contenido, cuyo objeto es facilitar la utilización de la norma por sus destinatarios mediante una rápida localización y ubicación sistemática de sus preceptos.

En su virtud, a propuesta del Consejero de Economía y Hacienda, de acuerdo con el dictamen del Consejo Consultivo de la Comunidad de Madrid y previa deliberación del Consejo de Gobierno en su reunión de 21 de octubre de 2010,

DISPONE:

Artículo único. *Aprobación del Texto Refundido de las disposiciones legales de la Comunidad de Madrid en materia de tributos cedidos por el Estado.*

Se aprueba el Texto Refundido de las disposiciones legales de la Comunidad de Madrid en materia de tributos cedidos por el Estado, que se incluye a continuación.

DISPOSICIONES DEROGATORIAS

Disposición derogatoria única. *Derogación normativa.*

Quedan derogadas las siguientes disposiciones:

1. La Ley 7/2002, de 25 de julio, por la que se regula el tipo de gravamen autonómico del Impuesto sobre Ventas Minoristas de Determinados Hidrocarburos en la Comunidad de Madrid.

2. Los artículos 6 y 7 de la Ley 13/2002, de 20 de diciembre, de Medidas Fiscales y Administrativas.

3. El artículo 5, apartado uno.2, y los artículos 7 y 8 de la Ley 5/2004, de 28 de diciembre, de Medidas Fiscales y Administrativas.

4. La disposición transitoria segunda de la Ley 7/2005, de 23 de diciembre, de Medidas Fiscales y Administrativas.

5. La disposición transitoria segunda de la Ley 7/2007, de 21 de diciembre, de Medidas Fiscales y Administrativas.

6. Los artículos 1 y 2 y la disposición final segunda, apartado dos, de la Ley 4/2009, de 20 de julio, de Medidas Fiscales contra la Crisis Económica.

7. Los artículos 1, 2, 3, 4 y 5, la disposición adicional primera, las disposiciones transitorias primera y segunda, la disposición final segunda, apartado 2, y la disposición final tercera de la Ley 10/2009, de 23 de diciembre, de Medidas Fiscales y Administrativas.

8. Los artículos 1 y 2, la disposición adicional única y la disposición final cuarta, apartados 2, 3 y 4, de la Ley 5/2010, de 12 de julio, de Medidas Fiscales para el Fomento de la Actividad Económica.

DISPOSICIONES FINALES

Disposición final única. *Entrada en vigor.*

Este Decreto Legislativo entrará en vigor el día siguiente al de su publicación en el Boletín Oficial de la Comunidad De Madrid.

TEXTO REFUNDIDO DE LAS DISPOSICIONES LEGALES DE LA COMUNIDAD DE MADRID EN MATERIA DE TRIBUTOS CEDIDOS POR EL ESTADO

(...)

TÍTULO I. DISPOSICIONES SUSTANTIVAS APLICABLES A LOS TRIBUTOS CEDIDOS

CAPÍTULO I. Impuesto sobre la Renta de las Personas Físicas

SECCIÓN PRIMERA. *Escala autonómica*

Artículo 1[1]. *Escala autonómica.*

La escala autonómica en el Impuesto sobre la Renta de las Personas Físicas es la siguiente:

---

[1]   Nueva redacción del art. 1 dada por el art. único. Uno de la Ley 13/2023, de 15 de diciembre, por la que se modifica el Texto Refundido de las disposiciones legales de la Comunidad de Madrid en materia de tributos cedidos por el Estado, aprobado por Decreto Legislativo 1/2010, de 21 de octubre, para deflactar la escala autonómica, el mínimo personal y familiar, las cuantías de las deducciones autonómicas y los límites de renta para la aplicación de las mismas, en el Impuesto sobre la Renta de las Personas Físicas (BOCM, núm. 303, de 21 de diciembre de 2023), con efectos a todos los periodos impositivos que se inicien a partir del 1 de enero de 2023.

Redacción anterior dada por el art. único Dos de la Ley 8/2022, de 16 de noviembre, por la que se modifica el texto refundido de las disposiciones legales de la Comunidad de Madrid en materia de tributos cedidos por el Estado, aprobado por Decreto Legislativo 1/2010, de 21 de octubre, para deflactar la escala autonómica y el mínimo personal y familiar en el impuesto sobre la renta de las personas físicas (BOCM núm. 277, de 21 de noviembre de 2022), siendo de aplicación a todos los periodos impositivos que se inicien a partir de 1 de enero de 2022:

Base liquidable (hasta euros)	Cuota íntegra (euros)	Resto base liquidable (hasta euros)	Tipo aplicable (porcentaje)
0,00	0,00	12.960,45	8,50%
12.960,45	1.101,64	5.472,75	10,70%
18.433,20	1.687,22	15.927,30	12,80%
34.360,50	3.725,91	21.236,40	17,40%
55.596,90	7.421,04	En adelante	20,50%

Redacción anterior dada por el art. único de la Ley 2/2021, de 15 de diciembre, de Reducción de la Escala de la Comunidad de Madrid en el Impuesto sobre la Renta de las Personas Físicas, por la que se modifica el Texto Refundido de las Disposiciones Legales de la Comunidad de Madrid en materia de tributos cedidos por el Estado, aprobado por Decreto Legislativo 1/2010, de 21 de octubre (BOCM núm. 303, de 21 de diciembre de 2021), en vigor el 1 de enero de 2022 y será de aplicación a todos los periodos impositivos que se inicien a partir de dicha fecha:

Base liquidable (hasta euros)	Cuota íntegra (euros)	Resto base liquidable (hasta euros)	Tipo aplicable (porcentaje)
0,00	0,00	12.450,00	8,50%
12.450,00	1.058,25	5.257,00	10,70%
17.707,20	1.620,77	15.300,00	12,80%
33.007,20	3.579,17	20.400,00	17,40%
53.407,20	7.128,77	En adelante	20,50%

Redacción anterior dada por el art. único Dos de la Ley 6/2018, de 19 de diciembre, de Medidas Fiscales de la Comunidad de Madrid, por la que se modifica el Texto Refundido de las Disposiciones Legales de la Comunidad de Madrid en materia de tributos cedidos por el Estado, aprobado por Decreto Legislativo 1/2010, de 21 de octubre (BOCM núm. 309, de 28 de diciembre de 2018), con efectos desde del 31 de diciembre de 2018, siendo de aplicación a los periodos impositivos que finalicen durante el año 2018:

Base liquidable (hasta euros)	Cuota íntegra (euros)	Resto base liquidable (hasta euros)	Tipo aplicable (porcentaje)
0,00	0,00	12.450,00	9,00%
12.450,00	1.120,50	5.257,00	11,20%
17.707,20	1.709,31	15.300,00	13,30%
33.007,20	3.744,21	20.400,00	17,90%
53.407,20	7.395,81	En adelante	21,00%

Redacción anterior dada por el art. 1.Uno de la Ley 4/2014, de 22 de diciembre, de Medidas Fiscales y Administrativas (BOCM núm. 309, de 29 de diciembre de 2014), en vigor desde el 1 enero de 2015: «La escala autonómica en el Impuesto sobre la Renta de las Personas Físicas es la siguiente:

Base liquidable (hasta euros)	Cuota íntegra (euros)	Resto base liquidable (hasta euros)	Tipo aplicable (porcentaje)
0,00	0,00	12.450,00	9,50%
12.450,00	1.182,75	5.257,00	11,20%
17.707,20	1.771,56	15.300,00	13,30%
33.007,20	3.806,46	20.400,00	17,90%
53.407,20	7.458,06	En adelante	21,00%

Base liquidable (hasta euros)	Cuota íntegra (euros)	Resto base liquidable (hasta euros)	Tipo aplicable (porcentaje)
0,00	0,00	13.362,22	8,50%
13.362,22	1.135,79	5.642,41	10,70%
19.004,63	1.739,53	16.421,05	12,80%
35.425,68	3.841,42	21.894,72	17,40%
57.320,40	7.651,10	En adelante	20,50%

SECCIÓN SEGUNDA. *Mínimos personales y familiares*

Artículo 2[2]. *Mínimos del contribuyente.*

Para el cálculo del gravamen autonómico de la Comunidad de Madrid se aplicarán los siguientes importes de mínimo del contribuyente en sustitución de los establecidos en el artículo 57 de la Ley 35/2006, de 28 de noviembre, del Impuesto sobre la Renta de las Personas Físicas y de modificación parcial de las leyes de los Impuestos sobre Sociedades, sobre la Renta de No Residentes y sobre el Patrimonio:

a) El mínimo del contribuyente será, con carácter general, de 5.956,65 euros anuales.

b) Cuando el contribuyente tenga una edad superior a 65 años, el mínimo se aumentará en 1.234,26 euros anuales. Si la edad es superior a 75 años, el mínimo se aumentará adicionalmente en 1.502,58 euros anuales.

Artículo 2 bis[3]. *Mínimo por descendientes.*

Para el cálculo del gravamen autonómico de la Comunidad de Madrid se aplicarán los siguientes importes de mínimo por descendientes en sustitución de los establecidos en el artículo 58 de la Ley 35/2006, de 28 de noviembre:

Redacción anterior dada por el art. 1.Uno de la Ley 6/2013, de 23 de diciembre, de Medidas Fiscales y Administrativas (BOCM núm. 309, de 30 de diciembre de 2013), en vigor desde el 1 de enero de 2014.

[2] Nueva redacción del art. 2 dada por el art. único. Dos de la Ley 13/2023, de 15 de diciembre, por la que se modifica el Texto Refundido de las disposiciones legales de la Comunidad de Madrid en materia de tributos cedidos por el Estado, aprobado por Decreto Legislativo 1/2010, de 21 de octubre, para deflactar la escala autonómica, el mínimo personal y familiar, las cuantías de las deducciones autonómicas y los límites de renta para la aplicación de las mismas, en el Impuesto sobre la Renta de las Personas Físicas (BOCM, núm. 303, de 21 de diciembre de 2023), con efectos a todos los periodos impositivos que se inicien a partir del 1 de enero de 2023.

Redacción anterior dada por el art. único Tres de la Ley 8/2022, de 16 de noviembre, por la que se modifica el texto refundido de las disposiciones legales de la Comunidad de Madrid en materia de tributos cedidos por el Estado, aprobado por Decreto Legislativo 1/2010, de 21 de octubre, para deflactar la escala autonómica y el mínimo personal y familiar en el impuesto sobre la renta de las personas físicas (BOCM núm. 277, de 21 de noviembre de 2022), siendo de aplicación a todos los periodos impositivos que se inicien a partir del 1 de enero de 2022.

Redacción anterior dada por el art. 1.Dos de la Ley 4/2014, de 22 de diciembre, de Medidas Fiscales y Administrativas (BOCM núm. 309, de 29 de diciembre de 2014), en vigor desde el 1 enero de 2015.

[3] Nueva redacción del art. 2.bis dada por el art. único. Tres de la Ley 13/2023, de 15 de diciembre, por la que se modifica el Texto Refundido de las disposiciones legales de la Comunidad de Madrid en materia de tributos cedidos por el Estado, aprobado por Decreto Legislativo 1/2010, de 21 de octubre, para deflactar la escala autonómica, el mínimo personal y familiar, las cuantías de las deducciones autonómicas y los límites de renta para la aplicación de las mismas, en el Impuesto sobre la Renta de las Personas Físicas

a) 2.575,85 euros anuales por el primer descendiente que genere derecho a la aplicación del mínimo por descendientes.

b) 2.897,83 euros anuales por el segundo.

c) 4.400 euros anuales por el tercero.

d) 4.950 euros anuales por el cuarto y siguientes.

Cuando el descendiente sea menor de tres años, la cuantía que corresponda al mínimo por descendientes, de las indicadas en este artículo, se aumentará en 3.005,16 euros anuales.

Artículo 2 ter[4]. *Mínimo por ascendientes.*

Para el cálculo del gravamen autonómico de la Comunidad de Madrid se aplicarán los siguientes importes de mínimo por ascendientes en sustitución de los establecidos en el artículo 59 de la Ley 35/2006, de 28 de noviembre:

a) 1.234,26 euros anuales.

b) Cuando el ascendiente sea mayor de 75 años, el mínimo a que se refiere la letra anterior se aumentará en 1.502,58 euros anuales.

Artículo 2 quater[5]. *Mínimo por discapacidad.*

Para el cálculo del gravamen autonómico de la Comunidad de Madrid se aplicarán los siguientes importes de mínimo por discapacidad en sustitución de los establecidos en el artículo 60 de la Ley 35/2006, de 28 de noviembre:

(BOCM, núm. 303, de 21 de diciembre de 2023), con efectos a todos los periodos impositivos que se inicien a partir del 1 de enero de 2023.

Redacción original del art. 2 bis dada por el art. único Cuatro de la Ley 8/2022, de 16 de noviembre, por la que se modifica el texto refundido de las disposiciones legales de la Comunidad de Madrid en materia de tributos cedidos por el Estado, aprobado por Decreto Legislativo 1/2010, de 21 de octubre, para deflactar la escala autonómica y el mínimo personal y familiar en el impuesto sobre la renta de las personas físicas (BOCM núm. 277, de 21 de noviembre de 2022), siendo de aplicación a todos los periodos impositivos que se inicien a partir de 1 de enero de 2022.

[4]   Nueva redacción del art. 2. ter dada por el art. único. Cuatro de la Ley 13/2023, de 15 de diciembre, por la que se modifica el Texto Refundido de las disposiciones legales de la Comunidad de Madrid en materia de tributos cedidos por el Estado, aprobado por Decreto Legislativo 1/2010, de 21 de octubre, para deflactar la escala autonómica, el mínimo personal y familiar, las cuantías de las deducciones autonómicas y los límites de renta para la aplicación de las mismas, en el Impuesto sobre la Renta de las Personas Físicas (BOCM, núm. 303, de 21 de diciembre de 2023), con efectos a todos los periodos impositivos que se inicien a partir del 1 de enero de 2023.

Redacción original del art. 2 ter dada por el art. único Cinco de la Ley 8/2022, de 16 de noviembre, por la que se modifica el texto refundido de las disposiciones legales de la Comunidad de Madrid en materia de tributos cedidos por el Estado, aprobado por Decreto Legislativo 1/2010, de 21 de octubre, para deflactar la escala autonómica y el mínimo personal y familiar en el impuesto sobre la renta de las personas físicas (BOCM núm. 277, de 21 de noviembre de 2022), siendo de aplicación a todos los periodos impositivos que se inicien a partir de 1 de enero de 2022.

[5]   Nueva redacción del art. 2 quater dada por el art. único. Cinco de la Ley 13/2023, de 15 de diciembre, por la que se modifica el Texto Refundido de las disposiciones legales de la Comunidad de Madrid en materia de tributos cedidos por el Estado, aprobado por Decreto Legislativo 1/2010, de 21 de octubre, para deflactar la escala autonómica, el mínimo personal y familiar, las cuantías de las deducciones autonómicas y los límites de renta para la aplicación de las mismas, en el Impuesto sobre la Renta de las Personas Físicas (BOCM, núm. 303, de 21 de diciembre de 2023), con efectos a todos los periodos impositivos que se inicien a partir del 1 de enero de 2023.

a) El mínimo por discapacidad del contribuyente será de 3.219,81 euros anuales cuando sea una persona con discapacidad y 9.659,44 euros anuales cuando sea una persona con discapacidad y acredite un grado de discapacidad igual o superior al 65 por ciento.

b) Dicho mínimo se aumentará, en concepto de gastos de asistencia, en 3.219,81 euros anuales cuando acredite necesitar ayuda de terceras personas o movilidad reducida, o un grado de discapacidad igual o superior al 65 por ciento.

c) El mínimo por discapacidad de ascendientes o descendientes será de 3.219,81 euros anuales por cada uno de los descendientes o ascendientes que generen derecho a la aplicación del mínimo a que se refieren los artículos 58 y 59 de la Ley 35/2006, de 28 de noviembre, que sean personas con discapacidad, cualquiera que sea su edad. El mínimo será de 9.659,44 euros anuales, por cada uno de ellos que acrediten un grado de discapacidad igual o superior al 65 por ciento.

d) Dicho mínimo se aumentará, en concepto de gastos de asistencia, en 3.219,81 euros anuales por cada ascendiente o descendiente que acredite necesitar ayuda de terceras personas o movilidad reducida, o un grado de discapacidad igual o superior al 65 por ciento.

SECCIÓN TERCERA. *Deducciones autonómicas*

Artículo 3[6]. *Deducciones sobre la cuota íntegra autonómica.*

Se establecen las siguientes deducciones en la cuota íntegra autonómica:

Redacción original del art. 2 quater dada por el art. único Seis de la Ley 8/2022, de 16 de noviembre, por la que se modifica el texto refundido de las disposiciones legales de la Comunidad de Madrid en materia de tributos cedidos por el Estado, aprobado por Decreto Legislativo 1/2010, de 21 de octubre, para deflactar la escala autonómica y el mínimo personal y familiar en el impuesto sobre la renta de las personas físicas (BOCM núm. 277, de 21 de noviembre de 2022), siendo de aplicación a todos los periodos impositivos que se inicien a partir de 1 de enero de 2022.

[6] Nueva redacción del art. 3 dada por el art. Único Dos de la Ley 5/2024, de 20 de noviembre, por la que se modifica el texto refundido de las disposiciones legales de la Comunidad de Madrid en materia de tributos cedidos por el Estado, aprobado por Decreto Legislativo 1/2010, de 21 de octubre, del Consejo de Gobierno, para incorporar medidas fiscales con el fin de favorecer el acceso a la vivienda y el cambio de residencia a municipios en riesgo de despoblación (BOE núm. 44, de 20 de febrero de 2025), en vigor desde el 1 de enero de 2024.

Redacción anterior del art. 3 dada por el art. único.Dos de la Ley 10/2023, de 12 de abril, por la que se modifica el Texto Refundido de las Disposiciones Legales de la Comunidad de Madrid en materia de tributos cedidos por el Estado, aprobado por Decreto Legislativo 1/2010, de 21 de octubre, para ampliar las deducciones autonómicas en el ámbito del Impuesto sobre la Renta de las Personas Físicas (BOCM núm. 90, de 17 de abril 2023), de aplicación a todos los periodos impositivos que se inicien a partir del 1 de enero de 2023: «*Se establecen las siguientes deducciones en la cuota íntegra autonómica:*

a) Por nacimiento o adopción de hijos.
b) Por adopción internacional de niños.
c) Por acogimiento familiar de menores.
d) Por acogimiento no remunerado de mayores de sesenta y cinco años y/o con discapacidad.
e) Por cuidado de ascendientes.
f) Por arrendamiento de vivienda habitual.
g) Por gastos derivados de arrendamiento de viviendas.
h) Por donativos a fundaciones y clubes deportivos.
i) Por el incremento de los costes de la financiación ajena para la inversión en vivienda habitual derivado del alza de los tipos de interés.
j) Por gastos educativos.

a) Por nacimiento o adopción de hijos.

b) Por adopción internacional de niños.

c) Por acogimiento familiar de menores.

d) Por acogimiento no remunerado de mayores de sesenta y cinco años y/o con discapacidad.

e) Por cuidado de ascendientes.

f) Por arrendamiento de vivienda habitual.

g) Por gastos derivados de arrendamiento de viviendas.

h) Por el arrendamiento de viviendas vacías.

i) Por donativos a fundaciones y clubes deportivos.

j) Por el incremento de los costes de la financiación ajena para la inversión en vivienda habitual derivado del alza de los tipos de interés.

k) Por cambio de residencia a un municipio en riesgo de despoblación.

---

k) Por cuidado de hijos menores de tres años, mayores dependientes y personas con discapacidad.

l) Por el pago de intereses de préstamos para la adquisición de vivienda por jóvenes menores de treinta años.

m) Por el pago de intereses de préstamos a estudios de Grado, Máster y Doctorado.

n) Por adquisición de vivienda habitual por nacimiento o adopción de hijos.

ñ) Por la obtención de la condición de familia numerosa de categoría general o especial.

o) Para familias con dos o más descendientes e ingresos reducidos.

p) Por inversión en la adquisición de acciones y participaciones sociales de nuevas entidades o de reciente creación.

q) Para el fomento del autoempleo de jóvenes menores de treinta y cinco años.

r) Por inversiones realizadas en entidades cotizadas en el Mercado Alternativo Bursátil».

Redacción anterior dada por el art. único Dos de la Ley 3/2023, de 16 de marzo, por la que se modifica el Texto Refundido de las Disposiciones Legales de la Comunidad de Madrid en materia de tributos cedidos por el Estado, aprobado por Decreto Legislativo 1/2010, de 21 de octubre, para la adopción de medidas fiscales dirigidas a la protección a la maternidad y paternidad y de fomento de la natalidad y la conciliación BOCM núm. 70, de 23-03-2023), en vigor desde el 1 de enero de 2023.

Modificación anterior, incorporando la letra s) «Por inversiones de nuevos contribuyentes procedentes del extranjero» por el art. Único Dos de la Ley 4/2024, de 20 de noviembre, (BOE» núm. 44, de 20 de febrero de 2025).

Redacción anterior dada por el art. único Tres de la Ley 6/2018, de 19 de diciembre, de Medidas Fiscales de la Comunidad de Madrid, por la que se modifica el Texto Refundido de las Disposiciones Legales de la Comunidad de Madrid en materia de tributos cedidos por el Estado, aprobado por Decreto Legislativo 1/2010, de 21 de octubre (BOCM núm. 309, de 28 de diciembre de 2018), en efectos desde del 31 de diciembre de 2018, siendo de aplicación a los periodos impositivos que finalicen durante el año 2018.

Redacción del punto núm. 5 dada por la Disp. Adic. Primera.Dos de la Ley 12/2017, de 26 de diciembre, de Presupuestos Generales de la Comunidad de Madrid para el año 2018 (BOCA núm. 308, de 28 de diciembre de 2017), en vigor desde el 1 de enero de 2018.

Punto núm. 6 del art. 3 derogado por la dada por la Disp. Derogatoria única.2.a) de la Ley 6/2013, de 23 de diciembre, de Medidas Fiscales y Administrativas (BOCM núm. 309, de 30 de diciembre de 2013), en vigor desde el 1 de enero de 2014, reordenándose los demás correlativamente.

Punto núm. 9 del art. 3 suprimido por la Disp. Derogatoria única.2.d) de la Ley 8/2012, de 28 de diciembre, de Medidas Fiscales y Administrativas, (BOCM núm. 310, de 29 de diciembre de 2012), con efectos desde el 1 de enero de 2013, reordenándose los demás correlativamente.

Punto núm. 10 del art. 3 suprimido por la Disp. Derogatoria única.2.d) de la Ley 8/2012, de 28 de diciembre, de Medidas Fiscales y Administrativas, (BOCM núm. 310, de 29 de diciembre de 2012), con efectos desde el 1 de enero de 2013, reordenándose los demás correlativamente.

l) Por adquisición de vivienda habitual en municipios en riesgo de despoblación.

m) Por gastos educativos.

n) Por cuidado de hijos menores de tres años, mayores dependientes y personas con discapacidad.

ñ) Por el pago de intereses de préstamos para la adquisición de vivienda por jóvenes menores de treinta años.

o) Por el pago de intereses de préstamos a estudios de Grado, Máster y Doctorado.

p) Por adquisición de vivienda habitual por nacimiento o adopción de hijos.

q) Por la obtención de la condición de familia numerosa de categoría general o especial.

r) Para familias con dos o más descendientes e ingresos reducidos.

s) Por inversión en la adquisición de acciones y participaciones sociales de nuevas entidades o de reciente creación.

t) Para el fomento del autoempleo de jóvenes menores de treinta y cinco años.

u) Por inversiones realizadas en entidades cotizadas en el Mercado Alternativo Bursátil.

v) Por inversiones de nuevos contribuyentes procedentes del extranjero.

Artículo 4[7]. *Deducción por nacimiento o adopción de hijos.*

1. Los contribuyentes podrán deducir 721,70 euros por cada hijo nacido o adoptado tanto en el período impositivo en el que se produzca el nacimiento o la adopción como en cada uno de los dos períodos impositivos siguientes.

2. En el caso de partos o adopciones múltiples la cuantía correspondiente al primer período impositivo en que se aplique la deducción se incrementará en 721,70 euros por cada hijo.

3. Solo tendrán derecho a practicar la deducción los padres que convivan con los hijos nacidos o adoptados. Cuando los hijos nacidos o adoptados convivan con ambos progenitores el importe de la deducción se prorrateará por partes iguales en la declaración de cada uno de ellos si optaran por tributación individual.

Artículo 5[8]. *Deducción por adopción internacional de niños.*

1. En el supuesto de adopción internacional, los contribuyentes podrán deducir 721,70 euros por cada hijo adoptado en el período impositivo.

---

[7] Nueva redacción del art. 4 dada por el art. único. seis de la Ley 13/2023, de 15 de diciembre, por la que se modifica el Texto Refundido de las disposiciones legales de la Comunidad de Madrid en materia de tributos cedidos por el Estado, aprobado por Decreto Legislativo 1/2010, de 21 de octubre, para deflactar la escala autonómica, el mínimo personal y familiar, las cuantías de las deducciones autonómicas y los límites de renta para la aplicación de las mismas, en el Impuesto sobre la Renta de las Personas Físicas (BOCM, núm. 303, de 21 de diciembre de 2023), con efectos a todos los periodos impositivos que se inicien a partir del 1 de enero de 2023.
   Redacción anterior del art. 4 dada por el art. único Tres de la Ley 3/2023, de 16 de marzo, por la que se modifica el Texto Refundido de las Disposiciones Legales de la Comunidad de Madrid en materia de tributos cedidos por el Estado, aprobado por Decreto Legislativo 1/2010, de 21 de octubre, para la adopción de medidas fiscales dirigidas a la protección a la maternidad y paternidad y de fomento de la natalidad y la conciliación BOCM núm. 70, de 23-03-2023), en vigor desde el 1 de enero de 2023.
   Redacción anterior dada por la Disp. Adic. Primera.Tres de la Ley 12/2017, de 26 de diciembre, de Presupuestos Generales de la Comunidad de Madrid para el año 2018 (BOCA núm. 308, de 28 de diciembre de 2017), en vigor desde el 1 de enero de 2018.

[8] Nueva redacción del art. 5 dada por el art. único. Siete de la Ley 13/2023, de 15 de diciembre, por la que se modifica el Texto Refundido de las disposiciones legales de la Comunidad de Madrid en materia de

Se entenderá que la adopción tiene carácter internacional cuando así resulte de las normas y convenios aplicables a esta materia.

2. Esta deducción es compatible con la deducción por nacimiento o adopción de hijos regulada en el artículo 4 de esta ley.

3. Cuando el niño adoptado conviva con ambos padres adoptivos el importe de la deducción se incrementará en un 50% sobre la cifra establecida en los apartados anteriores, y se prorrateará por partes iguales en la declaración de cada uno de ellos si optaran por tributación individual.

Artículo 6[9]. *Deducción por acogimiento familiar de menores.*

1. Los contribuyentes podrán deducir, por cada menor en régimen de acogimiento familiar simple, permanente o preadoptivo, administrativo o judicial, siempre que convivan con el menor durante más de ciento ochenta y tres días del período impositivo, las siguientes cantidades:

a) 618,60 euros si se trata del primer menor en régimen de acogimiento familiar.

b) 773,25 euros si se trata del segundo menor en régimen de acogimiento familiar.

c) 927,90 euros si se trata del tercer menor en régimen de acogimiento familiar o sucesivo.

2. A efectos de determinación del número de orden del menor acogido solamente se computarán aquellos menores que hayan permanecido en dicho régimen durante más de ciento ochenta y tres días del período impositivo. En ningún caso, se computarán los menores que hayan sido adoptados durante dicho período impositivo por el contribuyente.

3. No dará lugar a esta deducción el supuesto de acogimiento familiar preadoptivo cuando se produjera la adopción del menor durante el período impositivo, sin perjuicio de la aplicación de la deducción establecida en el artículo 4 de esta ley.

4. En el supuesto de acogimiento de menores por matrimonios o uniones de hecho, el importe de la deducción se prorrateará por partes iguales en la declaración de cada uno de ellos si optaran por tributación individual.

---

tributos cedidos por el Estado, aprobado por Decreto Legislativo 1/2010, de 21 de octubre, para deflactar la escala autonómica, el mínimo personal y familiar, las cuantías de las deducciones autonómicas y los límites de renta para la aplicación de las mismas, en el Impuesto sobre la Renta de las Personas Físicas (BOCM, núm. 303, de 21 de diciembre de 2023), con efectos a todos los periodos impositivos que se inicien a partir del 1 de enero de 2023.

Redacción anterior del art. 5 dada por el art. único Tres.bis de la Ley 3/2023, de 16 de marzo, por la que se modifica el Texto Refundido de las Disposiciones Legales de la Comunidad de Madrid en materia de tributos cedidos por el Estado, aprobado por Decreto Legislativo 1/2010, de 21 de octubre, para la adopción de medidas fiscales dirigidas a la protección a la maternidad y paternidad y de fomento de la natalidad y la conciliación BOCM núm. 70, de 23-03-2023), en vigor desde el 1 de enero de 2023.

9   Nueva redacción del art. 6 dada por el art. único. Ocho de la Ley 13/2023, de 15 de diciembre, por la que se modifica el Texto Refundido de las disposiciones legales de la Comunidad de Madrid en materia de tributos cedidos por el Estado, aprobado por Decreto Legislativo 1/2010, de 21 de octubre, para deflactar la escala autonómica, el mínimo personal y familiar, las cuantías de las deducciones autonómicas y los límites de renta para la aplicación de las mismas, en el Impuesto sobre la Renta de las Personas Físicas (BOCM, núm. 303, de 21 de diciembre de 2023), con efectos a todos los periodos impositivos que se inicien a partir del 1 de enero de 2023.

Artículo 7[10]. *Deducción por acogimiento no remunerado de mayores de sesenta y cinco años y/o con discapacidad.*

1. Los contribuyentes podrán deducir 1.546,50 euros por cada persona mayor de sesenta y cinco años o con discapacidad igual o superior al 33 por 100, que conviva con el contribuyente durante más de ciento ochenta y tres días al año en régimen de acogimiento sin contraprestación, cuando no diera lugar a la obtención de ayudas o subvenciones de la Comunidad de Madrid.

2. No se podrá practicar la presente deducción en el supuesto de acogimiento de mayores de sesenta y cinco años, cuando el acogido esté ligado al contribuyente por un vínculo de parentesco de consanguinidad o de afinidad de grado igual o inferior al cuarto.

3. Cuando la persona acogida genere el derecho a la deducción para más de un contribuyente simultáneamente, el importe de la misma se prorrateará por partes iguales en la declaración de cada uno de ellos si optaran por tributación individual.

Artículo 7 bis[11]. *Deducción por cuidado de ascendientes.*

1. Los contribuyentes podrán aplicar una deducción de 515,50 euros por cada ascendiente mayor de 65 años o con discapacidad, por el que puedan aplicarse el mínimo por ascendientes a que se refiere el artículo 59 de la Ley 35/2006, de 28 noviembre.

2. Cuando dos o más contribuyentes tengan derecho a la aplicación de la deducción respecto de los mismos ascendientes, su importe se prorrateará entre ellos por partes iguales.

---

[10] Nueva redacción del art. 7 dada por el art. único. Nueve de la Ley 13/2023, de 15 de diciembre, por la que se modifica el Texto Refundido de las disposiciones legales de la Comunidad de Madrid en materia de tributos cedidos por el Estado, aprobado por Decreto Legislativo 1/2010, de 21 de octubre, para deflactar la escala autonómica, el mínimo personal y familiar, las cuantías de las deducciones autonómicas y los límites de renta para la aplicación de las mismas, en el Impuesto sobre la Renta de las Personas Físicas (BOCM, núm. 303, de 21 de diciembre de 2023), con efectos a todos los periodos impositivos que se inicien a partir del 1 de enero de 2023.
Redacción anterior, del título y apartado 1 del art. 7 dada por el art. único Cuatro de la Ley 6/2018, de 19 de diciembre, de Medidas Fiscales de la Comunidad de Madrid, por la que se modifica el Texto Refundido de las Disposiciones Legales de la Comunidad de Madrid en materia de tributos cedidos por el Estado, aprobado por Decreto Legislativo 1/2010, de 21 de octubre (BOCM núm. 309, de 28 de diciembre de 2018), con efectos desde del 31 de diciembre de 2018, siendo de aplicación a los periodos impositivos que finalicen durante el año 2018.

[11] Nueva redacción del art. 7 bis dada por el art. único. Diez de la Ley 13/2023, de 15 de diciembre, por la que se modifica el Texto Refundido de las disposiciones legales de la Comunidad de Madrid en materia de tributos cedidos por el Estado, aprobado por Decreto Legislativo 1/2010, de 21 de octubre, para deflactar la escala autonómica, el mínimo personal y familiar, las cuantías de las deducciones autonómicas y los límites de renta para la aplicación de las mismas, en el Impuesto sobre la Renta de las Personas Físicas (BOCM, núm. 303, de 21 de diciembre de 2023), con efectos a todos los periodos impositivos que se inicien a partir del 1 de enero de 2023.
Redacción original del art. 7.bis por su incorporación por el art. único.Tres de la Ley 10/2023, de 12 de abril, por la que se modifica el Texto Refundido de las Disposiciones Legales de la Comunidad de Madrid en materia de tributos cedidos por el Estado, aprobado por Decreto Legislativo 1/2010, de 21 de octubre, para ampliar las deducciones autonómicas en el ámbito del Impuesto sobre la Renta de las Personas Físicas (BOCM núm. 90, de 17 de abril 2023), de aplicación a todos los periodos impositivos que se inicien a partir del 1 de enero de 2023.

Artículo 8[12]. *Deducción por arrendamiento de vivienda habitual.*

Los contribuyentes menores de cuarenta años podrán deducir el 30 por ciento, con un máximo de deducción de 1.237,20 euros, de las cantidades que hayan satisfecho en el período impositivo por el arrendamiento de su vivienda habitual. Solo se tendrá derecho a la deducción cuando las cantidades abonadas por el arrendamiento de la vivienda habitual superen el 20 por ciento de la base imponible, entendiendo como tal la suma de la base imponible general y la del ahorro del contribuyente.

Artículo 8 bis[13]. *Deducción por gastos derivados del arrendamiento de viviendas.*

Los contribuyentes que tengan inmuebles arrendados como vivienda podrán deducirse el 10 por ciento de las cantidades satisfechas en el ejercicio por gastos de conservación y reparación, la formalización de contratos de arrendamiento, primas de seguros por daños e

---

[12] Nueva redacción del art. 8 dada art. 3 dada por el art. Único Tres de la Ley 5/2024, de 20 de noviembre, por la que se modifica el texto refundido de las disposiciones legales de la Comunidad de Madrid en materia de tributos cedidos por el Estado, aprobado por Decreto Legislativo 1/2010, de 21 de octubre, del Consejo de Gobierno, para incorporar medidas fiscales con el fin de favorecer el acceso a la vivienda y el cambio de residencia a municipios en riesgo de despoblación (BOE núm. 44, de 20 de febrero de 2025), en vigor desde el 1 de enero de 2024.

Redacción anterior dada por el art. único. Once de la Ley 13/2023, de 15 de diciembre, por la que se modifica el Texto Refundido de las disposiciones legales de la Comunidad de Madrid en materia de tributos cedidos por el Estado, aprobado por Decreto Legislativo 1/2010, de 21 de octubre, para deflactar la escala autonómica, el mínimo personal y familiar, las cuantías de las deducciones autonómicas y los límites de renta para la aplicación de las mismas, en el Impuesto sobre la Renta de las Personas Físicas (BOCM, núm. 303, de 21 de diciembre de 2023), con efectos a todos los periodos impositivos que se inicien a partir del 1 de enero de 2023: «*1. Los contribuyentes menores de treinta y cinco años podrán deducir el 30 por ciento, con un máximo de deducción de 1.237,20 euros, de las cantidades que hayan satisfecho en el período impositivo por el arrendamiento de su vivienda habitual. Solo se tendrá derecho a la deducción cuando las cantidades abonadas por el arrendamiento de la vivienda habitual superen el 20 por ciento de la base imponible, entendiendo como tal la suma de la base imponible general y la del ahorro del contribuyente.*

2. La deducción a que se refiere el apartado anterior podrá ser aplicada por los contribuyentes mayores de treinta y cinco y menores de cuarenta años siempre que, durante el periodo impositivo, se hayan encontrado en situación de desempleo y hayan soportado cargas familiares.

Se entenderán cumplidos los anteriores requisitos cuando el contribuyente haya estado inscrito como demandante de empleo en las Oficinas de Empleo de la Comunidad de Madrid al menos 183 días dentro del período impositivo y tenga al menos dos familiares, ascendientes o descendientes, a su cargo, considerándose como tales aquellos por los que tenga derecho a la aplicación del mínimo por ascendientes o descendientes».

Redacción anterior del art. 8.1 dada por el art. único Cuatro de la Ley 3/2023, de 16 de marzo, por la que se modifica el Texto Refundido de las Disposiciones Legales de la Comunidad de Madrid en materia de tributos cedidos por el Estado, aprobado por Decreto Legislativo 1/2010, de 21 de octubre, para la adopción de medidas fiscales dirigidas a la protección a la maternidad y paternidad y de fomento de la natalidad y la conciliación BOCM núm. 70, de 23-03-2023), en vigor desde el 1 de enero de 2023.

Redacción anterior dada por la Disp. Adic. Primera.Cuatro de la Ley 12/2017, de 26 de diciembre, de Presupuestos Generales de la Comunidad de Madrid para el año 2018 (BOCA núm. 308, de 28 de diciembre de 2017), en vigor desde el 1 de enero de 2018.

[13] Nuevo art. 9.bis incorporado por el art. único.Cuatro Nueva redacción del art. 8 bis dada por el art. único. Doce de la Ley 13/2023, de 15 de diciembre, por la que se modifica el Texto Refundido de las disposiciones legales de la Comunidad de Madrid en materia de tributos cedidos por el Estado, aprobado por Decreto Legislativo 1/2010, de 21 de octubre, para deflactar la escala autonómica, el mínimo personal y familiar, las cuantías de las deducciones autonómicas y los límites de renta para la aplicación de las

impagos y la obtención de certificados de eficiencia energética vinculados con tales arrendamientos, con un límite de deducción de 154,65 euros anuales.

Artículo 8 ter[14]. *Deducción por el arrendamiento de viviendas vacías.*

1. Los contribuyentes propietarios o usufructuarios de viviendas vacías, durante al menos un año anterior a la celebración de un contrato de arrendamiento de vivienda sujeto a la Ley 29/1994, de 24 de noviembre, de Arrendamientos Urbanos, podrán deducir en la cuota íntegra autonómica 1.000 euros por cada uno de los bienes inmuebles destinados al arrendamiento de una vivienda, en el ejercicio en que se formalice el correspondiente contrato de arrendamiento.

2. A estos efectos, se entenderá que una vivienda se encuentra vacía cuando no esté habitada, arrendada, en uso ni afecta a actividades económicas.

3. El importe de la deducción se prorrateará en función del porcentaje de participación en la propiedad del inmueble.

4. Para aplicar esta deducción deberán cumplirse los siguientes requisitos:

a) El contrato de arrendamiento deberá tener una duración efectiva de al menos tres años. No obstante, no se perderá el derecho a la deducción en caso de que el contrato de arrendamiento tenga una duración inferior a tres años cuando dicho inmueble pase a estar en situación de expectativa de alquiler y vuelva a ser objeto de un nuevo contrato de arrendamiento de vivienda dentro del plazo de seis meses desde la finalización del anterior contrato, siempre que la suma de los períodos de duración de los contratos de arrendamiento sea de, al menos, tres años.

b) El arrendatario de la vivienda no podrá ser el cónyuge ni un pariente, por consanguinidad o por afinidad, hasta el tercer grado inclusive, del contribuyente.

c) Sólo podrán aplicar esta deducción los contribuyentes titulares de un máximo de cinco inmuebles destinados a vivienda (excluidos garajes y trasteros).

5. El incumplimiento de cualquiera de los requisitos exigidos originará la pérdida del derecho a la deducción, procediéndose a la regularización de acuerdo con lo establecido en la normativa estatal del Impuesto sobre la Renta de las Personas Físicas.

6. Esta deducción es compatible con la regulada en el artículo 8 bis.

---

mismas, en el Impuesto sobre la Renta de las Personas Físicas (BOCM, núm. 303, de 21 de diciembre de 2023), con efectos a todos los periodos impositivos que se inicien a partir del 1 de enero de 2023.

Redacción original por su incorporación por el art. único.4 de la Ley 10/2023, de 12 de abril, por la que se modifica el Texto Refundido de las Disposiciones Legales de la Comunidad de Madrid en materia de tributos cedidos por el Estado, aprobado por Decreto Legislativo 1/2010, de 21 de octubre, para ampliar las deducciones autonómicas en el ámbito del Impuesto sobre la Renta de las Personas Físicas (BOCM núm. 90, de 17 de abril de 2023), de aplicacióncon a todos los periodos impositivos que se inicien a partir del 1 de enero de 2023.

14   Nuevo art. Incorporado por el art. Único Cuatro de la Ley 5/2024, de 20 de noviembre, por la que se modifica el texto refundido de las disposiciones legales de la Comunidad de Madrid en materia de tributos cedidos por el Estado, aprobado por Decreto Legislativo 1/2010, de 21 de octubre, del Consejo de Gobierno, para incorporar medidas fiscales con el fin de favorecer el acceso a la vivienda y el cambio de residencia a municipios en riesgo de despoblación (BOE núm. 44, de 20 de febrero de 2025), en vigor desde el 1 de enero de 2024.

Artículo 9[15]. *Deducción por donativos a fundaciones y clubes deportivos.*

1. Los contribuyentes podrán deducir el 15 por 100 de las cantidades donadas a fundaciones que cumplan con los requisitos de la Ley 1/1998, de 2 de marzo, de Fundaciones de la Comunidad de Madrid, y persigan fines culturales, asistenciales, educativos o sanitarios o cualesquiera otros de naturaleza análoga a estos.

En todo caso, será preciso que estas fundaciones se encuentren inscritas en el Registro de Fundaciones de la Comunidad de Madrid, rindan cuentas al órgano de protectorado correspondiente y que este haya ordenado su depósito en el Registro de Fundaciones.

2. Los contribuyentes podrán deducir el 15 por 100 de las cantidades donadas a clubes deportivos elementales y básicos, definidos en los artículos 29 y 30 de la Ley 15/1994, de 28 de diciembre, del Deporte de la Comunidad de Madrid.

En todo caso, será preciso que estos clubes se encuentren inscritos en el Registro de Asociaciones Deportivas de la Comunidad de Madrid.

Artículo 10[16]. *Deducción por el incremento de los costes de la financiación ajena para la inversión en vivienda habitual derivado del alza de los tipos de interés.*

1. Los contribuyentes que satisfagan sumas en concepto de intereses derivados de un préstamo hipotecario constituido para la adquisición de la vivienda habitual podrán aplicar

---

[15] Nuevo art. 9 incorporado por el art. único Cinco de la Ley 6/2018, de 19 de diciembre, de Medidas Fiscales de la Comunidad de Madrid, por la que se modifica el Texto Refundido de las Disposiciones Legales de la Comunidad de Madrid en materia de tributos cedidos por el Estado, aprobado por Decreto Legislativo 1/2010, de 21 de octubre (BOCM núm. 309, de 28 de diciembre de 2018), con efectos desde del 31 de diciembre de 2018, siendo de aplicación a los periodos impositivos que finalicen durante el año 2018.
El anterior art. 9 fue derogado por la dada por la Disp. Derogatoria única.2.a) de la Ley 6/2013, de 23 de diciembre, de Medidas Fiscales y Administrativas (BOCM núm. 309, de 30 de diciembre de 2013), en vigor desde el 1 de enero de 2014.

[16] Nueva redacción del art. 10 dada por el art. Único Cinco de la Ley 5/2024, de 20 de noviembre, por la que se modifica el texto refundido de las disposiciones legales de la Comunidad de Madrid en materia de tributos cedidos por el Estado, aprobado por Decreto Legislativo 1/2010, de 21 de octubre, del Consejo de Gobierno, para incorporar medidas fiscales con el fin de favorecer el acceso a la vivienda y el cambio de residencia a municipios en riesgo de despoblación (BOE núm. 44, de 20 de febrero de 2025), en vigor desde el 1 de enero de 2024.
Redacción anterior: «*1. Los contribuyentes que tengan derecho a la deducción por inversión en vivienda habitual a que se refiere el artículo 68.1 de la Ley 35/2006, de 28 de noviembre, del Impuesto sobre la Renta de las Personas Físicas y de modificación parcial de las Leyes de los Impuestos sobre Sociedades, sobre la Renta de No Residentes y sobre el Patrimonio, cuando dicha inversión se efectúe con financiación ajena, podrán aplicar una deducción por el incremento de los costes financieros derivado de la variación de los tipos de interés.*
2. Serán requisitos necesarios para la aplicación de esta deducción los siguientes:
a) Que la inversión en vivienda habitual se realice mediante un préstamo hipotecario concertado con entidad financiera a tipo de interés variable.
b) Que la adquisición o rehabilitación de la vivienda o la adecuación de la vivienda para personas con discapacidad, para las que se haya solicitado el préstamo hipotecario, se haya efectuado antes del inicio del período impositivo.
3. La deducción a practicar será el resultado de aplicar el porcentaje de deducción a la base de deducción determinados ambos en la forma señalada en los números siguientes.
4. El porcentaje de deducción vendrá determinado por el producto de multiplicar por 100 una fracción en la que, en el numerador, figurará la diferencia entre el valor medio del índice Euríbor a un año, en el año al que se refiere el ejercicio fiscal, y el mismo índice del año 2007, y en el denominador figurará el valor

una deducción por el incremento de los costes financieros derivado de la variación de los tipos de interés.

Serán requisitos necesarios para la aplicación de esta deducción que la adquisición de la vivienda habitual se realice mediante un préstamo hipotecario concertado con entidad financiera a tipo de interés variable y se haya efectuado antes del inicio del período impositivo y que, en el momento de aplicar la deducción, el inmueble siga teniendo la consideración de vivienda habitual del contribuyente.

A tal efecto, se considerará vivienda habitual la que se ajusta a la definición y requisitos establecidos en la disposición adicional vigésima tercera de la Ley 35/2006, de 28 de noviembre, y en su normativa de desarrollo.

2. La deducción a practicar será el resultado de aplicar el porcentaje de deducción del 25 por ciento sobre el exceso correspondiente a los intereses satisfechos en el período impositivo, según las condiciones particulares del préstamo hipotecario, sobre los intereses que se hubieran satisfecho en el período impositivo si se hubiera aplicado a las citadas condiciones, en ese ejercicio, el euríbor correspondiente al mes de diciembre de 2022, con el límite de 300 euros anuales.

3. Sólo tendrán derecho a la aplicación de la deducción los contribuyentes que hayan adquirido una vivienda cuyo precio de adquisición, sin considerar los gastos y tributos inherentes a la adquisición, sea igual o inferior a 390.000,00 euros.

4. Esta deducción es incompatible con la deducción que regula el artículo 12.

---

medio del índice Euríbor a un año, en el año al que se refiere el ejercicio fiscal. Ambos índices serán los que resulten de los datos publicados por el Banco de España. El porcentaje así obtenido se expresará con dos decimales.

No será aplicable esta deducción en el caso en que el porcentaje al que se refiere al párrafo anterior sea negativo.

5. La base de deducción se determinará de acuerdo con el siguiente procedimiento:

1° Se determinará el importe total de los intereses satisfechos en el período impositivo por el contribuyente que den lugar a su vez a deducción por inversión en vivienda habitual y con el límite anual de 9.015 euros. A dicho importe se le detraerán las cantidades obtenidas de los instrumentos de cobertura del riesgo de variación del tipo de interés variable de préstamos hipotecarios a que se refieren los artículos 7.t) de la Ley 35/2006, de 28 de noviembre, del Impuesto sobre la Renta de las Personas Físicas, y de modificación parcial de las Leyes de los Impuestos sobre Sociedades, sobre la Renta de No Residentes y sobre el Patrimonio, y 19 de la Ley 36/2003, de 11 noviembre, de Medidas de Reforma Económica.

2° La cantidad anterior se multiplicará por el o los coeficientes que resulten de aplicación de los que a continuación se indican:

a) Si el contribuyente tiene derecho a la compensación a que se refiere la letra c) de la disposición transitoria decimotercera de la Ley 35/2006, de 28 de noviembre, del Impuesto sobre la Renta de las Personas Físicas, y de modificación parcial de las Leyes de los Impuestos sobre Sociedades, sobre la Renta de No Residentes y sobre el Patrimonio: 0,80 a los primeros 4.507 euros de intereses satisfechos y 0,85 al resto de los intereses satisfechos hasta el máximo de 9.015 euros.

b) En el resto de supuestos: 0,85.

3.° La base de deducción se obtendrá de multiplicar 0,33 por el resultado obtenido en el punto anterior.

6. A los efectos de la presente deducción se considerará vivienda habitual e inversión en la misma a las así definidas por la normativa estatal del Impuesto sobre la Renta de las Personas Físicas».

Artículo 10 bis[17]. *Deducción por cambio de residencia a un municipio en riesgo de despoblación.*

1. Los contribuyentes menores de treinta y cinco años que trasladen su residencia habitual a un municipio de la Comunidad de Madrid que tenga una población inferior a 2.500 habitantes a fecha 1 de enero del ejercicio anterior al del devengo de la deducción, de acuerdo con los datos publicados por el INE, mediante la adquisición onerosa de su vivienda habitual o mediante un contrato de arrendamiento de vivienda sujeto a la Ley 29/1994, de 24 de noviembre, de Arrendamientos Urbanos, siempre que el arrendador no sea cónyuge o un pariente, por consanguinidad o por afinidad, hasta el tercer grado inclusive, del contribuyente, se podrán practicar una deducción en la cuota íntegra autonómica por importe de 1.000 euros, tanto en el período impositivo en el que se produzca el cambio de residencia como en el siguiente, siempre y cuando el contribuyente mantenga su residencia en dicho municipio durante el período impositivo en el que se produce el traslado de residencia y en los tres períodos impositivos siguientes.

2. El incumplimiento de cualquiera de los requisitos exigidos originará la pérdida del derecho a la deducción, procediéndose a la regularización de acuerdo con lo establecido en la normativa estatal del Impuesto sobre la Renta de las Personas Físicas.

3. Esta deducción es compatible con la deducción regulada en el artículo 10 ter.

Artículo 10 ter[18]. *Deducción por adquisición de vivienda habitual en municipios en riesgo de despoblación.*

1. Los contribuyentes menores de treinta y cinco años que adquieran un inmueble que vaya a constituir su vivienda habitual, siempre que dicho inmueble esté situado en un municipio de la Comunidad de Madrid que cuente con una población inferior a 2.500 habitantes a fecha 1 de enero del ejercicio anterior al del devengo de la deducción, de acuerdo con los datos publicados por el INE, podrán deducir en la cuota íntegra autonómica el 10 por ciento del precio de adquisición de la vivienda adquirida, siempre que el contribuyente mantenga la residencia habitual en dicho municipio y su vivienda durante el período impositivo en el que se produzca la adquisición y en los 3 períodos impositivos siguientes.

El importe de la deducción se prorrateará por décimas partes y se aplicará en el período impositivo en el que se produzca la adquisición y los nueve períodos impositivos siguientes, sin que la deducción anual aplicable pueda superar los 1.546,50 euros.

A tal efecto, se considerará vivienda habitual la que se ajusta a la definición y requisitos establecidos en la disposición adicional vigésima tercera de la Ley 35/2006, de 28 de

---

[17] Nuevo art. 10 bis incorporado por el art. Único Seis de la Ley 5/2024, de 20 de noviembre, por la que se modifica el texto refundido de las disposiciones legales de la Comunidad de Madrid en materia de tributos cedidos por el Estado, aprobado por Decreto Legislativo 1/2010, de 21 de octubre, del Consejo de Gobierno, para incorporar medidas fiscales con el fin de favorecer el acceso a la vivienda y el cambio de residencia a municipios en riesgo de despoblación (BOE núm. 44, de 20 de febrero de 2025), en vigor desde el 1 de enero de 2024.

[18] Nuevo art. 10 bis incorporado por el art. Único Siete de la Ley 5/2024, de 20 de noviembre, por la que se modifica el texto refundido de las disposiciones legales de la Comunidad de Madrid en materia de tributos cedidos por el Estado, aprobado por Decreto Legislativo 1/2010, de 21 de octubre, del Consejo de Gobierno, para incorporar medidas fiscales con el fin de favorecer el acceso a la vivienda y el cambio de residencia a municipios en riesgo de despoblación (BOE núm. 44, de 20 de febrero de 2025), en vigor desde el 1 de enero de 2024.

noviembre, y en el artículo 41 del Real Decreto 439/2007, de 30 de marzo, por el que se aprueba el Reglamento del Impuesto sobre la Renta de las Personas Físicas y se modifica el Reglamento de Planes y Fondos de Pensiones, aprobado por Real Decreto 304/2004, de 20 de febrero.

2. A efectos de lo dispuesto en este artículo, se considerará como precio de adquisición de la vivienda el importe real por el que se efectúe tal adquisición más los gastos y tributos inherentes, excluidos los intereses, que hubieran sido satisfechos por el contribuyente.

3. El incumplimiento de cualquiera de los requisitos exigidos originará la pérdida del derecho a la deducción, procediéndose a la regularización de acuerdo con lo establecido en la normativa estatal del Impuesto sobre la Renta de las Personas Físicas.

4. Esta deducción será compatible, para las mismas inversiones, con las deducciones reguladas en los artículos 10 bis y 12 de esta ley.

Artículo 11[19]. *Deducción por gastos educativos.*

1. Los contribuyentes podrán deducir los porcentajes que se indican en el apartado 3 de los gastos educativos a que se refiere el apartado siguiente, originados durante el período impositivo por los hijos o descendientes por los que tengan derecho al mínimo por descendientes regulado en el artículo 58 de la Ley 35/2006, de 28 de noviembre, del Impuesto sobre la Renta de las Personas Físicas, y de modificación parcial de las leyes de los Impuestos sobre Sociedades, sobre la Renta de No Residentes y sobre el Patrimonio.

2. La base de deducción estará constituida por las cantidades satisfechas por los conceptos de escolaridad y adquisición de vestuario de uso exclusivo escolar de los hijos o descendientes durante las etapas correspondientes a la Educación Infantil, la Educación Básica Obligatoria y la Formación Profesional Básica, a que se refieren los artículos 3.3, 3.10, 4 y 14.1 de la Ley Orgánica 2/2006, de 3 de mayo, de Educación, así como por la enseñanza de idiomas, tanto si esta se imparte como actividad extraescolar como si tiene el carácter de educación de régimen especial. En el caso de hijos o descendientes que estén escolarizados en el primer ciclo de Educación Infantil a que se refiere el artículo 14.1 de la Ley Orgánica 2/2006, de 3 de mayo, de Educación, la base de deducción estará constituida exclusivamente

---

[19] Nueva redacción del art. 11 dada por el art. único. Trece de la Ley 13/2023, de 15 de diciembre, por la que se modifica el Texto Refundido de las disposiciones legales de la Comunidad de Madrid en materia de tributos cedidos por el Estado, aprobado por Decreto Legislativo 1/2010, de 21 de octubre, para deflactar la escala autonómica, el mínimo personal y familiar, las cuantías de las deducciones autonómicas y los límites de renta para la aplicación de las mismas, en el Impuesto sobre la Renta de las Personas Físicas (BOCM, núm. 303, de 21 de diciembre de 2023), con efectos a todos los periodos impositivos que se inicien a partir del 1 de enero de 2023.
Redacción anterior del art. 11 dada por el art. 1.Uno de la Ley 9/2010, de 23 de diciembre, de Medidas Fiscales, Administrativas y Racionalización del Sector Público (BOCM núm. 310, 29 de diciembre de 2010), en vigor desde el 1-1-2011.
Redacción del art. 11.2 dada por el art. único Seis de la Ley 6/2018, de 19 de diciembre (BOCM núm. 309, de 28 de diciembre de 2018. Redacción anterior dada por el art. 1.Tres de la Ley 4/2014, de 22 de diciembre, de Medidas Fiscales y Administrativas (BOCM núm. 309, de 29 de diciembre de 2014.
Redacción del art. 11.3 dada por el art. único.Cinco de la Ley 10/2023, de 12 de abril (BOCM núm. 90, de 17 de abril 2023), de aplicación a todos los periodos impositivos que se inicien a partir del 1 de enero de 2023.
Redacción del art. 11.4 dada por el art. único Seis de la Ley 6/2018, de 19 de diciembre (BOCM núm. 309, de 28 de diciembre de 2018).

por las cantidades satisfechas por el concepto de escolaridad que no se abonen mediante precios públicos ni mediante precios privados autorizados por la Administración.

La base de deducción se minorará en el importe de las becas y ayudas obtenidas de la Comunidad de Madrid o de cualquier otra Administración Pública que cubran todos o parte de los gastos citados.

3. Los porcentajes de deducción aplicables serán los siguientes:

a) El 15 por ciento de los gastos de escolaridad y de enseñanza de idiomas.

b) El 5 por ciento de los gastos de adquisición de vestuario de uso exclusivo escolar.

4. La cantidad a deducir no excederá de 412,40 euros por cada uno de los hijos o descendientes que generen el derecho a la deducción. En el caso de que el contribuyente tuviese derecho a practicar deducción por gastos de escolaridad, el límite anterior se elevará a 927,90 euros por cada uno de los hijos o descendientes.

En el caso de hijos o descendientes que cursen durante el ejercicio estudios del primer ciclo de Educación Infantil el límite al que se refiere el párrafo anterior será de 1.031 euros por cada uno de ellos.

5. Solo tendrán derecho a practicar la deducción los padres o ascendientes que convivan con sus hijos o descendientes escolarizados. Cuando un hijo o descendiente conviva con ambos padres o ascendientes, el importe de la deducción se prorrateará por partes iguales en la declaración de cada uno de ellos, en caso de que optaran por tributación individual.

Artículo 11 bis[20]. *Deducción por cuidado de hijos menores de tres años, mayores dependientes y personas con discapacidad.*

1. Los contribuyentes que tengan contratada a una persona por la que se efectúen cotizaciones por el Sistema Especial de Empleados de Hogar del Régimen General de la Seguridad Social podrán deducir, en las condiciones establecidas en el presente artículo, el 25 por ciento de las cuotas ingresadas por tales cotizaciones, con el límite de deducción de 463,95 euros anuales.

---

[20]   Nueva redacción del art. 11 bis dada por el art. único. Catorce de la Ley 13/2023, de 15 de diciembre, por la que se modifica el Texto Refundido de las disposiciones legales de la Comunidad de Madrid en materia de tributos cedidos por el Estado, aprobado por Decreto Legislativo 1/2010, de 21 de octubre, para deflactar la escala autonómica, el mínimo personal y familiar, las cuantías de las deducciones autonómicas y los límites de renta para la aplicación de las mismas, en el Impuesto sobre la Renta de las Personas Físicas (BOCM, núm. 303, de 21 de diciembre de 2023), con efectos a todos los periodos impositivos que se inicien a partir del 1 de enero de 2023.

Redacción anterior dada por el art. único.Seis de la Ley 10/2023, de 12 de abril, por la que se modifica el Texto Refundido de las Disposiciones Legales de la Comunidad de Madrid en materia de tributos cedidos por el Estado, aprobado por Decreto Legislativo 1/2010, de 21 de octubre, para ampliar las deducciones autonómicas en el ámbito del Impuesto sobre la Renta de las Personas Físicas (BOCM núm. 90, de 17 de abril 2023), de aplicación a todos los periodos impositivos que se inicien a partir del 1 de enero de 2023.

Redacción anterior por su incorporación por el art. único Siete de la Ley 6/2018, de 19 de diciembre, de Medidas Fiscales de la Comunidad de Madrid, por la que se modifica el Texto Refundido de las Disposiciones Legales de la Comunidad de Madrid en materia de tributos cedidos por el Estado, aprobado por Decreto Legislativo 1/2010, de 21 de octubre (BOCM núm. 309, de 28 de diciembre de 2018), con efectos desde del 31 de diciembre de 2018, siendo de aplicación a los periodos impositivos que finalicen durante el año 2018.

En el caso de contribuyentes que sean titulares de una familia numerosa la deducción será del 40 por ciento de las cuotas ingresadas, con el límite de deducción de 618,60 euros anuales.

2. La deducción resultará aplicable por las cotizaciones correspondientes a los meses del periodo impositivo en los que concurra alguna de las circunstancias siguientes:

a) Que el contribuyente tenga, al menos, un hijo menor de 3 años por el que se aplique el mínimo por descendientes.

b) Que el contribuyente conviva con un ascendiente, descendiente, colateral por consanguinidad de segundo grado, o cónyuge, en todos los casos mayores de 65 años, que tenga reconocido alguno de los grados de dependencia de los previstos en el artículo 26 de la Ley 39/2006, de 14 de diciembre, de Promoción de la Autonomía Personal y Atención a las personas en situación de dependencia.

c) Que el contribuyente conviva con un ascendiente, descendiente, colateral por consanguinidad de segundo grado, o cónyuge que tenga reconocido un grado de discapacidad igual o superior al 33 por ciento.

A los efectos de lo dispuesto en esta letra, se considerará acreditado un grado de discapacidad igual o superior al 33 por ciento en el caso de los pensionistas de la Seguridad Social que tengan reconocida una pensión de incapacidad permanente total, absoluta o gran invalidez y en el caso de los pensionistas de clases pasivas que tengan reconocida una pensión de jubilación o retiro por incapacidad permanente para el servicio o inutilidad. Igualmente, se considerará acreditado un grado de discapacidad igual o superior al 65 por ciento, cuando se trate de personas cuya incapacidad sea declarada judicialmente, aunque no alcance dicho grado.

d) Que el contribuyente tenga reconocido alguno de los grados de dependencia o de discapacidad de los referidos en las letras b) y c) anteriores.

3. A efectos de lo dispuesto en las letras b) y c) del apartado 2, solo se tendrán en consideración los ascendientes y descendientes por los que el contribuyente tenga derecho a la aplicación del mínimo por ascendientes y descendientes, así como el cónyuge y los colaterales hasta el segundo grado de parentesco por consanguinidad que convivan con el contribuyente durante más de 183 días del periodo impositivo y no tengan rentas anuales, excluidas las exentas, superiores a 8.000 euros.

4. Para la aplicación de la deducción regulada en este artículo deben cumplirse los siguientes requisitos:

a) El contribuyente debe estar en situación de alta en la Seguridad Social como empleador titular de un hogar familiar, tener contratada y cotizar por una o varias personas por el Sistema Especial de Empleados de Hogar del Régimen General de la Seguridad Social durante el periodo en que se pretenda aplicar la deducción.

Asimismo, será necesario que la persona o personas contratadas presten servicios para el titular del hogar familiar durante, al menos, 40 horas mensuales.

b) En el caso de aplicarse la deducción por concurrir la circunstancia indicada en la letra a) del apartado 2 de este artículo, el contribuyente empleador y, en su caso, el otro progenitor del hijo menor de 3 años por el que se apliquen el mínimo por descendientes, deben realizar una actividad por cuenta propia o ajena por la que estén dados de alta en el régimen correspondiente de la Seguridad Social o mutualidad, al menos, durante 183 días dentro del periodo impositivo.

En caso de que el contribuyente tenga hijos menores de 3 años con diferentes progenitores, podrá aplicarse la deducción cuando se cumpla el requisito indicado en el párrafo anterior respecto de cualquiera de ellos.

c) En el caso de aplicarse la deducción por concurrir las circunstancias indicadas en las letras b) y c) del apartado 2 de este artículo, el contribuyente empleador debe encontrarse en alguna de las siguientes situaciones:

1.º Realizar una actividad por cuenta propia o ajena por la que esté dado de alta en el régimen correspondiente de la Seguridad Social o mutualidad, al menos, durante 183 días dentro del periodo impositivo.

2.º Percibir prestaciones contributivas y asistenciales del sistema de protección del desempleo, pensiones abonadas por el Régimen General y los Regímenes especiales de la Seguridad Social o por el Régimen de Clases Pasivas del Estado, o prestaciones análogas a las anteriores reconocidas a los profesionales no integrados en el régimen especial de la Seguridad Social de los trabajadores por cuenta propia o autónomos por las mutualidades de previsión social que actúen como alternativas al régimen especial de la Seguridad Social mencionado, siempre que se trate de prestaciones por situaciones idénticas a las previstas para la correspondiente pensión de la Seguridad Social.

No será exigible lo contenido en esta letra en caso de aplicarse la deducción por la circunstancia indicada en la letra d) del apartado 2.

Artículo 12[21]. *Deducción por el pago de intereses de préstamos para la adquisición de vivienda por jóvenes menores de treinta años.*

1. Los contribuyentes menores de treinta años podrán deducirse el 25 por ciento de los intereses satisfechos durante el período impositivo por préstamos hipotecarios obtenidos para la adquisición de su vivienda habitual, con el límite máximo de deducción de 1.031 euros anuales.

A tal efecto, se considerará vivienda habitual la que se ajusta a la definición y requisitos establecidos en la disposición adicional vigésima tercera de la Ley 35/2006, de 28 de noviembre, del Impuesto sobre la Renta de las Personas Físicas, y en su normativa de desarrollo, en su redacción vigente desde el 1 de enero de 2013.

---

[21] Nueva redacción del art. 12 dada por el art. único. Quince de la Ley 13/2023, de 15 de diciembre, por la que se modifica el Texto Refundido de las disposiciones legales de la Comunidad de Madrid en materia de tributos cedidos por el Estado, aprobado por Decreto Legislativo 1/2010, de 21 de octubre, para deflactar la escala autonómica, el mínimo personal y familiar, las cuantías de las deducciones autonómicas y los límites de renta para la aplicación de las mismas, en el Impuesto sobre la Renta de las Personas Físicas (BOCM, núm. 303, de 21 de diciembre de 2023), con efectos a todos los periodos impositivos que se inicien a partir del 1 de enero de 2023.
Redacción original por su incorporación por el art. único Seis de la Ley 3/2023, de 16 de marzo, por la que se modifica el Texto Refundido de las Disposiciones Legales de la Comunidad de Madrid en materia de tributos cedidos por el Estado, aprobado por Decreto Legislativo 1/2010, de 21 de octubre, para la adopción de medidas fiscales dirigidas a la protección a la maternidad y paternidad y de fomento de la natalidad y la conciliación BOCM núm. 70, de 23-03-2023), en vigor desde el 1 de enero de 2023.
El original art. 12 fue derogado por la Disp. Derogatoria única.2.d) de la Ley 8/2012, de 28 de diciembre, de Medidas Fiscales y Administrativas (BOCM núm. 310, de 29 de diciembre de 2012), con efectos desde el 1 de enero de 2013.

2. La deducción resultará aplicable por los intereses satisfechos hasta el mes anterior a aquel en que el contribuyente cumpla los treinta años de edad.

Artículo 12 bis[22]**.** *Deducción por el pago de intereses de préstamos a estudios de Grado, Máster y Doctorado.*
1. Los contribuyentes podrán deducir el importe de los intereses pagados en el período impositivo correspondientes a préstamos obtenidos para cursar estudios universitarios en cualquiera de los tres ciclos a que se refiere el artículo 37 de la Ley Orgánica 6/2001, de 21 de diciembre, de Universidades. Asimismo, serán deducibles los intereses satisfechos por préstamos obtenidos para la realización de estudios que permitan la obtención de un título propio de Máster de la entidad que lo organice, siempre que dicha entidad imparta también formación que permita la obtención de un título oficial de los que se regulan el artículo 35 de la Ley Orgánica 6/2001, de 21 de diciembre.
2. La deducción será aplicable por quien resulte obligado a satisfacer tales intereses siempre que el préstamo se haya concedido para la realización de los estudios por el propio contribuyente, su cónyuge o cualquiera de los descendientes por los que tenga derecho a aplicar el mínimo por descendientes a que se refiere el artículo 58 de la Ley 35/2006, de 28 de noviembre, o a los que satisfaga anualidades por alimentos que gocen de la aplicación de las especialidades a que se refieren los artículos 64 y 75 de la misma Ley.
3. Sólo serán deducibles los intereses satisfechos por préstamos concedidos por entidades de crédito a las que se refiere el artículo 1 de la Ley 10/2014, de 26 de junio, de ordenación, supervisión y solvencia de entidades de crédito, sin perjuicio de que la concesión del préstamo haya sido gestionada a través de programas u organismos públicos.

Artículo 13[23]**.** *Deducción por adquisición de vivienda habitual por nacimiento o adopción de hijos.*
1. Los contribuyentes que adquieran, como consecuencia del nacimiento o adopción de hijos, una vivienda que constituye la vivienda habitual de su unidad familiar podrán deducir-

---

[22]   Nuevo art. 12 bis incorporado por el art. único.Siete de la Ley 10/2023, de 12 de abril, por la que se modifica el Texto Refundido de las Disposiciones Legales de la Comunidad de Madrid en materia de tributos cedidos por el Estado, aprobado por Decreto Legislativo 1/2010, de 21 de octubre, para ampliar las deducciones autonómicas en el ámbito del Impuesto sobre la Renta de las Personas Físicas (BOCM núm. 90, de 17 de abril 2023), de aplicación a todos los periodos impositivos que se inicien a partir del 1 de enero de 2023.
[23]   Nueva redacción del art. 13 dada por el art. único. Dieciséis de la Ley 13/2023, de 15 de diciembre, por la que se modifica el Texto Refundido de las disposiciones legales de la Comunidad de Madrid en materia de tributos cedidos por el Estado, aprobado por Decreto Legislativo 1/2010, de 21 de octubre, para deflactar la escala autonómica, el mínimo personal y familiar, las cuantías de las deducciones autonómicas y los límites de renta para la aplicación de las mismas, en el Impuesto sobre la Renta de las Personas Físicas (BOCM, núm. 303, de 21 de diciembre de 2023), con efectos a todos los periodos impositivos que se inicien a partir del 1 de enero de 2023.
Redacción original por su incorporación por el art. único Siete de la Ley 3/2023, de 16 de marzo, por la que se modifica el Texto Refundido de las Disposiciones Legales de la Comunidad de Madrid en materia de tributos cedidos por el Estado, aprobado por Decreto Legislativo 1/2010, de 21 de octubre, para la adopción de medidas fiscales dirigidas a la protección a la maternidad y paternidad y de fomento de la natalidad y la conciliación BOCM núm. 70, de 23-03-2023), en vigor desde el 1 de enero de 2023.

se el 10 por ciento de su precio de adquisición de acuerdo con lo dispuesto en el apartado 2 de este artículo.

El importe de la deducción se prorrateará por décimas partes y se aplicará en el período impositivo en que se produzca la adquisición los nueve siguientes, sin que la deducción anual aplicable pueda superar los 1.546,50 euros.

2. A efectos de lo dispuesto en este artículo se considerará como precio de adquisición de la vivienda al importe real por el que se efectúe, más los gastos y tributos inherentes a dicha adquisición, y deberán cumplirse los siguientes requisitos:

a) La vivienda deberá adquirirse en los tres años siguientes, contados de fecha a fecha, desde que se produzca el nacimiento o adopción de un hijo del contribuyente por el que tenga derecho a la aplicación del mínimo por descendientes y habitarse efectivamente en el plazo de doce meses desde su adquisición.

b) La vivienda adquirida deberá constituir la vivienda habitual de la unidad familiar del contribuyente, de acuerdo con la definición y requisitos establecidos en la disposición adicional vigésima tercera de la Ley 35/2006, de 28 de noviembre, del Impuesto sobre la Renta de las Personas Físicas, y en su normativa de desarrollo, en su redacción vigente desde el 1 de enero de 2013.

3. Si el contribuyente transmitiese la vivienda durante el período indicado en el párrafo segundo del apartado 1, perderá el derecho a la deducción restante en el período impositivo en que se produzca dicha transmisión y los siguientes.

4[24]**.** En el caso de que la vivienda por la que se aplique la presente deducción no llegue a habitarse efectivamente en el plazo de doce meses desde su adquisición o construcción o no se habite efectivamente durante un plazo mínimo continuado de tres años, salvo que concurran las circunstancias indicadas en la disposición adicional vigésima tercera de la Ley 35/2006, de 28 de noviembre y en su normativa de desarrollo, el adquirente perderá el derecho a la deducción, procediéndose a la regularización de acuerdo con lo establecido en la normativa estatal del Impuesto sobre la Renta de las Personas Físicas.

El original art. 13 fue derogado por la Disp. Derogatoria única.2.d) de la Ley 8/2012, de 28 de diciembre, de Medidas Fiscales y Administrativas (BOCM núm. 310, de 29 de diciembre de 2012), con efectos desde el 1 de enero de 2013.

[24] Nueva redacción del art. 13.4 dada por el art. Único Tres de la Ley 4/2024, de 20 de noviembre, por la que se modifica el texto refundido de las disposiciones legales de la Comunidad de Madrid en materia de tributos cedidos por el Estado, aprobado por Decreto Legislativo 1/2010, de 21 de octubre, del Consejo de Gobierno, para establecer una deducción por inversiones de nuevos contribuyentes procedentes del extranjero en el ámbito del Impuesto sobre la Renta de las Personas Físicas (BOE núm. 44, de 20 de febrero de 2025), con efectos a partir del 1 de enero de 2024.

Redacción anterior: «*4. En el caso de que la vivienda por la que se aplique la presente deducción no llegue a habitarse efectivamente en el plazo de doce meses desde su adquisición o construcción o no se habite efectivamente durante un plazo mínimo continuado de tres años, salvo que concurran las circunstancias indicadas en la disposición adicional vigésima tercera de la Ley 35/2006, de 28 de noviembre, del Impuesto sobre la Renta de las Personas Físicas, y en su normativa de desarrollo, en su redacción vigente desde el 1 de enero de 2013, el adquirente deberá presentar la autoliquidación complementarias que se refiere el segundo párrafo del apartado 2 del artículo 122 de la Ley 58/2003, de 17 de diciembre, General Tributaria*».

Artículo 13 bis[25]. *Deducción por la obtención de la condición de familia numerosa de categoría general o especial.*

1. Los contribuyentes que obtengan la condición de titulares de una familia numerosa de categoría general podrán deducir el 50 por ciento de la cuota íntegra autonómica, con el límite de 6.186 euros en tributación individual y de 12.372 euros en tributación conjunta. La deducción será del 100 por ciento de la cuota íntegra, con el límite de 12.372 euros en tributación individual y de 24.744 euros en tributación conjunta, para los que obtengan la condición de titulares de una familia numerosa de categoría especial.

A tal efecto, se considerará que se obtiene la condición de titular de una familia numerosa cuando tenga efectos el reconocimiento de dicha condición de acuerdo con la Ley 40/2003, de 18 de noviembre, de Protección a las Familias Numerosas.

2. La deducción establecida en este artículo podrá aplicarse en el período impositivo en que surta efectos el reconocimiento de la condición de familia numerosa de categoría general o especial y en los dos siguientes.

Artículo 14[26]. *Deducción para familias con dos o más descendientes e ingresos reducidos.*

Los contribuyentes que tengan dos o más descendientes que generen a su favor el derecho a la aplicación del correspondiente mínimo establecido por la normativa reguladora del impuesto y cuya suma de bases imponibles no sea superior a 24.744 euros podrán aplicar una deducción del 10 por 100 del importe resultante de minorar la cuota íntegra autonómica en el resto de deducciones autonómicas aplicables en la Comunidad de Madrid y la parte de deducciones estatales que se apliquen sobre dicha cuota íntegra autonómica.

Para calcular la suma de bases imponibles se adicionarán las siguientes:

a) Las de los contribuyentes que tengan derecho, por los mismos descendientes, a la aplicación del mínimo correspondiente tanto si declaran individual como conjuntamente.

b) Las de los propios descendientes que dan derecho al citado mínimo.

A estos efectos, para cada contribuyente, se considerará como base imponible a la suma de la base imponible general y del ahorro.

---

[25] Nueva redacción del art. 13 bis dada por el art. único. Diecisiete de la Ley 13/2023, de 15 de diciembre, por la que se modifica el Texto Refundido de las disposiciones legales de la Comunidad de Madrid en materia de tributos cedidos por el Estado, aprobado por Decreto Legislativo 1/2010, de 21 de octubre, para deflactar la escala autonómica, el mínimo personal y familiar, las cuantías de las deducciones autonómicas y los límites de renta para la aplicación de las mismas, en el Impuesto sobre la Renta de las Personas Físicas (BOCM, núm. 303, de 21 de diciembre de 2023), con efectos a todos los periodos impositivos que se inicien a partir del 1 de enero de 2023.
Redacción original por su incorporación por el art. único Ocho de la Ley 3/2023, de 16 de marzo, por la que se modifica el Texto Refundido de las Disposiciones Legales de la Comunidad de Madrid en materia de tributos cedidos por el Estado, aprobado por Decreto Legislativo 1/2010, de 21 de octubre, para la adopción de medidas fiscales dirigidas a la protección a la maternidad y paternidad y de fomento de la natalidad y la conciliación BOCM núm. 70, de 23-03-2023), en vigor desde el 1 de enero de 2023.

[26] Nueva redacción del art. 14 dada por el art. único. Dieciocho de la Ley 13/2023, de 15 de diciembre, por la que se modifica el Texto Refundido de las disposiciones legales de la Comunidad de Madrid en materia de tributos cedidos por el Estado, aprobado por Decreto Legislativo 1/2010, de 21 de octubre, para deflactar la escala autonómica, el mínimo personal y familiar, las cuantías de las deducciones autonómicas y los límites de renta para la aplicación de las mismas, en el Impuesto sobre la Renta de las Personas Físicas (BOCM, núm. 303, de 21 de diciembre de 2023), con efectos a todos los periodos impositivos que se inicien a partir del 1 de enero de 2023.

Artículo 15[27]. *Deducción por inversión en la adquisición de acciones y participaciones sociales de nuevas entidades o de reciente creación.*

1. Los contribuyentes podrán aplicar una deducción del 40 por ciento de las cantidades invertidas durante el ejercicio en la adquisición de acciones y participaciones sociales como consecuencia de acuerdos de constitución de sociedades o de ampliación de capital en las sociedades mercantiles que revistan la forma de sociedad anónima y sociedad de responsabilidad limitada.

2. El límite de deducción aplicable será de 9.279 euros anuales.

3. Para la aplicación de la deducción deberán cumplirse los siguientes requisitos:

a) Que, como consecuencia de la participación adquirida por el contribuyente, computada junto con la que posean de la misma entidad su cónyuge o personas unidas al contribuyente por razón de parentesco, en línea recta o colateral, por consanguinidad o afinidad hasta el tercer grado incluido, no se llegue a poseer durante ningún día del año natural más del 40 por 100 del total del capital social de la entidad o de sus derechos de voto.

b) Que dicha participación se mantenga un mínimo de tres años.

c) Que la entidad de la que se adquieran las acciones o participaciones cumpla los siguientes requisitos:

1.º Que tenga su domicilio social y fiscal en la Comunidad de Madrid.

2.º Que desarrolle una actividad económica. A estos efectos no se considerará que desarrolla una actividad económica cuando tenga por actividad principal la gestión de un patrimonio mobiliario o inmobiliario, de acuerdo con lo establecido en el artículo 4. Ocho.Dos.a) de la Ley 19/1991, de 6 de junio, del Impuesto sobre el Patrimonio.

3.º Que, para el caso en que la inversión efectuada corresponda a la constitución de la entidad, desde el primer ejercicio fiscal esta cuente, al menos, con una persona contratada con contrato laboral y a jornada completa y dada de alta en el Régimen General de la Seguridad Social.

4.º Que, para el caso en que la inversión efectuada corresponda a una ampliación de capital de la entidad, dicha entidad hubiera sido constituida dentro de los tres años anteriores a la ampliación de capital y que la plantilla media de la entidad durante los dos ejercicios fiscales posteriores al de la ampliación se incremente respecto de la plantilla media que tuviera en los doce meses anteriores al menos en una persona con los requisitos anteriores, y

---

[27] Nueva redacción del art. 15 dada por el art. único. Diecinueve de la Ley 13/2023, de 15 de diciembre, por la que se modifica el Texto Refundido de las disposiciones legales de la Comunidad de Madrid en materia de tributos cedidos por el Estado, aprobado por Decreto Legislativo 1/2010, de 21 de octubre, para deflactar la escala autonómica, el mínimo personal y familiar, las cuantías de las deducciones autonómicas y los límites de renta para la aplicación de las mismas, en el Impuesto sobre la Renta de las Personas Físicas (BOCM, núm. 303, de 21 de diciembre de 2023), con efectos a todos los periodos impositivos que se inicien a partir del 1 de enero de 2023.
Redacción anterior dada por el art. único Ocho de la Ley 6/2018, de 19 de diciembre, de Medidas Fiscales de la Comunidad de Madrid, por la que se modifica el Texto Refundido de las Disposiciones Legales de la Comunidad de Madrid en materia de tributos cedidos por el Estado, aprobado por Decreto Legislativo 1/2010, de 21 de octubre (BOCM núm. 309, de 28 de diciembre de 2018), con efectos desde el 31 de diciembre de 2018, siendo de aplicación a los periodos impositivos que finalicen durante el año 2018.
Redacción del art. 15.1 y 2 dada por el art. único.Ocho de la Ley 10/2023, de 12 de abril (BOCM núm. 90, de 17 de abril 2023), de aplicación a todos los periodos impositivos que se inicien a partir del 1 de enero de 2023.

dicho incremento se mantenga durante al menos otros veinticuatro meses. Para el cálculo de la plantilla media total de la entidad y de su incremento se tomarán las personas empleadas en los términos que disponga la legislación laboral, teniendo en cuenta la jornada contratada en relación a la jornada completa.

4. La deducción contenida en este artículo será del 50 por 100 de las cantidades inverti-das, con un límite de 12.372,00 euros, en el caso de sociedades creadas o participadas por universidades o centros de investigación.

5. La deducción contenida en este artículo también será aplicable, en el porcentaje y límite establecidos en el apartado 4 y cumpliendo los requisitos establecidos en el apartado 3, excepto el contenido en el párrafo 3.º de dicho apartado, por las cantidades invertidas en el ejercicio en la adquisición de acciones, participaciones y aportaciones sociales como con-secuencia de acuerdos de constitución o de ampliación de capital de sociedades anónimas laborales, sociedades de responsabilidad limitada laborales y sociedades cooperativas.

Artículo 16[28]. *Deducción para el fomento del autoempleo de jóvenes menores de treinta y cinco años.*

Los contribuyentes menores de treinta y cinco años que causen alta por primera vez en el Censo de Empresarios, Profesionales y Retenedores, previsto en el Real Decreto 1065/2007, de 27 de julio, por el que se aprueba el Reglamento General de las actuaciones y los procedi-mientos de gestión e inspección tributaria y de desarrollo de las normas comunes de los pro-cedimientos de aplicación de los tributos, podrán aplicar una deducción en la cuota íntegra autonómica del Impuesto sobre la Renta de las Personas Físicas de 1.031 euros.

La deducción se practicará en el periodo impositivo en que se produzca el alta en el citado Censo y serán requisitos necesarios para la aplicación de la misma que la actividad se desarrolle principalmente en el territorio de la Comunidad de Madrid y que el contribuyente se mantenga en el citado Censo durante al menos un año desde el alta.

Artículo 17[29]. *Deducción por inversiones realizadas en entidades cotizadas en el Mercado Alternativo Bursátil.*

1. Los contribuyentes podrán deducir de la cuota íntegra autonómica el 20 por 100 de las cantidades invertidas en la adquisición de acciones correspondientes a procesos de am-

---

[28] Nueva redacción del art. 16 dada por el art. único. Veinte de la Ley 13/2023, de 15 de diciembre, por la que se modifica el Texto Refundido de las disposiciones legales de la Comunidad de Madrid en materia de tributos cedidos por el Estado, aprobado por Decreto Legislativo 1/2010, de 21 de octubre, para deflactar la escala autonómica, el mínimo personal y familiar, las cuantías de las deducciones autonómicas y los límites de renta para la aplicación de las mismas, en el Impuesto sobre la Renta de las Personas Físicas (BOCM, núm. 303, de 21 de diciembre de 2023), con efectos a todos los periodos impositivos que se inicien a partir del 1 de enero de 2023.
Redacción anterior del art. 16 dada por el art. 1.Dos de la Ley 9/2010, de 23 de diciembre, de Medidas Fiscales, Administrativas y Racionalización del Sector Público (BOCM núm. 310, 29 de diciembre de 2010), en vigor desde el 1-1-2011.

[29] Nueva redacción del art. 17 dada por el art. único. Veintiuno de la Ley 13/2023, de 15 de diciembre, por la que se modifica el Texto Refundido de las disposiciones legales de la Comunidad de Madrid en materia de tributos cedidos por el Estado, aprobado por Decreto Legislativo 1/2010, de 21 de octubre, para deflactar la escala autonómica, el mínimo personal y familiar, las cuantías de las deducciones autonómicas y los límites de renta para la aplicación de las mismas, en el Impuesto sobre la Renta de las Personas Físicas

pliación de capital o de oferta pública de valores, en ambos casos a través del segmento de empresas en expansión del Mercado Alternativo Bursátil aprobado por Acuerdo del Consejo de Ministros del 30 de diciembre de 2005, con un máximo de 10.310 euros de deducción.

2. Para poder aplicar la deducción será necesario que se cumplan los siguientes requisitos:

a) Que las acciones o participaciones adquiridas se mantengan al menos durante dos años.

b) Que la participación en la entidad a la que correspondan las acciones o participaciones no sea superior al 10 por 100 del capital social.

c) La sociedad en que se produzca la inversión debe tener el domicilio social y fiscal en la Comunidad de Madrid, y no debe tener como actividad principal la gestión de un patrimonio mobiliario o inmobiliario, de acuerdo con los requisitos establecidos en el artículo 4.Ocho.dos.a) de la Ley 19/1991, de 6 de junio, del Impuesto sobre el Patrimonio.

3. Los requisitos indicados en los apartados b) y c) anteriores deberán cumplirse durante todo el plazo de mantenimiento indicado en el apartado a).

4. La deducción contenida en este artículo resultará incompatible, para las mismas inversiones, con la deducción establecida en el artículo 15 de esta ley.

❚ **Artículo 17 bis**[30]**.** *Deducción por inversiones de nuevos contribuyentes procedentes del extranjero.*

1. Las personas físicas no residentes en España que se conviertan en contribuyentes del Impuesto sobre la Renta de las Personas Físicas en la Comunidad de Madrid, podrán aplicar una deducción del 20 por ciento del valor de adquisición, incluyendo los gastos y tributos inherentes a la adquisición, excluidos los intereses, que hubieran sido satisfechos por el adquirente, de los siguientes elementos patrimoniales:

a) Valores representativos de la cesión a terceros de capitales propios, negociados o no, en mercados organizados.

b) Valores representativos de la participación en fondos propios de cualquier tipo de entidad, negociados o no, en mercados organizados.

2. Para la aplicación de la presente deducción será necesario que se cumplan los siguientes requisitos:

a) En el caso de inversión en valores representativos de la participación en fondos propios de cualquier tipo de entidad, no negociados en mercados organizados, la entidad no podrá estar constituida ni domiciliada en un paraíso fiscal y la participación directa o indirecta del contribuyente, junto con la que posean en la misma entidad su cónyuge o cualquier persona unida al contribuyente por parentesco, en línea recta o colateral, por consanguinidad o afinidad, hasta el segundo grado incluido, no puede ser, durante ningún día de los años

---

(BOCM, núm. 303, de 21 de diciembre de 2023), con efectos a todos los periodos impositivos que se inicien a partir del 1 de enero de 2023.

[30] Nuevo art. 17 bis incorporado por el art. Único Cuatro de la Ley 4/2024, de 20 de noviembre, por la que se modifica el texto refundido de las disposiciones legales de la Comunidad de Madrid en materia de tributos cedidos por el Estado, aprobado por Decreto Legislativo 1/2010, de 21 de octubre, del Consejo de Gobierno, para establecer una deducción por inversiones de nuevos contribuyentes procedentes del extranjero en el ámbito del Impuesto sobre la Renta de las Personas Físicas (BOE núm. 44, de 20 de febrero de 2025), con efectos a partir del 1 de enero de 2024.

naturales de mantenimiento de la participación, superior al 40 por ciento del capital social de la entidad o de sus derechos de voto, no pudiendo el contribuyente en ningún caso llevar a cabo funciones ejecutivas ni de dirección ni mantener una relación laboral en la entidad objeto de la inversión.

b) La inversión debe ser realizada en el propio ejercicio de la adquisición de la residencia fiscal en la Comunidad de Madrid, conforme a la normativa del Impuesto sobre la Renta de las Personas Físicas, o en el ejercicio siguiente. En el caso de inversión en valores representativos de la cesión a terceros de capitales propios emitidos por entidades españolas y de valores representativos de la participación en fondos propios de entidades españolas, la inversión también podrá realizarse en el ejercicio anterior al de la adquisición de la citada residencia.

El contribuyente deberá mantener la inversión adquirida durante un plazo de seis años, siendo válidas las transmisiones onerosas de los elementos patrimoniales adquiridos con reinversión total del importe obtenido con la trasmisión, en el plazo de un mes desde las mismas, en cualquiera de los elementos patrimoniales mencionados en el apartado 1 de este artículo.

Cuando la inversión inicial haya concurrido en el ejercicio anterior al de la adquisición de la residencia fiscal, teniendo por objeto entidades de nacionalidad española, se deberá mantener la inversión realizada hasta que adquiera dicha residencia, pudiendo reinvertir, en los activos y con los requisitos señalados en este artículo, a partir del ejercicio de adquisición de la residencia.

c) Que el contribuyente no haya sido residente en España durante los cinco años anteriores al cambio de residencia a territorio de la Comunidad de Madrid.

3. La deducción podrá ser aplicada en el ejercicio en el que se produzca la inversión y en los cinco ejercicios siguientes inmediatos y sucesivos en caso de insuficiencia de cuota íntegra. En caso de concurrir con otras deducciones autonómicas, esta deducción se aplicará con posterioridad al resto de deducciones a las que tenga derecho el contribuyente.

En el caso de que la inversión se haya realizado en el ejercicio anterior al de la adquisición de la condición de contribuyente del Impuesto sobre la Renta de las Personas Físicas en la Comunidad de Madrid, para los bienes respecto de los cuales se prevé esta posibilidad en el apartado 2.b), la deducción podrá ser aplicada en el ejercicio en el que se adquiera la citada residencia fiscal o en los cinco ejercicios siguientes inmediatos y sucesivos, en caso de insuficiencia de cuota íntegra.

4. Esta deducción podrá ser de aplicación a todas aquellas personas que se conviertan en contribuyentes del Impuesto sobre la Renta de las Personas Físicas en la Comunidad de Madrid a partir del 1 de enero de 2024 aun cuando las inversiones se hayan realizado durante el ejercicio anterior, en los supuestos recogidos en el apartado 2.b).

Además, el contribuyente deberá mantener la condición de tal en el Impuesto sobre la Renta de las Personas Físicas en la Comunidad de Madrid hasta el último ejercicio del periodo de mantenimiento de la inversión.

La pérdida de la residencia en la Comunidad de Madrid en el período de obligación de mantenimiento de la inversión o el incumplimiento de la obligación de mantenimiento de la inversión realizada, incluyendo el supuesto de transmisión sin reinversión total, originarán la pérdida de la deducción aplicada.

5. La deducción contenida en este artículo resultará incompatible, para las mismas inversiones, con las deducciones establecidas en los artículos 15 y 17.

Artículo 18[31]**. *Límites y requisitos formales aplicables a determinadas deducciones.***

1[32]. Solo tendrán derecho a la aplicación de las deducciones establecidas en los artículos 6, 7 y 8 aquellos contribuyentes cuya base imponible, entendiendo como tal la suma de la base imponible general y la del ahorro, no sea superior a 26.414,22 euros en tributación individual o a 37.322,20 euros en tributación conjunta.

Solo tendrán derecho a la aplicación de la deducción establecida en el artículo 4 los contribuyentes cuya base imponible, considerada en los mismos términos anteriores, no sea superior a 30.930 euros en tributación individual o a 37.322,20 euros en tributación conjunta.

---

[31]   Nueva redacción del art. 18 dada por el art. único. Veintidós de la Ley 13/2023, de 15 de diciembre, por la que se modifica el Texto Refundido de las disposiciones legales de la Comunidad de Madrid en materia de tributos cedidos por el Estado, aprobado por Decreto Legislativo 1/2010, de 21 de octubre, para deflactar la escala autonómica, el mínimo personal y familiar, las cuantías de las deducciones autonómicas y los límites de renta para la aplicación de las mismas, en el Impuesto sobre la Renta de las Personas Físicas (BOCM, núm. 303, de 21 de diciembre de 2023), con efectos a todos los periodos impositivos que se inicien a partir del 1 de enero de 2023.

Redacción anterior del art. 18.1 dada por la Disp. Adic. Primera.Cinco de la Ley 12/2017, de 26 de diciembre, (BOCA núm. 308, de 28 de diciembre de 2017), en vigor desde el 1 de enero de 2018.

Redacción del art. 18.2 dada por el art. único Nueve de la Ley 3/2023, de 16 de marzo (BOCM núm. 70, de 23-03-2023), en vigor desde el 1 de enero de 2023. Redacción anterior dada por el art. único Nueve de la Ley 6/2018, de 19 de diciembre (BOCM núm. 309, de 28 de diciembre de 2018), con efectos desde del 31 de diciembre de 2018].

Redacción del art. 18.3 dada por el art. único Nueve de la Ley 6/2018, de 19 de diciembre (BOCM núm. 309, de 28 de diciembre de 2018), con efectos desde del 31 de diciembre de 2018, siendo de aplicación a los periodos impositivos que finalicen durante el año 2018.

Redacción del art. 18.4 dada por el art. único.Nueve de la Ley 10/2023, de 12 de abril (BOCM núm. 90, de 17 de abril 2023), de aplicación a todos los periodos impositivos que se inicien a partir del 1 de enero de 2023.

Redacción anterior dada por el art. único Nueve de la Ley 6/2018, de 19 de diciembre, (BOCM núm. 309, de 28 de diciembre de 2018), con efectos desde del 31 de diciembre de 2018, siendo de aplicación a los periodos impositivos que finalicen durante el año 2018].

[32]   Nueva redacción del art. 18.1 dada por el art. Único Ocho la Ley 5/2024, de 20 de noviembre, por la que se modifica el texto refundido de las disposiciones legales de la Comunidad de Madrid en materia de tributos cedidos por el Estado, aprobado por Decreto Legislativo 1/2010, de 21 de octubre, del Consejo de Gobierno, para incorporar medidas fiscales con el fin de favorecer el acceso a la vivienda y el cambio de residencia a municipios en riesgo de despoblación (BOE núm. 44, de 20 de febrero de 2025), en vigor desde el 1 de enero de 2024.

Redacción anterior dada redacción del art. 18 dada por el art. único. Veintidós de la Ley 13/2023, de 15 de diciembre: «*1. Solo tendrán derecho a la aplicación de las deducciones establecidas en los artículos 6, 7, 8 y 10 aquellos contribuyentes cuya base imponible, entendiendo como tal la suma de la base imponible general y la del ahorro, no sea superior a 26.414,22 euros en tributación individual o a 37.322,20 euros en tributación conjunta.*

Solo tendrán derecho a la aplicación de la deducción establecida en el artículo 4 los contribuyentes cuya base imponible, considerada en los mismos términos anteriores, no sea superior a 30.930 euros en tributación individual o a 37.322,20 euros en tributación conjunta.

Sin perjuicio de los límites generales establecidos en los párrafos anteriores, no se tendrá derecho a la aplicación de las deducciones contenidas en los artículos 4 y 8 cuando la suma de las bases imponibles de todos los miembros de la unidad familiar de la que el contribuyente pueda formar parte sea superior a 61.860 euros. A tales efectos, se computarán las bases imponibles en los mismos términos previstos en el primer párrafo de este apartado».

Sin perjuicio de los límites generales establecidos en los párrafos anteriores, no se tendrá derecho a la aplicación de las deducciones contenidas en los artículos 4 y 8 cuando la suma de las bases imponibles de todos los miembros de la unidad familiar de la que el contribuyente pueda formar parte sea superior a 61.860 euros. A tales efectos, se computarán las bases imponibles en los mismos términos previstos en el primer párrafo de este apartado.

2[33]. Solo tendrán derecho a la aplicación de las deducciones establecidas en los artículos 10, 10 bis, 10 ter, 11, 11 bis, 13, y 13 bis aquellos contribuyentes cuya base imponible, entendiendo como tal la suma de la base imponible general y la del ahorro, junto con la correspondiente al resto de miembros de su unidad familiar, no supere la cantidad en euros resultante de multiplicar por 30.930 el número de miembros de dicha unidad familiar.

3. A efectos de la aplicación de la deducción contenida en el artículo 9, la base de la misma no podrá exceder del 10 por 100 de la base liquidable, entendiendo como tal la suma de la base liquidable general y la de ahorro del contribuyente.

4. Las deducciones contempladas en esta Sección requerirán justificación documental adecuada. Asimismo, y sin perjuicio de lo anterior:

a) Los contribuyentes que deseen gozar de la deducción establecida en el artículo 6 deberán estar en posesión del correspondiente certificado acreditativo de la formalización del acogimiento, expedido por la consejería competente en la materia.

b) Los contribuyentes que deseen gozar de la deducción establecida en el artículo 7 deberán disponer de un certificado, expedido por la consejería competente en la materia, por el que se acredite que ni el contribuyente ni la persona acogida han recibido ayudas de la Comunidad de Madrid vinculadas con el acogimiento.

c)[34] Los contribuyentes que pretendan aplicar las deducciones establecidas en los artículos 8, 8 bis y 8 ter deberán estar en posesión del resguardo o, en su caso, de una copia del

---

33   Nueva redacción del art. 18.2 dada por el art. Único Ocho la Ley 5/2024, de 20 de noviembre, por la que se modifica el texto refundido de las disposiciones legales de la Comunidad de Madrid en materia de tributos cedidos por el Estado, aprobado por Decreto Legislativo 1/2010, de 21 de octubre, del Consejo de Gobierno, para incorporar medidas fiscales con el fin de favorecer el acceso a la vivienda y el cambio de residencia a municipios en riesgo de despoblación (BOE núm. 44, de 20 de febrero de 2025), en vigor desde el 1 de enero de 2024.

Redacción anterior dada redacción del art. 18 dada por el art. único. Veintidós de la Ley 13/2023, de 15 de diciembre: «*2. Solo tendrán derecho a la aplicación de las deducciones establecidas en los artículos 11, 11 bis, 13 y 13 bis aquellos contribuyentes cuya base imponible, entendiendo como tal la suma de la base imponible general y la del ahorro, junto con la correspondiente al resto de miembros de su unidad familiar, no supere la cantidad en euros resultante de multiplicar por 30.930 el número de miembros de dicha unidad familiar*».

34   Nueva redacción del art. 18.4.c) dada por el art. Único Ocho la Ley 5/2024, de 20 de noviembre, por la que se modifica el texto refundido de las disposiciones legales de la Comunidad de Madrid en materia de tributos cedidos por el Estado, aprobado por Decreto Legislativo 1/2010, de 21 de octubre, del Consejo de Gobierno, para incorporar medidas fiscales con el fin de favorecer el acceso a la vivienda y el cambio de residencia a municipios en riesgo de despoblación (BOE núm. 44, de 20 de febrero de 2025), en vigor desde el 1 de enero de 2024.

Redacción anterior: «*c) Los contribuyentes que pretendan aplicar la deducción establecida en el artículo 8 deberán estar en posesión de una copia del resguardo del depósito de la fianza en la Agencia de Vivienda Social de la Comunidad de Madrid formalizado por el arrendador, de acuerdo con lo dispuesto en el artículo 36 de la Ley 29/1994, de 24 de noviembre, de Arrendamientos Urbanos, y en el Decreto 181/1996, de 5 de diciembre, por el que se regula el régimen de depósito de fianzas de arrendamientos en la Comu-*

resguardo del depósito de la fianza en la Agencia de Vivienda Social de la Comunidad de Madrid formalizado por el arrendador, de acuerdo con lo dispuesto en el artículo 36 de la Ley 29/1994, de 24 de noviembre, y en el Decreto 181/1996, de 5 de diciembre, por el que se regula el régimen de depósito de fianzas de arrendamientos en la Comunidad de Madrid, o bien, en el caso de la deducción del artículo 8 poseer copia de la denuncia presentada ante dicho organismo por no haberles sido entregado dicho justificante por el arrendador.

d) Los contribuyentes que deseen gozar de la deducción establecida en el artículo 11 deberán estar en posesión de los correspondientes justificantes acreditativos del pago de los conceptos objeto de deducción.

e) Los contribuyentes que pretendan aplicar la deducción establecida en el artículo 12 bis deberán haber hecho constar en el contrato de préstamo o crédito suscrito el destino de los fondos y acreditar dicho destino mediante los justificantes oportunos.

(...)

DISPOSICIONES FINALES

Disposición final primera[35]. *Entrada en vigor de la deducción por inversión en vivienda habitual de nueva construcción.*

Disposición final segunda[36]. *Entrada en vigor de la deducción para el fomento del autoempleo de jóvenes menores de treinta y cinco años.*

La deducción contemplada en el artículo 16 de esta Ley se aplicará a aquellos contribuyentes que causen alta por primera vez en el Censo de Empresarios, Profesionales y Retenedores previsto en el Real Decreto 1065/2007, de 27 de julio, por el que se aprueba el Reglamento General de las actuaciones y los procedimientos de gestión e inspección tributaria y de desarrollo de las normas comunes de los procedimientos de aplicación de los tributos, después del 23 de febrero de 2010.

Disposición final tercera[37]. *Entrada en vigor de la deducción por inversiones realizadas en entidades cotizadas en el Mercado Alternativo Bursátil.*

La deducción contemplada en el artículo 17 de esta Ley se aplicará a aquellas inversiones con derecho a deducción que se realicen después del 23 de febrero de 2010.

---

nidad de Madrid, o bien poseer copia de la denuncia presentada ante dicho organismo por no haberles entregado dicho justificante el arrendador.

Adicionalmente, para poder aplicar la deducción a que se refiere esta letra, los contribuyentes, como arrendatarios, deberán haber liquidado el impuesto sobre transmisiones patrimoniales y actos jurídicos documentados derivado del arrendamiento de la vivienda, salvo que no estén obligados a presentar autoliquidación por aplicar la bonificación prevista en el artículo 30 quater de esta ley».

[35] Derogada por la Disp. Derogatoria única.2.d) de la Ley 8/2012, de 28 de diciembre, de Medidas Fiscales y Administrativas (BOCM núm. 310, de 29 de diciembre de 2012), con efectos desde el 1 de enero de 2013.

[36] Nueva redacción de la Disp. Final Segunda dada por el art. 1.Siete de la Ley 9/2010, de 23 de diciembre, de Medidas Fiscales, Administrativas y Racionalización del Sector Público (BOCM núm. 310, 29 de diciembre de 2010), en vigor desde el 1-1-2011.

[37] Nueva redacción de la Disp. Final Tercera dada por el art. 1.Ocho de la Ley 9/2010, de 23 de diciembre, de Medidas Fiscales, Administrativas y Racionalización del Sector Público (BOCM núm. 310, 29 de diciembre de 2010), en vigor desde el 1-1-2011.

Disposición final cuarta. *Entrada en vigor de los mínimos por descendientes*

Los mínimos por descendientes contemplados en el artículo 2 de esta Ley entrarán en vigor cuando lo haga la Ley de Régimen de cesión de tributos del Estado a la Comunidad de Madrid y de fijación del alcance y condiciones de dicha cesión, si bien surtirán efectos desde 1 de enero de 2010.

Disposición final quinta[38]. *Deducción por nacimiento o adopción de hijos.*

La deducción por nacimiento o adopción de hijos regulada en el artículo 4 de este Texto Refundido, en la regulación vigente desde el 1 de enero de 2023, será aplicable a los hijos nacidos o adoptados a partir de dicha fecha.

---

[38] Nueva redacción de la disposición final quinta dada por el art. único Once de la Ley 3/2023, de 16 de marzo, por la que se modifica el Texto Refundido de las Disposiciones Legales de la Comunidad de Madrid en materia de tributos cedidos por el Estado, aprobado por Decreto Legislativo 1/2010, de 21 de octubre, para la adopción de medidas fiscales dirigidas a la protección a la maternidad y paternidad y de fomento de la natalidad y la conciliación BOCM núm. 70, de 23-03-2023), en vigor desde el 1 de enero de 2023. Redacción anterior por su incorporación efectuada por la Disp. Adic. Primera.Siete de la Ley 12/2017, de 26 de diciembre, de Presupuestos Generales de la Comunidad de Madrid para el año 2018 (BOCA núm. 308, de 28 de diciembre de 2017), en vigor desde el 1 de enero de 2018.

COMUNIDAD AUTÓNOMA VALENCIANA

Impuesto sobre la Renta de las Personas Físicas

14. Ley 13/1997, de 23 de diciembre, regula el tramo autonómico del Impuesto sobre la Renta de las Personas Físicas y restantes tributos cedidos

(DOGV núm. 3153, de 31 diciembre de 1997; rectificación errores, DOGV núm. 3186, de 18 febrero de 1998; BOE de 7 abril de 1998)

Preámbulo

I

La Ley 14/1996, de 30 de diciembre, de cesión de tributos del Estado a las Comunidades Autónomas y de medidas fiscales complementarias, en desarrollo de lo dispuesto en los artículos 157.1.a) de la Constitución y 10 y 11 de la Ley Orgánica 8/1980, de 22 de septiembre, de Financiación de las Comunidades Autónomas, en la redacción dada a estos dos últimos preceptos por la Ley Orgánica 3/1996, de 27 de diciembre, de modificación parcial de aquélla, pone en marcha el modelo de financiación autonómica aprobado para el quinquenio 1997-2001 por el Acuerdo 1/1996, de 23 de septiembre, del Consejo de Política Fiscal y Financiera de las Comunidades Autónomas, uno de cuyos principios vertebradores es la distribución de la responsabilidad fiscal dimanante de los tributos estatales entre la Hacienda del Estado y las de las distintas Comunidades Autónomas.

La Ley 36/1997, de 4 de agosto, de modificación del régimen de cesión de tributos del Estado a la Comunidad Valenciana y de fijación del alcance y condiciones de dicha cesión, completa, por lo que a nuestra Comunidad se refiere, el marco normativo del citado modelo de financiación, dando para ello nueva redacción al apartado uno del artículo 52 del Estatuto de Autonomía.

Según se indica en la propia Exposición de Motivos de la Ley Orgánica 3/1996, de 27 de diciembre, y se reitera en la de la Ley 14/1996, de 30 de diciembre, la materialización del aludido principio de responsabilidad fiscal compartida se articula, fundamentalmente, a través de dos medidas. De un lado, se amplía el ámbito de la cesión de tributos a una parte del Impuesto sobre la Renta de las Personas Físicas, que pasa así a ser un impuesto parcialmente cedido; de otro, se atribuyen a las Comunidades Autónomas competencias normativas en relación con los tributos cedidos, incluyendo la mencionada parte del Impuesto sobre la Renta de las Personas Físicas.

En este contexto, la presente Ley tiene por objeto el ejercicio de las competencias normativas asumidas por nuestra Comunidad Autónoma en relación con los tributos cedidos, tanto en el ámbito del Impuesto sobre la Renta de las Personas Físicas como en el de los restantes tributos cedidos, cuya regulación también se efectúa.

II

Desde un punto de vista sustantivo, las distintas medidas recogidas en esta ley resultan enmarcables dentro de la política social y económica del Gobierno valenciano, cuya sensibilidad hacia los problemas que se suscitan en ámbitos tan fundamentales de nuestra convivencia como el de la familia, la tercera edad, las personas afectadas por algún tipo de discapacidad, los jóvenes, la vivienda, el medio ambiente o la cultura es manifiesta, constituyendo, además, un decidido apoyo a la solución de dichos problemas[1].

Así, en el ámbito familiar, el número de nacimientos en nuestra Comunidad es escaso y su tendencia claramente decreciente. A ello hay que añadir la reducción del número medio de hijos que caracteriza actualmente a la unidad familiar. Se trata, sin duda, de factores que configuran un escenario demográfico merecedor de la atención del legislador autonómico valenciano.

Por otra parte, la tercera edad representa un estrato de nuestra población que, por su importancia específica, debe ser también destinatario de la acción legislativa tributaria de las Cortes Valencianas. De igual modo, especial atención merecen las personas con discapacidad, que desde los primeros momentos de la vigente etapa constitucional cuentan con normas destinadas a la protección de su específica situación socioeconómica y laboral. De conformidad con los criterios inspiradores de dichas normas, la presente Ley dispensa asimismo atención a estos ciudadanos, elevando la cuantía de los beneficios fiscales de los que actualmente disfrutan, además de crear otros de nuevo cuño. Conocidas son también las dificultades de nuestros jóvenes para acceder a su primera vivienda habitual[2].

En este mismo contexto de la vivienda, se aprecia la existencia de un efecto impositivo sobre las ayudas públicas que se otorgan con fines de adquisición o rehabilitación, que determina que parte de las cantidades percibidas por tal concepto acaben finalmente retornando al erario público en forma de imposición personal sobre la renta de sus perceptores, de la cual forman parte. Teniendo en cuenta, no obstante, que dichos perceptores son también beneficiarios de la deducción estatal por adquisición de vivienda habitual, de cuya base forma parte la subvención y que, en un porcentaje equivalente al grado de participación de la Hacienda Valenciana en el impuesto, minora la parte autonómica de su cuota íntegra, el mencionado efecto se ve paliado, en cierta medida, por la propia configuración de dicho tramo autonómico. En cualquier caso, si el sujeto pasivo es además beneficiario de la deducción contemplada en esta Ley a favor de los menores de 35 años que adquieren su primera vivienda habitual, la confluencia en el sujeto pasivo de las tres deducciones citadas determina que sea el propio impuesto el que, para rentas pertenecientes a un amplio espectro, elimine el citado efecto impositivo de forma autónoma, sin necesidad de instrumentar ajustes financieros.

Ha de tenerse presente, además, que una sociedad moderna no puede vivir de espaldas a los planteamientos finiseculares que conforman lo que se ha denominado la *reforma fiscal

---

1   Nueva redacción de párrafo dada por el art. 15 de la Ley 8/2022, de 29 de diciembre, de medidas fiscales, de gestión administrativa y financiera, y de organización de la Generalitat (DOGV núm. 9501 de 30 de diciembre de 2022), en vigor el día 1 de enero de 2023.

2   Nueva redacción de párrafo dada por el art. 16 de la Ley 8/2022, de 29 de diciembre, de medidas fiscales, de gestión administrativa y financiera, y de organización de la Generalitat (DOGV núm. 9501 de 30 de diciembre de 2022), en vigor el día 1 de enero de 2023.

verde+, a los cuales los vigentes ordenamientos tributarios todavía no dispensan la atención que, por su trascendencia en los distintos órdenes de la vida humana, sería deseable.

Finalmente, la presente Ley constituye también el cauce adecuado para la instrumentación de aquellos beneficios fiscales que tienen por objeto el fomento del Patrimonio Cultural Valenciano, de acuerdo con las previsiones contenidas en la legislación específica reguladora de esta materia.

III

Desde el punto de vista formal, la presente Ley opta, por lo que al Impuesto sobre la Renta de las Personas Físicas se refiere, por la regulación de todos los elementos configuradores del tramo autonómico del impuesto, en un intento de clarificar la extensión y significado del mismo. En relación con los demás impuestos, sin embargo, al ser ya tradicional su vinculación a la Hacienda Valenciana, no resulta necesaria esta forma de proceder; por esta razón, en estos casos la Ley ejercita directamente las competencias asumidas por la Comunidad Autónoma, sin referencias a aspectos globales o de conjunto de tales tributos.

IV

En el Impuesto sobre la Renta de las Personas Físicas se establecen una serie de deducciones que son traducción al ámbito de este impuesto de la mayor parte de los fines sociales y económicos de la política del Gobierno Valenciano, a los que anteriormente se ha aludido.

Se crea así la deducción por el nacimiento del tercero y sucesivos hijos, de carácter novedoso en el ordenamiento tributario español, consistente en una cantidad fija por sujeto pasivo. Se trata de un beneficio fiscal del que podrán disfrutar todas las personas que durante el período impositivo adopten o tengan su tercer o posterior hijo.

Se establecen, por otra parte, beneficios fiscales tanto para personas mayores de 65 años con reducida capacidad económica como para jóvenes de rentas bajas que accedan a su primera vivienda habitual, mediante la introducción de dos nuevas deducciones. En el primer caso la deducción consiste en una cuantía fija por sujeto pasivo y en el segundo en un determinado porcentaje del precio de adquisición de la vivienda.

Se permite también la deducción del coste fiscal que, en términos de imposición personal, supone la adquisición o rehabilitación de la vivienda habitual mediante fondos provinientes de ayudas públicas. Para ello se opta, por razones de sencillez, por la configuración de esta deducción como una determinada cuantía fija por cada perceptor de este tipo de ayudas. Imperativos de estricta técnica impositiva hacen necesario, sin embargo, establecer la subsidiariedad de la presente deducción respecto de la que opera a favor de menores de 35 años que adquieran su primera vivienda habitual.

De otro lado, a fin de contribuir al mantenimiento de nuestro patrimonio medioambiental, se permite la deducción de un determinado porcentaje de las donaciones efectuadas con fines ecológicos. Con el objeto, además, de preservar la finalidad de esta deducción, y, en definitiva, su efectividad, se exige también, cuando se trate de donaciones dinerarias, la afectación de las cantidades así obtenidas por los donatarios a la financiación de actividades relacionadas con la defensa y conservación del medio ambiente.

Finalmente, la contribución de la política fiscal autonómica al fomento de nuestro Patrimonio Cultural se traduce en una deducción a favor de las personas que donen, a cualquiera de las entidades a las que la presente Ley se refiere, bienes integrantes del citado patrimonio o cantidades para la conservación, reparación y restauración de dichos bienes.

En cualquier caso, se trata de deducciones que deben ser situadas en el contexto de la capacidad fiscal disponible, que es fruto del grado de participación de nuestra Comunidad en el impuesto y de las minoraciones que en la parte autonómica de la cuota íntegra del mismo deban practicarse como consecuencia de las deducciones estatales a las que el sujeto pasivo tenga derecho.

(…)

TÍTULO I. Impuesto sobre la Renta de las Personas Físicas

CAPÍTULO I. Tramo autonómico

Artículo 1. *Ámbito de aplicación.*

Uno[3]. Los contribuyentes del Impuesto sobre la Renta de las Personas Físicas que residan habitualmente en la Comunidad Valenciana tributarán por este concepto impositivo a la Hacienda Valenciana, en los términos señalados en el presente título. A estos efectos, se estará al concepto de residencia habitual recogido en la normativa estatal reguladora del impuesto.

Dos. Cuando las personas a las que se refiere el apartado anterior estén integradas en una unidad familiar y opten por tributar conjuntamente en el Impuesto sobre la Renta de las Personas Físicas, su tributación por este concepto impositivo a la Hacienda Valenciana se regirá por lo dispuesto en el Capítulo III de este Título.

Tres[4]. En caso de que los contribuyentes que forman la unidad familiar tengan su residencia habitual en Comunidades distintas y opten por la tributación conjunta, resultarán de aplicación las normas recogidas en el Capítulo III de este Título siempre que resida habitualmente en la Comunidad Valenciana el miembro de la misma cuya base liquidable, de acuerdo con las reglas de invididualización del impuesto, sea mayor.

CAPÍTULO II. Tributación individual

Artículo 2[5]. *Escala autonómica.*

1[6]. La escala autonómica de tipos de gravamen aplicable a la base liquidable general será la siguiente:

---

[3]   Nueva redacción del art. 1.Uno dada por el art. 28 de la Ley 11/2002, de 23 de diciembre, de Medidas Fiscales, de Gestión Administrativa y Financiera, y de Organización de la Generalitat Valenciana. (BOE núm. 30 de 4 febrero de 2003; Diario Oficial de la Generalidad Valenciana núm. 4409, de 31 de diciembre de 2002), con efectos a partir del 1-1-2003.

[4]   Nueva redacción del art. 1.Tres dada por el art. 28 de la Ley 11/2002, de 23 de diciembre, de Medidas Fiscales, de Gestión Administrativa y Financiera, y de Organización de la Generalitat Valenciana. (BOE núm. 30 de 4 febrero de 2003; Diario Oficial de la Generalidad Valenciana núm. 4409, de 31 de diciembre de 2002), con efectos a partir del 1-1-2003.

[5]   Nueva redacción del art. 2 dada por el art. 2 del Decreto Ley 14/2022, de 24 de octubre, del Consell, por el que se modifica la Ley 13/1997, de 23 de diciembre, por la cual se regula el tramo autonómico del Impuesto sobre la Renta de las Personas Físicas y restantes tributos cedidos, para adecuar el gravamen del Impuesto sobre la Renta de las Personas Físicas y de otras figuras tributarias al impacto de la inflación (DOGV núm. 9.458, de 27 de octubre de 2022) de aplicación para los periodos impositivos concluidos hasta el 31 de diciembre de 2022.

Redacción anterior del art. segundo dada por el art. 45.Uno de la Ley 7/2014, de 22 de diciembre, de Medidas Fiscales, de Gestión Administrativa y Financiera, y de Organización de la Generalitat (DOCV núm. 7.432, de 29 de diciembre de 2014), en vigor desde el 1 de enero de 2014.

Redacción anterior del apartado primero del art. 2 dada por el art. 21 de la Ley 12/2009, de 23 de diciembre, de Medidas Fiscales, de Gestión Administrativa y Financiera, y de Organización de la Generalitat, (DOCV núm. 6175 de 30 de diciembre de 2009), en vigor desde el 1-1-2010.

Redacción anterior del art. 2 dada por el art. 27 de la Ley 16/2008, de 22 diciembre, de Medidas Fiscales, de Gestión Administrativa y Financiera, y de Organización de la Generalitat, (DOCV, núm. 5922, de 29 diciembre de 2008), en vigor desde el 1-1-2009 hasta el 31-12-2009. Redacción anterior, dada por el art. 23 de Ley 14/2007, de 26 diciembre, de Medidas Fiscales, de Gestión Administrativa y Financiera, y de Organización de la Generalitat, (DOGV núm. 5.669, de 28 diciembre de 2007), en vigor desde el 1-1-2008 hasta el 31-12-2008.

[6] Nueva redacción dada por la Disp. Final Primera.1 de la Ley 9/2022, de 30 de diciembre, de presupuestos de la Generalidad para el ejercicio 2023 (DOGV núm. 9502 de 31.12.2022), con efectos para los períodos impositivos terminados desde el 1 de enero de 2023.

Redacción anterior dada por el art. 2 del Decreto Ley 14/2022, de 24 de octubre, del Consell, por el que se modifica la Ley 13/1997, de 23 de diciembre, por la cual se regula el tramo autonómico del Impuesto sobre la Renta de las Personas Físicas y restantes tributos cedidos, para adecuar el gravamen del Impuesto sobre la Renta de las Personas Físicas y de otras figuras tributarias al impacto de la inflación (DOGV núm. 9.458, de 27 de octubre de 2022) de aplicación para los periodos impositivos concluidos hasta el 31 de diciembre de 2022: «*1. La escala autonómica del tipo de gravamen aplicable a la base liquidable general es la siguiente:*

Base liquidable – Hasta Euros	Cuota íntegra – Euros	Resto base liquidable – Hasta Euros	Tipo aplicable – Porcentaje
0,00	0,00	12.000,00	9,00
12.000,00	1.080,00	10.000,00	12,00
22.000,00	2.280,00	10.000,00	15,00
32.000,00	3.780,00	10.000,00	17,50
42.000,00	5.530,00	10.000,00	20,00
52.000,00	7.530,00	13.000,00	24,17
65.000,00	10.672,10	15.000,00	24,50
80.000,00	14.347,10	40.000,00	25,00
120.000,00	24.347,10	20.000,00	25,50
140.000,00	29.447,10	35.000,00	27,50
175.0000,00	39.072,10	En adelante	29,50»

Redacción anterior dada por el art. 35 de la Ley 3/2020, de 30 de diciembre, de la Generalitat, de medidas fiscales, de gestión administrativa y financiera y de organización de la Generalitat 2021 (DOGV núm. 8987 de 31 de diciembre de 2020), con efectos desde el 1 de enero de 2021: «*1. La escala autonómica de tipos de gravamen aplicable a la base liquidable general será la siguiente:*

Base liquidable – Hasta Euros	Cuota íntegra – Euros	Resto base liquidable – Hasta Euros	Tipo aplicable – Porcentaje
0,00	0,00	12.450,00	10,00
12.450,00	1.245,00	4.550,00	11,00
17.000,00	1.745,50	13.000,00	13,90

Base liquidable – Hasta euros	Cuota íntegra – euros	Reste base liquidable – Hasta euros	Tipo aplicable – Porcentaje
0	0	12.000	9,00%
12.000	1.080,00	10.000	12,00%
22.000	2.280,00	10.000	15,00%
32.000	3.780,00	10.000	17,50%

Base liquidable – Hasta Euros	Cuota íntegra – Euros	Resto base liquidable – Hasta Euros	Tipo aplicable – Porcentaje
30.000,00	3.552,50	20.000,00	18,00
50.000,00	7.152,50	15.000,00	23,50
65.000,00	10.677,50	15.000,00	24,50
80.000,00	14.352,50	40.000,00	25,00
120.000,00	24.352,50	20.000,00	25,50
140.000,00	29.452,50	35.000,00	27,50
175.0000,00	39.077,50	En adelante	29,50

Redacción anterior dada por del art. segundo apartado primero dada por el art. 11 de la Ley 13/2016, de 29 de diciembre, de medidas fiscales, de gestión administrativa y financiera, y de organización de la Generalitat (DOCV de 31 de diciembre de 2016), en vigor desde 1 de enero de 2017: «1. La escala autonómica de tipos de gravamen aplicable a la base liquidable general será la siguiente:

Base liquidable – Hasta Euros	Cuota íntegra – Euros	Resto base liquidable – Hasta Euros	Tipo aplicable – Porcentaje
0,00	0,00	12.450,00	10,00%
12.450,00	1.245,00	4.550,00	11,00%
17.000,00	1.745,50	13.000,00	13,90%
30.000,00	3.552,50	20.000,00	18,00%
50.000,00	7.152,50	15.000,00	23,50%
65.000,00	10.677,50	15.000,00	24,50%
80.000,00	14.352,50	40.000,00	25,00%
120.000,00	24.352,50	En adelante	25,50%»

Redacción anterior dada por el art. 45.Uno de la Ley 7/2014, de 22 de diciembre, de Medidas Fiscales, de Gestión Administrativa y Financiera, y de Organización de la Generalitat (DOCV núm. 7.432, de 29 de diciembre de 2014), en vigor desde el 1 de enero de 2014: «1. La escala autonómica de tipos de gravamen aplicable a la base liquidable general será la siguiente:

Base liquidable Hasta Euros	Cuota íntegra Euros	Resto base liquidable Hasta Euros	Tipo aplicable Porcentaje
0	0	17.707,20	11,90
17.707,20	2.107,16	15.300,00	13,92
33.007,20	4.236,92	20.400,00	18,45
53.407,20	8.000,72	66.593,00	21,48
120.000,20	22.304,90	55.000,00	22,48
175.000,20	34.668,90	En adelante	23,48

Base liquidable – Hasta euros	Cuota íntegra – euros	Reste base liquidable – Hasta euros	Tipo aplicable Porcentaje
42.000	5.530,00	10.000	20,00%
52.000	7.530,00	10.000	22,50%
62.000	9.780,00	10.000	25,00%
72.000	12.280,00	28.000	26,50%
100.000	19.700,00	50.000	27,50%
150.000	33.450,00	50.000	28,50%
200.000	47.700,00	En lo sucesivo	29,50%

2. Dicha escala, de conformidad con lo establecido en la normativa estatal reguladora del impuesto, se aplicará a la base liquidable general, y la cuantía resultante se minorará en el importe derivado de aplicar la misma escala a la parte de la base liquidable general correspondiente al mínimo personal y familiar.

Artículo 2 bis[7]. *Mínimo personal y familiar.*

1. Se establecen los siguientes importes para el mínimo del contribuyente regulado en el artículo 57 de la Ley 35/2006, de 28 de noviembre, del Impuesto sobre la Renta de las Personas Físicas y de modificación parcial de las leyes de los impuestos sobre Sociedades, sobre la Renta de no Residentes y sobre el Patrimonio:

a) El mínimo del contribuyente será, con carácter general, de 6.105 euros anuales.

b) Cuando el contribuyente tenga una edad superior a 65 años, el mínimo se aumentará en 1.265 euros anuales; si la edad es superior a 75 años, el mínimo se aumentará adicionalmente en 1.540 euros anuales.

2. Se establecen los siguientes importes para el mínimo por descendientes regulado en el artículo 58 de la Ley 35/2006, de 28 de noviembre:

a) En los supuestos previstos en el apartado 1 del artículo 58 de la Ley 35/2006, de 28 de noviembre:

– 2.640 euros anuales por el primer descendiente.

– 2.970 euros anuales por el segundo.

– 4.400 euros anuales por el tercero.

– 4.950 euros anuales por el cuarto y siguientes.

b) En el supuesto contemplado en el apartado 2 del artículo 58 de la Ley 35/2006, de 28 de noviembre, el mínimo a que se refiere el apartado a anterior se aumentará en 3.080 euros anuales.

---

[7] Nuevo art. 2 bis incorporado por el art. 3 dada por el art. 2 del Decreto Ley 14/2022, de 24 de octubre, del Consell, por el que se modifica la Ley 13/1997, de 23 de diciembre, por la cual se regula el tramo autonómico del Impuesto sobre la Renta de las Personas Físicas y restantes tributos cedidos, para adecuar el gravamen del Impuesto sobre la Renta de las Personas Físicas y de otras figuras tributarias al impacto de la inflación (DOGV núm. 9.458, de 27 de octubre de 2022), en vigor desde el 28 de octubre de 2022.

3. Se establecen los siguientes importes para el mínimo por ascendientes regulado en el artículo 59 de la Ley 35/2006, de 28 de noviembre:

a) En el supuesto previsto en el apartado 1 del artículo 59 de la Ley 35/2006, de 28 de noviembre, 1.265 euros anuales.

b) En el supuesto previsto en el apartado 2 del artículo 59 de la Ley 35/2006, de 28 de noviembre, el mínimo a que se refiere el apartado a anterior se aumentará en 1.540 euros anuales.

4. Se establecen los siguientes importes para el mínimo por discapacidad regulado en el artículo 60 de la Ley 35/2006, de 28 de noviembre:

– 3.300 euros anuales cuando el contribuyente sea una persona con discapacidad.

– 9.900 euros anuales cuando el contribuyente sea una persona con discapacidad y acredite un grado de discapacidad igual o superior al 65%.

– En el supuesto previsto en el párrafo segundo del apartado 1 del artículo 60 de la Ley 35/2006, de 28 de noviembre, los mínimos regulados en este apartado se aumentarán en 3.300 euros anuales.

b) En los supuestos previstos en el apartado 2 del artículo 60 de la Ley 35/2006, de 28 de noviembre:

– 3.300 euros anuales por ascendientes o descendientes con discapacidad.

– 9.900 euros anuales cuando los ascendientes o descendientes sean personas con discapacidad y acrediten un grado de discapacidad igual o superior al 65%.

– En el supuesto previsto en el párrafo segundo del apartado 2 del artículo 60 de la Ley 35/2006, de 28 de noviembre, los mínimos regulados en este apartado se aumentarán en 3.300 euros anuales.

Artículo 3[8]. *Cuotas autonómicas.*

Artículo 3 bis[9].

---

[8]　Se suprime el artículo tercero por el art. 39 de la Ley 16/2010, de 27 de diciembre, de Medidas Fiscales, de Gestión Administrativa y Financiera, y de Organización de la Generalitat, (DOGV núm. 6429, de 31 de diciembre de 2010), en vigor desde el 1-1-2011.
Redacción anterior del art. 3 dada por el art. 9 de Ley 10/2006, de 26 diciembre, de Ley 10/2006, de 26 diciembre, de Medidas Fiscales, de Gestión Administrativa y Financiera, y de Organización de la Generalitat, (DOGV núm. 5416, de 28 diciembre de 2006), en vigor desde el 1-1-2007. Redacciones posteriores, apartado primero dada por el art. 24 de Ley 14/2007, de 26 diciembre, de Medidas Fiscales, de Gestión Administrativa y Financiera, y de Organización de la Generalitat, (DOGV núm. 5.669, de 28 diciembre de 2007), en vigor desde el 1-1-2008; apartado segundo, dada por el art. 22 de la Ley 12/2009, de 23 de diciembre, de Medidas Fiscales, de Gestión Administrativa y Financiera, y de Organización de la Generalitat, (DOCV núm. 6175 de 30 de diciembre de 2009), en vigor desde el 1-1-2010.

[9]　Queda sin contenido el art. 3 bis en virtud del art. 51 de la Ley 5/2013, de 23 de diciembre, de Medidas Fiscales, de Gestión Administrativa y Financiera, y de Organización de la Generalitat (DOCV núm. 7181, de 27 de diciembre de 2013), en vigor desde el 1 de enero de 2014. Dicho artículo fue incorporado por el art. 31 de la Ley 11/2002, de 23 de diciembre, de Medidas Fiscales, de Gestión Administrativa y Financiera, y de Organización de la Generalitat Valenciana. (BOE núm. 30 de 4 febrero de 2003; DOGV núm. 4409, de 31 de diciembre de 2002), con efectos a partir del 1 de enero de 2003.

Artículo 4[10]. *Deducciones autonómicas.*

Uno[11]. Las deducciones autonómicas a las que se refiere el artículo 46.1.c de la Ley 22/2009, de 18 de diciembre, por la que se regula el sistema de financiación de las Comunidades Autónomas de régimen común y Ciudades con Estatuto de Autonomía y se modifican determinadas normas tributarias, son las siguientes[12]:

a)[13] Por nacimiento, adopción, delegación de guarda con fines de adopción o acogimiento familiar, las siguientes deducciones:

---

[10] Para el ejercicio de 2006, habría que estar a la redacción dada al artículo 4 por el art. 10 de Ley 10/2006, de 26 diciembre, de Medidas Fiscales, de Gestión Administrativa y Financiera, y de Organización de la Generalitat, (DOGV núm. 5416, de 28 diciembre de 2006), en vigor desde el 1-I-2007 hasta el 31-XII-2007.

[11] Nueva redacción del art. 4.Uno dada por el art. 25 de Ley 14/2007, de 26 diciembre, de Medidas Fiscales, de Gestión Administrativa y Financiera, y de Organización de la Generalitat, (DOGV núm. 5.669, de 28 diciembre de 2007), en vigor desde el 1-1-2008 hasta el 31-12-2008.

[12] Nueva redacción del párrafo primero del apartado uno del artículo cuarto dada por el art. 40 de la Ley 16/2010, de 27 de diciembre, de Medidas Fiscales, de Gestión Administrativa y Financiera, y de Organización de la Generalitat, (DOGV núm. 6429, de 31 de diciembre de 2010), en vigor desde el 1-1-2011.

[13] Nueva redacción del art. 4.Uno.a) dada por art. 22 de la Ley 5/2025, de 30 de mayo, de medidas fiscales, de gestión administrativa y financiera, y de organización de la Generalitat (DOGV núm. 10120, de 31 de mayo de 2025), con efectos desde el 1 de enero de 2026.
Redacción anterior dada por el art. 4.1 dada por el art. 2 del Decreto Ley 14/2022, de 24 de octubre, del Consell, por el que se modifica la Ley 13/1997, de 23 de diciembre, por la cual se regula el tramo autonómico del Impuesto sobre la Renta de las Personas Físicas y restantes tributos cedidos, para adecuar el gravamen del Impuesto sobre la Renta de las Personas Físicas y de otras figuras tributarias al impacto de la inflación (DOGV núm. 9.458, de 27 de octubre de 2022), en vigor desde el 28 de octubre de 2022: «a) Por nacimiento, adopción o acogimiento familiar, las siguientes deducciones:
1) Por nacimiento o adopción durante el período impositivo: 300 euros por cada hijo nacido o adoptado, siempre que el mismo cumpla, a su vez, los demás requisitos que den derecho a la aplicación del correspondiente mínimo por descendientes establecido por la normativa estatal reguladora del impuesto, y que la suma de la base liquidable general y de la base liquidable del ahorro del contribuyente no sea superior a los límites establecidos en el párrafo primero del apartado cuatro de este artículo. Esta deducción podrá ser aplicada también en los dos ejercicios posteriores al del nacimiento o adopción.
2) Por acogimiento familiar, de urgencia, temporal o permanente, administrativo o judicial durante el período impositivo: 300 euros por cada acogido en régimen de acogimiento familiar con familia educadora, definido en el artículo 116, apartado 2, de la Ley 12/2008, de 3 de julio, de la Generalitat, de protección integral de la infancia y la adolescencia, cuando tal situación comprenda la totalidad del periodo impositivo, prorrateándose en otro caso dicha cantidad en función del número de días de duración del acogimiento dentro del período impositivo. Para la aplicación de esta deducción se exige que el acogido cumpla, a su vez, los demás requisitos que den derecho a la aplicación del correspondiente mínimo por descendientes establecido por la normativa estatal reguladora del impuesto, y que la suma de la base liquidable general y de la base liquidable del ahorro del contribuyente no sea superior a los límites establecidos en el párrafo primero del apartado cuatro de este artículo.
Cuando más de un contribuyente declarante tenga derecho a la aplicación de las deducciones a las que se refiere esta letra a, su importe respectivo se prorrateará entre ellos por partes iguales.
La aplicación de estas deducciones resultará compatible con la de las recogidas en las letras b, c y d de este apartado uno».
Redacción anterior dada por el art. 46.Uno de la Ley 7/2014, de 22 de diciembre, de Medidas Fiscales, de Gestión Administrativa y Financiera, y de Organización de la Generalitat (DOCV núm. 7.432, de 29 de diciembre de 2014), en vigor desde el 1 de enero de 2015.

1) Por nacimiento o adopción durante el período impositivo por cada hijo o hija nacido o adoptado, siempre que el mismo cumpla, a su vez, los demás requisitos que den derecho a la aplicación del correspondiente mínimo por descendientes establecido por la normativa estatal reguladora del impuesto, y que la suma de la base liquidable general y de la base liquidable del ahorro del contribuyente no sea superior a los límites establecidos en el párrafo primero del apartado cuatro de este artículo:

a) 600 euros si se trata del primero.

b) 750 euros si se trata del segundo.

c) 900 euros si se trata del tercero y sucesivos.

Esta deducción podrá ser aplicada también en los dos ejercicios posteriores al del nacimiento o adopción.

2) Por acogimiento familiar en cualquiera de sus modalidades, así como por la delegación de guarda con fines de adopción, previstas en los artículos 127 y 149 de la Ley 26/2018, de 21 de diciembre, de derechos y garantías de la infancia y la adolescencia, cuando tal situación comprenda la totalidad del periodo impositivo, las siguientes cantidades:

a) 600 euros si se trata del primer niño, niña o adolescente en régimen de acogimiento familiar o delegación de guarda con fines de adopción.

b) 750 euros si se trata del segundo.

c) 900 euros si se trata del tercero o sucesivos.

En el supuesto de que la duración del acogimiento o delegación sea inferior a la duración del período impositivo, se prorrateará dicha cantidad en función del número de días de duración dentro del período impositivo.

Para que puedan aplicarse los importes de las letras b y c anteriores será necesario que la primera y sucesivas personas computadas hayan permanecido acogidas o guardadas por el contribuyente durante más de ciento ochenta y tres días del período impositivo. En ningún caso, se computarán aquellas que hayan sido adoptadas durante dicho período impositivo por el contribuyente, sin perjuicio de la aplicación de la deducción establecida en el número 1 del artículo cuarto, apartado uno, letra a de esta ley.

Para la aplicación de esta deducción se exige que la persona acogida o guardada cumpla, a su vez, los demás requisitos que den derecho a la aplicación del correspondiente mínimo por descendientes establecido por la normativa estatal reguladora del impuesto, y que la suma de la base liquidable general y de la base liquidable del ahorro del contribuyente no sea superior a los límites establecidos en el párrafo primero del apartado cuatro de este artículo.

Cuando más de un contribuyente declarante tenga derecho a la aplicación de las deducciones a las que se refiere esta letra a, su importe respectivo se prorrateará entre ellos por partes iguales.

La aplicación de estas deducciones resultará compatible con la de las recogidas en las letras b, c y d de este apartado uno.

Redacción anterior dada por el art. 17.Uno del Decreto-Ley 1/2012, de 5 de enero, del Consell, de medidas urgentes para la reducción del déficit en la Comunitat Valenciana, (DOCV núm. 6688, de 10 de enero de 2012), en vigor desde la misma fecha de su publicación.

Redacción anterior dada por el art. 28.Uno de la Ley 16/2008, de 22 diciembre, de Medidas Fiscales, de Gestión Administrativa y Financiera, y de Organización de la Generalitat, (DOCV, núm. 5922, de 29 diciembre de 2008), en vigor desde el 1-1-2009.

b)[14] Por nacimiento o adopción múltiples, durante el período impositivo, como consecuencia de parto múltiple o de dos o más adopciones constituidas en la misma fecha: 246 euros, siempre que los hijos nacidos o adoptados cumplan, a su vez, los demás requisitos que den derecho a la aplicación del correspondiente mínimo por descendientes establecido por la normativa estatal reguladora del impuesto, y que la suma de la base liquidable general y de la base liquidable del ahorro del contribuyente no sea superior a los límites establecidos en el párrafo primero del apartado cuatro de este artículo.

Cuando más de un contribuyente declarante tenga derecho a la aplicación de esta deducción, su importe se prorrateará entre ellos por partes iguales[15].

La aplicación de esta deducción resultará compatible con la de las recogidas en las letras a), c) y d) de este apartado Uno.

c)[16] Por nacimiento, adopción, acogimiento o delegación de guarda, durante el período impositivo, de una persona con discapacidad física o sensorial con un grado de discapacidad igual o superior al 65 por 100, o intelectual o mental con un grado de discapacidad igual o superior al 33 por 100, siempre que la misma cumpla, a su vez, los demás requisitos que

[14]   Nueva redacción del primer párrafo del art. Uno.b) dada por el art. 4.2 del Decreto Ley 14/2022, de 24 de octubre, del Consell, por el que se modifica la Ley 13/1997, de 23 de diciembre, por la cual se regula el tramo autonómico del Impuesto sobre la Renta de las Personas Físicas y restantes tributos cedidos, para adecuar el gravamen del Impuesto sobre la Renta de las Personas Físicas y de otras figuras tributarias al impacto de la inflación (DOGV núm. 9.458, de 27 de octubre de 2022), en vigor desde el 28 de octubre de 2022.
      Redacción anterior del art. 4.Uno.b) dada por el art. 17.Dos del Decreto-Ley 1/2012, de 5 de enero, del Consell, de medidas urgentes para la reducción del déficit en la Comunitat Valenciana, (DOCV núm. 6688, de 10 de enero de 2012), en vigor desde la misma fecha de su publicación.
      Redacción anterior del art. 4.Uno.b), primer párrafo, dada por el art. 28.Dos de la Ley 16/2008, de 22 diciembre, de Medidas Fiscales, de Gestión Administrativa y Financiera, y de Organización de la Generalitat, (DOCV, núm. 5922, de 29 diciembre de 2008), en vigor desde el 1-1-2009.
[15]   Nueva redacción del párrafo segundo art. 4.Uno.b) dada por el art. 46.Dos de la Ley 7/2014, de 22 de diciembre, de Medidas Fiscales, de Gestión Administrativa y Financiera, y de Organización de la Generalitat (DOCV núm. 7.432, de 29 de diciembre de 2014), en vigor desde el 1 de enero de 2015.
      Redacción anterior dada por el art. 17.Dos del Decreto-Ley 1/2012, de 5 de enero, del Consell, de medidas urgentes para la reducción del déficit en la Comunitat Valenciana, (DOCV núm. 6688, de 10 de enero de 2012), en vigor desde la misma fecha de su publicación.
[16]   Nueva redacción del art. 4.Uno.c) dada por art. 22 de la Ley 5/2025, de 30 de mayo, de medidas fiscales, de gestión administrativa y financiera, y de organización de la Generalitat (DOGV núm. 10120, de 31 de mayo de 2025), con efectos desde el 1 de enero de 2026.
      Redacción anterior dada por el art. 4.3 del Decreto Ley 14/2022, de 24 de octubre, del Consell, por el que se modifica la Ley 13/1997, de 23 de diciembre, por la cual se regula el tramo autonómico del Impuesto sobre la Renta de las Personas Físicas y restantes tributos cedidos, para adecuar el gravamen del Impuesto sobre la Renta de las Personas Físicas y de otras figuras tributarias al impacto de la inflación (DOGV núm. 9.458, de 27 de octubre de 2022), en vigor desde el 28 de octubre de 2022: «c) Por nacimiento o adopción, durante el período impositivo, de un hijo con discapacidad física o sensorial, con un grado de discapacidad igual o superior al 65%, o psíquica, con un grado de discapacidad igual o superior al 33%, siempre que el mismo cumpla, a su vez, los demás requisitos que den derecho a la aplicación del correspondiente mínimo por descendientes establecido por la normativa estatal reguladora del impuesto, y que la suma de la base liquidable general y de la base liquidable del ahorro del contribuyente no sea superior a los límites establecidos en el párrafo primero del apartado Cuatro de este artículo, la cantidad que proceda de entre las siguientes:
      – 246 euros, cuando sea el único hijo que padezca dicha discapacidad.

den derecho a la aplicación del correspondiente mínimo por descendientes establecido por la normativa estatal reguladora del impuesto, y que la suma de la base liquidable general y de la base liquidable del ahorro del contribuyente no sea superior a los límites establecidos en el párrafo primero del apartado cuatro de este artículo, la cantidad que proceda de entre las siguientes:

– 246 euros, cuando sea el único hijo o hija, o persona menor de edad acogida o con delegación de guarda con fines de adopción por el contribuyente que padezca dicha discapacidad.

– 303 euros, cuando conviva con otra persona que dé derecho a la aplicación de esta deducción.

Cuando más de un contribuyente declarante tenga derecho a la aplicación de esta deducción su importe se prorrateará entre ellos por partes iguales.

La aplicación de esta deducción resultará compatible con la de las recogidas en las letras a, b y d de este apartado Uno.

d)[17] Por ostentar, a la fecha del devengo del impuesto, la condición de familia numerosa o monoparental, siempre que la suma de la base liquidable general y de la base liquidable

---

– 303 euros, cuando el hijo que padezca dicha discapacidad tenga, al menos, un hermano con discapacidad física o sensorial, con un grado de discapacidad igual o superior al 65%, o psíquica, con un grado de discapacidad igual o superior al 33%.

Cuando ambos progenitores o adoptantes tengan derecho a la aplicación de esta deducción, su importe se prorrateará entre ellos por partes iguales.

La aplicación de esta deducción resultará compatible con la de las recogidas en las letras a), b) y d) de este apartado Uno».

Redacción anterior dada por el art. 17.Tres del Decreto-Ley 1/2012, de 5 de enero, del Consell, de medidas urgentes para la reducción del déficit en la Comunitat Valenciana, (DOCV núm. 6688, de 10 de enero de 2012), en vigor desde la misma fecha de su publicación.

Redacción anterior del art. 4.Uno.c), primer párrafo, dada por el art. 28.Tres de la Ley 16/2008, de 22 diciembre, de Medidas Fiscales, de Gestión Administrativa y Financiera, y de Organización de la Generalitat, (DOCV, núm. 5922, de 29 diciembre de 2008), en vigor desde el 1-1-2009.

[17] Nueva redacción del art. 4.Uno.d) dada por el art. 4.4 del Decreto Ley 14/2022, de 24 de octubre, del Consell, por el que se modifica la Ley 13/1997, de 23 de diciembre, por la cual se regula el tramo autonómico del Impuesto sobre la Renta de las Personas Físicas y restantes tributos cedidos, para adecuar el gravamen del Impuesto sobre la Renta de las Personas Físicas y de otras figuras tributarias al impacto de la inflación (DOGV núm. 9.458, de 27 de octubre de 2022), en vigor desde el 28 de octubre de 2022.

Redacción anterior dada por el dada por el art. 19 de la Ley 7/2021, de 29 de diciembre, de la Generalitat, de medidas fiscales, de gestión administrativa y financiera y de organización de la Generalitat 2022 (DOGV núm. 9246, de 30 de diciembre de 2021), en vigor desde el 1 de enero de 2022.

Redacción anterior dada por el art. 12.Uno de la Ley 13/2016, de 29 de diciembre, de medidas fiscales, de gestión administrativa y financiera, y de organización de la Generalitat (DOCV de 31 de diciembre de 2016), en vigor desde 1 de enero de 2017.

Redacción anterior dada por el art. 52 de la Ley 5/2013, de 23 de diciembre, de Medidas Fiscales, de Gestión Administrativa y Financiera, y de Organización de la Generalitat (DOCV núm. 7181, de 27 de diciembre de 2013), en vigor desde el 1 de enero de 2014.

Redacción anterior dada por el art. 4.Uno.d) dada por el art. 61 de la Ley 10/2012, de 21 de diciembre, de Medidas Fiscales, de Gestión Administrativa y Financiera, y de Organización de la Generalitat, (DOCV núm. 6931, de 27 de diciembre de 2012), con entrada en vigor el día 1 de enero de 2013.

Redacción anterior dada por el art. 17.Cuatro del Decreto-Ley 1/2012, de 5 de enero, del Consell, de medidas urgentes para la reducción del déficit en la Comunitat Valenciana, (DOCV núm. 6688, de 10 de enero de 2012), en vigor desde la misma fecha de su publicación.

del ahorro del contribuyente no sea superior a los límites establecidos en el párrafo primero del apartado cuatro de este artículo, cuando sea miembro de una familia numerosa o monoparental de categoría general, o, en el párrafo segundo del citado apartado cuatro, si lo es de una de categoría especial, la cantidad que proceda de entre las siguientes:

– 330 euros, cuando se trate de familia numerosa o monoparental de categoría general.
– 660 euros, cuando se trate de familia numerosa o monoparental de categoría especial.

Las condiciones necesarias para la consideración de familia numerosa y su clasificación por categorías se determinarán con arreglo a lo establecido en la Ley 40/2003, de 18 de noviembre, de Protección a las Familias Numerosas. En el caso de las familias monoparentales se hará de acuerdo con lo que establece el Decreto 19/2018, de 9 de marzo, del Consell, por el que se regula el reconocimiento de la condición de familia monoparental en la Comunitat Valenciana. Esta deducción se practicará por el contribuyente con quien convivan los restantes miembros de la familia que originen el derecho a la deducción. Cuando más de un contribuyente declarante del impuesto tenga derecho a la aplicación de esta deducción, su importe se prorrateará entre ellos por partes iguales.

La aplicación de esta deducción resulta compatible con la de las recogidas en las letras a, b y c de este apartado uno.

e)[18] Por las cantidades destinadas, durante el período impositivo, a la custodia no ocasional en guarderías y centros de primer ciclo de educación infantil de hijos e hijas o personas adoptadas, acogidas o con delegación de guarda con fines de adopción menores de 3 años: el 15 por 100 de las cantidades satisfechas, con un límite de 297 euros por cada una de ellas.

Redacción anterior del art. 4.Uno.d), primer párrafo, dada por el art. 28.Cuatro de la Ley 16/2008, de 22 diciembre, de Medidas Fiscales, de Gestión Administrativa y Financiera, y de Organización de la Generalitat, (DOCV, núm. 5922, de 29 diciembre de 2008), en vigor desde el 1-1-2009.

[18] Nueva redacción del art. 4.Uno.e) dada por el art. 22 de la Ley 5/2025, de 30 de mayo, de medidas fiscales, de gestión administrativa y financiera, y de organización de la Generalitat (DOGV núm. 10120, de 31 de mayo de 2025), con efectos desde el 1 de enero de 2026.
Redacción anterior del primer párrafo del art. 4.Uno.e) dada por el art. 4.5 del Decreto Ley 14/2022, de 24 de octubre, del Consell, por el que se modifica la Ley 13/1997, de 23 de diciembre, por la cual se regula el tramo autonómico del Impuesto sobre la Renta de las Personas Físicas y restantes tributos cedidos, para adecuar el gravamen del Impuesto sobre la Renta de las Personas Físicas y de otras figuras tributarias al impacto de la inflación (DOGV núm. 9.458, de 27 de octubre de 2022), en vigor desde el 28 de octubre de 2022: «e) Por las cantidades destinadas, durante el período impositivo, a la custodia no ocasional en guarderías y centros de primer ciclo de educación infantil, de hijos o acogidos en la modalidad de acogimiento permanente, menores de 3 años: el 15 por 100 de las cantidades satisfechas, con un límite de 297 euros por cada hijo menor de 3 años inscrito en dichas guarderías o centros de educación infantil.
Serán requisitos para la práctica de esta deducción los siguientes:
1. Que los padres o acogedores que convivan con el menor desarrollen actividades por cuenta propia o ajena por las que perciban rendimientos del trabajo o de actividades económicas.
2. Que la suma de la base liquidable general y de la base liquidable del ahorro no sea superior a los límites establecidos en el párrafo primero del apartado cuatro de este artículo.
El límite de esta deducción se prorrateará por el número de días del periodo impositivo en que el hijo o acogido sea menor de 3 años, y, además, cuando dos contribuyentes declarantes tengan derecho a la aplicación de esta deducción por un mismo hijo o acogido, su límite se prorrateará entre ellos por partes iguales».
Redacción anterior del art. 4.Uno.e) dada por el art. 46.Cuatro de la Ley 7/2014, de 22 de diciembre, de Medidas Fiscales, de Gestión Administrativa y Financiera, y de Organización de la Generalitat (DOCV núm. 7.432, de 29 de diciembre de 2014), en vigor desde el 1 de enero de 2015.

Serán requisitos para la práctica de esta deducción los siguientes:

1. Que las personas con el parentesco o función a que se refiere el primer párrafo desarrollen actividades por cuenta propia o ajena por las que perciban rendimientos del trabajo o de actividades económicas.

2. Que la suma de la base liquidable general y de la base liquidable del ahorro no sea superior a los límites establecidos en el párrafo primero del apartado cuatro de este artículo.

El límite de esta deducción se prorrateará por el número de días del periodo impositivo en que el niño o niña sea menor de 3 años.

Cuando dos contribuyentes declarantes tengan derecho a la aplicación de esta deducción por el mismo menor, su límite se prorrateará entre ellos por partes iguales.

f)[19] Por conciliación del trabajo con la vida familiar: 460 euros por cada hijo o hija o persona acogida o con delegación de guarda con fines de adopción mayor de tres años y menor de cinco años.

Redacción anterior dada por el art. 53 de la Ley 5/2013, de 23 de diciembre, de Medidas Fiscales, de Gestión Administrativa y Financiera, y de Organización de la Generalitat (DOCV núm. 7181, de 27 de diciembre de 2013), en vigor desde el 1 de enero de 2014.

Redacción anterior del art. 4.Uno.e), primer párrafo y punto 2°, dada por el art. 28.Cinco y Seis de la Ley 16/2008, de 22 diciembre, de Medidas Fiscales, de Gestión Administrativa y Financiera, y de Organización de la Generalitat, (DOCV, núm. 5922, de 29 diciembre de 2008), en vigor desde el 1-1-2009.

[19] Nueva redacción del art. 4.Uno.f) dada por el art. 22 de la Ley 5/2025, de 30 de mayo, de medidas fiscales, de gestión administrativa y financiera, y de organización de la Generalitat (DOGV núm. 10120, de 31 de mayo de 2025), con efectos desde el 1 de enero de 2026.

Redacción anterior del primer párrafo del art. 4.Uno.f) dada por el art. 4.6 del Decreto Ley 14/2022, de 24 de octubre, del Consell, por el que se modifica la Ley 13/1997, de 23 de diciembre, por la cual se regula el tramo autonómico del Impuesto sobre la Renta de las Personas Físicas y restantes tributos cedidos, para adecuar el gravamen del Impuesto sobre la Renta de las Personas Físicas y de otras figuras tributarias al impacto de la inflación (DOGV núm. 9.458, de 27 de octubre de 2022), en vigor desde el 28 de octubre de 2022: «f) Por conciliación del trabajo con la vida familiar: 460 euros por cada hijo o menor acogido en la modalidad de acogimiento permanente, mayor de tres años y menor de cinco años.

Esta deducción corresponderá exclusivamente a la madre o acogedora y serán requisitos para su disfrute:

1. Que los hijos o acogidos que generen el derecho a su aplicación den derecho, a su vez, a la aplicación del correspondiente mínimo por descendientes establecido por la normativa estatal reguladora del impuesto.

2. Que la madre o acogedora realice una actividad por cuenta propia o ajena por la cual esté dada de alta en el régimen correspondiente de la Seguridad Social o mutualidad.

3. Que la suma de la base liquidable general y de la base liquidable del ahorro del contribuyente no sea superior a los límites establecidos en el párrafo primero del apartado cuatro de este artículo.

La deducción se calculará de forma proporcional al número de meses en que se cumplan los requisitos anteriores, entendiéndose a tal efecto que:

a) La determinación de los hijos o acogidos que dan derecho a la aplicación de la deducción se realizará de acuerdo con su situación el último día de cada mes.

b) El requisito de alta en el régimen correspondiente de la Seguridad Social o mutualidad se cumple los meses en que esta situación se produzca en cualquier día del mes.

La deducción tendrá como límite para cada hijo o acogido las cotizaciones y cuotas totales a la Seguridad Social y mutualidades de carácter alternativo devengadas en cada periodo impositivo, y que, además, lo hubiesen sido desde el día en que el menor cumpla los tres años y hasta el día anterior al que cumpla los cinco años.

A efectos del cálculo de este límite se computarán las cotizaciones y cuotas por sus importes íntegros, sin tomar en consideración las bonificaciones que pudieran corresponder.

Esta deducción corresponderá exclusivamente a la madre o acogedora y serán requisitos para su disfrute:

1. Que las personas que generen el derecho a su aplicación permitan la aplicación del correspondiente mínimo por descendientes establecido por la normativa estatal reguladora del impuesto.

2. Que la madre o acogedora realice una actividad por cuenta propia o ajena por la cual esté dada de alta en el régimen correspondiente de la Seguridad Social o mutualidad.

3. Que la suma de la base liquidable general y de la base liquidable del ahorro del contribuyente no sea superior a los límites establecidos en el párrafo primero del apartado cuatro de este artículo.

La deducción se calculará de forma proporcional al número de meses en que se cumplan los requisitos anteriores, entendiéndose a tal efecto que:

a) La determinación de las personas que den derecho a la aplicación de la deducción se realizará de acuerdo con su situación el último día de cada mes.

b) El requisito de alta en el régimen correspondiente de la Seguridad Social o mutualidad se cumple los meses en que esta situación se produzca en cualquier día del mes.

La deducción tendrá como límite las cotizaciones y cuotas totales a la Seguridad Social y mutualidades de carácter alternativo devengadas en cada periodo impositivo, y que, además, lo hubiesen sido desde el día en que el menor cumpla los tres años y hasta el día anterior al que cumpla los cinco años.

A efectos del cálculo de este límite se computarán las cotizaciones y cuotas por sus importes íntegros, sin tomar en consideración las bonificaciones que pudieran corresponder.

En los supuestos de adopción la deducción se podrá practicar, con independencia de la edad del menor, durante el cuarto y quinto años siguientes a la fecha de la inscripción en el Registro Civil.

En los supuestos de acogimiento familiar permanente, la deducción se podrá practicar, con independencia de la edad del menor, durante el cuarto y quinto año siguientes a la fecha de la resolución administrativa mediante la que se formalizó aquel, siempre que esté aún vigente el último día del periodo impositivo. En el caso de acogimientos que se vayan a constituir judicialmente, se tomará como referencia inicial para el citado cómputo la de la resolución administrativa mediante la que se formalizaron con carácter provisional.

En caso de fallecimiento de la madre, o cuando la guardia y custodia se atribuya de forma exclusiva al padre, este tendrá derecho a la práctica de la deducción pendiente, siempre que cumpla los demás requisitos previstos para la aplicación de la presente deducción. También tendrá derecho a la práctica de la deducción el acogedor en aquellos acogimientos en los que no hubiera acogedora.

Cuando existan varios contribuyentes declarantes con derecho a la aplicación de esta deducción con respecto a un mismo hijo o acogido, su importe se prorrateará entre ellos por partes iguales».

Redacción anterior del art. 4.Uno.f) dada por el art. 46.Cinco de la Ley 7/2014, de 22 de diciembre, de Medidas Fiscales, de Gestión Administrativa y Financiera, y de Organización de la Generalitat (DOCV núm. 7.432, de 29 de diciembre de 2014), en vigor desde el 1 de enero de 2015.

Redacción anterior dada por el art. 17.Cinco del Decreto-Ley 1/2012, de 5 de enero, del Consell, de medidas urgentes para la reducción del déficit en la Comunitat Valenciana, (DOCV núm. 6688, de 10 de enero de 2012), en vigor desde la misma fecha de su publicación.

Redacción anterior del art. 4.Uno.f), primer párrafo, dada por el art. 28.Siete de la Ley 16/2008, de 22 diciembre, de Medidas Fiscales, de Gestión Administrativa y Financiera, y de Organización de la Generalitat, (DOCV, núm. 5922, de 29 diciembre de 2008), en vigor desde el 1-1-2009.

En los supuestos de adopción o guarda la deducción se podrá practicar, con independencia de la edad de la persona menor de edad, durante el cuarto y quinto años siguientes a la fecha de la inscripción en el Registro Civil.

En los supuestos de acogimiento familiar la deducción se podrá practicar, con independencia de la edad de la persona menor de edad, durante el cuarto y quinto año siguientes a la fecha de la resolución administrativa mediante la que se formalizó aquel, siempre que esté aún vigente el último día del periodo impositivo.

En caso de fallecimiento de la madre, o cuando la guardia y custodia se atribuya de forma exclusiva al padre, este tendrá derecho a la práctica de la deducción pendiente, siempre que cumpla los demás requisitos previstos para la aplicación de la presente deducción.

También tendrá derecho a la práctica de la deducción el acogedor en aquellos acogimientos en los que no hubiera acogedora.

Cuando existan varios contribuyentes declarantes con derecho a la aplicación de esta deducción con respecto a una misma persona, su importe se prorrateará entre ellos por partes iguales.

g)[20] Para contribuyentes con discapacidad, con un grado de discapacidad igual o superior al 33%, de edad igual o superior a 65 años, siempre que la suma de la base liquidable general y de la base liquidable del ahorro del contribuyente no sea superior a los límites establecidos en el párrafo primero del apartado Cuatro de este artículo: 197 euros por cada contribuyente.

En cualquier caso, no procederá esta deducción si, como consecuencia de la situación de discapacidad contemplada en el párrafo anterior, el contribuyente percibe algún tipo de prestación que, de acuerdo con lo dispuesto en la normativa estatal reguladora del Impuesto sobre la Renta de las Personas Físicas, se halle exenta en el mismo.

La determinación de las circunstancias personales que deban tenerse en cuenta a los efectos de esta deducción se realizará atendiendo a la situación existente en la fecha del devengo del impuesto.

h)[21] Por ascendientes mayores de 75 años, y por ascendientes mayores de 65 años que tengan discapacidad física o sensorial, con un grado de discapacidad igual o superior al 65%,

---

[20]   Nueva redacción del primer párrafo del art. 4.Uno.g) dada por el art. 4.7 del Decreto Ley 14/2022, de 24 de octubre, del Consell, por el que se modifica la Ley 13/1997, de 23 de diciembre, por la cual se regula el tramo autonómico del Impuesto sobre la Renta de las Personas Físicas y restantes tributos cedidos, para adecuar el gravamen del Impuesto sobre la Renta de las Personas Físicas y de otras figuras tributarias al impacto de la inflación (DOGV núm. 9.458, de 27 de octubre de 2022), en vigor desde el 28 de octubre de 2022.
Redacción anterior del art. 4.Uno.g) dada por el art. 17.Seis del Decreto-Ley 1/2012, de 5 de enero, del Consell, de medidas urgentes para la reducción del déficit en la Comunitat Valenciana, (DOCV núm. 6688, de 10 de enero de 2012), en vigor desde la misma fecha de su publicación.
Redacción anterior del art. 4.Uno.g), primer párrafo, dada por el art. 28.Ocho de la Ley 16/2008, de 22 diciembre, de Medidas Fiscales, de Gestión Administrativa y Financiera, y de Organización de la Generalitat, (DOCV, núm. 5922, de 29 diciembre de 2008), en vigor desde el 1-1-2009.

[21]   Nueva redacción del primer párrafo del art. 4.Uno.h) dada por el art. 4.8 del Decreto Ley 14/2022, de 24 de octubre, del Consell, por el que se modifica la Ley 13/1997, de 23 de diciembre, por la cual se regula el tramo autonómico del Impuesto sobre la Renta de las Personas Físicas y restantes tributos cedidos, para adecuar el gravamen del Impuesto sobre la Renta de las Personas Físicas y de otras figuras tributarias al impacto de la inflación (DOGV núm. 9.458, de 27 de octubre de 2022), en vigor desde el 28 de octubre de 2022.

o que tengan una discapacidad intelectual o mental[22], con un grado de discapacidad igual o superior al 33%, cuando, en ambos casos, convivan con el contribuyente y no tengan rentas anuales, excluidas las exentas, superiores a 8.000 euros: 197 euros por cada ascendiente en línea directa por consanguinidad, afinidad o adopción, siempre que la suma de la base liquidable general y de la base liquidable del ahorro no sea superior a los límites establecidos en el párrafo primero del apartado Cuatro de este artículo.

Para la aplicación de esta deducción se deberán tener en cuenta las siguientes reglas:

1º[23] Cuando más de un contribuyente declarante tenga derecho a la aplicación de esta deducción respecto de los mismos ascendientes, su importe se prorrateará entre ellos por partes iguales.

No obstante, cuando los contribuyentes declarantes tengan distinto grado de parentesco con el ascendiente, la aplicación de la deducción corresponderá a los de grado más cercano, salvo que estos no tengan rentas anuales, excluidas las exentas, superiores a 8.000 euros, en cuyo caso corresponderá a los del siguiente grado.

2º No procederá la aplicación de esta deducción cuando los ascendientes que generen el derecho a la misma presenten declaración por el Impuesto sobre la Renta de las Personas Físicas con rentas superiores a 1.800 euros.

3º La determinación de las circunstancias personales y familiares que deban tenerse en cuenta se realizará atendiendo a la situación existente en la fecha de devengo del Impuesto sobre la Renta de las Personas Físicas. No obstante, será necesario que los ascendientes convivan con el contribuyente, al menos, la mitad del período impositivo.

Entre otros casos, se considerará que conviven con el contribuyente los ascendientes discapacitados que, dependiendo del mismo, sean internados en centros especializados.

i)[24] Por contratar de manera indefinida a personas afiliadas en el Sistema Especial de Empleados de Hogar del Régimen General de la Seguridad Social para el cuidado de personas:

Redacción anterior del art. 4.Uno.h), primer párrafo, dada por el art. 28.Nueve de la Ley 16/2008, de 22 diciembre, de Medidas Fiscales, de Gestión Administrativa y Financiera, y de Organización de la Generalitat, (DOCV, núm. 5922, de 29 diciembre de 2008), en vigor desde el 1-1-2009.

[22] La expresión «discapacidad psíquica» se sustituye por la de «discapacidad intelectual o mental» realizada por el art. 29 de la Ley 5/2025, de 30 de mayo, de medidas fiscales, de gestión administrativa y financiera, y de organización de la Generalitat (DOGV núm. 10120, de 31 de mayo de 2025), con efectos desde el 1 de enero de 2026.

[23] Nueva redacción el número 1 del párrafo segundo del art. 4.Uno.h) dada por el art. 46.Seis de la Ley 7/2014, de 22 de diciembre, de Medidas Fiscales, de Gestión Administrativa y Financiera, y de Organización de la Generalitat (DOCV núm. 7.432, de 29 de diciembre de 2014), en vigor desde el 1 de enero de 2015.

[24] Nueva redacción del art. 4.Uno.i) dada por el art. 4.9 del Decreto Ley 14/2022, de 24 de octubre, del Consell, por el que se modifica la Ley 13/1997, de 23 de diciembre, por la cual se regula el tramo autonómico del Impuesto sobre la Renta de las Personas Físicas y restantes tributos cedidos, para adecuar el gravamen del Impuesto sobre la Renta de las Personas Físicas y de otras figuras tributarias al impacto de la inflación (DOGV núm. 9.458, de 27 de octubre de 2022), en vigor desde el 28 de octubre de 2022.

Redacción anterior dada por el art. 20 de la Ley 7/2021, de 29 de diciembre, de la Generalitat, de medidas fiscales, de gestión administrativa y financiera y de organización de la Generalitat 2022 (DOGV núm. 9246, de 30 de diciembre de 2021), en vigor desde el 1 de enero de 2022.

Redacción anterior dada por el art. 54 de la Ley 5/2013, de 23 de diciembre, de Medidas Fiscales, de Gestión Administrativa y Financiera, y de Organización de la Generalitat (DOCV núm. 7181, de 27 de diciembre de 2013), en vigor desde el 1 de enero de 2014.

el 50% de las cuotas satisfechas por las cotizaciones efectuadas durante el periodo impositivo por los meses en cuyo último día se cumplan los siguientes requisitos:

a) Que el contribuyente tenga a su cargo a:

– una o varias personas de edad menor de 5 años nacidas, adoptadas o acogidas que cumplan los requisitos de convivencia y renta que den derecho a la aplicación del mínimo por descendentes establecido en la normativa estatal reguladora del impuesto;

– una o varias personas ascendentes en línea directa, por consanguinidad, afinidad o adopción, mayores de 75 años, o de 65 años si tienen la consideración de personas con discapacidad física, orgánica o sensorial con un grado igual o superior al 65%; o con discapacidad cognitiva, psicosocial, intelectual o del desarrollo con un grado igual o superior al 33% y cumplan los requisitos de convivencia y renta que den derecho a la aplicación del mínimo por ascendientes establecido en la normativa estatal reguladora del impuesto.

b) Que los contribuyentes desarrollen actividades por cuenta propia o ajena por las cuales perciban rendimientos del trabajo o de actividades económicas.

La suma de la base liquidable general y de la base liquidable del ahorro del contribuyente no deberá ser superior a los límites establecidos en el párrafo primero del apartado cuatro de este artículo.

El límite de la deducción será de 660 euros en caso de que el contribuyente tenga a su cargo un menor, y de 1.100 euros en el supuesto de que sean dos menores o más o se trate de familias monoparentales, de acuerdo con lo que establece el Decreto 19/2018, de 9 de marzo, del Consell, por el que se regula el reconocimiento de la condición de familia monoparental en la Comunitat Valenciana.

Cuando el contribuyente tenga a su cargo un ascendiente el límite será de 330 euros, aumentando a 550 euros en el supuesto de que sean dos o más.

Cuando dos contribuyentes tengan derecho a la aplicación de esta deducción, su límite se prorrateará entre ellos por partes iguales.

Esta deducción resultará incompatible con las establecidas en las letras e, f y h de este apartado.

j)[25] Por obtención de rentas derivadas de arrendamientos de vivienda, cuya renta no supere el precio de referencia de los alquileres privados de la Comunitat Valenciana: el 5% de

---

Redacción anterior del art. 4.Uno.i), primer párrafo, punto 1º, y punto 2º, dada por el art. 28.Diez y Once de la Ley 16/2008, de 22 diciembre, de Medidas Fiscales, de Gestión Administrativa y Financiera, y de Organización de la Generalitat, (DOCV, núm. 5922, de 29 diciembre de 2008), en vigor desde el 1-1-2009.

[25] Nueva redacción del art. 4.Uno.j) dada por el art. 4.10 del Decreto Ley 14/2022, de 24 de octubre, del Consell, por el que se modifica la Ley 13/1997, de 23 de diciembre, por la cual se regula el tramo autonómico del Impuesto sobre la Renta de las Personas Físicas y restantes tributos cedidos, para adecuar el gravamen del Impuesto sobre la Renta de las Personas Físicas y otras figuras tributarias al impacto de la inflación (DOGV núm. 9.458, de 27 de octubre de 2022), en vigor desde el 28 de octubre de 2022.

Redacción anterior de la Letra j) dada por el art. 28 de la Ley 27/2018, de 27 de diciembre, de medidas fiscales, de gestión administrativa y financiera y de organización de la Generalitat (DOGV núm. 8453, de 28 de diciembre de 2018), en vigor desde el 1 de enero de 2019.

Redacción anterior, sin contenido la letra j) del apartado Uno del art. 4.Cuatro en virtud de lo dispuesto en el art. 17.Siete del Decreto-Ley 1/2012, de 5 de enero, del Consell, de medidas urgentes para la reducción del déficit en la Comunitat Valenciana, (DOCV núm. 6688, de 10 de enero de 2012), en vigor desde la misma fecha de su publicación.

los rendimientos íntegros en el periodo impositivo, siempre que se cumplan los requisitos siguientes:

1) El rendimiento íntegro derive de contratos de arrendamiento de vivienda, de conformidad con la legislación de arrendamientos urbanos, iniciados durante el periodo impositivo.

2) En el caso de que la vivienda hubiese estado arrendada con anterioridad por una duración inferior a tres años, la persona inquilina no coincida con la establecida en el contrato anterior.

3) La renta mensual pactada no supere el precio de referencia de los alquileres privados de la Comunitat Valenciana.

4) Se haya constituido antes de la finalización del periodo impositivo el depósito de la fianza a la que se refiere la legislación de arrendamientos urbanos, a favor de la Generalitat.

La base máxima anual de esta deducción se establece en 3.300 euros.

k)[26] Por cantidades destinadas a la primera adquisición de su vivienda habitual por contribuyentes de edad igual o inferior a 35 años a la fecha de devengo del impuesto: el 5% de las cantidades satisfechas durante el período impositivo por la primera adquisición de vivienda que constituya o vaya a constituir la residencia habitual del contribuyente, excepción hecha de la parte de las mismas correspondiente a intereses. A estos efectos, se estará al concepto de vivienda habitual y de adquisición de la misma recogidos en la normativa estatal reguladora del impuesto.

La suma de la base liquidable general y de la base liquidable del ahorro del contribuyente no deberá ser superior a los límites establecidos en el párrafo primero del apartado cuatro de este artículo.

La aplicación de esta deducción resultará compatible con la de las recogidas en las letras j) y l) de este apartado Uno.

l)[27] Por cantidades destinadas a la adquisición de vivienda habitual por personas con discapacidad física o sensorial, con un grado de discapacidad igual o superior al 65%, o

---

Redacción anterior del art. 4.Uno.j) dada por el art. 25 de Ley 14/2007, de 26 diciembre, de Medidas Fiscales, de Gestión Administrativa y Financiera, y de Organización de la Generalitat, (DOGV núm. 5.669, de 28 diciembre de 2007), en vigor desde el 1-1-2008.

26   Nueva redacción del art. 4.Uno.k) dada por el art. 4.11 del Decreto Ley 14/2022, de 24 de octubre, del Consell, por el que se modifica la Ley 13/1997, de 23 de diciembre, por la cual se regula el tramo autonómico del Impuesto sobre la Renta de las Personas Físicas y restantes tributos cedidos, para adecuar el gravamen del Impuesto sobre la Renta de las Personas Físicas y de otras figuras tributarias al impacto de la inflación (DOGV núm. 9.458, de 27 de octubre de 2022), en vigor desde el 28 de octubre de 2022.
     Redacción anterior del art. 4.Uno.k) dada por el art. 25 de Ley 14/2007, de 26 diciembre, de Medidas Fiscales, de Gestión Administrativa y Financiera, y de Organización de la Generalitat, (DOGV núm. 5.669, de 28 diciembre de 2007), en vigor desde el 1-1-2008.

27   Nueva redacción del art. 4.Uno.l) dada por el art. 4.12 del Decreto Ley 14/2022, de 24 de octubre, del Consell, por el que se modifica la Ley 13/1997, de 23 de diciembre, por la cual se regula el tramo autonómico del Impuesto sobre la Renta de las Personas Físicas y restantes tributos cedidos, para adecuar el gravamen del Impuesto sobre la Renta de las Personas Físicas y de otras figuras tributarias al impacto de la inflación (DOGV núm. 9.458, de 27 de octubre de 2022), en vigor desde el 28 de octubre de 2022.
     Redacción anterior del art. 4.Uno.l) dada por el art. 25 de Ley 14/2007, de 26 diciembre, de Medidas Fiscales, de Gestión Administrativa y Financiera, y de Organización de la Generalitat, (DOGV núm. 5.669, de 28 diciembre de 2007), en vigor desde el 1-1-2008.

intelectual o mental[28], con un grado de discapacidad igual o superior al 33%: el 5% de las cantidades satisfechas, durante el período impositivo, por la adquisición de la vivienda que constituya o vaya a constituir la residencia habitual del contribuyente, excepción hecha de la parte de las mismas correspondiente a intereses.

A estos efectos, se estará al concepto de vivienda habitual y de adquisición de la misma recogidos en la normativa estatal reguladora del impuesto.

La suma de la base liquidable general y de la base liquidable del ahorro del contribuyente no deberá ser superior a los límites establecidos en el párrafo primero del apartado cuatro de este artículo.

La aplicación de esta deducción resultará compatible con la de las recogidas en las letras j) y k) de este apartado Uno.

m)[29] Por cantidades destinadas a la adquisición o rehabilitación de vivienda habitual, procedentes de ayudas públicas, la cantidad que proceda de entre las siguientes:

– 112 euros por cada contribuyente, siempre que este haya efectivamente destinado, durante el período impositivo, a la adquisición o rehabilitación de la vivienda que constituya o vaya a constituir su residencia habitual, cantidades procedentes de una subvención a tal fin concedida por la Generalitat, con cargo a su propio presupuesto o al del Estado. En el caso de que, por aplicación de las reglas de imputación temporal de ingresos de la normativa estatal reguladora del impuesto, dichas ayudas se imputen como ingreso por el contribuyente en varios ejercicios, el importe de la deducción se prorrateará entre los ejercicios en que se produzca tal imputación.

– La cantidad que resulte de aplicar el tipo medio de gravamen general autonómico sobre la cuantía de la ayuda pública, siempre que el contribuyente haya efectivamente destinado, durante el período impositivo, a la adquisición o rehabilitación de la vivienda que constituya o vaya a constituir su residencia habitual, las cantidades procedentes de la ayuda pública a tal fin concedida por la Generalitat, con cargo a su propio presupuesto o al del Estado, en el ámbito de la rehabilitación edificatoria y regeneración y renovación urbana en aquellos barrios o conjuntos de edificios y viviendas que precisen la demolición y sustitución de sus edificios, la reurbanización de sus espacios libres o la revisión de sus equipamientos y dotaciones, incluyendo en su caso el realojo temporal de los residentes. A estos efectos, se estará

---

[28] La expresión «discapacidad psíquica» se sustituye por la de «discapacidad intelectual o mental» realizada por el art. 29 de la Ley 5/2025, de 30 de mayo, de medidas fiscales, de gestión administrativa y financiera, y de organización de la Generalitat (DOGV núm. 10120, de 31 de mayo de 2025), con efectos desde el 1 de enero de 2026.

[29] Nueva redacción del art. 4.Uno.m) dada por el art. 4.13 del Decreto Ley 14/2022, de 24 de octubre, del Consell, por el que se modifica la Ley 13/1997, de 23 de diciembre, por la cual se regula el tramo autonómico del Impuesto sobre la Renta de las Personas Físicas y restantes tributos cedidos, para adecuar el gravamen del Impuesto sobre la Renta de las Personas Físicas y de otras figuras tributarias al impacto de la inflación (DOGV núm. 9.458, de 27 de octubre de 2022), en vigor desde el 28 de octubre de 2022.
Redacción anterior del art. 4.Uno.m) dada por el art. 29 de la Ley 27/2018, de 27 de diciembre, de medidas fiscales, de gestión administrativa y financiera y de organización de la Generalitat (DOGV núm. 8453, de 28 de diciembre de 2018), en vigor desde el 1 de enero de 2019.
Redacción anterior dada por el art. 28.Doce de la Ley 16/2008, de 22 diciembre, de Medidas Fiscales, de Gestión Administrativa y Financiera, y de Organización de la Generalitat, (DOCV, núm. 5922, de 29 diciembre de 2008), en vigor desde el 1-1-2009.

al concepto de vivienda habitual y de adquisición y rehabilitación de la misma recogido en la normativa estatal reguladora del impuesto.

En ningún caso podrán ser beneficiarios de esta deducción los contribuyentes que se hubieran aplicado por dichas cantidades procedentes de ayudas públicas alguna de las deducciones contempladas en las letras k y l de este mismo apartado.

n)[30] Por arrendamiento o pago por la cesión en uso de la vivienda habitual, sobre las cantidades satisfechas en el periodo impositivo, siempre que figure de manera separada en el recibo que se le emita por la entidad titular la parte que se corresponda con este concepto[31] :

– El 20%, con el límite de 800 euros.

– El 25%, con el límite de 950 euros, si el arrendatario reúne una de las siguientes condiciones, o del 30%, con el límite de 1.100 euros, si reúne dos o más:

– Tener una edad igual o inferior a 35 años.

– Tener reconocido un grado de discapacidad física o sensorial igual o superior al 65%, o intelectual o mental[32], superior al 33%.

---

30 Nueva redacción del art. 4.Uno.n) dada por el art. 4.14 del Decreto Ley 14/2022, de 24 de octubre, del Consell, por el que se modifica la Ley 13/1997, de 23 de diciembre, por la cual se regula el tramo autonómico del Impuesto sobre la Renta de las Personas Físicas y restantes tributos cedidos, para adecuar el gravamen del Impuesto sobre la Renta de las Personas Físicas y de otras figuras tributarias al impacto de la inflación (DOGV núm. 9.458, de 27 de octubre de 2022), en vigor desde el 28 de octubre de 2022.
Redacción anterior dada por el art. 21 de la Ley 7/2021, de 29 de diciembre, de la Generalitat, de medidas fiscales, de gestión administrativa y financiera y de organización de la Generalitat 2022 (DOGV núm. 9246, de 30 de diciembre de 2021), en vigor desde el 1 de enero de 2022.
Redacción anterior dada por el art. 35 de la Ley 3/2020, de 30 de diciembre, de la Generalitat, de medidas fiscales, de gestión administrativa y financiera y de organización de la Generalitat 2021 (DOGV núm. 8987 de 31 de diciembre de 2020), con efectos desde el 1 de enero de 2021.
Redacción anterior dada por el art. 3 de la Ley 21/2017, de 28 de diciembre, de medidas fiscales, de gestión administrativa y financiera, y de organización de la Generalitat. (DOGV núm. 8202 de 30 de diciembre de 2017), con efectos desde el 1 de enero de 2018.
Redacción anterior dada del apartado 2 del párrafo segundo del art. 4.Uno.n) dada por el art. 1 de la Ley 21/2017, de 28 de diciembre, de medidas fiscales, de gestión administrativa y financiera, y de organización de la Generalitat. (DOGV núm. 8202 de 30 de diciembre de 2017), con efectos desde el 1 de enero de 2018.
Redacción anterior dada por el art. 46.Siete de la Ley 7/2014, de 22 de diciembre, de Medidas Fiscales, de Gestión Administrativa y Financiera, y de Organización de la Generalitat (DOCV núm. 7.432, de 29 de diciembre de 2014), en vigor desde el 1 de enero de 2015.
Redacción anterior dada por el art. 55 de la Ley 5/2013, de 23 de diciembre, de Medidas Fiscales, de Gestión Administrativa y Financiera, y de Organización de la Generalitat (DOCV núm. 7181, de 27 de diciembre de 2013), en vigor desde el 1 de enero de 2014.
Redacción anterior del art. 4.Uno.n), primer párrafo y punto 5°, dada por el art. 28.Trece y Catorce de la Ley 16/2008, de 22 diciembre, de Medidas Fiscales, de Gestión Administrativa y Financiera, y de Organización de la Generalitat, (DOCV, núm. 5922, de 29 diciembre de 2008), en vigor desde el 1-1-2009.

31 Nueva redacción de la primera frase dada por la Disp. final Tercera.2 de la Ley 3/2023, de 13 de abril, de la Generalitat, de Viviendas Colaborativas de la Comunitat Valenciana (DOGV núm. 9578, de 19 de abril de 2023, corrección de erratas DOGV núm. 9594, de 12 de mayo de 2023), con entrada en vigor a los veinte días de su publicación en el DOGV.
Redacción anterior que proviene de la redacción del dada por el art. 4.14 del Decreto Ley 14/2022, de 24 de octubre.

32 La expresión «discapacidad psíquica» se sustituye por la de «discapacidad intelectual o mental» realizada por el art. 29 de la Ley 5/2025, de 30 de mayo, de medidas fiscales, de gestión administrativa y financiera,

– Tener la consideración de víctima de violencia de género según lo dispuesto en la Ley 7/2012, de 23 de noviembre, de la Generalitat, integral contra la violencia sobre la mujer en el ámbito de la Comunitat Valenciana.

Serán requisitos para el disfrute de esta deducción los siguientes:

1º Que se trate del arrendamiento de la vivienda habitual del contribuyente, ocupada efectivamente por el mismo, siempre que la fecha del contrato sea posterior al 23 de abril de 1998 y su duración sea igual o superior a un año. A estos efectos, se estará al concepto de vivienda habitual recogido en la normativa estatal reguladora del impuesto.

2[33] Que, durante al menos la mitad del periodo impositivo, ni el contribuyente ni ninguno de los miembros de su unidad familiar sean titulares, de manera individual o conjuntamente, de la totalidad del pleno dominio o de un derecho real de uso o disfrute constituido sobre otra vivienda distante a menos de cincuenta kilómetros de la vivienda arrendada, salvo que exista una resolución administrativa o judicial que les impida su uso como residencia. No se computará como otra vivienda la que su titular ceda a la Entidad Valenciana de Vivienda y Suelo para la cesión en alquiler social cuando la persona cedente sea mayor de 65 años y pase a ser usuaria de una vivienda colaborativa, de interés social, en régimen de cesión de uso.

En el caso de tratarse de una mujer víctima de violencia de género, a efectos de la aplicación de esta deducción, se considerará que no forma parte de la unidad familiar el cónyuge agresor no separado legalmente. Tampoco computará el inmueble que la contribuyente compartía con la persona agresora como residencia habitual.

3º Que el contribuyente no tenga derecho por el mismo período impositivo a ninguna deducción por inversión en vivienda habitual.

4º Que la suma de la base liquidable general y de la base liquidable del ahorro no sea superior a los límites establecidos en el párrafo primero del apartado cuatro de este artículo.

Esta deducción resultará compatible con la recogida en la letra ñ de este apartado.

El límite de esta deducción se prorrateará por el número de días en que permanezca vigente el arrendamiento dentro del periodo impositivo y en que se cumplan las circunstancias personales requeridas para la aplicación de los distintos porcentajes de deducción y, además, cuando dos o más contribuyentes declarantes del impuesto tengan derecho a la aplicación de esta deducción por una misma vivienda, el límite se prorrateará entre ellos por partes iguales[34].

---

y de organización de la Generalitat (DOGV núm. 10120, de 31 de mayo de 2025), con efectos desde el 1 de enero de 2026.

[33] Nueva redacción al primer párrafo del núm. 2º dada por la Disp. final Tercera.2 de la Ley 3/2023, de 13 de abril, de la Generalitat, de Viviendas Colaborativas de la Comunitat Valenciana (DOGV núm. 9578, de 19 de abril de 2023, corrección de erratas DOGV núm. 9594, de 12 de mayo de 2023), con entrada en vigor a los veinte días de su publicación en el DOGV.
Redacción anterior que proviene de la redacción del dado por el art. 4.14 del Decreto Ley 14/2022, de 24 de octubre.

[34] Nueva redacción del último párrafo de la letra n) dada por el art. 12 de la Ley 7/2023, de 26 de diciembre, de medidas fiscales, de gestión administrativa y financiera, y de organización de la Generalitat (DOGV núm. 9756 de 30 de diciembre de 2023), en vigor desde el 1 de enero de 2024.
Redacción anterior: «*El límite de esta deducción se prorrateará por el número de días en que permanezca vigente el arrendamiento dentro del periodo impositivo y en que se cumplan las circunstancias personales requeridas para la aplicación de los distintos porcentajes de deducción y, además, cuando dos o más*

ñ)[35] Por el arrendamiento de una vivienda, como consecuencia de la realización de una actividad, por cuenta propia o ajena, en municipio distinto de aquel en el que el contribuyente residía con anterioridad: el 10% de las cantidades satisfechas en el periodo impositivo, con el límite de 224 euros.

Para tener derecho al disfrute de esta deducción será necesario el cumplimiento de los siguientes requisitos:

1º Que la vivienda arrendada, radicada en la Comunitat Valenciana, diste más de 50 kilómetros de aquella en la que el contribuyente residía inmediatamente antes del arrendamiento.

2º Que las cantidades satisfechas en concepto de arrendamiento no sean retribuidas por el empleador.

3º Que la suma de la base liquidable general y de la base liquidable del ahorro no sea superior a los límites establecidos en el párrafo primero del apartado cuatro de este artículo.

El límite de esta deducción se prorrateará por el número de días en que permanezca vigente el arrendamiento dentro del periodo impositivo y, además, cuando dos o más contribuyentes declarantes del impuesto tengan derecho a la aplicación de esta deducción por una misma vivienda, el límite se prorrateará entre ellos por partes iguales.

Esta deducción resultará compatible con la recogida en la letra n de este apartado.

o)[36] Los contribuyentes podrán deducirse un 40% del importe de las cantidades invertidas en instalaciones realizadas en la vivienda habitual del contribuyente o en instalaciones

---

contribuyentes declarantes del impuesto tengan derecho a la aplicación de esta deducción por una misma vivienda, el límite se prorrateará entre ellos por partes iguales».

35 Nueva redacción del primer párrafo del art. 4.Uno.ñ) dada por el art. 4.15 del Decreto Ley 14/2022, de 24 de octubre, del Consell, por el que se modifica la Ley 13/1997, de 23 de diciembre, por la cual se regula el tramo autonómico del Impuesto sobre la Renta de las Personas Físicas y restantes tributos cedidos, para adecuar el gravamen del Impuesto sobre la Renta de las Personas Físicas y de otras figuras tributarias al impacto de la inflación (DOGV núm. 9.458, de 27 de octubre de 2022), en vigor desde el 28 de octubre de 2022.
Redacción anterior dada por el art. 22 de la Ley 7/2021, de 29 de diciembre, de la Generalitat, de medidas fiscales, de gestión administrativa y financiera y de organización de la Generalitat 2022 (DOGV núm. 9246, de 30 de diciembre de 2021), en vigor desde el 1 de enero de 2022.
Redacción anterior dada por el art. 56 de la Ley 5/2013, de 23 de diciembre, de Medidas Fiscales, de Gestión Administrativa y Financiera, y de Organización de la Generalitat (DOCV núm. 7181, de 27 de diciembre de 2013), en vigor desde el 1 de enero de 2014. En la Comunitat Valenciana, diste más de 100 kilómetros de aquella en la que el contribuyente residía inmediatamente antes del arrendamiento.
2º [Requisito suprimido con efectos desde el 1 de enero de 2019 por la Disp. Adic. Primera del Decreto Ley 1/2020, de 27 de marzo, del Consell, en vigor desde el 30 de marzo de 2019. Redacción anterior dada por el art. 2 de la Ley 21/2017, de 28 de diciembre (DOGV núm. 8202 de 30 de diciembre de 2017), con efectos desde el 1 de enero de 2018.
Redacción anterior dada por el art. 46.Ocho de la Ley 7/2014, de 22 de diciembre, de Medidas Fiscales, de Gestión Administrativa y Financiera, y de Organización de la Generalitat (DOCV núm. 7.432, de 29 de diciembre de 2014), en vigor desde el 1 de enero de 2015.
Redacción anterior del art. 4.Uno.ñ), primer párrafo y punto 4º, dada por el art. 28.Quince y Dieciséis de la Ley 16/2008, de 22 diciembre, de Medidas Fiscales, de Gestión Administrativa y Financiera, y de Organización de la Generalitat, (DOCV, núm. 5922, de 29 diciembre de 2008), en vigor desde el 1-1-2009.

36 Nueva redacción del Art. 4.Uno.o) dada por la Disposición final Primera del Decreto Ley 14/2022, de 24 de octubre, del Consell, por el que se modifica la Ley 13/1997, de 23 de diciembre, por la cual se regula el tramo autonómico del Impuesto sobre la Renta de las Personas Físicas y restantes tributos cedidos, para

colectivas del edificio donde este figure, si están destinadas a alguna de las finalidades que se indican a continuación:

a) Instalaciones de autoconsumo eléctrico conectadas a la red de transporte o distribución de energía eléctrica en cualquiera de las modalidades contempladas en el artículo 9.1 de la Ley 24/2013, de 16 de diciembre, del sector eléctrico y la normativa que la desarrolla, que hayan sido inscritas en el Registro administrativo de autoconsumo de la Comunidad Valenciana.

b) Instalaciones de producción de energía eléctrica a partir de energía solar fotovoltaica o eólica, para electrificación de viviendas aisladas de la red eléctrica de distribución, que cuenten con el certificado de instalaciones eléctricas de baja tensión diligenciado por el organismo competente.

c) Instalaciones de producción de energía térmica a partir de la energía solar, de la biomasa o de la energía geotérmica para generación de agua caliente sanitaria, calefacción o climatización. Cuando sea preceptivo, deberán haber sido dadas de alta en el registro del certificado de la instalación gestionado por el órgano competente de la Comunitat Valenciana.

---

adecuar el gravamen del Impuesto sobre la Renta de las Personas Físicas y de otras figuras tributarias al impacto de la inflación (DOGV núm. 9.458, de 27 de octubre de 2022), con efectos para los periodos impositivos terminados a partir del 1 de enero de 2023.
Redacción del art. 4.Uno.o) dada por la Disposición Transitoria única del Decreto Ley 14/2022, de 24 de octubre, del Consell, por el que se modifica la Ley 13/1997, de 23 de diciembre, por la cual se regula el tramo autonómico del Impuesto sobre la Renta de las Personas Físicas y restantes tributos cedidos, para adecuar el gravamen del Impuesto sobre la Renta de las Personas Físicas y de otras figuras tributarias al impacto de la inflación (DOGV núm. 9.458, de 27 de octubre de 2022), con efectos para los periodos impositivos terminados hasta del 31 de diciembre de 2022.
Redacción anterior del art. 4.Uno.o) dada por el art. 35 de la Ley 3/2020, de 30 de diciembre, de la Generalitat, de medidas fiscales, de gestión administrativa y financiera y de organización de la Generalitat 2021 (DOGV núm. 8987 de 31 de diciembre de 2020), con efectos desde el 1 de enero de 2021.
Ver Disposición Transitoria única «Deducción por cantidades invertidas en instalaciones de autoconsumo o de generación de energía eléctrica o térmica a través de fuentes renovables para los periodos impositivos terminados hasta el 31 de diciembre de 2022» y Disposición Final. Primera del Decreto Ley 14/2022, de 24 de octubre, del Consell, por el que se modifica la Ley 13/1997, de 23 de diciembre, por la cual se regula el tramo autonómico del Impuesto sobre la Renta de las Personas Físicas y restantes tributos cedidos, para adecuar el gravamen del Impuesto sobre la Renta de las Personas Físicas y de otras figuras tributarias al impacto de la inflación (DOGV núm. 9.458, de 27 de octubre de 2022), en vigor desde el 28 de octubre de 2022.
Redacción anterior dada por el art. 30 de la Ley 27/2018, de 27 de diciembre, de medidas fiscales, de gestión administrativa y financiera y de organización de la Generalitat (DOGV núm. 8453, de 28 de diciembre de 2018), en vigor desde el 1 de enero de 2019. Redacción anterior dada por el art. 12.Dos de la Ley 13/2016, de 29 de diciembre, de medidas fiscales, de gestión administrativa y financiera, y de organización de la Generalitat (DOCV de 31 de diciembre de 2016), en vigor desde 1 de enero de 2017. Redacción anterior dada por el art. 57 de la Ley 5/2013, de 23 de diciembre, de Medidas Fiscales, de Gestión Administrativa y Financiera, y de Organización de la Generalitat (DOCV núm. 7181, de 27 de diciembre de 2013), en vigor desde el 1 de enero de 2014. Redacción anterior del art. 4.Uno.o) dada por el art. 25 de Ley 14/2007, de 26 diciembre, de Medidas Fiscales, de Gestión Administrativa y Financiera, y de Organización de la Generalitat, (DOGV núm. 5.669, de 28 diciembre de 2007), en vigor desde el 1-1-2008.

No darán derecho a practicar esta deducción aquellas instalaciones que sean de carácter obligatorio en virtud de la aplicación del Real decreto 314/2006, de 17 de marzo, por el que se aprueba el Código técnico de la edificación (CTE).

Esta deducción podrá aplicarse a las inversiones realizadas en las viviendas que constituyan segundas residencias, siempre que estas no se encuentren relacionadas con el ejercicio de una actividad económica, de conformidad con la normativa estatal reguladora del impuesto, si bien en este supuesto el porcentaje de deducción será del 20%.

A efectos de la aplicación de esta deducción, se estará al concepto de vivienda contenido en la normativa autonómica reguladora de la vivienda.

Las viviendas tendrán que estar situadas en el territorio de la Comunitat Valenciana.

La base de esta deducción estará constituida por las cantidades efectivamente satisfechas en el ejercicio por el contribuyente, mediante los medios de pago relacionados en la disposición adicional dieciséis de esta ley.

La base máxima anual de esta deducción se establece en 8.800 euros por vivienda y ejercicio. La parte de la inversión apoyada, en su caso, con subvenciones públicas no dará derecho a deducción.

Las cantidades correspondientes al periodo impositivo no deducidas por insuficiencia de cuota íntegra podrán aplicarse en las liquidaciones de los periodos impositivos que concluyan en los cuatro años inmediatos y sucesivos.

En el caso de conjuntos de viviendas en régimen de propiedad horizontal en las que se lleven a cabo estas instalaciones de forma compartida, siempre que tengan cobertura legal, esta deducción podrá ser aplicada por cada uno de los contribuyentes individualmente según el coeficiente de participación que corresponda a la vivienda, siempre que cumpla con el resto de requisitos establecidos.

Para aplicar la deducción se tendrán que conservar los justificantes de gasto y de pago, los cuales tendrán que cumplir lo dispuesto en su normativa de aplicación.

p)[37] Por donaciones con finalidad ecológica: El 20 por ciento para los primeros 250 euros y el 25 por ciento para el resto del importe de las donaciones efectuadas durante el período impositivo en favor de cualquiera de las siguientes entidades:

---

[37]   Redacción del art. 4.Uno.p) dada por el art. 23 de la Ley 5/2025, de 30 de mayo, de medidas fiscales, de gestión administrativa y financiera, y de organización de la Generalitat (DOGV núm. 10120, de 31 de mayo de 2025), con efectos desde el 1 de enero de 2026.
      Redacción anterior dada por el art. 36 de la Ley 3/2020, de 30 de diciembre, de la Generalitat, de medidas fiscales, de gestión administrativa y financiera y de organización de la Generalitat 2021 (DOGV núm. 8987 de 31 de diciembre de 2020), con efectos desde el 1 de enero de 2021: «p) Por donaciones con finalidad ecológica: El 20 por ciento para los primeros 150 euros y el 25 por ciento para el resto del importe de las donaciones efectuadas durante el período impositivo en favor de cualquiera de las siguientes entidades:
      1) La Generalitat y las Corporaciones Locales de la Comunitat Valenciana. A estos efectos, cuando la donación consista en dinero las cantidades recibidas quedarán afectas en el presupuesto del donatario a la financiación de programas de gasto que tengan por objeto la defensa y conservación del medio ambiente. De conformidad con ello, en el estado de gastos del presupuesto de cada ejercicio se consignará crédito en dichos programas por un importe como mínimo igual al de las donaciones percibidas durante el ejercicio inmediatamente anterior.
      2) Las entidades públicas dependientes de cualquiera de las Administraciones Territoriales citadas en el número 1) anterior cuyo objeto social sea la defensa y conservación del medio ambiente. Las cantidades

1) La Generalitat y las Corporaciones Locales de la Comunitat Valenciana. A estos efectos, cuando la donación consista en dinero las cantidades recibidas quedarán afectas en el presupuesto del donatario a la financiación de programas de gasto que tengan por objeto la defensa y conservación del medio ambiente. De conformidad con ello, en el estado de gastos del presupuesto de cada ejercicio se consignará crédito en dichos programas por un importe como mínimo igual al de las donaciones percibidas durante el ejercicio inmediatamente anterior.

2) Las entidades públicas dependientes de cualquiera de las Administraciones Territoriales citadas en el número 1) anterior cuyo objeto social sea la defensa y conservación del medio ambiente. Las cantidades recibidas por estas entidades quedarán sometidas a las mismas reglas de afectación recogidas en el citado número 1.

3) Las entidades sin fines lucrativos reguladas en los apartados a y b del artículo 2 de la Ley 49/2002, de 23 de diciembre, de Régimen fiscal de las entidades sin fines lucrativos y de los incentivos fiscales al mecenazgo, siempre que su fin exclusivo sea la defensa del medio ambiente y se hallen inscritas en los correspondientes registros de la Comunitat Valenciana.

q)[38] Por donaciones relativas al patrimonio cultural valenciano el 20 por ciento para los primeros 250 euros y el 25 por ciento para el resto del valor de:

recibidas por estas entidades quedarán sometidas a las mismas reglas de afectación recogidas en el citado número 1.
3) Las entidades sin fines lucrativos reguladas en los apartados a y b del artículo 2 de la Ley 49/2002, de 23 de diciembre, de Régimen fiscal de las entidades sin fines lucrativos y de los incentivos fiscales al mecenazgo, siempre que su fin exclusivo sea la defensa del medio ambiente y se hallen inscritas en los correspondientes registros de la Comunitat Valenciana».
Redacción anterior dada el art. 25 de Ley 14/2007, de 26 diciembre, de Medidas Fiscales, de Gestión Administrativa y Financiera, y de Organización de la Generalitat, (DOGV núm. 5.669, de 28 diciembre de 2007), en vigor desde el 1-1-2008.

[38] Nueva redacción de la letra q) dada por el art. 23 de la Ley 5/2025, de 30 de mayo, de medidas fiscales, de gestión administrativa y financiera, y de organización de la Generalitat (DOGV núm. 10120, de 31 de mayo de 2025), con efectos desde el 1 de enero de 2026.
Redacción anterior dada por el art. 37 de la Ley 3/2020, de 30 de diciembre, de la Generalitat, de medidas fiscales, de gestión administrativa y financiera y de organización de la Generalitat 2021 (DOGV núm. 8987 de 31 de diciembre de 2020), con efectos desde el 1 de enero de 2021: «*q) Por donaciones relativas al patrimonio cultural valenciano el 20 por ciento para los primeros 150 euros y el 25 por ciento para el resto del valor de:*
1) Las donaciones puras y simples efectuadas durante el período impositivo de bienes que, formando parte del patrimonio cultural valenciano, se hallen inscritos en el inventario general del citado patrimonio, de acuerdo con la normativa legal autonómica vigente, siempre que se realicen a favor de cualquiera de las entidades contempladas en el apartado a, siempre que estas entidades persigan fines de interés cultural, b, c, d, e y f del apartado primero del artículo 3 de la Ley 20/2018, de 25 de julio, del mecenazgo cultural, científico y deportivo no profesional en la Comunitat Valenciana y de las objetivamente comparables del apartado 2 del mencionado artículo.
2) Las cantidades dinerarias donadas a cualquiera de las entidades a las que se refiere el número 1 anterior para la conservación, reparación y restauración de los bienes que, formando parte del patrimonio cultural valenciano, se hallen inscritos en su inventario general, siempre que se trate de donaciones para la financiación de programas de gasto o actuaciones que tengan por objeto la conservación, reparación y restauración de los mencionados bienes. A estos efectos, cuando la persona donataria sea la Generalitat o una de sus entidades públicas de carácter cultural, el importe recibido en cada ejercicio quedará afecto, como crédito mínimo, al programa de gastos de los presupuestos del ejercicio inmediatamente posterior que tengan por objeto la conservación, reparación y restauración de obras de arte y, en general, de bienes con valor histórico, artístico y cultural.

1) Las donaciones puras y simples efectuadas durante el período impositivo de bienes que, formando parte del patrimonio cultural valenciano, se hallen inscritos en el inventario general del citado patrimonio, de acuerdo con la normativa legal autonómica vigente, siempre que se realicen a favor de cualquiera de las entidades contempladas en el apartado a, siempre que estas entidades persigan fines de interés cultural, b, c, d, e y f del apartado primero del artículo 3 de la Ley 20/2018, de 25 de julio, del mecenazgo cultural, científico y deportivo no profesional en la Comunitat Valenciana y de las objetivamente comparables del apartado 2 del mencionado artículo.

2) Las cantidades dinerarias donadas a cualquiera de las entidades a las que se refiere el número 1 anterior para la conservación, reparación y restauración de los bienes que, formando parte del patrimonio cultural valenciano, se hallen inscritos en su inventario general, siempre que se trate de donaciones para la financiación de programas de gasto o actuaciones que tengan por objeto la conservación, reparación y restauración de los mencionados bienes. A estos efectos, cuando la persona donataria sea la Generalitat o una de sus entidades públicas de carácter cultural, el importe recibido en cada ejercicio quedará afecto, como crédito mínimo, al programa de gastos de los presupuestos del ejercicio inmediatamente posterior que tengan por objeto la conservación, reparación y restauración de obras de arte y, en general, de bienes con valor histórico, artístico y cultural.

3) Las cantidades dinerarias destinadas por las personas titulares de bienes pertenecientes al patrimonio cultural valenciano, inscritos en el inventario general del mismo, a la conservación, reparación y restauración de los citados bienes.

r)[39] Por donaciones destinadas al fomento del valenciano: el 20 por ciento para los primeros 250 euros y el 25 por ciento para el resto del importe de las donaciones de importes dinerarios efectuadas durante el periodo impositivo en favor de las siguientes entidades:

---

3) Las cantidades dinerarias destinadas por las personas titulares de bienes pertenecientes al patrimonio cultural valenciano, inscritos en el inventario general del mismo, a la conservación, reparación y restauración de los citados bienes».
Redacción anterior dada por la Disp. final primera.1 de la Ley 20/2018, de 25 de julio, del mecenazgo cultural, científico y deportivo no profesional en la Comunitat Valenciana (DOGV núm. 8348, de 27 de julio de 2018), en vigor desde el 28 de julio de 2018.
Redacción anterior dada por el art. 29.1 de la Ley 9/2014, de 29 de diciembre, de la Generalitat, de impulso de la actividad y del mecenazgo cultural en la Comunitat Valenciana (DOCV núm. 7434, de 31 de diciembre de 2014) en vigor desde el 1 de enero de 2015.
Redacción anterior del art. 4.Uno.q) dada por el art. 25 de Ley 14/2007, de 26 diciembre, de Medidas Fiscales, de Gestión Administrativa y Financiera, y de Organización de la Generalitat, (DOGV núm. 5.669, de 28 diciembre de 2007), en vigor desde el 1-1-2008.
[39] Nueva redacción de la letra r) dada por el art. 23 de la Ley 5/2025, de 30 de mayo, de medidas fiscales, de gestión administrativa y financiera, y de organización de la Generalitat (DOGV núm. 10120, de 31 de mayo de 2025), con efectos desde el 1 de enero de 2026.
Redacción anterior dada por el art. 23 de la Ley 7/2021, de 29 de diciembre, de la Generalitat, de medidas fiscales, de gestión administrativa y financiera y de organización de la Generalitat 2022 (DOGV núm. 9246, de 30 de diciembre de 2021), en vigor desde el 1 de enero de 2022: «r) Por donaciones destinadas al fomento de la lengua valenciana: el 20 por ciento para los primeros 150 euros y el 25 por ciento para el resto del importe de las donaciones de importes dinerarios efectuadas durante el periodo impositivo en favor de las siguientes entidades:
1) La Generalitat, los organismos públicos y el sector público instrumental de la Generalitat.

1) La Generalitat, los organismos públicos y el sector público instrumental de la Generalitat.

2) Las entidades locales de la Comunitat Valenciana, sus organismos públicos, fundaciones y consorcios de ellas dependientes.

3) Las universidades públicas y privadas establecidas en la Comunitat Valenciana.

4) Los centros superiores de enseñanzas artísticas de la Comunitat Valenciana.

5) Las entidades inscritas el último día del periodo impositivo en el Censo de entidades de fomento del valenciano.

A estos efectos, cuando la persona donataria sea la Generalitat o una de sus entidades públicas, el importe recibido en cada ejercicio quedará afecto, como crédito mínimo, a programas de gasto de los presupuestos del ejercicio inmediatamente posterior que tengan por objeto el fomento de la lengua valenciana.

s)[40] Por donaciones o cesiones de uso o comodatos para otros fines de carácter cultural, científico o deportivo no profesional:

1) Se establece una deducción del 25 por ciento de las cuantías en que se valoren las donaciones o los préstamos de uso o comodato efectuadas a proyectos o actividades culturales,

---

2) Las entidades locales de la Comunitat Valenciana, sus organismos públicos, fundaciones y consorcios de ellas dependientes.

3) Las universidades públicas y privadas establecidas en la Comunitat Valenciana.

4) Los centros superiores de enseñanzas artísticas de la Comunitat Valenciana.

5) Las entidades inscritas el último día del periodo impositivo en el Censo de entidades de fomento del valenciano.

A estos efectos, cuando la persona donataria sea la Generalitat o una de sus entidades públicas, el importe recibido en cada ejercicio quedará afecto, como crédito mínimo, a programas de gasto de los presupuestos del ejercicio inmediatamente posterior que tengan por objeto el fomento de la lengua valenciana».

Redacción anterior dada por el art. 38 de la Ley 3/2020, de 30 de diciembre, de la Generalitat, de medidas fiscales, de gestión administrativa y financiera y de organización de la Generalitat 2021 (DOGV núm. 8987 de 31 de diciembre de 2020), con efectos desde el 1 de enero de 2021.

Redacción anterior dada por la Disp. final primera.2 de la Ley 20/2018, de 25 de julio, del mecenazgo cultural, científico y deportivo no profesional en la Comunitat Valenciana (DOGV núm. 8348, de 27 de julio de 2018), en vigor desde el 28 de julio de 2018.

Redacción anterior dada por el art. 29.2 de la Ley 9/2014, de 29 de diciembre, de la Generalitat, de impulso de la actividad y del mecenazgo cultural en la Comunitat Valenciana (DOCV núm. 7434, de 31 de diciembre de 2014) en vigor desde el 1 de enero de 2015.

Redacción anterior del art. 4.Uno.r) dada por el art. 25 de Ley 14/2007, de 26 diciembre, de Medidas Fiscales, de Gestión Administrativa y Financiera, y de Organización de la Generalitat, (DOGV núm. 5.669, de 28 diciembre de 2007), en vigor desde el 1-1-2008.

40 Nueva redacción de la letra s) dada por el art. 23 de la Ley 5/2025, de 30 de mayo, de medidas fiscales, de gestión administrativa y financiera, y de organización de la Generalitat (DOGV núm. 10120, de 31 de mayo de 2025), con efectos desde el 1 de enero de 2026.

Redacción anterior dada por el art. 39 de la Ley 3/2020, de 30 de diciembre, de la Generalitat, de medidas fiscales, de gestión administrativa y financiera y de organización de la Generalitat 2021 (DOGV núm. 8987 de 31 de diciembre de 2020), con efectos desde el 1 de enero de 2021: *«s) Por donaciones o cesiones de uso o comodatos para otros fines de carácter cultural, científico o deportivo no profesional:*

1) Se establece una deducción del 25 por ciento de las cuantías en que se valoren las donaciones o los préstamos de uso o comodato efectuadas a proyectos o actividades culturales, científicas o deportivas no profesionales declarados o considerados de interés social, distintas a las descritas en las letras q y r, realizadas a favor de las personas y entidades beneficiarias del artículo 3 de la Ley 20/2018, de 25 de julio, del mecenazgo cultural, científico y deportivo no profesional en la Comunitat Valenciana.

científicas o deportivas no profesionales declarados o considerados de interés social, distintas a las descritas en las letras q y r, realizadas a favor de las personas y entidades beneficiarias del artículo 3 de la Ley 20/2018, de 25 de julio, del mecenazgo cultural, científico y deportivo no profesional en la Comunitat Valenciana.

No obstante, en el caso de que el contribuyente se aplique la deducción prevista en la letra a del apartado 3 del artículo 68 de la Ley 35/2006, de 28 de noviembre, del Impuesto

---

No obstante, en el caso de que el contribuyente se aplique la deducción prevista en la letra a) del apartado 3 del artículo 68 de la Ley 35/2006, de 28 de noviembre, del Impuesto sobre la Renta de las Personas Físicas, los primeros 150 euros del valor de la donación disfrutarán de una deducción del 20 por ciento.

2) La base de las deducciones por donaciones realizadas será:

a) En las donaciones dinerarias, su importe.

b) En las donaciones de bienes o derechos, el valor contable que tuviesen en el momento de la transmisión y, en su defecto, el valor determinado conforme a las normas del impuesto sobre el patrimonio.

c) En la constitución de un derecho real de usufructo sobre bienes inmuebles, el importe anual que resulte de aplicar, en cada uno de los períodos impositivos de duración del usufructo, el 4 por ciento del valor catastral, determinándose proporcionalmente al número de días que corresponda en cada período impositivo.

d) En la constitución de un derecho real de usufructo sobre valores, el importe anual de los dividendos o intereses percibidos por la persona usufructuaria en cada uno de los períodos impositivos de duración del usufructo.

e) En la constitución de un derecho real de usufructo sobre bienes y derechos, el importe anual resultante de aplicar el interés legal del dinero de cada ejercicio al valor del usufructo determinado en el momento de su constitución conforme a las normas del impuesto sobre transmisiones patrimoniales y actos jurídicos documentados.

f) En las donaciones de bienes de interés cultural, bienes inventariados no declarados de interés cultural, bienes de relevancia local o de obras de arte de calidad garantizada, la valoración efectuada por la Junta de Valoración de Bienes del Patrimonio Cultural Valenciano. En el caso de los bienes culturales que no formen parte del patrimonio cultural valenciano, la junta valorará, asimismo, la suficiencia de la calidad de la obra.

3) El valor determinado de acuerdo con lo dispuesto en el apartado anterior, tendrá como límite máximo el valor normal en el mercado del bien o derecho transmitido en el momento de su transmisión.

4) La base de las deducciones por préstamos de uso o comodato será el importe anual que resulte de aplicar, en cada uno de los periodos impositivos de duración del préstamo, el 4% a la valoración del bien efectuada por la Junta de Valoración de Bienes del Patrimonio Cultural Valenciano, determinándose proporcionalmente al número de días que corresponda en cada período impositivo.

En el caso de que se trate de préstamos de uso o de comodato de locales para la realización de proyectos o actividades, se aplicará el 4% por ciento del valor catastral, proporcionalmente al número de días que corresponda de cada período impositivo».

Redacción anterior dada por la Disp. final primera.3 de la Ley 20/2018, de 25 de julio, del mecenazgo cultural, científico y deportivo no profesional en la Comunitat Valenciana (DOGV núm. 8348, de 27 de julio de 2018), en vigor desde el 28 de julio de 2018.

Redacción anterior dada el art. 29.3 de la Ley 9/2014, de 29 de diciembre, de la Generalitat, de impulso de la actividad y del mecenazgo cultural en la Comunitat Valenciana (DOCV núm. 7434, de 31 de diciembre de 2014) en vigor desde el 1 de enero de 2015.

La letra s) estaba sin contenido en virtud del art. 58 de la Ley 5/2013, de 23 de diciembre, de Medidas Fiscales, de Gestión Administrativa y Financiera, y de Organización de la Generalitat (DOCV núm. 7181, de 27 de diciembre de 2013), en vigor desde el 1 de enero de 2014.

Letra s) del art. 4.Uno incorporada por el art. 29 de la Ley 16/2008, de 22 diciembre, de Medidas Fiscales, de Gestión Administrativa y Financiera, y de Organización de la Generalitat, (DOCV, núm. 5922, de 29 diciembre de 2008), en vigor desde el 1-1-2009.

sobre la Renta de las Personas Físicas, los primeros 250 euros del valor de la donación disfrutarán de una deducción del 20 por ciento.

2) La base de las deducciones por donaciones realizadas será:

a) En las donaciones dinerarias, su importe.

b) En las donaciones de bienes o derechos, el valor contable que tuviesen en el momento de la transmisión y, en su defecto, el valor determinado conforme a las normas del impuesto sobre el patrimonio.

c) En la constitución de un derecho real de usufructo sobre bienes inmuebles, el importe anual que resulte de aplicar, en cada uno de los períodos impositivos de duración del usufructo, el 4 por ciento del valor catastral, determinándose proporcionalmente al número de días que corresponda en cada período impositivo.

d) En la constitución de un derecho real de usufructo sobre valores, el importe anual de los dividendos o intereses percibidos por la persona usufructuaria en cada uno de los períodos impositivos de duración del usufructo.

e) En la constitución de un derecho real de usufructo sobre bienes y derechos, el importe anual resultante de aplicar el interés legal del dinero de cada ejercicio al valor del usufructo determinado en el momento de su constitución conforme a las normas del impuesto sobre transmisiones patrimoniales y actos jurídicos documentados.

f) En las donaciones de bienes de interés cultural, bienes inventariados no declarados de interés cultural, bienes de relevancia local o de obras de arte de calidad garantizada, la valoración efectuada por la Junta de Valoración de Bienes del Patrimonio Cultural Valenciano. En el caso de los bienes culturales que no formen parte del patrimonio cultural valenciano, la junta valorará, asimismo, la suficiencia de la calidad de la obra.

3) El valor determinado de acuerdo con lo dispuesto en el apartado anterior, tendrá como límite máximo el valor normal en el mercado del bien o derecho transmitido en el momento de su transmisión.

4) La base de las deducciones por préstamos de uso o comodato será el importe anual que resulte de aplicar, en cada uno de los periodos impositivos de duración del préstamo, el 4% a la valoración del bien efectuada por la Junta de Valoración de Bienes del Patrimonio Cultural Valenciano, determinándose proporcionalmente al número de días que corresponda en cada período impositivo.

En el caso de que se trate de préstamos de uso o de comodato de locales para la realización de proyectos o actividades, se aplicará el 4% por ciento del valor catastral, proporcionalmente al número de días que corresponda de cada período impositivo.

t)[41] Por contribuyentes con dos o más descendientes: el 10% del importe de la cuota íntegra autonómica, en tributación individual o conjunta, una vez deducidas de la misma las

---

[41] Nueva redacción del art. 4.Uno.t) dada por el art. 7 del Decreto Ley 14/2022, de 24 de octubre, del Consell, por el que se modifica la Ley 13/1997, de 23 de diciembre, por la cual se regula el tramo autonómico del Impuesto sobre la Renta de las Personas Físicas y restantes tributos cedidos, para adecuar el gravamen del Impuesto sobre la Renta de las Personas Físicas y de otras figuras tributarias al impacto de la inflación (DOGV núm. 9.458, de 27 de octubre de 2022), en vigor desde el 28 de octubre de 2022.
Redacción anterior de la letra t) incorporada por el art. 23 de la Ley 12/2009, de 23 de diciembre, de Medidas Fiscales, de Gestión Administrativa y Financiera, y de Organización de la Generalitat, (DOCV núm. 6175 de 30 de diciembre de 2009), en vigor desde el 1-1-2010.

minoraciones para determinar la cuota líquida autonómica, excluida la presente deducción, a las que se refiere la normativa estatal reguladora del impuesto.

Serán requisitos para la aplicación de esta deducción los siguientes:

1) Que los descendientes generen a favor del contribuyente el derecho a la aplicación del correspondiente mínimo por descendientes establecido por la normativa estatal reguladora del impuesto.

2) Que la suma de las siguientes bases imponibles no sea superior a 30.000 euros:

a) Las de los contribuyentes que tengan derecho, por los mismos descendientes, a la aplicación del mínimo por descendientes.

b) Las de los propios descendientes que dan derecho al citado mínimo.

c) Las de todos los miembros de la unidad familiar que tributen conjuntamente con el contribuyente y que no se encuentren incluidos en las dos letras anteriores.

u)[42] Deducción por el incremento de los costes de la financiación ajena en la inversión de la vivienda habitual.

Los contribuyentes que satisfagan sumas en concepto de intereses derivados de un préstamo constituido para la adquisición o rehabilitación de la vivienda que constituya o vaya a constituir su residencia habitual, o para la adecuación de esta por razón de discapacidad, podrán deducirse el 50% de la diferencia positiva entre las cantidades abonadas durante el periodo impositivo y las satisfechas durante el año anterior, siempre que no hubieran aplicado la deducción estatal por inversión en vivienda habitual, con el límite de 100 euros.

En el supuesto de que el préstamo hubiera sido constituido durante el año natural anterior al periodo impositivo, los intereses satisfechos durante ese año se restarán del resultado de prorratear el importe de los intereses satisfechos durante el periodo impositivo por el cociente derivado de dividir entre 360 el número de días transcurridos desde el día siguiente a la fecha de la concesión del préstamo y el último día de año de concesión, sin que pueda resultar de este cálculo un importe superior a los efectivamente satisfechos en este ejercicio.

La suma de la base liquidable general y de la base liquidable del ahorro del contribuyente no deberá ser superior a los límites establecidos en el párrafo primero del apartado cuatro de este artículo.

A los efectos de la presente deducción, se estará a los conceptos de vivienda habitual y de adquisición, rehabilitación y adecuación por razón de discapacidad de la vivienda habitual recogidos en la normativa estatal reguladora del impuesto.

v)[43] Por cantidades destinadas a la adquisición de material escolar: 110 euros por hijo o hija o persona acogida o con delegación de guarda con fines de adopción que, a la fecha

---

[42]   Nueva redacción del art. 4.Uno.u) dada por el art. 5 del Decreto Ley 14/2022, de 24 de octubre, del Consell, por el que se modifica la Ley 13/1997, de 23 de diciembre, por la cual se regula el tramo autonómico del Impuesto sobre la Renta de las Personas Físicas y restantes tributos cedidos, para adecuar el gravamen del Impuesto sobre la Renta de las Personas Físicas y de otras figuras tributarias al impacto de la inflación (DOGV núm. 9.458, de 27 de octubre de 2022), en vigor desde el 28 de octubre de 2022.

Redacción anterior de la letra u) incorporada por el art. 24 de la Ley 12/2009, de 23 de diciembre, de Medidas Fiscales, de Gestión Administrativa y Financiera, y de Organización de la Generalitat, (DOCV núm. 6175 de 30 de diciembre de 2009), en vigor desde el 1-1-2010.

[43]   Nueva redacción del art. 4.Uno.v) dada por el art. 22 de la Ley 5/2025, de 30 de mayo, de medidas fiscales, de gestión administrativa y financiera, y de organización de la Generalitat (DOGV núm. 10120, de 31 de mayo de 2025), con efectos desde el 1 de enero de 2026.

del devengo del impuesto, se encuentre escolarizada en educación primaria, educación secundaria obligatoria o en unidades de educación especial en un centro público o privado concertado.

Serán requisitos para el disfrute de esta deducción los siguientes:

1. Que las personas que den derecho a la aplicación de la deducción den derecho, a su vez, a la aplicación del correspondiente mínimo por descendientes establecido por la normativa estatal reguladora del impuesto.

2. Que el contribuyente se encuentre en situación de desempleo e inscrito como demandante de empleo en un servicio público de empleo.

Cuando los padres, acogedores o guardadores vivan juntos esta circunstancia podrá cumplirse por su pareja.

3. Que la suma de la base liquidable general y de la base liquidable del ahorro no sea superior a los límites establecidos en el párrafo primero del apartado cuatro de este artículo.

Cuando dos contribuyentes declarantes tengan derecho a la aplicación de esta deducción, su importe se prorrateará entre ellos por partes iguales.

El importe de esta deducción se prorrateará por el número de días del periodo impositivo en los que se cumpla el requisito del anterior apartado 2 y, en el caso de acogimiento o delegación de guarda, el número de días efectivos que se haya mantenido dicha situación. A estos

---

Redacción anterior del primer párrafo del art. 4.Uno.v) dada por el art. 4.16 del Decreto Ley 14/2022, de 24 de octubre, del Consell, por el que se modifica la Ley 13/1997, de 23 de diciembre, por la cual se regula el tramo autonómico del Impuesto sobre la Renta de las Personas Físicas y restantes tributos cedidos, para adecuar el gravamen del Impuesto sobre la Renta de las Personas Físicas y de otras figuras tributarias al impacto de la inflación (DOGV núm. 9.458, de 27 de octubre de 2022), en vigor desde el 28 de octubre de 2022: «*v) Por cantidades destinadas a la adquisición de material escolar:*
110 euros por cada hijo o menor acogido en la modalidad de acogimiento permanente que, a la fecha del devengo del impuesto, se encuentre escolarizado en educación primaria, educación secundaria obligatoria o en unidades de educación especial en un centro público o privado concertado.
Serán requisitos para el disfrute de esta deducción los siguientes:
1. Que los hijos o acogidos a los que se refiere el párrafo primero den derecho a la aplicación del correspondiente mínimo por descendientes establecido por la normativa estatal reguladora del impuesto.
2. Que el contribuyente se encuentre en situación de desempleo e inscrito como demandante de empleo en un servicio público de empleo.
Cuando los padres o acogedores vivan juntos esta circunstancia podrá cumplirse por el otro progenitor o adoptante.
3. Que la suma de la base liquidable general y de la base liquidable del ahorro no sea superior a los límites establecidos en el párrafo primero del apartado cuatro de este artículo.
Cuando dos contribuyentes declarantes tengan derecho a la aplicación de esta deducción, su importe se prorrateará entre ellos por partes iguales.
El importe de esta deducción se prorrateará por el número de días del periodo impositivo en los que se cumpla el requisito del anterior apartado 2. A estos efectos, cuando los padres o acogedores, que vivan juntos, cumplan dicho requisito, se tendrá en cuenta la suma de los días de ambos, con el límite del periodo impositivo».
Redacción anterior del art. 4.Uno.v) dada por el art. 46.Nueve de la Ley 7/2014, de 22 de diciembre, de Medidas Fiscales, de Gestión Administrativa y Financiera, y de Organización de la Generalitat (DOCV núm. 7.432, de 29 de diciembre de 2014), en vigor desde el 1 de enero de 2015.
Redacción anterior por su incorporación por el art. 62.Uno de la Ley 10/2012, de 21 de diciembre, de Medidas Fiscales, de Gestión Administrativa y Financiera, y de Organización de la Generalitat, (DOCV núm. 6931, de 27 de diciembre de 2012), con entrada en vigor el día 1 de enero de 2013.

efectos, cuando los acogedores o guardadores que vivan juntos cumplan dicho requisito, se tendrá en cuenta la suma de los días de ambos, con el límite del periodo impositivo.

w)[44] Deducción por obras de conservación o mejora de la calidad, sostenibilidad y accesibilidad en la vivienda habitual, efectuadas en el período.

Los contribuyentes cuya suma de la base liquidable general y de la base liquidable del ahorro no sea superior a los límites establecidos en el párrafo primero del apartado cuatro del artículo cuarto de esta ley, podrán deducirse por las obras realizadas durante el ejercicio en la vivienda habitual de la que sean propietarios o titulares de un derecho real de uso y disfrute, o en el edificio en la que esta se encuentre, siempre que tengan por objeto su conservación o la mejora de la calidad, sostenibilidad y accesibilidad, en los términos previstos por los planes estatales de fomento del alquiler de viviendas, la rehabilitación edificatoria y la regeneración y renovación urbanas que estén vigentes a fecha de devengo y, además, den cumplimiento a

---

[44] Nueva redacción dada por el art. 29 de la Ley 7/2021, de 29 de diciembre, de la Generalitat, de medidas fiscales, de gestión administrativa y financiera y de organización de la Generalitat 2022 (DOGV núm. 9246, de 30 de diciembre de 2021), en vigor desde el 1 de enero de 2022.
Letra w) incorporada por el art. 12.Tres de la Ley 13/2016, de 29 de diciembre, de medidas fiscales, de gestión administrativa y financiera, y de organización de la Generalitat (DOCV de 31 de diciembre de 2016), en vigor desde 1 de enero de 2017: «w) Deducción por obras de conservación o mejora de la calidad, sostenibilidad y accesibilidad en la vivienda habitual, efectuadas en el período.
Los contribuyentes cuya suma de la base liquidable general y de la base liquidable del ahorro no sea superior a los límites establecidos en el párrafo primero del apartado cuatro del artículo cuarto de esta ley, podrán deducirse por las obras realizadas en el periodo en la vivienda habitual de la que sean propietarios o titulares de un derecho real de uso y disfrute, o en el edificio en la que esta se encuentre, siempre que tengan por objeto su conservación o la mejora de la calidad, sostenibilidad y accesibilidad, en los términos previstos por el plan estatal de fomento del alquiler de viviendas, la rehabilitación edificatoria y la regeneración y renovación urbanas, o en la normativa autonómica en materia de rehabilitación, diseño y calidad en la vivienda, que estén vigentes a fecha de devengo.
El importe de la deducción ascenderá al 20 por ciento de las cantidades satisfechas en el periodo impositivo por las obras realizadas.
No darán derecho a practicar esta deducción:
a) Las obras que se realicen en plazas de garaje, jardines, parques, piscinas e instalaciones deportivas y otros elementos análogos.
b) Las inversiones para el aprovechamiento de fuentes de energía renovables en la vivienda habitual a las que resulte de aplicación la deducción prevista en la letra o del apartado uno del artículo cuarto de esta ley.
c) La parte de la inversión financiada con subvenciones públicas.
Será requisito para la aplicación de esta deducción la identificación, mediante su número de identificación fiscal, de las personas o entidades que realicen materialmente las obras.
La base de esta deducción estará constituida por las cantidades satisfechas, mediante tarjeta de crédito o débito, transferencia bancaria, cheque nominativo o ingreso en cuentas en entidades de crédito, a las personas o entidades que realicen tales obras. En ningún caso darán derecho a practicar estas deducciones las cantidades satisfechas mediante entregas de dinero de curso legal.
La base máxima anual de esta deducción será de 5.000 euros.
Cuando concurran varios contribuyentes declarantes con derecho a practicar la deducción respecto de una misma vivienda, la base máxima anual de deducción se ponderará para cada uno de ellos en función de su porcentaje de titularidad en el inmueble».

lo dispuesto en la normativa autonómica en materia de accesibilidad, rehabilitación, diseño y calidad en la vivienda[45].

El importe de la deducción ascenderá al 20 por ciento de las cantidades satisfechas en el periodo impositivo por las obras realizadas. El importe de la deducción ascenderá hasta un 50% de las cantidades satisfechas en el mismo período impositivo por las obras realizadas dirigidas a mejorar la accesibilidad de personas con un grado de discapacidad igual o superior al 33%.

No darán derecho a practicar esta deducción:

a) Las obras que se realicen en plazas de garaje, jardines, parques, piscinas e instalaciones deportivas y otros elementos análogos, excepto si se trata de obras dirigidas a mejorar la accesibilidad de personas con un grado de discapacidad igual o superior al 33%.

b) Las inversiones para el aprovechamiento de fuentes de energía renovables en la vivienda habitual a las que resulte de aplicación la deducción prevista en la letra o del apartado uno del artículo cuarto de esta ley.

c) La parte de la inversión financiada con subvenciones públicas.

Será requisito para la aplicación de esta deducción la identificación, mediante su número de identificación fiscal, de las personas o entidades que realicen materialmente las obras.

La base de esta deducción estará constituida por las cantidades satisfechas, mediante tarjeta de crédito o débito, transferencia bancaria, cheque nominativo o ingreso en cuentas en entidades de crédito, a las personas o entidades que realicen tales obras. En ningún caso darán derecho a practicar estas deducciones las cantidades satisfechas mediante entregas de dinero de curso legal.

La base máxima anual de esta deducción será de 5.500 euros[46].

Cuando concurran varios contribuyentes declarantes con derecho a practicar la deducción respecto de una misma vivienda, la base máxima anual de deducción se ponderará para cada uno de ellos en función de su porcentaje de titularidad en el inmueble.

---

[45] Nueva redacción del segundo párrafo de la letra w) dada por el art. 13 de la Ley 7/2023, de 26 de diciembre, de medidas fiscales, de gestión administrativa y financiera, y de organización de la Generalitat (DOGV núm. 9756 de 30 de diciembre de 2023), en vigor desde el 1 de enero de 2024.
Redacción anterior dada por el art. 29 de la Ley 7/2021, de 29 de diciembre: «*Los contribuyentes cuya suma de la base liquidable general y de la base liquidable del ahorro no sea superior a los límites establecidos en el párrafo primero del apartado cuatro del artículo cuarto de esta ley, podrán deducirse por las obras realizadas en el periodo en la vivienda habitual de la que sean propietarios o titulares de un derecho real de uso y disfrute, o en el edificio en la que esta se encuentre, siempre que tengan por objeto su conservación o la mejora de la calidad, sostenibilidad y accesibilidad, en los términos previstos por la normativa estatal de fomento del alquiler de viviendas, la rehabilitación edificatoria y la regeneración y renovación urbanas, o en la normativa autonómica en materia de accesibilidad, rehabilitación, diseño y calidad en la vivienda, que estén vigentes a fecha de devengo*».

[46] Nueva redacción del penúltimo párrafo del art. 4.Uno.w) dada por el art. 4.17 del Decreto Ley 14/2022, de 24 de octubre, del Consell, por el que se modifica la Ley 13/1997, de 23 de diciembre, por la cual se regula el tramo autonómico del Impuesto sobre la Renta de las Personas Físicas y restantes tributos cedidos, para adecuar el gravamen del Impuesto sobre la Renta de las Personas Físicas y de otras figuras tributarias al impacto de la inflación (DOGV núm. 9.458, de 27 de octubre de 2022), en vigor desde el 28 de octubre de 2022.
Redacción anterior dada por el art. 29 de la Ley 7/2021, de 29 de diciembre, de la Generalitat, de medidas fiscales, de gestión administrativa y financiera y de organización de la Generalitat 2022 (DOGV núm. 9246, de 30 de diciembre de 2021), en vigor desde el 1 de enero de 2022.

x)[47] Deducción por cantidades destinadas a abonos culturales.

Los contribuyentes con rentas inferiores a 50.000 € podrán deducirse el 21% de las cantidades satisfechas por la adquisición de abonos culturales de empresas o instituciones adheridas al convenio específico suscrito con Culturarts Generalitat sobre el Abono Cultural Valenciano.

A estos efectos, se entenderá por renta del contribuyente que adquiera los abonos culturales la suma de su base liquidable general y de su base liquidable del ahorro. La base máxima de la deducción a estos efectos será de 165 € por periodo impositivo.

y)[48] El 10% de las cantidades destinadas por el contribuyente durante el periodo impositivo a la adquisición de vehículos nuevos pertenecientes a las categorías incluidas en la Orden 5/2020, de 8 de junio, de la Conselleria de Política Territorial, Obras Públicas y Movilidad, por la cual se aprueban las bases reguladoras para el otorgamiento de subvenciones para la adquisición o electrificación de bicicletas urbanas y vehículos eléctricos de movilidad personal siempre que la suma de su base liquidable general y de su base liquidable del ahorro no sea superior a los límites establecidos en el párrafo primero del apartado cuatro de este artículo.

La base máxima de la deducción estará constituida por el importe máximo subvencionable para cada tipo de vehículo, de acuerdo con la mencionada Orden 5/2020, de 8 de junio, incrementado en un 10%, del que se excluirá la parte de la adquisición financiada con subvenciones o ayudas públicas.

Por periodo impositivo cada contribuyente podrá deducirse las cantidades destinadas a la adquisición de un único vehículo.

z)[49] **1.** Los contribuyentes podrán deducir en la cuota íntegra autonómica, y con límite de 6.600 euros, el 30% de las cantidades invertidas durante el ejercicio en la suscripción y desembolso de acciones o participaciones sociales como consecuencia de acuerdos de cons-

---

[47] Nueva redacción del art. 4.Uno.x) dada por el art. 4.18 del Decreto Ley 14/2022, de 24 de octubre, del Consell, por el que se modifica la Ley 13/1997, de 23 de diciembre, por la cual se regula el tramo autonómico del Impuesto sobre la Renta de las Personas Físicas y restantes tributos cedidos, para adecuar el gravamen del Impuesto sobre la Renta de las Personas Físicas y de otras figuras tributarias al impacto de la inflación (DOGV núm. 9.458, de 27 de octubre de 2022), en vigor desde el 28 de octubre de 2022.
Redacción anterior Incorporada por el art. 12.Cuatro de la Ley 13/2016, de 29 de diciembre, de medidas fiscales, de gestión administrativa y financiera, y de organización de la Generalitat (DOCV de 31 de diciembre de 2016), en vigor desde 1 de enero de 2017.

[48] Nueva redacción del art. 4.Uno.y) dada por el art. 4.19 del Decreto Ley 14/2022, de 24 de octubre, del Consell, por el que se modifica la Ley 13/1997, de 23 de diciembre, por la cual se regula el tramo autonómico del Impuesto sobre la Renta de las Personas Físicas y restantes tributos cedidos, para adecuar el gravamen del Impuesto sobre la Renta de las Personas Físicas y de otras figuras tributarias al impacto de la inflación (DOGV núm. 9.458, de 27 de octubre de 2022), en vigor desde el 28 de octubre de 2022.
Redacción anterior de la letra y) dada por el art. 24 de la Ley 7/2021, de 29 de diciembre, de la Generalitat, de medidas fiscales, de gestión administrativa y financiera y de organización de la Generalitat 2022 (DOGV núm. 9246, de 30 de diciembre de 2021), en vigor desde el 1 de enero de 2022.
Letra y) incorporada por el art. 40 de la Ley 3/2020, de 30 de diciembre, de la Generalitat, de medidas fiscales, de gestión administrativa y financiera y de organización de la Generalitat 2021 (DOGV núm. 8987 de 31 de diciembre de 2020), con efectos desde el 1 de enero de 2021.

[49] Nueva letra z) incorporada por el art. 41 de la Ley 3/2020, de 30 de diciembre, de la Generalitat, de medidas fiscales, de gestión administrativa y financiera y de organización de la Generalitat 2021 (DOGV núm. 8987 de 31 de diciembre de 2020), con efectos desde el 1 de enero de 2021.

titución o de ampliación de capital de sociedades anónimas, de responsabilidad limitada y sociedades laborales o de aportaciones voluntarias u obligatorias efectuadas por los socios a las sociedades cooperativas, siempre que se cumplan los siguientes requisitos[50]:

a) No ha de tratarse de acciones o participaciones en una entidad a través de la cual se ejerza la misma actividad que se venía ejerciendo anteriormente mediante otra titularidad.

b) La entidad en la cual hay que materializar la inversión tiene que cumplir los siguientes requisitos:

1. Tiene que tener el domicilio social y fiscal en la Comunidad Valenciana y mantenerlo durante los tres años siguientes a la constitución o ampliación.

2. Tiene que ejercer una actividad económica durante los tres años siguientes a la constitución o ampliación. A tal efecto, no tiene que tener por actividad principal la gestión de un patrimonio mobiliario o inmobiliario, de acuerdo con lo dispuesto en el artículo 4.8°. Dos. a) de la Ley 19/1991, de 6 de junio, del impuesto sobre el patrimonio.

3. Tiene que contar, como mínimo, con una persona ocupada con contrato laboral y a jornada completa, dada de alta en el régimen general de la Seguridad Social durante los tres años siguientes a la constitución o ampliación.

4. En caso de que la inversión se hubiera realizado mediante una ampliación de capital o de nuevas aportaciones, la sociedad debe de haber sido constituida en los tres años anteriores a la fecha de esta ampliación, siempre que, además, durante los veinticuatro meses siguientes a la fecha del inicio del periodo impositivo del impuesto sobre sociedades en que se hubiera realizado la inversión, su plantilla media se incremente, al menos, en una persona respecto a la plantilla media existente los doce meses anteriores y que este incremento se mantuviera durante un periodo adicional otros veinticuatro meses.

Para el cálculo de la plantilla media total de la empresa y de su incremento, se tomarán las personas empleadas, en los términos en que disponga la legislación laboral, teniendo en cuenta la jornada contratada en relación con la jornada completa.

Los requisitos contenidos en los números 3 y 4 no serán exigibles para las sociedades laborales ni para las sociedades cooperativas de trabajo asociado.

c)[51] Las operaciones en que sea aplicable la deducción tienen que formalizarse en escritura pública, en la cual tiene que especificarse la identidad de los inversores y el importe de la inversión respectiva. No obstante, en el caso de las sociedades cooperativas y excepto en los supuestos de constitución, no será necesaria la formalización en escritura pública, debiéndose justificar la suscripción y desembolso de las aportaciones obligatorias o voluntarias al

---

[50] Nueva redacción del primer párrafo del punto 1 del art. 4.Uno.z) dada por el art. 4.20 del Decreto Ley 14/2022, de 24 de octubre, del Consell, por el que se modifica la Ley 13/1997, de 23 de diciembre, por la cual se regula el tramo autonómico del Impuesto sobre la Renta de las Personas Físicas y restantes tributos cedidos, para adecuar el gravamen del Impuesto sobre la Renta de las Personas Físicas y de otras figuras tributarias al impacto de la inflación (DOGV núm. 9.458, de 27 de octubre de 2022), en vigor desde el 28 de octubre de 2022.

[51] Nueva redacción de la letra c) del art. 4.Uno.z) dada por el art. 14 de la Ley 7/2023, de 26 de diciembre, de medidas fiscales, de gestión administrativa y financiera, y de organización de la Generalitat (DOGV núm. 9756 de 30 de diciembre de 2023), con efectos desde el 1 de enero de 2023.
Redacción anterior: «c) Las operaciones en que sea aplicable la deducción tienen que formalizarse en escritura pública, en la cual tiene que especificarse la identidad de los inversores y el importe de la inversión respectiva».

capital social realizadas por las personas socias mediante una certificación firmada por quien ostente la secretaría de la cooperativa, con el visto bueno de la presidencia de la misma y con las firmas legitimadas notarialmente; cuando se hayan efectuado por la misma persona socia varias suscripciones o desembolsos durante el ejercicio, será suficiente con que se expida una única certificación, en la que consten todas las fechas de suscripción y desembolso.

d) Las participaciones adquiridas tienen que mantenerse en el patrimonio del contribuyente durante un periodo mínimo de los tres años siguientes a la constitución o ampliación.

2. La deducción regulada en el número 1 podrá incrementarse en un 15% adicional, con límite de 9.900 euros, cuando, además de cumplir los requisitos anteriores, las entidades receptoras de fondos cumplan alguna de las siguientes condiciones[52]:

– Acrediten ser pequeñas y medianas empresas innovadoras a los efectos del Real decreto 475/2014, de 13 de junio, sobre bonificaciones en la cotización a la Seguridad Social del personal investigador, o estén participadas por universidades u organismos de investigación.

– Tengan su domicilio fiscal en algún municipio en riesgo de despoblamiento.

3. En el supuesto de que el contribuyente carezca de cuota íntegra autonómica suficiente para aplicarse la totalidad o parte de la presente deducción en el periodo en que se genere el derecho a su aplicación, el importe no deducido podrá aplicarse en los tres períodos impositivos siguientes hasta agotar, en su caso, su importe total.

aa)[53] Por residir habitualmente en un municipio en riesgo de despoblamiento: 330 euros.

El importe anterior se incrementará en 132, 198 o 264 euros en el caso de que el contribuyente tenga derecho a la aplicación del mínimo por descendientes establecido por la normativa estatal reguladora del impuesto por una, dos o tres o más personas, respectivamente. La aplicación de estos importes adicionales será incompatible, para el mismo descendiente o asimilado, con las deducciones establecidas en las letras a), b) y c) del presente apartado. Cuando dos o más contribuyentes tengan derecho a la aplicación del mínimo por descendientes por una misma persona estos importes adicionales se prorratearán entre ellos por partes iguales.

A estos efectos se estará al concepto de residencia habitual recogido en la normativa estatal reguladora del impuesto.

---

52   Nueva redacción del primer párrafo del punto 2 del art. 4.Uno.z) dada por el art. 4.21 del Decreto Ley 14/2022, de 24 de octubre, del Consell, por el que se modifica la Ley 13/1997, de 23 de diciembre, por la cual se regula el tramo autonómico del Impuesto sobre la Renta de las Personas Físicas y restantes tributos cedidos, para adecuar el gravamen del Impuesto sobre la Renta de las Personas Físicas y de otras figuras tributarias al impacto de la inflación (DOGV núm. 9.458, de 27 de octubre de 2022), en vigor desde el 28 de octubre de 2022.

53   Nueva redacción del art. 4.Uno.aa) dada por el art. 4.22 del Decreto Ley 14/2022, de 24 de octubre, del Consell, por el que se modifica la Ley 13/1997, de 23 de diciembre, por la cual se regula el tramo autonómico del Impuesto sobre la Renta de las Personas Físicas y restantes tributos cedidos, para adecuar el gravamen del Impuesto sobre la Renta de las Personas Físicas y de otras figuras tributarias al impacto de la inflación (DOGV núm. 9.458, de 27 de octubre de 2022), en vigor desde el 28 de octubre de 2022.

Redacción anterior incorporada por el art. 42 de la Ley 3/2020, de 30 de diciembre, de la Generalitat, de medidas fiscales, de gestión administrativa y financiera y de organización de la Generalitat 2021 (DOGV núm. 8987 de 31 de diciembre de 2020), con efectos desde el 1 de enero de 2021.

ab)[54] Por las cantidades satisfechas en el periodo impositivo por mujeres con una edad comprendida entre 40 y 45 años en tratamientos de fertilidad realizados en clínicas o centros autorizados: 100 euros.

La suma de la base liquidable general y de la base liquidable de ahorro del contribuyente no será superior a los límites establecidos en el párrafo primero del apartado cuatro de este artículo.

ac)[55] Por las cantidades satisfechas en el periodo impositivo en gastos de la siguiente naturaleza:

1. Para el tratamiento y cuidado de las personas afectadas por enfermedades crónicas de alta complejidad y las denominadas «raras», hasta 100 euros. En el supuesto de que se trate de una familia numerosa o monoparental, la deducción será de hasta 150 euros.

2. Destinados al tratamiento y cuidado de personas diagnosticadas de daño cerebral adquirido o de la enfermedad de alzhéimer, hasta 100 euros. En el supuesto de que se trate de una familia numerosa o monoparental, la deducción será de hasta 150 euros.

3. Derivados de la adquisición de productos, servicios y tratamientos vinculados a la salud bucodental de carácter no estético, el 30% de los gastos generados. El importe máximo de la deducción será de 150 euros.

4. Relacionados con la atención a personas afectadas por cualquier patología relacionada con la salud mental, el 30% de los gastos generados. El importe máximo de la deducción será de 150 euros.

5[56]**.** Destinados a la adquisición de lentes graduadas, lentes graduadas con montura no premontadas, lentes de contacto y soluciones de mantenimiento, el 30% de los gastos generados. El importe máximo de la deducción será de 100 euros.

Los anteriores conceptos serán compatibles entre sí.

El límite de deducción se establecerá por contribuyente y los desembolsos podrán ir destinados al tratamiento del contribuyente, su cónyuge y aquellas personas que den derecho a la aplicación de los mínimos familiares por descendientes y ascendientes. Cuando dos contribuyentes declarantes tengan derecho a la aplicación de esta deducción por el hecho de desembolsar los gastos relacionados con los tratamientos o cuidados recibidos por otras personas, la base de la deducción se prorrateará entre ellos por partes iguales.

No se integrarán en la base de la deducción las primas satisfechas por seguros médicos ni el importe de las prestaciones médicas que sean reintegrables por la seguridad social o las entidades que la sustituyan.

---

54 Nuevo apartado ab) del art. 4.Uno incorporado por el art. 6 del Decreto Ley 14/2022, de 24 de octubre, del Consell, por el que se modifica la Ley 13/1997, de 23 de diciembre, por la cual se regula el tramo autonómico del Impuesto sobre la Renta de las Personas Físicas y restantes tributos cedidos, para adecuar el gravamen del Impuesto sobre la Renta de las Personas Físicas y de otras figuras tributarias al impacto de la inflación (DOGV núm. 9.458, de 27 de octubre de 2022), en vigor desde el 28 de octubre de 2022.

55 Nueva letra ac) incorporada por el art. 15 de la Ley 7/2023, de 26 de diciembre, de medidas fiscales, de gestión administrativa y financiera, y de organización de la Generalitat (DOGV núm. 9756 de 30 de diciembre de 2023), con efectos desde el 1 de enero de 2023.

56 Nueva redacción del núm. 5 dada por el art. 24 de la Ley 5/2025, de 30 de mayo, de medidas fiscales, de gestión administrativa y financiera, y de organización de la Generalitat (DOGV núm. 10120, de 31 de mayo de 2025), con efectos desde el 1 de enero de 2026.
    Redacción original: «5. *Destinados a la adquisición de cristales graduados, lentes de contacto y soluciones de limpieza, el 30% de los gastos generados. El importe máximo de la deducción será de 100 euros*».

Tampoco se incluirán en la base de la deducción las cantidades satisfechas a asociaciones sin ánimo de lucro declaradas de utilidad pública que disfruten de la deducción por donativos y otras aportaciones reguladas en el apartado 3 del artículo 68 de la Ley 35/2006, de 28 de noviembre, del impuesto sobre la renta de las personas físicas y de modificación parcial de las leyes de los impuestos sobre sociedades, sobre la renta de no residentes y sobre el patrimonio.

Serán requisitos para la aplicación de la deducción:

a) Que la suma de la base liquidable general y de la base de ahorro no sea superior a 32.000 euros en tributación individual y a 48.000 euros en caso de tributación conjunta. Los límites de deducción se aplicarán a los contribuyentes cuya suma de la base liquidable general y de la base liquidable del ahorro sea inferior a 29.000 euros, en tributación individual, o inferior a 45.000 euros, en tributación conjunta.

Cuando la suma de la base liquidable general y de la base liquidable del ahorro del contribuyente esté comprendida entre 29.000 y 32.000 euros, en tributación individual, o entre 45.000 y 48.000 euros, en tributación conjunta, el importe de los límites de deducción será el siguiente:

− En tributación individual, el resultado de multiplicar los límites de deducción por un porcentaje obtenido de la aplicación de la siguiente fórmula: 100 × (1 - el coeficiente resultante de dividir por 3.000 la diferencia entre la suma de la base liquidable general y del ahorro del contribuyente y 29.000).

− En tributación conjunta, el resultado de multiplicar los límites de deducción por un porcentaje obtenido de la aplicación de la siguiente fórmula: 100 × (1 - el coeficiente resultante de dividir por 3.000 la diferencia entre la suma de la base liquidable general y del ahorro del contribuyente y 45.000).

b) Que los servicios recibidos como consecuencia de tratamientos médicos sean prestados por establecimientos, centros, servicios o profesionales sanitarios inscritos en el Registro General de Centros, Servicios y Establecimientos Sanitarios o en el Registro Estatal de Profesionales Sanitarios.

c) Que se puedan acreditar las adquisiciones de bienes o servicios mediante la correspondiente factura, la cual deberá indicar el concepto deducido y el justificante de pago por alguno de los medios previstos en la disposición adicional decimosexta de la presente ley. A los efectos de su revisión por la administración tributaria, deberán acompañarse los antecedentes anteriores de un informe emitido por un facultativo competente que permita inequívocamente su correcta clasificación en alguna de las categorías de gasto previstas para esta deducción.

ad)[57] Por las cantidades satisfechas en el periodo impositivo en gastos asociados a la práctica del deporte y actividades saludables: el 30% con el límite de 150 euros de importe de la deducción.

Si el declarante es mayor de 65 años o tiene una discapacidad igual o superior al 33%, el porcentaje de deducción será del 50% y el importe máximo de la deducción será de 150 euros.

57 Nueva letra ad) incorporada por el art. 16 de la Ley 7/2023, de 26 de diciembre, de medidas fiscales, de gestión administrativa y financiera, y de organización de la Generalitat (DOGV núm. 9756 de 30 de diciembre de 2023), con efectos desde el 1 de enero de 2023.

Si el declarante es mayor de 75 años o tiene una discapacidad igual o superior al 65%, el porcentaje de deducción será del 100% y el importe máximo de la deducción será de 150 euros.

El límite de deducción se establecerá por contribuyente y los desembolsos podrán ir destinados a actividades desarrolladas por el contribuyente, su cónyuge y aquellas personas que den derecho a la aplicación de los mínimos familiares por descendientes y ascendientes.

Cuando dos contribuyentes declarantes tengan derecho a la aplicación de esta deducción por corresponder a gastos relacionados con otras personas, la base de la deducción se prorrateará entre ellos por partes iguales.

Serán requisitos para la aplicación de la deducción:

a) Que la suma de la base liquidable general y de la base de ahorro no sea superior a 32.000 euros en tributación individual y a 48.000 euros en caso de tributación conjunta. El límite de deducción se aplicará a los contribuyentes cuya suma de la base liquidable general y de la base liquidable del ahorro sea inferior a 29.000 euros, en tributación individual, o inferior a 45.000 euros, en tributación conjunta.

Cuando la suma de la base liquidable general y de la base liquidable del ahorro del contribuyente esté comprendida entre 29.000 y 32.000 euros, en tributación individual, o entre 45.000 y 48.000 euros, en tributación conjunta, el importe del límite de deducción será el siguiente:

– En tributación individual, el resultado de multiplicar el límite de deducción por un porcentaje obtenido de la aplicación de la siguiente fórmula: 100 × (1 - el coeficiente resultante de dividir por 3.000 la diferencia entre la suma de la base liquidable general y del ahorro del contribuyente y 29.000).

– En tributación conjunta, el resultado de multiplicar el límite de deducción por un porcentaje obtenido de la aplicación de la siguiente fórmula: 100 × (1 - el coeficiente resultante de dividir por 3.000 la diferencia entre la suma de la base liquidable general y del ahorro del contribuyente y 45.000).

b) Darán derecho a deducción las cantidades satisfechas en concepto de:

– Cuotas de pertenencia o adhesión satisfechas a gimnasios, clubes deportivos, federaciones deportivas, grupos de recreación deportiva, secciones deportivas o de recreación deportiva de otras entidades no deportivas, agrupaciones de recreación deportiva, asociaciones de federaciones y sociedades anónimas deportivas.

– Adquisición del equipamiento obligatorio para la práctica del deporte federado.

– Servicios personales de entrenamiento prestados por técnicos y entrenadores deportivos.

– Servicios personales prestados por traumatólogos, dietistas-nutricionistas, fisioterapeutas, podólogos o técnicos superiores en Dietética.

c) Que se puedan acreditar las adquisiciones de bienes o servicios mediante la correspondiente factura, y el justificante de pago por alguno de los medios previstos en la disposición adicional decimosexta de la presente ley.

Dos[58]. La aplicación de las deducciones recogidas en las letras j, k, l, m y o del apartado uno precedente requerirá que el importe comprobado del patrimonio del contribuyente al

---

[58]　Nueva redacción del art. 4.Dos dada por la Disp. final primera.4 de la Ley 20/2018, de 25 de julio, del mecenazgo cultural, científico y deportivo no profesional en la Comunitat Valenciana (DOGV núm. 8348,

finalizar el periodo impositivo exceda del valor que arrojase su comprobación al comienzo del mismo en, al menos, la cuantía de las inversiones realizadas. A estos efectos, no se computarán los incrementos o disminuciones de valor experimentados durante el citado periodo impositivo por los bienes que al final del mismo sigan formando parte del patrimonio del contribuyente. Asimismo, la base de las deducciones a las que se refieren los números 2 y 3 de la letra q, la letra r y la letra s del citado apartado uno no podrá superar el 30 por cien de la base liquidable del contribuyente.

Tres[59]. a) Para tener derecho a las deducciones contempladas en la letra p, en los números 1 y 2 de la letra q, en la letra r y en la letra s, todas ellas del apartado uno anterior, se deberá acreditar la efectividad de la donación efectuada, así como el valor de la misma, mediante certificación expedida por la persona o entidad donataria, que deberá contener, al menos, los siguientes extremos:

1) Nombre y apellidos o denominación social y número de identificación fiscal, tanto del donante como de la persona o entidad donataria.

2) Mención expresa de que la persona o entidad donataria se encuentra incluida entre los beneficiarios del mecenazgo cultural del artículo 3 de la ley de la Generalitat vigente, del mecenazgo cultural, científico y deportivo no profesional en la Comunitat Valenciana.

3) Fecha e importe de la donación cuando esta sea dineraria.

4) Fecha e importe de la valoración de la donación en el supuesto de donaciones no dinerarias.

5) Fecha, importe de la valoración y duración en el caso de la constitución de un derecho real de usufructo o de un préstamo de uso o comodato.

6) Destino que la persona o entidad beneficiaria dará a la donación recibida o al objeto del derecho real de usufructo o al recibido en préstamo de uso o comodato.

7) En el caso de donaciones no dinerarias, constitución de un derecho real de usufructo o préstamo de uso o comodato, documento público u otro documento que acredite la entrega del bien donado, la constitución del derecho de usufructo o del préstamo de uso o comodato.

8) En relación con las donaciones a que se refiere el número 1 de la letra q, se deberá indicar el número de identificación que en el Inventario General del Patrimonio Cultural Valenciano corresponda al bien donado.

Cuando se trate de donaciones cuyo beneficiario sea la Generalitat, sus organismos públicos, las fundaciones del sector público y los consorcios adscritos a la misma, a los que se

de 27 de julio de 2018), en vigor desde el 28 de julio de 2018.
Redacción anterior dada por el el art. 29.4 de la Ley 9/2014, de 29 de diciembre, de la Generalitat, de impulso de la actividad y del mecenazgo cultural en la Comunitat Valenciana (DOCV núm. 7434, de 31 de diciembre de 2014) en vigor desde el 1 de enero de 2015.

59 Nueva redacción del art. 4.Tres dada por la Disp. final primera.5 de la Ley 20/2018, de 25 de julio, del mecenazgo cultural, científico y deportivo no profesional en la Comunitat Valenciana (DOGV núm. 8348, de 27 de julio de 2018), en vigor desde el 28 de julio de 2018.
Redacción anterior dada por el art. 29.5 de la Ley 9/2014, de 29 de diciembre, de la Generalitat, de impulso de la actividad y del mecenazgo cultural en la Comunitat Valenciana (DOCV núm. 7434, de 31 de diciembre de 2014) en vigor desde el 1 de enero de 2015.
Redacción anterior dada por el art. 25 de Ley 14/2007, de 26 diciembre, de Medidas Fiscales, de Gestión Administrativa y Financiera, y de Organización de la Generalitat, (DOGV núm. 5.669, de 28 diciembre de 2007), en vigor desde el 1-1-2008.

refiere el párrafo segundo del número 2 de la letra q, se admitirá, en sustitución del certificado de la entidad donataria, certificación de la conselleria con competencia en materia tributaria.

En cualquier caso, la revocación de la donación determinará la obligación de ingresar las cuotas correspondientes a los beneficios disfrutados en el periodo impositivo en el que dicha revocación se produzca, más los intereses de demora que procedan, en la forma establecida por la normativa estatal reguladora del impuesto sobre la renta de las personas físicas.

b) Para tener derecho a las deducciones sobre el préstamo de uso o comodato de bienes de interés cultural, de bienes inventariados no declarados de interés cultural, de bienes de relevancia local o de obras de arte de calidad garantizada, así como de locales para la realización de proyectos o actividades culturales, científicas o deportivas no profesionales declaradas o consideradas de interés social, se deberá acreditar mediante la certificación expedida por la persona o entidad comodataria, que deberá contener, al menos, los siguientes extremos:

1) Nombre y apellidos o denominación social y número de identificación fiscal tanto del comodante como del comodatario.

2) Mención expresa de que la persona o entidad comodataria se encuentra incluida entre los beneficiarios del mecenazgo cultural contemplados en el artículo 3 de la ley de la Generalitat vigente, del mecenazgo cultural, científico y deportivo no profesional en la Comunitat Valenciana.

3) Fecha en que se produjo la entrega del bien y plazo de duración del préstamo de uso o comodato.

4) Importe de la valoración del préstamo de uso o comodato.

5) Documento público u otro documento auténtico que acredite la constitución del préstamo o comodato.

6) Destino que la persona o entidad comodataria dará al bien objeto del préstamo de uso.

Cuatro[60]. A los efectos de lo dispuesto en los subapartados 1 y 2 del párrafo primero de la letra a), en el párrafo primero de la letra b), en el párrafo primero de la letra c), en el párrafo

---

[60]   Nueva redacción del art. 4.Cuatro dada por el art. 8 del Decreto Ley 14/2022, de 24 de octubre, del Consell, por el que se modifica la Ley 13/1997, de 23 de diciembre, por la cual se regula el tramo autonómico del Impuesto sobre la Renta de las Personas Físicas y restantes tributos cedidos, para adecuar el gravamen del Impuesto sobre la Renta de las Personas Físicas y de otras figuras tributarias al impacto de la inflación (DOGV núm. 9.458, de 27 de octubre de 2022), en vigor desde el 28 de octubre de 2022.
        Redacción anterior dada por el art. 43 de la Ley 3/2020, de 30 de diciembre, de la Generalitat, de medidas fiscales, de gestión administrativa y financiera y de organización de la Generalitat 2021 (DOGV núm. 8987 de 31 de diciembre de 2020), con efectos desde el 1 de enero de 2021.
        Redacción anterior dada el art. 31 de la Ley 27/2018, de 27 de diciembre, de medidas fiscales, de gestión administrativa y financiera y de organización de la Generalitat (DOGV núm. 8453, de 28 de diciembre de 2018), en vigor desde el 1 de enero de 2019.
        Redacción anterior dada el art. 3 de la Ley 21/2017, de 28 de diciembre, de medidas fiscales, de gestión administrativa y financiera, y de organización de la Generalitat. (DOGV núm. 8202 de 30 de diciembre de 2017), con efectos desde el 1 de enero de 2018.
        Redacción anterior dada por el art. 12.Cinco de la Ley 13/2016, de 29 de diciembre, de medidas fiscales, de gestión administrativa y financiera, y de organización de la Generalitat (DOCV de 31 de diciembre de 2016), en vigor desde 1 de enero de 2017.
        Redacción anterior, del párrafo primero dada por el art. 46.Diez de la Ley 7/2014, de 22 de diciembre, de Medidas Fiscales, de Gestión Administrativa y Financiera, y de Organización de la Generalitat (DOCV núm. 7.432, de 29 de diciembre de 2014), en vigor desde el 1 de enero de 2015, segundo y tercer párrafo,

primero de la letra d), cuando el contribuyente pertenezca a una familia numerosa o monoparental de categoría general; en el punto 2 del párrafo segundo de la letra e), en el punto 3 del párrafo segundo de la letra f), en el párrafo primero de la letra g), en el párrafo primero de la letra h), en el párrafo sexto de la letra i), en el segundo párrafo de las letras k) y l), en el punto 4° del párrafo segundo de la letra n), en el punto 3° del párrafo segundo de la letra ñ), el cuarto párrafo de la letra u, en el punto 3 del párrafo segundo de la letra v), en el párrafo segundo de la letra w), en el párrafo primero de la letra y) y en el párrafo segundo de la letra Ab del apartado uno del artículo cuarto de esta ley la suma de la base liquidable general y de la base liquidable del ahorro no podrá ser superior a los 30.000 euros, en tributación individual, o a 47.000 euros, en tributación conjunta.

A los efectos de lo dispuesto en el párrafo primero de la letra d del apartado uno del artículo cuarto de esta ley, cuando el contribuyente pertenezca a una familia numerosa o monoparental de categoría especial, la suma de la base liquidable general y de la base liquidable del ahorro no podrá ser superior a 35.000 euros, en tributación individual, o a 58.000 euros, en tributación conjunta.

Cinco[61]. **1.** En los supuestos a los que se refiere el párrafo primero del apartado cuatro de este artículo, los importes y límites de deducción se aplicarán a los contribuyentes cuya suma de la base liquidable general y de la base liquidable del ahorro sea inferior a 27.000 euros, en tributación individual, o inferior a 44.000 euros, en tributación conjunta.

Cuando la suma de la base liquidable general y de la base liquidable del ahorro del contribuyente esté comprendida entre 27.000 y 30.000 euros, en tributación individual, o entre 44.000 y 47.000 euros, en tributación conjunta, los importes y límites de deducción serán los siguientes:

---

por el art. 59 de la Ley 5/2013, de 23 de diciembre, de Medidas Fiscales, de Gestión Administrativa y Financiera, y de Organización de la Generalitat (DOCV núm. 7181, de 27 de diciembre de 2013), en vigor desde el 1 de enero de 2014.

Redacción anterior del art. 4.Cuatro dada por el art. 62.dos de la Ley 10/2012, de 21 de diciembre, de Medidas Fiscales, de Gestión Administrativa y Financiera, y de Organización de la Generalitat, (DOCV núm. 6931, de 27 de diciembre de 2012), con entrada en vigor el día 1 de enero de 2013.

Redacción anterior dada por el art. 17.Ocho del Decreto-Ley 1/2012, de 5 de enero, del Consell, de medidas urgentes para la reducción del déficit en la Comunitat Valenciana, (DOCV núm. 6688, de 10 de enero de 2012), en vigor desde la misma fecha de su publicación.

Redacción original al ser incorporado por el art. 30 de la Ley 16/2008, de 22 diciembre, de Medidas Fiscales, de Gestión Administrativa y Financiera, y de Organización de la Generalitat, (DOCV, núm. 5922, de 29 diciembre de 2008), en vigor desde el 1-1-2009. Anteriormente dicho apartado fue suprimido por el art. 26 de Ley 14/2007, de 26 diciembre, de Medidas Fiscales, de Gestión Administrativa y Financiera, y de Organización de la Generalitat, (DOGV núm. 5.669, de 28 diciembre de 2007), en vigor desde el 1-1-2008 hasta el 31-12-2008.

[61]   Nueva redacción del art. 4.Quinto dada por el art. 8 del Decreto Ley 14/2022, de 24 de octubre, del Consell, por el que se modifica la Ley 13/1997, de 23 de diciembre, por la cual se regula el tramo autonómico del Impuesto sobre la Renta de las Personas Físicas y restantes tributos cedidos, para adecuar el gravamen del Impuesto sobre la Renta de las Personas Físicas y de otras figuras tributarias al impacto de la inflación (DOGV núm. 9.458, de 27 de octubre de 2022), en vigor desde el 28 de octubre de 2022.

Redacción anterior incorporada por el art. 60 de la Ley 5/2013, de 23 de diciembre, de Medidas Fiscales, de Gestión Administrativa y Financiera, y de Organización de la Generalitat (DOCV núm. 7181, de 27 de diciembre de 2013), en vigor desde el 1 de enero de 2014.

a) En tributación individual, el resultado de multiplicar el importe o límite de deducción por un porcentaje obtenido de la aplicación de la siguiente fórmula: 100 × (1 – el coeficiente resultante de dividir por 3.000 la diferencia entre la suma de la base liquidable general y del ahorro del contribuyente y 27.000).

b) En tributación conjunta, el resultado de multiplicar el importe o límite de deducción por un porcentaje obtenido de la aplicación de la siguiente fórmula: 100 × (1 – el coeficiente resultante de dividir por 3.000 la diferencia entre la suma de la base liquidable general y del ahorro del contribuyente y 44.000).

2. En el supuesto al que se refiere el párrafo segundo del apartado cuatro de este artículo, el importe de deducción se aplicará a los contribuyentes cuya suma de la base liquidable general y de la base liquidable del ahorro sea inferior a 31.000 euros, en tributación individual, o inferior a 54.000 euros, en tributación conjunta.

Cuando la suma de la base liquidable general y de la base liquidable del ahorro del contribuyente esté comprendida entre 31.000 y 35.000 euros, en tributación individual, o entre 54.000 y 58.000 euros, en tributación conjunta, los importes y límites de deducción serán los siguientes:

a) En tributación individual, el resultado de multiplicar el importe o límite de deducción por un porcentaje obtenido de la aplicación de la siguiente fórmula: 100 × (1 – el coeficiente resultante de dividir por 4.000 la diferencia entre la suma de la base liquidable general y del ahorro del contribuyente y 31.000).

b) En tributación conjunta, el resultado de multiplicar el importe o límite de deducción por un porcentaje obtenido de la aplicación de la siguiente fórmula: 100 × (1 – el coeficiente resultante de dividir por 4.000 la diferencia entre la suma de la base liquidable general y del ahorro del contribuyente y 54.000).

Seis[62]. A los efectos de esta ley, para que un municipio sea considerado en riesgo de despoblamiento deberá ser beneficiario del Fondo de Cooperación Municipal para la lucha

---

[62] Nueva redacción dada por el art. 25 de la Ley 5/2025, de 30 de mayo, de medidas fiscales, de gestión administrativa y financiera, y de organización de la Generalitat (DOGV núm. 10120, de 31 de mayo de 2025), con efectos desde el 1 de enero de 2024.
Redacción anterior dada por el art. 25 de la Ley 7/2021, de 29 de diciembre, de la Generalitat, de medidas fiscales, de gestión administrativa y financiera y de organización de la Generalitat 2022 (DOGV núm. 9246, de 30 de diciembre de 2021), en vigor desde el 1 de enero de 2022: «Sexto. 1. A los efectos de la consideración en esta ley de un municipio como en riesgo de despoblamiento deberá ser beneficiario del Fondo de Cooperación Municipal para la lucha contra el despoblamiento de los municipios de la Comunitat Valenciana en el ejercicio presupuestario en el que se produzca el devengo del impuesto o en el anterior por cumplir, al menos, cinco de los siguientes requisitos:
a) Densidad de población. Número de habitantes: inferior o igual a los veinte habitantes por kilómetro cuadrado.
b) Crecimiento demográfico. Tasa de crecimiento de la población en el periodo comprendido en los últimos veinte años: menor o igual al cero por ciento.
c) Tasa de crecimiento vegetativo. Porcentaje que representa el saldo vegetativo (diferencia entre nacimientos y defunciones) sobre la población en el periodo comprendido entre los últimos veinte años: menor o igual a -10%.
d) Índice de envejecimiento. Porcentaje que representa la población mayor de 64 años sobre la población menor de 16 años: mayor o igual al doscientos cincuenta por ciento.
e) Índice de dependencia. Cociente entre la suma de la población de menores de 16 años y mayores de 64 y la población de 16 a 64 años, multiplicado por 100: mayor o igual al sesenta por ciento.

contra el despoblamiento de los municipios de la Comunitat Valenciana en el ejercicio presupuestario en el que se produzca el devengo del impuesto, o en el anterior, por cumplir los requisitos establecidos en la Ley 5/2023, de 13 de abril, integral de medidas contra el despoblamiento y por la equidad territorial en la Comunitat Valenciana.

CAPÍTULO III. Tributación conjunta

Artículo 5[63]. Opción por la tributación conjunta.

Las normas recogidas en este capítulo resultarán aplicables a aquellos contribuyentes que, hallándose integrados en una unidad familiar, hayan optado por la tributación conjunta, de acuerdo con la normativa estatal reguladora del Impuesto.

Artículo 6[64]. Escala autonómica del Impuesto.

La escala autonómica de tipos de gravamen aplicable a la base liquidable general, correspondiente a la unidad familiar cuyos miembros hayan optado por la tributación conjunta, será la establecida en el artículo Segundo de la presente Ley.

Artículo 7[65]. Deducciones autonómicas.

Sin perjuicio de lo dispuesto en los subapartados 1 y 2 del párrafo primero de la letra a, en el párrafo primero de la letra b, en el párrafo primero de la letra c, en el párrafo primero de la letra d, en el punto 2 del párrafo segundo de la letra e, en el punto 3 del párrafo segundo de la letra f, en el párrafo primero de la letra g, en el párrafo primero de la letra h, en el

---

f) Tasa migratoria. Porcentaje que representa el saldo migratorio en el periodo comprendido entre los últimos diez años (diferencia entre las entradas y salidas de población por motivos migratorios) sobre la población total del último año: menor o igual a cero.

Estos datos se determinarán de conformidad con las cifras de población aprobadas por el Gobierno que figuren en el último padrón municipal vigente, y de estadísticas oficiales publicadas por el Instituto Nacional de Estadística, por el Instituto Valenciano de Estadística y datos oficiales de las administraciones públicas.

2. Mantendrán dicha condición durante el ejercicio en que se produzca dicha circunstancia los municipios que pierdan la condición de beneficiarios del fondo por cumplir solo cuatro de los seis requisitos exigidos.

3. También ostentarán dicha condición los municipios que, aún sin cumplir los requisitos señalados, pertenezcan a áreas funcionales con una densidad demográfica igual o inferior a 12,5 habitantes por kilómetro cuadrado. Las áreas funcionales se determinarán de conformidad con los datos oficiales sobre demarcaciones territoriales inscritos en el Registro de Entidades Locales de la Comunitat Valenciana, creado por Decreto 15/2011, de 18 de febrero, del Consell.

4. En todo caso, tendrán dicha consideración todos los municipios con población inferior a 300 habitantes».

Apartado sexto incorporado por el art. 44 de la Ley 3/2020, de 30 de diciembre, de la Generalitat, de medidas fiscales, de gestión administrativa y financiera y de organización de la Generalitat 2021 (DOGV núm. 8987 de 31 de diciembre de 2020), con efectos desde el 1 de enero de 2021.

63   Nueva redacción del art. 5 dada por el art. 15 de la Ley 9/2001, de 27 de diciembre, de Medidas Fiscales, de Gestión Administrativa y Financiera, y de Organización de la Generalitat Valenciana. (BOE núm. 33, de 7 de febrero de 2002), en vigor desde el 1-1-2002.

64   Nueva redacción del art. 6 dada por el art. 27 de Ley 14/2007, de 26 de diciembre, de Medidas Fiscales, de Gestión Administrativa y Financiera, y de Organización de la Generalitat, (DOGV núm. 5.669, de 28 diciembre de 2007), en vigor desde el 1-1-2008.

65   Nueva redacción dada por el art. 46.Once de la Ley 7/2014, de 22 de diciembre, de Medidas Fiscales, de Gestión Administrativa y Financiera, y de Organización de la Generalitat (DOCV núm. 7.432, de 29 de diciembre de 2014), en vigor desde el 1 de enero de 2015.

punto 5 del párrafo segundo de la letra n, en el punto 4 del párrafo segundo de la letra ñ, en la subapartado a del párrafo tercero de la letra o, y en el número 3 del párrafo segundo de la letra v del apartado uno del artículo cuarto de esta ley, y salvo que expresamente se disponga otra cosa en la presente ley, los importes y límites cuantitativos de las deducciones en la cuota autonómica establecidos a efectos de la tributación individual se aplicarán en idéntica cuantía en la tributación conjunta, sin que proceda su elevación o multiplicación en función del número de miembros de la unidad familiar.

(…)

Disposición Adicional Sexta[66]. *Reglas relativas a los discapacitados.*

1. El grado de discapacidad a los efectos de esta Ley deberá acreditarse mediante el correspondiente certificado expedido por los órganos competentes de la Generalitat o por los órganos correspondientes del Estado o de otras comunidades autónomas.

2. Las disposiciones específicas previstas en esta Ley a favor de las personas con discapacidad física o sensorial, con grado de discapacidad igual o superior al 65 por ciento, o personas con discapacidad intelectual o mental[67,] con un grado de discapacidad igual o superior al 33 por ciento, se aplicarán a las personas con discapacidad cuya incapacidad se declare judicialmente, aunque no alcance dicho grado.

3. La curatela con facultades de representación plenas establecida por resolución judicial se asimilará a un grado de discapacidad del 65 por ciento.

Redacción anterior dada por el art. 61 de la Ley 5/2013, de 23 de diciembre, de Medidas Fiscales, de Gestión Administrativa y Financiera, y de Organización de la Generalitat (DOCV núm. 7181, de 27 de diciembre de 2013), en vigor desde el 1 de enero de 2014.

Redacción anterior del artículo Séptimo dada por el art. 41 de la Ley 16/2010, de 27 de diciembre, de Medidas Fiscales, de Gestión Administrativa y Financiera, y de Organización de la Generalitat, (DOGV núm. 6429, de 31 de diciembre de 2010), en vigor desde el 1-1-2011.

Redacción anterior del art. 7 dada por el art. 33 de la Ley 11/2002, de 23 de diciembre, de Medidas Fiscales, de Gestión Administrativa y Financiera, y de Organización de la Generalitat Valenciana. (BOE núm. 30 de 4 febrero de 2003; DOGV núm. 4409, de 31 de diciembre de 2002), en vigor desde el 1-1-2003, modificado su apartado segundo posteriormente por el art. 25 de la Ley 12/2009, de 23 de diciembre, de Medidas Fiscales, de Gestión Administrativa y Financiera, y de Organización de la Generalitat, (DOCV núm. 6175 de 30 de diciembre de 2009), en vigor desde el 1-1-2010, por el art. 7.2 dada por el art. 31 de la Ley 16/2008, de 22 diciembre, de Medidas Fiscales, de Gestión Administrativa y Financiera, y de Organización de la Generalitat, (DOCV, núm. 5922, de 29 diciembre de 2008), en vigor desde el 1-1-2009 hasta 31-12-2009 y por el art. 28 de Ley 14/2007, de 26 diciembre, de Medidas Fiscales, de Gestión Administrativa y Financiera, y de Organización de la Generalitat, (DOGV núm. 5.669, de 28 diciembre de 2007), en vigor desde el 1-1-2008 hasta el 31-12-2008.

66   Nueva redacción de la Disposición Adicional Sexta dada por el art. 29 de la Ley 8/2022, de 29 de diciembre, de medidas fiscales, de gestión administrativa y financiera, y de organización de la Generalitat (DOGV núm. 9501 de 30 de diciembre de 2022), en vigor el día 1 de enero de 2023.

Redacción original por su incorporación por el art. 39 de Ley 14/2007, de 26 de diciembre, de Medidas Fiscales, de Gestión Administrativa y Financiera, y de Organización de la Generalitat, (DOGV núm. 5.669, de 28 diciembre de 2007), en vigor desde el 1-1-2008.

67   La expresión «discapacidad psíquica» se sustituye por la de «discapacidad intelectual o mental» realizada por el art. 29 de la Ley 5/2025, de 30 de mayo, de medidas fiscales, de gestión administrativa y financiera, y de organización de la Generalitat (DOGV núm. 10120, de 31 de mayo de 2025), con efectos desde el 1 de enero de 2026.

4. Las disposiciones específicas previstas en esta Ley a favor de las personas con discapacidad física o sensorial, con grado de minusvalía igual o superior al 33 por ciento, serán de aplicación a los pensionistas de la Seguridad Social que tengan reconocida una pensión de incapacidad permanente total, absoluta o gran invalidez, y en el caso de los pensionistas de clases pasivas que tengan reconocida una pensión de jubilación o de retiro por incapacidad permanente para el servicio o inutilidad.

(…)

Disposición adicional Duodécima[68]. *Escala autonómica del Impuesto sobre la Renta de las Personas Físicas para 2012 y 2013.*

En los periodos impositivos 2012 y 2013, la escala autonómica de tipos de gravamen aplicable a la base liquidable general del Impuesto sobre la Renta de las Personas Físicas, a la que se refiere el apartado 1 del artículo segundo de la Ley 13/1997, de 23 de diciembre, de la Generalitat, por la que se regula el tramo autonómico del Impuesto sobre la Renta de las Personas Físicas y restantes tributos cedidos, será la siguiente:

Base Liquidable – Hasta euros	Cuota íntegra – Euros	Resto base liquidable – Hasta euros	Tipo aplicable – Porcentaje
0	0	17.707,20	12
17.707,20	2.124,86	15.300,00	14
33.007,20	4.266,86	20.400,00	18,5
53.407,20	8.040,36	66.593,00	21,5
120.000,20	22.358,36	55.000,00	22,5
175.000,20	34.733,36	En adelante	23,5

Disposición adicional decimotercera[69]. *Deducción por obras de conservación o mejora de la calidad, sostenibilidad y accesibilidad en la vivienda habitual, efectuadas desde el 1 de enero de 2014 hasta el 31 de diciembre de 2015.*

Los contribuyentes cuya suma de la base liquidable general y de la base liquidable del ahorro no sea superior a los límites establecidos en el párrafo primero del apartado cuatro del artículo cuarto de esta ley, podrán deducirse por las obras realizadas desde el 1 de enero de

---

[68]   Nueva redacción dada por el art. 45.Dos de la Ley 7/2014, de 22 de diciembre, de Medidas Fiscales, de Gestión Administrativa y Financiera, y de Organización de la Generalitat (DOCV núm. 7.432, de 29 de diciembre de 2014), en vigor desde el 1 de enero de 2014.
     Redacción anterior dada por el art. 66 de la Ley 5/2013, de 23 de diciembre, de Medidas Fiscales, de Gestión Administrativa y Financiera, y de Organización de la Generalitat (DOCV núm. 7181, de 27 de diciembre de 2013), en vigor desde el 1 de enero de 2014.
     Redacción anterior dada por el art. 65 de la Ley 10/2012, de 21 de diciembre, de Medidas Fiscales, de Gestión Administrativa y Financiera, y de Organización de la Generalitat, (DOCV núm. 6931, de 27 de diciembre de 2012), con entrada en vigor el día 31 de diciembre de 2012.
     Nueva disposición incorporada por el art. 16 del Decreto-Ley 1/2012, de 5 de enero, del Consell, de medidas urgentes para la reducción del déficit en la Comunitat Valenciana, (DOCV núm. 6688, de 10 de enero de 2012), en vigor desde la misma fecha de su publicación.

[69]   Nueva redacción dada por el art. 50 de la Ley 7/2014, de 22 de diciembre, de Medidas Fiscales, de Gestión Administrativa y Financiera, y de Organización de la Generalitat (DOCV núm. 7.432, de 29 de diciembre de 2014), en vigor desde el 1 de enero de 2015.

2014 hasta el 31 de diciembre de 2015 en la vivienda habitual de la que sean propietarios o titulares de un derecho real de uso y disfrute, o en el edificio en la que esta se encuentre, siempre que tengan por objeto su conservación, o la mejora de la calidad, sostenibilidad y accesibilidad, en los términos previstos por el Plan estatal de fomento del alquiler de viviendas, la rehabilitación edificatoria, y la regeneración y renovación urbanas, 2013-2016, aprobado por el Real decreto 233/2013, de 5 de abril, o en los previstos en la normativa autonómica en materia de rehabilitación, diseño y calidad en la vivienda:

a) El 10 por ciento de las cantidades satisfechas en el periodo impositivo por obras realizadas en 2014.

b) El 25 por ciento de las cantidades satisfechas en el periodo impositivo por obras realizadas en 2015.

No darán derecho a practicar esta deducción:

a) Las obras que se realicen en plazas de garaje, jardines, parques, piscinas e instalaciones deportivas y otros elementos análogos.

b) Las inversiones para el aprovechamiento de fuentes de energía renovables en la vivienda habitual a las que resulte de aplicación la deducción prevista en la letra o del apartado uno del artículo cuarto de esta ley.

c) La parte de la inversión financiada con subvenciones públicas. Será requisito para la aplicación de esta deducción la identificación, mediante su número de identificación fiscal, de las personas o entidades que realicen materialmente las obras.

La base de esta deducción estará constituida por las cantidades satisfechas, mediante tarjeta de crédito o débito, transferencia bancaria, cheque nominativo o ingreso en cuentas en entidades de crédito, a las personas o entidades que realicen tales obras. En ningún caso, darán derecho a practicar esta deducción las cantidades satisfechas mediante entregas de dinero de curso legal.

La base máxima anual de esta deducción será:

a) Cuando la suma de la base liquidable general y del ahorro sea inferior a 23.000 euros anuales, en tributación individual, o a 37.000 euros, en tributación conjunta: 4.500 euros anuales.

b) Cuando la suma de la base liquidable general y del ahorro esté comprendida entre 23.000 y 25.000 euros anuales, en tributación individual, o entre 37.000 euros y 40.000 euros, en tributación conjunta: el resultado de aplicar a 4.500 euros anuales:

Uno. En tributación individual: un porcentaje obtenido de la aplicación de la siguiente fórmula: 100 x (1 – el coeficiente resultante de dividir por 2.000 la diferencia entre la suma de la base liquidable general y del ahorro del contribuyente y 23.000).

Dos. En tributación conjunta: un porcentaje obtenido de la aplicación de la siguiente fórmula: 100 x (1 – el coeficiente resultante de dividir por 3.000 la diferencia entre la suma de la base liquidable general y del ahorro del contribuyente y 37.000).

Redacción anterior dada por el art. 67 de la Ley 5/2013, de 23 de diciembre, de Medidas Fiscales, de Gestión Administrativa y Financiera, y de Organización de la Generalitat (DOCV núm. 7181, de 27 de diciembre de 2013), en vigor desde el 1 de enero de 2014. Redacción anterior dejada sin contenido por el número dos del artículo 7 del Decreto-Ley 4/2013, 2 agosto, del Consell, por el que se establecen medidas urgentes para la reducción del déficit público y la lucha contra el fraude fiscal en la Comunitat Valenciana, así como otras medidas en materia de ordenación del juego (DOCV de 6 agosto de 2013), con vigencia desde el 6 agosto 2013.

La base acumulada de la deducción correspondiente a los periodos impositivos en que aquella sea de aplicación no podrá exceder de 5.000 euros por vivienda.

Cuando concurran varios contribuyentes declarantes con derecho a practicar la deducción respecto de una misma vivienda, la base máxima anual de deducción se ponderará para cada uno de ellos en función de su porcentaje de titularidad en el inmueble.

(...)

Disposición adicional decimosexta[70]. *Requisitos de las entregas de importes dinerarios para la aplicación de determinados beneficios fiscales.*

La aplicación de las deducciones en la cuota y de las reducciones en la base imponible a las que se refieren las letras e, k, l, m, n, ñ, o, p, q, r, s, v, w, x, y y z del apartado uno del artículo cuarto; los números 1.º, 2.º, 6.º y 7.º del artículo diez bis y las letras c y d de la disposición adicional 17 de la presente ley queda condicionada a que la entrega de los importes dinerarios derivada del acto o negocio jurídico que de derecho a la aplicación de aquellas se realice mediante tarjeta de crédito o débito, transferencia bancaria, cheque nominativo o ingreso en cuentas en entidades de crédito.

Disposición adicional decimoséptima[71].

Con efectos desde el 1 de enero de 2020 los contribuyentes podrán deducirse de la cuota íntegra autonómica:

a)[72] La cantidad que resulte de aplicar el tipo medio de gravamen general autonómico sobre la cuantía de las cantidades procedentes de las ayudas públicas concedidas por la Generalitat en virtud del Decreto ley 3/2020, de 10 de abril, de adopción de medidas urgentes para establecer ayudas económicas en los trabajadores y las trabajadoras afectados por un ERTE, y a los que han reducido la jornada laboral por conciliación familiar con motivo de la declaración del estado de alarma por la crisis sanitaria provocada por la Covid-19 que hayan sido integradas en la base imponible del contribuyente.

b) La cantidad que resulte de aplicar el tipo medio de gravamen general autonómico sobre la cuantía de las cantidades procedentes de las ayudas públicas concedidas por la Generalitat en virtud de la Orden 5/2020, de 8 de junio, de la Conselleria de Política Territorial, Obras Públicas y Movilidad, por la cual se aprueban las bases reguladoras para el otorgamiento de subvenciones para la adquisición o electrificación de bicicletas urbanas y vehículos eléctricos de movilidad personal.

---

[70]   Nueva redacción dada por el art. 51 de la Ley 3/2020, de 30 de diciembre, de la Generalitat, de medidas fiscales, de gestión administrativa y financiera y de organización de la Generalitat 2021 (DOGV núm. 8987 de 31 de diciembre de 2020), con efectos desde el 1 de enero de 2021.
Redacción anterior por su incorporación por el art. 70 de la Ley 5/2013, de 23 de diciembre, de Medidas Fiscales, de Gestión Administrativa y Financiera, y de Organización de la Generalitat (DOCV núm. 7181, de 27 de diciembre de 2013), en vigor desde el 1 de enero de 2014.

[71]   Nueva Disp. Adic. incorporada por el art. 52 de la Ley 3/2020, de 30 de diciembre, de la Generalitat, de medidas fiscales, de gestión administrativa y financiera y de organización de la Generalitat 2021 (DOGV núm. 8987 de 31 de diciembre de 2020), con efectos desde el 1 de enero de 2020.

[72]   Nueva redacción de la letra a) dada por el núm. 1 de la disp. final segunda del Decreto Ley 6/2021, de 1 de abril, del Consell, de medidas urgentes en materia económico-administrativa para la ejecución de actuaciones financiadas por instrumentos europeos para apoyar la recuperación de la crisis consecuencia de la Covid-19 (DOCV núm. 9062, de 15 de abril de 2021), con efectos desde el 16 de abril de 2021.

c) El 20% para los primeros 150 euros y el 25% del valor restante para las donaciones de importes dinerarios efectuadas durante el periodo impositivo dirigidas a financiar programas de investigación, innovación y desarrollo científico o tecnológico en el campo del tratamiento y prevención de las infecciones producidas por el Covid-19 que sean efectuadas en favor de las siguientes entidades:

a) La Administración de la Generalitat Valenciana y las entidades instrumentales que dependen de esta.

b) Las entidades sin finalidad lucrativa a que hacen referencia los artículos 2 y 3 de la Ley 49/2002, de 23 de diciembre, de régimen fiscal de las entidades sin finalidades lucrativas y de los incentivos fiscales al mecenazgo, siempre que el fin exclusivo o principal que persigan sea la investigación, el desarrollo científico o tecnológico, o la innovación, en el territorio de la Comunidad Valenciana.

c) Las universidades públicas, los institutos públicos de investigación y los centros tecnológicos situados en la Comunidad Valenciana.

d)[73] El 20% para los primeros 150 euros y el 25% para el importe restante de las donaciones efectuadas durante el periodo impositivo, sea en metálico o en especie, para contribuir a la financiación de los gastos ocasionados por la crisis sanitaria, de acuerdo con el artículo 4 del Decreto ley 4/2020, de 17 de abril, del Consell, de medidas extraordinarias de gestión económico-financiera para hacer frente a la crisis producida por la Covid-19.

(…)

Disposición transitoria primera[74]. *Aplicación del tramo autonómico de la deducción por inversión en vivienda habitual a los contribuyentes a los que se refiere la disposición transitoria decimoctava de la Ley 35/2006, de 28 de noviembre, del Impuesto sobre la Renta de las Personas Físicas y de modificación parcial de las leyes de los Impuestos sobre Sociedades, sobre la Renta de no Residentes y sobre el Patrimonio.*

El tramo autonómico de la deducción por inversión en vivienda habitual aplicable a los contribuyentes a los que se refiere la Disposición transitoria decimoctava de la Ley 35/2006, de 28 de noviembre, del Impuesto sobre la Renta de las Personas Físicas y de modificación parcial de las leyes de los Impuestos sobre Sociedades, sobre la Renta de no Residentes y sobre el Patrimonio será el establecido por el artículo tercero bis de esta ley en su redacción a 31 de diciembre de 2012.

(…)

Disposición final primera. *Habilitación a la Ley de Presupuestos.*

Mediante Ley de Presupuestos de la Generalitat Valenciana podrán modificarse los tipos de gravamen, escalas, cuantías fijas, porcentajes y, en general, demás elementos cuantitativos regulados en la presente Ley.

---

[73] Nueva redacción de la letra d) dada por el núm. 2 de la disp. final segunda del Decreto Ley 6/2021, de 1 de abril, del Consell, de medidas urgentes en materia económico-administrativa para la ejecución de actuaciones financiadas por instrumentos europeos para apoyar la recuperación de la crisis consecuencia de la Covid-19 (DOCV núm. 9062, de 15 de abril de 2021), con efectos desde el 16 de abril de 2021.

[74] Nueva Disp. Trans. Primera incorporada por el art. 71 de la Ley 5/2013, de 23 de diciembre, de Medidas Fiscales, de Gestión Administrativa y Financiera, y de Organización de la Generalitat (DOCV núm. 7181, de 27 de diciembre de 2013), en vigor desde el 1 de enero de 2014.

Disposición final segunda[75]. *Habilitación Normativa.*

Uno. Corresponde al conseller competente en materia de Hacienda, mediante Orden:

1. La determinación de los supuestos y condiciones en que los obligados tributarios y las entidades a las que se refiere el artículo 92 de la Ley 58/2003, de 17 de diciembre, General Tributaria podrán presentar por medios telemáticos declaraciones, autoliquidaciones, comunicaciones, solicitudes y cualquier otro documento con trascendencia tributaria, así como los supuestos y condiciones en que dicha presentación deberá realizarse mediante medios telemáticos.

2[76]. La aprobación y publicación, en relación con la comprobación de valores en el ámbito de los impuestos sobre Transmisiones Patrimoniales y Actos Jurídicos Documentados y sobre Sucesiones y Donaciones, de los coeficientes multiplicadores a los que se refiere la letra b) del apartado 1 del artículo 57 de la Ley General Tributaria.

En la comprobación de valores de bienes distintos de los inmuebles, corresponde igualmente al conseller competente en materia de Hacienda la determinación del registro oficial de carácter fiscal en el que se contengan los valores a los que resulten de aplicación los coeficientes a los que se refiere el párrafo anterior de este apartado 2.

---

[75] Nueva redacción dada por el art. 1 del Decreto Ley 4/2013, de 2 de agosto, del Consell, por el que se establecen medidas urgentes para la reducción del déficit público y la lucha contra el fraude fiscal en la Comunitat Valenciana, así como otras medidas en materia de ordenación del juego (DOCV núm. 7083 de 06 de agosto de 2013), en vigor desde el 06-07-2013.
Redacción anterior de la Disp. final 2.ª dada por el art. 41 de la Ley 14/2007, de 26 de diciembre, de medidas fiscales, de gestión administrativa y financiera, y de organización de la Generalitat (DOCV núm. 5669, de 28 de diciembre de 2007 y BOE de 25 de enero de 2008), en vigor desde 1/1/2008.

[76] Orden 1/2020, de 17 de febrero, de la Conselleria de Hacienda y Modelo Económico, por la que se establecen los coeficientes aplicables en 2020 al valor catastral a los efectos de los impuestos sobre transmisiones patrimoniales y actos jurídicos documentados y sobre sucesiones y donaciones, así como la metodología empleada para su elaboración y determinadas reglas para su aplicación (DOGV núm. 8747, de 4 de febrero de 2020).
Orden 15/2018, de 28 de diciembre, de la Conselleria de Hacienda y Modelo Económico, por la que se establecen los coeficientes aplicables en 2019 al valor catastral a los efectos de los impuestos sobre transmisiones patrimoniales y actos jurídicos documentados y sobre sucesiones y donaciones, así como la metodología empleada para su elaboración y determinadas reglas para su aplicación (DOGV núm. 8455, de 2 de enero de 2019). Orden 6/2017, de 19 de julio, de la Consellería de Hacienda y Modelo Económico, por la que se establecen los coeficientes aplicables en 2017 al valor catastral a los efectos de los impuestos sobre transmisiones patrimoniales y actos jurídicos documentados y sobre sucesiones y donaciones, así como la metodología empleada para su elaboración y determinadas reglas para su aplicación (DOGV núm. 8091, de 25 de julio de 2017). Orden 1/2015, de 27 de enero de la Conselleria de Hacienda y Administración pública, por la que se establecen los coeficientes aplicables en 2015 al valor catastral a los efectos de los impuestos sobre transmisiones patrimoniales y actos jurídicos documentados y sobre sucesiones y donaciones, así como la metodología empleada para su elaboración y determinadas reglas para su aplicación (DOCV núm. 7454, de 30 de enero de 2015). Orden 4/2014, de 28 de febrero, de la Consellería de Hacienda y Administración Pública, por la que se establecen los coeficientes aplicables en 2014 al valor catastral a los efectos de los impuestos sobre transmisiones patrimoniales y actos jurídicos documentados y sobre sucesiones y donaciones, así como la metodología empleada para su elaboración y determinadas reglas para su aplicación (DOCV núm. 7229, de 7 de marzo de 2014).

3[77]. El establecimiento de honorarios estandarizados de los peritos terceros en las tasaciones periciales contradictorias a los efectos de los impuestos sobre Transmisiones Patrimoniales y Actos Jurídicos Documentados y sobre Sucesiones y Donaciones. La aceptación de la designación como perito tercero determinará, asimismo, la aceptación de tales honorarios aprobados por la Generalitat.

4[78]. La determinación de los supuestos y condiciones en los que se debe aportar documentación complementaria junto con la presentación de la autoliquidación por los impuestos sobre transmisiones patrimoniales y actos jurídicos documentados y sobre sucesiones y donaciones, así como el alcance de dicha documentación.

Disposición final tercera. *Entrada en vigor.*

La presente Ley entrará en vigor el día 1 de enero de 1998.

---

[77] Orden 14/2014, de 30 de julio, de la Conselleria de Hacienda y Administración Pública, por la que se establecen los honorarios estandarizados de los peritos terceros en las tasaciones periciales contradictorias relativas a bienes inmuebles a los efectos de los impuestos sobre transmisiones patrimoniales y actos jurídicos documentados, y sobre sucesiones y donaciones (DOCV núm. 7349, de 29 de agosto de 2014).

[78] Nuevo apartado incorporado por el art. 53 de la Ley 7/2014, de 22 de diciembre, de Medidas Fiscales, de Gestión Administrativa y Financiera, y de Organización de la Generalitat (DOCV núm. 7.432, de 29 de diciembre de 2014), en vigor desde el 1 de enero de 2015.

15. Decreto Ley 12/2024, de 12 de noviembre, del Consell, de medidas fiscales de apoyo a las personas afectadas por las inundaciones producidas por la DANA de octubre de 2024

(DOCV núm. 9981 bis de 12 de noviembre de 2024)

PREÁMBULO

I

En el mes de octubre de 2024, la Comunitat Valenciana ha sido nuevamente escenario de una depresión aislada en niveles altos (DANA) que ha ocasionado graves daños tanto personales como materiales en la región. Las intensas precipitaciones e inundaciones han afectado profundamente a las zonas urbanas y rurales, dando lugar al fallecimiento y desaparición de un elevado número de personas, la pérdida de bienes públicos y privados, el desplazamiento de numerosas familias, así como interrupciones significativas en la actividad económica. Ante este escenario de emergencia, se hace imperativo que las autoridades públicas actúen de manera rápida y decidida, estableciendo medidas fiscales excepcionales que permitan aliviar la carga de las personas damnificadas y facilitar la pronta recuperación de la región.

Por todo lo anterior, es urgente que el Consell adopte medidas fiscales extraordinarias que brinden soporte inmediato a los damnificados y contribuyan al restablecimiento de la normalidad. La solidaridad institucional debe materializarse en políticas fiscales justas, que permitan a la ciudadanía afectada superar este difícil trance con dignidad y que, al mismo tiempo, favorezcan la reactivación económica. De esta forma, no solo se mitigarán los efectos devastadores de esta catástrofe, sino que también se enviará un mensaje claro sobre el compromiso de las instituciones públicas con el bienestar de sus ciudadanos.

II

Las medidas pueden englobarse en tres grupos: las dirigidas a facilitar el cumplimiento espontáneo de las obligaciones tributarias, los beneficios fiscales destinados a paliar los daños personales y materiales derivados del temporal y aquellos incentivos que están dirigidos a recuperar la actividad económica de las áreas afectadas. Su previsible impacto presupuestario y la singularidad de la situación que las provoca aconseja la creación de un cuerpo normativo separado del resto de disposiciones que regulan, de manera ordinaria, los tributos afectados, esto es, la Ley 13/1997, de 23 de diciembre, por la que se regula el tramo autonómico del Impuesto sobre la Renta de las Personas Físicas y restantes tributos cedidos, la Ley 1/2020, de 11 de junio, de regulación del juego y de prevención de la ludopatía en la Comunitat Valenciana y la Ley 2/1992, de 26 de marzo, de saneamiento de las aguas residuales de la Comunitat Valenciana.

La presente norma se compone de 15 artículos y dos disposiciones finales.

En el articulado, la primera y segunda sección regulan las normas generales y la suspensión de plazos.

En su primer artículo, se establece el objeto y finalidad del presente decreto ley, que es el establecimiento de un régimen extraordinario y temporal de medidas fiscales destinado a ayudar a los contribuyentes afectados por el temporal de lluvia y viento iniciado el 29 de octubre de 2024 en la Comunitat Valenciana, en relación con aquellos tributos sobre los que la Comunitat ostenta competencias normativas que pueden incidir significativamente en su capacidad de recuperación.

En el artículo 2 se regula el ámbito territorial de aplicación de la presente norma, de conformidad con el anexo del Acuerdo de 4 de noviembre de 2024, del Consell, por el que se adoptan medidas urgentes para paliar los daños producidos por el temporal iniciado el 29 de octubre de 2024 en la Comunitat Valenciana, si bien se prevé la posibilidad de su modificación por resolución de la Conselleria de Justicia e Interior.

En el artículo 3 se establece una prórroga en los plazos para la presentación y pago de las autoliquidaciones de los impuestos sobre sucesiones y donaciones, sobre transmisiones patrimoniales y actos jurídicos documentados, tributos sobre el juego y el Impuesto sobre actividades que inciden en el medio ambiente, cuyo plazo de presentación e ingreso terminara a finales del año 2024. Esta medida es aplicable a personas o entidades con domicilio fiscal en los municipios afectados, así como a las titulares de bienes inmuebles ubicados en dichas áreas o quienes acrediten que el temporal les ha dificultado gravemente cumplir con sus obligaciones fiscales.

La sección tercera contempla dos incentivos fiscales en el tramo autonómico del Impuesto sobre la Renta de las Personas Físicas cuya vigencia se extenderá a los periodos impositivos concluidos en los años 2024 y 2025.

En primer lugar, en el artículo 4 se establece una deducción del 100% de los gastos acometidos para hacer frente a los daños causados por el temporal en la vivienda habitual de los afectados, con un límite de 2.000 euros. Los límites de renta que se establecen con carácter general en las deducciones autonómicas se aumentan en esta ocasión hasta los 45.000 euros de base liquidable, en tributación individual, y los 60.000 euros en tributación conjunta.

En segundo lugar, con la finalidad de contribuir a la obtención de recursos propios por las empresas cuya sede de dirección efectiva radique dentro del ámbito territorial damnificado, en el artículo 5 se establece una deducción del 45% sobre las cantidades invertidas en la constitución o ampliación de capital de entidades que puede alcanzar los 9.900 euros por contribuyente.

En la sección cuarta, en el ámbito del Impuesto sobre Sucesiones y Donaciones, en atención a los familiares para los que no resultan aplicables los beneficios fiscales ya previstos en la Ley 13/1997, de 23 de diciembre, se establece en el artículo 6 una bonificación del 50% en favor de las adquisiciones mortis causa efectuadas por los parientes colaterales de segundo y tercer grado, ascendientes y descendientes por afinidad, cuando el causante hubiese fallecido como consecuencia directa del temporal de lluvia y viento iniciado el 29 de octubre de 2024 en la Comunitat Valenciana.

En los artículos 7 y 8 se establecen reducciones en la base imponible del 100% en favor de las personas o entidades que reciban por donación efectivo u otro tipo de bienes y derechos para paliar los daños materiales sufridos por el temporal, estableciéndose un régimen distinto en función del destino de la donación. A diferencia de las reducciones y bonificaciones contempladas en la mencionada Ley 13/1997, de 23 de diciembre, la aplicación del beneficio no está condicionada al grado de parentesco o familiaridad con el donante. Sin embargo, la procedencia de dicho beneficio está supeditada a que lo donado se destine a paliar los daños materiales derivados de las inundaciones dentro de un plazo de 12 meses.

En la sección quinta, los artículos 9 a 11 recogen distintas bonificaciones en la cuota del Impuesto sobre Transmisiones Patrimoniales y Actos Jurídicos Documentados de las que resultará que las adquisiciones destinadas a la reposición de determinados elementos patrimoniales queden eximidas de tributación.

Los artículos 9 y 10 establecen una bonificación del 100% en la cuota del ITP y AJD aplicable a las operaciones relacionadas con la adquisición de inmuebles destinados a reemplazar a otros destruidos o gravemente dañados por el temporal y a los actos de declaración de obra nueva y/o división horizontal que se refieran estos últimos, en cuanto estos actos fueran precisos para la obtención de ayudas o su regularización registral.

La importante siniestralidad sufrida por los vehículos automóviles hace ineludible, con la finalidad de recuperar la movilidad de las personas afectadas, el establecimiento, en el artículo 11, de una bonificación del 100% de la cuota del ITP y AJD para la adquisición de vehículos que reemplacen a aquellos destruidos por las inundaciones.

Con relación a los tributos sobre el juego, previstos en la sección sexta, el artículo 12 establece una bonificación del 100% en la cuota íntegra del tributo sobre los juegos de suerte, envite o azar, en la modalidad de explotación de las máquinas y de azar, cuya explotación hubiera sido afectada por el temporal, en la parte que corresponda proporcionalmente a los días del periodo impositivo en que su autorización de explotación haya sido suspendida o dada de baja de manera definitiva.

El artículo 13 pretende paliar los estragos sufridos por las salas de bingo afectadas en cuanto hayan provocado daños en sus existencias de cartones de bingo que los hagan inservibles. Dado que estos contribuyentes habrán pagado el tributo relativo a los juegos de suerte, envite o azar y las tasas administrativas exigidos con ocasión de su adquisición, podrán, alternativamente, solicitar la devolución del importe de los tributos satisfechos, o bien el canje de los cartones por otros idénticos en número y valor facial.

Finalmente, en la sección séptima, bajo el título incentivos en el canon de saneamiento, el artículo 14 establece una exención del citado canon para los consumos de agua realizados en las áreas afectadas entre el 29 de octubre de 2024 y el 31 de marzo de 2025, aplicable a todos los usos del agua en el ámbito territorial de los municipios especificados en el ámbito territorial de la presente norma, y el artículo 15 suspende los procedimientos de recaudación de las cuotas del citado canon desde la fecha de entrada en vigor de la presente disposición hasta el día 28 de febrero de 2025.

III

La jurisprudencia del Tribunal Constitucional ha respaldado la aprobación de disposiciones de carácter socioeconómico mediante el instrumento normativo del real decreto ley en aquellos casos en los que se aprecie una motivación explícita y razonada de la necesidad y urgencia de la medida.

La necesidad de la norma se ha afirmado en los casos de coyunturas económicas problemáticas que exigen una rápida respuesta. Asimismo, la urgencia se ha aceptado cuando la dilación en el tiempo de la adopción de la medida de que se trate podría generar algún perjuicio.

La justificación de la utilización del instrumento del decreto ley se apoya igualmente en una dilatada jurisprudencia del Tribunal Constitucional que ha vinculado la utilización de esta norma a la solución de una situación concreta que, dentro de los objetivos del órgano emisor, y por razones difíciles de prever, requiere una acción normativa inmediata en un plazo más breve que el requerido por la vía normal o por el procedimiento de urgencia para la tramitación parlamentaria de las leyes.

La adopción de medidas fiscales urgentes está justificada por la necesidad de mitigar el impacto socioeconómico derivado de la catástrofe. Los ciudadanos que han sufrido pérdidas significativas, ya sea en forma de destrucción de propiedades, viviendas o negocios, no deben cargar de manera exclusiva con las consecuencias de un evento atmosférico de tales proporciones. En este contexto, las medidas fiscales que incluyan la prórroga en el cumplimiento de obligaciones tributarias y la concesión incentivos fiscales, se perfilan como herramientas esenciales para proporcionar un alivio inmediato.

Asimismo, es preciso contemplar que corresponde al Consell, en este tipo de normas, la realización de un juicio político o de oportunidad sobre la coyuntura y la motivación de la norma. En este sentido, se consideran debidamente acreditados los motivos de oportunidad para la adopción de esta norma.

Como es preceptivo, debe señalarse que este decreto ley no afecta al ordenamiento de las instituciones básicas del Estado, a los derechos y libertades de los ciudadanos regulados en el título I de la Constitución, al régimen de las comunidades autónomas ni al derecho electoral general y que a la vista de lo expuesto concurren las circunstancias de extraordinaria y urgente necesidad establecidas en el artículo 44.4 del Estatuto de Autonomía de la Comunitat Valenciana como presupuesto habilitante para recurrir al instrumento jurídico del decreto ley.

Esta norma se articula sobre los principios de necesidad, eficacia, eficiencia, proporcionalidad, seguridad jurídica y transparencia prevista en el artículo 129 de la Ley 39/2015, de 1 de octubre, del procedimiento administrativo común de las administraciones públicas. En virtud de los principios de necesidad y eficacia, este decreto-ley se justifica por razones de interés general, ya que constituye una más de las medidas adoptadas por las administraciones para reducir el impacto económico sufrido por las víctimas y favorecer la pronta reconstrucción del tejido social y productivo de las zonas afectadas. En cuanto al principio de transparencia, y dado que se trata de un decreto-ley promovido por razones de extraordinaria urgencia de carácter económico y social, se ha prescindido en su elaboración del trámite de consulta, audiencia e información pública, de acuerdo con lo dispuesto en el artículo 133, apartado 4, de la Ley 39/2015, de 1 de octubre, del procedimiento administrativo común de las administraciones públicas.

Con la finalidad de garantizar el principio de seguridad jurídica, este decreto ley es coherente con el ordenamiento jurídico nacional y de la Unión Europea.

En la tramitación del decreto ley, se ha seguido el procedimiento establecido y se han emitido los informes preceptivos.

Por lo expuesto, en virtud de lo que disponen los artículos 18.d y 28.c de la Ley 5/1983, de 30 de diciembre, de la Generalitat, del Consell, a propuesta de la consellera de Hacienda, Economía y Administración Pública, de acuerdo con las competencias que le atribuye el Decreto 17/2024, de 12 de julio, del president de la Generalitat, por el que se determinan el número y la denominación de las consellerias, y sus atribuciones, previa deliberación del Consell, en la reunión de 12 de noviembre de 2024,

DECRETO

Sección Primera. Normas generales

Artículo 1. *Objeto y finalidad*

Este decreto ley tiene por objeto la aprobación, en el ejercicio de la capacidad normativa autonómica en materia tributaria, de diversas medidas dirigidas a las personas y entidades afectadas por el temporal de lluvia y viento iniciado el 29 de octubre de 2024 en la Comunitat Valenciana, en relación con la tributación por el Impuesto sobre la Renta de las Personas Físicas, el Impuesto sobre Sucesiones y Donaciones, el Impuesto sobre Transmisiones Patrimoniales y Actos Jurídicos Documentados, los tributos sobre el juego, el Impuesto sobre Actividades que inciden en el Medio Ambiente y el canon de saneamiento.

Artículo 2. *Ámbito territorial*

El ámbito territorial de este decreto ley estará constituido por la totalidad o, cuando así se especifique, la parte del término municipal de los municipios incluidos en el Acuerdo del Consell, de fecha 4 de noviembre de 2024, por el que se adoptan medidas urgentes para paliar los daños producidos por el temporal iniciado el 29 de octubre de 2024 en la Comunitat Valenciana. La relación de municipios afectados podrá ser modificada por resolución de la Conselleria de Justicia e Interior, a propuesta de la dirección de la AVSRE, y deberá publicarse en el Diari Oficial de la Generalitat Valenciana.

Sección Segunda. Suspensión de plazos

Artículo 3. *Suspensión de los plazos de presentación e ingreso de autoliquidaciones*

1. Se prorroga hasta el 31 de enero de 2025 el plazo para la presentación e ingreso de las autoliquidaciones del Impuesto sobre Sucesiones y Donaciones, del Impuesto sobre Transmisiones Patrimoniales y Actos Jurídicos Documentados, de los tributos sobre el juego y del Impuesto sobre Actividades que inciden en el Medio Ambiente cuyo plazo de presentación e ingreso termine entre el 28 de octubre y el 31 de diciembre de 2024.

2. Serán beneficiarias de esta medida las personas y entidades cuyo domicilio fiscal radique en el ámbito territorial de este decreto ley, las personas o entidades titulares de bienes o derechos sobre bienes inmuebles situados en dicho territorio, con relación a las obligaciones tributarias derivadas de la titularidad de dichos inmuebles, y las demás personas o entidades que acrediten que su obligación de presentación e ingreso en plazo de las autoliquidaciones ha resultado gravemente comprometida como consecuencia de los fenómenos meteorológicos acontecidos.

Sección Tercera. Incentivos en el Impuesto sobre la Renta de las Personas Físicas

Artículo 4. *Deducción autonómica por destinar cantidades a paliar los daños materiales sobre la vivienda habitual derivados del temporal*

1. Para los períodos impositivos terminados en los años 2024 y 2025 será de aplicación una deducción del 100% de los gastos de reparación acometidos para hacer frente a los daños causados de forma directa y determinante por el temporal en viviendas habituales que estén situadas en el ámbito territorial de este decreto ley siempre que la suma de la base liquidable general y de la base liquidable del ahorro no sea superior a los 45.000 euros, en tributación individual, o a 60.000 euros, en tributación conjunta.

2. La base de esta deducción estará constituida por las cantidades satisfechas mediante tarjeta de crédito o débito, transferencia bancaria, cheque nominativo o ingreso en cuentas en entidades de crédito con la finalidad de hacer frente a los gastos de reparación de daños de la vivienda habitual y de los elementos comunes del inmueble donde esta radique en el importe que no estuviera cubierto por contratos de seguro en vigor. No se consideran incluidas en la misma las cantidades destinadas a la adquisición de enseres domésticos de primera necesidad.

En el supuesto de que los contribuyentes hayan percibido ayudas públicas destinadas para hacer frente a los mismos gastos, deberá descontarse de la base de la deducción el importe recibido. En el supuesto de que las ayudas hayan sido percibidas por unidades familiares o de convivencia constituidas por varios contribuyentes, la ayuda a descontar de la base de la deducción se imputará por partes iguales.

3. El importe máximo de la deducción será de 2.000 euros siempre que la suma de la base liquidable general y de la base liquidable del ahorro sea inferior a 40.000 euros, en tributación individual, o inferior a 55.000 euros, en tributación conjunta.

Cuando la suma de la base liquidable general y de la base liquidable del ahorro del contribuyente esté comprendida entre 40.000 y 45.000 euros, en tributación individual, o entre 55.000 y 60.000 euros, en tributación conjunta, los importes y límites de deducción serán los siguientes:

a) En tributación individual, el resultado de multiplicar el importe máximo de la deducción por un porcentaje obtenido de la aplicación de la siguiente fórmula: 100 × (1 − el coeficiente resultante de dividir por 5.000 la diferencia entre la suma de la base liquidable general y del ahorro del contribuyente y 40.000).

b) En tributación conjunta, el resultado de multiplicar el importe máximo de la deducción por un porcentaje obtenido de la aplicación de la siguiente fórmula: 100 × (1 − el coeficiente resultante de dividir por 5.000 la diferencia entre la suma de la base liquidable general y del ahorro del contribuyente y 55.000).

Cuando dos contribuyentes declarantes tengan derecho a la aplicación de esta deducción, su importe se prorrateará entre ellos por partes iguales.

4. No darán derecho a practicar esta deducción los gastos e inversiones destinados a la reparación y conservación de inmuebles o partes de los mismos afectos al desarrollo de actividades económicas, ni las cantidades satisfechas mediante entregas de dinero de curso legal.

5. En el supuesto de que el contribuyente carezca de cuota íntegra autonómica suficiente para aplicar la totalidad o parte de la presente deducción en el periodo en que se genere dicho derecho, el importe no deducido podrá trasladarse a los cuatro períodos impositivos siguientes hasta agotar, en su caso, su importe total.

Artículo 5[1]. *Deducción en el IRPF por aportaciones a los fondos propios de entidades que desarrollen actividades económicas*

1. Los contribuyentes podrán deducir en la cuota íntegra autonómica con el límite por contribuyente de 9.900 euros, el 45% de las cantidades invertidas, desde el día de entrada en vigor de la presente norma hasta el 31 de diciembre de 2025, en la suscripción y desembolso

---

[1] Nueva redacción del art. 5 dada por la Disp. Final primera del Decreto-ley 17/2024, de 23 de diciembre, del Consell, de medidas urgentes para la mejora de la fiscalidad verde y desarrollo de la actividad econó-

de acciones o participaciones sociales como consecuencia de acuerdos de constitución o de ampliación de capital de sociedades anónimas, de responsabilidad limitada y sociedades laborales o de aportaciones voluntarias u obligatorias efectuadas por los socios a las sociedades cooperativas, siempre que se cumplan los siguientes requisitos:

a) La entidad en la cual hay que materializar la inversión tiene que cumplir los siguientes requisitos:

1. Deberá tener su domicilio social y fiscal dentro del ámbito territorial del presente decreto ley y mantenerlo durante los tres años siguientes a la constitución o ampliación. En el caso de empresas ya existentes en el momento de aprobación de esta disposición, dicha circunstancia debería cumplirse el 29 de octubre de 2024.

_____

mica en la Comunitat Valenciana (DOGV núm. 10011, de 23 de diciembre de 2024), en vigor desde el 24 de diciembre de 2024.

Redacción originaria: «*Deducción en el IRPF por aportaciones a los fondos propios de entidades que desarrollen actividades económicas*

1. Para los períodos impositivos terminados en los años 2024 y 2025, los contribuyentes podrán deducir en la cuota íntegra autonómica con el límite de 9.900 euros, el 45% de las cantidades invertidas durante el ejercicio en la suscripción y desembolso de acciones o participaciones sociales como consecuencia de acuerdos de constitución o de ampliación de capital de sociedades anónimas, de responsabilidad limitada y sociedades laborales o de aportaciones voluntarias u obligatorias efectuadas por los socios a las sociedades cooperativas, siempre que se cumplan los siguientes requisitos:

a) La entidad en la cual hay que materializar la inversión tiene que cumplir los siguientes requisitos:

1º Deberá tener su domicilio social y fiscal dentro del ámbito territorial del presente decreto ley y mantenerlo durante los tres años siguientes a la constitución o ampliación.

2º Deberá ejercer una actividad económica durante los tres años siguientes a la constitución o ampliación. A estos efectos, no se entenderán comprendidas las entidades cuya actividad principal consista en la gestión de un patrimonio mobiliario o inmobiliario, de acuerdo con lo dispuesto en el artículo 4.8.dos.a) de la Ley 19/1991, de 6 de junio, del Impuesto sobre el Patrimonio, en ninguno de los períodos impositivos de la entidad concluidos con anterioridad a la transmisión de la participación.

3º Tendrá que contar, como mínimo, con una persona ocupada con contrato laboral y a jornada completa, o varias personas siempre que la suma de sus jornadas laborales sea, al menos, equivalente a una completa, dadas de alta en el régimen general de la Seguridad Social, durante los tres años siguientes a la constitución o ampliación, salvo si se trata de sociedades laborales o sociedades cooperativas de trabajo asociado.

b) Las operaciones en que sea aplicable la deducción tienen que formalizarse en escritura pública, en la cual tiene que especificarse la identidad de los inversores y el importe de la respectiva inversión. No obstante, en el caso de las sociedades cooperativas y excepto en los supuestos de constitución, no será necesaria la formalización en escritura pública, debiéndose justificar la suscripción y desembolso de las aportaciones obligatorias o voluntarias al capital social realizadas por las personas socias mediante una certificación firmada por quien ostente la secretaría de la cooperativa, con el visto bueno de la presidencia de la misma y con las firmas legitimadas notarialmente; cuando se hayan efectuado por la misma persona socia varias suscripciones o desembolsos durante el ejercicio, será suficiente con que se expida una única certificación, en la que consten todas las fechas de suscripción y desembolso.

c) Las participaciones adquiridas deberán mantenerse en el patrimonio del contribuyente durante un período mínimo de los tres años siguientes a la constitución o ampliación.

2. En el supuesto de que el contribuyente carezca de cuota íntegra autonómica suficiente para aplicar la totalidad o parte de la presente deducción en el periodo en que se genere dicho derecho, el importe no deducido podrá trasladarse a los tres períodos impositivos siguientes hasta agotar, en su caso, su importe total».

2. En el caso de que sea una entidad ya existente en el momento de entrada en vigor del presente decreto ley deberá haber solicitado un Expediente de Regulación Temporal de Empleo (ERTE) para sus trabajadores y trabajadoras como consecuencia del temporal.

3. En el supuesto de que se trate de una entidad de nueva creación, no ha de tratarse de acciones o participaciones en una entidad a través de la cual se ejerza la misma actividad que se venía ejerciendo anteriormente mediante otra titularidad.

4. Deberá ejercer una actividad económica durante los tres años siguientes a la constitución o ampliación. A estos efectos, no se entenderán comprendidas las entidades cuya actividad principal consista en la gestión de un patrimonio mobiliario o inmobiliario, de acuerdo con lo dispuesto en el artículo 4.8.dos.a) de la Ley 19/1991, de 6 de junio, del Impuesto sobre el Patrimonio, en ninguno de los períodos impositivos de la entidad concluidos con anterioridad a la transmisión de la participación.

5. Tendrá que contar, como mínimo, con una persona ocupada con contrato laboral y a jornada completa, o varias personas siempre que la suma de sus jornadas laborales sea, al menos, equivalente a una completa, dadas de alta en el régimen general de la Seguridad Social, durante los tres años siguientes a la constitución o ampliación, salvo si se trata de sociedades laborales o sociedades cooperativas de trabajo asociado.

b) Las operaciones en que sea aplicable la deducción tienen que formalizarse en escritura pública, en la cual tiene que especificarse la identidad de los inversores y el importe de la respectiva inversión. No obstante, en el caso de las sociedades cooperativas y excepto en los supuestos de constitución, no será necesaria la formalización en escritura pública, debiéndose justificar la suscripción y desembolso de las aportaciones obligatorias o voluntarias al capital social realizadas por las personas socias mediante una certificación firmada por quien ostente la secretaría de la cooperativa, con el visto bueno de la presidencia de la misma y con las firmas legitimadas notarialmente; cuando se hayan efectuado por la misma persona socia varias suscripciones o desembolsos durante el periodo comprendido entre el día de entrada en vigor de la presente disposición hasta el 31 de diciembre de 2025, será suficiente con que se expida una única certificación, en la que consten todas las fechas de suscripción y desembolso.

c) Las participaciones adquiridas deberán mantenerse en el patrimonio del contribuyente durante un periodo mínimo de los tres años siguientes a la constitución o ampliación.

2. La base de la deducción no podrá superar el 30 por cien de la base liquidable del contribuyente.

3. La deducción deberá practicarse en el período impositivo en el que se realice la aportación. No obstante, en el supuesto de que el contribuyente carezca de cuota íntegra autonómica suficiente para aplicar la totalidad o parte de la presente deducción en el periodo en que se genere dicho derecho, el importe no deducido podrá trasladarse a los tres períodos impositivos siguientes hasta agotar, en su caso, su importe total.

4. La aplicación de la presente deducción resultará incompatible con la regulada en la letra z del artículo 4. Uno de la Ley 13/1997, de 23 de diciembre, por la que se regula el tramo autonómico del Impuesto sobre la Renta de las Personas Físicas y restantes tributos cedidos, respecto de la misma entidad receptora de las aportaciones.

(...)

DISPOSICIONES FINALES

Primera. *Habilitación para el desarrollo reglamentario*

Se faculta al Consell para adoptar las disposiciones necesarias para el desarrollo y aplicación de este decreto ley.

Segunda. *Entrada en vigor*

Este decreto ley entrará en vigor el día siguiente al de su publicación en el Diari Oficial de la Generalitat Valenciana.

COMUNIDAD AUTÓNOMA DE EXTREMADURA

IMPUESTO SOBRE LA RENTA DE LAS PERSONAS FÍSICAS

16. Decreto Legislativo 1/2018, de 10 de abril, por el que se aprueba el Texto Refundido de las disposiciones legales de la Comunidad Autónoma de Extremadura en materia de tributos cedidos por el Estado[1]

(DOE núm. 99, de 23 de mayo de 2018)

CONSEJERÍA DE HACIENDA Y ADMINISTRACIÓN PÚBLICA

De conformidad con lo dispuesto en el artículo 22.3 de la Ley Orgánica 1/2011, de 28 de enero, de reforma del Estatuto de Autonomía de la Comunidad Autónoma de Extremadura y en el artículo 45 de la Ley 1/2002, de 28 de febrero, del Gobierno y de la Administración de la Comunidad Autónoma de Extremadura, la disposición final tercera de la Ley 1/2018, de 23 de enero, de Presupuestos Generales de la Comunidad Autónoma de Extremadura para 2018, otorga la autorización para que el Consejo de Gobierno elabore, dentro del plazo de seis meses desde la aprobación de la ley, un texto refundido de las disposiciones legales vigentes en materia tributos cedidos por el Estado.

Al igual que su precedente, el texto refundido de las disposiciones legales dictadas por la Comunidad Autónoma de Extremadura en materia de tributos cedidos por el Estado, aproba-do por el Decreto Legislativo 1/2013, de 21 de mayo, la aprobación de un texto único tiene como finalidad principal dotar de mayor claridad a la normativa autonómica en materia de tributos cedidos por el Estado mediante la integración en un único cuerpo normativo de las disposiciones que afectan a dicha materia, contribuyendo con ello a aumentar la seguridad jurídica de los contribuyentes y de la administración tributaria de la Comunidad Autónoma de Extremadura.

En el ejercicio de la citada autorización se elabora este Decreto Legislativo por el que se aprueba el texto refundido de las disposiciones legales dictadas por la Comunidad Autónoma en materia de tributos cedidos por el Estado, incluidas en las siguientes normas:

Texto Refundido de las disposiciones legales dictadas por la Comunidad Autónoma de Extremadura en materia de tributos cedidos por el Estado, aprobado por el Decreto Legislativo 1/2013, de 21 de mayo.

Ley 6/2013, de 13 de diciembre, de medidas tributarias de impulso a la actividad econó-mica de Extremadura.

Ley 2/2014, de 18 de febrero, de medidas financieras y administrativas de la Comunidad Autónoma de Extremadura.

---

[1] Deroga el anterior Decreto Legislativo 1/2013, de 21 de mayo, por el que se aprueba el Texto Refundido de las disposiciones legales de la Comunidad Autónoma de Extremadura en materia de tributos cedidos por el Estado (DOE núm. 121, de 25 de junio de 2013).

Ley 1/2015, de 10 de febrero, de medidas tributarias, administrativas y financieras de la Comunidad Autónoma de Extremadura.

Ley 8/2016, de 12 de diciembre, de medidas tributarias, patrimoniales, financieras y administrativas de la Comunidad Autónoma de Extremadura.

Ley 2/2017, de 17 de febrero, de emergencia social de la vivienda de Extremadura.

Ley 1/2018, de 23 de enero, de Presupuestos Generales de la Comunidad Autónoma de Extremadura para 2018.

El texto refundido se estructura en ocho capítulos, los siete primeros dedicados a cada uno de los impuestos sobre los que la Comunidad ha ejercido sus competencias normativas: El Impuesto sobre la Renta de las Personas Físicas, el Impuesto sobre el Patrimonio, el Impuesto sobre Sucesiones y Donaciones, el Impuesto sobre Transmisiones Patrimoniales y Actos Jurídicos Documentados, los tributos sobre el Juego, el Impuesto sobre determinados medios de transporte y el Impuesto sobre Hidrocarburos. El último capítulo, el VIII, contiene las normas de gestión dictadas para la aplicación de los tributos cedidos por el Estado.

Asimismo, el texto refundido incluye una disposición adicional que establece el derecho de los acogedores para seguir aplicándose en IRPF la deducción en la cuota íntegra autonómica por acogimiento de menores, que tenían reconocida antes del cambio legislativo sobre protección a la infancia y a la adolescencia y seis disposiciones finales que recogen las habilitaciones y las obligaciones que las leyes que se refunden y otras normas han efectuado al Consejo de Gobierno y al titular de la Consejería competente en materia de hacienda para que puedan dictar normas de desarrollo o de aplicación de la normativa en materia de tributos cedidos por el Estado. Igualmente, se prevé que las leyes anuales de Presupuestos Generales de la Comunidad Autónoma puedan modificar los elementos esenciales de los tributos cedidos.

El texto refundido incluye, al comienzo, un índice de su contenido, cuyo objeto es facilitar la utilización de la norma por sus destinatarios mediante una rápida localización y ubicación sistemática de sus preceptos.

Este decreto legislativo contiene un artículo para la aprobación del texto refundido de las normas autonómicas en materia de tributos cedidos por el Estado, cuatro disposiciones adicionales, sobre las remisiones normativas que se efectúan a los preceptos objeto de refundición, sobre la competencia de los jefes de Servicio y de Sección en el área de aplicación de los tributos, sobre los órganos competentes en materia de aplazamiento y fraccionamiento de pago y sobre la normativa aplicable a las reclamaciones económico administrativas en materia de tributos cedidos, una disposición derogatoria de todos los preceptos refundidos y una disposición final sobre la entrada en vigor tanto del decreto legislativo como del texto refundido.

El presente decreto legislativo ha sido aprobado por la Asamblea de Extremadura en virtud de lo previsto en el artículo 22.3 del Estatuto de Autonomía una vez oído el Consejo de Estado,

DISPONGO:

Artículo único. *Aprobación del texto refundido de las disposiciones legales de la Comunidad Autónoma de Extremadura en materia de tributos cedidos por el Estado.*

Se aprueba el texto refundido de las disposiciones legales de la Comunidad Autónoma de Extremadura en materia de tributos cedidos por el Estado, que se inserta a continuación.

Disposición adicional primera. *Remisiones normativas.*

1. Las referencias normativas efectuadas en otras disposiciones a los preceptos de naturaleza tributaria contenidos en las normas que se refunden, se entenderán realizadas a los preceptos correspondientes del texto refundido que se aprueba por este decreto legislativo.

2. A la entrada en vigor de esta norma, mientras no se aprueben, en su caso, los desarrollos reglamentarios que correspondan, serán aplicables las normas reglamentarias vigentes en todo aquello que no se opongan a ella o la contradigan.

Disposición adicional segunda. *Competencias de los Jefes de Servicio y de Sección en la aplicación de los tributos.*

Los Jefes de Sección de la Dirección General competente en la aplicación de los tributos están habilitados, en el ámbito de sus funciones, para dictar actos y resoluciones administrativas, siempre que esta competencia no le esté reconocida a otro órgano por una norma específica, o que por la índole o trascendencia de su contenido deban ser dictados por los Jefes de Servicio, a juicio de estos o, en su caso, de la persona titular de dicho Centro Directivo.

Disposición adicional tercera. *Competencias en materia de aplazamiento y fraccionamiento de pago de deudas de naturaleza pública tributaria y no tributaria.*

Los órganos de la Administración Tributaria que tengan atribuida la gestión recaudatoria de cada recurso serán los competentes para la instrucción y resolución de las solicitudes de aplazamiento y fraccionamiento de pago presentadas en periodo voluntario y ejecutivo de recaudación de deudas tributarias así como de las derivadas de precios públicos, sanciones administrativas, reintegro de subvenciones y otros recursos de naturaleza pública no tributarios. Asimismo, serán competentes para la realización de todos los actos administrativos inherentes al procedimiento de aplazamiento y fraccionamiento.

Disposición adicional cuarta. *Resolución de las reclamaciones económico-administrativas sobre tributos cedidos.*

En el supuesto de que se llegue a materializar la asunción efectiva por parte de la Comunidad Autónoma de Extremadura de la competencia para la resolución de las reclamaciones económico-administrativas relacionadas con la aplicación de los tributos cedidos por el Estado, éstas se sustanciarán en única instancia ante la Junta Económico-Administrativa, que habrán de tramitarse, en cuanto resulten de aplicación, por las disposiciones contenidas en la Ley 58/2003, de 17 de diciembre, General tributaria y sus normas de desarrollo.

Disposición derogatoria única. *Derogación normativa.*

1. A la entrada en vigor de este decreto legislativo quedarán derogadas, las siguientes normas:

El Decreto Legislativo 1/2013, de 21 de mayo, por el que se aprueba el texto refundido de las disposiciones legales de la Comunidad Autónoma de Extremadura en materia de Tributos Cedidos por el Estado.

Los artículos 2, 3, 5, 10, 11, 12, 13, 14, 17, disposiciones adicionales primera, segunda, cuarta y quinta de la Ley 6/2013, de 13 de diciembre, de medidas tributarias de impulso a la actividad económica de Extremadura.

Los artículos 6 y 7 de la Ley 2/2014, de 18 de febrero, de medidas financieras y administrativas de la Comunidad Autónoma de Extremadura.

Los artículos 3, 6, 6 bis, 19, 20, 21, 22, 23, 24, 25, 26, 28, 29, 30, 31 y 33 de la Ley 1/2015, de 10 de febrero, de medidas tributarias, administrativas y financieras de la Comunidad Autónoma de Extremadura.

La disposición adicional única de la Ley 8/2016, de 12 de diciembre, de Medidas tributarias, patrimoniales, financieras y administrativas de la Comunidad Autónoma de Extremadura.

La disposición adicional quinta de la Ley 2/2017, de 17 de febrero, de emergencia social de la vivienda de Extremadura.

2. La derogación de las disposiciones a que se refiere el apartado 1 no perjudicará los derechos ni las obligaciones que se hubieran producido durante su vigencia.

Disposición final única. *Entrada en vigor.*

El presente decreto legislativo y el texto refundido que aprueba entrarán en vigor el día siguiente al de su publicación en el Diario Oficial de Extremadura.

CAPÍTULO I. Impuesto sobre la renta de las personas físicas

Artículo 1[2]. *Escala autonómica del Impuesto sobre la Renta de las Personas Físicas.*

La escala autonómica en el Impuesto sobre la Renta de las Personas Físicas será la siguiente:

---

[2]   Nueva redacción del art. 1 dada por el art. 1.1 del Decreto Ley 4/2023, de 12 de septiembre, por el que se aprueban medidas urgentes para reducir la carga tributaria soportada por los contribuyentes, se amplían las ayudas al acogimiento familiar, se incrementan las ayudas a los nuevos autónomos y se conceden ayudas directas a los productores de cerezas (DOE núm. 178, e 15 de septiembre de 2023). Disposición final tercera. Entrada en vigor.

«1. El presente Decreto-ley entrará en vigor el mismo día de su publicación en el Diario Oficial de Extremadura, si bien los apartados 1, 2 y 3 del artículo 1, relativos al Impuesto sobre la Renta de las Personas Físicas y al Impuesto sobre el Patrimonio, surtirán efectos desde el 1 de enero de 2023.

2. No obstante, por lo que se refiere al Impuesto sobre la Renta de las Personas Físicas, en los supuestos de fallecimiento que haya tenido lugar antes de la entrada en vigor de este Decreto-ley procederá, en su caso, la aplicación de la normativa vigente hasta ese momento.

3. La derogación del artículo 65 del Texto Refundido de las disposiciones legales en materia de tributos cedidos por el Estado, aprobado por Decreto Legislativo 1/2018, de 10 de abril, entrará en vigor el día uno del mes siguiente al aquel en el que se produzca la publicación del presente Decreto-ley en el Diario Oficial de Extremadura».

Redacción original: «*La escala autonómica en el Impuesto sobre la Renta de las Personas Físicas será la siguiente:*

BASE LIQUIDABLE HASTA	CUOTA ÍNTEGRA	RESTO BASE LIQUIDABLE	TIPO
0,00	0,00	12.450,00	9,50%
12.450,00	1.182,75	7.750,00	12,50%
20.200,00	2.151,50	4.000,00	15,50%
24.200,00	2.771,50	11.000,00	16,50%
35.200,00	4.586,50	24.800,00	20,50%
60.000,00	20.200,00	9.670,50	23,50%
80.200,00	14.417,50	19.000,00	24,00%
99.200,00	18.977,50	21.000,00	24,50%
120.200,00	24.122,50	En adelante	25,00%»

BASE LIQUIDABLE HASTA Euros	CUOTA ÍNTEGRA Euros	RESTO BASE LIQUIDABLE Euros	TIPO Porcentaje
0	0	12.450,00	8
12.450,00	996,00	7.750,00	10
20.200,00	1.771,00	4.000,00	16
24.200,00	2.411,00	11.000,00	17,5
35.200,00	4.336,00	24.800,00	21
60.000,00	9.544,00	20.200,00	23,50
80.200,00	14.291,00	19.000,00	24
99.200,00	18.851,00	21.000,00	24,5
120.200,00	23.996,00	En adelante	25

Artículo 2. *Deducción autonómica por trabajo dependiente.*

Los contribuyentes que perciban rendimientos del trabajo cuyo importe íntegro no supere la cantidad de 12.000 euros anuales tendrán derecho a una deducción de 75 euros sobre la cuota íntegra autonómica, siempre que la suma del resto de los rendimientos netos, ganancias y pérdidas patrimoniales e imputaciones de renta no exceda de 300 euros.

Artículo 3. *Deducción autonómica por partos múltiples.*

1. En el caso de partos múltiples, los contribuyentes tendrán derecho a la aplicación de una deducción de 300 euros por hijo nacido en el período impositivo, siempre que la suma de las bases imponibles general y del ahorro no sea superior a 19.000 euros en caso de tributación individual o a 24.000 euros en caso de tributación conjunta.

2. Solo tendrán derecho a practicar la deducción los padres que convivan con los hijos nacidos. Cuando los hijos nacidos convivan con ambos progenitores el importe de la deducción se prorrateará por partes iguales en la declaración de cada uno de ellos si optaran por tributación individual. Las anteriores circunstancias se entenderán referidas a la fecha de devengo del impuesto.

Artículo 4. *Deducción autonómica por acogimiento de menores.*

Los contribuyentes podrán deducir de la cuota íntegra autonómica la cantidad de 250 euros por cada menor en régimen de acogimiento familiar temporal, permanente o de urgencia, siempre que convivan con el menor 183 días o más durante el período impositivo. Si el tiempo de convivencia durante el período impositivo, incluido el acogimiento familiar que sea de urgencia, fuera inferior a 183 días y superior a 90 días, el importe de la deducción por cada menor acogido será de 125 euros.

En el caso de acogimiento de menores por matrimonio, el importe de la deducción se prorrateará por partes iguales en la declaración de cada uno de ellos, si optaran por la declaración individual.

Si, de acuerdo con el artículo 8 de la Ley 5/2003, de 20 de marzo, de Parejas de Hecho de la Comunidad Autónoma de Extremadura, el acogimiento de menores se realizara por parejas de hecho, el importe de la deducción se prorrateará por partes iguales en la declaración de cada uno de sus miembros.

Artículo 5[3]. *Deducción autonómica por cuidado de familiares con discapacidad.*

1. El contribuyente podrá deducir de la cuota íntegra autonómica 150 euros por cada ascendiente o descendiente con un grado de discapacidad igual o superior al 65% o que esté judicialmente incapacitado o se haya establecido la curatela representativa del contribuyente.

Para que haya lugar a la deducción deberán cumplirse los siguientes requisitos:

a) Que el ascendiente o descendiente con discapacidad conviva de forma ininterrumpida al menos durante la mitad del período impositivo con el contribuyente. Cuando dos o más contribuyentes con el mismo grado de parentesco tengan derecho a la aplicación de esta deducción respecto de una misma persona, su importe se prorrateará entre ellos por partes iguales. Cuando los contribuyentes tengan distinto grado de parentesco respecto de la persona con discapacidad, la aplicación de la deducción corresponderá al de grado más cercano.

b) Que la suma de las bases imponibles general y del ahorro del contribuyente no sea superior a 19.000 euros en tributación individual o a 24.000 euros en caso de tributación conjunta. Existiendo más de un contribuyente que conviva con la persona con discapacidad, y para el caso de que solo uno de ellos reúna el requisito de límite de renta, este podrá aplicarse la deducción completa.

c) Que la renta general y del ahorro del ascendiente o descendiente con discapacidad no sean superiores al doble del indicador público de renta de efectos múltiples (IPREM), incluidas las exentas, ni tenga obligación legal de presentar declaración por el Impuesto sobre el Patrimonio.

d) Que se acredite la convivencia efectiva por los Servicios Sociales de base o por cualquier otro organismo público competente.

---

[3] Nueva redacción del art. 5 dada por la Disp. Final Primera Uno de la Ley 1/2024, de 5 de febrero, de Presupuestos Generales de la Comunidad Autónoma de Extremadura para el año 2024 (DOE núm. 26, de 6 de febrero de 2024), en vigor desde el 1 de enero de 2024.

Redacción anterior: «*Deducción autonómica por cuidado de familiares discapacitados.*

1. El contribuyente podrá deducir de la cuota íntegra autonómica 150 euros por cada ascendiente o descendiente con un grado de discapacidad igual o superior al 65% o que esté judicialmente incapacitado.

Para que haya lugar a la deducción deberán cumplirse los siguientes requisitos:

a) Que el ascendiente o descendiente discapacitado conviva de forma ininterrumpida al menos durante la mitad del período impositivo con el contribuyente. Cuando dos o más contribuyentes con el mismo grado de parentesco tengan derecho a la aplicación de esta deducción respecto de una misma persona, su importe se prorrateará entre ellos por partes iguales. Cuando los contribuyentes tengan distinto grado de parentesco respecto del discapacitado, la aplicación de la deducción corresponderá al de grado más cercano.

b) Que la suma de las bases imponibles general y del ahorro del contribuyente no sea superior a 19.000 euros en tributación individual o a 24.000 euros en caso de tributación conjunta. Existiendo más de un contribuyente que conviva con el discapacitado, y para el caso de que solo uno de ellos reúna el requisito de límite de renta, este podrá aplicarse la deducción completa.

c) Que la renta general y del ahorro del ascendiente o descendiente discapacitado no sean superiores al doble del indicador público de renta de efectos múltiples (IPREM), incluidas las exentas, ni tenga obligación legal de presentar declaración por el Impuesto sobre el Patrimonio.

d) Que se acredite la convivencia efectiva por los Servicios Sociales de base o por cualquier otro organismo público competente.

2. El derecho a la deducción de la cuota íntegra autonómica será de 220 euros para aquel contribuyente, que reuniendo todos y cada uno de los requisitos del apartado anterior, tenga a su cargo a un ascendiente o descendiente discapacitado, que ha sido evaluado por los servicios sociales y se le ha reconocido el derecho a una ayuda a la dependencia, pero que a 31 de diciembre aún no la percibe efectivamente».

2. El derecho a la deducción de la cuota íntegra autonómica será de 220 euros para aquel contribuyente, que reuniendo todos y cada uno de los requisitos del apartado anterior, tenga a su cargo a un ascendiente o descendiente con discapacidad, que ha sido evaluado por los servicios sociales y se le ha reconocido el derecho a una ayuda a la dependencia, pero que a 31 de diciembre aún no la percibe efectivamente.

Artículo 6[4]. *Deducción autonómica por cuidado de hijos menores de hasta 14 años inclusive.*

Los contribuyentes que por motivos de trabajo, por cuenta propia o ajena, tengan que dejar a sus hijos menores de hasta 14 años inclusive al cuidado de una persona empleada del hogar o en guarderías, centros de ocio, campamentos urbanos, centros deportivos, ludotecas o similares, autorizados por la administración autonómica o local competente, podrán deducir de la cuota íntegra autonómica el 10% de las cantidades satisfechas en el período, con el límite máximo de 400 euros por unidad familiar, siempre que concurran los siguientes requisitos:

a) Que en la fecha de devengo del impuesto los hijos tengan 14 o menos años de edad.

b) Que ambos padres realicen una actividad por cuenta propia o ajena por la que estén dados de alta en el régimen correspondiente de la Seguridad Social o mutualidad.

c) Que, en el caso de que la deducción sea aplicable por gastos de una persona empleada del hogar, esta esté dada de alta en el régimen correspondiente de la Seguridad Social.

d) Que en el caso de que la deducción sea aplicable por gastos en guarderías, centros de ocio, campamentos urbanos, centros deportivos, ludotecas o similares, se disponga de la correspondiente factura.

e) Que se tenga derecho a aplicar el mínimo por descendiente regulado en el artículo 58 de la Ley 35/2006, de 28 de noviembre, del Impuesto sobre la Renta de las Personas Físicas y de modificación parcial de las Leyes de los Impuestos sobre Sociedades, sobre la Renta de No Residentes y sobre el Patrimonio por cada uno de los hijos por los que se vaya a aplicar la deducción autonómica.

f) Que la base imponible total a efectos del IRPF no exceda de 28.000 euros en tributación individual o 45.000 euros en tributación conjunta.

Cuando más de un contribuyente tenga derecho a la aplicación de esa deducción con respecto a los mismos descendientes, su importe será prorrateado entre ellos.

Artículo 7. *Deducción autonómica para los contribuyentes viudos.*

1. Los contribuyentes viudos tendrán derecho a aplicar una deducción de 100 euros en la cuota íntegra autonómica, siempre que la suma de las bases imponibles general y del ahorro no sea superior a 19.000 euros en caso de tributación individual y a 24.000 euros en caso de tributación conjunta.

2. El importe de la deducción se eleva a 200 euros si el contribuyente viudo tiene a su cargo uno o más descendientes que, de conformidad con el artículo 58 de la Ley 35/2006, de 28 de noviembre, del Impuesto sobre la Renta de las Personas Físicas y de modificación par-

---

[4]   Nueva redacción del art. 6 dada por el art. 3 del Decreto Ley 11/2020, de 29 de mayo, de medidas urgentes complementarias en materia tributaria para responder al impacto económico del COVID-19 en la Comunidad Autónoma de Extremadura y otras medidas adicionales (DOE núm. 105, de 2 de junio de 2020), de aplicación a los hechos imponibles del IRPF que se devenguen a partir del día 1 de enero de 2020.

cial de las leyes de los Impuestos sobre Sociedades, sobre la Renta de no Residentes y sobre el Patrimonio, computan a efectos de aplicar el mínimo por descendientes.

La deducción de 200 euros podrá aplicarse siempre y cuando los descendientes mantengan los requisitos para computar a efectos de aplicar dicho mínimo y siempre que estos no perciban ningún tipo de renta.

3. No tendrán derecho a la aplicación de esta deducción los contribuyentes que hubieren sido condenados, en virtud de sentencia firme, por delitos de violencia de género contra el cónyuge fallecido.

4. La deducción prevista en este artículo será incompatible para el contribuyente en estado de viudedad con la aplicación de la deducción por trabajo dependiente regulada en el artículo 2 de esta ley.

Artículo 8. *Deducción autonómica por adquisición de vivienda para jóvenes y para víctimas del terrorismo con residencia en la Comunidad Autónoma de Extremadura.*

1. Los contribuyentes podrán deducirse el 3 % de las cantidades satisfechas en el período de que se trate por la adquisición o rehabilitación de una vivienda nueva situada en el territorio de la Comunidad Autónoma de Extremadura, acogida a determinadas modalidades de vivienda de protección pública, que constituya o vaya a constituir la vivienda habitual del contribuyente, con excepción hecha de la parte de las mismas correspondientes a intereses, siempre que cumplan los siguientes requisitos:

a) Que el contribuyente tenga su residencia habitual en la Comunidad Autónoma de Extremadura.

b) Que a la fecha de devengo del impuesto el contribuyente tenga menos de 36 años.

c) Que se trate de su primera vivienda.

d) Que su base imponible total no supere la cuantía de 19.000 euros en tributación individual y 24.000 en el caso de tributación conjunta.

Las modalidades de protección pública citadas en el apartado primero son únicamente las contempladas en el artículo 23 de la Ley 3/2001, de 26 de abril, sobre normas reguladoras de la Calidad, Promoción y Acceso a la Vivienda de Extremadura referidas a viviendas de protección oficial promovidas de forma pública o privada y viviendas de Promoción Pública.

2. Los conceptos de adquisición, rehabilitación, vivienda habitual, base de deducción y su límite máximo, serán los fijados por la normativa estatal vigente a 31 de diciembre de 2012 para la deducción por inversión en vivienda habitual.

3. Será también aplicable conforme a la normativa estatal vigente a 31 de diciembre de 2012 el requisito de la comprobación de la situación patrimonial del contribuyente.

4[5]**.** El porcentaje de deducción será del 5% en caso de adquisición o rehabilitación de vivienda habitual en cualquiera de los municipios o entidades locales menores de Extremadura con población inferior a 3.000 habitantes. No será exigible, en estos casos, que la vivienda objeto de adquisición o rehabilitación se encuentre acogida a alguna de las modalidades de protección pública previstas en el apartado primero.

---

[5] Nueva redacción del art. 8.4 dada por el art. 45.1 de la Ley 5/2022, de 25 de noviembre, de medidas de mejora de los procesos de respuesta administrativa a la ciudadanía y para la prestación útil de los servicios públicos (DOE núm. 229, de 29 de noviembre de 2022), con efectos a los hechos imponibles que se devenguen a partir del día 1 de enero de 2022.

El porcentaje de deducción del 5% será aplicable a las adquisiciones o rehabilitaciones de viviendas en núcleos rurales efectuadas a partir del 1 de enero de 2015.

5. A la misma deducción y con los mismos requisitos establecidos en los párrafos anteriores, sin que ambas puedan simultanearse, tendrán derecho las personas que tengan la condición de víctimas del terrorismo o, en su defecto y por este orden, su cónyuge o pareja de hecho o los hijos que vinieran conviviendo con las mismas, sin que sea de aplicación el límite de edad reflejado en el párrafo segundo del apartado 1 de este artículo.

Artículo 9[6]. *Deducción autonómica por arrendamiento de vivienda habitual.*

1. El contribuyente podrá aplicar sobre la cuota íntegra autonómica del Impuesto sobre la Renta de las Personas Físicas una deducción del 30% de las cantidades satisfechas en el

---

[6] Nueva redacción del art. 9 dada por el art. 1.2 del Decreto Ley 4/2023, de 12 de septiembre, por el que se aprueban medidas urgentes para reducir la carga tributaria soportada por los contribuyentes, se amplían las ayudas al acogimiento familiar, se incrementan las ayudas a los nuevos autónomos y se conceden ayudas directas a los productores de cerezas (DOE núm. 178, e 15 de septiembre de 2023). Disposición final tercera. Entrada en vigor.

«1. El presente Decreto-ley entrará en vigor el mismo día de su publicación en el Diario Oficial de Extremadura, si bien los apartados 1, 2 y 3 del artículo 1, relativos al Impuesto sobre la Renta de las Personas Físicas y al Impuesto sobre el Patrimonio, surtirán efectos desde el 1 de enero de 2023.

2. No obstante, por lo que se refiere al Impuesto sobre la Renta de las Personas Físicas, en los supuestos de fallecimiento que haya tenido lugar antes de la entrada en vigor de este Decreto-ley procederá, en su caso, la aplicación de la normativa vigente hasta ese momento.

3. La derogación del artículo 65 del Texto Refundido de las disposiciones legales en materia de tributos cedidos por el Estado, aprobado por Decreto Legislativo 1/2018, de 10 de abril, entrará en vigor el día uno del mes siguiente al aquel en el que se produzca la publicación del presente Decreto-ley en el Diario Oficial de Extremadura» .

Redacción original: «El contribuyente podrá aplicar sobre la cuota íntegra autonómica del Impuesto sobre la Renta de las Personas Físicas una deducción del 5% de las cantidades satisfechas en el período impositivo en concepto de alquiler de su vivienda habitual, con el límite de 300 euros anuales, siempre y cuando se cumplan los requisitos siguientes:

a) Que concurra en el contribuyente alguna de las siguientes circunstancias:

1ª.) Que tenga en la fecha del devengo del impuesto menos de 36 años cumplidos.

En caso de tributación conjunta, el requisito de la edad deberá cumplirlo, al menos, uno de los cónyuges, o, en su caso, el padre o la madre.

2ª.) Que forme parte de una familia que tenga la consideración legal de numerosa.

3ª.) Que padezca una discapacidad con un grado reconocido igual o superior al 65%, o esté judicialmente incapacitado.

b) Que se trate del arrendamiento de la vivienda habitual del contribuyente, ocupada efectivamente por el mismo y localizada dentro del territorio de la Comunidad Autónoma de Extremadura.

c) Que se haya satisfecho por el arrendamiento y, en su caso, por sus prórrogas el Impuesto sobre Transmisiones Patrimoniales y Actos Jurídicos Documentados.

d) Que se haya constituido el depósito obligatorio en concepto de fianza al que se refiere la Ley de arrendamiento urbanos a favor de la Comunidad Autónoma de Extremadura de conformidad con lo establecido en la Ley 3/2001, de 26 de abril, de la Calidad, Promoción y Acceso a la vivienda de Extremadura.

e) Que el contribuyente no tenga derecho durante el mismo período impositivo a deducción alguna por inversión en vivienda habitual.

f) Que ni el contribuyente ni ninguno de los miembros de su unidad familiar sean titulares del pleno dominio o de un derecho real de uso o disfrute de otra vivienda situada a menos de 75 kilómetros de la vivienda arrendada.

período impositivo en concepto de alquiler de su vivienda habitual, con el límite de 1.000 euros anuales, siempre y cuando se cumplan los requisitos siguientes:

a) Que concurra en el contribuyente, alguna de las siguientes circunstancias:

1.ª) Que tenga en la fecha del devengo del impuesto menos de 36 años cumplidos.

En caso de tributación conjunta, el requisito de la edad deberá cumplirlo, al menos, uno de los cónyuges, o, en su caso, el padre o la madre.

2.ª) Que forme parte de una familia que tenga la consideración legal de numerosa o sea ascendiente separado legalmente, o sin vínculo matrimonial, con dos hijos sin derecho a percibir anualidades por alimentos y por los que tenga derecho a la totalidad del mínimo por descendientes, previsto en el artículo 58 de la Ley 35/2006, de 28 de noviembre, del Impuesto sobre la Renta de las Personas Físicas y de modificación parcial de las leyes de los Impuestos sobre Sociedades, sobre la Renta de no Residentes y sobre el Patrimonio.

3.ª) Que padezca una discapacidad con un grado reconocido igual o superior al 65%, o esté judicialmente incapacitado o se haya establecido la curatela representativa del contribuyente.

b) Que se trate del arrendamiento de la vivienda habitual del contribuyente, ocupada efectivamente por el mismo y localizada dentro del territorio de la Comunidad Autónoma de Extremadura.

c)[7] Que se haya satisfecho por el arrendamiento y, en su caso, por sus prórrogas el Impuesto sobre Transmisiones Patrimoniales y Actos Jurídicos Documentados, o, en su caso, se justifique la exención de dicho impuesto.

d) Que el contribuyente no tenga derecho durante el mismo período impositivo a deducción alguna por inversión en vivienda habitual.

e) Que ni el contribuyente ni ninguno de los miembros de su unidad familiar sean titulares del pleno dominio o de un derecho real de uso o disfrute de otra vivienda situada a menos de 75 kilómetros de la vivienda arrendada.

f) Que la suma de las bases imponibles general y del ahorro no sea superior a 28.000 euros en tributación individual y 45.000 euros en tributación conjunta.

2. El porcentaje de deducción será también del 30% con el límite de 1.500 euros, en caso de alquiler de vivienda habitual en el medio rural.

A efectos de esta ley tendrá la consideración de vivienda en el medio rural aquella que se encuentre en municipios y entidades locales menores de Extremadura con población inferior a 3.000 habitantes.

---

g) Que la suma de las bases imponibles general y del ahorro no sea superior a 19.000 euros en tributación individual o a 24.000 euros en caso de tributación conjunta.

2. El porcentaje de deducción será del 10% con el límite de 400 euros en caso de alquiler de vivienda habitual en el medio rural.

A efectos de esta ley tendrá la consideración de vivienda en el medio rural aquella que se encuentre en municipios y entidades locales menores inferior a 3.000 habitantes.

3. Cuando dos o más contribuyentes tengan derecho a la aplicación de esta deducción respecto de los mismos bienes para un mismo período impositivo, su importe se prorrateará entre ellos por partes iguales».

[7] Nueva redacción de la letra c) del art. 9.1 dada por la Disp. Final Primera Dos de la Ley 1/2024, de 5 de febrero, de Presupuestos Generales de la Comunidad Autónoma de Extremadura para el año 2024 (DOE núm. 26, de 6 de febrero de 2024), en vigor desde el 1 de enero de 2024.

Redacción anterior: «c) Que se haya satisfecho por el arrendamiento y, en su caso, por sus prórrogas el Impuesto sobre Transmisiones Patrimoniales y Actos Jurídicos Documentados».

3. Cuando dos o más contribuyentes tengan derecho a la aplicación de esta deducción respecto de los mismos bienes para un mismo período impositivo, su importe se prorrateará entre ellos por partes iguales.

Artículo 9 bis[8]. *Deducción autonómica para arrendadores de viviendas vacías.*

1. Los propietarios o usufructuarios que arrienden viviendas que hayan estado en desuso, podrán aplicar una deducción en la cuota íntegra autonómica del 100% del rendimiento neto reducido obtenido por dichos arrendamientos, con un máximo de 1200 euros por contribuyente, siempre que concurran los siguientes requisitos:

a) Que la vivienda arrendada esté situada en Extremadura.

b) Que haya estado vacía y en desuso durante al menos un año antes de la formalización del contrato y se destine a ser la vivienda habitual del arrendatario.

A estos efectos se entenderá que la vivienda ha estado vacía y en desuso cuando haya generado imputaciones de renta inmobiliaria en los términos establecidos en el artículo 85 de la Ley 35/2006, de 28 de noviembre, del Impuesto sobre la Renta de las Personas Físicas y de modificación parcial de las leyes de los Impuestos sobre Sociedades, sobre la Renta de no Residentes y sobre el Patrimonio.

El concepto de vivienda habitual se ajustará a lo previsto en la disposición adicional vigesimotercera de la citada Ley 35/2006, de 28 de noviembre.

c) Que la duración del contrato de arrendamiento sea igual o superior a tres años.

d) Que no se tenga la propiedad o el usufructo sobre más de tres viviendas, excluidas plazas de garaje y trasteros, cualquiera que sea el porcentaje de titularidad.

e) Que declaren en el impuesto sobre la renta de las personas físicas el rendimiento derivado del arrendamiento como rendimientos del capital inmobiliario.

2. Los requisitos señalados deberán cumplirse en el momento de celebrar el contrato de arrendamiento siendo la deducción aplicable mientras éstos se sigan cumpliendo.

No obstante, si el contrato de arrendamiento se formalizó por una duración de tres o más años y posteriormente se produce el fallecimiento del arrendatario antes de que transcurra dicho plazo o concurre alguno de los supuestos previstos en la normativa del Impuesto sobre la Renta de las Personas Físicas que no determinen la pérdida de la condición de vivienda habitual, no se entenderá incumplido el requisito de la letra c) del apartado anterior.

3. En caso de incumplimiento de los requisitos establecidos, el contribuyente deberá proceder a la regularización de las deducciones previamente practicadas en los términos establecidos en la normativa vigente del Impuesto sobre la Renta de las Personas Físicas.

---

[8]   Nueva redacción del art. 9 bis dada por el art. 1.Uno de la Ley 1/2025, de 3 de abril, de medidas fiscales urgentes en materia tributaria (DOE núm. 67, de 7 de abril de 2025), con efectos desde el 1 de enero de 2025.
Redacción anterior dada por el art. Único Uno del Decreto-Ley 1/2025, de 23 de enero, de medidas fiscales urgentes en materia tributaria (DOE núm. 18, de 28 de enero de 2025), con efectos desde el 1 de enero de 2025.
Redacción anterior dada por el art. 1.Uno del Decreto-Ley 2/2024, de 22 de octubre, de medidas fiscales urgentes para impulsar el acceso a la vivienda en Extremadura (DOE núm. 209, de 25 de octubre de 2024), con efectos desde el 1 de enero de 2024, pero dejo de tener efectos por Resolución de 22 de noviembre de 2024, de la Presidencia de la Asamblea de Extremadura, por la que se ordena la publicación de la no convalidación del Decreto-ley 2/2024, de 22 de octubre, de medidas fiscales urgentes para impulsar el acceso a la vivienda en Extremadura (DOE núm. 230, de 26 de noviembre de 2024).

4. El importe de la deducción se calculará sobre los rendimientos netos reducidos obtenidos por el arrendamiento y declarados por el contribuyente en su autoliquidación no siendo aplicable si se iniciara un procedimiento de verificación de datos, de comprobación limitada o de inspección que tuviera por objeto la comprobación de los rendimientos de capital inmobiliario o de la deducción que terminara con su regularización.

Artículo 9 ter[9]. *Deducción autonómica por inversiones en la rehabilitación de viviendas en zonas rurales para ser destinadas a su alquiler.*

1. Los contribuyentes podrán deducirse de la cuota íntegra autonómica el 15% de las cantidades que durante el periodo impositivo hayan sido invertidas en actuaciones de rehabilitación de viviendas para ser destinadas a su alquiler, siempre y cuando se cumplan los siguientes requisitos:

a) Que no se dediquen a la promoción inmobiliaria ni al arrendamiento de viviendas en los términos del artículo 27 de la Ley 35/2006, de 28 de noviembre, del Impuesto sobre la Renta de las Personas Físicas y de modificación parcial de las leyes de los Impuestos sobre Sociedades, sobre la Renta de no Residentes y sobre el Patrimonio, siendo la rehabilitación o el alquiler objeto de su actividad.

b) Que la vivienda esté situada en alguno de los municipios y entidades locales menores en los que la población de derecho a 31 de diciembre del ejercicio del devengo sea inferior a 3.000 habitantes, así como en núcleos de población diferenciados que formen parte del Censo que se apruebe por la Comunidad Autónoma de Extremadura a efectos de beneficios fiscales.

c) Que el inmueble sea destinado a ser la vivienda habitual del arrendatario.

d) Que durante los cinco años siguientes a la realización de las actuaciones de rehabilitación la vivienda se encuentre arrendada a personas distintas del cónyuge, ascendientes, descendientes o familiares hasta el tercer grado de parentesco del propietario de la vivienda, sin perjuicio de lo previsto en la letra siguiente.

Tendrán la consideración de obras de rehabilitación las que se ajusten a lo establecido en el artículo 20.Uno.22º de la Ley 37/1992, de 28 de diciembre, del Impuesto sobre el Valor Añadido.

e) Si durante los cinco años previstos en la letra anterior se produjeran periodos en los que la vivienda no estuviera efectivamente arrendada por causas no imputables al arrendador, pero se encuentre ofertada para el alquiler, la deducción prevista en este artículo se calculará de forma proporcional al número de días del periodo impositivo en el que se cumplan los requisitos señalados anteriormente.

---

[9] Nueva redacción del art. 9 ter dada por el art. 1.Uno de la Ley 1/2025, de 3 de abril, de medidas fiscales urgentes en materia tributaria (DOE núm. 67, de 7 de abril de 2025), con efectos desde el 1 de enero de 2025.
Redacción anterior dada por el art. Único Uno del Decreto-Ley 1/2025, de 23 de enero, de medidas fiscales urgentes en materia tributaria (DOE núm. 18, de 28 de enero de 2025), con efectos desde el 1 de enero de 2025.
Redacción anterior dada por el art. 1.Uno del Decreto-Ley 2/2024, de 22 de octubre, de medidas fiscales urgentes para impulsar el acceso a la vivienda en Extremadura (DOE núm. 209, de 25 de octubre de 2024), con efectos desde el 1 de enero de 2024, pero dejo de tener efectos por Resolución de 22 de noviembre de 2024, de la Presidencia de la Asamblea de Extremadura, por la que se ordena la publicación de la no convalidación del Decreto-ley 2/2024, de 22 de octubre, de medidas fiscales urgentes para impulsar el acceso a la vivienda en Extremadura (DOE núm. 230, de 26 de noviembre de 2024).

A estos efectos se entenderá que la vivienda ha estado ofertada para el alquiler siempre que, durante dicho periodo, haya estado desocupada y disponible para su arrendamiento, se haya anunciado para su alquiler como vivienda habitual en uno o varios portales inmobiliarios de internet o en una o varias agencias inmobiliarias, pudiendo acreditar tanto el anuncio como las condiciones en que se ofertó, a requerimiento de la Administración tributaria, y sin que el precio o la renta anual ofertada pueda exceder del 30% de la renta media de los hogares del municipio en el que radique según los últimos datos publicados por el INe a la fecha del devengo.

2. La base de esta deducción estará constituida por las cantidades satisfechas para la rehabilitación de la vivienda y, en el caso de financiación ajena, la amortización, los intereses, el coste de los instrumentos de cobertura del riesgo de tipo de interés variable de los préstamos hipotecarios regulados en el artículo decimonoveno de la Ley 36/2003, de 11 de noviembre, de Medidas de Reforma Económica, y demás gastos derivados de la misma. En caso de aplicación de los citados instrumentos de cobertura, los intereses satisfechos por el contribuyente se minorarán en las cantidades obtenidas por la aplicación del citado instrumento.

La base máxima total de la deducción, por contribuyente y vivienda rehabilitada, será de 180.000 euros, o el importe de la rehabilitación de la vivienda que da origen a la deducción si este fuera menor. La base máxima aplicable en cada ejercicio, por declaración, será de 9.040 euros.

En el caso de que se hubiera reconocido el derecho a percibir alguna subvención o ayuda pública relacionada con la rehabilitación, el importe de la ayuda no formará parte de la base de deducción.

3. En caso de incumplimiento de los requisitos establecidos, el contribuyente deberá proceder a la regularización de las deducciones previamente practicadas en los términos establecidos en la normativa vigente del Impuesto sobre la Renta de las Personas Físicas.

4. Cuando dos o más contribuyentes tengan derecho a la aplicación de esta deducción respecto a una misma vivienda y para un mismo periodo impositivo, el coste de la rehabilitación se prorrateará entre ellos según el porcentaje de titularidad, salvo acreditación de un reparto distinto de dicho coste.

Artículo 9 quater[10] *Censo de núcleos de población diferenciados.*

1. A efectos del reconocimiento del beneficio fiscal establecido en el artículo 9 ter, se crea el Censo de núcleos de población que no son municipios ni entidades locales menores y que pertenecen a un municipio de más de 3.000 habitantes y sus diseminados, que se incluye como Anexo de la norma.

2. El Censo podrá ser objeto de modificación y actualización por resolución de la Consejería competente en materia de reto demográfico teniendo en cuenta los criterios indicados en el siguiente apartado.

3. A los efectos de este Censo, se considera núcleo de población a un conjunto de, al menos, diez edificaciones que están formando calles, plazas y otras vías urbanas. Por excep-

---

[10]   Nueva redacción del art. 9 quater dada por el art. 1.Uno de la Ley 1/2025, de 3 de abril, de medidas fiscales urgentes en materia tributaria (DOE núm. 67, de 7 de abril de 2025), con efectos desde el 1 de enero de 2025.
     Redacción anterior dada por el art. Único Uno del Decreto-Ley 1/2025, de 23 de enero, de medidas fiscales urgentes en materia tributaria (DOE núm. 18, de 28 de enero de 2025), con efectos desde el 1 de enero de 2025.

ción, el número de edificaciones puede ser inferior a 10, siempre que la población que habite las mismas supere los 50 habitantes. Para la formación del Censo no se tienen en cuenta los núcleos identificados con categorías de suelos y tipologías netamente urbanísticas, como parcelaciones y segundas residencias. También se descarta el poblamiento diseminado.

4. La equiparación a estos efectos entre municipios, entidades locales menores y núcleos de población diferenciados incluidos en el Censo implica que para la aplicación de este incentivo sean exigidas las mismas condiciones legalmente previstas.

Artículo 10. *Deducción autonómica por la compra de material escolar.*

Los contribuyentes que tengan a su cargo hijos o descendientes en edad escolar obligatoria tendrán derecho a aplicar una deducción de 15 euros en la cuota íntegra autonómica por la compra de material escolar, siempre que las sumas de las bases imponibles general y del ahorro no sea superior a 19.000 euros en caso de tributación individual o a 24.000 euros en caso de tributación conjunta.

Se podrá aplicar la deducción por cada hijo o descendiente por los que tengan derecho al mínimo por descendientes regulado en el artículo 58 de la Ley 35/2006, de 28 de noviembre, del Impuesto sobre la Renta de las Personas Físicas y de modificación parcial de las Leyes de los Impuestos sobre Sociedades, sobre la Renta de No Residentes y sobre el Patrimonio.

Solo tendrán derecho a practicar la deducción los padres o ascendientes que convivan con sus hijos o descendientes escolarizados. Cuando un hijo o descendiente conviva con ambos padres o ascendientes el importe de la deducción se prorrateará por partes iguales en la declaración de cada uno de ellos, en el caso de que optaran por tributación individual.

Artículo 11. *Deducción autonómica por inversión en la adquisición de acciones y participaciones sociales como consecuencia de acuerdos de constitución de sociedades o ampliación de capital en las sociedades mercantiles.*

1. Los contribuyentes podrán aplicar una deducción en la cuota íntegra autonómica del Impuesto sobre la Renta de las Personas Físicas del 20 % de las cantidades invertidas durante el ejercicio en la adquisición de acciones o participaciones sociales como consecuencia de acuerdos de constitución de sociedades o de ampliación de capital en las sociedades mercantiles que revistan la forma de Sociedad Anónima, Sociedad de Responsabilidad Limitada, Sociedad Anónima Laboral, Sociedad de Responsabilidad Limitada Laboral o Sociedad Cooperativa.

El límite de deducción aplicable será de 4.000 euros anuales.

2. Para la aplicación de la deducción deberán cumplirse los siguientes requisitos:

a) Que como consecuencia de la participación adquirida por el contribuyente, computada junto con la que posean de la misma entidad su cónyuge o personas unidas al contribuyente por razón de parentesco, en línea recta o colateral, por consanguinidad o afinidad hasta el tercer grado incluido, no se llegue a poseer durante ningún día del año natural más del 40 % del total del capital social de la entidad o de sus derechos de voto.

b) Las participaciones adquiridas deben mantenerse en el patrimonio del contribuyente durante un período mínimo de tres años, siguientes a la constitución o ampliación, y este no debe ejercer funciones ejecutivas ni de dirección en la entidad.

c) Que la entidad de la que se adquieran las acciones o participaciones cumpla los siguientes requisitos:

1º. Que tenga su domicilio social y fiscal en la Comunidad Autónoma de Extremadura.

2º. Que desarrolle una actividad económica. A estos efectos no se considerará que desarrolla una actividad económica cuando tenga por actividad principal la gestión de un patrimonio mobiliario o inmobiliario, de acuerdo con lo establecido en el artículo 4. Ocho Dos. a) de la Ley 19/1991, de 6 de junio, del Impuesto sobre el Patrimonio.

3º. Que, para el caso en que la inversión efectuada corresponda a la constitución de la entidad, desde el primer ejercicio fiscal ésta cuente al menos con una persona con contrato laboral a jornada completa o con dos personas con contrato laboral a tiempo parcial, siempre que el cómputo total de horas en el supuesto de contrato laboral a tiempo parcial sea igual o superior al establecido para una persona con contrato laboral a jornada completa. En cualquier caso, los trabajadores deberán estar dados de alta en el Régimen correspondiente de la Seguridad Social y las condiciones del contrato deberán mantenerse durante al menos 24 meses.

4º. Que, para el caso en que la inversión efectuada corresponda a una ampliación de capital de la entidad, dicha entidad hubiera sido constituida dentro de los tres años anteriores a la ampliación de capital y la plantilla media de la entidad durante los dos ejercicios fiscales posteriores al de la ampliación se incremente respecto de la plantilla media que tuviera en los doce meses anteriores al menos en una persona con los requisitos del párrafo 3.º anterior, y dicho incremento se mantenga durante al menos otros veinticuatro meses.

Para el cálculo de la plantilla media total de la entidad y de su incremento se computará el número de personas empleadas, en los términos que disponga la legislación laboral, teniendo en cuenta la jornada contratada en relación con la jornada completa.

d) Las operaciones en las que sea aplicable la deducción deben formalizarse en escritura pública, en la que se debe especificar la identidad de los inversores y el importe de la inversión respectiva.

3. El incumplimiento de los requisitos y de las condiciones establecidas conlleva la pérdida del beneficio fiscal, y el contribuyente debe incluir en la declaración del impuesto correspondiente al ejercicio en el que se produjo el incumplimiento la parte del impuesto que se dejó de pagar como consecuencia de la deducción practicada junto con los intereses de demora devengados.

Artículo 11 bis[11] ***Deducción por adquisición o rehabilitación de la vivienda habitual en zonas rurales.***

1. Los contribuyentes podrán deducirse de la cuota íntegra autonómica el 10 por ciento de las cantidades que durante el período impositivo satisfagan por la adquisición o rehabilitación de la vivienda que constituya o vaya a constituir su residencia habitual, siempre que se cumplan, simultáneamente, los siguientes requisitos:

a) Que la vivienda esté situada en alguno de los municipios y entidades locales menores de Extremadura en los que la población de derecho a 31 de diciembre sea inferior a 3.000 habitantes.

---

[11]   Nuevo artículo 11.bis incorporado por la Disposición final segunda.Uno de la Ley 3/2022, de 17 de marzo, de medidas ante el reto demográfico y territorial de Extremadura (DOE núm. 55, de 21 de marzo de 2022), de aplicación a los hechos imponibles que se devenguen a partir del día 1 de enero de 2022.

b) Que la adquisición o rehabilitación de la vivienda se haya producido a partir de la fecha de entrada en vigor de la ley de Medidas ante el reto demográfico y territorial de Extremadura.

2. La base de esta deducción estará constituida por las cantidades satisfechas para la adquisición o rehabilitación de la vivienda, incluidos los gastos originados que hayan corrido a cargo del adquirente y, en el caso de financiación ajena, la amortización, los intereses, el coste de los instrumentos de cobertura del riesgo de tipo de interés variable de los préstamos hipotecarios regulados en el artículo decimonoveno de la Ley 36/2003, de 11 de noviembre, de Medidas de Reforma Económica, y demás gastos derivados de la misma. En caso de aplicación de los citados instrumentos de cobertura, los intereses satisfechos por el contribuyente se minorarán en las cantidades obtenidas por la aplicación del citado instrumento.

La base máxima total de la deducción será de 180.000 euros, o el importe de adquisición o rehabilitación de la vivienda que da origen a la deducción si este fuera menor, minorado por los importes recibidos de la Junta de Extremadura en concepto de subvenciones por la adquisición o rehabilitación de la vivienda. A su vez, la base máxima a aplicar en cada ejercicio será de 9.040 euros.

3. Cuando se adquiera una vivienda habitual habiendo disfrutado ya de la deducción prevista en este artículo, la base máxima de la deducción se minorará en las cantidades invertidas en la adquisición de las viviendas anteriores, en tanto hubieran sido objeto de desgravación. Cuando con ocasión de la enajenación de una vivienda habitual por la que se hubiera practicado la deducción prevista en este artículo se genere una ganancia patrimonial exenta por reinversión, la base de deducción por la adquisición o rehabilitación de la nueva vivienda se minorará en el importe de la ganancia patrimonial a la que se aplique la exención por reinversión. En este caso, no se podrá practicar deducción por la adquisición de la nueva mientras las cantidades invertidas en la misma no superen tanto el precio de la anterior, en la medida en que haya sido objeto de deducción, como la ganancia patrimonial exenta por reinversión.

4. En los supuestos de nulidad matrimonial, divorcio o separación judicial, el contribuyente podrá seguir practicando esta deducción, en los términos previstos en la normativa estatal del Impuesto sobre la Renta de las Personas Físicas, por las cantidades satisfechas en el período impositivo para la adquisición de la que fue durante la vigencia del matrimonio su vivienda habitual, siempre que continúe teniendo esta condición para los hijos comunes y el progenitor en cuya compañía queden.

5. La aplicación de esta deducción requerirá que el importe comprobado del patrimonio del contribuyente al finalizar el período de la imposición exceda del valor que arrojase su comprobación al comienzo del mismo al menos en la cuantía de las inversiones realizadas, sin computar los intereses y demás gastos de financiación. A estos efectos, no se computarán los incrementos o disminuciones de valor experimentados durante el período impositivo por los elementos patrimoniales que al final del mismo sigan formando parte del patrimonio del contribuyente.

6. Para la aplicación de la deducción prevista en este artículo se tendrán en cuenta los siguientes conceptos:

a) Con carácter general se considera vivienda habitual del contribuyente la edificación que constituya su residencia durante un plazo continuado de, al menos, tres años. No obstante, se entenderá que la vivienda tuvo el carácter de habitual cuando, a pesar de no haber transcurrido dicho plazo, se produzca el fallecimiento del contribuyente o concurran otras circunstancias que necesariamente exijan el cambio de domicilio, tales como celebración de matrimonio, separación matrimonial, traslado laboral, obtención del primer empleo, o cambio de empleo, u otras análogas justificadas. Para que la vivienda constituya la residencia habitual del contribuyente deberá ser habitada de manera efectiva y con carácter permanente por éste, en un plazo de doce meses, contados a partir de la fecha de adquisición o terminación de las obras. No obstante, se entenderá que la vivienda no pierde el carácter de habitual cuando se produzca el fallecimiento del contribuyente o concurran otras circunstancias que necesariamente impidan la ocupación de la vivienda, en los términos previstos en el párrafo anterior. Cuando sean de aplicación las excepciones previstas en los dos párrafos anteriores, la deducción por adquisición de vivienda se practicará hasta el momento en que se den las circunstancias que necesariamente exijan el cambio de vivienda o impidan la ocupación de la misma.

b) Se entenderá por adquisición de vivienda habitual, la adquisición en sentido jurídico del derecho de propiedad o pleno dominio de la misma, aunque éste sea compartido, siendo indiferente el negocio jurídico que la origine.

Se asimilan a la adquisición de vivienda la construcción o ampliación de la misma, en los siguientes términos: Ampliación de vivienda: cuando se produzca el aumento de su superficie habitable, mediante cerramiento de parte descubierta o por cualquier otro medio, de forma permanente y durante todas las épocas del año. Construcción: cuando el contribuyente satisfaga directamente los gastos derivados de la ejecución de las obras, o entregue cantidades a cuenta al promotor de aquéllas, siempre que finalicen en un plazo no superior a cuatro años desde el inicio de la inversión.

c) Se considerarán obras de rehabilitación de la vivienda habitual aquellas que tengan por objeto principal la reconstrucción de la vivienda mediante la consolidación y el tratamiento de las estructuras, fachadas o cubiertas y otras análogas siempre que el coste global de las operaciones de rehabilitación exceda del 25 por ciento del precio de adquisición si se hubiese efectuado ésta durante los dos años inmediatamente anteriores al inicio de las obras de rehabilitación o, en otro caso, del valor de mercado que tuviera la vivienda en el momento de dicho inicio. A estos efectos, se descontará del precio de adquisición o del valor de mercado de la vivienda la parte proporcional correspondiente al suelo.

Artículo 11 ter[12] *Deducción en la cuota íntegra autonómica para los contribuyentes con residencia habitual en municipios y entidades locales menores de Extremadura con población inferior a 3.000 habitantes.*

1. Los contribuyentes con residencia habitual en Extremadura podrán deducirse de la cuota íntegra autonómica el 15% de su importe si residen en municipios y entidades locales menores con población inferior a 3.000 habitantes.

2. Tendrán derecho a la aplicación de esta deducción los contribuyentes cuyas sumas de la base imponible general y del ahorro no superen los 28.000 euros en tributación individual y 45.000 euros en tributación conjunta.

---

[12]　Nuevo artículo 11.ter incorporado por la Disposición final segunda.Dos de la Ley 3/2022, de 17 de marzo, de medidas ante el reto demográfico y territorial de Extremadura (DOE núm. 55, de 21 de marzo de 2022), de aplicación a los hechos imponibles que se devenguen a partir del día 1 de enero de 2022.

Artículo 11 quater[13]. *Deducción autonómica por intereses de financiación ajena para la inversión en vivienda habitual para jóvenes.*

1. Los contribuyentes podrán deducirse el 25% de los intereses satisfechos durante el período impositivo por préstamos hipotecarios obtenidos para financiar la adquisición de su vivienda habitual, con una base de deducción máxima de 1.000,00 euros anuales, siempre que se cumplan los siguientes requisitos:

a) Que el contribuyente tenga su residencia habitual en la Comunidad Autónoma de Extremadura.

b) Que a la fecha de devengo del impuesto el contribuyente tenga menos de 36 años.

c) Que se trate de su primera vivienda.

d) Que la suma de las bases imponibles general y del ahorro no supere los 28.000 euros en tributación individual y 45.000 euros en tributación conjunta.

2. El concepto de adquisición será el fijado por la normativa estatal vigente a 31 de diciembre de 2012 para la deducción por inversión en vivienda habitual.

3. Será también aplicable conforme a la normativa estatal vigente a 31 de diciembre de 2012 el requisito de la comprobación de la situación patrimonial del contribuyente.

4. Mediante Ley de Presupuestos Generales de la Comunidad Autónoma de Extremadura esta deducción podrá modificarse o suprimirse.

Artículo 11 Quinquies[14]. *Deducción en la cuota íntegra autonómica por donaciones de dinero a entidades culturales, artísticas y para patrocinio a deportistas.*

1. Los contribuyentes con residencia habitual en Extremadura podrán aplicar en la cuota íntegra autonómica una deducción del 20 por 100 de las cantidades donadas durante el ejercicio a entidades con domicilio fiscal en Extremadura que desarrollen en el territorio de la Comunidad Autónoma alguna de las siguientes actividades:

a) La cinematografía, las artes audiovisuales y las artes multimedia.

b) Las artes escénicas, la música, la danza, el teatro y el circo.

c) Las artes plásticas o bellas artes, la fotografía y el diseño.

d) Ediciones literarias, fonográficas y cinematográficas, en cualquier soporte o formato.

e) Las relacionadas con la investigación, documentación, conservación, restauración, recuperación, difusión y promoción del patrimonio cultural material e inmaterial de Extremadura.

f) El folclore y las tradiciones populares, especialmente la música popular y las danzas tradicionales.

g) Las artes aplicadas como la orfebrería y cerámica artesanal.

---

[13] Nuevo artículo 11. quater incorporado por el art. 45.3 de la Ley 5/2022, de 25 de noviembre, de medidas de mejora de los procesos de respuesta administrativa a la ciudadanía y para la prestación útil de los servicios públicos (DOE núm. 229, de 29 de noviembre de 2022), con efectos a los hechos imponibles que se devenguen a partir del día 1 de enero de 2022.

[14] Nueva redacción del art. 11 quinquies dada por el art. 1.Uno de la Ley 1/2025, de 3 de abril, de medidas fiscales urgentes en materia tributaria (DOE núm. 67, de 7 de abril de 2025), con efectos desde el 1 de enero de 2025.

Redacción anterior dada por el art. Único Uno del Decreto-Ley 1/2025, de 23 de enero, de medidas fiscales urgentes en materia tributaria (DOE núm. 18, de 28 de enero de 2025), con efectos desde el 1 de enero de 2025.

2. También podrán deducir de la cuota íntegra autonómica el 20 por 100 de las cantidades donadas durante el ejercicio con la finalidad de patrocinar a deportistas con domicilio fiscal en Extremadura que se dediquen voluntariamente y de manera habitual a la práctica deportiva de acuerdo con lo establecido en el apartado segundo del artículo 21 de la Ley 39/2022, de 30 de diciembre, del Deporte, o norma que la sustituya.

3. El importe máximo de las deducciones no podrá superar los 500 euros anuales por contribuyente.

4. Las donaciones deberán ser puras, simples e irrevocables, formalizarse por escrito y dejar constancia expresa de tal carácter en el documento que recoja la donación.

5. No dará derecho a la deducción prevista en este artículo las donaciones realizadas por quien tenga la condición de socio, asociado o partícipe de la entidad beneficiaria, o por el cónyuge, pareja de hecho, ascendiente o descendiente de cualquiera de ellos, siempre que tengan una cuota de participación en el capital igual o superior al 50%, ya sea computada de manera individual o conjunta con su cónyuge, ascendiente o descendiente.

Tampoco dará derecho a la deducción las donaciones realizadas a los deportistas contemplados en el artículo 21.2 de la Ley 39/2022, de 30 de diciembre, del Deporte, cuando se efectúen por quien tenga la condición de cónyuge, pareja de hecho, ascendiente o descendiente del beneficiario.

6. Las entidades donatarias a las que se refiere el apartado 1 deberán comunicar a la Consejería competente en materia de Hacienda las donaciones percibidas en cada año natural, facilitando el código CNAE de la actividad desarrollada que da derecho a la deducción, así como el nombre, apellidos, número de identificación fiscal de los donantes y el importe donado por cada uno de ellos.

Esta comunicación se efectuará en el mes de enero de cada año a través de la Sede Electrónica de la Junta de Extremadura y se referirá a las donaciones percibidas en el año inmediato anterior.

Artículo 11 Sexies[15]. *Deducción autonómica para contribuyentes que trasladen su residencia habitual a Extremadura.*

1. Los contribuyentes que trasladen su residencia habitual a Extremadura y la mantengan de manera continuada durante al menos tres años desde que se produzca el cambio, podrán deducirse el 50% de la cuota íntegra autonómica en el periodo impositivo en el que se produzca el traslado y en los dos ejercicios siguientes.

A estos efectos, se entenderá que se produce el traslado de la residencia habitual cuando el contribuyente pase a tener su residencia habitual en Extremadura en los términos previstos en el artículo 72 de la Ley 35/2006, de 28 de noviembre, del Impuesto sobre la Renta de las Personas Físicas y de modificación parcial de las leyes de los Impuestos sobre Sociedades, sobre la Renta de no Residentes y sobre el Patrimonio, o norma que la sustituya.

---

[15] Nueva redacción del art. 11 sexies dada por el art. 1.Uno de la Ley 1/2025, de 3 de abril, de medidas fiscales urgentes en materia tributaria (DOE núm. 67, de 7 de abril de 2025), con efectos desde el 1 de enero de 2025.

Redacción anterior dada por el art. Único Uno del Decreto-Ley 1/2025, de 23 de enero, de medidas fiscales urgentes en materia tributaria (DOE núm. 18, de 28 de enero de 2025), con efectos desde el 1 de enero de 2025.

En caso de tributación conjunta, cuando los contribuyentes integrados en una unidad familiar tuvieran su residencia habitual en Comunidades Autónomas distintas, podrán aplicarse esta deducción siempre que se traslade a Extremadura el miembro de dicha unidad familiar con mayor base liquidable de acuerdo con las reglas de individualización de impuesto.

2. Con el cumplimiento de los requisitos previstos en el apartado anterior, la deducción se elevará al 75% de la cuota íntegra autonómica en el caso de contribuyentes que tengan menos de 36 años a la fecha del devengo.

En el caso de tributación conjunta, el requisito de edad deberá cumplirlo el contribuyente que traslade la residencia a Extremadura.

3. En caso de incumplimiento de los requisitos establecidos, el contribuyente deberá proceder a la regularización de las deducciones previamente practicadas en los términos establecidos en la normativa vigente del Impuesto sobre la Renta de las Personas Físicas.

Artículo 11 Septies[16]. *Deducción por la obtención de ayudas o subvenciones otorgadas por la Comunidad Autónoma de Extremadura a las personas con enfermedad de Esclerosis Lateral Amiotrófica.*

Los contribuyentes que hubiesen integrado en la base imponible general el importe correspondiente a una subvención o cualquier otra ayuda pública otorgada por la Comunidad Autónoma de Extremadura a enfermos de Esclerosis Lateral Amiotrófica, podrán deducirse de la cuota íntegra el importe que resulte de aplicar los tipos medios de gravamen a la cuantía de la subvención o ayuda que se integre en la base liquidable.

Artículo 11 Octies[17]. *Deducción destinada a los enfermos de Esclerosis Lateral Amiotrófica y sus familiares.*

1. Los contribuyentes que hayan sido diagnosticados con esclerosis lateral amiotrófica podrán deducirse 2.000 euros de la cuota íntegra autonómica.

2. También podrán aplicar esta misma deducción los contribuyentes:

a) cuyo cónyuge o pareja de hecho, siempre que convivan con él o estén a su cargo, haya sido diagnosticado con esta enfermedad;

b) cuyo descendiente o ascendiente, que dé derecho a la aplicación del mínimo por descendiente o ascendiente, haya sido diagnosticado con esta enfermedad.

3. Cuando sean varios los contribuyentes con derecho a la deducción respecto de una misma persona, su importe se prorrateará entre ellos por partes iguales.

---

[16]   Nueva redacción del art. 11 septies dada por el art. 1.Uno de la Ley 1/2025, de 3 de abril, de medidas fiscales urgentes en materia tributaria (DOE núm. 67, de 7 de abril de 2025), con efectos desde el 1 de enero de 2025.
    Redacción anterior dada por el art. Único Uno del Decreto-Ley 1/2025, de 23 de enero, de medidas fiscales urgentes en materia tributaria (DOE núm. 18, de 28 de enero de 2025), con efectos desde el 1 de enero de 2025.

[17]   Nueva redacción art. 11 octies dada por el art. 1.Uno de la Ley 1/2025, de 3 de abril, de medidas fiscales urgentes en materia tributaria (DOE núm. 67, de 7 de abril de 2025), con efectos desde el 1 de enero de 2025.
    Redacción anterior dada por el art. Único Uno del Decreto-Ley 1/2025, de 23 de enero, de medidas fiscales urgentes en materia tributaria (DOE núm. 18, de 28 de enero de 2025), con efectos desde el 1 de enero de 2025.

Artículo 12[18]. *Incompatibilidades e importe máximo de las deducciones.*

1. La aplicación de las deducciones previstas en los artículos 8 y 11 quater anteriores no podrá simultanearse con la regulada en el artículo 11 bis de esta Ley.

2. Una vez aplicadas las deducciones recogidas en los artículos anteriores y las establecidas por la normativa del Estado que procedan, la parte autonómica de la cuota líquida no podrá ser negativa.

Si la suma de las deducciones arrojara una cantidad superior a la parte autonómica de la cuota líquida, ésa última será igual a cero.

Artículo 12 bis[19] *Límites en la base imponible para la aplicación de determinadas deducciones autonómicas para los contribuyentes con residencia habitual en municipios y entidades locales menores de Extremadura con población inferior a 3.000 habitantes.*

En los supuestos contemplados en los artículos 3, 5, 6, 7, 8, 9 y 10 de esta Ley, las bases imponibles general y del ahorro para los contribuyentes con residencia habitual en municipios y entidades locales menores con una población inferior a 3.000 habitantes, no podrán superar los 28.000 euros en tributación individual y 45.000 euros en tributación conjunta.

No existirá ningún límite para los contribuyentes indicados en el párrafo anterior:

a) que formen parte de una familia que tenga la consideración legal de numerosa, o

b) que sea ascendiente separado legalmente, o sin vínculo matrimonial, con dos hijos sin derecho a percibir anualidades por alimentos y por los que tenga derecho a la totalidad del mínimo por descendientes, previsto en el artículo 58 de la Ley 35/2006, de 28 de noviembre, del Impuesto sobre la Renta de las Personas Físicas y de modificación parcial de las leyes de los Impuestos sobre Sociedades, sobre la Renta de no Residentes y sobre el Patrimonio.

Artículo 13. *Aplicación de las deducciones.*

1. A los efectos de la aplicación de esta ley:

a) El concepto de familia numerosa es el establecido en la Ley 40/2003, de 18 de noviembre, de Protección a las Familias Numerosas.

b) El grado de discapacidad o la incapacitación serán reconocidas o declaradas por el órgano administrativo o judicial competente, de acuerdo con la normativa aplicable.

---

[18]   Nueva redacción del art. 12 dada por el dada por el art. 45.4 de la Ley 5/2022, de 25 de noviembre, de medidas de mejora de los procesos de respuesta administrativa a la ciudadanía y para la prestación útil de los servicios públicos (DOE núm. 229, de 29 de noviembre de 2022), con efectos a los hechos imponibles que se devenguen a partir del día 1 de enero de 2022.

[19]   Nueva redacción del art. 12.bis dada por la Disp.Final Primera Tres de la Ley 1/2024, de 5 de febrero, de Presupuestos Generales de la Comunidad Autónoma de Extremadura para el año 2024 (DOE núm. 26, de 6 de febrero de 2024), en vigor desde el 1 de enero de 2024.
      Redacción anterior por la incorporación del art. 12 bis por la Disposición final segunda.Tres de la Ley 3/2022, de 17 de marzo, de medidas ante el reto demográfico y territorial de Extremadura (DOE núm. 55, de 21 de marzo de 2022), de aplicación a los hechos imponibles que se devenguen a partir del día 1 de enero de 2022: «*En los supuestos contemplados en los artículos 3, 5, 6, 7, 8, 9 y 10 de esta ley, las bases imponibles general y del ahorro para los contribuyentes con residencia habitual en municipios y entidades locales menores con una población inferior a 3.000 habitantes, no podrán superar los 28.000 euros en tributación individual y 45.000 euros en tributación conjunta. En el supuesto de familias numerosas, no existirá ningún límite*».

c) El mínimo por descendiente es el regulado en la normativa del Impuesto sobre la Renta de las Personas Físicas.

d) Se considera vivienda habitual aquella que se ajusta a la definición y a los requisitos establecidos en la normativa del Impuesto sobre la Renta de las Personas Físicas.

e) Se considera vivienda de nueva construcción aquella cuya adquisición represente su primera transmisión con posterioridad a la declaración de obra nueva, siempre que no hayan transcurrido tres años desde ésta. Asimismo se considera vivienda de nueva construcción cuando el contribuyente satisfaga directamente los gastos derivados de la ejecución de las obras.

f) Se considera que el contribuyente adquiere una primera vivienda cuando no dispusiera, ni hubiera dispuesto, de ningún derecho de plena propiedad igual o superior al 50 % sobre otra vivienda.

2. La aplicación de las deducciones reguladas en los artículos anteriores requerirá justificación documental adecuada.

(…)

CAPÍTULO VIII. Disposiciones comunes aplicables a los tributos cedidos

Sección 1ª Normas comunes

(…)

Artículo 69. *Normas procedimentales relativas a la aplicación de beneficios fiscales en los impuestos cedidos.*

1. Cuando la definitiva efectividad de un beneficio fiscal dependa del cumplimiento por el contribuyente de cualquier requisito en un momento posterior al de devengo del impuesto, la opción por la aplicación de tal beneficio deberá hacerse expresamente en el periodo reglamentario de presentación de la autoliquidación o declaración. La omisión de esa opción solo podrá subsanarse si el documento que la recoge se presenta antes de que finalice el citado periodo.

La falta de la opción se entenderá como una renuncia a la aplicación del beneficio por no cumplir el obligado tributario la totalidad de requisitos establecidos o no asumir los compromisos a su cargo. También se considerará renuncia la no aplicación del beneficio en la autoliquidación cuando se ha solicitado en el documento que la acompaña.

Se podrá gozar de los beneficios fiscales a que se refiere al párrafo primero de este apartado, cuando se soliciten en período de prórroga del plazo de presentación, si aquella se solicitó y fue concedida expresa o tácitamente.

2. Si tras aplicarse o serle aplicado el correspondiente beneficio fiscal sobreviene el incumplimiento del requisito a que se refiere el apartado anterior, el interesado deberá pagar la parte del impuesto que, en su caso, se hubiera dejado de ingresar y los intereses de demora a los que se refiere el artículo 26.6 de la Ley 58/2003, de 17 de diciembre, General Tributaria.

A estos efectos, por lo que se refiere a los Impuestos sobre Sucesiones y Donaciones y sobre Transmisiones Patrimoniales y Actos Jurídicos Documentados, el obligado tributario deberá presentar autoliquidación o declaración, tal y como procedió inicialmente, y ante la misma oficina gestora, dentro del plazo de un mes desde la fecha en que se produzca el incumplimiento.

(…)

Sección 2ª Obligaciones formales

(...)

Artículo 74. *Obligaciones formales en el Impuesto sobre la Renta de las Personas Físicas.*

1. Los contribuyentes del impuesto sobre la renta de las personas físicas cuyo rendimiento se encuentre cedido parcialmente a la Comunidad Autónoma de Extremadura estarán obligados a conservar, durante el plazo de prescripción, los justificantes y documentos que acrediten el derecho a disfrutar de las deducciones reguladas por la Comunidad Autónoma y que hayan aplicado en sus declaraciones por dicho impuesto.

2. Mediante Orden de la Consejería con competencias en materia de hacienda podrán establecerse obligaciones específicas de justificación destinadas al control de las deducciones a que se refiere el apartado anterior.

(...)

Disposición adicional única. *Deducción autonómica en IRPF por acogimiento de menores.*

En los supuestos de acogimiento simple, permanente y preadoptivo, a que aludía el artículo 6 del texto refundido de las disposiciones legales de la Comunidad Autónoma de Extremadura en materia de tributos cedidos por el Estado, aprobado por Decreto Legislativo 1/2013, de 21 de mayo, que subsistan a la entrada en vigor de esta ley, se tendrá derecho a la reducción correspondiente, en los términos que establecía el citado artículo.

Disposición final primera. *Habilitación al Consejo de Gobierno.*

Se faculta al Consejo de Gobierno para dictar cuantas disposiciones sean necesarias para el desarrollo y ejecución de la presente ley.

Disposición final segunda. *Habilitaciones al titular de la Consejería competente en materia de hacienda en relación con los tributos cedidos.*

Se autoriza al titular de la Consejería competente en materia de hacienda para que, mediante orden, regule las siguientes cuestiones relativas a la gestión de los tributos cedidos:

1º. La autorización para la presentación telemática de las declaraciones o autoliquidaciones de aquellos tributos que resulten susceptibles de tales formas de presentación.

2º. Las características de los justificantes de recepción por la administración de las copias electrónicas de las escrituras públicas y de los justificantes de pago de las autoliquidaciones.

3º. El desarrollo de los instrumentos jurídicos y tecnológicos necesarios en el ámbito de su competencia para facilitar el cumplimiento de las obligaciones tributarias de los contribuyentes mediante la presentación telemática de las escrituras públicas.

4º. Las normas de procedimiento necesarias para el suministro de información del valor de los bienes a que se refiere el artículo 95 de esta ley.

5º. Las características, formato, condiciones y demás extremos a que debe ajustarse la información que deben remitir los registradores de la propiedad y mercantiles de acuerdo con el artículo 72.2 de esta ley, así como las características de los soportes informáticos que recojan esta información o de la transmisión por vía telemática.

6º. Las características, formato, condiciones y demás extremos a que debe ajustarse la información que deben remitir las entidades que realicen subastas de bienes muebles en Extremadura de acuerdo con el artículo 77 de esta ley, así como las características de los soportes informáticos que recojan esta información o de la transmisión por vía telemática.

7º. La aprobación de los modelos de declaración y autoliquidación de los impuestos sobre Sucesiones y Donaciones, Transmisiones Patrimoniales y Actos Jurídicos Documentados y de la Tasa Fiscal sobre el Juego, así como las normas precisas para la gestión y liquidación.

8º. La determinación de la remuneración máxima que han de percibir los peritos terceros que intervengan en procedimientos de tasación pericial contradictoria.

9º. La determinación de los supuestos y condiciones en que los obligados tributarios deberán presentar por medios telemáticos sus declaraciones, autoliquidaciones, comunicaciones, solicitudes y cualquier otro documento con trascendencia tributaria.

10º. La distribución de las competencias y funciones entre los órganos de la Administración Tributaria de Extremadura en lo que respecta a los tributos cedidos.

(...)

Disposición final sexta. *Habilitación de las Leyes de Presupuestos.*

Las leyes anuales de Presupuestos Generales de la Comunidad Autónoma podrán modificar los elementos esenciales de los tributos cedidos con el alcance y las limitaciones que establezca la Ley Orgánica 8/1980, de 22 de septiembre, de Financiación de las Comunidades Autónomas y las Leyes de Cesión de Tributos que afecten a Extremadura.

ANEXO[20]

Provincia	Municipio	Unidad Poblacional	CodINE	Municipio
10	037	000200 ESTACIÓN DE ARROYO-MALPARTIDA	10037	CÁCERES
10	037	000300 RINCÓN DE BALLESTEROS	10037	CÁCERES
10	067	000200 PUEBLA DE ARGEME	10067	CORIA
10	067	000300 RINCÓN DEL OBISPO	10067	CORIA
10	116	000100 BAZAGONA (LA)	10116	MALPARTIDA DE PLASENCIA
10	116	000400 PALAZUELO-EMPALME	10116	MALPARTIDA DE PLASENCIA
10	121	000100 ALONSO DE OJEDA	10121	MIAJADAS
10	121	000200 CASAR DE MIAJADAS	10121	MIAJADAS
10	180	000100 BARQUILLA (LA)	10180	TALAYUELA
10	180	000200 BARQUILLA DE PINARES	10180	TALAYUELA
10	180	000900 SANTA MARÍA DE LAS LOMAS	10180	TALAYUELA
10	195	000100 BELÉN	10195	TRUJILLO
10	195	000200 HUERTAS DE LAMAGDALENA	10195	TRUJILLO
10	195	000300 PAGO DE SAN CLEMENTE	10195	TRUJILLO
10	203	000100 ALCORNEO	10203	VALENCIA DEALCÁNTARA
10	203	000200 ACEÑA DE LA BORREGA (LA)	10203	VALENCIA DEALCÁNTARA
10	203	000300 CASIÑAS (LAS)	10203	VALENCIA DE ALCÁNTARA
10	203	000301 CASIÑAS ALTAS (LAS)	10203	VALENCIA DE ALCÁNTARA
10	203	000302 CASIÑAS BAJAS (LAS)	10203	VALENCIA DE ALCÁNTARA
10	203	000303 MOLINOS (LOS)	10203	VALENCIA DE ALCÁNTARA
10	203	000400 ESTACIÓN FERROCARRIL	10203	VALENCIA DE ALCÁNTARA
10	203	000500 FONTAÑERA (LA)	10203	VALENCIA DE ALCÁNTARA
10	203	000600 HUERTAS DE CANSA (LAS)	10203	VALENCIA DE ALCÁNTARA
10	203	000602 ARROYOS DE ABAJO	10203	VALENCIA DE ALCÁNTARA
10	203	000700 JOLA	10203	VALENCIA DE ALCÁNTARA
10	203	000800 LANCHUELAS (LAS)	10203	VALENCIA DE ALCÁNTARA
10	203	000900 PINO (EL)	10203	VALENCIA DE ALCÁNTARA

[20] Nuevo Anexo incorporado por el art. Único Seis del Decreto-Ley 1/2025, de 23 de enero, de medidas fiscales urgentes en materia tributaria (DOE núm. 18, de 28 de enero de 2025), con efectos desde el 1 de enero de 2025.

Provincia	Municipio	Unidad Poblacional	CodINE	Municipio
10	203	001000 SAN PEDRO DE LOS MA-JARRETES	10203	VALENCIA DE ALCÁNTARA
06	014	000200 CARDENCHOSA (LA)	06014	AZUAGA
06	015	000200 ALCAZABA	06015	BADAJOZ
06	015	000300 ALVARADO	06015	BADAJOZ
06	015	000500 BALBOA	06015	BADAJOZ
06	015	001000 GÉVORA	06015	BADAJOZ
06	015	001200 NOVELDA DEL GUADIA-NA	06015	BADAJOZ
06	015	001400 SAGRAJAS	06015	BADAJOZ
06	015	001600 VALDEBÓTOA	06015	BADAJOZ
06	015	001800 VILLAFRANCO DELGUA-DIANA	06015	BADAJOZ
06	023	000100 ALMORCHÓN	06023	CABEZA DELBUEY
06	028	000200 GUARDA (LA)	06028	CAMPANARIO
06	044	000100 CONQUISTA DELGUADIA-NA	06044	DON BENITO
06	063	000200 PELOCHE	06063	HERRERA DELDUQUE
06	070	000200 BAZANA (LA)	06070	JEREZ DE LOSCABALLEROS
06	070	000300 BROVALES	06070	JEREZ DE LOSCABALLEROS
06	070	000500 VALUENGO	06070	JEREZ DE LOSCABALLEROS
06	088	000200 LÁCARA	06088	MONTIJO
06	091	000200 OBANDO	06091	NAVALVILLARDE PELA
06	091	000300 VEGAS ALTAS	06091	NAVALVILLARDE PELA
06	095	000200 SAN BENITO DE LACON-TIENDA	06095	OLIVENZA
06	095	000300 SAN FRANCISCO DEOLI-VENZA	06095	OLIVENZA
06	095	000400 SAN JORGE DE ALOR	06095	OLIVENZA
06	095	000500 SAN RAFAEL DE OLIVENZA	06095	OLIVENZA
06	095	000600 SANTO DOMINGO	06095	OLIVENZA
06	095	000700 VILLARREAL	06095	OLIVENZA
06	153	000100 CASAS DEL CASTILLO DE LA ENCOMIENDA	06153	VILLANUEVADE LA SERENA
06	160	000100 SAN CRISTÓBAL DEZALA-MEA/DOCENARIO	06160	ZALAMEA DELA SERENA

COMUNIDAD AUTÓNOMA DE GALICIA

Impuesto sobre la Renta de las Personas Físicas

17. Decreto Legislativo 1/2011, de 28 de julio, por el que se aprueba el texto refundido de las disposiciones legales de la Comunidad Autónoma de Galicia en materia de tributos cedidos por el Estado

(DO Galicia, núm. 201, de 20 octubre de 2011;
BOE núm. 279, de 19 de noviembre de 2011)

PREÁMBULO

Los tributos del Estado cedidos a la Comunidad Autónoma de Galicia se rigen por los convenios o tratados internacionales, la Ley general tributaria, la ley propia de cada tributo, los reglamentos generales dictados en desarrollo de la Ley general tributaria y de las leyes propias de cada tributo, las demás disposiciones de carácter general, reglamentarias o interpretativas, dictadas por la Administración del Estado y por las normas emanadas de la comunidad autónoma competente en los términos establecidos por las leyes que regulan la cesión de tributos del Estado a las comunidades autónomas de régimen común.

La Ley orgánica 8/1980, de 22 de septiembre, de financiación de las comunidades autónomas, constituye el marco orgánico general por el que se rige el citado régimen de cesión.

Ese marco orgánico es desarrollado, con carácter general, por la Ley 22/2009, de 18 de diciembre, por la que se regula el sistema de financiación de las comunidades autónomas de régimen común y ciudades con estatuto de autonomía y se modifican determinadas normas tributarias, y para el caso de la Comunidad Autónoma de Galicia, por Ley 17/2010, de 16 de julio, del régimen de cesión de tributos del Estado a la Comunidad Autónoma de Galicia y de fijación del alcance y condiciones de dicha cesión.

Mediante esta Ley 17/2010, de 16 de julio, se procedió a la adecuación del contenido del apartado uno de la disposición adicional primera del Estatuto de Autonomía de Galicia al nuevo régimen de cesión de tributos que se contempla en la Ley 22/2009, de 18 de diciembre, y, asimismo, a regular el régimen específico de dicha cesión a la Comunidad Autónoma Galicia, de modo que se determina el alcance y condiciones de la cesión a esta comunidad autónoma y se le atribuye la facultad de dictar para sí misma normas legislativas en los casos y condiciones previstos en la Ley 22/2009, de 18 de diciembre.

La atribución de determinadas competencias normativas en materia de tributos estatales cedidos ya estaba presente en la Ley 18/2002, de 1 de julio, del régimen de cesión de tributos del Estado a la Comunidad Autónoma de Galicia y de fijación del alcance y condiciones de dicha cesión, en los términos establecidos en la Ley 21/2001, de 27 de diciembre, por la que se regulan las medidas fiscales y administrativas del nuevo sistema de financiación de las comunidades autónomas de régimen común y ciudades con estatuto de autonomía, así como en la Ley 32/1997, de 4 de, de modificación del régimen de cesión de tributos del Estado a la Comunidad Autónoma de Galicia y de fijación del alcance y condiciones de dicha cesión respecto a lo dispuesto en la Ley 14/1996, de 30 de diciembre, de cesión de tributos del Estado a las comunidades autónomas y de medidas fiscales complementarias.

La necesaria garantía del principio de seguridad jurídica que debe presidir todo ordenamiento exige acabar con la dispersión legislativa que la multiplicidad de normas ha provocado. Consciente de ello, el legislador incluyó en la disposición final tercera de la Ley 8/2010, de 29 de octubre, de medidas tributarias en el impuesto sobre transmisiones patrimoniales y actos jurídicos documentados para la reactivación del mercado de viviendas, su rehabilitación y financiación, y otras medidas tributarias, una autorización a la Xunta de Galicia para elaborar y aprobar, en el plazo máximo de un año desde la entrada en vigor de dicha ley, un texto refundido que recoja la normativa autonómica vigente sobre los tributos estatales cedidos a la Comunidad Autónoma de Galicia. Además, esta delegación legislativa incluye la posibilidad de regularizar, aclarar y armonizar los textos legales que sean objeto del texto refundido.

El presente decreto legislativo consta de un artículo que aprueba el texto refundido, una disposición adicional, una derogatoria y una final. El texto refundido se estructura en tres títulos, dedicados el primero de ellos a disposiciones generales y de carácter aclaratorio del régimen jurídico aplicable a los tributos cedidos, el título segundo a disposiciones específicas de cada tributo en particular, clasificadas por capítulos, y el título tercero, a normas procedimentales y obligaciones formales relativas a los tributos cedidos.

En consecuencia, de acuerdo con lo previsto en el artículo 10.1.º a) del Estatuto de autonomía para Galicia, aprobado por la Ley orgánica 1/1981, de 6 de abril, y en el artículo 4.4.º de la Ley 1/1983, de 22 de febrero, reguladora de la Xunta y de su presidente, a propuesta de la conselleira de Hacienda, de acuerdo con el dictamen del Consello Consultivo de Galicia, y previa deliberación del Consello de la Xunta de Galicia en su reunión del día veintiocho de julio de dos mil once, dispongo:

Artículo único.

Conforme a lo dispuesto en la disposición final tercera de la Ley 8/2010, de 29 de octubre, de medidas tributarias en el impuesto sobre transmisiones patrimoniales y actos jurídicos documentados para la reactivación del mercado de viviendas, su rehabilitación y financiación, y otras medidas tributarias, se aprueba el texto refundido de las disposiciones legales de la Comunidad Autónoma de Galicia en materia de tributos cedidos por el Estado.

Disposición Adicional única. *Remisiones normativas*

Las remisiones y referencias normativas a las disposiciones derogadas por este decreto legislativo se entenderán realizadas, en lo sucesivo, a las correspondientes disposiciones del texto refundido.

Disposición Derogatoria única. *Derogación normativa*

1. Quedan derogadas las siguientes disposiciones:

a) El artículo 2 de la Ley 2/1998, de 8 de abril, de medidas tributarias, de régimen presupuestario, función pública, patrimonio, organización y gestión.

b) Los artículos 3, 4 y 5 de la Ley 3/2002, de 29 abril, de medidas de régimen fiscal y administrativo.

c) Los artículos 2, 3 y 5 de la Ley 7/2002, de 27 de diciembre, de medidas fiscales y de régimen administrativo.

d) Los artículos 3, 4 y 5 de la Ley 9/2003, de 23 diciembre, de medidas tributarias y administrativas.

e) Los artículos 1, 2, 4, 7 y 8 de la Ley 14/2004, de 29 de diciembre, de medidas tributarias y de régimen administrativo.

f) Los artículos 52 y 54 de la Ley 14/2006, de 28 de diciembre, de presupuestos generales de la Comunidad Autónoma de Galicia para el año 2007.

g) El artículo 25 de la Ley 7/2007, de 21 de mayo, de medidas administrativas y tributarias para la conservación de la superficie agraria útil y del Banco de Tierras de Galicia.

h) Los artículos 57 a 64 y la disposición transitoria segunda de la Ley 16/2007, de 26 de diciembre, de presupuestos generales de la Comunidad Autónoma de Galicia para el año 2008.

i) La Ley 9/2008, de 28 de julio, gallega de medidas tributarias en relación con el impuesto sobre sucesiones y donaciones.

j) El artículo 60 de la Ley 16/2008, de 23 de diciembre, de presupuestos generales de la Comunidad Autónoma de Galicia para el año 2009.

k) La Ley 4/2009, de 20 de octubre, de medidas tributarias relativas al impuesto sobre transmisiones patrimoniales y actos jurídicos documentados para el fomento del acceso a la vivienda y a la sucesión empresarial.

l) La disposición adicional primera de la Ley 1/2010, de 11 de febrero, de modificación de diversas leyes de Galicia para su adaptación a la Directiva 2006/123/CE del Parlamento Europeo y del Consejo, de 12 de diciembre de 2006, relativa a los servicios en el mercado interior.

m) La Ley 8/2010, de 29 de octubre, de medidas tributarias en el impuesto sobre transmisiones patrimoniales y actos jurídicos documentados para la reactivación del mercado de viviendas, su rehabilitación y financiación, y otras medidas tributarias.

n) Los artículos 1, 2, 3, 4, 6, 7, 8, 9 de la Ley 15/2010, de 28 de, de medidas fiscales y administrativas.

2. Asimismo, quedan derogadas cualesquiera otras disposiciones de igual o inferior rango a la presente ley en cuanto se opongan o contradigan lo establecido en la misma.

Disposición Final única. *Entrada en vigor*

El presente decreto legislativo y el texto refundido que aprueba entrarán en vigor al día siguiente de su publicación en el Diario Oficial de Galicia.

Texto refundido de las disposiciones legales de la Comunidad Autónoma de Galicia en materia de tributos cedidos por el Estado.

TÍTULO I. DISPOSICIONES GENERALES

Artículo 1. *Objeto*

La presente ley tiene por objeto establecer en un único texto las normas dictadas por la Comunidad Autónoma de Galicia en ejercicio de las competencias que tiene atribuidas en el marco establecido por las leyes que regulan la cesión de tributos del Estado a las comunidades autónomas de régimen común.

Artículo 2. *Ámbito de aplicación*

Uno. Este texto refundido será de aplicación a los tributos sobre los que la comunidad autónoma de Galicia tiene, de acuerdo con lo establecido en las leyes reguladoras de la cesión de tributos del Estado a las comunidades autónomas de régimen común, competencias normativas tanto en la regulación de aspectos sustantivos que determinan la cuota tributaria como en las cuestiones de aplicación de los tributos.

Dos. La Comunidad Autónoma de Galicia tiene atribuida la facultad de dictar para sí misma normas legislativas, con el alcance y condiciones establecidos en las leyes reguladoras de la cesión de tributos del Estado a las comunidades autónomas de régimen común, sobre los siguientes tributos:

a) Impuesto sobre la renta de las personas físicas.

b) Impuesto sobre el patrimonio.

c) Impuesto sobre sucesiones y donaciones.

d) Impuesto sobre transmisiones patrimoniales y actos jurídicos documentados.

e) Tributos sobre el juego.

f) Impuesto especial sobre determinados medios de transporte.

g) Impuesto sobre las ventas minoristas de determinados hidrocarburos.

Tres. El ejercicio de las facultades normativas de la Comunidad Autónoma de Galicia en materia de tributos cedidos se efectúa, en cada caso, según el alcance y los puntos de conexión establecidos en las leyes reguladoras de la cesión de tributos del Estado a las Comunidades Autónomas de régimen común.

Artículo 3. *Conceptos generales*

Uno. Vivienda habitual.

A los efectos previstos en este texto refundido, los conceptos de vivienda habitual, adquisición de vivienda habitual y reinversión en vivienda habitual serán los contemplados en la normativa reguladora del impuesto sobre la renta de las personas físicas. Se entenderá por vivienda la edificación destinada a la residencia de las personas físicas.

Dos. Unidad familiar.

El concepto de unidad familiar será el contemplado en la normativa reguladora del impuesto sobre la renta de las personas físicas.

Tres. Acreditación del grado y la condición de persona con discapacidad.

El grado de minusvalía habrá de acreditarse mediante certificado o resolución expedida por el órgano competente. En particular, se considerará acreditado un grado de minusvalía igual o superior al 33 % en el caso de los pensionistas de la Seguridad Social que tengan reconocida una pensión de incapacidad permanente total, absoluta o gran invalidez y en el caso de los pensionistas de clases pasivas que tengan reconocida una pensión de jubilación o retiro por incapacidad permanente para el servicio o inutilidad.

Igualmente, se considerará acreditado un grado de minusvalía igual o superior al 65 % cuando se trate de personas cuya incapacidad sea declarada judicialmente, aunque no alcance dicho grado, así como en los casos de dependencia severa y gran dependencia, siempre que estas últimas situaciones fuesen reconocidas por el órgano competente, de acuerdo con lo establecido en el artículo 28 de la Ley 39/2006, de 14 de diciembre, de promoción de la autonomía personal y atención a las personas en situación de dependencia.

Cuatro[1]. Acreditación de la condición de familia numerosa

La condición de familia numerosa se acreditará mediante el título oficial en vigor establecido para el efecto en el momento de la presentación de la declaración del impuesto, conforme a lo establecido en la Ley 40/2003, de 18 de noviembre, de protección a las familias numerosas.

La asimilación al descendiente de hijo o hija concebido o concebida y no nacido o nacida prevista en la Ley 3/2011, de 30 de junio, de apoyo a la familia y convivencia de Galicia, se acreditará mediante el carnet familiar gallego o certificado expedido para el efecto, y tendrá efectos únicamente dentro de la Comunidad Autónoma de Galicia.

Cinco[2]. Actividad agraria, explotación agraria, elementos de la explotación, agricultor profesional, silvicultor activo y titular de la explotación.

A los efectos previstos en este texto refundido, los conceptos de «actividad agraria», «explotación agraria», «elementos de la explotación», «agricultor profesional», «silvicultor activo» y «titular de la explotación» serán los recogidos en la Ley 19/1995, de 4 de julio, de modernización de las explotaciones agrarias.

Seis[3]. Obras de rehabilitación.

A los efectos previstos en este texto refundido, para determinar el concepto de obras de rehabilitación, en todo aquello que no venga expresamente regulado en él, será de aplicación lo previsto en la normativa reguladora del impuesto sobre el valor añadido.

Siete[4]. Equiparación de local comercial a vivienda.

A los efectos de lo previsto en el capítulo IV del título II de este texto refundido, se equipara al concepto de vivienda aquel local comercial adquirido para uso de vivienda, siempre que la adquisición se documente en escritura pública, en la que se hará constar expresamente la finalidad de destinarla a vivienda y siempre que, en un plazo máximo de cuatro años desde su adquisición, se presente comunicación previa de primera ocupación. A los efectos de aplicar los beneficios fiscales asociados a la vivienda en las operaciones de locales comerciales, deberán cumplirse los requisitos regulados en los artículos correspondientes al tipo o deducción o bonificación que se pretenda aplicar. En caso de que en el plazo señalado anteriormente no se presente dicha comunicación previa de primera ocupación, el sujeto pasivo deberá satisfacer, en el plazo reglamentariamente establecido, el impuesto que se haya dejado de ingresar a consecuencia de la aplicación del correspondiente beneficio fiscal y los intereses de demora.

Artículo 3 bis[5]. *Tratamiento fiscal de las uniones estables de pareja.*

A los efectos de la aplicación de lo establecido en los capítulos II y IV del título II, se equiparan al matrimonio las uniones de dos personas mayores de edad, capaces, que convivan con la intención o vocación de permanencia en una relación de afectividad análoga a la

---

[1] Apartado incorporado por el art. 1 de la Ley 12/2014, de 22 de diciembre, de medidas fiscales y administrativas (DOG núm. 249, de 30 de diciembre de 2014), con efectos desde 1 de enero de 2015.

[2] Apartado incorporado por la Disp. Final primera Uno de la Ley 11/2021, de 14 de mayo, de recuperación de la tierra agraria de Galicia (DOG núm. 94 de 21 de mayo de 2021), con efectos desde 1 de enero de 2021.

[3] Apartado incorporado por la Disp. Final primera Uno de la Ley 11/2021, de 14 de mayo, de recuperación de la tierra agraria de Galicia (DOG núm. 94 de 21 de mayo de 2021), con efectos desde 1 de enero de 2021.

[4] Apartado incorporado por el art. 1 de la Ley 5/2024, de 27 de diciembre, de medidas fiscales y administrativas (DOG núm. 251, de 31 de diciembre de 2024), con efectos desde el 1 de enero de 2025.

[5] Nuevo art. 3.bis incorporado por el art. 1 de la Ley 10/2023, de 28 de diciembre, de medidas fiscales y administrativas (DOG núm. 246, de 29 de diciembre de 2023), con efectos desde el 1 de enero de 2024.

conyugal, inscritas en el Registro de Parejas de Hecho de Galicia, y que expresen su voluntad de equiparar sus efectos a los del matrimonio, o que estén inscritas en cualquier otro registro público análogo de otras administraciones públicas de estados miembros de la Unión Europea, de estados integrantes del Espacio Económico Europeo o de países terceros.

TÍTULO II. DISPOSICIONES SOBRE TRIBUTOS CEDIDOS

CAPÍTULO I. Impuesto sobre la renta de las personas físicas

Artículo 4[6]. *Escala autonómica o complementaria del impuesto sobre la renta de las personas físicas*

La escala autonómica aplicable a la base liquidable general del impuesto sobre la renta de las personas físicas será la siguiente:

---

[6] Nueva redacción del art. 4 por el art. 1 de la Ley 7/2022, de 27 de diciembre, de medidas fiscales y administrativas (DOG núm. 248 de 30 de diciembre de 2022), con efectos desde el 1 de enero de 2022.
Redacción anterior dada por el art. 1.Uno de la Ley 18/2021, de 27 de diciembre, de medidas fiscales y administrativas (DOG, núm. 251, de 31 de diciembre de 2021), en vigor desde el 1 de enero de 2022: *«La escala autonómica aplicable a la base liquidable general del impuesto sobre la renta de las personas físicas será la siguiente:*

Base liquidable – Hasta euros	Cuota íntegra – Euros	Resto base liquidable – Hasta euros	Tipo aplicable – Porcentaje
0,00	0,00	12.450,00	9,4
12.450,00	1.170,30	7.750,00	11,65
20.200,00	2.073,18	15.000,00	14,9
35.200,00	4.308,18	14.800,00	18,4
60.000,00	8.871,38	En adelante	22,5»

Nueva redacción del art. 4 dada por el art. 1.Uno de la Ley 18/2021, de 27 de diciembre, de medidas fiscales y administrativas (DOG, núm. 251, de 31 de diciembre de 2021), en vigor desde el 1 de enero de 2022.
Redacción anterior dada por el art. 1 de la Ley 13/2015, de 24 diciembre Medidas fiscales y administrativas (DOG núm. 249, de 31 de diciembre de 2015), con efectos desde el 1 de enero de 2016: *«La escala autonómica aplicable a la base liquidable general del impuesto sobre la renta de las personas físicas será la siguiente:*

Base liquidable – Hasta euros	Cuota íntegra – Euros	Resto base liquidable – Hasta euros	Tipo aplicable – Porcentaje
0,00	0,00	12.450,00	9,50
12.450,00	1.182,75	7.750,00	11,75
20.200,00	2.093,38	7.500,00	15,50
27.700,00	3.255,88	7.500,00	17
35.200,00	4.530,88	12.400,00	18,50
47.600,00	6.824,88	12.400,00	20,5
60.000,00	9.366,88	En adelante	22,50

Redacción anterior dada por art. 67.Uno de la Ley 11/2013, de 26 de diciembre, de presupuestos generales de la Comunidad Autónoma de Galicia para el año 2014 (DOG núm. 249, de 31 de diciembre de

Base liquidable – Hasta euros	Cuota íntegra – Euros	Resto base liquidable – Hasta euros	Tipo aplicable – Porcentaje
0,00	0,00	12.985,35	9,40
12.985,35	1.168,68	8.083,25	11,65
21.068,60	2.110,96	14.131,40	14,90
35.200,00	4.215,96	24.800,00	18,40
60.000,00	8.779,16	En adelante	22,50

Artículo 4 bis[7]. *Mínimo personal y familiar.*

Las cuantías correspondientes a los mínimos del contribuyente, por descendientes, por ascendientes y por discapacidad establecidos en los artículos 57, 58, 59 y 60 de la Ley 35/2006, de 28 de noviembre, del impuesto sobre la renta de las personas físicas, y de modificación parcial de las leyes de los impuestos sobre sociedades, sobre la renta de no residentes y sobre el patrimonio, quedan fijadas en los siguientes importes:

1. El mínimo del contribuyente regulado por el artículo 57 de la Ley 35/2006, de 28 de noviembre, será:

a) Con carácter general, 5.789 euros anuales.

b) Cuando el contribuyente tenga una edad superior a 65 años, el mínimo se aumentará en 1.199 euros anuales. Si la edad es superior a 75 años, el mínimo se aumentará adicionalmente en 1.460 euros anuales.

2. El mínimo por descendientes regulado por el artículo 58 de la Ley 35/2006, de 28 de noviembre, será:

2013), con efectos desde el 1 de enero de 2014: «*Uno. El tipo de gravamen autonómico aplicable a los contribuyentes cuya base liquidable general sea igual o inferior a 17.707,20 € será del 11,5%.*

Dos. *Los tipos de la escala autonómica aplicables a los contribuyentes cuya base liquidable general sea superior a 17.707,20 € serán los siguientes:*

Base liquidable Hasta euros	Cuota íntegra Euros	Resto base liquidable Hasta euros	Tipo aplicable Porcentaje
0	0	17.707,20	12
17.707,20	2.124,86	15.300,00	14
33.007,20	4.266,86	20.400,00	18,5
53.407,20	8.040,86	En adelante	21,5»

Redacción anterior: «*Los tipos de la escala autonómica, de aplicación a la Comunidad Autónoma de Galicia, del impuesto sobre la renta de las personas físicas serán los siguientes:*

Base liquidable Hasta euros	Cuota íntegra Euros	Resto base liquidable Hasta euros	Tipo aplicable Porcentaje
0	0	17.707,20	12
17.707,20	2.124,86	15.300,00	14
33.007,20	4.266,86	20.400,00	18,5
53.407,20	8.040,86	En adelante	21,5»

[7] Nuevo art. 4 bis incorporado por el art. 2 de la Ley 7/2022, de 27 de diciembre, de medidas fiscales y administrativas (DOG núm. 248 de 30 de diciembre de 2022), con efectos desde el 1 de enero de 2022.

a) En los supuestos previstos en el apartado 1 del artículo 58 de la Ley 35/2006, de 28 de noviembre:

1°. 2.503 euros anuales por el primer descendiente.

2°. 2.816 euros anuales por el segundo descendiente.

3°. 4.172 euros anuales por el tercer descendiente.

4°. 4.694 euros anuales por el cuarto descendiente y siguientes.

b) Cuando el descendiente sea menor de tres años, el mínimo a que se refiere el apartado a) anterior se aumentará en 2.920 euros anuales.

3. El mínimo por ascendientes regulado en el artículo 59 de la Ley 35/2006, de 28 de noviembre, será:

a) En el supuesto previsto en el apartado 1 del artículo 59 de la Ley 35/2006, de 28 de noviembre, 1.199 euros anuales.

b) Cuando el ascendiente sea mayor de 75 años, el mínimo a que se refiere el apartado a) anterior se aumentará en 1.460 euros anuales.

4. El mínimo por discapacidad regulado en el artículo 60 de la Ley 35/2006, de 28 de noviembre, será:

a) En los supuestos previstos en el apartado 1 del artículo 60 de la Ley 35/2006, de 28 de noviembre:

1°. 3.129 euros anuales cuando el contribuyente sea una persona con discapacidad y 9.387 euros anuales cuando el contribuyente acredite un grado de discapacidad igual o superior al 65%.

2°. En el supuesto previsto en el párrafo segundo del apartado 1 del artículo 60 de la Ley 35/2006, de 28 de noviembre, los mínimos regulados en este apartado se aumentarán en 3.129 euros anuales.

b) En los supuestos previstos en el apartado 2 del artículo 60 de la Ley 35/2006, de 28 de noviembre:

1°. 3.129 euros anuales por cada uno de los ascendientes o descendientes con discapacidad.

2°. 9.387 euros anuales por cada uno de los ascendientes o descendientes cuando acrediten un grado de discapacidad igual o superior al 65%.

3°. En el supuesto previsto en el párrafo segundo del apartado 2 del artículo 60 de la Ley 35/2006, de 28 de noviembre, los mínimos regulados en este apartado se aumentarán en 3.129 euros anuales.

Artículo 5[8]. *Deducciones en la cuota íntegra autonómica del impuesto sobre la renta de las personas físicas*

Uno. *Normas generales.*

La práctica de las deducciones en la cuota íntegra autonómica del impuesto sobre la renta de las personas físicas quedará en todo caso condicionada a la justificación documental adecuada y suficiente del supuesto de hecho y a los requisitos que determinen su aplicabilidad.

---

[8] Nueva redacción del art. 5 dada por el art. 71 de la Ley 2/2013, de 27 de febrero, de presupuestos generales de la Comunidad Autónoma de Galicia para el año 2013, (DOG núm. 42, de 28 de febrero de 2013), en vigor desde el 1 de marzo de 2013).

Dos[9]. *Deducción por nacimiento o adopción de hijos.*

1. El contribuyente podrá deducir de la cuota íntegra autonómica por cada hijo nacido o adoptado en el período impositivo, que conviva con el contribuyente en la fecha de devengo del impuesto, la siguiente cuantía:

a) 300 euros, siempre que la base imponible total menos los mínimos personal y familiar para los efectos del IRPF sea mayor o igual de 22.000,01 euros. En caso de parto múltiple, esta deducción ascenderá a 360 euros por cada hijo.

b) 360 euros, siempre que la base imponible total menos los mínimos personal y familiar para los efectos del IRPF sea menor o igual a 22.000 euros. Esta cuantía será de 1.200 euros si se trata del segundo hijo y de 2.400 si se trata del tercer hijo o siguientes.

La cuantía se incrementará en un 20 % para los contribuyentes residentes en municipios de menos de 5.000 habitantes y en los resultantes de procedimientos de la fusión o incorporación.

2. La deducción se extenderá a los dos períodos impositivos siguientes al nacimiento o adopción, siempre que el hijo nacido o adoptado conviva con el contribuyente en la fecha de devengo del impuesto que corresponda a cada uno de ellos, según las siguientes cuan- tías y límites de renta:

a) 300 euros, siempre que la base imponible total menos los mínimos personal y familiar para los efectos del IRPF esté comprendida entre 22.000,01 y 31.000 euros.

b) 360 euros, siempre que la base imponible total menos los mínimos personal y familiar para los efectos del IRPF sea menor o igual a 22.000 euros. Esta cuantía será de 1.200 euros si se trata del segundo hijo y de 2.400 si se trata del tercer hijo o siguientes.

3. Cuando, en el período impositivo de nacimiento o adopción, o en los dos siguientes, los hijos convivan con ambos progenitores la deducción se practicará por partes iguales en la declaración de cada uno de ellos.

4. Las cuantías fijadas por esta deducción se duplicarán en el caso de que el nacido o adoptado tenga reconocido un grado de discapacidad igual o superior al 33 %.

Tres[10]. *Deducción para familias con hijos e hijas.*

---

9   Nueva redacción del art. 5.Dos por el art. 2.Uno de la Ley 12/2014, de 22 de diciembre, de medidas fiscales y administrativas (DOG núm. 249, de 30 de diciembre de 2014), con efectos desde 1 de enero de 2015.

Redacción anterior dada por el art. 67.Dos de la Ley 11/2013, de 26 de diciembre, de presupuestos generales de la Comunidad Autónoma de Galicia para el año 2014 (DOG núm. 249, de 31 de diciembre de 2013), con efectos desde el 1 de enero de 2014.

10   Nueva redacción del art. 5.Tres dada por el art. 3.Uno de la Ley 10/2023, de 28 de diciembre, de medidas fiscales y administrativas (DOG núm. 246, de 29 de diciembre de 2023), con efectos desde el 1 de enero de 2023.

Redacción anterior dada por el art. 3 de la Ley 7/2022, de 27 de diciembre, de medidas fiscales y administrativas (DOG núm. 248 de 30 de diciembre de 2022), con efectos desde el 1 de enero de 2023: «*Tres. Deducción por familias con dos o más hijos.*

1. El contribuyente que, en la fecha de devengo del impuesto, tenga dos descendientes que generen a su favor el derecho a la aplicación del correspondiente mínimo por descendientes establecido por la normativa reguladora del impuesto, podrá deducir de la cuota íntegra autonómica la cantidad de 250 euros.

En caso de que el contribuyente o alguno de los descendientes que den derecho a aplicar esta deducción tenga un grado de discapacidad igual o superior al 65%, la deducción anterior se duplicará.

2. El contribuyente que, en la fecha de devengo del impuesto, posea el título de familia numerosa podrá deducir de la cuota íntegra autonómica:

1. El contribuyente que, en la fecha de devengo del impuesto, tenga dos descendientes que generen a su favor el derecho a la aplicación del correspondiente mínimo por descendientes establecido por la normativa reguladora del impuesto, podrá deducir de la cuota íntegra autonómica la cantidad de 250 euros.

En caso de que el contribuyente o alguno de los descendientes que den derecho a aplicar esta deducción tenga un grado de discapacidad igual o superior al 65%, la deducción anterior se duplicará.

2. El contribuyente que, en la fecha de devengo del impuesto, posea el título de familia numerosa podrá deducir de la cuota íntegra autonómica:

a) en caso de que se trate de familias de hasta dos hijos/as, 250 euros, salvo que disfruten del título de categoría especial, en cuyo caso será de 400 euros.

b) en el resto de los casos, la deducción se incrementará en 250 euros adicionales por cada hijo/a.

En caso de que el contribuyente o alguno de los descendientes que den derecho a aplicar esta deducción tenga un grado de discapacidad igual o superior al 65%, las deducciones anteriores se duplicarán.

3. Cuando más de un contribuyente tenga derecho a la aplicación de las deducciones previstas en este apartado respecto de los mismos descendientes, su importe será prorrateado entre ellos por partes iguales.

4. Las deducciones previstas en este apartado son incompatibles entre sí.

Cuatro[11]. *Deducción por acogimiento.*

---

a) en caso de que se trate de familias con dos hijos/jas, 250 euros.
b) en el resto de los casos, la deducción se incrementará en 250 euros adicionales por cada hijo/ja.
En caso de que el contribuyente o alguno de los descendientes que den derecho a aplicar esta deducción tenga un grado de discapacidad igual o superior al 65%, las deducciones anteriores se duplicarán.
3. Cuando más de un contribuyente tenga derecho a la aplicación de las deducciones previstas en este número respecto de los mismos descendientes, su importe será prorrateado entre ellos por partes iguales.
4. Las deducciones previstas en este número son incompatibles entre sí».
Redacción anterior: «Tres. Deducción por familia numerosa.
El contribuyente que posea el título de familia numerosa en la fecha de devengo del impuesto podrá deducir de la cuota íntegra autonómica las cantidades siguientes:
a) 250 euros, cuando se trate de familias numerosas de categoría general.
b) 400 euros, cuando se trate de familias numerosas de categoría especial.
Cuando alguno de los cónyuges o descendientes a los que sea de aplicación el mínimo personal y familiar del impuesto tenga un grado de minusvalía igual o superior al 65%, la deducción anterior será de 500 y 800 euros, respectivamente.
Esta deducción la practicará el contribuyente con el que convivan los restantes miembros de la familia numerosa. Cuando convivan con más de uno, el importe será prorrateado por partes iguales».

[11]   Nueva redacción del art. 5.Cuatro dada por el art. 3.Dos de la Ley 10/2023, de 28 de diciembre, de medidas fiscales y administrativas (DOG núm. 246, de 29 de diciembre de 2023), con efectos desde el 1 de enero de 2024.
Redacción anterior dada por el art. 1.dos de la Ley 18/2021, de 27 de diciembre, de medidas fiscales y administrativas (DOG, núm. 251, de 31 de diciembre de 2021), en vigor desde el 1 de enero de 2022:
«Cuatro. Deducción por acogimiento.
Los contribuyentes podrán deducir de la cuota íntegra autonómica la cantidad de 300 euros por cada menor en régimen de acogimiento familiar simple, permanente, provisional o preadoptivo, administrativo o judicial, formalizado por el órgano competente en materia de menores de la Xunta de Galicia, siempre que convivan con el menor ciento ochenta y tres o más días durante el período impositivo. Si el tiempo de

Los contribuyentes podrán deducir de la cuota íntegra autonómica la cantidad de 300 euros por cada menor en régimen de acogimiento familiar simple, permanente, provisional o preadoptivo, administrativo o judicial, formalizado por el órgano competente en materia de menores de la Xunta de Galicia.

No dará lugar a esta deducción el supuesto de acogimiento familiar preadoptivo cuando se produzca la adopción de la menor o del menor durante el período impositivo, sin perjuicio de la aplicación, en su caso, de la deducción por adopción.

En el caso de acogimiento de menores por matrimonios o por las parejas de hecho a que se refiere la disposición adicional tercera de la Ley 2/2006, de 14 de junio, de derecho civil de Galicia, el importe de la deducción se prorrateará por partes iguales en la declaración de cada uno de ellos, si optan por la declaración individual.

Cinco[12]. *Deducción por cuidado de hijos menores.*

Los contribuyentes que por motivos de trabajo, por cuenta propia o ajena, tengan que dejar a sus hijos menores al cuidado de una persona empleada del hogar o en escuelas infantiles de 0-3 años podrán deducir de la cuota íntegra autonómica el 30 % de las cantidades satisfechas en el período, con el límite máximo de 400 euros, y 600 euros si tienen dos o más hijos, siempre que concurran los siguientes requisitos:

a) Que en la fecha de devengo del impuesto los hijos tengan 3 o menos años de edad.

---

convivencia durante el período impositivo fuere inferior a ciento ochenta y tres días y superior a noventa días, el importe de la deducción por cada menor acogido será de 150 euros.
No dará lugar a esta deducción el supuesto de acogimiento familiar preadoptivo cuando se produzca la adopción del menor durante el período impositivo, sin perjuicio de la aplicación, si fuere el caso, de la deducción por adopción.
En caso de acogimiento de menores por matrimonio o por parejas de hecho a que se refiere la disposición adicional tercera de la Ley 2/2006, de 14 de junio, de derecho civil de Galicia, el importe de la deducción se prorrateará por partes iguales en la declaración de cada uno de ellos, si se opta por la declaración individual».

Redacción anterior: «Los contribuyentes podrán deducir de la cuota íntegra autonómica la cantidad de 300 euros por cada menor en régimen de acogimiento familiar simple, permanente, provisional o preadoptivo, administrativo o judicial, formalizado por el órgano competente en materia de menores de la Xunta de Galicia, siempre que convivan con el menor ciento ochenta y tres o más días durante el periodo impositivo y no tengan relación de parentesco. Si el tiempo de convivencia durante el periodo impositivo fuese inferior a ciento ochenta y tres días y superior a noventa días, el importe de la deducción por cada menor acogido será de 150 euros.
No dará lugar a esta deducción el supuesto de acogimiento familiar preadoptivo cuando se ha producido la adopción del menor durante el periodo impositivo, sin perjuicio de la aplicación, en su caso, de la deducción por adopción.
En caso de acogimiento de menores por matrimonio, o por parejas de hecho a que se refiere la disposición adicional tercera de la Ley 2/2006, de 14 de junio, de derecho civil de Galicia, el importe de la deducción se prorrateará por partes iguales en la declaración de cada uno de ellos, si optasen por la declaración individual».

12 Nueva redacción del art. 5.cinco dada por el art. 2.Dos de la Ley 12/2014, de 22 de diciembre, de medidas fiscales y administrativas (DOG núm. 249, de 30 de diciembre de 2014), con efectos desde 1 de enero de 2015.
Redacción anterior dada el art. 67. Tres de la 11/2013, de 26 de diciembre, de presupuestos generales de la Comunidad Autónoma de Galicia para el año 2014 (DOG núm. 249, de 31 de diciembre de 2013), con efectos desde el 1 de enero de 2014.

b) Que ambos padres realicen una actividad por cuenta propia o ajena por la que estén dados de alta en el régimen correspondiente de la Seguridad Social o mutualidad.

c) Que, en el caso de que la deducción sea aplicable por gastos de una persona empleada del hogar, esta esté dada de alta en el régimen correspondiente de la Seguridad Social.

d) Que la base imponible total menos los mínimos personal y familiar para efectos del IRPF no exceda 22.000 euros en tributación individual o 31.000 euros en tributación conjunta.

Cuando más de un contribuyente tenga derecho a la aplicación de esa deducción con respecto a los mismos descendientes, su importe será prorrateado entre ellos.

Seis[13]. *Deducción por sujetos pasivos discapacitados, de edad igual o superior a sesenta y cinco años, que precisen ayuda de terceras personas.*

Los contribuyentes de edad igual o superior a sesenta y cinco años afectados por un grado de discapacidad igual o superior al 65% y que precisen ayuda de terceras personas podrán deducir de la cuota íntegra autonómica el 10% de las cantidades satisfechas a los terceros, con un límite máximo de 600 euros, siempre que:

a) La base imponible total menos los mínimos personal y familiar a efectos del IRPF no exceda de 22.000 euros en tributación individual o de 31.000 euros en tributación conjunta.

b) Se acredite la necesidad de la ayuda de terceras personas.

c) El contribuyente no sea usuario de residencias públicas o concertadas de la Comunidad Autónoma de Galicia.

Siete[14]. *Deducción por alquiler de vivienda habitual.*

El contribuyente podrá deducir de la cuota íntegra autonómica el 10 %, con un límite de 300 euros por contrato de arrendamiento, que será del 20 % con un límite de 600 euros si tiene dos o más hijos menores de edad, de las cantidades que hubiese satisfecho durante el período impositivo en concepto de alquiler de su vivienda habitual, con la condición de que concurran los siguientes requisitos:

a) Que su edad, en la fecha de devengo del impuesto, sea igual o inferior a 35 años.

---

[13] Nueva redacción del apartado Seis dada por el art. 2 de la Ley 5/2024, de 27 de diciembre, de medidas fiscales y administrativas (DOG núm. 251, de 31 de diciembre de 2024), con efectos desde el 1 de enero de 2025.
Redacción anterior: «*Seis. Deducción por sujetos pasivos discapacitados, de edad igual o superior a sesenta y cinco años, que precisen ayuda de terceras personas.*
Los contribuyentes de edad igual o superior a sesenta y cinco años afectados por un grado de minusvalía igual o superior al 65% y que precisen ayudas de terceras personas podrán deducir de la cuota íntegra autonómica el 10% de las cantidades satisfechas a los terceros, con un límite máximo de 600 euros, siempre que:
a) La base imponible total menos los mínimos personal y familiar a efectos del IRPF no sobrepase 22.000 euros en tributación individual o 31.000 euros en tributación conjunta.
b) Se acredite la necesidad de la ayuda de terceras personas.
c) El contribuyente no sea usuario de residencias públicas o concertadas de la Comunidad Autónoma de Galicia o beneficiario del cheque asistencial de la Xunta de Galicia».

[14] Nueva redacción del art. 5.siete dada por el art. 2.Tres de la Ley 12/2014, de 22 de diciembre, de medidas fiscales y administrativas (DOG núm. 249, de 30 de diciembre de 2014), con efectos desde 1 de enero de 2015.
Redacción anterior dada por el art. 67. Cuatro de la Ley 11/2013, de 26 de diciembre, de presupuestos generales de la Comunidad Autónoma de Galicia para el año 2014 (DOG núm. 249, de 31 de diciembre de 2013), con efectos desde el 1 de enero de 2014.

b) Que la fecha del contrato de arrendamiento sea posterior al 1 de enero de 2003.

c) Que hubiese constituido el depósito de la fianza a que se refiere el artículo 36.1 de la Ley 29/1994, de arrendamientos urbanos, en el Instituto Gallego de la Vivienda y Suelo, o bien se posea copia compulsada de la denuncia presentada ante dicho organismo por no entregarle dicho justificante la persona arrendadora.

d) Que la base imponible del período, antes de la aplicación de las reducciones por mínimo personal o familiar, no sea superior a 22.000 euros.

Las cuantías fijadas por esta deducción se duplicarán en el caso de que el arrendatario tenga reconocido un grado de discapacidad igual o superior al 33 %.

Cuando, cumpliendo estos requisitos, dos contribuyentes tengan derecho a la aplicación de esta deducción, el importe total de esta, sin exceder el límite establecido por contrato de arrendamiento, se prorrateará por partes iguales en la declaración de cada uno de ellos.

En caso de tributación conjunta, el requisito de la edad deberá de cumplirlo, por lo menos, uno de los cónyuges o, en su caso, el padre o la madre.

Ocho. *Deducción por gastos dirigidos al uso de nuevas tecnologías en los hogares gallegos.*

Los contribuyentes que durante el ejercicio accedan a internet mediante la contratación de líneas de alta velocidad podrán deducir de la cuota íntegra autonómica el 30 % de las cantidades satisfechas en concepto de cuota de alta y cuotas mensuales, con un límite máximo de 100 euros y según los requisitos siguientes:

a) Solo podrá aplicarse en el ejercicio en que se suscribe el contrato de conexión a líneas de alta velocidad.

b) La línea de alta velocidad contratada estará destinada al uso exclusivo del hogar y no estará vinculada al ejercicio de cualquier actividad empresarial o profesional.

c) No resultará de aplicación si el contrato de conexión supone simplemente un cambio de compañía prestadora del servicio y el contrato con la compañía anterior se realizó en otro ejercicio. Tampoco resultará de aplicación cuando se contrate la conexión a una línea de alta velocidad y el contribuyente mantenga, al mismo tiempo, otras líneas contratadas en ejercicios anteriores.

d) El límite máximo de la deducción se aplica respecto a todas las cantidades satisfechas durante el ejercicio, ya correspondan a un solo contrato de conexión, ya a varios que se mantengan simultáneamente.

Nueve[15]. *Deducción por inversión en la adquisición de acciones o participaciones sociales en entidades nuevas o de reciente creación.*

1. Los contribuyentes podrán deducir en la cuota íntegra autonómica, y con límite de 6.000 euros, el 30% de las cantidades invertidas durante el ejercicio en la adquisición de acciones o participaciones sociales como consecuencia de acuerdos de constitución de so-

---

[15] Nueva redacción del art. 5.Nueve dada por el art. 1.Uno de la Ley 3/2018, de 26 de diciembre, de medidas fiscales y administrativas (DOG núm. 247, de 28 de diciembre de 2018), en vigor desde el 1 de enero de 2019.
Redacción anterior dada por el art. 2.Cuatro de la Ley 12/2014, de 22 de diciembre, de medidas fiscales y administrativas (DOG núm. 249, de 30 de diciembre de 2014), con efectos desde 1 de enero de 2015.
Redacción anterior dada por el art. 71 Ley 2/2013, de 27 febrero de presupuestos generales de la Comunidad Autónoma de Galicia para el año 2013, en vigor desde el 1 de marzo de 2013.

ciedades o de ampliación de capital en sociedades anónimas, limitadas, sociedades laborales y cooperativas, siempre que se cumplan los siguientes requisitos:

a)[16] La participación del contribuyente, computada junto con las del cónyuge o personas unidas por razón de parentesco, en línea directa o colateral, por consanguinidad o afinidad hasta el tercer grado incluido, no puede ser superior al 40% ni inferior al 1% del capital social de la sociedad objeto de la inversión o de sus derechos de voto en ningún momento y durante los tres años siguientes a la constitución o ampliación. El límite máximo de participación en el capital social no se aplicará en el caso de sociedades laborales o cooperativas compuestas únicamente por dos personas socias, mientras se mantenga esta circunstancia.

b) La entidad en la que hay que materializar la inversión ha de cumplir los siguientes requisitos:

1. Debe tener el domicilio social y fiscal en Galicia y mantenerlo durante los tres años siguientes a la constitución o ampliación.

2. Debe desempeñar una actividad económica durante los tres años siguientes a la constitución o ampliación. A tal efecto, no ha de tener por actividad principal la gestión de un patrimonio mobiliario o inmobiliario, de acuerdo con lo dispuesto en el artículo 4.8.ºDos.a) de la Ley 19/1991, de 6 de junio, del impuesto sobre el patrimonio.

3. Debe contar, como mínimo, con una persona ocupada con contrato laboral y a jornada completa, dada de alta en el régimen general de la Seguridad Social y con residencia habitual en Galicia, durante los tres años siguientes a la constitución o ampliación.

4. En caso de que la inversión se hubiera realizado mediante una ampliación de capital, la sociedad mercantil debió de haber sido constituida en los tres años anteriores a la fecha de esta ampliación, siempre que, además, durante los veinticuatro meses siguientes a la fecha del inicio del periodo impositivo del impuesto sobre sociedades en que se hubiera realizado la ampliación su plantilla media con residencia habitual en Galicia se hubiera incrementado, al menos, en una persona con respecto a la plantilla media con residencia habitual en Galicia en los doce meses anteriores y que dicho incremento se mantuviera durante un periodo adicional de otros veinticuatro meses.

Para el cálculo de la plantilla media total de la empresa y de su incremento, se tomarán las personas empleadas, en los términos en que disponga la legislación laboral, teniendo en cuenta la jornada contratada en relación con la jornada completa.

c) Las operaciones en que sea de aplicación la deducción deben formalizarse en escritura pública, en la cual ha de especificarse la identidad de los inversores y el importe de la inversión respectiva.

d) Las participaciones adquiridas deben mantenerse en el patrimonio del contribuyente durante un periodo mínimo de tres años, siguientes a la constitución o ampliación.

2. La deducción regulada en el número 1 podrá incrementarse en un 15% adicional, con límite de 9.000 euros, cuando, además de cumplir los requisitos de dicho número, se diese una de las siguientes circunstancias:

a) La adquisición de acciones o participaciones sociales como consecuencia de acuerdos de constitución de sociedades o de ampliación de capital, cuando se trate de sociedades

---

[16]   Nueva redacción de la letra a) dada por el art. 1.Uno de la Ley 7/2019, de 23 de diciembre, de medidas fiscales y administrativas (DOG núm. 246, de 27 de diciembre de 2019), en vigor desde el 1 de enero de 2020.

anónimas, limitadas, sociedades laborales y cooperativas que acrediten ser pequeñas y medianas empresas innovadoras, de acuerdo con lo dispuesto en la Orden ECC/1087/2015, de 5 de junio, por la que se regula la obtención del sello de pequeña y mediana empresa innovadora y se crea y regula el funcionamiento del Registro de la Pequeña y Mediana Empresa Innovadora.

b) La adquisición de acciones o participaciones sociales como consecuencia de acuerdos de constitución de sociedades o de ampliación de capital, cuando se realice en sociedades anónimas, limitadas, sociedades laborales y cooperativas que acrediten ser sociedades promotoras de un proyecto empresarial que haya accedido a la obtención de calificación como iniciativa de empleo de base tecnológica, de conformidad con lo dispuesto en el Decreto 56/2007, de 15 de marzo, por el que se establece un programa de apoyo a las iniciativas de empleo de base tecnológica (IEBT), mediante la inscripción de la iniciativa en el Registro administrativo de Iniciativas Empresariales de Base Tecnológica.

c) La adquisición de acciones o participaciones sociales como consecuencia de acuerdos de constitución de sociedades o de ampliación de capital, cuando se realice en sociedades anónimas, limitadas, sociedades laborales y cooperativas participadas por universidades u organismos de investigación.

Diez[17]. *Deducción por inversión en la adquisición de acciones o participaciones sociales en entidades nuevas o de reciente creación y su financiación.*

1. Los contribuyentes podrán deducir en la cuota íntegra autonómica, y con límite conjunto de 20.000 euros, las siguientes cantidades:

a) El 30% de las cantidades invertidas durante el ejercicio en la adquisición de capital social como consecuencia de acuerdos de constitución de sociedades o de ampliación de capital en sociedades anónimas, limitadas, sociedades laborales y cooperativas.

b) Con respecto a las mismas entidades, podrá deducirse el 30% de las cantidades prestadas durante el ejercicio, así como de las cantidades garantizadas personalmente por el contribuyente, siempre que el préstamo se otorgase o la garantía se constituyese en el ejercicio en el que se proceda a la constitución de la sociedad o a la ampliación de capital de la misma.

Para tener derecho a estas deducciones habrán de cumplirse los siguientes requisitos:

a)[18] La participación del contribuyente, computada junto con las del cónyuge o de las personas unidas por razón de parentesco, en línea directa o colateral, por consanguinidad o afinidad hasta el tercer grado incluido, no puede ser superior al 40% ni inferior al 1% del capital social de la sociedad objeto de la inversión, o de sus derechos de voto, en ningún momento y durante los tres años siguientes a la constitución o ampliación. En caso de préstamo o garantía, no será necesaria una participación del contribuyente en el capital, pero, si esta

---

[17] Nueva redacción del art. 5.Diez dada por el art. 1.Dos de la Ley 3/2018, de 26 de diciembre, de medidas fiscales y administrativas (DOG núm. 247, de 28 de diciembre de 2018), en vigor desde el 1 de enero de 2019.
   Redacción anterior dada por la Disp. Adic. Primera. Uno de la Ley 9/2013, de 19 de diciembre, del emprendimiento y de la competitividad económica de Galicia (DOG núm. 247, 27 de diciembre de 2013), con efectos desde 1 de enero de 2013.

[18] Nueva redacción de la letra a) dada por el art.1.Dos de la Ley 7/2019, de 23 de diciembre, de medidas fiscales y administrativas (DOG núm. 246, de 27 de diciembre de 2019), en vigor desde el 1 de enero de 2020.

existiera, no puede ser superior al 40%, con los mismos límites temporales anteriores. El importe prestado o garantizado por el contribuyente tiene que ser superior al 1% del patrimonio neto de la sociedad.

b) La entidad en la que hay que materializar la inversión, préstamo o garantía ha de cumplir los siguientes requisitos:

1.º Debe tener el domicilio social y fiscal en Galicia y mantenerlo durante los tres años siguientes a la constitución o ampliación.

2.º Debe desempeñar una actividad económica durante los tres años siguientes a la constitución o ampliación. A ese efecto, no ha de tener por actividad principal la gestión de un patrimonio mobiliario o inmobiliario, de acuerdo con lo dispuesto en el artículo 4.8.ºDos.a) de la Ley 19/1991, de 6 de junio, del impuesto sobre el patrimonio.

3.º Debe contar, como mínimo, con una persona ocupada con contrato laboral y a jornada completa, dada de alta en el régimen general de la Seguridad Social y con residencia habitual en Galicia. El contrato tendrá una duración mínima de un año, debiendo formalizarse dentro de los dos años siguientes a la constitución o ampliación, salvo en el caso de sociedades laborales o sociedades cooperativas.

4.º En caso de que la inversión hubiera sido realizada mediante una ampliación de capital o el préstamo o garantía se hubiera realizado en el ejercicio de una ampliación, la sociedad mercantil debió de haber sido constituida en los tres años anteriores a la fecha de esta ampliación, y además, durante los veinticuatro meses siguientes a la fecha del inicio del periodo impositivo del impuesto sobre sociedades en que se hubiera realizado la ampliación, su plantilla media con residencia habitual en Galicia debió de haberse incrementado, al menos, en una persona respecto a la plantilla media con residencia habitual en Galicia en los doce meses anteriores, manteniéndose dicho incremento durante un periodo adicional de otros doce meses, salvo en el caso de sociedades laborales o sociedades cooperativas.

Para el cálculo de la plantilla media total de la empresa y de su incremento se tomarán las personas empleadas, en los términos en que disponga la legislación laboral, teniendo en cuenta la jornada contratada en relación con la jornada completa.

c) El contribuyente puede formar parte del consejo de administración de la sociedad en que materializó la inversión, pero en ningún caso puede llevar a cabo funciones ejecutivas ni de dirección durante un plazo de diez años, ni puede mantener una relación laboral con la entidad objeto de la inversión durante ese mismo plazo, salvo en el caso de sociedades laborales o sociedades cooperativas.

d) Las operaciones en que sea de aplicación la deducción deben formalizarse en escritura pública, en la cual ha de especificarse la identidad de los contribuyentes que pretendan aplicar esta deducción y el importe de la operación respectiva.

e) Las participaciones adquiridas han de mantenerse en el patrimonio del contribuyente durante un periodo mínimo de tres años, siguientes a la constitución o ampliación. En caso de préstamos, estos deben referirse a las operaciones de financiación con plazo superior a cinco años, no pudiendo amortizar una cantidad superior al 20% anual del importe del principal prestado. En caso de garantías, estas se extenderán a todo el tiempo de vigencia de la operación garantizada, no pudiendo ser inferior a cinco años.

La deducción contenida en este número resultará incompatible, para las mismas inversiones, con las deducciones previstas en los números 9 y 11 de este artículo.

2. Las deducciones reguladas en el número anterior podrán incrementarse en un 15% adicional, con límite de 35.000 euros, cuando, además de cumplirse los requisitos de dicho número, se diese una de las siguientes circunstancias:

a) La adquisición de acciones o participaciones sociales como consecuencia de acuerdos de constitución o de ampliación de capital, cuando se trate de sociedades anónimas, limitadas, sociedades laborales y cooperativas que acrediten ser pequeñas y medianas empresas innovadoras, de acuerdo con lo dispuesto en la Orden ECC/1087/2015, de 5 de junio, por la que se regula la obtención del sello de pequeña y mediana empresa innovadora y se crea y regula el funcionamiento del Registro de la Pequeña y Mediana Empresa Innovadora.

b) La adquisición de acciones o participaciones sociales como consecuencia de acuerdos de constitución de sociedades o de ampliación de capital, cuando se realice en sociedades anónimas, limitadas, sociedades laborales y cooperativas que acrediten ser sociedades promotoras de un proyecto empresarial que haya accedido a la obtención de calificación como iniciativa de empleo de base tecnológica, de conformidad con lo dispuesto en el Decreto 56/2007, de 15 de marzo, por el que se establece un programa de apoyo a las iniciativas de empleo de base tecnológica (IEBT), mediante la inscripción de la iniciativa en el Registro administrativo de Iniciativas Empresariales de Base Tecnológica.

c) La adquisición de acciones o participaciones sociales como consecuencia de acuerdos de constitución de sociedades o de ampliación de capital, cuando se realice en sociedades anónimas, limitadas, sociedades laborales y cooperativas participadas por universidades u organismos de investigación.

Once[19]. *Deducción por inversión en acciones de entidades que cotizan en el segmento de empresas en expansión del mercado alternativo bolsista.*

1. Los contribuyentes podrán deducir en la cuota íntegra autonómica, y con un límite de 4.000 euros, el 15 % de las cantidades invertidas durante el ejercicio en la adquisición de acciones como consecuencia de acuerdos de ampliación de capital suscritos por medio del segmento de empresas en expansión del mercado alternativo bolsista, aprobado por acuerdo del Consejo de Ministros de 30 de diciembre de 2005.

La deducción total calculada conforme al párrafo anterior se prorrateará por partes iguales en el ejercicio en que se realice la inversión y en los tres ejercicios siguientes.

2. Para poder aplicar la deducción a que se refiere el apartado 1 han de cumplirse los requisitos siguientes:

a) La participación conseguida por el contribuyente en la sociedad objeto de la inversión no puede ser superior al 10 % de su capital social.

b) Las acciones adquiridas deben mantenerse en el patrimonio del contribuyente durante un periodo de tres años, como mínimo.

c) La sociedad objeto de la inversión debe tener el domicilio social y fiscal en Galicia, y no debe tener como actividad principal la gestión de un patrimonio mobiliario o inmobiliario, de acuerdo con lo dispuesto por el artículo 4.8º.Dos.a) de la Ley 19/1991, de 6 de junio, del impuesto sobre el patrimonio.

---

[19]   Nueva redacción del art. 5.Once dada por la Disp. Adic. Primera. Dos de la Ley 9/2013, de 19 de diciembre, del emprendimiento y de la competitividad económica de Galicia (DOG núm. 247, 27 de diciembre de 2013), con efectos desde 1 de enero de 2013.

Los requisitos indicados en las letras a) y c) anteriores deberán cumplirse durante todo el plazo de mantenimiento indicado en la letra b), contado desde la fecha de adquisición de la participación.

d) Las operaciones en que sea de aplicación la deducción deben formalizarse en escritura pública, en la cual ha de especificarse la identidad de los inversores y el importe de la inversión respectiva.

3. El incumplimiento de los requisitos anteriores comporta la pérdida del beneficio fiscal.

4. La deducción contenida en este apartado resultará incompatible, para las mismas inversiones, con las deducciones previstas en los apartados 9 y 10 anteriores.

Doce[20]. *Deducción por donaciones con finalidad en investigación y desarrollo científico e innovación tecnológica.*

1. Los contribuyentes podrán deducir de la cuota íntegra autonómica del impuesto el 25%, hasta el límite del 10% de dicha cuota, de los donativos monetarios que hagan a favor de centros de investigación adscritos a universidades gallegas y de los promovidos o participados por la Comunidad Autónoma de Galicia que tengan por objeto el fomento de la investigación científica y el desarrollo y la innovación tecnológicos, así como de los realizados a favor de entidades sin ánimo de lucro acogidas a la Ley 49/2002, de 23 de diciembre, de régimen fiscal de las entidades sin fines lucrativos y de los incentivos fiscales al mecenazgo, a condición de que estas últimas tengan la consideración de organismo de investigación y difusión de conocimientos con arreglo a lo previsto en el artículo 2.83 del Reglamento (UE) n.º 651/2014 de la Comisión, de 17 de junio de 2014, por el que se declaran determinadas categorías de ayudas compatibles con el mercado interior en aplicación de los artículos 107 y 108 del Tratado.

2. La deducción queda condicionada a la justificación documental adecuada y suficiente de los presupuestos de hecho y de los requisitos que determinan su aplicabilidad. En particular, las entidades beneficiarias de estos donativos deben enviar a la Agencia Tributaria de Galicia, dentro de los primeros veinte días de cada año, una relación de las personas físicas que efectuaron donativos durante el año anterior, con indicación de las cantidades donadas por cada una de estas personas.

Trece[21]. *Deducción por inversión en instalaciones de climatización y/o agua caliente sanitaria que empleen energías renovables en la vivienda habitual y destinadas exclusiva- mente al autoconsumo.*

1. Los contribuyentes podrán deducir en la cuota íntegra autonómica el 5 % de las cantidades satisfechas en el ejercicio por la instalación en la vivienda habitual de sistemas de climatización y/o agua caliente sanitaria en las edificaciones que empleen fuentes de energía renovables, y con un límite de 280 € por sujeto pasivo.

---

[20]   Nueva redacción del art. 5.Doce dada por el art. 1.Tres de la Ley 3/2018, de 26 de diciembre, de medidas fiscales y administrativas (DOG núm. 247, de 28 de diciembre de 2018), en vigor desde el 1 de enero de 2019.

    Redacción anterior por su incorporación por el art. 2.Cinco de la Ley 12/2014, de 22 de diciembre, de medidas fiscales y administrativas (DOG núm. 249, de 30 de diciembre de 2014), con efectos desde 1 de enero de 2015.

[21]   Nuevo apartado incorporado por el art. 2.Seis de la Ley 12/2014, de 22 de diciembre, de medidas fiscales y administrativas (DOG núm. 249, de 30 de diciembre de 2014), con efectos desde 1 de enero de 2015.

Se entiende por energías renovables aquellas a las que se refiere el artículo 2 de la Directiva 2009/28/CE del Parlamento Europeo y del Consejo, de 23 de abril de 2009, relativa al fomento del uso de energía procedente de fuentes renovables y por la que se modifican y se derogan las directivas 2001/77/CE y 2003/30/CE.

En caso de edificios de viviendas en régimen de propiedad horizontal que sean de nueva construcción o en los que se proceda a la sustitución de los equipos de generación térmica por otros que empleen energías renovables, esta deducción podrá aplicarla cada uno de los propietarios individualmente en el porcentaje que le corresponda en la comunidad de propietarios.

2. La base de esta deducción estará constituida por las cantidades efectivamente satisfechas en la totalidad de la instalación, esto es, sistema de generación, sistema de emisión térmica y sistema de captación, mediante tarjeta de crédito o débito, transferencia bancaria, cheque nominativo o ingreso en cuentas en entidades de crédito, a los instaladores habilitados que realicen la instalación. En ningún caso darán derecho a practicar esta deducción las cantidades satisfechas mediante entregas de dinero de curso legal.

3. Solo se podrá practicar la deducción si se cumplen los siguientes requisitos:

a) La instalación debe estar debidamente registrada por el instalador, que debe estar habilitado para el efecto, en la Oficina Virtual de Industria (OVI), según lo establecido en el Reglamento de instalaciones térmicas en edificios aprobado por Real decreto 1027/2007, de 20 de julio. Se le remitirá al titular o empresa que registró la instalación un código de verificación de esta.

b) Posteriormente, y siempre antes de que expire el plazo para presentar la autoliquidación correspondiente al período impositivo en el que se sufragó la instalación, será necesario aportar a través de la OVI la siguiente documentación:

– El presupuesto analizado de la instalación.

– La factura o facturas emitida/s por el instalador habilitado.

– Lo/s justificante/s de pago por la totalidad del coste de la instalación.

– En el caso de efectuarse la inversión por una comunidad de propietarios, deberá aportarse un certificado, emitido por su representante legal, de las aportaciones económicas correspondientes a cada comunero.

En caso de que la instalación se realice en una vivienda unifamiliar, esta documentación será aportada por el sujeto pasivo. Si se tratase de edificios en régimen de propiedad horizontal, será aportada por el representante legal de la comunidad de propietarios o por persona autorizada para el efecto.

4. Para poder practicarse esta deducción debe constar en la declaración tributaria del sujeto pasivo la referencia al código de la instalación proporcionado por la OVI en el certificado de registro de la instalación.

Catorce[22]. *Deducción por rehabilitación de bienes inmuebles situados en centros históricos.*

Los contribuyentes podrán deducir de la cuota íntegra autonómica el 15 % de las cantidades invertidas en el ejercicio en la rehabilitación de inmuebles situados en los centros históricos que mediante orden se determinen, con un límite de 9.000 euros.

---

[22]   Nuevo apartado incorporado por el art. 1 de la Ley 9/2017, de 26 de diciembre, de medidas fiscales y administrativas (DOG núm. 245, de 28 de diciembre de 2017), en vigor desde el 1 de enero de 2018.

A estos efectos, se considerarán rehabilitación las obras que cumplan los siguientes requisitos:

a) Que dispongan de los permisos y autorizaciones administrativas correspondientes.

b) Que tengan por objeto principal la reconstrucción del inmueble mediante la consolidación y el tratamiento de las estructuras, fachadas o cubiertas y otras obras análogas, siempre que el coste global de las operaciones de rehabilitación exceda del 25 % ciento del precio de adquisición, si se efectuó esta durante los dos años inmediatamente anteriores al comienzo de las obras de rehabilitación, o, en otro caso, del valor de mercado que tenga el inmueble en el momento de dicho inicio. A estos efectos, se descontará del precio de adquisición o del valor de mercado del inmueble la parte proporcional correspondiente al suelo. Cuando no se conozca el valor del suelo, este se calculará prorrateando el coste de adquisición satisfecho o el valor de mercado entre los valores catastrales del suelo y de la construcción de cada año.

En la orden que delimite los centros históricos se establecerá la justificación documental necesaria que acredite la pertenencia del bien a dicho centro.

Quince[23]. *Deducción por inversión en empresas que desarrollen actividades agrarias.*

1. Los contribuyentes podrán deducir en la cuota íntegra autonómica, y con un límite conjunto de 20.000 euros, el 20% de las cantidades o, en caso de aportaciones no dinerarias, del valor de los bienes que destinen en el ejercicio a las siguientes inversiones:

a) Adquisición de capital social a consecuencia de acuerdos de constitución de sociedades o de ampliación de capital, así como cualquier aportación a reservas en:

1º. Sociedades de fomento forestal reguladas en la Ley 7/2012, de 28 de junio, de montes de Galicia, y otro tipo de sociedades de gestión conjunta.

2º. Entidades agrarias, cooperativas agrarias o de explotación comunitaria de la tierra que tengan por objeto exclusivo actividades agrarias.

3º. Entidades que tengan por objeto la movilización o recuperación de las tierras agrarias de Galicia al amparo de los instrumentos previstos en la Ley 11/2021, de 14 de mayo, de recuperación de la tierra agraria de Galicia.

b) Préstamos realizados a favor de las mismas entidades citadas en la letra a) anterior, así como garantías que el contribuyente constituya personalmente a favor de estas entidades.

c) Aportaciones que los socios capitalistas realicen a cuentas en participación constituidas para el desarrollo de actividades agrarias y en las que el partícipe gestor sea alguna de las entidades citadas en la letra a) anterior.

2. Para tener derecho a estas deducciones deberán cumplirse los siguientes requisitos:

a) Las operaciones a las que sea de aplicación la deducción deben formalizarse en escritura pública, en la cual debe especificarse la identidad de los contribuyentes que pretendan aplicar esta deducción y el importe de la operación respectiva.

b) Las inversiones realizadas deben mantenerse en el patrimonio del contribuyente durante un período mínimo de cinco años, computado a partir del día siguiente a la fecha en que se formalice la operación en escritura pública. En caso de operaciones de financiación,

---

23   Nueva redacción del apartado quince dada por la Disp. Final primera dos de la Ley 11/2021, de 14 de mayo, de recuperación de la tierra agraria de Galicia (DOG núm. 94 de 21 de mayo de 2021), con efectos desde 1 de enero de 2021.

Nuevo apartado incorporado por el art. 1 de la Ley 9/2017, de 26 de diciembre, de medidas fiscales y administrativas (DOG núm. 245, de 28 de diciembre de 2017), en vigor desde el 1 de enero de 2018.

el plazo de vencimiento deberá ser superior o igual a cinco años, sin que se pueda amortizar una cantidad superior al 20% anual del importe de la principal. Durante ese mismo plazo de cinco años deben mantenerse las garantías constituidas.

c) El contribuyente puede formar parte del consejo de administración de la sociedad en que materializó la inversión, pero en ningún caso puede llevar a cabo funciones ejecutivas ni de dirección durante un plazo de diez años, ni puede mantener una relación laboral con la entidad objeto de la inversión durante ese mismo plazo, excepto en el caso de sociedades laborales o sociedades cooperativas.

Esta deducción es incompatible con las recogidas en los números nueve, diez y once de este artículo.

Dieciséis[24].

Diecisiete[25].

---

[24] Apartado suprimido por el art. 2 Dos de la Ley 5/2024, de 27 de diciembre, de medidas fiscales y administrativas (DOG núm. 251, de 31 de diciembre de 2024), con efectos desde el 1 de enero de 2025.
Apartado incorporado por el art. 1 de la Ley 9/2017, de 26 de diciembre, de medidas fiscales y administrativas (DOG núm. 245, de 28 de diciembre de 2017), en vigor desde el 1 de enero de 2018: «*Dieciséis. Deducción de la cuota íntegra autonómica por determinadas subvenciones y/o ayudas obtenidas a consecuencia de los daños causados por los incendios que se produjeron en Galicia durante el mes de octubre del año 2017.*
Cuando el contribuyente hubiese integrado en la base imponible general el importe correspondiente a una subvención o cualquier otra ayuda pública obtenida de la Comunidad Autónoma de Galicia de las incluidas en el Decreto 102/2017, de 19 de octubre, de medidas urgentes de ayuda para la reparación de daños causados por los incendios que se produjeron en Galicia durante el mes de octubre del año 2017, podrá aplicar una deducción en la cuota íntegra autonómica del impuesto sobre la renta de las personas físicas.
El importe de dicha deducción será el resultado de aplicar los tipos medios de gravamen al importe de la subvención en la base liquidable».

[25] Apartado suprimido por el art. 2 Dos de la Ley 5/2024, de 27 de diciembre, de medidas fiscales y administrativas (DOG núm. 251, de 31 de diciembre de 2024), con efectos desde el 1 de enero de 2025.
Apartado incorporado por el art. 1.Cuatro de la Ley 3/2018, de 26 de diciembre, de medidas fiscales y administrativas (DOG núm. 247, de 28 de diciembre de 2018), en efectos a partir de 2018: «*Diecisiete. Deducciones de la cuota íntegra autonómica para paliar los daños causados por la explosión de material pirotécnico que tuvo lugar en Tui durante el mes de mayo de 2018.*
1°. Cuando el contribuyente haya integrado en la base imponible general el importe correspondiente a una subvención o cualquier otra ayuda pública obtenida de la Comunidad Autónoma de Galicia de las incluidas en el Decreto 55/2018, de 31 de mayo, de medidas urgentes para la reparación de daños causados por la explosión de material pirotécnico producida en Tui el 23 de mayo de 2018, podrá aplicar una deducción en la cuota íntegra autonómica del impuesto sobre la renta de las personas físicas.
El importe de dicha deducción será el resultado de aplicar los tipos medios de gravamen al importe de la subvención o ayuda pública en la base liquidable.
2°. Además, el contribuyente podrá deducir las cantidades invertidas, en inversiones no empresariales, con la finalidad de paliar los daños sufridos, por la parte que exceda de las cantidades percibidas por ayudas o subvenciones de las incluidas en el Decreto 55/2018, de 31 de mayo, de medidas urgentes para la reparación de daños causados por la explosión de material pirotécnico producida en Tui el 23 de mayo de 2018, o por coberturas de seguros.
En ningún caso la cantidad objeto de deducción podrá ser superior a la diferencia entre el daño sufrido y las cantidades recibidas por ayudas o coberturas de seguro.
Las deducciones a que se refiere este artículo surtirán efectos a partir de 2018».

Dieciocho[26]. *Deducción en la cuota íntegra autonómica por obras de mejora de eficiencia energética en edificios de viviendas o en viviendas unifamiliares.*

1. Los contribuyentes podrán deducir de la cuota íntegra autonómica en el ejercicio en que se finalice la obra de mejora de eficiencia energética de los inmuebles de uso residencial vivienda:

a) El 15% de las cantidades totales invertidas. La base de la deducción tendrá como límite 9.000 € por sujeto pasivo.

b) El coste de los honorarios para la obtención del certificado que justifique el salto de letra en la calificación energética del inmueble, así como las tasas relacionadas con su inscripción en el Registro de Certificados de Eficiencia Energética de Edificios de la Comunidad Autónoma de Galicia, con un límite único de 150 € que será prorrateado en función del porcentaje de titularidad de la vivienda.

A estos efectos, se considerarán obras de mejora de eficiencia energética las que cumplan los siguientes requisitos:

a) Que dispongan de los permisos, autorizaciones o títulos habilitantes correspondientes.

b) Que mejoren el comportamiento energético de las edificaciones reduciendo la demanda energética, mejorando el rendimiento de las instalaciones térmicas y/o incorporando equipos que utilicen fuentes de energía renovable y que tengan por objeto principal subir una letra en la escala de calificación energética de emisiones de CO_2 y en la escala de consumo de energía primaria no renovable.

2. En relación con la letra a) del número 1, la base de esta deducción estará constituida por las cantidades efectivamente satisfechas en las obras de mejora de eficiencia energética en edificios de viviendas o en viviendas unifamiliares, mediante tarjeta de crédito o débito, transferencia bancaria, cheque nominativo o ingreso en cuentas en entidades de crédito. En ningún caso darán derecho a practicar esta deducción las cantidades satisfechas mediante entregas de dinero de curso legal.

3. Para tener derecho a esta deducción deberá presentarse, antes de que expire el plazo para presentar la autoliquidación correspondiente al período impositivo en que se finalice la obra de mejora energética objeto de deducción, a través de la plataforma electrónica del Registro de Eficiencia Energética de Edificios de la Comunidad Autónoma de Galicia:

a) Certificado de eficiencia energética del edificio, una vez ejecutadas las obras que dan lugar a esta deducción, que debe estar inscrito en el Registro de Certificados de Eficiencia Energética de Edificios de la Comunidad Autónoma de Galicia mediante el procedimiento establecido a tal fin.

b) Informe firmado por un técnico competente que justifique el salto de letra conseguido con las mejoras, según el modelo que conste en el Registro de Certificados de Eficiencia Energética de Edificios de la Comunidad Autónoma de Galicia.

c) La totalidad de las facturas correspondientes a las obras de mejora de eficiencia energética objeto de deducción, así como las relativas a la obtención del certificado de eficiencia energética.

d) Los justificantes de pago de estas facturas.

---

[26]   Nuevo apartado incorporado por el art. 1.cuatro de la Ley 7/2019, de 23 de diciembre, de medidas fiscales y administrativas (DOG núm. 246, de 27 de diciembre de 2019), en vigor desde el 1 de enero de 2020.

En caso de que la inversión se realice en una vivienda unifamiliar, esta documentación será aportada por el sujeto pasivo. En el caso de edificios en régimen de propiedad horizontal, será aportada por el representante legal de la comunidad de propietarios, que, además, deberá adjuntar un certificado de las aportaciones económicas correspondientes a cada comunero.

4. Para poder practicarse esta deducción deberá constar en la declaración tributaria del sujeto pasivo el número de inscripción del certificado de eficiencia energética tras la reforma en el Registro de Certificados de Eficiencia Energética de Edificios de la Comunidad Autónoma de Galicia, proporcionado por el propio Registro en la etiqueta de eficiencia energética del inmueble.

5. La deducción prevista en este número es incompatible con la prevista por inversión en instalaciones de climatización y/o agua caliente sanitaria que empleen energías renovables en la vivienda habitual y destinada exclusivamente al autoconsumo.

Diecinueve[27]. *Deducción en la cuota íntegra autonómica por las ayudas y subvenciones recibidas por los deportistas de alto nivel de Galicia.*

1. Cuando el contribuyente integre en la base imponible general el importe correspondiente a una subvención o cualquier otra ayuda pública obtenida de la Administración general de la Comunidad Autónoma de Galicia o de las restantes entidades del sector público autonómico para el desarrollo de la actividad deportiva, podrá aplicar una deducción en la cuota íntegra autonómica del impuesto sobre la renta de las personas físicas, siempre y cuando la actividad deportiva no genere rendimientos de actividades económicas.

El importe de la deducción será el resultado de aplicar los tipos medios de gravamen al importe de la subvención o ayuda pública en la base liquidable.

2. Para la aplicación de esta deducción es requisito imprescindible que el contribuyente tenga reconocida la condición de deportista de alto nivel según resolución del órgano superior de la Administración general de la Comunidad Autónoma con competencias en materia de deporte.

Veinte[28]. *Deducción por adquisición y rehabilitación de viviendas en los proyectos de aldeas modelo.*

1. Los contribuyentes podrán deducir en la cuota íntegra autonómica el 15% de las cantidades satisfechas en el ejercicio para la adquisición o rehabilitación de viviendas, siempre que:

a) Las viviendas se sitúen en terrenos que se integren en proyectos de aldeas modelo, de conformidad con lo previsto en la Ley 11/2021, de 14 de mayo, de recuperación de la tierra agraria de Galicia.

b) Las viviendas estén destinadas a residencia de los contribuyentes que las adquieran o rehabiliten, ya sea con carácter habitual o esporádico.

---

[27] Nuevo apartado incorporado por el art. 1.Cinco de la Ley 7/2019, de 23 de diciembre, de medidas fiscales y administrativas (DOG núm. 246, de 27 de diciembre de 2019), en vigor desde el 1 de enero de 2020.

[28] Nuevo apartado incorporado por la Disp. Final primera Tres de la Ley 11/2021, de 14 de mayo, de recuperación de la tierra agraria de Galicia (DOG núm. 94 de 21 de mayo de 2021), con efectos desde 1 de enero de 2021.

La base de esta deducción no podrá exceder de 9.000 euros anuales para el caso de construcciones destinadas a constituir la vivienda habitual de los contribuyentes. En otro caso, la base de la deducción no podrá exceder de 4.500 euros anuales.

La base de la deducción estará constituida por las cantidades satisfechas para la adquisición o rehabilitación de la vivienda, incluidos los gastos originados que hayan corrido a cargo del adquirente, y, en el caso de financiación ajena, la amortización, los intereses, el coste de los instrumentos de cobertura del riesgo de tipo de interés variable de los préstamos hipotecarios regulados en el artículo décimo noveno de la Ley 36/2003, de 11 de noviembre, de medidas de reforma económica, y demás gastos de ella derivados. En caso de aplicación de los citados instrumentos de cobertura, los intereses satisfechos por el contribuyente se aminorarán en las cantidades obtenidas por la aplicación del citado instrumento.

2. A los efectos de la presente deducción, tendrán la consideración de obras de rehabilitación aquellas que cumplan los siguientes requisitos:

a) Que dispongan de los permisos y autorizaciones administrativas correspondientes.

b) Que tengan por objeto principal la reconstrucción de la vivienda mediante la consolidación y el tratamiento de las estructuras, fachadas o cubiertas y otras obras análogas, siempre que el coste global de las operaciones de rehabilitación exceda del 25% del precio de adquisición, si se efectuó esta durante los dos años inmediatamente anteriores al inicio de las obras de rehabilitación, o, en otro caso, del valor de mercado que tenga el inmueble en el momento de dicho inicio. A estos efectos, se descontará del precio de adquisición o del valor de mercado del inmueble la parte proporcional correspondiente al suelo. Cuando no se conozca el valor del suelo, este se calculará prorrateando el coste de adquisición satisfecho o el valor de mercado entre los valores catastrales del suelo y de la construcción de cada año.

Esta deducción resultará incompatible, para las mismas inversiones, con las previstas en los números trece y dieciocho.

Veintiuno[29]. *Deducción por inversión en la adquisición de acciones o participaciones sociales en entidades que realicen determinados proyectos declarados de especial interés público, social o económico.*

Los contribuyentes podrán deducir en la cuota íntegra autonómica el 20% de las cantidades invertidas durante el ejercicio en la adquisición de acciones o participaciones sociales, a consecuencia de acuerdos de constitución de sociedades o de ampliación de capital, de aquellas entidades que tengan por objeto social exclusivo la realización de proyectos que sean declarados de especial interés público, social o económico, a los que se refieren los artículos 17 y 20 de la Ley 2/2024, de 7 de noviembre, de promoción de los beneficios sociales y económicos de los proyectos que utilizan los recursos naturales de Galicia. El porcentaje de deducción prevista en este epígrafe se aplicará sobre una base máxima de 10.000 euros para cada entidad, con independencia de que la inversión se realice en uno o en varios periodos impositivos.

Esta deducción es incompatible con cualquier otra prevista en este artículo y que resulte de aplicación por la misma inversión en capital.

---

[29] Nuevo apartado veintiuno incorporada por la Disp. Final Tercera Uno de la Ley 2/2024, de 7 de noviembre, de promoción de los beneficios sociales y económicos de los proyectos que utilizan los recursos naturales de Galicia (DOG núm. 217, 11 de noviembre de 2024), en vigor desde el 12 de noviembre de 2024.

Veintidós[30]. Deducción por gastos derivados de la adecuación de un inmueble vacío con destino al arrendamiento como vivienda.

1. Los contribuyentes podrán deducir de la cuota autonómica el 15% de las cantidades satisfechas por las obras de reparación y conservación, así como cualquier otro gasto necesario para que un inmueble radicado en Galicia se encuentre en condiciones de ser arrendado como vivienda, incluida la obtención del certificado de eficiencia energética y la formalización del contrato de arrendamiento, en el período impositivo en que se finalicen las obras. La fecha de finalización de las obras se acreditará mediante la fecha de la factura expedida por las obras. La aplicación de la deducción no podrá dar como resultado una cuota autonómica negativa.

2. La base máxima de esta deducción ascenderá a 9.000 euros por vivienda y estará constituida por las cantidades justificadas con factura, que deberá cumplir todas las condiciones establecidas en el Reglamento por el que se regulan las obligaciones de facturación aprobado por el Real decreto 1619/2012, de 30 de noviembre. La factura recibida por el contribuyente deberá conservarse durante el plazo de prescripción.

3. La base máxima anual de esta deducción será de 3.000 euros por vivienda, tanto en tributación individual como en tributación conjunta. Las cantidades satisfechas no deducidas por exceder la base este máximo podrán deducirse con el mismo límite en los dos ejercicios siguientes.

4. La deducción solo resultará aplicable para los inmuebles en que se constituya el arrendamiento de vivienda previsto en el artículo 2 de la Ley 29/1994, de 24 de noviembre, de arrendamientos urbanos, y quedará sujeta al cumplimiento de los siguientes requisitos:

a) El bien inmueble deberá llevar vacío durante, por lo menos, un año anterior al inicio de las obras. A estos efectos, se entenderá que un inmueble se encuentra vacío cuando no esté habitado, arrendado, en uso, ni afecto a actividades económicas.

b) El bien inmueble deberá estar arrendado en un plazo máximo de seis meses desde la fecha de finalización de las obras.

c) El valor del bien inmueble no podrá superar los 250.000 euros. A estos efectos, se tomará como valor del bien inmueble el valor de referencia previsto en la normativa reguladora del catastro inmobiliario, en la fecha de devengo del impuesto en el período impositivo en que finalicen las obras. En el caso de no existir el valor de referencia o cuando este no pueda ser certificado por la Dirección General del Catastro, se tomará como valor el valor de mercado.

d) La persona arrendataria de la vivienda no podrá ser el cónyuge ni un pariente, por consanguinidad o por afinidad, hasta el tercer grado inclusive, del contribuyente.

e) El contribuyente deberá declarar el número de identificación fiscal de la persona o personas prestadoras de los servicios y el importe total satisfecho a cada una de ellas.

f) Que el contribuyente sea propietario de un máximo de tres viviendas, con independencia de donde estén estas radicadas, que puedan ser destinadas al arrendamiento, excluidos garajes y trasteros y sin tener en cuenta su vivienda habitual.

5. En caso de que convivan en el tiempo la deducción regulada en este artículo para dos o para las tres viviendas, a los efectos del límite señalado en el apartado 3, se elevará hasta

---

[30] Apartado incorporado por el art. 2 Tres de la Ley 5/2024, de 27 de diciembre, de medidas fiscales y administrativas (DOG núm. 251, de 31 de diciembre de 2024), con efectos desde el 1 de enero de 2025.

6.000 euros la base máxima total anual, y las cantidades satisfechas no deducidas por exceder este importe se podrán deducir con el mismo límite en los cuatro ejercicios siguientes.

6. No se perderá el derecho a la deducción en caso de que la duración del arrendamiento sea inferior a tres años, siempre que la vivienda pase a estar en situación de expectativa de alquiler y vuelva a ser objeto de un nuevo contrato de arrendamiento de vivienda dentro del plazo máximo de seis meses desde la finalización del anterior contrato, y que la suma de los períodos de duración de ambos contratos de arrendamiento sea igual o superior a tres años.

7. La aplicación de la deducción no podrá dar como resultado una cuota autonómica negativa. Si, a consecuencia de ello, el contribuyente no pudiera aplicar la deducción en su totalidad, podrá deducirse la cantidad no deducida en los cuatro ejercicios siguientes hasta su agotamiento, siempre que la vivienda continúe arrendada durante ese período con los mismos requisitos del apartado 4, a excepción del recogido en el párrafo a).

Veintidós[31]. Deducción por el arrendamiento de viviendas vacías.

1. Los contribuyentes propietarios o usufructuarios de viviendas vacías podrán deducir 500 euros por vivienda de la cuota íntegra autonómica del primer período impositivo en que pongan en arrendamiento la vivienda. La cuantía señalada se aplicará por cada uno de los bienes inmuebles radicados en Galicia que se destinen al arrendamiento de vivienda previsto en el artículo 2 de la Ley 29/1994, de 24 de noviembre, de arrendamientos urbanos.

2. El importe de la deducción se prorrateará en función del porcentaje de participación en la propiedad del inmueble.

3. La deducción solo resultará de aplicación para los inmuebles en los que se constituya el arrendamiento de vivienda previsto en el artículo 2 de la Ley 29/1994, de 24 de noviembre, de arrendamientos urbanos, y quedará sujeta al cumplimiento de los siguientes requisitos:

a) El bien inmueble deberá llevar vacío durante, por lo menos, un año anterior a la formalización del contrato de arrendamiento de vivienda. A estos efectos, se entenderá que un inmueble se encuentra vacío cuando no esté habitado, arrendado, en uso, ni afecto a actividades económicas.

b) Que el precio mensual del alquiler de la vivienda, incluidos sus anexos, no supere los 700 euros.

c) El arrendatario de la vivienda no podrá ser el cónyuge ni un pariente, por consanguinidad o por afinidad, hasta el tercer grado inclusive, del contribuyente.

d) Que el contribuyente sea propietario o usufructuario de un máximo de tres viviendas, con independencia de donde estén estas radicadas, que puedan ser destinadas al arrendamiento, excluidos garajes y trasteros y sin tener en cuenta su vivienda habitual.

4. No se perderá el derecho a la deducción en caso de que el contrato de arrendamiento tenga una duración inferior a tres años, siempre que dicho inmueble pase a estar en situación de expectativa de alquiler y vuelva a ser objeto de un nuevo contrato de arrendamiento de vivienda dentro del plazo de seis meses desde la finalización del anterior contrato, y que la suma de los períodos de duración de ambos contratos de arrendamiento sea igual o superior a tres años.

5. La aplicación de la deducción no podrá dar como resultado una cuota autonómica negativa. Si, como consecuencia de ello, el contribuyente no pudiera aplicar la deducción

---

[31]   Apartado incorporado por el art. 2 Tres de la Ley 5/2024, de 27 de diciembre, de medidas fiscales y administrativas (DOG núm. 251, de 31 de diciembre de 2024), con efectos desde el 1 de enero de 2025.

en su totalidad, podrá deducirse la cantidad no deducida en los cuatro ejercicios siguientes hasta su agotamiento, siempre que la vivienda continúe arrendada durante ese período con los mismos requisitos del apartado 3, a excepción de lo recogido en el párrafo a).

(…)

Disposición adicional única[32]. *Terminología*

Las referencias que se realizan en este texto refundido a «persona discapacitada», «personas discapacitadas» y «sujetos pasivos discapacitados» se entenderán realizadas a «persona con discapacidad», «personas con discapacidad» y «sujetos pasivos con discapacidad».

Disposición Transitoria segunda. *Aplicación de la normativa procedimental*

A la entrada en vigor del presente texto refundido, y en tanto no sean aprobados los desarrollos reglamentarios, serán de aplicación las normas reglamentarias vigentes en todo aquello que no se oponga o contradiga al mismo.

Disposición Final primera[33]. *Habilitación normativa*

La Xunta de Galicia dictará cuantas disposiciones sean necesarias para el desarrollo reglamentario del presente texto refundido, y autorizará a la consejería competente en materia de hacienda para aprobar las disposiciones que sean precisas para su aplicación.

Disposición Final segunda[34]. *Leyes de presupuestos*

Las leyes de presupuestos generales de la Comunidad Autónoma de Galicia podrán modificar las disposiciones contenidas en este texto refundido.

Disposición Final tercera[35]. *Vigencia temporal de determinados beneficios fiscales*

Los tipos de gravamen previstos en los apartados Tres, para el supuesto descrito en su epígrafe 1.b), Cinco y Seis del artículo 14, y en los apartados tres, para el supuesto descrito en su epígrafe 1.b), y Seis del artículo 15 serán de aplicación hasta el 31 de diciembre de 2011. Este plazo podrá ser prorrogado por las leyes de presupuestos generales de la Comunidad Autónoma.

---

[32]   Nueva disp. Adicional incorporada por el art. 7 de la Ley 5/2024, de 27 de diciembre, de medidas fiscales y administrativas (DOG núm. 251, de 31 de diciembre de 2024), con efectos desde el 1 de enero de 2025.

[33]   Nueva redacción dada por el art. 6.1 de la Ley 12/2011, de 26 diciembre, e 26 de diciembre, de medidas fiscales y administrativas (BOE núm. 23, de 27 de enero de 2012).

[34]   Nueva redacción dada por el art. 6.2 de la Ley 12/2011, de 26 diciembre, e 26 de diciembre, de medidas fiscales y administrativas (BOE núm. 23, de 27 de enero de 2012).

[35]   Nueva redacción dada por el art. 6.3 de la Ley 12/2011, de 26 diciembre, e 26 de diciembre, de medidas fiscales y administrativas (BOE núm. 23, de 27 de enero de 2012).

COMUNIDAD AUTÓNOMA DE ILLES BALEARS

IMPUESTO SOBRE LA RENTA DE LAS PERSONAS FÍSICAS

18. Decreto Legislativo 1/2014, de 6 de junio, por el que se aprueba el Texto Refundido de las Disposiciones Legales de la Comunidad Autónoma de las Illes Balears en Materia de Tributos Cedidos por el Estado

(BOIB núm. 77, de 7 de junio de 2014
BOE núm. 160, de 2 de julio de 2014)

EXPOSICIÓN DE MOTIVOS

La Ley Orgánica 8/1980, de 22 de septiembre, de Financiación de las Comunidades Autónomas, es la norma que fija el sistema de financiación de las comunidades autónomas de régimen común y establece el marco normativo de cesión de tributos. Este marco normativo ha evolucionado y se ha adaptado a los diferentes sistemas de financiación de las comunidades autónomas de régimen común, mediante las modificaciones sucesivas de esta ley orgánica operadas por las leyes orgánicas 3/1996, 7/2001 y 3/2009. Más en concreto, y por lo que a la aplicación de estos sucesivos sistemas de financiación a la Comunidad Autónoma de las Illes Balears se refiere, se han aprobado las leyes 27/1997, 29/2002 y 28/2010, del régimen de cesión de tributos del Estado a la Comunidad Autónoma de las Illes Balears y de fijación del alcance y competencias de la cesión. En virtud de estas leyes de cesión, esta Comunidad Autónoma ha ejercido desde 1999, mediante sucesivas leyes del Parlamento de las Illes Balears, buena parte de las competencias normativas atribuidas a la Comunidad Autónoma en todos los tributos cedidos.

El ejercicio reiterado, a lo largo de todos estos años, de estas competencias normativas ha producido una cierta dispersión normativa, que incide negativamente en el principio de seguridad jurídica que ha de presidir todo ordenamiento jurídico y, más aún, el ordenamiento tributario, del que se derivan múltiples obligaciones para los ciudadanos, tanto formales como materiales.

Cabe destacar al respecto que el Estatuto de Autonomía de las Illes Balears, en la redacción resultante de la Ley Orgánica 1/2007, de 28 de febrero, prevé expresamente, en su artículo 48, la posibilidad de que el Parlamento delegue en el Gobierno de las Illes Balears la potestad de dictar normas con rango de ley, en los mismos términos y supuestos de delegación previstos en la Constitución para el Estado, que prevé la posibilidad de que el Gobierno dicte textos refundidos. En idénticos términos lo establece el artículo 19.4 de la Ley 4/2001, de 14 de marzo, del Gobierno de las Illes Balears.

II

De acuerdo con este marco jurídico, la disposición final tercera de la Ley 3/2012, de 30 de abril, de Medidas Tributarias Urgentes, en la redacción dada por la Ley 15/2012, de 27 de diciembre, de Presupuestos Generales de la Comunidad Autónoma de las Illes Balears para el año 2013, faculta al Gobierno de las Illes Balears para que, antes del 31 de diciembre de 2013, apruebe un texto refundido de las normas tributarias dictadas en materia de tributos cedidos, con la posibilidad de regularizar, aclarar y armonizar las disposiciones legales vigentes.

La disposición final octava de la Ley 8/2013, de 23 de diciembre, de Presupuestos Generales de la Comunidad Autónoma de las Illes Balears para el año 2014, ha prorrogado hasta el 1 de julio de 2014 la autorización para la aprobación de este texto refundido, lo que ha hecho posible incluir las modificaciones que se han introducido en dicha Ley, como la derivada de la reforma de la Ley estatal 22/2009, de 18 de diciembre, por la que se regula el sistema de financiación de las comunidades autónomas de régimen común y ciudades con estatuto de autonomía y se modifican determinadas normas tributarias, en relación con el impuesto sobre hidrocarburos.

La aprobación de un único texto codificador, tal y como ya han hecho otras comunidades autónomas, tiene como finalidad principal dotar de mayor claridad a la normativa autonómica en materia de tributos cedidos por el Estado, mediante la integración en un único cuerpo normativo de las disposiciones que afectan a esta materia, contribuyendo así a aumentar la seguridad jurídica de los contribuyentes y de la Administración tributaria de la Comunidad Autónoma de las Illes Balears.

En el ejercicio de la citada autorización se aprueba este decreto legislativo por el que se aprueba el Texto Refundido que contiene las disposiciones legales vigentes dictadas por la Comunidad Autónoma en materia de tributos cedidos por el Estado que se encuentran incluidas en las siguientes leyes:

a) Ley 11/2002, de 23 de diciembre, de Medidas Tributarias y Administrativas de las Illes Balears.

b) Ley 10/2003, de 22 de diciembre, de Medidas Tributarias y Administrativas de las Illes Balears.

c) Ley 8/2004, de 23 de diciembre, de Medidas Tributarias, Administrativas y de Función Pública de las Illes Balears.

d) Ley 22/2006, de 19 de diciembre, de Reforma del Impuesto sobre Sucesiones y Donaciones.

e) Ley 25/2006, de 27 de diciembre, de Medidas Tributarias y Administrativas.

f) Ley 6/2007, de 27 de diciembre, de Medidas Tributarias y Económico Administrativas de las Illes Balears.

g) Ley 1/2009, de 25 de febrero, de Medidas Tributarias para Impulsar la Actividad Económica en las Illes Balears.

h) Ley 6/2010, de 17 de junio, por la que se Adoptan Medidas Urgentes para la Reducción del Déficit Público.

i) Ley 3/2012, de 30 de abril, de Medidas Tributarias Urgentes.

j) Ley 12/2012, de 26 de septiembre, de Medidas Tributarias para la Reducción del Déficit de la Comunidad Autónoma de las Illes Balears.

k) Ley 15/2012, de 27 de diciembre, de Presupuestos Generales de la Comunidad Autónoma de las Illes Balears para el año 2013.

l) La Ley 8/2013, de 23 de diciembre, de Presupuestos Generales de la Comunidad Autónoma de las Illes Balears para el año 2014.

En todo caso, el Texto Refundido que se aprueba, dada su naturaleza, no incorpora novedad normativa alguna y se limita a integrar todas las disposiciones legales vigentes en esta materia, eso sí, con las correspondientes adaptaciones derivadas de la reordenación sistemática de los preceptos.

III

Teniendo en cuenta que la normativa tributaria es objeto de frecuentes modificaciones, para responder a las necesidades de la política económica que se ejerza en cada momento, se ha dotado al Texto Refundido de una estructura que no se vaya a ver especialmente afectada por los cambios futuros que, previsiblemente, incidirán en la materia. Así, los preceptos en materia de tributos cedidos se han dividido en dos títulos: uno dedicado a las normas sustantivas de cada tributo y otro en el que se recogen las normas formales y de gestión que afectan a los diferentes tributos.

El título I consta de seis capítulos relativos, respectivamente, a las normas vigentes del impuesto sobre la renta de las personas físicas, del impuesto sobre el patrimonio, del impuesto sobre transmisiones patrimoniales y actos jurídicos documentados, del impuesto sobre sucesiones y donaciones, de la tasa fiscal sobre los juegos de suerte, envite o azar, de los impuestos sobre hidrocarburos y sobre determinados medios de transporte.

En el capítulo I se regula la escala autonómica y las deducciones autonómicas del impuesto sobre la renta de las personas físicas. El capítulo II establece el límite del impuesto sobre el patrimonio para los residentes en las Illes Balears en concepto de mínimo exento y el tipo de gravamen aplicable.

(...)

DECRETO

Artículo único. *Aprobación del Texto Refundido de las disposiciones legales de la Comunidad Autónoma de las Illes Balears en materia de tributos cedidos por el Estado.*

De conformidad con la disposición final tercera de la Ley 3/2012, de 30 de abril, de Medidas Tributarias Urgentes, y la disposición final octava de la Ley 8/2013, de 23 de diciembre, de Presupuestos Generales de la Comunidad Autónoma de las Illes Balears para el año 2014, se aprueba el Texto Refundido de las disposiciones legales de la Comunidad Autónoma de las Illes Balears en materia de tributos cedidos por el Estado.

Disposición adicional única. *Remisiones normativas.*

Las remisiones y referencias normativas a las disposiciones derogadas por el presente decreto legislativo se entenderán realizadas, en lo sucesivo, a las correspondientes del Texto Refundido que se aprueba.

Disposición derogatoria única. *Disposiciones que se derogan.*

Quedan derogadas todas las disposiciones de igual o inferior rango que se opongan a lo dispuesto, contradigan o sean incompatibles con lo dispuesto en el presente decreto legislativo, y, en especial:

a) El artículo 12 de la Ley 11/2002, de 23 de diciembre, de Medidas Tributarias y Administrativas de las Illes Balears.

b) Los artículo 5 y 6 de la Ley 10/2003, de 22 de diciembre, de Medidas Tributarias y Administrativas de las Illes Balears.

c) Los artículos 28 y 31 de la Ley 8/2004, de 23 de diciembre, de Medidas Tributarias, Administrativas y de Función Pública de las Illes Balears.

d) La Ley 22/2006, de 19 de diciembre, del Impuesto sobre Sucesiones y Donaciones.

e) Los artículos 10 y 11 de la Ley 25/2006, de 27 de diciembre, de Medidas Tributarias y Administrativas

f) Los artículos 2, 3, 6, 7, 10, 13, 14, 27, 28 y 29 de la Ley 6/2007, de 27 de diciembre, de Medidas Tributarias y Económico-administrativas de las Illes Balears.

g) El artículo 12 de la Ley 1/2009, de 25 de febrero, de Medidas Tributarias para Impulsar la Actividad Económica en las Illes Balears.

h) El artículo 8 de la Ley 6/2010, de 17 de junio, por la que se Adoptan Medidas Urgentes para la Reducción del Déficit Público.

i) Los artículos 4, 5, 6, 7, 9, 11, 12, 13, 14, 15, 16, 17 y 20, y las disposiciones adicionales primera y segunda de la Ley 3/2012, de 30 de abril, de Medidas Tributarias Urgentes.

j) Los artículos 1 y del 3 al 7 y la disposición adicional primera de la Ley 12/2012, de 26 de septiembre, de Medidas Tributarias para la Reducción del Déficit de la Comunidad Autónoma de las Illes Balears.

k) La disposición adicional undécima de la Ley 15/2012, de 27 de diciembre, de Presupuestos Generales de la Comunidad Autónoma de las Illes Balears para el año 2013.

l) El artículo 28 de la Ley 8/2013, de 23 de diciembre, de Presupuestos Generales de la Comunidad Autónoma de las Illes Balears para el año 2014.

Disposición final primera. *Habilitación de la ley de presupuestos generales.*

1. Con carácter general, las leyes de presupuestos generales de la Comunidad Autónoma de las Illes Balears podrán actualizar y modificar los elementos cuantitativos de los tributos regulados en el Texto Refundido que se aprueba por el presente decreto legislativo, en los mismos términos que prevean las leyes respecto de las modificaciones que puedan realizarse, en el ámbito de las competencias normativas del Estado, por medio de las leyes de presupuestos generales del Estado, así como las normas de gestión.

2. En todo caso, las leyes de presupuestos generales de la Comunidad Autónoma de las Illes Balears podrán modificar:

a) En el impuesto sobre la renta de las persones físicas, la escala autonómica aplicable a la base liquidable general y las deducciones.

b) En el impuesto sobre el patrimonio, el mínimo exento y la escala de gravamen.

c) En el impuesto sobre transmisiones patrimoniales y actos jurídicos documentados, los tipos de gravamen y las normas de gestión.

d) En el impuesto sobre sucesiones y donaciones, las reducciones, la escala de gravamen, los tramos de patrimonio preexistente y los coeficientes multiplicadores que corrigen la cuota íntegra y las normas de gestión.

e) En la tasa fiscal sobre los juegos de suerte, envite o azar, la base imponible, los tipos de gravamen, las cuotas fijas y las normas de gestión.

f) En el impuesto especial sobre hidrocarburos, el tipo de gravamen autonómico y el tipo autonómico de devolución del gasoil de uso profesional.

g) En el impuesto especial sobre determinados medios de transporte, los tipos de grava-men.

h)[1] En el impuesto sobre el depósito de residuos en vertederos, la incineración y la coin-cineración de residuos, el tipo de gravamen y las normas de gestión y liquidación.

Disposición final segunda. *Entrada en vigor.*

El presente decreto legislativo entrará en vigor al día siguiente de su publicación en el *Boletín Oficial de las Illes Balears.*

TEXTO REFUNDIDO DE LAS DISPOSICIONES LEGALES DE LA COMUNIDAD AUTÓNOMA DE LAS ILLES BALEARS EN MATERIA DE TRIBUTOS CEDIDOS POR EL ESTADO

TÍTULO I. DISPOSICIONES SUSTANTIVAS APLICABLES A LOS TRIBUTOS CEDIDOS

CAPÍTULO I. Impuesto sobre la renta de las personas físicas

SECCIÓN 1.ª *Escala autonómica del impuesto*

Artículo 1[2]. *Escala autonómica del impuesto aplicable a la base liquidable general.*

La escala autonómica del impuesto sobre la renta de las personas físicas aplicable a la base liquidable general es la siguiente:

---

[1]   Nueva letra h) incorporada por el apartado 2 por la disposición final 4.1 de la Ley 11/2022, de 28 de diciembre, de presupuestos generales de la Comunidad Autónoma de las Illes Balears para el año 2023 (BOIB núm. 171, de 31 de diciembre de 2022).

[2]   Nueva redacción del art. 1 dada por la Disp. Final Segunda.1 de la Ley 12/2023, de 29 de diciembre, de Presupuestos Generales de la Comunidad Autónoma de las Illes Balears para el año 2024 (BOIB núm. 176, de 30 de diciembre de 2023), con efectos desde el 1 de enero de 2024.
      Redacción anterior dada por la Disposición Final segunda.1 de la Ley 12/2015, de 29 de diciembre, de presupuestos generales de la comunidad autónoma de las Illes Balears para el año 2016 (BOIB núm. 189, de 30 de diciembre de 2015), en vigor desde el 31 de diciembre de 2015: «*La escala autonómica del impuesto sobre la renta de las personas físicas aplicable a la base liquidable general es la siguiente:*

Base liquidable desde (euros)	Cuota íntegra (euros)	Resto de base liquidable hasta (euros)	Tipo aplicable (%)
0	0	10.000	9,50
10.000	950	8.000	11,75
18.000	1.890	12.000	14,75
30.000	3.660	18.000	17,75
48.000	6.855	22.000	19,25
70.000	11.090	20.000	22
90.000	15.490	30.000	23
120.000	22.390	55.000	24
175.000	35.590	En adelante	25»

Redacción anterior dada por la Disposición Final segunda.1 de la Ley 13/2014, de 29 de diciembre, de presupuestos generales de la comunidad autónoma de las Illes Balears para el año 2015 (BOIB núm. 178, de 30 diciembre de 2014), en vigor desde el 1 de enero de 2015 y con vigencia indefinida: «*La escala*

Base liquidable desde – Euros	Cuota íntegra – Euros	Resto de base liquidable hasta – Euros	Tipo aplicable Porcentaje
0	0	10.000	9
10.000	900	8.000	11,25
18.000	1.800	12.000	14,25
30.000	3.510	18.000	17,50
48.000	6.660	22.000	19
70.000	10.840	20.000	21,75
90.000	15.190	30.000	22,75
120.000	22.015	55.000	23,75
175.000	35.077,50	En adelante	24,75

SECCIÓN 2.ª Mínimo personal y familiar[3]

Artículo 2[4]. Incremento del mínimo personal y familiar.

Se incrementan en un 10% los importes correspondientes a los mínimos del contribuyente, por descendientes y por discapacidad, que forman parte del mínimo personal y familiar, siguientes:

---

autonómica del impuesto sobre la renta de las personas físicas aplicable a la base liquidable general será la siguiente:

Base liquidable desde (euros)	Cuota íntegra (euros)	Resto de base liquidable hasta (euros)	Tipo aplicable (%)
0	0	10.000,00	9,50
10.000,00	950,00	8.000,00	11,75
18.000,00	1.890,00	12.000,00	14,75
30.000,00	3.660,00	18.000,00	17,75
48.000,00	6.855,00	27.000,00	19,25
75.000,00	12.052,00	En adelante	21,50»

Con anterioridad recogida en el art. 8 de la Ley 6/2010, de 17 de junio, por la que se adoptan medidas urgentes para la reducción del déficit público (BOIB núm. 94, de 22 de junio de 2010; BOE núm. 163, de 6 de julio de 2010).

[3] Nueva redacción del epígrafe dada por la Disposición Final segunda.2 de la Ley 13/2014, de 29 de diciembre, de presupuestos generales de la comunidad autónoma de las Illes Balears para el año 2015 (BOIB núm. 178, de 30 diciembre de 2014), en vigor desde el 1 de enero de 2015 y con vigencia indefinida.

[4] Nueva redacción del art. 2 dada por el art. Primero de la Ley 11/2023, de 23 de noviembre, de modificación del Decreto legislativo 1/2014, de 6 de junio, por el que se aprueba el texto refundido de las disposiciones legales de la comunidad autónoma de las Illes Balears en materia de tributos cedidos por el Estado (BOIB núm. 161, 25 de noviembre de 2023), en vigor, desde el 26 de noviembre de 2023.

Redacción anterior dada por la Disposición Final segunda.3 de la Ley 13/2014, de 29 de diciembre, de presupuestos generales de la comunidad autónoma de las Illes Balears para el año 2015 (BOIB núm. 178, de 30 diciembre de 2014), en vigor desde el 1 de enero de 2015 y con vigencia indefinida: «Se incrementan en un 10% los importes correspondientes a los mínimos del contribuyente, por descendientes y por discapacidad, que forman parte del mínimo personal y familiar, siguientes:

a) El mínimo del contribuyente mayor de 65 años.

a) El mínimo del contribuyente mayor de 65 años y mayor de 75 años.

b) El mínimo por el segundo, el mínimo por el tercero y el mínimo por el cuarto y siguientes descendientes.

c) El mínimo por ascendientes.

d) El mínimo por discapacidad.

SECCIÓN 3.ª *Deducciones autonómicas sobre la cuota íntegra*[5]

Artículo 3[6]. *Deducción autonómica por determinadas inversiones de mejora de la sostenibilidad en la vivienda habitual.*

1. Se establece una deducción del 50 % del importe de las inversiones que mejoren la calidad y la sostenibilidad de las viviendas, que se hagan en el inmueble, situado en las Illes Balears, que constituya o vaya a constituir la vivienda habitual del contribuyente o de un arrendatario en virtud de un contrato de alquiler suscrito con el contribuyente sometido a la legislación de arrendamientos urbanos. A este efecto, se entiende que mejoran la calidad y la sostenibilidad de las viviendas las siguientes inversiones:

a) La instalación de equipos de generación o que permitan utilizar energías renovables como la energía solar, la biomasa o la geotermia que reduzcan el consumo de energía convencional térmica o eléctrica del edificio. Incluirá la instalación de cualquier tecnología, sistema o equipo de energía renovable, como instalaciones de generación solar fotovoltaica para autoconsumo, paneles solares térmicos, a fin de contribuir a la producción de agua caliente sanitaria demandada por las viviendas, o la producción de agua caliente para las instalaciones de climatización.

b) Las de mejora de las instalaciones de suministro e instalación de mecanismos que favorezcan el ahorro de agua, así como la implantación de redes de saneamiento separativas en el edificio y otros sistemas que favorezcan la reutilización de las aguas grises y pluviales en el mismo edificio o en la parcela o que reduzcan el volumen de vertido al sistema público de alcantarillado.

2. La base de la deducción por inversiones en la vivienda corresponderá al importe realmente satisfecho por el contribuyente para realizar las inversiones a que se refiere el apartado anterior, con un límite máximo de 10.000 euros por periodo impositivo.

---

b) El mínimo para el tercer descendiente y el mínimo por el cuarto y los siguientes descendientes.

c) El mínimo por discapacidad».

Con anterioridad recogida en el art. 6 de la Ley 6/2007, de 27 de diciembre, de medidas tributarias y económico-administrativas (BOIB núm. 196, de 29 diciembre de 2007).

[5]   Nueva sección incorporada por la Disposición Final segunda.4 de la Ley 13/2014, de 29 de diciembre, de presupuestos generales de la comunidad autónoma de las Illes Balears para el año 2015 (BOIB núm. 178, de 30 diciembre de 2014), en vigor desde el 1 de enero de 2015 y con vigencia indefinida.

[6]   Nueva redacción del art. 3 dada por la Disp. Final segunda.1 de la Ley 13/2017, 29 de diciembre, de Presupuestos Generales de la Comunidad Autónoma de las Illes Balears para el año 2018 (BOIB núm. 160, de 29 de diciembre; BOE núm. 22, de 25 de enero de 2018), en vigor desde el 31 de diciembre de 2017. Redacción anterior dada por la Disposición Final segunda.2 de la Ley 12/2015, de 29 de diciembre, de presupuestos generales de la comunidad autónoma de las Illes Balears para el año 2016 (BOIB núm. 189, de 30 de diciembre de 2015), en vigor desde el 31 de diciembre de 2015 y por la Disposición Final segunda.5 de la Ley 13/2014, de 29 de diciembre, (BOIB núm. 178, de 30 diciembre de 2014), en vigor desde el 1 de enero de 2015.

3. En todo caso, para la aplicación de la deducción se mejorará como mínimo en un nivel la calificación de la eficiencia energética de la vivienda habitual. A tal efecto, se requerirá el registro de los certificados de eficiencia energética de la vivienda conforme a lo dispuesto en el Real decreto 235/2013, de 5 de abril, por el que se aprueba el procedimiento básico para la certificación energética de los edificios, antes y después de realizar las inversiones.

4. Para poder aplicar esta deducción, la base imponible total del contribuyente no podrá superar el importe de 33.000 euros en el caso de tributación individual, ni el importe de 52.800 euros en el caso de tributación conjunta.

Asimismo, cuando, de acuerdo con lo previsto en el apartado 1 anterior, el contribuyente sea el arrendador de la vivienda, la aplicación de la deducción requiere que se cumplan los siguientes requisitos:

a) Que la duración del contrato de arrendamiento de la vivienda con un mismo arrendatario sea igual o superior a un año.

b) Que se haya constituido el depósito de la fianza a que se refiere el artículo 36.1 de la Ley 29/1994, de 24 de noviembre, de arrendamientos urbanos, a favor del Instituto Balear de la Vivienda.

c) Que el contribuyente declare en el impuesto sobre la renta de las personas físicas el rendimiento derivado de las rentas del arrendamiento de la vivienda como rendimientos del capital inmobiliario.

d) Que el contribuyente no repercuta en el arrendatario el coste de las inversiones citadas en el apartado 1 anterior.

Artículo 3 bis[7]. *Deducción autonómica por el arrendamiento de la vivienda habitual en el territorio de las Illes Balears.*

1. Los contribuyentes menores de 36 años, y también los mayores de 65 años que no ejerzan ninguna actividad laboral o profesional, que sean arrendatarios de una vivienda habitual

---

[7]   Nueva redacción del art. 3 bis dada por el art. segundo de la Ley 11/2023, de 23 de noviembre, de modificación del Decreto legislativo 1/2014, de 6 de junio, por el que se aprueba el texto refundido de las disposiciones legales de la comunidad autónoma de las Illes Balears en materia de tributos cedidos por el Estado (BOIB núm. 161, 25 de noviembre de 2023), en vigor, desde el 26 de noviembre de 2023.
Redacción anterior dada por la Disp. Final cuarta 2 de la Ley 11/2022, de 28 de diciembre, de presupuestos generales de la Comunidad Autónoma de las Illes Balears para el año 2023 (BOIB núm. 171, 31 de diciembre de 2022), con efectos desde el 1 de enero de 2023: «*Deducción autonómica por el arrendamiento de la vivienda habitual en el territorio de las Illes Balears a favor de determinados colectivos.*
1. Los contribuyentes menores de 36 años, las personas con un grado de minusvalía física o sensorial igual o superior al 65% o con un grado de minusvalía psíquica igual o superior al 33%, y el padre o los padres que convivan con el hijo o los hijos sometidos a la patria potestad y que integren una familia numerosa, en los términos que establece el artículo 6 de la Ley 8/2018, de 13 de julio, de apoyo a las familias, o una familia monoparental de las que prevé el artículo 7.7 de la citada Ley 8/2018, podrán deducir de la cuota íntegra autonómica, el 15% de los importes satisfechos en el período impositivo, con un máximo de 440 euros anuales, siempre que se cumplan los siguientes requisitos:
a) Que se trate del arrendamiento de la vivienda habitual del contribuyente, ocupada efectivamente por este, y que la duración del contrato de arrendamiento sea igual o superior a un año.
b) Que se haya constituido el depósito de la fianza a la que se refiere el artículo 36.1 de la Ley 29/1994, de 24 de noviembre, de arrendamientos urbanos, a favor del Instituto Balear de la Vivienda.
c) Que, durante al menos la mitad del período impositivo, ni el contribuyente ni ninguno de los miembros de su unidad familiar sean titulares, del pleno dominio o de un derecho real de uso o disfrute, de otra

en el territorio de las Illes Balears pueden deducir, de la cuota íntegra autonómica, el 15% de los importes satisfechos en el periodo impositivo, con un máximo de 530 euros anuales, siempre que se cumplan los siguientes requisitos:

a) Que se trate del arrendamiento de la vivienda habitual del contribuyente, ocupada efectivamente por este, y que la duración del contrato de arrendamiento sea igual o superior a un año.

b) Que, durante al menos la mitad del periodo impositivo, ni el contribuyente ni ninguno de los miembros de su unidad familiar sean titulares, del pleno dominio o de un derecho real de uso o disfrute, de otra vivienda distante a menos de 70 quilómetros de la vivienda arrendada, excepto en los casos en que la otra vivienda esté ubicada fuera de las Illes Balears o en otra isla, o genere, por el contribuyente o el resto de miembros de su unidad familiar, rendimientos del capital inmobiliario durante el mismo periodo impositivo.

c) Que el contribuyente no tenga derecho en el mismo periodo impositivo a ninguna deducción por inversión en vivienda habitual.

2. La aplicación de esta deducción exige que la base imponible total del contribuyente no supere el importe de 52.800 euros en el caso de tributación conjunta y de 33.000 euros en el de tributación individual. En caso de tributación conjunta, solo se pueden beneficiar de esta deducción los contribuyentes integrados en la unidad familiar que cumplan las condiciones establecidas en el apartado anterior y por el importe de las cuantías efectivamente satisfechas por estos.

3. Cuando el contribuyente sea menor de 30 años, tenga reconocido un grado de discapacidad igual o superior al 33%, tenga derecho al mínimo por discapacidad de ascendientes o descendientes en el impuesto sobre la renta de las personas físicas, o sea el padre, la madre o los padres que convivan con el hijo o los hijos sometidos a la patria potestad y que integren una familia numerosa, en los términos que establece el artículo 6 de la Ley 8/2018, de 13 de julio, de apoyo a las familias, o una familia monoparental de las que prevé el artículo 7.7 de

---

vivienda distante a menos de 70 kilómetros de la vivienda arrendada, excepto en los casos en que la otra vivienda se encuentre ubicada fuera de las Illes Balears o en otra isla.

d) Que el contribuyente no tenga derecho en el mismo período impositivo a ninguna deducción por inversión en vivienda habitual.

2. En cualquier caso, la aplicación de esta deducción exige que la base imponible total del contribuyente no supere el importe de 52.800 euros en el caso de tributación conjunta y de 33.000 euros en el de tributación individual. En caso de tributación conjunta, sólo podrán beneficiarse de esta deducción los contribuyentes integrados en la unidad familiar que cumplan las condiciones establecidas en el apartado anterior y por el importe de las cuantías efectivamente satisfechas por éstos».

Redacción anterior dada por la Disp. Final segunda.2 de la Ley 13/2017, 29 de diciembre, de Presupuestos Generales de la Comunidad Autónoma de las Illes Balears para el año 2018 (BOIB núm. 160, de 29 de diciembre; BOE núm. 22, de 25 de enero de 2018), en vigor desde el 31 de diciembre de 2017, modificada por la Disp. Final Segunda.1 de la Ley 5/2021, de 28 de diciembre, de presupuestos generales de la comunidad autónoma de las Illes Balears para el año 2022 (BOIB, núm. 180, de 30 de diciembre de 2021), en vigor desde el 1 de enero de 2022 y por la Disp. final segunda.2 del Decreto ley 4/2022, de 30 de marzo, por el que se adoptan medidas extraordinarias y urgentes para paliar la crisis económica y social producida por los efectos de la guerra en Ucrania (BOIB núm. 44, de 31 de marzo de 2022), con efectos desde el día 31 de marzo.

Art. 3 bis incorporado por la Disp. Final Tercera.1 de la Ley 18/2016, de 29 de diciembre, de presupuestos generales de la comunidad autónoma de las Illes Balears para el año 2017 (BOIB núm. 164, de 31 de diciembre de 2016), en vigor desde el 31 de diciembre de 2016.

la Ley 8/2018 mencionada, pueden deducir el 20% de los importes satisfechos en el periodo impositivo, con un máximo de 650 euros anuales, siempre que se cumplan los requisitos establecidos en el apartado 1 de este artículo, con los límites de renta a que se refiere el apartado 2 anterior.

No obstante, en el supuesto de familias numerosas o monoparentales, los límites de renta a que se refiere el apartado 2 de este artículo se incrementarán un 20%.

Artículo 3 ter[8]. *Deducción por determinadas subvenciones y ayudas otorgadas por razón de una declaración de zona afectada gravemente por una emergencia de protección civil.*

Se establece una deducción en la cuota íntegra del impuesto a favor de los contribuyentes que integren en la base imponible general rendimientos correspondientes a subvenciones o ayudas públicas otorgadas por la comunidad autónoma de las Illes Balears por razón de daños que lleven causa de emergencias que, de acuerdo con el artículo 23 de la Ley 17/2015, de 9 de julio, del Sistema Nacional de Protección Civil, hayan sido declaradas por el Consejo de Ministros como zonas afectadas gravemente por una emergencia de protección civil.

El importe de esta deducción será el resultado de aplicar el tipo mediano de gravamen al importe de la subvención en la base liquidable.

Artículo 3 quater[9]. *Deducción temporal para compensar el incremento del coste de los préstamos o créditos hipotecarios con tipo de interés variable*

1[10]. Para los ejercicios fiscales de 2022, 2023 y 2024, se establece una deducción por el coste de los intereses abonados por los contribuyentes en contratos de préstamos o créditos con garantía hipotecaria y con tipo de interés variable subscritos para la financiación de la adquisición de vivienda, con las siguientes condiciones:

1.ª El inmueble para cuya adquisición se haya constituido la hipoteca será la vivienda habitual del contribuyente.

---

[8] Nuevo art. 3.ter incorporado por la Disp. Final segunda.6 de la Ley 14/2018, de 28 de diciembre, de presupuestos generales de la comunidad autónoma de las Illes Balears para el año 2019 (BOIB núm. 163, de 29 de diciembre de 2018), en vigor desde el 1 de enero de 2019.

[9] Nuevo art. 3 quater incorporado por la Disp. Final cuarta 3 de la Ley 11/2022, de 28 de diciembre, de presupuestos generales de la Comunidad Autónoma de las Illes Balears para el año 2023 (BOIB núm. 171, 31 de diciembre de 2022), con efectos desde el 1 de enero de 2023.

[10] Nueva redacción del art. 3 quater 1 dada por el art. tercero de la Ley 11/2023, de 23 de noviembre, de modificación del Decreto legislativo 1/2014, de 6 de junio, por el que se aprueba el texto refundido de las disposiciones legales de la comunidad autónoma de las Illes Balears en materia de tributos cedidos por el Estado (BOIB núm. 161, 25 de noviembre de 2023), en vigor, desde el 26 de noviembre de 2023.

Redacción anterior dada por la Disp. Final cuarta 3 de la Ley 11/2022, de 28 de diciembre: «*1. Para los ejercicios fiscales de 2022 y de 2023, se establece una deducción por el coste de los intereses abonados por los contribuyentes en contratos de préstamos o créditos con garantía hipotecaria y con tipo de interés variable suscritos para la financiación de la adquisición de vivienda, con las siguientes condiciones:*

1ª. El inmueble para cuya adquisición se haya constituido la hipoteca será la vivienda habitual del contribuyente.

2ª. El importe de la deducción es la diferencia entre los intereses abonados en el año 2022, en lo que se refiere a la liquidación del impuesto del ejercicio de 2022, y en el año 2023, en cuanto a la liquidación del impuesto del ejercicio de 2023, respecto, en ambos casos, a los abonados en el año 2021.

3ª. En todo caso, la deducción tiene un límite máximo de 250 euros por contribuyente».

2.ª El importe de la deducción será la diferencia entre los intereses abonados el año correspondiente a la liquidación del impuesto y los intereses abonados en 2021.

3.ª En todo caso, la deducción tendrá un límite máximo de 250 euros por contribuyente en cuanto a la liquidación del ejercicio de 2022 y de 400 euros por contribuyente en cuanto a cada una de las liquidaciones de los ejercicios de 2023 y 2024.

2[11]. Esta deducción será incompatible con la deducción estatal por inversión en vivienda habitual a que se refiere la disposición transitoria decimoctava de la Ley 35/2006, de 28 de noviembre, del impuesto sobre la renta de las personas físicas y de modificación parcial de leyes de los impuestos sobre sociedades, sobre la renta de no residentes y sobre el patrimonio.

3. El incremento del coste a que se refiere el apartado 1 debe justificarse mediante un certificado bancario, el cual debe mantenerse a disposición de la administración tributaria.

4. En todo caso, la aplicación de esta deducción exige que la base imponible total no supere el importe de 52.800 euros en el caso de tributación conjunta y de 33.000 euros en el caso de tributación individual, así como la justificación documental, mediante las facturas o los documentos equivalentes correspondientes, los cuales deben mantenerse a disposición de la administración tributaria.

Artículo 3 quinquies[12]. *Deducción por obtención de subvenciones o ayudas para paliar el impacto provocado por la inflación durante el año 2023*

1. Los contribuyentes que integren en la base imponible general del impuesto sobre la renta de las personas físicas el importe correspondiente a subvenciones o ayudas otorgadas por la comunidad autónoma de las Illes Balears que tengan por objeto paliar el impacto provocado por la inflación durante el año 2023 podrán aplicar una deducción en la cuota íntegra autonómica del impuesto, en los términos establecidos en los apartados siguientes.

2. El importe de la deducción será el resultado de aplicar el tipo medio de gravamen autonómico sobre el importe de la subvención o ayuda integrada en la base liquidable autonómica.

3. Las subvenciones o ayudas a que se refieren los apartados anteriores de este artículo no han de formar parte en ningún caso de los rendimientos de actividades económicas del contribuyente.

[11]   Nueva redacción del art. 3 quater 2 dada por el art. tercero de la Ley 11/2023, de 23 de noviembre, de modificación del Decreto legislativo 1/2014, de 6 de junio, por el que se aprueba el texto refundido de las disposiciones legales de la comunidad autónoma de las Illes Balears en materia de tributos cedidos por el Estado (BOIB núm. 161, 25 de noviembre de 2023), en vigor, desde el 26 de noviembre de 2023.
    Redacción anterior dada por la Disp. Final cuarta 3 de la Ley 11/2022, de 28 de diciembre: «*2. Esta deducción es incompatible con la deducción estatal por inversión en vivienda habitual a la que hace referencia la disposición transitoria decimoctava de la Ley 35/2016, de 28 de noviembre, del impuesto sobre la renta de las personas físicas y de modificación parcial de leyes de los impuestos sobre sociedades, sobre la renta de no residentes y sobre el patrimonio*».
[12]   Nuevo art. 3 quinquies incorporado por la Disp. Final cuarta 4 de la Ley 11/2022, de 28 de diciembre, de presupuestos generales de la Comunidad Autónoma de las Illes Balears para el año 2023 (BOIB núm. 171, 31 de diciembre de 2022), con efectos desde el 1 de enero de 2023.

Artículo 4[13]. *Deducción por gastos de adquisición de libros de texto.*

1. Por el concepto de gastos en libros de texto editados para el desarrollo y la aplicación de los currículos correspondientes al segundo ciclo de educación infantil, a la educación

---

[13] Nueva redacción del art. 4 dada por la Disp. Final cuarta 5 de la Ley 11/2022, de 28 de diciembre, de presupuestos generales de la Comunidad Autónoma de las Illes Balears para el año 2023 (BOIB núm. 171, 31 de diciembre de 2022), con efectos desde el 1 de enero de 2023.

Redacción anterior: «Deducción autonómica por gastos de adquisición de libros de texto.

1. Por el concepto de gastos en libros de texto editados para el desarrollo y la aplicación de los currículums correspondientes al segundo ciclo de educación infantil, a la educación primaria, a la educación secundaria obligatoria, al bachillerato y a los ciclos formativos de formación profesional específica, se deducirá el 100% de los importes destinados a esos gastos por cada hijo que curse estos estudios, con los siguientes límites:

a) En declaraciones conjuntas, los contribuyentes para los cuales la cuantía que resulte de la base imponible total sea:

1.° Hasta 11.000 euros: 200 euros por hijo.

2.° Entre 11.000,01 euros y 22.000 euros: 100 euros por hijo.

3.° Entre 22.000,01 euros y 27.500 euros: 75 euros por hijo. [Redacción de la letra a) dada la Disposición final decimoséptima del Decreto ley 6/2022, de 13 de junio, de nuevas medidas urgentes para reducir la temporalidad en el empleo público de las Illes Balears (BOIB núm. 78, de 16 de junio de 2022), en vigor desde el 16 de junio. Redacción anterior dada por la Disposición Final segunda.6 de la Ley 13/2014, de 29 de diciembre, de presupuestos generales de la comunidad autónoma de las Illes Balears para el año 2015 (BOIB núm. 178, de 30 diciembre de 2014), en vigor desde el 1 de enero de 2015 y con vigencia indefinida: *«a) En declaraciones conjuntas, los contribuyentes para los cuales la cantidad que resulte de la base imponible total sea:*

1° Hasta 10.000 euros: 200 euros por hijo.

2° Entre 10.000,01 euros y 20.000 euros: 100 euros por hijo.

3° Entre 20.000,01 euros y 25.000 euros: 75 euros por hijo».]

b) En declaraciones individuales, los contribuyentes para los cuales la cuantía que resulte de la base imponible total sea:

1.° Hasta 7.150 euros: 100 euros por hijo.

2.° Entre 7.150,01 euros y 11.000 euros: 75 euros por hijo.

3.° Entre 11.000,01 euros y 13.750 euros: 50 euros por hijo.[Redacción de la letra b) dada por la Disposición final decimoséptima del Decreto ley 6/2022, de 13 de junio, de nuevas medidas urgentes para reducir la temporalidad en el empleo público de las Illes Balears (BOIB núm. 78, de 16 de junio de 2022), en vigor desde el 16 de junio. Redacción anterior dada por la Disposición Final segunda.6 de la Ley 13/2014, de 29 de diciembre, de presupuestos generales de la comunidad autónoma de las Illes Balears para el año 2015 (BOIB núm. 178, de 30 diciembre de 2014), en vigor desde el 1 de enero de 2015 y con vigencia indefinida: *«b) En declaraciones individuales, los contribuyentes para los cuales la cantidad que resulte de la base imponible total sea:*

1° Hasta 6.500 euros: 100 euros por hijo.

2° Entre 6.500,01 euros y 10.000 euros: 75 euros por hijo.

3° Entre 10.000,01 euros y 12.500 euros: 50 euros por hijo».].

2. A efectos de la aplicación de esta deducción, solo podrán tenerse en cuenta aquellos hijos que, a su vez, den derecho al mínimo por descendientes regulado en el artículo 58 de la Ley 35/2006.

Si los hijos conviven con ambos padres y estos optan por la tributación individual, la deducción se prorrateará por partes iguales en la declaración de cada uno de ellos [segundo párrafo incorporado por la Disposición Final segunda.7 de la Ley 13/2014, de 29 de diciembre, de presupuestos generales de la comunidad autónoma de las Illes Balears para el año 2015 (BOIB núm. 178, de 30 diciembre de 2014), en vigor desde el 1 de enero de 2015 y con vigencia indefinida.].

3. En todo caso, la aplicación de esta deducción exige que la base imponible total no supere el importe de 27.500 euros en el caso de tributación conjunta y de 13.750 euros en el de tributación individual, así

primaria, a la educación secundaria obligatoria, al bachillerato y a los ciclos formativos de formación profesional específica, se deducirá el 100% de los importes destinados a estos gastos por cada hijo que curse estos estudios, hasta el límite máximo de 220 euros por hijo.

2. A efectos de la aplicación de esta deducción, sólo podrán tenerse en cuenta los hijos que, a su vez, den derecho al mínimo por descendientes regulados en el artículo 58 de la Ley 35/2006.

Si los hijos conviven con ambos padres y éstos optan por la tributación individual, la deducción se prorrateará por partes iguales en la declaración de cada uno.

3. En cualquier caso, la aplicación de esta deducción exige que la base imponible total no supere el importe de 52.800 euros en el caso de tributación conjunta y de 33.000 euros en el caso de tributación individual, así como la justificación documental, mediante las facturas o los documentos equivalentes correspondientes, los cuales deben mantenerse a disposición de la administración tributaria.

4[14]. Cuando el contribuyente sea menor de 30 años, tenga reconocido un grado de discapacidad igual o superior al 33%, tenga derecho al mínimo por discapacidad de ascendientes o descendientes en el impuesto sobre la renta de las personas físicas, o sea el padre, la madre o los padres que convivan con el hijo o los hijos sometidos a la patria potestad y que integren una familia numerosa, en los términos que establece el artículo 6 de la Ley 8/2018, de 13 de julio, de apoyo a las familias, o una familia monoparental de las que prevé el artículo 7.7 de la Ley 8/2018 mencionada, el límite máximo a que se refiere el apartado 1 de este artículo es de 350 euros por hijo.

Además, en el supuesto de familias numerosas o monoparentales, los límites de renta a que se refiere el apartado 3 de este artículo se incrementarán un 20%.

como la justificación documental, mediante las facturas o los documentos equivalentes correspondientes, los cuales deberán mantenerse a disposición de la Administración tributaria [Redacción dada por la Disp. final segunda.3 del Decreto ley 4/2022, de 30 de marzo, por el que se adoptan medidas extraordinarias y urgentes para paliar la crisis económica y social producida por los efectos de la guerra en Ucrania (BOIB núm. 44, de 31 de marzo de 2022), con efectos desde el día 31 de marzo. Redacción anterior dada por la Disposición Final segunda.8 de la Ley 13/2014, de 29 de diciembre, de presupuestos generales de la comunidad autónoma de las Illes Balears para el año 2015 (BOIB núm. 178, de 30 diciembre de 2014), en vigor desde el 1 de enero de 2015 y con vigencia indefinida: «*3. En todo caso, la aplicación de esta deducción exigirá que la base imponible total no supere el importe de 25.000 euros en el caso de tributación conjunta y de 12.500 euros en el de tributación individual, y también su justificación documental, mediante las facturas o los correspondientes documentos equivalentes, que habrán de mantenerse a disposición de la Administración tributaria*»]»
Con anterioridad recogida en el art. 2 de la Ley 6/2007, de 27 de diciembre, de medidas tributarias y económico-administrativas (BOIB núm. 196, de 29 diciembre de 2007), en la redacción dada por el art. 9 de la Ley 1/2009, de 25 de febrero.

[14] Nuevo apartado cuarto incorporado por el art. cuarto de la Ley 11/2023, de 23 de noviembre, de modificación del Decreto legislativo 1/2014, de 6 de junio, por el que se aprueba el texto refundido de las disposiciones legales de la comunidad autónoma de las Illes Balears en materia de tributos cedidos por el Estado (BOIB núm. 161, 25 de noviembre de 2023), en vigor, desde el 26 de noviembre de 2023.

Artículo 4 bis[15]. *Deducción autonómica por gastos de aprendizaje extraescolar de idiomas extranjeros.*

1[16]. Por el concepto de gastos en el aprendizaje extraescolar de idiomas extranjeros por los hijos que cursen los estudios a que se refiere el artículo 4 anterior, se deducirá el 15% de los importes destinados a dicho aprendizaje, con el límite de 110 euros por hijo.

2. A efectos de la aplicación de esta deducción, solo se podrán tener en cuenta los hijos que, a su vez, den derecho al mínimo por descendientes regulado en el artículo 58 de la Ley 35/2006.

Si los hijos conviven con ambos padres y estos optan por la tributación individual, la deducción se prorrateará por partes iguales en la declaración de cada uno de ellos.

3[17]. En cualquier caso, la aplicación de esta deducción exige que la base imponible total no supere el importe de 52.800 euros en el caso de tributación conjunta y de 33.000 euros en el caso de tributación individual, así como la justificación documental, mediante las facturas o los documentos equivalentes correspondientes, los cuales deben mantenerse a disposición de la administración tributaria.

Artículo 4 ter[18]. *Deducción autonómica para cursar estudios de educación superior fuera de la isla de residencia habitual.*

1. Se establece una deducción de 1.800 euros por cada descendente que dependa económicamente del contribuyente y curse, fuera de la isla del archipiélago balear en que se encuentre la residencia habitual del contribuyente, estudios universitarios, enseñanzas

---

[15]   Nuevo artículo incorporado por la Disposición Final segunda.9 de la Ley 13/2014, de 29 de diciembre, de presupuestos generales de la comunidad autónoma de las Illes Balears para el año 2015 (BOIB núm. 178, de 30 diciembre de 2014), en vigor desde el 1 de enero de 2015 y con vigencia indefinida.

[16]   Nueva redacción del art. 4 bis.1 dada por la Disp. Final cuarta 6 de la Ley 11/2022, de 28 de diciembre, de presupuestos generales de la Comunidad Autónoma de las Illes Balears para el año 2023 (BOIB núm. 171, 31 de diciembre de 2022), con efectos desde el 1 de enero de 2023.

[17]   Nueva redacción del art. 4 bis.3 dada por la Disp. Final cuarta 6 de la Ley 11/2022, de 28 de diciembre, de presupuestos generales de la Comunidad Autónoma de las Illes Balears para el año 2023 (BOIB núm. 171, 31 de diciembre de 2022), con efectos desde el 1 de enero de 2023.
       Redacción anterior dada por la Disp. final segunda.4 del Decreto ley 4/2022, de 30 de marzo, por el que se adoptan medidas extraordinarias y urgentes para paliar la crisis económica y social producida por los efectos de la guerra en Ucrania (BOIB núm. 44, de 31 de marzo de 2022), con efectos desde el día 31 de marzo.

[18]   Nueva redacción dada por el art. quinto de la Ley 11/2023, de 23 de noviembre, de modificación del Decreto legislativo 1/2014, de 6 de junio, por el que se aprueba el texto refundido de las disposiciones legales de la comunidad autónoma de las Illes Balears en materia de tributos cedidos por el Estado (BOIB núm. 161, 25 de noviembre de 2023), en vigor, desde el 26 de noviembre de 2023.
       Redacción anterior dada por la Disp. Final cuarta 7 de la Ley 11/2022, de 28 de diciembre, de presupuestos generales de la Comunidad Autónoma de las Illes Balears para el año 2023 (BOIB núm. 171, 31 de diciembre de 2022), con efectos desde el 1 de enero de 2023: «*1. Se establece una deducción de 1.760 euros por cada descendente que dependa económicamente del contribuyente y curse, fuera de la isla del archipiélago balear en la que se encuentre la residencia habitual del contribuyente, estudios universitarios, enseñanzas artísticas superiores, formación profesional de grado superior, enseñanzas profesionales de artes plásticas y diseño de grado superior, enseñanzas deportivas de grado superior o cualquier otro estudio que, de acuerdo con la legislación orgánica estatal en materia de educación, se considere educación superior, con el límite del 50% de la cuota íntegra autonómica.*
       La deducción se aplica a la declaración del ejercicio en el que se inicia el curso académico.

2. Al efecto de aplicar esta deducción sólo podrán tenerse en cuenta los descendientes que, a su vez, den derecho al mínimo por descendientes que regula el artículo 58 de la Ley 35/2006.

Si los descendientes conviven con dos o más ascendientes y estos tributan de manera individual, la deducción se prorrateará por partes iguales en la declaración de cada uno.

3. La aplicación de esta deducción requiere que se verifiquen los requisitos siguientes:

a) Que los estudios completen un curso académico o un mínimo de 30 créditos.

b) Que la base imponible total del contribuyente no sea superior a 33.000 euros en caso de tributación individual o a 52.800 en caso de tributación conjunta.

c) Que el descendiente que genera el derecho a la deducción no obtenga durante el ejercicio rentas superiores a 8.000 euros.

d) Que no haya oferta educativa pública, diferente de la virtual o a distancia, en la isla de Mallorca para realizar los estudios correspondientes, o que, existiendo esta oferta se haya solicitado el ingreso y se haya inadmitido por razón de los criterios de admisión aplicables».

Redacción anterior por su incorporación por la Disp. Final segunda.3 de la Ley 13/2017, 29 de diciembre, de Presupuestos Generales de la Comunidad Autónoma de las Illes Balears para el año 2018 (BOIB núm. 160, de 29 de diciembre; BOE núm. 22, de 25 de enero de 2018), en vigor desde el 31 de diciembre de 2017: «*1. Se establece una deducción de 1.500 euros por cada descendiente que dependa económicamente del contribuyente y curse, fuera de la isla del archipiélago balear en la que se encuentre la residencia habitual del contribuyente, estudios universitarios, enseñanzas artísticas superiores, formación profesional de grado superior, enseñanzas profesionales de artes plásticas y diseño de grado superior, enseñanzas deportivas de grado superior o cualquier otro estudio que, de acuerdo con la legislación orgánica estatal en materia de educación, se considere educación superior, con el límite del 50% de la cuota íntegra autonómica.*

La cuantía de la deducción será de 1.600 euros para los contribuyentes con una base imponible total inferior a 18.000 euros en tributación individual o 30.000 euros en tributación conjunta, con el límite en todo caso del 50% de la cuota íntegra autonómica.

La deducción se aplica a la declaración del ejercicio en el que se inicia el curso académico.

2. Al efecto de la aplicación de esta deducción, solo se pueden tener en cuenta los descendientes que, a su vez, den derecho al mínimo por descendiente regulado en el artículo 58 de la Ley 35/2006.

Si los descendientes conviven con dos o más ascendientes y éstos tributan de manera individual, la deducción se prorrateará por partes iguales en la declaración de cada uno.

3. Esta deducción no es de aplicación en los siguientes casos:

a) Cuando los estudios no completen un curso académico o un mínimo de 30 créditos.

b) Cuando la base imponible total del contribuyente sea superior a 33.000 euros en el caso de tributación individual o a 52.800 en el caso de tributación conjunta [Redacción de la letra b) dada por la Disp. final segunda.5 del Decreto ley 4/2022, de 30 de marzo, por el que se adoptan medidas extraordinarias y urgentes para paliar la crisis económica y social producida por los efectos de la guerra en Ucrania (BOIB núm. 44, de 31 de marzo de 2022), con efectos desde el día 31 de marzo. Redacción original: «*b) Cuando la base imponible total del contribuyente en el impuesto sobre la renta de las personas físicas del ejercicio sea superior a 30.000 euros en tributación individual o a 48.000 en tributación conjunta»*].

c) Cuando el descendiente que genera el derecho a la deducción obtenga durante el ejercicio rentas superiores a 8.000 euros.

d) Cuando haya oferta educativa pública, diferente a la virtual o a distancia, en la isla de Mallorca para realizar los estudios correspondientes y el traslado implique cursar estos estudios fuera de las Illes Balears [Redacción del art. 4.ter.3 dada por la Disp. Final segunda.1 de la Ley 14/2018, de 28 de diciembre, de presupuestos generales de la comunidad autónoma de las Illes Balears para el año 2019 (BOIB núm. 163, de 29 de diciembre de 2018), en vigor desde el 1 de enero de 2019.

Redacción anterior: «*3. Esta deducción no es de aplicación en los siguientes casos:*

a) Cuando los estudios no completen un curso académico o un mínimo de 30 créditos.

b) Cuando haya oferta educativa pública en la isla de residencia, diferente a la virtual o a distancia, para realizar los estudios que determinen el traslado a otro lugar para cursarlos.

artísticas superiores, formación profesional de grado superior, enseñanzas profesionales de artes plásticas y diseño de grado superior, enseñanzas deportivas de grado superior o cualquier otro estudio que, de acuerdo con la legislación orgánica estatal en materia de educación, se considere educación superior, con el límite del 50% de la cuota íntegra autonómica. La deducción se aplica a la declaración del ejercicio en el que se empieza el curso académico.

2. A efectos de aplicar esta deducción, solo se podrán tener en cuenta los descendientes que, a su vez, dan derecho al mínimo por descendientes que regula el artículo 58 de la Ley 35/2006.

Si los descendientes conviven con dos o más ascendientes y estos tributan de manera individual, la deducción se prorrateará por partes iguales en la declaración de cada uno.

3. Esta deducción no será aplicable en los siguientes casos:

a) Cuando los estudios no completen un curso académico o un mínimo de 30 créditos.

b) Cuando la base imponible total del contribuyente sea superior a 33.000 euros en el caso de tributación individual o a 52.800 en el caso de tributación conjunta.

c) Cuando el descendiente que genera el derecho a la deducción obtenga durante el ejercicio rentas superiores a 8.000 euros.

❚ Artículo 4 quater[19]. *Deducciones para el arrendador de bienes inmuebles destinados a vivienda permanente en el territorio de las Illes Balears*

1. Se establece una deducción en la cuota íntegra autonómica por la cuantía correspondiente al 75% de los gastos satisfechos por el contribuyente durante el ejercicio en concepto

---

c) Cuando la base imponible total del contribuyente en el impuesto sobre la renta de las personas físicas del ejercicio sea superior a 30.000 euros en tributación individual o a 48.000 en tributación conjunta.

d) Cuando el descendiente que genera el derecho a deducción obtenga durante el ejercicio rentas superiores a 8.000 euros».

Redacción de la letra b) dada por la Disp. final segunda.5 del Decreto ley 4/2022, de 30 de marzo, por el que se adoptan medidas extraordinarias y urgentes para paliar la crisis económica y social producida por los efectos de la guerra en Ucrania (BOIB núm. 44, de 31 de marzo de 2022), con efectos desde el día 31 de marzo.

Redacción original: «*b) Cuando la base imponible total del contribuyente en el impuesto sobre la renta de las personas físicas del ejercicio sea superior a 30.000 euros en tributación individual o a 48.000 en tributación conjunta*»]».

[19] Nueva redacción del art. 4 quater dada por la Disp. Final Decimoprimera.1 de la Ley 7/2024, de 11 de diciembre, de medidas urgentes de simplificación y racionalización administrativas de las administraciones públicas de las Illes Balears (BOIB núm. 162, de 13 de diciembre de 2024), con efectos desde el 14 de diciembre de 2024.

Redacción anterior dada por la Disp. Final Segunda.2 de la Ley 12/2023, de 29 de diciembre, de Presupuestos Generales de la Comunidad Autónoma de las Illes Balears para el año 2024 (BOIB núm. 176, de 30 de diciembre de 2023), con efectos desde el 1 de enero de 2024: «*1. Se establece una deducción del 75% de los gastos satisfechos por el contribuyente durante el ejercicio en concepto de primas de seguros que cubran total o parcialmente el impago de las rentas a las que el contribuyente tenga derecho por razón del arrendamiento de un bien inmueble, situado en las Illes Balears, a un tercero destinado a vivienda, con un máximo de 440 euros anuales, siempre que se cumplan los siguientes requisitos:*

a) Que la duración del contrato de arrendamiento de la vivienda con un mismo arrendatario sea igual o superior a un año.

b) Que se haya constituido el depósito de la fianza a que se refiere el artículo 36.1 de la Ley 29/1994, de 24 de noviembre, de arrendamientos urbanos, a favor del Instituto Balear de la Vivienda.

de primas de seguros que cubran total o parcialmente el impago de las rentas a que el contribuyente tenga derecho por razón del arrendamiento a terceros de uno o varios inmuebles situados en las Illes Balears destinados a vivienda, con un máximo de 440 euros anuales, siempre que se cumplan los siguientes requisitos:

a) Que la duración inicial del contrato de arrendamiento de la vivienda con un mismo arrendatario sea igual o superior a un año, sin perjuicio de las prórrogas obligatorias para el arrendador reguladas en el artículo 9 de la Ley 29/1994, de 24 de noviembre, de arrendamientos urbanos.

---

c) Que el contribuyente declare en el impuesto sobre la renta de las personas físicas el rendimiento derivado de las rentas del arrendamiento de la vivienda como rendimientos del capital inmobiliario.

2. El contribuyente que ponga viviendas en el mercado de alquiler de larga duración, podrá deducir el 30% de los importes obtenidos por este rendimiento en el período impositivo, con un máximo de 3.600 euros anuales, siempre que se cumplan los siguientes requisitos:

a) Que el inmueble arrendado se sitúe en las Illes Balears y se destine a vivienda habitual del arrendatario.

b) Que la duración del contrato de arrendamiento de vivienda sea igual o superior a cinco años.

c) Que se haya constituido el depósito de la fianza a que se refiere el artículo 36.1 de la Ley 29/1994, de 24 de noviembre, de arrendamientos urbanos, a favor del Instituto Balear de la Vivienda.

d) Que el contribuyente declare en el impuesto sobre la renta de las personas físicas el rendimiento derivado de las rentas del arrendamiento de la vivienda como rendimientos del capital inmobiliario».

Redacción anterior dada por la Disp. Final cuarta 8 de la Ley 11/2022, de 28 de diciembre, de presupuestos generales de la Comunidad Autónoma de las Illes Balears para el año 2023 (BOIB núm. 171, 31 de diciembre de 2022), con efectos desde el 1 de enero de 2023: *«Deducción autonómica por arrendamiento de bienes inmuebles en el territorio de las Illes Balears destinados a vivienda*

Se establece una deducción del 75% de los gastos satisfechos por el contribuyente durante el ejercicio en concepto de primas de seguros de crédito que cubran total o parcialmente el impago de las rentas a las que el contribuyente tenga derecho por razón del arrendamiento de un bien inmueble, situado en las Illes Balears, a un tercero destinado a vivienda, con un máximo de 440 euros anuales, siempre y cuando se cumplan los siguientes requisitos:

a) Que la duración del contrato de arrendamiento de vivienda con un mismo arrendatario sea igual o superior a un año.

b) Que se haya constituido el depósito de la fianza a la que se refiere el artículo 36.1 de la Ley 29/1994, de 24 de noviembre, de arrendamientos urbanos, a favor del Instituto Balear de la Vivienda.

c) Que el contribuyente declare en el impuesto sobre la renta de las personas físicas el rendimiento derivado de las rentas del arrendamiento de la vivienda como rendimientos del capital inmobiliario».

Redacción anterior por su incorporación dada por la Disp. Final segunda.4 de la Ley 13/2017, 29 de diciembre, de Presupuestos Generales de la Comunidad Autónoma de las Illes Balears para el año 2018 (BOIB núm. 160, de 29 de diciembre; BOE núm. 22, de 25 de enero de 2018), en vigor desde el 31 de diciembre de 2017: *«Se establece una deducción del 75% de los gastos satisfechos por el contribuyente durante el ejercicio en concepto de primas de seguros de crédito que cubran total o parcialmente el impago de las rentas a las que el contribuyente tenga derecho por razón del arrendamiento de un bien inmueble, situado en las Illes Balears, a un tercero destinado a vivienda, con un máximo de 400 euros anuales, siempre y cuando se cumplan los siguientes requisitos:*

a) Que la duración del contrato de arrendamiento de vivienda con un mismo arrendatario sea igual o superior a un año.

b) Que se haya constituido el depósito de la fianza a la que se refiere el artículo 36.1 de la Ley 29/1994, de 24 de noviembre, de arrendamientos urbanos, a favor del Instituto Balear de la Vivienda.

c) Que el contribuyente declare en el impuesto sobre la renta de las personas físicas el rendimiento derivado de las rentas del arrendamiento de la vivienda como rendimientos del capital inmobiliario».

b) Que se haya constituido el depósito de la fianza a que hace referencia el artículo 36.1 de la Ley 29/1994, de 24 de noviembre, de arrendamientos urbanos, a favor del Instituto Balear de la Vivienda.

c) Que el contribuyente declare en el impuesto sobre la renta de las personas físicas el rendimiento derivado de las rentas del arrendamiento de la vivienda como rendimientos del capital inmobiliario.

2. Asimismo, se establece una deducción en la cuota íntegra autonómica, compatible con la deducción regulada en el apartado anterior y aplicable por una sola vez en el primer ejercicio fiscal en que se verifiquen todos los requisitos de esta deducción, por la cuantía correspondiente al 50% de los gastos satisfechos por el contribuyente durante el ejercicio en concepto de primas de seguros de daños, de gastos de conservación y reparación y, si procede, del resto de gastos inherentes a la comunidad de propietarios, de gastos tributarios, de gastos vinculados a la formalización de los contratos de arrendamiento y de gastos para obtener certificados de eficiencia energética relacionados con las viviendas arrendadas, con un máximo de 1.500 euros, siempre que se trate de viviendas situadas en las Illes Balears y se cumplan todos los requisitos establecidos en las letras a), b) y c) del apartado anterior, así como los siguientes requisitos adicionales:

a) Que la vivienda no se haya arrendado durante, como mínimo, los dos ejercicios fiscales inmediatamente anteriores al ejercicio fiscal en que se aplique la deducción.

b) Que el importe de la renta del arrendamiento para cada arrendatario no sea superior a 15 euros mensuales por metro cuadrado de superficie útil de la vivienda arrendada.

c) Que los gastos se satisfagan en el mismo periodo impositivo.

El límite máximo de 1.500 euros a que se refiere el primer párrafo de este apartado se tiene que incrementar hasta los 1.800 euros para los contribuyentes que, cumpliendo todos los requisitos aplicables a esta deducción, arrienden la vivienda a la Administración de la comunidad autónoma de las Illes Balears o a un ente integrante del sector público instrumental de esta administración para su subarrendamiento a los beneficiarios correspondientes en el marco de los programas de Alquiler Seguro u otros específicos aprobados al efecto por la comunidad autónoma.

3. En cualquier caso, la aplicación de las deducciones a que hacen referencia los dos apartados anteriores exige que la base imponible total del contribuyente no supere el importe de 84.480 euros en el caso de tributación conjunta y de 52.800 euros en el caso de tributación individual, así como la justificación documental, mediante las facturas o los documentos equivalentes correspondientes, los cuales se tienen que mantener a disposición de la administración tributaria.

Artículo 4 quinquies[20]. *Deducción autonómica por arrendamiento de vivienda en el territorio de las Illes Balears derivado del traslado temporal de residencia por motivos laborales.*

1[21]. Se establece una deducción del 15% de los gastos satisfechos por el contribuyente durante el ejercicio en concepto de renta de alquiler de vivienda por razón del traslado tem-

---

20   Nuevo artículo incorporado por la Disp. Final segunda.5 de la Ley 13/2017, 29 de diciembre, de Presupuestos Generales de la Comunidad Autónoma de las Illes Balears para el año 2018 (BOIB núm. 160, de 29 de diciembre; BOE núm. 22, de 25 de enero de 2018), en vigor desde el 31 de diciembre de 2017.

21   Nueva redacción del art. 4.quinquies 1.dada por la Disp. Final cuarta 9 de la Ley 11/2022, de 28 de diciembre, de presupuestos generales de la Comunidad Autónoma de las Illes Balears para el año 2023

poral de su isla de residencia a otra isla del archipiélago balear en el ámbito de una misma relación laboral por cuenta ajena, con un máximo de 440 euros anuales, siempre y cuando se cumplan los siguientes requisitos:

a) Que se trate del arrendamiento de un inmueble destinado a vivienda del contribuyente y ocupado efectivamente por este.

b) Que se haya constituido el depósito de la fianza a la que se refiere el artículo 36.1 de la Ley 29/1994, de 24 de noviembre, de arrendamientos urbanos, a favor del Instituto Balear de la Vivienda.

c) Que la base imponible total del contribuyente no supere la cuantía de 33.000 euros en el caso de tributación individual y de 52.800 en el caso de tributación conjunta.

d) Que el contribuyente identifique al arrendador en la autoliquidación del impuesto.

e) Que el contribuyente pueda justificar documentalmente ante la administración tributaria el gasto constitutivo de la base de la deducción y el resto de requisitos exigibles para la deducción.

f) Que el traslado temporal no supere los tres años de duración.

2. En caso de tributación conjunta, la deducción será aplicable a cada uno de los contribuyentes que trasladen su residencia en los términos establecidos en el apartado anterior.

Artículo 5[22]. *Deducción autonómica por donaciones a determinadas entidades destinadas a la investigación, el desarrollo científico o tecnológico, o la innovación.*

1[23]. Se establece una deducción del 25 % de las donaciones dinerarias que se realicen durante el periodo impositivo, hasta el límite del 15 % de la cuota íntegra autonómica, destinadas a financiar la investigación, el desarrollo científico o tecnológico, o la innovación, a favor de cualquiera de las siguientes entidades:

a) La Administración de la comunidad autónoma de las Illes Balears o las entidades instrumentales que dependen de la misma cuya finalidad esencial sea la investigación, el desarrollo científico o tecnológico, o la innovación.

b) La Universidad de las Illes Balears.

c) Las entidades sin finalidad lucrativa a que hacen referencia los artículos 2 y 3 de la Ley 49/2002, de 23 de diciembre, de régimen fiscal de las entidades sin fines lucrativos y de los incentivos fiscales al mecenazgo, siempre y cuando el fin exclusivo o principal que persigan

---

(BOIB núm. 171, 31 de diciembre de 2022), con efectos desde el 1 de enero de 2023.

[22]   Nueva redacción dada por la Disposición Final segunda.10 de la Ley 13/2014, de 29 de diciembre, de presupuestos generales de la comunidad autónoma de las Illes Balears para el año 2015 (BOIB núm. 178, de 30 diciembre de 2014), en vigor desde el 1 de enero de 2015 y con vigencia indefinida.
   Con anterioridad recogida en el art. 3 de la Ley 6/2007, de 27 de diciembre, de medidas tributarias y económico-administrativas (BOIB núm. 196, de 29 diciembre de 2007), en la redacción dada por el art. 11 Ley 1/2009, de 25 de febrero.

[23]   Nueva redacción del art. 5.1 dada por Disp. Final segunda.6 de la Ley 13/2017, 29 de diciembre, de Presupuestos Generales de la Comunidad Autónoma de las Illes Balears para el año 2018 (BOIB núm. 160, de 29 de diciembre; BOE núm. 22, de 25 de enero de 2018), en vigor desde el 31 de diciembre de 2017.
   Redacción anterior del primer párrafo dada por la Disposición Final segunda.3 de la Ley 12/2015, de 29 de diciembre, 6 (BOIB núm. 189, de 30 de diciembre de 2015), en vigor desde el 31 de diciembre de 2015.
   Redacción anterior dada por la Disposición Final segunda.3 de la Ley 12/2015, de 29 de diciembre, 6 (BOIB núm. 189, de 30 de diciembre de 2015), en vigor desde el 31 de diciembre de 2015 y con vigencia indefinida.

sea la investigación, el desarrollo científico o tecnológico, o la innovación, en el territorio de las Illes Balears y estén inscritas en el Registro Único de Fundaciones de las Illes Balears.

d) Las entidades parcialmente exentas del impuesto sobre sociedades a que se refiere el artículo 9.3 de la Ley 27/2014, de 27 de noviembre, del impuesto sobre sociedades.

2. La efectividad de las citadas donaciones en cada periodo impositivo deberá acreditarse mediante un certificado de la entidad donataria.

Asimismo, en los casos de la letra c) del apartado anterior, la aplicación de la deducción exige que la consejería competente en materia de investigación, desarrollo científico o tecnológico, o innovación, declare, mediante una resolución, que la entidad donataria verifica los requisitos que establece la citada letra c)[24].

Artículo 5 bis[25]. *Deducción autonómica por donaciones, cesiones de uso o contratos de comodato y convenios de colaboración empresarial, relativos al mecenazgo cultural, científico y de desarrollo tecnológico y al consumo cultural.*

1. Se establece una deducción del 15 % de las cuantías en que se valoren las donaciones, las cesiones de uso o los contratos de comodato, y de las cuantías satisfechas en virtud de convenios de colaboración empresarial efectuados de acuerdo con lo que dispone la Ley 3/2015, de 23 de marzo, por la que se regula el consumo cultural y el mecenazgo cultural, científico y de desarrollo tecnológico, y se establecen medidas tributarias.

2[26]. El límite de la deducción aplicable es de 660 euros por ejercicio. En caso de que la cesión de uso o el contrato de comodato tenga una duración inferior a un año, esta deducción se debe prorratear en función del número de días del periodo anual. Si la duración es superior a un año, la deducción no se puede aplicar a más de tres ejercicios.

3[27]. La aplicación de esta deducción exige que la base imponible total del contribuyente no exceda de la cuantía de 33.000 euros en el caso de tributación individual y de 52.800 euros en el caso de tributación conjunta.

4[28]. Asimismo, se establece una deducción del 25% de las cuantías de las donaciones dinerarias o del valor del resto de donaciones y modalidades a que se refieren el apartado 1

---

[24]   Segundo párrafo incorporado por la Disposición Final segunda.4 de la Ley 12/2015, de 29 de diciembre, de presupuestos generales de la comunidad autónoma de las Illes Balears para el año 2016 (BOIB núm. 189, de 30 de diciembre de 2015), en vigor desde el 31 de diciembre de 2015.

[25]   Nuevo artículo incorporado por la Disposición Final segunda.1 de la Ley 3/2015, de 23 de marzo, por la que se regula el consumo cultural y el mecenazgo cultural, científico y de desarrollo tecnológico, y se establecen medidas tributarias (BOIB núm. 44, de 28 de marzo de 2015), siendo aplicable a todo el periodo impositivo del ejercicio de 2015.

[26]   Nueva redacción del art. 5 bis. 2 dada. por la Disp. Final cuarta 10 de la Ley 11/2022, de 28 de diciembre, de presupuestos generales de la Comunidad Autónoma de las Illes Balears para el año 2023 (BOIB núm. 171, 31 de diciembre de 2022), con efectos desde el 1 de enero de 2023.

[27]   Nueva redacción del art. 5 bis. 3 dada. por la Disp. Final cuarta 10 de la Ley 11/2022, de 28 de diciembre, de presupuestos generales de la Comunidad Autónoma de las Illes Balears para el año 2023 (BOIB núm. 171, 31 de diciembre de 2022), con efectos desde el 1 de enero de 2023.
       Redacción anterior dada por la Disp. final segunda.7 del Decreto ley 4/2022, de 30 de marzo, por el que se adoptan medidas extraordinarias y urgentes para paliar la crisis económica y social producida por los efectos de la guerra en Ucrania (BOIB núm. 44, de 31 de marzo de 2022), con efectos desde el día 31 de marzo.

[28]   Nuevo apartado cuatro incorporado por la Disp. Final Segunda.5 de la Ley 19/2019, de 30 de diciembre, de presupuestos generales de la comunidad autónoma de las Illes Balears para el año 2020 (BOIB núm.

del presente artículo y el artículo 3 de la mencionada Ley 3/2015, cuando el beneficiario del mecenazgo sea la Administración de la comunidad autónoma de las Illes Balears o cualquiera de las entidades instrumentales a que hace referencia la letra b) del artículo 4.1 de la misma Ley 3/2015 y el proyecto o la actividad cultural objeto del mecenazgo constituya un proyecto propio de la Administración de la comunidad autónoma o de sus entidades instrumentales.

En estos casos no serán aplicables los límites relativos a la base imponible del apartado 3 anterior, y el límite máximo de la deducción aplicable será de 1.200 euros por ejercicio, sin perjuicio del resto de las condiciones del apartado 2 de este mismo artículo.

Artículo 5 ter[29]**.** *Deducción autonómica por donaciones, cesiones de uso o contratos de comodato y convenios de colaboración, relativos al mecenazgo deportivo.*

1. Se establece una deducción del 15 % de las cuantías en que se valoren las donaciones, las cesiones de uso o los contratos de comodato, y de las cuantías satisfechas en virtud de convenios de colaboración efectuados de acuerdo con lo dispuesto en la Ley 6/2015, de 30 de marzo, por la que se regula el mecenazgo deportivo y se establecen medidas tributarias.

2[30]**.** El límite de la deducción aplicable es de 660 euros por ejercicio. En caso de que la cesión de uso o el contrato de comodato tenga una duración inferior a un año, esta deducción se prorrateará en función del número de días del período anual. Si la duración es superior a un año, la deducción no se puede aplicar a más de tres ejercicios.

3[31]**.** La aplicación de esta deducción exige que la base imponible total del contribuyente no exceda de la cuantía de 33.000 euros en el caso de tributación individual y de 52.800 euros en el caso de tributación conjunta.

Artículo 5 quater[32]**.** *Deducción autonómica por donaciones a determinadas entidades que tengan por objeto el fomento de la lengua catalana.*

1. Se establece una deducción del 15 % de las donaciones dinerarias que se realicen durante el periodo impositivo, hasta el límite del 10 % de la cuota íntegra autonómica, a entidades que tengan por objeto el fomento de la lengua catalana, a favor de cualquiera de las siguientes entidades:

175, de 31 de diciembre de 2019), con efectos desde el 1 de enero de 2020.

[29] Nuevo artículo incorporado por la Disposición Final primera.1 de la Ley 6/2015, de 30 de marzo, por la que se regula el mecenazgo deportivo y se establecen medidas tributarias (BOIB núm. 50, de 9 de abril de 2015), siendo aplicable a todo el periodo impositivo del ejercicio de 2015.

[30] Nueva redacción del art. 5 ter. 2 dada. por la Disp. Final cuarta 11 de la Ley 11/2022, de 28 de diciembre, de presupuestos generales de la Comunidad Autónoma de las Illes Balears para el año 2023 (BOIB núm. 171, 31 de diciembre de 2022), con efectos desde el 1 de enero de 2023.

[31] Nueva redacción del art. 5 ter. 3 dada. por la Disp. Final cuarta 11 de la Ley 11/2022, de 28 de diciembre, de presupuestos generales de la Comunidad Autónoma de las Illes Balears para el año 2023 (BOIB núm. 171, 31 de diciembre de 2022), con efectos desde el 1 de enero de 2023.

Redacción anterior dada por la Disp. final segunda.8 del Decreto ley 4/2022, de 30 de marzo, por el que se adoptan medidas extraordinarias y urgentes para paliar la crisis económica y social producida por los efectos de la guerra en Ucrania (BOIB núm. 44, de 31 de marzo de 2022), con efectos desde el día 31 de marzo.

[32] Nuevo artículo incorporado por la Disposición Final segunda.5 de la Ley 12/2015, de 29 de diciembre, de presupuestos generales de la comunidad autónoma de las Illes Balears para el año 2016 (BOIB núm. 189, de 30 de diciembre de 2015), en vigor desde el 31 de diciembre de 2015.

a) La Administración de la comunidad autónoma de las Illes Balears o las entidades instrumentales que dependen de ella cuya finalidad esencial sea el fomento de la lengua catalana.

b) La Universidad de las Illes Balears, los centros de investigación y los centros superiores de enseñanzas artísticas de la comunidad autónoma de las Illes Balears.

c) Las entidades sin finalidad lucrativa a las que se refieren los artículos 2 y 3 de la Ley 49/2002, de 23 de diciembre, de régimen fiscal de las entidades sin finalidades lucrativas y de los incentivos fiscales al mecenazgo, siempre que el fin exclusivo o principal que persigan sea en el territorio el fomento de la lengua catalana, y estén inscritas en el Registro de Fundaciones de la Administración de la comunidad autónoma de las Illes Balears.

d)[33]

2. La efectividad de dichas donaciones en cada periodo impositivo se deberá acreditar mediante un certificado de la entidad donataria.

Asimismo, en los casos de la letra c) del apartado anterior, la aplicación de la deducción exige que la consejería competente en materia de política lingüística declare, mediante una resolución, que la entidad donataria verifica los requisitos establecidos en la citada letra c).

3. Esta deducción es incompatible con la deducción regulada en el artículo 5 bis del presente texto refundido.

Artículo 5 quinquies[34]. *Deducción por donaciones a entidades del tercer sector.*

1[35]**.** Se establece una deducción del 25%, aplicable sobre una base máxima de 165 euros, de las donaciones dinerarias que se hagan durante el periodo impositivo, a favor de las entidades sin ánimo de lucro a las que se refiere la Ley 3/2018, de 29 de mayo, del tercer sector de acción social, que estén inscritas en el registro correspondiente de la Consejería de Asuntos Sociales y Deportes, y que, además, cumplan los requisitos de los artículos 2 y 3 de la Ley 49/2002, de 23 de diciembre, de régimen fiscal de las entidades sin fines lucrativos y de los incentivos fiscales al mecenazgo, o estén parcialmente exentas del impuesto sobre sociedades de acuerdo con el artículo 9.3 de la Ley 27/2014, de 27 de noviembre, del impuesto sobre sociedades.

2. La efectividad de la donación se ha de acreditar mediante la expedición, por parte de la entidad beneficiaria, del correspondiente certificado.

Artículo 5 sexties[36] *Deducción por donaciones para paliar los efectos del conflicto de Ucrania sobre las personas*

1. Durante el ejercicio fiscal de 2022 se establece una deducción del 50% del valor de los bienes o cuantías dinerarias de las donaciones efectuadas a entidades de las previstas en la

---

[33]   Nueva letra d) incorporado por la Disp. Final Tercera.2 de la Ley 18/2016, de 29 de diciembre, de presupuestos generales de la comunidad autónoma de las Illes Balears para el año 2017 (BOIB núm. 164, de 31 de diciembre de 2016), en vigor desde el 31 de diciembre de 2016.

[34]   Nuevo artículo incorporado por la Disp. Final segunda.2 de la Ley 14/2018, de 28 de diciembre, de presupuestos generales de la comunidad autónoma de las Illes Balears para el año 2019 (BOIB núm. 163, de 29 de diciembre de 2018), en vigor desde el 1 de enero de 2019.

[35]   Nueva redacción del art. 5 quinquies 1 dada. por la Disp. Final cuarta 12 de la Ley 11/2022, de 28 de diciembre, de presupuestos generales de la Comunidad Autónoma de las Illes Balears para el año 2023 (BOIB núm. 171, 31 de diciembre de 2022), con efectos desde el 1 de enero de 2023.

[36]   Nuevo artículo 5.sexties incorporado por la Disp. final segunda.12 del Decreto ley 4/2022, de 30 de marzo, por el que se adoptan medidas extraordinarias y urgentes para paliar la crisis económica y social

Ley 49/2002, de 23 de diciembre, de régimen fiscal de las entidades sin finalidades lucrativas y de los incentivos fiscales al mecenazgo, que se destinen a actividades y programas para paliar los efectos sobre las personas generados por la invasión de Ucrania por parte del ejército ruso, con el límite de 150 euros.

2. La efectividad de la donación se acreditará mediante la expedición, por parte de la entidad receptora de la donación, del certificado correspondiente.

Artículo 6[37]. *Deducción autonómica para los declarantes con discapacidad física, psíquica o sensorial o con descendientes con esta condición.*

1[38]. Por cada contribuyente y, en su caso, por cada miembro de la unidad familiar residente en las Illes Balears que tenga la consideración legal de persona con discapacidad física, psíquica o sensorial, se establecen las siguientes deducciones según la naturaleza y el grado de la minusvalía:

a) Minusvalía física o sensorial de grado igual o superior al 33% e inferior al 65%: 88 euros.

b) Minusvalía física o sensorial de grado igual o superior al 65%: 165 euros.

c) Minusvalía psíquica de grado igual o superior al 33%: 165 euros.

2. En caso de que los cónyuges hayan optado por la tributación individual y tengan derecho al mínimo por descendientes que regula el artículo 58 de la Ley 35/2006, de 28 de noviembre, del impuesto sobre la renta de las personas físicas y de modificación parcial de las leyes de los impuestos sobre sociedades, sobre la renta de no residentes y sobre el patrimonio, cada uno tiene derecho a aplicarse íntegramente la deducción.

3[39]. Tienen derecho a esta deducción los contribuyentes para quienes la cuantía resultante de la suma de su base imponible total no supere el importe de 33.000 euros en caso de tributación individual y de 52.800 euros en caso de tributación conjunta.

---

producida por los efectos de la guerra en Ucrania (BOIB núm. 44, de 31 de marzo de 2022), con efectos desde el día 31 de marzo.

[37]   Nueva redacción del art. 6 dada por la Disposición Final segunda.6 de la Ley 12/2015, de 29 de diciembre, de presupuestos generales de la comunidad autónoma de las Illes Balears para el año 2016 (BOIB núm. 189, de 30 de diciembre de 2015), en vigor desde el 31 de diciembre de 2015.
Redacción de la letra c) dada por la Disposición Final segunda.11 de la Ley 13/2014, de 29 de diciembre, de presupuestos generales de la comunidad autónoma de las Illes Balears para el año 2015 (BOIB núm. 178, de 30 diciembre de 2014), en vigor desde el 1 de enero de 2015 y con vigencia indefinida.
Con anterioridad regulada en el art. 1 de la Ley 12/2012, de 26 de septiembre, de medidas tributarias para la reducción del déficit de la comunidad autónoma de las Illes Balears (BOIB núm. 146, de 6 de octubre de 2012).

[38]   Nueva redacción del art. 6.1 dada. por la Disp. Final cuarta 13 de la Ley 11/2022, de 28 de diciembre, de presupuestos generales de la Comunidad Autónoma de las Illes Balears para el año 2023 (BOIB núm. 171, 31 de diciembre de 2022), con efectos desde el 1 de enero de 2023.

[39]   Nueva redacción del art. 6.3 dada. por la Disp. Final cuarta 13 de la Ley 11/2022, de 28 de diciembre, de presupuestos generales de la Comunidad Autónoma de las Illes Balears para el año 2023 (BOIB núm. 171, 31 de diciembre de 2022), con efectos desde el 1 de enero de 2023.
Redacción anterior dada por la Disp. final segunda.9 del Decreto ley 4/2022, de 30 de marzo, por el que se adoptan medidas extraordinarias y urgentes para paliar la crisis económica y social producida por los efectos de la guerra en Ucrania (BOIB núm. 44, de 31 de marzo de 2022), con efectos desde el día 31 de marzo.

Artículo 6 bis[40]. *Deducción por gastos relativos a los descendientes o acogidos menores de seis años por motivos de conciliación.*

1[41]. Se establece una deducción del 40%, con un límite de 660 euros, del importe anual satisfecho por los gastos derivados de la prestación de los siguientes servicios a descendientes o acogidos menores de seis años:

a) Estancias de niños y niñas de 0 a 3 años en escuelas infantiles o en guarderías.

b) Servicio de custodia, servicio de comedor y actividades extraescolares de niños y niñas de 3 a 6 años en centros educativos.

c) Contratación laboral de una persona para cuidar del menor.

2. Para poder aplicar esta deducción se tienen que cumplir los requisitos siguientes:

a) Que los contribuyentes desarrollen actividades por cuenta ajena o por cuenta propia generadoras de rendimientos del trabajo o de rendimientos de actividades económicas.

b)[42] Que la base imponible total no supere el importe de 33.000 euros en el caso de tributación individual y de 52.800 euros en el de tributación conjunta.

c) Que el pago de los gastos que dan derecho a la deducción se haga mediante tarjeta de crédito o de débito, transferencia bancaria, cheque nominativo o ingreso en cuentas de entidades de crédito.

3. En el supuesto de deducción de los gastos de la contratación de una persona empleada, esta tiene que estar dada de alta en el régimen especial para empleados del hogar de la Seguridad Social.

4. Cuando dos contribuyentes tengan derecho a la aplicación de esta deducción y opten por la declaración individual, se tiene que prorratear entre ellos por partes iguales.

5. Si todos los descendientes o acogidos dejan de ser menores de seis años a lo largo del año, el límite máximo de la deducción se tiene que prorratear por la suma del número de días en qué los descendientes o acogidos hayan sido menores de seis años durante el año natural. También se tiene que prorratear de la misma forma el límite máximo de la deducción si los descendientes han nacido o han sido adoptados a lo largo del año, o si los menores han sido acogidos a lo largo del año.

6[43]. Cuando el contribuyente sea menor de 36 años, tenga reconocido un grado de discapacidad igual o superior al 33%, tenga derecho al mínimo por discapacidad de ascendientes o descendientes en el impuesto sobre la renta de las personas físicas, o sea el padre, la madre o los padres que convivan con el hijo o los hijos sometidos a la patria potestad y que integren

---

40   Nuevo artículo incorporado por la Disp. Final segunda.3 de la Ley 14/2018, de 28 de diciembre, de presupuestos generales de la comunidad autónoma de las Illes Balears para el año 2019 (BOIB núm. 163, de 29 de diciembre de 2018), en vigor desde el 1 de enero de 2019.

41   Nueva redacción del art. 6 bis.1 dada. por la Disp. Final cuarta 14 de la Ley 11/2022, de 28 de diciembre, de presupuestos generales de la Comunidad Autónoma de las Illes Balears para el año 2023 (BOIB núm. 171, 31 de diciembre de 2022), con efectos desde el 1 de enero de 2023.

42   Nueva redacción dada por la Disp. final segunda.10 del Decreto ley 4/2022, de 30 de marzo, por el que se adoptan medidas extraordinarias y urgentes para paliar la crisis económica y social producida por los efectos de la guerra en Ucrania (BOIB núm. 44, de 31 de marzo de 2022), con efectos desde el día 31 de marzo.

43   Nuevo apartado seis incorporado por el art. sexto de la Ley 11/2023, de 23 de noviembre, de modificación del Decreto legislativo 1/2014, de 6 de junio, por el que se aprueba el texto refundido de las disposiciones legales de la comunidad autónoma de las Illes Balears en materia de tributos cedidos por el Estado (BOIB núm. 161, 25 de noviembre de 2023), en vigor, desde el 26 de noviembre de 2023.

una familia numerosa, en los términos que establece el artículo 6 de la Ley 8/2018, de 13 de julio, de apoyo a las familias, o una familia monoparental de las que prevé el artículo 7.7 de la Ley 8/2018 mencionada, pueden deducir el 50% de los importes satisfechos en el periodo impositivo, con un máximo de 900 euros anuales, siempre que se cumplan los requisitos establecidos en los apartados 1 y 2 de este artículo, y sin perjuicio de tener en cuenta así mismo lo establecido en los apartados 3, 4 y 5 anteriores.

No obstante, en el supuesto de familias numerosas o monoparentales, los límites de renta a que se refiere la letra b) del apartado 2 de este artículo se incrementarán un 20%.

Artículo 6 ter[44] *Deducción por nacimiento.*

1. Por cada nacimiento de un hijo o una hija en el periodo impositivo que dé derecho a la aplicación del mínimo por descendientes previsto en el artículo 58 de la Ley 35/2006, de 28 de noviembre, del impuesto sobre la renta de las personas físicas y de modificación parcial de leyes de los impuestos sobre sociedades, sobre la renta de no residentes y sobre el patrimonio, los contribuyentes podrán deducir de la cuota íntegra autonómica las siguientes cantidades:

a) Por el primer hijo o hija: 800 euros.
b) Por el segundo hijo o hija: 1.000 euros.
c) Por el tercer hijo o hija: 1.200 euros.
d) Por el cuarto hijo o hija y siguientes: 1.400 euros.

La aplicación de estas deducciones no puede dar como resultado una cuota líquida negativa, sin perjuicio de lo que prevén los apartados 6, 7 y 9 de este artículo[45].

2. A efectos de determinar el derecho a esta deducción y el número de orden del hijo nacido, se tendrán en cuenta los hijos que convivan con el contribuyente y para los cuales se

---

[44]   Nueva redacción de art. 6 ter dada el art. séptimo de la Ley 11/2023, de 23 de noviembre, de modificación del Decreto legislativo 1/2014, de 6 de junio, por el que se aprueba el texto refundido de las disposiciones legales de la comunidad autónoma de las Illes Balears en materia de tributos cedidos por el Estado (BOIB núm. 161, 25 de noviembre de 2023), en vigor, desde el 26 de noviembre de 2023.
      Redacción anterior por su incorporación por la Disp. final segunda.11 del Decreto ley 4/2022, de 30 de marzo, por el que se adoptan medidas extraordinarias y urgentes para paliar la crisis económica y social producida por los efectos de la guerra en Ucrania (BOIB núm. 44, de 31 de marzo de 2022), con efectos desde el día 31 de marzo: «*Deducción por acogida de personas desplazadas por el conflicto de Ucrania Durante el ejercicio fiscal de 2022 se establece una deducción por la acogida de personas desplazadas desde Ucrania en los siguientes términos:*
      a) El periodo mínimo de acogida para poder aplicar la deducción es de tres meses.
      b) El importe de la deducción por persona acogida es de 150 euros.
      c) El límite máximo de deducción por contribuyente es de 600 euros.
      d) Cuando dos contribuyentes tengan derecho a la aplicación de esta deducción y opten por la declaración individual, se prorratearán entre ellos, a partes iguales, tanto el importe como el límite máximo de la deducción.
      e) Entre las personas acogidas y las personas acogedoras no puede haber una relación de parentesco, ni por consanguinidad ni por afinidad, de hasta el segundo grado.
      f) La aplicación de esta deducción requiere la obtención de un certificado del órgano competente en la gestión y el control de estas acogidas, en el cual conste el número de personas acogidas y la duración de la acogida, de acuerdo con lo que disponga el Ministerio de Inclusión, Seguridad Social y Migraciones».
[45]   Último párrafo del art. 6.ter.1 incorporado por la Disp. Final Segunda.3 de la Ley 12/2023, de 29 de diciembre, de Presupuestos Generales de la Comunidad Autónoma de las Illes Balears para el año 2024 (BOIB núm. 176, de 30 de diciembre de 2023), con efectos desde el 1 de enero de 2024.

pueda aplicar el mínimo por descendientes mencionado en el apartado anterior en la fecha de devengo del impuesto, y se computarán tanto los hijos naturales como los adoptivos.

3. La aplicación de esta deducción requiere que se verifiquen los siguientes requisitos:

a) Que el contribuyente haya sido residente fiscal en las Illes Balears el ejercicio anterior al del nacimiento.

b)[46] Que la base imponible total no supere el importe de 52.800 euros en el caso de tributación individual y de 84.480 euros en el de tributación conjunta.

Sin embargo, en el caso de familias numerosas, o de las familias monoparentales previstas en el artículo 7.7 de la Ley 8/2018, de 31 de julio, de apoyo a las familias, los límites de renta a los que hace referencia la letra b) anterior se incrementarán un 20%.

Asimismo, los contribuyentes que superen los límites de renta mencionados en esta letra b) tendrán derecho a aplicar el 50% de la deducción correspondiente.

4. Cuando concurran dos contribuyentes con derecho a la deducción y no opten por la tributación conjunta, el importe se prorrateará entre estos a partes iguales.

5[47]. De acuerdo con el apartado anterior, en el caso de que el número de hijos de cada contribuyente dé lugar a la aplicación de un importe diferente, cada uno se aplicará la mitad de la deducción que le corresponda en función del número de hijos preexistente.

Si se da esta circunstancia y la declaración es conjunta, la deducción será la suma de la que correspondería a cada uno si la declaración fuera individual.

6[48]. Los contribuyentes con derecho a la aplicación de esta deducción pueden solicitar a la consejería competente en materia de hacienda, en los términos que se establezcan mediante orden de la persona titular de dicha consejería, el abono anticipado de esta deducción, que será, en su caso, objeto de regularización en el momento de presentar la declaración del impuesto.

---

[46] Nueva redacción de la letra b) dada por la Disp. Final Decimoprimera.2 de la Ley 7/2024, de 11 de diciembre, de medidas urgentes de simplificación y racionalización administrativas de las administraciones públicas de las Illes Balears (BOIB núm. 162, de 13 de diciembre de 2024), con efectos desde el 14 de diciembre de 2024.
Redacción anterior: «*b) Que la base imponible total no supere el importe de 33.000 euros en el caso de tributación individual y de 52.800 euros en el caso de tributación conjunta.*
No obstante, en el caso de las familias numerosas o de las familias monoparentales previstas en el artículo 7.7 de la ley 8/2018, de 31 de julio, de apoyo a las familias, los límites de renta a que se refiere la letra b) anterior se incrementarán un 20%».

[47] Nueva redacción del apartado 5 del art. 6.ter dada por la Disp. Final Segunda.4 de la Ley 12/2023, de 29 de diciembre, de Presupuestos Generales de la Comunidad Autónoma de las Illes Balears para el año 2024 (BOIB núm. 176, de 30 de diciembre de 2023), con efectos desde el 1 de enero de 2024.
Redacción anterior: «*5. En el caso de que el número de hijos de cada contribuyente dé lugar a la aplicación de un importe diferente, ambos se aplicarán la deducción que corresponda en función del número de hijos preexistente. Si se da esta circunstancia y la declaración es conjunta, la deducción será la suma de la que correspondería a cada uno si la declaración fuera individual*».

[48] Nueva redacción del apartado 6 del art. 6.ter dada por la Disp. Final Segunda.4 de la Ley 12/2023, de 29 de diciembre, de Presupuestos Generales de la Comunidad Autónoma de las Illes Balears para el año 2024 (BOIB núm. 176, de 30 de diciembre de 2023), con efectos desde el 1 de enero de 2024.
Redacción anterior: «*6. Los contribuyentes con derecho a la aplicación de esta deducción podrán solicitar a la consejería competente en materia de hacienda, en los términos que se establezcan mediante una orden de la persona titular de la citada consejería, el abono anticipado de esta deducción, que será, si corresponde, objeto de regularización en el momento de presentar la declaración del impuesto*».

El eventual exceso del importe del pago anticipado respecto del límite a la deducción que prevé el último párrafo del apartado 1 tiene la consideración de renta a los efectos de lo que dispone el apartado 9, ambos de este artículo.

7[49]. En el caso de que esta deducción concurra con otras deducciones autonómicas, esta se aplicará en primer lugar.

Si hay insuficiencia de cuota, de manera que no se pueda aplicar esta deducción en la cuantía total, el contribuyente puede solicitar a la consejería competente en materia de hacienda, en los términos que se fijen mediante una orden de la persona titular de la citada consejería, el abono del importe que no se haya podido deducir, que tiene la consideración de renta a los efectos de lo que dispone el apartado 9 de este artículo.

8. Esta deducción será incompatible con la percepción de ayudas y prestaciones públicas concedidas u otorgadas por la comunidad autónoma de las Illes Balears por causa de nacimiento.

9[50]. La renta imputable al contribuyente que pueda resultar de lo que prevén los apartados 6 y 7 de este artículo tiene la consideración de prestación pública por nacimiento a los efectos del artículo 7.h) de la Ley 35/2006, de 28 de noviembre, del impuesto sobre la renta de las personas físicas.

Artículo 6 quater[51]. *Deducción por adopción.*

1. Por cada adopción en el periodo impositivo de un hijo o una hija que dé derecho a la aplicación del mínimo por descendientes previsto en el artículo 58 de la Ley 35/2006, de 28 de noviembre, del impuesto sobre la renta de las personas físicas y de modificación parcial de leyes de los impuestos sobre sociedades, sobre la renta de no residentes y sobre el patrimonio, los contribuyentes podrán deducir de la cuota íntegra autonómica las siguientes cantidades:

a) Por el primer hijo o hija: 800 euros.

b) Por el segundo hijo o hija: 1.000 euros.

c) Por el tercer hijo o hija: 1.200 euros.

d) Por el cuarto hijo o hija y siguientes: 1.400 euros.

---

[49] Nueva redacción del apartado 7 del art. 6.ter dada por la Disp. Final Segunda.4 de la Ley 12/2023, de 29 de diciembre, de Presupuestos Generales de la Comunidad Autónoma de las Illes Balears para el año 2024 (BOIB núm. 176, de 30 de diciembre de 2023), con efectos desde el 1 de enero de 2024.

Redacción anterior: «7. *En el caso de que esta deducción concurra con otras deducciones autonómicas, esta se aplicará en primer lugar.*

Si hay insuficiencia de cuota, de forma que no se pueda aplicar esta deducción en la cuantía total, el contribuyente podrás solicitar a la consejería competente en materia de hacienda el abono de la diferencia entre la deducción aplicada a la declaración y el importe de la deducción que le corresponda, en los términos que se fijen mediante una orden de la persona titular de la citada consejería».

[50] Nueva redacción del apartado 9 del art. 6.ter dada por la Disp. Final Segunda.5 de la Ley 12/2023, de 29 de diciembre, de Presupuestos Generales de la Comunidad Autónoma de las Illes Balears para el año 2024 (BOIB núm. 176, de 30 de diciembre de 2023), con efectos desde el 1 de enero de 2024.

Redacción anterior: «9. *La renta imputable al contribuyente que, en su caso, resulte de la deducción a que se refiere este artículo tendrá la consideración de prestación pública por nacimiento a los efectos del artículo 7.h) de la Ley 35/2006, de 28 de noviembre, del impuesto sobre la renta de las personas físicas.».*

[51] Nuevo art. 6 quater incorporado por el art. octavo de la Ley 11/2023, de 23 de noviembre, de modificación del Decreto legislativo 1/2014, de 6 de junio, por el que se aprueba el texto refundido de las disposiciones legales de la comunidad autónoma de las Illes Balears en materia de tributos cedidos por el Estado (BOIB núm. 161, 25 de noviembre de 2023), en vigor, desde el 26 de noviembre de 2023.

La aplicación de estas deducciones no puede dar como resultado una cuota líquida negativa, sin perjuicio de lo que prevén los apartados 6 y 9 de este artículo[52].

2. A efectos de determinar el derecho a esta deducción y el número de orden del hijo adoptado, se tendrán en cuenta los hijos que convivan con el contribuyente y para los cuales se pueda aplicar el mínimo por descendentes mencionado en el apartado anterior en la fecha de devengo del impuesto, y se computarán tanto los hijos naturales como los adoptivos.

3. Cuando concurran dos contribuyentes con derecho a la deducción y no opten por la tributación conjunta, el importe se prorrateará entre estos a partes iguales.

4[53]**.** De acuerdo con el apartado anterior, en caso de que el número de hijos de cada contribuyente dé lugar a la aplicación de un importe diferente, cada uno se aplicará la mitad de la deducción que les corresponda en función del número de hijos preexistente.

Si se da esta circunstancia y la declaración es conjunta, la deducción será la suma de la que correspondería a cada uno si la declaración fuera individual.

5. La aplicación de esta deducción exigirá que la base imponible total no supere el importe de 33.000 euros en el caso de tributación individual y de 52.800 euros en el caso de tributación conjunta.

No obstante, en el caso de las familias numerosas, o de las familias monoparentales previstas en el artículo 7.7 de la Ley 8/2018, de 31 de julio, de apoyo a las familias, los límites de renta a que hace referencia el párrafo anterior tendrán que incrementarse en un 20%.

6[54]**.** En caso de que esta deducción concurra con otras deducciones autonómicas, esta se aplicará en primer lugar.

Si hay insuficiencia de cuota, de manera que no se pueda aplicar esta deducción en la cuantía total, el contribuyente puede solicitar a la consejería competente en materia de hacienda, en los términos que se fijen mediante una orden de la persona titular de la citada consejería, el abono del importe que no se haya podido deducir, que tiene la consideración de renta a los efectos de lo que dispone el apartado 9.

7. La deducción solo se aplicará en el periodo impositivo en que se haya inscrito la adopción al Registro Civil.

---

[52] Último párrafo del art. 6.quater.1 incorporado por la Disp. Final Segunda.6 de la Ley 12/2023, de 29 de diciembre, de Presupuestos Generales de la Comunidad Autónoma de las Illes Balears para el año 2024 (BOIB núm. 176, de 30 de diciembre de 2023), con efectos desde el 1 de enero de 2024.

[53] Nueva redacción del apartado cuarto del art. 6.quater. dada por la Disp. Final Segunda.7 de la Ley 12/2023, de 29 de diciembre, de Presupuestos Generales de la Comunidad Autónoma de las Illes Balears para el año 2024 (BOIB núm. 176, de 30 de diciembre de 2023), con efectos desde el 1 de enero de 2024.
Redacción anterior: «*4. En el supuesto de que el número de hijos de cada contribuyente dé lugar a la aplicación de un importe diferente, ambos se aplicarán la deducción que corresponda en función del número de hijos preexistente. Si se da esta circunstancia y la declaración es conjunta, la deducción será la suma de la que correspondería a cada uno si la declaración fuera individual*».

[54] Nueva redacción del apartado sexto del art. 6.quater.dada por la Disp. Final Segunda.8 de la Ley 12/2023, de 29 de diciembre, de Presupuestos Generales de la Comunidad Autónoma de las Illes Balears para el año 2024 (BOIB núm. 176, de 30 de diciembre de 2023), con efectos desde el 1 de enero de 2024.
Redacción anterior: «*6. En el supuesto de que esta deducción concurra con otras deducciones autonómicas, esta se aplicará en primer lugar.*
Si hay insuficiencia de cuota, de forma que no se pueda aplicar esta deducción en la cuantía total, el contribuyente podrá solicitar a la consejería competente en materia de hacienda el abono de la diferencia entre la deducción aplicada a la declaración y el importe de la deducción que le corresponda, en los términos que se fijen mediante una orden de la persona titular de dicha consejería».

8[55]**.** Esta deducción no es aplicable en el caso de la adopción del hijo del cónyuge o de la pareja de hecho.

Asimismo, esta deducción es incompatible con la percepción de ayudas y prestaciones públicas concedidas u otorgadas por la comunidad autónoma de las Illes Balears por causa de nacimiento.

9[56]**.** La renta imputable al contribuyente que pueda resultar de lo que prevé el apartado 6 de este artículo tiene la consideración de prestación pública por adopción a los efectos del artículo 7.h) de la Ley 35/2006, de 28 de noviembre, del impuesto sobre la renta de las personas físicas.

Artículo 6 quinquies[57]. *Deducción por determinados gastos relativos a personas mayores de 65 años o a personas con discapacidad.*

1. Se establece una deducción en la cuota íntegra autonómica por la cuantía correspondiente al 40%, con un límite de 660 euros, de los gastos satisfechos durante el ejercicio por razón de la prestación de los servicios siguientes al contribuyente o a cada uno de los ascendientes del contribuyente mayores en ambos casos de 65 años:

a) Estancias en residencias o centros de día.

b) Servicio de custodia, servicio de comedor y actividades en los centros de día.

---

[55] Nueva redacción del apartado ocho del art. 6.quater.dada por la Disp. Final Segunda.9 de la Ley 12/2023, de 29 de diciembre, de Presupuestos Generales de la Comunidad Autónoma de las Illes Balears para el año 2024 (BOIB núm. 176, de 30 de diciembre de 2023), con efectos desde el 1 de enero de 2024.
Redacción anterior: «*8. Esta deducción no será aplicable en el caso de la adopción del hijo biológico del consorte.*
Asimismo, esta deducción será incompatible con la percepción de ayudas y prestaciones públicas concedidas u otorgadas por la comunidad autónoma de las Illes Balears por causa de adopción».

[56] Nueva redacción del apartado nueve del art. 6.quater.dada por la Disp. Final Segunda.9 de la Ley 12/2023, de 29 de diciembre, de Presupuestos Generales de la Comunidad Autónoma de las Illes Balears para el año 2024 (BOIB núm. 176, de 30 de diciembre de 2023), con efectos desde el 1 de enero de 2024.
Redacción anterior: «*9. La renta imputable al contribuyente que, en su caso, resulte de la deducción a que se refiere este artículo tendrá la consideración de prestación pública por adopción a los efectos del artículo 7.h) de la Ley 35/2006, de 28 de noviembre, del impuesto sobre la renta de las personas físicas*».

[57] Nueva redacción del art. 6 quinquies dada por la Disp. Final Decimoprimera.3 de la Ley 7/2024, de 11 de diciembre, de medidas urgentes de simplificación y racionalización administrativas de las administraciones públicas de las Illes Balears (BOIB núm. 162, de 13 de diciembre de 2024), con efectos desde el 14 de diciembre de 2024.
Art. incorporado por la Disp. Final Segunda.10 de la Ley 12/2023, de 29 de diciembre, de Presupuestos Generales de la Comunidad Autónoma de las Illes Balears para el año 2024 (BOIB núm. 176, de 30 de diciembre de 2023), con efectos desde el 1 de enero de 2024: «*Deducción por gastos relativos a los ascendentes mayores de sesenta y cinco años.*
1. Se establece una deducción del 40%, con un límite de 3.600 euros, del importe anual satisfecho por los gastos derivados de la prestación de los siguientes servicios a ascendentes mayores de sesenta y cinco años:
a) Estancias de ascendentes mayores de sesenta y cinco años en centros de día.
b) Servicio de custodia, servicio de comedor y actividades de ascendentes mayores de sesenta y cinco años en los centros de día.
c) Contratación laboral de una persona para cuidar del ascendente mayor de sesenta y cinco años.
2. En el supuesto de deducción de los gastos de la contratación de una persona empleada, esta debe estar dada de alta en la Seguridad Social».

c) Contratación laboral de una persona para cuidar de la persona mayor de 65 años o con discapacidad.

2. Para poder aplicar esta deducción se cumplirán los siguientes requisitos:

a) La base imponible total del contribuyente no puede superar el importe de 33.000 euros en el caso de tributación individual y de 52.800 euros en el de tributación conjunta.

b) El pago de los gastos que dan derecho a la deducción se hará mediante tarjeta de crédito o de débito, transferencia bancaria, cheque nominativo o ingreso en cuentas de entidades de crédito.

c) En el caso de deducción de los gastos de la contratación laboral de una persona, esta tiene que estar dada de alta en la Seguridad Social.

3. Los ascendientes a cargo a que hacen referencia los apartados anteriores tienen que darán lugar al derecho de los contribuyentes a aplicar el mínimo por ascendientes que prevé el artículo 59 de la Ley 35/2006, de 28 de noviembre, del impuesto sobre la renta de las personas físicas y modificación parcial de las leyes de los impuestos sobre sociedades, sobre la renta de no residentes y sobre el patrimonio.

Cuando, de acuerdo con el mencionado precepto legal, dos o más contribuyentes tengan derecho a aplicar esta deducción respecto de ascendientes comunes, cada uno de los contribuyentes se podrá aplicar la deducción íntegramente.

4. La deducción regulada en este artículo también es aplicable a los contribuyentes con un grado de discapacidad reconocido del 33% o superior o que tengan a cargo personas con un grado de discapacidad reconocido del 33% o superior, siempre que se verifiquen los requisitos establecidos en las diversas letras de los apartados 1 y 2 y los contribuyentes tengan derecho a aplicar cualesquiera de los componentes del mínimo por discapacidad que prevé el artículo 60 de la Ley 35/2006, de 28 de noviembre, del impuesto sobre la renta de las personas físicas y modificación parcial de las leyes de los impuestos sobre sociedades, sobre la renta de no residentes y sobre el patrimonio.

5. Cuando dos contribuyentes tengan derecho a aplicar esta deducción respecto de descendientes comunes a su cargo y opten por la declaración individual, se prorrateará entre los contribuyentes por partes iguales.

6. En todo caso, la deducción regulada en este artículo es incompatible con la deducción por gastos relativos a los descendientes o acogidos menores de seis años por motivos de conciliación regulada en el artículo 6 bis de este texto refundido.

Artículo 6 sexties[58]**.** *Deducción por gastos derivados de la esclerosis lateral amiotrófica (ELA).*

1. Se establece una deducción en la cuota íntegra autonómica por la cuantía correspondiente al cien por cien de los gastos satisfechos durante el ejercicio derivados de la esclerosis lateral amiotrófica del contribuyente, o de los descendientes o de los ascendientes del contribuyente a cargo de este, con un límite máximo de 3.500 euros.

---

[58] Nuevo art. 6 sexties incorporado por la Disp. Final Decimoprimera.4 de la Ley 7/2024, de 11 de diciembre, de medidas urgentes de simplificación y racionalización administrativa de las administraciones públicas de las Illes Balears (BOIB núm. 162, de 13 de diciembre de 2024), con efectos desde el 14 de diciembre de 2024.

A estos efectos, solo se pueden tener en cuenta los descendientes y los ascendientes del contribuyente que den derecho a aplicar el mínimo por descendientes o por ascendientes que regulan los artículos 58 y 59 de la Ley 35/2006, de 28 de noviembre, del impuesto sobre la renta de las personas físicas y modificación parcial de las leyes de los impuestos sobre sociedades, sobre la renta de no residentes y sobre el patrimonio.

2. En todo caso, la aplicación de esta deducción exige que la base imponible total no supere el importe de 84.480 euros en el caso de tributación conjunta y de 52.800 euros en el caso de tributación individual.

3. Los gastos que dan derecho a la deducción se justificarán mediante las facturas o los documentos equivalentes correspondientes, que se mantendrán a disposición de la administración tributaria.

4. No se integran en la base de esta deducción las primas de seguros de salud ni el resto de gastos que no lleven causa de la esclerosis lateral amiotrófica.

Sin perjuicio de lo anterior, esta deducción es compatible con la deducción regulada en el artículo 6 quinquies de este texto refundido respecto de determinados gastos relativos a personas mayores de 65 años o a personas con discapacidad.

Artículo 7[59]. *Deducción autonómica en concepto de inversión en la adquisición de acciones o de participaciones sociales o aportaciones sociales de nuevas entidades o de reciente creación.*

1. Se establece una deducción del 30% de las cuantías invertidas durante el ejercicio en la adquisición de acciones, de participaciones sociales o de aportaciones obligatorias o voluntarias efectuadas por los socios como consecuencia de acuerdos de constitución de sociedades o de ampliación de capital en las sociedades a que se refiere el apartado 2 siguiente. El importe máximo de esta deducción es de 6.000 euros por ejercicio. En el caso de declaración conjunta, el importe máximo de deducción es de 6.000 euros por cada contribuyente de la unidad familiar que haya efectuado la inversión. Esta deducción se aplicará en el ejercicio en que se materialice la inversión y en los dos siguientes con el límite de 6.000 euros anuales.

---

[59] Nueva redacción del art. 7 dada por la Disp. Final Tercera de la Ley 5/2023, de 8 de marzo, de sociedades cooperativas de las Illes Balears (BOIB de núm. 32, de 14 de marzo de 2023), en vigor un mes de su publicación en el Butlletí Oficial de les Illes Balears.
Redacciones anteriores efectuadas por la Disp. Final cuarta 15 de la Ley 11/2022, de 28 de diciembre, de presupuestos generales de la Comunidad Autónoma de las Illes Balears para el año 2023 (BOIB núm. 171, 31 de diciembre de 2022), con efectos desde el 1 de enero de 2023, por Disp. Final segunda.7 de la Ley 13/2017, 29 de diciembre, de Presupuestos Generales de la Comunidad Autónoma de las Illes Balears para el año 2018 (BOIB núm. 160, de 29 de diciembre; BOE núm. 22, de 25 de enero de 2018), en vigor desde el 31 de diciembre de 2017, por Disp. Final segunda.8 de la Ley 13/2017, 29 de diciembre, de Presupuestos Generales de la Comunidad Autónoma de las Illes Balears para el año 2018 (BOIB núm. 160, de 29 de diciembre; BOE núm. 22, de 25 de enero de 2018), en vigor desde el 1 de enero de 2018, por la Disposición Final segunda.7 de la Ley 12/2015, de 29 de diciembre, de presupuestos generales de la comunidad autónoma de las Illes Balears para el año 2016 (BOIB núm. 189, de 30 de diciembre de 2015), en vigor desde el 31 de diciembre de 2015.
Con anterioridad recogida en el art. 4 de la Ley 3/2012, de 30 de abril, de Medidas Tributarias Urgentes (BOIB núm. 68, de 12 de mayo de 2012) en la redacción dada por la dada por la disposición final tercera.2 de la Ley 12/2012, de 26 de septiembre, de medidas tributarias para la reducción del déficit de la Comunidad Autónoma de las Illes Balears (BOIB núm. 146, de 6 de octubre de 2012).

Cuando las inversiones se lleven a cabo en sociedades participadas por centros de investigación o universidades la deducción será del 50% con un importe máximo de 12.000 euros por ejercicio y por contribuyente.

2. Para que se pueda aplicar esta deducción será necesario cumplir los requisitos y las condiciones siguientes:

a) La participación conseguida por el contribuyente, computada juntamente con la del cónyuge o las personas unidas por razón de parentesco en línea directa o colateral, por consanguinidad o afinidad, hasta el tercer grado incluido, no podrá ser superior al 40% del capital social de la sociedad objeto de la inversión o de los derechos de voto de la sociedad.

b) La entidad en que se materializará la inversión debe cumplir los siguientes requisitos:

1.º Debe tener naturaleza de sociedad anónima, sociedad limitada, sociedad anónima laboral, sociedad limitada laboral o sociedad cooperativa.

2.º Debe tener el domicilio social y fiscal en las Illes Balears.

3.º Debe desarrollar una actividad económica. A este efecto, no debe tener por actividad principal la gestión de un patrimonio mobiliario o inmobiliario, de acuerdo con lo previsto en el artículo 4, apartado 8, número Dos.a), de la Ley 19/1991, de 6 de junio, del impuesto sobre el patrimonio, ni dedicarse a la actividad de arrendamiento de inmuebles.

4.º Como mínimo, debe ocupar una persona domiciliada fiscalmente en las Illes Balears con un contrato laboral a jornada completa, dada de alta en el régimen general de la Seguridad Social y que no sea socia ni partícipe de la sociedad.

5.º En caso de que la inversión se haya realizado mediante una ampliación de capital, la sociedad debe haberse constituido en los dos años anteriores a la fecha de esta ampliación, a no ser que se trate de una empresa innovadora en materia de investigación y desarrollo que, de acuerdo con lo que establece la Orden ECC/1087/2015, de 5 de junio, por la que se regula la obtención del sello de pequeña y mediana empresa innovadora y se crea y regula el Registro de la Pequeña y Mediana Empresa Innovadora, tenga vigente este sello y esté inscrita en el citado registro.

6.º Debe mantener los puestos de trabajo. A este efecto, se considera que se mantienen los puestos de trabajo cuando se conserva la plantilla media total, en términos de personas por año que regula la normativa laboral, calculada así como prevé el artículo 102 de la Ley 27/2014, de 27 de noviembre, del impuesto sobre sociedades.

7.º La cifra anual de negocio de la entidad no puede superar el límite de 2.000.000 de euros, calculada así como prevé el artículo 101 de la Ley del impuesto sobre sociedades.

c) El contribuyente puede formar parte del consejo de administración de la sociedad en la que se ha materializado la inversión, pero, en ningún caso, puede llevar a cabo funciones ejecutivas ni de dirección en la misma. Tampoco puede mantener una relación laboral con la entidad objeto de la inversión.

d) Las operaciones en que sea aplicable la deducción se formalizarán en escritura pública, en la que se especificarán la identidad de los inversores y el importe de la inversión respectiva.

e) Las participaciones adquiridas se mantendrán en el patrimonio del contribuyente durante un período mínimo de cuatro años.

f) Los requisitos que establecen los puntos 2.º, 3.º, 4.º, 6.º y 7.º de la letra b) anterior, y el límite máximo de participación que establece la letra a), así como también la prohibición que contiene la letra c), deben cumplirse durante un período mínimo de cuatro años a contar desde la fecha de efectividad del acuerdo de ampliación de capital o de constitución de la entidad que origina el derecho a la deducción.

3. El incumplimiento de los requisitos y las condiciones que establecen las letras a), c), e) y f) del apartado 2 anterior, comporta la pérdida del beneficio fiscal, y el contribuyente incluirá en la declaración del impuesto correspondiente al ejercicio en el que se ha producido el incumplimiento la parte del impuesto que se ha dejado de pagar como consecuencia de la deducción practicada, junto con los intereses de demora devengados.

Artículo 7 bis[60]. *Deducción para el fomento de la autoocupación.*

Los contribuyentes que causen alta por primera vez en el Censo de Empresarios, Profesionales y Retenedores, previsto en el Real decreto 1065/2007, de 27 de julio, por el que se aprueba el Reglamento General de las actuaciones y los procedimientos de gestión e inspección tributaria y de desarrollo de las normas comunes de los procedimientos de aplicación de los tributos, podrán aplicar una deducción en la cuota íntegra del impuesto sobre la renta de las personas físicas de 1.000 euros.

La deducción se practicará en el período impositivo en que se produzca el alta en el citado censo y serán requisitos necesarios para su aplicación que la actividad se desarrolle principalmente en el territorio de la comunidad autónoma de las Illes Balears y que el contribuyente se mantenga en este censo durante al menos un año desde el alta.

[61]En caso de tributación conjunta, la deducción mencionada en el párrafo anterior se aplicará íntegramente por cada uno de los miembros de la unidad familiar que, en su caso, generen el derecho en el mismo periodo impositivo.

Para poder aplicarse esta deducción, la base imponible total del contribuyente no puede superar el importe de 33.000 euros en el caso de tributación individual y de 52.800 euros en el de tributación conjunta.

Artículo 7 ter[62]. *Deducción por ocupación de puestos de trabajo de difícil cobertura en las Illes Balears.*

1. Se establece una deducción en la cuota íntegra autonómica por la cuantía correspondiente al 40% de los gastos satisfechos durante el ejercicio en concepto de adquisición o construcción o alquiler de la vivienda en las Illes Balears o del transporte aéreo o marítimo

---

60 Nuevo art. 7.bis incorporado por la Disp. Final Segunda.11 de la Ley 12/2023, de 29 de diciembre, de Presupuestos Generales de la Comunidad Autónoma de las Illes Balears para el año 2024 (BOIB núm. 176, de 30 de diciembre de 2023), con efectos desde el 1 de enero de 2024.

61 Dos nuevos párrafos incorporados por la Disp. Final Decimoprimera.5 de la Ley 7/2024, de 11 de diciembre, de medidas urgentes de simplificación y racionalización administrativa de las administraciones públicas de las Illes Balears (BOIB núm. 162, de 13 de diciembre de 2024), con efectos desde el 14 de diciembre de 2024.

62 Nueva redacción del art. 7 ter dada por la Disp. Final Decimoprimera.6 de la Ley 7/2024, de 11 de diciembre, de medidas urgentes de simplificación y racionalización administrativa de las administraciones públicas de las Illes Balears (BOIB núm. 162, de 13 de diciembre de 2024), con efectos desde el 14 de diciembre de 2024.
    Art. incorporado por la Disp. Final Segunda.12 de la Ley 12/2023, de 29 de diciembre, de Presupuestos Generales de la Comunidad Autónoma de las Illes Balears para el año 2024 (BOIB núm. 176, de 30 de diciembre de 2023), con efectos desde el 1 de enero de 2024: «*Deducción autonómica por ocupación de plazas declaradas de difícil cobertura en las Illes Balears.*

interinsular de los contribuyentes que, de acuerdo con la legislación vigente aplicable en el ámbito del sector público de la Administración de la comunidad autónoma de las Illes Balears, perciban el complemento de difícil o de muy difícil cobertura durante todo el periodo impositivo o más de la mitad de este periodo.

2. Esta deducción es aplicable también a los contribuyentes que ocupen puestos de trabajo de la Policía Nacional o de la Guardia Civil con destino efectivo en las Illes Balears durante todo el periodo impositivo o más de la mitad de este periodo, que se entenderán a estos efectos como de difícil cobertura.

3. Cuando la base imponible total del contribuyente no supere el importe de 33.000 euros en el caso de tributación individual y de 52.800 euros en el de tributación conjunta, el límite máximo de la deducción es de 2.000 euros.

Cuando la base imponible total del contribuyente no supere el importe de 52.800 euros en el caso de tributación individual y de 84.480 euros en el de tributación conjunta, el límite máximo de la deducción es de 1.000 euros.

4. En el supuesto de adquisición o construcción de la vivienda, el inmueble constituirá la vivienda habitual del contribuyente y los gastos deducibles son, únicamente, los intereses inherentes a los préstamos con garantía hipotecaria de la vivienda construida o adquirida.

5. En cuanto a los contribuyentes mencionados en el apartado 2 con destino efectivo en la isla de Mallorca o en la isla de Formentera, los límites máximos de la deducción a que hace referencia el apartado 3 se reducirán un 30% o se incrementarán un 30%, respectivamente.

En casos de destino en diferentes islas en un mismo periodo impositivo, los límites máximos de la deducción se prorratearán en función de los días de destino en cada una de las islas.

(…)

Disposición adicional primera[63]. *Grados de discapacidad.*

1. Todas las referencias del presente texto refundido a los grados de minusvalía deben entenderse efectuadas a los grados de discapacidad, de acuerdo con la Ley 39/2006, de 14 de diciembre, de promoción de la autonomía personal y atención a las persones en situación de dependencia.

2. A los efectos del presente texto refundido, los grados de discapacidad deben determinarse de acuerdo con el baremo a que hace referencia el artículo 367 del texto refundido de la Ley general de la Seguridad Social, aprobado por el Real decreto legislativo 8/2015, de 30 de octubre, sin perjuicio de lo que disponen el artículo 72 del Reglamento del impuesto sobre la renta de las personas físicas, aprobado por el Real decreto 439/2007, de 30 de marzo, y el artículo 42 del Reglamento del impuesto sobre sucesiones y donaciones, aprobado por el Real decreto 1629/1991, de 8 de noviembre.

Se establece una deducción del 30% de la cuota íntegra autonómica a los contribuyentes que ocupen plazas declaradas de difícil cobertura y tengan su residencia habitual y efectiva en las Illes Balears durante el período impositivo en que efectivamente ocupen estas plazas».

63   Nueva redacción dada por Disp. Final segunda.10 de la Ley 13/2017, 29 de diciembre, de Presupuestos Generales de la Comunidad Autónoma de las Illes Balears para el año 2018 (BOIB núm. 160, de 29 de diciembre; BOE núm. 22, de 25 de enero de 2018), en vigor desde el 1 de enero de 2018.

Disposición adicional segunda. *Denominaciones.*

Todas las denominaciones de órganos, cargos, profesiones y funciones que en el presente texto refundido aparecen en género masculino se entenderán referidas al masculino o al femenino según el sexo del titular o de la persona de quien se trate.

19. Decreto 131/2005, de 23 diciembre, por el que se establece las condiciones y requisitos a cumplir para la aplicación de algunas de las medidas tributarias contenidas en la Ley 8/2004, de 23 de diciembre de 2004, de Medidas Tributarias, Administrativas y de Función Pública[1]

(BOIB núm. 193, de 27 diciembre de 2005)

La Sección IV del Título II de la Ley 21/2001, de 27 de diciembre, por la que se regulan las Medidas Fiscales y Administrativas del nuevo sistema de financiación de las Comunidades Autónomas de Régimen Común y Ciudades con Estatuto de Autonomía, determina el alcance de las competencias normativas que pueden ejercer las Comunidades Autónomas respecto a los tributos objeto de cesión. En el ejercicio de esa capacidad normativa, el Parlamento de las Illes Balears ha ido aprobando desde el año 1997 sucesivas leyes en las que se ha hecho realidad esa capacidad, siendo la última de ellas la Ley 8/2004, de 23 de diciembre, de Medidas Tributarias, Administrativas y de Función Pública.

El presente Decreto, que se estructura en tres Títulos, tiene por objeto desarrollar los requisitos a cumplir por los obligados tributarios que puedan ser destinatarios de algunos de los beneficios fiscales que la Ley 8/2004, de Medidas Tributarias, Administrativas y de Función Pública prevé que sean de aplicación a determinados hechos imponibles sujetos a los impuestos sobre la renta de las personas físicas, sucesiones y donaciones y transmisiones patrimoniales y actos jurídicos documentados.

Así, el Título I, relativo al impuesto sobre la renta de las personas físicas, regula las deducciones autonómicas por gastos de adquisición de libros de texto (artículo 1); por edad igual o superior a 65 años del contribuyente (artículo 2); por adquisición o rehabilitación y por arrendamiento de la vivienda habitual realizado por jóvenes menores de 36 años (artículos 3 y 4); por minusvalía física o psíquica del contribuyente o descendientes de éste (artículo 5); y por la titularidad de fincas o terrenos incluidos en áreas de suelo rústico protegido (artículo 6).

(...)

---

[1] Ley 6/2007, de 27 de diciembre, de medidas tributarias y económico-administrativas (BOIB núm. 196 de 29 de diciembre de 2007 y BOE núm. 75 de 27 de marzo de 2008): Disposición final Primera. Vigencia de normas reglamentarias

«1. Se declara expresamente en vigor el Decreto 131/2005, de 23 de diciembre, por el que se establecen las condiciones y los requisitos a cumplir para la aplicación de algunas de las medidas tributarias contenidas en la Ley 8/2004, de 23 de diciembre, de Medidas Tributarias, Administrativas y de Función Pública, y el resto de disposiciones concordantes, en todo lo que no se oponga a lo establecido en el capítulo I del título I de la presente Ley y en la Ley 22/2006, de 19 de diciembre, de Reforma del Impuesto sobre Sucesiones y Donaciones».

TÍTULO I. Impuesto sobre la renta de las personas físicas

Artículo 1. *Deducción autonómica por gastos de adquisición de libros de texto.*

A los efectos de la aplicación de la deducción autonómica por gastos de adquisición de libros de texto prevista en el artículo 2 de la Ley 8/2004, de 23 de diciembre, de Medidas Tributarias, Administrativas y de Función Pública, se tendrán en cuenta las siguientes reglas:

a) El importe de la deducción será igual a la suma de todos los gastos de adquisición de libros de texto correspondientes a todos los hijos que cursen los estudios establecidos por la Ley a efectos de esta deducción. La cuantía máxima de la deducción será el resultado de multiplicar el importe máximo deducible previsto por la ley para cada tramo de renta del período, por el número de hijos que originen dichos gastos.

b) Para la aplicación de esta deducción bastará que cualquiera de los miembros integrantes de la unidad familiar esté en posesión de la correspondiente factura que justifique dichos gastos. Dicha factura, que deberá en todo caso cumplir los requisitos previstos en el Real Decreto 1496/2003, de 28 de noviembre, por el que se aprueba el Reglamento que regula las obligaciones de facturación, deberá estar expedida expresamente a nombre del contribuyente e indicar claramente el importe y su concepto. Las facturas estarán a disposición de la Administración Tributaria durante el plazo de prescripción del impuesto, por lo que el contribuyente deberá conservarlas durante ese período de tiempo.

c) En el caso de que los contribuyentes presenten declaración individual, la cuantía máxima legalmente deducible se prorrateará en partes iguales entre los miembros de la unidad familiar que presenten declaración, con independencia de cuál sea el régimen económico matrimonial.

Artículo 2. *Deducción autonómica para contribuyentes residentes en las Illes Balears con edad igual o superior a 65 años.*

A los efectos de la aplicación de la deducción autonómica prevista en el artículo 3 de la Ley 8/2004, de 23 de diciembre, de Medidas Tributarias, Administrativas y de Función Pública, el contribuyente deberá haber cumplido 65 o más años a la fecha del devengo del impuesto, esto es, el 31 de diciembre de cada año (salvo en el caso de fallecimiento del contribuyente en un día distinto, en cuyo caso el devengo se produce en la fecha del fallecimiento), correspondiéndole el importe total de la deducción independientemente del día del ejercicio en que haya cumplido los 65 años de edad.

Artículo 3. *Deducción autonómica por adquisición o rehabilitación de vivienda habitual en territorio de las Illes Balears realizada por jóvenes con residencia en las Illes Balears.*

A los efectos de la aplicación de la deducción autonómica por adquisición o rehabilitación de vivienda habitual prevista en el artículo 4 de la Ley 8/2004, de 23 de diciembre, de Medidas Tributarias, Administrativas y de Función Pública, por jóvenes residentes en las Illes Balears que sean menores de 36 años a la fecha del devengo del impuesto y cuya renta del período no supere los límites fijados por dicha Ley, se tendrán en cuenta las siguientes reglas:

a) Se entenderá por vivienda habitual aquella definida como tal en el artículo 69.1.3 del Real Decreto Legislativo 3/2004, de 5 de marzo, por el que se aprueba el Texto Refundido de la Ley del Impuesto sobre la Renta de las Personas Físicas. Con carácter general se considerará vivienda habitual del contribuyente la edificación que constituya su residencia durante un plazo continuado de, al menos, tres años. No obstante, se entenderá que la vivienda tuvo el carácter de habitual cuando, a pesar de no haber transcurrido dicho plazo, se produzca el fallecimiento del contribuyente o concurran otras circunstancias que necesariamente exijan el cambio de domicilio, tales como la celebración de matrimonio, separación matrimonial, traslado laboral, obtención del primer empleo, o cambio de empleo, u otras análogas justificadas.

b) Para que la vivienda constituya la residencia habitual del contribuyente debe ser habitada de manera efectiva y con carácter permanente por el propio contribuyente, en un plazo de doce meses, contados a partir de la fecha de adquisición o terminación de las obras. No obstante, se entenderá que la vivienda no pierde el carácter de habitual cuando se produzcan las siguientes circunstancias:

– Cuando se produzca el fallecimiento del contribuyente o concurran otras circunstancias que necesariamente impidan la ocupación de la vivienda, en los términos previstos en la letra a) anterior.

– Cuando éste disfrute de vivienda habitual por razón de cargo o empleo y la vivienda adquirida no sea objeto de utilización, en cuyo caso el plazo antes indicado comenzará a contarse a partir de la fecha del cese.

c) Cuando sean de aplicación las excepciones previstas en los apartados anteriores de la letra b), la deducción por adquisición de vivienda se practicará hasta el momento en que se den las circunstancias que necesariamente exijan el cambio de vivienda o impidan la ocupación de la misma, salvo cuando el contribuyente disfrute de vivienda habitual por razón de cargo o empleo, en cuyo caso podrá seguir practicando deducciones por este concepto mientras se mantenga dicha situación y la vivienda no sea objeto de utilización.

d) Asimismo, se asimilan a la adquisición de vivienda la ampliación o construcción de la misma, en los siguientes términos:

d.1) Ampliación de vivienda.

Se entenderá por ampliación de vivienda el aumento de su superficie habitable, mediante cerramiento de parte descubierta o por cualquier otro medio, de forma permanente y durante todas las épocas del año, siempre que se modifiquen los datos catastrales. Por el contrario, no se considerará adquisición de vivienda:

– Los gastos de conservación o reparación, en los términos previstos en el artículo 12.1.f) del Real Decreto 1775/2004, de 30 de julio, por el que se aprueba el Reglamento del Impuesto sobre la Renta de las Personas Físicas.

– Las mejoras.

– La adquisición de plazas de garaje, jardines, parques, piscinas e instalaciones deportivas y, en general, los anexos o cualquier otro elemento que no constituya la vivienda propiamente dicha, siempre que se adquieran independientemente de ésta. No obstante, se asimilarán a viviendas las plazas de garaje adquiridas con éstas, hasta el máximo de dos.

d.2) Construcción de vivienda.

La asimilación de la construcción de vivienda a la adquisición de la misma exigirá que el contribuyente satisfaga directamente los gastos derivados de la ejecución de las obras, o entregue cantidades a cuenta del promotor de aquéllas, siempre que finalicen en un plazo no superior a 4 años desde el inicio de la inversión, con las siguientes excepciones:

d.2.1) Si como consecuencia de hallarse en situación de concurso, el promotor no finalizase las obras de construcción antes de transcurrir el plazo de cuatro años o no pudiera efectuar la entrega de las viviendas en el mismo plazo, éste quedará ampliado en otros cuatro años, con las siguientes particularidades:

– El cómputo del plazo de doce meses para habitar la vivienda de forma efectiva por el contribuyente comenzará a contarse a partir de la entrega de la misma.

– Para que la ampliación surta efecto, el contribuyente deberá acompañar a la declaración correspondiente al período impositivo en que se hubiese incumplido el plazo inicial, tanto los justificantes que acrediten sus inversiones en vivienda, como cualquier documento justificativo de haberse producido alguna de las referidas situaciones.

– El contribuyente no estará obligado a efectuar ingreso alguno por razón del incumplimiento del plazo general de cuatro años de finalización de las obras de construcción.

d.2.2) Cuando por otras circunstancias excepcionales no imputables al contribuyente y que supongan paralización de las obras, éstas no puedan finalizarse antes de transcurrir el plazo general de cuatro años, el contribuyente podrá solicitar a la Administración la ampliación del plazo, teniendo en cuenta las siguientes reglas:

– La solicitud deberá dirigirse al órgano competente para la gestión del tributo durante los treinta días siguientes al incumplimiento del plazo.

– En la solicitud deberán figurar tanto los motivos que han provocado el incumplimiento del plazo como el período de tiempo que se considera necesario para finalizar las obras de construcción, el cual no podrá ser superior a cuatro años. A tales efectos, el contribuyente deberá aportar la justificación correspondiente. A la vista de la documentación aportada, el órgano competente para la gestión del tributo decidirá, tanto sobre la procedencia de la ampliación solicitada, como con respecto al plazo de ampliación, el cual no tendrá que ajustarse necesariamente al solicitado por el contribuyente.

– Podrán entenderse desestimadas las solicitudes de ampliación que no fuesen resueltas expresamente en el plazo de tres meses.

– La ampliación que se conceda comenzará a contarse a partir del día inmediato siguiente a aquel en que se produzca el incumplimiento.

e) Se considerará rehabilitación de vivienda las obras en la misma que cumplan cualquiera de los requisitos siguientes:

– Que hayan sido calificadas o declaradas como actuación protegida en materia de rehabilitación de viviendas en los términos previstos en la normativa reguladora de los planes estatales que se aprueben para favorecer el acceso de los ciudadanos a la vivienda.

– Que tengan por objeto la reconstrucción de la vivienda mediante la consolidación y el tratamiento de las estructuras, fachadas o cubiertas y otras análogas siempre que el coste global de las operaciones de rehabilitación exceda del 25 % del precio de adquisición, si se hubiese efectuado ésta durante los dos años anteriores a la rehabilitación o, en otro caso, del valor de mercado que tuviera la vivienda en el momento de su rehabilitación.

f) La base máxima sobre la que se practique esta deducción estará sujeta a los mismos límites que los artículos 69.1.2 y 71 del Real Decreto Legislativo 3/2004, de 5 de marzo, por el que se aprueba el Texto Refundido de la Ley del Impuesto sobre la Renta de las Personas Físicas, contemplan para la deducción estatal por inversión en vivienda habitual.

Artículo 4. *Deducción autonómica por arrendamiento de vivienda habitual en el territorio de las Illes Balears realizado por jóvenes con residencia en las Illes Balears.*

A los efectos de la aplicación de la deducción autonómica por arrendamiento de vivienda habitual en el territorio de las Illes Balears prevista en el artículo 5 de la Ley 8/2004, de 23 de diciembre, de Medidas Tributarias, Administrativas y de Función Pública, por jóvenes residentes en las Illes Balears que sean menores de 36 años a la fecha del devengo del impuesto, se tendrán en cuenta las siguientes reglas:

a) El contribuyente, en su declaración del Impuesto sobre la Renta de las Personas Físicas, deberá identificar al arrendador de la vivienda consignando su Número de Identificación Fiscal.

b) La aplicación de la deducción exige que, a la fecha del devengo del impuesto, esté constituida la fianza a que se refiere el artículo 36.1 de la Ley 29/1994, de 24 de noviembre, de Arrendamientos Urbanos, siendo aplicable la deducción a todas aquellas cantidades satisfechas durante el ejercicio independientemente del momento en que se realizó el depósito.

c) La incompatibilidad prevista en el artículo 5.1.d) de la Ley 8/2004, de 23 de diciembre, de Medidas Tributarias, Administrativas y de Función Pública, tendrá el siguiente alcance:

– Para que sea de aplicación en tributación conjunta bastará que se dé la circunstancia de que algún miembro de la unidad familiar ya tuviera derecho a alguna deducción por inversión habitual.

– No será de aplicación en el caso de que el contribuyente se esté aplicando la deducción por adecuación de la vivienda habitual de personas con minusvalía.

Artículo 5. *Deducción autonómica para los declarantes con minusvalía física o psíquica o con descendientes con esta condición.*

1. La deducción autonómica para los declarantes con minusvalía física o psíquica o con descendientes con esta condición prevista en el artículo 6 de la Ley 8/2004, de 23 de diciembre, de Medidas Tributarias, Administrativas y de Función Pública, es aplicable a cualquiera de los miembros que integran la unidad familiar.

2. Por unidad familiar se entenderá la integrada por las personas a las que el artículo 84 del Real Decreto Legislativo 3/2004, de 5 de marzo, por el que se aprueba el Texto Refundido del Impuesto sobre la Renta de las Personas Físicas, faculta para tributar conjuntamente.

Artículo 6. *Deducción autonómica para declarantes que sean titulares de fincas o terrenos incluidos en áreas de suelo rústico protegido.*

A efectos de la aplicación de la deducción autonómica para declarantes que sean titulares de fincas o terrenos incluidos en áreas de suelo rústico protegido prevista en el artículo 7 de la Ley 8/2004, de 23 de diciembre, de Medidas Tributarias, Administrativas y de Función Pública, se tendrán en cuenta las siguientes reglas:

a) Los gastos que dan derecho a la aplicación de esta deducción deberán justificarse mediante factura que deberá cumplir los requisitos previstos en el Real Decreto 1496/2003, de 28 de noviembre, por el que se aprueba el Reglamento que regula las obligaciones de facturación.

b) Para el cálculo de la deducción, la extensión por hectáreas se calculará con dos decimales, redondeando por exceso o defecto en relación al tercer decimal según sea igual o mayor a cinco o inferior a cinco.

c) En caso de tributación conjunta, los límites y cuantías de esta deducción se aplicarán de forma separada para cada uno de los contribuyentes que integran la unidad familiar.

Disposición final segunda.

El presente Decreto entrará en vigor el mismo día de su publicación en el Boletín Oficial de las Illes Balears.

COMUNIDAD AUTÓNOMA DE LA RIOJA

Impuesto sobre la Renta de las Personas Físicas

20. Ley 10/2017, de 27 de octubre, por la que se consolidan las disposiciones legales de la Comunidad Autónoma de La Rioja en materia de impuestos propios y tributos cedidos

(BOR núm. 126, de 30 de abril de 2017)

EXPOSICIÓN DE MOTIVOS

Las normas legales que actualmente regulan los tributos propios y cedidos en la Comunidad Autónoma de La Rioja son, fundamentalmente, las que contienen las distintas leyes de medidas fiscales y administrativas que regulan anualmente los beneficios fiscales en materia de impuestos cedidos y que introducen algunas modificaciones en los tributos propios.

No obstante, estas leyes también han creado en algunas ocasiones impuestos propios y obligaciones formales comunes a los tributos cedidos, que no se han derogado, que tampoco se han vuelto a reproducir en leyes posteriores y que, pese a ello, mantienen su vigencia desde el año de su aprobación, como sucede con los impuestos sobre eliminación de residuos en vertederos y sobre impacto visual producido por los elementos de suministro de energía eléctrica y elementos fijos de redes de comunicaciones telefónicas o telemáticas, creados por la Ley 7/2012, de 21 de diciembre, de Medidas Fiscales y Administrativas para el año 2013.

Esta situación, que se ha venido reproduciendo en el tiempo, ha dado lugar a algunas dudas razonables en relación con la aplicación de algunos preceptos, lo que recomienda la aprobación en un solo texto regulador de todas las normas vigentes con rango de ley en materia de impuestos en la Comunidad Autónoma de La Rioja.

Esta forma de proceder resulta acorde con los principios de buena regulación y de transparencia en relación con la actividad normativa, que pretenden 'generar un marco normativo estable, predecible, integrado, claro y de certidumbre, que facilite su conocimiento y comprensión y, en consecuencia, la actuación y toma de decisiones de las personas y las empresas'.

Adicionalmente, la elaboración de textos refundidos como medida tendente a reducir el número y dispersión de las disposiciones normativas es un mandato introducido en nuestro ordenamiento por la Ley 5/2014, de 20 de octubre, de administración electrónica y simplificación administrativa.

Así, se facilitará el conocimiento de las normas fiscales por los ciudadanos, al tenerlas recogidas en una sola ley que abordará la regulación sujeta a reserva de ley de los tributos en La Rioja en un único texto normativo. En lo sucesivo, cualquier modificación que se efectúe en su régimen no se tratará ya como una reforma autónoma, sino como una reforma de esta ley, que siempre contará con una versión consolidada a disposición de los ciudadanos en el Portal del Gobierno de La Rioja, en cumplimiento de lo dispuesto en el artículo 9.i) de nuestra Ley 3/2014, de 11 de septiembre, de Transparencia y Buen Gobierno de La Rioja. La finalidad de esta norma es terminar con la dispersión normativa en materia fiscal y avanzar en el compromiso de simplificación y racionalización normativa con el que comenzó la presente legislatura.

La racionalización debe comenzar por la adecuada caracterización conceptual del contenido de las normas. El artículo 2.2 de la Ley 58/2003, de 18 de diciembre, General Tributaria, clasifica todos los tributos, cualquiera que sea su denominación, en tres grandes categorías: impuestos, tasas y contribuciones especiales. Los impuestos son 'los tributos exigidos sin contraprestación cuyo hecho imponible está constituido por negocios, actos o hechos que ponen de manifiesto la capacidad económica del contribuyente'. Todos los tributos que se regulan en la presente ley, sin excepción, son impuestos.

Es necesario mencionar que quedarán fuera de esta ley dos clases de tributos que se han creado en dos leyes especiales, y que por sus particularidades conviene no retirar de las normas que los regulan. El primero de ellos es el canon de saneamiento, un impuesto creado mediante la Ley 5/2000, de 25 de octubre, de Saneamiento y Depuración de Aguas Residuales de La Rioja. El canon se mantiene en vigor, pero resulta más fácilmente comprensible dentro del contexto que aporta el resto de la norma, ya que esta regula conceptos medioambientales, que funcionan como definiciones legales necesarias para la correcta aplicación del impuesto. No hay que olvidar que el canon es solo uno de los instrumentos reguladores en materia de depuración y saneamiento de aguas, y que la desvinculación del resto de medidas no solo no aportaría claridad, sino que obstaculizaría la aplicación del impuesto. En segundo lugar, nos encontramos con las diversas tasas de la Comunidad Autónoma, que por las especiales características de este tipo de tributos en comparación con las que distinguen a los impuestos, se regularon en la Ley 6/2002, de 18 de octubre, de Tasas y Precios Públicos de La Rioja, y que encuentran mejor acomodo en dicha ley. Esta solución ha sido adoptada también en todas las demás administraciones públicas, que regulan separadamente las tasas y los impuestos en leyes diferentes.

El texto se estructura en cuatro títulos: el título Preliminar, el título I dedicado a los impuestos propios; el título II, a los tributos cedidos; y el título III, a disposiciones comunes a los tributos precedentes.

El título Preliminar incluye disposiciones generales comunes a todo el articulado.

El título I se divide en dos capítulos, destinados a los impuestos propios que se recogen en esta ley. El capítulo I recoge la normativa del impuesto sobre la eliminación de residuos en vertederos y el capítulo II hace lo propio con el impuesto sobre el impacto visual producido por los elementos de suministro de energía eléctrica y elementos fijos de redes de comunicaciones telefónicas o telemáticas.

El título II está dividido en seis capítulos dedicados a cada uno de los cinco tributos cedidos sobre los que la Comunidad ha ejercido sus competencias normativas en aplicación de la Ley 22/2009, de 18 de diciembre, por la que se regula el sistema de financiación de las Comunidades Autónomas de régimen común y Ciudades con Estatuto de Autonomía y se modifican determinadas normas tributarias. Esta ley fue particularizada mediante la Ley 21/2010, de 16 de julio, del régimen de cesión de tributos del Estado a la Comunidad Autónoma de La Rioja y de fijación del alcance y condiciones de dicha cesión, que confería capacidad normativa sobre los tributos incorporados en este título: impuesto sobre la renta de las personas físicas, impuesto sobre el patrimonio, impuesto sobre sucesiones y donaciones, impuesto sobre transmisiones patrimoniales y actos jurídicos documentados, y tributos sobre el juego 'que incluyen la tasa fiscal sobre juegos de suerte, envite o azar, y la tasa sobre rifas, tómbolas, apuestas y combinaciones aleatorias, que pese a su denominación tienen naturaleza de impuestos según la jurisprudencia del Tribunal Constitucional'. No obstante, por cuestiones estrictamente formales y competenciales, se ha mantenido la denominación de tributos sobre el juego que se utiliza en las últimas leyes de cesión de tributos del Estado a las comunidades autónomas. También se ha dedicado uno de los seis capítulos a algunas disposiciones comunes a los impuestos sobre sucesiones y donaciones y sobre transmisiones patrimoniales y actos jurídicos documentados.

El título III contiene los requisitos de presentación y pago comunes a todos ellos, así como las habilitaciones normativas dispersas hasta ahora en varias leyes.

TÍTULO PRELIMINAR. DISPOSICIONES GENERALES

Artículo 1. *Objeto de la ley.*

1. La presente ley tiene por objeto refundir las disposiciones legales vigentes tanto en materia de impuestos propios como en materia de impuestos cedidos en ejercicio de las competencias normativas que atribuye a la Comunidad Autónoma de La Rioja la Ley 21/2010, de 16 de julio, del régimen de cesión de tributos del Estado a la Comunidad Autónoma de La Rioja y de fijación del alcance y condiciones de dicha cesión, en los casos y condiciones previstos en la Ley 22/2009, de 18 de diciembre, por la que se regula el sistema de financiación de las Comunidades Autónomas de régimen común y Ciudades con Estatuto de Autonomía y se modifican determinadas normas tributarias.

2. El canon de saneamiento creado y regulado en la Ley 5/2000, de 25 de octubre, de Saneamiento y Depuración de Aguas Residuales de La Rioja, y las tasas, objeto de regulación en la Ley 6/2002, de 18 de octubre, de Tasas y Precios Públicos de La Rioja, quedan fuera del ámbito de esta ley y continúan rigiéndose por tales disposiciones.

Artículo 2. *Ámbito de aplicación.*

La presente norma será de aplicación en el ámbito territorial de la Comunidad Autónoma de La Rioja.

(...)

TÍTULO II. IMPUESTOS CEDIDOS POR EL ESTADO

CAPÍTULO I. Impuesto sobre la renta de las personas físicas

Artículo 31. *Escala autonómica.*

1[1]**.** Conforme a lo previsto en la Ley 22/2009, de 18 de diciembre, por la que se regula el sistema de financiación de las Comunidades Autónomas de régimen común y Ciudades con

---

[1]   Nueva redacción del art. 31 dada por el art. 1.Uno de la Ley 13/2023, de 28 de diciembre, de Medidas Fiscales y Administrativas para el año 2024 (BOE núm. 27, de 31 de enero de 2024), con efetos desde el 1 de enero de 2024.
Redacción anterior dada por el art. 1.Uno de la Ley 2/2020, de 30 de enero, de Medidas Fiscales y Administrativas para el año 2020 (BOR núm. 12, de 31 de enero de 2020), en vigor desde el 1 de enero de 2020: *«1. Conforme a lo previsto en la Ley 22/2009, de 18 de diciembre, por la que se regula el sistema de financiación de las Comunidades Autónomas de régimen común y Ciudades con Estatuto de Autonomía*

y se modifican determinadas normas tributarias, la escala autonómica en el impuesto sobre la renta de las personas físicas será la siguiente (en euros):

Base liquidable hasta	Cuota íntegra	Resto base liquidable hasta	Tipo porcentaje aplicable
0,00	0,00	12.450,00	9,00%
12.450,00	1.120,50	7.750,00	11,60%
20.200,00	2.019,50	15.000,00	14,60%
35.200,00	4.209,50	14.800,00	18,80%
50.000,00	6.991,90	10.000,00	19,50%
60.000,00	8.941,90	60.000,00	25,00%
120.000,00	23.041,90	En adelante	27,00%

2. Se entenderá por tipo medio de gravamen general autonómico el previsto en el artículo 74.2 de la Ley 35/2006, de 28 de noviembre, del Impuesto sobre la Renta de las Personas Físicas y de modificación parcial de las leyes de los Impuestos sobre Sociedades, sobre la Renta de no Residentes y sobre el Patrimonio». Redacción anterior dada por el art. 4.Uno de la Ley 1/2019, de 4 de marzo, de Medidas Económicas, Presupuestarias y Fiscales urgentes para el año 2019 (BOLR núm. 28, de 6 de marzo de 2019) en vigor desde el 1 de enero de 2019: *«1. Conforme a lo previsto en la Ley 22/2009, de 18 de diciembre, por la que se regula el sistema de financiación de las Comunidades Autónomas de régimen común y Ciudades con Estatuto de Autonomía y se modifican determinadas normas tributarias, la escala autonómica en el impuesto sobre la renta de las personas físicas será la siguiente (en euros):*

Base liquidable hasta	Cuota íntegra	Resto base liquidable hasta	Tipo porcentaje aplicable
0,00	0,00	12.450,00	9,00%
12.450,00	1.120,50	7.750,00	11,60%
20.200,00	2.019,50	15.000,00	14,60%
35.200,00	4.209,50	14.800,00	18,80%
50.000,00	6.991,90	10.000,00	19,50%
60.000,00	8.941,90	60.000,00	23,50%
120.000,00	23.041,90	En adelante	25,50%

Redacción anterior dada por el art. 1.Uno de la Ley 2/2018, de 30 de enero, de Medidas Fiscales y Administrativas de La Rioja para el año 2018 (BOLR núm. 31, de 31 de enero de 2018), en vigor desde el día 1 de enero de 2018:

«1. Conforme a lo previsto en la Ley 22/2009, de 18 de diciembre, por la que se regula el sistema de financiación de las Comunidades Autónomas de régimen común y Ciudades con Estatuto de Autonomía y se modifican determinadas normas tributarias, la escala autonómica en el impuesto sobre la renta de las personas físicas será la siguiente (en euros):

Base liquidable hasta	Cuota íntegra	Resto base liquidable hasta	Tipo porcentaje aplicable
0,00	0,00	12.450,00	9,50%
12.450,00	1.182,75	7.750,00	11,60%
20.200,00	2.081,75	15.000,00	14,60%
35.200,00	4.271,75	14.800,00	18,80%
50.000,00	7.054,15	10.000,00	19,50%

Estatuto de Autonomía y se modifican determinadas normas tributarias, la escala autonómica en el impuesto sobre la renta de las personas físicas será la siguiente (en euros):

Base liquidable hasta	Cuota íntegra	Resto base liquidable hasta	Tipo porcentaje aplicable
0,00	0,00	12.450,00	8,00
12.450,00	996,00	7.750,00	10,60
20.200,00	1.817,50	15.000,00	13,60
35.200,00	3.857,50	4.800,00	17,80
40.000,00	4.711,90	10.000,00	18,30
50.000,00	6.541,90	10.000,00	19,00
60.000,00	8.441,90	60.000,00	24,50
120.000,00	23.141,90	En adelante	27,00

Artículo 31 bis[2]. *Modificación del mínimo por descendientes discapacitados.*

De conformidad con lo dispuesto en el artículo 46.1.a) de la Ley 22/2009, de 18 de diciembre, por la que se regula el sistema de financiación de las Comunidades Autónomas de régimen común y Ciudades con Estatuto de Autonomía y se modifican determinadas normas tributarias, se incrementa en un 10 % el mínimo por discapacidad de descendientes establecido en el artículo 60.2 de la Ley 35/2006, de 28 de noviembre, del Impuesto sobre la Renta de las Personas Físicas y de modificación parcial de las leyes de los Impuestos sobre Sociedades, sobre la Renta de no Residentes y sobre el Patrimonio.

Base liquidable hasta	Cuota íntegra	Resto base liquidable hasta	Tipo porcentaje aplicable
60.000,00	9.004,15	60.000,00	23,50%
120.000,00	23.104,15	En adelante	25,50%

Redacción anterior: «1. Conforme a lo previsto en la Ley 22/2009, de 18 de diciembre, por la que se regula el sistema de financiación de las Comunidades Autónomas de régimen común y Ciudades con Estatuto de Autonomía y se modifican determinadas normas tributarias, la escala autonómica en el impuesto sobre la renta de las personas físicas será la siguiente:

Base liquidable hasta	Cuota íntegra	Resto base liquidable hasta	Tipo porcentaje aplicable
0,00	0,00	12.450,00 euros	9,50%
12.450,00 euros	1.182,75 euros	7.750,00 euros	12,00%
20.200,00 euros	2.112,75 euros	15.000,00 euros	15,00%
35.200,00 euros	4.362,75 euros	14.800,00 euros	19,00%
50.000,00 euros	7.174,75 euros	10.000,00 euros	19,50%
60.000,00 euros	9.124,75 euros	60.000,00 euros	23,50%
120.000,00 euros	23.224,75 euros	En adelante	25,50%

[2]   Nuevo art. 31.bis incorporado por el art. 1.Dos de la Ley 2/2018, de 30 de enero, de Medidas Fiscales y Administrativas de La Rioja para el año 2018 (BOLR núm. 31, de 31 de enero de 2018), en vigor desde el día 1 de enero de 2018.

Así, el mínimo por discapacidad de descendientes será de 3.300 euros anuales. Dicho importe será de 9.900 euros anuales cuando se acredite un grado de discapacidad igual o superior al 65 %.

No se modifica la cuantía del concepto 'gastos de asistencia' regulado en el párrafo segundo del mencionado artículo 60.2 de la Ley del Impuesto sobre la Renta de las Personas Físicas.

Para tener derecho a este incremento deberán cumplirse los requisitos establecidos en los artículos 60 y 61 de la Ley del Impuesto sobre la Renta, y acreditarse el grado de discapacidad.

Artículo 32[3]. *Deducciones autonómicas a aplicar sobre la cuota íntegra autonómica del impuesto sobre la renta de las personas físicas.*

De conformidad con lo dispuesto en el artículo 46.1.c) de la Ley 22/2009, de 18 de diciembre, por la que se regula el sistema de financiación de las Comunidades Autónomas de régimen común y Ciudades con Estatuto de Autonomía y se modifican determinadas normas tributarias, se establecen las siguientes deducciones a aplicar sobre la cuota íntegra autonómica del impuesto sobre la renta de las personas físicas:

1[4]. Deducción por nacimiento y adopción de hijos.

Por cada hijo nacido o adoptado en el periodo impositivo, que conviva con el contribuyente en la fecha de devengo del impuesto:

a) 600 euros, cuando se trate del primero.

b) 750 euros, cuando se trate del segundo.

c) 900 euros, cuando se trate del tercero y sucesivos.

Cuando los hijos nacidos o adoptados en el periodo impositivo convivan con ambos progenitores o adoptantes, el importe de la deducción se practicará por mitad en la declaración de cada uno de los progenitores o adoptantes, salvo que estos tributen presentando una única declaración conjunta, en cuyo caso se aplicará en la misma la totalidad del importe que corresponda por esta deducción.

En el caso de que el número de hijos de cada progenitor dé lugar a la aplicación de un importe diferente, ambos se aplicarán la deducción que corresponda en función del número de hijos preexistente. Si dándose esta circunstancia la declaración fuere conjunta, la deducción será la suma de lo que a cada uno correspondería si la declaración fuera individual, según lo dispuesto en el párrafo anterior.

En caso de nacimientos o adopciones múltiples, la deducción que corresponde a cada hijo se incrementará en 60 euros.

2[5]. Deducción por la adquisición, construcción o rehabilitación de vivienda habitual en pequeños municipios dentro del periodo impositivo.

---

[3] Nueva redacción del art. 32 dada por el art. 1.Dos de la Ley 2/2020, de 30 de enero, de Medidas Fiscales y Administrativas para el año 2020 (BOR núm. 12, de 31 de enero de 2020), en vigor desde el 1 de enero de 2020.

[4] Redacción anterior del art. 32.1 dada por el art. 4.Dos de la Ley 1/2019, de 4 de marzo, de Medidas Económicas, Presupuestarias y Fiscales urgentes para el año 2019 (BOLR núm. 28, de 6 de marzo de 2019) en vigor desde el 1 de enero de 2019.

[5] Redacción anterior del art. 32.2 dada por el art. 1.Tres de la Ley 2/2018, de 30 de enero (BOLR núm.31, de 31 de enero de 2018), en vigor desde el día 1 de enero de 2018.

Los contribuyentes con residencia habitual, a efectos fiscales, en la Comunidad Autónoma de La Rioja que hubieran adquirido, rehabilitado o iniciado la construcción de su vivienda habitual a partir del 1 de enero de 2017 en los pequeños municipios que se detallan en el anexo I de esta ley podrán deducir el 5% de las cantidades satisfechas para ello en el presente ejercicio, con el límite máximo de 452 euros por declaración. La base máxima de esta deducción será de 9.040 euros.

Para que dicha vivienda tenga el carácter de habitual deberán cumplirse los requisitos establecidos en el artículo 68.1.3.º de la Ley 35/2006, de 28 de noviembre, del Impuesto sobre la Renta, en su redacción vigente a 31 de diciembre de 2012; y en el artículo 54 del Real Decreto 439/2007, de 30 de marzo, por el que se aprueba el Reglamento del Impuesto sobre la Renta de las Personas Físicas y se modifica el Reglamento de Planes y Fondos de Pensiones, aprobado por Real Decreto 304/2004, de 20 de febrero, en su redacción vigente a 31 de diciembre de 2012, y en particular, en lo referente al concepto de vivienda habitual, plazo de ocupación y requisitos de permanencia en la misma, entre otros.

Los conceptos de adquisición, construcción y rehabilitación de vivienda habitual serán los definidos en el artículo 55 del Real Decreto 439/2007, de 30 de marzo, por el que se aprueba el Reglamento del Impuesto sobre la Renta de las Personas Físicas, en su redacción vigente a 31 de diciembre de 2012.

La aplicación de la deducción por inversión en vivienda, cualquiera que sea el contribuyente beneficiario de la medida, requerirá que el importe comprobado del patrimonio del contribuyente al finalizar el periodo de la imposición exceda del valor que arrojase su comprobación al comienzo del mismo al menos en la cuantía de las inversiones realizadas, sin computar los intereses y demás gastos de financiación.

A estos efectos, no se computarán los incrementos o disminuciones de valor experimentados durante el periodo impositivo por los elementos patrimoniales que al final del mismo sigan formando parte del patrimonio del contribuyente ni tampoco el incremento patrimonial obtenido por hechos imponibles sujetos al impuesto de sucesiones y donaciones.

3[6]. *Deducción del 30% de los gastos en escuelas infantiles, centros de educación infantil o personal contratado para el cuidado de hijos de 0 a 3 años, aplicable a contribuyentes que fijen su residencia habitual en pequeños municipios de La Rioja dentro del periodo impositivo, con el límite máximo de 600 euros por menor.*

Los contribuyentes que dentro del periodo impositivo fijen su residencia habitual en uno de los pequeños municipios de La Rioja detallados en el anexo I a esta ley, y mantengan su residencia en el mismo a fecha de devengo del impuesto, podrán deducir un 30% de las cantidades abonadas en escuelas infantiles, centros de educación infantil o personal contratado para el cuidado de hijos de 0 a 3 años, con el límite máximo de 600 euros por menor. En caso de declaraciones individuales, el importe de las cantidades abonadas y el límite máximo a deducir se prorratearán por partes iguales entre los progenitores con derecho a su aplicación.

Para tener derecho a esta deducción, el o los progenitores deberán ejercer una actividad laboral, por cuenta propia o ajena, fuera del domicilio familiar, al menos durante el periodo en el que el menor se encuentre escolarizado o contratado el personal destinado a su cuida-

---

6   Redacción anterior del art. 32.3 dada por el art. 1.Cuatro de la Ley 2/2018, de 30 de enero, de Medidas Fiscales y Administrativas de La Rioja para el año 2018 (BOLR núm. 31, de 31 de enero de 2018), en vigor desde el día 1 de enero de 2018.

do. Además de ello, a fecha de devengo del impuesto deberán convivir con el menor y tener derecho al mínimo por descendientes regulado en el artículo 58 de la Ley 35/2006, de 28 de noviembre, del Impuesto sobre la Renta de las Personas Físicas.

El menor deberá estar matriculado en una escuela o centro infantil de La Rioja, al menos la mitad de la jornada establecida, o bien deberá acreditarse la existencia de una persona con contrato laboral y alta en Seguridad Social en el epígrafe correspondiente a 'Empleados del hogar-Cuidador de familias' o similar para el cuidado de los menores.

Solo podrán aplicarse esta deducción los contribuyentes cuya base liquidable general sometida a tributación, definida en el artículo 50 de la Ley 35/2006, de 28 de noviembre, del Impuesto sobre la Renta de las Personas Físicas y de modificación parcial de las leyes de los Impuestos sobre Sociedades, sobre la Renta de no Residentes y sobre el Patrimonio, no exceda de 18.030 euros en tributación individual o de 30.050 euros en tributación conjunta, siempre que la base liquidable del ahorro sometida a tributación, definida en el artículo 50 antes mencionado, no supere los 1.800 euros.

A estos efectos se entenderán por gastos las cantidades satisfechas a escuelas o centros de educación infantil por la preinscripción y matrícula de dichos menores, la asistencia, en horario general y ampliado, y la alimentación, siempre que no tuvieran la consideración de rendimientos del trabajo en especie exentos por aplicación de lo dispuesto en las letras b) o d) del apartado 3 del artículo 42 de la Ley 35/2006, de 28 de noviembre, del Impuesto sobre la Renta de las Personas Físicas.

La base de esta deducción tendrá como límite para cada hijo el importe total del gasto efectivo no subvencionado satisfecho en el ejercicio a la escuela o centro de educación infantil.

4[7]. Deducción de 300 euros por cada menor que haya convivido o conviva con el contribuyente dentro del periodo impositivo, en régimen de acogimiento familiar de urgencia, temporal o permanente, o guarda con fines de adopción, formalizado por el órgano judicial o administrativo competente en materia de menores de esta Comunidad Autónoma de La Rioja.

Los contribuyentes con residencia en la Comunidad Autónoma de La Rioja que tengan en su domicilio un menor en régimen de acogimiento familiar de urgencia, temporal o permanente, o guarda con fines de adopción, formalizado por el órgano judicial o administrativo competente de la Comunidad Autónoma de La Rioja, podrán deducir la cantidad de 300 euros por cada uno de dichos menores. Si se optase por declaraciones individuales, cada uno de los contribuyentes con derecho a la deducción se aplicará el 50% de la misma.

Para tener derecho a esta deducción, los contribuyentes deberán convivir con el menor 183 o más días durante el periodo impositivo. Si el tiempo de convivencia durante el periodo impositivo fuese inferior a 183 días y superior a 90 días, la deducción será de 150 euros por cada menor acogido.

Podrá aplicarse la deducción correspondiente el contribuyente que haya acogido durante el ejercicio a distintos menores, sin que la estancia de ninguno de ellos supere los 90 días, siempre que la suma de los periodos de los distintos acogimientos sí supere, al menos, dicho plazo.

---

[7] Redacción anterior del art. 32.4 dada por el art. 1.Cuatro de la Ley 2/2018, de 30 de enero, de Medidas Fiscales y Administrativas de La Rioja para el año 2018 (BOLR núm. 31, de 31 de enero de 2018), en vigor desde el día 1 de enero de 2018.

No procederá la deducción por acogimiento familiar cuando se hubiese producido la adopción del menor por la misma familia durante el periodo impositivo.

5[8]. *Deducción de 100 euros mensuales por cada hijo de 0 a 3 años para aquellos contribuyentes que tengan su residencia habitual o trasladen la misma a pequeños municipios en el periodo impositivo, siempre que dicha residencia se mantenga durante un plazo de al menos 3 años consecutivos.*

Los contribuyentes que dentro del periodo impositivo tengan su residencia habitual o la trasladen a uno de los pequeños municipios de La Rioja detallados en el anexo I a esta ley, y mantengan su residencia en el mismo durante al menos 3 años consecutivos, podrán deducir 100 euros mensuales por cada hijo de 0 a 3 años.

Para tener derecho a esta deducción, el o los progenitores deberán residir o trasladar su residencia dentro del periodo impositivo a estos municipios y mantener la misma durante un plazo continuado de al menos 3 años, contados desde el mes en que se inicie el derecho a la deducción. No se perderá el derecho a la deducción cuando, a pesar de no haber transcurrido dicho plazo, se produzca el fallecimiento del contribuyente o concurran circunstancias que necesariamente exijan el cambio de residencia, tales como separación matrimonial, traslado laboral, obtención de primer empleo o de empleo más ventajoso u otras análogas.

La deducción será de 100 euros al mes por cada hijo de 0 a 3 años, siempre que el contribuyente tuviera derecho al mínimo por descendientes regulado en la normativa del impuesto sobre la renta de las personas físicas. Para aplicar la presente deducción, el último día de cada mes deberán concurrir estas dos circunstancias: residir en uno de los municipios mencionados y tener un hijo de 0 a 3 años con derecho a mínimo por descendientes. En el caso de presentación de declaraciones individuales, el importe de 100 euros mensuales se prorrateará por partes iguales entre los progenitores que cumplan los requisitos para tener derecho a ello.

El incumplimiento de los requisitos mencionados y la no permanencia en el municipio de residencia durante el plazo establecido, excepto en los supuestos fijados en el segundo párrafo de este apartado 5, obligarán al contribuyente a devolver las deducciones indebidamente practicadas más los correspondientes intereses de demora, mediante regularización en la declaración del impuesto sobre la renta de las personas físicas del año en que se produzca el incumplimiento.

6[9]. *Deducción por cada hijo de 0 a 3 años del 20% de los gastos en escuelas infantiles o centros de educación infantil de cualquier municipio de La Rioja, con el límite máximo de 600 euros por menor.*

Los contribuyentes con residencia habitual en La Rioja podrán deducir un 20% de los gastos de escolarización no subvencionados por cada hijo de 0 a 3 años matriculado en una escuela o centro de educación infantil de cualquier municipio de La Rioja, con el límite máximo de 600 euros por hijo. Para ello, a fecha de devengo del impuesto, deberán convivir con

---

[8]   Redacción anterior del art. 32.5 por su incorporación por el art. 1.Cuatro de la Ley 2/2018, de 30 de enero, de Medidas Fiscales y Administrativas de La Rioja para el año 2018 (BOLR núm. 31, de 31 de enero de 2018), en vigor el día 1 de enero de 2018.

[9]   Redacción anterior del art. 32.6 por su incorporación por el art. 1.Cuatro de la Ley 2/2018, de 30 de enero, de Medidas Fiscales y Administrativas de La Rioja para el año 2018 (BOLR núm. 31, de 31 de enero de 2018), en vigor desde el día 1 de enero de 2018.

el menor y tener derecho al mínimo por descendientes regulado en el artículo 58 de la Ley 35/2006, de 28 de noviembre, del Impuesto sobre la Renta de las Personas Físicas.

A estos efectos se entenderán por gastos de escolarización las cantidades satisfechas a escuelas o centros de educación infantil por la preinscripción y matrícula de dichos menores, la asistencia, en horario general y ampliado, y la alimentación, siempre que no estuvieran subvencionados y no tuvieran la consideración de rendimientos del trabajo en especie exentos por aplicación de lo dispuesto en las letras b) o d) del apartado 3 del artículo 42 de la Ley 35/2006, de 28 de noviembre, del Impuesto sobre la Renta de las Personas Físicas.

La base de esta deducción tendrá como límite para cada hijo el importe total del gasto efectivo no subvencionado satisfecho en el ejercicio a la escuela o centro de educación infantil.

Solo podrán aplicarse esta deducción los contribuyentes cuya base liquidable general sometida a tributación, definida en el artículo 50 de la Ley 35/2006, de 28 de noviembre, del Impuesto sobre la Renta de las Personas Físicas y de modificación parcial de las leyes de los Impuestos sobre Sociedades, sobre la Renta de no Residentes y sobre el Patrimonio, no exceda de 18.030 euros en tributación individual o de 30.050 euros en tributación conjunta, siempre que la base liquidable del ahorro sometida a tributación, definida en el artículo 50 antes mencionado, no supere los 1.800 euros.

En el caso de progenitores con derecho a deducción por el mismo descendiente y que presenten declaraciones individuales, el importe se prorrateará por partes iguales entre ambos.

7¹⁰. Deducción por adquisición de vehículos eléctricos nuevos.

1. Las adquisiciones de vehículos eléctricos nuevos darán derecho a practicar una deducción del 15% del importe de aquellas, siempre que pertenezcan a alguna de las siguientes categorías definidas en la Directiva 2007/46/CE del Parlamento y del Consejo, de 5 de septiembre de 2007, y en el Reglamento (UE) 168/2013 del Parlamento y del Consejo, de 15 de enero de 2013:

a) Turismos M1: Vehículos de motor concebidos y fabricados principalmente para el transporte de personas y su equipaje, que tengan, además del asiento del conductor, ocho plazas como máximo.

b) Furgonetas o camiones ligeros N1: Vehículos de motor concebidos y fabricados principalmente para el transporte de mercancías cuya masa máxima no sea superior a 3,5 toneladas.

c) Ciclomotores L1e: Vehículos de dos ruedas con una velocidad máxima por construcción no superior a 45 km/h y potencia continua nominal no superior a 4 kW.

d) Triciclos L2e: Vehículos de tres ruedas con una velocidad máxima por construcción no superior a 45 km/h y potencia continua nominal no superior a 4 kW.

e) Cuadriciclos ligeros L6e: Cuadriciclos ligeros cuya masa en vacío sea inferior o igual a 350 kg, no incluida la masa de las baterías, cuya velocidad máxima por construcción sea inferior o igual a 45 km/h, y potencia máxima inferior o igual a 4 kW.

---

10 Redacción anterior del art. 32.7 por su incorporación por el art. 1.Cuatro de la Ley 2/2018, de 30 de enero, de Medidas Fiscales y Administrativas de La Rioja para el año 2018 (BOLR núm. 31, de 31 de enero de 2018), en vigor desde el día 1 de enero de 2018.

f) Cuadriciclos pesados L7e: Cuadriciclos cuya masa en vacío sea inferior o igual a 400 kg (550 kg para vehículos destinados al transporte de mercancías), no incluida la masa de las baterías, y potencia máxima inferior o igual a 15 kW.

g) Motocicletas L3e: Vehículos de dos ruedas sin sidecar con un motor de cilindrada superior a 50 cm³ y/o con una velocidad máxima por construcción superior a 45 km/h.

h) Categoría L5e: Vehículos de tres ruedas simétricas con un motor de cilindrada superior a 50 cm³ y/o con una velocidad máxima por construcción superior a 45 km/h.

i) Bicicletas de pedaleo asistido por motor eléctrico.

2. Para aplicar la deducción, los vehículos relacionados en el apartado anterior deberán cumplir los siguientes requisitos:

a) Vehículos no afectos a actividades profesionales o empresariales del adquiriente.

b) Vehículos pertenecientes a las categorías M y N:

1.º Vehículos propulsados por motores de combustión interna que puedan utilizar combustibles fósiles alternativos homologados como GLP/Autogas, Gas Natural Comprimido (GNC), Gas Natural Licuado (GNL) o bifuel gasolina-gas.

2.º Eléctricos puros (BEV).

3.º Eléctricos de autonomía extendida (REEV), propulsados totalmente mediante motores eléctricos.

c) Vehículos pertenecientes a la categoría L y bicicletas eléctricas: estar propulsados exclusivamente por motores eléctricos, y estar homologados como vehículos eléctricos.

d) Vehículos cuyo importe de adquisición no supere los 50.000 euros.

Además:

a) Las motocicletas eléctricas (categorías L3e y L5e) deberán tener baterías de litio con una potencia igual o superior a 3 kW/h y una autonomía mínima en modo eléctrico de 70 km.

b) Las bicicletas de pedaleo asistido por motor eléctrico deberán tener baterías de litio y cumplir con las prescripciones de las normas armonizadas que resulten de aplicación y en particular la Norma UNE-EN 15194:2009.

El importe máximo deducible por declaración será de 300 euros para los vehículos detallados en el punto 1, apartados a) a h); y de 225 euros para los del apartado i). Asimismo, esta deducción solo podrá aplicarse a un vehículo por persona y en el periodo impositivo en el cual se matricule el vehículo cuya adquisición genera el derecho a aplicar la deducción.

8[11]. *Suprimido*

9[12]. *Deducción de gastos por acceso a Internet para los jóvenes emancipados.*

Los jóvenes que suscriban durante el ejercicio un contrato de acceso a Internet para su vivienda habitual podrán practicar una deducción del 30% del importe de los gastos anuales facturados y pagados a las empresas suministradoras.

---

[11]   Redacción anterior por su incorporación por el art. 1.Cuatro de la Ley 2/2018, de 30 de enero, de Medidas Fiscales y Administrativas de La Rioja para el año 2018 (BOLR núm. 31, de 31 de enero de 2018), en vigor el día 1 de enero de 2018.

[12]   Redacción anterior por su incorporación por el art. 1.Cuatro de la Ley 2/2018, de 30 de enero, de Medidas Fiscales y Administrativas de La Rioja para el año 2018 (BOLR núm. 31, de 31 de enero de 2018), en vigor desde el día 1 de enero de 2018.

La deducción se ampliará hasta el 40% para aquellos contribuyentes jóvenes que constituyan unidades familiares monoparentales o tengan su residencia habitual en un municipio de los relacionados en el anexo I de la presente ley.

Además, se deberán cumplir los siguientes requisitos:

a) El contribuyente deberá disponer de la vivienda habitual en régimen de propiedad o arrendamiento.

b) El contrato deberá suscribirse con una antelación mínima de 6 meses a la fecha de devengo del impuesto y deberá mantenerse, al menos, hasta dicha fecha.

c) El contrato deberá constar a nombre del contribuyente con derecho a deducción.

En el caso de que convivan en la misma vivienda habitual más de un contribuyente con derecho a la deducción, la misma será prorrateada entre todos ellos.

A los efectos de la aplicación de la presente deducción, tendrá la consideración de joven aquel contribuyente que no haya cumplido los 36 años de edad a la finalización del periodo impositivo.

Asimismo, se considerará vivienda habitual la regulada en el artículo 68.1.3.º de la Ley 35/2006, de 28 de noviembre, del Impuesto sobre la Renta, en su redacción vigente a 31 de diciembre de 2012; y en el artículo 54 del Real Decreto 439/2007, de 30 de marzo, por el que se aprueba el Reglamento del Impuesto sobre la Renta de las Personas Físicas y se modifica el Reglamento de Planes y Fondos de Pensiones, aprobado por Real Decreto 304/2004, de 20 de febrero, en su redacción vigente a 31 de diciembre de 2012, y en particular, en lo referente al concepto de vivienda habitual, plazo de ocupación y requisitos de permanencia en la misma, entre otros.

Esta deducción podrá aplicarse una única vez por vivienda y por contribuyente, independientemente del régimen de ocupación de la misma.

En ningún caso deberán estar vinculados a una actividad económica los titulares de los contratos y la vivienda mencionados en la presente deducción. Así, ninguno de los titulares del contrato de acceso a Internet podrá aplicar la deducción cuando uno de ellos realice en la vivienda una actividad económica, aunque también constituya su residencia habitual.

Solo podrán aplicarse esta deducción los contribuyentes cuya base liquidable general sometida a tributación, definida en el artículo 50 de la Ley 35/2006, de 28 de noviembre, del Impuesto sobre la Renta de las Personas Físicas y de modificación parcial de las leyes de los Impuestos sobre Sociedades, sobre la Renta de no Residentes y sobre el Patrimonio, no exceda de 18.030 euros en tributación individual o de 30.050 euros en tributación conjunta, siempre que la base liquidable del ahorro sometida a tributación, definida en el artículo 50 antes mencionado, no supere los 1.800 euros.

10[13]. *Deducción de gastos por suministro de luz y gas de uso doméstico para los jóvenes emancipados.*

Los jóvenes que suscriban durante el ejercicio un contrato de suministro eléctrico o de gas para su vivienda habitual, podrán practicar una deducción del 15% del importe de los gastos anuales facturados y pagados a las empresas suministradoras.

---

[13]   Redacción anterior por su incorporación por el art. 1.Cuatro de la Ley 2/2018, de 30 de enero, de Medidas Fiscales y Administrativas de La Rioja para el año 2018 (BOLR núm. 31, de 31 de enero de 2018), en vigor desde el día 1 de enero de 2018.

La deducción se ampliará al 20% para aquellos contribuyentes jóvenes que tengan su residencia habitual en un municipio de los relacionados en el anexo I de la presente ley.

La deducción se ampliará al 25% para contribuyentes jóvenes que constituyan unidades familiares monoparentales.

Además, deberán cumplirse los siguientes requisitos:

a) El contribuyente deberá disponer de la vivienda habitual en régimen de propiedad o arrendamiento.

b) El o los contratos deberán suscribirse con una antelación mínima de 6 meses a la fecha de devengo del impuesto y deberán mantenerse, al menos, hasta dicha fecha.

c) El o los contratos deberán constar a nombre del contribuyente con derecho a deducción.

En el caso de que convivan en la misma vivienda habitual más de un contribuyente con derecho a la deducción, la misma será prorrateada entre todos ellos.

A los efectos de la aplicación de la presente deducción, tendrá la consideración de joven aquel contribuyente que no haya cumplido los 36 años de edad a la finalización del periodo impositivo.

Asimismo, se considerará vivienda habitual la regulada en el artículo 68.1.3.º de la Ley 35/2006, de 28 de noviembre, del Impuesto sobre la Renta, en su redacción vigente a 31 de diciembre de 2012; y en el artículo 54 del Real Decreto 439/2007, de 30 de marzo, por el que se aprueba el Reglamento del Impuesto sobre la Renta de las Personas Físicas y se modifica el Reglamento de Planes y Fondos de Pensiones, aprobado por Real Decreto 304/2004, de 20 de febrero, en su redacción vigente a 31 de diciembre de 2012, y en particular, en lo referente al concepto de vivienda habitual, plazo de ocupación y requisitos de permanencia en la misma, entre otros.

Esta deducción podrá aplicarse una única vez por vivienda y por contribuyente, independientemente del régimen de ocupación de la citada vivienda.

En ningún caso deberán estar vinculados a una actividad económica los titulares de los contratos y la vivienda mencionados en la presente deducción. Así, ninguno de los titulares de los contratos de suministro de luz y gas de uso doméstico podrá aplicar la deducción cuando uno de ellos realice en la vivienda una actividad económica, aunque también constituya su residencia habitual.

Solo podrán aplicarse esta deducción los contribuyentes cuya base liquidable general sometida a tributación, definida en el artículo 50 de la Ley 35/2006, de 28 de noviembre, del Impuesto sobre la Renta de las Personas Físicas y de modificación parcial de las leyes de los Impuestos sobre Sociedades, sobre la Renta de no Residentes y sobre el Patrimonio, no exceda de 18.030 euros en tributación individual o de 30.050 euros en tributación conjunta, siempre que la base liquidable del ahorro sometida a tributación, definida en el artículo 50 antes mencionado, no supere los 1.800 euros.

11[14]. *Deducción por inversión en vivienda habitual de jóvenes menores de 36 años.*

1. Los contribuyentes menores de 36 años a fecha de devengo del impuesto podrán deducir el 15% de las cantidades satisfechas en el periodo de que se trate por la adquisición o

---

[14]   Redacción anterior por su incorporación por el art. 1.Cuatro de la Ley 2/2018, de 30 de enero, de Medidas Fiscales y Administrativas de La Rioja para el año 2018 (BOLR núm. 31, de 31 de enero de 2018), en vigor desde el día 1 de enero de 2018.

rehabilitación de la vivienda situada en el territorio de la Comunidad Autónoma de La Rioja que constituya o vaya a constituir la residencia habitual del contribuyente. El concepto de adquisición será el definido en el artículo 58 bis de la presente ley.

La base máxima de esta deducción será de 9.000 euros anuales y estará constituida por las cantidades satisfechas para la adquisición o rehabilitación de la vivienda, incluidos los gastos originados que hayan corrido a cargo del adquirente y, en el caso de financiación ajena, la amortización, los intereses, el coste de los instrumentos de cobertura del riesgo de tipo de interés variable de los préstamos hipotecarios regulados en el artículo decimonoveno de la Ley 36/2003, de 11 de noviembre, de medidas de reforma económica, y demás gastos derivados de la misma. En caso de aplicación de los citados instrumentos de cobertura, los intereses satisfechos por el contribuyente se minorarán en las cantidades obtenidas por la aplicación del citado instrumento.

A estos efectos, la rehabilitación deberá cumplir las condiciones establecidas en la normativa del impuesto sobre la renta de las personas físicas, en su redacción vigente a 31 de diciembre de 2012.

Cuando se adquiera una vivienda habitual habiendo disfrutado de la deducción por adquisición de otras viviendas habituales anteriores, no se podrá practicar deducción por la adquisición o rehabilitación de la nueva en tanto las cantidades invertidas en la misma no superen las invertidas en las anteriores, en la medida en que hubiesen sido objeto de deducción.

Cuando la enajenación de una vivienda habitual hubiera generado una ganancia patrimonial exenta por reinversión, la base de deducción por la adquisición o rehabilitación de la nueva se minorará en el importe de la ganancia patrimonial a la que se aplique la exención por reinversión. En este caso, no se podrá practicar deducción por la adquisición de la nueva mientras las cantidades invertidas en la misma no superen tanto el precio de la anterior, en la medida en que haya sido objeto de deducción, como la ganancia patrimonial exenta por reinversión.

2. Se entenderá por vivienda habitual aquella en la que el contribuyente resida durante un plazo continuado de tres años. No obstante, se entenderá que la vivienda tuvo aquel carácter cuando, a pesar de no haber transcurrido dicho plazo, se produzca el fallecimiento del contribuyente o concurran circunstancias que necesariamente exijan el cambio de vivienda, tales como separación matrimonial, traslado laboral, obtención de primer empleo o de empleo más ventajoso y otras análogas.

3. La presente deducción será incompatible con las establecidas en los apartados a) y b) de la disposición transitoria 1.ª de la Ley 10/2017, de 27 de octubre, por la que se consolidan las disposiciones legales de la Comunidad Autónoma de la Rioja en materia de impuestos propios y tributos cedidos, para aquellos jóvenes que hubieran adquirido o rehabilitado su vivienda antes del día 1 de enero de 2013, los cuales seguirán aplicándose las previstas en la disposición transitoria 1.ª a) y b) antes mencionadas.

4. Solo podrán aplicarse esta deducción los contribuyentes cuya base liquidable general sometida a tributación, definida en el artículo 50 de la Ley 35/2006, de 28 de noviembre, del Impuesto sobre la Renta de las Personas Físicas y de modificación parcial de las leyes de los Impuestos sobre Sociedades, sobre la Renta de no Residentes y sobre el Patrimonio, no exceda de 18.030 euros en tributación individual o de 30.050 euros en tributación conjunta, siempre que la base liquidable del ahorro sometida a tributación, definida en el artículo 50 antes mencionado, no supere los 1.800 euros.

5. La aplicación de la deducción por inversión en vivienda, cualquiera que sea el contribuyente beneficiario de la medida, requerirá que el importe comprobado del patrimonio del contribuyente al finalizar el periodo de la imposición exceda del valor que arrojase su comprobación al comienzo del mismo al menos en la cuantía de las inversiones realizadas, sin computar los intereses y demás gastos de financiación.

A estos efectos, no se computarán los incrementos o disminuciones de valor experimentados durante el periodo impositivo por los elementos patrimoniales que al final del mismo sigan formando parte del patrimonio del contribuyente ni tampoco el incremento patrimonial obtenido por hechos imponibles sujetos al impuesto de sucesiones y donaciones.

12. Deducción por arrendamiento de vivienda habitual para contribuyentes menores de 36 años.

Los contribuyentes menores de 36 años que durante el periodo impositivo satisfagan cantidades en concepto de alquiler de su vivienda habitual situada en la Comunidad Autónoma La Rioja podrán aplicar sobre la cuota íntegra autonómica alguna de las siguientes deducciones:

El 10% de las cantidades no subvencionadas satisfechas en el ejercicio, con el límite anual de 300 € por contrato de arrendamiento, tanto en tributación individual como en conjunta, con carácter general o, en su caso,

El 20% de las cantidades no subvencionadas satisfechas en el ejercicio, con el límite anual de 400 € por contrato de arrendamiento, tanto en tributación individual como en conjunta, siempre y cuando la vivienda habitual se encuentre situada en uno de los pequeños municipios enumerados en el anexo I de esta ley.

Para ello deberán cumplirse los siguientes requisitos:

1) Que el contribuyente no haya cumplido los 36 años de edad a la fecha de devengo del impuesto. En caso de tributación conjunta el requisito de la edad habrá de cumplirlo al menos uno de los cónyuges.

2) Que se trate del arrendamiento de la vivienda habitual del contribuyente, ocupada efectivamente por el mismo y localizada en el territorio de la Comunidad Autónoma de La Rioja.

3) Que el contribuyente sea titular de un contrato de arrendamiento por el cual se haya presentado el correspondiente modelo del impuesto sobre transmisiones patrimoniales y actos jurídicos documentados. En el supuesto de matrimonios en régimen de gananciales, la deducción corresponderá a los cónyuges por partes iguales, aunque el contrato de arrendamiento conste sólo a nombre de uno de ellos.

4) Que el contribuyente no tenga derecho durante el mismo periodo impositivo a deducción alguna por inversión en vivienda habitual.

5) Que la base liquidable general sometida a tributación del contribuyente, definida en el artículo 50 de la Ley 35/2006, de 28 de noviembre, del Impuesto sobre la Renta de las Personas Físicas y de modificación parcial de las leyes de los Impuestos sobre Sociedades, sobre la Renta de no Residentes y sobre el Patrimonio, no exceda de 18.030 euros en tributación individual o de 30.050 euros en tributación conjunta, siempre que la base liquidable del ahorro sometida a tributación, definida en dicho artículo 50, no supere los 1.800 euros.

Cuando dos contribuyentes tengan derecho a la aplicación de la deducción, el importe total, sin exceder del límite establecido por contrato de arrendamiento, se prorrateará por partes iguales en la declaración de cada uno de ellos.

La práctica de esta deducción quedará condicionada a su justificación documental.

13. Deducción por adquisición de bicicletas de pedaleo no asistido.

Las adquisiciones de bicicletas de pedaleo no asistido darán derecho a practicar una deducción del 15% del importe de aquellas, con un límite máximo de 50 euros por vehículo y, a su vez, de 2 vehículos por unidad familiar. En el caso de matrimonios en régimen de gananciales que presenten declaraciones individuales, se prorrateará el importe de las deducciones por partes iguales.

La práctica de esta deducción quedará condicionada a su justificación documental mediante la correspondiente factura.

14[15]. Deducción por donaciones irrevocables, puras y simples en materia de mecenazgo.

a) Los contribuyentes podrán aplicar una deducción del 15% de las cantidades donadas durante el ejercicio para la promoción y estímulo de las actividades previstas en el artículo 1 de esta ley y recogidas en la Estrategia Regional de Mecenazgo.

b) Los contribuyentes podrán aplicar una deducción del 15% de las cantidades donadas durante el ejercicio para la investigación, conservación, restauración, rehabilitación, consolidación, difusión, exposición y adquisición de bienes ubicados en el territorio de la Comunidad Autónoma de La Rioja cuya titularidad sea de la Administración pública de la Comunidad Autónoma de La Rioja, y/o que hayan sido declarados expresa e individualizadamente bienes de interés cultural e inscritos como tales en el Inventario de Patrimonio Histórico de La Rioja.

c) Las deducciones previstas en las letras a) y b) de este apartado 14 tendrán un límite conjunto de 500 euros anuales.

A los efectos de aplicar la deducción prevista en dichas letras a) y b), se equiparan a las donaciones dinerarias las donaciones o aportaciones de medios materiales. El valor de las donaciones o aportaciones de medios materiales se calculará de conformidad con los criterios de valoración contenidos en el artículo 18 de la Ley 49/2002, de 23 de diciembre, de régimen fiscal de las entidades sin fines lucrativos y de los incentivos fiscales al mecenazgo.

d) Los contribuyentes podrán aplicar una deducción del 20% de las cantidades donadas durante el ejercicio a empresas culturales con fondos propios inferiores a 300.000 euros con domicilio fiscal en el territorio de la Comunidad Autónoma de La Rioja, para ser empleados en el desarrollo de las siguientes actividades:

1.º La cinematografía, las artes audiovisuales y las artes multimedia.

2.º Las artes escénicas, la música, la danza, el teatro y el circo.

3.º Las artes plásticas o bellas artes, la fotografía y el diseño.

4.º El libro, la lectura y las ediciones literarias, fonográficas y cinematográficas, en cualquier soporte o formato, incluyendo el libro y la lectura.

5.º Las relacionadas con la investigación, documentación, conservación, restauración, recuperación, difusión y promoción del patrimonio cultural material e inmaterial de La Rioja.

6.º El folclore y las tradiciones populares de La Rioja, especialmente la música popular y las danzas tradicionales.

---

[15]   Nuevo apartado incorporado por la Disp. Final Primera.Uno de la Ley 3/2021, de 28 de abril, de Mecenazgo de la Comunidad Autónoma de La Rioja (BOLR núm. 82, de 29 de abril de 2021), vigente desde el 30 de abril. En virtud de la disp. final tercera (corrección de error publicada en BOR núm. 84, de 3 de mayo de 2021) la deducción prevista en el art. 32.14.a) es aplicable desde el 1 de enero de 2020, para los donativos realizados a la Comunidad Autónoma de La Rioja para paliar los efectos de la COVID-19.

7.º Las artes aplicadas como la joyería y cerámica artesanal.

El límite de la deducción aplicable por contribuyente será de 500 euros anuales.

e) Los autores y creadores de bienes culturales y sus herederos podrán deducirse el 20% del importe a que ascienda la valoración de los bienes culturales de calidad garantizada que sean donados, o sobre los que se constituya un derecho real de usufructo o depósito temporal sin contraprestación en favor de las instituciones culturales de la Comunidad Autónoma de La Rioja.

El límite de la deducción aplicable por contribuyente será de 500 euros anuales.

Corresponde a la consejería competente en materia de Cultura aceptar las citadas donaciones, usufructos y depósitos, según lo dispuesto en el artículo 50.2 de la Ley 11/2005, de 19 de octubre, de Patrimonio de la Comunidad Autónoma de La Rioja. Dicha valoración se llevará a cabo de conformidad con las reglas contenidas en el artículo 18 de la Ley 49/2002, de 23 de diciembre.

f) Las deducciones establecidas en las letras a) y b) anteriores serán incompatibles con las deducciones reguladas en las letras d) y e).

g) La suma de las deducciones de este apartado 14 no podrá exceder, en ningún caso, el límite del 30% de la cuota íntegra autonómica del sujeto pasivo.

h) Las personas y entidades beneficiarias de las distintas formas de mecenazgo a que se refiere el presente apartado deberán remitir a la consejería competente en materia de Hacienda información sobre las certificaciones emitidas de las donaciones y aportaciones deducibles percibidas durante cada año natural, en la que, además de sus datos de identificación, deberá constar la siguiente información referida a los donantes y aportantes:

1.º Nombre y apellidos, razón o denominación social.

2.º Número de identificación fiscal.

3.º Importe de la donación o aportación. En caso de que sean en especie, valoración de lo donado o aportado.

4.º Referencia a si la donación o aportación se percibe para los acontecimientos de excepcional interés regional a los que hace referencia el artículo 9 de la Ley de Mecenazgo de la Comunidad Autónoma de La Rioja.

5.º Indicación de la deducción a la que da derecho el donativo.

Esta información se presentará durante el mes de enero de cada año, en relación con las donaciones percibidas en el año inmediato anterior, y deberá presentarse en soporte directamente legible por ordenador o medios telemáticos, de acuerdo con las especificaciones aprobadas reglamentariamente.

Las obligaciones derivadas de esta letra no se aplicarán en el caso de que ya sean objeto de declaración ante la Administración tributaria del Estado en cumplimiento de otra normativa de alcance estatal.

A estos efectos, el Gobierno de La Rioja solicitará a la Agencia Estatal de Administración Tributaria el suministro de dicha información. Mientras dicho suministro de información no esté regulado, las personas y entidades beneficiarias de mecenazgo que hayan aportado la información exigida en esta disposición a la Administración tributaria del Estado, deberán aportar una copia de dicha declaración ante la Administración autonómica en la forma y plazos previstos reglamentariamente.

15[16]. *Deducción de las cantidades destinadas a investigación, conservación, restauración, rehabilitación o consolidación de bienes que formen parte del patrimonio histórico de La Rioja.*

Los contribuyentes podrán aplicar una deducción del 15% de las cantidades destinadas a investigación, conservación, restauración, rehabilitación o consolidación de bienes que sean de su titularidad en propiedad o en usufructo, que formen parte del patrimonio histórico de La Rioja y que estén inscritos en el Registro General del Patrimonio Cultural, Histórico y Artístico de La Rioja. No podrá aplicarse esta deducción a las cantidades destinadas a inversiones empresariales.

El límite de la deducción aplicable por contribuyente será de 500 euros anuales.

16[17]. *Límite a las deducciones de los apartados 14 y 15 anteriores e incompatibilidad.*

La cuota líquida autonómica no podrá arrojar un resultado negativo como consecuencia del resultado de las operaciones derivadas de la aplicación de las deducciones recogidas en los apartados 14 y 15 de este artículo.

Las deducciones establecidas en este artículo resultarán incompatibles con el crédito fiscal a que se refiere la Ley de Mecenazgo de la Comunidad Autónoma de La Rioja, en tanto el referido crédito fiscal permanezca vigente.

17[18].*Deducción para fomentar el ejercicio físico y la práctica deportiva.*

Con efectos desde el 1 de enero de 2023, los gastos del contribuyente, del cónyuge y de aquellas personas que den derecho a la aplicación del mínimo personal y familiar en servicios relativos al ejercicio físico y la práctica deportiva darán derecho a una deducción del 30% o del 100% en el caso de mayores de 65 años y de quienes acrediten un grado de discapacidad igual o superior al 33%. El límite máximo de esta deducción será 300 euros anuales.

Cuando varios contribuyentes tengan derecho a la aplicación de esta deducción, las cantidades satisfechas y el límite de la misma se prorratearán por partes iguales[19].

Exclusivamente darán derecho a esta deducción las cantidades desembolsadas por los siguientes servicios relativos al ejercicio físico y la práctica deportiva:

a) Los prestados en gimnasios e instalaciones deportivas.

---

16 Nuevo apartado incorporado por la Disp. Final Primera.Uno de la Ley 3/2021, de 28 de abril, de Mecenazgo de la Comunidad Autónoma de La Rioja (BOLR núm. 82, de 29 de abril de 2021), vigente desde el 30 de abril.

17 Nuevo apartado incorporado por la Disp. Final Primera.Uno de la Ley 3/2021, de 28 de abril, de Mecenazgo de la Comunidad Autónoma de La Rioja (BOLR núm. 82, de 29 de abril de 2021), vigente desde el 30 de abril.

18 Nuevo apartado 17 incorporado por el art. único. Uno de la Ley 11/2023, de 7 de noviembre, de medidas fiscales urgentes por la que se modifica la Ley 10/2017, de 27 de octubre, por la que se consolidan las disposiciones legales de la Comunidad Autónoma de La Rioja en materia de impuestos propios y tributos cedidos (BOR núm. 225, de 9 de noviembre de 2023), en vigor desde el 1 de enero de 2023.

19 Nueva redacción del primer y segundo párrafo del art. 32.17 dada por el art. 1.Cinco de la Ley 13/2023, de 28 de diciembre, de Medidas Fiscales y Administrativas para el año 2024 (BOE núm. 27, de 31 de enero de 2024), con efetos desde el 1 de enero de 2024.
    Redacción anterior: «Con efectos desde el 1 de enero de 2023, los gastos de la unidad familiar en servicios relativos al ejercicio físico y la práctica deportiva darán derecho a una deducción del 30% o del 100% en el caso de mayores de 65 años y quienes acrediten un grado de discapacidad igual o superior al 33%. El límite máximo de esta deducción será de 300 euros anuales.
    Se considerarán miembros de la unidad familiar aquellas personas que den derecho a la aplicación del mínimo personal y familiar. En el caso de declaraciones individuales, dicha deducción se prorrateará por partes iguales entre los contribuyentes».

b) Los prestados por las entidades inscritas en el Registro del Deporte de La Rioja.

c) Las clases para la práctica del deporte o la educación física.

d) Las licencias federativas emitidas por una federación riojana.

Asimismo, será necesario que los servicios estén originados en el periodo impositivo y sean realizados en el ámbito territorial de La Rioja.

Esta deducción quedará condicionada a su justificación documental mediante la correspondiente factura completa u ordinaria, en los términos previstos por la legislación sobre las obligaciones de facturación, sin que en ningún caso tenga tal condición la factura simplificada.

18[20]. Deducción destinada a los enfermos de ELA.

Los gastos del contribuyente, del cónyuge, y de aquellas personas que den derecho a la aplicación del mínimo personal y familiar relacionados con el diagnóstico y tratamiento de la esclerosis lateral amiotrófica darán derecho a una deducción del 50%. El límite máximo de esta deducción será 2.000 euros anuales.

Cuando varios contribuyentes tengan derecho a la aplicación de esta deducción, las cantidades satisfechas y el límite de la misma se prorratearán por partes iguales.

Exclusivamente darán derecho a esta deducción las cantidades desembolsadas por los siguientes conceptos:

a) Los servicios prestados por profesionales sanitarios.

b) Los tratamientos sanitarios prescritos por profesionales sanitarios.

c) Los destinados a paliar los síntomas de la enfermedad.

Esta deducción quedará condicionada a su justificación documental mediante la correspondiente factura completa u ordinaria, en los términos previstos por la legislación sobre las obligaciones de facturación, sin que en ningún caso tenga tal condición la factura simplificada.

(...)

TÍTULO III. DISPOSICIONES COMUNES A TODOS LOS TRIBUTOS REGULADOS EN LA PRESENTE LEY

Artículo 75. *Requisitos para la acreditación del pago y presentación de los tributos regulados en esta ley.*

La acreditación del pago de las deudas tributarias y la presentación de las autoliquidaciones y declaraciones tributarias se ajustarán a los siguientes requisitos:

1. El pago de las deudas tributarias se considerará válido y tendrá efectos liberatorios únicamente en los supuestos en que dichos pagos se efectúen a favor de la Comunidad Autónoma de La Rioja en cuentas de su titularidad y utilizando a tal efecto los modelos de declaración aprobados por la consejería competente en materia de hacienda.

2. Los pagos que se realicen en órganos de recaudación ajenos a la Comunidad Autónoma de La Rioja sin convenio al respecto con esta, o a personas o entidades no autorizadas para ello, no liberarán en ningún caso al deudor de su obligación de pago ni a las autoridades

---

[20] Nuevo apartado incorporado por el art. 1.Seis de la Ley 13/2023, de 28 de diciembre, de Medidas Fiscales y Administrativas para el año 2024 (BOE núm. 27, de 31 de enero de 2024), con efetos desde el 1 de enero de 2024.

y funcionarios de las responsabilidades que se deriven de la admisión de documentos presentados a fin distinto de su liquidación sin la acreditación del pago de la deuda tributaria o la presentación de la declaración tributaria en oficinas de la Comunidad Autónoma de La Rioja.

3. En el caso de documentos que contengan actos o contratos sujetos al impuesto sobre sucesiones y donaciones o al impuesto sobre transmisiones patrimoniales y actos jurídicos documentados, cuyos rendimientos estén atribuidos a la Comunidad Autónoma de La Rioja, la presentación y/o el pago del impuesto solo se entenderán acreditados cuando el documento presentado lleve incorporada la nota justificativa de la presentación junto con el correspondiente ejemplar de la autoliquidación y ambos estén debidamente sellados por los órganos tributarios de la Administración de la Comunidad Autónoma de La Rioja, y conste en ellos el pago del tributo o la declaración de no sujeción o del beneficio fiscal aplicable.

4. En el supuesto de declaraciones tributarias cuyo pago y presentación se haya efectuado por los medios telemáticos habilitados por la Administración de la Comunidad Autónoma de La Rioja, la acreditación del pago y presentación se ajustará a la normativa dictada al efecto por la consejería competente en materia de hacienda.

Artículo 76. *Habilitación para desarrollo reglamentario.*

Se habilita al titular de la consejería con competencias en materia de hacienda para regular mediante orden las siguientes materias:

1. Los modelos oficiales de actas de inspección tributaria de la Comunidad Autónoma de La Rioja.

2. La metodología o el sistema de cálculo utilizado para determinar los precios medios de mercado, así como los valores resultantes.

3. El procedimiento de tasación pericial contradictoria regulado en la Ley General Tributaria 58/2003, de 18 de diciembre, y en el Real Decreto 1065/2007, de 27 de julio, por el que se aprueba el Reglamento General de las actuaciones y procedimientos de gestión e inspección tributaria y de desarrollo de las normas comunes de los procedimientos de aplicación de los tributos.

4. Los supuestos, condiciones y requisitos técnicos y/o personales en los que se podrá efectuar la elaboración, pago y presentación de las declaraciones y autoliquidaciones de los tributos gestionados por la misma mediante el uso de sistemas telemáticos e informáticos.

5. Los supuestos y condiciones en los que determinados colectivos deberán presentar por medios telemáticos declaraciones, autoliquidaciones, comunicaciones, solicitudes y cualquier otro documento con trascendencia tributaria.

6. Concretar o establecer otros supuestos de obligatoriedad en el pago y presentación de los tributos gestionados por la misma.

7[21]**.** Las condiciones de lugar, tiempo y forma de presentación de las declaraciones relativas a los impuestos propios y tributos cedidos respecto de los cuales la Comunidad Autónoma de La Rioja tenga competencias en materia de gestión en los términos establecidos en la Ley 22/2009, de 18 de diciembre.

---

[21] Se incorporan los apartados 7 y 8 por el art. 1.7 de la Ley 2/2021, de 29 de enero, de Medidas Fiscales y Administrativas para el año 2021 (BOLR núm. 22, de 1 de febrero de 2021), con efectos de 1 de enero de 2021.

8[22]. Los diseños de formato, condiciones y plazos de los soportes magnéticos directamente legibles por ordenador o por vía telemática para el cumplimiento de cualquier obligación legal de suministro regular de información con trascendencia tributaria.

Disposición adicional segunda[23]. *Deducción para paliar la subida de los intereses de los* ⟩
préstamos hipotecarios destinados a la adquisición de vivienda habitual.

Durante los ejercicios 2023, 2024 y 2025 los contribuyentes que hubieran adquirido su vivienda habitual a partir del 1 de enero de 2013 en el territorio de la Comunidad Autónoma podrán deducir el 15% de las cantidades dedicadas en el ejercicio al pago de los intereses de préstamos o créditos hipotecarios destinados a su financiación. La base máxima de esta deducción será de 5.000 euros anuales por vivienda habitual.

Se minorarán de la base de la deducción las cantidades obtenidas por la aplicación de instrumentos de cobertura del riesgo de tipo de interés variable de los préstamos hipotecarios.

A estos efectos, se considera vivienda habitual la edificación en la que el contribuyente resida de manera efectiva durante el mayor número de días en el ejercicio. La rehabilitación y la adecuación por razón de discapacidad, definidas en la normativa del impuesto sobre la renta de las personas físicas, en su redacción vigente a 31 de diciembre de 2012, se equiparan a la adquisición.

Esta deducción será incompatible con las relacionadas en los apartados 2 y 11 del artículo 32 de la Ley 10/2017, de 27 de octubre, por la que se consolidan las disposiciones legales de la Comunidad Autónoma de La Rioja en materia de impuestos propios y tributos cedidos y

---

[22] Se incorporan los apartados 7 y 8 por el art. 1.7 de la Ley 2/2021, de 29 de enero, de Medidas Fiscales y Administrativas para el año 2021 (BOLR núm. 22, de 1 de febrero de 2021), con efectos de 1 de enero de 2021.

[23] Nueva redacción de la Disp. Adic. Segunda dada por el art. 1 Cinco de la Ley 6/2024, de 27 de diciembre, de Medidas Fiscales y Administrativas para el año 2025 (BOLR núm. 255, de 30 de diciembre de 2024), en vigor desde el 1 de enero de 2025.

Redacción original de la Disposición Adicional Segunda incorporada por el art. único. Tres de la Ley 11/2023, de 7 de noviembre, de medidas fiscales urgentes por la que se modifica la Ley 10/2017, de 27 de octubre, por la que se consolidan las disposiciones legales de la Comunidad Autónoma de La Rioja en materia de impuestos propios y tributos cedidos (BOR núm. 225, de 9 de noviembre de 2023), en vigor desde el 1 de enero de 2023: «*Durante los ejercicios 2023 y 2024, los contribuyentes que hubieran adquirido su vivienda habitual a partir del 1 de enero de 2013 en el territorio de la Comunidad Autónoma de La Rioja podrán deducir el 15% de las cantidades dedicadas en el ejercicio al pago de los intereses de préstamos o créditos hipotecarios destinados a su financiación. La base máxima de esta deducción será de 5.000 euros anuales por vivienda habitual.*

Se minorarán de la base de la deducción las cantidades obtenidas por la aplicación de instrumentos de cobertura del riesgo de tipo de interés variable de los préstamos hipotecarios.

A estos efectos, se considera vivienda habitual la edificación en la que el contribuyente resida de manera efectiva durante el mayor número de días en el ejercicio. La rehabilitación y la adecuación por razón de discapacidad, definidas en la normativa del impuesto sobre la renta de las personas físicas, en su redacción vigente a 31 de diciembre de 2012, se equiparán a la adquisición.

Esta deducción será incompatible con las relacionadas en los apartados 2 y 11 del artículo 32 de la Ley 10/2017, de 27 de octubre, por la que se consolidan las disposiciones legales de la Comunidad Autónoma de La Rioja en materia de impuestos propios y tributos cedidos y en la disposición transitoria decimoctava, en materia de deducción por inversión en vivienda habitual, de la Ley 35/2006, de 28 de noviembre, del Impuesto sobre la Renta de las Personas Físicas y de modificación parcial de las leyes de los Impuestos sobre Sociedades, sobre la Renta de no Residentes y sobre el Patrimonio».

en la disposición transitoria decimoctava, en materia de deducción por inversión en vivienda habitual, de la Ley 35/2006, de 28 de noviembre, del Impuesto sobre la Renta de las Personas Físicas y de modificación parcial de las leyes de los Impuestos sobre Sociedades, sobre la Renta de no Residentes y sobre el Patrimonio.

Disposición adicional tercera[24]. *Incompatibilidad de las deducciones autonómica y estatal por adquisición de vehículo eléctrico.*

La deducción prevista en el artículo 32.7 de esta ley no será de aplicación en tanto esté vigente la deducción por la adquisición de vehículos eléctricos «enchufables» y de pila de combustible y puntos de recarga, prevista en la disposición adicional quincuagésima octava de la Ley 35/2006, de 28 de noviembre, del Impuesto sobre la Renta de las Personas Físicas y de modificación parcial de las leyes de los Impuestos sobre Sociedades, sobre la renta de no residentes y sobre el Patrimonio.

(…)

Disposición transitoria primera. *Deducciones autonómicas a aplicar sobre la cuota íntegra autonómica del impuesto sobre la renta de las personas físicas, que se mantienen para quienes las hubieran consolidado.*

De conformidad con lo dispuesto en el artículo 46.1.c) de la Ley 22/2009, de 18 de diciembre, por la que se regula el sistema de financiación de las Comunidades Autónomas de régimen común y Ciudades con Estatuto de Autonomía y se modifican determinadas normas tributarias, se mantienen las siguientes deducciones a aplicar sobre la cuota íntegra autonómica del impuesto sobre la renta de las personas físicas:

a)[25] *Deducción por las cantidades invertidas durante el ejercicio en obras de rehabilitación de vivienda habitual en La Rioja.*

Siempre que se cumplan los requisitos para tener derecho a la deducción estatal por obras de rehabilitación en vivienda habitual establecidos en la disposición transitoria decimoctava.1 de la Ley 35/2006, de 28 de noviembre, del Impuesto sobre la Renta de las Personas Físicas y de modificación parcial de las leyes de los Impuestos sobre Sociedades, sobre la Renta de no Residentes y sobre el Patrimonio:

1.º Los jóvenes con residencia habitual, a efectos fiscales, en la Comunidad Autónoma de La Rioja podrán deducir el 5 % de las cantidades satisfechas en el ejercicio en la rehabilitación de aquella vivienda que, radicando en la Comunidad Autónoma de La Rioja, constituya o vaya a constituir su residencia habitual.

2.º Los jóvenes con residencia habitual, a efectos fiscales, en la Comunidad Autónoma de La Rioja, cuya base liquidable general, sometida a tributación según el artículo 50 de la

---

24   Nueva Disp. Incorporada por el art. 1.Cuatro de la Ley 13/2023, de 28 de diciembre, de Medidas Fiscales y Administrativas para el año 2024 (BOE núm. 27, de 31 de enero de 2024), con efetos desde el 1 de enero de 2024.
25   Nueva redacción de la letra a) de la Disp. Transitoria primera dada por el art. 1.Ocho de la Ley 2/2021, de 29 de enero, de Medidas Fiscales y Administrativas para el año 2021 (BOLR núm. 22, de 1 de febrero de 2021), con efectos desde el 1 de enero de 2021.
      Redacción anterior del primer párrafo dada por el art. 1.Tres de la Ley 2/2020, de 30 de enero, de Medidas Fiscales y Administrativas para el año 2020 (BOR núm. 12, de 31 de enero de 2020), en vigor desde el 1 de enero de 2020).

Ley 35/2006, de 28 de noviembre, del Impuesto sobre la Renta de las Personas Físicas y de modificación parcial de las leyes de los Impuestos sobre Sociedades, sobre la Renta de no Residentes y sobre el Patrimonio, no exceda de 18.030 euros en tributación individual o de 30.050 euros en tributación conjunta, siempre que la base liquidable del ahorro, sometida a tributación según el artículo 50, no supere los 1.800 euros, podrán aplicar un porcentaje de deducción del 7% de las cantidades satisfechas en el ejercicio en la rehabilitación de aquella vivienda que, radicando en la Comunidad Autónoma de La Rioja, constituya o vaya a constituir su residencia habitual.

3.º El resto de contribuyentes con residencia habitual, a efectos fiscales, en la Comunidad Autónoma de La Rioja podrán deducirse el 2 % de las cantidades satisfechas en el ejercicio en la rehabilitación de aquella vivienda que, radicando en la Comunidad Autónoma de La Rioja, constituya o vaya a constituir su residencia habitual.

4.º Solo tendrán derecho a la presente deducción los contribuyentes mencionados en los puntos anteriores que hubieran satisfecho cantidades con anterioridad al 1 de enero de 2013 por obras de rehabilitación de la vivienda habitual, siempre que las mismas estén terminadas antes del 1 de enero de 2017. En todo caso, resultará necesario que el contribuyente hubiera practicado la deducción por rehabilitación en vivienda habitual en un periodo impositivo devengado antes del 1 de enero de 2013, salvo que hubiera resultado de aplicación lo dispuesto en el artículo 68.1.2.º de la Ley 35/2006, de 28 de noviembre, del Impuesto sobre la Renta de las Personas Físicas y de modificación parcial de las leyes de los Impuestos sobre Sociedades, sobre la Renta de no Residentes y sobre el Patrimonio, en su redacción vigente a 31 de diciembre de 2012, relativo a los límites de la aplicación de la deducción por adquisición o rehabilitación de otras viviendas habituales anteriores y por la generación de una ganancia patrimonial exenta por reinversión, que impiden la práctica de la deducción por rehabilitación de la nueva en tanto no se superen determinados importes detallados en dicho artículo.

b)[26] *Deducción para los jóvenes con residencia habitual en la Comunidad Autónoma de La Rioja por las cantidades invertidas en el ejercicio en la adquisición o construcción de vivienda habitual en La Rioja.*

Siempre que se cumplan los requisitos para tener derecho a la deducción estatal por inversión en adquisición o construcción de vivienda habitual establecidos en la disposición transitoria decimoctava.1 de la Ley 35/2006, de 28 de noviembre, del Impuesto sobre la Renta de las Personas Físicas y de modificación parcial de las leyes de los Impuestos sobre Sociedades, sobre la Renta de no Residentes y sobre el Patrimonio:

1.º Los jóvenes con residencia habitual, a efectos fiscales, en la Comunidad Autónoma de La Rioja podrán deducir el 3 % de las cantidades satisfechas en el ejercicio en la adquisición de aquella vivienda que, radicando en la Comunidad Autónoma de La Rioja, constituya o vaya a constituir su residencia habitual.

---

[26] Nueva redacción de la letra b) de la Disp. Transitoria primera dada por el art. 1.Ocho de la Ley 2/2021, de 29 de enero, de Medidas Fiscales y Administrativas para el año 2021 (BOLR núm. 22, de 1 de febrero de 2021), con efectos desde el 1 de enero de 2021.

Redacción anterior del primer párrafo dada por el art. 1.Cuatro de la Ley 2/2020, de 30 de enero, de Medidas Fiscales y Administrativas para el año 2020 (BOR núm. 12, de 31 de enero de 2020), en vigor desde el 1 de enero de 2020).

2.º Los jóvenes con residencia habitual, a efectos fiscales, en la Comunidad Autónoma de La Rioja, cuya base liquidable general, sometida a tributación según el artículo 50 de la Ley 35/2006, de 28 de noviembre, del Impuesto sobre la Renta de las Personas Físicas y de modificación parcial de las leyes de los Impuestos sobre Sociedades, sobre la Renta de no Residentes y sobre el Patrimonio, no exceda de 18.030 euros en tributación individual o de 30.050 euros en tributación conjunta, siempre que la base liquidable del ahorro, sometida a tributación según el artículo 50, no supere los 1.800 euros, podrán aplicar un porcentaje de deducción del 5% de las cantidades satisfechas en el ejercicio en la adquisición de aquella vivienda que, radicando en la Comunidad Autónoma de La Rioja, constituya o vaya a constituir su residencia habitual.

3.º Solo tendrán derecho a la presente deducción los contribuyentes mencionados en los puntos anteriores que hubieran adquirido su vivienda habitual antes del 1 de enero de 2013 o satisfecho cantidades con anterioridad a dicha fecha para la construcción de la misma. En este último supuesto, salvo las ampliaciones excepcionales contempladas en la normativa del impuesto en vigor a 31 de diciembre de 2012, las obras deberán finalizar antes del plazo de cuatro años desde el inicio de la inversión, conforme al régimen de deducción aplicable en caso de construcción de vivienda habitual. En todo caso, resultará necesario que el contribuyente hubiera practicado la deducción por inversión en vivienda habitual en un periodo impositivo devengado antes del 1 de enero de 2013, salvo que hubiera resultado de aplicación lo dispuesto en el artículo 68.1.2.º de la Ley 35/2006, de 28 de noviembre, del Impuesto sobre la Renta de las Personas Físicas y de modificación parcial de las leyes de los Impuestos sobre Sociedades, sobre la Renta de no Residentes y sobre el Patrimonio, en su redacción vigente a 31 de diciembre de 2012, relativo a los límites de la aplicación de la deducción por adquisición o rehabilitación de otras viviendas habituales anteriores y por la generación de una ganancia patrimonial exenta por reinversión, que impiden la práctica de la deducción por adquisición de la nueva en tanto no se superen los importes detallados en dicho artículo.

c) *Deducción por adquisición o rehabilitación de segunda vivienda en el medio rural, siempre que la adquisición sea anterior al 1 de enero de 2013 o se hayan satisfecho cantidades para la rehabilitación de la misma con anterioridad a dicha fecha.*

Los contribuyentes con residencia habitual, a efectos fiscales, en la Comunidad Autónoma de La Rioja que adquieran o rehabiliten una vivienda que constituya su segunda residencia en cualquiera de los municipios que se relacionan en el anexo II de la presente ley, y siempre que dicho municipio sea diferente al de su vivienda habitual, podrán deducir el 8 % de las cantidades invertidas durante el ejercicio para tal fin, con el límite anual de 450,76 euros. De esta deducción solo podrá beneficiarse una única vivienda distinta de la habitual por contribuyente.

Solo tendrán derecho a la presente deducción los contribuyentes que hubieran adquirido segunda vivienda en el medio rural antes del 1 de enero de 2013 o satisfecho cantidades para las obras de rehabilitación de la misma con anterioridad a dicha fecha, siempre que las mismas estén terminadas antes del 1 de enero de 2017.

d) *Deducción por las cantidades invertidas durante el ejercicio en obras de adecuación de vivienda habitual en La Rioja para personas con discapacidad.*

Siempre que se cumplan los requisitos para tener derecho a la deducción estatal de la disposición transitoria decimoctava, apartados 1.c) y 2, de la Ley 35/2006, de 28 de noviembre, del Impuesto sobre la Renta de las Personas Físicas y de modificación parcial de las leyes de los Impuestos sobre Sociedades, sobre la Renta de no Residentes y sobre el Patrimonio:

1.º Las personas con discapacidad con residencia habitual, a efectos fiscales, en la Comunidad Autónoma de La Rioja podrán deducir el 15 % de las cantidades satisfechas en obras de adecuación de aquella vivienda que, radicando en la Comunidad Autónoma de La Rioja, constituya o vaya a constituir su residencia habitual. Se consideran obras de adecuación las definidas en el artículo 68.1.4.º de la Ley 35/2006, de 28 de noviembre, del Impuesto sobre la Renta de las Personas Físicas y de modificación parcial de las leyes de los Impuestos sobre Sociedades, sobre la Renta de no Residentes y sobre el Patrimonio, en su redacción vigente a 31 de diciembre de 2012.

2.º Solo tendrán derecho a la presente deducción los contribuyentes mencionados en los puntos anteriores que hubieran adquirido su vivienda habitual antes del 1 de enero de 2013 o satisfecho cantidades con anterioridad a dicha fecha para la construcción de la misma. En este último supuesto, salvo las ampliaciones excepcionales contempladas en la normativa del impuesto en vigor a 31 de diciembre de 2012, las obras deberán finalizar antes del plazo de cuatro años desde el inicio de la inversión, conforme al régimen de deducción aplicable en caso de construcción de vivienda habitual.

En todo caso, resultará necesario que el contribuyente hubiera practicado la deducción por inversión en vivienda habitual en un periodo impositivo devengado antes del 1 de enero de 2013, salvo que hubiera resultado de aplicación lo dispuesto en el artículo 68.1.2.º de la Ley 35/2006, de 28 de noviembre, del Impuesto sobre la Renta de las Personas Físicas y de modificación parcial de las leyes de los Impuestos sobre Sociedades, sobre la Renta de no Residentes y sobre el Patrimonio, en su redacción vigente a 31 de diciembre de 2012, relativo a los límites de la aplicación de la deducción por adquisición o rehabilitación de otras viviendas habituales anteriores y por la generación de una ganancia patrimonial exenta por reinversión, que impiden la práctica de la deducción por adquisición de la nueva en tanto no se superen los importes detallados en dicho artículo.

3.º[27] Las obras e instalaciones de adecuación deberán ser certificadas mediante el correspondiente informe técnico emitido por órgano competente en la materia como necesarias para la accesibilidad y comunicación sensorial que faciliten el desenvolvimiento digno y adecuado de las personas con discapacidad.

Disposición transitoria segunda. *Requisitos de aplicación de las deducciones autonómicas a aplicar sobre la cuota íntegra autonómica del impuesto sobre la renta de las personas físicas, reguladas en la disposición transitoria primera.*

1. Para tener derecho a las deducciones autonómicas regulada en las letras a), b) y c) de la disposición transitoria primera, se exigirá el cumplimiento de todos los requisitos que establecía la normativa estatal reguladora del impuesto sobre la renta de las personas físicas en su redacción vigente a 31 de diciembre de 2012, para los conceptos de vivienda habitual, adquisición y rehabilitación de la misma; y elementos que integran la base de la deducción aplicable, así como sobre comprobación de la situación patrimonial del contribuyente al

---

27   Nuevo núm. 3º incorporado por el art. 1. Diecinueve de la Ley 2/2018, de 30 de enero, de Medidas Fiscales y Administrativas de La Rioja para el año 2018 (BOLR núm. 31, de 31 de enero de 2018), en vigor desde el día 1 de enero de 2018.

finalizar el periodo de la imposición. En todo caso, los criterios establecidos en la disposición transitoria decimoctava de la Ley 35/2006, de 28 de noviembre, del Impuesto sobre la Renta de las Personas Físicas y de modificación parcial de las leyes de los Impuestos sobre Sociedades, sobre la Renta de no Residentes y sobre el Patrimonio, sobre deducción por inversión en vivienda habitual serán de obligado cumplimiento.

2. La base máxima anual de las deducciones autonómicas para adquisición de vivienda y de segunda vivienda en el medio rural, reguladas en las letras b) y c) de la disposición transitoria primera, vendrá constituida por el importe resultante de minorar la cantidad de 9.040 euros en aquellas cantidades que constituyan para el contribuyente la base de la deducción por inversión en vivienda habitual contemplada en la disposición transitoria decimoctava de la Ley 35/2006, de 28 de noviembre, del Impuesto sobre la Renta de las Personas Físicas y de modificación parcial de las leyes de los Impuestos sobre Sociedades, sobre la Renta de no Residentes y sobre el Patrimonio. A estos efectos, en la consideración de la base de la deducción no se tendrá en cuenta lo que corresponda, en su caso, por las obras e instalaciones de adecuación efectuadas por las personas con discapacidad a que se refiere la normativa estatal reguladora del impuesto sobre la renta de las personas físicas.

3. La base máxima anual conjunta de las deducciones por rehabilitación de vivienda habitual y por obras de adecuación de vivienda habitual para personas con discapacidad, reguladas en las letras a) y d) de la disposición transitoria primera, se establece en 9.040 euros.

4. A los efectos de la aplicación de las deducciones previstas en la disposición transitoria primera, tendrá la consideración de 'joven' aquel contribuyente que no haya cumplido los 36 años de edad a la finalización del periodo impositivo. Asimismo, para tener la condición de 'persona con discapacidad' deberán cumplirse los requisitos establecidos en el artículo 72.1 del Real Decreto 439/2007, de 30 de marzo, por el que se aprueba el Reglamento del Impuesto sobre la Renta de las Personas Físicas y se modifica el Reglamento de Planes y Fondos de Pensiones, aprobado por Real Decreto 304/2004, de 20 de febrero.

Disposición transitoria tercera[28].

Disposición derogatoria única. *Derogación normativa.*

Quedan derogadas todas las disposiciones de igual o inferior rango en cuanto se opongan a lo previsto en la presente ley, y en particular:

El artículo 19 de la Ley 10/2003, de 19 de diciembre, de Medidas Fiscales y Administrativas para el año 2004.

Los artículos 19 y 20 y la disposición adicional primera de la Ley 9/2004, de 22 de diciembre, de Medidas Fiscales y Administrativas para el año 2005.

Los artículos 21 y 22 de la Ley 13/2005, de 16 de diciembre, de Medidas Fiscales y Administrativas para el año 2006.

El artículo 28 de la Ley 5/2008, de 23 de diciembre, de Medidas Fiscales y Administrativas para el año 2009.

La Ley 2/2009, de 23 junio, de medidas urgentes de impulso a la actividad económica.

---

[28] Disposición derogada por el art. 1. Veinte de la Ley 2/2018, de 30 de enero, de Medidas Fiscales y Administrativas de La Rioja para el año 2018 (BOLR núm. 31, de 31 de enero de 2018), en vigor desde el día 1 de febrero de 2018.

El artículo 31 de la Ley 6/2009, de 15 de diciembre, de Medidas Fiscales y Administrativas para el año 2010.

Los artículos 49 a 75 de la Ley 7/2012, de 21 de diciembre, de Medidas Fiscales y Administrativas para el año 2013.

La Ley 6/2013, de 21 de junio, por la que se introducen modificaciones en el impuesto para la eliminación de residuos en vertederos, creado por la Ley 7/2012 de 21 de diciembre, de Medidas Fiscales y Administrativas para el año 2013.

La disposición adicional segunda de la Ley 13/2013, de 23 de diciembre, de Medidas Fiscales y Administrativas para el año 2014.

La disposición adicional segunda de la Ley 7/2014, de 23 de diciembre, de Medidas Fiscales y Administrativas para el año 2015.

Los artículos 1 a 43 de la Ley 3/2017, de 31 de marzo, de Medidas Fiscales y Administrativas para el año 2017.

Disposición final única. *Entrada en vigor.*

La presente ley entrará en vigor el día siguiente al de su publicación en el Boletín Oficial de La Rioja.

Por tanto, ordeno a todos los ciudadanos cumplan y cooperen al cumplimiento de la presente Ley y a los Tribunales y Autoridades la hagan cumplir.

ANEXO I. Relación de pequeños municipios de La Rioja a los efectos de las deducciones previstas en los apartados 2 y 3 del artículo 32 de esta ley

Ábalos
Aguilar del Río Alhama
Ajamil de Cameros
Alcanadre
Alesanco
Alesón
Almarza de Cameros
Anguciana
Anguiano
Arenzana de Abajo
Arenzana de Arriba
Arnedillo
Arrúbal
Ausejo
Azofra
Badarán
Bañares
Baños de Rioja
Berceo
Bergasa
Bergasillas Bajera
Bezares
Bobadilla
Brieva de Cameros
Briñas
Briones
Cabezón de Cameros
Camprovín
Canales de la Sierra
Canillas de Río Tuerto
Cañas
Cárdenas
Castañares de Rioja
Castroviejo
Cellorigo
Cidamón
Cihuri
Cirueña
Clavijo
Cordovín
Corera
Cornago

Corporales
Cuzcurrita de Río Tirón
Daroca de Rioja
Enciso
Estollo
Foncea
Fonzaleche
Galbárruli
Galilea
Gallinero de Cameros
Gimileo
Grañón
Grávalos
Herce
Herramélluri
Hervías
Hormilla
Hormilleja
Hornillos de Cameros
Hornos de Moncalvillo
Huércanos
Igea
Jalón de Cameros
Laguna de Cameros
Lagunilla del Jubera
Ledesma de la Cogolla
Leiva
Leza de Río Leza
Lumbreras
Manjarrés
Mansilla de la Sierra
Manzanares de Rioja
Matute
Medrano
Munilla
Muro de Aguas
Muro en Cameros
Nalda
Navajún
Nestares
Nieva de Cameros
Ochánduri

Ocón
Ojacastro
Ollauri
Ortigosa de Cameros
Pazuengos
Pedroso
Pinillos
Pradillo
Préjano
Rabanera
Rasillo de Cameros (El)
Redal (El)
Robres del Castillo
Rodezno
Sajazarra
San Millán de la Cogolla
San Millán de Yécora
San Román de Cameros
San Torcuato
Santa Coloma
Santa Engracia de Jubera
Santa Eulalia Bajera
Santurde de Rioja
Santurdejo
Sojuela
Sorzano
Sotés
Soto en Cameros
Terroba
Tirgo
Tobía
Tormantos
Torre en Cameros
Torrecilla en Cameros
Torrecilla sobre Alesanco
Torremontalbo
Treviana
Tricio
Tudelilla
Uruñuela
Valdemadera
Valgañón

Ventosa
Ventrosa
Viguera
Villalba de Rioja
Villalobar de Rioja
Villanueva de Cameros
Villar de Arnedo (El)

Villar de Torre
Villarejo
Villarroya
Villarta-Quintana
Villavelayo
Villaverde de Rioja
Villoslada de Cameros

Viniegra de Abajo
Viniegra de Arriba
Zarratón
Zarzosa
Zorraquín

ANEXO II. Relación de municipios de La Rioja con derecho a deducción por adquisición o rehabilitación de segunda vivienda en el medio rural prevista en la disposición transitoria primera de esta ley

Ábalos
Agoncillo
Aguilar del Río Alhama
Ajamil de Cameros
Alcanadre
Alesanco
Alesón
Almarza de Cameros
Anguciana
Anguiano
Arenzana de Abajo
Arenzana de Arriba
Arnedillo
Arrúbal
Ausejo
Azofra
Badarán
Bañares
Baños de Rioja
Baños de Río Tobía
Berceo
Bergasa y Carbonera
Bergasillas Bajera
Bezares
Bobadilla
Brieva de Cameros
Briñas
Briones
Cabezón de Cameros
Camprovín
Canales de la Sierra
Canillas de Río Tuerto
Cañas
Cárdenas
Casalarreina
Castañares de Rioja
Castroviejo
Cellorigo
Cidamón
Cihuri
Cirueña

Clavijo
Cordovín
Corera
Cornago
Corporales
Cuzcurrita de Río Tirón
Daroca de Rioja
Enciso
Entrena
Estollo
Foncea
Fonzaleche
Galbárruli
Galilea
Gallinero de Cameros
Gimileo
Grañón
Grávalos
Herce
Herramélluri
Hervías
Hormilla
Hormilleja
Hornillos de Cameros
Hornos de Moncalvillo
Huércanos
Igea
Jalón de Cameros
Laguna de Cameros
Lagunilla del Jubera
Ledesma de la Cogolla
Leiva
Leza de Río Leza
Lumbreras
Manjarrés
Mansilla de la Sierra
Manzanares de Rioja
Matute
Medrano
Munilla
Murillo de Río Leza

Muro de Aguas
Muro en Cameros
Nalda
Navajún
Nestares
Nieva de Cameros
Ochánduri
Ocón
Ojacastro
Ollauri
Ortigosa de Cameros
Pazuengos
Pedroso
Pinillos
Pradejón
Pradillo
Préjano
Rabanera
Rasillo de Cameros (El)
Redal (El)
Ribafrecha
Robres del Castillo
Rodezno
Sajazarra
San Asensio
San Millán de la Cogolla
San Millán de Yécora
San Román de Cameros
Santa Coloma
Santa Engracia de Jubera
Santa Eulalia Bajera
San Torcuato
Santurde de Rioja
Santurdejo
San Vicente de la Sonsierra
Sojuela
Sorzano
Sotés
Soto en Cameros
Terroba
Tirgo

Tobía
Tormantos
Torrecilla en Cameros
Torrecilla sobre Alesanco
Torre en Cameros
Torremontalbo
Treviana
Tricio
Tudelilla
Uruñuela
Valdemadera

Valgañón
Ventosa
Ventrosa
Viguera
Villalba de Rioja
Villalobar de Rioja
Villanueva de Cameros
Villar de Arnedo (El)
Villar de Torre
Villarejo
Villarroya

Villarta-Quintana
Villavelayo
Villaverde de Rioja
Villoslada de Cameros
Viniegra de Abajo
Viniegra de Arriba
Zarratón
Zarzosa
Zorraquín

COMUNIDAD AUTÓNOMA DEL PRINCIPADO DE ASTURIAS

IMPUESTO SOBRE LA RENTA DE LAS PERSONAS FÍSICAS

21. Decreto Legislativo 2/2014, de 22 de octubre, por el que se aprueba el Texto Refundido de las disposiciones legales del Principado de Asturias en materia de tributos cedidos por el Estado[1]

(BOPA núm. 251, de 29 de octubre de 2014)

PREÁMBULO

El Principado de Asturias, conforme a lo establecido en los artículos 156.1 de la Constitución Española y 42 del Estatuto de Autonomía, goza de autonomía financiera para el desarrollo y ejecución de sus competencias, enumerando el artículo 157.1 de la Constitución los recursos que garantizan esta autonomía, encontrándose, entre otros, los impuestos cedidos total o parcialmente por el Estado. La disposición adicional del Estatuto de Autonomía, en su apartado primero, relaciona los impuestos estatales que se ceden al Principado de Asturias.

Este marco competencial en materia de impuestos cedidos se completa con la Ley Orgánica 8/1980, de 22 de septiembre de Financiación de las Comunidades Autónomas, que establece los principios básicos a los que ha de ajustarse esta cesión. A lo largo del tiempo, distintas leyes estatales han concretado el alcance y las condiciones de la cesión para garantizar la coherencia del conjunto del sistema tributario español, potenciando la corresponsabilidad fiscal de las Comunidades Autónomas. En este sentido, la Ley 22/2009, de 18 de diciembre, por la que se regula el sistema de financiación de las Comunidades Autónomas de régimen común y Ciudades con Estatuto de Autonomía y se modifican determinadas normas tributarias, atribuye a las Comunidades Autónomas competencias normativas en materia de tributos estatales cedidos, concretándose en el caso del Principado de Asturias en la Ley 19/2010, de 16 de julio, del régimen de cesión de tributos del Estado a la Comunidad Autónoma del Principado de Asturias y de fijación del alcance y condiciones de dicha cesión.

En consecuencia, el Principado de Asturias ha venido ejerciendo sus competencias legislativas en esta materia produciéndose cierta dispersión normativa no deseable, lo que aconseja aprobar un texto refundido para garantizar el principio de seguridad jurídica que debe presidir todo ordenamiento jurídico.

En este sentido, la disposición final primera de la Ley del Principado de Asturias 6/2014, de 13 de junio, de Juego y Apuestas, autoriza al Consejo de Gobierno para que, en el plazo de

---

[1] Con anterioridad se recogía en la Ley del Principado de Asturias 13/2010, de 28 de diciembre, de Medidas Presupuestarias y Tributarias de acompañamiento a los Presupuestos Generales para 2011 (BOPA núm. 301, de 31 de diciembre de 2010) y en la Ley del Principado de Asturias 3/2012, de 28 de diciembre, de Presupuestos Generales para 2013 (BOPA núm. 300 de 29 de diciembre de 2012 y BOE núm. 45 de 21 de febrero de 2013).

seis meses desde su entrada en vigor, apruebe un texto refundido de las disposiciones vigentes en materia tributos cedidos.

La autorización legislativa se extiende a la aclaración, regularización y armonización de la normativa en vigor, lo que ha permitido reorganizar su estructura y su contenido, así como introducir determinadas aclaraciones de carácter técnico que tienen como finalidad facilitar la comprensión de sus preceptos.

La aprobación del presente decreto legislativo y su texto refundido, no supone innovación alguna sobre el ordenamiento jurídico, por limitarse a refundir la normativa ya vigente con los fines anteriormente descritos (aclaración, regularización y armonización), lo que justifica la entrada en vigor, el día siguiente al de su publicación en el Boletín Oficial del Principado de Asturias.

II

La norma refunde la normativa del Principado de Asturias en materia de tributos cedidos por el Estado que se encontraba regulada en las siguientes leyes:

– Ley del Principado de Asturias 15/2002, de 27 de diciembre, de acompañamiento a los Presupuestos Generales para 2003.

– Ley del Principado de Asturias 6/2003, de 30 de diciembre, de acompañamiento a los Presupuestos Generales para 2004.

– Ley del Principado de Asturias 11/2006, de 27 de diciembre, de Medidas Presupuestarias, Administrativas y Tributarias de Acompañamiento a los Presupuestos Generales para 2007.

– Ley del Principado de Asturias 6/2008, de 30 de diciembre, de Medidas Presupuestarias, Administrativas y Tributarias de Acompañamiento a los Presupuestos Generales para 2009.

– Ley del Principado de Asturias 5/2010, de 9 de julio, de medidas urgentes de contención del gasto y en materia tributaria para la reducción del déficit público.

– Ley del Principado de Asturias 13/2010, de 28 de diciembre, de Medidas Presupuestarias y Tributarias de acompañamiento a los Presupuestos Generales para 2011.

– Ley del Principado de Asturias 3/2012, de 28 de diciembre, de Presupuestos Generales para 2013.

– Ley del Principado de Asturias 4/2012, de 28 de diciembre, de medidas urgentes en materia de personal, tributaria y presupuestaria.

– Ley del Principado de Asturias 6/2014, de 13 de junio, de Juego y Apuestas.

III

Se incluye al inicio de la norma un índice de contenido, cuyo objetivo es facilitar la utilización de aquélla por sus destinatarios mediante una rápida localización y ubicación sistemática de sus preceptos.

El texto refundido consta de tres títulos, una disposición transitoria y una disposición final. El Título preliminar define el objeto y contenido de la norma.

El Título I se refiere a las medidas concretas aprobadas por el Principado de Asturias en cada uno de los tributos sobre los que se ha hecho uso de las competencias normativas reguladas en la Sección 4.ª del Título III, de la Ley 22/2009, de 18 de diciembre, habiéndose realizado la ordenación de las figuras tributarias conforme a lo establecido en la disposición adicional del Estatuto de Autonomía. Este Título se estructura en seis Capítulos.

El Capítulo I se dedica al Impuesto sobre la Renta de las Personas Físicas y contiene tanto la tarifa autonómica del impuesto como las distintas deducciones autonómicas aprobadas.

El Capítulo II se refiere al Impuesto sobre el Patrimonio, y fija los tipos de la escala aplicable a la base liquidable del mismo y la bonificación de los patrimonios especialmente protegidos de contribuyentes con discapacidad.

El Capítulo III hace referencia al Impuesto sobre Sucesiones y Donaciones, y regula las reducciones en la base imponible, la tarifa del impuesto, los coeficientes del patrimonio preexistente, y las bonificaciones de la cuota.

El Capítulo IV se dedica al Impuesto sobre Transmisiones Patrimoniales y Actos Jurídicos Documentados, regulando los tipos de gravamen tanto en lo que respecta a la modalidad de «transmisiones patrimoniales onerosas» como a los «actos jurídicos documentados».

El Capítulo V establece los tipos y cuotas fijas vigentes de la tasa fiscal sobre los juegos de suerte, envite o azar, así como la regulación de su gestión.

El Capítulo VI establece los tipos vigentes del Impuesto sobre Hidrocarburos.

El Capítulo VII fija los tipos del Impuesto Especial sobre Determinados Medios de Transporte.

El Título II desarrolla las obligaciones formales impuestas al contribuyente en relación con los Impuestos sobre Sucesiones y Donaciones y sobre Transmisiones Patrimoniales y Actos Jurídicos Documentados, y regula la presentación telemática de declaraciones.

Por último, la disposición transitoria establece una tarifa reducida de la tasa fiscal sobre los juegos de suerte, envite o azar para determinados supuestos; en tanto que la disposición final habilita al Consejo de Gobierno para aprobar las disposiciones reglamentarias necesarias para el desarrollo y aplicación de la norma.

En su virtud, a propuesta de la Consejera de Hacienda y Sector Público, de acuerdo con el Consejo Consultivo del Principado de Asturias, y previo acuerdo del Consejo de Gobierno en su reunión de 22 de octubre de 2014, Dispongo:

Artículo único. *Objeto de la norma*

Se aprueba el Texto Refundido de las disposiciones legales del Principado de Asturias en materia de tributos cedidos por el Estado, cuyo texto se inserta a continuación.

Disposición derogatoria. *Derogación normativa*

Quedan derogadas cuantas disposiciones de igual o inferior rango emanadas de los órganos del Principado de Asturias se opongan al presente Decreto Legislativo y al Texto Refundido que se aprueba y, en particular, las siguientes:

– Los artículos 13 y 14 de la Ley del Principado de Asturias 15/2002, de 27 de diciembre, de acompañamiento a los Presupuestos Generales para 2003.

– Los artículos 15 y 16 de la Ley del Principado de Asturias 6/2003, de 30 de diciembre, de acompañamiento a los Presupuestos Generales para 2004.

– El artículo 8 de la Ley del Principado de Asturias 11/2006, de 27 de diciembre, de Medidas Presupuestarias, Administrativas y Tributarias de Acompañamiento a los Presupuestos Generales para 2007.

– Los artículos 4, 5, 6, 7, 8, 9 y 11 de la Ley del Principado de Asturias 6/2008, de 30 de diciembre, de Medidas Presupuestarias, Administrativas y Tributarias de Acompañamiento a los Presupuestos Generales para 2009.

– Los artículos 3, 4, 5, 6 y 7 de la Ley del Principado de Asturias 5/2010, de 9 de julio, de medidas urgentes de contención del gasto y en materia tributaria para la reducción del déficit público.

– Los artículos 2 y 3 de la Ley del Principado de Asturias 13/2010, de 28 de diciembre, de Medidas Presupuestarias y Tributarias de acompañamiento a los Presupuestos Generales para 2011.

– Los artículos 42, 43, 45, 4, 53, 54 y 55 de la Ley del Principado de Asturias 3/2012, de 28 de diciembre, de Presupuestos Generales para 2013.

– Los artículos 5 y 6 de la Ley del Principado de Asturias 4/2012, de 28 de diciembre, de medidas urgentes en materia de personal, tributaria y presupuestaria.

– El Título VI y la Disposición transitoria cuarta de la Ley del Principado de Asturias 6/2014, de 13 de junio, de Juego y Apuestas.

Disposición final. *Entrada en vigor*

El presente decreto legislativo y el texto refundido que aprueba entrarán en vigor el día siguiente al de su publicación en el Boletín Oficial del Principado de Asturias.

TEXTO REFUNDIDO DE LAS DISPOSICIONES LEGALES DEL PRINCIPADO DE ASTURIAS EN MATERIA DE TRIBUTOS CEDIDOS POR EL ESTADO

TÍTULO PRELIMINAR. OBJETO Y CONTENIDO

Artículo 1. *Objeto y contenido.*

El presente texto refundido tiene por objeto reunir en una única norma las disposiciones legales vigentes en materia de tributos cedidos por el Estado a la Comunidad Autónoma del Principado de Asturias, así como la aclaración, regularización y armonización de dichos textos legales.

TÍTULO I. DISPOSICIONES ESPECÍFICAS APLICABLES A LOS TRIBUTOS CEDIDOS

CAPÍTULO I. Impuesto sobre la Renta de las Personas Físicas

SECCIÓN 1ª. *Escala autonómica aplicable a la base liquidable general*

Artículo 2[2]. **Escala autonómica aplicable a la base liquidable general.**

La escala autonómica aplicable a la base liquidable general del Impuesto sobre la Renta de las Personas Físicas es la siguiente:

---

[2] Nueva redacción del art. 2 dada por el art. 39.Uno de la Ley del Principado de Asturias 11/2014, de 29 de diciembre, de Presupuestos Generales para 2015 (BOPA núm. 301, de 31 de diciembre de 2014), en vigor desde el 1 de enero de 2015.

Redacción anterior: «*La escala autonómica aplicable a la base liquidable general del Impuesto sobre la Renta de las Personas Físicas es la siguiente:*

Base liquidable – Hasta euros	Cuota íntegra – Euros	Resto base liquidable – Hasta euros	Tipo aplicable – Porcentaje
-	0,00	12.450,00	10,00
12.450,00	1.245,00	5.257,20	12,00
17.707,20	1.875,86	15.300,00	14,00
33.007,20	4.017,86	20.400,00	18,50
53.407,20	7.791,86	16.592,80	21,50
70.000,00	11.359,32	20.000,00	22,50
90.000,00	15.859,32	85.000,00	25,00
175.000,00	37.109,32	En adelante	25,50

SECCIÓN 2ª. *Deducciones sobre la cuota íntegra autonómica*

Artículo 3[3]. *Deducción por acogimiento no remunerado de mayores de 65 años.*

1. El contribuyente podrá deducir 500 euros por cada persona mayor de 65 años que conviva con él durante más de 183 días al año en régimen de acogimiento sin contraprestación.

2. La presente deducción no será de aplicación cuando:

Base liquidable – Hasta euros	Cuota íntegra – Euros	Resto base liquidable – Hasta euros	Tipo aplicable – Porcentaje
0,00	0,00	17.707,20	12,00
17.707,20	2.124,86	15.300,00	14,00
33.007,20	4.266,86	20.400,00	18,50
53.407,20	8.040,86	16.592,80	21,50
70.000,00	11.608,32	20.000,00	22,50
90.000,00	16.108,32	85.000,00	25,00
175.000,00	37.358,32	En adelante	25,50»

[3] Nueva redacción del art. 3 dada por el art. 38.Uno de la Ley del Principado de Asturias 10/2022, de 30 de diciembre, de Presupuestos Generales para 2023 (BOPA núm. 249, de 30 de diciembre de 2022), con entrada en vigor el día 1 de enero de 2023, salvo el artículo 38, en vigor desde el 30 de diciembre de 2022. Redacción original: «*1. El contribuyente podrá deducir 341 euros por cada persona mayor de 65 años que conviva con él durante más de 183 días al año en régimen de acogimiento sin contraprestación.*
2. La presente deducción no será de aplicación cuando:
a) El acogedor o acogido perciban ayudas o subvenciones del Principado de Asturias por causa del acogimiento.
b) El acogido esté ligado al contribuyente por un vínculo de parentesco de consanguinidad o de afinidad de grado igual o inferior al tercero.
3. Sólo tendrá derecho a esta deducción el contribuyente cuya base imponible no resulte superior a 25.009 euros en tributación individual ni a 35.240 euros en tributación conjunta.
4. Cuando el sujeto acogido conviva con más de un contribuyente, el importe de la deducción se prorrateará por partes iguales entre los contribuyentes que convivan con el acogido y se aplicará únicamente en la declaración de aquéllos que cumplan las condiciones establecidas para ser beneficiarios de la misma.
5. El contribuyente que desee gozar de la deducción deberá estar en posesión del documento acreditativo del correspondiente acogimiento no remunerado, expedido por la Consejería competente en materia de asuntos sociales».

a) El acogedor o acogido perciban ayudas o subvenciones del Principado de Asturias por causa del acogimiento.

b) El acogido esté ligado al contribuyente por un vínculo de parentesco de consanguinidad o de afinidad de grado igual o inferior al tercero.

3. Sólo tendrá derecho a esta deducción el contribuyente cuya base imponible no resulte superior a 26.000 euros en tributación individual ni a 37.000 euros en tributación conjunta.

4. Cuando el sujeto acogido conviva con más de un contribuyente, el importe de la deducción se prorrateará por partes iguales entre los contribuyentes que convivan con el acogido y se aplicará únicamente en la declaración de aquéllos que cumplan las condiciones establecidas para ser beneficiarios de la misma.

5. El contribuyente que desee gozar de la deducción deberá estar en posesión del documento acreditativo del correspondiente acogimiento no remunerado, expedido por la Consejería competente en materia de asuntos sociales.

Artículo 4[4]. *Deducción por adquisición o adecuación de vivienda habitual en el Principado de Asturias para contribuyentes con discapacidad.*

1. Los contribuyentes que acrediten un grado de discapacidad igual o superior al 65 por ciento, con residencia habitual en el Principado de Asturias, podrán deducir el 3 por ciento de las cantidades satisfechas durante el ejercicio en la adquisición o adecuación de aquella vivienda que constituya o vaya a constituir su residencia habitual.

2. La presente deducción resultará igualmente aplicable cuando la discapacidad sea padecida por el cónyuge, ascendientes o descendientes que convivan con el contribuyente durante más de 183 días al año y que no tengan rentas anuales, incluidas las exentas, superiores a 35 000 euros.

3. La adquisición de la nueva vivienda o, en su caso, las obras e instalaciones en que la adecuación consista, deberán resultar estrictamente necesarias para la accesibilidad y comunicación sensorial, de manera que faciliten el desenvolvimiento digno y adecuado de las personas con discapacidad, extremo que habrá de ser acreditado ante la administración tributaria mediante resolución o certificado expedido por la Consejería competente en materia de valoración de discapacidad.

---

[4] Nueva redacción del art. 4 dada por el art. 39.Uno de la Ley del Principado de Asturias 4/2023, de 29 de diciembre, de Presupuestos Generales para 2024 (BOPA núm. 248, de 29 de diciembre de 2023), en vigor desde el 29 de diciembre de 2023.
Redacción anterior: «*Artículo 4. Deducción por adquisición o adecuación de vivienda habitual en el Principado de Asturias para contribuyentes con discapacidad.*
1. Los contribuyentes que acrediten un grado de discapacidad igual o superior al 65 por ciento, con residencia habitual en el Principado de Asturias, podrán deducir el 3 por ciento de las cantidades satisfechas durante el ejercicio en la adquisición o adecuación de aquella vivienda que constituya o vaya a constituir su residencia habitual, excepción hecha de la parte de dichas cantidades correspondiente a intereses.
2. La adquisición de la nueva vivienda o, en su caso, las obras e instalaciones en que la adecuación consista, deberán resultar estrictamente necesarias para la accesibilidad y comunicación sensorial de manera que faciliten el desenvolvimiento digno y adecuado de las personas con discapacidad, extremo que habrá de ser acreditado ante la Administración tributaria mediante resolución o certificado expedido por la Consejería competente en materia de valoración de discapacidad.
3. La base máxima de esta deducción será de 13.664 euros».

4. La base de la deducción la constituyen las cantidades satisfechas durante el ejercicio en la adquisición o rehabilitación de la vivienda, incluyéndose los importes destinados a la amortización de préstamos hipotecarios.

5. La base máxima de esta deducción será de 15 000 euros.

6. Cuando dos o más contribuyentes tengan derecho a la aplicación de esta deducción respecto de los mismos ascendientes o descendientes para un mismo período impositivo, la base máxima de la deducción se prorrateará entre ellos por partes iguales. No obstante, cuando los contribuyentes tengan distinto grado de parentesco con el ascendiente o descendiente, la aplicación de la reducción corresponderá a los de grado más cercano.

Artículo 5[5].

Artículo 6[6]. *Deducción por inversión en vivienda habitual que tenga la consideración de protegida.*

1. Los contribuyentes que adquieran o rehabiliten una vivienda habitual que tenga la consideración de protegida, conforme a la normativa estatal o autonómica en la materia, tendrán

---

[5]   Art. 5 suprimido por el art. 39.Dos de la Ley del Principado de Asturias 4/2023, de 29 de diciembre, de Presupuestos Generales para 2024 (BOPA núm. 248, de 29 de diciembre de 2023), en vigor desde el 29 de diciembre de 2023.
Redacción anterior: «*Artículo 5. Deducción por adquisición o adecuación de vivienda habitual para contribuyentes con los que convivan sus cónyuges, ascendientes o descendientes con discapacidad.*
1. La deducción regulada en el artículo anterior resultará igualmente aplicable cuando la discapacidad sea padecida por el cónyuge, ascendientes o descendientes que convivan con el contribuyente durante más de 183 días al año y no tengan rentas anuales, incluidas las exentas, superiores al Indicador Público de Renta de Efectos Múltiples (IPREM).
2. La base máxima de esta deducción será de 13.664 euros y será en todo caso incompatible con la deducción anterior relativa a contribuyentes con discapacidad.
3. Cuando dos o más contribuyentes tengan derecho a la aplicación de esta deducción respecto de los mismos ascendientes o descendientes para un mismo período impositivo, la base máxima de la deducción se prorrateará entre ellos por partes iguales. No obstante, cuando los contribuyentes tengan distinto grado de parentesco con el ascendiente o descendiente, la aplicación de la reducción corresponderá a los de grado más cercano».

[6]   Nueva redacción del art. 6 dada por el art. 39.Tres de la Ley del Principado de Asturias 4/2023, de 29 de diciembre, de Presupuestos Generales para 2024 (BOPA núm. 248, de 29 de diciembre de 2023), en vigor desde el 29 de diciembre de 2023.
Redacción anterior dada por el art. 38.Dos de la Ley del Principado de Asturias 10/2022, de 30 de diciembre, de Presupuestos Generales para 2023 (BOPA núm. 249, de 30 de diciembre de 2022), con entrada en vigor el día 1 de enero de 2023, salvo el artículo 38, en vigor desde el 30 de diciembre de 2022: «*Deducción por inversión en vivienda habitual que tenga la consideración de protegida.*
1. Los contribuyentes que durante el período impositivo adquieran o rehabiliten una vivienda habitual que tenga la consideración de protegida, conforme a la normativa estatal o autonómica en la materia, tendrán derecho a aplicar una deducción de hasta 5.000 euros.
2. En el supuesto de que el gasto que origine el derecho a la deducción no resulte superior a 5.000 euros, el límite máximo de la deducción se fijará en la cuantía del citado gasto efectivo. El importe total de esta deducción no podrá superar en ningún caso el máximo fijado en el apartado anterior.
3. La base de la deducción la constituyen las cantidades invertidas durante el ejercicio en la adquisición o rehabilitación de la vivienda. La presente deducción resultará aplicable a aquellos ejercicios en que el contribuyente incurra en el gasto con independencia de la fecha en que se produzca la adquisición jurídica de la vivienda o se finalice la obra de rehabilitación.

derecho a aplicar una deducción de hasta 5000 euros por las cantidades satisfechas durante el ejercicio en la adquisición o rehabilitación de aquella.

2. En el supuesto de que el gasto que origine el derecho a la deducción no resulte superior a 5000 euros, el límite máximo de la deducción se fijará en la cuantía del citado gasto efectivo. El importe total de esta deducción no podrá superar en ningún caso el máximo fijado en el apartado anterior.

3. La base de la deducción la constituyen las cantidades satisfechas durante el ejercicio en la adquisición o rehabilitación de la vivienda, incluyéndose los importes destinados a la amortización de préstamos hipotecarios.

4. En su caso, la acreditación documental de los gastos que generen derecho a deducción deberá realizarse mediante factura o cualquier otro medio del tráfico jurídico o económico admitido en Derecho.

5. En el supuesto en que el contribuyente carezca de cuota íntegra autonómica suficiente para aplicarse el total de la deducción en el período impositivo en que se lleve a cabo el gasto, el importe no deducido podrá aplicarse en los tres períodos impositivos siguientes hasta

---

4. En su caso, la acreditación documental de los gastos que generen derecho a deducción deberá realizarse mediante factura o cualquier otro medio del tráfico jurídico o económico admitido en Derecho.

5. En el supuesto en que el contribuyente carezca de cuota íntegra autonómica suficiente para aplicarse el total de la deducción en el período impositivo en que se lleve a cabo el gasto, el importe no deducido podrá aplicarse en los tres períodos impositivos siguientes hasta agotar, en su caso, el importe total de la deducción respetando lo previsto en el apartado 2. La aplicación de las cantidades pendientes de ejercicios previos se llevará a cabo después de aplicar las deducciones del ejercicio a las que el contribuyente tenga derecho.

6. Cuando dos o más contribuyentes tengan derecho a la aplicación de esta deducción respecto de los mismos bienes para un mismo período impositivo, el importe máximo de la deducción se prorrateará entre ellos por partes iguales, aplicándose el beneficio fiscal únicamente en la declaración de aquéllos que cumplan las condiciones establecidas para ser beneficiarios de la misma».

Redacción anterior dada por el art. 39.Uno de la Ley del Principado de Asturias 3/2020, de 30 de diciembre, de Presupuestos Generales para 2021 (BOPA núm. 251, de 31 de diciembre de 2020), en vigor desde el 1 de enero de 2021: «*1. Los contribuyentes que durante el período impositivo adquieran o rehabiliten una vivienda habitual que tenga la consideración de protegida, conforme a la normativa estatal o autonómica en la materia, tendrán derecho a aplicar en la cuota íntegra autonómica una deducción de hasta 5.000 euros.*

2. En el supuesto de que el gasto que origine el derecho a la deducción no resulte superior a 5.000 euros, el límite máximo de la deducción se fijará en la cuantía del citado gasto efectivo. El importe total de esta deducción no podrá superar en ningún caso el máximo fijado en el apartado anterior.

3. En el supuesto en que el contribuyente carezca de cuota íntegra autonómica suficiente para aplicarse el total de la deducción en el período impositivo en que se lleve a cabo la adquisición o rehabilitación, el importe no deducido podrá aplicarse en los tres períodos impositivos siguientes hasta agotar, en su caso, el importe total de la deducción respetando lo previsto en el apartado 2 anterior.

4. Cuando dos o más contribuyentes tengan derecho a la aplicación de esta deducción respecto de los mismos bienes para un mismo período impositivo, el importe máximo de la deducción se prorrateará entre ellos por partes iguales».

Redacción original: «*1. Los contribuyentes que tengan derecho a percibir subvenciones o ayudas económicas para la adquisición o rehabilitación de vivienda habitual que tenga la consideración de protegida, conforme a la normativa estatal o autonómica en la materia, tendrán derecho a aplicar en la cuota íntegra autonómica del Impuesto sobre la Renta de las Personas Físicas una deducción de 113 euros.*

2. Cuando dos o más contribuyentes tengan derecho a la aplicación de esta deducción respecto de los mismos bienes para un mismo período impositivo, su importe se prorrateará entre ellos por partes iguales».

agotar, en su caso, el importe total de la deducción respetando lo previsto en el apartado 2. La aplicación de las cantidades pendientes de ejercicios previos se llevará a cabo después de aplicar las deducciones del ejercicio a las que el contribuyente tenga derecho.

6. Cuando dos o más contribuyentes tengan derecho a la aplicación de esta deducción respecto de los mismos bienes para un mismo período impositivo, el importe máximo de la deducción se prorrateará entre ellos por partes iguales, aplicándose el beneficio fiscal únicamente en la declaración de aquéllos que cumplan las condiciones establecidas para ser beneficiarios de la misma.

Artículo 7[7]. *Deducción por arrendamiento de vivienda habitual.*

1. El contribuyente podrá deducirse el 10 por ciento de las cantidades satisfechas en el período impositivo por arrendamiento de la vivienda habitual, con un máximo de 500 euros

---

[7]   Nueva redacción del art. 7 dada por art. 39.Uno de Ley del Principado de Asturias 8/2024, de 27 de diciembre, de Presupuestos Generales para 2025 (BOPA, núm. 252, del 31 de diciembre de 2024), en vigor desde el 31 de diciembre de 2024.
Redacción anterior dada por el art. 39.Cuatro de la Ley del Principado de Asturias 4/2023, de 29 de diciembre, de Presupuestos Generales para 2024 (BOPA núm. 248, de 29 de diciembre de 2023), en vigor desde el 29 de diciembre de 2023: «*Deducción por arrendamiento de vivienda habitual.*
1. El contribuyente podrá deducirse el 10 por ciento de las cantidades satisfechas en el período impositivo por arrendamiento de la vivienda habitual, con un máximo de 500 euros y siempre que concurran los siguientes requisitos:
a) Que la base imponible no exceda de 26 000 euros en tributación individual ni de 37 000 euros en tributación conjunta.
b) Que las cantidades satisfechas en concepto de alquiler excedan del 10 por ciento de la base imponible.
2. El porcentaje de deducción será del 20 por ciento con el límite de 1000 euros en caso de arrendamiento de vivienda habitual por contribuyentes con residencia en concejos en riesgo de despoblación, siempre que concurran los siguientes requisitos:
a) Que la base imponible no exceda de 35 000 euros en tributación individual ni de 45 000 euros en tributación conjunta.
b) Que las cantidades satisfechas en concepto de alquiler excedan del 10 por ciento de la base imponible.
3. El porcentaje de deducción será del 20 por ciento con el límite de 1000 euros en caso de arrendamiento de vivienda habitual por jóvenes de hasta 35 años, siempre que concurran los siguientes requisitos:
a) Que la base imponible no exceda de 26 000 euros en tributación individual ni de 37 000 euros en tributación conjunta.
b) Que las cantidades satisfechas en concepto de alquiler excedan del 10 por ciento de la base imponible.
4. A los efectos de la presente deducción, tendrán la consideración de concejos en riesgo de despoblación aquellos con una población de hasta 20 000 habitantes, siempre que la población se haya reducido al menos un 10 por ciento desde el año 2000.
5. Cuando dos o más contribuyentes tengan derecho a la aplicación de esta deducción respecto de los mismos bienes para un mismo período impositivo, el importe máximo de la deducción se prorrateará entre ellos por partes iguales, aplicándose el beneficio fiscal únicamente en la declaración de aquéllos que cumplan las condiciones establecidas para ser beneficiarios de la misma».
Redacción anterior dada por el art. 38.Tres de la Ley del Principado de Asturias 10/2022, de 30 de diciembre, de Presupuestos Generales para 2023 (BOPA núm. 249, de 30 de diciembre de 2022), con entrada en vigor el día 1 de enero de 2023, salvo el artículo 38, en vigor desde el 30 de diciembre de 2022.
Redacción anterior dada por el art. 39.Dos de la Ley del Principado de Asturias 3/2020, de 30 de diciembre, de Presupuestos Generales para 2021 (BOPA núm. 251, de 31 de diciembre de 2020), en vigor desde el 1 de enero de 2021.

y siempre que la base imponible no exceda de 35.000 euros en tributación individual ni de 45.000 euros en tributación conjunta.

2. El porcentaje de deducción será del 30 por ciento con el límite de 1.500 euros en caso de arrendamiento de vivienda habitual por contribuyentes con residencia en concejos en riesgo de despoblamiento, siempre que la base imponible no exceda de 35.000 euros en tributación individual ni de 45.000 euros en tributación conjunta.

3. El porcentaje de deducción será del 30 por ciento con el límite de 1.500 euros en caso de arrendamiento de vivienda habitual por jóvenes de hasta 35 años, familias numerosas, familias monoparentales y mujeres víctimas de violencia de género, cualquiera que sea la ubicación del inmueble, siempre que la base imponible no exceda de 35.000 euros en tributación individual ni de 45.000 euros en tributación conjunta.

4. A los efectos de la presente deducción, tendrán la consideración de concejos en riesgo de despoblamiento, aquellos con una población de hasta 20.000 habitantes, siempre que la población se haya reducido al menos un 10 por ciento desde el año 2000.

5. Las condiciones necesarias para la consideración de familia numerosa y su clasificación por categorías se determinarán con arreglo a lo establecido en la Ley 40/2003, de 18 de noviembre, de Protección a las Familias Numerosas.

6. A los efectos de la presente deducción, se consideran miembros de familias monoparentales a las unidades familiares que cumplan los requisitos previstos en el artículo 12.

7. Cuando dos o más contribuyentes tengan derecho a la aplicación de esta deducción respecto de los mismos bienes para un mismo período impositivo, el importe máximo de la deducción se prorrateará entre ellos por partes iguales, aplicándose el beneficio fiscal únicamente en la declaración de aquéllos que cumplan las condiciones establecidas para ser beneficiarios de la misma.

Artículo 8[8].

Artículo 9[9]. *Deducción por adopción internacional de menores.*

1. En los supuestos de adopción internacional de menores, en los términos establecidos en la Ley 54/2007, de 28 de diciembre, de Adopción internacional, el contribuyente podrá practicar una deducción de 1.500 euros por cada hijo adoptado en el período impositivo, siempre que el menor conviva con el declarante.

2. La adopción se entenderá realizada en el ejercicio impositivo en que se lleve a cabo la inscripción en el Registro Civil español. Cuando la inscripción no sea necesaria, se atenderá

---

8   Art. 8 suprimido por el art. 39.Cinco de la Ley del Principado de Asturias 4/2023, de 29 de diciembre, de Presupuestos Generales para 2024 (BOPA núm. 248, de 29 de diciembre de 2023), en vigor desde el 29 de diciembre de 2023.
     Redacción anterior: «*Deducción por donación de fincas rústicas a favor del Principado de Asturias.*
     Podrá deducirse de la cuota íntegra autonómica el 20 por ciento del valor de las donaciones de fincas rústicas hechas a favor del Principado de Asturias con el límite del 10 por ciento de la base liquidable del contribuyente. Las fincas donadas se valorarán conforme a los criterios establecidos en la Ley 58/2003, de 17 de diciembre, General Tributaria».

9   Nueva redacción del art. 9 dada por el art. 38.Cuatro de la Ley del Principado de Asturias 10/2022, de 30 de diciembre, de Presupuestos Generales para 2023 (BOPA núm. 249, de 30 de diciembre de 2022), con entrada en vigor el día 1 de enero de 2023, salvo el artículo 38, en vigor desde el 30 de diciembre de 2022.

al período impositivo en que se produzca la resolución judicial o administrativa correspondiente.

3. Cuando exista más de un contribuyente con derecho a la aplicación de la deducción y éstos realicen declaración individual del impuesto, la deducción se prorrateará por partes iguales en la declaración de cada uno de ellos.

Artículo 10[10]. *Deducción por partos múltiples.*

1. Como consecuencia de partos múltiples o de dos o más adopciones constituidas en la misma fecha, los contribuyentes tendrán derecho a la aplicación de una deducción de 1.000 euros por hijo nacido o adoptado en el período impositivo en que se lleve a cabo el nacimiento o adopción.

2. La adopción se entenderá realizada en el ejercicio impositivo en que se lleve a cabo la inscripción en el Registro Civil español. Cuando la inscripción no sea necesaria, se atenderá al período impositivo en que se produzca la resolución judicial o administrativa correspondiente.

3. Esta deducción únicamente será de aplicación cuando el menor conviva con el progenitor o adoptante. En el supuesto de matrimonios o uniones de hecho la deducción se prorrateará por partes iguales en la declaración de cada uno de ellos cuando éstos opten por la presentación de declaración individual. Las anteriores circunstancias se entenderán referidas a la fecha de devengo del impuesto.

Artículo 11[11]. *Deducción para familias numerosas.*

1. Los contribuyentes que formen parte de una unidad familiar que, a fecha de devengo del impuesto, ostente el título de familia numerosa expedido por la autoridad competente en materia de servicios sociales, tendrán derecho a una deducción de:

---

[10]   Nueva redacción del art. 10 dada por el art. 38.Cinco de la Ley del Principado de Asturias 10/2022, de 30 de diciembre, de Presupuestos Generales para 2023 (BOPA núm. 249, de 30 de diciembre de 2022), con entrada en vigor el día 1 de enero de 2023, salvo el artículo 38, en vigor desde el 30 de diciembre de 2022.

[11]   Nueva redacción del art. 11 dada por el art. 39.Seis de la Ley del Principado de Asturias 4/2023, de 29 de diciembre, de Presupuestos Generales para 2024 (BOPA núm. 248, de 29 de diciembre de 2023), en vigor desde el 29 de diciembre de 2023.
   Redacción anterior dada por el art. 38.Seis de la Ley del Principado de Asturias 10/2022, de 30 de diciembre, de Presupuestos Generales para 2023 (BOPA núm. 249, de 30 de diciembre de 2022), con entrada en vigor el día 1 de enero de 2023, salvo el artículo 38, en vigor desde el 30 de diciembre de 2022: «*Deducción para familias numerosas.*
   1. Los contribuyentes que formen parte de una unidad familiar que, a fecha de devengo del impuesto, ostente el título de familia numerosa expedido por la autoridad competente en materia de servicios sociales, tendrán derecho a una deducción de:
   a) 1.000 euros para familias numerosas de categoría general.
   b) 2.000 euros para familias numerosas de categoría especial.
   2. Las condiciones necesarias para la consideración de familia numerosa y su clasificación por categorías se determinarán con arreglo a lo establecido en la Ley 40/2003, de 18 de noviembre, de Protección a las Familias Numerosas.
   3. La deducción únicamente resultará aplicable en los supuestos de convivencia del contribuyente con el resto de la unidad familiar. Cuando exista más de un contribuyente con derecho a la aplicación de la deducción y éstos realicen declaración individual del impuesto, la deducción se prorrateará por partes iguales. Las anteriores circunstancias se entenderán referidas a la fecha de devengo del impuesto».

a) 1000 euros para familias numerosas de categoría general.

b) 2000 euros para familias numerosas de categoría especial.

Se equiparan a familia numerosa de categoría general, a los efectos de la presente deducción, las familias que a fecha de devengo del impuesto estén constituidas por uno o dos ascendientes con dos hijos, sean o no comunes. En este supuesto solo tendrá derecho a esta deducción el contribuyente cuya base imponible no resulte superior a 35 000 euros en tributación individual ni a 45 000 euros en tributación conjunta.

2. Las condiciones necesarias para la consideración de familia numerosa y su clasificación por categorías se determinarán con arreglo a lo establecido en la Ley 40/2003, de 18 de noviembre, de Protección a las Familias Numerosas.

3. La deducción únicamente resultará aplicable en los supuestos de convivencia del contribuyente con el resto de la unidad familiar. Cuando exista más de un contribuyente con derecho a la aplicación de la deducción y éstos realicen declaración individual del impuesto, la deducción se prorrateará por partes iguales, aplicándose el beneficio fiscal únicamente en la declaración de aquéllos que cumplan las condiciones establecidas para ser beneficiarios de la misma. Las anteriores circunstancias se entenderán referidas a la fecha de devengo del impuesto.

Artículo 12[12]. *Deducción para familias monoparentales.*

1. Podrá aplicar una deducción de 500 euros todo contribuyente que tenga a su cargo descendientes, siempre que no conviva con cualquier otra persona ajena a los citados descendientes, salvo que se trate de ascendientes que generen el derecho a la aplicación del mínimo por ascendientes establecido en el artículo 59 de la Ley 35/2006, de 28 de noviembre, del Impuesto sobre la Renta de las Personas Físicas y de modificación parcial de las leyes de los Impuestos sobre Sociedades, sobre la Renta de no Residentes y sobre el Patrimonio.

2. Se considerarán descendientes a los efectos de la presente deducción:

a) Los hijos menores de edad, tanto por relación de paternidad como de adopción, siempre que convivan con el contribuyente y no tengan rentas anuales, excluidas las exentas, superiores a 8.000 euros.

Redacción anterior: «*1. Los contribuyentes que formen parte de una unidad familiar que, a fecha de devengo del impuesto, ostente el título de familia numerosa expedido por la autoridad competente en materia de servicios sociales, tendrán derecho a una deducción de:*

a) 505 euros para familias numerosas de categoría general.

b) 1.010 euros para familias numerosas de categoría especial.

2. Las condiciones necesarias para la consideración de familia numerosa y su clasificación por categorías se determinarán con arreglo a lo establecido en la Ley 40/2003, de 18 de noviembre, de Protección a las Familias Numerosas.

3. La deducción únicamente resultará aplicable en los supuestos de convivencia del contribuyente con el resto de la unidad familiar. Cuando exista más de un contribuyente con derecho a la aplicación de la deducción y éstos realicen declaración individual del impuesto, la deducción se prorrateará por partes iguales en la declaración de cada uno de ellos. Las anteriores circunstancias se entenderán referidas a la fecha de devengo del impuesto.

4. Sólo tendrá derecho a esta deducción el contribuyente cuya base imponible no resulte superior a 25.009 euros en tributación individual ni a 35.240 euros en tributación conjunta».

[12]   Nueva redacción del art. 12 dada por el art. 38.Siete de la Ley del Principado de Asturias 10/2022, de 30 de diciembre, de Presupuestos Generales para 2023 (BOPA núm. 249, de 30 de diciembre de 2022), con entrada en vigor el día 1 de enero de 2023, salvo el artículo 38, en vigor desde el 30 de diciembre de 2022.

b) Los hijos mayores de edad con discapacidad, tanto por relación de paternidad como de adopción, siempre que convivan con el contribuyente y no tengan rentas anuales, excluidas las exentas, superiores a 8.000 euros.

c) Los descendientes a que se refieren las letras a) y b) anteriores que, sin convivir con el contribuyente, dependan económicamente de él y estén internados en centros especializados.

3. Se asimilarán a descendientes aquellas personas vinculadas al contribuyente por razón de tutela y acogimiento, en los términos previstos en la legislación civil aplicable.

4. En caso de convivencia con descendientes que no generen derecho a deducción, no se perderá el derecho a la misma siempre y cuando las rentas anuales de aquél, excluidas las exentas, no sean superiores a 8.000 euros.

5. Sólo tendrá derecho a esta deducción el contribuyente cuya base imponible no resulte superior a 45.000 euros. No tendrán derecho a deducir cantidad alguna por esta vía los contribuyentes cuya suma de renta del período y anualidades por alimentos exentas excedan de 45.000 euros.

6. La presente deducción no resultará aplicable a los supuestos de custodia compartida.

7. Cuando a lo largo del ejercicio se lleve a cabo una alteración de la situación familiar por cualquier causa, a efectos de aplicación de la deducción, se entenderá que ha existido convivencia cuando tal situación se haya producido durante al menos 183 días al año.

Artículo 13[13]. *Deducción por acogimiento familiar de menores.*

1. El contribuyente podrá aplicar una deducción de 500 euros por cada menor en régimen de acogimiento familiar, con exclusión de aquéllos que tengan finalidad preadoptiva, siempre que conviva con el menor 183 días durante el período impositivo. Si el tiempo de convivencia durante el período impositivo fuera superior a 90 e inferior a 183 días, el importe de la deducción por cada menor acogido será de 250 euros.

2. Cuando exista más de un contribuyente con derecho a la aplicación de la deducción y éstos realicen declaración individual del impuesto, la deducción se prorrateará por partes iguales en la declaración de cada uno de ellos.

Artículo 14. *Deducción por certificación de la gestión forestal sostenible.*

1. Los contribuyentes que sean propietarios de montes ubicados en el territorio de la Comunidad Autónoma y que hayan obtenido certificación de la gestión forestal sostenible otorgada por la Entidad Solicitante de la Certificación Forestal Regional del Principado de Asturias o entidad equivalente, podrán aplicar una deducción del 30 por ciento de las cantidades invertidas durante el ejercicio para la obtención de la citada certificación.

2. La base de la deducción la constituyen las cantidades invertidas durante el ejercicio en la obtención de la certificación de la gestión forestal sostenible, incluyendo todos los costes asociados al logro de la propia certificación y excluyendo las subvenciones que, en su caso, hubiese recibido el propietario de la finca para ese fin.

---

[13] Nueva redacción del art. 13 dada por el art. 38.Ocho de la Ley del Principado de Asturias 10/2022, de 30 de diciembre, de Presupuestos Generales para 2023 (BOPA núm. 249, de 30 de diciembre de 2022), con entrada en vigor el día 1 de enero de 2023, salvo el artículo 38, en vigor desde el 30 de diciembre de 2022.

3. La deducción se aplicará en el ejercicio en que se obtenga la certificación de la gestión forestal sostenible y el importe máximo será de 1.000 euros por contribuyente.

4. Cuando exista más de un contribuyente con derecho a la aplicación de la deducción en relación con los mismos bienes y aquéllos realicen declaración individual del impuesto, la deducción se prorrateará por partes iguales en la declaración de cada uno de ellos.

Artículo 14 bis[14]. *Deducción por gastos de descendientes en centros de cero a tres años.*

1. Los contribuyentes podrán deducir el 15 por ciento de las cantidades satisfechas en el período impositivo en concepto de gastos de descendientes en centros de cero a tres años con el límite de 500 euros anuales por cada descendiente que no supere la citada edad. Dicho porcentaje de deducción será del 30 por ciento con un límite de 1.000 euros anuales para contribuyentes con residencia habitual en concejos en riesgo de despoblación.

2. A los efectos de la presente deducción, tendrán la consideración de concejos en riesgo de despoblación aquellos con una población de hasta 20.000 habitantes, siempre que la población se haya reducido al menos un 10 por ciento desde el año 2000.

3. Sólo tendrá derecho a esta deducción el contribuyente cuya base imponible no resulte superior a 26.000 euros en tributación individual ni a 37.000 euros en tributación conjunta. No obstante, para contribuyentes con residencia en concejos en riesgo de despoblación, los límites de base imponible serán de 35.000 en tributación individual y 45.000 euros en tributación conjunta.

4. La deducción y el límite a la misma en el período impositivo en el que el menor cumpla los tres años se calcularán de forma proporcional al número de meses en que se cumplan los requisitos previstos en el presente artículo.

5. La deducción establecida en el presente artículo deberá minorarse, por cada descendiente, en la cantidad correspondiente a las ayudas percibidas en el período impositivo procedentes del Principado de Asturias asociadas a los gastos generados por el cuidado de hijos de cero a tres años.

6. La deducción únicamente resultará aplicable cuando los progenitores, adoptantes, o tutores convivan con el menor. Cuando exista más de un contribuyente con derecho a la aplicación del beneficio fiscal, el importe de la deducción se prorrateará por partes iguales en la declaración de cada uno de ellos, aplicándose únicamente a aquellos que cumplan las condiciones establecidas para ser beneficiarios de la misma.

7. La presente deducción será incompatible con la prevista en el artículo 14 duodecies del presente texto refundido.

---

[14] Nueva redacción del art. 14 bis dada por el art. 38.Nueve de la Ley del Principado de Asturias 10/2022, de 30 de diciembre, de Presupuestos Generales para 2023 (BOPA núm. 249, de 30 de diciembre de 2022), con entrada en vigor el día 1 de enero de 2023, salvo el artículo 38, en vigor desde el 30 de diciembre de 2022.

Redacción anterior dada por el art. 39.Tres de la Ley del Principado de Asturias 3/2020, de 30 de diciembre, de Presupuestos Generales para 2021 (BOPA núm. 251, de 31 de diciembre de 2020), en vigor desde el 1 de enero de 2021.

Artículo 14 ter[15]. *Deducción por adquisición de libros de texto y material escolar.*

1. Los contribuyentes podrán deducirse los importes destinados a la adquisición de libros de texto para sus descendientes, que hayan sido editados para Educación Primaria y Educación Secundaria Obligatoria, así como las cantidades destinadas a la adquisición de material escolar para dichos niveles educativos con los siguientes límites:

a) En las declaraciones conjuntas, los contribuyentes para los que la cantidad resultante de la suma de la base imponible general y de la base imponible del ahorro se encuentre comprendida en los tramos que se indican a continuación, podrán deducirse hasta las siguientes cuantías:

– Hasta 12 000,00 euros: 100 euros por descendiente.

---

[15]   Nueva redacción del art. 14.ter dada por el art. 39.Siete de la Ley del Principado de Asturias 4/2023, de 29 de diciembre, de Presupuestos Generales para 2024 (BOPA núm. 248, de 29 de diciembre de 2023), en vigor desde el 29 de diciembre de 2023.
   Artículo incorporado por el art. 39.Tres de la Ley del Principado de Asturias 11/2014, de 29 de diciembre, de Presupuestos Generales para 2015 (BOPA núm. 301, de 31 de diciembre de 2014), en vigor desde el 1 de enero de 2015: «1. *Los contribuyentes podrán deducirse los importes destinados a la adquisición de libros de texto para sus descendientes, que hayan sido editados para Educación Primaria y Educación Secundaria Obligatoria, así como las cantidades destinadas a la adquisición de material escolar para dichos niveles educativos con los siguientes límites:*
   a) En las declaraciones conjuntas, los contribuyentes para los que la cantidad resultante de la suma de la base imponible general y de la base imponible del ahorro se encuentre comprendida en los tramos que se indican a continuación podrán deducirse hasta las siguientes cuantías:
   Hasta 12.000 euros: 100 euros por descendiente.
   Entre 12.000,01 y 20.000,00 euros: 75 euros por descendiente.
   Entre 20.000,01 y 25.000,00 euros: 50 euros por descendiente.
   b) En las declaraciones individuales, los contribuyentes para los que la cantidad resultante de la suma de la base imponible general y de la base imponible del ahorro se encuentre comprendida en los tramos que se indican a continuación podrán deducirse hasta las siguientes cuantías:
   Hasta 6.500 euros: 50 euros por descendiente.
   Entre 6.500,01 y 10.000,00 euros: 37,50 euros por descendiente.
   Entre 10.000,01 y 12.500,00 euros: 25 euros por descendiente.
   c) En el supuesto de contribuyentes que formen parte de una unidad familiar que, a fecha de devengo del impuesto, ostente el título de familia numerosa expedido por la autoridad competente en materia de servicios sociales, el importe máximo de la deducción será de 150 euros en el supuesto de declaración conjunta y 75 euros cuando se opte por presentar declaración individual.
   2. Solo tendrá derecho a esta deducción el contribuyente cuya base imponible no resulte superior a 26.000 euros en tributación individual ni a 37.000 euros en tributación conjunta [redacción del art. 14.ter.2 dada por el art. 38.Diez de la Ley del Principado de Asturias 10/2022, de 30 de diciembre, BOPA núm. 249, de 30 de diciembre de 2022), con entrada en vigor el día 1 de enero de 2023, salvo el artículo 38, en vigor desde el 30 de diciembre de 2022.Redacción anterior: «2. Sólo tendrá derecho a esta deducción el contribuyente cuya base imponible no resulte superior a 12.500 euros en tributación individual ni a 25.000 euros en tributación conjunta»].
   3. La deducción corresponderá al ascendiente que haya satisfecho las cantidades destinadas a la adquisición de los libros de texto y del material escolar. Cuando exista más de un contribuyente con derecho a la aplicación del beneficio fiscal, el importe de la deducción se prorrateará por partes iguales en la declaración de cada uno de ellos.
   4. La deducción establecida en el presente artículo deberá minorarse, por cada descendiente, en la cantidad correspondiente a las becas y ayudas percibidas en el período impositivo procedentes del Principado de Asturias o de cualquier otra Administración Pública que cubra la totalidad o parte de los gastos por adquisición de los libros de texto y material escolar».

– Entre 12 000,01 y 20 000,00 euros: 75 euros por descendiente.

– Entre 20 000,01 y 37 000,00 euros: 50 euros por descendiente.

b) En las declaraciones individuales, los contribuyentes para los que la cantidad resultante de la suma de la base imponible general y de la base imponible del ahorro se encuentre comprendida en los tramos que se indican a continuación, podrán deducirse hasta las siguientes cuantías:

– Hasta 6 500,00 euros: 50 euros por descendiente.

– Entre 6 500,01 y 10 000,00: euros 37,50 euros por descendiente.

– Entre 10 000,01 y 26 000,00 euros: 25 euros por descendiente.

c) En el supuesto de contribuyentes que formen parte de una unidad familiar que, a fecha de devengo del impuesto, ostente el título de familia numerosa expedido por la autoridad competente en materia de servicios sociales, el importe máximo de la deducción será de 150 euros en el supuesto de declaración conjunta y 75 euros cuando se opte por presentar declaración individual.

2. Solo tendrá derecho a esta deducción el contribuyente cuya base imponible no resulte superior a 26 000 euros en tributación individual, ni a 37 000 euros en tributación conjunta.

3. La deducción corresponderá al ascendiente que haya satisfecho las cantidades destinadas a la adquisición de los libros de texto y del material escolar. Cuando exista más de un contribuyente con derecho a la aplicación del beneficio fiscal, el importe de la deducción se prorrateará por partes iguales en la declaración de cada uno de ellos.

4. La deducción establecida en el presente artículo deberá minorarse, por cada descendiente, en la cantidad correspondiente a las becas y ayudas percibidas en el período impositivo procedentes del Principado de Asturias o de cualquier otra Administración Pública que cubra la totalidad o parte de los gastos por adquisición de los libros de texto y material escolar.

Artículo 14 quáter[16]. *Deducción por nacimiento o adopción de segundo y sucesivos hijos en concejos en riesgo de despoblación.*

1. El contribuyente podrá practicar una deducción de 300 euros por cada segundo hijo y sucesivos, nacido o adoptado en el período impositivo, siempre que el menor conviva con el declarante y que el mismo tenga su residencia habitual en concejos en riesgo de despoblación.

2. La deducción únicamente resultará aplicable en los supuestos de convivencia del contribuyente con el resto de la unidad familiar. Cuando exista más de un contribuyente con derecho a la aplicación de la deducción y estos realicen declaración individual del impuesto, la deducción se prorrateará por partes iguales en la declaración de cada uno de ellos aplicándose a aquellos que cumplan los requisitos para aplicarse el beneficio fiscal. Las anteriores circunstancias se entenderán referidas a la fecha de devengo del impuesto.

---

16   Nueva redacción del art.14.quáter dada por el art.38.Once de la Ley del Principado de Asturias 10/2022, de 30 de diciembre, de Presupuestos Generales para 2023 (BOPA núm.249, de 30 de diciembre de 2022), con entrada en vigor el día 1 de enero de 2023, salvo el artículo 38, en vigor desde el 30 de diciembre de 2022.
      Redacción anterior por su incorporación efectuada por el art.37.Uno de la Ley del Principado de Asturias 8/2019, de 30 de diciembre, de Presupuestos Generales para 2020 (BOPA núm. 250 del martes 31 de diciembre de 2019), en vigor desde el 1 de enero de 2020.

3. Solo tendrá derecho a esta deducción el contribuyente cuya base imponible no resulte superior a 35.000 euros en tributación individual ni a 45.000 euros en tributación conjunta.

4. A los efectos de la presente deducción, tendrán la consideración de concejos en riesgo de despoblación aquellos con una población de hasta 20.000 habitantes, siempre que la población se haya reducido al menos un 10 por ciento desde el año 2000.

Artículo 14 quinquies[17]**.** *Deducción para contribuyentes que se establezcan como trabajadores por cuenta propia, o autónomos en concejos en riesgo de despoblación*

1. El contribuyente con residencia habitual en concejos en riesgo de despoblación que comience el ejercicio de una actividad en el Principado de Asturias como trabajador autónomo o por cuenta propia podrá practicar una deducción de 1.000 euros.

2. A efectos de la presente deducción, y con independencia de su situación de alta en el régimen especial de la Seguridad Social o en la mutualidad de previsión social correspondiente, no tendrán la consideración de trabajadores por cuenta propia o autónomos, los autónomos colaboradores ni los socios de sociedades mercantiles de capital.

3. Esta deducción se aplicará en el período impositivo en el que se produzca el inicio de la actividad, entendiendo por tal la fecha del alta en el régimen especial de la Seguridad Social o en la mutualidad de previsión social correspondiente. La situación de alta habrá de mantenerse durante un período mínimo de un año, salvo fallecimiento dentro de dicho período.

4. No podrán beneficiarse de la presente deducción quienes, en los seis meses inmediatamente anteriores a la fecha de inicio de la actividad que sirve de base a la deducción, hubieran cesado en la misma actividad. A estos efectos, se entenderá como fecha de cese en la actividad la de la baja en el régimen especial de la Seguridad Social o, en su caso, en la mutualidad correspondiente.

5. Solo tendrá derecho a esta deducción el contribuyente cuya base imponible no resulte superior a 35.000 euros en tributación individual ni a 45.000 euros en tributación conjunta. En el supuesto de tributación conjunta, si más de un contribuyente de la unidad familiar cumpliese los requisitos para la aplicación de la deducción, el importe de la misma será el resultado de multiplicar la deducción de 1.000 euros por el número de contribuyentes con derecho a deducción.

6. A los efectos de la presente deducción, tendrán la consideración de concejos en riesgo de despoblación aquellos con una población de hasta 20.000 habitantes, siempre que la población se haya reducido al menos un 10 por ciento desde el año 2000.

[17] Nueva redacción del art. 14.quinquies dada por el art. 38.Doce de la Ley del Principado de Asturias 10/2022, de 30 de diciembre, de Presupuestos Generales para 2023 (BOPA núm. 249, de 30 de diciembre de 2022), con entrada en vigor el día 1 de enero de 2023, salvo el artículo 38, en vigor desde el 30 de diciembre de 2022.
Redacción anterior por su incorporación efectuada por el art. 37.Dos de la Ley del Principado de Asturias 8/2019, de 30 de diciembre, de Presupuestos Generales para 2020 (BOPA núm. 250 del martes 31 de diciembre de 2019), en vigor desde el 1 de enero de 2020. Redacción del apartado 6 dada por el art. 39.Cuatro de la Ley del Principado de Asturias 3/2020, de 30 de diciembre, de Presupuestos Generales para 2021 (BOPA núm. 251, de 31 de diciembre de 2020), en vigor desde el 1 de enero de 2021.

Artículo 14 sexies[18]. *Deducción por gastos de transporte público para residentes en concejos en riesgo de despoblación.*

1. El contribuyente con residencia habitual en concejos en riesgo de despoblación podrá practicar una deducción por el importe de los gastos en que incurra para adquirir abonos de transporte público de carácter unipersonal y nominal, con el límite de 100 euros.

2. Adicionalmente, los contribuyentes podrán deducirse por cada descendiente que genere derecho a la aplicación del mínimo por descendientes regulado en el artículo 58 de la Ley del Impuesto y que curse estudios de bachillerato, de formación profesional o enseñanzas universitarias fuera del concejo en riesgo de despoblación, el 10 por ciento de los gastos de transporte originados con el límite de 300 euros, siempre y cuando los citados gastos se deban a la adquisición de abonos de transporte público de carácter unipersonal y nominal.

Cuando varios contribuyentes tengan distinto grado de parentesco con quien curse los estudios que originan el derecho a la deducción, solamente podrán practicar la deducción los de grado más cercano.

Cuando el descendiente conviva con más de un contribuyente con los que tenga idéntico grado de parentesco, el importe de la deducción se prorrateará entre ellos por partes iguales aplicándose la deducción en la declaración de aquellos que cumplan los requisitos establecidos.

En el supuesto de tributación conjunta, si más de un contribuyente de la unidad familiar cumpliese los requisitos para la aplicación de la deducción de hasta 100 euros, el importe de la misma será el resultado de multiplicar la deducción por el número de contribuyentes con derecho a deducción, siempre con el límite de los gastos efectivos en los que se haya incurrido.

3. En su caso, la acreditación documental de los gastos que generen derecho a deducción deberá realizarse mediante factura o cualquier otro medio del tráfico jurídico o económico admitido en Derecho.

4. Esta deducción se aplicará en el período impositivo en el que se efectúe el gasto con independencia del período de vigencia del abono adquirido.

5. Solo tendrá derecho a esta deducción el contribuyente cuya base imponible no resulte superior a 35.000 euros en tributación individual ni a 45.000 euros en tributación conjunta.

---

[18] Nueva redacción del art. 14 sexies dada por el art. 38.Trece de la Ley del Principado de Asturias 10/2022, de 30 de diciembre, de Presupuestos Generales para 2023 (BOPA núm. 249, de 30 de diciembre de 2022), con entrada en vigor el día 1 de enero de 2023, salvo el artículo 38, en vigor desde el 30 de diciembre de 2022.
Redacción anterior dada por el art. 39.Uno de la Ley del Principado de Asturias 6/2021, de 30 de diciembre, de Presupuestos Generales para 2022 (BOPA núm. 251, de 31 de diciembre de 2021), en vigor desde el 1 de enero de 2022.
Redacción anterior dada por el art. 39.Cinco de la Ley del Principado de Asturias 3/2020, de 30 de diciembre, de Presupuestos Generales para 2021 (BOPA núm. 251, de 31 de diciembre de 2020), en vigor desde el 1 de enero de 2021.
Redacción anterior por su incorporación por el art. 37.Tres de la Ley del Principado de Asturias 8/2019, de 30 de diciembre, de Presupuestos Generales para 2020 (BOPA núm. 250 del martes 31 de diciembre de 2019), en vigor desde el 1 de enero de 2020.

6. A los efectos de la presente deducción, tendrán la consideración de concejos en riesgo de despoblación aquellos con una población de hasta 20.000 habitantes, siempre que la población se haya reducido al menos un 10 por ciento desde el año 2000.

Artículo 14 septies[19]. *Deducción por gastos de formación en que hayan incurrido los contribuyentes que desarrollen trabajos especialmente cualificados, relacionados directa y principalmente con actividades de investigación y desarrollo, científicas o de carácter técnico.*

1[20]. Los contribuyentes que hayan incurrido en gastos de formación para el desarrollo de trabajos especialmente cualificados, relacionados directa y principalmente con actividades de investigación y desarrollo, científicas o de carácter técnico, podrán practicar en la cuota íntegra autonómica una deducción por el importe de los gastos de formación satisfechos, con el límite máximo de 2.000 euros, siempre que se cumplan las siguientes condiciones:

a) Que no hayan transcurrido más de tres años desde que el contribuyente finalizase su formación académica.

b) Que el contribuyente tenga su residencia habitual en el Principado de Asturias y la misma se mantenga durante al menos tres años.

c) Que, si la actividad se desarrolla por cuenta ajena, exista un contrato de trabajo. Si la actividad se desarrolla por cuenta propia, el contribuyente deberá figurar de alta en el régimen especial de la Seguridad Social o en la mutualidad de previsión social correspondiente.

2[21]. Esta deducción se aplicará una sola vez, por todos los gastos en que hayan incurrido los contribuyentes durante la formación, en el período impositivo en el que se produzca la incorporación al mercado laboral, entendiendo por tal, para el supuesto de inicio de actividades por cuenta ajena, la fecha de firma del contrato de trabajo y, para el inicio de actividades por cuenta propia, la fecha del alta en el régimen especial de la Seguridad Social o en la mutualidad de previsión social correspondiente. En este último supuesto, la situación de alta habrá de mantenerse durante un período mínimo de un año, salvo fallecimiento dentro de dicho período.

3. A los efectos de la presente deducción, tendrán la consideración de trabajos especialmente cualificados aquellos realizados por personas trabajadoras con una categoría profesio-

---

[19] Nueva redacción del título del art. 14 septies dada por dada por el art. 39.Dos de la Ley del Principado de Asturias 6/2021, de 30 de diciembre, de Presupuestos Generales para 2022 (BOPA núm. 251, de 31 de diciembre de 2021), en vigor desde el 31 de diciembre de 2021.
Art. incorporado por el art. 39.Seis de la Ley del Principado de Asturias 3/2020, de 30 de diciembre, de Presupuestos Generales para 2021 (BOPA núm. 251, de 31 de diciembre de 2020), en vigor desde el 1 de enero de 2021.

[20] Nueva redacción del art. 14.1 septies dada por el art. 39.Dos de la Ley del Principado de Asturias 6/2021, de 30 de diciembre, de Presupuestos Generales para 2022 (BOPA núm. 251, de 31 de diciembre de 2021), en vigor desde el 31 de diciembre de 2021.
Redacción anterior dada por el art. 39.Seis de la Ley del Principado de Asturias 3/2020, de 30 de diciembre, de Presupuestos Generales para 2021 (BOPA núm. 251, de 31 de diciembre de 2020), en vigor desde el 1 de enero de 2021.

[21] Nueva redacción del art. 14.2 septies dada por el art. 39.Dos de la Ley del Principado de Asturias 6/2021, de 30 de diciembre, de Presupuestos Generales para 2022 (BOPA núm. 251, de 31 de diciembre de 2021), en vigor desde el 31 de diciembre de 2021.
Redacción anterior dada por el art. 39.Seis de la Ley del Principado de Asturias 3/2020, de 30 de diciembre, de Presupuestos Generales para 2021 (BOPA núm. 251, de 31 de diciembre de 2020), en vigor desde el 1 de enero de 2021.

nal comprendida en el Grupo de Cotización 1 del Régimen General de la Seguridad Social, conforme a lo dispuesto por la normativa vigente al efecto, relacionados, directa y principalmente, con las siguientes actividades:

a) Actividades de investigación y desarrollo, comprendiendo:

1.º La «investigación básica» o la indagación original y planificada que persiga descubrir nuevos conocimientos y una superior comprensión en el ámbito científico o tecnológico, desvinculada de fines comerciales o industriales.

2.º La «investigación aplicada» o la indagación original y planificada que persiga la obtención de nuevos conocimientos con el propósito de que los mismos puedan ser utilizados en el desarrollo de nuevos productos, procesos o servicios, o en la mejora significativa de los ya existentes.

3.º El «desarrollo experimental» o la materialización de los resultados de la investigación aplicada en un plan, esquema o diseño de nuevos productos, procesos o servicios, o su mejora significativa, así como la creación de prototipos no comercializables y los proyectos de demostración inicial o proyectos piloto, siempre que los mismos no puedan convertirse o utilizarse para aplicaciones industriales o para su explotación comercial.

4.º La concepción de «software» avanzado, entendiendo como tal el que suponga la implementación de soluciones innovadoras. No se incluyen a estos efectos las actividades habituales o rutinarias relacionadas con el «software». En cualquier caso, este supuesto deberá contar con informe favorable por parte de los órganos de la Administración del Principado de Asturias con competencias en este ámbito.

b) Actividades científicas y de carácter técnico, comprendiendo:

1.º La «innovación tecnológica» entendida como aquella actividad cuyo resultado sea un avance tecnológico en la obtención de nuevos productos o procesos de producción o mejoras sustanciales de los ya existentes. Se considerarán nuevos aquellos productos o procesos cuyas características o aplicaciones, desde el punto de vista tecnológico, difieran sustancialmente de las existentes con anterioridad. Esta actividad incluirá la materialización de los nuevos productos o procesos en un plan, esquema o diseño, así como la elaboración de estudios de viabilidad y la creación de prototipos y los proyectos de demostración inicial o proyectos piloto, incluso los que puedan convertirse o utilizarse para aplicaciones industriales o para su explotación comercial. También se incluyen las actividades de diagnóstico tecnológico tendentes a la identificación, la definición y la orientación de soluciones tecnológicas avanzadas.

2.º Las actividades relacionadas con proyectos dentro del ámbito del desarrollo sostenible y de la protección y mejora medioambiental que tengan como objeto:

La minimización, reutilización y valoración de residuos. La movilidad y el transporte sostenible.

La regeneración medioambiental de espacios naturales consecuencia de la ejecución de medidas compensatorias o de otro tipo de actuaciones voluntarias.

La minimización del consumo de agua y su depuración.

El empleo de energías renovables y eficiencia energética.

3.º Las actividades que se presten para entidades que se consideren «empresas innovadoras», por cumplir los requisitos establecidos en la normativa comunitaria.

4.º Las actividades que se presten a entidades que cumplan con la finalidad de promoción empresarial y reforzamiento de la actividad productiva. Se entenderá que cumplen dicha finalidad las empresas que implementen proyectos empresariales relevantes que supongan el desarrollo de nuevas actividades, pro- ductos o mercados, la ampliación o consolidación de otros existentes o la creación de empleos estables. A estos efectos, la entidad para la que preste servicios la persona trabajadora deberá justificar el cumplimiento de la finalidad de promoción empresarial y reforzamiento de la actividad productiva resultante de su actividad.

5.º Las actividades que se presten para entidades que se encuentren en la etapa inicial de desarrollo de un nuevo proyecto empresarial o en su fase de desarrollo, siempre que se trate de microempresas y pequeñas y medianas empresas con alto potencial de crecimiento.

4[22]. La presente deducción será incompatible con la prevista en el artículo 14 octies del presente texto refundido.

Artículo 14 octies[23]. *Deducción para contribuyentes que trasladen su domicilio fiscal al Principado de Asturias por motivos laborales.*

1. Los contribuyentes que trasladen su domicilio fiscal al Principado de Asturias por motivos laborales, podrán practicar en la cuota íntegra autonómica una deducción del 15 por

---

[22] Nuevo apartado cuarto incorporado por el art. 38.Catorce de la Ley del Principado de Asturias 10/2022, de 30 de diciembre, de Presupuestos Generales para 2023 (BOPA núm. 249, de 30 de diciembre de 2022), con entrada en vigor el día 1 de enero de 2023, salvo el artículo 38, en vigor desde el 30 de diciembre de 2022.

[23] Nueva redacción del art. 14.octies dada por el art. 39.Ocho de la Ley del Principado de Asturias 4/2023, de 29 de diciembre, de Presupuestos Generales para 2024 (BOPA núm. 248, de 29 de diciembre de 2023), en vigor desde el 29 de diciembre de 2023.
   Art. 14 octies incorporado por el art. 39.Siete de la Ley del Principado de Asturias 3/2020, de 30 de diciembre, de Presupuestos Generales para 2021 (BOPA núm. 251, de 31 de diciembre de 2020), en vigor desde el 1 de enero de 2021: «*Deducción para contribuyentes que trasladen su domicilio fiscal al Principado de Asturias por motivos laborales para el desarrollo de trabajos especialmente cualificados, relacionados directa y principalmente con actividades de investigación y desarrollo, científicas o de carácter técnico.*
   1. Los contribuyentes que trasladen su domicilio fiscal al Principado de Asturias por motivos laborales para el desarrollo de trabajos especialmente cualificados, relacionados directa y principalmente con actividades de investigación y desarrollo, científicas o de carácter técnico, podrán practicar en la cuota íntegra autonómica una deducción del 15 por ciento de los gastos que se generen como consecuencia del citado traslado, con el límite de 2.000 euros, siempre que se cumplan las siguientes condiciones:
   a) Que el contribuyente no haya sido residente en el Principado de Asturias durante los cuatro años anteriores a la fecha del traslado por motivos laborales.
   b) Que el contribuyente fije su residencia habitual en el Principado de Asturias y la misma se mantenga durante al menos tres años adicionales al del propio traslado.
   c) Que, en el supuesto de trabajos por cuenta ajena, exista un contrato de trabajo para el desarrollo de trabajos especialmente cualificados.
   d) Que, en el supuesto de trabajos por cuenta propia, el contribuyente se encuentre en situación de alta en el régimen especial de la Seguridad Social o en la mutualidad de previsión social correspondiente.
   2. Esta deducción se aplicará en el período impositivo en el que se produzca el traslado de domicilio por motivos laborales y durante los tres ejercicios posteriores.
   3. A los efectos de la presente deducción, se considerarán gastos generados como consecuencia del traslado de domicilio los siguientes:
   a) Gastos de viaje y mudanza necesarios para el establecimiento del contribuyente y los miembros de su unidad familiar en el Principado de Asturias.
   b) Gastos derivados de la escolarización en el Principado de Asturias de los descendientes del contribuyente.

ciento de los gastos que se generen como consecuencia del citado traslado, con el límite de 1000 euros, siempre que se cumplan las siguientes condiciones:

a) Que el contribuyente no haya tenido su residencia habitual en el Principado de Asturias durante los cuatro años anteriores a la fecha del traslado por motivos laborales.

b) Que el contribuyente fije su residencia habitual en el Principado de Asturias y la misma se mantenga durante al menos tres años adicionales al del propio traslado.

c) Que, en el supuesto de trabajos por cuenta ajena, exista un contrato de trabajo.

d) Que, en el supuesto de trabajos por cuenta propia, el contribuyente se encuentre en situación de alta en el régimen especial de la Seguridad Social o en la mutualidad de previsión social correspondiente.

En el supuesto en que el contribuyente desarrolle trabajos especialmente cualificados, relacionados directa y principalmente con actividades de investigación y desarrollo, científicas o de carácter técnico, el límite de la deducción será de 2000 euros.

2. Esta deducción se aplicará en el período impositivo en el que se produzca el traslado de domicilio por motivos laborales y durante los tres ejercicios posteriores.

3. A los efectos de la presente deducción, se considerarán gastos generados como consecuencia del traslado de domicilio los siguientes:

a) Gastos de viaje y mudanza necesarios para el establecimiento del contribuyente y los miembros de su unidad familiar en el Principado de Asturias.

b) Gastos derivados de la escolarización en el Principado de Asturias de los descendientes del contribuyente.

c) Gastos por adquisición o arrendamiento de vivienda habitual del contribuyente en el Principado de Asturias, incluyéndose a estos efectos los gastos originados por la contratación de servicios o suministros vinculados a la misma.

4. A los efectos de la presente deducción, tendrán la consideración de trabajos especialmente cualificados los definidos en el apartado 3 del artículo 14 septies.

5. Para los trabajadores que desarrollen trabajos especialmente cualificados, relacionados directa y principalmente con actividades de investigación y desarrollo, científicas o de carácter técnico, la presente deducción será incompatible con la prevista en el artículo 14 septies del presente texto refundido.

---

c) Gastos por adquisición o arrendamiento de vivienda habitual del contribuyente en el Principado de Asturias, incluyéndose a estos efectos los gastos originados por la contratación de servicios o suministros vinculados a la misma.

4. A los efectos de la presente deducción, tendrán la consideración de trabajos especialmente cualificados los definidos en el apartado 3 del artículo 14 septies.

5. La presente deducción será incompatible con la prevista en el artículo 14 septies del presente texto refundido [apartado cinco incorporado por el art. 38.Quince de la Ley del Principado de Asturias 10/2022, de 30 de diciembre (BOPA núm. 249, de 30 de diciembre de 2022), con entrada en vigor el día 1 de enero de 2023]».

Artículo 14 nonies[24]. *Deducción por la obtención de subvenciones y/o ayudas para paliar el impacto provocado por la COVID-19 sobre los sectores especialmente afectados por la pandemia.*

1. *Los contribuyentes que integren en la base imponible general el importe correspondiente a subvenciones y/o ayudas otorgadas por la Administración del Principado de Asturias o su sector público para paliar el impacto provocado por la COVID-19 sobre los sectores especialmente afectados por la pandemia, podrán aplicar una deducción en la cuota íntegra autonómica del impuesto.*

2. *El importe de la deducción será el resultado de aplicar el tipo medio de gravamen sobre el importe de la subvención integrado en la base liquidable autonómica.*

Artículo 14 decies[25]. *Deducción por adquisición o rehabilitación de vivienda habitual para* 〕 *determinados colectivos.*

1. Los contribuyentes que adquieran o rehabiliten una vivienda ubicada en concejos en riesgo de despoblamiento, que vaya a constituir su vivienda habitual podrán aplicar una deducción del 5 por ciento de las cantidades satisfechas durante el ejercicio en concepto de adquisición o rehabilitación de la citada vivienda. El porcentaje de deducción será del 10 por

---

[24]   Nuevo art. 14 nonies incorporado por el art. 39.Ocho de la Ley del Principado de Asturias 3/2020, de 30 de diciembre, de Presupuestos Generales para 2021 (BOPA núm. 251, de 31 de diciembre de 2020), en vigor desde el 31 de diciembre de 2020. Se declara la inconstitucionalidad y nulidad, en la redacción dada por el art. 39.8 de la Ley 3/2020, de 30 de diciembre, con el alcance señalado en el fundemento jurídico 4, por Sentencia del TC 21/2022, de 9 de febrero.

[25]   Nueva redacción del art. 14 decies dada por art. 39.Dos de Ley del Principado de Asturias 8/2024, de 27 de diciembre, de Presupuestos Generales para 2025 (BOPA, núm. 252, del 31 de diciembre de 2024), en vigor desde el 31 de diciembre de 2024.

Redacción anterior dada por el art. 39.Nueve de la Ley del Principado de Asturias 4/2023, de 29 de diciembre, de Presupuestos Generales para 2024 (BOPA núm. 248, de 29 de diciembre de 2023), en vigor desde el 29 de diciembre de 2023: «*Deducción por adquisición o rehabilitación de vivienda habitual en concejos en riesgo de despoblación.*

1. Los contribuyentes que adquieran o rehabiliten una vivienda ubicada en concejos en riesgo de despoblación que vaya a constituir su vivienda habitual, podrán aplicar una deducción del 5 por ciento de las cantidades satisfechas durante el ejercicio en concepto de adquisición o rehabilitación de la citada vivienda.

El porcentaje de deducción será del 10 por ciento cuando la adquisición o rehabilitación se lleve a cabo por contribuyentes de hasta 35 años, así como por los miembros de familias numerosas o monoparentales.

2. Esta deducción se aplicará siempre que el inmueble vaya a constituir la vivienda habitual del contribuyente y que el domicilio fiscal se mantenga en el concejo en riesgo de despoblación durante al menos tres años.

3. La base máxima de esta deducción será de 10 000 euros y vendrá constituida por las cantidades invertidas durante el ejercicio en la adquisición o rehabilitación de la vivienda incluyéndose los importes destinados a la amortización de préstamos hipotecarios.

4. Para la aplicación de la presente deducción la base imponible del contribuyente no excederá de 35 000 euros en tributación individual ni de 45 000 euros en tributación conjunta. En el supuesto de que más de un contribuyente tenga derecho a la aplicación de la deducción por los mismos bienes para un mismo período impositivo, la base máxima de la deducción se prorrateará entre ellos por partes iguales, aplicándose el beneficio fiscal únicamente en la declaración de aquellos que cumplan las condiciones establecidas para ser beneficiarios de la misma.

5. En su caso, la acreditación documental de los gastos que generen derecho a deducción deberá realizarse mediante factura o cualquier otro medio del tráfico jurídico o económico admitido en Derecho.

ciento cuando la adquisición o rehabilitación se lleve a cabo por contribuyentes de hasta 35 años, así como por los miembros de familias numerosas o monoparentales.

2. Los contribuyentes de hasta 35 años de edad que adquieran o rehabiliten inmuebles que vaya a constituir su vivienda habitual y que no se ubique en un concejo en riesgo de despoblación podrán aplicar una deducción del 5 por ciento de las cantidades satisfechas durante el ejercicio en concepto de adquisición o rehabilitación de la citada vivienda siempre y cuando el valor de los mismos no exceda de 250.000 euros.

3. En el supuesto previsto en el apartado 1 el domicilio fiscal deberá mantenerse en el concejo en riesgo de despoblación durante al menos tres años.

4. La base máxima de esta deducción será de 10.000 euros y vendrá constituida por las cantidades invertidas durante el ejercicio en la adquisición o rehabilitación de la vivienda, incluyéndose los importes destinados a la amortización de préstamos hipotecarios.

5. Para la aplicación de la presente deducción la base imponible del contribuyente no excederá de 35.000 euros en tributación individual ni de 45.000 euros en tributación conjunta. En el supuesto de que más de un contribuyente tenga derecho a la aplicación de la deducción por los mismos bienes para un mismo período impositivo, la base máxima de la deducción se prorrateará entre ellos por partes iguales, aplicándose el beneficio fiscal únicamente en la declaración de aquellos que cumplan las condiciones establecidas para ser beneficiarios de la misma.

6. En su caso, la acreditación documental de los gastos que generen derecho a deducción deberá realizarse mediante factura o cualquier otro medio del tráfico jurídico o económico admitido en Derecho.

7. A los efectos de la presente deducción, se consideran miembros de familias numerosas a los contribuyentes que formen parte de una unidad familiar que, a fecha de devengo del impuesto, ostente el título de familia numerosa expedido por la autoridad competente en materia de servicios sociales.

8. A los efectos de la presente deducción, se consideran miembros de familias monoparentales a las unidades familiares que cumplan los requisitos previstos en el artículo 12.

---

6. A los efectos de la presente deducción, se consideran miembros de familias numerosas a los contribuyentes que formen parte de una unidad familiar que, a fecha de devengo del impuesto, ostente el título de familia numerosa expedido por la autoridad competente en materia de servicios sociales.

7. A los efectos de la presente deducción, se consideran miembros de familias monoparentales a las unidades familiares que cumplan los requisitos previstos en el artículo 12.

8. A los efectos de la presente deducción, tendrán la consideración de concejos en riesgo de despoblación aquellos con una población de hasta 20 000 habitantes, siempre que la población se haya reducido al menos un 10 ciento desde el año 2000.

9. La presente deducción será incompatible con la prevista en el artículo 6 del presente texto refundido». Redacción anterior dada por el art. 38.Dieciséis de la Ley del Principado de Asturias 10/2022, de 30 de diciembre, de Presupuestos Generales para 2023 (BOPA núm. 249, de 30 de diciembre de 2022), con entrada en vigor el día 1 de enero de 2023, salvo el artículo 38, en vigor desde el 30 de diciembre de 2022. Redacción anterior del título del art. 14 decies y apartado primero, dada por el art. 39.Tres de la Ley del Principado de Asturias 6/2021, de 30 de diciembre, de Presupuestos Generales para 2022 (BOPA núm. 251, de 31 de diciembre de 2021), en vigor desde el 1 de enero de 2022. Art. incorporado por el art. 39.Nueve de la Ley del Principado de Asturias 3/2020, de 30 de diciembre, de Presupuestos Generales para 2021 (BOPA núm. 251, de 31 de diciembre de 2020), en vigor desde el 1 de enero de 2021.

9. A los efectos de la presente deducción, tendrán la consideración de concejos en riesgo de despoblamiento, aquellos con una población de hasta 20.000 habitantes, siempre que la población se haya reducido al menos un 10 ciento desde el año 2000.

Artículo 14 undecies[26]. *Deducción por adquisición de vehículos eléctricos.*

1[27]. contribuyentes que adquieran vehículos eléctricos nuevos o kilómetro cero «enchufables» y de pila de combustible durante los ejercicios 2022, 2023, 2024 y 2025, tendrán derecho a aplicar una deducción del 15 por ciento de las cantidades satisfechas en el período impositivo por la adquisición de los citados vehículos.

2. Para la aplicación de la presente deducción el contribuyente deberá disponer del correspondiente contrato de compraventa. En el supuesto de compraventa de vehículos en régimen de gananciales, salvo que en el contrato se identifique claramente al comprador, la deducción podrá prorratearse a partes iguales por ambos cónyuges aun cuando la factura se emita únicamente a nombre de uno de ellos.

3. La base máxima de la deducción será de 50 000,00 euros; no obstante, a los efectos de la aplicación de la deducción, la base de la deducción se reducirá, en su caso, por el importe de las ayudas públicas percibidas por el contribuyente para la adquisición del vehículo. El beneficio fiscal resultará de aplicación al ejercicio en el que se incurra en el gasto.

---

[26] Nueva redacción art. 14. undecies dada por el art. 39.Veinte de la Ley del Principado de Asturias 4/2023, de 29 de diciembre, de Presupuestos Generales para 2024 (BOPA núm. 248, de 29 de diciembre de 2023), en vigor desde el 1 de enero de 2024.
Artículo incorporado por el dada art. 39.Cuatro de la Ley del Principado de Asturias 6/2021, de 30 de diciembre, de Presupuestos Generales para 2022 (BOPA núm. 251, de 31 de diciembre de 2021), en vigor desde el 1 de enero de 2022: «*Deducción por adquisición de vehículos eléctricos.*
1. Los contribuyentes que adquieran vehículos eléctricos nuevos «enchufables» y de pila de combustible durante los ejercicios 2022 y 2023, tendrán derecho a aplicar una deducción del 15 por ciento de las cantidades satisfechas en el período impositivo por la adquisición de los citados vehículos.
2. Para la aplicación de la presente deducción el contribuyente deberá disponer del correspondiente contrato de compraventa.
3. La base máxima de la deducción será de 50.000 euros; no obstante, a los efectos de la aplicación de la deducción, la base de la deducción se reducirá, en su caso, por el importe de las ayudas públicas percibidas por el contribuyente para la adquisición del vehículo. El beneficio fiscal resultará de aplicación al ejercicio en el que se incurra en el gasto.
4. Únicamente darán derecho a la aplicación de la presente deducción los vehículos nuevos pertenecientes a las categorías descritas en el anexo I, Programa de incentivos 1: Adquisición de vehículos eléctricos «enchufables» y de pila de combustible, del Real Decreto 266/2021, de 13 de abril, por el que se aprueba la concesión directa de ayudas a las comunidades autónomas y a las ciudades de Ceuta y Melilla para la ejecución de programas de incentivos ligados a la movilidad eléctrica (MOVES III) en el marco del Plan de Recuperación, Transformación y Resiliencia de la Economía Española.
5. La presente deducción no resultará aplicable a vehículos afectos al desarrollo de actividades económicas por parte del adquirente».

[27] Nueva redacción del art. 14.1 undecies dada por el art. 39.Tres de la Ley del Principado de Asturias 8/2024, de 27 de diciembre, de Presupuestos Generales para 2025 (BOPA, núm. 252, del 31 de diciembre de 2024), en vigor desde el 31 de diciembre de 2024.
Redacción anterior dada por el art. 39.Veinte de la Ley 4/2023, de 29 de diciembre, de Presupuestos Generales para 2024, (BOPA núm. 248, de 29 de diciembre de 2023), en vigor desde el 1 de enero de 2024:
«*1. Los contribuyentes que adquieran vehículos eléctricos nuevos o kilómetro cero «enchufables» y de pila combustible durante los ejercicios 2022, 2023 y 2024, tendrán derecho a aplicar una deducción del 15 por ciento de las cantidades satisfechas en el periodo impositivo por la adquisición de los citados vehículos*».

4. Únicamente darán derecho a la aplicación de la presente deducción los vehículos nuevos o kilómetro cero pertenecientes a las categorías descritas en el anexo I, Programa de incentivos 1: Adquisición de vehículos eléctricos «enchufables» y de pila combustible, del Real Decreto 266/2021, de 13 de abril, por el que se aprueba la concesión directa de ayudas a las comunidades autónomas y a las ciudades de Ceuta y Melilla para la ejecución de programas de incentivos ligados a la movilidad eléctrica (MOVES III) en el marco del Plan de Recuperación, Transformación y Resiliencia de la Economía Española.

5. La presente deducción no resultará aplicable a vehículos afectados al desarrollo de actividades económicas por parte del adquirente.

Artículo 14 duodecies[28]. *Deducción por el cuidado de descendientes o adoptados de hasta 25 años de edad.*

1[30]. Los contribuyentes podrán deducir las siguientes cantidades por cada descendiente que genere derecho a la aplicación del mínimo por descendientes regulado en el artículo 58 de la Ley del Impuesto:

500 euros por el primer descendiente.[29]

600 euros por el segundo descendiente y sucesivos.

---

[28] Nueva redacción del art. 14 duodecies dada por el art. 39.Diez de la Ley del Principado de Asturias 4/2023, de 29 de diciembre, de Presupuestos Generales para 2024 (BOPA núm. 248, de 29 de diciembre de 2023), en vigor desde el 29 de diciembre de 2023.
Artículo incorporado por el art. 38.Diecisiete de la Ley del Principado de Asturias 10/2022, de 30 de diciembre, de Presupuestos Generales para 2023 (BOPA núm. 249, de 30 de diciembre de 2022), con entrada en vigor el día 1 de enero de 2023, salvo el artículo 38, en vigor desde el 30 de diciembre de 2022:
«Deducción por el cuidado de descendientes o adoptados de hasta 25 años de edad.
1. Los contribuyentes podrán deducir 300 euros por cada descendiente que genere derecho a la aplicación del mínimo por descendientes regulado en el artículo 58 de la Ley del Impuesto.
2. Sólo tendrá derecho a esta deducción el contribuyente cuya base imponible no resulte superior a 35.000 euros en tributación individual ni a 45.000 euros en tributación conjunta.
3. La deducción en el período impositivo en el que el descendiente cumpla veintiséis años se calculará de forma proporcional al número de meses en que se cumplan los requisitos previstos en el presente artículo.
4. La deducción únicamente resultará aplicable cuando los progenitores, adoptantes, o tutores convivan con el menor. Cuando exista más de un contribuyente con derecho a la aplicación del beneficio fiscal, el importe de la deducción se prorrateará por partes iguales en la declaración de cada uno de ellos, aplicándose únicamente a aquellos que cumplan las condiciones establecidas para ser beneficiarios de la misma.
5. La presente deducción será incompatible con la prevista en el artículo 14 bis del presente texto refundido».
[29] Nueva redacción del art. 14.1 duodecies dada por el art. 39.Cuatro de la Ley del Principado de Asturias 8/2024, de 27 de diciembre, de Presupuestos Generales para 2025 (BOPA, núm. 252, del 31 de diciembre de 2024), en vigor desde el 31 de diciembre de 2024.
Redacción anterior dada por el art. 39.Diez de la Ley del Principado de Asturias 4/2023, de 29 de diciembre, de Presupuestos Generales para 2024 (BOPA núm. 248, de 29 de diciembre de 2023), en vigor desde el 29 de diciembre de 2023: *«1. Los contribuyentes podrán deducir las siguientes cantidades por cada descendiente que genere derecho a la aplicación del mínimo por descendientes regulado en el artículo 58 de la Ley del Impuesto.*
300 euros por el primer descendiente.
600 euros por el segundo descendiente y sucesivos.
La deducción será igualmente aplicable hasta que el descendiente cumpla los 26 años de edad, aun cuando no genere derecho a la aplicación del mínimo por descendientes, siempre que cumplan los restantes requisitos definidos en el citado artículo 58».

La deducción será igualmente aplicable hasta que el descendiente cumpla los 26 años de edad, aun cuando no genere derecho a la aplicación del mínimo por descendientes, siempre que cumplan los restantes requisitos definidos en el citado artículo 58.

2. Sólo tendrá derecho a esta deducción el contribuyente cuya base imponible no resulte superior a 35 000 euros en tributación individual ni a 45 000 euros en tributación conjunta.

3. En el período impositivo en el que el descendiente cumpla veintiséis años el importe de la deducción se calculará de forma proporcional al número de meses en que se cumplan los requisitos previstos en el presente artículo.

4. La deducción únicamente resultará aplicable cuando los progenitores, adoptantes, o tutores convivan con el descendiente. Cuando exista más de un contribuyente con derecho a la aplicación del beneficio fiscal, el importe de la deducción se prorrateará por partes iguales en la declaración de cada uno de ellos, aplicándose únicamente a aquellos que cumplan las condiciones establecidas para ser beneficiarios de la misma.

5. La presente deducción será incompatible con la prevista en el artículo 14 bis del presente texto refundido.

Artículo terdecies[30]. *Deducción por emancipación de jóvenes de hasta 35 años de edad.*

1. Los contribuyentes de hasta 35 años de edad que se emancipen durante el ejercicio impositivo podrán aplicar una deducción de hasta 1.000 euros.

2. Se entenderá que se lleva a cabo la emancipación en el ejercicio en que el contribuyente deja de convivir con sus ascendientes y traslada su domicilio a una nueva vivienda habitual situada en el Principado de Asturias que ocupará en régimen de propiedad o arrendamiento. Se perderá el derecho de deducción en el supuesto en el que el contribuyente retorne al hogar familiar antes de que transcurran tres años.

3. La deducción podrá aplicarse una única vez en el ejercicio en que se lleve a cabo la primera emancipación.

4. Sólo tendrá derecho a esta deducción el contribuyente cuya base imponible no resulte superior a 35.000 euros en tributación individual ni a 45.000 euros en tributación conjunta.

5. En su caso, la acreditación documental de los gastos que generen derecho a deducción deberá realizarse mediante factura o cualquier otro medio del tráfico jurídico o económico admitido en Derecho.

Artículo 14 quaterdecies[31]. *Deducción por la obtención de ayudas o subvenciones otorgadas por el Principado de Asturias a enfermos de Esclerosis Lateral Amiotrófica.*

Cuando el contribuyente hubiese integrado en la base imponible general el importe correspondiente a una subvención o cualquier otra ayuda pública otorgada por el Principado de Asturias a enfermos de Esclerosis Lateral Amiotrófica, podrá aplicar una deducción en la

---

[30] Nuevo art. terdecies incorporado por el art. 38.Dieciocho de la Ley del Principado de Asturias 10/2022, de 30 de diciembre, de Presupuestos Generales para 2023 (BOPA núm. 249, de 30 de diciembre de 2022), con entrada en vigor el día 1 de enero de 2023, salvo el artículo 38, en vigor desde el 30 de diciembre de 2022.

[31] Nuevo art. 14. quaterdecies incorporado por el art. 39.Once de la Ley del Principado de Asturias 4/2023, de 29 de diciembre, de Presupuestos Generales para 2024 (BOPA núm. 248, de 29 de diciembre de 2023), en vigor desde el 29 de diciembre de 2023.

cuota íntegra por el importe que resulte de aplicar los tipos medios de gravamen a la cuantía de la subvención o ayuda que se integre en la base liquidable.

Artículo 14 quindecies[32]. *Deducción por gastos derivados del arrendamiento de viviendas.*

Los contribuyentes que obtengan rendimientos del capital inmobiliario por el arrendamiento de viviendas, cuando su destino sea el de vivienda habitual del arrendatario, siempre y cuando correspondan a arrendamientos retribuidos a precios con sostenibilidad social, podrán deducirse el importe de las cantidades satisfechas en el ejercicio por gastos de conservación y reparación, la formalización de contratos de arrendamiento, primas de seguros por daños e impagos y la obtención de certificados de eficiencia energética vinculados con tales arrendamientos, con un límite de deducción de 500 euros anuales.

Se considerará que el arrendamiento de vivienda habitual se retribuye a precios con sostenibilidad en virtud de lo previsto en la normativa del Principado de Asturias a estos efectos.

Artículo 14 sexdecies[33]. *Deducción por los gastos vitales en que incurran los contribuyentes de hasta 35 años.*

1. Los contribuyentes de hasta 35 años de edad cuya base imponible no resulte superior a 28.000 euros anuales, podrán deducirse el importe de las cantidades satisfechas en concepto de:

a) Gastos de vivienda y suministros asociados a la misma.
b) Gastos educativos.
c) Gastos de transporte y movilidad.
d) Gastos en tecnología.
e) Gastos deportivos.
f) Gastos culturales.

2. El importe máximo de la deducción será de:

2.000 euros para los contribuyentes de hasta 25 años.

1.500 euros para los contribuyentes con edades comprendidas entre los 26 y los 30 años.

1.000 euros para los contribuyentes con edades comprendidas entre los 30 y los 35 años.

3. En su caso, la acreditación documental de los gastos que generen derecho a deducción deberá realizarse mediante factura o cualquier otro medio del tráfico jurídico o económico admitido en Derecho.

Artículo 14 septendecies[34]. *Deducción por descendientes en caso de fallecimiento de progenitor como consecuencia de accidentes laborales.*

1. Los contribuyentes con descendientes que generen derecho a la aplicación del mínimo por descendientes regulado en el artículo 58 de la Ley del Impuesto, podrán aplicar una de-

[32] Artículo 14 quindecies incorporado por el art. 39.Cinco de la Ley del Principado de Asturias 8/2024, de 27 de diciembre, de Presupuestos Generales para 2025 (BOPA, núm. 252, del 31 de diciembre de 2024), en vigor desde el 31 de diciembre de 2024.

[33] Artículo 14 sexdecies incorporado por el art. 39.Seis de la Ley del Principado de Asturias 8/2024, de 27 de diciembre, de Presupuestos Generales para 2025 (BOPA, núm. 252, del 31 de diciembre de 2024), en vigor desde el 31 de diciembre de 2024.

[34] Artículo 14 sexdecies incorporado por el art. 39.Siete de la Ley del Principado de Asturias 8/2024, de 27 de diciembre, de Presupuestos Generales para 2025 (BOPA, núm. 252, del 31 de diciembre de 2024), en vigor desde el 31 de diciembre de 2024.

ducción de 1.000 euros por cada uno de los citados descendientes en los supuestos en que se haya producido el fallecimiento del otro progenitor como consecuencia de un accidente laboral.

2. La deducción resultará de aplicación hasta la fecha en que el descendiente deje de generar el derecho a la aplicación del mínimo por descendientes.

Artículo 14 octodecies[35]**. *Deducción por inversión en la adquisición de acciones y participaciones sociales de nuevas entidades o de reciente creación.***

1. Los contribuyentes podrán aplicar una deducción del 30 por ciento de las cantidades invertidas durante el ejercicio en la adquisición de acciones y participaciones sociales como consecuencia de acuerdos de constitución de sociedades o de ampliación de capital en las sociedades mercantiles que revistan la forma de sociedad anónima, sociedad de responsabilidad limitada y sociedad cooperativa, incluidas las sociedades laborales.

2. El límite de deducción aplicable será de 6.000 euros anuales.

3. Para la aplicación de la deducción deberán cumplirse los siguientes requisitos:

a) Que, como consecuencia de la participación adquirida por el contribuyente, computada junto con la que posean de la misma entidad su cónyuge o personas unidas al contribuyente por razón de parentesco, en línea recta o colateral, por consanguinidad o afinidad hasta el tercer grado incluido, no se llegue a poseer durante ningún día del año natural más del 40 por ciento del total del capital social de la entidad o de sus derechos de voto.

b) Que dicha participación se mantenga un mínimo de tres años.

c) Que la entidad de la que se adquieran las acciones o participaciones cumpla los siguientes requisitos:

– Que tenga su domicilio social y fiscal en el Principado de Asturias.

– Que tenga la condición de microempresa o pequeña y mediana empresa.

– Que desarrolle una actividad económica. A estos efectos no se considerará que desarrolla una actividad económica cuando tenga por actividad principal la gestión de un patrimonio mobiliario o inmobiliario, de acuerdo con lo establecido en el artículo 4.ocho.dos.a) de la Ley 19/1991, de 6 de junio, del Impuesto sobre el Patrimonio.

– Que, para el caso en que la inversión efectuada corresponda a la constitución de la entidad, desde el primer ejercicio fiscal esta cuente, al menos, con una persona contratada con contrato laboral y a jornada completa y dada de alta en el Régimen General de la Seguridad Social.

– Que, para el caso en que la inversión efectuada corresponda a una ampliación de capital de la entidad, dicha entidad hubiera sido constituida dentro de los tres años anteriores a la ampliación de capital y que la plantilla media de la entidad durante los dos ejercicios fiscales posteriores al de la ampliación se incremente respecto de la plantilla media que tuviera en los doce meses anteriores al menos en una persona con los requisitos anteriores, y dicho incremento se mantenga durante al menos otros veinticuatro meses. Para el cálculo de la plantilla media total de la entidad y de su incremento se tomarán las personas empleadas

---

[35]   Artículo 14 sexdecies incorporado por el art. 39.Ocho de la Ley del Principado de Asturias 8/2024, de 27 de diciembre, de Presupuestos Generales para 2025 (BOPA, núm. 252, del 31 de diciembre de 2024), en vigor desde el 31 de diciembre de 2024.

en los términos que disponga la legislación laboral, teniendo en cuenta la jornada contratada en relación a la jornada completa.

(…)

Disposición final. *Habilitación al Consejo de Gobierno.*

Se habilita al Consejo de Gobierno para aprobar por decreto las disposiciones reglamentarias necesarias para el desarrollo y aplicación de esta norma.

COMUNIDAD AUTÓNOMA DE LA REGIÓN DE MURCIA

Impuesto sobre la Renta de las Personas Físicas

22. Decreto Legislativo 1/2010, de 5 de noviembre, por el que se aprueba el Texto Refundido de las Disposiciones Legales vigentes en la Región de Murcia en materia de Tributos Cedidos[1]

(BORM núm. 24, de 31 de enero de 2011;
BOE núm. 144, de 17 de junio de 2011)

EXPOSICIÓN DE MOTIVOS

El ejercicio de la capacidad normativa atribuida a la Comunidad Autónoma de la Región de Murcia por las sucesivas leyes de Cesión de Tributos a las Comunidades Autónomas se ha manifestado en un número importante de leyes autonómicas que, en desarrollo de esas competencias, han regulado los aspectos sustantivos y procedimentales aplicables a los tributos objeto de cesión. Este ejercicio normativo tiene como consecuencia que la regulación de estos tributos haya sido objeto, desde que se dispone de capacidad normativa, de una constante adecuación a la realidad social y económica regional, en su condición de instrumentos de la política económica general y como medio de atención de la realización de los principios y fines contenidos en la Constitución, según lo establecido en el artículo 2.1 de la Ley 58/2003, de 17 de diciembre, General Tributaria. Este proceso normativo ha generado una notable dispersión en la regulación de estos tributos, lo que no contribuye a mejorar la aplicabilidad de los mismos, ni a reforzar la seguridad jurídica de los contribuyentes.

En base a las razones expuestas, la Ley 13/2009, de 23 de diciembre, de medidas en materia de tributos cedidos, tributos propios y medidas administrativas para el año 2010, en su disposición final primera, autoriza al Consejo de Gobierno para que en el plazo de un año desde la entrada en vigor de esta Ley, apruebe un Texto refundido que incluya todas las disposiciones legales vigentes aprobadas por la Comunidad Autónoma de la Región de Murcia en materia de tributos cedidos por el Estado a la Comunidad Autónoma de la Región de Murcia. La autorización de la refundición incluye la posibilidad de regularizar, aclarar y armonizar los textos legales que sean objeto del texto refundido.

En virtud de tal autorización se ha procedido a redactar el presente Texto Refundido, en el que se han incluido las modificaciones llevadas a cabo por las leyes de medidas en materia fiscal o tributaria promulgadas para los ejercicios 1997 a 2010, y otras normas con rango legal que han afectado a la regulación de estos tributos.

Asimismo, y dentro del ámbito de la autorización, se ha procurado en todo momento respetar, tanto el contenido material del texto de la Ley, como su estructura básica, acometiéndose solamente aquellas alteraciones de índole formal dirigidas a conseguir una mayor

---

[1] Ley 7/2018, de 3 de julio, de Parejas de Hecho de la Comunidad Autónoma de la Región de Murcia (BORM núm. 154, de 6 de julio de 2018): art. 15. **Régimen fiscal.**
«Los miembros de una pareja de hecho podrán acogerse a los mismos beneficios fiscales previstos en la legislación autonómica atribuidos a los cónyuges».

coherencia y armonización interna del texto así como una mejor sistematización del mismo que facilite su manejo y utilización. En este sentido cabe resaltar, entre otras actuaciones, la actualización de todas las remisiones normativas que aparecen en el articulado, adaptándolas a los cambios legislativos estatales producidos desde la promulgación de las sucesivas leyes, como la Ley General Tributaria o la Ley de Cesión de Tributos.

Por tanto, en virtud de la autorización concedida en la disposición final primera de la Ley 13/2009, de 23 de diciembre, de medidas en materia de tributos cedidos, tributos propios y medidas administrativas para el año 2010, a propuesta de la Consejera de Economía y Hacienda, de acuerdo con el Consejo Jurídico de la Región de Murcia, y previa deliberación y acuerdo del Consejo de Gobierno en su reunión de fecha 5 de noviembre de 2010,

Dispongo:

Artículo único. *Aprobación del Texto Refundido.*

Se aprueba el Texto Refundido de las disposiciones legales vigentes en la Región de Murcia en materia de Tributos Cedidos.

Disposición Transitoria Única. *Régimen aplicable a los hechos imponibles.*

Los hechos imponibles declarados a partir de la entrada en vigor del presente Texto Refundido se regularán por la legislación vigente en el momento del devengo.

Disposición Derogatoria Única. *Derogación normativa.*

En virtud de su incorporación al Texto Refundido que se aprueba por este Decreto Legislativo, quedan derogadas las siguientes disposiciones:

a) Ley 13/1997, de 23 de diciembre, de medidas fiscales, presupuestarias y administrativas: artículos 1 al 3; Disposición Adicional Segunda; Disposiciones Transitorias Primera y Segunda.

b) Ley 11/1998, de 28 de diciembre, de Medidas Financieras, Administrativas y de Función Pública Regional: artículos 1 al 3; Disposición Adicional Segunda; Disposición Transitoria Primera y Segunda.

c) Ley 9/1999, de 27 de diciembre, de Medidas Tributarias y de Modificación de diversas Leyes regionales en materia de Tasas, Puertos, Educación, Juego y Apuestas y Construcción y Explotación de Infraestructuras: artículos 1 al 3; Disposición Adicional Segunda.

d) Ley 7/2000, de 29 de diciembre, de Medidas Tributarias y en materia de Juego, Apuestas y Función Pública: artículos 1 y 2; Disposición Transitoria Primera.

e) Ley 7/2001, de 20 diciembre, de Medidas Fiscales en materia de Tributos Cedidos y Tasas Regionales: artículos 1 y 2; Disposición Adicional Primera; Disposición Transitoria.

f) Ley 15/2002, de 23 de diciembre, de Medidas Tributarias en Materia de Tributos Cedidos y Tasas Regionales (año 2003): artículos 1 al 6; Disposición Transitoria.

g) Ley 4/2003, de 10 de abril, de Regulación de los tipos aplicables en el Impuesto sobre Transmisiones Patrimoniales y Actos Jurídicos Documentados a las viviendas acogidas al Plan de Vivienda Joven de la Región de Murcia, excepto su Disposición Adicional Primera.

h) Ley 8/2003, de 21 de noviembre, de establecimiento de una deducción autonómica en el impuesto sobre sucesiones y donaciones para las adquisiciones «Mortis causa» por descendientes y adoptados menores de veintiún años.

i) Ley 8/2004, de 28 de diciembre, de medidas administrativas, tributarias, de tasas y de función pública: artículos 1 al 9, excepto el 6; Disposiciones Transitorias Primera y Segunda.

j) Ley 9/2005, de 29 de diciembre, de Medidas Tributarias en materia de Tributos Cedidos y Tributos Propios año 2006: artículos 1 al 4; Disposiciones Transitorias Primera y Segunda.

k) Ley 4/2006, de 26 de mayo, de establecimiento de una bonificación autonómica en el Impuesto sobre Transmisiones Patrimoniales y Actos Jurídicos Documentados para determinadas operaciones realizadas por las comunidades de usuarios de agua de la Región de Murcia.

l) Ley 12/2006, de 27 de diciembre, de Medidas Fiscales, Administrativas y de Orden Social para el año 2007: artículos 1 al 4; Disposición Transitoria Segunda.

m) Ley 11/2007, de 27 de diciembre, de Medidas Tributarias en materia de Tributos Cedidos y Tributos Propios, año 2008: artículos 1 al 5; Disposición Transitoria Primera.

n) Ley 7/2008, de 26 de diciembre, de Medidas Tributarias y Administrativas en materia de Tributos Cedidos, Tributos Propios y Tasas Regionales para el año 2009: artículos 1 y 2.

ñ) Ley 13/2009, de 23 de diciembre, de medidas en materia de tributos cedidos, tributos propios y medidas administrativas para el año 2010: artículos 1 al 5; Disposición Transitoria Única.

Disposición Final Única. *Entrada en vigor*.

El presente Decreto Legislativo y el Texto Refundido que aprueba entrarán en vigor el día siguiente a su publicación en el «Boletín Oficial de la Región de Murcia».

TEXTO REFUNDIDO DE LAS DISPOSICIONES LEGALES VIGENTES EN LA REGIÓN DE MURCIA EN MATERIA DE TRIBUTOS CEDIDOS

TÍTULO I. REGULACIÓN EN MATERIA DE TRIBUTOS CEDIDOS

CAPÍTULO I. Impuesto sobre la Renta de las Personas Físicas

Artículo 1[2]. *Deducciones autonómicas en el Impuesto sobre la Renta de las Personas Físicas*.
Uno[3]. *Deducción por inversión en vivienda habitual.*
1[4].

---

[2]   Con anterioridad a esta norma, dichas medidas se recogían en: art. 1 y Disp. Transitoria primera de la Ley 7/2000, de 29 diciembre, de Medidas tributarias y en materia de juego, apuestas y función pública; art. 1 Ley 15/2002, de 23 de diciembre, de Medidas Tributarias en Materia de Tributos Cedidos y Tasas Regionales; art. 1 de la Ley 8/2004, de 28 diciembre, de Medidas administrativas, tributarias, de tasas y de función; art. 1 de la Ley 12/2006, de 27 de diciembre, de Medidas Fiscales, Administrativas y de Orden Social para el año 2007; Disposición Transitoria Primera de la Ley 11/2007, de 27 diciembre, de Medidas Tributarias en materia de Tributos Cedidos y Tributos Propios, año 2008; art. 1 de la Ley 7/2008, de 26 diciembre, Medidas Tributarias y Administrativas en materia de Tributos cedidos, Tributos propios y Tasas Regionales para el año 2009 y Disp. Transitoria Única de la Ley 13/2009, de 23 de diciembre, de medidas en materia de tributos cedidos, tributos propios y medidas administrativas para el año 2010.

[3]   Se modifica el apartado Uno del artículo 1, renumerando los subapartados 2, 3, 4, 5, 6, 7, 8 y 9, que pasan a ser los subapartados 1, 2, 3, 4, 5, 6, 7 y 8 por el art. 1.Uno de la Ley 14/2013, de 30 de diciembre, de medidas tributarias, administrativas y de función pública, (BORM núm. 300, de 30 de diciembre de 2013), en vigor desde el 31 de diciembre de 2013.

[4]   Apartado derogado por la Disposición derogatoria segunda letra a) de la Ley 14/2012, de 27 de diciembre, de medidas tributarias, administrativas y de reordenación del sector público regional, (BORM núm. 301,

1[5]. De acuerdo con lo dispuesto en el artículo 46.1 c), de la Ley 22/2009, de 18 de diciembre, por la que se regula el sistema de financiación de las comunidades autónomas de régimen común y ciudades con Estatuto de Autonomía y se modifican determinadas normas tributarias, se establece una deducción por inversión en vivienda habitual del 5 por 100 sobre la base de deducción, que podrán aplicar los contribuyentes con residencia habitual en la Región de Murcia cuya edad sea igual o inferior a 40 años en el momento del devengo del impuesto y cuya base imponible sea inferior a 40.000 euros, siempre que la base imponible del ahorro no supere los 1.800 euros.

2. La base de esta deducción estará constituida por las cantidades satisfechas para la adquisición o rehabilitación de la vivienda incluidos los gastos originarios que hayan corrido a cargo del contribuyente, y, en el caso de financiación ajena, la amortización, los intereses y demás gastos derivados de la misma.

3. Para poder aplicar esta deducción, será requisito indispensable que las cantidades satisfechas en el ejercicio por la adquisición de la vivienda que constituya o vaya a constituir la vivienda habitual, lo sean en viviendas de nueva construcción. A estos efectos se considerará vivienda nueva aquella cuya adquisición represente la primera transmisión de la misma con posterioridad a la declaración de obra nueva, siempre que no hayan transcurrido tres años desde ésta.

4. Se entenderá por vivienda habitual la vivienda en la que el contribuyente resida por un plazo continuado de tres años. No obstante, se entenderá que la vivienda tuvo aquel carácter cuando, a pesar de no haber transcurrido dicho plazo, se produzca el fallecimiento del contribuyente o concurran circunstancias que necesariamente exijan el cambio de vivienda, tales como separación matrimonial, traslado laboral, obtención de primer empleo, de empleo más ventajoso u otros análogos.

---

de 31 de diciembre de 2012), con efectos desde el 1 de enero de 2013.

Redacción anterior dada por el art. 1.uno de la Ley 7/2011, de 26 de diciembre, de medidas fiscales y de fomento económico en la Región de Murcia, (BORM núm. 301, de 31 de diciembre de 2011), con efectos desde el 1 de enero de 2011. La redacción anterior procede del art. 54.Dos de la Ley 4/2010, de 27 de diciembre, de Presupuestos Generales de la Comunidad Autónoma de la Región de Murcia para el ejercicio 2011, en vigor desde el 1 de enero de 2011.

[5]   Nueva redacción dada por el art. 55.Uno de la Ley 4/2023, de 28 de diciembre, de Presupuestos Generales de la Comunidad Autónoma de la Región de Murcia para el ejercicio 2024.(BORM núm. 19, de 29 de diciembre de 2023), con efectos desde el 1 de enero de 2024.

Redacción anterior dada por el art. 1.uno de la Ley 7/2011, de 26 de diciembre, de medidas fiscales y de fomento económico en la Región de Murcia (BORM núm. 301, de 31 de diciembre de 2011), con efectos desde el 1 de enero de 2012: «*1. De acuerdo con lo dispuesto en el artículo 46.1.c), de la Ley 22/2009, de 18 de diciembre, por la que se regula el sistema de financiación de las comunidades autónomas de régimen común y ciudades con Estatuto de Autonomía y se modifican determinadas normas tributarias, se establece una deducción por inversión en vivienda habitual del 5 por 100 sobre la base de deducción, que podrán aplicar los contribuyentes con residencia habitual en la Región de Murcia cuya edad sea igual o inferior a 35 años en el momento del devengo del impuesto y cuya base imponible sea inferior a 24.107,2 €, siempre que la base imponible del ahorro no supere los 1.800 €*».

La redacción anterior, aunque la entrada en vigor del Decreto Legislativo es de 31 de enero de 2011, no ha recogido la nueva redacción dada por el art. 54.Tres de la Ley 4/2010, de 27 de diciembre, de Presupuestos Generales de la Comunidad Autónoma de la Región de Murcia para el ejercicio 2011, en vigor desde el 1 de enero de 2011.

5. Se considerará rehabilitación de vivienda las obras en la misma que cumplan cualquiera de los siguientes requisitos:

a) Que hayan sido calificadas o declaradas como actuación protegida en materia de rehabilitación de viviendas en los términos previstos en el Real Decreto 2066/2008, de 12 de diciembre, por el que se regula el Plan Estatal de Vivienda y Rehabilitación 2009-2012, o con aquellas normas de ámbito estatal o autonómico que las sustituyan.

b) Los establecidos en la normativa reguladora del Impuesto sobre la Renta de las Personas Físicas

6. La base máxima de esta deducción vendrá constituida por el importe anual establecido como límite para la deducción de vivienda habitual contemplada en la normativa estatal, minorado en aquellas cantidades que constituyan para el contribuyente base de dicha deducción estatal, sin que en ningún caso la diferencia pueda ser negativa.

En todo caso, el importe de la deducción prevista en el apartado 2 del artículo 1, Uno, del presente Texto Refundido no podrá superar los 300 euros anuales.

7. Las limitaciones a la deducción cuando se hubiera disfrutado de la deducción por otras viviendas habituales anteriores, cuando la enajenación de una vivienda habitual hubiera generado una ganancia patrimonial exenta por reinversión, así como las especialidades en caso de tributación conjunta, serán las establecidas con carácter general en la normativa estatal reguladora del Impuesto sobre la Renta de las Personas Físicas.

8[6]. La presente deducción requerirá que el importe comprobado del patrimonio del sujeto pasivo, al finalizar el período de la imposición, exceda del valor que arrojase su comprobación al final del mismo, al menos en la cuantía de las inversiones realizadas, de acuerdo con los requisitos establecidos con carácter general por la normativa estatal reguladora del Impuesto sobre la Renta de las Personas Físicas.

9[7]. La presente deducción será incompatible con la deducción por adquisición de nueva vivienda habitual o ampliación de la vivienda habitual actual por familias numerosas, establecida en el apartado Quince del presente artículo.

Dos[8]. *Deducciones por donaciones.*

---

[6]　Nueva redacción del subapartado 8 del art. 1.Uno dada por el art. 1.Dos de la Ley 14/2013, de 30 de diciembre, de medidas tributarias, administrativas y de función pública, (BORM núm. 300, de 30 de diciembre de 2013), en vigor desde el 31 de diciembre de 2013.

[7]　Nuevo apartado incorporado por el art. 55.Dos de la Ley 4/2023, de 28 de diciembre, de Presupuestos Generales de la Comunidad Autónoma de la Región de Murcia para el ejercicio 2024.(BORM núm. 19, de 29 de diciembre de 2023), con efectos desde el 1 de enero de 2024.

[8]　Nueva redacción del art. 1.Dos dada por la Disposición final primera Uno de la Ley 4/2022, de 16 de junio, de mecenazgo de la Región de Murcia y de modificación del Decreto Legislativo 1/2010, de 5 de noviembre, por el que se aprueba el texto refundido de las disposiciones legales vigentes en la Región de Murcia en materia de tributos cedidos (BORM núm. 149, de 30 de junio de 2022), **en vigor desde el 1 de enero de 2023.**

Redacción anterior dada por el art. 56.uno de la Ley 1/2016, de 5 de febrero, de Presupuestos Generales de la Comunidad Autónoma de la Región de Murcia para el ejercicio 2016 (BORM núm. 30, de 6 de febrero de 2016), con efectos desde el 1 de enero de 2016: *«Dos deducciones por donativos.*

1. De acuerdo con lo establecido en el artículo 46.1.c) de la Ley 22/2009, de 18 de diciembre, por la que se regula el sistema de financiación de las Comunidades autónomas de régimen común y Ciudades con Estatuto de Autonomía y se modifican determinadas normas tributarias, se establece una deducción en la cuota íntegra autonómica por las donaciones dinerarias puras y simples efectuadas durante el período impositivo, de acuerdo con las siguientes condiciones: [Enumeración como apartado 1 dada el art. 56.Uno de la Ley 1/2017, de 9 de enero, de Presupuestos Generales de la Comunidad Autónoma de la Región de Murcia para el ejercicio 2017 (BORM núm. 7, de 11 de enero de 2017), con efectos desde el 1 de enero de 2017].

a) El importe a deducir será el 50% de las cantidades donadas [Redacción dada por el art. 1.Uno del Decreto-ley 7/2020, de 18 de junio, de medidas de dinamización y reactivación de la economía regional con motivo de la crisis sanitaria (COVID-19), (BORM núm. 140, de 19 de junio de 2020), en vigor desde el 19 de junio de 2020. Redacción anterior: «a) El importe a deducir será el 30% de las cantidades donadas»].

b) Las donaciones deberán realizarse a favor de cualquiera de las siguientes entidades:

1.º) La Comunidad Autónoma de la Región de Murcia, así como las entidades dependientes del sector público autonómico.

2.º) Las fundaciones que persigan exclusivamente fines culturales, las asociaciones culturales y deportivas que hayan sido declaradas de utilidad pública y las federaciones deportivas, que se encuentren inscritas en los Registros respectivos de la Comunidad Autónoma de la Región de Murcia.

c) En todo caso, las cantidades donadas deberán tener como destino la protección del patrimonio cultural de la Región de Murcia o la promoción de actividades culturales y deportivas.

d) La aplicación de la deducción requerirá la emisión por parte de la entidad donataria de certificación que contenga los siguientes datos:

1.º) El número de identificación fiscal del donante y de la entidad donataria, importe y fecha del donativo. La entrega del importe donado deberá realizarse necesariamente mediante transferencia bancaria, cuyos datos identificativos deberán asimismo constar en la certificación.

2.º) Mención expresa de que la donación se ha efectuado de manera irrevocable y de que la misma se ha aceptado.

e) En el caso en que por las cantidades donadas el contribuyente aplique las deducciones estatales por donativos previstas en la normativa reguladora del Impuesto sobre la Renta de las Personas Físicas, la base de deducción autonómica se minorará en las cantidades que constituyan la base de deducción en aquellas.

2. De acuerdo con lo establecido en el artículo 46.1.c) de la Ley 22/2009, de 18 de diciembre, por la que se regula el sistema de financiación de las Comunidades autónomas de régimen común y Ciudades con Estatuto de Autonomía y se modifican determinadas normas tributarias, se establece una deducción en la cuota íntegra autonómica por las donaciones dinerarias puras y simples efectuadas durante el período impositivo, de acuerdo con las siguientes condiciones [Apartado 2 incorporado por el art. 56.Uno de la Ley 1/2017, de 9 de enero, de Presupuestos Generales de la Comunidad Autónoma de la Región de Murcia para el ejercicio 2017 (BORM núm. 7, de 11 de enero de 2017), con efectos desde el 1 de enero de 2017].

a) El importe a deducir será el 50% de las cantidades donadas [redacción dada por el art. 1.Uno del Decreto-ley 7/2020, de 18 de junio, de medidas de dinamización y reactivación de la economía regional con motivo de la crisis sanitaria (COVID-19), (BORM núm. 140, de 19 de junio de 2020), en vigor desde el 19 de junio de 2020. Redacción anterior: "a) El importe a deducir será el 30% de las cantidades donadas"].

b) En todo caso, las cantidades donadas deberán tener como destino la investigación biosanitaria a que se refiere la Ley 4/1994, de 26 de julio, de Salud de la Región de Murcia.

c) Las donaciones deberán realizarse a favor de cualquiera de las siguientes entidades:

1.º) La Comunidad Autónoma de la Región de Murcia, así como las entidades dependientes del sector público autonómico que ejerzan la actividad reseñada en la letra b). A estos efectos, se incluye a las universidades públicas de la Comunidad Autónoma de la Región de Murcia.

2.º) Las entidades sin fines lucrativos a que se refieren los artículos 2 y 3 de la Ley 49/2002, de 23 de diciembre, de régimen fiscal de las entidades sin fines lucrativos y de los incentivos fiscales al mecenazgo, siempre que entre sus fines principales se encuentre alguno de los reseñados en la letra b) y se hallen inscritas en los registros correspondientes de la Comunidad Autónoma de la Región de Murcia.

d) La aplicación de la deducción requerirá la emisión por parte de la entidad donataria de certificación que contenga los siguientes datos:

1. De acuerdo con lo establecido en el artículo 46.1.c) de la Ley 22/2009, de 18 de diciembre, por la que se regula el sistema de financiación de las Comunidades autónomas de régimen común y Ciudades con Estatuto de Autonomía y se modifican determinadas normas tributarias, se establece una deducción en la cuota íntegra autonómica por las donaciones dinerarias puras y simples efectuadas durante el período impositivo, de acuerdo con las siguientes condiciones:

a) El importe a deducir será el 50% de las cantidades donadas.

b) Las donaciones deberán realizarse a favor de cualquiera de los titulares de los proyectos que reciben aportaciones del mecenas recogidos en el artículo 3 de la Ley de Mecenazgo de la Región de Murcia.

c) En todo caso, las cantidades donadas deberán tener como destino la protección del patrimonio cultural de la Región de Murcia o la promoción de actividades culturales, artísticas, sociales, científico-tecnológicas y medioambientales.

d) En el caso de que por las cantidades donadas el contribuyente aplique las deducciones estatales por donativos previstas en la normativa reguladora del Impuesto sobre la Renta de las Personas Físicas, la base de deducción autonómica se minorará en las cantidades que constituyan la base de deducción en aquellas.

2. De acuerdo con lo establecido en el artículo 46.1.c) de la Ley 22/2009, de 18 de diciembre, por la que se regula el sistema de financiación de las Comunidades autónomas de régimen común y Ciudades con Estatuto de Autonomía y se modifican determinadas normas tributarias, se establece una deducción en la cuota íntegra autonómica por las donaciones

1.°) El número de identificación fiscal del donante y de la entidad donataria, importe y fecha del donativo. La entrega del importe donado deberá realizarse necesariamente mediante transferencia bancaria, cuyos datos identificativos deberán asimismo constar en la certificación.

2.°) Mención expresa de que la donación se ha efectuado de manera irrevocable y de que la misma se ha aceptado.

e) En el caso en que por las cantidades donadas el contribuyente aplique las deducciones estatales por donativos previstas en la normativa reguladora del Impuesto sobre la Renta de las Personas Físicas, la base de deducción autonómica se minorará en las cantidades que constituyan la base de deducción en aquéllas».

Redacción anterior: «Deducciones por donativos.

De acuerdo con lo establecido en el artículo 46.1.c) de la Ley 22/2009, de 18 de diciembre, por la que se regula el sistema de financiación de las Comunidades autónomas de régimen común y Ciudades con Estatuto de Autonomía y se modifican determinadas normas tributarias, se establece una deducción autonómica por donativos, con las siguientes condiciones:

a) Las donaciones dinerarias a la Comunidad Autónoma de la Región de Murcia, así como a las entidades institucionales dependientes de la misma y a fundaciones que tengan como fines primordiales el desarrollo de actuaciones de protección del patrimonio histórico de la Región de Murcia, y que tengan administrativamente reconocida tal condición, podrán ser objeto de una deducción del 30%.

b) Esta deducción es incompatible con la deducción por donativos a esas mismas fundaciones regulada en la normativa estatal del Impuesto sobre la Renta de las Personas Físicas. La base máxima de esta deducción será la establecida con carácter general por la normativa estatal reguladora del Impuesto sobre la Renta de las Personas Físicas, como límite para la deducción por donativos, minorada en aquellas cantidades que constituyan para el contribuyente base de dichas deducciones.

c) El reconocimiento de la finalidad enunciada en el apartado a) en dichas fundaciones deberá ser declarado con carácter previo mediante resolución expresa de la Dirección General de Tributos, de acuerdo con el procedimiento que se establezca con carácter reglamentario».

dinerarias puras y simples efectuadas durante el período impositivo, de acuerdo con las siguientes condiciones:

a) El importe a deducir será el 50% de las cantidades donadas.

b) En todo caso, las cantidades donadas deberán tener como destino la investigación biosanitaria a que se refiere la Ley 4/1994, de 26 de julio, de Salud de la Región de Murcia.

c) Las donaciones deberán realizarse a favor de cualquiera de las siguientes entidades:

1.º) La Comunidad Autónoma de la Región de Murcia, así como las entidades dependientes del sector público autonómico que ejerzan la actividad reseñada en la letra b). A estos efectos, se incluye a las universidades públicas de la Comunidad Autónoma de la Región de Murcia.

2.º) Las entidades sin fines lucrativos a que se refieren los artículos 2 y 3 de la Ley 49/2002, de 23 de diciembre, de régimen fiscal de las entidades sin fines lucrativos y de los incentivos fiscales al mecenazgo, siempre que entre sus fines principales se encuentre alguno de los reseñados en la letra b) y se hallen inscritas en los registros correspondientes de la Comunidad Autónoma de la Región de Murcia.

d) En el caso en que por las cantidades donadas el contribuyente aplique las deducciones estatales por donativos previstas en la normativa reguladora del Impuesto sobre la Renta de las Personas Físicas, la base de deducción autonómica se minorará en las cantidades que constituyan la base de deducción en aquellas.

3. Los contribuyentes podrán deducirse de la cuota íntegra autonómica del impuesto el 15% de las donaciones puras y simples efectuadas durante el período impositivo de bienes que, formando parte del patrimonio cultural de la Comunidad Autónoma de la Región de Murcia, se encuentren inscritos en el Inventario del Patrimonio Cultural de la Comunidad Autónoma de la Región de Murcia, siempre que se realicen a favor de cualquiera de las siguientes entidades:

a) La Comunidad Autónoma de la Región de Murcia y las Corporaciones Locales de la Región, así como las Entidades Públicas de carácter cultural dependientes de cualquiera de ellas.

b) Las universidades que desarrollen su actividad docente e investigadora en el territorio de la Región, los Centros de Investigación y los Centros Superiores de Enseñanzas Artísticas de la Región.

c) Las Entidades sin fines lucrativos reguladas en los apartados a) y b) del artículo 2 de la Ley 49/2002, de 23 de diciembre, de Régimen Fiscal de las Entidades sin Fines Lucrativos y de los Incentivos Fiscales al Mecenazgo, siempre que persistan fines de naturaleza exclusivamente cultural y se hallen inscritas en los correspondientes registros de la Comunidad Autónoma de la Región de Murcia.

La base de la deducción será el valor contable que tuviesen los bienes donados en el momento de la transmisión y, en su defecto, el valor determinado conforme a las normas del impuesto sobre el patrimonio.

El valor determinado de acuerdo con lo dispuesto en el apartado anterior tendrá como límite máximo el valor normal en el mercado del bien o derecho transmitido en el momento de su transmisión.

4. Las deducciones establecidas en este artículo resultarán incompatibles con el crédito fiscal a que se refiere el artículo 12 de la Ley de Mecenazgo de la Comunidad Autónoma de la Región de Murcia, en tanto el referido crédito fiscal permanezca vigente.

5. La efectividad de los donativos y aportaciones deducibles se justificará mediante certificación expedida por la entidad beneficiaria, que contenga los siguientes datos:

a) El número de identificación fiscal y los datos de identificación personal del donante y de la entidad donataria.

b) Mención expresa de que la entidad donataria se encuentra incluida en las reguladas en el artículo 3 de la Ley de Mecenazgo de la Región de Murcia.

c) Fecha e importe del donativo cuando este sea dinerario.

d) Documento público u otro documento auténtico que acredite la entrega del bien donado cuando no se trate de donativos en dinero. Cuando se trate de dinero la entrega del importe donado deberá realizarse necesariamente mediante transferencia bancaria, cuyos datos identificativos deberán asimismo constar en la certificación.

e) Destino que la entidad donataria dará al objeto donado en el cumplimiento de su finalidad específica.

f) Mención expresa del carácter irrevocable de la donación, sin perjuicio de lo establecido en las normas imperativas civiles que regulan la revocación de donaciones.

Tres[9]. *Deducción por gastos de guardería.*

De acuerdo con lo establecido en el artículo 46.1.c) de la Ley 22/2009, de 18 de diciembre, por la que se regula el sistema de financiación de las Comunidades autónomas de régimen común y Ciudades con Estatuto de Autonomía y se modifican determinadas normas tributarias, se establece una deducción autonómica por gastos de guardería, con las siguientes condiciones:

1. Los contribuyentes podrán deducir el 20 por 100 de las cantidades satisfechas por gastos educativos originados durante el período impositivo por los hijos o descendientes por los que tengan derecho al mínimo por descendientes regulado en el artículo 58 de la Ley 35/2006, de 28 de noviembre, del Impuesto sobre la Renta de las Personas Físicas, y de modificación parcial de las Leyes de los Impuestos sobre Sociedades, sobre la Renta de No Residentes y sobre el Patrimonio, correspondientes a la etapa de Primer Ciclo de Educación Infantil a que se refiere el artículo 14.1 de la Ley Orgánica 2/2006, de 3 de mayo, de Educación, cursada en centros autorizados e inscritos por la Consejería competente en materia de educación.

2. La base de deducción estará constituida por las cantidades satisfechas por los conceptos de custodia, alimentación y adquisición de vestuario de uso exclusivo escolar. A estos efectos las cantidades satisfechas a guarderías y centros de educación infantil por la preinscripción y matrícula de dichos menores se considerarán gastos de custodia. Dicha base de deducción se minorará en el importe de las becas y ayudas obtenidas de cualquier Administración Pública que cubran todos o parte de los gastos citados.

3. La cantidad a deducir no excederá de 1.000 euros por cada uno de los hijos o descendientes que generen el derecho a la deducción.

4. Será requisito para la aplicación de esta deducción que la cantidad resultante de la suma de la base imponible general y de la base imponible del ahorro no supere la cantidad de 30.000 euros, en declaraciones individuales y 50.000 euros en declaraciones conjuntas.

---

[9]   Nueva redacción dada por el art. 56.Uno.1 de la Ley 14/2018, de 26 de diciembre, de Presupuestos Generales de la Comunidad Autónoma de la Región de Murcia para el año 2019 (BORM núm. 298, de 28 de diciembre de 2018), en vigor desde el 1 de enero de 2019.

5. Solo tendrán derecho a practicar la deducción los contribuyentes que convivan con los menores escolarizados. Cuando el menor conviva con más de un progenitor, tutor o adoptante, el importe de la deducción se prorrateará por partes iguales en la declaración de cada uno de ellos, en caso de que optaran por tributación individual.

6. Los contribuyentes deberán conservar, durante el plazo máximo de prescripción, las facturas acreditativas de los gastos previstos en el apartado 1.

Cuatro. *Deducción autonómica por inversiones en dispositivos domésticos de ahorro de agua.*

1. De acuerdo con lo previsto en el artículo 46.1.c) de la Ley 22/2009, de 18 de diciembre, por la que se regula el sistema de financiación de las Comunidades autónomas de régimen común y Ciudades con Estatuto de Autonomía y se modifican determinadas normas tributarias, se establece para los contribuyentes del Impuesto sobre la Renta de las Personas Físicas con residencia habitual en la Región de Murcia una deducción en el tramo autonómico del citado Impuesto del 20 % de las inversiones realizadas en dispositivos domésticos de ahorro de agua, de acuerdo con lo establecido en el artículo 4 de la Ley 6/2006, de 21 de julio, de ahorro de agua, sobre incremento de las medidas de ahorro y conservación en el consumo de agua en la Comunidad Autónoma de la Región de Murcia.

2. La base de esta deducción estará constituida por las cantidades satisfechas para la adquisición e instalación de los dispositivos domésticos de ahorro de agua que hayan corrido a cargo del contribuyente.

3. Para poder aplicar esta deducción, será requisito indispensable que las cantidades satisfechas en el ejercicio lo sean para la adquisición e instalación de los dispositivos domésticos de ahorro de agua en viviendas que constituyan la vivienda habitual del contribuyente, conforme a la definición que de la misma se realiza en el artículo 1, Uno, 5, de este Texto Refundido.

4. La base máxima anual de esta deducción se establece en la cantidad de 300 euros, sin que, en todo caso, el importe de la citada deducción pueda superar los 60 euros anuales.

5. La deducción establecida en este apartado Cuatro requerirá el reconocimiento previo de la Administración regional sobre su procedencia en la forma que reglamentariamente se determine, consistiendo en todo caso en un procedimiento de un solo y simple acto que dé la máxima facilidad al contribuyente.

Cinco[10]. *Deducción por inversión en instalaciones de recursos energéticos renovables.*

---

[10] Nueva redacción del apartado cinco dada por el art. 55.Tres de la Ley 4/2023, de 28 de diciembre, de Presupuestos Generales de la Comunidad Autónoma de la Región de Murcia para el ejercicio 2024.(BORM núm. 19, de 29 de diciembre de 2023), con efectos desde el 1 de enero de 2024.
Redacción anterior: «*Deducción por inversión en instalaciones de recursos energéticos renovables.*
1. De acuerdo con lo previsto en el artículo 46.1.c) de la Ley 22/2009, de 18 de diciembre, por la que se regula el sistema de financiación de las Comunidades autónomas de régimen común y Ciudades con Estatuto de Autonomía y se modifican determinadas normas tributarias, se establece para los contribuyentes del Impuesto sobre la Renta de las Personas Físicas con residencia habitual en la Región de Murcia una deducción en el tramo autonómico del citado Impuesto del 10% de las inversiones realizadas en ejecución de proyectos de instalación de los recursos energéticos procedentes de las fuentes de energías renovables que se citan: solar térmica y fotovoltaica y eólica.
2. La base de esta deducción estará constituida por las cantidades satisfechas para la adquisición e instalación de los recursos energéticos renovables que hayan corrido a cargo del contribuyente.

1. De acuerdo con lo establecido en el artículo 46.1.c) de la Ley 22/2009, de 18 de diciembre, por la que se regula el sistema de financiación de las comunidades autónomas de régimen común y Ciudades con Estatuto de Autonomía y se modifican determinadas normas tributarias, se establece una deducción en la cuota íntegra autonómica por la inversión en instalación de sistemas destinados al aprovechamiento de energías renovables, de acuerdo con las siguientes condiciones:

2. Solo darán derecho a la deducción las inversiones en la adquisición e instalación en la vivienda habitual de sistemas que empleen energías renovables destinadas exclusivamente al autoconsumo para las que se haya presentado la declaración responsable ante el órgano competente, cuando esta venga exigida por la normativa aplicable.

En el caso del sistema de aprovechamiento de energía fotovoltaica, la deducción no será aplicable a la modalidad con excedentes no acogida a compensación.

El concepto de vivienda habitual será el contemplado en la normativa reguladora del Impuesto sobre la Renta de las Personas Físicas.

Se entiende por energías renovables aquellas a las que se refiere el artículo 2.a) de la Directiva (UE) 2018/2001 del Parlamento Europeo y del Consejo, de 11 de diciembre de 2018, relativa al fomento del uso de energía procedente de fuentes renovables.

3. También resultará de aplicación esta deducción a las inversiones realizadas en viviendas destinadas al arrendamiento, siempre que este arrendamiento no tenga la consideración de actividad económica, según lo establecido en el artículo 27.2 de la Ley 35/2006, de 28 de noviembre, del Impuesto sobre la Renta de las Personas Físicas y de modificación parcial de las leyes de los Impuestos sobre Sociedades, sobre la Renta de no Residentes y sobre el Patrimonio.

4. La base de deducción estará constituida por las cantidades satisfechas por el contribuyente durante el ejercicio por la totalidad del coste de la instalación, con exclusión de las ayudas y subvenciones percibidas para esta finalidad.

En ningún caso el importe de la deducción podrá superar los 7.000 euros.

_____

3. Para poder aplicar esta deducción, será requisito indispensable que las cantidades satisfechas en el ejercicio lo sean para la adquisición e instalación de los recursos energéticos renovables en viviendas que constituyan o vayan a constituir la vivienda habitual del contribuyente, conforme a la definición que de la misma se realiza en el artículo 1, Uno, 5, de este Texto Refundido.

4. También resultará de aplicación esta deducción a las inversiones realizadas en la adquisición e instalación de los recursos energéticos renovables en viviendas destinadas al arrendamiento, siempre que este arrendamiento no tenga la consideración de actividad económica, según lo establecido en el artículo 27.2 de la Ley 35/2006, de 28 de noviembre, del Impuesto sobre la Renta de las Personas Físicas y de modificación parcial de las Leyes de los Impuestos sobre Sociedades, sobre la Renta de no Residentes y sobre el Patrimonio.

5. La base máxima anual de esta deducción se establece en la cantidad de 10.000 euros, sin que, en todo caso, el importe de la citada deducción pueda superar los 1.000 euros anuales.

6. La deducción establecida en este apartado Cinco requerirá el reconocimiento previo de la Administración regional sobre su procedencia en la forma que reglamentariamente se determine.

7. La deducción establecida en este apartado Cinco requerirá que el importe comprobado del patrimonio del contribuyente, al finalizar el periodo de la imposición, exceda del valor que arrojase su comprobación al comienzo del mismo, al menos en la cuantía de las inversiones realizadas, de acuerdo con los requisitos establecidos con carácter general por la normativa estatal reguladora del Impuesto sobre la Renta de las Personas Físicas».

El gasto de instalación energética se deberá justificar a través de factura emitida por instalador habilitado que debe cumplir todas las condiciones establecidas en el Reglamento por el que se regulan las obligaciones de facturación aprobado por el Real Decreto 1619/2012, de 30 de noviembre.

Las cantidades satisfechas a los instaladores que realicen la instalación deberán realizarse mediante tarjeta de crédito o débito, transferencia bancaria, cheque nominativo o ingreso en cuentas en entidades de crédito. En ningún caso darán derecho a practicar esta deducción las cantidades satisfechas mediante entregas de dinero de curso legal.

5. El importe de la deducción será el siguiente:

a) En caso de declaración individual:

1.º) Si la cantidad resultante de la suma de la base imponible general y de la base imponible del ahorro no supera los 35.000 euros, el 50 por 100 de la base de deducción.

2.º) Si cantidad resultante de la suma de la base imponible general y de la base imponible del ahorro es superior a 35.000 euros e inferior a 45.000 euros, el 37,50 por 100 de la base de deducción.

3.º) Si cantidad resultante de la suma de la base imponible general y de la base imponible del ahorro es superior a 45.000 euros y hasta 60.000 euros, el 25 por 100 de la base de deducción.

4.º) Si cantidad resultante de la suma de la base imponible general y de la base imponible del ahorro es superior a 60.000 euros, no habrá derecho a la deducción.

b) En caso de declaración conjunta:

1.º) Si la cantidad resultante de la suma de la base imponible general y de la base imponible del ahorro no supera los 50.000 euros, el 50 por 100 de la base de deducción.

2.º) Si cantidad resultante de la suma de la base imponible general y de la base imponible del ahorro es superior a 50.000 euros e inferior a 75.000 euros, el 37,50 por 100 de la base de deducción.

3.º) Si cantidad resultante de la suma de la base imponible general y de la base imponible del ahorro es superior a 75.000 euros y hasta 95.000 euros, el 25 por 100 de la base de deducción.

4.º) Si cantidad resultante de la suma de la base imponible general y de la base imponible del ahorro es superior a 95.000 euros, no habrá derecho a la deducción.

Cuando exista más de un contribuyente con derecho a practicar la deducción, el importe de la misma se prorrateará en la declaración de cada uno de ellos.

6. En el caso de que el importe de la deducción no pueda aplicarse en su totalidad en el periodo impositivo de la realización de la inversión, por superar el límite de la cuota íntegra autonómica, la cantidad restante podrá ser aplicada, como máximo, en los dos periodos impositivos posteriores.

7. En el caso de que la inversión se realice a través de una Comunidad de Propietarios, para tener acceso a la deducción por parte de los comuneros será necesario acreditar dicha inversión por medio de certificado emitido por el representante legal de la Comunidad, en el que se indique el coeficiente de participación y las aportaciones económicas que corresponda a cada comunero. La deducción podrá aplicarla cada uno de los propietarios individualmente en el porcentaje que le corresponda en la comunidad de propietarios.

8. La deducción solo será aplicable a las inversiones realizadas en viviendas radicadas en la Región de Murcia.

Seis[11].

Seis[12]. *Deducción por inversión en la adquisición de acciones o participaciones sociales en entidades nuevas o de reciente creación.*

1. Los contribuyentes podrán deducir en la cuota íntegra autonómica, y con un límite de 4.000 euros, el 20 % de las cantidades invertidas durante el ejercicio en la adquisición de acciones o participaciones sociales como consecuencia de acuerdos de constitución de sociedades o de ampliación de capital en sociedades anónimas, limitadas, anónimas laborales, limitadas laborales o cooperativas, siempre que se cumplan los siguientes requisitos:

a) La participación del contribuyente, computada junto con las del cónyuge o personas unidas por razón de parentesco, en línea directa o colateral, por consanguinidad o afinidad hasta el tercer grado incluido, no puede ser superior al 40 % del capital social de la sociedad objeto de la inversión o de sus derechos de voto en ningún momento y durante los tres años siguientes a la constitución o ampliación.

b) La entidad en la que hay que materializar la inversión debe cumplir los siguientes requisitos:

1. Debe tener el domicilio social y fiscal en la Comunidad Autónoma de la Región de Murcia y mantenerlo durante los tres años siguientes a la constitución o ampliación.

2. Debe desempeñar una actividad económica durante los tres años siguientes a la constitución o ampliación. A tal efecto, no debe tener por actividad principal la gestión de un patrimonio mobiliario o inmobiliario, de acuerdo con lo dispuesto en el artículo 4.Ocho. Dos. a) de la Ley 19/1991, de 6 de junio, del Impuesto sobre el Patrimonio.

3. Debe contar, como mínimo y desde el primer ejercicio fiscal, con una persona contratada con contrato laboral y a jornada completa, dadas de alta en el régimen general de la Seguridad Social, durante los tres años siguientes a la constitución o ampliación.

4. En caso de que la inversión se realizase mediante una ampliación de capital, la sociedad mercantil debió haber sido constituida en los tres años anteriores a la fecha de esta ampliación, y que además, durante los veinticuatro meses siguientes a la fecha del inicio del período impositivo del Impuesto sobre Sociedades en el que hubiese realizado la ampliación, su plantilla media se hubiese incrementado, al menos en dos personas, con respecto a la plantilla media de los doce meses anteriores, y que dicho incremento se mantenga durante un período adicional de otros veinticuatro meses.

Para el cálculo de la plantilla media total de la empresa y de su incremento se tomarán las personas empleadas, en los términos que disponga la legislación laboral, teniendo en cuenta la jornada contratada en relación a la jornada completa.

---

[11]   Apartado seis derogado por la Disposición derogatoria segunda letra b) de la Ley 14/2012, de 27 de diciembre, de medidas tributarias, administrativas y de reordenación del sector público regional, (BORM núm. 301, de 31 de diciembre de 2012), con efectos desde el 1 de enero de 2013. Dicho apartado derogado fue incorporado por el art. 1.dos de la Ley 7/2011, de 26 de diciembre, de medidas fiscales y de fomento económico en la Región de Murcia, (BORM núm. 301, de 31 de diciembre de 2011), con efectos desde el 1 de enero de 2012.

[12]   Nuevo apartado seis incorporado por la Disp. Final primera de la Ley 5/2013, de 8 de julio, de apoyo a los emprendedores y a la competitividad e internacionalización de las pequeñas y medianas empresas (PYMES) de la Región de Murcia (BORM núm. 158, de 10 de julio de 2013), en vigor desde el 11 de julio de 2013.

c) El contribuyente puede formar parte del consejo de administración de la sociedad en la que materializó la inversión, pero en ningún caso puede llevar a cabo funciones ejecutivas ni de dirección durante un plazo de diez años. Tampoco puede mantener una relación laboral con la entidad objeto de la inversión durante ese mismo plazo.

d) Las operaciones en las que sea aplicable la deducción deben formalizarse en escritura pública, en la que se debe especificar la identidad de los inversores y el importe de la inversión respectiva.

e) Las participaciones adquiridas deben mantenerse en el patrimonio del contribuyente durante un período mínimo de tres años, siguientes a la constitución o ampliación.

f) La aplicación de la deducción requerirá la comunicación previa a la Administración regional en la forma que reglamentariamente se determine.

2. El incumplimiento de los requisitos anteriores conlleva la pérdida del beneficio fiscal, de conformidad con la normativa estatal reguladora del Impuesto sobre la Renta de las Personas Físicas.

3. La deducción contenida en este apartado resultará incompatible, para las mismas inversiones, con la deducción autonómica por inversión en acciones de entidades que cotizan en el segmento de empresas en expansión del mercado alternativo bursátil.

Siete[13]. *Deducción por inversión en acciones de entidades que cotizan en el segmento de empresas en expansión del mercado alternativo bursátil.*

1. Los contribuyentes podrán deducir en la cuota íntegra autonómica, y con un límite de 10.000 euros, el 20 % de las cantidades invertidas durante el ejercicio en la adquisición de acciones como consecuencia de acuerdos de ampliación de capital suscritos por medio del segmento de empresas en expansión del mercado alternativo bursátil, aprobado por acuerdo del Consejo de Ministros de 30 de diciembre de 2005.

2. Para poder aplicar la deducción a la que se refiere el apartado 1 deben cumplirse los siguientes requisitos:

a) La participación conseguida por el contribuyente en la sociedad objeto de la inversión no puede ser superior al 10 % de su capital social.

b) Las acciones adquiridas deben mantenerse en el patrimonio del contribuyente durante un período de dos años, como mínimo.

c) La sociedad objeto de la inversión debe tener el domicilio social y fiscal en la Comunidad Autónoma de la Región de Murcia, y no debe tener como actividad principal la gestión de un patrimonio mobiliario o inmobiliario, de acuerdo con lo dispuesto por el artículo 4.Ocho. Dos. a) de la Ley 19/1991, de 6 de junio, del Impuesto sobre el Patrimonio.

d) Los requisitos indicados en las letras a) y c) anteriores deberán cumplirse durante todo el plazo de mantenimiento indicado en la letra b), contado desde la fecha de adquisición de la participación.

e) Las operaciones en las que sea aplicable la deducción deben formalizarse en escritura pública, en la que se debe especificar la identidad de los inversores y el importe de la inversión respectiva.

---

[13] Nuevo apartado siete incorporado por la Disp. Final primera de la Ley 5/2013, de 8 de julio, de apoyo a los emprendedores y a la competitividad e internacionalización de las pequeñas y medianas empresas (PYMES) de la Región de Murcia (BORM núm. 158, de 10 de julio de 2013), en vigor desde el 11 de julio de 2013.

f) La aplicación de la deducción requerirá la comunicación previa a la Administración regional en la forma que reglamentariamente se determine.

3. El incumplimiento de los requisitos anteriores conlleva la pérdida del beneficio fiscal, de conformidad con la normativa estatal reguladora del Impuesto sobre la Renta de las Personas Físicas.

4. La deducción contenida en este apartado resultará incompatible, para las mismas inversiones, con la deducción autonómica por inversión en la adquisición de acciones o participaciones sociales en entidades nuevas o de reciente creación.

Ocho[14]. *Deducción por gastos en la adquisición de material escolar y libros de texto.*

1. Los contribuyentes podrán aplicar una deducción autonómica por la adquisición de material escolar y libros de texto derivados de la escolarización de sus descendientes en el segundo ciclo de educación infantil, educación primaria y educación secundaria obligatoria.

2[15]. El importe de la deducción será de 120 euros por cada descendiente.

3[16]. Tendrán derecho a esta deducción quienes cumplan los siguientes requisitos:

a) En el supuesto de contribuyentes que no formen parte de una unidad familiar que tenga la condición legal de familia numerosa:

1.º) En caso de declaración individual, aquellos en que la cantidad resultante de la suma de la base imponible general y de la base imponible del ahorro no supere los 20.000 euros.

2.º) En caso de declaración conjunta, aquellos en que la cantidad resultante de la suma de la base imponible general y de la base imponible del ahorro no supere los 40.000 euros.

b) En el supuesto de contribuyentes que formen parte de una unidad familiar que tenga la condición legal de familia numerosa:

1.º) En caso de declaración individual, aquellos en que la cantidad resultante de la suma de la base imponible general y de la base imponible del ahorro no supere los 33.000 euros.

2.º) En caso de declaración conjunta, aquellos en que la cantidad resultante de la suma de la base imponible general y de la base imponible del ahorro no supere los 53.000 euros.

4[17]. La deducción corresponderá al ascendiente que haya satisfecho las cantidades destinadas a la adquisición de los libros de texto y del material escolar. Cuando exista más de un declarante con derecho a la aplicación de la deducción, el importe de la misma se prorrateará por partes iguales en la declaración de cada uno de ellos.

5. Para la aplicación de la presente deducción, sólo se tendrán en cuenta aquellos descendientes que den derecho a la aplicación del mínimo por descendientes en el artículo 58 de la Ley 35/2006, de 28 de noviembre, del Impuesto sobre la Renta de las Personas Físicas y

---

14   Nuevo apartado incorporado por el art. 56.Dos de la Ley 1/2016, de 5 de febrero, de Presupuestos Generales de la Comunidad Autónoma de la Región de Murcia para el ejercicio 2016 (BORM núm. 30, de 6 de febrero de 2016), con efectos desde el 1 de enero de 2016.

15   Nueva redacción dada por el art. 56.Uno de la Ley 7/2017, de 21 de diciembre, de Presupuestos Generales de la Comunidad Autónoma de la Región de Murcia para el ejercicio 2018 (BORM núm. 297, de 27 de diciembre de 2017), en vigor desde el 1 de enero de 2018.

16   Nueva redacción dada por el art. 56.Uno de la Ley 7/2017, de 21 de diciembre, de Presupuestos Generales de la Comunidad Autónoma de la Región de Murcia para el ejercicio 2018 (BORM núm. 297, de 27 de diciembre de 2017), en vigor desde el 1 de enero de 2018.

17   Nueva redacción dada por el art. 56.Uno.2 de la Ley 14/2018, de 26 de diciembre, de Presupuestos Generales de la Comunidad Autónoma de la Región de Murcia para el año 2019 (BORM núm. 298, de 28 de diciembre de 2018), en vigor desde el 1 de enero de 2019.

de modificación parcial de las leyes de los Impuestos sobre Sociedades, sobre la Renta de no Residentes y sobre el Patrimonio.

6. El importe de la deducción deberá minorarse, por cada descendiente, en la cantidad correspondiente a las becas y ayudas obtenidas en el período impositivo procedentes de la Comunidad Autónoma de la Región de Murcia o de cualquier otra Administración Pública, que cubra la totalidad o parte de los gastos por adquisición de material escolar o libros de texto.

Nueve[18]. *Deducción por nacimiento o adopción.*

1. Los contribuyentes podrán deducir, por cada hijo nacido o adoptado en el período impositivo en el que se produzca el nacimiento o la adopción, las siguientes cantidades:

a) 100 euros si se trata del primer hijo.

b) 200 euros si se trata del segundo hijo.

c) 300 euros si se trata del tercer hijo o sucesivos.

2. Será requisito para la aplicación de la deducción que la cantidad resultante de la suma de la base imponible general y de la base imponible del ahorro no supere la cantidad de 30.000 euros, en declaraciones individuales, y 50.000 euros en declaraciones conjuntas.

3. Cuando los hijos nacidos o adoptados en el periodo impositivo convivan con ambos progenitores o adoptantes y estos sean declarantes con derecho a la aplicación de la deducción, el importe de la misma se practicará por mitad en la declaración de cada uno de los progenitores o adoptantes, salvo que estos tributen presentando una única declaración conjunta, en cuyo caso se aplicará en la misma la totalidad del importe que corresponda por esta deducción.

4. En el caso de que el número de hijos de cada progenitor dé lugar a la aplicación de un importe diferente, ambos se aplicarán la deducción que corresponda en función del número de hijos preexistente. Si dándose esta circunstancia la declaración fuere conjunta, la deducción será la suma de lo que a cada uno correspondería si la declaración fuera individual, según lo dispuesto en el párrafo anterior.

Diez[19]. *Deducción autonómica para contribuyentes con discapacidad.*

1[20]. Los contribuyentes que tengan acreditado un grado de discapacidad igual o superior al 33% tendrán derecho a aplicar en la cuota íntegra autonómica del Impuesto sobre la Renta de las Personas Físicas una deducción de 120 euros.

---

2. Tendrán derecho a aplicar esta deducción aquellos contribuyentes cuando la suma de las bases imponibles general y del ahorro no sea superior a 19.000 euros en caso de tributación individual o a 24.000 euros en caso de tributación conjunta.

Once[21]. *Deducción autonómica por conciliación.*

1. Los contribuyentes que tengan contratada a una persona para atender o cuidar a descendientes menores por razones de conciliación por la que se efectúen cotizaciones por el Sistema Especial de Empleados de Hogar del Régimen General de la Seguridad Social podrán deducir el 20 por ciento de las cuotas ingresadas por tales cotizaciones con el límite de deducción de 400 euros anuales.

La deducción resultará aplicable por las cotizaciones efectuadas en los meses del periodo impositivo en los que el contribuyente tenga, al menos, un hijo menor de 12 años por el que se aplique el mínimo por descendientes.

2. Para la aplicación de la presente deducción deben cumplirse los siguientes requisitos:

a) El contribuyente debe estar en situación de alta en la Seguridad Social como empleador titular de un hogar familiar, tener contratada y cotizar por una o varias personas por el Sistema Especial de Empleados de Hogar del Régimen General de la Seguridad Social durante el periodo en que se pretenda aplicar la deducción.

b) La cantidad resultante de la suma de la base imponible general y de la base imponible del ahorro no debe superar la cantidad de 34.000 euros, en la unidad familiar

c) Que el titular del hogar familiar y, en su caso, su cónyuge o pareja de hecho, sean madres o padres de hijos que formen parte de la unidad familiar.

d) Que el titular del hogar familiar y, en su caso, el cónyuge o pareja de hecho que formen parte de la unidad familiar, perciban rendimientos del trabajo o de actividades económicas.

3[22]B La misma deducción podrán aplicar los contribuyentes que tengan contratada a una persona para atender o cuidar a mayores de 65 años que estén a su cuidado y por los que se apliquen el mínimo por ascendiente, siempre que se cumplan los siguientes requisitos:

a) El contribuyente debe estar en situación de alta en la Seguridad Social como empleador y tener contratada y cotizar por una o varias personas por el Sistema Especial de Empleados de Hogar del Régimen General de la Seguridad Social durante el periodo en que se pretenda aplicar la deducción.

b) La cantidad resultante de la suma de la base imponible general y de la base imponible del ahorro del contribuyente no debe superar la cantidad de 34.000 euros.

c) Que el contribuyente perciba rendimientos del trabajo o de actividades económicas.

Doce[23]. *Deducción por acogimiento no remunerado de mayores de sesenta y cinco años y/o personas con discapacidad.*

---

[21]   Apartado incorporado por art. 1.Dos del Decreto-ley 7/2020, de 18 de junio, de medidas de dinamización y reactivación de la economía regional con motivo de la crisis sanitaria (COVID-19), (BORM núm. 140, de 19 de junio de 2020), en efectos desde el 1 de enero de 2020.

[22]   Nuevo punto 3 incorporado por el art. 55.Cuatro de la Ley 4/2023, de 28 de diciembre, de Presupuestos Generales de la Comunidad Autónoma de la Región de Murcia para el ejercicio 2024.(BORM núm. 19, de 29 de diciembre de 2023), con efectos desde el 1 de enero de 2024.

[23]   Apartado incorporado por art. 1.Dos del Decreto-ley 7/2020, de 18 de junio, de medidas de dinamización y reactivación de la economía regional con motivo de la crisis sanitaria (COVID-19), (BORM núm. 140, de 19 de junio de 2020), en efectos desde el 1 de enero de 2020.

1. Los contribuyentes podrán deducir 600 euros por cada persona mayor de sesenta y cinco años o con discapacidad igual o superior al 33 por 100, que conviva con el contribuyente durante más de ciento ochenta y tres días al año en régimen de acogimiento sin contraprestación, cuando no diera lugar a la obtención de ayudas o subvenciones de la Comunidad de Autónoma de la Región de Murcia.

2. No se podrá practicar la presente deducción en el supuesto de acogimiento de mayores de sesenta y cinco años, cuando el acogido esté ligado al contribuyente por un vínculo de parentesco de consanguinidad o de afinidad de grado igual o inferior al cuarto.

3[24]. Cuando la persona acogida genere el derecho a la deducción para más de un contribuyente simultáneamente, el importe de la misma se prorrateará por partes iguales en la declaración de cada uno de ellos si optaran por tributación individual.

El contribuyente que desee gozar de la deducción deberá obtener certificado expedido por el órgano competente de la Administración regional acreditativo de que ni el contribuyente ni la persona acogida, han recibido ayudas de la Comunidad de Murcia vinculadas al acogimiento, y acreditar la convivencia en el domicilio de las personas acogidas mediante el correspondiente certificado de empadronamiento.

Trece[25]. *Deducción autonómica por arrendamiento de vivienda habitual.*

1. Los contribuyentes que durante el periodo impositivo satisfagan cantidades en concepto de alquiler de su vivienda habitual situada en la Comunidad Autónoma de la Región de Murcia podrán aplicar sobre la cuota íntegra autonómica una deducción del 10% de las cantidades no subvencionadas satisfechas en el ejercicio, con el límite de 300 euros anuales por contrato de arrendamiento, tanto en tributación individual como en conjunta.

2. La base de esta deducción estará constituida por las cantidades justificadas con factura o recibo satisfechas, mediante tarjeta de crédito o débito, transferencia bancaria, cheque nominativo o ingreso en cuentas en entidades de crédito, a las personas o entidades que sean arrendadores de la vivienda. En ningún caso, darán derecho a practicar esta deducción las cantidades satisfechas mediante entregas de dinero en efectivo.

3[26]. Para la aplicación de esta deducción deberán cumplirse los siguientes requisitos:

---

[24] Nueva redacción del punto 3 dada por el art. 55.Cinco de la Ley 4/2023, de 28 de diciembre, de Presupuestos Generales de la Comunidad Autónoma de la Región de Murcia para el ejercicio 2024.(BORM núm. 19, de 29 de diciembre de 2023), con efectos desde el 1 de enero de 2024.
Redacción anterior dada por art. 1.Dos del Decreto-ley 7/2020, de 18 de junio: «*3. Cuando la persona acogida genere el derecho a la deducción para más de un contribuyente simultáneamente, el importe de la misma se prorrateará por partes iguales en la declaración de cada uno de ellos si optaran por tributación individual. El contribuyente que desee gozar de la deducción deberá☒ estar en posesión del documento acreditativo del correspondiente acogimiento no remunerado, expedido por la Consejería competente en materia de asuntos sociales*».

[25] Nuevo apartado incorporado por el art. 57.Uno de la Ley 1/2022, de 24 de enero, de Presupuestos Generales de la Comunidad Autónoma de la Región de Murcia para el ejercicio 2022 (BORM núm. 21, de 27 de enero de 2022), con efectos desde el 1 de enero de 2022.

[26] Nueva redacción del punto 3 dada por el art. 55.Seis de la Ley 4/2023, de 28 de diciembre, de Presupuestos Generales de la Comunidad Autónoma de la Región de Murcia para el ejercicio 2024.(BORM núm. 19, de 29 de diciembre de 2023), con efectos desde el 1 de enero de 2024.
Redacción anterior dada por el art. 57.Uno de la Ley 1/2022, de 24 de enero: «*3. Para la aplicación de esta deducción deberán cumplirse los siguientes requisitos:*
1) Que concurra en el contribuyente alguna de las siguientes circunstancias:
a) Que el contribuyente no haya cumplido los 35 años de edad a la fecha de devengo del impuesto.

1) Que concurra en el contribuyente alguna de las siguientes circunstancias:

a) Que el contribuyente no haya cumplido los 40 años de edad a la fecha de devengo del impuesto.

b) Que forme parte de una familia que tenga la consideración legal de numerosa.

c) Que padezca una discapacidad con un grado reconocido igual o superior al 65%.

2) Que se trate del arrendamiento de la vivienda habitual del contribuyente, ocupada efectivamente por el mismo y localizada en el territorio de la Comunidad Autónoma de la Región de Murcia. El concepto de vivienda habitual será el contenido en la normativa del impuesto sobre la renta de las personas físicas.

3) Que el contribuyente sea titular de un contrato de arrendamiento por el cual se haya presentado, a fecha de devengo del impuesto sobre la renta de las personas físicas, el correspondiente modelo del impuesto sobre transmisiones patrimoniales y actos jurídicos documentados. En el caso de que a esta fecha no hubiera finalizado el plazo de declaración por el del impuesto sobre transmisiones patrimoniales y actos jurídicos documentados, la presentación podrá realizarse antes de la finalización de dicho plazo. En el supuesto de matrimonios en régimen de gananciales, la deducción corresponderá a los cónyuges por partes iguales, aunque el contrato de arrendamiento conste sólo a nombre de uno de ellos.

4) Que la base imponible general menos el mínimo personal y familiar del contribuyente sea inferior a 24.380 euros, siempre que la base imponible del ahorro no supere los 1.800 euros.

En el caso de contribuyentes que no hayan cumplido los 40 años de edad a la fecha de devengo del impuesto, que la base imponible general menos el mínimo personal y familiar del contribuyente sea inferior a 40.000 euros, siempre que la base imponible del ahorro no supere los 1.800 euros.

5) Que ni el contribuyente ni ninguno de los miembros de su unidad familiar sean titulares de más del 50% del pleno dominio o de un derecho real de uso o disfrute de otra vivienda.

6) Que el contribuyente no tenga derecho durante el mismo período impositivo a deducción alguna por inversión en vivienda habitual.

---

b) Que forme parte de una familia que tenga la consideración legal de numerosa.

c) Que padezca una discapacidad con un grado reconocido igual o superior al 65%, o esté judicialmente incapacitado.

2) Que se trate del arrendamiento de la vivienda habitual del contribuyente, ocupada efectivamente por el mismo y localizada en el territorio de la Comunidad Autónoma de la Región de Murcia. El concepto de vivienda habitual será el contenido en la normativa del impuesto sobre la renta de las personas físicas.

3) Que el contribuyente sea titular de un contrato de arrendamiento por el cual se haya presentado el correspondiente modelo del impuesto sobre transmisiones patrimoniales y actos jurídicos documentados. En el supuesto de matrimonios en régimen de gananciales, la deducción corresponderá a los cónyuges por partes iguales, aunque el contrato de arrendamiento conste sólo a nombre de uno de ellos.

4) Que la base imponible general menos el mínimo personal y familiar del contribuyente sea inferior a 24.380 euros, siempre que la base imponible del ahorro no supere los 1.800 euros.

5) Que ni el contribuyente ni ninguno de los miembros de su unidad familiar sean titulares de más del 50% del pleno dominio o de un derecho real de uso o disfrute de otra vivienda.

6) Que el contribuyente no tenga derecho durante el mismo período impositivo a deducción alguna por inversión en vivienda habitual».

4. Cuando dos contribuyentes tengan derecho a la aplicación de la deducción, el importe total, sin exceder del límite establecido por contrato de arrendamiento, se prorrateará por partes iguales en la declaración de cada uno de ellos.

Catorce[27]. *Deducción autonómica para mujeres trabajadoras.*

1. Las mujeres que realicen una actividad por cuenta propia o ajena por la cual estén dadas de alta en el régimen correspondiente de la Seguridad Social o mutualidad, podrán deducir las siguientes cantidades por cada hijo menor de 18 años o persona dependiente a su cargo:

– 300 euros si se trata del primer hijo.
– 350 euros si se trata del segundo hijo.
– 400 euros si se trata del tercer hijo o sucesivos.
– 400 euros por persona dependiente a su cargo.

2. Será requisito para la aplicación de la deducción que la cantidad resultante de la suma de la base imponible general y del ahorro no supere la cantidad de 20.000 euros en declaraciones individuales y 40.000 euros en declaraciones conjuntas.

3. Se considera persona dependiente, a efectos de esta deducción, al ascendiente mayor de 75 años y al ascendiente o descendiente con un grado de discapacidad igual o superior al 65 por 100, cualquiera que sea su edad. Para la aplicación de la deducción será requisito que dicha persona conviva con el contribuyente durante más de ciento ochenta y tres días al año.

4. El importe de la deducción por hijo a cargo se calculará de forma proporcional al número de días trabajados.

5. Una misma persona no podrá dar derecho a la aplicación de más de una deducción de las previstas en el apartado 1.

Quince[28]. *Deducción por adquisición de nueva vivienda habitual o ampliación de la vivienda habitual actual por familias numerosas.*

1[29]. Se establece para los contribuyentes del impuesto sobre la renta de las personas físicas con residencia habitual en la Región de Murcia que sean miembros de una familia que

---

[27] Nuevo apartado incorporado por el art. 57.Uno de la Ley 1/2022, de 24 de enero, de Presupuestos Generales de la Comunidad Autónoma de la Región de Murcia para el ejercicio 2022 (BORM núm. 21, de 27 de enero de 2022), con efectos desde el 1 de enero de 2022.

[28] Nuevo apartado Quince incorporado por el art. 56.Dos de la Ley 12/2022, de 30 de diciembre, de Presupuestos Generales de la Comunidad Autónoma de la Región de Murcia para el ejercicio 2023 (BORM núm. 301 de 31 de diciembre de 2022), con efectos desde el 1 de enero de 2023.

[29] Nueva redacción del punto 1 dada por el art. 55.Siete de la Ley 4/2023, de 28 de diciembre, de Presupuestos Generales de la Comunidad Autónoma de la Región de Murcia para el ejercicio 2024.(BORM núm. 19, de 29 de diciembre de 2023), con efectos desde el 1 de enero de 2024.
Redacción anterior dada por el art. 56.Dos de la Ley 12/2022, de 30 de diciembre: «*1. Se establece para los contribuyentes del Impuesto sobre la Renta de las Personas Físicas con residencia habitual en la Región de Murcia que sean miembros de una familia que tenga la condición legal de familia numerosa una deducción en la cuota íntegra autonómica del 10% de la cantidad destinada a la adquisición de una nueva vivienda habitual, siempre que se cumplan las siguientes condiciones:*
a) Que la adquisición de la nueva vivienda habitual tenga lugar dentro de los 5 años siguientes a la fecha en que la familia del sujeto pasivo haya alcanzado la consideración legal de numerosa o, si ya lo fuese con anterioridad, en el plazo de los 5 años siguientes al nacimiento o adopción de cada hijo.
Se entenderá comprendido en el supuesto anterior la adquisición de un inmueble contiguo a la vivienda habitual que dentro del plazo indicado anteriormente se una físicamente a esta para formar una única vivienda de mayor superficie, aunque se mantengan registralmente como fincas distintas.

tenga la condición legal de familia numerosa una deducción en la cuota íntegra autonómica del 10% de la cantidad destinada a la adquisición de una nueva vivienda habitual. En el caso de familias numerosas de categoría especial el porcentaje de deducción será del 15%. Para la aplicación de esta deducción deberán cumplirse las siguientes condiciones:

a) Que la adquisición de la nueva vivienda habitual tenga lugar dentro de los cinco años siguientes a la fecha en que la familia del sujeto pasivo haya alcanzado la consideración legal de numerosa o, si ya lo fuese con anterioridad, en el plazo de los cino años siguientes al nacimiento o adopción de cada hijo.

Se entenderá comprendido en el supuesto anterior la adquisición de un inmueble contiguo a la vivienda habitual que dentro del plazo indicado anteriormente se una físicamente a esta para formar una única vivienda de mayor superficie, aunque se mantengan registralmente como fincas distintas.

El concepto de vivienda habitual será el fijado por la normativa estatal del impuesto sobre la renta de las personas físicas vigente a 31 de diciembre de 2012.

b) Que dentro del plazo de cinco años desde la adquisición de la nueva vivienda habitual se proceda a la venta de la anterior, salvo que se trate de adquisición de un inmueble para ampliación de la vivienda actual.

c) Que la superficie útil de la vivienda adquirida sea superior en más de un 10% a la superficie útil de la anterior vivienda habitual.

En el caso de que el inmueble adquirido sea contiguo a la vivienda habitual y se una físicamente a esta, para el cómputo del aumento de superficie se considerará la superficie total resultante de dicha unión. A estos efectos se atenderá a la información que conste en el Catastro.

2. La base máxima de la deducción es de 5.000 € anuales y está constituida por las cantidades satisfechas para la adquisición de la vivienda, incluidos los gastos originados a cargo del adquirente y, en caso de financiación ajena, la amortización, los intereses, el coste de los instrumentos de cobertura del riesgo de tipo de interés variable de los préstamos hipotecarios, y demás gastos derivados de la misma. Si se aplicaran estos instrumentos de cobertura, los intereses satisfechos por el contribuyente se minoran en las cantidades obtenidas por su aplicación.

3. La presente deducción se podrá aplicar por un período máximo de quince años a partir del ejercicio en el que se lleve a cabo la adquisición de la nueva vivienda o del inmueble destinado a la ampliación de la vivienda actual.

4. Cuando se pierda el derecho a las deducciones practicadas por incumplimiento del requisito de la venta de la vivienda anterior o ampliación de la vivienda habitual, en el plazo establecido, el contribuyente estará obligado a sumar a la cuota líquida autonómica devenga-

---

El concepto de vivienda habitual será el fijado por la normativa estatal del impuesto sobre la renta de las personas físicas vigente a 31 de diciembre de 2012.
b) Que dentro del plazo de 5 años desde la adquisición de la nueva vivienda habitual se proceda a la venta de la anterior, o a la ampliación de la misma.
c) Que la superficie útil de la vivienda adquirida sea superior en más de un 10% a la superficie útil de la anterior vivienda habitual.
En el caso de que el inmueble adquirido sea contiguo a la vivienda habitual y se una físicamente a esta, para el cómputo del aumento de superficie se considerará la superficie total resultante de dicha unión. A estos efectos se atenderá a la información que conste en el Catastro».

da en el ejercicio en que se hayan incumplido dicho requisito, las cantidades indebidamente deducidas, más los intereses de demora correspondientes.

Dieciséis[30]. *Deducción por familia monoparental.*

1. Podrá aplicar una deducción de 303 euros sobre la cuota autonómica del impuesto todo contribuyente que tenga a su cargo descendientes, siempre que no conviva con cualquier otra persona ajena a los citados descendientes, salvo que se trate de ascendientes que generen el derecho a la aplicación del mínimo por ascendientes establecido en el artículo 59 de la Ley 35/2006, de 28 de noviembre, del Impuesto sobre la Renta de las Personas Físicas y de modificación parcial de las leyes de los Impuestos sobre Sociedades, sobre la Renta de no Residentes y sobre el Patrimonio.

2. Se considerarán descendientes a los efectos de la presente deducción:

a) Los hijos menores de edad, tanto por relación de paternidad como de adopción, siempre que convivan con el contribuyente y no tengan rentas anuales, excluidas las exentas, superiores a 8.000 euros.

b) Los hijos mayores de edad con discapacidad, tanto por relación de paternidad como de adopción, siempre que convivan con el contribuyente y no tengan rentas anuales, excluidas las exentas, superiores a 8.000 euros.

c) Los descendientes a que se refieren las letras a) y b) anteriores que, sin convivir con el contribuyente, dependan económicamente de él y estén internados en centros especializados.

3. Se asimilarán a descendientes aquellas personas vinculadas al contribuyente por razón de tutela y acogimiento, en los términos previstos en la legislación aplicable.

4. En caso de convivencia con descendientes que no den derecho a deducción, no se perderá el derecho a la misma siempre y cuando las rentas anuales del descendiente, excluidas las exentas, no sean superiores a 8.000 euros.

5[31]. No tendrán derecho a esta deducción los contribuyentes cuya suma de base imponible y anualidades por alimentos exentas excedan de 35.240 euros. Las anualidades por alimentos exentas que hay computar son las percibidas por los hijos que convivan y den derecho a aplicar la deducción al contribuyente.

6. Cuando a lo largo del ejercicio se lleve a cabo una alteración de la situación familiar por cualquier causa, a efectos de aplicación de la deducción, se entenderá que ha existido convivencia cuando tal situación se haya producido durante al menos 183 días al año.

Diecisiete[32]. *Deducción por gastos de enseñanza de idiomas.*

---

[30] Nuevo apartado incorporado por la Disp. Final Primera de la Ley 1/2023, de 23 de febrero, por la que se regula el reconocimiento de la condición de familia monoparental en la Región de Murcia (BORM núm. 55, de 8 de marzo de 2023), con efectos desde 8 de septiembre de 2023.

[31] Nueva redacción del punto 5 dada por el art. 55.Ocho de la Ley 4/2023, de 28 de diciembre, de Presupuestos Generales de la Comunidad Autónoma de la Región de Murcia para el ejercicio 2024.(BORM núm. 19, de 29 de diciembre de 2023), con efectos desde el 1 de enero de 2024.

Redacción anterior: «5. Solo tendrá derecho a esta deducción el contribuyente cuya base imponible no resulte superior a 35.240 euros. No tendrán derecho a deducir cantidad alguna por esta vía los contribuyentes cuya suma de renta del período y anualidades por alimentos exentas excedan de 35.240 euros».

[32] Nuevo apartado incorporado por el art. 55.Nueve de la Ley 4/2023, de 28 de diciembre, de Presupuestos Generales de la Comunidad Autónoma de la Región de Murcia para el ejercicio 2024.(BORM núm. 19, de 29 de diciembre de 2023), con efectos desde el 1 de enero de 2024.

1. El contribuyente cuya suma de la base imponible general y del ahorro sea inferior a 20.000 euros en declaraciones individuales y 40.000 euros en conjuntas puede aplicar una deducción del 15% de las cantidades pagadas por los gastos de aprendizaje extraescolar de idiomas extranjeros por los hijos que cursen los estudios correspondientes al segundo ciclo de educación infantil, educación primaria, educación secundaria obligatoria, bachillerato y ciclos formativos de formación profesional específica, con el límite de 300 euros por hijo siempre que este de derecho a la deducción del mínimo por descendientes.

2. Si los hijos conviven con ambos padres y estos optan por la tributación individual, la deducción se prorratea por partes iguales en la declaración de cada uno de ellos.

3. El contribuyente deberá disponer de los justificantes acreditativos del pago de las enseñanzas objeto de deducción.

Dieciocho[33]. *Deducción por gastos por acceso a internet.*

1. Los contribuyentes que durante el ejercicio accedan a Internet mediante la contratación de líneas de alta velocidad pueden deducir el 30% de las cantidades satisfechas, en concepto de cuota de alta y cuotas mensuales, con un límite máximo de 300 euros y según los siguientes requisitos:

a) El contribuyente deberá tener su residencia habitual en alguno de los municipios de la Región de Murcia cuya población de derecho a 31 de diciembre sea inferior a 15.000 habitantes.

b) Solo puede aplicarse en el ejercicio en que se celebre el contrato de conexión.

c) La línea de alta velocidad contratada debe estar destinada a uso exclusivo en la vivienda habitual del contribuyente y no vinculada al ejercicio de cualquier actividad empresarial o profesional.

d) No resulta de aplicación si el contrato de conexión supone simplemente un cambio de compañía prestadora del servicio y el contrato con la compañía anterior se ha realizado en otro ejercicio. Tampoco resulta de aplicación cuando se contrate la conexión a una línea de alta velocidad y el contribuyente mantenga, simultáneamente, otras líneas contratadas en ejercicios anteriores.

2. El límite máximo de la deducción se aplica respecto a todas las cantidades satisfechas durante el ejercicio, ya correspondan a un solo contrato de conexión o a varios que se mantengan simultáneamente.

3. Si en la misma vivienda habitual convive más de un contribuyente con derecho a la deducción, la misma se prorratea entre todos ellos.

Esta deducción solo puede aplicarse una única vez por vivienda y por contribuyente, independientemente del régimen de ocupación de la citada vivienda.

4. El contribuyente deberá disponer de los justificantes acreditativos de la contratación de la línea y del pago de las cuotas del servicio.

---

[33] Nuevo apartado incorporado por el art. 55.diez de la Ley 4/2023, de 28 de diciembre, de Presupuestos Generales de la Comunidad Autónoma de la Región de Murcia para el ejercicio 2024.(BORM núm. 19, de 29 de diciembre de 2023), con efectos desde el 1 de enero de 2024.

Artículo 2³⁴. Tarifa autonómica. Escala autonómica del Impuesto sobre la Renta de las Personas Físicas.

De acuerdo con lo previsto en el artículo 46.1.b) de la Ley 22/2009, de 18 de diciembre, por la que se regula el sistema de financiación de las Comunidades Autónomas de régimen

---

[34] Nueva redacción dada por el art. 56.Dos de la Ley 14/2018, de 26 de diciembre, de Presupuestos Generales de la Comunidad Autónoma de la Región de Murcia para el año 2019 (BORM núm. 298, de 28 de diciembre de 2018), en vigor desde el 1 de enero de 2019, pero será plenamente efectiva a partir del año 2023 de acuerdo con lo establecido en la nueva Disposición Adicional quinta.

Redacción anterior dada por el art. 56.Tres de la Ley 1/2016, de 5 de febrero, de Presupuestos Generales de la Comunidad Autónoma de la Región de Murcia para el ejercicio 2016 (BORM núm. 30, de 6 de febrero de 2016), con efectos desde el 1 de enero de 2016: «De acuerdo con lo previsto en el artículo 46.1.b) de la Ley 22/2009, de 18 de diciembre, por la que se regula el sistema de financiación de las Comunidades Autónomas de régimen común y Ciudades con Estatuto de Autonomía y se modifican determinadas normas tributarias, y el artículo 74 de la Ley 35/2006, de 28 de noviembre, del Impuesto sobre la Renta de las Personas Físicas y de modificación parcial de las leyes de los Impuestos sobre Sociedades, sobre la Renta de No Residentes y sobre el Patrimonio, se aprueba, la escala autonómica de tipos de gravamen aplicable a la base liquidable general, de conformidad con lo establecido en la normativa estatal reguladora del impuesto, que será la siguiente:

Base Liquidable (euros)	Cuota íntegra (euros)	Resto Base Liquidable (hasta euros)	Tipo de porcentaje aplicable
0	0,00	12.450,00	10,00
12.450,00	1.245,00	7.750,00	12,50
20.200,00	2.213,75	13.800,00	15,50
34.000,00	4.352,75	26.000,00	19,50
60.000,00	9.422,75	En adelante	23,50

Redacción anterior dada por el art. 55 de la Ley 13/2014, de 23 de diciembre de 2014, de Presupuestos Generales de la Comunidad Autónoma de la Región de Murcia para el ejercicio 2015 (BORM núm. 299, de 30 de diciembre de 2014), en vigor desde el enero de 2015: «De acuerdo con lo previsto en el artículo 46.1.b) de la Ley 22/2009, de 18 de diciembre, por la que se regula el sistema de financiación de las Comunidades Autónomas de régimen común y Ciudades con Estatuto de Autonomía y se modifican determinadas normas tributarias, y el artículo 74 de la Ley 35/2006, de 28 de noviembre, del Impuesto sobre la Renta de las Personas Físicas y de modificación parcial de las leyes de los Impuestos sobre Sociedades, sobre la Renta de No Residentes y sobre el Patrimonio, se aprueba, con efectos desde el 1 de enero de 2015, la escala autonómica de tipos de gravamen aplicable a la base liquidable general, de conformidad con lo establecido en la normativa estatal reguladora del impuesto, que será la siguiente:

Base Liquidable (euros)	Cuota íntegra (euros)	Resto Base Liquidable (hasta euros)	Tipo de porcentaje aplicable
0	0,00	12.450,00	10,00
12.450,00	1.245,00	7.750,00	12,50
20.200,00	2.213,75	13.800,00	15,50
34.000,00	4.352,75	26.000,00	19,50
60.000,00	9.422,75	En adelante	23,50»

Redacción anterior del art. 2 dada por el art. 1.uno de la Ley 6/2013, de 8 de julio, de medidas en materia tributaria del sector público, de política social y otras medidas administrativas (BORM núm. 158, de 10 de julio de 2013), en vigor desde el 11 de julio de 2013.

Redacción anterior del art. 2 dada por el art. 1.tres de la Ley 7/2011, de 26 de diciembre, de medidas fiscales y de fomento económico en la Región de Murcia, (BORM núm. 301, de 31 de diciembre de 2011), con efectos desde el 1 de enero de 2011.

común y Ciudades con Estatuto de Autonomía y se modifican determinadas normas tributarias, y el artículo 74 de la Ley 35/2006, de 28 de noviembre, del Impuesto sobre la Renta de las Personas Físicas y de modificación parcial de las leyes de los Impuestos sobre Sociedades, sobre la Renta de No Residentes y sobre el Patrimonio, se aprueba la escala autonómica de tipos de gravamen aplicable a la base liquidable general, de conformidad con lo establecido en la normativa estatal reguladora del impuesto, que será la siguiente:

Base Liquidable (euros)	Cuota íntegra (euros)	Resto Base Liquidable (hasta euros)	Tipo de porcentaje aplicable
0	0,00	12.450,00	9,50
12.450,00	1.182,75	7.750,00	11,20
20.200,00	2.050,75	13.800,00	13,30
34.000,00	3.886,15	26.000,00	17,90
60.000,00	8.540,15	En adelante	22,50

(...)

Disposición adicional quinta[35]. *Escala autonómica del Impuesto sobre la Renta de las Personas Físicas aplicable en los ejercicios 2019, 2020, 2021 y 2022.*

1. En el período impositivo 2019, la escala autonómica de tipos de gravamen aplicable a la base liquidable general del Impuesto sobre la Renta de las Personas Físicas será la siguiente:

Base liquidable Hasta euros	Cuota íntegra Euros	Resto b. liquidable Hasta euros	Tipo aplicable Porcentaje
0	0	12.450,00	9,90
12.450,00	1.232,55	7.750,00	12,24
20.200,00	2.181,15	13.800,00	15,06
34.000,00	4.259,43	26.000,00	19,18
60.000,00	9.246,23	en adelante	23,30

2. En el período impositivo 2020, la escala autonómica de tipos de gravamen aplicable a la base liquidable general del Impuesto sobre la Renta de las Personas Físicas será la siguiente:

Base liquidable Hasta euros	Cuota íntegra Euros	Resto b. liquidable Hasta euros	Tipo aplicable Porcentaje
0	0	12.450,00	9,80
12.450,00	1.220,10	7.750,00	11,98
20.200,00	2.148,55	13.800,00	14,62

Redacción anterior, aunque la entrada en vigor del Decreto Legislativo es de 31 de enero de 2011, no ha recogido la nueva Tarifa recogida en el art. 54.Uno de la Ley 4/2010, de 27 de diciembre, de Presupuestos Generales de la Comunidad Autónoma de la Región de Murcia para el ejercicio 2011, en vigor desde el 1 de enero de 2011.
Para el ejercicio 2010: Ley 2/2010 de 27 de diciembre, por la que se adapta la escala autonómica del Impuesto sobre la Renta de las Personas Físicas al nuevo sistema de financiación de las comunidades autónomas, (BORM núm. 301, de 31 diciembre de 2010), artículo único.

35   Nueva Disp. adicional incorporada por el art. 56.Ocho de la Ley 14/2018, de 26 de diciembre, de Presupuestos Generales de la Comunidad Autónoma de la Región de Murcia para el año 2019 (BORM núm. 298, de 28 de diciembre de 2018), en vigor desde el 1 de enero de 2019.

Base liquidable Hasta euros	Cuota íntegra Euros	Resto b. liquidable Hasta euros	Tipo aplicable Porcentaje
34.000,00	4.166,11	26.000,00	18,86
60.000,00	9.069,71	en adelante	23,10

3. En el período impositivo 2021, la escala autonómica de tipos de gravamen aplicable a la base liquidable general del Impuesto sobre la Renta de las Personas Físicas será la siguiente:

Base liquidable Hasta euros	Cuota íntegra Euros	Resto b. liquidable Hasta euros	Tipo aplicable Porcentaje
0	0	12.450,00	9,70
12.450,00	1.207,65	7.750,00	11,72
20.200,00	2.115,95	13.800,00	14,18
34.000,00	4.072,79	26.000,00	18,54
60.000,00	8.893,19	en adelante	22,90

4[36]. En el período impositivo 2022, la escala autonómica de tipos de gravamen aplicable a la base liquidable general del Impuesto sobre la Renta de las Personas Físicas será la siguiente:

Base liquidable Hasta euros	Cuota íntegra Euros	Resto b. liquidable Hasta euros	Tipo aplicable Porcentaje
0	0	12.960,45	9,60
12.960,45	1.244,20	8.067,75	11,46
21.028,20	2.168,76	14.365,80	13,74
35.394,00	4.142,62	24.606,00	18,22

Cuando la base liquidable sea superior a 60.000,00 euros la cuota íntegra será de 8.716,67 euros más la cantidad resultante de aplicar el tipo del 22,70% a la parte de base liquidable que exceda de 60.000 euros.

(...)

---

[36] Nueva redacción del apartado 4 de la Disp. Adic. quinta dada por el artículo único del Decreto-Ley núm. 4/2022, de 22 de septiembre, por el que se modifica la Escala Autonómica del Impuesto sobre la Renta de las Personas Físicas a consecuencia del aumento de la inflación (BORM núm. 226, de 29 de septiembre de 2022), en vigor desde el 29 de septiembre de 2022.
Redacción original: «4. *En el período impositivo 2022, la escala autonómica de tipos de gravamen aplicable a la base liquidable general del Impuesto sobre la Renta de las Personas Físicas será la siguiente:*

Base liquidable Hasta euros	Cuota íntegra Euros	Resto b. liquidable Hasta euros	Tipo aplicable Porcentaje
0	0	12.450,00	9,60
12.450,00	1.195,20	7.750,00	11,46
20.200,00	2.083,35	13.800,00	13,74
34.000,00	3.979,47	26.000,00	18,22
60.000,00	8.716,67	en adelante	22,70»

Disposición adicional novena[37]. *Requisito para la aplicación de la deducción por inversiones en instalaciones de recursos energéticos realizadas durante el año 2023.*

La aplicación de la deducción establecida en el apartado cinco del artículo 1, respecto a las inversiones realizadas durante el año 2023, requerirá el reconocimiento previo de la Administración regional sobre su procedencia en la forma que reglamentariamente se determine. Tanto la comunicación expresa de intención de acogerse a esta deducción como su reconocimiento deberán producirse en fecha no posterior al 30 de junio de 2024.

Disposición Transitoria Única[38]. *Deducciones autonómicas en el Impuesto sobre la Renta de las Personas Físicas.*

1. Los contribuyentes que aplicaron las deducciones autonómicas en el Impuesto sobre la Renta de las Personas Físicas, por adquisición o rehabilitación de vivienda habitual, establecidas para el ejercicio 1998 por la Ley 13/1997, de 23 de diciembre, de Medidas Fiscales, Presupuestarias y Administrativas, para el ejercicio 1999 por la Ley 11/1998, de 28 de diciembre, de Medidas Financieras, Administrativas y de Función Pública Regional, y para el ejercicio 2000 por la Ley 9/1999, de 27 de diciembre, de Medidas Tributarias y de Modificación de diversas leyes regionales en materia de tasas, puertos, educación, juego y apuestas y construcción y explotación de infraestructuras, podrán aplicar una deducción del 2 % de las cantidades satisfechas en el ejercicio por la adquisición o rehabilitación de la vivienda que constituya o vaya a constituir vivienda habitual del contribuyente, en el territorio de la Región de Murcia, siempre que, en el primer caso, se trate de viviendas de nueva construcción. Esta deducción será del 3 % en el caso de contribuyentes cuya base imponible general menos el mínimo personal y familiar sea inferior a 24.200 euros, siempre que la base imponible del ahorro no supere 1.800 euros. En ambos casos deberán concurrir el resto de requisitos regulados en el artículo 1, uno, de la citada Ley 9/1999, de 27 de diciembre.

2[39]**.** Los contribuyentes que en ejercicios anteriores, de acuerdo con la normativa vigente en la fecha de devengo que se relaciona en el punto 3, se aplicaron las deducciones autonómicas en el Impuesto sobre la Renta de las Personas Físicas, por inversión en vivienda habitual para jóvenes con residencia en la Comunidad Autónoma de la Región de Murcia, podrán aplicar la deducción establecida en el artículo 1.Uno del Texto Refundido de las Disposiciones Legales vigentes en la Región de Murcia en materia de Tributos Cedidos aprobado mediante Decreto Legislativo 1/2010, de 5 de noviembre, siempre que se cumplan los requisitos establecidos en dicho precepto en el ejercicio en que se pretenda aplicar.

3. La normativa a que se refiere el punto 2 anterior es la siguiente:

a) Para el año 2001, la Ley 7/2000, de 29 de diciembre, de Medidas Tributarias y en materia de Juego, Apuestas y Función Pública.

---

[37]   Nueva Disp. Adicional novena incorporada por el art. 55.Diecinueva de la Ley 4/2023, de 28 de diciembre, de Presupuestos Generales de la Comunidad Autónoma de la Región de Murcia para el ejercicio 2024.(BORM núm. 19, de 29 de diciembre de 2023), con efectos desde el 30 de diciembre de 2023.

[38]   Nueva redacción de la disp. Transitoria única dada por la disposición final primera de la Ley 14/2012, de 27 de diciembre, de medidas tributarias, administrativas y de reordenación del sector público regional, (BORM núm. 301, de 31 de diciembre de 2012), con efectos desde el 1 de enero de 2013.

[39]   Nueva redacción dada por el art. 1.Seis de la Ley 14/2013, de 30 de diciembre, de medidas tributarias, administrativas y de función pública, (BORM núm. 300, de 30 de diciembre de 2013), en vigor desde el 31 de diciembre de 2013.

b) Para el año 2002, la Ley 7/2001, de 20 diciembre, de Medidas Fiscales en Materia de Tributos Cedidos y Tasas.

c) Para el año 2003, la Ley 15/2002, de 23 de diciembre, de Medidas Tributarias en materia de Tributos Cedidos y Tasas Regionales.

d) Para el año 2005, la Ley 8/2004, de 28 de diciembre, de medidas administrativas, tributarias, de tasas y de Función Pública.

e) Para el año 2006, la Ley 9/2005, de 29 de diciembre, de Medidas Tributarias en materia de Tributos Cedidos y Tributos Propios año 2006.

f) Para el año 2007, la Ley 12/2006, de 27 de diciembre, de Medidas Fiscales, Administrativas y de Orden Social para el año 2007.

g) Para los años 2008 y 2009, la Ley 11/2007, de 27 de diciembre, de Medidas Tributarias en materia de Tributos Cedidos y Tributos Propios, año 2008.

h) Para el año 2010, la Ley 13/2009, de 23 de diciembre, de medidas en materia de tributos cedidos, tributos propios y medidas administrativas.

i) Para el año 2011, la Ley 4/2010, de 27 de diciembre, de Presupuestos Generales de la Comunidad Autónoma de la Región de Murcia para el ejercicio 2011.

4. La aplicación del tramo autonómico de la deducción por inversión en vivienda habitual para los contribuyentes que hubiesen invertido en ésta con anterioridad a 1 de enero de 2013, se realizará en los términos y condiciones que establezca la normativa estatal reguladora del régimen transitorio aplicable a la citada deducción.

23. Ley 7/2011, de 26 de diciembre, de medidas fiscales y de fomento económico en la Región de Murcia

(BORM núm. 301, de 31 de diciembre de 2011)

Disposición transitoria segunda.- *Deducciones autonómicas en el Impuesto sobre la Renta de las Personas Físicas.*

Los contribuyentes que aplicaron las deducciones autonómicas en el Impuesto sobre la Renta de las Personas Físicas, por adquisición o rehabilitación de vivienda habitual, establecidas para el ejercicio 1998 por la Ley 13/1997, de 23 de diciembre, de Medidas Fiscales, Presupuestarias y Administrativas, para el ejercicio 1999 por la Ley 11/1998, de 28 de diciembre, de Medidas Financieras, Administrativas y de Función Pública Regional, y para el ejercicio 2000 por la Ley 9/1999, de 27 de diciembre, de Medidas Tributarias y de Modificación de diversas leyes regionales en materia de tasas, puertos, educación, juego y apuestas y construcción y explotación de infraestructuras, podrán aplicar una deducción del 2 % de las cantidades satisfechas en el ejercicio por la adquisición o rehabilitación de la vivienda que constituya o vaya a constituir vivienda habitual del contribuyente, en el territorio de la Región de Murcia, siempre que, en el primer caso, se trate de viviendas de nueva construcción. Esta deducción será del 3 % en el caso de contribuyentes cuya base imponible general menos el mínimo personal y familiar sea inferior a 24.200 euros, siempre que la base imponible del ahorro no supere 1.800 euros. En ambos casos, deberán concurrir el resto de requisitos regulados en el artículo 1, uno, de la citada Ley 9/1999, de 27 de diciembre.

Los contribuyentes que aplicaron las deducciones autonómicas en el Impuesto sobre la Renta de las Personas Físicas, por adquisición de vivienda para jóvenes con residencia en la Comunidad Autónoma de la Región de Murcia, establecidas para el ejercicio 2001 por la Ley 7/2000, de 29 de diciembre, de Medidas Tributarias y en materia de Juego, Apuestas y Función Pública; para el año 2003, por la Ley 15/2002, de 23 de diciembre, de Medidas Tributarias en materia de Tributos Cedidos y Tasas Regionales; para el año 2005, por la Ley 8/2004, de 28 de diciembre, de medidas administrativas, tributarias, de tasas y de función pública; para el año 2006, por la Ley 9/2005, de 29 de diciembre, de Medidas Tributarias, en materia de Tributos Cedidos y Tributos Propios año 2006; para el año 2007, por la Ley 12/2006, de 27 de diciembre, de Medidas fiscales, Administrativas y de Orden Social para el año 2007; para los años 2008 y 2009 por la Ley 11/2007, de 27 de diciembre, de Medidas Tributarias en materia de Tributos Cedidos y Tributos Propios, año 2008; para el año 2010 por la Ley 13/2009, de 23 de diciembre, de medidas en materia de tributos cedidos, tributos propios y medidas administrativas; para el año 2010 y para el año 2011 por la Ley 4/2010, de 27 de diciembre, de Presupuestos Generales de la Comunidad Autónoma de la Región de Murcia para el ejercicio 2011, podrán aplicar la deducción establecida en el artículo 1, Uno, de la presente Ley.

(...)

Disposición final cuarta.- *Delegación legislativa.*

Se prorroga durante la totalidad del ejercicio 2012 la autorización al Consejo de Gobierno contenida en la disposición final primera de la Ley 13/2009, de 23 de diciembre, de medidas en materia de tributos cedidos, tributos propios y medidas administrativas para el año 2010, para la elaboración y aprobación de un texto refundido de las disposiciones legales vigentes, aprobadas por la Comunidad Autónoma de la Región de Murcia, en materia de tributos propios, haciéndola extensiva a las modificaciones introducidas en esta Ley.

Disposición final quinta.- *Entrada en vigor.*

La presente Ley entrará en vigor el día 1 de enero de 2012.

No obstante, lo dispuesto en los apartados Uno, subapartado 1, y Tres del artículo 1 surtirá efectos desde el 1 de enero de 2011.

NORMATIVA ESTATAL

IMPUESTO SOBRE EL PATRIMONIO
2025

NORMATIVA ESTATAL

IMPUESTO SOBRE EL
PATRIMONIO
2025

24. Ley 19/1991, de 6 de junio, que regula el IMPUESTO SOBRE EL PATRIMONIO[1]

(BOE núm. 136, de 7 de junio; corrección de errores, BOE núm. 236, de 2 de octubre)

La Ley 50/1977, de 14 de noviembre, sobre Medidas Urgentes de Reforma Fiscal, estableció con carácter excepcional y transitorio un Impuesto Extraordinario sobre el Patrimonio

---

[1] La norma reguladora del Impuesto sobre el Patrimonio se encuentra en vigor desde su aprobación aunque el Impuesto dejo de exigirse a partir del 1 de enero de 2008 como consecuencia de los cambios introducidos por el artículo tercero la Ley 4/2008, de 23 de diciembre, por la que se suprime el gravamen del Impuesto sobre el Patrimonio, se generaliza el sistema de devolución mensual en el Impuesto sobre el Valor Añadido, y se introducen otras modificaciones en la normativa tributaria (BOE núm. 310, de 25 de diciembre de 2008). Por tanto, desaparecía la obligación de autoliquidar el Impuesto al derogarse los artículos 6, 36, 37 y 38 y, al crear en el art. 33, una bonificación aplicable en cuota del 100 por 100, tanto para los sujetos pasivos por obligación personal, como para los acogidos a la obligación real del contribuir.
En el ejercicio 2011 se reactiva el Impuesto mediante el Real Decreto-ley 13/2011, de 16 de septiembre, por el que se restablece el Impuesto sobre el Patrimonio, con carácter temporal (BOE núm. 224, de 17 de septiembre de 2011), aunque solamente para los ejercicio 2011 y 2012, surgiendo otra vez la obligación de autoliquidar, al suprimirse la anterior bonificación y dar nueva redacción a los artículos derogados junto con el incremento del importe exento respecto de la vivienda habitual, la reducción de la base imponible y el mínimo exento.
A partir del 1 de enero de 2013 el Impuesto dejaría de exigirse al restablecerse la bonificación del 100 por 100 de la cuota íntegra y derogar, otra vez, de los artículos 6, 36, 37 y 38.
Dicha medida se ha retrasado al día 1 de enero de 2014, en virtud de lo establecido en el artículo 10 de la Ley 16/2012, de 27 de diciembre, por la que se adoptan diversas medidas tributarias dirigidas a la consolidación de las finanzas públicas y al impulso de la actividad económica (BOE núm. 312, de 28 de diciembre de 2012).
La anterior medida se ha retrasado, otra vez, al día 1 de enero de 2015, de acuerdo con lo recogido en el art. 72 de la Ley 22/2013, de 23 de diciembre, de Presupuestos Generales del Estado para el año 2014 (BOE núm. 309, de 26 de diciembre de 2013), en vigor el 1 de enero de 2014.
Se ha vuelto a retrasar, al día 1 de enero de 2016, de acuerdo con lo recogido en el art. 61 de la Ley 36/2014, de 26 de diciembre, de Presupuestos Generales del Estado para el año 2015 (BOE núm. 315, de 30 de diciembre de 2014) en vigor desde el 1 de enero de 2015 y vigencia indefinida.
Lo mismo ha ocurrido para el ejercicio 2017, en el sentido que se ha retrasado al día 1 de enero de 2017, de acuerdo con lo establecido en el art. 66 de la Ley 48/2015, de 29 de octubre, de Presupuestos Generales del Estado para el año 2016 (BOE núm. 260, de 30 de octubre de 2015), con efectos de 1 de enero de 2016 y vigencia indefinida.
Para el ejercicio 2018, en virtud del art. 4 del Real Decreto-ley 3/2016, de 2 de diciembre, por el que se adoptan medidas en el ámbito tributario dirigidas a la consolidación de las finanzas públicas y otras medidas urgentes en materia social (BOE núm. 292, de 3 de marzo de 2016), se establece que con efectos del 1 de enero de 2018 será de aplicación la bonificación del 100 por cient del art. 33 y quedarán derogados los art. 6, 36, 37 y 38. Pero en virtud del art. 73 de la Ley 6/2018, de 3 de julio, de Presupuestos Generales del Estado para el año 2018 (BOE núm. 161, de 4 de julio de 2018) se mantiene la vigencia del impuesto para el ejercicio 2018.
Mediante el artículo 3 del Real Decreto-ley 27/2018, de 28 de diciembre, por el que se adoptan determinadas medidas en materia tributaria y catastral, (BOE núm. 314, de 29 de diciembre de 2018), con efectos desde el día 1 de enero de 2019, se mantiene la vigencia del impuesto para el ejercicio 2019.

de las Personas Físicas pendiente de configuración definitiva, como señalaba su Exposición de Motivos.

La regulación del nuevo Impuesto sobre el Patrimonio, pone fin al carácter excepcional y transitorio que se predicaba del hasta ahora actualmente vigente, dando cumplimiento a lo que deben ser sus objetivos primordiales de equidad, gravando la capacidad de pago adicional que la posesión del patrimonio supone; de utilización más productiva de los recursos; de una mejor distribución de la renta y la riqueza y de actuación complementaria del Impuesto sobre la Renta de las Personas Físicas y del Impuesto sobre Sucesiones y Donaciones.

Hasta ahora, el Impuesto sobre el Patrimonio ha cumplido principalmente una función de carácter censal y de control de Impuesto sobre la Renta de las Personas Físicas, limitando en consecuencia su operatividad como tributo independiente y, por tanto, su capacidad distributiva.

El nuevo impuesto, sin olvidar estos objetivos tradicionales asume, además, otros objetivos fundamentales como la consecuencia de una mayor eficacia en la utilización de los patrimonios y la obtención de una mayor justicia redistributiva complementaria de la aportada por el Impuesto sobre la Renta de las Personas Físicas.

En el plano de la técnica fiscal, el Impuesto sobre el Patrimonio se plantea como un impuesto estrictamente individual sobre las personas físicas, en el que excluye cualquier alternativa de imposición familiar conjunta consolidando la solución establecida en la Ley 20/1989, de 28 de julio, de adaptación del Impuesto sobre la Renta de las Personas Físicas, y del Impuesto Extraordinario sobre el Patrimonio de las Personas Físicas. Se trata de un tributo cuyo hecho imponible recae sobre la titularidad de bienes y derechos, objeto impositivo perfectamente separable del hecho familiar, tanto desde el punto de vista de su delimitación como desde el de la determinación de la capacidad contributiva.

La reforma de los elementos estructurales del Impuesto sobre el Patrimonio plantea como problema central el de la valoración de los distintos elementos patrimoniales de los que es titular el sujeto pasivo. La regla más acorde de una justa determinación de la capacidad contributiva, como es la que remite esta cuestión al valor de mercado, debe ceder en muchos casos su lugar a reglas específicas de valoración en beneficio de la seguridad jurídica del contribuyente que no puede discutir anualmente con la Administración dicho valor con respecto a sus bienes. La consecuencia es la aparición en el sistema tributario de nuevas reglas de valoración respecto de bienes que ya son objeto de valoración o de comprobación de valores a efectos de otros tributos, singularmente los transmisorios, lo que determina, a su vez, la demanda de que la legislación configure un valor fiscal unitario aplicable a los bienes en todo el sistema tributario.

No obstante, la posibilidad de configurar un valor único de los bienes y derechos, que sea válido para todo el sistema tributario y que asegure al mismo tiempo la consecuencia de los objetivos de suficiencia, equidad y eficacia asignados al mismo, resulta impracticable en nuestro sistema tanto teórica como prácticamente ya que es distinto el objeto de cada impuesto y es distinta la participación esperada de cada uno en el logro de los objetivos citados. Las tesis favorables a la valoración única para su consecución no aportan una solución técnica o cuando concretan sus planteamientos, ponen de relieve su aspiración a la consolidación del menor valor de los conocidos, lo que perturbaría gravemente los fines generales a conseguir por el sistema tributario. Al respecto es muy importante tener en cuenta que los pocos países que han experimentado soluciones de valoración unitaria están revisando las mismas, después de haber sufrido fracasos totales o parciales en la obtención de resultados similares a aquellos con que en nuestro país se pretende justificar la búsqueda de la misma solución.

A pesar de estos inconvenientes, la reforma del Impuesto sobre el Patrimonio no renuncia a avanzar en la búsqueda de una mejor coordinación del funcionamiento de las figuras tributarias que hoy constituyen el grupo de la imposición patrimonial y de la máxima simplificación del propio impuesto, sin perder de vista, además, que la progresiva mejora de la gestión de los valores catastrales, puede permitir en un futuro próximo la utilización de los mismos como punto de referencia valorativa unitaria, tal como hoy se demanda.

En esta línea, se ha procurado diseñar reglas de valoración eficaces y sencillas, excluyéndose definitivamente el ajuar doméstico del ámbito de aplicación del impuesto, y se ha centrado la valoración inmobiliaria en el valor catastral, propio de la imposición local.

Los elementos cuantitativos del Impuesto sobre el Patrimonio han merecido especial atención en esta reforma. Han contribuido a ello diversos factores, no siempre del mismo signo, pero todos ellos determinantes de la necesidad de introducir profundos cambios estructurales en la definición de la carta tributaria.

Así, la mejora de las reglas de valoración y la aspiración a una determinación correcta de la capacidad económica individual han llevado, en materia de mínimo exento a elevar su cuantía por cada sujeto pasivo, lo cual supone, como consecuencia de la individualización del nuevo Impuesto, triplicar el mínimo exento por matrimonio que estuvo vigente en 1987.

En la configuración de la tarifa del Impuesto ha sido elemento determinante, la consideración de que la imposición patrimonial debe pasar a desempeñar en el futuro un papel compensatorio de los efectos de la libre circulación de capitales sobre la progresividad de la imposición sobre las rentas de capital, abandonando su tradicional y exclusivo papel de control. Asimismo, se ha entendido que la tendencia a la dispersión de las fuentes de renta entre los miembros de la familia, con fines de elusión fiscal, que puede producir la individualización del Impuesto sobre la Renta de las Personas Físicas, hacía necesaria una reconsideración en consecuencia de la estructura de la tarifa del Impuesto sobre el Patrimonio para adaptarla a esta situación.

En consecuencia, se eleva el marginal de la tarifa, que opera para niveles de base liquidable más bajos, mientras que el mínimo se sigue manteniendo, reforzando la progresividad del Impuesto y su función redistributiva.

Por razones de coherencia y de simplicidad se ha alterado también la estructura de la tarifa del Impuesto sobre el Patrimonio, igualándola con las del Impuesto sobre la Renta de las Personas Físicas y el Impuesto sobre Sucesiones y Donaciones, lo que permitirá determinar directamente la cuota íntegra del Impuesto, con indudables ventajas desde el punto de vista de la simplificación del cálculo.

Otro aspecto importante a destacar es el que afecta al límite conjunto de las cuotas del Impuesto sobre el Patrimonio y el Impuesto sobre la Renta, cuyo funcionamiento ha tenido, en la práctica, efectos contraproducentes para la equidad tributaria, ya que ha posibilitado que la tributación de importantes patrimonios se diluya a través de la configuración estable o transitoria de una base imponible nula o insignificante en el Impuesto sobre la Renta. Por ello, su formulación tradicional se completa con el establecimiento de un impuesto mínimo tendente a asegurar una tributación efectiva de los sujetos pasivos que se encuentran en esta situación.

Por último, en cuanto a la gestión del Impuesto, se mantiene el sistema actual, por lo que la titularidad de la competencia para la gestión y liquidación corresponderá a las Delegaciones o Administración de Hacienda o, en su caso, a las oficinas con análogas funciones de las Comunidades Autónomas que tengan cedida la gestión del Impuesto[2].

---

[2] Exposición de Motivos de la **Ley 4/2008, de 23 de diciembre, por la que se suprime el gravamen del Impuesto sobre el Patrimonio,** se generaliza el sistema de devolución mensual en el Impuesto sobre el Valor Añadido, y se introducen otras modificaciones en la normativa tributaria (BOE núm. 310, de 25 de diciembre de 2008), «... *IV. El Impuesto sobre el Patrimonio se estableció en el año 1977 como un tributo de carácter extraordinario, en el marco de la profunda reforma del sistema tributario iniciada ese año.*

La vigente Ley del impuesto, la Ley 19/1991, de 6 de junio, supuso la incorporación con carácter estable del Impuesto al sistema tributario, con un triple objetivo: efectuar una función de carácter censal y de control del Impuesto sobre la Renta de las Personas Físicas; conseguir una mayor eficacia en la utilización de los patrimonios y la obtención de una mayor justicia redistributiva complementaria de la aportada por el Impuesto sobre la Renta de las Personas Físicas.

Sin embargo, desde el momento de su establecimiento, las transformaciones, tanto del entorno económico internacional como las mismas modificaciones introducidas en el tributo, han hecho que pierda su capacidad para alcanzar de forma eficaz los objetivos para los que fue diseñado.

En el actual contexto, resulta necesario suprimir el gravamen derivado de este impuesto mediante la fórmula más idónea para asegurar su eliminación efectiva e inmediata. Dicha eliminación del gravamen se produce tanto para la obligación real como para la obligación personal de contribuir.

En consecuencia, el precepto que modifica determinados artículos de la Ley 19/1991, al igual que la derogación que afecta a otras disposiciones de dicha Ley, tiene por objeto eliminar el gravamen por este impuesto, sin necesidad de modificar al mismo tiempo la Ley 21/2001, de 27 de diciembre, por la que se regulan las medidas fiscales y administrativas del nuevo sistema de financiación de las Comunidades Autónomas de régimen común y Ciudades con Estatuto de Autonomía, puesto que cualquier modificación de esta Ley debe ser objeto de un examen conjunto en el marco del proceso de reforma del sistema de financiación de las Comunidades Autónomas».

Exposición de Motivos del **Real Decreto-ley 13/2011, de 16 de septiembre, por el que se restablece el Impuesto sobre el Patrimonio, con carácter temporal** (BOE núm. 224, de 17 de septiembre de 2011): «*La necesidad de asegurar la estabilidad de nuestra economía y favorecer la recuperación y el empleo aconseja la adopción de nuevas medidas tributarias que refuercen los ingresos públicos.*

En la configuración de estas medidas, que complementan otras ya adoptadas, resulta esencial la aplicación del principio de equidad para que haya una mayor contribución a la salida de la crisis por parte de quienes tienen una mayor capacidad económica.

Así, las circunstancias actuales y los efectos de la crisis económica hacen necesario el restablecimiento efectivo del Impuesto sobre el Patrimonio, de tal manera que quienes más tienen contribuyan en mayor medida a la salida de la crisis reforzando el cumplimiento de los objetivos de estabilidad presupuestaria asumidos por España.

El Impuesto sobre el Patrimonio se estableció por la Ley 19/1991, de 6 de junio, y fue materialmente exigible hasta la entrada en vigor de la Ley 4/2008, de 23 de diciembre, por la que se suprime el gravamen del Impuesto sobre el Patrimonio, se generaliza el sistema de devolución mensual en el Impuesto sobre el Valor Añadido y se introducen otras modificaciones en la normativa tributaria. Esta norma, sin derogarlo, eliminó la obligación efectiva de contribuir por el Impuesto sobre el Patrimonio, entre otras razones por haber disminuido su capacidad redistributiva al gravar principalmente patrimonios medios.

Para excluir del gravamen a los contribuyentes con un patrimonio medio se aumenta significativamente el límite para la exención de la vivienda habitual, así como el mínimo exento que se venía aplicando en el impuesto antes de 2008, sin perjuicio de las competencias normativas que sobre esta materia ostentan las Comunidades Autónomas.

Por tanto, el objetivo del restablecimiento del gravamen del impuesto es la obtención de una recaudación adicional, al mismo tiempo que reforzar el principio de equidad, lo que se logrará permitiendo gravar la capacidad contributiva adicional que la posesión de un gran patrimonio representa. Con ello se logrará una mejor distribución de la renta y la riqueza complementando, en estos momentos de especiales dificultades presupuestarias, el papel que desempeñan el Impuesto sobre la Renta de las Personas Físicas y el Impuesto sobre Sucesiones y Donaciones.

En cualquier caso, el restablecimiento del impuesto tiene carácter temporal ya que se contempla exclusivamente en 2011 y 2012, debiéndose presentar las consiguientes declaraciones, respectivamente, en 2012 y 2013, años en los cuales se ha de continuar con el desarrollo de las políticas públicas y con el esfuerzo para reducir el déficit en todos los niveles de la Administración. De esta manera, el devengo del impuesto se producirá el próximo 31 de diciembre de 2011 y el 31 de diciembre de 2012. Es importante resaltar que el Impuesto sobre el Patrimonio que ahora se restablece sigue siendo un tributo cedido a las Comunidades Autónomas, por lo cual recuperan su capacidad normativa efectiva y la recaudación corresponde a estas Comunidades Autónomas, lo que supondrá para las mismas la posibilidad de obtener en esos años unos recursos adicionales a los que resulten del nuevo modelo de financiación, que ayudarán a cumplir los objetivos antes citados.

Lógicamente, la supresión futura de este impuesto o la creación de otro de naturaleza estatal, no implicará compensación adicional a las Comunidades Autónomas, puesto que ya se les compensó de manera definitiva consignándose a su favor alrededor de 2.100 millones de euros en el año base del modelo del actual sistema de financiación.

En cuanto a la figura jurídica a través de la cual se aprueba esta medida, debe destacarse, que no se introducen modificaciones sustanciales en la estructura del impuesto, que se reactiva eliminándose la bonificación estatal hasta ahora existente y recuperando los elementos del tributo que fueron objeto de una eliminación técnica en ese momento. Sin embargo y para dotar de coherencia al tributo y reforzar su carácter extraordinario y dirigido a obtener la contribución de un número relativamente reducido de contribuyentes, con una especial capacidad económica, se han elevado los importes de la exención parcial de la vivienda habitual y del mínimo exento, aunque hay que recordar que las Comunidades Autónomas ostentan amplias competencias normativas sobre este último extremo, y se ha programado la exigibilidad del tributo durante los dos años antes apuntados.

De igual modo, cabe señalar que a la vista de la situación económica y presupuestaria, se hace necesaria la adopción de la medida de manera inmediata, para garantizar la obtención de ingresos en los dos próximos ejercicios a fin de asegurar los objetivos de estabilidad asumidos por España.

La urgencia en la aprobación de estas normas se justifica, además, por la necesidad de dejar un tiempo suficiente para que las Comunidades Autónomas puedan ejercer, de así desearlo, sus competencias normativas en este escenario de recuperación del impuesto.

En este caso, es también necesario que los contribuyentes que lo van a ser por el Impuesto puedan tener conocimiento con la mayor antelación posible de las obligaciones devengadas en este año y que les serán exigibles el año que viene, con respecto al corriente.

El conjunto de las anteriores circunstancias hace que concurra la extraordinaria y urgente necesidad que exige el artículo 86 de la Constitución».

Preámbulo de la **Ley 16/2012, de 27 de diciembre, por la que se adoptan diversas medidas tributarias dirigidas a la consolidación de las finanzas públicas y al impulso de la actividad económica** (BOE núm. 312, de 28 de diciembre de 2012): «*...Se prorroga durante el ejercicio 2013 la vigencia del Impuesto sobre el Patrimonio, restablecido con carácter temporal, para los años 2011 y 2012, por el Real Decreto-ley 13/2011, de 16 de septiembre, pues aquella permitirá contribuir al reforzamiento de los ingresos públicos...*». (...). Prorroga que se ha seguido manteniendo, art. 72 de la Ley 22/2013, de 23 de diciembre, art. 61 de la Ley 36/2014, de 26 de diciembre, por el art. 66 de la Ley 48/2015, de 29 de octubre, para finalmente por el art. 4 del Real Decreto-ley 3/2016, de 2 de diciembre, art. 73 de la Ley 6/2018, de 3 de julio, de Presupuestos Generales del Estado para el año 2018, art. 3 Real Decreto-ley 27/2018, de 28 de diciembre, por el que se adoptan determinadas medidas en materia tributaria y catastral y art. 3 Real Decreto-ley 18/2019, de 27 de diciembre, por el que se adoptan determinadas medidas en materia tributaria, catastral y de seguridad social. Ver nota a pie de página del art. 33.

CAPÍTULO I. Disposiciones generales

Artículo 1[3]. *Naturaleza y objeto del Impuesto.*

El Impuesto sobre el Patrimonio es un tributo de carácter directo y naturaleza personal que grava el patrimonio neto de las personas físicas en los términos previstos en esta Ley.

A los efectos de este Impuesto, constituirá el patrimonio neto de la persona física el conjunto de bienes y derechos de contenido económico de que sea titular, con deducción de las cargas y gravámenes que disminuyan su valor, así como de las deudas y obligaciones personales de las que deba responder.

Artículo 2[4]. *Ámbito territorial.*

Uno. El Impuesto sobre el Patrimonio se aplicará en todo el territorio español, sin perjuicio de los regímenes tributarios forales de Concierto y Convenio Económico vigentes en los Territorios Históricos del País Vasco[5] y de la Comunidad Foral de Navarra[6], respectivamente, y

---

[3]   Gravamen Especial sobre Bienes Inmuebles de Entidades no Residentes: arts. 40 a 45 del Real Decreto Legislativo 5/2004, de 5 de marzo, por el que se aprueba el texto refundido de la Ley del Impuesto sobre la Renta de no Residentes y art. 20 del Real Decreto 1776/2004, de 30 de julio, por el que se aprueba el Reglamento del Impuesto sobre la Renta de no Residentes.

[4]   Nueva redacción del art. 2, dada por el art. 28 de la Ley 14/1996, de 30 de diciembre, de Cesión de tributos del Estado a las Comunidades Autónomas y de medidas fiscales complementarias (BOE núm. 315, de 31 de diciembre de 1996), aplicable a partir del 1 de enero de 1997.

[5]   Ley 12/2002 de 23 de mayo, por la que se aprueba el Concierto Económico con la Comunidad Autónoma del País Vasco (BOE de 24 de mayo de 2002): «*Artículo 24. Normativa aplicable y exacción del Impuesto. El Impuesto sobre el Patrimonio es un tributo concertado de normativa autónoma.*

Se exigirá por la Diputación Foral competente por razón del territorio o por el Estado, según que el contribuyente esté sujeto por el Impuesto sobre la Renta de las Personas Físicas a una u otra Administración, con independencia del territorio donde radiquen los elementos patrimoniales objeto de tributación.

Tratándose de sujetos pasivos por obligación real de contribuir, la exacción del impuesto corresponderá a las Diputaciones Forales cuando el mayor valor de los bienes y derechos radique en territorio vasco. A estos efectos, se entenderá que radican en territorio vasco los bienes y derechos que estuvieran situados, pudieran ejercitarse o hubieran de cumplirse en dicho territorio.

Cuando el no residente que hubiera tenido en el País Vasco su última residencia, opte por tributar conforme a la obligación personal, podrá tributar en territorio común o foral conforme a su respectiva normativa».

Norma Foral 11/1991, de 17 de diciembre, del territorio histórico de Bizkaia, del Impuesto sobre el Patrimonio (BOB de 15 de enero); Norma Foral 14/1991, de 27 de diciembre, del territorio histórico de Guipúzcoa, del Impuesto sobre el Patrimonio (BOB de 15 de enero); Norma Foral 23/1991, de 11 de diciembre, del territorio histórico de Álava, del Impuesto sobre el Patrimonio (BOTHA de 20 de diciembre).

[6]   Ley Orgánica 13/1982, de 10 de agosto, de Reintegración y Amejoramiento del Régimen Foral de Navarra (BOE del 16) y la Ley 28/1990, de 26 de diciembre, por la que se aprueba el Convenio Económico entre el Estado y la Comunidad Foral de Navarra (BOE del 27), recogido actualmente en el art. 17 de la Ley 25/2003, de 15 de julio, por la que se aprueba la modificación del Convenio Económico entre el Estado y la Comunidad Foral de Navarra. (BOE núm. 169, de 16 de julio de 2003): «*Artículo 17. Exacción por la Comunidad Foral de Navarra.*

1. Corresponderá a la Comunidad Foral la exacción del Impuesto sobre el Patrimonio en los mismos supuestos en los que sea competente para la exacción del Impuesto sobre la Renta de las Personas Físicas, con independencia del lugar donde radiquen los bienes o puedan ejercitarse los derechos.

2. Tratándose de sujetos pasivos por obligación real de contribuir, será competente la Comunidad Foral para la exacción del Impuesto cuando el mayor valor de bienes y derechos corresponda a los que radiquen en territorio navarro o hayan de ejercerse o cumplirse en dicho territorio.

de lo dispuesto en los Tratados o Convenios internacionales que hayan pasado a formar parte del ordenamiento interno[7].

Dos. La cesión del Impuesto a las Comunidades Autónomas se regirá por lo dispuesto en las normas reguladoras de la Cesión de Tributos del Estado a las Comunidades Autónomas[8] y

---

[7] *Cuando el no residente que hubiera tenido su última residencia en Navarra, opte por tributar conforme a la obligación personal, podrá hacerlo en territorio común o foral conforme a su respectiva normativa».*
Los Convenios de doble imposición sobre la Renta y el Patrimonio, suscritos por España, recogidos en el art. 5 de la Ley 35/2006, de 28 de noviembre, del Impuesto sobre la Renta de las Personas Físicas y de modificación parcial de las leyes de los Impuestos sobre Sociedades, sobre la Renta de no Residentes y sobre el Patrimonio.

[8] Art. 25 (Tributos cedidos), art. 31 (Alcance de la cesión y puntos de conexión en el Impuesto sobre el Patrimonio), art. 47 (alcance de las competencias normativas en el Impuesto sobre el Patrimonio) y art. 54 (Delegación de competencias) de la Ley 22/2009, de 18 de diciembre, por la que se regula el sistema de financiación de las Comunidades Autónomas de régimen común y Ciudades con Estatuto de Autonomía y se modifican determinadas normas tributarias (BOE núm. 305, de 19 de diciembre de 2009), en vigor desde el 1 de enero de 2009.

Artículo 25. Tributos cedidos.
«1. Con el alcance y condiciones establecidos en este título, se cede a las Comunidades Autónomas, según los casos, el rendimiento total o parcial en su territorio de los siguientes tributos: a) Impuesto sobre la Renta de las Personas Físicas. b) Impuesto sobre el Patrimonio... 2. La eventual supresión o modificación por el Estado de alguno de los tributos antes señalados implicará la extinción o modificación de la cesión».

Artículo 31. Alcance de la cesión y puntos de conexión en el Impuesto sobre Patrimonio.
«1. Se cede a la Comunidad Autónoma el rendimiento del Impuesto sobre el Patrimonio producido en su territorio.
2. Se considera producido en el territorio de una Comunidad Autónoma el rendimiento del Impuesto sobre el Patrimonio que corresponda a aquellos sujetos pasivos que tengan su residencia habitual en dicho territorio».

Artículo 47. Alcance de las competencias normativas del Impuesto sobre Patrimonio.
«1. En el Impuesto sobre el Patrimonio, las Comunidades Autónomas podrán asumir competencias normativas sobre:
a) Mínimo exento.
b) Tipo de gravamen.
c) Deducciones y bonificaciones de la cuota.
2. Las deducciones y bonificaciones aprobadas por las Comunidades Autónomas resultarán, en todo caso, compatibles con las deducciones y bonificaciones establecidas en la normativa estatal reguladora del impuesto y no podrán suponer una modificación de las mismas. Estas deducciones y bonificaciones autonómicas se aplicarán con posterioridad a las reguladas por la normativa del Estado».

Artículo 54. Delegación de competencias
«1. La Comunidad Autónoma se hará cargo, por delegación del Estado y en los términos previstos en esta Sección, de la aplicación de los tributos así como de la revisión de los actos dictados en ejercicio de la misma en los siguientes tributos:
a) Impuesto sobre el Patrimonio...
3. Las declaraciones relativas al Impuesto sobre el Patrimonio se presentarán, en su caso, conjuntamente con las del Impuesto sobre la Renta de las Personas Físicas. La Administración del Estado y las Comunidades Autónomas acordarán lo que proceda en orden a la más eficaz tramitación de los expedientes en el ámbito de sus respectivas competencias.
Sin perjuicio de lo que dispone el apartado 1 anterior, los Servicios de Inspección de Tributos del Estado podrán incoar las oportunas actas de investigación y comprobación por el Impuesto sobre el Patrimonio con ocasión de las actuaciones inspectoras que lleven a cabo en relación con el Impuesto sobre la Renta de las Personas Físicas.

tendrá el alcance y condiciones que para cada una de ellas establezca su específica Ley de Cesión[9].

CAPÍTULO II. Hecho imponible

Artículo 3. *Hecho imponible.*

Constituirá el hecho imponible del Impuesto la titularidad por el sujeto pasivo en el momento del devengo; del patrimonio neto a que se refiere el párrafo segundo del artículo 1 de esta Ley.

Se presumirá que forman parte del patrimonio los bienes y derechos que hubieran pertenecido al sujeto pasivo en el momento del anterior devengo, salvo prueba de transmisión o pérdida patrimonial.

Artículo 4[10]. *Bienes y derechos exentos.*

Estarán exentos de este Impuesto:

Uno. Los bienes integrantes del Patrimonio Histórico Español, inscritos en el Registro General de Bienes de Interés Cultural o en el Inventario General de Bienes Muebles, a que

---

La instrucción y resolución de los expedientes administrativos, consecuencia de las actas anteriores, corresponderán a las oficinas competentes de la Comunidad Autónoma. En relación con el Impuesto sobre el Patrimonio, la Administración Tributaria del Estado y la de la Comunidad Autónoma colaborarán facilitándose medios personales, coadyuvando en la inspección e intercambiando toda la información que se derive de las declaraciones, censo y actuaciones efectuadas por la Inspección».

Con anterioridad, art. 17 (Tributos cedidos), art. 23 (Alcance de la cesión y puntos de conexión en el Impuesto sobre el Patrimonio), art. 39 (alcance de las competencias normativas en el Impuesto sobre el Patrimonio) y art. 46 (Delegación de competencias) de la Ley 21/2001, de 27 de diciembre, por la que se regulan las medidas fiscales y administrativas del nuevo sistema de financiación de las Comunidades Autónomas de régimen común y Ciudades con Estatuto de Autonomía (BOE núm. 313, de 31 de diciembre de 2001), en vigor desde el 1 de enero de 2002.

Arts. 10 al 12, 19 y 20 de la Ley Orgánica 8/1980, de 22 de septiembre, de Financiación de las Comunidades Autónomas (BOE núm. 236 de 31 de octubre), en redacción dada por Ley Orgánica 7/2001, de 27 de diciembre (BOE, núm. 313, de 28 de diciembre de 1996) y Ley Orgánica 3/2009, de 18 de diciembre, de modificación de la Ley Orgánica 8/1980, de 22 de septiembre, de Financiación de las Comunidades Autónomas (BOE núm. 305, de 19 de diciembre de 2009).

9   Leyes 16/2010 a 30/2010, todas de 16 de julio, del régimen de cesión de tributos del Estado a las Comunidades Autónomas de Cataluña, Galia, Andalucía, Principado de Asturias, Cantabria, La Rioja, Región de Murcia, Comunitat Valenciana, Aragón, Castilla-La Mancha, Canarias, Extremadura, Illes Balears, Madrid, y Castilla León, y de fijación del alcance y condiciones de dicha cesión respectivamente. Todas recogidas en el BOE núm. 173 de 17 de julio de 2010, dictadas al amparo de la Ley 22/2009, de 18 de diciembre, por la que se regula el sistema de financiación de las Comunidades Autónomas de régimen común y Ciudades con Estatuto de Autonomía y se modifican determinadas normas tributarias (BOE núm. 305, de 19 de diciembre de 2009).

De acuerdo con el anterior sistema de la Ley 21/2011, de 27 de diciembre, las Leyes 17/2002 a 31/2002, todas ellas de 1 de julio, de cesión de tributos del Estado a la Comunidades Autónomas de Castilla y León, de Madrid, de Illes Balears, de Extremadura, de Canarias, de Castilla-La Mancha, de Aragón, de la Comunidad Valenciana, de la Región de Murcia, de La Rioja, de Cantabria, del Principado de Asturias, de Andalucía, de Galicia, de Cataluña, y de fijación del alcance y condiciones de dicha cesión.

10   Art. 9.3 de esta Ley.

se refiere la Ley 16/1985, de 25 de junio, del Patrimonio Histórico Español[11], así como los comprendidos en la Disposición Adicional Segunda de dicha Ley[12], siempre que en éste último caso hayan sido calificados como Bienes de Interés Cultural por el Ministerio de Cultura e inscritos en el Registro correspondiente.

No obstante, en el supuesto de Zonas Arqueológicas y Sitios o Conjuntos Históricos[13], la exención no alcanzará a cualesquiera clase de bienes inmuebles ubicados dentro del perímetro de delimitación, sino, exclusivamente, a los que reúnan las siguientes condiciones:

En Zonas Arqueológicas, los incluidos como objeto de especial protección en el instrumento de planeamiento urbanístico a que se refiere el artículo 20 de la Ley 16/1985, de 25 de junio[14].

---

[11] Ley 16/1985, de 25 de junio, del Patrimonio Histórico Español (BOE núm. 155 del 29), establece en su Art. 1.2: «Integran el Patrimonio Histórico Español los inmuebles y objetos muebles de interés artístico, histórico, paleontológico, arqueológico, etnográfico, científico o técnico. También forman parte del mismo el patrimonio documental y bibliográfico, los yacimientos y zonas arqueológicas, así como los sitios naturales, jardines y parques, que tengan valor artístico, histórico o antropológico».
Art. 69 «1. Como fomento al cumplimiento de los deberes y en compensación a las cargas que en esta Ley se imponen a los titulares y poseedores de los bienes integrantes del Patrimonio Histórico Español, además de las exenciones de la Contribución Territorial Urbana y del Impuesto Extraordinario sobre el Patrimonio de las Personas Físicas, se establecen los beneficios fiscales fijados en los artículos siguientes.
2. Para disfrutar de tales beneficios, salvo el establecido en el artículo 72.1, los bienes afectados deberán ser inscritos previamente en el Registro General que se establece el artículo 12, en el caso de Bienes de Interés Cultura, y en el Inventario General a que se refieren los artículos 26 y 53, en el caso de bienes muebles. En el caso de Conjuntos Históricos, Sitios Históricos o Zonas Arqueológicas, sólo se considerarán inscritos los inmuebles comprendidos en ellos que reúnan las condiciones que reglamentariamente se establezcan».
Ver también Arts. 9 a 13 (De la declaración de Bienes de Interés Cultural), Art. 26 a 34 (De los bienes muebles) y el Real Decreto 111/1986, de 10 de enero, de desarrollo parcial de la Ley 16/1985, de 25 de junio, del Patrimonio Histórico Español.
[12] La Disp. Adic. Segunda de la misma Ley, dispone que: «Se consideran asimismo de Interés Cultural y quedan sometidos al régimen previsto en la presente Ley los bienes a que se contraen los Decreto de 22 de abril de 1949, 571/1963 y 499/1973».
Decreto de 22 de abril de 1949, referido a Castillos españoles.
Decreto 571/1963, sobre escudos, emblemas, piedras heráldicas, rollos de justicia, cruces de término y piezas similares de interés histórico-artístico.
Decreto 499/1973, referido a hórreos o cabazos antiguos existentes en Asturias y Galicia.
[13] Art. 15.3. «Conjunto Histórico es la agrupación de bienes inmuebles que forman una unidad de asentamiento, continua o dispersa, condicionada por una estructura física representativa de la evolución de una comunidad humana por ser testimonio de su cultura o constituir un valor de uso y disfrute para la colectividad. Asimismo es Conjunto Histórico cualquier núcleo individualizado de inmuebles comprendidos en una unidad superior de población que reúna esas mismas características y pueda ser claramente delimitado.
4. Sitio Histórico es el lugar o paraje natural vinculado a acontecimientos o recuerdos del pasado, a tradiciones populares, creaciones culturales o de la naturaleza y a obras del hombre, que posean valor histórico, etnológico, paleontológico o antropológico.
5. Zona Arqueológica es el lugar o paraje natural donde existen bienes muebles o inmuebles susceptibles de ser estudiados con metodología arqueológica, hayan sido o no extraídos y tanto si se encuentran en la superficie, en el subsuelo o bajo las aguas territoriales españolas.»
[14] Art. 20.1: «La declaración de un Conjunto Histórico, Sitio Histórico o Zona Arqueológica, como Bienes de Interés Cultural, determinará la obligación para Municipio o Municipios en que se encontraren de redactar un Plan Especial de protección del área afectada por la declaración u otro instrumento de planeamiento de

En Sitios o Conjuntos Históricos los que cuenten con una antigüedad igual o superior a cincuenta años y estén incluidos en el Catálogo previsto en el artículo 86 del Reglamento de Planeamiento Urbanístico[15] como objeto de protección integral en los términos previstos en el artículo 21 de la Ley 16/1985, de 25 de junio[16].

---

los previstos en la legislación urbanística que cumpla en todo caso las exigencias en esta Ley establecidas. La aprobación de dicho Plan requerirá el informe favorable de la Administración competente para la protección de los bienes culturales afectados. Se entenderá emitido informe favorable transcurridos tres meses desde la presentación del Plan. La obligatoriedad de dicho Plan no podrá excusarse en la preexistencia de otro planeamiento contradictorio con la protección, ni en la inexistencia previa de planeamiento general.

2. EL Plan a que se refiere el apartado anterior establecerá para todos los usos públicos el orden prioritario de su instalación en los edificios y espacios que sean aptos para ello. Igualmente contemplará las posibles áreas de rehabilitación integrada que permitan la recuperación del área residencial y de las actividades económicas adecuadas. También deberá contener los criterios relativos a la conservación de fachada y cubiertas e instalaciones sobre las mismas.

3. Hasta la aprobación definitiva de dicho Plan el otorgamiento de licencias o la ejecución de las otorgadas antes de incoarse el expediente declarativo del Conjunto Histórico, Sitio Histórico o Zona Arqueológica, precisará resolución favorable de la administración competente para la protección de los bienes afectados y, en todo caso, no se permitirán alineaciones nuevas, alteraciones en la edificabilidad, parcelaciones ni agregaciones.

4. Desde la aprobación definitiva del Plan a que se refiere este artículo, los Ayuntamiento interesados serán competentes para autorizar directamente las obras que desarrollen el planeamiento aprobado y que afecten únicamente a inmuebles que no sean Monumentos ni Jardines Históricos ni estén comprendidos en su entorno, debiendo dar cuenta a la Administración competente para la ejecución de esta Ley de las autorizaciones o licencias concedidas en el plazo máximo de diez días desde su otorgamiento. Las obras que se realicen al amparo de licencias contrarias al Plan aprobado serán ilegales y la Administración competente podrá ordenar su reconstrucción o demolición con cargo al Organismo que hubiera otorgado la licencia en cuestión, sin perjuicio de lo dispuesto en la legislación urbanística sobre las responsabilidades por infracciones.»

[15] Real Decreto 2159/1978, de 23 de junio, que aprueba el Reglamento de Planeamiento Urbanístico (BOE 15 y 16 de septiembre), establece en su Art. 86 que: «1. Los Catálogos son documentos complementarios de las determinaciones de los Planes especiales, en los que se contendrán relaciones de los monumentos, jardines, parques naturales o paisajes que, por sus singulares valores o características, hayan de ser objeto de una especial protección.

2. Sin perjuicio de las medidas de protección que los Planes Generales o Normas Subsidiarias establezcan, se podrán incluir en Catálogos relaciones de bienes concretos que, situados en cualquier tipo de suelo, deban ser objeto de conservación o mejora.

3. La aprobación de Catálogos complementarios de las determinaciones de Planes Especiales o, en su caso, de los Planes Generales o Normas Subsidiarias se efectuará simultáneamente con la de éstos».

[16] Art. 21.1: «En los instrumentos de planeamiento relativos a Conjuntos Históricos se realizará la catalogación, según lo dispuesto en la legislación urbanística, de los elementos unitarios que conforman el Conjunto, tanto inmuebles edificados como espacios libres exteriores o interiores, u otras estructuras significativas, así como de los componentes naturales que lo acompañan, definiendo los tipos de intervención posible. A los elementos singulares se les dispensará una protección integral. Para el resto de los elementos se fijará, en cada caso, un nivel adecuado de protección.

2. Excepcionalmente, el Plan de protección de un Conjunto Histórico podrá permitir remodelaciones urbanas, pero sólo en caso de que impliquen una mejora de sus relaciones con el entorno territorial o urbano o eviten los usos degradantes para el propio Conjunto.

3. La conservación de los Conjuntos Históricos declarados Bienes de Interés Cultural comporta el mantenimiento de la estructura urbana y arquitectónica, así como de las características generales de su ambiente. Se considerarán excepcionales las sustituciones de inmuebles, aunque sean parciales, y sólo podrán reali-

Dos. Los bienes integrantes del Patrimonio Histórico de las Comunidades Autónomas, que hayan sido calificados e inscritos de acuerdo con lo establecido en sus normas reguladoras.

Tres. Los objetos de arte y antigüedades cuyo valor sea inferior a las cantidades que se establezcan a efectos de lo previsto en el artículo 26.4 de la Ley 16/1985, de 25 de junio, del Patrimonio Histórico Español[17].

Gozarán asimismo de exención:

a) Los objetos de arte y antigüedades comprendidos en el artículo 19, cuando hayan sido cedidos por sus propietarios en depósito permanente por un período no inferior a tres años a Museos o Instituciones Culturales sin fin de lucro para su exhibición pública, mientras se encuentren depositados.

b) La obra propia de los artistas mientras permanezca en el patrimonio del autor.

Cuatro. El ajuar doméstico, entendiéndose por tal los efectos personales y del hogar, utensilios domésticos y demás bienes muebles de uso particular del sujeto pasivo, excepto los bienes a los que se refieren los artículos 18 y 19 de esta Ley.

Cinco[18]. Los derechos de contenido económico en los siguientes instrumentos:

a) Los derechos consolidados de los partícipes y los derechos económicos de los beneficiarios en un plan de pensiones.

---

zarse en la medida en que contribuyan a la conservación general del carácter del Conjunto. en todo caso, se mantendrán las alineaciones urbanas existentes.»

[17]   Art. 26.4: «Los propietarios o poseedores de los bienes muebles que reúnan el valor y características que se señalen reglamentariamente, quedan obligados a comunicar a la Administración competente la existencia de estos objetos, antes de proceder a su venta o transmisión o terceros. Igual obligación se establece para las personas o entidades que ejerzan habitualmente el comercio de los bienes muebles integrantes del Patrimonio Histórico Español, que deberán, además, formalizar ente dicha Administración un libro de registro de las transmisiones que realicen sobre aquellos objetos».

El art. 26.1.b) del Real Decreto 111/1986, de 10 de enero, de desarrollo parcial de la Ley 16/1985, de 25 de junio, del Patrimonio Histórico Español (BOE del 28), que ha sido modificado por el RD 64/1994, de 21 de enero (BOE de 2 de marzo), que da una nueva redacción a los valores que habrán de ser tenidos en cuenta en la declaración del impuesto correspondiente a 1994 y períodos siguientes:

«1º 15.000.000 de pesetas, cuando se trate de obras pictóricas y escultóricas con menos de cien años de antigüedad.

2º 10.000.000 de pesetas en los casos de obras pictóricas de cien o más años de antigüedad.

3º 10.000.000 de pesetas cuando se trate de colecciones o conjuntos artísticos, culturales y antigüedades.

4º 7.000.000 de pesetas cuando se trate de obras escultóricas, relieves y bajo relieves con cien o más años.

5º 7.000.000 de pesetas en los casos de colecciones de dibujos, grabados, libros, documentos e instrumentos musicales.

6º 7.000.000 de pesetas cuando se trate de mobiliario.

7º 5.000.000 de pesetas en los casos de alfombras, tapices y tejidos históricos.

8º 3.000.000 de pesetas cuando se trate de dibujos, grabados, libros impresos o manuscritos y documentos unitarios en cualquier soporte.

9º 1.500.000 de pesetas en los casos de instrumentos musicales unitarios de carácter histórico.

10º 1.500.000 de pesetas en los casos de cerámica, porcelana y cristal antiguos.

11º 1.000.000 de pesetas cuando se trate de objetos arqueológicos.

12º 400.000 de pesetas en los casos de objetos etnográficos

c) Los que el Gobierno determine mediante Real Decreto a propuesta del Ministro de Cultura».

[18]   Nueva redacción dada por la Disp. Final Cuara.1 de la Ley 35/2006, de 28 de noviembre, del Impuesto sobre la Renta de las Personas Físicas y de modificación parcial de las leyes de los Impuestos sobre Sociedades, sobre la Renta de no Residentes y sobre el Patrimonio.

b) Los derechos de contenido económico que correspondan a primas satisfechas a los planes de previsión asegurados definidos en el apartado 3 del artículo 51 de la Ley 35/2006, del Impuesto sobre la Renta de las Personas Físicas y de modificación parcial de las Leyes de los Impuestos sobre Sociedades, sobre la Renta de no Residentes y sobre el Patrimonio.

c) Los derechos de contenido económico que correspondan a aportaciones realizadas por el sujeto pasivo a los planes de previsión social empresarial regulados en el apartado 4 del artículo 51 de la Ley 35/2006, del Impuesto sobre la Renta de las Personas Físicas y de modificación parcial de las Leyes de los Impuestos sobre Sociedades, sobre la Renta de no Residentes y sobre el Patrimonio, incluyendo las contribuciones del tomador.

d) Los derechos de contenido económico derivados de las primas satisfechas por el sujeto pasivo a los contratos de seguro colectivo, distintos de los planes de previsión social empresarial, que instrumenten los compromisos por pensiones asumidos por las empresas, en los términos previstos en la disposición adicional primera del texto refundido de la Ley de Regulación de los Planes y Fondos de Pensiones, y en su normativa de desarrollo, así como los derivados de las primas satisfechas por los empresarios a los citados contratos de seguro colectivo.

e) Los derechos de contenido económico que correspondan a primas satisfechas a los seguros privados que cubran la dependencia definidos en el apartado 5 del artículo 51 de la Ley 35/2006, del Impuesto sobre la Renta de las Personas Físicas y de modificación parcial de las Leyes de los Impuestos sobre Sociedades, sobre la Renta de no Residentes y sobre el Patrimonio.

f)[19] Los derechos de contenido económico derivados de las aportaciones a productos paneuropeos de pensiones individuales regulados en el Reglamento (UE) 2019/1238 del Parlamento Europeo y del Consejo, de 20 de junio de 2019, relativo a un producto paneuropeo de pensiones individuales.

Seis[20]. Los derechos derivados de la propiedad intelectual o industrial mientras permanezcan en el patrimonio del autor y en el caso de la propiedad industrial no estén afectos a actividades empresariales.

Siete[21]. Los valores cuyos rendimientos estén exentos en virtud de lo dispuesto en el artículo 13 de la Ley de Impuesto sobre la Renta de no Residentes y Normas Tributarias[22].

---

[19]   Nueva letra f) incorporada por la disposición final segunda de la Ley 12/2022, de 30 de junio, de regulación para el impulso de los planes de pensiones de empleo, por la que se modifica el texto refundido de la Ley de Regulación de los Planes y Fondos de Pensiones, aprobado por Real Decreto Legislativo 1/2002, de 29 de noviembre (BOE núm. 157, de 1 de julio de 2022), con efectos desde el 2 de julio de 2022.

[20]   Real Decreto Legislativo 1/1996, de 12 de abril, por el que se aprueba el Texto Refundido de la Ley de Propiedad Intelectual, regularizando, aclarando y armonizando las disposiciones legales vigentes sobre la materia; Ley 24/2015, de 24 de julio, de Patentes (BOE núm. 177, de 25 de julio de 2015). Ley 17/2001, de 7 de diciembre, de Marcas. (BOE núm. 294, de 8 de diciembre de 2001); Ley 20/2003, de 7 de julio, de Protección Jurídica del Diseño Industrial (BOE núm. 162, de 8 de julio de 2003)

[21]   Nueva redacción del apartado siete del art. 4 dada por la Disp. Adic. Segunda de la Ley 41/1998, de 9 diciembre, del Impuesto sobre la Renta de no Residentes y normas tributarias (BOE núm. 295, de 10 de diciembre de 1998), en vigor desde el 1 de enero de 1999.

[22]   La referencia debe ser entendida al actual art. 14 del Real Decreto Legislativo 5/2004, de 5 de marzo, por el que se aprueba el texto refundido de la Ley del Impuesto sobre la Renta de no Residentes.

Octavo[23]**.**

Uno. Los bienes y derechos de las personas físicas necesarios para el desarrollo de su actividad empresarial o profesional, siempre que ésta se ejerza de forma habitual, personal y directa por el sujeto pasivo y constituya su principal fuente de renta. A efectos del cálculo de la principal fuente de renta, no se computarán ni las remuneraciones de las funciones de dirección que se ejerzan en las entidades a que se refiere el número dos de este apartado, ni cualesquiera otras remuneraciones que traigan su causa de la participación en dichas entidades.

También estarán exentos los bienes y derechos comunes a ambos miembros del matrimonio, cuando se utilicen en el desarrollo de la actividad empresarial o profesional de cualquiera de los cónyuges, siempre que se cumplan los requisitos del párrafo anterior.

Dos[24]. La plena propiedad, la nuda propiedad y el derecho de usufructo vitalicio sobre las participaciones en entidades, con o sin cotización en mercados organizados, siempre que concurran las condiciones siguientes:

a) Que la entidad, sea o no societaria, no tenga por actividad principal la gestión de un patrimonio mobiliario o inmobiliario. Se entenderá que una entidad gestiona un patrimonio mobiliario o inmobiliario y que, por lo tanto, no realiza una actividad económica cuando concurran, durante más de 90 días del ejercicio social, cualquiera de las condiciones siguientes:

– Que más de la mitad de su activo esté constituido por valores o

– Que más de la mitad de su activo no esté afecto a actividades económicas.

A los efectos previstos en esta letra:

– Para determinar si existe actividad económica o si un elemento patrimonial se encuentra afecto a ella, se estará a lo dispuesto en el Impuesto sobre la Renta de las Personas Físicas.

– Tanto el valor del activo como el de los elementos patrimoniales no afectos a actividades económicas será el que se deduzca de la contabilidad, siempre que ésta refleje fielmente la verdadera situación patrimonial de la sociedad.

A efectos de determinar la parte del activo que está constituida por valores o elementos patrimoniales no afectos:

1.º No se computarán los valores siguientes:

– Los poseídos para dar cumplimiento a obligaciones legales y reglamentarias.

– Los que incorporen derechos de crédito nacidos de relaciones contractuales establecidas como consecuencia del desarrollo de actividades económicas.

– Los poseídos por sociedades de valores como consecuencia del ejercicio de la actividad constitutiva de su objeto.

– Los que otorguen, al menos, el cinco por ciento de los derechos de voto y se posean con la finalidad de dirigir y gestionar la participación siempre que, a estos efectos, se disponga de

---

[23]   Nueva redacción del apartado Ocho del art. 4, dada por el art. 4 de la Ley 62/2003, de 30 de diciembre, de medidas fiscales, administrativas y del orden social (BOE 31-12-2003), con efectos a partir del 1 de enero de 2004.

[24]   Nueva redacción dada por la Disp. Final Cuarta.2 de la Ley 35/2006, de 28 de noviembre, del Impuesto sobre la Renta de las Personas Físicas y de modificación parcial de las leyes de los Impuestos sobre Sociedades, sobre la Renta de no Residentes y sobre el Patrimonio.

la correspondiente organización de medios materiales y personales, y la entidad participada no esté comprendida en esta letra.

2.º No se computarán como valores ni como elementos no afectos a actividades económicas aquellos cuyo precio de adquisición no supere el importe de los beneficios no distribuidos obtenidos por la entidad, siempre que dichos beneficios provengan de la realización de actividades económicas, con el límite del importe de los beneficios obtenidos tanto en el propio año como en los últimos 10 años anteriores. A estos efectos, se asimilan a los beneficios procedentes de actividades económicas los dividendos que procedan de los valores a que se refiere el último inciso del párrafo anterior, cuando los ingresos obtenidos por la entidad participada procedan, al menos en el 90 por ciento, de la realización de actividades económicas.

b) Que la participación del sujeto pasivo en el capital de la entidad sea al menos del 5 por 100 computado de forma individual, o del 20 por 100 conjuntamente con su cónyuge, ascendientes, descendientes o colaterales de segundo grado, ya tenga su origen el parentesco en la consanguinidad, en la afinidad o en la adopción.

c) Que el sujeto pasivo ejerza efectivamente funciones de dirección en la entidad, percibiendo por ello una remuneración que represente más del 50 por 100 de la totalidad de los rendimientos empresariales, profesionales y de trabajo personal.

A efectos del cálculo anterior, no se computarán entre los rendimientos empresariales, profesionales y de trabajo personal, los rendimientos de la actividad empresarial a que se refiere el número uno de este apartado.

Cuando la participación en la entidad sea conjunta con alguna o algunas personas a las que se refiere la letra anterior, las funciones de dirección y las remuneraciones derivadas de la misma deberán de cumplirse al menos en una de las personas del grupo de parentesco, sin perjuicio de que todas ellas tengan derecho a la exención.

La exención sólo alcanzará al valor de las participaciones, determinado conforme a las reglas que se establecen en el artículo 16.uno de esta Ley, en la parte que corresponda a la proporción existente entre los activos necesarios para el ejercicio de la actividad empresarial o profesional, minorados en el importe de las deudas derivadas de la misma, y el valor del patrimonio neto de la entidad, aplicándose estas mismas reglas en la valoración de las participaciones de entidades participadas para determinar el valor de las de su entidad tenedora.

Tres. Reglamentariamente[25] se determinarán:

a) Los requisitos que deban concurrir para que sea aplicable la exención en cuanto a los bienes, derechos y deudas necesarios para el desarrollo de una actividad empresarial o profesional.

b) Las condiciones que han de reunir las participaciones en entidades

Nueve[26]. La vivienda habitual del contribuyente, según se define en el artículo 68.1.3.º de la Ley 35/2006, de 28 de noviembre, del Impuesto sobre la Renta de las Personas Físicas y

---

[25]   Apartado desarrollado por el Real Decreto 1704/1999, de 5 de noviembre, por el que se determinan los requisitos y condiciones de las actividades empresariales y profesionales y de las participaciones en entidades para la aplicación de las exenciones correspondientes en el Impuesto sobre el Patrimonio (BOE núm. 266, de 6 de noviembre de 1999).

[26]   Nueva redacción del apartado nueve del art. 4 dada por el art. único primero.uno del Real Decreto-ley 13/2011, de 16 de septiembre, por el que se restablece el Impuesto sobre el Patrimonio, con carácter temporal (BOE núm. 224, de 17 de septiembre de 2011), en vigor desde el 18 de septiembre de 2011.

de modificación parcial de las leyes de los Impuestos sobre Sociedades, sobre la Renta de no Residentes y sobre el Patrimonio, hasta un importe máximo de 300.000 euros.

CAPÍTULO III. Sujeto pasivo

SECCIÓN 1.ª *Normas generales*

Artículo 5. *Sujeto pasivo.*

Uno[27]. Son sujetos pasivos del Impuesto:

a) Por obligación personal, las personas físicas que tengan su residencia habitual en territorio español, exigiéndose el impuesto por la totalidad de su patrimonio neto con independencia del lugar donde se encuentren situados los bienes o puedan ejercitarse los derechos.

Cuando un residente en territorio español pase a tener su residencia en otro país podrá optar por seguir tributando por obligación personal en España. La opción deberá ejercitarla mediante la presentación de la declaración por obligación personal en el primer ejercicio en el que hubiera dejado de ser residente en el territorio español.

b) Por obligación real, cualquier otra persona física por los bienes y derechos de que sea titular cuando los mismos estuvieran situados, pudieran ejercitarse o hubieran de cumplirse en territorio español.

A tales efectos, se considerarán situados en territorio español los valores representativos de la participación en fondos propios de cualquier tipo de entidad, no negociados en mercados organizados, cuyo activo esté constituido en al menos el 50 por ciento, de forma directa o indirecta, por bienes inmuebles situados en territorio español. Para realizar el cómputo del activo, los valores netos contables de todos los bienes contabilizados se sustituirán por sus respectivos valores de mercado determinados a la fecha de devengo del impuesto. En el caso de bienes inmuebles, los valores netos contables se sustituirán por los valores que deban operar como base imponible del impuesto en cada caso, conforme a lo dispuesto en el artículo 10 de esta ley.

En este caso, el impuesto se exigirá exclusivamente por estos bienes o derechos del sujeto pasivo teniendo en cuenta lo dispuesto en el apartado cuatro del artículo 9 de la presente ley[28].

Dicho apartado fue incorporado por la Disp. Adic. Primera del Real Decreto-Ley 3/2000, de 23 de junio, por el que se aprueban medidas fiscales urgentes de estímulo al ahorro familiar y a la pequeña y mediana empresa. (BOE núm. 151, de 24 junio de 2000), con efectos a partir del 25 de junio de 2000 y por el art. 25 de la Ley 6/2000, de 13 de diciembre, que sustituye y deroga la anterior norma, por la que se aprueban medidas fiscales urgentes de estímulo al ahorro familiar y a la pequeña y mediana empresa (BOE núm. 299, de 14 de diciembre de 2000), con efectos desde el 15 de diciembre de 2000, con la siguiente redacción: «Nueve. La vivienda habitual del contribuyente, según se define en el artículo 55.1.3.º de la Ley 40/1998, de 9 de diciembre, del Impuesto sobre la Renta de las Personas Físicas, hasta un importe máximo de 25.000.000 de pesetas (150.253,03 euros)».

[27] Nueva redacción del art. 5.Uno dada por la Disp. Final Tercera de la Ley 38/2022, de 27 de diciembre, para el establecimiento de gravámenes temporales energético y de entidades de crédito y establecimientos financieros de crédito y por la que se crea el impuesto temporal de solidaridad de las grandes fortunas, y se modifican determinadas normas tributarias (BOE núm. 311, de 28 de diciembre de 2022), en vigor desde el 29 de diciembre de 2022.

[28] Art. 9.Cuatro, 28.Cuatro y 37.b) de esta Ley.

Dos[29]. Para la determinación de la residencia habitual se estará a los criterios establecidos en las normas del Impuesto sobre la Renta de las Personas Físicas.

Tres. Los representantes y funcionarios del Estado Español en el extranjero y de Organismos, Instituciones o de Estados extranjeros en España, quedarán sujetos a este Impuesto por obligación personal o real, atendiendo a las mismas circunstancias y condiciones que las establecidas para tales sujetos pasivos en las normas del Impuesto sobre la Renta de las Personas Físicas.

Artículo 6[30]. *Representantes de los sujetos pasivos no residentes en España.*

Uno. Los sujetos pasivos no residentes en territorio español vendrán obligados a nombrar una persona física o jurídica con residencia en España para que les represente ante la Administración tributaria en relación con sus obligaciones por este impuesto, cuando operen por mediación de un establecimiento permanente o cuando por la cuantía y características del

---

[29] Art. 9 (Contribuyentes que tienen su residencia habitual en territorio español) y art. 10 (Contribuyentes que tienen su residencia habitual en territorio extranjero) LIRPF. Art. 31 (Alcance de la cesión y puntos de conexión en el Impuesto sobre el Patrimonio), art. 47 (alcance de las competencias normativas en el Impuesto sobre el Patrimonio) y art. 54 (Delegación de competencias) Ley 22/2009, de 18 de diciembre, por la que se regula el sistema de financiación de las Comunidades Autónomas de régimen común y Ciudades con Estatuto de Autonomía y se modifican determinadas normas tributarias (BOE núm. 305, de 19 de diciembre de 2009), en vigor desde el 1 de enero de 2009.

[30] Nueva redacción del art. 6 dada por el art. único primero.dos del Real Decreto-ley 13/2011, de 16 de septiembre, por el que se restablece el Impuesto sobre el Patrimonio, con carácter temporal (BOE núm. 224, de 17 de septiembre de 2011), en vigor desde el 18 de septiembre de 2011.

El apartado segundo de dicho Real Decreto-Ley establecía que con efectos desde el 1 de enero de 2013 quedaría derogado este artículo 6, pero por modificaciones posteriores se ha mantenido su vigencia, con efectos de 1 de enero de 2014, art. 10 de la Ley 16/2012, de 27 de diciembre; con efectos de 1 de enero de 2015, el art. 72 de la Ley 22/2013, de 23 de diciembre; con efectos de 1 de enero de 2016, art. 61 de la Ley 36/2014, de 26 de diciembre; con efectos de 1 de enero de 2017, por el art. 66 de la Ley 48/2015, de 29 de octubre, para el ejercicio 2018 art. 4 del Real Decreto-ley 3/2016, de 2 de diciembre, ejercicio 2019, art. 73 de la Ley 6/2018, de 3 de julio, de Presupuestos Generales del Estado para el año 2018 (BOE núm. 161, de 4 de julio de 2018), para el ejercicio 2019 art. 73 de la Ley 6/2018, de 3 de julio, para el ejercicio 2020, art. 3.Dos Real Decreto-ley 27/2018, de 28 de diciembre, por el que se adoptan determinadas medidas en materia tributaria y catastral, (BOE núm. 314, de 29 de diciembre de 2018).

Quedando derogado, con efectos desde el 1 de enero de 2021, en virtud del art. 3 del Real Decreto-ley 18/2019, de 27 de diciembre, por el que se adoptan determinadas medidas en materia tributaria, catastral y de seguridad social. Pero, con efectos de 1 de enero de 2021, el art. único.2º del Real Decreto-ley 13/2011, de 16 de septiembre, que derogaba este artículo, según establece la disposición derogatoria primera de la Ley 11/2020, de 30 de diciembre, por lo que se mantiene la redacción anterior dada por el art. único.1º.2 del citado Real Decreto-ley

Antes, el artículo 6 había sido derogado por el Disposición derogado por el art. 3.2 de la Ley 4/2008, de 23 de diciembre, por la que se suprime el gravamen del Impuesto sobre el Patrimonio, se generaliza el sistema de devolución mensual en el Impuesto sobre el Valor Añadido, y se introducen otras modificaciones en la normativa tributaria (BOE núm. 310, de 25 de diciembre de 2008, aplicable esta modificación a partir del 1 enero de 2008, según establece la disposición final 5.b).

Su redacción procedía: Apartados Uno y Dos del art. 6 dada por la Disposición Adicional Tercera de la Ley 58/2003, de 17 de diciembre, General Tributaria. (BOE núm. 302, de 18 de diciembre de 2003), con efectos a partir del 1 de julio de 2004 y la redacción del apartado tercero dada por la Disp. Final Séptima de la Ley 43/1995 de 27 de diciembre, reguladora del Impuesto sobre Sociedades (BOE de 28 de diciembre), con efectos a partir del 1-1-1996.

patrimonio del sujeto pasivo situado en territorio español, así lo requiera la Administración tributaria, y a comunicar dicho nombramiento, debidamente acreditado, antes del fin del plazo de declaración del impuesto.

Dos. El incumplimiento de la obligación a que se refiere el apartado uno constituirá una infracción tributaria grave y la sanción consistirá en multa pecuniaria fija de 1.000 euros.

La sanción impuesta conforme a los párrafos anteriores se graduará incrementando la cuantía resultante en un 100 por ciento si se produce la comisión repetida de infracciones tributarias.

La sanción impuesta de acuerdo con lo previsto en este apartado se reducirá conforme a lo dispuesto en el apartado 3 del artículo 188 de la Ley General Tributaria.

Tres. En todo caso, el depositario o gestor de los bienes o derechos de los no residentes responderá solidariamente del ingreso de la deuda tributaria correspondiente a este Impuesto por los bienes o derechos depositados o cuya gestión tenga encomendada, en los términos previstos en el artículo 42 de la Ley General Tributaria.

SECCIÓN 2.ª *Atribución e Imputación de Patrimonios*

Artículo 7[31]. *Titularidad de los elementos patrimoniales.*

Los bienes y derechos se atribuirán a los sujetos pasivos según las normas sobre titularidad jurídica aplicables en cada caso y en función de las pruebas aportadas por aquéllos o de las descubiertas por la Administración.

En su caso, serán de aplicación las normas sobre titularidad jurídica de los bienes y derechos contenidas en las disposiciones reguladoras del régimen económico del matrimonio así como en los preceptos de la legislación civil aplicables en cada caso a las relaciones patrimoniales entre los miembros de la familia.

La titularidad de los bienes y derechos que, conforme a las disposiciones o pactos reguladores del correspondiente régimen económico matrimonial, sean comunes a ambos cónyuges, se atribuirá por mitad a cada uno de ellos, salvo que se justifique otra cuota de participación.

Cuando no resulte debidamente acreditada la titularidad de los bienes o derechos, la Administración Tributaria tendrá derecho a considerar como titular a quien figure como tal en un registro fiscal u otros de carácter público.

Las cargas, gravámenes, deudas y obligaciones, se atribuirán a los sujetos pasivos según las reglas y criterios de los párrafos anteriores.

Artículo 8. *Bienes o derechos adquiridos con precio aplazado o reserva de dominio.*

Uno. Cuando se trate de la adquisición de bienes o derechos con contraprestación aplazada, en todo o en parte, el valor del elemento patrimonial que resulte de las normas del Impuesto, se imputará íntegramente al adquirente del mismo, quien incluirá entre sus deudas la parte de la contraprestación aplazada.

Por su parte, el vendedor incluirá entre los derechos de su patrimonio el crédito correspondiente a la parte de la contraprestación aplazada.

---

[31]   Arts. 1.315 a 1.444 y 1.346 a 1.361 (Sociedades de gananciales), Art. 1.411 y ss. (sobre el régimen de participación), todos ellos del Código Civil.

Dos. En caso de venta de bienes con reserva de dominio, mientras la propiedad no se transmita al adquirente, el derecho de éste se computará por la totalidad de las cantidades que hubiera entregado hasta la fecha del devengo del Impuesto, constituyendo dichas cantidades deudas del vendedor, que será a quien se impute el valor del elemento patrimonial que resulte de las normas del Impuesto.

CAPÍTULO IV. Base imponible

Artículo 9. *Concepto.*

Uno. Constituye la base imponible de este Impuesto el valor del patrimonio neto del sujeto pasivo.

Dos. El patrimonio neto se determinará por diferencia entre:

a) El valor de los bienes y derechos de que sea titular el sujeto pasivo, determinado conforme a las reglas de los artículos siguientes, y

b) Las cargas y gravámenes de naturaleza real, cuando disminuyan el valor de los respectivos bienes o derechos, y las deudas u obligaciones personales de las que deba responder el sujeto pasivo.

Tres[32]. No obstante lo dispuesto en el apartado anterior, no se deducirán para la determinación del patrimonio neto las cargas y gravámenes que correspondan a los bienes exentos.

Cuatro. En los supuestos de obligación real de contribuir, sólo serán deducibles las cargas y gravámenes que afecten a los bienes y derechos que radiquen en territorio español o puedan ejercitarse o hubieran de cumplirse en el mismo, así como las deudas por capitales invertidos en los indicados bienes.

Artículo 10[33]. *Bienes Inmuebles.*

Los bienes de naturaleza urbana o rústica se computarán de acuerdo a las siguientes reglas:

Uno[34]. Por el mayor valor de los tres siguientes: El valor catastral, el determinado o comprobado por la Administración a efectos de otros tributos o el precio, contraprestación o valor de la adquisición[35].

---

[32] Ver art. 4 de esta Ley.

[33] Art. 61.3 del Real Decreto Legislativo 2/2004, de 5 de marzo, por el que se aprueba el texto refundido de la Ley Reguladora de las Haciendas Locales (BOE núm. 59, de 9 marzo de 2004, corrección de errores, BOE núm. 63, de 13 marzo de 2004) y art. 6. (Concepto y clases de bien inmueble), art. 7 (Bienes inmuebles urbanos y rústicos) y art. 8. (Bienes inmuebles de características especiales), del Real Decreto Legislativo por el que se aprueba el texto refundido de la Ley del Catastro Inmobiliario (BOE núm. 58, de 8 de marzo).

[34] Nueva redacción del art. 10.Uno dada por el art. cinco Uno de la Ley 11/2021, de 9 de julio, de medidas de prevención y lucha contra el fraude fiscal, de transposición de la Directiva (UE) 2016/1164, del Consejo, de 12 de julio de 2016, por la que se establecen normas contra las prácticas de elusión fiscal que inciden directamente en el funcionamiento del mercado interior, de modificación de diversas normas tributarias y en materia de regulación del juego (BOE núm. 164, de 10 de julio de 2021), con efectos desde el 11 de julio de 2021.

Redacción anterior: *«Uno. Por el mayor valor de los tres siguientes: El valor catastral, el comprobado por la Administración a efectos de otros tributos o el precio, contraprestación o valor de la adquisición».*

[35] Ley 29/1994, de 24 de noviembre, de Arrendamientos Urbanos (BOE núm. 282, de 25 de noviembre), de entrada en vigor el 1-1-1995, establece en su Disp. Trans. segunda.

«Contratos de arrendamiento de vivienda celebrados con anterioridad al 9 de mayo de 1985...

Dos. Cuando los bienes inmuebles estén en fase de construcción, se estimará como valor patrimonial las cantidades que efectivamente se hubieran invertido en dicha construcción hasta la fecha del devengo del Impuesto, además del correspondiente valor patrimonial del solar. En caso de propiedad horizontal, la parte proporcional en el valor del solar se determinará según el porcentaje fijado en el título[36].

Tres. Los derechos sobre bienes inmuebles adquiridos en virtud de contratos de multipropiedad, propiedad a tiempo parcial o fórmulas similares, se valorarán según las siguientes reglas:

a) Si suponen la titularidad parcial del inmueble, según las reglas del apartado uno anterior.

b) Si no comportan la titularidad parcial del inmueble, por el precio de adquisición de los certificados u otros títulos representativos de los mismos[37].

C) Otros derechos del arrendador...

10. Para las anualidades del contrato que se inicien a partir de la entrada en vigor de esta ley, el arrendador tendrá los siguientes derechos:...

10.1 En el Impuesto sobre el Patrimonio, el valor del inmueble arrendado se determinará por capitalización al 4 por 100 de la renta devengada, siempre que el resultado sea inferior al que resultaría de la aplicación de las reglas de valoración de bienes inmuebles previstas en la Ley del Impuesto sobre el Patrimonio».

Disp. Trans. tercera. «Contratos de arrendamiento de local de negocio celebrados antes de 9 de mayo de 1985...

D) Otros derechos del arrendador...

9. Para las anualidades del contrato que se inicien a partir de la entrada en vigor de esta ley, y hasta que se produzca la extinción del mismo, será también de aplicación a estos contratos lo previsto en el apartado 10 de la disposición transitoria segunda».

[36] Sobre la propiedad horizontal, el Arts. 396 del Código Civil y la Ley 49/1960, de 21 de julio, de Propiedad Horizontal (BOE del 23), modificada por la Ley 8/1999, de 6 de abril, de Reforma de la Ley 49/1960, de 21 de julio, sobre Propiedad Horizontal (BOE núm. 84, de 8 de abril de 1999), Ley 1/2000, de 7 de enero, de Enjuiciamiento Civil, Ley 51/2003, de 2 de diciembre, de igualdad de oportunidades, no discriminación y accesibilidad universal de las personas con discapacidad, Ley 19/2009, de 23 de noviembre, de medidas de fomento y agilización procesal del alquiler y de la eficiencia energética de los edificios y Ley 26/2011, de 1 de agosto, de adaptación normativa a la Convención Internacional sobre los Derechos de las Personas con Discapacidad.

[37] Ley 4/2012, de 6 de julio, de contratos de aprovechamiento por turno de bienes de uso turístico, de adquisición de productos vacacionales de larga duración, de reventa y de intercambio y normas tributarias (BOE núm. 162 de 7 de julio de 2012), en vigor desde el 8 de julio de 2012, «Artículo 36. Impuesto sobre el Patrimonio.

Los derechos contemplados en el título II, cualquiera que sea su naturaleza, se valorarán, de acuerdo con lo previsto en el artículo 10.3.b) de la Ley 19/1991, de 6 de junio, del Impuesto sobre el Patrimonio, por su precio de adquisición».

Previamente se recogía con el mismo en el Real Decreto-ley 8/2012, de 16 de marzo, de contratos de aprovechamiento por turno de bienes de uso turístico, de adquisición de productos vacacionales de larga duración, de reventa y de intercambio (BOE núm. 66, de 17 de marzo de 2012), en vigor desde el 18 de marzo de 2012. Al igual que la anterior norma que deroga, Ley 42/1998 de 15 diciembre, sobre derechos de aprovechamiento por turno de bienes inmuebles de uso turístico y normas tributarias (BOE núm. 300, de 16 de diciembre de 1998), disponía: «Art. 18. Impuesto sobre el Patrimonio. Los derechos contemplados en la presente Ley, cualquiera que sea su naturaleza, se valorarán, de acuerdo con lo previsto en el artículo 10.3.b) de la Ley 19/1991, de 6 de junio, del Impuesto sobre el Patrimonio, por su precio de adquisición».

Artículo 11[38]. *Actividades Empresariales y profesionales.*

Los bienes y derechos de las personas físicas, afectos a actividades empresariales o profesionales según las normas del Impuesto sobre la Renta de las Personas Físicas, se computarán por el valor que resulte de su contabilidad, por diferencia entre el activo real y el pasivo exigible, siempre que aquélla se ajuste a lo dispuesto en el Código de Comercio.

No obstante lo dispuesto en el párrafo anterior, los bienes inmuebles afectos a actividades empresariales o profesionales, se valorarán en todo caso conforme a lo previsto en el artículo anterior, salvo que formen parte del activo circulante y el objeto de aquéllas consista exclusivamente en el desarrollo de actividades empresariales de construcción o promoción inmobiliaria.

En defecto de contabilidad la valoración será la que resulte de la aplicación de las demás normas de este Impuesto.

Artículo 12. *Depósitos en cuenta corriente o de ahorro, a la vista o a plazo.*

Los depósitos en cuenta corriente o de ahorro, a la vista o a plazo, que no sean por cuenta de terceros, así como las cuentas de gestión de tesorería y cuentas financieras o similares, se computarán por el saldo que arrojen en la fecha del devengo del Impuesto, salvo que aquél resultase inferior al saldo medio correspondiente al último trimestre del año, en cuyo caso se aplicará éste último.

Para el cálculo de dicho saldo medio no se computarán los fondos retirados para la adquisición de bienes y derechos que figuren en el patrimonio o para la cancelación o reducción de deudas.

Cuando el importe de una deuda originada por un préstamo o crédito haya sido objeto de ingreso en el último trimestre del año en alguna de las cuentas a que se refiere el párrafo primero, no se computará para determinar el saldo medio y tampoco se deducirá como tal deuda.

Artículo 13. *Valores representativos de la cesión a terceros de capitales propios, negociados en mercados organizados.*

Los valores representativos de la cesión a terceros de capitales propios, negociados en mercados organizados, se computarán según su valor de negociación media del cuarto trimestre de cada año, cualquiera que sea su denominación, representación y la naturaleza de los rendimientos obtenidos.

A estos efectos, por el Ministerio de Economía y Hacienda se publicará anualmente la relación de valores que se negocien en Bolsa, con su cotización media correspondiente al cuarto trimestre de cada año[39].

---

[38] Art. 29 (Elementos patrimoniales afectos) de la Ley 35/2006 del IRPF y arts. 22 a 33 del Código de Comercio.

[39] De acuerdo con la vigencia del impuesto, Orden HAC/184/2025, de 25 de febrero, por la que se aprueba la relación de valores negociados en centros de negociación, con su valor de negociación medio correspondiente al cuarto trimestre de 2024, a efectos de la declaración del Impuesto sobre el Patrimonio del año 2024 y de la declaración informativa anual acerca de valores, seguros y rentas (BOE núm. 51, de 28 de febrero de 2025).
    Orden HAC/172/2024, de 26 de febrero, por la que se aprueba la relación de valores negociados en centros de negociación, con su valor de negociación medio correspondiente al cuarto trimestre de 2023,

Artículo 14. *Demás valores representativos de la cesión a terceros de capitales propios.*

Los valores representativos de la cesión a terceros de capitales propios, distintos de aquellos a que se refiere el artículo anterior, se valorarán por su nominal, incluidas, en su caso, las primas de amortización o reembolso, cualquiera que sea su denominación, representación y la naturaleza de los rendimientos obtenidos.

Artículo 15[40]. *Valores representativos de la participación en fondos propios de cualquier tipo de entidad, negociados en mercados organizados.*

Uno. Las acciones y participaciones en el capital social o fondos propios de cualesquiera entidades jurídicas negociadas en mercados organizados, salvo las correspondientes a Instituciones de Inversión Colectiva, se computarán según su valor de negociación media del cuarto trimestre de cada año.

A estos efectos, por el Ministerio de Economía y Hacienda se publicará anualmente la relación de los valores que se negocien en mercados organizados, con su cotización media correspondiente al cuarto trimestre del año[41].

Dos. Cuando se trate de suscripción de nuevas acciones no admitidas todavía a cotización oficial, emitidas por entidades jurídicas que coticen en mercados organizados, se tomará como valor de estas acciones el de la última negociación de los títulos antiguos dentro del período de suscripción.

---

a efectos de la declaración del Impuesto Sobre el Patrimonio del año 2023 y de la declaración informativa anual acerca de valores, seguros y rentas (BOE núm. 52, de 28 de febrero de 2024).

Orden HFP/188/2023, de 27 de febrero, por la que se aprueba la relación de valores negociados en centros de negociación, con su valor de negociación medio correspondiente al cuarto trimestre de 2022, a efectos de la declaración del Impuesto Sobre el Patrimonio del año 2022 y de la declaración informativa anual acerca de valores, seguros y rentas, y por la que se modifica la Orden HAC/612/2021, de 16 de junio, por la que se aprueba el modelo 179, «Declaración informativa trimestral de la cesión de uso de viviendas con fines turísticos» y se establecen las condiciones y el procedimiento para su presentación (BOE núm. 50, de 28 de febrero de 2023).

Para otros ejercicios: Orden HFP/115/2022, de 23 de febrero, (BOE núm. 48, de 25 de febrero de 2022); Orden HAC/173/2021, de 25 de febrero, (BOE núm. 50, de 27 de febrero de 2021); Orden HAC/176/2020, de 20 de febrero, (BOE núm. 52, de 29 de febrero de 2020); Orden HAC/202/2019, de 20 de febrero, (BOE núm. 51, de 28 de febrero de 2019) Orden HFP/191/2018, de 23 de febrero, (BOE núm. 51, de 27 de febrero de 2018); Orden HFP/145/2017, de 20 de febrero, (BOE núm. 47, de 24 de febrero de 2017); Orden HAP/214/2016, de 18 de febrero, (BOE núm. 47, de 24 de febrero de 2016); Orden HAP/303/2015, de 19 de febrero, (BOE núm. 39, de 26 de febrero de 2015); Orden HAP/313/2014, de 28 de febrero, (BOE núm. 53, de 3 de marzo de 2014); Orden HAP/303/2013, de 26 de febrero (BOE núm. 50, de 27 de febrero de 2013); Orden HAP/377/2012, de 27 de febrero (BOE núm. 50 de 28 de febrero de 2012); Orden EHA/672/2008, de 3 de marzo; Orden EHA/411/2007, de 20 de febrero, (BOE de 27 de febrero), Orden EHA/492/2006, de 17 de febrero, (BOE núm. 49, de 27 de febrero); Orden HAC/196/2004, de 2 febrero, (BOE núm. 32, de 6 de febrero), Orden HAC/256/2003, de 6 de febrero (BOE del 14); Orden HAC/249/2000, de 5 de febrero, (BOE de 12 de febrero de 2002), Orden de 17 de marzo de 1999, (BOE núm. 72, de 25 de marzo de 1999), Orden de 11 de marzo de 1998. Para 1996, la Orden de 20 de marzo de 1997, (BOE de 31 de marzo de 1997); Orden de 12 de marzo de 1996, (BOE de 26 de marzo de 1996); Orden de 8 de marzo de 1995, (BOE de 22 de marzo de 1995).

[40] Nueva redacción del art. 15 dada por el art. 2.1 de la Ley 50/1998 de 30 diciembre, de Medidas Fiscales, Administrativas y del Orden Social (BOE núm. 313/98 de 31 diciembre, corrección de errores, BOE núm. 109, de 7 de mayo de 1999), con efectos desde el día 1 de enero 1999.

[41] De acuerdo con la vigencia del impuesto: Ver nota a pie de página del art. 13 anterior.

Tres. En los supuestos de ampliaciones de capital pendientes de desembolso, la valoración de las acciones se hará de acuerdo con las normas anteriores, como si estuviesen totalmente desembolsadas, incluyendo la parte pendiente de desembolso como deuda del sujeto pasivo.

Artículo 16[42]**. Demás valores representativos de la participación en fondos propios de cualquier tipo de entidad.**

Uno[43]**.** Tratándose de acciones y participaciones distintas de aquellas a que se refiere el artículo anterior, la valoración de las mismas se realizará por el valor teórico resultante del último balance aprobado, siempre que éste, bien de manera obligatoria o voluntaria, haya sido sometido a revisión y verificación y el informe de auditoría resultara favorable.

En el caso de que el balance no haya sido auditado o el informe de auditoría no resultase favorable, la valoración se realizará por el mayor valor de los tres siguientes: el valor nominal, el valor teórico resultante del último balance aprobado o el que resulte de capitalizar al tipo del 20 por 100 el promedio de los beneficios de los tres ejercicios sociales cerrados con anterioridad a la fecha del devengo del Impuesto.

A este último efecto, se computarán como beneficios los dividendos distribuidos y las asignaciones a reservas, excluidas las de regularización o de actualización de balances.

Dos[44]**.** Las acciones y participaciones en el capital social o en el fondo patrimonial de las Instituciones de Inversión Colectiva se computarán por el valor liquidativo en la fecha del devengo del impuesto, valorando los activos incluidos en balance de acuerdo con las normas que se recogen en su legislación específica y siendo deducibles las obligaciones con terceros.

Tres. La valoración de las participaciones de los socios o asociados, en el capital social de las cooperativas se determinará en función del importe total de las aportaciones sociales desembolsadas, obligatorias o voluntarias, resultante del último balance aprobado, con deducción, en su caso, de las pérdidas sociales no reintegradas.

Cuatro. A los efectos previstos en este artículo, las entidades deberán suministrar a los socios, asociados o partícipes certificados con las valoraciones correspondientes.

Artículo 17[45]**. Seguros de vida y rentas temporales o vitalicias.**

Uno. Los seguros de vida se computarán por su valor de rescate en el momento del devengo del Impuesto.

---

[42]   Nueva redacción del art. 16 dada por el art. 2.2 de la Ley 50/1998 de 30 diciembre, de Medidas Fiscales, Administrativas y del Orden Social (BOE núm. 313/98 de 31 diciembre, corrección de errores, BOE núm. 109, de 7 de mayo de 1999), con efectos desde el día 1 de enero 1999.

[43]   Arts. 27a a 278 del Real Decreto Legislativo 1/2010, de 2 de julio, por el que se aprueba el texto refundido de la Ley de Sociedades de Capital (BOE núm. 161, de 3 de julio de 2010), en vigor desde el 1 de septiembre de 2010, con anterioridad, los arts. 213 a 217 del Real Decreto-Legislativo 1564/1989, de 22 de diciembre, por el que se aprueba el Texto Refundido de la Ley de Sociedades Anónimas (BOE del 27).

[44]   Ver nota del Art. 15 de esta misma Ley.

[45]   Nueva redacción del art. 17 dada por el art. cinco Dos de la Ley 11/2021, de 9 de julio, de medidas de prevención y lucha contra el fraude fiscal, de transposición de la Directiva (UE) 2016/1164, del Consejo, de 12 de julio de 2016, por la que se establecen normas contra las prácticas de elusión fiscal que inciden directamente en el funcionamiento del mercado interior, de modificación de diversas normas tributarias y en materia de regulación del juego (BOE núm. 164, de 10 de julio de 2021), con efectos desde el día 11 de julio de 2021.

No obstante, en los supuestos en los que el tomador no tenga la facultad de ejercer el derecho de rescate total en la fecha de devengo del impuesto, el seguro se computará por el valor de la provisión matemática en la citada fecha en la base imponible del tomador.

Lo dispuesto en el párrafo anterior no se aplicará a los contratos de seguro temporales que únicamente incluyan prestaciones en caso de fallecimiento o invalidez u otras garantías complementarias de riesgo.

Dos. Las rentas temporales o vitalicias, constituidas como consecuencia de la entrega de un capital en dinero, bienes muebles o inmuebles, deberán computarse por su valor de capitalización en la fecha del devengo del Impuesto, aplicando las mismas reglas que para la constitución de pensiones se establecen en el Impuesto sobre Transmisiones Patrimoniales y Actos Jurídicos Documentados[46].

No obstante, cuando se perciban rentas, temporales o vitalicias, procedentes de un seguro de vida, estas se computarán por el valor establecido en el apartado Uno de este artículo.

Artículo 18. *Joyas, pieles de carácter suntuario y vehículos, embarcaciones y aeronaves.*

Las joyas, pieles de carácter suntuario, automóviles, vehículos de dos o tres ruedas, cuya cilindrada sea igual o superior a 125 centímetros cúbicos, embarcaciones de recreo o de deportes náuticos, aviones, avionetas, veleros y demás aeronaves, se computarán por el valor de mercado en la fecha de devengo del Impuesto.

Los sujetos pasivos podrán utilizar, para determinar el valor de mercado, las tablas de valoración de vehículos usados aprobadas por el Ministerio de Economía y Hacienda, a efectos del Impuesto sobre Transmisiones Patrimoniales y Actos Jurídicos Documentados y del Impuesto sobre Sucesiones y Donaciones, que estuviesen vigentes en la fecha de devengo del Impuesto[47].

Redacción anterior: «*Artículo 17. Seguros de vida y rentas temporales o vitalicias.*
Uno. Los seguros de vida se computarán por su valor de rescate en el momento del devengo del Impuesto.
Dos. Las rentas temporales o vitalicias, constituidas como consecuencia de la entrega de un capital en dinero, bienes muebles o inmuebles, deberán computarse por su valor de capitalización en la fecha del devengo del Impuesto, aplicando las mismas reglas que para la constitución de pensiones se establecen en el Impuesto sobre Transmisiones Patrimoniales y Actos Jurídicos Documentados».

[46]   Art. 10.2.f) del RDL 1/1993, de 24 de septiembre, Texto Refundido del ITPAJD y art. 40 del RITPAJD, aprobado por el Real Decreto 828/1995, de 29 de mayo, (BOE de 22 de junio).

[47]   Orden de 30 de enero de 1987 (BOE de 10 de febrero y 7 de marzo) actualizados para 2025 por la Orden HAC/1484/2024, de 26 de diciembre, por la que se aprueban los precios medios de venta aplicables en la gestión del Impuesto sobre Transmisiones Patrimoniales y Actos Jurídicos Documentados, Impuesto sobre Sucesiones y Donaciones e Impuesto Especial sobre Determinados Medios de Transporte (BOE núm. 313, de 28 de diciembre de 2024). Para 2024 por la Orden HFP/1396/2023, de 26 de diciembre, por la que se aprueban los precios medios de venta aplicables en la gestión del Impuesto sobre Transmisiones Patrimoniales y Actos Jurídicos Documentados, Impuesto sobre Sucesiones y Donaciones e Impuesto Especial sobre Determinados Medios de Transporte (BOE núm. 311, de 29/12/2023). Para 2023 por Orden HFP/1259/2022, de 14 de diciembre (BOE núm. 304, de 20 de diciembre de 2022); para 2022 por la Orden HFP/1442/2021, de 20 de diciembre (BOE» núm. 308, de 24 de diciembre de 2021). Para 2021: Orden HAC/1275/2020, de 28 de diciembre (BOE núm. 340, de 30 de diciembre de 2020); para 2020 por la Orden HAC/1273/2019, de 16 de diciembre, (BOE núm. 314, de 31 de diciembre de 2019); para el 2019 por la Orden HAC/1375/2018, de 17 diciembre (BOE núm. 306, de 24 de diciembre de 2018). Para 2018, por la Orden HAC/1375/2018, de 17 diciembre (BOE núm. 309, de 24 de diciembre de 2018); para el 2017, Orden HFP/1895/2016, de 14 de diciembre (BOE núm. 304, de 17 de diciembre de 2016); para 2016, la Orden HAP/2763/2015, de 17 de diciembre (BOE núm. 304, de 21 de diciembre de 2015); para

Artículo 19. *Objetos de arte y antigüedades.*

Uno. Los objetos de arte o antigüedades se computarán por el valor de mercado en la fecha de devengo del Impuesto.

Dos. Sin perjuicio de la exención de que se contempla en el artículo 4, apartados Uno, Dos y Tres de la presente Ley, se entenderá por:

a) Objetos de arte: Las pinturas, esculturas, dibujos, grabados, litografías u otros análogos, siempre que, en todos los casos se trate de obras originales.

b) Antigüedades: Los bienes muebles útiles u ornamentales, excluidos los objetos de arte, que tengan más de cien años de antigüedad y cuyas características originales fundamentales no hubieran sido alteradas por modificaciones o reparaciones efectuadas durante los cien últimos años.

Artículo 20[48]. *Derechos reales.*

Los derechos reales de disfrute y la nuda propiedad se valorarán con arreglo a los criterios señalados en el Impuesto sobre Transmisiones Patrimoniales y Actos Jurídicos Documentados, tomando, en su caso, como referencia el valor asignado al correspondiente bien de acuerdo con las reglas contenidas en la presente Ley.

Artículo 21[49]. *Concesiones administrativas.*

Las concesiones administrativas para la explotación de servicios o bienes de dominio o titularidad pública, cualquiera que sea su duración, se valorarán con arreglo a los criterios señalados en el Impuesto sobre Transmisiones Patrimoniales y Actos Jurídicos Documentados.

Artículo 22[50]. *Derechos derivados de la propiedad Intelectual e Industrial.*

Los derechos derivados de la propiedad Intelectual e Industrial, adquiridos de terceros, deberán incluirse en el patrimonio del adquirente por su valor de adquisición, sin perjuicio de lo previsto en el artículo 11 de esta Ley.

Artículo 23[51]. *Opciones contractuales.*

Las opciones de contratos se valorarán de acuerdo con lo que establece el Impuesto sobre Trasmisiones Patrimoniales y Actos Jurídicos Documentados.

---

el ejercicio 2015 por la Orden HAP/2374/2014, de 11 de diciembre (BOE núm. 306, de 19 de diciembre de 2014); para el año 2014 por la Orden HAP/2367/2013, de 11 de diciembre (BOE núm. 302, de 18 de diciembre de 2013). Para el 2013, por la Orden HAP/2724/2012, de 12 de diciembre, (BOE núm. 306, de 21 de diciembre de 2012). Para el 2012 por la Orden EHA/3551/2011, de 13 de diciembre, (BOE de 29 de diciembre de 2011); para el 2011 por la Orden EHA/3334/2010, de 16 de diciembre (BOE núm. 314, de 27 de diciembre de 2010). Para el ejercicio 2010, Orden EHA/3476/2009, de 17 de diciembre (BOE núm. 311, de 26 de diciembre de 2009). Ejercicio 2009: Orden EHA/3697/2008, de 11 de diciembre (BOE núm. 305, de 19 de diciembre de 2008).

48   Art. 10.2.a) y b) del RDL 1/1993, de 24 de septiembre, Texto Refundido del ITPAJD y art. 41 del RITPAJD, aprobado por el Real Decreto 828/1995, de 29 de mayo (BOE de 22 de junio).

49   Art. 13, apartados 3 y 4 del RDL 1/1993, de 24 de septiembre, Texto Refundido del ITPAJD.

50   Ver la nota del Art. 4.6 de esta misma Ley.

51   Art. 14.2 del RDL 1/1993, de 24 de septiembre, Texto Refundido del ITPAJD.

Artículo 24. *Demás bienes y derechos de contenido económico.*

Los demás bienes y derechos de contenido económico, atribuibles al sujeto pasivo, se valorarán por su precio de mercado en la fecha del devengo del Impuesto.

Artículo 25. *Valoración de las deudas.*

Uno. Las deudas se valorarán por su nominal en la fecha del devengo del Impuesto y sólo serán deducibles siempre que estén debidamente justificadas.

Dos. No serán objeto de deducción:

a) Las cantidades avaladas, hasta que el avalista esté obligado a pagar la deuda, por haberse ejercitado el derecho contra el deudor principal y resultar éste fallido. En el caso de obligación solidaria, las cantidades avaladas no podrán deducirse hasta que se ejercite el derecho contra el avalista.

b) La hipoteca que garantice el precio aplazado en la adquisición de un bien, sin perjuicio de que sí lo sea el precio aplazado o deuda garantizada.

Tres[52]. En ningún caso serán objeto de deducción las deudas contraídas para la adquisición de bienes o derechos exentos. Cuando la exención sea parcial, será deducible, en su caso, la parte proporcional de las deudas.

Artículo 26. *Determinación de la base imponible.*

Con carácter general, la base imponible se determinará en régimen de estimación directa.

Cuando concurran las circunstancias previstas en el artículo 50 de la Ley General Tributaria, será aplicable el régimen de estimación indirecta de bases tributarias.

Artículo 27[53]**. *Tasación pericial.***

La tasación pericial contradictoria a que se refiere la Ley General Tributaria sólo será de aplicación a los bienes y derechos mencionados en los artículos 18, 19 y 24 de esta Ley, excepto cuando se haga uso de lo previsto en el párrafo segundo del artículo 18.

CAPÍTULO V. Base liquidable

Artículo 28[54]**. *Base liquidable.***

Uno. En el supuesto de obligación personal, la base imponible se reducirá, en concepto de mínimo exento, en el importe que haya sido aprobado por la Comunidad Autónoma.

---

[52] Nuevo apartado incorporado por la Disp. Adic. Primera del Real Decreto-Ley 3/2000, de 23 de junio, por el que se aprueban medidas fiscales urgentes de estímulo al ahorro familiar y a la pequeña y mediana empresa. (BOE núm. 151, de 24 junio de 2000), con efectos a partir del 25 de junio de 2000 y por el art. 25 de la Ley 6/2000, de 13 de diciembre, que sustituye y deroga la anterior norma, por la que se aprueban medidas fiscales urgentes de estímulo al ahorro familiar y a la pequeña y mediana empresa (BOE núm. 299, de 14 de diciembre de 2000), con efectos desde el 15 de diciembre de 2001.

[53] Art. 57 de la Ley 58/2003, de 17 de diciembre, General Tributaria (BOE de 18 de diciembre).

[54] Nueva redacción del art. 28 dada por el art. único primero.tres del Real Decreto-ley 13/2011, de 16 de septiembre, por el que se restablece el Impuesto sobre el Patrimonio, con carácter temporal (BOE núm. 224, de 17 de septiembre de 2011), en vigor desde el 18 de septiembre de 2011.
Redacción anterior dada por el art. 59. uno de la Ley 21/2001, de 27 de diciembre, por la que se regulan las medidas fiscales y administrativas del nuevo sistema de financiación de las Comunidades Autónomas de régimen común y Ciudades con Estatuto de Autonomía (BOE núm. 313, de 31 de diciembre de 2001), con efectos desde el día 1 de enero de 2002.

Dos. Si la Comunidad Autónoma no hubiese regulado el mínimo exento a que se refiere el apartado anterior, la base imponible se reducirá en 700.000 euros.

Tres. El mínimo exento señalado en el apartado anterior será aplicable en el caso de sujetos pasivos no residentes que tributen por obligación personal de contribuir y a los sujetos pasivos sometidos a obligación real de contribuir.

CAPÍTULO VI. Devengo del impuesto

Artículo 29. *Devengo del Impuesto.*

El Impuesto se devengará el 31 de diciembre de cada año y afectará al patrimonio del cual sea titular el sujeto pasivo en dicha fecha.

CAPÍTULO VII. Deuda tributaria

Artículo 30[55]. *Cuota íntegra.*

La base liquidable del Impuesto será gravada a los tipos de la siguiente escala:

1. La base liquidable del impuesto será gravada a los tipos de la escala que haya sido aprobada por la Comunidad Autónoma.

---

[55] Ley 41/2003, de 18 de noviembre, de protección patrimonial de las personas con discapacidad y de modificación del Código Civil, de la Ley de Enjuiciamiento Civil y de la Normativa Tributaria con esta finalidad (BOE núm. 277, de 19 noviembre de 2003), establece:
«Disposición adicional segunda. Exención en el Impuesto sobre el Patrimonio.
Las comunidades autónomas podrán declarar la exención en el Impuesto sobre el Patrimonio, de los bienes y derechos referidos en la Ley de protección patrimonial de las personas con discapacidad, de modificación del Código Civil, de la Ley de Enjuiciamiento Civil y de la normativa tributaria con esta finalidad».
Nueva redacción del art. 30 dada por el art. 65 de la Ley 11/2020, de 30 de diciembre, de Presupuestos Generales del Estado para el año 2021 (BOE núm. 341, de 31 de diciembre de 2020), en vigor desde el 1 de enero de 2021.
Redacción anterior dada por el art. 59.dos de la Ley 21/2001, de 27 de diciembre, por la que se regulan las medidas fiscales y administrativas del nuevo sistema de financiación de las Comunidades Autónomas de régimen común y Ciudades con Estatuto de Autonomía, (BOE núm. 313, de 31 de diciembre de 2001), con efectos desde el día 1 de enero de 2002: *«La base liquidable del Impuesto será gravada a los tipos de la siguiente escala:*
1. La base liquidable del impuesto será gravada a los tipos de la escala que haya sido aprobada por la Comunidad Autónoma.
2. Si la Comunidad Autónoma no hubiese aprobado la escala a que se refiere el apartado anterior, la base liquidable del Impuesto será gravada a los tipos de la siguiente escala:

Base liquidable — Hasta euros	Cuota íntegra — Euros	Resto base liquidable — Hasta euros	Tipo aplicable — Porcentaje
0,00	0,00	167.129,45	0,2
167.129,.45	334,26	167.123,43	0,3
334.252,88	835,63	334.246,87	0,5
668.499,75	2.506,86	668.499,76	0,9
1.336.999,51	8.523,36	1.336.999,76	1,3
2.673.999,01	25.904,35	2.673.999,02	1,7
5.347.998,03	71.362,33	5.347.998,03	2,1
10.695.996,06	183.670,29	en adelante	2,5

2. Si la Comunidad Autónoma no hubiese aprobado la escala a que se refiere el apartado anterior, la base liquidable del Impuesto será gravada a los tipos de la siguiente escala:

Base liquidable Hasta euros	Cuota íntegra Euros	Resto base liquidable Hasta euros	Tipo aplicable Porcentaje
0,00	0,00	167.129,45	0,2
167.129,45	334,26	167.123,43	0,3
334.252,88	835,63	334.246,87	0,5
668.499,75	2.506,86	668.499,76	0,9
1.336.999,51	8.523,36	1.336.999,76	1,3
2.673.999,01	25.904,35	2.673.999,02	1,7
5.347.998,03	71.362,33	5.347.998,03	2,1
10.695.996,06	183.670,29	en adelante	3,5

3. En el caso de obligación real de contribuir, la tarifa aplicable será la establecida en el apartado anterior. La misma tarifa será aplicable en el caso de sujetos pasivos no residentes que tributen por obligación personal de contribuir.

Artículo 31[56]. *Límite de la cuota íntegra.*

Uno. La cuota íntegra de este Impuesto conjuntamente con las cuotas del Impuesto sobre la Renta de las Personas Físicas, no podrá exceder, para los sujetos pasivos sometidos al impuesto por obligación personal, del 60 por 100 de la suma de las bases imponibles de este último. A estos efectos:

a) No se tendrá en cuenta la parte de la base imponible del ahorro derivada de ganancias y pérdidas patrimoniales que corresponda al saldo positivo de las obtenidas por las transmisiones de elementos patrimoniales adquiridos o de mejoras realizadas en los mismos con más de un año de antelación a la fecha de transmisión, ni la parte de las cuotas íntegras del Impuesto sobre la Renta de las Personas Físicas correspondientes a dicha parte de la base imponible del ahorro.

Se sumará a la base imponible del ahorro el importe de los dividendos y participaciones en beneficios a los que se refiere la letra a) del apartado 6 de la disposición transitoria vigésima segunda del texto refundido de la Ley del Impuesto sobre Sociedades aprobado por el Real Decreto Legislativo 4/2004, de 5 de marzo.

b) No se tendrá en cuenta la parte del Impuesto sobre el Patrimonio que corresponda a elementos patrimoniales que, por su naturaleza o destino, no sean susceptibles de producir los rendimientos gravados por la Ley del Impuesto sobre la Renta de las Personas Físicas.

---

3. *En el caso de obligación real de contribuir, la tarifa aplicable será la establecida en el apartado anterior. La misma tarifa será aplicable en el caso de sujetos pasivos no residentes que tributen por obligación personal de contribuir».*

[56]   Nueva redacción del artículo 31 dada por la disposición final 4.3 de la Ley 35/2006, de 28 de noviembre, del Impuesto sobre la Renta de las Personas Físicas y de modificación parcial de las leyes de los Impuestos sobre Sociedades, sobre la Renta de no Residentes y sobre el Patrimonio. Redacción anterior dada por la Disp. Final Cuarta de la Ley 46/2002, de 18 de diciembre, de reforma parcial del Impuesto sobre la Renta de las Personas Físicas y por la que se modifican las Leyes de los Impuestos sobre Sociedades y sobre la Renta de no Residentes (BOE del 19 de diciembre), con efectos a partir del 1 de enero de 2003.

c) En el supuesto de que la suma de ambas cuotas supere el límite anterior, se reducirá la cuota del Impuesto sobre el Patrimonio hasta alcanzar el límite indicado, sin que la reducción pueda exceder del 80 por 100.

Dos. Cuando los componentes de una unidad familiar hayan optado por la tributación conjunta en el Impuesto sobre la Renta de las Personas Físicas, el límite de las cuotas íntegras conjuntas de dicho Impuesto y de la del Impuesto sobre el Patrimonio, se calculará acumulando las cuotas íntegras devengadas por aquéllos en este último tributo. En su caso, la reducción que proceda practicar se prorrateará entre los sujetos pasivos en proporción a sus respectivas cuotas íntegras en el Impuesto sobre el Patrimonio, sin perjuicio de lo dispuesto en el apartado anterior.

Artículo 32[57]. _Impuestos satisfechos en el extranjero._

1. En el caso de obligación personal de contribuir y sin perjuicio de lo que se disponga en los Tratados o Convenios Internacionales, de la cuota de este Impuesto se deducirá, por razón de bienes que radiquen y derechos que pudieran ejercitarse o hubieran de cumplirse fuera de España, la cantidad menor de las dos siguientes:

a) El importe efectivo de lo satisfecho en el extranjero, por razón de gravamen de carácter personal que afecte a los elementos patrimoniales computados en el Impuesto.

b) El resultado de aplicar el tipo medio efectivo del Impuesto a la parte de base liquidable gravada en el extranjero.

2. Se entenderá por tipo medio efectivo de gravamen, el resultado de multiplicar por 100 el cociente obtenido de dividir la cuota íntegra resultante de la aplicación de la escala por la base liquidable. El tipo medio efectivo de gravamen se expresará con dos decimales.

3. La Comunidad Autónoma, de acuerdo con lo previsto en la Ley 21/2001, de 27 de diciembre, por la que se regulan las medidas fiscales y administrativas del nuevo sistema de financiación de las Comunidades Autónomas de régimen común y Ciudades con Estatuto de Autonomía[58], podrá establecer deducciones en este impuesto, que resultarán compatibles con las establecidas por el Estado sin que puedan suponer su modificación, aplicándose con posterioridad a las estatales.

Artículo 33[59]. _Bonificación de la cuota en Ceuta y Melilla._

Uno. Si entre los bienes o derechos de contenido económico computados para la determinación de la base imponible figurase alguno situado o que debiera ejercitarse o cumplirse

---

[57]   Nueva redacción del art. 32 dada por el art. 59. tres de la Ley 21/2001, de 27 de diciembre, por la que se regulan las medidas fiscales y administrativas del nuevo sistema de financiación de las Comunidades Autónomas de régimen común y Ciudades con Estatuto de Autonomía (BOE núm. 313, de 31 de diciembre de 2001), con efectos desde el día 1 de enero de 2002.

[58]   Referencia actual a la Ley 22/2009, de 18 de diciembre, por la que se regula el sistema de financiación de las Comunidades Autónomas de régimen común y Ciudades con Estatuto de Autonomía y se modifican determinadas normas tributarias (BOE núm. 305, de 19 de diciembre de 2009), en vigor desde el 1 de enero de 2009.

[59]   Nueva redacción del art. 33 dada por el art. único primero.cuatro del Real Decreto-ley 13/2011, de 16 de septiembre, por el que se restablece el Impuesto sobre el Patrimonio, con carácter temporal (BOE núm. 224, de 17 de septiembre de 2011), en vigor desde el 18 de septiembre de 2011 hasta el 31 de diciembre de 2012.

Además, dicho Real Decreto-ley 13/2011, de 16 de septiembre, establece en el apartado segundo de su artículo único: «*Con efectos desde 1 de enero de 2013, se introducen las siguientes modificaciones en la Ley 19/1991, de 6 de junio, del Impuesto sobre el Patrimonio:*
Uno. Se modifica el artículo 33, que queda redactado de la siguiente forma:
«*Artículo 33. Bonificación general de la cuota íntegra.*
Sobre la cuota íntegra del impuesto se aplicará una bonificación del 100 por ciento a los sujetos pasivos por obligación personal o real de contribuir»».
Posteriormente:
Ley 11/2020, de 30 de diciembre, de Presupuestos Generales del Estado para el año 2021 (BOE núm. 341, de 31 de diciembre de 2020), **en vigor desde el 1 de enero de 2021.**
Disposición derogatoria primera. *Derogación del apartado segundo del artículo único del Real Decreto-ley 13/2011, de 16 de septiembre, por el que se restablece el Impuesto sobre el Patrimonio, con carácter temporal.*
«Se deroga el apartado segundo del artículo único del Real Decreto-ley 13/2011, de 16 de septiembre, por el que se restablece el Impuesto sobre el Patrimonio, con carácter temporal».
Real Decreto-ley 18/2019, de 27 de diciembre, por el que se adoptan determinadas medidas en materia tributaria, catastral y de seguridad social (BOE núm. 312, de 28 de diciembre de 2019):
«Artículo 3. Modificación del Real Decreto-ley 13/2011, de 16 de septiembre, por el que se restablece el Impuesto sobre el Patrimonio, con carácter temporal
Con efectos desde 1 de enero de 2020, se modifica el apartado segundo del artículo único del Real Decreto-ley 13/2011, de 16 de septiembre, por el que se restablece el Impuesto sobre el Patrimonio, con carácter temporal, que queda redactado de la siguiente forma:
«Con efectos desde 1 de enero de 2021, se introducen las siguientes modificaciones en la Ley 19/1991, de 6 de junio, del Impuesto sobre el Patrimonio:
Se modifica el artículo 33, que queda redactado de la siguiente forma:
"Artículo 33. Bonificación general de la cuota íntegra.
Sobre la cuota íntegra del impuesto se aplicará una bonificación del 100 por ciento a los sujetos pasivos por obligación personal o real de contribuir."
Dos. Se derogan los artículos 6, 36, 37 y 38.»
Real Decreto-ley 27/2018, de 28 de diciembre, por el que se adoptan determinadas medidas en materia tributaria y catastral, (BOE núm. 314, de 29 de diciembre de 2018), con efectos desde el día 1 de enero de 2019:
«Artículo 3. Modificación del Real Decreto-ley 13/2011, de 16 de septiembre, por el que se restablece el Impuesto sobre el Patrimonio, con carácter temporal.
Con efectos de 1 de enero de 2019 y vigencia indefinida, se modifica el apartado segundo del artículo único del Real Decreto-ley 13/2011, de 16 de septiembre, por el que se restablece el Impuesto sobre el Patrimonio, con carácter temporal, que queda redactado de la siguiente forma:
Con efectos desde 1 de enero de 2020, se introducen las siguientes modificaciones en la Ley 19/1991, de 6 de junio, del Impuesto sobre el Patrimonio:
Uno. Se modifica el artículo 33, que queda redactado de la siguiente forma:
"Artículo 33. Bonificación general de la cuota íntegra.
Sobre la cuota íntegra del impuesto se aplicará una bonificación del 100 por ciento a los sujetos pasivos por obligación personal o real de contribuir."
Dos. Se derogan los artículos 6, 36, 37 y 38».
– Art. 73 de la Ley 6/2018, de 3 de julio, de Presupuestos Generales del Estado para el año 2018 (BOE núm. 161, de 4 de julio de 2018):
Con efectos de 1 de enero de 2018 y vigencia indefinida, se modifica el apartado segundo del artículo único del Real Decreto-ley 13/2011, de 16 de septiembre, por el que se restablece el Impuesto sobre el Patrimonio, con carácter temporal, que queda redactado de la siguiente forma:
«**Segundo. Con efectos desde 1 de enero de 2019**, se introducen las siguientes modificaciones en la Ley 19/1991, de 6 de junio, del Impuesto sobre el Patrimonio:

Uno. Se modifica el artículo 33, que queda redactado de la siguiente forma:
«Artículo 33. Bonificación general de la cuota íntegra.
Sobre la cuota íntegra del impuesto se aplicará una bonificación del 100 por ciento a los sujetos pasivos por obligación personal o real de contribuir.»
Dos. Se derogan los artículos 6, 36, 37 y 38».
– En redacción dada por el art. 4 del Real Decreto-ley 3/2016, de 2 de diciembre, por el que se adoptan medidas en el ámbito tributario dirigidas a la consolidación de las finanzas públicas y otras medidas urgentes en materia social (BOE núm. 292, de 3 de diciembre de 2016):
Con efectos de 1 de enero de 2017 y vigencia indefinida, se modifica el apartado segundo del artículo único del Real Decreto-ley 13/2011, de 16 de septiembre, por el que se restablece el Impuesto sobre el Patrimonio, con carácter temporal, que queda redactado de la siguiente forma:
«Segundo. Con **efectos desde 1 de enero de 2018**, se introducen las siguientes modificaciones en la Ley 19/1991, de 6 de junio, del Impuesto sobre el Patrimonio:
Uno. Se modifica el artículo 33, que queda redactado de la siguiente forma:
Artículo 33. Bonificación general de la cuota íntegra.
Sobre la cuota íntegra del impuesto se aplicará una bonificación del 100 por ciento a los sujetos pasivos por obligación personal o real de contribuir.
Dos. Se derogan los artículos 6, 36, 37 y 38».
– En redacción dada por el art. 66 de la Ley 48/2015, de 29 de octubre, de Presupuestos Generales del Estado para el año 2016 (BOE núm. 260, de 30 de octubre de 2015), con efectos desde el 1 de enero de 2016, con carácter temporal que:
«Segundo. Con efectos desde **1 de enero de 2017**, se introducen las siguientes modificaciones en la Ley 19/1991, de 6 de junio, del Impuesto sobre el Patrimonio:
Uno. Se modifica el artículo 33, que queda redactado de la siguiente forma:
Artículo 33. Bonificación general de la cuota íntegra.
Sobre la cuota íntegra del impuesto se aplicará una bonificación del 100 por ciento a los sujetos pasivos por obligación personal o real de contribuir.
Dos. Se derogan los artículos 6, 36, 37 y 38».
– En redacción dada por el art. 61 de la Ley 36/2014, de 26 de diciembre, de Presupuestos Generales del Estado para el año 2015 (BOE núm. 315, de 30 de diciembre de 2014) y con efectos desde el día 1 de enero de 2015 y vigencia indefinida, «Segundo. Con efectos desde **1 de enero de 2016**, se introducen las siguientes modificaciones en la Ley 19/1991, de 6 de junio, del Impuesto sobre el Patrimonio:
Uno. Se modifica el artículo 33, que queda redactado de la siguiente forma:
«Artículo 33. Bonificación general de la cuota íntegra.
Sobre la cuota íntegra del impuesto se aplicará una bonificación del 100 por ciento a los sujetos pasivos por obligación personal o real de contribuir.»
Dos. *Se derogan los artículos 6, 36, 37 y 38».*
– En redacción dada por art. 72 de la Ley 22/2013, de 23 de diciembre, de Presupuestos Generales del Estado para el año 2014 (BOE núm. 309, de 26 de diciembre de 2013), con efectos desde el 1 de enero de 2014: «Segundo. Con efectos desde **1 de enero de 2015**, se introducen las siguientes modificaciones en la Ley 19/1991, de 6 de junio, del Impuesto sobre el Patrimonio:
Uno. Se modifica el artículo 33, que queda redactado de la siguiente forma:
«Artículo 33. Bonificación general de la cuota íntegra.
Sobre la cuota íntegra del impuesto se aplicará una bonificación del 100 por ciento a los sujetos pasivos por obligación personal o real de contribuir.»
Dos. *Se derogan los artículos 6, 36, 37 y 38».*
– En redacción dada por el art. 10 de la Ley 16/2012, de 27 de diciembre, por la que se adoptan diversas medidas tributarias dirigidas a la consolidación de las finanzas públicas y al impulso de la actividad económica (BOE núm. 312, de 28 de diciembre de 2012), en vigor desde el día de su publicación, con el siguiente tenor: «Segundo. Con efectos desde **1 de enero de 2014,** se introducen las siguientes modificaciones en la Ley 19/1991, de 6 de junio, del Impuesto sobre el Patrimonio:

en Ceuta y Melilla y sus dependencias, se bonificará en el 75 por ciento la parte de la cuota que proporcionalmente corresponda a los mencionados bienes o derechos.

La anterior bonificación no será de aplicación a los no residentes en dichas ciudades, salvo por lo que se refiera a valores representativos del capital social de entidades jurídicas domiciliadas y con objeto social en las citadas ciudades o cuando se trate de establecimientos permanentes situados en las mismas.

Dos. La Comunidad Autónoma, de acuerdo con lo previsto en la Ley 22/2009, de 18 de diciembre, por la que se regula el sistema de financiación de las Comunidades Autónomas de régimen común y Ciudades con Estatuto de Autonomía y se modifican determinadas normas tributarias, podrá establecer deducciones en este impuesto, que resultarán compatibles con las establecidas por el Estado sin que puedan suponer su modificación, aplicándose con posterioridad a las estatales.

Uno. Se modifica el artículo 33, que queda redactado de la siguiente forma:
«*Artículo 33. Bonificación general de la cuota íntegra.*
Sobre la cuota íntegra del impuesto se aplicará una bonificación del 100 por ciento a los sujetos pasivos por obligación personal o real de contribuir.»
Dos. Se derogan los artículos 6, 36, 37 y 38.»
– La redacción original de art. único del Real Decreto-ley 13/2011: «*Segundo. Con efectos desde **1 de enero de 2013**, se introducen las siguientes modificaciones en la Ley 19/1991, de 6 de junio, del Impuesto sobre el Patrimonio:*
Uno. Se modifica el artículo 33, que queda redactado de la siguiente forma:
«Artículo 33. Bonificación general de la cuota íntegra.
Sobre la cuota íntegra del impuesto se aplicará una bonificación del 100 por ciento a los sujetos pasivos por obligación personal o real de contribuir.
Dos. Se derogan los artículos 6, 36, 37 y 38».
Redacción anterior del art. 33 dada por el art. 3.1 de la Ley 4/2008, de 23 de diciembre, por la que se suprime el gravamen del Impuesto sobre el Patrimonio, se generaliza el sistema de devolución mensual en el Impuesto sobre el Valor Añadido, y se introducen otras modificaciones en la normativa tributaria (BOE núm. 310, de 25 de diciembre de 2008, aplicable esta modificación a partir del 1 enero de 2008, según establece la disposición final 5.b): «*Artículo 33. Bonificación general de la cuota íntegra.*
Sobre la cuota íntegra del impuesto se aplicará una bonificación del 100 % a los sujetos pasivos por obligación personal o real de contribuir».
Redacción anterior del art. 33 dada por el art. 2 de la Ley 53/2002, de 30 de diciembre, de Medidas Fiscales, Administrativas y del Orden Social (BOE 31 de diciembre de 2002), con efectos a partir del 1 de enero del 2003: «*Artículo 33. Bonificación de la cuota en Ceuta y Melilla.*
1. Si entre los bienes o derechos de contenido económico computados para la determinación de la base imponible figurase alguno situado o que debiera ejercitarse o cumplirse en Ceuta y Melilla y sus dependencias, se bonificará en el 75 por 100 la parte de la cuota que proporcionalmente corresponda a los mencionados bienes o derechos.
La anterior bonificación no será de aplicación a los no residentes en dichas Ciudades, salvo por lo que se refiera a valores representativos del capital social de entidades jurídicas domiciliadas y con objeto social en las citadas Ciudades o cuando se trate de establecimientos permanentes situados en las mismas.
2. La Comunidad Autónoma, de acuerdo con lo previsto en la Ley 21/2001, de 27 de diciembre, por la que se regulan las medidas fiscales y administrativas del nuevo sistema de financiación de las Comunidades Autónomas de régimen común y Ciudades con Estatuto de Autonomía, podrá establecer deducciones en este impuesto, que resultarán compatibles con las establecidas por el Estado sin que puedan suponer su modificación, aplicándose con posterioridad a las estatales».
Redacción anterior dada por el art. 59. cuatro de la Ley 21/2001, de 27 de diciembre, con efectos desde el día 1-01-2002 a 31-12-2002.

Artículo 34. *Responsabilidad patrimonial.*

Las deudas tributarias por el Impuesto sobre el Patrimonio tendrán la misma consideración de aquellas otras a las cuales se refiere el artículo 1.365 del Código Civil y, en consecuencia, los bienes gananciales responderán directamente frente a la Hacienda Pública por estas deudas[60].

CAPÍTULO VIII. Gestión del impuesto

Artículo 35[61]. *Normas generales.*

La titularidad de las competencias de gestión, liquidación, recaudación, inspección y revisión del Impuesto corresponde al Estado, sin perjuicio de lo dispuesto en las respectivas Leyes de Cesión a las Comunidades Autónomas.

Artículo 36[62]. *Autoliquidación.*

Uno. Los sujetos pasivos están obligados a presentar declaración, a practicar autoliquidación y, en su caso, a ingresar la deuda tributaria en el lugar, forma y plazos que se determinen por el titular del Ministerio de Economía y Hacienda[63].

---

[60]   Código Civil, Art. 1.365: «Los bienes gananciales responderán directamente frente al acreedor de las deudas contraídas por un cónyuge:

1º En el ejercicio de la potestad doméstica o de la gestión o disposición de gananciales, que por ley o por capítulos le corresponda.

2º En el ejercicio ordinario de la profesión, arte u oficio o en la administración ordinaria de los bienes propios.

Si el marido o la mujer fueren comerciantes, estará a lo dispuesto en el Código de Comercio.» (Arts. 6 y 7 CCo).

[61]   Ver nota del Art. 2 de esta misma Ley.

[62]   Nueva redacción del art. 36 dada por el art. único primero.cinco del Real Decreto-ley 13/2011, de 16 de septiembre, por el que se restablece el Impuesto sobre el Patrimonio, con carácter temporal (BOE núm. 224, de 17 de septiembre de 2011), en vigor desde el 18 de septiembre de 2011.

El apartado segundo de dicho Real Decreto-Ley establecía que con efectos desde el 1 de enero de 2013 quedaría derogado este artículo 36, pero por modificaciones posteriores se ha mantenido su vigencia. **Ver nota a pie de página del art. 33.**

Antes, el art. 36 había sido derogado por el art. 3.2 de la Ley 4/2008, de 23 de diciembre, por la que se suprime el gravamen del Impuesto sobre el Patrimonio, se generaliza el sistema de devolución mensual en el Impuesto sobre el Valor Añadido, y se introducen otras modificaciones en la normativa tributaria (BOE núm. 310, de 25 de diciembre de 2008, aplicable esta modificación a partir del 1 enero de 2008, según establece la disposición final 5.).

[63]   Orden HAC/242/2025, de 13 de marzo, por la que se aprueban los modelos de declaración del Impuesto sobre la Renta de las Personas Físicas y del Impuesto sobre el Patrimonio, ejercicio 2024, se determinan el lugar, forma y plazos de presentación de los mismos, se establecen los procedimientos de obtención, modificación, confirmación y presentación del borrador de declaración del Impuesto sobre la Renta de las Personas Físicas, se determinan las condiciones generales y el procedimiento para la presentación de ambos por medios electrónicos y se desarrolla la disposición final décima sexta de la Ley 7/2024, de 20 de diciembre, por la que se establecen un Impuesto Complementario para garantizar un nivel mínimo global de imposición para los grupos multinacionales y los grupos nacionales de gran magnitud, un Impuesto sobre el margen de intereses y comisiones de determinadas entidades financieras y un Impuesto sobre los líquidos para cigarrillos electrónicos y otros productos relacionados con el tabaco, y se modifican otras normas tributarias (BOE núm. 63, de 14 de marzo de 2025).

Ejercicio 2023: Orden HAC/265/2024, de 18 de marzo (BOE núm. 72, de 22 de marzo de 2024).

Dos. El pago de la deuda tributaria podrá realizarse mediante entrega de bienes integrantes del patrimonio histórico español que estén inscritos en el Inventario General de Bienes Muebles o en el Registro General de Bienes de Interés Cultural, de acuerdo con lo dispuesto en el artículo 73 de la Ley 16/1985, de 25 de junio, del Patrimonio Histórico Español[64].

Ejercicio 2022: Orden HFP/310/2023, de 28 de marzo (BOE núm. 77, de 31 de marzo de 2023).
Ejercicio 2021: Orden HFP/207/2022, de 16 de marzo (BOE núm. 66, de 18 de marzo de 2022).
Ejercicio 2020: Orden HAC/248/2021, de 16 de marzo (BOE núm. 66, de 18 de marzo de 2021).
Ejercicio 2019: Orden HAC/253/2020, de 3 de marzo (BOE núm. 74, de 19 de marzo de 2020).
Ejercicio 2018: Orden HAC/277/2019, de 4 de marzo (BOE núm. 62 de 13 de marzo de 2019).
Ejercicio 2017: Orden HFP/231/2018, de 6 de marzo (BOE núm. 59, de 8 de marzo de 2018).
Ejercicio 2016: Orden HFP/255/2017, de 21 de marzo (BOE núm. 70, de 23 de marzo de 2017).
Ejercicio 2015: Orden HAP/365/2016, de 17 de marzo (BOE núm. 70, de 22 de marzo de 2016).
Ejercicio 2014: Orden HAP/467/2015, de 13 de marzo (BOE núm. 67, de 19 de marzo de 2015).
Ejercicio 2013: Orden HAP/455/2014, de 20 de marzo (BOE núm. 71, de 24 de marzo de 2014).
Ejercicio 2012: Orden HAP/470/2013, de 15 de marzo (BOE núm. 73, de 26 de marzo de 2013).
Ejercicio 2011: Orden HAP/638/2012, de 26 de marzo (BOE núm. 78, de 31 de marzo de 2012).
Para otros ejercicios: 2007: Orden EHA/481/2008, de 26 de febrero; 2006: Orden EHA/784/2007, de 26 de marzo; 2005: Orden EHA/583/2005, de 9 de marzo; 2004: Orden EHA/583/2005, de 9 de marzo; 2203: Orden HAC 7588/2004, de 4 de marzo, (BOE del 9 de marzo); 2002: Orden HAC/573/2003, de 13 de marzo, (BOE del 19 de marzo); 2001: Orden HAC/536/2002, de 7 de marzo, (BOE núm. 62, de 13 de febrero). Para el ejercicio 2000: Orden de 12 de marzo de 2001, (BOE núm. 63, de 14 de marzo de 2001) y Orden de 10 de abril de 2001, (BOE núm. 92, de 17 de abril de 2001). Para el ejercicio 1999: Orden de 14 de marzo de 2000, (BOE núm. 69, de 21 de marzo; correc. err. BOE núm. 77, de 30 de marzo de 2000) y Orden de 28 de abril de 2000, (BOE núm. 103, de 29 de abril de 2000). Para el ejercicio 1998: Orden de 26 de marzo de 1998, (BOE núm. 77, de 31 de marzo de 1998); Orden de 20 de marzo de 1997 (BOE núm. 73, de 26 de marzo de 1997). Para el ejercicio de 1995, la Orden de 22 de marzo de 1996, (BOE núm. 76, del 28 de marzo) y, para 1994, la Orden de 8 de marzo de 1995, (BOE de 14 de marzo de 1995).
[64] Ley 16/1985, de 25 de junio, del Patrimonio Histórico Español (BOE nº 155 del 29), establece que en su Art. 73, según la nueva redacción dada por la Disp. Adic. Primera de la Ley 24/2001, de 27 de diciembre, de Medidas Fiscales, Administrativas y del Orden Social:
«El pago de las deudas Tributarias podrá efectuarse mediante la entrega de bienes que formen parte del Patrimonio Histórico Español, que estén inscritos en el Registro General de Bienes de Interés Cultural o incluidos en el Inventario General, en los términos y condiciones previstos reglamentariamente.
Las ganancias patrimoniales que se pongan de manifiesto con ocasión de la entrega de los anteriores bienes en concepto de pago de cualquiera de los impuestos citados, estarán exentas del Impuesto sobre la Renta de las Personas Físicas o del Impuesto sobre Sociedades».
Redacción anterior, dada por la Disp. Adic. Décima de la Ley 30/1994, de 24 de noviembre, de Fundaciones y de Incentivos Fiscales a la participación privada en actividades de interés general (BOE nº 282 de 25 de noviembre).
Real Decreto 111/1986, de 10 de enero, de desarrollo parcial de la anterior Ley (BOE núm. 24 del 28), establece en su Art. 8.: «Corresponde a la Junta de Calificación, Valoración y Exportación de Bienes del Patrimonio Histórico Español, en relación con dichos bienes:...e) Valorar los bienes que se pretendan entregar al Estado en pago de la deuda tributaria...» y su Art. 65 «1. El contribuyente que pretenda pagar la deuda tributaria del Impuesto de Sucesiones, del Impuesto sobre el Patrimonio o del Impuesto sobre la Renta de las Personas Físicas mediante entrega de bienes integrantes del Patrimonio Histórico Español que estén inscritos en el Registro General de Bienes de Interés Cultural o en el Inventario General solicitará por escrito a la Junta de Calificación, Valoración y Exportación de Bienes del Patrimonio Español la valoración del bien, reseñando su código de identificación. Asimismo, manifestará por escrito su pretensión al tiempo de presentar la declaración correspondiente al impuesto de que se trate.

Artículo 37[65]. *Personas obligadas a presentar declaración.*

Están obligados a presentar declaración los sujetos pasivos cuya cuota tributaria, determinada de acuerdo con las normas reguladoras del Impuesto y una vez aplicadas las deducciones o bonificaciones que procedieren, resulte a ingresar, o cuando, no dándose esta circunstancia, el valor de sus bienes o derechos, determinado de acuerdo con las normas reguladoras del impuesto, resulte superior a 2.000.000 euros.

Artículo 38[66]. *Presentación de la declaración.*

La persona titular del Ministerio de Hacienda y Función Pública podrá aprobar la utilización de modalidades simplificadas o especiales de declaración.

En los casos de los Impuestos sobre la Renta y sobre el Patrimonio, dicha manifestación tendrá por efecto la suspensión del procedimiento recaudatorio, sin perjuicio de la liquidación, en su caso, de los intereses de demora correspondientes.

2. La valoración del bien consistirá en su tasación por la Junta de Calificación, Valoración y Exportación en los términos previstos en el artículo 8.e). Esta valoración tendrá una vigencia de dos años y no vinculará al interesado que podrá pagar en metálico la deuda tributaria.

3. El contribuyente podrá, con arreglo al valor declarado por la Junta de Calificación, Valoración y Exportación, solicitar del Ministerio de Economía y Hacienda la admisión de esta forma de pago, quien decidirá, oído el Ministerio de Cultura...».

[65] Nueva redacción del art. 37 dada por el art. único primero.seis del Real Decreto-ley 13/2011, de 16 de septiembre, por el que se restablece el Impuesto sobre el Patrimonio, con carácter temporal (BOE núm. 224, de 17 de septiembre de 2011), en vigor desde el 18 de septiembre de 2011.

El apartado segundo de dicho Real Decreto-Ley establecía que con efectos desde el 1 de enero de 2013 quedaría deroga este artículo 37, pero por modificaciones posteriores se ha mantenido su vigencia. Ver nota a pie de página del art. 33.

Antes, el art. 37 había sido derogado por el art. 3.2 de la Ley 4/2008, de 23 de diciembre, por la que se suprime el gravamen del Impuesto sobre el Patrimonio, se generaliza el sistema de devolución mensual en el Impuesto sobre el Valor Añadido, y se introducen otras modificaciones en la normativa tributaria (BOE núm. 310, de 25 de diciembre de 2008, aplicable esta modificación a partir del 1 enero de 2008, según establece la disposición final 5.b).

Redacción anterior del art. 37 dada por el art. 65 de la Ley 54/1999, de 29 de diciembre, de PGE para el año 2000 (BOE núm. 312, de 30 de diciembre de 1999), con efectos desde 1 de enero del año 2000.

[66] Nueva redacción del art. 38 dada por la Disp. Final Cuarta del Real Decreto-ley 8/2023, de 27 de diciembre, por el que se adoptan medidas para afrontar las consecuencias económicas y sociales derivadas de los conflictos en Ucrania y Oriente Próximo, así como para paliar los efectos de la sequía (BOE núm. 310, de 28 de diciembre de 2023) con efectos desde el 29 de diciembre de 2023.

Redacción anterior dada por el art. único primero.siete del Real Decreto-ley 13/2011, de 16 de septiembre, por el que se restablece el Impuesto sobre el Patrimonio, con carácter temporal (BOE núm. 224, de 17 de septiembre de 2011), en vigor desde el 18 de septiembre de 2011: «*El titular del Ministerio de Economía y Hacienda podrá aprobar la utilización de modalidades simplificadas o especiales de declaración.*

La declaración se efectuará en la forma, plazos y modelos que establezca el titular del Ministerio de Economía y Hacienda, que podrá establecer los supuestos y condiciones de presentación de las declaraciones por medios telemáticos.

Los sujetos pasivos deberán cumplimentar la totalidad de los datos que les afecten contenidos en las declaraciones, acompañar los documentos y justificantes que se establezcan y presentarlas en los lugares que determine el titular del Ministerio de Economía y Hacienda».

El apartado segundo de dicho Real Decreto-Ley establecía que con efectos desde el 1 de enero de 2013 quedaría deroga este artículo 38, pero por modificaciones posteriores se ha mantenido su vigencia. **Ver nota a pie de página del art. 33.**

La declaración se efectuará en la forma, plazos y modelos que establezca la persona titular del Ministerio de Hacienda y Función Pública.

A estos efectos, podrá establecerse la obligación de presentación por medios electrónicos.

Los sujetos pasivos deberán cumplimentar la totalidad de los datos que les afecten contenidos en las declaraciones y acompañar los documentos y justificantes que se establezcan por la persona titular del Ministerio de Hacienda y Función Pública.

CAPÍTULO IX. Infracciones y sanciones

Artículo 39[67]. *Infracciones y Sanciones.*

Sin perjuicio de las normas especiales contenidas en la presente Ley, las infracciones tributarias en este Impuesto se calificarán y sancionarán con arreglo a lo dispuesto en la Ley General Tributaria.

CAPÍTULO X. Orden jurisdiccional

Artículo 40. *Orden Jurisdiccional.*

La jurisdicción contencioso-administrativa, previo agotamiento de la vía económico-administrativa, será la única competente para dirimir las controversias de hecho y de derecho que se susciten entre la Administración y los sujetos pasivos en relación con cualquiera de las cuestiones a que se refiere la presente Ley.

DISPOSICIONES ADICIONALES

Primera[68].

La cesión del rendimiento de este Impuesto a las Comunidades Autónomas se regirá por lo dispuesto en la correspondiente Ley de Cesión.

Segunda.

Sin perjuicio de las adaptaciones que se hagan precisas, las referencias contenidas en el ordenamiento jurídico al Impuesto Extraordinario sobre el Patrimonio de las Personas Físicas o al Impuesto sobre el Patrimonio Neto, se entenderán efectuadas al Impuesto sobre el Patrimonio.

Tercera.

El artículo 15 de la Ley 29/1987, de 18 de diciembre, del Impuesto sobre Sucesiones y Donaciones, quedará redactado en los siguientes términos:

Antes, el art. 38 había sido derogado por el art. 3.2 de la Ley 4/2008, de 23 de diciembre, por la que se suprime el gravamen del Impuesto sobre el Patrimonio, se generaliza el sistema de devolución mensual en el Impuesto sobre el Valor Añadido, y se introducen otras modificaciones en la normativa tributaria (BOE núm. 310, de 25 de diciembre de 2008), aplicable esta modificación a partir del 1 enero de 2008, según establece la disposición final 5.b).

[67] Art. 178 a 212 de la Ley 58/2003, de 17 de diciembre, General Tributaria (BOE núm. 302, de 18 diciembre de 2003).

[68] Ley 21/2001, de 27 de diciembre, por la que se regulan las medidas fiscales y administrativas del nuevo sistema de financiación de las Comunidades Autónomas de régimen común y Ciudades con Estatuto de Autonomía (BOE núm. 313, de 31 de diciembre de 2001), en vigor desde el 1 de enero de 2002.

«Artículo 15. Ajuar doméstico. El ajuar doméstico formará parte de la masa hereditaria y se valorará en el tres por ciento del importe del caudal relicto del causante, salvo que los interesados asignen a este ajuar un valor superior o prueben fehacientemente su inexistencia o que su valor es inferior al que resulte de la aplicación del referido porcentaje».

Cuarta[69]. *Especialidades de la tributación de los contribuyentes no residentes.*

Los contribuyentes no residentes tendrán derecho a la aplicación de la normativa propia aprobada por la Comunidad Autónoma donde radique el mayor valor de los bienes y derechos de que sean titulares y por los que se exija el impuesto, porque estén situados, puedan ejercitarse o hayan de cumplirse en territorio español.

DISPOSICIÓN TRANSITORIA[70]

DISPOSICIONES FINALES

Primera.

Las disposiciones contenidas en esta Ley comenzarán a regir el día 1 de enero de 1992, quedando derogadas a partir de su entrada en vigor, la Ley 50/1977, de 14 de noviembre, en cuanto se refiera al Impuesto Extraordinario sobre el Patrimonio de las Personas Físicas, así como la Orden Ministerial de 14 de enero de 1978 y demás disposiciones que se opongan a lo establecido en la misma, sin perjuicio de la exigibilidad por la Administración de las deudas tributarias devengadas durante su vigencia por los ejercicios anteriores no prescritos.

No obstante, la Disposición Transitoria entrará en vigor al día siguiente de la publicación de esta Ley en el «Boletín Oficial del Estado».

Segunda.

La Ley de Presupuestos Generales del Estado podrá modificar, de conformidad con lo previsto en el apartado 7 del artículo 134 de la Constitución Española las exenciones, las reducciones de la base imponible, el límite determinante de la obligación de declarar, los tramos de la base liquidable, los tipos de la tarifa y demás parámetros cuantitativos del Impuesto sobre el Patrimonio.

---

[69] Nueva redacción dada por el art.cinco Tres de la Ley 11/2021, de 9 de julio, de medidas de prevención y lucha contra el fraude fiscal, de transposición de la Directiva (UE) 2016/1164, del Consejo, de 12 de julio de 2016, por la que se establecen normas contra las prácticas de elusión fiscal que inciden directamente en el funcionamiento del mercado interior, de modificación de diversas normas tributarias y en materia de regulación del juego (BOE núm. 164, de 10 de julio de 2021).

Redacción anterior dada por la nueva disposición incorporada por la Disposición Final Cuarta de la Ley 26/2014, de 27 de noviembre, por la que se modifican la Ley 35/2006, de 28 de noviembre, del Impuesto sobre la Renta de las Personas Físicas, el texto refundido de la Ley del Impuesto sobre la Renta de no Residentes, aprobado por el Real Decreto Legislativo 5/2004, de 5 de marzo, y otras normas tributarias (BOE núm. 288, de 28 de noviembre de 2014), en vigor desde el 1 de enero de 2015.

[70] Disposición derogada por el art. 3.2 de la Ley 4/2008, de 23 de diciembre, por la que se suprime el gravamen del Impuesto sobre el Patrimonio, se generaliza el sistema de devolución mensual en el Impuesto sobre el Valor Añadido, y se introducen otras modificaciones en la normativa tributaria (BOE núm. 310, de 25 de diciembre de 2008, aplicable esta modificación a partir del 1 enero de 2008, según establece la disposición final 5.b).

25. Real Decreto 1704/1999, de 5 de noviembre, por el que se determinan los REQUISITOS Y CONDICIONES DE LAS ACTIVIDADES EMPRESARIALES Y PROFESIONALES Y DE LAS PARTICIPACIONES EN ENTIDADES PARA LA APLICACIÓN DE LAS EXENCIONES correspondientes en el Impuesto sobre el Patrimonio

(BOE núm. 266, de 6 de noviembre de 1999)

La Ley 22/1993, de 29 de diciembre, de medidas fiscales, de reforma del régimen jurídico de la función pública y de la protección por desempleo, introdujo un apartado octavo en el artículo 4 de la Ley 19/1991, de 6 de junio, del Impuesto sobre el Patrimonio, referido a bienes y derechos exentos, incluyendo entre los mismos tanto los necesarios para el desarrollo de las actividades empresariales como las participaciones en entidades que cumplieran determinadas condiciones.

En desarrollo de la Ley 19/1991, el Real Decreto 2481/1994, de 23 de diciembre, determinó los requisitos y condiciones exigibles para el disfrute de ambas exenciones.

Sin embargo, la posterior variación del alcance y requisitos establecidos en el apartado antes citado por las leyes de medidas fiscales, administrativas y del orden social para 1995, 1997 y 1998 (Leyes 42/1994, 13/1996 y 66/1997), todas de 30 de diciembre, respectivamente), así como la reforma de la normativa reguladora del Impuesto sobre Sociedades, han determinado que la norma reglamentaria de 1994 haya quedado desfasada y que, incluso, algunos de sus preceptos hayan sido derogados o modificados en virtud del proceso indicado.

Constituye el objeto de este Real Decreto salvar ese desfase y precisar reglamentariamente, al igual que su antecedente de 1994, los requisitos y condiciones para el disfrute de las exenciones, dictándose en cumplimiento de lo dispuesto en el artículo 97 de la Constitución Española y el apartado octavo.3 del artículo 4 de la Ley 19/1991, de 6 de junio, en la redacción dada al mismo por el artículo 3 de la Ley 66/1997, de 30 de diciembre, de Medidas fiscales, administrativas y de orden social.

En su virtud, a propuesta del Ministro de Economía y Hacienda, de acuerdo con el dictamen del Consejo de Estado y previa deliberación del Consejo de Ministros en su reunión del día 5 de noviembre de 1999, DISPONGO:

CAPÍTULO PRIMERO. Actividades económicas de personas físicas

Artículo 1. *Actividades económicas.*

1. Se considerarán como actividades empresariales y profesionales cuyos bienes y derechos afectos dan lugar a la exención prevista en el artículo 4.octavo, uno, de la Ley 19/1991, de 6 de junio, del Impuesto sobre el Patrimonio, aquéllas que tengan la naturaleza de actividades económicas con arreglo a las normas del Impuesto sobre la Renta de las Personas Físicas.

2. A efectos de lo dispuesto en el apartado anterior, se entenderá que el arrendamiento o compraventa de inmuebles se realiza como actividad económica cuando concurran las circunstancias que, a tal efecto, establece el artículo 25.2 de la Ley 40/1998, de 9 de diciembre, del Impuesto sobre la Renta de las Personas Físicas y otras normas tributarias.

Artículo 2. *Bienes, derechos y deudas afectos a las actividades económicas.*

1. Se considerarán bienes y derechos afectos a una actividad económica aquellos que se utilicen para los fines de la misma de acuerdo con lo establecido en la Ley del Impuesto sobre la Renta de las Personas Físicas, ya sean de titularidad exclusiva del sujeto pasivo, ya comunes al mismo y a su cónyuge.

2. A efectos de la exención, el valor de los bienes y derechos, minorado en el importe de las deudas derivadas de la actividad, se determinará según las normas del Impuesto sobre el Patrimonio. En ningún caso, el importe de tales deudas se tendrá en cuenta de nuevo a efectos de determinar la base imponible del Impuesto sobre el Patrimonio.

Artículo 3. *Requisitos de la extensión en los supuestos de actividades empresariales y profesionales.*

1. La exención tan sólo será de aplicación por el sujeto pasivo que ejerza la actividad de forma habitual, personal y directa, conforme a la normativa del Impuesto sobre la Renta de las Personas Físicas, teniendo en cuenta las reglas que sobre titularidad de los elementos patrimoniales se establecen en el artículo 7 de la Ley del Impuesto sobre el Patrimonio, siempre que dicha actividad constituya su principal fuente de renta. La exención será igualmente aplicable por el cónyuge del sujeto pasivo cuando se trate de elementos comunes afectos a una actividad económica desarrollada por éste.

A estos efectos, se entenderá por principal fuente de renta aquélla en la que al menos el 50 por 100 del importe de la base imponible del Impuesto sobre la Renta de las Personas Físicas provenga de rendimientos netos de las actividades económicas de que se trate. Para determinar la concurrencia de ese porcentaje, no se computarán, siempre que se cumplan las condiciones exigidas por los párrafos a), b) y c) del apartado 1 del artículo 5, todas aquellas remuneraciones que traigan causa de la participación del sujeto pasivo en las entidades a que se refiere el artículo 4 del presente Real Decreto.

2. Cuando un mismo sujeto pasivo ejerza dos o más actividades de forma habitual, personal y directa, la exención alcanzará a todos los bienes y derechos afectos a las mismas, considerándose, a efectos de lo dispuesto en el apartado anterior, que la principal fuente de renta viene determinada por el conjunto de los rendimientos de todas ellas.

CAPÍTULO II. Participaciones en entidades

Artículo 4. *Participaciones en entidades.*

1. Quedarán exentas en el Impuesto sobre el Patrimonio las participaciones en entidades cuya titularidad corresponda directamente al sujeto pasivo, siempre que se cumplan las demás condiciones señaladas en el artículo siguiente.

A estos efectos, se entenderá por participación la titularidad en el capital o patrimonio de una entidad.

2. En el caso de existencia de un derecho de usufructo de las participaciones en entidades, diferenciado de la nuda propiedad, sólo tendrá derecho a la exención en el Impuesto sobre el Patrimonio el nudo propietario, siempre que concurran en el mismo todas las condiciones para que sea de aplicación la exención.

Artículo 5. *Condiciones de la exención en los supuestos de participaciones en entidades.*

1. Para que resulte de aplicación la exención a que se refiere el artículo anterior, habrán de concurrir las siguientes condiciones:

a) Que la entidad no tenga por actividad principal la gestión de un patrimonio mobiliario o inmobiliario. Se entenderá que una entidad no gestiona un patrimonio mobiliario o inmobiliario y que, por lo tanto, realiza una actividad económica cuando, por aplicación de lo establecido en el artículo 75 de la Ley 43/1995, de 27 de diciembre, del Impuesto sobre Sociedades, dicha entidad no reúna las condiciones para considerar que más de la mitad de su activo está constituido por valores o es de mera tenencia de bienes[1].

b) Que, cuando la entidad revista forma societaria, no concurran los supuestos establecidos en el artículo 75 de la Ley 43/1995, de 27 de diciembre, del Impuesto sobre Sociedades, salvo que se trate del recogido en el párrafo b) del apartado 1 de dicho artículo[2].

c) Que la participación del sujeto pasivo en el capital de la entidad sea al menos del 15 por 100, computada de forma individual, o del 20 por 100 conjuntamente con su cónyuge, ascendientes, descendientes o colaterales de segundo grado, ya tenga su origen el parentesco en la consanguinidad, en la afinidad o en la adopción.

d) Que el sujeto pasivo ejerza efectivamente funciones de dirección en el seno de la entidad, percibiendo por ello una remuneración que represente más del 50 por 100 de la totalidad de sus rendimientos del trabajo y de actividades económicas. A tales efectos, no se computarán los rendimientos de las actividades económicas cuyos bienes y derechos afectos disfruten de exención en este impuesto.

Se considerarán funciones de dirección, que deberán acreditarse fehacientemente mediante el correspondiente contrato o nombramiento, los cargos de: Presidente, Director general, Gerente, Administrador, Directores de Departamento, Consejeros y miembros del Consejo de Administración u órgano de administración equivalente, siempre que el desempeño de cualquiera de estos cargos implique una efectiva intervención en las decisiones de la empresa.

Cuando la participación en la entidad sea conjunta con alguna o algunas de las personas a las que se refiere el párrafo c) de este apartado, las funciones de dirección y las remuneraciones derivadas de la misma deberán cumplirse al menos en una de las personas del grupo de parentesco, sin perjuicio de que todas ellas tengan derecho a la exención.

En ningún caso será de aplicación esta exención a las participaciones en instituciones de inversión colectiva.

2. Cuando una misma persona sea directamente titular de participaciones en varias entidades y en ellas concurran las restantes condiciones enumeradas en los párrafos a), b), c) y d) del apartado anterior, el cómputo del porcentaje a que se refiere el párrafo d) se efectuará de forma separada para cada una de dichas entidades.

---

[1]   Nueva redacción del párrafo a) del art. 5.1 dada por el artículo único del Real Decreto 25/2000, de 14 de enero, por el que se concretan los requisitos y condiciones de las participaciones en entidades para la aplicación de las exenciones correspondientes en el Impuesto sobre el Patrimonio (BOE núm. 13, de 15 de enero de 2000), con efectos desde el día 16 de enero de 2000.

[2]   Nueva redacción del párrafo b) del art. 5.1 dada por el artículo único del Real Decreto 25/2000, de 14 de enero, por el que se concretan los requisitos y condiciones de las participaciones en entidades para la aplicación de las exenciones correspondientes en el Impuesto sobre el Patrimonio (BOE núm. 13, de 15 de enero de 2000), con efectos desde el día 16 de enero de 2000.

A tal efecto, para la determinación del porcentaje que representa la remuneración por las funciones de dirección ejercidas en cada entidad respecto de la totalidad de los rendimientos del trabajo y por actividades económicas del sujeto pasivo, no se incluirán los rendimientos derivados de las funciones de dirección en las otras entidades.

Artículo 6. *Valoración de las participaciones y determinación del importe de la exención.*

1. La exención sólo alcanzará al valor de las participaciones, determinado conforme a las reglas establecidas en el artículo 16.uno de la Ley del Impuesto sobre el Patrimonio, en la parte que corresponda a la proporción existente entre los activos afectos al ejercicio de una actividad económica, minorados en el importe de las deudas derivadas de la misma, y el valor del patrimonio neto de la entidad.

2. Tanto el valor de los activos como el de las deudas de la entidad, será el que se deduzca de su contabilidad, siempre que ésta refleje fielmente la verdadera situación patrimonial de la entidad, determinándose dichos valores, en defecto de contabilidad, de acuerdo con los criterios del Impuesto sobre el Patrimonio.

3. Para determinar si un elemento patrimonial se encuentra o no afecto a una actividad económica, se estará a lo dispuesto en el artículo 27 de la Ley 40/1998, de 9 de diciembre, del Impuesto sobre la Renta de las Personas Físicas y otras normas tributarias, salvo en lo que se refiere a los activos previstos en el inciso final del párrafo c) del apartado 1 de dicho artículo, que, en su caso, podrán estar afectos a la actividad económica. Nunca se considerarán elementos afectos los destinados exclusivamente al uso personal del sujeto pasivo o de cualquiera de los integrantes del grupo de parentesco a que se refiere el artículo 5 del presente Real Decreto o aquellos que estén cedidos, por precio inferior al de mercado, a personas o entidades vinculadas de acuerdo con lo establecido en el artículo 16 de la Ley del Impuesto sobre Sociedades.

CAPÍTULO III. Normas comunes

Artículo 7. *Sujetos pasivos que carezcan de capacidad de obrar.*

En el supuesto de menores de edad o incapacitados que sean titulares de los elementos patrimoniales o de las participaciones en entidades, los requisitos exigidos en el párrafo primero del apartado 1 del artículo 3 y la condición de que el sujeto pasivo ejerza efectivamente funciones de dirección en una entidad, establecida en el párrafo d) del apartado 1 del artículo 5, se considerarán cumplidos cuando se ajusten a los mismos sus representantes legales.

Artículo 8. *Momento al que se refieren los requisitos y condiciones.*

Los requisitos y condiciones para que resulte de aplicación la exención en el Impuesto sobre el Patrimonio, habrán de referirse al momento en el que se produzca el devengo de este impuesto.

Artículo 9. *Obligaciones formales.*

Los sujetos pasivos deberán hacer constar en su declaración por el Impuesto sobre el Patrimonio los bienes, derechos y deudas, así como su valor, correspondientes a las actividades económicas, del mismo modo que las participaciones y la parte del valor de las mismas que, en uno y otro caso, queden exentos de acuerdo con el apartado octavo del artículo 4 de la Ley del Impuesto sobre el Patrimonio.

Disposición derogatoria única. *Derogación normativa.*

Queda derogado el Real Decreto 2481/1994, de 23 de diciembre, por el que se determina los requisitos y condiciones de las actividades empresariales y participaciones en entidades para la aplicación de la exención en el Impuesto sobre el Patrimonio.

Disposición final Primera.- *Habilitación normativa.*

Por el Ministro de Economía y Hacienda podrán dictarse las disposiciones complementarias que sean necesarias para el cumplimiento de lo dispuesto en el presente Real Decreto.

Disposición final Segunda.- *Entrada en vigor.*

El presente Real Decreto entrará en vigor el día siguiente al de su publicación en el «Boletín Oficial del Estado».

COMUNIDADES AUTÓNOMAS DE RÉGIMEN COMÚN

IMPUESTO SOBRE EL PATRIMONIO NORMAS AUTONÓMICAS 2025

COMUNIDADES AUTÓNOMAS
DE RÉGIMEN COMÚN

IMPUESTO SOBRE EL
PATRIMONIO
NORMAS AUTONÓMICAS
2025

COMUNIDAD AUTÓNOMA DE ANDALUCÍA
26. Ley 5/2021, de 20 de octubre, de Tributos cedidos de la Comunidad Autónoma de Andalucía[1]
(BOJA núm. 206, de 26 de octubre de 2021
BOE núm. 263, de 3 de noviembre de 2021)

EXPOSICIÓN DE MOTIVOS

(...)

IV

En relación con el impuesto sobre el patrimonio, se mejora el actual mínimo exento para los contribuyentes con discapacidad, de modo que el actual de 700.000 pasa a ser de 1.250.000 euros para las personas con discapacidad igual o superior al 33% e inferior al 65% y de 1.500.000 euros para personas con discapacidad igual o superior al 65%.

(...)

TÍTULO PRELIMINAR. Disposiciones generales

Artículo 1. *Objeto de la Ley.*

La presente Ley tiene por objeto establecer normas en materia de tributos cedidos, en ejercicio de las competencias normativas que atribuye a la Comunidad Autónoma de Andalucía la Ley 18/2010, de 16 de julio, del régimen de cesión de tributos del Estado a la Comunidad Autónoma de Andalucía y de fijación del alcance y condiciones de dicha cesión, en los casos y condiciones previstos en la Ley 22/2009, de 18 de diciembre, por la que se regula el sistema de financiación de las comunidades autónomas de régimen común y ciudades con estatuto de autonomía y se modifican determinadas normas tributarias.

Artículo 2. *Concepto de vivienda habitual.*

A efectos de esta Ley, el concepto de vivienda habitual es el fijado por la normativa estatal del impuesto sobre la renta de las personas físicas vigente a 31 de diciembre de 2012, según lo siguiente:

1. Con carácter general, se considera vivienda habitual del contribuyente la edificación que constituya su residencia durante un plazo continuado de, al menos, tres años.

---

[1] Deroga el Decreto Legislativo 1/2018, de 19 de junio, por el que se aprueba el Texto Refundido de las disposiciones dictadas por la Comunidad Autónoma de Andalucía en materia de tributos cedidos (BOJA núm. 123 de 27 de junio de 2018), en vigor desde el 28 de junio de 2018. El Derecho Legislativo 1/2018, derogo el anterior Decreto Legislativo 1/2009, de 1 de septiembre, por el que se aprueba el Texto Refundido de las disposiciones dictadas por la Comunidad Autónoma de Andalucía en materia de tributos cedidos (BOJA núm. 177, de 9 de septiembre de 2009), en vigor desde el día 10 de septiembre de 2009.

No obstante, se entenderá que la vivienda tuvo el carácter de habitual cuando, a pesar de no haber transcurrido dicho plazo, se produzca el fallecimiento del contribuyente o concurran otras circunstancias que necesariamente exijan el cambio de domicilio, tales como celebración de matrimonio, separación matrimonial, traslado laboral, obtención de primer empleo o cambio de empleo, u otras análogas justificadas.

2. Para que la vivienda constituya la residencia habitual del contribuyente debe ser habitada de manera efectiva y con carácter permanente, en un plazo no superior a doce meses, contados a partir de la fecha de adquisición o de terminación de las obras.

No obstante, se entenderá que la vivienda no pierde el carácter de habitual cuando se produzcan las siguientes circunstancias:

a) Cuando se produzca el fallecimiento del contribuyente o concurran otras circunstancias que necesariamente impidan la ocupación de la vivienda, en los términos previstos en el apartado 1 de este artículo.

b) Cuando el contribuyente disfrute de vivienda habitual por razón de cargo o empleo y la vivienda adquirida no sea objeto de utilización, en cuyo caso el plazo antes indicado comenzará a contarse a partir de la fecha del cese.

3. Se asimilan a la vivienda habitual los siguientes conceptos:

a) Los anexos o cualquier otro elemento que no constituya la vivienda propiamente dicha, tales como jardines, parques, piscinas e instalaciones deportivas, siempre que se adquieran conjuntamente con la vivienda.

b) Las plazas de garaje adquiridas conjuntamente con ésta, con el máximo de dos.

Artículo 3. *Consideración de persona con discapacidad.*

A los efectos de esta Ley, la consideración de persona con discapacidad es la fijada por la normativa estatal del impuesto sobre la renta de las personas físicas, según lo siguiente:

1. Tendrán la consideración de personas con discapacidad los contribuyentes que tengan reconocido un grado igual o superior al 33 por ciento, de acuerdo con el baremo a que se refiere el artículo 367 del texto refundido de la Ley General de la Seguridad Social, aprobado por Real Decreto Legislativo 8/2015, de 30 de octubre, o norma que lo sustituya.

2. En particular, se considerará acreditado un grado de discapacidad igual o superior al 33 por ciento en el caso de los pensionistas de la Seguridad Social que tengan reconocida una pensión de incapacidad permanente total, absoluta o gran invalidez y en el caso de los pensionistas de clases pasivas que tengan reconocida una pensión de jubilación o retiro por incapacidad permanente para el servicio o inutilidad.

(…)

CAPÍTULO II. Impuesto sobre el Patrimonio

Artículo 24. *Mínimo exento para los contribuyentes con discapacidad.*

Cuando el contribuyente tenga la consideración de persona con discapacidad, el mínimo exento en el impuesto sobre el patrimonio se fija en:

a) 1.250.000 euros, si el grado de discapacidad fuera igual o superior al 33% e inferior al 65%.

b) 1.500.000 euros, si el grado de discapacidad fuera igual o superior al 65%.

Artículo 25. *Escala de gravamen.*

La cuota íntegra del impuesto regulada en el artículo 30 de la Ley 19/1991, de 6 de junio, del impuesto sobre el patrimonio, se obtendrá aplicando a la base liquidable los tipos que se indican en la siguiente escala:

Base liquidable — Hasta euros	Cuota Íntegra — Euros	Resto base liquidable — Hasta euros	Tipo aplicable — Porcentaje
0	0	167.150,00	0,20
167.150,00	334,30	167.100,00	0,30
334.250,00	835,60	334.250,00	0,50
668.500,00	2.506,85	668.500,00	0,90
1.337.000,00	8.523,35	1.337.000,00	1,30
2.674.000,00	25.904,35	2.674.000,00	1,70
5.348.000,00	71.362,35	5.348.000,00	2,10
10.696.000,00	183.670,35	en adelante	2,50

Artículo 25 bis[2]. *Bonificación general*

Con posterioridad a las deducciones y bonificaciones reguladas por la normativa del Estado se aplicará, sobre la cuota resultante, una bonificación autonómica del 100% de dicha cuota si esta es positiva.

(…)

Disposición adicional segunda. *Cita de la normativa estatal reguladora de la consideración de persona con discapacidad y de la forma de acreditación del grado de discapacidad.*

1. La consideración de persona con discapacidad del artículo 3 es la fijada en el artículo 60.3 de la Ley 35/2006, de 28 de noviembre, del Impuesto sobre la Renta de las Personas Físicas.

2. La forma de acreditación del grado de discapacidad es la fijada en el artículo 72 del Reglamento del Impuesto sobre la Renta de las Personas Físicas, aprobado por el Real Decreto 439/2007, de 30 de marzo y, en su caso, en el apartado 2 del artículo 3 de la Ley 41/2003, de 18 de noviembre, de protección patrimonial de las personas con discapacidad y de modificación del Código Civil, de la Ley de Enjuiciamiento Civil y de la Normativa Tributaria con esta finalidad.

---

[2] Nuevo art. 25 bis incorporado por el art. primero.Tres del Decreto-ley 7/2022, de 20 de septiembre, por el que se modifica la Ley 5/2021, de 20 de octubre, de Tributos Cedidos de la Comunidad Autónoma de Andalucía, para paliar los efectos de la inflación mediante la deflactación del gravamen del Impuesto sobre la Renta de las Personas Físicas y para bonificar el Impuesto sobre el Patrimonio, se aprueba la supresión del gravamen para 2023 del canon de mejora de infraestructuras hidráulicas de interés de la Comunidad Autónoma de Andalucía, y se modifica el Texto Refundido de la Ley General de la Hacienda Pública de la Junta de Andalucía en materia de aplazamiento y fraccionamiento de ingresos de derecho público de la Comunidad Autónoma (BOJA núm. 182 de 21 de septiembre de 2022), con efectos desde el 22 de septiembre de 2022.

Disposición transitoria primera. *Personas con incapacidad declarada judicialmente.*

En relación con lo establecido en el artículo 3, en el caso de personas cuya incapacidad hubiera sido declarada judicialmente con anterioridad a la entrada en vigor de esta ley, se considerará acreditado un grado de discapacidad igual o superior al 65% aunque no alcance dicho grado.

Disposición transitoria segunda. *Hijos mayores de edad incapacitados judicialmente sujetos a patria potestad prorrogada o rehabilitada.*

Los hijos mayores de edad que a la entrada en vigor de esta Ley hubieran sido declarados judicialmente incapacitados, sujetos a patria potestad prorrogada o rehabilitada, formarán parte de familia monoparental a los efectos del artículo 4, cuando convivan con el padre o con la madre en los casos de separación legal o cuando no existiera vínculo matrimonial.

(…)

Disposición transitoria quinta[3]. *Régimen aplicable al impuesto sobre el patrimonio durante la vigencia del impuesto estatal de solidaridad de las grandes fortunas.*

Mientras esté vigente el impuesto temporal de solidaridad de las grandes fortunas, creado por la Ley 38/2022, de 27 de diciembre, para el establecimiento de gravámenes temporales energético y de entidades de crédito y establecimientos financieros de crédito y por la que se crea el impuesto temporal de solidaridad de las grandes fortunas, y se modifican determinadas normas tributarias, el régimen aplicable al impuesto sobre el patrimonio queda modificado en los siguientes aspectos:

1. Queda sin efecto la escala de gravamen establecida en el artículo 25 de esta ley.

2. No será aplicable la bonificación general establecida en el artículo 25 bis de esta ley. En su lugar, el contribuyente podrá aplicar en la cuota resultante del impuesto sobre el patrimonio una bonificación determinada por la diferencia, si la hubiere, entre la total cuota íntegra del propio impuesto, una vez aplicado el límite conjunto establecido en el artículo 31 de la Ley 19/1991, de 6 de junio, del Impuesto sobre el Patrimonio, y, en su caso, la total

---

[3]   Nueva redacción dada por la Disp. Final Quinta Cuatro de la Ley 7/2024, de 23 de diciembre, del Presupuesto de la Comunidad Autónoma de Andalucía para el año 2025 (BOJA núm. 251, de 30 de diciembre de 2024), en vigor desde el 31 de diciembre de 2024.
Redacción anterior de la disposición transitoria quinta incorporada por la Disp. Final Quinta Cuatro de la Ley 12/2023, de 26 de diciembre, del Presupuesto de la Comunidad Autónoma de Andalucía para el año 2024 (BOJA núm. 248, de 29 de diciembre de 2023), en vigor desde el 30 de diciembre de 2023:
«Régimen aplicable al impuesto sobre el patrimonio durante la vigencia del impuesto estatal de solidaridad de las grandes fortunas.
Mientras esté vigente el impuesto temporal de solidaridad de las grandes fortunas, creado por la Ley 38/2022, de 27 de diciembre, para el establecimiento de gravámenes temporales energético y de entidades de crédito y establecimientos financieros de crédito y por la que se crea el impuesto temporal de solidaridad de las grandes fortunas, y se modifican determinadas normas tributarias, el contribuyente podrá aplicar una de las dos siguientes bonificaciones en la cuota resultante del impuesto sobre el patrimonio:
1ª Una bonificación determinada por la diferencia, si la hubiere, entre la total cuota íntegra del propio impuesto, una vez aplicado el límite conjunto establecido en el artículo 31 de la Ley 19/1991, de 6 de junio, del Impuesto sobre el Patrimonio, y, en su caso, la total cuota íntegra que correspondería al impuesto temporal de solidaridad de las grandes fortunas, una vez aplicado el límite conjunto establecido en el artículo 3.Doce de la Ley 38/2022, de 27 de diciembre.
2ª La bonificación general del impuesto sobre el patrimonio establecida en el artículo 25 bis de esta ley».

cuota íntegra que correspondería al impuesto temporal de solidaridad de las grandes fortunas, una vez aplicado el límite conjunto establecido en el artículo 3. Doce de la Ley 38/2022, de 27 de diciembre.

Disposición derogatoria única. *Derogación normativa.*

1. Con efectos desde el día 1 de enero de 2022 quedan derogadas cuantas disposiciones de igual o inferior rango se opongan a esta ley y, expresamente, el Decreto Legislativo 1/2018, de 19 de junio, por el que se aprueba el Texto Refundido de las disposiciones dictadas por la Comunidad Autónoma de Andalucía en materia de tributos cedidos, excepto sus artículos 34, 35, 39 y 40, que quedarán derogados desde el día siguiente al de su publicación en el Boletín Oficial de la Junta de Andalucía.

2. Con efectos desde el día siguiente al de la publicación de esta Ley en el Boletín Oficial de la Junta de Andalucía queda derogado el Decreto Ley 7/2021, de 27 de abril, sobre reducción del gravamen del impuesto sobre transmisiones patrimoniales y actos jurídicos documentados para el impulso y la reactivación de la economía de la Comunidad Autónoma de Andalucía ante la situación de crisis generada por la pandemia del coronavirus (COVID-19).

Disposición final primera. *Desarrollo y ejecución.*

1. El desarrollo reglamentario de la presente Ley se llevará a efecto de acuerdo con lo dispuesto en los artículos 112 y 119.3 del Estatuto de Autonomía para Andalucía y 44 de la Ley 6/2006, de 24 de octubre, del Gobierno de la Comunidad Autónoma de Andalucía.

2. Se autoriza a la persona titular de la Consejería con competencias en materia de Hacienda para dictar las disposiciones que sean necesarias en desarrollo y ejecución de la presente Ley.

3. Se autoriza a la persona titular de la Dirección de la Agencia Tributaria de Andalucía para adaptar los modelos normalizados en materia tributaria con el fin de adecuarlos a lo establecido en la presente Ley.

Disposición final segunda. *Entrada en vigor.*

La presente Ley entrará en vigor el día 1 de enero de 2022, excepto los artículos 41, 43, 49 y 50 relativos al impuesto sobre transmisiones patrimoniales y actos jurídicos documentados, que entrarán en vigor el día siguiente al de su publicación en «Boletín Oficial de la Junta de Andalucía».

COMUNIDAD AUTÓNOMA DE ARAGÓN

27. Decreto Legislativo 1/2005, de 26 septiembre, Aprueba el texto refundido de las disposiciones dictadas por la Comunidad Autónoma de Aragón en materia de tributos cedidos

(BOA núm. 128, de 28 octubre de 2005)

CAPÍTULO V[1]. Impuesto sobre el patrimonio

Artículo 150-1[2]. *Bonificación de los patrimonios especialmente protegidos de contribuyentes con discapacidad.*

Los contribuyentes de este impuesto que sean titulares del patrimonio protegido regulado en la Ley 41/2003, de 18 de noviembre, de protección patrimonial de las personas con discapacidad y de modificación del Código Civil, de la Ley de Enjuiciamiento Civil y de la Normativa Tributaria con esta finalidad, podrán aplicarse una bonificación del 99 por 100 en la parte de la cuota que proporcionalmente corresponda a los bienes o derechos incluidos en dicho patrimonio con un límite de 300.000 euros; para el resto del patrimonio, no cabrá bonificación alguna.

Artículo 150-2[3]. *Mínimo exento.*

En el supuesto de obligación personal por el Impuesto sobre el Patrimonio, la base imponible se reducirá, en concepto de mínimo exento, en 700.000 euros.

---

[1] Capítulo V incorporado por el art. 5 de la Ley 2/2014, de 23 de enero, de Medidas Fiscales y Administrativas de la Comunidad Autónoma de Aragón (BOA núm. 17, de 25 de enero de 2014), con efectos desde 1 de enero de 2014.

[2] Nueva redacción dada por el art. 4 de la Ley 2/2016, de 28 de enero, de Medidas Fiscales y Administrativas de la Comunidad Autónoma de Aragón (BOA núm. 22, de 3 de febrero de 2016), en vigor desde el 4 de febrero de 2016.
Redacción anterior: «*Los contribuyentes de este impuesto que sean titulares del patrimonio protegido regulado en la Ley 41/2003, de 18 de noviembre, de protección patrimonial de las personas con discapacidad y de modificación del Código Civil, de la Ley de Enjuiciamiento Civil y de la Normativa Tributaria con esta finalidad, podrán aplicarse una bonificación del 99 por 100 en la parte de la cuota que proporcionalmente corresponda a los bienes o derechos incluidos en dicho patrimonio*».

[3] Nueva redacción del art. 150-2 dada por el art. 64.Nueve de la Ley 17/2023, de 22 de diciembre, de Presupuestos de la Comunidad Autónoma de Aragón para el ejercicio 2024 (BOA núm. 249, de 29 de diciembre de 2023), con efectos desde el 1 de enero 2023.
Redacción anterior por su incorporación por el art. 4 de la Ley 10/2015, de 28 diciembre, Medidas para el mantenimiento de los servicios públicos en la Comunidad Autónoma de Aragón (BOA núm. 250, de 30 diciembre de 2015), con efectos desde el 1 de enero de 2016: «*1. Con efectos desde el 31 de diciembre de 2015, en el supuesto de obligación personal por el Impuesto sobre el Patrimonio, la base imponible se reducirá, en concepto de mínimo exento, en 500.000 euros.*
2. Ese mínimo exento será de 400.000 euros a partir del 31 de diciembre de 2016».

COMUNIDAD AUTÓNOMA DE CANARIAS

28. Decreto Legislativo 1/2009, de 21 de abril, por el que se aprueba el Texto Refundido de las disposiciones legales vigentes dictadas por la Comunidad Autónoma de Canarias en materia de tributos cedidos

(BOC núm. 77, de 23 de abril de 2009)

(...)

CAPÍTULO III. Impuesto sobre el Patrimonio

Artículo 28. *Aplicación de la normativa autonómica.*

Los sujetos pasivos que tengan su residencia habitual en el territorio de la Comunidad Autónoma de Canarias, aplicarán la normativa autonómica dictada al efecto respecto del Impuesto sobre el Patrimonio.

Artículo 29[1]. **Base liquidable en el Impuesto sobre el Patrimonio.**

En el supuesto de obligación personal, la base liquidable del Impuesto sobre Patrimonio se reducirá, en concepto de mínimo exento, en 700.000 euros.

Artículo 29 bis[2]. *Exención de los patrimonios especialmente protegidos de los contribuyentes con discapacidad.*

Estarán exentos de este impuesto los bienes y derechos de contenido económico computados para la determinación de la base imponible que formen parte del patrimonio especialmente protegido del contribuyente, constituido al amparo de la Ley 41/2003, de protección patrimonial de las personas con discapacidad y de modificación del Código Civil, de la Ley de Enjuiciamiento Civil y de la normativa tributaria con esta finalidad

(...)

Disposición final segunda. *Entrada en vigor.*

La presente ley entrará en vigor el día uno de enero de 2007

---

[1] Nueva redacción del art. 29 dada por el art. 4.seis de la Ley 9/2014, de 6 de noviembre, de medidas tributarias, administrativas y sociales de Canarias (BOC núm. 218, de 10 de noviembre de 2014), en vigor desde el día 11 de noviembre de 2014.
Redacción anterior dada por el art. 3.Cinco de la Ley 11/2011, de 28 de diciembre, de medidas fiscales para el fomento de la venta y rehabilitación de viviendas y otras medidas tributarias, (BOC núm. 255, de 30 de diciembre de 2011), en vigor desde el 31 de diciembre de 2011. Redacción anterior incorporada por la Disp. Adicional 26ª de la Ley 12/2006, de 28 de diciembre, de Presupuestos Generales de la Comunidad Autónoma de Canarias para 2007, (BOC núm. 252, de 30 de diciembre de 2006).

[2] Nuevo artículo incorporado por el art. 47 de la Ley 4/2012, de 25 de junio, de medidas administrativas y fiscales, (BOC núm. 124, de 26 de junio de 2012), en vigor desde el 1 de julio de 2012.

COMUNIDAD AUTÓNOMA DE CANTABRIA

29. Decreto Legislativo 62/2008, de 19 de junio, por el que se aprueba el texto refundido de la Ley de Medidas Fiscales en materia de Tributos cedidos por el Estado

(BOC núm. 128, de 2 de julio de 2008)

(...)

CAPÍTULO II. Impuesto sobre el Patrimonio

Artículo 3[1]. *Mínimo exento del Impuesto sobre el Patrimonio.*

De acuerdo con lo previsto en el artículo 47.1.a de la Ley 22/2009, de 18 de diciembre, por la que se regula el sistema de financiación de las Comunidades Autónomas de régimen común y ciudades con Estatuto de Autonomía y se modifican determinadas normas tributarias, el mínimo exento en el Impuesto sobre el Patrimonio se fija con carácter general en 700.000 euros.

Artículo 4[2]. Tipo de gravamen del Impuesto sobre el Patrimonio.

De acuerdo con lo previsto en el artículo 47.1.b) de la Ley 22/2009, de 18 de diciembre, por la que se regula el sistema de financiación de las Comunidades Autónomas de régimen

---

[1] Nueva redacción del art. 3 dada por el art. 10.Dos de la Ley de Cantabria 2/2017, de 24 de febrero, de Medidas Fiscales y Administrativas (BOCA extraordinario núm. 2, de 28 de febrero de 2017), en vigor desde el 1 de marzo de 2017.
Los artículos 3 al 19 pasan a renumerarse del 2 al 18, dada por el art. 11.Tres de la Ley 7/2014, de 26 de diciembre, de Medidas Fiscales y Administrativas (BOC núm. 68, de 30 de diciembre de 2014), en vigor desde el 1 de enero de 2015.
Renumeración anterior de los artículos dada por el art. 10.Dos de la Ley de Cantabria 10/2013, de 27 de diciembre, de Medidas Fiscales y Administrativas (BOC extraordinario núm. 62 de 30 de diciembre de 2013), en vigor desde el 1 de enero de 2014, los arts. 2 a 25 pasan a renumerarse del 3 al 26.
Nueva redacción del art. 3 dada por art. 7.uno de la Ley de Cantabria 5/2011, de 29 de diciembre, de Medidas Fiscales y Administrativas, BOC núm. 71, de 31 de diciembre de 2011), en vigor desde el 31 de diciembre de 2011: «*El mínimo exento en el Impuesto sobre el Patrimonio se fija con carácter general en 700.000 euros*».
Renumerado por Ley de Cantabria 11/2010, de 23 de diciembre. Media adoptada originariamente en el art. 11.tres de la Ley de Cantabria 6/2005, de 26 de diciembre, de medidas Administrativas y Fiscales para la Comunidad Autónoma de Cantabria para el 2006, (BOC núm. 249 de 30 de diciembre de 2005).

[2] Nueva redacción del art. 4 dada por el art. 3.Dos de la Ley de Cantabria 9/2017, de 26 de diciembre, de Medidas Fiscales y Administrativas (BOC núm. 50, de 29 de diciembre de 2017), en vigor desde el 30 de diciembre de 2017.
Redacción anterior: «*La base liquidable del Impuesto será gravada conforme a la siguiente escala:*

Base Liquidable (hasta euros)	Cuota íntegra (euros)	Resto Base Líq. (hasta euros)	Tipo aplicable (porcentaje)
0,00	0,00	167.129,45	0,2
167.129,45	334,26	167.123,43	0,3
334.252,88	835,63	334.246,87	0,5

común y Ciudades con Estatuto de Autonomía y se modifican determinadas normas tributarias, la base liquidable del Impuesto será gravada conforme a la siguiente escala:

Base Liquidable (hasta euros)	Cuota íntegra (euros)	Resto Base Liq. (hasta euros)	Tipo aplicable (porcentaje)
0,00	0,00	167.129,45	0,24
167.129,45	401,11	167.123,43	0,36
334.252,88	1.002,75	334.246,87	0,61
668.499,75	3.041,66	668.499,76	1,09
1.336.999,51	10.328,31	1.336.999,50	1,57
2.673.999,01	31.319,20	2.673.999,02	2,06
5.347.998,03	86.403,58	5.347.998,03	2,54
10.695.996,06	222.242,73	en adelante	3,03

Artículo 4 bis[3]. *Bonificación general.*

Con posterioridad a las deducciones y bonificaciones reguladas por la normativa del Estado se aplicará, sobre la cuota resultante, una bonificación autonómica del 100 por 100 de dicha cuota.

(...)

Base Liquidable (hasta euros)	Cuota íntegra (euros)	Resto Base Liq. (hasta euros)	Tipo aplicable (porcentaje)
668.499,75	2.506,86	668.499,76	0,9
1.336.999,51	8.523,36	1.336.999,50	1,3
2.673.999,01	25.904,35	2.673.999,02	1,7
5.347.998,03	71.362,33	5.347.998,03	2,1
10.695.996,06	183.670,29	en adelante	2,5

Los artículos 3 al 19 pasan a renumerarse del 2 al 18, dada por el art. 11.Tres de la Ley 7/2014, de 26 de diciembre, de Medidas Fiscales y Administrativas (BOC núm. 68, de 30 de diciembre de 2014), en vigor desde el 1 de enero de 2015.

Renumeración anterior de los artículos dada por el art. 10.Dos de la Ley de Cantabria 10/2013, de 27 de diciembre, de Medidas Fiscales y Administrativas (BOC extraordinario núm. 62 de 30 de diciembre de 2013), en vigor desde el 1 de enero de 2014, los arts. 2 a 25 pasan a renumerarse del 3 al 26.

Nueva redacción del art. 4 dada por art. 7.uno de la Ley de Cantabria 5/2011, de 29 de diciembre, de Medidas Fiscales y Administrativas, BOC núm. 71, de 31 de diciembre de 2011), en vigor desde el 31 de diciembre de 2011.

Renumerado por Ley de Cantabria 11/2010, de 23 de diciembre. Media adoptada originariamente en el art. 11 de la Ley 5/2006, de 25 de mayo, de medidas urgentes de carácter fiscal (BOE núm. 184, de 3 de agosto de 2006), por la que se modifica el art. 11.cuatro de la Ley de Cantabria 6/2005, de 26 de diciembre, de medidas Administrativas y Fiscales para la Comunidad Autónoma de Cantabria para el 2006.

[3] Art. 4.bis incorporado por el art. 3. Diez de la Ley de Cantabria 3/2023, de 26 de diciembre, de Medidas Fiscales y Administrativas (BOC extraordinario núm. 87, de 29 de diciembre de 2023), en vigor desde el 1 de enero de 2024.

Disposición adicional tercera[4]. *Bonificación en el Impuesto sobre el Patrimonio.*

La bonificación prevista en el artículo 4 bis no será de aplicación cuando el patrimonio neto del sujeto pasivo sea superior a 3.000.000 de euros una vez descontado el mínimo exento de 700.000 euros, mientras esté vigente el Impuesto Temporal de Solidaridad de Grandes Fortunas.

En su lugar, el contribuyente podrá aplicar una bonificación autonómica determinada por la diferencia, si la hubiere, entre la total cuota íntegra del propio impuesto, una vez aplicado el límite conjunto establecido en el artículo 31 de la Ley 19/1991, de 6 de junio, y la total cuota íntegra correspondiente al Impuesto Temporal de Solidaridad de las Grandes Fortunas, una vez aplicado el límite conjunto establecido en el artículo 3. Doce de la Ley 38/2022, de 27 de diciembre.

(…)

---

[4]   Nueva redacción de la disposición adicional tercera dada por el art. 3 Ocho de la Ley de Cantabria 3/2024, de 23 de diciembre, de Medidas Fiscales y Administrativas (BOC núm. 46, de 30 diciembre de 2024), con efectos desde el 30 de diciembre de 2024.
Redacción original tras su incorporación por el art. 3.Veintidós de la Ley de Cantabria 3/2023, de 26 de diciembre, de Medidas Fiscales y Administrativas (BOC extraordinario núm. 87, de 29 de diciembre de 2023), en vigor desde el 1 de enero de 2024: «*La bonificación prevista en el artículo 4 bis no será de aplicación cuando el patrimonio neto del sujeto pasivo sea superior a 3.000.000 euros una vez descontado el mínimo exento de 700.000 euros y su mera tenencia constituya el hecho imponible de un impuesto estatal*».

COMUNIDAD AUTÓNOMA DE CASTILLA-LA MANCHA

30. Ley 9/2008, de 4 de diciembre, de Medidas en Materia de Tributos Cedidos
(DOCM núm. 259, de 17 de diciembre de 2008; BOE núm. 127, 26 de mayo de 2009)

Disposición transitoria segunda[1]. *Del impuesto sobre el Patrimonio.*

En el marco establecido por la Ley 25/2010, de 16 de julio, del régimen de cesión de tributos del Estado a la Comunidad Autónoma de Castilla-La Mancha y de fijación del alcance y condiciones de dicha cesión, y por la Ley 22/2009, de 18 de diciembre, por la que se regula el sistema de financiación de las Comunidades Autónomas de régimen común y ciudades con Estatuto de Autonomía y se modifican determinadas normas tributarias, serán de aplicación las normas del Impuesto sobre el Patrimonio contenidas en la Ley 19/1991, de 6 de junio, del Impuesto sobre el Patrimonio, y demás normativa de aplicación.

(…)

---

[1] Nueva redacción dada por la Disposición final tercera de la Ley 10/2012, de 20 de diciembre, de Presupuestos Generales de la Junta de Comunidades de Castilla-La Mancha para 2013, (DOCLM núm. 253, de 27 de diciembre de 2012; BOE núm. 58, de 8 de marzo de 2013), en vigor desde el 1 de enero de 2013. Dicha Disposición fue incorporada por el art. 4.Trece de la Ley 2/2012, de 19 de abril, por la que se modifica la Ley 9/2008, de 4 de diciembre, de Medidas en Materia de Tributos Cedidos y se establecen otras medidas fiscales, (DOCLM núm. 84, de 27 de abril de 2012), surtiendo efectos desde el día fijado para la entrada en vigor del Real Decreto-ley 13/2011, de 16 de septiembre, por el que se restablece el Impuesto sobre el Patrimonio, con carácter temporal.

COMUNIDAD AUTÓNOMA DE CASTILLA Y LEÓN

31. Decreto Legislativo 1/2013, de 12 de septiembre, por el que se aprueba el texto refundido de las disposiciones legales de la Comunidad de Castilla y León en materia de tributos propios y cedidos

(BOCyL núm. 180, de 18 de septiembre de 2013; Corrección de errores BOCYL núm. 194, de 08 de octubre de 2013)

(...)

Artículo único. *Aprobación del texto refundido de las disposiciones legales de la Comunidad de Castilla y León en materia de tributos propios y cedidos.*

Se aprueba el texto refundido de las disposiciones legales de la Comunidad de Castilla y León en materia de tributos propios y cedidos, que se inserta a continuación.

Disposición adicional única. *Remisiones normativas.*

Las referencias normativas efectuadas en otras disposiciones a los preceptos incluidos en la Ley 1/2012, de 28 de febrero, de Medidas Tributarias, Administrativas y Financieras, en lo que se refiere a los impuestos propios de la Comunidad, y en el texto refundido de las disposiciones legales de la Comunidad de Castilla y León en materia de tributos cedidos, aprobado por el Decreto Legislativo 1/2008, de 25 de septiembre, se entenderán realizadas a los preceptos correspondientes del texto refundido que se aprueba por este decreto legislativo.

Disposición derogatoria única. *Derogación normativa.*

1. Sin perjuicio de lo previsto en los apartados siguientes de este artículo, a la entrada en vigor de este decreto legislativo quedarán derogadas las siguientes normas:

– El texto refundido de las disposiciones legales de la Comunidad de Castilla y León en materia de tributos cedidos, aprobado por el Decreto Legislativo 1/2008, de 25 de septiembre.

– El capítulo II (artículos 19 a 37) del Título I de la Ley 1/2012, de 28 de febrero, de Medidas Tributarias, Administrativas y Financieras.

2. Mantendrán su vigencia, respecto de los hechos imponibles producidos con anterioridad al día 1 de enero de 2013, las disposiciones transitorias primera, segunda, sexta y undécima del texto refundido de las disposiciones legales de la Comunidad de Castilla y León en materia de tributos cedidos, aprobado por el Decreto Legislativo 1/2008, de 25 de septiembre.

3. Mantendrá su vigencia la disposición transitoria quinta del texto refundido de las disposiciones legales de la Comunidad de Castilla y León en materia de tributos cedidos, aprobado por el Decreto Legislativo 1/2008, de 25 de septiembre.

Disposición final. *Entrada en vigor.*

El presente decreto legislativo y el texto refundido que aprueba entrarán en vigor el día siguiente al de su publicación en el «Boletín Oficial de Castilla y León».

(...)

TÍTULO I. TRIBUTOS CEDIDOS POR EL ESTADO

(...)

CAPÍTULO II. Impuesto sobre el Patrimonio

Artículo 11. *Exención de los patrimonios especialmente protegidos de contribuyentes con discapacidad.*

Estarán exentos de este impuesto los bienes y derechos de contenido económico computados para la determinación de la base imponible que formen parte del patrimonio especialmente protegido del contribuyente, constituido al amparo de la Ley 41/2003, de Protección Patrimonial de las personas con discapacidad y de modificación del Código Civil, de la Ley de Enjuiciamiento Civil y de la normativa tributaria con esta finalidad.

(...)

COMUNIDAD AUTÓNOMA DE CATALUÑA

32. Decreto Legislativo 1/2024, de 12 de marzo, por el que se aprueba el libro sexto del Código tributario de Catalunya, que integra el texto refundido de los preceptos legales vigentes en Catalunya en materia de tributos cedidos

(DOGC núm. 9122, de 14 de marzo de 2024.
BOE núm. 87, de 09 de abril 2024)

(…)

Disposición final

Este Decreto legislativo entrará en vigor al día siguiente de su publicación en el Diari Oficial de la Generalitat de Catalunya.

(…)

TÍTULO II. IMPUESTO SOBRE EL PATRIMONIO (artículo 621-1 - artículo 622-2)

CAPÍTULO I. Mínimo exento y tarifa

Artículo 621-1. *Mínimo exento*

El importe del mínimo exento se fija en 500.000 euros.

Artículo 621-2. *Tarifa*

La base liquidable del impuesto se grava con los tipos de la siguiente escala:

Base liquidable hasta (euros)	Cuota (euros)	Resto de base liquidable hasta (euros)	Tipo de gravamen (%)
0,00	0,00	167.129,45	0,210
167.129,45	350,97	167.123,43	0,315
334.252,88	877,41	334.246,87	0,525
668.499,75	2.632,21	668.500,00	0,945
1.336.999,75	8.949,54	1.336.999,26	1,365
2.673.999,01	27.199,58	2.673.999,02	1,785
5.347.998,03	74.930,46	5.347.998,03	2,205
10.695.996,06	192.853,82	en adelante	2,750

CAPÍTULO II. Bonificaciones

Artículo 622-1. *Bonificación de los patrimonios especialmente protegidos de contribuyentes con discapacidad*

1. Si entre los bienes o derechos de contenido económico computados para la determinación de la base imponible los hay que forman parte del patrimonio protegido de la persona contribuyente constituido al amparo de la Ley 41/2003, de 18 de noviembre, de protección patrimonial de las personas con discapacidad y de modificación del Código civil, de la Ley de enjuiciamiento civil y de la normativa tributaria con esta finalidad, la persona contribuyente puede aplicarse una bonificación del 99% en la parte de la cuota que proporcionalmente corresponda a dichos bienes o derechos.

2. La misma bonificación es aplicable a los bienes o derechos de contenido económico que formen parte del patrimonio protegido constituido al amparo de la Ley 25/2010, de 29 de julio, del libro segundo del Código civil de Catalunya, relativo a la persona y la familia.

Artículo 622-2. *Bonificación de las propiedades forestales*

1. El contribuyente puede aplicar una bonificación del 95% en la parte de la cuota que corresponda proporcionalmente a las propiedades forestales, siempre y cuando dispongan de un instrumento de ordenación debidamente aprobado por la Administración forestal competente de Cataluña.

2. En la aplicación de esta bonificación se tiene en cuenta tanto el valor del terreno como, si procede, el de las construcciones ubicadas en la finca forestal y que sean para su utilidad exclusiva.

(…)

PARTE FINAL. DISPOSICIONES TRANSITORIAS

Disposición transitoria primera[1]. *Tarifa del impuesto sobre el patrimonio*

La siguiente tarifa del impuesto sobre el patrimonio es aplicable mientras se mantenga vigente el impuesto temporal de solidaridad de las grandes fortunas.

Base liquidable hasta (euros)	Cuota (euros)	Resto de base liquidable hasta (euros)	Tipo aplicable (%)
0,00	0,00	167.129,45	0,210
167.129,45	350,97	167.123,43	0,315

[1] Nueva redacción de la Disp. Transitoria primera dada por el art. Único del Decreto Ley 10/2024, de 26 de noviembre, de medidas urgentes en el ámbito del impuesto sobre el patrimonio (DOGC núm. 9300, de 28 de noviembre de 2024), en vigor desde el 29 de noviembre de 2024.
Redacción original: «*Tarifa del impuesto sobre el patrimonio para los ejercicios 2022 y 2023*
La tarifa del impuesto sobre el patrimonio, aprobada en el artículo 1 del Decreto ley 16/2022, es aplicable en los dos primeros ejercicios del impuesto sobre el patrimonio que se devenguen a partir de la entrada en vigor del impuesto temporal de solidaridad de las grandes fortunas.

Base liquidable hasta (euros)	Cuota (euros)	Resto de base liquidable hasta (euros)	Tipo aplicable (%)
0,00	0,00	167.129,45	0,210
167.129,45	350,97	167.123,43	0,315
334.252,88	877,41	334.246,87	0,525
668.499,75	2.632,21	668.500,00	0,945
1.336.999,75	8.949,54	1.336.999,26	1,365
2.673.999,01	27.199,58	2.673.999,02	1,785
5.347.998,03	74.930,46	5.347.998,03	2,205
10.695.996,06	192.853,82	9.304.003,94	2,750
20.000.000,00	448.713,93	en adelante	3,480

Base liquidable hasta (euros)	Cuota (euros)	Resto de base liquidable hasta (euros)	Tipo aplicable (%)
334.252,88	877,41	334.246,87	0,525
668.499,75	2.632,21	668.500,00	0,945
1.336.999,75	8.949,54	1.336.999,26	1,365
2.673.999,01	27.199,58	2.673.999,02	1,785
5.347.998,03	74.930,46	5.347.998,03	2,205
10.695.996,06	192.853,82	9.304.003,94	2,750
20.000.000,00	448.713,93	en adelante	3,480

(...)

COMUNIDAD AUTÓNOMA DE MADRID
33. Decreto Legislativo 1/2010, de 21 de octubre, del Consejo de Gobierno, por el que se aprueba el Texto Refundido de las Disposiciones Legales de la Comunidad de Madrid en materia de tributos cedidos por el Estado
(BOCM. núm. 255, 25 de octubre de 2010; corrección de errores, BOCM, núm. 279 de 22 de noviembre de 2010)

(...)

Capítulo II. Impuesto sobre el Patrimonio

Artículo 19[1]. *Mínimo exento*

De acuerdo con lo dispuesto en el artículo 28 de la Ley 19/1991, de 6 de junio, del Impuesto sobre el Patrimonio, el mínimo exento en el Impuesto sobre el Patrimonio se fija en 700.000 euros.

Artículo 20[2]. *Bonificación general*

Con posterioridad a las deducciones y bonificaciones reguladas por la normativa del Estado se aplicará, sobre la cuota resultante, una bonificación autonómica del 100 por 100 de dicha cuota si esta es positiva.

No se aplicará esta bonificación si la cuota resultante fuese nula.

(...)

Disposición transitoria séptima[3].

Mientras esté vigente el Impuesto Temporal de Solidaridad de las Grandes Fortunas no será aplicable la bonificación general del impuesto sobre el patrimonio establecida en el artículo 20 de este Texto Refundido.

En su lugar, el contribuyente podrá aplicar una bonificación autonómica determinada por la diferencia, si la hubiere, entre la total cuota íntegra del propio impuesto, una vez aplicado el límite conjunto establecido en el artículo 31 de la Ley 19/1991, de 6 de junio, y la total

---

[1] Nueva redacción dada por el art. 1.Dos de la Ley 6/2011, de 28 de diciembre, de Medidas Fiscales y Administrativa, (BOCM, núm. 309, de 29 de diciembre de 2011), con entrada en vigor el 1 de enero de 2012. Medida recogida por primera vez en el art. 2 de la Ley 2/2004, de 31 de mayo, de Medidas Fiscales y Administrativas, (BOE núm. 162, de 6 de julio de 2004).

[2] Medida recogida por primera vez en el art. 2 de la Ley 3/2008, de 29 de diciembre, de Medidas Fiscales y Administrativa, (BOE núm. 66, de 18 de marzo de 2009).

[3] Nueva Disp. Tras. incorporada por el art. único.Dos de la eyY 12/2023, de 15 de diciembre, por la que se modifica de manera temporal la bonificación del impuesto sobre el patrimonio en la Comunidad de Madrid durante el período de vigencia del impuesto de solidaridad de las grandes fortuna (BOCM, núm. 303, de 21 de diciembre de 2023), con efectos desde el 1 de enero de 2023.

cuota íntegra correspondiente al Impuesto Temporal de Solidaridad de las Grandes Fortunas, una vez aplicado el límite conjunto establecido en el artículo 3. Doce de la Ley 38/2022, de 27 de diciembre.

COMUNIDAD AUTÓNOMA VALENCIANA
34. Ley 13/1997, de 23 de diciembre, del tramo autonómico del Impuesto sobre la Renta de las Personas Físicas y restantes tributos cedidos

(...)

Artículo 8[1]. *Mínimo exento.*

La base imponible de los sujetos pasivos por obligación personal del impuesto que residan habitualmente en la Comunitat Valenciana se reduce, en concepto de mínimo exento, en 1.000.000 euros.

Artículo 9[2]. *Escala del impuesto.*

La base liquidable resultante de la aplicación de lo dispuesto en el artículo anterior será gravada a los tipos de la siguiente escala:

---

[1] Nueva redacción del art. 8 dada el art. 30 de la Ley 5/2025, de 30 de mayo, de medidas fiscales, de gestión administrativa y financiera, y de organización de la Generalitat (DOGV núm. 10120, de 31 de mayo de 2025), con efectos para los hechos imponibles devengados desde el 31 de diciembre de 2025 inclusive.

Redacción anterior dada por el art. 18 de la Ley 8/2022, de 29 de diciembre, de medidas fiscales, de gestión administrativa y financiera, y de organización de la Generalitat (DOGV núm. 9501 de 30 de diciembre de 2022), en vigor el día 1 de enero de 2023: «*Mínimo exento.*

La base imponible de los sujetos pasivos por obligación personal del impuesto que residan habitualmente en la Comunitat Valenciana se reduce, en concepto de mínimo exento, en 500.000 euros.

Sin embargo, para contribuyentes con discapacidad psíquica, con un grado de discapacidad igual o superior al 33 por ciento, y para contribuyentes con discapacidad física o sensorial, con un grado de discapacidad igual o superior al 65 por ciento, el importe del mínimo exento se eleva a 1.000.000 de euros».

Redacción anterior dada por el art. 53 de la Ley 3/2020, de 30 de diciembre, de la Generalitat, de medidas fiscales, de gestión administrativa y financiera y de organización de la Generalitat 2021 (DOGV núm. 8987 de 31 de diciembre de 2020), con efectos desde el 1 de enero de 2021: «*La base imponible de los sujetos pasivos por obligación personal del impuesto que residan habitualmente en la Comunitat Valenciana se reduce, en concepto de mínimo exento, en 500.000 euros.*

Sin embargo, para contribuyentes con discapacidad psíquica, con un grado de minusvalía igual o superior al 33 por 100, y para contribuyentes con discapacidad física o sensorial, con un grado de minusvalía igual o superior al 65 por 100, el importe del mínimo exento se eleva a 1.000.000 de euros».

Redacción anterior dada por el art. 46 de la Ley 10/2015, de 29 de diciembre, de medidas fiscales, de gestión administrativa y financiera, y de organización de la Generalitat (DOCV núm. 7689 de 31 de diciembre 2015), con efectos desde el 1 de enero de 2016: «*La base imponible de los sujetos pasivos por obligación personal del impuesto que residan habitualmente en la Comunitat Valenciana se reducirá, en concepto de mínimo exento, en 600.000 euros.*

No obstante, para contribuyentes con discapacidad psíquica, con un grado de minusvalía igual o superior al 33 por ciento, y para contribuyentes con discapacidad física o sensorial, con un grado de minusvalía igual o superior al 65 por ciento, el importe del mínimo exento se eleva a 1.000.000 de euros».

Con anterioridad, artículo sin contenido en virtud del art. 26 de la Ley 12/2009, 23 diciembre, de Medidas Fiscales, de Gestión Administrativa y Financiera, y de Organización de la Generalitat.

[2] Ver Disposición transitoria cuarta «*Escala del Impuesto sobre el Patrimonio aplicable a los devengos producidos en los años 2023 y 2024*».

Base liquidable -- Hasta euros	Cuota - Euros	Resto Base liquidable - Hasta euros	Tipo aplicable - Porcentaje
0,00	0,00	167.129,45	0,25
167.129,45	417,82	167.123,43	0,37
334.252,88	1.036,18	334.246,87	0,62
668.499,75	3.108,51	668.499,76	1,12
1.336.999,51	10.595,71	1.336.999,50	1,62
2.673.999,01	32.255,10	2.673.999,02	2,12
5.347.998,03	88.943,88	5.347.998,03	2,62
10.695.996,06	229.061,43	En adelante	3,5

Disposición adicional séptima[3]. *Medidas fiscales relacionadas con la celebración de la Vuelta al Mundo a Vela. Alicante 2008.*

Uno. Bonificación en la cuota del Impuesto sobre el Patrimonio.

1. Los sujetos pasivos del Impuesto sobre el Patrimonio, no residentes en España con anterioridad al 1 de enero de 2008, que hubieran adquirido su residencia habitual en la Comunidad Valenciana con motivo de la celebración de la «Vuelta al Mundo a Vela. Alicante 2008», y que tengan la condición de miembros de las entidades que ostenten los derechos de explotación, organización y dirección del citado evento o de las entidades que constituyan los equipos participantes, se podrán aplicar una bonificación del 99,99 por 100 de la cuota, excluida la parte de la misma que proporcionalmente corresponda a los bienes y derechos

Nueva redacción del art. 9 dada por el art. 53 de la Ley 3/2020, de 30 de diciembre, de la Generalitat, de medidas fiscales, de gestión administrativa y financiera y de organización de la Generalitat 2021 (DOGV núm. 8987 de 31 de diciembre de 2020), con efectos desde el 1 de enero de 2021.
Redacción anterior dada por el art. 47 de la Ley 10/2015, de 29 de diciembre, de medidas fiscales, de gestión administrativa y financiera, y de organización de la Generalitat (DOCV núm. 7689 de 31 de 31 de diciembre 2015), con efectos desde el 1 de enero de 2016: *«La base liquidable resultante de la aplicación de lo dispuesto en el artículo anterior será gravada a los tipos de la siguiente escala:*

Base liquidable Hasta euros	Cuota Euros	Resto Base liquidable Hasta euros	Tipo aplicable Porcentaje
0,00	*0,00*	*167.129,45*	*0,25*
167.129,45	*417,82*	*167.123,43*	*0,37*
334.252,88	*1.036,18*	*334.246,87*	*0,62*
668.499,75	*3.108,51*	*668.499,76*	*1,12*
1.336.999,51	*10.595,71*	*1.336.999,50*	*1,62*
2.673.999,01	*32.255,10*	*2.673.999,02*	*2,12*
5.347.998,03	*88.943,88*	*5.347.998,03*	*2,62*
10.695.996,06	*229.061,43*	*En adelante*	*3,12»*

Con anterioridad, artículo sin contenido en virtud del art. 26 de la Ley 12/2009, 23 diciembre, de Medidas Fiscales, de Gestión Administrativa y Financiera, y de Organización de la Generalitat.

[3]   Nueva Disp. adic. 7.ª incorporada por el art. 40 de la Ley 14/2007, de 26 de diciembre, de medidas fiscales, de gestión administrativa y financiera, y de organización de la Generalitat (DOCV núm. 5669, de 28 de diciembre de 2007 y BOE de 25 de enero de 2008), en vigor desde 1/1/2008.

que estén situados, pudieran ejercitarse o hubieran de cumplirse en territorio español y que formaran parte del patrimonio del sujeto pasivo a 31 de diciembre de 2007.

La condición de miembro de las entidades señaladas en el párrafo anterior deberá acreditarse mediante la certificación que, a tal efecto, expida el Consorcio Alicante 2008.

2. La bonificación será de aplicación a los hechos imponibles producidos desde el 1 de enero de 2008 hasta el 31 de diciembre de 2009.

Dos. Bonificación en la cuota del Impuesto sobre Transmisiones Patrimoniales y Actos Jurídicos Documentados.

1. En los supuestos de adquisición de la vivienda habitual por no residentes en España con anterioridad al 1 de enero de 2008, que hubieran adquirido su residencia habitual en la Comunidad Valenciana con motivo de la celebración de la «Vuelta al Mundo a Vela. Alicante 2008.», y que tengan la condición de miembros de las entidades que ostenten los derechos de explotación, organización y dirección del citado evento o de las entidades que constituyan los equipos participantes, se podrá aplicar una bonificación del 99,99 por 100 de la cuota derivada de la aplicación de las modalidades de transmisiones patrimoniales onerosas y actos jurídicos documentados del Impuesto sobre Transmisiones Patrimoniales y Actos Jurídicos Documentados.

2. En los supuestos de arrendamiento de la vivienda habitual que se concierte por no residentes en España con anterioridad al 1 de enero del 2008, que hubieran adquirido su residencia habitual en la Comunidad Valenciana con motivo de la celebración de la «Vuelta al Mundo a Vela. Alicante 2008», y que tengan la condición de miembros de las entidades que ostenten los derechos de explotación, organización y dirección del citado evento o de las entidades que constituyan los equipos participantes, se podrá aplicar una bonificación del 99,99 por 100 de la parte de la cuota tributaria del Impuesto sobre Transmisiones Patrimoniales y Actos Jurídicos Documentados correspondiente a las rentas del arrendamiento del periodo de aplicación del beneficio fiscal, con el límite del resultado de aplicar a dichas rentas el tipo medio efectivo de gravamen correspondiente a la totalidad de las rentas que constituyen la base imponible.

3. La condición de miembro de las entidades señaladas en los puntos 1 y 2 de este apartado deberá acreditarse mediante la certificación que, a tal efecto, expida el Consorcio Alicante 2008. Igualmente, a los efectos de lo dispuesto en dichos puntos, se estará al concepto de vivienda habitual previsto en la normativa estatal reguladora del Impuesto sobre la Renta de las Personas Físicas.

4. Las bonificaciones a que se refiere este apartado serán de aplicación en relación con los hechos imponibles producidos desde el 1 de enero de 2008 hasta el 31 de diciembre de 2009.

(...)

Disposición Adicional décima[4]. *Bonificación en la cuota del impuesto sobre el patrimonio para 2011.*

Sobre la cuota del impuesto sobre el patrimonio resultante de la aplicación de las deducciones y bonificaciones reguladas por la normativa del Estado, cuando ésta resulte positiva, se aplicará, en 2011, una bonificación del 100 por 100.

---

[4]   Nueva redacción dada por el art. 64 de la Ley 10/2012, de 21 de diciembre, de Medidas Fiscales, de Gestión Administrativa y Financiera, y de Organización de la Generalitat, (DOCV núm. 6931, de 27 de

(...)

Disposición transitoria cuarta[5].

(...)

Disposición final primera. *Habilitación a la Ley de Presupuestos.*

Mediante Ley de Presupuestos de la Generalitat Valenciana podrán modificarse los tipos de gravamen, escalas, cuantías fijas, porcentajes y, en general, demás elementos cuantitativos regulados en la presente Ley.

Disposición final segunda[6]. *Habilitación Normativa.*

Uno. Corresponde al conseller competente en materia de Hacienda, mediante Orden:

1. La determinación de los supuestos y condiciones en que los obligados tributarios y las entidades a las que se refiere el artículo 92 de la Ley 58/2003, de 17 de diciembre, General Tributaria podrán presentar por medios telemáticos declaraciones, autoliquidaciones, comunicaciones, solicitudes y cualquier otro documento con trascendencia tributaria, así como

diciembre de 2012), con entrada en vigor el día 31 de diciembre de 2012.

Nueva disposición incorporada por el art. 38 de la Ley 9/2011, de 26 de diciembre, de Medidas Fiscales, de Gestión Administrativa y Financiera y de Organización de la Generalitat, (DOCV núm. 6680, de 28 de diciembre de 2011), en vigor desde el 31 de diciembre de 2011.

5 Disposición derogada por la Disp. Derogatoria única de la Ley 7/2023, de 26 de diciembre, de medidas fiscales, de gestión administrativa y financiera, y de organización de la Generalitat (DOGV núm. 9756, de 30 de diciembre de 2023), con efectos desde el 31 de diciembre de 2023.

Disposición Transitoria Cuarta incorporada por la Disp. Final Primera.2 de la Ley 9/2022, de 30 de diciembre, de presupuestos de la Generalidad para el ejercicio 2023 (DOGV núm. 9502 de 31.12.2022), con efectos para los períodos impositivos terminados desde el 1 de enero de 2023: «*Escala del Impuesto sobre el Patrimonio aplicable a los devengos producidos en los años 2023 y 2024.*

La base liquidable se grava a los tipos de la siguiente escala:

Base liquidable	Cuota íntegra	Resto base liquidable	Tipo aplicable
Hasta euros	euros	Hasta euros	Porcentaje
0	0	167.129,45	0,25%
167.129,45	417,82	167.123,43	0,37%
334.252,88	1.036,18	334.246,87	0,62%
668.499,75	3.108,51	668.499,76	1,12%
1.336.999,51	10.595,71	1.336.999,50	1,87%
2.673.999,01	35.597,60	2.673.999,97	2,37%
5.347.998,03	98.971,38	4.652.001,97	2,87%
10.000.000,00	232.483,84	En adelante	3,75%»

6 Nueva redacción dada por el art. 1 del Decreto Ley 4/2013, de 2 de agosto, del Consell, por el que se establecen medidas urgentes para la reducción del déficit público y la lucha contra el fraude fiscal en la Comunitat Valenciana, así como otras medidas en materia de ordenación del juego (DOCV núm. 7083 de 06 de agosto de 2013), en vigor desde el 06-07-2013.

Redacción anterior de la Disp. final 2.ª dada por el art. 41 de la Ley 14/2007, de 26 de diciembre, de medidas fiscales, de gestión administrativa y financiera, y de organización de la Generalitat (DOCV núm. 5669, de 28 de diciembre de 2007 y BOE de 25 de enero de 2008), en vigor desde 1/1/2008.

los supuestos y condiciones en que dicha presentación deberá realizarse mediante medios telemáticos.

2. La aprobación y publicación, en relación con la comprobación de valores en el ámbito de los impuestos sobre Transmisiones Patrimoniales y Actos Jurídicos Documentados y sobre Sucesiones y Donaciones, de los coeficientes multiplicadores a los que se refiere la letra b) del apartado 1 del artículo 57 de la Ley General Tributaria.

En la comprobación de valores de bienes distintos de los inmuebles, corresponde igualmente al conseller competente en materia de Hacienda la determinación del registro oficial de carácter fiscal en el que se contengan los valores a los que resulten de aplicación los coeficientes a los que se refiere el párrafo anterior de este apartado 2.

3. El establecimiento de honorarios estandarizados de los peritos terceros en las tasaciones periciales contradictorias a los efectos de los impuestos sobre Transmisiones Patrimoniales y Actos Jurídicos Documentados y sobre Sucesiones y Donaciones. La aceptación de la designación como perito tercero determinará, asimismo, la aceptación de tales honorarios aprobados por la Generalitat.

Dos. Sin perjuicio de lo dispuesto en el apartado Uno, se habilita al Consell para que, a propuesta del conseller competente en materia de Hacienda y mediante Decreto, dicte cuantas normas resulten necesarias en desarrollo de esta Ley.

Disposición final tercera. *Entrada en vigor.*

La presente Ley entrará en vigor el día 1 de enero de 1998.

COMUNIDAD AUTÓNOMA DE EXTREMADURA

35. Decreto Legislativo 1/2018, de 10 de abril, por el que se aprueba el Texto Refundido de las disposiciones legales de la Comunidad Autónoma de Extremadura en materia de tributos cedidos por el Estado

(DOE núm. 99, de 23 de mayo de 2018)

(...)

Disposición derogatoria única. *Derogación normativa.*

1. A la entrada en vigor de este decreto legislativo quedarán derogadas, las siguientes normas:

a) El Decreto Legislativo 1/2013, de 21 de mayo, por el que se aprueba el texto refundido de las disposiciones legales de la Comunidad Autónoma de Extremadura en materia de Tributos Cedidos por el Estado.

b) Los artículos 2, 3, 5, 10, 11, 12, 13, 14, 17, disposiciones adicionales primera, segunda, cuarta y quinta de la Ley 6/2013, de 13 de diciembre, de medidas tributarias de impulso a la actividad económica de Extremadura.

c) Los artículos 6 y 7 de la Ley 2/2014, de 18 de febrero, de medidas financieras y administrativas de la Comunidad Autónoma de Extremadura.

d) Los artículos 3, 6, 6 bis, 19, 20, 21, 22, 23, 24, 25, 26, 28, 29, 30, 31 y 33 de la Ley 1/2015, de 10 de febrero, de medidas tributarias, administrativas y financieras de la Comunidad Autónoma de Extremadura.

e) La disposición adicional única de la Ley 8/2016, de 12 de diciembre, de Medidas tributarias, patrimoniales, financieras y administrativas de la Comunidad Autónoma de Extremadura.

f) La disposición adicional quinta de la Ley 2/2017, de 17 de febrero, de emergencia social de la vivienda de Extremadura.

2. La derogación de las disposiciones a que se refiere el apartado 1 no perjudicará los derechos ni las obligaciones que se hubieran producido durante su vigencia.

Disposición final única. *Entrada en vigor.*

El presente decreto legislativo y el texto refundido que aprueba entrarán en vigor el día siguiente al de su publicación en el Diario Oficial de Extremadura.

(...)

CAPÍTULO II. Impuesto sobre el Patrimonio

Artículo 14[1]. Mínimo exento general y para discapacitados.

1. En el supuesto de obligación personal, con carácter general, la base imponible se reducirá, en concepto de mínimo exento, en el importe de 500.000 euros.

2. No obstante, para los contribuyentes que tengan la consideración legal de personas con discapacidad, ese mínimo exento será el siguiente:

a) 600.000 euros, si el grado de discapacidad fuera igual o superior al 33% e inferior al 50%.

b) 700.000 euros, si el grado de discapacidad fuera igual o superior al 50% e inferior al 65%.

c) 800.000 euros, si el grado de discapacidad fuera igual o superior al 65%.

3. Para aplicar el mínimo exento señalado en el apartado anterior, el contribuyente deberá tener reconocida una incapacidad permanente, estar judicialmente incapacitado, que se haya establecido la curatela representativa del contribuyente o que tenga reconocido alguno de los grados de discapacidad que en él se indican.

A estos efectos, el grado de discapacidad o la incapacitación serán reconocidas o declaradas por el órgano administrativo o judicial competente, de acuerdo con la normativa aplicable.

Artículo 15. *Tipo de gravamen.*

La cuota íntegra del impuesto regulada en el artículo 30 de la Ley 19/1991, de 6 de junio, del Impuesto sobre el Patrimonio, se obtendrá aplicando a la base liquidable los tipos que se indican en la siguiente escala:

Base liquidable Hasta euros	Cuota íntegra euros Hasta euros	Resto base liquidable	Tipo aplicable Porcentaje
0,00	0	167.129,45	0,30
167.129,45	501,39	167.123,43	0,45
334.252,88	1.253,44	334.246,87	0,75
668.499,75	3.760,30	668.499,76	1,35
1.336.999,01	12.785,04	1.336.999,50	1,95
2.673.999,01	38.856,53	2.673.999,02	2,55

---

[1] Nueva redacción del art. 14 dada por la Disp.Final Primera Cuatro de la Ley 1/2024, de 5 de febrero, de Presupuestos Generales de la Comunidad Autónoma de Extremadura para el año 2024 (DOE núm. 26, de 6 de febrero de 2024), en vigor desde el 1 de enero de 2024.

Redacción anterior: «*1. En el supuesto de obligación personal, con carácter general, la base imponible se reducirá, en concepto de mínimo exento, en el importe de 500.000 euros.*

2. No obstante, para los contribuyentes que fueren discapacitados, ese mínimo exento será el siguiente:

a) 600.000 euros, si el grado de discapacidad fuera igual o superior al 33% e inferior al 50%.

b) 700.000 euros, si el grado de discapacidad fuera igual o superior al 50% e inferior al 65%.

c) 800.000 euros, si el grado de discapacidad fuera igual o superior al 65%.

3. Para aplicar el mínimo exento señalado en el apartado anterior, el contribuyente deberá tener reconocida una incapacidad permanente, estar incapacitado judicialmente o tener reconocido alguno de los grados de discapacidad que en él se indica.

A estos efectos, el grado de discapacidad o la incapacitación serán reconocidas o declaradas por el órgano administrativo o judicial competente, de acuerdo con la normativa aplicable».

| 5.347.998,03 | 107.043,51 | 5.347.998,03 | 3,15 |
| 10.695.996,06 | 275.505,45 | En adelante | 3,75 |

Artículo 15 bis[2]. *Bonificación general.*

Con posterioridad a las deducciones y bonificaciones reguladas por la normativa del Estado se aplicará, sobre la cuota resultante, una bonificación autonómica del 100 por 100 de dicha cuota si esta es positiva.

(…)

---

[2] Artículo incorporado por el art. 1.Tres del Decreto-ley 4/2023, de 12 de septiembre, por el que se aprueban medidas urgentes para reducir la carga tributaria soportada por los contribuyentes, se amplían las ayudas al acogimiento familiar, se incrementan las ayudas a los nuevos autónomos y se conceden ayudas directas a los productores de cerezas (DOE núm. 178, de 15 de septiembre de 2023), con efectos desde el 1 de enero de 2023.

COMUNIDAD AUTÓNOMA DE GALICIA

36. Decreto Legislativo 1/2011, de 28 de julio, por el que se aprueba el texto refundido de las disposiciones legales de la Comunidad Autónoma de Galicia en materia de tributos cedidos por el Estado

(DO Galicia, núm. 201, de 20 octubre de 2011;
BOE núm. 279, de 19 de noviembre de 2011)[1]

(...)

Artículo único.

Conforme a lo dispuesto en la disposición final tercera de la Ley 8/2010, de 29 de octubre, de medidas tributarias en el impuesto sobre transmisiones patrimoniales y actos jurídicos documentados para la reactivación del mercado de viviendas, su rehabilitación y financiación, y otras medidas tributarias, se aprueba el texto refundido de las disposiciones legales de la Comunidad Autónoma de Galicia en materia de tributos cedidos por el Estado.

Disposición Adicional única. *Remisiones normativas*

Las remisiones y referencias normativas a las disposiciones derogadas por este decreto legislativo se entenderán realizadas, en lo sucesivo, a las correspondientes disposiciones del texto refundido.

Disposición Derogatoria única. *Derogación normativa*

1. Quedan derogadas las siguientes disposiciones:

a) El artículo 2 de la Ley 2/1998, de 8 de abril, de medidas tributarias, de régimen presupuestario, función pública, patrimonio, organización y gestión.

b) Los artículos 3, 4 y 5 de la Ley 3/2002, de 29 abril, de medidas de régimen fiscal y administrativo.

c) Los artículos 2, 3 y 5 de la Ley 7/2002, de 27 de diciembre, de medidas fiscales y de régimen administrativo.

d) Los artículos 3, 4 y 5 de la Ley 9/2003, de 23 diciembre, de medidas tributarias y administrativas.

e) Los artículos 1, 2, 4, 7 y 8 de la Ley 14/2004, de 29 de diciembre, de medidas tributarias y de régimen administrativo.

f) Los artículos 52 y 54 de la Ley 14/2006, de 28 de diciembre, de presupuestos generales de la Comunidad Autónoma de Galicia para el año 2007.

g) El artículo 25 de la Ley 7/2007, de 21 de mayo, de medidas administrativas y tributarias para la conservación de la superficie agraria útil y del Banco de Tierras de Galicia.

---

[1]   Con anterioridad a esta norma: Ley 14/2004, de 29 de diciembre, de medidas tributarias y de régimen administrativo, (DOG núm. 253, de 30 de diciembre de 2004; BOE núm. 29 de 3 de febrero de 2005).

h) Los artículos 57 a 64 y la disposición transitoria segunda de la Ley 16/2007, de 26 de diciembre, de presupuestos generales de la Comunidad Autónoma de Galicia para el año 2008.

i) La Ley 9/2008, de 28 de julio, gallega de medidas tributarias en relación con el impuesto sobre sucesiones y donaciones.

j) El artículo 60 de la Ley 16/2008, de 23 de diciembre, de presupuestos generales de la Comunidad Autónoma de Galicia para el año 2009.

k) La Ley 4/2009, de 20 de octubre, de medidas tributarias relativas al impuesto sobre transmisiones patrimoniales y actos jurídicos documentados para el fomento del acceso a la vivienda y a la sucesión empresarial.

l) La disposición adicional primera de la Ley 1/2010, de 11 de febrero, de modificación de diversas leyes de Galicia para su adaptación a la Directiva 2006/123/CE del Parlamento Europeo y del Consejo, de 12 de diciembre de 2006, relativa a los servicios en el mercado interior.

m) La Ley 8/2010, de 29 de octubre, de medidas tributarias en el impuesto sobre transmisiones patrimoniales y actos jurídicos documentados para la reactivación del mercado de viviendas, su rehabilitación y financiación, y otras medidas tributarias.

n) Los artículos 1, 2, 3, 4, 6, 7, 8, 9 de la Ley 15/2010, de 28 de, de medidas fiscales y administrativas.

2. Asimismo, quedan derogadas cualesquiera otras disposiciones de igual o inferior rango a la presente ley en cuanto se opongan o contradigan lo establecido en la misma.

Disposición Final única. *Entrada en vigor*

El presente decreto legislativo y el texto refundido que aprueba entrarán en vigor al día siguiente de su publicación en el Diario Oficial de Galicia.

Texto refundido de las disposiciones legales de la Comunidad Autónoma de Galicia en materia de tributos cedidos por el Estado

TÍTULO I. DISPOSICIONES GENERALES

Artículo 1. *Objeto*

La presente ley tiene por objeto establecer en un único texto las normas dictadas por la Comunidad Autónoma de Galicia en ejercicio de las competencias que tiene atribuidas en el marco establecido por las leyes que regulan la cesión de tributos del Estado a las comunidades autónomas de régimen común.

Artículo 2. *Ámbito de aplicación*

Uno. Este texto refundido será de aplicación a los tributos sobre los que la comunidad autónoma de Galicia tiene, de acuerdo con lo establecido en las leyes reguladoras de la cesión de tributos del Estado a las comunidades autónomas de régimen común, competencias normativas tanto en la regulación de aspectos sustantivos que determinan la cuota tributaria como en las cuestiones de aplicación de los tributos.

Dos. La Comunidad Autónoma de Galicia tiene atribuida la facultad de dictar para sí misma normas legislativas, con el alcance y condiciones establecidos en las leyes reguladoras de la cesión de tributos del Estado a las comunidades autónomas de régimen común, sobre los siguientes tributos:

a) Impuesto sobre la renta de las personas físicas.

b) Impuesto sobre el patrimonio.

c) Impuesto sobre sucesiones y donaciones.

d) Impuesto sobre transmisiones patrimoniales y actos jurídicos documentados.

e) Tributos sobre el juego.

f) Impuesto especial sobre determinados medios de transporte.

g) Impuesto sobre las ventas minoristas de determinados hidrocarburos.

Tres. El ejercicio de las facultades normativas de la Comunidad Autónoma de Galicia en materia de tributos cedidos se efectúa, en cada caso, según el alcance y los puntos de conexión establecidos en las leyes reguladoras de la cesión de tributos del Estado a las Comunidades Autónomas de régimen común.

Artículo 3. *Conceptos generales*

Uno. Vivienda habitual.

A los efectos previstos en este texto refundido, los conceptos de vivienda habitual, adquisición de vivienda habitual y reinversión en vivienda habitual serán los contemplados en la normativa reguladora del impuesto sobre la renta de las personas físicas. Se entenderá por vivienda la edificación destinada a la residencia de las personas físicas.

Dos. Unidad familiar.

El concepto de unidad familiar será el contemplado en la normativa reguladora del impuesto sobre la renta de las personas físicas.

Tres. Acreditación del grado y la condición de persona con discapacidad.

El grado de minusvalía habrá de acreditarse mediante certificado o resolución expedida por el órgano competente. En particular, se considerará acreditado un grado de minusvalía igual o superior al 33 % en el caso de los pensionistas de la Seguridad Social que tengan reconocida una pensión de incapacidad permanente total, absoluta o gran invalidez y en el caso de los pensionistas de clases pasivas que tengan reconocida una pensión de jubilación o retiro por incapacidad permanente para el servicio o inutilidad.

Igualmente, se considerará acreditado un grado de minusvalía igual o superior al 65 % cuando se trate de personas cuya incapacidad sea declarada judicialmente, aunque no alcance dicho grado, así como en los casos de dependencia severa y gran dependencia, siempre que estas últimas situaciones fuesen reconocidas por el órgano competente, de acuerdo con lo establecido en el artículo 28 de la Ley 39/2006, de 14 de diciembre, de promoción de la autonomía personal y atención a las personas en situación de dependencia.

Cuatro[2]. Acreditación de la condición de familia numerosa

La condición de familia numerosa se acreditará mediante el título oficial en vigor establecido para el efecto en el momento de la presentación de la declaración del impuesto, conforme a lo establecido en la Ley 40/2003, de 18 de noviembre, de protección a las familias numerosas.

La asimilación al descendiente de hijo o hija concebido o concebida y no nacido o nacida prevista en la Ley 3/2011, de 30 de junio, de apoyo a la familia y convivencia de Galicia, se acreditará mediante el carnet familiar gallego o certificado expedido para el efecto, y tendrá efectos únicamente dentro de la Comunidad Autónoma de Galicia.

---

[2] Apartado incorporado por el art. 1 de la Ley 12/2014, de 22 de diciembre, de medidas fiscales y administrativas (DOG núm. 249, de 30 de diciembre de 2014), con efectos desde 1 de enero de 2015.

Cinco[3]. Actividad agraria, explotación agraria, elementos de la explotación, agricultor profesional, silvicultor activo y titular de la explotación.

A los efectos previstos en este texto refundido, los conceptos de «actividad agraria», «explotación agraria», «elementos de la explotación», «agricultor profesional», «silvicultor activo» y «titular de la explotación» serán los recogidos en la Ley 19/1995, de 4 de julio, de modernización de las explotaciones agrarias.

Seis[4]. Obras de rehabilitación.

A los efectos previstos en este texto refundido, para determinar el concepto de obras de rehabilitación, en todo aquello que no venga expresamente regulado en él, será de aplicación lo previsto en la normativa reguladora del impuesto sobre el valor añadido.

TÍTULO II. DISPOSICIONES SOBRE TRIBUTOS CEDIDOS

(…)

CAPÍTULO III. Impuesto sobre el patrimonio

Artículo 13[5]. *Mínimo exento*

El mínimo exento en el impuesto sobre el patrimonio se establece en 700.000 euros.

Artículo 13 bis[6]. *Cuota íntegra*

La base liquidable del impuesto se gravará a los tipos de la escala siguiente:

---

[3] Apartado incorporado por la Disp. Final primera Uno de la Ley 11/2021, de 14 de mayo, de recuperación de la tierra agraria de Galicia (DOG núm. 94 de 21 de mayo de 2021), con efectos desde 1 de enero de 2021.

[4] Apartado incorporado por la Disp. Final primera Uno de la Ley 11/2021, de 14 de mayo, de recuperación de la tierra agraria de Galicia (DOG núm. 94 de 21 de mayo de 2021), con efectos desde 1 de enero de 2021.

[5] Nueva redacción del art. 13 dada por el art. 2 de la Ley 12/2011, de 26 de diciembre, de medidas fiscales y administrativas, (DOG núm. 249, de 30 de diciembre de 2011), en vigor desde 31 de diciembre de 2011.

[6] Nueva redacción dada por el por el art. 3 de la Ley 3/2018, de 26 de diciembre, de medidas fiscales y administrativas (DOG núm. 247, de 28 de diciembre de 2018), en vigor desde el 1 de enero de 2019.
Redacción anterior por su incorporación por el art. 72 de la Ley 2/2013, de 27 de febrero, de presupuestos generales de la Comunidad Autónoma de Galicia para el año 2013, (DOG núm. 42, de 28 de febrero de 2013), en vigor desde el 1 de marzo de 2013: «*La base liquidable del impuesto se gravará a los tipos de la escala siguiente:*

Base liquidable Hasta euros	Cuota Euros	Resto base liquidable Hasta euros	Tipo aplicable Porcentaje
0,00	0,00	167.129,45	0,24
167.129,45	401,11	167.123,43	0,36
334.252,88	1.002,76	334.246,87	0,61
668.499,75	3.041,66	668.499,76	1,09
1.336.999,51	10.328,31	1.336.999,50	1,57
2.673.999,01	31.319,20	2.673.999,02	2,06
5.347.998,03	86.403,58	5.347.998,03	2,54
10.695.996,06	222.242,73	En adelante	3,03

Base liquidable Hasta euros	Cuota Euros	Resto base liquidable Hasta euros	Tipo aplicable Porcentaje
0,00	0,00	167.129,45	0,20
167.129,45	334,26	167.123,43	0,30
334.252,88	835,63	334.246,87	0,50
668.499,75	2.506,86	668.499,76	0,90
1.336.999,51	8.523,36	1.336.999,50	1,30
2.673.999,01	25.904,35	2.673.999,02	1,70
5.347.998,03	71.362,33	5.347.998,03	2,10
10.695.996,06	183.670,29	En adelante	2,50

Artículo 13 ter[7]. *Deducciones en la cuota del impuesto sobre el patrimonio.*

Uno[8]. *Deducción por creación de nuevas empresas o ampliación de la actividad de empresas de reciente creación.*

Si entre los bienes o derechos de contenido económico computados para la determinación de la base imponible figura alguno al que se le aplicaron las deducciones en la cuota íntegra autonómica del impuesto sobre la renta de las personas físicas relativas a la creación de nuevas empresas o ampliación de la actividad de empresas de reciente creación, o inversión en la adquisición de acciones o participaciones sociales en entidades nuevas o de reciente creación, el contribuyente podrá aplicar una deducción del 75 %, con un límite de 4.000 euros por sujeto pasivo, en la parte de la cuota que proporcionalmente corresponde a los mencionados bienes o derechos. El incumplimiento de los requisitos previstos en las deducciones del impuesto sobre la renta de las personas físicas determinará la pérdida de esta deducción.

Esta deducción será incompatible con las establecidas en los números Dos y Cinco siguientes.

Dos[9]. *Deducción por inversión en sociedades de fomento forestal.*

1. Los contribuyentes podrán aplicar una deducción del 100 % de la parte de la cuota del impuesto que proporcionalmente corresponda al valor de los siguientes bienes o derechos:

a) Participaciones en el capital social de:

1º. Sociedades de fomento forestal reguladas en la Ley 7/2012, de 28 de junio, de montes de Galicia.

2º. Entidades agrarias, cooperativas agrarias o de explotación comunitaria de la tierra que tengan por objeto exclusivo actividades agrarias.

---

7   Nueva redacción del art. 13.ter dada el art. 2 de la Ley 9/2017, de 26 de diciembre, de medidas fiscales y administrativas (DOG núm. 245, de 28 de diciembre de 2017), en vigor desde el 1 de enero de 2018. Redacción original por la Disp. Adic. Primera. Cinco de la Ley 9/2013, de 19 de diciembre, del emprendimiento y de la competitividad económica de Galicia (DOG núm. 247, 27 de diciembre de 2013), con efectos desde 1 de enero de 2013.

8   Nueva redacción dada por el art. 2.dos de la Ley 18/2021, de 27 de diciembre, de medidas fiscales y administrativas (DOG, núm. 251, de 31 de diciembre de 2021), en vigor desde el 1 de enero de 2022.

9   Nueva redacción dada por la Disp. Final primera Once de la Ley 11/2021, de 14 de mayo, de recuperación de la tierra agraria de Galicia (DOG núm. 94 de 21 de mayo de 2021), con efectos desde el 22 de mayo de 2021.

3º. Las entidades que tengan por objeto la movilización o recuperación de las tierras agrarias de Galicia, al amparo de los instrumentos previstos en la Ley 11/2021, de 14, de mayo, de recuperación de la tierra agraria de Galicia.

b) Préstamos realizados a favor de las mismas entidades citadas en la letra a) anterior, así como garantías que el contribuyente constituya personalmente a favor de estas entidades.

c) Participaciones de los socios capitalistas en cuentas en participación constituidas para el desarrollo de actividades agrarias y en las que el partícipe gestor sea alguna de las entidades citadas en la letra a) anterior.

En el caso de participaciones en el capital social de entidades, la deducción solo se aplicará al valor de estas, determinado según las reglas de este impuesto, en la parte que corresponda a la proporción existente entre los activos necesarios para el ejercicio de la actividad agraria, aminorados en el importe de las deudas derivadas de la misma, y el valor del patrimonio neto de la entidad. Para determinar esta proporción se tomará el valor que se deduzca de la contabilidad, siempre que esta refleje fielmente la verdadera situación patrimonial de la entidad.

En el caso de préstamos o participaciones en cuentas en participación, la deducción solo se aplicará al importe que financie la actividad agraria de la entidad, entendiéndose que financian esta actividad en la parte que resulte de aplicar a su cuantía total la proporción determinada conforme a lo previsto en el párrafo anterior.

2. Para tener derecho a esta deducción deberán cumplirse los siguientes requisitos:

a) Las inversiones a las que sea aplicable la deducción deben formalizarse en escritura pública, en la cual debe especificarse la identidad de los contribuyentes que pretendan aplicar esta deducción y el importe de la operación respectiva.

b) Las inversiones realizadas deben mantenerse en el patrimonio del contribuyente durante un período mínimo de cinco años, computado a partir del día siguiente a la fecha en que se formalice la operación en escritura pública. En el caso de operaciones de financiación, el plazo de vencimiento deberá ser superior o igual a cinco años, sin que se pueda amortizar una cantidad superior al 20 % anual del importe del principal. Durante ese mismo plazo de cinco años deben mantenerse las garantías constituidas.

3. Esta deducción será incompatible con la aplicación para los mismos bienes o derechos de las exenciones del artículo 4 de la Ley 19/1991, de 6 de junio, del impuesto sobre el patrimonio, aunque dicha exención sea parcial.

Tres[10].

Tres[11]. *Deducción por la afectación de terrenos rústicos a una explotación agraria y arrendamiento rústico.*

Si entre los bienes o derechos de contenido económico computados para la determinación de la base imponible se incluyesen terrenos rústicos afectos a una explotación agraria, el contribuyente podrá aplicar una deducción del 100 % en la parte de la cuota que proporcio-

---

[10] Número Tres del art. 13 ter eliminado por la Disp. Final primera Trece de la Ley 11/2021, de 14 de mayo, de recuperación de la tierra agraria de Galicia (DOG núm. 94 de 21 de mayo de 2021), con efectos desde el 22 de mayo de 2021.

[11] El apartado Cuatro se renumera como apartado Tres del art. 13 ter por la Disp. Final primera Trece de la Ley 11/2021, de 14 de mayo, de recuperación de la tierra agraria de Galicia (DOG núm. 94 de 21 de mayo de 2021), con efectos desde el 22 de mayo de 2021.

nalmente corresponda a dichos bienes o derechos, siempre que estén afectos a la explotación agraria por lo menos durante la mitad del año natural correspondiente al devengo.

La explotación agraria deberá estar inscrita en el Registro de Explotaciones Agrarias de Galicia[12].

También tendrán derecho a esta deducción aquellos contribuyentes que cedan en arrendamiento los terrenos rústicos por igual período temporal, de acuerdo con las condiciones establecidas en la Ley 49/2003, de 26 de noviembre, de arrendamientos rústicos.

Esta deducción será incompatible con la aplicación para los mismos bienes o derechos de las exenciones del artículo 4 de la Ley 19/1991, de 6 de junio, del impuesto sobre el patrimonio, aunque dicha exención sea parcial.

Cinco[13].

Cuatro[14]. *Deducción por la afectación a actividades económicas de inmuebles en centros históricos.*

Si entre los bienes o derechos de contenido económico computados para la determinación de la base imponible se incluyesen bienes inmuebles situados en los centros históricos que mediante orden se determinen, el contribuyente podrá aplicar una deducción del 100 % en la parte de la cuota que proporcionalmente corresponda a dichos bienes o derechos, siempre que estén afectos a una actividad económica por lo menos durante la mitad del año natural correspondiente al devengo.

Esta deducción será incompatible con la aplicación para los mismos bienes de las exenciones del artículo 4 de la Ley 19/1991, de 6 de junio, del impuesto sobre el patrimonio, aunque dicha exención sea parcial.

En la orden que delimite los centros históricos se establecerá la justificación documental necesaria que acredite la pertenencia del bien a dicho centro[15].

Cinco[16]. *Deducción por la participación en los fondos propios de entidades que exploten bienes inmuebles en centros históricos.*

Si entre los bienes o derechos de contenido económico computados para la determinación de la base imponible se incluyesen participaciones en los fondos propios de entidades en cuyo activo se encuentren bienes inmuebles situados en los centros históricos que median-

---

[12] Tercer párrafo suprimido por la Disp. Final primera Doce de la Ley 11/2021, de 14 de mayo, de recuperación de la tierra agraria de Galicia (DOG núm. 94 de 21 de mayo de 2021), con efectos desde el 22 de mayo de 2021.

[13] Número Tres del art.13 ter eliminado por la Disp. Final primera Trece de la Ley 11/2021, de 14 de mayo, de recuperación de la tierra agraria de Galicia (DOG núm. 94 de 21 de mayo de 2021), con efectos desde el 22 de mayo de 2021.
    Redacción anterior: «*Cinco. Deducción por la participación en los fondos propios de entidades agrarias.*

[14] El apartado Seis se renumera como apartado Cuatro del art. 13 ter por la Disp. Final primera Trece de la Ley 11/2021, de 14 de mayo, de recuperación de la tierra agraria de Galicia (DOG núm. 94 de 21 de mayo de 2021), con efectos desde el 22 de mayo de 2021.

[15] Orden de 1 marzo 2018, por la que se determinan los centros históricos a efectos de las deducciones previstas en los números 14 del artículo 5, y 6 y 7 del artículo 13 ter, del texto refundido de las disposiciones legales de la Comunidad Autónoma de Galicia en materia de tributos cedidos por el Estado, aprobado por el Decreto legislativo 1/2011, de 28 de julio (DOG núm. 51, de 13 de marzo de 2018).

[16] El apartado Siete se renumera como apartado Cinco del art. 13 ter por la Disp. Final primera Trece de la Ley 11/2021, de 14 de mayo, de recuperación de la tierra agraria de Galicia (DOG núm. 94 de 21 de mayo de 2021), con efectos desde el 22 de mayo de 2021.

te orden se determinen, el contribuyente podrá aplicar una deducción del 100 % en la parte de la cuota que proporcionalmente corresponda a dichas participaciones, siempre que dichos bienes estén afectos a una actividad económica por lo menos durante la mitad del año natural correspondiente al devengo.

La deducción solo alcanzará al valor de las participaciones, determinado según las reglas de este impuesto, en la parte que corresponda a la proporción existente entre dichos bienes inmuebles, aminorados en el importe de las deudas destinadas a financiarlos, y el valor del patrimonio neto de la entidad. Para determinar dicha proporción se tomará el valor que se deduzca de la contabilidad, siempre que esta refleje fielmente la verdadera situación patrimonial de la sociedad.

Esta deducción será incompatible con la aplicación para los mismos bienes de las exenciones del artículo 4 de la Ley 19/1991, de 6 de junio, del impuesto sobre el patrimonio, aunque dicha exención sea parcial.

En la orden que delimite los centros históricos se establecerá la justificación documental necesaria que acredite la pertenencia del bien a dicho centro[17].

Seis[18]. *Deducción por incorporación de bienes y derechos a los instrumentos de movilización o recuperación de las tierras agrarias de Galicia.*

Si entre los bienes o derechos de contenido económico computados para la determinación de la base imponible se hubiesen incluido bienes incorporados a polígonos agroforestales, proyectos de aldeas modelo o agrupaciones de gestión conjunta previstos en la Ley 11/2021, de 14 de mayo, de recuperación de la tierra agraria de Galicia, el contribuyente podrá aplicar una deducción del 100 % en la parte de la cuota que proporcionalmente corresponda a dichos bienes o derechos, siempre que dicha adscripción se mantenga durante un plazo de, al menos, cinco años.

Los citados bienes y derechos deberán estar inscritos en los registros que resulten de aplicación, conforme a lo previsto en la Ley de recuperación de la tierra agraria de Galicia.

Esta deducción será incompatible con la aplicación para los mismos bienes o derechos de las exenciones del artículo 4 de la Ley 19/1991, de 6 de junio, del impuesto sobre el patrimonio, aunque dicha exención sea parcial.

Artículo 13 quater[19]. *Bonificación en la cuota íntegra*

Sobre la cuota íntegra del impuesto se aplicará una bonificación del 50% de su importe.

(…)

---

[17] Orden de 1 marzo 2018, por la que se determinan los centros históricos a efectos de las deducciones previstas en los números 14 del artículo 5, y 6 y 7 del artículo 13 ter, del texto refundido de las disposiciones legales de la Comunidad Autónoma de Galicia en materia de tributos cedidos por el Estado, aprobado por el Decreto legislativo 1/2011, de 28 de julio (DOG núm. 51, de 13 de marzo de 2018).

[18] Nuevo apartado Seis del art. 13 ter incorporado por la Disp. Final primera Trece de la Ley 11/2021, de 14 de mayo, de recuperación de la tierra agraria de Galicia (DOG núm. 94 de 21 de mayo de 2021), con efectos desde el 22 de mayo de 2021.

[19] Nueva redacción del art. 13 quater dada por el art. 6 de la Ley 7/2022, de 27 de diciembre, de medidas fiscales y administrativas (DOG núm. 248 de 30 de diciembre de 2022), con efectos desde el 1 de enero de 2023.
Redacción anterior por su incorporación por el art. 2.Uno de la Ley 18/2021, de 27 de diciembre, de medidas fiscales y administrativas (DOG, núm. 251, de 31 de diciembre de 2021), en vigor desde el 1 de enero de 2022: «*Sobre la cuota íntegra del impuesto se aplicará una bonificación del 25% de su importe*».

Disposición transitoria tercera[20]. *Régimen aplicable al impuesto sobre el patrimonio durante la vigencia del impuesto temporal de solidaridad de las grandes fortunas.*

Mientras resulte de aplicación el impuesto temporal de solidaridad de las grandes fortunas, creado por el artículo 3 de la Ley 38/2022, de 27 de diciembre, para el establecimiento de gravámenes temporales energético y de entidades de crédito y establecimientos financieros de crédito y por la que se crea el impuesto temporal de solidaridad de las grandes fortunas, y se modifican determinadas normas tributarias, queda suspendida la vigencia de los artículos 13 bis y 13 quater, relativos al impuesto sobre el patrimonio, siendo aplicable en su lugar durante dicho período el siguiente régimen:

Uno. La base liquidable del impuesto se gravará a los tipos de la siguiente escala:

Tarifa			
Base liquidable Hasta euros	Cuota íntegra Euros	Resto de base liquidable Hasta euros	Tipo aplicable Porcentaje
0,00	0,00	167.129,45	0,20
167.129,45	334,26	167.123,43	0,30
334.252,88	835,63	334.246,87	0,50
668.499,75	2.506,86	668.499,76	0,90
1.336.999,51	8.523,36	1.336.999,50	1,30
2.673.999,01	25.904,35	2.673.999,02	1,70
5.347.998,03	71.362,33	5.347.998,03	2,10
10.695.996,06	183.670,29	En adelante	3,50

Dos. Sobre la cuota íntegra del impuesto se aplicará una bonificación del 50% de su importe. Esta deducción se reducirá en el importe a pagar que derive de la aplicación de la normativa del impuesto temporal de solidaridad de las grandes fortunas para el mismo ejercicio, sin que el resultado pueda ser negativo.

En caso de que, como consecuencia de esta reducción, se agotase el importe de esta bonificación, se reducirán en la cuantía necesaria las otras deducciones autonómicas que resulten de aplicación, sin que el resultado pueda ser negativo.

---

[20]   Nueva Disp. Transitoria tercera incorporada por el art. 5 de la Ley 10/2023, de 28 de diciembre, de medidas fiscales y administrativas (DOG núm. 246, de 29 de diciembre de 2023), con efectos desde el 1 de enero de 2023.

Disposición transitoria tercera.ª Régimen aplicable al impuesto sobre el patrimonio durante la vigencia del impuesto temporal de solidaridad de las grandes fortunas.

Mientras resulte de aplicación el impuesto temporal de solidaridad de las grandes fortunas, creado por el artículo 3 de la Ley 38/2022, de 27 de diciembre, para el establecimiento de gravámenes temporales energético y de entidades de crédito y establecimientos financieros de crédito y por la que se crea el impuesto temporal de solidaridad de las grandes fortunas, y se modifican determinadas normas tributarias, queda suspendida la vigencia de los artículos 13 bis y 13 quater, relativos al impuesto sobre el patrimonio, siendo aplicable en su lugar durante dicho período el siguiente régimen:

Uno. La base liquidable del impuesto se gravará a los tipos de la siguiente escala:

Base liquidable Hasta euros	Cuota íntegra Euros	Resto de base liquidable Hasta euros	Tipo aplicable Porcentaje
0,00	0,00	167.129,45	0,20
167.129,45	334,26	167.123,43	0,30
334.252,88	835,63	334.246,87	0,50
668.499,75	2.506,86	668.499,76	0,90
1.336.999,51	8.523,36	1.336.999,50	1,30
2.673.999,01	25.904,35	2.673.999,02	1,70
5.347.998,03	71.362,33	5.347.998,03	2,10
10.695.996,06	183.670,29	En adelante	3,50

Dos. Sobre la cuota íntegra del impuesto se aplicará una bonificación del 50% de su importe. Esta deducción se reducirá en el importe a pagar que derive de la aplicación de la normativa del impuesto temporal de solidaridad de las grandes fortunas para el mismo ejercicio, sin que el resultado pueda ser negativo.

En caso de que, como consecuencia de esta reducción, se agotase el importe de esta bonificación, se reducirán en la cuantía necesaria las otras deducciones autonómicas que resulten de aplicación, sin que el resultado pueda ser negativo.

ª Nueva Disp. Transitoria tercera incorporada por el art. 5 de la Ley 10/2023, de 28 de diciembre, de medidas fiscales y administrativas (DOG núm. 246, de 29 de diciembre de 2023), con efectos desde el 1 de enero de 2024.

COMUNIDAD AUTÓNOMA DE ISLAS BALEARES

37. Decreto Legislativo 1/2014, de 6 de junio, por el que se aprueba el Texto Refundido de las Disposiciones Legales de la Comunidad Autónoma de las Illes Balears en Materia de Tributos Cedidos por el Estado

(BOIB núm. 77, de 7 de junio de 2014
BOE núm. 160, de 2 de julio de 2014)

Artículo único. *Aprobación del Texto Refundido de las disposiciones legales de la Comunidad Autónoma de las Illes Balears en materia de tributos cedidos por el Estado.*

De conformidad con la disposición final tercera de la Ley 3/2012, de 30 de abril, de Medidas Tributarias Urgentes, y la disposición final octava de la Ley 8/2013, de 23 de diciembre, de Presupuestos Generales de la Comunidad Autónoma de las Illes Balears para el año 2014, se aprueba el Texto Refundido de las disposiciones legales de la Comunidad Autónoma de las Illes Balears en materia de tributos cedidos por el Estado.

Disposición adicional única. *Remisiones normativas.*

Las remisiones y referencias normativas a las disposiciones derogadas por el presente decreto legislativo se entenderán realizadas, en lo sucesivo, a las correspondientes del Texto Refundido que se aprueba.

Disposición derogatoria única. *Disposiciones que se derogan.*

Quedan derogadas todas las disposiciones de igual o inferior rango que se opongan a lo dispuesto, contradigan o sean incompatibles con lo dispuesto en el presente decreto legislativo, y, en especial:

a) El artículo 12 de la Ley 11/2002, de 23 de diciembre, de Medidas Tributarias y Administrativas de las Illes Balears.

b) Los artículo 5 y 6 de la Ley 10/2003, de 22 de diciembre, de Medidas Tributarias y Administrativas de las Illes Balears.

c) Los artículos 28 y 31 de la Ley 8/2004, de 23 de diciembre, de Medidas Tributarias, Administrativas y de Función Pública de las Illes Balears.

d) La Ley 22/2006, de 19 de diciembre, del Impuesto sobre Sucesiones y Donaciones.

e) Los artículos 10 y 11 de la Ley 25/2006, de 27 de diciembre, de Medidas Tributarias y Administrativas

f) Los artículos 2, 3, 6, 7, 10, 13, 14, 27, 28 y 29 de la Ley 6/2007, de 27 de diciembre, de Medidas Tributarias y Económico-administrativas de las Illes Balears.

g) El artículo 12 de la Ley 1/2009, de 25 de febrero, de Medidas Tributarias para Impulsar la Actividad Económica en las Illes Balears.

h) El artículo 8 de la Ley 6/2010, de 17 de junio, por la que se Adoptan Medidas Urgentes para la Reducción del Déficit Público.

i) Los artículos 4, 5, 6, 7, 9, 11, 12, 13, 14, 15, 16, 17 y 20, y las disposiciones adicionales primera y segunda de la Ley 3/2012, de 30 de abril, de Medidas Tributarias Urgentes.

j) Los artículos 1 y del 3 al 7 y la disposición adicional primera de la Ley 12/2012, de 26 de septiembre, de Medidas Tributarias para la Reducción del Déficit de la Comunidad Autónoma de las Illes Balears.

k) La disposición adicional undécima de la Ley 15/2012, de 27 de diciembre, de Presupuestos Generales de la Comunidad Autónoma de las Illes Balears para el año 2013.

l) El artículo 28 de la Ley 8/2013, de 23 de diciembre, de Presupuestos Generales de la Comunidad Autónoma de las Illes Balears para el año 2014.

Disposición final primera. *Habilitación de la ley de presupuestos generales.*

1. Con carácter general, las leyes de presupuestos generales de la Comunidad Autónoma de las Illes Balears podrán actualizar y modificar los elementos cuantitativos de los tributos regulados en el Texto Refundido que se aprueba por el presente decreto legislativo, en los mismos términos que prevean las leyes respecto de las modificaciones que puedan realizarse, en el ámbito de las competencias normativas del Estado, por medio de las leyes de presupuestos generales del Estado, así como las normas de gestión.

2. En todo caso, las leyes de presupuestos generales de la Comunidad Autónoma de las Illes Balears podrán modificar:

a) En el impuesto sobre la renta de las personas físicas, la escala autonómica aplicable a la base liquidable general y las deducciones.

b) En el impuesto sobre el patrimonio, el mínimo exento y la escala de gravamen.

c) En el impuesto sobre transmisiones patrimoniales y actos jurídicos documentados, los tipos de gravamen y las normas de gestión.

d) En el impuesto sobre sucesiones y donaciones, las reducciones, la escala de gravamen, los tramos de patrimonio preexistente y los coeficientes multiplicadores que corrigen la cuota íntegra y las normas de gestión.

e) En la tasa fiscal sobre los juegos de suerte, envite o azar, la base imponible, los tipos de gravamen, las cuotas fijas y las normas de gestión.

f) En el impuesto especial sobre hidrocarburos, el tipo de gravamen autonómico y el tipo autonómico de devolución del gasoil de uso profesional.

g) En el impuesto especial sobre determinados medios de transporte, los tipos de gravamen.

Disposición final segunda. *Entrada en vigor.*

El presente decreto legislativo entrará en vigor al día siguiente de su publicación en el *Boletín Oficial de las Illes Balears.*

(...)

TÍTULO I. DISPOSICIONES SUSTANTIVAS APLICABLES A LOS TRIBUTOS CEDIDOS

Capítulo II. Impuesto sobre el patrimonio

Artículo 8[1]. *Mínimo exento.*

La base imponible de los sujetos pasivos por obligación personal de contribuir que residen habitualmente en las Illes Balears se reducirá, en concepto de mínimo exento, en el importe de 3.000.000 de euros.

Artículo 9[2]. *Tipo de gravamen.*

La base liquidable del impuesto será gravada conforme a la siguiente escala:

---

[1] Redacción dada por la Disp. Final Segunda.13 de la Ley 12/2023, de 29 de diciembre, de Presupuestos Generales de la Comunidad Autónoma de las Illes Balears para el año 2024 (BOIB núm. 176, de 30 de diciembre de 2023), con efectos desde el 1 de enero de 2024.
Redacción anterior dada por la Disposición Final segunda.9 de la Ley 12/2015, de 29 de diciembre, de presupuestos generales de la comunidad autónoma de las Illes Balears para el año 2016 (BOIB núm. 189, de 30 de diciembre de 2015), en vigor desde el 31 de diciembre de 2015: «*La base imponible de los sujetos pasivos por obligación personal de contribuir que residen habitualmente en las Illes Balears se tiene que reducir, en concepto de mínimo exento, en el importe de 700.000 euros*»
Redacción anterior dada por la Disposición final segunda.12 de la Ley 13/2014, de 29 de diciembre, de presupuestos generales de la comunidad autónoma de las Illes Balears para el año 2015 (BOIB núm. 178, de 30 diciembre de 2014), en vigor desde el 1 de enero de 2015 y con vigencia indefinida: «*La base imponible de los sujetos pasivos por obligación personal de contribuir que residan habitualmente en las Illes Balears se reducirá, en concepto de mínimo exento, en el importe de 800.000 euros*».
Redacción anterior: «*La base imponible de los sujetos pasivos por obligación personal de contribuir que residan habitualmente en las Illes Balears se reducirá, en concepto de mínimo exento, en el importe de 700.000 euros*».
Con anterioridad recogido en el art. 5 de la Ley 3/2012, de 30 de abril, de Medidas Tributarias Urgentes (BOIB núm. 68, de 12 de mayo de 2012) en la redacción dada por la Disposición final segunda.1 de la Ley 15/2012, de 27 de diciembre, de presupuestos generales de la comunidad autónoma de las Illes Balears para el año 2013, (BOIB núm. 195, de 29 de diciembre de 2012), en vigor desde el 31 de diciembre de 2012.

[2] Nueva redacción dada por la Disposición Final segunda.9 de la Ley 12/2015, de 29 de diciembre, de presupuestos generales de la comunidad autónoma de las Illes Balears para el año 2016 (BOIB núm. 189, de 30 de diciembre de 2015), en vigor desde el 31 de diciembre de 2015.
Redacción original: «*La base liquidable del impuesto será gravada conforme a la siguiente escala:*

Base liquidable desde (euros)	Cuota íntegra (euros)	Resto de base liquidable hasta (euros)	Tipo aplicable (%)
0	0	170.472,04	0,2
170.472,04	340,95	170.465,90	0,3
340.937,94	852,34	340.931,81	0,5
681.869,75	2.557,00	681.869,76	0,9
1.363.739,51	8.693,83	1.363.739,49	1,3
2.727.479,00	26.422,44	2.727.479,00	1,7
5.454.958,00	72.789,58	5.454.957,99	2,1
10.909.915,99	187.343,70	En adelante	2,5»

Base liquidable desde (euros)	Cuota íntegra (euros)	Resto de base liquidable hasta (euros)	Tipo aplicable (%)
0	0	170.472,04	0,28
170.472,04	477,32	170.465	0,41
340.937,04	1.176,23	340.932,71	0,69
681.869,75	3.528,67	654.869,76	1,24
1.336.739,51	11.649,06	1.390.739,49	1,79
2.727.479	36.543,30	2.727.479	2,35
5.454.958	100.639,06	5.454.957,99	2,90
10.909.915,99	258.832,84	En adelante	3,45

Artículo 9 bis[3]. *Bonificación para los bienes de consumo cultural.*

Se establece una bonificación autonómica del 90 % de la parte proporcional de la cuota que corresponda a la titularidad de pleno dominio de los bienes de consumo cultural a los cuales hace referencia al artículo 5[4] de la Ley 3/2015, de 23 de marzo, por la que la que se regula el consumo cultural y el mecenazgo cultural, científico y de desarrollo tecnológico, y se establecen medidas tributarias.

Con anterioridad recogido en el art. 10 de la Ley 6/2007, de 27 de diciembre, de medidas tributarias y económico-administrativas (BO. Illes Balears núm. 196, de 29 diciembre de 2007), en vigor desde el 1 de enero de 2008.

[3] Nuevo art. 9.bis incorporado por la Disposición Final segunda.2 de la Ley 3/2015, de 23 de marzo, por la que se regula el consumo cultural y el mecenazgo cultural, científico y de desarrollo tecnológico, y se establecen medidas tributarias (BOIB núm. 44, de 28 de marzo de 2015), en vigor desde el 29 de marzo de 2015.

[4] «Artículo 5 Consumo cultural. A los efectos de esta ley, se entiende por consumo cultural la adquisición por las personas físicas o jurídicas de productos culturales como las obras de creación artística, pictóricas o escultóricas, en cualquiera de sus formatos, que sean originales y que el artista haya elaborado íntegramente y que sean únicas o seriadas. Se excluyen los objetos de artesanía y las reproducciones».

COMUNIDAD AUTÓNOMA DE LA RIOJA

38. Ley 10/2017, de 27 de octubre, por la que se consolidan las disposiciones legales de la Comunidad Autónoma de La Rioja en materia de impuestos propios y tributos cedidos[1]
(BOR núm. 126, de 30 de octubre de 2017)

(...)

TÍTULO PRELIMINAR. DISPOSICIONES GENERALES

Artículo 2. *Ámbito de aplicación.*
La presente norma será de aplicación en el ámbito territorial de la Comunidad Autónoma de La Rioja.
(...)

CAPÍTULO II. Impuesto sobre el patrimonio[2]

Artículo 33[3]. *Mínimo exento*
De acuerdo con lo dispuesto en el artículo 28 de la Ley 19/1991, de 6 de junio, del Impuesto sobre el Patrimonio, el mínimo exento en dicho impuesto queda establecido en 700.000 euros.

---

[1]   Para ejercicios anteriores: Para ejercicios anteriores: art. 4 de la Ley 3/2017, de 31 de marzo, de Medidas Fiscales y Administrativas para el año 2017 (BOR nº 162, de 31 de diciembre de 2015); Ley 6/2015, de 29 de diciembre, de Medidas Fiscales y Administrativas para el año 2016 (BOLR núm. 162, de 31 de diciembre de 2015), Ley 7/2014, de 23 de diciembre, de Medidas Fiscales y Administrativas para el año 2015 (BOLR núm. 161, de 29 de diciembre de 2014); Ley 13/2013, de 23 de diciembre, de Medidas Fiscales y Administrativas para el año 2014 (BOLR núm. 160, de 30 de diciembre de 2013); Ley 7/2012, de 21 de diciembre, de Medidas Fiscales y Administrativas para el año 2013 (BOLR núm. 159, de 28 de diciembre de 2012; BOE núm. 15 de 17 de enero de 2013); Ley 7/2011, de 22 de diciembre, de Medidas Fiscales y Administrativas para el año 2012 (BOLR núm. 166, de 28 de diciembre de 2011); Ley 10/2010, de 16 de diciembre, de Medidas Fiscales y Administrativas para el año 2011 (BOLR núm. 154 de 20 de diciembre de 2010 y BOE núm. 8 de 10 de enero de 2011); Ley 6/2009, de 15 de diciembre, de Medidas Fiscales y Administrativas para el año 2010 (BOLR núm. 159 de 23 de diciembre de 2009 y BOE núm. 14 de 16 de enero de 2010); la Ley 5/2008, de 23 de diciembre, de Medidas Fiscales y Administrativas para el año 2009 (BOLR núm. 167 de 29 de diciembre de 2008 y BOE núm. 22 de 26 de enero de 2009), la Ley 2/2009, de 23 de junio, de medidas urgentes de impulso a la actividad económica (BOLR núm. 81 de 1 de julio de 2009 y BOE núm. 168 de 13 de julio de 2009).

[2]   Nueva redacción del Capítulo II dada por el art. 1 Uno de la Ley 6/2024, de 27 de diciembre, de Medidas Fiscales y Administrativas para el año 2025 (BOLR núm. 255, de 30 de diciembre de 2024), en vigor desde el 1 de enero de 2025.

[3]   Nueva redacción dada por el art. 1 Uno de la Ley 6/2024, de 27 de diciembre, de Medidas Fiscales y Administrativas para el año 2025 (BOLR núm. 255, de 30 de diciembre de 2024), en vigor desde el 1 de enero de 2025.
Redacción anterior del art. 33 dada por la Disp. Final Primera.Dos de la Ley 3/2021, de 28 de abril, de Mecenazgo de la Comunidad Autónoma de La Rioja (BOLR núm. 82, de 29 de abril de 2021), vigente desde el 30 de abril: «*Deducción por aportaciones a la constitución o ampliación de la dotación a fundaciones de la Comunidad Autónoma de La Rioja.*»

Artículo 33 bis. *Bonificación general.*

Con posterioridad a las deducciones y bonificaciones reguladas por la normativa del Estado, se aplicará, sobre la cuota resultante, una bonificación autonómica del 100% de dicha cuota si esta es positiva.

No se aplicará esta bonificación si la cuota resultante fuese nula.

Artículo 33 ter. *Deducción por aportaciones a la constitución o ampliación de la dotación a fundaciones de la Comunidad Autónoma de La Rioja.*

Si entre los bienes o derechos de contenido económico computados para la determinación de la base imponible figurase alguno que hubiera sido o fuera a ser destinado durante el año posterior a la fecha de devengo del impuesto a la constitución de una fundación o ampliación de la dotación fundacional de una existente, siempre que esté domiciliada en La Rioja e inscrita en el censo de entidades y actividades en materia de mecenazgo y persiga fines incluidos en la Estrategia Regional de Mecenazgo, el contribuyente podrá aplicar una deducción del 25% de la aportación.

La cantidad que no pueda ser deducida por insuficiencia de cuota se podrá utilizar como crédito fiscal en los términos previstos en el capítulo II de la Ley de Mecenazgo de la Comunidad Autónoma de La Rioja.

El incumplimiento de los requisitos anteriormente mencionados originará la pérdida del derecho y la obligación de presentar declaración complementaria del impuesto con ingreso del importe de la deducción indebidamente aplicada más los correspondientes intereses de demora.

(...)

Si entre los bienes o derechos de contenido económico computados para la determinación de la base imponible figurase alguno que hubiera sido o fuera a ser destinado durante el año posterior a la fecha de devengo del impuesto a la constitución de una fundación o ampliación de la dotación fundacional de una existente, siempre que esté domiciliada en La Rioja e inscrita en el censo de entidades y actividades en materia de mecenazgo y persiga fines incluidos en la Estrategia Regional de Mecenazgo, el contribuyente podrá aplicar una deducción del 25% de la aportación.

La cantidad que no pueda ser deducida por insuficiencia de cuota se podrá utilizar como crédito fiscal en los términos previstos en el capítulo II de la Ley de Mecenazgo de la Comunidad Autónoma de La Rioja.

El incumplimiento de los requisitos anteriormente mencionados originará la pérdida del derecho y la obligación de presentar declaración complementaria del impuesto con ingreso del importe de deducción indebidamente aplicada más los correspondientes intereses de demora».

Antes el art. 33 fue derogado por la Disp. Derogatoria única de la Ley 2/2020, de 30 de enero, de Medidas Fiscales y Administrativas para el año 2020 (BOR núm. 12, de 31 de enero de 2020), con efectos desde el 1 de enero de 2020.

Redacción anterior dada por el art. 1.Cinco de la Ley 2/2018, de 30 de enero, de Medidas Fiscales y Administrativas de La Rioja para el año 2018 (BOLR núm. 31, de 31 de enero de 2018), en vigor desde el día 1 de febrero de 2018.

Disposición adicional cuarta[4]. *Inaplicabilidad de bonificación en el impuesto sobre el patrimonio.*

Mientras esté vigente el impuesto temporal de solidaridad de las grandes fortunas, no será aplicable la bonificación general del impuesto sobre el patrimonio establecida en el artículo 33 bis de esta ley.

En su lugar, el contribuyente podrá aplicar una bonificación autonómica determinada por la diferencia, si la hubiere, entre la total cuota íntegra del propio impuesto, una vez aplicado el límite conjunto establecido en el artículo 31 de la Ley 19/1991, de 6 de junio, y la total cuota íntegra correspondiente al impuesto temporal de solidaridad de las grandes fortunas, una vez aplicado el límite conjunto establecido en el artículo 3.Doce de la Ley 38/2022, de 27 de diciembre.

(...)

Disposición derogatoria única. *Derogación normativa.*

Quedan derogadas todas las disposiciones de igual o inferior rango en cuanto se opongan a lo previsto en la presente ley, y en particular:

El artículo 19 de la Ley 10/2003, de 19 de diciembre, de Medidas Fiscales y Administrativas para el año 2004.

Los artículos 19 y 20 y la disposición adicional primera de la Ley 9/2004, de 22 de diciembre, de Medidas Fiscales y Administrativas para el año 2005.

Los artículos 21 y 22 de la Ley 13/2005, de 16 de diciembre, de Medidas Fiscales y Administrativas para el año 2006.

El artículo 28 de la Ley 5/2008, de 23 de diciembre, de Medidas Fiscales y Administrativas para el año 2009.

La Ley 2/2009, de 23 junio, de medidas urgentes de impulso a la actividad económica.

El artículo 31 de la Ley 6/2009, de 15 de diciembre, de Medidas Fiscales y Administrativas para el año 2010.

Los artículos 49 a 75 de la Ley 7/2012, de 21 de diciembre, de Medidas Fiscales y Administrativas para el año 2013.

La Ley 6/2013, de 21 de junio, por la que se introducen modificaciones en el impuesto para la eliminación de residuos en vertederos, creado por la Ley 7/2012 de 21 de diciembre, de Medidas Fiscales y Administrativas para el año 2013.

La disposición adicional segunda de la Ley 13/2013, de 23 de diciembre, de Medidas Fiscales y Administrativas para el año 2014.

La disposición adicional segunda de la Ley 7/2014, de 23 de diciembre, de Medidas Fiscales y Administrativas para el año 2015.

Los artículos 1 a 43 de la Ley 3/2017, de 31 de marzo, de Medidas Fiscales y Administrativas para el año 2017.

---

[4] Nueva Disp. Adicional Cuarta incorporada por el art. 1 Seis de la Ley 6/2024, de 27 de diciembre, de Medidas Fiscales y Administrativas para el año 2025 (BOLR núm. 255, de 30 de diciembre de 2024), en vigor desde el 1 de enero de 2025.

Disposición final única. *Entrada en vigor.*

La presente ley entrará en vigor el día siguiente al de su publicación en el Boletín Oficial de La Rioja.

Por tanto, ordeno a todos los ciudadanos cumplan y cooperen al cumplimiento de la presente Ley y a los Tribunales y Autoridades la hagan cumplir.

COMUNIDAD AUTÓNOMA DEL PRINCIPADO DE ASTURIAS

39. Decreto Legislativo 2/2014, de 22 de octubre, por el que se aprueba el Texto Refundido de las disposiciones legales del Principado de Asturias en materia de tributos cedidos por el Estado[1]

(BOPA núm. 251, de 29 de octubre de 2014)

PREÁMBULO

El Principado de Asturias, conforme a lo establecido en los artículos 156.1 de la Constitución Española y 42 del Estatuto de Autonomía, goza de autonomía financiera para el desarrollo y ejecución de sus competencias, enumerando el artículo 157.1 de la Constitución los recursos que garantizan esta autonomía, encontrándose, entre otros, los impuestos cedidos total o parcialmente por el Estado. La disposición adicional del Estatuto de Autonomía, en su apartado primero, relaciona los impuestos estatales que se ceden al Principado de Asturias.

Este marco competencial en materia de impuestos cedidos se completa con la Ley Orgánica 8/1980, de 22 de septiembre de Financiación de las Comunidades Autónomas, que establece los principios básicos a los que ha de ajustarse esta cesión. A lo largo del tiempo, distintas leyes estatales han concretado el alcance y las condiciones de la cesión para garantizar la coherencia del conjunto del sistema tributario español, potenciando la corresponsabilidad fiscal de las Comunidades Autónomas. En este sentido, la Ley 22/2009, de 18 de diciembre, por la que se regula el sistema de financiación de las Comunidades Autónomas de régimen común y Ciudades con Estatuto de Autonomía y se modifican determinadas normas tributarias, atribuye a las Comunidades Autónomas competencias normativas en materia de tributos estatales cedidos, concretándose en el caso del Principado de Asturias en la Ley 19/2010, de 16 de julio, del régimen de cesión de tributos del Estado a la Comunidad Autónoma del Principado de Asturias y de fijación del alcance y condiciones de dicha cesión.

En consecuencia, el Principado de Asturias ha venido ejerciendo sus competencias legislativas en esta materia produciéndose cierta dispersión normativa no deseable, lo que aconseja aprobar un texto refundido para garantizar el principio de seguridad jurídica que debe presidir todo ordenamiento jurídico.

En este sentido, la disposición final primera de la Ley del Principado de Asturias 6/2014, de 13 de junio, de Juego y Apuestas, autoriza al Consejo de Gobierno para que, en el plazo de seis meses desde su entrada en vigor, apruebe un texto refundido de las disposiciones vigentes en materia tributos cedidos.

La autorización legislativa se extiende a la aclaración, regularización y armonización de la normativa en vigor, lo que ha permitido reorganizar su estructura y su contenido, así como

---

[1] Con anterioridad se regulaba en la Ley del Principado de Asturias 4/2012, de 28 de diciembre, de medidas Urgentes en materia de personal, tributaria y presupuestaria BOPA n.º 300, de 29 de diciembre; corrección de errores en BOPA n.º 22, de 28 de enero de 2013).

introducir determinadas aclaraciones de carácter técnico que tienen como finalidad facilitar la comprensión de sus preceptos.

La aprobación del presente decreto legislativo y su texto refundido, no supone innovación alguna sobre el ordenamiento jurídico, por limitarse a refundir la normativa ya vigente con los fines anteriormente descritos (aclaración, regularización y armonización), lo que justifica la entrada en vigor, el día siguiente al de su publicación en el Boletín Oficial del Principado de Asturias.

II

La norma refunde la normativa del Principado de Asturias en materia de tributos cedidos por el Estado que se encontraba regulada en las siguientes leyes:

– Ley del Principado de Asturias 15/2002, de 27 de diciembre, de acompañamiento a los Presupuestos Generales para 2003.

– Ley del Principado de Asturias 6/2003, de 30 de diciembre, de acompañamiento a los Presupuestos Generales para 2004.

– Ley del Principado de Asturias 11/2006, de 27 de diciembre, de Medidas Presupuestarias, Administrativas y Tributarias de Acompañamiento a los Presupuestos Generales para 2007.

– Ley del Principado de Asturias 6/2008, de 30 de diciembre, de Medidas Presupuestarias, Administrativas y Tributarias de Acompañamiento a los Presupuestos Generales para 2009.

– Ley del Principado de Asturias 5/2010, de 9 de julio, de medidas urgentes de contención del gasto y en materia tributaria para la reducción del déficit público.

– Ley del Principado de Asturias 13/2010, de 28 de diciembre, de Medidas Presupuestarias y Tributarias de acompañamiento a los Presupuestos Generales para 2011.

– Ley del Principado de Asturias 3/2012, de 28 de diciembre, de Presupuestos Generales para 2013.

– Ley del Principado de Asturias 4/2012, de 28 de diciembre, de medidas urgentes en materia de personal, tributaria y presupuestaria.

– Ley del Principado de Asturias 6/2014, de 13 de junio, de Juego y Apuestas.
(...)

El Capítulo II se refiere al Impuesto sobre el Patrimonio, y fija los tipos de la escala aplicable a la base liquidable del mismo y la bonificación de los patrimonios especialmente protegidos de contribuyentes con discapacidad.

(...)

Artículo único. *Objeto de la norma.*

Se aprueba el Texto Refundido de las disposiciones legales del Principado de Asturias en materia de tributos cedidos por el Estado, cuyo texto se inserta a continuación.

Disposición derogatoria. *Derogación normativa.*

Quedan derogadas cuantas disposiciones de igual o inferior rango emanadas de los órganos del Principado de Asturias se opongan al presente Decreto Legislativo y al Texto Refundido que se aprueba y, en particular, las siguientes:

– Los artículos 13 y 14 de la Ley del Principado de Asturias 15/2002, de 27 de diciembre, de acompañamiento a los Presupuestos Generales para 2003.

– Los artículos 15 y 16 de la Ley del Principado de Asturias 6/2003, de 30 de diciembre, de acompañamiento a los Presupuestos Generales para 2004.

– El artículo 8 de la Ley del Principado de Asturias 11/2006, de 27 de diciembre, de Medidas Presupuestarias, Administrativas y Tributarias de Acompañamiento a los Presupuestos Generales para 2007.

– Los artículos 4, 5, 6, 7, 8, 9 y 11 de la Ley del Principado de Asturias 6/2008, de 30 de diciembre, de Medidas Presupuestarias, Administrativas y Tributarias de Acompañamiento a los Presupuestos Generales para 2009.

– Los artículos 3, 4, 5, 6 y 7 de la Ley del Principado de Asturias 5/2010, de 9 de julio, de medidas urgentes de contención del gasto y en materia tributaria para la reducción del déficit público.

– Los artículos 2 y 3 de la Ley del Principado de Asturias 13/2010, de 28 de diciembre, de Medidas Presupuestarias y Tributarias de acompañamiento a los Presupuestos Generales para 2011.

– Los artículos 42, 43, 45, 46, 53, 54 y 55 de la Ley del Principado de Asturias 3/2012, de 28 de diciembre, de Presupuestos Generales para 2013.

– Los artículos 5 y 6 de la Ley del Principado de Asturias 4/2012, de 28 de diciembre, de medidas urgentes en materia de personal, tributaria y presupuestaria.

– El Título VI y la Disposición transitoria cuarta de la Ley del Principado de Asturias 6/2014, de 13 de junio, de Juego y Apuestas.

Disposición final. *Entrada en vigor.*

El presente decreto legislativo y el texto refundido que aprueba entrarán en vigor el día siguiente al de su publicación en el Boletín Oficial del Principado de Asturias.

(…)

CAPÍTULO II. Impuesto sobre el Patrimonio

Artículo 15. *Escala aplicable a la base liquidable.*

La cuota íntegra del impuesto regulada en el artículo 30 de la Ley 19/1991, de 6 de junio, del Impuesto sobre el Patrimonio, se obtendrá aplicando a la base liquidable los tipos que se indican en la siguiente escala:

Base Liquidable hasta euros	Cuota íntegra euros	Resto base liquidable hasta euros	Tipo aplicable porcentaje
0,00		167.129,45	0,22
167.129,45	367,68	167.123,43	0,33
334.252,88	919,19	334.246,87	0,56
668.499,75	2.790,97	668.499,76	1,02
1.336.999,51	9.609,67	1.336.999,50	1,48
2.673.999,01	29.397,26	2.673.999,02	1,97
5.347.998,03	82.075,05	5.347.998,03	2,48
10.695.996,06	214.705,40	en adelante	3,00

Artículo 16. *Bonificación de los patrimonios especialmente protegidos de contribuyentes con discapacidad.*

Si entre los bienes o derechos de contenido económico computados para la determinación de la base imponible se incluyen aquéllos que forman parte del patrimonio especialmente protegido del contribuyente constituido al amparo de la Ley 41/2003, de 18 de noviembre, de protección patrimonial de las personas con discapacidad y de modificación del Código Civil, de la Ley de Enjuiciamiento Civil y de la Normativa Tributaria con esta finalidad, podrá aplicarse una bonificación del 99 por ciento en la parte de la cuota que proporcionalmente corresponda a dichos bienes o derechos.

(...)

Disposición final. *Habilitación al Consejo de Gobierno.*

Se habilita al Consejo de Gobierno para aprobar por decreto las disposiciones reglamentarias necesarias para el desarrollo y aplicación de esta norma.

COMUNIDAD AUTÓNOMA DE LA REGIÓN DE MURCIA

40. Decreto Legislativo 1/2010, de 5 de noviembre, por el que se aprueba el Texto Refundido de las Disposiciones Legales vigentes en la Región de Murcia en materia de Tributos Cedidos

(BORM núm. 24, de 31 de enero de 2011
BOE núm. 144, de 17 de junio de 2011)

(...)

CAPÍTULO VI[1]. Impuesto sobre Patrimonio

Artículo 13. *Tipo de gravamen.*

Con efectos desde el 1 de enero de 2013, la cuota íntegra del impuesto regulada en el artículo 30 de la Ley 19/1991, de 6 de junio, del Impuesto sobre el Patrimonio, se obtendrá aplicando a la base liquidable los tipos que se indican en la siguiente escala:

Base liquidable Hasta euros	Cuota Euros	Resto base liquidable Hasta euros	Tipo aplicable Porcentaje
0,00	0,00	167.129,45	0,24
167.129,45	401,11	167.123,43	0,36
334.252,88	1.002,75	334.246,87	0,60
668.499,75	3.008,23	668.499,76	1,08
1.336.999,51	10.228,03	1.336.999,50	1,56
2.673.999,01	31.085,22	2.673.999,02	2,04
5.347.998,03	85.634,80	5.347.998,03	2,52
10.695.996,06	220.404,35	En adelante	3,00

Artículo 13 bis[2]. *Deducción por aportaciones a proyectos de excepcional interés público regional.*

De acuerdo con lo previsto en el artículo 47.1.c) de la Ley 22/2009, de 18 de diciembre, por la que se regula el sistema de financiación de las Comunidades Autónomas de régimen común y Ciudades con Estatuto de Autonomía y se modifican determinadas normas tributarias, se establece una deducción en la cuota íntegra del impuesto del 100% del importe en dinero destinado durante el año posterior a la fecha de devengo a proyectos de excepcional interés público regional.

---

[1] Nuevo Capítulo VI y nuevo artículo 13 incorporado por el art. 1.seis de la Ley 6/2013, de 8 de julio, de medidas en materia tributaria del sector público, de política social y otras medidas administrativas (BORM núm. 158, de 10 de julio de 2013), en vigor desde el 11 de julio de 2013.

[2] Nuevo artículo incorporado por el art. 57.Tres de la Ley 1/2022, de 24 de enero, de Presupuestos Generales de la Comunidad Autónoma de la Región de Murcia para el ejercicio 2022 (BORM núm. 21, de 27 de enero de 2022), con efectos desde el 28 de enero de 2022.

Esta deducción se aplicará con posterioridad a las deducciones y bonificaciones reguladas por la normativa del Estado.

El Consejo de Gobierno determinará los proyectos que serán considerados de excepcional interés público regional a los efectos de la presente deducción, así como la duración de los citados proyectos y las líneas básicas de las actuaciones que den derecho a la presente deducción.

Disposición adicional octava[3] *Normas especiales en relación con los devengos del Impuesto sobre el patrimonio que se produzcan en fecha 31 de diciembre de 2023 y 31 de diciembre de 2024.*

En relación con los devengos del impuesto sobre el patrimonio que se produzcan en fecha 31 de diciembre de 2023 y 31 de diciembre de 2024, el mínimo exento, de acuerdo con lo dispuesto en el artículo 28 de la Ley 19/1991, de 6 de junio, del Impuesto sobre el Patrimonio, se fija en 3.700.000 euros.

---

3   Nueva redacción de la Disp. adicional octava dada por el art. 55.Dieciocho de la Ley 4/2023, de 28 de diciembre, de Presupuestos Generales de la Comunidad Autónoma de la Región de Murcia para el ejercicio 2024.(BORM núm. 19, de 29 de diciembre de 2023), con efectos desde el 30 de diciembre de 2023.
    Disposición incorporada por el art. 56.Cinco de la Ley 12/2022, de 30 de diciembre, de Presupuestos Generales de la Comunidad Autónoma de la Región de Murcia para el ejercicio 2023 (BORM núm. 301 de 31 de diciembre de 2022), en vigor desde el 1 de enero de 2023: «*Disposición adicional octava. Normas especiales en relación con los devengos del Impuesto sobre el Patrimonio que se produzcan en fecha 31 de diciembre de 2023.*
    En relación con los devengos del Impuesto sobre el Patrimonio que se produzcan en fecha 31 de diciembre de 2023, el mínimo exento, de acuerdo con lo dispuesto en el artículo 28 de la Ley 19/1991, de 6 de junio, del Impuesto sobre el Patrimonio, se fija en 3.700.000 euros».

NORMATIVA ESTATAL

IMPUESTO TEMPORAL DE SOLIDARIDAD DE LAS GRANDES FORTUNAS

NORMATIVA ESTATAL

IMPUESTO TEMPORAL DE SOLIDARIDAD DE LAS GRANDES FORTUNAS

41. Ley 38/2022, de 27 de diciembre, para el establecimiento de gravámenes temporales energético y de entidades de crédito y establecimientos financieros de crédito y por la que se crea el IMPUESTO TEMPORAL DE SOLIDARIDAD DE LAS GRANDES FORTUNAS, y se modifican determinadas normas tributarias
(BOE núm. 311, de 28 de diciembre de 2022)

PREÁMBULO

I

España se constituye como un «Estado social y democrático de Derecho» (artículo 1.1 de la Constitución) que proclama su voluntad de promover el progreso de la economía para asegurar a todos una digna calidad de vida (Preámbulo constitucional). En este sentido, el carácter social en la configuración de nuestro Estado así como la promoción del progreso de la calidad de vida de todos los ciudadanos no pueden ser obviados por los poderes públicos en la respuesta a problemas específicos que se han venido acentuando en los últimos tiempos como el incremento en el precio de determinados bienes y servicios básicos.

En efecto, la invasión rusa de Ucrania, unida a diversos factores exógenos sobradamente explicados por nuestro legislador en la parte expositiva de normas como el Real Decreto-ley 6/2022, de 29 de marzo, por el que se adoptan medidas urgentes en el marco del Plan Nacional de respuesta a las consecuencias económicas y sociales de la guerra en Ucrania, claro antecedente de esta ley, han favorecido un incremento de precios de determinados productos que genera enormes dificultades en nuestras economías domésticas y sectores económicos.

Los poderes públicos, como garantes de los valores constitucionales, deben articular una respuesta eficaz, eficiente y contundente para hacer frente a los efectos nocivos que la escalada de precios está generando en toda la ciudadanía, poniendo en peligro, incluso, en determinados ciudadanos especialmente vulnerables una mínima calidad de vida en una sociedad avanzada como la nuestra. En este punto, no debe dejar de recordarse que la Constitución señala que corresponde a los poderes públicos promover las condiciones para que la libertad y la igualdad del individuo y de los grupos en que se integra sean reales y efectivas (artículo 9.2), obliga a los poderes públicos a la protección económica de la familia (artículo 39.1), a la promoción de las condiciones más favorables para el progreso social y económico (artículo 40.1) siempre teniendo en cuenta que el gasto público debe realizar una asignación equitativa de los recursos públicos, y su programación y ejecución deben responder a los criterios de eficiencia y economía (artículo 31.2). Asimismo, se garantiza que el Estado, mediante ley, podrá planificar la actividad económica general para atender las necesidades colectivas y estimular el crecimiento de la renta y su más justa distribución (artículo 131.1).

Por otro lado, el artículo 149.1 de la Constitución atribuye al Estado las competencias exclusivas en materia de bases de la ordenación de crédito y banca (11.ª), bases y coordinación de la planificación general de la actividad económica (13.ª) y bases de régimen minero y energético (25.ª).

Todo este acervo constitucional, como se ha anticipado, demanda una acción eficaz de los poderes públicos a los efectos de mitigar los efectos nocivos que esta escalada de precios está teniendo en la renta disponible de los individuos y el acceso a determinados bienes y servicios por la ciudadanía, especialmente, aquellos colectivos que se encuentran en una situación más vulnerable.

En este orden de cosas, el denominado «pacto de rentas» se convierte en un instrumento fundamental para luchar contra los efectos del incremento continuado de precios y conseguir los objetivos constitucionales señalados, suponiendo dicho pacto una fórmula de concertación de todos los agentes económicos para el reparto equitativo del coste de la inflación. Desde esta óptica, el referido «pacto» no es sino una manifestación evidente de la búsqueda de la consecución del valor de la solidaridad entre todos los españoles.

En este contexto, los poderes públicos deben ser una parte fundamental en dicho «pacto de rentas», no solo favoreciendo como coadyuvante la concertación entre los denominados agentes sociales, ya que, no en vano, dicho pacto se instrumenta esencialmente a través del acuerdo de los mismos, sino también como actor esencial mediante la adopción de determinadas medidas económicas inscritas en dicho «pacto de rentas» entendido en sentido amplio, actuando como catalizador en su consecución. En este sentido, hay que interpretar las medidas que se instrumentan a través de la presente norma.

En efecto, se ha evidenciado que la inflación constituye el principal riesgo para la economía europea y también para la española. La invasión de Ucrania, unida a los problemas de oferta y de suministro derivados de la pandemia, ha provocado una espiral de precios cuya persistencia ha obligado a revisar a la baja las previsiones macroeconómicas para 2022 y 2023.

En el contexto actual, los costes que origina la inflación en la sociedad han de ser repartidos equitativamente mediante un pacto de rentas.

Hay que considerar que los salarios están creciendo por debajo de la inflación lastrando la capacidad de compra de los hogares, mientras que los beneficios empresariales en los sectores cuyos márgenes se ven más favorecidos por el aumento de los precios se están incrementando o existen claras perspectivas de que lo hagan.

El aumento de los salarios en el marco de la negociación colectiva es el principal instrumento del pacto de rentas puesto que reduce la pérdida de poder adquisitivo de los hogares a la par que modera los beneficios empresariales y, por tanto, la retribución del capital.

A este respecto, en el Informe mensual de ventas, salarios y empleo del mes de mayo de la Agencia Estatal de Administración Tributaria se constata un incremento del rendimiento salarial medio bruto del 3,6%, aunque esta tasa no refleja tan solo incrementos retributivos por actualización anual de los salarios. Así, el Ministerio de Trabajo y Economía Social constata una subida media pactada en los Convenios del 2,4%, claramente inferior al porcentaje anterior.

A efectos de dar profundidad al pacto de rentas es clave la adopción por los poderes públicos de medidas para el sostenimiento de los ingresos reales de los más vulnerables, como el aumento del Ingreso Mínimo Vital y de otras prestaciones monetarias, el compromiso de revalorización de las pensiones y el establecimiento de ayudas directas a trabajadores, autónomos y desempleados con rentas bajas. Las ayudas también se extienden a los sectores económicos más afectados por la escalada de precios, ya que en estos casos sus márgenes comerciales, en lugar de mantenerse o aumentar, se pueden estar reduciendo, como sucede en el sector agrario y pesquero, el sector del transporte y las industrias intensivas en el uso de gas.

Estas medidas, unidas a la aprobación de medidas más generales dirigidas a reducir la inflación como la bonificación del precio de los carburantes y la reducción de los impuestos que gravan los consumos energéticos, articuladas mediante los Reales Decretos-leyes 6/2022 y 11/2022, de 25 de junio, por el que se adoptan y se prorrogan determinadas medidas para responder a las consecuencias económicas y sociales de la guerra en Ucrania, para hacer frente a situaciones de vulnerabilidad social y económica, y para la recuperación económica y social de la isla de La Palma, tienen un coste estimado para el Estado de 15.000 millones de euros, lo que representa un importante aumento del gasto público, que a su vez se verá incrementado por medidas adicionales como las previstas para el sector del transporte, o los compromisos de revalorización de las pensiones. Es cierto que la evolución de la recaudación gestionada por la Agencia Estatal de Administración Tributaria en 2022 está siendo positiva, puesto que en el Informe Mensual de Recaudación Tributaria de junio se reflejan ingresos 10.000 millones por encima de los estimados en el Presupuesto del ejercicio, lo que permite compensar en parte el incremento de gasto. En cualquier caso, estos ingresos adicionales no se deben íntegramente al impacto de la inflación. Así, cuando analiza el Impuesto sobre el Valor Añadido, que es el tributo cuya recaudación se ve favorecida en mayor medida por la inflación puesto que recae sobre los precios, el Informe 22/22 de la Autoridad Independiente de Responsabilidad Fiscal sobre la ejecución presupuestaria, deuda pública y regla de gasto 2022 explica que el gasto final sujeto a IVA se ha incrementado en el primer trimestre del año un 15,9%, correspondiendo 6,4 puntos porcentuales de la tasa de crecimiento al aumento de precios, 4,1 puntos al crecimiento real y quedando 5,4 puntos sin explicación (aunque la Autoridad Independiente de Responsabilidad Fiscal no lo exponga es razonable pensar que pueda deberse a mejoras en el cumplimiento voluntario, a la reducción de las brechas de fraude debido a la generalización del uso de tarjetas de crédito y a problemas de conciliación de las magnitudes fiscales y macroeconómicas).

Por tanto, el coste de la contribución pública al pacto de rentas vía medidas de estímulo es muy superior al aumento de la recaudación tributaria derivada de la inflación.

Ante esta situación, pudiera pensarse que el sistema tributario, por sí mismo, es capaz de dar adecuada respuesta a la situación en cuanto que el Impuesto sobre la Renta de las Personas Físicas y el Impuesto sobre Sociedades gravan la percepción de renta, en el primer caso, con amplio protagonismo de las rentas salariales y en el segundo de los beneficios societarios, lo que en teoría pudiera permitir que los beneficios excepcionales que origine la inflación sean gravados por este último impuesto contribuyendo al pacto de rentas sin necesidad de medidas adicionales.

Sin embargo, es importante destacar que, según el Informe anual de Recaudación de la Agencia Tributaria de 2021, las remuneraciones de asalariados representaron 576.970 millones, un 12,9% más que el excedente bruto de explotación, y las rentas mixtas brutas, 507.304 millones. A pesar de ello, el Impuesto sobre la Renta de las Personas Físicas multiplica por 3,6 veces la recaudación del Impuesto sobre Sociedades. Ello es así porque en este último impuesto los beneficios empresariales son objeto de numerosos ajustes para determinar la base imponible y, además, la carga fiscal se ve condicionada por la aplicación de incentivos fiscales, regímenes fiscales y créditos fiscales procedentes de ejercicios anteriores. En definitiva, todo ello dificulta que esta figura tributaria sea un instrumento que garantice por sí mismo que el pacto de rentas sea equilibrado y justo.

Además, no parece que se deba resolver con medidas tributarias un problema coyuntural y específico como es la necesidad de reforzar el pacto de rentas en un momento de repunte de la inflación. Otra cosa es que el sistema tributario pueda contribuir a la reducción de los precios de los consumos energéticos actuando sobre los impuestos indirectos que influyen en su formación en línea con las medidas adoptadas en los Reales Decretos-leyes 6/2022 y 11/2022, en el Impuesto sobre el Valor Añadido, en el Impuesto Especial sobre la Electricidad y en el Impuesto sobre el Valor de la Producción de la Energía Eléctrica.

Sin embargo, ello no quiere decir que no quepa establecer un gravamen excepcional no tributario sobre los sectores cuyos márgenes de beneficios se puedan ver más favorecidos por la escalada de precios.

Así, se puede establecer una prestación patrimonial de carácter público de naturaleza no tributaria dirigida a reforzar el pacto de rentas de tal manera que determinados grandes grupos económicos realicen una aportación obligatoria que grave y, en consecuencia, reduzca sus beneficios empresariales, contribución que, además, permitirá reforzar la acción pública dotándola de recursos adicionales para el sostenimiento del pacto de rentas respecto de los más desfavorecidos.

Los sectores en los que la subida de precios puede incrementar en mayor medida sus beneficios son el sector eléctrico, gasista y petrolero y el de las entidades de crédito.

En el primer caso, según la Comisión Nacional del Mercado de Valores, en 2021 los cuatro grandes grupos del sector integrados en el IBEX 35 lograron 9.000 millones de beneficios. Por otra parte, la tasa de crecimiento del volumen de operaciones en el Impuesto sobre el Valor Añadido en el primer trimestre del año del sector se sitúa cerca del 70% respecto del mismo periodo del año anterior. En consonancia con esta proyección, el Boletín Económico 2/2022, Informe Trimestral de la Economía Española, del Banco de España, analiza la evolución reciente de los márgenes empresariales en España y, a partir de la relación entre el Excedente Bruto de Explotación y el Valor Añadido Bruto, pone de manifiesto que, frente a lo que ocurre en otros ámbitos de actividad, en sectores como el de las industrias extractivas y de energía los márgenes empresariales «se han recuperado vigorosamente tras la caída de 2020 y en el primer trimestre de 2022 se situaban por encima de sus niveles prepandemia». En este entorno alcista de los precios, la International Energy Agency estima en 200.000 millones los beneficios para el sector en Europa.

En el sector de las entidades de crédito, la CNMV ha publicado que los cinco grupos del sector que forman parte del IBEX 35 consiguieron casi 20.000 millones de beneficios en 2021. Morgan Stanley, con anterioridad al anuncio de subida de tipos del Banco Central Europeo, calcula en 26.000 millones los beneficios de los grandes grupos del sector en 2023. En este sentido, en el Informe de Estabilidad Financiera Primavera 2022 del Banco de España se indica que «un eventual incremento de los tipos de interés podría impactar positivamente sobre el margen de intereses de las entidades a través de la mejora de la rentabilidad de los instrumentos y el ensanchamiento de los márgenes unitarios de tipos». Incluso en los escenarios de futuro más negativos, adversos y severos, el Banco de España prevé una mejora del margen de intereses. Respecto de las comisiones bancarias, el Informe citado expone que «los ingresos por comisiones se han incrementado en los últimos años en un proceso de convergencia hacia valores medios europeos, con los servicios de pago como fuente principal de ingresos por este concepto».

En efecto, la combinación de la información tributaria del Impuesto sobre Sociedades del sector con las estadísticas del Instituto Nacional de Estadística sobre los tipos medios de interés de los préstamos hipotecarios para adquisición de vivienda libre, variable suficientemente representativa en un país con fuerte presencia en los hogares de las inversiones inmobiliarias, muestra que cuando los tipos se mueven por debajo del 2% (media anual del 1,930% en los años 2016 a 2019), los intereses cobrados por las entidades de crédito se sitúan en 38.286 millones de euros anuales y los intereses netos (deducidos los pagados), es decir, el margen de intereses, en 26.512 millones de euros anuales. Cuando los tipos se sitúan entre el 2% y el 3,1%, como sucedió en 2010 y entre 2013 y 2015, con un promedio anual del 2,768%, los intereses cobrados ascendieron a 65.210 millones de euros y los netos a 31.258 millones. Con tipos por encima del 3,1%, como sucedió entre 2005 y 2012 (excepto en 2010), con un promedio anual del 4,253%, los intereses cobrados se elevaron a 103.133 millones de euros y los intereses netos a 35.037 millones. Por tanto, parece claro que la elevación de tipos no solo eleva los intereses cobrados sino también el margen de interés.

También es revelador que un ejercicio con bajos tipos de interés como 2021, las grandes entidades financieras distribuyeran dividendos por 13.400 millones, 3.500 millones en el primer trimestre de 2022.

Aunque el déficit de tributación en el Impuesto sobre el Valor Añadido del sector financiero es un problema estructural del sistema tributario que no se debe resolver con medidas coyunturales y menos fuera del propio sistema tributario, como sucede con la creación de la presente prestación patrimonial de carácter público temporal de naturaleza no tributaria, es importante subrayar que, según las estadísticas de la Agencia Estatal de Administración Tributaria, solo el 12,69% de las entregas de bienes y prestaciones de servicios de las entidades de crédito están sujetas y no exentas en dicho impuesto, dándose la circunstancia de que la recaudación por el Impuesto sobre el Valor Añadido es la que más se está viendo influida por el aumento de la inflación: así, en 2021, los ingresos por este impuesto crecieron un 14,5% en línea con una tasa general de incremento del 15,1% del conjunto de los ingresos gestionados por la Agencia Estatal de Administración Tributaria. Sin embargo, en 2022 el impacto de la inflación está provocando que el Impuesto sobre el Valor Añadido, al recaer, como regla general, sobre el precio de venta de los bienes y servicios, esté creciendo un 21,3% frente al 16,2% del conjunto de los ingresos. En consecuencia, el problema estructural del déficit de tributación en el Impuesto sobre el Valor Añadido del sector está provocando unas consecuencias recaudatorias especialmente negativas en los períodos más afectados por la inflación, restando recursos para la realización de las políticas públicas compensatorias de refuerzo del pacto de rentas. Es otro factor a considerar en el establecimiento de la prestación patrimonial temporal.

Por todo lo anterior, se considera que el sector energético y el sector de las entidades de crédito pueden contribuir a reforzar el pacto de rentas.

Adicionalmente, ambos sectores se caracterizan por un menor peso de sus gastos de personal respecto del valor añadido que generan respecto de otros sectores económicos. Así, frente a un 52,73% que representan los gastos de personal sobre el valor añadido de las grandes empresas en el ámbito de las sociedades no financieras en su conjunto, en el caso de las grandes empresas del sector extractivo y de la energía el porcentaje se sitúa tan solo en el

25,1% y en el caso de las grandes entidades de crédito en el 30,1% de su margen bruto, todo ello según la estadística de Cuentas Anuales del Impuesto sobre Sociedades de la Agencia Estatal de Administración Tributaria de 2019.

En consecuencia, el reducido peso relativo de los gastos de personal en estos sectores es un segundo factor que justifica para que realicen una especial aportación al pacto nacional de rentas.

Por otra parte, la implicación de estos sectores en la economía nacional hace que para ambos sea especialmente importante la rápida superación de una coyuntura desfavorable con medidas de refuerzo de la cohesión social, garantizando con ello un horizonte de estabilidad económica con perspectivas favorables para los modelos de negocio sostenibles y responsabilizados con la defensa del bien común.

Es importante destacar que en el pasado reciente importantes recursos públicos fueron movilizados para el rescate de determinadas entidades financieras y en defensa de los intereses generales para evitar efectos todavía más perjudiciales para la economía del país. Pero el rescate también permitió el saneamiento del sector, la realización de reestructuraciones empresariales con cambios en las cuotas de mercado y mejoras de las perspectivas de negocio de las entidades que superaron la crisis financiera. Ahora el país afronta un pacto de rentas y en este momento las aportaciones para asegurar el bien común no han de efectuarse por el conjunto de la sociedad al rescate directo de unos pocos, sino, al contrario, por unos pocos en favor del conjunto, pero con el mismo propósito de favorecer el bien común y un futuro de prosperidad compartida.

Por otra parte, que la prestación se calcule sobre la cifra de negocios en el caso del sector energético y sobre el margen de intereses y comisiones en el caso de las entidades de crédito permite que la aportación por los grandes grupos económicos que los integran se realice de forma aproximada a su cuota de mercado en cada sector, lo que garantiza una distribución equitativa del gravamen en cada uno de ellos y se puede decir que equivale a una aportación de los grandes grupos económicos por cuota de mercado a un fondo «virtual» solidario necesario para reforzar el pacto de rentas, de ahí que su naturaleza sea la de un «levy».

En la definición de la prestación se ha tenido en consideración la debida proporcionalidad de su carga económica para los dos sectores afectados. Unas expectativas recaudatorias anuales de 2.000 millones y 1.500 millones, respectivamente, para el sector energético y para las entidades de crédito, no parece que supongan un importe desproporcionado si se consideran los beneficios pasados o estimados para los próximos años y dividendos distribuidos a los accionistas, cifras ya comentadas.

Por lo que se refiere a las empresas del sector eléctrico, gasista y petrolero, la prestación se fija en el 1,2% de su cifra de negocios, lo que posibilita que las aportaciones de cada grupo respondan a su cuota de mercado. Por otra parte, la regla general es que se sometan a la prestación los grupos económicos que ostentan la condición de operadores principales, definidos de acuerdo con las normas fiscales, lo que incluye exclusivamente a las empresas españolas del grupo, no siendo objeto de gravamen, por tanto, la cifra de negocios obtenida por dichos grupos mediante filiales en otros países.

En el caso del sector de las entidades de crédito, la prestación se fija en el 4,8% de su margen de intereses (intereses cobrados menos pagados) más sus comisiones netas (cobradas menos pagadas), por tratarse de partidas que permiten mantener la debida proporcionalidad en las aportaciones de cada grupo empresarial según su cuota de mercado. Como sucede con las empresas energéticas, se someten a la prestación, como regla general, los grupos fiscales quedando fuera del gravamen los intereses y comisiones obtenidos por sus filiales en el exterior.

En el sector de las entidades de crédito es relevante conocer el peso que el gravamen supone respecto de sus principales magnitudes. Así, el impacto anual estimado del gravamen apenas representa un 0,06% del valor de los activos de las grandes entidades de crédito españolas.

Por otra parte, el saldo de préstamos vivos a hogares e instituciones sin fin de lucro a más de un año, según el Banco de España, es de 660.844 millones y a más de dos años de 656.161 millones. En el caso de las sociedades no financieras el saldo es, respectivamente, de 396,054 millones y 376.350 millones. Los depósitos a la vista de los hogares y entidades sin fin de lucro representan 917.105 millones y los depósitos a plazo 69.817 millones. En el caso de las sociedades no financieras los importes son de 289.728 millones y 20.247 millones, respectivamente. Solo en 2021 se constituyeron hipotecas por 82.408 millones de euros.

En consecuencia, el impacto de la prestación es muy reducido, si se pone en relación con las cifras anteriores.

Por otro lado, aunque el nuevo gravamen es una prestación no tributaria cuya finalidad extrafiscal es reforzar el pacto nacional de rentas, pudiera pensarse que, al calcularse sobre el margen de intereses y comisiones, partidas que también se toman en consideración, con otras muchas, para calcular el beneficio que tributa en el Impuesto sobre Sociedades, su efecto acumulativo con este impuesto podría resultar desproporcionado. Pues bien, incluso si consideramos su actual tipo efectivo sobre la base imponible del Impuesto sobre Sociedades, un 23,02% en el caso de los grupos del sector, un gravamen adicional sobre parte de su margen comercial, en este caso del 4,8% les continúa situando por debajo del tipo nominal del 30% y, en consecuencia, por debajo del tipo de dicho impuesto en varios países europeos. Si se consideran tipos efectivos, sobre el resultado contable o el beneficio, el impacto acumulado es todavía menor.

Estas magnitudes permiten poner en perspectiva el impacto del gravamen que, como cualquier otra medida que reduce el beneficio empresarial, en este caso para reforzar el pacto de rentas, produce efectos, pero no parece que vayan a ser significativos en relación con las grandes cifras del sector.

También es destacable que la prestación se exige exclusivamente a los grandes operadores, a partir de un umbral que se considera significativo tomándose como referencia las cifras de 2019, año anterior a la pandemia, evitando con ello las distorsiones que podrían producirse si se considerasen los años posteriores.

En el caso del sector energético el criterio de sujeción se basa en ostentar la condición de operador principal para la Comisión Nacional de los Mercados y la Competencia y se excluye a los grupos y entidades con menos de 1.000 millones de euros de cifra de negocios y a aquellos grupos en los que la actividad energética no es su actividad principal (inferior al 50% de su cifra de negocios).

En el sector de las entidades de crédito el umbral del gravamen se determina en función del importe de los intereses y comisiones cobrados; es decir, se considera una magnitud inferior a la cifra de negocios, de ahí que el límite cuantitativo se fije en 800 millones de euros.

A este respecto, en los últimos años, con la información disponible, los intereses y comisiones cobrados representan en promedio en torno a un 79% de los ingresos sumando los dividendos y otros ingresos de explotación.

La nueva prestación no es deducible en el Impuesto sobre Sociedades y no puede trasladarse a los clientes constituyendo infracción grave el incumplimiento de la prohibición. Corresponde a la Comisión Nacional de los Mercados y la Competencia en el caso del sector energético y, en el caso de las entidades de crédito el control de la correcta aplicación de la prohibición de traslación, a la misma Comisión, con la colaboración del Banco de España.

En este sentido, la protección de los clientes financieros es una prioridad, concurrente precisamente con el anteproyecto de Ley de creación de la Autoridad Administrativa Independiente de Defensa del Cliente Financiero.

De igual forma, el refuerzo de la protección de los consumidores de productos energéticos es esencial y, en este sentido, la Comisión Nacional de los Mercados y la Competencia ya se ocupa del control de la correcta aplicación de la bonificación por consumo, entre otros productos, de gasolina y gasóleo de acuerdo con lo establecido en los Reales Decretos-leyes 6/2022 y 11/2022.

La prestación patrimonial de carácter público no tributaria que ahora se crea tiene carácter obligatorio, no obstante, hay que recordar que las entidades de crédito cuentan con un Protocolo Estratégico para Reforzar el Compromiso Social y Sostenible de la Banca que subraya que el modelo español de banca tiene clara vocación social y de contribución al bienestar colectivo.

También es destacable el compromiso con la responsabilidad fiscal y la transparencia de las empresas energéticas (y de las entidades de crédito) con firma del Código de Buenas Prácticas Tributarias de la Agencia Estatal de Administración Tributaria y, con carácter general, con posiciones destacadas de los principales grupos económicos del sector en los rankings empresariales de transparencia, responsabilidad y sostenibilidad.

La aportación temporal de una contribución excepcional que refuerce el pacto de rentas es un factor más a considerar en el ámbito de la responsabilidad empresarial con la sociedad y los intereses generales.

II

Como se ha explicado, los motivos señalados exigen de los poderes públicos la adopción de determinadas medidas dirigidas a favorecer el denominado «pacto de rentas» a fin del cumplimiento de los valores constitucionales a que nos hemos referido. Para ello se utiliza el instrumento jurídico de la prestación patrimonial pública de carácter no tributario.

Así, ambos gravámenes se configuran como una prestación patrimonial en el sentido señalado siguiendo las pautas establecidas por la doctrina del Tribunal Constitucional derivada de sentencias como las números 62/2015, de 13 de abril, 167/2016, de 6 de octubre, o 63/2019, de 9 de mayo. Así, estos gravámenes, como prestación patrimonial de carácter público no tributario, están caracterizados por su carácter coactivo y el interés público que subyace en los mismos. Además, dichas prestaciones no tienen un carácter tributario, por cuanto se configuran como instrumentos de intervención del Estado en la economía, ya que, como se ha justificado ampliamente con anterioridad, las prestaciones se constituyen en un elemento esencial dentro de la arquitectura del denominado «pacto de rentas» que encarna una herramienta esencial para la lucha contra los efectos nocivos de la inflación que viene sufriendo la ciudadanía. Por tanto, la exigencia de la prestación a los obligados al pago no se incardina en el ámbito de una relación jurídico-tributaria, sino en el contexto de la intervención del Estado en la economía a fin del cumplimiento de los principios y valores constitucionales que rigen nuestro contrato social.

En definitiva, los gravámenes se configuran como un instrumento para hacer efectivo el denominado principio del «reparto del esfuerzo» presente en la doctrina del Tribunal Constitucional (sentencia 167/2016, de 6 de octubre).

(...)

V

Además, se crea el Impuesto Temporal de Solidaridad de las Grandes Fortunas, que se configura como un impuesto complementario del Impuesto sobre el Patrimonio, de carácter estatal, no susceptible de cesión a las Comunidades Autónomas (CC.AA.), para gravar con una cuota adicional los patrimonios de las personas físicas de cuantía superior a 3.000.000 de euros.

Dos son las finalidades principales de este nuevo impuesto. La primera de ellas es recaudatoria, a fin de exigir, en estos tiempos de crisis energética y de inflación, un mayor esfuerzo a quienes disponen de una mayor capacidad económica, es decir, una muestra de solidaridad de las grandes fortunas. La segunda finalidad es armonizadora, con el objetivo de disminuir las diferencias en el gravamen del patrimonio en las distintas CC.AA., especialmente para que la carga tributaria de los contribuyentes residentes en aquellas CC.AA. que han desfiscalizado total o parcialmente el Impuesto sobre el Patrimonio no difiera sustancialmente de la de los contribuyentes de las CC.AA. en las que no se ha optado por reducir la tributación por dicho impuesto.

Así, el Impuesto Temporal de Solidaridad de las Grandes Fortunas es un impuesto cuya configuración coincide básicamente con la del Impuesto sobre el Patrimonio, tanto en cuanto a su ámbito territorial, exenciones, sujetos pasivos, bases imponible y liquidable, devengo y tipos de gravamen, como en el límite de la cuota íntegra. La diferencia fundamental reside en el hecho imponible, que grava solo aquellos patrimonios netos que superen los 3.000.000 de euros.

El carácter de complementario del Impuesto sobre el Patrimonio se consigue en el Impuesto Temporal de Solidaridad de las Grandes Fortunas mediante la deducción en la cuota de este impuesto, además de las deducciones y bonificaciones del primero, de la cuota efectivamente satisfecha en dicho impuesto. De este modo se evita la doble imposición, ya que los sujetos pasivos del Impuesto Temporal de Solidaridad de las Grandes Fortunas solo tributarán por la parte de su patrimonio que no haya sido gravado por su Comunidad Autónoma. Además, para acentuar su finalidad de que el esfuerzo solidario se exija solo a los sujetos pasivos con patrimonios de un importe significativo, los primeros 3.000.000 de euros se gravan al tipo 0.

En cuanto a su ámbito temporal, se prevé una vigencia de dos años, de manera que resulte aplicable en los dos primeros ejercicios en que, a partir de su entrada en vigor, se devengue dicho impuesto, si bien se introduce una cláusula de revisión, para efectuar una evaluación de sus resultados al final de su vigencia y valorar su mantenimiento o supresión.

VI

Concluye la norma con la modificación de diversas normas tributarias.

Así, en primer lugar, se modifica la Ley 29/1987, de 18 de diciembre, del Impuesto sobre Sucesiones y Donaciones, para incorporar a la Comunidad Autónoma de La Rioja entre aquellas que tienen establecido el sistema de autoliquidación obligatoria en el citado tributo.

Por otra parte, también es objeto de modificación la Ley 19/1991, de 6 de junio, del Impuesto sobre el Patrimonio, para habilitar la potestad de gravamen sobre las participaciones accionariales en entidades no residentes con activos inmobiliarios subyacentes radicados en España, corrigiendo así una discriminación injustificada respecto del residente, por cuanto el no residente, por el hecho de interponer una persona jurídica no residente, elude el gravamen del citado impuesto.

A su vez, se modifica la Ley 19/1994, de 6 de julio, de modificación del Régimen Económico y Fiscal de Canarias, en relación con las tasas aplicables a las entidades de la Zona Especial Canaria, dado que la configuración de la tasa de inscripción conlleva numerosos problemas derivados de su encaje en relación con el procedimiento de inscripción en dicha Zona Especial Canaria. A tal fin, se sustituye el hecho imponible y configuración de la tasa reconduciéndolo a la solicitud de autorización, con independencia del resultado del procedimiento. Además, se incrementa el importe de la tasa de autorización.

Por último, se modifica la Ley 27/2014, de 27 de noviembre, del Impuesto sobre Sociedades, para incorporar una medida temporal en la determinación de la base imponible en el régimen de consolidación fiscal; incrementar los límites de la deducción por inversiones en producciones cinematográficas y series audiovisuales españolas y extranjeras, y permitir la aplicación de la deducción por el contribuyente que financia los costes de la producción de producciones españolas de largometrajes y cortometrajes cinematográficos, de series audiovisuales y de espectáculos en vivo de artes escénicas y musicales, cuando las cantidades que aporte destinadas a financiar los citados costes se aporten en cualquier fase de la producción, con carácter previo o posterior al momento en que el productor incurra en los costes de producción.

(…)

Artículo 3[1]. *Impuesto Temporal de Solidaridad de las Grandes Fortunas.*

Se crea el Impuesto Temporal de Solidaridad de las Grandes Fortunas, que se regirá por las siguientes disposiciones:

Uno. *Naturaleza y objeto del Impuesto.*

El Impuesto Temporal de Solidaridad de las Grandes Fortunas es un tributo de carácter directo, naturaleza personal y complementario del Impuesto sobre el Patrimonio que grava el patrimonio neto de las personas físicas de cuantía superior a 3.000.000 de euros, en los términos previstos en este artículo.

A los efectos de este impuesto, constituirá el patrimonio neto de la persona física el conjunto de bienes y derechos de contenido económico de que sea titular, con deducción

---

[1]   Constitucionalidad: SsTC 149/2023, de 7 de noviembre, 170/2023 y 171/2023, de 22 de diciembre, 189/2023 y 190/2023, de 12 de diciembre.

de las cargas y gravámenes que disminuyan su valor, así como de las deudas y obligaciones personales de las que deba responder.

Dos. *Ámbito territorial.*

1. El Impuesto Temporal de Solidaridad de las Grandes Fortunas se aplicará en todo el territorio español, sin perjuicio de los regímenes tributarios forales de Concierto y Convenio Económico vigentes en los Territorios Históricos del País Vasco y de la Comunidad Foral de Navarra, respectivamente, y de lo dispuesto en los Tratados o Convenios internacionales que hayan pasado a formar parte del ordenamiento interno.

2. El impuesto no podrá ser objeto de cesión a las Comunidades Autónomas.

Tres. *Hecho imponible.*

Constituirá el hecho imponible del impuesto la titularidad por el sujeto pasivo en el momento del devengo de un patrimonio neto superior a 3.000.000 de euros.

Se presumirá que forman parte del patrimonio los bienes y derechos que hubieran pertenecido al sujeto pasivo en el momento del anterior devengo, salvo prueba de transmisión o pérdida patrimonial.

Cuatro. *Bienes y derechos exentos.*

Estarán exentos de este impuesto los bienes y derechos exentos del Impuesto sobre el Patrimonio conforme a lo dispuesto en la Ley 19/1991, de 6 de junio, del Impuesto sobre el Patrimonio.

Cinco. *Sujeto pasivo.*

Son sujetos pasivos de este impuesto, y en los mismos términos, los que lo sean del Impuesto sobre el Patrimonio conforme a lo dispuesto en la Ley 19/1991, de 6 de junio, del Impuesto sobre el Patrimonio.

Seis. *Representantes de los sujetos pasivos no residentes en España.*

Los sujetos pasivos de este impuesto que no sean residentes en otro Estado miembro de la Unión Europea estarán obligados a nombrar, antes del fin del plazo de declaración del impuesto, una persona física o jurídica con residencia en España, para que les represente ante la Administración Tributaria en relación con sus obligaciones por este impuesto.

En el caso de Estados que formen parte del Espacio Económico Europeo que no sean Estado miembro de la Unión Europea, lo anterior no será de aplicación cuando exista normativa sobre asistencia mutua en materia de intercambio de información tributaria y de recaudación en los términos previstos en la Ley 58/2003, de 17 de diciembre, General Tributaria.

Igual obligación incumbirá a los sujetos pasivos residentes que se ausenten de España tras la realización del hecho imponible con destino a un tercer Estado que no sea Estado miembro de la Unión Europea ni del Espacio Económico Europeo con normativa sobre asistencia mutua en materia de intercambio de información tributaria y de recaudación y antes de haber presentado la declaración y autoliquidación del impuesto, salvo si su regreso se fuera a producir antes de la finalización del plazo reglamentario de presentación de aquellas.

La designación se comunicará a la oficina territorialmente competente para la presentación de la declaración, acompañando a la comunicación la expresa aceptación del representante.

Siete. *Titularidad de los elementos patrimoniales.*

Los bienes y derechos se atribuirán a los sujetos pasivos según las normas sobre titularidad jurídica aplicables en cada caso y en función de las pruebas aportadas por aquellos o de las descubiertas por la Administración. A este respecto, resultarán de aplicación las reglas sobre titularidad de los elementos patrimoniales y sobre bienes o derechos adquiridos con precio aplazado o reserva de dominio establecidas en la Ley 19/1991, de 6 de junio, del Impuesto sobre el Patrimonio.

Ocho. *Base imponible.*

1. Constituye la base imponible de este impuesto el valor del patrimonio neto del sujeto pasivo.

2. El patrimonio neto se determinará por diferencia entre el valor de los bienes y derechos de que sea titular el sujeto pasivo y las cargas y gravámenes de naturaleza real, cuando disminuyan el valor de los respectivos bienes o derechos, y las deudas u obligaciones personales de las que deba responder el sujeto pasivo.

3. Para la determinación de la base imponible de este impuesto resultarán aplicables las reglas contenidas en el capítulo IV de la Ley 19/1991, de 6 de junio, del Impuesto sobre el Patrimonio.

Nueve[2]. *Base liquidable.*

La base imponible se reducirá, en concepto de mínimo exento, en 700.000 euros.

Diez. *Devengo.*

El impuesto se devengará el 31 de diciembre de cada año y afectará al patrimonio neto del cual sea titular el sujeto pasivo en dicha fecha.

Once. *Cuota íntegra.*

La base liquidable del impuesto será gravada a los tipos de la siguiente escala:

Base liquidable — Hasta euros	Cuota — Euros	Resto Base liquidable — Hasta euros	Tipo aplicable — Porcentaje
0,00	0,00	3.000.000,00	0,00
3.000.000,00	0,00	2.347.998,03	1,7
5.347.998,03	39.915,97	5.347.998,03	2,1
10.695.996,06	152.223,93	En adelante	3,5

Doce. *Límite de la cuota íntegra.*

1. La cuota íntegra de este impuesto, conjuntamente con las cuotas del Impuesto sobre la Renta de las Personas Físicas y del Impuesto sobre el Patrimonio, no podrá exceder, para los sujetos pasivos sometidos al impuesto por obligación personal, del 60 por 100 de la suma de las bases imponibles del primero.

A estos efectos, resultarán aplicables las reglas sobre el límite de la cuota íntegra del Impuesto sobre el Patrimonio, establecidas en la Ley 19/1991, de 6 de junio, del Impuesto sobre el Patrimonio, si bien, en el supuesto de que la suma de las cuotas de los tres impuestos supere el límite anterior, se reducirá la cuota de este impuesto hasta alcanzar el límite indicado, sin que la reducción pueda exceder del 80 por 100.

---

[2]   Nueva redacción dada por el art. 17 del Real Decreto-ley 8/2023, de 27 de diciembre, por el que se adoptan medidas para afrontar las consecuencias económicas y sociales derivadas de los conflictos en Ucrania y Oriente Próximo, así como para paliar los efectos de la sequía (BOE núm. 310, de 28 de diciembre de 2023), con efectos desde el 29 de diciembre de 2022.

Redacción original: «*Base liquidable.*

En el supuesto de obligación personal, la base imponible se reducirá, en concepto de mínimo exento, en 700.000 euros».

1201 Ley 38/2022, de 27 de diciembre Art. 3

2. Cuando los componentes de una unidad familiar hayan optado por la tributación conjunta en el Impuesto sobre la Renta de las Personas Físicas, el límite de las cuotas íntegras conjuntas de dicho impuesto, de la del Impuesto sobre el Patrimonio y de la de este impuesto, se calculará acumulando las cuotas íntegras devengadas por aquellos en estos dos últimos tributos. En su caso, la reducción que proceda practicar se prorrateará entre los sujetos pasivos en proporción a sus respectivas cuotas íntegras en este impuesto, sin perjuicio de lo dispuesto en el apartado anterior.

Trece. *Impuestos satisfechos en el extranjero.*

En el caso de obligación personal de contribuir y sin perjuicio de lo que se disponga en los Tratados o Convenios Internacionales, resultará aplicable en este impuesto la deducción por impuestos satisfechos en el extranjero en los términos establecidos en la Ley 19/1991, de 6 de junio, del Impuesto sobre el Patrimonio.

Catorce. *Bonificación de la cuota en Ceuta y Melilla.*

Si entre los bienes o derechos de contenido económico computados para la determinación de la base imponible figurase alguno situado o que debiera ejercitarse o cumplirse en Ceuta y Melilla y sus dependencias, a la parte de la cuota que proporcionalmente corresponda a los mencionados bienes o derechos le resultará aplicable la bonificación de la cuota en Ceuta y Melilla regulada en la Ley 19/1991, de 6 de junio, del Impuesto sobre el Patrimonio.

Quince. *Cuota a ingresar del Impuesto sobre el Patrimonio.*

De la cuota resultante de la aplicación de los apartados anteriores el sujeto pasivo podrá deducir la cuota del Impuesto sobre el Patrimonio del ejercicio efectivamente satisfecha.

Dieciséis. *Responsabilidad patrimonial.*

Las deudas tributarias por este impuesto tendrán la misma consideración de aquellas otras a las cuales se refiere el artículo 1.365 del Código Civil y, en consecuencia, los bienes gananciales responderán directamente frente a la Hacienda Pública por estas deudas.

Diecisiete. *Normas generales de gestión.*

La titularidad de las competencias de gestión, liquidación, recaudación, inspección y revisión del impuesto corresponde al Estado.

Dieciocho. *Autoliquidación.*

1. Los sujetos pasivos están obligados a presentar declaración, a practicar autoliquidación y, en su caso, a ingresar la deuda tributaria en el lugar, forma y plazos que se determinen por el titular del Ministerio de Hacienda y Función Pública.

2. El pago de la deuda tributaria podrá realizarse mediante entrega de bienes integrantes del patrimonio histórico español que estén inscritos en el Inventario General de Bienes Muebles o en el Registro General de Bienes de Interés Cultural, de acuerdo con lo dispuesto en el artículo 73 de la Ley 16/1985, de 25 de junio, del Patrimonio Histórico Español.

Diecinueve. *Personas obligadas a presentar declaración.*

Están obligados a presentar declaración los sujetos pasivos cuya cuota tributaria, determinada de acuerdo con las normas reguladoras del impuesto y una vez aplicadas las deducciones o bonificaciones que procedieren, resulte a ingresar.

No obstante, no están obligados a presentar declaración los sujetos pasivos que tributen directamente al Estado, por no estar cedido el rendimiento del Impuesto sobre el Patrimonio a ninguna Comunidad Autónoma, conforme a lo dispuesto en el artículo 31 de la Ley 22/2009, de 18 de diciembre, por la que se regula el sistema de financiación de las Comunidades

Autónomas de régimen común y Ciudades con Estatuto de Autonomía y se modifican determinadas normas tributarias, salvo que la cuota tributaria de este impuesto resulte a ingresar.

Veinte[3]. *Presentación de la declaración.*

La declaración se efectuará en la forma, plazos y modelos[4] que establezca la persona titular del Ministerio de Hacienda y Función Pública. La presentación de la declaración se realizará por medios telemáticos.

Los sujetos pasivos deberán cumplimentar la totalidad de los datos que les afecten contenidos en las declaraciones y acompañar los documentos y justificantes que se establezcan por la persona titular del Ministerio de Hacienda y Función Pública.

Veintiuno. *Infracciones y sanciones.*

Las infracciones tributarias en este impuesto se calificarán y sancionarán con arreglo a lo dispuesto en la Ley 58/2003, de 17 de diciembre, General Tributaria.

Veintidós. *Orden jurisdiccional.*

La jurisdicción contencioso-administrativa, previo agotamiento de la vía económico-administrativa, será la única competente para dirimir las controversias de hecho y de derecho que se susciten entre la Administración tributaria y los sujetos pasivos en relación con cualquiera de las cuestiones a que se refiere este artículo.

Veintitrés. *Evaluación de los resultados.*

Al término del periodo de vigencia de este impuesto, el Gobierno efectuará una evaluación para valorar los resultados del impuesto y proponer, en su caso, su mantenimiento o supresión.

Veinticuatro. *Adaptación del Concierto Económico con la Comunidad Autónoma del País Vasco y del Convenio Económico entre el Estado y la Comunidad Foral de Navarra.*

La adaptación del Concierto Económico con la Comunidad Autónoma del País Vasco y del Convenio Económico entre el Estado y la Comunidad Foral de Navarra a este impuesto se acordará respectivamente en la Comisión Mixta del Concierto Económico con el País Vasco y la Comisión del Convenio Económico con Navarra.

Veinticinco. *Afectación de la recaudación.*

El rendimiento del impuesto se ingresará en el Tesoro Público y se destinará a financiar políticas de apoyo a los más vulnerables.

Veintiséis. *Habilitaciones a la Ley de Presupuestos Generales del Estado.*

---

[3] Nueva redacción dada por Disposición final tercera del Real Decreto-ley 8/2023, de 27 de diciembre, por el que se adoptan medidas para afrontar las consecuencias económicas y sociales derivadas de los conflictos en Ucrania y Oriente Próximo, así como para paliar los efectos de la sequía (BOE núm. 310, de 28 de diciembre de 2023), con efectos desde el 29 de diciembre de 2023.
Redacción anterior: «*Presentación de la declaración.*
La declaración se efectuará en la forma, plazos y modelos que establezca la persona titular del Ministerio de Hacienda y Función Pública, que podrá establecer los supuestos y condiciones de presentación de las declaraciones por medios telemáticos.
Los sujetos pasivos deberán cumplimentar la totalidad de los datos que les afecten contenidos en las declaraciones, acompañar los documentos y justificantes que se establezcan y presentarlos en los lugares que determine la persona titular del Ministerio de Hacienda y Función Pública».

[4] Orden HFP/587/2023, de 9 de junio, por la que se aprueba el modelo 718 «Impuesto Temporal de Solidaridad de las Grandes Fortunas», se determina el lugar, forma y plazos de su presentación, las condiciones y el procedimiento para su presentación (BOE núm. 139, de 12/06/2023).

La Ley de Presupuestos Generales del Estado podrá modificar, de conformidad con lo previsto en el apartado 7 del artículo 134 de la Constitución Española:

a) La escala y los tipos del impuesto y las deducciones en la cuota.

b) Los demás límites cuantitativos y porcentajes fijos establecidos en este artículo.

Veintisiete. *Habilitación normativa.*

Se habilita al Gobierno para dictar cuantas disposiciones sean necesarias para el desarrollo y aplicación de este artículo.

Veintiocho[5]. *Vigencia.*

Este impuesto será aplicable en los dos primeros ejercicios en los que se devengue a partir de la fecha de su entrada en vigor.

Disposición adicional primera. *Cláusula de condición suspensiva.*

La aplicación de las modificaciones previstas en los apartados 1 y 2 del artículo 36 de la Ley 27/2014, de 27 de noviembre, del Impuesto sobre Sociedades, efectuadas mediante esta ley, quedan condicionadas a su compatibilidad con el derecho de la Unión Europea en materia de ayudas de Estado.

Disposición adicional segunda. *Regímenes forales.*

La participación de la Comunidad Autónoma del País Vasco y de la Comunidad Foral de Navarra en lo dispuesto en esta ley al respecto de los gravámenes temporales energéticos y de entidades de crédito y establecimientos financieros de crédito se establecerá, respectivamente, en la Comisión Mixta del Concierto Económico y en la Comisión Coordinadora del Convenio Económico, en un plazo máximo de tres meses desde la entrada en vigor de esta ley.

(…)

Disposición final séptima. *Títulos competenciales.*

La presente ley se dicta al amparo de lo dispuesto en el artículo 149.1.1.ª, 11.ª, 13.ª, 14.ª y 25.ª de la Constitución Española, que atribuyen al Estado la competencia en materia de regulación de las condiciones básicas que garanticen la igualdad de todos los españoles en el ejercicio de los derechos y en el cumplimiento de los deberes constitucionales; bases de la ordenación de crédito y banca; bases y coordinación de la planificación general de la actividad económica; Hacienda general y Deuda del Estado y bases del régimen minero y energético.

La disposición final sexta se dicta al amparo del artículo 149.1.16.ª de la Constitución, que atribuye al Estado la competencia en materia de legislación sobre productos farmacéuticos.

Disposición final octava. *Entrada en vigor.*

Esta ley entrará en vigor el día siguiente al de su publicación en el «Boletín Oficial del Estado».

---

[5]   Real Decreto-ley 8/2023, de 27 de diciembre, por el que se adoptan medidas para afrontar las consecuencias económicas y sociales derivadas de los conflictos en Ucrania y Oriente Próximo, así como para paliar los efectos de la sequía (BOE núm. 310, de 28 de diciembre de 2023): **Disposición adicional quinta.** *Prórroga de los gravámenes temporales energético y de entidades de crédito y establecimientos financieros de crédito y del Impuesto temporal de solidaridad de las grandes fortunas.*«… 2. Se prorroga la aplicación del Impuesto temporal de solidaridad de las grandes fortunas aprobado por la Ley 38/2022, de 27 de diciembre, en tanto no se produzca la revisión de la tributación patrimonial en el contexto de la reforma del sistema de financiación autonómica».

NORMATIVA ESTATAL

IMPUESTO SOBRE LA RENTA
DE NO RESIDENTES
2025

NORMATIVA ESTATAL

IMPUESTO SOBRE LA RENTA DE NO RESIDENTES
2025

42. Real Decreto Legislativo 5/2004, de 5 de marzo, por el que se aprueba el TEXTO REFUNDIDO DE LA LEY DEL IMPUESTO SOBRE LA RENTA DE NO RESIDENTES
(BOE núm. 62, de 12 de marzo de 2004)

I

La disposición adicional cuarta de la Ley 46/2002, de 18 de diciembre, de reforma parcial del Impuesto sobre la Renta de las Personas Físicas, y por la que se modifican las Leyes de los Impuestos sobre Sociedades y sobre la Renta de no Residentes, en la redacción dada por la disposición final decimoctava de la Ley 62/2003, de 30 de diciembre, de medidas fiscales, administrativas y del orden social, establece que el Gobierno elaborará y aprobará en el plazo de 15 meses a partir de la entrada en vigor de esta ley los textos refundidos del Impuesto sobre la Renta de las Personas Físicas, del Impuesto sobre la Renta de no Residentes y del Impuesto sobre Sociedades.

Esta delegación legislativa tiene el alcance más limitado de los previstos en el apartado 5 del artículo 82 de la Constitución, ya que se circunscribe a la mera formulación de un texto único y no incluye autorización para regularizar, aclarar y armonizar los textos legales que han de ser refundidos.

Esta habilitación tiene por finalidad dotar de mayor claridad al sistema tributario mediante la integración en un único cuerpo normativo de las disposiciones que afectan a estos tributos, contribuyendo con ello a aumentar la seguridad jurídica de la Administración tributaria y, especialmente, de los contribuyentes.

En ejercicio de tal autorización, se elabora este real decreto legislativo, por el que se aprueba el texto refundido de la Ley del Impuesto sobre la Renta de no Residentes.

II

La Ley 41/1998, de 9 de diciembre, del Impuesto sobre la Renta de no Residentes y Normas Tributarias, publicada en el «Boletín Oficial del Estado» el 10 de diciembre de 1998, respondió a la necesidad de configurar una norma que regulase, de forma unitaria, la tributación de los no residentes en los impuestos sobre la renta, la conocida tradicionalmente como sujeción por «obligación real de contribuir», debido a la creciente internacionalización de las relaciones económicas y la integración progresiva de España en la Unión Europea.

La Ley 41/1998, de 9 de diciembre, desde su entrada en vigor el 1 de enero de 1999, ha experimentado importantes modificaciones, entre las que cabe destacar las introducidas por las siguientes normas:

a) La Ley 6/2000, de 13 de diciembre, por la que se aprueban medidas fiscales urgentes de estímulo al ahorro familiar y a la pequeña y mediana empresa, que incorporó un nuevo artículo a la Ley 41/1998, de 9 de diciembre, sobre la deducción de pagos a cuenta del Impuesto sobre la Renta de las Personas Físicas cuando un contribuyente adquiere su condición por cambio de residencia y cambió la redacción del cálculo de la base imponible correspondiente a las ganancias patrimoniales.

b) La Ley 14/2000, de 29 de diciembre, de medidas fiscales, administrativas y del orden social, que estableció nuevos supuestos de exención en el Impuesto sobre la Renta de las Personas Físicas que, por la interrelación existente entre ambas normativas, repercutió en el artículo 13 de la Ley 41/1998, de 9 de diciembre, y equiparó, para determinados supuestos, los tipos de gravamen en el Impuesto sobre la Renta de no Residentes con los tipos de retención existentes para residentes.

c) La Ley 24/2001, de 27 de diciembre, de medidas fiscales, administrativas y del orden social, que estableció un nuevo tipo de gravamen para los rendimientos del trabajo percibidos por trabajadores de temporada.

d) La mencionada Ley 46/2002, de 18 de diciembre, que ha sido la que ha originado la reforma más sustancial en el texto de la Ley 41/1998, de 9 de diciembre, desde que entró en vigor. Con ella se pretendió mejorar técnicamente el texto anterior a la vista de la experiencia que ha proporcionado su aplicación, al tiempo que se incorporaron algunas cuestiones que no estaban expresamente reguladas con anterioridad, como las definiciones de cánones o pensiones o el régimen de entidades en atribución de rentas.

e) Finalmente, la Ley 62/2003, de 30 de diciembre, de medidas fiscales, administrativas y del orden social, ha introducido determinadas modificaciones como consecuencia de la aprobación de la Directiva 2003/49/CE del Consejo, de 3 de junio de 2003, relativa a un régimen fiscal común aplicable a los pagos de intereses y cánones efectuados entre sociedades asociadas de diferentes Estados miembros, con un régimen transitorio específico para cánones. Por otra parte, también se ha excluido de la obligación de retener e ingresar a cuenta a las misiones diplomáticas u oficinas diplomáticas de Estados extranjeros.

III

En el texto aprobado por este real decreto legislativo, la Ley 41/1998, de 9 de diciembre, se refunde con las siguientes normas:

a) La Ley 43/1995, de 27 de diciembre, del Impuesto sobre Sociedades, que reguló en su disposición adicional cuarta las normas sobre retenciones y otras cuestiones relativas a activos financieros y otros valores mobiliarios.

Esta norma se incorpora en los apartados 2 y siguientes del artículo 53 del texto refundido.

b) La Ley 50/1998, de 30 de diciembre, de medidas fiscales, administrativas y del orden social, que estableció, en su artículo 24, la posibilidad de regular reglamentariamente las obligaciones de retención e ingreso a cuenta que podían incumbir a determinadas entidades o a los propios partícipes en los casos de transmisiones o reembolsos de acciones o participaciones representativas del capital o patrimonio de las instituciones de inversión colectiva en manos de contribuyentes no residentes. Esta regulación se incorpora en el apartado 1 del artículo 53 del texto refundido.

c) La Ley 6/2000, de 13 de diciembre, que reguló, en el apartado cuatro de su artículo 23, el tratamiento en el Impuesto sobre la Renta de no Residentes de las operaciones de reducción de capital con devolución de aportaciones a los socios y de devolución de la prima de emisión. Esta regulación se incorpora en el apartado 4 del artículo 31 del texto refundido.

e) La Ley 34/2003, de 4 de noviembre, de modificación y adaptación a la normativa comunitaria de la legislación de seguros privados, que ha modificado la Ley 30/1995, de 8 de noviembre, de ordenación y supervisión de los seguros privados, estableciendo la obligación de practicar retención o ingreso a cuenta para los representantes de las entidades aseguradoras que operen en régimen de libre prestación de servicios en España, a los que se refiere el artículo 86.1 y la disposición adicional decimoséptima de la citada Ley 30/1995, de 8 de noviembre.

f) Por último, con la finalidad de conseguir mayor claridad, se desglosa la actual regulación en un solo artículo del Gravamen Especial sobre Bienes Inmuebles de Entidades no Residentes en los artículos 40 a 45 de este texto refundido.

IV

Conviene señalar que no se integran en el texto refundido, por razones de sistemática y coherencia normativa, aquellas normas de carácter fiscal que, por su contenido especial desde un punto de vista subjetivo, objetivo o temporal, no procede refundir con la normativa de carácter y alcance generales. Este es el caso de aquellas cuya refundición en este texto originaría una dispersión de la normativa en ellas contenida por afectar a diferentes ámbitos y a varios impuestos como, por ejemplo, la Ley 20/1990, de 19 de diciembre, sobre Régimen Fiscal de las Cooperativas, la Ley 19/1994, de 6 de julio, de modificación del Régimen Económico y Fiscal de Canarias, la Ley 49/2002, de 23 de diciembre, de régimen fiscal de las entidades sin fines lucrativos y de los incentivos fiscales al mecenazgo, la disposición adicional decimoctava de la Ley 62/2003, de 30 de diciembre, relativa a los préstamos de valores, o la disposición adicional segunda de la Ley 13/1985, de 25 de mayo, de coeficientes de inversión, recursos propios y obligaciones de información de los intermediarios financieros, y la disposición transitoria segunda de la Ley 19/2003, de 4 de julio, sobre régimen jurídico de los movimientos de capitales y de las transacciones económicas con el exterior y sobre determinadas medidas de prevención del blanqueo de capitales, referidas a participaciones preferentes e instrumentos de deuda.

Igualmente no se integran las disposiciones reguladoras de los acontecimientos de especial interés público, tales como, por ejemplo, el Año Santo Jacobeo 2004 o la Copa América 2007.

V

Este real decreto legislativo contiene un artículo, una disposición adicional, una disposición transitoria, una disposición derogatoria y una disposición final.

En virtud de su artículo único, se aprueba el texto refundido de la Ley del Impuesto sobre la Renta de no Residentes.

En la disposición adicional única se dispone que las referencias que en otras normas se contengan a la Ley 41/1998, de 9 de diciembre, se entenderán realizadas al articulado del texto refundido que se aprueba.

En la disposición transitoria única se señala que hasta el 1 de julio de 2004, fecha de entrada en vigor de la Ley 58/2003, de 17 de diciembre, General Tributaria, continuará vigente un determinado precepto de la Ley 41/1998, de 9 de diciembre, y que hasta dicha fecha las referencias efectuadas en el texto refundido a los preceptos de la nueva Ley General Tributaria se entenderán realizadas a los correspondientes de la Ley 230/1963, de 28 de diciembre, General Tributaria, y de la Ley 1/1998, de 26 de febrero, de Derechos y Garantías de los Contribuyentes, en los términos que disponía la Ley 41/1998, de 9 de diciembre.

En la disposición derogatoria única se recogen las normas que se refunden en este texto, sin perjuicio de aquellas otras que, siendo también objeto de refundición, son derogadas en los reales decretos legislativos que aprueban los textos refundidos de las Leyes de los Impuestos sobre la Renta de las Personas Físicas y sobre Sociedades, por afectar en mayor medida a uno de estos impuestos.

Por último, en la disposición final única se establece que la entrada en vigor del real decreto legislativo y del texto refundido que se aprueba será el día siguiente al de su publicación en el «Boletín Oficial del Estado», salvo algunos casos excepcionales derivados de la entrada en vigor de la nueva Ley General Tributaria y de la Directiva 2003/49/CE del Consejo, de 3 de junio de 2003.

El texto refundido que se aprueba está compuesto por 53 artículos, agrupados en un capítulo preliminar y ocho capítulos, una disposición transitoria y dos disposiciones finales.

Asimismo, el texto refundido incluye al comienzo un índice de su contenido, cuyo objeto es facilitar la utilización de la norma por sus destinatarios mediante una rápida localización y ubicación sistemática de sus preceptos.

En su virtud, a propuesta del Ministro de Hacienda, de acuerdo con el Consejo de Estado y previa deliberación del Consejo de Ministros en su reunión del día 5 de marzo de 2004,

DISPONGO:

Artículo único. *Aprobación del texto refundido de la Ley del Impuesto sobre la Renta de no Residentes.*

Se aprueba el texto refundido de la Ley del Impuesto sobre la Renta de no Residentes, que se inserta a continuación.

Disposición adicional única. *Remisiones normativas.*

Las referencias normativas efectuadas en otras disposiciones a la Ley 41/1998, de 9 de diciembre, del Impuesto sobre la Renta de no Residentes y Normas Tributarias, se entenderán realizadas a los preceptos correspondientes del texto refundido que se aprueba por este real decreto legislativo.

Disposición transitoria única. *Ley 58/2003, de 17 de diciembre, General Tributaria.*

Hasta el 1 de julio de 2004, fecha de entrada en vigor de la Ley 58/2003, de 17 de diciembre, General Tributaria:

a) Conservará su vigencia el artículo 9.3 de la Ley 41/1998, de 9 de diciembre, del Impuesto sobre la Renta de No Residentes y Normas Tributarias.

b) Las referencias efectuadas, en el texto refundido que aprueba este real decreto legislativo, a los preceptos de la Ley 58/2003, de 17 de diciembre, se entenderán realizadas a los correspondientes de la Ley 230/1963, de 28 de diciembre, General Tributaria, y de la Ley 1/1998, de 26 de febrero, de Derechos y Garantías de los Contribuyentes, en los términos que disponía la Ley 41/1998, de 9 de diciembre.

Disposición derogatoria única. *Derogación normativa.*

1. Salvo lo dispuesto en la disposición transitoria única anterior, a la entrada en vigor de este real decreto legislativo quedará derogada, con motivo de su incorporación al texto refundido que se aprueba, la Ley 41/1998, de 9 de diciembre, del Impuesto sobre la Renta de no Residentes y Normas Tributarias, con excepción de la disposición adicional segunda, que conservará su vigencia.

2. La derogación de las disposiciones a que se refiere el apartado 1 no perjudicará los derechos de la Hacienda pública respecto a las obligaciones tributarias devengadas durante su vigencia.

Disposición final única. *Entrada en vigor.*

1. El presente real decreto legislativo y el texto refundido que aprueba entrarán en vigor el día siguiente al de su publicación en el «Boletín Oficial del Estado», con excepción de lo dispuesto en los apartados siguientes.

2. Los artículos 10.3 y 18.1.b) del texto refundido entrarán en vigor el día 1 de julio de 2004, fecha de entrada en vigor de la Ley 58/2003, de 17 de diciembre, General Tributaria.

3. El artículo 25.1.i) del texto refundido entrará en vigor el día 1 de enero de 2005, fecha a la que se refiere la Directiva 2003/49/CE del Consejo, de 3 de junio de 2003, relativa a un régimen fiscal común aplicable a los pagos de intereses y cánones efectuados entre sociedades asociadas de diferentes Estados miembros.

TEXTO REFUNDIDO DE LA LEY DEL IMPUESTO SOBRE LA RENTA DE NO RESIDENTES

CAPÍTULO PRELIMINAR. Naturaleza, objeto y ámbito de aplicación

Artículo 1. *Naturaleza y objeto.*

El Impuesto sobre la Renta de no Residentes es un tributo de carácter directo que grava la renta obtenida en territorio español por las personas físicas y entidades no residentes en éste.

Artículo 2. *Ámbito de aplicación.*

1. Este impuesto se aplicará en todo el territorio español.

2. El territorio español comprende el territorio del Estado español, incluyendo el espacio aéreo, las aguas interiores, así como el mar territorial y las áreas exteriores a él, en las que, con arreglo al derecho internacional y en virtud de su legislación interna, el Estado español ejerza o pueda ejercer jurisdicción o derechos de soberanía respecto del fondo marino, su subsuelo y aguas suprayacentes y sus recursos naturales.

3. Lo dispuesto en el apartado 1 se entenderá sin perjuicio de los regímenes tributarios forales de concierto y convenio económico en vigor, respectivamente, en los Territorios Históricos del País Vasco[1] y en la Comunidad Foral de Navarra.

4. En Canarias, Ceuta y Melilla se tendrán en cuenta las especialidades que resulten aplicables en virtud de su normativa específica y de lo dispuesto en esta ley.

Artículo 3. *Normativa aplicable.*

El impuesto se rige por esta ley, que se interpretará en concordancia con la normativa reguladora del Impuesto sobre la Renta de las Personas Físicas y del Impuesto sobre Sociedades, según proceda.

---

[1]   Norma Foral 12/2013, de 5 de diciembre, del Impuesto sobre la Renta de no Residentes (BOB núm. 238, de 13 de diciembre de 2013).Norma Foral 21/2014, de 18 de junio, del Impuesto sobre la Renta de no Residentes (BOTHA núm. 74, de 2 de julio de 2014). Norma Foral 16/2014, de 10 de diciembre, del Impuesto sobre la Renta de no Residentes (BOG núm. 237, de 12 de diciembre de 2014).

Artículo 4. *Tratados y convenios.*

Lo establecido en esta ley se entenderá sin perjuicio de lo dispuesto en los tratados y convenios internacionales que hayan pasado a formar parte del ordenamiento interno, de conformidad con el artículo 96 de la Constitución Española.

CAPÍTULO I. Elementos personales

Artículo 5. *Contribuyentes.*

Son contribuyentes por este impuesto:

a) Las personas físicas y entidades no residentes en territorio español conforme al artículo 6 que obtengan rentas en él, salvo que sean contribuyentes por el Impuesto sobre la Renta de las Personas Físicas.

b) Las personas físicas que sean residentes en España por alguna de las circunstancias previstas en el artículo 9.4 del texto refundido de la Ley del Impuesto sobre la Renta de las Personas Físicas, aprobado por el Real Decreto Legislativo 3/2004, de 5 de marzo.

c) Las entidades en régimen de atribución de rentas a que se refiere el artículo 38.

Artículo 6. *Residencia en territorio español.*

La residencia en territorio español se determinará de acuerdo con lo dispuesto en el artículo 9 del texto refundido de la Ley del Impuesto sobre la Renta de las Personas Físicas, aprobado por el Real Decreto Legislativo 3/2004, de 5 de marzo, y en el artículo 8.1 del texto refundido de la Ley del Impuesto sobre Sociedades, aprobado por el Real Decreto Legislativo 4/2004, de 5 de marzo.

Artículo 7. *Atribución de rentas.*

Las rentas correspondientes a las entidades en régimen de atribución de rentas a que se refiere el artículo 10 del texto refundido de la Ley del Impuesto sobre la Renta de las Personas Físicas, aprobado por el Real Decreto Legislativo 3/2004, de 5 de marzo, así como las retenciones e ingresos a cuenta que hayan soportado, se atribuirán a los socios, herederos, comuneros o partícipes, respectivamente, de acuerdo con lo establecido en la sección 2.ª del título VII de dicho texto refundido y en el capítulo V de esta ley.

Artículo 8. *Individualización de rentas.*

A los contribuyentes personas físicas les será de aplicación lo dispuesto en el artículo 11 del texto refundido de la Ley del Impuesto sobre la Renta de las Personas Físicas, aprobado por el Real Decreto Legislativo 3/2004, de 5 de marzo, sobre individualización de rentas.

Artículo 9. *Responsables.*

1. Responderán solidariamente del ingreso de las deudas tributarias correspondientes a los rendimientos que haya satisfecho o a las rentas de los bienes o derechos cuyo depósito o gestión tenga encomendado, respectivamente, el pagador de los rendimientos devengados sin mediación de establecimiento permanente por los contribuyentes o el depositario o gestor de los bienes o derechos de los contribuyentes no afectos a un establecimiento permanente.

Esta responsabilidad no existirá cuando resulte de aplicación la obligación de retener e ingresar a cuenta a que se refiere el artículo 31, incluso en los supuestos previstos en el apartado 4 de dicho artículo, sin perjuicio de las responsabilidades que deriven de la condición de retenedor.

2. No se entenderá que una persona o entidad satisface un rendimiento cuando se limite a efectuar una simple mediación de pago. Se entenderá por simple mediación de pago el abono de una cantidad por cuenta y orden de un tercero.

3[2]. En el caso del pagador de rendimientos devengados sin mediación de establecimiento permanente por los contribuyentes de este Impuesto, así como cuando se trate del depositario o gestor de bienes o derechos no afectos a un establecimiento permanente y pertenecientes a personas o entidades residentes en países o territorios considerados como paraísos fiscales, las actuaciones de la Administración tributaria podrán entenderse directamente con el responsable, al que será exigible la deuda tributaria, sin que sea necesario el acto administrativo previo de derivación de responsabilidad, previsto en el artículo 41.5 de la Ley 58/2003, de 17 de diciembre, General Tributaria.

En los restantes supuestos, la responsabilidad solidaria se exigirá en los términos previstos en el artículo 41.5 de la Ley 58/2003, de 17 de diciembre, General Tributaria.

4[3]. Responderán solidariamente del ingreso de las deudas tributarias correspondientes a los contribuyentes a que se refiere el apartado 1 del artículo 10 de esta Ley, que operen por mediación de un establecimiento permanente o en los supuestos del artículo 38, quienes hayan sido designados como sus representantes.

Artículo 10[4]. *Representantes.*

1. Los contribuyentes por este Impuesto que no sean residentes en otro Estado miembro de la Unión Europea estarán obligados a nombrar, antes del fin del plazo de declaración de la renta obtenida en España, una persona física o jurídica con residencia en España, para que les represente ante la Administración Tributaria en relación con sus obligaciones por este Impuesto, cuando operen por mediación de un establecimiento permanente, en los supuestos a que se refieren los artículos 24.2 y 38 de esta Ley, o cuando, debido a la cuantía y características de la renta obtenida o a la posesión de un bien inmueble en territorio español, así lo requiera la Administración Tributaria.

En el caso de Estados que formen parte del Espacio Económico Europeo que no sean Estado miembro de la Unión Europea, lo anterior no será de aplicación cuando exista normativa

---

[2]   Nueva redacción del art. 9 apartado 3 dada por el art. 2.1 de la Ley 36/2006, de 29 de noviembre, vigente desde el 1 de diciembre de 2006.

[3]   Nueva redacción del art. 9.4 dada por el art. segundo Uno de la Ley 11/2021, de 9 de julio, de medidas de prevención y lucha contra el fraude fiscal, de transposición de la Directiva (UE) 2016/1164, del Consejo, de 12 de julio de 2016, por la que se establecen normas contra las prácticas de elusión fiscal que inciden directamente en el funcionamiento del mercado interior, de modificación de diversas normas tributarias y en materia de regulación del juego (BOE núm. 164, de 10 de julio de 2021), efectos para los períodos impositivos que se inicien a partir de 1 de enero de 2021.

[4]   Nueva redacción del art. 10 dada por el art. segundo Dos de la Ley 11/2021, de 9 de julio, de medidas de prevención y lucha contra el fraude fiscal, de transposición de la Directiva (UE) 2016/1164, del Consejo, de 12 de julio de 2016, por la que se establecen normas contra las prácticas de elusión fiscal que inciden directamente en el funcionamiento del mercado interior, de modificación de diversas normas tributarias y en materia de regulación del juego (BOE núm. 164, de 10 de julio de 2021), con efectos para los períodos impositivos que se inicien a partir de 1 de enero de 2021.

Redacción anterior dada por el art. 2.2 de la Ley 36/2006, de 29 de noviembre, vigente desde el 1 de diciembre de 2006.

sobre asistencia mutua en materia de intercambio de información tributaria y de recaudación en los términos previstos en la Ley 58/2003, de 17 de diciembre, General Tributaria.

Esta obligación será, asimismo, exigible a las personas o entidades residentes en países o territorios con los que no exista un efectivo intercambio de información tributaria de acuerdo con lo dispuesto en el apartado 3 de la disposición adicional primera de la Ley 36/2006, de 29 de noviembre, de medidas para la prevención del fraude fiscal, que sean titulares de bienes situados o de derechos que se cumplan o ejerciten en territorio español, excluidos los valores negociados en mercados secundarios oficiales.

El contribuyente, o su representante, estarán obligados a poner en conocimiento de la Administración Tributaria el nombramiento, debidamente acreditado, en el plazo de dos meses a partir de la fecha de éste.

La designación se comunicará a la Delegación de la Agencia Estatal de Administración Tributaria en la que hayan de presentar la declaración por este Impuesto. A la comunicación acompañará la expresa aceptación del representante.

2. Cuando se trate de personas residentes o entidades en régimen de atribución de rentas constituidas en otro Estado miembro de la Unión Europea, actuarán ante la Administración Tributaria por medio de las personas que ostenten su representación de acuerdo con las normas de representación legal y voluntaria establecidas en la Ley 58/2003, de 17 de diciembre, General Tributaria.

En el caso de Estados que formen parte del Espacio Económico Europeo que no sean Estado miembro de la Unión Europea, lo anterior será de aplicación cuando exista normativa sobre asistencia mutua en materias de intercambio de información tributaria y recaudación en los términos previstos en la Ley 58/2003, de 17 de diciembre, General Tributaria.

3. En caso de incumplimiento de la obligación de nombramiento que establece el apartado 1, la Administración Tributaria podrá considerar representante del establecimiento permanente o del contribuyente a que se refiere el artículo 5.c) de esta Ley a quien figure como tal en el Registro Mercantil. Si no hubiese representante nombrado o inscrito, o fuera persona distinta de quien esté facultado para contratar en nombre de aquéllos, la Administración Tributaria podrá considerar como tal a este último.

En el caso de incumplimiento de la obligación de nombramiento de representante exigible a las personas o entidades residentes en países o territorios con los que no exista un efectivo intercambio de información tributaria de acuerdo con lo dispuesto en el apartado 3 de la disposición adicional primera de la Ley 36/2006, de 29 de noviembre, de medidas para la prevención del fraude fiscal, la Administración Tributaria podrá considerar que su representante es el depositario o gestor de los bienes o derechos de los contribuyentes.

4. El incumplimiento de la obligación a que se refiere el apartado 1 se considerará infracción tributaria grave, y la sanción consistirá en multa pecuniaria fija de 2.000 euros.

Cuando se trate de contribuyentes residentes en países o territorios con los que no exista un efectivo intercambio de información tributaria de acuerdo con lo dispuesto en el apartado 3 de la disposición adicional primera de la Ley 36/2006, de 29 de noviembre, de medidas para la prevención del fraude fiscal, dicha multa ascenderá a 6.000 euros.

La sanción impuesta, de acuerdo con lo previsto en este apartado, se reducirá conforme a lo dispuesto en el artículo 188.3 de la Ley 58/2003, de 17 de diciembre, General Tributaria.

Artículo 11. *Domicilio fiscal.*

1. Los contribuyentes no residentes en territorio español tendrán su domicilio fiscal, a efectos del cumplimiento de sus obligaciones tributarias, en España:

a) Cuando operen en España a través de establecimiento permanente, en el lugar en que radique la efectiva gestión administrativa y la dirección de sus negocios en España. En el supuesto en que no pueda establecerse el lugar del domicilio fiscal de acuerdo con el criterio anterior, prevalecerá aquel en el que radique el mayor valor del inmovilizado.

b) Cuando obtengan rentas derivadas de bienes inmuebles, en el domicilio fiscal del representante y, en su defecto, en el lugar de situación del inmueble correspondiente.

c) En los restantes casos, en el domicilio fiscal del representante o, en su defecto, en el del responsable solidario.

2[5]. Cuando no se hubiese designado representante, las notificaciones practicadas en el domicilio fiscal del responsable solidario tendrán el mismo valor y producirán iguales efectos que si se hubieran practicado directamente al contribuyente.

La misma validez, en defecto de designación de representante por parte de personas o entidades residentes en países o territorios con los que no exista un efectivo intercambio de información tributaria de acuerdo con lo dispuesto en el apartado 3 de la disposición adicional primera de la Ley de Medidas para la Prevención del Fraude Fiscal, y a falta de responsable solidario, tendrán las notificaciones que se puedan practicar en el lugar de situación de cualquiera de los inmuebles de su titularidad.

CAPÍTULO II. Sujeción al impuesto

Artículo 12. *Hecho imponible.*

1. Constituye el hecho imponible la obtención de rentas, dinerarias o en especie, en territorio español por los contribuyentes por este impuesto, conforme a lo establecido en el artículo siguiente.

2. Se presumirán retribuidas, salvo prueba en contrario, las prestaciones o cesiones de bienes, derechos y servicios susceptibles de generar rentas sujetas a este impuesto.

3. No estarán sujetas a este impuesto las rentas que se encuentren sujetas al Impuesto sobre Sucesiones y Donaciones.

Artículo 13. *Rentas obtenidas en territorio español.*

1. Se consideran rentas obtenidas en territorio español las siguientes:

a) Las rentas de actividades o explotaciones económicas realizadas mediante establecimiento permanente situado en territorio español.

Se entenderá que una persona física o entidad opera mediante establecimiento permanente en territorio español cuando por cualquier título disponga en éste, de forma continuada o habitual, de instalaciones o lugares de trabajo de cualquier índole, en los que realice toda o parte de su actividad, o actúe en él por medio de un agente autorizado para contratar, en nombre y por cuenta del contribuyente, que ejerza con habitualidad dichos poderes.

En particular, se entenderá que constituyen establecimiento permanente las sedes de dirección, las sucursales, las oficinas, las fábricas, los talleres, los almacenes, tiendas u otros

---

5   Nueva redacción del art. 11 apartado 2 dada por el art. 2.3 de la Ley 36/2006, de 29 de noviembre, vigentes desde el 1 de diciembre de 2006.

establecimientos, las minas, los pozos de petróleo o de gas, las canteras, las explotaciones agrícolas, forestales o pecuarias o cualquier otro lugar de exploración o de extracción de recursos naturales, y las obras de construcción, instalación o montaje cuya duración exceda de seis meses.

b) Las rentas de actividades o explotaciones económicas realizadas sin mediación de establecimiento permanente situado en territorio español, cuando no resulte de aplicación otro párrafo de este artículo, en los siguientes casos:

1.º Cuando las actividades económicas sean realizadas en territorio español. No se considerarán obtenidos en territorio español los rendimientos derivados de la instalación o montaje de maquinaria o instalaciones procedentes del extranjero cuando tales operaciones se realicen por el proveedor de la maquinaria o instalaciones, y su importe no exceda del 20 por ciento del precio de adquisición de dichos elementos.

2.º Cuando se trate de prestaciones de servicios utilizadas en territorio español, en particular las referidas a la realización de estudios, proyectos, asistencia técnica o apoyo a la gestión. Se entenderán utilizadas en territorio español aquellas que sirvan a actividades económicas realizadas en territorio español o se refieran a bienes situados en éste. Cuando tales prestaciones sirvan parcialmente a actividades económicas realizadas en territorio español, se considerarán obtenidas en España sólo por la parte que sirva a la actividad desarrollada en España.

3.º Cuando deriven, directa o indirectamente, de la actuación personal en territorio español de artistas y deportistas, o de cualquier otra actividad relacionada con dicha actuación, aun cuando se perciban por persona o entidad distinta del artista o deportista.

c) Los rendimientos del trabajo:

1.º Cuando deriven, directa o indirectamente, de una actividad personal desarrollada en territorio español.

2.º Cuando se trate de retribuciones públicas satisfechas por la Administración española.

3.º Cuando se trate de remuneraciones satisfechas por personas físicas que realicen actividades económicas, en el ejercicio de sus actividades, o entidades residentes en territorio español o por establecimientos permanentes situados en éste por razón de un empleo ejercido a bordo de un buque o aeronave en tráfico internacional.

Lo dispuesto en los párrafos 2.º y 3.º no será de aplicación cuando el trabajo se preste íntegramente en el extranjero y tales rendimientos estén sujetos a un impuesto de naturaleza personal en el extranjero.

d) Las pensiones y demás prestaciones similares, cuando deriven de un empleo prestado en territorio español o cuando se satisfagan por una persona o entidad residente en territorio español o por un establecimiento permanente situado en éste.

Se consideran pensiones las remuneraciones satisfechas por razón de un empleo anterior, con independencia de que se perciban por el propio trabajador u otra persona.

Se consideran prestaciones similares, en particular, las previstas en el artículo 16.2.a) y f) del texto refundido de la Ley del Impuesto sobre la Renta de las Personas Físicas, aprobado por el Real Decreto Legislativo 3/2004, de 5 de marzo.

e) Las retribuciones de los administradores y miembros de los consejos de administración, de las juntas que hagan sus veces o de órganos representativos de una entidad residente en territorio español.

f) Los siguientes rendimientos de capital mobiliario:

1.º Los dividendos y otros rendimientos derivados de la participación en los fondos propios de entidades residentes en España, sin perjuicio de lo dispuesto en el artículo 118 del texto refundido de la Ley del Impuesto sobre Sociedades, aprobado por el Real Decreto Legislativo 4/2004, de 5 de marzo.

2.º Los intereses y otros rendimientos obtenidos por la cesión a terceros de capitales propios satisfechos por personas o entidades residentes en territorio español, o por establecimientos permanentes situados en éste, o que retribuyan prestaciones de capital utilizadas en territorio español.

3.º Los cánones o regalías satisfechos por personas o entidades residentes en territorio español o por establecimientos permanentes situados en éste, o que se utilicen en territorio español.

Tienen la consideración de cánones o regalías las cantidades de cualquier clase pagadas por el uso, o la concesión de uso de:

Derechos sobre obras literarias, artísticas o científicas, incluidas las películas cinematográficas.

Patentes, marcas de fábrica o de comercio, dibujos o modelos, planos, fórmulas o procedimientos secretos.

Derechos sobre programas informáticos.

Informaciones relativas a experiencias industriales, comerciales o científicas.

Derechos personales susceptibles de cesión, tales como los derechos de imagen.

Equipos industriales, comerciales o científicos.

Cualquier derecho similar a los anteriores.

En particular, tienen esa consideración las cantidades pagadas por el uso o la concesión de uso de los derechos amparados por el texto refundido de la Ley de Propiedad Intelectual, aprobado por el Real Decreto Legislativo 1/1996, de 12 de abril, la Ley 11/1986, de 20 de marzo, de Patentes, y la Ley 17/2001, de 7 de diciembre, de Marcas.

4.º Otros rendimientos de capital mobiliario no mencionados en los párrafos 1.º, 2.º y 3.º anteriores, satisfechos por personas físicas que realicen actividades económicas, en el ejercicio de sus actividades, o entidades residentes en territorio español o por establecimientos permanentes situados en éste.

g) Los rendimientos derivados, directa o indirectamente, de bienes inmuebles situados en territorio español o de derechos relativos a éstos.

h) Las rentas imputadas a los contribuyentes personas físicas titulares de bienes inmuebles urbanos situados en territorio español no afectos a actividades económicas.

i) Las ganancias patrimoniales:

1.º Cuando se deriven de valores emitidos por personas o entidades residentes en territorio español.

2.º Cuando se deriven de otros bienes muebles, distintos de los valores, situados en territorio español o de derechos que deban cumplirse o se ejerciten en territorio español.

3.º Cuando procedan, directa o indirectamente, de bienes inmuebles situados en territorio español o de derechos relativos a éstos. En particular, se consideran incluidas:

Las ganancias patrimoniales derivadas de derechos o participaciones en una entidad, residente o no, cuyo activo esté constituido principalmente, de forma directa o indirecta, por bienes inmuebles situados en territorio español.

Las ganancias patrimoniales derivadas de la transmisión de derechos o participaciones en una entidad, residente o no, que atribuyan a su titular el derecho de disfrute sobre bienes inmuebles situados en territorio español.

4.º Cuando se incorporen al patrimonio del contribuyente bienes situados en territorio español o derechos que deban cumplirse o se ejerciten en dicho territorio, aun cuando no deriven de una transmisión previa, como las ganancias en el juego.

2. No se consideran obtenidos en territorio español los siguientes rendimientos:

a) Los satisfechos por razón de compraventas internacionales de mercancías, incluidas las comisiones de mediación en éstas, así como los gastos accesorios y conexos.

b) Los satisfechos a personas o entidades no residentes por establecimientos permanentes situados en el extranjero, con cargo a éstos, cuando las prestaciones correspondientes estén vinculadas con la actividad del establecimiento permanente en el extranjero.

3. Para la calificación de los distintos conceptos de renta en función de su procedencia se atenderá a lo dispuesto en este artículo y, en su defecto, a los criterios establecidos en el texto refundido de la Ley del Impuesto sobre la Renta de las Personas Físicas, aprobado por el Real Decreto Legislativo 3/2004, de 5 de marzo.

Artículo 14[6]. *Rentas exentas.*

1. Estarán exentas las siguientes rentas:

a)[7] Las rentas mencionadas en el artículo 7 y los rendimientos del trabajo en especie mencionados en el apartado 3 del artículo 42 de la Ley 35/2006, de 28 de noviembre, del Impuesto sobre la Renta de las Personas Físicas y de modificación parcial de las leyes de los Impuestos sobre Sociedades, sobre la Renta de no Residentes y sobre el Patrimonio, percibidas por personas físicas, así como las prestaciones por razón de necesidad reconocidas al amparo del Real Decreto 8/2008, de 11 de enero, por el que se regula la prestación por razón de necesidad a favor de los españoles residentes en el exterior y retornados.

b) Las becas y otras cantidades percibidas por personas físicas, satisfechas por las Administraciones públicas, en virtud de acuerdos y convenios internacionales de cooperación cultural, educativa y científica o en virtud del plan anual de cooperación internacional aprobado en Consejo de Ministros.

c)[8] Los intereses y demás rendimientos obtenidos por la cesión a terceros de capitales propios a que se refiere el artículo 25.2 de la Ley 35/2006, de 28 de noviembre, del Impuesto

---

6   Nueva redacción dada por la Disposición Final 3.2 de la Ley 35/2006, de 28 de noviembre.

7   Nueva redacción del art. 14.1.a) dada por la Disp. Final segunda Ley 28/2022, de 21 de diciembre, de fomento del ecosistema de las empresas emergentes (BOE núm. 306, de 22 de diciembre de 2022), en vigor desde el 23 de diciembre de 2022.
      Redacción anterior dada por la Disp. Final 3.2 de la Ley 35/2006, de 28 de diciembre.

8   Disposición adicional tercera «Acreditación de la residencia por fondos de pensiones e instituciones de inversión colectiva a efectos de la aplicación de determinadas exenciones» del RIRNR.
      Nueva redacción de la letra c) dada por el art. 64.Uno de la Ley 11/2020, de 30 de diciembre, de Presupuestos Generales del Estado para el año 2021 (BOE núm. 341, de 31 de diciembre de 2020), en vigor desde el 1 de enero de 2021.
      Redacción anterior dada el art. segundo. Uno de la Ley 26/2014, de 27 de noviembre, por la que se modifican la Ley 35/2006, de 28 de noviembre, del Impuesto sobre la Renta de las Personas Físicas, el texto refundido de la Ley del Impuesto sobre la Renta de no Residentes, aprobado por el Real Decreto Legislativo 5/2004, de 5 de marzo, y otras normas tributarias (BOE núm. 288, de 28 de noviembre de 2014).

sobre la Renta de las Personas Físicas y de modificación parcial de las leyes de los Impuestos sobre Sociedades, sobre la Renta de no Residentes y sobre el Patrimonio, así como las ganancias patrimoniales derivadas de bienes muebles obtenidos sin mediación de establecimiento permanente, por residentes en otro Estado miembro de la Unión Europea o en otro Estado integrante del Espacio Económico Europeo o por establecimientos permanentes de dichos residentes situados en otro Estado miembro de la Unión Europea o en otro Estado integrante del Espacio Económico Europeo.

En el caso de Estados que formen parte del Espacio Económico Europeo que no sean Estados miembros de la Unión Europea, se aplicará lo dispuesto en el párrafo anterior siempre que exista un efectivo intercambio de información tributaria en los términos previstos en el apartado 4 de la disposición adicional primera de la Ley 36/2006, de 29 de noviembre, de medidas para la prevención del fraude fiscal.

Lo dispuesto en los párrafos anteriores no resultará de aplicación a las ganancias patrimoniales derivadas de la transmisión de acciones, participaciones u otros derechos en una entidad en los siguientes casos:

1. Que el activo de la entidad consista principalmente, directa o indirectamente, en bienes inmuebles situados en territorio español.

2. En el caso de contribuyentes personas físicas, que, en algún momento anterior, durante el periodo de 12 meses precedente a la transmisión, el contribuyente haya participado, directa o indirectamente, en al menos el 25 por ciento del capital o patrimonio de la entidad.

3. En el caso de entidades no residentes, que la transmisión no cumpla los requisitos para la aplicación de la exención prevista en el artículo 21 de la Ley del Impuesto sobre Sociedades.

d) Los rendimientos derivados de la Deuda Pública, obtenidos sin mediación de establecimiento permanente en España.

e) Las rentas derivadas de valores emitidos en España por personas físicas o entidades no residentes sin mediación de establecimiento permanente, cualquiera que sea el lugar de residencia de las instituciones financieras que actúen como agentes de pago o medien en la emisión o transmisión de los valores.

No obstante, cuando el titular de los valores sea un establecimiento permanente en territorio español, las rentas a que se refiere el párrafo anterior quedarán sujetas a este impuesto y, en su caso, al sistema de retención a cuenta, que se practicará por la institución financiera residente que actúe como depositaria de los valores.

f) Los rendimientos de las cuentas de no residentes, que se satisfagan a contribuyentes por este impuesto, salvo que el pago se realice a un establecimiento permanente situado en territorio español, por el Banco de España, o por las entidades registradas a que se refiere la normativa de transacciones económicas con el exterior.

g)[9] Las rentas obtenidas en territorio español, sin mediación de establecimiento permanente en éste, procedentes del arrendamiento, cesión o transmisión de contenedores o de buques y aeronaves a casco desnudo, utilizados en la navegación marítima o aérea internacional.

---

[9] Letra g) modificada por el art. 4.1 de la Ley 2/2010, de 1 de marzo con efectos desde el 1 de enero de 2010.

En el caso de aeronaves, la exención se aplicará también cuando el grado de utilización en trayectos internacionales represente más del 50 por 100 de la distancia total recorrida en los vuelos efectuados por todas las aeronaves utilizadas por la compañía arrendataria.

h)[10] Los beneficios distribuidos por las sociedades filiales residentes en territorio español a sus sociedades matrices residentes en otros Estados miembros de la Unión Europea o a los establecimientos permanentes de estas últimas situados en otros Estados miembros, cuando concurran los siguientes requisitos:

1.º Que ambas sociedades estén sujetas y no exentas a alguno de los tributos que gravan los beneficios de las entidades jurídicas en los Estados miembros de la Unión Europea, mencionados en el artículo 2.c) de la Directiva 2011/96/UE del Consejo, de 30 de junio de 2011, relativa al régimen aplicable a las sociedades matrices y filiales de Estados miembros diferentes, y los establecimientos permanentes estén sujetos y no exentos a imposición en el Estado en el que estén situados.

2.º Que la distribución del beneficio no sea consecuencia de la liquidación de la sociedad filial.

3.º Que ambas sociedades revistan alguna de las formas previstas en el Anexo de la Directiva 2011/96/UE del Consejo, de 30 de junio de 2011, relativa al régimen aplicable a las sociedades matrices y filiales de Estados miembros diferentes, modificada por la Directiva 2014/86/UE del Consejo, de 8 de julio de 2014.

Tendrá la consideración de sociedad matriz aquella entidad que posea en el capital de otra sociedad una participación directa o indirecta de, al menos, el 5 por ciento. Esta última tendrá la consideración de sociedad filial. La mencionada participación deberá haberse mantenido de forma ininterrumpida durante el año anterior al día en que sea exigible el beneficio que se distribuya o, en su defecto, que se mantenga durante el tiempo que sea necesario para completar un año.

Para el cómputo del plazo se tendrá también en cuenta el período en que la participación haya sido poseída ininterrumpidamente por otras entidades que reúnan las circunstancias a que se refiere el artículo 42 del Código de Comercio para formar parte del mismo grupo de sociedades, con independencia de la residencia y de la obligación de formular cuentas anuales consolidadas. En este último caso, la cuota tributaria ingresada será devuelta una vez cumplido dicho plazo.

---

[10] Nueva redacción del art. 14.1.h) dada por el art. 64.Uno de la Ley 11/2020, de 30 de diciembre, de Presupuestos Generales del Estado para el año 2021 (BOE núm. 341, de 31 de diciembre de 2020), en vigor desde el 1 de enero de 2021.
Disp. Transitoria segunda «Régimen transitorio de la exención del artículo 14.1.h)» LIRNR.
Redacción anterior dada por el art. segundo. Uno de la Ley 26/2014, de 27 de noviembre, por la que se modifican la Ley 35/2006, de 28 de noviembre, del Impuesto sobre la Renta de las Personas Físicas, el texto refundido de la Ley del Impuesto sobre la Renta de no Residentes, aprobado por el Real Decreto Legislativo 5/2004, de 5 de marzo, y otras normas tributarias (BOE núm. 288, de 28 de noviembre de 2014), en vigor desde el 1 de enero de 2015.
Redacción anterior dada por el art. 65 de la Ley 2/2012, de 29 de junio, de Presupuestos Generales del Estado para el año 2012, (BOE núm. 156, de 30 de junio de 2012), con efectos desde el 1 de julio de 2012. Redacción anterior dada por el art. 70.1 de la Ley 39/2010, de 22 de diciembre con efectos desde el 1-1-2011. Redacción anterior dada por el art. 3.1 de al Ley 2272005, con efectos desde el 1 de enero de 2005.

La residencia se determinará con arreglo a la legislación del Estado miembro que corresponda, sin perjuicio de lo establecido en los convenios para evitar la doble imposición.

No obstante lo previsto anteriormente, la Ministra de Hacienda podrá declarar, a condición de reciprocidad, que lo establecido en esta letra h) sea de aplicación a las sociedades filiales que revistan una forma jurídica diferente de las previstas en el Anexo de la Directiva y a los dividendos distribuidos a una sociedad matriz que posea en el capital de una sociedad filial residente en España una participación directa o indirecta de, al menos, el 5 por ciento, siempre que se cumplan las restantes condiciones establecidas en esta letra h).

Lo establecido en esta letra h) no será de aplicación cuando la mayoría de los derechos de voto de la sociedad matriz se posean, directa o indirectamente, por personas físicas o jurídicas que no residan en Estados miembros de la Unión Europea o en Estados integrantes del Espacio Económico Europeo con los que exista un efectivo intercambio de información en materia tributaria en los términos previstos en el apartado 4 de la disposición adicional primera de la Ley 36/2006, de 29 de noviembre, de medidas para la prevención del fraude fiscal, excepto cuando la constitución y operativa de aquella responde a motivos económicos válidos y razones empresariales sustantivas.

Lo dispuesto en esta letra h) se aplicará igualmente a los beneficios distribuidos por las sociedades filiales residentes en territorio español a sus sociedades matrices residentes en los Estados integrantes del Espacio Económico Europeo o a los establecimientos permanentes de estas últimas situados en otros Estados integrantes, cuando concurran los siguientes requisitos:

1.º Que los Estados integrantes del Espacio Económico Europeo donde residan las sociedades matrices tengan un efectivo intercambio de información en materia tributaria en los términos previstos en el apartado 4 de la disposición adicional primera de la Ley 36/2006, de 29 de noviembre, de medidas para la prevención del fraude fiscal.

2.º Se trate de sociedades sujetas y no exentas a un tributo equivalente a los que gravan los beneficios de las entidades jurídicas en los Estados miembros de la Unión Europea, mencionados en el artículo 2.c) de la Directiva 2011/96/UE del Consejo, de 30 de junio de 2011, relativa al régimen aplicable a las sociedades matrices y filiales de Estados miembros diferentes, y los establecimientos permanentes estén sujetos y no exentos a imposición en el Estado en el que estén situados.

3.º Las sociedades matrices residentes en los Estados integrantes del Espacio Económico Europeo revistan alguna forma equivalente a las previstas en el Anexo de la Directiva 2011/96/UE del Consejo, de 30 de junio de 2011, relativa al régimen aplicable a las sociedades matrices y filiales de Estados miembros diferentes.

4.º Se cumplan los restantes requisitos establecidos en esta letra h).

i) Las rentas derivadas de las transmisiones de valores o el reembolso de participaciones en fondos de inversión realizados en alguno de los mercados secundarios oficiales de valores españoles, obtenidas por personas físicas o entidades no residentes sin mediación de establecimiento permanente en territorio español, que sean residentes en un Estado que tenga suscrito con España un convenio para evitar la doble imposición con cláusula de intercambio de información.

j)[11]

---

[11]   Letra j) suprimida por el art. segundo. dos de la Ley 26/2014, de 27 de noviembre, por la que se modifican la Ley 35/2006, de 28 de noviembre, del Impuesto sobre la Renta de las Personas Físicas, el texto refundido

k)[12] Los dividendos y participaciones en beneficios obtenidos sin mediación de establecimiento permanente por fondos de pensiones equivalentes a los regulados en el texto refundido de la Ley de Planes y Fondos de Pensiones aprobado por Real Decreto Legislativo 1/2002, de 29 de noviembre, que sean residentes en otro Estado miembro de la Unión Europea o por establecimientos permanentes de dichas instituciones situados en otro Estado miembro de la Unión Europea.

Se consideran fondos de pensiones equivalentes aquellas instituciones de previsión social que cumplan los siguientes requisitos:

Que tengan por objeto exclusivo proporcionar una prestación complementaria en el momento de la jubilación, fallecimiento, incapacidad o dependencia en los mismos términos previstos en el artículo 8.6 del Texto Refundido de la Ley de regulación de los planes y fondos de pensiones.

Que las contribuciones empresariales que pudieran realizarse se imputen fiscalmente al partícipe a quien se vincula la prestación, transmitiéndole de forma irrevocable el derecho a la percepción de la prestación futura.

Que cuenten con un régimen fiscal preferencial de diferimiento impositivo tanto respecto de las aportaciones como de las contribuciones empresariales realizadas a los mismos. Dicho régimen debe caracterizarse por la tributación efectiva de todas las aportaciones y contribuciones así como de la rentabilidad obtenida en su gestión en el momento de la percepción de la prestación.

Lo dispuesto en este apartado se aplicará igualmente a los fondos de pensiones equivalentes residentes en los Estados integrantes del Espacio Económico Europeo siempre que estos hayan suscrito con España un convenio para evitar la doble imposición internacional con cláusula de intercambio de información o un acuerdo de intercambio de información en materia tributaria.

l)[13] Los dividendos y participaciones en beneficios obtenidos sin mediación de establecimiento permanente por las instituciones de inversión colectiva reguladas por la Directiva 2009/65/CE del Parlamento Europeo y del Consejo, de 13 de julio de 2009, por la que se coordinan las disposiciones legales, reglamentarias y administrativas sobre determinados organismos de inversión colectiva en valores mobiliarios; no obstante en ningún caso la aplicación de esta exención podrá dar lugar a una tributación inferior a la que hubiera resultado de haberse aplicado a dichas rentas el mismo tipo de gravamen por el que tributan en el Impuesto sobre Sociedades las instituciones de inversión colectiva residentes en territorio español.

---

de la Ley del Impuesto sobre la Renta de no Residentes, aprobado por el Real Decreto Legislativo 5/2004, de 5 de marzo, y otras normas tributarias (BOE núm. 288, de 28 de noviembre de 2014), en vigor desde el 1 de enero de 2015.
Redacción anterior de la letra j) dada por el art. 63 de la Ley 42/2006, de 28 de diciembre, con efectos desde el 1 de enero de 2007.

[12] Modificada la letra K) por la disp. final 57 de la Ley 2/2011, de 4 de marzo. Incorporada por el art. 4.2 de la Ley 2/2010 de 1 de marzo.

[13] Modificada la letra l) por la disp. final 57 de la Ley 2/2011, de 4 de marzo. Incorporada por el art. 4.2 de la Ley 2/2010 de 1 de marzo.

m)[14] Los cánones o regalías satisfechos por una sociedad residente en territorio español o por un establecimiento permanente situado en éste de una sociedad residente en otro Estado miembro de la Unión Europea a una sociedad residente en otro Estado miembro o a un establecimiento permanente situado en otro Estado miembro de una sociedad residente de un Estado miembro cuando concurran los siguientes requisitos:

1.º Que ambas sociedades estén sujetas y no exentas a alguno de los tributos mencionados en el artículo 3.a).iii) de la Directiva 2003/49/CE del Consejo, de 3 de junio de 2003, relativa a un régimen fiscal común aplicable a los pagos de intereses y cánones efectuados entre sociedades asociadas de diferentes Estados miembros.

2.º Que ambas sociedades revistan alguna de las formas previstas en el anexo de la Directiva 2003/49/CE.

3.º Que ambas sociedades sean residentes fiscales en la Unión Europea y que, a efectos de un convenio para evitar la doble imposición sobre la renta concluido con un tercer Estado, no se consideren residentes de ese tercer Estado.

4.º Que ambas sociedades sean asociadas. A estos efectos, dos sociedades se considerarán asociadas cuando una posea en el capital de la otra una participación directa de, al menos, el 25 por ciento, o una tercera posea en el capital de cada una de ellas una participación directa de, al menos, el 25 por ciento.

La mencionada participación deberá haberse mantenido de forma ininterrumpida durante el año anterior al día en que se haya satisfecho el pago del rendimiento o, en su defecto, deberá mantenerse durante el tiempo que sea necesario para completar un año.

5.º Que, en su caso, tales cantidades sean deducibles para el establecimiento permanente que satisface los rendimientos en el Estado en que esté situado.

6.º[15] Que la sociedad que reciba tales pagos lo haga en su propio beneficio y no como mera intermediaria o agente autorizado de otra persona o sociedad y que, tratándose de un establecimiento permanente, las cantidades que reciba estén efectivamente relacionadas con su actividad y constituyan ingreso computable a efectos de la determinación de su base imponible en el Estado en el que esté situado.

Lo establecido en esta letra m) no será de aplicación cuando la mayoría de los derechos de voto de la sociedad perceptora de los rendimientos se posea, directa o indirectamente, por personas físicas o jurídicas que no residan en Estados miembros de la Unión Europea, excepto cuando la constitución y operativa de aquella responde a motivos económicos válidos y razones empresariales sustantivas.

2[16]. En ningún caso será de aplicación lo dispuesto en las letras c), i) y j) del apartado anterior a los rendimientos y ganancias patrimoniales obtenidos a través de los países o territorios que tengan la consideración de paraíso fiscal.

---

[14]   Letra m) incorporada por el art. 70.2 de la Ley 39/2010, de 22 de diciembre con efectos desde 1 de julio de 2011

[15]   Nueva redacción del número 6.º de la letra m) dada por el art. segundo. Uno de la Ley 26/2014, de 27 de noviembre, por la que se modifican la Ley 35/2006, de 28 de noviembre, del Impuesto sobre la Renta de las Personas Físicas, el texto refundido de la Ley del Impuesto sobre la Renta de no Residentes, aprobado por el Real Decreto Legislativo 5/2004, de 5 de marzo, y otras normas tributarias (BOE núm. 288, de 28 de noviembre de 2014), en vigor desde el 1 de enero de 2015.

[16]   Apartado 2 modificado por el art. 4 del Real Decreto-Ley 2/2008, de 21 de abril. Redacción anterior dada por el art. 3.2 de la Ley 22/2005, con efectos desde el 1 de enero de 2005.

Tampoco será de aplicación lo previsto en la letra h) del apartado anterior cuando la sociedad matriz tenga su residencia fiscal, o el establecimiento permanente esté situado, en un país o territorio que tenga la consideración de paraíso fiscal.

3. El Ministro de Economía y Hacienda podrá declarar, a condición de reciprocidad, la exención de los rendimientos correspondientes a entidades de navegación marítima o aérea residentes en el extranjero cuyos buques o aeronaves toquen territorio español, aunque tengan en éste consignatarios o agentes.

Artículo 15[17]. *Formas de sujeción y operaciones vinculadas.*

1. Los contribuyentes que obtengan rentas mediante establecimiento permanente situado en territorio español tributarán por la totalidad de la renta imputable a dicho establecimiento, cualquiera que sea el lugar de su obtención, de acuerdo con lo dispuesto en el capítulo III.

Los contribuyentes que obtengan rentas sin mediación de establecimiento permanente tributarán de forma separada por cada devengo total o parcial de renta sometida a gravamen, sin que sea posible compensación alguna entre aquéllas y en los términos previstos en el capítulo IV.

2. A las operaciones realizadas por contribuyentes por este Impuesto con personas o entidades vinculadas a ellos les serán de aplicación las disposiciones del artículo 16 del Texto Refundido de la Ley del Impuesto sobre Sociedades, aprobado por el Real Decreto Legislativo 4/2004, de 5 de marzo[18].

A estos efectos, se considerarán personas o entidades vinculadas las mencionadas en el artículo 16.3 del Texto Refundido de la Ley del Impuesto sobre Sociedades, aprobado por el Real Decreto Legislativo 4/2004, de 5 de marzo. En cualquier caso, se entenderá que existe vinculación entre un establecimiento permanente situado en territorio español con su casa central, con otros establecimientos permanentes de la mencionada casa central y con otras personas o entidades vinculadas a la casa central o sus establecimientos permanentes, ya estén situados en territorio español o en el extranjero.

En todo caso, los contribuyentes que obtengan rentas mediante establecimiento permanente podrán solicitar a la Administración tributaria que determine la valoración de los gastos de dirección y generales de administración que resulten deducibles, conforme a lo dispuesto en el artículo 16.7 del Texto Refundido de la Ley del Impuesto sobre Sociedades, aprobado por el Real Decreto Legislativo 4/2004, de 5 de marzo.

CAPÍTULO III. Rentas obtenidas mediante establecimiento permanente

Artículo 16[19]. *Rentas imputables a los establecimientos permanentes.*

1. Componen la renta imputable al establecimiento permanente los siguientes conceptos:

a) Los rendimientos de las actividades o explotaciones económicas desarrolladas por dicho establecimiento permanente.

---

[17] Nueva redacción dada por el art. 2.4 de la Ley 36/2006, de 29 de noviembre, en vigor desde el 1 de diciembre de 2006.

[18] Art. 18 «Operaciones vinculadas» de la Ley 27/2014, de 27 de noviembre, del Impuesto sobre Sociedades (BOE núm. 288, de 28 de noviembre de 2014).

[19] Nueva redacción del apartado 1 dada por la Disposición Final 3.6 de la Ley 35/2006, de 28 de noviembre, en vigor desde el 1 de enero de 2007.

b) Los rendimientos derivados de elementos patrimoniales afectos al establecimiento permanente.

c) Las ganancias o pérdidas patrimoniales derivadas de los elementos patrimoniales afectos al establecimiento permanente.

Se consideran elementos patrimoniales afectos al establecimiento permanente los vinculados funcionalmente al desarrollo de la actividad que constituye su objeto.

Los activos representativos de la participación en fondos propios de una entidad sólo se considerarán elementos patrimoniales afectos al establecimiento permanente cuando éste sea una sucursal registrada en el Registro mercantil y se cumplan los requisitos establecidos reglamentariamente.

A estos efectos, se considerarán elementos patrimoniales afectos los transmitidos dentro de los tres períodos impositivos siguientes al de la desafectación.

2. En los casos de reexportación de bienes previamente importados por el mismo contribuyente, se considerará:

a) Que no se ha producido alteración patrimonial alguna, sin perjuicio del tratamiento aplicable a los pagos realizados por el período de utilización, si se trata de elementos de inmovilizado importados temporalmente.

b) Que ha habido alteración patrimonial, si se trata de elementos de inmovilizado adquiridos para su utilización en las actividades desarrolladas por un establecimiento permanente.

c) Que ha habido rendimiento, positivo o negativo, de una actividad o explotación económica, si se trata de elementos que tengan la consideración de existencias.

Artículo 17. *Diversidad de establecimientos permanentes.*

1[20]. Cuando un contribuyente disponga de diversos centros de actividad en territorio español, se considerará que éstos constituyen establecimientos permanentes distintos, y se gravarán en consecuencia separadamente, cuando concurran las siguientes circunstancias:

a) Que realicen actividades claramente diferenciables.

b) Que la gestión de éstas se lleve de modo separado.

2. En ningún caso será posible la compensación de rentas entre establecimientos permanentes distintos.

Artículo 18[21]. *Determinación de la base imponible.*

1. La base imponible del establecimiento permanente se determinará con arreglo a las disposiciones del régimen general del Impuesto sobre Sociedades, sin perjuicio de lo dispuesto en los párrafos siguientes:

a) Para la determinación de la base imponible, no serán deducibles los pagos que el establecimiento permanente efectúe a la casa central o a alguno de sus establecimientos permanentes en concepto de cánones, intereses, comisiones, abonados en contraprestación de servicios de asistencia técnica o por el uso o la cesión de bienes o derechos.

---

[20]   Art. 2 del Real Decreto 1776/2004, de 30 de julio.

[21]   Arts. 3, 4 y 5 del Real Decreto 1776/2004, de 30 de julio.
     Nueva redacción dada por el art. 2.5 de la Ley 36/2006, de 29 de diciembre, con efectos para los períodos impositivos que se inicien a partir del 1 de diciembre de 2006.

No obstante lo dispuesto anteriormente, serán deducibles los intereses abonados por los establecimientos permanentes de Bancos extranjeros a su casa central, o a otros establecimientos permanentes, para la realización de su actividad.

b) Para la determinación de la base imponible será deducible la parte razonable de los gastos de dirección y generales de administración que corresponda al establecimiento permanente, siempre que se cumplan los siguientes requisitos:

1º Reflejo en los estados contables del establecimiento permanente.

2º Constancia, mediante memoria informativa presentada con la declaración, de los importes, criterios y módulos de reparto.

3º Racionalidad y continuidad de los criterios de imputación adoptados.

Se entenderá cumplido el requisito de racionalidad de los criterios de imputación cuando éstos se basen en la utilización de factores realizada por el establecimiento permanente y en el coste total de dichos factores.

En aquellos casos en que no fuese posible utilizar el criterio señalado en el párrafo anterior, la imputación podrá realizarse atendiendo a la relación en que se encuentre alguna de las siguientes magnitudes:

Cifra de negocios.

Costes y gastos directos.

Inversión media en elementos de inmovilizado material afecto a actividades o explotaciones económicas.

Inversión media total en elementos afectos a actividades o explotaciones económicas.

c) En ningún caso resultarán imputables cantidades correspondientes al coste de los capitales propios de la entidad afectos, directa o indirectamente, al establecimiento permanente.

2. El establecimiento permanente podrá compensar sus bases imponibles negativas de acuerdo con lo previsto en el artículo 25 del Texto Refundido de la Ley del Impuesto sobre Sociedades, aprobado por el Real Decreto Legislativo 4/2004, de 5 de marzo.

3. Cuando las operaciones realizadas en España por un establecimiento permanente no cierren un ciclo mercantil completo determinante de ingresos en España, finalizándose éste por el contribuyente o por uno o varios de sus establecimientos permanentes sin que se produzca contraprestación alguna, aparte de la cobertura de los gastos originados por el establecimiento permanente, y sin que se destine la totalidad o una parte de los productos o servicios a terceros distintos del propio contribuyente, serán aplicables las siguientes reglas:

a) Los ingresos y gastos del establecimiento permanente se valorarán según las normas del artículo 16 del Texto Refundido de la Ley del Impuesto sobre Sociedades, aprobado por el Real Decreto Legislativo 4/2004, de 5 de marzo, con determinación de la deuda tributaria según las normas aplicables en el régimen general del Impuesto sobre Sociedades y en lo previsto en los apartados anteriores de este artículo.

b) Subsidiariamente, se aplicarán las siguientes reglas:

1ª La base imponible se determinará aplicando el porcentaje que a estos efectos señale el Ministro de Economía y Hacienda sobre el total de los gastos incurridos en el desarrollo de la actividad que constituye el objeto del establecimiento permanente. A dicha cantidad se adicionará la cuantía íntegra de los ingresos de carácter accesorio, como intereses o cánones, que no constituyan su objeto empresarial, así como las ganancias y pérdidas patrimoniales derivadas de los elementos patrimoniales afectos al establecimiento.

A los efectos de esta regla, los gastos del establecimiento permanente se computarán por su cuantía íntegra, sin que sea admisible minoración o compensación alguna.

2ª La cuota íntegra se determinará aplicando sobre la base imponible el tipo de gravamen general, sin que sean aplicables en ella las deducciones y bonificaciones reguladas en el citado régimen general.

4. Tratándose de establecimientos permanentes cuya actividad en territorio español consista en obras de construcción, instalación o montaje cuya duración exceda de seis meses, actividades o explotaciones económicas de temporada o estacionales, o actividades de exploración de recursos naturales, el Impuesto se exigirá conforme a las siguientes reglas:

a) Según lo previsto para las rentas de actividades o explotaciones económicas obtenidas en territorio español sin mediación de establecimiento permanente en los artículos 24.2 y 25, siendo de aplicación, a estos efectos, las siguientes reglas:

1ª Las reglas sobre devengo y presentación de declaraciones serán las relativas a las rentas obtenidas sin mediación de establecimiento permanente.

2ª Los contribuyentes quedarán relevados del cumplimiento de las obligaciones contables y registrales de carácter general. No obstante, deberán conservar y mantener a disposición de la Administración tributaria los justificantes de los ingresos obtenidos y de los pagos realizados por este Impuesto, así como, en su caso, de las retenciones e ingresos a cuenta practicados y declaraciones relativas a éstos.

Asimismo, estarán obligados a presentar una declaración censal y declarar su domicilio fiscal en territorio español, así como a comunicar los cambios que se produjesen en éste o en los datos consignados en aquélla.

b) No obstante, el contribuyente podrá optar por la aplicación del régimen general previsto para los establecimientos permanentes en los artículos precedentes.

Será obligatoria, en cualquier caso, la aplicación del sistema señalado en el párrafo a) anterior cuando el establecimiento permanente no disponga de contabilidad separada de las rentas obtenidas en territorio español.

La opción deberá manifestarse al tiempo de presentar la declaración censal de comienzo de actividad.

c) No resultarán aplicables, en ningún caso, a los contribuyentes que sigan el sistema previsto en el párrafo a) anterior las reglas establecidas en los convenios para evitar la doble imposición en los supuestos de rentas obtenidas sin mediación de establecimiento permanente.

5[22]. Se integrará en la base imponible la diferencia entre el valor de mercado y el valor fiscal de los siguientes elementos patrimoniales:

---

[22]   Nueva redacción del art. 18.5 dada por el art. segundo Tres de la Ley 11/2021, de 9 de julio, de medidas de prevención y lucha contra el fraude fiscal, de transposición de la Directiva (UE) 2016/1164, del Consejo, de 12 de julio de 2016, por la que se establecen normas contra las prácticas de elusión fiscal que inciden directamente en el funcionamiento del mercado interior, de modificación de diversas normas tributarias y en materia de regulación del juego (BOE núm. 164, de 10 de julio de 2021), con efectos para los períodos impositivos que se inicien a partir de 1 de enero de 2021.
Redacción anterior al ser incorporado por el art. segundo. tres de la Ley 26/2014, de 27 de noviembre, por la que se modifican la Ley 35/2006, de 28 de noviembre, del Impuesto sobre la Renta de las Personas Físicas, el texto refundido de la Ley del Impuesto sobre la Renta de no Residentes, aprobado por el Real Decreto Legislativo 5/2004, de 5 de marzo, y otras normas tributarias (BOE núm. 288, de 28 de noviembre de 2014), en vigor desde el 1 de enero de 2015.

a) Los que estén afectos a un establecimiento permanente situado en territorio español que cesa su actividad.

b) Los que estando previamente afectos a un establecimiento permanente situado en territorio español, son transferidos al extranjero.

c) Los que estén afectos a un establecimiento permanente situado en el territorio español que traslada su actividad al extranjero.

6[23]**.** No serán fiscalmente deducibles:

a) Los gastos correspondientes a operaciones realizadas con la casa central o con alguno de sus establecimientos permanentes, así como con una persona o entidad vinculada a dicha casa central o alguno de sus establecimientos permanentes, que, como consecuencia de una diferencia fiscal en su atribución entre el establecimiento permanente y su casa central, o entre dos o más establecimientos permanentes no generen un ingreso.

b) Los gastos estimados por operaciones internas con la casa central o con alguno de sus establecimientos permanentes o los de una persona o entidad vinculada que, debido a la legislación del país o territorio del beneficiario, no generen un ingreso, en la parte que no se compense con ingresos que generen renta de doble inclusión.

El importe de los gastos no deducidos por aplicación de lo dispuesto en el párrafo anterior podrá deducirse en los períodos impositivos que concluyan dentro de los tres años siguientes, en la medida en que se compense con ingresos que generen renta de doble inclusión.

c) Los gastos correspondientes a operaciones del establecimiento permanente que sean asimismo fiscalmente deducibles en la casa central, en la parte que no se compense con ingresos de dicho establecimiento permanente o entidad vinculada que generen renta de doble inclusión.

Los importes no deducidos conforme a lo establecido en el párrafo anterior podrán ser deducidos en los períodos impositivos que concluyan en los tres años siguientes a la conclusión del período impositivo en el que se devengaron tales gastos, en la medida en que se compensen con ingresos del establecimiento permanente o entidad vinculada que generen renta doble inclusión.

d) Los gastos correspondientes a operaciones realizadas con un establecimiento permanente de la casa central o de una persona o entidad vinculada que, como consecuencia de que no es reconocido fiscalmente por el país o territorio de situación, no generan ingreso.

7[24]**.** A efectos de lo dispuesto en el apartado 6, así como en cualquier otro caso de asimetría híbrida regulado en el artículo 15 bis de la Ley 27/2014, de 27 de noviembre, del Impuesto sobre Sociedades, que sea de aplicación:

---

[23]　Nuevo apartado incorporado por el art. segundo del Real Decreto-ley 4/2021, de 9 de marzo, por el que se modifican la Ley 27/2014, de 27 de noviembre, del Impuesto sobre Sociedades, y el texto refundido de la Ley del Impuesto sobre la Renta de no Residentes, aprobado mediante Real Decreto Legislativo 5/2004, de 5 de marzo, en relación con las asimetrías híbridas (BOE núm. 59, de 10 de marzo de 2021), en vigor desde el 11 de marzo de 2021 y tendrá efectos para los períodos impositivos que se inicien a partir del 1 de enero de 2020 y que no hayan concluido a 11 de marzo de 2021.
　　Tras la tramitación como proyecto de ley del Real Decreto-ley 4/2021, de 9 de marzo, la anterior modificación se recoge en el art. 2 de la Ley 5/2022, de 9 de marzo (BOE núm. 59, de 10 de marzo de 2022).

[24]　Nuevo apartado incorporado por el art. segundo del Real Decreto-ley 4/2021, de 9 de marzo, por el que se modifican la Ley 27/2014, de 27 de noviembre, del Impuesto sobre Sociedades, y el texto refundido de la Ley del Impuesto sobre la Renta de no Residentes, aprobado mediante Real Decreto Legislativo 5/2004,

a) Se considera que un ingreso genera renta de doble inclusión cuando esté sometido a tributación con arreglo a este texto refundido y a la legislación del otro país o territorio.

b) La referencia a personas o entidades vinculadas comprenderá, además de las dispuestas en el artículo 15.2 de este texto refundido, las siguientes:

1º Una entidad que ostente, directa o indirectamente, una participación de, al menos, un 25 por ciento en los derechos de voto del contribuyente o tenga derecho a percibir, al menos, un 25 por ciento de los beneficios del mismo, o en la que el contribuyente ostente dichas participaciones o derechos.

2º La persona o entidad sobre la que el contribuyente actúe conjuntamente con otra persona o entidad respecto de los derechos de voto o la propiedad del capital de aquélla, o la persona o entidad que actúe conjuntamente con otra respecto de los derechos de voto o la propiedad del capital del contribuyente. A estos efectos, el contribuyente o, en el segundo supuesto, la persona o entidad, será tratado como el titular de una participación en relación con todos los derechos de voto o la propiedad del capital de la entidad o del contribuyente, respectivamente, que sean propiedad de la otra persona o entidad.

3º Una entidad en cuya gestión el contribuyente tenga una influencia significativa o una entidad que tenga una influencia significativa en la gestión del contribuyente. A estos efectos, se considera que existe influencia significativa cuando se tenga el poder de intervenir en las decisiones de política financiera y de explotación de otra entidad, sin llegar a tener el control ni el control conjunto de la misma.

Asimismo, lo dispuesto en este apartado se aplicará cuando las operaciones a que se refieren, con independencia de que se realicen entre personas o entidades vinculadas o no, tengan lugar en el marco de un mecanismo estructurado.

A estos efectos, se considera mecanismo estructurado todo acuerdo, negocio jurídico, esquema u operación en el que la ventaja fiscal derivada de las asimetrías híbridas esté cuantificada o considerada en sus condiciones o contraprestaciones, o bien que haya sido diseñado para producir los resultados de tales asimetrías, excepto que el contribuyente o una persona o entidad vinculada con él no hubiera podido conocerlos razonablemente y no compartiera la ventaja fiscal indicada.

8[25]**.** En los casos previstos en las letras b) y c) del apartado 5, en el supuesto de elementos patrimoniales transferidos a un Estado miembro de la Unión Europea o del Espacio Económico Europeo que haya celebrado un acuerdo con España o con la Unión Europea sobre asistencia mutua en materia de cobro de créditos tributarios que sea equivalente a la asistencia

---

de 5 de marzo, en relación con las asimetrías híbridas (BOE núm. 59, de 10 de marzo de 2021), en vigor desde el 11 de marzo de 2021 y tendrá efectos para los períodos impositivos que se inicien a partir del 1 de enero de 2020 y que no hayan concluido a 11 de marzo de 2021.

Tras la tramitación como proyecto de ley del Real Decreto-ley 4/2021, de 9 de marzo, la anterior modificación se recoge en el art. 2 de la Ley 5/2022, de 9 de marzo (BOE núm. 59, de 10 de marzo de 2022).

[25] Nuevo apartado incorporado por el art. segundo Tres de la Ley 11/2021, de 9 de julio, de medidas de prevención y lucha contra el fraude fiscal, de transposición de la Directiva (UE) 2016/1164, del Consejo, de 12 de julio de 2016, por la que se establecen normas contra las prácticas de elusión fiscal que inciden directamente en el funcionamiento del mercado interior, de modificación de diversas normas tributarias y en materia de regulación del juego (BOE núm. 164, de 10 de julio de 2021, corrección errores BOE núm. 241, de 8 de octubre de 2021), con efectos para los períodos impositivos que se inicien a partir de 1 de enero de 2021.

mutua prevista en la Directiva 2010/24/UE del Consejo, de 16 de marzo de 2010, sobre la asistencia mutua en materia de cobro de los créditos correspondientes a determinados impuestos, derechos y otras medidas, el contribuyente podrá optar por fraccionar el pago de la deuda tributaria resultante de lo dispuesto en el apartado anterior por quintas partes anuales iguales.

El ejercicio de la opción se realizará exclusivamente en la propia declaración del impuesto correspondiente al período impositivo en el que tenga lugar la transferencia de activos prevista en la letra b) del apartado 5, o en la declaración del impuesto correspondiente al período impositivo concluido con ocasión del traslado de actividad, en el supuesto previsto en la letra c) del apartado 5, debiéndose efectuar el pago de la primera fracción en el plazo voluntario de declaración correspondiente a dicho período impositivo.

El vencimiento y exigibilidad de cada una de las cuatro fracciones anuales restantes, junto con los intereses de demora devengados por cada una de ellas, se producirá de forma sucesiva, transcurrido un año desde la finalización del plazo voluntario de declaración correspondiente al período impositivo previsto en el apartado anterior.

Salvo las especialidades contenidas en este apartado, a este fraccionamiento le será de aplicación lo dispuesto en la Ley 58/2003, de 17 de diciembre, General Tributaria, y su normativa de desarrollo, en cuanto al devengo de intereses de demora y a la constitución de garantías. No obstante, únicamente será exigible la constitución de garantías cuando se justifique la existencia de indicios racionales de que el cobro de la deuda se podría ver frustrado o gravemente dificultado.

En el caso de que dichos indicios racionales sean apreciados por el órgano de recaudación en el plazo de los 6 meses siguientes a la finalización del plazo voluntario de pago de la primera fracción, se pondrá en conocimiento del contribuyente mediante el oportuno requerimiento para que aporte garantías suficientes en el plazo de 10 días contados a partir del siguiente a la notificación del mismo. Si el requerimiento no es atendido o, siéndolo, no se considera aportada garantía suficiente o debidamente justificada lo innecesario de la misma, se exigirá la totalidad de la deuda pendiente en los plazos a los que se refiere el artículo 62.2 de la Ley 58/2003, de 17 de diciembre, General Tributaria. De no producirse el ingreso en dicho plazo, comenzará el periodo ejecutivo y deberá iniciarse el procedimiento de apremio en los términos previstos en el artículo 167.1 de la Ley 58/2003, de 17 de diciembre, General Tributaria.

El fraccionamiento perderá su vigencia en los siguientes supuestos:

a) Cuando los elementos patrimoniales afectados, sean objeto de transmisión a terceros.

b) Cuando los elementos patrimoniales afectados se trasladen con posterioridad a un tercer Estado distinto de los señalados en el párrafo primero de este apartado.

c) Cuando la actividad realizada por el establecimiento permanente se traslade con posterioridad a un tercer Estado distinto de los señalados en el párrafo primero de este apartado.

d) Cuando el contribuyente se encuentre en liquidación o esté incurso en un procedimiento de ejecución colectiva, como concurso, o cualquier procedimiento equivalente.

e) Cuando el contribuyente no efectúe el ingreso previsto en el fraccionamiento.

En los casos de transmisión o traslado de elementos a los que se refieren las letras a) y b) de este apartado, cuando se trate de una transmisión o traslado parcial de los elementos patrimoniales, el fraccionamiento perderá su vigencia únicamente respecto de la parte proporcional de la deuda tributaria correspondiente a la diferencia positiva entre el valor de mercado y el valor fiscal de dichos elementos, cuando el contribuyente pruebe que dicha transmisión o traslado afecta solo a alguno o algunos de los elementos patrimoniales.

En los supuestos de pérdida de vigencia contemplados en las letras a), b) y c) de este apartado, las cantidades para las cuales ha perdido su vigencia el fraccionamiento deberán ser ingresadas en el plazo de un mes contado a partir de que se produzca la pérdida de vigencia del fraccionamiento. La falta de ingreso en el referido plazo de un mes determinará que se proceda, exclusivamente respecto de las cantidades para las cuales ha perdido su vigencia el fraccionamiento, a iniciar el procedimiento de apremio, con su exigencia en los plazos a que se refiere el artículo 62.5 de la Ley 58/2003, de 17 de diciembre, General Tributaria. El importe que se ingrese será aplicado a los últimos vencimientos del fraccionamiento. De no producirse el ingreso de las cantidades exigidas en dichos plazos, se considerará vencida, en su caso, el resto de deuda fraccionada, debiendo iniciarse el procedimiento de apremio respecto de la misma.

La pérdida de vigencia del fraccionamiento a que se refiere la letra d) de este apartado determinará el vencimiento y exigibilidad de la totalidad de la deuda pendiente en el plazo de un mes contado a partir de que se produzca la misma. La falta de ingreso en el referido plazo determinará el inicio del periodo ejecutivo debiendo iniciarse el procedimiento de apremio en los términos previstos en el artículo 167.1 de la Ley 58/2003, de 17 de diciembre, General Tributaria.

Si concurre el supuesto de pérdida de vigencia del fraccionamiento al que se refiere la letra e) de este apartado, se procederá a iniciar el procedimiento de apremio exclusivamente respecto de dicha fracción incumplida, exigiéndose en los plazos a que se refiere el artículo 62.5 de la Ley 58/2003, de 17 de diciembre, General Tributaria. Se exigirá el importe de dicha fracción, los intereses de demora devengados a partir del día siguiente al del vencimiento del plazo de ingreso en período voluntario hasta la fecha del vencimiento del plazo concedido, y el recargo del período ejecutivo sobre la suma de ambos conceptos.

De no producirse el ingreso de las cantidades exigidas conforme al párrafo anterior se considerarán vencidas el resto de las fracciones pendientes, debiendo iniciarse el procedimiento de apremio respecto de todas las deudas. Se exigirán los intereses de demora devengados a partir del día siguiente al del vencimiento del plazo de ingreso en período voluntario hasta la fecha del vencimiento de pago de la fracción incumplida.

9[26]. En el caso de transferencia a España de elementos patrimoniales o del traslado de actividades que, de acuerdo con lo previsto en el artículo 5 de la Directiva (UE) 2016/1164 del Consejo, de 12 de julio de 2016, haya sido objeto de una imposición de salida en un Estado miembro de la Unión Europea, el valor determinado por el Estado miembro de salida tendrá la consideración de valor fiscal en España, salvo que no refleje el valor de mercado.

---

[26]   Nuevo apartado incorporado por el art. segundo Tres de la Ley 11/2021, de 9 de julio, de medidas de prevención y lucha contra el fraude fiscal, de transposición de la Directiva (UE) 2016/1164, del Consejo, de 12 de julio de 2016, por la que se establecen normas contra las prácticas de elusión fiscal que inciden directamente en el funcionamiento del mercado interior, de modificación de diversas normas tributarias y en materia de regulación del juego (BOE núm. 164, de 10 de julio de 2021, corrección errores BOE núm. 241, de 8 de octubre de 2021), con efectos para los períodos impositivos que se inicien a partir de 1 de enero de 2021.

10[27]**.** No será de aplicación lo dispuesto en el apartado 8 del presente artículo, y por tanto, no se integrará en la base imponible, la diferencia entre el valor de mercado y el valor fiscal de los elementos patrimoniales transferidos, que estén relacionados con la financiación o entrega de garantías o para cumplir requisitos prudenciales de capital o a efectos de gestión de liquidez, siempre que se prevea que deben volver a territorio español para afectarse en el plazo máximo de un año.

Artículo 19[28]. *Deuda tributaria.*

1[29]**.** A la base imponible determinada con arreglo al artículo anterior se aplicará el tipo de gravamen que corresponda de entre los previstos en la normativa del Impuesto de Sociedades.

2[30]**.** Adicionalmente, cuando las rentas obtenidas por establecimientos permanentes de entidades no residentes se transfieran al extranjero, será exigible una imposición complementaria, al tipo de gravamen del 19 por 100, sobre las cuantías transferidas con cargo a las rentas del establecimiento permanente, incluidos los pagos a que hace referencia el artículo 18.1.a), que no hayan sido gastos deducibles a efectos de fijación de la base imponible del establecimiento permanente.

La declaración e ingreso de dicha imposición complementaria se efectuará en la forma y plazos establecidos para las rentas obtenidas sin mediación de establecimiento permanente.

3. La imposición complementaria no será aplicable:

a)[31] A las rentas obtenidas en territorio español a través de establecimientos permanentes por entidades que tengan su residencia fiscal en otro Estado miembro de la Unión Europea, salvo que se trate de un país o territorio considerado como paraíso fiscal.

b) A las rentas obtenidas en territorio español a través de establecimientos permanentes por entidades que tengan su residencia fiscal en un Estado que haya suscrito con España un convenio para evitar la doble imposición, en el que no se establezca expresamente otra cosa, siempre que exista un tratamiento recíproco.

---

27   Nuevo apartado incorporado por el art. segundo Tres de la Ley 11/2021, de 9 de julio, de medidas de prevención y lucha contra el fraude fiscal, de transposición de la Directiva (UE) 2016/1164, del Consejo, de 12 de julio de 2016, por la que se establecen normas contra las prácticas de elusión fiscal que inciden directamente en el funcionamiento del mercado interior, de modificación de diversas normas tributarias y en materia de regulación del juego (BOE núm. 164, de 10 de julio de 2021, corrección errores BOE núm. 241, de 8 de octubre de 2021), con efectos para los períodos impositivos que se inicien a partir de 1 de enero de 2021.

28   Ver Disposición adicional décima «*Tributación Mínima*» de esta LIRNR.

29   Nueva redacción del art. 19.1 dada por el art. segundo.cuatro de la Ley 26/2014, de 27 de noviembre, por la que se modifican la Ley 35/2006, de 28 de noviembre, del Impuesto sobre la Renta de las Personas Físicas, el texto refundido de la Ley del Impuesto sobre la Renta de no Residentes, aprobado por el Real Decreto Legislativo 5/2004, de 5 de marzo, y otras normas tributarias (BOE núm. 288, de 28 de noviembre de 2014), en vigor desde el 1 de enero de 2015.

30   Disposición adicional novena (Tipos de gravamen aplicables en 2015) de esta Ley.
Nueva redacción del apartado 2 dada por el art. 73.1 de la Ley 26/2009, de 23 de diciembre, en vigor desde el 1 de enero de 2010. La anterior redacción procede de la disp. final 3.3 de la Ley 35/2006, de 28 de noviembre.

31   Nueva redacción del apartado 3.a) dada por el art. 2.6 de la Ley 36/2006, de 29 de noviembre, con efectos para los períodos impositivos que se inicien a partir del 1 de diciembre de 2006.

4[32]. En la cuota íntegra del impuesto podrán aplicarse las bonificaciones y deducciones previstas en la normativa del Impuesto sobre Sociedades, dando lugar a la cuota líquida del impuesto, que, en ningún caso, podrá ser negativa.

Las distintas deducciones y bonificaciones se practicarán en función de las circunstancias que concurran en el establecimiento permanente, sin que resulten trasladables las de otros distintos del mismo contribuyente en territorio español.

5[33]. Será deducible de la cuota líquida el importe de las retenciones, de los ingresos a cuenta y de los pagos fraccionados.

6[34]. Cuando las retenciones, ingresos a cuenta y pagos fraccionados efectivamente realizados superen la cuota líquida del impuesto, la Administración tributaria procederá a devolver de oficio el exceso, de conformidad con lo establecido en el artículo 127 de la Ley 27/2014, de 27 de noviembre, del Impuesto sobre Sociedades.

Artículo 20. *Período impositivo y devengo.*

1. El período impositivo coincidirá con el ejercicio económico declarado por el establecimiento permanente, sin que pueda exceder de 12 meses.

Cuando no se hubiese declarado otro distinto, el período impositivo se entenderá referido al año natural.

La comunicación del período impositivo deberá formularse en el momento en que deba presentarse la primera declaración por este impuesto, entendiéndose subsistente para períodos posteriores en tanto no se modifique expresamente.

2[35]. Se entenderá concluido el período impositivo cuando el establecimiento permanente cese en su actividad o, de otro modo, se realice la desafectación de la inversión en su día efectuada respecto del establecimiento permanente, así como en los supuestos en que traslade su actividad al extranjero, se produzca la transmisión del establecimiento permanente a otra persona física o entidad, aquéllos en que la casa central traslade su residencia, y cuando fallezca su titular.

3. El impuesto se devengará el último día del período impositivo.

---

[32]   Nueva redacción del art. 19.4 dada por el art. 63.Uno de la Ley 22/2021, de 28 de diciembre, de Presupuestos Generales del Estado para el año 2022 (BOE núm. 312, de 29 de diciembre de 2021), con efectos para los períodos impositivos que se inicien a partir de 1 de enero de 2022, y con vigencia indefinida.

[33]   Nueva redacción del art. 19.5 dada por el art. 63.Uno de la Ley 22/2021, de 28 de diciembre, de Presupuestos Generales del Estado para el año 2022 (BOE núm. 312, de 29 de diciembre de 2021), con efectos para los períodos impositivos que se inicien a partir de 1 de enero de 2022, y con vigencia indefinida.

[34]   Nueva redacción del art. 19.6 dada por el art. 63.Uno de la Ley 22/2021, de 28 de diciembre, de Presupuestos Generales del Estado para el año 2022 (BOE núm. 312, de 29 de diciembre de 2021), con efectos para los períodos impositivos que se inicien a partir de 1 de enero de 2022, y con vigencia indefinida.

[35]   Nueva redacción del art. 20.2 dada por el art. segundo Cuatro de la Ley 11/2021, de 9 de julio, de medidas de prevención y lucha contra el fraude fiscal, de transposición de la Directiva (UE) 2016/1164, del Consejo, de 12 de julio de 2016, por la que se establecen normas contra las prácticas de elusión fiscal que inciden directamente en el funcionamiento del mercado interior, de modificación de diversas normas tributarias y en materia de regulación del juego (BOE núm. 164, de 10 de julio de 2021), con efectos para los períodos impositivos que se inicien a partir de 1 de enero de 2021.

Artículo 21. *Declaración.*

1. Los establecimientos permanentes estarán obligados a presentar declaración, determinando e ingresando la deuda tributaria correspondiente, en la forma, lugar y con la documentación que determine el Ministro de Hacienda[36].

La declaración se presentará en el plazo de 25 días naturales siguientes a los seis meses posteriores a la conclusión del período impositivo.

2. Cuando se produzcan los supuestos del artículo 20.2, el plazo de presentación será el previsto con carácter general para las rentas obtenidas sin mediación de establecimiento permanente a partir de la fecha en que se produzca el supuesto, sin que pueda autorizarse su baja en el Índice de Entidades en tanto no haya sido presentada tal declaración.

Artículo 22[37]. *Obligaciones contables, registrales y formales.*

1. Los establecimientos permanentes estarán obligados a llevar contabilidad separada, referida a las operaciones que realicen y a los elementos patrimoniales que estuviesen afectos a ellos.

2. Estarán, asimismo, obligados al cumplimiento de las restantes obligaciones de índole contable, registral o formal exigibles a las entidades residentes en territorio español por las normas del Impuesto sobre Sociedades.

Artículo 23. *Pagos a cuenta.*

1. Los establecimientos permanentes estarán sometidos al régimen de retenciones del Impuesto sobre Sociedades por las rentas que perciban, y quedarán obligados a efectuar pagos fraccionados a cuenta de la liquidación de este impuesto en los mismos términos que las entidades sujetas al Impuesto sobre Sociedades.

2. Asimismo, estarán obligados a practicar retenciones e ingresos a cuenta en los mismos términos que las entidades residentes en territorio español.

CAPÍTULO IV. Rentas obtenidas sin mediación de establecimiento permanente

Artículo 24. *Base imponible.*

1. Con carácter general, la base imponible correspondiente a los rendimientos que los contribuyentes por este impuesto obtengan sin mediación de establecimiento permanente estará constituida por su importe íntegro, determinado de acuerdo con las normas del texto

---

[36] Orden HAC/657/2025, de 21 de junio, por la que se aprueban los modelos de declaración del Impuesto sobre Sociedades y del Impuesto sobre la Renta de no Residentes correspondiente a establecimientos permanentes y a entidades en régimen de atribución de rentas constituidas en el extranjero con presencia en territorio español, para los períodos impositivos iniciados entre el 1 de enero y el 31 de diciembre de 2024, se dictan instrucciones relativas al procedimiento de declaración e ingreso y se establecen las condiciones generales y el procedimiento para su presentación electrónica (BOE núm. 151, de 24 de junio de 2025).
2024: Orden HAC/495/2024, de 21 de mayo (BOE núm. 128, de 27 de mayo de 2024)
2023: Orden HAC/495/2024, de 21 de mayo (BOE núm. 128, de 27 de mayo de 2024).
2022: Orden HFP/523/2023, de 22 de mayo (BOE núm. 127, de 29 de mayo de 2023).
2021: Orden HFP/379/2022, de 28 de abril (BOE núm. 106, de 4 de mayo de 2022).
2020: Orden HAC/560/2021, de 4 de junio (BOE núm. 136, de 8 de junio de 2021).
2019: Orden HAC/565/2020, de 12 de junio (BOE núm. 177, de 26 de junio de 2020).
2018: Orden HAC/554/2019, de 26 de abril (BOE núm. 118, de 17 de mayo de 2019).
[37] Art. 6 del Real Decreto 1776/2004.

refundido de la Ley del Impuesto sobre la Renta de las Personas Físicas, aprobado por el Real Decreto Legislativo 3/2004, de 5 de marzo, sin que sean de aplicación los porcentajes multiplicadores del artículo 23.1 de dicho texto refundido, ni las reducciones.

2. En los casos de prestaciones de servicios, asistencia técnica, obras de instalación o montaje derivados de contratos de ingeniería y, en general, de actividades o explotaciones económicas realizadas en España sin mediación de establecimiento permanente, la base imponible será igual a la diferencia entre los ingresos íntegros y los gastos de personal, de aprovisionamiento de materiales incorporados a las obras o trabajos y de suministros, en las condiciones que se establezcan reglamentariamente.

3. La base imponible correspondiente a los rendimientos derivados de operaciones de reaseguro estará constituida por los importes de las primas cedidas, en reaseguro, al reasegurador no residente.

4[38]. La base imponible correspondiente a las ganancias patrimoniales se determinará aplicando, a cada alteración patrimonial que se produzca, las normas previstas en la Sección 4.ª del Capítulo II del Título III, salvo el artículo 33.2, y en la Sección 6.ª del Título X, salvo el artículo 94.1.a), segundo párrafo, de la Ley 35/2006, de 28 de noviembre, del Impuesto sobre la Renta de las Personas Físicas.

En el caso de entidades no residentes, cuando la ganancia patrimonial provenga de una adquisición a título lucrativo, su importe será el valor de mercado del elemento adquirido.

Tratándose de ganancias patrimoniales a que se refiere el artículo 13.1.i).3.º de esta Ley procedentes de la transmisión de derechos o participaciones en entidades residentes en países o territorios con los que no exista un efectivo intercambio de información tributaria de acuerdo con lo dispuesto en el apartado 3 de la disposición adicional primera de la Ley de medidas para la prevención del fraude fiscal, el valor de transmisión se determinará atendiendo proporcionalmente al valor de mercado, en el momento de la transmisión, de los bienes inmuebles situados en territorio español, o de los derechos de disfrute sobre dichos bienes.

En caso de que el contribuyente haya tributado por el Impuesto sobre la Renta de las Personas Físicas por ganancias patrimoniales por cambio de residencia, de acuerdo con lo establecido en el artículo 95 bis de la Ley del Impuesto sobre la Renta de las Personas Físicas y de modificación parcial de las leyes de los Impuestos sobre Sociedades, sobre la Renta de no Residentes y sobre el Patrimonio, para el cálculo de la ganancia patrimonial correspondiente a la transmisión se tomará como valor de adquisición el valor de mercado de las acciones o participaciones que se hubiera tenido en cuenta para determinar la ganancia patrimonial prevista en el mencionado artículo.

5. En el caso de personas físicas no residentes, la renta imputada de los bienes inmuebles situados en territorio español se determinará con arreglo a lo dispuesto en el artículo 87 del texto refundido de la Ley del Impuesto sobre la Renta de las Personas Físicas, aprobado por el Real Decreto Legislativo 3/2004, de 5 de marzo.

---

[38]   Nueva redacción del apartado 4 dada por el art. segundo.cinco de la Ley 26/2014, de 27 de noviembre, por la que se modifican la Ley 35/2006, de 28 de noviembre, del Impuesto sobre la Renta de las Personas Físicas, el texto refundido de la Ley del Impuesto sobre la Renta de no Residentes, aprobado por el Real Decreto Legislativo 5/2004, de 5 de marzo, y otras normas tributarias (BOE núm. 288, de 28 de noviembre de 2014), en vigor desde el 1 de enero de 2015

Redacción anterior dada por el art. segundo.siete de la Ley 36/2006, de 29 de noviembre, de medidas para le prevención del fraude fiscal, con efectos desde el 1 de diciembre de 2006.

6[39]. Cuando se trate de contribuyentes residentes en otro Estado miembro de la Unión Europea, se aplicarán las siguientes reglas especiales:

1.ª Para la determinación de base imponible correspondiente a los rendimientos que obtengan sin mediación de establecimiento permanente, se podrán deducir:

a) En caso de personas físicas, los gastos previstos en la Ley 35/2006, de 28 de noviembre, del Impuesto sobre la Renta de las Personas Físicas y de modificación parcial de las leyes de los Impuestos sobre Sociedades, sobre la Renta de no Residentes y sobre el Patrimonio, siempre que el contribuyente acredite que están relacionados directamente con los rendimientos obtenidos en España y que tienen un vínculo económico directo e indisociable con la actividad realizada en España.

b) En caso de entidades, los gastos deducibles de acuerdo con lo previsto en la Ley 27/2014, de 27 de noviembre, del Impuesto sobre Sociedades, siempre que el contribuyente acredite que están relacionados directamente con los rendimientos obtenidos en España y que tienen un vínculo económico directo e indisociable con la actividad realizada en España.

2.ª La base imponible correspondiente a las ganancias patrimoniales se determinará aplicando, a cada alteración patrimonial que se produzca, las normas previstas en la Sección 4.ª del Capítulo II del Título III y en la Sección 6.ª del Título X salvo el artículo 94.1.a), segundo párrafo, de la Ley 35/2006, de 28 de noviembre, del Impuesto sobre la Renta de las Personas Físicas y de modificación parcial de las leyes de los Impuestos sobre Sociedades, sobre la Renta de no Residentes y sobre el Patrimonio.

Lo dispuesto en este apartado se aplicará igualmente a los contribuyentes residentes en un Estado miembro del Espacio Económico Europeo con el que exista un efectivo intercambio de información tributaria en los términos previstos en el apartado 4 de la disposición adicional primera de la Ley 36/2006, de 29 de noviembre, de medidas para la prevención del fraude fiscal.

Artículo 25. *Cuota tributaria.*

1[40]. La cuota tributaria se obtendrá aplicando a la base imponible determinada conforme al artículo anterior, los siguientes tipos de gravamen:

a)[41] Con carácter general el 24 por 100. No obstante, el tipo de gravamen será el 19 por ciento cuando se trate de contribuyentes residentes en otro Estado miembro de la Unión Europea o del Espacio Económico Europeo con el que exista un efectivo intercambio de informa-

---

[39] Nueva redacción del apartado 6 dada por el art. segundo.cinco de la Ley 26/2014, de 27 de noviembre, por la que se modifican la Ley 35/2006, de 28 de noviembre, del Impuesto sobre la Renta de las Personas Físicas, el texto refundido de la Ley del Impuesto sobre la Renta de no Residentes, aprobado por el Real Decreto Legislativo 5/2004, de 5 de marzo, y otras normas tributarias (BOE núm. 288, de 28 de noviembre de 2014), en vigor desde el 1 de enero de 2015.

[40] Nueva redacción dada por la Disposición final tercera.4. de la Ley 35/2006, de 28 de noviembre, en vigor desde el 1 de enero de 2007.

[41] Disposición adicional novena (Tipos de gravamen aplicables en 2015) de esta Ley.
Nueva redacción de la letra a) dada por el art. segundo.Seis de la Ley 26/2014, de 27 de noviembre, por la que se modifican la Ley 35/2006, de 28 de noviembre, del Impuesto sobre la Renta de las Personas Físicas, el texto refundido de la Ley del Impuesto sobre la Renta de no Residentes, aprobado por el Real Decreto Legislativo 5/2004, de 5 de marzo, y otras normas tributarias (BOE núm. 288, de 28 de noviembre de 2014), en vigor desde el 1 de enero de 2015.

ción tributaria, en los términos previstos en el apartado 4 de la disposición adicional primera de la Ley 36/2006, de 29 de noviembre, de medidas para la prevención del fraude fiscal.

b) Las pensiones y demás prestaciones similares percibidas por personas físicas no residentes en territorio español, cualquiera que sea la persona que haya generado el derecho a su percepción, serán gravadas de acuerdo con la siguiente escala:

Importe anual pensión hasta – Euros	Cuota – Euros	Resto pensión hasta – Euros	Tipo aplicable – Porcentaje
0	0	12.000	8
12.000	960	6.700	30
18.700	2.970	En adelante	40

c) Los rendimientos del trabajo de personas físicas no residentes en territorio español, siempre que no sean contribuyentes por el Impuesto sobre la Renta de las Personas Físicas, que presten sus servicios en misiones diplomáticas y representaciones consulares de España en el extranjero, cuando no proceda la aplicación de normas específicas derivadas de los tratados internacionales en los que España sea parte, se gravarán al 8 por ciento.

d) Cuando se trate de rendimientos derivados de operaciones de reaseguro, el 1,5 por ciento.

e) El 4 por ciento en el caso de entidades de navegación marítima o aérea residentes en el extranjero, cuyos buques o aeronaves toquen territorio español.

f)[42] El 19 por ciento[43] cuando se trate de:

1.º Dividendos y otros rendimientos derivados de la participación en los fondos propios de una entidad.

2.º Intereses y otros rendimientos obtenidos por la cesión a terceros de capitales propios.

3.º Ganancias patrimoniales que se pongan de manifiesto con ocasión de transmisiones de elementos patrimoniales.

g) Los rendimientos del trabajo percibidos por personas físicas no residentes en territorio español en virtud de un contrato de duración determinada para trabajadores extranjeros de temporada, de acuerdo con lo establecido en la normativa laboral, se gravarán al tipo del 2 por ciento.

h)[44]

Disposición adicional tercera (Tipo de gravamen del Impuesto en los ejercicios 2012 y 2013), de la LIRNR: «Desde el 1 de enero de 2012 y hasta el 31 de diciembre de 2013, ambos inclusive, ... el tipo de gravamen del 24 por ciento previsto en el artículo 25.1.a) de esta Ley se eleva al 24,75 por ciento».

[42]   Nueva redacción de letra f) dada por el art. 73.Dos de la Ley 26/2009, de Presupuestos Generales del Estado para el año 2010, con efectos desde el 1 de enero de 2010.

[43]   Disposición adicional novena (Tipos de gravamen aplicables en 2015), de la LIRNR.
Disposición adicional tercera (Tipo de gravamen del Impuesto en los ejercicios 2012 y 2013), de la LIRNR.

[44]   Con efectos desde 1 de julio de 2011 y vigencia indefinida se suprime la letra h) del apartado 1 del artículo 25, en virtud de con lo establecido en el art. 71 de la Ley 39/2010, de 22 de diciembre, de Presupuestos Generales del Estado para el año 2011.

2[45]. Tratándose de transmisiones de bienes inmuebles situados en territorio español por contribuyentes que actúen sin establecimiento permanente, el adquirente estará obligado a retener e ingresar el 3 por ciento, o a efectuar el ingreso a cuenta correspondiente, de la contraprestación acordada, en concepto de pago a cuenta del impuesto correspondiente a aquéllos.

No procederá el ingreso a cuenta a que se refiere este apartado en los casos de aportación de bienes inmuebles, en la constitución o aumento de capitales de sociedades residentes en territorio español.

Sin perjuicio de las sanciones que pudieran corresponder por la infracción en que se hubiera incurrido, si la retención o el ingreso a cuenta no se hubiesen ingresado, los bienes transmitidos quedarán afectos al pago del importe que resulte menor entre dicha retención o ingreso a cuenta y el impuesto correspondiente.

3[46]. Tratándose de ganancias patrimoniales a que se refiere el artículo 13.1.i).3.º de esta Ley procedentes de la transmisión de derechos o participaciones en entidades residentes en países o territorios con los que no exista un efectivo intercambio de información tributaria de acuerdo con lo dispuesto en el apartado 3 de la disposición adicional primera de la Ley de Medidas para la Prevención del Fraude Fiscal, los bienes inmuebles situados en territorio español quedarán afectos al pago del Impuesto.

No obstante, si el titular de dichos bienes inmuebles fuese una entidad con residencia fiscal en España, quedarán afectos al pago del Impuesto los derechos o participaciones en dicha entidad que, directa o indirectamente, correspondan al contribuyente.

Artículo 26. *Deducciones.*

De la cuota sólo se deducirán:

a) Las cantidades correspondientes a las deducciones por donativos en los términos previstos en el artículo 69.3 del texto refundido de la Ley del Impuesto sobre la Renta de las Personas Físicas, aprobado por el Real Decreto Legislativo 3/2004, de 5 de marzo.

b) Las retenciones e ingresos a cuenta que se hubieran practicado sobre las rentas del contribuyente.

Artículo 27. *Devengo.*

1. El impuesto se devengará:

a) Tratándose de rendimientos, cuando resulten exigibles o en la fecha del cobro si ésta fuera anterior.

b) Tratándose de ganancias patrimoniales, cuando tenga lugar la alteración patrimonial.

c) Tratándose de rentas imputadas correspondientes a los bienes inmuebles urbanos, el 31 de diciembre de cada año.

d) En los restantes casos, cuando sean exigibles las correspondientes rentas.

2. Las rentas presuntas a que se refiere el artículo 12.2 se devengarán cuando resultaran exigibles o, en su defecto, el 31 de diciembre de cada año.

---

[45]   Nueva redacción dada por la Disposición final tercera.4. de la Ley 35/2006, de 28 de noviembre, en vigor desde el 1 de enero de 2007.

[46]   Nuevo apartado incorporado por el artículo segundo.ocho de la Ley 36/2006, de 29 de noviembre, de medidas para la prevención del fraude fiscal.

3. En el caso de fallecimiento del contribuyente, todas las rentas pendientes de imputación se entenderán exigibles en la fecha del fallecimiento.

Artículo 28. *Declaración.*

1. Los contribuyentes que obtengan rentas en territorio español sin mediación de establecimiento permanente estarán obligados a presentar declaración, determinando e ingresando la deuda tributaria correspondiente, por este impuesto en la forma, lugar y plazos que se establezcan.

2. Podrán también efectuar la declaración e ingreso de la deuda los responsables solidarios definidos en el artículo 9.

3[47]. No se exigirá a los contribuyentes por este impuesto la presentación de la declaración correspondiente a las rentas respecto de las que se hubiese practicado la retención o efectuado el ingreso a cuenta, a que se refiere el artículo 31, salvo en el caso de ganancias patrimoniales derivadas del reembolso de participaciones en fondos de inversión regulados en la Ley 35/2003, de 4 de noviembre, de instituciones de inversión colectiva, cuando la retención practicada haya resultado inferior a la cuota tributaria calculada conforme a lo previsto en los artículos 24 y 25 de esta Ley.

Artículo 28 bis[48]. *Borrador de declaración.*

1. La Administración tributaria, previa solicitud de los contribuyentes, podrá poner a su disposición, a efectos meramente informativos, borradores de declaración, sin perjuicio del cumplimiento de lo dispuesto en el apartado 1 del artículo 28 de esta Ley, exclusivamente relativos a las rentas inmobiliarias imputadas a que se refiere el artículo 13.1.h) de esta Ley, con los límites y condiciones que establezca el Ministro de Hacienda y Administraciones Públicas.

Se generará un borrador de declaración por cada inmueble que origine imputación de rentas inmobiliarias.

2. No podrán suscribir ni confirmar el borrador de declaración los contribuyentes que pretendan regularizar situaciones tributarias procedentes de declaraciones anteriores presentadas.

3. La Administración tributaria pondrá el borrador de declaración a disposición de los contribuyentes de acuerdo con el procedimiento que se establezca por el Ministro de Hacienda y Administraciones Públicas.

La falta de puesta a disposición del mismo no exonerará al contribuyente del cumplimiento de su obligación de presentar declaración.

---

[47]   Nueva redacción del art. 28.3 dada por el art. 4.Uno de la Ley 16/2013, de 29 de octubre, por la que se establecen determinadas medidas en materia de fiscalidad medioambiental y se adoptan otras medidas tributarias y financieras (BOE núm. 260, de 30 de octubre de 2013), con efectos desde el 1 de enero de 2014.

[48]   Nuevo artículo incorporado por el art. segundo.Siete de la Ley 26/2014, de 27 de noviembre, por la que se modifican la Ley 35/2006, de 28 de noviembre, del Impuesto sobre la Renta de las Personas Físicas, el texto refundido de la Ley del Impuesto sobre la Renta de no Residentes, aprobado por el Real Decreto Legislativo 5/2004, de 5 de marzo, y otras normas tributarias (BOE núm. 288, de 28 de noviembre de 2014), en vigor desde el 1 de enero de 2015.

Art. 7 bis. Borrador de declaración) del RIRNR.

4. Cuando el contribuyente considere que el borrador de declaración refleja su situación tributaria a efectos de este Impuesto, podrá confirmarlo, en las condiciones que establezca el Ministro de Hacienda y Administraciones Públicas. En este supuesto, tendrá la consideración de declaración por este Impuesto a los efectos previstos en el apartado 1 del artículo 28 de esta Ley.

La presentación y el ingreso que, en su caso, resulte deberá realizarse en el lugar, forma y plazos que determine el Ministro de Hacienda y Administraciones Públicas.

5. Cuando el contribuyente considere que el borrador de declaración no refleja su situación tributaria a efectos de este Impuesto, deberá presentar la correspondiente declaración, de acuerdo con lo dispuesto en el artículo 28 de esta Ley. No obstante, en los supuestos que se determinen reglamentariamente, podrá instar la rectificación del borrador.

6. El procedimiento de solicitud de borrador de declaración será aprobado por el Ministro de Hacienda y Administraciones Públicas, quien establecerá el plazo y el lugar de presentación, así como los supuestos y condiciones en los que sea posible presentar la solicitud por medios electrónicos.

Artículo 29. *Obligaciones formales.*

1. Los contribuyentes que obtengan rentas de las referidas en el artículo 24.2 estarán obligados a llevar los registros de ingresos y gastos que reglamentariamente se establezcan.

2. Cuando hubieran de practicar retenciones e ingresos a cuenta, estarán obligados a presentar la declaración censal y a llevar los registros de ingresos y gastos que reglamentariamente se determinen.

Artículo 30. *Retenciones.*

Los contribuyentes que operen en España sin mediación de establecimiento permanente estarán obligados a practicar las retenciones e ingresos a cuenta respecto de los rendimientos del trabajo que satisfagan, así como respecto de otros rendimientos sometidos a retención que constituyan gasto deducible para la obtención de las rentas a que se refiere el artículo 24.2.

Artículo 31. *Obligación de retener e ingresar a cuenta.*

1. Estarán obligados a practicar retención e ingreso a cuenta respecto de las rentas sujetas a este impuesto que satisfagan o abonen:

a) Las entidades, incluidas las entidades en régimen de atribución, residentes en territorio español.

b) Las personas físicas residentes en territorio español que realicen actividades económicas, respecto de las rentas que satisfagan o abonen en el ejercicio de aquéllas.

c) Los contribuyentes de este impuesto mediante establecimiento permanente o sin establecimiento permanente, pero, en este caso, únicamente respecto de los rendimientos a que se refiere el artículo 30.

d) Los contribuyentes a que se refiere el artículo 5.c).

e)[49] Las entidades aseguradoras domiciliadas en otro Estado miembro del Espacio Económico Europeo que operen en España en régimen de libre prestación de servicios, en relación con las operaciones que se realicen en España.

---

[49] Nueva redacción del art. 31.1.e) dada por la Disposición final séptima de la Ley 20/2015, de 14 de julio, de ordenación, supervisión y solvencia de las entidades aseguradoras y reaseguradoras (BOE núm. 168, de

2[50]. Los sujetos obligados a retener deberán retener o ingresar a cuenta una cantidad equivalente a la que resulte de aplicar las disposiciones previstas en esta ley para determinar la deuda tributaria correspondiente a los contribuyentes por este impuesto sin establecimiento permanente o las establecidas en un convenio para evitar la doble imposición que resulte aplicable, sin tener en consideración lo dispuesto en los artículos 24.2, 24.6, 26 y 44.

Sin perjuicio de lo anterior, para el cálculo del ingreso a cuenta se estará a lo dispuesto reglamentariamente.

No obstante lo previsto en el primer párrafo de este apartado, en los reembolsos de participaciones en fondos de inversión regulados por la Ley 35/2003, de 4 de noviembre, de instituciones de inversión colectiva, la base para el cálculo de la retención será la que se determine reglamentariamente[51].

3. Los sujetos obligados a retener o a ingresar a cuenta asumirán la obligación de efectuar el ingreso en el Tesoro, sin que el incumplimiento de aquella obligación pueda excusarles de ésta.

4[52]. No procederá practicar retención o ingreso a cuenta respecto de:

a)[53] Las rentas que estén exentas en virtud de lo dispuesto en el artículo 14 o en un convenio para evitar la doble imposición que resulte aplicable, sin perjuicio de la obligación de declarar prevista en el apartado 5 de este artículo.

No obstante lo anterior, sí existirá obligación de practicar retención o ingreso a cuenta respecto de las rentas a las que se refieren las letras k) y l) del apartado 1 del artículo 14.

No existirá obligación de presentar declaración respecto de los rendimientos a que se refiere el artículo 14.1.d).

---

15 de julio de 2015), con efectos desde el 1 de enero de 2016.

50　Nueva redacción del apartado dada por el artículo cuatro.cuatro de la Ley 2/2010, de 1 de marzo, por la que se trasponen determinadas Directivas en el ámbito de la imposición indirecta y se modifica la Ley del Impuesto sobre la Renta de no Residentes para adaptarla a la normativa comunitaria (BOE núm. 53, de 2 de marzo de 2010), en vigor desde el 1 de enero de 2010.

51　Nuevo tercer párrafo incorporado por el art. 4.Dos de la Ley 16/2013, de 29 de octubre, por la que se establecen determinadas medidas en materia de fiscalidad medioambiental y se adoptan otras medidas tributarias y financieras (BOE núm. 260, de 30 de octubre de 2013), con efectos desde el 1 de enero de 2014.

52　Nueva redacción del apartado dada por el artículo cuatro.cinco de la Ley 2/2010, de 1 de marzo, por la que se trasponen determinadas Directivas en el ámbito de la imposición indirecta y se modifica la Ley del Impuesto sobre la Renta de no Residentes para adaptarla a la normativa comunitaria (BOE núm. 53, de 2 de marzo de 2010), en vigor desde el 1 de enero de 2010. Redacción anterior dada por la Disposición final tercera.5 de la Ley 35/2006, de 28 de noviembre.

53　Nueva redacción de la letra a) dada por el art. segundo.Ocho de la Ley 26/2014, de 27 de noviembre, por la que se modifican la Ley 35/2006, de 28 de noviembre, del Impuesto sobre la Renta de las Personas Físicas, el texto refundido de la Ley del Impuesto sobre la Renta de no Residentes, aprobado por el Real Decreto Legislativo 5/2004, de 5 de marzo, y otras normas tributarias (BOE núm. 288, de 28 de noviembre de 2014), en vigor desde el 1 de enero de 2015.

Redacción anterior dada al apartado uno por el artículo cuatro.cinco de la Ley 2/2010, de 1 de marzo, por la que se trasponen determinadas Directivas en el ámbito de la imposición indirecta y se modifica la Ley del Impuesto sobre la Renta de no Residentes para adaptarla a la normativa comunitaria (BOE núm. 53, de 2 de marzo de 2010), en vigor desde el 1 de enero de 2010.

b) El rendimiento derivado de la distribución de la prima de emisión de acciones o participaciones, o de la reducción de capital. Reglamentariamente podrá establecerse la obligación de practicar retención o ingreso a cuenta en estos supuestos.

c) Las rentas satisfechas o abonadas a contribuyentes por este impuesto sin establecimiento permanente, cuando se acredite el pago del impuesto o la procedencia de exención.

d) Las rentas a que se refiere el artículo 118.1.c) del texto refundido de la Ley del Impuesto sobre Sociedades, aprobado por el Real Decreto Legislativo 4/2004, de 5 de marzo.

e) Las rentas que se establezcan reglamentariamente.

5. El sujeto obligado a retener y a practicar ingresos a cuenta deberá presentar declaración y efectuar el ingreso en el Tesoro en el lugar, forma y plazos que se establezcan, de las cantidades retenidas o de los ingresos a cuenta realizados, o declaración negativa cuando no hubiera procedido la práctica de éstos. Asimismo, presentará un resumen anual de retenciones e ingresos a cuenta con el contenido que se determine reglamentariamente.

El sujeto obligado a retener y a practicar ingresos a cuenta estará obligado a conservar la documentación correspondiente y a expedir, en las condiciones que se determinen, certificación acreditativa de las retenciones o ingresos a cuenta efectuados.

6. Lo establecido en este artículo se entiende sin perjuicio de lo dispuesto en el artículo 25.2.

Artículo 32. *Obligaciones de retención sobre las rentas del trabajo en caso de cambio de residencia.*

Los trabajadores por cuenta ajena que, no siendo contribuyentes de este impuesto, vayan a adquirir dicha condición como consecuencia de su desplazamiento al extranjero podrán comunicarlo a la Administración tributaria, dejando constancia de la fecha de salida del territorio español, a los exclusivos efectos de que el pagador de los rendimientos del trabajo les considere como contribuyentes de este impuesto.

De acuerdo con el procedimiento que reglamentariamente se establezca, la Administración tributaria expedirá un documento acreditativo a los trabajadores por cuenta ajena que lo soliciten, que comunicarán al pagador de sus rendimientos del trabajo residentes o con establecimiento permanente en España, y en el que conste la fecha a partir de la cual las retenciones e ingresos a cuenta se practicarán por este impuesto.

Lo anterior no exonerará al trabajador de acreditar su nueva residencia fiscal ante la Administración tributaria.

Artículo 33[54]. *Inversiones de no residentes en letras del Tesoro y en otras modalidades de Deuda Pública.*

---

[54] Artículo derogado por el artículo segundo Dos de la Ley 4/2008, de 23 de diciembre, por la que se suprime el gravamen del Impuesto sobre el Patrimonio, se generaliza el sistema de devolución mensual en el Impuesto sobre el Valor Añadido, y se introducen otras modificaciones en la normativa tributaria, en vigor desde el 26 de diciembre de 2008.

CAPÍTULO V. Entidades en régimen de atribución de rentas

Artículo 34. *Entidades en régimen de atribución de rentas.*

1. Las entidades a que se refiere el artículo 7 de esta ley que cuenten entre sus miembros con contribuyentes de este impuesto aplicarán lo dispuesto en la sección 2.ª del título VII del texto refundido de la Ley del Impuesto sobre la Renta de las Personas Físicas, aprobado por el Real Decreto Legislativo 3/2004, de 5 de marzo, con las especialidades previstas en este capítulo según se trate de entidades constituidas en España o en el extranjero.

2. Asimismo, los miembros de las entidades a que se refiere el apartado anterior que sean contribuyentes de este impuesto aplicarán las especialidades recogidas en este capítulo.

SECCIÓN 1.ª *Entidades en régimen de atribución de rentas constituidas en España*

Artículo 35. *Entidades que realizan una actividad económica.*

En el caso de entidades en régimen de atribución de rentas que desarrollen una actividad económica en territorio español, los miembros no residentes en territorio español serán contribuyentes de este impuesto con establecimiento permanente.

Artículo 36. *Entidades que no realizan una actividad económica.*

1. En el caso de entidades en régimen de atribución de rentas que no desarrollen una actividad económica en territorio español, los miembros no residentes en territorio español serán contribuyentes de este impuesto sin establecimiento permanente, y la parte de renta que les sea atribuible se determinará de acuerdo con las normas del capítulo IV.

2. En este supuesto, y sin perjuicio de lo dispuesto en el apartado 3, la entidad en régimen de atribución de rentas estará obligada a ingresar a cuenta la diferencia entre la parte de la retención soportada que le corresponda al miembro no residente y la retención que hubiera resultado de haberse aplicado directamente sobre la renta atribuida lo dispuesto en el artículo 31.

3. Tratándose de transmisiones de bienes inmuebles situados en territorio español, cuando alguno de los miembros de la entidad en atribución de rentas no sea residente en territorio español, el adquirente practicará, sobre la parte de la contraprestación acordada que corresponda a dichos miembros, la retención que resulte por aplicación del artículo 25.2.

4. El Ministro de Hacienda determinará la forma, lugar y plazos en que deba cumplirse la obligación mencionada en el apartado 2.

SECCIÓN 2.ª *Entidades en régimen de atribución de rentas constituidas en el extranjero*

Artículo 37. *Entidades en régimen de atribución de rentas constituidas en el extranjero.*

Tendrán la consideración de entidades en régimen de atribución de rentas, las entidades constituidas en el extranjero cuya naturaleza jurídica sea idéntica o análoga a la de las entidades en atribución de rentas constituidas de acuerdo con las leyes españolas.

Artículo 38. *Entidades con presencia en territorio español.*

1. Cuando una entidad en régimen de atribución de rentas constituida en el extranjero realice una actividad económica en territorio español, y toda o parte de ésta se desarrolle, de forma continuada o habitual, mediante instalaciones o lugares de trabajo de cualquier índole, o actúe en él a través de un agente autorizado para contratar, en nombre y por cuenta de la entidad, será contribuyente de este impuesto y presentará, en los términos que establezca el Ministro de Hacienda, una autoliquidación anual conforme a las siguientes reglas:

1.ª La base imponible estará constituida por la parte de la renta, cualquiera que sea el lugar de su obtención, determinada conforme a lo establecido en el artículo 90 del texto refundido de la Ley del Impuesto sobre la Renta de las Personas Físicas, aprobado por el Real Decreto Legislativo 3/2004, de 5 de marzo, que resulte atribuible a los miembros no residentes de la entidad.

2.ª[55] La cuota íntegra se determinará aplicando sobre la base imponible el tipo de gravamen que corresponda de entre los previstos en la normativa del Impuesto de Sociedades.

3.ª Dicha cuota se minorará aplicando las bonificaciones y deducciones que permite el artículo 19.4 para los contribuyentes que operan mediante establecimiento permanente, así como los pagos a cuenta, siempre en la parte correspondiente a la renta atribuible a los miembros no residentes.

2. Estas entidades deberán presentar la declaración informativa a que se refiere el artículo 91 del texto refundido de la Ley del Impuesto sobre la Renta de las Personas Físicas, aprobado por el Real Decreto Legislativo 3/2004, de 5 de marzo, por la parte de la renta que resulte atribuible a los miembros residentes de la entidad.

3. Los contribuyentes a que se refiere el apartado 1 anterior estarán obligados a realizar pagos fraccionados a cuenta de este impuesto, autoliquidando e ingresando su importe en las condiciones que reglamentariamente se determinen.

4. En el caso de que alguno de los miembros no residentes de las entidades a que se refiere el apartado 1 de este artículo invoque un convenio de doble imposición, se considerará que las cuotas satisfechas por la entidad fueron satisfechas por éstos en la parte que les corresponda.

Artículo 39. *Entidades sin presencia en territorio español.*

1. Cuando una entidad en régimen de atribución de rentas constituida en el extranjero obtenga rentas en territorio español sin desarrollar en éste una actividad económica en la forma prevista en el apartado 1 del artículo anterior, los miembros no residentes en territorio español serán contribuyentes de este impuesto sin establecimiento permanente y la parte de renta que les sea atribuible se determinará de acuerdo a lo dispuesto en el capítulo IV.

2. A las retenciones o ingresos a cuenta sobre las rentas que obtengan en territorio español no les será de aplicación lo dispuesto en el artículo 90.2 del texto refundido de la Ley del Impuesto sobre la Renta de las Personas Físicas, aprobado por el Real Decreto Legislativo 3/2004, de 5 de marzo. Las retenciones o ingresos a cuenta se practicarán de la siguiente forma:

---

[55] Nueva redacción de la regla 2.ª dada por el art. 3.Uno del Real Decreto-ley 9/2015, de 10 de julio, de medidas urgentes para reducir la carga tributaria soportada por los contribuyentes del Impuesto sobre la Renta de las Personas Físicas y otras medidas de carácter económico (BOE núm. 165, de 11 de julio de 2015), en vigor desde el día 12 de julio de 2015.
Redacción anterior dada por el art. segundo.Nueve de la Ley 26/2014, de 27 de noviembre, por la que se modifican la Ley 35/2006, de 28 de noviembre, del Impuesto sobre la Renta de las Personas Físicas, el texto refundido de la Ley del Impuesto sobre la Renta de no Residentes, aprobado por el Real Decreto Legislativo 5/2004, de 5 de marzo, y otras normas tributarias (BOE núm. 288, de 28 de noviembre de 2014), en vigor desde el 1 de enero de 2015.

a) Si se acredita al pagador la residencia de los miembros de la entidad y la proporción en que se les atribuye la renta, se aplicará a cada miembro la retención que corresponda a tenor de dichas circunstancias de acuerdo con su impuesto respectivo.

b) Cuando el pagador no entienda acreditadas las circunstancias descritas en el párrafo anterior, practicará la retención o ingreso a cuenta con arreglo a las normas de este impuesto, sin considerar el lugar de residencia de sus miembros ni las exenciones que contempla el artículo 14. El tipo de retención será el que corresponda de acuerdo con el artículo 25.1.

Cuando la entidad en régimen de atribución de rentas esté constituida en un país o territorio calificado reglamentariamente como paraíso fiscal, la retención a aplicar seguirá en todo caso la regla establecida en el párrafo anterior.

La retención o ingreso a cuenta será deducible de la imposición personal del socio, heredero, comunero o partícipe, en la misma proporción en que se atribuyan las rentas.

3. Tratándose de transmisiones de bienes inmuebles situados en territorio español, cuando alguno de los miembros de la entidad en atribución de rentas no sea residente en territorio español, el adquirente practicará, sobre la parte de la contraprestación acordada que corresponda a dichos miembros, la retención que resulte por aplicación del artículo 25.2.

4. Las entidades a que se refiere este artículo no estarán sometidas a las obligaciones de información a que se refiere el artículo 91 del texto refundido de la Ley del Impuesto sobre la Renta de las Personas Físicas, aprobado por el Real Decreto Legislativo 3/2004, de 5 de marzo.

CAPÍTULO VI. Gravamen Especial sobre Bienes Inmuebles de Entidades no Residentes

Artículo 40[56]. *Sujeción.*

Las entidades residentes en un país o territorio que tenga la consideración de paraíso fiscal, que sean propietarias o posean en España, por cualquier título, bienes inmuebles o derechos reales de goce o disfrute sobre éstos, estarán sujetas al impuesto mediante un gravamen especial.

Artículo 41[57]. *Base imponible.*

1. La base imponible del gravamen especial estará constituida por el valor catastral de los bienes inmuebles. Cuando no existiese valor catastral, se utilizará el valor determinado con arreglo a las disposiciones aplicables a efectos del Impuesto sobre el Patrimonio.

2. En los supuestos en que una entidad de las mencionadas en el artículo 40 participe en la titularidad de los bienes o derechos junto con otra u otras personas o entidades, el Gravamen Especial sobre Bienes Inmuebles de Entidades no Residentes en España será exigible por

---

[56] Art. 20 del Real Decreto 1776/2004, de 30 de julio.
Nueva redacción del art. 40 dada por la Disp. Final quinta.Uno de la Ley 16/2012, de 27 de diciembre, por la que se adoptan diversas medidas tributarias dirigidas a la consolidación de las finanzas públicas y al impulso de la actividad económica (BOE núm. 312, de 28 de diciembre de 2012), en vigor desde el 1 de enero de 2013.

[57] Nueva redacción del art. 41 dada por la Disp. Final quinta.Dos de la Ley 16/2012, de 27 de diciembre, por la que se adoptan diversas medidas tributarias dirigidas a la consolidación de las finanzas públicas y al impulso de la actividad económica (BOE núm. 312, de 28 de diciembre de 2012), en vigor desde el 1 de enero de 2013.

la parte del valor de los bienes o derechos que corresponda proporcionalmente a su participación en la titularidad de aquéllos.

Artículo 42[58]. *Exenciones.*

El gravamen especial sobre bienes inmuebles no será exigible a:

a) Los Estados e instituciones públicas extranjeras y los organismos internacionales.

b) Las entidades que desarrollen en España, de modo continuado o habitual, explotaciones económicas diferenciables de la simple tenencia o arrendamiento del inmueble, de acuerdo con lo que se establezca reglamentariamente.

c) Las sociedades que coticen en mercados secundarios de valores oficialmente reconocidos.

Artículo 43. *Tipo de gravamen.*

El tipo del gravamen especial será del 3 por ciento.

Artículo 44. *Deducibilidad del gravamen.*

La cuota del Gravamen Especial sobre Bienes Inmuebles de Entidades no Residentes tendrá la consideración de gasto deducible a efectos de la determinación de la base imponible del impuesto que, en su caso, correspondiese con arreglo a los artículos anteriores de esta ley.

CAPÍTULO VII. Opción para contribuyentes residentes en otros Estados miembros de la Unión Europea

Artículo 45[59]. *Devengo, declaración y afectación.*

1. El gravamen especial se devengará a 31 de diciembre de cada año y deberá declararse e ingresarse en el mes de enero siguiente al devengo, en el lugar y forma que se establezcan.

2. La falta de autoliquidación e ingreso por los contribuyentes del gravamen especial en el plazo establecido en el apartado 1 dará lugar a su exigibilidad por el procedimiento de apremio sobre los bienes inmuebles, siendo título suficiente para su iniciación la certificación expedida por la Administración tributaria del vencimiento del plazo voluntario de ingreso sin haberse ingresado el impuesto y de su cuantía.

3[60]**.** Tratándose de transmisiones de bienes inmuebles situados en territorio español por entidades sujetas al gravamen especial, los bienes transmitidos quedarán afectos al pago del importe de dicho gravamen especial.

---

[58]   Nueva redacción del art. 42 dada por la Disp. Final quinta.Tres de la Ley 16/2012, de 27 de diciembre, por la que se adoptan diversas medidas tributarias dirigidas a la consolidación de las finanzas públicas y al impulso de la actividad económica (BOE núm. 312, de 28 de diciembre de 2012), en vigor desde el 1 de enero de 2013.

[59]   Nuevo título del art. 45 dado por la Disp. Final quinta.Cuatro de la Ley 16/2012, de 27 de diciembre, por la que se adoptan diversas medidas tributarias dirigidas a la consolidación de las finanzas públicas y al impulso de la actividad económica (BOE núm. 312, de 28 de diciembre de 2012), en vigor desde el 1 de enero de 2013.

[60]   Nuevo apartado incorporado por la Disp. Final quinta.Cinco de la Ley 16/2012, de 27 de diciembre, por la que se adoptan diversas medidas tributarias dirigidas a la consolidación de las finanzas públicas y al impulso de la actividad económica (BOE núm. 312, de 28 de diciembre de 2012), en vigor desde el 1 de enero de 2013.

CAPÍTULO VII. Opción para contribuyentes residentes en otros Estados miembros de la Unión Europea

Artículo 46[61]. *Opción para contribuyentes residentes en otros Estados miembros de la Unión Europea.*

1[62]. El contribuyente por este Impuesto, que sea una persona física residente de un Estado miembro de la Unión Europea, siempre que se acredite que tiene fijado su domicilio o residencia habitual en un Estado miembro de la Unión Europea, podrá optar por tributar en calidad de contribuyente por el Impuesto sobre la Renta de las Personas Físicas, cuando concurra alguna de las siguientes circunstancias:

a) Que haya obtenido durante el ejercicio en España por rendimientos del trabajo y por rendimientos de actividades económicas, como mínimo, el 75 por ciento de la totalidad de su renta siempre que tales rentas hayan tributado efectivamente durante el período por el Impuesto sobre la Renta de no Residentes.

b) Que la renta obtenida durante el ejercicio en España haya sido inferior al 90 por ciento del mínimo personal y familiar que le hubiese correspondido de acuerdo con sus circunstancias personales y familiares de haber sido residente en España siempre que dicha renta haya tributado efectivamente durante el período por el Impuesto sobre la Renta de no Residentes y que la renta obtenida fuera de España haya sido, asimismo, inferior a dicho mínimo.

2. La renta gravable estará constituida por la totalidad de las rentas obtenidas en España por el contribuyente que se acoge al régimen opcional regulado en este artículo. Las rentas se computarán por sus importes netos, determinados de acuerdo con lo dispuesto en el texto refundido de la Ley del Impuesto sobre la Renta de las Personas Físicas, aprobado por el Real Decreto Legislativo 3/2004, de 5 de marzo.

3. El tipo de gravamen aplicable será el tipo medio resultante de aplicar las normas del Impuesto sobre la Renta de las Personas Físicas a la totalidad de las rentas obtenidas por el contribuyente durante el período, con independencia del lugar donde se hubiesen producido y cualquiera que sea la residencia del pagador, teniendo en cuenta las circunstancias personales y familiares que hayan sido debidamente acreditadas.

El tipo medio de gravamen se expresará con dos decimales.

4. La cuota tributaria será el resultado de aplicar el tipo medio de gravamen a la parte de base liquidable, calculada conforme a las normas del Impuesto sobre la Renta de las Personas Físicas, correspondiente a las rentas obtenidas por el contribuyente no residente en territorio español durante el período impositivo que se liquida.

5. Para la determinación del período impositivo y el devengo del impuesto se estará a lo dispuesto por el texto refundido de la Ley del Impuesto sobre la Renta de las Personas Físicas aprobado por el Real Decreto Legislativo 3/2004, de 5 de marzo, para los contribuyentes por dicho impuesto.

---

61   Arts. 21 a 24 del Real Decreto 1776/2004, de 30 de julio.

62   Nueva redacción del apartado art. 46.1 dada por el art. segundo.Diez de la Ley 26/2014, de 27 de noviembre, por la que se modifican la Ley 35/2006, de 28 de noviembre, del Impuesto sobre la Renta de las Personas Físicas, el texto refundido de la Ley del Impuesto sobre la Renta de no Residentes, aprobado por el Real Decreto Legislativo 5/2004, de 5 de marzo, y otras normas tributarias (BOE núm. 288, de 28 de noviembre de 2014), en vigor desde el 1 de enero de 2015.

6. Las personas físicas a las que resulte de aplicación el régimen opcional regulado en este capítulo no perderán su condición de contribuyentes por el Impuesto sobre la Renta de no Residentes.

7. El régimen opcional no será aplicable en ningún caso a los contribuyentes residentes en países o territorios calificados reglamentariamente como paraísos fiscales.

8. Los contribuyentes por este impuesto que formen parte de alguna unidad familiar de las establecidas en el artículo 84.1 del texto refundido de la Ley del Impuesto sobre la Renta de las Personas Físicas, aprobado por el Real Decreto Legislativo 3/2004, de 5 de marzo, podrán solicitar que el régimen opcional regulado en este artículo les sea aplicado teniendo en cuenta las normas sobre tributación conjunta contenidas en el título VI del citado texto refundido, siempre que se cumplan las condiciones que se establezcan reglamentariamente.

9[63]. Lo dispuesto en este artículo se aplicará igualmente a los contribuyentes residentes en un Estado miembro del Espacio Económico Europeo con el que exista un efectivo intercambio de información tributaria en los términos previstos en el apartado 4 de la disposición adicional primera de la Ley 36/2006, de 29 de noviembre, de medidas para la prevención del fraude fiscal.

10[64]. Reglamentariamente se desarrollará el contenido de este régimen opcional.

CAPÍTULO VIII. Otras disposiciones

Artículo 47. *Sucesión en la deuda tributaria.*

En los supuestos de fallecimiento del contribuyente, los sucesores del causante quedarán obligados a cumplir las obligaciones tributarias pendientes de aquél por este impuesto, con exclusión de las sanciones, de conformidad con el artículo 39.1 de la Ley 58/2003, de 17 de diciembre, General Tributaria.

Artículo 48. *Responsabilidad patrimonial del contribuyente.*

Las deudas tributarias por el Impuesto sobre la Renta de no Residentes tendrán la misma consideración que las referidas en el artículo 1365 del Código Civil y, en consecuencia, los bienes gananciales responderán directamente frente a la Hacienda pública por las deudas que, por tal concepto, hayan sido contraídas por cualquiera de los cónyuges.

Artículo 49. *Infracciones y sanciones.*

Las infracciones tributarias en este impuesto se calificarán y sancionarán con arreglo a lo dispuesto en la Ley 58/2003, de 17 de diciembre, General Tributaria.

---

[63]   Nueva redacción del apartado art. 46.9 dada por el art. segundo.Diez de la Ley 26/2014, de 27 de noviembre, por la que se modifican la Ley 35/2006, de 28 de noviembre, del Impuesto sobre la Renta de las Personas Físicas, el texto refundido de la Ley del Impuesto sobre la Renta de no Residentes, aprobado por el Real Decreto Legislativo 5/2004, de 5 de marzo, y otras normas tributarias (BOE núm. 288, de 28 de noviembre de 2014), en vigor desde el 1 de enero de 2015.

[64]   Nuevo apartado 10 incorporado por el art. segundo.Diez de la Ley 26/2014, de 27 de noviembre, por la que se modifican la Ley 35/2006, de 28 de noviembre, del Impuesto sobre la Renta de las Personas Físicas, el texto refundido de la Ley del Impuesto sobre la Renta de no Residentes, aprobado por el Real Decreto Legislativo 5/2004, de 5 de marzo, y otras normas tributarias (BOE núm. 288, de 28 de noviembre de 2014), en vigor desde el 1 de enero de 2015.

Artículo 50. *Orden jurisdiccional.*

La jurisdicción contencioso-administrativa, previo agotamiento de la vía económico-administrativa, será la única competente para dirimir las controversias de hecho y de derecho que se susciten entre la Administración y los contribuyentes, retenedores y demás obligados tributarios en relación con cualquiera de las cuestiones a que se refiere esta ley.

Artículo 51. *Liquidación provisional.*

1. Los órganos de gestión tributaria podrán girar la liquidación provisional que proceda, de conformidad con lo dispuesto en los artículos 133 y 139 de la Ley 58/2003, de 17 de diciembre, General Tributaria.

2. Lo señalado en el apartado anterior se entenderá sin perjuicio de la posterior comprobación e investigación que pueda realizar la Administración tributaria.

Artículo 52. *Deducción de pagos a cuenta del Impuesto sobre la Renta de las Personas Físicas.*

Cuando un contribuyente adquiera su condición por cambio de residencia, tendrán la consideración de retenciones o ingresos a cuenta de este impuesto los pagos a cuenta del Impuesto sobre la Renta de las Personas Físicas practicados desde el inicio del año hasta que se acredite ante la Administración tributaria el cambio de residencia, cuando dichos pagos a cuenta correspondan a rentas sujetas a este impuesto percibidas por el contribuyente.

Artículo 53. *Normas sobre retención, transmisión y obligaciones formales relativas a activos financieros y otros valores mobiliarios.*

1. En las transmisiones o reembolsos de acciones o participaciones representativas del capital o patrimonio de las instituciones de inversión colectiva estarán obligadas a practicar retención o ingreso a cuenta por este impuesto, en los casos y en la forma que reglamentariamente se establezca, las entidades gestoras, administradoras, depositarias, comercializadoras o cualquier otra encargada de las operaciones mencionadas.

Reglamentariamente podrá establecerse la obligación de efectuar pagos a cuenta a cargo del transmitente de acciones y participaciones de instituciones de inversión colectiva, con el límite del 20 por ciento de la renta obtenida en las citadas transmisiones.

2. A los efectos de la obligación de retener sobre los rendimientos implícitos del capital mobiliario, a cuenta de este impuesto, esta retención se efectuará por las siguientes personas o entidades:

a) En los rendimientos obtenidos en la transmisión o reembolso de los activos financieros sobre los que reglamentariamente se hubiera establecido la obligación de retener, el retenedor será la entidad emisora o las instituciones financieras encargadas de la operación.

b) En los rendimientos obtenidos en transmisiones relativas a operaciones que no se documenten en títulos, así como en las transmisiones encargadas a una institución financiera, el retenedor será el banco, caja o entidad que actúe por cuenta del transmitente.

c) En los casos no recogidos en los párrafos anteriores, será obligatoria la intervención de fedatario público que practicará la correspondiente retención.

3. Para proceder a la enajenación u obtención del reembolso de los títulos o activos con rendimientos implícitos que deban ser objeto de retención, habrá de acreditarse su previa adquisición con intervención de los fedatarios o instituciones financieras mencionadas en el apartado anterior, así como el precio al que se realizó la operación.

El emisor o las instituciones financieras encargadas de la operación que, de acuerdo con el párrafo anterior, no deban efectuar el reembolso al tenedor del título o activo deberán constituir por dicha cantidad depósito a disposición de la autoridad judicial.

4. Los fedatarios públicos que intervengan o medien en la emisión, suscripción, transmisión, canje, conversión, cancelación y reembolso de efectos públicos, valores o cualesquiera otros títulos y activos financieros, así como en operaciones relativas a derechos reales sobre aquéllos, vendrán obligados a comunicar tales operaciones a la Administración tributaria presentando relación nominal de sujetos intervinientes con indicación de su domicilio y número de identificación fiscal, clase y número de los efectos públicos, valores, títulos y activos, así como del precio y fecha de la operación, en los plazos y de acuerdo con el modelo que determine el Ministro de Hacienda.

La misma obligación recaerá sobre las entidades y establecimientos financieros de crédito, las sociedades y agencias de valores, los demás intermediarios financieros y cualquier persona física o jurídica que se dedique con habitualidad a la intermediación y colocación de efectos públicos, valores o cualesquiera otros títulos de activos financieros, índices, futuros y opciones sobre ellos; incluso los documentos mediante anotaciones en cuenta, respecto de las operaciones que impliquen, directa o indirectamente, la captación o colocación de recursos a través de cualquier clase de valores o efectos.

Asimismo, estarán sujetas a esta obligación de información las sociedades gestoras de instituciones de inversión colectiva y las entidades comercializadoras respecto de las acciones y participaciones en dichas instituciones incluidas en sus registros de accionistas o partícipes[65].

Las obligaciones de información que establece este apartado se entenderán cumplidas respecto a las operaciones sometidas a retención que en él se mencionan, con la presentación de la relación de perceptores, ajustada al modelo oficial del resumen anual de retenciones correspondiente.

5. Deberá comunicarse a la Administración tributaria la emisión de certificados, resguardos o documentos representativos de la adquisición de metales u objetos preciosos, timbres de valor filatélico o piezas de valor numismático, por las personas físicas o jurídicas que se dediquen con habitualidad a la promoción de la inversión en dichos valores.

6. Lo dispuesto en los apartados 2 y 3 anteriores resultará aplicable en relación con la obligación de retener o de ingresar a cuenta que se establezca reglamentariamente respecto a las transmisiones de activos financieros de rendimiento explícito.

Disposición adicional primera[66]. *Procedimientos amistosos.*

1. Los conflictos que pudieran surgir con Administraciones de otros Estados en la aplicación de los convenios y tratados internacionales se resolverán de acuerdo con los procedi-

---

[65]   Nueva redacción del tercer párrafo dada por el art. 4.Tres de la Ley 16/2013, de 29 de octubre, por la que se establecen determinadas medidas en materia de fiscalidad medioambiental y se adoptan otras medidas tributarias y financieras (BOE núm. 260, de 30 de octubre de 2013), con efectos desde el 1 de enero de 2014.

[66]   Nueva redacción dada por el art. 217 del Real Decreto-ley 3/2020, de 4 de febrero, de medidas urgentes por el que se incorporan al ordenamiento jurídico español diversas directivas de la Unión Europea en el ámbito de la contratación pública en determinados sectores; de seguros privados; de planes y fondos de pensiones; del ámbito tributario y de litigios fiscales (BOE núm. 31, de 5 de febrero de 2020), en vigor desde el 6 de febrero de 2020.

mientos amistosos previstos en los propios convenios o tratados sin perjuicio del derecho a interponer los recursos o reclamaciones que pudieran resultar procedentes.

2[67]. Lo establecido en esta disposición adicional resulta igualmente de aplicación a los mecanismos de resolución de aquellos litigios con otros Estados miembros de la Unión Europea que se deriven de los convenios y tratados internacionales por los que se dispone la eliminación de la doble imposición de la renta y, en su caso, del patrimonio a que se refiere la Directiva (UE) 2017/1852 del Consejo, de 10 de octubre de 2017, relativa a los mecanismos de resolución de litigios fiscales en la Unión Europea. El acuerdo alcanzado se aplicará independientemente de los plazos previstos en el Derecho interno.

3. La aplicación del acuerdo alcanzado entre ambas Administraciones en el ámbito de un procedimiento amistoso se realizará una vez que el acuerdo adquiera firmeza.

A estos efectos, se considerará que el acuerdo adquiere firmeza en la fecha de recepción de la última notificación de las autoridades competentes comunicando a las autoridades competentes del resto de los Estados afectados la aceptación por parte de las personas interesadas del contenido del mismo y su renuncia al derecho a recurrir respecto de los elementos de la obligación tributaria que hayan sido objeto del procedimiento amistoso, en su caso. En el supuesto de que los recursos ya se hubieran iniciado, el acuerdo únicamente adquirirá firmeza una vez que la persona afectada aporte pruebas a las autoridades competentes de los Estados miembros afectados de que se han tomado medidas para poner fin a dichos procedimientos respecto de los elementos de la obligación tributaria que hayan sido objeto del procedimiento amistoso.

Disposición transitoria octava «*Régimen transitorio en materia de procedimientos amistosos*», derogada por la Disposición derogatoria única de la Ley 13/2023, de 24 de mayo, por la que se modifican la Ley 58/2003, de 17 de diciembre, General Tributaria, en transposición de la Directiva (UE) 2021/514 del Consejo de 22 de marzo de 2021, por la que se modifica la Directiva 2011/16/UE relativa a la cooperación administrativa en el ámbito de la fiscalidad, y otras normas tributarias (BOE núm. 124, de 25 de mayo de 2023), en vigor desde el 26 de mayo de 2023.

Ver nueva Disposición transitoria tercera «*Régimen transitorio en materia de procedimientos amistosos*» de la LIRNR.

Redacción anterior por su incorporación por el artículo segundo nueve de la Ley 36/2006, de 29 de noviembre, de medidas para la prevención del fraude fiscal Se añade por el art. 2.9 de la Ley 36/2006, de 29 de noviembre, (BOE núm. 286, de 30 de noviembre de 2006), en vigor a partir del 1 de diciembre de 2006.

[67] Nueva redacción del apartado 2 dada por la Disp. Final Tercera Uno de la Ley 13/2023, de 24 de mayo, por la que se modifican la Ley 58/2003, de 17 de diciembre, General Tributaria, en transposición de la Directiva (UE) 2021/514 del Consejo de 22 de marzo de 2021, por la que se modifica la Directiva 2011/16/UE relativa a la cooperación administrativa en el ámbito de la fiscalidad, y otras normas tributarias (BOE núm. 124, de 25 de mayo de 2023), en vigor desde el 26 de mayo de 2023.

Redacción anterior dada por el art. 217 del Real Decreto-ley 3/2020, de 4 de febrero, (BOE núm. 31, de 5 de febrero de 2020), en vigor desde el 6 de febrero de 2020: «*2. Lo establecido en esta disposición adicional resulta igualmente de aplicación a los mecanismos de resolución de aquellos litigios con otros Estados miembros de la Unión Europea que se deriven de los convenios y tratados internacionales por los que se dispone la eliminación de la doble imposición de la renta y, en su caso, del patrimonio a que se refiere la Directiva (UE) 2017/1852 del Consejo, de 10 de octubre de 2017, relativa a los mecanismos de resolución de litigios fiscales en la Unión Europea*».

4. A estos efectos, reglamentariamente[68] se establecerá el procedimiento para la resolución de estos procedimientos amistosos, así como para la aplicación del acuerdo resultante.

5. No podrá interponerse recurso alguno contra los citados acuerdos, sin perjuicio de los recursos previstos contra el acto o actos administrativos que se dicten en aplicación de dichos acuerdos.

6. 1.º En los procedimientos amistosos, el ingreso de la deuda quedará suspendido automáticamente a instancias del interesado cuando se garantice su importe y los recargos que pudieran proceder en el momento de la solicitud de la suspensión, en los términos que reglamentariamente se establezcan.

No se podrá suspender el ingreso de la deuda, de acuerdo con lo previsto en el párrafo anterior, mientras se pueda solicitar la suspensión en vía administrativa o jurisdiccional.

2.º Las garantías admisibles para obtener la suspensión automática a la que se refiere el número anterior serán exclusivamente las siguientes:

a) Depósito de dinero o valores públicos.

b) Aval o fianza de carácter solidario de entidad de crédito o sociedad de garantía recíproca o certificado de seguro de caución.

3.º Si los procedimientos amistosos no se refieren a la totalidad de la deuda, la suspensión prevista en este apartado se limitará al importe afectado por los procedimientos amistosos.

7. En el caso de que, de conformidad con lo dispuesto en el apartado 1, se simultanee un procedimiento amistoso previsto en los convenios o tratados internacionales con un procedimiento de revisión de los regulados en el título V de Ley 58/2003, de 17 de diciembre, General Tributaria, se suspenderá el procedimiento de revisión, exclusivamente respecto de los elementos de la obligación tributaria que sean objeto del procedimiento amistoso, hasta la finalización de este último.

8. En los casos en los que la existencia de sanciones excluya el acceso a la fase arbitral del procedimiento amistoso, lo establecido en el apartado 7 no será de aplicación cuando se hubiese recurrido en vía administrativa la imposición de sanciones. En este caso, se impedirá el acceso a la comisión arbitral del procedimiento amistoso hasta que recaiga resolución firme en vía administrativa o judicial en relación con la sanción.

9. En los procedimientos tramitados al amparo del Convenio 90/436/CEE, la interposición de cualquier recurso o reclamación en vía administrativa o en vía contencioso-administrativa contra las sanciones impuestas a que se refiere el apartado 10 suspenderá la tramitación del procedimiento amistoso desde la interposición del primer recurso que proceda hasta que recaiga resolución firme en vía administrativa o judicial en relación con la sanción.

No se admitirá el inicio o será causa de terminación del procedimiento amistoso previsto en el párrafo anterior si las empresas de las que se trate han sido objeto de una sanción, en los términos establecidos en el apartado 10 de esta disposición, con carácter firme.

10. A efectos de lo previsto en los apartados 8 y 9, tendrán la consideración de sanciones:

a) las penas por delitos contra la Hacienda Pública a los que se refieren los artículos 305 y 305 bis del Código Penal;

---

[68] Real Decreto 1794/2008, de 3 de noviembre, por el que se aprueba el Reglamento de procedimientos amistosos en materia de imposición directa (BOE núm. 278, de 18 de noviembre de 2008).

b) las sanciones por las infracciones a las que se refieren los artículos 191, 192 y 193 de la Ley 58/2003, de 17 de diciembre, General Tributaria, siempre que concurra algún criterio de calificación a los que se refiere el artículo 184 de dicha Ley;

c) las sanciones por las infracciones establecidas en el artículo 18.13.2.º de la Ley 27/2014, de 27 de noviembre, del Impuesto sobre Sociedades, siempre que concurra algún criterio de calificación a los que se refiere el artículo 184 de la Ley 58/2003, de 17 de diciembre, General Tributaria. A estos efectos, las referencias en el citado artículo 184 a las declaraciones deberán entenderse realizadas a la documentación de precios de transferencia.

No obstante lo establecido en la letra c), no tendrá la consideración de sanciones a efectos de lo previsto en los apartados 8 y 9, la sanción por infracción derivada de la presentación de documentación incompleta cuando no dificulten gravemente la cuantificación o determinación del valor de mercado.

11. Los procedimientos a que se refiere esta disposición se rigen por su normativa específica y supletoriamente, en cuanto resulte aplicable, por la normativa tributaria.

12. El Tribunal Económico-Administrativo Central será competente para el ejercicio de las funciones relativas a la constitución y funcionamiento de la comisión consultiva que se determinen reglamentariamente.

13[69]**.** Los miembros de la comisión consultiva o de la comisión de resolución alternativa constituida en el marco de un procedimiento amistoso estarán obligados al más estricto y completo sigilo respecto de los datos tributarios que conocieran en su condición de tales, de conformidad con lo dispuesto en el artículo 95 de la Ley 58/2003, de 17 de diciembre, General Tributaria. La infracción de dicho deber podrá dar lugar a las responsabilidades legales que pudieran derivarse conforme a la normativa española y, a estos efectos, los miembros de estas comisiones tendrán la consideración de autoridad.

Lo dispuesto en el párrafo anterior se entenderá sin perjuicio de la aplicación, en su caso, de la normativa interna de los otros Estados afectados en el ámbito propio de su jurisdicción.

Disposición adicional segunda[70].

---

[69] Nueva redacción del apartado 13 dada por la Disp. Final Tercera Uno de la Ley 13/2023, de 24 de mayo, por la que se modifican la Ley 58/2003, de 17 de diciembre, General Tributaria, en transposición de la Directiva (UE) 2021/514 del Consejo de 22 de marzo de 2021, por la que se modifica la Directiva 2011/16/UE relativa a la cooperación administrativa en el ámbito de la fiscalidad, y otras normas tributarias (BOE núm. 124, de 25 de mayo de 2023), en vigor desde el 26 de mayo de 2023.
Redacción anterior dada por el art. 217 del Real Decreto-ley 3/2020, de 4 de febrero, (BOE núm. 31, de 5 de febrero de 2020), en vigor desde el 6 de febrero de 2020.

[70] Disposición suprimida por el art. segundo.Once de la Ley 26/2014, de 27 de noviembre, por la que se modifican la Ley 35/2006, de 28 de noviembre, del Impuesto sobre la Renta de las Personas Físicas, el texto refundido de la Ley del Impuesto sobre la Renta de no Residentes, aprobado por el Real Decreto Legislativo 5/2004, de 5 de marzo, y otras normas tributarias (BOE núm. 288, de 28 de noviembre de 2014), en vigor desde el 1 de enero de 2015.
Redacción anterior tras su incorporada por la disposición final tercera.1 de la Ley 35/2006, de 28 de noviembre, del Impuesto sobre la Renta de las Personas Físicas y de modificación parcial de las Leyes de los Impuestos sobre Sociedades, sobre la Renta de no Residentes y sobre el Patrimonio, con efectos para los períodos impositivos que se inicien a partir de 1 de enero de 2007.

Disposición adicional tercera[71]. *Tipo de gravamen del Impuesto en los ejercicios 2012, 2013 y 2014.*

Desde el 1 de enero de 2012 y hasta el 31 de diciembre de 2014, ambos inclusive, los tipos de gravamen del 19 por ciento a que se refieren los artículos 19.2 y 25.1.f) de esta Ley se elevan al 21 por 100.

Asimismo, durante el período a que se refiere el párrafo anterior, el tipo de gravamen del 24 por ciento previsto en el artículo 25.1.a) de esta Ley se eleva al 24,75 por ciento.

Disposición adicional cuarta[72]. *Exención parcial en ganancias patrimoniales derivadas de la transmisión de determinados bienes inmuebles.*

Estarán exentas en un 50 por ciento las ganancias patrimoniales obtenidas sin mediación de establecimiento permanente en España, derivadas de la enajenación de bienes inmuebles urbanos situados en territorio español, que hubiesen sido adquiridos a partir de la entrada en vigor del Real Decreto-Ley 18/2012 y hasta el 31 de diciembre de 2012.

No resultará de aplicación lo dispuesto en el párrafo anterior cuando concurran las circunstancias previstas en el segundo párrafo de la Disposición adicional trigésima séptima de la Ley 35/2006, de 28 de noviembre, del Impuesto sobre la Renta de las Personas Físicas y de modificación parcial de las leyes de los Impuestos sobre Sociedades, sobre la Renta de no Residentes y sobre el Patrimonio, o tratándose de entidades, las circunstancias previstas en el último párrafo de la Disposición adicional decimosexta del Texto Refundido de la Ley del Impuesto sobre Sociedades, aprobado por el Real Decreto Legislativo 4/2004, de 5 de marzo.

Disposición adicional quinta[73] *Gravamen especial sobre los premios de determinadas loterías y apuestas.*

1. Estarán sujetos a este impuesto mediante un gravamen especial los premios incluidos en el apartado 1.a) de la disposición adicional trigésima tercera de la Ley 35/2006, de 28 de noviembre, del Impuesto sobre la Renta de las Personas Físicas y de modificación parcial de las leyes de los Impuestos sobre Sociedades, sobre la Renta de no Residentes y sobre el Patrimonio, en los términos establecidos en la misma, obtenidos por contribuyentes sin mediación de establecimiento permanente, y con las especialidades establecidas a continuación.

---

[71] Nueva redacción dada por el art. 71 de la Ley 22/2013, de 23 de diciembre, de Presupuestos Generales del Estado para el año 2014 (BOE núm. 309, de 26 de diciembre de 2013), con efectos desde el 1 de enero de 2014.
    Redacción anterior dada por el art. 66 de la Ley 2/2012, de 29 de junio, de Presupuestos Generales del Estado para el año 2012 (BOE núm. 156, de 30 de junio de 2012), con efectos desde el 1 de enero de 2012. Previamente fue incorporada, con la misma redacción, por la Disp. final 4 del Real Decreto-Ley núm. 20/2011, de 30 de diciembre.

[72] Disposición incorporada por la disposición final segunda del Real Decreto-ley 18/2012, de 11 de mayo, sobre saneamiento y venta de los activos inmobiliarios del sector financiero (BOE núm. 114, de 12 de mayo de 2012), en vigor el mismo día de su publicación en el «Boletín Oficial del Estado». Posteriormente recogida en la Disp. Final segunda de la en Ley 8/2012, de 30 de octubre, sobre saneamiento y venta de los activos inmobiliarios del sector financiero (BOE núm. 262, de 31 de octubre de 2012).

[73] Nueva disposición incorporada por art. 11 de la Ley 16/2012, de 27 de diciembre, por la que se adoptan diversas medidas tributarias dirigidas a la consolidación de las finanzas públicas y al impulso de la actividad económica (BOE núm. 312, de 28 de diciembre de 2012), con efectos desde el 1 de enero de 2013.

2. Los premios previstos en esta disposición adicional estarán sujetos a retención o ingreso a cuenta en los términos previstos en el artículo 31 de este Texto Refundido. Asimismo, existirá obligación de practicar retención o ingreso a cuenta cuando el premio esté exento en virtud de lo dispuesto en un convenio para evitar la doble imposición que resulte aplicable.

El porcentaje de retención o ingreso a cuenta será el 20 por ciento. La base de retención o ingreso a cuenta vendrá determinada por el importe de la base imponible del gravamen especial.

3. Los contribuyentes por este impuesto que hubieran obtenido los premios previstos en esta disposición estarán obligados a presentar una declaración por este gravamen especial, determinando el importe de la deuda tributaria correspondiente, e ingresar su importe en el lugar, forma y plazos que establezca el Ministro de Hacienda y Administraciones Públicas.

No obstante, no existirá obligación de presentar la citada declaración cuando el premio obtenido hubiera sido de cuantía inferior al importe exento o se hubiera practicado en relación con el mismo la retención o el ingreso a cuenta previsto en el apartado 2 anterior.

4. Cuando se hubieran ingresado en el Tesoro cantidades, o soportado retenciones a cuenta por este gravamen especial, en cuantías superiores a las que se deriven de la aplicación de un convenio para evitar la doble imposición, se podrá solicitar dicha aplicación y la devolución consiguiente, en las condiciones que se establezcan reglamentariamente.

La Administración tributaria podrá facilitar al Estado de residencia del contribuyente los datos incluidos en dicha solicitud de devolución, en los términos y con los límites establecidos en la normativa sobre asistencia mutua.

5. En el ámbito del Impuesto sobre la Renta de no Residentes los premios previstos en esta disposición adicional, obtenidos por contribuyentes sin mediación de establecimiento permanente, solo podrán ser gravados por este gravamen especial.

Disposición adicional sexta[74]. *Gastos estimados y rendimientos imputados por operaciones internas de un establecimiento permanente.*

En los casos en los que, por aplicación de lo dispuesto en un convenio para evitar la doble imposición internacional suscrito por España se permita, a efectos de determinar la renta de un establecimiento permanente situado en territorio español, la deducción de los gastos estimados por operaciones internas realizadas con su casa central o con alguno de sus establecimientos permanentes situados fuera del territorio español, se tendrá en cuenta lo siguiente:

1.º No será aplicable el artículo 18.1.a) de este texto refundido.

2.º Los rendimientos imputados a la casa central o a alguno de los establecimientos permanentes situados fuera del territorio español que se correspondan con los citados gastos estimados se considerarán rentas obtenidas en territorio español, sin mediación de establecimiento permanente, a efectos de lo dispuesto en el artículo 15.1 de este texto refundido.

3.º El impuesto correspondiente a los rendimientos imputados se devengará el 31 de diciembre de cada año.

---

[74]   Nueva disposición incorporada por el art. segundo.Doce de la Ley 26/2014, de 27 de noviembre, por la que se modifican la Ley 35/2006, de 28 de noviembre, del Impuesto sobre la Renta de las Personas Físicas, el texto refundido de la Ley del Impuesto sobre la Renta de no Residentes, aprobado por el Real Decreto Legislativo 5/2004, de 5 de marzo, y otras normas tributarias (BOE núm. 288, de 28 de noviembre de 2014), en vigor desde el 1 de enero de 2015.

4.º El establecimiento permanente situado en territorio español estará obligado a practicar retención e ingreso a cuenta por los rendimientos imputados de acuerdo con lo dispuesto en el artículo 31 de este texto refundido.

5.º A las operaciones internas realizadas por un establecimiento permanente situado en territorio español con su casa central o con alguno de sus establecimientos permanentes situados fuera del territorio español, a los que resulte de aplicación esta disposición adicional, les será de aplicación lo previsto en el artículo 18 de la Ley del Impuesto sobre Sociedades.

Disposición adicional séptima[75]. **Exención por reinversión en vivienda habitual.**

1. Podrán excluirse de gravamen las ganancias patrimoniales obtenidas por los contribuyentes residentes en un Estado miembro de la Unión Europea por la transmisión de la que haya sido su vivienda habitual en España, siempre que el importe total obtenido por la transmisión se reinvierta en la adquisición de una nueva vivienda habitual. Cuando el importe reinvertido sea inferior al total de lo percibido en la transmisión, únicamente se excluirá de tributación la parte proporcional de la ganancia patrimonial obtenida que corresponda a la cantidad reinvertida.

2. A efectos de aplicar lo señalado en el apartado anterior se tendrá en cuenta lo establecido en el artículo 38 de la Ley 35/2006, de 28 de noviembre, del Impuesto sobre la Renta de las Personas Físicas y de modificación parcial de las leyes de los Impuestos sobre Sociedades, sobre la Renta de no Residentes y sobre el Patrimonio, y normativa de desarrollo.

3. También resultarán de aplicación la obligación de retención prevista en el apartado 2 del artículo 25 así como la de presentación de la declaración e ingreso de la deuda tributaria correspondiente, prevista en el apartado 1 del artículo 28 de este texto refundido. No obstante lo anterior, cuando la reinversión se haya producido con anterioridad a la fecha en la que se deba presentar la mencionada declaración, la reinversión, total o parcial, podrá tenerse en cuenta para determinar la deuda tributaria correspondiente.

4. Lo previsto en esta disposición se aplicará igualmente a los contribuyentes que sean residentes en un Estado miembro del Espacio Económico Europeo con el que exista un efectivo intercambio de información tributaria, en los términos previstos en el apartado 4 de la disposición adicional primera de la Ley 36/2006, de 29 de noviembre, de medidas para la prevención del fraude fiscal.

5. Las condiciones para solicitar la devolución que, en su caso, resulte procedente, se determinarán reglamentariamente.

Disposición adicional octava[76]. *Efectivo intercambio de información tributaria.*

Las referencias en este texto refundido a «los Estados integrantes del Espacio Económico Europeo siempre que estos hayan suscrito un convenio con España para evitar la doble im-

---

[75]   Nueva disposición incorporada por el art. segundo.Trece de la Ley 26/2014, de 27 de noviembre, por la que se modifican la Ley 35/2006, de 28 de noviembre, del Impuesto sobre la Renta de las Personas Físicas, el texto refundido de la Ley del Impuesto sobre la Renta de no Residentes, aprobado por el Real Decreto Legislativo 5/2004, de 5 de marzo, y otras normas tributarias (BOE núm. 288, de 28 de noviembre de 2014), en vigor desde el 1 de enero de 2015.

[76]   Nueva disposición incorporada por el art. segundo.Catorce de la Ley 26/2014, de 27 de noviembre, por la que se modifican la Ley 35/2006, de 28 de noviembre, del Impuesto sobre la Renta de las Personas Físicas, el texto refundido de la Ley del Impuesto sobre la Renta de no Residentes, aprobado por el Real

posición internacional con cláusula de intercambio de información o un acuerdo de intercambio de información en materia tributaria» se entenderán hechas a «los Estados miembros del Espacio Económico Europeo con el que exista un efectivo intercambio de información tributaria, en los términos previstos en el apartado 4 de la disposición adicional primera de la Ley 36/2006, de 29 de noviembre, de medidas para la prevención del fraude fiscal.

Disposición adicional novena[77]. *Tipos de gravamen aplicables en 2015.*

En el año 2015, para los impuestos devengados con anterioridad a 12 de julio, el tipo de gravamen del 19 por ciento previsto en el apartado 2 del artículo 19 y en las letras a) y f) del apartado 1 del artículo 25 de esta Ley, será del 20 por ciento. Los citados tipos serán del 19,5 por ciento cuando el impuesto se devengue a partir de dicha fecha.

Disposición adicional décima[78]. *Tributación Mínima.*

A efectos de lo dispuesto en el artículo 19 de este Texto Refundido, para determinar la deuda tributaria del impuesto, resultará de aplicación la tributación mínima establecida en el artículo 30 bis de la Ley 27/2014, de 27 de noviembre, del Impuesto sobre Sociedades.

Disposición transitoria primera[79]. *Disposiciones transitorias del texto refundido del Impuesto sobre la Renta de las Personas Físicas, aprobado por el Real Decreto Legislativo 3/2004, de 5 de marzo.*

1. Las disposiciones transitorias segunda, quinta, novena y décima del texto refundido del Impuesto sobre la Renta de las Personas Físicas aprobado por el Real Decreto Legislativo 3/2004, de 5 de marzo, serán aplicables a los contribuyentes sin establecimiento permanente que sean personas físicas.

2. Las modificaciones efectuadas en las disposiciones transitorias quinta y novena del texto refundido de la Ley del Impuesto sobre la Renta de las Personas Físicas por la disposición final primera de la Ley 35/2006, del Impuesto sobre la Renta de las Personas Físicas y

---

Decreto Legislativo 5/2004, de 5 de marzo, y otras normas tributarias (BOE núm. 288, de 28 de noviembre de 2014), en vigor desde el 1 de enero de 2015.

[77] Nueva redacción dada por el art. 3.Dos del Real Decreto-ley 9/2015, de 10 de julio, de medidas urgentes para reducir la carga tributaria soportada por los contribuyentes del Impuesto sobre la Renta de las Personas Físicas y otras medidas de carácter económico (BOE núm. 165, de 11 de julio de 2015), en vigor desde el día 12 de julio de 2015.
Disposición incorporada por el art. segundo.Quince de la Ley 26/2014, de 27 de noviembre, por la que se modifican la Ley 35/2006, de 28 de noviembre, del Impuesto sobre la Renta de las Personas Físicas, el texto refundido de la Ley del Impuesto sobre la Renta de no Residentes, aprobado por el Real Decreto Legislativo 5/2004, de 5 de marzo, y otras normas tributarias (BOE núm. 288, de 28 de noviembre de 2014), en vigor desde el 1 de enero de 2015.

[78] Nueva disp. adicional incorporada por el art. 63.Dos de la Ley 22/2021, de 28 de diciembre, de Presupuestos Generales del Estado para el año 2022 (BOE núm. 312, de 29 de diciembre de 2021), con efectos para los períodos impositivos que se inicien a partir de 1 de enero de 2022, y con vigencia indefinida.

[79] Se renumera la disposición transitorio único por disposición transitoria primera por el art. 64.dos de la Ley 11/2020, de 30 de diciembre, de Presupuestos Generales del Estado para el año 2021 (BOE núm. 341, de 31 de diciembre de 2020), en vigor desde el 1 de enero de 2021.
Nueva redacción dada por la disposición final 3.7 de la Ley 35/2006, de 28 de noviembre, del Impuesto sobre la Renta de las Personas Físicas y de modificación parcial de las Leyes de los Impuestos sobre Sociedades, sobre la Renta de no Residentes y sobre el Patrimonio, en vigor desde el 1 de enero de 2007.

de modificación parcial de las Leyes de los impuestos sobre sociedades, sobre la Renta de no Residentes y sobre el Patrimonio, solamente surtirán efectos en el Impuesto sobre la Renta de no Residentes desde la fecha de entrada en vigor de la citada disposición.

Disposición transitoria segunda[80]. *Régimen transitorio de la exención del artículo 14.1.h).*

La exención a la que se refiere la letra h) del apartado 1 del artículo 14 será de aplicación durante los años 2021, 2022, 2023, 2024 y 2025 a las participaciones adquiridas antes del 1 de enero de 2021 cuyo valor de adquisición sea superior a 20 millones de euros sin que sea necesario que la participación, directa o indirecta, alcance el 5 por ciento en el capital y siempre que se cumplan los restantes requisitos establecidos en dicho artículo 14.1.h).

Disposición transitoria tercera[81]. *Régimen transitorio en materia de procedimientos amistosos*

1. Los procedimientos amistosos de la disposición adicional primera de este texto refundido, iniciados antes del 6 de febrero de 2020, la fecha de entrada en vigor de la redacción otorgada por el Real Decreto-ley 3/2020, de 4 de febrero, se regirán por la normativa anterior a dicha fecha hasta su conclusión salvo lo dispuesto en los apartados siguientes.

2. La regulación de los mecanismos de resolución de aquellos litigios con otros Estados miembros de la Unión Europea a que se refiere el apartado 2 de la disposición adicional primera, en su redacción dada por la Ley 13/2023, de 24 de mayo, por la que se modifican la Ley 58/2003, de 17 de diciembre, General Tributaria, en transposición de la Directiva (UE) 2021/514 del Consejo, de 22 de marzo de 2021, por la que se modifica la Directiva 2011/16/UE relativa a la cooperación administrativa en el ámbito de la fiscalidad, y otras normas tributarias, será aplicable a toda solicitud de inicio de dichos mecanismos que se haya presentado a partir del 1 de julio de 2019 respecto de cuestiones objeto de un procedimiento amistoso que se refieran a rentas o patrimonio obtenidos en un ejercicio fiscal que se haya iniciado el 1 de enero de 2018 o con posterioridad a esta fecha.

Asimismo, y siempre que así se acuerde con las autoridades competentes de los Estados miembros afectados, la regulación de tales mecanismos se aplicará a toda solicitud de inicio que se haya presentado a partir del 1 de julio de 2019 respecto de cuestiones objeto del procedimiento amistoso que incluyan rentas o patrimonio obtenidos antes y después del 1 de enero de 2018. En este último supuesto, se exigirá también que en el convenio o tratado internacional aplicable estuviera prevista la posibilidad de constituir una comisión consultiva.

3. Lo dispuesto en la redacción dada por el Real Decreto-ley 3/2020, de 4 de febrero, de medidas urgentes por el que se incorporan al ordenamiento jurídico español diversas directivas de la Unión Europea en el ámbito de la contratación pública en determinados sectores; de seguros privados; de planes y fondos de pensiones; del ámbito tributario y de litigios fiscales,

---

[80]   Nueva disposición incorporada por el art. 64.dos de la Ley 11/2020, de 30 de diciembre, de Presupuestos Generales del Estado para el año 2021 (BOE núm. 341, de 31 de diciembre de 2020), en vigor desde el 1 de enero de 2021.

[81]   Nueva disposición transitoria tercera incorporada por la Disp. Final Tercera Dos de la Ley 13/2023, de 24 de mayo, por la que se modifican la Ley 58/2003, de 17 de diciembre, General Tributaria, en transposición de la Directiva (UE) 2021/514 del Consejo de 22 de marzo de 2021, por la que se modifica la Directiva 2011/16/UE relativa a la cooperación administrativa en el ámbito de la fiscalidad, y otras normas tributarias (BOE núm. 124, de 25 de mayo de 2023), en vigor desde el 26 de mayo de 2023.

a los apartados 7 y 8 de la citada disposición adicional primera, será de aplicación a los procedimientos amistosos iniciados a partir del 12 de octubre de 2015.

4. Lo dispuesto en la redacción dada por el Real Decreto-ley 3/2020, de 4 de febrero, al segundo párrafo del apartado 3 de la disposición adicional primera, será de aplicación a los procedimientos pendientes de terminación el 6 de febrero de 2020.

5. Lo dispuesto en la redacción dada por el Real Decreto-ley 3/2020, de 4 de febrero, al tercer párrafo del apartado 2 de la disposición adicional novena de la Ley 29/1998, de 13 de julio, reguladora de la Jurisdicción Contencioso-administrativa, será de aplicación a los procedimientos amistosos iniciados a partir del 12 de octubre de 2015.

Disposición final primera. *Habilitaciones a la Ley de Presupuestos Generales del Estado.*
La Ley de Presupuestos Generales del Estado podrá:
a) Modificar los tipos de gravamen.
b) Modificar los límites cuantitativos y porcentajes fijos.
c) Introducir y modificar las normas precisas para cumplir las obligaciones derivadas del Tratado de la Unión Europea y del derecho que de éste se derive.

Disposición final segunda. *Habilitación normativa.*
1. Se habilita al Gobierno para dictar cuantas disposiciones sean necesarias para el desarrollo y ejecución de esta ley.
2. Los modelos de declaración de este impuesto y los de sus pagos a cuenta se aprobarán por el Ministro de Hacienda, que establecerá la forma, lugar y plazos para su presentación, así como los supuestos y condiciones de su presentación por medios telemáticos.

43. Real Decreto 1776/2004, de 30 de julio, por el que se aprueba el REGLAMENTO DEL IMPUESTO SOBRE LA RENTA DE NO RESIDENTES

(BOE núm. 188 de 5 de agosto de 2004)

La disposición adicional cuarta de la Ley 46/2002, de 18 de diciembre, de reforma parcial del Impuesto sobre la Renta de las Personas Físicas y por la que se modifican las Leyes de los Impuestos sobre Sociedades y sobre la Renta de no Residentes, en la redacción dada por la disposición final decimoctava de la Ley 62/2003, de 30 de diciembre, de medidas fiscales, administrativas y del orden social, habilitó al Gobierno para elaborar el texto refundido de la Ley del Impuesto sobre la Renta de no Residentes, aprobado por el Real Decreto Legislativo 5/2004, de 5 de marzo.

En relación con dicho texto refundido, el Consejo de Estado, en sendos dictámenes de 16 de octubre de 2003 y 26 de febrero de 2004, observó que debía procederse a refundir en un único cuerpo normativo todas las disposiciones reglamentarias vigentes, aprovechando la ocasión para realizar únicamente los ajustes relativos a remisiones y nueva numeración de artículos.

Atendiendo la observación del Alto Órgano Consultivo se elabora este Real Decreto, por el que se aprueba el Reglamento del Impuesto sobre la Renta de no Residentes, con el fin de contribuir a la necesaria claridad de las normas tributarias y a la seguridad jurídica de la Administración tributaria y, especialmente, de los contribuyentes.

II

El Real Decreto 326/1999, de 26 de febrero, por el que se aprueba el Reglamento del Impuesto sobre la Renta de no Residentes, que ahora se deroga, contenía las disposiciones reglamentarias que desarrollaban el régimen de tributación de los contribuyentes no residentes establecido por la Ley 41/1998, de 9 de diciembre, del Impuesto sobre la Renta de no Residentes y Normas Tributarias.

La promulgación de la Ley 41/1998 supuso la regulación independiente de la imposición directa de los contribuyentes no residentes en territorio español, que con anterioridad se contenía en la normativa de los Impuestos sobre Sociedades y sobre la Renta de las Personas Físicas, conocida como «obligación real de contribuir».

Esta integración en la nueva Ley de la normativa aplicable a los contribuyentes no residentes exigió también aprobar una norma reglamentaria independiente y propia bajo la rúbrica del Reglamento del Impuesto sobre la Renta de no Residentes.

El Real Decreto 326/1999, desde su entrada en vigor, experimentó diversas modificaciones, entre las que cabe destacar las introducidas por las siguientes normas:

El Real Decreto 1968/1999, de 23 de diciembre, que posibilitaba el desarrollo del procedimiento aplicable en ciertos supuestos relativos a la retención, o exoneración de la obligación de practicarla, en rendimientos derivados de la emisión de valores negociables.

El Real Decreto 579/2001, de 1 de junio, introduce modificaciones del Reglamento relativas a la exclusión de la obligación de retener o ingresar a cuenta respecto a los rendimientos del capital mobiliario procedentes de la devolución de la prima de emisión de acciones o participaciones y de la reducción de capital con devolución de aportaciones.

Finalmente, las modificaciones incorporadas por el Real Decreto 116/2003, de 31 de enero, que desarrollaba reglamentariamente las mejoras introducidas por la Ley 46/2002, norma esta que originó la reforma más sustancial en el texto de la Ley 41/1998 desde que entró en vigor. El Real Decreto 116/2003 modificó lo relativo a los elementos afectos al establecimiento permanente, a las obligaciones de retención sobre las rentas de trabajo en caso de cambio de residencia y a las entidades en atribución de rentas. Por otra parte, se amplió a cuatro años, siempre que exista reciprocidad, el plazo de devolución de cantidades ingresadas en exceso sobre las resultantes de la aplicación de un Convenio para evitar la doble imposición.

III

En el Real Decreto que ahora se aprueba se da nueva numeración a los artículos y a determinados capítulos del Reglamento del Impuesto, adaptándola al orden seguido en el texto refundido de la Ley del Impuesto y se introducen modificaciones técnicas de referencias efectuadas en el texto anterior debido a la reciente aprobación de algunas normas, como la Ley 58/2003, de 17 de diciembre, General Tributaria, o el Real Decreto 1496/2003, de 28 de noviembre, por el que se aprueba el Reglamento por el que se regulan las obligaciones de facturación.

Asimismo, en virtud de la disposición adicional segunda de la Ley 35/2003, de 4 de noviembre, de Instituciones de Inversión Colectiva, se completa la relación de sujetos obligados a practicar retención o ingreso a cuenta, incluyéndose en el artículo 11 a los representantes designados de acuerdo con lo dispuesto en el apartado 7 del artículo 55 de dicha Ley, que actúen en nombre de las gestoras que operen en régimen de libre prestación de servicios.

IV

Este Real Decreto contiene un artículo, dos disposiciones adicionales, una disposición derogatoria y una disposición final.

En virtud de su artículo único, se aprueba el texto del Reglamento del Impuesto sobre la Renta de no Residentes.

En la disposición adicional primera se indica que las referencias que en otras normas se contengan al Reglamento del Impuesto sobre la Renta de no Residentes, aprobado por el Real Decreto 326/1999, se entenderán realizadas a los preceptos correspondientes del Reglamento del Impuesto aprobado por este Real Decreto.

En la disposición adicional segunda se reproduce la de igual número del Real Decreto 326/1999.

En la disposición derogatoria única se deroga el Real Decreto 326/1999.

Por último, en la disposición final única se establece la entrada en vigor del Real Decreto.

El Reglamento que se aprueba está compuesto por 24 artículos, agrupados en cinco capítulos, y una disposición final.

El capítulo I contiene las disposiciones reglamentarias relativas a la tributación de las rentas obtenidas en España por contribuyentes no residentes mediante establecimiento permanente, que desarrollan la regulación legal que no queda establecida por la remisión general que efectúa la Ley a la normativa del Impuesto sobre Sociedades, con excepción de las disposiciones relativas al régimen de pagos a cuenta del impuesto, que se incluyen en el capítulo III.

El capítulo II regula los aspectos reglamentarios de la tributación de las rentas obtenidas sin mediación de establecimiento permanente, con excepción de los relativos al régimen de pagos a cuenta, que se desarrollan en el capítulo III. Incluye las normas sobre determinación de la base imponible de actividades o explotaciones económicas realizadas sin establecimiento permanente y la regulación de las obligaciones formales y de declaración de estas rentas.

El capítulo III contiene las normas reglamentarias del régimen de pagos a cuenta del Impuesto sobre la Renta de no Residentes, regulando en sus tres secciones los correspondientes a rentas obtenidas con y sin mediación de establecimiento permanente y a las entidades en régimen de atribución de rentas, de acuerdo con las características propias de sus formas de tributación.

El capítulo IV regula los aspectos reglamentarios del Gravamen Especial sobre Bienes Inmuebles de Entidades no Residentes, en materia de obligaciones formales y aplicación de las exenciones.

El capítulo V desarrolla el régimen opcional para contribuyentes residentes en otros Estados miembros de la Unión Europea. Contiene las disposiciones aplicables estructuradas en tres aspectos: ámbito, contenido y procedimiento de aplicación del régimen.

Por último, la disposición final única contiene la habilitación al Ministro de Economía y Hacienda para dictar disposiciones de desarrollo de este Reglamento.

Asimismo, el nuevo Reglamento comienza con un índice de su contenido, cuyo objeto es facilitar la utilización de la norma por sus destinatarios mediante una rápida localización y ubicación sistemática de sus preceptos.

El desarrollo reglamentario del Impuesto sobre la Renta de no Residentes se efectúa en virtud de las habilitaciones contenidas en el articulado y la disposición final segunda de la Ley, incorporando las previsiones necesarias para la aplicación del régimen tributario de los contribuyentes no residentes en territorio español.

En su virtud, a propuesta del Ministro de Economía y Hacienda, de acuerdo con el Consejo de Estado y previa deliberación del Consejo de Ministros en su reunión del día 30 de julio de 2004,

DISPONGO:

Artículo único. *Aprobación del Reglamento del Impuesto sobre la Renta de no Residentes.*

Se aprueba el Reglamento del Impuesto sobre la Renta de no Residentes, que se inserta a continuación

Disposición adicional primera. *Remisiones normativas.*

Las referencias normativas efectuadas en otras disposiciones al Reglamento del Impuesto sobre la Renta de no Residentes, aprobado por el Real Decreto 326/1999, de 26 de febrero, se entenderán realizadas a los preceptos correspondientes del Reglamento que se aprueba por este Real Decreto.

Disposición adicional segunda. *Atribución de competencias.*

La atribución de competencias que el Real Decreto 1629/1991, de 8 de noviembre, por el que se aprueba el Reglamento del Impuesto sobre Sucesiones y Donaciones, u otras normas de igual o inferior rango, hacen específicamente a la Delegación Especial de la Agencia Estatal de Administración Tributaria en Madrid, podrá ser modificada de conformidad con lo dispuesto en el artículo 103, apartado once, 5, de la Ley 31/1990, de 27 de diciembre, y las Órdenes dictadas en su aplicación.

Disposición derogatoria única. *Derogación normativa.*

A la entrada en vigor de este Real Decreto quedará derogado el Real Decreto 326/1999, de 26 de febrero, por el que se aprueba el Reglamento del Impuesto sobre la Renta de no Residentes, así como todas aquellas disposiciones que se opongan a lo establecido en este Real Decreto.

Disposición final única. *Entrada en vigor.*

Este Real Decreto entrará en vigor el día siguiente al de su publicación en el «Boletín Oficial del Estado».

REGLAMENTO DEL IMPUESTO SOBRE LA RENTA DE NO RESIDENTES

CAPÍTULO I. Rentas obtenidas mediante establecimiento permanente

Artículo 1. *Elementos patrimoniales afectos al establecimiento permanente.*

Los activos representativos de la participación en fondos propios de una entidad vinculados funcionalmente al desarrollo de la actividad que constituye el objeto del establecimiento permanente sólo se considerarán elementos patrimoniales afectos a éste cuando sea una sucursal registrada en el Registro Mercantil y se cumplan los siguientes requisitos:

a) Que dichos activos se reflejen en los estados contables del establecimiento permanente.

b) Tratándose de establecimientos permanentes que, de acuerdo con lo establecido en el artículo 67 del texto refundido de la Ley del Impuesto sobre Sociedades, aprobado por Real Decreto Legislativo 4/2004, de 5 de marzo, puedan considerarse sociedades dominantes, que dicho establecimiento permanente disponga, para dirigir y gestionar esas participaciones, de la correspondiente organización de medios materiales y personales.

Artículo 2. *Diversidad de establecimientos permanentes.*

Cuando un contribuyente disponga de diversos centros de actividad en territorio español que, de acuerdo con lo dispuesto en el apartado 1 del artículo 17 de la Ley del Impuesto, constituyan establecimientos permanentes distintos, deberá adoptar para cada uno de ellos una denominación diferenciada.

Cuando se trate de contribuyentes personas jurídicas, deberán obtener además diferente número de identificación fiscal para cada establecimiento permanente.

Artículo 3. *Valoración de los gastos de dirección y generales de administración imputables al establecimiento permanente.*

1. Los contribuyentes que operen en España mediante establecimiento permanente podrán someter a la Administración tributaria propuestas para la valoración de la parte de los gastos de dirección y generales de administración que corresponda al establecimiento permanente y sea deducible para la determinación de la base imponible del mismo, de acuerdo con lo dispuesto en el párrafo b) del apartado 1 del artículo 18 de la Ley del Impuesto. Estas propuestas deberán fundamentarse en la aplicación de los criterios de imputación establecidos en dicho precepto.

2. La tramitación y resolución de las solicitudes se efectuarán mediante el procedimiento establecido para las propuestas de deducción de gastos en concepto de apoyo a la gestión prestados entre entidades vinculadas, regulado al efecto en el capítulo VI del título I del Reglamento del Impuesto sobre Sociedades, aprobado por Real Decreto 1777/2004, de 30 de julio, con la particularidad mencionada en el apartado siguiente.

3. En relación con lo dispuesto en el artículo 20.4 del Reglamento del Impuesto sobre Sociedades, los contribuyentes, al tiempo de presentar la propuesta, deberán aportar la siguiente documentación:

a) Descripción de los gastos de dirección y generales de administración incluidos en la propuesta.

b) Identificación de los gastos que serán imputables al establecimiento permanente y criterios y módulos de reparto aplicados.

c) Existencia de propuestas estimadas o en curso de tramitación ante Administraciones tributarias de otros Estados.

Artículo 4. *Opción para la tributación de determinados establecimientos permanentes.*

La opción manifestada por los contribuyentes que, de acuerdo con lo previsto en el párrafo b) del apartado 5 del artículo 18 de la Ley del Impuesto, opten por la aplicación del régimen general previsto para los establecimientos permanentes, surtirá efecto durante todo el tiempo que dure la construcción, instalación o el montaje o la actividad que constituya el establecimiento permanente.

CAPÍTULO II. Rentas obtenidas sin mediación de establecimiento permanente

Artículo 5[1]. *Determinación de la base imponible correspondiente a actividades o explotaciones económicas.*

1. En los casos de actividades o explotaciones económicas realizadas en España sin mediación de establecimiento permanente, para la determinación de la base imponible serán deducibles de los ingresos íntegros las siguientes partidas:

a) Sueldos, salarios y cargas sociales del personal desplazado a España o contratado en territorio español, empleado directamente en el desarrollo de las actividades o explotaciones económicas, siempre que se justifique o garantice debidamente el ingreso del Impuesto que proceda o de los pagos a cuenta correspondientes a los rendimientos del trabajo satisfechos.

b) Aprovisionamiento de materiales para su incorporación definitiva a las obras o trabajos realizados en territorio español. Cuando los materiales no hayan sido adquiridos en el territorio español, serán deducibles por el importe declarado a efectos de la liquidación de derechos arancelarios o del Impuesto sobre el Valor Añadido.

---

[1]　Desarrolla el artículo 24.2 de la Ley

c) Suministros consumidos en territorio español para el desarrollo de las actividades o explotaciones económicas. A estos efectos, sólo tendrán la consideración de suministros los abastecimientos que no tengan la cualidad de almacenables.

2. Las partidas a que hacen referencia los párrafos b) y c) anteriores serán deducibles de los ingresos únicamente cuando las facturas o documentos equivalentes que justifiquen la realidad del gasto hayan sido expedidos con los requisitos formales exigidos por las normas reguladoras de las obligaciones de facturación que incumben a empresarios o profesionales.

Artículo 6[2]. *Obligaciones formales.*

1. Los contribuyentes que obtengan rentas de las referidas en el artículo 24.2 de la Ley del Impuesto estarán obligados a llevar los siguientes libros registros:

    a) Libro registro de ingresos.

    b) Libro registro de gastos.

2. Asimismo, los contribuyentes a que se refiere el apartado anterior deberán conservar, numeradas por orden de fechas, las facturas emitidas de acuerdo a lo previsto en el Real Decreto 1496/2003, de 28 de noviembre, por el que se aprueba el Reglamento por el que se regulan las obligaciones de facturación que incumben a los empresarios y profesionales, y las facturas o justificantes documentales de otro tipo recibidos.

3. Se autoriza al Ministro de Economía y Hacienda para determinar la forma de llevanza de los libros registros a que se refiere este artículo.

Artículo 7. *Declaración del Impuesto por las rentas obtenidas en España sin mediación de establecimiento permanente.*

1[3]. Los contribuyentes que obtengan rentas sujetas al Impuesto sin mediación de establecimiento permanente estarán obligados a presentar declaración determinando e ingresando la deuda tributaria correspondiente.

Los contribuyentes que, por ser residentes en países con los que España tenga suscrito convenio para evitar la doble imposición, se acojan al mismo, determinarán en su declaración la deuda tributaria aplicando directamente los límites de imposición o las exenciones previstos en el respectivo convenio. A tal efecto, deberán adjuntar a la declaración un certificado de residencia expedido por la autoridad fiscal correspondiente, o el pertinente formulario previsto en las órdenes de desarrollo de los convenios.

2. Podrán también efectuar la declaración e ingreso de la deuda tributaria los responsables solidarios definidos en el artículo 9 de la Ley del Impuesto.

3[4]. No obstante lo dispuesto en el apartado 1 anterior, los contribuyentes por este Impuesto no estarán obligados a presentar la declaración correspondiente a las rentas respecto de las

---

[2]   Desarrolla el artículo 29 de la Ley

[3]   Véase el artículo 28 de la Ley

[4]   Nueva redacción del art. 7.3 dada por el art. tercero segundo.uno del Real Decreto 960/2013, de 5 de diciembre, por el que se por el que se modifican el Reglamento del Impuesto sobre Sociedades, aprobado por el Real Decreto 1777/2004, de 30 de julio; el Reglamento del Impuesto sobre la Renta de las Personas Físicas, aprobado por el Real Decreto 439/2007, de 30 de marzo; el Reglamento del Impuesto sobre la Renta de no Residentes, aprobado por el Real Decreto 1776/2004, de 30 de julio; el Reglamento General de las actuaciones y los procedimientos de gestión e inspección tributaria y de desarrollo de las normas comunes de los procedimientos de aplicación de los tributos, aprobado por el Real Decreto 1065/2007,

que se hubiese practicado la retención o efectuado el ingreso a cuenta del Impuesto, salvo en el caso de ganancias patrimoniales derivadas del reembolso de participaciones en fondos de inversión regulados en la Ley 35/2003, de 4 de noviembre, de instituciones de inversión colectiva, cuando la retención practicada haya resultado inferior a la cuota tributaria calculada conforme a lo previsto en los artículos 24 y 25 de la Ley del Impuesto.

Tampoco estarán obligados a presentar la declaración respecto de aquellas rentas sujetas a retención o ingreso a cuenta pero exentas en virtud de lo previsto en el artículo 14 de la Ley del Impuesto o en un Convenio de doble imposición que resulte aplicable.

4. Estarán obligados a presentar declaración del Impuesto, en los términos previstos en los apartados anteriores de este artículo, los contribuyentes que obtengan rentas sujetas al Impuesto exceptuadas de la obligación de retener e ingresar a cuenta de acuerdo con el apartado 3 del artículo 10 de este Reglamento.

Artículo 7 bis[5]. *Borrador de declaración.*

1. Los contribuyentes podrán solicitar la puesta a disposición de un borrador de declaración en los términos previstos en el artículo 28 bis de la Ley del Impuesto.

A tales efectos, la Administración tributaria podrá requerir a los contribuyentes la presentación de la información y documentos que resulten necesarios para su elaboración.

El Ministro de Hacienda y Administraciones Públicas determinará el lugar, plazo, forma y procedimiento de dicho requerimiento.

2. Cuando el contribuyente considere que el borrador de declaración no refleja su situación tributaria a efectos de este Impuesto, deberá presentar la correspondiente declaración, de acuerdo con lo dispuesto en el artículo 28 del texto refundido de la Ley del Impuesto.

No obstante, podrá instar la rectificación del borrador cuando advierta que contiene datos erróneos o inexactos.

El Ministro de Hacienda y Administraciones Públicas determinará el lugar, plazo, forma y procedimiento para realizar dicha rectificación.

CAPÍTULO III. Pagos a cuenta

SECCIÓN 1.ª *Rentas obtenidas mediante establecimiento permanente*

Artículo 8[6]. *Pagos a cuenta de establecimientos permanentes.*

1. Las rentas sometidas al Impuesto sobre la Renta de no Residentes que se obtengan por mediación de establecimiento permanente estarán sometidas a retención o ingreso a cuenta, y tales establecimientos permanentes quedarán obligados a efectuar pagos a cuenta

---

de 27 de julio, y el Reglamento General de Recaudación, aprobado por el Real Decreto 939/2005, de 29 de julio (BOE núm. 292, de 6 de diciembre de 2013), con efectos desde el 1 de enero de 2014.

[5]   Nuevo artículo incorporado por el art. Segundo.uno del Real Decreto 633/2015, de 10 de julio, por el que se modifican el Reglamento del Impuesto sobre la Renta de las Personas Físicas, aprobado por el Real Decreto 439/2007, de 30 de marzo, y el Reglamento del Impuesto sobre la Renta de no Residentes, aprobado por el Real Decreto 1776/2004, de 30 de julio (BOE núm. 165, de 11 de julio de 2015), en vigor desde el día siguiente de su publicación en el BOE, siendo aplicable a los períodos impositivos que se inicien a partir del 1 de enero de 2015.

[6]   Desarrolla el artículo 23 de la LIRNR.

o fraccionados, en los mismos supuestos y condiciones que los establecidos en la normativa reguladora del Impuesto sobre Sociedades para los sujetos pasivos por este Impuesto.

No existirá obligación de retener ni de ingresar a cuenta, además de en los casos que resulten de la aplicación de lo dispuesto en el párrafo anterior, respecto de los intereses y comisiones que constituyan ingreso de un establecimiento permanente de una entidad financiera no residente en territorio español, que desarrolle las actividades propias de las entidades a que se refiere la letra c) del artículo 59 del Reglamento del Impuesto sobre Sociedades, cuando sean consecuencia de préstamos realizados por dicho establecimiento permanente, salvo que se trate de las rentas a que se refiere el párrafo segundo del citado párrafo c).

2. Los establecimientos permanentes estarán obligados a practicar retenciones e ingresos a cuenta en los mismos términos que las entidades residentes en territorio español.

Sección 2.ª Rentas obtenidas sin mediación de establecimiento permanente

Artículo 9. *Obligación de practicar retenciones e ingresos a cuenta.*

1. Deberá practicarse retención del Impuesto sobre la Renta de no Residentes respecto de las rentas sujetas a este Impuesto percibidas por contribuyentes sin establecimiento permanente, en los términos establecidos en el artículo 31 de la Ley del Impuesto.

2. Deberá practicarse un ingreso a cuenta respecto de las rentas sujetas al Impuesto sobre la Renta de no Residentes correspondiente al perceptor cuando las rentas a que se refiere el apartado anterior sean satisfechas o abonadas en especie.

Artículo 10. *Excepciones a la obligación de retener y de ingresar a cuenta.*

1. No existirá obligación de practicar retención o ingreso a cuenta en los supuestos a los que se refiere el apartado 4 del artículo 31 de la Ley del Impuesto.

2. A efectos de la aplicación de lo dispuesto en el apartado 4 del artículo 31 de la Ley del Impuesto, la acreditación del pago del Impuesto o de la procedencia de la exención se efectuará, según el caso:

a) En el supuesto de pago, mediante la declaración del Impuesto correspondiente a las rentas satisfechas, presentada por el contribuyente o su representante.

b) En el caso de exenciones, mediante los documentos justificativos del cumplimiento de las circunstancias que determinan la procedencia de su aplicación, sin perjuicio de la obligación de declarar prevista en el apartado 5 del artículo 31 de la Ley del Impuesto.

Cuando el obligado a retener o ingresar a cuenta no hubiese practicado retención o ingreso a cuenta por entender acreditadas alguna de las circunstancias anteriores, y con posterioridad se determine la improcedencia de la exención o la inexistencia de pago del Impuesto, serán exigibles a aquél las responsabilidades que le correspondan como retenedor por la retención o el ingreso a cuenta no practicados.

2 bis[7]. A efectos de lo dispuesto en la letra b) del apartado 4 del artículo 31 de la Ley del Impuesto, existirá obligación de retener o ingresar a cuenta en los supuestos de reducción de capital social con devolución de aportaciones y distribución de la prima de emisión de

---

[7]   Apartado 2 bis añadido por el artículo 3.Uno del Real Decreto 1788/2010, de 30 de diciembre, por el que se modifican los Reglamentos de los Impuestos sobre la Renta de las Personas Físicas, sobre Sociedades y sobre la Renta de no Residentes en materia de rentas en especie, deducción por inversión en vivienda y pagos a cuenta (BOE núm. 315, de 31 de diciembre de 2010), en vigor desde 1 de enero de 2011.

acciones previstos en el segundo párrafo del artículo 75.3 h) del Reglamento del Impuesto sobre la Renta de las Personas Físicas, aprobado por el Real Decreto 439/2007.

3[8]. A efectos de lo dispuesto en el párrafo e) del apartado 4 del artículo 31 de la Ley del Impuesto, no procederá practicar retención o ingreso a cuenta respecto de las siguientes rentas:

a) Las ganancias patrimoniales.

No obstante lo anterior, sí existirá obligación de practicar retención o ingreso a cuenta respecto de:

1.º Los premios derivados de la participación en juegos, concursos, rifas o combinaciones aleatorias, estén o no vinculados a la oferta, promoción o venta de determinados bienes, productos o servicios.

2.º La transmisión de bienes inmuebles situados en territorio español a que se refiere el artículo 14 de este Reglamento.

3.º[9] Las rentas derivadas de transmisiones o reembolsos de acciones o participaciones representativas del capital o patrimonio de Instituciones de Inversión Colectiva, excepto las procedentes de participaciones o acciones en los fondos y sociedades regulados por el artículo 49 del Reglamento de la Ley 35/2003, de 4 de noviembre, de Instituciones de Inversión Colectiva, aprobado por el Real Decreto 1309/2005, de 4 de noviembre.

b) Las rentas recogidas en los párrafos b), salvo las obtenidas a través de países o territorios calificados reglamentariamente como paraísos fiscales, c), e), f) y h) del apartado 3 del artículo 73 del Reglamento del Impuesto sobre la Renta de las Personas Físicas, aprobado por el Real Decreto 1775/2004, de 30 de julio.

4. Se faculta al Ministro de Economía y Hacienda para establecer el procedimiento para hacer efectiva la práctica de retención, al tipo que corresponda en cada caso, o la exclusión de retención, sobre los rendimientos derivados de la emisión de valores negociables[10].

Artículo 11. *Sujetos obligados a retener o a efectuar ingreso a cuenta.*

1. Estarán obligados a retener o a ingresar a cuenta los sujetos a que se refiere el apartado 1 del artículo 31 de la Ley del Impuesto.

2[11]. En las operaciones sobre activos financieros, en las transmisiones de valores de la Deuda del Estado, en las transmisiones y reembolsos de acciones o participaciones represen-

---

[8]   Nueva redacción del art. 10.3 dada por el art. 4.uno del Real Decreto 1576/2006, de 22 de diciembre (BOE núm. 306, de 23 de diciembre), en vigor desde 1 de enero de 2007.

[9]   Nueva redacción dada por el artículo 2 del Real Decreto 749/2010, de 7 de junio, por el que se modifica el Reglamento de la Ley 35/2003, de 4 de noviembre, de Instituciones de Inversión Colectiva, aprobado por el Real Decreto 1309/2005, de 4 de noviembre, y otros reglamentos en el ámbito tributario (BOE de noviembre y 20 de diciembre), en vigor desde 9 de junio de 2010. Anterior redacción dada por la Disp. final 3.1 del Real Decreto 1309/2005, de 4 de noviembre.

[10]   Por Orden de 13 de abril de 2000 se establece el procedimiento para hacer efectiva la práctica de retención, al tipo que corresponda en cada caso, o la exclusión de retención, sobre los rendimientos a que se refiere el presente apartado, cuando en el procedimiento de pago intervengan entidades financieras domiciliadas, residentes o representadas en España que sean depositarias o gestionen el cobro de las rentas de los valores mencionados (BOE núm. 93, de 18 de abril de 2000). Este procedimiento no se aplicará a los intereses procedentes de valores de la Deuda Pública a los que se aplique un procedimiento específico.

[11]   Apartado 2 redactado por el art. 3.Dos del Real Decreto 1788/2010, de 30 de diciembre, por el que se modifican los Reglamentos de los Impuestos sobre la Renta de las Personas Físicas, sobre Sociedades y

tativas del capital o patrimonio de instituciones de inversión colectiva, incluidas las derivadas de acciones o participaciones comercializadas en España de acuerdo con la Ley 35/2003, de 4 de noviembre, de Instituciones de Inversión Colectiva, en régimen de libre prestación de servicios por sociedades gestoras autorizadas en otro Estado miembro de la Unión Europea y en los supuestos de reducción de capital social con devolución de aportaciones y distribución de la prima de emisión de acciones previstos en el apartado 2.bis del artículo 10 de este Reglamento, deberán practicar retención o ingreso a cuenta los sujetos obligados a retener o ingresar a cuenta de acuerdo con lo establecido en el artículo 76.2, párrafos b, c, d y g), del Reglamento del Impuesto sobre la Renta de las Personas Físicas aprobado por el Real Decreto 439/2007, de 30 de marzo.

No obstante, en el caso de transmisiones o reembolsos de acciones o participaciones de instituciones de inversión colectiva reguladas en la Ley 35/2003, de 4 de noviembre, de instituciones de inversión colectiva, efectuadas en el ámbito de la comercialización transfronteriza a que se refiere la disposición adicional única de este Reglamento, la obligación de practicar retención o ingreso a cuenta corresponderá en todo caso a la sociedad gestora de la institución o, en su defecto, a la sociedad de inversión[12].

3. En el caso de premios, estará obligado a retener o a ingresar a cuenta la persona o entidad que los satisfaga.

4. Los sujetos obligados a retener asumirán la obligación de efectuar el ingreso en el Tesoro, sin que el incumplimiento de aquella obligación pueda excusarles de ésta.

La retención e ingreso correspondiente, cuando la entidad pagadora del rendimiento sea la Administración del Estado, se efectuará de forma directa.

Artículo 12. *Nacimiento de la obligación de retener y de ingresar a cuenta.*

1. Con carácter general, la obligación de retener e ingresar a cuenta nacerá en el momento del devengo del Impuesto, de acuerdo con lo establecido en el artículo 27 de la Ley del Impuesto.

2. En los supuestos de rendimientos del capital mobiliario y ganancias patrimoniales se atenderá a lo previsto, respectivamente, en los artículos 92 y 96 del Reglamento del Impuesto sobre la Renta de las Personas Físicas.

---

sobre la Renta de no Residentes en materia de rentas en especie, deducción por inversión en vivienda y pagos a cuenta (BOE núm. 315, de 31 de diciembre de 2010), en vigor desde 1 de enero de 2011.

[12] Nuevo párrafo segundo incorporado por el art. tercero segundo. dos del Real Decreto 960/2013, de 5 de diciembre, por el que se por el que se modifican el Reglamento del Impuesto sobre Sociedades, aprobado por el Real Decreto 1777/2004, de 30 de julio; el Reglamento del Impuesto sobre la Renta de las Personas Físicas, aprobado por el Real Decreto 439/2007, de 30 de marzo; el Reglamento del Impuesto sobre la Renta de no Residentes, aprobado por el Real Decreto 1776/2004, de 30 de julio; el Reglamento General de las actuaciones y los procedimientos de gestión e inspección tributaria y de desarrollo de las normas comunes de los procedimientos de aplicación de los tributos, aprobado por el Real Decreto 1065/2007, de 27 de julio, y el Reglamento General de Recaudación, aprobado por el Real Decreto 939/2005, de 29 de julio (BOE núm. 292, de 6 de diciembre de 2013), con efectos desde el 1 de enero de 2014.

Artículo 13. *Base para el cálculo de la obligación de retener e ingresar a cuenta.*

1[13]. Con carácter general, la base para el cálculo de la obligación de retener se determinará de acuerdo con lo dispuesto en el apartado 2 del artículo 31 de la Ley del Impuesto.

A estos efectos, cuando se perciba por una persona física un capital diferido que corresponda total o parcialmente a primas satisfechas con anterioridad a 31 de diciembre de 1994, se aplicará, en su caso, lo establecido en el apartado 5 del artículo 93 del Reglamento del Impuesto sobre la Renta de las Personas Físicas.

2. Cuando la retención deba practicarse sobre los premios a que se refiere el artículo 10.3.ª).1.º de este Reglamento, constituirá la base para el cálculo de la misma el importe del premio.

3[14]. En el caso de transmisiones o reembolsos de acciones o participaciones representativas del capital o patrimonio de instituciones de inversión colectiva, la base de retención será la diferencia entre el valor de transmisión o reembolso y el valor de adquisición de las acciones o participaciones. A estos efectos, se considerará que los valores transmitidos o reembolsados por el contribuyente son aquellos que adquirió en primer lugar.

A estos efectos, cuando las acciones o participaciones representativas del capital o patrimonio de instituciones de inversión colectiva se hubieran adquirido por personas físicas con anterioridad a 31 de diciembre de 1994, se aplicará, en su caso, lo establecido en el apartado 1 del artículo 97 del Reglamento del Impuesto sobre la Renta de las Personas Físicas.

No obstante, cuando se trate de reembolsos de participaciones en fondos de inversión regulados por la Ley 35/2003, de 4 de noviembre, de instituciones de inversión colectiva, para las que, por aplicación de lo previsto en el artículo 40.3 de dicha Ley, exista más de un registro de partícipes, efectuados por partícipes que durante el período de tenencia de las participaciones objeto de reembolso hayan sido simultáneamente titulares de participaciones homogéneas registradas en otra entidad, la regla de antigüedad a que se refiere el párrafo anterior se aplicará por la entidad gestora o comercializadora con la que se realice el reembolso respecto de las participaciones que figuren en su correspondiente registro de partícipes.

Cuando concurra la circunstancia a la que se refiere el párrafo anterior, el partícipe quedará obligado a comunicarlo por escrito o por cualquier otro medio de cuya recepción quede constancia a la entidad obligada a practicar la retención o ingreso a cuenta con la que se efectúe el reembolso y, en tal caso, esta última deberá conservar dicha comunicación a disposición de la Administración tributaria durante todo el período en que tenga registradas a

---

13 Nueva redacción del art. 13.1 dada por el art. Segundo.dos del Real Decreto 633/2015, de 10 de julio, por el que se modifican el Reglamento del Impuesto sobre la Renta de las Personas Físicas, aprobado por el Real Decreto 439/2007, de 30 de marzo, y el Reglamento del Impuesto sobre la Renta de no Residentes, aprobado por el Real Decreto 1776/2004, de 30 de julio (BOE núm. 165, de 11 de julio de 2015), en vigor desde el día siguiente de su publicación en el BOE, siendo aplicable a los períodos impositivos que se inicien a partir del 1 de enero de 2016.

14 Nueva redacción del art. 13.3 dada por el art. Segundo.dos del Real Decreto 633/2015, de 10 de julio, por el que se modifican el Reglamento del Impuesto sobre la Renta de las Personas Físicas, aprobado por el Real Decreto 439/2007, de 30 de marzo, y el Reglamento del Impuesto sobre la Renta de no Residentes, aprobado por el Real Decreto 1776/2004, de 30 de julio (BOE núm. 165, de 11 de julio de 2015), en vigor desde el día siguiente de su publicación en el BOE, siendo aplicable a los períodos impositivos que se inicien a partir del 1 de enero de 2016.

Redacción anterior dada por el art. tercero segundo. tres del Real Decreto 960/2013, de 5 de diciembre (BOE núm. 292, de 6 de diciembre de 2013), con efectos desde el 1 de enero de 2014.

nombre del contribuyente participaciones homogéneas a las reembolsadas y, como mínimo, durante el plazo de prescripción.

4. Cuando las rentas sean satisfechas o abonadas en especie, la base para el cálculo del ingreso a cuenta se determinará de acuerdo con lo dispuesto en el capítulo III del título VI del Reglamento del Impuesto sobre la Renta de las Personas Físicas.

5[15]. Cuando la obligación de retener o ingresar a cuenta tenga su origen en el ajuste secundario derivado de lo previsto en el artículo 16.8 del texto refundido de la Ley del Impuesto sobre Sociedades, aprobado por el Real Decreto Legislativo 4/2004, de 5 de marzo, constituirá la base de la misma la diferencia entre el valor convenido y el valor de mercado.

Artículo 14[16]. *Retención o ingreso a cuenta en la adquisición de bienes inmuebles.*

1. En los supuestos de transmisiones de bienes inmuebles situados en territorio español por contribuyentes del Impuesto sobre la Renta de no Residentes que actúen sin mediación de establecimiento permanente, el adquirente estará obligado a retener e ingresar el 3 por 100, o a efectuar el ingreso a cuenta correspondiente, de la contraprestación acordada, en concepto de pago a cuenta del Impuesto sobre la Renta de no Residentes correspondiente a aquéllos.

2. El adquirente no tendrá la obligación de retener o de efectuar el ingreso a cuenta en los siguientes casos:

a) Cuando el transmitente acredite su sujeción al Impuesto sobre la Renta de las Personas Físicas o al Impuesto sobre Sociedades mediante certificación expedida por el órgano competente de la Administración tributaria[17].

b) En los casos de aportación de bienes inmuebles, en la constitución o aumento de capitales de sociedades residentes en territorio español.

3. El obligado a retener o ingresar a cuenta deberá presentar declaración ante la Delegación o Administración de la Agencia Estatal de Administración Tributaria en cuyo ámbito territorial se encuentre ubicado el inmueble e ingresar el importe de la retención o ingreso a cuenta correspondiente en el Tesoro Público, en el plazo de un mes a partir de la fecha de la transmisión.

4. El contribuyente no residente en territorio español deberá declarar, e ingresar en su caso, el impuesto definitivo, compensando en la cuota el importe retenido o ingresado a cuenta por el adquirente, en el plazo de tres meses contados a partir del término del plazo establecido para el ingreso de la retención.

La Administración tributaria procederá, en su caso, previas las comprobaciones que sean necesarias, a la devolución al contribuyente del exceso retenido o ingresado a cuenta.

---

[15]   Apartado 5 del art. 13 incorporado por el artículo 2 del Real Decreto 1804/2008, de 3 de noviembre (BOE núm. 278, de 18 de noviembre), en vigor desde 19 de noviembre de 2008.

[16]   Artículo 14 redactado por el art. 4 del Real Decreto 1576/2006, de 22 de diciembre (BOE núm. 306, de 23 de diciembre), en vigor desde 1 de enero de 2007.

[17]   La disposición adicional 2.ª de la Orden EHA/3316/2010, de 17 de diciembre (BOE del 23), que aprueba determinados modelos de declaración del Impuesto sobre la Renta de no Residentes (BOE del 30), contiene modelo de certificado de residencia fiscal en España, a expedir por las entidades gestoras a solicitud del interesado. El procedimiento para su expedición puede entenderse desestimado por haber vencido el plazo máximo establecido (en la citada Orden) sin que se haya notificado resolución expresa, según establece la disposición adicional 1.ª.Uno.2 del Real Decreto 1065/2007, de 27 de julio.

5. Si la retención o el ingreso a cuenta referido anteriormente no se hubiesen ingresado, los bienes transmitidos quedarán afectos al pago del importe que resulte menor entre dicha retención o ingreso a cuenta y el impuesto correspondiente, y el registrador de la propiedad así lo hará constar por nota al margen de la inscripción respectiva, señalando la cantidad de que responda la finca. Esta nota se cancelará, en su caso, por caducidad o mediante la presentación de la carta de pago o certificación administrativa que acredite la no sujeción o la prescripción de la deuda.

Artículo 15[18]. *Obligaciones del retenedor y del obligado a ingresar a cuenta.*

1[19]. El retenedor o el obligado a ingresar a cuenta por el Impuesto sobre la Renta de no Residentes deberá presentar en los primeros veinte días naturales de los meses de abril, julio, octubre y enero, ante el órgano competente de la Administración tributaria, declaración de las cantidades retenidas y de los ingresos a cuenta efectuados que correspondan por el trimestre natural inmediato anterior e ingresar su importe en el Tesoro.

No obstante, la declaración e ingreso a que se refiere el párrafo anterior se efectuará en los veinte primeros días naturales de cada mes, en relación con las cantidades retenidas y los ingresos a cuenta efectuados que correspondan por el mes inmediato anterior, cuando se trate de retenedores u obligados en los que concurran las circunstancias a que se refiere el apartado 3.1.º del artículo 71 del Reglamento del Impuesto sobre el Valor Añadido, aprobado por el Real Decreto 1624/1992, de 29 de diciembre.

Los retenedores y los obligados a ingresar a cuenta presentarán declaración negativa cuando hubiesen satisfecho rentas de las señaladas en el apartado 4 del artículo 31 de la Ley del Impuesto, salvo en los supuestos en los que así lo establezca el Ministro de Hacienda y Administraciones Públicas.

2. El retenedor y el obligado a ingresar a cuenta deberán presentar, en el mismo plazo de la última declaración correspondiente a cada año, un resumen anual de las retenciones e ingresos a cuenta efectuados. En este resumen, además de sus datos de identificación, deberá constar una relación nominativa de los perceptores de las rentas sujetas al Impuesto satisfechas o abonadas por el retenedor u obligado a ingresar a cuenta, incluyendo aquellos a los que se hubiesen satisfecho rentas respecto de las que no se hubiera practicado retención en virtud de lo establecido en el apartado 4 del artículo 31 de la Ley del Impuesto. La relación de perceptores deberá contener los datos que determine el Ministro de Economía y Hacienda[20].

---

[18]   Artículo 15 redactado por el art. 4 del Real Decreto 1576/2006, de 22 de diciembre (BOE núm. 306, de 23 de diciembre), en vigor desde 1 de enero de 2007.
Desarrolla el artículo 31.5 de la LIRNR.

[19]   Nueva redacción del art. 15.1 dada por el art. tercero segundo. Cuatro del Real Decreto 960/2013, de 5 de diciembre, por el que se por el que se modifican el Reglamento del Impuesto sobre Sociedades, aprobado por el Real Decreto 1777/2004, de 30 de julio; el Reglamento del Impuesto sobre la Renta de las Personas Físicas, aprobado por el Real Decreto 439/2007, de 30 de marzo; el Reglamento del Impuesto sobre la Renta de no Residentes, aprobado por el Real Decreto 1776/2004, de 30 de julio; el Reglamento General de las actuaciones y los procedimientos de gestión e inspección tributaria y de desarrollo de las normas comunes de los procedimientos de aplicación de los tributos, aprobado por el Real Decreto 1065/2007, de 27 de julio, y el Reglamento General de Recaudación, aprobado por el Real Decreto 939/2005, de 29 de julio (BOE núm. 292, de 6 de diciembre de 2013), con efectos desde el 1 de enero de 2014.

[20]   Orden EHA/3377/2011, de 1 de diciembre, por la que se aprueba el modelo 193 de resumen anual de retenciones e ingresos a cuenta sobre determinados rendimientos del capital mobiliario del Impuesto

No obstante, en el caso de que el resumen se presente en soporte directamente legible por ordenador o haya sido generado mediante la utilización, exclusivamente, de los correspondientes módulos de impresión desarrollados, a estos efectos, por la Administración tributaria, el plazo de presentación será el comprendido entre el 1 de enero y el 31 de enero del año siguiente al del que corresponde el resumen anual.

A las mismas obligaciones establecidas en los párrafos anteriores están sujetas las entidades domiciliadas, residentes o representadas en España, que paguen por cuenta ajena rentas sujetas a retención o ingreso a cuenta o que sean depositarias o gestionen el cobro de las rentas de valores.

Sin perjuicio de lo establecido en los párrafos anteriores de este apartado, el Ministro de Economía y Hacienda, atendiendo a razones fundadas de carácter técnico, podrá ampliar el plazo correspondiente a las declaraciones que puedan presentarse por vía telemática.

3. El retenedor u obligado a ingresar a cuenta deberá expedir en favor del contribuyente certificación acreditativa de las retenciones practicadas, o de los ingresos a cuenta efectuados, así como de los restantes datos referentes al contribuyente que deban incluirse en el resumen anual a que se refiere el apartado anterior.

A las mismas obligaciones establecidas en el párrafo anterior están sujetas las entidades domiciliadas, residentes o representadas en España, que paguen por cuenta ajena rentas sujetas a retención o ingreso a cuenta o que sean depositarias o gestionen el cobro de las rentas de valores.

4. Los pagadores deberán comunicar a los contribuyentes la retención o el ingreso a cuenta practicados en el momento en que satisfagan las rentas, indicando el porcentaje aplicado.

Artículo 16. *Devoluciones.*

1. Cuando se haya soportado una retención o ingreso a cuenta superior a la cuota del Impuesto, se podrá solicitar a la Administración tributaria la devolución del exceso sobre la citada cuota.

A tal efecto, se practicará la autoliquidación del Impuesto en el modelo que determine el Ministro de Economía y Hacienda[21].

2. Conforme a lo previsto en el artículo 3 de la Ley del Impuesto, la Administración tributaria efectuará estas devoluciones en los términos establecidos en el artículo 105 del texto refundido de la Ley del Impuesto sobre la Renta de las Personas Físicas.

---

sobre la Renta de las Personas Físicas y sobre determinadas rentas del Impuesto sobre Sociedades y del Impuesto sobre la Renta de no Residentes, correspondiente a establecimientos permanentes, así como los diseños físicos y lógicos para la presentación en soporte directamente legible por ordenador, y por la que se modifican los diseños físicos y lógicos del modelo 291, aprobado por Orden EHA/3202/2008, de 31 de octubre y del modelo 196 aprobado por Orden EHA/3300/2008, de 7 de noviembre (BOE núm. 298, de 12 de diciembre de 2011).

[21] Orden EHA/3316/2010, de 17 de diciembre, por la que se aprueban los modelos de autoliquidación 210, 211 y 213 del Impuesto sobre la Renta de no Residentes, que deben utilizarse para declarar las rentas obtenidas sin mediación de establecimiento permanente, la retención practicada en la adquisición de bienes inmuebles a no residentes sin establecimiento permanente y el gravamen especial sobre bienes inmuebles de entidades no residentes, y se establecen las condiciones generales y el procedimiento para su presentación y otras normas referentes a la tributación de no residentes, (BOE núm. 311, de 23 de diciembre de 2010).

3. Además de los contribuyentes, podrán presentar declaraciones con solicitud de devolución los responsables solidarios y los sujetos obligados a retener.

4. Cuando se hubieran ingresado en el Tesoro cantidades, o soportado retenciones a cuenta, en cuantías superiores a las que se deriven de la aplicación de un convenio de doble imposición, se podrá solicitar dicha aplicación y la devolución consiguiente, dentro del plazo de cuatro años, contado desde la fecha del ingreso o del término del período de declaración e ingreso de la retención.

El Ministro de Economía y Hacienda, en el supuesto de falta de reciprocidad, podrá establecer un plazo distinto.

Artículo 17[22]. *Obligaciones de retención sobre las rentas del trabajo en caso de cambio de residencia.*

1. Los trabajadores por cuenta ajena que no sean contribuyentes por este Impuesto, pero que vayan a adquirir dicha condición como consecuencia de su desplazamiento al extranjero por su empleador, podrán comunicar a la Administración tributaria dicha circunstancia, mediante el modelo de comunicación que apruebe el Ministro de Economía y Hacienda, quien establecerá la forma, lugar y plazo para su presentación, así como la documentación que deba adjuntarse a dicho modelo[23].

2. En la citada comunicación se hará constar la identificación del trabajador y del pagador de los rendimientos del trabajo, la fecha de salida del territorio español, la fecha de comienzo de la prestación del trabajo en el extranjero así como la existencia de datos objetivos en esa relación laboral que hagan previsible que, como consecuencia de la prestación de trabajo en otro país, la permanencia en dicho país sea superior a 183 días durante el año natural en que se produce el desplazamiento o, en su defecto, en el siguiente.

3. La Administración tributaria, a la vista de la comunicación y documentación presentadas, expedirá al trabajador, si procede, en el plazo máximo de los diez días hábiles siguientes al de presentación de la comunicación, un documento acreditativo en el que conste la fecha a partir de la cual se practicarán las retenciones por este Impuesto.

4. El trabajador entregará al pagador de los rendimientos de trabajo un ejemplar del documento expedido por la Administración tributaria, al objeto de que este último, a los efectos de la práctica de retenciones, le considere contribuyente del Impuesto sobre la Renta de no Residentes a partir de la fecha que se indique en aquél.

Los citados documentos acreditativos extenderán sus efectos respecto de la práctica de retenciones conforme al Impuesto sobre la Renta de no Residentes, como máximo, a dos años naturales, el del desplazamiento y el siguiente o, si no cabe computar el del desplazamiento, a los dos inmediatos siguientes.

5. Este procedimiento podrá ser también utilizado en los supuestos en los que, por aplicación de las reglas de determinación de las rentas obtenidas en territorio español contenidas

---

[22] Desarrolla el artículo 32 de la LIRNR.

[23] La Orden HAC/117/2003, de 31 de enero, aprueba los modelos 147 (comunicación para los trabajadores que no sean contribuyentes por el Impuesto sobre la Renta de las Personas Físicas, pero que vayan a adquirir dicha condición como consecuencia de su desplazamiento a territorio español) y 247 (comunicación para los trabajadores que no sean contribuyentes por el Impuesto sobre la Renta de No Residentes, pero que vayan a serlo como consecuencia de su desplazamiento a territorio extranjero), y se regula documentación, forma, lugar y plazo para su presentación (BOE núm. 28, de 1 de febrero de 2003).

en el artículo 13 de la Ley del Impuesto, no procediese la práctica de retenciones. En estos supuestos, se tendrá en cuenta a estos trabajadores a los efectos del cumplimiento de las obligaciones establecidas en el apartado 5 del artículo 31 de la Ley del Impuesto.

6. La obtención del documento acreditativo conforme al procedimiento descrito anteriormente no exonerará al trabajador de acreditar su nueva residencia fiscal ante la Administración tributaria.

SECCIÓN 3.ª *Entidades en régimen de atribución de rentas*

Artículo 18. *Obligación de practicar pagos fraccionados.*

1. Los contribuyentes a que se refiere el apartado 1 del artículo 38 de la Ley del Impuesto estarán obligados a realizar pagos fraccionados a cuenta de la liquidación de este Impuesto, en los mismos términos que los contribuyentes de este Impuesto con establecimiento permanente en España.

2. En cualquiera de las modalidades de pagos fraccionados que deba realizar la entidad en régimen de atribución de rentas, las cuantías de aquellos serán las correspondientes a la parte de renta atribuible a los miembros no residentes.

3. A los efectos de lo dispuesto en el apartado 3 del artículo 45 del texto refundido de la Ley del Impuesto sobre Sociedades, la base imponible se calculará de acuerdo con lo dispuesto en el capítulo V de la Ley del Impuesto sobre la Renta de no Residentes.

Artículo 19. *Devolución ante la invocación de un convenio de doble imposición más favorable.*

Cuando, de acuerdo con lo dispuesto en el apartado 4 del artículo 38 de la Ley del Impuesto, se invoque un convenio de doble imposición, se aplicará lo dispuesto en el artículo 16 de este Reglamento.

CAPÍTULO IV. Gravamen Especial sobre Bienes Inmuebles de Entidades no Residentes[24]

Artículo 20[25]. *Gravamen Especial sobre Bienes Inmuebles de Entidades no Residentes.*

1. Las entidades residentes en un país o territorio que tenga la consideración de paraíso fiscal, que sean propietarias o posean en España, por cualquier título, bienes inmuebles o derechos reales de goce o disfrute sobre éstos, estarán sujetas al impuesto mediante un gravamen especial que se devengará a 31 de diciembre de cada año y deberá declararse e ingresarse en el mes de enero siguiente.

---

[24]   El Gravamen especial está regulado en los artículos 40 al 45 de la LIRNR.

[25]   Nueva redacción del art. 20 dada por el art. tercero primero del Real Decreto 960/2013, de 5 de diciembre, por el que se por el que se modifican el Reglamento del Impuesto sobre Sociedades, aprobado por el Real Decreto 1777/2004, de 30 de julio; el Reglamento del Impuesto sobre la Renta de las Personas Físicas, aprobado por el Real Decreto 439/2007, de 30 de marzo; el Reglamento del Impuesto sobre la Renta de no Residentes, aprobado por el Real Decreto 1776/2004, de 30 de julio; el Reglamento General de las actuaciones y los procedimientos de gestión e inspección tributaria y de desarrollo de las normas comunes de los procedimientos de aplicación de los tributos, aprobado por el Real Decreto 1065/2007, de 27 de julio, y el Reglamento General de Recaudación, aprobado por el Real Decreto 939/2005, de 29 de julio (BOE núm. 292, de 6 de diciembre de 2013), con entrada en vigor el 7 de diciembre de 2013.

La declaración se presentará por cada inmueble ante la Delegación de la Agencia Estatal de Administración Tributaria en cuyo ámbito territorial se encuentre ubicado el inmueble sobre el que recaiga la propiedad o el derecho real de goce o disfrute. A estos efectos se considerará inmueble aquel que tenga una referencia catastral diferenciada.

Cuando una entidad, de acuerdo con el párrafo anterior, estuviese obligada a presentar declaración por varios inmuebles ubicados en una misma Delegación de la Agencia Estatal de Administración Tributaria, presentará una única relación en la que se especifiquen de forma separada cada uno de los inmuebles.

2. A los efectos de lo dispuesto en el párrafo b) del apartado 1 del artículo 42 de la Ley del Impuesto, se considerará que existe una explotación económica diferenciable de la simple tenencia o arrendamiento del inmueble cuando se dé cualquiera de las circunstancias siguientes:

a) Que el valor real del inmueble o inmuebles cuya propiedad o posesión corresponda a la entidad no residente o sobre los que recaigan los derechos reales de goce o disfrute no exceda de cinco veces el valor real de los elementos patrimoniales afectos a una explotación económica. A estos efectos, en los supuestos de inmuebles que sirvan parcialmente al objeto de la explotación, se tomará en cuenta la parte del inmueble que efectivamente se utilice en aquella.

Cuando, de conformidad con lo dispuesto en el párrafo anterior, no pueda considerarse que existe una explotación económica diferenciable que afecte a la totalidad del inmueble, la base imponible del gravamen especial estará constituida únicamente por la parte del valor catastral o, en su defecto, del valor determinado con arreglo a las disposiciones aplicables a efectos del Impuesto sobre el Patrimonio, que corresponda a la parte del inmueble no utilizado en la explotación económica.

b) Que el volumen anual de operaciones de la explotación económica sea igual o superior a cuatro veces la base imponible del gravamen especial, calculada de acuerdo con lo establecido en el artículo 41 de la Ley del Impuesto.

c) Que el volumen anual de operaciones de la explotación económica sea igual o superior a 600.000 euros.

3. El Ministro de Hacienda y Administraciones Públicas establecerá los modelos a utilizar para la declaración del Gravamen Especial sobre Bienes Inmuebles de Entidades no Residentes[26].

---

[26] Orden EHA/3316/2010, de 17 de diciembre, por la que se aprueban los modelos de autoliquidación 210, 211 y 213 del Impuesto sobre la Renta de no Residentes, que deben utilizarse para declarar las rentas obtenidas sin mediación de establecimiento permanente, la retención practicada en la adquisición de bienes inmuebles a no residentes sin establecimiento permanente y el gravamen especial sobre bienes inmuebles de entidades no residentes, y se establecen las condiciones generales y el procedimiento para su presentación y otras normas referentes a la tributación de no residentes, (BOE núm. 311, de 23 de diciembre de 2010), modificada por la Orden HAP/2487/2014, de 29 de diciembre (BOE núm. 316, de 31 de diciembre de 2014), por Orden HFP/1271/2017, de 21 de diciembre y Orden HAC/1275/2019, de 18 de diciembre (BOE núm. 314, de 31 de diciembre de 2019) y Orden HFP/915/2021, de 1 de septiembre (BOE núm. 211, de 3 de septiembre de 2021).

CAPÍTULO V. Régimen opcional para contribuyentes residentes de otros Estados miembros de la Unión Europea[27]

Artículo 21[28]. *Ámbito de aplicación.*

1. Podrán solicitar la aplicación del régimen opcional regulado en este capítulo los contribuyentes por este Impuesto que sean personas físicas residentes en un Estado miembro de la Unión Europea y acrediten que se encuentran en alguna de las siguientes situaciones:

a) Que haya obtenido durante el ejercicio en España por rendimientos del trabajo y por rendimientos de actividades económicas, como mínimo, el 75 por ciento de la totalidad de su renta siempre que tales rentas hayan tributado efectivamente durante el período por el impuesto sobre la Renta de no Residentes.

b) Que la renta obtenida durante el ejercicio en España haya sido inferior al 90 por ciento del mínimo personal y familiar que le hubiese correspondido de acuerdo con sus circunstancias personales y familiares de haber sido residente en España siempre que dicha renta haya tributado efectivamente durante el período por el Impuesto sobre la Renta de no Residentes y que la renta obtenida fuera de España haya sido asimismo inferior a dicho mínimo.

2. A efectos de lo dispuesto en los apartados anteriores:

a) Para la determinación de la renta total obtenida por el contribuyente en el período impositivo se tomarán en cuenta la totalidad de las rentas obtenidas durante dicho período, con independencia del lugar donde se hubiesen producido y cualquiera que sea la residencia del pagador.

b) Para la calificación de las rentas se atenderá a lo dispuesto en la normativa reguladora del Impuesto sobre la Renta de las Personas Físicas.

c) Las rentas se computarán por sus importes netos, determinados de acuerdo con lo dispuesto en la Ley 35/2006, de 28 de noviembre, del Impuesto sobre la Renta de las Personas Físicas y de modificación parcial de las leyes de los Impuestos sobre Sociedades, sobre la Renta de no Residentes y sobre el Patrimonio. Serán de aplicación, en su caso, las reducciones del artículo 20 y el artículo 32.2.

3. Los contribuyentes por este Impuesto que formen parte de alguna de las modalidades de unidad familiar establecidas en el apartado 1 del artículo 82 de la Ley 35/2006, de 28 de noviembre, del Impuesto sobre la Renta de las Personas Físicas y de modificación parcial de las leyes de los Impuestos sobre Sociedades, sobre la Renta de no Residentes y sobre el patrimonio, podrán solicitar que el régimen opcional regulado en este capítulo les sea aplicado teniendo en cuenta las normas sobre tributación conjunta contenidas en el título IX de la citada Ley, siempre que se cumplan las siguientes condiciones:

a) Que el cónyuge y, en su caso, los restantes miembros de la unidad familiar acrediten su residencia en otro Estado miembro de la Unión Europea.

b) Que las condiciones establecidas en los párrafos a) y b) del apartado 1 anterior se cumplan considerando la totalidad de las rentas obtenidas por todos los miembros de la unidad familiar.

---

[27]   Desarrolla el artículo 46 de la LIRNR.

[28]   Nueva redacción del art. 21 dada por el art. Segundo.tres del Real Decreto 633/2015, de 10 de julio, por el que se modifican el Reglamento del Impuesto sobre la Renta de las Personas Físicas, aprobado por el Real Decreto 439/2007, de 30 de marzo, y el Reglamento del Impuesto sobre la Renta de no Residentes, aprobado por el Real Decreto 1776/2004, de 30 de julio (BOE núm. 165, de 11 de julio de 2015), en vigor desde el día siguiente de su publicación en el BOE, siendo aplicable a los períodos impositivos que se inicien a partir del 1 de enero de 2016.

c) Que la solicitud sea formulada por todos los miembros de la unidad familiar o, en su caso, por sus representantes legales.

4. A efectos de la aplicación del régimen opcional previsto en este capítulo, el período impositivo coincidirá con el año natural. No obstante, cuando se produzca el fallecimiento del contribuyente en un día distinto del 31 de diciembre, el período impositivo finalizará en la fecha de fallecimiento.

La determinación de los miembros de la unidad familiar se realizará atendiendo a la situación existente a 31 de diciembre de cada año.

Artículo 22. *Contenido del régimen.*

1. Una vez acreditada su procedencia, la aplicación del régimen opcional se desarrollará de acuerdo con lo dispuesto en este artículo.

2. La Administración tributaria determinará el importe del Impuesto sobre la Renta de las Personas Físicas correspondiente al período en que el contribuyente haya solicitado la aplicación del régimen opcional.

El cálculo se llevará a cabo de acuerdo con las siguientes consideraciones:

a) Se tendrá en cuenta la totalidad de las rentas obtenidas por el contribuyente durante el período y las circunstancias personales y familiares que hayan sido debidamente acreditadas.

b) Será de aplicación lo dispuesto en el artículo 66 del texto refundido de la Ley del Impuesto sobre la Renta de las Personas Físicas.

c) La Administración tributaria fijará el tipo medio de gravamen resultante, que será el resultado de multiplicar por 100 el siguiente cociente:

En el numerador, el resultado de minorar la cuota líquida total en el importe de las deducciones que procedan por aplicación de lo dispuesto en el artículo 81 del texto refundido la Ley del Impuesto sobre la Renta de las Personas Físicas.

En el denominador, la base liquidable.

El tipo medio de gravamen se expresará con dos decimales.

d) El tipo medio de gravamen así obtenido se aplicará a la parte de la base liquidable correspondiente a las rentas obtenidas durante el período en territorio español por el contribuyente a quien sea de aplicación el régimen opcional.

3. Si el resultado de efectuar las operaciones descritas en el apartado anterior arroja una cuantía inferior al importe global de las cantidades satisfechas durante el período por el contribuyente en concepto del Impuesto sobre la Renta de no Residentes, incluyendo los pagos a cuenta, por las rentas obtenidas en territorio español, la Administración tributaria procederá, previas las comprobaciones necesarias, a devolver el exceso al mismo, de conformidad con el procedimiento establecido en el artículo siguiente.

Artículo 23²⁹. *Procedimiento.*

1. Los contribuyentes por este Impuesto que cumplan las condiciones establecidas en el artículo 21 de este Reglamento podrán solicitar la aplicación del régimen opcional regulado en este capítulo.

---

29   Orden HAP/2474/2015, de 19 de noviembre, por la que se aprueba el modelo de solicitud de devolución por aplicación de la exención por reinversión en vivienda habitual en el ámbito del Impuesto sobre la Renta de no Residentes y el modelo de solicitud del régimen opcional regulado en el artículo 46 del Texto

En los supuestos de fallecimiento del contribuyente, la solicitud podrá ser formulada por los sucesores del causante.

2. La Administración podrá requerir del contribuyente cuantos documentos justificativos juzgue necesarios para acreditar el cumplimiento de las condiciones que determinan la aplicación del régimen opcional.

En su caso, requerirá al contribuyente para que, en el plazo de un mes, aporte la documentación necesaria, con indicación de que, si así no lo hiciera, se le tendrá por desistido de su solicitud.

Cuando la documentación que se aporte para justificar la aplicación del régimen o las circunstancias personales o familiares que deban ser tenidas en cuenta, esté redactada en una lengua no oficial en territorio español, se presentará acompañada de su correspondiente traducción.

3. Antes de dictar el acuerdo por el que se resuelva la solicitud formulada se pondrá de manifiesto el expediente al contribuyente o, en su caso, a su representante, para que efectúe las alegaciones que estime pertinentes.

4. La Administración dispondrá de un plazo de seis meses, contados desde que se formule la solicitud, para adoptar la oportuna resolución, siempre que disponga de todos los datos y justificantes necesarios.

Transcurrido dicho plazo, se podrá entender desestimada la solicitud, a efectos de interponer contra la resolución presunta el correspondiente recurso o reclamación o esperar la resolución expresa.

En los casos de desestimación por silencio, la resolución expresa posterior se adoptará sin vinculación alguna al sentido del silencio.

5. La resolución contendrá los cálculos efectuados de acuerdo con lo dispuesto en el artículo anterior. En su caso, la Administración tributaria procederá a devolver el exceso a que se refiere el apartado 3 del artículo 22 de este Reglamento, sin perjuicio de la práctica de las ulteriores liquidaciones, provisionales o definitivas, que procedan.

La devolución se practicará dentro del plazo establecido en el apartado 4 anterior. Transcurrido dicho plazo sin que se haya ordenado el pago de la devolución por causa no imputable al contribuyente, se aplicará a la cantidad pendiente de devolución el interés de demora a que se refiere el artículo 26.6 de la Ley 58/2003, de 17 de diciembre, General Tributaria, desde el día siguiente al del término de dicho plazo y hasta la fecha en la que se ordene su pago, sin necesidad de que el contribuyente así lo reclame.

6. La forma y el procedimiento de pago de las devoluciones a que se refiere este artículo será el establecido para las devoluciones que deban efectuarse en virtud de lo dispuesto en el artículo 16 de este Reglamento.

Artículo 24. *Condición de contribuyentes por este Impuesto.*

Sin perjuicio de que la opción suponga, en su caso, una tributación efectiva en España calculada en función de las normas del Impuesto sobre la Renta de las Personas Físicas, las personas físicas a las que resulte de aplicación el régimen opcional regulado en este capítulo no perderán, en ningún caso, su condición de contribuyentes por este Impuesto. En conse-

---

Refundido de la Ley del Impuesto sobre la Renta de no Residentes, y se determina el lugar, forma y plazo de presentación de dichas solicitudes (BOE núm. 281, de 24 de noviembre de 2015).

cuencia, estarán sujetas al cumplimiento de todas las obligaciones que al respecto les sean exigibles en virtud de lo dispuesto en la normativa reguladora del Impuesto sobre la Renta de no Residentes.

Disposición adicional primera[30]. *Comercialización transfronteriza de acciones o participaciones de instituciones de inversión colectiva españolas*

1. Lo establecido en esta disposición adicional resultará de aplicación cuando, conforme a lo dispuesto en el artículo 20 del Reglamento de la Ley 35/2004, de 4 de noviembre, de instituciones de inversión colectiva, aprobado por el Real Decreto 1309/2005, de 4 de noviembre, las sociedades gestoras o, en su caso, las sociedades de inversión, reguladas en la Ley 35/2003, de 4 de noviembre, de instituciones de inversión colectiva, registren en cuentas globales a nombre de entidades intermediarias residentes en el extranjero la comercialización transfronteriza por tales entidades de acciones o participaciones de las instituciones de inversión colectiva que aquellas gestionen o, en el caso de sociedades de inversión, de sus propias acciones.

2. La utilización de cuentas globales por entidades comercializadoras residentes en el extranjero supondrá que la acreditación de la identidad y residencia de los accionistas o partícipes no residentes se realice mediante la remisión, por la entidad comercializadora, de las certificaciones y de las relaciones previstas en el apartado 3, de acuerdo con el procedimiento que determine el Ministro de Economía y Hacienda.

3. La comercialización transfronteriza de acciones o participaciones de instituciones de inversión colectiva españolas mediante la utilización de cuentas globales a nombre de una entidad comercializadora residente en el extranjero deberá cumplir los siguientes requisitos que, además, habrán de figurar expresamente recogidos en los contratos:

a) No podrán incluirse en la cuenta global participaciones o acciones adquiridas por cuenta de personas o entidades que tengan su residencia fiscal en España o de establecimientos permanentes de no residentes situados en territorio español.

b) Solo podrán incluirse en la cuenta global acciones o participaciones cuya titularidad real corresponda a clientes de la entidad comercializadora, sin que en el desglose interno de dicha entidad puedan registrarse acciones o participaciones a nombre de otra entidad intermediaria por cuenta de terceros.

---

[30] La disposición adicional única pasa a denominarse disposición adicional primera, dada por el art. Segundo.cuatro del Real Decreto 633/2015, de 10 de julio, por el que se modifican el Reglamento del Impuesto sobre la Renta de las Personas Físicas, aprobado por el Real Decreto 439/2007, de 30 de marzo, y el Reglamento del Impuesto sobre la Renta de no Residentes, aprobado por el Real Decreto 1776/2004, de 30 de julio (BOE núm. 165, de 11 de julio de 2015), en vigor desde el día siguiente de su publicación en el BOE, siendo aplicable a los períodos impositivos que se inicien a partir del 1 de enero de 2016.
Disposición adicional única añadida por la disposición final 3.ª del Real Decreto 1309/2005, de 4 de noviembre (BOE de 8 de noviembre y 17 de diciembre), en vigor desde 9 de noviembre.
La Orden EHA/1674/2006, de 24 de mayo, establece el procedimiento de acreditación de la residencia de ciertos accionistas o partícipes no residentes, en el supuesto de contratos de comercialización transfronteriza de acciones o participaciones de instituciones de inversión colectiva españolas mediante cuentas globales suscritos con entidades intermediarias residentes en el extranjero, y regula las obligaciones de suministro de información de estas entidades a la Administración tributaria española (núm. 130, de 1 de junio de 2006).

c)[31] La entidad comercializadora vendrá obligada a remitir a la sociedad gestora o, en su defecto, a la sociedad de inversión, con ocasión de la percepción de beneficios distribuidos por la institución o de reembolsos o transmisiones de participaciones o acciones de aquella, las certificaciones acerca de la residencia de sus clientes perceptores o transmitentes que establezca el Ministro de Hacienda y Administraciones Públicas. Asimismo, la entidad comercializadora quedará obligada a remitir a la Administración tributaria española, en nombre de la entidad gestora o de la sociedad de inversión, la relación individualizada de los partícipes o accionistas perceptores o transmitentes, así como una relación anual individualizada de sus clientes con su posición inversora en la institución a la fecha que determine el Ministro de Hacienda y Administraciones Públicas.

No obstante lo anterior, las comercializadoras residentes en un país con el que España haya suscrito un convenio para evitar la doble imposición con cláusula de intercambio de información no tendrán que incluir en las relaciones individualizadas antes señaladas a los contribuyentes residentes en el mismo país de residencia de la entidad comercializadora, en las siguientes condiciones:

1.º En la relación de perceptores o transmitentes, excluirán a los contribuyentes respecto de las operaciones a las que haya sido de aplicación alguna de las exenciones previstas en el artículo 14 de la Ley del Impuesto, o derivada del convenio para evitar la doble imposición que resulte aplicable.

2.º En la relación de posición inversora, no excluirán a los contribuyentes que, en el ejercicio al que se refiere la información, hayan obtenido rentas a las que no les sea de aplicación la exención por normativa interna o convenida.

De igual modo, la entidad comercializadora deberá comunicar a la entidad gestora o a la sociedad de inversión el cumplimiento de dichas obligaciones en la forma y plazos que establezca el Ministro de Hacienda y Administraciones Públicas. En el caso de que, por aplicación de las exclusiones antes señaladas, no resulte información a remitir por la entidad comercializadora a la Administración tributaria española, dicha entidad efectuará una comunicación en este sentido a la entidad gestora o sociedad de inversión.

d) El incumplimiento por la entidad comercializadora de las obligaciones previstas en los párrafos anteriores dará lugar a responsabilidad de la entidad gestora o de la sociedad de inversión ante la Administración tributaria por las retenciones o pagos a cuenta que, en su caso, se hubieran dejado de ingresar como consecuencia de dicho incumplimiento o por la omisión de la información que se hubiera debido remitir a la Administración tributaria. Asimismo, en el contrato de comercialización deberá figurar necesariamente una cláusula que establezca su resolución cuando se produzca el incumplimiento de las obligaciones previstas en esta disposición adicional por parte de la entidad comercializadora. El contrato de comer-

---

31   Nueva redacción de la letra c) dada por el art. tercero segundo. Cinco del Real Decreto 960/2013, de 5 de diciembre, por el que se por el que se modifican el Reglamento del Impuesto sobre Sociedades, aprobado por el Real Decreto 1777/2004, de 30 de julio; el Reglamento del Impuesto sobre la Renta de las Personas Físicas, aprobado por el Real Decreto 439/2007, de 30 de marzo; el Reglamento del Impuesto sobre la Renta de no Residentes, aprobado por el Real Decreto 1776/2004, de 30 de julio; el Reglamento General de las actuaciones y los procedimientos de gestión e inspección tributaria y de desarrollo de las normas comunes de los procedimientos de aplicación de los tributos, aprobado por el Real Decreto 1065/2007, de 27 de julio, y el Reglamento General de Recaudación, aprobado por el Real Decreto 939/2005, de 29 de julio (BOE núm. 292, de 6 de diciembre de 2013), con efectos desde el 1 de enero de 2014.

cialización quedará sin efecto a partir del momento en que la sociedad gestora o la sociedad de inversión tengan constancia por cualquier medio de dicho incumplimiento.

4. Los contratos de comercialización a que se refiere el apartado anterior deberán comunicarse por la sociedad gestora de instituciones de inversión colectiva o por la sociedad de inversión, con carácter previo al comienzo de la citada actividad, a la Comisión Nacional del Mercado de Valores.

5. El Ministro de Economía y Hacienda determinará el contenido que deban tener las certificaciones y relaciones a que se refiere el apartado 3, así como los plazos en que la entidad comercializadora deba remitirlas, respectivamente, a la entidad gestora o a la sociedad de inversión y a la Administración tributaria española en nombre de estas últimas, y, en su caso, determinará los modelos que deban utilizarse.

6. No obstante lo previsto en el apartado 2, el incumplimiento por la entidad comercializadora de los requisitos establecidos en el apartado 3 determinará que la acreditación de la identidad de los inversores no residentes, así como de su residencia fiscal, se realizará de conformidad con lo dispuesto en el texto refundido de la Ley del Impuesto sobre la Renta de no Residentes, aprobado por el Real Decreto Legislativo 5/2004, de 5 de marzo, y en sus normas de desarrollo.

Disposición adicional segunda[32]. *Solicitud de devolución por reinversión en vivienda habitual.*

1. Podrá solicitarse la devolución total o parcial de la deuda tributaria ingresada correspondiente a la ganancia patrimonial obtenida por un contribuyente residente en un Estado miembro de la Unión Europea o por un contribuyente residente en un Estado miembro del Espacio Económico Europeo con el que exista un efectivo intercambio de información, por la trasmisión de la que ha sido su vivienda habitual en España en las condiciones que se establecen en esta disposición.

2. El contribuyente no residente en territorio español deberá presentar una solicitud ante la Delegación o Administración de la Agencia Estatal de Administración Tributaria en cuyo ámbito territorial se encuentre ubicado el inmueble, en el plazo de los tres meses siguientes a la fecha de la adquisición de la vivienda habitual.

3. El contribuyente deberá aportar junto con la solicitud la documentación que acredite que la trasmisión de la vivienda habitual en territorio español, y la posterior adquisición de la nueva vivienda habitual, han tenido lugar.

La Administración tributaria procederá, en su caso, previas las comprobaciones que sean necesarias, a la devolución al contribuyente del exceso ingresado.

4. A efectos de aplicar lo señalado en esta disposición se tendrá en cuenta lo establecido en los artículos 41 y 41 bis del Reglamento del Impuesto sobre la Renta de las Personas Físicas.

[32]   Nueva disposición incorporada por el art. Segundo.cuatro del Real Decreto 633/2015, de 10 de julio, por el que se modifican el Reglamento del Impuesto sobre la Renta de las Personas Físicas, aprobado por el Real Decreto 439/2007, de 30 de marzo, y el Reglamento del Impuesto sobre la Renta de no Residentes, aprobado por el Real Decreto 1776/2004, de 30 de julio (BOE núm. 165, de 11 de julio de 2015), en vigor desde el día siguiente de su publicación en el BOE, siendo aplicable a los períodos impositivos que se inicien a partir del 1 de enero de 2016.

5. El Ministro de Hacienda y Administraciones Públicas establecerá el modelo, así como la forma de presentación de dicha solicitud.

Disposición adicional tercera[33]. *Acreditación de la residencia por fondos de pensiones e instituciones de inversión colectiva a efectos de la aplicación de determinadas exenciones.*

1. La acreditación de la residencia a efectos de la aplicación de la exención prevista en la letra c) del artículo 14.1 de la Ley del Impuesto podrá realizarse conforme a lo establecido en esta disposición adicional cuando las rentas se obtengan por alguna de las siguientes entidades:

a) Fondos de pensiones equivalentes a los regulados en el texto refundido de la Ley de Regulación de los Planes y Fondos de Pensiones, aprobado por el Real Decreto Legislativo 1/2002, de 29 de noviembre, o por establecimientos permanentes de dichos fondos de pensiones.

Se considerarán fondos de pensiones equivalentes aquellas instituciones de previsión social que cumplan los requisitos establecidos en la letra k) del apartado 1 del artículo 14 de la Ley del Impuesto.

En todo caso se considerarán fondos de pensiones equivalentes las instituciones de previsión social reguladas por la Directiva 2016/2341 del Parlamento Europeo y del Consejo de 14 de diciembre de 2016, relativa a las actividades y la supervisión de los fondos de pensiones de empleo.

b) Instituciones de inversión colectiva reguladas por la Directiva 2009/65/CE del Parlamento Europeo y del Consejo, de 13 de julio de 2009, por la que se coordinan las disposiciones legales, reglamentarias y administrativas sobre determinados organismos de inversión colectiva en valores mobiliarios.

c) Instituciones de inversión colectiva alternativas sometidas a un régimen de autorización, registro o supervisión administrativa y gestionadas por gestoras de fondos de inversión alternativos reguladas por la Directiva 2011/61/UE del Parlamento Europeo y del Consejo de 8 de junio de 2011 relativa a los gestores de fondos de inversión alternativos y por la que se modifican las Directivas 2003/41/CE y 2009/65/CE y los Reglamentos (CE) n.º 1060/2009 y (UE) n.º 1095/2010.

2. Cuando las entidades mencionadas en el apartado 1 de esta disposición adicional no tengan la consideración de entidades en régimen de atribución de rentas, la acreditación de la residencia se realizará de la siguiente forma:

a) Tratándose de un fondo de pensiones distinto de los previstos en el tercer párrafo de la letra a) del apartado 1 de esta disposición adicional, mediante una declaración formulada por su representante en la que se manifieste el cumplimiento de los requisitos legales, con el contenido y ajustada al modelo que establezca la Ministra de Hacienda. Esta declaración tendrá un plazo de validez de un año a partir de la fecha de su expedición.

Tratándose de un fondo de pensiones de los previstos en el tercer párrafo de la letra a) del apartado 1 de esta disposición adicional, mediante un certificado emitido por la autoridad

---

[33]   Nueva Disposición Adicional tercera incorporada por el art. único del Real Decreto 595/2019, de 18 de octubre, por el que se modifica el Reglamento del Impuesto sobre la Renta de no Residentes, aprobado por el Real Decreto 1776/2004, de 30 de julio (BOE núm. 252, de 19 de octubre de 2019), en vigor el 20 de octubre de 2019.

competente del Estado en el que la institución se encuentre establecida, en el cual, junto a su naturaleza de fondo de pensiones de empleo autorizado o registrado al amparo de la Directiva 2016/2341, conste la denominación completa de la institución, su domicilio, el Estado en que está establecida, y la fecha de su autorización o su número de registro administrativo. La autoridad competente será la encargada de la autorización, del registro o de la supervisión de la institución.

En todo caso se considerará que los fondos de pensiones a que se refiere la letra a) del apartado 1 de esta disposición adicional no son entidades en régimen de atribución de rentas.

b) Tratándose de una institución de inversión colectiva de las previstas en el apartado 1.b) de esta disposición adicional, mediante certificado emitido por la autoridad competente del Estado miembro de origen de la institución, que tendrá el mismo contenido, salvo en lo referente al motivo de su emisión, que el modelo de certificado de OICVM previsto en el anexo II del Reglamento UE n.º 584/2010 de la Comisión, de 1 de julio de 2010, por el que se establecen disposiciones de aplicación de la Directiva 2009/65/CE. La autoridad competente será la designada conforme a lo previsto en el artículo 97 de la citada Directiva.

c) Tratándose de una institución de inversión colectiva de las previstas en el apartado 1.c) de esta disposición adicional, la residencia se acreditará mediante alguno de los medios siguientes:

1.º Certificado emitido por la autoridad competente del Estado en el que la institución se encuentre establecida, en el que conste la denominación completa de la institución, su domicilio, el Estado en que está establecida, su forma jurídica, y, en su caso, la fecha de su autorización o su número de registro administrativo, así como el hecho de estar gestionada por una entidad gestora, o autogestionada, autorizada de acuerdo con la Directiva 2011/61/UE, y la denominación y el domicilio de dicha entidad gestora. La autoridad competente será la encargada de la autorización, del registro o de la supervisión de la institución.

2.º Declaración formulada por los representantes de la institución o de su entidad gestora, en la que conste, además de la información a que se refiere el número 1.º anterior, la denominación social y el domicilio de la entidad depositaria, ajustada al modelo que establezca la Ministra de Hacienda. Esta declaración tendrá un plazo de validez de un año a partir de la fecha de su expedición.

Los certificados mencionados en el presente apartado tendrán validez indefinida salvo que se produzca alguna modificación en los datos consignados, en cuyo caso se comunicará dicha circunstancia a la entidad encargada de aplicar la exención, y a partir de ese momento dejará de tener validez y será necesario nuevo certificado.

3. Cuando las entidades comprendidas en las letras b) y c) del apartado 1 de esta disposición adicional establecidas en los Estados a los que se refiere la exención prevista en la letra c) del artículo 14.1 de la Ley del Impuesto, tengan la consideración de entidades en régimen de atribución de rentas, dicha exención se aplicará a sus miembros en los siguientes términos:

La entidad perceptora de las rentas podrá determinar la residencia de sus miembros conforme a lo dispuesto en los anexos I y II de la Directiva 2011/16/UE, del Consejo, de 15 de febrero de 2011, relativa a la cooperación administrativa en el ámbito de la fiscalidad.

La exención se aplicará en función del porcentaje de participación en la entidad que corresponda a sus miembros con derecho a dicha exención a 31 de diciembre del año anterior a aquel en el que se obtengan las rentas.

La condición de tratarse de una entidad en régimen de atribución de rentas así como el porcentaje de participación de los miembros a que se refiere el párrafo anterior se acreditará mediante una declaración realizada por el representante de la institución o de su entidad gestora, con el contenido y de acuerdo con el modelo que establezca la Ministra de Hacienda.

Las entidades comprendidas en este apartado deberán acreditar la residencia en la forma prevista en las letras b) o c) del apartado anterior, según proceda.

4. La forma de acreditación de la residencia establecida en esta disposición adicional para las entidades y respecto de las rentas exentas a que se refiere el apartado 1 de esta disposición adicional, será de aplicación a efectos de hacer efectiva la exención por las personas o entidades obligadas a retener o, en su caso, ante la Administración tributaria, con independencia de lo dispuesto en las órdenes ministeriales reguladoras de los procedimientos aplicables, resúmenes anuales de retenciones y declaraciones informativas, relativos a dichas rentas.

Disposición final única. *Autorización al Ministro de Economía y Hacienda.*

Se autoriza al Ministro de Economía y Hacienda para dictar las disposiciones necesarias para la aplicación de este Reglamento.

44. Real Decreto 1794/2008, de 3 de noviembre, por el que se aprueba el REGLAMENTO DE PROCEDIMIENTOS AMISTOSOS EN MATERIA DE IMPOSICIÓN DIRECTA

(BOE núm. 278, de 18 de noviembre de 2008, corrección errores, BOE núm. 304, de 18 de diciembre de 2008)

I

El presente real decreto tiene por objeto la aprobación del Reglamento de procedimientos amistosos en materia de imposición directa, desarrollándose de esta forma la disposición adicional primera del texto refundido de la Ley del Impuesto sobre la Renta de no Residentes aprobado por el Real Decreto Legislativo 5/2004, de 5 de marzo, introducida por la Ley 36/2006, de 29 de noviembre, de medidas para la prevención del fraude fiscal.

Este real decreto contiene un artículo único y dos disposiciones finales.

En virtud de su artículo único, se aprueba el texto del Reglamento de procedimientos amistosos en materia de imposición directa.

II

Los procedimientos amistosos constituyen un mecanismo de solución de conflictos entre dos Administraciones tributarias cuando la actuación de una o de ambas Administraciones produce o es susceptible de producir una imposición no conforme con el Convenio para evitar la Doble Imposición suscrito entre ambos Estados, o puede producir una doble imposición. Constituyen, por tanto, un mecanismo suplementario para solucionar problemas no resueltos en otras disposiciones de los Convenios.

Debe destacarse que en el ámbito internacional este tipo de mecanismos de resolución de conflictos han adquirido un mayor protagonismo en los últimos tiempos; por ello, y en aras de una mayor seguridad jurídica, las Administraciones tributarias han ido desarrollando diferentes mecanismos que permitan la aplicación efectiva de estos procedimientos. Ejemplos de lo anterior es la adopción, en el ámbito de la Unión Europea, de un Código de Conducta para la aplicación del Convenio 90/436/CEE, de 23 de julio de 1990, relativo a la supresión de la doble imposición en caso de corrección de beneficios de empresas asociadas y de la aprobación en el ámbito de la OCDE de un manual para la aplicación efectiva de los procedimientos amistosos.

En el marco de los procedimientos amistosos previstos en los convenios y tratados internacionales hay que distinguir entre aquellos regulados en el artículo correspondiente de cada Convenio para evitar la doble imposición suscrito entre España y otro Estado, y los procedimientos regulados en el Convenio Europeo de Arbitraje, Convenio 90/436/CEE, de 23 de julio de 1990, relativo a la supresión de la doble imposición en caso de corrección de beneficios de empresas asociadas. Existen importantes diferencias entre ambos textos que han aconsejado una regulación separada de ambos tipos de procedimientos; así, por ejemplo, en el Convenio Europeo de Arbitraje existe un periodo de tiempo para que los dos Estados afectados se pongan de acuerdo para eliminar la doble imposición, transcurrido el cual, si no se ha alcanzado un acuerdo, se constituye una comisión consultiva que emite un dictamen que será obligatorio para ambos Estados, salvo que acuerden algo distinto en un plazo concreto. Sin embargo, en los procedimientos amistosos previstos en los Convenios para evitar la Doble Imposición no existe la obligación de resolver y, de forma coherente, no hay plazo temporal concreto para resolver. El Convenio no obliga a llegar a un resultado sino a la voluntad de alcanzarlo.

No obstante lo señalado en el párrafo anterior, y en consonancia con los últimos trabajos desarrollados en el seno de la OCDE, que se han plasmado en la introducción de un nuevo apartado al artículo 25 —que regula los procedimientos amistosos— del Modelo Convenio Fiscal sobre la Renta y sobre el Patrimonio de la OCDE, que prevé el establecimiento de un plazo para que las Administraciones tributarias alcancen un acuerdo, y, ante la ausencia del mismo, se establece la posibilidad de acudir a una comisión consultiva para que resuelva las cuestiones pendientes entre ambas Administraciones, el reglamento que ahora se aprueba contempla la posibilidad de creación de una comisión consultiva siempre que esté previsto en el convenio que resulte de aplicación.

Por lo que se refiere al contenido del citado reglamento, cabe destacar los siguientes aspectos:

En el Título I se regulan unas disposiciones comunes a ambos tipos de procedimientos como la autoridad competente, la Dirección General de Tributos, o la participación del obligado tributario. Los procedimientos amistosos regulados en este reglamento se inician a solicitud del obligado tributario; sin embargo, todo su desarrollo, así como su posible resolución, se realiza entre las autoridades competentes de los Estados contratantes. Lo anterior es compatible con la interposición de recursos en el marco del derecho interno de los Estados contratantes. Se trata por tanto de un procedimiento extraordinario respecto al derecho interno y ello implica que opera sólo en los casos previstos en el Convenio respectivo.

En el Título II se regula el procedimiento amistoso previsto en los convenios para evitar la doble imposición firmados por España. En todos estos convenios se sigue en mayor o menor medida el artículo 25 del Modelo de Convenio Fiscal sobre la Renta y sobre el Patrimonio de la OCDE. Son procedimientos que inicia el obligado tributario cuando considera que un Estado ha adoptado una medida que provoca una imposición no conforme con el convenio, sobre la base del Modelo Convenio de la OCDE, si bien en cada caso concreto, habrá que estar a lo que disponga el convenio respectivo en materia. El Título II contempla regímenes distintos según el procedimiento amistoso se inicie en España o por una Administración tributaria extranjera y dependiendo de la Administración tributaria que haya ejercido la acción que origina la imposición no acorde con el convenio.

Los aspectos que se regulan en el Título II comprenden desde el inicio, su legitimación, plazos de inicio, requisitos de la solicitud, el desarrollo de las actuaciones así como todo lo relativo a su terminación y ejecución en su caso. En el desarrollo de las actuaciones se indican unos plazos para las actuaciones que deba realizar la Administración tributaria española con el fin de agilizar el procedimiento amistoso, si bien, el plazo final de duración del mismo si es que se alcanza algún resultado, depende también de la diligencia con que actúe la Administración tributaria extranjera.

Junto con el procedimiento amistoso regulado en los convenios para evitar la doble imposición, el presente reglamento desarrolla en su Título III el Convenio Europeo de Arbitraje, Convenio 90/436/CEE de 23 de julio de 1990, relativo a la supresión de la doble imposición en caso de corrección de beneficios de los beneficios de empresas asociadas. Este procedimiento sólo es aplicable cuando, a efectos impositivos, los resultados que se hallen incluidos en los beneficios de una empresa de un Estado contratante estén incluidos o vayan a incluirse probablemente también en los beneficios de una empresa de otro Estado contratante, por no respetarse los principios que se enuncian en el artículo 4.º del Convenio 90/436/CEE y siempre que el conflicto se trate entre Administraciones pertenecientes a los Estados que hayan suscrito el Convenio Europeo de Arbitraje.

En este procedimiento se distinguen dos fases, una primera en la que las Administraciones tributarias intentan alcanzar una solución y una segunda fase, que surge siempre que no se haya alcanzado un acuerdo en la primera, y en la que se constituye una comisión consultiva que adoptará una solución que será obligatoria para los Estados contratantes salvo que en el plazo de seis meses los Estados alcancen un acuerdo sobre el caso. En el desarrollo reglamentario se han seguido las normas recogidas en el Código de Conducta de la Unión Europea.

Al igual que en el Título II, en este Título también se prevén regímenes distintos según se inicie el procedimiento en España o por una Administración tributaria extranjera y dependiendo de la Administración tributaria que haya realizado la corrección de beneficios.

De nuevo, en su articulado se regulan las distintas fases del procedimiento, que comprenden desde el inicio, su legitimación, plazos de inicio, requisitos de la solicitud, el desarrollo de las actuaciones así como todo lo relativo a su terminación y ejecución en su caso. De igual forma se señalan plazos a la Administración tributaria española en el ejercicio de sus actuaciones de conformidad con lo acordado en el Código de Conducta para la aplicación del Convenio 90/436/CEE.

Por último, en el Título IV del reglamento establece el régimen para suspender el ingreso de la deuda cuando se haya solicitado un procedimiento amistoso. Esta suspensión sólo existirá cuando no se pueda instar la suspensión del ingreso de la deuda en vía administrativa o contencioso-administrativa y, adicionalmente, se aporten las garantías previstas en el apartado 5.2.º de la disposición adicional primera del texto refundido de la Ley del Impuesto sobre la renta de no Residentes, aprobado por Real Decreto Legislativo 5/2004, de 5 de marzo.

En su virtud, a propuesta del Ministro de Economía y Hacienda, de acuerdo con el Consejo de Estado y previa deliberación del Consejo de Ministros en su reunión del día 31 de octubre de 2008,

DISPONGO:

Artículo único. *Aprobación del Reglamento de procedimientos amistosos en materia de imposición directa*

Se aprueba el Reglamento de procedimientos amistosos en materia de imposición directa, que se inserta a continuación.

DISPOSICIONES FINALES

Disposición final primera. *Título competencial*

El presente real decreto se dicta al amparo de lo dispuesto en el artículo 149.1.14.ª de la Constitución, que atribuye al Estado competencia exclusiva en materia de Hacienda General.

Disposición final segunda. *Entrada en vigor*

1. El presente real decreto entrará en vigor el día siguiente al de su publicación en el «Boletín Oficial del Estado».

2. El Reglamento de procedimientos amistosos en materia de imposición directa se aplicará a los procedimientos amistosos que se inicien a partir de la entrada en vigor de este real decreto.

REGLAMENTO DE PROCEDIMIENTOS AMISTOSOS EN MATERIA DE IMPOSICIÓN DIRECTA

TÍTULO I. DISPOSICIONES COMUNES

Artículo 1. *Ámbito de aplicación*

1[1]. De acuerdo con lo establecido en la disposición adicional primera del texto refundido de la Ley del Impuesto sobre la Renta de no Residentes, aprobado por el Real Decreto Legislativo 5/2004, de 5 de marzo, se desarrollan los siguientes procedimientos amistosos:

a) El procedimiento amistoso previsto en los convenios para evitar la doble imposición aplicables en España cuando una persona considere que las medidas adoptadas por uno o ambos Estados implican o pueden implicar una imposición que no esté de acuerdo con el convenio.

b) El procedimiento previsto en el Convenio 90/436/CEE de 23 de julio de 1990, relativo a la supresión de la doble imposición en caso de corrección de los beneficios de empresas asociadas.

c) Los mecanismos de resolución de aquellos litigios con otros Estados miembros de la Unión Europea que se deriven de los convenios y tratados internacionales por los que se dispone la eliminación de la doble imposición de la renta y, en su caso, del patrimonio a que se refiere la Directiva (UE) 2017/1852 del Consejo, de 10 de octubre de 2017, relativa a los mecanismos de resolución de litigios fiscales en la Unión Europea.

2. Este reglamento será aplicable a las personas definidas en los convenios o tratados internacionales aplicables en cada caso y a la Administración española.

Artículo 2[2]. *Autoridad competente*

1. La autoridad competente para ejercer las funciones reguladas en este reglamento será:

a) Con carácter general, la Dirección General de Tributos.

---

[1] Nueva redacción del art. 1.1 dada por el art. único Uno del Real Decreto 399/2021, de 8 de junio, por el que se modifican el Reglamento de procedimientos amistosos en materia de imposición directa, aprobado por el Real Decreto 1794/2008, de 3 de noviembre, y otras normas tributarias (BOE núm. 137, de 9 de junio de 2021), en vigor desde el 10 de junio de 2021.

[2] Nueva redacción del art. 2 dada por el art. único Dos del Real Decreto 399/2021, de 8 de junio, por el que se modifican el Reglamento de procedimientos amistosos en materia de imposición directa, aprobado por el Real Decreto 1794/2008, de 3 de noviembre, y otras normas tributarias (BOE núm. 137, de 9 de junio de 2021), en vigor desde el 10 de junio de 2021.

Redacción anterior dada por la Disposición final primera uno del Real Decreto 634/2015, de 10 de julio, por el que se aprueba el Reglamento del Impuesto sobre Sociedades (BOE núm. 165, de 11 de julio de 2015), con efectos desde el 1 de enero de 2016.

b) La Agencia Estatal de Administración Tributaria cuando se trate de los procedimientos regulados en el título III de este Reglamento, así como los regulados en los títulos II y IV cuando se refieran a la aplicación de los artículos de los Convenios para evitar la doble imposición que regulan los beneficios empresariales con establecimiento permanente y las empresas asociadas.

Los procedimientos amistosos que sean de competencia conjunta serán coordinados por la Dirección General de Tributos.

Corresponde a la autoridad competente el impulso de las actuaciones.

2. Los datos de contacto de la autoridad competente figurarán en los respectivos portales de internet.

Artículo 3. *Derechos y deberes del obligado tributario*

1. En el curso de la tramitación de los procedimientos previstos en el artículo 1, los obligados tributarios deberán facilitar a las Administraciones tributarias cuantos datos, informes, antecedentes y justificantes sean necesarios para solucionar el caso. Dicha información y documentación deberá ser completa y exacta, y deberá ser entregada a la Administración tributaria requirente en el plazo concedido para ello.

2. Los obligados tributarios tendrán derecho a iniciar los procedimientos previstos en el artículo 1, a ser informados del estado de tramitación del procedimiento, y a ser oídos en comparecencia ante la Administración tributaria para exponer su caso.

Artículo 4[3]. *Obligación de comunicar la admisión de inicio de un procedimiento amistoso a determinados órganos administrativos o jurisdiccionales.*

A efectos de lo establecido en el apartado 7 de la disposición adicional primera del texto refundido de la Ley del Impuesto sobre la Renta de no Residentes, aprobado por el Real Decreto Legislativo 5/2004, de 5 de marzo, y en la disposición adicional novena, apartado 2, segundo párrafo, de la Ley 29/1998, de 13 de julio, reguladora de la Jurisdicción Contencioso-Administrativa, la autoridad competente a que se refiere el artículo 2 de este reglamento comunicará la admisión de inicio del procedimiento amistoso al órgano administrativo o jurisdiccional competente que, simultáneamente, esté conociendo de un procedimiento de revisión que afecte a algunos de los elementos de la obligación tributaria que sean objeto del procedimiento amistoso.

Artículo 5[4]. *Relación entre los distintos procedimientos amistosos regulados en el presente reglamento.*

El obligado tributario deberá indicar en la solicitud de inicio el procedimiento o los procedimientos amistosos de los regulados en este reglamento que le resulten aplicables.

---

[3]   Nuevo art. 4 incorporado por el art. único Tres del Real Decreto 399/2021, de 8 de junio, por el que se modifican el Reglamento de procedimientos amistosos en materia de imposición directa, aprobado por el Real Decreto 1794/2008, de 3 de noviembre, y otras normas tributarias (BOE núm. 137, de 9 de junio de 2021), en vigor desde el 10 de junio de 2021.

[4]   Nuevo art. 5 incorporado por el art. único Cuatro del Real Decreto 399/2021, de 8 de junio, por el que se modifican el Reglamento de procedimientos amistosos en materia de imposición directa, aprobado por el Real Decreto 1794/2008, de 3 de noviembre, y otras normas tributarias (BOE núm. 137, de 9 de junio de 2021), en vigor desde el 10 de junio de 2021.

Si, durante la tramitación de un procedimiento amistoso distinto del establecido en el título IV de este reglamento, el obligado tributario presenta una solicitud de inicio, de acuerdo con lo establecido en el capítulo I de dicho título IV, relativa a la misma cuestión, el procedimiento en curso finalizará desde la fecha de la primera recepción de la citada solicitud por cualquiera de las autoridades competentes de los Estados miembros afectados.

El nuevo procedimiento se entenderá iniciado en esta misma fecha.

Artículo 6[5]. *Fases de los procedimientos*.

1. Los procedimientos regulados en este reglamento contarán con las siguientes fases:

a) Inicio.

b) Desarrollo.

c) Terminación.

d) Ejecución.

2. Las fases contempladas en las letras a) y d) se rigen por su normativa específica y supletoriamente, en cuanto resulte aplicable, por la normativa tributaria.

TÍTULO II. PROCEDIMIENTO AMISTOSO PREVISTO EN LOS CONVENIOS PARA EVITAR LA DOBLE IMPOSICIÓN APLICABLES EN ESPAÑA PARA ELIMINAR LAS IMPOSICIONES NO ACORDES AL CONVENIO[6]

CAPÍTULO I. Régimen del procedimiento amistoso cuando es iniciado ante las autoridades competentes españolas por acciones de la Administración tributaria española

SECCIÓN 1ª *Inicio*

Artículo 7[7]. *Legitimación*

Cuando así esté dispuesto en un convenio o tratado para evitar la doble imposición aplicable en España, cualquier persona, que sea residente en España en el sentido definido por el correspondiente convenio y que considere que las medidas adoptadas por la Administración tributaria española implican o pueden implicar para ella una imposición que no esté de acuerdo con las disposiciones del citado convenio, podrá someter su caso a la autoridad competente.

---

[5]   Nuevo art. 6 incorporado por el art. único Cinco del Real Decreto 399/2021, de 8 de junio, por el que se modifican el Reglamento de procedimientos amistosos en materia de imposición directa, aprobado por el Real Decreto 1794/2008, de 3 de noviembre, y otras normas tributarias (BOE núm. 137, de 9 de junio de 2021), en vigor desde el 10 de junio de 2021.

[6]   Nueva redacción de la rúbrica del Título II dada por el art. único Seis del Real Decreto 399/2021, de 8 de junio, por el que se modifican el Reglamento de procedimientos amistosos en materia de imposición directa, aprobado por el Real Decreto 1794/2008, de 3 de noviembre, y otras normas tributarias (BOE núm. 137, de 9 de junio de 2021), en vigor desde el 10 de junio de 2021.

[7]   Original art. 4 que se enumera como art. 7 y nueva redacción dada por el art. único Siete del Real Decreto 399/2021, de 8 de junio, por el que se modifican el Reglamento de procedimientos amistosos en materia de imposición directa, aprobado por el Real Decreto 1794/2008, de 3 de noviembre, y otras normas tributarias (BOE núm. 137, de 9 de junio de 2021), en vigor desde el 10 de junio de 2021.

Artículo 8[8]. *Plazo*

La solicitud para iniciar el procedimiento deberá presentarse antes de la finalización del plazo que disponga el respectivo Convenio, contado a partir del día siguiente al de la notificación del acto de liquidación o equivalente que ocasione o pueda ocasionar una imposición no conforme con las disposiciones del convenio.

Artículo 9[9]. *Solicitud*

1. La solicitud de inicio se formulará mediante un escrito dirigido a la autoridad competente, que deberá contener como mínimo la siguiente información:

a) Nombre completo, domicilio y número de identificación fiscal y demás datos necesarios para identificar a la persona que presenta la solicitud y a las demás partes implicadas en las transacciones objeto de examen.

b) Identificación de la Administración tributaria extranjera competente.

c) El artículo del convenio que el obligado tributario considera que no se ha aplicado correctamente y la interpretación que el propio obligado tributario da a ese artículo, explicando el motivo por el cual el obligado tributario considera que existe una cuestión objeto del procedimiento.

d) Identificación de los períodos impositivos o de liquidación afectados.

e) Descripción detallada de los hechos y circunstancias relevantes relativos al caso. En particular se deberán incluir:

1.º las cuantías relevantes para el procedimiento amistoso en las monedas de los Estados afectados;

2.º los datos correspondientes a las relaciones, situaciones o estructura de las operaciones entre las personas afectadas;

3.º la naturaleza y la fecha de realización de las actuaciones origen de la cuestión objeto del procedimiento, incluido, si procede, el detalle de la misma renta percibida en el otro Estado afectado y de la inclusión de dicha renta en la base imponible en dicho Estado, y los detalles del impuesto exigido o que se exigirá en relación con dicha renta en el otro Estado afectado.

f) Identificación de los recursos administrativos o judiciales interpuestos por el solicitante o por las demás partes implicadas, así como cualquier resolución que hubiera recaído sobre la misma cuestión.

g) Indicación de si el obligado tributario ha presentado una solicitud con anterioridad en el marco de un procedimiento amistoso regulado en este reglamento ante cualquiera de las autoridades competentes implicadas sobre la misma cuestión u otra similar.

---

[8]   Original art. 5 que se enumera como art. 8 por el art. único Ocho del Real Decreto 399/2021, de 8 de junio, por el que se modifican el Reglamento de procedimientos amistosos en materia de imposición directa, aprobado por el Real Decreto 1794/2008, de 3 de noviembre, y otras normas tributarias (BOE núm. 137, de 9 de junio de 2021), en vigor desde el 10 de junio de 2021.

[9]   Original art. 6 que se enumera como art. 9 y nueva redacción dada por el art. único Nueve del Real Decreto 399/2021, de 8 de junio, por el que se modifican el Reglamento de procedimientos amistosos en materia de imposición directa, aprobado por el Real Decreto 1794/2008, de 3 de noviembre, y otras normas tributarias (BOE núm. 137, de 9 de junio de 2021), en vigor desde el 10 de junio de 2021.

h) Declaración en la que se haga constar si la solicitud incluye alguna cuestión que pueda considerarse que forma parte de un procedimiento de acuerdo previo de valoración o de algún procedimiento similar.

i) Compromiso por parte de la persona que solicita el inicio a responder lo más completa y rápidamente posible a todos los requerimientos hechos por la Administración tributaria y a tener a disposición de la Administración tributaria la documentación relativa al caso.

j) Fecha y firma de la persona que solicita el inicio o de su representante.

2. A la solicitud se acompañará copia de todos los documentos justificativos de la información indicada en el apartado 1, y en particular:

a) En los casos relativos a ajustes por operaciones vinculadas, la documentación exigida en el Reglamento del Impuesto sobre Sociedades, aprobado por el Real Decreto 634/2015, de 10 de julio.

b) En el caso de que existan, copias del acto de liquidación, de su notificación y de los informes de los órganos de inspección o equivalentes en relación con el caso.

c) Copia de cualquier resolución o acuerdo emitido por la Administración del otro Estado que afecte a este procedimiento.

d) La acreditación de la representación, en caso de que se actúe por medio de representante.

3. El escrito dirigido a la autoridad competente deberá presentarse en el registro general de la administración a la que pertenezca la autoridad competente, en las condiciones establecidas en la normativa aplicable.

4. Se acusará recibo de la solicitud de inicio a la persona que la ha presentado en el plazo de dos meses a partir de la fecha en que aquella haya tenido entrada en su registro y se informará asimismo de esta recepción a las autoridades competentes de los demás Estados afectados en el plazo de cuatro semanas a partir de esa misma fecha.

Artículo 10[10]. *Subsanación y mejora*

En el plazo de tres meses desde la fecha en que la solicitud de inicio haya tenido entrada en el registro de la autoridad competente, se podrá analizar su contenido y requerir al solicitante, en su caso, que se subsanen los errores o se complete la documentación que se cita en el artículo 9 de este reglamento. Se podrá también solicitar aclaraciones para resolver cualquier duda que se plantee en el examen de la documentación citada, así como cualquier información adicional. El solicitante dispondrá del plazo de tres meses, contado desde el día siguiente al de la notificación del requerimiento para aportar la documentación o subsanar los errores. La falta de atención del requerimiento determinará el archivo de las actuaciones y se tendrá por no presentada la solicitud.

---

[10]   Original art. 7 que se enumera como art. 10 y nueva redacción dada por el art. único Diez del Real Decreto 399/2021, de 8 de junio, por el que se modifican el Reglamento de procedimientos amistosos en materia de imposición directa, aprobado por el Real Decreto 1794/2008, de 3 de noviembre, y otras normas tributarias (BOE núm. 137, de 9 de junio de 2021), en vigor desde el 10 de junio de 2021.

Artículo 11[11]. *Admisión de inicio*

1. La autoridad competente dispone de un plazo de seis meses, computado desde la fecha de la recepción de la solicitud, o de la información o documentación aportada a raíz del requerimiento a que se refiere el artículo 10, para acordar la admisión o inadmisión de la solicitud de inicio. Esta decisión será notificada al obligado tributario y a las autoridades competentes de los demás Estados afectados. Si en dicho plazo no se hubiera notificado ninguna decisión al respecto, se considerará admitida la solicitud.

2. Se podrá denegar motivadamente el inicio del procedimiento amistoso, entre otros, en los siguientes supuestos:

a) Cuando no exista un convenio aplicable con artículo relativo al procedimiento amistoso.

b) Cuando la solicitud se haya presentado fuera del plazo regulado en el convenio o se presente por persona no legitimada.

c) Cuando no proceda iniciar un procedimiento amistoso por ser una cuestión de derecho interno y no una divergencia o discrepancia en la aplicación del convenio.

d) Cuando la solicitud se refiera a la apertura de un nuevo procedimiento sobre una cuestión que ya hubiera sido objeto de otro procedimiento amistoso planteado con anterioridad por el mismo obligado tributario y sobre el cual se hubiese alcanzado un acuerdo entre ambas autoridades competentes o sobre el que hubiera desistido el obligado tributario.

e) Cuando el requerimiento de subsanación y de completar la información haya sido contestado en plazo, pero no se entiendan subsanados los defectos o aportada la documentación requerida.

3. El procedimiento amistoso se iniciará en los siguientes casos:

a) Cuando la autoridad competente española considere que la solicitud es fundada y que puede por sí misma encontrar una solución.

b) Cuando la autoridad competente española considere que la solicitud es fundada y que no puede por sí misma encontrar una solución. En este caso, se comunicará a la autoridad competente del otro Estado que se ha admitido el inicio del procedimiento, que la presentación de la solicitud se ha producido dentro del plazo a que se refiere el artículo 8 y, se adjuntará, la documentación del caso. Si el convenio aplicable prevé la creación de la comisión consultiva a que se refiere el artículo 13, se solicitará a la Administración del otro Estado que comunique la fecha de recepción de la documentación. Dicha fecha será la de inicio del cómputo del periodo para poder acceder a la comisión consultiva. Conocida esta fecha, se notificará al obligado tributario.

4. A efectos de lo dispuesto en este artículo, la autoridad competente podrá solicitar la documentación e informes que estime oportunos.

---

[11] Original art. 8 que se enumera como art. 11 y nueva redacción dada por el art. único Once del Real Decreto 399/2021, de 8 de junio, por el que se modifican el Reglamento de procedimientos amistosos en materia de imposición directa, aprobado por el Real Decreto 1794/2008, de 3 de noviembre, y otras normas tributarias (BOE núm. 137, de 9 de junio de 2021), en vigor desde el 10 de junio de 2021.

SECCIÓN 2ª *Desarrollo*

Artículo 12[12]. ***Desarrollo de las actuaciones***

1[13]. La instrucción del procedimiento, así como la fijación de la posición española, corresponderá a la autoridad competente.

La instrucción de los procedimientos que sean competencia conjunta de la Dirección General de Tributos y de la Agencia Estatal de la Administración Tributaria será coordinada por la Dirección General de Tributos. La posición española se fijará conjuntamente por las dos autoridades competentes.

2[14]. Para la fijación de la posición española, la autoridad competente podrá solicitar la documentación y los informes que se consideren pertinentes, que deberán ser remitidos en el plazo de 3 meses desde la recepción de la solicitud.

Cuando la autoridad competente requiera información adicional al obligado tributario durante el procedimiento amistoso este dispondrá de un plazo de diez días, salvo que se especifique un plazo distinto en el requerimiento, contado desde el día siguiente al de la notificación del requerimiento para aportar la documentación. Dicho plazo podrá ampliarse en cinco días a solicitud del obligado tributario. La falta de atención de este requerimiento podrá determinar la terminación del procedimiento.

3[15]. La autoridad competente española elaborará una propuesta inicial sobre el caso que se comunicará a la autoridad competente del otro Estado.

4. Se intercambiarán por las autoridades competentes tantas propuestas como sean necesarias para intentar alcanzar un acuerdo.

Artículo 13[16]. ***Comisión consultiva***

1. En los casos en que el convenio prevea la creación de una comisión consultiva y no se haya alcanzado un acuerdo en el periodo establecido en el mismo, el obligado tributario podrá solicitar su constitución por las autoridades competentes para que adopte una decisión sobre las cuestiones pendientes.

---

12   Original art. 9 que se enumera como art. 12 por el art. único Doce del Real Decreto 399/2021, de 8 de junio, por el que se modifican el Reglamento de procedimientos amistosos en materia de imposición directa, aprobado por el Real Decreto 1794/2008, de 3 de noviembre, y otras normas tributarias (BOE núm. 137, de 9 de junio de 2021), en vigor desde el 10 de junio de 2021.

13   Nueva redacción del art. 9.1 dada por la Disposición final primera dos del Real Decreto 634/2015, de 10 de julio, por el que se aprueba el Reglamento del Impuesto sobre Sociedades (BOE núm. 165, de 11 de julio de 2015), con efectos desde el 1 de enero de 2016.

14   Nueva redacción dada por el art. único Doce del Real Decreto 399/2021, de 8 de junio, por el que se modifican el Reglamento de procedimientos amistosos en materia de imposición directa, aprobado por el Real Decreto 1794/2008, de 3 de noviembre, y otras normas tributarias (BOE núm. 137, de 9 de junio de 2021), en vigor desde el 10 de junio de 2021.

15   Nueva redacción dada por el art. único Doce del Real Decreto 399/2021, de 8 de junio, por el que se modifican el Reglamento de procedimientos amistosos en materia de imposición directa, aprobado por el Real Decreto 1794/2008, de 3 de noviembre, y otras normas tributarias (BOE núm. 137, de 9 de junio de 2021), en vigor desde el 10 de junio de 2021.

16   Original art. 10 que se enumera como art. 13 por el art. único Trece del Real Decreto 399/2021, de 8 de junio, por el que se modifican el Reglamento de procedimientos amistosos en materia de imposición directa, aprobado por el Real Decreto 1794/2008, de 3 de noviembre, y otras normas tributarias (BOE núm. 137, de 9 de junio de 2021), en vigor desde el 10 de junio de 2021.

2. La comisión consultiva se regirá por lo previsto en el convenio para evitar la doble imposición respectivo y por los requisitos que se pacten de forma bilateral en aquellos convenios en los que se regule su existencia.

3[17]**.** Las autoridades competentes a la vista de la decisión de la comisión consultiva alcanzarán un acuerdo de conformidad con el artículo 16 sobre todas las cuestiones planteadas en el caso.

SECCIÓN 3ª Terminación

Artículo 14[18]. *Terminación del procedimiento*

1[19]**.** El procedimiento amistoso podrá terminar por alguna de las siguientes causas:

a) Por desistimiento en los términos previstos en el artículo 15.

b) Por acuerdo de la autoridad competente española en el caso del artículo 11.3.a) de acuerdo con lo previsto en el artículo 16.

c) Por acuerdo entre las autoridades competentes de los Estados implicados, de acuerdo con lo previsto en el artículo 16.

2. No podrá interponerse recurso alguno contra los acuerdos de terminación del procedimiento, sin perjuicio de los recursos que procedan contra el acto o actos administrativos que se dicten en aplicación de dichos acuerdos.

Artículo 15[20]. *Terminación por desistimiento del obligado tributario*

1. Los obligados tributarios podrán desistir del procedimiento mediante escrito dirigido a la autoridad competente con el que se dará por finalizado el procedimiento y se acordará el archivo de las actuaciones. Si hubiera varios obligados tributarios el desistimiento afectará sólo a aquellos que lo hubiesen formulado.

2. Este acuerdo de archivo de actuaciones deberá ser comunicado a la autoridad competente del otro Estado.

---

[17] Nueva redacción dada por el art. único Trece del Real Decreto 399/2021, de 8 de junio, por el que se modifican el Reglamento de procedimientos amistosos en materia de imposición directa, aprobado por el Real Decreto 1794/2008, de 3 de noviembre, y otras normas tributarias (BOE núm. 137, de 9 de junio de 2021), en vigor desde el 10 de junio de 2021.

[18] Original art. 11 que se enumera como art. 14 por el art. único Catorce del Real Decreto 399/2021, de 8 de junio, por el que se modifican el Reglamento de procedimientos amistosos en materia de imposición directa, aprobado por el Real Decreto 1794/2008, de 3 de noviembre, y otras normas tributarias (BOE núm. 137, de 9 de junio de 2021), en vigor desde el 10 de junio de 2021.

[19] Nueva redacción dada por el art. único Catorce del Real Decreto 399/2021, de 8 de junio, por el que se modifican el Reglamento de procedimientos amistosos en materia de imposición directa, aprobado por el Real Decreto 1794/2008, de 3 de noviembre, y otras normas tributarias (BOE núm. 137, de 9 de junio de 2021), en vigor desde el 10 de junio de 2021.

[20] Original art. 12 que se enumera como art. 15 por el art. único Quince del Real Decreto 399/2021, de 8 de junio, por el que se modifican el Reglamento de procedimientos amistosos en materia de imposición directa, aprobado por el Real Decreto 1794/2008, de 3 de noviembre, y otras normas tributarias (BOE núm. 137, de 9 de junio de 2021), en vigor desde el 10 de junio de 2021.

Artículo 16[21]. ***Terminación mediante acuerdo entre las autoridades competentes de los Estados implicados.***

1. Los procedimientos amistosos podrán terminar mediante acuerdo de las autoridades competentes de los Estados implicados.

2. Los acuerdos de no eliminar la doble imposición o la imposición no acorde con el convenio, podrán fundamentarse, entre otros, en los siguientes motivos:

a) Cuando los actos objeto del procedimiento no puedan modificarse por haber prescrito conforme a la normativa interna y el convenio aplicable.

b) Cuando las autoridades competentes mantengan distintas interpretaciones del convenio por divergencias en las legislaciones internas respectivas.

c) Cuando el obligado tributario no facilite la información y documentación necesaria para solucionar el caso o cuando se produzca la paralización del procedimiento por causas atribuibles al mismo.

d) Cuando haya una sentencia firme de un tribunal español u otra decisión equivalente de un Tribunal de otro Estado afectado, siempre que se cumplan las siguientes condiciones:

1.º Que dicha sentencia o decisión equivalente se refiera a los elementos de la obligación tributaria que hayan sido objeto del procedimiento amistoso; y

2.º Siempre que, en virtud del Derecho nacional del Estado cuyos tribunales han dictado la sentencia o decisión equivalente, la autoridad competente quede vinculada por dicha decisión.

3. El acuerdo que alcancen las autoridades competentes será notificado al obligado tributario.

4. El acuerdo entre autoridades competentes de eliminar la doble imposición o la imposición no acorde con el convenio se aplicará siempre que, en el plazo de sesenta días naturales a partir del día siguiente a la notificación del acuerdo, el obligado u obligados tributarios:

a) Acepten el contenido del mismo, y

b) Renuncien a su derecho a recurrir o desistan de los recursos pendientes que pudieran tener presentados respecto de los elementos de la obligación tributaria que hayan sido objeto del procedimiento amistoso.

En el supuesto de que las cuestiones objeto del procedimiento amistoso ya estuviesen recurridas, el obligado tributario deberá aportar pruebas de su renuncia o desistimiento en el plazo de sesenta días naturales al que hace referencia el párrafo anterior.

5. Se entenderá que el obligado tributario rechaza el acuerdo entre autoridades competentes, cuando aquel, tras su notificación:

a) Formalice su rechazo en un escrito en el que quede constancia de su disconformidad con el contenido del acuerdo; o

b) No acepte expresamente el contenido del mismo en el plazo de sesenta días naturales a partir del día siguiente a la notificación del acuerdo; o

c) No renuncie a su derecho a recurrir respecto a las cuestiones solucionadas por el procedimiento amistoso o, en su caso, no desista de los recursos pendientes en el plazo de sesenta días naturales a partir del día siguiente a la notificación del acuerdo.

---

[21]   Nuevo art. 16, en sustitución de los arts. 13 y 14 por el art. único Dieciséis del Real Decreto 399/2021, de 8 de junio, por el que se modifican el Reglamento de procedimientos amistosos en materia de imposición directa, aprobado por el Real Decreto 1794/2008, de 3 de noviembre, y otras normas tributarias (BOE núm. 137, de 9 de junio de 2021), en vigor desde el 10 de junio de 2021.

La autoridad competente comunicará este rechazo a las autoridades competentes de los demás Estado afectados y considerará el caso cerrado.

6. La aplicación del acuerdo alcanzado se realizará una vez que el acuerdo adquiera firmeza, en los términos recogidos en el apartado 3 de la disposición adicional primera del texto refundido de la Ley del Impuesto sobre la Renta de no Residentes, aprobado por el Real Decreto Legislativo 5/2004, de 5 de marzo.

7. El acuerdo entre las autoridades competentes no sentará precedente.

SECCIÓN 4ª *Ejecución*

Artículo 17[22]. *Ejecución del acuerdo*

1. Una vez que adquiera firmeza el acuerdo, éste será comunicado en el plazo de un mes a la Administración tributaria española competente para ejecutarlo.

2. El acuerdo será ejecutado de oficio o a instancia del interesado.

3. La ejecución del acuerdo por la Administración tributaria española competente se realizará mediante la práctica de una liquidación por cada período impositivo objeto del procedimiento amistoso. Para la práctica de esta liquidación se tendrá en cuenta la normativa vigente en cada período objeto del procedimiento amistoso.

Tratándose de impuestos en los que no exista período impositivo, la aplicación del acuerdo se realizará mediante la práctica de una liquidación correspondiente al momento del devengo de cada hecho imponible objeto del procedimiento amistoso.

4. No obstante lo dispuesto en el apartado anterior, la Administración tributaria podrá dictar un único acto que contendrá las liquidaciones derivadas del procedimiento amistoso a fin de que la cantidad resultante se determine mediante la suma algebraica de dichas liquidaciones.

5. Cuando existiese una liquidación previa practicada por la Administración tributaria española en relación con la misma obligación tributaria objeto del procedimiento amistoso, la ejecución del acuerdo determinará la modificación, o en su caso, anulación, de dicha liquidación.

6[23]. En la liquidación resultante de la ejecución del acuerdo se exigirán los intereses de demora devengados sobre la deuda derivada de dicha ejecución.

---

[22]   Original art. 15 que se enumera como art. 17 por el art. único Quince del Real Decreto 399/2021, de 8 de junio, por el que se modifican el Reglamento de procedimientos amistosos en materia de imposición directa, aprobado por el Real Decreto 1794/2008, de 3 de noviembre, y otras normas tributarias (BOE núm. 137, de 9 de junio de 2021), en vigor desde el 10 de junio de 2021.
Redacción del art. 15 dada por el art. tercero del Real Decreto 1558/2012, de 15 de noviembre, por el que se adaptan las normas de desarrollo de la Ley 58/2003, de 17 de diciembre, General Tributaria, a la normativa comunitaria e internacional en materia de asistencia mutua, se establecen obligaciones de información sobre bienes y derechos situados en el extranjero, y se modifica el reglamento de procedimientos amistosos en materia de imposición directa, aprobado por Real Decreto 1794/2008, de 3 de noviembre (BOE núm. 283, de 24 de noviembre de 2012), siendo aplicable a los acuerdos que adquieran firmeza a partir del día siguiente al de la publicación de este real decreto en el «Boletín Oficial del Estado».

[23]   Nueva redacción dada por el art. único Diecisiete del Real Decreto 399/2021, de 8 de junio, por el que se modifican el Reglamento de procedimientos amistosos en materia de imposición directa, aprobado por el Real Decreto 1794/2008, de 3 de noviembre, y otras normas tributarias (BOE núm. 137, de 9 de junio de 2021), en vigor desde el 10 de junio de 2021.
Redacción anterior dada por el art. tercero del Real Decreto 1558/2012, de 15 de noviembre.

CAPÍTULO II. Régimen del procedimiento amistoso cuando es iniciado ante las autoridades competentes del otro Estado por acciones de la Administración tributaria española

Artículo 18[24]. *Normativa aplicable al inicio, desarrollo y ejecución de las actuaciones*

1. Cuando el procedimiento a que se refiere el artículo 1.1.a) se inicie ante las autoridades competentes de otro Estado por acciones de la Administración tributaria española, estarán legitimados para solicitar el inicio de este procedimiento:

a) Cualquier persona que sea residente en ese otro Estado en el sentido definido por el convenio y que considere que las medidas adoptadas por la Administración española implican o pueden implicar para ella una imposición que no esté de acuerdo con las disposiciones del citado convenio.

b) Las personas nacionales del otro Estado que consideren que se ha producido un supuesto de discriminación en el sentido definido en los propios convenios.

2[25]**.** La autoridad competente española podrá rechazar la admisión de la solicitud en los supuestos previstos en el artículo 11.2 de este reglamento. Asimismo, podrá formular los requerimientos de subsanación y mejora a los que se refiere el artículo 10 desde la fecha en que tenga conocimiento de la presentación de la solicitud.

3[26]**.** Las actuaciones que, en su caso, deba realizar la autoridad española se regirán por lo dispuesto en los artículos 12 al 17, ambos inclusive, y por el artículo 20 de este reglamento.

CAPÍTULO III. Régimen del procedimiento amistoso cuando es iniciado ante las autoridades competentes del otro Estado por acciones de la Administración tributaria de ese otro Estado

Artículo 19[27]. *Normativa aplicable al inicio, desarrollo y ejecución*

1. Cuando el procedimiento a que se refiere el artículo 1.1.a) se inicie ante las autoridades competentes de otro Estado por acciones de la Administración tributaria de ese otro Estado, estará legitimada para solicitar el inicio de este procedimiento cualquier persona que sea residente en el otro Estado en el sentido definido por el correspondiente convenio y que considere que las medidas adoptadas por la Administración tributaria del citado Estado implican o pueden implicar para ella una imposición que no esté de acuerdo con las disposiciones

---

[24] Original art. 16 que se enumera como art. 18 por el art. único Dieciocho del Real Decreto 399/2021, de 8 de junio, por el que se modifican el Reglamento de procedimientos amistosos en materia de imposición directa, aprobado por el Real Decreto 1794/2008, de 3 de noviembre, y otras normas tributarias (BOE núm. 137, de 9 de junio de 2021), en vigor desde el 10 de junio de 2021.

[25] Nueva redacción dada por el art. único Dieciocho del Real Decreto 399/2021, de 8 de junio, por el que se modifican el Reglamento de procedimientos amistosos en materia de imposición directa, aprobado por el Real Decreto 1794/2008, de 3 de noviembre, y otras normas tributarias (BOE núm. 137, de 9 de junio de 2021), en vigor desde el 10 de junio de 2021.

[26] Nueva redacción dada por el art. único Dieciocho del Real Decreto 399/2021, de 8 de junio, por el que se modifican el Reglamento de procedimientos amistosos en materia de imposición directa, aprobado por el Real Decreto 1794/2008, de 3 de noviembre, y otras normas tributarias (BOE núm. 137, de 9 de junio de 2021), en vigor desde el 10 de junio de 2021.

[27] Original art. 17 que se enumera como art. 19 y nueva redacción dada por el art. único Diecinueve del Real Decreto 399/2021, de 8 de junio, por el que se modifican el Reglamento de procedimientos amistosos en materia de imposición directa, aprobado por el Real Decreto 1794/2008, de 3 de noviembre, y otras normas tributarias (BOE núm. 137, de 9 de junio de 2021), en vigor desde el 10 de junio de 2021.

del citado convenio. La autoridad competente española podrá rechazar la admisión de la solicitud en los supuestos previstos en el artículo 11.2 de este reglamento. Asimismo, podrá formular los requerimientos de subsanación y mejora a los que se refiere el artículo 10 desde la fecha en que tenga conocimiento de la presentación de la solicitud.

2. Las actuaciones que, en su caso, deba realizar la autoridad española se regirán por lo dispuesto en los artículos siguientes de este capítulo y, en lo no previsto en este capítulo, por lo dispuesto en los artículos 12 al 17, ambos inclusive.

Artículo 20[28]. *Comunicación de la fecha de inicio del cómputo del periodo para acceder a la comisión consultiva*

Cuando el procedimiento amistoso se haya iniciado en el otro Estado, la autoridad competente española comunicará a la otra autoridad competente la fecha de recepción de la documentación relacionada con el caso. Dicha fecha será la de inicio del cómputo del periodo para poder acceder a la comisión consultiva.

Artículo 21[29]. *Desarrollo y ejecución*

1[30]. La instrucción del procedimiento así como la fijación de la posición española corresponderá a la autoridad competente.

La instrucción de los procedimientos que sean competencia conjunta de la Dirección General de Tributos y de la Agencia Estatal de la Administración Tributaria será coordinada por la Dirección General de Tributos.

2[31]. Recibida la propuesta del otro Estado, la autoridad competente española elaborará su posición sobre el caso que se comunicará a la autoridad competente del otro Estado.

3[32]. Para elaborar la respuesta española, la autoridad competente podrá solicitar la documentación y los informes que se consideren pertinentes, que deberán ser remitidos en un plazo de 3 meses desde la recepción de la solicitud.

---

[28]   Original art. 18 que se enumera como art. 20 por el art. único Veinte del Real Decreto 399/2021, de 8 de junio, por el que se modifican el Reglamento de procedimientos amistosos en materia de imposición directa, aprobado por el Real Decreto 1794/2008, de 3 de noviembre, y otras normas tributarias (BOE núm. 137, de 9 de junio de 2021), en vigor desde el 10 de junio de 2021.

[29]   Original art. 19 que se enumera como art. 21 por el art. único Veintiuno del Real Decreto 399/2021, de 8 de junio, por el que se modifican el Reglamento de procedimientos amistosos en materia de imposición directa, aprobado por el Real Decreto 1794/2008, de 3 de noviembre, y otras normas tributarias (BOE núm. 137, de 9 de junio de 2021), en vigor desde el 10 de junio de 2021.

[30]   Nueva redacción del art. 19.1 dada por la Disposición final primera tres del Real Decreto 634/2015, de 10 de julio, por el que se aprueba el Reglamento del Impuesto sobre Sociedades (BOE núm. 165, de 11 de julio de 2015), con efectos desde el 1 de enero de 2016.

[31]   Nueva redacción dada el art. único Veintiuno del Real Decreto 399/2021, de 8 de junio, por el que se modifican el Reglamento de procedimientos amistosos en materia de imposición directa, aprobado por el Real Decreto 1794/2008, de 3 de noviembre, y otras normas tributarias (BOE núm. 137, de 9 de junio de 2021), en vigor desde el 10 de junio de 2021.

[32]   Nueva redacción dada el art. único Veintiuno del Real Decreto 399/2021, de 8 de junio, por el que se modifican el Reglamento de procedimientos amistosos en materia de imposición directa, aprobado por el Real Decreto 1794/2008, de 3 de noviembre, y otras normas tributarias (BOE núm. 137, de 9 de junio de 2021), en vigor desde el 10 de junio de 2021.

CAPÍTULO IV. Régimen del procedimiento amistoso cuando es iniciado ante las autoridades competentes españolas por acciones de la Administración tributaria del otro Estado

Artículo 22[33]**. *Normativa aplicable al inicio, desarrollo y ejecución***

1. Cuando el procedimiento a que se refiere el artículo 1.1.a) se inicie ante las autoridades competentes españolas por acciones de la Administración tributaria del otro Estado, y así esté dispuesto en un convenio o tratado para evitar la doble imposición aplicable en España, cualquier persona que sea residente en España en el sentido definido por el convenio correspondiente y que considere que las medidas adoptadas por la Administración tributaria del otro Estado implican o pueden implicar para ella una imposición que no esté de acuerdo con las disposiciones del citado convenio, podrá someter su caso a la autoridad competente española.

2. También podrá someter el caso a las autoridades españolas, aquellas personas de nacionalidad española que consideren que se ha producido un supuesto de discriminación en el sentido definido por los propios convenios.

3. Las actuaciones que, en su caso, deba realizar la autoridad española se regirán por lo dispuesto en los artículos 7 al 17, ambos inclusive, con las especialidades previstas en el artículo 21.

TÍTULO III. Procedimiento sobre la aplicación del convenio CEE/90/436, de 23 de julio de 1990, relativo a la supresión de la doble imposición en caso de corrección de los beneficios de empresas asociadas

Artículo 23[34]**. *Disposiciones generales***

1. Lo dispuesto en este título se aplicará cuando, a efectos impositivos, los resultados que se hallen incluidos en los beneficios de una empresa de un Estado contratante estén incluidos o vayan a incluirse probablemente también en los beneficios de una empresa de otro Estado contratante, por no respetarse los principios que se enuncian en el artículo 4 del Convenio 90/436/CEE.

2[35]**.** No se tramitará el procedimiento previsto en este título si las empresas de las que se trate, mediante actos que den lugar a una corrección de los beneficios con arreglo al artículo 4 del Convenio 90/436/CEE, han sido objeto de una sanción grave, en los términos establecidos en el citado convenio, con carácter firme. En el caso español tendrán dicha consideración

---

[33] Original art. 20 que se enumera como art. 22 y nueva redacción dada por el art. único Veintidós del Real Decreto 399/2021, de 8 de junio, por el que se modifican el Reglamento de procedimientos amistosos en materia de imposición directa, aprobado por el Real Decreto 1794/2008, de 3 de noviembre, y otras normas tributarias (BOE núm. 137, de 9 de junio de 2021), en vigor desde el 10 de junio de 2021.

[34] Original art. 21 que se enumera como art. 23 por el art. único Veintitrés del Real Decreto 399/2021, de 8 de junio, por el que se modifican el Reglamento de procedimientos amistosos en materia de imposición directa, aprobado por el Real Decreto 1794/2008, de 3 de noviembre, y otras normas tributarias (BOE núm. 137, de 9 de junio de 2021), en vigor desde el 10 de junio de 2021.

[35] Nueva redacción dada por el art. único Veintitrés del Real Decreto 399/2021, de 8 de junio, por el que se modifican el Reglamento de procedimientos amistosos en materia de imposición directa, aprobado por el Real Decreto 1794/2008, de 3 de noviembre, y otras normas tributarias (BOE núm. 137, de 9 de junio de 2021), en vigor desde el 10 de junio de 2021.

las penas y sanciones a las que se refiere el apartado 10 de la disposición adicional primera del texto refundido de la Ley del Impuesto sobre la Renta de no Residentes, aprobado por el Real Decreto Legislativo 5/2004, de 5 de marzo.

3. Una vez iniciado el procedimiento amistoso quedará suspendido automáticamente, por la interposición de cualquier recurso o reclamación en vía administrativa o en vía contencioso-administrativa contra las sanciones impuestas a que se refiere el apartado anterior, desde la interposición del primer recurso que proceda hasta que se dicte resolución o sentencia firme que resuelva con carácter definitivo si procede o no la imposición de la sanción. A estos efectos, el obligado tributario deberá comunicar a la autoridad competente, en el plazo de un mes, tanto la interposición del recurso como la resolución o sentencia definitiva, contado desde el día siguiente al de la interposición o al de la notificación de la resolución o sentencia, respectivamente.

CAPÍTULO I. Régimen del procedimiento cuando es iniciado ante las autoridades competentes españolas por acciones de la Administración tributaria española

Artículo 24[36]. *Normativa aplicable al inicio, desarrollo y ejecución*

Cuando el procedimiento a que se refiere el artículo 1.1.b) se inicie ante las autoridades competentes españolas por acciones de la Administración tributaria española, el procedimiento se regirá por lo dispuesto en los artículos 9 al 17, ambos inclusive, excepto el 13 y 16.2.a) y b), con las especialidades establecidas en los artículos siguientes.

SECCIÓN 1ª *Inicio*[37]

Artículo 25[38]. *Legitimación*

Podrán solicitar el inicio de este procedimiento las empresas residentes y los establecimientos permanentes situados en territorio español de una empresa residente en otro Estado miembro que haya suscrito el Convenio CEE/90/436 y que se encuentren en alguna de las situaciones previstas del artículo 4 del citado Convenio.

Artículo 26[39]. *Plazo*

La solicitud para iniciar el procedimiento deberá presentarse antes de transcurridos tres años contados desde el día siguiente al de la notificación del acto de liquidación tributaria

---

[36] Original art. 22 que se enumera como art. 24 y nueva redacción dada por el art. único Veinticuatro del Real Decreto 399/2021, de 8 de junio, por el que se modifican el Reglamento de procedimientos amistosos en materia de imposición directa, aprobado por el Real Decreto 1794/2008, de 3 de noviembre, y otras normas tributarias (BOE núm. 137, de 9 de junio de 2021), en vigor desde el 10 de junio de 2021.

[37] Nueva redacción del título de la sección 1.º dada por el art. único Veinticinco del Real Decreto 399/2021, de 8 de junio, por el que se modifican el Reglamento de procedimientos amistosos en materia de imposición directa, aprobado por el Real Decreto 1794/2008, de 3 de noviembre, y otras normas tributarias (BOE núm. 137, de 9 de junio de 2021), en vigor desde el 10 de junio de 2021.

[38] Original art. 23 que se enumera como art. 25 por el art. único Veintiséis del Real Decreto 399/2021, de 8 de junio, por el que se modifican el Reglamento de procedimientos amistosos en materia de imposición directa, aprobado por el Real Decreto 1794/2008, de 3 de noviembre, y otras normas tributarias (BOE núm. 137, de 9 de junio de 2021), en vigor desde el 10 de junio de 2021.

[39] Original art. 24 que se enumera como art. 26 por el art. único Veintiséis del Real Decreto 399/2021, de 8 de junio, por el que se modifican el Reglamento de procedimientos amistosos en materia de imposición

o medida equivalente que ocasione o pueda ocasionar una doble imposición con arreglo al artículo 1 del Convenio CEE/90/436.

Artículo 27[40]. *Solicitud*

1. La solicitud de inicio se formulará mediante escrito dirigido a la autoridad competente y deberá indicar si otros Estados contratantes están afectados.

2[41]. El escrito deberá contener la información y documentación a la que se refiere el artículo 9 salvo lo dispuesto en el apartado 1.c).

Adicionalmente deberá incluirse una descripción por parte de la empresa de las razones que la amparan para sostener que no se han respetado los principios establecidos en el artículo 4 del Convenio CEE/90/436, y deberá comunicarse si se ha impuesto una sanción, aunque no tenga carácter definitivo. En el caso de que la sanción se haya impuesto con posterioridad a la solicitud de inicio, el obligado tributario deberá comunicar a la autoridad competente, en el plazo de un mes, la imposición de la sanción, aunque no tenga carácter definitivo.

Artículo 28[42]. *Admisión de inicio*

1. Se denegará motivadamente el inicio del procedimiento en los siguientes supuestos:

a) Cuando no se cumplan los principios recogidos en el artículo 4 del Convenio CEE/90/436.

b) Cuando la solicitud no se haya presentado dentro de los límites temporales recogidos en el Convenio CEE/90/436 o se presente por persona no legitimada.

c) Cuando se haya impuesto con carácter firme una sanción grave en los términos definidos en el Convenio CEE/90/436. En el caso español tendrán dicha consideración las penas y sanciones a las que se refiere el apartado 10 de la disposición adicional primera del texto refundido de la Ley del Impuesto sobre la Renta de no Residentes, aprobado por el Real Decreto Legislativo 5/2004, de 5 de marzo.

2. El procedimiento amistoso se iniciará en los siguientes casos:

a) Cuando la autoridad competente española considere que la solicitud es fundada y que puede por sí misma encontrar una solución.

b) Cuando la autoridad competente española considere que la solicitud es fundada y no puede por sí misma encontrar una solución. En este caso se comunicará a la autoridad competente del otro Estado que se ha admitido el inicio del procedimiento, que la presentación

---

directa, aprobado por el Real Decreto 1794/2008, de 3 de noviembre, y otras normas tributarias (BOE núm. 137, de 9 de junio de 2021), en vigor desde el 10 de junio de 2021.

[40]   Original art. 25 que se enumera como art. 27 por el art. único Veintisiete del Real Decreto 399/2021, de 8 de junio, por el que se modifican el Reglamento de procedimientos amistosos en materia de imposición directa, aprobado por el Real Decreto 1794/2008, de 3 de noviembre, y otras normas tributarias (BOE núm. 137, de 9 de junio de 2021), en vigor desde el 10 de junio de 2021.

[41]   Nueva redacción dada por el art. único Veintisiete del Real Decreto 399/2021, de 8 de junio, por el que se modifican el Reglamento de procedimientos amistosos en materia de imposición directa, aprobado por el Real Decreto 1794/2008, de 3 de noviembre, y otras normas tributarias (BOE núm. 137, de 9 de junio de 2021), en vigor desde el 10 de junio de 2021.

[42]   Original art. 26 que se enumera como art. 28 y nueva redacción dada por el art. único Veintiocho del Real Decreto 399/2021, de 8 de junio, por el que se modifican el Reglamento de procedimientos amistosos en materia de imposición directa, aprobado por el Real Decreto 1794/2008, de 3 de noviembre, y otras normas tributarias (BOE núm. 137, de 9 de junio de 2021), en vigor desde el 10 de junio de 2021.

de la solicitud se ha producido dentro del plazo a que se refiere el artículo 26 y se adjuntará, cuando proceda, la documentación del caso. Asimismo, se señalará la fecha de inicio del cómputo del periodo de dos años para alcanzar un acuerdo, transcurrido el cual, si las autoridades competentes no han alcanzado un acuerdo, se constituirá la comisión consultiva a que se refiere el artículo 31. La decisión de admisión se notificará al obligado tributario, en la que se le indicará igualmente la fecha de inicio del periodo de 2 años.

Artículo 29[43]. *Inicio del cómputo del periodo de dos años*

1[44]. El cómputo del periodo de dos años para poder acudir a la segunda fase prevista en el Convenio 90/436/CEE, se inicia en la última de las dos fechas siguientes:

a) Fecha de notificación del acto de liquidación tributaria o medida equivalente.

b) Fecha en la que la autoridad competente recibe la solicitud de inicio acompañada de toda la información y documentación a la que se refiere el artículo 27 anterior.

2. No obstante, cuando se interponga recurso administrativo o contencioso-administrativo, el inicio del cómputo del periodo de dos años o su interrupción se producirá de acuerdo con lo previsto en el artículo 7 del Convenio 90/436/CEE.

SECCIÓN 2ª Desarrollo[45]

Artículo 30. *Desarrollo de las actuaciones.*

La autoridad competente española elaborará una propuesta inicial sobre el caso que se comunicará a la autoridad competente del otro Estado.

Artículo 31. *Constitución y funcionamiento de una comisión consultiva.*

1. Si las autoridades interesadas no llegasen a un acuerdo por el que se evite la doble imposición en un periodo de dos años, contado a partir de la fecha en que se inicie su cómputo de acuerdo con el artículo 29, constituirán una comisión consultiva a la que encargarán que emita un dictamen sobre la forma de suprimir la doble imposición en cuestión.

2. Las autoridades competentes podrán acordar un período diferente al previsto en el apartado anterior, con la aprobación de las empresas asociadas interesadas.

3. La constitución, composición y funcionamiento de la comisión consultiva, así como la remisión de información, la participación del obligado tributario y de las autoridades competentes, se regirá por lo dispuesto en los artículos 9 y 10 del Convenio CEE/90/436.

---

[43]   Original art. 27 que se enumera como art. 29 por el art. único Veintinueve del Real Decreto 399/2021, de 8 de junio, por el que se modifican el Reglamento de procedimientos amistosos en materia de imposición directa, aprobado por el Real Decreto 1794/2008, de 3 de noviembre, y otras normas tributarias (BOE núm. 137, de 9 de junio de 2021), en vigor desde el 10 de junio de 2021.

[44]   Nueva redacción dada por el art. único Veintinueve del Real Decreto 399/2021, de 8 de junio, por el que se modifican el Reglamento de procedimientos amistosos en materia de imposición directa, aprobado por el Real Decreto 1794/2008, de 3 de noviembre, y otras normas tributarias (BOE núm. 137, de 9 de junio de 2021), en vigor desde el 10 de junio de 2021.

[45]   Se modifica la sección 2.ª del capítulo I del título III, que pasa a estar integrada por los artículos 30 a 32, con anterioridad artículos 28 a 30 por el art. único Treinta del Real Decreto 399/2021, de 8 de junio, por el que se modifican el Reglamento de procedimientos amistosos en materia de imposición directa, aprobado por el Real Decreto 1794/2008, de 3 de noviembre, y otras normas tributarias (BOE núm. 137, de 9 de junio de 2021), en vigor desde el 10 de junio de 2021.

Artículo 32. *Dictamen de la comisión consultiva.*

De conformidad con el artículo 11 del Convenio CEE/90/436 la comisión consultiva deberá emitir un dictamen en un plazo de 6 meses siguientes a la fecha en que haya sido consultada. Se considerará como fecha de consulta, la fecha a partir de la cual la comisión ha recibido toda la documentación e información relevante de los Estados implicados.

SECCIÓN 3ª Terminación[46]

Artículo 33. *Acuerdo de las autoridades competentes*

1. Las autoridades competentes adoptarán de común acuerdo, basándose en las disposiciones del artículo 4 del Convenio CEE/90/436, una decisión que garantice la supresión de la doble imposición en un plazo de 6 meses contado a partir de la fecha en que la comisión consultiva haya emitido el dictamen.

2. Las autoridades competentes podrán adoptar un acuerdo que se aparte del dictamen de la comisión consultiva.

3. No podrá interponerse recurso alguno contra el acuerdo de las autoridades competentes ni, en su caso, contra el dictamen, sin perjuicio de los recursos que procedan contra el acto o actos administrativos que se dicten en aplicación de dicho acuerdo o dictamen.

CAPÍTULO II. Régimen del procedimiento cuando es iniciado ante las autoridades competentes del otro Estado por acciones de la Administración tributaria española

Artículo 34. *Normativa aplicable al inicio, desarrollo y ejecución*

1. Cuando el procedimiento a que se refiere el artículo 1.1.b) se inicie ante las autoridades competentes del otro Estado por acciones de la Administración tributaria española, estarán legitimadas para solicitar el inicio las personas que estén en las situaciones reguladas en los artículos 4 y 6 del Convenio 90/436/CEE. En este sentido, estarán legitimadas las empresas residentes del otro Estado miembro y los establecimientos permanentes situados en el territorio del otro Estado miembro de una empresa residente en otro Estado miembro siempre y cuando el otro Estado miembro haya suscrito el Convenio CEE/90/436.

2[47]. La autoridad competente española podrá rechazar la admisión de la solicitud en los supuestos a que se refiere el artículo 28.1.

3[48]. El procedimiento se regirá por lo dispuesto en los artículos 12 al 17 ambos inclusive, excepto el 13 y el 16.2.a) y b), con las especialidades de los artículos 30 al 33 en cuanto a su desarrollo y ejecución.

---

[46] Se modifica el rótulo de la sección 3.ª del capítulo I del título III, que pasa a titularse «Terminación» y estar integrada por el artículo 33, con anterioridad artículo 31 30 por el art. único Treinta y uno del Real Decreto 399/2021, de 8 de junio, por el que se modifican el Reglamento de procedimientos amistosos en materia de imposición directa, aprobado por el Real Decreto 1794/2008, de 3 de noviembre, y otras normas tributarias (BOE núm. 137, de 9 de junio de 2021), en vigor desde el 10 de junio de 2021.

[47] Nueva redacción dada por el art. único Treinta y dos del Real Decreto 399/2021, de 8 de junio, por el que se modifican el Reglamento de procedimientos amistosos en materia de imposición directa, aprobado por el Real Decreto 1794/2008, de 3 de noviembre, y otras normas tributarias (BOE núm. 137, de 9 de junio de 2021), en vigor desde el 10 de junio de 2021.

[48] Nueva redacción dada por el art. único Treinta y dos del Real Decreto 399/2021, de 8 de junio, por el que se modifican el Reglamento de procedimientos amistosos en materia de imposición directa, aprobado por

CAPÍTULO III. Régimen del procedimiento cuando es iniciado ante las autoridades competentes del otro Estado por acciones de la Administración tributaria de ese otro Estado

Artículo 35[49]. *Normativa aplicable al inicio, desarrollo y ejecución*

Cuando el procedimiento a que se refiere el artículo 1.1.b) se inicie ante las autoridades competentes del otro Estado por acciones de la Administración tributaria de ese otro Estado, el procedimiento se regirá por lo dispuesto en el artículo anterior en lo referente al inicio, y por lo dispuesto en los artículos 12 al 17, ambos inclusive, excepto el 13 y 16.2.a) y b), con las especialidades de los artículos 31 a 33 y el artículo 21, en cuanto a su desarrollo y ejecución.

CAPÍTULO IV. Procedimiento iniciado ante las autoridades competentes españolas por acciones de la Administración tributaria del otro Estado

Artículo 36[50]. *Normativa aplicable al inicio, desarrollo y ejecución*

Cuando el procedimiento a que se refiere el artículo 1.1.b) se inicie ante las autoridades competentes españolas por acciones de la Administración tributaria del otro Estado, el procedimiento se regirá por lo dispuesto en los artículos 24 al 33, ambos inclusive, excepto el 30, y por el artículo 21.

TÍTULO IV[51]. LOS MECANISMOS DE RESOLUCIÓN DE LITIGIOS A QUE SE REFIERE LA DIRECTIVA (UE) 2017/1852 DEL CONSEJO, DE 10 DE OCTUBRE DE 2017, RELATIVA A LOS MECANISMOS DE RESOLUCIÓN DE LITIGIOS FISCALES EN LA UNIÓN EUROPEA

CAPÍTULO I. Inicio

Artículo 37. *Legitimación.*

Podrá solicitar el inicio de este mecanismo todo obligado tributario que cumpla los siguientes requisitos:

a) Que sea una persona residente en España u otro Estado miembro en el sentido definido por el correspondiente convenio o tratado internacional aplicable en España por el que se dispone la eliminación de la doble imposición de la renta y, en su caso, del patrimonio, y

---

el Real Decreto 1794/2008, de 3 de noviembre, y otras normas tributarias (BOE núm. 137, de 9 de junio de 2021), en vigor desde el 10 de junio de 2021.

[49] Original art. 33 que se enumera como art. 35 y nueva redacción dada por el art. único Treinta y tres del Real Decreto 399/2021, de 8 de junio, por el que se modifican el Reglamento de procedimientos amistosos en materia de imposición directa, aprobado por el Real Decreto 1794/2008, de 3 de noviembre, y otras normas tributarias (BOE núm. 137, de 9 de junio de 2021), en vigor desde el 10 de junio de 2021.

[50] Original art. 34 que se enumera como art. 36 y nueva redacción dada por el art. único Treinta y cuatro del Real Decreto 399/2021, de 8 de junio, por el que se modifican el Reglamento de procedimientos amistosos en materia de imposición directa, aprobado por el Real Decreto 1794/2008, de 3 de noviembre, y otras normas tributarias (BOE núm. 137, de 9 de junio de 2021), en vigor desde el 10 de junio de 2021.

[51] Título IV incorporado por el art. único Treinta y cinco del Real Decreto 399/2021, de 8 de junio, por el que se modifican el Reglamento de procedimientos amistosos en materia de imposición directa, aprobado por el Real Decreto 1794/2008, de 3 de noviembre, y otras normas tributarias (BOE núm. 137, de 9 de junio de 2021), en vigor desde el 10 de junio de 2021.

b) Que su tributación se vea afectada directamente por las medidas adoptadas por España o por otro u otros Estados miembros que impliquen o puedan implicar una imposición no acorde con las disposiciones de los convenios o tratados internacionales aplicables en España por los que se dispone la eliminación de la doble imposición de la renta y, en su caso, del patrimonio.

Artículo 38. *Plazo.*

La solicitud deberá presentarse en el plazo de tres años contados a partir del día siguiente al de la notificación del acto de liquidación o medida equivalente que implique o pueda implicar una imposición no acorde con las disposiciones de los convenios o tratados internacionales aplicables en España por los que se dispone la eliminación de la doble imposición de la renta y, en su caso, del patrimonio.

Artículo 39. *Normativa aplicable al inicio.*

El mecanismo a que se refiere el artículo 1.1.c) se regirá por lo dispuesto en los artículos 9, 10 y 11, inclusive, con las siguientes especialidades:

a) El obligado tributario deberá dirigir la solicitud regulada en el artículo 9, simultáneamente y con la misma información, al resto de las autoridades competentes afectadas, salvo que sea uno de los obligados tributarios comprendidos en el artículo 57 de este reglamento.

En este último caso, la solicitud de inicio podrá presentarse únicamente a la autoridad competente española, quien, en el plazo de dos meses contados a partir de la fecha de la entrada en su registro de dicha solicitud, enviará simultáneamente una notificación a las autoridades competentes de los demás Estados miembros afectados. Se considerará que el obligado tributario ha presentado la solicitud de inicio a todos los Estados miembros afectados en la fecha de dicha notificación.

b) En la notificación entre autoridades competentes contemplada en el artículo 9.4, la autoridad competente informará asimismo de la lengua o lenguas que se propone utilizar en sus comunicaciones durante los procedimientos pertinentes.

c) El solicitante que reciba un requerimiento conforme con lo establecido en el artículo 10 deberá enviar simultáneamente a las autoridades competentes de los demás Estados afectados una copia de su respuesta.

No obstante, lo anterior, cuando el obligado tributario sea uno de los comprendidos en el artículo 57 este reglamento, la citada respuesta podrá presentarse únicamente a la autoridad competente española, quien, en el plazo de dos meses a partir de la entrada en su registro de la misma, enviará una notificación simultáneamente a las autoridades competentes de los demás Estados miembros afectados, junto con una copia de la información presentada. Se considerará que la información ha sido recibida por todos los Estados afectados en la fecha de su entrada en el registro de la autoridad competente.

d) La falta de atención en plazo de un requerimiento de subsanación podrá determinar la terminación del mecanismo.

Artículo 40. *Resolución de la admisión de inicio por parte de la comisión consultiva.*

1. Cuando el inicio del mecanismo haya sido denegado por al menos uno de los Estados miembros afectados, pero no por todos, el obligado tributario podrá solicitar a las autoridades competentes de los Estados miembros afectados la constitución de una comisión consultiva de conformidad con lo dispuesto en el artículo 45.

Se considerará que ha sido denegado el inicio del mecanismo por un Estado miembro afectado en los siguientes supuestos:

a) Cuando la decisión denegatoria de la autoridad competente no pueda ser recurrida de conformidad con la normativa nacional del Estado miembro afectado al que pertenezca,

b) Cuando se dicte resolución administrativa o judicial de carácter firme que confirme la decisión denegatoria de la autoridad competente.

2. Solo podrá realizarse la solicitud de constitución de una comisión consultiva cuando se cumplan las siguientes condiciones:

a) Que no pueda interponerse un recurso por haberse agotado el plazo correspondiente,

b) Que no haya recurso pendiente,

c) Que el obligado tributario haya renunciado formalmente a su derecho a recurrir, y

d) Si el inicio ha sido denegado por resolución administrativa o judicial de carácter firme que confirme la decisión denegatoria de la autoridad competente, que dicha resolución no tenga carácter vinculante para la autoridad competente.

3. Dicha solicitud deberá presentarse por escrito en el plazo de cincuenta días naturales a partir del día siguiente al de la notificación de la última decisión que dé acceso a la comisión consultiva de conformidad con el apartado 1 de este artículo. La comisión consultiva se constituirá en el plazo de ciento veinte días naturales a partir de la entrada en el registro de la autoridad competente de dicha solicitud, y, una vez creada, su presidente deberá comunicarlo al obligado tributario sin demora.

4. No obstante lo establecido en el apartado 1, cuando el obligado tributario sea uno de los comprendidos en el artículo 57 de este reglamento, la solicitud de constitución de la comisión consultiva podrá presentarse únicamente a la autoridad competente española. Dicha autoridad competente enviará una notificación simultáneamente a las autoridades competentes de los demás Estados miembros afectados en el plazo de dos meses a partir de la entrada en su registro de dicha solicitud. Se considerará que el obligado tributario ha presentado la solicitud a todos los Estados miembros afectados en la fecha de dicha notificación.

5. La comisión consultiva a que se refiere este artículo adoptará una decisión relativa a la admisión de inicio en el plazo de seis meses a partir de la fecha de su constitución y notificará su decisión a las autoridades competentes en un plazo de treinta días naturales a partir de su adopción.

En caso de que se haya ejercido el derecho de recurso, la resolución del tribunal económico administrativo se tendrá en cuenta a estos efectos.

6. Cuando la comisión consultiva confirme que se cumplen todos los requisitos establecidos para la admisión de inicio en el artículo 9 y, en su caso, en el artículo 10, el mecanismo se iniciará a solicitud de cualquiera de las autoridades competentes. La autoridad competente que solicite el inicio procederá a notificarlo a la comisión consultiva, a las demás autoridades competentes afectadas y al obligado tributario. El plazo de dos años previsto en el artículo 41, se contará a partir de la fecha de la notificación de la decisión adoptada por la comisión consultiva sobre la admisión del inicio del procedimiento amistoso.

Si ninguna de las autoridades competentes solicita que se inicie el procedimiento amistoso en el plazo de sesenta días naturales a partir de la fecha de notificación de la decisión de la comisión consultiva, ésta emitirá un dictamen sobre el modo de resolver la cuestión objeto del procedimiento con arreglo al artículo 51, apartado 1. En ese caso, y a efectos de la aplicación de dicho artículo, se considerará que la comisión consultiva se constituyó en la fecha en que finalizó el plazo de sesenta días naturales mencionado.

CAPÍTULO II. Desarrollo

Artículo 41. *Desarrollo de las actuaciones.*

1. Cuando las autoridades competentes de los Estados miembros afectados decidan admitir el inicio y no puedan por sí mismas encontrar una solución, procurarán solucionar la cuestión objeto del procedimiento de mutuo acuerdo, en el plazo de dos años a partir de la última notificación de cualquiera de los Estados miembros afectados relativa a la admisión de inicio.

No obstante lo anterior, cuando el obligado tributario haya recurrido las medidas que impliquen o puedan implicar una imposición no acorde con los convenios o tratados internacionales aplicables en España por los que se dispone la eliminación de la doble imposición de la renta y, en su caso, del patrimonio, dicho plazo comenzará a partir de la última de las dos fechas siguientes:

a) La fecha establecida en el párrafo primero de este apartado, o

b) La fecha en que dichos recursos se hayan suspendido.

El plazo de dos años a que se refiere este apartado podrá prorrogarse por un período de hasta un año a solicitud, por escrito y de forma motivada, de una autoridad competente a las demás autoridades competentes de los Estados miembros afectados.

2. Sin perjuicio de lo establecido en este capítulo, el procedimiento a que se refiere el artículo 1.1.c) se regirá por lo dispuesto en el artículo 12, con la siguiente especialidad:

El obligado tributario que reciba un requerimiento previsto en el artículo 12.2, segundo párrafo, de este reglamento, deberá enviar simultáneamente a las autoridades competentes de los demás Estados miembros afectados una copia de su respuesta.

No obstante lo anterior, cuando el obligado tributario sea uno de los comprendidos en el artículo 57 de este reglamento, la citada respuesta podrá presentarse únicamente a la autoridad competente española, quien, en el plazo de dos meses a partir de la entrada en su registro de la misma, enviará una notificación simultáneamente a las autoridades competentes de los demás Estados miembros afectados, junto con una copia de la información presentada. Se considerará que la información ha sido recibida por todos los Estados afectados en la fecha de su entrada en el registro de la autoridad competente.

3. Cuando las autoridades competentes de los Estados afectados no hayan alcanzado un acuerdo sobre la manera de resolver de mutuo acuerdo la cuestión objeto del procedimiento dentro del plazo establecido en el apartado 1, la autoridad competente informará al obligado tributario, indicando los motivos de la imposibilidad de alcanzar un acuerdo.

Artículo 42. *Solicitud de constitución de la comisión consultiva para la resolución de la cuestión objeto de procedimiento.*

Cuando las autoridades competentes de los Estados miembros afectados no hayan llegado a un acuerdo sobre la manera de solucionar la cuestión objeto del procedimiento en el plazo previsto en el artículo 41, apartado 1, el obligado tributario podrá solicitar a la autoridad competente la constitución de una comisión consultiva de conformidad con lo dispuesto en el artículo 45.

Dicha solicitud deberá presentarse por escrito en el plazo de cincuenta días naturales a partir del día siguiente al de la notificación emitida en virtud del artículo 41, apartado 3. La comisión consultiva se constituirá en el plazo de ciento veinte días naturales a partir de la entrada en el registro de la autoridad competente de dicha solicitud, y una vez creada, su presidente deberá comunicarlo al obligado tributario sin demora.

No obstante lo anterior, cuando el obligado tributario sea uno de los comprendidos en el artículo 57 de este reglamento, dicha solicitud podrá presentarse únicamente a la autoridad competente española, quien, en el plazo de dos meses a partir de la entrada en su registro de dicha solicitud, enviará una notificación simultáneamente a las autoridades competentes de los demás Estados miembros afectados. Se considerará que el obligado tributario ha presentado la solicitud a todos los Estados miembros afectados en la fecha de dicha notificación.

Artículo 43. *Denegación de acceso a la comisión consultiva.*

1. La autoridad competente denegará el acceso a la comisión consultiva indicada en el artículo 42:

a) Cuando se hayan impuesto con carácter firme las penas y sanciones a las que se refiere el apartado 10 de la disposición adicional primera del texto refundido de la Ley del Impuesto sobre la Renta de no Residentes, aprobado por el Real Decreto Legislativo 5/2004, de 5 de marzo, o

b) Caso por caso, cuando una cuestión objeto del procedimiento no conlleve doble imposición. En tal caso, la autoridad competente informará sin demora al obligado tributario y a las autoridades competentes de los otros Estados miembros afectados.

2. A efectos de este artículo, se entiende por doble imposición la imposición por dos o más Estados miembros de uno de los impuestos contemplados por un acuerdo o convenio a los que se hace referencia en el artículo 1 con respecto a la misma renta o patrimonio imponibles cuando ello conlleve:

a) Una carga fiscal suplementaria,

b) Un incremento de la deuda tributaria, o

c) La anulación o reducción de pérdidas que podrían utilizarse para compensar los beneficios imponibles.

Artículo 44. *Información, pruebas y comparecencias.*

1. A efectos del procedimiento contemplado en los artículos 40, apartado 1, y 42, cuando así lo acuerden las autoridades competentes de los Estados miembros afectados, el obligado u obligados tributarios podrán facilitar a la comisión consultiva o a la comisión de resolución alternativa prevista en el artículo 48 de este reglamento cualesquiera información, pruebas o documentos que puedan ser pertinentes para la decisión.

La comisión correspondiente podrá solicitar al obligado tributario y a la autoridad competente cualquier información, pruebas o documentos. Sin embargo, la autoridad competente podrá negarse a facilitar dicha información en cualquiera de los casos siguientes:

a) Cuando la obtención de la información requiera la realización de medidas administrativas que sean contrarias al Derecho interno;

b) Cuando no pueda obtenerse información en virtud del Derecho interno;

c) Cuando la información ataña a secretos comerciales, empresariales, industriales o profesionales o a procedimientos comerciales;

d) Cuando la divulgación de información sea contraria al orden público.

2. Los obligados tributarios podrán, previa solicitud y con el consentimiento de las autoridades competentes de los Estados miembros afectados, comparecer o hacerse representar ante la comisión correspondiente, debiendo hacerlo si esta así lo solicitase.

3. De conformidad con lo dispuesto en el artículo 95 de la Ley 58/2003, de 17 de diciembre, General Tributaria, los miembros de la comisión correspondiente estarán obligados al más estricto y completo sigilo respecto de los datos tributarios que conocieran en su condición de tales, sin perjuicio de la aplicación, en su caso, de la normativa interna de los otros Estados miembros afectados en el ámbito propio de su jurisdicción, en relación con la información que obtengan durante la tramitación del procedimiento por la comisión consultiva establecida en los artículos 40, apartado 1, y 42. Los obligados tributarios, y cuando proceda sus representantes, se comprometerán a tratar como secreta toda información (incluido el conocimiento de documentos) que obtengan durante dichos procedimientos. La autoridad competente podrá solicitar de los obligados tributarios y sus representantes una declaración a tal efecto.

Artículo 45. *Comisión consultiva.*

1. La comisión consultiva a que se refieren los artículos 40, apartado 1, y 42 tendrá la siguiente composición:

a) Un presidente;

b) Un representante de cada autoridad competente afectada;

c) Una personalidad independiente que será designada por cada autoridad competente de los Estados miembros afectados a partir de la lista a que se refiere el artículo 46.

Cuando las autoridades competentes así lo acuerden, el número de representantes y el de personalidades independientes podrá aumentarse a dos para cada autoridad competente.

Tras el nombramiento de la personalidad independiente, o las personalidades independientes en el supuesto de que se haya ejercido la opción que ofrece el párrafo anterior, la autoridad competente nombrará a un suplente para cada una de ellas, para el caso de que no puedan ejercer sus funciones.

2. La autoridad competente acordará con las autoridades competentes de los Estados miembros afectados las normas para la designación de las personalidades independientes.

3. Cuando las normas de designación de las personalidades independientes no se hayan acordado conforme a lo dispuesto en el apartado 2, la designación de dichas personalidades se realizará por sorteo.

4. Excepto en caso de que las personalidades independientes hayan sido designadas conforme al artículo 47, apartado 1, la autoridad competente podrá oponerse al nombramiento de cualquier personalidad independiente por un motivo previamente acordado entre las autoridades competentes de los Estados miembros afectados o cuando dicha personalidad:

a) Pertenezca a una de las administraciones fiscales afectadas o trabaje en nombre de las mismas, o lo haya hecho en cualquier momento durante los tres años anteriores;

b) Tenga o haya tenido una participación importante o un derecho de voto en la empresa del obligado tributario, o haya sido empleada o asesora de cualquier obligado tributario de que se trate, en cualquier momento de los últimos cinco años anteriores a la fecha de su designación;

c) No ofrezca garantías suficientes de objetividad para la resolución de la cuestión o cuestiones sobre los que deba pronunciarse;

d) Sea empleada de una sociedad que preste asesoría en materia fiscal o facilite por otros medios asesoría fiscal con carácter profesional, o haya estado en esa situación en algún momento en los tres años previos a la fecha de su designación.

5. La autoridad competente podrá exigir que una personalidad que haya sido designada en virtud del apartado 2 o 3, o su suplente, revele todo interés, relación o asunto que pueda afectar a su independencia o imparcialidad o que pueda crear razonablemente una impresión de parcialidad en el procedimiento.

6. Durante un período de doce meses tras la fecha de adopción de la decisión por la comisión consultiva, toda personalidad independiente que sea parte de dicha comisión se abstendrá de incurrir en ninguno de los motivos mencionados en el apartado 4.

7. Los representantes de las autoridades competentes y las personalidades independientes nombradas de conformidad con el apartado 1 del presente artículo elegirán a un presidente de entre la lista de personalidades a que se refiere el artículo 46. Salvo acuerdo en contrario de los citados representantes de cada autoridad competente y personalidades independientes, el presidente será un juez.

Artículo 46. *Lista de personalidades independientes.*

1. En la lista de personalidades independientes figurarán todas las designadas como tal por los Estados miembros.

2. La Dirección General de Tributos y la Agencia Estatal de Administración Tributaria elegirán de mutuo acuerdo al menos tres personas competentes, independientes y capaces de actuar con imparcialidad e integridad para formar parte de la lista de personalidades independientes. En caso de que, con posterioridad a su designación, alguna de ellas incurra en las causas recogidas en el apartado 4 del artículo 45, la Dirección General de Tributos y la Agencia Estatal de Administración Tributaria decidirán de mutuo acuerdo su sustitución.

3. La Dirección General de Tributos comunicará a la Comisión los nombres de las personalidades independientes elegidas en virtud del apartado anterior, facilitándole información completa y actualizada sobre sus antecedentes académicos y profesionales, competencias, conocimientos técnicos y conflictos de intereses. En la comunicación, se especificará cuál de ellas podrá ser nombrada presidente.

4. La Dirección General de Tributos informará sin demora a la Comisión de cualquier cambio introducido en la lista de personalidades independientes.

5. Cuando por razones de falta de independencia, la Dirección General de Tributos se oponga, previo acuerdo con la Agencia Estatal de Administración Tributaria, a que una persona permanezca en la lista de personalidades independientes, deberá informar de ello a la Comisión proporcionando las pruebas oportunas.

En el caso de que otro Estado miembro haya mostrado oposición a una de las personalidades independientes designadas por las autoridades españolas, la Dirección General de Tributos será el órgano que recibirá la información de dicha oposición y las pruebas que la fundamenten. La Dirección General de Tributos dispondrá de un plazo de seis meses para adoptar las medidas necesarias y decidir si mantener o no a dicha persona en la lista, informando de ello sin demora a la Comisión.

Artículo 47. *Nombramientos por parte del organismo nacional de designación.*

1. Si una comisión consultiva no estuviera constituida en el plazo previsto en los artículos 40, apartado 3, y 42, el obligado tributario podrá solicitar al Tribunal Económico-Administrativo Central que ejerza las funciones de designación para la constitución de la comisión consultiva.

Cuando la autoridad competente no haya designado a la personalidad independiente y a su suplente, el obligado tributario podrá solicitar al Tribunal Económico-Administrativo Central su designación de entre la lista a que se refiere el artículo 46.

En caso de que las autoridades competentes de todos los Estados miembros afectados no hayan designado a las personalidades independientes, el obligado tributario podrá solicitar al Tribunal Económico-Administrativo Central y, en su caso, a los organismos correspondientes de los restantes Estados miembros, la designación de las personalidades independientes de entre la lista a que se refiere el artículo 46. Dichas personalidades independientes nombrarán al presidente por sorteo de entre la citada lista de conformidad con el artículo 45, apartado 3.

La solicitud a que hace referencia este apartado deberá presentarse ante el Estado español cuando haya sido la autoridad competente de éste la que no haya nombrado a la personalidad independiente y a su suplente. En caso de que haya más de un obligado tributario en el procedimiento, los obligados tributarios residentes en España deberán presentar la citada solicitud ante el Estado español.

A estos efectos, la designación se realizará por el Presidente del Tribunal o el titular del órgano del Tribunal que el Presidente considere oportuno.

2. La solicitud del obligado tributario para el nombramiento de las personalidades independientes y sus suplentes con arreglo al apartado 1 deberá realizarse en el plazo de treinta días naturales contados desde la finalización del periodo de ciento veinte días naturales previsto en los artículos 40, apartado 3, y 42.

3. El Tribunal Económico-Administrativo Central adoptará una decisión sobre la designación en virtud del apartado 1, y la notificará al solicitante en el plazo de dos meses desde la recepción de la solicitud. Transcurrido dicho plazo el solicitante podrá entender denegada la solicitud. La denegación será susceptible de recurso contencioso-administrativo ante el órgano jurisdiccional competente.

El Tribunal Económico-Administrativo Central informará de la designación a la autoridad competente española, la cual a su vez informará sin demora a la autoridad competente de los demás Estados miembros afectados. La autoridad competente española podrá interponer recurso contencioso-administrativo contra la designación ante el órgano jurisdiccional competente.

Artículo 48. *Comisión de resolución alternativa.*

1. La autoridad competente podrá convenir con las autoridades competentes de los demás Estados miembros afectados la constitución de una comisión de resolución alternativa (en lo sucesivo, «comisión de resolución alternativa»), en lugar de una comisión consultiva. La autoridad competente podrá convenir asimismo en la creación de una comisión de resolución alternativa de litigios en forma de comité con carácter permanente.

2. Su composición, la forma, las técnicas de resolución de conflictos y el funcionamiento, se convendrán de conformidad con lo dispuesto en el artículo 10 de la Directiva (UE) 2017/1852 del Consejo, de 10 de octubre de 2017, relativa a los mecanismos de resolución de litigios fiscales en la Unión Europea.

Artículo 49. *Normas de funcionamiento.*

1. En el plazo de ciento veinte días naturales previsto en los artículos 40, apartado 3, y 42, la autoridad competente notificará al obligado tributario lo siguiente:

a) Las normas de funcionamiento de la comisión respectiva;

b) La fecha en que se adoptará el dictamen sobre la resolución de la cuestión objeto del procedimiento;

c) Los artículos del convenio o tratado y de la normativa interna, en su caso, aplicables.

2. La autoridad competente acordará con las autoridades competentes de los demás Estados miembros afectados las normas de funcionamiento que incluirán, en particular:

a) La descripción y las características de la cuestión objeto del procedimiento;

b) Las cuestiones legales y fácticas que deben resolverse de acuerdo con lo convenido entre las autoridades competentes de los Estados miembros afectados;

c) La forma de la comisión convenida, que será bien una comisión consultiva o una comisión de resolución alternativa, así como el tipo de procedimiento para la resolución alternativa en caso de que este difiera del procedimiento de dictamen independiente aplicado por una comisión consultiva;

d) Los plazos del procedimiento;

e) La composición de la comisión pertinente (incluido el número y los nombres de los miembros, los datos relativos a sus competencias y cualificaciones, así como la divulgación de los conflictos de intereses de los miembros);

f) Las reglas que rigen la participación del obligado tributario y de terceros en el procedimiento, los canjes de notas, datos y pruebas, las costas y cualesquiera otros aspectos procedimentales u organizativos;

g) Los aspectos logísticos de los procedimientos de la comisión consultiva y de la emisión de su dictamen.

Si una comisión consultiva hubiera sido constituida para emitir un dictamen con arreglo al artículo 40, apartado 1, en las normas de funcionamiento solo se recogerá la información a que se refieren las letras a), d), e) y f) de este apartado.

3. Si las autoridades competentes no notifican las normas de funcionamiento al obligado tributario de conformidad con los apartados 1 y 2, las personalidades independientes y el presidente completarán las normas de funcionamiento con arreglo a lo establecido a tal efecto por la Comisión Europea y se las enviarán al obligado tributario en el plazo de dos semanas a partir del establecimiento de la comisión pertinente. Cuando las personalidades independientes y el presidente discrepen sobre las normas de funcionamiento o no se las notifiquen al obligado tributario, este podrá dirigirse al Tribunal Económico-Administrativo Central o a los organismos correspondientes de los restantes Estados miembros para obtener una orden para la aplicación de las normas de funcionamiento.

Artículo 50. *Costes del procedimiento.*

1. Sin perjuicio de lo dispuesto en el apartado 2, y a menos que las autoridades competentes de los Estados miembros afectados hayan acordado otra cosa, España sufragará la parte correspondiente al reparto a partes iguales entre los Estados miembros afectados de los siguientes costes:

a) Los gastos de las personalidades independientes, cuyo importe equivale a la media del importe habitual pagado a los altos funcionarios de los Estados miembros de que se trate, y

b) Los honorarios de las personalidades independientes, cuando proceda, que deberán limitarse a 1.000 euros por persona y día de reunión de la comisión consultiva correspondiente.

En ningún caso, los costes soportados por el obligado tributario correrán a cargo del Estado español.

2. Todos los costes recogidos en el apartado 1, letras a) y b), correrán a cargo del obligado tributario, cuando las autoridades competentes de los Estados miembros afectados así lo acuerden, si este:

a) Desiste con arreglo al artículo 53, o

b) Solicita la constitución de una comisión conforme a lo dispuesto en el artículo 40, apartado 1, y esta decide que las autoridades competentes de que se trate denegaron correctamente el inicio,

Artículo 51. *Dictamen de la comisión.*

1. La comisión correspondiente emitirá en el plazo de seis meses desde la fecha de su creación, un dictamen dirigido a las autoridades competentes de los Estados miembros afectados.

Dicho plazo podrá prorrogarse tres meses cuando la comisión correspondiente considere que la cuestión objeto del procedimiento es de tal índole que necesitará de más de seis meses para emitir un dictamen, en cuyo caso informará de dicha prórroga a las autoridades competentes de los Estados miembros afectados y a los obligados tributarios.

2. La comisión respectiva basará su dictamen en las disposiciones del convenio o tratado internacional aplicable a que se refiere el artículo 1.1.c) así como en la normativa tributaria interna de los Estados miembros afectados, en cuanto resulte aplicable.

3. La comisión respectiva adoptará su dictamen por mayoría simple de sus miembros. Si no se lograra la mayoría, el voto del presidente será dirimente para la adopción del dictamen definitivo. El presidente comunicará el dictamen a las autoridades competentes.

4. El dictamen de la comisión respectiva se emitirá por escrito.

CAPÍTULO III. Terminación

Artículo 52[52]. *Terminación del procedimiento.*

El procedimiento amistoso podrá terminar por alguna de las siguientes causas:

---

[52]   Nueva redacción del art. 52 dada por el art. tercero del Real Decreto 1171/2023, de 27 de diciembre, por el que se modifican el Reglamento del Impuesto sobre el Valor Añadido, aprobado por el Real Decreto 1624/1992, de 29 de diciembre; el Reglamento de los Impuestos Especiales, aprobado por el Real Decreto 1165/1995, de 7 de julio, y el Reglamento de procedimientos amistosos en materia de imposición directa, aprobado por el Real Decreto 1794/2008, de 3 de noviembre (BOE núm. 310, de 28 de diciembre de 2023), en vigor el día 1 de enero de 2024.

Redacción anterior: «*El procedimiento amistoso podrá terminar por alguna de las siguientes causas:*
a) Por desistimiento de la persona que solicitó el inicio del procedimiento amistoso en los términos del artículo 53 de este reglamento.
b) Por inexistencia o desaparición de la cuestión objeto del procedimiento.
En este caso, todos los procedimientos contemplados en este título deberán terminar con efecto inmediato, y la autoridad competente informará sin demora al obligado tributario de esta situación y de las razones generales de la misma.

a) Por desistimiento de la persona que solicitó el inicio del procedimiento amistoso en los términos del artículo 53 de este reglamento.

b) Por inexistencia o desaparición de la cuestión objeto del procedimiento.

En este caso, todos los procedimientos contemplados en este título deberán terminar con efecto inmediato, y la autoridad competente informará sin demora al obligado tributario de esta situación y de las razones generales de la misma.

c) Por falta de atención reiterada, por parte del obligado tributario, de los requerimientos de información adicional durante el procedimiento amistoso realizados por cualquiera de la autoridad competente de cualquiera de los Estados afectados, previa consulta con la autoridad competente de los otros Estados;

d) Por sentencia firme de un tribunal español o por cualquier otra decisión equivalente de un Tribunal de otro Estado afectado, siempre que se cumplan las siguientes condiciones:

1.ª Que dicha sentencia o decisión equivalente se refiera a los elementos de la obligación tributaria que hayan sido objeto del procedimiento amistoso; y

2.ª Siempre que, en virtud del Derecho nacional del Estado cuyos tribunales han dictado la sentencia o decisión equivalente, la autoridad competente quede vinculada por dicha decisión.

e) Por acuerdo de la autoridad competente española cuando considere que la solicitud es fundada y puede por sí misma encontrar una solución de conformidad con lo establecido en los apartados 3, 4 y 5 del artículo 54.

f) Por acuerdo entre las autoridades competentes de los Estados miembros afectados de conformidad con lo establecido en el artículo 54.

Las autoridades competentes notificarán a las demás autoridades competentes de los Estados miembros afectados las causas de terminación pertinentes.

Artículo 53. *Desistimiento.*

A efectos de lo dispuesto en la letra a) del artículo 52 de este reglamento, la persona que solicitó el inicio del procedimiento amistoso presentará simultáneamente a todas las autoridades competentes de los Estados miembros afectados, una notificación escrita de desistimiento. Dicha notificación pondrá fin con efecto inmediato a todos los procedimientos contemplados en este título. La autoridad competente informará sin demora a las autoridades

---

c) Por falta de atención reiterada, por parte del obligado tributario, de los requerimientos de información adicional durante el procedimiento amistoso realizados por cualquiera de la autoridad competente de cualquiera de los Estados afectados, previa consulta con la autoridad competente de los otros Estados;

d) Por sentencia firme de un tribunal español o por cualquier otra decisión equivalente de un Tribunal de otro Estado afectado, siempre que se cumplan las siguientes condiciones:

(i) Que dicha sentencia o decisión equivalente se refiera a los elementos de la obligación tributaria que hayan sido objeto del procedimiento amistoso; y

(ii) Siempre que, en virtud del Derecho nacional del Estado cuyos tribunales han dictado la sentencia o decisión equivalente, la autoridad competente quede vinculada por dicha decisión.

e) Por acuerdo de la autoridad competente española cuando considere que la solicitud es fundada y puede por sí misma encontrar una solución de conformidad con lo establecido en los apartados 3, 4 y 5 del artículo 54.

f) Por acuerdo entre las autoridades competentes de los Estados miembros afectados de conformidad con lo establecido en el artículo 54».

competentes de los demás Estados miembros afectados de la recepción de una notificación de desistimiento.

No obstante lo anterior, cuando el obligado tributario sea uno de los comprendidos en el artículo 57 de este reglamento, el desistimiento podrá presentarse únicamente a la autoridad competente española, quien, en el plazo de dos meses a partir de la entrada de dicho desistimiento en su registro enviará una notificación simultáneamente a las autoridades competentes de los demás Estados miembros afectados. Se considerará que el obligado tributario ha presentado el desistimiento a todos los Estados miembros afectados en la fecha de dicha notificación.

Artículo 54. *Acuerdo entre las autoridades competentes.*

1. El procedimiento amistoso podrá terminar por acuerdo entre las autoridades competentes.

2. Cuando la comisión consultiva o la comisión de resolución alternativa hayan emitido un dictamen de conformidad con el artículo 51, el acuerdo entre las autoridades competentes deberá alcanzarse en el plazo de seis meses contados a partir de la notificación de dicho dictamen. En caso contrario, las autoridades competentes quedarán vinculadas por el dictamen de la comisión.

3. La autoridad competente notificará en el plazo de treinta días naturales al obligado tributario el acuerdo alcanzado, quien podrá aceptarlo o rechazarlo.

4. El acuerdo será vinculante para la autoridad competente siempre que el obligado tributario acepte el contenido del mismo conforme a lo establecido en el artículo 16 de este reglamento.

5. El acuerdo entre las autoridades competentes no sentará precedente.

Artículo 55. *Publicación del acuerdo.*

1. Cuando las autoridades competentes hayan alcanzado un acuerdo en virtud de lo establecido en el artículo 54, apartado 2, dicho acuerdo podrá publicarse íntegramente, si así lo han convenido las autoridades competentes de los Estados miembros afectados previo consentimiento de los obligados tributarios.

2. Cuando las autoridades competentes o el obligado tributario de que se trate no hubieran dado su consentimiento a la publicación íntegra de dicho acuerdo, se publicará un resumen de dicho acuerdo que contendrá una descripción del problema expuesto y del objeto, la fecha y los períodos de liquidación, la base jurídica, el sector, y un breve sumario del resultado final y la descripción del método de arbitraje utilizado, en su caso.

La autoridad competente remitirá al obligado tributario la información que haya de hacerse pública con arreglo al párrafo anterior antes de su publicación, quien, en el plazo de sesenta días naturales a partir de la recepción de tal información, podrá solicitar la no publicación de cualquier información que ataña a secretos comerciales, empresariales, industriales o profesionales o a procedimientos comerciales, o que sea contraria al orden público.

3. Las autoridades competentes notificarán sin demora a la Comisión Europea la información que haya de publicarse de conformidad con el apartado 2.

CAPÍTULO IV. Ejecución

Artículo 56. *Normativa aplicable a la fase de ejecución.*

La ejecución del acuerdo al que se refiere el artículo 54 se regirá por lo dispuesto en el artículo 17 de este reglamento.

CAPÍTULO V. Disposiciones especiales

Artículo 57. *Disposiciones especiales.*

A los efectos de lo establecido en los artículos 39, letras a), segundo párrafo, y c), segundo párrafo; 40.4; 41.2, tercer párrafo; 42, tercer párrafo, y 53, segundo párrafo, se entiende por obligado tributario un residente fiscal en España que:

a) Sea un particular, o

b) No sea una empresa grande y no forme parte de un grupo grande, de acuerdo con el artículo 3, apartados 4 y 7, de la Directiva 2013/34/UE del Parlamento Europeo y del Consejo de 26 de junio de 2013.

TÍTULO V[53]. SUSPENSIÓN DEL INGRESO DE LA DEUDA

Artículo 58[54]. *Suspensión del ingreso de la deuda*

1. Se podrá solicitar la suspensión del ingreso de la deuda en los procedimientos previstos en el artículo 1 cuando se cumplan los siguientes requisitos:

a) Que se haya solicitado el inicio de los procedimientos a que se refiere el párrafo anterior.

b) Que no se pueda solicitar la suspensión en vía administrativa o en vía contencioso-administrativa.

c)[55] Que se aporten las garantías previstas en el apartado 6.2.º de la disposición adicional primera del texto refundido de la Ley del Impuesto sobre la Renta de no Residentes, aprobado por el Real Decreto Legislativo 5/2004, de 5 de marzo.

2. En lo no dispuesto en este título será de aplicación el Reglamento general de desarrollo de la Ley 58/2003, de 17 de diciembre, General Tributaria, en materia de revisión en vía administrativa, aprobado por Real Decreto 520/2005, de 13 de mayo.

---

[53]   El título IV pasa a numerarse como título V por el art. único Treinta y seis del Real Decreto 399/2021, de 8 de junio, por el que se modifican el Reglamento de procedimientos amistosos en materia de imposición directa, aprobado por el Real Decreto 1794/2008, de 3 de noviembre, y otras normas tributarias (BOE núm. 137, de 9 de junio de 2021), en vigor desde el 10 de junio de 2021.

[54]   Original art. 35 se enumera como art. 58 por el art. único Treinta y siete del Real Decreto 399/2021, de 8 de junio, por el que se modifican el Reglamento de procedimientos amistosos en materia de imposición directa, aprobado por el Real Decreto 1794/2008, de 3 de noviembre, y otras normas tributarias (BOE núm. 137, de 9 de junio de 2021), en vigor desde el 10 de junio de 2021.

[55]   Nueva redacción de la letra c) dada el art. único Treinta y siete del Real Decreto 399/2021, de 8 de junio, por el que se modifican el Reglamento de procedimientos amistosos en materia de imposición directa, aprobado por el Real Decreto 1794/2008, de 3 de noviembre, y otras normas tributarias (BOE núm. 137, de 9 de junio de 2021), en vigor desde el 10 de junio de 2021.

Artículo 59[56]. *Obligados tributarios*

Podrá solicitar la suspensión del ingreso de la deuda cualquier persona que haya solicitado el inicio de los procedimientos previstos en el artículo 1.

Artículo 60[57]. *Órganos competentes*

La solicitud de suspensión se presentará ante el órgano de recaudación competente que se determine en la norma de organización específica que será, asimismo, competente para tramitar y resolver la solicitud de suspensión.

Artículo 61[58]. *Solicitud de suspensión*

1. Podrá solicitarse la suspensión regulada en este título desde la presentación de la solicitud de inicio de los procedimientos previstos en el artículo 1.

2. La solicitud de suspensión que no esté vinculada a los procedimientos previstos en el artículo 1 carecerá de eficacia, sin necesidad de un acuerdo expreso de inadmisión.

3. Si el obligado tributario al tiempo de solicitar la suspensión prevista en este título puede todavía solicitar la suspensión en vía administrativa o en vía contencioso-administrativa, la solicitud no surtirá efectos suspensivos y se tendrá por no presentada a todos los efectos. En este supuesto se procederá al archivo de la solicitud y a su notificación al obligado tributario.

4. Cuando el obligado tributario no pueda seguir obteniendo la suspensión del ingreso de la deuda en vía administrativa o en vía contencioso-administrativa, podrá solicitar la suspensión prevista en este título.

5. La suspensión deberá solicitarse mediante la presentación de un escrito que deberá contener los siguientes extremos y deberá ir acompañado de la siguiente documentación, así como de cualquier otra que el obligado tributario estime pertinente para justificar la concurrencia de los requisitos necesarios para su concesión:

a) Nombre y apellidos o razón social o denominación completa, número de identificación fiscal y domicilio del obligado tributario. En el caso de que se actúe por medio de representante, se deberá incluir su identificación completa y la acreditación de la representación.

b) Órgano ante el que se solicita la suspensión.

c) Documento en que se formalice la garantía aportada, que deberá constituirse ante el órgano competente para recaudar y deberá incorporar las firmas de los otorgantes legitimados por un fedatario público, por comparecencia ante la Administración autora del acto o generadas mediante un mecanismo de autenticación electrónica. Dicho documento podrá ser

---

[56] Original art. 36 se enumera como art. 59 por el art. único Treinta y ocho del Real Decreto 399/2021, de 8 de junio, por el que se modifican el Reglamento de procedimientos amistosos en materia de imposición directa, aprobado por el Real Decreto 1794/2008, de 3 de noviembre, y otras normas tributarias (BOE núm. 137, de 9 de junio de 2021), en vigor desde el 10 de junio de 2021.

[57] Original art. 37 se enumera como art. 60 por el art. único Treinta y ocho del Real Decreto 399/2021, de 8 de junio, por el que se modifican el Reglamento de procedimientos amistosos en materia de imposición directa, aprobado por el Real Decreto 1794/2008, de 3 de noviembre, y otras normas tributarias (BOE núm. 137, de 9 de junio de 2021), en vigor desde el 10 de junio de 2021.

[58] Original art. 38 se enumera como art. 61 por el art. único Treinta y ocho del Real Decreto 399/2021, de 8 de junio, por el que se modifican el Reglamento de procedimientos amistosos en materia de imposición directa, aprobado por el Real Decreto 1794/2008, de 3 de noviembre, y otras normas tributarias (BOE núm. 137, de 9 de junio de 2021), en vigor desde el 10 de junio de 2021.

sustituido por su imagen electrónica con su misma validez y eficacia, siempre que el proceso de digitalización garantice su autenticidad e integridad.

d) Acto administrativo, actuación administrativa o autoliquidación generadora de la deuda cuya suspensión se solicita, indicando los datos identificativos y las fechas de los actos o actuaciones anteriores.

e) Copia de la presentación del escrito de solicitud de inicio de los procedimientos previstos en al artículo 1 y, en caso de que hubiera sido admitido al presentar la solicitud de suspensión, copia de la admisión de inicio de los procedimientos previstos en al artículo 1.

f) Declaración en la que se haga constar que no puede solicitar la suspensión en vía administrativa o en vía contencioso-administrativa.

g) Domicilio que el obligado tributario señala a los efectos de notificaciones.

h) Lugar, fecha y firma del escrito o la solicitud.

6. Cuando la solicitud de suspensión no se acompañe del documento en que se formalice la garantía aportada o no se acompañe la copia del escrito de solicitud de inicio de los procedimientos previstos en el artículo 1 o, en su caso, de la copia de la admisión de inicio, aquella no surtirá efectos suspensivos y se tendrá por no presentada a todos los efectos. En este supuesto se procederá al archivo de la solicitud y a su notificación al obligado tributario.

7. Cuando la solicitud no reúna los requisitos que señala el apartado 5 anterior o cuando sea necesaria la subsanación de defectos del documento en que se formalice la garantía, se requerirá al obligado tributario para que en un plazo de 10 días, contados a partir del día siguiente al de la notificación del requerimiento, subsane la falta o acompañe los documentos preceptivos con indicación de que la falta de atención a dicho requerimiento determinará el archivo de las actuaciones y se tendrá por no presentada la solicitud o el escrito.

Artículo 62[59]. *Garantías de la suspensión*

1. La garantía deberá cubrir el importe de la deuda y los recargos que pudieran proceder en el momento de la solicitud de suspensión. Las garantías quedarán, a los efectos de su eventual ejecución a disposición del órgano competente de recaudación.

2[60]**.** Cuando el obligado tributario solicite la suspensión en el supuesto previsto en el artículo 61.4, las garantías aportadas ante los órganos administrativos o contencioso-administrativos seguirán siendo válidas, siempre y cuando fueran las mismas que las previstas en el apartado 1 de este artículo. El documento que formalice la garantía deberá ponerse a disposición del órgano de recaudación competente, así como el documento de ampliación de la garantía que, en su caso, resulte necesaria para la suspensión. En estos supuestos, la suspensión mantendrá sus efectos durante la substanciación de los procedimientos previstos en el artículo 1.

---

[59]   Original art. 39 se enumera como art. 62 por el art. único Treinta y nueve del Real Decreto 399/2021, de 8 de junio, por el que se modifican el Reglamento de procedimientos amistosos en materia de imposición directa, aprobado por el Real Decreto 1794/2008, de 3 de noviembre, y otras normas tributarias (BOE núm. 137, de 9 de junio de 2021), en vigor desde el 10 de junio de 2021.

[60]   Nueva redacción dada por el art. único Treinta y nueve del Real Decreto 399/2021, de 8 de junio, por el que se modifican el Reglamento de procedimientos amistosos en materia de imposición directa, aprobado por el Real Decreto 1794/2008, de 3 de noviembre, y otras normas tributarias (BOE núm. 137, de 9 de junio de 2021), en vigor desde el 10 de junio de 2021.

3. Si el acuerdo que recayese en los procedimientos previstos en el artículo 1 modificara el importe de la deuda a ingresar, la garantía aportada quedará afecta al pago de la nueva cuota o cantidad resultante y recargos que correspondan.

Artículo 63[61]. *Efectos de la concesión o de la denegación de la suspensión*

1. Cuando se haya admitido el inicio de los procedimientos previstos en el artículo 1, la solicitud de suspensión que cumpla los requisitos previstos en los párrafos b) y c) del artículo 58.1 y con lo establecido en el artículo 61 suspenderá la recaudación de la deuda durante la substanciación de los procedimientos previstos en el artículo 1. La suspensión se entenderá acordada desde la fecha de la solicitud y dicha circunstancia deberá notificarse al obligado tributario.

Cuando sea necesaria la subsanación de defectos del documento en que se formalice la garantía de acuerdo con lo dispuesto en el artículo 61.7 y aquellos hayan sido subsanados, el órgano competente acordará la suspensión con efectos desde la solicitud. El acuerdo de suspensión deberá ser notificado al obligado tributario.

Cuando el requerimiento de subsanación haya sido objeto de contestación en plazo por el obligado tributario, pero no se entiendan subsanados los defectos observados, procederá la denegación de la suspensión. Contra dicho acuerdo podrá interponerse recurso de reposición o reclamación económico-administrativa.

2. Cuando no se hubiera determinado la admisión o inadmisión de inicio de los procedimientos previstos en el artículo 1 al solicitar la suspensión y se admitiera el inicio con posterioridad, el órgano competente de recaudación acordará la suspensión con efectos desde la solicitud de suspensión. El acuerdo de suspensión deberá ser notificado al obligado tributario.

Cuando, presentada la solicitud de inicio de un procedimiento de los regulados en el artículo 1, la autoridad competente no hubiera determinado la admisión o inadmisión del mismo y, presentada la solicitud de suspensión regulada en este título, esta cumple con los requisitos de admisibilidad regulados en los párrafos b) y c) del artículo 58.1 y lo establecido en el artículo 61, se suspenderá cautelarmente la recaudación de la deuda, si la solicitud de suspensión se presentó en periodo voluntario. Si, en las mismas circunstancias, la solicitud de suspensión se presentó en periodo ejecutivo, se iniciará o continuará el procedimiento de apremio, sin perjuicio de que proceda la anulación de las actuaciones posteriores a la solicitud de suspensión en el caso de admisión a trámite de los procedimientos regulados en el artículo 1.

El órgano de recaudación competente solicitará a la autoridad competente que le comunique la admisión o inadmisión a trámite de los procedimientos previstos en el artículo 1 para notificar la suspensión al obligado tributario.

Si finalmente no se admite a trámite los procedimientos previstos en el artículo 1, procederá la denegación de la suspensión. Dicho acuerdo no será susceptible de recurso.

---

[61]   Original art. 40 se enumera como art. 63 y nueva redacción dada por el art. único Cuarenta del Real Decreto 399/2021, de 8 de junio, por el que se modifican el Reglamento de procedimientos amistosos en materia de imposición directa, aprobado por el Real Decreto 1794/2008, de 3 de noviembre, y otras normas tributarias (BOE núm. 137, de 9 de junio de 2021), en vigor desde el 10 de junio de 2021.

Disposición transitoria única[62]. *Régimen transitorio de los procedimientos.*

Lo dispuesto en los artículos 2, 9.1 y 19.1 de este Reglamento será de aplicación a los procedimientos pendientes de terminación a 1 de enero de 2016.

Disposición final única. *Autorización al Ministro de Economía y Hacienda*

Se autoriza al Ministro de Economía y Hacienda para dictar las disposiciones necesarias para la aplicación del presente reglamento.

---

[62] Nueva disposición incorporada por la Disp. Final Tercera del Real Decreto 1021/2015, de 13 de noviembre, por el que se establece la obligación de identificar la residencia fiscal de las personas que ostenten la titularidad o el control de determinadas cuentas financieras y de informar acerca de las mismas en el ámbito de la asistencia mutua (BOE núm. 275, de 17 de noviembre de 2015), con efectos desde el 1 de enero de 2016.
Real Decreto 399/2021, de 8 de junio, por el que se modifican el Reglamento de procedimientos amistosos en materia de imposición directa, aprobado por el Real Decreto 1794/2008, de 3 de noviembre, y otras normas tributarias (BOE núm. 137, de 9 de junio de 2021), en vigor desde el 10 de junio de 2021:
«**Disposición transitoria única.** *Régimen transitorio.*
1. Los procedimientos amistosos iniciados antes de la fecha de entrada en vigor de este real decreto se regirán por la normativa anterior a dicha fecha hasta su conclusión salvo lo dispuesto en los apartados siguientes.
2. La regulación de los mecanismos de resolución de aquellos litigios con otros Estados miembros de la Unión Europea a que se refiere el apartado 2 de la disposición adicional primera del texto refundido de la Ley del Impuesto sobre la Renta de no Residentes, aprobado por el Real Decreto Legislativo 5/2004, de 5 de marzo, será aplicable a toda solicitud de inicio de dichos mecanismos que se haya presentado a partir del 1 de julio de 2019 respecto de cuestiones objeto de un procedimiento amistoso que se refieran a rentas o patrimonio obtenidos en un ejercicio fiscal iniciado el 1 de enero de 2018 o con posterioridad a esta fecha.
Asimismo, y siempre que así se acuerde con las autoridades competentes de los Estados miembros afectados, la regulación de tales mecanismos se aplicará a toda solicitud de inicio que se haya presentado a partir del 1 de julio de 2019 respecto de cuestiones objeto del procedimiento amistoso que incluyan rentas o patrimonio obtenidos antes y después del 1 de enero de 2018. En este último supuesto, se exigirá también que el convenio o tratado internacional aplicable estuviera prevista la posibilidad de constituir una comisión consultiva.
3. Lo dispuesto en los apartados 4 y 5 del artículo 16 del reglamento en su redacción dada por el apartado dieciséis del artículo único de este real decreto será de aplicación a los procedimientos pendientes de terminación en la fecha de entrada en vigor de este real decreto».

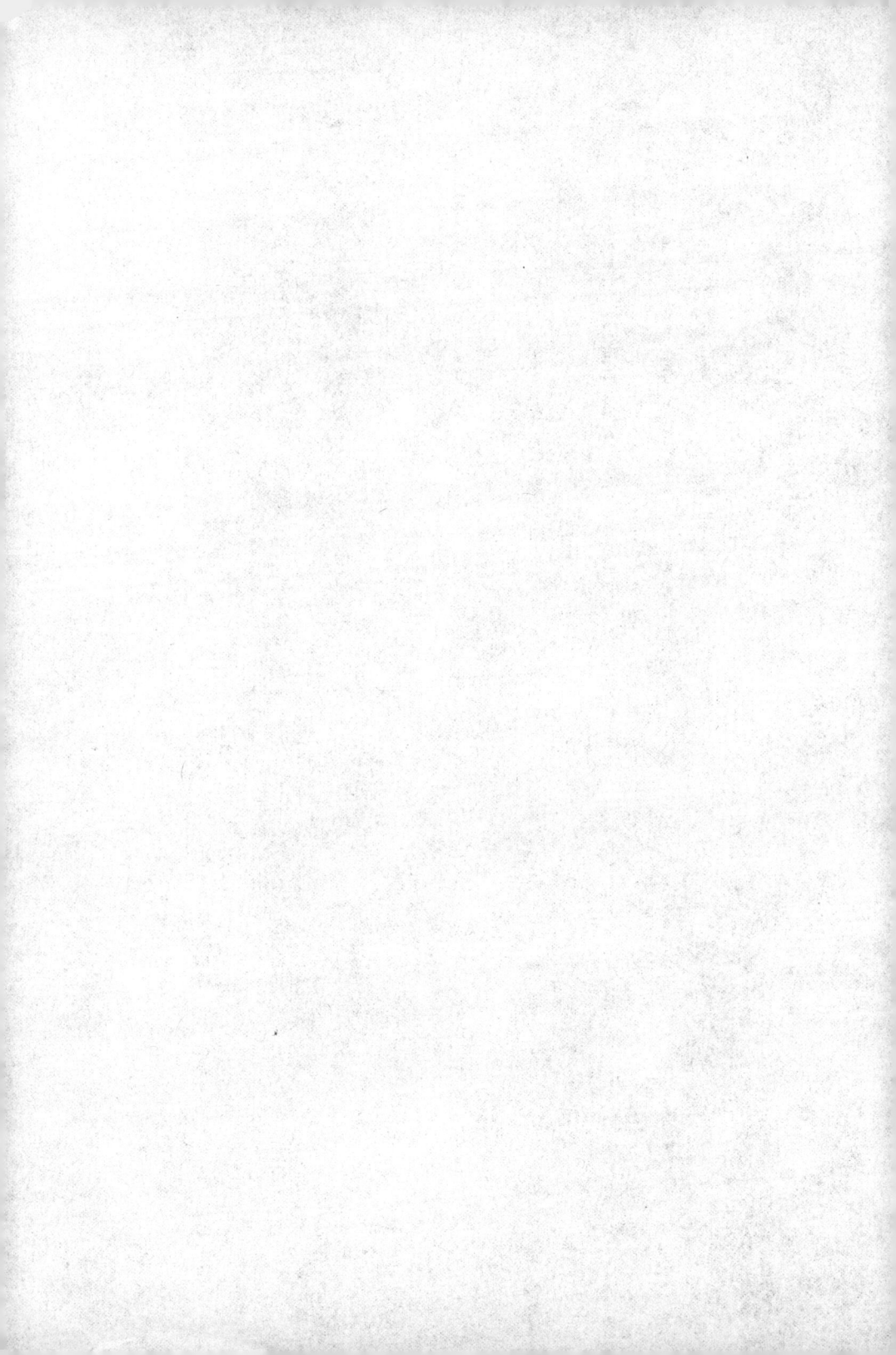